The Official Tractor Blue Book™

2007 Edition

Edited by Mike Hall

P.O. Box 12901, Overland Park, KS 66282-2901
Phone: 800-654-6776 • Fax: 800-633-6219
pricedigests.com

Printed in the United States of America.
August, 2006
ISBN 13: 978-1-59969-063-6 ISBN 10: 1-59969-063-2

This book can be recycled. Please remove cover.

CONTENTS

How to Use This Guide 5

Explanation of Column Headings, Definitions and Abbreviations 6

Farm Tractors 7

Tractor Serial Numbers 337

Manufacturers' Addresses 363

Prism Business Media

Administrative/Editorial Offices
9800 Metcalf Avenue • Overland Park, KS 66212
Phone: 800-654-6776 Fax: 800-633-6219

Valuation Print Products

ABOS Marine Blue Book
Aircraft Bluebook Price Digest
The Automobile Red Book
The Older Automobile Red Book
The Truck Blue Book
Older Truck Blue Book
Clymer Powersport Vehicle Blue Book
Commercial Trailer Blue Book
The Official Tractor Blue Book
Horse Trailer Blue Book
Truck Body Blue Book
Truck Identification Book
Recreational Vehicle Blue Book
Grounds Maintenance Equipment Blue Book

Valuation Digital Products

Electronic Auto Red Book
Electronic Truck Blue Book
Electronic Aircraft Bluebook-Price Digest
Electronic Aircraft Bluebook Historical Value Reference
Electronic ABOS Marine Blue Book
Prism Business Media Basic Values–Online

HOW TO USE THIS GUIDE

The Approx. Retail Price New column is the manufacturer's suggested retail price new for tractors with standard equipment, excluding shipping charges or options.

The “Avg. Used Trade-In” value is the estimated wholesale or loan value of tractors in average condition. The “High Used Trade-In” value is the estimated trade-in value of tractors in very good condition, with low hours and requiring minimal or no repairs. The “Avg. Used Retail” value is the averaged selling price of tractors in saleable condition, less repairs. The “High Used Retail” value is the averaged advertised price of the tractors.

Cost of any needed repairs should be considered when making appraisal. Prices quoted are approximate and represent an average. Local conditions can alter these estimates. When using this guide take into consideration two important variables: (1) The condition of the tractor; (2) The popularity of certain sizes and brands in your area.

Certain regions of the country support higher prices on certain brands than do other regions. The used values contained in this book were compiled from auction selling prices, tractor dealer asking and selling prices, as well as from classified advertisings in newspapers and magazines. The prices are to be considered averages, and as noted above, your own experience may be different.

Tractor Serial Numbers are listed in this book as they are supplied by the manufacturers. Where to locate the serial number on the tractor is also listed for most models.

A beginning serial number is given for each year that a tractor is produced. The actual year that the tractor was manufactured can be determined by comparing the tractor's serial number to the serial numbers given for your particular model number.

For Example: An International Harvester Model 1086 with a serial number of 35821. The tractor's serial number falls between the 1979 beginning serial number 34731 and the 1980 beginning serial number 42186, thus the tractor was manufactured during the year of 1979.

This publication is issued for guidance purposes only and should be used accordingly since the local demand for certain equipment, prices, costs and other conditions which affect the resale value vary in different regions of the country.

The publisher has used reasonable care in compiling this price guide. However, neither the publisher nor any of its representatives shall be liable for damages of any description whether incidental or consequential or otherwise, including loss of profits or other business damages occasioned by the use of this price guide, and in no event shall the liability of the publisher exceed the price paid for this guide.

EXPLANATION OF COLUMN HEADINGS, DEFINITIONS AND ABBREVIATIONS

Model ·Most commonly used model designation, name or number

Approx. Retail Price New ·Manufacturer's suggested retail price of tractor

Estimated Value ·Averaged used trade-in and selling prices of tractors, less repairs

Engine Make AC-Allis Chalmers, CD-Consolidated Diesel, Cat-Caterpillar, DD-Detroit Diesel, IH-International Harvester, JD-John Deere, MM-Mineapolis Moline

Engine No. Cyls ·Number of cylinders, T-Turbocharged, I-Intercooled, A-Aftercooled

Displ. Cu.-In · · · · · · · · · · · · · · Piston displacement in cubic inches, D-Diesel, G-Gasoline, LP-Liquid Petroleum Gas

No. Speeds ·Number of transmission speeds, F-Forward, R-Reverse

PTO H.P. ·Horsepower from test or manufacturer's rating

Approx. Shipping Wt.-Lbs. ·Weight as shipped from factory

Cab · · · · · · · · · · · No-None, C-Cab included in price, CH-Cab with heater, CHA-Cab with heater and air conditioner

Contents

AGCO 8
Allis-Chalmers 17
Avery 25

Belarus 26
Big Bud 30
Bolens-Iseki 31

Case 32
Case-International 40
Caterpillar 58
Century 60
Challenger 60
Cockshutt 64
Cub Cadet by MTD 66

David Brown 67
Deutz-Allis 69
Deutz-Fahr 73

Fendt 77
Ferguson 80
Ford 80

Hesston-Fiat 90
Huber 95
Hurlimann 95

IMT 96
Int. Harvester-Farmall 96

John Deere 111

Kioti 160
Kubota 162

Landini 183
Long 192

Mahindra 198
Massey Ferguson 199
Massey Harris 238
McCormick 241
Minneapolis-Moline 247
Mitsubishi-Satoh 254

New Holland/Ford 257
New Holland/Versatile 294

Oliver 297

Same 305
Steiger 309

Tafe 311

Valtra 312
Versatile 313

White 316

Yanmar 326

Zetor 329

AGCO

Model	Approx. Retail Price New	Estimated Value Less Repairs: Used Trade-In Avg.	Used Trade-In High	Used Retail Avg.	Used Retail High	Engine Make	Engine No. Cyls.	Engine Displ. Cu.-in.	No. Speeds	P.T.O. H.P.	Approx. Shipping Wt.-Lbs.	Cab
2006												
ST22A 4WD	$10504	$7560	$7980	$9030	$9350	Iseki	3	68D	Variable	18.7		No
ST24A 4WD	$11142	$8020	$8470	$9580	$9920	Iseki	3	68D	6F-2R	19.0		No
ST24A Hydro 4WD	$12636	$9100	$9600	$10870	$11250	Iseki	3	68D	Variable	18.5		No
ST28A 4WD	$13572	$9770	$10320	$11670	$12080	Iseki	3	89D	9F-3R	24.5		No
ST28A Hydro 4WD	$15162	$10920	$11520	$13040	$13490	Iseki	3	89D	Variable	22.3		No
ST33A Hydro 4WD	$16448	$11840	$12500	$14150	$14640	Iseki	3	91D	Variable	25.9		No
ST34A 4WD	$17463	$12570	$13270	$15020	$15540	Iseki	3	91D	8F-8R	26.0		No
ST34A 4WD	$18587	$13380	$14130	$15990	$16540	Iseki	3	91D	12F-12R	26.0		No
ST34A 4WD Cab	$25829	$18600	$19630	$22210	$22990	Iseki	3	91D	12F-12R	26.0		CHA
ST34A Hydro 4WD	$19190	$13820	$14580	$16500	$17080	Iseki	3	91D	Variable	24.5		No
ST41A 4WD	$19734	$14210	$15000	$16970	$17560	Iseki	3T	91D	8F-8R	31.0		No
ST41A 4WD	$20946	$15080	$15920	$18010	$18640	Iseki	3T	91D	12F-12R	31.0		No
ST41A Hydro 4WD	$21634	$15580	$16440	$18610	$19250	Iseki	3T	91D	Variable	29.5		No
ST47A 4WD	$23619	$17010	$17950	$20310	$21020	Iseki	4	134D	8F-8R	38.0		No
ST47A 4WD	$24737	$17810	$18800	$21270	$22020	Iseki	4	134D	12F-12R	38.0		No
ST47A 4WD Cab Quadrashift	$33791	$24330	$25680	$29060	$30070	Iseki	4	134D	12F-12R	38.0		CHA
ST47A Hydro 4WD	$25387	$18280	$19290	$21830	$22590	Iseki	4	134D	Variable	36.5		No
GT45A	$25656	$18470	$19500	$22060	$22830	SDF	3	183D	20F-10R	44.0	4806	No
GT45A 4WD	$28479	$20510	$21640	$24490	$25350	SDF	3	183D	20F-10R	44.0	5291	No
GT45A 4WD Cab	$36058	$25960	$27400	$31010	$32090	SDF	3	183D	20F-10R	44.0	5820	CHA
GT45A Cab	$33229	$23930	$25250	$28580	$29570	SDF	3	183D	20F-10R	44.0	5335	CHA
ST52A 4WD	$24318	$17510	$18480	$20910	$21640	Iseki	4	180D	8F-8R	41.0		No
ST52A 4WD	$25907	$18650	$19690	$22280	$23060	Iseki	4	180D	12F-12R	41.0		No
ST52A 4WD Cab Quadrashift	$35126	$25290	$26700	$30210	$31260	Iseki	4	180D	12F-12R	41.0		CHA
GT55A	$26583	$19140	$20200	$22860	$23660	SDF	3T	183D	20F-10R	56.0	4982	No
GT55A 4WD	$29632	$21340	$22520	$25480	$26370	SDF	3T	183D	20F-10R	56.0	5457	No
GT55A 4WD Cab	$37210	$26790	$28280	$32000	$33120	SDF	3T	183D	20F-10R	56.0	5996	CHA
GT55A Cab	$34162	$24600	$25960	$29380	$30400	SDF	3T	183D	20F-10R	56.0	5511	CHA
GT65A	$28295	$20370	$21500	$24330	$25180	SDF	4	244D	20F-10R	62.0	5335	No
GT65A 4WD	$31483	$22670	$23930	$27080	$28020	SDF	4	244D	20F-10R	62.0	5820	No
GT65A 4WD Cab	$38956	$28050	$29610	$33500	$34670	SDF	4	244D	20F-10R	62.0	6350	CHA
GT65A Cab	$35837	$25800	$27240	$30820	$31900	SDF	4	244D	20F-10R	62.0	5864	CHA
GT75A	$31551	$22720	$23980	$27130	$28080	SDF	4T	244D	20F-10R	74.0	5511	No
GT75A 4WD	$34738	$25010	$26400	$29880	$30920	SDF	4T	244D	20F-10R	74.0	5996	No
GT75A 4WD Cab	$42317	$30470	$32160	$36390	$37660	SDF	4T	244D	20F-10R	74.0	6525	CHA
GT75A Cab	$39129	$28170	$29740	$33650	$34830	SDF	4T	244D	20F-10R	74.0	6040	CHA
LT75A	$38692	$27080	$28630	$32890	$34050	AGCO	4T	269D	16F-16R	75.0	8620	No
LT75A 4WD	$44956	$31470	$33270	$38210	$39560	AGCO	4T	269D	16F-16R	75.0	9140	No
LT75A Cab	$47412	$33190	$35090	$40300	$41720	AGCO	4T	269D	16F-16R	75.0	8980	CHA
LT75A 4WD Cab	$53676	$37570	$39720	$45630	$47240	AGCO	4T	269D	16F-16R	75.0	9500	CHA
LT90A	$45724	$32010	$33840	$38870	$40240	AGCO	4T	269D	16F-16R	90.0	8620	No
LT90A 4WD	$52120	$36480	$38570	$44300	$45870	AGCO	4T	269D	16F-16R	90.0	9140	No
LT90A 4WD Cab	$61189	$42830	$45280	$52010	$53850	AGCO	4T	269D	16F-16R	90.0	9500	CHA
LT90A Cab	$54793	$38360	$40550	$46570	$48220	AGCO	4T	269D	16F-16R	90.0	8980	CHA
RT100A	$72589	$50810	$53720	$61700	$63880	AGCO	6TA	402D	24F-24R	100.0		CHA
RT100A 4WD	$82025	$57420	$60700	$69720	$72180	AGCO	6TA	402D	24F-24R	100.0		CHA
RT100A 4WD CVT	$90202	$63140	$66750	$76670	$79380	AGCO	6TA	402D	Variable	100.0		CHA
RT120A	$84118	$58880	$62250	$71500	$74020	AGCO	6TA	402D	24F-24R	120.0		CHA
RT120A 4WD	$95239	$66670	$70480	$80950	$83810	AGCO	6TA	402D	24F-24R	120.0		CHA
RT120A 4WD CVT	$104928	$73450	$77650	$89190	$92340	AGCO	6TA	402D	Variable	120.0		CHA
RT140A	$97516	$68260	$72160	$82890	$85810	AGCO	6TA	402D	32F-32R	135.0		CHA
RT140A 4WD	$112037	$78430	$82910	$95230	$98590	AGCO	6TA	402D	32F-32R	135.0		CHA
RT140A 4WD CVT	$118829	$83180	$87930	$101010	$104570	AGCO	6TA	402D	Variable	135.0		CHA
RT155A	$104751	$73330	$77520	$89040	$92180	AGCO	6TA	402D	32F-32R	155.0		CHA
RT155A 4WD	$115316	$80720	$85330	$98020	$101480	AGCO	6TA	402D	32F-32R	155.0		CHA
RT155A 4WD CVT	$125659	$87960	$92990	$106810	$110580	AGCO	6TA	402D	Variable	155.0		CHA
DT180A	$135887	$95120	$100560	$115500	$119580	AGCO	6TA	452D	Variable	180.0	16100	CHA
DT200A	$147710	$103400	$109310	$125550	$129990	AGCO	6TA	452D	Variable	200.0	16100	CHA
DT220A	$157008	$109910	$116190	$133460	$138170	AGCO	6TA	513D	Variable	220.0	16100	CHA
DT240A	$165633	$115940	$122570	$140790	$145760	AGCO	6TA	513D	Variable	240.0	16100	CHA
2005												
ST22A 4WD	$10167	$6300	$6910	$8030	$8540	Iseki	3	68D	Variable	18.7		No
ST24A 4WD	$11039	$6840	$7510	$8720	$9270	Iseki	3	68D	6F-2R	19.0		No
ST24A Hydro 4WD	$12488	$7740	$8490	$9870	$10490	Iseki	3	68D	Variable	18.5		No
ST28A 4WD	$13312	$8250	$9050	$10520	$11180	Iseki	3	89D	9F-3R	24.5		No
ST28A Hydro 4WD	$14870	$9220	$10110	$11750	$12490	Iseki	3	89D	Variable	22.3		No
ST33A Hydro 4WD	$16104	$9980	$10950	$12720	$13530	Iseki	3	91D	Variable	25.9		No
ST34A 4WD	$17078	$10590	$11610	$13490	$14350	Iseki	3	91D	8F-8R	26.0		No
ST34A 4WD	$18247	$11310	$12410	$14420	$15330	Iseki	3	91D	12F-12R	26.0		No
ST34A 4WD Cab	$25325	$15700	$17220	$20010	$21270	Iseki	3	91D	12F-12R	26.0		CHA
ST34A Hydro 4WD	$19026	$11800	$12940	$15030	$15980	Iseki	3	91D	Variable	24.5		No
ST34A Hydro 4WD Cab	$28322	$17560	$19260	$22370	$23790	Iseki	3	91D	Variable	24.5		CHA
ST41A 4WD	$19416	$12040	$13200	$15340	$16310	Iseki	3T	91D	8F-8R	31.0		No
ST41A 4WD	$20585	$12760	$14000	$16260	$17290	Iseki	3T	91D	12F-12R	31.0		No
ST41A Hydro 4WD	$21364	$13250	$14530	$16880	$17950	Iseki	3T	91D	Variable	29.5		No
ST47A 4WD	$22922	$14210	$15590	$18110	$19250	Iseki	4	134D	8F-8R	38.0		No
ST47A 4WD	$24091	$14940	$16380	$19030	$20240	Iseki	4	134D	12F-12R	38.0		No
ST47A 4WD Cab	$32791	$20330	$22300	$25910	$27540	Iseki	4	134D	12F-12R	38.0		CHA
ST47A Hydro 4WD	$24780	$15360	$16850	$19580	$20820	Iseki	4	134D	Variable	36.5		No
GT45A	$24272	$15050	$16510	$19180	$20390	SDF	3	183D	16F-8R	44.0	4806	No

AGCO (Cont.)

Model	Approx. Retail Price New	Estimated Value Less Repairs Used Trade-In Avg.	Used Trade-In High	Used Retail Avg.	Used Retail High	Engine Make	Engine No. Cyls.	Engine Displ. Cu.-in.	No. Speeds	P.T.O. H.P.	Approx. Shipping Wt.-Lbs.	Cab
					2005 (Cont.)							
GT45A 4WD	$27480	$17040	$18690	**$21710**	**$23080**	SDF	3	183D	16F-8R	44.0	5291	No
GT45A 4WD Cab	$34793	$21570	$23660	**$27490**	**$29230**	SDF	3	183D	16F-8R	44.0	5820	CHA
GT45A Cab	$31585	$19580	$21480	**$24950**	**$26530**	SDF	3	183D	16F-8R	44.0	5335	CHA
ST47A Hydro 4WD Cab	$32792	$20330	$22300	**$25910**	**$27550**	Iseki	4	134D	Variable	36.5		CHA
ST52A 4WD	$23831	$14780	$16210	**$18830**	**$20020**	Iseki	4	180D	8F-8R	41.0		No
ST52A 4WD	$25000	$15500	$17000	**$19750**	**$21000**	Iseki	4	180D	12F-12R	41.0		No
ST52A 4WD Cab	$34026	$21100	$23140	**$26880**	**$28580**	Iseki	4	180D	12F-12R	41.0		CHA
GT55A	$25279	$15670	$17190	**$19970**	**$21230**	SDF	3T	183D	16F-8R	56.0	4982	No
GT55A 4WD	$28593	$17730	$19440	**$22590**	**$24020**	SDF	3T	183D	16F-8R	56.0	5457	No
GT55A 4WD Cab	$35906	$22260	$24420	**$28370**	**$30160**	SDF	3T	183D	16F-8R	56.0	5996	CHA
GT55A Cab	$32592	$20210	$22160	**$25750**	**$27380**	SDF	3T	183D	16F-8R	56.0	5511	CHA
GT65A	$27145	$16830	$18460	**$21450**	**$22800**	SDF	4	244D	16F-8R	62.0	5335	No
GT65A 4WD	$30379	$18840	$20660	**$24000**	**$25520**	SDF	4	244D	16F-8R	62.0	5820	No
GT65A 4WD Cab	$37589	$23310	$25560	**$29700**	**$31580**	SDF	4	244D	16F-8R	62.0	6350	CHA
GT65A Cab	$34458	$21360	$23430	**$27220**	**$28950**	SDF	4	244D	16F-8R	62.0	5864	CHA
GT75A	$30286	$18780	$20590	**$23930**	**$25440**	SDF	4T	244D	16F-8R	74.0	5511	No
GT75A 4WD	$33520	$20780	$22790	**$26480**	**$28160**	SDF	4T	244D	16F-8R	74.0	5996	No
GT75A 4WD Cab	$40833	$25320	$27770	**$32260**	**$34300**	SDF	4T	244D	16F-8R	74.0	6525	CHA
GT75A Cab	$37599	$23310	$25570	**$29700**	**$31580**	SDF	4T	244D	16F-8R	74.0	6040	CHA
LT75	$37200	$23060	$24550	**$29020**	**$30500**	Cummins	4T	274D	16F-16R	75.0		No
LT75 4WD	$43350	$26880	$28610	**$33810**	**$35550**	Cummins	4T	274D	16F-16R	75.0		No
LT75 Cab	$45920	$28470	$30310	**$35820**	**$37650**	Cummins	4T	274D	16F-16R	75.0		CHA
LT75 4WD Cab	$52070	$32280	$34370	**$40620**	**$42700**	Cummins	4T	274D	16F-16R	75.0		CHA
LT90	$41125	$25500	$27140	**$32080**	**$33720**	Cummins	4T	274D	16F-16R	85.0		No
LT90 4WD	$47275	$29310	$31200	**$36880**	**$38770**	Cummins	4T	274D	16F-16R	85.0		No
LT90 4WD Cab	$55995	$34720	$36960	**$43680**	**$45920**	Cummins	4T	274D	16F-16R	85.0		CHA
LT90 Cab	$49845	$30900	$32900	**$38880**	**$40870**	Cummins	4T	274D	16F-16R	85.0		CHA
RT100	$63335	$39270	$41800	**$49400**	**$51940**	Cummins	6TA	408D	32F-32R	100.0		CHA
RT100 4WD	$72210	$44770	$47660	**$56320**	**$59210**	Cummins	6TA	408D	32F-32R	100.0		CHA
RT100 4WD CVT	$82665	$51250	$54560	**$64480**	**$67790**	Cummins	6TA	408D	Variable	100.0		CHA
RT120	$73945	$45850	$48800	**$57680**	**$60640**	Cummins	6TA	408D	32F-32R	120.0		CHA
RT120 4WD	$83380	$51700	$55030	**$65040**	**$68370**	Cummins	6TA	408D	32F-32R	120.0		CHA
RT120 4WD CVT	$93635	$58050	$61800	**$73040**	**$76780**	Cummins	6TA	408D	Variable	120.0		CHA
RT135	$86205	$53450	$56900	**$67240**	**$70690**	Cummins	6TA	408D	32F-32R	135.0		CHA
RT135 4WD	$95380	$59140	$62950	**$74400**	**$78210**	Cummins	6TA	408D	32F-32R	135.0		CHA
RT135 4WD CVT	$106750	$66190	$70460	**$83270**	**$87540**	Cummins	6TA	408D	Variable	135.0		CHA
RT150	$92780	$57520	$61240	**$72370**	**$76080**	Cummins	6TA	408D	32F-32R	150.0		CHA
RT150 4WD	$108305	$67150	$71480	**$84480**	**$88810**	Cummins	6TA	408D	32F-32R	150.0		CHA
RT150 4WD CVT	$114150	$70770	$75340	**$89040**	**$93600**	Cummins	6TA	408D	Variable	150.0		CHA
DT180A	$123990	$76870	$81830	**$96710**	**$101670**	AGCO	6TA	452D	Variable	180.0	16100	CHA
DT200A	$135250	$83860	$89270	**$105500**	**$110910**	AGCO	6TA	452D	Variable	200.0	16100	CHA
DT220A	$144105	$89350	$95110	**$112400**	**$118170**	AGCO	6TA	513D	Variable	220.0	16100	CHA
DT240A	$152320	$94440	$100530	**$118810**	**$124900**	AGCO	6TA	513D	Variable	240.0	16100	CHA
					2004							
ST25-4	$12155	$6690	$7420	**$8870**	**$9600**	Iseki	3	68D	6F-2R	19.5	1500	No
ST25-4 Hydro	$13690	$7530	$8350	**$9990**	**$10820**	Iseki	3	68D	Variable	19.0	1500	No
ST30X-4	$13000	$7150	$7930	**$9490**	**$10270**	Iseki	3	89D	9F-3R	24.5	2381	No
ST30X-4 Hydro	$14560	$8010	$8880	**$10630**	**$11500**	Iseki	3	89D	Variable	22.3	2381	No
ST30-4 Hydro	$16320	$8980	$9960	**$11910**	**$12890**	Iseki	3	91D	Variable	24.3	2447	No
ST32-4 Hydro	$16580	$9120	$10110	**$12100**	**$13100**	Iseki	3	91D	Variable	25.4	2447	No
ST35X-4	$15675	$8620	$9560	**$11440**	**$12380**	Iseki	3	91D	8F-8R	27.0	3053	No
ST35-4 Shuttle	$17380	$9560	$10600	**$12690**	**$13730**	Iseki	3	91D	16F-16R	27.0	3097	No
ST35-4 Hydro	$18290	$10060	$11160	**$13350**	**$14450**	Iseki	3	91D	Variable	26.3	3097	No
ST40X-4	$17795	$9790	$10860	**$12990**	**$14060**	Iseki	3	91D	8F-8R	32.4	3053	No
ST40-4 Shuttle	$19520	$10740	$11910	**$14250**	**$15420**	Iseki	3T	91D	16F-16R	32.4	3097	No
ST40-4 Hydro	$20580	$11320	$12550	**$15020**	**$16260**	Iseki	3T	91D	Variable	31.7	3097	No
ST55-4	$22610	$12440	$13790	**$16510**	**$17860**	Iseki	4	173D	12F-12R	45.6	4276	No
ST45-4 Shuttle	$24075	$13240	$14690	**$17580**	**$19020**	Iseki	4	134D	16F-16R	37.0	4276	No
ST45-4 Hydro	$25385	$13960	$15490	**$18530**	**$20050**	Iseki	4	134D	Variable	36.0	4276	No
GT45	$22075	$12140	$13470	**$16120**	**$17440**	SDF	3	183D	16F-8R	45.0	4806	No
GT45 4WD	$25175	$13850	$15360	**$18380**	**$19890**	SDF	3	183D	16F-8R	45.0	5291	No
GT45 4WD Cab	$32275	$17750	$19690	**$23560**	**$25500**	SDF	3	183D	16F-8R	45.0	5820	CHA
GT45 Cab	$29175	$16050	$17800	**$21300**	**$23050**	SDF	3	183D	16F-8R	45.0	5335	CHA
GT45A	$23565	$12960	$14380	**$17200**	**$18620**	SDF	3	183D	16F-8R	44.0	4806	No
GT45A 4WD	$26680	$14670	$16280	**$19480**	**$21080**	SDF	3	183D	16F-8R	44.0	5291	No
GT45A 4WD Cab	$33780	$18580	$20610	**$24660**	**$26690**	SDF	3	183D	16F-8R	44.0	5820	CHA
GT45A Cab	$30665	$16870	$18710	**$22390**	**$24230**	SDF	3	183D	16F-8R	44.0	5335	CHA
GT55	$23050	$12680	$14060	**$16830**	**$18210**	SDF	3T	183D	16F-8R	53.0	4982	No
GT55 4WD	$26250	$14440	$16010	**$19160**	**$20740**	SDF	3T	183D	16F-8R	53.0	5467	No
GT55 Cab	$30150	$16580	$18390	**$22010**	**$23820**	SDF	3T	183D	16F-8R	53.0	5511	CHA
GT55 4WD Cab	$33350	$18340	$20340	**$24350**	**$26350**	SDF	3T	183D	16F-8R	53.0	5995	CHA
GT55A	$24547	$13500	$14970	**$17920**	**$19390**	SDF	3T	183D	16F-8R	56.0	4982	No
GT55A 4WD	$27761	$15270	$16930	**$20270**	**$21930**	SDF	3T	183D	16F-8R	56.0	5457	No
GT55A 4WD Cab	$34861	$19170	$21270	**$25450**	**$27540**	SDF	3T	183D	16F-8R	56.0	5996	CHA
GT55A Cab	$31643	$17400	$19300	**$23100**	**$25000**	SDF	3T	183D	16F-8R	56.0	5511	CHA
GT65	$24850	$13670	$15160	**$18140**	**$19630**	SDF	4	244D	16F-8R	62.0	5335	No
GT65 4WD	$27975	$15390	$17070	**$20420**	**$22100**	SDF	4	244D	16F-8R	62.0	5820	No
GT65 Cab	$31950	$17570	$19490	**$23320**	**$25240**	SDF	4	244D	16F-8R	62.0	5864	CHA
GT65 4WD Cab	$34975	$19240	$21340	**$25530**	**$27630**	SDF	4	244D	16F-8R	62.0	6350	CHA
GT65A	$26508	$14580	$16170	**$19350**	**$20940**	SDF	4	244D	16F-8R	62.0	5335	No
GT65A 4WD	$29555	$16260	$18030	**$21580**	**$23350**	SDF	4	244D	16F-8R	62.0	5820	No
GT65A 4WD Cab	$36484	$20070	$22260	**$26630**	**$28820**	SDF	4	244D	16F-8R	62.0	6350	CHA
GT65A Cab	$33508	$18430	$20440	**$24460**	**$26470**	SDF	4	244D	16F-8R	62.0	5864	CHA

AGCO (Cont.)

Model	Approx. Retail Price New	Estimated Value Less Repairs — Used Trade-In Avg.	Used Trade-In High	Used Retail Avg.	Used Retail High	Engine Make	Engine No. Cyls.	Engine Displ. Cu.-in.	No. Speeds	P.T.O. H.P.	Approx. Shipping Wt.-Lbs.	Cab
				2004 (Cont.)								
GT75	$28050	$15430	$17110	**$20480**	**$22160**	SDF	4T	244D	16F-8R	73.0	5511	No
GT75 4WD	$31025	$17060	$18930	**$22650**	**$24510**	SDF	4T	244D	16F-8R	73.0	5995	No
GT75 4WD Cab	$38125	$20970	$23260	**$27830**	**$30120**	SDF	4T	244D	16F-8R	73.0	6525	CHA
GT75 Cab	$35150	$19330	$21440	**$25660**	**$27770**	SDF	4T	244D	16F-8R	73.0	6040	CHA
GT75A	$29558	$16260	$18030	**$21580**	**$23350**	SDF	4T	244D	16F-8R	74.0	5511	No
GT75A 4WD	$32544	$17900	$19850	**$23760**	**$25710**	SDF	4T	244D	16F-8R	74.0	5996	No
GT75A 4WD Cab	$39634	$21800	$24180	**$28930**	**$31310**	SDF	4T	244D	16F-8R	74.0	6525	CHA
GT75A Cab	$36658	$20160	$22360	**$26760**	**$28960**	SDF	4T	244D	16F-8R	74.0	6040	CHA
LT70	$35735	$19650	$21800	**$26090**	**$28230**	Cummins	4T	239D	24F-24R	70.0	5970	No
LT70 4WD	$42695	$23480	$26040	**$31170**	**$33730**	Cummins	4T	239D	24F-24R	70.0	6224	No
LT70 Cab	$44915	$24700	$27400	**$32790**	**$35480**	Cummins	4T	239D	24F-24R	70.0	6790	CHA
LT70 4WD Cab	$51190	$28160	$31230	**$37370**	**$40440**	Cummins	4T	239D	24F-24R	70.0	7045	CHA
LT75	$36115	$19140	$21670	**$26360**	**$27810**	Cummins	4T	274D	16F-16R	75.0		No
LT75 4WD	$42085	$22310	$25250	**$30720**	**$32410**	Cummins	4T	274D	16F-16R	75.0		No
LT75 Cab	$44905	$23800	$26940	**$32780**	**$34580**	Cummins	4T	274D	16F-16R	75.0		CHA
LT75 4WD Cab	$50550	$26790	$30330	**$36900**	**$38920**	Cummins	4T	274D	16F-16R	75.0		CHA
LT85	$42875	$23580	$26150	**$31300**	**$33870**	Cummins	4T	239D	24F-24R	85.0	6035	No
LT85 Cab	$51780	$28480	$31590	**$37800**	**$40910**	Cummins	4T	239D	24F-24R	85.0	6855	CHA
LT85 4WD	$50235	$27630	$30640	**$36670**	**$39690**	Cummins	4T	239D	24F-24R	85.0	6289	CHA
LT85 4WD Cab	$59140	$32530	$36080	**$43170**	**$46720**	Cummins	4T	239D	24F-24R	85.0	7109	CHA
LT90	$39850	$21120	$23910	**$29090**	**$30690**	Cummins	4T	274D	16F-16R	85.0		No
LT90 4WD	$46710	$24760	$28030	**$34100**	**$35970**	Cummins	4T	274D	16F-16R	85.0		No
LT90 4WD Cab	$55175	$29240	$33110	**$40280**	**$42490**	Cummins	4T	274D	16F-16R	85.0		CHA
LT90 Cab	$48315	$25610	$28990	**$35270**	**$37200**	Cummins	4T	274D	16F-16R	85.0		CHA
RT95	$50255	$26640	$30150	**$36690**	**$38700**	Cummins	6T	359D	32F-32R	95.0	9990	No
RT95 Cab	$59425	$31500	$35660	**$43380**	**$45760**	Cummins	6T	359D	32F-32R	95.0	10190	CHA
RT95 4WD	$58650	$31090	$35190	**$42820**	**$45160**	Cummins	6T	359D	32F-32R	95.0	9990	No
RT95 4WD Cab	$67820	$35950	$40690	**$49510**	**$52220**	Cummins	6T	359D	32F-32R	95.0	10190	CHA
RT100	$62885	$33330	$37730	**$45910**	**$48420**	Cummins	6TA	408D	32F-32R	100.0		CHA
RT100 4WD	$72170	$38250	$43300	**$52680**	**$55570**	Cummins	6TA	408D	32F-32R	100.0		CHA
RT100 4WD CVT	$82490	$43720	$49490	**$60220**	**$63520**	Cummins	6TA	408D	Variable	100.0		CHA
RT115	$58880	$31210	$35330	**$42980**	**$45340**	Cummins	6T	359D	32F-32R	115.0	9990	No
RT115 Cab	$68050	$36070	$40830	**$49680**	**$52400**	Cummins	6T	359D	32F-32R	115.0	10190	CHA
RT115 4WD	$68145	$36120	$40890	**$49750**	**$52470**	Cummins	6T	359D	32F-32R	115.0	9990	No
RT115 4WD Cab	$77315	$40980	$46390	**$56440**	**$59530**	Cummins	6T	359D	32F-32R	115.0	10190	CHA
RT120	$73655	$39040	$44190	**$53770**	**$56710**	Cummins	6TA	408D	32F-32R	120.0		CHA
RT120 4WD	$82040	$43480	$49220	**$59890**	**$63170**	Cummins	6TA	408D	32F-32R	120.0		CHA
RT120 4WD CVT	$92945	$49260	$55770	**$67850**	**$71570**	Cummins	6TA	408D	Variable	120.0		CHA
RT130 Cab	$80555	$42690	$48330	**$58810**	**$62030**	Cummins	6T	359D	18F-6R	130.0	15000	CHA
RT130 4WD Cab	$94555	$50110	$56730	**$69030**	**$72810**	Cummins	6T	359D	18F-6R	130.0	16000	CHA
RT135	$85965	$45560	$51580	**$62750**	**$66190**	Cummins	6TA	408D	32F-32R	135.0		CHA
RT135 4WD	$94250	$49950	$56550	**$68800**	**$72570**	Cummins	6TA	408D	32F-32R	135.0		CHA
RT135 4WD CVT	$105800	$56070	$63480	**$77230**	**$81470**	Cummins	6TA	408D	Variable	135.0		CHA
RT145 Cab	$90650	$48050	$54390	**$66180**	**$69800**	Cummins	6TA	359D	16F-6R	145.0	16100	CHA
RT145 4WD Cab	$99410	$52690	$59650	**$72570**	**$76550**	Cummins	6TA	359D	18F-6R	145.0	16100	CHA
RT150	$92350	$48950	$55410	**$67420**	**$71110**	Cummins	6TA	408D	32F-32R	150.0		CHA
RT150 4WD	$108305	$57400	$64980	**$79060**	**$83400**	Cummins	6TA	408D	32F-32R	150.0		CHA
RT150 4WD CVT	$112320	$59530	$67390	**$81990**	**$86490**	Cummins	6TA	408D	Variable	150.0		CHA
DT160	$111395	$57930	$64610	**$80200**	**$84660**	Cummins	6T	505D	18F-6R	160.0	16100	CHA
DT180	$123015	$63970	$71350	**$88570**	**$93490**	Cummins	6TA	505D	18F-6R	180.0	16100	CHA
DT200	$132500	$68900	$76850	**$95400**	**$100700**	Cummins	6TA	505D	18F-6R	200.0	16100	CHA
DT225	$144335	$75050	$83710	**$103920**	**$109700**	Cummins	6TA	505D	18F-6R	225.0	16100	CHA
				2003								
ST25-4	$12180	$5970	$6700	**$8400**	**$9140**	Iseki	3	68D	6F-2R	19.0	1500	No
ST25-4 Hydro	$13700	$6710	$7540	**$9450**	**$10280**	Iseki	3	68D	Variable	18.4	1500	No
ST30X-4	$12990	$6370	$7150	**$8960**	**$9740**	Iseki	3	89D	9F-3R	25.0	2381	No
ST30-4 Hydro	$16430	$8050	$9040	**$11340**	**$12320**	Iseki	3	91D	Variable	25.0	2447	No
ST35X-4	$15520	$7610	$8540	**$10710**	**$11640**	Iseki	3	91D	8F-8R	26.8	3053	No
ST35-4 Shuttle	$17205	$8430	$9460	**$11870**	**$12900**	Iseki	3	91D	16F-16R	26.8	3097	No
ST35-4 Hydro	$18105	$8870	$9960	**$12490**	**$13580**	Iseki	3	91D	Variable	26.8	3097	No
ST40X-4	$17600	$8620	$9680	**$12140**	**$13200**	Iseki	3	91D	8F-8R	31.0	3053	No
ST40-4 Shuttle	$19325	$9470	$10630	**$13330**	**$14490**	Iseki	3T	91D	16F-16R	31.0	3097	No
ST40-4 Hydro	$20355	$9970	$11200	**$14050**	**$15270**	Iseki	3T	91D	Variable	31.0	3097	No
ST45-4 Shuttle	$23835	$11680	$13110	**$16450**	**$17880**	Iseki	4	134D	16F-16R	37.0	4276	No
ST45-4 Hydro	$25135	$12320	$13820	**$17340**	**$18850**	Iseki	4	134D	Variable	37.0	4276	No
ST55-4	$22385	$10970	$12310	**$15450**	**$16790**	Iseki	4	173D	12F-12R	45.6	4276	No
LT70	$35180	$17240	$19350	**$24270**	**$26390**	Cummins	4T	239D	24F-24R	70.0	5970	No
LT70 4WD	$42060	$20610	$23130	**$29020**	**$31550**	Cummins	4T	239D	24F-24R	70.0	6224	No
LT70 Cab	$43675	$21400	$24020	**$30140**	**$32760**	Cummins	4T	239D	24F-24R	70.0	6790	CHA
LT70 4WD Cab	$50555	$24770	$27810	**$34880**	**$37920**	Cummins	4T	239D	24F-24R	70.0	7045	CHA
LT85	$43000	$21070	$23650	**$29670**	**$32250**	Cummins	4T	239D	24F-24R	85.0	6035	No
LT85 Cab	$51905	$25430	$28550	**$35810**	**$38930**	Cummins	4T	239D	24F-24R	85.0	6855	CHA
LT85 4WD	$50760	$24870	$27920	**$35020**	**$38070**	Cummins	4T	239D	24F-24R	85.0	6289	CHA
LT85 4WD Cab	$59665	$29240	$32820	**$41170**	**$44750**	Cummins	4T	239D	24F-24R	85.0	7109	CHA
RT95	$49660	$23340	$26820	**$33770**	**$36250**	Cummins	6T	359D	32F-32R	95.0	9990	No
RT95 Cab	$58830	$27650	$31770	**$40000**	**$42950**	Cummins	6T	359D	32F-32R	95.0	10190	CHA
RT95 4WD	$58925	$27700	$31820	**$40070**	**$43020**	Cummins	6T	359D	32F-32R	95.0	9990	No
RT95 4WD Cab	$68095	$32010	$36770	**$46310**	**$49710**	Cummins	6T	359D	32F-32R	95.0	10190	CHA
RT115	$59550	$27990	$32160	**$40490**	**$43470**	Cummins	6T	359D	32F-32R	115.0	9990	No
RT115 Cab	$68720	$32300	$37110	**$46730**	**$50170**	Cummins	6T	359D	32F-32R	115.0	10190	CHA
RT115 4WD	$68805	$32340	$37160	**$46790**	**$50230**	Cummins	6T	359D	32F-32R	115.0	9990	No
RT115 4WD Cab	$77975	$36650	$42110	**$53020**	**$56920**	Cummins	6T	359D	32F-32R	115.0	10190	CHA
RT130 Cab	$82075	$38580	$44320	**$55810**	**$59920**	Cummins	6T	359D	18F-6R	130.0	15000	CHA

AGCO (Cont.)

2003 (Cont.)

Model	Approx. Retail Price New	Estimated Value Less Repairs: Used Trade-In Avg.	Used Trade-In High	Used Retail Avg.	Used Retail High	Engine Make	No. Cyls.	Displ. Cu.-in.	No. Speeds	P.T.O. H.P.	Approx. Shipping Wt.-Lbs.	Cab
RT130 4WD Cab	$95865	$45060	$51770	**$65190**	**$69980**	Cummins	6T	359D	18F-6R	130.0	16000	CHA
RT145 Cab	$92175	$43320	$49780	**$62680**	**$67290**	Cummins	6TA	359D	16F-6R	145.0	16100	CHA
RT145 4WD Cab	$105965	$49800	$57220	**$72060**	**$77350**	Cummins	6TA	359D	18F-6R	145.0	16100	CHA
DT160	$111920	$51480	$59320	**$74990**	**$80580**	Cummins	6T	505D	18F-6R	160.0	16100	CHA
DT180	$122420	$56310	$64880	**$82020**	**$88140**	Cummins	6TA	505D	18F-6R	180.0	16100	CHA
DT200	$131450	$60470	$69670	**$88070**	**$94640**	Cummins	6TA	505D	18F-6R	200.0	16100	CHA
DT225	$142550	$65570	$75550	**$95510**	**$102640**	Cummins	6TA	505D	18F-6R	225.0	16100	CHA

2002

Model	Approx. Retail Price New	Used Trade-In Avg.	Used Trade-In High	Used Retail Avg.	Used Retail High	Engine Make	No. Cyls.	Displ. Cu.-in.	No. Speeds	P.T.O. H.P.	Approx. Shipping Wt.-Lbs.	Cab
ST25-4	$11867	$5340	$6170	**$7830**	**$8430**	Iseki	3	68D	6F-2R	19.0	1500	No
ST25-4 Hydro	$13387	$6020	$6960	**$8840**	**$9510**	Iseki	3	68D	Variable	18.4	1500	No
ST30X-4	$12752	$5740	$6630	**$8420**	**$9050**	Iseki	3	89D	9F-3R	25.0	2381	No
ST30-4 Hydro	$16312	$7340	$8480	**$10770**	**$11580**	Iseki	3	89D	Variable	25.0	2447	No
ST35X-4	$15519	$6980	$8070	**$10240**	**$11020**	Iseki	3	91D	8F-8R	26.8	3053	No
ST35-4	$17204	$7740	$8950	**$11360**	**$12220**	Iseki	3	91D	16F-16R	26.8	3097	No
ST35-4 Hydro	$18104	$8150	$9410	**$11950**	**$12850**	Iseki	3	91D	Variable	26.8	3097	No
ST40X-4	$17599	$7920	$9150	**$11620**	**$12500**	Iseki	3	91D	8F-8R	31.0	3053	No
ST40-4	$19324	$8700	$10050	**$12750**	**$13720**	Iseki	3T	91D	16F-16R	31.0	3097	No
ST40-4 Hydro	$20354	$9160	$10580	**$13430**	**$14450**	Iseki	3T	91D	Variable	31.0	3097	No
ST45-4	$23836	$10730	$12400	**$15730**	**$16920**	Iseki	4	134D	16F-16R	37.0	4276	No
ST45-4 Hydro	$25136	$11310	$13070	**$16590**	**$17850**	Iseki	4	134D	Variable	37.0	4276	No
LT70	$35655	$15830	$18290	**$23220**	**$24980**	Cummins	4T	239D	24F-24R	70.0		No
LT70 4WD	$44150	$18930	$21870	**$27760**	**$29860**	Cummins	4T	239D	24F-24R	70.0		No
LT70 Cab	$42535	$19650	$22710	**$28830**	**$31010**	Cummins	4T	239D	24F-24R	70.0		CHA
LT70 4WD Cab	$51030	$22750	$26290	**$33370**	**$35890**	Cummins	4T	239D	24F-24R	70.0		CHA
LT85	$44235	$19350	$22360	**$28380**	**$30530**	Cummins	4T	239D	24F-24R	85.0		No
LT85 Cab	$53140	$23360	$26990	**$34260**	**$36850**	Cummins	4T	239D	24F-24R	85.0		CHA
LT85 4WD	$51920	$22840	$26400	**$33500**	**$36040**	Cummins	4T	239D	24F-24R	85.0		CHA
LT85 4WD Cab	$60825	$26850	$31030	**$39380**	**$42360**	Cummins	4T	239D	24F-24R	85.0		CHA
RT95	$50435	$21350	$24830	**$31780**	**$34760**	Cummins	6T	359D	32F-32R	95.0		No
RT95 Cab	$59235	$25300	$29420	**$37650**	**$41180**	Cummins	6T	359D	32F-32R	95.0		CHA
RT95 4WD	$58830	$25340	$29460	**$37710**	**$41250**	Cummins	6T	359D	32F-32R	95.0		No
RT95 4WD Cab	$67630	$29280	$34050	**$43580**	**$47670**	Cummins	6T	359D	32F-32R	95.0		CHA
RT115	$63480	$25610	$29780	**$38110**	**$41690**	Cummins	6T	359D	32F-32R	115.0		No
RT115 Cab	$72280	$29550	$34360	**$43980**	**$48100**	Cummins	6T	359D	32F-32R	115.0		CHA
RT115 4WD	$68815	$29590	$34400	**$44040**	**$48160**	Cummins	6T	359D	32F-32R	115.0		No
RT115 4WD Cab	$77615	$33530	$38990	**$49900**	**$54580**	Cummins	6T	359D	32F-32R	115.0		CHA
RT130 Cab	$86780	$35290	$41040	**$52530**	**$57450**	Cummins	6T	359D	18F-6R	130.0		CHA
RT130 4WD Cab	$100575	$41220	$47930	**$61350**	**$67110**	Cummins	6T	359D	18F-6R	130.0		CHA
RT145 Cab	$93025	$39640	$46090	**$58990**	**$64520**	Cummins	6TA	359D	16F-6R	145.0		CHA
RT145 4WD Cab	$105360	$44290	$51500	**$65920**	**$72100**	Cummins	6TA	359D	18F-6R	145.0		CHA
DT160	$110995	$45510	$53280	**$69930**	**$75480**	Cummins	6T	505D	18F-6R	160.0		CHA
DT180	$121325	$49740	$58240	**$76440**	**$82500**	Cummins	6TA	505D	18F-6R	180.0		CHA
DT200	$134035	$53900	$63100	**$82810**	**$89390**	Cummins	6TA	505D	18F-6R	200.0		CHA
DT225	$145960	$58450	$68420	**$89810**	**$96930**	Cummins	6TA	505D	18F-6R	225.0		CHA

2001

Model	Approx. Retail Price New	Used Trade-In Avg.	Used Trade-In High	Used Retail Avg.	Used Retail High	Engine Make	No. Cyls.	Displ. Cu.-in.	No. Speeds	P.T.O. H.P.	Approx. Shipping Wt.-Lbs.	Cab
ST25-4	$11647	$4890	$5590	**$7450**	**$8040**	Iseki	3	68D	6F-2R	19.0	1500	No
ST25-4 Hydro	$13012	$5470	$6250	**$8330**	**$8980**	Iseki	3	68D	Variable	18.4	1500	No
ST30X-4	$12402	$5210	$5950	**$7940**	**$8560**	Iseki	3	89D	9F-3R	25.0	2381	No
ST30-4 Hydro	$16274	$6840	$7810	**$10420**	**$11230**	Iseki	3	89D	Variable	25.0	2447	No
ST35-4	$16419	$6900	$7880	**$10510**	**$11330**	Iseki	3	91D	16F-16R	26.8	3097	No
ST35-4 Hydro	$17909	$7520	$8600	**$11460**	**$12360**	Iseki	3	91D	Variable	26.8	3097	No
ST40-4	$18724	$7860	$8990	**$11980**	**$12920**	Iseki	3T	91D	16F-16R	31.0	3097	No
ST40-4	$20354	$8550	$9770	**$13030**	**$14040**	Iseki	3T	91D	16F-16R	31.0	3097	No
ST45-4	$23236	$9760	$11150	**$14870**	**$16030**	Iseki	4	134D	16F-16R	37.0	4276	No
ST45-4	$25136	$10560	$12070	**$16090**	**$17340**	Iseki	4	134D	16F-16R	37.0	4276	No
5650	$21910	$9200	$10520	**$14020**	**$15120**	SLH	3	183D	12F-12R	47.8	4080	No
5650 4WD	$28310	$11890	$13590	**$18120**	**$19530**	SLH	3	183D	12F-12R	47.8	4500	No
5660	$25625	$9990	$11790	**$15380**	**$17170**	SLH	3	183D	12F-12R	56.9	4500	No
5660 4WD	$31440	$12260	$14460	**$18860**	**$21070**	SLH	3	183D	12F-12R	56.9	4940	No
5670	$29195	$11390	$13430	**$17520**	**$19560**	SLH	4	244D	24F-12R	63.13	5379	No
5670 4WD	$35710	$13930	$16430	**$21430**	**$23930**	SLH	4	244D	24F-12R	63.13	6096	No
6670	$40125	$14850	$17660	**$23670**	**$25680**	SLH	4	244D	24F-12R	63.13	5997	CHA
6670 4WD	$45695	$16910	$20110	**$26960**	**$29250**	SLH	4	244D	24F-12R	63.13	6658	CHA
8360 AGCOSTAR	$134411	$48520	$57220	**$68420**	**$75880**	Cummins	6TA	855D	18F-2R	360*		CHA
8425 AGCOSTAR	$155910	$56550	$66700	**$79750**	**$88450**	Cummins	6TA	855D	18F-2R	425*		CHA
8745	$34765	$12860	$15300	**$20510**	**$22250**	Cummins	4T	239D	12F-12R	70.0		No
8745 4WD	$41385	$15310	$18210	**$24420**	**$26490**	Cummins	4T	239D	12F-12R	70.0		No
8745 4WD w/Cab	$49880	$18460	$21950	**$29430**	**$31920**	Cummins	4T	239D	12F-12R	70.0		CHA
8745 w/Cab	$43260	$16010	$19030	**$25520**	**$27690**	Cummins	4T	239D	12F-12R	70.0		CHA
8765	$38025	$14070	$16730	**$22440**	**$24340**	Cummins	4T	239D	12F-12R	85.0		No
8765 4WD	$46535	$17220	$20480	**$27460**	**$29780**	Cummins	4T	239D	12F-12R	85.0		No
8765 4WD w/Cab	$55440	$20510	$24390	**$32710**	**$35480**	Cummins	4T	239D	12F-12R	85.0		CHA
8765 w/Cab	$47835	$17700	$21050	**$28220**	**$30610**	Cummins	4T	239D	12F-12R	85.0		CHA
8775	$47475	$17570	$20890	**$28010**	**$30380**	Cummins	6T	359D	32F-32R	95.0		No
8775 4WD	$55880	$20680	$24590	**$32970**	**$35760**	Cummins	6T	359D	32F-32R	95.0		No
8775 4WD w/Cab	$65050	$24070	$28620	**$38380**	**$41630**	Cummins	6T	359D	32F-32R	95.0		CHA
8775 w/Cab	$56645	$20960	$24920	**$33420**	**$36250**	Cummins	6T	359D	32F-32R	95.0		CHA
8785	$54515	$20170	$23990	**$32160**	**$34890**	Cummins	6T	359D	32F-32R	110.0		No
8785 4WD	$62625	$23170	$27560	**$36950**	**$40080**	Cummins	6T	359D	32F-32R	110.0		No
8785 4WD w/Cab	$71795	$26560	$31590	**$42360**	**$45950**	Cummins	6T	359D	32F-32R	110.0		CHA
8785 w/Cab	$63405	$23460	$27900	**$37410**	**$40580**	Cummins	6T	359D	32F-32R	110.0		CHA
9735	$77860	$28810	$34260	**$45940**	**$49830**	Sisu	6T	402D	32F-32R	125.0	15000	CHA

AGCO (Cont.)

2001 (Cont.)

Model	Approx. Retail Price New	Estimated Value Less Repairs: Used Trade-In Avg.	Used Trade-In High	Used Retail Avg.	Used Retail High	Engine Make	Engine No. Cyls.	Engine Displ. Cu.-in.	No. Speeds	P.T.O. H.P.	Approx. Shipping Wt.-Lbs.	Cab
9735	$83305	$30820	$36650	$49150	$53320	Sisu	6T	402D	18F-6R	125.0	15000	CHA
9735 4WD	$89745	$33210	$39490	$52950	$57440	Sisu	6T	402D	32F-32R	125.0	16000	CHA
9735 4WD	$96815	$35820	$42600	$57120	$61960	Sisu	6T	402D	18F-6R	125.0	16000	CHA
9745	$83390	$30850	$36690	$49200	$53370	Sisu	6T	402D	32F-32R	145.0	15100	CHA
9745	$90020	$33310	$39610	$53110	$57610	Sisu	6T	402D	18F-6R	145.0	15100	CHA
9745 4WD	$97225	$35970	$42780	$57360	$62220	Sisu	6T	402D	32F-32R	145.0	16100	CHA
9745 4WD	$104615	$38710	$46030	$61720	$66950	Sisu	6T	402D	18F-6R	145.0	16100	CHA
9755 4WD	$111920	$43650	$51480	$61560	$68270	Navistar	6T	530D	18F-6R	160.0		CHA
9765 4WD	$120516	$47000	$55440	$66280	$73520	Navistar	6T	530D	18F-6R	180.0		CHA
9775 4WD	$132060	$51500	$60750	$72630	$80560	Navistar	6TI	530D	18F-6R	200.0		CHA
9785 4WD	$146445	$55770	$65780	$78650	$87230	Navistar	6TI	530D	18F-6R	225.0		CHA

* Engine horsepower

2000

Model	Approx. Retail Price New	Used Trade-In Avg.	Used Trade-In High	Used Retail Avg.	Used Retail High	Engine Make	Engine No. Cyls.	Engine Displ. Cu.-in.	No. Speeds	P.T.O. H.P.	Approx. Shipping Wt.-Lbs.	Cab
5650	$21910	$7890	$9420	$12710	$14240	SLH	3	183D	12F-12R	47.8	4080	No
5650 4WD	$28310	$9830	$11740	$15830	$17750	SLH	3	183D	12F-12R	47.8	4500	No
5660	$25625	$8460	$10510	$14090	$15380	SLH	3	183D	12F-12R	56.9	4500	No
5660 4WD	$31440	$10030	$12460	$16720	$18240	SLH	3	183D	12F-12R	56.9	4940	No
5670	$29195	$9440	$11730	$15730	$17160	SLH	4	244D	24F-12R	63.13	5379	No
5670 4WD	$35710	$11450	$14230	$19090	$20820	SLH	4	244D	24F-12R	63.13	6096	No
6670	$40125	$12570	$15620	$20960	$22860	SLH	4	244D	24F-12R	63.13	5997	CHA
6670 4WD	$45695	$14420	$17920	$24040	$26220	SLH	4	244D	24F-12R	63.13	6658	CHA
8425 AGCOSTAR	$155910	$49300	$62350	$72500	$81200	Cummins	6TA	855D	18F-2R	425*		CHA
8745	$35605	$11750	$14600	$19580	$21360	Cummins	4T	239D	12F-12R	70.0		No
8745 4WD	$42830	$14130	$17560	$23560	$25700	Cummins	4T	239D	12F-12R	70.0		No
8745 4WD w/Cab	$51325	$16940	$21040	$28230	$30800	Cummins	4T	239D	12F-12R	70.0		CHA
8745 w/Cab	$44100	$14550	$18080	$24260	$26460	Cummins	4T	239D	12F-12R	70.0		CHA
8765	$38025	$12550	$15590	$20910	$22820	Cummins	4T	239D	12F-12R	85.0		No
8765 4WD	$47220	$15580	$19360	$25970	$28330	Cummins	4T	239D	12F-12R	85.0		No
8765 4WD w/Cab	$56125	$18520	$23010	$30870	$33680	Cummins	4T	239D	12F-12R	85.0		CHA
8765 w/Cab	$47330	$15620	$19410	$26030	$28400	Cummins	4T	239D	12F-12R	85.0		CHA
8775	$47535	$15690	$19490	$26140	$28520	Cummins	6T	359D	32F-32R	95.0		No
8775 4WD	$57455	$18960	$23560	$31600	$34470	Cummins	6T	359D	32F-32R	95.0		No
8775 4WD w/Cab	$66625	$21990	$27320	$36640	$39980	Cummins	6T	359D	32F-32R	95.0		CHA
8775 w/Cab	$56705	$18710	$23250	$31190	$34020	Cummins	6T	359D	32F-32R	95.0		CHA
8785	$55125	$18190	$22600	$30320	$33080	Cummins	6T	359D	32F-32R	110.0		No
8785 4WD	$64280	$21210	$26360	$35350	$38570	Cummins	6T	359D	32F-32R	110.0		No
8785 4WD w/Cab	$73450	$24240	$30120	$40400	$44070	Cummins	6T	359D	32F-32R	110.0		CHA
8785 w/Cab	$64295	$21220	$26360	$35360	$38580	Cummins	6T	359D	32F-32R	110.0		CHA
9675	$97016	$32020	$39780	$53360	$58210	Detroit Dsl.	6T	530D	18F-9R	176.44	16300	CHA
9675 4WD	$109756	$36220	$45000	$60370	$65850	Detroit Dsl.	6T	530D	18F-9R	176.44	17850	CHA
9695 4WD	$116114	$38320	$47610	$63860	$69670	Detroit Dsl.	6T	530D	18F-9R	196.57	17950	CHA
9735	$77860	$25690	$31920	$42820	$46720	Sisu	6T	402D	32F-32R	125.0	15000	CHA
9735	$83305	$27490	$34160	$45820	$49980	Sisu	6T	402D	18F-6R	125.0	15000	CHA
9735 4WD	$90000	$29700	$36900	$49500	$54000	Sisu	6T	402D	32F-32R	125.0	16000	CHA
9735 4WD	$97070	$32030	$39800	$53390	$58240	Sisu	6T	402D	18F-6R	125.0	16000	CHA
9745	$82615	$27260	$33870	$45440	$49570	Sisu	6T	402D	32F-32R	145.0	15100	CHA
9745	$89245	$29450	$36590	$49090	$53550	Sisu	6T	402D	18F-6R	145.0	15100	CHA
9745 4WD	$95435	$31490	$39130	$52490	$57260	Sisu	6T	402D	32F-32R	145.0	16100	CHA
9745 4WD	$102825	$33000	$41000	$55000	$60000	Sisu	6T	402D	18F-6R	145.0	16100	CHA
9755 4WD	$106440	$34650	$43050	$57750	$63000	Navistar	6T	530D	18F-6R	160.0		CHA
9765 4WD	$117675	$39100	$49450	$57500	$64400	Navistar	6T	530D	18F-6R	180.0		CHA
9775 4WD	$127450	$41820	$52890	$61500	$68880	Navistar	6TI	530D	18F-6R	200.0		CHA
9785 4WD	$142465	$46920	$59340	$69000	$77280	Navistar	6TI	530D	18F-6R	225.0		CHA
9815 4WD	$125692	$42740	$54050	$62850	$70390	Detroit Dsl.	6TI	530D	18F-9R	215.0	19100	CHA
8360 AGCOSTAR	$134411	$42300	$53490	$62200	$69660	Cummins	6TA	855D	18F-2R	360*		CHA

* Engine horsepower

1999

Model	Approx. Retail Price New	Used Trade-In Avg.	Used Trade-In High	Used Retail Avg.	Used Retail High	Engine Make	Engine No. Cyls.	Engine Displ. Cu.-in.	No. Speeds	P.T.O. H.P.	Approx. Shipping Wt.-Lbs.	Cab
5650	$22615	$7480	$9460	$13200	$14300	SLH	3	183D	12F-12R	47.8		No
5650 4WD	$29015	$8840	$10400	$14560	$16380	SLH	3	183D	12F-12R	47.8		No
5660	$26330	$7440	$9360	$12480	$13680	SLH	3	183D	12F-12R	56.9		No
5660 4WD	$32145	$9300	$11700	$15600	$17100	SLH	3	183D	12F-12R	56.9		No
5670	$30055	$8680	$10920	$14560	$15960	SLH	4	244D	24F-12R	63.13	5379	No
5670 4WD	$36585	$10540	$13260	$17680	$19380	SLH	4	244D	24F-12R	63.13	6096	No
6670	$42170	$12430	$15640	$20850	$22860	SLH	4	244D	24F-12R	63.13	5997	CHA
6670 4WD	$47740	$14110	$17750	$23660	$25940	SLH	4	244D	24F-12R	63.13	6658	CHA
8360 AGCOSTAR	$134411	$36610	$45760	$52620	$59490	Cummins	6TA	855D	18F-2R	360*		CHA
8425 AGCOSTAR	$155910	$43200	$54000	$62100	$70200	Cummins	6TA	855D	18F-2R	425*		CHA
8745	$38820	$10850	$13650	$18200	$19950	Sisu	4T	268D	12F-12R	70.0		No
8745 4WD	$45500	$13020	$16380	$21840	$23940	Sisu	4T	268D	12F-12R	70.0		No
8745 4WD w/Cab	$52850	$15810	$19890	$26520	$29070	Sisu	4T	268D	12F-12R	70.0		CHA
8745 w/Cab	$46170	$13640	$17160	$22880	$25080	Sisu	4T	268D	12F-12R	70.0		CHA
8765	$41560	$11780	$14820	$19760	$21660	Sisu	4T	268D	12F-12R	85.0		No
8765 4WD	$49730	$14570	$18330	$24440	$26790	Sisu	4T	268D	12F-12R	85.0		No
8765 4WD w/Cab	$57490	$17360	$21840	$29120	$31920	Sisu	4T	268D	12F-12R	85.0		CHA
8765 w/Cab	$49315	$14570	$18330	$24440	$26790	Sisu	4T	268D	12F-12R	85.0		CHA
8775	$46870	$14110	$17750	$23660	$25940	Sisu	6	402D	32F-32R	95.0		No
8775 4WD	$54115	$16430	$20670	$27560	$30210	Sisu	6	402D	32F-32R	95.0		No
8775 4WD w/Cab	$67025	$20150	$25350	$33800	$37050	Sisu	6	402D	32F-32R	95.0		CHA
8775 w/Cab	$58965	$17360	$21840	$29120	$31920	Sisu	6	402D	32F-32R	95.0		CHA
8785	$53367	$16280	$20480	$27300	$29930	Sisu	6T	402D	32F-32R	110.0		No
8785 4WD	$65552	$19530	$24570	$32760	$35910	Sisu	6T	402D	32F-32R	110.0		No
8785 4WD w/Cab	$78462	$22630	$28470	$37960	$41610	Sisu	6T	402D	32F-32R	110.0		CHA

AGCO (Cont.)

1999 (Cont.)

Model	Approx. Retail Price New	Estimated Value Less Repairs Used Trade-In Avg.	Used Trade-In High	Used Retail Avg.	Used Retail High	Engine Make	Engine No. Cyls.	Engine Displ. Cu.-in.	No. Speeds	P.T.O. H.P.	Approx. Shipping Wt.-Lbs.	Cab
8785 w/Cab	$67977	$19840	$24960	$33280	$36480	Sisu	6T	402D	32F-32R	110.0		CHA
9435	$74235	$22320	$28080	$37440	$41040	Detroit Dsl.	6T	466D	18F-9R	135.69	16550	CHA
9435 4WD	$84615	$25420	$31980	$42640	$46740	Detroit Dsl.	6T	466D	18F-9R	135.69	16550	CHA
9455	$78650	$23560	$29640	$39520	$43320	Detroit Dsl.	6T	466D	18F-9R	155.56	16550	CHA
9455 4WD	$88160	$26660	$33540	$44720	$49020	Detroit Dsl.	6T	466D	18F-9R	155.56	16550	CHA
9635 4WD	$91420	$28480	$35600	$40940	$46280	Detroit Dsl.	6T	466D	18F-9R	135.50	16550	CHA
9655	$84936	$26400	$33000	$37950	$42900	Detroit Dsl.	6T	466D	18F-9R	155.66	16550	CHA
9655 4WD	$96500	$30080	$37600	$43240	$48880	Detroit Dsl.	6T	466D	18F-9R	155.66	16550	CHA
9675	$98095	$30560	$38200	$43930	$49660	Detroit Dsl.	6T	530D	18F-9R	176.44	16300	CHA
9675 4WD	$108406	$33600	$42000	$48300	$54600	Detroit Dsl.	6T	530D	18F-9R	176.44	17850	CHA
9695 4WD	$116346	$36160	$45200	$51980	$58760	Detroit Dsl.	6T	530D	18F-9R	196.57	17950	CHA
9735	$78225	$24390	$30490	$35060	$39640	Sisu	6T	402D	32F-32R	125.0		CHA
9735	$83670	$26130	$32660	$37560	$42460	Sisu	6T	402D	18F-6R	125.0		CHA
9735 4WD	$90110	$27840	$34800	$40020	$45240	Sisu	6T	402D	32F-32R	125.0		CHA
9735 4WD	$97180	$30240	$37800	$43470	$49140	Sisu	6T	402D	18F-6R	125.0		CHA
9745	$82960	$25920	$32400	$37260	$42120	Sisu	6T	402D	32F-32R	145.0		CHA
9745	$89590	$27840	$34800	$40020	$45240	Sisu	6T	402D	18F-6R	145.0		CHA
9745 4WD	$95480	$29760	$37200	$42780	$48360	Sisu	6T	402D	32F-32R	145.0		CHA
9745 4WD	$102870	$3200	$4000	$4600	$5200	Sisu	6T	402D	18F-6R	145.0		CHA
9755 4WD	$107300	$33280	$41600	$47840	$54080	Navistar	6T	530D	18F-6R	160.0		CHA
9765 4WD	$115950	$36000	$45000	$51750	$58500	Navistar	6T	530D	18F-6R	180.0		CHA
9775 4WD	$127305	$39680	$49600	$57040	$64480	Navistar	6TI	530D	18F-6R	200.0		CHA
9785 4WD	$142375	$43840	$54800	$63020	$71240	Navistar	6TI	530D	18F-6R	225.0		CHA
9815 4WD	$126660	$39680	$49600	$57040	$64480	Navistar	6TI	530D	18F-9R	215.0	17600	CHA

* Engine horsepower

1998

Model	Approx. Retail Price New	Used Trade-In Avg.	Used Trade-In High	Used Retail Avg.	Used Retail High	Engine Make	Engine No. Cyls.	Engine Displ. Cu.-in.	No. Speeds	P.T.O. H.P.	Approx. Shipping Wt.-Lbs.	Cab
4650	$18730	$5990	$7120	$10110	$11430	SLH	3	190D	12F-3R	40.37	4475	No
4650 4WD	$24890	$7970	$9460	$13440	$15180	SLH	3	190D	12F-3R	40.37	5070	No
4660	$22170	$6720	$7980	$11340	$12810	SLH	3	190D	12F-3R	52.17	4762	No
4660 4WD	$28945	$8640	$10260	$14580	$16470	SLH	3	190D	12F-3R	52.17	5203	No
5650	$21270	$6810	$8080	$11490	$12980	SLH	3	183D	12F-12R	47.8		No
5650 4WD	$27485	$8480	$10070	$14310	$16170	SLH	3	183D	12F-12R	47.8		No
5660	$24880	$7200	$8550	$12150	$13730	SLH	3	183D	12F-12R	56.9		No
5660 4WD	$30525	$8960	$10640	$15120	$17080	SLH	3	183D	12F-12R	56.9		No
5670	$28495	$8320	$9880	$14040	$15860	SLH	4	244D	24F-12R	63.13	5379	No
5670 4WD	$34835	$10240	$12160	$17280	$19520	SLH	4	244D	24F-12R	63.13	6096	No
5680	$31995	$9280	$11020	$15660	$17690	SLH	4	244D	24F-12R	72.70	5997	No
5680 4WD	$38955	$11520	$13680	$19440	$21960	SLH	4	244D	24F-12R	72.70	6658	No
6670	$40295	$11020	$14060	$18620	$20520	SLH	4	244D	24F-12R	63.13	5997	CHA
6670 4WD	$45705	$12760	$16280	$21560	$23760	SLH	4	244D	24F-12R	63.13	6658	CHA
6680	$40850	$11310	$14430	$19110	$21060	SLH	4	244D	24F-12R	72.70	6724	CHA
6680 4WD	$47320	$13050	$16650	$22050	$24300	SLH	4	244D	24F-12R	72.70	7385	CHA
6690	$35755	$9860	$12580	$16660	$18360	SLH	4T	244D	24F-12R	80.85	6173	No
6690 4WD	$43155	$11920	$15210	$20140	$22190	SLH	4T	244D	24F-12R	80.85	6779	No
6690 4WD w/Cab	$50755	$13980	$17830	$23620	$26030	SLH	4T	244D	24F-12R	80.85	7385	CHA
6690 w/Cab	$43600	$12040	$15360	$20340	$22410	SLH	4T	244D	24F-12R	80.85	6724	CHA
7600	$35975	$10270	$13100	$17350	$19120	SLH	5	317D	24F-12R	89.23	8179	No
7600 4WD	$43280	$12240	$15610	$20680	$22790	SLH	5	317D	24F-12R	89.23	9502	No
7600 4WD w/Cab	$51230	$13920	$17760	$23520	$25920	SLH	5	317D	24F-12R	89.23	9833	CHA
7600 w/Cab	$43540	$12470	$15910	$21070	$23220	SLH	5	317D	24F-12R	89.23	8686	CHA
8360 AGCOSTAR	$135040	$34500	$43700	$48300	$55200	Cummins	6TA	855D	18F-2R	360*		CHA
8425 AGCOSTAR	$155710	$37710	$47770	$52790	$60340	Cummins	6TA	855D	18F-2R	425*		CHA
8745	$36170	$10180	$12990	$17200	$18950	Sisu	4T	268D	12F-12R	70.0		No
8745 4WD	$42565	$12040	$15360	$20340	$22410	Sisu	4T	268D	12F-12R	70.0		No
8745 4WD w/Cab	$50070	$14210	$18130	$24010	$26460	Sisu	4T	268D	12F-12R	70.0		CHA
8745 w/Cab	$43675	$12380	$15790	$20910	$23050	Sisu	4T	268D	12F-12R	70.0		CHA
8765	$38675	$10930	$13940	$18460	$20350	Sisu	4T	268D	12F-12R	85.0		No
8765 4WD	$46405	$13170	$16800	$22250	$24520	Sisu	4T	268D	12F-12R	85.0		No
8765 4WD w/Cab	$54305	$15460	$19720	$26120	$28780	Sisu	4T	268D	12F-12R	85.0		CHA
8765 w/Cab	$46575	$13210	$16860	$22320	$24600	Sisu	4T	268D	12F-12R	85.0		CHA
8775	$43850	$12410	$15840	$20970	$23110	Sisu	6	402D	32F-32R	95.0		No
8775 4WD	$51280	$14560	$18570	$24600	$27110	Sisu	6	402D	32F-32R	95.0		No
8775 4WD w/Cab	$63635	$17980	$22940	$30380	$33480	Sisu	6	402D	32F-32R	95.0		CHA
8775 w/Cab	$55917	$15950	$20350	$26950	$29700	Sisu	6	402D	32F-32R	95.0		CHA
8785	$52478	$14940	$19060	$25240	$27810	Sisu	6T	402D	32F-32R	110.0		No
8785 4WD	$62332	$17780	$22680	$30040	$33100	Sisu	6T	402D	32F-32R	110.0		No
8785 4WD w/Cab	$74686	$21340	$27230	$36060	$39740	Sisu	6T	402D	32F-32R	110.0		CHA
8785 w/Cab	$64550	$18420	$23500	$31120	$34290	Sisu	6T	402D	32F-32R	110.0		CHA
9435	$73555	$20590	$26270	$34790	$38340	Detroit Dsl.	6T	466D	32F-32R	135.69	14600	CHA
9435 4WD	$83930	$23200	$29600	$39200	$43200	Detroit Dsl.	6T	466D	32F-32R	135.69	15700	CHA
9455	$78142	$21610	$27570	$36510	$40230	Detroit Dsl.	6T	466D	32F-32R	155.56	14600	CHA
9455 4WD	$89155	$24800	$31640	$41900	$46170	Detroit Dsl.	6T	466D	32F-32R	155.56	15700	CHA
9635	$79065	$22930	$29250	$38740	$42700	Detroit Dsl.	6T	466D	18F-9R	135.5	15350	CHA
9635 4WD	$90575	$27170	$34420	$38040	$43480	Detroit Dsl.	6T	466D	18F-9R	135.5	16550	CHA
9655	$83765	$25130	$31830	$35180	$40210	Detroit Dsl.	6T	466D	18F-9R	155.66	15350	CHA
9655 4WD	$95227	$28200	$35720	$39480	$45120	Detroit Dsl.	6T	466D	18F-9R	155.66	16550	CHA
9675	$94192	$27900	$35340	$39060	$44640	Detroit Dsl.	6T	530D	18F-9R	176.44	16300	CHA
9675 4WD	$105780	$30900	$39140	$43260	$49440	Detroit Dsl.	6T	530D	18F-9R	176.44	17850	CHA
9695 4WD	$115730	$33600	$42560	$47040	$53760	Detroit Dsl.	6T	530D	18F-9R	196.57	17950	CHA
9735	$78886	$22950	$29070	$32130	$36720	Sisu	6T	402D	32F-32R	125.0		CHA
9735 4WD	$91270	$26700	$33820	$37380	$42720	Sisu	6T	402D	32F-32R	125.0		CHA
9745	$85090	$24900	$31540	$34860	$39840	Sisu	6T	402D	32F-32R	145.0		CHA
9745 4WD	$97000	$28350	$35910	$39690	$45360	Sisu	6T	402D	32F-32R	145.0		CHA

AGCO (Cont.)

Model	Approx. Retail Price New	Estimated Value Less Repairs Used Trade-In Avg.	Used Trade-In High	Used Retail Avg.	Used Retail High	Engine Make	Engine No. Cyls.	Engine Displ. Cu.-in.	No. Speeds	P.T.O. H.P.	Approx. Shipping Wt.-Lbs.	Cab
				1998 (Cont.)								
9815 4WD	$126025	$36600	$46360	**$51240**	**$58560**	Detroit Dsl.	6TI	530D	18F-9R	215.0	17600	CHA
* Engine horsepower												
				1997								
4650	$18730	$5620	$6740	**$9740**	**$11140**	SLH	3	190D	12F-3R	40.37	4475	No
4650 4WD	$24890	$7470	$8960	**$12940**	**$14810**	SLH	3	190D	12F-3R	40.37	5070	No
4660	$22170	$6650	$7980	**$11530**	**$13190**	SLH	3	190D	12F-3R	52.17	4762	No
4660 4WD	$28945	$8680	$10420	**$15050**	**$17220**	SLH	3	190D	12F-3R	52.17	5203	No
5650	$20650	$6200	$7430	**$10740**	**$12290**	SLH	3	183D	12F-12R	47.8		No
5650 4WD	$26685	$8010	$9610	**$13880**	**$15880**	SLH	3	183D	12F-12R	47.8		No
5660	$24155	$6630	$7960	**$11490**	**$13150**	SLH	3	183D	12F-12R	56.9		No
5660 4WD	$29635	$8160	$9790	**$14140**	**$16180**	SLH	3	183D	12F-12R	56.9		No
5670	$27665	$7500	$9000	**$13000**	**$14880**	SLH	4	244D	24F-12R	63.13	5379	No
5670 4WD	$33820	$9540	$11450	**$16540**	**$18920**	SLH	4	244D	24F-12R	63.13	6096	No
5680	$31995	$8850	$10620	**$15340**	**$17550**	SLH	4	244D	24F-12R	72.70	5997	No
5680 4WD	$38955	$10950	$13140	**$18980**	**$21720**	SLH	4	244D	24F-12R	72.70	6658	No
6670	$37820	$9590	$12430	**$16330**	**$18110**	SLH	4	244D	24F-12R	63.13	5997	CHA
6670 4WD	$43075	$11070	$14350	**$18860**	**$20910**	SLH	4	244D	24F-12R	63.13	6658	CHA
6680	$39510	$10130	$13130	**$17250**	**$19130**	SLH	4	244D	24F-12R	72.70	6724	CHA
6680 4WD	$45980	$11750	$15230	**$20010**	**$22190**	SLH	4	244D	24F-12R	72.70	7385	CHA
6690	$34415	$9020	$11690	**$15360**	**$17030**	SLH	4T	244D	24F-12R	80.85	6173	No
6690 4WD	$41815	$10530	$13650	**$17940**	**$19890**	SLH	4T	244D	24F-12R	80.85	6779	No
6690 4WD w/Cab	$49415	$12690	$16450	**$21620**	**$23970**	SLH	4T	244D	24F-12R	80.85	7385	CHA
6690 w/Cab	$42260	$10850	$14070	**$18490**	**$20500**	SLH	4T	244D	24F-12R	80.85	6724	CHA
7600	$35975	$10170	$12200	**$17630**	**$20170**	SLH	5	317D	24F-12R	89.23	8179	No
7600 4WD	$43280	$12360	$14830	**$21420**	**$24510**	SLH	5	317D	24F-12R	89.23	9502	No
7600 4WD w/Cab	$51230	$12770	$16560	**$21760**	**$24120**	SLH	5	317D	24F-12R	89.23	9833	CHA
7600 w/Cab	$43540	$11610	$15050	**$19780**	**$21930**	SLH	5	317D	24F-12R	89.23	8686	CHA
8360 AGCOSTAR	$119590	$27860	$35820	**$39800**	**$44780**	Cummins	6TA	855D	18F-2R	360*		CHA
8425 AGCOSTAR	$145296	$32280	$41510	**$46120**	**$51890**	Cummins	6TA	855D	18F-2R	425*		CHA
8425 AGCOSTAR	$147726	$32790	$42160	**$46840**	**$52700**	Detroit Dsl.	6TA	774D	18F-2R	425*		CHA
8610	$57125	$15420	$19990	**$26280**	**$29130**	SLH	6	366D	36F-36R	103.12	9670	CHA
8610 4WD	$64815	$17500	$22690	**$29820**	**$33060**	SLH	6	366D	36F-36R	103.12	10870	CHA
8630	$65155	$17590	$22800	**$29970**	**$33230**	SLH	6T	366D	36F-36R	119.6	10159	CHA
8630 4WD	$73325	$19800	$25660	**$33730**	**$37400**	SLH	6T	366D	36F-36R	119.6	11100	CHA
8745	$35750	$9260	$12010	**$15780**	**$17490**	AGCO	4T	268D	12F-12R	70.0		No
8745 4WD	$41665	$10800	$14000	**$18400**	**$20400**	AGCO	4T	268D	12F-12R	70.0		No
8745 4WD w/Cab	$49200	$12720	$16490	**$21670**	**$24020**	AGCO	4T	268D	12F-12R	70.0		CHA
8745 w/Cab	$42445	$11070	$14350	**$18860**	**$20910**	AGCO	4T	268D	12F-12R	70.0		CHA
8765	$37775	$9610	$12450	**$16370**	**$18140**	AGCO	4T	268D	12F-12R	85.0		No
8765 4WD	$45325	$11560	$14980	**$19690**	**$21830**	AGCO	4T	268D	12F-12R	85.0		No
8765 4WD w/Cab	$53625	$13640	$17680	**$23230**	**$25760**	AGCO	4T	268D	12F-12R	85.0		CHA
8765 w/Cab	$45165	$11610	$15050	**$19780**	**$21930**	AGCO	4T	268D	12F-12R	85.0		CHA
8775	$43100	$11120	$14420	**$18950**	**$21010**	AGCO	6	402D	32F-32R	95.0		No
8775 4WD	$50330	$12970	$16810	**$22090**	**$24500**	AGCO	6	402D	32F-32R	95.0		No
8775 4WD w/Cab	$62415	$16200	$21000	**$27600**	**$30600**	AGCO	6	402D	32F-32R	95.0		CHA
8775 w/Cab	$54235	$14090	$18270	**$24010**	**$26620**	AGCO	6	402D	32F-32R	95.0		CHA
8785	$51380	$13640	$17680	**$23230**	**$25760**	AGCO	6T	402D	32F-32R	110.0		No
8785 4WD	$61445	$16010	$20760	**$27280**	**$30240**	AGC0	6T	402D	32F-32R	110.0		No
8785 4WD w/Cab	$73236	$19010	$24640	**$32380**	**$35900**	AGCO	6T	402D	32F-32R	110.0		CHA
8785 w/Cab	$63250	$16550	$21460	**$28200**	**$31260**	AGCO	6T	402D	32F-32R	110.0		CHA
9435	$71533	$18630	$24150	**$31740**	**$35190**	Detroit Dsl.	6T	466D	32F-32R	135.69	14600	CHA
9435 4WD	$82090	$21330	$27650	**$36340**	**$40290**	Detroit Dsl.	6T	466D	32F-32R	135.69	15700	CHA
9455	$76121	$19980	$25900	**$34040**	**$37740**	Detroit Dsl.	6T	466D	32F-32R	155.56	14600	CHA
9455 4WD	$87314	$22820	$29580	**$38870**	**$43100**	Detroit Dsl.	6T	466D	32F-32R	155.56	15700	CHA
9635	$75405	$20720	$26640	**$29600**	**$33300**	Detroit Dsl.	6T	466D	18F-9R	135.5	15350	CHA
9635 4WD	$88737	$24360	$31320	**$34800**	**$39150**	Detroit Dsl.	6T	466D	18F-9R	135.5	16550	CHA
9655	$83542	$23100	$29700	**$33000**	**$37130**	Detroit Dsl.	6T	466D	18F-9R	155.66	15350	CHA
9655 4WD	$93993	$25900	$33300	**$37000**	**$41630**	Detroit Dsl.	6T	466D	18F-9R	155.66	16550	CHA
9675	$93363	$25760	$33120	**$36800**	**$41400**	Detroit Dsl.	6T	530D	18F-9R	176.44	16300	CHA
9675 4WD	$105960	$28560	$36720	**$40800**	**$45900**	Detroit Dsl.	6T	530D	18F-9R	176.44	17850	CHA
9695 4WD	$115730	$30800	$39600	**$44000**	**$49500**	Detroit Dsl.	6T	530D	18F-9R	196.57	17950	CHA
9815 4WD	$126025	$33880	$43560	**$48400**	**$54450**	Detroit Dsl.	6TI	530D	18F-9R	215.0	17600	CHA
* Engine horsepower												
				1996								
4650	$18290	$5120	$6220	**$9330**	**$10700**	SLH	3	190D	16F-4R	40.37	4475	No
4650 4WD	$24225	$6780	$8240	**$12360**	**$14170**	SLH	3	190D	16F-4R	40.37	5070	No
4660	$21585	$5400	$7120	**$9500**	**$10580**	SLH	3	190D	16F-4R	52.17	4762	No
4660 4WD	$28160	$7040	$9290	**$12390**	**$13800**	SLH	3	190D	16F-4R	52.17	5203	No
5650	$19410	$5440	$6600	**$9900**	**$11360**	SLH	3	183D	12F-12R	47.8		No
5650 4WD	$25245	$7070	$8580	**$12880**	**$14770**	SLH	3	183D	12F-12R	47.8		No
5660	$22800	$5700	$7520	**$10030**	**$11170**	SLH	3	183D	12F-12R	56.9		No
5660 4WD	$28095	$7020	$9270	**$12360**	**$13770**	SLH	3	183D	12F-12R	56.9		No
5670	$26140	$6540	$8630	**$11500**	**$12810**	SLH	4	244D	24F-12R	63.13	5379	No
5670 4WD	$32085	$8020	$10590	**$14120**	**$15720**	SLH	4	244D	24F-12R	63.13	6096	No
5680	$30325	$7580	$10010	**$13340**	**$14860**	SLH	4	244D	24F-12R	72.70	5997	No
5680 4WD	$37050	$9260	$12230	**$16300**	**$18160**	SLH	4	244D	24F-12R	72.70	6658	No
6670	$36540	$8640	$11400	**$15200**	**$16930**	SLH	4	244D	24F-12R	63.13	5997	CHA
6670 4WD	$41620	$9750	$12870	**$17160**	**$19110**	SLH	4	244D	24F-12R	63.13	6658	CHA
6680	$38175	$9040	$11940	**$15920**	**$17730**	SLH	4	244D	24F-12R	72.70	6724	CHA
6680 4WD	$44425	$10500	$13860	**$18480**	**$20580**	SLH	4	244D	24F-12R	72.70	7385	CHA
6690	$33250	$7840	$10350	**$13790**	**$15360**	SLH	4T	244D	24F-12R	80.85	6173	No
6690 4WD	$40400	$9600	$12670	**$16900**	**$18820**	SLH	4T	244D	24F-12R	80.85	6779	No

AGCO (Cont.)

Model	Approx. Retail Price New	Estimated Value Less Repairs: Used Trade-In Avg.	Used Trade-In High	Used Retail Avg.	Used Retail High	Engine Make	Engine No. Cyls.	Engine Displ. Cu.-in.	No. Speeds	P.T.O. H.P.	Approx. Shipping Wt.-Lbs.	Cab
				1996 (Cont.)								
6690 4WD w/Cab	$47745	$11440	$15100	**$20130**	**$22420**	SLH	4T	244D	24F-12R	80.85	7385	CHA
6690 w/Cab	$40830	$9700	$12800	**$17070**	**$19010**	SLH	4T	244D	24F-12R	80.85	6724	CHA
7600	$35975	$9770	$11870	**$17800**	**$20420**	SLH	5	317D	24F-12R	89.23	8179	No
7600 4WD	$43280	$11820	$14350	**$21520**	**$24690**	SLH	5	317D	24F-12R	89.23	9502	No
7600 4WD w/Cab	$51230	$12180	$16070	**$21430**	**$23860**	SLH	5	317D	24F-12R	89.23	9833	CHA
7600 w/Cab	$43540	$12190	$14800	**$22210**	**$25470**	SLH	5	317D	24F-12R	89.23	8686	CHA
8360 AGCOSTAR	$118410	$25480	$33320	**$36260**	**$42140**	Cummins	6TA	855D	18F-2R	360*		CHA
8425 AGCOSTAR	$144575	$29770	$38930	**$42370**	**$49240**	Cummins	6TA	855D	18F-2R	425*		CHA
8425 AGCOSTAR	$146935	$30390	$39750	**$43250**	**$50270**	Detroit Dsl.	6TA	774D	18F-2R	425*		CHA
8610	$55195	$13800	$18210	**$24290**	**$27050**	SLH	6	366D	36F-36R	103.12	9670	CHA
8610 4WD	$63985	$16000	$21120	**$28150**	**$31350**	SLH	6	366D	36F-36R	103.12	10870	CHA
8630	$62950	$15740	$20770	**$27700**	**$30850**	SLH	6T	366D	36F-36R	119.6	10159	CHA
8630 4WD	$72705	$18180	$23990	**$31990**	**$35630**	SLH	6T	366D	36F-36R	119.6	11100	CHA
9435	$69235	$16550	$21850	**$29130**	**$32440**	Detroit Dsl.	6T	466D	32F-32R	135.69	14600	CHA
9435 4WD	$79290	$19000	$25080	**$33440**	**$37240**	Detroit Dsl.	6T	466D	32F-32R	135.69	15700	CHA
9455	$73670	$17630	$23270	**$31020**	**$34550**	Detroit Dsl.	6T	466D	32F-32R	155.56	14600	CHA
9455 4WD	$84360	$20130	$26570	**$35420**	**$39450**	Detroit Dsl.	6T	466D	32F-32R	155.56	15700	CHA
9635	$74565	$19390	$25350	**$27590**	**$32060**	Detroit Dsl.	6T	466D	18F-9R	135.5	15350	CHA
9635 4WD	$87080	$22360	$29240	**$31820**	**$36980**	Detroit Dsl.	6T	466D	18F-9R	135.5	16550	CHA
9655	$80235	$20540	$26860	**$29230**	**$33970**	Detroit Dsl.	6T	466D	18F-9R	155.66	15350	CHA
9655 4WD	$90275	$23140	$30260	**$32930**	**$38270**	Detroit Dsl.	6T	466D	18F-9R	155.66	16550	CHA
9675	$88165	$22620	$29580	**$32190**	**$37410**	Detroit Dsl.	6T	530D	18F-9R	176.44	16300	CHA
9675 4WD	$101765	$25740	$33660	**$36630**	**$42570**	Detroit Dsl.	6T	530D	18F-9R	176.44	17850	CHA
9695 4WD	$108975	$27300	$35700	**$38850**	**$45150**	Detroit Dsl.	6T	530D	18F-9R	196.57	17950	CHA
9815 4WD	$118505	$29900	$39100	**$42550**	**$49450**	Detroit Dsl.	6TI	530D	18F-9R	215.0	17600	CHA
*** Engine horsepower**												
				1995								
4650	$17503	$4550	$5600	**$8750**	**$10060**	SLH	3	190D	16F-4R	40.37	4475	No
4650 4WD	$23183	$6030	$7420	**$11590**	**$13330**	SLH	3	190D	16F-4R	40.37	5070	No
4660	$20654	$5370	$6610	**$10330**	**$11880**	SLH	3	190D	16F-4R	52.17	4762	No
4660 4WD	$26945	$7010	$8620	**$13470**	**$15490**	SLH	3	190D	16F-4R	52.17	5203	No
5650	$18572	$5570	$7060	**$10220**	**$11420**	SLH	3	183D	12F-12R	47.8		No
5650 4WD	$24156	$7250	$9180	**$13290**	**$14860**	SLH	3	183D	12F-12R	47.8		No
5660	$21818	$5240	$6760	**$9160**	**$10250**	SLH	3	183D	12F-12R	56.9		No
5660 4WD	$26884	$6450	$8330	**$11290**	**$12640**	SLH	3	183D	12F-12R	56.9		No
5670	$25014	$6000	$7750	**$10510**	**$11760**	SLH	4	244D	24F-12R	63.13	5379	No
5670 4WD	$30703	$7370	$9520	**$12900**	**$14430**	SLH	4	244D	24F-12R	63.13	6096	No
5680	$29017	$6960	$9000	**$12190**	**$13640**	SLH	4	244D	24F-12R	72.70	5997	No
5680 4WD	$35455	$8510	$10990	**$14890**	**$16660**	SLH	4	244D	24F-12R	72.70	6658	No
6670	$34965	$7920	$10230	**$13860**	**$15510**	SLH	4	244D	24F-12R	63.13	5997	CHA
6670 4WD	$39829	$9070	$11720	**$15880**	**$17770**	SLH	4	244D	24F-12R	63.13	6658	CHA
6680	$36533	$8280	$10700	**$14490**	**$16220**	SLH	4	244D	24F-12R	72.70	6724	CHA
6680 4WD	$42512	$9720	$12560	**$17010**	**$19040**	SLH	4	244D	24F-12R	72.70	7385	CHA
6690	$31820	$7150	$9240	**$12520**	**$14010**	SLH	4T	244D	24F-12R	80.85	6173	No
6690 4WD	$38662	$8780	$11350	**$15370**	**$17200**	SLH	4T	244D	24F-12R	80.85	6779	No
6690 4WD w/Cab	$45690	$10440	$13490	**$18270**	**$20450**	SLH	4T	244D	24F-12R	80.85	7385	CHA
6690 w/Cab	$39073	$8880	$11470	**$15540**	**$17390**	SLH	4T	244D	24F-12R	80.85	6724	CHA
7600	$34424	$8420	$10370	**$16200**	**$18630**	SLH	5	317D	24F-12R	89.23	8179	No
7600 4WD	$41417	$10240	$12610	**$19700**	**$22660**	SLH	5	317D	24F-12R	89.23	9502	No
7600 4WD w/Cab	$49024	$12220	$15040	**$23500**	**$27030**	SLH	5	317D	24F-12R	89.23	9833	CHA
7600 w/Cab	$41664	$10660	$13120	**$20500**	**$23580**	SLH	5	317D	24F-12R	89.23	8686	CHA
7630 4WD	$58385	$14560	$17920	**$28000**	**$32200**	SLH	6	380D	24F-12R	115.02	11398	CHA
7650 4WD	$62651	$15860	$19520	**$30500**	**$35080**	SLH	6T	380D	24F-12R	128.38	12566	CHA
8610	$52816	$12680	$16370	**$22180**	**$24820**	SLH	6	366D	36F-36R	103.12	9670	CHA
8610 4WD	$61231	$14700	$18980	**$25720**	**$28780**	SLH	6	366D	36F-36R	103.12	10870	CHA
8630	$60237	$14460	$18670	**$25300**	**$28310**	SLH	6T	366D	36F-36R	119.6	10159	CHA
8630 4WD	$67793	$16270	$21020	**$28470**	**$31860**	SLH	6T	366D	36F-36R	119.6	11100	CHA
9435	$68545	$15840	$20460	**$27720**	**$31020**	Detroit Dsl.	6T	466D	32F-32R	135.0	14600	CHA
9435 4WD	$77290	$17760	$22940	**$31080**	**$34780**	Detroit Dsl.	6T	466D	32F-32R	135.0	15700	CHA
9455	$71848	$16560	$21390	**$28980**	**$32430**	Detroit Dsl.	6T	466D	32F-32R	155.0	14600	CHA
9455 4WD	$82315	$18790	$24270	**$32890**	**$36800**	Detroit Dsl.	6T	466D	32F-32R	155.0	15700	CHA
9630	$73765	$17040	$22720	**$24140**	**$29110**	Deutz	6TI	374D	18F-9R	135.0	15200	CHA
9630 4WD	$84876	$19200	$25600	**$27200**	**$32800**	Deutz	6TI	374D	18F-9R	135.0	16500	CHA
9635	$73435	$16920	$22560	**$23970**	**$28910**	Detroit Dsl.	6T	466D	18F-9R	135.0	15350	CHA
9635 4WD	$84506	$19440	$25920	**$27540**	**$33210**	Detroit Dsl.	6T	466D	18F-9R	135.0	16550	CHA
9650	$78215	$17570	$23420	**$24890**	**$30010**	Deutz	6TI	374D	18F-9R	155.0	15200	CHA
9650 4WD	$90016	$20400	$27200	**$28900**	**$34850**	Deutz	6TI	374D	18F-9R	155.0	16500	CHA
9655	$77865	$17470	$23300	**$24750**	**$29850**	Detroit Dsl.	6T	466D	18F-9R	155.0	15350	CHA
9655 4WD	$88836	$20110	$26820	**$28490**	**$34360**	Detroit Dsl.	6T	466D	18F-9R	155.0	16550	CHA
9670	$87015	$19680	$26240	**$27880**	**$33620**	Deutz	6T	584D	18F-9R	175.0	16770	CHA
9670 4WD	$99206	$22610	$30140	**$32030**	**$38620**	Deutz	6T	584D	18F-9R	175.0	18400	CHA
9675	$85845	$19390	$25860	**$27470**	**$33130**	Detroit Dsl.	6T	530D	18F-9R	175.0	16300	CHA
9675 4WD	$97886	$22300	$29730	**$31590**	**$38090**	Detroit Dsl.	6T	530D	18F-9R	175.0	17850	CHA
9690 4WD	$107406	$24480	$32640	**$34680**	**$41820**	Deutz	6T	584D	18F-9R	195.0	18500	CHA
9695 4WD	$105966	$24220	$32290	**$34310**	**$41370**	Detroit Dsl.	6T	530D	18F-9R	195.0	17950	CHA
9815 4WD	$115244	$26520	$35360	**$37570**	**$45310**	Detroit Dsl.	6TI	530D	18F-9R	215.0	17600	CHA
				1994								
4650	$17399	$4350	$5390	**$8530**	**$9830**	SLH	3	190D	16F-4R	40.37	4475	No
4650 4WD	$22885	$5720	$7090	**$11210**	**$12930**	SLH	3	190D	16F-4R	40.37	5070	No
4660	$20429	$5110	$6330	**$10010**	**$11540**	SLH	3	190D	16F-4R	52.17	4762	No
4660 4WD	$26482	$6620	$8210	**$12980**	**$14960**	SLH	3	190D	16F-4R	52.17	5203	No
5670	$24168	$5680	$7410	**$9880**	**$11360**	SLH	4	244D	24F-12R	63.13	5379	No

AGCO (Cont.)

Model	Approx. Retail Price New	Used Trade-In Avg.	Used Trade-In High	Used Retail Avg.	Used Retail High	Engine Make	Engine No. Cyls.	Engine Displ. Cu.-in.	No. Speeds	P.T.O. H.P.	Approx. Shipping Wt.-Lbs.	Cab
				1994 (Cont.)								
5670 4WD	$29665	$6820	$8900	**$11870**	**$13650**	SLH	4	244D	24F-12R	63.13	6096	No
5680	$28036	$6450	$8410	**$11210**	**$12900**	SLH	4	244D	24F-12R	72.70	5997	No
5680 4WD	$34101	$7840	$10230	**$13640**	**$15690**	SLH	4	244D	16F-16R	72.70	6658	No
6670	$33783	$7310	$9540	**$12720**	**$14630**	SLH	4	244D	24F-12R	63.13	5997	CHA
6670 4WD	$38482	$8400	$10950	**$14600**	**$16790**	SLH	4	244D	24F-12R	63.13	6658	CHA
6680	$35298	$7660	$9990	**$13320**	**$15320**	SLH	4	244D	24F-12R	72.70	6724	CHA
6680 4WD	$41074	$8970	$11700	**$15600**	**$17940**	SLH	4	244D	24F-12R	72.70	7385	CHA
6690	$30744	$6620	$8640	**$11520**	**$13250**	SLH	4T	244D	24F-12R	80.85	6173	No
6690 4WD	$37355	$8120	$10590	**$14120**	**$16240**	SLH	4T	244D	24F-12R	80.85	6779	No
6690 4WD w/Cab	$44145	$9660	$12600	**$16800**	**$19320**	SLH	4T	244D	24F-12R	80.85	7385	CHA
6690 w/Cab	$37752	$8210	$10710	**$14280**	**$16420**	SLH	4T	244D	24F-12R	80.85	6724	CHA
7600 4WD	$40016	$9750	$12090	**$19110**	**$22040**	SLH	5	317D	24F-12R	89.23	9502	No
7600 4WD w/Cab	$47366	$11580	$14350	**$22690**	**$26160**	SLH	5	317D	24F-12R	89.23	9833	CHA
7600 w/Cab	$40255	$9840	$12200	**$19280**	**$22230**	SLH	5	317D	24F-12R	89.23	8686	CHA
7630 4WD	$56411	$13500	$16740	**$26460**	**$30510**	SLH	6	380D	24F-12R	115.02	11398	CHA
7650 4WD	$60532	$15000	$18600	**$29400**	**$33900**	SLH	6T	380D	24F-12R	128.38	12566	CHA
8610	$51030	$11740	$15310	**$20410**	**$23470**	SLH	6	366D	36F-36R	103.12	9670	CHA
8610 4WD	$57900	$13320	$17370	**$23160**	**$26630**	SLH	6	366D	36F-36R	103.12	10870	CHA
8630	$58200	$13390	$17460	**$23280**	**$26770**	SLH	6T	366D	36F-36R	119.6	10159	CHA
8630 4WD	$65500	$15070	$19650	**$26200**	**$30130**	SLH	6T	366D	36F-36R	119.6	11100	CHA
9435	$64845	$14720	$19200	**$25600**	**$29440**	Detroit Dsl.	6T	466D	32F-32R	135.0	14600	CHA
9435 4WD	$75480	$16790	$21900	**$29200**	**$33580**	Detroit Dsl.	6T	466D	32F-32R	135.0	15700	CHA
9455	$69105	$15890	$20730	**$27640**	**$31790**	Detroit Dsl.	6T	466D	32F-32R	155.0	14600	CHA
9455 4WD	$80390	$18490	$24120	**$32160**	**$36980**	Detroit Dsl.	6T	466D	32F-32R	155.0	15700	CHA
9630	$69550	$14960	$20400	**$21760**	**$26520**	Deutz	6TI	374D	18F-9R	135.0	15200	CHA
9630 4WD	$80185	$16940	$23100	**$24640**	**$30030**	Deutz	6TI	374D	18F-9R	135.0	16500	CHA
9635	$69550	$14630	$19950	**$21280**	**$25940**	Detroit Dsl.	6T	466D	18F-9R	135.0	15350	CHA
9635 4WD	$80185	$16500	$22500	**$24000**	**$29250**	Detroit Dsl.	6T	466D	18F-9R	135.0	16550	CHA
9650	$73810	$15400	$21000	**$22400**	**$27300**	Deutz	6TI	374D	18F-9R	155.0	15200	CHA
9650 4WD	$85120	$17600	$24000	**$25600**	**$31200**	Deutz	6TI	374D	18F-9R	155.0	16500	CHA
9655	$73810	$15620	$21300	**$22720**	**$27690**	Detroit Dsl.	6T	466D	18F-9R	155.0	15350	CHA
9655 4WD	$85120	$17820	$24300	**$25920**	**$31590**	Detroit Dsl.	6T	466D	18F-9R	155.0	16550	CHA
9670	$80925	$16830	$22950	**$24480**	**$29840**	SLH	6T	584D	18F-9R	175.0	16770	CHA
9670 4WD	$94335	$19800	$27000	**$28800**	**$35100**	SLH	6T	584D	18F-9R	175.0	18400	CHA
9675	$80925	$16720	$22800	**$24320**	**$29640**	Detroit Dsl.	6T	530D	18F-9R	175.0	16300	CHA
9675 4WD	$94335	$19870	$27090	**$28900**	**$35220**	Detroit Dsl.	6T	530D	18F-9R	175.0	17850	CHA
9690 4WD	$102220	$21560	$29400	**$31360**	**$38220**	Deutz	6T	584D	18F-9R	195.0	18500	CHA
9695 4WD	$102220	$21600	$29460	**$31420**	**$38300**	Detroit Dsl.	6T	530D	18F-9R	195.0	17950	CHA
9815 4WD	$115095	$24200	$33000	**$35200**	**$42900**	Detroit Dsl.	6TI	530D	18F-9R	215.0	17600	CHA
				1993								
4650	$16845	$4040	$5050	**$8090**	**$9350**	SLH	3	190D	16F-4R	40.37	4475	No
4650 4WD	$22157	$5320	$6650	**$10640**	**$12300**	SLH	3	190D	16F-4R	40.37	5070	No
4660	$19779	$4750	$5930	**$9490**	**$10980**	SLH	3	190D	16F-4R	52.17	4762	No
4660 4WD	$25912	$6220	$7770	**$12440**	**$14380**	SLH	3	190D	16F-4R	52.17	5203	No
5670	$23399	$5150	$6790	**$8890**	**$10530**	SLH	4	244D	24F-12R	63.13	5379	No
5670 4WD	$28721	$6320	$8330	**$10910**	**$12920**	SLH	4	244D	24F-12R	63.13	6096	No
5680	$27144	$5970	$7870	**$10320**	**$12220**	SLH	4	244D	24F-12R	72.70	5997	No
5680 4WD	$33166	$7300	$9620	**$12600**	**$14930**	SLH	4	244D	24F-12R	72.70	6658	No
6670	$32708	$7200	$9490	**$12430**	**$14720**	SLH	4	244D	24F-12R	63.13	5997	CHA
6670 4WD	$37258	$7770	$10240	**$13410**	**$15890**	SLH	4	244D	24F-12R	63.13	6658	CHA
6680	$34175	$7080	$9340	**$12240**	**$14490**	SLH	4	244D	24F-12R	72.70	6724	CHA
6680 4WD	$39768	$8290	$10930	**$14330**	**$16970**	SLH	4	244D	24F-12R	72.70	7385	CHA
6690	$29767	$6090	$8030	**$10530**	**$12470**	SLH	4T	244D	24F-12R	80.85	6173	No
6690 4WD	$36167	$7480	$9860	**$12920**	**$15300**	SLH	4T	244D	24F-12R	80.85	6779	No
6690 4WD w/Cab	$42740	$8910	$11750	**$15390**	**$18230**	SLH	4T	244D	24F-12R	80.85	7385	CHA
6690 w/Cab	$36551	$7590	$10010	**$13110**	**$15530**	SLH	4T	244D	24F-12R	80.85	6724	CHA
7600	$32202	$7490	$9360	**$14980**	**$17320**	SLH	5	317D	24F-12R	89.23	8179	No
7600 4WD	$38743	$8880	$11100	**$17760**	**$20540**	SLH	5	317D	24F-12R	89.23	9502	No
7600 4WD w/Cab	$45859	$10510	$13140	**$21020**	**$24310**	SLH	5	317D	24F-12R	89.23	9833	CHA
7600 w/Cab	$38975	$8980	$11220	**$17950**	**$20760**	SLH	5	317D	24F-12R	89.23	8686	CHA
7630 4WD	$54718	$12720	$15900	**$25440**	**$29420**	SLH	6	380D	24F-12R	115.02	11398	CHA
7650 4WD	$58716	$13680	$17100	**$27360**	**$31640**	SLH	6T	380D	24F-12R	128.38	12566	CHA
8610	$49407	$10870	$14330	**$18780**	**$22230**	SLH	6	366D	36F-36R	103.12	9670	CHA
8610 4WD	$56058	$12330	$16260	**$21300**	**$25230**	SLH	6	366D	36F-36R	103.12	10870	CHA
8630	$56349	$12400	$16340	**$21410**	**$25360**	SLH	6T	366D	36F-36R	119.6	10159	CHA
8630 4WD	$63417	$13950	$18390	**$24100**	**$28540**	SLH	6T	366D	36F-36R	119.6	11100	CHA
9130	$60386	$12760	$16820	**$22040**	**$26100**	Deutz	6TI	374D	18F-6R	135.0	12300	CHA
9130 4WD	$70422	$13400	$18760	**$20100**	**$25460**	Deutz	6TI	374D	18F-6R	135.0	13600	CHA
9150	$63009	$12100	$16940	**$18150**	**$22990**	Deutz	6TI	374D	18F-6R	150.0	13520	CHA
9150 4WD	$74103	$14200	$19880	**$21300**	**$26980**	Deutz	6TI	374D	18F-6R	150.0	14880	CHA
9170	$66660	$12860	$18000	**$19290**	**$24430**	Deutz	6T	584D	18F-6R	172.0	15640	CHA
9170 4WD	$81581	$15400	$21560	**$23100**	**$29260**	Deutz	6T	584D	18F-6R	172.0	16040	CHA
9190 4WD	$87298	$16900	$23660	**$25350**	**$32110**	Deutz	6T	584D	18F-6R	193.0	16600	CHA
9630	$67463	$14300	$18850	**$24700**	**$29250**	Deutz	6TI	374D	18F-9R	135.0	15200	CHA
9630 4WD	$77779	$16280	$21460	**$28120**	**$33300**	Deutz	6TI	374D	18F-9R	135.0	16500	CHA
9650	$71595	$13800	$19320	**$20700**	**$26220**	Deutz	6TI	374D	18F-9R	155.0	15200	CHA
9650 4WD	$82566	$15880	$22230	**$23820**	**$30170**	Deutz	6TI	374D	18F-9R	155.0	16500	CHA
9670	$78497	$15080	$21110	**$22620**	**$28650**	Deutz	6T	584D	18F-9R	175.0	16770	CHA
9670 4WD	$91504	$17500	$24500	**$26250**	**$33250**	Deutz	6T	584D	18F-9R	175.0	18400	CHA
9690 4WD	$99153	$19120	$26770	**$28680**	**$36330**	Deutz	6T	584D	18F-9R	195.0	18500	CHA

AGCO (Cont.)

1992

Model	Approx. Retail Price New	Estimated Value Less Repairs Used Trade-In Avg.	Used Trade-In High	Used Retail Avg.	Used Retail High	Engine Make	Engine No. Cyls.	Engine Displ. Cu.-in.	No. Speeds	P.T.O. H.P.	Approx. Shipping Wt.-Lbs.	Cab
4650	$16355	$3760	$4740	**$7690**	**$8910**	SLH	3	190D	16F-4R	40.37	4475	No
4650 4WD	$21512	$4950	$6240	**$10110**	**$11720**	SLH	3	190D	16F-4R	40.37	5070	No
4660	$19203	$4420	$5570	**$9030**	**$10470**	SLH	3	190D	16F-4R	52.17	4762	No
4660 4WD	$25158	$5790	$7300	**$11820**	**$13710**	SLH	3	190D	16F-4R	52.17	5203	No
5670	$22718	$4770	$6360	**$8180**	**$10000**	SLH	4	244D	24F-12R	63.13	5379	No
5670 4WD	$27885	$5860	$7810	**$10040**	**$12270**	SLH	4	244D	24F-12R	63.13	6096	No
5680	$26354	$5530	$7380	**$9490**	**$11600**	SLH	4	244D	24F-12R	72.70	5997	No
5680 4WD	$32200	$6760	$9020	**$11590**	**$14170**	SLH	4	244D	24F-12R	72.70	6658	No
6670	$31756	$6240	$8320	**$10690**	**$13070**	SLH	4	244D	24F-12R	63.13	5997	CHA
6670 4WD	$36173	$7160	$9550	**$12280**	**$15000**	SLH	4	244D	24F-12R	63.13	6658	CHA
6680	$33180	$6550	$8740	**$11230**	**$13730**	SLH	4	244D	24F-12R	72.70	6724	CHA
6680 4WD	$38610	$7690	$10250	**$13180**	**$16100**	SLH	4	244D	24F-12R	72.70	7385	CHA
6690	$28900	$5650	$7530	**$9680**	**$11840**	SLH	4T	244D	24F-12R	80.85	6173	No
6690 4WD	$35114	$6950	$9270	**$11920**	**$14560**	SLH	4T	244D	24F-12R	80.85	6779	No
6690 4WD w/Cab	$41496	$8400	$11200	**$14400**	**$17600**	SLH	4T	244D	24F-12R	80.85	7385	CHA
6690 w/Cab	$35487	$7040	$9380	**$12060**	**$14740**	SLH	4T	244D	24F-12R	80.85	6724	CHA
7600	$31265	$6900	$8700	**$14100**	**$16350**	SLH	5	317D	24F-12R	89.23	8179	No
7600 4WD	$37615	$8280	$10440	**$16920**	**$19620**	SLH	5	317D	24F-12R	89.23	9502	No
7600 4WD w/Cab	$44524	$9780	$12330	**$19980**	**$23160**	SLH	5	317D	24F-12R	89.23	9833	CHA
7600 w/Cab	$37840	$8470	$10680	**$17310**	**$20070**	SLH	5	317D	24F-12R	89.23	8686	CHA
8610	$47968	$10070	$13430	**$17270**	**$21110**	SLH	6	366D	36F-36R	103.12	9670	CHA
8610 4WD	$54426	$11430	$15240	**$19590**	**$23950**	SLH	6	366D	36F-36R	103.12	10870	CHA
8630	$54708	$11490	$15320	**$19700**	**$24070**	SLH	6T	366D	36F-36R	119.6	10159	CHA
8630 4WD	$61570	$12930	$17240	**$22170**	**$27090**	SLH	6T	366D	36F-36R	119.6	11100	CHA
9130	$58628	$11800	$15740	**$20230**	**$24730**	Deutz	6TI	374D	18F-6R	135.0	12300	CHA
9130 4WD	$68371	$13880	$18510	**$23800**	**$29080**	Deutz	6TI	374D	18F-6R	135.0	13600	CHA
9150	$61174	$12390	$16520	**$21240**	**$25960**	Deutz	6TI	374D	18F-6R	150.0	13520	CHA
9150 4WD	$71945	$12920	$17680	**$19720**	**$25160**	Deutz	6TI	374D	18F-6R	150.0	14880	CHA
9170	$64719	$11690	$15990	**$17840**	**$22760**	Deutz	6T	584D	18F-6R	172.0	15640	CHA
9170 4WD	$79205	$14730	$20150	**$22480**	**$28680**	Deutz	6T	584D	18F-6R	172.0	16040	CHA
9190 4WD	$84756	$15490	$21190	**$23640**	**$30160**	Deutz	6T	584D	18F-6R	193.0	16600	CHA

1991

Model	Approx. Retail Price New	Estimated Value Less Repairs Used Trade-In Avg.	Used Trade-In High	Used Retail Avg.	Used Retail High	Engine Make	Engine No. Cyls.	Engine Displ. Cu.-in.	No. Speeds	P.T.O. H.P.	Approx. Shipping Wt.-Lbs.	Cab
4650	$16355	$3600	$4580	**$7520**	**$8750**	SLH	3	190D	16F-4R	40.37	4475	No
4650 4WD	$21512	$4730	$6020	**$9900**	**$11510**	SLH	3	190D	16F-4R	40.37	5070	No
4660	$19203	$4230	$5380	**$8830**	**$10270**	SLH	3	190D	16F-4R	52.17	4762	No
4660 4WD	$25158	$5540	$7040	**$11570**	**$13460**	SLH	3	190D	16F-4R	52.17	5203	No
5670	$22718	$4540	$6130	**$7720**	**$9770**	SLH	4	244D	24F-12R	63.13	5379	No
5670 4WD	$27885	$5580	$7530	**$9480**	**$11990**	SLH	4	244D	24F-12R	63.13	6096	No
5680	$26354	$5270	$7120	**$8960**	**$11330**	SLH	4	244D	24F-12R	72.70	5997	No
5680 4WD	$32200	$6440	$8690	**$10950**	**$13850**	SLH	4	244D	24F-12R	72.70	6658	No
6670	$31756	$5940	$8020	**$10100**	**$12770**	SLH	4	244D	24F-12R	63.13	5997	CHA
6670 4WD	$36173	$6830	$9220	**$11610**	**$14690**	SLH	4	244D	24F-12R	63.13	6658	CHA
6680	$33180	$6240	$8420	**$10610**	**$13420**	SLH	4	244D	24F-12R	72.70	6724	CHA
6680 4WD	$38610	$7320	$9880	**$12440**	**$15740**	SLH	4	244D	24F-12R	72.70	7385	CHA
6690	$28900	$7380	$9960	**$12550**	**$15870**	SLH	4T	244D	24F-12R	80.85	6173	No
6690 4WD	$35114	$6620	$8940	**$11250**	**$14230**	SLH	4T	244D	24F-12R	80.85	6779	No
6690 4WD w/Cab	$41496	$7900	$10670	**$13430**	**$16990**	SLH	4T	244D	24F-12R	80.85	7385	CHA
6690 w/Cab	$35487	$6700	$9050	**$11390**	**$14410**	SLH	4T	244D	24F-12R	80.85	6724	CHA
7600	$31265	$6600	$8400	**$13800**	**$16050**	SLH	5	317D	24F-12R	89.23	8179	No
7600 4WD	$37615	$7700	$9800	**$16100**	**$18730**	SLH	5	317D	24F-12R	89.23	9502	No
7600 4WD w/Cab	$44524	$8910	$11340	**$18630**	**$21670**	SLH	5	317D	24F-12R	89.23	9833	CHA
7600 w/Cab	$37840	$7710	$9810	**$16120**	**$18740**	SLH	5	317D	24F-12R	89.23	8686	CHA
8610	$47968	$9590	$12950	**$16310**	**$20630**	SLH	6	366D	36F-36R	103.12	9670	CHA
8610 4WD	$54426	$10890	$14700	**$18510**	**$23400**	SLH	6	366D	36F-36R	103.12	10870	CHA
8630	$54708	$10940	$14770	**$18600**	**$23520**	SLH	6T	366D	36F-36R	119.6	10159	CHA
8630 4WD	$61570	$12310	$16620	**$20930**	**$26480**	SLH	6T	366D	36F-36R	119.6	11100	CHA
9130	$58628	$9940	$13250	**$15460**	**$19870**	Deutz	6TI	374D	18F-6R	135.0	12300	CHA
9130 4WD	$68371	$11720	$15620	**$18230**	**$23440**	Deutz	6TI	374D	18F-6R	135.0	13600	CHA
9150	$61174	$10440	$13920	**$16240**	**$20880**	Deutz	6TI	374D	18F-6R	150.0	13520	CHA
9150 4WD	$71945	$11880	$15840	**$18480**	**$23760**	Deutz	6TI	374D	18F-6R	150.0	14880	CHA
9170	$64719	$10980	$14640	**$17080**	**$21960**	Deutz	6T	584D	18F-6R	172.0	15640	CHA
9170 4WD	$79205	$13500	$18000	**$21000**	**$27000**	Deutz	6T	584D	18F-6R	172.0	16040	CHA
9190 4WD	$84756	$14400	$19200	**$22400**	**$28800**	Deutz	6T	584D	18F-6R	193.0	16600	CHA

Allis-Chalmers

1985

Model	Approx. Retail Price New	Estimated Value Less Repairs Used Trade-In Avg.	Used Trade-In High	Used Retail Avg.	Used Retail High	Engine Make	Engine No. Cyls.	Engine Displ. Cu.-in.	No. Speeds	P.T.O. H.P.	Approx. Shipping Wt.-Lbs.	Cab
5015	$6550	$1440	$2160	**$3310**	**$3730**	Toyosha	3	61D	9F-3R	15.00	1278	No
5015 4WD	$7150	$1570	$2360	**$3610**	**$4080**	Toyosha	3	61D	9F-3R	15.00	1448	No
5020	$8280	$1820	$2730	**$4180**	**$4720**	Toyosha	2	77D	12F-3R	21.79	1850	No
5020 4WD	$9200	$2020	$3040	**$4650**	**$5240**	Toyosha	2	77D	12F-3R	21.00	1960	No
5030	$9230	$2030	$3050	**$4660**	**$5260**	Toyosha	2	90D	12F-3R	26.42	2280	No
6070	$24225	$4430	$5720	**$9330**	**$11080**	AC	4T	200D	12F-3R	70.78	5900	No
6070 4WD	$29225	$5320	$6860	**$11200**	**$13300**	AC	4T	200D	12F-3R	70.00	6700	No
6070 4WD w/Cab	$34665	$6380	$8230	**$13440**	**$15960**	AC	4T	200D	12F-3R	70.00	7800	CHA
6070 w/Cab	$29665	$5430	$7010	**$11440**	**$13590**	AC	4T	200D	12F-3R	70.78	7050	CHA
6080	$28625	$5140	$6620	**$10810**	**$12840**	AC	4TI	200D	12F-3R	83.66	7170	No
6080 4WD	$34100	$6180	$7960	**$13000**	**$15440**	AC	4TI	200D	12F-3R	83.00	7600	No
6080 4WD w/Cab	$38975	$6970	$8990	**$14680**	**$17430**	AC	4TI	200D	12F-3R	83.00	8750	CHA
6080 w/Cab	$33500	$6080	$7840	**$12800**	**$15200**	AC	4TI	200D	12F-3R	83.66	8070	CHA
6140	$15895	$3020	$3890	**$6360**	**$7550**	Toyosha	3	142D	10F-2R	41.08	4228	No
6140 4WD	$19545	$3710	$4790	**$7820**	**$9280**	Toyosha	3	142D	10F-2R	41.00	4628	No

Allis-Chalmers (Cont.)

1985 (Cont.)

Model	Approx. Retail Price New	Used Trade-In Avg.	Used Trade-In High	Used Retail Avg.	Used Retail High	Engine Make	Engine No. Cyls.	Engine Displ. Cu.-in.	No. Speeds	P.T.O. H.P.	Approx. Shipping Wt.-Lbs.	Cab
8010 PD	$44835	$6020	$9550	$12870	$15560	AC	6T	301D	20F-4R	109.00	11850	CHA
8010 PD 4WD	$52485	$7020	$11130	$15000	$18150	AC	6T	301D	20F-4R	109.00	13450	CHA
8010 PS	$46320	$6130	$9730	$13110	$15860	AC	6T	301D	12F-2R	109.55	12000	CHA
8010 PS 4WD	$53970	$6820	$10810	$14570	$17630	AC	6T	301D	12F-2R	109.00	13600	CHA
8030 PD	$50875	$6530	$10350	$13950	$16880	AC	6T	426D	20F-4R	134.00	12457	CHA
8030 PD 4WD	$58225	$7570	$12010	$16180	$19580	AC	6T	426D	20F-4R	134.00	14057	CHA
8030 PS	$52410	$7160	$11360	$15310	$18530	AC	6T	426D	12F-2R	134.42	12600	CHA
8030 PS 4WD	$60060	$7980	$12650	$17050	$20630	AC	6T	426D	12F-2R	134.00	14200	CHA
8050 PD	$56710	$7640	$12120	$16340	$19760	AC	6TI	426D	20F-4R	155.00	12750	CHA
8050 PD 4WD	$64360	$8310	$13180	$17760	$21490	AC	6TI	426D	20F-4R	155.00	14350	CHA
8050 PS	$58360	$7730	$12260	$16520	$19990	AC	6TI	426D	12F-3R	155.15	12900	CHA
8050 PS 4WD	$66010	$8850	$14030	$18910	$22880	AC	6TI	426D	12F-3R	155.00	14500	CHA
8070 PD	$58580	$7770	$12320	$16610	$20090	AC	6TI	426D	20F-4R	171.00	13750	CHA
8070 PD 4WD	$66230	$8730	$13850	$18660	$22580	AC	6TI	426D	20F-4R	171.00	15350	CHA
8070 PS	$60230	$8000	$12700	$17110	$20700	AC	6TI	426D	12F-2R	171.44	13900	CHA
8070 PS 4WD	$67880	$9110	$14440	$19470	$23550	AC	6TI	426D	12F-2R	171.00	15500	CHA
4W-220 4WD	$74490	$6480	$9180	$11880	$16200	AC	6TI	426D	20F-4R	180.00	18064	CHA
4W-220 4WD w/3 Pt.	$78781	$6960	$9860	$12760	$17400	AC	6TI	426D	20F-4R	180.00	22475	CHA
4W-305 4WD	$93685	$7560	$10710	$13860	$18900	AC	6T	731D	20F-4R	250.00	27100	CHA
4W-305 4WD w/3 Pt.	$98526	$8160	$11560	$14960	$20400	AC	6T	731D	20F-4R	250.00	28100	CHA

HC—High Clearance PD—Power Director PS—Power Shift For later models see DEUTZ-ALLIS and AGCO.

1984

Model	Approx. Retail Price New	Used Trade-In Avg.	Used Trade-In High	Used Retail Avg.	Used Retail High	Engine Make	Engine No. Cyls.	Engine Displ. Cu.-in.	No. Speeds	P.T.O. H.P.	Approx. Shipping Wt.-Lbs.	Cab
5015	$6424	$1380	$2120	$3210	$3660	Toyosha	3	61D	9F-3R	15.00	1278	No
5015 4WD	$7024	$1510	$2320	$3510	$4000	Toyosha	3	61D	9F-3R	15.00	1448	No
5020	$8075	$1740	$2670	$4040	$4600	Toyosha	2	77D	12F-3R	21.79	1850	No
5020 4WD	$8895	$1910	$2940	$4450	$5070	Toyosha	2	77D	12F-3R	21.00	1960	No
5030	$8910	$1920	$2940	$4460	$5080	Toyosha	2	90D	12F-3R	26.42	2280	No
5050	$16675	$3170	$4000	$6500	$7750	Fiat	3	168D	8F-2R	51.00	4280	No
5050 4WD	$19667	$3740	$4720	$7670	$9150	Fiat	3	168D	8F-2R	51.46	4780	No
5050 4WD	$20275	$3850	$4870	$7910	$9430	Fiat	3	168D	12F-3R	51.00	4820	No
6060	$21460	$3890	$4910	$7980	$9510	AC	4T	200D	8F-2R	63.83	5700	No
6060 4WD	$25842	$4720	$5960	$9690	$11550	AC	4T	200D	8F-2R	63.00	6500	No
6060 4WD w/Cab	$30822	$5660	$7150	$11620	$13860	AC	4T	200D	8F-2R	63.00	7650	CHA
6060 w/Cab	$26019	$4750	$6000	$9750	$11630	AC	4T	200D	8F-2R	63.83	6850	CHA
6080	$27520	$5040	$6360	$10340	$12320	AC	4TI	200D	12F-3R	83.66	7170	No
6080 4WD	$33000	$6080	$7680	$12480	$14880	AC	4TI	200D	12F-3R	83.00	7600	No
6080 4WD w/Cab	$38410	$7030	$8880	$14430	$17210	AC	4TI	200D	12F-3R	83.00	8750	CHA
6080 w/Cab	$32920	$6060	$7660	$12440	$14830	AC	4TI	200D	12F-3R	83.66	8070	CHA
6140	$14460	$2750	$3470	$5640	$6720	Toyosha	3	142D	10F-2R	41.08	4228	No
6140 4WD	$17440	$3310	$4190	$6800	$8110	Toyosha	3	142D	10F-2R	41.00	4628	No
8010 PD	$42626	$5460	$8970	$12090	$14630	AC	6T	301D	20F-4R	109.00	11857	CHA
8010 PD 4WD	$49526	$6300	$10350	$13950	$16880	AC	6T	301D	20F-4R	109.00	13457	CHA
8010 PS	$44130	$5630	$9250	$12460	$15080	AC	6T	301D	12F-2R	109.55	12000	CHA
8010 PS 4WD	$51030	$6440	$10580	$14260	$17250	AC	6T	301D	12F-2R	109.00	13600	CHA
8030 PD	$47846	$6150	$10100	$13610	$16460	AC	6T	426D	20F-4R	134.00	12457	CHA
8030 PD 4WD	$54746	$6970	$11440	$15420	$18660	AC	6T	426D	20F-4R	134.00	14057	CHA
8030 PS	$49400	$6370	$10470	$14110	$17060	AC	6T	426D	12F-2R	134.42	12600	CHA
8030 PS 4WD	$56300	$7140	$11730	$15810	$19130	AC	6T	426D	12F-2R	134.00	14200	CHA
8050 PD	$52925	$6750	$11090	$14940	$18080	AC	6TI	426D	20F-4R	155.00	12750	CHA
8050 PD 4WD	$59825	$7390	$12140	$16370	$19800	AC	6TI	426D	20F-4R	155.00	14350	CHA
8050 PS	$54525	$6930	$11390	$15350	$18560	AC	6TI	426D	12F-2R	155.15	12900	CHA
8050 PS 4WD	$61475	$7760	$12740	$17170	$20780	AC	6TI	426D	12F-2R	155.00	14500	CHA
8070 PD	$54675	$7080	$11640	$15690	$18980	AC	6TI	426D	20F-4R	171.00	13750	CHA
8070 PD 4WD	$61575	$7570	$12440	$16760	$20280	AC	6TI	426D	20F-4R	171.00	15350	CHA
8070 PS	$56325	$7180	$11800	$15900	$19240	AC	6TI	426D	12F-2R	171.44	13900	CHA
8070 PS 4WD	$63225	$7840	$12880	$17360	$21000	AC	6TI	426D	12F-2R	171.00	15500	CHA
4W-220 4WD	$71625	$5610	$8160	$10710	$14790	AC	6TI	426D	20F-4R	180.00	21475	CHA
4W-220 4WD w/3 Pt.	$75916	$6050	$8800	$11550	$15950	AC	6TI	426D	20F-4R	180.00	22475	CHA
4W-305 4WD	$90080	$6600	$9600	$12600	$17400	AC	6T	731D	20F-4R	250.00	27100	CHA
4W-305 4WD w/3 Pt.	$95877	$7150	$10400	$13650	$18850	AC	6T	731D	20F-4R	250.00	28100	CHA

HC—High Clearance PD—Power Director PS—Power Shift

1983

Model	Approx. Retail Price New	Used Trade-In Avg.	Used Trade-In High	Used Retail Avg.	Used Retail High	Engine Make	Engine No. Cyls.	Engine Displ. Cu.-in.	No. Speeds	P.T.O. H.P.	Approx. Shipping Wt.-Lbs.	Cab
5015	$6424	$1350	$2120	$3210	$3660	Toyosha	3	61D	9F-3R	15.00	1278	No
5015 4WD	$7024	$1480	$2320	$3510	$4000	Toyosha	3	61D	9F-3R	15.00	1448	No
5020	$8075	$1700	$2670	$4040	$4600	Toyosha	2	77D	12F-3R	21.79	1850	No
5020 4WD	$8895	$1870	$2940	$4450	$5070	Toyosha	2	77D	12F-3R	21.00	1960	No
5030	$8910	$1870	$2940	$4460	$5080	Toyosha	2	90D	12F-3R	26.42	2280	No
5050	$16358	$3030	$3930	$6220	$7440	Fiat	3	168D	12F-3R	51.46	4300	No
5050 4WD	$20275	$3750	$4870	$7710	$9230	Fiat	3	168D	12F-3R	51.00	4820	No
6060	$21039	$3890	$5050	$8000	$9570	AC	4T	200D	8F-2R	63.83	5700	No
6060 4WD	$25842	$4780	$6200	$9820	$11760	AC	4T	200D	8F-2R	63.00	6500	No
6060 4WD w/Cab	$30822	$5700	$7400	$11710	$14020	AC	4T	200D	8F-2R	63.00	7650	CHA
6060 w/Cab	$26019	$4810	$6250	$9890	$11840	AC	4T	200D	8F-2R	63.83	6850	CHA
6080	$26980	$4990	$6480	$10250	$12280	AC	4TI	200D	12F-3R	83.66	6920	No
6080 4WD	$32457	$6010	$7790	$12330	$14770	AC	4TI	200D	12F-3R	83.00	7600	No
6080 4WD w/Cab	$37857	$7000	$9090	$14390	$17230	AC	4TI	200D	12F-3R	83.00	8750	CHA
6080 w/Cab	$32380	$5990	$7770	$12300	$14730	AC	4TI	200D	12F-3R	83.66	8070	CHA
6140	$13570	$2510	$3260	$5160	$6170	Toyosha	3	142D	10F-2R	41.08	4000	No
6140 4WD	$16820	$3110	$4040	$6390	$7650	Toyosha	3	142D	10F-2R	41.00	4400	No
8010 PD	$41788	$5700	$9360	$12620	$15260	AC	6T	301D	20F-4R	109.00	10820	CHA
8010 PD 4WD	$49465	$6640	$10900	$14690	$17780	AC	6T	301D	20F-4R	109.00	12820	CHA
8010 PS	$43300	$5920	$9730	$13110	$15860	AC	6T	301D	12F-2R	109.55	10950	CHA

Allis-Chalmers (Cont.)

Model	Approx. Retail Price New	Estimated Value Less Repairs Used Trade-In Avg.	High	Used Retail Avg.	High	Make	Engine No. Cyls.	Displ. Cu.-in.	No. Speeds	P.T.O. H.P.	Approx. Shipping Wt.-Lbs.	Cab
1983 (Cont.)												
8010 PS 4WD	$50977	$6720	$11040	**$14880**	**$18000**	AC	6T	301D	12F-2R	109.00	12950	CHA
8030 PD	$46908	$6020	$9890	**$13330**	**$16130**	AC	6T	426D	20F-4R	134.00	11450	CHA
8030 PD 4WD	$53818	$7000	$11500	**$15500**	**$18750**	AC	6T	426D	20F-4R	134.00	13450	CHA
8030 PS	$48470	$6300	$10350	**$13950**	**$16880**	AC	6T	426D	12F-2R	134.42	11700	CHA
8030 PS 4WD	$55370	$7180	$11800	**$15900**	**$19240**	AC	6T	426D	12F-2R	134.00	13700	CHA
8050 PD	$51885	$4780	$7170	**$9560**	**$13380**	AC	6TI	426D	20F-4R	155.00	11530	CHA
8050 PD 4WD	$58785	$5470	$8210	**$10940**	**$15320**	AC	6TI	426D	20F-4R	155.00	13530	CHA
8050 PS	$53535	$4900	$7350	**$9800**	**$13720**	AC	6TI	426D	12F-2R	155.15	11600	CHA
8050 PS 4WD	$60435	$5640	$8460	**$11280**	**$15790**	AC	6TI	426D	12F-2R	155.00	13600	CHA
8070 PD	$53600	$6940	$11410	**$15380**	**$18600**	AC	6TI	426D	20F-4R	171.00	12220	CHA
8070 PS	$55250	$7180	$11790	**$15890**	**$19220**	AC	6TI	426D	12F-2R	171.44	12400	CHA
4W-220 4WD	$70220	$5020	$7530	**$10040**	**$14060**	AC	6TI	426D	20F-4R	180.00	21475	CHA
4W-220 4WD w/3 Pt.	$74427	$5340	$8010	**$10690**	**$14960**	AC	6TI	426D	20F-4R	180.00	22475	CHA
4W-305 4WD	$88195	$5620	$8430	**$11240**	**$15740**	AC	6T	731D	20F-4R	250.00	27100	CHA
4W-305 4WD w/3 Pt.	$93240	$6020	$9040	**$12050**	**$16870**	AC	6T	731D	20F-4R	250.00	28100	CHA
PD—Power Director PS—Power Shift												
1982												
5015	$6149	$1260	$2060	**$3080**	**$3510**	Toyosha	3	61D	9F-3R	15.00	1278	No
5015 4WD	$6799	$1390	$2280	**$3400**	**$3880**	Toyosha	3	61D	9F-3R	15.00	1448	No
5020	$7560	$1550	$2530	**$3780**	**$4310**	Toyosha	2	77D	12F-3R	21.79	1850	No
5020 4WD	$8380	$1720	$2810	**$4190**	**$4780**	Toyosha	2	77D	12F-3R	21.00	1960	No
5030	$8395	$1720	$2810	**$4200**	**$4790**	Toyosha	2	90D	12F-3R	26.42	2280	No
5045	$12558	$2510	$3520	**$6030**	**$6970**	Fiat	3	158D	8F-2R	44.00	4000	No
5050	$16358	$3270	$4580	**$7850**	**$9080**	Fiat	3	168D	12F-3R	51.46	4300	No
5050 4WD	$20275	$4060	$5680	**$9730**	**$11250**	Fiat	3	168D	12F-3R	51.00	4820	No
6060	$20037	$3610	$4910	**$7510**	**$8920**	AC	4T	200D	8F-2R	63.83	5700	No
6060 4WD	$24840	$4470	$6090	**$9320**	**$11050**	AC	4T	200D	8F-2R	63.00	6500	No
6080	$30338	$5460	$7430	**$11380**	**$13500**	AC	4TI	200D	12F-3R	83.66	6920	CH
6080 4WD	$35815	$6450	$8780	**$13430**	**$15940**	AC	4TI	200D	12F-3R	83.00	7600	CH
6140	$12925	$2330	$3170	**$4850**	**$5750**	Toyosha	3	142D	10F-2R	41.08	4000	No
6140 4WD	$16275	$2930	$3990	**$6100**	**$7240**	Toyosha	3	142D	10F-2R	40.00	4000	No
8010 PD	$40096	$5320	$8740	**$11780**	**$14250**	AC	6T	301D	20F-4R	109.00	10820	CHA
8010 PD 4WD	$46696	$6240	$10260	**$13830**	**$16730**	AC	6T	301D	20F-4R	109.00	12820	CHA
8010 PS	$41326	$5460	$8970	**$12090**	**$14630**	AC	6T	301D	12F-2R	109.55	10950	CHA
8010 PS 4WD	$48226	$6330	$10400	**$14010**	**$16950**	AC	6T	301D	12F-2R	109.00	12950	CHA
8030 PD	$44676	$4140	$6100	**$8280**	**$11770**	AC	6T	426D	20F-4R	134.00	11450	CHA
8030 PD 4WD	$51576	$4610	$6790	**$9220**	**$13100**	AC	6T	426D	20F-4R	134.00	13450	CHA
8030 PS	$46256	$4100	$6050	**$8210**	**$11660**	AC	6T	426D	12F-2R	134.42	11700	CHA
8030 PS 4WD	$53156	$4670	$6870	**$9330**	**$13260**	AC	6T	426D	12F-2R	134.00	13700	CHA
8050 PD	$49415	$4410	$6500	**$8820**	**$12530**	AC	6TI	426D	20F-4R	155.00	11530	CHA
8050 PD 4WD	$56315	$4970	$7320	**$9940**	**$14120**	AC	6TI	426D	20F-4R	155.00	13530	CHA
8050 PS	$51065	$4390	$6470	**$8780**	**$12470**	AC	6TI	426D	12F-2R	155.15	11600	CHA
8050 PS 4WD	$57965	$5060	$7460	**$10130**	**$14390**	AC	6TI	426D	12F-2R	155.00	13600	CHA
8070 PD	$51890	$6710	$11020	**$14850**	**$17960**	AC	6TI	426D	20F-4R	171.00	12220	CHA
8070 PS	$53540	$6910	$11350	**$15300**	**$18500**	AC	6TI	426D	12F-2R	171.44	12400	CHA
4W-220 4WD	$70220	$4670	$6890	**$9350**	**$13280**	AC	6TI	426D	20F-4R	180.00	21475	CHA
4W-220 4WD w/3 Pt.	$74427	$4940	$7280	**$9880**	**$14040**	AC	6TI	426D	20F-4R	180.00	22475	CHA
4W-305 4WD	$87455	$5170	$7620	**$10350**	**$14700**	AC	6T	731D	20F-4R	250.00	27100	CHA
4W-305 4WD w/3 Pt.	$92500	$5510	$8120	**$11020**	**$15660**	AC	6T	731D	20F-4R	250.00	28100	CHA
PD—Power Director PS—Power Shift												
1981												
185	$18891	$3780	$6420	**$9450**	**$10860**	AC	6	301D	8F-2R	78.87	6535	No
5020	$6855	$1370	$2330	**$3430**	**$3940**	Toyosha	2	77D	12F-3R	21.79	1850	No
5020 4WD	$7599	$1460	$2480	**$3650**	**$4200**	Toyosha	2	77D	12F-3R	21.00	1960	No
5030	$7669	$1500	$2550	**$3750**	**$4310**	Toyosha	2	90D	12F-3R	26.42	2280	No
5045	$12560	$2200	$3140	**$4650**	**$5590**	Fiat	3	158D	12F-3R	44.00	4080	No
5050	$16131	$2820	$4030	**$5970**	**$7180**	Fiat	3	168D	12F-3R	51.46	4300	No
5050 4WD	$20027	$3510	$5010	**$7410**	**$8910**	Fiat	3	168D	12F-3R	51.00	4820	No
6060	$18362	$3210	$4590	**$6790**	**$8170**	AC	4T	200D	8F-2R	63.83	5700	No
6060 4WD	$22936	$4010	$5730	**$8490**	**$10210**	AC	4T	200D	8F-2R	63.00	6500	No
6080	$23059	$4040	$5770	**$8530**	**$10260**	AC	4TI	200D	12F-3R	83.66	6920	No
6080 4WD	$27851	$4870	$6960	**$10310**	**$12390**	AC	4TI	200D	12F-3R	83.00	7600	No
7010 HC PD	$41632	$5410	$8500	**$11980**	**$14680**	AC	6T	301D	20F-4R	106.00	11264	CH
7010 HC PS	$43507	$5670	$8910	**$12560**	**$15390**	AC	6T	301D	12F-2R	106.00	11375	CH
7010 PD	$35311	$4800	$7550	**$10630**	**$13030**	AC	6T	301D	20F-4R	106.53	10264	CH
7010 PS	$37186	$5070	$7960	**$11220**	**$13760**	AC	6T	301D	12F-2R	106.72	10375	CH
7020 HC PD	$45564	$5400	$8480	**$11960**	**$14650**	AC	6TI	301D	20F-4R	123.00	12570	CH
7020 HC PS	$47438	$5520	$8680	**$12230**	**$14990**	AC	6TI	301D	12F-2R	123.00	12770	CH
7020 PD	$39378	$4950	$7780	**$10970**	**$13440**	AC	6TI	301D	20F-4R	123.85	11570	CH
7020 PS	$41252	$5280	$8290	**$11690**	**$14330**	AC	6TI	301D	12F-2R	123.79	11770	CH
7045 HC PD	$49736	$4860	$7640	**$10770**	**$13200**	AC	6T	426D	20F-4R	146.00	12700	CH
7045 HC PS	$51343	$5090	$8000	**$11270**	**$13810**	AC	6T	426D	12F-2R	146.00	13065	CH
7045 PD	$43328	$5500	$8650	**$12180**	**$14930**	AC	6T	426D	20F-4R	146.18	11700	CH
7045 PS	$44935	$5870	$9220	**$12990**	**$15920**	AC	6T	426D	12F-2R	146.88	12065	CH
7060 HC PD	$54092	$6310	$9920	**$13980**	**$17140**	AC	6TI	426D	20F-4R	161.00	13229	CHA
7060 HC PS	$55696	$6540	$10270	**$14480**	**$17740**	AC	6TI	426D	12F-2R	161.00	13299	CHA
7060 PD	$47092	$5740	$9020	**$12710**	**$15580**	AC	6TI	426D	20F-4R	161.51	12229	CHA
7060 PS	$48696	$6100	$9590	**$13520**	**$16570**	AC	6TI	426D	12F-2R	161.42	12299	CHA
7080	$54561	$4420	$6280	**$8370**	**$12090**	AC	6TI	426D	20F-4R	181.51	13484	CHA
7580 4WD	$63084	$3990	$5670	**$7560**	**$10920**	AC	6TI	426D	20F-4R	186.35	20775	CHA
7580 4WD w/3 Pt.	$67179	$4290	$6100	**$8140**	**$11750**	AC	6TI	426D	20F-4R	186.35	21775	CHA
8550 4WD	$79659	$4850	$6890	**$9180**	**$13260**	AC	6T	731D	20F-4R	253.88	26400	CHA

Allis-Chalmers (Cont.)

1981 (Cont.)

Model	Approx. Retail Price New	Used Trade-In Avg.	Used Trade-In High	Used Retail Avg.	Used Retail High	Engine Make	Engine No. Cyls.	Engine Displ. Cu.-in.	No. Speeds	P.T.O. H.P.	Approx. Shipping Wt.-Lbs.	Cab
8550 4WD w/3 Pt.	$84552	$5230	$7430	**$9900**	**$14300**	AC	6T	731D	20F-4R	253.88	27400	CHA

PD—Power Director PS—Power Shift HC—High Clearance

1980

Model	Approx. Retail Price New	Used Trade-In Avg.	Used Trade-In High	Used Retail Avg.	Used Retail High	Engine Make	Engine No. Cyls.	Engine Displ. Cu.-in.	No. Speeds	P.T.O. H.P.	Approx. Shipping Wt.-Lbs.	Cab
175	$15894	$3820	$5400	**$9300**	**$10410**	Perkins	4	248D	8F-2R	62.47	5800	No
185	$18341	$3760	$6330	**$9170**	**$10640**	AC	6	301D	8F-2R	74.87	6535	No
5020	$6655	$1330	$2240	**$3250**	**$3770**	Toyosha	2	77D	12F-3R	21.79	1850	No
5020 4WD	$6895	$1370	$2310	**$3350**	**$3890**	Toyosha	2	77D	12F-3R	21.00	1960	No
5030	$7446	$1500	$2520	**$3650**	**$4230**	Toyosha	2	90D	12F-3R	26.42	2280	No
5040	$8450	$1490	$2320	**$3980**	**$4690**	UTB	3	143D	12F-3R	40.00	4060	No
5050	$14087	$2340	$3640	**$6240**	**$7350**	Fiat	3	168D	12F-3R	51.46	4300	No
5050 4WD	$17983	$2880	$4480	**$7680**	**$9040**	Fiat	3	168D	12F-3R	51.00	4820	No
6060	$16200	$2750	$4130	**$5990**	**$7210**	AC	4T	200D	8F-2R	63.83	5700	No
6060 4WD	$20400	$3470	$5200	**$7550**	**$9080**	AC	4T	200D	8F-2R	63.00	6500	No
6080	$20750	$3530	$5290	**$7680**	**$9230**	AC	4TI	200D	12F-3R	83.66	6920	No
7010 PD	$29230	$3670	$5510	**$8130**	**$10100**	AC	6T	301D	16F-4R	106.00	10260	CH
7010 PD	$31234	$3950	$5920	**$8740**	**$10860**	AC	6T	301D	20F-4R	106.53	10264	CH
7010 PS	$32908	$4190	$6280	**$9270**	**$11510**	AC	6T	301D	12F-2R	106.72	10375	CH
7020 PD	$34832	$4450	$6680	**$9860**	**$12240**	AC	6TI	301D	20F-4R	123.85	11570	CH
7020 PS	$36559	$4690	$7040	**$10390**	**$12900**	AC	6TI	301D	12F-2R	123.79	11770	CH
7045 PD	$38317	$4940	$7410	**$10940**	**$13590**	AC	6T	426D	20F-4R	146.18	11700	CH
7045 PS	$39768	$5100	$7640	**$11280**	**$14010**	AC	6T	426D	12F-2R	146.88	12065	CH
7060 PD	$41122	$5330	$8000	**$11810**	**$14670**	AC	6TI	426D	20F-4R	161.51	12229	CHA
7060 PS	$42554	$5530	$8300	**$12250**	**$15210**	AC	6TI	426D	12F-2R	161.42	12299	CHA
7080	$47523	$3940	$5400	**$7060**	**$10790**	AC	6TI	426D	20F-4R	181.51	13489	CHA
7580 4WD	$56605	$4050	$5540	**$7240**	**$11080**	AC	6TI	426D	20F-4R	186.35	20775	CHA
8550 4WD	$79659	$4940	$6760	**$8840**	**$13520**	AC	6T	731D	20F-4R	253.88	26400	CHA

PD—Power Director PS—Power Shift

1979

Model	Approx. Retail Price New	Used Trade-In Avg.	Used Trade-In High	Used Retail Avg.	Used Retail High	Engine Make	Engine No. Cyls.	Engine Displ. Cu.-in.	No. Speeds	P.T.O. H.P.	Approx. Shipping Wt.-Lbs.	Cab
175	$14700	$3360	$4760	**$8330**	**$9380**	Perkins	4	248D	8F-2R	62.00	5800	No
185	$17132	$3260	$5430	**$7750**	**$9070**	AC	6	301D	8F-2R	74.87	6535	No
5020	$5760	$1210	$2020	**$2880**	**$3370**	Toyosha	2	77D	12F-3R	21.79	1850	No
5020 4WD	$6395	$1340	$2240	**$3200**	**$3740**	Toyosha	2	77D	12F-3R	21.00	1960	No
5030	$6395	$1390	$2310	**$3300**	**$3860**	Toyosha	2	90D	12F-3R	26.42	2280	No
5040	$8450	$1440	$2240	**$3840**	**$4560**	UTB	3	143D	12F-3R	40.00	4060	No
5050	$13290	$2160	$3360	**$5760**	**$6840**	Fiat	3	168D	12F-3R	51.46	4300	No
5050 4WD	$16965	$2700	$4200	**$7200**	**$8550**	Fiat	3	168D	12F-3R	51.00	4820	No
7000 PS	$24860	$3360	$5040	**$7440**	**$9360**	AC	6T	301D	12F-3R	106.44	9550	CH
7020 PD	$31186	$3790	$5690	**$8400**	**$10570**	AC	6TI	301D	20F-4R	123.85	11570	CH
7020 PS	$32732	$4020	$6030	**$8900**	**$11190**	AC	6TI	301D	12F-2R	123.79	11770	CH
7045 PD	$33810	$4130	$6200	**$9150**	**$11510**	AC	6T	426D	20F-4R	146.18	11700	CH
7045 PS	$35090	$4340	$6510	**$9610**	**$12090**	AC	6T	426D	12F-2R	146.88	12065	CH
7060 PD	$36460	$4480	$6720	**$9920**	**$12480**	AC	6TI	426D	20F-4R	161.51	12229	CHA
7060 PS	$37730	$4620	$6930	**$10230**	**$12870**	AC	6TI	426D	12F-2R	161.42	12299	CHA
7080 PD	$41690	$3370	$4440	**$5680**	**$9230**	AC	6TI	426D	20F-4R	181.51	13489	CHA
7580 4WD	$50680	$3520	$4640	**$5930**	**$9640**	AC	6TI	426D	20F-4R	186.35	20775	CHA
8550 4WD	$65275	$4280	$5630	**$7210**	**$11720**	AC	6T	731D	20F-4R	253.88	26400	CHA

PD—Power Director PS—Power Shift

1978

Model	Approx. Retail Price New	Used Trade-In Avg.	Used Trade-In High	Used Retail Avg.	Used Retail High	Engine Make	Engine No. Cyls.	Engine Displ. Cu.-in.	No. Speeds	P.T.O. H.P.	Approx. Shipping Wt.-Lbs.	Cab
175	$13164	$3160	$4480	**$7960**	**$8950**	Perkins	4	248D	8F-2R	62.00	5800	No
185	$15362	$3300	$5450	**$7680**	**$9060**	AC	6	301D	8F-2R	74.87	6535	No
5020	$4850	$1040	$1720	**$2430**	**$2860**	Toyosha	2	77D	8F-2R	21.79	1850	No
5040	$6900	$1170	$1820	**$3120**	**$3740**	UTB	3	143D	9F-3R	40.05	4060	No
5050	$11784	$2120	$3300	**$5660**	**$6780**	Fiat	3	168D	12F-3R	51.46	4300	No
5050 4WD	$15044	$2710	$4210	**$7220**	**$8650**	Fiat	3	168D	12F-3R	51.00	4820	No
7000 PS	$24404	$2940	$4410	**$6510**	**$8400**	AC	6T	301D	12F-3R	106.44	9550	CH
7020 PD	$27325	$3360	$5050	**$7450**	**$9610**	AC	6TI	301D	20F-4R	123.85	11570	CH
7020 PS	$28708	$3500	$5250	**$7750**	**$10000**	AC	6TI	301D	12F-2R	123.79	11770	CH
7045 PD	$30213	$3670	$5510	**$8130**	**$10490**	AC	6T	426D	20F-4R	146.18	11700	CH
7045 PS	$31359	$3790	$5680	**$8390**	**$10820**	AC	6T	426D	12F-2R	146.88	12065	CH
7060 PD	$33118	$3920	$5880	**$8680**	**$11200**	AC	6TI	426D	20F-4R	161.51	12229	CHA
7060 PS	$34270	$4090	$6130	**$9050**	**$11680**	AC	6TI	426D	12F-2R	161.42	12299	CHA
7080	$38010	$2890	$3800	**$4860**	**$7900**	AC	6TI	426D	20F-4R	181.51	13489	CHA
7580 4WD	$45622	$3090	$4060	**$5200**	**$8450**	AC	6TI	426D	20F-4R	186.35	20775	CHA
8550 4WD	$58650	$3900	$5130	**$6570**	**$10670**	AC	6T	731D	20F-4R	253.88	26400	CHA

PD—Power Director PS—Power Shift

1977

Model	Approx. Retail Price New	Used Trade-In Avg.	Used Trade-In High	Used Retail Avg.	Used Retail High	Engine Make	Engine No. Cyls.	Engine Displ. Cu.-in.	No. Speeds	P.T.O. H.P.	Approx. Shipping Wt.-Lbs.	Cab
175	$12157	$3040	$4260	**$7480**	**$8390**	Perkins	4	248D	8F-2R	62.00	5800	No
185	$14370	$3160	$5170	**$7190**	**$8550**	AC	6	301D	8F-2R	74.87	6535	No
5020	$4520	$1050	$1710	**$2380**	**$2830**	Toyosha	2	77D	8F-2R	21.79	1850	No
5040	$6344	$1140	$1780	**$3050**	**$3680**	UTB	3	143D	6F-2R	40.00	3980	No
5040	$6632	$1190	$1860	**$3180**	**$3850**	UTB	3	143D	9F-3R	40.05	4060	No
5050	$9778	$1760	$2740	**$4690**	**$5670**	Fiat	3	168D	8F-2R	51.00	4150	No
5050	$10378	$1870	$2910	**$4980**	**$6020**	Fiat	3	168D	12F-3R	51.46	4300	No
5050 4WD	$12073	$2170	$3380	**$5800**	**$7000**	Fiat	3	168D	8F-2R	51.00	4740	No
5050 4WD	$12673	$2280	$3550	**$6080**	**$7350**	Fiat	3	168D	12F-3R	51.00	4820	No
7000 PS	$20684	$2660	$3990	**$5890**	**$7700**	AC	6T	301D	12F-3R	106.44	9550	No
7040 PD	$24550	$3080	$4620	**$6820**	**$8910**	AC	6T	426D	20F-4R	136.49	11620	CH
7040 PS	$25880	$3220	$4830	**$7130**	**$9320**	AC	6T	426D	12F-2R	136.30	11595	CH
7060 PD	$27506	$3430	$5150	**$7600**	**$9920**	AC	6TI	426D	20F-4R	161.51	12229	CHA
7060 PS	$28536	$3570	$5360	**$7910**	**$10330**	AC	6TI	426D	12F-2R	161.42	12299	CHA

Allis-Chalmers (Cont.)

Model	Approx. Retail Price New	Estimated Value Less Repairs: Used Trade-In Avg.	Used Trade-In High	Used Retail Avg.	Used Retail High	Engine Make	No. Cyls.	Displ. Cu.-in.	No. Speeds	P.T.O. H.P.	Approx. Shipping Wt.-Lbs.	Cab
1977 (Cont.)												
7080	$33261	$2570	$3380	**$4320**	**$7020**	AC	6TI	426D	20F-4R	181.51	13489	CHA
7580 4WD	$40143	$2760	$3630	**$4640**	**$7540**	AC	6TI	426D	20F-4R	186.35	20775	CHA
PD—Power Director PS—Power Shift												
1976												
175	$10280	$2670	$3700	**$6430**	**$7200**	AC	4	226G	8F-2R	60.88	5550	No
175	$10865	$2830	$3910	**$6790**	**$7610**	Perkins	4	248D	8F-2R	62.00	5800	No
185	$12715	$3310	$4580	**$7950**	**$8900**	AC	6	301D	8F-2R	74.87	6535	No
5040	$5810	$1050	$1660	**$2790**	**$3400**	UTB	3	143D	6F-2R	40.00	3980	No
5040	$6098	$1100	$1740	**$2930**	**$3570**	UTB	3	143D	9F-3R	40.05	4060	No
7000 PS	$19460	$2440	$3650	**$5390**	**$7130**	AC	6T	301D	12F-3R	106.44	9550	No
7040 PD	$23140	$2940	$4410	**$6510**	**$8610**	AC	6T	426D	20F-4R	136.49	11620	CH
7040 PS	$25500	$3220	$4830	**$7130**	**$9430**	AC	6T	426D	12F-2R	136.30	11595	CH
7060 PD	$25920	$3350	$5020	**$7410**	**$9800**	AC	6TI	426D	20F-4R	161.51	12229	CHA
7060 PS	$26920	$3500	$5250	**$7750**	**$10250**	AC	6TI	426D	12F-2R	161.42	12299	CHA
7080 PD	$31200	$2520	$3310	**$4240**	**$6890**	AC	6TI	426D	20F-4R	181.51	13489	CHA
7580 4WD	$38599	$2720	$3580	**$4580**	**$7440**	AC	6TI	426D	20F-4R	186.35	20775	CHA
PD—Power Director PS—Power Shift												
1975												
175	$9530	$2530	$3480	**$6050**	**$6770**	AC	4	226G	8F-2R	60.88	5550	No
175	$10140	$2690	$3700	**$6440**	**$7200**	Perkins	4	248D	8F-2R	62.00	5800	No
185	$11925	$3160	$4350	**$7570**	**$8470**	AC	6	301D	8F-2R	74.87	6535	No
200	$14125	$3180	$5230	**$6920**	**$8620**	AC	6T	301D	8F-2R	93.00	10000	C
6040	$6934	$1250	$2010	**$3330**	**$4090**	Perkins	3	153D	10F-2R	40.00	4505	No
7000 PS	$17402	$2440	$3650	**$5400**	**$7220**	AC	6T	301D	12F-3R	106.44	9550	No
7040 PD	$21565	$2870	$4310	**$6360**	**$8510**	AC	6T	426D	20F-4R	136.49	11620	CH
7040 PS	$23925	$3080	$4620	**$6820**	**$9130**	AC	6T	426D	12F-2R	136.30	11595	CH
7060 PD	$24416	$3220	$4830	**$7130**	**$9550**	AC	6TI	426D	20F-4R	161.51	12229	CHA
7060 PS	$25111	$3360	$5040	**$7440**	**$9960**	AC	6TI	426D	12F-2R	161.42	12299	CHA
7080 PD	$28846	$2470	$3250	**$3900**	**$6760**	AC	6TI	426D	20F-4R	181.51	13489	CHA
PD—Power Director PS—Power Shift												
1974												
160	$6018	$2260	$3150	**$5490**	**$6130**	Perkins	3	153D	10F-2R	40.36	4505	No
175	$9250	$2520	$3520	**$6130**	**$6840**	AC	4	226G	8F-2R	60.88	5550	No
175	$9845	$2780	$3890	**$6770**	**$7560**	Perkins	4	248D	8F-2R	62.00	5800	No
185	$11465	$3040	$4240	**$7400**	**$8260**	AC	6	301D	8F-2R	74.84	6535	No
200	$13583	$3120	$5090	**$6660**	**$8420**	AC	6T	301D	8F-2R	93.00	10000	No
7030	$17035	$2170	$3260	**$4880**	**$6510**	AC	6T	426D	20F-4R	130.98	12430	CHA
7050	$19550	$2380	$3570	**$5360**	**$7140**	AC	6TI	426D	20F-4R	156.49	14525	CHA
1973												
160	$6018	$2290	$3240	**$5620**	**$6320**	Perkins	3	153D	10F-2R	40.36	4505	No
170	$6540	$2370	$3360	**$5820**	**$6530**	AC	4	226G	8F-2R	54.12	5545	No
170	$7387	$2540	$3600	**$6230**	**$7000**	Perkins	4	236D	8F-2R	54.04	5775	No
175	$7950	$2570	$3640	**$6310**	**$7080**	AC	4	226G	8F-2R	60.88	5550	No
175	$8065	$2810	$3980	**$6890**	**$7740**	Perkins	4	248D	8F-2R	62.00	5800	No
180	$7600	$2690	$3810	**$6600**	**$7410**	AC	6	265G	8F-2R	65.16	6245	No
180	$8875	$2760	$3900	**$6760**	**$7590**	AC	6	301D	8F-2R	64.01	6335	No
185	$9219	$2810	$3980	**$6890**	**$7740**	AC	6	301D	8F-2R	74.87	6535	No
190	$9310	$3000	$4240	**$7350**	**$8250**	AC	6	301D	8F-2R	77.20	7279	No
200	$10586	$2810	$4700	**$5980**	**$7690**	AC	6T	301D	8F-2R	93.00	10000	No
210	$11642	$2910	$4870	**$6200**	**$7960**	AC	6T	426D	8F-2R	122.74	11650	C
220	$13000	$2990	$5010	**$6370**	**$8190**	AC	6T	426D	8F-2R	135.95	11985	C
7030	$13164	$1840	$2760	**$4210**	**$5600**	AC	6T	426D	20F-4R	130.98	12430	C
7050	$15543	$2100	$3150	**$4800**	**$6380**	AC	6TI	426D	20F-4R	156.49	14525	C
1972												
160	$4807	$2150	$3040	**$5310**	**$6000**	Perkins	3	153D	10F-2R	40.36	4505	No
170	$6409	$2280	$3230	**$5630**	**$6360**	AC	4	226G	8F-2R	54.12	5545	No
170	$6904	$2390	$3380	**$5900**	**$6660**	Perkins	4	236D	8F-2R	54.04	5775	No
175	$7455	$2530	$3580	**$6260**	**$7070**	Perkins	4	248D	8F-2R	62.00	5800	No
180	$7500	$2560	$3620	**$6330**	**$7150**	AC	6	265G	8F-2R	65.16	6245	No
180	$7608	$2620	$3710	**$6470**	**$7310**	AC	6	301D	8F-2R	64.01	6335	No
185	$8115	$2680	$3790	**$6620**	**$7470**	AC	6	301D	8F-2R	74.87	6535	No
190	$8500	$2920	$4130	**$7210**	**$8140**	AC	6	301D	8F-2R	77.20	7279	No
200	$9455	$2130	$3340	**$5520**	**$6960**	AC	6T	301D	8F-2R	93.00	10000	No
210	$10200	$2220	$3480	**$5760**	**$7260**	AC	6T	426D	8F-2R	122.74	11650	C
220	$12950	$2350	$3680	**$6100**	**$7680**	AC	6T	426D	8F-2R	135.95	11985	C
1971												
160	$4645	$2010	$2890	**$5020**	**$5700**	Perkins	3	153D	10F-2R	40.36	4505	No
170	$6167	$2220	$3180	**$5520**	**$6280**	AC	4	226G	8F-2R	54.12	5545	No
170	$6719	$2330	$3340	**$5800**	**$6590**	Perkins	4	236D	8F-2R	54.00	5775	No
175	$7455	$2370	$3400	**$5910**	**$6720**	Perkins	4	236D	8F-2R	62.47	5800	No
180	$7300	$2390	$3430	**$5960**	**$6770**	AC	6	265G	8F-2R	65.16	6245	No
180	$7422	$2450	$3510	**$6100**	**$6930**	AC	6	301D	8F-2R	64.01	6335	No
185	$7928	$2650	$3790	**$6590**	**$7490**	AC	6	301D	8F-2R	74.87	6535	No
190	$8255	$2600	$3720	**$6470**	**$7350**	AC	6	301D	8F-2R	77.20	7279	No
190XT	$8050	$2390	$3420	**$5940**	**$6750**	AC	6	301G	8F-2R	89.53	7545	No
190XT	$8700	$2490	$3570	**$6200**	**$7050**	AC	6T	301D	8F-2R	93.63	7738	No
210	$9950	$2130	$3340	**$5520**	**$7020**	AC	6T	426D	8F-2R	122.74	11650	C
220	$12500	$2310	$3630	**$6000**	**$7630**	AC	6T	426D	8F-2R	135.95	11985	C

Allis-Chalmers (Cont.)

Model	Approx. Retail Price New	Estimated Value Less Repairs — Used Trade-In Avg.	Used Trade-In High	Used Retail Avg.	Used Retail High	Make	Engine No. Cyls.	Engine Displ. Cu.-in.	No. Speeds	P.T.O. H.P.	Approx. Shipping Wt.-Lbs.	Cab
1970												
160	$4645	$1960	$2890	**$4920**	**$5620**	Perkins	3	153D	10F-2R	40.36	4505	No
170	$5513	$2120	$3120	**$5320**	**$6080**	AC	4	226G	8F-2R	54.12	5545	No
170	$6719	$2200	$3240	**$5520**	**$6310**	Perkins	4	236D	8F-2R	54.04	5775	No
175	$7169	$2280	$3350	**$5720**	**$6540**	Perkins	4	236D	8F-2R	62.47	5800	No
180	$7002	$2330	$3430	**$5850**	**$6690**	AC	6	301D	8F-2R	64.01	6335	No
180	$7200	$2430	$3570	**$6090**	**$6950**	AC	6	265G	8F-2R	65.16	6245	No
185	$7842	$2450	$3610	**$6160**	**$7040**	AC	6	301D	8F-2R	74.87	6535	No
190	$7787	$2480	$3650	**$6230**	**$7120**	AC	6	301D	8F-2R	77.20	7279	No
190XT	$7577	$2140	$3150	**$5370**	**$6140**	AC	6	301G	8F-2R	89.53	7545	No
190XT	$8437	$2250	$3310	**$5640**	**$6450**	AC	6T	301D	8F-2R	93.63	7738	No
210	$9600	$1940	$3040	**$5040**	**$6450**	AC	6T	426D	8F-2R	122.74	11650	C
220	$11880	$2200	$3450	**$5700**	**$7310**	AC	6T	426D	8F-2R	135.95	11985	C
1969												
D-21 II	$10385	$1580	$2480	**$4110**	**$5300**	AC	6	426D	8F-2R	156	9610	No
170	$5390	$2110	$3150	**$5350**	**$6140**	AC	4	226G	8F-2R	54.1	5545	No
170	$5942	$2220	$3310	**$5610**	**$6450**	Perkins	4	236D	8F-2R	54.0	5775	No
180	$6300	$2310	$3440	**$5830**	**$6700**	AC	6	265G	8F-2R	65.1	6245	No
180	$6891	$2370	$3540	**$6000**	**$6890**	Perkins	6	301D	8F-2R	64.0	6330	No
190	$6941	$2200	$3280	**$5560**	**$6390**	AC	6	265G	8F-2R	75.3	7040	No
190	$7740	$2330	$3480	**$5900**	**$6780**	AC	6	301D	8F-2R	77.2	7840	No
190XT	$7530	$2100	$3130	**$5310**	**$6110**	AC	6	301G	8F-2R	90.0	7800	No
190XT	$8390	$1920	$3420	**$4250**	**$5590**	AC	6T	301D	8F-2R	93.6	9100	No
1968												
D-21 II	$9785	$1980	$3520	**$4420**	**$5840**	AC	6	426D	8F-2R	127.7	9610	No
170	$5130	$2060	$3110	**$5240**	**$6060**	AC	4	226G	8F-2R	54.1	5545	No
170	$5655	$2170	$3280	**$5540**	**$6400**	Perkins	4	236D	8F-2R	54.0	5775	No
180	$6200	$2250	$3390	**$5720**	**$6610**	Perkins	6	301D	8F-2R	64.0	6330	No
190	$6356	$2110	$3180	**$5370**	**$6200**	AC	6	265G	8F-2R	75.3	7040	No
190	$7154	$2190	$3310	**$5590**	**$6460**	AC	6	301D	8F-2R	77.2	7840	No
190XT	$6960	$1990	$3000	**$5060**	**$5850**	AC	6	301G	8F-2R	90.0	7800	No
190XT	$7757	$2110	$3180	**$5370**	**$6210**	AC	6T	301D	8F-2R	93.6	9100	No
1967												
D-10	$3165	$1110	$1990	**$2520**	**$3340**	AC	4	139G	4F-1R	29	3370	No
D-12	$3260	$950	$1500	**$2470**	**$3300**	AC	4	149G	4F-1R	29	3420	No
D-15 II	$4432	$1030	$1610	**$2660**	**$3550**	AC	4	149G	8F-2R	46	4270	No
D-15 II	$5035	$1120	$1750	**$2900**	**$3860**	AC	4	175D	8F-2R	44	4270	No
D-17 IV	$5193	$1180	$1850	**$3070**	**$4090**	AC	4	226G	8F-2R	54	5240	No
D-17 IV	$5975	$1290	$2020	**$3350**	**$4460**	AC	6	262D	8F-2R	53	5570	No
D-21 II	$9348	$1520	$2390	**$3960**	**$5270**	AC	6	426D	8F-2R	127.7	9610	No
190	$6051	$2070	$3170	**$5320**	**$6180**	AC	6	265G	8F-2R	75.3	7040	No
190	$6841	$2140	$3270	**$5490**	**$6380**	AC	6	301D	8F-2R	77.2	7840	No
190XT	$6624	$2010	$3080	**$5170**	**$6000**	AC	6	301G	8F-2R	90.0	7800	No
190XT	$7414	$1780	$3180	**$4030**	**$5350**	AC	6T	301D	8F-2R	93.6	9100	No
1966												
D-10	$2980	$1220	$1930	**$3220**	**$3760**	AC	4	139G	4F-1R	29	3370	No
D-12	$3070	$930	$1450	**$2400**	**$3250**	AC	4	139G	4F-1R	29	3420	No
D-15 II	$4050	$1010	$1580	**$2620**	**$3540**	AC	4	149G	8F-2R	46	4270	No
D-15 II	$4635	$1090	$1710	**$2830**	**$3840**	AC	4	175D	8F-2R	44	4270	No
D-17 IV	$4772	$1160	$1810	**$3000**	**$4070**	AC	4	226G	8F-2R	54	5240	No
D-17 IV	$5667	$1260	$1970	**$3260**	**$4420**	AC	6	262D	8F-2R	53	5570	No
D-21 II	$8766	$1460	$2280	**$3780**	**$5110**	AC	6T	426D	8F-2R	127.7	9610	No
190	$5881	$1930	$3040	**$5080**	**$5940**	AC	6	265G	8F-2R	75.3	7040	No
190	$6671	$2020	$3180	**$5320**	**$6210**	AC	6	301D	8F-2R	77.2	7840	No
190XT	$6331	$1910	$3010	**$5040**	**$5880**	AC	6	301G	8F-2R	90.0	7800	No
190XT	$7121	$1990	$3140	**$5240**	**$6120**	AC	6T	301D	8F-2R	93.6	9100	No
1965												
D-10	$2630	$1060	$1890	**$2440**	**$3270**	AC	4	139G	4F-1R	29	3370	No
D-12	$2720	$910	$1420	**$2350**	**$3230**	AC	4	139G	4F-1R	29	3420	No
D-15 II	$3750	$980	$1540	**$2550**	**$3500**	AC	4	149G	8F-2R	46	4270	No
D-15 II	$4350	$1070	$1680	**$2780**	**$3830**	AC	4	175D	8F-2R	44	4270	No
D-17 IV	$4772	$1140	$1790	**$2960**	**$4080**	AC	4	226G	8F-2R	54	5240	No
D-17 IV	$5667	$1240	$1940	**$3200**	**$4410**	AC	6	262D	8F-2R	53	5570	No
D-21 II	$8766	$1440	$2260	**$3740**	**$5150**	AC	6T	426D	8F-2R	127.7	9610	No
190	$5000	$1960	$3190	**$5300**	**$6220**	AC	6	265G	8F-2R	75.3	7040	No
190	$5700	$2050	$3330	**$5530**	**$6500**	AC	6	301D	8F-2R	77.2	7840	No
190XT	$5455	$1860	$3030	**$5040**	**$5920**	AC	6	301G	8F-2R	90.0	7800	No
190XT	$6150	$1950	$3180	**$5280**	**$6200**	AC	6T	301D	8F-2R	93.6	9100	No
1964												
D-10	$2630	$1050	$1820	**$2430**	**$3280**	AC	4	139G	4F-1R	29	3370	No
D-12	$2720	$890	$1400	**$2320**	**$3230**	AC	4	139G	4F-1R	29	3420	No
D-15 II	$3600	$960	$1510	**$2500**	**$3480**	AC	4	149G	8F-2R	46	4270	No
D-15 II	$4200	$1060	$1650	**$2740**	**$3820**	AC	4	149G	8F-2R	44	4270	No
D-17 III	$4772	$1110	$1740	**$2880**	**$4020**	AC	4	226G	8F-2R	54	5240	No
D-17 III	$5667	$1220	$1910	**$3170**	**$4420**	AC	6	262D	8F-2R	53	5570	No
D-21	$7995	$1430	$2230	**$3700**	**$5160**	AC	6	426D	8F-2R	103	9610	No
190	$4905	$1930	$3170	**$5250**	**$6190**	AC	6	265G	8F-2R	75.3	7040	No
190	$5600	$2010	$3310	**$5470**	**$6450**	AC	6	301D	8F-2R	77.2	7840	No

Model	Approx. Retail Price New	Estimated Value Less Repairs Used Trade-In Avg.	Used Trade-In High	Used Retail Avg.	Used Retail High	Engine Make	Engine No. Cyls.	Engine Displ. Cu.-in.	No. Speeds	P.T.O. H.P.	Approx. Shipping Wt.-Lbs.	Cab
Allis-Chalmers (Cont.)												
				1963								
D-10	$2075	$1020	$1760	**$2400**	**$3240**	AC	4	149G	4F-1R	30	2800	No
D-12	$2276	$880	$1380	**$2300**	**$3220**	AC	4	149G	4F-1R	30	2850	No
D-15 II	$3485	$950	$1490	**$2480**	**$3480**	AC	4	149G	8F-2R	46	4270	No
D-15 II	$4245	$1040	$1630	**$2730**	**$3820**	AC	4	175D	8F-2R	44	4270	No
D-17 III	$4414	$1100	$1720	**$2880**	**$4030**	AC	4	226G	8F-2R	54	5240	No
D-17 III	$5309	$1210	$1890	**$3160**	**$4440**	AC	6	262D	8F-2R	53	5570	No
D-19	$5303	$1300	$2040	**$3410**	**$4780**	AC	6	262G	8F-2R	72	6475	No
D-19	$6078	$1380	$2170	**$3620**	**$5080**	AC	6	262D	8F-2R	67	6570	No
D-21	$7995	$1400	$2200	**$3670**	**$5150**	AC	6	426D	8F-2R	103	9610	No
				1962								
D-10	......	$1000	$1700	**$2390**	**$3220**	AC	4	139G	4F-1R	29	3370	No
D-12	......	$860	$1350	**$2280**	**$3210**	AC	4	139G	4F-1R	29	3420	No
D-15	......	$940	$1470	**$2480**	**$3490**	AC	4	149G	8F-2R	40	4270	No
D-17	......	$1020	$1610	**$2710**	**$3820**	AC	4	226G	8F-2R	54	5240	No
D-17	......	$1080	$1690	**$2860**	**$4030**	AC	6	262D	8F-2R	53	5570	No
D-17 III	......	$1130	$1780	**$3000**	**$4230**	AC	4	226G	8F-2R	54	5500	No
D-17 III	......	$1200	$1890	**$3190**	**$4490**	AC	6	262D	8F-2R	53	5785	No
D-19	......	$1270	$1990	**$3360**	**$4730**	AC	6	262G	8F-2R	72	6475	No
D-19	......	$1350	$2120	**$3580**	**$5040**	AC	6	262D	8F-2R	67	6570	No
				1961								
D-10	......	$980	$1660	**$2380**	**$3190**	AC	4	139G	4F-1R	29	3370	No
D-12	......	$1050	$1780	**$2550**	**$3410**	AC	4	139G	4F-1R	29	3420	No
D-15	......	$1130	$1910	**$2740**	**$3680**	AC	4	149G	8F-2R	40	4270	No
D-17	......	$1260	$2130	**$3060**	**$4090**	AC	4	226G	8F-2R	54	5240	No
D-17	......	$1320	$2240	**$3220**	**$4310**	AC	6	262D	8F-2R	53	5570	No
D-19	......	$1500	$2540	**$3640**	**$4880**	AC	6	262G	8F-2R	72	6475	No
D-19	......	$1660	$2810	**$4030**	**$5400**	AC	6	262D	8F-2R	67	6570	No
				1960								
D-10	......	$960	$1620	**$2370**	**$3150**	AC	4	139G	4F-1R	29	3370	No
D-12	......	$1020	$1740	**$2540**	**$3380**	AC	4	139G	4F-1R	29	3420	No
D-14	......	$1090	$1850	**$2710**	**$3610**	AC	4	149G	8F-2R	36	4140	No
D-15	......	$1120	$1890	**$2770**	**$3690**	AC	4	149G	8F-2R	40	4270	No
D-17	......	$1200	$2040	**$2980**	**$3980**	AC	4	226G	8F-2R	54	5240	No
D-17	......	$1280	$2180	**$3180**	**$4240**	AC	6	262D	8F-2R	53	5570	No
				1959								
D-10	......	$930	$1580	**$2350**	**$3120**	AC	4	139G	4F-1R	29	3370	No
D-12	......	$1000	$1700	**$2520**	**$3350**	AC	4	139G	4F-1R	29	3420	No
D-14	......	$1070	$1810	**$2700**	**$3580**	AC	4	149G	8F-2R	36	4140	No
D-17	......	$1190	$2010	**$2990**	**$3970**	AC	4	226G	8F-2R	54	5240	No
D-17	......	$1250	$2120	**$3150**	**$4180**	AC	6	262D	8F-2R	53	5570	No
				1958								
D-14	......	$1050	$1780	**$2640**	**$3530**	AC	4	149G	8F-2R	36	4140	No
D-17	......	$1160	$1970	**$2930**	**$3910**	AC	4	226G	8F-2R	54	5240	No
D-17	......	$1220	$2070	**$3070**	**$4110**	AC	6	262D	8F-2R	53	5570	No
				1957								
B	......	$770	$1290	**$1950**	**$2620**	AC	4	125G	3F-1R	22	2130	No
CA	......	$840	$1410	**$2130**	**$2860**	AC	4	125G	4F-1R	24.8	2850	No
D-14	......	$1020	$1700	**$2570**	**$3450**	AC	4	149G	8F-2R	36	4140	No
D-17	......	$1140	$1920	**$2890**	**$3880**	AC	4	226G	8F-2R	54	5240	No
D-17	......	$1200	$2000	**$3020**	**$4060**	AC	4	262D	8F-2R	53	5570	No
WD-45	......	$720	$1140	**$1960**	**$2810**	AC	4	226G	4F-1R	45	4470	No
WD-45	......	$740	$1170	**$2010**	**$2890**	AC	6	230D	4F-1R	45	4730	No
				1956								
B	......	$750	$1230	**$1880**	**$2550**	AC	4	125G	3F-1R	22	2130	No
CA	......	$820	$1540	**$2500**	**$3050**	AC	4	125G	4F-1R	24.8	2850	No
WD-45	......	$680	$1100	**$1870**	**$2700**	AC	4	226G	4F-1R	45	4470	No
WD-45	......	$720	$1160	**$1970**	**$2850**	AC	6	230D	4F-1R	45	4730	No
				1955								
B	......	$740	$1380	**$2250**	**$2740**	AC	4	125G	3F-1R	22	2130	No
CA	......	$790	$1480	**$2420**	**$2940**	AC	4	125G	4F-1R	24.8	2850	No
G	......	$740	$1390	**$2270**	**$2760**	Continental	4	62G	3F-1R	10	1550	No
WD-45	......	$800	$1320	**$2010**	**$2740**	AC	4	226G	4F-1R	45	4470	No
WD-45	......	$830	$1370	**$2090**	**$2840**	AC	6	230D	4F-1R	45	4730	No
				1954								
B	......	$710	$1340	**$2220**	**$2680**	AC	4	125G	3F-1R	22	2130	No
CA	......	$750	$1410	**$2340**	**$2820**	AC	4	125G	4F-1R	24.8	2850	No
G	......	$690	$1290	**$2150**	**$2590**	Continental	4	62G	3F-1R	10	1550	No
WD-45	......	$760	$1260	**$1920**	**$2650**	AC	4	226G	4F-1R	45	4470	No
WD-45	......	$790	$1300	**$1980**	**$2740**	AC	6	230D	4F-1R	45	4730	No
				1953								
B	......	$670	$1280	**$2120**	**$2580**	AC	4	125G	3F-1R	22	2130	No
CA	......	$710	$1350	**$2240**	**$2710**	AC	4	125G	4F-1R	24.8	2850	No
G	......	$640	$1230	**$2040**	**$2480**	Continental	4	62G	3F-1R	10	1550	No
WD	......	$710	$1190	**$1840**	**$2570**	AC	4	201G	4F-1R	36	4050	No

Allis-Chalmers (Cont.)

Model	Approx. Retail Price New	Estimated Value Less Repairs: Used Trade-In Avg.	Used Trade-In High	Used Retail Avg.	Used Retail High	Engine Make	Engine No. Cyls.	Engine Displ. Cu.-in.	No. Speeds	P.T.O. H.P.	Approx. Shipping Wt.-Lbs.	Cab
1953 (Cont.)												
WD-45	......	$730	$1210	**$1870**	**$2610**	AC	4	226G	4F-1R	45	4470	No
WD-45	......	$750	$1250	**$1930**	**$2690**	AC	6	230D	4F-1R	45	4730	No
1952												
B	......	$640	$1240	**$2060**	**$2510**	AC	4	125G	3F-1R	22	2130	No
CA	......	$670	$1310	**$2170**	**$2640**	AC	4	125G	4F-1R	24.8	2850	No
G	......	$610	$1200	**$1990**	**$2430**	Continental	4	62G	3F-1R	10	1550	No
WD	......	$680	$1140	**$1780**	**$2520**	AC	4	201G	4F-1R	36	4050	No
1951												
B	......	$610	$1200	**$1990**	**$2430**	AC	4	125G	3F-1R	22	2130	No
CA	......	$660	$1280	**$2130**	**$2610**	AC	4	125G	4F-1R	24.8	2850	No
G	......	$600	$1180	**$1950**	**$2390**	Continental	4	62G	3F-1R	10	1550	No
U	......	$530	$880	**$1390**	**$1990**	AC	6	301D	4F-1R	22	5130	No
WD	......	$580	$970	**$1540**	**$2200**	AC	4	201G	4F-1R	36	4050	No
WF	......	$540	$890	**$1420**	**$2030**	AC	4	201G	4F-1R	22	3270	No
1950												
B	......	$590	$1140	**$1920**	**$2340**	AC	4	125G	3F-1R	22	2130	No
C	......	$600	$1180	**$1980**	**$2410**	AC	4	125G	3F-1R	23.3	3025	No
CA	......	$630	$1230	**$2070**	**$2520**	AC	4	125G	4F-1R	27	2850	No
G	......	$580	$1130	**$1910**	**$2320**	Continental	4	62G	3F-1R	10	1550	No
U	......	$480	$790	**$1280**	**$1850**	AC	6	301D	4F-1R	22	5130	No
WD	......	$580	$950	**$1530**	**$2210**	AC	4	201G	4F-1R	36	4050	No
WF	......	$520	$860	**$1380**	**$2000**	AC	4	201G	4F-1R	22	3270	No
1949												
B	......	$580	$1120	**$1890**	**$2310**	AC	4	119G	3F-1R	15.6	2130	No
C	......	$590	$1140	**$1920**	**$2350**	AC	4	125G	3F-1R	23	3025	No
G	......	$540	$1060	**$1780**	**$2170**	Continental	4	62G	3F-1R	10	1550	No
U	......	$460	$750	**$1220**	**$1790**	AC	6	301D	4F-1R	22	5130	No
WD	......	$560	$900	**$1470**	**$2160**	AC	4	201G	4F-1R	36	4050	No
WF	......	$510	$820	**$1330**	**$1960**	AC	4	201G	4F-1R	22	3270	No
1948												
B	......	$560	$1100	**$1850**	**$2280**	AC	4	119G	3F-1R	15.6	2130	No
C	......	$570	$1120	**$1890**	**$2320**	AC	4	125G	3F-1R	23	3025	No
G	......	$520	$1010	**$1700**	**$2090**	Continental	4	62G	3F-1R	10	1550	No
U	......	$440	$680	**$1160**	**$1720**	AC	6	301D	4F-1R	22	5130	No
WC	......	$450	$700	**$1190**	**$1770**	AC	4	201D	4F-1R	22	3325	No
WD	......	$530	$820	**$1390**	**$2060**	AC	4	201G	4F-1R	36	4050	No
WF	......	$490	$760	**$1290**	**$1910**	AC	4	201G	4F-1R	22	3270	No
1947												
B	......	$530	$1060	**$1780**	**$2200**	AC	4	119G	3F-1R	15.6	2130	No
C	......	$540	$1080	**$1810**	**$2240**	AC	4	125G	3F-1R	23	3025	No
U	......	$410	$650	**$1100**	**$1650**	AC	6	301D	4F-1R	22	5130	No
WC	......	$420	$670	**$1130**	**$1700**	AC	4	201D	4F-1R	22	3325	No
WF	......	$460	$730	**$1250**	**$1870**	AC	4	201G	4F-1R	22	3270	No
1946												
B	......	$500	$1020	**$1720**	**$2140**	AC	4	119G	3F-1R	15.6	2130	No
C	......	$510	$1030	**$1740**	**$2160**	AC	4	125G	3F-1R	23	3025	No
U	......	$380	$610	**$1050**	**$1580**	AC	6	301D	4F-1R	22	5130	No
WC	......	$400	$650	**$1110**	**$1670**	AC	4	201D	4F-1R	22	3325	No
WF	......	$440	$710	**$1230**	**$1850**	AC	4	201G	4F-1R	22	3270	No
1945												
B	......	$480	$990	**$1670**	**$2080**	AC	4	119G	3F-1R	15.6	2130	No
C	......	$480	$980	**$1650**	**$2060**	AC	4	125G	3F-1R	23	3025	No
U	......	$360	$580	**$1000**	**$1500**	AC	6	301D	4F-1R	22	5130	No
WC	......	$380	$610	**$1060**	**$1580**	AC	4	201D	4F-1R	22	3325	No
WF	......	$420	$680	**$1180**	**$1760**	AC	4	201G	4F-1R	22	3270	No
1944												
B	......	$460	$950	**$1600**	**$2000**	AC	4	119G	3F-1R	15.6	2130	No
C	......	$450	$920	**$1550**	**$1950**	AC	4	125G	3F-1R	23	3025	No
U	......	$350	$560	**$980**	**$1450**	AC	6	301D	4F-1R	22	5130	No
WC	......	$370	$600	**$1040**	**$1540**	AC	4	201D	4F-1R	22	3325	No
WF	......	$400	$650	**$1130**	**$1670**	AC	4	201G	4F-1R	22	3270	No
1943												
B	......	$450	$920	**$1550**	**$1960**	AC	4	119G	3F-1R	15.6	2130	No
C	......	$430	$880	**$1480**	**$1870**	AC	4	125G	3F-1R	23	3025	No
U	......	$340	$540	**$960**	**$1410**	AC	6	301D	4F-1R	22	5130	No
WC	......	$360	$580	**$1020**	**$1500**	AC	4	201D	4F-1R	22	3325	No
WF	......	$390	$630	**$1100**	**$1620**	AC	4	201G	4F-1R	22	3270	No
1942												
A	......	$400	$650	**$1140**	**$1670**	AC	4	510G	3F-1R	27	4275	No
B	......	$440	$900	**$1520**	**$1930**	AC	4	119G	3F-1R	15.6	2130	No
C	......	$420	$860	**$1450**	**$1840**	AC	4	125G	3F-1R	23	3025	No
U	......	$330	$530	**$930**	**$1360**	AC	6	301D	4F-1R	22	5130	No
WC	......	$350	$560	**$990**	**$1450**	AC	4	201D	4F-1R	22	3325	No

Model	Approx. Retail Price New	Estimated Value Less Repairs: Used Trade-In Avg.	Used Trade-In High	Used Retail Avg.	Used Retail High	Engine Make	Engine No. Cyls.	Engine Displ. Cu.-in.	No. Speeds	P.T.O. H.P.	Approx. Shipping Wt.-Lbs.	Cab
Allis-Chalmers (Cont.)												
				1942 (Cont.)								
WF	......	$380	$610	**$1080**	**$1580**	AC	4	201G	4F-1R	22	3270	No
				1941								
A	......	$380	$610	**$1080**	**$1580**	AC	4	510G	3F-1R	27	4275	No
B	......	$430	$880	**$1480**	**$1890**	AC	4	119G	3F-1R	15.6	2130	No
C	......	$400	$830	**$1390**	**$1770**	AC	4	125G	3F-1R	23	3025	No
RC	......	$410	$660	**$1170**	**$1710**	AC	4	125G	4F-1R	18	2595	No
U	......	$320	$510	**$900**	**$1320**	AC	6	301D	4F-1R	22	5130	No
UC	......	$360	$580	**$1020**	**$1500**	AC	4	301D	4F-1R	30	5710	No
WC	......	$340	$540	**$960**	**$1410**	AC	4	201D	4F-1R	22	3325	No
WF	......	$370	$600	**$1050**	**$1540**	AC	4	201G	4F-1R	22	3270	No
				1940								
A	......	$370	$600	**$1050**	**$1540**	AC	4	510G	3F-1R	27	4275	No
B	......	$420	$860	**$1450**	**$1860**	AC	4	116G	3F-1R	15.6	2130	No
C	......	$390	$800	**$1350**	**$1730**	AC	4	125G	3F-1R	23	3025	No
RC	......	$400	$650	**$1140**	**$1670**	AC	4	125G	4F-1R	18	2595	No
U	......	$310	$490	**$870**	**$1280**	AC	6	301D	4F-1R	22	5130	No
UC	......	$340	$540	**$960**	**$1410**	AC	4	301D	4F-1R	30	5710	No
WC	......	$320	$510	**$900**	**$1320**	AC	4	201D	4F-1R	22	3325	No
WF	......	$350	$560	**$990**	**$1450**	AC	4	201G	4F-1R	22	3270	No
				1939								
A	......	$360	$580	**$1020**	**$1500**	AC	4	510G	3F-1R	27	4275	No
B	......	$410	$840	**$1410**	**$1810**	AC	4	116G	3F-1R	15.6	2130	No
RC	......	$390	$630	**$1110**	**$1630**	AC	4	125G	4F-1R	18	2595	No
U	......	$300	$480	**$850**	**$1240**	AC	6	301D	4F-1R	22	5130	No
UC	......	$330	$530	**$930**	**$1370**	AC	4	301D	4F-1R	30	5710	No
WC	......	$310	$490	**$870**	**$1280**	AC	4	201D	4F-1R	22	3325	No
WF	......	$340	$540	**$960**	**$1410**	AC	4	201G	4F-1R	22	3270	No
Avery												
				1964								
Big MO 400	......	$1030	$1780	**$2380**	**$3210**				4F-1R		1622	No
				1963								
Big MO 400	......	$990	$1700	**$2320**	**$3140**				4F-1R		1622	No
				1962								
Big MO 400	......	$970	$1640	**$2310**	**$3110**				4F-1R		1622	No
				1961								
Big MO 400	......	$940	$1590	**$2290**	**$3060**				4F-1R		1622	No
				1960								
Big MO 400	......	$920	$1560	**$2280**	**$3040**				4F-1R		1622	No
				1959								
Big MO 400	......	$900	$1530	**$2280**	**$3020**				4F-1R		1622	No
				1958								
BF	......	$840	$1420	**$2120**	**$2830**	Hercules	4	133G	4F-1R		2798	No
				1957								
BF	......	$810	$1350	**$2030**	**$2730**	Hercules	4	133G	4F-1R		2798	No
BFS	......	$850	$1420	**$2140**	**$2880**	Hercules	4	133G	4F-1R		2798	No
BG	......	$860	$1450	**$2180**	**$2930**	Hercules	4	133G	4F-1R		2805	No
				1956								
BF	......	$790	$1300	**$1980**	**$2680**	Hercules	4	133G	4F-1R		2798	No
BFS	......	$830	$1370	**$2090**	**$2820**	Hercules	4	133G	4F-1R		2798	No
BG	......	$840	$1390	**$2110**	**$2860**	Hercules	4	133G	4F-1R		2805	No
				1955								
BF	......	$760	$1260	**$1930**	**$2620**	Hercules	4	133G	4F-1R		2798	No
BFS	......	$780	$1290	**$1980**	**$2690**	Hercules	4	133G	4F-1R		2798	No
BG	......	$830	$1360	**$2080**	**$2830**	Hercules	4	133G	4F-1R		2805	No
V	......	$780	$1280	**$1960**	**$2670**	Hercules	4	65G	3F-1R		1802	No
				1954								
BF	......	$750	$1240	**$1890**	**$2600**	Hercules	4	133G	4F-1R		2798	No
BFD	......	$760	$1260	**$1920**	**$2640**	Hercules	4	133G	4F-1R		2895	No
BFS	......	$740	$1220	**$1860**	**$2560**	Hercules	4	133G	4F-1R		2798	No
BG	......	$800	$1330	**$2020**	**$2790**	Hercules	4	133G	4F-1R		2805	No
R	......	$780	$1290	**$1970**	**$2720**	Hercules	4	165G	4F-1R		2805	No
V	......	$760	$1250	**$1910**	**$2640**	Hercules	4	65G	3F-1R		1802	No
				1953								
BF	......	$710	$1190	**$1840**	**$2570**	Hercules	4	133G	4F-1R		2798	No
BFD	......	$700	$1160	**$1800**	**$2520**	Hercules	4	133G	4F-1R		2895	No
BFH	......	$760	$1270	**$1970**	**$2750**	Hercules	4	133G	4F-1R		2895	No
BFS	......	$740	$1230	**$1900**	**$2660**	Hercules	4	133G	4F-1R		2798	No

Model	Approx. Retail Price New	Used Trade-In Avg.	Used Trade-In High	Used Retail Avg.	Used Retail High	Engine Make	No. Cyls.	Displ. Cu.-in.	No. Speeds	P.T.O. H.P.	Approx. Shipping Wt.-Lbs.	Cab
Avery (Cont.)												
				1953 (Cont.)								
BG	......	$770	$1280	**$1970**	**$2750**	Hercules	4	133G	4F-1R		2805	No
R	......	$750	$1250	**$1930**	**$2700**	Hercules	4	165G	4F-1R		2805	No
V	......	$730	$1210	**$1870**	**$2620**	Hercules	4	65G	3F-1R		1802	No
				1952								
A	......	$660	$1100	**$1730**	**$2440**	Hercules	4	133G	3F-1R		2300	No
BF	......	$670	$1130	**$1780**	**$2510**	Hercules	4	133G	4F-1R		2798	No
R	......	$720	$1200	**$1890**	**$2670**	Hercules	4	165G	4F-1R		2805	No
V	......	$700	$1180	**$1850**	**$2620**	Hercules	4	65G	3F-1R		1802	No
				1951								
A	......	$640	$1060	**$1680**	**$2410**	Hercules	4	133G	3F-1R		2300	No
BF	......	$660	$1090	**$1730**	**$2480**	Hercules	4	133G	4F-1R		2798	No
R	......	$700	$1160	**$1840**	**$2630**	Hercules	4	165G	4F-1R		2805	No
V	......	$680	$1130	**$1790**	**$2560**	Hercules	4	65G	3F-1R		1802	No
				1950								
A	......	$620	$1020	**$1640**	**$2380**	Hercules	4	133G	3F-1R		2300	No
BF	......	$640	$1050	**$1690**	**$2450**	Hercules	4	133G	4F-1R		2798	No
R	......	$680	$1120	**$1800**	**$2600**	Hercules	4	165G	4F-1R		2805	No
V	......	$660	$1080	**$1740**	**$2520**	Hercules	4	65G	3F-1R		1802	No
				1949								
A	......	$610	$990	**$1610**	**$2360**	Hercules	4	123G	3F-1R		2300	No
R	......	$670	$1080	**$1760**	**$2580**	Hercules	4	165G	4F-1R		2805	No
V	......	$650	$1040	**$1710**	**$2500**	Hercules	4	65G	3F-1R		1802	No
				1948								
A	......	$600	$930	**$1580**	**$2340**	Hercules	4	123G	3F-1R		2300	No
R	......	$650	$1010	**$1720**	**$2550**	Hercules	4	165G	4F-1R		2805	No
V	......	$630	$970	**$1660**	**$2470**	Hercules	4	65G	3F-1R		1802	No
				1947								
A	......	$570	$910	**$1550**	**$2320**	Hercules	4	113G	3F-1R		2300	No
R	......	$610	$970	**$1650**	**$2480**	Hercules	4	165G	4F-1R		2805	No
V	......	$600	$940	**$1610**	**$2410**	Hercules	4	65G	3F-1R		1802	No
				1946								
A	......	$540	$880	**$1520**	**$2280**	Hercules	4	113G	3F-1R		2300	No
R	......	$580	$940	**$1610**	**$2420**	Hercules	4	165G	4F-1R		2805	No
V	......	$570	$920	**$1580**	**$2380**	Hercules	4	65G	3F-1R		1802	No
				1945								
R	......	$560	$900	**$1560**	**$2330**	Hercules	4	165G	4F-1R		2805	No
				1944								
R	......	$540	$880	**$1540**	**$2280**	Hercules	4	165G	4F-1R		2805	No
				1943								
R	......	$530	$860	**$1510**	**$2220**	Hercules	4	165G	4F-1R		2805	No
				1942								
R	......	$520	$840	**$1470**	**$2160**	Hercules	4	165G	4F-1R		2805	No
				1941								
R	......	$500	$810	**$1430**	**$2090**	Hercules	4	165G	4F-1R		2805	No
				1940								
R	......	$480	$780	**$1380**	**$2020**	Hercules	4	165G	4F-1R		2805	No
				1939								
R	......	$470	$770	**$1350**	**$1980**	Hercules	4	165G	4F-1R		2805	No
RO-TRAK	......	$550	$880	**$1560**	**$2280**	Hercules	6	165G	4F-1R		2805	No
Belarus												
				2002								
2011 2WD	$8595	$3700	$4300	**$5500**	**$6020**	Slavia	2	70D	16F-8R	19.0		No
3011 2WD	$9395	$4040	$4700	**$6010**	**$6580**	Belarus	2	127D	8F-6R	29.0		No
3045 4WD	$11135	$4790	$5570	**$7130**	**$7800**	Belarus	2	127D	6F-6R	30.0		No
5111 2WD	$15595	$6390	$7490	**$9830**	**$10610**	Minsk	4	289D	18F-4R	53.0	5908	No
5145 4WD	$17895	$7340	$8590	**$11270**	**$12170**	Minsk	4	289D	18F-4R	53.0	6490	No
8011 2WD	$19195	$7870	$9210	**$12090**	**$13050**	Belarus	4	289D	9F-2R	75.0	5950	No
				2000								
Eicher 364	$9840	$3540	$4230	**$5710**	**$6400**	Eicher	2	119D	8F-2R	34.5		No
510 2WD	$10660	$3840	$4580	**$6180**	**$6930**	Minsk	4	289D	9F-2R	53.0		No
2011 2WD	$7280	$2620	$3130	**$4220**	**$4730**	Slavia	2	70D	16F-8R	19.0		No
3011 2WD	$8850	$3190	$3810	**$5130**	**$5750**	Belarus	2	127D	8F-6R	29.0		No
3021 2WD	$9560	$3440	$4110	**$5550**	**$6210**	Belarus	2	127D	8F-6R	29.0		No
3055 4WD	$9500	$3420	$4090	**$5510**	**$6180**	Belarus	2	127D	6F-6R	30.0		No
4055 4WD	$10500	$3780	$4520	**$6090**	**$6830**	Belarus	3	190D	6F-6R	44.0		No
5011 2WD	$13530	$4470	$5550	**$7440**	**$8120**	Minsk	4	289D	11F-8R	55.0		No

Model	Approx. Retail Price New	Estimated Value Less Repairs Used Trade-In Avg.	Used Trade-In High	Used Retail Avg.	Used Retail High	Engine Make	Engine No. Cyls.	Engine Displ. Cu.-in.	No. Speeds	P.T.O. H.P.	Approx. Shipping Wt.-Lbs.	Cab
Belarus (Cont.)												
				2000 (Cont.)								
5045 4WD	$15780	$5210	$6470	**$8680**	**$9470**	Minsk	4	289D	11F-8R	55.0	7850	No
5111M 2WD	$15535	$5130	$6370	**$8540**	**$9320**	Minsk	4	289D	9F-2R	53.0	5908	No
5145M 4WD	$18465	$6090	$7570	**$10160**	**$11080**	Minsk	4	289D	11F-10R	53.0	6490	No
6311M 2WD	$18480	$6100	$7580	**$10160**	**$11090**	Belarus	4	289D	18F-4R	59.0	8100	CHA
6345M 4WD	$21280	$7020	$8730	**$11700**	**$12770**	Belarus	4	289D	18F-4R	59.0	8500	CHA
8011 2WD	$11950	$4300	$5140	**$6930**	**$7770**	Belarus	4	289D	9F-2R	72.0	5950	No
8011L 2WD	$10530	$3790	$4530	**$6110**	**$6850**	Belarus	4	289D	9F-2R	72.0	5950	No
8311S 2WD	$20535	$6780	$8420	**$11290**	**$12320**	Belarus	4	289D	14F-4R	75.0	8150	CHA
8345S 4WD	$24155	$7970	$9900	**$13290**	**$14490**	Belarus	4	289D	14F-4R	75.0	8600	CHA
9311S 2WD	$22440	$7410	$9200	**$12340**	**$13460**	Belarus	4T	289D	14F-4R	92.0	8200	CHA
9345S 4WD	$28065	$9260	$11510	**$15440**	**$16840**	Belarus	4T	289D	14F-4R	92.0	8650	CHA
				1999								
VST-180D	$8830	$3000	$3530	**$4950**	**$5560**	Belarus	3	55D	6F-2R	18.5		No
FS254	$8480	$2880	$3390	**$4750**	**$5340**	Belarus	3	87D	8F-2R	25.0		No
510 2WD	$12250	$3600	$4240	**$5940**	**$6680**	Minsk	4	289D	9F-2R	53.0	7628	No
2011 2WD	$9815	$2470	$2900	**$4060**	**$4570**	Slavia	2	70D	16F-8R	19.0	2602	No
2045 4WD	$9060	$3080	$3620	**$5070**	**$5710**	Slavia	2	70D	16F-8R	19.0	2712	No
2145 4WD	$9360	$3180	$3740	**$5240**	**$5900**	Slavia	2	70D	16F-8R	19.0	2750	No
3011 2WD	$9385	$3010	$3540	**$4960**	**$5580**	Belarus	2	127D	8F-6R	29.0	4425	No
3021 2WD	$10585	$3250	$3820	**$5350**	**$6020**	Belarus	2	127D	8F-6R	29.0	4500	No
3045 4WD	$11750	$3230	$3800	**$5320**	**$5990**	Belarus	2	127D	8F-6R	29.0	4750	No
5011 2WD	$15535	$4200	$5290	**$7050**	**$7720**	Minsk	4	289D	11F-8R	55.0	6060	No
5045 4WD	$17135	$4880	$6140	**$8190**	**$8980**	Minsk	4	289D	11F-8R	55.0	7850	No
5111 2WD	$15535	$4820	$6060	**$8080**	**$8860**	Minsk	4	289D	9F-2R	53.0	5908	No
5145 4WD	$18465	$5720	$7200	**$9600**	**$10530**	Minsk	4	289D	11F-10R	53.0	6490	No
5145 4WD	$19465	$6030	$7590	**$10120**	**$11100**	Minsk	4	289D	14F-4R	53.0	6490	No
6311 2WD	$18480	$5730	$7210	**$9610**	**$10530**	Belarus	4	289D	18F-4R	59.0	8100	CHA
6345 4WD	$21280	$6600	$8300	**$11070**	**$12130**	Belarus	4	289D	18F-4R	59.0	8500	CHA
6345 4WD	$22280	$6910	$8690	**$11590**	**$12700**	Belarus	4	289D	14F-4R	59.0	8500	CHA
8011L 2WD	$18600	$3570	$4200	**$5880**	**$6620**	Belarus	4	289D	9F-2R	72.0	5950	No
8021 2WD	$17465	$5410	$6810	**$9080**	**$9960**	Belarus	4	289D	9F-2R	72.0	5950	No
8311 2WD	$20535	$6370	$8010	**$10680**	**$11710**	Belarus	4	289D	14F-4R	75.0	8150	CHA
8345 4WD	$24155	$7490	$9420	**$12560**	**$13770**	Belarus	4	289D	14F-4R	75.0	8600	CHA
9011L 2WD	$21775	$6750	$8490	**$11320**	**$12410**	Belarus	4	289D	9F-2R	90.0	5975	No
9021 2WD	$20640	$6400	$8050	**$10730**	**$11770**	Belarus	4T	289D	9F-2R	90.0	5975	No
9311 2WD	$22440	$6960	$8750	**$11670**	**$12790**	Belarus	4T	289D	14F-4R	92.0	8200	CHA
9345 4WD	$28065	$8370	$10530	**$14040**	**$15390**	Belarus	4T	289D	14F-4R	92.0	8650	CHA
				1998								
VST-180D	$8830	$2830	$3360	**$4770**	**$5390**	Belarus	3	55D	6F-2R	18.5		No
FS254	$8480	$2710	$3220	**$4580**	**$5170**	Belarus	3	87D	8F-2R	25.0		No
510 2WD	$12250	$3390	$4030	**$5720**	**$6470**	Minsk	4T	289D	9F-2R	53.0	7628	No
2011 2WD	$9815	$2330	$2770	**$3930**	**$4440**	Slavia	2	70D	16F-8R	19.0	2602	No
2045 4WD	$9060	$2580	$3060	**$4350**	**$4920**	Slavia	2	70D	16F-8R	19.0	2712	No
2145 4WD	$9360	$2680	$3180	**$4510**	**$5100**	Slavia	2	70D	16F-8R	19.0	2750	No
3011 2WD	$9385	$2830	$3360	**$4780**	**$5400**	Belarus	2	127D	8F-6R	29.0	4425	No
3021 2WD	$10585	$3060	$3630	**$5160**	**$5830**	Belarus	2	127D	8F-6R	29.0	4500	No
3045 4WD	$11750	$3040	$3610	**$5130**	**$5800**	Belarus	2	127D	8F-6R	29.0	4750	No
5011 2WD	$16125	$3930	$5010	**$6640**	**$7320**	Minsk	4	289D	11F-8R	55.0	6060	No
5045 4WD	$18259	$4640	$5920	**$7840**	**$8640**	Minsk	4	289D	11F-8R	55.0	7850	No
5111 2WD	$16870	$4510	$5750	**$7610**	**$8390**	Minsk	4	289D	9F-2R	53.0	5908	No
5145 4WD	$18560	$5080	$6480	**$8580**	**$9450**	Minsk	4	289D	11F-10R	53.0	6490	No
5145 4WD	$19690	$5390	$6880	**$9110**	**$10040**	Minsk	4	289D	14F-4R	53.0	6490	No
6311 2WD	$18890	$5160	$6590	**$8720**	**$9610**	Belarus	4	289D	18F-4R	59.0	8100	CHA
6345 4WD	$21510	$5680	$7250	**$9590**	**$10570**	Belarus	4	289D	18F-4R	59.0	8500	CHA
6345 4WD	$22640	$6000	$7650	**$10130**	**$11170**	Belarus	4	289D	14F-4R	59.0	8500	CHA
8011L 2WD	$18685	$3360	$3990	**$5670**	**$6410**	Belarus	4	289D	9F-2R	72.0	5950	No
8011L 2WD	$26810	$4870	$6220	**$8230**	**$9070**	Belarus	4	289D	9F-2R	72.0	5950	CHA
8021 2WD	$18800	$4600	$5870	**$7770**	**$8570**	Belarus	4	289D	9F-2R	72.0	5950	No
8311 2WD	$23200	$5960	$7600	**$10060**	**$11090**	Belarus	4	289D	14F-4R	75.0	8150	CHA
8345 4WD	$26820	$7010	$8940	**$11840**	**$13040**	Belarus	4	289D	14F-4R	75.0	8600	CHA
9011L 2WD	$21660	$6280	$8010	**$10610**	**$11700**	Belarus	4	289D	9F-2R	90.0	5975	No
9011L 2WD	$29785	$7830	$9990	**$13230**	**$14580**	Belarus	4	289D	9F-2R	90.0	5975	CHA
9021 2WD	$23510	$5990	$7640	**$10110**	**$11150**	Belarus	4T	289D	9F-2R	90.0	5975	No
9311 2WD	$25110	$6510	$8300	**$11000**	**$12120**	Belarus	4T	289D	14F-4R	92.0	8200	CHA
9345 4WD	$29730	$7850	$10010	**$13260**	**$14620**	Belarus	4T	289D	14F-4R	92.0	8650	CHA
				1997								
200	$7260	$2180	$2610	**$3780**	**$4320**	Belarus	2	70D	16F-8R	19.0	2600	No
220 4WD	$8245	$2470	$2970	**$4290**	**$4910**	Belarus	2	70D	16F-8R	19.0	2700	No
250AS	$7885	$2370	$2840	**$4100**	**$4690**	Belarus	4	126D	8F-6R	25.0	4300	No
300	$9645	$2600	$3380	**$4440**	**$4920**	Belarus	2	127D	6F-6R	28.5	4500	No
310 4WD	$10905	$2940	$3820	**$5020**	**$5560**	Belarus	2	127D	6F-6R	28.5	4750	No
400A	$12405	$3350	$4340	**$5710**	**$6330**	Belarus	4	253D	10F-8R	51.0	6535	No
400AN	$12755	$3440	$4460	**$5870**	**$6510**	Belarus	4	253D	10F-8R	51.0	6535	No
405A w/Cab	$14185	$3830	$4970	**$6530**	**$7230**	Belarus	4	253D	10F-8R	51.0	7630	CH
405AN w/Cab	$14730	$3980	$5160	**$6780**	**$7510**	Belarus	4	253D	10F-8R	51.0	7630	CH
420A 4WD	$13780	$3720	$4820	**$6340**	**$7030**	Belarus	4	253D	10F-8R	51.0	7225	No
420AN 4WD	$14325	$3870	$5010	**$6590**	**$7310**	Belarus	4	253D	10F-8R	51.0	7225	No
425A 4WD w/Cab	$16645	$4490	$5830	**$7660**	**$8490**	Belarus	4	253D	10F-8R	51.0	8630	CH
425AN 4WD w/Cab	$17245	$4660	$6040	**$7930**	**$8800**	Belarus	4	253D	10F-8R	51.0	8630	CH
505	$16080	$4340	$5630	**$7400**	**$8200**	Belarus	4	290D	9F-2R	59.0	7980	No
525 4WD	$17540	$4740	$6140	**$8070**	**$8950**	Belarus	4	290D	9F-2R	59.0	8540	No

Model	Approx. Retail Price New	Estimated Value Less Repairs Used Trade-In Avg.	Used Trade-In High	Used Retail Avg.	Used Retail High	Engine Make	Engine No. Cyls.	Engine Displ. Cu.-in.	No. Speeds	P.T.O. H.P.	Approx. Shipping Wt.-Lbs.	Cab
Belarus (Cont.)												
1997 (Cont.)												
530	$13816	$3730	$4840	**$6360**	**$7050**	Belarus	4	290D	9F-2R	52.0	5908	No
532 4WD	$15650	$4230	$5480	**$7200**	**$7980**	Belarus	4	290D	9F-2R	52.0	6490	No
570 w/Cab	$16875	$4560	$5910	**$7760**	**$8610**	Belarus	4	290D	18F-4R	61.24	8460	CH
572 4WD w/Cab	$18940	$5110	$6630	**$8710**	**$9660**	Belarus	4	290D	18F-4R	61.24	8950	CH
615	$13410	$3620	$4690	**$6170**	**$6840**	Belarus	4	301D	10F-2R	61.0	8500	CH
800	$17540	$4740	$6140	**$8070**	**$8950**	Belarus	4	290D	18F-4R	75.15	7960	No
805 w/Cab	$18935	$5110	$6630	**$8710**	**$9660**	Belarus	4	290D	18F-4R	75.15	8560	CH
820 4WD	$20010	$5400	$7000	**$9210**	**$10210**	Belarus	4	290D	18F-4R	75.15	8520	No
825 4WD w/Cab	$21140	$5710	$7400	**$9720**	**$10780**	Belarus	4	290D	18F-4R	75.15	9100	CH
900	$20820	$5620	$7290	**$9580**	**$10620**	Belarus	4T	290D	18F-4R	92.0	7960	No
905 w/Cab	$22125	$5970	$7740	**$10180**	**$11280**	Belarus	4T	290D	18F-4R	92.0	7960	CH
920 4WD	$23100	$6240	$8090	**$10630**	**$11780**	Belarus	4T	290D	18F-4R	92.0	8520	No
925 4WD w/Cab	$24650	$6660	$8630	**$11340**	**$12570**	Belarus	4T	290D	18F-4R	92.0	9100	CH
1025 4WD w/Cab	$25380	$6850	$8880	**$11680**	**$12940**	Belarus	4T	290D	18F-4R	92.0	9144	CH
1770 w/Cab	$43400	$12150	$15620	**$17360**	**$19530**	Belarus	6T	558D	12F-4R	167.7	19585	CH
2011	$9625	$2600	$3370	**$4430**	**$4910**	Slavia	2	70D	16F-8R	19.0	2602	No
2045 4WD	$10125	$2450	$3170	**$4170**	**$4620**	Slavia	2	70D	16F-8R	19.0	2712	No
6311	$19245	$5200	$6740	**$8850**	**$9820**	Belarus	4	290D	18F-4R	59.0	8100	CH
6345 4WD	$22210	$6000	$7770	**$10220**	**$11330**	Belarus	4	290D	18F-4R	59.0	8800	CH
8011L	$22875	$6180	$8010	**$10520**	**$11670**	Belarus	4	290D	9F-2R	72.0	5950	No
8311	$22540	$6090	$7890	**$10370**	**$11500**	Belarus	4	290D	14F-4R	75.0	8150	CH
8345 4WD	$26330	$6520	$8450	**$11110**	**$12320**	Belarus	4	290D	14F-4R	75.0	8600	CH
9011L	$24200	$6530	$8470	**$11130**	**$12340**	Belarus	4T	290D	9F-2R	90.0	5975	No
9311	$24525	$6620	$8580	**$11280**	**$12510**	Belarus	4T	290D	14F-4R	92.0	8200	CH
9345 4WD	$29390	$7580	$9820	**$12910**	**$14310**	Belarus	4T	290D	14F-4R	92.0	8650	CH
1996												
300	$9645	$2700	$3280	**$4920**	**$5640**	Belarus	2	127D	6F-6R	28.5	4500	No
310 4WD	$10905	$3050	$3710	**$5560**	**$6380**	Belarus	2	127D	6F-6R	28.5	4750	No
400A	$12105	$3030	$4000	**$5330**	**$5930**	Belarus	4	253D	10F-8R	51.0	6535	No
400AN	$12455	$3110	$4110	**$5480**	**$6100**	Belarus	4	253D	10F-8R	51.0	6535	No
405A w/Cab	$14185	$3550	$4680	**$6240**	**$6950**	Belarus	4	253D	10F-8R	51.0	7630	CH
405AN w/Cab	$14730	$3680	$4860	**$6480**	**$7220**	Belarus	4	253D	10F-8R	51.0	7630	CH
420A 4WD	$13780	$3450	$4550	**$6060**	**$6750**	Belarus	4	253D	10F-8R	51.0	7225	No
420AN 4WD	$14325	$3580	$4730	**$6300**	**$7020**	Belarus	4	253D	10F-8R	51.0	7225	No
425A 4WD w/Cab	$16050	$4010	$5300	**$7060**	**$7870**	Belarus	4	253D	10F-8R	51.0	8630	CH
425AN 4WD w/Cab	$16645	$4160	$5490	**$7320**	**$8160**	Belarus	4	253D	10F-8R	51.0	8630	CH
505	$16060	$4020	$5300	**$7070**	**$7870**	Belarus	4	289D	9F-2R	59.0	7980	No
525 4WD	$17540	$4390	$5790	**$7720**	**$8600**	Belarus	4	289D	9F-2R	59.0	8540	No
530	$13615	$3400	$4490	**$5990**	**$6670**	Belarus	4	289D	9F-2R	52.0	5908	No
532 4WD	$15650	$3910	$5170	**$6890**	**$7670**	Belarus	4	289D	9F-2R	52.0	6490	No
570 w/Cab	$16875	$4220	$5570	**$7430**	**$8270**	Belarus	4	289D	18F-4R	61.24	8460	CH
572 4WD w/Cab	$18940	$4740	$6250	**$8330**	**$9280**	Belarus	4	289D	18F-4R	61.24	8950	CH
800	$17540	$4390	$5790	**$7720**	**$8600**	Belarus	4	289D	18F-4R	75.15	7960	No
805 w/Cab	$18935	$4730	$6250	**$8330**	**$9280**	Belarus	4	289D	18F-4R	75.15	8560	CH
820 4WD	$20010	$5000	$6600	**$8800**	**$9810**	Belarus	4	289D	18F-4R	75.15	8520	No
825 4WD w/Cab	$21140	$5290	$6980	**$9300**	**$10360**	Belarus	4	289D	18F-4R	75.15	9100	CH
900	$20820	$5210	$6870	**$9160**	**$10200**	Belarus	4T	289D	18F-4R	92.0	7960	No
905 w/Cab	$22125	$5530	$7300	**$9740**	**$10840**	Belarus	4T	289D	18F-4R	92.0	7960	CH
920 4WD	$23100	$5780	$7620	**$10160**	**$11320**	Belarus	4T	289D	18F-4R	92.0	8520	No
925 4WD w/Cab	$24405	$6100	$8050	**$10740**	**$11960**	Belarus	4T	289D	18F-4R	92.0	9100	CH
1025 4WD w/Cab	$25380	$6350	$8380	**$11170**	**$12440**	Belarus	4T	289D	18F-4R	92.0	9144	CH
1770 w/Cab	$43400	$10140	$13260	**$14430**	**$16770**	Belarus	6T	558D	12F-4R	167.7	19585	CH
1995												
250AS	$7495	$1950	$2400	**$3750**	**$4310**	Belarus	2	127D	8F-6R	24.95	4300	No
300	$9165	$2200	$2840	**$3850**	**$4310**	Belarus	2	127D	8F-6R	28.5	4300	No
310 4WD	$10360	$2490	$3210	**$4350**	**$4870**	Belarus	2	127D	8F-6R	28.5	4750	No
400A	$11495	$2760	$3560	**$4830**	**$5400**	Belarus	4	253D	10F-8R	50.68	6535	No
400AN	$11730	$2820	$3640	**$4930**	**$5510**	Belarus	4	253D	10F-8R	50.68	6535	No
405A w/Cab	$12075	$2900	$3740	**$5070**	**$5680**	Belarus	4	253D	10F-8R	50.68	7630	CH
405AN w/Cab	$13990	$3360	$4340	**$5880**	**$6580**	Belarus	4	253D	10F-8R	50.68	7630	CH
420A 4WD	$13090	$3140	$4060	**$5500**	**$6150**	Belarus	4	253D	10F-8R	50.68	7225	No
420AN 4WD	$13660	$3280	$4240	**$5740**	**$6420**	Belarus	4	253D	10F-8R	50.68	7225	No
425A 4WD w/Cab	$15250	$3660	$4730	**$6410**	**$7170**	Belarus	4	253D	10F-8R	50.68	8630	CH
425AN 4WD w/Cab	$15820	$3800	$4900	**$6640**	**$7440**	Belarus	4	253D	10F-8R	50.68	8630	CH
505	$15260	$3660	$4730	**$6410**	**$7170**	Belarus	4	289D	9F-2R	58.0	7980	No
525 4WD	$16660	$4000	$5170	**$7000**	**$7830**	Belarus	4	289D	9F-2R	58.0	8540	No
530	$12935	$3100	$4010	**$5430**	**$6080**	Belarus	4	289D	9F-2R	55.0	5908	No
532 4WD	$14868	$3570	$4610	**$6250**	**$6990**	Belarus	4	289D	9F-2R	55.0	6200	No
570 w/Cab	$16030	$3850	$4970	**$6730**	**$7530**	Belarus	4	289D	18F-4R	61.24	8460	CH
572 4WD w/Cab	$17990	$4320	$5580	**$7560**	**$8460**	Belarus	4	289D	18F-4R	61.24	9210	CH
800	$16660	$4000	$5170	**$7000**	**$7830**	Belarus	4	290D	18F-4R	75.15	7960	No
805 w/Cab	$17990	$4320	$5580	**$7560**	**$8460**	Belarus	4	290D	18F-4R	75.15	8560	CH
820 4WD	$18995	$4560	$5890	**$7980**	**$8930**	Belarus	4	290D	18F-4R	75.15	8520	No
825 4WD	$20090	$4820	$6230	**$8440**	**$9440**	Belarus	4	290D	18F-4R	75.15	9100	CH
902	$20960	$5030	$6500	**$8800**	**$9850**	Belarus	4T	290D	18F-4R	92.0	7960	CH
925 4WD w/Cab	$24115	$5790	$7480	**$10130**	**$11330**	Belarus	4T	290D	18F-4R	92.0	9100	CH
1770 w/Cab	$39230	$9170	$12220	**$12990**	**$15660**	Belarus	6T	558D	12F-4R	167.6	19585	CH
1994												
250AS	$7345	$1840	$2280	**$3600**	**$4150**	Belarus	2	127D	8F-6R	24.95	4300	No
305	$9015	$2070	$2710	**$3610**	**$4150**	Belarus	2	127D	8F-6R	28.5	4700	No
310 4WD	$10225	$2350	$3070	**$4090**	**$4700**	Belarus	2	127D	8F-6R	28.5	4750	No

Model	Approx. Retail Price New	Used Trade-In Avg.	Used Trade-In High	Used Retail Avg.	Used Retail High	Engine Make	No. Cyls.	Displ. Cu.-in.	No. Speeds	P.T.O. H.P.	Approx. Shipping Wt.-Lbs.	Cab
Belarus (Cont.)												
				1994 (Cont.)								
400A	$12070	$2640	$3450	**$4600**	**$5290**	Belarus	4	253D	11F-6R	50.68	6535	No
400AN	$12410	$2700	$3520	**$4690**	**$5400**	Belarus	4	253D	11F-6R	50.68	6535	No
405A w/Cab	$12705	$2780	$3620	**$4830**	**$5560**	Belarus	4	253D	11F-6R	50.68	7630	CH
405AN w/Cab	$13070	$3010	$3920	**$5230**	**$6010**	Belarus	4	253D	11F-6R	50.68	7630	CH
420A 4WD	$13740	$3010	$3930	**$5240**	**$6020**	Belarus	4	253D	18F-4R	50.68	7225	No
420AN 4WD	$14310	$3140	$4100	**$5460**	**$6280**	Belarus	4	253D	11F-6R	50.68	7225	No
425A 4WD w/Cab	$14465	$3330	$4340	**$5790**	**$6650**	Belarus	4	253D	11F-6R	50.68	8630	CH
425AN 4WD w/Cab	$15040	$3460	$4510	**$6020**	**$6920**	Belarus	4	253D	11F-6R	50.68	8630	CH
505	$14900	$3430	$4470	**$5960**	**$6850**	Belarus	4	289D	9F-2R	58.0	7980	No
525	$16770	$3830	$5000	**$6660**	**$7660**	Belarus	4	289D	9F-2R	58.0	8540	No
530	$12860	$2960	$3860	**$5140**	**$5920**	Belarus	4	289D	9F-2R	55.0	5908	No
570 w/Cab	$15820	$3640	$4750	**$6330**	**$7280**	Belarus	4	289D	18F-4R	61.24	8460	CH
572 4WD w/Cab	$17750	$4080	$5330	**$7100**	**$8170**	Belarus	4	289D	18F-4R	61.24	9210	CH
615 w/Cab	$13585	$3130	$4080	**$5430**	**$6250**	Belarus	4	301D	10F-2R	67.0	8600	CH
800	$16250	$3740	$4880	**$6500**	**$7480**	Belarus	4	290D	18F-4R	75.15	7960	No
805 w/Cab	$17660	$4060	$5300	**$7060**	**$8120**	Belarus	4	290D	18F-4R	75.15	8560	CH
820 4WD	$18540	$4260	$5560	**$7420**	**$8530**	Belarus	4	290D	18F-4R	75.15	8520	No
825 4WD	$19820	$4560	$5950	**$7930**	**$9120**	Belarus	4	290D	18F-4R	75.15	9100	CH
900	$20165	$4640	$6050	**$8070**	**$9280**	Belarus	4T	290D	18F-4R	92.0	7960	No
905 w/Cab	$21575	$4960	$6470	**$8630**	**$9930**	Belarus	4T	290D	18F-4R	92.0	8560	CH
920 4WD	$22450	$5160	$6740	**$8980**	**$10330**	Belarus	4T	290D	18F-4R	92.0	8520	No
925 4WD w/Cab	$23730	$5460	$7120	**$9490**	**$10920**	Belarus	4T	290D	18F-4R	92.0	9100	CH
1770 w/Cab	$38730	$8520	$11620	**$12390**	**$15110**	Belarus	6T	558D	12F-4R	167.6	19585	CH
				1993								
250AS	$6395	$1540	$1920	**$3070**	**$3550**	Belarus	2	127D	8F-6R	24.95	4300	No
400A	$10250	$2260	$2970	**$3900**	**$4610**	Belarus	4	254D	11F-6R	50.68	6535	No
420A 4WD	$10895	$2400	$3160	**$4140**	**$4900**	Belarus	4	254D	18F-4R	50.68	7225	No
570	$10250	$2260	$2970	**$3900**	**$4610**	Belarus	4	289D	18F-2R	61.24	10426	No
572	$14650	$3220	$4250	**$5570**	**$6590**	Belarus	4	289D	18F-2R	61.24	10426	CH
820	$15550	$3420	$4510	**$5910**	**$7000**	Belarus	4	290D	18F-4R	75.15	11075	CH
822 4WD	$17995	$3960	$5220	**$6840**	**$8100**	Belarus	4	290D	18F-4R	75.15	11075	CH
925	$19880	$4370	$5770	**$7550**	**$8950**	Belarus	6T	290D	18F-4R		9050	CH
1770	$36880	$7380	$10330	**$11060**	**$14010**	Belarus	6T	558D	12F-4R	167.6	20490	CH
				1992								
250AS	$5595	$1290	$1620	**$2630**	**$3050**	Belarus	2	127D	8F-6R	24.95	4300	No
400A	$9300	$1950	$2600	**$3350**	**$4090**	Belarus	4	254D	11F-6R	50.68	6535	No
420A 4WD	$9900	$2080	$2770	**$3560**	**$4360**	Belarus	4	254D	18F-4R	50.68	7225	No
570	$9300	$1950	$2600	**$3350**	**$4090**	Belarus	4	289D	18F-2R	61.24	10426	No
572	$13950	$2930	$3910	**$5020**	**$6140**	Belarus	4	289D	18F-2R	61.24	10426	CH
820	$14550	$3060	$4070	**$5240**	**$6400**	Belarus	4	290D	18F-4R	75.15	11075	CH
822 4WD	$16750	$3520	$4690	**$6030**	**$7370**	Belarus	4	290D	18F-4R	75.15	11075	CH
925	$18100	$3800	$5070	**$6520**	**$7960**	Belarus	6T	290D	18F-4R		9050	CH
1770	$36880	$7010	$9590	**$10700**	**$13650**	Belarus	6T	558D	12F-4R	167.6	20490	CH
				1991								
250AS	$4995	$1100	$1400	**$2300**	**$2670**	Belarus	2	127D	8F-6R	24.95	4300	No
400A	$8495	$1700	$2290	**$2890**	**$3650**	Belarus	4	254D	11F-6R	50.68	6535	No
420A 4WD	$9995	$2000	$2700	**$3400**	**$4300**	Belarus	4	254D	18F-4R	50.68	7225	No
570	$8495	$1700	$2290	**$2890**	**$3650**	Belarus	4	289D	18F-2R	61.24	10426	No
572	$11295	$2260	$3050	**$3840**	**$4860**	Belarus	4	289D	18F-2R	61.24	10426	CH
820	$13995	$2800	$3780	**$4760**	**$6020**	Belarus	4	290D	18F-4R	75.15	11075	CH
822 4WD	$14895	$2980	$4020	**$5060**	**$6410**	Belarus	4	290D	18F-4R	75.15	11075	CH
925	$16950	$3390	$4580	**$5760**	**$7290**	Belarus	6T	290D	18F-4R		9050	CH
1770	$45695	$6590	$8780	**$10250**	**$13180**	Belarus	6T	558D	12F-4R	167.6	20490	CH
				1990								
250AS	$4615	$970	$1250	**$2080**	**$2420**	Belarus	2	127D	8F-6R	24.95	4300	No
400AN	$7415	$1410	$1930	**$2450**	**$3110**	Belarus	4	253D	11F-6R	53.0	5060	No
420AN 4WD	$8450	$1610	$2200	**$2790**	**$3550**	Belarus	4	253D	11F-6R	53.00	5530	No
505	$8475	$1610	$2200	**$2800**	**$3560**	Belarus	4	289D	9F-2R	63.0	6060	No
525	$9445	$1800	$2460	**$3120**	**$3970**	Belarus	4	289D	9F-2R	63.0	6500	No
562 4WD	$11000	$2080	$2850	**$3610**	**$4600**	Belarus	4	289D	9F-2R	63.0	7145	CH
800	$10495	$1990	$2730	**$3460**	**$4410**	Belarus	4	289D	18F-4R	74.80	6700	No
802	$11020	$2090	$2870	**$3640**	**$4630**	Belarus	4	289D	18F-4R	74.80	7450	CH
820 4WD	$11545	$2190	$3000	**$3810**	**$4850**	Belarus	4	289D	18F-4R	74.80	7150	CH
822 4WD	$11955	$2270	$3110	**$3950**	**$5020**	Belarus	4	289D	18F-4R	74.80	7870	CH
1770 4WD	$43900	$6100	$7900	**$9690**	**$12570**	Belarus	6T	558D	12F-4R	167.6	20490	CH
				1989								
250AS	$4395	$900	$1170	**$1930**	**$2260**	Belarus	2	127D	8F-6R	24.95	4300	No
400AN	$6995	$1260	$1750	**$2240**	**$2870**	Belarus	4	253D	11F-6R	53.0	5060	No
420AN 4WD	$7995	$1440	$2000	**$2560**	**$3280**	Belarus	4	253D	11F-6R	53.0	5530	No
505	$7995	$1440	$2000	**$2560**	**$3280**	Belarus	4	289D	9F-2R	63.0	6060	No
525	$8995	$1620	$2250	**$2880**	**$3690**	Belarus	4	289D	9F-2R	63.0	6500	No
562 4WD	$10495	$1890	$2620	**$3360**	**$4300**	Belarus	4	289D	9F-2R	63.0	7145	CH
800	$9995	$1800	$2500	**$3200**	**$4100**	Belarus	4	289D	18F-4R	74.80	6700	No
802	$10495	$1890	$2620	**$3360**	**$4300**	Belarus	4	289D	18F-4R	74.80	7450	CH
820 4WD	$10995	$1980	$2750	**$3520**	**$4510**	Belarus	4	289D	18F-4R	74.80	7150	CH
822 4WD	$11495	$2070	$2870	**$3680**	**$4710**	Belarus	4	289D	18F-4R	74.80	7870	CH
1770 4WD	$43900	$5760	$7560	**$9360**	**$12240**	Belarus	6T	558D	12F-4R	167.6	20490	CH

Model	Approx. Retail Price New	Estimated Value Less Repairs Used Trade-In Avg.	High	Used Retail Avg.	High	Engine Make	No. Cyls.	Displ. Cu.-in.	No. Speeds	P.T.O. H.P.	Approx. Shipping Wt.-Lbs.	Cab
Belarus (Cont.)												
				1988								
250	$6500	$830	$1080	**$1790**	**$2100**	Belarus	2	127D	8F-6R	24.95	3750	No
400	$10600	$1120	$1650	**$2050**	**$2640**	Belarus	4	253D	11F-6R	53.0	5027	No
420 4WD	$12830	$1290	$1900	**$2360**	**$3040**	Belarus	4	253D	11F-6R	53.0	5530	No
500	$12000	$1210	$1780	**$2200**	**$2840**	Belarus	4	290D	9F-2R	63.0	6060	No
502	$14600	$1500	$2200	**$2730**	**$3520**	Belarus	4	290D	9F-2R	63.0	7826	CH
520 4WD	$14550	$1450	$2130	**$2640**	**$3400**	Belarus	4	290D	9F-2R	63.0	6500	No
522 4WD	$17100	$1600	$2350	**$2910**	**$3760**	Belarus	4	290D	9F-2R	63.0	8377	CH
560	$15100	$1530	$2250	**$2790**	**$3600**	Belarus	4	290D	9F-2R	63.0	6700	CH
562 4WD	$17800	$1680	$2480	**$3070**	**$3960**	Belarus	4	290D	9F-2R	63.0	7145	CH
611	$12800	$1680	$2480	**$3070**	**$3960**	Belarus	4	302D	10F-2R	60.0	7048	No
800	$15300	$1620	$2380	**$2950**	**$3800**	Belarus	4	290D	18F-4R	74.00	6700	No
802	$17300	$1700	$2500	**$3100**	**$4000**	Belarus	4	290D	18F-4R	74.00	8531	CH
820 4WD	$18550	$1790	$2630	**$3260**	**$4200**	Belarus	4	290D	18F-4R	74.00	7150	No
822 4WD	$20600	$1870	$2750	**$3410**	**$4400**	Belarus	4	290D	18F-4R	74.00	9082	CH
1770 4WD	$47000	$5400	$7200	**$9000**	**$11880**	Belarus	6T	558D	16F-8R	165.	17768	CH
Big Bud												
				1990								
370 HP	$140000	$21250	$27500	**$33750**	**$43750**	Komatsu	6TA	674D	12F-2R	370	43000	CHA
400 HP	$150000	$22950	$29700	**$36450**	**$47250**	Cat.	6TA	893D	12F-2R	400	46000	CHA
440 HP	$155000	$23800	$30800	**$37800**	**$49000**	Komatsu	6TA	930D	12F-2R	440	46000	CHA
450 HP	$150000	$25500	$33000	**$40500**	**$52500**	Cummins	6TA	855D	12F-2R	450	46000	CHA
450 HP	$155000	$26350	$34100	**$41850**	**$54250**	Detroit	8TA	736D	12F-2R	450	46000	CHA
650 HP	$300000	$37400	$48400	**$59400**	**$77000**	Detroit	12TA	1104D	9F-2R	650	55000	CHA
740 HP	$300000	$44200	$57200	**$70200**	**$91000**	Komatsu	6TA	1413D	12F-2R	740	75000	CHA
				1989								
HN-320	$90000	$12800	$16800	**$20800**	**$27200**	Cummins	6	855D	12F-2R	320	33000	CHA
HN-360	$105000	$15200	$19950	**$24700**	**$32300**	Cummins	6	855D	12F-2R	360	34000	CHA
370	$129000	$17600	$23100	**$28600**	**$37400**	Cummins	6	855D	12F-2R	370	45000	CHA
400/20	$135000	$18400	$24150	**$29900**	**$39100**	Cummins	6	1150D	12F-2R	400	44000	CHA
450/50	$150000	$20800	$27300	**$33800**	**$44200**	Cummins	6	1150D	9F-2R	450	46000	CHA
500	$159000	$22240	$29190	**$36140**	**$47260**	Komatsu	6	1168D	12F-2R	500	46000	CHA
525/50	$175000	$24800	$32550	**$40300**	**$52700**	Cummins	6	1150D	9F-2R	525	47000	CHA
740	$289000	$38400	$50400	**$62400**	**$81600**	Detroit	12	1104D	12F-2R	740	75000	CHA
				1988								
370 4WD	$139000	$17850	$23800	**$29750**	**$39270**	Komatsu	6TA	674D	12F-2R	370		CHA
440 4WD	$159000	$19350	$25800	**$32250**	**$42570**	Komatsu	6TA	930D	12F-2R	440		CHA
500	$155000	$18750	$25000	**$31250**	**$41250**	Komatsu	6	1168D	12F-2R	500	46000	CHA
740 4WD	$289000	$34500	$46000	**$57500**	**$75900**	Komatsu	6TA	1413D	12F-2R	740		CHA
				1987								
370 4WD	$107500	$12600	$17100	**$21600**	**$28800**	Komatsu	6TA	674D	12F-2R	370	37500	CHA
440 4WD	$122500	$14420	$19570	**$24720**	**$32960**	Komatsu	6TA	930D	12F-2R	440	39800	CHA
500	$153000	$17500	$23750	**$30000**	**$40000**	Komatsu	6	1168D	12F-2R	500	46000	CHA
739 4WD	$225000	$28000	$38000	**$48000**	**$64000**	Komatsu	6TA	1413D	9F-2R	740		CHA
				1986								
360/30 4WD	$162000	$16250	$22500	**$28750**	**$38750**	Cummins	6T	855D	6F-1R	360	32000	CHA
400/30 4WD	$174000	$17420	$24120	**$30820**	**$41540**	Detroit	V8T	736D	6F-1R	400	42000	CHA
500	$150000	$16900	$23400	**$29900**	**$40300**	Komatsu	6	1168D	12F-2R	500	46000	CHA
525/50 4WD	$214000	$20800	$28800	**$36800**	**$49600**	Cummins	6TI	1150D	9F-2R	525	48000	CHA
650/50 4WD	$298000	$24700	$34200	**$43700**	**$58900**	Detroit	V12T	1104D	9F-2R	650	60000	CHA
				1985								
360/30 4WD	$162000	$15000	$21250	**$27500**	**$37500**	Cummins	6T	855D	6F-1R	306	32000	CHA
400/30 4WD	$174000	$16200	$22950	**$29700**	**$40500**	Detroit	V8T	736D	6F-1R	340	42000	CHA
525/50 4WD	$214000	$19200	$27200	**$35200**	**$48000**	Cummins	6TI	1150D	9F-2R	421	48000	CHA
650/50 4WD	$298000	$22800	$32300	**$41800**	**$57000**	Detroit	V12T	1104D	9F-2R	552	60000	CHA
				1984								
360/30 4WD	$162000	$13750	$20000	**$26250**	**$36250**	Cummins	6T	855D	6F-1R	306	32000	CHA
400/30 4WD	$174000	$14850	$21600	**$28350**	**$39150**	Detroit	V8T	736D	6F-1R	340	42000	CHA
525/50 4WD	$214000	$17600	$25600	**$33600**	**$46400**	Cummins	6TI	1150D	9F-2R	421	48000	CHA
650/50 4WD	$298000	$20350	$29600	**$38850**	**$53650**	Detroit	V12T	1104D	9F-2R	552	60000	CHA
				1983								
360/30 4WD	$162000	$12500	$18750	**$25000**	**$35000**	Cummins	6T	855D	6F-1R	306	32000	CHA
400/30 4WD	$174000	$13300	$19950	**$26600**	**$37240**	Detroit	V8T	736D	6F-1R	340	42000	CHA
525/50 4WD	$214000	$16300	$24450	**$32600**	**$45640**	Cummins	6TI	1150D	9F-2R	421	48000	CHA
650/50 4WD	$298000	$18500	$27750	**$37000**	**$51800**	Detroit	V12T	1104D	9F-2R	552	60000	CHA
				1982								
360/30 4WD	$162000	$11880	$17500	**$23750**	**$33750**	Cummins	6T	855D	6F-1R	306	32000	CHA
400/30 4WD	$174000	$12640	$18620	**$25270**	**$35910**	Detroit	V8T	736D	6F-1R	340	42000	CHA
525/50 4WD	$214000	$14730	$21700	**$29450**	**$41850**	Cummins	6TI	1150D	9F-2R	421	48000	CHA
650/50 4WD	$298000	$17100	$25200	**$34200**	**$48600**	Detroit	V12T	1104D	9F-2R	552	60000	CHA
				1981								
360/30 4WD	$162000	$11400	$16200	**$21600**	**$31200**	Cummins	6T	855D	6F-1R	360	32000	CHA
400/30 4WD	$174000	$12350	$17550	**$23400**	**$33800**	Detroit	V-8T	736D	6F-1R	400	42000	CHA

Big Bud (Cont.)

Model	Approx. Retail Price New	Used Trade-In Avg.	Used Trade-In High	Used Retail Avg.	Used Retail High	Engine Make	Engine No. Cyls.	Engine Displ. Cu.-in.	No. Speeds	P.T.O. H.P.	Approx. Shipping Wt.-Lbs.	Cab
1981 (Cont.)												
525/50 4WD	$214000	$14250	$20250	**$27000**	**$39000**	Cummins	6TI	1150D	9F-2R	421	48000	CHA
600/50 4WD	$275000	$16630	$23630	**$31500**	**$45500**	Detroit	V12T	1104D	9F-2R	600	60000	CHA
650/50 4WD	$298000	$17100	$24300	**$32400**	**$46800**	Detroit	V12T	1104D	9F-2R	650	60000	CHA
1980												
360 4WD	$90000	$8080	$11050	**$14450**	**$22100**	Cummins	6T	855D	12F-2R	360	32000	CHA
360/20 4WD	$105000	$9030	$12350	**$16150**	**$24700**	Cummins	6T	855D	12F-2R	360	32000	CHA
360/30 4WD	$160000	$11880	$16250	**$21250**	**$32500**	Cummins	6T	855D	6F-1R	360	32000	CHA
400/30 4WD	$150000	$12830	$17550	**$22950**	**$35100**	Detroit	V-8T	736D	6F-1R	400	42000	CHA
450/50 4WD	$132000	$14730	$20150	**$26350**	**$40300**	Cummins	6T	1150D	6F-1R	450	42000	CHA
525/50 4WD	$200000	$15680	$21450	**$28050**	**$42900**	Cummins	6TI	1150D	9F-2R	421	48000	CHA
600/50 4WD	$255000	$16630	$22750	**$29750**	**$45500**	Detroit	V12T	1104D	9F-2R	600	60000	CHA
650/50 4WD	$280000	$17100	$23400	**$30600**	**$46800**	Detroit	V12T	1104D	9F-2R	650	60000	CHA
1979												
360/30 4WD	$155000	$11400	$15000	**$19200**	**$31200**	Cummins	6T	855D	6F-1R	360	32000	CHA
400/30 4WD	$130000	$11880	$15630	**$20000**	**$32500**	Detroit	V-8T	736D	6F-1R	400	42000	CHA
450/50 4WD	$125000	$12830	$16880	**$21600**	**$35100**	Cummins	6T	1150D	6F-1R	450	42000	CHA
525/50 4WD	$190000	$15680	$20630	**$26400**	**$42900**	Cummins	6TI	1150D	9F-2R	421	48000	CHA
600/50 4WD	$240000	$16150	$21250	**$27200**	**$44200**	Detroit	V12T	1104D	9F-2R	600	60000	CHA

Bolens-Iseki

Model	Approx. Retail Price New	Used Trade-In Avg.	Used Trade-In High	Used Retail Avg.	Used Retail High	Engine Make	Engine No. Cyls.	Engine Displ. Cu.-in.	No. Speeds	P.T.O. H.P.	Approx. Shipping Wt.-Lbs.	Cab
1988												
1502	$7370	$1400	$1820	**$3010**	**$3540**	Mitsubishi	3	47D	6F-2R		1080	No
1502H	$7820	$1460	$1900	**$3150**	**$3700**	Mitsubishi	3	47D	Variable			No
1704 4WD	$9240	$1650	$2140	**$3540**	**$4160**	Mitsubishi	3	52D	6F-2R		1268	No
1704H 4WD	$9590	$1720	$2230	**$3690**	**$4340**	Mitsubishi	3	52D	Variable			No
2102	$9631	$1580	$2330	**$2880**	**$3720**	Isuzu	3	71D	12F-4R		1580	No
2104 4WD	$10450	$1700	$2500	**$3100**	**$4000**	Isuzu	3	71D	12F-4R		1657	No
2702	$11110	$1800	$2650	**$3290**	**$4240**	Isuzu	3	79D	18F-6R		2250	No
2704 4WD	$13700	$2160	$3180	**$3940**	**$5080**	Isuzu	3	79D	18F-6R		2401	No
1987												
1502	$6100	$1160	$1560	**$2560**	**$3020**	Mitsubishi	3	47D	6F-2R	13.00	1080	No
1502H	$6350	$1210	$1620	**$2670**	**$3140**	Mitsubishi	3	47D	Variable	13.00	1080	No
1704 4WD	$7550	$1440	$1930	**$3170**	**$3740**	Mitsubishi	3	52D	6F-2R	14.00	1080	No
1704H 4WD	$7750	$1470	$1980	**$3260**	**$3840**	Mitsubishi	3	52D	Variable		1268	No
2102	$7850	$1260	$1880	**$2430**	**$3060**	Isuzu	3	71D	12F-4R		1580	No
2104 4WD	$8675	$1390	$2080	**$2690**	**$3380**	Isuzu	3	71D	12F-4R		1657	No
2702	$9175	$1470	$2200	**$2840**	**$3580**	Isuzu	3	79D	18F-6R		2250	No
2704 4WD	$11125	$1780	$2670	**$3450**	**$4340**	Isuzu	3	79D	18F-6R		2440	No
1986												
G1502	$5700	$1080	$1430	**$2340**	**$2770**	Mitsubishi	3	47D	6F-2R	13.00		No
G1504 4WD	$6210	$1180	$1550	**$2550**	**$3010**	Mitsubishi	3	47D	6F-2R	13.00		No
G1704 4WD	$6610	$1260	$1650	**$2710**	**$3210**	Mitsubishi	3	52D	6F-2R	14.00		No
G2102	$6795	$1290	$1700	**$2790**	**$3300**	Isuzu	3	71D	12F-4R			No
G2104 4WD	$7595	$1140	$1820	**$2350**	**$2890**	Isuzu	3	71D	12F-4R			No
G2702	$8195	$1230	$1970	**$2540**	**$3110**	Isuzu	3	79D	18F-6R			No
G2704 4WD	$9895	$1480	$2380	**$3070**	**$3760**	Isuzu	3	79D	18F-6R			No
1985												
G1502	$5500	$1050	$1350	**$2200**	**$2610**	Mitsubishi	3	47D	6F-2R	13.00		No
G1504 4WD	$6010	$1140	$1470	**$2400**	**$2860**	Mitsubishi	3	47D	6F-2R	13.00		No
G1704 4WD	$6410	$1220	$1570	**$2560**	**$3050**	Mitsubishi	3	52D	6F-2R	14.00		No
G2102	$6595	$1250	$1620	**$2640**	**$3130**	Isuzu	3	71D	12F-4R			No
G2104 4WD	$7395	$1070	$1700	**$2290**	**$2770**	Isuzu	3	71D	12F-4R			No
G2702	$7895	$1150	$1820	**$2450**	**$2960**	Isuzu	3	79D	18F-6R			No
G2704 4WD	$9695	$1410	$2230	**$3010**	**$3640**	Isuzu	3	79D	18F-6R			No
1984												
G1502	$5500	$1050	$1320	**$2150**	**$2560**	Mitsubishi	3	47D	6F-2R	13.00		No
G1504 4WD	$6010	$1140	$1440	**$2340**	**$2800**	Mitsubishi	3	47D	6F-2R	13.00		No
G1704 4WD	$6410	$1220	$1540	**$2500**	**$2980**	Mitsubishi	3	52D	6F-2R	14.00		No
G2102	$6595	$1250	$1580	**$2570**	**$3070**	Isuzu	3	71D	12F-4R			No
G2104 4WD	$7395	$1040	$1700	**$2290**	**$2770**	Isuzu	3	71D	12F-4R			No
G2702	$7895	$1110	$1820	**$2450**	**$2960**	Isuzu	3	79D	18F-6R			No
G2704 4WD	$9695	$1360	$2230	**$3010**	**$3640**	Isuzu	3	79D	18F-6R			No
1983												
G152	$5335	$990	$1280	**$2030**	**$2430**	Mitsubishi	3	47D	6F-2R	13.00	1078	No
G154 4WD	$5816	$1080	$1400	**$2210**	**$2650**	Mitsubishi	3	47D	6F-2R	13.00	1177	No
G174 4WD	$6226	$1150	$1490	**$2370**	**$2830**	Mitsubishi	3	52D	6F-2R	14.80	1177	No
G192	$6126	$1130	$1470	**$2330**	**$2790**	Isuzu	2	60D	9F-3R	18.20	1672	No
G194 4WD	$6808	$1260	$1630	**$2590**	**$3100**	Isuzu	2	60D	9F-3R	18.20	1903	No
G242	$7500	$1390	$1800	**$2850**	**$3410**	Isuzu	2	72D	9F-3R		1672	No
G244 4WD	$9150	$1280	$2110	**$2840**	**$3430**	Isuzu	2	72D	9F-3R		1903	No
G292	$8200	$1150	$1890	**$2540**	**$3080**	Isuzu	3	89D	8F-2R		2631	No
G294 4WD	$10300	$1440	$2370	**$3190**	**$3860**	Isuzu	3	89D	8F-2R		2948	No

Model	Approx. Retail Price New	Used Trade-In Avg.	Used Trade-In High	Used Retail Avg.	Used Retail High	Engine Make	Engine No. Cyls.	Engine Displ. Cu.-in.	No. Speeds	P.T.O. H.P.	Approx. Shipping Wt.-Lbs.	Cab

Bolens-Iseki (Cont.)

1982

Model	Approx. Retail Price New	Used Trade-In Avg.	Used Trade-In High	Used Retail Avg.	Used Retail High	Make	No. Cyls.	Displ. Cu.-in.	No. Speeds	P.T.O. H.P.	Approx. Shipping Wt.-Lbs.	Cab
G152	$5228	$940	$1280	**$1960**	**$2330**	Mitsubishi	3	47D	6F-2R	13.00	1078	No
G154 4WD	$5700	$1030	$1400	**$2140**	**$2540**	Mitsubishi	3	47D	6F-2R	13.00	1177	No
G174 4WD	$6101	$1100	$1500	**$2290**	**$2720**	Mitsubishi	3	52D	6F-2R	14.80	1177	No
G192	$6003	$1080	$1470	**$2250**	**$2670**	Isuzu	2	60D	9F-3R	18.20	1672	No
G194 4WD	$6672	$1200	$1640	**$2500**	**$2970**	Isuzu	2	60D	9F-3R	18.20	1903	No
G242	$7350	$1320	$1800	**$2760**	**$3270**	Isuzu	2	72D	9F-3R		1672	No
G244 4WD	$8967	$1260	$2060	**$2780**	**$3360**	Isuzu	2	72D	9F-3R		1903	No
G292	$8036	$1130	$1850	**$2490**	**$3010**	Isuzu	3	89D	8F-2R		2631	No
G294 4WD	$10094	$1410	$2320	**$3130**	**$3790**	Isuzu	3	89D	8F-2R		2948	No

Case

1985

Model	Approx. Retail Price New	Used Trade-In Avg.	Used Trade-In High	Used Retail Avg.	Used Retail High	Make	No. Cyls.	Displ. Cu.-in.	No. Speeds	P.T.O. H.P.	Approx. Shipping Wt.-Lbs.	Cab
1194	$17960	$2410	$3820	**$5150**	**$6230**	David Brown	3	164D	12F-4R	43.00	4620	No
1294	$21885	$2810	$4460	**$6010**	**$7270**	David Brown	4	219D	12F-4R	55.00	5390	No
1294 4WD	$26750	$3560	$5650	**$7610**	**$9210**	David Brown	4	219D	12F-4R	55.00	6100	No
1394	$23690	$3150	$4990	**$6720**	**$8130**	David Brown	4T	219D	12F-4R	65.00	5500	No
1394 4WD	$29030	$3700	$5870	**$7910**	**$9560**	David Brown	4T	219D	12F-4R	65.00	6400	No
1394 PS 4WD w/Cab	$36875	$4770	$7560	**$10190**	**$12330**	David Brown	4T	219D	12F-4R	65.00	7250	CHA
1394 PS w/Cab	$32020	$4060	$6440	**$8680**	**$10500**	David Brown	4T	219D	12F-4R	65.00	6350	CHA
1494	$26975	$3330	$5280	**$7120**	**$8620**	David Brown	4T	219D	12F-4R	75.00	7240	No
1494 4WD	$36015	$4640	$7360	**$9920**	**$12000**	David Brown	4T	219D	12F-4R	75.00	7705	No
1494 PS 4WD w/Cab	$40870	$5350	$8480	**$11430**	**$13830**	David Brown	4T	219D	12F-4R	75.00	8555	CHA
1494 PS w/Cab	$35109	$4510	$7150	**$9640**	**$11660**	David Brown	4T	219D	12F-4R	75.00	8150	CHA
1594	$30725	$3880	$6150	**$8290**	**$10020**	Case	6	329D	12F-4R	85.90	8660	No
1594 4WD PS w/Cab	$43700	$5610	$8900	**$12000**	**$14510**	Case	6	329D	12F-4R	85.00	9900	CHA
1594 PS w/Cab	$37920	$4770	$7570	**$10200**	**$12340**	Case	6	329D	12F-4R	85.54	8710	CHA
1896	$45075	$5670	$8990	**$12110**	**$14650**	CD	6T	359D	12F-4R	95.92	13320	CHA
1896 4WD	$54865	$6940	$11010	**$14840**	**$17950**	CD	6T	359D	12F-4R	95.92	14437	CHA
2094	$49115	$4930	$6990	**$9040**	**$12330**	Case	6	504D	12F-4R	110.50	15490	CHA
2094 4WD	$57980	$5400	$7650	**$9900**	**$13500**	Case	6	504D	12F-4R	110.50	16500	CHA
2096	$50160	$5180	$7340	**$9500**	**$12950**	CD	6T	359D	12F-4R	115.67	14005	CHA
2096 4WD	$58947	$5520	$7820	**$10120**	**$13800**	CD	6T	359D	12F-4R	115.67	15125	CHA
2294	$54700	$5400	$7650	**$9900**	**$13500**	Case	6	504D	12F-4R	131.97	16600	CHA
2294 4WD	$63555	$6250	$8850	**$11450**	**$15620**	Case	6	504D	12F-3R	131.97	17000	CHA
2394	$65485	$6610	$9360	**$12120**	**$16530**	Case	6T	504D	12F-3R	162.15	16720	CHA
2594	$73380	$6970	$9870	**$12780**	**$17420**	Case	6T	504D	12F-3R	182.07	16800	CHA
3294 4WD	$70465	$7090	$10040	**$12990**	**$17720**	Case	6T	504D	12F-3R	162.63	17000	CHA
4494 4WD w/3 Pt.	$78000	$7440	$10540	**$13640**	**$18600**	Case	6T	504D	12F-4R	175.20	17920	CHA
4694 4WD w/3 Pt.	$93000	$8280	$11730	**$15180**	**$20700**	Case	6TI	504D	12F-4R	219.62	18275	CHA
4894 4WD w/3 Pt.	$106000	$8760	$12410	**$16060**	**$21900**	Scania	6T	673D	12F-4R	253.41	21750	CHA
4994 4WD	$132050	$9370	$13270	**$17170**	**$23420**	Case	8	866D	12F-2R	344.04	28000	CHA

PS - Power Shift CD - Consolidated Diesel Corp.

1984

Model	Approx. Retail Price New	Used Trade-In Avg.	Used Trade-In High	Used Retail Avg.	Used Retail High	Make	No. Cyls.	Displ. Cu.-in.	No. Speeds	P.T.O. H.P.	Approx. Shipping Wt.-Lbs.	Cab
1194	$17960	$2310	$3800	**$5120**	**$6190**	David Brown	3	164D	12F-4R	43.00	4620	No
1294	$21885	$2780	$4570	**$6160**	**$7460**	David Brown	4	219D	12F-4R	55.00	5390	No
1294 4WD	$26750	$3330	$5460	**$7360**	**$8910**	David Brown	4	219D	12F-4R	55.00	6100	No
1394	$23690	$2900	$4760	**$6410**	**$7760**	David Brown	4T	219D	12F-4R	65.00	5500	No
1394 4WD	$29030	$3500	$5750	**$7750**	**$9380**	David Brown	4T	219D	12F-4R	65.00	6400	No
1394 PS	$25385	$2990	$4920	**$6630**	**$8020**	David Brown	4T	219D	12F-4R	65.00	5560	No
1394 PS 4WD	$30725	$3740	$6150	**$8290**	**$10020**	David Brown	4T	219D	12F-4R	65.00	6460	No
1494	$26975	$3220	$5280	**$7120**	**$8620**	David Brown	4T	219D	12F-4R	75.00	7240	No
1494 4WD	$36015	$4200	$6900	**$9300**	**$11250**	David Brown	4T	219D	12F-4R	75.00	7705	No
1494 High Platform	$33615	$3780	$6210	**$8370**	**$10130**	David Brown	4T	219D	12F-4R	75.00	8375	CHA
1494 High Platform 4WD	$42655	$3650	$5990	**$8080**	**$9770**	David Brown	4T	219D	12F-4R	75.00	8900	CHA
1494 PS	$28670	$3310	$5440	**$7340**	**$8880**	David Brown	4T	219D	12F-4R	75.00	7300	No
1494 PS 4WD	$37710	$4060	$6670	**$8990**	**$10880**	David Brown	4T	219D	12F-4R	75.00	7765	No
1594	$29820	$3330	$5470	**$7380**	**$8930**	Case	6	329D	12F-4R	85.90	8660	No
1594 4WD	$39345	$4210	$6910	**$9310**	**$11270**	Case	6	329D	12F-4R	85.00	9090	No
1594 High Platform	$38215	$4370	$7180	**$9670**	**$11700**	Case	6	329D	12F-4R	85.00	8950	CHA
1594 High Platform 4WD	$46020	$4760	$7820	**$10540**	**$12750**	Case	6	329D	12F-4R	85.00	10160	CHA
1594 PS	$31515	$3570	$5870	**$7910**	**$9560**	Case	6	329D	12F-4R	85.54	8710	No
1594 PS 4WD	$41040	$4200	$6900	**$9300**	**$11250**	Case	6	329D	12F-4R	85.00	9150	No
2094	$49115	$3970	$5780	**$7580**	**$10470**	Case	6	504D	12F-3R	110.50	15490	CHA
2094 4WD	$57980	$4500	$6540	**$8590**	**$11860**	Case	6	504D	12F-3R	110.00	16500	CHA
2294	$54700	$4920	$7150	**$9390**	**$12960**	Case	6T	504D	12F-3R	131.97	16600	CHA
2294 4WD	$63555	$5230	$7600	**$9980**	**$13780**	Case	6T	504D	12F-3R	131.97	17000	CHA
2394	$61610	$5610	$8160	**$10710**	**$14790**	Case	6T	504D	12F-3R	162.15	16720	CHA
2594	$67230	$5830	$8480	**$11130**	**$15370**	Case	6T	504D	12F-3R	182.07	16800	CHA
3294 4WD	$70465	$6380	$9280	**$12180**	**$16820**	Case	6T	504D	12F-3R	162.63	17000	CHA
4494 4WD	$74000	$6640	$9660	**$12680**	**$17520**	Case	6T	504D	12F-4R	175.20	17420	CHA
4494 4WD w/3 Pt.	$78200	$6840	$9950	**$13060**	**$18040**	Case	6T	504D	12F-4R	175.20	17920	CHA
4694 4WD	$89000	$7150	$10400	**$13650**	**$18850**	Case	6TI	504D	12F-4R	219.62	17775	CHA
4694 4WD w/3 Pt.	$93000	$7450	$10830	**$14220**	**$19630**	Case	6TI	504D	12F-4R	219.62	18275	CHA
4894 4WD	$102000	$8030	$11680	**$15330**	**$21170**	Saab	6T	673D	12F-4R	253.41	21250	CHA
4894 4WD w/3 Pt.	$108000	$8140	$11840	**$15540**	**$21460**	Saab	6T	673D	12F-4R	253.41	21750	CHA
4994 4WD	$132050	$8370	$12170	**$15970**	**$22060**	Case	8	866D	12F-2R	344.04	28000	CHA

PS - Power Shift

1983

Model	Approx. Retail Price New	Used Trade-In Avg.	Used Trade-In High	Used Retail Avg.	Used Retail High	Make	No. Cyls.	Displ. Cu.-in.	No. Speeds	P.T.O. H.P.	Approx. Shipping Wt.-Lbs.	Cab
1190	$17104	$2030	$3340	**$4500**	**$5440**	David Brown	3	164D	12F-4R	43.09	4620	No
1194	$17120	$2310	$3800	**$5120**	**$6190**	David Brown	3	164D	12F-4R	43.00	4620	No

Case (Cont.)

1983 (Cont.)

Model	Approx. Retail Price New	Estimated Value Less Repairs: Used Trade-In Avg.	Used Trade-In High	Used Retail Avg.	Used Retail High	Engine Make	Engine No. Cyls.	Engine Displ. Cu.-in.	No. Speeds	P.T.O. H.P.	Approx. Shipping Wt.-Lbs.	Cab
1290	$20842	$2320	$3820	**$5150**	**$6230**	David Brown	4	195D	12F-4R	53.73	5390	No
1290 4WD	$25470	$3010	$4940	**$6660**	**$8050**	David Brown	4	195D	12F-4R	53.73	6100	No
1294	$20665	$2780	$4570	**$6160**	**$7460**	David Brown	4	219D	12F-4R	55.00	5390	No
1294 4WD	$25550	$3330	$5460	**$7360**	**$8910**	David Brown	4	219D	12F-4R	55.00	6100	No
1390	$22562	$2740	$4500	**$6060**	**$7340**	David Brown	4	219D	12F-4R	60.59	5500	No
1390 4WD	$27644	$3310	$5440	**$7330**	**$8870**	David Brown	4	219D	12F-4R	60.59	6400	No
1394	$23130	$2900	$4760	**$6410**	**$7760**	David Brown	4T	219D	12F-4R	65.00	5500	No
1394 4WD	$28330	$3500	$5750	**$7750**	**$9380**	David Brown	4T	219D	12F-4R	65.00	6400	No
1394 PS	$24765	$2990	$4920	**$6630**	**$8020**	David Brown	4T	219D	12F-4R	65.00	5560	No
1394 PS 4WD	$29885	$3740	$6150	**$8290**	**$10020**	David Brown	4T	219D	12F-4R	65.00	6460	No
1490	$25687	$3040	$4990	**$6720**	**$8130**	David Brown	4T	219D	12F-4R	70.51	7240	No
1490 4WD	$34299	$3960	$6510	**$8770**	**$10610**	David Brown	4T	219D	12F-4R	70.51	7705	No
1490 High Platform	$32015	$3780	$6210	**$8370**	**$10130**	David Brown	4T	219D	12F-4R	70.00	8375	CHA
1490 High Platform 4WD	$40623	$4980	$8190	**$11040**	**$13350**	David Brown	4T	219D	12F-4R	70.00	8900	CHA
1490 PS	$27378	$3270	$5380	**$7250**	**$8770**	David Brown	4T	219D	12F-4R	70.00	7300	No
1494	$26225	$3220	$5280	**$7120**	**$8620**	David Brown	4T	219D	12F-4R	75.00	7240	No
1494 4WD	$35445	$4200	$6900	**$9300**	**$11250**	David Brown	4T	219D	12F-4R	75.00	7705	No
1494 PS	$28150	$3310	$5440	**$7340**	**$8880**	David Brown	4T	219D	12F-4R	75.00	7300	No
1494 PS 4WD	$36250	$4060	$6670	**$8990**	**$10880**	David Brown	4T	219D	12F-4R	75.00	7765	No
1594	$28540	$3330	$5470	**$7380**	**$8930**	Case	6	329D	12F-4R	85.90	8660	No
1594 4WD	$38322	$4210	$6910	**$9310**	**$11270**	Case	6	329D	12F-4R	85.00	9090	No
1594 PS	$30438	$3570	$5870	**$7910**	**$9560**	Case	6	329D	12F-4R	85.54	8710	No
1594 PS 4WD	$39440	$4200	$6900	**$9300**	**$11250**	Case	6	329D	12F-4R	85.00	9150	No
1690	$29813	$3470	$5700	**$7690**	**$9300**	Case	6	329D	12F-4R	90.39	8660	No
1690 4WD	$39345	$4670	$7670	**$10340**	**$12500**	Case	6	329D	12F-4R	90.39	9087	No
1690 High Platform	$38215	$4370	$7180	**$9670**	**$11700**	Case	6	329D	12F-4R	90.00	8950	CHA
1690 High Platform 4WD	$46016	$5320	$8740	**$11780**	**$14250**	Case	6	329D	12F-4R	90.00	10157	CHA
1690 PS	$31650	$3590	$5900	**$7950**	**$9620**	Case	6	329D	12F-4R	90.00	8710	No
2090	$44927	$3550	$5330	**$7100**	**$9940**	Case	6	504D	8F-4R	108.74	15490	CHA
2090 PS	$46777	$3670	$5500	**$7340**	**$10270**	Case	6	504D	12F-3R	108.29	15600	CHA
2090 PS 4WD	$55218	$4020	$6030	**$8040**	**$11260**	Case	6	504D	12F-3R	108.00	16500	CHA
2094	$48425	$3610	$5420	**$7220**	**$10110**	Case	6	504D	12F-3R	110.50	15490	CHA
2094 4WD	$56660	$4090	$6140	**$8180**	**$11450**	Case	6	504D	12F-3R	110.00	16500	CHA
2290	$50238	$4020	$6030	**$8040**	**$11260**	Case	6T	504D	8F-4R	128.80	16000	CHA
2290 PS	$52088	$4100	$6150	**$8200**	**$11480**	Case	6T	504D	12F-3R	129.08	16600	CHA
2290 PS 4WD	$60529	$4450	$6680	**$8900**	**$12460**	Case	6T	504D	12F-3R	129.00	17000	CHA
2294	$53540	$4470	$6710	**$8940**	**$12520**	Case	6T	504D	12F-3R	131.97	16600	CHA
2294 4WD	$62245	$4750	$7130	**$9500**	**$13300**	Case	6T	504D	12F-3R	131.97	17000	CHA
2390 PS	$58676	$4670	$7000	**$9340**	**$13070**	Case	6T	504D	12F-3R	160.72	16720	CHA
2394	$60220	$5100	$7650	**$10200**	**$14280**	Case	6T	504D	12F-3R	162.15	16720	CHA
2590 PS	$64029	$4900	$7350	**$9800**	**$13720**	Case	6T	504D	12F-3R	180.38	16800	CHA
2594	$66120	$5300	$7950	**$10600**	**$14840**	Case	6T	504D	12F-3R	182.07	16800	CHA
3294 4WD	$69235	$5800	$8700	**$11600**	**$16240**	Case	6T	504D	12F-3R	162.63	17000	CHA
4490 4WD	$73495	$5310	$7960	**$10620**	**$14870**	Case	6T	504D	12F-4R	175.20	17420	CHA
4490 4WD w/3 Pt.	$78000	$5650	$8480	**$11300**	**$15820**	Case	6T	504D	12F-4R	175.20	17920	CHA
4690 4WD	$89000	$6400	$9600	**$12800**	**$17920**	Case	6TI	504D	12F-4R	219.62	17775	CHA
4690 4WD w/3 Pt.	$93000	$6800	$10200	**$13600**	**$19040**	Case	6TI	504D	12F-4R	219.62	18275	CHA
4890 4WD	$102022	$7250	$10880	**$14500**	**$20300**	Saab	6T	673D	12F-4R	253.41	21250	CHA
4890 4WD w/3 Pt.	$108292	$7410	$11110	**$14820**	**$20750**	Saab	6T	673D	12F-4R	253.41	21750	CHA

PS - Power Shift

1982

Model	Approx. Retail Price New	Estimated Value Less Repairs: Used Trade-In Avg.	Used Trade-In High	Used Retail Avg.	Used Retail High	Engine Make	Engine No. Cyls.	Engine Displ. Cu.-in.	No. Speeds	P.T.O. H.P.	Approx. Shipping Wt.-Lbs.	Cab
1190	$16475	$1890	$3110	**$4190**	**$5060**	David Brown	3	164D	12F-4R	43.09	4620	No
1290	$18222	$2140	$3520	**$4740**	**$5740**	David Brown	4	195D	12F-4R	53.73	5390	No
1390	$21440	$2660	$4370	**$5890**	**$7130**	David Brown	4	219D	12F-4R	60.59	5500	No
1390 4WD	$26375	$3130	$5150	**$6940**	**$8390**	David Brown	4	219D	12F-4R	60.59	6400	No
1490	$25208	$2970	$4880	**$6570**	**$7950**	David Brown	4T	219D	12F-4R	70.51	7240	No
1490 4WD	$33820	$4030	$6620	**$8930**	**$10800**	David Brown	4T	219D	12F-4R	70.51	7705	No
1490 High Platform 4WD	$40144	$4780	$7850	**$10580**	**$12800**	David Brown	4T	219D	12F-4R	70.00	8900	CHA
1490 High Platform PS	$33131	$3800	$6240	**$8410**	**$10180**	David Brown	4T	219D	12F-4R	70.00	8900	CHA
1690	$29813	$3330	$5470	**$7380**	**$8930**	Case	6	329D	12F-4R	90.39	8660	No
1690 4WD	$39345	$4530	$7440	**$10030**	**$12130**	Case	6	329D	12F-4R	90.39	8755	No
1690 High Platform 4WD	$46016	$5180	$8510	**$11470**	**$13880**	Case	6	329D	12F-4R	90.00	9115	CHA
1690 High Platform PS	$39810	$4590	$7540	**$10170**	**$12300**	Case	6	329D	12F-4R	90.00	9115	CHA
2090	$42084	$3240	$4770	**$6480**	**$9200**	Case	6	504D	8F-4R	108.74	15490	CHA
2090 PS	$44263	$3330	$4900	**$6650**	**$9450**	Case	6	504D	12F-3R	108.29	15600	CHA
2090 PS 4WD	$52579	$3670	$5400	**$7330**	**$10420**	Case	6	504D	12F-3R	108.00	16500	CHA
2290	$47316	$3730	$5500	**$7470**	**$10610**	Case	6T	504D	8F-4R	128.80	16000	CHA
2290 PS	$49495	$3820	$5630	**$7640**	**$10850**	Case	6T	504D	12F-3R	129.08	16600	CHA
2290 PS 4WD	$57811	$3990	$5880	**$7980**	**$11340**	Case	6T	504D	12F-3R	129.00	17000	CHA
2390 PS	$57809	$4420	$6510	**$8840**	**$12560**	Case	6T	504D	12F-3R	160.72	16720	CHA
2590	$64029	$4660	$6860	**$9310**	**$13230**	Case	6T	504D	12F-3R	180.38	16800	CHA
4490 4WD	$70231	$5150	$7590	**$10300**	**$14640**	Case	6T	504D	12F-4R	175.20	17420	CHA
4490 4WD w/3 Pt.	$76276	$5540	$8160	**$11070**	**$15740**	Case	6T	504D	12F-4R	175.20	17920	CHA
4690 4WD	$89460	$6030	$8880	**$12060**	**$17130**	Case	6TI	504D	12F-4R	219.62	17775	CHA
4690 4WD w/3 Pt.	$95505	$6460	$9520	**$12920**	**$18360**	Case	6TI	504D	12F-4R	219.62	18725	CHA
4890 4WD	$102922	$6940	$10220	**$13870**	**$19720**	Saab	6T	673D	12F-4R	253.41	21250	CHA
4890 4WD w/3 Pt.	$109047	$7130	$10510	**$14260**	**$20260**	Saab	6T	673D	12F-4R	253.41	21750	CHA

PS - Power Shift

1981

Model	Approx. Retail Price New	Estimated Value Less Repairs: Used Trade-In Avg.	Used Trade-In High	Used Retail Avg.	Used Retail High	Engine Make	Engine No. Cyls.	Engine Displ. Cu.-in.	No. Speeds	P.T.O. H.P.	Approx. Shipping Wt.-Lbs.	Cab
1190	$12908	$1760	$2770	**$3910**	**$4790**	David Brown	3	164D	12F-4R	43.09	4620	No
1290	$14306	$1860	$2930	**$4120**	**$5050**	David Brown	4	195D	12F-4R	53.73	5390	No
1390	$17670	$2310	$3630	**$5120**	**$6270**	David Brown	4	219D	12F-4R	60.59	5500	No

Case (Cont.)

1981 (Cont.)

Model	Approx. Retail Price New	Used Trade-In Avg.	Used Trade-In High	Used Retail Avg.	Used Retail High	Engine Make	Engine No. Cyls.	Engine Displ. Cu.-in.	No. Speeds	P.T.O. H.P.	Approx. Shipping Wt.-Lbs.	Cab
1490	$22335	$2710	$4250	**$5990**	**$7350**	David Brown	4T	219D	12F-4R	70.51	7240	No
1690	$25236	$3110	$4890	**$6890**	**$8440**	Case	6	329D	12F-4R	90.39	8660	No
2090	$35992	$3780	$5940	**$8370**	**$10260**	Case	6	504D	12F-3R	108.29	10950	CHA
2290	$40177	$4200	$6600	**$9300**	**$11400**	Case	6T	504D	12F-3R	129.08	11070	CHA
2390	$47148	$4900	$7700	**$10850**	**$13300**	Case	6T	504D	12F-3R	160.72	14270	CHA
2590	$52342	$5600	$8800	**$12400**	**$15200**	Case	6T	504D	12F-3R	180.38	14875	CHA
4490 4WD	$59636	$4660	$6620	**$8830**	**$12750**	Case	6T	504D	12F-4R	175.20	17420	CHA
4690 4WD	$75019	$5510	$7830	**$10440**	**$15090**	Case	6TI	504D	12F-4R	219.62	17775	CHA
4890 4WD	$88518	$6130	$8710	**$11610**	**$16780**	Saab	6T	673D	12F-4R	253.41	21250	CHA

1980

Model	Approx. Retail Price New	Used Trade-In Avg.	Used Trade-In High	Used Retail Avg.	Used Retail High	Engine Make	Engine No. Cyls.	Engine Displ. Cu.-in.	No. Speeds	P.T.O. H.P.	Approx. Shipping Wt.-Lbs.	Cab
1190	$11315	$1650	$2480	**$3660**	**$4540**	David Brown	3	164D	12F-4R	43.00	4620	No
1290	$12615	$1890	$2840	**$4190**	**$5200**	David Brown	4	195D	12F-4R	53.00	5390	No
1390	$16282	$2200	$3300	**$4870**	**$6050**	David Brown	4	219D	12F-4R	60.00	5500	No
1490	$20186	$2590	$3890	**$5740**	**$7120**	David Brown	4T	219D	12F-4R	70.00	7240	No
1690	$23192	$2810	$4220	**$6230**	**$7740**	Case	6	329D	12F-4R	90.00	8660	No
2090	$32786	$3780	$5670	**$8370**	**$10400**	Case	6	504D	12F-3R	108.29	10950	CHA
2290	$36082	$4020	$6020	**$8890**	**$11040**	Case	6T	504D	12F-3R	129.08	11070	CHA
2390	$43231	$4650	$6970	**$10290**	**$12780**	Case	6T	504D	12F-3R	160.72	14270	CHA
2590	$47182	$5210	$7810	**$11530**	**$14310**	Case	6T	504D	12F-3R	180.38	14875	CHA
4490 4WD	$53416	$4220	$5770	**$7550**	**$11550**	Case	6T	504D	12F-4R	175.20	17420	CHA
4690 4WD	$68238	$4910	$6710	**$8780**	**$13430**	Case	6TI	504D	12F-4R	219.62	17775	CHA
4890 4WD	$79941	$5470	$7480	**$9780**	**$14960**	Saab	6T	673D	12F-4R	253.41	21250	CHA

1979

Model	Approx. Retail Price New	Used Trade-In Avg.	Used Trade-In High	Used Retail Avg.	Used Retail High	Engine Make	Engine No. Cyls.	Engine Displ. Cu.-in.	No. Speeds	P.T.O. H.P.	Approx. Shipping Wt.-Lbs.	Cab
1070	$26132	$3400	$5100	**$7530**	**$9480**	Case	6	451D	8F-2R	107.36	9320	CHA
1070 PS	$27300	$3500	$5250	**$7750**	**$9750**	Case	6	451D	12F-3R	108.10	9460	CHA
1175	$26131	$3260	$4890	**$7220**	**$9090**	Case	6T	451D	8F-2R	121.93	10700	CHA
1270	$31015	$3600	$5400	**$7970**	**$10020**	Case	6T	451D	12F-3R	135.39	12800	CHA
1370	$32715	$3710	$5570	**$8220**	**$10340**	Case	6T	504D	12F-3R	155.56	13170	CHA
2090	$29468	$3290	$4940	**$7290**	**$9170**	Case	6	504D	8F-4R	108.09	10950	CHA
2290	$33167	$3650	$5480	**$8090**	**$10180**	Case	6T	504D	8F-4R	129.08	11070	CHA
2390	$40107	$4200	$6300	**$9300**	**$11700**	Case	6T	504D	12F-3R	160.72	14270	CHA
2590	$43371	$4620	$6930	**$10230**	**$12870**	Case	6T	504D	12F-3R	180.38	14875	CHA
2670 4WD	$44818	$3320	$4360	**$5580**	**$9070**	Case	6TI	504D	12F-4R	219.44	16370	CHA
2870 4WD	$51216	$3940	$5190	**$6640**	**$10790**	Saab	6	673D	12F-4R	252.10	18500	CHA
4490 4WD	$49618	$3950	$5200	**$6660**	**$10820**	Case	6T	504D	12F-4R	175.20	17420	CHA
4690 4WD	$61381	$4600	$6050	**$7740**	**$12580**	Case	6TI	504D	12F-4R	219.62	17775	CHA
4890 4WD	$72381	$5070	$6670	**$8540**	**$13880**	Saab	6T	673D	12F-4R	253.41	21250	CHA

PS - Power Shift

1978

Model	Approx. Retail Price New	Used Trade-In Avg.	Used Trade-In High	Used Retail Avg.	Used Retail High	Engine Make	Engine No. Cyls.	Engine Displ. Cu.-in.	No. Speeds	P.T.O. H.P.	Approx. Shipping Wt.-Lbs.	Cab
970	$22754	$2940	$4410	**$6510**	**$8400**	Case	6	401D	8F-2R	93.87	9240	CHA
970 PS	$23922	$3150	$4730	**$6980**	**$9000**	Case	6	401D	12F-3R	93.41	9380	CHA
1070	$24259	$3220	$4830	**$7130**	**$9200**	Case	6	451D	8F-2R	107.36	9320	CHA
1070 PS	$25427	$3360	$5040	**$7440**	**$9600**	Case	6	451D	12F-3R	108.10	9460	CHA
1175	$24882	$3150	$4730	**$6980**	**$9000**	Case	6T	451D	8F-2R	121.93	10700	CHA
1270	$29582	$3570	$5360	**$7910**	**$10200**	Case	6T	451D	12F-3R	135.39	12800	CHA
1370	$30663	$3850	$5780	**$8530**	**$11000**	Case	6T	504D	12F-3R	155.56	13170	CHA
1570	$36174	$4340	$6510	**$9610**	**$12400**	Case	6T	504D	12F-3R	180.41	13330	CHA
2090	$27384	$3150	$4730	**$6980**	**$9000**	Case	6	504D	8F-4R	108.29	10950	CHA
2290	$30657	$3430	$5150	**$7600**	**$9800**	Case	6T	504D	8F-4R	129.08	11070	CHA
2390	$36156	$4200	$6300	**$9300**	**$12000**	Case	6T	504D	12F-3R	160.72	14270	CHA
2470 4WD	$38819	$3230	$4250	**$5440**	**$8840**	Case	6T	504D	12F-4R	174.20	15800	CHA
2590	$40060	$4970	$7460	**$11010**	**$14200**	Case	6T	504D	12F-3R	180.38	14875	CHA
2670 4WD	$43413	$3690	$4850	**$6210**	**$10090**	Case	6TI	504D	12F-4R	219.44	16370	CHA
2870 4WD	$49302	$4020	$5290	**$6770**	**$11000**	Saab	6T	673D	12F-4R	252.10	18500	CHA

PS - Power Shift

1977

Model	Approx. Retail Price New	Used Trade-In Avg.	Used Trade-In High	Used Retail Avg.	Used Retail High	Engine Make	Engine No. Cyls.	Engine Displ. Cu.-in.	No. Speeds	P.T.O. H.P.	Approx. Shipping Wt.-Lbs.	Cab
970	$20186	$2660	$3990	**$5890**	**$7700**	Case	6	401D	8F-2R	93.87	9240	CHA
970 PS	$21374	$2860	$4280	**$6320**	**$8260**	Case	6	401D	12F-3R	93.41	9380	CHA
1070	$21892	$2940	$4410	**$6510**	**$8510**	Case	6	451D	8F-2R	107.36	9320	CHA
1070 PS	$23060	$3080	$4620	**$6820**	**$8910**	Case	6	451D	12F-3R	108.10	9460	CHA
1175	$22974	$3010	$4520	**$6670**	**$8710**	Case	6T	451D	8F-2R	121.93	10700	CHA
1270	$25850	$3230	$4840	**$7150**	**$9340**	Case	6T	451D	12F-3R	135.39	12800	CHA
1370	$28461	$3370	$5050	**$7460**	**$9750**	Case	6T	504D	12F-3R	155.56	13170	CHA
1570	$32478	$3510	$5270	**$7770**	**$10160**	Case	6T	504D	12F-3R	180.41	13330	CHA
2470 4WD	$36874	$2980	$3930	**$5020**	**$8160**	Case	6T	504D	12F-4R	174.20	15800	CHA
2670 4WD	$42173	$3100	$4080	**$5220**	**$8480**	Case	6TI	504D	12F-4R	219.44	16370	CHA
2870 4WD	$47383	$3550	$4670	**$5980**	**$9720**	Saab	6T	673D	12F-4R	252.10	18500	CHA

PS - Power Shift

1976

Model	Approx. Retail Price New	Used Trade-In Avg.	Used Trade-In High	Used Retail Avg.	Used Retail High	Engine Make	Engine No. Cyls.	Engine Displ. Cu.-in.	No. Speeds	P.T.O. H.P.	Approx. Shipping Wt.-Lbs.	Cab
970	$18365	$2440	$3650	**$5390**	**$7130**	Case	6	401D	8F-2R	93.87	9240	CHA
970 PS	$19533	$2520	$3780	**$5580**	**$7380**	Case	6	401D	12F-3R	93.41	9380	CHA
1070	$19502	$2590	$3890	**$5740**	**$7590**	Case	6	451D	8F-2R	107.36	9320	CHA
1070 PS	$20670	$2730	$4100	**$6050**	**$8000**	Case	6	451D	12F-3R	108.10	9460	CHA
1175	$21323	$2840	$4260	**$6290**	**$8320**	Case	6T	451D	8F-2R	121.93	10700	CHA
1270	$23210	$3080	$4620	**$6820**	**$9020**	Case	6T	451D	12F-3R	135.39	12800	CHA
1370	$26158	$3230	$4840	**$7150**	**$9450**	Case	6T	504D	12F-3R	155.56	13170	CHA
1570	$29646	$3440	$5160	**$7610**	**$10060**	Case	6T	504D	12F-3R	180.00	13330	CHA
2470 4WD	$35558	$2880	$3790	**$4850**	**$7880**	Case	6T	504D	12F-4R	174.20	15800	CHA
2670 4WD	$41152	$3520	$4630	**$5920**	**$9620**	Case	6TI	504D	12F-4R	219.44	16370	CHA

PS - Power Shift

Case (Cont.)

1975

Model	Approx. Retail Price New	Used Trade-In Avg.	Used Trade-In High	Used Retail Avg.	Used Retail High	Engine Make	Engine No. Cyls.	Engine Displ. Cu.-in.	No. Speeds	P.T.O. H.P.	Approx. Shipping Wt.-Lbs.	Cab
970	$16658	$2240	$3360	**$4960**	**$6640**	Case	6	401D	8F-2R	93.87	9240	CHA
970 PS	$17826	$2350	$3530	**$5210**	**$6970**	Case	6	401D	12F-3R	93.41	9380	CHA
1070	$17689	$2380	$3570	**$5270**	**$7060**	Case	6	451D	8F-2R	107.36	9320	CHA
1070 PS	$18857	$2520	$3780	**$5580**	**$7470**	Case	6	451D	12F-3R	108.10	9460	CHA
1175	$19407	$2600	$3910	**$5770**	**$7720**	Case	6T	451D	8F-2R	121.93	10700	CHA
1270	$20175	$2660	$3990	**$5890**	**$7890**	Case	6T	451D	12F-3R	135.39	12200	CHA
1370	$23954	$2880	$4320	**$6370**	**$8530**	Case	6T	504D	12F-3R	155.56	12300	CHA
1570	$28181	$3090	$4640	**$6850**	**$9160**	Case	6T	504D	12F-3R	180.00	13330	CHA
2470 4WD	$33869	$2760	$3630	**$4350**	**$7540**	Case	6T	504D	12F-4R	174.20	15800	CHA
2670 4WD	$39035	$3140	$4130	**$4950**	**$8580**	Case	6TI	504D	12F-4R	219.44	16370	CHA

PS - Power Shift

1974

Model	Approx. Retail Price New	Used Trade-In Avg.	Used Trade-In High	Used Retail Avg.	Used Retail High	Engine Make	Engine No. Cyls.	Engine Displ. Cu.-in.	No. Speeds	P.T.O. H.P.	Approx. Shipping Wt.-Lbs.	Cab
970	$16658	$2330	$3500	**$5250**	**$7000**	Case	6	401D	8F-2R	93.87	9240	CHA
970 PS	$17826	$2500	$3740	**$5620**	**$7490**	Case	6	401D	12F-3R	93.41	9380	CHA
1070	$17689	$2480	$3720	**$5570**	**$7430**	Case	6	451D	8F-2R	107.36	9320	CHA
1070 PS	$18857	$2640	$3960	**$5940**	**$7920**	Case	6	451D	12F-3R	108.10	9460	CHA
1175	$19407	$2720	$4080	**$6110**	**$8150**	Case	6T	451D	8F-2R	121.93	10700	CHA
1270	$18315	$2560	$3850	**$5770**	**$7690**	Case	6T	451D	12F-3R	126.70	12200	CHA
1370	$22670	$2890	$4340	**$6510**	**$8680**	Case	6T	504D	12F-3R	142.51	12300	CHA
2470 4WD	$32256	$2660	$3500	**$4200**	**$7280**	Case	6T	504D	12F-4R	174.20	15800	CHA
2670 4WD	$37176	$2850	$3750	**$4500**	**$7800**	Case	6TI	504D	12F-4R	216.00	16370	CHA

PS - Power Shift

1973

Model	Approx. Retail Price New	Used Trade-In Avg.	Used Trade-In High	Used Retail Avg.	Used Retail High	Engine Make	Engine No. Cyls.	Engine Displ. Cu.-in.	No. Speeds	P.T.O. H.P.	Approx. Shipping Wt.-Lbs.	Cab
970	$13806	$1930	$2900	**$4420**	**$5870**	Case	6	377G	8F-2R	85.02	9660	CHA
970	$14876	$2080	$3120	**$4760**	**$6320**	Case	6	401D	8F-2R	93.87	9800	CHA
970 PS	$14974	$2100	$3150	**$4790**	**$6360**	Case	6	377G	12F-4R	85.23	9730	CHA
970 PS	$16044	$2250	$3370	**$5130**	**$6820**	Case	6	401D	12F-4R	93.41	9870	CHA
1070	$14598	$2040	$3070	**$4670**	**$6200**	Case	6	451D	8F-2R	107.36	10600	CHA
1070 PS	$15766	$2210	$3310	**$5050**	**$6700**	Case	6	451D	12F-4R	108.10	10700	CHA
1175	$18316	$2560	$3850	**$5860**	**$7780**	Case	6T	451D	8F-2R	121.93	10700	CHA
1270	$16152	$2260	$3390	**$5170**	**$6870**	Case	6T	451D	12F-3R	126.70	12200	CHA
1370	$21471	$2660	$3990	**$6080**	**$8080**	Case	6T	504D	12F-3R	142.51	12300	CHA
2470 4WD	$31182	$2610	$3440	**$4130**	**$7150**	Case	6T	504D	12F-4R	174.20	15800	CHA

PS - Power Shift

1972

Model	Approx. Retail Price New	Used Trade-In Avg.	Used Trade-In High	Used Retail Avg.	Used Retail High	Engine Make	Engine No. Cyls.	Engine Displ. Cu.-in.	No. Speeds	P.T.O. H.P.	Approx. Shipping Wt.-Lbs.	Cab
470	$4685	$1080	$1830	**$2320**	**$3000**	Case	4	148G	8F-2R	33.11	3490	No
470	$5165	$1190	$2010	**$2560**	**$3310**	Case	4	188D	8F-2R	34.38	3565	No
570	$5615	$1290	$2190	**$2780**	**$3590**	Case	4	159G	8F-2R	39.50	3530	No
570	$6205	$1430	$2420	**$3070**	**$3970**	Case	4	188D	8F-2R	41.27	3675	No
770	$10858	$1950	$3150	**$4020**	**$4860**	Case	4	251G	8F-2R	56.32	7760	CH
770	$11488	$2070	$3330	**$4250**	**$5150**	Case	4	267D	8F-2R	63.90	7900	CH
770 PS	$11508	$1610	$2420	**$3740**	**$4950**	Case	4	251G	12F-4R	53.53	7830	CH
770 PS	$12138	$1700	$2550	**$3950**	**$5220**	Case	4	267D	12F-4R	64.56	7970	CH
870	$11540	$1620	$2420	**$3750**	**$4960**	Case	4	301G	8F-2R	71.06	7960	CH
870	$12340	$1730	$2590	**$4010**	**$5310**	Case	4	336D	8F-2R	70.67	8100	CH
870 PS	$12249	$1720	$2570	**$3980**	**$5270**	Case	4	301G	12F-4R	70.65	8030	CH
870 PS	$13049	$1830	$2740	**$4240**	**$5610**	Case	4	336D	12F-4R	70.53	8170	CHA
970	$12550	$1760	$2640	**$4080**	**$5400**	Case	6	377G	8F-2R	85.02	9660	CHA
970	$13470	$1890	$2830	**$4380**	**$5790**	Case	6	401D	8F-2R	93.87	9800	CHA
970 PS	$13718	$1920	$2880	**$4460**	**$5900**	Case	6	377G	12F-4R	85.23	9730	CHA
970 PS	$14638	$2050	$3070	**$4760**	**$6290**	Case	6	401D	12F-4R	93.41	9870	CHA
1070	$14022	$1960	$2950	**$4560**	**$6030**	Case	6	451D	8F-2R	107.36	10600	CHA
1070 PS	$15190	$2130	$3190	**$4940**	**$6530**	Case	6	451D	12F-4R	108.10	10700	CHA
1090	$15320	$2150	$3220	**$4980**	**$6590**	Case	6	451D	8F-2R	107.36	12200	CHA
1090 PS	$16488	$2310	$3460	**$5360**	**$7090**	Case	6	451D	12F-4R	108.10	12300	CHA
1175	$17481	$2450	$3670	**$5680**	**$7520**	Case	6T	451D	8F-2R	121.93	10700	CHA
1270	$15387	$2150	$3230	**$5000**	**$6620**	Case	6T	451D	12F-3R	126.70	12200	CHA
1370	$20018	$2380	$3570	**$5530**	**$7310**	Case	6T	504D	12F-3R	142.51	12300	CHA
1470 4WD	$22014	$2660	$3990	**$6180**	**$8170**	Case	6T	504D	8F-4R	144.89	15550	CHA
2470 4WD	$30056	$2520	$3310	**$3980**	**$6890**	Case	6T	504D	12F-4R	165.00	15800	CHA

PS - Power Shift

1971

Model	Approx. Retail Price New	Used Trade-In Avg.	Used Trade-In High	Used Retail Avg.	Used Retail High	Engine Make	Engine No. Cyls.	Engine Displ. Cu.-in.	No. Speeds	P.T.O. H.P.	Approx. Shipping Wt.-Lbs.	Cab
470	$4465	$1030	$1790	**$2230**	**$2900**	Case	4	148G	12F-3R	33.11	3490	No
470	$4920	$1130	$1970	**$2460**	**$3200**	Case	4	188D	12F-3R	34.38	3565	No
570	$5320	$1220	$2130	**$2660**	**$3460**	Case	4	159G	12F-3R	39.50	3530	No
570	$5890	$1360	$2360	**$2950**	**$3830**	Case	4	188D	12F-3R	41.27	3675	No
770	$10183	$1830	$2950	**$3820**	**$4580**	Case	4	251G	8F-2R	56.32	7760	CH
770	$10813	$1950	$3140	**$4060**	**$4870**	Case	4	267D	8F-2R	56.36	7900	CH
770 PS	$10833	$1950	$3140	**$4060**	**$4880**	Case	4	251G	12F-4R	53.53	7830	CH
770 PS	$11463	$2060	$3320	**$4300**	**$5160**	Case	4	267D	12F-4R	56.77	7970	CH
870	$10946	$1970	$3170	**$4110**	**$4930**	Case	4	301G	8F-2R	71.06	7960	CH
870	$11736	$2110	$3400	**$4400**	**$5280**	Case	4	336D	8F-2R	70.67	8100	CH
870 PS	$11655	$2100	$3380	**$4370**	**$5250**	Case	4	301G	12F-4R	70.65	8030	CH
870 PS	$12445	$2240	$3610	**$4670**	**$5600**	Case	4	336D	12F-4R	70.53	8170	CH
970	$11689	$2100	$3390	**$4380**	**$5260**	Case	6	377G	8F-2R	85.02	9660	CH
970	$12609	$2270	$3660	**$4730**	**$5670**	Case	6	401D	8F-2R	85.70	9800	CH
970 PS	$12857	$2310	$3730	**$4820**	**$5790**	Case	6	377G	12F-4R	85.23	9730	CH
970 PS	$13777	$2480	$4000	**$5170**	**$6200**	Case	6	401D	12F-4R	85.31	9870	CH
1070	$13243	$2380	$3840	**$4970**	**$5960**	Case	6	451D	8F-2R	100.73	10600	CH
1070 PS	$14411	$2590	$4180	**$5400**	**$6490**	Case	6	451D	12F-4R	100.21	10700	CH

Model	Approx. Retail Price New	Estimated Value Less Repairs Used Trade-In Avg.	High	Used Retail Avg.	High	Engine Make	No. Cyls.	Displ. Cu.-in.	No. Speeds	P.T.O. H.P.	Approx. Shipping Wt.-Lbs.	Cab

Case (Cont.)

1971 (Cont.)

Model	Price New	Trade-In Avg.	Trade-In High	Retail Avg.	Retail High	Make	Cyls.	Displ.	Speeds	P.T.O. H.P.	Wt.-Lbs.	Cab
1090	$14595	$2630	$4230	**$5470**	**$6570**	Case	6	451D	8F-2R	100.73	12200	CH
1090 PS	$15763	$2840	$4570	**$5910**	**$7090**	Case	6	451D	12F-4R	100.21	12300	CH
1170	$14567	$2620	$4220	**$5460**	**$6560**	Case	6T	451D	8F-2R	121.93	13800	CH
1175	$15592	$2810	$4520	**$5850**	**$7020**	Case	6T	451D	8F-2R	121.93	10700	CH
1470	$21125	$2610	$3780	**$5940**	**$7830**	Case	6T	504D	8F-4R	144.89	15550	CH
2470	$29186	$2380	$3130	**$3750**	**$6500**	Case	6T	504D	12F-4R	165.00	15800	CHA

PS - Power Shift

1970

Model	Price New	Trade-In Avg.	Trade-In High	Retail Avg.	Retail High	Make	Cyls.	Displ.	Speeds	P.T.O. H.P.	Wt.-Lbs.	Cab
470	$4240	$980	$1740	**$2140**	**$2800**	Case	4	148G	12F-3R	33.11	3490	No
470	$4683	$1080	$1920	**$2370**	**$3090**	Case	4	188D	12F-3R	34.38	3565	No
570	$5102	$1170	$2090	**$2580**	**$3370**	Case	4	159G	12F-3R	39.50	3530	No
570	$5652	$1300	$2320	**$2850**	**$3730**	Case	4	188D	12F-3R	41.27	3675	No
770	$9508	$1710	$2760	**$3610**	**$4330**	Case	4	251G	8F-2R	56.32	7760	CH
770	$10138	$1830	$2940	**$3850**	**$4610**	Case	4	267D	8F-2R	56.36	7900	CH
770 PS	$10158	$1830	$2950	**$3860**	**$4620**	Case	4	251G	12F-4R	53.53	7830	CH
770 PS	$10788	$1940	$3130	**$4100**	**$4910**	Case	4	267D	12F-4R	56.77	7970	CH
870	$10322	$1860	$2990	**$3920**	**$4700**	Case	4	301G	8F-2R	71.06	7960	CH
870	$11062	$1990	$3210	**$4200**	**$5030**	Case	4	336D	8F-2R	70.67	8100	CH
870 PS	$11031	$1990	$3200	**$4190**	**$5020**	Case	4	301G	12F-4R	70.65	8030	CH
870 PS	$11771	$2120	$3410	**$4470**	**$5360**	Case	4	336D	12F-4R	70.53	8170	CH
970	$11019	$1980	$3200	**$4190**	**$5010**	Case	6	377G	8F-2R	85.02	9660	CH
970	$11869	$2140	$3440	**$4510**	**$5400**	Case	6	401D	8F-2R	85.70	9800	CH
970 PS	$12187	$2190	$3530	**$4630**	**$5550**	Case	6	377G	12F-4R	85.23	9730	CH
970 PS	$13037	$2350	$3780	**$4950**	**$5930**	Case	6	401D	12F-4R	85.31	9870	CH
1070	$12613	$2270	$3660	**$4790**	**$5740**	Case	6	451D	8F-2R	100.73	10600	CH
1070 PS	$13781	$2480	$4000	**$5240**	**$6270**	Case	6	451D	12F-4R	100.21	10700	CH
1090	$13870	$2500	$4020	**$5270**	**$6310**	Case	6	451D	8F-2R	100.73	12200	CH
1090 PS	$15038	$2710	$4360	**$5710**	**$6840**	Case	6	451D	12F-4R	100.21	12300	CH
1170	$13842	$2490	$4010	**$5260**	**$6300**	Case	6T	451D	8F-2R	121.93	13800	CH
1470 4WD	$20950	$2470	$3570	**$5610**	**$7310**	Case	6T	504D	8F-4R	144.89	15550	CH

PS - Power Shift

1969

Model	Price New	Trade-In Avg.	Trade-In High	Retail Avg.	Retail High	Make	Cyls.	Displ.	Speeds	P.T.O. H.P.	Wt.-Lbs.	Cab
430	$4486	$1030	$1840	**$2290**	**$3010**	Case	4	188D	8F-2R	34	3800	No
440	$4018	$920	$1650	**$2050**	**$2690**	Case	4	148G	8F-2R	33	3530	No
530	$5283	$980	$1530	**$2540**	**$3280**	Case	4	188D	12F-3R	41.2	3600	No
540	$4784	$890	$1390	**$2300**	**$2970**	Case	4	159G	12F-3R	39.5	3455	No
540	$5640	$1040	$1640	**$2710**	**$3500**	Case	4	188D	12F-3R	41.2	3600	No
730	$6842	$1270	$1980	**$3280**	**$4240**	Case	4	267D	8F-2R	57	7610	No
730 Case-O-Matic	$7183	$1330	$2080	**$3450**	**$4450**	Case	4	267D	8F-2R	57	7735	No
740	$6060	$1120	$1760	**$2910**	**$3760**	Case	4	251G	8F-2R	58	7415	No
740 Case-O-Matic	$6369	$1180	$1850	**$3060**	**$3950**	Case	4	251G	8F-2R	57	6505	No
830	$7384	$1370	$2140	**$3540**	**$4580**	Case	4	301D	8F-2R	64	7620	No
830 Case-O-Matic	$7725	$1430	$2240	**$3710**	**$4790**	Case	4	301D	8F-2R	64	7745	No
840	$6586	$1220	$1910	**$3160**	**$4080**	Case	4	284G	8F-2R	66	7425	No
840 Case-O-Matic	$6927	$1280	$2010	**$3330**	**$4300**	Case	4	284G	8F-2R	65	7550	No
930	$8268	$1530	$2400	**$3970**	**$5130**	Case	6	401D	6F-1R	85	8385	No
940	$7768	$1440	$2250	**$3730**	**$4820**	Case	6	377G	6F-1R	85	8190	No
1030	$9678	$1790	$2810	**$4650**	**$6000**	Case	6	451D	8F-2R	101	9500	No
1200	$18500	$2180	$3150	**$4950**	**$6450**	Case	6	451D	8F-2R	120	16585	C
1470	$20638	$2340	$3380	**$5310**	**$6920**	Case	6T	504D	8F-2R	144.9	15500	CHA

1968

Model	Price New	Trade-In Avg.	Trade-In High	Retail Avg.	Retail High	Make	Cyls.	Displ.	Speeds	P.T.O. H.P.	Wt.-Lbs.	Cab
430	$4364	$1000	$1790	**$2250**	**$2970**	Case	4	188D	8F-2R	34	3590	No
440	$3944	$910	$1620	**$2030**	**$2680**	Case	4	148G	8F-2R	33	3530	No
530	$5162	$960	$1500	**$2480**	**$3250**	Case	4	188D	12F-3R	41.2	3600	No
540	$4637	$860	$1350	**$2230**	**$2920**	Case	4	159G	12F-3R	39.5	3455	No
730	$6711	$1240	$1950	**$3220**	**$4230**	Case	4	267D	8F-2R	57	7610	No
730 Case-O-Matic	$7052	$1310	$2050	**$3390**	**$4440**	Case	4	267D	8F-2R	57	7610	No
740	$5924	$1100	$1720	**$2840**	**$3730**	Case	4	251G	8F-2R	58	7415	No
740 Case-O-Matic	$6275	$1160	$1820	**$3010**	**$3950**	Case	4	267D	8F-2R	57	7540	No
830	$7290	$1350	$2110	**$3500**	**$4590**	Case	4	301D	8F-2R	64	7620	No
830 Case-O-Matic	$7631	$1410	$2210	**$3660**	**$4810**	Case	4	301D	8F-2R	64	7745	No
840	$6461	$1200	$1870	**$3100**	**$4070**	Case	4	284G	8F-2R	65	7425	No
840 Case-O-Matic	$6800	$1260	$1970	**$3260**	**$4280**	Case	4	284G	8F-2R	65	7425	No
930	$8123	$1500	$2360	**$3900**	**$5120**	Case	6	401D	6F-1R	85	8385	No
940	$7641	$1410	$2220	**$3670**	**$4810**	Case	6	377G	6F-1R	71	8360	No
1030	$9263	$1710	$2690	**$4450**	**$5840**	Case	6	451D	8F-2R	101	9500	No
1200	$18400	$2070	$3000	**$4720**	**$6150**	Case	6	451D	8F-2R	120	16585	C

1967

Model	Price New	Trade-In Avg.	Trade-In High	Retail Avg.	Retail High	Make	Cyls.	Displ.	Speeds	P.T.O. H.P.	Wt.-Lbs.	Cab
430	$4150	$960	$1700	**$2160**	**$2860**	Case	4	188D	4F-1R	34	3710	No
440	$3750	$860	$1540	**$1950**	**$2590**	Case	4	148G	8F-2R	33	3530	No
530	$4910	$910	$1420	**$2360**	**$3140**	Case	4	188D	12F-3R	41	3600	No
530 Case-O-Matic	$5117	$950	$1480	**$2460**	**$3280**	Case	4	188D	8F-2R	41	3600	No
540	$4410	$820	$1280	**$2120**	**$2820**	Case	4	159G	12F-3R	39.5	3455	No
540 Case-O-Matic	$4617	$850	$1340	**$2220**	**$2960**	Case	4	188D	8F-2R	41.2	3600	No
730	$6380	$1180	$1850	**$3060**	**$4080**	Case	4	267D	8F-2R	57	7610	No
730	$6721	$1240	$1950	**$3230**	**$4300**	Case	4	267D	Variable	57	7735	No
740	$5630	$1040	$1630	**$2700**	**$3600**	Case	4	251G	8F-2R	58	7415	No
740 Case-O-Matic	$5971	$1110	$1730	**$2870**	**$3820**	Case	4	251G	8F-2R	57	7540	No
830	$6910	$1280	$2000	**$3320**	**$4420**	Case	4	301D	8F-2R	64	7620	No
830 Case-O-Matic	$7215	$1340	$2090	**$3460**	**$4620**	Case	4	301D	8F-2R	64	7745	No

Case (Cont.)

Model	Approx. Retail Price New	Estimated Value Less Repairs Used Trade-In Avg.	Used Trade-In High	Used Retail Avg.	Used Retail High	Engine Make	No. Cyls.	Displ. Cu.-in.	No. Speeds	P.T.O. H.P.	Approx. Shipping Wt.-Lbs.	Cab
					1967 (Cont.)							
840	$6140	$1140	$1780	**$2950**	**$3930**	Case	4	284G	8F-2R	65	7425	No
840 Case-O-Matic	$6481	$1200	$1880	**$3110**	**$4150**	Case	4	284G	8F-2R	64	7550	No
930	$7720	$1430	$2240	**$3710**	**$4940**	Case	6	401D	6F-1R	85	8385	No
940	$7290	$1350	$2110	**$3500**	**$4670**	Case	6	371G	6F-1R	71	8360	No
1030	$8847	$1640	$2570	**$4250**	**$5660**	Case	6	451D	8F-2R	101	9500	No
1200	$18300	$2020	$2920	**$4590**	**$5980**	Case	6	451D	8F-2R	120	16585	C
					1966							
430	$3938	$910	$1620	**$2070**	**$2760**	Case	4	188D	8F-2R	34	3565	No
440	$3563	$820	$1460	**$1870**	**$2490**	Case	4	148G	8F-2R	33	3490	No
530	$4681	$870	$1360	**$2250**	**$3040**	Case	4	188D	12F-3R	41.2	3600	No
530 Case-O-Matic	$4888	$900	$1420	**$2350**	**$3180**	Case	4	188D	8F-2R	40	3925	No
540	$4156	$770	$1210	**$2000**	**$2700**	Case	4	159G	12F-3R	39	3455	No
540 Case-O-Matic	$4363	$810	$1270	**$2090**	**$2840**	Case	4	188D	8F-2R	41.2	3780	No
730	$6064	$1120	$1760	**$2910**	**$3940**	Case	4	267D	8F-2R	57	7610	No
730 Cawe-O-Matic	$6405	$1190	$1860	**$3070**	**$4160**	Case	4	267D	8F-2R	56	7735	No
740	$5324	$990	$1540	**$2560**	**$3460**	Case	4	251G	8F-2R	58	7415	No
740 Case-O-Matic	$5480	$1010	$1590	**$2630**	**$3560**	Case	4	251G	8F-2R	57	7540	No
830	$6623	$1230	$1920	**$3180**	**$4310**	Case	4	301D	8F-2R	64	7620	No
830 Case-O-Matic	$6964	$1290	$2020	**$3340**	**$4530**	Case	4	301D	8F-2R	64	7745	No
840	$5863	$1090	$1700	**$2810**	**$3810**	Case	4	284G	8F-2R	66	6090	No
840 Case-O-Matic	$6204	$1150	$1800	**$2980**	**$4030**	Case	4	284G	8F-2R	64	7550	No
930	$7365	$1360	$2140	**$3540**	**$4790**	Case	6	401D	6F-1R	85	8845	No
940	$7005	$1300	$2030	**$3360**	**$4550**	Case	6	377G	6F-1R	71	8190	No
1200	$18200	$1960	$2840	**$4460**	**$5810**	Case	6	451D	8F-2R	120	16585	C
					1965							
430	$3786	$870	$1550	**$2010**	**$2690**	Case	4	188D	8F-2R	34	3565	No
440	$3356	$770	$1380	**$1780**	**$2380**	Case	4	148G	8F-2R	33	3530	No
530	$4472	$830	$1300	**$2150**	**$2950**	Case	4	188D	12F-3R	41.2	3600	No
530 Case-O-Matic	$4679	$870	$1360	**$2250**	**$3090**	Case	4	188D	8F-2R	40	3925	No
540	$3953	$730	$1150	**$1900**	**$2610**	Case	4	159G	12F-3R	39.5	3455	No
540 Case-O-Matic	$4160	$770	$1210	**$2000**	**$2750**	Case	4	188D	8F-2R	41.2	3780	No
730	$5856	$1080	$1700	**$2810**	**$3870**	Case	4	267D	8F-2R	57	6565	No
730 Case-O-Matic	$6199	$1150	$1800	**$2980**	**$4090**	Case	4	267D	8F-2R	56	6680	No
740	$5095	$940	$1480	**$2450**	**$3360**	Case	4	251G	8F-2R	58	6425	No
740 Case-O-Matic	$5435	$1010	$1580	**$2610**	**$3590**	Case	4	251G	8F-2R	57	6540	No
830	$6314	$1170	$1830	**$3030**	**$4170**	Case	4	301D	8F-2R	64	6680	No
830 Case-O-Matic	$6655	$1230	$1930	**$3190**	**$4390**	Case	4	301D	8F-2R	64	6875	No
840 Case-O-Matic	$5912	$1090	$1710	**$2840**	**$3900**	Case	4	284G	8F-2R	65	6750	No
840	$5571	$1030	$1620	**$2670**	**$3680**	Case	4	284G	8F-2R	65	6680	No
930	$7246	$1340	$2100	**$3480**	**$4780**	Case	6	401D	6F-1R	85	8385	No
940	$6892	$1280	$2000	**$3310**	**$4550**	Case	6	377G	6F-1R	85	8360	No
					1964							
430	$3615	$830	$1450	**$1930**	**$2600**	Case	4	188D	8F-2R	34	3565	No
440	$3162	$730	$1270	**$1690**	**$2280**	Case	4	148G	8F-2R	33	3530	No
530	$4249	$790	$1230	**$2040**	**$2850**	Case	4	188D	12F-3R	41.2	3600	No
530	$4750	$880	$1380	**$2280**	**$3180**	Case	4	159G	12F-3R	39.5	3455	No
530 Case-O-Matic	$4456	$820	$1290	**$2140**	**$2990**	Case	4	188D	8F-2R	40	3925	No
540	$3750	$690	$1090	**$1800**	**$2510**	Case	4	159G	12F-3R	39.5	3455	No
540 Case-O-Matic	$3956	$730	$1150	**$1900**	**$2650**	Case	4	159G	8F-2R	41.2	3780	No
730	$5647	$1050	$1640	**$2710**	**$3780**	Case	4	267D	8F-2R	56	6160	No
730 Case-O-Matic	$5855	$1080	$1700	**$2810**	**$3920**	Case	4	267D	8F-2R	56	6680	No
740	$4892	$910	$1420	**$2350**	**$3280**	Case	4	251G	8F-2R	58	6425	No
740 Case-O-Matic	$5390	$1000	$1560	**$2590**	**$3610**	Case	4	251G	8F-2R	57	6540	No
830	$6087	$1130	$1770	**$2920**	**$4080**	Case	4	301D	8F-2R	64	6090	No
830 Case-O-Matic	$6294	$1160	$1830	**$3020**	**$4220**	Case	4	301D	8F-2R	63	6875	No
840	$5362	$990	$1560	**$2570**	**$3590**	Case	4	284G	8F-2R	63	6680	No
840 Case-O-Matic	$5569	$1030	$1620	**$2670**	**$3730**	Case	4	284G	8F-2R	63	6750	No
930	$7110	$1300	$2030	**$3370**	**$4700**	Case	6	401D	6F-1R	81	8905	No
940	$6696	$1220	$1910	**$3170**	**$4420**	Case	6	377G	6F-1R	71	8850	No
					1963							
430	$3427	$810	$1390	**$1910**	**$2580**	Case	4	188D	8F-2R	34	3530	No
440	$2974	$710	$1220	**$1660**	**$2250**	Case	4	148G	8F-1R	33	3455	No
530	$4037	$770	$1200	**$2010**	**$2810**	Case	4	188D	12F-3R	41.2	3600	No
530 Case-O-Matic	$4244	$800	$1260	**$2110**	**$2950**	Case	4	188D	8F-2R	40	4225	No
540	$3538	$670	$1060	**$1760**	**$2470**	Case	4	159G	12F-3R	39.5	3455	No
540 Case-O-Matic	$3745	$710	$1120	**$1870**	**$2620**	Case	4	159G	8F-2R	41.2	4150	No
630	$4675	$880	$1390	**$2320**	**$3250**	Case	4	188D	12F-3R	48	4465	No
630 Caes-O-Matic	$4880	$920	$1440	**$2420**	**$3390**	Case	4	188D	8F-2R	49	4675	No
640	$4047	$770	$1200	**$2010**	**$2820**	Case	4	188G	12F-3R	50	4315	No
640 Case-O-Matic	$4254	$810	$1260	**$2110**	**$2960**	Case	4	188G	8F-2R	49	4590	No
730	$5431	$1020	$1600	**$2680**	**$3760**	Case	4	267D	8F-2R	56	6240	No
730 Case-O-Matic	$5638	$1060	$1660	**$2780**	**$3900**	Case	4	267D	8F-2R	56	6320	No
740	$4686	$890	$1390	**$2320**	**$3250**	Case	4	251G	8F-2R	58	6100	No
740 Case-O-Matic	$5330	$1010	$1580	**$2630**	**$3690**	Case	4	251G	8F-2R	57	6180	No
830	$5862	$1100	$1730	**$2890**	**$4050**	Case	4	301D	8F-2R	64	6465	No
830 Case-O-Matic	$6069	$1140	$1790	**$2990**	**$4200**	Case	4	301D	8F-2R	63	6545	No
840	$5157	$970	$1530	**$2550**	**$3580**	Case	4	284G	8F-2R	64	6340	No
840 Case-O-Matic	$5364	$1010	$1590	**$2650**	**$3720**	Case	4	284G	8F-2R	65	6420	No
930	$6905	$1220	$1910	**$3200**	**$4490**	Case	6	401D	6F-1R	81	8400	No
940	$6515	$1130	$1770	**$2970**	**$4160**	Case	6	371G	6F-1R	80	8345	No

Case (Cont.)

Model	Approx. Retail Price New	Estimated Value Less Repairs: Used Trade-In Avg.	Used Trade-In High	Used Retail Avg.	Used Retail High	Engine Make	Engine No. Cyls.	Engine Displ. Cu.-in.	No. Speeds	P.T.O. H.P.	Approx. Shipping Wt.-Lbs.	Cab
1962												
430	$3400	$780	$1330	**$1870**	**$2520**	Case	4	188D	8F-2R	34	3800	No
440	$2940	$680	$1150	**$1620**	**$2180**	Case	4	148G	8F-1R	33	3530	No
530	$3975	$740	$1150	**$1950**	**$2740**	Case	4	188D	12F-3R	41.2	3600	No
530 Case-O-Matic	$4195	$780	$1220	**$2060**	**$2900**	Case	4	188D	8F-2R	41.2	4225	No
540	$3495	$650	$1010	**$1710**	**$2410**	Case	4	159G	12F-3R	39.5	3455	No
540 Case-O-Matic	$3700	$690	$1070	**$1810**	**$2550**	Case	4	188D	8F-2R	41.2	4150	No
630	$4600	$850	$1330	**$2250**	**$3170**	Case	4	188D	12F-3R	48	4465	No
630 Case-O-Matic	$4810	$890	$1400	**$2360**	**$3320**	Case	4	188D	8F-2R	49	4680	No
640	$4000	$740	$1160	**$1960**	**$2760**	Case	4	188G	12F-3R	50	4315	No
640 Case-O-Matic	$4200	$780	$1220	**$2060**	**$2900**	Case	4	188G	8F-2R	49	4590	No
730	$5400	$1000	$1570	**$2650**	**$3730**	Case	4	267D	8F-2R	56	6240	No
730 Case-O-Matic	$5600	$1040	$1620	**$2740**	**$3860**	Case	4	267D	8F-2R	56	6320	No
740	$4635	$860	$1340	**$2270**	**$3200**	Case	4	251G	8F-2R	58	6100	No
740 Case-O-Matic	$4855	$900	$1410	**$2380**	**$3350**	Case	4	251G	8F-2R	57	6180	No
830	$5850	$1080	$1700	**$2870**	**$4040**	Case	4	301D	8F-2R	64	6465	No
830 Case-O-Matic	$6035	$1120	$1750	**$2960**	**$4160**	Case	4	301D	8F-2R	64	6545	No
840	$5100	$940	$1480	**$2500**	**$3520**	Case	4	284G	8F-2R	64	6340	No
840 Case-O-Matic	$5315	$980	$1540	**$2600**	**$3670**	Case	4	284G	8F-2R	65	6420	No
930	$6875	$1160	$1820	**$3080**	**$4330**	Case	6	401D	6F-1R	81	8400	No
940	$6150	$1080	$1700	**$2870**	**$4040**	Case	6	377G	6F-1R	80	8345	No
1961												
430	$3400	$760	$1290	**$1850**	**$2480**	Case	4	188D	8F-2R	34	3800	No
440	$2940	$660	$1110	**$1600**	**$2140**	Case	4	148G	8F-1R	33	3530	No
530	$3975	$720	$1120	**$1920**	**$2710**	Case	4	188D	12F-3R	41.2	3600	No
530 Case-O-Matic	$4195	$760	$1190	**$2030**	**$2870**	Case	4	188D	8F-2R	41.2	4225	No
540	$3495	$630	$990	**$1680**	**$2380**	Case	4	159G	12F-3R	39.5	3455	No
540 Case-O-Matic	$3700	$670	$1040	**$1780**	**$2520**	Case	4	188D	8F-2R	41.2	4150	No
630	$4600	$830	$1310	**$2230**	**$3150**	Case	4	188D	12F-3R	48	4465	No
630 Case-O-Matic	$4810	$870	$1360	**$2330**	**$3290**	Case	4	188D	8F-2R	49	4680	No
640	$4000	$720	$1130	**$1930**	**$2730**	Case	4	188G	12F-3R	50	4315	No
640 Case-O-Matic	$4200	$760	$1190	**$2030**	**$2870**	Case	4	188G	8F-2R	49	4590	No
730	$5400	$980	$1540	**$2620**	**$3710**	Case	4	267D	8F-2R	56	6240	No
730 Case-O-Matic	$5600	$1020	$1600	**$2720**	**$3850**	Case	4	267D	8F-2R	56	6320	No
740	$4635	$840	$1320	**$2250**	**$3180**	Case	4	251G	8F-2R	58	6100	No
740 Case-O-Matic	$4855	$880	$1380	**$2350**	**$3330**	Case	4	251G	8F-2R	57	6180	No
830	$5850	$1060	$1670	**$2850**	**$4030**	Case	4	301D	8F-2R	64	6465	No
830 Case-O-Matic	$6035	$1100	$1720	**$2940**	**$4160**	Case	4	301D	8F-2R	64	6545	No
840	$5100	$930	$1450	**$2480**	**$3500**	Case	4	284G	8F-2R	64	6340	No
840 Case-O-Matic	$5315	$970	$1510	**$2580**	**$3650**	Case	4	284G	8F-2R	65	6420	No
930	$6875	$1120	$1760	**$3010**	**$4250**	Case	6	401D	6F-1R	81	8400	No
940	$6150	$1050	$1640	**$2800**	**$3960**	Case	6	377G	6F-1R	80	8345	No
1960												
430	......	$730	$1240	**$1810**	**$2410**	Case	4	188D	8F-2R	34	3800	No
440	......	$640	$1090	**$1600**	**$2130**	Case	4	148G	8F-1R	33	3590	No
530	......	$680	$1060	**$1830**	**$2590**	Case	4	188D	12F-3R	41.2	3600	No
540	......	$600	$940	**$1630**	**$2310**	Case	4	159G	12F-3R	39.5	3455	No
630	......	$810	$1260	**$2180**	**$3090**	Case	4	188D	12F-3R	49	4020	No
640	......	$690	$1090	**$1880**	**$2660**	Case	4	188G	12F-3R	50	4315	No
730	......	$950	$1490	**$2580**	**$3660**	Case	4	267D	8F-2R	57	6160	No
740	......	$810	$1280	**$2200**	**$3120**	Case	4	251G	8F-2R	56	6060	No
830	......	$1040	$1620	**$2800**	**$3980**	Case	4	301D	8F-2R	64	6240	No
840	......	$900	$1410	**$2430**	**$3440**	Case	4	284G	8F-2R	66	6090	No
930	......	$1070	$1680	**$2900**	**$4120**	Case	6	401D	6F-1R	81	8845	No
940	......	$980	$1540	**$2650**	**$3760**	Case	6	371G	6F-1R	71	8190	No
1959												
200B	......	$780	$1320	**$1970**	**$2610**	Case	4	126G	4F-1R	31	3090	No
210B	......	$800	$1360	**$2020**	**$2690**	Case	4	126G	4F-1R	31	3090	No
300B	......	$700	$1100	**$1920**	**$2740**	Continental	4	157D	12F-3R		3235	No
310B	......	$690	$1070	**$1870**	**$2660**	Case	4	148G	12F-3R		3235	No
400B	......	$800	$1250	**$2170**	**$3100**	Case	4	148G	8F-2R	37	3900	No
500 STD	......	$950	$1490	**$2600**	**$3710**	Case	6	377D	4F-1R	65	8128	No
500B	......	$780	$1220	**$2120**	**$3020**	Case	4	165G	12F-3R	47	4240	No
600B	......	$870	$1360	**$2370**	**$3380**	Case	4	165G	8F-2R	44.56	4420	No
700	......	$980	$1540	**$2680**	**$3820**	Case	4	251G	8F-2R	54	5800	No
800	......	$1060	$1670	**$2900**	**$4140**	Case	4	251G	8F-1R	54	5940	No
900	......	$1110	$1740	**$3030**	**$4320**	Case	6	377D	6F-1R	70	7040	No
900 LP	......	$1040	$1620	**$2830**	**$4030**	Case	6	377LP	6F-1R	71	7040	No
1958												
200B	......	$740	$1250	**$1860**	**$2480**	Case	4	126G	4F-1R	31	3090	No
210B	......	$780	$1330	**$1970**	**$2640**	Case	4	126G	4F-1R	31	3090	No
300B	......	$690	$1090	**$1890**	**$2700**	Continental	4	157D	12F-3R	32.	3235	No
310B	......	$670	$1060	**$1840**	**$2630**	Case	4	148G	12F-3R	29.	3235	No
400B	......	$790	$1260	**$2180**	**$3120**	Case	4	148G	8F-2R	37	3900	No
500B	......	$770	$1220	**$2120**	**$3030**	Case	4	165G	12F-3R	47	4240	No
600B	......	$850	$1360	**$2350**	**$3360**	Case	4	165G	8F-2R	44.56	4420	No
700	......	$960	$1530	**$2650**	**$3800**	Case	4	251G	8F-2R	54	5800	No
800	......	$1060	$1680	**$2910**	**$4160**	Case	4	251G	8F-1R	54	5940	No
900	......	$1090	$1740	**$3010**	**$4310**	Case	6	377D	6F-1R	70	7040	No
900 LP	......	$1010	$1620	**$2790**	**$4000**	Case	6	377LP	6F-1R	71	7040	No

Model	Approx. Retail Price New	Estimated Value Less Repairs Used Trade-In Avg.	Used Trade-In High	Used Retail Avg.	Used Retail High	Engine Make	No. Cyls.	Displ. Cu.-in.	No. Speeds	P.T.O. H.P.	Approx. Shipping Wt.-Lbs.	Cab
Case (Cont.)												
				1957								
300	......	$690	$1100	**$1880**	**$2700**	Case	4	148G	12F-3R	29	4300	No
300B	......	$680	$1070	**$1830**	**$2630**	Continental	4	157D	12F-3R	32.	3235	No
310	......	$650	$1020	**$1750**	**$2520**	Case	4	148G	12F-3R		4300	No
400	......	$870	$1370	**$2350**	**$3370**	Case	4	251D	8F-2R	50	6722	No
400B	......	$800	$1270	**$2170**	**$3120**	Case	4	148G	8F-2R	37	3900	No
500 STD	......	$920	$1460	**$2500**	**$3590**	Case	6	377D	4F-1R	65	8128	No
500B	......	$760	$1190	**$2050**	**$2940**	Case	4	164G	12F-3R	47	4240	No
600 Diesel	......	$1040	$1650	**$2830**	**$4070**	Case	6	377D	4F-1R	65	8128	No
600 LP	......	$1010	$1590	**$2730**	**$3920**	Case	6	377LP	4F-1R	68	8128	No
600B	......	$860	$1350	**$2320**	**$3330**	Case	4	165G	8F-2R	44.56	4420	No
700	......	$990	$1560	**$2680**	**$3850**	Case	4	251G	8F-2R	54	5800	No
800	......	$1030	$1620	**$2780**	**$4000**	Case	4	251G	8F-1R	54	5940	No
900 Diesel	......	$1060	$1680	**$2880**	**$4140**	Case	6	377D	6F-1R	70	7040	No
900 LP	......	$1020	$1610	**$2760**	**$3960**	Case	6	377LP	6F-1R	71	7040	No
				1956								
300	......	$680	$1100	**$1870**	**$2700**	Case	4	148G	12F-3R	34	4300	No
400	......	$820	$1310	**$2240**	**$3230**	Case	4	251D	8F-2R	50	6722	No
500 STD	......	$870	$1400	**$2390**	**$3450**	Case	6	377D	4F-1R	65	8128	No
600 Diesel	......	$1030	$1650	**$2810**	**$4050**	Case	6	377D	4F-1R	65	8128	No
600 LP	......	$980	$1580	**$2690**	**$3890**	Case	6	377LP	4F-1R	68	8128	No
				1955								
VA	......	$750	$1230	**$2080**	**$2990**	Case	4	124G	4F-1R	19	4290	No
400	......	$850	$1390	**$2360**	**$3390**	Case	4	251D	8F-2R	50	6722	No
500 STD	......	$960	$1570	**$2650**	**$3810**	Case	6	377D	4F-1R	63	8128	No
600 Diesel	......	$1220	$2010	**$3070**	**$4180**	Case	6	377D	4F-1R	65	8128	No
600 LP	......	$990	$1610	**$2730**	**$3920**	Case	6	377LP	4F-1R	68	8128	No
				1954								
SC	......	$630	$1020	**$1740**	**$2500**	Case	4	153D	4F-1R	30	4200	No
VA	......	$740	$1210	**$2070**	**$2960**	Case	4	124G	4F-1R	19	4290	No
500 STD	......	$900	$1470	**$2520**	**$3610**	Case	6	377D	4F-1R	65	8128	No
				1953								
D	......	$620	$1010	**$1740**	**$2490**	Case	4	259G	4F-1R	38	4600	No
DC	......	$630	$1020	**$1770**	**$2530**	Case	4	259G	4F-1R	38	4600	No
LA	......	$820	$1330	**$2300**	**$3290**	Case	4	403G	4F-1R	62	7621	No
SC	......	$570	$930	**$1610**	**$2300**	Case	4	153D	4F-1R	30	4200	No
VA	......	$680	$1100	**$1900**	**$2720**	Case	4	124G	4F-1R	19	4290	No
500 STD	......	$860	$1400	**$2410**	**$3440**	Case	6	377D	4F-1R	65	8128	No
				1952								
D	......	$620	$980	**$1670**	**$2400**	Case	4	259G	4F-1R	38	4600	No
DC	......	$630	$1000	**$1700**	**$2440**	Case	4	259G	4F-1R	38	4600	No
LA	......	$820	$1310	**$2230**	**$3200**	Case	4	403G	4F-1R	62	7621	No
SC	......	$590	$930	**$1590**	**$2280**	Case	4	153D	4F-1R	30	4200	No
VA	......	$650	$1030	**$1760**	**$2520**	Case	4	124G	4F-1R	19	4290	No
				1951								
D	......	$600	$950	**$1620**	**$2340**	Case	4	259G	4F-1R	38	4600	No
DC	......	$610	$960	**$1640**	**$2370**	Case	4	259G	4F-1R	38	4600	No
LA	......	$800	$1270	**$2170**	**$3140**	Case	4	403G	4F-1R	62	7621	No
SC	......	$560	$900	**$1530**	**$2210**	Case	4	153D	4F-1R	30	4200	No
VA	......	$620	$990	**$1700**	**$2450**	Case	4	124G	4F-1R	19	4290	No
				1950								
D	......	$580	$920	**$1570**	**$2280**	Case	4	259G	4F-1R	38	4600	No
DC	......	$590	$940	**$1600**	**$2320**	Case	4	259G	4F-1R	38	4600	No
LA	......	$770	$1230	**$2100**	**$3050**	Case	4	403G	4F-1R	62	7621	No
SC	......	$540	$860	**$1470**	**$2140**	Case	4	153D	4F-1R	30	4200	No
VA	......	$600	$950	**$1620**	**$2350**	Case	4	124G	4F-1R	19	4290	No
				1949								
D	......	$560	$890	**$1510**	**$2210**	Case	4	259G	4F-1R	38	4600	No
DC	......	$570	$900	**$1540**	**$2260**	Case	4	259G	4F-1R	38	4600	No
LA	......	$750	$1200	**$2050**	**$3000**	Case	4	403G	4F-1R	62	7621	No
SC	......	$540	$850	**$1460**	**$2140**	Case	4	153D	4F-1R	30	4200	No
VA	......	$570	$910	**$1560**	**$2280**	Case	4	124G	4F-1R	19	4290	No
				1948								
D	......	$550	$870	**$1490**	**$2190**	Case	4	259G	4F-1R	38	4600	No
LA	......	$730	$1160	**$1980**	**$2920**	Case	4	403G	4F-1R	62	7621	No
S	......	$530	$830	**$1430**	**$2100**	Case	4	153D	4F-1R	30	4200	No
VA	......	$560	$900	**$1530**	**$2250**	Case	4	124G	4F-1R	19	4290	No
				1947								
D	......	$540	$850	**$1460**	**$2150**	Case	4	259G	4F-1R	38	4600	No
LA	......	$720	$1140	**$1960**	**$2880**	Case	4	403G	4F-1R	62	7621	No
SC	......	$520	$820	**$1400**	**$2060**	Case	4	153D	4F-1R	30	4200	No
VA	......	$550	$870	**$1480**	**$2180**	Case	4	124G	4F-1R	19	4290	No

Model	Approx. Retail Price New	Used Trade-In Avg.	Used Trade-In High	Used Retail Avg.	Used Retail High	Engine Make	No. Cyls.	Displ. Cu.-in.	No. Speeds	P.T.O. H.P.	Approx. Shipping Wt.-Lbs.	Cab

Case (Cont.)

Model	Approx. Retail Price New	Used Trade-In Avg.	Used Trade-In High	Used Retail Avg.	Used Retail High	Engine Make	No. Cyls.	Displ. Cu.-in.	No. Speeds	P.T.O. H.P.	Approx. Shipping Wt.-Lbs.	Cab
1946												
D	......	$530	$830	**$1430**	**$2100**	Case	4	259G	4F-1R	38	4600	No
LA	......	$710	$1130	**$1930**	**$2840**	Case	4	403G	4F-1R	62	7621	No
SC	......	$510	$800	**$1370**	**$2020**	Case	4	153D	4F-1R	30	4200	No
VA	......	$530	$840	**$1440**	**$2120**	Case	4	124G	4F-1R	19	4290	No
1945												
D	......	$520	$820	**$1400**	**$2060**	Case	4	259G	4F-1R	38	4600	No
LA	......	$700	$1110	**$1900**	**$2800**	Case	4	403G	4F-1R	62	7621	No
SC	......	$490	$780	**$1330**	**$1950**	Case	4	153D	4F-1R	30	4200	No
VA	......	$500	$800	**$1370**	**$2010**	Case	4	124G	4F-1R	19	4290	No
1944												
D	......	$490	$780	**$1340**	**$1970**	Case	4	259G	4F-1R	38	4600	No
LA	......	$680	$1090	**$1860**	**$2730**	Case	4	403G	4F-1R	62	7621	No
SC	......	$480	$760	**$1300**	**$1910**	Case	4	153D	4F-1R	30	4200	No
VA	......	$500	$790	**$1350**	**$1990**	Case	4	124G	4F-1R	19	4290	No
1943												
D	......	$470	$760	**$1280**	**$1890**	Case	4	259G	4F-1R	38	4600	No
LA	......	$670	$1090	**$1830**	**$2700**	Case	4	403G	4F-1R	62	7621	No
SC	......	$460	$750	**$1260**	**$1850**	Case	4	153D	4F-1R	30	4200	No
VA	......	$490	$790	**$1330**	**$1950**	Case	4	124G	4F-1R	19	4290	No
1942												
D	......	$460	$760	**$1260**	**$1850**	Case	4	259G	4F-1R	38	4600	No
LA	......	$660	$1090	**$1800**	**$2650**	Case	4	403G	4F-1R	62	7621	No
SC	......	$450	$740	**$1220**	**$1790**	Case	4	153D	4F-1R	30	4200	No
VA	......	$470	$780	**$1290**	**$1890**	Case	4	124G	4F-1R	19	4290	No
1941												
D	......	$450	$740	**$1220**	**$1780**	Case	4	259G	4F-1R	38	4600	No
LA	......	$650	$1090	**$1790**	**$2610**	Case	4	403G	4F-1R	62	7621	No
SC	......	$450	$750	**$1240**	**$1810**	Case	4	153D	4F-1R	30	4200	No
V	......	$470	$790	**$1300**	**$1890**	Continental	4	127G	4F-1R	15	4290	No
1940												
D	......	$430	$730	**$1200**	**$1730**	Case	4	259G	4F-1R	38	4600	No
V	......	$460	$770	**$1260**	**$1820**	Continental	4	127G	4F-1R	15	4290	No
1939												
D	......	$430	$730	**$1200**	**$1720**	Case	4	259G	4F-1R	38	4600	No
V	......	$450	$760	**$1250**	**$1790**	Continental	4	127G	4F-1R	15	4290	No

Case-International

Model	Approx. Retail Price New	Used Trade-In Avg.	Used Trade-In High	Used Retail Avg.	Used Retail High	Engine Make	No. Cyls.	Displ. Cu.-in.	No. Speeds	P.T.O. H.P.	Approx. Shipping Wt.-Lbs.	Cab
2006												
DX18E 4WD Farmall	$9915	$7140	$7540	**$8530**	**$8820**	Shibaura	3	58D	Variable	13.7	1314	No
DX22E 4WD Farmall	$10590	$7630	$8050	**$9110**	**$9430**	Shibaura	3	58D	Variable	17.0	1314	No
DX23 4WD Farmall	$13450	$9680	$10220	**$11570**	**$11970**	Shibaura	3	61D	9F-3R	18.5	3262	No
DX23 4WD Farmall	$14820	$10670	$11260	**$12750**	**$13190**	Shibaura	3	61D	Variable	17.5	3633	No
DX25E 4WD Farmall	$10930	$7870	$8310	**$9400**	**$9730**	Shibaura	3	61D	Variable	19.0	1323	No
DX26 4WD Farmall	$15365	$11060	$11680	**$13210**	**$13680**	Shibaura	3	69D	Variable	19.7	1600	No
DX29 4WD Farmall	$10750	$7740	$8170	**$9250**	**$9570**	Shibaura	3	81D	9F-3R	25.0	2474	No
DX29 4WD Farmall	$17125	$12330	$13020	**$14730**	**$15240**	Shibaura	3	81D	Variable	23.6	2474	No
DX31 4WD Farmall	$16300	$11740	$12390	**$14020**	**$14510**	Shibaura	3	91D	9F-3R	24.9	2474	No
DX31 4WD Farmall	$17800	$12820	$13530	**$15310**	**$15840**	Shibaura	3	91D	Variable	24.9	2474	No
DX33 4WD Farmall	$16600	$11950	$12620	**$14280**	**$14770**	Shibaura	3	91D	9F-3R	26.9	2440	No
DX33 4WD Farmall	$17900	$12890	$13600	**$15390**	**$15930**	Shibaura	3	91D	Variable	26.9	2474	No
DX34 4WD Farmall	$18400	$13250	$13980	**$15820**	**$16380**	Shibaura	3	101D	Variable	28.9	2514	No
D35 Farmall	$14950	$10760	$11360	**$12860**	**$13310**	Shibaura	3	101D	12F-12R	29.6	2947	No
D35 4WD Farmall	$17660	$12720	$13420	**$15190**	**$15720**	Shibaura	3	101D	12F-12R	29.6	3096	No
DX35 4WD Farmall	$20240	$14570	$15380	**$17410**	**$18010**	Shibaura	3	101D	Variable	29.1	3052	No
D40 Farmall	$16550	$11920	$12580	**$14230**	**$14730**	Shibaura	4	121D	12F-12R	35.0	2998	No
D40 4WD Farmall	$19425	$13990	$14760	**$16710**	**$17290**	Shibaura	4	121D	12F-12R	35.0	3147	No
DX40 4WD Farmall	$21985	$15830	$16710	**$18910**	**$19570**	Shibaura	4	121D	Variable	33.2	3328	No
D45 Farmall	$19895	$14320	$15120	**$17110**	**$17710**	Shibaura	4	135D	12F-12R	39.6	3200	No
D45 4WD Farmall	$21150	$15230	$16070	**$18190**	**$18820**	Shibaura	4	135D	12F-12R	39.6	3349	No
DX45 4WD Farmall	$23950	$17240	$18200	**$20600**	**$21320**	Shibaura	4	135D	Variable	37.8	3417	No
DX48 4WD Farmall	$21090	$15190	$16030	**$18140**	**$18770**	Shibaura	4	135D	12F-12R	40.0	3465	No
DX55 4WD Farmall	$22125	$15930	$16820	**$19030**	**$19690**	Shibaura	4T	135D	12F-12R	47.0	3465	No
JX55	$19988	$14390	$15190	**$17190**	**$17790**	Case IH	3	179D	12F-12R	45	5152	No
JX55 4WD	$24698	$17780	$18770	**$21240**	**$21980**	Case IH	3	179D	12F-12R	45	5704	No
JX55 w/Cab	$27841	$20050	$21160	**$23940**	**$24780**	Case IH	3	179D	12F-12R	45	5813	CHA
JX55 4WD w/Cab	$32553	$23440	$24740	**$28000**	**$28970**	Case IH	3	179D	12F-12R	45	6367	CHA
JX1060C	$22234	$16010	$16900	**$19120**	**$19790**	Case IH	3	179D	12F-12R	45	5148	No
JX1060C 4WD	$27115	$19520	$20610	**$23320**	**$24130**	Case IH	3	179D	12F-12R	45	5632	No
JX1060C 4WD Cab	$35276	$25400	$26810	**$30340**	**$31400**	Case IH	3	179D	12F-12R	45	6063	CHA
JX1060C Cab	$30989	$22310	$23550	**$26650**	**$27580**	Case IH	3	179D	12F-12R	45	5588	CHA
JX65	$21968	$15820	$16700	**$18890**	**$19550**	Case IH	3T	179D	12F-12R	52	5152	No
JX65 4WD	$26975	$19420	$20500	**$23200**	**$24010**	Case IH	3T	179D	12F-12R	52	5704	No
JX65 w/Cab	$30335	$21840	$23060	**$26090**	**$27000**	Case IH	3T	179D	12F-12R	52	5813	CHA
JX65 4WD w/Cab	$34760	$25030	$26420	**$29890**	**$30940**	Case IH	3T	179D	12F-12R	52	6365	CHA
JX1070C	$24774	$17840	$18830	**$21310**	**$22050**	Case IH	3T	179D	12F-12R	57	5148	No

Case-International (Cont.)

Model	Approx. Retail Price New	Estimated Value Less Repairs: Used Trade-In Avg.	Used Trade-In High	Used Retail Avg.	Used Retail High	Engine Make	Engine No. Cyls.	Engine Displ. Cu.-in.	No. Speeds	P.T.O. H.P.	Approx. Shipping Wt.-Lbs.	Cab
				2006 (Cont.)								
JX1070C 4WD	$29429	$21190	$22370	**$25310**	**$26190**	Case IH	3T	179D	12F-12R	57	5632	No
JX1070C 4WD Cab	$38195	$27500	$29030	**$32850**	**$33990**	Case IH	3T	179D	12F-12R	57	6063	CHA
JX1070C Cab	$33687	$24260	$25600	**$28970**	**$29980**	Case IH	3T	179D	12F-12R	57	5588	CHA
JX1075C	$26591	$19150	$20210	**$22870**	**$23670**	Case IH	3T	179D	12F-12R	62	5148	No
JX1075C 4WD	$31275	$22520	$23770	**$26900**	**$27840**	Case IH	3T	179D	12F-12R	62	5632	No
JX1075C 4WD Cab	$39596	$28510	$30090	**$34050**	**$35240**	Case IH	3T	179D	12F-12R	62	6063	CHA
JX1075C Cab	$35198	$25340	$26750	**$30270**	**$31330**	Case IH	3T	179D	12F-12R	62	5588	CHA
JX1075N Narrow	$28590	$20590	$21730	**$24590**	**$25450**	Case IH	3T	179D	16F-16R	62	5027	CHA
JX1075N Narrow 4WD	$36188	$26060	$27500	**$31120**	**$32210**	Case IH	3T	179D	16F-16R	62	5560	No
JX1075N Narrow 4WD Cab	$44412	$31980	$33750	**$38190**	**$39530**	Case IH	3T	179D	16F-16R	62	5886	CHA
JX1075N Narrow Cab	$37150	$26750	$28230	**$31950**	**$33060**	Case IH	3T	179D	16F-16R	62	5335	CHA
JX75	$23482	$16910	$17850	**$20200**	**$20900**	Case IH	4	238D	12F-12R	62	5702	No
JX75 4WD	$28078	$20220	$21340	**$24150**	**$24990**	Case IH	4	238D	12F-12R	62	6254	No
JX75 w/Cab	$31263	$22510	$23760	**$26890**	**$27820**	Case IH	4	238D	12F-12R	62	6363	CHA
JX75 4WD w/Cab	$35859	$25820	$27250	**$30840**	**$31920**	Case IH	4	238D	12F-12R	62	6915	CHA
JX1080C	$28648	$20630	$21770	**$24640**	**$25500**	Case IH	4	274D	12F-12R	69	6393	No
JX1080C 4WD	$35669	$25680	$27110	**$30680**	**$31750**	Case IH	4	274D	12F-12R	69	7055	No
JX1080C w/Cab	$37126	$26730	$28220	**$31930**	**$33040**	Case IH	4	274D	12F-12R	69	6834	CHA
JX1080C 4WD w/Cab	$44088	$31740	$33510	**$37920**	**$39240**	Case IH	4	274D	12F-12R	69	7496	CHA
JX1085C 4WD	$33548	$24160	$25500	**$28850**	**$29860**	Case IH	4	274D	16F-16R	69	6074	No
JX1085C 4WD w/Cab	$42365	$30500	$32200	**$36430**	**$37710**	Case IH	4	274D	16F-16R	69	6074	CHA
JX85	$26768	$19270	$20340	**$23020**	**$23820**	Case IH	4T	238D	12F-12R	72	5702	No
JX85 4WD	$33495	$24120	$25460	**$28810**	**$29810**	Case IH	4T	238D	12F-12R	72	6254	No
JX85 w/Cab	$37840	$27250	$28760	**$32540**	**$33680**	Case IH	4T	238D	12F-12R	72	6363	CHA
JX85 4WD w/Cab	$42285	$30450	$32140	**$36370**	**$37630**	Case IH	4T	238D	12F-12R	72	6915	CHA
JX1090C	$35895	$25840	$27280	**$30870**	**$31950**	Case IH	4T	274D	12F-12R	77	6834	No
JX1090C 4WD	$42625	$30690	$32400	**$36660**	**$37940**	Case IH	4T	274D	12F-12R	77	6691	No
JX1090C w/Cab	$44785	$32250	$34040	**$38520**	**$39860**	Case IH	4T	274D	12F-12R	77	7275	CHA
JX1090C 4WD w/Cab	$51689	$37220	$39280	**$44450**	**$46000**	Case IH	4T	274D	12F-12R	77	7936	CHA
JX1095C 4WD	$39690	$28580	$30160	**$34130**	**$35320**	Case IH	4T	274D	12F-12R	77	6074	No
JX1095C 4WD w/Cab	$48128	$34650	$36580	**$41390**	**$42830**	Case IH	4T	274D	12F-12R	77	6074	CHA
JX1095N Narrow 4WD	$39557	$28480	$30060	**$34020**	**$35210**	Case IH	4T	274D	16F-16R	80	6074	No
JX1095N Narrow 4WD Cab	$48152	$34670	$36600	**$41410**	**$42860**	Case IH	4T	274D	16F-16R	80	6107	CHA
JX95	$30310	$21820	$23040	**$26070**	**$26980**	Case IH	4T	238D	12F-12R	80	6107	No
JX95 4WD	$37195	$26780	$28270	**$31990**	**$33100**	Case IH	4T	238D	12F-12R	80	6659	No
JX95 w/Cab	$37599	$27070	$28580	**$32340**	**$33460**	Case IH	4T	238D	12F-12R	80	6768	CHA
JX95 4WD w/Cab	$45340	$32650	$34460	**$38990**	**$40350**	Case IH	4T	238D	12F-12R	80	7320	CHA
MXU100 Limited 4WD Cab	$64580	$46500	$49080	**$55540**	**$57480**	Case IH	4TI	274D	24F-24R	80	10383	CHA
MXU100 Limited Cab	$53843	$38770	$40920	**$46310**	**$47920**	Case IH	4TI	274D	24F-24R	80	10008	CHA
JX1100U	$34800	$25060	$26450	**$29930**	**$30970**	Case IH	4T	274D	12F-12R	85	6834	No
JX1100U 4WD	$41520	$29890	$31560	**$35710**	**$36950**	Case IH	4T	274D	12F-12R	85	7496	No
JX1100U w/Cab	$43790	$31530	$33280	**$37660**	**$38970**	Case IH	4T	274D	12F-12R	85	7275	CHA
JX1100U 4WD w/Cab	$49950	$35960	$37960	**$42960**	**$44460**	Case IH	4T	274D	12F-12R	85	7936	CHA
MXU110 4WD Cab	$57303	$41260	$43550	**$49280**	**$51000**	Case IH	4TI	274D	24F-24R	95	10890	CHA
MXU110 Cab	$53579	$38580	$40720	**$46080**	**$47690**	Case IH	4TI	274D	24F-24R	95	10516	CHA
MXU115	$41429	$29830	$31490	**$35630**	**$36870**	Case IH	6TI	411D	12F-12R	95	9986	No
MXU115 4WD	$51175	$36850	$38890	**$44010**	**$45550**	Case IH	6TI	411D	12F-12R	95	10361	No
MXU115 4WD Cab	$59195	$42620	$44990	**$50910**	**$52680**	Case IH	6TI	411D	12F-12R	95	11336	CHA
MXU115 Cab	$50025	$36020	$38020	**$43020**	**$44520**	Case IH	6TI	411D	12F-12R	95	10272	CHA
MXU115 Limited 4WD Cab	$64215	$46240	$48800	**$55230**	**$57150**	Case IH	6TI	411D	24F-24R	95	11265	CHA
MXU115 Limited Cab	$55210	$39750	$41960	**$47480**	**$49140**	Case IH	6TI	411D	24F-24R	95	10272	CHA
MXM120 Pro	$65960	$47490	$50130	**$56730**	**$58700**	Case IH	6TI	456D	18F-6R	95	11111	CHA
MXM120 Pro 4WD	$77598	$55870	$58970	**$66730**	**$69060**	Case IH	6TI	456D	18F-6R	95	11111	CHA
MXU125 Limited	$54870	$39510	$41700	**$47190**	**$48830**	Case IH	6TI	411D	24F-24R	105	10053	No
MXU125 Limited 4WD	$64834	$46680	$49270	**$55760**	**$57700**	Case IH	6TI	411D	24F-24R	105	10427	No
MXU125 Limited 4WD Cab	$74215	$53440	$56400	**$63830**	**$66050**	Case IH	6TI	411D	24F-24R	105	11331	CHA
MXU125 Limited Cab	$64195	$46220	$48790	**$55210**	**$57130**	Case IH	6TI	411D	24F-24R	105	10979	CHA
MXU130	$49454	$35610	$37590	**$42530**	**$44010**	Case IH	6TI	411D	16F-16R	110	10060	No
MXU130	$49454	$35610	$37590	**$42530**	**$44010**	Case IH	6TI	411D	16F-16R	110	10060	No
MXU130 4WD	$58612	$42200	$44550	**$50410**	**$52170**	Case IH	6TI	411D	16F-16R	110	10431	No
MXU130 4WD Cab	$66655	$47990	$50660	**$57320**	**$59320**	Case IH	6TI	411D	16F-16R	110	11406	CHA
MXU130 Cab	$57898	$41690	$44000	**$49790**	**$51530**	Case IH	6TI	411D	16F-16R	110	10345	CHA
MXM130 Pro	$71126	$51210	$54060	**$61170**	**$63300**	Case IH	6TI	456D	18F-6R	105	11133	CHA
MXM130 Pro 4WD	$82895	$59680	$63000	**$71290**	**$73780**	Case IH	6TI	456D	18F-6R	105	11133	CHA
MXU135 Limited 4WD	$57540	$41430	$43730	**$49480**	**$51210**	Case IH	6TI	411D	24F-24R	115	10979	No
MXU135 Limited 4WD Cab	$67290	$48450	$51140	**$57870**	**$59890**	Case IH	6TI	411D	24F-24R	115	11331	CHA
MXM140 Pro	$74451	$53610	$56580	**$64030**	**$66260**	Case IH	6TI	456D	18F-6R	115	11354	CHA
MXM140 Pro 4WD	$80725	$58120	$61350	**$69420**	**$71850**	Case IH	6TI	456D	18F-6R	115	11354	CHA
MXM155 Pro	$71250	$51300	$54150	**$61280**	**$63410**	Case IH	6TI	456D	18F-6R	125	11574	CHA
MXM155 Pro 4WD	$82970	$59740	$63060	**$71350**	**$73840**	Case IH	6TI	456D	18F-6R	125	11574	CHA
MXM175 Pro	$96145	$69220	$73070	**$82690**	**$85570**	Case IH	6TI	456D	18F-6R	145	12125	CHA
MXM175 Pro 4WD	$110420	$79500	$83920	**$94960**	**$98270**	Case IH	6TI	456D	18F-6R	145	12125	CHA
MXM190 Pro	$102160	$73560	$77640	**$87860**	**$90920**	Case IH	6TI	456D	18F-6R	160	12125	CHA
MXM190 Pro 4WD	$116180	$83650	$88300	**$99920**	**$103400**	Case IH	6TI	456D	18F-6R	160	12125	CHA
MX215 4WD	$131185	$94450	$99700	**$112820**	**$116760**	Case IH	6TI	505D	18F-4R	175	20100	CHA
MX245 4WD	$149555	$107680	$113660	**$128620**	**$133100**	Case IH	6TI	505D	18F-4R	200	20100	CHA
MX275 4WD	$161515	$113060	$119520	**$137290**	**$142130**	Case IH	6TI	505D	18F-4R	225	20630	CHA
MX305 4WD	$178820	$125170	$132330	**$152000**	**$157360**	Case IH	6TI	543D	18F-4R	255	20630	CHA
STX280	$153490	$107440	$113580	**$128930**	**$133540**	Case IH	6TA	505D	16F-2R	255	33000	CHA
STX330	$175725	$123010	$130040	**$147610**	**$152880**	Case IH	6TA	543D	16F-2R	270	39000	CHA
STX380	$195795	$137060	$144890	**$164470**	**$170340**	Case IH	6TA	787D	16F-2R	335	45000	CHA
STX380HD	$216595	$151620	$160280	**$181940**	**$188440**	Case IH	6TA	787D	16F-2R	335	45000	CHA
STX380 Quadtrac	$245395	$174230	$184050	**$208590**	**$215950**	Case IH	6TA	787D	16F-2R	335	53264	CHA
STX430	$219559	$153690	$162470	**$184430**	**$191020**	Case IH	6TA	787D	16F-2R	375	51000	CHA

Case-International (Cont.)

Model	Approx. Retail Price New	Estimated Value Less Repairs Used Trade-In Avg.	Used Trade-In High	Used Retail Avg.	Used Retail High	Engine Make	Engine No. Cyls.	Displ. Cu.-in.	No. Speeds	P.T.O. H.P.	Approx. Shipping Wt.-Lbs.	Cab
2006 (Cont.)												
STX430HD	$229415	$160590	$169770	**$192710**	**$199590**	Case IH	6TA	787D	16F-2R	375	51000	CHA
STX430 Quadtrac	$261484	$185650	$196110	**$222260**	**$230110**	Case IH	6TA	787D	16F-2R	375	53264	CHA
STX480	$248045	$176110	$186030	**$210840**	**$218280**	Cummins	6TA	915D	16F-2R	425	53800	CHA
STX480HD	$256050	$181800	$192040	**$217640**	**$225320**	Cummins	6TA	915D	16F-2R	425	53800	CHA
STX480 Quadtrac	$280845	$199400	$210630	**$238720**	**$247140**	Cummins	6TA	915D	16F-2R	425	53264	CHA
STX530	$269188	$191120	$201890	**$228810**	**$236890**	Cummins	6TA	915D	16F-2R	469	53800	CHA
STX530 Quadtrac	$301185	$213840	$225890	**$256010**	**$265040**	Cummins	6TA	915D	16F-2R	469	53800	CHA
2005												
DX18E 4WD Farmall	$9820	$6090	$6680	**$7760**	**$8250**	Shibaura	3	58D	Variable	13.7	1314	No
DX21 4WD Farmall	$12750	$7910	$8670	**$10070**	**$10710**	Shibaura	3	91D	9F-3R	17.0	3262	No
DX21 4WD Farmall	$14100	$8740	$9590	**$11140**	**$11840**	Shibaura	3	91D	Variable	16.0	3633	No
DX24 4WD Farmall	$13238	$8210	$9000	**$10460**	**$11120**	Shibaura	3	69D	Variable	18.5	1600	No
DX24E 4WD Farmall	$10290	$6380	$7000	**$8130**	**$8640**	Shibaura	3	61D	Variable	18.3	1323	No
DX29 4WD Farmall	$15540	$9640	$10570	**$12280**	**$13050**	Shibaura	3	81D	Variable	23.6	2474	No
DX33 4WD Farmall	$16200	$10040	$11020	**$12800**	**$13610**	Shibaura	3	91D	Variable	26.9	2474	No
D35 Farmall	$14040	$8710	$9550	**$11090**	**$11790**	Shibaura	3	101D	12F-12R	29.6	2947	No
D35 4WD Farmall	$16065	$9960	$10920	**$12690**	**$13500**	Shibaura	3	101D	12F-12R	29.6	3096	No
DX35 4WD Farmall	$18365	$11390	$12490	**$14510**	**$15430**	Shibaura	3	101D	Variable	29.1	3052	No
D40 Farmall	$15695	$9730	$10670	**$12400**	**$13180**	Shibaura	4	121D	12F-12R	35.0	2998	No
D40 4WD Farmall	$18390	$11400	$12510	**$14530**	**$15450**	Shibaura	4	121D	12F-12R	35.0	3147	No
DX40 4WD Farmall	$19845	$12300	$13500	**$15680**	**$16670**	Shibaura	4	121D	Variable	33.2	3328	No
D45 Farmall	$17810	$11040	$12110	**$14070**	**$14960**	Shibaura	4	135D	12F-12R	39.6	3200	No
D45 4WD Farmall	$19760	$12250	$13440	**$15610**	**$16600**	Shibaura	4	135D	12F-12R	39.6	3349	No
DX45 4WD Farmall	$22288	$13820	$15160	**$17610**	**$18720**	Shibaura	4	135D	Variable	37.8	3417	No
DX48 4WD Farmall	$17882	$11090	$12160	**$14130**	**$15020**	Shibaura	4	135D	12F-12R	40.0	3465	No
DX55 4WD Farmall	$19160	$11880	$13030	**$15140**	**$16090**	Shibaura	4T	135D	12F-12R	47.0	3465	No
JX55	$19988	$12390	$13590	**$15790**	**$16790**	Case IH	3	179D	12F-12R	45	5152	No
JX55 4WD	$24698	$15310	$16800	**$19510**	**$20750**	Case IH	3	179D	12F-12R	45	5704	No
JX55 w/Cab	$27841	$17260	$18930	**$21990**	**$23390**	Case IH	3	179D	12F-12R	45	5813	CHA
JX55 4WD w/Cab	$32553	$20180	$22140	**$25720**	**$27350**	Case IH	3	179D	12F-12R	45	6367	CHA
JX1060C	$21395	$13270	$14550	**$16900**	**$17970**	Case IH	3	179D	12F-12R	45	5148	No
JX1060C 4WD	$26120	$16190	$17760	**$20640**	**$21940**	Case IH	3	179D	12F-12R	45	5632	No
JX1060C 4WD Cab	$32976	$20450	$22420	**$26050**	**$27700**	Case IH	3	179D	12F-12R	45	6063	CHA
JX1060C Cab	$28252	$17520	$19210	**$22320**	**$23730**	Case IH	3	179D	12F-12R	45	5588	CHA
JX65	$21638	$13420	$14710	**$17090**	**$18180**	Case IH	3T	179D	12F-12R	52	5152	No
JX65 4WD	$26061	$16160	$17720	**$20590**	**$21890**	Case IH	3T	179D	12F-12R	52	5704	No
JX65 w/Cab	$29419	$18240	$20010	**$23240**	**$24710**	Case IH	3T	179D	12F-12R	52	5813	CHA
JX65 4WD w/Cab	$33842	$20980	$23010	**$26740**	**$28430**	Case IH	3T	179D	12F-12R	52	6365	CHA
JX1070C	$23734	$14720	$16140	**$18750**	**$19940**	Case IH	3T	179D	12F-12R	57	5148	No
JX1070C 4WD	$28458	$17640	$19350	**$22480**	**$23910**	Case IH	3T	179D	12F-12R	57	5632	No
JX1070C 4WD Cab	$35315	$21900	$24010	**$27900**	**$29670**	Case IH	3T	179D	12F-12R	57	6063	CHA
JX1070C Cab	$30675	$19020	$20860	**$24230**	**$25770**	Case IH	3T	179D	12F-12R	57	5588	CHA
JX1075C	$25365	$15730	$17250	**$20040**	**$21310**	Case IH	3T	179D	12F-12R	62	5148	No
JX1075C 4WD	$30090	$18660	$20460	**$23770**	**$25280**	Case IH	3T	179D	12F-12R	62	5632	No
JX1075C 4WD Cab	$36948	$22910	$25130	**$29190**	**$31040**	Case IH	3T	179D	12F-12R	62	6063	CHA
JX1075C Cab	$32225	$19980	$21910	**$25460**	**$27070**	Case IH	3T	179D	12F-12R	62	5588	CHA
JX75	$23482	$14560	$15970	**$18550**	**$19730**	Case IH	4	238D	12F-12R	62	5702	No
JX75 4WD	$28078	$17410	$19090	**$22180**	**$23590**	Case IH	4	238D	12F-12R	62	6254	No
JX75 w/Cab	$31263	$19380	$21260	**$24700**	**$26260**	Case IH	4	238D	12F-12R	62	6363	CHA
JX75 4WD w/Cab	$35859	$22230	$24380	**$28330**	**$30120**	Case IH	4	238D	12F-12R	62	6915	CHA
JX1080U	$28500	$17670	$19380	**$22520**	**$23940**	Case IH	4	273D	12F-12R	69	6393	No
JX1080U 4WD	$34786	$21570	$23650	**$27480**	**$29220**	Case IH	4	273D	12F-12R	69	7055	No
JX1080U w/Cab	$36315	$22520	$24690	**$28690**	**$30510**	Case IH	4	273D	12F-12R	69	6834	CHA
JX1080U 4WD w/Cab	$42600	$26410	$28970	**$33650**	**$35780**	Case IH	4	273D	12F-12R	69	7496	CHA
JX85	$28142	$17450	$19140	**$22230**	**$23640**	Case IH	4T	238D	12F-12R	72	5702	No
JX85 4WD	$30575	$18960	$20790	**$24150**	**$25680**	Case IH	4T	238D	12F-12R	72	6254	No
JX85 w/Cab	$33730	$20910	$22940	**$26650**	**$28330**	Case IH	4T	238D	12F-12R	72	6363	CHA
JX85 4WD w/Cab	$38283	$23740	$26030	**$30240**	**$32160**	Case IH	4T	238D	12F-12R	72	6915	CHA
JX1090U	$30579	$18960	$20790	**$24160**	**$25690**	Case IH	4T	273D	12F-12R	77	6834	No
JX1090U 4WD	$36865	$22860	$25070	**$29120**	**$30970**	Case IH	4T	273D	12F-12R	77	6691	No
JX1090U w/Cab	$38395	$23810	$26110	**$30330**	**$32250**	Case IH	4T	273D	12F-12R	77	7275	CHA
JX1090U 4WD w/Cab	$44680	$27700	$30380	**$35300**	**$37530**	Case IH	4T	273D	12F-12R	77	7936	CHA
JX95	$27812	$17240	$18910	**$21970**	**$23360**	Case IH	4T	238D	12F-12R	80	6107	No
JX95 4WD	$31565	$19570	$21460	**$24940**	**$26520**	Case IH	4T	238D	12F-12R	80	6659	No
JX95 w/Cab	$34720	$21530	$23610	**$27430**	**$29170**	Case IH	4T	238D	12F-12R	80	6768	CHA
JX95 4WD w/Cab	$39273	$24350	$26710	**$31030**	**$32990**	Case IH	4T	238D	12F-12R	80	7320	CHA
MXU100	$39070	$24220	$26570	**$30870**	**$32820**	Case IH	4TI	273D	24F-24R	80	9060	No
MXU100 4WD	$47417	$29400	$32240	**$37460**	**$39830**	Case IH	4TI	273D	24F-24R	80	9435	No
MXU100 4WD Cab	$57304	$35530	$38970	**$45270**	**$48140**	Case IH	4TI	273D	24F-24R	80	10383	CHA
MXU100 Cab	$48973	$30360	$33300	**$38690**	**$41140**	Case IH	4TI	273D	24F-24R	80	10008	CHA
JX1100U	$32438	$20110	$22060	**$25630**	**$27250**	Case IH	4T	273D	12F-12R	85	6834	No
JX1100U 4WD	$38726	$24010	$26330	**$30590**	**$32530**	Case IH	4T	273D	12F-12R	85	7496	No
JX1100U w/Cab	$40254	$24960	$27370	**$31800**	**$33810**	Case IH	4T	273D	12F-12R	85	7275	CHA
JX1100U 4WD w/Cab	$46542	$28860	$31650	**$36770**	**$39100**	Case IH	4T	273D	12F-12R	85	7936	CHA
MXU110	$43114	$26730	$29320	**$34060**	**$36220**	Case IH	4TI	273D	24F-24R	95	9568	No
MXU110 4WD	$51612	$32000	$35100	**$40770**	**$43350**	Case IH	4TI	273D	24F-24R	95	9942	No
MXU110 4WD Cab	$57303	$35530	$38970	**$45270**	**$48140**	Case IH	4TI	273D	24F-24R	95	10890	CHA
MXU110 Cab	$53579	$33220	$36430	**$42330**	**$45010**	Case IH	4TI	273D	24F-24R	95	10516	CHA
MXM120	$56032	$34740	$38100	**$44270**	**$47070**	Case IH	6TI	456D	18F-6R	95	11111	CHA
MXM120 4WD	$64628	$40070	$43950	**$51060**	**$54290**	Case IH	6TI	456D	18F-6R	95	11111	CHA
MXU125	$52368	$32470	$35610	**$41370**	**$43990**	Case IH	6TI	410D	24F-24R	105	10053	No
MXU125 4WD	$62129	$38520	$42250	**$49080**	**$52190**	Case IH	6TI	410D	24F-24R	105	10427	No
MXU125 4WD Cab	$72229	$44780	$49120	**$57060**	**$60670**	Case IH	6TI	410D	24F-24R	105	11331	CHA

Model	Approx. Retail Price New	Estimated Value Less Repairs Used Trade-In Avg.	Used Trade-In High	Used Retail Avg.	Used Retail High	Engine Make	Engine No. Cyls.	Displ. Cu.-in.	No. Speeds	P.T.O. H.P.	Approx. Shipping Wt.-Lbs.	Cab
Case-International (Cont.)												
				2005 (Cont.)								
MXU125 Cab	$62839	$38960	$42730	**$49640**	**$52790**	Case IH	6TI	410D	24F-24R	105	10979	CHA
MXM130	$60307	$37390	$41010	**$47640**	**$50660**	Case IH	6TI	456D	18F-6R	105	11133	CHA
MXM130 4WD	$68904	$42720	$46860	**$54430**	**$57880**	Case IH	6TI	456D	18F-6R	105	11133	CHA
MXM140	$63404	$39310	$43120	**$50090**	**$53260**	Case IH	6TI	456D	18F-6R	115	11354	CHA
MXM140 4WD	$74276	$46050	$50510	**$58680**	**$62390**	Case IH	6TI	456D	18F-6R	115	11354	CHA
MXM155	$69926	$43350	$47550	**$55240**	**$58740**	Case IH	6TI	359D	18F-6R	125	11574	CHA
MXM155 4WD	$81538	$50550	$55450	**$64420**	**$68490**	Case IH	6TI	359D	18F-6R	125	11574	CHA
MXM175	$82349	$51060	$56000	**$65060**	**$69170**	Case IH	6TI	456D	18F-6R	145	12125	CHA
MXM175 4WD	$93969	$58260	$63900	**$74240**	**$78930**	Case IH	6TI	456D	18F-6R	145	12125	CHA
MXM190	$87486	$54240	$59490	**$69110**	**$73490**	Case IH	6TI	456D	18F-6R	160	12125	CHA
MXM190 4WD	$99105	$61450	$67390	**$78290**	**$83250**	Case IH	6TI	456D	18F-6R	160	12125	CHA
MX210	$110432	$68470	$75090	**$87240**	**$92760**	Case IH	6TI	505D	18F-4R	170	18700	CHA
MX210 4WD	$122320	$75840	$83180	**$96630**	**$102750**	Case IH	6TI	505D	18F-4R	170	19700	CHA
MX230	$122114	$75710	$83040	**$96470**	**$102580**	Case IH	6TI	505D	18F-4R	190	18700	CHA
MX230 4WD	$134196	$83200	$91250	**$106020**	**$112730**	Case IH	6TI	505D	18F-4R	190	19700	CHA
MX255 4WD	$145323	$90100	$95910	**$113350**	**$119170**	Case IH	6TI	505D	18F-4R	215	20200	CHA
MX285 4WD	$159436	$98850	$105230	**$124360**	**$130740**	Case IH	6TI	505D	18F-4R	240	20200	CHA
STX275	$142075	$83820	$90930	**$109400**	**$115080**	CDC	6TA	505D	16F-2R	225	33000	CHA
STX325	$162004	$95580	$103680	**$124740**	**$131220**	CDC	6TA	543D	16F-2R	270	39000	CHA
STX375	$180780	$106660	$115700	**$139200**	**$146430**	Cummins	6TA	915D	16F-2R	330	45000	CHA
STX375 Quadtrac	$230466	$135980	$149800	**$175150**	**$184370**	Cummins	6TA	915D	16F-2R	330	53264	CHA
STX425	$202004	$119180	$129280	**$155540**	**$163620**	Cummins	6TA	915D	16F-2R	370	51000	CHA
STX425 Quadtrac	$243925	$143920	$158550	**$185380**	**$195140**	Cummins	6TA	915D	16F-2R	370	53264	CHA
STX450	$216722	$127870	$140870	**$164710**	**$173380**	Cummins	6TA	915D	16F-2R	395	53800	CHA
STX450 Quadtrac	$249544	$147230	$162200	**$189650**	**$199640**	Cummins	6TA	915D	16F-2R	395	53264	CHA
				2004								
DX18E 4WD Farmall	$9266	$5100	$5650	**$6760**	**$7320**	Shibaura	3	58D	Variable	13.7	1314	No
D24E 4WD Farmall	$9989	$5490	$6090	**$7290**	**$7890**	Shibaura	3	61D	Variable	18.3	1323	No
DX24 4WD Farmall	$12852	$7070	$7840	**$9380**	**$10150**	Shibaura	3	69D	Variable	18.5	1600	No
DX29 4WD Farmall	$15085	$8300	$9200	**$11010**	**$11920**	Shibaura	3	81D	Variable	23.6	2474	No
DX33 4WD Farmall	$15728	$8650	$9590	**$11480**	**$12430**	Shibaura	3	91D	Variable	26.9	2474	No
D35 Farmall	$13630	$7500	$8310	**$9950**	**$10770**	Shibaura	3	101D	12F-12R	29.6	2947	No
D35 4WD Farmall	$15598	$8580	$9520	**$11390**	**$12320**	Shibaura	3	101D	12F-12R	29.6	3096	No
DX35 4WD Farmall	$17830	$9810	$10880	**$13020**	**$14090**	Shibaura	3	101D	Variable	29.1	3052	No
D40 Farmall	$15236	$8380	$9290	**$11120**	**$12040**	Shibaura	4	121D	12F-12R	35.0	2998	No
D40 4WD Farmall	$17855	$9820	$10890	**$13030**	**$14110**	Shibaura	4	121D	12F-12R	35.0	3147	No
DX40 4WD Farmall	$19265	$10600	$11750	**$14060**	**$15220**	Shibaura	4	121D	Variable	33.2	3328	No
D45 Farmall	$17291	$9510	$10550	**$12620**	**$13660**	Shibaura	4	135D	12F-12R	39.6	3200	No
D45 4WD Farmall	$19185	$10550	$11700	**$14010**	**$15160**	Shibaura	4	135D	12F-12R	39.6	3349	No
DX45 4WD Farmall	$21639	$11900	$13200	**$15800**	**$17100**	Shibaura	4	135D	Variable	37.8	3417	No
DX48 4WD Farmall	$17362	$9550	$10590	**$12670**	**$13720**	Shibaura	4	135D	12F-12R	40.0	3465	No
DX55 4WD Farmall	$18603	$10230	$11350	**$13580**	**$14700**	Shibaura	4T	135D	12F-12R	47.0	3465	No
JX55	$18507	$10180	$11290	**$13510**	**$14620**	Case IH	3	165D	12F-12R	42	5335	No
JX55 4WD	$22869	$12580	$13950	**$16690**	**$18070**	Case IH	3	165D	12F-12R	42	5335	No
JX55 w/Cab	$25779	$14180	$15730	**$18820**	**$20370**	Case IH	3	165D	12F-12R	42	5335	CHA
JX55 4WD w/Cab	$30141	$16580	$18390	**$22000**	**$23810**	Case IH	3	165D	12F-12R	42	5335	CHA
JX1060C	$20772	$11430	$12670	**$15160**	**$16410**	Case IH	3	179D	12F-12R	45	5148	No
JX1060C 4WD	$25358	$13950	$15470	**$18510**	**$20030**	Case IH	3	179D	12F-12R	45	5632	No
JX1060C 4WD Cab	$32016	$17610	$19530	**$23370**	**$25290**	Case IH	3	179D	12F-12R	45	6063	CHA
JX1060C Cab	$27429	$15090	$16730	**$20020**	**$21670**	Case IH	3	179D	12F-12R	45	5588	CHA
JX65	$20222	$11120	$12340	**$14760**	**$15980**	Case IH	3	179D	12F-12R	50	6063	No
JX65 4WD	$24356	$13400	$14860	**$17780**	**$19240**	Case IH	3	179D	12F-12R	50	6063	No
JX65 w/Cab	$27494	$15120	$16770	**$20070**	**$21720**	Case IH	3	179D	12F-12R	50	6063	CHA
JX65 4WD w/Cab	$31628	$17400	$19290	**$23090**	**$24990**	Case IH	3	179D	12F-12R	50	6063	CHA
JX1070C	$23042	$12670	$14060	**$16820**	**$18200**	Case IH	3T	179D	12F-12R	57	5148	No
JX1070C 4WD	$27629	$15200	$16850	**$20170**	**$21830**	Case IH	3T	179D	12F-12R	57	5632	No
JX1070C 4WD Cab	$34287	$18860	$20920	**$25030**	**$27090**	Case IH	3T	179D	12F-12R	57	6063	CHA
JX1070C Cab	$29780	$16380	$18170	**$21740**	**$23530**	Case IH	3T	179D	12F-12R	57	5588	CHA
JX1075C	$24627	$13550	$15020	**$17980**	**$19460**	Case IH	3T	179D	12F-12R	62	5148	No
JX1075C 4WD	$29214	$16070	$17820	**$21330**	**$23080**	Case IH	3T	179D	12F-12R	62	5632	No
JX1075C 4WD Cab	$35872	$19730	$21880	**$26190**	**$28340**	Case IH	3T	179D	12F-12R	62	6063	CHA
JX1075C Cab	$31285	$17210	$19080	**$22840**	**$24720**	Case IH	3T	179D	12F-12R	62	5588	CHA
JX75	$21946	$12070	$13390	**$16020**	**$17340**	Case IH	4	220D	12F-12R	60	5941	No
JX75 4WD	$26241	$14430	$16010	**$19160**	**$20730**	Case IH	4	220D	12F-12R	60	5941	No
JX75 w/Cab	$29218	$16070	$17820	**$21330**	**$23080**	Case IH	4	220D	12F-12R	60	5941	CHA
JX75 4WD w/Cab	$33513	$18430	$20440	**$24460**	**$26480**	Case IH	4	220D	12F-12R	60	5941	CHA
JX1080U	$27669	$15220	$16880	**$20200**	**$21860**	Case IH	4	273D	12F-12R	69	6393	No
JX1080U 4WD	$33773	$18580	$20600	**$24650**	**$26680**	Case IH	4	273D	12F-12R	69	7055	No
JX1080U w/Cab	$35257	$19390	$21510	**$25740**	**$27850**	Case IH	4	273D	12F-12R	69	6834	CHA
JX1080U 4WD w/Cab	$41361	$22750	$25230	**$30190**	**$32680**	Case IH	4	273D	12F-12R	69	7496	CHA
JX85	$26549	$14600	$16200	**$19380**	**$20970**	Case IH	4T	238D	12F-12R	70	5941	No
JX85 4WD	$28844	$15860	$17600	**$21060**	**$22790**	Case IH	4T	238D	12F-12R	70	5941	No
JX85 w/Cab	$31821	$17500	$19410	**$23230**	**$25140**	Case IH	4T	238D	12F-12R	70	5941	CHA
JX85 4WD w/Cab	$36116	$19860	$22030	**$26370**	**$28530**	Case IH	4T	238D	12F-12R	70	5941	CHA
JX1090U	$29688	$16330	$18110	**$21670**	**$23450**	Case IH	4T	273D	12F-12R	77	6834	No
JX1090U 4WD	$35792	$19690	$21830	**$26130**	**$28280**	Case IH	4T	273D	12F-12R	77	6691	No
JX1090U w/Cab	$37276	$20500	$22740	**$27210**	**$29450**	Case IH	4T	273D	12F-12R	77	7275	CHA
JX1090U 4WD w/Cab	$43380	$23860	$26460	**$31670**	**$34270**	Case IH	4T	273D	12F-12R	77	7936	CHA
JX95	$25483	$14020	$15550	**$18600**	**$20130**	Case IH	4T	238D	12F-12R	80	5963	No
JX95 4WD	$29778	$16380	$18170	**$21740**	**$23530**	Case IH	4T	238D	12F-12R	80	5963	No
JX95 w/Cab	$32755	$18020	$19980	**$23910**	**$25880**	Case IH	4T	238D	12F-12R	80	5963	CHA
JX95 4WD w/Cab	$37050	$20380	$22600	**$27050**	**$29270**	Case IH	4T	238D	12F-12R	80	5963	CHA
MXU100	$37931	$20860	$23140	**$27690**	**$29970**	Case IH	4TI	273D	24F-24R	80	9060	No

Case-International (Cont.)

Model	Approx. Retail Price New	Estimated Value Less Repairs: Used Trade-In Avg.	Used Trade-In High	Used Retail Avg.	Used Retail High	Engine Make	No. Cyls.	Displ. Cu.-in.	No. Speeds	P.T.O. H.P.	Approx. Shipping Wt.-Lbs.	Cab
2004 (Cont.)												
MXU100 4WD	$46036	$25320	$28080	**$33610**	**$36370**	Case IH	4TI	273D	24F-24R	80	9435	No
MXU100 4WD Cab	$55634	$30600	$33940	**$40610**	**$43950**	Case IH	4TI	273D	24F-24R	80	10383	CHA
MXU100 Cab	$47547	$26150	$29000	**$34710**	**$37560**	Case IH	4TI	273D	24F-24R	80	10008	CHA
JX1100U	$31493	$17320	$19210	**$22990**	**$24880**	Case IH	4T	273D	12F-12R	85	6834	No
JX1100U 4WD	$37598	$20680	$22940	**$27450**	**$29700**	Case IH	4T	273D	12F-12R	85	7496	No
JX1100U w/Cab	$39081	$21500	$23840	**$28530**	**$30870**	Case IH	4T	273D	12F-12R	85	7275	CHA
JX1100U 4WD w/Cab	$45186	$24850	$27560	**$32990**	**$35700**	Case IH	4T	273D	12F-12R	85	7936	CHA
MXU110	$41858	$23020	$25530	**$30560**	**$33070**	Case IH	4TI	273D	24F-24R	95	9568	No
MXU110 4WD	$50108	$27560	$30570	**$36580**	**$39590**	Case IH	4TI	273D	24F-24R	95	9942	No
MXU110 4WD Cab	$55634	$30600	$33940	**$40610**	**$43950**	Case IH	4TI	273D	24F-24R	95	10890	CHA
MXU110 Cab	$52018	$28610	$31730	**$37970**	**$41090**	Case IH	4TI	273D	24F-24R	95	10516	CHA
MXM120	$54400	$29920	$33180	**$39710**	**$42980**	Case IH	6TI	456D	18F-6R	95	11111	CHA
MXM120 4WD	$62746	$34510	$38280	**$45810**	**$49570**	Case IH	6TI	456D	18F-6R	95	11111	CHA
MXU125	$50843	$27960	$31010	**$37120**	**$40170**	Case IH	6TI	410D	24F-24R	105	10053	No
MXU125 4WD	$60319	$33180	$36800	**$44030**	**$47650**	Case IH	6TI	410D	24F-24R	105	10427	No
MXU125 4WD Cab	$70125	$38570	$42780	**$51190**	**$55400**	Case IH	6TI	410D	24F-24R	105	11331	CHA
MXU125 Cab	$61008	$33550	$37220	**$44540**	**$48200**	Case IH	6TI	410D	24F-24R	105	10979	CHA
MXM130	$58550	$32200	$35720	**$42740**	**$46260**	Case IH	6TI	456D	18F-6R	105	11133	CHA
MXM130 4WD	$66897	$36790	$40810	**$48840**	**$52850**	Case IH	6TI	456D	18F-6R	105	11133	CHA
MXU135 4WD Cab	$73557	$40460	$44870	**$53700**	**$58110**	Case IH	6TI	410D	24F-24R	115	11353	CHA
MXU135 Cab	$64369	$35400	$39270	**$46990**	**$50850**	Case IH	6TI	410D	24F-24R	115	11023	CHA
MXM140	$61557	$33860	$37550	**$44940**	**$48630**	Case IH	6TI	456D	18F-6R	115	11354	CHA
MXM140 4WD	$72113	$39660	$43990	**$52640**	**$56970**	Case IH	6TI	456D	18F-6R	115	11354	CHA
MXM155	$67887	$37340	$41410	**$49560**	**$53630**	Case IH	6TI	359D	18F-6R	125	11574	CHA
MXM155 4WD	$79163	$43540	$48290	**$57790**	**$62540**	Case IH	6TI	359D	18F-6R	125	11574	CHA
MXM175	$79950	$43970	$48770	**$58360**	**$63160**	Case IH	6TI	456D	18F-6R	145	12125	CHA
MXM175 4WD	$91232	$50180	$55650	**$66600**	**$72070**	Case IH	6TI	456D	18F-6R	145	12125	CHA
MXM190	$84936	$46720	$51810	**$62000**	**$67100**	Case IH	6TI	456D	18F-6R	160	12125	CHA
MXM190 4WD	$96218	$52920	$58690	**$70240**	**$76010**	Case IH	6TI	456D	18F-6R	160	12125	CHA
MX210	$107215	$58970	$65400	**$78270**	**$84700**	Case IH	6TI	505D	18F-4R	170	18700	CHA
MX210 4WD	$118758	$65320	$72440	**$86690**	**$93820**	Case IH	6TI	505D	18F-4R	170	19700	CHA
MX230	$118557	$65210	$72320	**$86550**	**$93660**	Case IH	6TI	505D	18F-4R	190	18700	CHA
MX230 4WD	$130287	$71660	$79480	**$95110**	**$102930**	Case IH	6TI	505D	18F-4R	190	19700	CHA
MX255 4WD	$141090	$74780	$84650	**$103000**	**$108640**	Case IH	6TI	505D	18F-4R	215	20200	CHA
MX285 4WD	$154850	$82070	$92910	**$113040**	**$119240**	Case IH	6TI	505D	18F-4R	240	20200	CHA
STX275	$137937	$71730	$80000	**$99320**	**$104830**	CDC	6TA	505D	16F-2R	225	33000	CHA
STX325	$157285	$81790	$91230	**$113250**	**$119540**	CDC	6TA	543D	16F-2R	270	39000	CHA
STX375	$175515	$91270	$101800	**$126370**	**$133390**	Cummins	6TA	915D	16F-2R	330	45000	CHA
STX375 Quadtrac	$223705	$118560	$134220	**$156590**	**$167780**	Cummins	6TA	915D	16F-2R	330	53264	CHA
STX425	$196120	$101980	$113750	**$141210**	**$149050**	Cummins	6TA	915D	16F-2R	370	51000	CHA
STX425 Quadtrac	$236820	$125520	$142090	**$165770**	**$177620**	Cummins	6TA	915D	16F-2R	370	53264	CHA
STX450	$210410	$111520	$126250	**$147290**	**$157810**	Cummins	6TA	915D	16F-2R	395	53800	CHA
STX450 Quadtrac	$242275	$128410	$145370	**$169590**	**$181710**	Cummins	6TA	915D	16F-2R	395	53264	CHA
2003												
D25	$12000	$5880	$6600	**$8280**	**$9000**	Shibaura	3	81D	9F-3R	21.7	2334	No
D25 4WD	$12089	$5920	$6650	**$8340**	**$9070**	Shibaura	3	81D	9F-3R	21.7	2474	No
DX25 4WD	$15550	$7350	$8250	**$10350**	**$11250**	Shibaura	3	81D	Variable	20.3	2474	No
D29	$13050	$6130	$6880	**$8630**	**$9380**	Shibaura	3	81D	9F-3R	25.1	2334	No
D29 4WD	$13859	$6570	$7370	**$9250**	**$10050**	Shibaura	3	81D	9F-3R	25.1	2474	No
DX29 4WD	$16320	$7740	$8690	**$10900**	**$11850**	Shibaura	3	81D	Variable	23.6	2474	No
D33	$13825	$6540	$7340	**$9210**	**$10010**	Shibaura	3	91D	9F-3R	28.6	2334	No
D33 4WD	$14628	$6930	$7780	**$9760**	**$10610**	Shibaura	3	91D	9F-3R	28.6	2474	No
DX33 4WD	$17089	$8130	$9130	**$11450**	**$12450**	Shibaura	3	91D	Variable	26.9	2474	No
D35	$15194	$7200	$8090	**$10140**	**$11030**	Shibaura	3	101D	12F-12R	29.6	2947	No
D35 4WD	$16894	$8040	$9020	**$11320**	**$12300**	Shibaura	3	101D	12F-12R	29.6	3096	No
DX35 4WD	$19156	$9160	$10290	**$12900**	**$14030**	Shibaura	3	101D	Variable	29.1	3052	No
D40	$16798	$7990	$8970	**$11250**	**$12230**	Shibaura	4	121D	12F-12R	35.0	2998	No
D40 4WD	$18497	$8820	$9900	**$12420**	**$13500**	Shibaura	4	121D	12F-12R	35.0	3147	No
DX40 4WD	$20758	$9920	$11140	**$13970**	**$15190**	Shibaura	4	121D	Variable	33.2	3328	No
D45	$18850	$8990	$10090	**$12660**	**$13760**	Shibaura	4	135D	12F-12R	39.6	3200	No
D45 4WD	$20548	$9850	$11060	**$13870**	**$15080**	Shibaura	4	135D	12F-12R	39.6	3349	No
DX45 4WD	$22938	$11000	$12350	**$15490**	**$16840**	Shibaura	4	135D	Variable	37.8	3417	No
JX55	$17759	$8700	$9770	**$12250**	**$13320**	Case IH	3	165D	12F-12R	42	5335	No
JX55 4WD	$21200	$10810	$12130	**$15220**	**$16540**	Case IH	3	165D	12F-12R	42	5335	No
JX55 w/Cab	$23900	$12200	$13690	**$17180**	**$18670**	Case IH	3	165D	12F-12R	42	5335	CHA
JX55 4WD w/Cab	$27560	$14070	$15790	**$19810**	**$21530**	Case IH	3	165D	12F-12R	42	5335	CHA
JX65	$19193	$9410	$10560	**$13240**	**$14400**	Case IH	3	179D	12F-12R	50	6063	No
JX65 4WD	$22694	$11580	$13000	**$16310**	**$17730**	Case IH	3	179D	12F-12R	50	6063	No
JX65 w/Cab	$27150	$13860	$15550	**$19510**	**$21210**	Case IH	3	179D	12F-12R	50	6063	CHA
JX65 4WD w/Cab	$29993	$15310	$17180	**$21560**	**$23430**	Case IH	3	179D	12F-12R	50	6063	CHA
JX75	$21077	$10330	$11590	**$14540**	**$15810**	Case IH	4	220D	12F-12R	60	5941	No
JX75 4WD	$24980	$12620	$14160	**$17770**	**$19320**	Case IH	4	220D	12F-12R	60	5941	No
JX75 w/Cab	$27500	$13890	$15590	**$19560**	**$21260**	Case IH	4	220D	12F-12R	60	5941	CHA
JX75 4WD w/Cab	$30975	$15650	$17560	**$22030**	**$23950**	Case IH	4	220D	12F-12R	60	5941	CHA
JX80U	$31053	$15220	$17080	**$21430**	**$23290**	Case IH	4T	238D	24F-12R	66	7396	No
JX80U 4WD	$34950	$17660	$19820	**$24860**	**$27020**	Case IH	4T	238D	24F-12R	66	7396	No
JX80U w/Cab	$37955	$19170	$21520	**$27000**	**$29350**	Case IH	4T	238D	24F-12R	66	7396	CHA
JX80U 4WD w/Cab	$41950	$21190	$23790	**$29840**	**$32440**	Case IH	4T	238D	24F-12R	66	7396	CHA
JX85	$23942	$11730	$13170	**$16520**	**$17960**	Case IH	4T	238D	12F-12R	70	5941	No
JX85 4WD	$27740	$14090	$15820	**$19840**	**$21570**	Case IH	4T	238D	12F-12R	70	5941	No
JX85 w/Cab	$30150	$15390	$17270	**$21670**	**$23550**	Case IH	4T	238D	12F-12R	70	5941	CHA
JX85 4WD w/Cab	$34600	$17660	$19820	**$24870**	**$27030**	Case IH	4T	238D	12F-12R	70	5941	CHA
JX90U	$33157	$16250	$18240	**$22880**	**$24870**	Case IH	4T	238D	24F-12R	76	6691	No

Case-International (Cont.)

Model	Approx. Retail Price New	Estimated Value Less Repairs: Used Trade-In Avg.	Used Trade-In High	Used Retail Avg.	Used Retail High	Engine Make	Engine No. Cyls.	Engine Displ. Cu.-in.	No. Speeds	P.T.O. H.P.	Approx. Shipping Wt.-Lbs.	Cab
				2003 (Cont.)								
JX90U 4WD	$37450	$19320	$21680	**$27200**	**$29570**	Case IH	4T	238D	24F-12R	76	6691	No
JX90U w/Cab	$39995	$20610	$23130	**$29020**	**$31550**	Case IH	4T	238D	24F-12R	76	6691	CHA
JX90U 4WD w/Cab	$43850	$23100	$25930	**$32530**	**$35360**	Case IH	4T	238D	24F-12R	76	6691	CHA
JX95	$25253	$12370	$13890	**$17430**	**$18940**	Case IH	4T	238D	12F-12R	80	5963	No
JX95 4WD	$29160	$15040	$16880	**$21180**	**$23020**	Case IH	4T	238D	12F-12R	80	5963	No
JX95 w/Cab	$30900	$16770	$18820	**$23620**	**$25670**	Case IH	4T	238D	12F-12R	80	5963	CHA
JX95 4WD w/Cab	$34350	$18780	$21080	**$26450**	**$28750**	Case IH	4T	238D	12F-12R	80	5963	CHA
JX100U	$34388	$16850	$18910	**$23730**	**$25790**	Case IH	4T	238D	24F-12R	82	7396	No
JX100U 4WD	$38780	$20430	$22930	**$28770**	**$31270**	Case IH	4T	238D	24F-12R	82	7396	No
JX100U w/Cab	$40990	$21600	$24240	**$30410**	**$33060**	Case IH	4T	238D	24F-12R	82	7396	CHA
JX100U 4WD w/Cab	$44890	$24150	$27100	**$34000**	**$36960**	Case IH	4T	238D	24F-12R	82	7396	CHA
MXM120 4WD	$68355	$30750	$34510	**$43300**	**$47060**	Case IH	6TA	456D	18F-6R	95	11111	CHA
MXM130 4WD	$73459	$32780	$36790	**$46160**	**$50170**	Case IH	6TA	456D	18F-6R	105	11133	CHA
MXM140 4WD	$79675	$35340	$39660	**$49760**	**$54090**	Case IH	6TA	456D	18F-6R	115	11354	CHA
MXM155 4WD	$80740	$38790	$43540	**$54620**	**$59370**	Case IH	6TA	359D	18F-6R	125	11574	CHA
MXM175 4WD	$101460	$44700	$50180	**$62950**	**$68420**	Case IH	6TA	456D	18F-6R	145	12125	CHA
MXM190 4WD	$106498	$47150	$52920	**$66390**	**$72160**	Case IH	6T	456D	18F-6R	160	12125	CHA
MX210	$107215	$52540	$58970	**$73980**	**$80410**	Case IH	6TA	505D	18F-4R	170	18700	CHA
MX210 4WD	$122680	$58190	$65320	**$81940**	**$89070**	Case IH	6TA	505D	18F-4R	170	19700	CHA
MX230	$118557	$56840	$63800	**$80040**	**$87000**	Case IH	6TA	505D	18F-4R	190	18700	CHA
MX230 4WD	$134020	$63700	$71500	**$89700**	**$97500**	Case IH	6TA	505D	18F-4R	190	19700	CHA
MX255 4WD	$145360	$66270	$76140	**$95880**	**$102930**	Case IH	6TA	505D	18F-4R	215	20200	CHA
MX285 4WD	$160825	$72850	$83700	**$105400**	**$113150**	Case IH	6TA	505D	18F-4R	240	20200	CHA
STX275	$137937	$63450	$73110	**$92420**	**$99320**	CDC	6TA	505D	16F-2R	225	33000	CHA
STX325	$157285	$72350	$83360	**$105380**	**$113250**	CDC	6TA	543D	16F-2R	270	39000	CHA
STX375	$175515	$80740	$93020	**$117600**	**$126370**	Cummins	6TA	915D	16F-2R	330	45000	CHA
STX375 Quadtrac	$223705	$105140	$123040	**$145410**	**$156590**	Cummins	6TA	915D	16F-2R	330	53264	CHA
STX425	$196120	$90220	$103940	**$131400**	**$141210**	Cummins	6TA	915D	16F-2R	370	51000	CHA
STX425 Quadtrac	$236820	$111310	$130250	**$153930**	**$165770**	Cummins	6TA	915D	16F-2R	370	53264	CHA
STX450	$210410	$98890	$115730	**$136770**	**$147290**	Cummins	6TA	915D	16F-2R	395	53800	CHA
STX450 Quadtrac	$242275	$113870	$133250	**$157480**	**$169590**	Cummins	6TA	915D	16F-2R	395	53264	CHA
				2002								
D25	$12000	$5400	$6240	**$7920**	**$8520**	Shibaura	3	81D	9F-3R	21.7	2334	No
D25 4WD	$13089	$5890	$6810	**$8640**	**$9290**	Shibaura	3	81D	9F-3R	21.7	2474	No
DX25 4WD	$15551	$7000	$8090	**$10260**	**$11040**	Shibaura	3	81D	Variable	20.3	2474	No
D29	$13050	$5870	$6790	**$8610**	**$9270**	Shibaura	3	81D	9F-3R	25.1	2334	No
D29 4WD	$13859	$6240	$7210	**$9150**	**$9840**	Shibaura	3	81D	9F-3R	25.1	2474	No
DX29 4WD	$16320	$7340	$8490	**$10770**	**$11590**	Shibaura	3	81D	Variable	23.6	2474	No
D33	$13825	$6220	$7190	**$9130**	**$9820**	Shibaura	3	91D	9F-3R	28.6	2334	No
D33 4WD	$14628	$6580	$7610	**$9650**	**$10390**	Shibaura	3	91D	9F-3R	28.6	2474	No
DX33 4WD	$17089	$7690	$8890	**$11280**	**$12130**	Shibaura	3	91D	Variable	26.9	2474	No
D35	$15194	$6840	$7900	**$10030**	**$10790**	Shibaura	3	101D	12F-12R	29.6	2947	No
D35 4WD	$16894	$7600	$8790	**$11150**	**$12000**	Shibaura	3	101D	12F-12R	29.6	3096	No
DX35 4WD	$19156	$8620	$9960	**$12640**	**$13600**	Shibaura	3	101D	Variable	29.1	3052	No
D40	$16798	$7560	$8740	**$11090**	**$11930**	Shibaura	4	121D	12F-12R	35.0	2998	No
D40 4WD	$18497	$8320	$9620	**$12210**	**$13130**	Shibaura	4	121D	12F-12R	35.0	3147	No
DX40 4WD	$20758	$9340	$10790	**$13700**	**$14740**	Shibaura	4	121D	Variable	33.2	3328	No
D45	$18850	$8480	$9800	**$12440**	**$13380**	Shibaura	4	135D	12F-12R	39.6	3200	No
D45 4WD	$20548	$9250	$10690	**$13560**	**$14590**	Shibaura	4	135D	12F-12R	39.6	3349	No
DX45 4WD	$22938	$10320	$11930	**$15140**	**$16290**	Shibaura	4	135D	Variable	37.8	3417	No
C50	$19450	$8730	$10090	**$12800**	**$13770**	Case IH	3	165D	8F-8R	40	5335	No
C50 4WD	$25500	$11480	$13260	**$16830**	**$18110**	Case IH	3	165D	8F-8R	40	6063	No
CX50	$22600	$10130	$11700	**$14850**	**$15980**	Case IH	3	165D	8F-8R	40	7286	CHA
CX50 4WD	$32125	$14400	$16640	**$21120**	**$22720**	Case IH	3	165D	8F-8R	40	7970	CHA
JX55	$17759	$7990	$9240	**$11720**	**$12610**	Case IH	3	165D	12F-12R	42	5335	No
JX55 4WD	$21225	$9540	$11020	**$13990**	**$15050**	Case IH	3	165D	12F-12R	42	5335	No
JX55 w/Cab	$23940	$10760	$12430	**$15770**	**$16970**	Case IH	3	165D	12F-12R	42	5335	CHA
JX55 4WD w/Cab	$27560	$12400	$14330	**$18190**	**$19570**	Case IH	3	165D	12F-12R	42	5335	CHA
C60	$21710	$9770	$11280	**$14320**	**$15410**	Case IH	3T	165D	8F-8R	50	5357	No
C60 4WD	$24115	$10800	$12480	**$15840**	**$17040**	Case IH	3T	165D	8F-8R	50	6096	No
CX60	$26524	$11930	$13780	**$17490**	**$18820**	Case IH	3T	165D	8F-8R	50	7286	CHA
CX60 4WD	$30294	$13500	$15600	**$19800**	**$21300**	Case IH	3T	165D	8F-8R	50	7970	CHA
JX65	$19193	$8640	$9980	**$12670**	**$13630**	Case IH	3	179D	12F-12R	50	6063	No
JX65 4WD	$22694	$10210	$11800	**$14980**	**$16110**	Case IH	3	179D	12F-12R	50	6063	No
JX65 w/Cab	$27155	$12220	$14120	**$17920**	**$19280**	Case IH	3	179D	12F-12R	50	6063	CHA
JX65 4WD w/Cab	$29993	$13500	$15600	**$19800**	**$21300**	Case IH	3	179D	12F-12R	50	6063	CHA
C70	$23220	$10350	$11960	**$15180**	**$16330**	Case IH	4	258D	8F-8R	60	5941	No
C70 4WD	$26480	$11700	$13520	**$17160**	**$18460**	Case IH	4	258D	8F-8R	60	6658	No
CX70	$28590	$12600	$14560	**$18480**	**$19880**	Case IH	4	258D	8F-8R	60	7396	CHA
CX70 4WD	$31544	$14180	$16380	**$20790**	**$22370**	Case IH	4	258D	8F-8R	60	8466	CHA
JX75	$21077	$9490	$10960	**$13910**	**$14970**	Case IH	4	220D	12F-12R	60	5941	No
JX75 4WD	$24979	$11240	$12990	**$16490**	**$17740**	Case IH	4	220D	12F-12R	60	5941	No
JX75 w/Cab	$27588	$12380	$14300	**$18150**	**$19530**	Case IH	4	220D	12F-12R	60	5941	CHA
JX75 4WD w/Cab	$39876	$13940	$16110	**$20440**	**$21990**	Case IH	4	220D	12F-12R	60	5941	CHA
C80	$24655	$11090	$12820	**$16270**	**$17500**	Case IH	4T	244D	8F-8R	67	5941	No
C80 4WD	$28488	$12830	$14820	**$18810**	**$20240**	Case IH	4T	244D	8F-8R	67	6658	No
CX80	$29723	$13370	$15450	**$19620**	**$21100**	Case IH	4T	244D	8F-8R	67	7396	CHA
CX80 4WD	$34355	$15460	$17860	**$22670**	**$24390**	Case IH	4T	244D	8F-8R	67	8466	CHA
JX80U	$31053	$13970	$16150	**$20500**	**$22050**	Case IH	4T	238D	24F-12R	66	7396	No
JX80U 4WD	$34955	$15730	$18170	**$23070**	**$24820**	Case IH	4T	238D	24F-12R	66	7396	No
JX80U w/Cab	$37966	$17080	$19740	**$25050**	**$26950**	Case IH	4T	238D	24F-12R	66	7396	CHA
JX80U 4WD w/Cab	$42969	$18880	$21810	**$27690**	**$29790**	Case IH	4T	238D	24F-12R	66	7396	CHA
JX85	$23942	$10770	$12450	**$15800**	**$17000**	Case IH	4T	238D	12F-12R	70	5941	No

Case-International (Cont.)

Model	Approx. Retail Price New	Estimated Value Less Repairs Used Trade-In Avg.	Used Trade-In High	Used Retail Avg.	Used Retail High	Make	Engine No. Cyls.	Engine Displ. Cu.-in.	No. Speeds	P.T.O. H.P.	Approx. Shipping Wt.-Lbs.	Cab
				2002 (Cont.)								
JX85 4WD	$27744	$12480	$14430	**$18310**	**$19700**	Case IH	4T	238D	12F-12R	70	5941	No
JX85 w/Cab	$30153	$13570	$15680	**$19900**	**$21410**	Case IH	4T	238D	12F-12R	70	5941	CHA
JX85 4WD w/Cab	$34660	$15570	$17990	**$22840**	**$24570**	Case IH	4T	238D	12F-12R	70	5941	CHA
C90	$27369	$12290	$14200	**$18020**	**$19380**	Case IH	4T	244D	8F-8R	74	5963	No
C90 4WD	$31967	$14360	$16590	**$21050**	**$22650**	Case IH	4T	244D	8F-8R	74	6691	No
CX90	$32533	$14630	$16900	**$21450**	**$23080**	Case IH	4T	244D	8F-8R	74	7396	CHA
CX90 4WD	$36850	$16580	$19160	**$24320**	**$26160**	Case IH	4T	244D	8F-8R	74	8466	CHA
JX90U	$33157	$14920	$17240	**$21880**	**$23540**	Case IH	4T	238D	24F-12R	76	6691	No
JX90U 4WD	$37455	$16850	$19470	**$24720**	**$26590**	Case IH	4T	238D	24F-12R	76	6691	No
JX90U w/Cab	$39533	$17980	$20780	**$26370**	**$28370**	Case IH	4T	238D	24F-12R	76	6691	CHA
JX90U 4WD w/Cab	$43865	$19730	$22800	**$28940**	**$31130**	Case IH	4T	238D	24F-12R	76	6691	CHA
JX95	$25253	$11360	$13130	**$16670**	**$17930**	Case IH	4T	238D	12F-12R	80	5963	No
JX95 4WD	$29169	$13120	$15160	**$19250**	**$20700**	Case IH	4T	238D	12F-12R	80	5963	No
JX95 w/Cab	$30935	$13910	$16070	**$20390**	**$21940**	Case IH	4T	238D	12F-12R	80	5963	CHA
JX95 4WD w/Cab	$35358	$15460	$17860	**$22670**	**$24390**	Case IH	4T	238D	12F-12R	80	5963	CHA
C100	$29548	$13280	$15340	**$19470**	**$20950**	Case IH	4T	244D	8F-8R	83	5963	No
C100 4WD	$35575	$16010	$18500	**$23480**	**$25260**	Case IH	4T	244D	8F-8R	83	6691	No
CX100	$37455	$16860	$19480	**$24720**	**$26590**	Case IH	4T	244D	8F-8R	83	7396	CHA
CX100 4WD	$43322	$19490	$22520	**$28580**	**$30740**	Case IH	4T	244D	8F-8R	83	8466	CHA
JX100U	$34388	$15480	$17880	**$22700**	**$24420**	Case IH	4T	238D	24F-12R	82	7396	No
JX100U 4WD	$38790	$17450	$20170	**$25600**	**$27530**	Case IH	4T	238D	24F-12R	82	7396	No
JX100U w/Cab	$40976	$18450	$21320	**$27050**	**$29100**	Case IH	4T	238D	24F-12R	82	7396	CHA
JX100U 4WD w/Cab	$44899	$20200	$23340	**$29630**	**$31870**	Case IH	4T	238D	24F-12R	82	7396	CHA
MXM120 4WD	$66479	$29920	$34570	**$43880**	**$47200**	Case IH	6TA	456D	18F-6R	95	11111	CHA
MX120 MAXXUM	$56330	$25340	$29280	**$37160**	**$39970**	Case IH	6T	359D	16F-12R	105	11300	CHA
MX120 MAXXUM 4WD	$65135	$29250	$33800	**$42900**	**$46150**	Case IH	6T	359D	16F-12R	105	12460	CHA
MX100 MAXXUM	$50824	$22860	$26420	**$33530**	**$36070**	Case IH	6T	359D	16F-12R	85	11300	CHA
MX100 MAXXUM 4WD	$59210	$26550	$30680	**$38940**	**$41890**	Case IH	6T	359D	16F-12R	85	12460	CHA
MX110 MAXXUM	$52455	$23600	$27270	**$34620**	**$37240**	Case IH	6T	359D	16F-12R	95	11300	CHA
MX110 MAXXUM 4WD	$61095	$27450	$31720	**$40260**	**$43310**	Case IH	6T	359D	16F-12R	95	12460	CHA
MX135 MAXXUM	$66424	$29880	$34530	**$43820**	**$47140**	Case IH	6T	359D	16F-12R	115	11300	CHA
MXM130 4WD	$71255	$32070	$37050	**$47030**	**$50590**	Case IH	6TA	456D	18F-6R	105	11133	CHA
MX135 MAXXUM 4WD	$78289	$35100	$40560	**$51480**	**$55380**	Case IH	6T	359D	16F-12R	115	12460	CHA
MXM140 4WD	$77282	$34780	$40190	**$51010**	**$54870**	Case IH	6TA	456D	18F-6R	115	11354	CHA
MXM155 4WD	$88018	$39610	$45770	**$58090**	**$62490**	Case IH	6TA	359D	18F-6R	125	11574	CHA
MXM175 4WD	$98416	$44290	$51180	**$64960**	**$69880**	Case IH	6TA	456D	18F-6R	145	12125	CHA
MX180	$86205	$38700	$44720	**$56760**	**$61060**	Case IH	6T	505D	18F-4R	145	17700	CHA
MX180 4WD	$96195	$43200	$49920	**$63360**	**$68160**	Case IH	6T	505D	18F-4R	145	18600	CHA
MXM190 4WD	$103302	$46490	$53720	**$68180**	**$73340**	Case IH	6T	456D	18F-6R	160	12125	CHA
MX200	$93176	$41850	$48360	**$61380**	**$66030**	Case IH	6TA	505D	18F-4R	165	18700	CHA
MX200 4WD	$102122	$45900	$53040	**$67320**	**$72420**	Case IH	6TA	505D	18F-4R	165	19700	CHA
MX210	$104000	$46800	$54080	**$68640**	**$73840**	Case IH	6TA	505D	18F-4R	170	18700	CHA
MX210 4WD	$119000	$53550	$61880	**$78540**	**$84490**	Case IH	6TA	505D	18F-4R	170	19700	CHA
MX220	$103880	$46710	$53980	**$68510**	**$73700**	Case IH	6TA	505D	18F-4R	185	18700	CHA
MX220 4WD	$110140	$49500	$57200	**$72600**	**$78100**	Case IH	6TA	505D	18F-4R	185	19700	CHA
MX230	$115000	$51300	$59280	**$75240**	**$80940**	Case IH	6TA	505D	18F-4R	190	18700	CHA
MX230 4WD	$130000	$57150	$66040	**$83820**	**$90170**	Case IH	6TA	505D	18F-4R	190	19700	CHA
MX240 4WD	$120220	$51600	$60000	**$76800**	**$84000**	Case IH	6TA	505D	18F-4R	205	20200	CHA
MX255 4WD	$141000	$60630	$70500	**$90240**	**$98700**	Case IH	6TA	505D	18F-4R	215	20200	CHA
MX270 4WD	$130131	$55900	$65000	**$83200**	**$91000**	Case IH	6TA	505D	18F-4R	235	20200	CHA
MX285 4WD	$156000	$67080	$78000	**$99840**	**$109200**	Case IH	6TA	505D	18F-4R	240	20200	CHA
STX275	$133799	$54860	$64220	**$84290**	**$90980**	CDC	6TA	505D	16F-2R	225	33000	CHA
STX325	$152565	$62550	$73230	**$96120**	**$103740**	CDC	6TA	543D	16F-2R	270	39000	CHA
STX375	$170249	$69800	$81720	**$107260**	**$115770**	Cummins	6TA	915D	16F-2R	330	45000	CHA
STX375 Quadtrac	$216993	$91140	$108500	**$130200**	**$141050**	Cummins	6TA	915D	16F-2R	330	53264	CHA
STX425	$190335	$79940	$95170	**$114200**	**$123720**	Cummins	6TA	915D	16F-2R	370	51000	CHA
STX425 Quadtrac	$229715	$96480	$114860	**$137830**	**$149320**	Cummins	6TA	915D	16F-2R	370	53264	CHA
STX450	$204089	$85720	$102050	**$122450**	**$132660**	Cummins	6TA	915D	16F-2R	395	53800	CHA
STX450 Quadtrac	$235010	$98700	$117510	**$141010**	**$152760**	Cummins	6TA	915D	16F-2R	395	53264	CHA
				2001								
DX21 4WD Farmall	......	$5280	$6040	**$8050**	**$8680**	Shibaura	3	61D	9F-3R	17.0	1405	No
D25	......	$5000	$5710	**$7620**	**$8210**	Shibaura	3	81D	9F-3R	21.7	2334	No
D25 4WD	......	$5460	$6240	**$8320**	**$8970**	Shibaura	3	81D	9F-3R	21.7	2474	No
DX25 4WD	......	$6510	$7440	**$9920**	**$10700**	Shibaura	3	81D	Variable	20.3	2474	No
D29	......	$5480	$6260	**$8350**	**$9010**	Shibaura	3	81D	9F-3R	25.1	2334	No
D29 4WD	......	$5840	$6670	**$8900**	**$9590**	Shibaura	3	81D	9F-3R	25.1	2474	No
DX29 4WD	......	$6870	$7850	**$10460**	**$11280**	Shibaura	3	81D	Variable	23.6	2474	No
D33	......	$5800	$6620	**$8830**	**$9520**	Shibaura	3	91D	9F-3R	28.6	2334	No
D33 4WD	......	$6130	$7010	**$9340**	**$10070**	Shibaura	3	91D	9F-3R	28.6	2474	No
DX33 4WD	......	$7180	$8210	**$10940**	**$11800**	Shibaura	3	91D	Variable	26.9	2474	No
D35	......	$5990	$6840	**$9120**	**$9830**	Shibaura	3	101D	12F-12R	29.6	2947	No
D35 4WD	......	$7040	$8040	**$10720**	**$11560**	Shibaura	3	101D	12F-12R	29.6	3096	No
DX35 4WD	......	$7960	$9100	**$12130**	**$13080**	Shibaura	3	101D	Variable	29.1	3052	No
D40	......	$6700	$7660	**$10210**	**$11010**	Shibaura	4	121D	12F-12R	35.0	2998	No
D40 4WD	......	$7880	$9000	**$12000**	**$12940**	Shibaura	4	121D	12F-12R	35.0	3147	No
DX40 4WD	......	$8650	$9890	**$13180**	**$14210**	Shibaura	4	121D	Variable	33.2	3328	No
D45	......	$7540	$8620	**$11490**	**$12390**	Shibaura	4	135D	12F-12R	39.6	3200	No
D45 4WD	......	$8630	$9860	**$13150**	**$14180**	Shibaura	4	135D	12F-12R	39.6	3349	No
DX45 4WD	......	$9660	$11040	**$14720**	**$15870**	Shibaura	4	135D	Variable	37.8	3417	No
C50	......	$8400	$9600	**$12800**	**$13800**	Case IH	3	165D	8F-8R	40	5335	No
C50 4WD	......	$10710	$12240	**$16320**	**$17600**	Case IH	3	165D	8F-8R	40	6063	No
CX50	......	$10080	$11520	**$15360**	**$16560**	Case IH	3	165D	8F-8R	40	7286	CHA
CX50 4WD	......	$13440	$15360	**$20480**	**$22080**	Case IH	3	165D	8F-8R	40	7970	CHA

Case-International (Cont.)

Model	Approx. Retail Price New	Used Trade-In Avg.	Used Trade-In High	Used Retail Avg.	Used Retail High	Engine Make	Engine No. Cyls.	Displ. Cu.-in.	No. Speeds	P.T.O. H.P.	Approx. Shipping Wt.-Lbs.	Cab
2001 (Cont.)												
C60	......	$9870	$11280	$15040	$16220	Case IH	3T	165D	8F-8R	50	5357	No
C60 4WD	......	$12010	$13730	$18300	$19730	Case IH	3T	165D	8F-8R	50	6096	No
CX60	......	$12600	$14400	$19200	$20700	Case IH	3T	165D	8F-8R	50	7286	CHA
CX60 4WD	......	$15390	$17590	$23460	$25290	Case IH	3T	165D	8F-8R	50	7970	CHA
C70	......	$10310	$11780	$15710	$16940	Case IH	4	258D	8F-8R	60	5941	No
C70 4WD	......	$13020	$14880	$19840	$21390	Case IH	4	258D	8F-8R	60	6658	No
CX70	......	$14280	$16320	$21760	$23460	Case IH	4	258D	8F-8R	60	7396	CHA
CX70 4WD	......	$16800	$19200	$25600	$27600	Case IH	4	258D	8F-8R	60	8466	CHA
C80	......	$11300	$12910	$17220	$18560	Case IH	4T	244D	8F-8R	67	5941	No
C80 4WD	......	$13570	$15500	$20670	$22290	Case IH	4T	244D	8F-8R	67	6658	No
CX80	......	$15630	$17870	$23820	$25680	Case IH	4T	244D	8F-8R	67	7396	CHA
CX80 4WD	......	$18210	$20810	$27740	$29910	Case IH	4T	244D	8F-8R	67	8466	CHA
C90	......	$12220	$13970	$18620	$20080	Case IH	4T	244D	8F-8R	74	5963	No
C90 4WD	......	$14490	$16560	$22080	$23810	Case IH	4T	244D	8F-8R	74	6691	No
CX90	......	$16550	$18910	$25220	$27190	Case IH	4T	244D	8F-8R	74	7396	CHA
CX90 4WD	......	$19170	$21910	$29220	$31500	Case IH	4T	244D	8F-8R	74	8466	CHA
C100	......	$12810	$14640	$19520	$21050	Case IH	4T	244D	8F-8R	83	5963	No
C100 4WD	......	$15530	$17750	$23660	$25510	Case IH	4T	244D	8F-8R	83	6691	No
CX100	......	$17410	$19900	$26530	$28600	Case IH	4T	244D	8F-8R	83	7396	CHA
CX100 4WD	......	$20290	$23180	$30910	$33330	Case IH	4T	244D	8F-8R	83	8466	CHA
MX80C	......	$21900	$25030	$33380	$35980	Case IH	4T	244D	16F-12R	67	9921	CHA
MX90C	......	$23060	$26350	$35140	$37880	Case IH	4T	244D	16F-12R	74	10472	CHA
MX100C	......	$24400	$27890	$37180	$40090	Case IH	4T	244D	16F-12R	83	10472	CHA
MX150	......	$31830	$36380	$48510	$52300	Case IH	6TA	359D	16F-12R	130	13911	CHA
MX150 4WD	......	$35280	$40320	$53760	$57960	Case IH	6TA	359D	16F-12R	130	14616	CHA
MX170	......	$34480	$39410	$52540	$56650	Case IH	6TA	359D	16F-12R	145	14076	CHA
MX170 4WD	......	$38220	$43680	$58240	$62790	Case IH	6TA	359D	16F-12R	145	14782	CHA
MX180	......	$35700	$40800	$54400	$58650	Case IH	6T	505D	18F-4R	145	17700	CHA
MX180 4WD	......	$39900	$45600	$60800	$65550	Case IH	6T	505D	18F-4R	145	18600	CHA
MX200	......	$37800	$43200	$57600	$62100	Case IH	6TA	505D	18F-4R	165	18700	CHA
MX200 4WD	......	$42000	$48000	$64000	$69000	Case IH	6TA	505D	18F-4R	165	19700	CHA
MX220	......	$43050	$49200	$65600	$70730	Case IH	6TA	505D	18F-4R	185	18700	CHA
MX220 4WD	......	$46200	$52800	$70400	$75900	Case IH	6TA	505D	18F-4R	185	19700	CHA
MX240 4WD	......	$46800	$55200	$72000	$80400	Case IH	6TA	505D	18F-4R	205	20200	CHA
MX270 4WD	......	$50700	$59800	$78000	$87100	Case IH	6TA	505D	18F-4R	235	20200	CHA
MX100 MAXXUM	......	$21340	$24380	$32510	$35050	Case IH	6T	359D	16F-12R	85	11300	CHA
MX100 MAXXUM 4WD	......	$24780	$28320	$37760	$40710	Case IH	6T	359D	16F-12R	85	12460	CHA
MX110 MAXXUM	......	$22030	$25180	$33570	$36190	Case IH	6T	359D	16F-12R	95	11300	CHA
MX110 MAXXUM 4WD	......	$25620	$29280	$39040	$42090	Case IH	6T	359D	16F-12R	95	12460	CHA
MX120 MAXXUM	......	$23650	$27020	$36030	$38850	Case IH	6T	359D	16F-12R	105	11300	CHA
MX120 MAXXUM 4WD	......	$27300	$31200	$41600	$44850	Case IH	6T	359D	16F-12R	105	12460	CHA
MX135 MAXXUM	......	$27890	$31870	$42500	$45820	Case IH	6T	359D	16F-12R	115	11300	CHA
MX135 MAXXUM 4WD	......	$32760	$37440	$49920	$53820	Case IH	6T	359D	16F-12R	115	12460	CHA
8910	......	$29140	$34650	$46460	$50400	Case IH	6T	505D	18F-4R	135	15215	CHA
8910 4WD	......	$32190	$38280	$51330	$55680	Case IH	6T	505D	18F-4R	135	16230	CHA
8920	......	$31820	$37840	$50740	$55040	Case IH	6T	505D	18F-4R	155	15630	CHA
8920 4WD	......	$35150	$41800	$56050	$60800	Case IH	6T	505D	18F-4R	155	16575	CHA
8930	......	$34780	$41360	$55460	$60160	Case IH	6TA	505D	18F-4R	180	15750	CHA
8930 4WD	......	$37560	$44660	$59890	$64960	Case IH	6TA	505D	18F-4R	180	16750	CHA
8940	......	$38480	$45760	$61360	$66560	Case IH	6TA	505D	18F-4R	205	15825	CHA
8940 4WD	......	$41020	$48770	$65400	$70940	Case IH	6TA	505D	18F-4R	205	16845	CHA
8950 4WD	......	$43990	$52320	$70150	$76100	Case IH	6TA	505D	18F-4R	225	17445	CHA
9330	......	$40950	$48300	$57750	$64050	Case IH	6TA	505D	12F-3R	240*	21026	CHA
9330 Row Crop	......	$44070	$51980	$62150	$68930	Case IH	6TA	505D	12F-3R	240*	21026	CHA
9350	......	$47970	$56580	$67650	$75030	Cummins	6TA	661D	12F-3R	310*	26533	CHA
9350 Row Crop	......	$49530	$58420	$69850	$77470	Cummins	6TA	661D	12F-3R	310*	29600	CHA
9370	......	$52650	$62100	$74250	$82350	Cummins	6TA	855D	12F-3R	360*	30416	CHA
9370 Q.T.	......	$64740	$76360	$91300	$101260	Cummins	6TA	855D	12F-3R	360*	43750	CHA
9380	......	$58500	$69000	$82500	$91500	Cummins	6TA	855D	12F-3R	400*	32500	CHA
9390	......	$60450	$71300	$85250	$94550	Cummins	6TA	855D	12F-3R	425*	32500	CHA

* Engine Horsepower

Model	Approx. Retail Price New	Used Trade-In Avg.	Used Trade-In High	Used Retail Avg.	Used Retail High	Engine Make	Engine No. Cyls.	Displ. Cu.-in.	No. Speeds	P.T.O. H.P.	Approx. Shipping Wt.-Lbs.	Cab
2000												
C50	$20000	$7800	$9000	$12400	$13400	Case IH	3	165D	8F-8R	40	5335	No
C50 4WD	$25550	$9970	$11500	$15840	$17120	Case IH	3	165D	8F-8R	40	6063	No
CX50	$24000	$9360	$10800	$14880	$16080	Case IH	3	165D	8F-8R	40	7286	CHA
CX50 4WD	$32000	$12480	$14400	$19840	$21440	Case IH	3	165D	8F-8R	40	7970	CHA
C60	$23500	$9170	$10580	$14570	$15750	Case IH	3T	165D	8F-8R	50	5357	No
C60 4WD	$28600	$11150	$12870	$17730	$19160	Case IH	3T	165D	8F-8R	50	6096	No
CX60	$30000	$11700	$13500	$18600	$20100	Case IH	3T	165D	8F-8R	50	7286	CHA
CX60 4WD	$36650	$14290	$16490	$22720	$24560	Case IH	3T	165D	8F-8R	50	7970	CHA
C70	$24550	$9580	$11050	$15220	$16450	Case IH	4	258D	8F-8R	60	5941	No
C70 4WD	$31000	$12090	$13950	$19220	$20770	Case IH	4	258D	8F-8R	60	6658	No
CX70	$34000	$13260	$15300	$21080	$22780	Case IH	4	258D	8F-8R	60	7396	CHA
CX70 4WD	$40000	$15600	$18000	$24800	$26800	Case IH	4	258D	8F-8R	60	8466	CHA
C80	$26900	$10490	$12110	$16680	$18020	Case IH	4T	244D	8F-8R	67	5941	No
C80 4WD	$32300	$12600	$14540	$20030	$21640	Case IH	4T	244D	8F-8R	67	6658	No
CX80	$37220	$14520	$16750	$23080	$24940	Case IH	4T	244D	8F-8R	67	7396	CHA
CX80 4WD	$43350	$16910	$19510	$26880	$29050	Case IH	4T	244D	8F-8R	67	8466	CHA
C90	$29005	$11310	$13050	$17980	$19430	Case IH	4T	244D	8F-8R	74	5963	No
C90 4WD	$34550	$13480	$15550	$21420	$23150	Case IH	4T	244D	8F-8R	74	6691	No
CX90	$39400	$15370	$17730	$24430	$26400	Case IH	4T	244D	8F-8R	74	7396	CHA
CX90 4WD	$45650	$17800	$20540	$28300	$30590	Case IH	4T	244D	8F-8R	74	8466	CHA
C100	$30500	$11900	$13730	$18910	$20440	Case IH	4T	244D	8F-8R	83	5963	No

Case-International (Cont.)

Model	Approx. Retail Price New	Estimated Value Less Repairs: Used Trade-In Avg.	Used Trade-In High	Used Retail Avg.	Used Retail High	Engine Make	Engine No. Cyls.	Engine Displ. Cu.-in.	No. Speeds	P.T.O. H.P.	Approx. Shipping Wt.-Lbs.	Cab
2000 (Cont.)												
C100 4WD	$36975	$14420	$16640	**$22930**	**$24770**	Case IH	4T	244D	8F-8R	83	6691	No
CX100	$41455	$16170	$18660	**$25700**	**$27780**	Case IH	4T	244D	8F-8R	83	7396	CHA
CX100 4WD	$48300	$18840	$21740	**$29950**	**$32360**	Case IH	4T	244D	8F-8R	83	8466	CHA
MX100C	$58100	$22660	$26150	**$36020**	**$38930**	Case IH	4T	244D	16F-12R	83	10472	CHA
MX150	$75790	$29560	$34110	**$46990**	**$50780**	Case IH	6TA	359D	16F-12R	130	13911	CHA
MX150 4WD	$88000	$32760	$37800	**$52080**	**$56280**	Case IH	6TA	359D	16F-12R	130	14616	CHA
MX170	$82100	$32020	$36950	**$50900**	**$55010**	Case IH	6TA	359D	16F-12R	145	14076	CHA
MX170 4WD	$93800	$35490	$40950	**$56420**	**$60970**	Case IH	6TA	359D	16F-12R	145	14782	CHA
MX180	$86175	$33150	$38250	**$52700**	**$56950**	Case IH	6T	505D	18F-4R	145	17700	CHA
MX180 4WD	$98175	$37050	$42750	**$58900**	**$63650**	Case IH	6T	505D	18F-4R	145	18600	CHA
MX200	$92250	$35100	$40500	**$55800**	**$60300**	Case IH	6TA	505D	18F-4R	165	18700	CHA
MX200 4WD	$106000	$39000	$45000	**$62000**	**$67000**	Case IH	6TA	505D	18F-4R	165	19700	CHA
MX220	$102600	$40010	$46170	**$63610**	**$68740**	Case IH	6TA	505D	18F-4R	185	18700	CHA
MX220 4WD	$117400	$42900	$49500	**$68200**	**$73700**	Case IH	6TA	505D	18F-4R	185	19700	CHA
MX240 4WD	$128000	$43200	$51600	**$69600**	**$78000**	Case IH	6TA	505D	18F-4R	205	20200	CHA
MX270 4WD	$136150	$46800	$55900	**$75400**	**$84500**	Case IH	6TA	505D	18F-4R	235	20200	CHA
MX80C	$52150	$20340	$23470	**$32330**	**$34940**	Case IH	4T	244D	16F-12R	67	9921	CHA
MX90C	$54900	$21410	$24710	**$34040**	**$36780**	Case IH	4T	244D	16F-12R	74	10472	CHA
MX100 MAXXUM	$50800	$19810	$22860	**$31500**	**$34040**	Case IH	6T	359D	16F-12R	85	11300	CHA
MX100 MAXXUM 4WD	$59000	$23010	$26550	**$36580**	**$39530**	Case IH	6T	359D	16F-12R	85	12460	CHA
MX110 MAXXUM	$52450	$20460	$23600	**$32520**	**$35140**	Case IH	6T	359D	16F-12R	95	11300	CHA
MX110 MAXXUM 4WD	$61000	$23790	$27450	**$37820**	**$40870**	Case IH	6T	359D	16F-12R	95	12460	CHA
MX120 MAXXUM	$56300	$21960	$25340	**$34910**	**$37720**	Case IH	6T	359D	16F-12R	105	11300	CHA
MX120 MAXXUM 4WD	$65000	$25350	$29250	**$40300**	**$43550**	Case IH	6T	359D	16F-12R	105	12460	CHA
MX135 MAXXUM	$66400	$25900	$29880	**$41170**	**$44490**	Case IH	6T	359D	16F-12R	115	11300	CHA
MX135 MAXXUM 4WD	$78000	$30420	$35100	**$48360**	**$52260**	Case IH	6T	359D	16F-12R	115	12460	CHA
8910	$78745	$25990	$32290	**$43310**	**$47250**	Case IH	6T	505D	18F-4R	135	15215	CHA
8910 4WD	$87000	$28710	$35670	**$47850**	**$52200**	Case IH	6T	505D	18F-4R	135	16230	CHA
8920	$86000	$28380	$35260	**$47300**	**$51600**	Case IH	6T	505D	18F-4R	155	15630	CHA
8920 4WD	$95840	$31300	$38880	**$52160**	**$56900**	Case IH	6T	505D	18F-4R	155	16575	CHA
8930	$94325	$31130	$38670	**$51880**	**$56600**	Case IH	6TA	505D	18F-4R	180	15750	CHA
8930 4WD	$110925	$33500	$41620	**$55830**	**$60900**	Case IH	6TA	505D	18F-4R	180	16750	CHA
8940	$109740	$34320	$42640	**$57200**	**$62400**	Case IH	6TA	505D	18F-4R	205	15825	CHA
8940 4WD	$118850	$36580	$45450	**$60970**	**$66510**	Case IH	6TA	505D	18F-4R	205	16845	CHA
8950 4WD	$128955	$39240	$48750	**$65400**	**$71340**	Case IH	6TA	505D	18F-4R	225	17445	CHA
9330	$106080	$36070	$45610	**$53040**	**$59410**	Case IH	6TA	505D	12F-3R	240*	21026	CHA
9330 Row Crop	$114000	$38760	$49020	**$57000**	**$63840**	Case IH	6TA	505D	12F-3R	240*	21026	CHA
9350	$123620	$42030	$53160	**$61810**	**$69230**	Cummins	6TA	661D	12F-3R	310*	26533	CHA
9350 Row Crop	$133500	$45390	$57410	**$66750**	**$74760**	Cummins	6TA	661D	12F-3R	310*	29600	CHA
9370	$138810	$47200	$59690	**$69410**	**$77730**	Cummins	6TA	855D	12F-3R	360*	30416	CHA
9370 Quadtrac	$186000	$63240	$79980	**$93000**	**$104160**	Cummins	6TA	855D	12F-3R	360*	43750	CHA
9380	$155355	$52820	$66800	**$77680**	**$87000**	Cummins	6TA	855D	12F-3R	400*	32500	CHA
9390	$159075	$54090	$68400	**$79540**	**$89080**	Cummins	6TA	855D	12F-3R	425*	32500	CHA
*** Engine Horsepower**												
1999												
C50	$19600	$6660	$8430	**$11760**	**$12740**	Case IH	3	165D	8F-8R	40	5335	No
C50 4WD	$24750	$8420	$10640	**$14850**	**$16090**	Case IH	3	165D	8F-8R	40	6063	No
CX50	$23220	$7900	$9990	**$13930**	**$15090**	Case IH	3	165D	8F-8R	40	7286	CHA
CX50 4WD	$28300	$9620	$12170	**$16980**	**$18400**	Case IH	3	165D	8F-8R	40	7970	CHA
C60	$22225	$7560	$9560	**$13340**	**$14450**	Case IH	3T	165D	8F-8R	50	5357	No
C60 4WD	$27600	$9380	$11870	**$16560**	**$17940**	Case IH	3T	165D	8F-8R	50	6096	No
CX60	$25300	$8600	$10880	**$15180**	**$16450**	Case IH	3T	165D	8F-8R	50	7286	CHA
CX60 4WD	$30450	$10350	$13090	**$18270**	**$19790**	Case IH	3T	165D	8F-8R	50	7970	CHA
C70	$23750	$8080	$10210	**$14250**	**$15440**	Case IH	4	258D	8F-8R	60	5941	No
C70 4WD	$28900	$9830	$12430	**$17340**	**$18790**	Case IH	4	258D	8F-8R	60	6658	No
CX70	$27000	$9180	$11610	**$16200**	**$17550**	Case IH	4	258D	8F-8R	60	7396	CHA
CX70 4WD	$32500	$11050	$13980	**$19500**	**$21130**	Case IH	4	258D	8F-8R	60	8466	CHA
C80	$25900	$8810	$11140	**$15540**	**$16840**	Case IH	4T	244D	8F-8R	67	5941	No
C80 4WD	$31000	$10540	$13330	**$18600**	**$20150**	Case IH	4T	244D	8F-8R	67	6658	No
CX80	$29730	$10110	$12780	**$17840**	**$19330**	Case IH	4T	244D	8F-8R	67	7396	CHA
CX80 4WD	$34950	$11880	$15030	**$20970**	**$22720**	Case IH	4T	244D	8F-8R	67	8466	CHA
MX80C	$52150	$17730	$22430	**$31290**	**$33900**	Case IH	4T	244D	16F-12R	67	9921	CHA
C90	$28255	$9610	$12150	**$16950**	**$18370**	Case IH	4T	244D	8F-8R	74	5963	No
C90 4WD	$33550	$11410	$14430	**$20130**	**$21810**	Case IH	4T	244D	8F-8R	74	6691	No
CX90	$32140	$10930	$13820	**$19280**	**$20890**	Case IH	4T	244D	8F-8R	74	7396	CHA
CX90 4WD	$37650	$12800	$16190	**$22590**	**$24470**	Case IH	4T	244D	8F-8R	74	8466	CHA
MX90C	$54825	$18640	$23580	**$32900**	**$35640**	Case IH	4T	244D	16F-12R	74	10472	CHA
C100	$30465	$10360	$13100	**$18280**	**$19800**	Case IH	4T	244D	8F-8R	83	5963	No
C100 4WD	$35975	$12230	$15470	**$21590**	**$23380**	Case IH	4T	244D	8F-8R	83	6691	No
CX100	$34390	$11690	$14790	**$20630**	**$22350**	Case IH	4T	244D	8F-8R	83	7396	CHA
CX100 4WD	$39880	$13560	$17150	**$23930**	**$25920**	Case IH	4T	244D	8F-8R	83	8466	CHA
MX100 W/Cab	$42300	$14380	$18190	**$25380**	**$27500**	Case IH	6T	359D	16F-12R	85	11300	CHA
MX100 W/Cab 4WD	$50825	$17280	$21860	**$30500**	**$33040**	Case IH	6T	359D	16F-12R	85	12460	CHA
MX100C	$58100	$19750	$24980	**$34860**	**$37770**	Case IH	4T	244D	16F-12R	83	10472	CHA
MX110 W/Cab	$44050	$14980	$18940	**$26430**	**$28630**	Case IH	6T	359D	16F-12R	95	11300	CHA
MX110 W/Cab 4WD	$52350	$17800	$22510	**$31410**	**$34030**	Case IH	6T	359D	16F-12R	95	12460	CHA
MX120 W/Cab	$48100	$16350	$20680	**$28860**	**$31270**	Case IH	6T	359D	16F-12R	105	11300	CHA
MX120 W/Cab 4WD	$56250	$19130	$24190	**$33750**	**$36560**	Case IH	6T	359D	16F-12R	105	12460	CHA
MX135 W/Cab	$58255	$19810	$25050	**$34950**	**$37870**	Case IH	6T	359D	16F-12R	115	11300	CHA
MX135 W/Cab 4WD	$66450	$22590	$28570	**$39870**	**$43190**	Case IH	6T	359D	16F-12R	115	12460	CHA
MX150	$75790	$25770	$32590	**$45470**	**$49260**	Case IH	6TA	359D	16F-12R	130	13911	CHA
MX150 4WD	$83950	$28540	$36100	**$50370**	**$54570**	Case IH	6TA	359D	16F-12R	130	14616	CHA
MX170	$82100	$27910	$35300	**$49260**	**$53370**	Case IH	6TA	359D	16F-12R	145	14076	CHA

Case-International (Cont.)

1999 (Cont.)

Model	Approx. Retail Price New	Used Trade-In Avg.	Used Trade-In High	Used Retail Avg.	Used Retail High	Engine Make	Engine No. Cyls.	Engine Displ. Cu.-in.	No. Speeds	P.T.O. H.P.	Approx. Shipping Wt.-Lbs.	Cab
MX170 4WD	$90720	$30850	$39010	**$54430**	**$58970**	Case IH	6TA	359D	16F-12R	145	14782	CHA
MX180	$86175	$29300	$37060	**$51710**	**$56010**	Case IH	6T	505D	18F-4R	145	17700	CHA
MX180 4WD	$94875	$32260	$40800	**$56930**	**$61670**	Case IH	6T	505D	18F-4R	145	18600	CHA
MX200	$92280	$31380	$39680	**$55370**	**$59980**	Case IH	6TA	505D	18F-4R	165	18700	CHA
MX200 4WD	$101350	$34460	$43580	**$60810**	**$65880**	Case IH	6TA	505D	18F-4R	165	19700	CHA
MX220	$102640	$34900	$44140	**$61580**	**$66720**	Case IH	6TA	505D	18F-4R	185	18700	CHA
MX220 4WD	$110455	$36720	$46440	**$64800**	**$70200**	Case IH	6TA	505D	18F-4R	185	19700	CHA
MX240 4WD	$128000	$40800	$48000	**$67200**	**$75600**	Case IH	6TA	505D	18F-4R	205	20200	CHA
MX270 4WD	$140150	$44200	$52000	**$72800**	**$81900**	Case IH	6TA	505D	18F-4R	235	20200	CHA
8910	$77745	$26430	$31100	**$43540**	**$48980**	Case IH	6T	505D	18F-4R	135	15215	CHA
8910 4WD	$85950	$29220	$34380	**$48130**	**$54150**	Case IH	6T	505D	18F-4R	135	16230	CHA
8920	$85000	$28900	$34000	**$47600**	**$53550**	Case IH	6T	505D	18F-4R	155	15630	CHA
8920 4WD	$93840	$31570	$37140	**$51990**	**$58490**	Case IH	6T	505D	18F-4R	155	16575	CHA
8930	$94325	$29240	$36790	**$49050**	**$53770**	Case IH	6T	505D	18F-4R	180	15750	CHA
8930 4WD	$102925	$31470	$39590	**$52780**	**$57860**	Case IH	6T	505D	18F-4R	180	16750	CHA
8940	$104740	$32240	$40560	**$54080**	**$59280**	Case IH	6T	505D	18F-4R	205	15825	CHA
8940 4WD	$113850	$34360	$43230	**$57640**	**$63190**	Case IH	6T	505D	18F-4R	205	16845	CHA
8950 4WD	$132955	$36580	$46020	**$61360**	**$67260**	Case IH	6T	505D	18F-4R	225	17445	CHA
9330	$106080	$33950	$42430	**$48800**	**$55160**	Case IH	6TA	505D	12F-3R	240*	21026	CHA
9330 Row Crop	$114000	$36480	$45600	**$52440**	**$59280**	Case IH	6TA	505D	12F-3R	240*	21026	CHA
9350	$123620	$39560	$49450	**$56870**	**$64280**	Cummins	6TA	661D	12F-3R	310*	26533	CHA
9350 Row Crop	$133500	$42720	$53400	**$61410**	**$69420**	Cummins	6TA	661D	12F-3R	310*	29600	CHA
9370	$138810	$44420	$55520	**$63850**	**$72180**	Cummins	6TA	855D	12F-3R	360*	30416	CHA
9370 Quadtrac	$179000	$57280	$71600	**$82340**	**$93080**	Cummins	6TA	855D	12F-3R	360*	43750	CHA
9380	$155355	$49710	$62140	**$71460**	**$80790**	Cummins	6TA	855D	12F-3R	400*	32500	CHA
9380 Quadtrac	$194000	$62080	$77600	**$89240**	**$100880**	Cummins	6TA	855D	12F-3R	400*	43750	CHA
9390	$159075	$50900	$63630	**$73180**	**$82720**	Cummins	6TA	855D	12F-3R	425*	32500	CHA

*** Engine Horsepower**

1998

Model	Approx. Retail Price New	Used Trade-In Avg.	Used Trade-In High	Used Retail Avg.	Used Retail High	Engine Make	Engine No. Cyls.	Engine Displ. Cu.-in.	No. Speeds	P.T.O. H.P.	Approx. Shipping Wt.-Lbs.	Cab
C50	$19900	$6570	$8160	**$11540**	**$12540**	Case IH	3	165D	8F-8R	40	5335	No
C50 4WD	$25000	$8250	$10250	**$14500**	**$15750**	Case IH	3	165D	8F-8R	40	6063	No
CX50	$24200	$7990	$9920	**$14040**	**$15250**	Case IH	3	165D	8F-8R	40	7286	CHA
CX50 4WD	$29250	$9650	$11990	**$16970**	**$18430**	Case IH	3	165D	8F-8R	40	7970	CHA
C60	$22500	$7430	$9230	**$13050**	**$14180**	Case IH	3T	165D	8F-8R	50	5357	No
C60 4WD	$27800	$9170	$11400	**$16120**	**$17510**	Case IH	3T	165D	8F-8R	50	6096	No
CX60	$25200	$8320	$10330	**$14620**	**$15880**	Case IH	3T	165D	8F-8R	50	7286	CHA
CX60 4WD	$30300	$10000	$12420	**$17570**	**$19090**	Case IH	3T	165D	8F-8R	50	7970	CHA
C70	$23750	$7840	$9740	**$13780**	**$14960**	Case IH	4	258D	8F-8R	60	5941	No
C70 4WD	$29000	$9570	$11890	**$16820**	**$18270**	Case IH	4	258D	8F-8R	60	6658	No
CX70	$27000	$8910	$11070	**$15660**	**$17010**	Case IH	4	258D	8F-8R	60	7396	CHA
CX70 4WD	$33500	$11060	$13740	**$19430**	**$21110**	Case IH	4	258D	8F-8R	60	8466	CHA
C80	$25800	$8510	$10580	**$14960**	**$16250**	Case IH	4T	244D	8F-8R	67	5941	No
C80 4WD	$30000	$9900	$12300	**$17400**	**$18900**	Case IH	4T	244D	8F-8R	67	6658	No
CX80	$29200	$9640	$11970	**$16940**	**$18400**	Case IH	4T	244D	8F-8R	67	7396	CHA
CX80 4WD	$35300	$11650	$14470	**$20470**	**$22240**	Case IH	4T	244D	8F-8R	67	8466	CHA
MX80C	$53000	$17490	$21730	**$30740**	**$33390**	Case IH	4T	244D	16F-12R	67	9921	CHA
C90	$28256	$9320	$11590	**$16390**	**$17800**	Case IH	4T	244D	8F-8R	74	5963	No
C90 4WD	$34500	$11390	$14150	**$20010**	**$21740**	Case IH	4T	244D	8F-8R	74	6691	No
CX90	$31500	$10400	$12920	**$18270**	**$19850**	Case IH	4T	244D	8F-8R	74	7396	CHA
CX90 4WD	$37800	$12470	$15500	**$21920**	**$23810**	Case IH	4T	244D	8F-8R	74	8466	CHA
MX90C	$56000	$18480	$22960	**$32480**	**$35280**	Case IH	4T	244D	16F-12R	74	10472	CHA
C100	$30500	$10070	$12510	**$17690**	**$19220**	Case IH	4T	244D	8F-8R	83	5963	No
C100 4WD	$36900	$12180	$15130	**$21400**	**$23250**	Case IH	4T	244D	8F-8R	83	6691	No
CX100	$33800	$11150	$13860	**$19600**	**$21290**	Case IH	4T	244D	8F-8R	83	7396	CHA
CX100 4WD	$40300	$13300	$16520	**$23370**	**$25390**	Case IH	4T	244D	8F-8R	83	8466	CHA
MX100	$47700	$15740	$19560	**$27670**	**$30050**	Case IH	6T	359D	16F-12R	85	11300	CHA
MX100 4WD	$52750	$17410	$21630	**$30600**	**$33230**	Case IH	6T	359D	16F-12R	85	12460	CHA
MX100C	$51350	$16950	$21050	**$29780**	**$32350**	Case IH	4T	244D	16F-12R	83	10472	CHA
MX110	$47800	$15770	$19600	**$27720**	**$30110**	Case IH	6T	359D	16F-12R	95	11300	CHA
MX110 4WD	$55520	$18320	$22760	**$32200**	**$34980**	Case IH	6T	359D	16F-12R	95	12460	CHA
MX120	$50570	$16690	$20730	**$29330**	**$31860**	Case IH	6T	359D	16F-12R	105	11300	CHA
MX120 4WD	$58800	$19400	$24110	**$34100**	**$37040**	Case IH	6T	359D	16F-12R	105	12460	CHA
MX135	$59200	$19540	$24270	**$34340**	**$37300**	Case IH	6T	359D	16F-12R	115	11300	CHA
MX135 4WD	$67200	$22180	$27550	**$38980**	**$42340**	Case IH	6T	359D	16F-12R	115	12460	CHA
MX150	$68250	$22520	$27980	**$39590**	**$43000**	Case IH	6TA	359D	16F-12R	130	13911	CHA
MX150 4WD	$77330	$25520	$31710	**$44850**	**$48720**	Case IH	6TA	359D	16F-12R	130	14616	CHA
MX170	$73650	$24310	$30200	**$42720**	**$46400**	Case IH	6TA	359D	16F-12R	145	14076	CHA
MX170 4WD	$82440	$27210	$33800	**$47820**	**$51940**	Case IH	6TA	359D	16F-12R	145	14782	CHA
MX180	$85500	$28220	$35060	**$49590**	**$53870**	Case IH	6T	505D	18F-4R	145	17700	CHA
MX180 4WD	$93685	$30920	$38410	**$54340**	**$59020**	Case IH	6T	505D	18F-4R	145	18600	CHA
MX200	$91754	$30280	$37620	**$53220**	**$57810**	Case IH	6TA	505D	18F-4R	165	18700	CHA
MX200 4WD	$100755	$32670	$40590	**$57420**	**$62370**	Case IH	6TA	505D	18F-4R	165	19700	CHA
MX220	$101880	$33000	$41000	**$58000**	**$63000**	Case IH	6TA	505D	18F-4R	185	18700	CHA
MX220 4WD	$109315	$34650	$43050	**$60900**	**$66150**	Case IH	6TA	505D	18F-4R	185	19700	CHA
MX240 4WD	$126244	$38400	$45600	**$64800**	**$73200**	Case IH	6TA	505D	18F-4R	205	20200	CHA
MX270 4WD	$138340	$40960	$48640	**$69120**	**$78080**	Case IH	6TA	505D	18F-4R	235	20200	CHA
8910	$79000	$24640	$29260	**$41580**	**$46970**	Case IH	6T	505D	18F-4R	135	15215	CHA
8910 4WD	$89000	$27520	$32680	**$46440**	**$52460**	Case IH	6T	505D	18F-4R	135	16575	CHA
8920	$86000	$26880	$31920	**$45360**	**$51240**	Case IH	6T	505D	18F-4R	155	15630	CHA
8920 4WD	$99000	$30400	$36100	**$51300**	**$57950**	Case IH	6T	505D	18F-4R	155	16750	CHA
8930	$96000	$26970	$34410	**$45570**	**$50220**	Case IH	6T	505D	18F-4R	180	15750	CHA
8930 4WD	$110000	$29000	$37000	**$49000**	**$54000**	Case IH	6T	505D	18F-4R	180	16750	CHA
8940	$106000	$29580	$37740	**$49980**	**$55080**	Case IH	6T	505D	18F-4R	205	15825	CHA

Case-International (Cont.)

1998 (Cont.)

Model	Approx. Retail Price New	Estimated Value Less Repairs: Used Trade-In Avg.	Used Trade-In High	Used Retail Avg.	Used Retail High	Engine Make	Engine No. Cyls.	Engine Displ. Cu.-in.	No. Speeds	P.T.O. H.P.	Approx. Shipping Wt.-Lbs.	Cab
8940 4WD	$120000	$32480	$41440	**$54880**	**$60480**	Case IH	6T	505D	18F-4R	205	16845	CHA
8950 4WD	$135000	$34800	$44400	**$58800**	**$64800**	Case IH	6T	505D	18F-4R	225	17445	CHA
9330	$108000	$32400	$41040	**$45360**	**$51840**	Case IH	6TA	505D	12F-3R	240*	21026	CHA
9330 Row Crop	$116000	$34800	$44080	**$48720**	**$55680**	Case IH	6TA	505D	12F-3R	240*	21026	CHA
9350	$128000	$38400	$48640	**$53760**	**$61440**	Cummins	6TA	661D	12F-3R	310*	26533	CHA
9350 Row Crop	$138000	$41400	$52440	**$57960**	**$66240**	Cummins	6TA	661D	12F-3R	310*	29600	CHA
9370	$145000	$43500	$55100	**$60900**	**$69600**	Cummins	6TA	855D	12F-3R	360*	30416	CHA
9370 Quadtrac	$168000	$50400	$63840	**$70560**	**$80640**	Cummins	6TA	855D	12F-3R	360*	43750	CHA
9380	$158000	$47400	$60040	**$66360**	**$75840**	Cummins	6TA	855D	12F-3R	400*	32500	CHA
9390	$165000	$49500	$62700	**$69300**	**$79200**	Cummins	6TA	855D	12F-3R	425*	32500	CHA

*** Engine Horsepower**

1997

Model	Approx. Retail Price New	Estimated Value Less Repairs: Used Trade-In Avg.	Used Trade-In High	Used Retail Avg.	Used Retail High	Engine Make	Engine No. Cyls.	Engine Displ. Cu.-in.	No. Speeds	P.T.O. H.P.	Approx. Shipping Wt.-Lbs.	Cab
MX100	$45680	$14620	$18270	**$26040**	**$28550**	Case IH	6T	359D	16F-12R	85	11300	CHA
MX100 4WD	$51485	$16480	$20590	**$29350**	**$32180**	Case IH	6T	359D	16F-12R	85	12460	CHA
MX110	$45535	$14570	$18210	**$25960**	**$28460**	Case IH	6T	359D	16F-12R	95	11300	CHA
MX110 4WD	$52775	$16890	$21110	**$30080**	**$32980**	Case IH	6T	359D	16F-12R	95	12460	CHA
MX120	$49445	$15820	$19780	**$28180**	**$30900**	Case IH	6T	359D	16F-12R	105	11300	CHA
MX120 4WD	$57175	$18300	$22870	**$32590**	**$35730**	Case IH	6T	359D	16F-12R	105	12460	CHA
MX135	$57875	$18520	$23150	**$32990**	**$36170**	Case IH	6T	359D	16F-12R	115	11300	CHA
MX135 4WD	$65990	$21120	$26400	**$37610**	**$41240**	Case IH	6T	359D	16F-12R	115	12460	CHA
3220	$19447	$5830	$7000	**$10110**	**$11570**	Case IH	3	179D	8F-4R	42	4960	CHA
3220 4WD	$24775	$7430	$8920	**$12880**	**$14740**	Case IH	3	179D	8F-4R	42	5570	No
3230	$22447	$6730	$8080	**$11670**	**$13360**	Case IH	4	206D	8F-4R	52	5540	No
3230 4WD	$28209	$8460	$10160	**$14670**	**$16780**	Case IH	4	206D	8F-4R	52	6150	No
3230 4WD w/Cab	$35210	$10560	$12680	**$18310**	**$20950**	Case IH	4	206D	8F-4R	52	6950	CHA
3230 w/Cab	$29448	$8830	$10600	**$15310**	**$17520**	Case IH	4	206D	8F-4R	52	6340	CHA
4210	$25630	$7690	$9230	**$13330**	**$15250**	Case IH	4	239D	8F-4R	62	5720	No
4210 4WD	$31392	$9420	$11300	**$16320**	**$18680**	Case IH	4	239D	8F-4R	62	6330	No
4210 4WD w/Cab	$38394	$11520	$13820	**$19970**	**$22840**	Case IH	4	239D	8F-4R	62	7130	CHA
4210 w/Cab	$32631	$9790	$11750	**$16970**	**$19420**	Case IH	4	239D	8F-4R	62	6520	CHA
4230	$29535	$8860	$10630	**$15360**	**$17570**	Case IH	4	268D	16F-8R	72	6030	No
4230 4WD	$35836	$10750	$12900	**$18640**	**$21320**	Case IH	4	268D	16F-8R	72	6640	No
4230 4WD w/Cab	$43551	$13070	$15680	**$22650**	**$25910**	Case IH	4	268D	16F-8R	72	7440	CHA
4230 w/Cab	$37250	$11180	$13410	**$19370**	**$22160**	Case IH	4	268D	16F-8R	72	6830	CHA
4240	$31697	$9510	$11410	**$16480**	**$18860**	Case IH	4	268D	16F-8R	85	6030	No
4240 4WD	$37997	$11400	$13680	**$19760**	**$22610**	Case IH	4	268D	16F-8R	85	6640	No
4240 4WD w/Cab	$45650	$13700	$16430	**$23740**	**$27160**	Case IH	4	268D	16F-8R	85		CHA
4240 w/Cab	$39350	$11810	$14170	**$20460**	**$23410**	Case IH	4	268D	16F-8R	85		CHA
5220	$35442	$11340	$14180	**$20200**	**$22150**	Case IH	4TA	239D	16F-12R	80	8818	No
5220 4WD	$43573	$13940	$17430	**$24840**	**$27230**	Case IH	4TA	239D	16F-12R	80	9590	No
5220 4WD w/Cab	$51370	$16440	$20550	**$29280**	**$32110**	Case IH	4TA	239D	16F-12R	80	9921	CHA
5220 w/Cab	$43240	$13840	$17300	**$24650**	**$27030**	Case IH	4TA	239D	16F-12R	80	9149	CHA
5230	$38640	$12370	$15460	**$22030**	**$24150**	Case IH	6	359D	16F-12R	90	9810	No
5230 4WD	$46469	$14870	$18590	**$26490**	**$29040**	Case IH	6	359D	16F-12R	90	10582	No
5230 4WD w/Cab	$54265	$17370	$21710	**$30930**	**$33920**	Case IH	6	359D	16F-12R	90	10913	CHA
5230 w/Cab	$46435	$14860	$18570	**$26470**	**$29020**	Case IH	6	359D	16F-12R	90	10141	CHA
5240	$42286	$13530	$16910	**$24100**	**$26430**	Case IH	6T	359D	16F-12R	100	9810	No
5240 4WD	$50122	$16040	$20050	**$28570**	**$31330**	Case IH	6T	359D	16F-12R	100	10582	No
5240 4WD w/Cab	$57917	$18530	$23170	**$33010**	**$36200**	Case IH	6T	359D	16F-12R	100	10913	CHA
5240 w/Cab	$50100	$16030	$20040	**$28560**	**$31310**	Case IH	6T	359D	16F-12R	100	10141	CHA
5250	$51520	$16490	$20610	**$29370**	**$32200**	Case IH	6T	359D	16F-8R	112		No
5250 4WD	$60025	$19210	$24010	**$34210**	**$37520**	Case IH	6T	359D	16F-8R	112		No
5250 4WD w/Cab	$67817	$21700	$27130	**$38660**	**$42390**	Case IH	6T	359D	16F-12R	112	10913	CHA
5250 w/Cab	$59315	$18980	$23730	**$33810**	**$37070**	Case IH	6T	359D	16F-12R	112	10141	CHA
8910	$75478	$22640	$27170	**$39250**	**$44910**	Case IH	6T	505D	18F-4R	130	15610	CHA
8910 4WD	$87095	$25500	$30600	**$44200**	**$50580**	Case IH	6T	505D	18F-4R	130	16403	CHA
8920	$82610	$24780	$29740	**$42960**	**$49150**	Case IH	6T	505D	18F-4R	155	15621	CHA
8920 4WD	$96100	$27600	$33120	**$47840**	**$54740**	Case IH	6T	505D	18F-4R	155	17319	CHA
8930	$90695	$24030	$31150	**$40940**	**$45390**	Case IH	6T	505D	18F-4R	170	15965	CHA
8930 4WD	$104750	$26730	$34650	**$45540**	**$50490**	Case IH	6T	505D	18F-4R	170	18404	CHA
8940	$101687	$26190	$33950	**$44620**	**$49470**	Case IH	6TA	505D	18F-4R	195	16808	CHA
8940 4WD	$115800	$29700	$38500	**$50600**	**$56100**	Case IH	6TA	505D	18F-4R	195	18578	CHA
8950 4WD	$129080	$32130	$41650	**$54740**	**$60690**	Case IH	6TA	505D	18F-4R	215	18745	CHA
9310 w/3pt, PTO	$106425	$29800	$38310	**$42570**	**$47890**	Case IH	6TA	505D	12F-3R	205*		CHA
9330 w/3pt, PTO	$115495	$32340	$41580	**$46200**	**$51970**	Case IH	6TA	505D	12F-3R	240*		CHA
9350 w/3pto, PTO	$133577	$37400	$48090	**$53430**	**$60110**	Case IH	6TA	661D	12F-3R	310*		CHA
9370	$133431	$37360	$48040	**$53370**	**$60040**	Case IH	6TA	855D	12F-3R	360*		CHA
9370 w/3pt, PTO	$151051	$42290	$54380	**$60420**	**$67970**	Case IH	6TA	855D	12F-3R	360*		CHA
9380	$149335	$41810	$53760	**$59730**	**$67200**	Case IH	6TA	855D	12F-3R	400*		CHA
9380 w/PTO	$156095	$43710	$56190	**$62440**	**$70240**	Case IH	6TA	855D	12F-3R	400*		CHA
9390	$154411	$43240	$55590	**$61760**	**$69490**	Case IH	6TA	855D	12F-3R	425*		CHA
9390 w/PTO	$161170	$45130	$58020	**$64470**	**$72530**	Case IH	6TA	855D	12F-3R	425*		CHA

MFD - Mechanical Front Drive

*** Gross engine horsepower.**

1996

Model	Approx. Retail Price New	Estimated Value Less Repairs: Used Trade-In Avg.	Used Trade-In High	Used Retail Avg.	Used Retail High	Engine Make	Engine No. Cyls.	Engine Displ. Cu.-in.	No. Speeds	P.T.O. H.P.	Approx. Shipping Wt.-Lbs.	Cab
3220	$19447	$5450	$6610	**$9920**	**$11380**	Case IH	3	179D	8F-4R	42	4960	No
3220 4WD	$24775	$6940	$8420	**$12640**	**$14490**	Case IH	3	179D	8F-4R	42	5570	No
3230	$22447	$6290	$7630	**$11450**	**$13130**	Case IH	4	206D	8F-4R	52	5540	No
3230 4WD	$28209	$7900	$9590	**$14390**	**$16500**	Case IH	4	206D	8F-4R	52	6150	No
3230 4WD w/Cab	$35210	$9860	$11970	**$17960**	**$20600**	Case IH	4	206D	8F-4R	52	6950	CHA
3230 w/Cab	$29448	$8250	$10010	**$15020**	**$17230**	Case IH	4	206D	8F-4R	52	6340	CHA
4210	$25630	$7180	$8710	**$13070**	**$14990**	Case IH	4	239D	8F-4R	62	5720	No

Case-International (Cont.)

1996 (Cont.)

Model	Approx. Retail Price New	Used Trade-In Avg.	Used Trade-In High	Used Retail Avg.	Used Retail High	Engine Make	Engine No. Cyls.	Engine Displ. Cu.-in.	No. Speeds	P.T.O. H.P.	Approx. Shipping Wt.-Lbs.	Cab
4210 4WD	$31392	$8790	$10670	**$16010**	**$18360**	Case IH	4	239D	8F-4R	62	6330	No
4210 4WD w/Cab	$38394	$10750	$13050	**$19580**	**$22460**	Case IH	4	239D	8F-4R	62	7130	CHA
4210 w/Cab	$32631	$9140	$11100	**$16640**	**$19090**	Case IH	4	239D	8F-4R	62	6520	CHA
4230	$29535	$8270	$10040	**$15060**	**$17280**	Case IH	4	268D	16F-8R	72	6030	No
4230 4WD	$35836	$10030	$12180	**$18280**	**$20960**	Case IH	4	268D	16F-8R	72	6640	No
4230 4WD w/Cab	$43551	$12190	$14810	**$22210**	**$25480**	Case IH	4	268D	16F-8R	72	7440	CHA
4230 w/Cab	$37250	$10430	$12670	**$19000**	**$21790**	Case IH	4	268D	16F-8R	72	6830	CHA
4240	$31697	$8880	$10780	**$16170**	**$18540**	Case IH	4	268D	16F-8R	85	6030	No
4240 4WD	$37997	$10640	$12920	**$19380**	**$22230**	Case IH	4	268D	16F-8R	85	6640	No
5220	$35442	$10990	$13820	**$19850**	**$21970**	Case IH	4TA	239D	16F-12R	80	8818	No
5220 4WD	$43573	$13510	$16990	**$24400**	**$27020**	Case IH	4TA	239D	16F-12R	80	9590	No
5220 4WD w/Cab	$51370	$15930	$20030	**$28770**	**$31850**	Case IH	4TA	239D	16F-12R	80	9921	CHA
5220 w/Cab	$43240	$13400	$16860	**$24210**	**$26810**	Case IH	4TA	239D	16F-12R	80	9149	CHA
5230	$38640	$11980	$15070	**$21640**	**$23960**	Case IH	6	359D	16F-12R	90	9810	No
5230 4WD	$46469	$14410	$18120	**$26020**	**$28810**	Case IH	6	359D	16F-12R	90	10582	No
5230 4WD w/Cab	$54265	$16820	$21160	**$30390**	**$33640**	Case IH	6	359D	16F-12R	90	10913	CHA
5230 w/Cab	$46435	$14400	$18110	**$26000**	**$28790**	Case IH	6	359D	16F-12R	90	10141	CHA
5240	$42286	$13110	$16490	**$23680**	**$26220**	Case IH	6T	359D	16F-12R	100	9810	No
5240 4WD	$50122	$15540	$19550	**$28070**	**$31080**	Case IH	6T	359D	16F-12R	100	10582	No
5240 4WD w/Cab	$57917	$17950	$22590	**$32430**	**$35910**	Case IH	6T	359D	16F-12R	100	10913	CHA
5240 w/Cab	$50080	$15530	$19530	**$28050**	**$31050**	Case IH	6T	359D	16F-12R	100	10141	CHA
5250 4WD w/Cab	$67817	$21020	$26450	**$37980**	**$42050**	Case IH	6T	359D	16F-12R	112	10913	CHA
5250 w/Cab	$59315	$18390	$23130	**$33220**	**$36780**	Case IH	6T	359D	16F-12R	112	10141	CHA
7210	$76510	$19130	$25250	**$33660**	**$37490**	Case IH	6T	505D	18F-4R	130	15610	CHA
7210 4WD	$88215	$22050	$29110	**$38820**	**$43230**	Case IH	6T	505D	18F-4R	130	16403	CHA
7220	$81925	$20480	$27040	**$36050**	**$40140**	Case IH	6T	505D	18F-4R	155	15621	CHA
7220 4WD	$96760	$24190	$31930	**$42570**	**$47410**	Case IH	6T	505D	18F-4R	155	17319	CHA
7230	$95265	$23820	$31440	**$41920**	**$46680**	Case IH	6T	505D	18F-4R	170	15965	CHA
7230 4WD	$110050	$26000	$34320	**$45760**	**$50960**	Case IH	6T	505D	18F-4R	170	18404	CHA
7240	$100245	$25060	$33080	**$44110**	**$49120**	Case IH	6TA	505D	18F-4R	195	16808	CHA
7240 4WD	$117410	$26750	$35310	**$47080**	**$52430**	Case IH	6TA	505D	18F-4R	195	18578	CHA
7250 4WD	$127110	$29350	$38740	**$51660**	**$57530**	Case IH	6TA	505D	18F-4R	215	18745	CHA
9330	$99470	$25860	$33820	**$36800**	**$42770**	Case IH	6TA	505D	12F-3R	235*	22000	CHA
9350	$124635	$32410	$42380	**$46120**	**$53590**	Cummins	6TA	611D	12F-3R	310*	27446	CHA
9370	$138800	$36090	$47190	**$51360**	**$59680**	Cummins	6TA	855D	12F-3R	360*	33110	CHA
9380	$155390	$40400	$52830	**$57490**	**$66820**	Cummins	6TA	855D	12F-3R	400*	34500	CHA

MFD - Mechanical Front Drive
*** Gross engine horsepower.**

1995

Model	Approx. Retail Price New	Used Trade-In Avg.	Used Trade-In High	Used Retail Avg.	Used Retail High	Engine Make	Engine No. Cyls.	Engine Displ. Cu.-in.	No. Speeds	P.T.O. H.P.	Approx. Shipping Wt.-Lbs.	Cab
3220	$19153	$4980	$6130	**$9580**	**$11010**	Case IH	3	179D	8F-4R	42	4960	No
3220 4WD	$24277	$6310	$7770	**$12140**	**$13960**	Case IH	3	179D	8F-4R	42	5570	No
3230	$22511	$5850	$7200	**$11260**	**$12940**	Case IH	4	206D	8F-4R	52	5540	No
3230 4WD	$28249	$7350	$9040	**$14130**	**$16240**	Case IH	4	206D	8F-4R	52	6150	No
3230 4WD w/Cab	$35251	$9170	$11280	**$17630**	**$20270**	Case IH	4	206D	8F-4R	52	6950	CHA
3230 w/Cab	$29513	$7670	$9440	**$14760**	**$16970**	Case IH	4	206D	8F-4R	52	6340	CHA
4210	$26412	$6870	$8450	**$13210**	**$15190**	Case IH	4	239D	8F-4R	62	5720	No
4210 4WD	$32237	$8380	$10320	**$16120**	**$18540**	Case IH	4	239D	8F-4R	62	6330	No
4210 4WD w/Cab	$39239	$10200	$12560	**$19620**	**$22560**	Case IH	4	239D	8F-4R	62	7130	CHA
4210 w/Cab	$33414	$8690	$10690	**$16710**	**$19210**	Case IH	4	239D	8F-4R	62	6520	CHA
4230	$29856	$7760	$9550	**$14930**	**$17170**	Case IH	4	268D	16F-8R	72	6030	No
4230 4WD	$35744	$9290	$11440	**$17870**	**$20550**	Case IH	4	268D	16F-8R	72	6640	No
4230 4WD w/Cab	$42886	$11150	$13720	**$21440**	**$24660**	Case IH	4	268D	16F-8R	72	7440	CHA
4230 w/Cab	$36998	$9620	$11840	**$18500**	**$21270**	Case IH	4	268D	16F-8R	72	6830	CHA
4240	$32144	$8360	$10290	**$16070**	**$18480**	Case IH	4	268D	16F-8R	85	6030	No
4240 4WD	$37911	$9860	$12130	**$18960**	**$21800**	Case IH	4	268D	16F-8R	85	6640	No
5220	$33638	$10090	$12780	**$18500**	**$20690**	Case IH	4TA	239D	16F-12R	80	8818	No
5220 4WD	$43017	$12910	$16350	**$23660**	**$26460**	Case IH	4TA	239D	16F-12R	80	9590	No
5220 4WD w/Cab	$50406	$15120	$19150	**$27720**	**$31000**	Case IH	4TA	239D	16F-12R	80	9921	CHA
5220 w/Cab	$41027	$12310	$15590	**$22570**	**$25230**	Case IH	4TA	239D	16F-12R	80	9149	CHA
5230	$39233	$11770	$14910	**$21580**	**$24130**	Case IH	6	359D	16F-12R	90	9810	No
5230 4WD	$46700	$14010	$17750	**$25690**	**$28720**	Case IH	6	359D	16F-12R	90	10582	No
5230 4WD w/Cab	$54094	$16230	$20560	**$29750**	**$33270**	Case IH	6	359D	16F-12R	90	10913	CHA
5230 w/Cab	$46622	$13990	$17720	**$25640**	**$28670**	Case IH	6	359D	16F-12R	90	10141	CHA
5240	$42968	$12890	$16330	**$23630**	**$26430**	Case IH	6T	359D	16F-12R	100	9810	No
5240 4WD	$50215	$15070	$19080	**$27620**	**$30880**	Case IH	6T	359D	16F-12R	100	10582	No
5240 4WD w/Cab	$57604	$17280	$21890	**$31680**	**$35430**	Case IH	6T	359D	16F-12R	100	10913	CHA
5240 w/Cab	$50357	$15110	$19140	**$27700**	**$30970**	Case IH	6T	359D	16F-12R	100	10141	CHA
5250 4WD w/Cab	$65739	$19720	$24980	**$36160**	**$40430**	Case IH	6T	359D	16F-12R	112	10913	CHA
5250 w/Cab	$57714	$17310	$21930	**$31740**	**$35490**	Case IH	6T	359D	16F-12R	112	10141	CHA
7210	$72181	$17320	$22380	**$30320**	**$33930**	Case IH	6T	505D	18F-4R	130	15610	CHA
7210 4WD	$83221	$19970	$25800	**$34950**	**$39110**	Case IH	6T	505D	18F-4R	130	16403	CHA
7220	$77286	$18550	$23960	**$32460**	**$36320**	Case IH	6T	505D	18F-4R	155	15621	CHA
7220 4WD	$91285	$21910	$28300	**$38340**	**$42900**	Case IH	6T	505D	18F-4R	155	17319	CHA
7230	$87328	$20960	$27070	**$36680**	**$41040**	Case IH	6T	505D	18F-4R	170	15965	CHA
7230 4WD	$103823	$24000	$31000	**$42000**	**$47000**	Case IH	6T	505D	18F-4R	170	18404	CHA
7240	$94572	$22700	$29320	**$39720**	**$44450**	Case IH	6TA	505D	18F-4R	195	16808	CHA
7240 4WD	$110765	$24720	$31930	**$43260**	**$48410**	Case IH	6TA	505D	18F-4R	195	18578	CHA
7250 4WD	$119913	$26160	$33790	**$45780**	**$51230**	Case IH	6TA	505D	18F-4R	215	18745	CHA
9210	$85491	$20520	$27360	**$29070**	**$35050**	Case IH	6T	505D	12F-3R	168	17000	CHA
9230	$93841	$22080	$29440	**$31280**	**$37720**	Case IH	6TA	505D	12F-3R	207	22000	CHA
9250	$117580	$28220	$37630	**$39980**	**$48210**	Cummins	6TA	611D	12F-3R	266	27446	CHA
9260	$121120	$29070	$38760	**$41180**	**$49660**	Cummins	6TA	611D	12F-2R	265.84	30300	CHA
9270	$130943	$31430	$41900	**$44520**	**$53690**	Cummins	6TA	855D	12F-3R	308	33110	CHA

Case-International (Cont.)

Model	Approx. Retail Price New	Estimated Value Less Repairs: Used Trade-In Avg.	Used Trade-In High	Used Retail Avg.	Used Retail High	Engine Make	Engine No. Cyls.	Engine Displ. Cu.-in.	No. Speeds	P.T.O. H.P.	Approx. Shipping Wt.-Lbs.	Cab
1995 (Cont.)												
9280	$146593	$35180	$46910	**$49840**	**$60100**	Cummins	6TA	855D	12F-3R	344	34500	CHA
MFD - Mechanical Front Drive												
1994												
495	$19875	$4970	$6160	**$9740**	**$11230**	Case IH	3	179D	8F-4R	42	4960	No
495 4WD	$25550	$6390	$7920	**$12520**	**$14440**	Case IH	3	179D	8F-4R	42	5720	No
595	$23400	$5380	$7020	**$9360**	**$10760**	Case IH	4	206D	8F-4R	52	5540	No
595 4WD	$28890	$6650	$8670	**$11560**	**$13290**	Case IH	4	206D	8F-4R	52	6240	No
595 4WD w/Cab	$35950	$8270	$10790	**$14380**	**$16540**	Case IH	4	206D	8F-4R	52		CHA
595 w/Cab	$30285	$6970	$9090	**$12110**	**$13930**	Case IH	4	206D	8F-4R	52		CHA
695	$27250	$6270	$8180	**$10900**	**$12540**	Case IH	4	239D	8F-4R	62	5720	No
695 4WD	$34150	$7860	$10250	**$13660**	**$15710**	Case IH	4	239D	8F-4R	62	6340	No
695 4WD w/Cab	$39990	$9200	$12000	**$16000**	**$18400**	Case IH	4	239D	8F-4R	62		CHA
695 w/Cab	$33220	$7640	$9970	**$13290**	**$15280**	Case IH	4	239D	8F-4R	62		CHA
895	$29750	$6840	$8930	**$11900**	**$13690**	Case IH	4	268D	16F-8R	72	6030	No
895 4WD	$37120	$8540	$11140	**$14850**	**$17080**	Case IH	4	268D	16F-8R	72	6440	No
895 4WD w/Cab	$42950	$9880	$12890	**$17180**	**$19760**	Case IH	4	268D	16F-8R	72		CHA
895 w/Cab	$35770	$8230	$10730	**$14310**	**$16450**	Case IH	4	268D	16F-8R	72		CHA
995	$31990	$7360	$9600	**$12800**	**$14720**	Case IH	4	268D	16F-8R	85		No
995 4WD	$37875	$8710	$11360	**$15150**	**$17420**	Case IH	4	268D	16F-8R	85		No
3220	$19153	$4790	$5940	**$9390**	**$10820**	Case IH	3	179D	8F-4R	42.00	4960	No
3220 4WD	$24277	$6070	$7530	**$11900**	**$13720**	Case IH	3	179D	8F-4R	42.00	5570	No
3230	$22511	$5630	$6980	**$11030**	**$12720**	Case IH	4	206D	8F-4R	52.00	5540	No
3230 4WD	$28249	$7060	$8760	**$13840**	**$15960**	Case IH	4	206D	8F-4R	52.00	6150	No
3230 4WD w/Cab	$35251	$8810	$10930	**$17270**	**$19920**	Case IH	4	206D	8F-4R	52.00	6950	CHA
3230 w/Cab	$29513	$7380	$9150	**$14460**	**$16680**	Case IH	4	206D	8F-4R	52.00	6340	CHA
4210	$26412	$6600	$8190	**$12940**	**$14920**	Case IH	4	239D	8F-4R	62.00	5720	No
4210 4WD	$32237	$8060	$9990	**$15800**	**$18210**	Case IH	4	239D	8F-4R	62.00	6330	No
4210 4WD w/Cab	$39239	$9810	$12160	**$19230**	**$22170**	Case IH	4	239D	8F-4R	62.00	7130	CHA
4210 w/Cab	$33414	$8350	$10360	**$16370**	**$18880**	Case IH	4	239D	8F-4R	62.00	6520	CHA
4230	$29350	$7340	$9100	**$14380**	**$16580**	Case IH	4	268D	16F-8R	72.00	6030	No
4230 4WD	$35132	$8780	$10890	**$17220**	**$19850**	Case IH	4	268D	16F-8R	72.00	6640	No
4230 4WD w/Cab	$42134	$10530	$13060	**$20650**	**$23810**	Case IH	4	268D	16F-8R	72.00	7440	CHA
4230 w/Cab	$36351	$9090	$11270	**$17810**	**$20540**	Case IH	4	268D	16F-8R	72.00	6830	CHA
4240	$31599	$7900	$9800	**$15480**	**$17850**	Case IH	4	268D	16F-8R	85.00	6030	No
4240 4WD	$37260	$9320	$11550	**$18260**	**$21050**	Case IH	4	268D	16F-8R	85.00	6640	No
5220	$33141	$9780	$12260	**$17900**	**$20220**	Case IH	4TA	239D	16F-12R	80.00	8818	No
5220 4WD	$42381	$12500	$15680	**$22890**	**$25850**	Case IH	4TA	239D	16F-12R	80.00	9590	No
5220 4WD w/Cab	$49661	$14650	$18380	**$26820**	**$30290**	Case IH	4TA	239D	16F-12R	80.00	9921	CHA
5220 w/Cab	$40421	$11920	$14960	**$21830**	**$24660**	Case IH	4TA	239D	16F-12R	80.00	9149	CHA
5230	$38653	$11400	$14300	**$20870**	**$23580**	Case IH	6	359D	16F-12R	90.00	9810	No
5230 4WD	$46014	$13570	$17030	**$24850**	**$28070**	Case IH	6	359D	16F-12R	90.00	10582	No
5230 4WD w/Cab	$53294	$15720	$19720	**$28780**	**$32510**	Case IH	6	359D	16F-12R	90.00	10913	CHA
5230 w/Cab	$45933	$13550	$17000	**$24800**	**$28020**	Case IH	6	359D	16F-12R	90.00	10141	CHA
5240	$42332	$12490	$15660	**$22860**	**$25820**	Case IH	6T	359D	16F-12R	100.00	9810	No
5240 4WD	$49472	$14590	$18310	**$26720**	**$30180**	Case IH	6T	359D	16F-12R	100.00	10582	No
5240 4WD w/Cab	$56752	$16740	$21000	**$30650**	**$34620**	Case IH	6T	359D	16F-12R	100.00	10913	CHA
5240 w/Cab	$49612	$14640	$18360	**$26790**	**$30260**	Case IH	6T	359D	16F-12R	100.00	10141	CHA
5250 4WD w/Cab	$64768	$19110	$23960	**$34980**	**$39510**	Case IH	6T	359D	16F-12R	112.00	10913	CHA
5250 w/Cab	$56862	$16770	$21040	**$30710**	**$34690**	Case IH	6T	359D	16F-12R	112.00	10141	CHA
7210	$70876	$16300	$21260	**$28350**	**$32600**	Case IH	6T	505D	18F-4R	130.00	15610	CHA
7210 4WD	$81711	$18400	$24000	**$32000**	**$36800**	Case IH	6T	505D	18F-4R	130.00	16403	CHA
7220	$75900	$17460	$22770	**$30360**	**$34910**	Case IH	6T	505D	18F-4R	155.00	15621	CHA
7220 4WD	$88887	$19960	$26040	**$34720**	**$39930**	Case IH	6T	505D	18F-4R	155.00	17319	CHA
7230	$85752	$19480	$25410	**$33880**	**$38960**	Case IH	6T	505D	18F-4R	170.00	15965	CHA
7230 4WD	$102004	$22310	$29100	**$38800**	**$44620**	Case IH	6T	505D	18F-4R	170.00	18404	CHA
7240	$93705	$21160	$27600	**$36800**	**$42320**	Case IH	6TA	505D	18F-4R	195.00	16808	CHA
7240 4WD	$109776	$23640	$30830	**$41110**	**$47270**	Case IH	6TA	505D	18F-4R	195.00	18578	CHA
7250 4WD	$116515	$24500	$31950	**$42600**	**$48990**	Case IH	6TA	505D	18F-4R	215.00	18745	CHA
9210	$85491	$18810	$25650	**$27360**	**$33340**	Case IH	6T	505D	12F-3R	168.00	17000	CHA
9230	$93841	$20240	$27600	**$29440**	**$35880**	Case IH	6TA	505D	12F-3R	207.00	22000	CHA
9250	$117580	$25870	$35270	**$37630**	**$45860**	Cummins	6TA	611D	12F-3R	266.00	27446	CHA
9260	$118680	$26110	$35600	**$37980**	**$46290**	Cummins	6TA	611D	12F-2R	265.84	30300	CHA
9270	$130943	$28810	$39280	**$41900**	**$51070**	Cummins	6TA	855D	12F-3R	308.00	33110	CHA
9280	$146593	$32250	$43980	**$46910**	**$57170**	Cummins	6TA	855D	12F-3R	344.00	34500	CHA
MFD - Mechanical Front Drive												
1993												
395	$16995	$4080	$5100	**$8160**	**$9430**	Case IH	3	155D	8F-4R	35	4920	No
395 4WD	$21315	$5120	$6400	**$10230**	**$11830**	Case IH	3	155D	8F-4R	35	5680	No
495	$19150	$4600	$5750	**$9190**	**$10630**	Case IH	3	179D	8F-4R	42	4960	No
495 4WD	$24840	$5960	$7450	**$11920**	**$13790**	Case IH	3	179D	8F-4R	42	5720	No
595	$22900	$5040	$6640	**$8700**	**$10310**	Case IH	4	206D	8F-4R	52	5540	No
595 4WD	$28490	$6270	$8260	**$10830**	**$12820**	Case IH	4	206D	8F-4R	52	6240	No
595 4WD w/Cab	$35500	$7810	$10300	**$13490**	**$15980**	Case IH	4	206D	8F-4R	52		CHA
595 w/Cab	$29995	$6600	$8700	**$11400**	**$13500**	Case IH	4	206D	8F-4R	52		CHA
695	$26550	$5840	$7700	**$10090**	**$11950**	Case IH	4	239D	8F-4R	62	5720	No
695 4WD	$33600	$7390	$9740	**$12770**	**$15120**	Case IH	4	239D	8F-4R	62	6340	No
695 4WD w/Cab	$39440	$8680	$11440	**$14990**	**$17750**	Case IH	4	239D	8F-4R	62		CHA
695 w/Cab	$32370	$7120	$9390	**$12300**	**$14570**	Case IH	4	239D	8F-4R	62		CHA
895	$29450	$6480	$8540	**$11190**	**$13250**	Case IH	4	268D	16F-8R	72	6030	No
895 4WD	$36520	$8030	$10590	**$13880**	**$16430**	Case IH	4	268D	16F-8R	72	6440	No
895 4WD w/Cab	$42740	$9400	$12400	**$16240**	**$19230**	Case IH	4	268D	16F-8R	72		CHA
895 w/Cab	$35640	$7840	$10340	**$13540**	**$16040**	Case IH	4	268D	16F-8R	72		CHA

Case-International (Cont.)

Model	Approx. Retail Price New	Estimated Value Less Repairs: Used Trade-In Avg.	Used Trade-In High	Used Retail Avg.	Used Retail High	Engine Make	No. Cyls.	Displ. Cu.-in.	No. Speeds	P.T.O. H.P.	Approx. Shipping Wt.-Lbs.	Cab
1993 (Cont.)												
995	$31650	$6960	$9180	**$12030**	**$14240**	Case IH	4	268D	16F-8R	85		No
995 4WD	$37380	$8220	$10840	**$14200**	**$16820**	Case IH	4	268D	16F-8R	85		No
5220	$28775	$8350	$10360	**$15250**	**$17410**	Case IH	4TA	239D	16F-12R	77	8620	No
5220 4WD	$35850	$10400	$12910	**$19000**	**$21690**	Case IH	4TA	239D	16F-12R	77.00		No
5220 4WD w/Cab	$42950	$12460	$15460	**$22760**	**$25990**	Case IH	4TA	239D	16F-12R	77.00	10362	CHA
5220 w/Cab	$35800	$10380	$12890	**$18970**	**$21660**	Case IH	4TA	239D	16F-12R	77.00		CHA
5230	$31200	$9050	$11230	**$16540**	**$18880**	Case IH	6	359D	16F-12R	89.80	9458	No
5230 4WD	$38260	$11100	$13770	**$20280**	**$23150**	Case IH	6	359D	16F-12R	89.80		No
5230 4WD w/Cab	$45360	$13150	$16330	**$24040**	**$27440**	Case IH	6	359D	16F-12R	89.80	10582	CHA
5230 w/Cab	$38290	$11100	$13780	**$20290**	**$23170**	Case IH	6	359D	16F-12R	89.80		CHA
5240	$34649	$10050	$12470	**$18360**	**$20960**	Case IH	6T	359D	24F-12R	97.00	9810	No
5240 4WD	$41715	$12100	$15020	**$22110**	**$25240**	Case IH	6T	359D	24F-12R	97.00		No
5240 4WD w/Cab	$48770	$14140	$17560	**$25850**	**$29510**	Case IH	6T	359D	24F-12R	97.00	10825	CHA
5240 w/Cab	$41715	$12100	$15020	**$22110**	**$25240**	Case IH	6T	359D	24F-12R	97.00		CHA
5250 4WD w/Cab	$62368	$18090	$22450	**$33060**	**$37730**	Case IH	6T	359D	16F-12R	112.00	10913	CHA
5250 w/Cab	$54462	$15790	$19610	**$28870**	**$32950**	Case IH	6T	359D	16F-12R	112.00	10141	CHA
7110 Magnum	$62725	$15050	$18820	**$30110**	**$34810**	Case IH	6T	505D	18F-4R	131.97	15280	CHA
7110 Magnum 4WD	$71995	$17280	$21600	**$34560**	**$39960**	Case IH	6T	505D	18F-4R	131.97		CHA
7120 Magnum	$66330	$15920	$19900	**$31840**	**$36810**	Case IH	6T	505D	18F-4R	151.62	15920	CHA
7120 Magnum 4WD	$75900	$18220	$22770	**$36430**	**$42130**	Case IH	6T	505D	18F-4R	151.62		CHA
7130 Magnum	$74365	$17850	$22310	**$35700**	**$41270**	Case IH	6T	505D	18F-4R	172.57	16280	CHA
7130 Magnum 4WD	$85175	$20160	$25200	**$40320**	**$46620**	Case IH	6T	505D	18F-4R	172.57		CHA
7140 Magnum	$82800	$19870	$24840	**$39740**	**$45950**	Case IH	6TA	505D	18F-4R	197.53	16480	CHA
7140 Magnum 4WD	$93595	$21960	$27450	**$43920**	**$50780**	Case IH	6TA	505D	18F-4R	197.53		CHA
7150 4WD	$115125	$23120	$30480	**$39940**	**$47300**	Case IH	6TA	505D	18F-4R	215.00	18745	CHA
9210	$78270	$15650	$21920	**$23480**	**$29740**	Case IH	6T	505D	12F-2R	168.40	17000	CHA
9230	$86475	$17300	$24210	**$25940**	**$32860**	Case IH	6TA	505D	12F-2R	192.2	17750	CHA
9240	$96800	$19360	$27100	**$29040**	**$36780**	Case IH	6TA	505D	12F-2R	200.53	28380	CHA
9250	$105980	$21200	$29670	**$31790**	**$40270**	Cummins	6TA	611D	12F-2R	246.1	23000	CHA
9260	$116380	$23280	$32590	**$34910**	**$44220**	Cummins	6TA	611D	12F-2R	265.84	30300	CHA
9270	$130295	$26060	$36480	**$39090**	**$49510**	Cummins	6TA	855D	12F-2R	308.1	29000	CHA
9280	$140900	$28180	$39450	**$42270**	**$53540**	Cummins	6TA	855D	12F-2R	344.5	29000	CHA
MFD - Mechanical Front Drive												
1992												
395	$16500	$3800	$4790	**$7760**	**$8990**	Case IH	3	155D	8F-4R	35	4920	No
395 4WD	$20695	$4760	$6000	**$9730**	**$11280**	Case IH	3	155D	8F-4R	35	5680	No
495	$18600	$4280	$5390	**$8740**	**$10140**	Case IH	3	179D	8F-4R	42	4960	No
495 4WD	$24120	$5550	$7000	**$11340**	**$13150**	Case IH	3	179D	8F-4R	42	5720	No
595	$22250	$4670	$6230	**$8010**	**$9790**	Case IH	4	206D	8F-4R	52	5540	No
595 4WD	$27660	$5810	$7750	**$9960**	**$12170**	Case IH	4	206D	8F-4R	52	6240	No
595 4WD w/Cab	$34500	$7250	$9660	**$12420**	**$15180**	Case IH	4	206D	8F-4R	52		CHA
595 w/Cab	$29120	$6120	$8150	**$10480**	**$12810**	Case IH	4	206D	8F-4R	52		CHA
695	$25795	$5420	$7220	**$9290**	**$11350**	Case IH	4	239D	8F-4R	62	5720	No
695 4WD	$32650	$6860	$9140	**$11750**	**$14370**	Case IH	4	239D	8F-4R	62	6340	No
695 4WD w/Cab	$38290	$8040	$10720	**$13780**	**$16850**	Case IH	4	239D	8F-4R	62		CHA
695 w/Cab	$31430	$6600	$8800	**$11320**	**$13830**	Case IH	4	239D	8F-4R	62		CHA
895	$28600	$6010	$8010	**$10300**	**$12580**	Case IH	4	268D	16F-8R	72	6030	No
895 4WD	$35460	$7450	$9930	**$12770**	**$15600**	Case IH	4	268D	16F-8R	72	6440	No
895 4WD w/Cab	$41495	$8710	$11620	**$14940**	**$18260**	Case IH	4	268D	16F-8R	72		CHA
895 w/Cab	$34600	$7270	$9690	**$12460**	**$15220**	Case IH	4	268D	16F-8R	72		CHA
995	$30732	$6450	$8610	**$11060**	**$13520**	Case IH	4	268D	16F-8R	85		No
995 4WD	$36295	$7620	$10160	**$13070**	**$15970**	Case IH	4	268D	16F-8R	85		No
5120	$27935	$7960	$9780	**$14810**	**$16760**	Case IH	4TA	239D	16F-12R	77	8620	No
5120 4WD	$34820	$9920	$12190	**$18460**	**$20890**	Case IH	4TA	239D	16F-12R	77.00		No
5120 4WD w/Cab	$41715	$11890	$14600	**$22110**	**$25030**	Case IH	4TA	239D	16F-12R	77.00	10362	CHA
5120 w/Cab	$34800	$9920	$12180	**$18440**	**$20880**	Case IH	4TA	239D	16F-12R	77.00		CHA
5130	$30315	$8640	$10610	**$16070**	**$18190**	Case IH	6	359D	16F-12R	89.80	9458	No
5130 4WD	$37150	$10590	$13000	**$19690**	**$22290**	Case IH	6	359D	16F-12R	89.80		No
5130 4WD w/Cab	$44040	$12550	$15410	**$23340**	**$26420**	Case IH	6	359D	16F-12R	89.80	10582	CHA
5130 w/Cab	$37175	$10600	$13010	**$19700**	**$22310**	Case IH	6	359D	16F-12R	89.80		CHA
5140	$33640	$9590	$11770	**$17830**	**$20180**	Case IH	6T	359D	24F-12R	97.00	9810	No
5140 4WD	$40500	$11540	$14180	**$21470**	**$24300**	Case IH	6T	359D	24F-12R	97.00		No
5140 4WD w/Cab	$47350	$13500	$16570	**$25100**	**$28410**	Case IH	6T	359D	24F-12R	97.00	10825	CHA
5140 w/Cab	$40500	$11540	$14180	**$21470**	**$24300**	Case IH	6T	359D	24F-12R	97.00		CHA
5220	$27935	$7960	$9780	**$14810**	**$16760**	Case IH	4TA	239D	16F-12R	77.00	8620	No
5220 4WD	$34820	$9920	$12190	**$18460**	**$20890**	Case IH	4TA	239D	16F-12R	77.00		No
5220 4WD w/Cab	$41715	$11890	$14600	**$22110**	**$25030**	Case IH	4TA	239D	16F-12R	77.00	10362	CHA
5220 w/Cab	$34800	$9920	$12180	**$18440**	**$20880**	Case IH	4TA	239D	16F-12R	77.00		CHA
5230	$30315	$8640	$10610	**$16070**	**$18190**	Case IH	6	359D	16F-12R	89.80	9458	No
5230 4WD	$37150	$10590	$13000	**$19690**	**$22290**	Case IH	6	359D	16F-12R	89.8		No
5230 4WD w/Cab	$44040	$12550	$15410	**$23340**	**$26420**	Case IH	6	359D	16F-12R	89.8	10582	CHA
5230 w/Cab	$37175	$10600	$13010	**$19700**	**$22310**	Case IH	6	359D	16F-12R	89.8		CHA
5240	$33640	$9590	$11770	**$17830**	**$20180**	Case IH	6T	359D	24F-12R	97	9810	No
5240 4WD	$40500	$11540	$14180	**$21470**	**$24300**	Case IH	6T	359D	24F-12R	97		No
5240 4WD w/Cab	$47350	$13500	$16570	**$25100**	**$28410**	Case IH	6T	359D	24F-12R	97	10825	CHA
5240 w/Cab	$40500	$11540	$14180	**$21470**	**$24300**	Case IH	6T	359D	24F-12R	97		CHA
5250 4WD w/Cab	$60568	$17260	$21200	**$32100**	**$36340**	Case IH	6T	359D	16F-12R	112.00	10913	CHA
5250 w/Cab	$53252	$15180	$18640	**$28220**	**$31950**	Case IH	6T	359D	16F-12R	112.00	10141	CHA
7110 Magnum	$60900	$14010	$17660	**$28620**	**$33190**	Case IH	6T	505D	18F-4R	131.97	15280	CHA
7110 Magnum 4WD	$69900	$16080	$20270	**$32850**	**$38100**	Case IH	6T	505D	18F-4R	131.97		CHA
7120 Magnum	$64400	$14810	$18680	**$30270**	**$35100**	Case IH	6T	505D	18F-4R	151.62	15920	CHA
7120 Magnum 4WD	$73700	$16950	$21370	**$34640**	**$40170**	Case IH	6T	505D	18F-4R	151.62		CHA
7130 Magnum	$72200	$16610	$20940	**$33930**	**$39350**	Case IH	6T	505D	18F-4R	172.57	16280	CHA

Case-International (Cont.)

1992 (Cont.)

Model	Approx. Retail Price New	Estimated Value Less Repairs: Used Trade-In Avg.	Used Trade-In High	Used Retail Avg.	Used Retail High	Engine Make	Engine No. Cyls.	Engine Displ. Cu.-in.	No. Speeds	P.T.O. H.P.	Approx. Shipping Wt.-Lbs.	Cab
7130 Magnum 4WD	$82695	$19020	$23980	**$38870**	**$45070**	Case IH	6T	505D	18F-4R	172.57		CHA
7140 Magnum	$80400	$18490	$23320	**$37790**	**$43820**	Case IH	6TA	505D	18F-4R	197.53	16480	CHA
7140 Magnum 4WD	$90870	$20900	$26350	**$42710**	**$49520**	Case IH	6TA	505D	18F-4R	197.53		CHA
7150 4WD	$114355	$24020	$32020	**$41170**	**$50320**	Case IH	6TA	505D	18F-4R	215.00	18745	CHA
9210	$75990	$14440	$19760	**$22040**	**$28120**	Case IH	6T	505D	12F-2R	168.40	17000	CHA
9230	$83960	$15950	$21830	**$24350**	**$31070**	Case IH	6TA	505D	12F-2R	192.2	17750	CHA
9240	$93995	$17860	$24440	**$27260**	**$34780**	Case IH	6TA	505D	12F-2R	200.53	28380	CHA
9250	$102900	$19550	$26750	**$29840**	**$38070**	Cummins	6TA	611D	12F-2R	246.1	23000	CHA
9260	$112995	$21470	$29380	**$32770**	**$41810**	Cummins	6TA	611D	12F-2R	265.84	30300	CHA
9270	$126500	$24040	$32890	**$36690**	**$46810**	Cummins	6TA	855D	12F-2R	308.1	29000	CHA
9280	$136800	$25990	$35570	**$39670**	**$50620**	Cummins	6TA	855D	12F-2R	344.5	29000	CHA

MFD - Mechanical Front Drive

1991

Model	Approx. Retail Price New	Used Trade-In Avg.	Used Trade-In High	Used Retail Avg.	Used Retail High	Engine Make	Engine No. Cyls.	Engine Displ. Cu.-in.	No. Speeds	P.T.O. H.P.	Approx. Shipping Wt.-Lbs.	Cab
275	$12921	$3620	$4390	**$6780**	**$7690**	Mitsubishi	3	91D	9F-3R	27	2512	No
275 4WD	$16134	$4520	$5490	**$8470**	**$9600**	Mitsubishi	3	91D	9F-3R	27	2751	No
395	$15900	$3500	$4450	**$7310**	**$8510**	Case IH	3	155D	8F-4R	35	4920	No
395 4WD	$19900	$4380	$5570	**$9150**	**$10650**	Case IH	3	155D	8F-4R	35	5680	No
495	$17900	$3940	$5010	**$8230**	**$9580**	Case IH	3	179D	8F-4R	42	4960	No
495 4WD	$23200	$5100	$6500	**$10670**	**$12410**	Case IH	3	179D	8F-4R	42	5720	No
595	$21400	$4280	$5780	**$7280**	**$9200**	Case IH	4	206D	8F-4R	52	5540	No
595 4WD	$26600	$5320	$7180	**$9040**	**$11440**	Case IH	4	206D	8F-4R	52	6240	No
595 4WD w/Cab	$33200	$6640	$8960	**$11290**	**$14280**	Case IH	4	206D	8F-4R	52		CHA
595 w/Cab	$28000	$5600	$7560	**$9520**	**$12040**	Case IH	4	206D	8F-4R	52		CHA
695	$24800	$4960	$6700	**$8430**	**$10660**	Case IH	4	239D	8F-4R	62	5720	No
695 4WD	$31400	$6280	$8480	**$10680**	**$13500**	Case IH	4	239D	8F-4R	62	6340	No
695 4WD w/Cab	$36820	$7360	$9940	**$12520**	**$15830**	Case IH	4	239D	8F-4R	62		CHA
695 w/Cab	$30223	$6050	$8160	**$10280**	**$13000**	Case IH	4	239D	8F-4R	62		CHA
895	$27500	$5500	$7430	**$9350**	**$11830**	Case IH	4	268D	16F-8R	72	6030	No
895 4WD	$34100	$6820	$9210	**$11590**	**$14660**	Case IH	4	268D	16F-8R	72	6440	No
895 4WD w/Cab	$39900	$7980	$10770	**$13570**	**$17160**	Case IH	4	268D	16F-8R	72		CHA
895 w/Cab	$33300	$6660	$8990	**$11320**	**$14320**	Case IH	4	268D	16F-8R	72		CHA
995	$29550	$5910	$7980	**$10050**	**$12710**	Case IH	4	268D	16F-8R	85		No
995 4WD	$34900	$6980	$9420	**$11870**	**$15010**	Case IH	4	268D	16F-8R	85		No
1120	$10500	$2940	$3570	**$5510**	**$6250**	Mitsubishi	3	65D	6F-2R	16.50	1380	No
1120 4WD	$11500	$3220	$3910	**$6040**	**$6840**	Mitsubishi	3	65D	6F-2R	16.50	1480	No
1130	$11500	$3220	$3910	**$6040**	**$6840**	Mitsubishi	3	75D	9F-3R	20.00	1900	No
1130 4WD	$12620	$3530	$4290	**$6630**	**$7510**	Mitsubishi	3	75D	9F-3R	20.00	2062	No
1140	$12000	$3360	$4080	**$6300**	**$7140**	Mitsubishi	3	91D	9F-3R	23.00	1914	No
1140 4WD	$13350	$3740	$4540	**$7010**	**$7940**	Mitsubishi	3	91D	9F-3R	23.00	2062	No
5120	$26860	$7520	$9130	**$14100**	**$15980**	Case IH	4TA	239D	16F-12R	77.00	8620	No
5120 4WD	$33480	$9160	$11120	**$17170**	**$19460**	Case IH	4TA	239D	16F-12R	77.00		No
5120 4WD w/Cab	$40110	$10720	$13020	**$20110**	**$22790**	Case IH	4TA	239D	16F-12R	77.00	10362	CHA
5120 w/Cab	$33490	$9380	$11390	**$17580**	**$19930**	Case IH	4TA	239D	16F-12R	77.00		CHA
5130	$29290	$8200	$9960	**$15380**	**$17430**	Case IH	6	359D	16F-12R	89.80	9458	No
5130 4WD	$35900	$10050	$12210	**$18850**	**$21360**	Case IH	6	359D	16F-12R	89.80		No
5130 4WD w/Cab	$42548	$11910	$14470	**$22340**	**$25320**	Case IH	6	359D	16F-12R	89.80	10582	CHA
5130 w/Cab	$35920	$10060	$12210	**$18860**	**$21370**	Case IH	6	359D	16F-12R	89.80		CHA
5140	$32500	$9100	$11050	**$17060**	**$19340**	Case IH	6T	359D	24F-12R	97.00	9810	No
5140 4WD	$39130	$10960	$13300	**$20540**	**$23280**	Case IH	6T	359D	24F-12R	97.00		No
5140 4WD w/Cab	$45759	$12810	$15560	**$24020**	**$27230**	Case IH	6T	359D	24F-12R	97.00	10825	CHA
5140 w/Cab	$39140	$10960	$13310	**$20550**	**$23290**	Case IH	6T	359D	24F-12R	97.00		CHA
7110 Magnum	$58860	$12950	$16480	**$27080**	**$31490**	Case IH	6T	505D	18F-4R	131.97	15280	CHA
7110 Magnum 4WD	$67550	$14860	$18910	**$31070**	**$36140**	Case IH	6T	505D	18F-4R	131.97		CHA
7120 Magnum	$62250	$13700	$17430	**$28640**	**$33300**	Case IH	6T	505D	18F-4R	151.62	15920	CHA
7120 Magnum 4WD	$71272	$15680	$19960	**$32790**	**$38130**	Case IH	6T	505D	18F-4R	151.62		CHA
7130 Magnum	$69800	$15360	$19540	**$32110**	**$37340**	Case IH	6T	505D	18F-4R	172.57	16280	CHA
7130 Magnum 4WD	$79900	$17160	$21840	**$35880**	**$41730**	Case IH	6T	505D	18F-4R	172.57		CHA
7140 Magnum	$77700	$17090	$21760	**$35740**	**$41570**	Case IH	6TA	505D	18F-4R	197.53	16480	CHA
7140 Magnum 4WD	$86500	$19030	$24220	**$39790**	**$46280**	Case IH	6TA	505D	18F-4R	197.53		CHA
7150 4WD	$112895	$20000	$27000	**$34000**	**$43000**	Case IH	6TA	505D	18F-4R	215.00	18745	CHA
9210	$73422	$13220	$17620	**$20560**	**$26430**	Case IH	6T	505D	12F-2R	168.40	17000	CHA
9230	$81125	$14600	$19470	**$22720**	**$29210**	Case IH	6TA	505D	12F-2R	198.63	24272	CHA
9240	$89995	$16200	$21600	**$25200**	**$32400**	Case IH	6TA	505D	12F-2R	200.53	28380	CHA
9250	$99437	$17900	$23870	**$27840**	**$35800**	Cummins	6TA	611D	12F-2R	266.1	30225	CHA
9260	$109995	$19800	$26400	**$30800**	**$39600**	Cummins	6TA	611D	12F-2R	265.84	30300	CHA
9270	$122240	$22000	$29340	**$34230**	**$44010**	Cummins	6TA	855D	12F-2R	308.1	37510	CHA
9280	$132194	$23800	$31730	**$37010**	**$47590**	Cummins	6TA	855D	12F-2R	344.5	39890	CHA

MFD - Mechanical Front Drive

1990

Model	Approx. Retail Price New	Used Trade-In Avg.	Used Trade-In High	Used Retail Avg.	Used Retail High	Engine Make	Engine No. Cyls.	Engine Displ. Cu.-in.	No. Speeds	P.T.O. H.P.	Approx. Shipping Wt.-Lbs.	Cab
235	$9410	$2590	$3110	**$4890**	**$5550**	Mitsubishi	3	52D	6F-2R	15.2	1323	No
235 4WD	$10671	$2940	$3520	**$5550**	**$6300**	Mitsubishi	3	52D	6F-2R	15.2	1452	No
245	$10295	$2830	$3400	**$5350**	**$6070**	Mitsubishi	3	60D	9F-3R	18.00	1914	No
245 4WD	$11752	$3230	$3880	**$6110**	**$6930**	Mitsubishi	3	60D	9F-3R	18.00	2062	No
255	$10841	$2980	$3580	**$5640**	**$6400**	Mitsubishi	3	65D	9F-3R	21.00	1914	No
255 4WD	$12556	$3450	$4140	**$6530**	**$7410**	Mitsubishi	3	65D	9F-3R	21.00	2062	No
265	$12341	$3390	$4070	**$6420**	**$7280**	Mitsubishi	3	79D	9F-3R	24.00	2523	No
275	$12921	$3550	$4260	**$6720**	**$7620**	Mitsubishi	3	91D	9F-3R	27.00	2512	No
275 4WD	$16134	$4440	$5320	**$8390**	**$9520**	Mitsubishi	3	91D	9F-3R	27.00	2751	No
385	$13831	$3800	$4560	**$7190**	**$8160**	Case IH	3	155D	8F-4R	36.2	4920	No
385 4WD	$17140	$4710	$5660	**$8910**	**$10110**	Case IH	3	155D	8F-4R	36.2	5680	No
485	$15794	$4340	$5210	**$8210**	**$9320**	Case IH	3	179D	8F-4R	43.00	4960	No
485 4WD	$20991	$5770	$6930	**$10920**	**$12390**	Case IH	3	179D	8F-4R	43.00	5720	No

Case-International (Cont.)

Model	Approx. Retail Price New	Estimated Value Less Repairs: Used Trade-In Avg.	Used Trade-In High	Used Retail Avg.	Used Retail High	Engine Make	Engine No. Cyls.	Engine Displ. Cu.-in.	No. Speeds	P.T.O. H.P.	Approx. Shipping Wt.-Lbs.	Cab
1990 (Cont.)												
585	$19312	$4060	$5210	**$8690**	**$10140**	Case IH	4	206D	8F-4R	52.7	5540	No
585 4WD	$24200	$5080	$6530	**$10890**	**$12710**	Case IH	4	206D	8F-4R	52.7	6240	No
685	$22246	$4670	$6010	**$10010**	**$11680**	Case IH	4	239D	8F-4R	61.02	5720	No
685 4WD	$27420	$5760	$7400	**$12340**	**$14400**	Case IH	4	239D	8F-4R	61.02	6340	No
685 4WD w/Cab	$33843	$7110	$9140	**$15230**	**$17770**	Case IH	4	239D	8F-4R	61.02		CHA
685 w/Cab	$28669	$6020	$7740	**$12900**	**$15050**	Case IH	4	239D	8F-4R	61.02		CHA
885	$25676	$5390	$6930	**$11550**	**$13480**	Case IH	4	268D	16F-8R	73.00	6030	No
885 4WD	$31146	$6540	$8410	**$14020**	**$16350**	Case IH	4	268D	16F-8R	73.00	6440	No
885 4WD w/Cab	$37281	$7830	$10070	**$16780**	**$19570**	Case IH	4	268D	16F-8R	73.00		CHA
885 w/Cab	$31811	$6680	$8590	**$14320**	**$16700**	Case IH	4	268D	16F-8R	73.00		CHA
1896	$36023	$6650	$9100	**$11550**	**$14700**	Case IH	6T	359D	12F-3R	95.92	11135	No
1896	$42867	$7890	$10790	**$13700**	**$17430**	Case IH	6T	359D	12F-3R	95.92		CHA
2096	$41029	$7800	$10670	**$13540**	**$17230**	Case IH	6TA	359D	12F-3R	115.67	11191	No
2096	$47873	$9100	$12450	**$15800**	**$20110**	Case IH	6TA	359D	12F-3R	115.67		CHA
5120	$25930	$7130	$8560	**$13480**	**$15300**	Case IH	4TA	239D	16F-12R	77.00	8620	No
5120 4WD	$32320	$8890	$10670	**$16810**	**$19070**	Case IH	4TA	239D	16F-12R	77.00		No
5120 4WD w/Cab	$38720	$10650	$12780	**$20130**	**$22850**	Case IH	4TA	239D	16F-12R	77.00	10362	CHA
5120 w/Cab	$32330	$8890	$10670	**$16810**	**$19080**	Case IH	4TA	239D	16F-12R	77.00		CHA
5130	$28280	$7780	$9330	**$14710**	**$16690**	Case IH	6	359D	16F-12R	86.00	9458	No
5130 4WD	$34670	$9530	$11440	**$18030**	**$20460**	Case IH	6	359D	16F-12R	89.80	10670	No
5130 4WD w/Cab	$41070	$11290	$13550	**$21360**	**$24230**	Case IH	6	359D	16F-12R	89.8	10670	CHA
5130 w/Cab	$34680	$9540	$11440	**$18030**	**$20460**	Case IH	6	359D	16F-12R	89.80	10670	CHA
5140	$31380	$8630	$10360	**$16320**	**$18510**	Case IH	6T	359D	16F-12R	94.00	9810	No
5140 4WD	$37770	$10390	$12460	**$19640**	**$22280**	Case IH	6T	359D	16F-12R	94.00		No
5140 4WD w/Cab	$44170	$12150	$14580	**$22970**	**$26060**	Case IH	6T	359D	16F-12R	94.00	10825	CHA
5140 w/Cab	$37780	$10390	$12470	**$19650**	**$22290**	Case IH	6T	359D	16F-12R	94.00		CHA
7110 Magnum	$56817	$11930	$15340	**$25570**	**$29830**	Case IH	6T	505D	18F-4R	131.97	19015	CHA
7110 Magnum 4WD	$65208	$13690	$17610	**$29340**	**$34230**	Case IH	6T	505D	18F-4R	131.97	19015	CHA
7120 Magnum	$60090	$12620	$16220	**$27040**	**$31550**	Case IH	6T	505D	18F-4R	151.62	15920	CHA
7120 Magnum 4WD	$68796	$14450	$18580	**$30960**	**$36120**	Case IH	6T	505D	18F-4R	151.62		CHA
7130 Magnum	$67393	$14150	$18200	**$30330**	**$35380**	Case IH	6T	505D	18F-4R	172.57	16280	CHA
7130 Magnum 4WD	$77140	$16200	$20830	**$34710**	**$40500**	Case IH	6T	505D	18F-4R	172.57		CHA
7140 Magnum	$75072	$15770	$20270	**$33780**	**$39410**	Case IH	6TA	505D	18F-4R	197.53	23780	CHA
7140 Magnum 4WD	$84860	$17820	$22910	**$38190**	**$44550**	Case IH	6TA	505D	18F-4R	197.53	23780	CHA
7150 4WD	$111345	$19190	$26260	**$33330**	**$42420**	Case IH	6TA	505D	18F-4R	215.00	18745	CHA
9110	$70422	$11970	$15490	**$19010**	**$24650**	Case IH	6T	505D	12F-2R	168.40	17000	CHA
9130	$75687	$12870	$16650	**$20440**	**$26490**	Case IH	6TA	505D	12F-2R	192.2	17750	CHA
9150	$94278	$16030	$20740	**$25460**	**$33000**	Cummins	6TA	611D	12F-2R	246.1	23000	CHA
9170	$118636	$20170	$26100	**$32030**	**$41520**	Cummins	6TA	855D	12F-2R	308.1	29000	CHA
9180	$127601	$21690	$28070	**$34450**	**$44660**	Cummins	6TA	855D	12F-2R	344.5	29000	CHA
9210	$72622	$13800	$18880	**$23970**	**$30500**	Case IH	6T	505D	12F-2R	168.40	17000	CHA
9230	$81000	$15390	$21060	**$26730**	**$34020**	Case IH	6TA	505D	12F-2R	198.63	24272	CHA
9240	$88595	$16830	$23040	**$29240**	**$37210**	Case IH	6TA	505D	12F-2R	200.53	28380	CHA
9250	$98122	$16680	$21590	**$26490**	**$34340**	Cummins	6TA	611D	12F-2R	266.1	30225	CHA
9260	$107995	$18360	$23760	**$29160**	**$37800**	Cummins	6TA	611D	12F-2R	265.84	30300	CHA
9270	$120120	$20420	$26430	**$32430**	**$42040**	Cummins	6TA	855D	12F-2R	308.1	37510	CHA
9280	$130255	$22140	$28660	**$35170**	**$45590**	Cummins	6TA	855D	12F-2R	344.5	39890	CHA

MFD - Mechanical Front Drive

Model	Approx. Retail Price New	Used Trade-In Avg.	Used Trade-In High	Used Retail Avg.	Used Retail High	Engine Make	Engine No. Cyls.	Engine Displ. Cu.-in.	No. Speeds	P.T.O. H.P.	Approx. Shipping Wt.-Lbs.	Cab
1989												
235	$8105	$2190	$2590	**$4170**	**$4740**	Mitsubishi	3	52D	6F-2R	15.20	1157	No
235 4WD	$9152	$2470	$2930	**$4710**	**$5350**	Mitsubishi	3	52D	6F-2R	15.20	1268	No
235 Hydro	$9086	$2450	$2910	**$4680**	**$5320**	Mitsubishi	3	52D	Variable	15.20	1235	No
235 Hydro 4WD	$10134	$2740	$3240	**$5220**	**$5930**	Mitsubishi	3	52D	Variable	15.20	1345	No
245	$8604	$2320	$2750	**$4430**	**$5030**	Mitsubishi	3	60D	9F-3R	18.00	1620	No
245 4WD	$9889	$2670	$3160	**$5090**	**$5790**	Mitsubishi	3	60D	9F-3R	18.00	1742	No
255	$9100	$2460	$2910	**$4690**	**$5320**	Mitsubishi	3	65D	9F-3R	21.00	1620	No
255 4WD	$10620	$2870	$3400	**$5470**	**$6210**	Mitsubishi	3	65D	9F-3R	21.00	1742	No
265 Offset	$10121	$2730	$3240	**$5210**	**$5920**	Mitsubishi	3	79D	9F-3R	24.00	2105	No
275	$10708	$2890	$3430	**$5520**	**$6260**	Nissan	3	91D	9F-3R	27.00	2094	No
275 4WD	$13581	$3670	$4350	**$6990**	**$7950**	Nissan	3	91D	9F-3R	27.00	2315	No
385	$12997	$2660	$3440	**$5720**	**$6690**	Case IH	3	155D	8F-4R	36.20	4920	No
385 4WD	$16112	$3300	$4270	**$7090**	**$8300**	Case IH	3	155D	8F-4R	35.00	5680	No
485	$15538	$3190	$4120	**$6840**	**$8000**	Case IH	3	179D	8F-4R	42.00	4960	No
485 4WD	$20170	$4140	$5350	**$8880**	**$10390**	Case IH	3	179D	8F-4R	43.00	5720	No
585	$18658	$3830	$4940	**$8210**	**$9610**	Case IH	4	206D	8F-4R	49.90	5540	No
585 4WD	$23273	$4770	$6170	**$10240**	**$11990**	Case IH	4	206D	8F-4R	52.00	6240	No
585 4WD w/Cab	$29351	$6020	$7780	**$12910**	**$15120**	Case IH	4	206D	8F-4R	52.00	7485	CHA
585 w/Cab	$24736	$5070	$6560	**$10880**	**$12740**	Case IH	4	206D	8F-4R	49.90	6440	CHA
685	$20968	$4300	$5560	**$9230**	**$10800**	Case IH	4	239D	8F-4R	62.00	5720	No
685 4WD	$26348	$5400	$6980	**$11590**	**$13570**	Case IH	4	239D	8F-4R	62.00	6340	No
685 4WD w/Cab	$32426	$6650	$8590	**$14270**	**$16700**	Case IH	4	239D	8F-4R	62.00	7585	CHA
685 w/Cab	$27046	$5540	$7170	**$11900**	**$13930**	Case IH	4	239D	8F-4R	62.00	6520	CHA
885	$25418	$5210	$6740	**$11180**	**$13090**	Case IH	4	268D	16F-8R	72.00	6030	No
885 4WD	$30228	$6200	$8010	**$13300**	**$15570**	Case IH	4	268D	16F-8R	73.00	6440	No
885 4WD w/Cab	$36306	$7440	$9620	**$15980**	**$18700**	Case IH	4	268D	16F-8R	73.00	8023	CHA
885 w/Cab	$31496	$6460	$8350	**$13860**	**$16220**	Case IH	4	268D	16F-8R	72.00	6865	CHA
1394	$21781	$3780	$5250	**$6720**	**$8610**	David Brown	4T	219D	12F-4R	65.00	5658	No
1394 4WD	$27245	$4680	$6500	**$8320**	**$10660**	David Brown	4T	219D	12F-4R	65.00	7159	No
1494	$24612	$4140	$5750	**$7360**	**$9430**	David Brown	4T	219D	12F-4R	75.00	6764	No
1494 PS 4WD	$32000	$5400	$7500	**$9600**	**$12300**	David Brown	4T	219D	12F-4R	75.00	8347	No
1494 PS 4WD w/Cab	$38078	$6480	$9000	**$11520**	**$14760**	David Brown	4T	219D	12F-4R	75.00	9197	CHA
1494 PS w/Cab	$32714	$5490	$7630	**$9760**	**$12510**	David Brown	4T	219D	12F-4R	75.00	8001	CHA
1594	$26092	$4500	$6250	**$8000**	**$10250**	Case IH	6	329D	12F-4R	85.90	7544	No

Case-International (Cont.)

Model	Approx. Retail Price New	Estimated Value Less Repairs: Used Trade-In Avg.	Used Trade-In High	Used Retail Avg.	Used Retail High	Engine Make	Engine No. Cyls.	Engine Displ. Cu.-in.	No. Speeds	P.T.O. H.P.	Approx. Shipping Wt.-Lbs.	Cab
1989 (Cont.)												
1594 PS 4WD	$33480	$5650	$7850	**$10050**	**$12870**	Case IH	6	329D	12F-4R	85.54	8760	No
1594 PS 4WD w/Cab	$39558	$6750	$9380	**$12000**	**$15380**	Case IH	6	329D	12F-4R	85.54	10105	CHA
1594 PS w/Cab	$34293	$5810	$8080	**$10340**	**$13240**	Case IH	6	329D	12F-4R	85.54	8889	CHA
1896 4WD	$43691	$7500	$10420	**$13340**	**$17090**	CD	6T	360D	12F-3R	95.92	12453	No
1896 4WD w/Cab	$50535	$8920	$12380	**$15850**	**$20310**	CD	6T	360D	12F-3R	95.92	12868	CHA
1896 PS	$34985	$6030	$8370	**$10720**	**$13730**	CD	6T	360D	12F-3R	95.92	11119	No
1896 w/Cab	$41829	$7380	$10250	**$13120**	**$16810**	CD	6T	360D	12F-3R	95.92	12179	CHA
2096	$40457	$7280	$10110	**$12950**	**$16590**	CD	6TA	360D	12F-3R	115.67	11138	No
2096 4WD	$49163	$8850	$12290	**$15730**	**$20160**	CD	6TA	360D	12F-3R	115.00	12494	No
2096 4WD w/Cab	$56007	$10080	$14000	**$17920**	**$22960**	CD	6TA	360D	12F-3R	115.00	12909	CHA
2096 w/Cab	$47301	$8510	$11830	**$15140**	**$19390**	CD	6TA	360D	12F-3R	115.67	11553	CHA
4494 Wheatland 4WD	$71282	$10290	$13500	**$16720**	**$21860**	Case IH	6T	504D	12F-4R	175.20	16414	CHA
4694 Wheatland 4WD	$87449	$12070	$15840	**$19620**	**$25650**	Case IH	6TI	504D	12F-4R	219.62	17309	CHA
4894 Wheatland 4WD	$100888	$13260	$17410	**$21550**	**$28180**	Case IH	6T	674D	12F-4R	253.41	20492	CHA
4994 RC/Wheatland 4WD	$135024	$16000	$21010	**$26010**	**$34010**	Case IH	V8	866D	12F-2R	344.00		CHA
7110 Wheatland	$51024	$10460	$13520	**$22450**	**$26280**	Case IH	6T	504D	18F-2R	131.97	14503	CHA
7110 Wheatland 4WD	$59432	$12180	$15750	**$26150**	**$30610**	Case IH	6T	504D	18F-2R	131.97	19015	CHA
7120 Wheatland	$56020	$11480	$14850	**$24650**	**$28850**	Case IH	6T	504D	18F-2R	151.62	14743	CHA
7120 Wheatland 4WD	$64376	$13200	$17060	**$28330**	**$33150**	Case IH	6T	504D	18F-2R	151.62	15758	CHA
7130 Wheatland	$60885	$12480	$16140	**$26790**	**$31360**	Case IH	6T	504D	18F-2R	172.57	15327	CHA
7130 Wheatland 4WD	$69946	$14340	$18540	**$30780**	**$36020**	Case IH	6T	504D	18F-2R	172.57	16342	CHA
7140 Wheatland	$69617	$14270	$18450	**$30630**	**$35850**	Case IH	6TA	504D	18F-2R	197.53	15617	CHA
7140 Wheatland 4WD	$78485	$16090	$20800	**$34530**	**$40420**	Case IH	6TA	504D	18F-2R	197.53	16728	CHA
9110 Wheatland	$79997	$12580	$16510	**$20440**	**$26720**	Case IH	6T	504D	12F-2R	168.40		CHA
9130 Wheatland	$85262	$13640	$17910	**$22170**	**$28990**	Case IH	6TA	504D	12F-2R	191.20		CHA
9150 Wheatland	$107171	$17150	$22510	**$27860**	**$36440**	Cummins	6TI	611D	12F-2R	246.10		CHA
9170 Wheatland	$121353	$19420	$25480	**$31550**	**$41260**	Cummins	6TA	855D	12F-2R	308.10		CHA
9180 Wheatland	$128956	$20630	$27080	**$33530**	**$43850**	Cummins	6TA	855D	12F-2R	344.50		CHA
PS - Power Shift RC - Row Crop												
1988												
235	$7646	$1990	$2370	**$3900**	**$4440**	Mitsubishi	3	52D	6F-2R	15.20	1157	No
235 4WD	$8634	$2250	$2680	**$4400**	**$5010**	Mitsubishi	3	52D	6F-2R	15.20	1268	No
235 Hydro	$8572	$2230	$2660	**$4370**	**$4970**	Mitsubishi	3	52D	Variable	15.20	1235	No
235 Hydro 4WD	$9560	$2490	$2960	**$4880**	**$5550**	Mitsubishi	3	52D	Variable	15.20	1345	No
245	$8117	$2110	$2520	**$4140**	**$4710**	Mitsubishi	3	60D	9F-3R	18.00	1620	No
245 4WD	$9329	$2430	$2890	**$4760**	**$5410**	Mitsubishi	3	60D	9F-3R	18.00	1742	No
255	$8585	$2230	$2660	**$4380**	**$4980**	Mitsubishi	3	65D	9F-3R	21.00	1620	No
255 4WD	$10019	$2610	$3110	**$5110**	**$5810**	Mitsubishi	3	65D	9F-3R	21.00	1742	No
265 Offset	$9201	$2390	$2850	**$4690**	**$5340**	Mitsubishi	3	79D	9F-3R	24.00	2105	No
275	$10296	$2680	$3190	**$5250**	**$5970**	Nissan	3	91D	9F-3R	27.00	2094	No
275 4WD	$13059	$3400	$4050	**$6660**	**$7570**	Nissan	3	91D	9F-3R	27.00	2315	No
385	$12997	$2600	$3380	**$5590**	**$6560**	Case IH	3	155D	8F-4R	36.20	4920	No
385 4WD	$16112	$3220	$4190	**$6930**	**$8140**	Case IH	3	155D	8F-4R	35.00	5680	No
485	$15538	$3110	$4040	**$6680**	**$7850**	Case IH	3	179D	8F-4R	42.00	4960	No
485 4WD	$20170	$4030	$5240	**$8670**	**$10190**	Case IH	3	179D	8F-4R	43.00	5720	No
585	$18658	$3730	$4850	**$8020**	**$9420**	Case IH	4	206D	8F-4R	49.90	5540	No
585 4WD	$23273	$4660	$6050	**$10010**	**$11750**	Case IH	4	206D	8F-4R	52.00	6240	No
585 4WD w/Cab	$29351	$5600	$7280	**$12040**	**$14140**	Case IH	4	206D	8F-4R	52.00	7485	CHA
585 w/Cab	$24736	$4950	$6430	**$10640**	**$12490**	Case IH	4	206D	8F-4R	49.90	6440	CHA
685	$20968	$4190	$5450	**$9020**	**$10590**	Case IH	4	239D	8F-4R	62.00	5720	No
685 4WD	$26348	$5000	$6500	**$10750**	**$12630**	Case IH	4	239D	8F-4R	62.00	6340	No
685 4WD w/Cab	$32426	$6200	$8060	**$13330**	**$15660**	Case IH	4	239D	8F-4R	62.00	7585	CHA
685 w/Cab	$27046	$5200	$6760	**$11180**	**$13130**	Case IH	4	239D	8F-4R	62.00	6520	CHA
885	$25418	$4900	$6370	**$10540**	**$12370**	Case IH	4	268D	16F-8R	72.00	6030	No
885 4WD	$30228	$5800	$7540	**$12470**	**$14650**	Case IH	4	268D	16F-8R	73.00	6440	No
885 4WD w/Cab	$36306	$6880	$8940	**$14790**	**$17370**	Case IH	4	268D	16F-8R	73.00	8023	CHA
885 w/Cab	$31496	$6110	$7940	**$13140**	**$15430**	Case IH	4	268D	16F-8R	72.00	6865	CHA
1394	$21781	$3570	$5250	**$6510**	**$8400**	David Brown	4T	219D	12F-4R	65.00	5658	No
1394 4WD	$27245	$4280	$6300	**$7810**	**$10080**	David Brown	4T	219D	12F-4R	65.00	7159	No
1494	$24612	$4000	$5880	**$7290**	**$9400**	David Brown	4T	219D	12F-4R	75.00	6764	No
1494 PS 4WD	$32000	$4760	$7000	**$8680**	**$11200**	David Brown	4T	219D	12F-4R	75.00	8347	No
1494 PS 4WD w/Cab	$38078	$5610	$8250	**$10230**	**$13200**	David Brown	4T	219D	12F-4R	75.00	9197	CHA
1494 PS w/Cab	$32714	$4760	$7000	**$8680**	**$11200**	David Brown	4T	219D	12F-4R	75.00	8001	CHA
1594	$26092	$3910	$5750	**$7130**	**$9200**	Case IH	6	329D	12F-4R	85.90	7544	No
1594 PS 4WD	$33480	$4930	$7250	**$8990**	**$11600**	Case IH	6	329D	12F-4R	85.54	8760	No
1594 PS 4WD w/Cab	$39558	$5780	$8500	**$10540**	**$13600**	Case IH	6	329D	12F-4R	85.54	10105	CHA
1594 PS w/Cab	$34293	$5130	$7550	**$9360**	**$12080**	Case IH	6	329D	12F-4R	85.54	8889	CHA
1896 4WD	$43691	$6830	$10050	**$12460**	**$16080**	CD	6T	360D	12F-3R	95.92	12453	No
1896 4WD w/Cab	$50535	$7480	$11000	**$13640**	**$17600**	CD	6T	360D	12F-3R	95.92	12868	CHA
1896 PS	$34985	$5360	$7880	**$9770**	**$12600**	CD	6T	360D	12F-3R	95.92	11119	No
1896 w/Cab	$41829	$6320	$9300	**$11530**	**$14880**	CD	6T	360D	12F-3R	95.92	12179	CHA
2096	$40457	$6880	$10110	**$12540**	**$16180**	CD	6TA	360D	12F-3R	115.67	11138	No
2096 4WD	$49163	$8360	$12290	**$15240**	**$19670**	CD	6TA	360D	12F-3R	115.00	12494	No
2096 4WD w/Cab	$56007	$9520	$14000	**$17360**	**$22400**	CD	6TA	360D	12F-3R	115.00	12909	CHA
2096 w/Cab	$47301	$8040	$11830	**$14660**	**$18920**	CD	6TA	360D	12F-3R	115.00	11553	CHA
4494 Wheatland 4WD	$71282	$9340	$12460	**$15570**	**$20550**	Case IH	6T	504D	12F-4R	175.20	16414	CHA
4694 Wheatland 4WD	$87449	$10720	$14290	**$17860**	**$23580**	Case IH	6TI	504D	12F-4R	219.62	17309	CHA
4894 Wheatland 4WD	$100888	$12310	$16420	**$20520**	**$27090**	Case IH	6T	674D	12F-4R	253.41	20492	CHA
4994 RC/Wheatland 4WD	$135024	$13500	$18010	**$22510**	**$29710**	Case IH	V8	866D	12F-2R	344.00		CHA
7110 Wheatland	$51024	$10210	$13270	**$21940**	**$25770**	Case IH	6T	504D	18F-2R	131.97	19015	CHA
7110 Wheatland 4WD	$59432	$11890	$15450	**$25560**	**$30010**	Case IH	6T	504D	18F-2R	131.97	19015	CHA
7120 Wheatland	$56020	$11200	$14570	**$24090**	**$28290**	Case IH	6T	504D	18F-2R	151.62	19565	CHA
7120 Wheatland 4WD	$64376	$12880	$16740	**$27680**	**$32510**	Case IH	6T	504D	18F-2R	151.62	19565	CHA

Case-International (Cont.)

1988 (Cont.)

Model	Approx. Retail Price New	Estimated Value Less Repairs: Used Trade-In Avg.	Used Trade-In High	Used Retail Avg.	Used Retail High	Engine Make	Engine No. Cyls.	Engine Displ. Cu.-in.	No. Speeds	P.T.O. H.P.	Approx. Shipping Wt.-Lbs.	Cab
7130 Wheatland	$60885	$12180	$15830	**$26180**	**$30750**	Case IH	6T	504D	18F-2R	172.57		CHA
7130 Wheatland 4WD	$69946	$13990	$18190	**$30080**	**$35320**	Case IH	6T	504D	18F-2R	172.57		CHA
7140 Wheatland	$68729	$13750	$17870	**$29550**	**$34710**	Case IH	6TA	504D	18F-2R	197.53		CHA
7140 Wheatland 4WD	$77597	$15520	$20180	**$33370**	**$39190**	Case IH	6TA	504D	18F-2R	197.53		CHA
9110 Wheatland	$79997	$11550	$15400	**$19250**	**$25410**	Case IH	6T	504D	12F-2R	168.40		CHA
9130 Wheatland	$85262	$12790	$17050	**$21320**	**$28140**	Case IH	6TA	504D	12F-2R	191.20		CHA
9150 Wheatland	$107171	$15750	$21000	**$26250**	**$34650**	Cummins	6TI	611D	12F-2R	246.10		CHA
9170 Wheatland	$121353	$17850	$23800	**$29750**	**$39270**	Cummins	6TI	855D	12F-2R	308.10		CHA
9180 Wheatland	$128956	$18750	$25000	**$31250**	**$41250**	Cummins	6TI	855D	12F-2R	344.50		CHA

PS - Power Shift RC - Row Crop

1987

Model	Approx. Retail Price New	Used Trade-In Avg.	Used Trade-In High	Used Retail Avg.	Used Retail High	Engine Make	Engine No. Cyls.	Engine Displ. Cu.-in.	No. Speeds	P.T.O. H.P.	Approx. Shipping Wt.-Lbs.	Cab
235	$6916	$1730	$2080	**$3490**	**$3980**	Mitsubishi	3	52D	6F-2R	15.20	1157	No
235 4WD	$7651	$1910	$2300	**$3860**	**$4400**	Mitsubishi	3	52D	6F-2R	15.20	1268	No
235 4WD Hydro	$8800	$2200	$2640	**$4440**	**$5060**	Mitsubishi	3	52D	Variable	15.20	1345	No
235 Hydro	$8065	$2020	$2420	**$4070**	**$4640**	Mitsubishi	3	52D	Variable	15.20	1235	No
245	$7148	$1790	$2140	**$3610**	**$4110**	Mitsubishi	3	60D	9F-3R	18.00	1620	No
245 4WD	$8172	$2040	$2450	**$4130**	**$4700**	Mitsubishi	3	60D	9F-3R	18.00	1742	No
255	$7784	$1950	$2340	**$3930**	**$4480**	Mitsubishi	3	65D	9F-3R	21.00	1620	No
255 4WD	$8993	$2250	$2700	**$4540**	**$5170**	Mitsubishi	3	65D	9F-3R	21.00	1742	No
265 Offset Tractor	$8847	$2210	$2650	**$4470**	**$5090**	Mitsubishi	3	79D	9F-3R	24.00	2105	No
275	$9686	$2420	$2910	**$4890**	**$5570**	Nissan	3	91D	9F-3R	27.00	2094	No
275 4WD	$12165	$3040	$3650	**$6140**	**$7000**	Nissan	3	91D	9F-3R	27.00	2315	No
385	$12997	$3250	$3900	**$6560**	**$7470**	IH	3	155D	8F-4R	36.2	5050	No
385 4WD	$16112	$4030	$4830	**$8140**	**$9260**	IH	3	155D	8F-4R	35.00	5050	No
485	$15538	$2950	$3960	**$6530**	**$7690**	IH	3	179D	8F-4R	42.00	5200	No
485 4WD	$20170	$3830	$5140	**$8470**	**$9980**	IH	3	179D	8F-4R	43.00	6090	No
585	$18658	$3550	$4760	**$7840**	**$9240**	IH	4	206D	8F-4R	49.9	5640	No
585	$24736	$4700	$6310	**$10390**	**$12240**	IH	4	206D	8F-4R	49.9	6440	CHA
585 4WD	$23273	$4420	$5940	**$9780**	**$11520**	IH	4	206D	8F-4R	52.00	6685	No
585 4WD	$29351	$5320	$7140	**$11760**	**$13860**	IH	4	206D	8F-4R	52.00	7485	CHA
585 RC	$19053	$3620	$4860	**$8000**	**$9430**	IH	4	206D	8F-4R	52.00	5890	No
585 RC	$25131	$4560	$6120	**$10080**	**$11880**	IH	4	206D	8F-4R	52.00	6690	CHA
585 RC 4WD	$23668	$4500	$6040	**$9940**	**$11720**	IH	4	206D	8F-4R	52.00	6935	No
585 RC 4WD	$29746	$5320	$7140	**$11760**	**$13860**	IH	4	206D	8F-4R	52.00	7735	CHA
685	$20968	$3980	$5350	**$8810**	**$10380**	IH	4	239D	8F-4R	61.02	5720	No
685	$27046	$4750	$6380	**$10500**	**$12380**	IH	4	239D	8F-4R	61.02	6520	CHA
685 4WD	$26348	$5010	$6720	**$11070**	**$13040**	IH	4	239D	8F-4R	61.02	6785	No
685 4WD	$32426	$5780	$7750	**$12770**	**$15050**	IH	4	239D	8F-4R	61.02	7585	CHA
685 RC	$21378	$4060	$5450	**$8980**	**$10580**	IH	4	239D	8F-4R	61.02	5970	No
685 RC	$27456	$4810	$6450	**$10630**	**$12520**	IH	4	239D	8F-4R	61.02	6770	CHA
685 RC 4WD	$26758	$5080	$6820	**$11240**	**$13250**	IH	4	239D	8F-4R	61.02	7015	No
685 RC 4WD	$32836	$5850	$7850	**$12940**	**$15250**	IH	4	239D	8F-4R	61.02	7815	CHA
885	$25418	$4830	$6480	**$10680**	**$12580**	IH	4	268D	16F-8R	72.00	6065	No
885	$31496	$5700	$7650	**$12600**	**$14850**	IH	4	268D	16F-8R	72.00	6865	CHA
885 4WD	$30228	$5740	$7710	**$12700**	**$14960**	IH	4	268D	16F-8R	73.00	7223	No
885 4WD	$36306	$6650	$8930	**$14700**	**$17330**	IH	4	268D	16F-8R	73.00	8023	CHA
885 RC	$26048	$4950	$6640	**$10940**	**$12890**	IH	4	268D	16F-8R	72.00	6315	No
885 RC	$32126	$5890	$7910	**$13020**	**$15350**	IH	4	268D	16F-8R	72.00	7115	CHA
885 RC 4WD	$30858	$5860	$7870	**$12960**	**$15280**	IH	4	268D	16F-8R	72.00	7473	No
885 RC 4WD	$36936	$6750	$9050	**$14910**	**$17570**	IH	4	268D	16F-8R	72.00	8273	CHA
1394	$21781	$3360	$5040	**$6510**	**$8190**	David Brown	4T	219D	12F-4R	65.00	4890	No
1394 4WD	$27245	$4000	$6000	**$7750**	**$9750**	David Brown	4T	219D	12F-4R	65.00	6090	No
1394 PS	$29998	$4320	$6480	**$8370**	**$10530**	David Brown	4T	219D	12F-4R	65.00	6758	CHA
1494	$24612	$3520	$5280	**$6820**	**$8580**	David Brown	4T	219D	12F-4R	75.00	6764	No
1494 PS	$32714	$4320	$6480	**$8370**	**$10530**	David Brown	4T	219D	12F-4R	75.00	8001	CHA
1494 PS 4WD	$32000	$4540	$6820	**$8800**	**$11080**	David Brown	4T	219D	12F-4R	75.00	8347	No
1594	$26092	$3680	$5520	**$7130**	**$8970**	Case IH	6	329D	12F-4R	85.90	7544	No
1594 PS	$34293	$4800	$7200	**$9300**	**$11700**	Case IH	6	329D	12F-4R	85.54	8889	CHA
1594 PS 4WD	$39558	$5600	$8400	**$10850**	**$13650**	Case IH	6	329D	12F-4R	85.00	10105	CHA
1896	$32799	$4700	$7060	**$9110**	**$11470**	CD	6T	360D	12F-3R	95.92	9361	No
1896 4WD	$40599	$5840	$8760	**$11320**	**$14240**	CD	6T	360D	12F-3R	95.00	10421	No
1896 4WD w/Cab	$47443	$6560	$9840	**$12710**	**$15990**	CD	6T	360D	12F-3R	95.00	10836	CHA
1896 w/Cab	$39643	$5660	$8500	**$10970**	**$13810**	CD	6T	360D	12F-3R	95.00	9776	CHA
2096	$37752	$6040	$9060	**$11700**	**$14720**	CD	6TA	360D	12F-3R	115.67	9386	No
2096 4WD	$45552	$7290	$10930	**$14120**	**$17770**	CD	6TA	360D	12F-3R	115.00	10446	No
2096 4WD w/Cab	$52396	$8210	$12310	**$15900**	**$20010**	CD	6TA	360D	12F-3R	115.00	10861	CHA
2096 w/Cab	$44596	$7140	$10700	**$13830**	**$17390**	CD	6TA	360D	12F-3R	115.00	9801	CHA
2294 RC	$52857	$7400	$10040	**$12690**	**$16910**	Case IH	6T	504D	12F-3R	131.97	11937	CHA
2294 RC 4WD	$61365	$8310	$11280	**$14250**	**$19000**	Case IH	6T	504D	12F-3R	131.00	13565	CHA
2394 RC	$63759	$8480	$11510	**$14530**	**$19380**	Case IH	6T	504D	24F-3R	162.00	13663	CHA
2594 RC	$68718	$8820	$11970	**$15120**	**$20170**	Case IH	6T	504D	24F-3R	182.07	14026	CHA
3394 RC 4WD	$70671	$9240	$12540	**$15840**	**$21120**	Case IH	6T	504D	24F-3R	162.86	14527	CHA
3594 RC 4WD	$74592	$9530	$12940	**$16340**	**$21790**	Case IH	6T	504D	24F-3R	182.27	14647	CHA
4494 RC 4WD	$78520	$9660	$13110	**$16570**	**$22090**	Case IH	6T	504D	12F-4R	175.20	18051	CHA
4694 RC 4WD	$94513	$10150	$13780	**$17400**	**$23200**	Case IH	6T	504D	12F-4R	219.62	18504	CHA
4894 RC 4WD	$102162	$11500	$15610	**$19720**	**$26290**	Scania	6T	674D	12F-4R	253.41	21809	CHA
4994 RC/Wheat 4WD	$130024	$12600	$17110	**$21610**	**$28810**	Case IH	8	866D	12F-2R	344.04		CHA
7110 Wheatland	$50210	$9540	$12800	**$21090**	**$24850**	Case IH	6T	504D	18F-2R	131.97	19015	CHA
7110 Wheatland 4WD	$58540	$11120	$14930	**$24590**	**$28980**	Case IH	6T	504D	18F-2R	131.97	19015	CHA
7120 Wheatland	$55750	$10590	$14220	**$23420**	**$27600**	Case IH	6T	504D	18F-2R	151.62	19565	CHA
7120 Wheatland 4WD	$63888	$12140	$16290	**$26830**	**$31630**	Case IH	6T	504D	18F-2R	151.62	19565	CHA
7130 Wheatland	$59455	$11300	$15160	**$24970**	**$29430**	Case IH	6T	504D	18F-2R	172.57		CHA
7130 Wheatland 4WD	$68560	$13030	$17480	**$28800**	**$33940**	Case IH	6T	504D	18F-2R	172.57		CHA

Case-International (Cont.)

1987 (Cont.)

Model	Approx. Retail Price New	Used Trade-In Avg.	Used Trade-In High	Used Retail Avg.	Used Retail High	Engine Make	Engine No. Cyls.	Engine Displ. Cu.-in.	No. Speeds	P.T.O. H.P.	Approx. Shipping Wt.-Lbs.	Cab
7140 Wheatland	$67855	$12890	$17300	**$28500**	**$33590**	Case IH	6TA	504D	18F-2R	197.53		CHA
7140 Wheatland 4WD	$76700	$14570	$19560	**$32210**	**$37970**	Case IH	6TA	504D	18F-2R	197.53		CHA
9110 Wheatland	$76178	$10670	$14470	**$18280**	**$24380**	Case IH	6T	504D	12F-2R	168.40		CHA
9130 Wheatland	$81241	$11370	$15440	**$19500**	**$26000**	Case IH	6T	504D	12F-2R	191.20		CHA
9150 Wheatland	$103050	$14430	$19580	**$24730**	**$32980**	Cummins	6TI	611D	12F-2R	246.10		CHA
9170 Wheatland	$116201	$16270	$22080	**$27890**	**$37180**	Cummins	6T	855D	12F-2R	308.10		CHA
9180 Wheatland	$123997	$17360	$23560	**$29760**	**$39680**	Cummins	6T	855D	12F-2R	344.50		CHA
9190 Wheatland	$169710	$22360	$30350	**$38330**	**$51110**	Cummins	6T	1150D	24F-4R			CHA

PS - Power Shift RC - Row Crop

1986

Model	Approx. Retail Price New	Used Trade-In Avg.	Used Trade-In High	Used Retail Avg.	Used Retail High	Engine Make	Engine No. Cyls.	Engine Displ. Cu.-in.	No. Speeds	P.T.O. H.P.	Approx. Shipping Wt.-Lbs.	Cab
234	$6500	$1500	$2210	**$3320**	**$3710**	Mitsubishi	3	52D	6F-2R	15.20	1164	No
234 4WD	$6900	$1590	$2350	**$3520**	**$3930**	Mitsubishi	3	52D	6F-2R	15.20	1270	No
Hydro 234	$7375	$1700	$2510	**$3760**	**$4200**	Mitsubishi	3	52D	Variable	15.20	1204	No
Hydro 234 4WD	$7825	$1800	$2660	**$3990**	**$4460**	Mitsubishi	3	52D	Variable	15.20	1310	No
244	$6780	$1560	$2310	**$3460**	**$3870**	Mitsubishi	3	60D	9F-3R	18.00	1498	No
244 4WD	$7665	$1760	$2610	**$3910**	**$4370**	Mitsubishi	3	60D	9F-3R	18.00	1642	No
254	$7350	$1690	$2500	**$3750**	**$4190**	Mitsubishi	3	65D	9F-3R	21.00	1493	No
254 4WD	$8360	$1920	$2840	**$4260**	**$4770**	Mitsubishi	3	65D	9F-3R	21.00	1622	No
274 Offset	$10295	$2370	$3500	**$5250**	**$5870**	Nissan	3	99D	8F-2R	27.00	3151	No
284D	$9360	$2150	$3180	**$4770**	**$5340**	Nissan	3	99D	8F-2R	27.47	2456	No
284D 4WD	$11185	$2570	$3800	**$5700**	**$6380**	Nissan	3	99D	8F-2R	25.00	2811	No
385	$12270	$2330	$3070	**$5030**	**$5950**	IH	3	155D	8F-4R	35.00	5050	No
485	$15725	$2990	$3930	**$6450**	**$7630**	IH	3	179D	8F-2R	42.42	5200	No
584 4WD	$23273	$4420	$5820	**$9540**	**$11290**	IH	4	206D	8F-4R	52.5	6685	No
584 4WD w/Cab	$29254	$3470	$4560	**$7480**	**$8850**	IH	4	206D	8F-4R	52.5	7890	CHA
585	$18845	$3580	$4710	**$7730**	**$9140**	IH	4	206D	8F-4R	52.54	5640	No
585 4WD	$23460	$4460	$5870	**$9620**	**$11380**	IH	4	206D	8F-4R	52.00	6685	No
585 RC	$19240	$3660	$4810	**$7890**	**$9330**	IH	4	206D	8F-4R	52.54	5890	No
684 4WD	$26348	$5010	$6590	**$10800**	**$12780**	IH	4	239D	8F-4R	62.5	6765	No
684 4WD w/Cab	$32329	$5890	$7750	**$12710**	**$15040**	IH	4	239D	8F-4R	62.5	7970	CHA
685	$21155	$3990	$5250	**$8610**	**$10190**	IH	4	239D	8F-4R	62.52	5720	No
685 4WD	$26535	$4750	$6250	**$10250**	**$12130**	IH	4	239D	8F-4R	62.00	6765	No
685 RC	$21565	$4100	$5390	**$8840**	**$10460**	IH	4	239D	8F-4R	62.52	5970	No
884	$30228	$5740	$7560	**$12390**	**$14660**	IH	4	268D	16F-8R		7223	No
884 4WD	$36209	$6460	$8500	**$13940**	**$16490**	IH	4	268D	16F-8R		8428	No
885	$25605	$4870	$6400	**$10500**	**$12420**	IH	4	268D	16F-8R	72.91	6065	No
885 4WD	$30415	$5510	$7250	**$11890**	**$14070**	IH	4	268D	16F-8R	72.00	7223	No
885 RC	$26235	$4990	$6560	**$10760**	**$12720**	IH	4	268D	16F-8R	72.91	6315	No
1394	$21781	$3000	$4800	**$6200**	**$7600**	David Brown	4T	219D	12F-4R	65.00	5658	No
1394 4WD	$25245	$3530	$5640	**$7290**	**$8930**	David Brown	4T	219D	12F-4R	65.00	5990	No
1394 PS w/Cab	$29998	$4050	$6480	**$8370**	**$10260**	David Brown	4T	219D	12F-4R	65.00	6758	CHA
1494	$24612	$3390	$5420	**$7010**	**$8590**	David Brown	4T	219D	12F-4R	75.00	7240	No
1494 4WD	$31827	$4350	$6960	**$8990**	**$11020**	David Brown	4T	219D	12F-4R	75.00	8327	No
1494 PS 4WD w/Cab	$39800	$5480	$8760	**$11320**	**$13870**	David Brown	4T	219D	12F-4R	75.00	8555	CHA
1494 PS w/Cab	$32714	$4500	$7200	**$9300**	**$11400**	David Brown	4T	219D	12F-4R	75.00	8001	CHA
1594	$26482	$3660	$5860	**$7560**	**$9270**	Case IH	6	329D	12F-4R	85.90	7544	No
1594 4WD PS w/Cab	$39948	$5610	$8980	**$11590**	**$14210**	Case IH	6	329D	12F-4R	85.00	10105	CHA
1594 PS w/Cab	$34683	$4850	$7750	**$10010**	**$12270**	Case IH	6	329D	12F-4R	85.54	8889	CHA
1896	$36023	$4860	$7780	**$10040**	**$12310**	CD	6T	359D	12F-4R	95.92	11383	CHA
1896 4WD	$40956	$6140	$9830	**$12700**	**$15560**	CD	6T	359D	12F-4R	95.92	13475	CHA
2096	$43771	$6570	$10510	**$13570**	**$16630**	CD	6T	359D	12F-4R	115.67	11966	CHA
2096 4WD	$51500	$7730	$12360	**$15970**	**$19570**	CD	6T	359D	12F-4R	115.67	13489	CHA
2294	$52928	$6880	$9530	**$12170**	**$16410**	Case IH	6	504D	12F-4R	131.97	11586	CHA
2294 4WD	$61884	$7540	$10440	**$13340**	**$17980**	Case IH	6	504D	12F-3R	131.97	13892	CHA
2394	$64752	$7800	$10800	**$13800**	**$18600**	Case IH	6T	504D	24F-3R	162.92	14080	CHA
2594	$69711	$8320	$11520	**$14720**	**$19840**	Case IH	6T	504D	24F-3R	182.07	14443	CHA
3294	$61943	$7530	$10430	**$13330**	**$17960**	Case IH	6T	504D	12F-3R	162.00	14515	CHA
3394	$70671	$8530	$11810	**$15090**	**$20340**	Case IH	6T	504D	24F-3R	162.86	14820	CHA
3594	$71900	$8780	$12150	**$15530**	**$20930**	Case IH	6T	504D	24F-3R	182.27	14860	CHA
4494 4WD w/3 Pt.	$78010	$8840	$12240	**$15640**	**$21080**	Case IH	6T	504D	12F-4R	175.20	17920	CHA
4694 4WD w/3 Pt.	$93388	$9540	$13210	**$16880**	**$22750**	Case IH	6TI	504D	12F-4R	219.62	18275	CHA
4894 4WD w/3 Pt.	$106758	$11190	$15490	**$19790**	**$26680**	Scania	6T	673D	12F-4R	253.41	21750	CHA
4994 4WD	$135024	$11960	$16560	**$21170**	**$28530**	Case IH	8	866D	12F-2R	344.04	28000	CHA
5088	$54340	$6500	$10400	**$13440**	**$16470**	IH	6T	436D	18F-6R	136.12	13581	CHA
5088 4WD	$66260	$7120	$11390	**$14710**	**$18040**	IH	6T	436D	18F-6R	136.00	16749	CHA
5288	$62335	$7500	$12000	**$15500**	**$19000**	IH	6T	466D	18F-6R	162.60	14624	CHA
5288 4WD	$74160	$8180	$13080	**$16900**	**$20710**	IH	6T	466D	18F-6R	162.00	17862	CHA
5488	$66515	$7880	$12600	**$16280**	**$19960**	IH	6TI	466D	18F-6R	187.22	14061	CHA
5488 4WD	$78340	$8330	$13330	**$17220**	**$21110**	IH	6TI	466D	18F-6R	187.00	17299	CHA

PS - Power Shift CD - Consolidated Diesel Corp. RC - Row Crop

Caterpillar

2001

Model	Approx. Retail Price New	Used Trade-In Avg.	Used Trade-In High	Used Retail Avg.	Used Retail High	Engine Make	Engine No. Cyls.	Engine Displ. Cu.-in.	No. Speeds	P.T.O. H.P.	Approx. Shipping Wt.-Lbs.	Cab
Challenger 35	$140000	$50700	$59800	**$71500**	**$79300**	Cat	6	403D	16F-9R	175	23350	CHA
Challenger 45	$149770	$54210	$63940	**$76450**	**$84790**	Cat	6T	403D	16F-9R	200	23430	CHA
Challenger 55	$160000	$58500	$69000	**$82500**	**$91500**	Cat	6	442D	16F-9R	225	23430	CHA
Challenger 65E	$185500	$68250	$80500	**$96250**	**$106750**	Cat	6	629D	10F-2R	310	31950	CHA
Challenger 75E	$205500	$76050	$89700	**$107250**	**$118950**	Cat	6	629D	10F-2R	340	34122	CHA
Challenger 85E	$223500	$81900	$96600	**$115500**	**$128100**	Cat	6	732D	10F-2R	340	34987	CHA
Challenger 95E	$236000	$84240	$99360	**$118800**	**$131760**	Cat	6	732D	10F-2R	410	36171	CHA

See Challenger for later models.

Caterpillar (Cont.)

Model	Approx. Retail Price New	Estimated Value Less Repairs: Used Trade-In Avg.	Used Trade-In High	Used Retail Avg.	Used Retail High	Engine Make	Engine No. Cyls.	Engine Displ. Cu.-in.	No. Speeds	P.T.O. H.P.	Approx. Shipping Wt.-Lbs.	Cab
2000												
Challenger 35	$139850	$43860	$55470	**$64500**	**$72240**	Cat	6	403D	16F-9R	175	23350	CHA
Challenger 45	$149770	$47260	$59770	**$69500**	**$77840**	Cat	6T	403D	16F-9R	200	23430	CHA
Challenger 55	$158685	$50320	$63640	**$74000**	**$82880**	Cat	6	442D	16F-9R	225	23430	CHA
Challenger 65E	$175110	$56100	$70950	**$82500**	**$92400**	Cat	6	629D	10F-2R	310	31950	CHA
Challenger 75E	$189200	$60860	$76970	**$89500**	**$100240**	Cat	6	629D	10F-2R	340	34122	CHA
Challenger 85E	$198640	$63920	$80840	**$94000**	**$105280**	Cat	6	732D	10F-2R	375	34987	CHA
Challenger 95E	$207920	$67320	$85140	**$99000**	**$110880**	Cat	6	732D	10F-2R	410	36171	CHA
1999												
Challenger 35	$139850	$41600	$52000	**$59800**	**$67600**	Cat	6	403D	16F-9R	175	23350	CHA
Challenger 45	$148870	$44160	$55200	**$63480**	**$71760**	Cat	6T	403D	16F-9R	200	23430	CHA
Challenger 55	$156290	$46720	$58400	**$67160**	**$75920**	Cat	6	442D	16F-9R	225	23430	CHA
Challenger 65E	$158710	$47680	$59600	**$68540**	**$77480**	Cat	6	629D	10F-2R	310	31950	CHA
Challenger 75E	$177500	$53600	$67000	**$77050**	**$87100**	Cat	6	629D	10F-2R	340	34122	CHA
Challenger 85E	$192750	$58400	$73000	**$83950**	**$94900**	Cat	6	732D	10F-2R	375	34987	CHA
Challenger 95E	$206600	$62590	$78240	**$89980**	**$101710**	Cat	6	732D	10F-2R	410	36171	CHA
1998												
Challenger 35	$138088	$38400	$48640	**$53760**	**$61440**	Cat	6	403D	16F-9R	175	23350	CHA
Challenger 45	$147813	$41100	$52060	**$57540**	**$65760**	Cat	6T	403D	16F-9R	200	23430	CHA
Challenger 55	$154205	$43350	$54910	**$60690**	**$69360**	Cat	6	442D	16F-9R	225	23430	CHA
Challenger 65E	$156558	$43980	$55710	**$61570**	**$70370**	Cat	6	629D	10F-2R	310	31950	CHA
Challenger 75E	$176960	$53100	$67260	**$74340**	**$84960**	Cat	6	629D	10F-2R	340	34122	CHA
Challenger 85E	$191911	$54600	$69160	**$76440**	**$87360**	Cat	6	732D	10F-2R	375	34987	CHA
Challenger 95E	$205803	$58650	$74290	**$82110**	**$93840**	Cat	6	732D	10F-2R	410	36171	CHA
1997												
Challenger 35	$135830	$35280	$45360	**$50400**	**$56700**	Cat	6	403D	16F-9R	175	22450	CHA
Challenger 45	$142215	$37100	$47700	**$53000**	**$59630**	Cat	6T	403D	16F-9R	200	22750	CHA
Challenger 55	$151110	$39620	$50940	**$56600**	**$63680**	Cat	6	442D	16F-9R	225	25550	CHA
Challenger 65D	$157500	$41300	$53100	**$59000**	**$66380**	Cat	6T	638D	10F-2R	300	32880	CHA
Challenger 75D	$165000	$43400	$55800	**$62000**	**$69750**	Cat	6	629D	10F-2R	330	33500	CHA
Challenger 85D	$187750	$49780	$64010	**$71120**	**$80010**	Cat	6	732D	10F-2R	370	33650	CHA
1996												
Challenger 35	$133166	$32030	$41890	**$45580**	**$52980**	Cat	6	403D	16F-9R	175	22450	CHA
Challenger 45	$138950	$34840	$45560	**$49580**	**$57620**	Cat	6T	403D	16F-9R	200	22750	CHA
Challenger 55	$147750	$37180	$48620	**$52910**	**$61490**	Cat	6	442D	16F-9R	225	25550	CHA
Challenger 65D	$161700	$40820	$53380	**$58090**	**$67510**	Cat	6T	638D	10F-2R	300	32880	CHA
Challenger 75C	$171000	$43160	$56440	**$61420**	**$71380**	Cat	6	629D	10F-2R	325	32000	CHA
Challenger 85C	$189500	$47060	$61540	**$66970**	**$77830**	Cat	6	629D	10F-2R	355	33250	CHA
1995												
Challenger 35	$11200	$26880	$35840	**$38080**	**$45920**	Cat	6	403D	16F-9R	175	22450	CHA
Challenger 45	$120000	$28800	$38400	**$40800**	**$49200**	Cat	6T	403D	16F-9R	200	22750	CHA
Challenger 65C	$130000	$31200	$41600	**$44200**	**$53300**	Cat	6T	638D	10F-2R	285	32880	CHA
Challenger 70C	$140000	$33600	$44800	**$47600**	**$57400**	Cat	6	638D	10F-2R	285	35270	CHA
Challenger 75C	$150100	$36020	$48030	**$51030**	**$61540**	Cat	6	629D	10F-2R	325	32000	CHA
Challenger 85C	$172000	$40800	$54400	**$57800**	**$69700**	Cat	6	629D	10F-2R	355	33250	CHA
1994												
Challenger 35	$111000	$24200	$33000	**$35200**	**$42900**	Cat	6	403D	16F-9R	175	22450	CHA
Challenger 45	$120190	$26400	$36000	**$38400**	**$46800**	Cat	6T	403D	16F-9R	200	22750	CHA
Challenger 65C	$130250	$28600	$39000	**$41600**	**$50700**	Cat	6T	638D	10F-2R	285	32880	CHA
Challenger 75C	$147100	$32360	$44130	**$47070**	**$57370**	Cat	6	629D	10F-2R	325	32000	CHA
Challenger 85C	$162400	$35640	$48600	**$51840**	**$63180**	Cat	6	629D	10F-2R	355	33250	CHA
1993												
Challenger 65B	$125300	$25000	$35000	**$37500**	**$47500**	Cat	6T	638D	10F-2R	285	31100	CHA
Challenger 65C	$130500	$26100	$36540	**$39150**	**$49590**	Cat	6T	638D	10F-2R	285	32880	CHA
Challenger 75C	$147100	$29420	$41190	**$44130**	**$55900**	Cat	6	629D	10F-2R	325	32000	CHA
Challenger 85C	$164200	$32800	$45920	**$49200**	**$62320**	Cat	6	629D	10F-2R	355	33250	CHA
1992												
Challenger 65B	$120100	$22800	$31200	**$34800**	**$44400**	Cat	6T	638D	10F-2R	285	31100	CHA
Challenger 65C	$125500	$23750	$32500	**$36250**	**$46250**	Cat	6T	638D	10F-2R	285	32880	CHA
Challenger 75	$135700	$25780	$35280	**$39350**	**$50210**	Cat	6	629D	10F-2R	325	32000	CHA
Challenger 75C	$140100	$26620	$36430	**$40630**	**$51840**	Cat	6	629D	10F-2R	325	32000	CHA
1991												
Challenger 65B	$122400	$22030	$29380	**$34270**	**$44060**	Cat	6T	638D	10F-2R	285	31100	CHA
Challenger 75	$129700	$23350	$31130	**$36320**	**$46690**	Cat	6	629D	10F-2R	325	32000	CHA
1990												
Challenger 65	$120220	$20400	$26400	**$32400**	**$42000**	Cat	6T	638D	10F-2R	270	31100	CHA
Challenger 75	$128300	$21760	$28160	**$34560**	**$44800**	Cat	6	629D	10F-2R	325	32000	CHA
1989												
Challenger 65	$120090	$19200	$25200	**$31200**	**$40800**	Cat	6T	638D	10F-2R	270	31100	CHA
1988												
Challenger 65	$121360	$18000	$24000	**$30000**	**$39600**	Cat	6T	638D	10F-2R	270	31100	CHA

Model	Approx. Retail Price New	Used Trade-In Avg.	Used Trade-In High	Used Retail Avg.	Used Retail High	Engine Make	Engine No. Cyls.	Engine Displ. Cu.-in.	No. Speeds	P.T.O. H.P.	Approx. Shipping Wt.-Lbs.	Cab

Caterpillar (Cont.)

Model	Approx. Retail Price New	Used Trade-In Avg.	Used Trade-In High	Used Retail Avg.	Used Retail High	Engine Make	Engine No. Cyls.	Engine Displ. Cu.-in.	No. Speeds	P.T.O. H.P.	Approx. Shipping Wt.-Lbs.	Cab
1987												
Challenger 65	$120890	$16800	$22800	**$28800**	**$38400**	Cat	6T	638D	10F-2R	270	31100	CHA
1986												
Challenger 65	$118144	$15340	$21240	**$27140**	**$36580**	Cat	6T	638D	10F-2R	270	31100	CHA

Century

Model	Approx. Retail Price New	Used Trade-In Avg.	Used Trade-In High	Used Retail Avg.	Used Retail High	Engine Make	Engine No. Cyls.	Engine Displ. Cu.-in.	No. Speeds	P.T.O. H.P.	Approx. Shipping Wt.-Lbs.	Cab
2004												
2028 w/Ag Tires	$13295	$7050	$7980	**$9710**	**$10240**	Kukje	3	95D	12F-12R	25	3640	No
2535 w/Ag Tires	$13775	$7300	$8270	**$10060**	**$10610**	Kukje	3	110D	12F-12R	31	3640	No
3035 w/Ag Tires	$14585	$7730	$8750	**$10650**	**$11230**	Kukje	3	110D	12F-12R	31	3770	No
3040 w/Ag Tires	$15195	$8050	$9120	**$11090**	**$11700**	Kukje	3T	110D	12F-12R	36	3770	No
3045 w/Ag Tires	$16785	$8900	$10070	**$12250**	**$12920**	Kukje	3	134D	12F-12R	40	3890	No
2003												
2028	$12395	$5830	$6690	**$8430**	**$9050**	Kukje	3	95D	12F-12R	25	3640	No
2535	$12875	$6050	$6950	**$8760**	**$9400**	Kukje	3	110D	12F-12R	31	3640	No
3035	$13685	$6430	$7390	**$9310**	**$9990**	Kukje	3	110D	12F-12R	31	3770	No
3040	$14295	$6720	$7720	**$9720**	**$10440**	Kukje	3T	110D	12F-12R	36	3770	No
3045	$15885	$7470	$8580	**$10800**	**$11600**	Kukje	3	134D	12F-12R	40	3890	No
2002												
2028	$12395	$5330	$6200	**$7930**	**$8680**	Kukje	3	95D	12F-12R	25	3640	No
2535	$12875	$5540	$6440	**$8240**	**$9010**	Kukje	3	110D	12F-12R	31	3640	No
3035	$13685	$5890	$6840	**$8760**	**$9580**	Kukje	3	110D	12F-12R	31	3770	No
3040	$14295	$6150	$7150	**$9150**	**$10010**	Kukje	3T	110D	12F-12R	36	3770	No
3045	$15885	$6830	$7940	**$10170**	**$11120**	Kukje	3	134D	12F-12R	40	3890	No

Challenger

Model	Approx. Retail Price New	Used Trade-In Avg.	Used Trade-In High	Used Retail Avg.	Used Retail High	Engine Make	Engine No. Cyls.	Engine Displ. Cu.-in.	No. Speeds	P.T.O. H.P.	Approx. Shipping Wt.-Lbs.	Cab
2006												
MT225B	$12890	$9280	$9800	**$11090**	**$11470**	Iseki	3	68D	Variable	17.6	1753	No
MT255B	$13539	$9750	$10290	**$11640**	**$12050**	Iseki	3	89D	9F-3R	24.1	2400	No
MT255B Hydro	$15129	$10890	$11500	**$13010**	**$13470**	Iseki	3	89D	Variable	22.3	2510	No
MT265B SyncShuttle	$17638	$12700	$13410	**$15170**	**$15700**	Iseki	3	91D	8F-8R	26.0	2981	No
MT265B PowerShuttle	$18911	$13620	$14370	**$16260**	**$16830**	Iseki	3	91D	12F-12R	26.0	2981	No
MT265B Hydro	$18911	$13620	$14370	**$16260**	**$16830**	Iseki	3	91D	Variable	24.5	2946	No
MT275B SyncShuttle	$20133	$14500	$15300	**$17310**	**$17920**	Iseki	3T	91D	8F-8R	31.0	2915	No
MT275B PowerShuttle	$21310	$15340	$16200	**$18330**	**$18970**	Iseki	3T	91D	12F-12R	31.0	2915	No
MT275B Hydro	$21917	$15780	$16660	**$18850**	**$19510**	Iseki	3T	91D	Variable	29.5	2915	No
MT285B SyncShuttle	$23772	$17120	$18070	**$20440**	**$21160**	Iseki	4	134D	8F-8R	38.0	3660	No
MT285B PowerShuttle	$24899	$17930	$18920	**$21410**	**$22160**	Iseki	4	134D	12F-12R	38.0	3660	No
MT285B Hydro	$25549	$18400	$19420	**$21970**	**$22740**	Iseki	4	134D	Variable	36.5	3716	No
MT285B Hydro w/Cab	$33991	$24470	$25830	**$29230**	**$30250**	Iseki	4	134D	Variable	36.5	4068	CHA
MT295B SyncShuttle	$24680	$17770	$18760	**$21230**	**$21970**	Iseki	4	180D	8F-8R	41.0	3726	No
MT295B PowerShuttle	$26069	$18770	$19810	**$22420**	**$23200**	Iseki	4	180D	12F-12R	41.0	3726	No
MT295B AutoPower w/Cab	$35299	$25420	$26830	**$30360**	**$31420**	Iseki	4	180D	12F-12R	41.0	4079	CHA
MT315B	$25145	$17600	$18610	**$21370**	**$22130**	Challenger	3T	201D	12F-12R	45.0		No
MT315B 4WD	$30584	$21410	$22630	**$26000**	**$26910**	Challenger	3T	201D	12F-12R	45.0		No
MT315B 4WD Cab	$38952	$27270	$28820	**$33110**	**$34280**	Challenger	3T	201D	12F-12R	45.0		CHA
MT315B Cab	$33514	$23460	$24800	**$28490**	**$29490**	Challenger	3T	201D	12F-12R	45.0		CHA
MT325B	$27880	$19520	$20630	**$23700**	**$24530**	Challenger	3T	201D	12F-12R	55.0		No
MT325B 4WD	$33319	$23320	$24660	**$28320**	**$29320**	Challenger	3T	201D	12F-12R	55.0		No
MT325B 4WD Cab	$41687	$29180	$30850	**$35430**	**$36690**	Challenger	3T	201D	12F-12R	55.0		CHA
MT325B Cab	$36249	$25370	$26820	**$30810**	**$31900**	Challenger	3T	201D	12F-12R	55.0		CHA
MT335B	$31108	$21780	$23020	**$26440**	**$27380**	Challenger	3T	201D	12F-12R	65.0		No
MT335B 4WD	$36806	$25760	$27240	**$31290**	**$32390**	Challenger	3T	201D	12F-12R	65.0		No
MT335B 4WD Cab	$45174	$31620	$33430	**$38400**	**$39750**	Challenger	3T	201D	12F-12R	65.0		CHA
MT335BD Cab	$40321	$28230	$29840	**$34270**	**$35480**	Challenger	3T	201D	12F-12R	65.0		CHA
MT345B	$34197	$23940	$25310	**$29070**	**$30090**	Challenger	3T	201D	12F-12R	75.0		No
MT345B 4WD	$39724	$27810	$29400	**$33770**	**$34960**	Challenger	3T	201D	12F-12R	75.0		No
MT345B 4WD Cab	$48093	$33670	$35590	**$40880**	**$42320**	Challenger	3T	201D	12F-12R	75.0		CHA
MT345B Cab	$42565	$29800	$31500	**$36180**	**$37460**	Challenger	3T	201D	12F-12R	75.0		CHA
MT425B	$34339	$24040	$25410	**$29190**	**$30220**	Cat	4	268D	16F-16R	60.0	5287	No
MT425B 4WD	$40818	$28570	$30210	**$34700**	**$35920**	Cat	4	268D	16F-16R	60.0	5610	No
MT425B 4WD Cab	$49887	$34920	$36920	**$42400**	**$43900**	Cat	4	268D	16F-16R	60.0	7056	CHA
MT425B Cab	$43408	$30390	$32120	**$36900**	**$38200**	Cat	4	268D	16F-16R	60.0	6724	CHA
MT445B	$37188	$26030	$27520	**$31610**	**$32730**	Cat	4T	268D	16F-16R	70.0	5316	No
MT445B 4WD	$43585	$30510	$32250	**$37050**	**$38360**	Cat	4T	268D	16F-16R	70.0	5648	No
MT445B 4WD Cab	$52653	$36860	$38960	**$44760**	**$46340**	Cat	4T	268D	16F-16R	70.0	7085	CHA
MT445B Cab	$46257	$32380	$34230	**$39320**	**$40710**	Cat	4T	268D	16F-16R	70.0	6758	CHA
MT455B	$41059	$28740	$30380	**$34900**	**$36130**	Cat	4T	268D	16F-16R	80.0	5316	No
MT455B 4WD	$48387	$33870	$35810	**$41130**	**$42580**	Cat	4T	268D	16F-16R	80.0	5648	No
MT455B 4WD Cab	$57543	$40280	$42580	**$48910**	**$50640**	Cat	4T	268D	16F-16R	80.0	6758	CHA
MT455B Cab	$50215	$35150	$37160	**$42680**	**$44190**	Cat	4T	268D	16F-16R	80.0	6758	CHA
MT465B	$46361	$32450	$34310	**$39410**	**$40800**	Cat	4TI	268D	16F-16R	90.0	5466	No
MT465B 4WD	$53085	$37160	$39280	**$45120**	**$46720**	Cat	4TI	268D	16F-16R	90.0	5798	No
MT465B 4WD Cab	$62154	$43510	$45990	**$52830**	**$54700**	Cat	4TI	268D	16F-16R	90.0	7235	CHA
MT465B Cab	$55430	$38800	$41020	**$47120**	**$48780**	Cat	4TI	268D	16F-16R	90.0	6903	CHA
MT525B 4WD Cab	$75142	$52600	$55610	**$63870**	**$66130**	Cat	6T	365D	24F-24R	95.0		CHA
MT525B 4WD Cab CVT	$83539	$58480	$61820	**$71010**	**$73510**	Cat	6T	365D	Variable	95.0		CHA
MT525B Cab	$66963	$46870	$49550	**$56920**	**$58930**	Cat	6T	365D	24F-24R	95.0		CHA

Model	Approx. Retail Price New	Estimated Value Less Repairs Used Trade-In Avg.	High	Used Retail Avg.	High	Engine Make	No. Cyls.	Displ. Cu.-in.	No. Speeds	P.T.O. H.P.	Approx. Shipping Wt.-Lbs.	Cab
Challenger (Cont.)												
				2006 (Cont.)								
MT535B 4WD Cab	$82796	$57960	$61270	$70380	$72860	Cat	6T	365D	24F-24R	105.0		CHA
MT535B 4WD Cab CVT	$93412	$65390	$69130	$79400	$82200	Cat	6T	365D	Variable	105.0		CHA
MT535B Cab	$72500	$50750	$53650	$61630	$63800	Cat	6T	365D	24F-24R	105.0		CHA
MT 545B 4WD Cab	$92195	$64540	$68220	$78370	$81130	Cat	6T	365D	24F-24R	115.0		CHA
MT 545B 4WD Cab CVT	$98618	$69030	$72980	$83830	$86780	Cat	6T	365D	Variable	115.0		CHA
MT 545B Cab	$82481	$57740	$61040	$70110	$72580	Cat	6T	365D	24F-24R	115.0	10487	CHA
MT 555B 4WD Cab	$103353	$72350	$76480	$87850	$90950	Cat	6T	365D	32F-32R	130.0		CHA
MT 555B 4WD Cab CVT	$113665	$79570	$84110	$96620	$100030	Cat	6T	365D	Variable	130.0		CHA
MT 555B Cab	$89388	$62570	$66150	$75980	$78660	Cat	6T	365D	32F-32R	130.0		CHA
MT 565B 4WD Cab	$111952	$78370	$82840	$95160	$98520	Cat	6T	365D	32F-32R	145.0		CHA
MT 565B 4WD Cab CVT	$118958	$83270	$88030	$101110	$104680	Cat	6T	365D	Variable	145.0		CHA
MT 565B Cab	$97721	$68410	$72310	$83060	$85990	Cat	6T	365D	32F-32R	145.0		CHA
MT 635B 4WD CVT	$139265	$97490	$103060	$118380	$122550	Sisu	6TA	451D	Variable	180.0	16100	CHA
MT 645B 4WD CVT	$151091	$105760	$111810	$128430	$132960	Sisu	6TA	451D	Variable	200.0	16100	CHA
MT 655B 4WD CVT	$160851	$112600	$119030	$136720	$141550	Sisu	6TA	513D	Variable	220.0	16100	CHA
MT 665B 4WD CVT	$169477	$118630	$125410	$144060	$149140	Sisu	6TA	513D	Variable	240.0	16100	CHA
MT 755B	$201088	$140760	$148810	$170930	$176960	Cat	6TA	538D	16F-4R	245.0	25350	CHA
MT 765B	$212413	$148690	$157190	$180550	$186920	Cat	6TA	538D	16F-4R	265.0	24850	CHA
MT 835B	$261081	$182760	$193200	$219310	$227140	Cat	6TA	732D	16F-4R	350.0	39500	CHA
MT 855B	$274209	$191950	$202920	$230340	$238560	Cat	6TA	853D	16F-4R	460	41000	CHA
MT 865B	$318487	$222940	$235680	$267530	$277080	Cat	6TA	964D	16F-4R	510	41000	CHA
MT 875B	$350685	$245480	$259510	$294580	$305100	Cat	6TA	964D	16F-4R	570	41000	CHA
				2005								
MT225B	$13536	$8000	$8770	$10190	$10840	Iseki	3	68D	Variable	17.6	1753	No
MT255B	$14822	$8400	$9210	$10710	$11380	Iseki	3	89D	9F-3R	24.1	2109	No
MT255B w/Loader	$19137	$11870	$13010	$15120	$16080	Iseki	3	89D	9F-3R	24.1		No
MT265B SyncShuttle	$18036	$10940	$12000	$13940	$14830	Iseki	3	91D	8F-8R	26.0	2981	No
MT265B SyncShuttle w/Loader	$22285	$13820	$15150	$17610	$18720	Iseki	3	91D	8F-8R	26.0		No
MT265B PowerShuttle	$19750	$11750	$12890	$14970	$15920	Iseki	3	91D	12F-12R	26.0	2981	No
MT265B PowerShuttle w/Loader	$24842	$15400	$16890	$19630	$20870	Iseki	3	91D	12F-12R	26.0		No
MT265B Hydro	$19708	$11750	$12890	$14970	$15920	Iseki	3	91D	Variable	24.5	2946	No
MT265B Hydro w/Loader	$24238	$15030	$16480	$19150	$20360	Iseki	3	91D	Variable	24.5		No
MT275B SyncShuttle	$20322	$12490	$13700	$15920	$16930	Iseki	3T	91D	8F-8R	31.0	2915	No
MT275B SyncShutle w/Loader	$24607	$15260	$16730	$19440	$20670	Iseki	3T	91D	8F-8R	31.0		No
MT275B PowerShuttle	$22035	$13240	$14520	$16870	$17930	Iseki	3T	91D	12F-12R	31.0	2915	No
MT275B PowerShutle w/Loader	$27127	$16820	$18450	$21430	$22790	Iseki	3T	91D	12F-12R	31.0		No
MT275B Hydro	$22750	$13610	$14930	$17340	$18440	Iseki	3T	91D	Variable	29.5	2915	No
MT275B Hydro w/Loader	$27842	$17260	$18930	$22000	$23390	Iseki	3T	91D	Variable	29.5		No
MT285B SyncShuttle	$25243	$14760	$16180	$18800	$19990	Iseki	4	134D	8F-8R	38.0	3660	No
MT285B SyncShuttle w/Loader	$30524	$18930	$20760	$24110	$25640	Iseki	4	134D	8F-8R	38.0		No
MT285B PowerShuttle	$26528	$15500	$17000	$19750	$21000	Iseki	4	134D	12F-12R	38.0	3660	No
MT285B PowerShuttle w/Loader	$32842	$20360	$22330	$25950	$27590	Iseki	4	134D	12F-12R	38.0		No
MT285B Hydro	$27243	$15870	$17410	$20220	$21500	Iseki	4	134D	Variable	36.5		No
MT285B Hydro w/Loader	$33557	$20810	$22820	$26510	$28190	Iseki	4	134D	Variable	36.5		No
MT285B Hydro w/Cab	$35100	$21080	$23120	$26860	$28560	Iseki	4	134D	Variable	36.5		CHA
MT295B SyncShuttle	$26386	$15310	$16800	$19510	$20750	Iseki	4	180D	8F-8R	41.0	3726	No
MT295B SyncShuttle w/Loader	$32357	$20060	$22000	$25560	$27180	Iseki	4	180D	8F-8R	41.0		No
MT295B PowerShuttle	$27671	$16180	$17750	$20620	$21920	Iseki	4	180D	12F-12R	41.0	3726	No
MT295B PowerShuttle w/Loader	$33985	$21070	$23110	$26850	$28550	Iseki	4	180D	12F-12R	41.0		No
MT295B AutoPower w/Cab	$35814	$21890	$24000	$27890	$29650	Iseki	4	180D	12F-12R	41.0		CHA
MT425B	$35191	$21330	$22700	$26830	$28210	Cat	4	268D	16F-16R	60.0	5287	No
MT425B 4WD	$41980	$25360	$26990	$31900	$33540	Cat	4	268D	16F-16R	60.0	5610	No
MT425B 4WD Cab	$51470	$30940	$32930	$38920	$40920	Cat	4	268D	16F-16R	60.0	7056	CHA
MT425B Cab	$44681	$26940	$28680	$33890	$35630	Cat	4	268D	16F-16R	60.0	6724	CHA
MT445B	$38191	$23060	$24550	$29020	$30500	Cat	4T	268D	16F-16R	70.0	5316	No
MT445B 4WD	$45789	$27030	$28780	$34010	$35750	Cat	4T	268D	16F-16R	70.0	5648	No
MT445B 4WD Cab	$55279	$32670	$34780	$41110	$43210	Cat	4T	268D	16F-16R	70.0	7085	CHA
MT445B Cab	$47680	$28710	$30560	$36110	$37970	Cat	4T	268D	16F-16R	70.0	6758	CHA
MT455B	$42466	$25480	$27130	$32060	$33700	Cat	4T	268D	16F-16R	80.0	5316	No
MT455B 4WD	$49494	$30010	$31940	$37750	$39690	Cat	4T	268D	16F-16R	80.0	5648	No
MT455B 4WD Cab	$58984	$35710	$38020	$44930	$47230	Cat	4T	268D	16F-16R	80.0	6758	CHA
MT455B Cab	$51956	$31190	$33200	$39230	$41250	Cat	4T	268D	16F-16R	80.0	6758	CHA
MT465B	$47791	$28770	$30620	$36190	$38050	Cat	4TI	268D	16F-16R	90.0	5466	No
MT465B 4WD	$54819	$32920	$35050	$41420	$43540	Cat	4TI	268D	16F-16R	90.0	5798	No
MT465B 4WD Cab	$64309	$38560	$41050	$48520	$51000	Cat	4TI	268D	16F-16R	90.0	7235	CHA
MT465B Cab	$57281	$34410	$36630	$43290	$45510	Cat	4TI	268D	16F-16R	90.0	6903	CHA
MT525B 4WD Cab	$74751	$46350	$49340	$58310	$61300	Cat	6T	365D	32F-32R	95.0		CHA
MT525B 4WD Cab CVT	$85478	$51830	$55180	$65210	$68550	Cat	6T	365D	Variable	95.0		CHA
MT525B Cab	$65446	$40580	$43190	$51050	$53670	Cat	6T	365D	32F-32R	95.0		CHA
MT535B 4WD Cab	$81829	$50730	$54010	$63830	$67100	Cat	6T	365D	32F-32R	105.0		CHA
MT535B 4WD Cab CVT	$93748	$58120	$61870	$73120	$76870	Cat	6T	365D	Variable	105.0		CHA
MT535B Cab	$71881	$44570	$47440	$56070	$58940	Cat	6T	365D	32F-32R	105.0		CHA
MT 545B 4WD Cab	$87941	$54520	$58040	$68590	$72110	Cat	6T	365D	32F-32R	115.0		CHA
MT 545B 4WD Cab CVT	$98529	$61090	$65030	$76850	$80790	Cat	6T	365D	Variable	115.0		CHA
MT 545B Cab	$78117	$48430	$51560	$60930	$64060	Cat	6T	365D	32F-32R	115.0	10487	CHA
MT 555B 4WD Cab	$100920	$62570	$66610	$78720	$82750	Cat	6T	365D	32F-32R	130.0		CHA
MT 555B 4WD Cab CVT	$112431	$69710	$74200	$87700	$92190	Cat	6T	365D	Variable	130.0		CHA
MT 555B Cab	$87545	$54280	$57780	$68290	$71790	Cat	6T	365D	32F-32R	130.0		CHA
MT 565B 4WD Cab	$113720	$70510	$75060	$88700	$93250	Cat	6T	365D	32F-32R	145.0		CHA
MT 565B 4WD Cab CVT	$122205	$75770	$80660	$95320	$100210	Cat	6T	365D	Variable	145.0		CHA
MT 565B Cab	$99498	$61690	$65670	$77610	$81590	Cat	6T	365D	32F-32R	145.0		CHA
MT 635B 4WD CVT	$135169	$83810	$89210	$105430	$110840	Sisu	6TA	451D	Variable	160.0	16100	CHA
MT 645B 4WD CVT	$147894	$91690	$97610	$115360	$121270	Sisu	6TA	451D	Variable	180.0	16100	CHA

Challenger (Cont.)

Model	Approx. Retail Price New	Used Trade-In Avg.	Used Trade-In High	Used Retail Avg.	Used Retail High	Make	Engine No. Cyls.	Engine Displ. Cu.-in.	No. Speeds	P.T.O. H.P.	Approx. Shipping Wt.-Lbs.	Cab
				2005 (Cont.)								
MT 655B 4WD CVT	$157079	$97390	$103670	**$122520**	**$128810**	Sisu	6TA	513D	Variable	200.0	16100	CHA
MT 665B 4WD CVT	$165988	$102910	$109550	**$129470**	**$136110**	Sisu	6TA	513D	Variable	225.0	16100	CHA
MT 745B	$181294	$112400	$119650	**$141410**	**$148660**	Cat	6TA	538D	16F-4R	225.0	25350	CHA
MT 755B	$189223	$117320	$124890	**$147590**	**$155160**	Cat	6TA	538D	16F-4R	245.0	25350	CHA
MT 765B	$201110	$124690	$132730	**$156870**	**$164910**	Cat	6TA	538D	16F-4R	265.0	24850	CHA
MT 835B	$226148	$133430	$144740	**$174130**	**$183180**	Cat	6TA	732D	16F-4R	350.0	39500	CHA
MT 845B	$256288	$151210	$164020	**$197340**	**$207590**	Cat	6TA	732D	16F-4R	400.0	39500	CHA
MT 855B	$262209	$154700	$167810	**$201900**	**$212390**	Cat	6TA	853D	16F-4R	460	41000	CHA
MT 865B	$287230	$169470	$183830	**$221170**	**$232660**	Cat	6TA	964D	16F-4R	510	41000	CHA
MT 875B	$317350	$187240	$203100	**$244360**	**$257050**	Cat	6TA	964D	16F-4R	570	41000	CHA
				2004								
MT225	$13535	$7100	$7870	**$9420**	**$10190**	Iseki	3	68D	Variable	19.0	1520	No
MT255	$14474	$7450	$8270	**$9890**	**$10710**	Iseki	3	89D	9F-3R	24.1	2109	No
MT255MA1 w/Loader	$18904	$10400	$11530	**$13800**	**$14930**	Iseki	3	89D	9F-3R	24.1	2109	No
MT265	$19494	$8330	$9240	**$11060**	**$11970**	Iseki	3	91D	16F-16R	27.0	2981	No
MT265MA1 w/Loader	$24017	$13210	$14650	**$17530**	**$18970**	Iseki	3	91D	16F-16R	27.0	2981	No
MT265 Hydro	$20499	$10450	$11590	**$13870**	**$15010**	Iseki	3	91D	Variable	26.3	2946	No
MT26MA2 Hydro w/Loader	$25193	$13860	$15370	**$18390**	**$19900**	Iseki	3	91D	Variable	26.3	2946	No
MT275	$19939	$10970	$12160	**$14560**	**$15750**	Iseki	3T	91D	8F-8R	32.4	2915	No
MT275MA1 w/Loader	$24487	$13470	$14940	**$17880**	**$19350**	Iseki	3T	91D	8F-8R	32.4	2915	No
MT285	$21859	$12020	$13330	**$15960**	**$17270**	Iseki	3T	91D	16F-16R	32.4	3016	No
MT285MA1 w/Loader	$26572	$14620	$16210	**$19400**	**$20990**	Iseki	3T	91D	16F-16R	32.4	3016	No
MT285 Hydro	$22999	$12650	$14030	**$16790**	**$18170**	Iseki	3T	91D	Variable	31.7	2981	No
MT285MA2 Hydro w/Loader	$27893	$15340	$17020	**$20360**	**$22040**	Iseki	3T	91D	Variable	31.7	2981	No
MT295	$26444	$14540	$16130	**$19300**	**$20890**	Iseki	4	134D	16F-16R	37.0	3864	No
MT295MA1 w/Loader	$32198	$17710	$19640	**$23510**	**$25440**	Iseki	4	134D	16F-16R	37.0	3864	No
MT295 Hydro	$28289	$15560	$17260	**$20650**	**$22350**	Iseki	4	134D	Variable	36.0	3918	No
MT295MA2 Hydro w/Loader	$33047	$18180	$20160	**$24120**	**$26110**	Iseki	4	134D	Variable	36.0	3918	No
MT297 SynchroShuttle	$25224	$13870	$15390	**$18410**	**$19930**	Iseki	4	173D	12F-12R	45.6	3833	No
MT297MA1 Syn-Shuttle Loader	$30578	$16820	$18650	**$22320**	**$24160**	Iseki	4	173D	12F-12R	45.6	3833	No
MT297 PowerShuttle	$28024	$15410	$17100	**$20460**	**$22140**	Iseki	4	173D	16F-16R	45.6	3877	No
MT297MA2 Pwr-Shuttle Loader	$33290	$18310	$20310	**$24300**	**$26300**	Iseki	4	173D	16F-16R	45.6	3877	No
MT425	$30262	$16040	$18160	**$22090**	**$23300**	Cat	4	244D	24F-24R	55.0	5287	No
MT425 4WD	$35500	$18820	$21300	**$25920**	**$27340**	Cat	4	244D	24F-24R	55.0	5619	No
MT425 Cab	$38441	$20370	$23070	**$28060**	**$29600**	Cat	4	244D	24F-24R	55.0	5287	CHA
MT425 4WD Cab	$44580	$23630	$26750	**$32540**	**$34330**	Cat	4	244D	24F-24R	55.0	5619	CHA
MT425B	$33093	$17540	$19860	**$24160**	**$25480**	Cat	4	268D	16F-16R	60.0	5287	No
MT425B 4WD	$39575	$20980	$23750	**$28890**	**$30470**	Cat	4	268D	16F-16R	60.0	5610	No
MT425B 4WD Cab	$48519	$25720	$29110	**$35420**	**$37360**	Cat	4	268D	16F-16R	60.0	7056	CHA
MT425B Cab	$42038	$22280	$25220	**$30690**	**$32370**	Cat	4	268D	16F-16R	60.0	6724	CHA
MT445	$35543	$18840	$21330	**$25950**	**$27370**	Cat	4	256D	24F-24R	65.0	5716	No
MT445 4WD	$41439	$21960	$24860	**$30250**	**$31910**	Cat	4	256D	24F-24R	65.0	5645	No
MT445 Cab	$44573	$23620	$26740	**$32540**	**$34320**	Cat	4	256D	24F-24R	65.0	6724	CHA
MT445 4WD Cab	$50469	$26750	$30280	**$36840**	**$38860**	Cat	4	256D	24F-24R	65.0	7269	CHA
MT445B	$35997	$19080	$21600	**$26280**	**$27720**	Cat	4T	258D	16F-16R	70.0	5316	No
MT445B 4WD	$42299	$22420	$25380	**$30880**	**$32570**	Cat	4T	258D	16F-16R	70.0	5648	No
MT445B 4WD Cab	$51244	$27160	$30750	**$37410**	**$39460**	Cat	4T	258D	16F-16R	70.0	7085	CHA
MT445B Cab	$44942	$23820	$26970	**$32810**	**$34610**	Cat	4T	258D	16F-16R	70.0	6758	CHA
MT455	$36569	$19380	$21940	**$26700**	**$28160**	Cat	4T	244D	24F-24R	75.0	5316	No
MT455 4WD	$43507	$23060	$26100	**$31760**	**$33500**	Cat	4T	244D	24F-24R	75.0	5645	No
MT455 Cab	$44868	$23780	$26920	**$32750**	**$34550**	Cat	4T	244D	24F-24R	75.0	6724	CHA
MT455 4WD Cab	$51320	$27200	$30790	**$37460**	**$39520**	Cat	4T	244D	24F-24R	75.0	7269	CHA
MT455B	$39492	$20930	$23700	**$28830**	**$30410**	Cat	4T	268D	16F-16R	80.0	5316	No
MT455B 4WD	$45794	$24270	$27480	**$33430**	**$35260**	Cat	4T	268D	16F-16R	80.0	5648	No
MT455B 4WD Cab	$54739	$29010	$32840	**$39960**	**$42150**	Cat	4T	268D	16F-16R	80.0	6758	CHA
MT455B Cab	$48437	$25670	$29060	**$35360**	**$37300**	Cat	4T	268D	16F-16R	80.0	6758	CHA
MT465	$40732	$21590	$24440	**$29730**	**$31360**	Cat	4T	244D	24F-24R	85.0	5466	No
MT465 4WD	$47003	$24910	$28200	**$34310**	**$36190**	Cat	4T	244D	24F-24R	85.0	5795	No
MT465 Cab	$49031	$25990	$29420	**$35790**	**$37750**	Cat	4T	244D	24F-24R	85.0	6874	CHA
MT465 4WD Cab	$56055	$29710	$33630	**$40920**	**$43160**	Cat	4T	244D	24F-24R	85.0	7419	CHA
MT465B	$44512	$23590	$26710	**$32490**	**$34270**	Cat	4TI	268D	16F-16R	90.0	5466	No
MT465B 4WD	$50814	$26930	$30490	**$37090**	**$39130**	Cat	4TI	268D	16F-16R	90.0	5798	No
MT465B 4WD Cab	$59759	$31670	$35860	**$43620**	**$46010**	Cat	4TI	268D	16F-16R	90.0	7235	CHA
MT465B Cab	$53457	$28330	$32070	**$39020**	**$41160**	Cat	4TI	268D	16F-16R	90.0	6903	CHA
MT525B 4WD Cab	$69593	$36880	$41760	**$50800**	**$53590**	Cat	6T	365D	32F-32R	95.0		CHA
MT525B 4WD Cab CVT	$81392	$43140	$48840	**$59420**	**$62670**	Cat	6T	365D	Variable	95.0		CHA
MT525B Cab	$60658	$32150	$36400	**$44280**	**$46710**	Cat	6T	365D	32F-32R	95.0		CHA
MT535	$54820	$29060	$32890	**$40020**	**$42210**	Cat	6T	365D	32F-32R	100.0	9457	No
MT535	$54820	$29060	$32890	**$40020**	**$42210**	Cat	6T	365D	32F-32R	100.0	9457	No
MT535 4WD	$63820	$33830	$38290	**$46590**	**$49140**	Cat	6T	365D	32F-32R	100.0	9776	No
MT535 Cab	$62280	$33010	$37370	**$45460**	**$47960**	Cat	6T	365D	32F-32R	100.0	9730	CHA
MT535 4WD Cab	$72890	$38630	$43730	**$53210**	**$56130**	Cat	6T	365D	32F-32R	100.0	10321	CHA
MT535B 4WD Cab	$76173	$40370	$45700	**$55610**	**$58650**	Cat	6T	365D	32F-32R	105.0		CHA
MT535B 4WD Cab CVT	$86719	$45960	$52030	**$63310**	**$66770**	Cat	6T	365D	Variable	105.0		CHA
MT535B Cab	$66784	$35400	$40070	**$48750**	**$51420**	Cat	6T	365D	32F-32R	105.0		CHA
MT 545	$63880	$33860	$38330	**$46630**	**$49190**	Cat	6T	365D	32F-32R	120.0	10055	No
MT 545 4WD	$73200	$38800	$43920	**$53440**	**$56360**	Cat	6T	365D	32F-32R	120.0	10487	No
MT 545 Cab	$77220	$40930	$46330	**$56370**	**$59460**	Cat	6T	365D	32F-32R	120.0	10606	CHA
MT 545 4WD Cab	$82080	$43500	$49250	**$59920**	**$63200**	Cat	6T	365D	32F-32R	120.0	11038	CHA
MT 545B 4WD Cab	$83797	$44410	$50280	**$61170**	**$64520**	Cat	6T	365D	32F-32R	115.0		CHA
MT 545B 4WD Cab CVT	$93197	$49390	$55920	**$68030**	**$71760**	Cat	6T	365D	Variable	115.0		CHA
MT 545B Cab	$77652	$41160	$46590	**$56690**	**$59790**	Cat	6T	365D	32F-32R	115.0	10487	CHA
MT 545B Cab	$77652	$41160	$46590	**$56690**	**$59790**	Cat	6T	365D	32F-32R	115.0		CHA

Model	Approx. Retail Price New	Used Trade-In Avg.	Used Trade-In High	Used Retail Avg.	Used Retail High	Engine Make	Engine No. Cyls.	Engine Displ. Cu.-in.	No. Speeds	P.T.O. H.P.	Approx. Shipping Wt.-Lbs.	Cab
Challenger (Cont.)												
				2004 (Cont.)								
MT 555B 4WD Cab	$96529	$51160	$57920	**$70470**	**$74330**	Cat	6T	365D	32F-32R	130.0		CHA
MT 555B 4WD Cab CVT	$106412	$56400	$63850	**$77680**	**$81940**	Cat	6T	365D	Variable	130.0		CHA
MT 555B Cab	$87176	$46200	$52310	**$63640**	**$67130**	Cat	6T	365D	32F-32R	130.0		CHA
MT 565 Cab	$99130	$52540	$59480	**$72370**	**$76330**	Sisu	6TA	402D	18F-6R	145.0	11808	CHA
MT 565 4WD Cab	$100435	$53230	$60260	**$73320**	**$77340**	Sisu	6TA	402D	18F-6R	145.0	12216	CHA
MT 565B 4WD Cab	$104964	$55630	$62980	**$76620**	**$80820**	Cat	6T	365D	32F-32R	145.0		CHA
MT 565B 4WD Cab CVT	$114848	$60870	$68910	**$83840**	**$88430**	Cat	6T	365D	Variable	145.0		CHA
MT 565B Cab	$94852	$50270	$56910	**$69240**	**$73040**	Cat	6T	365D	32F-32R	145.0		CHA
MT 635 4WD	$99910	$52950	$59950	**$72930**	**$76930**	Sisu	6TA	451D	18F-6R	160.0	14132	CHA
MT 645 4WD	$107865	$57170	$64720	**$78740**	**$83060**	Sisu	6TA	451D	18F-6R	180.0	16634	CHA
MT 655 4WD	$111905	$59310	$67140	**$81690**	**$86170**	Sisu	6TA	513D	18F-6R	200.0	17467	CHA
MT 665 4WD	$125280	$66400	$75170	**$91450**	**$96470**	Sisu	6TA	513D	18F-6R	225.0	17469	CHA
MT 745	$162105	$85920	$97260	**$118340**	**$124820**	Cat	6TA	538D	16F-4R	205.0	25350	CHA
MT 755	$175890	$93220	$105530	**$128400**	**$135440**	Cat	6TA	538D	16F-4R	235.0	25350	CHA
MT 765	$191530	$101510	$114920	**$139820**	**$147480**	Cat	6TA	538D	16F-4R	255.0	24850	CHA
MT 835	$205535	$106880	$119210	**$147990**	**$156210**	Cat	6TA	732D	16F-4R	340.0	39500	CHA
MT 845	$231175	$120210	$134080	**$166450**	**$175690**	Cat	6TA	732D	16F-4R	380.0	39500	CHA
MT 855	$248379	$129160	$144060	**$178830**	**$188770**	Cat	6TA	853D	16F-4R	450	41000	CHA
MT 865	$269281	$140030	$156180	**$193880**	**$204650**	Cat	6TA	964D	16F-4R	500	41000	CHA
				2003								
MT225	$15220	$6370	$7150	**$8970**	**$9750**	Iseki	3	68D	Variable	19.0	1520	No
MT255	$14295	$6660	$7480	**$9380**	**$10200**	Iseki	3	89D	9F-3R	24.1	2109	No
MT265	$20300	$8820	$9900	**$12420**	**$13500**	Iseki	3	91D	16F-16R	27.0	2981	No
MT265 Hydro	$21300	$9310	$10450	**$13110**	**$14250**	Iseki	3	91D	Variable	26.3	2946	No
MT275	$20660	$9900	$11110	**$13940**	**$15150**	Iseki	3T	91D	8F-8R	32.4	2915	No
MT285	$22575	$11060	$12420	**$15580**	**$16930**	Iseki	3T	91D	16F-16R	32.4	3016	No
MT285 Hydro	$23720	$11620	$13050	**$16370**	**$17790**	Iseki	3T	91D	Variable	31.7	2981	No
MT295	$27480	$13470	$15110	**$18960**	**$20610**	Iseki	4	134D	16F-16R	37.0	3864	No
MT295 Hydro	$28925	$14170	$15910	**$19960**	**$21690**	Iseki	4	134D	Variable	36.0	3918	No
MT297 SynchroShuttle	$25860	$12670	$14220	**$17840**	**$19400**	Iseki	4	173D	12F-12R	45.6	3833	No
MT297 PowerShuttle	$28660	$14040	$15760	**$19780**	**$21500**	Iseki	4	173D	16F-16R	45.6	3877	No
MT425	$30231	$14210	$16330	**$20560**	**$22070**	Cat	4	244D	24F-24R	55.0	5287	No
MT425 4WD	$35920	$16880	$19400	**$24430**	**$26220**	Cat	4	244D	24F-24R	55.0	5619	No
MT425 Cab	$39221	$18430	$21180	**$26670**	**$28630**	Cat	4	244D	24F-24R	55.0	5287	CHA
MT425 4WD Cab	$44950	$21130	$24270	**$30570**	**$32810**	Cat	4	244D	24F-24R	55.0	5619	CHA
MT445	$34880	$16390	$18840	**$23720**	**$25460**	Cat	4	256D	24F-24R	65.0	5716	No
MT445 4WD	$41185	$19360	$22240	**$28010**	**$30070**	Cat	4	256D	24F-24R	65.0	5645	No
MT445 Cab	$43910	$20640	$23710	**$29860**	**$32050**	Cat	4	256D	24F-24R	65.0	6724	CHA
MT445 4WD Cab	$49745	$23380	$26860	**$33830**	**$36310**	Cat	4	256D	24F-24R	65.0	7269	CHA
MT455	$36376	$17100	$19640	**$24740**	**$26550**	Cat	4T	244D	24F-24R	75.0	5316	No
MT455 4WD	$43253	$20330	$23360	**$29410**	**$31580**	Cat	4T	244D	24F-24R	75.0	5645	No
MT455 Cab	$44675	$21000	$24130	**$30380**	**$32610**	Cat	4T	244D	24F-24R	75.0	6724	CHA
MT455 4WD Cab	$51066	$24000	$27580	**$34730**	**$37280**	Cat	4T	244D	24F-24R	75.0	7269	CHA
MT465	$41709	$19600	$22520	**$28360**	**$30450**	Cat	4T	244D	24F-24R	85.0	5466	No
MT465 4WD	$46749	$21970	$25240	**$31790**	**$34130**	Cat	4T	244D	24F-24R	85.0	5795	No
MT465 Cab	$50008	$23500	$27000	**$34010**	**$36510**	Cat	4T	244D	24F-24R	85.0	6874	CHA
MT465 4WD Cab	$55800	$26230	$30130	**$37940**	**$40730**	Cat	4T	244D	24F-24R	85.0	7419	CHA
MT535	$55575	$26120	$30010	**$37790**	**$40570**	Cat	6T	365D	32F-32R	100.0	9457	No
MT535 4WD	$64280	$30210	$34710	**$43710**	**$46920**	Cat	6T	365D	32F-32R	100.0	9776	No
MT535 Cab	$63805	$29990	$34460	**$43390**	**$46580**	Cat	6T	365D	32F-32R	100.0	9730	CHA
MT535 4WD Cab	$72510	$34080	$39160	**$49310**	**$52930**	Cat	6T	365D	32F-32R	100.0	10321	CHA
MT 545	$68825	$32350	$37170	**$46800**	**$50240**	Cat	6T	365D	32F-32R	120.0	10055	No
MT 545 4WD	$78140	$36730	$42200	**$53140**	**$57040**	Cat	6T	365D	32F-32R	120.0	10487	No
MT 545 Cab	$77885	$36610	$42060	**$52960**	**$56860**	Cat	6T	365D	32F-32R	120.0	10606	CHA
MT 545 4WD Cab	$87200	$40980	$47090	**$59300**	**$63660**	Cat	6T	365D	32F-32R	120.0	11038	CHA
MT 565 Cab	$95225	$44760	$51420	**$64750**	**$69510**	Valmet	6TA	402D	18F-6R	145.0	11808	CHA
MT 565 4WD Cab	$108365	$50930	$58520	**$73690**	**$79110**	Valmet	6TA	402D	18F-6R	145.0	12216	CHA
MT 635 4WD	$101920	$47900	$55040	**$69310**	**$74400**	Valmet	6TA	451D	18F-6R	160.0	14132	CHA
MT 645 4WD	$106831	$50210	$57690	**$72650**	**$77990**	Valmet	6TA	451D	18F-6R	180.0	16634	CHA
MT 655 4WD	$112800	$53020	$60910	**$76700**	**$82340**	Valmet	6TA	513D	18F-6R	200.0	17467	CHA
MT 665 4WD	$126906	$59650	$68530	**$86300**	**$92640**	Valmet	6TA	513D	18F-6R	225.0	17469	CHA
MT 735	$149670	$70350	$80820	**$101780**	**$109260**	Cat	6TA	538D	16F-4R	185.0	24850	CHA
MT 745	$154635	$72680	$83500	**$105150**	**$112880**	Cat	6TA	538D	16F-4R	205.0	25350	CHA
MT 755	$176755	$83080	$95450	**$120190**	**$129030**	Cat	6TA	538D	16F-4R	235.0	25350	CHA
MT 765	$187210	$87990	$101090	**$127300**	**$136660**	Cat	6TA	538D	16F-4R	255.0	24850	CHA
MT 835	$223731	$102920	$118580	**$149900**	**$161090**	Cat	6TA	732D	16F-4R	340.0	39500	CHA
MT 835 w/PTO	$232186	$106810	$123060	**$155570**	**$167170**	Cat	6TA	732D	16F-4R	340.0	39500	CHA
MT 845	$246086	$113200	$130430	**$164880**	**$177180**	Cat	6TA	732D	16F-4R	380.0	39500	CHA
MT 845 w/PTO	$254541	$117090	$134910	**$170540**	**$183270**	Cat	6TA	732D	16F-4R	380.0	39500	CHA
MT 855	$247051	$113640	$130940	**$165520**	**$177880**	Cat	6TA	853D	16F-4R	450	41000	CHA
MT 865	$269281	$123870	$142720	**$180420**	**$193880**	Cat	6TA	964D	16F-4R	500	41000	CHA
				2002								
MT225	$14875	$5850	$6760	**$8580**	**$9230**	Iseki	3	68D	Variable	19.0	1672	No
MT255	$14165	$6120	$7070	**$8980**	**$9660**	Iseki	3	89D	9F-3R	24.1	2248	No
MT265	$20145	$8100	$9360	**$11880**	**$12780**	Iseki	3	91D	16F-16R	27.0	3085	No
MT265 Hydro	$21045	$8550	$9880	**$12540**	**$13490**	Iseki	3	91D	Variable	25.0	3085	No
MT275	$20585	$9260	$10700	**$13590**	**$14620**	Iseki	3T	91D	8F-8R	32.4	3107	No
MT285	$22500	$10130	$11700	**$14850**	**$15980**	Iseki	3T	91D	16F-16R	32.4	3174	No
MT285 Hydro	$23645	$10640	$12300	**$15610**	**$16790**	Iseki	3T	91D	Variable	30.3	3114	No
MT295	$27425	$12340	$14260	**$18100**	**$19470**	Iseki	4	134D	16F-16R	37.0	4277	No
MT295 Hydro	$28870	$12990	$15010	**$19050**	**$20500**	Iseki	4	134D	Variable	36.0	4331	No
MT425	$30165	$12970	$15080	**$19310**	**$21120**	Cat	4	244D	24F-24R	55.0	5287	No

Challenger (Cont.)

Model	Approx. Retail Price New	Used Trade-In Avg.	Used Trade-In High	Used Retail Avg.	Used Retail High	Engine Make	Engine No. Cyls.	Engine Displ. Cu.-in.	No. Speeds	P.T.O. H.P.	Approx. Shipping Wt.-Lbs.	Cab
				2002 (Cont.)								
MT425 4WD	$35920	$15450	$17960	**$22990**	**$25140**	Cat	4	244D	24F-24R	55.0	5619	No
MT445	$34880	$15000	$17440	**$22320**	**$24420**	Cat	4	256D	24F-24R	65.0	5716	No
MT445 4WD	$40625	$17470	$20310	**$26000**	**$28440**	Cat	4	256D	24F-24R	65.0	5645	No
MT445 Cab	$43910	$18880	$21960	**$28100**	**$30740**	Cat	4	256D	24F-24R	65.0	6724	CHA
MT445 4WD Cab	$49655	$21350	$24830	**$31780**	**$34760**	Cat	4	256D	24F-24R	65.0	7269	CHA
MT455	$41104	$15650	$18200	**$23300**	**$25480**	Cat	4T	244D	24F-24R	75.0	5316	No
MT455 4WD	$48429	$18620	$21650	**$27710**	**$30310**	Cat	4T	244D	24F-24R	75.0	5645	No
MT455 Cab	$50064	$19220	$22350	**$28610**	**$31290**	Cat	4T	244D	24F-24R	75.0	6724	CHA
MT455 4WD Cab	$57859	$21970	$25550	**$32700**	**$35770**	Cat	4T	244D	24F-24R	75.0	7269	CHA
MT465	$45369	$17930	$20850	**$26690**	**$29190**	Cat	4T	244D	24F-24R	85.0	5466	No
MT465 4WD	$53159	$20120	$23400	**$29950**	**$32760**	Cat	4T	244D	24F-24R	85.0	5795	No
MT465 Cab	$54794	$21500	$25000	**$32000**	**$35000**	Cat	4T	244D	24F-24R	85.0	6874	CHA
MT465 4WD Cab	$62589	$23990	$27900	**$35710**	**$39060**	Cat	4T	244D	24F-24R	85.0	7419	CHA
MT535	$55575	$23900	$27790	**$35570**	**$38900**	Cat	6T	365D	32F-32R	100.0	9457	No
MT535 4WD	$64280	$27640	$32140	**$41140**	**$45000**	Cat	6T	365D	32F-32R	100.0	9776	No
MT535 Cab	$63805	$27440	$31900	**$40840**	**$44660**	Cat	6T	365D	32F-32R	100.0	9730	CHA
MT535 4WD Cab	$72510	$31180	$36260	**$46410**	**$50760**	Cat	6T	365D	32F-32R	100.0	10321	CHA
MT 545	$68825	$29600	$34410	**$44050**	**$48180**	Cat	6T	365D	32F-32R	120.0	10055	No
MT 545 4WD	$78150	$33610	$39080	**$50020**	**$54710**	Cat	6T	365D	32F-32R	120.0	10487	No
MT 545 Cab	$77885	$33490	$38940	**$49850**	**$54520**	Cat	6T	365D	32F-32R	120.0	10606	CHA
MT 545 4WD Cab	$87210	$37500	$43610	**$55810**	**$61050**	Cat	6T	365D	32F-32R	120.0	11038	CHA
MT 565 Cab	$95245	$40960	$47620	**$60960**	**$66670**	Valmet	6TA	402D	18F-6R	145.0		CHA
MT 565 4WD Cab	$108365	$46600	$54180	**$69350**	**$75860**	Valmet	6TA	402D	18F-6R	145.0		CHA
MT 635 4WD	$109650	$43860	$51000	**$65280**	**$71400**	Valmet	6TA	451D	18F-6R	160.0		CHA
MT 645 4WD	$122830	$46010	$53500	**$68480**	**$74900**	Valmet	6TA	451D	18F-6R	180.0		CHA
MT 655 4WD	$131120	$48590	$56500	**$72320**	**$79100**	Valmet	6TA	513D	18F-6R	205.0		CHA
MT 665 4WD	$143900	$54610	$63500	**$81280**	**$88900**	Valmet	6TA	513D	18F-6R	225.0		CHA
MT 735	$142000	$61060	$71000	**$90880**	**$99400**	Cat	6TA	538D	16F-4R	185.0	24850	CHA
MT 745	$146755	$63110	$73380	**$93920**	**$102730**	Cat	6TA	538D	16F-4R	205.0	25350	CHA
MT 755	$158675	$68230	$79340	**$101550**	**$111070**	Cat	6TA	538D	16F-4R	235.0	25350	CHA
MT 765	$169350	$72820	$84680	**$108380**	**$118550**	Cat	6TA	538D	16F-4R	255.0	24850	CHA
MT 835	$190590	$78140	$91480	**$120070**	**$129600**	Cat	6TA	732D	16F-4R	340.0	39500	CHA
MT 845	$212290	$87040	$101900	**$133740**	**$144360**	Cat	6TA	732D	16F-4R	380.0	39500	CHA
MT 855	$224465	$92030	$107740	**$141410**	**$152640**	Cat	6TA	853D	16F-4R	450	41000	CHA
MT 865	$245915	$100830	$118040	**$154930**	**$167220**	Cat	6TA	964D	16F-4R	500	41000	CHA

Cockshutt

Model	Approx. Retail Price New	Used Trade-In Avg.	Used Trade-In High	Used Retail Avg.	Used Retail High	Engine Make	Engine No. Cyls.	Engine Displ. Cu.-in.	No. Speeds	P.T.O. H.P.	Approx. Shipping Wt.-Lbs.	Cab
				1962								
Golden Arrow	......	$1030	$1740	**$2460**	**$3310**	Hercules	6	198G	6F-2R	40.1	4665	No
540 Wide Adj.	......	$830	$1400	**$1980**	**$2660**	Continental	4	162G	6F-2R		4415	No
550 STD	......	$940	$1600	**$2250**	**$3030**	Hercules	6	198G	6F-2R	40.1	4769	No
550 STD	......	$1030	$1740	**$2450**	**$3300**	Hercules	6	198D	6F-2R	40.1	4865	No
560 STD	......	$1130	$1910	**$2700**	**$3630**	Perkins	4	269D	6F-2R	50	6150	No
570 Super	......	$1260	$2140	**$3020**	**$4060**	Hercules	6	339D	6F-2R	65	6728	No
				1961								
Golden Arrow	......	$990	$1680	**$2410**	**$3230**	Hercules	6	198G	6F-2R	40.1	4665	No
540 Wide Adj.	......	$810	$1370	**$1960**	**$2630**	Continental	4	162G	6F-2R		4415	No
550 STD	......	$890	$1520	**$2180**	**$2920**	Hercules	6	198G	6F-2R	40.1	4769	No
550 STD	......	$1000	$1700	**$2440**	**$3260**	Hercules	6	198D	6F-2R	40.1	4865	No
560 STD	......	$1100	$1870	**$2690**	**$3600**	Perkins	4	269D	6F-2R	50	6150	No
570 Super	......	$1230	$2090	**$3000**	**$4010**	Hercules	6	339D	6F-2R	65	6728	No
				1960								
Golden Arrow	......	$960	$1620	**$2370**	**$3150**	Hercules	6	198G	6F-2R	40.1	4665	No
540 Wide Adj.	......	$780	$1330	**$1940**	**$2580**	Continental	4	162G	6F-2R		4415	No
550 STD	......	$850	$1430	**$2100**	**$2800**	Hercules	6	198G	6F-2R	40.1	4769	No
550 STD	......	$980	$1660	**$2420**	**$3230**	Hercules	6	198D	6F-2R	40.1	4865	No
560 STD	......	$1070	$1810	**$2650**	**$3530**	Perkins	4	269D	6F-2R	50	6150	No
570 STD	......	$1080	$1830	**$2680**	**$3570**	Hercules	6	298D	6F-2R	64	6628	No
570 STD	......	$1210	$2050	**$2990**	**$3990**	Hercules	6	298G	6F-2R	60	6728	No
				1959								
Golden Arrow	......	$930	$1580	**$2350**	**$3120**	Hercules	6	198G	6F-2R	40.1	4665	No
540 Wide Adj.	......	$760	$1290	**$1910**	**$2540**	Continental	4	162G	6F-2R		4415	No
550 STD	......	$820	$1390	**$2070**	**$2750**	Hercules	6	198G	6F-2R	40.1	4769	No
550 STD	......	$940	$1600	**$2380**	**$3160**	Hercules	6	198D	6F-2R	40.1	4865	No
560 STD	......	$1050	$1780	**$2640**	**$3500**	Perkins	4	269D	6F-2R	50	6150	No
570 STD	......	$1060	$1790	**$2670**	**$3540**	Hercules	6	298G	6F-2R	60	6728	No
570 STD	......	$1190	$2010	**$2990**	**$3970**	Hercules	6	298D	6F-2R	64	6628	No
				1958								
Golden Arrow	......	$910	$1540	**$2290**	**$3060**	Hercules	6	198G	6F-2R	40.1	4665	No
20	......	$880	$1490	**$2220**	**$2960**	Continental	4	124G	4F-1R	26.7	2813	No
40	......	$920	$1560	**$2330**	**$3110**	Buda	6	229G	6F-2R	43	5305	No
40 D	......	$960	$1620	**$2410**	**$3220**	Perkins	4	269D	6F-2R	45.5	4943	No
50 RC	......	$910	$1540	**$2290**	**$3060**	Buda	6	273G	6F-2R	58	5856	No
50 RC	......	$970	$1640	**$2440**	**$3260**	Buda	6	273D	6F-2R	58	6040	No
540 Wide Adj.	......	$740	$1250	**$1860**	**$2480**	Continental	4	162G	6F-2R		4415	No
550 STD	......	$800	$1350	**$2000**	**$2680**	Hercules	6	198G	6F-2R	40.1	4769	No
550 STD	......	$920	$1560	**$2320**	**$3100**	Hercules	6	198D	6F-2R	40.1	4865	No
560 STD	......	$1020	$1740	**$2580**	**$3450**	Perkins	4	269D	6F-2R	50	6150	No

Model	Approx. Retail Price New	Used Trade-In Avg.	Used Trade-In High	Used Retail Avg.	Used Retail High	Engine Make	Engine No. Cyls.	Engine Displ. Cu.-in.	No. Speeds	P.T.O. H.P.	Approx. Shipping Wt.-Lbs.	Cab
Cockshutt (Cont.)												
				1958 (Cont.)								
570 STD	......	$1040	$1760	**$2610**	**$3490**	Hercules	6	298G	6F-2R	60	6728	No
570 STD	......	$1150	$1950	**$2910**	**$3880**	Hercules	6	298D	6F-2R	64	6628	No
				1957								
Golden Eagle	......	$890	$1480	**$2240**	**$3010**	Perkins	4	270D	6F-1R	39	3758	No
20	......	$850	$1430	**$2150**	**$2890**	Continental	4	124G	4F-1R	26.7	2813	No
30 D	......	$870	$1450	**$2190**	**$2950**	Buda	4	153D	4F-1R	28.1	3703	No
30 RC	......	$840	$1410	**$2120**	**$2850**	Buda	4	153G	4F-1R	32.9	3609	No
35 Deluxe	......	$890	$1490	**$2240**	**$3020**	Hercules	4	198G	6F-1R	39	4183	No
40	......	$900	$1500	**$2260**	**$3040**	Buda	6	229G	6F-2R	43	5305	No
40 D	......	$930	$1560	**$2350**	**$3160**	Perkins	4	269D	6F-2R	45.5	4943	No
50 RC	......	$890	$1480	**$2230**	**$3000**	Buda	6	273G	6F-2R	58	5856	No
50 RC	......	$940	$1580	**$2380**	**$3200**	Buda	6	273D	6F-2R	58	6040	No
50 STD	......	$990	$1660	**$2490**	**$3350**	Buda	6	273G	6F-2R	58	5856	No
50 STD	......	$1050	$1760	**$2650**	**$3570**	Buda	6	273D	6F-2R	51	5400	No
				1956								
Golden Eagle	......	$860	$1430	**$2180**	**$2940**	Perkins	4	270D	6F-1R	39	3758	No
20	......	$830	$1370	**$2090**	**$2830**	Continental	4	124G	4F-1R	26.7	2813	No
30 D	......	$840	$1390	**$2120**	**$2870**	Buda	4	153D	4F-1R	28.1	3703	No
30 RC	......	$820	$1350	**$2060**	**$2790**	Buda	4	153G	4F-1R	32.9	3609	No
35 Deluxe	......	$860	$1430	**$2180**	**$2950**	Hercules	4	198G	6F-2R	39	4183	No
40	......	$870	$1440	**$2200**	**$2980**	Buda	6	229G	6F-2R	43	5305	No
40 D	......	$900	$1490	**$2280**	**$3080**	Perkins	4	269D	6F-2R	45.5	4943	No
50 RC	......	$850	$1410	**$2150**	**$2910**	Buda	6	273G	6F-2R	58	5856	No
50 RC	......	$920	$1520	**$2320**	**$3140**	Buda	6	273D	6F-2R	58	6040	No
50 STD	......	$970	$1600	**$2440**	**$3300**	Buda	6	273G	6F-2R	58	5856	No
50 STD	......	$1020	$1690	**$2580**	**$3490**	Buda	6	273D	6F-2R	51	5400	No
				1955								
Golden Eagle	......	$840	$1390	**$2120**	**$2880**	Perkins	4	270D	6F-1R	39	3758	No
20	......	$810	$1330	**$2030**	**$2770**	Continental	4	124G	4F-1R	26.7	2813	No
30	......	$820	$1350	**$2060**	**$2810**	Buda	4	153D	4F-1R	28.1	3703	No
30 RC	......	$790	$1300	**$1990**	**$2710**	Buda	4	153G	4F-1R	32.9	3609	No
40	......	$850	$1410	**$2150**	**$2920**	Buda	6	229G	6F-2R	43	5305	No
40 D	......	$880	$1450	**$2220**	**$3020**	Perkins	4	269D	6F-2R	45.5	4943	No
50 RC	......	$830	$1370	**$2090**	**$2840**	Buda	6	273G	6F-2R	58	5856	No
50 RC	......	$890	$1470	**$2240**	**$3050**	Buda	6	273D	6F-2R	58	6040	No
50 STD	......	$950	$1560	**$2390**	**$3250**	Buda	6	273G	6F-2R	58	5856	No
50 STD	......	$990	$1640	**$2510**	**$3410**	Buda	6	273D	6F-2R	51	5400	No
				1954								
Golden Eagle	......	$820	$1350	**$2060**	**$2840**	Perkins	4	270D	6F-1R	39	3758	No
20	......	$780	$1290	**$1970**	**$2720**	Continental	4	124G	4F-1R	26.7	2813	No
30 D	......	$790	$1310	**$2000**	**$2760**	Buda	4	153D	4F-1R	28.1	3703	No
30 RC	......	$770	$1270	**$1940**	**$2680**	Buda	4	153G	4F-1R	32.9	3609	No
40	......	$830	$1370	**$2090**	**$2880**	Buda	6	229G	6F-2R	43	5305	No
40 D	......	$850	$1410	**$2150**	**$2960**	Perkins	4	269D	6F-2R	45.5	4943	No
50 RC	......	$810	$1330	**$2030**	**$2800**	Buda	6	273G	6F-2R	58	5856	No
50 RC	......	$860	$1430	**$2180**	**$3000**	Buda	6	273D	6F-2R	58	6040	No
50 STD	......	$920	$1520	**$2320**	**$3200**	Buda	6	273G	6F-2R	58	5856	No
50 STD	......	$960	$1580	**$2410**	**$3320**	Buda	6	273D	6F-2R	51	5400	No
				1953								
20	......	$740	$1240	**$1910**	**$2670**	Continental	4	124G	4F-1R	26.7	2813	No
30 D	......	$760	$1260	**$1950**	**$2720**	Buda	4	153D	4F-1R	28.1	3703	No
30 RC	......	$730	$1220	**$1890**	**$2640**	Buda	4	153G	4F-1R	32.9	3609	No
40	......	$790	$1310	**$2030**	**$2840**	Buda	6	229G	6F-2R	43	5305	No
50 RC	......	$770	$1280	**$1970**	**$2750**	Buda	6	273G	6F-2R	58	5856	No
50 RC	......	$820	$1370	**$2120**	**$2960**	Buda	6	273D	6F-2R	58	6040	No
50 STD	......	$880	$1460	**$2260**	**$3160**	Buda	6	273G	6F-2R	58	5856	No
50 STD	......	$910	$1520	**$2350**	**$3280**	Buda	6	273D	6F-2R	51	5400	No
				1952								
20	......	$700	$1180	**$1860**	**$2620**	Continental	4	124G	4F-1R	26.7	2813	No
30 D	......	$710	$1200	**$1880**	**$2660**	Buda	4	153D	4F-1R	28.1	3703	No
30 RC	......	$690	$1170	**$1830**	**$2580**	Buda	4	153G	4F-1R	32.9	3609	No
40	......	$750	$1260	**$1970**	**$2790**	Buda	6	229G	6F-2R	43	5305	No
				1951								
30 D	......	$690	$1150	**$1830**	**$2620**	Buda	4	153D	4F-1R	28.1	3703	No
30 RC	......	$670	$1110	**$1770**	**$2530**	Buda	4	153G	4F-1R	32.9	3609	No
40	......	$730	$1210	**$1910**	**$2740**	Buda	6	229G	6F-2R	43	5305	No
				1950								
30 D	......	$670	$1100	**$1770**	**$2570**	Buda	4	153D	4F-1R	28.1	3703	No
30 RC	......	$650	$1060	**$1710**	**$2480**	Buda	4	153G	4F-1R	32.9	3609	No
40	......	$700	$1150	**$1860**	**$2690**	Buda	4	229G	6F-2R	43	5305	No
				1949								
30 D	......	$650	$1040	**$1700**	**$2500**	Buda	4	153D	4F-1R	28.1	3703	No
30 RC	......	$630	$1010	**$1660**	**$2430**	Buda	4	153G	4F-1R	32.9	3609	No

Cockshutt (Cont.)

Model	Approx. Retail Price New	Estimated Value Less Repairs: Used Trade-In Avg.	Used Trade-In High	Used Retail Avg.	Used Retail High	Engine Make	Engine No. Cyls.	Engine Displ. Cu.-in.	No. Speeds	P.T.O. H.P.	Approx. Shipping Wt.-Lbs.	Cab
				1948								
30 RC	......	$610	$940	**$1610**	**$2390**	Buda	4	153G	4F-1R	32.9	3609	No
				1947								
30 RC	......	$580	$920	**$1570**	**$2350**	Buda	4	153G	4F-1R	32.9	3609	No
				1946								
30 RC	......	$560	$900	**$1550**	**$2340**	Buda	4	153G	4F-1R	32.9	3609	No

Cub Cadet by MTD

Model	Approx. Retail Price New	Estimated Value Less Repairs: Used Trade-In Avg.	Used Trade-In High	Used Retail Avg.	Used Retail High	Engine Make	Engine No. Cyls.	Engine Displ. Cu.-in.	No. Speeds	P.T.O. H.P.	Approx. Shipping Wt.-Lbs.	Cab
				2006								
5234D 4WD	$9299	$6700	$7070	**$8000**	**$8280**	Daihatsu	3	51D	Variable	23.0	1350	No
5252 2WD	$6999	$5040	$5320	**$6020**	**$6230**	Kohler	2	G	Variable	25.0	1350	No
5254 4WD	$8399	$6050	$6380	**$7220**	**$7480**	Kawasaki	2	G	Variable	25.0	1267	No
6284 4WD	$12999	$9360	$9880	**$11180**	**$11570**	Cat	3	69D	Variable	21.0		No
7530 4WD	$12799	$9220	$9730	**$11010**	**$11390**	Mitsubishi	3	91D	8F-8R	30.0	2121	No
7532 4WD	$13799	$9940	$10490	**$11870**	**$12280**	Mitsubishi	3	91D	Variable	30.0	2275	No
8354 4WD	$15599	$11230	$11860	**$13420**	**$13880**	Daedong	3	100D	8F-8R	35.0	3872	No
8454 4WD	$17999	$12960	$13680	**$15480**	**$16020**	Daedong	4	134D	12F-12R	45.0	4468	No
				2005								
5234D 4WD	$9999	$5890	$6460	**$7510**	**$7980**	Daihatsu	3	51D	Variable	23.0	1350	No
5252 2WD	$7999	$4650	$5100	**$5930**	**$6300**	Kohler	2	G	Variable	25.0	1350	No
5254 4WD	$9399	$5520	$6050	**$7030**	**$7480**	Kawasaki	2	G	Variable	25.0	1267	No
6284D 4WD	$13999	$8310	$9110	**$10590**	**$11260**	Cat	3	69D	Variable	21.0		No
7530H 4WD	$13799	$8250	$9040	**$10510**	**$11170**	Mitsubishi	3	91D	8F-8R	30.0	2121	No
7530F 4WD	$13999	$8560	$9380	**$10900**	**$11590**	Mitsubishi	3	91D	8F-8R	30.0	2121	No
7530N 4WD	$13999	$8370	$9180	**$10660**	**$11340**	Mitsubishi	3	91D	8F-8R	30.0	2121	No
7532F 4WD	$14899	$8930	$9790	**$11380**	**$12100**	Mitsubishi	3	91D	Variable	30.0	2275	No
7532H 4WD	$14899	$8930	$9790	**$11380**	**$12100**	Mitsubishi	3	91D	Variable	30.0	2275	No
7532N 4WD	$15499	$9300	$10200	**$11850**	**$12600**	Mitsubishi	3	91D	Variable	30.0	2275	No
8354O 4WD	$16999	$10230	$11220	**$13030**	**$13860**	Daedong	3	100D	8F-8R	35.0	3872	No
8354Y 4WD	$17499	$10540	$11560	**$13430**	**$14280**	Daedong	3	100D	8F-8R	35.0	3872	No
8354Z 4WD	$16999	$10230	$11220	**$13030**	**$13860**	Daedong	3	100D	8F-8R	35.0	4182	No
8454J 4WD	$19499	$11780	$12920	**$15010**	**$15960**	Daedong	4	134D	12F-12R	45.0	4468	No
8454V 4WD	$20399	$12340	$13530	**$15720**	**$16720**	Daedong	4	134D	12F-12R	45.0	4468	No
8454X 4WD	$19499	$11720	$12850	**$14930**	**$15880**	Daedong	4	134D	12F-12R	45.0	4468	No
				2004								
5234D 4WD	$9699	$5330	$5920	**$7080**	**$7660**	Daihatsu	3	51D	Variable	23.0	1350	No
5252 2WD	$8399	$4070	$4510	**$5400**	**$5850**	Kohler	2	G	Variable	25.0	1350	No
5254 4WD	$8999	$4620	$5120	**$6130**	**$6640**	Kawasaki	2	G	Variable	25.0	1267	No
7264D 4WD	$13199	$7260	$8050	**$9640**	**$10430**	Daihatsu	2	58D	Variable	26.0	1728	No
7530 4WD	$13699	$7150	$7930	**$9490**	**$10270**	Mitsubishi	3	91D	8F-8R	30.0	2121	No
7532 4WD	$14695	$7700	$8540	**$10220**	**$11060**	Mitsubishi	3	91D	Variable	30.0	2275	No
8354 4WD	$16999	$8800	$9760	**$11680**	**$12640**	Mitsubishi	3	100D	8F-8R	35.0	3872	No
8404 4WD	$19999	$10450	$11590	**$13870**	**$15010**	Mitsubishi	3	121D	8F-8R	41.0	4182	No
8454 4WD	$20999	$11000	$12200	**$14600**	**$15800**	Mitsubishi	4	134D	12F-12R	45.0	4468	No
				2003								
7000 2WD	$11390	$5580	$6270	**$7860**	**$8540**	Mitsubishi	3	68D	6F-2R	20.0		No
7200 4WD	$12504	$6130	$6880	**$8630**	**$9380**	Mitsubishi	3	68D	6F-2R	20.0		No
7205 4WD	$14204	$6960	$7810	**$9800**	**$10650**	Mitsubishi	3	68D	Variable	20.0		No
7252 2WD	$9999	$4900	$5500	**$6900**	**$7500**	Kawasaki	2	G	Variable	25.0		No
7254 4WD	$11649	$5710	$6410	**$8040**	**$8740**	Kawasaki	2	G	Variable	25.0		No
7260 4WD	$14559	$7130	$8010	**$10050**	**$10920**	Mitsubishi	3	80D	9F-3R	26.0		No
7264 4WD	$13199	$6470	$7260	**$9110**	**$9900**	Daihatsu	2	D	Variable	26.0		No
7265 4WD	$16459	$8070	$9050	**$11360**	**$12340**	Mitsubishi	3	80D	Variable	26.0		No
7300 4WD	$16059	$7870	$8830	**$11080**	**$12040**	Mitsubishi	3	91D	9F-3R	30.0		No
7305 4WD	$17659	$8650	$9710	**$12190**	**$13240**	Mitsubishi	3	91D	Variable	30.0		No
7360 SS 4WD	$18904	$9260	$10400	**$13040**	**$14180**	Mitsubishi	4	127D	8F-8R	36.0		No
				2002								
7000	$11390	$5130	$5920	**$7520**	**$8090**	Mitsubishi	3	68D	6F-2R	20.0		No
7200 4WD	$12504	$5630	$6500	**$8250**	**$8880**	Mitsubishi	3	68D	6F-2R	20.0		No
7205 4WD	$14204	$6390	$7390	**$9380**	**$10090**	Mitsubishi	3	68D	Variable	20.0		No
7260 4WD	$14559	$6550	$7570	**$9610**	**$10340**	Mitsubishi	3	80D	9F-3R	26.0		No
7265 4WD	$16459	$7410	$8560	**$10860**	**$11690**	Mitsubishi	3	80D	Variable	26.0		No
7300 4WD	$16059	$7230	$8350	**$10600**	**$11400**	Mitsubishi	3	91D	9F-3R	30.0		No
7305 4WD	$17659	$7950	$9180	**$11660**	**$12540**	Mitsubishi	3	91D	Variable	30.0		No
7360 SS 4WD	$18904	$8510	$9830	**$12480**	**$13420**	Mitsubishi	4	127D	8F-8R	36.0		No
				2001								
7000	$11380	$4780	$5460	**$7280**	**$7850**	Mitsubishi	3	68D	6F-2R	20.0		No
7200 4WD	$12490	$5250	$6000	**$7990**	**$8620**	Mitsubishi	3	68D	6F-2R	20.0		No
7205 4WD	$13980	$5870	$6710	**$8950**	**$9650**	Mitsubishi	3	68D	Variable	20.0		No
7260 4WD	$14355	$6030	$6890	**$9190**	**$9910**	Mitsubishi	3	80D	9F-3R	26.0		No
7265 4WD	$16175	$6790	$7760	**$10350**	**$11160**	Mitsubishi	3	80D	Variable	26.0		No
7300 4WD	$15900	$6680	$7630	**$10180**	**$10970**	Mitsubishi	3	91D	9F-3R	30.0		No
7305 4WD	$17200	$7220	$8260	**$11010**	**$11870**	Mitsubishi	3	91D	Variable	30.0		No
7360 SS 4WD	$18780	$7890	$9010	**$12020**	**$12960**	Mitsubishi	4	127D	8F-8R	36.0		No

Cub Cadet by MTD (Cont.)

Model	Approx. Retail Price New	Estimated Value Less Repairs Used Trade-In Avg.	Used Trade-In High	Used Retail Avg.	Used Retail High	Engine Make	Engine No. Cyls.	Engine Displ. Cu.-in.	No. Speeds	P.T.O. H.P.	Approx. Shipping Wt.-Lbs.	Cab
					2000							
7000	$11280	$4400	$5080	**$6990**	**$7560**	Mitsubishi	3	68D	6F-2R	20.0		No
7200 4WD	$12290	$4790	$5530	**$7620**	**$8230**	Mitsubishi	3	68D	6F-2R	20.0		No
7205 4WD	$13865	$5410	$6240	**$8600**	**$9290**	Mitsubishi	3	68D	Variable	20.0		No
7260 4WD	$14175	$5530	$6380	**$8790**	**$9500**	Mitsubishi	3	80D	9F-3R	26.0		No
7265 4WD	$16075	$6270	$7230	**$9970**	**$10770**	Mitsubishi	3	80D	Variable	26.0		No
7300 4WD	$15700	$6120	$7070	**$9730**	**$10520**	Mitsubishi	3	91D	9F-3R	30.0		No
7305 4WD	$17100	$6670	$7700	**$10600**	**$11460**	Mitsubishi	3	91D	Variable	30.0		No
7360 SS 4WD	$18670	$7280	$8400	**$11580**	**$12510**	Mitsubishi	4	127D	8F-8R	36.0		No
					1999							
7000	$11719	$3980	$5040	**$7030**	**$7620**	Mitsubishi	3	68D	6F-2R	20.0		No
7200 4WD	$12809	$4360	$5510	**$7690**	**$8330**	Mitsubishi	3	68D	6F-2R	20.0		No
7205 4WD	$14069	$4780	$6050	**$8440**	**$9150**	Mitsubishi	3	68D	Variable	20.0		No
7260 4WD	$14410	$4900	$6200	**$8650**	**$9370**	Mitsubishi	3	80D	9F-3R	26.0		No
7265 4WD	$15970	$5430	$6870	**$9580**	**$10380**	Mitsubishi	3	80D	Variable	26.0		No
7300 4WD	$16489	$5610	$7090	**$9890**	**$10720**	Mitsubishi	3	91D	9F-3R	30.0		No
7305 4WD	$17789	$6050	$7650	**$10670**	**$11560**	Mitsubishi	3	91D	Variable	30.0		No
					1998							
7000	$11719	$3870	$4810	**$6800**	**$7380**	Mitsubishi	3	68D	6F-2R	20.0		No
7200 4WD	$12809	$4230	$5250	**$7430**	**$8070**	Mitsubishi	3	68D	6F-2R	20.0		No
7205 4WD	$14069	$4640	$5770	**$8160**	**$8860**	Mitsubishi	3	68D	Variable	20.0		No
7260 4WD	$14410	$4760	$5910	**$8360**	**$9080**	Mitsubishi	3	80D	9F-3R	26.0		No
7265 4WD	$15970	$5270	$6550	**$9260**	**$10060**	Mitsubishi	3	80D	Variable	26.0		No
7300 4WD	$16489	$5440	$6760	**$9560**	**$10390**	Mitsubishi	3	91D	9F-3R	30.0		No
7305 4WD	$17789	$5870	$7290	**$10320**	**$11210**	Mitsubishi	3	91D	Variable	30.0		No
					1997							
7192 2WD	$11969	$3830	$4790	**$6820**	**$7480**	Mitsubishi	3	64D	6F-2R	19.0		No
7193H 2WD	$13599	$4350	$5440	**$7750**	**$8500**	Mitsubishi	3	64D	Variable	19.0		No
7194 4WD	$12999	$4160	$5200	**$7410**	**$8120**	Mitsubishi	3	64D	6F-2R	19.0		No
7195H 4WD	$14699	$4700	$5880	**$8380**	**$9190**	Mitsubishi	3	64D	Variable	19.0		No
7232 2WD	$12999	$4160	$5200	**$7410**	**$8120**	Mitsubishi	3	75D	9F-3R	23.0		No
7233H 2WD	$14929	$4780	$5970	**$8510**	**$9330**	Mitsubishi	3	75D	Variable	23.0		No
7234 4WD	$14159	$4530	$5660	**$8070**	**$8850**	Mitsubishi	3	75D	9F-3R	23.0		No
7235H 4WD	$15999	$5120	$6400	**$9120**	**$10000**	Mitsubishi	3	75D	Variable	23.0		No
7272 2WD	$14599	$4670	$5840	**$8320**	**$9120**	Mitsubishi	3	91D	9F-3R	27.0		No
7273H 2WD	$15999	$5120	$6400	**$9120**	**$10000**	Mitsubishi	3	91D	Variable	27.0		No
7274 4WD	$16189	$5180	$6480	**$9230**	**$10120**	Mitsubishi	3	91D	9F-3R	27.0		No
7275H 4WD	$17599	$5630	$7040	**$10030**	**$11000**	Mitsubishi	3	91D	Variable	27.0		No
					1996							
7192 2WD	$12809	$3690	$4640	**$6660**	**$7380**	Mitsubishi	3	64D	6F-2R	19.0		No
7193H 2WD	$14439	$4190	$5270	**$7560**	**$8370**	Mitsubishi	3	64D	Variable	19.0		No
7194 4WD	$13979	$4000	$5030	**$7220**	**$8000**	Mitsubishi	3	64D	6F-2R	19.0		No
7195H 4WD	$15679	$4530	$5690	**$8180**	**$9050**	Mitsubishi	3	64D	Variable	19.0		No
7232 2WD	$14089	$4030	$5070	**$7280**	**$8060**	Mitsubishi	3	75D	9F-3R	23.0		No
7233H 2WD	$16019	$4620	$5810	**$8340**	**$9240**	Mitsubishi	3	75D	Variable	23.0		No
7234 4WD	$15309	$4390	$5520	**$7920**	**$8770**	Mitsubishi	3	75D	9F-3R	23.0		No
7235H 4WD	$17149	$4930	$6200	**$8900**	**$9860**	Mitsubishi	3	75D	Variable	23.0		No
7272 2WD	$15849	$4530	$5690	**$8180**	**$9050**	Mitsubishi	3	91D	9F-3R	27.0		No
7273H 2WD	$17299	$4960	$6240	**$8960**	**$9920**	Mitsubishi	3	91D	Variable	27.0		No
7274 4WD	$17539	$5020	$6320	**$9070**	**$10040**	Mitsubishi	3	91D	9F-3R	27.0		No
7275H 4WD	$18949	$5430	$6830	**$9800**	**$10850**	Mitsubishi	3	91D	Variable	27.0		No
					1995							
7192 2WD	$11449	$3440	$4350	**$6300**	**$7040**	Mitsubishi	3	64D	6F-2R	19.0		No
7194 4WD	$12449	$3740	$4730	**$6850**	**$7660**	Mitsubishi	3	64D	6F-2R	19.0		No
7195H 4WD	$14069	$4220	$5350	**$7740**	**$8650**	Mitsubishi	3	64D	Variable	19.0		No
7232 2WD	$12499	$3750	$4750	**$6870**	**$7690**	Mitsubishi	3	75D	9F-3R	23.0		No
7234 4WD	$13549	$4070	$5150	**$7450**	**$8330**	Mitsubishi	3	75D	9F-3R	23.0		No
7235H 4WD	$15329	$4600	$5830	**$8430**	**$9430**	Mitsubishi	3	75D	Variable	23.0		No
7272 2WD	$13969	$4190	$5310	**$7680**	**$8590**	Mitsubishi	3	91D	9F-3R	27.0		No
7274 4WD	$15489	$4650	$5890	**$8520**	**$9530**	Mitsubishi	3	91D	9F-3R	27.0		No
7275H 4WD	$16849	$5060	$6400	**$9270**	**$10360**	Mitsubishi	3	91D	Variable	27.0		No
					1994							
7192 2WD	$10899	$3220	$4030	**$5890**	**$6650**	Mitsubishi	3	64D	6F-2R	19.0		No
7194 4WD	$11849	$3500	$4380	**$6400**	**$7230**	Mitsubishi	3	64D	6F-2R	19.0		No
7195 4WD	$13389	$3950	$4950	**$7230**	**$8170**	Mitsubishi	3	64D	Variable	19.0		No
7232 2WD	$11899	$3510	$4400	**$6430**	**$7260**	Mitsubishi	3	75D	9F-3R	23.0		No
7234 4WD	$12889	$3800	$4770	**$6960**	**$7860**	Mitsubishi	3	75D	9F-3R	23.0		No
7235 4WD	$14569	$4300	$5390	**$7870**	**$8890**	Mitsubishi	3	75D	Variable	23.0		No
7272 2WD	$13299	$3920	$4920	**$7180**	**$8110**	Mitsubishi	3	91D	9F-3R	27.0		No
7274 4WD	$14749	$4350	$5460	**$7960**	**$9000**	Mitsubishi	3	91D	9F-3R	27.0		No
7275 4WD	$16069	$4740	$5950	**$8680**	**$9800**	Mitsubishi	3	91D	Variable	27.0		No

David Brown

Model	Approx. Retail Price New	Used Trade-In Avg.	Used Trade-In High	Used Retail Avg.	Used Retail High	Engine Make	Engine No. Cyls.	Engine Displ. Cu.-in.	No. Speeds	P.T.O. H.P.	Approx. Shipping Wt.-Lbs.	Cab
					1979							
885	$8840	$1860	$3090	**$4420**	**$5170**	David Brown	3	164D	12F-4R	43.20	4290	No
990	$10874	$2280	$3810	**$5440**	**$6360**	David Brown	4	195D	12F-4R	53.77	4600	No
1210	$13986	$1870	$2860	**$4070**	**$4890**	David Brown	4	219D	12F-4R	65.98	5900	No

Model	Approx. Retail Price New	Estimated Value Less Repairs Used Trade-In Avg.	Used Trade-In High	Used Retail Avg.	Used Retail High	Engine Make	No. Cyls.	Displ. Cu.-in.	No. Speeds	P.T.O. H.P.	Approx. Shipping Wt.-Lbs.	Cab
David Brown (Cont.)												
1979 (Cont.)												
1410	$16617	$2320	$3540	**$5040**	**$6060**	David Brown	4T	219D	12F-4R	80.80	7150	No
1978												
885	$8561	$1840	$3040	**$4280**	**$5050**	David Brown	3	164D	12F-4R	43.20	4290	No
990	$10432	$2240	$3700	**$5220**	**$6160**	David Brown	4	195D	12F-4R	53.77	4600	No
995	$12068	$2170	$3380	**$5790**	**$6940**	David Brown	4	219D	12F-4R	58.77	4780	No
1210	$13455	$1780	$2770	**$3870**	**$4650**	David Brown	4	219D	12F-4R	65.98	5900	No
1410	$15910	$2200	$3420	**$4780**	**$5750**	David Brown	4T	219D	12F-4R	80.80	7150	No
1977												
885	$7345	$1620	$2640	**$3670**	**$4370**	David Brown	3	146G	12F-4R	39.26	4100	No
885	$8072	$1780	$2910	**$4040**	**$4800**	David Brown	3	164D	12F-4R	43.20	4290	No
990	$9824	$2160	$3540	**$4910**	**$5850**	David Brown	4	195D	12F-4R	53.77	4600	No
995	$11272	$2030	$3160	**$5410**	**$6540**	David Brown	4	219D	12F-4R	58.77	4780	No
1210	$12528	$1640	$2600	**$3560**	**$4280**	David Brown	4	219D	12F-4R	65.98	5900	No
1410	$14559	$1970	$3120	**$4280**	**$5140**	David Brown	4T	219D	12F-4R	80.80	7150	No
1412	$15812	$2180	$3460	**$4740**	**$5700**	David Brown	4T	219D	12F-4R	80.60	7310	No
1976												
885	$7099	$1600	$2590	**$3480**	**$4260**	David Brown	3	146G	12F-4R	39.26	4100	No
885	$7689	$1690	$2740	**$3680**	**$4500**	David Brown	3	164D	12F-4R	43.20	4290	No
990	$9216	$2070	$3360	**$4520**	**$5530**	David Brown	4	195D	12F-4R	53.77	4600	No
995	$10520	$1890	$3000	**$5050**	**$6150**	David Brown	4	219D	12F-4R	58.77	4780	No
1210	$11623	$1620	$2620	**$3520**	**$4240**	David Brown	4	219D	12F-4R	65.98	5900	No
1410	$13209	$1740	$2810	**$3780**	**$4540**	David Brown	4T	219D	12F-4R	80.00	7150	No
1412	$14615	$1980	$3190	**$4300**	**$5170**	David Brown	4T	219D	12F-4R	80.00	7310	No
1975												
885	$6832	$1540	$2530	**$3350**	**$4170**	David Brown	3	146G	12F-4R	39.26	4100	No
885	$7399	$1640	$2700	**$3580**	**$4450**	David Brown	3	164D	12F-4R	43.20	4290	No
990	$8792	$1980	$3250	**$4310**	**$5360**	David Brown	4	195D	12F-4R	53.77	4600	No
995	$9951	$1790	$2890	**$4780**	**$5870**	David Brown	4	219D	12F-4R	58.77	4780	No
1210	$10604	$1530	$2520	**$3330**	**$3980**	David Brown	4	219D	12F-4R	65.98	5900	No
1212	$12216	$1700	$2800	**$3700**	**$4420**	David Brown	4	219D	12F-4R	65.38	6100	No
1412	$13944	$1860	$3060	**$4050**	**$4840**	David Brown	4T	219D	12F-4R	80.00	7310	No
1974												
885	$6506	$1500	$2440	**$3190**	**$4030**	David Brown	3	146G	12F-4R	39.26	3600	No
885	$6946	$1600	$2610	**$3400**	**$4310**	David Brown	3	164D	12F-4R	43.20	3740	No
990	$8191	$1880	$3070	**$4010**	**$5080**	David Brown	4	195D	12F-4R	53.77	4230	No
995	$9531	$1760	$2760	**$4580**	**$5670**	David Brown	4	219D	12F-4R	58.77	4600	No
1210	$9943	$1520	$2550	**$3310**	**$3970**	David Brown	4	219D	12F-4R	65.98	5530	No
1212	$11194	$1560	$2620	**$3400**	**$4080**	David Brown	4	219D	12F-4R	65.38	5660	No
1973												
885	$6235	$1430	$2400	**$3060**	**$3930**	David Brown	3	146G	12F-4R	41.00	3600	No
885	$6543	$1510	$2520	**$3210**	**$4120**	David Brown	3	164D	12F-4R	43.00	3740	No
990	$7615	$1750	$2930	**$3730**	**$4800**	David Brown	4	195D	12F-4R	53.00	4230	No
995	$9417	$1740	$2730	**$4520**	**$5650**	David Brown	4	219D	12F-4R	58.00	4600	No
1210	$9517	$1530	$2620	**$3340**	**$4020**	David Brown	4	219D	12F-4R	65.00	5530	No
1212	$10856	$1680	$2860	**$3650**	**$4400**	David Brown	4	219D	12F-4R	65.00	5660	No
1972												
885	$5910	$1360	$2310	**$2930**	**$3780**	David Brown	3	146G	12F-4R	41.00	3600	No
885	$6312	$1450	$2460	**$3120**	**$4040**	David Brown	3	164D	12F-4R	43.00	3740	No
990	$7234	$1660	$2820	**$3580**	**$4630**	David Brown	4	195D	12F-4R	53.00	4230	No
995	$8946	$1660	$2590	**$4290**	**$5410**	David Brown	4	219D	12F-4R	58.00	4600	No
1210	$9123	$1610	$2590	**$3300**	**$4000**	David Brown	4	219D	12F-4R	65.00	5530	No
1212	$10543	$1720	$2770	**$3530**	**$4280**	David Brown	4	219D	12F-4R	65.00	5660	No
1971												
780	$4903	$1130	$1960	**$2450**	**$3190**	David Brown	3	164D	12F-4R	36	3370	No
880	$5421	$1320	$2300	**$2880**	**$3740**	David Brown	3	164D	12F-4R	42.29	3850	No
885	$5637	$1300	$2260	**$2820**	**$3660**	David Brown	3	146G	12F-4R	41.00	3600	No
885	$5940	$1370	$2380	**$2970**	**$3860**	David Brown	3	164D	12F-4R	43.00	3740	No
990	$6674	$1540	$2670	**$3340**	**$4340**	David Brown	4	195D	12F-4R	52.07	4230	No
1200	$8416	$1560	$2440	**$4040**	**$5130**	David Brown	4	219D	12F-4R	65.23	5530	No
1210	$8736	$1620	$2530	**$4190**	**$5330**	David Brown	4	219D	12F-4R	65.00	5530	No
1212	$10187	$1890	$2950	**$4890**	**$6210**	David Brown	4	219D	12F-4R	65.00	5660	No
3800	$4592	$1060	$1840	**$2300**	**$2990**	David Brown	3	146G	12F-4R	39.16	3370	No
4600	$5386	$1240	$2150	**$2690**	**$3500**	David Brown	3	164G	12F-4R	46.05	3850	No
1970												
780	$4650	$1100	$1970	**$2420**	**$3170**	David Brown	3	164D	12F-4R	36	3370	No
880	$5166	$1300	$2320	**$2850**	**$3730**	David Brown	3	164D	12F-4R	42.29	3850	No
990	$6112	$1510	$2690	**$3310**	**$4320**	David Brown	4	195D	12F-4R	52.07	4230	No
1200	$8095	$1500	$2350	**$3890**	**$4980**	David Brown	4	219D	12F-4R	65.23	5530	No
3800	$4371	$1010	$1790	**$2210**	**$2890**	David Brown	3	146G	12F-4R	39.16	3370	No
4600	$5062	$1160	$2080	**$2560**	**$3340**	David Brown	3	164G	12F-4R	46.05	3850	No
1969												
770	$4170	$1030	$1840	**$2290**	**$3010**	David Brown	3	146D	12F-4R	32.12	4470	No
780	$4424	$1080	$1930	**$2400**	**$3150**	David Brown	3	146D	12F-4R	36	3710	No
880	$4922	$1280	$2280	**$2830**	**$3720**	David Brown	3	154D	12F-4R	40.42	4470	No

Model	Approx. Retail Price New	Estimated Value Less Repairs Used Trade-In Avg.	High	Used Retail Avg.	High	Engine Make	No. Cyls.	Displ. Cu.-in.	No. Speeds	P.T.O. H.P.	Approx. Shipping Wt.-Lbs.	Cab
David Brown (Cont.)												
1969 (Cont.)												
990	$5616	$1480	$2650	**$3290**	**$4320**	David Brown	4	185D	12F-4R	51.6	4770	No
1200	$7763	$1490	$2340	**$3860**	**$4990**	David Brown	4	219D	12F-4R	65.2	6585	No
3800	$4041	$970	$1720	**$2140**	**$2810**	David Brown	3	146G	12F-4R	39.16	3370	No
4600	$4843	$1110	$1990	**$2470**	**$3250**	David Brown	3	164G	12F-4R	46.05	3850	No
1968												
770	$4120	$1000	$1780	**$2230**	**$2940**	David Brown	3	146D	12F-4R	32.12	3710	No
780	$4371	$1040	$1850	**$2320**	**$3060**	David Brown	3	146D	12F-4R	36	3710	No
880	$4736	$1250	$2240	**$2810**	**$3710**	David Brown	3	154D	12F-4R	40.42	4470	No
990	$5292	$1460	$2600	**$3270**	**$4320**	David Brown	4	185D	12F-4R	51.6	4770	No
1200	$7375	$1480	$2320	**$3840**	**$5040**	David Brown	4	219D	12F-4R	65.2	6585	No
1967												
770	$3840	$970	$1730	**$2190**	**$2910**	David Brown	3	146D	12F-4R	32.12	3710	No
780	$3937	$1020	$1830	**$2310**	**$3070**	David Brown	3	146D	12F-4R	36	3710	No
880	$4524	$1230	$2190	**$2780**	**$3690**	David Brown	3	154D	12F-4R	40.42	4470	No
990	$5014	$1440	$2560	**$3250**	**$4310**	David Brown	4	185D	12F-4R	51.6	4770	No
1200	$7046	$1470	$2310	**$3820**	**$5090**	David Brown	4	219D	12F-4R	65.2	6585	No
1966												
770	$3790	$960	$1700	**$2180**	**$2910**	David Brown	3	146D	12F-4R	32.12	4470	No
880	$4310	$1200	$2130	**$2730**	**$3640**	David Brown	3	154D	12F-4R	40.42	4470	No
990	$4871	$1420	$2520	**$3230**	**$4310**	David Brown	4	185D	12F-4R	51.6	4770	No
1965												
770	$3610	$930	$1660	**$2150**	**$2880**	David Brown	3	146D	12F-4R	32.12	4470	No
880	$4310	$1190	$2110	**$2730**	**$3660**	David Brown	3	154D	12F-4R	40.42	4470	No
990	$4619	$1390	$2480	**$3210**	**$4300**	David Brown	4	185D	12F-4R	51.6	4770	No
1964												
880	$3985	$1160	$2020	**$2700**	**$3640**	David Brown	3	154D	12F-4R	40.42	4470	No
990	$4473	$1370	$2380	**$3180**	**$4280**	David Brown	4	185D	12F-4R	51.6	4770	No
1963												
880	$3861	$1140	$1960	**$2670**	**$3610**	David Brown	3	154D	12F-4R	40.42	4470	No
990	$4260	$1350	$2310	**$3160**	**$4270**	David Brown	4	185D	12F-4R	51.6	4770	No
1962												
880	$3750	$1120	$1890	**$2670**	**$3590**	David Brown	3	154D	12F-4R	40.42	4470	No
990	$4130	$1320	$2240	**$3160**	**$4260**	David Brown	4	185D	12F-4R	51.6	4770	No
1961												
880	$3699	$1090	$1850	**$2660**	**$3560**	David Brown	3	154D	12F-4R	40.42	4470	No
990	$4095	$1300	$2200	**$3160**	**$4240**	David Brown	4	185D	12F-4R	51.6	4770	No
Deutz-Allis												
1991												
5230 Synchro	$13300	$3720	$4520	**$6980**	**$7910**	Toyosha	3	92D	12F-4R	26.00	2892	No
5230 Synchro 4WD	$14995	$4200	$5100	**$7870**	**$8920**	Toyosha	3	92D	12F-4R	26.00	3050	No
6150	$17909	$3940	$5020	**$8240**	**$9580**	Deutz	3	187D	8F-4R	54.00	4935	No
6240	$18114	$3990	$5070	**$8330**	**$9690**	Deutz	3	172D	8F-4R	44.00	5776	No
6240 4WD	$22338	$4910	$6260	**$10280**	**$11950**	Deutz	3	172D	8F-4R	44.00	6173	No
6250	$19538	$3910	$5280	**$6640**	**$8400**	Deutz	3	172D	8F-4R	50.70	6018	No
6250 4WD	$24514	$4900	$6620	**$8340**	**$10540**	Deutz	3	172D	8F-4R	50.70	6459	No
6260	$22614	$4520	$6110	**$7690**	**$9720**	Deutz	3	187D	8F-4R	57.09	6018	No
6260 4WD	$28679	$5740	$7740	**$9750**	**$12330**	Deutz	3	187D	8F-4R	57.09	6459	No
6260 4WD w/Cab	$36097	$7220	$9750	**$12270**	**$15520**	Deutz	3	187D	8F-4R	57.09	7319	CHA
6260 w/Cab	$30032	$6010	$8110	**$10210**	**$12910**	Deutz	3	187D	8F-4R	57.09	6878	CHA
6265	$23319	$4660	$6300	**$7930**	**$10030**	Deutz	4	230D	12F-4R	65.80	6922	No
6265 4WD	$28784	$5760	$7770	**$9790**	**$12380**	Deutz	4	230D	12F-4R	65.80	7429	No
6265 4WD w/Cab	$35777	$7160	$9660	**$12160**	**$15380**	Deutz	4	230D	12F-4R	65.80	8333	CHA
6265 w/Cab	$30311	$6060	$8180	**$10310**	**$13030**	Deutz	4	230D	12F-4R	65.80	7826	CHA
6275	$26240	$5250	$7090	**$8920**	**$11280**	Deutz	4	249D	12F-4R	70.90	6922	No
6275 4WD	$32116	$6420	$8670	**$10920**	**$13810**	Deutz	4	249D	12F-4R	70.90	7429	No
6275 4WD w/Cab	$39108	$7820	$10560	**$13300**	**$16820**	Deutz	4	249D	12F-4R	70.90		CHA
6275 w/Cab	$33232	$6650	$8970	**$11300**	**$14290**	Deutz	4	249D	12F-4R	70.90		CHA
7085	$34386	$6190	$8250	**$9630**	**$12380**	Deutz	4T	249D	20F-5R	85.18	9900	No
7085 4WD	$39608	$7130	$9510	**$11090**	**$14260**	Deutz	4T	249D	20F-5R	85.18		No
7085 4WD w/Cab	$45350	$8160	$10880	**$12700**	**$16330**	Deutz	4T	249D	20F-5R	85.18		CHA
7085 w/Cab	$40128	$7220	$9630	**$11240**	**$14450**	Deutz	4T	249D	20F-5R	85.18		CHA
7110	$49163	$8850	$11800	**$13770**	**$17700**	Deutz	6	374D	20F-5R	110.00	9702	CHA
7110 4WD	$58548	$10540	$14050	**$16390**	**$21080**	Deutz	6	374D	20F-5R	110.00	10672	CHA
7120	$52650	$9480	$12640	**$14740**	**$18950**	Deutz	6T	374D	24F-8R	122.06	11246	CHA
7120 4WD	$62339	$11220	$14960	**$17460**	**$22440**	Deutz	6T	374D	24F-8R	122.06	12083	CHA
9130	$56973	$10260	$13670	**$15950**	**$20510**	Deutz	6TI	374D	18F-6R	135.00	14285	CHA
9130 4WD	$66622	$11990	$15990	**$18650**	**$23980**	Deutz	6TI	374D	18F-6R	135.00	14285	CHA
9150	$58983	$10620	$14160	**$16520**	**$21230**	Deutz	6TI	374D	18F-6R	158.67	13520	CHA
9150 4WD	$69671	$12540	$16720	**$19510**	**$25080**	Deutz	6TI	374D	18F-6R	158.67	14880	CHA
9170	$62501	$11250	$15000	**$17500**	**$22500**	Deutz	6T	584D	18F-6R	173.37	15837	CHA
9170 4WD	$76670	$13620	$18160	**$21190**	**$27240**	Deutz	6T	584D	18F-6R	173.37		CHA
9190 4WD	$83847	$14580	$19440	**$22680**	**$29160**	Deutz	6T	584D	18F-6R	193.55		CHA

Deutz-Allis (Cont.)

Model	Approx. Retail Price New	Estimated Value Less Repairs Used Trade-In Avg.	Used Trade-In High	Used Retail Avg.	Used Retail High	Engine Make	Engine No. Cyls.	Engine Displ. Cu.-in.	No. Speeds	P.T.O. H.P.	Approx. Shipping Wt.-Lbs.	Cab
				1990								
5215 Hydro	$10025	$2760	$3310	**$5210**	**$5920**	Toyosha	3	61D	Variable	14.00	1668	No
5215 Hydro 4WD	$11285	$3100	$3720	**$5870**	**$6660**	Toyosha	3	61D	Variable	14.00	1877	No
5215 Synchro	$8850	$2430	$2920	**$4600**	**$5220**	Toyosha	3	61D	9F-3R	15.00	1384	No
5215 Synchro 4WD	$9900	$2720	$3270	**$5150**	**$5840**	Toyosha	3	61D	9F-3R	15.00	1597	No
5220 Hydro	$11495	$3160	$3790	**$5980**	**$6780**	Toyosha	3	83D	Variable	17.00	1985	No
5220 Hydro 4WD	$12760	$3510	$4210	**$6640**	**$7530**	Toyosha	3	83D	Variable	17.00	2194	No
5220 Synchro	$10920	$3000	$3600	**$5680**	**$6440**	Toyosha	3	87D	12F-4R	21.00	2433	No
5220 Synchro 4WD	$12700	$3490	$4190	**$6600**	**$7490**	Toyosha	3	87D	12F-4R	21.00	2605	No
5230 Synchro	$12700	$3490	$4190	**$6600**	**$7490**	Toyosha	3	92D	12F-4R	26.00	2892	No
5230 Synchro 4WD	$14280	$3930	$4710	**$7430**	**$8430**	Toyosha	3	92D	12F-4R	26.00	3050	No
6150	$17909	$3400	$4660	**$5910**	**$7520**	Deutz	3	187D	8F-4R	54.00	4935	No
6240	$17156	$3260	$4460	**$5660**	**$7210**	Deutz	3	172D	8F-4R	43.00	5776	No
6240 4WD	$21274	$4040	$5530	**$7020**	**$8940**	Deutz	3	172D	8F-4R	43.00	6173	No
6250	$18608	$3540	$4840	**$6140**	**$7820**	Deutz	3	172D	8F-4R	51.00	6018	No
6250 4WD	$23347	$4440	$6070	**$7710**	**$9810**	Deutz	3	172D	8F-4R	51.00	6459	No
6250V	$21663	$4120	$5630	**$7150**	**$9100**	Deutz	3	172D	8F-4R	51.00		No
6250V 4WD	$24605	$4680	$6400	**$8120**	**$10330**	Deutz	3	172D	8F-4R	51.00		No
6260	$21537	$4090	$5600	**$7110**	**$9050**	Deutz	3	187D	8F-4R	57.09	6018	No
6260 4WD	$27313	$5190	$7100	**$9010**	**$11470**	Deutz	3	187D	8F-4R	57.09	6459	No
6260 4WD w/Cab	$34670	$6590	$9010	**$11440**	**$14560**	Deutz	3	187D	8F-4R	57.09	7319	CHA
6260 w/Cab	$28602	$5430	$7440	**$9440**	**$12010**	Deutz	3	187D	8F-4R	57.09	6878	CHA
6260F	$22473	$4270	$5840	**$7420**	**$9440**	Deutz	3	187D	8F-4R	57.00		No
6260F 4WD	$25517	$4850	$6630	**$8420**	**$10720**	Deutz	3	187D	8F-4R	57.00		No
6260F 4WD w/Cab	$29756	$5650	$7740	**$9820**	**$12500**	Deutz	3	187D	8F-4R	57.00		CHA
6260F w/Cab	$26655	$5060	$6930	**$8800**	**$11200**	Deutz	3	187D	8F-4R	57.00		CHA
6260L	$22750	$4320	$5920	**$7510**	**$9560**	Deutz	3	187D	8F-4R	57.00		No
6260L 4WD	$25656	$4880	$6670	**$8470**	**$10780**	Deutz	3	187D	8F-4R	57.00		No
6260L 4WD w/Cab	$29894	$5680	$7770	**$9870**	**$12560**	Deutz	3	187D	8F-4R	57.00		CHA
6260L w/Cab	$26932	$5120	$7000	**$8890**	**$11310**	Deutz	3	187D	8F-4R	57.00		CHA
6265	$23319	$4430	$6060	**$7700**	**$9790**	Deutz	4	230D	12F-4R	65.80	6922	No
6265 4WD	$28784	$5470	$7480	**$9500**	**$12090**	Deutz	4	230D	12F-4R	65.80	7429	No
6265 4WD w/Cab	$35777	$6800	$9300	**$11810**	**$15030**	Deutz	4	230D	12F-4R	65.80	8333	CHA
6265 w/Cab	$30311	$5760	$7880	**$10000**	**$12730**	Deutz	4	230D	12F-4R	65.80	7826	CHA
6275	$26240	$4990	$6820	**$8660**	**$11020**	Deutz	4	249D	12F-4R	70.90	6922	No
6275 4WD	$32116	$6100	$8350	**$10600**	**$13490**	Deutz	4	249D	12F-4R	70.90	7429	No
6275 4WD w/Cab	$39108	$7430	$10170	**$12910**	**$16430**	Deutz	4	249D	12F-4R	70.90		CHA
6275 w/Cab	$33232	$6310	$8640	**$10970**	**$13960**	Deutz	4	249D	12F-4R	70.90		CHA
6275F	$26814	$5100	$6970	**$8850**	**$11260**	Deutz	4	249D	8F-4R	71.00		No
6275F 4WD	$29976	$5700	$7790	**$9890**	**$12590**	Deutz	4	249D	8F-4R	71.00		No
6275F 4WD w/Cab	$34363	$6530	$8930	**$11340**	**$14430**	Deutz	4	249D	8F-4R	71.00		CHA
6275F w/Cab	$31134	$5920	$8100	**$10270**	**$13080**	Deutz	4	249D	8F-4R	71.00		CHA
6275L	$26958	$5120	$7010	**$8900**	**$11320**	Deutz	4	249D	8F-4R	71.00		No
6275L 4WD	$30120	$5720	$7830	**$9940**	**$12650**	Deutz	4	249D	8F-4R	71.00		No
6275L 4WD w/Cab	$34507	$6560	$8970	**$11390**	**$14490**	Deutz	4	249D	8F-4R	71.00		CHA
6275L w/Cab	$31278	$5940	$8130	**$10320**	**$13140**	Deutz	4	249D	8F-4R	71.00		CHA
7085	$32749	$5570	$7210	**$8840**	**$11460**	Deutz	4T	249D	20F-5R	85.18		No
7085 4WD	$37722	$6410	$8300	**$10190**	**$13200**	Deutz	4T	249D	20F-5R	85.18		No
7085 4WD w/Cab	$42829	$7280	$9420	**$11560**	**$14990**	Deutz	4T	249D	20F-5R	85.18		CHA
7085 w/Cab	$38217	$6500	$8410	**$10320**	**$13380**	Deutz	4T	249D	20F-5R	85.18		CHA
7110	$46882	$7970	$10310	**$12660**	**$16410**	Deutz	6	374D	15F-5R	122.00	9702	CHA
7110 4WD	$55760	$9480	$12270	**$15060**	**$19520**	Deutz	6	374D	15F-5R	122.00	10672	CHA
7120	$50143	$8520	$11030	**$13540**	**$17550**	Deutz	6T	374D	24F-8R	122.06	11246	CHA
7120 4WD	$59370	$10090	$13060	**$16030**	**$20780**	Deutz	6T	374D	24F-8R	122.06	12083	CHA
7145	$59057	$10040	$12990	**$15950**	**$20670**	Deutz	6T	374D	36F-12R	144.60	11905	CHA
7145 4WD	$63010	$10710	$13860	**$17010**	**$22050**	Deutz	6T	374D	36F-12R	144.60	12897	CHA
9130	$55755	$9480	$12270	**$15050**	**$19510**	Deutz	6TI	374D	18F-6R	135.00	14285	CHA
9130 4WD	$66115	$11240	$14550	**$17850**	**$23140**	Deutz	6TI	374D	18F-6R	135.00	14285	CHA
9150	$56174	$9550	$12360	**$15170**	**$19660**	Deutz	6TA	374D	18F-6R	158.67	13520	CHA
9150 4WD	$66353	$11280	$14600	**$17920**	**$23220**	Deutz	6T	374D	18F-6R	158.67	14880	CHA
9170	$61885	$10520	$13620	**$16710**	**$21660**	Deutz	6T	584D	18F-6R	173.37	15837	CHA
9170 4WD	$75880	$12750	$16500	**$20250**	**$26250**	Deutz	6T	584D	18F-6R	173.37		CHA
9190 4WD	$82777	$13900	$17990	**$22080**	**$28620**	Deutz	6T	584D	18F-6R	193.55		CHA
				1989								
5215	$8739	$2360	$2800	**$4500**	**$5110**	Toyosha	3	61D	9F-3R	15.00	1384	No
5215 4WD	$9719	$2620	$3110	**$5010**	**$5690**	Toyosha	3	61D	9F-3R	15.00	1597	No
5215 Hydro	$9899	$2670	$3170	**$5100**	**$5790**	Toyosha	3	61D	Variable	14.00	1668	No
5215 Hydro 4WD	$10899	$2940	$3490	**$5610**	**$6380**	Toyosha	3	61D	Variable	14.00	1877	No
5220	$10899	$2940	$3490	**$5610**	**$6380**	Toyosha	3	87D	12F-4R	21.00	2433	No
5220 4WD	$11499	$3110	$3680	**$5920**	**$6730**	Toyosha	3	87D	12F-4R	21.00	2605	No
5220 w/Cab	$12199	$3290	$3900	**$6280**	**$7140**	Toyosha	3	87D	12F-4R	21.00	3043	CH
5230	$11499	$3110	$3680	**$5920**	**$6730**	Toyosha	3	92D	12F-4R	26.00	2892	No
5230 4WD	$12899	$3480	$4130	**$6640**	**$7550**	Toyosha	3	92D	12F-4R	26.00	3050	No
6240	$17156	$3090	$4290	**$5490**	**$7030**	Deutz	3	172D	8F-4R	43.00	6173	No
6250	$18608	$3350	$4650	**$5960**	**$7630**	Deutz	3	172D	8F-4R	50.70	6459	No
6260	$21537	$3880	$5380	**$6890**	**$8830**	Deutz	3	187D	8F-4R	57.09	6459	No
6260 w/Cab	$28537	$5140	$7130	**$9130**	**$11700**	Deutz	3	187D	8F-4R	57.09		CHA
6265	$23319	$4200	$5830	**$7460**	**$9560**	Deutz	4	230D	12F-4R	65.08	7429	No
6265 w/Cab	$30319	$5460	$7580	**$9700**	**$12430**	Deutz	4	230D	12F-4R	65.08		CHA
6275	$26240	$4720	$6560	**$8400**	**$10760**	Deutz	4	249D	12F-4R	70.90	7429	No
6275 w/Cab	$33240	$5980	$8310	**$10640**	**$13630**	Deutz	4	249D	12F-4R	70.90		CHA
7085	$32749	$5240	$6880	**$8520**	**$11140**	Deutz	4T	249D	20F-5R	85.18	9193	No
7085 w/Cab	$38249	$6120	$8030	**$9950**	**$13010**	Deutz	4T	249D	20F-5R	85.18		CHA
7110	$46882	$7500	$9850	**$12190**	**$15940**	Deutz	6	374D	15F-5R	110.00	10670	CHA

Deutz-Allis (Cont.)

1989 (Cont.)

Model	Approx. Retail Price New	Used Trade-In Avg.	Used Trade-In High	Used Retail Avg.	Used Retail High	Engine Make	Engine No. Cyls.	Displ. Cu.-in.	No. Speeds	P.T.O. H.P.	Approx. Shipping Wt.-Lbs.	Cab
7120	$50143	$8020	$10530	$13040	$17050	Deutz	6T	374D	24F-8R	122.06	12081	CHA
7145	$59057	$9450	$12400	$15360	$20080	Deutz	6T	374D	36F-12R	144.60	12987	CHA
9130	$55688	$8910	$11690	$14480	$18930	Deutz	6TI	374D	18F-6R	135.00	14285	CHA
9130 4WD	$65675	$10510	$13790	$17080	$22330	Deutz	6TI	374D	18F-6R	135.00	14285	CHA
9150	$56174	$8990	$11800	$14610	$19100	Deutz	6TA	374D	18F-6R	151.07	14880	CHA
9150	$57245	$9160	$12020	$14880	$19460	Deutz	6TI	374D	18F-6R	158.67	13520	CHA
9150 4WD	$68270	$10920	$14340	$17750	$23210	Deutz	6TI	374D	18F-6R	158.67	14880	CHA
9170	$59525	$9520	$12500	$15480	$20240	Deutz	6T	584D	18F-6R	173.37	16040	CHA
9170	$60345	$9660	$12670	$15690	$20520	Deutz	6T	584D	18F-6R	173.37	15837	CHA
9170 4WD	$75220	$11870	$15580	$19290	$25230	Deutz	6T	584D	18F-6R	173.37		CHA
9190 4WD	$82155	$12800	$16800	$20800	$27200	Deutz	6T	584D	18F-6R	193.55		CHA

1988

Model	Approx. Retail Price New	Used Trade-In Avg.	Used Trade-In High	Used Retail Avg.	Used Retail High	Engine Make	Engine No. Cyls.	Displ. Cu.-in.	No. Speeds	P.T.O. H.P.	Approx. Shipping Wt.-Lbs.	Cab
5215	$7739	$2010	$2400	$3950	$4490	Toyosha	3	61D	9F-3R	15.00	1384	No
5215 4WD	$8719	$2270	$2700	$4450	$5060	Toyosha	3	61D	9F-3R	15.00	1597	No
5215 Hydro	$8899	$2310	$2760	$4540	$5160	Toyosha	3	61D	Variable	14.00	1668	No
5215 Hydro 4WD	$9899	$2570	$3070	$5050	$5740	Toyosha	3	61D	Variable	14.00	1877	No
5220	$9899	$2570	$3070	$5050	$5740	Toyosha	3	87D	12F-4R	21.00	2433	No
5220 4WD	$11499	$2990	$3570	$5860	$6670	Toyosha	3	87D	12F-4R	21.00	2605	No
5230	$11499	$2990	$3570	$5860	$6670	Toyosha	3	92D	12F-4R	26.00	2892	No
5230 4WD	$12899	$3350	$4000	$6580	$7480	Toyosha	3	92D	12F-4R	26.00	3050	No
6240	$16738	$2850	$4190	$5190	$6700	Deutz	3	172D	8F-4R	44.00	5776	No
6240 4WD	$20755	$3530	$5190	$6430	$8300	Deutz	3	172D	8F-4R	44.00	6173	No
6250	$18154	$3090	$4540	$5630	$7260	Deutz	3	172D	8F-4R	50.70	6018	No
6250 4WD	$22778	$3870	$5700	$7060	$9110	Deutz	3	172D	8F-4R	50.70	6459	No
6260	$21012	$3570	$5250	$6510	$8410	Deutz	3	187D	8F-4R	57.00	6018	No
6260 4WD	$26647	$4530	$6660	$8260	$10660	Deutz	3	187D	8F-4R	57.00	6459	No
6260 4WD w/Cab	$33830	$5750	$8460	$10490	$13530	Deutz	3	187D	8F-4R	57.00	7319	CHA
6260 w/Cab	$27904	$4740	$6980	$8650	$11160	Deutz	3	187D	8F-4R	57.00	6878	CHA
6265	$22750	$3870	$5690	$7050	$9100	Deutz	4	230D	12F-4R	65.80	6922	No
6265 4WD	$28082	$4770	$7020	$8710	$11230	Deutz	4	230D	12F-4R	65.80	7429	No
6265 4WD w/Cab	$34904	$5930	$8730	$10820	$13960	Deutz	4	230D	12F-4R	65.80	8333	CHA
6265 w/Cab	$29572	$5030	$7390	$9170	$11830	Deutz	4	230D	12F-4R	65.80	7826	CHA
6275	$25600	$4350	$6400	$7940	$10240	Deutz	4	249D	12F-4R	70.90	6922	No
6275 4WD	$31333	$5330	$7830	$9710	$12530	Deutz	4	249D	12F-4R	70.90	7429	No
6275 4WD w/Cab	$38154	$6490	$9540	$11830	$15260	Deutz	4	249D	12F-4R	70.90	8100	CHA
6275 w/Cab	$32421	$5510	$8110	$10050	$12970	Deutz	4	249D	12F-4R	70.90	7700	CHA
7085	$31552	$4730	$6310	$7890	$10410	Deutz	4T	249D	20F-5R	85.00	8466	No
7085 4WD	$36802	$5520	$7360	$9200	$12150	Deutz	4T	249D	20F-5R	85.00	9193	No
7085 4WD w/Cab	$41784	$6270	$8360	$10450	$13790	Deutz	4T	249D	20F-5R	85.00		CHA
7085 w/Cab	$36887	$5530	$7380	$9220	$12170	Deutz	4T	249D	20F-5R	85.00		CHA
7110	$45680	$6850	$9140	$11420	$15070	Deutz	6	374D	15F-5R	110.00	9702	CHA
7110 4WD	$54400	$8160	$10880	$13600	$17950	Deutz	6	374D	15F-5R	110.00	10672	CHA
7120	$48920	$7340	$9780	$12230	$16140	Deutz	6	374D	24F-8R	122.00	11246	CHA
7120 4WD	$57920	$8690	$11580	$14480	$19110	Deutz	6	374D	24F-8R	122.00	12083	CHA
7145	$57617	$8640	$11520	$14400	$19010	Deutz	6T	374D	36F-12R	144.60	11905	CHA
7145 4WD	$61473	$9220	$12300	$15370	$20290	Deutz	6T	374D	36F-12R	144.60	12897	CHA
8010 PD	$46176	$6630	$8840	$11040	$14580	AC	6T	301D	20F-4R	109.00	11850	CHA
8010 PD 4WD	$54055	$7810	$10410	$13010	$17180	AC	6T	301D	20F-4R	109.00	13450	CHA
8030 PD	$52398	$7560	$10080	$12600	$16630	AC	6T	426D	20F-4R	134.00	12450	CHA
8030 PD 4WD	$60278	$8740	$11660	$14570	$19230	AC	6T	426D	20F-4R	134.00	12600	CHA
8050 PD	$58411	$8460	$11280	$14100	$18620	AC	6TI	426D	20F-4R	155.00	12750	CHA
8050 PD 4WD	$66291	$9640	$12860	$16070	$21220	AC	6TI	426D	20F-4R	155.00	14350	CHA
8070 PD	$60337	$8750	$11670	$14580	$19250	AC	6TI	426D	20F-4R	171.00	13750	CHA
8070 PD 4WD	$68217	$9930	$13240	$16550	$21850	AC	6TI	426D	20F-4R	171.00	15350	CHA
4W-305 4WD	$93685	$12100	$16140	$20170	$26630	AC	6TI	731D	20F-4R	250.00	21826	CHA

PD - Power Director

1987

Model	Approx. Retail Price New	Used Trade-In Avg.	Used Trade-In High	Used Retail Avg.	Used Retail High	Engine Make	Engine No. Cyls.	Displ. Cu.-in.	No. Speeds	P.T.O. H.P.	Approx. Shipping Wt.-Lbs.	Cab
5215 HST	$7990	$2000	$2400	$4040	$4590	Toyosha	3	61D	Variable	14.00		No
5215 HST 4WD	$8799	$2200	$2640	$4440	$5060	Toyosha	3	61D	Variable	14.00		No
5220	$8999	$2250	$2700	$4540	$5170	Toyosha	3	87D	12F-4R	21.00	2433	No
5220 4WD	$10299	$2580	$3090	$5200	$5920	Toyosha	3	87D	12F-4R	21.00	2605	No
5230	$10299	$2580	$3090	$5200	$5920	Toyosha	3	87D	12F-4R	26.00	2892	No
5230 4WD	$11799	$2950	$3540	$5960	$6780	Toyosha	3	87D	12F-4R	26.00	3050	No
6035	$11705	$2220	$2990	$4920	$5790	Deutz	2	115D	8F-2R	33.00	4255	No
6070	$24225	$3880	$5810	$7510	$9450	AC	4T	433D	12F-3R	70.00		No
6070 w/Cab	$29100	$4660	$6980	$9020	$11350	AC	4T	433D	12F-3R	70.00		CH
6080 4WD	$34098	$5460	$8180	$10570	$13300	AC	4TI	433D	12F-3R	83.66		No
6080 w/Cab	$33496	$5360	$8040	$10380	$13060	AC	4TI	433D	12F-3R	83.66		CH
6140	$15891	$3020	$4050	$6670	$7870	Toyosha	3	142D	10F-2R	41.08	4228	No
6140 4WD	$19790	$3760	$5050	$8310	$9800	Toyosha	3	142D	10F-2R	41.08	4628	No
6240	$16738	$2680	$4020	$5190	$6530	Deutz	3	172D	8F-4R	43.00	5776	No
6240 4WD	$20755	$3320	$4980	$6430	$8090	Deutz	3	172D	8F-4R	43.00	6173	No
6250	$18154	$2910	$4360	$5630	$7080	Deutz	3	172D	8F-4R	51.00	6018	No
6250 4WD	$22676	$3630	$5440	$7030	$8840	Deutz	3	172D	8F-4R	51.00	6459	No
6260	$21012	$3360	$5040	$6510	$8200	Deutz	3	187D	8F-4R	57.09	6018	No
6260 4WD	$25647	$4100	$6160	$7950	$10000	Deutz	3	187D	8F-4R	57.09	6459	No
6260 4WD w/Cab	$32560	$5210	$7810	$10090	$12700	Deutz	3	187D	8F-4R	57.09	7319	CHA
6260 w/Cab	$27904	$4470	$6700	$8650	$10880	Deutz	3	187D	8F-4R	57.09	6878	CHA
6265	$22750	$3640	$5460	$7050	$8870	Deutz	3	230D	12F-4R	65.80	6922	No
6265 4WD	$28082	$4490	$6740	$8710	$10950	Deutz	3	230D	12F-4R	65.80	7429	No
6265 4WD w/Cab	$34904	$5590	$8380	$10820	$13610	Deutz	3	230D	12F-4R	65.80	8333	CHA
6265 w/Cab	$29572	$4730	$7100	$9170	$11530	Deutz	3	230D	12F-4R	65.80	7826	CHA

Deutz-Allis (Cont.)

1987 (Cont.)

Model	Approx. Retail Price New	Estimated Value Less Repairs: Used Trade-In Avg.	Used Trade-In High	Used Retail Avg.	Used Retail High	Engine Make	Engine No. Cyls.	Engine Displ. Cu.-in.	No. Speeds	P.T.O. H.P.	Approx. Shipping Wt.-Lbs.	Cab
6275	$25600	$4100	$6140	**$7940**	**$9980**	Deutz	4	249D	12F-4R	70.90	6922	No
6275 4WD	$31333	$5010	$7520	**$9710**	**$12220**	Deutz	4	249D	12F-4R	70.90	7429	No
6275 4WD w/Cab	$38154	$6110	$9160	**$11830**	**$14880**	Deutz	4	249D	12F-4R	70.90	8429	CHA
6275 w/Cab	$32421	$5190	$7780	**$10050**	**$12640**	Deutz	4	249D	12F-4R	70.90	7920	CHA
7085	$31552	$4420	$6000	**$7570**	**$10100**	Deutz	4T	249D	15F-5R	85.18	8466	No
7085 4WD	$39318	$5510	$7470	**$9440**	**$12580**	Deutz	4T	249D	15F-5R	85.18	9193	No
7085 4WD w/Cab	$44653	$6250	$8480	**$10720**	**$14290**	Deutz	4T	249D	15F-5R	85.18	9193	CHA
7085 w/Cab	$36887	$5160	$7010	**$8850**	**$11800**	Deutz	4T	249D	15F-5R	85.18	8466	CHA
7110	$44800	$6270	$8510	**$10750**	**$14340**	Deutz	6	374D	15F-5R	110.00	9702	CHA
7110 4WD	$54400	$7620	$10340	**$13060**	**$17410**	Deutz	6	374D	15F-5R	110.00	10672	CHA
7120	$47700	$6680	$9060	**$11450**	**$15260**	Deutz	6T	374D	24F-8R	123.15	11246	CHA
7120 4WD	$57920	$8110	$11010	**$13900**	**$18530**	Deutz	6T	374D	24F-8R	123.15	12083	CHA
7145	$57617	$8070	$10950	**$13830**	**$18440**	Deutz	6T	374D	36F-12R	144.60	11905	CHA
7145 4WD	$68143	$9540	$12950	**$16350**	**$21810**	Deutz	6T	374D	36F-12R	144.60	12897	CHA
8010 PD	$46176	$6190	$8390	**$10600**	**$14140**	AC	6T	301D	20F-4R	109.00	11850	CHA
8010 PD 4WD	$54055	$7290	$9890	**$12490**	**$16660**	AC	6T	301D	20F-4R	109.00	13450	CHA
8010 PS	$47710	$6400	$8690	**$10970**	**$14630**	AC	6T	301D	12F-2R	109.55	12000	CHA
8010 PS 4WD	$55589	$7500	$10180	**$12860**	**$17150**	AC	6T	301D	12F-2R	109.00	13600	CHA
8030 PD	$52398	$7060	$9580	**$12100**	**$16130**	AC	6T	426D	20F-4R	134.00	12450	CHA
8030 PD 4WD	$60278	$8160	$11070	**$13990**	**$18650**	AC	6T	426D	20F-4R	134.00	14050	CHA
8030 PS	$53982	$7280	$9880	**$12480**	**$16630**	AC	6T	426D	12F-2R	134.42	12600	CHA
8030 PS 4WD	$61862	$8380	$11370	**$14370**	**$19160**	AC	6T	426D	12F-2R	134.42	14200	CHA
8050 PD	$58411	$7900	$10720	**$13540**	**$18050**	AC	6TI	426D	20F-4R	155.00	12750	CHA
8050 PD 4WD	$66291	$9000	$12220	**$15430**	**$20570**	AC	6TI	426D	20F-4R	155.00	14350	CHA
8050 PS	$60111	$8140	$11040	**$13950**	**$18600**	AC	6TI	426D	12F-3R	155.15	12900	CHA
8050 PS 4WD	$67990	$9240	$12540	**$15840**	**$21120**	AC	6TI	426D	12F-3R	155.15	14500	CHA
8070 PD	$60337	$8170	$11080	**$14000**	**$18670**	AC	6TI	426D	20F-4R	171.00	13750	CHA
8070 PD 4WD	$68217	$9270	$12580	**$15890**	**$21190**	AC	6TI	426D	20F-4R	171.00	15350	CHA
8070 PS	$62037	$8410	$11410	**$14410**	**$19210**	AC	6TI	426D	12F-2R	171.44	13900	CHA
8070 PS 4WD	$69916	$9510	$12900	**$16300**	**$21730**	AC	6TI	426D	12F-2R	171.44	15500	CHA
4W-305 4WD	$93685	$11020	$14950	**$18880**	**$25180**	AC	6T	731D	20F-4R	250.00	21876	CHA

HST - Hydrostatic Transmission PD - Power Director PS - Power Shift

1986

Model	Approx. Retail Price New	Estimated Value Less Repairs: Used Trade-In Avg.	Used Trade-In High	Used Retail Avg.	Used Retail High	Engine Make	Engine No. Cyls.	Engine Displ. Cu.-in.	No. Speeds	P.T.O. H.P.	Approx. Shipping Wt.-Lbs.	Cab
5015	$6550	$1570	$1900	**$3280**	**$3730**	Toyosha	3	61D	9F-3R	15.00	1387	No
5015 4WD	$7150	$1720	$2070	**$3580**	**$4080**	Toyosha	3	61D	9F-3R	15.00	1557	No
5220	$8499	$2040	$2470	**$4250**	**$4840**	Toyosha	3	87D	14F-4R	21.00	2433	No
5220 4WD	$9699	$2330	$2810	**$4850**	**$5530**	Toyosha	3	87D	14F-4R	21.00	2604	No
5230	$9699	$2330	$2810	**$4850**	**$5530**	Toyosha	3	92D	14F-4R	26.00	2892	No
5230 4WD	$10799	$2590	$3130	**$5400**	**$6160**	Toyosha	3	92D	14F-4R	26.00	3050	No
6060	$21460	$3220	$5150	**$6650**	**$8160**	AC	4T	433D	8F-2R	64.90	5869	No
6060	$26335	$3950	$6320	**$8160**	**$10010**	AC	4T	433D	8F-2R	64.90	6200	CH
6060 4WD	$26263	$3940	$6300	**$8140**	**$9980**	AC	4T	433D	8F-2R	64.90	6669	No
6060 4WD	$31138	$4670	$7470	**$9650**	**$11830**	AC	4T	433D	8F-2R	64.90	7000	CH
6070	$24225	$3630	$5810	**$7510**	**$9210**	AC	4T	200D	12F-3R	70.00	5900	No
6070 4WD	$29225	$4380	$7010	**$9060**	**$11110**	AC	4T	200D	12F-3R	70.00	6700	No
6070 4WD w/Cab	$34100	$5120	$8180	**$10570**	**$12960**	AC	4T	200D	12F-3R	70.00	7800	CHA
6070 w/Cab	$29100	$4370	$6980	**$9020**	**$11060**	AC	4T	200D	12F-3R	70.00	7050	CHA
6080	$28625	$4290	$6870	**$8870**	**$10880**	AC	4TI	200D	12F-3R	83.66	7170	No
6080 4WD	$34100	$5120	$8180	**$10570**	**$12960**	AC	4TI	200D	12F-3R	83.66	7600	No
6080 4WD w/Cab	$38975	$5850	$9350	**$12080**	**$14810**	AC	4TI	200D	12F-3R	83.66	8750	CHA
6080 w/Cab	$33500	$5030	$8040	**$10390**	**$12730**	AC	4TI	200D	12F-3R	83.66	8070	CHA
6140	$15895	$3020	$3970	**$6520**	**$7710**	Toyosha	3	142D	10F-2R	41.08	4228	No
6140 4WD	$19790	$3760	$4950	**$8110**	**$9600**	Toyosha	3	142D	10F-2R	41.08	4628	No
6240	$16250	$2440	$3900	**$5040**	**$6180**	Deutz	3	173D	8F-4R	44.00	5776	No
6240 4WD	$20150	$3020	$4840	**$6250**	**$7660**	Deutz	3	173D	8F-4R	44.00	6173	No
6250	$17625	$2640	$4230	**$5460**	**$6700**	Deutz	3	173D	8F-4R	50.70	6020	No
6250 4WD	$22020	$3300	$5290	**$6830**	**$8370**	Deutz	3	173D	8F-4R	50.70	6459	No
6260	$20400	$3060	$4900	**$6320**	**$7750**	Deutz	3	187D	8F-4R	57.09	6020	No
6260 4WD	$25000	$3750	$6000	**$7750**	**$9500**	Deutz	3	187D	8F-4R	57.09	6878	No
6260 4WD w/Cab	$31612	$4740	$7590	**$9800**	**$12010**	Deutz	3	187D	8F-4R	57.09	7319	CHA
6260 w/Cab	$27091	$4060	$6500	**$8400**	**$10300**	Deutz	3	187D	8F-4R	57.09	6459	CHA
6265	$22100	$3320	$5300	**$6850**	**$8400**	Deutz	4	230D	12F-4R	65.80	6222	No
6265 4WD	$27265	$4090	$6540	**$8450**	**$10360**	Deutz	4	230D	12F-4R	65.80	7429	No
6265 4WD w/Cab	$33890	$5080	$8130	**$10510**	**$12880**	Deutz	4	230D	12F-4R	65.80	8204	CHA
6265 w/Cab	$28715	$4310	$6890	**$8900**	**$10910**	Deutz	4	230D	12F-4R	65.80	6997	CHA
6275	$24855	$3730	$5970	**$7710**	**$9450**	Deutz	4	249D	12F-4R	70.90	6922	No
6275 4WD	$30420	$4560	$7300	**$9430**	**$11560**	Deutz	4	249D	12F-4R	70.90	7429	No
6275 4WD w/Cab	$37050	$5250	$8400	**$10850**	**$13300**	Deutz	4	249D	12F-4R	70.90	8204	CHA
6275 w/Cab	$31500	$4730	$7560	**$9770**	**$11970**	Deutz	4	249D	12F-4R	70.90	7697	CHA
8010 PD	$46175	$5740	$7950	**$10160**	**$13690**	AC	6T	301D	20F-4R	109.00	11850	CHA
8010 PD 4WD	$54055	$6770	$9370	**$11970**	**$16140**	AC	6T	301D	20F-4R	109.00	13450	CHA
8010 PS	$47710	$5940	$8230	**$10510**	**$14170**	AC	6T	301D	12F-2R	109.55	12000	CHA
8010 PS 4WD	$55590	$6970	$9650	**$12330**	**$16610**	AC	6T	301D	12F-2R	109.00	13600	CHA
8010 PS HC	$55335	$6920	$9580	**$12240**	**$16500**	AC	6T	301D	12F-2R	109.00	12500	CHA
8030 PD	$52398	$6550	$9070	**$11590**	**$15620**	AC	6T	426D	20F-4R	134.00	12450	CHA
8030 PD 4WD	$60278	$7580	$10490	**$13400**	**$18070**	AC	6T	426D	20F-4R	134.00	14050	CHA
8030 PS	$53982	$6760	$9360	**$11960**	**$16110**	AC	6T	426D	12F-2R	134.42	12600	CHA
8030 PS 4WD	$61862	$7780	$10780	**$13770**	**$18560**	AC	6T	426D	12F-2R	134.00	14200	CHA
8030 PS HC	$61604	$7750	$10730	**$13710**	**$18480**	AC	6T	426D	12F-2R	134.00	13000	CHA
8050 PD	$58411	$7330	$10150	**$12980**	**$17490**	AC	6TI	426D	20F-4R	155.00	12750	CHA
8050 PD 4WD	$66291	$8360	$11570	**$14790**	**$19930**	AC	6TI	426D	20F-4R	155.00	14350	CHA
8050 PS	$60111	$7550	$10460	**$13370**	**$18010**	AC	6TI	426D	12F-3R	155.15	12900	CHA
8050 PS 4WD	$67990	$8580	$11880	**$15180**	**$20460**	AC	6TI	426D	12F-3R	155.00	14500	CHA

Deutz-Allis (Cont.)

1986 (Cont.)

Model	Approx. Retail Price New	Estimated Value Less Repairs Used Trade-In Avg.	Used Trade-In High	Used Retail Avg.	Used Retail High	Engine Make	Engine No. Cyls.	Engine Displ. Cu.-in.	No. Speeds	P.T.O. H.P.	Approx. Shipping Wt.-Lbs.	Cab
8050 PS HC	$67773	$8550	$11840	**$15130**	**$20390**	AC	6TI	426D	12F-3R	155.00	13600	CHA
8070 PD	$60337	$7450	$10320	**$13190**	**$17770**	AC	6TI	426D	20F-4R	171.00	13750	CHA
8070 PD 4WD	$68217	$8480	$11740	**$15000**	**$20220**	AC	6TI	426D	20F-4R	171.00	15350	CHA
8070 PS	$62037	$7680	$10630	**$13580**	**$18300**	AC	6TI	426D	12F-2R	171.44	13900	CHA
8070 PS 4WD	$69916	$8700	$12050	**$15390**	**$20740**	AC	6TI	426D	12F-2R	171.00	15500	CHA
4W-305 4WD	$93685	$9970	$13800	**$17640**	**$23770**	AC	6T	731D	20F-4R	250.00	21826	CHA

HC - High Clearance PD - Power Director PS - Power Shift

Deutz-Fahr

1985

Model	Approx. Retail Price New	Estimated Value Less Repairs Used Trade-In Avg.	Used Trade-In High	Used Retail Avg.	Used Retail High	Engine Make	Engine No. Cyls.	Engine Displ. Cu.-in.	No. Speeds	P.T.O. H.P.	Approx. Shipping Wt.-Lbs.	Cab
DX3.10	$16890	$1670	$2360	**$3060**	**$4170**	Deutz	3	173D	8F-4R	44.00	5776	No
DX3.10A 4WD	$21100	$2040	$2890	**$3740**	**$5100**	Deutz	3	173D	8F-4R	44.00	6173	No
DX3.30	$17625	$1750	$2480	**$3210**	**$4380**	Deutz	3	173D	8F-4R	50.70	6020	No
DX3.30A 4WD	$22020	$2220	$3150	**$4070**	**$5550**	Deutz	3	173D	8F-4R	50.70	6060	No
DX3.50	$20500	$1980	$2810	**$3630**	**$4950**	Deutz	3	173D	8F-4R	57.09	6020	No
DX3.50 w/Cab	$27095	$2640	$3740	**$4840**	**$6600**	Deutz	3	187D	8F-4R	57.09	6795	CHA
DX3.50A 4WD	$25000	$2400	$3400	**$4400**	**$6000**	Deutz	3	187D	8F-4R	57.09	6060	No
DX3.50A 4WD w/Cab	$31615	$3190	$4520	**$5850**	**$7980**	Deutz	3	187D	8F-4R	57.09	6835	CHA
DX3.70	$22100	$2160	$3060	**$3960**	**$5400**	Deutz	4	230D	12F-4R	65.80	6222	No
DX3.70 w/Cab	$28715	$2820	$4000	**$5170**	**$7050**	Deutz	4	230D	12F-4R	65.80	6997	CHA
DX3.70A 4WD	$27265	$2660	$3770	**$4880**	**$6660**	Deutz	4	230D	12F-4R	65.80	7429	No
DX3.70A 4WD w/Cab	$33890	$3300	$4680	**$6050**	**$8250**	Deutz	4	230D	12F-4R	65.80	8204	CHA
DX3.90	$24855	$2380	$3370	**$4360**	**$5940**	Deutz	4	249D	12F-4R	70.90	6922	No
DX3.90 w/Cab	$31500	$3180	$4510	**$5830**	**$7950**	Deutz	4	249D	12F-4R	70.90	7697	CHA
DX3.90A 4WD	$30420	$3050	$4320	**$5590**	**$7620**	Deutz	4	249D	12F-4R	70.90	7429	No
DX3.90A 4WD w/Cab	$37050	$3780	$5360	**$6930**	**$9450**	Deutz	4	249D	12F-4R	70.90	8204	CHA
DX4.70	$30005	$3000	$4250	**$5500**	**$7500**	Deutz	4T	249D	15F-5R	85.18	8466	No
DX4.70 4WD	$37545	$3900	$5530	**$7150**	**$9750**	Deutz	4T	249D	15F-5R	85.18	9193	No
DX4.70 4WD w/Cab	$42930	$4500	$6380	**$8250**	**$11250**	Deutz	4T	249D	15F-5R	85.18	9968	CHA
DX4.70 w/Cab	$35395	$3640	$5150	**$6670**	**$9090**	Deutz	4T	249D	15F-5R	85.18	9241	CHA
DX6.30	$42275	$4440	$6290	**$8140**	**$11100**	Deutz	6	374D	15F-5R	110.00	12787	CHA
DX6.30 4WD	$51740	$5520	$7820	**$10120**	**$13800**	Deutz	6	374D	15F-5R	110.00	14991	CHA
DX6.50	$45885	$4860	$6890	**$8910**	**$12150**	Deutz	6T	374D	24F-8R	123.15	16975	CHA
DX6.50 4WD	$55975	$6000	$8500	**$11000**	**$15000**	Deutz	6T	374D	24F-8R	123.15	17637	CHA
DX7.10	$51095	$5520	$7820	**$10120**	**$13800**	Deutz	6T	374D	24F-8R	144.60	11905	CHA
DX7.10 4WD	$60920	$6480	$9180	**$11880**	**$16200**	Deutz	6T	374D	32F-8R	144.60	12897	CHA
DX8.30A 4WD	$82200	$7800	$11050	**$14300**	**$19500**	Deutz	6T	584D		190.00		CHA
D3607	$11375	$1650	$2620	**$3530**	**$4270**	Deutz	3	115D		33.00		No
D4507	$16100	$2340	$3700	**$4990**	**$6040**	Deutz	3	173D	8F-2R	43.00	4420	No

1984

Model	Approx. Retail Price New	Estimated Value Less Repairs Used Trade-In Avg.	Used Trade-In High	Used Retail Avg.	Used Retail High	Engine Make	Engine No. Cyls.	Engine Displ. Cu.-in.	No. Speeds	P.T.O. H.P.	Approx. Shipping Wt.-Lbs.	Cab
DX4.70	$30005	$2750	$4000	**$5250**	**$7250**	Deutz	4T	249D	15F-5R	85.18	8466	No
DX4.70 4WD	$37542	$3520	$5120	**$6720**	**$9280**	Deutz	4T	249D	15F-5R	85.18	9193	No
DX4.70 4WD w/Cab	$42930	$4140	$6020	**$7900**	**$10900**	Deutz	4T	249D	15F-5R	85.18	9968	CHA
DX4.70 w/Cab	$35393	$3330	$4850	**$6360**	**$8790**	Deutz	4T	249D	15F-5R	85.18	9241	CHA
DX6.30	$42272	$4070	$5920	**$7770**	**$10730**	Deutz	6	374D	15F-5R	110.00	12787	CHA
DX6.30 4WD	$51739	$5010	$7280	**$9560**	**$13200**	Deutz	6	374D	15F-5R	110.00	14991	CHA
DX6.50	$45884	$4350	$6320	**$8300**	**$11460**	Deutz	6T	374D	24F-8R	123.15	16975	CHA
DX6.50 4WD	$55972	$5390	$7840	**$10290**	**$14210**	Deutz	6T	374D	24F-8R	123.15	17637	CHA
DX7.10	$51091	$4950	$7200	**$9450**	**$13050**	Deutz	6T	374D	36F-12R	144.60	11905	CHA
DX7.10 4WD	$60916	$5720	$8320	**$10920**	**$15080**	Deutz	6T	374D	36F-12R	144.60	12897	CHA
DX90	$28851	$2560	$3730	**$4890**	**$6760**	Deutz	5	287D	15F-5R	84.47	8780	No
DX90 w/Cab	$34031	$3190	$4640	**$6090**	**$8410**	Deutz	5	287D	15F-5R	84.47	9880	CHA
DX90A 4WD	$35504	$3330	$4850	**$6360**	**$8790**	Deutz	5	287D	15F-5R	84.00	9600	No
DX90A 4WD w/Cab	$40684	$3810	$5540	**$7270**	**$10030**	Deutz	5	287D	15F-5R	84.00	10700	CHA
DX120	$40646	$3920	$5700	**$7480**	**$10320**	Deutz	6	374D	15F-5R	111.29	10030	CHA
DX120A 4WD	$49156	$4730	$6880	**$9030**	**$12470**	Deutz	6	374D	15F-5R	111.00	10850	CHA
DX130	$44119	$4190	$6100	**$8000**	**$11050**	Deutz	6T	374D	24F-8R	121.27	11490	CHA
DX130A 4WD	$53087	$5010	$7280	**$9560**	**$13200**	Deutz	6T	374D	24F-8R	121.00	12680	CHA
DX160	$49126	$4620	$6720	**$8820**	**$12180**	Deutz	6T	374D	24F-8R	145.41	12440	CHA
DX160A 4WD	$58573	$5560	$8080	**$10610**	**$14650**	Deutz	6T	374D	24F-8R	145.00	13450	CHA
D4507	$16064	$1770	$2570	**$3370**	**$4660**	Deutz	3	173D	8F-2R	43.00	4420	No
D4507 4WD	$21077	$2200	$3200	**$4200**	**$5800**	Deutz	3	173D	8F-2R	43.00	5080	No
D5207	$18229	$1870	$2720	**$3570**	**$4930**	Deutz	3	173D	8F-2R	51.00	4595	No
D5207A 4WD	$23067	$2420	$3520	**$4620**	**$6380**	Deutz	3	173D	8F-2R	51.00	5260	No
D6507	$21060	$2200	$3200	**$4200**	**$5800**	Deutz	4	230D	8F-2R	60.00	4550	No
D6507 w/Cab	$27812	$2860	$4160	**$5460**	**$7540**	Deutz	4	230D	8F-2R	60.00	5650	CHA
D6507A 4WD	$26250	$2750	$4000	**$5250**	**$7250**	Deutz	4	230D	8F-2R	60.00	5250	No
D6507A 4WD w/Cab	$33002	$3300	$4800	**$6300**	**$8700**	Deutz	4	230D	8F-2R	60.00	6350	CHA
D7007	$23993	$2420	$3520	**$4620**	**$6380**	Deutz	4	230D	12F-4R	68.00	5920	No
D7007 w/Cab	$30747	$3100	$4510	**$5920**	**$8180**	Deutz	4	230D	12F-4R	68.00	7080	CHA
D7007A 4WD	$30698	$3050	$4430	**$5820**	**$8030**	Deutz	4	230D	12F-4R	68.00	6680	No
D7007A 4WD w/Cab	$37450	$3780	$5500	**$7220**	**$9980**	Deutz	4	230D	12F-4R	68.00	7782	CHA
D7807	$25919	$2460	$3580	**$4700**	**$6500**	Deutz	4	249D	12F-4R	73.00	6460	No
D7807 w/Cab	$32671	$3150	$4580	**$6010**	**$8290**	Deutz	4	249D	12F-4R	73.00	7560	CHA
D7807A 4WD	$32434	$3120	$4540	**$5960**	**$8240**	Deutz	4	249D	12F-4R	73.00	7276	No
D7807A 4WD w/Cab	$39186	$3750	$5460	**$7160**	**$9890**	Deutz	4	249D	12F-4R	73.00	8376	CHA

1983

Model	Approx. Retail Price New	Estimated Value Less Repairs Used Trade-In Avg.	Used Trade-In High	Used Retail Avg.	Used Retail High	Engine Make	Engine No. Cyls.	Engine Displ. Cu.-in.	No. Speeds	P.T.O. H.P.	Approx. Shipping Wt.-Lbs.	Cab
DX90	$26741	$2270	$3410	**$4540**	**$6360**	Deutz	5	287D	15F-5R	84.47	10045	No
DX90A 4WD	$34163	$3110	$4670	**$6220**	**$8710**	Deutz	5	287D	15F-5R	84.00	10835	No
DX120	$39893	$3540	$5310	**$7080**	**$9910**	Deutz	6	374D	15F-5R	111.29	10030	CHA

Deutz-Fahr (Cont.)

1983 (Cont.)

Model	Approx. Retail Price New	Used Trade-In Avg.	Used Trade-In High	Used Retail Avg.	Used Retail High	Make	Engine No. Cyls.	Engine Displ. Cu.-in.	No. Speeds	P.T.O. H.P.	Approx. Shipping Wt.-Lbs.	Cab
DX120A 4WD	$48246	$4200	$6300	**$8400**	**$11760**	Deutz	6	374D	15F-5R	111.00	10850	CHA
DX130	$41635	$3560	$5340	**$7120**	**$9970**	Deutz	6T	374D	24F-8R	121.27	11490	CHA
DX130 4WD	$50099	$4400	$6600	**$8800**	**$12320**	Deutz	6T	374D	24F-8R	121.00	12680	CHA
DX160	$46361	$4200	$6300	**$8400**	**$11760**	Deutz	6T	374D	24F-8R	145.41	12440	CHA
DX160A 4WD	$55278	$4800	$7200	**$9600**	**$13440**	Deutz	6T	374D	24F-8R	145.00	13450	CHA
D4507	$14438	$1400	$2100	**$2800**	**$3920**	Deutz	3	173D	8F-2R	43.00	4420	No
D4507A 4WD	$19167	$1800	$2700	**$3600**	**$5040**	Deutz	3	173D	8F-2R	43.00	5080	No
D5207	$16383	$1640	$2460	**$3280**	**$4590**	Deutz	3	173D	8F-4R	51.00	4595	No
D5207A 4WD	$20786	$1920	$2880	**$3840**	**$5380**	Deutz	3	173D	8F-4R	51.00	5260	No
D6206	$16572	$1550	$2330	**$3100**	**$4340**	Deutz	4	231D	8F-4R	60.23	4660	No
D6206A 4WD	$21511	$2000	$3000	**$4000**	**$5600**	Deutz	4	231D	8F-4R	60.00	5355	No
D6207	$18030	$1700	$2550	**$3400**	**$4760**	Deutz	4	231D	8F-4R	60.00	4660	No
D6207A 4WD	$22871	$2100	$3150	**$4200**	**$5880**	Deutz	4	231D	8F-4R	60.00	5355	No
D6806	$17642	$1650	$2480	**$3300**	**$4620**	Deutz	4	231D	12F-4R	68.18	5700	No
D6806A 4WD	$24268	$2200	$3300	**$4400**	**$6160**	Deutz	4	231D	12F-4R	68.00	6700	No
D6807	$20326	$1820	$2730	**$3640**	**$5100**	Deutz	4	231D	12F-4R	68.00	5700	No
D6807A 4WD	$27389	$2330	$3500	**$4660**	**$6520**	Deutz	4	231D	12F-4R	68.00	6700	No
D7807	$23500	$2050	$3080	**$4100**	**$5740**	Deutz	4	249D	12F-4R	73.00	6460	No
D7807A 4WD	$25550	$2150	$3230	**$4300**	**$6020**	Deutz	4	249D	12F-4R	73.00	7276	No

1982

Model	Approx. Retail Price New	Used Trade-In Avg.	Used Trade-In High	Used Retail Avg.	Used Retail High	Make	Engine No. Cyls.	Engine Displ. Cu.-in.	No. Speeds	P.T.O. H.P.	Approx. Shipping Wt.-Lbs.	Cab
DX90	$26217	$2110	$3110	**$4220**	**$5990**	Deutz	5	287D	15F-5R	84.47	10045	No
DX90A 4WD	$33493	$2760	$4060	**$5510**	**$7830**	Deutz	5	287D	15F-5R	84.47	10835	No
DX120	$39111	$3230	$4760	**$6460**	**$9180**	Deutz	6	374D	15F-5R	111.29	9790	CHA
DX120A 4WD	$47300	$3900	$5740	**$7790**	**$11070**	Deutz	6	374D	15F-5R	111.00	10850	CHA
DX130	$40819	$3370	$4970	**$6750**	**$9590**	Deutz	6T	374D	24F-8R	121.27	11490	CHA
DX130A 4WD	$49117	$3910	$5760	**$7810**	**$11100**	Deutz	6T	374D	24F-8R	121.00	12680	CHA
DX160	$45452	$3740	$5520	**$7490**	**$10640**	Deutz	6T	374D	24F-8R	145.41	12440	CHA
DX160A 4WD	$54194	$4380	$6450	**$8760**	**$12450**	Deutz	6T	374D	24F-8R	145.41	13450	CHA
D4507	$14155	$1330	$1960	**$2660**	**$3780**	Deutz	3	173D	8F-2R	43.00	4420	No
D4507A 4WD	$18791	$1710	$2520	**$3420**	**$4860**	Deutz	3	173D	8F-2R	43.00	5080	No
D5207	$16062	$1530	$2250	**$3050**	**$4340**	Deutz	3	173D	8F-4R	51.00	4595	No
D5207A 4WD	$20379	$1830	$2700	**$3670**	**$5210**	Deutz	3	173D	8F-4R	51.00	5260	No
D6206	$16247	$1540	$2280	**$3090**	**$4390**	Deutz	4	231D	8F-4R	60.23	4660	No
D6206A 4WD	$21089	$1900	$2800	**$3800**	**$5400**	Deutz	4	231D	8F-4R	60.23	5355	No
D6207	$17676	$1680	$2480	**$3360**	**$4770**	Deutz	4	231D	8F-4R	60.00	4660	No
D6207A 4WD	$22423	$2010	$2950	**$4010**	**$5700**	Deutz	4	231D	8F-4R	60.00	5355	No
D6806	$17296	$1640	$2420	**$3290**	**$4670**	Deutz	4	231D	12F-4R	68.18	5700	No
D6806A 4WD	$23792	$2110	$3110	**$4220**	**$5990**	Deutz	4	231D	12F-4R	68.18	6700	No
D6807	$19927	$1790	$2630	**$3570**	**$5080**	Deutz	4	231D	12F-4R	68.00	5700	No
D6807A 4WD	$26852	$2380	$3500	**$4750**	**$6750**	Deutz	4	231D	12F-4R	68.00	6700	No

1981

Model	Approx. Retail Price New	Used Trade-In Avg.	Used Trade-In High	Used Retail Avg.	Used Retail High	Make	Engine No. Cyls.	Engine Displ. Cu.-in.	No. Speeds	P.T.O. H.P.	Approx. Shipping Wt.-Lbs.	Cab
DX90	$26683	$2310	$3280	**$4370**	**$6320**	Deutz	5	287D	15F-5R	84.47	10045	No
DX90A 4WD	$32836	$2660	$3790	**$5050**	**$7290**	Deutz	5	287D	15F-5R	84.47	10835	No
DX120	$38344	$3070	$4370	**$5820**	**$8410**	Deutz	6	374D	15F-5R	111.29	9790	CHA
DX120A 4WD	$46373	$3840	$5450	**$7270**	**$10500**	Deutz	6	374D	15F-5R	111.00	10850	CHA
DX130	$40019	$3230	$4590	**$6120**	**$8850**	Deutz	6T	374D	24F-8R	121.27	11490	CHA
DX130A 4WD	$48154	$4010	$5690	**$7590**	**$10960**	Deutz	6T	374D	24F-8R	121.00	12680	CHA
DX160	$44561	$3660	$5210	**$6940**	**$10030**	Deutz	6T	374D	24F-8R	145.41	12440	CHA
DX160A 4WD	$53131	$4290	$6090	**$8120**	**$11730**	Deutz	6T	374D	24F-8R	145.41	13450	CHA
D4507	$13877	$1280	$1820	**$2430**	**$3510**	Deutz	3	173D	8F-2R	43.00	4420	No
D4507A 4WD	$18423	$1710	$2430	**$3240**	**$4680**	Deutz	3	173D	8F-2R	43.00	5080	No
D5207	$15747	$1500	$2130	**$2830**	**$4090**	Deutz	3	173D	8F-4R	51.00	4595	No
D5207A 4WD	$19979	$1750	$2480	**$3310**	**$4780**	Deutz	3	173D	8F-4R	51.00	5260	No
D6206	$15928	$1510	$2150	**$2870**	**$4140**	Deutz	4	231D	8F-4R	60.23	4660	No
D6206A 4WD	$20675	$1810	$2570	**$3420**	**$4940**	Deutz	4	231D	8F-4R	60.23	5355	No
D6207	$17329	$1650	$2340	**$3120**	**$4510**	Deutz	4	231D	8F-4R	60.00	4660	No
D6207A 4WD	$21983	$1900	$2700	**$3600**	**$5200**	Deutz	4	231D	8F-4R	60.00	5355	No
D6806	$16957	$1610	$2290	**$3050**	**$4410**	Deutz	4	231D	12F-4R	68.18	5700	No
D6806A 4WD	$23326	$2090	$2970	**$3960**	**$5720**	Deutz	4	231D	12F-4R	68.18	6700	No
D6807	$19927	$1730	$2460	**$3280**	**$4730**	Deutz	4	231D	12F-4R	68.00	5700	No
D6807A 4WD	$26325	$2280	$3240	**$4320**	**$6240**	Deutz	4	231D	12F-4R	68.00	6700	No

1980

Model	Approx. Retail Price New	Used Trade-In Avg.	Used Trade-In High	Used Retail Avg.	Used Retail High	Make	Engine No. Cyls.	Engine Displ. Cu.-in.	No. Speeds	P.T.O. H.P.	Approx. Shipping Wt.-Lbs.	Cab
DX90	$23722	$2000	$2730	**$3570**	**$5460**	Deutz	5	287D	15F-5R	84.47	10045	No
DX90A 4WD	$30895	$2470	$3380	**$4420**	**$6760**	Deutz	5	287D	15F-5R	84.47	10835	No
DX110	$30138	$2410	$3300	**$4320**	**$6600**	Deutz	6	345D	15F-5R	100.29	10485	CHA
DX110A 4WD	$37474	$2960	$4060	**$5300**	**$8110**	Deutz	6	345D	15F-5R	100.29	11050	CHA
DX120	$32197	$2520	$3450	**$4510**	**$6890**	Deutz	6	374D	15F-5R	111.29	9790	CHA
DX120A 4WD	$39871	$3070	$4200	**$5490**	**$8400**	Deutz	6	374D	15F-5R	111.00	10850	CHA
DX130	$35243	$2760	$3770	**$4930**	**$7540**	Deutz	6T	374D	24F-8R	121.27	11490	CHA
DX130A 4WD	$43507	$3520	$4810	**$6290**	**$9620**	Deutz	6T	374D	24F-8R	121.00	12680	CHA
DX140	$36370	$2960	$4060	**$5300**	**$8110**	Deutz	6T	374D	24F-8R	131.00	12380	CHA
DX140A 4WD	$46402	$3800	$5200	**$6800**	**$10400**	Deutz	6T	374D	24F-8R	131.00	13395	CHA
DX160	$39998	$3160	$4330	**$5660**	**$8660**	Deutz	6T	374D	24F-8R	145.41	12440	CHA
DX160A 4WD	$49290	$4100	$5620	**$7340**	**$11230**	Deutz	6T	374D	24F-8R	145.41	13450	CHA
D4506	$11312	$1920	$2890	**$4190**	**$5030**	Deutz	3	173D	8F-2R	43.15	4180	No
D4506A 4WD	$15538	$2640	$3960	**$5750**	**$6910**	Deutz	3	173D	8F-2R	43.15	5070	No
D6206	$14886	$1410	$1940	**$2530**	**$3870**	Deutz	4	231D	8F-4R	60.23	4660	No
D6206A 4WD	$19322	$1840	$2510	**$3290**	**$5020**	Deutz	4	231D	8F-4R	60.23	5355	No
D6806	$16957	$1610	$2200	**$2880**	**$4410**	Deutz	4	231D	12F-4R	68.18	5700	No
D6806A 4WD	$23326	$2220	$3030	**$3970**	**$6070**	Deutz	4	231D	12F-4R	68.18	6700	No

Deutz-Fahr (Cont.)

Model	Approx. Retail Price New	Estimated Value Less Repairs Used Trade-In Avg.	Used Trade-In High	Used Retail Avg.	Used Retail High	Engine Make	Engine No. Cyls.	Engine Displ. Cu.-in.	No. Speeds	P.T.O. H.P.	Approx. Shipping Wt.-Lbs.	Cab
1979												
DX90	$21847	$1820	$2400	$3070	$4990	Deutz	5	287D	15F-5R	84.47	10045	No
DX90A 4WD	$28458	$2230	$2940	$3760	$6110	Deutz	5	287D	15F-5R	84.47	10835	No
DX110	$28282	$2190	$2880	$3680	$5980	Deutz	6	345D	15F-5R	100.29	10485	CHA
DX110A 4WD	$35193	$2850	$3750	$4800	$7800	Deutz	6	345D	15F-5R	100.29	11050	CHA
DX140	$34121	$2770	$3640	$4660	$7570	Deutz	6T	374D	24F-8R	131.00	12380	CHA
DX140A 4WD	$42310	$3420	$4500	$5760	$9360	Deutz	6T	374D	24F-8R	131.00	13395	CHA
DX160	$36445	$2880	$3790	$4850	$7880	Deutz	6T	374D	24F-8R	145.41	12440	CHA
DX160A 4WD	$44952	$3730	$4910	$6290	$10220	Deutz	6T	374D	24F-8R	145.41	13450	CHA
D3006	$7465	$1160	$1740	$2560	$3220	Deutz	2	115D	8F-2R	32.00	3980	No
D4506	$10535	$1340	$2000	$2960	$3720	Deutz	3	173D	8F-2R	43.15	4180	No
D4506A 4WD	$14468	$1890	$2830	$4180	$5250	Deutz	3	173D	8F-2R	43.15	5070	No
D6206	$14002	$1330	$1750	$2240	$3640	Deutz	4	231D	8F-4R	60.23	4660	No
D6206A 4WD	$18143	$1720	$2270	$2900	$4720	Deutz	4	231D	8F-4R	60.23	5355	No
D6806	$16105	$1530	$2010	$2580	$4190	Deutz	4	231D	12F-4R	68.18	5700	No
D6806A 4WD	$22152	$2100	$2770	$3540	$5760	Deutz	4	231D	12F-4R	68.18	6700	No
D8006	$16658	$1580	$2080	$2670	$4330	Deutz	6	345D	16F-7R	85.51	6835	No
D8006A 4WD	$21429	$1840	$2430	$3100	$5040	Deutz	6	345D	16F-7R	85.51	7590	No
10006A 4WD	$23990	$2040	$2690	$3440	$5590	Deutz	6	345D	16F-7R	105.04	8790	No
D10006	$18729	$1680	$2210	$2830	$4600	Deutz	6	345D	16F-7R	105.04	8060	No
D13006	$21046	$1900	$2500	$3200	$5200	Deutz	6T	345D	16F-7R	125.77	9020	No
D13006A 4WD	$28008	$2210	$2910	$3730	$6060	Deutz	6T	345D	16F-7R	125.77	10185	No
1978												
D3006	$7465	$1370	$2140	$2980	$3590	Deutz	2	115D	8F-2R	32.00	3980	No
D4506	$9035	$1540	$2390	$3340	$4020	Deutz	3	173D	8F-2R	43.15	4180	No
D4506A 4WD	$12520	$1870	$2920	$4070	$4900	Deutz	3	173D	8F-2R	43.15	5070	No
D6206	$12580	$1200	$1570	$2010	$3270	Deutz	4	231D	8F-4R	60.23	4660	No
D6206A 4WD	$16300	$1550	$2040	$2610	$4240	Deutz	4	231D	8F-4R	60.23	5355	No
D6806	$14199	$1350	$1780	$2270	$3690	Deutz	4	231D	12F-4R	68.18	5700	No
D6806A 4WD	$19530	$1760	$2310	$2960	$4810	Deutz	4	231D	12F-4R	68.18	6700	No
D8006	$16658	$1520	$2000	$2560	$4160	Deutz	6	345D	16F-7R	85.51	6835	No
D8006A 4WD	$21429	$1900	$2500	$3200	$5200	Deutz	6	345D	16F-7R	85.51	7590	No
D10006	$18729	$1710	$2250	$2880	$4680	Deutz	6	345D	16F-7R	105.04	8060	No
D10006A 4WD	$23990	$1910	$2510	$3210	$5220	Deutz	6	345D	16F-7R	105.04	8790	No
D13006	$21046	$1810	$2380	$3040	$4940	Deutz	6T	345D	16F-7R	125.77	9020	No
D13006A 4WD	$28008	$2190	$2880	$3680	$5980	Deutz	6T	345D	16F-7R	125.77	10185	No
1977												
D3006	$6787	$1320	$2100	$2880	$3470	Deutz	2	115D	8F-2R	32.00	3980	No
D4006	$7101	$1380	$2190	$3000	$3610	Deutz	3	173D	8F-2R	36.95	4180	No
D4006A 4WD	$9719	$1650	$2620	$3600	$4330	Deutz	3	173D	8F-2R	36.95	5005	No
D4506	$8601	$1500	$2380	$3260	$3920	Deutz	3	173D	8F-4R	43.15	4180	No
D4506A 4WD	$11166	$1560	$2350	$3460	$4520	Deutz	3	173D	8F-4R	43.15	5070	No
D5206	$9727	$1360	$2040	$3020	$3940	Deutz	3	173D	8F-4R	52.00	4345	No
D5206A 4WD	$12678	$1780	$2660	$3930	$5140	Deutz	3	173D	8F-4R	52.00	5225	No
D6206	$10986	$1040	$1370	$1760	$2860	Deutz	4	231D	8F-4R	60.23	4660	No
D6206A 4WD	$14178	$1350	$1770	$2270	$3690	Deutz	4	231D	8F-4R	60.23	5355	No
D6806	$12455	$1180	$1560	$1990	$3240	Deutz	4	231D	12F-4R	68.18	5700	No
D6806A 4WD	$16747	$1590	$2090	$2680	$4350	Deutz	4	231D	12F-4R	68.18	6700	No
D7206	$13112	$1250	$1640	$2100	$3410	Deutz	4	231D	12F-4R	71.00	5890	No
D8006	$16330	$1470	$1940	$2480	$4030	Deutz	6	345D	16F-7R	85.51	6835	No
D8006A 4WD	$21429	$1900	$2500	$3200	$5200	Deutz	6	345D	16F-7R	85.51	7590	No
D10006	$18361	$1640	$2160	$2770	$4500	Deutz	6	345D	16F-7R	105.04	8060	No
D10006A 4WD	$23117	$1920	$2530	$3240	$5260	Deutz	6	345D	16F-7R	105.04	8790	No
D13006	$20632	$1740	$2290	$2930	$4760	Deutz	6T	345D	16F-7R	125.77	9020	No
D13006A 4WD	$26856	$2050	$2700	$3450	$5610	Deutz	6T	345D	16F-7R	125.77	10185	No
1976												
D3006	$6289	$1240	$2000	$2700	$3240	Deutz	2	115D	8F-2R	32.00	3980	No
D4006	$6944	$1350	$2190	$2940	$3540	Deutz	3	173D	8F-2R	36.95	4180	No
D4006A 4WD	$9979	$1650	$2670	$3590	$4320	Deutz	3	173D	8F-2R	36.95	5005	No
D4506	$7691	$1480	$2390	$3220	$3870	Deutz	3	173D	8F-4R	43.15	4180	No
D4506A 4WD	$11068	$1550	$2320	$3430	$4540	Deutz	3	173D	8F-4R	43.15	5070	No
D5206	$9358	$1320	$1990	$2930	$3880	Deutz	3	173D	8F-4R	52.00	4345	No
D5206A 4WD	$12637	$1200	$1580	$2020	$3290	Deutz	3	173D	8F-4R	52.00	5225	No
D6206	$10741	$1020	$1340	$1720	$2790	Deutz	4	231D	8F-4R	60.00	4660	No
D6206A 4WD	$14556	$1280	$1690	$2160	$3510	Deutz	4	231D	8F-4R	60.00	5355	No
D6806	$11824	$1120	$1480	$1890	$3070	Deutz	4	231D	12F-4R	68.00	5700	No
D6806A 4WD	$16212	$1430	$1880	$2400	$3900	Deutz	4	231D	12F-4R	68.00	6700	No
D7206	$13069	$1190	$1560	$2000	$3250	Deutz	4	231D	12F-4R	71.00	5890	No
D8006	$15343	$1360	$1790	$2290	$3720	Deutz	6	345D	16F-7R	85.51	6665	No
D8006A 4WD	$20215	$1710	$2250	$2880	$4680	Deutz	6	345D	16F-7R	85.51	7590	No
D10006	$16940	$1470	$1940	$2480	$4030	Deutz	6	345D	16F-7R	105.04	8390	No
D10006A 4WD	$22309	$1740	$2290	$2930	$4760	Deutz	6	345D	16F-7R	105.04	8790	No
D13006	$19378	$1640	$2160	$2770	$4500	Deutz	6T	345D	16F-7R	125.77	9020	No
D13006A 4WD	$25316	$1930	$2540	$3250	$5280	Deutz	6T	345D	16F-7R	125.77	10120	No
1975												
D3006	$5757	$1150	$1890	$2500	$2990	Deutz	2	115D	8F-2R	32.00	3980	No
D4006	$6576	$1290	$2120	$2800	$3350	Deutz	3	173D	8F-2R	36.95	4180	No
D4006A 4WD	$9449	$1620	$2660	$3520	$4200	Deutz	3	173D	8F-2R	36.95	5005	No
D4506	$7394	$1430	$2350	$3110	$3710	Deutz	3	173D	8F-4R	43.15	4180	No
D4506A 4WD	$10902	$1530	$2290	$3380	$4520	Deutz	3	173D	8F-4R	43.15	5070	No
D5206	$8822	$1290	$1940	$2860	$3830	Deutz	3	173D	8F-4R	52.00	4345	No

Deutz-Fahr (Cont.)

Model	Approx. Retail Price New	Estimated Value Less Repairs Used Trade-In Avg.	Used Trade-In High	Used Retail Avg.	Used Retail High	Engine Make	No. Cyls.	Displ. Cu.-in.	No. Speeds	P.T.O. H.P.	Approx. Shipping Wt.-Lbs.	Cab
1975 (Cont.)												
D5206A 4WD	$11909	$1540	$2310	**$3410**	**$4570**	Deutz	3	173D	8F-4R	52.00	5225	No
D6206	$9834	$930	$1230	**$1480**	**$2560**	Deutz	4	231D	8F-4R	60.00	4660	No
D6206A 4WD	$13096	$1170	$1540	**$1850**	**$3200**	Deutz	4	231D	8F-4R	60.00	5355	No
D6806	$10902	$1040	$1360	**$1640**	**$2840**	Deutz	4	231D	12F-4R	68.00	5700	No
D6806A 4WD	$15279	$1350	$1780	**$2130**	**$3690**	Deutz	4	231D	12F-4R	68.00	6700	No
D7206	$12083	$1150	$1510	**$1810**	**$3140**	Deutz	4	231D	12F-4R	71.00	5890	No
D8006	$13293	$1200	$1580	**$1890**	**$3280**	Deutz	6	345D	16F-7R	85.51	6665	No
D8006A 4WD	$18328	$1660	$2190	**$2630**	**$4550**	Deutz	6	345D	16F-7R	85.51	7590	No
D10006	$15270	$1400	$1840	**$2210**	**$3820**	Deutz	6	345D	16F-7R	105.04	8395	No
D10006A 4WD	$20620	$1660	$2190	**$2630**	**$4550**	Deutz	6	345D	16F-7R	105.04	8790	No
D13006	$18351	$1590	$2090	**$2510**	**$4340**	Deutz	6T	345D	16F-7R	125.77	9020	No
D13006A 4WD	$24059	$1910	$2510	**$3010**	**$5220**	Deutz	6T	345D	16F-7R	125.77	10120	No
1974												
D3006	$4927	$920	$1550	**$2010**	**$2410**	Deutz	2	115D	8F-2R	32.00	3980	No
D4006	$5847	$1080	$1810	**$2350**	**$2820**	Deutz	3	173D	8F-2R	36.95	4180	No
D4006A 4WD	$8400	$1180	$1760	**$2650**	**$3530**	Deutz	3	173D	8F-2R	36.95	5005	No
D4506	$6387	$1170	$1960	**$2550**	**$3060**	Deutz	3	173D	8F-4R	43.15	4180	No
D4506A 4WD	$6763	$1050	$1570	**$2350**	**$3130**	Deutz	3	173D	12F-4R	43.15	5070	No
D5506	$8334	$1430	$2400	**$3120**	**$3750**	Deutz	4	231D	8F-4R	56.08	4630	No
D6006	$9427	$1600	$2690	**$3490**	**$4190**	Deutz	4	231D	12F-4R	65.30	5700	No
D6006A 4WD	$12920	$1810	$2710	**$4070**	**$5430**	Deutz	4	231D	12F-4R	65.30	6700	No
D8006	$11707	$1640	$2460	**$3690**	**$4920**	Deutz	6	345D	16F-7R	85.51	6665	No
D8006A 4WD	$15987	$1380	$1810	**$2180**	**$3770**	Deutz	6	345D	16F-7R	85.51	7590	No
D10006	$12820	$1140	$1500	**$1800**	**$3120**	Deutz	6	345D	16F-7R	105.04	8395	No
D10006A 4WD	$17314	$1470	$1940	**$2330**	**$4030**	Deutz	6	345D	16F-7R	105.04	8790	No
D13006	$16160	$1430	$1880	**$2250**	**$3900**	Deutz	6T	345D	16F-7R	125.77	9020	No
D13006A 4WD	$20987	$1710	$2250	**$2700**	**$4680**	Deutz	6T	345D	16F-7R	125.77	10120	No
1973												
D3006	$4578	$860	$1470	**$1880**	**$2270**	Deutz	2	115D	8F-2R	32.00	3980	No
D4006	$5197	$970	$1650	**$2110**	**$2540**	Deutz	3	173D	8F-2R	36.95	4180	No
D4006A 4WD	$7806	$1410	$2410	**$3070**	**$3700**	Deutz	3	173D	8F-2R	36.95	5005	No
D4506	$5878	$1080	$1850	**$2360**	**$2850**	Deutz	3	173D	12F-4R	43.15	4180	No
D4506A 4WD	$6763	$1240	$2110	**$2690**	**$3240**	Deutz	3	173D	12F-4R	43.15	5070	No
D5506	$7606	$1380	$2350	**$3000**	**$3620**	Deutz	4	231D	12F-4R	56.08	4630	No
D6006	$8368	$1510	$2570	**$3280**	**$3960**	Deutz	4	231D	9F-3R	65.30	5700	No
D6006A 4WD	$11790	$1440	$2160	**$3290**	**$4370**	Deutz	4	231D	9F-3R	65.30	6700	No
D8006	$9990	$1400	$2100	**$3200**	**$4250**	Deutz	6	345D	16F-7R	85.51	6665	No
D8006A 4WD	$10951	$1530	$2300	**$3500**	**$4650**	Deutz	6	345D	16F-7R	85.51	7590	No
D10006	$11772	$1120	$1470	**$1770**	**$3060**	Deutz	6	345D	16F-7R	105.04	8395	No
D10006A 4WD	$15780	$1260	$1660	**$1990**	**$3450**	Deutz	6	345D	16F-7R	105.04	8790	No
D13006	$12977	$1230	$1620	**$1950**	**$3370**	Deutz	6T	345D	16F-7R	125.71	9020	No
D13006A 4WD	$19084	$1430	$1890	**$2260**	**$3920**	Deutz	6T	345D	16F-7R	125.71	10120	No
1972												
D2506	$3048	$750	$1200	**$1540**	**$1860**	Deutz	2	115D	8F-2R	23.00	3820	No
D3006	$3572	$840	$1360	**$1730**	**$2090**	Deutz	2	115D	8F-2R	32.00	3980	No
D4006	$4312	$970	$1570	**$2000**	**$2430**	Deutz	3	173D	8F-2R	36.95	4180	No
D4006A 4WD	$6066	$1290	$2080	**$2650**	**$3210**	Deutz	3	173D	8F-2R	36.95	5005	No
D5506	$5989	$1290	$2090	**$2660**	**$3220**	Deutz	4	231D	8F-4R	55.00	4630	No
D6006	$6776	$1380	$2230	**$2840**	**$3440**	Deutz	4	231D	9F-3R	66.00	5700	No
D6006A 4WD	$8871	$1780	$2860	**$3650**	**$4420**	Deutz	4	231D	9F-3R	66.00	6700	No
D8006	$8364	$1690	$2720	**$3470**	**$4200**	Deutz	6	345D	16F-7R	85.51	6665	No
D8006A 4WD	$10951	$1530	$2300	**$3560**	**$4710**	Deutz	6	345D	16F-7R	85.51	7590	No
D9006	$8944	$1340	$2000	**$3100**	**$4100**	Deutz	6	345D	16F-7R	96.00	8060	No
D9006A 4WD	$11531	$1610	$2420	**$3750**	**$4960**	Deutz	6	345D	16F-7R	96.00	8650	No
D10006	$9922	$940	$1240	**$1490**	**$2580**	Deutz	6	345D	16F-7R	105.00	8395	No
D10006A 4WD	$12742	$1140	$1500	**$1800**	**$3120**	Deutz	6	345D	16F-7R	105.00	8790	No
D13006	$12500	$1100	$1450	**$1740**	**$3020**	Deutz	6T	345D	16F-7R	125.00	9020	No
D13006A 4WD	$15448	$1330	$1750	**$2100**	**$3640**	Deutz	6T	345D	16F-7R	125.00	10120	No
1971												
D2506	$2917	$720	$1160	**$1500**	**$1800**	Deutz	2	115D	8F-2R	23.00	3820	No
D3006	$3418	$810	$1310	**$1690**	**$2030**	Deutz	2	115D	8F-2R	32.00	3980	No
D4006	$4068	$930	$1500	**$1940**	**$2330**	Deutz	3	173D	8F-2R	38.00	4180	No
D4006A 4WD	$5445	$1200	$1930	**$2490**	**$2990**	Deutz	3	173D	8F-2R	38.00	5005	No
D5506	$5692	$1220	$1970	**$2550**	**$3060**	Deutz	4	231D	8F-4R	55.00	4630	No
D6006	$6247	$1340	$2160	**$2790**	**$3350**	Deutz	4	231D	9F-3R	66.00	5700	No
D6006A 4WD	$8269	$1720	$2780	**$3590**	**$4310**	Deutz	4	231D	9F-3R	66.00	6700	No
D9006	$8282	$1670	$2690	**$3480**	**$4180**	Deutz	6	345D	12F-6R	96.00	8060	No
D9006A 4WD	$10718	$1550	$2250	**$3540**	**$4660**	Deutz	6	345D	12F-6R	96.00	8650	No
1970												
D2506	$2917	$700	$1120	**$1470**	**$1760**	Deutz	2	115D	8F-2R	23.00	3545	No
D3006	$3418	$790	$1270	**$1660**	**$1990**	Deutz	2	115D	8F-2R	32.00	3785	No
D4006	$4068	$900	$1450	**$1900**	**$2280**	Deutz	3	173D	8F-2R	38.00	3950	No
D6006	$6247	$1300	$2090	**$2740**	**$3280**	Deutz	4	231D	9F-3R	66.00	5450	No
D9006	$8282	$1660	$2670	**$3500**	**$4190**	Deutz	6	345D	12F-6R	96.00	7910	No

Fendt

Model	Approx. Retail Price New	Estimated Value Less Repairs Used Trade-In Avg.	Used Trade-In High	Used Retail Avg.	Used Retail High	Engine Make	Engine No. Cyls.	Engine Displ. Cu.-in.	No. Speeds	P.T.O. H.P.	Approx. Shipping Wt.-Lbs.	Cab
				2006								
206V 4WD Cab Shuttle	$60985	$42690	$45130	**$51840**	**$53670**	Deutz	3T	198D	20F-20R	50.0		CHA
206V 4WD Cab Synchro	$59813	$41870	$44260	**$50840**	**$52640**	Deutz	3T	198D	20F-6R	50.0		CHA
206V 4WD Shuttle	$52260	$36580	$38670	**$44420**	**$45990**	Deutz	3T	198D	20F-20R	50.0		No
206V 4WD Synchro	$51088	$35760	$37810	**$43430**	**$44960**	Deutz	3T	198D	20F-6R	50.0		No
207V 4WD Cab Shuttle	$62620	$43830	$46340	**$53230**	**$55110**	Deutz	3T	198D	20F-20R	60.0		CHA
207V 4WD Cab Synchro	$61448	$43010	$45470	**$52230**	**$54070**	Deutz	3T	198D	20F-6R	60.0		CHA
207V 4WD Shuttle	$53895	$37730	$39880	**$45810**	**$47430**	Deutz	3T	198D	20F-20R	60.0		No
207V 4WD Synchro	$52723	$36910	$39020	**$44820**	**$46400**	Deutz	3T	198D	20F-6R	60.0		No
208V 4WD Cab Shuttle	$65325	$45730	$48340	**$55530**	**$57490**	Deutz	4T	263D	20F-20R	70.0		CHA
208V 4WD Cab Synchro	$64153	$44910	$47470	**$54530**	**$56460**	Deutz	4T	263D	20F-6R	70.0		CHA
208V 4WD Shuttle	$56599	$39620	$41880	**$48110**	**$49810**	Deutz	4T	263D	20F-20R	70.0		No
208V 4WD Synchro	$55427	$38800	$41020	**$47110**	**$48780**	Deutz	4T	263D	20F-6R	70.0		No
209V 4WD Cab Shuttle	$66877	$46810	$49490	**$56850**	**$58850**	Deutz	4T	263D	20F-20R	80.0		CHA
209V 4WD Cab Synchro	$65705	$45990	$48620	**$55850**	**$57820**	Deutz	4T	263D	20F-6R	80.0		CHA
209V 4WD Shuttle	$58149	$40700	$43030	**$49430**	**$51170**	Deutz	4T	263D	20F-20R	80.0		No
209V 4WD Synchro	$56977	$39880	$42160	**$48430**	**$50140**	Deutz	4T	263D	20F-6R	80.0		No
208P 4WD Cab Shuttle	$63469	$44430	$46970	**$53950**	**$55850**	Deutz	4T	263D	21F-21R	70.0		CHA
208P 4WD Cab Synchro	$62297	$43610	$46100	**$52950**	**$54820**	Deutz	4T	263D	21F-6R	70.0		CHA
208P 4WD Shuttle	$54330	$38030	$40200	**$46180**	**$47810**	Deutz	4T	263D	21F-21R	70.0		No
208P 4WD Synchro	$53158	$37210	$39340	**$45180**	**$46780**	Deutz	4T	263D	21F-6R	70.0		No
209P 4WD Cab Shuttle	$65021	$45520	$48120	**$55270**	**$57220**	Deutz	4T	263D	21F-21R	80.0		CHA
209P 4WD Cab Synchro	$63849	$44690	$47250	**$54270**	**$56190**	Deutz	4T	263D	21F-6R	80.0		CHA
209P 4WD Shuttle	$55885	$39120	$41360	**$47500**	**$49180**	Deutz	4T	263D	21F-21R	80.0		No
209P 4WD Synchro	$54713	$38300	$40490	**$46510**	**$48150**	Deutz	4T	263D	21F-6R	80.0		No
409	$79247	$55470	$58640	**$67360**	**$69740**	Deutz	4T	247D	Variable	72	10700	CHA
409 w/Front PTO & Lift	$86420	$60490	$63950	**$73460**	**$76050**	Deutz	4T	247D	Variable	72	10700	CHA
410	$87101	$60970	$64460	**$74040**	**$76650**	Deutz	4T	247D	Variable	85	10900	CHA
410 w/Front PTO & Lift	$94234	$65960	$69730	**$80100**	**$82930**	Deutz	4T	247D	Variable	85	10900	CHA
411	$91476	$64030	$67690	**$77760**	**$80500**	Deutz	4T	247D	Variable	95	11000	CHA
411 w/Front PTO & Lift	$98609	$69030	$72970	**$83820**	**$86780**	Deutz	4T	247D	Variable	95	11000	CHA
412	$95312	$66720	$70530	**$81020**	**$83880**	Deutz	4TA	247D	Variable	105	11000	CHA
412 w/Front PTO & Lift	$102445	$71710	$75810	**$87080**	**$90150**	Deutz	4TA	247D	Variable	105	11000	CHA
712	$110156	$77110	$81520	**$93630**	**$96940**	Deutz	6T	348D	Variable	110	12600	CHA
712 w/Front PTO & Lift	$116650	$81660	$86320	**$99150**	**$102650**	Deutz	6T	348D	Variable	110	12600	CHA
714	$121312	$84920	$89770	**$103120**	**$106760**	Deutz	6TA	348D	Variable	125	12500	CHA
714 w/Front PTO & Lift	$127806	$89460	$94580	**$108640**	**$112470**	Deutz	6TA	348D	Variable	125	12500	CHA
716	$130983	$91690	$96930	**$111340**	**$115270**	Deutz	6TA	348D	Variable	140	12600	CHA
716 w/Front PTO & Lift	$137477	$96230	$101730	**$116860**	**$120980**	Deutz	6TA	348D	Variable	140	12600	CHA
815	$130643	$91450	$96680	**$111050**	**$114970**	Deutz	6TA	348D	Variable	130	10900	CHA
815 w/Front PTO & Lift	$137137	$96000	$101480	**$116570**	**$120680**	Deutz	6TA	348D	Variable	130	10900	CHA
817	$135849	$95090	$100530	**$115470**	**$119550**	Deutz	6TA	348D	Variable	145	10900	CHA
817 w/Front PTO & Lift	$142343	$99640	$105330	**$120990**	**$125260**	Deutz	6TA	348D	Variable	145	10900	CHA
818	$142948	$100060	$105780	**$121510**	**$125790**	Deutz	6TA	348D	Variable	160	15000	CHA
818 w/Front PTO & Lift	$149442	$104610	$110590	**$127030**	**$131510**	Deutz	6TA	348D	Variable	160	15000	CHA
918	$196243	$137370	$145220	**$166810**	**$172690**	MAN	6TA	420D	Variable	160	17950	CHA
918 w/Front PTO & Lift	$203411	$142390	$150520	**$172900**	**$179000**	MAN	6TA	420D	Variable	160	17950	CHA
918 Rev. Station	$154551	$108190	$114370	**$131370**	**$136010**	MAN	6TA	420D	Variable	160	17950	CHA
918 Rev.Station PTO, Lift	$162903	$114030	$120550	**$138470**	**$143360**	MAN	6TA	420D	Variable	160	17950	CHA
920	$206765	$144740	$153010	**$175750**	**$181950**	MAN	6TA	420D	Variable	180	17950	CHA
920 w/Front PTO & Lift	$213933	$149750	$158310	**$181840**	**$188260**	MAN	6TA	420D	Variable	180	17950	CHA
920 Rev. Station	$162576	$113800	$120310	**$138190**	**$143070**	MAN	6TA	420D	Variable	180	17950	CHA
920 Rev. Station PTO, Lift	$170928	$119650	$126490	**$145290**	**$150420**	MAN	6TA	420D	Variable	180	17950	CHA
924	$227055	$158940	$168020	**$193000**	**$199810**	MAN	6TA	420D	Variable	205	18232	CHA
924 w/Front PTO & Lift	$234223	$163960	$173330	**$199090**	**$206120**	MAN	6TA	420D	Variable	205	18232	CHA
924 Rev. Station	$178185	$124730	$131860	**$151460**	**$156800**	MAN	6TA	420D	Variable	205	18232	CHA
924 Rev. Station PTO, Lift	$186537	$130580	$138040	**$158560**	**$164150**	MAN	6TA	420D	Variable	205	18232	CHA
926	$246502	$172550	$182410	**$209530**	**$216920**	MAN	6TA	420D	Variable	240	18364	CHA
926 w/Front PTO & Lift	$253670	$177570	$187720	**$215620**	**$223230**	MAN	6TA	420D	Variable	240	18364	CHA
926 Rev. Station	$193145	$135200	$142930	**$164170**	**$169970**	MAN	6TA	420D	Variable	240	18364	CHA
926 Rev. Station PTO, Lift	$201497	$141050	$149110	**$171270**	**$177320**	MAN	6TA	420D	Variable	240	18364	CHA
				2005								
206V 4WD Cab Shuttle	$58662	$36370	$38720	**$45760**	**$48100**	Deutz	3T	198D	20F-19R	50.0		CHA
206V 4WD Cab Synchro	$57535	$35670	$37970	**$44880**	**$47180**	Deutz	3T	198D	20F-6R	50.0		CHA
206V 4WD Shuttle	$50272	$31170	$33180	**$39210**	**$41220**	Deutz	3T	198D	20F-19R	50.0		No
206V 4WD Synchro	$49145	$30470	$32440	**$38330**	**$40300**	Deutz	3T	198D	20F-6R	50.0		No
207V 4WD Cab Shuttle	$60234	$37350	$39750	**$46980**	**$49390**	Deutz	3T	198D	20F-19R	60.0		CHA
207V 4WD Cab Synchro	$59107	$36650	$39010	**$46100**	**$48470**	Deutz	3T	198D	20F-6R	60.0		CHA
207V 4WD Shuttle	$51753	$32090	$34160	**$40370**	**$42440**	Deutz	3T	198D	20F-19R	60.0		No
207V 4WD Synchro	$50626	$31390	$33410	**$39490**	**$41510**	Deutz	3T	198D	20F-6R	60.0		No
208V 4WD Cab Shuttle	$62845	$38960	$41480	**$49020**	**$51530**	Deutz	4T	263D	20F-19R	70.0		CHA
208V 4WD Cab Synchro	$61718	$38270	$40730	**$48140**	**$50610**	Deutz	4T	263D	20F-6R	70.0		CHA
208V 4WD Shuttle	$54454	$33760	$35940	**$42470**	**$44650**	Deutz	4T	263D	20F-19R	70.0		No
208V 4WD Synchro	$53327	$33060	$35200	**$41600**	**$43730**	Deutz	4T	263D	20F-6R	70.0		No
209V 4WD Cab Shuttle	$64337	$39890	$42460	**$50180**	**$52760**	Deutz	4T	263D	20F-19R	80.0		CHA
209V 4WD Cab Synchro	$63210	$39190	$41720	**$49300**	**$51830**	Deutz	4T	263D	20F-6R	80.0		CHA
209V 4WD Shuttle	$55945	$34690	$36920	**$43640**	**$45880**	Deutz	4T	263D	20F-19R	80.0		No
209V 4WD Synchro	$54818	$33990	$36180	**$42760**	**$44950**	Deutz	4T	263D	20F-6R	80.0		No
208P 4WD Cab Shuttle	$61027	$37840	$40280	**$47600**	**$50040**	Deutz	4T	263D	21F-21R	70.0		CHA
208P 4WD Cab Synchro	$59900	$37140	$39530	**$46720**	**$49120**	Deutz	4T	263D	21F-6R	70.0		CHA
208P 4WD Shuttle	$52240	$32390	$34480	**$40750**	**$42840**	Deutz	4T	263D	21F-21R	70.0		No

Fendt (Cont.)

Model	Approx. Retail Price New	Estimated Value Less Repairs: Used Trade-In Avg.	Used Trade-In High	Used Retail Avg.	Used Retail High	Engine Make	No. Cyls.	Displ. Cu.-in.	No. Speeds	P.T.O. H.P.	Approx. Shipping Wt.-Lbs.	Cab
				2005 (Cont.)								
208P 4WD Synchro	$51113	$31690	$33740	**$39870**	**$41910**	Deutz	4T	263D	21F-6R	70.0		No
209P 4WD Cab Shuttle	$62520	$38760	$41260	**$48770**	**$51270**	Deutz	4T	263D	21F-21R	80.0		CHA
209P 4WD Cab Synchro	$61393	$38060	$40520	**$47890**	**$50340**	Deutz	4T	263D	21F-6R	80.0		CHA
209P 4WD Shuttle	$53735	$33320	$35470	**$41910**	**$44060**	Deutz	4T	263D	21F-21R	80.0		No
209P 4WD Synchro	$52608	$32620	$34720	**$41030**	**$43140**	Deutz	4T	263D	21F-6R	80.0		No
409	$75091	$46560	$49560	**$58570**	**$61580**	Deutz	4T	247D	Variable	72	10700	CHA
409 w/Front PTO & Lift	$81214	$50350	$53600	**$63350**	**$66600**	Deutz	4T	247D	Variable	72	10700	CHA
410	$82643	$51240	$54540	**$64460**	**$67770**	Deutz	4T	247D	Variable	85	10900	CHA
410 w/Front PTO & Lift	$89766	$55660	$59250	**$70020**	**$73610**	Deutz	4T	247D	Variable	85	10900	CHA
411	$86849	$53850	$57320	**$67740**	**$71220**	Deutz	4T	247D	Variable	95	11000	CHA
411 w/Front PTO & Lift	$93972	$58260	$62020	**$73300**	**$77060**	Deutz	4T	247D	Variable	95	11000	CHA
412	$90534	$56130	$59750	**$70620**	**$74240**	Deutz	4TA	247D	Variable	105	11000	CHA
412 w/Front PTO & Lift	$97661	$60550	$64460	**$76180**	**$80080**	Deutz	4TA	247D	Variable	105	11000	CHA
712	$105852	$65630	$69860	**$82570**	**$86800**	Deutz	6T	348D	Variable	110	12600	CHA
712 w/Front PTO & Lift	$112328	$69640	$74140	**$87620**	**$92110**	Deutz	6T	348D	Variable	110	12600	CHA
714	$116579	$72280	$76940	**$90930**	**$95600**	Deutz	6TA	348D	Variable	125	12500	CHA
714 w/Front PTO & Lift	$123055	$76290	$81220	**$95980**	**$100910**	Deutz	6TA	348D	Variable	125	12500	CHA
716	$125878	$78040	$83080	**$98190**	**$103220**	Deutz	6TA	348D	Variable	140	12600	CHA
716 w/Front PTO & Lift	$132354	$82060	$87350	**$103240**	**$108530**	Deutz	6TA	348D	Variable	140	12600	CHA
815	$127920	$79310	$84430	**$99780**	**$104890**	Deutz	6TA	348D	Variable	130	10900	CHA
815 w/Front PTO & Lift	$134396	$83330	$88700	**$104830**	**$110210**	Deutz	6TA	348D	Variable	130	10900	CHA
817	$132924	$82410	$87730	**$103680**	**$109000**	Deutz	6TA	348D	Variable	145	10900	CHA
817 w/Front PTO & Lift	$139401	$86430	$92010	**$108730**	**$114310**	Deutz	6TA	348D	Variable	145	10900	CHA
818	$139751	$86650	$92240	**$109010**	**$114600**	Deutz	6TA	348D	Variable	160	15000	CHA
818 w/Front PTO & Lift	$146227	$90660	$96510	**$114060**	**$119910**	Deutz	6TA	348D	Variable	160	15000	CHA
918	$145248	$90050	$95860	**$113290**	**$119100**	MAN	6TA	420D	Variable	160	17950	CHA
918 w/Front PTO & Lift	$153279	$95030	$101160	**$119560**	**$125690**	MAN	6TA	420D	Variable	160	17950	CHA
918 Rev. Station	$148704	$92200	$98150	**$115990**	**$121940**	MAN	6TA	420D	Variable	160	17950	CHA
918 Rev.Station PTO, Lift	$156735	$97180	$103450	**$122250**	**$128520**	MAN	6TA	420D	Variable	160	17950	CHA
920	$153030	$94880	$101000	**$119360**	**$125490**	MAN	6TA	420D	Variable	180	17950	CHA
920 w/Front PTO & Lift	$161061	$99860	$106300	**$125630**	**$132070**	MAN	6TA	420D	Variable	180	17950	CHA
920 Rev. Station	$156421	$96980	$103240	**$122010**	**$128270**	MAN	6TA	420D	Variable	180	17950	CHA
920 Rev. Station PTO, Lift	$164452	$101960	$108540	**$128270**	**$134850**	MAN	6TA	420D	Variable	180	17950	CHA
924	$168038	$104180	$110910	**$131070**	**$137790**	MAN	6TA	420D	Variable	205	18232	CHA
924 w/Front PTO & Lift	$176069	$109160	$116210	**$137330**	**$144380**	MAN	6TA	420D	Variable	205	18232	CHA
924 Rev. Station	$171429	$106290	$113140	**$133720**	**$140570**	MAN	6TA	420D	Variable	205	18232	CHA
924 Rev. Station PTO, Lift	$179460	$111270	$118440	**$139980**	**$147160**	MAN	6TA	420D	Variable	205	18232	CHA
926	$182422	$113100	$120400	**$142290**	**$149590**	MAN	6TA	420D	Variable	240	18364	CHA
926 w/Front PTO & Lift	$190453	$118080	$125700	**$148550**	**$156170**	MAN	6TA	420D	Variable	240	18364	CHA
926 Rev. Station	$185814	$115210	$122640	**$144940**	**$152370**	MAN	6TA	420D	Variable	240	18364	CHA
926 Rev. Station PTO, Lift	$193845	$120180	$127940	**$151200**	**$158950**	MAN	6TA	420D	Variable	240	18364	CHA
				2004								
206V	$40667	$21550	$24400	**$29690**	**$31310**	Deutz	3T	198D	20F-6R	50.0		No
206V 4WD	$46667	$24730	$28000	**$34070**	**$35930**	Deutz	3T	198D	20F-6R	50.0		No
206V 4WD Cab	$54620	$28950	$32770	**$39870**	**$42060**	Deutz	3T	198D	20F-6R	50.0		CHA
206V Cab	$48621	$25770	$29170	**$35490**	**$37440**	Deutz	3T	198D	20F-6R	50.0		CHA
207V	$42319	$22430	$25390	**$30890**	**$32590**	Deutz	3T	198D	20F-6R	60.0		No
207V 4WD	$48156	$25520	$28890	**$35150**	**$37080**	Deutz	3T	198D	20F-6R	60.0		No
207V 4WD Cab	$56110	$29740	$33670	**$40960**	**$43210**	Deutz	3T	198D	20F-6R	60.0		CHA
207V Cab	$50273	$26650	$30160	**$36700**	**$38710**	Deutz	3T	198D	20F-6R	60.0		CHA
208V 4WD	$50652	$26850	$30390	**$36980**	**$39000**	Deutz	4T	263D	20F-6R	70.0		No
208V 4WD Cab	$58606	$31060	$35160	**$42780**	**$45130**	Deutz	4T	263D	20F-6R	70.0		CHA
209V 4WD	$52066	$27600	$31240	**$38010**	**$40090**	Deutz	4T	263D	20F-6R	80.0		No
209V 4WD Cab	$60020	$31810	$36010	**$43820**	**$46220**	Deutz	4T	263D	20F-6R	80.0		CHA
208P 4WD	$47142	$24990	$28290	**$34410**	**$36300**	Deutz	4T	263D	21F-6R	70.0		No
208P 4WD Cab	$55278	$29300	$33170	**$40350**	**$42560**	Deutz	4T	263D	21F-6R	70.0		CHA
209P 4WD	$48758	$25840	$29260	**$35590**	**$37540**	Deutz	4T	263D	21F-6R	80.0		No
209P 4WD Cab	$56893	$30150	$34140	**$41530**	**$43810**	Deutz	4T	263D	21F-6R	80.0		CHA
409	$71437	$37860	$42860	**$52150**	**$55010**	Deutz	4T	247D	Variable	72	10700	CHA
409 w/Front PTO & Lift	$78560	$41640	$47140	**$57350**	**$60490**	Deutz	4T	247D	Variable	72	10700	CHA
410	$79916	$42360	$47950	**$58340**	**$61540**	Deutz	4T	247D	Variable	85	10900	CHA
410 w/Front PTO & Lift	$87039	$46130	$52220	**$63540**	**$67020**	Deutz	4T	247D	Variable	85	10900	CHA
411	$86179	$45680	$51710	**$62910**	**$66360**	Deutz	4T	247D	Variable	95	11000	CHA
411 w/Front PTO & Lift	$93302	$49450	$55980	**$68110**	**$71840**	Deutz	4T	247D	Variable	95	11000	CHA
412	$87820	$46550	$52690	**$64110**	**$67620**	Deutz	4TA	247D	Variable	105	11000	CHA
412 w/Front PTO & Lift	$96832	$51320	$58100	**$70690**	**$74560**	Deutz	4TA	247D	Variable	105	11000	CHA
712	$102798	$54480	$61680	**$75040**	**$79150**	Deutz	6T	348D	Variable	110	12600	CHA
712 w/Front PTO & Lift	$108969	$57750	$65380	**$79550**	**$83910**	Deutz	6T	348D	Variable	110	12600	CHA
714	$114423	$60640	$68650	**$83530**	**$88110**	Deutz	6TA	348D	Variable	125	12500	CHA
714 w/Front PTO & Lift	$120599	$63920	$72360	**$88040**	**$92860**	Deutz	6TA	348D	Variable	125	12500	CHA
716	$122831	$65100	$73700	**$89670**	**$94580**	Deutz	6TA	348D	Variable	140	12600	CHA
716 w/Front PTO & Lift	$129007	$68370	$77400	**$94180**	**$99340**	Deutz	6TA	348D	Variable	140	12600	CHA
815	$126299	$66940	$75780	**$92200**	**$97250**	Deutz	6TA	348D	Variable	130	10900	CHA
815 w/Front PTO & Lift	$132707	$70340	$79620	**$96880**	**$102180**	Deutz	6TA	348D	Variable	130	10900	CHA
817	$129896	$68850	$77940	**$94820**	**$100020**	Deutz	6TA	348D	Variable	145	10900	CHA
817 w/Front PTO & Lift	$136304	$72240	$81780	**$99500**	**$104950**	Deutz	6TA	348D	Variable	145	10900	CHA
818	$132694	$70330	$79620	**$96870**	**$102170**	Deutz	6TA	348D	Variable	160	15000	CHA
818 w/Front PTO & Lift	$138870	$73600	$83320	**$101380**	**$106930**	Deutz	6TA	348D	Variable	160	15000	CHA
918	$136613	$72410	$81970	**$99730**	**$105190**	MAN	6TA	420D	Variable	160	17950	CHA
918 w/Front PTO & Lift	$143218	$75910	$85930	**$104550**	**$110280**	MAN	6TA	420D	Variable	160	17950	CHA
918 Rev. Station	$140586	$74510	$84350	**$102630**	**$108250**	MAN	6TA	420D	Variable	160	17950	CHA
918 Rev.Station PTO, Lift	$147191	$78010	$88320	**$107450**	**$113340**	MAN	6TA	420D	Variable	160	17950	CHA
920	$147000	$77910	$88200	**$107310**	**$113190**	MAN	6TA	420D	Variable	180	17950	CHA

Model	Approx. Retail Price New	Estimated Value Less Repairs Used Trade-In Avg.	Used Trade-In High	Used Retail Avg.	Used Retail High	Engine Make	Engine No. Cyls.	Engine Displ. Cu.-in.	No. Speeds	P.T.O. H.P.	Approx. Shipping Wt.-Lbs.	Cab
Fendt (Cont.)												
				2004 (Cont.)								
920 w/Front PTO & Lift	$153605	$81410	$92160	**$112130**	**$118280**	MAN	6TA	420D	Variable	180	17950	CHA
920 Rev. Station	$150373	$79700	$90220	**$109770**	**$115790**	MAN	6TA	420D	Variable	180	17950	CHA
920 Rev. Station PTO, Lift	$156978	$83200	$94190	**$114590**	**$120870**	MAN	6TA	420D	Variable	180	17950	CHA
924	$160615	$85130	$96370	**$117250**	**$123670**	MAN	6TA	420D	Variable	205	18232	CHA
924 w/Front PTO & Lift	$167220	$88630	$100330	**$122070**	**$128760**	MAN	6TA	420D	Variable	205	18232	CHA
924 Rev. Station	$164589	$87230	$98750	**$120150**	**$126730**	MAN	6TA	420D	Variable	205	18232	CHA
924 Rev. Station PTO, Lift	$171194	$90730	$102720	**$124970**	**$131820**	MAN	6TA	420D	Variable	205	18232	CHA
926	$174240	$92350	$104540	**$127200**	**$134170**	MAN	6TA	420D	Variable	240	18364	CHA
926 w/Front PTO & Lift	$180845	$95850	$108510	**$132020**	**$139250**	MAN	6TA	420D	Variable	240	18364	CHA
926 Rev. Station	$178114	$94400	$106870	**$130020**	**$137150**	MAN	6TA	420D	Variable	240	18364	CHA
926 Rev. Station PTO, Lift	$184719	$97900	$110830	**$134850**	**$142230**	MAN	6TA	420D	Variable	240	18364	CHA
				2003								
409	$69235	$32540	$37390	**$47080**	**$50540**	Deutz	4T	232D	Variable	72	10700	CHA
409 w/Front PTO & Lift	$76760	$36080	$41450	**$52200**	**$56040**	Deutz	4T	232D	Variable	72	10700	CHA
410	$78570	$36930	$42430	**$53430**	**$57360**	Deutz	4T	232D	Variable	85	10900	CHA
410 w/Front PTO & Lift	$86095	$40470	$46490	**$58550**	**$62850**	Deutz	4T	232D	Variable	85	10900	CHA
411	$82425	$38740	$44510	**$56050**	**$60170**	Deutz	4T	232D	Variable	95	11000	CHA
411 w/Front PTO & Lift	$89950	$42280	$48570	**$61170**	**$65660**	Deutz	4T	232D	Variable	95	11000	CHA
412	$85855	$40350	$46360	**$58380**	**$62670**	Deutz	4TA	232D	Variable	105	11000	CHA
412 w/Front PTO & Lift	$93380	$43890	$50430	**$63500**	**$68170**	Deutz	4TA	232D	Variable	105	11000	CHA
712	$96650	$45430	$52190	**$65720**	**$70560**	Deutz	6T	348D	Variable	110	12600	CHA
712 w/Front PTO & Lift	$102830	$48330	$55530	**$69920**	**$75070**	Deutz	6T	348D	Variable	110	12600	CHA
714	$107665	$50600	$58140	**$73210**	**$78600**	Deutz	6TA	348D	Variable	125	12500	CHA
714 w/Front PTO & Lift	$113845	$53510	$61480	**$77420**	**$83110**	Deutz	6TA	348D	Variable	125	12500	CHA
716	$117775	$55350	$63600	**$80090**	**$85980**	Deutz	6TA	348D	Variable	140	12600	CHA
716 w/Front PTO & Lift	$123955	$58260	$66940	**$84290**	**$90490**	Deutz	6TA	348D	Variable	140	12600	CHA
818	$121015	$56880	$65350	**$82290**	**$88340**	Deutz	6TA	348D	Variable	160	15000	CHA
818 w/Front PTO & Lift	$127195	$59780	$68690	**$86490**	**$92850**	Deutz	6TA	348D	Variable	160	15000	CHA
918	$130220	$61200	$70320	**$88550**	**$95060**	MAN	6TA	420D	Variable	160	17950	CHA
918 w/Front PTO & Lift	$136400	$64110	$73660	**$92750**	**$99570**	MAN	6TA	420D	Variable	160	17950	CHA
918 Rev. Station	$133340	$62670	$72000	**$90670**	**$97340**	MAN	6TA	420D	Variable	160	17950	CHA
918 Rev.Station PTO, Lift	$139940	$65770	$75570	**$95160**	**$102160**	MAN	6TA	420D	Variable	160	17950	CHA
920	$139625	$65620	$75400	**$94950**	**$101930**	MAN	6TA	420D	Variable	180	17950	CHA
920 w/Front PTO & Lift	$145805	$68530	$78740	**$99150**	**$106440**	MAN	6TA	420D	Variable	180	17950	CHA
920 Rev. Station	$144385	$67860	$77970	**$98180**	**$105400**	MAN	6TA	420D	Variable	180	17950	CHA
920 Rev. Station PTO, Lift	$150985	$70960	$81530	**$102670**	**$110220**	MAN	6TA	420D	Variable	180	17950	CHA
924	$154930	$72820	$83660	**$105350**	**$113100**	MAN	6TA	420D	Variable	205	18232	CHA
924 w/Front PTO & Lift	$161710	$76000	$87320	**$109960**	**$118050**	MAN	6TA	420D	Variable	205	18232	CHA
924 Rev. Station	$158050	$74280	$85350	**$107470**	**$115380**	MAN	6TA	420D	Variable	205	18232	CHA
924 Rev. Station PTO, Lift	$164650	$77390	$88910	**$111960**	**$120200**	MAN	6TA	420D	Variable	205	18232	CHA
926	$168925	$79400	$91220	**$114870**	**$123320**	MAN	6TA	420D	Variable	240	18364	CHA
926 w/Front PTO & Lift	$174205	$81880	$94070	**$118460**	**$127170**	MAN	6TA	420D	Variable	240	18364	CHA
926 Rev. Station	$171145	$80440	$92420	**$116380**	**$124940**	MAN	6TA	420D	Variable	240	18364	CHA
926 Rev. Station PTO, Lift	$177745	$83540	$95980	**$120870**	**$129750**	MAN	6TA	420D	Variable	240	18364	CHA
				2002								
409	$68900	$29630	$34450	**$44100**	**$48230**	Deutz	4T	232D	Variable	72	10700	CHA
410	$77920	$33510	$38960	**$49870**	**$54540**	Deutz	4T	232D	Variable	85	10900	CHA
411	$81785	$35170	$40890	**$52340**	**$57250**	Deutz	4T	232D	Variable	95	11000	CHA
412	$84995	$36550	$42500	**$54400**	**$59500**	Deutz	4TA	232D	Variable	105	11000	CHA
712	$94045	$40440	$47020	**$60190**	**$65830**	Deutz	6T	348D	Variable	110	12600	CHA
714	$107580	$46260	$53790	**$68850**	**$75310**	Deutz	6TA	348D	Variable	125	12500	CHA
716	$118840	$51100	$59420	**$76060**	**$83190**	Deutz	6TA	348D	Variable	140	12600	CHA
918	$127350	$54760	$63680	**$81500**	**$89150**	MAN	6TA	420D	Variable	160	17950	CHA
918 Reverse Station	$129835	$55830	$64920	**$83090**	**$90890**	MAN	6TA	420D	Variable	160	17950	CHA
920	$137935	$59310	$68970	**$88280**	**$96560**	MAN	6TA	420D	Variable	180	17950	CHA
920 Reverse Station	$140750	$60520	$70380	**$90080**	**$98530**	MAN	6TA	420D	Variable	180	17950	CHA
924	$152205	$65450	$76100	**$97410**	**$106540**	MAN	6TA	420D	Variable	205	18232	CHA
924 Reverse Station	$155250	$66760	$77630	**$99360**	**$108680**	MAN	6TA	420D	Variable	205	18232	CHA
926	$165045	$70970	$82520	**$105630**	**$115530**	MAN	6TA	420D	Variable	240	18364	CHA
926 Reverse Station	$168090	$72280	$84050	**$107580**	**$117660**	MAN	6TA	420D	Variable	240	18364	CHA
				2001								
409	$65195	$25430	$29990	**$39120**	**$43680**	Deutz	4T	232D	Variable	72	10700	CHA
410	$75370	$29390	$34670	**$45220**	**$50500**	Deutz	4T	232D	Variable	85	10900	CHA
411	$80470	$31380	$37020	**$48280**	**$53920**	Deutz	4T	232D	Variable	95	11000	CHA
712	$90116	$35150	$41450	**$54070**	**$60380**	Deutz	6T	348D	Variable	110	12600	CHA
714	$106145	$41400	$48830	**$63690**	**$71120**	Deutz	6TA	348D	Variable	125	12500	CHA
716	$117235	$45720	$53930	**$70340**	**$78550**	Deutz	6TA	348D	Variable	140	12600	CHA
920	$136065	$53070	$62590	**$81640**	**$91160**	MAN	6TA	420D	Variable	180	17950	CHA
920 Reverse Station	$139065	$54240	$63970	**$83440**	**$93170**	MAN	6TA	420D	Variable	180	17950	CHA
924	$149260	$58210	$68660	**$89560**	**$100000**	MAN	6TA	420D	Variable	205	18232	CHA
924 Reverse Station	$152260	$59380	$70040	**$91360**	**$102010**	MAN	6TA	420D	Variable	205	18232	CHA
926	$161910	$63150	$74480	**$97150**	**$108480**	MAN	6TA	420D	Variable	240	18364	CHA
926 Reverse Station	$164910	$64320	$75860	**$98950**	**$110490**	MAN	6TA	420D	Variable	240	18364	CHA
				2000								
409	$65245	$23490	$28060	**$37840**	**$42410**	Deutz	4T	232D	Variable	72	10700	CHA
410	$74805	$26930	$32170	**$43390**	**$48620**	Deutz	4T	232D	Variable	85	10900	CHA
411	$81255	$29250	$34940	**$47130**	**$52820**	Deutz	4T	232D	Variable	95	11000	CHA
712	$88785	$31960	$38180	**$51500**	**$57710**	Deutz	6T	348D	Variable	110	12600	CHA
714	$104520	$37630	$44940	**$60620**	**$67940**	Deutz	6TA	348D	Variable	125	12500	CHA
716	$115635	$41630	$49720	**$67070**	**$75160**	Deutz	6TA	348D	Variable	140	12600	CHA

Model	Approx. Retail Price New	Estimated Value Less Repairs Used Trade-In Avg.	Used Trade-In High	Used Retail Avg.	Used Retail High	Engine Make	Engine No. Cyls.	Engine Displ. Cu.-in.	No. Speeds	P.T.O. H.P.	Approx. Shipping Wt.-Lbs.	Cab

Fendt (Cont.)

Model	Approx. Retail Price New	Used Trade-In Avg.	Used Trade-In High	Used Retail Avg.	Used Retail High	Make	No. Cyls.	Displ. Cu.-in.	No. Speeds	P.T.O. H.P.	Approx. Shipping Wt.-Lbs.	Cab
				2000 (Cont.)								
920	$133865	$48190	$57560	**$77640**	**$87010**	MAN	6TA	420D	Variable	180	17950	CHA
924	$147380	$53060	$63370	**$85480**	**$95800**	MAN	6TA	420D	Variable	205	18232	CHA
926	$159325	$57360	$68510	**$92410**	**$103560**	MAN	6TA	420D	Variable	240	18364	CHA

Ferguson

Model	Approx. Retail Price New	Used Trade-In Avg.	Used Trade-In High	Used Retail Avg.	Used Retail High	Make	No. Cyls.	Displ. Cu.-in.	No. Speeds	P.T.O. H.P.	Approx. Shipping Wt.-Lbs.	Cab
				1957								
TO35 STD	......	$1080	$1800	**$2710**	**$3650**	Continental	4	134G	6F-1R	33	2980	No
TO35 Deluxe	......	$1120	$1880	**$2830**	**$3800**	Standard	4	137D	6F-1R	37	3211	No
F40	......	$980	$1650	**$2480**	**$3340**	Continental	4	134G	6F-1R	34	3100	No
				1956								
TO35 STD	......	$1040	$1720	**$2620**	**$3540**	Continental	4	134G	6F-1R	33	2980	No
TO35 Deluxe	......	$1100	$1810	**$2760**	**$3740**	Standard	4	137D	6F-1R	37	3211	No
F40	......	$950	$1570	**$2390**	**$3230**	Continental	4	134G	6F-1R	34	3100	No
				1955								
TO35 STD	......	$1020	$1680	**$2560**	**$3490**	Continental	4	134G	6F-1R	33	2980	No
TO35 Deluxe	......	$1060	$1760	**$2680**	**$3650**	Standard	4	137D	6F-1R	37	3211	No
				1954								
TO30	......	$980	$1630	**$2480**	**$3420**	Continental	4	129G	4F-1R	30.2	2843	No
TO35 STD	......	$1000	$1640	**$2510**	**$3460**	Continental	4	134G	6F-1R	33	2980	No
TO35 Deluxe	......	$1050	$1730	**$2640**	**$3640**	Standard	4	137D	6F-1R	37	3211	No
				1953								
TO30	......	$930	$1550	**$2400**	**$3350**	Continental	4	129G	4F-1R	30.2	2843	No
				1952								
TO30	......	$890	$1500	**$2350**	**$3330**	Continental	4	129G	4F-1R	30.2	2843	No
				1951								
TE20	......	$850	$1410	**$2240**	**$3200**	Continental	4	120G	4F-1R	27	2600	No
TO20 STD	......	$830	$1380	**$2190**	**$3130**	Continental	4	120G	4F-1R	26.5	2497	No
TO30	......	$880	$1460	**$2320**	**$3320**	Continental	4	129G	4F-1R	30.2	2843	No
				1950								
TE20	......	$840	$1370	**$2200**	**$3190**	Continental	4	120G	4F-1R	27	2600	No
TO20 STD	......	$810	$1320	**$2120**	**$3070**	Continental	4	120G	4F-1R	26.5	2497	No
				1949								
TE20	......	$810	$1310	**$2150**	**$3150**	Continental	4	120G	4F-1R	27	2600	No
TO20 STD	......	$780	$1270	**$2070**	**$3030**	Continental	4	120G	4F-1R	26.5	2497	No
				1948								
TE20	......	$790	$1220	**$2090**	**$3100**	Continental	4	120G	4F-1R	27	2600	No
TO20 STD	......	$760	$1180	**$2010**	**$2980**	Continental	4	120G	4F-1R	26.5	2497	No

Ford

Model	Approx. Retail Price New	Used Trade-In Avg.	Used Trade-In High	Used Retail Avg.	Used Retail High	Make	No. Cyls.	Displ. Cu.-in.	No. Speeds	P.T.O. H.P.	Approx. Shipping Wt.-Lbs.	Cab
				1986								
1110	$5960	$1600	$2370	**$3550**	**$3970**	Shibaura	2	43D	10F-2R	11.50	1223	No
1110 4WD	$6475	$1720	$2540	**$3810**	**$4260**	Shibaura	2	43D	10F-2R	11.50	1395	No
1110 H	$6805	$1800	$2650	**$3980**	**$4450**	Shibaura	2	43D	Variable	11.50	1231	No
1110 H 4WD	$6990	$1840	$2720	**$4080**	**$4550**	Shibaura	2	43D	Variable	11.50	1403	No
1210	$6765	$1790	$2640	**$3960**	**$4430**	Shibaura	3	54D	10F-2R	13.50	1323	No
1210 4WD	$7560	$1760	$2600	**$3910**	**$4370**	Shibaura	3	54D	10F-2R	13.50	1439	No
1210 H	$7884	$2040	$3020	**$4530**	**$5060**	Shibaura	3	54D	Variable	13.50	1342	No
1210 H 4WD	$8679	$2230	$3290	**$4940**	**$5520**	Shibaura	3	54D	Variable	13.50	1447	No
1310	$7428	$1940	$2870	**$4300**	**$4800**	Shibaura	3	58D	12F-4R	16.50	2063	No
1310 4WD	$8249	$2130	$3150	**$4720**	**$5270**	Shibaura	3	58D	12F-4R	16.50	2262	No
1510	$7500	$1960	$2890	**$4340**	**$4850**	Shibaura	3	68D	12F-4R	20.45	2230	No
1510 4WD	$8432	$2150	$3170	**$4760**	**$5320**	Shibaura	3	68D	12F-4R	19.50	2440	No
1710	$8430	$2180	$3220	**$4820**	**$5390**	Shibaura	3	85D	12F-4R	23.88	2470	No
1710 4WD	$9636	$2350	$3480	**$5220**	**$5840**	Shibaura	3	85D	12F-4R	23.50	2640	No
1910	$9369	$2300	$3400	**$5100**	**$5700**	Shibaura	3	104D	12F-4R	28.60	2980	No
1910 4WD	$11515	$2650	$3920	**$5870**	**$6560**	Shibaura	3	104D	12F-4R	28.60	3245	No
2110	$11917	$2740	$4050	**$6080**	**$6790**	Shibaura	4	139D	12F-4R	34.91	3635	No
2110 4WD	$13722	$3160	$4670	**$7000**	**$7820**	Shibaura	4	139D	12F-4R	34.91	3946	No
2810	$12845	$3080	$3730	**$6420**	**$7320**	Ford	3	158D	8F-2R	32.83	4333	No
2810 4WD	$16969	$4070	$4920	**$8490**	**$9670**	Ford	3	158D	8F-2R	32.00	4868	No
2910	$14585	$3500	$4230	**$7290**	**$8310**	Ford	3	175D	8F-4R	36.40	4485	No
2910 4WD	$19050	$4570	$5530	**$9530**	**$10860**	Ford	3	175D	8F-4R	36.66	5020	No
3910	$16350	$3920	$4740	**$8180**	**$9320**	Ford	3	192D	8F-4R	42.67	4547	No
3910 4WD	$20800	$4990	$6030	**$10400**	**$11860**	Ford	3	192D	8F-4R	43.25	5182	No
4610	$18737	$4500	$5430	**$9370**	**$10680**	Ford	3	201D	8F-4R	52.32	4914	No
4610 4WD	$23205	$5570	$6730	**$11600**	**$13230**	Ford	3	201D	8F-4R	52.32	5449	No
5610	$22040	$4190	$5510	**$9040**	**$10690**	Ford	4	256D	8F-4R	62.00	6041	No
5610 4WD	$27363	$5200	$6840	**$11220**	**$13270**	Ford	4	256D	8F-4R	62.00	6593	No
5610 4WD w/Cab	$34733	$6600	$8680	**$14240**	**$16850**	Ford	4	256D	16F-8R	62.00	8016	CHA
5610 w/Cab	$29908	$5680	$7480	**$12260**	**$14510**	Ford	4	256D	16F-8R	62.57	7479	CHA
6610	$25300	$4810	$6330	**$10370**	**$12270**	Ford	4	268D	16F-8R	72.30	6146	No

Model	Approx. Retail Price New	Estimated Value Less Repairs Used Trade-In Avg.	High	Used Retail Avg.	High	Engine Make	No. Cyls.	Displ. Cu.-in.	No. Speeds	P.T.O. H.P.	Approx. Shipping Wt.-Lbs.	Cab

Ford (Cont.)

1986 (Cont.)

Model	Approx. Retail Price New	Used Trade-In Avg.	Used Trade-In High	Used Retail Avg.	Used Retail High	Make	No. Cyls.	Displ. Cu.-in.	No. Speeds	P.T.O. H.P.	Approx. Shipping Wt.-Lbs.	Cab
6610 4WD	$30975	$5890	$7740	**$12700**	**$15020**	Ford	4	268D	16F-8R	72.00	6683	No
6610 4WD w/Cab	$37200	$7070	$9300	**$15250**	**$18040**	Ford	4	268D	16F-8R	72.13	8013	CHA
6610 w/Cab	$31515	$5990	$7880	**$12920**	**$15290**	Ford	4	268D	16F-8R	72.30	7476	CHA
7610	$26925	$5120	$6730	**$11040**	**$13060**	Ford	4T	268D	16F-8R	86.00	6356	No
7610 4WD	$32600	$6190	$8150	**$13370**	**$15810**	Ford	4T	268D	16F-8R	86.00	6967	No
7710	$28028	$5330	$7010	**$11490**	**$13590**	Ford	4T	268D	16F-8R	86.62	7234	No
7710 4WD	$33861	$6430	$8470	**$13880**	**$16420**	Ford	4T	268D	16F-8R	86.62	7835	No
7710 4WD w/Cab	$40276	$7650	$10070	**$16510**	**$19530**	Ford	4T	268D	16F-8R	86.62	8865	CHA
7710 w/Cab	$34443	$6540	$8610	**$14120**	**$16710**	Ford	4T	268D	16F-8R	86.62	8264	CHA
8210 4WD	$36623	$5490	$8790	**$11350**	**$13920**	Ford	6	401D	16F-8R	95.00	8395	No
8210 4WD w/Cab	$42356	$6350	$10170	**$13130**	**$16100**	Ford	6	401D	16F-8R	95.00	9425	CHA
TW-5	$36529	$5480	$8770	**$11320**	**$13880**	Ford	6	401D	16F-4R	105.74	11722	No
TW-5 w/Cab	$42465	$6150	$9840	**$12710**	**$15580**	Ford	6	401D	16F-4R	105.74	12510	CHA
TW-5 4WD w/Cab	$51324	$7050	$11280	**$14570**	**$17860**	Ford	6	401D	16F-4R	105.74	13609	CHA
TW-15	$40719	$5700	$9120	**$11780**	**$14440**	Ford	6T	401D	16F-4R	121.40	11754	No
TW-15 w/Cab	$46655	$6650	$10630	**$13730**	**$16830**	Ford	6T	401D	16F-4R	121.40	12542	CHA
TW-15 4WD	$50325	$6950	$11110	**$14350**	**$17590**	Ford	6T	401D	16F-4R	121.25	12813	No
TW-15 4WD w/Cab	$56475	$7860	$12580	**$16240**	**$19910**	Ford	6T	401D	16F-4R	121.25	13661	CHA
TW-25	$44573	$6380	$10200	**$13180**	**$16150**	Ford	6T	401D	16F-4R	140.68	13649	No
TW-25 w/Cab	$50509	$7130	$11400	**$14730**	**$18050**	Ford	6T	401D	16F-4R	140.68	14437	CHA
TW-25 4WD	$53605	$7350	$11760	**$15190**	**$18620**	Ford	6T	401D	16F-4R	140.00	14300	No
TW-25 4WD w/Cab	$59750	$8210	$13140	**$16970**	**$20810**	Ford	6T	401D	16F-4R	140.00	14746	CHA
TW-35	$56620	$7740	$12390	**$16000**	**$19620**	Ford	6T	401D	16F-4R	170.30	14383	CHA
TW-35 4WD	$66491	$8560	$13700	**$17700**	**$21700**	Ford	6T	401D	16F-4R	171.12	15652	CHA

See New Holland/Ford for later models.

1985

Model	Approx. Retail Price New	Used Trade-In Avg.	Used Trade-In High	Used Retail Avg.	Used Retail High	Make	No. Cyls.	Displ. Cu.-in.	No. Speeds	P.T.O. H.P.	Approx. Shipping Wt.-Lbs.	Cab
1110	$5960	$1530	$2300	**$3520**	**$3970**	Shibaura	2	43D	10F-2R	11.50	1282	No
1110 4WD	$6475	$1650	$2470	**$3780**	**$4260**	Shibaura	2	43D	10F-2R	11.50	1395	No
1110 H	$6805	$1720	$2580	**$3940**	**$4450**	Shibaura	2	43D	Variable	11.50	1290	No
1110 H 4WD	$6990	$1760	$2640	**$4040**	**$4550**	Shibaura	2	43D	Variable	11.50	1403	No
1210	$6480	$1650	$2470	**$3780**	**$4260**	Shibaura	3	54D	10F-2R	13.50	1334	No
1210 4WD	$7050	$1770	$2660	**$4070**	**$4590**	Shibaura	3	54D	10F-2R	13.50	1439	No
1210 H	$7480	$1870	$2800	**$4280**	**$4830**	Shibaura	3	54D	Variable	13.50	1342	No
1210 H 4WD	$7620	$1900	$2850	**$4350**	**$4910**	Shibaura	3	54D	Variable	13.50	1447	No
1310	$6990	$1760	$2640	**$4040**	**$4550**	Shibaura	3	58D	12F-4R	16.50	2064	No
1310 4WD	$7760	$1770	$2660	**$4070**	**$4590**	Shibaura	3	58D	12F-4R	16.50	2262	No
1510	$7370	$1840	$2760	**$4230**	**$4770**	Shibaura	3	68D	12F-4R	20.45	2218	No
1510 4WD	$8305	$2050	$3070	**$4700**	**$5300**	Shibaura	3	68D	12F-4R	19.50	2428	No
1710	$7865	$1950	$2930	**$4480**	**$5050**	Shibaura	3	85D	12F-4R	23.88	2340	No
1710 4WD	$9015	$2160	$3240	**$4960**	**$5600**	Shibaura	3	85D	12F-4R	23.50	2560	No
1910	$9145	$2200	$3300	**$5050**	**$5700**	Shibaura	3	104D	12F-4R	28.60	2600	No
1910 4WD	$10995	$2420	$3630	**$5550**	**$6270**	Shibaura	3	104D	12F-4R	28.60	2830	No
2110	$11685	$2570	$3860	**$5900**	**$6660**	Shibaura	4	139D	12F-4R	34.91	3460	No
2110 4WD	$13455	$2960	$4440	**$6800**	**$7670**	Shibaura	4	139D	12F-4R	34.91	3590	No
2810	$12315	$2830	$3450	**$6100**	**$6960**	Ford	3	158D	8F-2R	32.83	4363	No
2810 4WD	$16725	$3850	$4680	**$8280**	**$9450**	Ford	3	158D	6F-4R	32.00	4570	No
2910	$14555	$3350	$4080	**$7210**	**$8220**	Ford	3	175D	8F-4R	36.40	4400	No
2910 4WD	$18670	$4290	$5230	**$9240**	**$10550**	Ford	3	175D	8F-2R	36.83	4545	No
3910	$16390	$3770	$4590	**$8110**	**$9260**	Ford	3	192D	8F-4R	42.67	4510	No
3910 4WD	$20860	$4800	$5840	**$10330**	**$11790**	Ford	3	192D	8F-4R	43.25	4660	No
4610	$18685	$4300	$5230	**$9250**	**$10560**	Ford	3	201D	8F-4R	52.32	4760	No
4610 4WD	$23155	$5330	$6480	**$11460**	**$13080**	Ford	3	201D	8F-4R	52.32	4910	No
5610	$22490	$4270	$5510	**$9000**	**$10680**	Ford	4	256D	16F-4R	62.54	6075	No
5610 4WD	$27715	$5270	$6790	**$11090**	**$13170**	Ford	4	256D	16F-4R	62.54	6100	No
5610 4WD w/Cab	$34330	$6520	$8410	**$13730**	**$16310**	Ford	4	256D	16F-4R	62.54	7100	CHA
5610 w/Cab	$29375	$5580	$7200	**$11750**	**$13950**	Ford	4	256D	16F-8R	62.57	7225	CHA
6610	$24635	$4680	$6040	**$9850**	**$11700**	Ford	4	268D	16F-4R	72.13	6075	No
6610 4WD	$30310	$5760	$7430	**$12120**	**$14400**	Ford	4	268D	16F-4R	72.13	6600	No
6610 4WD w/Cab	$37265	$7080	$9130	**$14910**	**$17700**	Ford	4	268D	16F-4R	72.13	6600	CHA
6610 w/Cab	$30950	$5880	$7580	**$12380**	**$14700**	Ford	4	268D	16F-4R	72.13	6075	CHA
6710	$26715	$5080	$6550	**$10690**	**$12690**	Ford	4	268D	16F-4R	72.00	6800	No
6710 4WD	$32390	$6150	$7940	**$12960**	**$15390**	Ford	4	268D	16F-4R	72.00	7325	No
6710 w/Cab	$33275	$6320	$8150	**$13310**	**$15810**	Ford	4	268D	16F-4R	72.00	7900	CHA
7610	$26180	$4970	$6410	**$10470**	**$12440**	Ford	4T	268D	16F-4R	86.95	6180	No
7610 4WD	$31855	$6050	$7800	**$12740**	**$15130**	Ford	4T	268D	16F-4R	86.95	6705	No
7610 4WD w/Cab	$36380	$6910	$8910	**$14550**	**$17280**	Ford	4T	268D	16F-4R	86.95	6705	CH
7610 w/Cab	$30705	$5830	$7520	**$12280**	**$14590**	Ford	4T	268D	16F-4R	86.95	7280	CH
7710	$27500	$5230	$6740	**$11000**	**$13060**	Ford	4T	268D	16F-4R	86.00	7600	No
7710 4WD	$33900	$6440	$8310	**$13560**	**$16100**	Ford	4T	268D	16F-4R	86.00	8150	No
7710 4WD w/Cab	$39160	$7440	$9590	**$15660**	**$18600**	Ford	4T	268D	16F-4R	86.00	8150	CHA
7710 w/Cab	$33800	$6420	$8280	**$13520**	**$16060**	Ford	4T	268D	16F-4R	86.00	8700	CHA
TW-5	$36255	$5080	$8050	**$10850**	**$13130**	Ford	6	401D	16F-4R	105.74	10400	No
TW-5 w/Cab	$42400	$5950	$9430	**$12710**	**$15380**	Ford	6	401D	16F-4R	105.74	11500	CHA
TW-5 4WD	$46125	$6380	$10120	**$13640**	**$16500**	Ford	6	401D	16F-4R	105.74	11850	No
TW-5 4WD w/Cab	$51300	$6960	$11040	**$14880**	**$18000**	Ford	6	401D	16F-4R	105.74	12950	CHA
TW-15	$40455	$5370	$8510	**$11470**	**$13880**	Ford	6T	401D	16F-4R	121.40	11250	No
TW-15 w/Cab	$46605	$6240	$9890	**$13330**	**$16130**	Ford	6T	401D	16F-4R	121.40	12350	CHA
TW-15 4WD	$50325	$6820	$10810	**$14570**	**$17630**	Ford	6T	401D	16F-4R	121.25	12700	No
TW-15 4WD w/Cab	$56475	$7610	$12070	**$16270**	**$19680**	Ford	6T	401D	16F-4R	121.25	13800	CHA
TW-25	$43735	$5800	$9200	**$12400**	**$15000**	Ford	6T	401D	16F-4R	140.68	12250	No
TW-25 w/Cab	$49880	$6640	$10530	**$14200**	**$17180**	Ford	6T	401D	16F-4R	140.68	13350	CHA
TW-25 4WD	$53605	$7050	$11180	**$15070**	**$18230**	Ford	6T	401D	16F-4R	140.00	13700	No
TW-25 4WD w/Cab	$59750	$7940	$12590	**$16970**	**$20530**	Ford	6T	401D	16F-4R	140.00	14800	CHA

Ford (Cont.)

Model	Approx. Retail Price New	Estimated Value Less Repairs: Used Trade-In Avg.	Used Trade-In High	Used Retail Avg.	Used Retail High	Engine: Make	No. Cyls.	Displ. Cu.-in.	No. Speeds	P.T.O. H.P.	Approx. Shipping Wt.-Lbs.	Cab
				1985 (Cont.)								
TW-35	$56100	$7410	$11750	**$15840**	**$19160**	Ford	6T	401D	16F-4R	170.30	13800	CHA
TW-35 4WD	$65970	$8260	$13100	**$17660**	**$21360**	Ford	6T	401D	16F-4R	171.12	14900	CHA
				1984								
1110	$5889	$1460	$2240	**$3400**	**$3870**	Shibaura	2	43D	10F-2R	11.50	1282	No
1110 4WD	$6432	$1580	$2420	**$3670**	**$4180**	Shibaura	2	43D	10F-2R	11.50	1395	No
1110 H	$6239	$1540	$2360	**$3570**	**$4070**	Shibaura	2	43D	Variable	11.50	1290	No
1110 H 4WD	$6782	$1650	$2540	**$3840**	**$4380**	Shibaura	2	43D	Variable	11.50	1403	No
1210	$6478	$1590	$2440	**$3690**	**$4210**	Shibaura	3	54D	10F-2R	13.50	1334	No
1210 4WD	$7075	$1720	$2630	**$3990**	**$4550**	Shibaura	3	54D	10F-2R	13.50	1439	No
1210 H	$6828	$1660	$2550	**$3860**	**$4410**	Shibaura	3	54D	Variable	13.50	1342	No
1210 H 4WD	$7425	$1790	$2750	**$4160**	**$4750**	Shibaura	3	54D	Variable	13.50	1447	No
1310	$6817	$1660	$2550	**$3860**	**$4400**	Shibaura	3	58D	12F-4R	16.50	2064	No
1310 4WD	$7567	$1820	$2790	**$4230**	**$4830**	Shibaura	3	58D	12F-4R	16.50	2262	No
1510	$7360	$1780	$2730	**$4130**	**$4710**	Shibaura	3	68D	12F-4R	20.45	2218	No
1510 4WD	$8242	$1940	$2980	**$4520**	**$5150**	Shibaura	3	68D	12F-4R	19.50	2428	No
1710	$7865	$1880	$2890	**$4380**	**$5000**	Shibaura	3	85D	12F-4R	23.88	2340	No
1710 4WD	$9012	$2070	$3170	**$4810**	**$5480**	Shibaura	3	85D	12F-4R	23.50	2560	No
1910	$9145	$2120	$3250	**$4920**	**$5610**	Shibaura	3	104D	12F-4R	28.60	2600	No
1910 4WD	$10994	$2360	$3630	**$5500**	**$6270**	Shibaura	3	104D	12F-4R	28.60	2830	No
2110	$11684	$2510	$3860	**$5840**	**$6660**	Shibaura	4	139D	12F-4R	34.91	3460	No
2110 4WD	$13454	$2890	$4440	**$6730**	**$7670**	Shibaura	4	139D	12F-4R	34.91	3590	No
2810	$12315	$2710	$3450	**$6030**	**$6900**	Ford	3	158D	8F-2R	32.83	4363	No
2910	$14128	$3110	$3960	**$6920**	**$7910**	Ford	3	175D	8F-2R	36.62	4395	No
3910	$16031	$3530	$4490	**$7860**	**$8980**	Ford	3	192D	8F-2R	42.62	4505	No
4610	$18326	$4030	$5130	**$8980**	**$10260**	Ford	3	201D	8F-2R	52.52	4710	No
5610	$22490	$4270	$5400	**$8770**	**$10460**	Ford	4	256D	16F-4R	62.54	6075	No
5610 4WD	$28015	$5320	$6720	**$10930**	**$13030**	Ford	4	256D	16F-4R	62.54	6100	No
5610 4WD w/Cab	$34328	$6520	$8240	**$13390**	**$15960**	Ford	4	256D	16F-4R	62.54	7100	CHA
5610 w/Cab	$28803	$5470	$6910	**$11230**	**$13390**	Ford	4	256D	16F-4R	62.54	7175	CHA
6610	$24177	$4590	$5800	**$9430**	**$11240**	Ford	4	268D	8F-4R	72.00	5525	No
6610 4WD	$30306	$5760	$7270	**$11820**	**$14090**	Ford	4	268D	16F-4R	72.13	6600	No
6610 4WD w/Cab	$36619	$6960	$8790	**$14280**	**$17030**	Ford	4	268D	16F-4R	72.13	6600	CHA
6610 w/Cab	$30944	$5880	$7430	**$12070**	**$14390**	Ford	4	268D	16F-4R	72.13	6075	CHA
6710	$26711	$5080	$6410	**$10420**	**$12420**	Ford	4	268D	16F-4R	72.00	6800	No
6710 4WD	$32385	$6150	$7770	**$12630**	**$15060**	Ford	4	268D	16F-4R	72.00	7325	No
6710 w/Cab	$33271	$6320	$7990	**$12980**	**$15470**	Ford	4	268D	16F-4R	72.00	7900	CHA
7610	$26176	$4970	$6280	**$10210**	**$12170**	Ford	4T	268D	16F-4R	86.95	6180	No
7610 4WD	$31851	$6050	$7640	**$12420**	**$14810**	Ford	4T	268D	16F-4R	86.95	6705	No
7610 4WD w/Cab	$36373	$6910	$8730	**$14190**	**$16910**	Ford	4T	268D	16F-4R	86.95	6705	CH
7610 w/Cab	$31264	$5940	$7500	**$12190**	**$14540**	Ford	4T	268D	16F-8R	86.00	7330	CH
7710	$27500	$5230	$6600	**$10730**	**$12790**	Ford	4T	268D	16F-4R	86.00	7600	No
7710 4WD	$33900	$6440	$8140	**$13220**	**$15760**	Ford	4T	268D	16F-4R	86.00	8150	No
7710 4WD w/Cab	$39100	$7430	$9380	**$15250**	**$18180**	Ford	4T	268D	16F-4R	86.00	8150	CHA
7710 w/Cab	$33800	$6420	$8110	**$13180**	**$15720**	Ford	4T	268D	16F-4R	86.00	8700	CHA
TW-5	$36254	$4760	$7820	**$10540**	**$12750**	Ford	6	401D	16F-4R	105.74	10400	No
TW-5 w/Cab	$42400	$5520	$9060	**$12210**	**$14780**	Ford	6	401D	16F-4R	105.74	11500	CHA
TW-5 4WD	$46124	$5880	$9660	**$13020**	**$15750**	Ford	6	401D	16F-4R	105.00	11850	No
TW-5 4WD w/Cab	$51300	$6580	$10810	**$14570**	**$17630**	Ford	6	401D	16F-4R	105.00	12950	CHA
TW-15	$40453	$5040	$8280	**$11160**	**$13500**	Ford	6T	401D	16F-4R	121.40	11250	No
TW-15 w/Cab	$46600	$5820	$9570	**$12900**	**$15600**	Ford	6T	401D	16F-4R	121.40	12350	CHA
TW-15 4WD	$50323	$6300	$10350	**$13950**	**$16880**	Ford	6T	401D	16F-4R	121.25	12700	No
TW-15 4WD w/Cab	$56475	$7000	$11500	**$15500**	**$18750**	Ford	6T	401D	16F-4R	121.25	13800	CHA
TW-25	$43731	$5140	$8440	**$11380**	**$13760**	Ford	6T	401D	16F-4R	140.68	12250	No
TW-25 w/Cab	$49877	$6280	$10320	**$13910**	**$16830**	Ford	6T	401D	16F-4R	140.68	13350	CHA
TW-25 4WD	$53601	$6640	$10900	**$14690**	**$17780**	Ford	6T	401D	16F-4R	140.00	13700	No
TW-25 4WD w/Cab	$59747	$7170	$11780	**$15870**	**$19200**	Ford	6T	401D	16F-4R	140.00	14800	CHA
TW-35	$56097	$6870	$11290	**$15220**	**$18410**	Ford	6TI	401D	16F-4R	170.30	13800	CHA
TW-35 4WD	$65967	$7430	$12210	**$16450**	**$19900**	Ford	6TI	401D	16F-4R	171.12	14900	CHA
				1983								
1110	$5889	$1380	$2170	**$3300**	**$3760**	Shibaura	2	43D	10F-2R	11.50	1282	No
1110 4WD	$6432	$1500	$2350	**$3570**	**$4070**	Shibaura	2	43D	10F-2R	11.50	1395	No
1110 H	$6239	$1460	$2290	**$3470**	**$3960**	Shibaura	2	43D	Variable	11.50	1290	No
1110 H 4WD	$6782	$1570	$2470	**$3740**	**$4270**	Shibaura	2	43D	Variable	11.50	1403	No
1210	$6478	$1510	$2370	**$3590**	**$4090**	Shibaura	3	54D	10F-2R	13.50	1334	No
1210 4WD	$7075	$1630	$2570	**$3890**	**$4430**	Shibaura	3	54D	10F-2R	13.50	1439	No
1210 H	$6828	$1580	$2480	**$3760**	**$4290**	Shibaura	3	54D	Variable	13.50	1342	No
1210 H 4WD	$7425	$1710	$2680	**$4060**	**$4630**	Shibaura	3	54D	Variable	13.50	1447	No
1310	$6589	$1530	$2410	**$3650**	**$4160**	Shibaura	3	58D	12F-4R	16.50	2064	No
1310 4WD	$7203	$1660	$2610	**$3950**	**$4500**	Shibaura	3	58D	12F-4R	16.50	2262	No
1510	$7082	$1630	$2570	**$3890**	**$4440**	Shibaura	3	68D	12F-4R	20.45	2218	No
1510 4WD	$7897	$1810	$2840	**$4300**	**$4900**	Shibaura	3	68D	12F-4R	19.50	2428	No
1710	$7726	$1770	$2780	**$4210**	**$4800**	Shibaura	3	85D	12F-4R	23.88	2340	No
1710 4WD	$8765	$1930	$3020	**$4580**	**$5220**	Shibaura	3	85D	12F-4R	23.50	2560	No
1910	$8774	$1990	$3130	**$4740**	**$5400**	Shibaura	3	104D	12F-4R	28.60	2600	No
1910 4WD	$10506	$2210	$3470	**$5250**	**$5990**	Shibaura	3	104D	12F-4R	28.60	2830	No
2310	$12467	$2620	$3490	**$6050**	**$6920**	Ford	3	158D	8F-2R	32.00	3300	No
2610	$13767	$2890	$3860	**$6680**	**$7640**	Ford	3	175D	8F-2R	36.69	3545	No
3610	$15446	$3240	$4330	**$7490**	**$8570**	Ford	3	192D	8F-2R	42.26	3845	No
4110	$17124	$3600	$4800	**$8310**	**$9500**	Ford	3	201D	8F-2R	48.33	4340	No
4610	$17807	$3740	$4990	**$8640**	**$9880**	Ford	3	201D	8F-2R	52.52	4710	No
5610	$22565	$4180	$5420	**$8580**	**$10270**	Ford	4	256D	16F-8R	62.57	6125	No
5610 4WD	$27378	$5070	$6570	**$10400**	**$12460**	Ford	4	256D	8F-2R	62.54	6000	No

Ford (Cont.)

Model	Approx. Retail Price New	Estimated Value Less Repairs: Used Trade-In Avg.	Used Trade-In High	Used Retail Avg.	Used Retail High	Make	Engine No. Cyls.	Engine Displ. Cu.-in.	No. Speeds	P.T.O. H.P.	Approx. Shipping Wt.-Lbs.	Cab
1983 (Cont.)												
5610 4WD	$28368	$5250	$6810	**$10780**	**$12910**	Ford	4	256D	16F-4R	62.54	6000	No
5610 4WD w/Cab	$34492	$6380	$8280	**$13110**	**$15690**	Ford	4	256D	16F-4R	62.54	7100	CHA
5610 w/Cab	$28694	$5310	$6890	**$10900**	**$13060**	Ford	4	256D	16F-8R	62.57	7225	CHA
6610	$23914	$4420	$5740	**$9090**	**$10880**	Ford	4	268D	16F-4R	72.13	6075	No
6610 4WD	$30267	$5600	$7260	**$11500**	**$13770**	Ford	4	268D	16F-4R	72.13	6600	No
6610 4WD w/Cab	$36396	$6730	$8740	**$13830**	**$16560**	Ford	4	268D	16F-4R	72.13	6600	CHA
6610 w/Cab	$30043	$5560	$7210	**$11420**	**$13670**	Ford	4	268D	16F-4R	72.13	6075	CHA
6710	$25383	$4700	$6090	**$9650**	**$11550**	Ford	4	268D	16F-4R	72.00	6800	No
6710 4WD	$31839	$5890	$7640	**$12100**	**$14490**	Ford	4	268D	16F-4R	72.00	7325	No
6710 w/Cab	$31403	$5810	$7540	**$11930**	**$14290**	Ford	4	268D	16F-4R	72.00	7900	CHA
7610	$24423	$4520	$5860	**$9280**	**$11110**	Ford	4T	268D	8F-2R	86.00	5880	No
7610 4WD	$31767	$5880	$7620	**$12070**	**$14450**	Ford	4T	268D	16F-4R	86.95	6705	No
7610 4WD w/Cab	$36158	$6690	$8680	**$13740**	**$16450**	Ford	4T	268D	16F-4R	86.95	6705	CH
7610 w/Cab	$29805	$5510	$7150	**$11330**	**$13560**	Ford	4T	268D	16F-4R	86.95	7280	CH
7710	$27638	$5110	$6630	**$10500**	**$12580**	Ford	4T	268D	16F-4R	86.00	7600	No
7710 4WD	$34094	$6310	$8180	**$12960**	**$15510**	Ford	4T	268D	16F-4R	86.00	8150	No
7710 4WD w/Cab	$40114	$7420	$9630	**$15240**	**$18250**	Ford	4T	268D	16F-4R	86.00	8150	CHA
7710 w/Cab	$33658	$6230	$8080	**$12790**	**$15310**	Ford	4T	268D	16F-4R	86.00	8700	CHA
TW-5	$34125	$4480	$7360	**$9920**	**$12000**	Ford	6	401D	16F-4R	105.74	10400	No
TW-5 w/Cab	$40600	$5320	$8740	**$11780**	**$14250**	Ford	6	401D	16F-4R	105.74	11500	CHA
TW-5 4WD	$44444	$5600	$9200	**$12400**	**$15000**	Ford	6	401D	16F-4R	105.00	11850	No
TW-5 4WD w/Cab	$50100	$6340	$10420	**$14040**	**$16990**	Ford	6	401D	16F-4R	105.00	12950	CHA
TW-10	$36160	$4900	$8050	**$10850**	**$13130**	Ford	6	401D	16F-4R	110.24	10800	No
TW-10 4WD	$45560	$5950	$9780	**$13180**	**$15940**	Ford	6	401D	16F-4R	110.00	12250	No
TW-10 4WD w/Cab	$51413	$6580	$10810	**$14570**	**$17630**	Ford	6	401D	16F-4R	110.00	13350	CHA
TW-10 w/Cab	$42013	$5460	$8970	**$12090**	**$14630**	Ford	6	401D	16F-4R	110.00	11900	CHA
TW-15	$38553	$4970	$8170	**$11010**	**$13310**	Ford	6T	401D	16F-4R	121.40	11250	No
TW-15 w/Cab	$44300	$5600	$9200	**$12400**	**$15000**	Ford	6T	401D	16F-4R	121.40	12350	CHA
TW-15 4WD	$48565	$6050	$9940	**$13390**	**$16200**	Ford	6T	401D	16F-4R	121.25	12700	No
TW-15 4WD w/Cab	$54125	$6650	$10920	**$14720**	**$17800**	Ford	6T	401D	16F-4R	121.25	13800	CHA
TW-20	$40648	$5400	$8880	**$11970**	**$14480**	Ford	6T	401D	16F-4R	135.60	11900	No
TW-20 4WD	$50048	$6170	$10130	**$13660**	**$16520**	Ford	6T	401D	16F-4R	135.00	13500	No
TW-20 4WD w/Cab	$55901	$6580	$10810	**$14570**	**$17630**	Ford	6T	401D	16F-4R	135.00	14600	CHA
TW-20 w/Cab	$46501	$5880	$9660	**$13020**	**$15750**	Ford	6T	401D	16F-4R	135.60	13000	CHA
TW-25	$41441	$5420	$8910	**$12010**	**$14520**	Ford	6T	401D	16F-4R	140.68	12250	No
TW-25 w/Cab	$47167	$6140	$10090	**$13600**	**$16450**	Ford	6T	401D	16F-4R	140.68	13350	CHA
TW-25 4WD	$51200	$6380	$10490	**$14140**	**$17100**	Ford	6T	401D	16F-4R	140.00	13700	No
TW-25 4WD w/Cab	$57457	$7110	$11670	**$15730**	**$19030**	Ford	6T	401D	16F-4R	140.00	14800	CHA
TW-30	$52277	$6200	$10180	**$13730**	**$16600**	Ford	6TI	401D	16F-4R	163.28	14050	CHA
TW-30 4WD	$61677	$6770	$11130	**$15000**	**$18140**	Ford	6TI	401D	16F-4R	163.00	14800	CHA
TW-35	$54335	$6310	$10370	**$13980**	**$16910**	Ford	6TI	401D	16F-4R	170.30	13800	CHA
TW-35 4WD	$63455	$7150	$11750	**$15830**	**$19150**	Ford	6TI	401D	16F-4R	171.12	14900	CHA
1982												
1100	$5609	$1270	$2080	**$3110**	**$3540**	Shibaura	2	43D	10F-2R	11.00	1131	No
1100 4WD	$6126	$1380	$2250	**$3360**	**$3830**	Shibaura	2	43D	10F-2R	11.00	1244	No
1200 4WD	$6513	$1460	$2380	**$3560**	**$4050**	Shibaura	2	43D	20F-2R	13.00	1294	No
1300	$6257	$1390	$2260	**$3380**	**$3850**	Shibaura	2	49D	12F-4R	13.00	1723	No
1300 4WD	$6860	$1510	$2470	**$3680**	**$4200**	Shibaura	2	49D	12F-4R	13.00	1984	No
1500	$6745	$1490	$2430	**$3620**	**$4130**	Shibaura	2	69D	12F-4R	17.00	1958	No
1500 4WD	$7521	$1580	$2590	**$3860**	**$4400**	Shibaura	2	69D	12F-4R	17.00	2205	No
1700	$7353	$1550	$2530	**$3780**	**$4310**	Shibaura	2	78D	12F-4R	23.26	2276	No
1700 4WD	$8348	$1710	$2800	**$4170**	**$4760**	Shibaura	2	78D	12F-4R	23.00	2513	No
1900	$8356	$1750	$2870	**$4280**	**$4880**	Shibaura	3	87D	12F-4R	26.88	2518	No
1900 4WD	$10006	$2050	$3350	**$5000**	**$5700**	Shibaura	3	87D	12F-4R	26.00	2750	No
2310	$11391	$2280	$3190	**$5470**	**$6320**	Ford	3	158D	8F-2R	32.00	3300	No
2610	$13000	$2600	$3640	**$6240**	**$7220**	Ford	3	158G	8F-4R	34.00	3507	No
2610	$13900	$2780	$3890	**$6670**	**$7720**	Ford	3	175D	8F-2R	36.69	3545	No
3610	$15300	$3060	$4280	**$7340**	**$8490**	Ford	3	175G	8F-4R	40.00	3715	No
3610	$15613	$3120	$4370	**$7490**	**$8670**	Ford	3	192D	8F-4R	42.47	3895	No
4110	$16949	$3390	$4750	**$8140**	**$9410**	Ford	3	201D	8F-4R	49.26	4390	No
4610	$17400	$3480	$4870	**$8350**	**$9660**	Ford	3	201G	8F-4R	52.00	4530	No
4610	$17640	$3530	$4940	**$8470**	**$9790**	Ford	3	201D	8F-4R	52.32	4760	No
5610	$20653	$3720	$5060	**$7750**	**$9190**	Ford	4	256D	16F-4R	62.54	6075	No
5610 4WD	$26704	$4810	$6540	**$10010**	**$11880**	Ford	4	256D	16F-4R	62.54	6600	No
6610	$22632	$4070	$5550	**$8490**	**$10070**	Ford	4	268D	16F-4R	72.13	6075	No
6610 4WD	$28683	$5160	$7030	**$10760**	**$12760**	Ford	4	268D	16F-4R	72.13	6600	No
6710	$30962	$5570	$7590	**$11610**	**$13780**	Ford	4	268D	16F-8R	72.00	7950	CHA
6710 4WD	$36196	$6520	$8870	**$13570**	**$16110**	Ford	4	268D	16F-4R	72.00	8425	CHA
7610	$24165	$4350	$5920	**$9060**	**$10750**	Ford	4T	268D	16F-4R	86.95	6180	No
7610 4WD	$30216	$5440	$7400	**$11330**	**$13450**	Ford	4T	268D	16F-4R	86.95	6705	No
7710	$32432	$5840	$7950	**$12160**	**$14430**	Ford	4T	268D	16F-4R	86.00	8700	CHA
7710 4WD	$38580	$6940	$9450	**$14470**	**$17170**	Ford	4T	268D	16F-4R	86.00	9250	CHA
TW10	$39915	$5040	$8280	**$11160**	**$13500**	Ford	6	401D	16F-4R	110.24	11900	CHA
TW10 4WD	$48867	$6020	$9890	**$13330**	**$16130**	Ford	6	401D	16F-4R	110.00	13350	CHA
TW20	$44187	$5600	$9200	**$12400**	**$15000**	Ford	6T	401D	16F-4R	135.60	13000	CHA
TW20 4WD	$53139	$6320	$10380	**$13990**	**$16930**	Ford	6T	401D	16F-4R	135.00	14600	CHA
TW30	$49720	$6120	$10060	**$13550**	**$16400**	Ford	6TI	401D	16F-4R	163.28	14050	CHA
TW30 4WD	$54775	$6660	$10940	**$14750**	**$17840**	Ford	6TI	401D	16F-4R	163.00	14800	CHA
FW-20 4WD	$71688	$6280	$9250	**$12560**	**$17840**	Cummins	V8	555D	20F-4R	150.0	24775	CHA
FW-30 4WD	$86165	$7220	$10640	**$14440**	**$20520**	Cummins	V8	903D	20F-4R	205.0	25320	CHA
FW-60 4WD	$100313	$7820	$11520	**$15640**	**$22230**	Cummins	V8T	903D	20F-4R	270.0	26171	CHA

Model	Approx. Retail Price New	Estimated Value Less Repairs Used Trade-In Avg.	High	Used Retail Avg.	High	Engine Make	No. Cyls.	Displ. Cu.-in.	No. Speeds	P.T.O. H.P.	Approx. Shipping Wt.-Lbs.	Cab
Ford (Cont.)												
1981												
1100	$5145	$1170	$1990	**$2920**	**$3360**	Shibaura	2	43D	10F-2R	11.00	1131	No
1100 4WD	$5669	$1270	$2170	**$3190**	**$3660**	Shibaura	2	43D	10F-2R	11.00	1244	No
1200 4WD	$6080	$1340	$2270	**$3340**	**$3840**	Shibaura	2	43D	20F-2R	13.00	1294	No
1300	$5941	$1310	$2220	**$3270**	**$3760**	Shibaura	2	49D	12F-4R	13.00	1723	No
1300 4WD	$6528	$1430	$2420	**$3560**	**$4100**	Shibaura	2	49D	12F-4R	13.00	1984	No
1500	$6409	$1380	$2350	**$3460**	**$3970**	Shibaura	2	69D	12F-4R	17.00	1958	No
1500 4WD	$7137	$1530	$2600	**$3820**	**$4390**	Shibaura	2	69D	12F-4R	17.00	2205	No
1700	$6996	$1500	$2550	**$3750**	**$4310**	Shibaura	2	78D	12F-4R	23.26	2276	No
1700 4WD	$7953	$1590	$2700	**$3980**	**$4570**	Shibaura	2	78D	12F-4R	23.00	2513	No
1900	$7587	$1520	$2580	**$3790**	**$4360**	Shibaura	3	87D	12F-4R	26.88	2518	No
1900 4WD	$9232	$1850	$3140	**$4620**	**$5310**	Shibaura	3	87D	12F-4R	26.00	2750	No
2600	$11673	$2400	$4080	**$6000**	**$6900**	Ford	3	158D	8F-2R	32.47	3546	No
2600	$11673	$2340	$3970	**$5840**	**$6710**	Ford	3	158G	8F-2R	34.18	3507	No
3600	$14267	$2850	$4850	**$7130**	**$8200**	Ford	3	175G	8F-2R	40.62	4400	No
3600	$14289	$2860	$4860	**$7150**	**$8220**	Ford	3	175D	8F-2R	40.55	4590	No
4100	$15680	$2980	$4390	**$7530**	**$8780**	Ford	3	183D	8F-2R	45.46	4910	No
4600	$16085	$3060	$4500	**$7720**	**$9010**	Ford	3	201G	8F-2R	52.18	4480	No
4600	$16108	$3060	$4510	**$7730**	**$9020**	Ford	3	201D	8F-2R	52.44	4710	No
5600	$19172	$3640	$5370	**$9200**	**$10740**	Ford	4	233D	16F-4R	58.46	5500	No
5600 4WD	$24880	$4730	$6970	**$11940**	**$13930**	Ford	4	233D	16F-4R	58.00	6175	No
6600	$20824	$3960	$5830	**$10000**	**$11660**	Ford	4	256D	16F-4R	68.10	5780	No
6600 4WD	$26301	$5000	$7360	**$12620**	**$14730**	Ford	4	256D	16F-4R	68.00	6280	No
6700	$28668	$5450	$8030	**$13760**	**$16050**	Ford	4	256D	16F-4R	68.94	6900	CHA
6700 4WD	$34387	$6530	$9630	**$16510**	**$19260**	Ford	4	256D	16F-4R	68.00	7400	CHA
7600	$22576	$4290	$6320	**$10840**	**$12640**	Ford	4T	256D	16F-4R	84.79	5800	No
7600 4WD	$28284	$4980	$7340	**$12580**	**$14670**	Ford	4T	256D	16F-4R	84.79	6400	No
7700	$29883	$5230	$7470	**$11060**	**$13300**	Ford	4T	256D	16F-4R	84.38	7000	CHA
7700 4WD	$35602	$5950	$8500	**$12580**	**$15130**	Ford	4T	256D	16F-4R	84.38	7600	CHA
TW10	$36890	$4760	$7480	**$10540**	**$12920**	Ford	6	401D	16F-4R	110.24	11900	CHA
TW10 4WD	$45439	$6020	$9460	**$13330**	**$16340**	Ford	6	401D	16F-4R	110.00	13350	CHA
TW20	$41344	$5460	$8580	**$12090**	**$14820**	Ford	6T	401D	16F-4R	135.60	13000	CHA
TW20 4WD	$49789	$6300	$9900	**$13950**	**$17100**	Ford	6T	401D	16F-4R	135.00	14600	CHA
TW30	$46300	$5880	$9240	**$13020**	**$15960**	Ford	6TI	401D	16F-4R	163.28	14050	CHA
TW30 4WD	$54775	$6550	$10290	**$14500**	**$17780**	Ford	6TI	401D	16F-4R	163.00	14800	CHA
FW-20 4WD	$66385	$5450	$7750	**$10330**	**$14920**	Cummins	V8	555D	20F-4R	150.0	24775	CHA
FW-30 4WD	$80497	$6410	$9110	**$12150**	**$17550**	Cummins	V8	903D	20F-4R	205.0	25320	CHA
FW-60 4WD	$95680	$7380	$10490	**$13980**	**$20200**	Cummins	V8T	903D	20F-4R	270.0	26171	CHA
1980												
1100	$4563	$1060	$1780	**$2580**	**$3000**	Shibaura	2	43D	10F-2R	11.00	1131	No
1100 4WD	$5033	$1160	$1940	**$2820**	**$3270**	Shibaura	2	43D	10F-2R	11.00	1244	No
1200 4WD	$5556	$1260	$2120	**$3080**	**$3570**	Shibaura	2	43D	20F-2R	13.00	1294	No
1300	$5388	$1230	$2070	**$2990**	**$3470**	Shibaura	2	49D	12F-4R	13.50	1723	No
1300 4WD	$5898	$1330	$2240	**$3250**	**$3770**	Shibaura	2	49D	12F-4R	13.50	1984	No
1500	$5865	$1310	$2200	**$3180**	**$3690**	Shibaura	2	62D	12F-4R	17.00	1958	No
1500 4WD	$6543	$1440	$2430	**$3520**	**$4090**	Shibaura	2	62D	12F-4R	17.00	2205	No
1700	$6460	$1430	$2400	**$3480**	**$4040**	Shibaura	2	78D	12F-4R	23.26	2276	No
1700 4WD	$7347	$1610	$2710	**$3920**	**$4550**	Shibaura	2	78D	12F-4R	23.00	2513	No
1900	$7523	$1620	$2730	**$3960**	**$4600**	Shibaura	3	87D	12F-4R	26.88	2518	No
1900 4WD	$9069	$1860	$3130	**$4540**	**$5260**	Shibaura	3	87D	12F-4R	26.00	2750	No
2600	$8479	$1940	$3270	**$4740**	**$5500**	Ford	3	158G	8F-2R	34.18	3507	No
2600	$8802	$2010	$3380	**$4900**	**$5690**	Ford	3	158D	8F-2R	32.47	3546	No
3600	$10307	$2320	$3900	**$5650**	**$6560**	Ford	3	175G	8F-2R	40.62	4400	No
3600	$10853	$2430	$4090	**$5930**	**$6880**	Ford	3	175D	8F-2R	40.55	4590	No
4100	$12536	$2440	$3790	**$6500**	**$7650**	Ford	3	183D	8F-2R	45.46	4910	No
4600	$13059	$2530	$3940	**$6750**	**$7940**	Ford	3	201G	8F-2R	52.18	4480	No
4600	$13402	$2590	$4030	**$6910**	**$8140**	Ford	3	201D	8F-2R	52.44	4710	No
5600	$16755	$3020	$4690	**$8040**	**$9470**	Ford	4	233D	16F-4R	58.46	5500	No
5600 4WD	$22122	$3980	$6190	**$10620**	**$12500**	Ford	4	233D	16F-4R	60.00	6175	No
6600	$18265	$3110	$4660	**$6760**	**$8130**	Ford	4	256D	16F-4R	68.10	5780	No
6600 4WD	$23632	$4020	$6030	**$8740**	**$10520**	Ford	4	256D	16F-4R	68.00	6280	No
6700	$24688	$4200	$6300	**$9140**	**$10990**	Ford	4	256D	16F-4R	68.94	6900	CHA
6700 4WD	$29903	$5080	$7630	**$11060**	**$13310**	Ford	4	256D	16F-4R	68.00	7400	CHA
7600	$19897	$3380	$5070	**$7360**	**$8850**	Ford	4T	256D	16F-4R	84.79	5800	No
7600 4WD	$25264	$4250	$6380	**$9250**	**$11130**	Ford	4T	256D	16F-4R	84.00	6400	No
7700	$25857	$4400	$6590	**$9570**	**$11510**	Ford	4T	256D	16F-4R	84.38	7000	CHA
7700 4WD	$31072	$4930	$7400	**$10730**	**$12910**	Ford	4T	256D	16F-4R	84.00	7600	CHA
TW10	$32777	$4340	$6510	**$9610**	**$11940**	Ford	6	401D	16F-4R	110.24	10900	CHA
TW10 4WD	$40389	$5110	$7670	**$11320**	**$14050**	Ford	6	401D	16F-4R	110.00	13350	CHA
TW20	$36738	$4620	$6930	**$10230**	**$12710**	Ford	6T	401D	16F-4R	135.60	12000	CHA
TW20 4WD	$44257	$5490	$8230	**$12150**	**$15090**	Ford	6T	401D	16F-4R	135.00	14600	CHA
TW30	$41108	$5210	$7820	**$11540**	**$14330**	Ford	6TI	401D	16F-4R	163.28	14050	CHA
TW30 4WD	$48627	$6230	$9350	**$13800**	**$17130**	Ford	6TI	401D	16F-4R	163.00	14800	CHA
FW-20 4WD	$60453	$4980	$6820	**$8920**	**$13640**	Cummins	V8	555D	20F-4R	150.0	24775	CHA
FW-30 4WD	$73017	$5940	$8130	**$10630**	**$16250**	Cummins	V8	903D	20F-4R	205.0	25320	CHA
FW-60 4WD	$86502	$6510	$8910	**$11650**	**$17810**	Cummins	V8T	903D	20F-4R	270.0	26171	CHA
1979												
1100	$4495	$1080	$1810	**$2580**	**$3020**	Shibaura	2	43D	10F-2R	11.00	1131	No
1100 4WD	$4990	$1180	$1970	**$2820**	**$3300**	Shibaura	2	43D	10F-2R	11.00	1244	No
1300	$5312	$1260	$2100	**$2990**	**$3500**	Shibaura	2	49D	12F-4R	13.50	1723	No
1300 4WD	$5825	$1370	$2270	**$3250**	**$3800**	Shibaura	2	49D	12F-4R	13.50	1984	No
1500	$5815	$1340	$2230	**$3180**	**$3720**	Shibaura	2	62D	12F-4R	17.00	1958	No
1500 4WD	$6488	$1480	$2470	**$3520**	**$4120**	Shibaura	2	62D	12F-4R	17.00	2205	No

Model	Approx. Retail Price New	Estimated Value Less Repairs Used Trade-In Avg.	Used Trade-In High	Used Retail Avg.	Used Retail High	Engine Make	Engine No. Cyls.	Engine Displ. Cu.-in.	No. Speeds	P.T.O. H.P.	Approx. Shipping Wt.-Lbs.	Cab
Ford (Cont.)												
				1979 (Cont.)								
1600	$5084	$1260	$2100	**$3000**	**$3510**	Shibaura	2	78D	9F-3R	22.02	2260	No
1700	$6385	$1670	$2370	**$4140**	**$4660**	Shibaura	2	78D	12F-4R	23.26	2276	No
1700 4WD	$7315	$1880	$2670	**$4670**	**$5260**	Shibaura	2	78D	12F-4R	23.00	2513	No
1900	$7455	$1900	$2690	**$4710**	**$5310**	Shibaura	3	87D	12F-4R	26.88	2518	No
1900 4WD	$8988	$2160	$3060	**$5350**	**$6020**	Shibaura	3	87D	12F-4R	26.00	2750	No
2600	$8225	$1940	$3230	**$4610**	**$5400**	Ford	3	158G	8F-2R	34.18	3507	No
2600	$8549	$2010	$3340	**$4780**	**$5590**	Ford	3	158D	8F-2R	32.47	3546	No
3600	$9393	$2140	$3570	**$5100**	**$5960**	Ford	3	175G	8F-2R	40.62	4400	No
3600	$9716	$2210	$3680	**$5260**	**$6150**	Ford	3	175D	8F-2R	40.55	4590	No
4100	$11628	$2420	$4040	**$5760**	**$6740**	Ford	3	183D	8F-2R	45.46	4910	No
4600	$11981	$2500	$4160	**$5940**	**$6950**	Ford	3	201G	8F-2R	52.18	4480	No
4600	$12297	$2560	$4270	**$6100**	**$7140**	Ford	3	201D	8F-2R	52.44	4710	No
5600	$14729	$3070	$5120	**$7320**	**$8560**	Ford	4	233D	16F-4R	58.46	5500	No
6600	$16020	$2860	$4450	**$7630**	**$9060**	Ford	4	256D	16F-4R	68.10	5780	No
6700	$21712	$3890	$6050	**$10370**	**$12320**	Ford	4	256D	16F-4R	68.94	6900	CHA
7600	$17527	$3140	$4880	**$8370**	**$9930**	Ford	4T	256D	16F-4R	84.79	5800	No
7700	$22688	$3740	$5720	**$8140**	**$9790**	Ford	4T	256D	16F-4R	84.38	7000	CHA
TW10	$27982	$3920	$5880	**$8670**	**$10910**	Ford	6	401D	16F-4R	110.24	10900	CHA
TW20	$30918	$4330	$6490	**$9590**	**$12060**	Ford	6T	401D	16F-4R	135.60	12000	CHA
TW30	$35327	$4950	$7420	**$10950**	**$13780**	Ford	6TI	401D	16F-4R	163.28	13050	CHA
FW-20 4WD	$52374	$4600	$6050	**$7740**	**$12580**	Cummins	V8	555D	20F-4R	150.0	24775	CHA
FW-30 4WD	$63458	$5170	$6810	**$8710**	**$14160**	Cummins	V8	903D	20F-4R	205.0	25320	CHA
FW-40 4WD	$68550	$5660	$7440	**$9530**	**$15480**	Cummins	V8	903D	20F-4R	227.0	26132	CHA
FW-60 4WD	$75103	$6270	$8250	**$10560**	**$17160**	Cummins	V8T	903D	20F-4R	270.0	26171	CHA
				1978								
1600	$4830	$1040	$1620	**$2780**	**$3340**	Shibaura	2	78D	9F-3R	22.02	2260	No
2600	$7689	$1870	$3090	**$4350**	**$5130**	Ford	3	158G	8F-2R	34.18	3507	No
2600	$8012	$1940	$3200	**$4510**	**$5320**	Ford	3	158D	8F-2R	32.47	3546	No
3600	$8908	$2130	$3520	**$4950**	**$5850**	Ford	3	175G	8F-2R	40.62	4400	No
3600	$9216	$2200	$3630	**$5110**	**$6030**	Ford	3	175D	8F-2R	40.55	4590	No
4100	$10726	$2310	$3810	**$5360**	**$6330**	Ford	3	183D	8F-2R	45.46	4910	No
4600	$10574	$2270	$3750	**$5290**	**$6240**	Ford	3	201G	8F-2R	52.18	4480	No
4600	$11017	$2370	$3910	**$5510**	**$6500**	Ford	3	201D	8F-2R	52.44	4710	No
5600	$13997	$3010	$4970	**$7000**	**$8260**	Ford	4	233D	16F-4R	58.46	5500	No
6600	$14800	$3180	$5250	**$7400**	**$8730**	Ford	4	256G	16F-4R	68.00	5580	No
6600	$15181	$3260	$5390	**$7590**	**$8960**	Ford	4	256D	16F-4R	68.10	5780	No
6700	$20499	$3690	$5740	**$9840**	**$11790**	Ford	4	256G	16F-4R	68.00	5780	CHA
6700	$20899	$3760	$5850	**$10030**	**$12020**	Ford	4	256D	16F-4R	68.94	5980	CHA
7600	$16457	$2960	$4610	**$7900**	**$9460**	Ford	4T	256D	16F-4R	84.79	5800	No
7700	$21785	$3600	$5600	**$9600**	**$11500**	Ford	4T	256D	16F-4R	84.38	6000	CHA
8700	$22967	$3220	$4820	**$7120**	**$9190**	Ford	6	401D	16F-4R	110.58	10900	CHA
9700	$26806	$3750	$5630	**$8310**	**$10720**	Ford	6T	401D	16F-4R	135.64	11000	CHA
County Super 4	$22000	$3080	$4620	**$6820**	**$8800**	Ford	4	256D	8F-2R	67.00	8930	No
County Super 6	$27700	$3880	$5820	**$8590**	**$11080**	Ford	6	401D	8F-2R	96.00	9990	No
FW-20 4WD	$49755	$4340	$5710	**$7310**	**$11880**	Cummins	V8	555D	20F-4R	150.0	24775	CHA
FW-30 4WD	$60283	$4850	$6380	**$8160**	**$13260**	Cummins	V8	903D	20F-4R	205.0	25320	CHA
FW-40 4WD	$65123	$5320	$7000	**$8960**	**$14560**	Cummins	V8	903D	20F-4R	227.0	26132	CHA
FW-60 4WD	$71348	$5890	$7750	**$9920**	**$16120**	Cummins	V8T	903D	20F-4R	270.0	26171	CHA
				1977								
1600	$4550	$1000	$1550	**$2660**	**$3220**	Shibaura	2	78D	9F-3R	22.02	2260	No
2600	$7305	$1830	$2990	**$4150**	**$4940**	Ford	3	158G	8F-2R	34.18	3507	No
2600	$7611	$1890	$3100	**$4310**	**$5120**	Ford	3	158D	8F-2R	32.47	3546	No
3600	$8484	$2090	$3410	**$4740**	**$5640**	Ford	3	175G	8F-2R	40.62	4400	No
3600	$8777	$2150	$3520	**$4890**	**$5820**	Ford	3	175D	8F-2R	40.55	4590	No
4100	$10190	$2240	$3670	**$5100**	**$6060**	Ford	3	183D	8F-2R	45.46	4910	No
4600	$10045	$2210	$3620	**$5020**	**$5980**	Ford	3	201G	8F-2R	52.18	4480	No
4600	$10466	$2300	$3770	**$5230**	**$6230**	Ford	3	201D	8F-2R	52.44	4710	No
5600	$13297	$2930	$4790	**$6650**	**$7910**	Ford	4	233D	16F-4R	58.46	5500	No
6600	$14060	$3090	$5060	**$7030**	**$8370**	Ford	4	256G	16F-4R	68.00	5580	No
6600	$14422	$3170	$5190	**$7210**	**$8580**	Ford	4	256D	16F-4R	68.10	5780	No
6700	$19474	$3510	$5450	**$9350**	**$11300**	Ford	4	256G	16F-4R	68.00	5780	CHA
6700	$19854	$3570	$5560	**$9530**	**$11520**	Ford	4	256D	16F-4R	68.94	5980	CHA
7600	$15634	$2810	$4380	**$7500**	**$9070**	Ford	4T	256D	16F-4R	84.79	5800	No
7700	$20696	$3420	$5320	**$9120**	**$11020**	Ford	4T	256D	16F-4R	84.38	6000	No
8700	$21819	$3060	$4580	**$6760**	**$8840**	Ford	6	401D	16F-4R	110.58	10900	CHA
9700	$25466	$3570	$5350	**$7890**	**$10310**	Ford	6T	401D	16F-4R	135.64	11000	CHA
County Super 4	$20900	$2930	$4390	**$6480**	**$8470**	Ford	4	256D	8F-2R	67.00	8930	No
County Super 6	$26315	$3680	$5530	**$8160**	**$10660**	Ford	6	401D	8F-2R	96.00	9990	No
FW-20 4WD	$47267	$4110	$5410	**$6920**	**$11250**	Cummins	V8	555D	20F-4R	150.0	24775	CHA
FW-30 4WD	$57269	$4590	$6030	**$7720**	**$12550**	Cummins	V8	903D	20F-4R	205.0	25320	CHA
FW-40 4WD	$61867	$5020	$6610	**$8460**	**$13750**	Cummins	V8	903D	20F-4R	227.0	26132	CHA
FW-60 4WD	$67781	$5490	$7220	**$9250**	**$15020**	Cummins	V8T	903D	20F-4R	270.0	26171	CHA
				1976								
1000	$4445	$800	$1270	**$2130**	**$2600**	Shibaura	2	78D	9F-3R	23.00	2300	No
2600	$6209	$1620	$2630	**$3530**	**$4320**	Ford	3	158G	8F-2R	34.18	3507	No
2600	$6469	$1680	$2730	**$3660**	**$4480**	Ford	3	158D	8F-2R	32.47	3546	No
3600	$6960	$1790	$2910	**$3900**	**$4780**	Ford	3	175G	8F-2R	40.62	4400	No
3600	$7150	$1820	$2960	**$3970**	**$4860**	Ford	3	175D	8F-2R	40.55	4590	No
3600	$7200	$1850	$2990	**$4020**	**$4920**	Ford	3	175D	8F-2R	40.55	4590	No
4100	$8662	$2170	$3530	**$4730**	**$5800**	Ford	3	183D	8F-2R	45.46	4910	No
4600	$8740	$2190	$3560	**$4770**	**$5840**	Ford	3	201G	10F-2R	50.16	4439	No

Ford (Cont.)

1976 (Cont.)

Model	Approx. Retail Price New	Used Trade-In Avg.	Used Trade-In High	Used Retail Avg.	Used Retail High	Engine Make	Engine No. Cyls.	Engine Displ. Cu.-in.	No. Speeds	P.T.O. H.P.	Approx. Shipping Wt.-Lbs.	Cab
4600	$9100	$2180	$3540	**$4750**	**$5820**	Ford	3	201D	10F-2R	51.00	4710	No
5600	$11967	$2690	$4370	**$5860**	**$7180**	Ford	4	233D	16F-4R	58.46	5500	No
6600	$12654	$2850	$4620	**$6200**	**$7590**	Ford	4	256G	16F-4R	68.00	5580	No
6600	$12980	$2920	$4740	**$6360**	**$7790**	Ford	4	256D	16F-4R	68.10	5780	No
7600	$14071	$3170	$5140	**$6900**	**$8440**	Ford	4T	256D	16F-4R	84.79	5800	No
8600	$18934	$2650	$3980	**$5870**	**$7760**	Ford	6	401D	16F-4R	110.69	10800	CH
9600	$21541	$3020	$4520	**$6680**	**$8830**	Ford	6T	401D	16F-4R	135.36	10900	CH
County Super 4	$19855	$2780	$4170	**$6160**	**$8140**	Ford	4	256D	8F-2R	67.00	8930	No
County Super 6	$24999	$3500	$5250	**$7750**	**$10250**	Ford	6	401D	8F-2R	96.00	9990	No

1975

Model	Approx. Retail Price New	Used Trade-In Avg.	Used Trade-In High	Used Retail Avg.	Used Retail High	Engine Make	Engine No. Cyls.	Engine Displ. Cu.-in.	No. Speeds	P.T.O. H.P.	Approx. Shipping Wt.-Lbs.	Cab
1000	$4233	$780	$1260	**$2080**	**$2560**	Shibaura	2	78D	9F-3R	23.00	2300	No
2000	$5695	$2040	$2810	**$4890**	**$5470**	Ford	3	158G	8F-2R	30.85	3507	No
2000	$5935	$2120	$2920	**$5080**	**$5680**	Ford	3	158D	8F-2R	31.19	3546	No
3000	$6509	$2250	$3100	**$5400**	**$6040**	Ford	3	158G	8F-2R	37.84	3664	No
3000	$7008	$2390	$3290	**$5720**	**$6390**	Ford	3	175D	8F-2R	39.30	3801	No
3600	$6900	$1780	$2920	**$3870**	**$4820**	Ford	3	175G	8F-2R	40.62	4400	No
3600	$6950	$1780	$2920	**$3870**	**$4820**	Ford	3	175G	8F-2R	40.62	4400	No
3600	$7140	$1820	$3000	**$3970**	**$4940**	Ford	3	175D	8F-2R	40.55	4590	No
4000	$9395	$2530	$3490	**$6060**	**$6780**	Ford	3	201G	10F-2R	50.16	4504	No
4000	$9635	$2610	$3590	**$6250**	**$6980**	Ford	3	201D	10F-2R	51.00	4754	No
4600	$8690	$1960	$3220	**$4260**	**$5300**	Ford	3	201G	10F-2R	50.16	4439	No
4600	$8700	$2170	$3570	**$4730**	**$5890**	Ford	3	201G	10F-2R	50.16	4439	No
4600	$9000	$2070	$3400	**$4510**	**$5610**	Ford	3	201D	10F-2R	51.00	4710	No
4600	$9050	$2040	$3350	**$4440**	**$5520**	Ford	3	201D	10F-2R	51.00	4710	No
5000	$11389	$2750	$3790	**$6600**	**$7380**	Ford	4	256G	10F-2R	65.64	5218	No
5000	$11689	$2830	$3900	**$6790**	**$7590**	Ford	4	256D	10F-2R	66.49	5468	No
5600	$11550	$2600	$4270	**$5660**	**$7050**	Ford	4	233D	16F-4R	58.46	5500	No
5600	$11850	$2670	$4390	**$5810**	**$7230**	Ford	4	233D	16F-4R	58.46	5500	No
6600	$12175	$2590	$4260	**$5640**	**$7020**	Ford	4	256G	16F-4R	68.00	5580	No
6600	$12225	$2750	$4520	**$5990**	**$7460**	Ford	4	256G	16F-4R	68.00	5580	No
6600	$12350	$2700	$4440	**$5880**	**$7320**	Ford	4	256D	16F-4R	68.10	5780	No
6600	$12450	$2800	$4610	**$6100**	**$7600**	Ford	4	256D	16F-4R	68.10	5780	No
7000	$12100	$2520	$4140	**$5490**	**$6830**	Ford	4T	256D	8F-2R	83.49	5806	No
7600	$13450	$3030	$4980	**$6590**	**$8210**	Ford	4T	256D	16F-4R	84.79	5800	No
7600	$13520	$3040	$5000	**$6630**	**$8250**	Ford	4T	256D	16F-4R	84.79	5800	No
8600	$17987	$2520	$3780	**$5580**	**$7470**	Ford	6	401D	16F-4R	110.69	10800	CH
8600	$18125	$2540	$3810	**$5620**	**$7520**	Ford	6	401D	16F-4R	110.69	10800	CH
9600	$20464	$2870	$4300	**$6340**	**$8490**	Ford	6T	401D	16F-4R	135.46	10900	CH
County Super 4	$18862	$2640	$3960	**$5850**	**$7830**	Ford	4	256D	8F-2R	67.00	8930	No
County Super 6	$23749	$3190	$4780	**$7050**	**$9440**	Ford	6	401D	8F-2R	96.00	9990	No

1974

Model	Approx. Retail Price New	Used Trade-In Avg.	Used Trade-In High	Used Retail Avg.	Used Retail High	Engine Make	Engine No. Cyls.	Engine Displ. Cu.-in.	No. Speeds	P.T.O. H.P.	Approx. Shipping Wt.-Lbs.	Cab
1000	$3215	$1150	$1880	**$2450**	**$3100**	Shibaura	2	78D	9F-3R	23.00	2300	No
2000	$4841	$1990	$2780	**$4840**	**$5400**	Ford	3	158G	8F-2R	30.85	3507	No
2000	$5045	$2090	$2920	**$5100**	**$5690**	Ford	3	158D	8F-2R	31.19	3546	No
3000	$5424	$2200	$3070	**$5350**	**$5980**	Ford	3	158G	8F-2R	37.84	3664	No
3000	$5840	$2330	$3260	**$5680**	**$6340**	Ford	3	175D	8F-2R	39.30	3801	No
4000	$8456	$2510	$3500	**$6100**	**$6810**	Ford	3	201G	10F-2R	50.16	4504	No
4000	$8672	$2560	$3580	**$6240**	**$6960**	Ford	3	201D	10F-2R	51.00	4754	No
5000	$9274	$2650	$3700	**$6450**	**$7200**	Ford	4	256G	10F-2R	65.64	6280	No
5000	$9529	$2760	$3850	**$6710**	**$7490**	Ford	4	256D	10F-2R	66.49	6580	No
7000	$11495	$2530	$4130	**$5390**	**$6820**	Ford	4T	256D	8F-2R	83.49	5806	No
8600	$17088	$2390	$3590	**$5380**	**$7180**	Ford	6	401D	16F-4R	110.69	10800	CH
9600	$19441	$2720	$4080	**$6120**	**$8170**	Ford	6T	401D	16F-4R	135.46	10900	CH
County Super 4	$17919	$2510	$3760	**$5640**	**$7530**	Ford	4	256D	8F-2R	67.00	8930	No
County Super 6	$22562	$3020	$4530	**$6790**	**$9060**	Ford	6	401D	8F-2R	96.00	9990	No

1973

Model	Approx. Retail Price New	Used Trade-In Avg.	Used Trade-In High	Used Retail Avg.	Used Retail High	Engine Make	Engine No. Cyls.	Engine Displ. Cu.-in.	No. Speeds	P.T.O. H.P.	Approx. Shipping Wt.-Lbs.	Cab
1000	$3054	$1080	$1810	**$2300**	**$2960**	Shibaura	2	78D	9F-3R	23.00	2300	No
2000	$3873	$1920	$2720	**$4710**	**$5290**	Ford	3	158G	8F-2R	30.85	3507	No
2000	$4036	$2030	$2870	**$4970**	**$5590**	Ford	3	158D	8F-2R	31.19	3546	No
3000	$4520	$2120	$3000	**$5200**	**$5840**	Ford	3	158G	8F-2R	37.84	3664	No
3000	$4867	$2250	$3190	**$5530**	**$6210**	Ford	3	175D	8F-2R	39.30	3801	No
4000	$6862	$2350	$3320	**$5760**	**$6470**	Ford	3	201G	10F-2R	50.16	4898	No
4000	$7224	$2450	$3460	**$6000**	**$6730**	Ford	3	201D	10F-2R	51.00	5118	No
5000	$7819	$2600	$3680	**$6380**	**$7170**	Ford	4	256G	10F-2R	65.64	6280	No
5000	$8023	$2660	$3760	**$6520**	**$7320**	Ford	4	256D	10F-2R	66.49	6580	No
7000	$9771	$2480	$4150	**$5280**	**$6790**	Ford	4T	256D	8F-2R	83.49	5806	No
8000	$10836	$2490	$4170	**$5310**	**$6830**	Ford	6	401D	16F-4R	105.73	10495	CH
8600	$11808	$2720	$4550	**$5790**	**$7440**	Ford	6	401D	16F-4R	105.73	10845	CH
9000	$13568	$3120	$5220	**$6650**	**$8550**	Ford	6T	401D	16F-4R	131.22	10995	CH
9600	$18500	$2590	$3890	**$5920**	**$7860**	Ford	6T	401D	16F-4R	135.46	10900	CH
County Super 4	$14335	$2440	$4160	**$5300**	**$6390**	Ford	4	256D	8F-2R	67.00	8930	No
County Super 6	$18049	$3070	$5230	**$6680**	**$8050**	Ford	6	401D	8F-2R	96.00	9990	No

1972

Model	Approx. Retail Price New	Used Trade-In Avg.	Used Trade-In High	Used Retail Avg.	Used Retail High	Engine Make	Engine No. Cyls.	Engine Displ. Cu.-in.	No. Speeds	P.T.O. H.P.	Approx. Shipping Wt.-Lbs.	Cab
2000	$3796	$1860	$2630	**$4590**	**$5180**	Ford	3	158G	8F-2R	30.83	3507	No
2000	$3955	$1960	$2780	**$4850**	**$5480**	Ford	3	158D	8F-2R	31.19	3546	No
3000	$4305	$2040	$2890	**$5040**	**$5700**	Ford	3	158G	8F-2R	37.84	3664	No
3000	$4636	$2170	$3080	**$5370**	**$6070**	Ford	3	175D	8F-2R	39.30	3801	No
4000	$6519	$2310	$3270	**$5710**	**$6450**	Ford	3	201G	10F-2R	50.16	4898	No
4000	$6863	$2370	$3360	**$5860**	**$6620**	Ford	3	201D	10F-2R	51.00	5118	No
5000	$7454	$2510	$3550	**$6190**	**$7000**	Ford	4	256G	10F-2R	65.64	6280	No

Model	Approx. Retail Price New	Estimated Value Less Repairs Used Trade-In Avg.	High	Used Retail Avg.	High	Engine Make	No. Cyls.	Displ. Cu.-in.	No. Speeds	P.T.O. H.P.	Approx. Shipping Wt.-Lbs.	Cab
Ford (Cont.)												
1972 (Cont.)												
5000	$7650	$2620	$3710	**$6490**	**$7330**	Ford	4	256D	10F-2R	66.49	6580	No
7000	$9282	$2370	$4010	**$5090**	**$6580**	Ford	4T	256D	8F-2R	83.49	5806	No
8000	$11218	$2480	$4210	**$5350**	**$6910**	Ford	6	401D	16F-4R	105.73	10845	CH
9000	$12887	$2960	$5030	**$6380**	**$8250**	Ford	6T	401D	16F-4R	131.22	10995	CH
County Super 4	$13618	$2450	$3950	**$5040**	**$6100**	Ford	4	256D	8F-2R	67.00	8930	No
County Super 6	$17147	$3090	$4970	**$6340**	**$7680**	Ford	6	363D	8F-2R	113*	9990	No
***Engine Horsepower**												
1971												
2000	$3720	$1800	$2580	**$4490**	**$5100**	Ford	3	158G	8F-2R	30.83	3507	No
2000	$3876	$1910	$2740	**$4750**	**$5400**	Ford	3	158D	8F-2R	31.19	3546	No
3000	$4003	$1970	$2830	**$4920**	**$5590**	Ford	3	158G	8F-2R	37.84	3664	No
3000	$4415	$2110	$3020	**$5250**	**$5960**	Ford	3	175D	8F-2R	39.30	3801	No
4000	$6193	$2300	$3300	**$5740**	**$6520**	Ford	3	201G	10F-2R	50.16	4898	No
4000	$6520	$2360	$3380	**$5870**	**$6680**	Ford	3	201D	10F-2R	51.00	5118	No
5000	$7081	$2570	$3690	**$6400**	**$7280**	Ford	4	256G	10F-2R	65.64	6280	No
5000	$7267	$2640	$3780	**$6570**	**$7460**	Ford	4	256D	10F-2R	66.49	6580	No
8000	$9422	$2300	$4000	**$5000**	**$6500**	Ford	6	401D	16F-4R	105.73	10845	No
9000	$10755	$2470	$4300	**$5380**	**$6990**	Ford	6T	401D	16F-4R	131.22	11515	No
County Super 4	$12937	$2330	$3750	**$4850**	**$5820**	Ford	4	256D	8F-2R	67.00	8930	No
County Super 6	$16289	$2930	$4720	**$6110**	**$7330**	Ford	6	363D	8F-2R	113*	9990	No
***Engine Horsepower**												
1970												
2000	$3600	$1760	$2590	**$4420**	**$5050**	Ford	3	158G	6F-2R	30.58	3296	No
2000	$3700	$1840	$2710	**$4620**	**$5280**	Ford	3	158D	6F-2R	31.97	3562	No
3000	$3812	$1910	$2810	**$4790**	**$5470**	Ford	3	158G	8F-2R	37.87	3480	No
3000	$4205	$2040	$3000	**$5120**	**$5850**	Ford	3	175D	8F-2R	39.20	3805	No
4000	$5883	$2170	$3190	**$5440**	**$6220**	Ford	3	201G	10F-2R	50.16	5118	No
4000	$6194	$2230	$3280	**$5590**	**$6380**	Ford	3	201D	10F-2R	51.00	5368	No
5000	$6727	$2490	$3670	**$6250**	**$7140**	Ford	4	256G	10F-2R	65.64	6280	No
5000	$6904	$2600	$3820	**$6520**	**$7450**	Ford	4	256D	10F-2R	66.49	6580	No
8000	$8951	$2290	$4080	**$5030**	**$6570**	Ford	6	401D	16F-4R	105.73	10845	No
9000	$10458	$2410	$4290	**$5280**	**$6900**	Ford	6T	401D	16F-4R	131.22	10995	No
County Super 4	$12290	$2210	$3560	**$4670**	**$5590**	Ford	4	256D	8F-2R	67.00	8930	No
County Super 6	$15475	$2790	$4490	**$5880**	**$7040**	Ford	6	363D	8F-2R	113*	9990	No
***Engine Horsepower**												
1969												
2000	$3573	$1720	$2570	**$4360**	**$5010**	Ford	3	158G	8F-2R	30.57	3300	No
2000	$3642	$1790	$2670	**$4520**	**$5200**	Ford	3	158D	8F-2R	31.0	3560	No
3000	$3630	$1830	$2730	**$4620**	**$5310**	Ford	3	158G	8F-2R	37.8	3100	No
3000	$4005	$1940	$2890	**$4890**	**$5630**	Ford	3	158D	8F-2R	39.2	3805	No
4000	$5589	$2010	$3000	**$5090**	**$5840**	Ford	3	201G	10F-2R	50.1	5118	No
4000	$5883	$2090	$3110	**$5280**	**$6070**	Ford	3	201D	10F-2R	51.0	5368	No
5000	$6391	$2250	$3350	**$5690**	**$6540**	Ford	4	256G	10F-2R	65.6	6280	No
5000	$6569	$2320	$3460	**$5880**	**$6750**	Ford	4	256D	10F-2R	66.5	6580	No
6000	$5960	$1900	$3390	**$4220**	**$5540**	Ford	6	223G	10F-2R	66.1	6200	No
6000	$6648	$2030	$3620	**$4510**	**$5920**	Ford	6	242D	10F-2R	66	6585	No
8000	$8861	$2190	$3900	**$4850**	**$6370**	Ford	6	401D	16F-4R	105	10845	No
County Super 4	$11676	$2100	$3390	**$4500**	**$5370**	Ford	4	256D	8F-2R	67	8930	No
County Super 6	$14700	$2650	$4260	**$5660**	**$6760**	Ford	6	363D	8F-2R	113*	9990	No
***Engine Horsepower**												
1968												
2000	$3240	$1700	$2570	**$4330**	**$5010**	Ford	3	158G	4F-R	30	3380	No
2000	$3642	$1750	$2640	**$4460**	**$5160**	Ford	3	158D	8F-2R	31.0	3560	No
3000	$3457	$1710	$2580	**$4360**	**$5040**	Ford	3	158G	8F-2R	38.	3480	No
3000	$3814	$1810	$2730	**$4600**	**$5320**	Ford	3	158D	8F-2R	39.	3805	No
4000	$4908	$1840	$2780	**$4690**	**$5420**	Ford	3	192G	10F-2R	39.9	4210	No
4000	$5188	$1910	$2880	**$4850**	**$5610**	Ford	3	201D	10F-2R	45.6	4450	No
5000	$5713	$2100	$3170	**$5340**	**$6170**	Ford	4	256G	10F-2R	65.69	5410	No
5000	$6024	$2180	$3290	**$5550**	**$6420**	Ford	4	256D	10F-2R	66.5	5810	No
6000	$5738	$1920	$3420	**$4290**	**$5670**	Ford	6	223G	10F-2R	66.1	6920	No
6000	$6396	$2020	$3610	**$4530**	**$5980**	Ford	6	242D	10F-2R	66.26	7100	No
8000	$8051	$2050	$3650	**$4580**	**$6050**	Ford	6	401D	8F-2R	105	9070	No
1967												
2000	$2900	$1640	$2510	**$4220**	**$4900**	Ford	3	158G	4F-1R	30.51	3280	No
2000	$3642	$1700	$2590	**$4350**	**$5060**	Ford	3	158D	8F-2R	31.0	3560	No
3000	$3292	$1700	$2600	**$4360**	**$5070**	Ford	3	158G	8F-2R	38.	3480	No
3000	$3633	$1800	$2750	**$4620**	**$5370**	Ford	3	175D	8F-2R	39.	3805	No
4000	$4417	$1830	$2800	**$4700**	**$5460**	Ford	3	192G	10F-2R	45.4	4210	No
4000	$4669	$1880	$2880	**$4830**	**$5620**	Ford	3	201D	10F-2R	45.6	4450	No
5000	$5142	$2020	$3080	**$5170**	**$6010**	Ford	4	233G	10F-2R	58.5	5410	No
5000	$5422	$2100	$3210	**$5390**	**$6260**	Ford	4	233D	10F-2R	54.1	5810	No
6000	$5565	$1810	$3230	**$4090**	**$5430**	Ford	6	223G	10F-2R	66	6498	No
6000	$6208	$1970	$3510	**$4450**	**$5900**	Ford	6	242D	10F-2R	66	6875	No
1966												
2000	$2842	$1560	$2460	**$4110**	**$4800**	Ford	3	157G	4F-1R	30	3280	No
2000	$3642	$1640	$2580	**$4320**	**$5040**	Ford	3	158D	8F-2R	31.0	3560	No
3000	$3135	$1620	$2560	**$4270**	**$4990**	Ford	3	158G	8F-2R	38	3480	No
3000	$3600	$1730	$2730	**$4570**	**$5330**	Ford	3	175D	8F-2R	39	3920	No

Ford (Cont.)

Model	Approx. Retail Price New	Estimated Value Less Repairs: Used Trade-In Avg.	Used Trade-In High	Used Retail Avg.	Used Retail High	Engine Make	Engine No. Cyls.	Engine Displ. Cu.-in.	No. Speeds	P.T.O. H.P.	Approx. Shipping Wt.-Lbs.	Cab
				1966 (Cont.)								
4000	$4196	$1770	$2790	**$4660**	**$5440**	Ford	3	192G	10F-2R	45.6	4210	No
4000	$4436	$1820	$2880	**$4810**	**$5610**	Ford	3	201D	10F-2R	45.6	4450	No
5000	$4893	$1950	$3080	**$5140**	**$6000**	Ford	4	233G	10F-2R	58	5218	No
5000	$5151	$2030	$3200	**$5350**	**$6250**	Ford	4	233D	10F-2R	54	5318	No
5000 Super Major	$4500	$1390	$2180	**$3600**	**$4880**	Ford	4	220D	6F-2R	47.5	4469	No
6000	$5456	$1780	$3180	**$4070**	**$5430**	Ford	6	223G	10F-2R	66	6498	No
6000	$6086	$1950	$3480	**$4460**	**$5940**	Ford	6	242D	10F-2R	66	6589	No
				1965								
2000	$2750	$1480	$2410	**$4000**	**$4700**	Ford	3	158G	4F-1R	30	3280	No
2000	$3442	$1560	$2530	**$4210**	**$4940**	Ford	3	158D	8F-2R	31.0	3560	No
3000	$2986	$1570	$2550	**$4240**	**$4980**	Ford	3	158G	8F-2R	38	3480	No
3000	$3595	$1660	$2700	**$4490**	**$5270**	Ford	3	175D	8F-2R	39	3920	No
4000	$4200	$1710	$2790	**$4630**	**$5440**	Ford	3	192G	10F-2R	45.4	4210	No
4000	$4214	$1760	$2860	**$4760**	**$5590**	Ford	3	201D	10F-2R	45.6	4450	No
5000	$5150	$1850	$3010	**$5000**	**$5870**	Ford	4	233G	8F-2R	53.1	5218	No
5000	$4893	$1940	$3160	**$5250**	**$6170**	Ford	4	233D	10F-2R	54.1	5260	No
5000 Super Major	$4325	$1660	$2960	**$3830**	**$5130**	Ford	4	220D	6F-2R	47.5	4469	No
6000	$5349	$1770	$3160	**$4080**	**$5470**	Ford	6	223G	10F-2R	62	6498	No
6000	$5967	$1890	$3360	**$4350**	**$5820**	Ford	6	242D	10F-2R	62	6589	No
				1964								
Fordson Dexta	$2950	$970	$1520	**$2520**	**$3520**	Perkins	3	144D	6F-2R	31.4	3030	No
2000	$2913	$1450	$2390	**$3960**	**$4670**	Ford	4	134G	4F-1R	33.	2712	No
2000	$3481	$1520	$2500	**$4140**	**$4880**	Ford	4	144D	4F-1R	32.	3089	No
4000	$4000	$1700	$2800	**$4630**	**$5460**	Ford	4	172G	5F-1R	46	3104	No
4000	$4000	$1740	$2860	**$4730**	**$5580**	Ford	4	172D	5F-1R	44	3280	No
5000	$4893	$1840	$3020	**$5000**	**$5900**	Ford	4	233D	10F-2R	54.1	5260	No
5000	$5150	$1800	$2960	**$4900**	**$5780**	Ford	4	233G	8F-2R	53.09	5218	No
5000 Super Major	$4239	$1640	$2860	**$3820**	**$5140**	Ford	4	220D	6F-2R	47.5	4469	No
6000	$5243	$1740	$3020	**$4040**	**$5430**	Ford	6	223G	10F-2R	62	6498	No
6000	$5850	$1850	$3220	**$4310**	**$5800**	Ford	6	242D	10F-2R	62	6589	No
				1963								
Fordson Dexta	$2950	$960	$1510	**$2520**	**$3540**	Perkins	3	144D	6F-2R	31.4	3030	No
Fordson Super Dexta	$3250	$1120	$1760	**$2930**	**$4110**	Perkins	4	152D	6F-2R	32	3150	No
Fordson Super Major	$3780	$1210	$1900	**$3180**	**$4460**	Ford	4	220D	6F-2R	49	4609	No
2000	$2856	$1430	$2380	**$3920**	**$4650**	Ford	4	134G	4F-1R	33.	3026	No
2000	$3413	$1490	$2490	**$4100**	**$4860**	Ford	4	144D	4F-1R	32.	3557	No
4000	$3815	$1660	$2770	**$4560**	**$5410**	Ford	4	172G	10F-2R	46	2987	No
4000	$3900	$1720	$2870	**$4730**	**$5610**	Ford	4	172D	10F-2R	41	3182	No
5000	$4893	$1840	$3060	**$5040**	**$5980**	Ford	4	233D	10F-2R	54.1	5260	No
5000	$5150	$1750	$2910	**$4800**	**$5690**	Ford	4	233G	8F-2R	53.09	5218	No
5000 Super Major	$4154	$1610	$2770	**$3790**	**$5120**	Ford	4	220D	6F-2R	47.5	5565	No
6000	$5140	$1640	$2820	**$3860**	**$5210**	Ford	6	223G	10F-2R	62	6498	No
6000	$5735	$1780	$3060	**$4180**	**$5650**	Ford	6	242D	10F-2R	62	6589	No
				1962								
Fordson Dexta	......	$940	$1480	**$2500**	**$3520**	Perkins	3	144D	6F-2R	31.4	3030	No
Fordson Super Dexta	......	$970	$1520	**$2580**	**$3630**	Perkins	4	144D	6F-2R	32	3150	No
Fordson Super Major	......	$1070	$1680	**$2830**	**$3990**	Ford	4	220D	6F-2R	49	4609	No
501 Series	......	$1210	$2060	**$2900**	**$3900**	Ford	4	134G	4F-1R	33	3530	No
501 Series	......	$1290	$2180	**$3080**	**$4140**	Ford	4	144D	4F-1R	32	3710	No
601 Series	......	$1280	$2170	**$3060**	**$4110**	Ford	4	131G	10F-2R	34	2820	No
601 Series	......	$1300	$2210	**$3110**	**$4190**	Ford	4	141D	10F-2R	32	2996	No
701 Series	......	$1260	$2130	**$3000**	**$4040**	Ford	4	134G	4F-1R	35	3175	No
701 Series	......	$1310	$2220	**$3140**	**$4220**	Ford	4	144D	4F-4R	32	3350	No
801 Series	......	$1300	$2200	**$3110**	**$4180**	Ford	4	172G	4F-1R	46	3487	No
801 Series	......	$1350	$2280	**$3220**	**$4330**	Ford	4	172D	4F-1R	41	3657	No
901 Series	......	$1320	$2240	**$3170**	**$4260**	Ford	4	172G	4F-1R	47	3270	No
901 Series	......	$1370	$2320	**$3270**	**$4400**	Ford	4	172D	4F-1R	45	3450	No
2000	......	$1400	$2370	**$3880**	**$4620**	Ford	4	134G	4F-1R	33.	3358	No
2000	......	$1450	$2450	**$4020**	**$4790**	Ford	4	144D	4F-1R	32.	3853	No
4000	......	$1610	$2710	**$4450**	**$5300**	Ford	4	172G	5F-1R	46.3	3279	No
4000	......	$1690	$2840	**$4660**	**$5560**	Ford	4	172D	5F-1R	46.7	3474	No
5000 Super Major	......	$1590	$2690	**$3800**	**$5110**	Ford	4	220D	6F-2R	47.5	5565	No
6000	......	$1580	$2670	**$3770**	**$5070**	Ford	6	223G	10F-2R	66.1	6893	No
6000	......	$1750	$2960	**$4180**	**$5620**	Ford	6	241D	10F-2R	66.26	6875	No
				1961								
Fordson Dexta	......	$930	$1450	**$2480**	**$3500**	Perkins	3	144D	6F-2R	31.4	3030	No
Fordson Power Major	......	$1100	$1730	**$2950**	**$4170**	Ford	4	220D	6F-2R	48	5515	No
Fordson Super Major	......	$1060	$1650	**$2820**	**$3990**	Ford	4	220D	6F-2R	49	4609	No
501 Series	......	$1170	$1990	**$2860**	**$3830**	Ford	4	134G	4F-1R	33	3530	No
501 Series	......	$1270	$2150	**$3080**	**$4130**	Ford	4	144D	4F-1R	32	3710	No
601 Series	......	$1210	$2050	**$2940**	**$3940**	Ford	4	131G	4F-1R	34	2623	No
601 Series	......	$1260	$2130	**$3060**	**$4090**	Ford	4	141D	4F-1R	32	2799	No
701 Series	......	$1230	$2090	**$3000**	**$4020**	Ford	4	134G	4F-1R	35	3175	No
701 Series	......	$1290	$2180	**$3140**	**$4200**	Ford	4	144D	4F-4R	32	3350	No
801 Series	......	$1280	$2170	**$3110**	**$4170**	Ford	4	172G	4F-1R	44	3487	No
801 Series	......	$1320	$2240	**$3220**	**$4310**	Ford	4	172D	4F-1R	41	3657	No
901 Series	......	$1300	$2200	**$3160**	**$4240**	Ford	4	172G	4F-1R	47	3270	No
901 Series	......	$1350	$2280	**$3280**	**$4390**	Ford	4	172D	4F-1R	45	3450	No
6000	......	$1240	$1940	**$3320**	**$4690**	Ford	6	223G	10F-2R	66.1	6893	No

Ford (Cont.)

Model	Approx. Retail Price New	Used Trade-In Avg.	Used Trade-In High	Used Retail Avg.	Used Retail High	Engine Make	Engine No. Cyls.	Engine Displ. Cu.-in.	No. Speeds	P.T.O. H.P.	Approx. Shipping Wt.-Lbs.	Cab
				1961 (Cont.)								
6000	......	$1390	$2180	$3720	$5260	Ford	6	241D	10F-2R	66.26	6875	No
				1960								
Fordson Dexta	......	$910	$1420	$2450	$3480	Perkins	3	144D	6F-2R	31.4	3030	No
Fordson Power Major	......	$1090	$1710	$2950	$4190	Ford	4	220D	6F-2R	48	5515	No
501 Series	......	$1140	$1930	$2820	$3760	Ford	4	134G	4F-1R	33	3530	No
501 Series	......	$1220	$2070	$3020	$4030	Ford	4	144D	4F-1R	32	3710	No
601 Series	......	$1170	$1990	$2910	$3880	Ford	4	131G	4F-1R	34	2623	No
601 Series	......	$1240	$2100	$3060	$4090	Ford	4	141D	4F-1R	32	2799	No
701 Series	......	$1200	$2030	$2970	$3960	Ford	4	134G	4F-1R	35	3175	No
701 Series	......	$1270	$2150	$3140	$4180	Ford	4	144D	4F-4R	32	3350	No
801 Series	......	$1230	$2090	$3050	$4070	Ford	4	172G	10F-2R	46	2836	No
801 Series	......	$1300	$2200	$3220	$4290	Ford	4	172D	10F-2R	41	3010	No
901 Series	......	$1250	$2130	$3110	$4140	Ford	4	172G	4F-1R	47	3165	No
901 Series	......	$1320	$2240	$3280	$4370	Ford	4	172D	4F-1R	45	3450	No
				1959								
Fordson Dexta	......	$890	$1390	$2420	$3460	Perkins	3	144D	6F-2R	31.4	3030	No
Fordson Power Major	......	$1070	$1680	$2930	$4180	Ford	4	220D	6F-2R	48	5515	No
501 Series	......	$1110	$1880	$2800	$3710	Ford	4	134G	4F-1R	33	3530	No
601 Series	......	$1150	$1950	$2900	$3850	Ford	4	131G	10F-2R	34	2820	No
601 Series	......	$1200	$2030	$3020	$4010	Ford	4	141D	10F-2R	32	2996	No
701 Series	......	$1180	$1990	$2960	$3940	Ford	4	134G	4F-1R	35	3175	No
701 Series	......	$1240	$2110	$3130	$4160	Ford	4	144D	4F-4R	32	3350	No
801 Series	......	$1200	$2030	$3020	$4000	Ford	4	172G	10F-2R	44	2836	No
801 Series	......	$1280	$2170	$3220	$4270	Ford	4	172D	10F-2R	41	3010	No
901 Series	......	$1240	$2100	$3120	$4140	Ford	4	172G	4F-1R	47	3270	No
901 Series	......	$1280	$2170	$3220	$4270	Ford	4	172D	4F-1R	45	3450	No
				1958								
Fordson Dexta	......	$880	$1400	$2420	$3470	Perkins	3	144D	6F-2R	31.4	3030	No
Fordson Major	......	$850	$1360	$2350	$3360	Ford	4	220D	6F-2R	41	5425	No
Fordson Power Major	......	$1060	$1680	$2910	$4160	Ford	4	220D	6F-2R	48	5515	No
601 Series	......	$1100	$1870	$2780	$3720	Ford	4	134G	10F-2R	37	2820	No
601 Series	......	$1150	$1950	$2900	$3880	Ford	4	144D	10F-2R	37	2996	No
701 Series	......	$1130	$1920	$2850	$3810	Ford	4	134G	4F-1R	35	3175	No
701 Series	......	$1200	$2030	$3020	$4030	Ford	4	144D	4F-4R	32	3350	No
801 Series	......	$1140	$1930	$2870	$3840	Ford	4	172G	10F-2R	50	2836	No
801 Series	......	$1230	$2090	$3100	$4150	Ford	4	172D	10F-2R	44	3010	No
901 Series	......	$1190	$2020	$3000	$4010	Ford	4	172G	4F-1R	47	3270	No
901 Series	......	$1250	$2130	$3160	$4220	Ford	4	172D	4F-1R	45	3450	No
				1957								
Fordson Dexta	......	$880	$1400	$2400	$3440	Perkins	3	144D	6F-2R	31.4	3030	No
Fordson Major	......	$870	$1370	$2340	$3370	Ford	4	220D	6F-2R	48	5515	No
601 Series	......	$1080	$1810	$2730	$3670	Ford	4	131G	10F-2R	37	2820	No
601 Series	......	$1120	$1880	$2830	$3800	Ford	4	141D	10F-2R	37	2996	No
701 Series	......	$1090	$1830	$2760	$3710	Ford	4	134G	4F-1R	35	3175	No
701 Series	......	$1160	$1930	$2910	$3920	Ford	4	144D	4F-1R	32	3350	No
801 Series	......	$1120	$1880	$2830	$3800	Ford	4	172G	5F-1R	46	2985	No
801 Series	......	$1200	$2010	$3020	$4060	Ford	4	172D	10F-2R	44	3010	No
901 Series	......	$1170	$1960	$2960	$3980	Ford	4	172G	4F-1R	47	3270	No
901 Series	......	$1230	$2060	$3110	$4180	Ford	4	172D	4F-1R	45	3450	No
				1956								
Fordson Major	......	$860	$1370	$2340	$3380	Ford	4	220D	6F-2R	41	5425	No
600 Series	......	$1130	$1860	$2840	$3850	Ford	4	134G	4F-1R	32	2462	No
700 Series	......	$1140	$1880	$2870	$3890	Ford	4	134G	4F-1R	35	3175	No
800 Series	......	$1160	$1920	$2930	$3970	Ford	4	172G	5F-1R	46	2985	No
800 Series	......	$1210	$2010	$3060	$4140	Ford	4	172D	5F-1R	47	2995	No
900 Series	......	$1200	$1980	$3020	$4080	Ford	4	172G	5F-1R	47	3355	No
				1955								
Fordson Major	......	$840	$1360	$2310	$3320	Ford	4	220D	6F-2R	48	5515	No
600 Series	......	$1120	$1840	$2810	$3830	Ford	4	134G	4F-1R	34	2462	No
700 Series	......	$1130	$1860	$2840	$3870	Ford	4	134G	4F-1R	35	3175	No
800 Series	......	$1150	$1900	$2900	$3950	Ford	4	172G	5F-1R	46	2985	No
800 Series	......	$1200	$1980	$3020	$4110	Ford	4	172D	4F-1R	46	2960	No
900 Series	......	$1190	$1960	$2990	$4070	Ford	4	172G	5F-1R	47	3355	No
				1954								
Fordson Major	......	$810	$1320	$2250	$3230	Ford	4	220D	6F-2R	48	5515	No
NAA	......	$1130	$2110	$3500	$4220	Ford	4	134G	4F-1R	30	2841	No
600 Series	......	$1090	$1810	$2760	$3800	Ford	4	134G	4F-1R	32	2462	No
700 Series	......	$1100	$1820	$2780	$3840	Ford	4	134G	4F-1R	28	3390	No
800 Series	......	$1130	$1860	$2840	$3920	Ford	4	172G	5F-1R	45	2640	No
800 Series	......	$1170	$1940	$2960	$4080	Ford	4	172D	4F-1R	46	2960	No
900 Series	......	$1150	$1900	$2900	$4000	Ford	4	172G	5F-1R	47	3355	No
				1953								
Fordson Major	......	$780	$1270	$2190	$3140	Ford	4	220D	6F-2R	48	5515	No
NAA	......	$1080	$2070	$3430	$4160	Ford	4	134G	4F-1R	30	2841	No

Model	Approx. Retail Price New	Estimated Value Less Repairs Used Trade-In Avg.	High	Used Retail Avg.	High	Make	Engine No. Cyls.	Displ. Cu.-In.	No. Speeds	P.T.O. H.P.	Approx. Shipping Wt.-Lbs.	Cab

Ford (Cont.)

Model	Approx. Retail Price New	Used Trade-In Avg.	High	Used Retail Avg.	High	Make	No. Cyls.	Displ. Cu.-In.	No. Speeds	P.T.O. H.P.	Approx. Shipping Wt.-Lbs.	Cab
				1952								
8N	......	$1030	$1730	**$2710**	**$3830**	Ford	4	119G	4F-1R	27.3	2714	No
				1951								
8N	......	$1010	$1680	**$2670**	**$3820**	Ford	4	119G	4F-1R	27.3	2714	No
				1950								
8N	......	$1000	$1640	**$2640**	**$3820**	Ford	4	119G	4F-1R	27.3	2714	No
				1949								
8N	......	$980	$1580	**$2580**	**$3780**	Ford	4	119G	4F-1R	27.3	2714	No
				1948								
8N	......	$960	$1490	**$2540**	**$3760**	Ford	4	119G	4F-1R	27.3	2714	No
				1947								
2N	......	$910	$1440	**$2450**	**$3680**	Ford	4	119G	3F-1R	24	3070	No
8N	......	$930	$1460	**$2490**	**$3740**	Ford	4	119G	4F-1R	27.3	2714	No
				1946								
2N	......	$870	$1410	**$2430**	**$3650**	Ford	4	119G	3F-1R	24	3070	No
				1945								
2N	......	$860	$1390	**$2400**	**$3590**	Ford	4	119G	3F-1R	24	3070	No
				1944								
2N	......	$830	$1340	**$2350**	**$3480**	Ford		120G	3F-1R	24	3070	No
				1943								
2N	......	$810	$1320	**$2330**	**$3410**	Ford	4	120G	3F-1R	24	3070	No
9N	......	$800	$1300	**$2300**	**$3370**	Ford	4	119G	3F-1R	23.07	3375	No
				1942								
9N	......	$800	$1290	**$2280**	**$3340**	Ford	4	119G	3F-1R	23.07	3375	No
				1941								
9N	......	$790	$1280	**$2250**	**$3300**	Ford	4	119G	3F-1R	23.07	3375	No
				1940								
9N	......	$790	$1280	**$2250**	**$3300**	Ford	4	119G	3F-1R	23.07	3375	No
				1939								
9N	......	$770	$1250	**$2210**	**$3230**	Ford	4	119G	3F-1R	23.07	3375	No

Hesston-Fiat

Model	Approx. Retail Price New	Used Trade-In Avg.	High	Used Retail Avg.	High	Make	No. Cyls.	Displ. Cu.-In.	No. Speeds	P.T.O. H.P.	Approx. Shipping Wt.-Lbs.	Cab
				1991								
45-66	$15810	$2850	$3790	**$4430**	**$5690**	Fiat	3	165D	12F-4R	39.00	3674	No
45-66DT 4WD	$20196	$3640	$4850	**$5660**	**$7270**	Fiat	3	165D	12F-4R	39.49	4114	No
55-56	$15860	$2860	$3810	**$4440**	**$5710**	Fiat	3	165D	8F-2R	45.00	4420	No
55-56 DT 4WD	$20803	$3750	$4990	**$5830**	**$7490**	Fiat	3	165D	8F-2R	45.00	5000	No
55-76F Orchard	$19085	$3440	$4580	**$5340**	**$6870**	Fiat	3	165D	12F-4R	45.00		No
55-76FDT Orchard 4WD	$23552	$4240	$5650	**$6600**	**$8480**	Fiat	3	165D	12F-4R	45.00		No
60-66	$20600	$3710	$4940	**$5770**	**$7420**	Fiat	3	179D	12F-4R	51.00	4900	No
60-66DT 4WD	$25597	$4610	$6140	**$7170**	**$9220**	Fiat	3	179D	12F-4R	51.49	5450	No
60-76DTF Orchard 4WD	$25875	$4660	$6210	**$7250**	**$9320**	Fiat	3	179D	12F-4R	51.00		No
60-76F Orchard	$20775	$3740	$4990	**$5820**	**$7480**	Fiat	3	179D	12F-4R	51.00		No
65-56	$20897	$3760	$5020	**$5850**	**$7520**	Fiat	4	220D	8F-2R	60.00	4860	No
65-56DT 4WD	$25493	$4590	$6120	**$7140**	**$9180**	Fiat	4	220D	8F-2R	60.00	5400	No
70-66	$23200	$4180	$5570	**$6500**	**$8350**	Fiat	4	220D	12F-12R	62.72	5689	No
70-66 High Clearance	$25476	$4590	$6110	**$7130**	**$9170**	Fiat	4	220D	12F-12R	62.00	5689	No
70-66DT 4WD	$28323	$5100	$6800	**$7930**	**$10200**	Fiat	4	220D	12F-12R	62.00	6350	No
70-66DT 4WD	$31926	$5750	$7660	**$8940**	**$11490**	Fiat	4	220D	12F-12R	62.72	7290	No
70-76 Orchard	$23052	$4150	$5530	**$6460**	**$8300**	Fiat	4	220D	12F-4R	62.00		No
70-76DTF Orchard 4WD	$28119	$5060	$6750	**$7870**	**$10120**	Fiat	4	220D	12F-4R	62.00		No
70-76F Orchard	$23121	$4160	$5550	**$6470**	**$8320**	Fiat	4	220D	12F-4R	62.00		No
80-66	$26471	$4770	$6350	**$7410**	**$9530**	Fiat	4	238D	12F-12R	70.43	5800	No
80-66 High Clearance	$27815	$5010	$6680	**$7790**	**$10010**	Fiat	4	238D	12F-12R	70.00	5800	No
80-66DT 4WD	$33253	$5990	$7980	**$9310**	**$11970**	Fiat	4	238D	12F-4R	70.43	6450	No
80-66DT H.C. 4WD	$34620	$6230	$8310	**$9690**	**$12460**	Fiat	4	238D	12F-12R	70.43	7290	No
80-76DTF Orchard 4WD	$30453	$5480	$7310	**$8530**	**$10960**	Fiat	4	238D	12F-4R	70.00		No
80-90	$34849	$6270	$8360	**$9760**	**$12550**	Fiat	4	238D	12F-12R	70.86	6930	CHA
80-90DT 4WD	$41122	$7400	$9870	**$11510**	**$14800**	Fiat	4	238D	12F-12R	70.00	7634	CHA
100-90	$33338	$5810	$7750	**$9040**	**$11630**	Fiat	6	331D	15F-3R	91.52	7420	No
100-90	$39493	$6750	$9000	**$10500**	**$13500**	Fiat	6	331D	15F-3R	91.52	8240	CHA
100-90 DT 4WD	$39304	$6660	$8880	**$10360**	**$13320**	Fiat	6	331D	15F-3R	91.52	8264	No
100-90 DT 4WD	$45458	$7740	$10320	**$12040**	**$15480**	Fiat	6	331D	15F-3R	91.52	9080	CHA
100-90 DT	$42959	$7380	$9840	**$11480**	**$14760**	Fiat	6	331D	20F-4R	91.00	8710	No
F110	$40200	$6880	$9170	**$10700**	**$13750**	Fiat	6	358D	16F-16R	98.00	9570	CHA
F110DT 4WD	$46500	$7920	$10560	**$12320**	**$15840**	Fiat	6	358D	16F-16R	98.00	10230	CHA
F130	$48500	$8280	$11040	**$12880**	**$16560**	Fiat	6T	358D	32F-16R	115.00	11120	CHA
F130DT 4WD	$56300	$9540	$12720	**$14840**	**$19080**	Fiat	6T	358D	32F-16R	115.00	12000	CHA
140-90 Turbo PS 4WD	$62244	$10620	$14160	**$16520**	**$21240**	Fiat	6T	358D	16F-16R	123.00	13338	CHA
160-90 Turbo PS	$56524	$9540	$12720	**$14840**	**$19080**	Fiat	6T	494D	16F-16R	142.64	13350	CHA

Hesston-Fiat (Cont.)

Model	Approx. Retail Price New	Used Trade-In Avg.	Used Trade-In High	Used Retail Avg.	Used Retail High	Engine Make	No. Cyls.	Displ. Cu.-in.	No. Speeds	P.T.O. H.P.	Approx. Shipping Wt.-Lbs.	Cab
1991 (Cont.)												
160-90 Turbo PS 4WD	$65884	$11160	$14880	**$17360**	**$22320**	Fiat	6T	494D	16F-16R	142.00	14220	CHA
180-90DT Turbo 4WD	$74393	$12240	$16320	**$19040**	**$24480**	Fiat	6T	494D	16F-16R	162.87	14318	CHA
PS—Power Shift												
1990												
45-66	$15500	$2640	$3410	**$4190**	**$5430**	Fiat	3	165D	12F-4R	39.00	3674	No
45-66DT 4WD	$19800	$3370	$4360	**$5350**	**$6930**	Fiat	3	165D	12F-4R	39.49	4114	No
55-56	$15549	$2640	$3420	**$4200**	**$5440**	Fiat	3	165D	8F-2R	45.00	4420	No
55-56 DT 4WD	$20382	$3470	$4480	**$5500**	**$7130**	Fiat	3	165D	8F-2R	45.00	5000	No
60-66 Orchard	$19481	$3310	$4290	**$5260**	**$6820**	Fiat	3	179D	12F-4R	51.00		No
60-66 Orchard 4WD	$24074	$4090	$5300	**$6500**	**$8430**	Fiat	3	179D	12F-4R	51.00		No
60-66DT 4WD	$25082	$4260	$5520	**$6770**	**$8780**	Fiat	3	179D	12F-4R	51.49	5450	No
60-76DTF Orchard 4WD	$25300	$4300	$5570	**$6830**	**$8860**	Fiat	3	179D	12F-4R	51.00		No
60-76F Orchard	$20300	$3450	$4470	**$5480**	**$7110**	Fiat	3	179D	12F-4R	51.00		No
65-56	$20487	$3480	$4510	**$5530**	**$7170**	Fiat	4	220D	8F-2R	60.00	4860	No
65-56 DT 4WD	$24980	$4250	$5500	**$6750**	**$8740**	Fiat	4	220D	8F-2R	60.00	5400	No
70-66 4WD	$28315	$4810	$6230	**$7650**	**$9910**	Fiat	4	220D	12F-12R	62.00	6350	No
70-66 High Clearance	$24976	$4250	$5500	**$6740**	**$8740**	Fiat	4	220D	12F-12R	62.00	5689	No
70-66 Orchard	$21847	$3710	$4810	**$5900**	**$7650**	Fiat	4	220D	12F-4R	62.00		No
70-66DT 4WD	$31300	$5320	$6890	**$8450**	**$10960**	Fiat	4	220D	12F-12R	62.72	7290	No
70-66DT Orchard 4WD	$26718	$4540	$5880	**$7210**	**$9350**	Fiat	4	220D	12F-4R	62.00		No
70-76DTF Orchard 4WD	$28000	$4760	$6160	**$7560**	**$9800**	Fiat	4	220D	12F-4R	62.00		No
70-76F Orchard	$22600	$3840	$4970	**$6100**	**$7910**	Fiat	4	220D	12F-4R	62.00		No
80-66	$25952	$4410	$5710	**$7010**	**$9080**	Fiat	4	238D	12F-12R	70.43	5800	No
80-66 High Clearance	$27270	$4640	$6000	**$7360**	**$9550**	Fiat	4	238D	12F-12R	70.00	5800	No
80-66 Orchard	$25180	$4280	$5540	**$6800**	**$8810**	Fiat	4	238D	12F-4R	70.00		No
80-66 Orchard 4WD	$29788	$4930	$6380	**$7830**	**$10150**	Fiat	4	238D	12F-4R	70.00		No
80-66DT 4WD	$32542	$5270	$6820	**$8370**	**$10850**	Fiat	4	238D	12F-4R	70.43	6450	No
80-66DT H.C. 4WD	$33941	$5440	$7040	**$8640**	**$11200**	Fiat	4	238D	12F-12R	70.43	7290	No
80-76DTF Orchard 4WD	$29788	$4760	$6160	**$7560**	**$9800**	Fiat	4	238D	12F-4R	70.00		No
80-76F Orchard	$25180	$4280	$5540	**$6800**	**$8810**	Fiat	4	238D	12F-4R	70.00		No
80-90	$34166	$5440	$7040	**$8640**	**$11200**	Fiat	4	238D	12F-12R	70.86	6930	CHA
80-90DT 4WD	$40257	$6460	$8360	**$10260**	**$13300**	Fiat	4	238D	12F-12R	70.00	7634	CHA
100-90	$32684	$5100	$6600	**$8100**	**$10500**	Fiat	6	331D	15F-3R	91.52	7420	No
100-90	$38719	$6190	$8010	**$9830**	**$12740**	Fiat	6	331D	15F-3R	91.52	8240	CHA
100-90 DT 4WD	$38405	$6120	$7920	**$9720**	**$12600**	Fiat	6	331D	15F-3R	91.52	8264	No
100-90 DT 4WD	$44439	$7140	$9240	**$11340**	**$14700**	Fiat	6	331D	15F-3R	91.52	9080	CHA
100-90 DT	$42117	$6800	$8800	**$10800**	**$14000**	Fiat	6	331D	20F-4R	91.00	8710	No
130-90 Turbo PS	$50669	$7990	$10340	**$12690**	**$16450**	Fiat	6T	358D	16F-16R	107.48	11800	CHA
130-90DT Turbo 4WD	$57010	$9180	$11880	**$14580**	**$18900**	Fiat	6T	358D	16F-16R	107.48	13100	CHA
140-90 Turbo PS	$55302	$8840	$11440	**$14040**	**$18200**	Fiat	6T	358D	16F-16R	123.00	12015	CHA
140-90 Turbo PS 4WD	$62244	$9860	$12760	**$15660**	**$20300**	Fiat	6T	358D	16F-16R	123.00	13338	CHA
160-90 Turbo PS	$56524	$9010	$11660	**$14310**	**$18550**	Fiat	6T	494D	16F-16R	142.64	13350	CHA
180-90DT Turbo PS	$63893	$9910	$12830	**$15740**	**$20410**	Fiat	6T	494D	16F-16R	162.15	13448	CHA
180-90DT Turbo 4WD	$74393	$11220	$14520	**$17820**	**$23100**	Fiat	6T	494D	16F-16R	162.87	14318	CHA
PS—Power Shift												
1989												
45-66	$14950	$2390	$3140	**$3890**	**$5080**	Fiat	3	165D	12F-4R	37.00	3674	No
45-66DT 4WD	$19400	$3100	$4070	**$5040**	**$6600**	Fiat	3	165D	12F-4R	39.49	4114	No
55-46	$15010	$2400	$3150	**$3900**	**$5100**	Fiat	3	165D	8F-2R	45.00	4080	No
55-46 DT 4WD	$19788	$3170	$4160	**$5150**	**$6730**	Fiat	3	165D	8F-2R	45.00		No
55-66	$17394	$2780	$3650	**$4520**	**$5910**	Fiat	3	165D	12F-4R	45.78	4851	No
55-66DT 4WD	$22077	$3530	$4640	**$5740**	**$7510**	Fiat	3	165D	12F-4R	45.00	5402	No
60-66 Orchard	$18800	$3010	$3950	**$4890**	**$6390**	Fiat	3	179D	12F-4R	51.00		No
60-66 Orchard 4WD	$23400	$3740	$4910	**$6080**	**$7960**	Fiat	3	179D	12F-4R	51.00		No
60-66DT 4WD	$24351	$3900	$5110	**$6330**	**$8280**	Fiat	3	179D	12F-4R	51.49	5450	No
65-46	$19890	$3180	$4180	**$5170**	**$6760**	Fiat	4	220D	8F-2R	58.00		No
70-66 4WD	$27487	$4160	$5460	**$6760**	**$8840**	Fiat	4	220D	12F-4R	62.00	6350	No
70-66 High Clearance	$24000	$3680	$4830	**$5980**	**$7820**	Fiat	4	220D	12F-4R	62.00	5689	No
70-66 Orchard	$21000	$3200	$4200	**$5200**	**$6800**	Fiat	4	220D	12F-4R	62.00		No
70-66DT 4WD	$30500	$4480	$5880	**$7280**	**$9520**	Fiat	4	220D	12F-4R	62.72	7290	No
70-66DT Orchard 4WD	$26000	$3840	$5040	**$6240**	**$8160**	Fiat	4	220D	12F-4R	62.00		No
70-90	$31034	$4640	$6090	**$7540**	**$9860**	Fiat	4	220D	12F-12R	62.25	6798	CHA
70-90DT 4WD	$36074	$5280	$6930	**$8580**	**$11220**	Fiat	4	220D	12F-12R	62.00	7436	CHA
80-66	$25000	$3520	$4620	**$5720**	**$7480**	Fiat	4	238D	12F-4R	70.43	5800	No
80-66 High Clearance	$26000	$3680	$4830	**$5980**	**$7820**	Fiat	4	238D	12F-4R	70.00	5800	No
80-66 Orchard	$24500	$3760	$4940	**$6110**	**$7990**	Fiat	4	238D	12F-4R	70.00		No
80-66 Orchard 4WD	$29000	$4160	$5460	**$6760**	**$8840**	Fiat	4	238D	12F-4R	70.00		No
80-66DT 4WD	$31800	$4510	$5920	**$7330**	**$9590**	Fiat	4	238D	12F-4R	70.43	6450	No
80-66DT H.C. 4WD	$32800	$4720	$6200	**$7670**	**$10030**	Fiat	4	238D	12F-4R	70.43	7290	No
80-90	$33000	$4800	$6300	**$7800**	**$10200**	Fiat	4	238D	12F-4R	70.86	6930	CHA
80-90DT 4WD	$39000	$5440	$7140	**$8840**	**$11560**	Fiat	4	238D	12F-4R	70.00	7634	CHA
100-90	$31500	$4320	$5670	**$7020**	**$9180**	Fiat	6	331D	15F-3R	91.52		No
100-90	$37200	$5120	$6720	**$8320**	**$10880**	Fiat	6	331D	15F-3R	91.52	7595	CHA
100-90 DT 4WD	$37300	$5840	$7670	**$9490**	**$12410**	Fiat	6	331D	15F-3R	91.52		No
100-90 DT 4WD	$43100	$6080	$7980	**$9880**	**$12920**	Fiat	6	331D	15F-3R	91.52	8439	CHA
130-90 Turbo	$48278	$6880	$9030	**$11180**	**$14620**	Fiat	6T	358D	16F-16R	107.48	11800	CHA
130-90DT Turbo 4WD	$54590	$7840	$10290	**$12740**	**$16660**	Fiat	6T	358D	16F-16R	107.48	13100	CHA
140-90 Turbo	$52881	$7520	$9870	**$12220**	**$15980**	Fiat	6T	358D	16F-16R	123.35	12015	CHA
140-90 Turbo PS	$55302	$8000	$10500	**$13000**	**$17000**	Fiat	6T	358D	16F-16R	123.00	12015	CHA
140-90 Turbo PS 4WD	$62244	$8800	$11550	**$14300**	**$18700**	Fiat	6T	358D	16F-16R	123.00	13338	CHA
140-90DT Turbo 4WD	$59800	$8480	$11130	**$13780**	**$18020**	Fiat	6T	358D	16F-16R	123.35	13338	CHA
160-90 Turbo	$54080	$7920	$10400	**$12870**	**$16830**	Fiat	6T	494D	16F-16R	141.71	13350	CHA

Hesston-Fiat (Cont.)

1989 (Cont.)

Model	Approx. Retail Price New	Used Trade-In Avg.	Used Trade-In High	Used Retail Avg.	Used Retail High	Make	Engine No. Cyls.	Engine Displ. Cu.-in.	No. Speeds	P.T.O. H.P.	Approx. Shipping Wt.-Lbs.	Cab
160-90 Turbo PS	$56524	$8190	$10750	$13310	$17410	Fiat	6T	494D	16F-16R	142.64	13350	CHA
160-90DT Turbo 4WD	$63440	$8960	$11760	$14560	$19040	Fiat	6T	494D	16F-16R	141.71	14220	CHA
160-90DT PS 4WD	$65884	$9440	$12390	$15340	$20060	Fiat	6T	494D	16F-16R	142.64	14220	CHA
180-90 Turbo	$61425	$8830	$11590	$14350	$18770	Fiat	6T	494D	16F-16R	162.87	13448	CHA
180-90DT Turbo 4WD	$71925	$10240	$13440	$16640	$21760	Fiat	6T	494D	16F-16R	162.87	14318	CHA
180-90DT Turbo PS	$63893	$9330	$12240	$15160	$19820	Fiat	6T	494D	16F-16R	162.15	13448	CHA

PS—Power Shift

1988

Model	Approx. Retail Price New	Used Trade-In Avg.	Used Trade-In High	Used Retail Avg.	Used Retail High	Make	Engine No. Cyls.	Engine Displ. Cu.-in.	No. Speeds	P.T.O. H.P.	Approx. Shipping Wt.-Lbs.	Cab
45-66	$14500	$2180	$2900	$3630	$4790	Fiat	3	165D	12F-4R	37.00	3674	No
45-66DT 4WD	$18800	$2820	$3760	$4700	$6200	Fiat	3	165D	12F-4R	39.49	4114	No
55-46	$14800	$2220	$2960	$3700	$4880	Fiat	3	165D	8F-2R	45.00	4080	No
55-46 DT 4WD	$19400	$2910	$3880	$4850	$6400	Fiat	3	165D	8F-2R	45.00		No
55-66	$17394	$2610	$3480	$4350	$5740	Fiat	3	165D	12F-4R	45.78	4851	No
55-66DT 4WD	$22077	$3310	$4420	$5520	$7290	Fiat	3	165D	12F-4R	45.00	5402	No
60-66	$18978	$2850	$3800	$4750	$6260	Fiat	3	179D	12F-4R	51.49	4900	No
60-66 Orchard	$18363	$2750	$3670	$4590	$6060	Fiat	3	179D	12F-4R	51.00		No
60-66 Orchard 4WD	$22692	$3240	$4320	$5400	$7130	Fiat	3	179D	12F-4R	51.00		No
60-66DT 4WD	$23642	$3350	$4460	$5580	$7360	Fiat	3	179D	12F-4R	51.49	5450	No
65-46	$19500	$2780	$3700	$4630	$6110	Fiat	3	220D	8F-2R	58.00		No
70-66	$21139	$3000	$4000	$5000	$6600	Fiat	4	220D	12F-4R	62.72	5689	No
70-66 4WD	$26686	$3690	$4920	$6150	$8120	Fiat	4	220D	12F-4R	62.00	6350	No
70-66 High Clearance	$23094	$3150	$4200	$5250	$6930	Fiat	4	220D	12F-4R	62.00	5689	No
70-66 Orchard	$20593	$2730	$3640	$4550	$6010	Fiat	4	220D	12F-4R	62.00		No
70-66DT 4WD	$29783	$4050	$5400	$6750	$8910	Fiat	4	220D	12F-4R	62.72	7290	No
70-66DT Orchard 4WD	$25184	$3450	$4600	$5750	$7590	Fiat	4	220D	12F-4R	62.00		No
70-90	$30130	$4200	$5600	$7000	$9240	Fiat	4	220D	12F-4R	62.25	6798	CHA
70-90DT 4WD	$35023	$4650	$6200	$7750	$10230	Fiat	4	220D	12F-4R	62.00	7436	CHA
80-66	$24462	$3060	$4080	$5100	$6730	Fiat	4	238D	12F-4R	70.43	5800	No
80-66 High Clearance	$25214	$3180	$4240	$5300	$7000	Fiat	4	238D	12F-4R	70.00	5800	No
80-66 Orchard	$23735	$2930	$3900	$4880	$6440	Fiat	4	238D	12F-4R	70.00		No
80-66 Orchard 4WD	$28078	$3450	$4600	$5750	$7590	Fiat	4	238D	12F-4R	70.00		No
80-66DT 4WD	$30674	$3810	$5080	$6350	$8380	Fiat	4	238D	12F-4R	70.43	6450	No
80-66DT H.C. 4WD	$32225	$4050	$5400	$6750	$8910	Fiat	4	238D	12F-4R	70.43	7290	No
80-90	$32521	$4100	$5460	$6830	$9010	Fiat	4	238D	12F-4R	70.86	6930	CHA
80-90DT 4WD	$38318	$4950	$6600	$8250	$10890	Fiat	4	238D	12F-4R	70.00	7634	CHA
100-90	$30808	$3780	$5040	$6300	$8320	Fiat	6	331D	15F-3R	91.52		No
100-90	$36496	$4690	$6250	$7810	$10310	Fiat	6	331D	15F-3R	91.52	7595	CHA
100-90 DT 4WD	$36200	$4650	$6200	$7750	$10230	Fiat	6	331D	15F-3R	91.52		No
100-90 DT 4WD	$41888	$5400	$7200	$9000	$11880	Fiat	6	331D	15F-3R	91.52	8439	CHA
130-90 Turbo	$48278	$6000	$8000	$10000	$13200	Fiat	6T	358D	16F-16R	107.48	11800	CHA
130-90 Turbo PS	$50699	$6600	$8800	$11000	$14520	Fiat	6T	358D	16F-16R	107.00	11800	CHA
130-90DT Turbo 4WD	$54590	$7260	$9680	$12100	$15970	Fiat	6T	358D	16F-16R	107.48	13100	CHA
130-90DT PS 4WD	$57010	$7500	$10000	$12500	$16500	Fiat	6T	358D	16F-16R	107.00	13100	CHA
140-90 Turbo	$52881	$7050	$9400	$11750	$15510	Fiat	6T	358D	16F-16R	123.35	12015	CHA
140-90 Turbo PS	$55302	$7500	$10000	$12500	$16500	Fiat	6T	358D	16F-16R	123.00	12015	CHA
140-90 Turbo PS 4WD	$62244	$8400	$11200	$14000	$18480	Fiat	6T	358D	16F-16R	123.00	13338	CHA
140-90DT Turbo 4WD	$59800	$8000	$10660	$13330	$17590	Fiat	6T	358D	16F-16R	123.35	13338	CHA
160-90 Turbo	$54080	$7350	$9800	$12250	$16170	Fiat	6T	494D	16F-16R	141.71	13350	CHA
160-90 Turbo PS	$56524	$7680	$10240	$12800	$16900	Fiat	6T	494D	16F-16R	142.64	13350	CHA
160-90DT Turbo 4WD	$63440	$8460	$11280	$14100	$18610	Fiat	6T	494D	16F-16R	141.71	14220	CHA
160-90DT PS 4WD	$65884	$8900	$11860	$14830	$19570	Fiat	6T	494D	16F-16R	142.64	14220	CHA
180-90 Turbo	$61425	$7800	$10400	$13000	$17160	Fiat	6T	494D	16F-16R	162.87	13448	CHA
180-90DT Turbo 4WD	$71925	$9150	$12200	$15250	$20130	Fiat	6T	494D	16F-16R	162.87	14318	CHA
180-90DT Turbo PS	$63893	$8550	$11400	$14250	$18810	Fiat	6T	494D	16F-16R	162.15	13448	CHA

PS—Power Shift

1987

Model	Approx. Retail Price New	Used Trade-In Avg.	Used Trade-In High	Used Retail Avg.	Used Retail High	Make	Engine No. Cyls.	Engine Displ. Cu.-in.	No. Speeds	P.T.O. H.P.	Approx. Shipping Wt.-Lbs.	Cab
45-66	$14500	$2030	$2760	$3480	$4640	Fiat	3	165D	12F-4R	39.49	3674	No
45-66 DT 4WD	$18800	$2630	$3570	$4510	$6020	Fiat	3	165D	12F-4R	39.49	4114	No
55-66	$17395	$2440	$3310	$4180	$5570	Fiat	3	165D	12F-4R	45.78	4850	No
55-66 DT 4WD	$22080	$3090	$4200	$5300	$7070	Fiat	3	165D	12F-4R	45.00	5450	No
60-66	$18980	$2660	$3610	$4560	$6070	Fiat	3	179D	12F-4R	51.49	4900	No
60-66 DT 4WD	$23310	$3080	$4180	$5280	$7040	Fiat	3	179D	12F-4R	51.49	5455	No
60-90	$27300	$3540	$4810	$6070	$8100	Fiat	3	179D	12F-4R	51.00	6295	CHA
60-90 DT 4WD	$31440	$4090	$5550	$7010	$9340	Fiat	3	179D	12F-4R	51.00	6755	CHA
70-66	$21140	$2800	$3800	$4800	$6400	Fiat	4	220D	12F-4R	62.72	5690	No
70-66 DT 4WD	$25910	$3360	$4560	$5760	$7680	Fiat	4	220D	12F-4R	62.72	6350	No
70-66 DT 4WD	$26450	$3500	$4750	$6000	$8000	Fiat	4	220D	20F-8R	62.00	6400	No
70-90	$29835	$3780	$5130	$6480	$8640	Fiat	4	220D	12F-4R	62.25	6800	CHA
70-90 DT 4WD	$34680	$4370	$5930	$7490	$9980	Fiat	4	220D	12F-4R	62.00	7440	CHA
80-66	$24220	$3110	$4220	$5330	$7100	Fiat	4	238D	12F-4R	70.43	5800	No
80-66 DT 4WD	$30075	$3860	$5240	$6620	$8830	Fiat	4	238D	12F-4R	70.43	6450	No
80-90	$32200	$4160	$5640	$7130	$9500	Fiat	4	238D	12F-4R	70.86	6800	CHA
80-90 DT 4WD	$37940	$4580	$6210	$7850	$10460	Fiat	4	238D	12F-4R	70.00	7640	CHA
90-90	$35322	$4240	$5760	$7270	$9700	Fiat	5	298D	15F-3R	81.00	7410	CHA
90-90 DT 4WD	$41003	$5040	$6840	$8640	$11520	Fiat	5	298D	15F-3R	81.00	8125	CHA
100-90	$37298	$4510	$6120	$7730	$10300	Fiat	6	331D	15F-3R	91.52	7780	CHA
100-90 DT 4WD	$43061	$5320	$7220	$9120	$12160	Fiat	6	331D	15F-3R	91.52	8625	CHA
130-90	$46875	$5600	$7600	$9600	$12800	Fiat	6	358D	16F-16R	107.48	11800	CHA
130-90 DT 4WD	$57040	$7000	$9500	$12000	$16000	Fiat	6	358D	16F-16R	107.48	13100	CHA
140-90	$51345	$6300	$8550	$10800	$14400	Fiat	6T	358D	16F-16R	123.35	12015	CHA
140-90 DT 4WD	$61800	$7700	$10450	$13200	$17600	Fiat	6T	358D	16F-16R	123.35	13340	CHA
160-90	$54050	$6860	$9310	$11760	$15680	Fiat	6T	494D	16F-16R	143.91	13350	CHA

Hesston-Fiat (Cont.)

1987 (Cont.)

Model	Approx. Retail Price New	Used Trade-In Avg.	Used Trade-In High	Used Retail Avg.	Used Retail High	Engine Make	Engine No. Cyls.	Engine Displ. Cu.-in.	No. Speeds	P.T.O. H.P.	Approx. Shipping Wt.-Lbs.	Cab
160-90 PS	$56400	$7070	$9600	**$12120**	**$16160**	Fiat	6T	494D	16F-16R	142.64	13500	CHA
160-90 PS 4WD	$66783	$8260	$11210	**$14160**	**$18880**	Fiat	6T	494D	16F-16R	142.64	13500	CHA
180-90 4WD	$72915	$8680	$11780	**$14880**	**$19840**	Fiat	6T	494D	24F-8R	162.00	13500	CHA
180-90 PS	$63507	$8020	$10890	**$13750**	**$18340**	Fiat	6T	494D	16F-16R	162.15	13500	CHA

PS—Power Shift

1986

Model	Approx. Retail Price New	Used Trade-In Avg.	Used Trade-In High	Used Retail Avg.	Used Retail High	Engine Make	Engine No. Cyls.	Engine Displ. Cu.-in.	No. Speeds	P.T.O. H.P.	Approx. Shipping Wt.-Lbs.	Cab
45-66	$14500	$1890	$2610	**$3340**	**$4500**	Fiat	3	165D	12F-4R	39.49	3674	No
45-66 DT 4WD	$18800	$2440	$3380	**$4320**	**$5830**	Fiat	3	165D	12F-4R	39.49	4114	No
55-66	$17395	$2260	$3130	**$4000**	**$5390**	Fiat	3	165D	12F-4R	45.78	4850	No
55-66 DT 4WD	$22080	$2870	$3970	**$5080**	**$6850**	Fiat	3	165D	12F-4R	45.00	5450	No
60-66	$18980	$2470	$3420	**$4370**	**$5880**	Fiat	3	179D	12F-4R	51.49	4900	No
60-66 DT 4WD	$23310	$2760	$3820	**$4880**	**$6570**	Fiat	3	179D	12F-4R	51.49	5455	No
60-90	$27300	$3250	$4500	**$5750**	**$7750**	Fiat	3	179D	12F-4R	51.00	6295	CHA
60-90 DT 4WD	$31440	$3640	$5040	**$6440**	**$8680**	Fiat	3	179D	12F-4R	51.00	6755	CHA
70-66	$21140	$2600	$3600	**$4600**	**$6200**	Fiat	4	220D	12F-4R	62.72	5690	No
70-66 DT 4WD	$25910	$3060	$4230	**$5410**	**$7290**	Fiat	4	220D	12F-4R	62.72	6350	No
70-66 DT 4WD	$26450	$3190	$4410	**$5640**	**$7600**	Fiat	4	220D	20F-8R	62.00	6400	No
70-90	$29835	$3510	$4860	**$6210**	**$8370**	Fiat	4	220D	12F-4R	62.25	6800	CHA
70-90 DT 4WD	$34680	$4030	$5580	**$7130**	**$9610**	Fiat	4	220D	12F-4R	62.00	7440	CHA
80-66	$24220	$2890	$4000	**$5110**	**$6880**	Fiat	4	238D	12F-4R	70.43	5800	No
80-66 DT 4WD	$30075	$3510	$4860	**$6210**	**$8370**	Fiat	4	238D	12F-4R	70.43	6450	No
80-90	$32200	$3640	$5040	**$6440**	**$8680**	Fiat	4	238D	12F-4R	70.86	6800	CHA
80-90 DT 4WD	$37940	$4200	$5810	**$7430**	**$10010**	Fiat	4	238D	12F-4R	70.00	7640	CHA
90-90	$35322	$3930	$5440	**$6950**	**$9360**	Fiat	5	298D	15F-3R	81.00	7410	CHA
90-90 DT 4WD	$41003	$4810	$6660	**$8510**	**$11470**	Fiat	5	298D	15F-3R	81.00	8125	CHA
100-90	$37298	$4290	$5940	**$7590**	**$10230**	Fiat	6	331D	15F-3R	91.52	7780	CHA
100-90 DT 4WD	$43061	$5070	$7020	**$8970**	**$12090**	Fiat	6	331D	15F-3R	91.52	8625	CHA
130-90	$46875	$5330	$7380	**$9430**	**$12710**	Fiat	6	358D	16F-16R	107.48	11800	CHA
130-90 DT 4WD	$57040	$6630	$9180	**$11730**	**$15810**	Fiat	6	358D	16F-16R	107.48	13100	CHA
140-90	$51345	$5980	$8280	**$10580**	**$14260**	Fiat	6T	358D	16F-16R	123.35	12015	CHA
140-90 DT 4WD	$61800	$7380	$10220	**$13060**	**$17610**	Fiat	6T	358D	16F-16R	123.35	13340	CHA
160-90	$54050	$6370	$8820	**$11270**	**$15190**	Fiat	6T	494D	16F-16R	143.91	13350	CHA
160-90 PS	$56400	$6680	$9250	**$11820**	**$15930**	Fiat	6T	494D	16F-16R	142.64	13500	CHA
160-90 PS 4WD	$66783	$7760	$10750	**$13730**	**$18510**	Fiat	6T	494D	16F-16R	142.64	13500	CHA
180-90 4WD	$72915	$8060	$11160	**$14260**	**$19220**	Fiat	6T	494D	24F-8R	162.00	13500	CHA
180-90 PS	$63507	$6960	$9630	**$12310**	**$16590**	Fiat	6T	494D	16F-16R	162.15	13500	CHA

PS—Power Shift

1985

Model	Approx. Retail Price New	Used Trade-In Avg.	Used Trade-In High	Used Retail Avg.	Used Retail High	Engine Make	Engine No. Cyls.	Engine Displ. Cu.-in.	No. Speeds	P.T.O. H.P.	Approx. Shipping Wt.-Lbs.	Cab
45-66	$14500	$1740	$2470	**$3190**	**$4350**	Fiat	3	158D	12F-4R	39.00	4850	No
45-66 DT 4WD	$18800	$2260	$3200	**$4140**	**$5640**	Fiat	3	158D	12F-4R	39.00	5450	No
55-66	$17395	$2090	$2960	**$3830**	**$5220**	Fiat	3	165D	12F-4R	45.78	4850	No
55-66 DT 4WD	$22080	$2520	$3570	**$4620**	**$6300**	Fiat	3	165D	12F-4R	45.00	5450	No
60-66	$18980	$2280	$3230	**$4180**	**$5690**	Fiat	3	179D	12F-4R	51.49	4900	No
60-66 DT 4WD	$23310	$2640	$3740	**$4840**	**$6600**	Fiat	3	179D	12F-4R	51.49	5455	No
60-90	$27300	$3040	$4300	**$5570**	**$7590**	Fiat	3	179D	12F-4R	51.00	6295	CHA
60-90 DT 4WD	$31440	$3530	$5000	**$6470**	**$8820**	Fiat	3	179D	12F-4R	51.00	6755	CHA
70-66	$21140	$2420	$3430	**$4440**	**$6060**	Fiat	4	220D	12F-4R	62.72	5690	No
70-66 DT 4WD	$25910	$2810	$3980	**$5150**	**$7020**	Fiat	4	220D	12F-4R	62.72	6350	No
70-90	$29835	$3240	$4590	**$5940**	**$8100**	Fiat	4	220D	12F-4R	62.25	6800	CHA
70-90 DT 4WD	$34680	$3720	$5270	**$6820**	**$9300**	Fiat	4	220D	12F-4R	62.00	7440	CHA
80-66	$24220	$2660	$3770	**$4880**	**$6660**	Fiat	4	238D	12F-4R	70.43	5800	No
80-66 DT 4WD	$30075	$3280	$4640	**$6010**	**$8190**	Fiat	4	238D	12F-4R	70.43	6450	No
80-90	$32200	$3530	$5000	**$6470**	**$8820**	Fiat	4	238D	12F-4R	70.86	6800	CHA
80-90 DT 4WD	$37940	$4010	$5680	**$7350**	**$10020**	Fiat	4	238D	12F-4R	70.00	7640	CHA
90-90	$28945	$3120	$4420	**$5720**	**$7800**	Fiat	5	298D	15F-3R	81.00	7410	CHA
90-90 DT 4WD	$34630	$3720	$5270	**$6820**	**$9300**	Fiat	5	298D	15F-3R	81.00	8125	CHA
100-90	$31310	$3280	$4640	**$6010**	**$8190**	Fiat	6	331D	15F-3R	91.52	7780	CHA
100-90 DT 4WD	$37075	$3960	$5610	**$7260**	**$9900**	Fiat	6	331D	15F-3R	91.52	8625	CHA
130-90	$46875	$4970	$7040	**$9110**	**$12420**	Fiat	6	358D	16F-16R	107.48	11800	CHA
130-90 DT 4WD	$57040	$6240	$8840	**$11440**	**$15600**	Fiat	6	358D	16F-16R	107.48	13100	CHA
140-90	$51345	$5520	$7820	**$10120**	**$13800**	Fiat	6T	358D	16F-16R	123.35	12015	CHA
140-90 DT 4WD	$61800	$6600	$9350	**$12100**	**$16500**	Fiat	6T	358D	16F-16R	123.35	13340	CHA
160-90	$54050	$5810	$8230	**$10650**	**$14520**	Fiat	6T	494D	16F-16R	143.91	13350	CHA
160-90	$54790	$5880	$8330	**$10780**	**$14700**	Fiat	6T	494D	24F-8R	143.91	13400	CHA
160-90 DT 4WD	$64435	$6530	$9250	**$11970**	**$16320**	Fiat	6T	494D	16F-16R	143.91	14220	CHA
160-90 DT 4WD PS	$66785	$6720	$9520	**$12320**	**$16800**	Fiat	6T	494D	16F-16R	143.91	14370	CHA
160-90 PS	$56400	$5640	$7990	**$10340**	**$14100**	Fiat	6T	494D	16F-16R	142.64	13500	CHA
180-90	$61160	$6130	$8690	**$11240**	**$15330**	Fiat	6T	494D	16F-16R	162.15	13450	CHA
180-90 DT 4WD	$72180	$7440	$10540	**$13640**	**$18600**	Fiat	6T	494D	16F-16R	162.87	14320	CHA
180-90 DT 4WD PS	$74530	$7680	$10880	**$14080**	**$19200**	Fiat	6T	494D	16F-16R	162.15	14470	CHA
180-90 PS	$63510	$6360	$9010	**$11660**	**$15900**	Fiat	6T	494D	16F-16R	162.87	13600	CHA

PS—Power Shift

1984

Model	Approx. Retail Price New	Used Trade-In Avg.	Used Trade-In High	Used Retail Avg.	Used Retail High	Engine Make	Engine No. Cyls.	Engine Displ. Cu.-in.	No. Speeds	P.T.O. H.P.	Approx. Shipping Wt.-Lbs.	Cab
466	$14870	$1640	$2380	**$3120**	**$4310**	Fiat	3	158D	12F-4R	45.13	4851	No
466 DT 4WD	$19240	$2120	$3080	**$4040**	**$5580**	Fiat	3	158D	12F-4R	45.13	5402	No
566	$16065	$1770	$2570	**$3370**	**$4660**	Fiat	3	168D	12F-4R	51.00	4901	No
566 DT 4WD	$20400	$2240	$3260	**$4280**	**$5920**	Fiat	3	168D	12F-4R	51.00	5452	No
580	$17300	$1900	$2770	**$3630**	**$5020**	Fiat	3	168D	8F-2R	51.61	5110	No
580 DT 4WD	$21800	$2400	$3490	**$4580**	**$6320**	Fiat	3	168D	8F-2R	51.61	5670	No
580 DT 4WD w/Cab	$27550	$2810	$4080	**$5360**	**$7400**	Fiat	3	168D	8F-2R	51.61	6770	CHA
580 w/Cab	$23050	$2420	$3520	**$4620**	**$6380**	Fiat	3	168D	8F-2R	51.61	6210	CHA

Hesston-Fiat (Cont.)

Model	Approx. Retail Price New	Estimated Value Less Repairs: Used Trade-In Avg.	Used Trade-In High	Used Retail Avg.	Used Retail High	Engine Make	Engine No. Cyls.	Engine Displ. Cu.-in.	No. Speeds	P.T.O. H.P.	Approx. Shipping Wt.-Lbs.	Cab
				1984 (Cont.)								
666	$18065	$1990	$2890	**$3790**	**$5240**	Fiat	4	211D	12F-4R	62.40	5689	No
666 DT 4WD	$22800	$2350	$3420	**$4490**	**$6210**	Fiat	4	211D	12F-4R	62.40	6350	No
680	$19900	$2070	$3010	**$3950**	**$5450**	Fiat	4	211D	8F-2R	62.47	5405	No
680 DT 4WD	$24600	$2600	$3780	**$4960**	**$6840**	Fiat	4	211D	8F-2R	62.47	5965	No
680 DT 4WD w/Cab	$30350	$3100	$4510	**$5920**	**$8180**	Fiat	4	211D	8F-2R	62.47	7065	CHA
680 w/Cab	$25650	$2700	$3920	**$5150**	**$7110**	Fiat	4	211D	8F-2R	62.47	6505	CHA
766	$21500	$2220	$3230	**$4240**	**$5860**	Fiat	4	224D	12F-4R	70.00	5800	No
766 DT 4WD	$26235	$2750	$4000	**$5250**	**$7250**	Fiat	4	224D	12F-4R	70.00	6200	No
780	$21900	$2220	$3230	**$4240**	**$5860**	Fiat	4	224D	8F-2R	70.57	5495	No
780 DT 4WD	$27500	$2750	$4000	**$5250**	**$7250**	Fiat	4	224D	8F-2R	70.57	6055	No
780 DT 4WD w/Cab	$33250	$3300	$4800	**$6300**	**$8700**	Fiat	4	224D	8F-2R	70.57	7155	CHA
780 w/Cab	$27650	$2680	$3900	**$5120**	**$7080**	Fiat	4	224D	8F-2R	70.57	6595	CHA
880-5	$30900	$2970	$4320	**$5670**	**$7830**	Fiat	5	280D	12F-3R	81.32	6935	CHA
880-5 DT 4WD	$35900	$3520	$5120	**$6720**	**$9280**	Fiat	5	280D	12F-3R	81.32	7910	CHA
980	$34795	$3410	$4960	**$6510**	**$8990**	Fiat	6	316D	12F-3R	91.12	7310	CHA
980 DT 4WD	$40200	$3960	$5760	**$7560**	**$10440**	Fiat	6	316D	12F-3R	91.12	8440	CHA
1180 DT Turbo 4WD	$48270	$4840	$7040	**$9240**	**$12760**	Fiat	6T	335D	12F-4R	107.48	13030	CHA
1180 Turbo	$39670	$3850	$5600	**$7350**	**$10150**	Fiat	6T	335D	12F-4R	107.48	11730	CHA
1180 Turbo	$40395	$3960	$5760	**$7560**	**$10440**	Fiat	6T	335D	12F-12R	107.00	11980	CHA
1380	$42625	$4140	$6020	**$7900**	**$10900**	Fiat	6T	335D	12F-4R	123.16	12015	CHA
1380 DT 4WD	$52300	$5060	$7360	**$9660**	**$13340**	Fiat	6T	335D	12F-4R	123.16	13890	CHA
1580 DT Turbo 4WD	$53000	$5170	$7520	**$9870**	**$13630**	Fiat	6	494D	12F-4R	141.44	14220	CHA
1580 DT Turbo 4WD	$53725	$5240	$7610	**$9990**	**$13800**	Fiat	6	494D	12F-4R	141.00	14470	CHA
1580 Turbo	$43000	$4090	$5950	**$7810**	**$10790**	Fiat	6	494D	12F-4R	141.44	13225	CHA
1880	$53820	$4840	$7040	**$9240**	**$12760**	Fiat	6T	494D	12F-4R	162.48	13445	CHA
1880 DT 4WD	$62900	$5720	$8320	**$10920**	**$15080**	Fiat	6T	494D	12F-4R	162.48	14440	CHA
				1983								
466	$14870	$1490	$2230	**$2970**	**$4160**	Fiat	3	158D	12F-4R	45.13	4851	No
466	$15320	$1530	$2300	**$3060**	**$4290**	Fiat	3	158D	20F-8R	45.00	5101	No
466	$15535	$1550	$2330	**$3110**	**$4350**	Fiat	3	158D	12F-12R	45.00	5101	No
466 DT 4WD	$19240	$1920	$2890	**$3850**	**$5390**	Fiat	3	158D	12F-4R	45.13	5402	No
480-8	$13900	$1390	$2090	**$2780**	**$3890**	Fiat	3	158D	8F-2R	42.58	4215	No
480-8 DT 4WD	$18100	$1810	$2720	**$3620**	**$5070**	Fiat	3	158D	8F-2R	42.58	4835	No
566	$16065	$1610	$2410	**$3210**	**$4500**	Fiat	3	168D	12F-4R	51.00	4901	No
566 DT 4WD	$20400	$2040	$3060	**$4080**	**$5710**	Fiat	3	168D	12F-4R	51.00	5452	No
580	$17300	$1730	$2600	**$3460**	**$4840**	Fiat	3	168D	8F-2R	51.61	5110	No
580 DT 4WD	$21800	$2080	$3120	**$4160**	**$5820**	Fiat	3	168D	8F-2R	51.61	5670	No
580 DT 4WD w/Cab	$27550	$2550	$3830	**$5100**	**$7140**	Fiat	3	168D	8F-2R	51.61	6770	CHA
580 w/Cab	$23050	$2200	$3300	**$4400**	**$6160**	Fiat	3	168D	8F-2R	51.61	6210	CHA
640	$16685	$1670	$2500	**$3340**	**$4670**	Fiat	4	211D	8F-2R	62.00	4790	No
640 DT 4WD	$21650	$2020	$3030	**$4040**	**$5660**	Fiat	4	211D	8F-2R	62.00	5410	No
666	$18065	$1810	$2710	**$3610**	**$5060**	Fiat	4	211D	12F-4R	62.40	5689	No
666 DT 4WD	$22800	$2130	$3200	**$4260**	**$5960**	Fiat	4	211D	12F-4R	62.40	6350	No
680	$19900	$1900	$2850	**$3800**	**$5320**	Fiat	4	211D	8F-2R	62.47	5405	No
680 DT 4WD	$24600	$2330	$3500	**$4660**	**$6520**	Fiat	4	211D	8F-2R	62.47	5965	No
680 DT 4WD w/Cab	$30350	$2700	$4050	**$5400**	**$7560**	Fiat	4	211D	8F-2R	62.47	7065	CHA
680 w/Cab	$25650	$2400	$3600	**$4800**	**$6720**	Fiat	4	211D	8F-2R	62.47	6505	CHA
780	$21900	$2020	$3030	**$4040**	**$5660**	Fiat	4	224D	8F-2R	70.57	5495	No
780 DT 4WD	$27500	$2520	$3780	**$5040**	**$7060**	Fiat	4	224D	8F-2R	70.57	6055	No
780 DT 4WD w/Cab	$33250	$2930	$4400	**$5860**	**$8200**	Fiat	4	224D	8F-2R	70.57	7155	CHA
780 w/Cab	$27650	$2400	$3600	**$4800**	**$6720**	Fiat	4	224D	8F-2R	70.57	6595	CHA
880-5	$30900	$2540	$3810	**$5080**	**$7110**	Fiat	5	280D	12F-3R	81.32	6935	CHA
880-5 DT 4WD	$35900	$3000	$4500	**$6000**	**$8400**	Fiat	5	280D	12F-3R	81.32	7910	CHA
980	$34795	$2900	$4350	**$5800**	**$8120**	Fiat	6	316D	12F-3R	91.12	7310	CHA
980 DT 4WD	$40200	$3400	$5100	**$6800**	**$9520**	Fiat	6	316D	12F-3R	91.12	8440	CHA
1180	$39670	$3120	$4680	**$6240**	**$8740**	Fiat	6T	335D	12F-4R	107.48	11730	CHA
1180 DT 4WD	$48270	$4000	$6000	**$8000**	**$11200**	Fiat	6T	335D	12F-4R	107.48	13030	CHA
1380	$42625	$3220	$4830	**$6440**	**$9020**	Fiat	6T	335D	12F-4R	123.16	12015	CHA
1380 DT 4WD	$52300	$4500	$6750	**$9000**	**$12600**	Fiat	6T	335D	12F-4R	123.16	13890	CHA
1580	$43000	$3600	$5400	**$7200**	**$10080**	Fiat	6	494D	12F-4R	141.44	13225	CHA
1580 DT 4WD	$53000	$4400	$6600	**$8800**	**$12320**	Fiat	6	494D	12F-4R	141.44	14220	CHA
1880	$53820	$4450	$6680	**$8900**	**$12460**	Fiat	6T	494D	12F-4R	162.48	13445	CHA
1880 DT 4WD	$62900	$5220	$7830	**$10440**	**$14620**	Fiat	6T	494D	12F-4R	162.48	14440	CHA
				1982								
480-8	$13900	$1320	$1950	**$2640**	**$3750**	Fiat	3	158D	8F-2R	42.58	4215	No
480-8 DT	$18100	$1720	$2530	**$3440**	**$4890**	Fiat	3	158D	8F-2R	42.58	4835	No
580	$16320	$1550	$2290	**$3100**	**$4410**	Fiat	3	168D	8F-2R	51.61	5110	No
580 DT	$21000	$2000	$2940	**$3990**	**$5670**	Fiat	3	168D	8F-2R	51.61	5670	No
640	$16685	$1590	$2340	**$3170**	**$4510**	Fiat	4	211D	8F-2R	62.00	4790	No
640 DT	$21650	$2060	$3030	**$4110**	**$5850**	Fiat	4	211D	8F-2R	62.00	5410	No
680	$19100	$1820	$2670	**$3630**	**$5160**	Fiat	4	211D	8F-2R	62.47	5405	No
680 DT	$24600	$2220	$3280	**$4450**	**$6320**	Fiat	4	211D	8F-2R	62.47	5965	No
780	$20990	$1990	$2940	**$3990**	**$5670**	Fiat	4	224D	8F-2R	70.57	5495	No
780 DT	$24500	$2190	$3220	**$4370**	**$6210**	Fiat	4	224D	8F-2R	70.57	6055	No
880-5	$29400	$2570	$3780	**$5130**	**$7290**	Fiat	5	280D	12F-3R	81.32	6935	CHA
880-5 DT	$35900	$2960	$4370	**$5930**	**$8420**	Fiat	5	280D	12F-3R	81.32	7910	CHA
980	$32980	$2760	$4060	**$5510**	**$7830**	Fiat	6	316D	12F-3R	91.12	7310	CHA
980 DT	$40200	$3250	$4790	**$6500**	**$9230**	Fiat	6	316D	12F-3R	91.12	8440	CHA
1180	$33250	$2580	$3810	**$5170**	**$7340**	Fiat	6	335D	12F-4R	102.00	11730	CHA
1180 DT	$41250	$3340	$4930	**$6690**	**$9500**	Fiat	6	335D	12F-4R	102.00	13030	CHA
1180 Turbo	$36900	$2890	$4260	**$5780**	**$8210**	Fiat	6T	335D	12F-4R		11880	CHA
1180 DT Turbo	$44900	$3710	$5460	**$7410**	**$10530**	Fiat	6T	335D	12F-4R		13180	CHA

Model	Approx. Retail Price New	Estimated Value Less Repairs Used Trade-In Avg.	Used Trade-In High	Used Retail Avg.	Used Retail High	Engine Make	Engine No. Cyls.	Engine Displ. Cu.-in.	No. Speeds	P.T.O. H.P.	Approx. Shipping Wt.-Lbs.	Cab

Hesston-Fiat (Cont.)

Model	Approx. Retail Price New	Used Trade-In Avg.	Used Trade-In High	Used Retail Avg.	Used Retail High	Make	No. Cyls.	Displ. Cu.-in.	No. Speeds	P.T.O. H.P.	Approx. Shipping Wt.-Lbs.	Cab
				1982 (Cont.)								
1380	$39650	$3230	$4760	**$6460**	**$9180**	Fiat	6T	335D	12F-4R	123.16	12015	CHA
1380 DT	$48650	$3990	$5880	**$7980**	**$11340**	Fiat	6T	335D	12F-4R	123.16	13890	CHA
1580	$41900	$3360	$4960	**$6730**	**$9560**	Fiat	6	494D	12F-4R	138.00	13225	CHA
1580 DT	$49900	$4110	$6060	**$8230**	**$11690**	Fiat	6	494D	12F-4R	138.00	14220	CHA
1880	$51500	$4320	$6370	**$8650**	**$12290**	Fiat	6T	494D	12F-4R	162.48	13445	CHA
1880 DT	$59500	$4800	$7070	**$9600**	**$13640**	Fiat	6T	494D	12F-4R	162.48	14440	CHA
				1981								
480-8	$13050	$1240	$1760	**$2350**	**$3390**	Fiat	3	158D	8F-2R	42.58	4215	No
480-8 DT	$17205	$1630	$2320	**$3100**	**$4470**	Fiat	3	158D	8F-2R	42.58	4835	No
580	$16320	$1550	$2200	**$2940**	**$4240**	Fiat	3	168D	8F-2R	51.61	5110	No
580 DT	$21000	$2000	$2840	**$3780**	**$5460**	Fiat	3	168D	8F-2R	51.61	5670	No
640	$16685	$1590	$2250	**$3000**	**$4340**	Fiat	4	211D	8F-2R	62.00	4790	No
640 DT	$21650	$2000	$2840	**$3780**	**$5460**	Fiat	4	211D	8F-2R	62.00	5410	No
680	$18200	$1730	$2460	**$3280**	**$4730**	Fiat	4	211D	8F-2R	62.47	5405	No
680 DT	$23395	$2090	$2970	**$3960**	**$5720**	Fiat	4	211D	8F-2R	62.47	5965	No
780	$20245	$1820	$2590	**$3460**	**$4990**	Fiat	4	224D	8F-2R	70.57	5495	No
780 DT	$26075	$2380	$3380	**$4500**	**$6500**	Fiat	4	224D	8F-2R	70.57	6055	No
880-5	$28065	$2470	$3510	**$4680**	**$6760**	Fiat	5	280D	12F-3R	81.32	6935	CHA
880-5 DT	$33970	$2760	$3920	**$5220**	**$7540**	Fiat	5	280D	12F-3R	81.32	7910	CHA
980	$29940	$2570	$3650	**$4860**	**$7020**	Fiat	6	316D	12F-3R	91.12	7310	CHA
980 DT	$37645	$3230	$4590	**$6120**	**$8840**	Fiat	6	316D	12F-3R	91.12	8440	CHA
1180	$33250	$2770	$3940	**$5260**	**$7590**	Fiat	6	335D	12F-4R	102.00	11730	CHA
1180 DT	$41250	$3420	$4860	**$6480**	**$9360**	Fiat	6	335D	12F-4R	102.00	13030	CHA
1380	$36800	$2870	$4080	**$5440**	**$7850**	Fiat	6T	335D	12F-4R	123.16	12015	CHA
1380 DT	$44950	$3710	$5270	**$7020**	**$10140**	Fiat	6T	335D	12F-4R	123.16	13890	CHA
1880	$47200	$4010	$5700	**$7600**	**$10970**	Fiat	6T	494D	12F-4R	162.48	13445	CHA
1880 DT	$55600	$4590	$6520	**$8690**	**$12560**	Fiat	6T	494D	12F-4R	162.48	14440	CHA

Huber

Model	Approx. Retail Price New	Used Trade-In Avg.	Used Trade-In High	Used Retail Avg.	Used Retail High	Make	No. Cyls.	Displ. Cu.-in.	No. Speeds	P.T.O. H.P.	Approx. Shipping Wt.-Lbs.	Cab
				1942								
L Modern Farmer STD	$1675	$630	$1010	**$1790**	**$2620**		4	338	3F-1R		4050	No
LC Modern Farmer	$1380	$560	$910	**$1610**	**$2360**		4	338	3F-1R		4200	No
				1941								
L Modern Farmer STD	$1645	$610	$990	**$1740**	**$2550**		4	338	3F-1R		4050	No
LC Modern Farmer	$1365	$550	$880	**$1560**	**$2290**		4	338	3F-1R		4200	No
				1940								
L Modern Farmer STD	$1620	$590	$960	**$1700**	**$2490**		4	338	3F-1R		4050	No
LC Modern Farmer	$1350	$530	$860	**$1520**	**$2230**		4	338	3F-1R		4200	No
				1939								
L Modern Farmer STD	$1600	$580	$930	**$1650**	**$2420**		4	338	3F-1R		4050	No
LC Modern Farmer	$1330	$510	$830	**$1460**	**$2140**		4	338	3F-1R		4200	No

Hurlimann

Model	Approx. Retail Price New	Used Trade-In Avg.	Used Trade-In High	Used Retail Avg.	Used Retail High	Make	No. Cyls.	Displ. Cu.-in.	No. Speeds	P.T.O. H.P.	Approx. Shipping Wt.-Lbs.	Cab
				1999								
H-305 XE 2WD	$23995	$8160	$9600	**$13440**	**$15120**	Hurlimann	3	183D	12F-12R	45	4277	No
H-305 XE 4WD	$27995	$9520	$11200	**$15680**	**$17640**	Hurlimann	3	183D	12F-12R	45	4740	No
H-306 XE 4WD	$30660	$10420	$12260	**$17170**	**$19320**	Hurlimann	3	183D	12F-12R	54	5071	No
Prince 325 DT 4WD	$15995	$5440	$6400	**$8960**	**$10080**	Mitsubishi	3	68D	12F-12R	23	2138	No
Prince 435 DT 4WD	$18660	$6340	$7460	**$10450**	**$11760**	Mitsubishi	4	90D	12F-12R	32	2271	No
Prince 445 DT 4WD	$21325	$7250	$8530	**$11940**	**$13440**	Mitsubishi	4	90D	12F-12R	37	2535	No
Prince 445 DT 4WD	$26260	$8930	$10500	**$14710**	**$16540**	Mitsubishi	4	90D	12F-12R	37	2535	CH
XA-607 DT 4WD	$46225	$14330	$18030	**$24040**	**$26350**	Hurlimann	4	244D	45F-45R	63	6415	CH
909 XT DT 4WD	$50660	$15710	$19760	**$26340**	**$28880**	Hurlimann	4T	244D	45F-45R	85	4598	CH
910.6 XT DT 4WD	$58995	$18290	$23010	**$30680**	**$33630**	Hurlimann	6	366D	45F-45R	94	9370	CH
6135 XB DT 4WD	$74745	$23170	$29150	**$38870**	**$42610**	Hurlimann	6T	366D	54F-54R	119	10803	CHA
H-6165 Master DT 4WD	$95445	$27900	$35100	**$46800**	**$51300**	Hurlimann	6TA	366D	26F-25R	149	12787	CHA
				1998								
H-305 XE 2WD	$23479	$7510	$8920	**$12680**	**$14320**	Hurlimann	3	183D	12F-12R	45	4277	No
H-305 XE 4WD	$26773	$8570	$10170	**$14460**	**$16330**	Hurlimann	3	183D	12F-12R	45	4740	No
H-306 XE 4WD	$30320	$9700	$11520	**$16370**	**$18500**	Hurlimann	3	183D	12F-12R	54	5071	No
Prince 325 DT 4WD	$16623	$5120	$6080	**$8640**	**$9760**	Mitsubishi	3	68D	12F-12R	23	2138	No
Prince 435 DT 4WD	$19789	$5970	$7090	**$10080**	**$11380**	Mitsubishi	4	90D	12F-12R	32	2271	No
Prince 445 DT 4WD	$21989	$6820	$8100	**$11520**	**$13010**	Mitsubishi	4	90D	12F-12R	37	2535	No
Prince 445 DT 4WD	$26449	$8400	$9980	**$14180**	**$16020**	Mitsubishi	4	90D	12F-12R	37	2535	CH
XA-606 DT 4WD	$34872	$10110	$12900	**$17090**	**$18830**	Hurlimann	3	183D	45F-45R	54	5622	No
XA-606 DT 4WD	$39063	$11330	$14450	**$19140**	**$21090**	Hurlimann	3	183D	45F-45R	54	5997	CH
XA-607 DT 4WD	$37582	$10900	$13910	**$18420**	**$20290**	Hurlimann	4	244D	45F-45R	63	6041	No
XA-607 DT 4WD	$40942	$11870	$15150	**$20060**	**$22110**	Hurlimann	4	244D	45F-45R	63	6415	CH
909 XT DT 4WD	$44273	$12840	$16380	**$21690**	**$23910**	Hurlimann	4T	244D	45F-45R	85	8047	No
909 XT DT 4WD	$47688	$13830	$17650	**$23370**	**$25750**	Hurlimann	4T	244D	45F-45R	85	4598	CH
910.6 XT DT 4WD	$51713	$15000	$19130	**$25340**	**$27930**	Hurlimann	6	366D	45F-45R	94	9370	CH
6135 XB DT 4WD	$75075	$21680	$27660	**$36630**	**$40360**	Hurlimann	6T	366D	54F-54R	119	10803	CHA
H-6165 Master DT 4WD	$89414	$24650	$31450	**$41650**	**$45900**	Hurlimann	6TA	366D	26F-25R	149	12787	CHA

Model	Approx. Retail Price New	Estimated Value Less Repairs Used Trade-In Avg.	Used Trade-In High	Used Retail Avg.	Used Retail High	Engine Make	Engine No. Cyls.	Engine Displ. Cu.-in.	No. Speeds	P.T.O. H.P.	Approx. Shipping Wt.-Lbs.	Cab
IMT												
				1992								
539 SP	$9300	$1770	$2420	**$2700**	**$3440**	IMR	3	152D	6F-2R	35.00	3200	No
539 ST	$8500	$1620	$2210	**$2470**	**$3150**	IMR	3	152D	6F-2R	35.00	3200	No
542	$9900	$1880	$2570	**$2870**	**$3660**	IMR	3	152D	6F-2R	38.00	4000	No
542 HY	$10600	$2010	$2760	**$3070**	**$3920**	IMR	3	152D	6F-2R	38.00	4000	No
549 DV 4WD	$12900	$2260	$3090	**$3450**	**$4400**	IMR	3	152D	10F-2R	40.00	4800	No
560	$12500	$2190	$2990	**$3340**	**$4260**	IMR	4	203D	6F-2R	54.00	6150	No
565 DV 4WD	$15700	$2660	$3640	**$4060**	**$5180**	IMR	4	203D	6F-2R	55.00	6850	No
577	$14750	$2530	$3460	**$3860**	**$4920**	IMR	4	248D	10F-2R	64.00	7000	No
577 DV 4WD	$17900	$3040	$4160	**$4640**	**$5920**	IMR	4	248D	10F-2R	64.00	7800	No
				1991								
IMT 539	$8000	$1440	$1920	**$2240**	**$2880**	IMR	3	152D	6F-2R	34.00	3400	No
IMT 542	$9100	$1640	$2180	**$2550**	**$3280**	IMR	3	152D	6F-2R	36.00	4000	No
IMT 549 DV 4WD	$11900	$1980	$2640	**$3080**	**$3960**	IMR	3	152D	10F-2R	39.00	4600	No
IMT 560	$11200	$1890	$2520	**$2940**	**$3780**	IMR	4	203D	6F-2R	50.00	5600	No
IMT 565 DV 4WD	$14500	$2340	$3120	**$3640**	**$4680**	IMR	4	203D	6F-2R	55.00	6640	No
IMT 577	$13800	$2200	$2930	**$3420**	**$4390**	IMR	4	248D	10F-2R	64.00	8000	No
IMT 577 DV 4WD	$17200	$2560	$3410	**$3980**	**$5110**	IMR	4	248D	10F-2R	64.00	8900	No
Int. Harvester-Farmall												
				1985								
Hydro 84	$22585	$3120	$4950	**$6670**	**$8060**	IH	4	246D	Variable	58.73	5720	No
Hydro 84 4WD	$27690	$3630	$5750	**$7750**	**$9380**	IH	4	246D	Variable	58.00	6620	No
234	$6560	$1620	$1980	**$3500**	**$3990**	Mitsubishi	3	52D	6F-2R	15.20	1260	No
234 4WD	$7125	$1750	$2140	**$3770**	**$4310**	Mitsubishi	3	52D	6F-2R	15.20	1370	No
Hydro 234	$7450	$1830	$2230	**$3940**	**$4490**	Mitsubishi	3	52D	Variable	15.20	1375	No
Hydro 234 4WD	$8015	$1950	$2370	**$4200**	**$4790**	Mitsubishi	3	52D	Variable	15.20	1445	No
244	$7395	$1820	$2210	**$3910**	**$4460**	Mitsubishi	3	60D	9F-3R	18.00	1665	No
244 4WD	$8275	$1970	$2390	**$4230**	**$4830**	Mitsubishi	3	60D	9F-3R	18.00	1870	No
254	$8100	$1890	$2300	**$4060**	**$4630**	Mitsubishi	3	65D	9F-3R	21.00	1705	No
254 4WD	$9130	$2130	$2590	**$4580**	**$5230**	Mitsubishi	3	65D	9F-3R	21.00	1865	No
274 Offset	$9985	$2390	$2910	**$5140**	**$5860**	Nissan	3	99D	8F-2R	27.00	2270	No
284D	$8695	$2090	$2550	**$4500**	**$5140**	Nissan	3	99D	8F-2R	27.47	2270	No
284D 4WD	$10930	$2580	$3140	**$5560**	**$6350**	Nissan	3	99D	8F-2R	25.00	2657	No
484	$15490	$3560	$4340	**$7670**	**$8750**	IH	3	179D	8F-2R	42.42	3540	No
584	$18490	$3510	$4530	**$7400**	**$8780**	IH	4	206D	8F-4R	52.54	5640	No
584 4WD	$22640	$4300	$5550	**$9060**	**$10750**	IH	4	206D	8F-4R	52.00	6540	No
584 RC	$18870	$3590	$4620	**$7550**	**$8960**	IH	4	206D	8F-4R	52.54	5890	No
684	$20765	$3950	$5090	**$8310**	**$9860**	IH	4	239D	8F-4R	62.52	5720	No
684 4WD	$25990	$4750	$6130	**$10000**	**$11880**	IH	4	239D	8F-4R	62.00	6620	No
684 RC	$21265	$4040	$5210	**$8510**	**$10100**	IH	4	239D	8F-4R	62.52	5970	No
784	$21870	$4160	$5360	**$8750**	**$10390**	IH	4	246D	8F-4R	65.47	5950	No
784 4WD	$27500	$4940	$6370	**$10400**	**$12350**	IH	4	246D	8F-4R	65.00	6950	No
784 RC	$22900	$4350	$5610	**$9160**	**$10880**	IH	4	246D	8F-4R	65.47	6200	No
884	$26085	$4750	$6130	**$10000**	**$11880**	IH	4	268D	16F-8R	72.91	6065	No
884 4WD	$30875	$5400	$6960	**$11360**	**$13490**	IH	4	268D	16F-8R	72.00	6965	No
884 RC	$26670	$5070	$6530	**$10670**	**$12670**	IH	4	268D	16F-8R	72.91	6315	No
3088	$30700	$4060	$6440	**$8680**	**$10500**	IH	6	358D	16F-8R	81.35	10600	CHA
3088 4WD	$42125	$5090	$8080	**$10890**	**$13170**	IH	6	358D	16F-8R	81.35	11500	CHA
3288	$40190	$5220	$8280	**$11160**	**$13500**	IH	6	358D	16F-8R	90.46	11100	CHA
3288 4WD	$50940	$6170	$9780	**$13190**	**$15950**	IH	6	358D	16F-8R	90.00	12000	CHA
3488 Hydro	$49370	$5950	$9430	**$12710**	**$15380**	IH	6	466D	Variable	112.56	11225	CHA
3488 Hydro 4WD	$60120	$6530	$10350	**$13950**	**$16880**	IH	6	466D	Variable	112.00	12200	CHA
3688	$44975	$5580	$8860	**$11940**	**$14440**	IH	6	436D	16F-8R	113.72	11300	CHA
3688 4WD	$55725	$6670	$10580	**$14260**	**$17250**	IH	6	436D	16F-8R	113.00	12200	CHA
3688 High Clear	$51440	$6880	$10910	**$14710**	**$17790**	IH	6	436D	16F-8R	113.00	11500	CHA
5088	$53720	$6480	$10290	**$13860**	**$16770**	IH	6T	436D	18F-6R	136.12	13765	CHA
5088 4WD	$64110	$7280	$11550	**$15560**	**$18830**	IH	6T	436D	18F-6R	136.00	14700	CHA
5288	$59935	$6820	$10810	**$14570**	**$17630**	IH	6T	466D	18F-6R	162.60	14610	CHA
5288 4WD	$70235	$7760	$12310	**$16600**	**$20080**	IH	6T	466D	18F-6R	162.00	15500	CHA
5488	$66160	$7190	$11400	**$15360**	**$18590**	IH	6TI	466D	18F-6R	187.22	14710	CHA
5488 4WD	$76460	$8190	$12990	**$17500**	**$21170**	IH	6TI	466D	18F-6R	187.00	15700	CHA
RC—Row Crop												
				1984								
Hydro 84	$22585	$3020	$4970	**$6690**	**$8090**	IH	4	246D	Variable	58.73	5720	No
Hydro 84 4WD	$27690	$3460	$5680	**$7650**	**$9260**	IH	4	246D	Variable	58.00	6620	No
234	$6560	$1550	$1980	**$3460**	**$3950**	Mitsubishi	3	52D	6F-2R	15.20	1260	No
234 4WD	$7125	$1680	$2140	**$3740**	**$4270**	Mitsubishi	3	52D	6F-2R	15.20	1370	No
Hydro 234	$7450	$1750	$2230	**$3900**	**$4450**	Mitsubishi	3	52D	Variable	15.20	1375	No
Hydro 234 4WD	$8015	$1870	$2380	**$4170**	**$4770**	Mitsubishi	3	52D	Variable	15.20	1445	No
244	$7395	$1740	$2210	**$3870**	**$4420**	Mitsubishi	3	60D	9F-3R	18.00	1665	No
244 4WD	$8275	$1930	$2460	**$4300**	**$4910**	Mitsubishi	3	60D	9F-3R	18.00	1870	No
254	$8100	$1890	$2410	**$4210**	**$4820**	Mitsubishi	3	65D	9F-3R	21.00	1705	No
254 4WD	$9130	$2120	$2700	**$4720**	**$5390**	Mitsubishi	3	65D	9F-3R	21.00	1865	No
274 Offset	$9985	$2310	$2940	**$5140**	**$5870**	Nissan	3	99D	8F-2R	27.00	2270	No
284D	$8695	$2020	$2580	**$4510**	**$5150**	Nissan	3	99D	8F-2R	27.47	2270	No
284D 4WD	$10930	$2520	$3200	**$5600**	**$6400**	Nissan	3	99D	8F-2R	25.00	2657	No
284G	$7635	$1790	$2280	**$3990**	**$4560**	Toyo-Kogyo	4	71G	8F-2R	25.75	2050	No

Int. Harvester-Farmall (Cont.)

1984 (Cont.)

Model	Approx. Retail Price New	Used Trade-In Avg.	Used Trade-In High	Used Retail Avg.	Used Retail High	Engine Make	Engine No. Cyls.	Engine Displ. Cu.-in.	No. Speeds	P.T.O. H.P.	Approx. Shipping Wt.-Lbs.	Cab
484	$15490	$3410	$4340	**$7590**	**$8670**	IH	3	179D	8F-2R	42.42	3540	No
584	$18490	$3510	$4440	**$7210**	**$8600**	IH	4	206D	8F-4R	52.54	5640	No
584 4WD	$22640	$4300	$5430	**$8830**	**$10530**	IH	4	206D	8F-4R	52.00	6540	No
584 RC	$18870	$3590	$4530	**$7360**	**$8780**	IH	4	206D	8F-4R	52.54	5890	No
684	$20765	$3950	$4980	**$8100**	**$9660**	IH	4	239D	8F-4R	62.52	5720	No
684 4WD	$25990	$4940	$6240	**$10140**	**$12090**	IH	4	239D	8F-4R	62.00	6620	No
684 RC	$21265	$4040	$5100	**$8290**	**$9890**	IH	4	239D	8F-4R	62.52	5970	No
784	$21870	$4160	$5250	**$8530**	**$10170**	IH	4	246D	8F-4R	65.47	5950	No
784 4WD	$27500	$5040	$6360	**$10340**	**$12320**	IH	4	246D	8F-4R	65.00	6950	No
784 RC	$22900	$4350	$5500	**$8930**	**$10650**	IH	4	246D	8F-4R	65.47	6200	No
884	$25085	$4770	$6020	**$9780**	**$11670**	IH	4	268D	16F-8R	72.91	6065	No
884 4WD	$29755	$5420	$6840	**$11120**	**$13250**	IH	4	268D	16F-8R	72.00	6965	No
884 RC	$25670	$4880	$6160	**$10010**	**$11940**	IH	4	268D	16F-8R	72.91	6315	No
3088	$30700	$3920	$6440	**$8680**	**$10500**	IH	6	358D	16F-8R	81.35	10600	CHA
3088 4WD	$42125	$4760	$7820	**$10540**	**$12750**	IH	6	358D	16F-8R	81.35	11500	CHA
3288	$40190	$5040	$8280	**$11160**	**$13500**	IH	6	358D	16F-8R	90.46	11100	CHA
3288 4WD	$50940	$6020	$9890	**$13330**	**$16130**	IH	6	358D	16F-8R	90.00	12000	CHA
3488 Hydro	$49370	$5600	$9200	**$12400**	**$15000**	IH	6	466D	Variable	112.56	11225	CHA
3488 Hydro 4WD	$60120	$6180	$10150	**$13680**	**$16550**	IH	6	466D	Variable	112.00	12200	CHA
3688	$44975	$5880	$9660	**$13020**	**$15750**	IH	6	436D	16F-8R	113.72	11300	CHA
3688 4WD	$55725	$6500	$10680	**$14390**	**$17410**	IH	6	436D	16F-8R	113.00	12200	CHA
3688 High Clear	$51440	$6360	$10440	**$14070**	**$17030**	IH	6	436D	16F-8R	113.00	11500	CHA
5088	$53720	$6120	$10060	**$13550**	**$16400**	IH	6T	436D	18F-6R	136.12	13765	CHA
5088 4WD	$64110	$7010	$11520	**$15530**	**$18790**	IH	6T	436D	18F-6R	136.00	14700	CHA
5288	$59935	$6570	$10800	**$14550**	**$17600**	IH	6T	466D	18F-6R	162.60	14610	CHA
5288 4WD	$70235	$7350	$12080	**$16280**	**$19690**	IH	6T	466D	18F-6R	162.00	15500	CHA
5488	$66160	$6740	$11080	**$14930**	**$18060**	IH	6TI	466D	18F-6R	187.22	14710	CHA
5488 4WD	$76460	$7650	$12570	**$16950**	**$20500**	IH	6TI	466D	18F-6R	187.00	15700	CHA
6388 4WD	$62180	$5850	$8510	**$11170**	**$15420**	IH	6T	436D	16F-8R	130.61	15960	CHA
6588 4WD	$67855	$6250	$9100	**$11940**	**$16490**	IH	6T	466D	16F-8R	150.41	16320	CHA
6788 4WD	$73265	$6520	$9480	**$12450**	**$17190**	IH	6T	466D	12F-6R	170.00	16920	CHA

RC—Row Crop

1983

Model	Approx. Retail Price New	Used Trade-In Avg.	Used Trade-In High	Used Retail Avg.	Used Retail High	Engine Make	Engine No. Cyls.	Engine Displ. Cu.-in.	No. Speeds	P.T.O. H.P.	Approx. Shipping Wt.-Lbs.	Cab
Hydro 84	$22581	$2880	$4730	**$6380**	**$7720**	IH	4	246D	Variable	58.73	5720	No
Hydro 84 4WD	$27686	$3320	$5450	**$7340**	**$8880**	IH	4	246D	Variable	58.00	6620	No
234	$6559	$1480	$1980	**$3420**	**$3920**	Mitsubishi	3	52D	6F-2R	15.20	1260	No
234 4WD	$7124	$1600	$2140	**$3700**	**$4230**	Mitsubishi	3	52D	6F-2R	15.20	1370	No
Hydro 234	$7449	$1670	$2230	**$3860**	**$4410**	Mitsubishi	3	52D	Variable	15.20	1375	No
Hydro 234 4WD	$8014	$1790	$2380	**$4130**	**$4730**	Mitsubishi	3	52D	Variable	15.20	1445	No
244	$7394	$1660	$2210	**$3830**	**$4380**	Mitsubishi	3	60D	9F-3R	18.00	1665	No
244 4WD	$8274	$1840	$2460	**$4260**	**$4870**	Mitsubishi	3	60D	9F-3R	18.00	1870	No
254	$8099	$1810	$2410	**$4170**	**$4770**	Mitsubishi	3	65D	9F-3R	21.00	1705	No
254 4WD	$9129	$2020	$2700	**$4670**	**$5340**	Mitsubishi	3	65D	9F-3R	21.00	1865	No
274 Offset	$9981	$2200	$2940	**$5080**	**$5820**	Nissan	3	99D	8F-2R	27.00	2270	No
284D	$8695	$1930	$2580	**$4460**	**$5100**	Nissan	3	99D	8F-2R	27.47	2270	No
284D 4WD	$10930	$2400	$3200	**$5540**	**$6340**	Nissan	3	99D	8F-2R	25.00	2657	No
284G	$7635	$1710	$2280	**$3950**	**$4520**	Toyo-Kogyo	4	71G	8F-2R	25.75	2050	No
484	$15488	$3250	$4340	**$7510**	**$8600**	IH	3	179D	8F-2R	42.42	3540	No
584	$18487	$3420	$4440	**$7030**	**$8410**	IH	4	206D	8F-4R	52.54	5640	No
584 4WD	$22640	$4190	$5430	**$8600**	**$10300**	IH	4	206D	8F-4R	52.00	6540	No
584 RC	$18866	$3490	$4530	**$7170**	**$8580**	IH	4	206D	8F-4R	52.54	5890	No
684	$20761	$3840	$4980	**$7890**	**$9450**	IH	4	239D	8F-4R	62.52	5720	No
684 4WD	$25986	$4810	$6240	**$9880**	**$11820**	IH	4	239D	8F-4R	62.00	6620	No
684 RC	$21261	$3930	$5100	**$8080**	**$9670**	IH	4	239D	8F-4R	62.52	5970	No
784	$21869	$4050	$5250	**$8310**	**$9950**	IH	4	246D	8F-4R	65.47	5950	No
784 4WD	$27496	$5090	$6600	**$10450**	**$12510**	IH	4	246D	8F-4R	65.00	6950	No
784 RC	$22897	$4240	$5500	**$8700**	**$10420**	IH	4	246D	8F-4R	65.47	6200	No
884	$25082	$4640	$6020	**$9530**	**$11410**	IH	4	268D	16F-8R	72.91	6065	No
884 4WD	$29751	$5500	$7140	**$11310**	**$13540**	IH	4	268D	16F-8R	72.00	6965	No
884 RC	$25696	$4750	$6170	**$9760**	**$11690**	IH	4	268D	16F-8R	72.91	6315	No
3088	$30700	$3780	$6210	**$8370**	**$10130**	IH	6	358D	16F-8R	81.35	10600	CHA
3088 4WD	$42123	$4640	$7620	**$10270**	**$12420**	IH	6	358D	16F-8R	81.35	11500	CHA
3288	$40190	$4760	$7820	**$10540**	**$12750**	IH	6	358D	16F-8R	90.46	11100	CHA
3288 4WD	$50940	$5740	$9430	**$12710**	**$15380**	IH	6	358D	16F-8R	90.00	12000	CHA
3488 Hydro	$49370	$5460	$8970	**$12090**	**$14630**	IH	6	466D	Variable	112.56	11225	CHA
3488 Hydro 4WD	$60120	$6160	$10130	**$13650**	**$16510**	IH	6	466D	Variable	112.00	12200	CHA
3688	$44975	$5400	$8870	**$11960**	**$14470**	IH	6	436D	16F-8R	113.72	11300	CHA
3688 4WD	$55725	$6160	$10120	**$13640**	**$16500**	IH	6	436D	16F-8R	113.00	12200	CHA
3688 High Clear	$51440	$6300	$10350	**$13950**	**$16880**	IH	6	436D	16F-8R	113.00	11500	CHA
5088	$53720	$6120	$10060	**$13550**	**$16400**	IH	6T	436D	18F-6R	136.12	13765	CHA
5088 4WD	$64110	$6900	$11340	**$15280**	**$18490**	IH	6T	436D	18F-6R	136.00	14700	CHA
5288	$59935	$6290	$10340	**$13930**	**$16850**	IH	6T	466D	18F-6R	162.60	14610	CHA
5288 4WD	$70235	$7030	$11550	**$15570**	**$18840**	IH	6T	466D	18F-6R	162.00	15500	CHA
5488	$66156	$6690	$10990	**$14820**	**$17930**	IH	6TI	466D	18F-6R	187.22	14710	CHA
5488 4WD	$76456	$7410	$12180	**$16420**	**$19860**	IH	6TI	466D	18F-6R	187.00	15700	CHA
6388 4WD	$62180	$4420	$6630	**$8840**	**$12370**	IH	6T	436D	16F-8R	130.61	15960	CHA
6588 4WD	$67855	$4860	$7280	**$9710**	**$13600**	IH	6T	466D	16F-8R	150.41	16320	CHA
6788 4WD	$73265	$5430	$8140	**$10850**	**$15190**	IH	6T	466D	12F-6R	170.00	16920	CHA

RC—Row Crop

1982

Model	Approx. Retail Price New	Used Trade-In Avg.	Used Trade-In High	Used Retail Avg.	Used Retail High	Engine Make	Engine No. Cyls.	Engine Displ. Cu.-in.	No. Speeds	P.T.O. H.P.	Approx. Shipping Wt.-Lbs.	Cab
Hydro 84	$20385	$2710	$4460	**$6010**	**$7270**	IH	4	246D	Variable	58.73	5720	No
Hydro 84 4WD	$26665	$3170	$5210	**$7030**	**$8500**	IH	4	246D	Variable	58.00	6620	No

Int. Harvester-Farmall (Cont.)

Model	Approx. Retail Price New	Used Trade-In Avg.	Used Trade-In High	Used Retail Avg.	Used Retail High	Engine Make	Engine No. Cyls.	Engine Displ. Cu.-in.	No. Speeds	P.T.O. H.P.	Approx. Shipping Wt.-Lbs.	Cab
1982 (Cont.)												
234	$6235	$1350	$1890	$3230	$3740	Mitsubishi	3	52D	6F-2R	15.20	1260	No
234 4WD	$6775	$1460	$2040	$3490	$4040	Mitsubishi	3	52D	6F-2R	15.20	1370	No
Hydro 234	$7090	$1520	$2130	$3640	$4210	Mitsubishi	3	52D	Variable	15.20	1375	No
Hydro 234 4WD	$7630	$1630	$2280	$3900	$4510	Mitsubishi	3	52D	Variable	15.20	1445	No
244	$6755	$1450	$2030	$3480	$4030	Mitsubishi	3	60D	9F-3R	18.00	1665	No
244 4WD	$7605	$1620	$2270	$3890	$4500	Mitsubishi	3	60D	9F-3R	18.00	1870	No
254	$7435	$1590	$2220	$3810	$4400	Mitsubishi	3	65D	9F-3R	21.00	1705	No
254 4WD	$8425	$1790	$2500	$4280	$4950	Mitsubishi	3	65D	9F-3R	21.00	1865	No
274	$9105	$1920	$2690	$4610	$5330	Nissan	3	99D	8F-2R	27.47	2270	No
284 4WD	$9265	$1950	$2730	$4690	$5420	Nissan	3	99D	8F-2R	27.00	2950	No
284D	$8100	$1720	$2410	$4130	$4770	Nissan	3	99D	8F-2R	27.47	2270	No
284G	$7635	$1630	$2280	$3910	$4520	Toyo-Kogyo	4	71G	8F-2R	25.75	2050	No
383	$11432	$2290	$3200	$5490	$6350	IH	4	132D	8F-2R	37.00	3480	No
383 4WD	$13102	$2620	$3670	$6290	$7270	IH	4	132D	8F-2R	37.00	4380	No
484	$13932	$2790	$3900	$6690	$7730	IH	4	179D	8F-2R	42.42	3540	No
484 4WD	$17892	$3580	$5010	$8590	$9930	IH	4	179D	8F-2R	42.00	4440	No
584	$17080	$3070	$4190	$6410	$7600	IH	4	206D	8F-4R	52.54	5640	No
584 4WD	$22195	$4000	$5440	$8320	$9880	IH	4	206D	8F-4R	52.00	6540	No
584 RC	$17415	$3140	$4270	$6530	$7750	IH	4	206D	8F-4R	52.54	5890	No
684	$18720	$3370	$4590	$7020	$8330	IH	4	239D	8F-4R	62.52	5720	No
684 4WD	$25120	$4520	$6150	$9420	$11180	IH	4	239D	8F-4R	62.00	6620	No
684 RC	$19080	$3430	$4680	$7160	$8490	IH	4	239D	8F-4R	62.52	5970	No
784	$20200	$3640	$4950	$7580	$8990	IH	4	246D	8F-4R	65.47	5950	No
784 4WD	$26600	$4790	$6520	$9980	$11840	IH	4	246D	8F-4R	65.00	6950	No
784 RC	$21150	$3810	$5180	$7930	$9410	IH	4	246D	8F-4R	65.47	6200	No
884	$22530	$4060	$5520	$8450	$10030	IH	4	268D	16F-8R	72.91	6065	No
884 4WD	$28810	$5190	$7060	$10800	$12820	IH	4	268D	16F-8R	72.00	6965	No
884 RC	$23090	$4160	$5660	$8660	$10280	IH	4	268D	16F-8R	72.91	6315	No
3088	$25609	$3430	$5640	$7600	$9190	IH	6	358D	16F-8R	81.35	10600	CHA
3288	$35355	$4480	$7360	$9920	$12000	IH	6	358D	16F-8R	90.46	11100	CHA
3488 Hydro	$38500	$3230	$4760	$6460	$9180	IH	6	466D	Variable	112.56	11225	CHA
3688	$39160	$4900	$8050	$10850	$13130	IH	6	436D	16F-8R	113.72	11300	CHA
5088	$44755	$5840	$9590	$12930	$15640	IH	6T	436D	18F-6R	136.12	13765	CHA
5288	$51945	$6300	$10350	$13950	$16880	IH	6T	466D	18F-6R	162.60	1461	CHA
5488	$56175	$6510	$10700	$14420	$17440	IH	6TI	466D	18F-6R	187.22	14710	CHA
6388 4WD	$53805	$4730	$6970	$9460	$13450	IH	6T	436D	16F-8R	130.61	15960	CHA
6588 4WD	$60905	$4890	$7210	$9790	$13910	IH	6T	466D	16F-8R	150.41	16320	CHA
6788 4WD	$68925	$5080	$7490	$10170	$14450	IH	6T	466D	12F-6R	170.00	16920	CHA
7388 4WD	$65505	$5320	$7840	$10640	$15120	IH	6TI	466D	10F-2R	181.0	19875	CHA
7588 4WD	$84260	$5650	$8330	$11310	$16070	IH	V8	798D	18F-4R	265.0	22600	CHA
7788 4WD	$93320	$6010	$8860	$12030	$17090	IH	V8	798D	20F-4R	265.0	23800	CHA

RC—Row Crop

Model	Approx. Retail Price New	Used Trade-In Avg.	Used Trade-In High	Used Retail Avg.	Used Retail High	Engine Make	Engine No. Cyls.	Engine Displ. Cu.-in.	No. Speeds	P.T.O. H.P.	Approx. Shipping Wt.-Lbs.	Cab
1981												
Hydro 84	$18310	$2560	$4030	$5680	$6960	IH	4	246D	Variable	58.73	5160	No
Hydro 84 4WD	$24590	$2880	$4530	$6380	$7820	IH	4	246D	Variable	58.00	6060	No
Hydro 86	$23812	$3330	$5240	$7380	$9050	IH	6	310D	Variable	70.89	7710	No
140	$8240	$1650	$2800	$4120	$4740	IH	4	123G	4F-1R	24.30	2720	No
Hydro 186	$36745	$5140	$8080	$11390	$13960	IH	6	436D	Variable	105.02	11160	CHA
Hydro 186 4WD	$44160	$5620	$8840	$12450	$15260	IH	6	436D	Variable	105.00	12060	CHA
274	$8145	$1590	$2340	$4010	$4670	Nissan	3	99D	8F-2R	27.47	2270	No
284	$7335	$1430	$2110	$3620	$4220	Toyo-Kogyo	4	71G	8F-2R	25.75	2050	No
284	$7990	$1560	$2290	$3930	$4590	Nissan	3	99D	8F-2R	27.47	2270	No
384	$10590	$2010	$2970	$5080	$5930	IH	4	154D	8F-2R	39.00	3770	No
484	$12720	$2230	$3180	$4710	$5660	IH	3	179D	8F-4R	42.42	4660	No
584	$15490	$2710	$3870	$5730	$6890	IH	4	206D	8F-4R	52.54	4850	No
584 4WD	$20605	$3610	$5150	$7620	$9170	IH	4	206D	8F-4R	52.00	5880	No
584 RC	$15795	$2760	$3950	$5840	$7030	IH	4	206D	8F-4R	52.54	5380	No
684	$16815	$2940	$4200	$6220	$7480	IH	4	239D	8F-4R	62.52	5220	No
684 4WD	$23215	$4060	$5800	$8590	$10330	IH	4	239D	8F-4R	62.00	6170	No
684 RC	$17140	$3000	$4290	$6340	$7630	IH	4	239D	8F-4R	62.52	5670	No
686	$19650	$3440	$4910	$7270	$8740	IH	6	310D	10F-2R	66.36	7500	No
784	$18145	$3180	$4540	$6710	$8080	IH	4	246D	8F-4R	65.47	5410	No
784 4WD	$24545	$4300	$6140	$9080	$10920	IH	4	246D	8F-4R	65.00	6310	No
784 RC	$18660	$3270	$4670	$6900	$8300	IH	4	246D	8F-4R	65.47	5950	No
786	$19000	$3330	$4750	$7030	$8460	IH	6	358D	16F-8R	80.20	10200	No
884	$20240	$3540	$5060	$7490	$9010	IH	4	268D	16F-8R	72.91	5650	No
884 4WD	$26520	$4640	$6630	$9810	$11800	IH	4	268D	16F-8R	72.00	6550	No
884 RC	$20360	$3560	$5090	$7530	$9060	IH	4	268D	16F-8R	72.91	6065	No
886	$30360	$4250	$6680	$9410	$11540	IH	6	358D	16F-8R	90.56	10475	CHA
886 4WD	$37910	$5040	$7920	$11160	$13680	IH	6	358D	16F-8R	90.00	11500	CHA
986	$33860	$4740	$7450	$10500	$12870	IH	6	436D	16F-8R	105.68	10900	CHA
986 4WD	$41275	$5180	$8140	$11470	$14060	IH	6	436D	16F-8R	105.00	11800	CHA
1086	$38610	$4980	$7830	$11040	$13530	IH	6T	414D	16F-8R	131.41	11700	CHA
1086 4WD	$45910	$5730	$9000	$12680	$15540	IH	6T	414D	16F-8R	131.00	12600	CHA
1486	$42580	$5680	$8930	$12580	$15420	IH	6T	436D	16F-8R	145.77	11800	CHA
1486 4WD	$49660	$6160	$9680	$13640	$16720	IH	6T	436D	16F-8R	145.00	12700	CHA
1586	$47425	$5740	$9020	$12710	$15580	IH	6T	436D	12F-6R	161.55	12750	CHA
1586 4WD	$54385	$6070	$9550	$13450	$16490	IH	6T	436D	12F-6R	161.00	13650	CHA
3388 4WD	$47960	$4080	$5800	$7730	$11170	IH	6T	436D	16F-8R	130.61	15960	CHA
3588 4WD	$53825	$4350	$6190	$8250	$11920	IH	6T	466D	16F-8R	150.41	16315	CHA
3788 4WD	$59840	$4540	$6450	$8600	$12430	IH	6T	466D	12F-6R	170.57	16920	CHA
4386 4WD	$57845	$4280	$6080	$8100	$11700	IH	6TI	466D	10F-2R	175.3	20000	CHA
4586 4WD	$72005	$4750	$6750	$9000	$13000	IH	V8	798D	10F-2R	235.7	22400	CHA

Int. Harvester-Farmall (Cont.)

1981 (Cont.)

Model	Approx. Retail Price New	Estimated Value Less Repairs: Used Trade-In Avg.	Used Trade-In High	Used Retail Avg.	Used Retail High	Engine Make	Engine No. Cyls.	Engine Displ. Cu.-in.	No. Speeds	P.T.O. H.P.	Approx. Shipping Wt.-Lbs.	Cab
4786 4WD	$82660	$5610	$7970	**$10620**	**$15340**	IH	V8	798D	10F-2R	265.5	23600	CHA
5088	$43555	$5610	$8810	**$12420**	**$15220**	IH	6T	436D	18F-6R	136.12	13765	CHA
5288	$50355	$6020	$9460	**$13330**	**$16340**	IH	6T	466D	18F-6R	162.60	1461	CHA
5488	$55575	$6300	$9900	**$13950**	**$17100**	IH	6TI	466D	18F-6R	187.22	14710	CHA

RC—Row Crop

1980

Model	Approx. Retail Price New	Estimated Value Less Repairs: Used Trade-In Avg.	Used Trade-In High	Used Retail Avg.	Used Retail High	Engine Make	Engine No. Cyls.	Engine Displ. Cu.-in.	No. Speeds	P.T.O. H.P.	Approx. Shipping Wt.-Lbs.	Cab
Hydro 84	$17060	$2900	$4350	**$6310**	**$7590**	IH	4	246D	Variable	58.73	5160	No
Hydro 86	$22620	$3850	$5770	**$8370**	**$10070**	IH	6	310D	Variable	70.89	7710	No
140	$7840	$1610	$2710	**$3920**	**$4550**	IH	4	123G	4F-1R	24.30	2720	No
Hydro 186	$32670	$4570	$6860	**$10130**	**$12580**	IH	6	436D	Variable	105.02	11160	CHA
Hydro 186 4WD	$39270	$5500	$8250	**$12170**	**$15120**	IH	6	436D	Variable	105.00	12060	CHA
284	$6910	$1240	$1940	**$3320**	**$3900**	Toyo-Kogyo	4	71G	8F-2R	25.75	2050	No
384	$9515	$1710	$2660	**$4570**	**$5380**	IH	4	154D	8F-2R	39.00	3770	No
484	$11700	$1990	$2980	**$4330**	**$5210**	IH	3	179D	8F-4R	42.42	4660	No
584	$14190	$2410	$3620	**$5250**	**$6320**	IH	4	206D	8F-4R	52.54	4850	No
584 RC	$14660	$2490	$3740	**$5420**	**$6520**	IH	4	206D	8F-4R	52.54	5380	No
684	$15735	$2680	$4010	**$5820**	**$7000**	IH	4	239D	8F-4R	62.52	5220	No
684 RC	$15915	$2710	$4060	**$5890**	**$7080**	IH	4	239D	8F-4R	62.52	5670	No
686	$18500	$3150	$4720	**$6850**	**$8230**	IH	6	310D	10F-2R	66.36	7500	No
784	$16410	$2790	$4190	**$6070**	**$7300**	IH	4	246D	8F-4R	65.47	5410	No
784 RC	$16575	$2820	$4230	**$6130**	**$7380**	IH	4	246D	8F-4R	65.47	5950	No
786	$17000	$2890	$4340	**$6290**	**$7570**	IH	6	258D	16F-8R	80.20	10200	No
884	$20240	$3440	$5160	**$7490**	**$9010**	IH	4	268D	16F-8R	72.91	5650	No
884 RC	$20360	$3460	$5190	**$7530**	**$9060**	IH	4	268D	16F-8R	72.91	6065	No
886	$26540	$3720	$5570	**$8230**	**$10220**	IH	6	358D	16F-8R	90.56	10475	CHA
886 4WD	$33340	$4670	$7000	**$10340**	**$12840**	IH	6	358D	16F-8R	90.00	11500	CHA
986	$29990	$4200	$6300	**$9300**	**$11550**	IH	6	436D	16F-8R	105.68	10900	CHA
986 4WD	$36590	$4980	$7470	**$11030**	**$13700**	IH	6	436D	16F-8R	105.00	11800	CHA
1086	$34470	$4550	$6820	**$10070**	**$12500**	IH	6T	414D	16F-8R	131.41	11700	CHA
1086 4WD	$41070	$5190	$7790	**$11500**	**$14280**	IH	6T	414D	16F-8R	131.00	12600	CHA
1486	$37070	$5050	$7580	**$11190**	**$13900**	IH	6T	436D	16F-8R	145.77	11800	CHA
1486 4WD	$43470	$5670	$8510	**$12560**	**$15590**	IH	6T	436D	16F-8R	145.00	12700	CHA
1586	$41770	$5320	$7980	**$11780**	**$14630**	IH	6T	436D	12F-6R	161.55	12750	CHA
1586 4WD	$48070	$5880	$8820	**$13020**	**$16170**	IH	6T	436D	12F-6R	161.00	13650	CHA
3388 4WD	$43500	$3560	$4880	**$6380**	**$9750**	IH	6T	436D	16F-8R	130.61	15960	CHA
3588 4WD	$48815	$3690	$5050	**$6600**	**$10090**	IH	6T	466D	16F-8R	150.41	16315	CHA
3788 4WD	$56990	$3890	$5330	**$6970**	**$10660**	IH	6T	466D	12F-6R	170.57	16920	CHA
4386 4WD	$57485	$4040	$5530	**$7230**	**$11050**	IH	6TI	466D	10F-2R	175.3	20000	CHA
4586 4WD	$72005	$4560	$6240	**$8160**	**$12480**	IH	V8	798D	10F-2R	235.7	22400	CHA
4786 4WD	$82660	$5510	$7540	**$9860**	**$15080**	IH	V8	798D	10F-2R	265.5	23600	CHA

RC—Row Crop

1979

Model	Approx. Retail Price New	Estimated Value Less Repairs: Used Trade-In Avg.	Used Trade-In High	Used Retail Avg.	Used Retail High	Engine Make	Engine No. Cyls.	Engine Displ. Cu.-in.	No. Speeds	P.T.O. H.P.	Approx. Shipping Wt.-Lbs.	Cab
Cub	$5350	$960	$1500	**$2570**	**$3050**	IH	4	60G	3F-1R	10.75	1620	No
Hydro 84	$14965	$2540	$3890	**$5540**	**$6660**	IH	4	246D	Variable	58.73	5160	No
Hydro 86	$20240	$3440	$5260	**$7490**	**$9010**	IH	6	310D	Variable	70.89	7710	No
140	$7370	$1550	$2580	**$3690**	**$4310**	IH	4	123G	4F-1R	24.30	2720	No
Hydro 186	$29235	$4090	$6140	**$9060**	**$11400**	IH	6	436D	Variable	105.02	11160	CHA
Hydro 186 4WD	$35795	$5010	$7520	**$11100**	**$13960**	IH	6	436D	Variable	105.00	12060	CHA
284	$6460	$1160	$1810	**$3100**	**$3680**	Toyo-Kogyo	4	71G	8F-2R	25.75	2050	No
384	$8495	$1530	$2380	**$4080**	**$4840**	IH	4	154D	8F-2R	39.00	3770	No
484	$10265	$1750	$2670	**$3800**	**$4570**	IH	3	179D	8F-4R	42.42	4660	No
584	$12445	$2120	$3240	**$4610**	**$5540**	IH	4	206D	8F-4R	52.54	4850	No
584 RC	$12855	$2190	$3340	**$4760**	**$5720**	IH	4	206D	8F-4R	52.54	5380	No
684	$13800	$2350	$3590	**$5110**	**$6140**	IH	4	239D	8F-4R	62.52	5220	No
684 RC	$13955	$2370	$3630	**$5160**	**$6210**	IH	4	239D	8F-4R	62.52	5670	No
686	$17450	$2970	$4540	**$6460**	**$7770**	IH	6	310D	10F-2R	66.36	7500	No
784	$14390	$2450	$3740	**$5320**	**$6400**	IH	4	246D	8F-4R	65.47	5410	No
784 RC	$14540	$2470	$3780	**$5380**	**$6470**	IH	4	246D	8F-4R	65.47	5950	No
886	$24420	$3420	$5130	**$7570**	**$9520**	IH	6	358D	16F-8R	90.56	10475	CHA
886 4WD	$31200	$4370	$6550	**$9670**	**$12170**	IH	6	358D	16F-8R	90.00	11500	CHA
986	$26835	$3760	$5640	**$8320**	**$10470**	IH	6	436D	16F-8R	105.68	10900	CHA
986 4WD	$33395	$4340	$6510	**$9610**	**$12090**	IH	6	436D	16F-8R	105.00	11800	CHA
1086	$30845	$4320	$6480	**$9560**	**$12030**	IH	6T	414D	16F-8R	131.41	11700	CHA
1086 4WD	$37405	$4970	$7460	**$11010**	**$13850**	IH	6T	414D	16F-8R	131.00	12600	CHA
1486	$33175	$4650	$6970	**$10280**	**$12940**	IH	6T	436D	16F-8R	145.77	11800	CHA
1486 4WD	$39540	$5050	$7570	**$11170**	**$14060**	IH	6T	436D	16F-8R	145.00	12700	CHA
1586	$38080	$4910	$7370	**$10880**	**$13690**	IH	6T	436D	12F-6R	161.55	12750	CHA
1586 4WD	$44305	$5500	$8250	**$12180**	**$15330**	IH	6T	436D	12F-6R	161.00	13650	CHA
3388 4WD	$38930	$3320	$4360	**$5580**	**$9070**	IH	6T	436D	16F-8R	130.61	15960	CHA
3588 4WD	$43685	$3680	$4840	**$6190**	**$10060**	IH	6T	466D	16F-8R	150.41	16315	CHA
4386 4WD	$52920	$3990	$5250	**$6720**	**$10920**	IH	6TI	466D	10F-2R	175.3	20000	CHA
4586 4WD	$66410	$4510	$5940	**$7600**	**$12350**	IH	V8	798D	10F-2R	235.7	22400	CHA
4786 4WD	$76310	$5420	$7130	**$9120**	**$14820**	IH	V8	798D	10F-2R	265.5	23600	CHA

RC—Row Crop

1978

Model	Approx. Retail Price New	Estimated Value Less Repairs: Used Trade-In Avg.	Used Trade-In High	Used Retail Avg.	Used Retail High	Engine Make	Engine No. Cyls.	Engine Displ. Cu.-in.	No. Speeds	P.T.O. H.P.	Approx. Shipping Wt.-Lbs.	Cab
Cub	$5066	$920	$1440	**$2460**	**$2950**	IH	4	60G	3F-1R	10.75	1620	No
Hydro 84	$13830	$2350	$3670	**$5120**	**$6150**	IH	4	246D	Variable	58.73	5160	No
Hydro 86	$17185	$2920	$4550	**$6360**	**$7650**	IH	6	291G	Variable	69.61	7330	No
Hydro 86	$17830	$3030	$4730	**$6600**	**$7930**	IH	6	312D	Variable	69.51	7770	No
140	$7010	$1510	$2490	**$3510**	**$4140**	IH	4	123G	4F-1R	24.30	2720	No
Hydro 186	$26275	$3680	$5520	**$8150**	**$10510**	IH	6	436D	Variable	105.02	11160	CHA

Int. Harvester-Farmall (Cont.)

Model	Approx. Retail Price New	Estimated Value Less Repairs Used Trade-In Avg.	Used Trade-In High	Used Retail Avg.	Used Retail High	Engine Make	Engine No. Cyls.	Engine Displ. Cu.-in.	No. Speeds	P.T.O. H.P.	Approx. Shipping Wt.-Lbs.	Cab
1978 (Cont.)												
284	$5910	$1060	$1660	$2840	$3400	Toyo-Kogyo	4	71G	8F-2R	25.75	2050	No
384	$7775	$1400	$2180	$3730	$4470	IH	4	154D	8F-2R	39.00	3770	No
484	$9580	$1630	$2540	$3550	$4260	IH	3	179D	8F-4R	42.42	4660	No
584	$11730	$1990	$3110	$4340	$5220	IH	4	206D	8F-4R	52.54	4850	No
584 RC	$12115	$2060	$3210	$4480	$5390	IH	4	206D	8F-4R	52.54	5380	No
684	$13020	$2210	$3450	$4820	$5790	IH	4	239D	8F-4R	62.52	5220	No
684 RC	$13165	$2240	$3490	$4870	$5860	IH	4	239D	8F-4R	62.52	5670	No
686	$14710	$2650	$4120	$7060	$8460	IH	6	291G	10F-2R	66.31	7055	No
686	$15375	$2770	$4310	$7380	$8840	IH	6	312D	10F-2R	66.29	7570	No
784	$13970	$2520	$3910	$6710	$8030	IH	4	246D	8F-4R	65.47	5410	No
784 RC	$14115	$2540	$3950	$6780	$8120	IH	4	246D	8F-4R	65.47	5950	No
886	$22360	$3660	$5700	$7960	$9570	IH	6	360D	16F-8R	86.14	10600	CHA
886 4WD	$27860	$4590	$7160	$9990	$12020	IH	6	360D	16F-8R	86.00	11500	CHA
986	$24575	$3440	$5160	$7620	$9830	IH	6	436D	16F-8R	105.68	10900	CHA
986 4WD	$30075	$4060	$6090	$8990	$11600	IH	6	436D	16F-8R	105.00	11800	CHA
1086	$27725	$3880	$5820	$8600	$11090	IH	6T	414D	16F-8R	131.41	11700	CHA
1086 4WD	$33225	$4510	$6770	$9990	$12890	IH	6T	414D	16F-8R	131.00	12600	CHA
1486	$29815	$4170	$6260	$9240	$11930	IH	6T	436D	16F-8R	145.77	11800	CHA
1486 4WD	$35315	$4520	$6780	$10010	$12920	IH	6T	436D	16F-8R	145.00	12700	CHA
1586	$33510	$4200	$6300	$9300	$12000	IH	6T	436D	12F-6R	161.55	12750	CHA
1586 4WD	$39010	$4680	$7010	$10350	$13360	IH	6T	436D	12F-6R	161.00	13650	CHA
3388 4WD	$38930	$3220	$4240	$5420	$8810	IH	6T	436D	16F-8R	130.61	15960	CHA
3588 4WD	$43685	$3580	$4710	$6030	$9800	IH	6T	466D	16F-8R	150.41	16315	CHA
4186 4WD	$32535	$2950	$3880	$4960	$8060	IH	6T	436D	8F-4R	150.63	15300	CHA
4386 4WD	$42273	$3900	$5130	$6560	$10660	IH	6TI	466D	10F-2R	175.3	20000	CHA
4586 4WD	$50950	$4280	$5630	$7200	$11700	IH	V8	798D	10F-2R	235.7	22400	CHA
4786 4WD	$70655	$5320	$7000	$8960	$14560	IH	V8	798D	10F-2R	265.5	23600	CHA
RC—Row Crop												
1977												
Cub	$4755	$920	$1430	$2450	$2960	IH	4	60G	3F-1R	10.75	1620	No
Hydro 86	$15425	$2620	$4170	$5710	$6860	IH	6	291G	Variable	69.61	7330	No
Hydro 86	$16005	$2720	$4320	$5920	$7120	IH	6	312D	Variable	69.51	7770	No
140	$6003	$1500	$2100	$3690	$4140	IH		123G	4F-1R	24.30	2640	No
Hydro 186	$23515	$3290	$4940	$7290	$9520	IH	6	436D	Variable	105.02	11160	CHA
Hydro 186 4WD	$28520	$3990	$5990	$8840	$11550	IH	6	436D	Variable	105.00	12060	CHA
284	$5414	$980	$1520	$2600	$3140	Toyo-Kogyo	4	71G	8F-2R	25.75	2050	No
364	$7105	$1280	$1990	$3410	$4120	IH	4	154D	8F-2R	39.00	3840	No
464	$8455	$1520	$2370	$4060	$4900	IH	4	175G	8F-2R	45.74	4200	No
464	$9270	$1670	$2600	$4450	$5380	IH	3	179D	8F-2R	44.42	4520	No
574	$10005	$1800	$2800	$4800	$5800	IH	4	200G	8F-2R	52.97	4700	No
574	$10910	$1960	$3060	$5240	$6330	IH	4	239D	8F-2R	52.55	4800	No
574 RC	$10410	$1870	$2920	$5000	$6040	IH	4	200G	8F-2R	52.97	5170	No
574 RC	$11315	$2040	$3170	$5430	$6560	IH	4	239D	8F-2R	52.55	5270	No
674	$11255	$2030	$3150	$5400	$6530	IH	4	200G	8F-2R	58.53	5210	No
674	$12335	$2220	$3450	$5920	$7150	IH	4	239D	8F-2R	61.56	5320	No
674 RC	$11665	$2100	$3270	$5600	$6770	IH	4	200G	8F-2R	58.53	5075	No
674 RC	$12735	$2290	$3570	$6110	$7390	IH	4	239D	8F-2R	61.56	5460	No
686	$12825	$2180	$3460	$4750	$5710	IH	6	291G	10F-2R	66.31	7055	No
686	$13405	$2280	$3620	$4960	$5970	IH	6	312D	10F-2R	66.29	7570	No
886	$20045	$2810	$4210	$6210	$8120	IH	6	360D	16F-8R	86.14	10600	CHA
886 4WD	$25050	$3430	$5150	$7600	$9920	IH	6	360D	16F-8R	86.00	11500	CHA
986	$22030	$3080	$4630	$6830	$8920	IH	6	436D	16F-8R	105.68	10900	CHA
986 4WD	$27035	$3710	$5570	$8220	$10730	IH	6	436D	16F-8R	105.00	11800	CHA
1086	$24645	$3450	$5180	$7640	$9980	IH	6T	414D	16F-8R	131.41	11700	CHA
1086 4WD	$29650	$3860	$5800	$8560	$11180	IH	6T	414D	16F-8R	131.00	12600	CHA
1486	$26525	$3640	$5460	$8060	$10530	IH	6T	436D	16F-8R	145.77	11800	CHA
1486 4WD	$31530	$4130	$6200	$9150	$11960	IH	6T	436D	16F-8R	145.00	12700	CHA
1586	$29835	$3750	$5630	$8310	$10850	IH	6T	436D	12F-6R	161.55	12750	CHA
1586 4WD	$31840	$4040	$6060	$8940	$11680	IH	6T	436D	12F-6R	161.00	13650	CHA
4186 4WD	$32535	$2760	$3630	$4640	$7540	IH	6T	436D	8F-4R	150.63	15300	CHA
4386 4WD	$42273	$3660	$4810	$6160	$10010	IH	6TI	466D	10F-2R	175.3	20000	CHA
4586 4WD	$50950	$4040	$5310	$6800	$11050	IH	V8	798D	10F-2R	235.7	22400	CHA
RC—Row Crop												
1976												
Cub	$3799	$900	$1460	$1960	$2400	IH	4	60G	3F-1R	10.75	1620	No
Cub 185 Lo Boy	$3820	$860	$1390	$1870	$2290	IH	4	60G	6F-2R	13.5	1480	No
Hydro 70	$14160	$2410	$3890	$5240	$6300	IH	6	291G	Variable	69.61	7330	No
Hydro 70	$14820	$2520	$4080	$5480	$6600	IH	6	312D	Variable	69.51	7770	No
Hydro 86	$13665	$2320	$3760	$5060	$6080	IH	6	291G	Variable	69.61	7330	No
Hydro 86	$14180	$2410	$3900	$5250	$6310	IH	6	312D	Variable	69.51	7770	No
Hydro 100	$21722	$3040	$4560	$6730	$8910	IH	6	436D	Variable	104.17	10170	CHA
140	$4999	$1530	$2120	$3690	$4130	IH	4	123G	4F-1R	24.30	2640	No
Hydro 186	$20755	$3530	$5710	$7680	$9240	IH	6	436D	Variable	105.02	11160	CHA
284	$4920	$1110	$1800	$2410	$2950	Toyo-Kogyo	4	71G	8F-2R	25.75	2050	No
364	$6700	$1510	$2450	$3280	$4020	IH	4	154D	8F-2R	39.00	3840	No
464	$7235	$1630	$2640	$3550	$4340	IH	4	175G	8F-2R	45.74	4200	No
464	$8005	$1800	$2920	$3920	$4800	IH	3	179D	8F-2R	44.42	4520	No
574	$8525	$1920	$3110	$4180	$5120	IH	4	200G	8F-2R	52.97	4700	No
574	$9335	$2100	$3410	$4570	$5600	IH	4	239D	8F-2R	52.55	4800	No
574 RC	$8875	$2000	$3240	$4350	$5330	IH	4	200G	8F-2R	52.97	5170	No
574 RC	$9685	$2180	$3540	$4750	$5810	IH	4	239D	8F-2R	52.55	5270	No
666	$10545	$1900	$3010	$5060	$6170	IH	6	291G	10F-2R	66.30	7000	No

Int. Harvester-Farmall (Cont.)

1976 (Cont.)

Model	Approx. Retail Price New	Used Trade-In Avg.	Used Trade-In High	Used Retail Avg.	Used Retail High	Make	Engine No. Cyls.	Engine Displ. Cu.-in.	No. Speeds	P.T.O. H.P.	Approx. Shipping Wt.-Lbs.	Cab
666	$11765	$2120	$3350	$5650	$6880	IH	6	312D	10F-2R	66.29	7220	No
674	$9945	$2240	$3630	$4870	$5970	IH	4	200G	8F-4R	58.53	5210	No
674	$10855	$2440	$3960	$5320	$6510	IH	4	239D	8F-4R	61.56	5320	No
674 RC	$10295	$2320	$3760	$5050	$6180	IH	4	200G	8F-4R	58.53	5075	No
674 RC	$11195	$2520	$4090	$5490	$6720	IH	4	239D	8F-4R	61.56	5460	No
686	$10940	$1970	$3120	$5250	$6400	IH	6	291G	10F-2R	66.31	7055	No
686	$11435	$2060	$3260	$5490	$6690	IH	6	312D	10F-2R	66.29	7570	No
766	$13825	$2350	$3800	$5120	$6150	IH	6	291G	16F-8R	79.73	9000	No
766	$14981	$2550	$4120	$5540	$6670	IH	6	360D	16F-8R	85.45	9500	No
886	$17730	$3010	$4880	$6560	$7890	IH	6	360D	16F-8R	86.14	10600	CHA
966	$17331	$2950	$4770	$6410	$7710	IH	6	414D	16F-8R	96.00	10130	CHA
966 4WD	$20331	$3460	$5590	$7520	$9050	IH	6	414D	16F-8R	96.00	11030	CH
986	$19525	$2730	$4100	$6050	$8010	IH	6	436D	16F-8R	105.68	10900	CHA
1066	$17939	$3050	$4930	$6640	$7980	IH	6T	414D	16F-8R	125.68	10550	CHA
1066 4WD	$21939	$3730	$6030	$8120	$9760	IH	6T	414D	16F-8R	125.00	11450	CHA
1086	$21595	$3670	$5940	$7990	$9610	IH	6T	414D	16F-8R	131.41	11700	CHA
1466	$23027	$3920	$6330	$8520	$10250	IH	6T	436D	16F-8R	145.77	10700	CHA
1466 4WD	$26027	$4250	$6880	$9250	$11130	IH	6T	436D	16F-8R	145.00	12600	CHA
1486	$24235	$4120	$6670	$8970	$10790	IH	6T	436D	16F-8R	145.77	11800	CHA
1566	$24677	$3740	$6050	$8140	$9790	IH	6T	436D	12F-6R	161.01	12750	CHA
1568	$25408	$2860	$4280	$6320	$8360	IH	V8	550D	12F-6R	150.70	13200	CHA
1568	$27515	$3080	$4620	$6820	$9020	IH	V8	550D	12F-6R	150.70	13200	CHA
1586	$27160	$4120	$6670	$8970	$10790	IH	6T	436D	12F-6R	161.55	12750	CHA
4166 4WD	$28582	$2570	$3380	$4320	$7020	IH	6T	436D	8F-4R	150.63	15300	CHA
4186 4WD	$32210	$2760	$3630	$4640	$7540	IH	6T	436D	8F-4R	150.63	15300	CHA
4366 4WD	$34007	$3040	$4000	$5120	$8320	IH	6T	466D	10F-2R	163.9	19500	CHA
4386 4WD	$41850	$3470	$4560	$5840	$9490	IH	6TI	466D	10F-2R	175.3	20000	CHA
4586 4WD	$48090	$3900	$5130	$6560	$10660	IH	V8	798D	10F-2R	235.7	21900	CHA

RC—Row Crop

1975

Model	Approx. Retail Price New	Used Trade-In Avg.	Used Trade-In High	Used Retail Avg.	Used Retail High	Make	Engine No. Cyls.	Engine Displ. Cu.-in.	No. Speeds	P.T.O. H.P.	Approx. Shipping Wt.-Lbs.	Cab
Cub	$3529	$880	$1450	$1930	$2400	IH	4	60G	3F-1R	10.75	1620	No
Cub 185 Lo Boy	$3648	$830	$1370	$1810	$2260	IH	4	60G	6F-2R	13.5	1480	No
Hydro 70	$11375	$1930	$3190	$4210	$5030	IH	6	291G	Variable	69.61	6980	No
Hydro 70	$12510	$2130	$3500	$4630	$5530	IH	6	312D	Variable	69.51	7420	No
Hydro 100	$17025	$2380	$3580	$5280	$7070	IH	6	436D	Variable	104.17	10170	CHA
140	$4285	$1530	$2110	$3670	$4110	IH	4	123G	4F-1R	24.30	2640	No
354	$4419	$1110	$1820	$2410	$3000	IH	4	144G	8F-2R	32.58	3600	No
354	$4695	$1170	$1920	$2550	$3170	IH	4	144D	8F-2R	32.00	3700	No
464	$5450	$1340	$2200	$2920	$3630	IH	4	175G	8F-2R	45.74	4200	No
464	$6225	$1510	$2490	$3300	$4100	IH	3	179D	8F-2R	44.42	4520	No
574	$7532	$1700	$2790	$3690	$4600	IH	4	200G	8F-2R	52.97	4700	No
574	$8599	$1940	$3180	$4210	$5250	IH	4	239D	8F-2R	52.55	4800	No
666	$9545	$1620	$2670	$3530	$4220	IH	6	291G	10F-2R	66.30	7000	No
666	$10765	$1830	$3010	$3980	$4760	IH	6	312D	10F-2R	66.29	7220	No
674	$7865	$1880	$3100	$4100	$5100	IH	4	200G	8F-4R	58.53	4430	No
674	$8925	$2120	$3490	$4620	$5750	IH	4	239D	8F-4R	61.56	4680	No
766	$11825	$2010	$3310	$4380	$5230	IH	6	291G	16F-8R	79.73	9000	No
766	$12981	$2210	$3640	$4800	$5740	IH	6	360D	16F-8R	85.45	9500	No
966	$15331	$2610	$4290	$5670	$6780	IH	6	414D	16F-8R	96.00	10130	CHA
966 4WD	$19331	$3290	$5410	$7150	$8540	IH	6	414D	16F-8R	96.00	11030	CH
966H	$16396	$2790	$4590	$6070	$7250	IH	6	414D	Variable	91.38	10300	CH
966H 4WD	$20396	$3470	$5710	$7550	$9020	IH	6	414D	Variable	91.38	11200	CH
1066	$16939	$2880	$4740	$6270	$7490	IH	6T	414D	16F-8R	125.68	10550	CHA
1066 4WD	$20939	$3560	$5860	$7750	$9260	IH	6T	414D	16F-8R	125.00	11450	CHA
1066H	$18019	$2520	$3780	$5590	$7480	IH	6T	414D	Variable	113.58	10720	CHA
1066H 4WD	$22019	$2940	$4410	$6510	$8720	IH	6T	414D	Variable	113.00	11620	CHA
1466	$20027	$3410	$5610	$7410	$8850	IH	6T	436D	16F-8R	145.77	10700	CHA
1466 4WD	$24027	$3910	$6440	$8510	$10170	IH	6T	436D	16F-8R	145.00	12600	CHA
1566	$22677	$3670	$6050	$7990	$9550	IH	6T	436D	12F-6R	161.01	12750	CHA
1568	$23408	$2800	$4200	$6200	$8300	IH	V8	550D	12F-6R	150.70	13200	CHA
4166 4WD	$26582	$2380	$3130	$3750	$6500	IH	6T	436D	8F-4R	150.63	15300	CHA
4366 4WD	$32007	$2660	$3500	$4200	$7280	IH	6T	466D	10F-2R	163.9	19500	CHA
4568 4WD	$43528	$3470	$4560	$5480	$9490	IH	V8	798D	10F-2R	235.7	21900	CHA

H—Hydrostatic Transmission RC—Row Crop

1974

Model	Approx. Retail Price New	Used Trade-In Avg.	Used Trade-In High	Used Retail Avg.	Used Retail High	Make	Engine No. Cyls.	Engine Displ. Cu.-in.	No. Speeds	P.T.O. H.P.	Approx. Shipping Wt.-Lbs.	Cab
Cub	$2775	$810	$1320	$1730	$2180	IH	4	60G	3F-1R	10.75	1620	No
Cub 154 Lo Boy	$2485	$890	$1460	$1900	$2410	IH	4	60G	3F-1R	13.50	1480	No
Cub 185 Lo Boy	$2990	$830	$1360	$1780	$2250	IH	4	60G	6F-2R	13.5	1480	No
Hydro 70	$10105	$1720	$2880	$3740	$4490	IH	6	291G	Variable	69.61	6980	No
Hydro 70	$11105	$1890	$3170	$4110	$4930	IH	6	312D	Variable	69.51	7420	No
Hydro 100	$14120	$2400	$4020	$5220	$6270	IH	6	436D	Variable	104.17	10170	CHA
140	$3587	$1480	$2070	$3600	$4020	IH	4	123G	4F-1R	24.30	2640	No
354	$4218	$1090	$1770	$2310	$2930	IH	4	144G	8F-2R	32.58	3600	No
354	$4535	$1160	$1890	$2470	$3120	IH	4	144D	8F-2R	32.00	3700	No
464	$5273	$1330	$2170	$2830	$3580	IH	4	175G	8F-2R	45.74	4200	No
464	$5859	$1460	$2390	$3120	$3940	IH	3	179D	8F-2R	44.42	4520	No
574	$6498	$1610	$2620	$3430	$4340	IH	4	200G	8F-2R	52.97	4700	No
574	$7350	$1810	$2940	$3850	$4870	IH	4	239D	8F-2R	52.55	4800	No
666	$8585	$1590	$2490	$4120	$5110	IH	6	291G	10F-2R	66.30	7000	No
666	$9605	$1780	$2790	$4610	$5720	IH	6	312D	10F-2R	66.29	7220	No
674	$6840	$1690	$2750	$3600	$4550	IH	4	200G	8F-4R	58.53	4430	No
674	$7655	$1880	$3060	$4000	$5060	IH	4	239D	8F-4R	61.56	4680	No

Int. Harvester-Farmall (Cont.)

1974 (Cont.)

Model	Approx. Retail Price New	Estimated Value Less Repairs: Used Trade-In Avg.	Used Trade-In High	Used Retail Avg.	Used Retail High	Engine Make	Engine No. Cyls.	Engine Displ. Cu.-in.	No. Speeds	P.T.O. H.P.	Approx. Shipping Wt.-Lbs.	Cab
766	$9910	$1690	$2820	**$3670**	**$4400**	IH	6	291G	16F-8R	79.73	9000	No
766	$10895	$1850	$3110	**$4030**	**$4840**	IH	6	360D	16F-8R	85.45	9500	No
966	$13965	$2370	$3980	**$5170**	**$6200**	IH	6	414D	16F-8R	96.00	10130	CHA
966 4WD	$17765	$2490	$3730	**$5600**	**$7460**	IH	6	414D	16F-8R	96.00	11030	CHA
966H	$14525	$2470	$4140	**$5370**	**$6450**	IH	6	414D	Variable	91.38	10300	CHA
966H 4WD	$18325	$2570	$3850	**$5770**	**$7700**	IH	6	414D	Variable	91.38	11200	CHA
1066	$14890	$2530	$4240	**$5510**	**$6610**	IH	6T	414D	16F-8R	125.68	10550	CHA
1066 4WD	$18690	$3180	$5330	**$6920**	**$8300**	IH	6T	414D	16F-8R	125.00	11450	CHA
1066H	$15970	$2240	$3350	**$5030**	**$6710**	IH	6T	414D	Variable	113.58	10720	CHA
1066H 4WD	$19770	$2770	$4150	**$6230**	**$8300**	IH	6T	414D	Variable	113.00	11620	CHA
1466	$17410	$2960	$4960	**$6440**	**$7730**	IH	6T	436D	16F-8R	145.77	10700	CHA
1466 4WD	$21210	$3430	$5760	**$7470**	**$8970**	IH	6T	436D	16F-8R	145.00	12600	CHA
1468	$18425	$2420	$3630	**$5450**	**$7270**	IH	V8	550D	16F-8R	145.49	11800	CHA
1566	$18570	$2980	$4990	**$6480**	**$7770**	IH	6T	436D	12F-6R	161.01	12750	CHA
1568	$19301	$2280	$3420	**$5140**	**$6850**	IH	V8	550D	12F-6R	150.70	13200	CHA
4166 4WD	$20050	$1910	$2510	**$3010**	**$5210**	IH	6T	436D	8F-4R	150.63	15300	CH
4366 4WD	$26947	$2420	$3190	**$3830**	**$6630**	IH	6T	466D	10F-2R	163.9	19500	CHA

H—Hydrostatic Transmission RC—Row Crop

1973

Model	Approx. Retail Price New	Estimated Value Less Repairs: Used Trade-In Avg.	Used Trade-In High	Used Retail Avg.	Used Retail High	Engine Make	Engine No. Cyls.	Engine Displ. Cu.-in.	No. Speeds	P.T.O. H.P.	Approx. Shipping Wt.-Lbs.	Cab
Cub	$2645	$860	$1440	**$1840**	**$2360**	IH	4	60G	3F-1R	10.75	1620	No
Cub 154 Lo Boy	$2405	$670	$1120	**$1420**	**$1830**	IH	4	60G	3F-1R	13.50	1480	No
Hydro 70	$8855	$1590	$2710	**$3460**	**$4170**	IH	6	291G	Variable	69.61	6980	No
Hydro 70	$9720	$1740	$2960	**$3780**	**$4560**	IH	6	312D	Variable	69.51	7420	No
Hydro 100	$11215	$1990	$3400	**$4340**	**$5230**	IH	6	436D	Variable	104.17	10170	CHA
140	$3460	$1450	$2050	**$3550**	**$3990**	IH	4	123G	4F-1R	24.30	2640	No
354	$4018	$1040	$1740	**$2210**	**$2850**	IH	4	144G	8F-2R	32.58	3600	No
354	$4378	$1120	$1880	**$2390**	**$3070**	IH	4	144D	8F-2R	32.00	3700	No
454	$4650	$1190	$1980	**$2520**	**$3250**	IH	4	157G	8F-2R	40.86	4240	No
454	$5065	$1280	$2140	**$2730**	**$3510**	IH	3	179D	8F-2R	40.47	4560	No
464	$4896	$1240	$2080	**$2640**	**$3400**	IH	4	175G	8F-2R	45.74	4200	No
464	$5293	$1330	$2230	**$2840**	**$3650**	IH	3	179D	8F-2R	44.42	4520	No
544	$6595	$1750	$2920	**$3720**	**$4790**	IH	4	200G	10F-2R	52.84	6300	No
544	$7185	$1880	$3150	**$4010**	**$5160**	IH	4	239D	10F-2R	52.95	6500	No
544H	$7350	$1550	$2420	**$4010**	**$5010**	IH	4	200G	Variable	53.87	6400	No
544H	$7945	$1660	$2590	**$4290**	**$5370**	IH	4	239D	Variable	55.52	6600	No
574	$6250	$1550	$2600	**$3310**	**$4250**	IH	4	200G	8F-4R	52.97	4700	No
574	$7090	$1750	$2920	**$3720**	**$4780**	IH	4	239D	8F-4R	52.55	4800	No
664	$7305	$1440	$2260	**$3750**	**$4680**	IH	4	239D	10F-2R	61.56	5950	No
666	$7625	$1500	$2360	**$3900**	**$4880**	IH	6	291G	10F-2R	66.30	7000	No
666	$8445	$1660	$2590	**$4290**	**$5370**	IH	6	312D	10F-2R	66.29	7220	No
674	$5844	$1460	$2440	**$3110**	**$4000**	IH	4	200G	8F-4R	58.53	4430	No
674	$6636	$1640	$2750	**$3500**	**$4500**	IH	4	239D	8F-4R	61.56	4680	No
766	$8815	$1720	$2700	**$4470**	**$5590**	IH	6	291G	16F-8R	79.73	9000	No
766	$9665	$1880	$2950	**$4880**	**$6100**	IH	6	360D	16F-8R	85.45	9500	No
966	$11595	$2150	$3360	**$5570**	**$6960**	IH	6	414D	16F-8R	96.00	9130	CH
966 4WD	$14795	$2740	$4290	**$7100**	**$8880**	IH	6	414D	16F-8R	96.00	10030	CH
966H	$12660	$2340	$3670	**$6080**	**$7600**	IH	6	414D	Variable	91.38	9300	CH
966H 4WD	$15860	$2930	$4600	**$7610**	**$9520**	IH	6	414D	Variable	91.38	10200	CH
1066	$12840	$2380	$3720	**$6160**	**$7700**	IH	6T	414D	16F-8R	116.23	10550	CHA
1066 4WD	$16040	$2970	$4650	**$7700**	**$9620**	IH	6T	414D	16F-8R	166.00	11450	CHA
1066H	$13920	$1950	$2920	**$4450**	**$5920**	IH	6T	414D	Variable	113.58	10720	CHA
1066H 4WD	$17120	$2400	$3600	**$5480**	**$7280**	IH	6T	414D	Variable	113.00	11620	CHA
1466	$14795	$2380	$4060	**$5180**	**$6240**	IH	6T	436D	16F-8R	133.40	10700	CHA
1466 4WD	$17995	$2870	$4900	**$6250**	**$7540**	IH	6T	436D	16F-8R	133.00	12600	CHA
1468	$15845	$2010	$3010	**$4590**	**$6100**	IH	V8	550D	16F-8R	145.49	11200	CHA
4166 4WD	$18350	$1740	$2290	**$2750**	**$4770**	IH	6T	436D	8F-4R	150.63	15300	CH
4366 4WD	$25057	$2380	$3130	**$3760**	**$6520**	IH	6T	466D	10F-2R	163.9	19500	CHA

H—Hydrostatic Transmission RC—Row Crop

1972

Model	Approx. Retail Price New	Estimated Value Less Repairs: Used Trade-In Avg.	Used Trade-In High	Used Retail Avg.	Used Retail High	Engine Make	Engine No. Cyls.	Engine Displ. Cu.-in.	No. Speeds	P.T.O. H.P.	Approx. Shipping Wt.-Lbs.	Cab
Cub	$2545	$940	$1330	**$2320**	**$2620**	IH	4	60G	3F-1R	10.75	1620	No
Cub 154 Lo Boy	$2335	$660	$930	**$1620**	**$1830**	IH	4	60G	3F-1R	13.50	1480	No
140	$3530	$1470	$2070	**$3620**	**$4090**	IH	4	123G	4F-1R	24.30	2750	No
354	$3815	$1040	$1760	**$2240**	**$2890**	IH	4	144G	8F-2R	32.58	3600	No
354	$4221	$1250	$2110	**$2680**	**$3470**	IH	4	144D	8F-2R	32.00	3700	No
454	$4445	$1180	$2010	**$2550**	**$3290**	IH	4	157G	8F-2R	40.86	4240	No
454	$4863	$1280	$2170	**$2750**	**$3560**	IH	3	179D	8F-2R	40.47	4560	No
544	$6340	$1690	$2860	**$3630**	**$4700**	IH	4	200G	10F-2R	52.84	6300	No
544	$6930	$1820	$3090	**$3930**	**$5080**	IH	4	239D	10F-2R	52.95	6500	No
544H	$7100	$1500	$2350	**$3890**	**$4900**	IH	4	200G	Variable	53.87	6400	No
544H	$7690	$1610	$2520	**$4170**	**$5260**	IH	4	239D	Variable	55.52	6600	No
574	$6005	$1610	$2730	**$3470**	**$4480**	IH	4	200G	8F-4R	52.97	4700	No
574	$6830	$1800	$3050	**$3880**	**$5010**	IH	4	239D	8F-4R	52.55	4800	No
656	$7140	$1760	$2980	**$3780**	**$4890**	IH	6	263G	10F-2R	63.85	6350	No
656	$7990	$1920	$3250	**$4130**	**$5340**	IH	6	282D	10F-2R	61.42	6800	No
656H	$7895	$1550	$2440	**$4030**	**$5080**	IH	6	263G	Variable	65.80	6900	No
656H	$8745	$1670	$2610	**$4320**	**$5450**	IH	6	282D	Variable	66.06	7170	No
664	$6795	$1440	$2260	**$3740**	**$4720**	IH	4	239D	10F-2R	61.56	5950	No
666	$7020	$1480	$2330	**$3850**	**$4850**	IH	6	291G	10F-2R	66.30	7000	No
666	$7765	$1530	$2400	**$3970**	**$5000**	IH	6	312D	10F-2R	66.29	7220	No
766	$8360	$1640	$2570	**$4250**	**$5360**	IH	6	291G	16F-8R	79.73	9000	No
766	$8985	$1660	$2610	**$4310**	**$5440**	IH	6	360D	16F-8R	85.45	9500	No
966	$10489	$1940	$3040	**$5040**	**$6350**	IH	6	414D	16F-8R	96.00	9130	CH

Int. Harvester-Farmall (Cont.)

1972 (Cont.)

Model	Approx. Retail Price New	Used Trade-In Avg.	Used Trade-In High	Used Retail Avg.	Used Retail High	Engine Make	Engine No. Cyls.	Engine Displ. Cu.-in.	No. Speeds	P.T.O. H.P.	Approx. Shipping Wt.-Lbs.	Cab
966 4WD	$13679	$2530	$3970	**$6570**	**$8280**	IH	6	414D	16F-8R	96.00	10030	CH
966H	$11079	$2050	$3210	**$5320**	**$6700**	IH	6	414D	Variable	91.38	9300	CH
966H 4WD	$14269	$2640	$4140	**$6850**	**$8630**	IH	6	414D	Variable	91.38	10200	CH
1066	$11555	$2140	$3350	**$5550**	**$6990**	IH	6T	414D	16F-8R	116.23	10550	CHA
1066 4WD	$14745	$2730	$4280	**$7080**	**$8920**	IH	6T	414D	16F-8R	116.00	11450	CHA
1066H	$12150	$2190	$3520	**$4500**	**$5440**	IH	6T	414D	Variable	113.58	10720	CHA
1066H 4WD	$15340	$2760	$4450	**$5680**	**$6870**	IH	6T	414D	Variable	113.00	11620	CHA
1466	$13455	$2420	$3900	**$4980**	**$6030**	IH	6T	436D	16F-8R	133.40	11700	CHA
1466 4WD	$16645	$2820	$4540	**$5790**	**$7010**	IH	6T	436D	16F-8R	133.00	12600	CHA
1468	$14435	$1820	$2730	**$4230**	**$5590**	IH	V8	550D	16F-8R	145.49	11200	CHA
4166 4WD	$16995	$1620	$2120	**$2550**	**$4420**	IH	6T	436D	8F-4R	150.63	15300	CH

H—Hydrostatic Transmission

1971

Model	Approx. Retail Price New	Used Trade-In Avg.	Used Trade-In High	Used Retail Avg.	Used Retail High	Engine Make	Engine No. Cyls.	Engine Displ. Cu.-in.	No. Speeds	P.T.O. H.P.	Approx. Shipping Wt.-Lbs.	Cab
Cub	$2400	$900	$1290	**$2240**	**$2550**	IH	4	.60G	3F-1R	10.75	1620	No
Cub 154 Lo Boy	$2260	$620	$880	**$1540**	**$1750**	IH	4	60G	3F-1R	13.50	1480	No
140	$3410	$1430	$2060	**$3570**	**$4060**	IH	4	123G	4F-1R	24.30	2750	No
444	$4470	$1450	$2080	**$3610**	**$4100**	IH	4	153G	8F-2R	38.09	3700	No
444	$4880	$1560	$2230	**$3880**	**$4410**	IH	4	154D	8F-2R	36.91	3820	No
454	$4265	$1210	$2110	**$2630**	**$3420**	IH	4	157G	8F-4R	40.86	4240	No
454	$4705	$1310	$2280	**$2850**	**$3710**	IH	3	179D	8F-4R	40.47	4560	No
544	$6090	$1880	$2690	**$4680**	**$5320**	IH	4	200G	10F-2R	52.84	6300	No
544	$6680	$2040	$2920	**$5070**	**$5760**	IH	4	239D	10F-2R	52.95	6500	No
544H	$6850	$1810	$3140	**$3930**	**$5100**	IH	4	200G	Variable	53.87	6400	No
544H	$7440	$1940	$3380	**$4220**	**$5490**	IH	4	239D	Variable	55.52	6600	No
574	$5760	$1560	$2700	**$3380**	**$4390**	IH	4	200G	8F-4R	52.97	4700	No
574	$6570	$1740	$3030	**$3790**	**$4920**	IH	4	239D	8F-4R	52.55	4800	No
656	$6905	$1820	$3160	**$3950**	**$5140**	IH	6	263G	10F-2R	63.85	6530	No
656	$7745	$2010	$3500	**$4370**	**$5680**	IH	6	282D	10F-2R	61.42	6800	No
656H	$7695	$1610	$2520	**$4170**	**$5300**	IH	6	263G	Variable	65.80	6900	No
656H	$8545	$1670	$2620	**$4340**	**$5520**	IH	6	282D	Variable	66.06	7170	No
756	$8130	$2100	$3650	**$4570**	**$5940**	IH	6	291G	16F-8R	76.56	8070	No
756	$8960	$2180	$3780	**$4730**	**$6150**	IH	6	310D	16F-8R	76.09	8350	No
756 4WD	$10930	$2630	$4570	**$5720**	**$7430**	IH	6	291G	16F-8R	76.00	8970	No
756 4WD	$11760	$2820	$4900	**$6130**	**$7970**	IH	6	310D	16F-8R	76.00	9250	No
766	$8210	$1610	$2530	**$4180**	**$5310**	IH	6	291G	16F-8R	79.73	9000	No
766	$8760	$1710	$2690	**$4450**	**$5650**	IH	6	360D	16F-8R	85.45	9500	No
826	$9650	$2340	$4060	**$5080**	**$6600**	IH	6	358D	16F-8R	92.19	8830	No
826 4WD	$12840	$2950	$5140	**$6420**	**$8350**	IH	6	358D	16F-8R	92.00	9730	No
826H	$9860	$1920	$3000	**$4970**	**$6320**	IH	6	301G	Variable	84.15	8900	No
826H	$10400	$2020	$3160	**$5230**	**$6650**	IH	6	358D	Variable	84.66	9000	No
826H 4WD	$13050	$2410	$3790	**$6260**	**$7960**	IH	6	301G	Variable	84.00	9800	No
826H 4WD	$13590	$2510	$3940	**$6520**	**$8290**	IH	6	358D	Variable	84.00	9900	No
856	$9640	$2330	$4060	**$5070**	**$6590**	IH	6	301G	16F-8R	93.27	8510	No
856	$10640	$2560	$4460	**$5570**	**$7240**	IH	6	407D	16F-8R	100.49	9270	No
856 4WD	$13480	$3100	$5390	**$6740**	**$8760**	IH	6	301G	16F-8R	93.00	9410	No
856 4WD	$14480	$3330	$5790	**$7240**	**$9410**	IH	6	407D	16F-8R	100.49	10170	No
966	$10038	$1860	$2910	**$4820**	**$6120**	IH	6	414D	16F-8R	96.00	9130	No
966 4WD	$13538	$2510	$3930	**$6500**	**$8260**	IH	6	414D	16F-8R	96.00	10030	No
966H	$10628	$1970	$3080	**$5100**	**$6480**	IH	6	414D	Variable	91.38	9300	No
966H 4WD	$14128	$2610	$4100	**$6780**	**$8620**	IH	6	414D	Variable	91.38	10200	No
1026H	$11780	$2180	$3420	**$5650**	**$7190**	IH	6T	407D	Variable	112.45	9500	No
1026H	$12170	$2250	$3530	**$5840**	**$7420**	IH	6T	407D	Variable	112.45	9600	No
1026H 4WD	$14970	$2770	$4340	**$7190**	**$9130**	IH	6T	407D	Variable	112.00	10400	No
1026H 4WD	$15360	$2840	$4450	**$7370**	**$9370**	IH	6T	407D	Variable	112.00	10500	No
1066	$10899	$2020	$3160	**$5230**	**$6650**	IH	6T	414D	16F-8R	116.23	9550	No
1066 4WD	$14089	$2610	$4090	**$6760**	**$8590**	IH	6T	414D	16F-8R	116.00	10450	No
1066H	$11494	$2070	$3330	**$4310**	**$5170**	IH	6T	414D	Variable	113.58	9720	No
1066H 4WD	$14684	$2640	$4260	**$5510**	**$6610**	IH	6T	414D	Variable	113.00	10620	No
1456	$12390	$2290	$3590	**$5950**	**$7560**	IH	6T	407D	16F-8R	131.80	10600	No
1456 4WD	$15580	$2680	$4210	**$6960**	**$8850**	IH	6T	407D	16F-8R	131.00	11500	No
1466	$12705	$2350	$3680	**$6100**	**$7750**	IH	6T	436D	16F-8R	133.40	10700	No
1466 4WD	$15895	$2780	$4350	**$7200**	**$9150**	IH	6T	436D	16F-8R	133.00	11600	No
1468	$13675	$1890	$2730	**$4290**	**$5660**	IH	V-8	550D	16F-8R	145.49	11200	No

H—Hydrostatic Transmission

1970

Model	Approx. Retail Price New	Used Trade-In Avg.	Used Trade-In High	Used Retail Avg.	Used Retail High	Engine Make	Engine No. Cyls.	Engine Displ. Cu.-in.	No. Speeds	P.T.O. H.P.	Approx. Shipping Wt.-Lbs.	Cab
Cub	$2230	$860	$1260	**$2150**	**$2460**	IH	4	60G	3F-1R	10.75	1620	No
Cub 154 Lo Boy	$2110	$600	$880	**$1500**	**$1710**	IH	4	60G	3F-1R	13.50	1480	No
140	$3300	$1410	$2070	**$3530**	**$4030**	IH	4	123G	4F-1R	24.30	2750	No
444	$4215	$1380	$2030	**$3470**	**$3960**	IH	4	153G	8F-2R	38.09	3700	No
444	$4615	$1490	$2190	**$3730**	**$4270**	IH	4	154D	8F-2R	36.91	3820	No
544	$5840	$1810	$2670	**$4550**	**$5200**	IH	4	200G	10F-2R	52.84	6300	No
544	$6430	$1970	$2900	**$4940**	**$5650**	IH	4	239D	10F-2R	52.95	6500	No
544H	$6600	$1750	$3120	**$3840**	**$5020**	IH	4	200G	Variable	53.87	6400	No
544H	$7190	$1880	$3360	**$4140**	**$5410**	IH	4	239D	Variable	55.52	6600	No
574	$5515	$1500	$2670	**$3290**	**$4300**	IH	4	200G	8F-4R	52.97	4700	No
574	$6310	$1680	$3000	**$3690**	**$4830**	IH	4	239D	8F-4R	52.55	4800	No
656	$6670	$1760	$3150	**$3870**	**$5060**	IH	6	263G	10F-2R	63.85	6530	No
656	$7545	$1970	$3500	**$4320**	**$5640**	IH	6	282D	10F-2R	61.42	6800	No
656H	$7505	$1480	$2320	**$3840**	**$4920**	IH	6	263G	Variable	65.80	6900	No
656H	$8340	$1620	$2540	**$4200**	**$5380**	IH	6	282D	Variable	66.06	7170	No
756	$7880	$2040	$3640	**$4480**	**$5860**	IH	6	291G	16F-8R	76.56	8070	No
756	$8710	$2230	$3980	**$4900**	**$6410**	IH	6	310D	16F-8R	76.09	8350	No

Int. Harvester-Farmall (Cont.)

1970 (Cont.)

Model	Approx. Retail Price New	Estimated Value Less Repairs Used Trade-In Avg.	Used Trade-In High	Used Retail Avg.	Used Retail High	Make	Engine No. Cyls.	Engine Displ. Cu.-in.	No. Speeds	P.T.O. H.P.	Approx. Shipping Wt.-Lbs.	Cab
756 4WD	$10680	$2570	$4580	**$5650**	**$7380**	IH	6	291G	16F-8R	76.00	8970	No
756 4WD	$11510	$2760	$4920	**$6070**	**$7930**	IH	6	310D	16F-8R	76.00	9250	No
826	$9430	$2400	$4280	**$5270**	**$6880**	IH	6	358D	16F-8R	92.19	8830	No
826 4WD	$12080	$2780	$4950	**$6100**	**$7970**	IH	6	358D	16F-8R	92.00	9730	No
826H	$9640	$1880	$2940	**$4870**	**$6240**	IH	6	301G	Variable	84.15	8900	No
826H	$10310	$2000	$3140	**$5190**	**$6650**	IH	6	358D	Variable	84.66	9000	No
856	$9090	$2320	$4140	**$5100**	**$6660**	IH	6	301G	16F-8R	93.27	8510	No
856	$10190	$2570	$4590	**$5650**	**$7390**	IH	6	407D	16F-8R	100.49	9270	No
856 4WD	$11890	$2740	$4880	**$6000**	**$7850**	IH	6	301G	16F-8R	93.00	9410	No
856 4WD	$12990	$2990	$5330	**$6560**	**$8570**	IH	6	407D	16F-8R	100.49	10170	No
1026H	$11080	$2140	$3360	**$5560**	**$7120**	IH	6T	407D	Variable	112.45	9500	No
1026H 4WD	$13730	$2540	$3980	**$6590**	**$8440**	IH	6T	407D	Variable	112.00	10950	No
1456	$12220	$2260	$3540	**$5870**	**$7520**	IH	6T	407D	16F-8R	131.80	10600	No
1456 4WD	$15320	$2730	$4280	**$7080**	**$9070**	IH	6T	407D	16F-8R	131.00	12050	No
4156 4WD	$19300	$2610	$3780	**$5940**	**$7740**	IH	6T	429D	8F-4R	116.1	13940	No
4300 4WD	$25300	$2400	$3160	**$3800**	**$6580**	IH	6T	817D	8F-4R	214.2	27620	No

H—Hydrostatic Transmission

1969

Model	Approx. Retail Price New	Used Trade-In Avg.	Used Trade-In High	Used Retail Avg.	Used Retail High	Make	Engine No. Cyls.	Engine Displ. Cu.-in.	No. Speeds	P.T.O. H.P.	Approx. Shipping Wt.-Lbs.	Cab
Cub	$2140	$830	$1240	**$2100**	**$2420**	IH	4	60G	3F-1R	10.8	1620	No
Cub 154 Low-Boy	$2060	$580	$870	**$1470**	**$1690**	IH	4	60G	3F-1R	13.5	1480	No
140	$3180	$1370	$2050	**$3470**	**$3990**	IH	4	122G	4F-1R	20.8	2640	No
444	$3970	$1320	$1960	**$3330**	**$3830**	IH	4	144G	8F-2R	36.5	3700	No
444	$4360	$1420	$2120	**$3590**	**$4130**	IH	4	154D	8F-2R	36.5	3888	No
544	$5690	$1680	$2500	**$4250**	**$4880**	IH	4	200G	10F-2R	53	6342	No
544	$6180	$1880	$2810	**$4760**	**$5470**	IH	4	239D	10F-2R	53.0	6342	No
656	$6435	$1700	$3030	**$3770**	**$4960**	IH	6	263G	10F-2R	63.5	6550	No
656	$7260	$1900	$3390	**$4210**	**$5530**	IH	6	282D	10F-2R	61.5	6800	No
656H	$7310	$1450	$2270	**$3750**	**$4840**	IH	6	263G	Variable	65.5	6200	No
656H	$8055	$1580	$2480	**$4110**	**$5300**	IH	6	282D	Variable	66	6500	No
756	$7630	$1990	$3540	**$4400**	**$5780**	IH	6	291G	8F-4R	76.5	8070	No
756	$8460	$2180	$3880	**$4830**	**$6340**	IH	6	310D	8F-4R	76	8350	No
756 4WD	$10430	$2400	$4280	**$5320**	**$6990**	IH	6	291G	8F-4R	76.5	8970	No
756 4WD	$11260	$2590	$4620	**$5740**	**$7540**	IH	6	310D	16F-8R	76	9250	No
826	$9210	$2350	$4190	**$5210**	**$6840**	IH	6	358D	16F-8R	92.0	8930	No
826 4WD	$11810	$2720	$4840	**$6020**	**$7910**	IH	6	358D	16F-8R	92.0	8930	No
826H	$9420	$1840	$2880	**$4760**	**$6150**	IH	6	301G	Variable	84.1	9000	No
826H	$10220	$2020	$3170	**$5240**	**$6770**	IH	6	358D	Variable	84.1	9000	No
856	$8650	$2110	$3750	**$4670**	**$6130**	IH	6	301G	8F-4R	93.0	8620	No
856	$10080	$2430	$4340	**$5400**	**$7090**	IH	6	407D	8F-4R	100.5	9260	No
856 4WD	$11380	$2620	$4670	**$5800**	**$7630**	IH	6	301G	8F-4R	93.0	9420	No
856 4WD	$12470	$2980	$5320	**$6620**	**$8690**	IH	6	407D	8F-4R	100.5	10000	No
1256	$10925	$2110	$3310	**$5480**	**$7080**	IH	6T	407D	8F-4R	116.0	9925	No
1456	$12050	$2410	$3790	**$6260**	**$8090**	IH	6T	407D	16F-8R	131.5	10700	No
1456 4WD	$14900	$2760	$4320	**$7150**	**$9240**	IH	6	407D	16F-8R	131.5	14649	No
4156 4WD	$19000	$2610	$3780	**$5940**	**$7740**	IH	6T	429D	8F-4R	140	13940	No
4300 4WD	$25000	$2380	$3130	**$3750**	**$6500**	IH	6T	817D	8F-2R	203.0	27620	No

H—Hydrostatic Transmission

1968

Model	Approx. Retail Price New	Used Trade-In Avg.	Used Trade-In High	Used Retail Avg.	Used Retail High	Make	Engine No. Cyls.	Engine Displ. Cu.-in.	No. Speeds	P.T.O. H.P.	Approx. Shipping Wt.-Lbs.	Cab
Cub	$2070	$810	$1230	**$2070**	**$2400**	IH	4	60G	3F-1R	10.8	1620	No
Cub Low-Boy	$2100	$840	$1270	**$2140**	**$2480**	IH	4	60G	3F-1R	10.8	1655	No
Cub 154 Low-Boy	$1980	$550	$830	**$1400**	**$1620**	IH	4	60G	3F-1R	13.5	1480	No
140	$2950	$1310	$1980	**$3340**	**$3860**	IH	4	122G	4F-1R	20.8	2750	No
404	$3440	$1180	$1780	**$3000**	**$3460**	IH	4	135G	4F-1R	36.7	3460	No
444	$3725	$1250	$1890	**$3190**	**$3690**	IH	4	144G	8F-2R	36.5	3738	No
444	$4105	$1350	$2040	**$3450**	**$3980**	IH	4	154D	8F-2R	36.5	3888	No
504	$4270	$1400	$2110	**$3560**	**$4110**	IH	4	153G	10F-2R	46.0	4808	No
504	$4835	$1550	$2330	**$3940**	**$4550**	IH	4	188D	10F-2R	46.2	4553	No
544	$5340	$1680	$2540	**$4280**	**$4950**	IH	4	200G	10F-2R	53	6342	No
544	$5595	$1720	$2600	**$4390**	**$5070**	IH	4	239D	10F-2R	53	6442	No
656	$6200	$1660	$2950	**$3710**	**$4900**	IH	6	263G	10F-2R	63.5	6350	No
656	$7020	$1850	$3290	**$4130**	**$5450**	IH	6	282D	10F-2R	61.5	6800	No
656H	$7020	$1480	$2330	**$3850**	**$5050**	IH	6	282D	Variable	66	6500	No
656H	$7120	$1500	$2360	**$3900**	**$5120**	IH	6	263G	Variable	63.5	6900	No
756	$7380	$1550	$2430	**$4020**	**$5280**	IH	6	291G	16F-8R	76.5	9619	No
756	$8210	$2120	$3770	**$4740**	**$6260**	IH	6	310D	8F-4R	76	9561	No
756 4WD	$10180	$1980	$3100	**$5130**	**$6730**	IH	6	291G	16F-8R	76.5	8970	No
756 4WD	$11000	$2650	$4720	**$5920**	**$7820**	IH	6	310D	16F-8R	76	9500	No
856	$8210	$1610	$2530	**$4180**	**$5490**	IH	6	301G	16F-8R	93	8890	No
856	$9290	$2370	$4220	**$5300**	**$7000**	IH	6	407D	16F-8R	100.5	9760	No
856 4WD	$9290	$2250	$4010	**$5040**	**$6660**	IH	6	407D	16F-8R	100.5	10170	No
856 4WD	$10940	$2020	$3170	**$5250**	**$6890**	IH	6	301G	16F-8R	93	9410	No
1256	$10720	$2080	$3250	**$5390**	**$7070**	IH	6T	407D	8F-4R	116.0	9525	No
4100 4WD	$18500	$2680	$3890	**$6110**	**$7960**	IH	6T	429D	8F-4R	110.0	13940	No
4300 4WD	$24500	$2330	$3060	**$3680**	**$6370**	IH	6T	817D	8F-4R	203.0	27620	No

H—Hydrostatic Transmission

1967

Model	Approx. Retail Price New	Used Trade-In Avg.	Used Trade-In High	Used Retail Avg.	Used Retail High	Make	Engine No. Cyls.	Engine Displ. Cu.-in.	No. Speeds	P.T.O. H.P.	Approx. Shipping Wt.-Lbs.	Cab
Cub	$1980	$790	$1210	**$2030**	**$2350**	IH	4	60G	3F-1R	10.8	1620	No
Cub Low-Boy	$2020	$830	$1270	**$2130**	**$2470**	IH	4	60G	3F-1R	10.8	1655	No
140	$2790	$1300	$1980	**$3330**	**$3860**	IH	4	122G	4F-1R	20.8	2750	No
404	$3340	$1150	$1760	**$2950**	**$3430**	IH	4	135G	4F-1R	36.7	3470	No
B414	$2950	$1050	$1600	**$2690**	**$3120**	IH	4	144G	8F-2R	36	3710	No

Int. Harvester-Farmall (Cont.)

Model	Approx. Retail Price New	Estimated Value Less Repairs Used Trade-In Avg.	Used Trade-In High	Used Retail Avg.	Used Retail High	Make	Engine No. Cyls.	Engine Displ. Cu.-in.	No. Speeds	P.T.O. H.P.	Approx. Shipping Wt.-Lbs.	Cab
1967 (Cont.)												
B414	$3250	$1100	$1680	**$2820**	**$3280**	IH	4	154D	8F-2R	36	3770	No
424	$3270	$1000	$1780	**$2260**	**$3000**	IH	4	146G	8F-2R	37	3700	No
424	$3600	$1060	$1890	**$2390**	**$3170**	IH	4	154D	8F-2R	37	3820	No
444	$3480	$1190	$1810	**$3050**	**$3540**	IH	4	144G	8F-2R	38	3700	No
444	$3850	$1290	$1960	**$3300**	**$3830**	IH	4	154D	8F-2R	37	3820	No
504	$4200	$1380	$2110	**$3540**	**$4110**	IH	4	153G	10F-2R	46	4880	No
504	$4765	$1530	$2340	**$3920**	**$4550**	IH	4	188D	10F-2R	46	5080	No
606	$4975	$1370	$2450	**$3110**	**$4120**	IH	6	221G	10F-2R	54	4880	No
606	$5700	$1540	$2750	**$3480**	**$4620**	IH	6	236D	10F-2R	54	5123	No
656	$5900	$1590	$2830	**$3590**	**$4760**	IH	6	263G	10F-2R	63	6550	No
656	$6680	$1770	$3150	**$3990**	**$5300**	IH	6	282D	10F-2R	61	6800	No
706	$6460	$1720	$3060	**$3880**	**$5150**	IH	6	291G	8F-4R	76	8070	No
706	$7330	$1920	$3420	**$4330**	**$5750**	IH	6	310D	8F-4R	76	8390	No
756	$7130	$1870	$3330	**$4230**	**$5610**	IH	6	291G	8F-4R	76	8070	No
756	$7960	$2060	$3670	**$4660**	**$6180**	IH	6	310D	8F-4R	76	8350	No
806	$7260	$1530	$2400	**$3970**	**$5290**	IH	6	301G	16F-8R	93	7930	No
806	$8125	$2100	$3740	**$4750**	**$6300**	IH	6	361D	16F-8R	94	8690	No
856	$7870	$1640	$2570	**$4260**	**$5680**	IH	6	301G	8F-4R	93	8510	No
856	$9040	$2310	$4120	**$5220**	**$6930**	IH	6	407D	8F-4R	100.4	9270	No
1206	$9825	$2490	$4440	**$5630**	**$7470**	IH	6	361D	8F-4R	112.6	9500	No
1256	$10500	$2650	$4720	**$5980**	**$7940**	IH	6	407D	16F-8R	116.1	11030	No
4100	$18250	$2650	$3830	**$6020**	**$7850**	IH	6T	429D	8F-2R	110.0	13940	No
4300	$24200	$2300	$3030	**$3630**	**$6290**	IH	6T	817D	8F-2R	203.0	27620	No
1966												
Cub	$1790	$760	$1190	**$1990**	**$2330**	IH	4	60G	3F-1R	10.8	1620	No
Cub Low-Boy	$1830	$790	$1250	**$2090**	**$2440**	IH	4	60G	3F-1R	10.8	1655	No
140	$2700	$1220	$1930	**$3220**	**$3760**	IH	4	123G	4F-1R	23.7	2640	No
404	$3320	$990	$1770	**$2270**	**$3020**	IH	4	135G	4F-1R	36.7	3460	No
B414	$2930	$900	$1600	**$2050**	**$2730**	IH	4	143G	8F-2R	36.9	3700	No
B414	$3230	$970	$1730	**$2220**	**$2960**	IH	4	154D	8F-2R	35.9	3750	No
424	$3180	$960	$1710	**$2200**	**$2930**	IH	4	146G	8F-2R	36	3730	No
424	$3500	$1040	$1850	**$2360**	**$3150**	IH	4	154D	8F-2R	36.5	3820	No
504	$4120	$1330	$2100	**$3510**	**$4100**	IH	4	153G	10F-2R	46.2	4880	No
504	$4650	$1470	$2320	**$3870**	**$4520**	IH	4	188D	10F-2R	46.2	5080	No
606	$4940	$1370	$2440	**$3120**	**$4160**	IH	6	221G	10F-2R	53.8	4880	No
606	$5670	$1530	$2740	**$3500**	**$4670**	IH	6	236D	10F-2R	54.3	5123	No
656	$5650	$1550	$2770	**$3540**	**$4730**	IH	6	263G	10F-2R	63.5	6550	No
656	$6410	$1700	$3030	**$3890**	**$5180**	IH	6	282D	10F-2R	61.5	6800	No
706	$6310	$1680	$2990	**$3830**	**$5110**	IH	6	291G	8F-4R	76	7620	No
706	$7105	$1860	$3320	**$4250**	**$5670**	IH	6	310D	8F-4R	76.5	7900	No
806	$7180	$1480	$2310	**$3830**	**$5190**	IH	6	301G	16F-8R	90	7930	No
806	$8040	$2080	$3710	**$4750**	**$6330**	IH	6	361D	16F-8R	90	8690	No
1206	$9450	$2400	$4290	**$5490**	**$7320**	IH	6T	361D	16F-8R	112.5	10500	No
4100	$18000	$2610	$3780	**$5940**	**$7740**	IH	6T	429D	8F-2R	110.0	13940	No
4300	$24000	$2280	$3000	**$3600**	**$6240**	IH	6T	817D	8F-2R	203.0	27620	No
1965												
Cub	$1750	$730	$1190	**$1970**	**$2310**	IH	4	60G	3F-1R	10.8	1620	No
Cub Low-Boy	$1770	$770	$1250	**$2070**	**$2430**	IH	4	60G	3F-1R	10.8	1655	No
140	$2610	$1180	$1910	**$3180**	**$3730**	IH	4	122G	4F-1R	24	2750	No
404	$3210	$970	$1720	**$2230**	**$2980**	IH	4	135G	4F-1R	36.7	3760	No
B414	$2910	$900	$1600	**$2070**	**$2770**	IH	4	143G	8F-2R	36.9	3700	No
B414	$3210	$970	$1730	**$2230**	**$2990**	IH	4	154D	8F-2R	36	3770	No
424	$3095	$940	$1680	**$2170**	**$2910**	IH	4	146G	8F-2R	36.5	3730	No
424	$3410	$1010	$1800	**$2330**	**$3120**	IH	4	154D	8F-2R	36.5	3880	No
504	$4030	$1280	$2090	**$3470**	**$4070**	IH	4	153G	10F-2R	46.0	4880	No
504	$4595	$1430	$2320	**$3860**	**$4530**	IH	4	188D	10F-2R	46.2	5080	No
606	$4860	$1350	$2400	**$3110**	**$4160**	IH	6	221G	10F-2R	53.8	4880	No
606	$5595	$1520	$2700	**$3500**	**$4680**	IH	6	236D	10F-2R	54.3	5120	No
656	$5400	$1470	$2620	**$3390**	**$4540**	IH	6	263G	10F-2R	63.5	6530	No
656	$6130	$1640	$2920	**$3780**	**$5060**	IH	6	282D	10F-2R	61.5	6800	No
706	$6160	$1620	$2900	**$3740**	**$5010**	IH	6	263G	8F-4R	73	8100	No
706	$6955	$1830	$3260	**$4220**	**$5650**	IH	6	282D	8F-4R	72	8360	No
806	$7055	$1490	$2340	**$3870**	**$5320**	IH	6	301G	16F-8R	93	7930	No
806	$7880	$2040	$3640	**$4710**	**$6310**	IH	6	361D	16F-8R	94.9	8690	No
1206	$9100	$2320	$4140	**$5350**	**$7170**	IH	6T	361D	16F-8R	112.5	9500	No
1964												
Cub	$1680	$710	$1180	**$1950**	**$2300**	IH	4	60G	3F-1R	10.8	1620	No
Cub Low-Boy	$1710	$750	$1230	**$2040**	**$2410**	IH	4	60G	3F-1R	10.8	1655	No
140	$2520	$1150	$1900	**$3140**	**$3710**	IH	4	122G	4F-1R	20.8	2520	No
404	$3110	$940	$1640	**$2190**	**$2950**	IH	4	135G	4F-1R	36.7	3750	No
B414	$2800	$870	$1520	**$2030**	**$2740**	IH	4	143G	8F-2R	36.9	3700	No
B414	$3100	$960	$1660	**$2220**	**$2990**	IH	4	154D	8F-2R	35.9	3770	No
424	$3000	$920	$1600	**$2140**	**$2880**	IH	4	146G	8F-2R	35	3700	No
424	$3320	$1000	$1740	**$2330**	**$3130**	IH	4	154D	8F-2R	36.5	3820	No
504	$3920	$1260	$2070	**$3420**	**$4030**	IH	4	188G	10F-2R	46.2	4310	No
504	$4485	$1400	$2300	**$3810**	**$4500**	IH	4	153D	10F-2R	46.0	4510	No
606	$4775	$1330	$2310	**$3090**	**$4160**	IH	6	221G	10F-2R	53.8	4880	No
606	$5500	$1500	$2600	**$3480**	**$4680**	IH	6	236D	10F-2R	54.3	5123	No
706	$6010	$1680	$2920	**$3910**	**$5260**	IH	6	263G	8F-4R	70	7620	No
706	$6800	$1790	$3120	**$4170**	**$5620**	IH	6	282D	8F-4R	70	8360	No
806	$6930	$1470	$2300	**$3810**	**$5310**	IH	6	301G	16F-8R	90	7930	No

Model	Approx. Retail Price New	Used Trade-In Avg.	Used Trade-In High	Used Retail Avg.	Used Retail High	Engine Make	Engine No. Cyls.	Engine Displ. Cu.-in.	No. Speeds	P.T.O. H.P.	Approx. Shipping Wt.-Lbs.	Cab
Int. Harvester-Farmall (Cont.)												
				1964 (Cont.)								
806	$7730	$2010	$3490	**$4670**	**$6290**	IH	6	361D	16F-8R	90	8690	No
				1963								
Cub	$1675	$700	$1170	**$1920**	**$2280**	IH	4	60G	3F-1R	10.8	1620	No
Cub Low-Boy	$1700	$740	$1230	**$2020**	**$2400**	IH	4	60G	3F-1R	10.8	1655	No
140	$2450	$1140	$1890	**$3120**	**$3690**	IH	4	122G	4F-1R	20.8	2750	No
340	$3605	$1170	$1960	**$3220**	**$3820**	IH	4	135G	5F-1R	36	4400	No
340	$4355	$1350	$2250	**$3710**	**$4400**	IH	4	166D	5F-1R	38.9	4515	No
404	$2970	$1010	$1690	**$2780**	**$3300**	IH	4	135G	4F-1R	36.7	3750	No
B414	$2770	$870	$1490	**$2040**	**$2750**	IH	4	144G	8F-2R	36	3700	No
B414	$3065	$940	$1610	**$2200**	**$2970**	IH	4	154D	8F-2R	36	3770	No
460	$4780	$1330	$2280	**$3120**	**$4220**	IH	6	236G	5F-1R	50	5255	No
460	$5500	$1500	$2570	**$3510**	**$4750**	IH	6	236D	5F-1R	50	5420	No
504	$3865	$1240	$2070	**$3410**	**$4040**	IH	4	153G	10F-2R	46.0	4880	No
504	$4430	$1390	$2310	**$3800**	**$4510**	IH	4	188D	10F-2R	46.2	4430	No
560	$5470	$1330	$2280	**$3120**	**$4210**	IH	6	263G	5F-1R	62	5900	No
560	$6260	$1510	$2590	**$3540**	**$4790**	IH	6	281D	5F-1R	62	6175	No
606	$4600	$930	$1450	**$2430**	**$3400**	IH	6	221G	10F-2R	53.8	4880	No
606	$5320	$890	$1390	**$2330**	**$3260**	IH	6	236D	10F-2R	54.3	5123	No
660	$5980	$1060	$1650	**$2770**	**$3880**	IH	6	263G	5F-1R	82	7925	No
660	$6700	$1200	$1890	**$3150**	**$4420**	IH	6	281D	5F-1R	80	8190	No
706	$5940	$1600	$2740	**$3750**	**$5070**	IH	6	263G	8F-4R	70	7620	No
706	$6720	$1780	$3050	**$4170**	**$5640**	IH	6	282D	8F-4R	70	7900	No
806	$6690	$1420	$2230	**$3730**	**$5230**	IH	6	301G	16F-8R	90	7930	No
806	$7480	$1950	$3350	**$4580**	**$6190**	IH	6	361D	16F-8R	90	8690	No
				1962								
Cub	$1650	$690	$1160	**$1900**	**$2270**	IH	4	60G	3F-1R	10.8	1620	No
Cub Low-Boy	$1675	$720	$1210	**$1990**	**$2370**	IH	4	60G	3F-1R	10.8	1655	No
140	$2400	$1120	$1890	**$3100**	**$3700**	IH	4	123G	4F-1R	20.8	3031	No
240	$2670	$940	$1580	**$2590**	**$3080**	IH	4	123G	4F-1R	32	3360	No
340	$3600	$1170	$1980	**$3240**	**$3860**	IH	4	135G	5F-1R	36	4405	No
340	$4300	$1350	$2280	**$3740**	**$4450**	IH	4	166D	5F-1R	38.9	4510	No
404	$2960	$1010	$1700	**$2790**	**$3330**	IH	4	135G	4F-1R	36.7	3560	No
B414	$2720	$860	$1450	**$2050**	**$2750**	IH	4	143G	8F-2R	36.9	3600	No
B414	$3020	$930	$1570	**$2210**	**$2980**	IH	4	154D	8F-2R	35.9	3650	No
460	$4725	$1200	$2040	**$2870**	**$3870**	IH	6	236G	5F-1R	50	5265	No
460	$5400	$1360	$2300	**$3250**	**$4370**	IH	6	236D	5F-1R	50	5485	No
504	$3820	$1230	$2070	**$3400**	**$4050**	IH	4	153G	10F-2R	46.0	4608	No
504	$4400	$1380	$2320	**$3810**	**$4540**	IH	4	188D	10F-2R	46.2	4453	No
560	$5430	$1320	$2240	**$3150**	**$4240**	IH	6	263G	5F-1R	62	5898	No
560	$6220	$1500	$2540	**$3590**	**$4830**	IH	6	281D	5F-1R	62	6172	No
606	$4500	$930	$1470	**$2480**	**$3490**	IH	6	221G	10F-2R	53.8	4880	No
606	$5300	$1080	$1700	**$2870**	**$4040**	IH	6	236D	10F-2R	54.3	5123	No
660	$5950	$1180	$1860	**$3140**	**$4420**	IH	6	263G	5F-1R	82	7925	No
660	$6650	$1310	$2060	**$3480**	**$4900**	IH	6	281D	5F-1R	80	8190	No
				1961								
Cub	......	$660	$1150	**$1880**	**$2240**	IH	4	60G	3F-1R	10.8	1620	No
Cub Low-Boy	......	$690	$1210	**$1970**	**$2340**	IH	4	60G	3F-1R	10.8	1655	No
140	......	$1060	$1850	**$3020**	**$3600**	IH	4	123G	4F-1R	23.7	3107	No
240	......	$960	$1680	**$2730**	**$3250**	IH	4	123G	4F-1R	31.0	3360	No
B-275	......	$1050	$1780	**$2550**	**$3420**	IH	4	144D	8F-2R	32.8	3520	No
340D	......	$1200	$2090	**$3410**	**$4060**	IH	4	135D	5F-1R	36	4510	No
340G	......	$1060	$1850	**$3020**	**$3590**	IH	4	135G	5F-1R	36	4405	No
404	......	$990	$1720	**$2810**	**$3340**	IH	4	135G	4F-1R	36.7	3560	No
460	......	$1150	$1950	**$2800**	**$3750**	IH	6	221D	5F-1R	50	4835	No
460	......	$1330	$2260	**$3250**	**$4350**	IH	6	221G	5F-1R	50	5265	No
504	......	$1140	$1980	**$3230**	**$3850**	IH	4	153G	10F-2R	46.0	4453	No
504	......	$1320	$2300	**$3750**	**$4460**	IH	4	188D	10F-2R	46.2	4608	No
560	......	$1280	$2170	**$3110**	**$4170**	IH	6	263G	5F-1R	62	5898	No
560	......	$1460	$2480	**$3560**	**$4770**	IH	6	281D	5F-1R	62	6172	No
660	......	$980	$1540	**$2620**	**$3710**	IH	6	263G	5F-1R	80	7925	No
660	......	$1110	$1740	**$2970**	**$4200**	IH	6	281D	5F-1R	80	8190	No
				1960								
Cub	......	$640	$1140	**$1860**	**$2210**	IH	4	60G	3F-1R	10.8	1620	No
Cub Low-Boy	......	$670	$1200	**$1950**	**$2310**	IH	4	60G	3F-1R	10.8	1655	No
140	......	$1010	$1800	**$2930**	**$3490**	IH	4	123G	4F-1R	23.7	3107	No
240	......	$910	$1630	**$2650**	**$3150**	IH	4	123G	4F-1R	31.	3360	No
B-275	......	$900	$1520	**$2220**	**$2960**	IH	4	144D	8F-2R	32.8	3520	No
340D	......	$1140	$2050	**$3330**	**$3950**	IH	4	135D	5F-1R	36	4510	No
340G	......	$1010	$1800	**$2930**	**$3490**	IH	4	135G	5F-1R	36	4405	No
404	......	$920	$1650	**$2680**	**$3190**	IH	4	135G	4F-1R	36.7	3427	No
460	......	$990	$1680	**$2450**	**$3270**	IH	6	221G	5F-1R	50	5265	No
460	......	$1270	$2290	**$3720**	**$4420**	IH	6	236D	5F-1R	50	5485	No
560	......	$1180	$2000	**$2920**	**$3890**	IH	6	263G	5F-1R	62	5898	No
560	......	$1430	$2430	**$3550**	**$4730**	IH	6	281D	5F-1R	62	6172	No
660	......	$940	$1480	**$2550**	**$3620**	IH	6	263G	5F-1R	80	7925	No
660	......	$1070	$1680	**$2900**	**$4120**	IH	6	281D	5F-1R	80	8190	No
				1959								
Cub	......	$630	$1120	**$1830**	**$2190**	IH	4	60G	3F-1R	10.8	1620	No
Cub Low-Boy	......	$660	$1180	**$1910**	**$2290**	IH	4	60G	3F-1R	10.8	1655	No

Int. Harvester-Farmall (Cont.)

Model	Approx. Retail Price New	Estimated Value Less Repairs Used Trade-In Avg.	Used Trade-In High	Used Retail Avg.	Used Retail High	Engine Make	No. Cyls.	Displ. Cu.-in.	No. Speeds	P.T.O. H.P.	Approx. Shipping Wt.-Lbs.	Cab
1959 (Cont.)												
140	......	$990	$1780	**$2900**	**$3460**	IH	4	123G	4F-1R	23.7	3107	No
240	......	$960	$1720	**$2790**	**$3340**	IH	4	123G	4F-1R	31	3360	No
B-275	......	$870	$1480	**$2200**	**$2930**	IH	4	144D	8F-2R	32.8	3520	No
340	......	$970	$1740	**$2820**	**$3380**	IH	4	135G	5F-1R	36	4405	No
340	......	$1100	$1980	**$3220**	**$3850**	IH	4	135D	5F-1R	36	4510	No
450	......	$1070	$1810	**$2690**	**$3570**	IH	4	281G	10F-2R	51.1	5912	No
460	......	$950	$1600	**$2380**	**$3170**	IH	6	221G	5F-1R	52	5265	No
460	......	$1150	$1950	**$2900**	**$3850**	IH	6	236D	5F-1R	52	5485	No
560	......	$1140	$1930	**$2870**	**$3810**	IH	6	263G	5F-1R	42	5961	No
560	......	$1380	$2340	**$3480**	**$4620**	IH	6	282D	5F-1R	62	6172	No
660	......	$910	$1420	**$2480**	**$3530**	IH	6	263G	5F-1R	80	7925	No
660	......	$1040	$1620	**$2830**	**$4030**	IH	6	281D	5F-1R	80	8190	No
1958												
Cub	......	$610	$1100	**$1790**	**$2150**	IH	4	60G	3F-1R	10.8	1620	No
Cub Low-Boy	......	$640	$1150	**$1870**	**$2250**	IH	4	60G	3F-1R	10.8	1655	No
130	......	$890	$1500	**$2230**	**$2980**	IH	4	123G	4F-1R	20.8	2680	No
140	......	$980	$1760	**$2860**	**$3440**	IH	4	123G	4F-1R	23.7	3107	No
230	......	$750	$1340	**$2170**	**$2610**	IH	4	123G	4F-1R	27.0	3200	No
240	......	$820	$1470	**$2400**	**$2880**	IH	4	123G	4F-1R	31	3360	No
330 U	......	$920	$1650	**$2690**	**$3230**	IH	4	135G	10F-2R	37.9	3920	No
340	......	$930	$1670	**$2720**	**$3270**	IH	4	135G	5F-1R	36	4405	No
340	......	$1080	$1940	**$3150**	**$3780**	IH	4	135D	5F-1R	36	4510	No
350	......	$1000	$1690	**$2510**	**$3360**	IH	4	175G	10F-2R	42.6	4785	No
350	......	$1020	$1730	**$2580**	**$3440**	IH	4	193D	10F-2R	37.9	4187	No
450	......	$1040	$1770	**$2630**	**$3520**	IH	6	281G	5F-1R	51.1	5800	No
450	......	$1070	$1810	**$2700**	**$3600**	IH	6	281D	5F-1R	47.4	6180	No
460	......	$990	$1680	**$2490**	**$3330**	IH	6	221G	5F-1R	50	5265	No
460	......	$1100	$1870	**$2780**	**$3720**	IH	6	236D	5F-1R	50	5485	No
560	......	$1080	$1830	**$2730**	**$3640**	IH	6	263G	5F-1R	62	5898	No
560	......	$1330	$2250	**$3340**	**$4460**	IH	6	282D	5F-1R	62	6172	No
650	......	$1010	$1620	**$2790**	**$4000**	IH	6	350G		60.6	6700	No
650	......	$1150	$1830	**$3160**	**$4530**	IH	6	350D		61.6	6700	No
1957												
Cub	......	$590	$1090	**$1760**	**$2130**	IH	4	60G	3F-1R	10.8	1620	No
Cub Low-Boy	......	$620	$1130	**$1840**	**$2220**	IH	4	60G	3F-1R	10.8	1655	No
130	......	$900	$1650	**$2680**	**$3240**	IH	4	123G	4F-1R	20.8	2680	No
230	......	$830	$1520	**$2470**	**$2980**	IH	4	123G	4F-1R	27.0	3200	No
330 U	......	$880	$1610	**$2620**	**$3170**	IH	4	135G	10F-2R	37.9	3920	No
350	......	$950	$1590	**$2390**	**$3220**	IH	4	175G	10F-2R	38.8	4100	No
350	......	$1000	$1680	**$2520**	**$3390**	IH	4	193D	10F-2R	37.9	4187	No
450	......	$940	$1580	**$2380**	**$3200**	IH	6	281G	5F-1R	51.1	5800	No
450	......	$990	$1660	**$2490**	**$3350**	IH	6	281D	5F-1R	47.4	6180	No
650	......	$1000	$1580	**$2720**	**$3900**	IH	6	350G		60.6	6700	No
650	......	$1160	$1830	**$3140**	**$4510**	IH	6	350D		61.6	6700	No
1956												
Cub	......	$570	$1070	**$1740**	**$2120**	IH	4	60G	3F-1R	10.8	1620	No
Cub Low-Boy	......	$590	$1100	**$1790**	**$2180**	IH	4	60G	3F-1R	10.8	1655	No
Super WD9, WDR9	......	$1130	$1860	**$2840**	**$3840**	IH	4	350D	5F-1R	65.2	6651	No
100	......	$550	$910	**$1390**	**$1880**	IH	4	123G	4F-1R	20.8	2600	No
130	......	$600	$1120	**$1820**	**$2220**	IH	4	123G	4F-1R	21.8	2680	No
200	......	$610	$1010	**$1540**	**$2080**	IH	4	123G	4F-1R	24.2	3160	No
230	......	$660	$1080	**$1650**	**$2240**	IH	4	123G	4F-1R	27.0	3200	No
300	......	$770	$1280	**$1950**	**$2640**	IH	4	169G	5F-1R	37.9	4143	No
300 U	......	$830	$1560	**$2540**	**$3080**	IH	4	169G	5F-1R	37.9	3511	No
350	......	$860	$1430	**$2180**	**$2950**	IH	4	175G	10F-2R	38.8	4100	No
350	......	$930	$1530	**$2330**	**$3160**	IH	4	193D	10F-2R	37.9	4187	No
400	......	$900	$1490	**$2270**	**$3080**	IH	4	264G	5F-1R	48.3	5240	No
400	......	$970	$1600	**$2450**	**$3310**	IH	4	264D	5F-1R	43.6	5650	No
450	......	$920	$1520	**$2320**	**$3140**	IH	6	281G	5F-1R	51.1	5800	No
450	......	$960	$1580	**$2410**	**$3260**	IH	6	281D	5F-1R	47.4	6180	No
600	......	$920	$1480	**$2520**	**$3640**	IH	6	350G	5F-1R	60.6	6700	No
600	......	$1060	$1690	**$2890**	**$4160**	IH	6	350D	5F-1R	61.6	6700	No
650	......	$980	$1580	**$2690**	**$3880**	IH	6	350G	5F-1R	60.6	6700	No
650	......	$1100	$1770	**$3020**	**$4350**	IH	6	350D	5F-1R	61.6	6700	No
1955												
Cub	......	$550	$1040	**$1700**	**$2060**	IH	4	60G	3F-1R	10.8	1620	No
Cub Low-Boy	......	$570	$1070	**$1760**	**$2140**	IH	4	60G	3F-1R	10.8	1655	No
Super WD6TA	......	$1060	$1760	**$2680**	**$3650**	IH	4	264D	5F-1R	44.2	4838	No
Super WD9, WDR9	......	$1100	$1820	**$2770**	**$3770**	IH	4	350D	5F-1R	65.2	6651	No
100	......	$550	$910	**$1390**	**$1900**	IH	6	123G	4F-1R	20.8	2600	No
200	......	$610	$1010	**$1540**	**$2090**	IH	4	123G	4F-1R	24.2	3160	No
300	......	$750	$1240	**$1890**	**$2580**	IH	4	169G	5F-1R	37.9	4143	No
300 U	......	$740	$1390	**$2270**	**$2760**	IH	4	169G	5F-1R	37.9	3511	No
400	......	$840	$1380	**$2110**	**$2870**	IH	4	264G	5F-1R	48.3	5240	No
400	......	$890	$1470	**$2240**	**$3050**	IH	4	264D	5F-1R	43.6	5650	No
1954												
Cub	......	$550	$1020	**$1700**	**$2040**	IH	4	60G	3F-1R	10.8	1620	No
Super A	......	$700	$1150	**$1760**	**$2430**	IH	4	113G	4F-1R	18.0	2360	No
Super C	......	$730	$1210	**$1850**	**$2550**	IH	4	123G	4F-1R	23.7	2890	No

Int. Harvester-Farmall (Cont.)

Model	Approx. Retail Price New	Estimated Value Less Repairs Used Trade-In Avg.	Used Trade-In High	Used Retail Avg.	Used Retail High	Engine Make	No. Cyls.	Displ. Cu.-in.	No. Speeds	P.T.O. H.P.	Approx. Shipping Wt.-Lbs.	Cab
				1954 (Cont.)								
Super H	......	$770	$1270	**$1940**	**$2680**	IH	4	164G	5F-1R	30.2	3875	No
Super M	......	$910	$1500	**$2280**	**$3150**	IH	4	264G	5F-1R	44.0	5140	No
Super MD	......	$960	$1580	**$2410**	**$3320**	IH	4	264D	5F-1R	46.7	5470	No
Super MTA	......	$1030	$1700	**$2600**	**$3580**	IH	4	264G	10F-2R	44.0	5898	No
Super MTA	......	$1080	$1790	**$2740**	**$3770**	IH	4	264D	10F-2R	46.7	5898	No
Super W4	......	$880	$1450	**$2210**	**$3050**	IH	4	164G	5F-1R	31.5	3814	No
Super W6	......	$930	$1540	**$2350**	**$3240**	IH	4	248G	5F-1R	44.2	4858	No
Super W6TA	......	$1000	$1650	**$2510**	**$3470**	IH	4	264G	5F-1R	44.2	4838	No
Super WD6	......	$990	$1630	**$2490**	**$3430**	IH	4	264G	5F-1R	44.2	4838	No
Super WD6TA	......	$1050	$1740	**$2650**	**$3650**	IH	4	264D	5F-1R	44.2	4838	No
Super WD9, WDR9	......	$1080	$1790	**$2730**	**$3760**	IH	4	350D	5F-1R	65.2	6722	No
100	......	$510	$840	**$1280**	**$1760**	IH	6	123G	4F-1R	20.8	2600	No
200	......	$560	$930	**$1420**	**$1960**	IH	4	123G	4F-1R	24.2	3160	No
300	......	$680	$1120	**$1710**	**$2360**	IH	4	169G	5F-1R	37.9	4143	No
400	......	$820	$1350	**$2060**	**$2840**	IH	4	264G	5F-1R	48.3	5240	No
400	......	$860	$1430	**$2180**	**$3000**	IH	4	264D	5F-1R	43.6	5650	No
				1953								
Cub	......	$520	$1000	**$1660**	**$2020**	IH	4	60G	3F-1R	10.8	1620	No
H	......	$680	$1130	**$1750**	**$2450**	IH	4	152G	5F-1R	24.0	3875	No
Super A	......	$670	$1110	**$1710**	**$2390**	IH	4	113G	4F-1R	18.0	2360	No
Super C	......	$700	$1160	**$1800**	**$2510**	IH	4	123G	4F-1R	23.7	2890	No
Super H	......	$740	$1240	**$1910**	**$2670**	IH	4	164G	5F-1R	30.2	3875	No
Super M	......	$880	$1460	**$2260**	**$3150**	IH	4	264G	5F-1R	44.0	5140	No
Super MD	......	$910	$1520	**$2360**	**$3290**	IH	4	264D	5F-1R	46.7	5470	No
Super MTA	......	$970	$1610	**$2490**	**$3480**	IH	4	264G	10F-2R	44.0	5898	No
Super MTA	......	$1040	$1730	**$2680**	**$3740**	IH	4	264D	10F-2R	46.7	5898	No
O4, OS4	......	$780	$1300	**$2000**	**$2800**	IH	4	152G	5F-1R	24.0	3816	No
Super W4	......	$830	$1390	**$2150**	**$3000**	IH	4	164G	5F-1R	31.5	3814	No
W4	......	$820	$1360	**$2100**	**$2930**	IH	4	152G	5F-1R	24.0	3816	No
O6, OS6	......	$860	$1430	**$2220**	**$3090**	IH	4	248G	5F-1R	36.0	4858	No
Super W6	......	$890	$1480	**$2290**	**$3200**	IH	4	248G	5F-1R	44.2	4858	No
Super W6TA	......	$950	$1580	**$2440**	**$3400**	IH	4	264G	5F-1R	44.2	4838	No
Super WD6	......	$960	$1600	**$2470**	**$3450**	IH	4	264G	5F-1R	46.8	4838	No
Super WD6TA	......	$1000	$1670	**$2580**	**$3610**	IH	4	264D	5F-1R	46.8	4838	No
W6	......	$900	$1500	**$2320**	**$3240**	IH	4	248G	5F-1R	36.0	4858	No
WD6	......	$930	$1550	**$2400**	**$3350**	IH	4	264G	5F-1R	35.0	4838	No
Super WD9	......	$1050	$1740	**$2690**	**$3760**	IH	4	350D	5F-1R	65.2	6722	No
W9	......	$990	$1640	**$2540**	**$3550**	IH	4	335G	5F-1R	44.6	6425	No
WD9	......	$1010	$1690	**$2610**	**$3650**	IH	4	335D	5F-1R	46.5	6650	No
				1952								
Cub	......	$500	$980	**$1620**	**$1980**	IH	4	60G	3F-1R	10.8	1620	No
H	......	$640	$1070	**$1680**	**$2380**	IH	4	152G	5F-1R	24.0	3875	No
M	......	$790	$1330	**$2090**	**$2950**	IH	4	248G	5F-1R	36.0	4964	No
MD	......	$860	$1440	**$2260**	**$3200**	IH	4	248D	5F-1R	35.0	4964	No
Super A	......	$640	$1070	**$1680**	**$2370**	IH	4	113G	4F-1R	18.0	2360	No
Super C	......	$650	$1090	**$1710**	**$2420**	IH	4	123G	4F-1R	23.7	2890	No
Super M	......	$810	$1370	**$2150**	**$3030**	IH	4	264G	5F-1R	44.0	5140	No
Super MD	......	$870	$1470	**$2300**	**$3250**	IH	4	264D	5F-1R	46.7	5470	No
Super MTA	......	$940	$1570	**$2470**	**$3490**	IH	4	264G	10F-2R	44.0	5898	No
Super MTA	......	$990	$1670	**$2620**	**$3700**	IH	4	264D	10F-2R	46.7	5898	No
O4, OS4	......	$740	$1240	**$1950**	**$2760**	IH	4	152G	5F-1R	24.0	3816	No
W4	......	$770	$1300	**$2030**	**$2870**	IH	4	152G	5F-1R	24.0	3816	No
O6, OS6	......	$830	$1390	**$2180**	**$3080**	IH	4	248G	5F-1R	36.0	4858	No
W6	......	$850	$1430	**$2240**	**$3160**	IH	4	264G	5F-1R	36.0	4838	No
W6TA	......	$880	$1470	**$2310**	**$3260**	IH	4	264G	5F-1R	36.0	4838	No
WD6	......	$890	$1490	**$2340**	**$3310**	IH	4	264D	5F-1R	35.0	4838	No
WD6TA	......	$940	$1580	**$2480**	**$3510**	IH	4	264D	5F-1R	35.0	4838	No
W9	......	$950	$1590	**$2490**	**$3530**	IH	4	335G	5F-1R	44.6	6425	No
WD9	......	$970	$1630	**$2550**	**$3610**	IH	4	335D	5F-1R	46.5	6650	No
				1951								
C	......	$620	$1030	**$1640**	**$2340**	IH	4	113G	4F-1R	20.9	2761	No
Cub	......	$490	$950	**$1580**	**$1940**	IH	4	60G	3F-1R	10.8	1620	No
H	......	$620	$1030	**$1630**	**$2330**	IH	4	152G	5F-1R	24.0	3875	No
M	......	$770	$1290	**$2040**	**$2920**	IH	4	248G	5F-1R	36.0	4964	No
MD	......	$850	$1410	**$2230**	**$3200**	IH	4	248D	5F-1R	35.0	4964	No
Super A	......	$610	$1020	**$1620**	**$2320**	IH	4	113G	4F-1R	18.0	2360	No
Super C	......	$640	$1060	**$1680**	**$2410**	IH	4	123G	4F-1R	23.7	2890	No
O4, OS4	......	$710	$1180	**$1880**	**$2690**	IH	4	152G	5F-1R	24.0	3816	No
W4	......	$740	$1230	**$1950**	**$2790**	IH	4	152G	5F-1R	24.0	3816	No
O6, OS6	......	$790	$1320	**$2090**	**$3000**	IH	4	248G	5F-1R	36.0	4858	No
W6	......	$830	$1370	**$2180**	**$3110**	IH	4	248G	5F-1R	36.0	4858	No
WD6	......	$860	$1420	**$2260**	**$3240**	IH	4	248D	5F-1R	35.0		No
W9	......	$940	$1550	**$2470**	**$3530**	IH	4	335G	5F-1R	44.6	6425	No
WD9	......	$950	$1570	**$2490**	**$3570**	IH	4	335D	5F-1R	46.5	6650	No
				1950								
C	......	$600	$980	**$1570**	**$2280**	IH	4	113G	4F-1R	20.9	2761	No
Cub	......	$480	$930	**$1560**	**$1900**	IH	4	60G	3F-1R	10.8	1620	No
H	......	$610	$990	**$1600**	**$2310**	IH	4	152G	5F-1R	24.0	3875	No
M	......	$750	$1230	**$1980**	**$2870**	IH	4	248G	5F-1R	36.0	4964	No
MD	......	$810	$1330	**$2140**	**$3100**	IH	4	248D	5F-1R	35.0	4964	No

Int. Harvester-Farmall (Cont.)

Model	Approx. Retail Price New	Used Trade-In Avg.	Used Trade-In High	Used Retail Avg.	Used Retail High	Engine Make	Engine No. Cyls.	Engine Displ. Cu.-in.	No. Speeds	P.T.O. H.P.	Approx. Shipping Wt.-Lbs.	Cab
				1950 (Cont.)								
Super A	......	$590	$970	**$1570**	**$2270**	IH	4	113G	4F-1R	18.0	2360	No
O4, OS4	......	$700	$1140	**$1830**	**$2650**	IH	4	152G	5F-1R	24.0	3816	No
W4	......	$720	$1170	**$1890**	**$2730**	IH	4	152G	5F-1R	24.0	3816	No
O6, OS6	......	$780	$1280	**$2060**	**$2980**	IH	4	248G	5F-1R	36.0	4858	No
W6	......	$800	$1310	**$2120**	**$3070**	IH	4	248G	5F-1R	36.0	4858	No
WD6	......	$830	$1360	**$2190**	**$3170**	IH	4	248D	5F-1R	35.0		No
W9	......	$910	$1490	**$2410**	**$3490**	IH	4	335G	5F-1R	44.6	6425	No
WD9	......	$940	$1530	**$2470**	**$3570**	IH	4	335D	5F-1R	46.5	6650	No
				1949								
C	......	$580	$930	**$1520**	**$2230**	IH	4	113G	4F-1R	20.9	2761	No
Cub	......	$470	$910	**$1530**	**$1870**	IH	4	60G	3F-1R	10.8	1620	No
H	......	$580	$940	**$1540**	**$2260**	IH	4	152G	5F-1R	24.0	3875	No
M	......	$740	$1190	**$1940**	**$2850**	IH	4	248G	5F-1R	36.0	4964	No
MD	......	$790	$1280	**$2090**	**$3060**	IH	4	248D	5F-1R	35.0	4964	No
Super A	......	$580	$940	**$1530**	**$2240**	IH	4	113G	4F-1R	18.0	2360	No
O4, OS4	......	$680	$1100	**$1800**	**$2640**	IH	4	152G	5F-1R	25.6	3816	No
W4	......	$700	$1140	**$1860**	**$2720**	IH	4	152G	5F-1R	30.8	3816	No
O6, OS6	......	$750	$1210	**$1980**	**$2900**	IH	4	248G	5F-1R	36.0	4858	No
W6	......	$780	$1260	**$2060**	**$3020**	IH	4	248G	5F-1R	36.0	4858	No
WD6	......	$810	$1310	**$2130**	**$3130**	IH	4	248D	5F-1R	32.0		No
W9	......	$880	$1420	**$2320**	**$3400**	IH	4	335G	5F-1R	49.3	6425	No
WD9	......	$900	$1460	**$2380**	**$3490**	IH	4	335D	5F-1R	52.6	6650	No
				1948								
C	......	$560	$870	**$1480**	**$2190**	IH	4	113G	4F-1R	20.9	2761	No
Cub	......	$450	$890	**$1490**	**$1830**	IH	4	60G	3F-1R	10.8	1620	No
H	......	$570	$880	**$1500**	**$2220**	IH	4	152G	5F-1R	24.0	3875	No
M	......	$710	$1100	**$1880**	**$2790**	IH	4	248G	5F-1R	36.0	4964	No
MD	......	$780	$1210	**$2060**	**$3060**	IH	4	248D	5F-1R	35.0	4964	No
Super A	......	$570	$870	**$1490**	**$2210**	IH	4	113G	4F-1R	18.0	2360	No
O4, OS4	......	$660	$1020	**$1740**	**$2580**	IH	4	152G	5F-1R	24.0	3816	No
W4	......	$680	$1050	**$1800**	**$2670**	IH	4	152G	5F-1R	24.0	3816	No
O6, OS6	......	$720	$1120	**$1900**	**$2820**	IH	4	248G	5F-1R	36.0	4858	No
W6	......	$760	$1170	**$2000**	**$2970**	IH	4	248G	5F-1R	36.0	4858	No
WD6	......	$790	$1220	**$2090**	**$3100**	IH	4	248D	5F-1R	35.0		No
W9	......	$860	$1330	**$2280**	**$3370**	IH	4	335G	5F-1R	44.6	6425	No
WD9	......	$880	$1360	**$2320**	**$3440**	IH	4	335D	5F-1R	46.5	6650	No
				1947								
A	......	$520	$820	**$1400**	**$2110**	IH	4	113G	4F-1R	16.1	2014	No
B	......	$530	$840	**$1420**	**$2140**	IH	4	113G	4F-1R	16.1	2014	No
Cub	......	$440	$870	**$1460**	**$1810**	IH	4	60G	3F-1R	10.8	1620	No
H	......	$540	$850	**$1450**	**$2180**	IH	4	152G	5F-1R	24.0	3875	No
M	......	$680	$1070	**$1830**	**$2750**	IH	4	248G	5F-1R	36.0	4964	No
MD	......	$720	$1140	**$1950**	**$2920**	IH	4	248D	5F-1R	35.0	4964	No
Super A	......	$540	$850	**$1440**	**$2170**	IH	4	113G	4F-1R	18.0	2360	No
O4, OS4	......	$630	$990	**$1690**	**$2530**	IH	4	152G	5F-1R	24.0	3816	No
W4	......	$660	$1040	**$1770**	**$2660**	IH	4	152G	5F-1R	24.0	3816	No
O6, OS6	......	$670	$1060	**$1810**	**$2720**	IH	4	248G	5F-1R	36.0	4858	No
W6	......	$720	$1130	**$1930**	**$2900**	IH	4	248G	5F-1R	36.0	4858	No
WD6	......	$750	$1190	**$2030**	**$3050**	IH	4	248D	5F-1R	35.0		No
W9	......	$810	$1280	**$2180**	**$3260**	IH	4	335G	5F-1R	44.6	6425	No
WD9	......	$830	$1320	**$2250**	**$3370**	IH	4	335D	5F-1R	46.5	6650	No
				1946								
A	......	$500	$800	**$1380**	**$2070**	IH	4	113G	4F-1R	16.1	2014	No
B	......	$510	$820	**$1410**	**$2130**	IH	4	113G	4F-1R	16.1	2014	No
H	......	$520	$840	**$1440**	**$2160**	IH	4	164G	5F-1R	24.0	3875	No
M	......	$640	$1040	**$1780**	**$2680**	IH	4	248G	5F-1R	36.0	4964	No
MD	......	$690	$1120	**$1930**	**$2900**	IH	4	248D	5F-1R	35.0	4964	No
O4, OS4	......	$590	$960	**$1650**	**$2480**	IH	4	152G	5F-1R	24.0	3816	No
W4	......	$630	$1010	**$1740**	**$2620**	IH	4	152G	5F-1R	24.0	3816	No
O6, OS6	......	$630	$1020	**$1760**	**$2650**	IH	4	248G	5F-1R	36.0	4858	No
W6	......	$640	$1030	**$1770**	**$2660**	IH	4	247G	5F-1R	36.0	4858	No
WD6	......	$690	$1120	**$1930**	**$2900**	IH	4	248D	5F-1R	35.0		No
W9	......	$780	$1260	**$2170**	**$3260**	IH	4	335G	5F-1R	44.6	6425	No
WD9	......	$800	$1290	**$2220**	**$3340**	IH	4	335D	5F-1R	46.5	6650	No
				1945								
A	......	$480	$780	**$1360**	**$2020**	IH	4	113G	4F-1R	16.1	2014	No
B	......	$500	$800	**$1390**	**$2070**	IH	4	113G	4F-1R	16.1	2014	No
H	......	$510	$830	**$1430**	**$2130**	IH	4	152G	5F-1R	24.0	3875	No
M	......	$630	$1010	**$1760**	**$2620**	IH	4	248G	5F-1R	36.0	4964	No
MD	......	$680	$1110	**$1920**	**$2860**	IH	4	248D	5F-1R	35.0	4964	No
O4	......	$570	$930	**$1610**	**$2410**	IH	4	152G	5F-1R	24.0	3816	No
W4	......	$610	$980	**$1700**	**$2540**	IH	4	152G	5F-1R	24.0	3816	No
O6	......	$590	$950	**$1650**	**$2460**	IH	4	248G	5F-1R	36.0	4858	No
W6	......	$670	$1080	**$1870**	**$2790**	IH	4	248G	5F-1R	36.0	4858	No
WD6	......	$710	$1140	**$1980**	**$2950**	IH	4	248D	5F-1R	35.0		No
W9	......	$750	$1210	**$2100**	**$3130**	IH	4	335G	5F-1R	44.6	6425	No
WD9	......	$780	$1260	**$2190**	**$3270**	IH	4	335D	5F-1R	46.5	6650	No

Int. Harvester-Farmall (Cont.)

Model	Approx. Retail Price New	Estimated Value Less Repairs: Used Trade-In Avg.	Used Trade-In High	Used Retail Avg.	Used Retail High	Engine Make	Engine No. Cyls.	Engine Displ. Cu.-in.	No. Speeds	P.T.O. H.P.	Approx. Shipping Wt.-Lbs.	Cab
1944												
A	......	$470	$770	**$1340**	**$1980**	IH	4	113G	4F-1R	16.1	2014	No
B	......	$480	$780	**$1370**	**$2020**	IH	4	113G	4F-1R	16.1	2014	No
H	......	$500	$800	**$1400**	**$2070**	IH	4	164G	5F-1R	24.0	3875	No
M	......	$610	$990	**$1730**	**$2550**	IH	4	248G	5F-1R	36.0	4964	No
MD	......	$670	$1090	**$1900**	**$2820**	IH	4	248D	5F-1R	35.0	4964	No
O-4	......	$560	$900	**$1580**	**$2340**	IH	4	152G	5F-1R	24.0	3816	No
W4	......	$580	$940	**$1650**	**$2440**	IH	4	152G	5F-1R	24.0	3816	No
I-6	......	$710	$1150	**$2020**	**$2990**	IH	4	264D	5F-1R	48.0	5510	No
O-6	......	$570	$930	**$1620**	**$2390**	IH	4	248G	5F-1R	36.0	4858	No
W6	......	$630	$1030	**$1800**	**$2660**	IH	4	248G	5F-1R	36.0	4858	No
WD6	......	$670	$1090	**$1900**	**$2820**	IH	4	248D	5F-1R	35.0		No
I-9	......	$910	$1480	**$2590**	**$3820**	IH	4	350D	5F-1R	52.6	7200	No
W-9	......	$730	$1180	**$2060**	**$3040**	IH	4	335G	5F-1R	44.6	6425	No
WD9	......	$770	$1240	**$2180**	**$3220**	IH	4	335D	5F-1R	46.5	6650	No
1943												
A	......	$460	$750	**$1320**	**$1940**	IH	4	113G	4F-1R	16.1	2014	No
B	......	$470	$770	**$1350**	**$1980**	IH	4	113G	4F-1R	16.1	2014	No
H	......	$480	$780	**$1380**	**$2030**	IH	4	164G	5F-1R	24.0	3875	No
M	......	$600	$970	**$1710**	**$2510**	IH	4	248G	5F-1R	36.0	4964	No
MD	......	$660	$1070	**$1890**	**$2770**	IH	4	248D	5F-1R	35.0	4964	No
O-4	......	$540	$870	**$1540**	**$2250**	IH	4	152G	5F-1R	24.0	3816	No
W4	......	$560	$900	**$1600**	**$2340**	IH	4	152G	5F-1R	24.0	3816	No
I-6	......	$730	$1190	**$2100**	**$3080**	IH	4	264D	5F-1R	48.0	5510	No
O-6	......	$550	$890	**$1570**	**$2310**	IH	4	248G	5F-1R	36.0	4858	No
W6	......	$590	$960	**$1690**	**$2480**	IH	4	248G	5F-1R	36.0	4858	No
WD6	......	$610	$990	**$1750**	**$2570**	IH	4	248D	5F-1R	35.0	4858	No
I-9	......	$890	$1440	**$2550**	**$3740**	IH	4	350D	5F-1R	52.6	7200	No
W-9	......	$710	$1150	**$2030**	**$2980**	IH	4	335G	5F-1R	44.6	6425	No
WD-9	......	$760	$1220	**$2160**	**$3160**	IH	4	335D	5F-1R	46.5	6650	No
1942												
A	......	$450	$730	**$1290**	**$1890**	IH	4	113G	4F-1R	16.1	2014	No
B	......	$460	$750	**$1320**	**$1940**	IH	4	113G	4F-1R	16.1	2014	No
H	......	$470	$770	**$1350**	**$1980**	IH	4	164G	5F-1R	24.0	3875	No
M	......	$570	$930	**$1640**	**$2410**	IH	4	248G	5F-1R	36.0	4964	No
MD	......	$650	$1050	**$1860**	**$2730**	IH	4	248D	5F-1R	35.0	4964	No
O-4	......	$520	$840	**$1490**	**$2180**	IH	4	152G	5F-1R	24.0	3816	No
W4	......	$540	$870	**$1540**	**$2250**	IH	4	152G	5F-1R	24.0	3816	No
I-6	......	$710	$1150	**$2040**	**$2990**	IH	4	264D	5F-1R	48.0	5510	No
O-6	......	$520	$840	**$1480**	**$2170**	IH	4	248G	5F-1R	36.0	4858	No
W6	......	$570	$920	**$1620**	**$2380**	IH	4	248G	5F-1R	36.0	4858	No
WD6	......	$590	$960	**$1690**	**$2480**	IH	4	248D	5F-1R	35.0	4858	No
I-9	......	$870	$1410	**$2490**	**$3650**	IH	4	350D	5F-1R	52.6	7200	No
W-9	......	$690	$1120	**$1980**	**$2910**	IH	4	335G	5F-1R	44.6	6425	No
WD-9	......	$730	$1180	**$2070**	**$3040**	IH	4	335D	5F-1R	46.5	6650	No
1941												
A	......	$440	$710	**$1260**	**$1850**	IH	4	113G	4F-1R	16.1	2014	No
B	......	$450	$730	**$1290**	**$1890**	IH	4	113G	4F-1R	16.1	2014	No
H	......	$460	$750	**$1320**	**$1940**	IH	4	164G	5F-1R	24.0	3875	No
M	......	$550	$890	**$1580**	**$2310**	IH	4	248G	5F-1R	36.0	4964	No
MD	......	$640	$1030	**$1820**	**$2670**	IH	4	248D	5F-1R	35.0	4964	No
O-4	......	$500	$800	**$1420**	**$2080**	IH	4	152G	5F-1R	24.0	3816	No
W4	......	$520	$840	**$1480**	**$2170**	IH	4	152G	5F-1R	24.0	3816	No
I-6	......	$690	$1120	**$1980**	**$2900**	IH	4	264D	5F-1R	48.0	5510	No
O-6	......	$510	$820	**$1450**	**$2130**	IH	4	248G	5F-1R	36.0	4858	No
W6	......	$530	$860	**$1510**	**$2220**	IH	4	248G	5F-1R	36.0	4858	No
WD6	......	$570	$930	**$1630**	**$2390**	IH	4	248D	5F-1R	35.0	4858	No
I-9	......	$850	$1380	**$2430**	**$3560**	IH	4	350D	5F-1R	52.6	7200	No
W-9	......	$680	$1100	**$1930**	**$2830**	IH	4	335G	5F-1R	44.6	6425	No
WD-9	......	$710	$1150	**$2040**	**$2990**	IH	4	335D	5F-1R	46.5	6650	No
1940												
A	......	$430	$700	**$1230**	**$1810**	IH	4	113G	4F-1R	16.1	2014	No
B	......	$440	$710	**$1260**	**$1850**	IH	4	113G	4F-1R	16.1	2014	No
H	......	$450	$730	**$1290**	**$1890**	IH	4	164G	5F-1R	24.0	3875	No
M	......	$540	$870	**$1530**	**$2250**	IH	4	248G	5F-1R	36.0	4964	No
O-4	......	$480	$770	**$1360**	**$1990**	IH	4	152G	5F-1R	24.0	3816	No
I-6	......	$670	$1090	**$1920**	**$2810**	IH	4	264D	5F-1R	48.0	5510	No
O-6	......	$490	$790	**$1390**	**$2040**	IH	4	248G	5F-1R	36.0	4858	No
W-6	......	$510	$820	**$1450**	**$2130**	IH	4	248G	5F-1R	36.0	4858	No
WD6	......	$550	$890	**$1570**	**$2310**	IH	4	248D	5F-1R	35.0	4858	No
I-9	......	$830	$1340	**$2370**	**$3470**	IH	4	350D	5F-1R	52.6	7200	No
W-9	......	$670	$1080	**$1900**	**$2790**	IH	4	335G	5F-1R	44.6	6425	No
WD-9	......	$690	$1120	**$1980**	**$2900**	IH	4	335D	5F-1R	46.4	6650	No
1939												
A	......	$420	$680	**$1200**	**$1760**	IH	4	113G	4F-1R	16.1	2014	No
B	......	$430	$700	**$1230**	**$1800**	IH	4	113G	4F-1R	16.1	2014	No
H	......	$440	$710	**$1260**	**$1850**	IH	4	164G	5F-1R	24.0	3875	No
M	......	$520	$850	**$1500**	**$2200**	IH	4	248G	5F-1R	36.0	4964	No

Model	Approx. Retail Price New	Estimated Value Less Repairs Used Trade-In Avg.	High	Used Retail Avg.	High	Engine Make	No. Cyls.	Displ. Cu.-in.	No. Speeds	P.T.O. H.P.	Approx. Shipping Wt.-Lbs.	Cab
John Deere												
2006												
790	$9639	$6940	$7330	**$8390**	**$8770**	Yanmar	3	91D	8F-2R	25.0	1967	No
790 4WD	$11929	$8590	$9070	**$10380**	**$10860**	Yanmar	3	91D	8F-2R	25.0	2142	No
990	$13499	$9720	$10260	**$11740**	**$12280**	Yanmar	4	121D	9F-3R	35.0	2954	No
990 4WD	$16559	$11920	$12590	**$14410**	**$15070**	Yanmar	4	121D	9F-3R	35.0	3220	No
2210 4WD	$11216	$8080	$8520	**$9760**	**$10210**	Yanmar	3	61D	Variable	17.7	1400	No
2305 4WD	$10750	$7740	$8170	**$9350**	**$9780**	Yanmar	3	68D	Variable	18.	1125	No
2320 4WD	$12839	$9240	$9760	**$11170**	**$11680**	Yanmar	3	68D	Variable	18.	1125	No
2520 4WD	$15279	$11000	$11610	**$13290**	**$13900**	Yanmar	3	81D	Variable	20.	1865	No
3203 4WD	$16139	$11620	$12270	**$14040**	**$14690**	Yanmar	3	81D	Variable	24.	1865	No
3120 Hydro	$17159	$12350	$13040	**$14930**	**$15620**	Yanmar	3	91D	Variable	22.0		No
3320 Hydro	$18185	$13090	$13820	**$15820**	**$16550**	Yanmar	3	100D	Variable	25.5		No
3320	$17359	$12500	$13190	**$15100**	**$15800**	Yanmar	3	100D	12F-12R	25.5		No
3520	$19219	$13840	$14610	**$16720**	**$17490**	Yanmar	3T	91D	12F-12R	30.5		No
3520 Hydro	$20094	$14470	$15270	**$17480**	**$18290**	Yanmar	3T	91D	Variable	30.5		No
3520 Hydro Cab	$24183	$17410	$18380	**$21040**	**$22010**	Yanmar	3T	91D	Variable	30.5		CHA
3720 Hydro	$23165	$16680	$17610	**$20150**	**$21080**	Yanmar	3T	91D	Variable	35.0		No
3720 Hydro Cab	$29747	$21420	$22610	**$25880**	**$27070**	Yanmar	3T	91D	Variable	35.0		CHA
4110 4WD	$13700	$9860	$10410	**$11920**	**$12470**	Yanmar	3	61D	8F-4R	17.0	1517	No
4110 4WD Hydro	$15200	$10940	$11550	**$13220**	**$13830**	Yanmar	3	61D	Variable	17.0	1617	No
4115 4WD Hydro	$17691	$12740	$13450	**$15390**	**$16100**	Yanmar	3	73D	Variable	20.0	1671	No
4120 4WD	$22438	$16160	$17050	**$19520**	**$20420**	JD	4T	148D	12F-12R	35.5	3700	No
4120 4WD Hydro	$23563	$16970	$17910	**$20500**	**$21440**	JD	4T	148D	Variable	35.0	3700	No
4210 4WD	$16846	$12130	$12800	**$14660**	**$15330**	Yanmar	3	81D	9F-3R	22.0	2675	No
4210 4WD Hydro	$19461	$14010	$14790	**$16930**	**$17710**	Yanmar	3	81D	Variable	22.0	2675	No
4310 4WD	$17383	$12520	$13210	**$15120**	**$15820**	Yanmar	3	91D	9F-3R	27.0	2725	No
4310 4WD	$18992	$13670	$14430	**$16520**	**$17280**	Yanmar	3	91D	12F-12R	27.0	2725	No
4310 4WD Hydro	$20640	$14860	$15690	**$17960**	**$18780**	Yanmar	3	91D	Variable	25.0	2725	No
4320 4WD	$23949	$17240	$18200	**$20840**	**$21790**	JD	4T	149D	12F-12R	40.5	3700	No
4320 4WD Hydro	$24914	$17940	$18940	**$21680**	**$22670**	JD	4T	149D	Variable	40.0	3700	No
4320 4WD Hydro Cab	$30915	$22260	$23500	**$26900**	**$28130**	JD	4T	149D	Variable	40.0	3700	CHA
4410 4WD	$20689	$14900	$15720	**$18000**	**$18830**	Yanmar	3	100D	12F-12R	29.0	2830	No
4410 4WD Hydro	$22497	$16200	$17100	**$19570**	**$20470**	Yanmar	3	100D	Variable	28.0	2830	No
4520 4WD	$25539	$18390	$19410	**$22220**	**$23240**	JD	4T	149D	12F-12R	45.5	3700	No
4520 4WD Hydro	$26665	$19200	$20270	**$23200**	**$24270**	JD	4T	149D	Variable	45.0	3700	No
4520 4WD Hydro Cab	$32665	$23520	$24830	**$28420**	**$29730**	JD	4T	149D	Variable	45.0	3700	CHA
4720 4WD Hydro	$28289	$20370	$21500	**$24610**	**$25740**	JD	4T	149D	Variable	50.0	3700	No
4720 4WD Hydro Cab	$34768	$25030	$26420	**$30250**	**$31640**	JD	4T	149D	Variable	50.0	3700	CHA
5103	$15829	$11400	$12030	**$13770**	**$14400**	JD	3	179D	9F-3R	42.0		No
5105	$18989	$13670	$14430	**$16520**	**$17280**	JD	3	179D	8F-4R	44.0		No
5105 4WD	$23858	$17180	$18130	**$20760**	**$21710**	JD	3	179D	8F-4R	44.0		No
5203	$17074	$12290	$12980	**$14850**	**$15540**	JD	3	179D	9F-3R	47.0		No
5205	$20600	$14830	$15660	**$17920**	**$18750**	JD	3	179D	8F-4R	50.0		No
5205 4WD	$25470	$18340	$19360	**$22160**	**$23180**	JD	3	179D	8F-4R	50.0		No
5225	$23852	$17170	$18130	**$20750**	**$21710**	JD	3	179D	9F-3R	45.0		No
5225	$27354	$19700	$20790	**$23800**	**$24890**	JD	3	179D	12F-12R	45.0		No
5225 w/Cab	$32880	$23670	$24990	**$28610**	**$29920**	JD	3	179D	9F-3R	45.0		CHA
5225 w/Cab	$41981	$30230	$31910	**$36520**	**$38200**	JD	3	179D	12F-12R	45.0		CHA
5225 4WD	$32208	$23190	$24480	**$28020**	**$29310**	JD	3	179D	9F-3R	45.0		No
5225 4WD	$33197	$23900	$25230	**$28880**	**$30210**	JD	3	179D	12F-12R	45.0		No
5225 4WD w/Cab	$39018	$28090	$29650	**$33950**	**$35510**	JD	3	179D	9F-3R	45.0		CHA
5225 4WD w/Cab	$41543	$29910	$31570	**$36140**	**$37800**	JD	3	179D	12F-12R	45.0		CHA
5303	$18654	$13430	$14180	**$16230**	**$16980**	JD	3	179D	9F-3R	55.0		No
5325	$26575	$19130	$20200	**$23120**	**$24180**	JD	3T	179D	9F-3R	55.0		No
5325	$30366	$21860	$23080	**$26420**	**$27630**	JD	3T	179D	12F-12R	55.0		No
5325 w/Cab	$35604	$25640	$27060	**$30980**	**$32400**	JD	3T	179D	9F-3R	55.0		CHA
5325 w/Cab	$38931	$28030	$29590	**$33870**	**$35430**	JD	3T	179D	12F-12R	55.0		CHA
5325 4WD	$32832	$23640	$24950	**$28560**	**$29880**	JD	3T	179D	9F-3R	55.0		No
5325 4WD	$35905	$25850	$27290	**$31240**	**$32670**	JD	3T	179D	12F-12R	55.0		No
5325 4WD w/Cab	$41970	$30220	$31900	**$36510**	**$38190**	JD	3T	179D	9F-3R	55.0		CHA
5325 4WD w/Cab	$44241	$31850	$33620	**$38490**	**$40260**	JD	3T	179D	12F-12R	55.0		CHA
5425	$29687	$21380	$22560	**$25830**	**$27020**	JD	4	276D	9F-3R	65.0		No
5425	$33214	$23910	$25240	**$28900**	**$30230**	JD	4	276D	12F-12R	65.0		No
5425 w/Cab	$38471	$27700	$29240	**$33470**	**$35010**	JD	4	276D	9F-3R	65.0		CHA
5425 w/Cab	$41798	$30100	$31770	**$36360**	**$38040**	JD	4	276D	12F-12R	65.0		CHA
5425 4WD	$36000	$25920	$27360	**$31320**	**$32760**	JD	4	276D	9F-3R	65.0		No
5425 4WD	$38637	$27820	$29360	**$33610**	**$35160**	JD	4	276D	12F-12R	65.0		No
5425 4WD w/Cab	$45150	$32510	$34310	**$39280**	**$41090**	JD	4	276D	9F-3R	65.0		CHA
5425 4WD w/Cab	$47421	$34140	$36040	**$41260**	**$43150**	JD	4	276D	12F-12R	65.0		CHA
5425N	$31458	$22650	$23910	**$27370**	**$28630**	JD	4	276D	12F-12R	65.0		No
5425N 4WD	$37928	$27310	$28830	**$33000**	**$34510**	JD	4	276D	12F-12R	65.0		No
5425N 4WD Cab	$46872	$33750	$35620	**$40780**	**$42650**	JD	4	276D	12F-12R	65.0		CHA
5525	$32395	$23320	$24620	**$28180**	**$29480**	JD	4T	276D	9F-3R	75.0		No
5525	$35921	$25860	$27300	**$31250**	**$32690**	JD	4T	276D	12F-12R	75.0		No
5525 w/Cab	$42010	$30250	$31930	**$36550**	**$38230**	JD	4T	276D	9F-3R	75.0		CHA
5525 w/Cab	$45335	$32640	$34460	**$39440**	**$41260**	JD	4T	276D	12F-12R	75.0		CHA
5525 4WD	$39559	$28480	$30070	**$34420**	**$36000**	JD	4T	276D	9F-3R	75.0		No
5525 4WD	$42194	$30380	$32070	**$36710**	**$38400**	JD	4T	276D	12F-12R	75.0		No
5525 4WD w/Cab	$48707	$35070	$37020	**$42380**	**$44320**	JD	4T	276D	9F-3R	75.0		CHA
5525 4WD w/Cab	$50976	$36700	$38740	**$44350**	**$46390**	JD	4T	276D	12F-12R	75.0		CHA
5525N	$34486	$24830	$26210	**$30000**	**$31380**	JD	4T	276D	12F-12R	75.0		No
5525N	$34486	$24830	$26210	**$30000**	**$31380**	JD	4T	276D	12F-12R	75.0		No

John Deere (Cont.)

2006 (Cont.)

Model	Approx. Retail Price New	Estimated Value Less Repairs: Used Trade-In Avg.	High	Used Retail Avg.	High	Engine Make	No. Cyls.	Displ. Cu.-in.	No. Speeds	P.T.O. H.P.	Approx. Shipping Wt.-Lbs.	Cab
5525N 4WD Cab	$49900	$35930	$37920	$43410	$45410	JD	4T	276D	12F-12R	75.0		CHA
6120	$36166	$26040	$27490	$31460	$32910	JD	4T	276D	12F-4R	65.0		No
6120	$41037	$29550	$31190	$35700	$37340	JD	4T	276D	16F-16R	65.0		No
6120 w/Cab	$46269	$33310	$35160	$40250	$42110	JD	4T	276D	12F-4R	65.0		CHA
6120 w/Cab	$49817	$35870	$37860	$43340	$45330	JD	4T	276D	16F-16R	65.0		CHA
6120 4WD	$42509	$30610	$32310	$36980	$38680	JD	4T	276D	12F-4R	65.0		No
6120 4WD	$45781	$32960	$34790	$39830	$41660	JD	4T	276D	16F-16R	65.0		No
6120 4WD w/Cab	$52612	$37880	$39990	$45770	$47880	JD	4T	276D	12F-4R	65.0		CHA
6120 4WD w/Cab	$56160	$40440	$42680	$48860	$51110	JD	4T	276D	16F-16R	65.0		CHA
6120L	$35808	$25780	$27210	$31150	$32590	JD	4T	276D	12F-4R	65.0		No
6120L	$37562	$27050	$28550	$32680	$34180	JD	4T	276D	16F-16R	65.0		No
6120L 4WD	$42997	$30960	$32680	$37410	$39130	JD	4T	276D	12F-4R	65.0		No
6120L 4WD	$44696	$32180	$33970	$38890	$40670	JD	4T	276D	16F-16R	65.0		No
6215	$34270	$24670	$26050	$29470	$30500	JD	4T	276D	12F-4R	72.0		No
6215	$37542	$27030	$28530	$32290	$33410	JD	4T	276D	16F-16R	72.0		No
6215 4WD	$40837	$29400	$31040	$35120	$36350	JD	4T	276D	12F-4R	72.0		No
6215 4WD	$44109	$31760	$33520	$37930	$39260	JD	4T	276D	16F-16R	72.0		No
6215 4WD w/Cab	$50446	$36320	$38340	$43380	$44900	JD	4T	276D	12F-4R	72.0		CHA
6215 4WD w/Cab	$54995	$39600	$41800	$47300	$48950	JD	4T	276D	16F-16R	72.0		CHA
6215 w/Cab	$43879	$31590	$33350	$37740	$39050	JD	4T	276D	12F-4R	72.0		CHA
6215 w/Cab	$47151	$33950	$35840	$40550	$41960	JD	4T	276D	16F-16R	72.0		CHA
6220	$37468	$26980	$28480	$32600	$34100	JD	4T	276D	12F-4R	72.0		No
6220	$41454	$29850	$31510	$36070	$37720	JD	4T	276D	16F-16R	72.0		No
6220 4WD	$44822	$32270	$34070	$39000	$40790	JD	4T	276D	12F-4R	72.0		No
6220 4WD	$48094	$34630	$36550	$41840	$43770	JD	4T	276D	16F-16R	72.0		No
6220 4WD w/Cab	$55078	$39660	$41860	$47920	$50120	JD	4T	276D	12F-4R	72.0		CHA
6220 4WD w/Cab	$58626	$42210	$44560	$51010	$53350	JD	4T	276D	16F-16R	72.0		CHA
6220 Hi-Clear	$41557	$29920	$31580	$36160	$37820	JD	4T	276D	12F-4R	72.0		No
6220 Hi-Clear	$45164	$32520	$34330	$39290	$41100	JD	4T	276D	16F-16R	72.0		No
6220 Hi-Clear 4WD	$48751	$35100	$37050	$42410	$44360	JD	4T	276D	12F-4R	72.0		No
6220 Hi-Clear 4WD	$52358	$37700	$39790	$45550	$47650	JD	4T	276D	16F-16R	72.0		No
6220 Hi-Clear 4WD Cab	$58375	$42030	$44370	$50200	$51950	JD	4T	276D	12F-4R	72.0		CHA
6220 Hi-Clear 4WD Cab	$62176	$44770	$47250	$53470	$55340	JD	4T	276D	16F-16R	72.0		CHA
6220 Hi-Clear Cab	$51181	$36850	$38900	$44020	$45550	JD	4T	276D	12F-4R	72.0		CHA
6220 Hi-Clear Cab	$55394	$39880	$42100	$47640	$49300	JD	4T	276D	16F-16R	72.0		CHA
6220 w/Cab	$48850	$35170	$37130	$42500	$44450	JD	4T	276D	12F-4R	72.0		CHA
6220 w/Cab	$51986	$37430	$39510	$45230	$47310	JD	4T	276D	16F-16R	72.0		CHA
6220L	$38811	$27940	$29500	$33770	$35320	JD	4T	276D	12F-4R	72.0		No
6220L	$42083	$30300	$31980	$36610	$38300	JD	4T	276D	16F-16R	72.0		No
6220L 4WD	$45928	$33070	$34910	$39960	$41790	JD	4T	276D	12F-4R	72.0		No
6220L 4WD	$49200	$35420	$37390	$42800	$44770	JD	4T	276D	16F-16R	72.0		No
6320	$38195	$27500	$29030	$33230	$34760	JD	4T	276D	12F-4R	80.0		No
6320	$44596	$32110	$33890	$38800	$40580	JD	4T	276D	16F-16R	80.0		No
6320 w/Cab	$51415	$37020	$39080	$44730	$46790	JD	4T	276D	12F-4R	80.0		CHA
6320 w/Cab	$54963	$39570	$41770	$47820	$50020	JD	4T	276D	16F-16R	80.0		CHA
6320 4WD	$47685	$34330	$36240	$41490	$43390	JD	4T	276D	12F-4R	80.0		No
6320 4WD	$50940	$36680	$38710	$44320	$46360	JD	4T	276D	16F-16R	80.0		No
6320 4WD w/Cab	$57759	$41590	$43900	$50250	$52560	JD	4T	276D	12F-4R	80.0		CHA
6320 4WD w/Cab	$61307	$44140	$46590	$53340	$55790	JD	4T	276D	16F-16R	80.0		CHA
6320 IVT 4WD w/Cab	$68586	$49380	$52130	$59670	$62410	JD	4T	276D	Variable	80.0		CHA
6320L	$40510	$29170	$30790	$35240	$36860	JD	4T	276D	12F-4R	80.0		No
6320L	$44469	$32020	$33800	$38690	$40470	JD	4T	276D	16F-16R	80.0		No
6320L 4WD	$48314	$34790	$36720	$42030	$43970	JD	4T	276D	12F-4R	80.0		No
6320L 4WD	$51586	$37140	$39210	$44880	$46940	JD	4T	276D	16F-16R	80.0		No
6320 Hi-Clear	$44156	$31790	$33560	$37970	$39300	JD	4T	276D	12F-4R	80.0		No
6320 Hi-Clear	$47763	$34390	$36300	$41080	$42510	JD	4T	276D	16F-16R	80.0		No
6320 Hi-Clear 4WD	$54957	$39570	$41770	$47260	$48910	JD	4T	276D	16F-16R	80.0		No
6320L w/Cab	$60198	$43340	$45750	$52370	$54780	JD	4T	276D	12F-4R	80.0		CHA
6320L w/Cab	$63746	$45900	$48450	$55460	$58010	JD	4T	276D	16F-16R	80.0		CHA
6320L 4WD w/Cab	$67315	$48470	$51160	$58560	$61260	JD	4T	276D	12F-4R	80.0		CHA
6320L 4WD w/Cab	$70863	$51020	$53860	$61650	$64490	JD	4T	276D	16F-16R	80.0		CHA
6320 Hi-Clear 4WD	$51350	$36970	$39030	$44160	$45700	JD	4T	276D	12F-4R	80.0		No
6320 Hi-Clear 4WD Cab	$61251	$44100	$46550	$53290	$55740	JD	4T	276D	12F-4R	80.0		CHA
6320 Hi-Clear Cab	$54057	$38920	$41080	$47030	$49190	JD	4T	276D	12F-4R	80.0		CHA
6320 IVT Hi-Clear 4WD Cab	$70542	$50790	$53610	$61370	$64190	JD	4T	276D	Variable	80.0		CHA
6320 Hi-Clear 4WD Cab	$65052	$46840	$49440	$56600	$59200	JD	4T	276D	16F-16R	80.0		CHA
6320 Hi-Clear Cab	$57858	$41660	$43970	$50340	$52650	JD	4T	276D	16F-16R	80.0		CHA
6403	$32750	$23580	$24890	$28490	$29800	JD	4T	276D	9F-3R	85.0		No
6403 4WD	$39730	$28610	$30200	$34570	$36150	JD	4T	276D	9F-3R	85.0		No
6403 4WD Cab	$47629	$34290	$36200	$41440	$43340	JD	4T	276D	9F-3R	85.0		CHA
6403 Cab	$40650	$29270	$30890	$35370	$36990	JD	4T	276D	9F-3R	85.0		CHA
6415	$38027	$27380	$28900	$33080	$34610	JD	4T	276D	12F-4R	85.0		No
6415	$41299	$29740	$31390	$35930	$37580	JD	4T	276D	16F-16R	85.0		No
6415 4WD	$44594	$32110	$33890	$38800	$40580	JD	4T	276D	12F-4R	85.0		No
6415 4WD	$47866	$34460	$36380	$41640	$43560	JD	4T	276D	16F-16R	85.0		No
6415 4WD w/Cab	$54135	$38980	$41140	$47100	$49260	JD	4T	276D	12F-4R	85.0		CHA
6415 4WD w/Cab	$58127	$41850	$44180	$50570	$52900	JD	4T	276D	16F-16R	85.0		CHA
6415 w/Cab	$47519	$34210	$36110	$41340	$43240	JD	4T	276D	12F-4R	85.0		CHA
6415 w/Cab	$50840	$36610	$38640	$44230	$46260	JD	4T	276D	16F-16R	85.0		CHA
6415 Hi-Clear	$40482	$29150	$30770	$35220	$36840	JD	4T	276D	12F-4R	85.0		No
6415 Hi-Clear	$44089	$31740	$33510	$38360	$40120	JD	4T	276D	16F-16R	85.0		No
6415 Hi-Clear 4WD	$47676	$34330	$36230	$41480	$43390	JD	4T	276D	12F-4R	85.0		No
6415 Hi-Clear 4WD	$51288	$36930	$38980	$44620	$46670	JD	4T	276D	16F-16R	85.0		No
6415 Hi-Clear 4WD Cab	$56262	$40510	$42760	$48950	$51200	JD	4T	276D	12F-4R	85.0		CHA

John Deere (Cont.)

Model	Approx. Retail Price New	Estimated Value Less Repairs Used Trade-In Avg.	High	Used Retail Avg.	High	Engine Make	No. Cyls.	Displ. Cu.-in.	No. Speeds	P.T.O. H.P.	Approx. Shipping Wt.-Lbs.	Cab
				2006 (Cont.)								
6415 Hi-Clear 4WD Cab	$59969	$43180	$45580	**$52170**	**$54570**	JD	4T	276D	16F-16R	85.0		CHA
6415 Hi-Clear Cab	$49668	$35760	$37750	**$43210**	**$45200**	JD	4T	276D	12F-4R	85.0		CHA
6415 Hi-Clear Cab	$53275	$38360	$40490	**$46350**	**$48480**	JD	4T	276D	16F-16R	85.0		CHA
6420	$44552	$32080	$33860	**$38760**	**$40540**	JD	4T	276D	12F-4R	90.0		No
6420	$48024	$34580	$36500	**$41780**	**$43700**	JD	4T	276D	16F-16R	90.0		No
6420 4WD	$51096	$36790	$38830	**$44450**	**$46500**	JD	4T	276D	12F-4R	90.0		No
6420 4WD	$54368	$39150	$41320	**$47300**	**$49480**	JD	4T	276D	16F-16R	90.0		No
6420 4WD w/Cab	$61040	$43950	$46390	**$53110**	**$55550**	JD	4T	276D	12F-4R	90.0		CHA
6420 4WD w/Cab	$64589	$46500	$49090	**$56190**	**$58780**	JD	4T	276D	16F-16R	90.0		CHA
6420 Hi-Clear	$47621	$34290	$36190	**$40950**	**$42380**	JD	4T	276D	12F-4R	90.0		No
6420 Hi-Clear	$51228	$36880	$38930	**$44060**	**$45590**	JD	4T	276D	16F-16R	90.0		No
6420 Hi-Clear 4WD	$54815	$39470	$41660	**$47140**	**$48790**	JD	4T	276D	12F-4R	90.0		No
6420 Hi-Clear 4WD	$58422	$42060	$44400	**$50240**	**$52000**	JD	4T	276D	16F-16R	90.0		No
6420 Hi-Clear 4WD Cab	$64717	$46600	$49190	**$55660**	**$57600**	JD	4T	276D	12F-4R	90.0		CHA
6420 Hi-Clear 4WD Cab	$68518	$49330	$52070	**$58930**	**$60980**	JD	4T	276D	16F-16R	90.0		CHA
6420 Hi-Clear IVT 4WD Cab	$73427	$52870	$55810	**$63150**	**$65350**	JD	4T	276D	Variable	90.0		CHA
6420 Hi-Clear w/Cab	$57523	$41420	$43720	**$49470**	**$51200**	JD	4T	276D	12F-4R	90.0		CHA
6420 Hi-Clear w/Cab	$61324	$44150	$46610	**$52740**	**$54580**	JD	4T	276D	16F-16R	90.0		CHA
6420 IVT 4WD w/Cab	$71286	$51330	$54180	**$62020**	**$64870**	JD	4T	276D	Variable	90.0		CHA
6420 w/Cab	$54652	$39350	$41540	**$47550**	**$49730**	JD	4T	276D	12F-4R	90.0		CHA
6420 w/Cab	$58200	$41900	$44230	**$50630**	**$52960**	JD	4T	276D	16F-16R	90.0		CHA
6420L	$45194	$32540	$34350	**$39320**	**$41130**	JD	4T	276D	12F-4R	90.0		No
6420L	$48466	$34900	$36830	**$42170**	**$44100**	JD	4T	276D	16F-16R	90.0		No
6420L 4WD	$52895	$38080	$40200	**$46020**	**$48130**	JD	4T	276D	12F-4R	90.0		No
6420L 4WD	$56167	$40440	$42690	**$48870**	**$51110**	JD	4T	276D	16F-16R	90.0		No
6420L 4WD w/Cab	$71593	$51550	$54410	**$62290**	**$65150**	JD	4T	276D	12F-4R	90.0		CHA
6420L 4WD w/Cab	$75141	$54100	$57110	**$65370**	**$68380**	JD	4T	276D	16F-16R	90.0		CHA
6420L w/Cab	$64257	$46270	$48840	**$55900**	**$58470**	JD	4T	276D	12F-4R	90.0		CHA
6420L w/Cab	$67805	$48820	$51530	**$58990**	**$61700**	JD	4T	276D	16F-16R	90.0		CHA
6520L	$51181	$36850	$38900	**$44530**	**$46580**	JD	4T	276D	16F-16R	95.0		No
6520L 4WD	$52322	$37670	$39770	**$45520**	**$47610**	JD	4T	276D	12F-4R	95.0		No
6520L 4WD	$55594	$40030	$42250	**$48370**	**$50590**	JD	4T	276D	16F-16R	95.0		No
6520L 4WD w/Cab	$73785	$53130	$56080	**$64190**	**$67140**	JD	4T	276D	12F-4R	95.0		CHA
6520L 4WD w/Cab	$77333	$55680	$58770	**$67280**	**$70370**	JD	4T	276D	16F-16R	95.0		CHA
6520L w/Cab	$66449	$47840	$50500	**$57810**	**$60470**	JD	4T	276D	12F-4R	95.0		CHA
6520L w/Cab	$69997	$50400	$53200	**$60900**	**$63700**	JD	4T	276D	16F-16R	95.0		CHA
6603	$37322	$26870	$28370	**$32100**	**$33220**	JD	6T	414D	9F-3R	95.0		No
6603 4WD	$44398	$31970	$33740	**$38180**	**$39510**	JD	6T	414D	9F-3R	95.0		No
6603 4WD Cab	$52298	$37660	$39750	**$44980**	**$46550**	JD	6T	414D	9F-3R	95.0		CHA
6603 Cab	$45222	$32560	$34370	**$38890**	**$40250**	JD	6T	414D	9F-3R	95.0		CHA
6615	$43073	$31010	$32740	**$37040**	**$38340**	JD	6T	414D	12F-4R	95.0		No
6615	$46345	$33370	$35220	**$39860**	**$41250**	JD	6T	414D	16F-16R	95.0		No
6615 4WD	$49640	$35740	$37730	**$42690**	**$44180**	JD	6T	414D	12F-4R	95.0		No
6615 4WD	$52912	$38100	$40210	**$45500**	**$47090**	JD	6T	414D	16F-16R	95.0		No
6615 4WD w/Cab	$59563	$42890	$45270	**$51220**	**$53010**	JD	6T	414D	12F-4R	95.0		CHA
6615 4WD w/Cab	$63555	$45760	$48300	**$54660**	**$56560**	JD	6T	414D	16F-16R	95.0		CHA
6615 Hi-Clear 4WD	$57390	$41320	$43620	**$49360**	**$51080**	JD	6T	414D	12F-4R	95.0		No
6615 Hi-Clear 4WD	$60997	$43920	$46360	**$52460**	**$54290**	JD	6T	414D	16F-16R	95.0		No
6615 Hi-Clear 4WD Cab	$65281	$47000	$49610	**$56140**	**$58100**	JD	6T	414D	12F-4R	95.0		CHA
6615 Hi-Clear 4WD Cab	$68888	$49600	$52360	**$59240**	**$61310**	JD	6T	414D	16F-16R	95.0		CHA
6615 w/Cab	$52996	$38160	$40280	**$45580**	**$47170**	JD	6T	414D	12F-4R	95.0		CHA
6615 w/Cab	$56268	$40510	$42760	**$48390**	**$50080**	JD	6T	414D	16F-16R	95.0		CHA
6715	$47413	$34140	$36030	**$40780**	**$42200**	JD	6T	414D	12F-4R	105.0		No
6715	$50685	$36490	$38520	**$43590**	**$45110**	JD	6T	414D	16F-16R	105.0		No
6715 4WD	$54938	$39560	$41750	**$47250**	**$48900**	JD	6T	414D	12F-4R	105.0		No
6715 4WD	$58210	$41910	$44240	**$50060**	**$51810**	JD	6T	414D	16F-16R	105.0		No
6715 4WD w/Cab	$65497	$47160	$49780	**$56330**	**$58290**	JD	6T	414D	12F-4R	105.0		CHA
6715 4WD w/Cab	$67811	$48820	$51540	**$58320**	**$60350**	JD	6T	414D	16F-16R	105.0		CHA
6715 Hi-Clear	$61730	$44450	$46920	**$53090**	**$54940**	JD	6T	414D	12F-4R	105.0		No
6715 Hi-Clear	$65337	$47040	$49660	**$56190**	**$58150**	JD	6T	414D	16F-16R	105.0		No
6715 Hi-Clear w/Cab	$69537	$50070	$52850	**$59800**	**$61890**	JD	6T	414D	12F-4R	105.0		CHA
6715 Hi-Clear w/Cab	$73144	$52660	$55590	**$62900**	**$65100**	JD	6T	414D	16F-16R	105.0		CHA
6715 w/Cab	$58210	$41910	$44240	**$50060**	**$51810**	JD	6T	414D	12F-4R	105.0		CHA
6715 w/Cab	$61482	$44270	$46730	**$52880**	**$54720**	JD	6T	414D	16F-16R	105.0		CHA
7220	$55092	$39670	$41870	**$47930**	**$50130**	JD	6T	414D	16F-16R	95.0		No
7220	$56579	$40740	$43000	**$49220**	**$51490**	JD	6T	414D	24F-24R	95.0		No
7220 4WD	$64084	$46140	$48700	**$55750**	**$58320**	JD	6T	414D	16F-16R	95.0		No
7220 4WD	$65571	$47210	$49830	**$57050**	**$59670**	JD	6T	414D	24F-24R	95.0		No
7220 4WD w/Cab	$75569	$54410	$57430	**$65750**	**$68770**	JD	6T	414D	16F-16R	95.0		CHA
7220 4WD w/Cab	$77129	$55530	$58620	**$67100**	**$70190**	JD	6T	414D	24F-24R	95.0		CHA
7220 4WD w/Cab IVT	$83739	$60290	$63640	**$72850**	**$76200**	JD	6T	414D	Variable	95.0		CHA
7220 w/Cab	$65376	$47070	$49690	**$56880**	**$59490**	JD	6T	414D	24F-24R	95.0		CHA
7220 w/Cab	$66577	$47940	$50600	**$57920**	**$60590**	JD	6T	414D	16F-16R	95.0		CHA
7320	$59787	$43050	$45440	**$51420**	**$53210**	JD	6T	414D	16F-16R	105.0		No
7320	$61274	$44120	$46570	**$52700**	**$54530**	JD	6T	414D	24F-24R	105.0		No
7320 4WD	$68779	$49520	$52270	**$59840**	**$62590**	JD	6T	414D	16F-16R	105.0		No
7320 4WD	$70266	$50590	$53400	**$61130**	**$63940**	JD	6T	414D	24F-24R	105.0		No
7320 4WD Cab	$81499	$58680	$61940	**$70090**	**$72530**	JD	6T	414D	16F-16R	105.0		CHA
7320 4WD Cab	$83059	$59800	$63130	**$71430**	**$73920**	JD	6T	414D	24F-24R	105.0		CHA
7320 4WD Cab IVT	$88669	$63840	$67390	**$76260**	**$78920**	JD	6T	414D	Variable	105.0		CHA
7320 Cab	$71306	$51340	$54190	**$61320**	**$63460**	JD	6T	414D	24F-24R	105.0		CHA
7320 Cab	$72507	$52210	$55110	**$62360**	**$64530**	JD	6T	414D	16F-16R	105.0		CHA
7420 4WD Cab	$88086	$63420	$66950	**$76640**	**$80160**	JD	6T	414D	16F-16R	115.0		CHA
7420 4WD Cab	$89975	$64780	$68380	**$78280**	**$81880**	JD	6T	414D	20F-20R	115.0		CHA

Model	Approx. Retail Price New	Estimated Value Less Repairs Used Trade-In Avg.	Used Trade-In High	Used Retail Avg.	Used Retail High	Engine Make	Engine No. Cyls.	Engine Displ. Cu.-in.	No. Speeds	P.T.O. H.P.	Approx. Shipping Wt.-Lbs.	Cab

John Deere (Cont.)

2006 (Cont.)

Model	Approx. Retail Price New	Used Trade-In Avg.	Used Trade-In High	Used Retail Avg.	Used Retail High	Make	No. Cyls.	Displ. Cu.-in.	No. Speeds	P.T.O. H.P.	Approx. Shipping Wt.-Lbs.	Cab
7420 4WD Cab IVT	$95585	$68820	$72650	**$83160**	**$86980**	JD	6T	414D	Variable	115.0		CHA
7420 Cab	$75945	$54680	$57720	**$66070**	**$69110**	JD	6T	414D	16F-16R	115.0		CHA
7420 Cab	$77432	$55750	$58850	**$67370**	**$70460**	JD	6T	414D	20F-20R	115.0		CHA
7420HC 4WD w/Cab	$101281	$72920	$76970	**$87100**	**$90140**	JD	6T	414D	16F-16R	115.0		CHA
7520 4WD	$82510	$59410	$62710	**$70960**	**$73430**	JD	6T	414D	16F-16R	125.0		No
7520 4WD	$83997	$60480	$63840	**$72240**	**$74760**	JD	6T	414D	20F-20R	125.0		No
7520 4WD Cab	$95080	$68460	$72260	**$82720**	**$86520**	JD	6T	414D	16F-16R	125.0		CHA
7520 4WD Cab	$97019	$69850	$73730	**$84410**	**$88290**	JD	6T	414D	20F-20R	125.0		CHA
7520 4WD Cab IVT	$102629	$73890	$78000	**$89290**	**$93390**	JD	6T	414D	Variable	125.0		CHA
7720 4WD Cab	$112981	$81350	$85870	**$98290**	**$102810**	JD	6TI	414D	20F-20R	140.0		CHA
7720 Cab	$96050	$69160	$73000	**$83560**	**$87410**	JD	6TI	414D	16F-16R	140.0		CHA
7720 Cab	$96300	$69340	$73190	**$83780**	**$87630**	JD	6TI	414D	20F-20R	140.0		CHA
7720 IVT 4WD Cab	$117090	$84310	$88990	**$101870**	**$106550**	JD	6TI	414D	Variable	140.0		CHA
7720 4WD Cab	$108287	$77970	$82300	**$94210**	**$98540**	JD	6TI	414D	16F-16R	140.0		CHA
7820 Cab	$99556	$71680	$75660	**$86610**	**$90600**	JD	6TI	496D	16F-16R	155.0		CHA
7820 Cab	$103354	$74420	$78550	**$89920**	**$94050**	JD	6TI	496D	20F-20R	155.0		CHA
7820 4WD Cab	$115647	$83270	$87890	**$100610**	**$105240**	JD	6TI	496D	16F-16R	155.0		CHA
7820 4WD Cab	$117240	$84410	$89100	**$102000**	**$106690**	JD	6TI	496D	20F-20R	155.0		CHA
7820 4WD Cab IVT	$124331	$89520	$94490	**$108170**	**$113140**	JD	6TI	496D	Variable	155.0		CHA
7920 4WD Cab IVT	$132406	$95330	$100630	**$113870**	**$117840**	JD	6TI	496D	Variable	170.0		CHA
8130 4WD	$139860	$97900	$103500	**$118880**	**$123080**	JD	6TI	496D	16F-4R	180.0		CHA
8130 4WD IVT	$151813	$106270	$112340	**$129040**	**$133600**	JD	6TI	496D	Variable	180.0		CHA
8230 4WD	$149838	$104890	$110880	**$127360**	**$131860**	JD	6TA	496D	16F-4R	200.0		CHA
8230 4WD IVT	$161900	$113330	$119810	**$137620**	**$142470**	JD	6TA	496D	Variable	200.0		CHA
8230T	$171791	$120250	$127130	**$146020**	**$151180**	JD	6TA	496D	16F-4R	200.0		CHA
8330 4WD	$165447	$115810	$122430	**$140630**	**$145590**	JD	6TA	496D	16F-4R	225.0		CHA
8330 4WD IVT	$174947	$122460	$129460	**$148710**	**$153950**	JD	6TA	496D	Variable	225.0		CHA
8330T	$183050	$128140	$135460	**$155590**	**$161080**	JD	6TA	496D	16F-4R	235.0		CHA
8430 4WD	$195923	$137150	$144980	**$166540**	**$172410**	JD	6TA	496D	16F-4R	255.0		CHA
8430 4WD IVT	$225423	$157800	$166810	**$191610**	**$198370**	JD	6TA	496D	Variable	255.0		CHA
8430T	$194917	$136440	$144240	**$165680**	**$171530**	JD	6TA	496D	16F-4R	255.0		CHA
8530 4WD IVT	$219310	$153520	$162290	**$186410**	**$192990**	JD	6TA	496D	Variable	275.0		CHA
9120	$152564	$106800	$112900	**$129680**	**$134260**	JD	6TA	496D	24F-6R	280*		CHA
9120 PS	$161980	$113390	$119870	**$137680**	**$142540**	JD	6TA	496D	18F-6R	280*		CHA
9220	$178980	$125290	$132450	**$152130**	**$157500**	JD	6TA	765D	24F-6R	325*		CHA
9220 PS	$188266	$131790	$139320	**$160030**	**$165670**	JD	6TA	765D	18F-6R	325*		CHA
9320	$203160	$142210	$150340	**$170650**	**$176750**	JD	6TA	765D	24F-6R	375*		CHA
9320 PS	$212576	$148800	$157310	**$178560**	**$184940**	JD	6TA	765D	18F-6R	375*		CHA
9320T	$246225	$172360	$182210	**$206830**	**$214220**	JD	6TA	765D	24F-6R	375*		CHA
9420	$218029	$152620	$161340	**$183140**	**$189690**	JD	6TA	765D	24F-6R	425*		CHA
9420 PS	$227445	$159210	$168310	**$191050**	**$197880**	JD	6TA	765D	18F-6R	425*		CHA
9420T PS	$257908	$180540	$190850	**$216640**	**$224380**	JD	6TA	765D	18F-6R	425*		CHA
9520 PS	$242764	$169940	$179650	**$203920**	**$211210**	JD	6TA	765D	18F-6R	450*		CHA
9520T PS	$262643	$183850	$194360	**$220620**	**$228500**	JD	6TA	765D	18F-6R	450*		CHA
9620 PS	$256504	$179550	$189810	**$215460**	**$223160**	JD	6TA	765D	18F-6R	500*		CHA
9620T PS	$286684	$200680	$212150	**$240820**	**$249420**	JD	6TA	765D	18F-6R	500*		CHA

L—Low Profile N—Narrow PS—Power Shift IVT—Infinitely Variable Transmission T—Tracks
***Engine Horsepower**

2005

Model	Approx. Retail Price New	Used Trade-In Avg.	Used Trade-In High	Used Retail Avg.	Used Retail High	Make	No. Cyls.	Displ. Cu.-in.	No. Speeds	P.T.O. H.P.	Approx. Shipping Wt.-Lbs.	Cab
790	$9979	$5990	$6460	**$7600**	**$8080**	Yanmar	3	91D	8F-2R	25.0	1930	No
790 Power Steering	$10649	$6170	$6660	**$7840**	**$8330**	Yanmar	3	91D	8F-2R	25.0	1967	No
790 4WD	$12448	$7560	$8160	**$9600**	**$10200**	Yanmar	3	91D	8F-2R	25.0	2142	No
990	$14079	$8630	$9320	**$10960**	**$11650**	Yanmar	4	121D	9F-3R	35.0	2954	No
990 4WD	$16879	$10550	$11390	**$13400**	**$14240**	Yanmar	4	121D	9F-3R	35.0	3220	No
2210 4WD	$11216	$7070	$7630	**$8970**	**$9530**	Yanmar	3	61D	Variable	17.7	1400	No
3120	$20120	$11970	$12920	**$15200**	**$16150**	Yanmar	3	91D	Variable	22.0		No
3320	$21124	$12920	$13940	**$16400**	**$17430**	Yanmar	3	100D	Variable	25.5		No
3520	$23164	$14180	$15300	**$18000**	**$19130**	Yanmar	3T	91D	Variable	30.5		No
3720	$24788	$15620	$16860	**$19830**	**$21070**	Yanmar	3T	91D	Variable	35.0		No
4010 4WD	$12476	$7860	$8480	**$9980**	**$10610**	Yanmar	3	47D	Variable	14.0	1420	No
4110 4WD	$13542	$8530	$9210	**$10830**	**$11510**	Yanmar	3	61D	8F-4R	17.0	1517	No
4110 4WD Hydro	$15242	$9600	$10370	**$12190**	**$12960**	Yanmar	3	61D	Variable	17.0	1617	No
4115 4WD Hydro	$17691	$11150	$12030	**$14150**	**$15040**	Yanmar	3	73D	Variable	20.0	1671	No
4120 4WD	$23899	$15060	$16250	**$19120**	**$20310**	JD	4T	148D	12F-12R	35.5	3700	No
4120 4WD Hydro	$25279	$15930	$17190	**$20220**	**$21490**	JD	4T	148D	Variable	35.0	3700	No
4210 4WD	$16846	$10610	$11460	**$13480**	**$14320**	Yanmar	3	81D	9F-3R	22.0	2675	No
4210 4WD Hydro	$19461	$12260	$13230	**$15570**	**$16540**	Yanmar	3	81D	Variable	22.0	2675	No
4310 4WD	$17383	$10950	$11820	**$13910**	**$14780**	Yanmar	3	91D	9F-3R	27.0	2725	No
4310 4WD	$18992	$11970	$12920	**$15190**	**$16140**	Yanmar	3	91D	12F-12R	27.0	2725	No
4310 4WD Hydro	$20640	$13000	$14040	**$16510**	**$17540**	Yanmar	3	91D	Variable	25.0	2725	No
4320 4WD	$26179	$15750	$17000	**$20000**	**$21250**	JD	4T	149D	12F-12R	40.5	3700	No
4320 4WD Hydro	$27179	$16380	$17680	**$20800**	**$22100**	JD	4T	149D	Variable	40.0	3700	No
4410 4WD	$20689	$13030	$14070	**$16550**	**$17590**	Yanmar	3	100D	12F-12R	29.0	2830	No
4410 4WD Hydro	$22497	$14170	$15300	**$18000**	**$19120**	Yanmar	3	100D	Variable	28.0	2830	No
4520 4WD	$27979	$16950	$18290	**$21520**	**$22870**	JD	4T	149D	12F-12R	45.5	3700	No
4520 4WD Hydro	$28979	$17580	$18970	**$22320**	**$23720**	JD	4T	149D	Variable	45.0	3700	No
4720 4WD Hydro	$31049	$18460	$19920	**$23440**	**$24910**	JD	4T	149D	Variable	50.0	3700	No
5103	$14985	$9440	$10190	**$11990**	**$12740**	JD	3	179D	9F-3R	42.0		No
5105	$19735	$11970	$12920	**$15200**	**$16150**	JD	3	179D	8F-4R	44.0		No
5105 4WD	$24509	$15120	$16320	**$19200**	**$20400**	JD	3	179D	8F-4R	44.0		No
5203	$16743	$10550	$11390	**$13390**	**$14230**	JD	3	179D	9F-3R	47.0		No
5205	$21296	$12920	$13940	**$16400**	**$17430**	JD	3	179D	8F-4R	50.0		No
5205 4WD	$26070	$16070	$17340	**$20400**	**$21680**	JD	3	179D	8F-4R	50.0		No

Model	Approx. Retail Price New	Estimated Value Less Repairs Used Trade-In Avg.	High	Used Retail Avg.	High	Engine Make	No. Cyls.	Displ. Cu.-in.	No. Speeds	P.T.O. H.P.	Approx. Shipping Wt.-Lbs.	Cab
John Deere (Cont.)												
				2005 (Cont.)								
5225	$24085	$14990	$16180	**$19040**	**$20230**	JD	3	179D	9F-3R	45.0		No
5225	$26717	$16190	$17480	**$20560**	**$21850**	JD	3	179D	12F-12R	45.0		No
5225 w/Cab	$32325	$20370	$21980	**$25860**	**$27480**	JD	3	179D	9F-3R	45.0		CHA
5225 w/Cab	$34957	$22020	$23770	**$27970**	**$29710**	JD	3	179D	12F-12R	45.0		CHA
5225 4WD	$29521	$18600	$20070	**$23620**	**$25090**	JD	3	179D	9F-3R	45.0		No
5225 4WD	$32153	$20260	$21860	**$25720**	**$27330**	JD	3	179D	12F-12R	45.0		No
5225 4WD w/Cab	$37761	$23790	$25680	**$30210**	**$32100**	JD	3	179D	9F-3R	45.0		CHA
5225 4WD w/Cab	$40393	$25450	$27470	**$32310**	**$34330**	JD	3	179D	12F-12R	45.0		CHA
5303	$18291	$11520	$12440	**$14630**	**$15550**	JD	3	179D	9F-3R	55.0		No
5325	$27409	$17010	$18360	**$21600**	**$22950**	JD	3T	179D	9F-3R	55.0		No
5325	$30041	$18930	$20430	**$24030**	**$25540**	JD	3T	179D	12F-12R	55.0		No
5325 w/Cab	$35127	$22130	$23890	**$28100**	**$29860**	JD	3T	179D	9F-3R	55.0		CHA
5325 w/Cab	$37759	$23790	$25680	**$30210**	**$32100**	JD	3T	179D	12F-12R	55.0		CHA
5325 4WD	$32948	$20760	$22410	**$26360**	**$28010**	JD	3T	179D	9F-3R	55.0		No
5325 4WD	$35580	$22420	$24190	**$28460**	**$30240**	JD	3T	179D	12F-12R	55.0		No
5325 4WD w/Cab	$40666	$25620	$27650	**$32530**	**$34570**	JD	3T	179D	9F-3R	55.0		CHA
5325 4WD w/Cab	$43298	$27280	$29440	**$34640**	**$36800**	JD	3T	179D	12F-12R	55.0		CHA
5425	$30589	$18900	$20400	**$24000**	**$25500**	JD	4	276D	9F-3R	65.0		No
5425	$33221	$20930	$22590	**$26580**	**$28240**	JD	4	276D	12F-12R	65.0		No
5425 w/Cab	$38307	$24130	$26050	**$30650**	**$32560**	JD	4	276D	9F-3R	65.0		CHA
5425 w/Cab	$40939	$25790	$27840	**$32750**	**$34800**	JD	4	276D	12F-12R	65.0		CHA
5425 4WD	$36249	$22680	$24480	**$28800**	**$30600**	JD	4	276D	9F-3R	65.0		No
5425 4WD	$38881	$24500	$26440	**$31110**	**$33050**	JD	4	276D	12F-12R	65.0		No
5425 4WD w/Cab	$43967	$27700	$29900	**$35170**	**$37370**	JD	4	276D	9F-3R	65.0		CHA
5425 4WD w/Cab	$46599	$29360	$31690	**$37280**	**$39610**	JD	4	276D	12F-12R	65.0		CHA
5525	$33833	$20790	$22440	**$26400**	**$28050**	JD	4T	276D	9F-3R	75.0		No
5525	$36108	$22750	$24550	**$28890**	**$30690**	JD	4T	276D	12F-12R	75.0		No
5525 w/Cab	$41194	$25950	$28010	**$32960**	**$35020**	JD	4T	276D	9F-3R	75.0		CHA
5525 w/Cab	$43826	$27610	$29800	**$35060**	**$37250**	JD	4T	276D	12F-12R	75.0		CHA
5525 4WD	$39497	$24570	$26520	**$31200**	**$33150**	JD	4T	276D	9F-3R	75.0		No
5525 4WD	$41768	$26310	$28400	**$33410**	**$35500**	JD	4T	276D	12F-12R	75.0		No
5525 4WD w/Cab	$46854	$29520	$31860	**$37480**	**$39830**	JD	4T	276D	9F-3R	75.0		CHA
5525 4WD w/Cab	$49486	$31180	$33650	**$39590**	**$42060**	JD	4T	276D	12F-12R	75.0		CHA
6120	$35222	$22190	$23950	**$28180**	**$29940**	JD	4T	276D	12F-4R	65.0		No
6120	$38430	$24210	$26130	**$30740**	**$32670**	JD	4T	276D	16F-16R	65.0		No
6120 w/Cab	$44541	$28060	$30290	**$35630**	**$37860**	JD	4T	276D	12F-4R	65.0		CHA
6120 w/Cab	$48019	$30250	$32650	**$38420**	**$40820**	JD	4T	276D	16F-16R	65.0		CHA
6120 4WD	$43107	$27160	$29310	**$34490**	**$36640**	JD	4T	276D	12F-4R	65.0		No
6120 4WD	$46315	$29180	$31490	**$37050**	**$39370**	JD	4T	276D	16F-16R	65.0		No
6120 4WD w/Cab	$52426	$33030	$35650	**$41940**	**$44560**	JD	4T	276D	12F-4R	65.0		CHA
6120 4WD w/Cab	$55904	$35220	$38020	**$44720**	**$47520**	JD	4T	276D	16F-16R	65.0		CHA
6120L	$35556	$22400	$24180	**$28450**	**$30220**	JD	4T	276D	12F-4R	65.0		No
6120L	$38764	$24420	$26360	**$31010**	**$32950**	JD	4T	276D	16F-16R	65.0		No
6120L 4WD	$43441	$27370	$29540	**$34750**	**$36930**	JD	4T	276D	12F-4R	65.0		No
6120L 4WD	$46649	$29390	$31720	**$37320**	**$39650**	JD	4T	276D	16F-16R	65.0		No
6215	$33430	$20730	$22730	**$26410**	**$28080**	JD	4T	276D	12F-4R	72.0		No
6215	$36638	$22720	$24910	**$28940**	**$30780**	JD	4T	276D	16F-16R	72.0		No
6215 4WD	$41456	$25700	$28190	**$32750**	**$34820**	JD	4T	276D	12F-4R	72.0		No
6215 4WD	$44664	$27690	$30370	**$35290**	**$37520**	JD	4T	276D	16F-16R	72.0		No
6215 4WD w/Cab	$50231	$31140	$34160	**$39680**	**$42190**	JD	4T	276D	12F-4R	72.0		CHA
6215 4WD w/Cab	$53439	$33130	$36340	**$42220**	**$44890**	JD	4T	276D	16F-16R	72.0		CHA
6215 w/Cab	$42205	$26170	$28700	**$33340**	**$35450**	JD	4T	276D	12F-4R	72.0		CHA
6215 w/Cab	$45413	$28160	$30880	**$35880**	**$38150**	JD	4T	276D	16F-16R	72.0		CHA
6220	$37467	$23600	$25480	**$29970**	**$31850**	JD	4T	276D	12F-4R	72.0		No
6220	$40675	$25630	$27660	**$32540**	**$34570**	JD	4T	276D	16F-16R	72.0		No
6220 4WD	$45352	$28570	$30840	**$36280**	**$38550**	JD	4T	276D	12F-4R	72.0		No
6220 4WD	$48560	$30590	$33020	**$38850**	**$41280**	JD	4T	276D	16F-16R	72.0		No
6220 4WD w/Cab	$54856	$34560	$37300	**$43890**	**$46630**	JD	4T	276D	12F-4R	72.0		CHA
6220 4WD w/Cab	$58334	$36750	$39670	**$46670**	**$49580**	JD	4T	276D	16F-16R	72.0		CHA
6220 Hi-Clear	$40694	$25640	$27670	**$32560**	**$34590**	JD	4T	276D	12F-4R	72.0		No
6220 Hi-Clear	$44230	$27870	$30080	**$35380**	**$37600**	JD	4T	276D	16F-16R	72.0		No
6220 Hi-Clear 4WD	$48579	$30610	$33030	**$38860**	**$41290**	JD	4T	276D	12F-4R	72.0		No
6220 Hi-Clear 4WD	$52115	$32830	$35440	**$41690**	**$44300**	JD	4T	276D	16F-16R	72.0		No
6220 Hi-Clear 4WD Cab	$58033	$35980	$39460	**$45850**	**$48750**	JD	4T	276D	12F-4R	72.0		CHA
6220 Hi-Clear 4WD Cab	$61759	$38290	$42000	**$48790**	**$51880**	JD	4T	276D	16F-16R	72.0		CHA
6220 Hi-Clear Cab	$50148	$31090	$34100	**$39620**	**$42120**	JD	4T	276D	12F-4R	72.0		CHA
6220 Hi-Clear Cab	$53874	$33400	$36630	**$42560**	**$45250**	JD	4T	276D	16F-16R	72.0		CHA
6220 w/Cab	$46971	$29590	$31940	**$37580**	**$39930**	JD	4T	276D	12F-4R	72.0		CHA
6220 w/Cab	$50449	$31780	$34310	**$40360**	**$42880**	JD	4T	276D	16F-16R	72.0		CHA
6220L	$37815	$23820	$25710	**$30250**	**$32140**	JD	4T	276D	12F-4R	72.0		No
6220L	$40576	$25560	$27590	**$32460**	**$34490**	JD	4T	276D	16F-16R	72.0		No
6220L 4WD	$45700	$28790	$31080	**$36560**	**$38850**	JD	4T	276D	12F-4R	72.0		No
6220L 4WD	$48461	$30530	$32950	**$38770**	**$41190**	JD	4T	276D	16F-16R	72.0		No
6320	$40451	$25480	$27510	**$32360**	**$34380**	JD	4T	276D	12F-4R	80.0		No
6320	$43659	$27510	$29690	**$34930**	**$37110**	JD	4T	276D	16F-16R	80.0		No
6320 IVT w/Cab	$60437	$38080	$41100	**$48350**	**$51370**	JD	4T	276D	Variable	80.0		CHA
6320 w/Cab	$50558	$31850	$34380	**$40450**	**$42970**	JD	4T	276D	12F-4R	80.0		CHA
6320 w/Cab	$54036	$34040	$36740	**$43230**	**$45930**	JD	4T	276D	16F-16R	80.0		CHA
6320 4WD	$48665	$30660	$33090	**$38930**	**$41370**	JD	4T	276D	12F-4R	80.0		No
6320 4WD	$51873	$32680	$35270	**$41500**	**$44090**	JD	4T	276D	16F-16R	80.0		No
6320 4WD w/Cab	$58772	$37030	$39970	**$47020**	**$49960**	JD	4T	276D	12F-4R	80.0		CHA
6320 4WD w/Cab	$62250	$39220	$42330	**$49800**	**$52910**	JD	4T	276D	16F-16R	80.0		CHA
6320 IVT 4WD w/Cab	$68651	$43250	$46680	**$54920**	**$58350**	JD	4T	276D	Variable	80.0		CHA
6320L	$40028	$25220	$27220	**$32020**	**$34020**	JD	4T	276D	12F-4R	80.0		No

Model	Approx. Retail Price New	Estimated Value Less Repairs — Used Trade-In Avg.	High	Used Retail Avg.	High	Engine — Make	No. Cyls.	Displ. Cu.-in.	No. Speeds	P.T.O. H.P.	Approx. Shipping Wt.-Lbs.	Cab
John Deere (Cont.)												
				2005 (Cont.)								
6320L	$43236	$27240	$29400	**$34590**	**$36750**	JD	4T	276D	16F-16R	80.0		No
6320L 4WD	$48785	$30740	$33170	**$39030**	**$41470**	JD	4T	276D	12F-4R	80.0		No
6320L 4WD	$51593	$32500	$35080	**$41270**	**$43850**	JD	4T	276D	16F-16R	80.0		No
6320 Hi-Clear	$43081	$26710	$29300	**$34030**	**$36190**	JD	4T	276D	12F-4R	80.0		No
6320 Hi-Clear	$46617	$28900	$31700	**$36830**	**$39160**	JD	4T	276D	16F-16R	80.0		No
6320 Hi-Clear 4WD	$54831	$34000	$37290	**$43320**	**$46060**	JD	4T	276D	16F-16R	80.0		No
6320L w/Cab	$58417	$36800	$39720	**$46730**	**$49650**	JD	4T	276D	12F-4R	80.0		CHA
6320L w/Cab	$61895	$38990	$42090	**$49520**	**$52610**	JD	4T	276D	16F-16R	80.0		CHA
6320L 4WD w/Cab	$66631	$41980	$45310	**$53310**	**$56640**	JD	4T	276D	12F-4R	80.0		CHA
6320L 4WD w/Cab	$70109	$44170	$47670	**$56090**	**$59590**	JD	4T	276D	16F-16R	80.0		CHA
6320 Hi-Clear 4WD	$51295	$31800	$34880	**$40520**	**$43090**	JD	4T	276D	12F-4R	80.0		No
6320 Hi-Clear 4WD Cab	$61489	$38740	$41810	**$49190**	**$52270**	JD	4T	276D	12F-4R	80.0		CHA
6320 Hi-Clear Cab	$53275	$33560	$36230	**$42620**	**$45280**	JD	4T	276D	12F-4R	80.0		CHA
6320 IVT Hi-Clear 4WD Cab	$69863	$44010	$47510	**$55890**	**$59380**	JD	4T	276D	Variable	80.0		CHA
6320 IVT Hi-Clear Cab	$61649	$38840	$41920	**$49320**	**$52400**	JD	4T	276D	Variable	80.0		CHA
6320 Hi-Clear 4WD Cab	$65215	$41090	$44350	**$52170**	**$55430**	JD	4T	276D	16F-16R	80.0		CHA
6320 Hi-Clear Cab	$57000	$35910	$38760	**$45600**	**$48450**	JD	4T	276D	16F-16R	80.0		CHA
6403	$32293	$20350	$21960	**$25830**	**$27450**	JD	4T	276D	9F-3R	85.0		No
6403 4WD	$39730	$25030	$27020	**$31780**	**$33770**	JD	4T	276D	9F-3R	85.0		No
6403 4WD Cab	$48362	$30470	$32890	**$38690**	**$41110**	JD	4T	276D	9F-3R	85.0		CHA
6403 Cab	$40193	$25320	$27330	**$32150**	**$34160**	JD	4T	276D	9F-3R	85.0		CHA
6415	$37095	$23370	$25230	**$29680**	**$31530**	JD	4T	276D	12F-4R	85.0		No
6415	$40303	$25390	$27410	**$32240**	**$34260**	JD	4T	276D	16F-16R	85.0		No
6415 4WD	$45121	$28430	$30680	**$36100**	**$38350**	JD	4T	276D	12F-4R	85.0		No
6415 4WD	$48329	$30450	$32860	**$38660**	**$41080**	JD	4T	276D	16F-16R	85.0		No
6415 4WD w/Cab	$53897	$33960	$36650	**$43120**	**$45810**	JD	4T	276D	12F-4R	85.0		CHA
6415 4WD w/Cab	$57105	$35980	$38830	**$45680**	**$48540**	JD	4T	276D	16F-16R	85.0		CHA
6415 w/Cab	$45871	$28900	$31190	**$36700**	**$38990**	JD	4T	276D	12F-4R	85.0		CHA
6415 w/Cab	$49079	$30920	$33370	**$39260**	**$41720**	JD	4T	276D	16F-16R	85.0		CHA
6415 Hi-Clear	$39457	$24860	$26830	**$31570**	**$33540**	JD	4T	276D	12F-4R	85.0		No
6415 Hi-Clear	$42993	$27090	$29240	**$34390**	**$36540**	JD	4T	276D	16F-16R	85.0		No
6415 Hi-Clear 4WD	$47483	$29910	$32290	**$37990**	**$40360**	JD	4T	276D	12F-4R	85.0		No
6415 Hi-Clear 4WD	$51019	$32140	$34690	**$40820**	**$43370**	JD	4T	276D	16F-16R	85.0		No
6415 Hi-Clear 4WD Cab	$56362	$35510	$38330	**$45090**	**$47910**	JD	4T	276D	12F-4R	85.0		CHA
6415 Hi-Clear 4WD Cab	$59898	$37740	$40730	**$47920**	**$50910**	JD	4T	276D	16F-16R	85.0		CHA
6415 Hi-Clear Cab	$48336	$30450	$32870	**$38670**	**$41090**	JD	4T	276D	12F-4R	85.0		CHA
6415 Hi-Clear Cab	$51872	$32680	$35270	**$41500**	**$44090**	JD	4T	276D	16F-16R	85.0		CHA
6420	$43430	$27360	$29530	**$34740**	**$36920**	JD	4T	276D	12F-4R	90.0		No
6420	$46638	$29380	$31710	**$37310**	**$39640**	JD	4T	276D	16F-16R	90.0		No
6420 4WD	$51966	$32740	$35340	**$41570**	**$44170**	JD	4T	276D	12F-4R	90.0		No
6420 4WD	$55175	$34760	$37520	**$44140**	**$46900**	JD	4T	276D	16F-16R	90.0		No
6420 4WD w/Cab	$61449	$38710	$41790	**$49160**	**$52230**	JD	4T	276D	12F-4R	90.0		CHA
6420 4WD w/Cab	$66016	$41590	$44890	**$52810**	**$56110**	JD	4T	276D	16F-16R	90.0		CHA
6420 Hi-Clear	$46030	$28540	$31300	**$36360**	**$38670**	JD	4T	276D	12F-4R	90.0		No
6420 Hi-Clear	$49573	$30740	$33710	**$39160**	**$41640**	JD	4T	276D	16F-16R	90.0		No
6420 Hi-Clear 4WD	$54394	$33720	$36990	**$42970**	**$45690**	JD	4T	276D	12F-4R	90.0		No
6420 Hi-Clear 4WD	$57930	$35920	$39390	**$45770**	**$48660**	JD	4T	276D	16F-16R	90.0		No
6420 Hi-Clear 4WD Cab	$61449	$38100	$41790	**$48550**	**$51620**	JD	4T	276D	12F-4R	90.0		CHA
6420 Hi-Clear 4WD Cab	$65175	$40410	$44320	**$51490**	**$54750**	JD	4T	276D	16F-16R	90.0		CHA
6420 Hi-Clear IVT 4WD Cab	$69823	$43290	$47480	**$55160**	**$58650**	JD	4T	276D	Variable	90.0		CHA
6420 Hi-Clear w/Cab	$55554	$34440	$37780	**$43890**	**$46670**	JD	4T	276D	12F-4R	90.0		CHA
6420 Hi-Clear w/Cab	$59280	$36750	$40310	**$46830**	**$49800**	JD	4T	276D	16F-16R	90.0		CHA
6420 IVT 4WD w/Cab	$71328	$44940	$48500	**$57060**	**$60630**	JD	4T	276D	Variable	90.0		CHA
6420 IVT w/Cab	$62971	$39670	$42820	**$50380**	**$53530**	JD	4T	276D	Variable	90.0		CHA
6420 w/Cab	$53092	$33450	$36100	**$42470**	**$45130**	JD	4T	276D	12F-4R	90.0		CHA
6420 w/Cab	$56570	$35640	$38470	**$45260**	**$48090**	JD	4T	276D	16F-16R	90.0		CHA
6420L	$43384	$27330	$29500	**$34710**	**$36880**	JD	4T	276D	12F-4R	90.0		No
6420L	$46592	$29350	$31680	**$37270**	**$39600**	JD	4T	276D	16F-16R	90.0		No
6420L 4WD	$51741	$32600	$35180	**$41390**	**$43980**	JD	4T	276D	12F-4R	90.0		No
6420L 4WD	$54949	$34620	$37370	**$43960**	**$46710**	JD	4T	276D	16F-16R	90.0		No
6420L 4WD w/Cab	$70115	$44170	$47680	**$56090**	**$59600**	JD	4T	276D	12F-4R	90.0		CHA
6420L 4WD w/Cab	$73593	$46360	$50040	**$58870**	**$62550**	JD	4T	276D	16F-16R	90.0		CHA
6420L w/Cab	$61758	$38910	$42000	**$49410**	**$52490**	JD	4T	276D	12F-4R	90.0		CHA
6420L w/Cab	$65236	$41100	$44360	**$52190**	**$55450**	JD	4T	276D	16F-16R	90.0		CHA
6520L	$49147	$30960	$33420	**$39320**	**$41780**	JD	4T	276D	16F-16R	95.0		No
6520L 4WD	$57504	$36230	$39100	**$46000**	**$48880**	JD	4T	276D	16F-16R	95.0		No
6520L 4WD w/Cab	$72569	$45720	$49350	**$58060**	**$61680**	JD	4T	276D	12F-4R	95.0		CHA
6520L 4WD w/Cab	$76047	$47910	$51710	**$60840**	**$64640**	JD	4T	276D	16F-16R	95.0		CHA
6520L w/Cab	$63874	$40240	$43430	**$51100**	**$54290**	JD	4T	276D	12F-4R	95.0		CHA
6520L w/Cab	$67352	$42430	$45800	**$53880**	**$57250**	JD	4T	276D	16F-16R	95.0		CHA
6603	$37007	$22940	$25170	**$29240**	**$31090**	JD	6T	414D	9F-3R	95.0		No
6603 4WD	$45267	$28070	$30780	**$35760**	**$38020**	JD	6T	414D	9F-3R	95.0		No
6603 4WD Cab	$53167	$32960	$36150	**$42000**	**$44660**	JD	6T	414D	9F-3R	95.0		CHA
6603 Cab	$44907	$27840	$30540	**$35480**	**$37720**	JD	6T	414D	9F-3R	95.0		CHA
6615	$42018	$26050	$28570	**$33190**	**$35300**	JD	6T	414D	12F-4R	95.0		No
6615	$45226	$28040	$30750	**$35730**	**$37990**	JD	6T	414D	16F-16R	95.0		No
6615 4WD	$50375	$31230	$34260	**$39800**	**$42320**	JD	6T	414D	12F-4R	95.0		No
6615 4WD	$53583	$33220	$36440	**$42330**	**$45010**	JD	6T	414D	16F-16R	95.0		No
6615 4WD w/Cab	$59326	$36780	$40340	**$46870**	**$49830**	JD	6T	414D	12F-4R	95.0		CHA
6615 4WD w/Cab	$62534	$38770	$42520	**$49400**	**$52530**	JD	6T	414D	16F-16R	95.0		CHA
6615 Hi-Clear 4WD	$56809	$35220	$38630	**$44880**	**$47720**	JD	6T	414D	12F-4R	95.0		No
6615 Hi-Clear 4WD	$60345	$37410	$41040	**$47670**	**$50690**	JD	6T	414D	16F-16R	95.0		No
6615 Hi-Clear 4WD Cab	$65775	$40780	$44730	**$51960**	**$55250**	JD	6T	414D	12F-4R	95.0		CHA
6615 Hi-Clear 4WD Cab	$69311	$42970	$47130	**$54760**	**$58220**	JD	6T	414D	16F-16R	95.0		CHA

Model	Approx. Retail Price New	Estimated Value Less Repairs Used Trade-In Avg.	High	Used Retail Avg.	High	Engine Make	No. Cyls.	Displ. Cu.-in.	No. Speeds	P.T.O. H.P.	Approx. Shipping Wt.-Lbs.	Cab
John Deere (Cont.)												
			2005 (Cont.)									
6615 w/Cab	$50969	$31600	$34660	**$40270**	**$42810**	JD	6T	414D	12F-4R	95.0		CHA
6615 w/Cab	$54177	$33590	$36840	**$42800**	**$45510**	JD	6T	414D	16F-16R	95.0		CHA
6715	$47071	$29180	$32010	**$37190**	**$39540**	JD	6T	414D	12F-4R	105.0		No
6715	$50279	$31170	$34190	**$39720**	**$42230**	JD	6T	414D	16F-16R	105.0		No
6715 4WD	$55428	$34370	$37690	**$43790**	**$46560**	JD	6T	414D	12F-4R	105.0		No
6715 4WD	$58636	$36350	$39870	**$46320**	**$49250**	JD	6T	414D	16F-16R	105.0		No
6715 4WD w/Cab	$64380	$39920	$43780	**$50860**	**$54080**	JD	6T	414D	12F-4R	105.0		CHA
6715 4WD w/Cab	$67588	$41910	$45960	**$53400**	**$56770**	JD	6T	414D	16F-16R	105.0		CHA
6715 Hi-Clear	$61043	$37850	$41510	**$48220**	**$51280**	JD	6T	414D	12F-4R	105.0		No
6715 Hi-Clear	$64579	$40040	$43910	**$51020**	**$54250**	JD	6T	414D	16F-16R	105.0		No
6715 Hi-Clear w/Cab	$70010	$43410	$47610	**$55310**	**$58810**	JD	6T	414D	12F-4R	105.0		CHA
6715 Hi-Clear w/Cab	$73546	$45600	$50010	**$58100**	**$61780**	JD	6T	414D	16F-16R	105.0		CHA
6715 w/Cab	$56023	$34730	$38100	**$44260**	**$47060**	JD	6T	414D	12F-4R	105.0		CHA
6715 w/Cab	$59231	$36720	$40280	**$46790**	**$49750**	JD	6T	414D	16F-16R	105.0		CHA
7220	$55051	$34680	$37440	**$44040**	**$46790**	JD	6T	414D	16F-16R	95.0		No
7220	$56495	$35590	$38420	**$45200**	**$48020**	JD	6T	414D	24F-24R	95.0		No
7220 4WD	$63887	$40250	$43440	**$51110**	**$54300**	JD	6T	414D	16F-16R	95.0		No
7220 4WD	$65331	$41160	$44430	**$52270**	**$55530**	JD	6T	414D	24F-24R	95.0		No
7220 4WD w/Cab	$74094	$46680	$50380	**$59280**	**$62980**	JD	6T	414D	16F-16R	95.0		CHA
7220 4WD w/Cab	$75538	$47590	$51370	**$60430**	**$64210**	JD	6T	414D	24F-24R	95.0		CHA
7220 4WD w/Cab IVT	$80577	$50760	$54790	**$64460**	**$68490**	JD	6T	414D	Variable	95.0		CHA
7220 w/Cab	$65258	$41110	$44380	**$52210**	**$55470**	JD	6T	414D	16F-16R	95.0		CHA
7220 w/Cab	$66702	$42020	$45360	**$53360**	**$56700**	JD	6T	414D	24F-24R	95.0		CHA
7220 w/Cab IVT	$71740	$45200	$48780	**$57390**	**$60980**	JD	6T	414D	Variable	95.0		CHA
7320	$58295	$36140	$39640	**$46050**	**$48970**	JD	6T	414D	16F-16R	105.0		No
7320	$59739	$37040	$40620	**$47190**	**$50180**	JD	6T	414D	24F-24R	105.0		No
7320 4WD	$67131	$42290	$45650	**$53710**	**$57060**	JD	6T	414D	16F-16R	105.0		No
7320 4WD	$68575	$43200	$46630	**$54860**	**$58290**	JD	6T	414D	24F-24R	105.0		No
7320 4WD Cab	$78073	$48410	$53090	**$61680**	**$65580**	JD	6T	414D	16F-16R	105.0		CHA
7320 4WD Cab	$79517	$49300	$54070	**$62820**	**$66790**	JD	6T	414D	24F-24R	105.0		CHA
7320 4WD Cab IVT	$84556	$52430	$57500	**$66800**	**$71030**	JD	6T	414D	Variable	105.0		CHA
7320 Cab	$69237	$42930	$47080	**$54700**	**$58160**	JD	6T	414D	16F-16R	105.0		CHA
7320 Cab	$70681	$43820	$48060	**$55840**	**$59370**	JD	6T	414D	24F-24R	105.0		CHA
7320 Cab IVT	$75720	$46950	$51490	**$59820**	**$63610**	JD	6T	414D	Variable	105.0		CHA
7420 4WD Cab	$84021	$52930	$57130	**$67220**	**$71420**	JD	6T	414D	16F-16R	115.0		CHA
7420 4WD Cab	$85464	$53840	$58120	**$68370**	**$72640**	JD	6T	414D	24F-24R	115.0		CHA
7420 4WD Cab IVT	$90505	$57020	$61540	**$72400**	**$76930**	JD	6T	414D	Variable	115.0		CHA
7420 Cab	$74785	$47120	$50850	**$59830**	**$63570**	JD	6T	414D	16F-16R	115.0		CHA
7420 Cab	$76229	$48020	$51840	**$60980**	**$64800**	JD	6T	414D	24F-24R	115.0		CHA
7420 Cab IVT	$81268	$51200	$55260	**$65010**	**$69080**	JD	6T	414D	Variable	115.0		CHA
7420HC 4WD Cab	$97860	$60670	$66550	**$77310**	**$82200**	JD	6T	414D	16F-16R	115.0		CHA
7520 4WD	$80050	$49630	$54430	**$63240**	**$67240**	JD	6T	414D	16F-16R	125.0		No
7520 4WD	$81494	$50530	$55420	**$64380**	**$68460**	JD	6T	414D	20F-20R	125.0		No
7520 4WD Cab	$90335	$56910	$61430	**$72270**	**$76790**	JD	6T	414D	16F-16R	125.0		CHA
7520 4WD Cab	$91779	$57820	$62410	**$73420**	**$78010**	JD	6T	414D	20F-20R	125.0		CHA
7520 4WD Cab IVT	$96818	$61000	$65840	**$77450**	**$82300**	JD	6T	414D	Variable	125.0		CHA
7720 4WD Cab	$104543	$65860	$71090	**$83630**	**$88860**	JD	6TI	414D	20F-20R	140.0		CHA
7720 4WD Cab IVT	$114435	$72090	$77820	**$91550**	**$97270**	JD	6TI	414D	Variable	140.0		CHA
7720 Cab	$90206	$56830	$61340	**$72170**	**$76680**	JD	6TI	414D	16F-16R	140.0		CHA
7720 Cab	$91656	$57740	$62330	**$73330**	**$77910**	JD	6TI	414D	20F-20R	140.0		CHA
7720 Cab IVT	$98548	$62090	$67010	**$78840**	**$83770**	JD	6TI	414D	Variable	140.0		CHA
7720 4WD Cab	$103093	$64950	$70100	**$82470**	**$87630**	JD	6TI	414D	16F-16R	140.0		CHA
7820 Cab	$97019	$61120	$65970	**$77620**	**$82470**	JD	6TI	496D	16F-16R	155.0		CHA
7820 Cab	$98469	$62040	$66960	**$78780**	**$83700**	JD	6TI	496D	20F-20R	155.0		CHA
7820 Cab IVT	$105361	$66380	$71650	**$84290**	**$89560**	JD	6TI	496D	Variable	155.0		CHA
7820 4WD Cab	$109906	$69240	$74740	**$87930**	**$93420**	JD	6TI	496D	16F-16R	155.0		CHA
7820 4WD Cab	$111356	$70150	$75720	**$89090**	**$94650**	JD	6TI	496D	20F-20R	155.0		CHA
7820 4WD Cab IVT	$118248	$74500	$80410	**$94600**	**$100510**	JD	6TI	496D	Variable	155.0		CHA
7920 4WD Cab IVT	$131973	$81820	$89740	**$104260**	**$110860**	JD	6TI	496D	Variable	170.0		CHA
7920 Cab IVT	$123511	$76580	$83990	**$97570**	**$103750**	JD	6TI	496D	Variable	170.0		CHA
8120	$113141	$70150	$74670	**$88250**	**$92780**	JD	6TI	496D	16F-4R	170.0		CHA
8120 4WD	$127420	$79000	$84100	**$99390**	**$104480**	JD	6TI	496D	16F-4R	170.0		CHA
8120T	$145276	$90070	$95880	**$113320**	**$119130**	JD	6TA	496D	16F-4R	170.0		CHA
8220	$123803	$76760	$81710	**$96570**	**$101520**	JD	6TA	496D	16F-4R	190.0		CHA
8220 4WD	$139538	$86510	$92100	**$108840**	**$114420**	JD	6TA	496D	16F-4R	190.0		CHA
8220T	$156575	$97080	$103340	**$122130**	**$128390**	JD	6TA	496D	16F-4R	190.0		CHA
8320 4WD	$151259	$93780	$99830	**$117980**	**$124030**	JD	6TA	496D	16F-4R	215.0		CHA
8320T	$168233	$104300	$111030	**$131220**	**$137950**	JD	6TA	496D	16F-4R	215.0		CHA
8420 4WD	$165222	$102440	$109050	**$128870**	**$135480**	JD	6TA	496D	16F-4R	235.0		CHA
8420T	$177695	$110170	$117280	**$138600**	**$145710**	JD	6TA	496D	16F-4R	235.0		CHA
8520 4WD	$189586	$117540	$125130	**$147880**	**$155460**	JD	6TA	496D	16F-4R	255.0		CHA
8520T	$189147	$117270	$124840	**$147540**	**$155100**	JD	6TA	496D	16F-4R	255.0		CHA
9120	$153530	$95190	$101330	**$119750**	**$125900**	JD	6TA	496D	24F-6R	280*		CHA
9120 PS	$162628	$100830	$107330	**$126850**	**$133360**	JD	6TA	496D	18F-6R	280*		CHA
9220	$177704	$110180	$117290	**$138610**	**$145720**	JD	6TA	765D	24F-6R	325*		CHA
9220 PS	$186802	$115820	$123290	**$145710**	**$153180**	JD	6TA	765D	18F-6R	325*		CHA
9320	$198059	$116860	$126760	**$152510**	**$160430**	JD	6TA	765D	24F-6R	375*		CHA
9320 PS	$207157	$122220	$132580	**$159510**	**$167800**	JD	6TA	765D	18F-6R	375*		CHA
9320T	$236122	$139310	$151120	**$181810**	**$191260**	JD	6TA	765D	24F-6R	375*		CHA
9420	$214181	$126370	$137080	**$164920**	**$173490**	JD	6TA	765D	24F-6R	425*		CHA
9420 PS	$232279	$137050	$148660	**$178860**	**$188150**	JD	6TA	765D	18F-6R	425*		CHA
9420T PS	$248374	$146540	$158960	**$191250**	**$201180**	JD	6TA	765D	18F-6R	425*		CHA
9520 PS	$238082	$140470	$152370	**$183320**	**$192850**	JD	6TA	765D	18F-6R	450*		CHA
9520T PS	$252954	$149240	$161890	**$194780**	**$204890**	JD	6TA	765D	18F-6R	450*		CHA

Model	Approx. Retail Price New	Estimated Value Less Repairs Used Trade-In Avg.	Used Trade-In High	Used Retail Avg.	Used Retail High	Engine Make	Engine No. Cyls.	Engine Displ. Cu.-in.	No. Speeds	P.T.O. H.P.	Approx. Shipping Wt.-Lbs.	Cab

John Deere (Cont.)

2005 (Cont.)

Model	Approx. Retail Price New	Used Trade-In Avg.	Used Trade-In High	Used Retail Avg.	Used Retail High	Make	No. Cyls.	Displ. Cu.-in.	No. Speeds	P.T.O. H.P.	Approx. Shipping Wt.-Lbs.	Cab
9620 PS	$251503	$148390	$160960	**$193660**	**$203720**	JD	6TA	765D	18F-6R	500*		CHA
9620T PS	$276182	$162950	$176760	**$212660**	**$223710**	JD	6TA	765D	18F-6R	500*		CHA

L—Low Profile PS—Power Shift IVT—Infinitely Variable Transmission T—Tracks
*Engine Horsepower

2004

Model	Approx. Retail Price New	Used Trade-In Avg.	Used Trade-In High	Used Retail Avg.	Used Retail High	Make	No. Cyls.	Displ. Cu.-in.	No. Speeds	P.T.O. H.P.	Approx. Shipping Wt.-Lbs.	Cab
790	$9689	$5130	$5890	**$7130**	**$7600**	Yanmar	3	91D	8F-2R	25.0	1930	No
790 Power Steering	$10339	$5400	$6200	**$7500**	**$8000**	Yanmar	3	91D	8F-2R	25.0	1967	No
790 4WD	$11919	$6440	$7390	**$8940**	**$9540**	Yanmar	3	91D	8F-2R	25.0	2142	No
990	$13669	$7380	$8480	**$10250**	**$10940**	Yanmar	4	121D	9F-3R	35.0	2954	No
990 4WD	$16369	$8840	$10150	**$12280**	**$13100**	Yanmar	4	121D	9F-3R	35.0	3220	No
2210 4WD	$10399	$5620	$6450	**$7800**	**$8320**	Yanmar	3	61D	Variable	17.0	1400	No
4010 4WD	$11852	$6400	$7350	**$8890**	**$9480**	Yanmar	3	47D	Variable	14.0	1420	No
4110 4WD	$13152	$7100	$8150	**$9860**	**$10520**	Yanmar	3	61D	8F-4R	17.0	1517	No
4110 4WD Hydro	$14611	$7890	$9060	**$10960**	**$11690**	Yanmar	3	61D	Variable	17.0	1617	No
4115 4WD Hydro	$16982	$9170	$10530	**$12740**	**$13590**	Yanmar	3	73D	Variable	20.0	1671	No
4120	$23372	$12620	$14490	**$17530**	**$18700**	JD	4T	148D	12F-12R	35.5		No
4120 Hydro	$24572	$13270	$15240	**$18430**	**$19660**	JD	4T	148D	Variable	35.0		No
4210 4WD	$15877	$8570	$9840	**$11910**	**$12700**	Yanmar	3	81D	9F-3R	22.0	2675	No
4210 4WD Hydro	$19461	$10260	$11780	**$14250**	**$15200**	Yanmar	3	81D	Variable	22.0	2675	No
4310 4WD	$17638	$9530	$10940	**$13230**	**$14110**	Yanmar	3	91D	9F-3R	27.0	2725	No
4310 4WD	$18992	$10260	$11780	**$14240**	**$15190**	Yanmar	3	91D	12F-12R	27.0	2725	No
4310 4WD Hydro	$20640	$11150	$12800	**$15480**	**$16510**	Yanmar	3	91D	Variable	25.0	2725	No
4410 4WD	$20689	$11170	$12830	**$15520**	**$16550**	Yanmar	3	100D	12F-12R	29.0	2830	No
4410 4WD Hydro	$22490	$12150	$13940	**$16870**	**$17990**	Yanmar	3	100D	Variable	28.0	2830	No
4510 4WD	$21979	$11870	$13630	**$16480**	**$17580**	Yanmar	4	121D	12F-12R	33.0	3420	No
4610 4WD	$23639	$12770	$14660	**$17730**	**$18910**	Yanmar	4	121D	12F-12R	37.0	3425	No
4610 4WD Hydro	$24839	$13410	$15400	**$18630**	**$19870**	Yanmar	4	121D	Variable	35.0	3425	No
4710 4WD	$25409	$13720	$15750	**$19060**	**$20330**	Yanmar	4	121D	12F-12R	41.0	3467	No
4710 4WD Hydro	$26774	$14460	$16600	**$20080**	**$21420**	Yanmar	4	121D	Variable	40.0	3467	No
5103	$14263	$7700	$8840	**$10700**	**$11410**	JD	3	179D	9F-3R	42.0		No
5105	$19086	$10310	$11830	**$14320**	**$15270**	JD	3	179D	8F-4R	44.0		No
5105 4WD	$23813	$12860	$14760	**$17860**	**$19050**	JD	3	179D	8F-4R	44.0		No
5203	$15936	$8610	$9880	**$11950**	**$12750**	JD	3	179D	9F-3R	47.0		No
5205	$20631	$11140	$12790	**$15470**	**$16510**	JD	3	179D	8F-4R	50.0		No
5205 4WD	$25358	$13690	$15720	**$19020**	**$20290**	JD	3	179D	8F-4R	50.0		No
5220	$22248	$12010	$13790	**$16690**	**$17800**	JD	3	179D	9F-3R	45.0		No
5220	$24803	$13390	$15380	**$18600**	**$19840**	JD	3	179D	12F-12R	45.0		No
5220 w/Cab	$30877	$16670	$19140	**$23160**	**$24700**	JD	3	179D	9F-3R	45.0		CHA
5220 4WD	$27526	$14860	$17070	**$20650**	**$22020**	JD	3	179D	9F-3R	45.0		No
5220 4WD	$30081	$16240	$18650	**$22560**	**$24070**	JD	3	179D	12F-12R	45.0		No
5220 w/Cab	$33432	$18050	$20730	**$25070**	**$26750**	JD	3	179D	12F-12R	45.0		CHA
5220 4WD w/Cab	$36155	$19520	$22420	**$27120**	**$28920**	JD	3	179D	9F-3R	45.0		CHA
5220 4WD w/Cab	$38710	$20900	$24000	**$29030**	**$30970**	JD	3	179D	12F-12R	45.0		CHA
5303	$17409	$9400	$10790	**$13060**	**$13930**	JD	3	179D	9F-3R	55.0		No
5320	$24968	$13480	$15480	**$18730**	**$19970**	JD	3T	179D	9F-3R	55.0		No
5320	$27528	$14870	$17070	**$20650**	**$22020**	JD	3T	179D	12F-12R	55.0		No
5320 w/Cab	$30346	$16390	$18820	**$22760**	**$24280**	JD	3T	179D	9F-3R	55.0		CHA
5320 w/Cab	$32906	$17770	$20400	**$24680**	**$26330**	JD	3T	179D	12F-12R	55.0		CHA
5320 4WD	$30346	$16390	$18820	**$22760**	**$24280**	JD	3T	179D	9F-3R	55.0		No
5320 4WD	$32906	$17770	$20400	**$24680**	**$26330**	JD	3T	179D	12F-12R	55.0		No
5320 4WD w/Cab	$38975	$21050	$24170	**$29230**	**$31180**	JD	3T	179D	9F-3R	55.0		CHA
5320 4WD w/Cab	$41530	$22430	$25750	**$31150**	**$33220**	JD	3T	179D	12F-12R	55.0		CHA
5420	$27920	$15080	$17310	**$20940**	**$22340**	JD	4	276D	9F-3R	65.0		No
5420	$30475	$16460	$18900	**$22860**	**$24380**	JD	4	276D	12F-12R	65.0		No
5420 w/Cab	$36549	$19740	$22660	**$27410**	**$29240**	JD	4	276D	9F-3R	65.0		CHA
5420 w/Cab	$39104	$21120	$24240	**$29330**	**$31280**	JD	4	276D	12F-12R	65.0		CHA
5420 4WD	$33389	$18030	$20700	**$25040**	**$26710**	JD	4	276D	9F-3R	65.0		No
5420 4WD	$35944	$19410	$22290	**$26960**	**$28760**	JD	4	276D	12F-12R	65.0		No
5420 4WD w/Cab	$42018	$22690	$26050	**$31510**	**$33610**	JD	4	276D	9F-3R	65.0		CHA
5420 4WD w/Cab	$44573	$24070	$27640	**$33430**	**$35660**	JD	4	276D	12F-12R	65.0		CHA
5520	$30707	$16580	$19040	**$23030**	**$24570**	JD	4T	276D	9F-3R	75.0		No
5520	$33262	$17960	$20620	**$24950**	**$26610**	JD	4T	276D	12F-12R	75.0		No
5520 w/Cab	$39336	$21240	$24390	**$29500**	**$31470**	JD	4T	276D	9F-3R	75.0		CHA
5520 w/Cab	$41891	$22620	$25970	**$31420**	**$33510**	JD	4T	276D	12F-12R	75.0		CHA
5520 4WD	$36176	$19540	$22430	**$27130**	**$28940**	JD	4T	276D	9F-3R	75.0		No
5520 4WD	$38731	$20920	$24010	**$29050**	**$30990**	JD	4T	276D	12F-12R	75.0		No
5520 4WD w/Cab	$44805	$24200	$27780	**$33600**	**$35840**	JD	4T	276D	9F-3R	75.0		CHA
5520 4WD w/Cab	$47360	$25570	$29360	**$35520**	**$37890**	JD	4T	276D	12F-12R	75.0		CHA
6120	$33214	$17940	$20590	**$24910**	**$26570**	JD	4T	276D	12F-4R	65.0		No
6120	$36299	$19600	$22510	**$27220**	**$29040**	JD	4T	276D	16F-16R	65.0		No
6120 w/Cab	$41999	$22680	$26040	**$31500**	**$33600**	JD	4T	276D	12F-4R	65.0		CHA
6120 w/Cab	$45343	$24490	$28110	**$34010**	**$36270**	JD	4T	276D	16F-16R	65.0		CHA
6120 4WD	$40796	$22030	$25290	**$30600**	**$32640**	JD	4T	276D	12F-4R	65.0		No
6120 4WD	$43881	$23700	$27210	**$32910**	**$35110**	JD	4T	276D	16F-16R	65.0		No
6120 4WD w/Cab	$49581	$26770	$30740	**$37190**	**$39670**	JD	4T	276D	12F-4R	65.0		CHA
6120 4WD w/Cab	$52925	$28580	$32810	**$39690**	**$42340**	JD	4T	276D	16F-16R	65.0		CHA
6120L	$32869	$17750	$20380	**$24650**	**$26300**	JD	4T	276D	12F-4R	65.0		No
6120L	$34471	$18610	$21370	**$25850**	**$27580**	JD	4T	276D	16F-16R	65.0		No
6120L 4WD	$40451	$21840	$25080	**$30340**	**$32360**	JD	4T	276D	12F-4R	65.0		No
6120L 4WD	$43106	$23280	$26730	**$32330**	**$34490**	JD	4T	276D	16F-16R	65.0		No
6215	$32607	$17930	$19890	**$23800**	**$25760**	JD	4T	276D	12F-4R	72.0		No
6215	$35692	$19630	$21770	**$26060**	**$28200**	JD	4T	276D	16F-16R	72.0		No
6215 4WD	$40324	$22180	$24600	**$29440**	**$31860**	JD	4T	276D	12F-4R	72.0		No

Model	Approx. Retail Price New	Estimated Value Less Repairs Used Trade-In Avg.	High	Used Retail Avg.	High	Engine Make	No. Cyls.	Displ. Cu.-in.	No. Speeds	P.T.O. H.P.	Approx. Shipping Wt.-Lbs.	Cab

John Deere (Cont.)

2004 (Cont.)

Model	Approx. Retail Price New	Used Trade-In Avg.	Used Trade-In High	Used Retail Avg.	Used Retail High	Engine Make	No. Cyls.	Displ. Cu.-in.	No. Speeds	P.T.O. H.P.	Approx. Shipping Wt.-Lbs.	Cab
6215 4WD	$43409	$23880	$26480	**$31690**	**$34290**	JD	4T	276D	16F-16R	72.0		No
6215 4WD w/Cab	$48792	$26840	$29760	**$35620**	**$38550**	JD	4T	276D	12F-4R	72.0		CHA
6215 4WD w/Cab	$51877	$28530	$31650	**$37870**	**$40980**	JD	4T	276D	16F-16R	72.0		CHA
6215 w/Cab	$41075	$22590	$25060	**$29990**	**$32450**	JD	4T	276D	12F-4R	72.0		CHA
6215 w/Cab	$44160	$24290	$26940	**$32240**	**$34890**	JD	4T	276D	16F-16R	72.0		CHA
6220	$34670	$18720	$21500	**$26000**	**$27740**	JD	4T	276D	12F-4R	72.0		No
6220	$37755	$20390	$23410	**$28320**	**$30200**	JD	4T	276D	16F-16R	72.0		No
6220 4WD	$42252	$22820	$26200	**$31690**	**$33800**	JD	4T	276D	12F-4R	72.0		No
6220 4WD	$45337	$24480	$28110	**$34000**	**$36270**	JD	4T	276D	16F-16R	72.0		No
6220 4WD w/Cab	$51872	$28010	$32160	**$38900**	**$41500**	JD	4T	276D	12F-4R	72.0		CHA
6220 4WD w/Cab	$55216	$29820	$34230	**$41410**	**$44170**	JD	4T	276D	16F-16R	72.0		CHA
6220 Hi-Clear	$38385	$20730	$23800	**$28790**	**$30710**	JD	4T	276D	12F-4R	72.0		No
6220 Hi-Clear	$41785	$22560	$25910	**$31340**	**$33430**	JD	4T	276D	16F-16R	72.0		No
6220 Hi-Clear 4WD	$45967	$24820	$28500	**$34480**	**$36770**	JD	4T	276D	12F-4R	72.0		No
6220 Hi-Clear 4WD	$49367	$26660	$30610	**$37030**	**$39490**	JD	4T	276D	16F-16R	72.0		No
6220 Hi-Clear 4WD Cab	$54319	$29880	$33140	**$39650**	**$42910**	JD	4T	276D	12F-4R	72.0		CHA
6220 Hi-Clear 4WD Cab	$57902	$31850	$35320	**$42270**	**$45740**	JD	4T	276D	16F-16R	72.0		CHA
6220 Hi-Clear Cab	$46737	$25710	$28510	**$34120**	**$36920**	JD	4T	276D	12F-4R	72.0		CHA
6220 Hi-Clear Cab	$50320	$27680	$30700	**$36730**	**$39750**	JD	4T	276D	16F-16R	72.0		CHA
6220 w/Cab	$44290	$23920	$27460	**$33220**	**$35430**	JD	4T	276D	12F-4R	72.0		CHA
6220 w/Cab	$47634	$25720	$29530	**$35730**	**$38110**	JD	4T	276D	16F-16R	72.0		CHA
6220L	$34818	$18800	$21590	**$26110**	**$27850**	JD	4T	276D	12F-4R	72.0		No
6220L	$36420	$19670	$22580	**$27320**	**$29140**	JD	4T	276D	16F-16R	72.0		No
6220L 4WD	$42400	$22900	$26290	**$31800**	**$33920**	JD	4T	276D	12F-4R	72.0		No
6220L 4WD	$44002	$23760	$27280	**$33000**	**$35200**	JD	4T	276D	16F-16R	72.0		No
6320	$38228	$20640	$23700	**$28670**	**$30580**	JD	4T	276D	12F-4R	80.0		No
6320	$41313	$22310	$25610	**$30990**	**$33050**	JD	4T	276D	16F-16R	80.0		No
6320 w/Cab	$47948	$25890	$29730	**$35960**	**$38360**	JD	4T	276D	12F-4R	80.0		CHA
6320 w/Cab	$50392	$27210	$31240	**$37790**	**$40310**	JD	4T	276D	16F-16R	80.0		CHA
6320 4WD	$46126	$24910	$28600	**$34600**	**$36900**	JD	4T	276D	12F-4R	80.0		No
6320 4WD	$49211	$26570	$30510	**$36910**	**$39370**	JD	4T	276D	16F-16R	80.0		No
6320 4WD w/Cab	$54946	$29670	$34070	**$41210**	**$43960**	JD	4T	276D	12F-4R	80.0		CHA
6320 4WD w/Cab	$58290	$31480	$36140	**$43720**	**$46630**	JD	4T	276D	16F-16R	80.0		CHA
6320L	$37758	$20390	$23410	**$28320**	**$30210**	JD	4T	276D	12F-4R	80.0		No
6320L	$40843	$22060	$25320	**$30630**	**$32670**	JD	4T	276D	16F-16R	80.0		No
6320L 4WD	$45794	$24730	$28390	**$34350**	**$36640**	JD	4T	276D	12F-4R	80.0		No
6320L 4WD	$48879	$26400	$30310	**$36660**	**$39100**	JD	4T	276D	16F-16R	80.0		No
6320 Hi-Clear	$40635	$22350	$24790	**$29660**	**$32100**	JD	4T	276D	12F-4R	80.0		No
6320 Hi-Clear	$44035	$24220	$26860	**$32150**	**$34790**	JD	4T	276D	16F-16R	80.0		No
6320 Hi-Clear 4WD	$51933	$28560	$31680	**$37910**	**$41030**	JD	4T	276D	16F-16R	80.0		No
6320L w/Cab	$55080	$29740	$34150	**$41310**	**$44060**	JD	4T	276D	12F-4R	80.0		CHA
6320L w/Cab	$58424	$31550	$36220	**$43820**	**$46740**	JD	4T	276D	16F-16R	80.0		CHA
6320L 4WD w/Cab	$62978	$34010	$39050	**$47230**	**$50380**	JD	4T	276D	12F-4R	80.0		CHA
6320L 4WD w/Cab	$66322	$35810	$41120	**$49740**	**$53060**	JD	4T	276D	16F-16R	80.0		CHA
6320 Hi-Clear 4WD	$48533	$26690	$29610	**$35430**	**$38340**	JD	4T	276D	12F-4R	80.0		No
6320 Hi-Clear 4WD Cab	$57553	$31080	$35680	**$43170**	**$46040**	JD	4T	276D	12F-4R	80.0		CHA
6320 Hi-Clear Cab	$49655	$26810	$30790	**$37240**	**$39720**	JD	4T	276D	12F-4R	80.0		CHA
6320 Hi-Clear 4WD Cab	$61136	$33010	$37900	**$45850**	**$48910**	JD	4T	276D	16F-16R	80.0		CHA
6320 Hi-Clear Cab	$53238	$28750	$33010	**$39930**	**$42590**	JD	4T	276D	16F-16R	80.0		CHA
6403	$30942	$16710	$19180	**$23210**	**$24750**	JD	4T	276D	9F-3R	85.0		No
6403 4WD	$38433	$20750	$23830	**$28830**	**$30750**	JD	4T	276D	9F-3R	85.0		No
6403 4WD Cab	$46333	$25020	$28730	**$34750**	**$37070**	JD	4T	276D	9F-3R	85.0		CHA
6403 Cab	$38842	$20980	$24080	**$29130**	**$31070**	JD	4T	276D	9F-3R	85.0		CHA
6415	$35574	$19210	$22060	**$26680**	**$28460**	JD	4T	276D	12F-4R	85.0		No
6415	$38659	$20880	$23970	**$28990**	**$30930**	JD	4T	276D	16F-16R	85.0		No
6415 4WD	$43291	$23380	$26840	**$32470**	**$34630**	JD	4T	276D	12F-4R	85.0		No
6415 4WD	$46376	$25040	$28750	**$34780**	**$37100**	JD	4T	276D	16F-16R	85.0		No
6415 4WD w/Cab	$49759	$26870	$30850	**$37320**	**$39810**	JD	4T	276D	12F-4R	85.0		CHA
6415 4WD w/Cab	$54844	$29620	$34000	**$41130**	**$43880**	JD	4T	276D	16F-16R	85.0		CHA
6415 w/Cab	$44042	$23780	$27310	**$33030**	**$35230**	JD	4T	276D	12F-4R	85.0		CHA
6415 w/Cab	$47127	$25450	$29220	**$35350**	**$37700**	JD	4T	276D	16F-16R	85.0		CHA
6415 Hi-Clear	$37835	$20430	$23460	**$28380**	**$30270**	JD	4T	276D	12F-4R	85.0		No
6415 Hi-Clear 4WD	$61783	$33360	$38310	**$46340**	**$49430**	JD	4T	276D	12F-4R	85.0		No
6415 Hi-Clear 4WD Cab	$54866	$29630	$34020	**$41150**	**$43890**	JD	4T	276D	12F-4R	85.0		CHA
6415 Hi-Clear Cab	$46349	$25030	$28740	**$34760**	**$37080**	JD	4T	276D	12F-4R	85.0		CHA
6420	$41117	$22200	$25490	**$30840**	**$32890**	JD	4T	276D	12F-4R	90.0		No
6420	$44202	$23870	$27410	**$33150**	**$35360**	JD	4T	276D	16F-16R	90.0		No
6420 4WD	$49153	$26540	$30480	**$36870**	**$39320**	JD	4T	276D	12F-4R	90.0		No
6420 4WD	$52238	$28210	$32390	**$39180**	**$41790**	JD	4T	276D	16F-16R	90.0		No
6420 4WD w/Cab	$62672	$33840	$38860	**$47000**	**$50140**	JD	4T	276D	12F-4R	90.0		CHA
6420 4WD w/Cab	$66016	$35650	$40930	**$49510**	**$52810**	JD	4T	276D	16F-16R	90.0		CHA
6420 Hi-Clear	$42559	$23410	$25960	**$31070**	**$33620**	JD	4T	276D	12F-4R	90.0		No
6420 Hi-Clear	$45959	$25280	$28040	**$33550**	**$36310**	JD	4T	276D	16F-16R	90.0		No
6420 Hi-Clear 4WD	$50595	$27830	$30860	**$36930**	**$39970**	JD	4T	276D	12F-4R	90.0		No
6420 Hi-Clear 4WD	$53995	$29700	$32940	**$39420**	**$42660**	JD	4T	276D	16F-16R	90.0		No
6420 Hi-Clear 4WD Cab	$60225	$33120	$36740	**$43960**	**$47580**	JD	4T	276D	12F-4R	90.0		CHA
6420 Hi-Clear 4WD Cab	$63808	$35090	$38920	**$46580**	**$50410**	JD	4T	276D	16F-16R	90.0		CHA
6420 Hi-Clear w/Cab	$52189	$28700	$31840	**$38100**	**$41230**	JD	4T	276D	12F-4R	90.0		CHA
6420 Hi-Clear w/Cab	$55772	$30680	$34020	**$40710**	**$44060**	JD	4T	276D	16F-16R	90.0		CHA
6420 w/Cab	$49567	$26770	$30730	**$37180**	**$39650**	JD	4T	276D	12F-4R	90.0		CHA
6420 w/Cab	$52911	$28570	$32810	**$39680**	**$42330**	JD	4T	276D	16F-16R	90.0		CHA
6420L	$40731	$22000	$25250	**$30550**	**$32590**	JD	4T	276D	12F-4R	90.0		No
6420L	$43816	$23660	$27170	**$32860**	**$35050**	JD	4T	276D	16F-16R	90.0		No
6420L 4WD	$48767	$26330	$30240	**$36580**	**$39010**	JD	4T	276D	12F-4R	90.0		No

John Deere (Cont.)

Model	Approx. Retail Price New	Estimated Value Less Repairs: Used Trade-In Avg.	Used Trade-In High	Used Retail Avg.	Used Retail High	Make	Engine No. Cyls.	Engine Displ. Cu.-in.	No. Speeds	P.T.O. H.P.	Approx. Shipping Wt.-Lbs.	Cab
2004 (Cont.)												
6420L 4WD	$51852	$28000	$32150	**$38890**	**$41480**	JD	4T	276D	16F-16R	90.0		No
6420L 4WD w/Cab	$66074	$35680	$40970	**$49560**	**$52860**	JD	4T	276D	12F-4R	90.0		CHA
6420L 4WD w/Cab	$69418	$37490	$43040	**$52060**	**$55530**	JD	4T	276D	16F-16R	90.0		CHA
6420L w/Cab	$58038	$31340	$35980	**$43530**	**$46430**	JD	4T	276D	12F-4R	90.0		CHA
6420L w/Cab	$61382	$33150	$38060	**$46040**	**$49110**	JD	4T	276D	16F-16R	90.0		CHA
6520L	$46163	$24930	$28620	**$34620**	**$36930**	JD	4T	276D	16F-16R	95.0		No
6520L 4WD	$54199	$29270	$33600	**$40650**	**$43360**	JD	4T	276D	16F-16R	95.0		No
6520L 4WD w/Cab	$68069	$36760	$42200	**$51050**	**$54460**	JD	4T	276D	12F-4R	95.0		CHA
6520L 4WD w/Cab	$71413	$38560	$44280	**$53560**	**$57130**	JD	4T	276D	16F-16R	95.0		CHA
6520L w/Cab	$60033	$32420	$37220	**$45030**	**$48030**	JD	4T	276D	12F-4R	95.0		CHA
6520L w/Cab	$63377	$34220	$39290	**$47530**	**$50700**	JD	4T	276D	16F-16R	95.0		CHA
6603	$35574	$19570	$21700	**$25970**	**$28100**	JD	6T	414D	9F-3R	95.0		No
6603 4WD	$43593	$23980	$26590	**$31820**	**$34440**	JD	6T	414D	9F-3R	95.0		No
6603 4WD Cab	$51493	$28320	$31410	**$37590**	**$40680**	JD	6T	414D	9F-3R	95.0		CHA
6603 Cab	$43474	$23910	$26520	**$31740**	**$34340**	JD	6T	414D	9F-3R	95.0		CHA
6615	$40096	$22050	$24460	**$29270**	**$31680**	JD	6T	414D	12F-4R	95.0		No
6615	$43181	$23750	$26340	**$31520**	**$34110**	JD	6T	414D	16F-16R	95.0		No
6615 4WD	$48132	$26470	$29360	**$35140**	**$38020**	JD	6T	414D	12F-4R	95.0		No
6615 4WD	$51217	$28170	$31240	**$37390**	**$40460**	JD	6T	414D	16F-16R	95.0		No
6615 4WD w/Cab	$56688	$31180	$34580	**$41380**	**$44780**	JD	6T	414D	12F-4R	95.0		CHA
6615 4WD w/Cab	$59773	$32880	$36460	**$43630**	**$47220**	JD	6T	414D	16F-16R	95.0		CHA
6615 Hi-Clear 4WD	$53429	$29390	$32590	**$39000**	**$42210**	JD	6T	414D	12F-4R	95.0		No
6615 Hi-Clear 4WD	$56780	$31230	$34640	**$41450**	**$44860**	JD	6T	414D	16F-16R	95.0		No
6615 Hi-Clear 4WD Cab	$61985	$34090	$37810	**$45250**	**$48970**	JD	6T	414D	12F-4R	95.0		CHA
6615 Hi-Clear 4WD Cab	$65336	$35940	$39860	**$47700**	**$51620**	JD	6T	414D	16F-16R	95.0		CHA
6615 w/Cab	$48652	$26760	$29680	**$35520**	**$38440**	JD	6T	414D	12F-4R	95.0		CHA
6615 w/Cab	$51737	$28460	$31560	**$37770**	**$40870**	JD	6T	414D	16F-16R	95.0		CHA
6715	$44137	$24280	$26920	**$32220**	**$34870**	JD	6T	414D	12F-4R	105.0		No
6715	$47222	$25970	$28810	**$34470**	**$37310**	JD	6T	414D	16F-16R	105.0		No
6715 4WD	$52173	$28700	$31830	**$38090**	**$41220**	JD	6T	414D	12F-4R	105.0		No
6715 4WD	$55258	$30390	$33710	**$40340**	**$43650**	JD	6T	414D	16F-16R	105.0		No
6715 4WD w/Cab	$60729	$33400	$37050	**$44330**	**$47980**	JD	6T	414D	12F-4R	105.0		CHA
6715 4WD w/Cab	$63814	$35100	$38930	**$46580**	**$50410**	JD	6T	414D	16F-16R	105.0		CHA
6715 Hi-Clear	$57469	$31610	$35060	**$41950**	**$45400**	JD	6T	414D	12F-4R	105.0		No
6715 Hi-Clear	$60820	$33450	$37100	**$44400**	**$48050**	JD	6T	414D	16F-16R	105.0		No
6715 Hi-Clear w/Cab	$66026	$36310	$40280	**$48200**	**$52160**	JD	6T	414D	12F-4R	105.0		CHA
6715 Hi-Clear w/Cab	$69377	$38160	$42320	**$50650**	**$54810**	JD	6T	414D	16F-16R	105.0		CHA
6715 w/Cab	$52693	$28980	$32140	**$38470**	**$41630**	JD	6T	414D	12F-4R	105.0		CHA
6715 w/Cab	$55778	$30680	$34030	**$40720**	**$44070**	JD	6T	414D	16F-16R	105.0		CHA
7220	$50816	$27440	$31510	**$38110**	**$40650**	JD	6T	414D	16F-16R	95.0		No
7220	$52204	$28190	$32370	**$39150**	**$41760**	JD	6T	414D	24F-24R	95.0		No
7220 4WD	$60296	$32560	$37380	**$45220**	**$48240**	JD	6T	414D	16F-16R	95.0		No
7220 4WD	$61684	$33310	$38240	**$46260**	**$49350**	JD	6T	414D	24F-24R	95.0		No
7220 4WD w/Cab	$73312	$39590	$45450	**$54980**	**$58650**	JD	6T	414D	16F-16R	95.0		CHA
7220 4WD w/Cab	$74702	$40340	$46320	**$56030**	**$59760**	JD	6T	414D	16F-16R	95.0		CHA
7220 4WD w/Cab IVT	$78948	$42630	$48950	**$59210**	**$63160**	JD	6T	414D	Variable	95.0		CHA
7220 w/Cab	$63832	$34470	$39580	**$47870**	**$51070**	JD	6T	414D	16F-16R	95.0		CHA
7220 w/Cab	$65222	$35220	$40440	**$48920**	**$52180**	JD	6T	414D	24F-24R	95.0		CHA
7220 w/Cab IVT	$69460	$37510	$43070	**$52100**	**$55570**	JD	6T	414D	Variable	95.0		CHA
7320	$55156	$30340	$33650	**$40260**	**$43570**	JD	6T	414D	16F-16R	105.0		No
7320	$56544	$31100	$34490	**$41280**	**$44670**	JD	6T	414D	24F-24R	105.0		No
7320 4WD	$64803	$34990	$40180	**$48600**	**$51840**	JD	6T	414D	16F-16R	105.0		No
7320 4WD	$66191	$35740	$41040	**$49640**	**$52950**	JD	6T	414D	24F-24R	105.0		No
7320 4WD Cab	$74298	$40860	$45320	**$54240**	**$58700**	JD	6T	414D	24F-24R	105.0		CHA
7320 4WD Cab	$75975	$41790	$46350	**$55460**	**$60020**	JD	6T	414D	16F-16R	105.0		CHA
7320 4WD Cab IVT	$81958	$45080	$49990	**$59830**	**$64750**	JD	6T	414D	Variable	105.0		CHA
7320 Cab	$68315	$37570	$41670	**$49870**	**$53970**	JD	6T	414D	16F-16R	105.0		CHA
7320 Cab	$69570	$38260	$42440	**$50790**	**$54960**	JD	6T	414D	24F-24R	105.0		CHA
7320 Cab IVT	$74121	$40770	$45210	**$54110**	**$58560**	JD	6T	414D	Variable	105.0		CHA
7420 4WD Cab	$86356	$46630	$53540	**$64770**	**$69090**	JD	6T	414D	16F-16R	115.0		CHA
7420 4WD Cab IVT	$92822	$50120	$57550	**$69620**	**$74260**	JD	6T	414D	Variable	115.0		CHA
7420 Cab	$75469	$40750	$46790	**$56600**	**$60380**	JD	6T	414D	16F-16R	115.0		CHA
7420 Cab IVT	$80087	$43250	$49650	**$60070**	**$64070**	JD	6T	414D	Variable	115.0		CHA
7420HC 4WD w/Cab	$92575	$50920	$56470	**$67580**	**$73130**	JD	6T	414D	16F-16R	115.0		CHA
7520 4WD	$76419	$42030	$46620	**$55790**	**$60370**	JD	6T	414D	16F-16R	125.0		No
7520 4WD Cab	$88103	$47580	$54620	**$66080**	**$70480**	JD	6T	414D	16F-16R	125.0		CHA
7520 4WD Cab IVT	$95050	$51330	$58930	**$71290**	**$76040**	JD	6T	414D	Variable	125.0		CHA
7720 Cab	$92160	$49770	$57140	**$69120**	**$73730**	JD	6TI	414D	16F-16R	140.0		CHA
7720 4WD Cab	$109952	$59370	$68170	**$82460**	**$87960**	JD	6TI	414D	16F-16R	140.0		CHA
7820 Cab	$97309	$52550	$60330	**$72980**	**$77850**	JD	6TI	496D	16F-16R	155.0		CHA
7820 4WD Cab	$113974	$61550	$70660	**$85480**	**$91180**	JD	6TI	496D	16F-16R	155.0		CHA
7920 4WD Cab IVT	$129625	$71290	$79070	**$94630**	**$102400**	JD	6TI	496D	Variable	170.0		CHA
7920 Cab IVT	$121805	$66990	$74300	**$88920**	**$96230**	JD	6TI	496D	Variable	170.0		CHA
8120	$104054	$55150	$62430	**$75960**	**$80120**	JD	6TA	496D	16F-4R	170.0		CHA
8120 4WD	$120706	$63970	$72420	**$88120**	**$92940**	JD	6TA	496D	16F-4R	170.0		CHA
8120T	$141938	$75230	$85160	**$103620**	**$109290**	JD	6TA	496D	16F-4R	170.0		CHA
8220	$118504	$62810	$71100	**$86510**	**$91250**	JD	6TA	496D	16F-4R	190.0		CHA
8220 4WD	$134699	$71390	$80820	**$98330**	**$103720**	JD	6TA	496D	16F-4R	190.0		CHA
8220T	$153219	$81210	$91930	**$111850**	**$117980**	JD	6TA	496D	16F-4R	190.0		CHA
8320 4WD	$146190	$77480	$87710	**$106720**	**$112570**	JD	6TA	496D	16F-4R	215.0		CHA
8320T	$164264	$87060	$98560	**$119910**	**$126480**	JD	6TA	496D	16F-4R	215.0		CHA
8420 4WD	$160071	$84840	$96040	**$116850**	**$123260**	JD	6TA	496D	16F-4R	235.0		CHA
8420T	$173981	$92210	$104390	**$127010**	**$133970**	JD	6TA	496D	16F-4R	235.0		CHA
8520 4WD	$183074	$97030	$109840	**$133640**	**$140970**	JD	6TA	496D	16F-4R	255.0		CHA

John Deere (Cont.)

2004 (Cont.)

Model	Approx. Retail Price New	Used Trade-In Avg.	Used Trade-In High	Used Retail Avg.	Used Retail High	Engine Make	Engine No. Cyls.	Engine Displ. Cu.-in.	No. Speeds	P.T.O. H.P.	Approx. Shipping Wt.-Lbs.	Cab
8520T	$184830	$97960	$110900	**$134930**	**$142320**	JD	6TA	496D	16F-4R	255.0		CHA
9120	$139254	$73810	$83550	**$101660**	**$107230**	JD	6TA	496D	24F-6R	280*		CHA
9120 PS	$147960	$78420	$88780	**$108010**	**$113930**	JD	6TA	496D	18F-6R	280*		CHA
9220	$164453	$87160	$98670	**$120050**	**$126630**	JD	6TA	765D	24F-6R	325*		CHA
9220 PS	$173159	$91770	$103900	**$126410**	**$133330**	JD	6TA	765D	18F-6R	325*		CHA
9320	$190982	$99310	$110770	**$137510**	**$145150**	JD	6TA	765D	24F-6R	375*		CHA
9320 PS	$199688	$103840	$115820	**$143780**	**$151760**	JD	6TA	765D	18F-6R	375*		CHA
9320T	$225559	$117290	$130820	**$162400**	**$171430**	JD	6TA	765D	24F-6R	375*		CHA
9420	$204474	$106330	$118600	**$147220**	**$155400**	JD	6TA	765D	24F-6R	425*		CHA
9420 PS	$213180	$110850	$123640	**$153490**	**$162020**	JD	6TA	765D	18F-6R	425*		CHA
9420T PS	$236545	$123000	$137200	**$170310**	**$179770**	JD	6TA	765D	18F-6R	425*		CHA
9520 PS	$223768	$116360	$129790	**$161110**	**$170060**	JD	6TA	765D	18F-6R	450*		CHA
9520T PS	$246643	$128250	$143050	**$177580**	**$187450**	JD	6TA	765D	18F-6R	450*		CHA
9620T PS	$267175	$138930	$154960	**$192370**	**$203050**	JD	6TA	765D	18F-6R	500*		CHA

L—Low Profile N—Narrow PS—Power Shift IVT—Infinitely Variable Transmission T—Tracks
*Engine Horsepower

2003

Model	Approx. Retail Price New	Used Trade-In Avg.	Used Trade-In High	Used Retail Avg.	Used Retail High	Engine Make	Engine No. Cyls.	Engine Displ. Cu.-in.	No. Speeds	P.T.O. H.P.	Approx. Shipping Wt.-Lbs.	Cab
790 Manual Steer	$9499	$4750	$5510	**$6740**	**$7310**	Yanmar	3	91D	8F-2R	25.0	1967	No
790 Power Steer	$10829	$5420	$6280	**$7690**	**$8340**	Yanmar	3	91D	8F-2R	25.0	1967	No
790 4WD Power Steer	$11999	$6000	$6960	**$8520**	**$9240**	Yanmar	3	91D	8F-2R	25.0	2142	No
990	$13399	$6700	$7770	**$9510**	**$10320**	Yanmar	4	121D	9F-3R	35.0	2954	No
990 4WD	$16069	$8040	$9320	**$11410**	**$12370**	Yanmar	4	121D	9F-3R	35.0	2954	No
2210 4WD	$10199	$5100	$5920	**$7240**	**$7850**	Yanmar	3	61D	Variable	17.0		No
4010 4WD	$11719	$5860	$6800	**$8320**	**$9020**	Yanmar	3	47D	Variable	14.0		No
4100 4WD	$13350	$6680	$7740	**$9480**	**$10280**	Yanmar	3	61D	8F-4R	17.0	1708	No
4100 4WD Hydro	$15050	$7530	$8730	**$10690**	**$11590**	Yanmar	3	61D	Variable	16.0	1808	No
4110 4WD	$12239	$6120	$7100	**$8690**	**$9420**	Yanmar	3	61D	8F-4R	17.0		No
4110 4WD Hydro	$13669	$6840	$7930	**$9710**	**$10530**	Yanmar	3	61D	Variable	17.0		No
4115 4WD Hydro	$16649	$8330	$9660	**$11820**	**$12820**	Yanmar	3	73D	Variable	20.0		No
4200	$14575	$7290	$8450	**$10350**	**$11220**	Yanmar	3	73D	9F-3R	21.5	2375	No
4200 Hydro	$16415	$8210	$9520	**$11660**	**$12640**	Yanmar	3	73D	Variable	20.0	2600	No
4200 4WD	$15685	$7840	$9100	**$11140**	**$12080**	Yanmar	3	73D	9F-3R	21.5	2675	No
4200 4WD Hydro	$17725	$8860	$10280	**$12590**	**$13650**	Yanmar	3	73D	Variable	20.0	2903	No
4210 4WD	$15869	$7940	$9200	**$11270**	**$12220**	Yanmar	3	81D	9F-3R	22.0		No
4210 4WD Hydro	$18269	$9140	$10600	**$12970**	**$14070**	Yanmar	3	81D	Variable	22.0		No
4300	$16050	$8030	$9310	**$11400**	**$12360**	Yanmar	3	91D	9F-3R	27.0	2600	No
4300 Hydro	$18055	$9030	$10470	**$12820**	**$13900**	Yanmar	3	91D	Variable	25.5	2800	No
4300 4WD	$17160	$8580	$9950	**$12180**	**$13210**	Yanmar	3	91D	9F-3R	27.0	2900	No
4300 4WD	$18085	$9040	$10490	**$12840**	**$13930**	Yanmar	3	91D	12F-12R	27.0	2846	No
4300 4WD Hydro	$19165	$9580	$11120	**$13610**	**$14760**	Yanmar	3	91D	Variable	25.5	2921	No
4310 4WD	$17039	$8520	$9880	**$12100**	**$13120**	Yanmar	3	91D	9F-3R	27.0		No
4310 4WD	$18239	$9120	$10580	**$12950**	**$14040**	Yanmar	3	91D	12F-12R	27.0		No
4310 4WD Hydro	$19439	$9720	$11280	**$13800**	**$14970**	Yanmar	3	91D	Variable	25.0		No
4400 4WD	$19840	$9920	$11510	**$14090**	**$15280**	Yanmar	3	100D	12F-12R	29.5	2900	No
4400 4WD Hydro	$20555	$10280	$11920	**$14590**	**$15830**	Yanmar	3	100D	Variable	28.5	2922	No
4410 4WD	$20059	$10030	$11630	**$14240**	**$15450**	Yanmar	3	100D	12F-12R	29.0		No
4410 4WD Hydro	$21259	$10630	$12330	**$15090**	**$16370**	Yanmar	3	100D	Variable	28.0		No
4500	$18075	$9040	$10480	**$12830**	**$13920**	Yanmar	4	121D	9F-3R	33.0	3150	No
4500 4WD	$21480	$10740	$12460	**$15250**	**$16540**	Yanmar	4	121D	12F-12R	33.0	3345	No
4510 4WD	$21979	$10990	$12750	**$15610**	**$16920**	Yanmar	4	121D	12F-12R	33.0		No
4600	$19475	$9740	$11300	**$13830**	**$15000**	Yanmar	4	121D	9F-3R	36.0	3150	No
4600 4WD	$23455	$11730	$13600	**$16650**	**$18060**	Yanmar	4	121D	12F-12R	36.0	3340	No
4600 4WD Hydro	$25070	$12540	$14540	**$17800**	**$19300**	Yanmar	4	121D	Variable	34.5	3348	No
4610 4WD	$23639	$11820	$13710	**$16780**	**$18200**	Yanmar	4	121D	12F-12R	37.0		No
4610 4WD Hydro	$24839	$12420	$14410	**$17640**	**$19130**	Yanmar	4	121D	Variable	35.0		No
4700 4WD	$24720	$12360	$14340	**$17550**	**$19030**	Yanmar	4	134D	12F-12R	41.5	3360	No
4700 4WD Hydro	$26475	$13240	$15360	**$18800**	**$20390**	Yanmar	4	134D	Variable	40.0	3348	No
4710 4WD	$25409	$12710	$14740	**$18040**	**$19570**	Yanmar	4	121D	12F-12R	41.0		No
4710 4WD Hydro	$26609	$13310	$15430	**$18890**	**$20490**	Yanmar	4	121D	Variable	40.0		No
5103	$13983	$6990	$8110	**$9930**	**$10770**	JD	3	179D	9F-3R	38.0		No
5105	$19256	$9630	$11170	**$13670**	**$14830**	JD	3	179D	8F-4R	40.0		No
5105 4WD	$23987	$11990	$13910	**$17030**	**$18470**	JD	3	179D	8F-4R	40.0		No
5203	$16096	$8050	$9340	**$11430**	**$12390**	JD	3	179D	9F-3R	44.0		No
5205	$20800	$10400	$12060	**$14770**	**$16020**	JD	3	179D	8F-4R	48.0		No
5205 4WD	$25528	$12760	$14810	**$18130**	**$19660**	JD	3	179D	8F-4R	48.0		No
5220	$22681	$11340	$13160	**$16100**	**$17460**	JD	3	179D	9F-3R	45.0		No
5220	$25913	$12960	$15030	**$18400**	**$19950**	JD	3	179D	12F-12R	45.0		No
5220 w/Cab	$30535	$15270	$17710	**$21680**	**$23510**	JD	3	179D	9F-3R	45.0		CHA
5220 4WD	$29251	$14630	$16970	**$20770**	**$22520**	JD	3	179D	9F-3R	45.0		No
5220 4WD	$31191	$15600	$18090	**$22150**	**$24020**	JD	3	179D	12F-12R	45.0		No
5220 w/Cab	$33767	$16880	$19590	**$23980**	**$26000**	JD	3	179D	12F-12R	45.0		CHA
5220 4WD w/Cab	$38062	$19030	$22080	**$27020**	**$29310**	JD	3	179D	9F-3R	45.0		CHA
5220 4WD w/Cab	$40000	$20000	$23200	**$28400**	**$30800**	JD	3	179D	12F-12R	45.0		CHA
5303	$18722	$9360	$10860	**$13290**	**$14420**	JD	3	179D	9F-3R	55.0		No
5320	$25400	$12700	$14730	**$18030**	**$19560**	JD	3T	179D	9F-3R	55.0		No
5320	$28632	$14320	$16610	**$20330**	**$22050**	JD	3T	179D	12F-12R	55.0		No
5320N	$25041	$12520	$14520	**$17780**	**$19280**	JD	3T	179D	12F-12R	55.0		No
5320 w/Cab	$34211	$17110	$19840	**$24290**	**$26340**	JD	3T	179D	9F-3R	55.0		CHA
5320 w/Cab	$37443	$18720	$21720	**$26590**	**$28830**	JD	3T	179D	12F-12R	55.0		CHA
5320N w/Cab	$33870	$16940	$19650	**$24050**	**$26080**	JD	3T	179D	12F-12R	55.0		CHA
5320 4WD	$30779	$15390	$17850	**$21850**	**$23700**	JD	3T	179D	9F-3R	55.0		No
5320 4WD	$34010	$17010	$19730	**$24150**	**$26190**	JD	3T	179D	12F-12R	55.0		No
5320N 4WD	$31264	$15630	$18130	**$22200**	**$24070**	JD	3T	179D	12F-12R	55.0		No

Model	Approx. Retail Price New	Estimated Value Less Repairs: Used Trade-In Avg.	Used Trade-In High	Used Retail Avg.	Used Retail High	Make	Engine No. Cyls.	Engine Displ. Cu.-in.	No. Speeds	P.T.O. H.P.	Approx. Shipping Wt.-Lbs.	Cab
John Deere (Cont.)												
				2003 (Cont.)								
5320 4WD w/Cab	$39590	$19800	$22960	**$28110**	**$30480**	JD	3T	179D	9F-3R	55.0		CHA
5320 4WD w/Cab	$42821	$21410	$24840	**$30400**	**$32970**	JD	3T	179D	12F-12R	55.0		CHA
5320N 4WD w/Cab	$40093	$20050	$23250	**$28470**	**$30870**	JD	3T	179D	12F-12R	55.0		CHA
5420	$28494	$14250	$16530	**$20230**	**$21940**	JD	4	276D	9F-3R	65.0		No
5420	$31726	$15860	$18400	**$22530**	**$24430**	JD	4	276D	12F-12R	65.0		No
5420N	$27838	$13920	$16150	**$19770**	**$21440**	JD	4	276D	12F-12R	65.0		No
5420 w/Cab	$37305	$18650	$21640	**$26490**	**$28730**	JD	4	276D	9F-3R	65.0		CHA
5420 w/Cab	$40537	$20270	$23510	**$28780**	**$31210**	JD	4	276D	12F-12R	65.0		CHA
5420N w/Cab	$36667	$18330	$21270	**$26030**	**$28230**	JD	4	276D	12F-12R	65.0		CHA
5420 4WD	$33963	$16980	$19700	**$24110**	**$26150**	JD	4	276D	9F-3R	65.0		No
5420 4WD	$37195	$18600	$21570	**$26410**	**$28640**	JD	4	276D	12F-12R	65.0		No
5420N 4WD	$34061	$17030	$19760	**$24180**	**$26230**	JD	4	276D	12F-12R	65.0		No
5420 4WD w/Cab	$42774	$21390	$24810	**$30370**	**$32940**	JD	4	276D	9F-3R	65.0		CHA
5420 4WD w/Cab	$46006	$23000	$26680	**$32660**	**$35430**	JD	4	276D	12F-12R	65.0		CHA
5420N 4WD w/Cab	$42890	$21450	$24880	**$30450**	**$33030**	JD	4	276D	12F-12R	65.0		CHA
5520	$31222	$15610	$18110	**$22170**	**$24040**	JD	4T	276D	9F-3R	75.0		No
5520	$34454	$17230	$19980	**$24460**	**$26530**	JD	4T	276D	12F-12R	75.0		No
5520 w/Cab	$40033	$20020	$23220	**$28420**	**$30830**	JD	4T	276D	9F-3R	75.0		CHA
5520 w/Cab	$43265	$21630	$25090	**$30720**	**$33310**	JD	4T	276D	12F-12R	75.0		CHA
5520 4WD	$36691	$18350	$21280	**$26050**	**$28250**	JD	4T	276D	9F-3R	75.0		No
5520 4WD	$39923	$19960	$23160	**$28350**	**$30740**	JD	4T	276D	12F-12R	75.0		No
5520 4WD w/Cab	$45502	$22750	$26390	**$32310**	**$35040**	JD	4T	276D	9F-3R	75.0		CHA
5520 4WD w/Cab	$48734	$24370	$28270	**$34600**	**$37530**	JD	4T	276D	12F-12R	75.0		CHA
5520N	$30153	$15080	$17490	**$21410**	**$23220**	JD	4T	276D	12F-12R	75.0		No
5520N w/Cab	$38982	$19490	$22610	**$27680**	**$30020**	JD	4T	276D	12F-12R	75.0		CHA
5520N 4WD	$36376	$18190	$21100	**$25830**	**$28010**	JD	4T	276D	12F-12R	75.0		No
5520N 4WD w/Cab	$45205	$22600	$26220	**$32100**	**$34810**	JD	4T	276D	12F-12R	75.0		CHA
5520 Hi-Clear 4WD	$42330	$21170	$24550	**$30050**	**$32590**	JD	4T	276D	12F-4R	75.0		No
5520 Hi-Clear 4WD	$44538	$22270	$25830	**$31620**	**$34290**	JD	4T	276D	16F-16R	75.0		No
6120	$33401	$16700	$19370	**$23720**	**$25720**	JD	4T	276D	12F-4R	65.0		No
6120	$38440	$19220	$22300	**$27290**	**$29600**	JD	4T	276D	16F-16R	65.0		No
6120 w/Cab	$44058	$22030	$25550	**$31280**	**$33930**	JD	4T	276D	12F-4R	65.0		CHA
6120 w/Cab	$47353	$23680	$27470	**$33620**	**$36460**	JD	4T	276D	16F-16R	65.0		CHA
6120 4WD	$42871	$21440	$24870	**$30440**	**$33010**	JD	4T	276D	12F-4R	65.0		No
6120 4WD	$45910	$22960	$26630	**$32600**	**$35350**	JD	4T	276D	16F-16R	65.0		No
6120 4WD w/Cab	$51528	$25760	$29890	**$36590**	**$39680**	JD	4T	276D	12F-4R	65.0		CHA
6120 4WD w/Cab	$54823	$27410	$31800	**$38920**	**$42210**	JD	4T	276D	16F-16R	65.0		CHA
6120L	$33046	$16520	$19170	**$23460**	**$25450**	JD	4T	276D	12F-4R	65.0		No
6120L	$34624	$17310	$20080	**$24580**	**$26660**	JD	4T	276D	16F-16R	65.0		No
6120L 4WD	$40516	$20260	$23500	**$28770**	**$31200**	JD	4T	276D	12F-4R	65.0		No
6120L 4WD	$42094	$21050	$24420	**$29890**	**$32410**	JD	4T	276D	16F-16R	65.0		No
6220	$36836	$18420	$21370	**$26150**	**$28360**	JD	4T	276D	12F-4R	72.0		No
6220	$38414	$19210	$22280	**$27270**	**$29580**	JD	4T	276D	16F-16R	72.0		No
6220 Hi-Clear 4WD	$45288	$22640	$26270	**$32150**	**$34870**	JD	4T	276D	12F-4R	72.0		No
6220 Hi-Clear 4WD	$48638	$24320	$28210	**$34530**	**$37450**	JD	4T	276D	16F-16R	72.0		No
6220 w/Cab	$46842	$23420	$27170	**$33260**	**$36070**	JD	4T	276D	12F-4R	72.0		CHA
6220 w/Cab	$50137	$25070	$29080	**$35600**	**$38610**	JD	4T	276D	16F-16R	72.0		CHA
6220 4WD	$44306	$22150	$25700	**$31460**	**$34120**	JD	4T	276D	12F-4R	72.0		No
6220 4WD	$45884	$22940	$26610	**$32580**	**$35330**	JD	4T	276D	16F-16R	72.0		No
6220 4WD w/Cab	$54312	$27160	$31500	**$38560**	**$41820**	JD	4T	276D	12F-4R	72.0		CHA
6220 4WD w/Cab	$57607	$28800	$33410	**$40900**	**$44360**	JD	4T	276D	16F-16R	72.0		CHA
6215	$34964	$17130	$19230	**$24130**	**$26220**	JD	4T	276D	12F-4R	72.0		No
6215	$36542	$17910	$20100	**$25210**	**$27410**	JD	4T	276D	16F-16R	72.0		No
6215 4WD	$42567	$20860	$23410	**$29370**	**$31930**	JD	4T	276D	12F-4R	72.0		No
6215 4WD	$44145	$21630	$24280	**$30460**	**$33110**	JD	4T	276D	16F-16R	72.0		No
6215 4WD w/Cab	$50997	$24990	$28050	**$35190**	**$38250**	JD	4T	276D	12F-4R	72.0		CHA
6215 4WD w/Cab	$52575	$25760	$28920	**$36280**	**$39430**	JD	4T	276D	16F-16R	72.0		CHA
6215 w/Cab	$43394	$21260	$23870	**$29940**	**$32550**	JD	4T	276D	12F-4R	72.0		CHA
6215 w/Cab	$44972	$22040	$24740	**$31030**	**$33730**	JD	4T	276D	16F-16R	72.0		CHA
6220L	$36982	$18490	$21450	**$26260**	**$28480**	JD	4T	276D	12F-4R	72.0		No
6220L	$38560	$19280	$22370	**$27380**	**$29690**	JD	4T	276D	16F-16R	72.0		No
6220L 4WD	$44452	$22230	$25780	**$31560**	**$34230**	JD	4T	276D	12F-4R	72.0		No
6220L 4WD	$46030	$23020	$26700	**$32680**	**$35440**	JD	4T	276D	16F-16R	72.0		No
6220 Hi-Clear	$37818	$18910	$21930	**$26850**	**$29120**	JD	4T	276D	12F-4R	72.0		No
6220 Hi-Clear	$41168	$20580	$23880	**$29230**	**$31700**	JD	4T	276D	16F-16R	72.0		No
6220 Hi-Clear	$46428	$22750	$25540	**$32040**	**$34820**	JD	4T	276D	12F-4R	72.0		CHA
6220 Hi-Clear	$49958	$24480	$27480	**$34470**	**$37470**	JD	4T	276D	16F-16R	72.0		CHA
6220 Hi-Clear 4WD	$53898	$26410	$29640	**$37190**	**$40420**	JD	4T	276D	12F-4R	72.0		CHA
6220 Hi-Clear 4WD	$57428	$28140	$31590	**$39630**	**$43070**	JD	4T	276D	16F-16R	72.0		CHA
6320	$40224	$20110	$23330	**$28560**	**$30970**	JD	4T	276D	12F-4R	80.0		No
6320	$41802	$20900	$24250	**$29680**	**$32190**	JD	4T	276D	16F-16R	80.0		No
6320 w/Cab	$49573	$24790	$28750	**$35200**	**$38170**	JD	4T	276D	12F-4R	80.0		CHA
6320 w/Cab	$52868	$26430	$30660	**$37540**	**$40710**	JD	4T	276D	16F-16R	80.0		CHA
6320 4WD	$48005	$24000	$27840	**$34080**	**$36960**	JD	4T	276D	12F-4R	80.0		No
6320 4WD	$49583	$24790	$28760	**$35200**	**$38180**	JD	4T	276D	16F-16R	80.0		No
6320 4WD w/Cab	$57354	$28680	$33270	**$40720**	**$44160**	JD	4T	276D	12F-4R	80.0		CHA
6320 4WD w/Cab	$60649	$30330	$35180	**$43060**	**$46700**	JD	4T	276D	16F-16R	80.0		CHA
6320L	$39755	$19880	$23060	**$28230**	**$30610**	JD	4T	276D	12F-4R	80.0		No
6320L	$42794	$21400	$24820	**$30380**	**$32950**	JD	4T	276D	16F-16R	80.0		No
6320L 4WD	$47672	$23840	$27650	**$33850**	**$36710**	JD	4T	276D	12F-4R	80.0		No
6320L 4WD	$50711	$25360	$29410	**$36010**	**$39050**	JD	4T	276D	16F-16R	80.0		No
6320 Hi-Clear	$40035	$19620	$22020	**$27620**	**$30030**	JD	4T	276D	12F-4R	80.0		No
6320 Hi-Clear	$43385	$21260	$23860	**$29940**	**$32540**	JD	4T	276D	16F-16R	80.0		No
6320 Hi-Clear 4WD	$51166	$25070	$28140	**$35310**	**$38380**	JD	4T	276D	16F-16R	80.0		No

Model	Approx. Retail Price New	Estimated Value Less Repairs Used Trade-In Avg.	High	Used Retail Avg.	High	Engine Make	No. Cyls.	Displ. Cu.-in.	No. Speeds	P.T.O. H.P.	Approx. Shipping Wt.-Lbs.	Cab
John Deere (Cont.)												
				2003 (Cont.)								
6320L w/Cab	$57484	$28740	$33340	**$40810**	**$44260**	JD	4T	276D	12F-4R	80.0		CHA
6320L w/Cab	$60779	$30390	$35250	**$43150**	**$46800**	JD	4T	276D	16F-16R	80.0		CHA
6320L 4WD w/Cab	$65265	$32630	$37850	**$46340**	**$50250**	JD	4T	276D	12F-4R	80.0		CHA
6320L 4WD w/Cab	$68560	$34280	$39770	**$48680**	**$52790**	JD	4T	276D	16F-16R	80.0		CHA
6320 Hi-Clear 4WD	$47816	$23430	$26300	**$32990**	**$35860**	JD	4T	276D	12F-4R	80.0		No
6320 Hi-Clear	$48900	$24450	$28360	**$34720**	**$37650**	JD	4T	276D	12F-4R	80.0		CHA
6320 Hi-Clear 4WD	$56682	$28340	$32880	**$40240**	**$43650**	JD	4T	276D	12F-4R	80.0		CHA
6320 Hi-Clear	$52431	$26220	$30410	**$37230**	**$40370**	JD	4T	276D	16F-16R	80.0		CHA
6320 Hi-Clear 4WD	$60212	$30110	$34920	**$42750**	**$46360**	JD	4T	276D	16F-16R	80.0		CHA
6403	$30942	$15470	$17950	**$21970**	**$23830**	JD	4T	276D	9F-3R	85.0		No
6403 4WD	$38433	$19220	$22290	**$27290**	**$29590**	JD	4T	276D	9F-3R	85.0		No
6420 Hi-Clear w/Cab	$51418	$25200	$28280	**$35480**	**$38560**	JD	4T	276D	12F-4R	90.0		CHA
6420	$42785	$21390	$24820	**$30380**	**$32940**	JD	4T	276D	12F-4R	90.0		No
6420	$45824	$22910	$26580	**$32540**	**$35280**	JD	4T	276D	16F-16R	90.0		No
6420 w/Cab	$52050	$26030	$30190	**$36960**	**$40080**	JD	4T	276D	12F-4R	90.0		CHA
6420 w/Cab	$55345	$27670	$32100	**$39300**	**$42620**	JD	4T	276D	16F-16R	90.0		CHA
6420 4WD	$50702	$25350	$29410	**$36000**	**$39040**	JD	4T	276D	12F-4R	90.0		No
6420 4WD	$53741	$26870	$31170	**$38160**	**$41380**	JD	4T	276D	16F-16R	90.0		No
6420 4WD w/Cab	$59967	$29980	$34780	**$42580**	**$46180**	JD	4T	276D	12F-4R	90.0		CHA
6420 4WD w/Cab	$63262	$31630	$36690	**$44920**	**$48710**	JD	4T	276D	16F-16R	90.0		CHA
6415	$38444	$19220	$22300	**$27300**	**$29600**	JD	4T	276D	12F-4R	85.0		No
6415	$40022	$20010	$23210	**$28420**	**$30820**	JD	4T	276D	16F-16R	85.0		No
6415 4WD	$46047	$23020	$26710	**$32690**	**$35460**	JD	4T	276D	12F-4R	85.0		No
6415 4WD	$47625	$23810	$27620	**$33810**	**$36670**	JD	4T	276D	16F-16R	85.0		No
6415 4WD w/Cab	$54477	$27240	$31600	**$38680**	**$41950**	JD	4T	276D	12F-4R	85.0		CHA
6415 4WD w/Cab	$56055	$28030	$32510	**$39800**	**$43160**	JD	4T	276D	16F-16R	85.0		CHA
6415 w/Cab	$46874	$23440	$27190	**$33280**	**$36090**	JD	4T	276D	12F-4R	85.0		CHA
6415 w/Cab	$48452	$24230	$28100	**$34400**	**$37310**	JD	4T	276D	16F-16R	85.0		CHA
6415 Hi-Clear	$38239	$19120	$22180	**$27150**	**$29440**	JD	4T	276D	12F-4R	85.0		No
6415 Hi-Clear 4WD	$45842	$22920	$26590	**$32550**	**$35300**	JD	4T	276D	12F-4R	85.0		No
6415 Hi-Clear 4WD Cab	$54272	$27140	$31480	**$38530**	**$41790**	JD	4T	276D	12F-4R	85.0		CHA
6415 Hi-Clear Cab	$46669	$23340	$27070	**$33140**	**$35940**	JD	4T	276D	12F-4R	85.0		CHA
6420 Hi-Clear	$42593	$20870	$23430	**$29390**	**$31950**	JD	4T	276D	12F-4R	90.0		No
6420 Hi-Clear	$45943	$22510	$25270	**$31700**	**$34460**	JD	4T	276D	16F-16R	90.0		No
6420 Hi-Clear 4WD	$50510	$24750	$27780	**$34850**	**$37880**	JD	4T	276D	12F-4R	90.0		No
6420 Hi-Clear 4WD	$53860	$26390	$29620	**$37160**	**$40400**	JD	4T	276D	16F-16R	90.0		No
6420 Hi-Clear 4WD Cab	$59335	$29070	$32630	**$40940**	**$44500**	JD	4T	276D	12F-4R	90.0		CHA
6420 Hi-Clear 4WD Cab	$62865	$30800	$34580	**$43380**	**$47150**	JD	4T	276D	16F-16R	90.0		CHA
6420 Hi-Clear w/Cab	$54948	$26930	$30220	**$37910**	**$41210**	JD	4T	276D	16F-16R	90.0		CHA
6420L	$42684	$21340	$24760	**$30310**	**$32870**	JD	4T	276D	12F-4R	90.0		No
6420L	$45723	$22860	$26520	**$32460**	**$35210**	JD	4T	276D	16F-16R	90.0		No
6420L 4WD	$50600	$25300	$29350	**$35930**	**$38960**	JD	4T	276D	12F-4R	90.0		No
6420L 4WD	$53640	$26820	$31110	**$38080**	**$41300**	JD	4T	276D	16F-16R	90.0		No
6420L 4WD w/Cab	$68315	$34160	$39620	**$48500**	**$52600**	JD	4T	276D	12F-4R	90.0		CHA
6420L 4WD w/Cab	$71610	$35810	$41530	**$50840**	**$55140**	JD	4T	276D	16F-16R	90.0		CHA
6420L w/Cab	$60398	$30200	$35030	**$42880**	**$46510**	JD	4T	276D	12F-4R	90.0		CHA
6420L w/Cab	$63693	$31850	$36940	**$45220**	**$49040**	JD	4T	276D	16F-16R	90.0		CHA
6520L	$48036	$24020	$27860	**$34110**	**$36990**	JD	4T	276D	16F-16R	95.0		No
6520L 4WD	$55953	$27980	$32450	**$39730**	**$43080**	JD	4T	276D	16F-16R	95.0		No
6520L 4WD w/Cab	$69281	$34640	$40180	**$49190**	**$53350**	JD	4T	276D	12F-4R	95.0		CHA
6520L 4WD w/Cab	$72576	$36290	$42090	**$51530**	**$55880**	JD	4T	276D	16F-16R	95.0		CHA
6520L w/Cab	$61364	$30680	$35590	**$43570**	**$47250**	JD	4T	276D	12F-4R	95.0		CHA
6520L w/Cab	$64659	$32330	$37500	**$45910**	**$49790**	JD	4T	276D	16F-16R	95.0		CHA
6615	$42722	$20930	$23500	**$29480**	**$32040**	JD	6T	414D	12F-4R	95.0		No
6615	$44300	$21710	$24370	**$30570**	**$33230**	JD	6T	414D	16F-16R	95.0		No
6615 4WD	$50639	$24810	$27850	**$34940**	**$37980**	JD	6T	414D	12F-4R	95.0		No
6615 4WD	$52217	$25590	$28720	**$36030**	**$39160**	JD	6T	414D	16F-16R	95.0		No
6615 4WD w/Cab	$59069	$28940	$32490	**$40760**	**$44300**	JD	6T	414D	12F-4R	95.0		CHA
6615 4WD w/Cab	$60647	$29720	$33360	**$41850**	**$45490**	JD	6T	414D	16F-16R	95.0		CHA
6615 Hi-Clear	$53418	$26180	$29380	**$36860**	**$40060**	JD	6T	414D	12F-4R	95.0		No
6615 Hi-Clear	$56719	$27790	$31200	**$39140**	**$42540**	JD	6T	414D	16F-16R	95.0		No
6615 Hi-Clear 4WD Cab	$61848	$30310	$34020	**$42680**	**$46390**	JD	6T	414D	12F-4R	95.0		CHA
6615 Hi-Clear 4WD Cab	$65149	$31920	$35830	**$44950**	**$48860**	JD	6T	414D	16F-16R	95.0		CHA
6615 w/Cab	$51152	$25060	$28130	**$35300**	**$38360**	JD	6T	414D	12F-4R	95.0		CHA
6615 w/Cab	$52730	$25840	$29000	**$36380**	**$39550**	JD	6T	414D	16F-16R	95.0		CHA
6715	$46703	$22880	$25690	**$32230**	**$35030**	JD	6T	414D	12F-4R	105.0		No
6715	$48281	$23660	$26560	**$33310**	**$36210**	JD	6T	414D	16F-16R	105.0		No
6715 4WD	$54620	$26760	$30040	**$37690**	**$40970**	JD	6T	414D	12F-4R	105.0		No
6715 4WD	$56198	$27540	$30910	**$38780**	**$42150**	JD	6T	414D	16F-16R	105.0		No
6715 4WD w/Cab	$63050	$30900	$34680	**$43510**	**$47290**	JD	6T	414D	12F-4R	105.0		CHA
6715 4WD w/Cab	$64628	$31670	$35550	**$44590**	**$48470**	JD	6T	414D	16F-16R	105.0		CHA
6715 Hi-Clear	$57399	$28130	$31570	**$39610**	**$43050**	JD	6T	414D	12F-4R	105.0		No
6715 Hi-Clear	$60700	$29740	$33390	**$41880**	**$45530**	JD	6T	414D	16F-16R	105.0		No
6715 Hi-Clear w/Cab	$65829	$32260	$36210	**$45420**	**$49370**	JD	6T	414D	12F-4R	105.0		CHA
6715 Hi-Clear w/Cab	$69130	$33870	$38020	**$47700**	**$51850**	JD	6T	414D	16F-16R	105.0		CHA
6715 w/Cab	$55133	$27020	$30320	**$38040**	**$41350**	JD	6T	414D	12F-4R	105.0		CHA
6715 w/Cab	$56711	$27790	$31190	**$39130**	**$42530**	JD	6T	414D	16F-16R	105.0		CHA
7220	$50065	$25030	$29040	**$35550**	**$38550**	JD	6T	414D	16F-16R	95.0		No
7220 4WD	$58435	$29220	$33890	**$41490**	**$45000**	JD	6T	414D	16F-16R	95.0		No
7220 4WD w/Cab	$67341	$33670	$39060	**$47810**	**$51850**	JD	6T	414D	16F-16R	95.0		CHA
7220 w/Cab	$58971	$29490	$34200	**$41870**	**$45410**	JD	6T	414D	16F-16R	95.0		CHA
7320	$54341	$26630	$29890	**$37500**	**$40760**	JD	6T	414D	16F-16R	105.0		No
7320 4WD	$62711	$30730	$34490	**$43270**	**$47030**	JD	6T	414D	16F-16R	100.0		No
7320 4WD Cab	$74842	$37420	$43410	**$53140**	**$57630**	JD	6T	414D	16F-16R	105.0		CHA

John Deere (Cont.)

Model	Approx. Retail Price New	Estimated Value Less Repairs: Used Trade-In Avg.	Used Trade-In High	Used Retail Avg.	Used Retail High	Engine Make	Engine No. Cyls.	Engine Displ. Cu.-in.	No. Speeds	P.T.O. H.P.	Approx. Shipping Wt.-Lbs.	Cab
2003 (Cont.)												
7320 PS	$63946	$31970	$37090	**$45400**	**$49240**	JD	6T	414D	16F-16R	105.0		CHA
7420	$68793	$34400	$39900	**$48840**	**$52970**	JD	6T	414D	16F-16R	115.0		CHA
7420 4WD	$77542	$38770	$44970	**$55060**	**$59710**	JD	6T	414D	16F-16R	115.0		CHA
7420HC 4WD w/Cab	$88610	$43420	$48740	**$61140**	**$66460**	JD	6T	414D	16F-16R	115.0		CHA
7520 4WD	$74040	$36280	$40720	**$51090**	**$55530**	JD	6T	414D	16F-16R	125.0		No
7520 4WD Cab	$86808	$43400	$50350	**$61630**	**$66840**	JD	6T	414D	16F-16R	125.0		CHA
7710	$79109	$39560	$45880	**$56170**	**$60910**	JD	6T	496D	16F-16R	135.0		CHA
7710 4WD	$90716	$45360	$52620	**$64410**	**$69850**	JD	6T	496D	16F-16R	135.0		CHA
7810	$83434	$41720	$48390	**$59240**	**$64240**	JD	6T	496D	16F-16R	150.0		CHA
7810 4WD	$95041	$47520	$55120	**$67480**	**$73180**	JD	6T	496D	16F-16R	150.0		CHA
8120	$104026	$48890	$56170	**$70740**	**$75940**	JD	6TA	496D	16F-4R	170.0		CHA
8120 4WD	$117422	$55190	$63410	**$79850**	**$85720**	JD	6TA	496D	16F-4R	170.0		CHA
8120T	$135933	$62530	$72040	**$91080**	**$97870**	JD	6TA	496D	16F-4R	170.0		CHA
8220	$113802	$53490	$61450	**$77390**	**$83080**	JD	6TA	496D	16F-4R	190.0		CHA
8220 4WD	$127198	$59780	$68690	**$86500**	**$92860**	JD	6TA	496D	16F-4R	190.0		CHA
8220T	$147656	$67920	$78260	**$98930**	**$106310**	JD	6TA	496D	16F-4R	190.0		CHA
8320 4WD	$141133	$66330	$76210	**$95970**	**$103030**	JD	6TA	496D	16F-4R	215.0		CHA
8320T	$157746	$72560	$83610	**$105690**	**$113580**	JD	6TA	496D	16F-4R	215.0		CHA
8420 4WD	$154866	$72790	$83630	**$105310**	**$113050**	JD	6TA	496D	16F-4R	235.0		CHA
8420T	$166592	$76630	$88290	**$111620**	**$119950**	JD	6TA	496D	16F-4R	235.0		CHA
8520	$177418	$83390	$95810	**$120640**	**$129520**	JD	6TA	496D	16F-4R	255.0		CHA
8520T	$177333	$81570	$93990	**$118810**	**$127680**	JD	6TA	496D	16F-4R	255.0		CHA
9120	$136504	$63450	$72900	**$91800**	**$98550**	JD	6TA	496D	24F-6R	280*		CHA
9120 PS	$144998	$67210	$77220	**$97240**	**$104390**	JD	6TA	496D	18F-6R	280*		CHA
9120 PS w/3-Pt.	$157045	$72850	$83700	**$105400**	**$113150**	JD	6TA	496D	18F-6R	280*		CHA
9120 w/3-Pt.	$148551	$688550	$791100	**$996200**	**$1069450**	JD	6TA	496D	24F-6R	280*		CHA
9220	$158091	$73320	$84240	**$106080**	**$113880**	JD	6TA	643D	24F-6R	325*		CHA
9220 w/3-Pt.	$170138	$78960	$90720	**$114240**	**$122640**	JD	6TA	643D	24F-6R	325*		CHA
9220 PS	$166585	$77550	$89100	**$112200**	**$120450**	JD	6TA	643D	18F-6R	325*		CHA
9220 PS w/3-Pt.	$178632	$82720	$95040	**$119680**	**$128480**	JD	6TA	643D	18F-6R	325*		CHA
9320	$180253	$81880	$94340	**$119260**	**$128160**	JD	6TA	765D	24F-6R	375*		CHA
9320 w/3-Pt.	$190668	$86250	$99380	**$125630**	**$135000**	JD	6TA	765D	24F-6R	375*		CHA
9320 PS	$188737	$85100	$98050	**$123950**	**$133200**	JD	6TA	765D	18F-6R	375*		CHA
9320 PS w/3-Pt.	$199162	$90620	$104410	**$131990**	**$141840**	JD	6TA	765D	18F-6R	375*		CHA
9320T	$232746	$105110	$121110	**$153100**	**$164520**	JD	6TA	765D	24F-6R	375*		CHA
9320T PS	$219961	$99360	$114480	**$144720**	**$155520**	JD	6TA	765D	18F-6R	375*		CHA
9420	$198121	$89700	$103350	**$130650**	**$140400**	JD	6TA	765D	24F-6R	425*		CHA
9420 w/3-Pt.	$207829	$94070	$108390	**$137020**	**$147240**	JD	6TA	765D	24F-6R	425*		CHA
9420 PS w/3-Pt.	$216332	$97750	$112630	**$142380**	**$153000**	JD	6TA	765D	18F-6R	425*		CHA
9420 PS	$206615	$92920	$107060	**$135340**	**$145440**	JD	6TA	765D	18F-6R	425*		CHA
9420T PS	$230803	$103960	$119780	**$151420**	**$162720**	JD	6TA	765D	18F-6R	425*		CHA
9420T PS w/3-Pt.	$243588	$110400	$127200	**$160800**	**$172800**	JD	6TA	765D	18F-6R	425*		CHA
9520 PS	$214990	$92230	$106270	**$134340**	**$144360**	JD	6TA	765D	18F-6R	450*		CHA
9520 PS w/3-Pt.	$225572	$101430	$116870	**$147740**	**$158760**	JD	6TA	765D	18F-6R	450*		CHA
9520T PS	$235036	$105800	$121900	**$154100**	**$165600**	JD	6TA	765D	18F-6R	450*		CHA
9520T PS w/3-Pt.	$247821	$111320	$128260	**$162140**	**$174240**	JD	6TA	765D	18F-6R	450*		CHA

HC—High Clearance L—Low Profile N—Narrow PS—Power Shift T—Tracks
***Engine Horsepower**

Model	Approx. Retail Price New	Used Trade-In Avg.	Used Trade-In High	Used Retail Avg.	Used Retail High	Engine Make	Engine No. Cyls.	Engine Displ. Cu.-in.	No. Speeds	P.T.O. H.P.	Approx. Shipping Wt.-Lbs.	Cab
2002												
790 Manual Steer	$9499	$4470	$5220	**$6460**	**$7030**	Yanmar	3	91D	8F-2R	25.0	1967	No
790 Power Steer	$10829	$5090	$5960	**$7360**	**$8010**	Yanmar	3	91D	8F-2R	25.0	1967	No
790 4WD	$11679	$5490	$6420	**$7940**	**$8640**	Yanmar	3	91D	8F-2R	25.0	2142	No
990	$13399	$6300	$7370	**$9110**	**$9920**	Yanmar	4	121D	9F-3R	35.0	2954	No
990 4WD	$16069	$7550	$8840	**$10930**	**$11890**	Yanmar	4	121D	9F-3R	35.0	2954	No
4100 4WD	$13150	$6180	$7230	**$8940**	**$9730**	Yanmar	3	61D	8F-4R	17.0	1708	No
4100 4WD Hydro	$14850	$6980	$8170	**$10100**	**$10990**	Yanmar	3	61D	Variable	16.0	1808	No
4100 Narrow	$13850	$6510	$7620	**$9420**	**$10250**	Yanmar	3	61D	8F-2R	16.0	1699	No
4200	$14575	$6850	$8020	**$9910**	**$10790**	Yanmar	3	73D	9F-3R	21.5	2375	No
4200 Hydro	$16415	$7720	$9030	**$11160**	**$12150**	Yanmar	3	73D	Variable	20.0	2600	No
4200 4WD	$15685	$7370	$8630	**$10670**	**$11610**	Yanmar	3	73D	9F-3R	21.5	2675	No
4200 4WD Hydro	$17725	$8330	$9750	**$12050**	**$13120**	Yanmar	3	73D	Variable	20.0	2903	No
4300	$16179	$7600	$8900	**$11000**	**$11970**	Yanmar	3	91D	9F-3R	27.0	2600	No
4300 Hydro	$18184	$8550	$10000	**$12370**	**$13460**	Yanmar	3	91D	Variable	25.5	2800	No
4300 4WD	$17289	$8130	$9510	**$11760**	**$12790**	Yanmar	3	91D	9F-3R	27.0	2900	No
4300 4WD	$18450	$8670	$10150	**$12550**	**$13650**	Yanmar	3	91D	12F-12R	27.0	2846	No
4300 4WD Hydro	$19530	$9180	$10740	**$13280**	**$14450**	Yanmar	3	91D	Variable	25.5	2921	No
4400 4WD	$19645	$9230	$10810	**$13360**	**$14540**	Yanmar	3	100D	12F-12R	29.5	2900	No
4400 4WD Hydro	$20945	$9840	$11520	**$14240**	**$15500**	Yanmar	3	100D	Variable	28.5	2922	No
4500	$18245	$8580	$10040	**$12410**	**$13500**	Yanmar	4	121D	9F-3R	33.0	3150	No
4500 4WD	$21810	$10250	$12000	**$14830**	**$16140**	Yanmar	4	121D	12F-12R	33.0	3345	No
4600	$19790	$9300	$10890	**$13460**	**$14650**	Yanmar	4	121D	9F-3R	36.0	3150	No
4600 4WD	$23266	$10940	$12800	**$15820**	**$17220**	Yanmar	4	121D	12F-12R	36.0	3340	No
4600 4WD Hydro	$25300	$11890	$13920	**$17200**	**$18720**	Yanmar	4	121D	Variable	34.5	3348	No
4700 4WD	$24848	$11680	$13670	**$16900**	**$18390**	Yanmar	4	134D	12F-12R	41.5	3360	No
4700 4WD Hydro	$26433	$12420	$14540	**$17970**	**$19560**	Yanmar	4	134D	Variable	40.0	3348	No
5105	$18633	$8760	$10250	**$12670**	**$13790**	JD	3	179D	8F-4R	40.0		No
5105 4WD	$23875	$11220	$13130	**$16240**	**$17670**	JD	3	179D	8F-4R	40.0		No
5205	$20047	$9420	$11030	**$13630**	**$14840**	JD	3	179D	8F-4R	48.0		No
5205 4WD	$26293	$12360	$14460	**$17880**	**$19460**	JD	3	179D	8F-4R	48.0		No
5220	$22066	$10370	$12140	**$15010**	**$16330**	JD	3	179D	9F-3R	45.0		No
5220	$24456	$11490	$13450	**$16630**	**$18100**	JD	3	179D	12F-12R	45.0		No
5220 w/Cab	$30877	$14510	$16980	**$21000**	**$22850**	JD	3	179D	9F-3R	45.0		CHA
5220 4WD	$27344	$12850	$15040	**$18590**	**$20240**	JD	3	179D	9F-3R	45.0		No

John Deere (Cont.)

Model	Approx. Retail Price New	Estimated Value Less Repairs: Used Trade-In Avg.	Used Trade-In High	Used Retail Avg.	Used Retail High	Engine Make	Engine No. Cyls.	Engine Displ. Cu.-in.	No. Speeds	P.T.O. H.P.	Approx. Shipping Wt.-Lbs.	Cab
				2002 (Cont.)								
5220 4WD	$29734	$13980	$16350	**$20220**	**$22000**	JD	3	179D	12F-12R	45.0		No
5220 w/Cab	$33267	$15640	$18300	**$22620**	**$24620**	JD	3	179D	12F-12R	45.0		CHA
5220 4WD w/Cab	$36155	$16990	$19890	**$24590**	**$26760**	JD	3	179D	9F-3R	45.0		CHA
5220 4WD w/Cab	$38545	$18120	$21200	**$26210**	**$28520**	JD	3	179D	12F-12R	45.0		CHA
5320	$24968	$11740	$13730	**$16980**	**$18480**	JD	3T	179D	9F-3R	55.0		No
5320	$27176	$12770	$14950	**$18480**	**$20110**	JD	3T	179D	12F-12R	55.0		No
5320 w/Cab	$33587	$15790	$18470	**$22840**	**$24850**	JD	3T	179D	9F-3R	55.0		CHA
5320 w/Cab	$35805	$16830	$19690	**$24350**	**$26500**	JD	3T	179D	12F-12R	55.0		CHA
5320 4WD	$30346	$14260	$16690	**$20640**	**$22460**	JD	3T	179D	9F-3R	55.0		No
5320 4WD	$32554	$15300	$17910	**$22140**	**$24090**	JD	3T	179D	12F-12R	55.0		No
5320 4WD w/Cab	$38975	$18320	$21440	**$26500**	**$28840**	JD	3T	179D	9F-3R	55.0		CHA
5320 4WD w/Cab	$41183	$19360	$22650	**$28000**	**$30480**	JD	3T	179D	12F-12R	55.0		CHA
5320N	$25041	$11770	$13770	**$17030**	**$18530**	JD	3T	179D	9F-3R	55.0		No
5320N w/Cab	$33870	$15920	$18630	**$23030**	**$25060**	JD	3T	179D	9F-3R	55.0		CHA
5320N 4WD	$31264	$14690	$17200	**$21260**	**$23140**	JD	3T	179D	9F-3R	55.0		No
5320N 4WD w/Cab	$40093	$18840	$22050	**$27260**	**$29670**	JD	3T	179D	9F-3R	55.0		CHA
5420	$27738	$13040	$15260	**$18860**	**$20530**	JD	4	276D	9F-3R	65.0		No
5420	$29946	$14080	$16470	**$20360**	**$22160**	JD	4	276D	12F-12R	65.0		No
5420 w/Cab	$36549	$17180	$20100	**$24850**	**$27050**	JD	4	276D	9F-3R	65.0		CHA
5420 w/Cab	$38757	$18220	$21320	**$26360**	**$28680**	JD	4	276D	12F-12R	65.0		CHA
5420 4WD	$33207	$15610	$18260	**$22580**	**$24570**	JD	4	276D	9F-3R	65.0		No
5420 4WD	$35415	$16650	$19480	**$24080**	**$26210**	JD	4	276D	12F-12R	65.0		No
5420 4WD w/Cab	$42018	$19750	$23110	**$28570**	**$31090**	JD	4	276D	9F-3R	65.0		CHA
5420 4WD w/Cab	$44226	$20790	$24320	**$30070**	**$32730**	JD	4	276D	12F-12R	65.0		CHA
5420N 4WD	$34061	$16010	$18730	**$23160**	**$25210**	JD	4	276D	9F-3R	65.0		No
5420N 4WD w/Cab	$42890	$20160	$23590	**$29170**	**$31740**	JD	4	276D	9F-3R	65.0		CHA
5420N	$27839	$13080	$15310	**$18930**	**$20600**	JD	4	276D	9F-3R	65.0		No
5420N w/Cab	$36667	$17230	$20170	**$24930**	**$27130**	JD	4	276D	9F-3R	65.0		CHA
5520	$30648	$14410	$16860	**$20840**	**$22680**	JD	4T	276D	9F-3R	75.0		No
5520	$32856	$15440	$18070	**$22340**	**$24310**	JD	4T	276D	12F-12R	75.0		No
5520 w/Cab	$39277	$18460	$21600	**$26710**	**$29070**	JD	4T	276D	9F-3R	75.0		CHA
5520 w/Cab	$41485	$19500	$22820	**$28210**	**$30700**	JD	4T	276D	12F-12R	75.0		CHA
5520 4WD	$36117	$16980	$19860	**$24560**	**$26730**	JD	4T	276D	9F-3R	75.0		No
5520 4WD	$38325	$18010	$21080	**$26060**	**$28360**	JD	4T	276D	12F-12R	75.0		No
5520 4WD w/Cab	$44746	$21030	$24610	**$30430**	**$33110**	JD	4T	276D	9F-3R	75.0		CHA
5520 4WD w/Cab	$46954	$22070	$25830	**$31930**	**$34750**	JD	4T	276D	12F-12R	75.0		CHA
5520N	$30153	$14170	$16580	**$20500**	**$22310**	JD	4T	276D	12F-12R	75.0		No
5520N w/Cab	$38982	$18320	$21440	**$26510**	**$28850**	JD	4T	276D	12F-12R	75.0		CHA
5520N 4WD	$36376	$17100	$20010	**$24740**	**$26920**	JD	4T	276D	12F-12R	75.0		No
5520N 4WD w/Cab	$45205	$21250	$24860	**$30740**	**$33450**	JD	4T	276D	12F-12R	75.0		CHA
5520 Hi-Clear	$41507	$19510	$22830	**$28230**	**$30720**	JD	4T	276D	9F-3R	75.0		No
5520 Hi-Clear 4WD	$43715	$20550	$24040	**$29730**	**$32350**	JD	4T	276D	9F-3R	75.0		No
6120	$31707	$14900	$17440	**$21560**	**$23460**	JD	4T	276D	12F-4R	65.0		No
6120	$34702	$16310	$19090	**$23600**	**$25680**	JD	4T	276D	16F-16R	65.0		No
6120 w/Cab	$40488	$19030	$22270	**$27530**	**$29960**	JD	4T	276D	12F-4R	65.0		CHA
6120 w/Cab	$43483	$20440	$23920	**$29570**	**$32180**	JD	4T	276D	16F-16R	65.0		CHA
6120 4WD	$39067	$18360	$21490	**$26570**	**$28910**	JD	4T	276D	12F-4R	65.0		No
6120 4WD	$42062	$19770	$23130	**$28600**	**$31130**	JD	4T	276D	16F-16R	65.0		No
6120 4WD w/Cab	$47848	$22490	$26320	**$32540**	**$35410**	JD	4T	276D	12F-4R	65.0		CHA
6120 4WD w/Cab	$50843	$23900	$27960	**$34570**	**$37620**	JD	4T	276D	16F-16R	65.0		CHA
6120L	$32025	$15050	$17610	**$21780**	**$23700**	JD	4T	276D	12F-4R	65.0		No
6120L	$35020	$16460	$19260	**$23810**	**$25920**	JD	4T	276D	16F-16R	65.0		No
6120L 4WD	$39385	$18510	$21660	**$26780**	**$29150**	JD	4T	276D	12F-4R	65.0		No
6120L 4WD	$42380	$19920	$23310	**$28820**	**$31360**	JD	4T	276D	16F-16R	65.0		No
6220	$33774	$15870	$18580	**$22970**	**$24990**	JD	4T	276D	12F-4R	72.0		No
6220	$36767	$17280	$20220	**$25000**	**$27210**	JD	4T	276D	16F-16R	72.0		No
6220 Hi-Clear 4WD	$44087	$20720	$24250	**$29980**	**$32620**	JD	4T	276D	12F-4R	72.0		No
6220 Hi-Clear 4WD	$47339	$22250	$26040	**$32190**	**$35030**	JD	4T	276D	16F-16R	72.0		No
6220 w/Cab	$43087	$20250	$23700	**$29300**	**$31880**	JD	4T	276D	12F-4R	72.0		CHA
6220 w/Cab	$46082	$21660	$25350	**$31340**	**$34100**	JD	4T	276D	16F-16R	72.0		CHA
6220 4WD	$41134	$19330	$22620	**$27970**	**$30440**	JD	4T	276D	12F-4R	72.0		No
6220 4WD	$44129	$20740	$24270	**$30010**	**$32660**	JD	4T	276D	16F-16R	72.0		No
6220 4WD w/Cab	$50447	$23710	$27750	**$34300**	**$37330**	JD	4T	276D	12F-4R	72.0		CHA
6220 4WD w/Cab	$53442	$25120	$29390	**$36340**	**$39550**	JD	4T	276D	16F-16R	72.0		CHA
6220L	$33918	$15940	$18660	**$23060**	**$25100**	JD	4T	276D	12F-4R	72.0		No
6220L	$36913	$17350	$20300	**$25100**	**$27320**	JD	4T	276D	16F-16R	72.0		No
6220L 4WD	$41278	$19400	$22700	**$28070**	**$30550**	JD	4T	276D	12F-4R	72.0		No
6220L 4WD	$44273	$20810	$24350	**$30110**	**$32760**	JD	4T	276D	16F-16R	72.0		No
6220 Hi-Clear	$36727	$17260	$20200	**$24970**	**$27180**	JD	4T	276D	12F-4R	72.0		No
6220 Hi-Clear	$39979	$18790	$21990	**$27190**	**$29580**	JD	4T	276D	16F-16R	72.0		No
6220 Hi-Clear	$38911	$17510	$20230	**$25680**	**$27630**	JD	4T	276D	12F-4R	72.0		No
6220 Hi-Clear	$42163	$18970	$21930	**$27830**	**$29940**	JD	4T	276D	16F-16R	72.0		No
6220 Hi-Clear	$45742	$20580	$23790	**$30190**	**$32480**	JD	4T	276D	12F-4R	72.0		CHA
6220 Hi-Clear	$48990	$22050	$25480	**$32330**	**$34780**	JD	4T	276D	16F-16R	72.0		CHA
6220 Hi-Clear 4WD	$46577	$20960	$24220	**$30740**	**$33070**	JD	4T	276D	12F-4R	72.0		No
6220 Hi-Clear 4WD	$49829	$22420	$25910	**$32890**	**$35380**	JD	4T	276D	16F-16R	72.0		No
6220 Hi-Clear 4WD	$53102	$23900	$27610	**$35050**	**$37700**	JD	4T	276D	12F-4R	72.0		CHA
6220 Hi-Clear 4WD	$56350	$25360	$29300	**$37190**	**$40010**	JD	4T	276D	16F-16R	72.0		CHA
6320	$36586	$17200	$20120	**$24880**	**$27070**	JD	4T	276D	12F-4R	80.0		No
6320	$39581	$18600	$21770	**$26920**	**$29290**	JD	4T	276D	16F-16R	80.0		No
6320 w/Cab	$45766	$21510	$25170	**$31120**	**$33870**	JD	4T	276D	12F-4R	80.0		CHA
6320 w/Cab	$48761	$22920	$26820	**$33160**	**$36080**	JD	4T	276D	16F-16R	80.0		CHA
6320 4WD	$44252	$20800	$24340	**$30090**	**$32750**	JD	4T	276D	12F-4R	80.0		No
6320 4WD	$47247	$22210	$25990	**$32130**	**$34960**	JD	4T	276D	16F-16R	80.0		No

John Deere (Cont.)

2002 (Cont.)

Model	Approx. Retail Price New	Estimated Value Less Repairs: Used Trade-In Avg.	Used Trade-In High	Used Retail Avg.	Used Retail High	Engine Make	Engine No. Cyls.	Engine Displ. Cu.-in.	No. Speeds	P.T.O. H.P.	Approx. Shipping Wt.-Lbs.	Cab
6320 4WD w/Cab	$53432	$25110	$29390	**$36330**	**$39540**	JD	4T	276D	12F-4R	80.0		CHA
6320 4WD w/Cab	$56427	$26520	$31040	**$38370**	**$41760**	JD	4T	276D	16F-16R	80.0		CHA
6320L	$36118	$16980	$19870	**$24560**	**$26730**	JD	4T	276D	12F-4R	80.0		No
6320L	$39113	$18380	$21510	**$26600**	**$28940**	JD	4T	276D	16F-16R	80.0		No
6320L 4WD	$43918	$20640	$24160	**$29860**	**$32500**	JD	4T	276D	12F-4R	80.0		No
6320L 4WD	$46913	$22050	$25800	**$31900**	**$34720**	JD	4T	276D	16F-16R	80.0		No
6320L w/Cab	$53308	$25060	$29320	**$36250**	**$39450**	JD	4T	276D	12F-4R	80.0		CHA
6320L w/Cab	$56303	$26460	$30970	**$38290**	**$41660**	JD	4T	276D	16F-16R	80.0		CHA
6320L 4WD w/Cab	$60974	$28660	$33540	**$41460**	**$45120**	JD	4T	276D	12F-4R	80.0		CHA
6320L 4WD w/Cab	$63969	$30070	$35180	**$43500**	**$47340**	JD	4T	276D	16F-16R	80.0		CHA
6320 Hi-Clear	$48042	$22580	$26420	**$32670**	**$35550**	JD	4T	276D	12F-4R	80.0		CHA
6320 Hi-Clear 4WD	$55708	$26180	$30640	**$37880**	**$41220**	JD	4T	276D	12F-4R	80.0		CHA
6320 Hi-Clear	$51290	$24110	$28210	**$34880**	**$37960**	JD	4T	276D	16F-16R	80.0		CHA
6320 Hi-Clear 4WD	$58956	$27710	$32430	**$40090**	**$43630**	JD	4T	276D	16F-16R	80.0		CHA
6403	$30942	$14540	$17020	**$21040**	**$22900**	JD	4T	276D	9F-3R	85.0		No
6403 4WD	$38433	$18060	$21140	**$26130**	**$28440**	JD	4T	276D	9F-3R	85.0		No
6405	$34070	$15330	$17720	**$22490**	**$24190**	JD	4T	276D	12F-4R	85.0		No
6405	$35625	$16030	$18530	**$23510**	**$25290**	JD	4T	276D	16F-16R	85.0		No
6405 4WD	$41561	$18700	$21610	**$27430**	**$29510**	JD	4T	276D	12F-4R	85.0		No
6405 4WD	$43116	$19400	$22420	**$28460**	**$30610**	JD	4T	276D	16F-16R	85.0		No
6405 4WD w/Cab	$49866	$22440	$25930	**$32910**	**$35410**	JD	4T	276D	12F-4R	85.0		CHA
6405 4WD w/Cab	$51421	$23140	$26740	**$33940**	**$36510**	JD	4T	276D	16F-16R	85.0		CHA
6405 w/Cab	$42375	$19070	$22040	**$27970**	**$30090**	JD	4T	276D	12F-4R	85.0		CHA
6405 w/Cab	$43910	$19760	$22830	**$28980**	**$31180**	JD	4T	276D	16F-16R	85.0		CHA
6420	$38984	$18320	$21440	**$26510**	**$28850**	JD	4T	276D	16F-16R	90.0		No
6420 w/Cab	$48358	$22730	$26600	**$32880**	**$35790**	JD	4T	276D	12F-4R	90.0		CHA
6420 w/Cab	$51353	$24140	$28240	**$34920**	**$38000**	JD	4T	276D	16F-16R	90.0		CHA
6420 4WD	$46784	$21990	$25730	**$31810**	**$34620**	JD	4T	276D	12F-4R	90.0		No
6420 4WD	$49779	$23400	$27380	**$33850**	**$36840**	JD	4T	276D	16F-16R	90.0		No
6420 4WD w/Cab	$56158	$26390	$30890	**$38190**	**$41560**	JD	4T	276D	12F-4R	90.0		CHA
6420 4WD w/Cab	$59153	$27800	$32530	**$40220**	**$43770**	JD	4T	276D	16F-16R	90.0		CHA
6420L	$39536	$18580	$21750	**$26880**	**$29260**	JD	4T	276D	12F-4R	90.0		No
6420L	$42531	$19990	$23390	**$28920**	**$31470**	JD	4T	276D	16F-16R	90.0		No
6420L 4WD	$47336	$22250	$26040	**$32190**	**$35030**	JD	4T	276D	12F-4R	90.0		No
6420L 4WD	$50331	$23660	$27680	**$34230**	**$37250**	JD	4T	276D	16F-16R	90.0		No
6420L w/Cab	$56335	$26480	$30980	**$38310**	**$41690**	JD	4T	276D	12F-4R	90.0		CHA
6420L w/Cab	$59330	$27890	$32630	**$40340**	**$43900**	JD	4T	276D	16F-16R	90.0		CHA
6420L 4WD w/Cab	$64135	$30140	$35270	**$43610**	**$47460**	JD	4T	276D	12F-4R	90.0		CHA
6420L 4WD w/Cab	$67130	$31550	$36920	**$45650**	**$49680**	JD	4T	276D	16F-16R	90.0		CHA
6520L	$44809	$21060	$24650	**$30470**	**$33160**	JD	4T	276D	16F-16R	95.0		No
6520L 4WD	$52609	$24730	$28940	**$35770**	**$38930**	JD	4T	276D	16F-16R	95.0		No
6520L w/Cab	$58272	$27390	$32050	**$39630**	**$43120**	JD	4T	276D	12F-4R	95.0		CHA
6520L w/Cab	$61267	$28800	$33700	**$41660**	**$45340**	JD	4T	276D	16F-16R	95.0		CHA
6520L 4WD w/Cab	$66072	$31050	$36340	**$44930**	**$48890**	JD	4T	276D	12F-4R	95.0		CHA
6520L 4WD w/Cab	$69067	$32460	$37990	**$46970**	**$51110**	JD	4T	276D	16F-16R	95.0		CHA
6603	$34870	$16390	$19180	**$23710**	**$25800**	JD	6T	414D	9F-3R	95.0		No
6603 4WD	$45924	$21580	$25260	**$31230**	**$33980**	JD	6T	414D	9F-3R	95.0		No
6605	$38020	$17110	$19770	**$25090**	**$26990**	JD	6T	414D	12F-4R	95.0		No
6605	$39575	$17810	$20580	**$26120**	**$28100**	JD	6T	414D	16F-16R	95.0		No
6605 w/Cab	$46326	$20850	$24090	**$30580**	**$32890**	JD	6T	414D	12F-4R	95.0		CHA
6605 w/Cab	$47881	$21550	$24900	**$31600**	**$34000**	JD	6T	414D	16F-16R	95.0		CHA
6605 4WD	$45511	$20480	$23670	**$30040**	**$32310**	JD	6T	414D	12F-4R	95.0		No
6605 4WD	$47066	$21180	$24470	**$31060**	**$33420**	JD	6T	414D	16F-16R	95.0		No
6605 4WD w/Cab	$53817	$24220	$27990	**$35520**	**$38210**	JD	6T	414D	12F-4R	95.0		CHA
6605 4WD w/Cab	$55372	$24920	$28790	**$36550**	**$39310**	JD	6T	414D	16F-16R	95.0		CHA
7210	$56123	$26380	$30870	**$38160**	**$41530**	JD	6T	414D	16F-16R	95.0		CHA
7210 4WD	$64369	$30250	$35400	**$43770**	**$47630**	JD	6T	414D	16F-16R	95.0		CHA
7210HC	$55896	$26270	$30740	**$38010**	**$41360**	JD	6T	414D	16F-16R	95.0		No
7210HC w/Cab	$64412	$30270	$35430	**$43800**	**$47670**	JD	6T	414D	16F-16R	95.0		CHA
7210HC 4WD	$64142	$30150	$35280	**$43620**	**$47470**	JD	6T	414D	16F-16R	95.0		No
7210HC 4WD w/Cab	$72657	$34150	$39960	**$49410**	**$53770**	JD	6T	414D	16F-16R	95.0		CHA
7405	$44877	$20200	$23340	**$29620**	**$31860**	JD	6T	414D	16F-16R	105.0		No
7405 4WD	$52900	$23810	$27510	**$34910**	**$37560**	JD	6T	414D	16F-16R	105.0		No
7405HC 4WD	$56979	$25640	$29630	**$37610**	**$40460**	JD	6T	414D	16F-16R	105.0		No
7410	$60315	$28350	$33170	**$41010**	**$44630**	JD	6T	414D	16F-16R	105.0		CHA
7410 4WD	$68561	$32220	$37710	**$46620**	**$50740**	JD	6T	414D	16F-16R	105.0		CHA
7410HC	$60158	$28270	$33090	**$40910**	**$44520**	JD	6T	414D	16F-16R	105.0		No
7410HC w/Cab	$68674	$32280	$37770	**$46700**	**$50820**	JD	6T	414D	16F-16R	105.0		CHA
7410HC 4WD	$68404	$32150	$37620	**$46520**	**$50620**	JD	6T	414D	16F-16R	105.0		No
7410HC 4WD w/Cab	$76920	$36150	$42310	**$52310**	**$56920**	JD	6T	414D	16F-16R	105.0		CHA
7510 4WD	$73993	$34780	$40700	**$50320**	**$54760**	JD	6T	414D	16F-16R	115.0		CHA
7510 HC 4WD	$77842	$36590	$42810	**$52930**	**$57600**	JD	6T	414D	16F-16R	115.0		No
7510 HC 4WD	$86358	$40590	$47500	**$58720**	**$63910**	JD	6T	414D	16F-16R	115.0		CHA
7610	$68329	$32120	$37580	**$46460**	**$50560**	JD	6T	414D	16F-16R	120.0		CHA
7610 4WD	$79764	$37490	$43870	**$54240**	**$59030**	JD	6T	414D	16F-16R	120.0		CHA
7610 PS	$71987	$33830	$39590	**$48950**	**$53270**	JD	6T	414D	19F-7R	120.0		CHA
7610 PS 4WD	$83422	$39210	$45880	**$56730**	**$61730**	JD	6T	414D	19F-7R	120.0		CHA
7710	$76146	$35790	$41880	**$51780**	**$56350**	JD	6T	496D	16F-16R	135.0		CHA
7710 4WD	$87581	$41160	$48170	**$59560**	**$64810**	JD	6T	496D	16F-16R	135.0		CHA
7710 PS	$79804	$37510	$43890	**$54270**	**$59060**	JD	6T	496D	19F-7R	135.0		CHA
7710 PS 4WD	$91239	$42880	$50180	**$62040**	**$67520**	JD	6T	496D	19F-7R	135.0		CHA
7810	$80613	$37890	$44340	**$54820**	**$59650**	JD	6T	496D	16F-16R	150.0		CHA
7810 4WD	$92048	$43260	$50630	**$62590**	**$68120**	JD	6T	496D	16F-16R	150.0		CHA
7810 PS	$84271	$39610	$46350	**$57300**	**$62360**	JD	6T	496D	19F-7R	150.0		CHA

Model	Approx. Retail Price New	Estimated Value Less Repairs: Used Trade-In Avg.	Used Trade-In High	Used Retail Avg.	Used Retail High	Engine Make	Engine No. Cyls.	Engine Displ. Cu.-in.	No. Speeds	P.T.O. H.P.	Approx. Shipping Wt.-Lbs.	Cab

John Deere (Cont.)

2002 (Cont.)

Model	Approx. Retail Price New	Used Trade-In Avg.	Used Trade-In High	Used Retail Avg.	Used Retail High	Make	No. Cyls.	Displ. Cu.-in.	No. Speeds	P.T.O. H.P.	Approx. Shipping Wt.-Lbs.	Cab
7810 PS WD	$95706	$44980	$52640	**$65080**	**$70820**	JD	6T	496D	19F-7R	150.0		CHA
8120	$99118	$42620	$49560	**$63440**	**$69380**	JD	6TA	496D	16F-4R	170.0		CHA
8120 4WD	$113346	$48740	$56670	**$72540**	**$79340**	JD	6TA	496D	16F-4R	170.0		CHA
8120T	$132898	$54490	$63790	**$83730**	**$90370**	JD	6TA	496D	16F-4R	170.0		CHA
8220	$109315	$47010	$54660	**$69960**	**$76520**	JD	6TA	496D	16F-4R	190.0		CHA
8220 4WD	$126544	$54410	$63270	**$80990**	**$88580**	JD	6TA	496D	16F-4R	190.0		CHA
8220T	$143246	$58730	$68760	**$90250**	**$97410**	JD	6TA	496D	16F-4R	190.0		CHA
8320 4WD	$134637	$57890	$67320	**$86170**	**$94250**	JD	6TA	496D	16F-4R	215.0		CHA
8320T	$153904	$63100	$73870	**$96960**	**$104660**	JD	6TA	496D	16F-4R	215.0		CHA
8420 4WD	$148168	$60750	$71120	**$93350**	**$100750**	JD	6TA	496D	16F-4R	235.0		CHA
8420T	$162547	$66640	$78020	**$102410**	**$110530**	JD	6TA	496D	16F-4R	235.0		CHA
8520	$170308	$69830	$81750	**$107290**	**$115810**	JD	6TA	496D	16F-4R	255.0		CHA
8520T	$173026	$70940	$83050	**$109010**	**$117660**	JD	6TA	496D	16F-4R	255.0		CHA
9120	$123166	$50500	$59120	**$77600**	**$83750**	JD	6TA	496D	12F-3R	280*		CHA
9120 w/3-Pt.	$134368	$55090	$64500	**$84650**	**$91370**	JD	6TA	496D	12F-3R	280*		CHA
9120	$130074	$53330	$62440	**$81950**	**$88450**	JD	6TA	496D	24F-6R	280*		CHA
9120 PS	$137724	$56470	$66110	**$86770**	**$93650**	JD	6TA	496D	18F-6R	280*		CHA
9120 PS w/3-Pt.	$148926	$61060	$71480	**$93820**	**$101270**	JD	6TA	496D	18F-6R	280*		CHA
9120 w/3-Pt.	$141276	$57920	$67810	**$89000**	**$96070**	JD	6TA	496D	24F-6R	280*		CHA
9220	$150420	$61670	$72200	**$94770**	**$102290**	JD	6TA	643D	12F-3R	325*		CHA
9220 w/3-Pt.	$162065	$66450	$77790	**$102100**	**$110200**	JD	6TA	643D	12F-3R	325*		CHA
9220	$155720	$63850	$74750	**$98100**	**$105890**	JD	6TA	643D	24F-6R	325*		CHA
9220 w/3-Pt.	$167365	$67650	$79200	**$103950**	**$112200**	JD	6TA	643D	24F-6R	325*		CHA
9220 PS	$163370	$66010	$77280	**$101430**	**$109480**	JD	6TA	643D	18F-6R	325*		CHA
9220 PS w/3-Pt.	$175015	$70930	$83040	**$108990**	**$117640**	JD	6TA	643D	18F-6R	325*		CHA
9320	$172293	$69700	$81600	**$107100**	**$115600**	JD	6TA	765D	12F-3R	375*		CHA
9320 w/3-Pt.	$183938	$73800	$86400	**$113400**	**$122400**	JD	6TA	765D	12F-3R	375*		CHA
9320	$177593	$71340	$83520	**$109620**	**$118320**	JD	6TA	765D	24F-6R	375*		CHA
9320 w/3-Pt.	$189238	$76260	$89280	**$117180**	**$126480**	JD	6TA	765D	24F-6R	375*		CHA
9320 PS	$185353	$74620	$87360	**$114660**	**$123760**	JD	6TA	765D	18F-6R	375*		CHA
9320 PS w/3-Pt.	$196998	$79130	$92640	**$121590**	**$131240**	JD	6TA	765D	18F-6R	375*		CHA
9320T	$194105	$78310	$91680	**$120330**	**$129880**	JD	6TA	765D	24F-6R	375*		CHA
9320T PS	$201755	$81180	$95040	**$124740**	**$134640**	JD	6TA	765D	18F-6R	375*		CHA
9420	$188108	$75850	$88800	**$116550**	**$125800**	JD	6TA	765D	12F-3R	425*		CHA
9420 w/3-Pt.	$200665	$80770	$94560	**$124110**	**$133960**	JD	6TA	765D	12F-3R	425*		CHA
9420	$193408	$77900	$91200	**$119700**	**$129200**	JD	6TA	765D	24F-6R	425*		CHA
9420 w/3-Pt.	$205965	$82410	$96480	**$126630**	**$136680**	JD	6TA	765D	24F-6R	425*		CHA
9420 PS w/3-Pt.	$213615	$81590	$95520	**$125370**	**$135320**	JD	6TA	765D	18F-6R	425*		CHA
9420 PS	$201058	$80770	$94560	**$124110**	**$133960**	JD	6TA	765D	18F-6R	425*		CHA
9420T	$213090	$82000	$96000	**$126000**	**$136000**	JD	6TA	765D	24F-6R	425*		CHA
9420T PS	$220740	$88560	$103680	**$136080**	**$146880**	JD	6TA	765D	18F-6R	425*		CHA
9420T w/3-Pt.	$224292	$90200	$105600	**$138600**	**$149600**	JD	6TA	765D	24F-6R	425*		CHA
9420T PS w/3-Pt.	$231942	$93070	$108960	**$143010**	**$154360**	JD	6TA	765D	18F-6R	425*		CHA
9520 PS	$208946	$83640	$97920	**$128520**	**$138720**	JD	6TA	765D	18F-6R	450*		CHA
9520T PS	$226059	$91020	$106560	**$139860**	**$150960**	JD	6TA	765D	18F-6R	450*		CHA

HC—High Clearance L—Low Profile N—Narrow PS—Power Shift T—Tracks
***Engine Horsepower**

2001

Model	Approx. Retail Price New	Used Trade-In Avg.	Used Trade-In High	Used Retail Avg.	Used Retail High	Make	No. Cyls.	Displ. Cu.-in.	No. Speeds	P.T.O. H.P.	Approx. Shipping Wt.-Lbs.	Cab
790	$10829	$4770	$5740	**$7150**	**$7800**	Yanmar	3	91D	8F-2R	25.0	1967	No
790 4WD	$11579	$5100	$6140	**$7640**	**$8340**	Yanmar	3	91D	8F-2R	25.0	2142	No
990	$13399	$5900	$7100	**$8840**	**$9650**	Yanmar	4	121D	9F-3R	35.0	2954	No
990 4WD	$16069	$7070	$8520	**$10610**	**$11570**	Yanmar	4	121D	9F-3R	35.0	2954	No
4100 4WD	$13150	$5790	$6970	**$8680**	**$9470**	Yanmar	3	61D	8F-4R	17.0	1708	No
4100 4WD Hydro	$14850	$6530	$7870	**$9800**	**$10690**	Yanmar	3	61D	Variable	16.0	1808	No
4100 Narrow	$13850	$6090	$7340	**$9140**	**$9970**	Yanmar	3	61D	8F-2R	16.0	1699	No
4200	$14575	$6410	$7730	**$9620**	**$10490**	Yanmar	3	73D	9F-3R	21.5	2375	No
4200 Hydro	$16415	$7220	$8700	**$10830**	**$11820**	Yanmar	3	73D	Variable	20.0	2600	No
4200 4WD	$15685	$6900	$8310	**$10350**	**$11290**	Yanmar	3	73D	9F-3R	21.5	2675	No
4200 4WD Hydro	$17725	$7800	$9390	**$11700**	**$12760**	Yanmar	3	73D	Variable	20.0	2903	No
4300	$16050	$7060	$8510	**$10590**	**$11560**	Yanmar	3	91D	9F-3R	27.0	2600	No
4300 Hydro	$18055	$7940	$9570	**$11920**	**$13000**	Yanmar	3	91D	Variable	25.5	2800	No
4300 4WD	$17358	$7640	$9200	**$11460**	**$12500**	Yanmar	3	91D	9F-3R	27.0	2900	No
4300 4WD	$18450	$8120	$9780	**$12180**	**$13280**	Yanmar	3	91D	12F-12R	27.0	2846	No
4300 4WD Hydro	$19360	$8520	$10260	**$12780**	**$13940**	Yanmar	3	91D	Variable	25.5	2921	No
4400 4WD	$19475	$8570	$10320	**$12850**	**$14020**	Yanmar	3	100D	12F-12R	29.5	2900	No
4400 4WD Hydro	$21220	$9340	$11250	**$14010**	**$15280**	Yanmar	3	100D	Variable	28.5	2922	No
4500	$17325	$7620	$9180	**$11440**	**$12470**	Yanmar	4	121D	9F-3R	33.0	3150	No
4500 4WD	$21640	$9520	$11470	**$14280**	**$15580**	Yanmar	4	121D	12F-12R	33.0	3345	No
4600	$18725	$8240	$9920	**$12360**	**$13480**	Yanmar	4	121D	9F-3R	36.0	3150	No
4600 4WD	$23455	$10320	$12430	**$15480**	**$16890**	Yanmar	4	121D	12F-12R	36.0	3340	No
4600 4WD Hydro	$25070	$11030	$13290	**$16550**	**$18050**	Yanmar	4	121D	Variable	34.5	3348	No
4700 4WD	$24890	$10950	$13190	**$16430**	**$17920**	Yanmar	4	134D	12F-12R	41.5	3360	No
4700 4WD Hydro	$26475	$11650	$14030	**$17470**	**$19060**	Yanmar	4	134D	Variable	40.0	3348	No
5105	$18657	$8210	$9890	**$12310**	**$13430**	JD	3	179D	8F-4R	40.0		No
5105 4WD	$23205	$10210	$12300	**$15320**	**$16710**	JD	3	179D	8F-4R	40.0		No
5205	$20187	$8880	$10700	**$13320**	**$14540**	JD	3	179D	8F-4R	48.0		No
5205 4WD	$24732	$10880	$13110	**$16320**	**$17810**	JD	3	179D	8F-4R	48.0		No
5210	$21795	$9590	$11550	**$14390**	**$15690**	JD	3	179D	9F-3R	45.0		No
5210	$24637	$10840	$13060	**$16260**	**$17740**	JD	3	179D	12F-12R	45.0		No
5210 w/Cab	$30346	$13350	$16080	**$20030**	**$21850**	JD	3	179D	9F-3R	45.0		CHA
5210 4WD	$26916	$11840	$14270	**$17770**	**$19380**	JD	3	179D	9F-3R	45.0		No
5210 4WD	$29758	$13090	$15770	**$19640**	**$21430**	JD	3	179D	12F-12R	45.0		No
5210 w/Cab	$33188	$14600	$17590	**$21900**	**$23900**	JD	3	179D	12F-12R	45.0		CHA

Model	Approx. Retail Price New	Estimated Value Less Repairs Used Trade-In Avg.	Used Trade-In High	Used Retail Avg.	Used Retail High	Engine Make	No. Cyls.	Displ. Cu.-in.	No. Speeds	P.T.O. H.P.	Approx. Shipping Wt.-Lbs.	Cab

John Deere (Cont.)

2001 (Cont.)

Model	Approx. Retail Price New	Used Trade-In Avg.	Used Trade-In High	Used Retail Avg.	Used Retail High	Make	No. Cyls.	Displ. Cu.-in.	No. Speeds	P.T.O. H.P.	Approx. Shipping Wt.-Lbs.	Cab
5210 4WD w/Cab	$35467	$15610	$18800	**$23410**	**$25540**	JD	3	179D	9F-3R	45.0		CHA
5210 4WD w/Cab	$38303	$16850	$20300	**$25280**	**$27580**	JD	3	179D	12F-12R	45.0		CHA
5310	$24750	$10890	$13120	**$16340**	**$17820**	JD	3T	179D	9F-3R	55.0		No
5310	$27592	$12140	$14620	**$18210**	**$19870**	JD	3T	179D	12F-12R	55.0		No
5310 w/Cab	$33300	$14650	$17650	**$21980**	**$23980**	JD	3T	179D	9F-3R	55.0		CHA
5310 w/Cab	$36142	$15900	$19160	**$23850**	**$26020**	JD	3T	179D	12F-12R	55.0		CHA
5310 4WD	$30059	$13230	$15930	**$19840**	**$21640**	JD	3T	179D	9F-3R	55.0		No
5310 4WD	$32900	$14480	$17440	**$21710**	**$23690**	JD	3T	179D	12F-12R	55.0		No
5310 4WD w/Cab	$38610	$16990	$20460	**$25480**	**$27800**	JD	3T	179D	9F-3R	55.0		CHA
5310 4WD w/Cab	$41452	$18240	$21970	**$27360**	**$29850**	JD	3T	179D	12F-12R	55.0		CHA
5320N	$24794	$10910	$13140	**$16360**	**$17850**	JD	3T	179D	9F-3R	55.0		No
5320N w/Cab	$33493	$14740	$17750	**$22110**	**$24120**	JD	3T	179D	9F-3R	55.0		CHA
5320N 4WD	$30807	$13560	$16330	**$20330**	**$22180**	JD	3T	179D	9F-3R	55.0		No
5320N 4WD w/Cab	$39506	$17380	$20940	**$26070**	**$28440**	JD	3T	179D	9F-3R	55.0		CHA
5410	$27532	$12110	$14590	**$18170**	**$19820**	JD	4	276D	9F-3R	65.0		No
5410	$30374	$13370	$16100	**$20050**	**$21870**	JD	4	276D	12F-12R	65.0		No
5410 w/Cab	$36083	$15880	$19120	**$23820**	**$25980**	JD	4	276D	9F-3R	65.0		CHA
5410 w/Cab	$38925	$17130	$20630	**$25690**	**$28030**	JD	4	276D	12F-12R	65.0		CHA
5410 4WD	$32895	$14470	$17430	**$21710**	**$23680**	JD	4	276D	9F-3R	65.0		No
5410 4WD	$35737	$15720	$18940	**$23590**	**$25730**	JD	4	276D	12F-12R	65.0		No
5410 4WD w/Cab	$41446	$18240	$21970	**$27350**	**$29840**	JD	4	276D	9F-3R	65.0		CHA
5410 4WD w/Cab	$44288	$19490	$23470	**$29230**	**$31890**	JD	4	276D	12F-12R	65.0		CHA
5510	$30214	$13290	$16010	**$19940**	**$21750**	JD	4T	276D	9F-3R	75.0		No
5510	$33050	$14540	$17520	**$21810**	**$23800**	JD	4T	276D	12F-12R	75.0		No
5510 w/Cab	$38765	$17060	$20550	**$25590**	**$27910**	JD	4T	276D	9F-3R	75.0		CHA
5510 w/Cab	$41607	$18310	$22050	**$27460**	**$29960**	JD	4T	276D	12F-12R	75.0		CHA
5510 4WD	$35508	$15620	$18820	**$23440**	**$25570**	JD	4T	276D	9F-3R	75.0		No
5510 4WD	$38430	$16910	$20370	**$25360**	**$27670**	JD	4T	276D	12F-12R	75.0		No
5510 4WD w/Cab	$44139	$19420	$23390	**$29130**	**$31780**	JD	4T	276D	9F-3R	75.0		CHA
5510 4WD w/Cab	$46981	$20670	$24900	**$31010**	**$33830**	JD	4T	276D	12F-12R	75.0		CHA
5520N	$29708	$13070	$15750	**$19610**	**$21390**	JD	4T	276D	12F-12R	75.0		No
5520N w/Cab	$38407	$16900	$20360	**$25350**	**$27650**	JD	4T	276D	12F-12R	75.0		CHA
5520N 4WD	$35839	$15770	$19000	**$23650**	**$25800**	JD	4T	276D	12F-12R	75.0		No
5520N 4WD w/Cab	$44538	$19600	$23610	**$29400**	**$32070**	JD	4T	276D	12F-12R	75.0		CHA
6110	$31881	$14030	$16900	**$21040**	**$22950**	JD	4T	276D	12F-4R	65.0		No
6110	$35084	$15440	$18600	**$23160**	**$25260**	JD	4T	276D	16F-16R	65.0		No
6110 w/Cab	$40533	$17840	$21480	**$26750**	**$29180**	JD	4T	276D	12F-4R	65.0		CHA
6110 w/Cab	$43736	$19240	$23180	**$28870**	**$31490**	JD	4T	276D	16F-16R	65.0		CHA
6110 4WD	$39132	$17220	$20740	**$25830**	**$28180**	JD	4T	276D	12F-4R	65.0		No
6110 4WD	$42335	$18630	$22440	**$27940**	**$30480**	JD	4T	276D	16F-16R	65.0		No
6110 4WD w/Cab	$47784	$21030	$25330	**$31540**	**$34400**	JD	4T	276D	12F-4R	65.0		CHA
6110 4WD w/Cab	$50987	$22430	$27020	**$33650**	**$36710**	JD	4T	276D	16F-16R	65.0		CHA
6110L	$32678	$14380	$17320	**$21570**	**$23530**	JD	4T	276D	12F-4R	65.0		No
6110L	$36909	$16240	$19560	**$24360**	**$26570**	JD	4T	276D	16F-16R	65.0		No
6110L 4WD	$39929	$17570	$21160	**$26350**	**$28750**	JD	4T	276D	12F-4R	65.0		No
6110L 4WD	$44160	$19430	$23410	**$29150**	**$31800**	JD	4T	276D	16F-16R	65.0		No
6210	$33799	$14870	$17910	**$22310**	**$24340**	JD	4T	276D	12F-4R	72.0		No
6210	$37000	$16280	$19610	**$24420**	**$26640**	JD	4T	276D	16F-16R	72.0		No
6210 w/Cab	$43247	$19030	$22920	**$28540**	**$31140**	JD	4T	276D	12F-4R	72.0		CHA
6210 w/Cab	$46450	$20440	$24620	**$30660**	**$33440**	JD	4T	276D	16F-16R	72.0		CHA
6210 4WD	$41050	$18060	$21760	**$27090**	**$29560**	JD	4T	276D	12F-4R	72.0		No
6210 4WD	$44253	$19470	$23450	**$29210**	**$31860**	JD	4T	276D	16F-16R	72.0		No
6210 4WD w/Cab	$50498	$22220	$26760	**$33330**	**$36360**	JD	4T	276D	12F-4R	72.0		CHA
6210 4WD w/Cab	$53200	$23410	$28200	**$35110**	**$38300**	JD	4T	276D	16F-16R	72.0		CHA
6210L	$34543	$15200	$18310	**$22800**	**$24870**	JD	4T	276D	12F-4R	72.0		No
6210L	$38774	$17060	$20550	**$25590**	**$27920**	JD	4T	276D	16F-16R	72.0		No
6210L 4WD	$41794	$18390	$22150	**$27580**	**$30090**	JD	4T	276D	12F-4R	72.0		No
6210L 4WD	$46025	$20250	$24390	**$30380**	**$33140**	JD	4T	276D	16F-16R	72.0		No
6310	$36438	$16030	$19310	**$24050**	**$26240**	JD	4T	276D	12F-4R	80.0		No
6310	$39641	$17440	$21010	**$26160**	**$28540**	JD	4T	276D	16F-16R	80.0		No
6310 w/Cab	$45886	$20190	$24320	**$30290**	**$33040**	JD	4T	276D	12F-4R	80.0		CHA
6310 w/Cab	$49089	$21600	$26020	**$32400**	**$35340**	JD	4T	276D	16F-16R	80.0		CHA
6310 4WD	$43991	$19360	$23320	**$29030**	**$31670**	JD	4T	276D	12F-4R	80.0		No
6310 4WD	$47194	$20770	$25010	**$31150**	**$33980**	JD	4T	276D	16F-16R	80.0		No
6310 4WD w/Cab	$53439	$23510	$28320	**$35270**	**$38480**	JD	4T	276D	12F-4R	80.0		CHA
6310 4WD w/Cab	$56642	$24920	$30020	**$37380**	**$40780**	JD	4T	276D	16F-16R	80.0		CHA
6310L	$36710	$16150	$19460	**$24230**	**$26430**	JD	4T	276D	12F-4R	80.0		No
6310L	$39913	$17560	$21150	**$26340**	**$28740**	JD	4T	276D	16F-16R	80.0		No
6310L 4WD	$44395	$19530	$23530	**$29300**	**$31960**	JD	4T	276D	12F-4R	80.0		No
6310L 4WD	$47598	$20940	$25230	**$31420**	**$34270**	JD	4T	276D	16F-16R	80.0		No
6310S	$53045	$23340	$28110	**$35010**	**$38190**	JD	4T	276D	12F-4R	80.0		CHA
6310S	$56248	$24750	$29810	**$37120**	**$40500**	JD	4T	276D	16F-16R	80.0		CHA
6310S 4WD	$60598	$26660	$32120	**$40000**	**$43630**	JD	4T	276D	12F-4R	80.0		CHA
6310S 4WD	$63801	$28070	$33820	**$42110**	**$45940**	JD	4T	276D	16F-16R	80.0		CHA
6405	$33567	$14100	$16110	**$21480**	**$23160**	JD	4T	276D	12F-4R	85.0		No
6405 4WD	$41749	$17540	$20040	**$26720**	**$28810**	JD	4T	276D	12F-4R	85.0		No
6405 4WD	$41749	$17540	$20040	**$26720**	**$28810**	JD	4T	276D	12F-4R	85.0		CHA
6405 4WD w/Cab	$49129	$20630	$23580	**$31440**	**$33900**	JD	4T	276D	12F-4R	85.0		CHA
6410	$38291	$16850	$20290	**$25270**	**$27570**	JD	4T	276D	12F-4R	90.0		No
6410	$41494	$18260	$21990	**$27390**	**$29880**	JD	4T	276D	16F-16R	90.0		No
6410 w/Cab	$48286	$21250	$25590	**$31870**	**$34770**	JD	4T	276D	12F-4R	90.0		CHA
6410 w/Cab	$51489	$22660	$27290	**$33980**	**$37070**	JD	4T	276D	16F-16R	90.0		CHA
6410 4WD	$45976	$20230	$24370	**$30340**	**$33100**	JD	4T	276D	12F-4R	90.0		No
6410 4WD	$49179	$21640	$26070	**$32460**	**$35410**	JD	4T	276D	16F-16R	90.0		No

Model	Approx. Retail Price New	Estimated Value Less Repairs Used Trade-In Avg.	High	Used Retail Avg.	High	Engine Make	No. Cyls.	Displ. Cu.-in.	No. Speeds	P.T.O. H.P.	Approx. Shipping Wt.-Lbs.	Cab
John Deere (Cont.)												
				2001 (Cont.)								
6410 4WD w/Cab	$55971	$24630	$29670	**$36940**	**$40300**	JD	4T	276D	12F-4R	90.0		CHA
6410 4WD w/Cab	$59174	$26040	$31360	**$39060**	**$42610**	JD	4T	276D	16F-16R	90.0		CHA
6410L	$39554	$17400	$20960	**$26110**	**$28480**	JD	4T	276D	12F-4R	90.0		No
6410L	$43785	$19270	$23210	**$28900**	**$31530**	JD	4T	276D	16F-16R	90.0		No
6410L 4WD	$47239	$20790	$25040	**$31180**	**$34010**	JD	4T	276D	12F-4R	90.0		No
6410L 4WD	$51470	$22650	$27280	**$33970**	**$37060**	JD	4T	276D	16F-16R	90.0		No
6410S	$55500	$24420	$29420	**$36630**	**$39960**	JD	4T	276D	12F-4R	90.0		CHA
6410S	$58705	$25830	$31110	**$38750**	**$42270**	JD	4T	276D	16F-16R	90.0		CHA
6410S 4WD	$63187	$27800	$33490	**$41700**	**$45500**	JD	4T	276D	12F-4R	90.0		CHA
6410S 4WD	$66390	$29210	$35190	**$43820**	**$47800**	JD	4T	276D	16F-16R	90.0		CHA
6510L	$44147	$19430	$23400	**$29140**	**$31790**	JD	4T	276D	16F-16R	95.0		No
6510L 4WD	$51832	$22810	$27470	**$34210**	**$37320**	JD	4T	276D	16F-16R	95.0		No
6510S	$57411	$25260	$30430	**$37890**	**$41340**	JD	4T	276D	12F-4R	95.0		CHA
6510S	$60614	$26670	$32130	**$40010**	**$43640**	JD	4T	276D	16F-16R	95.0		CHA
6510S 4WD	$65096	$28640	$34500	**$42960**	**$46870**	JD	4T	276D	12F-4R	95.0		CHA
6510S 4WD	$68299	$30050	$36200	**$45080**	**$49180**	JD	4T	276D	16F-16R	95.0		CHA
6605	$38215	$16050	$18340	**$24460**	**$26370**	JD	6T	414D	12F-4R	95.0		No
6605 w/Cab	$46397	$19490	$22270	**$29690**	**$32010**	JD	6T	414D	12F-4R	95.0		CHA
6605 4WD	$45595	$19150	$21890	**$29180**	**$31460**	JD	6T	414D	12F-4R	95.0		No
6605 4WD w/Cab	$53777	$22590	$25810	**$34420**	**$37110**	JD	6T	414D	12F-4R	95.0		CHA
7210	$56604	$24910	$30000	**$37360**	**$40760**	JD	6T	414D	12F-4R	95.0		CHA
7210 4WD	$64850	$28530	$34370	**$42800**	**$46690**	JD	6T	414D	12F-4R	95.0		CHA
7210HC	$55070	$24230	$29190	**$36350**	**$39650**	JD	6T	414D	12F-4R	95.0		No
7210HC w/Cab	$63460	$27920	$33630	**$41880**	**$45690**	JD	6T	414D	12F-4R	95.0		CHA
7210HC 4WD	$63316	$27860	$33560	**$41790**	**$45590**	JD	6T	414D	12F-4R	95.0		No
7210HC 4WD w/Cab	$71706	$31550	$38000	**$47330**	**$51630**	JD	6T	414D	12F-4R	95.0		CHA
7405	$44214	$18570	$21220	**$28300**	**$30510**	JD	6T	414D	16F-16R	105.0		No
7405 4WD	$52128	$21890	$25020	**$33360**	**$35970**	JD	6T	414D	16F-16R	105.0		No
7405HC 4WD	$56137	$23580	$26950	**$35930**	**$38740**	JD	6T	414D	16F-16R	105.0		No
7410	$60971	$26830	$32320	**$40240**	**$43900**	JD	6T	414D	16F-16R	105.0		CHA
7410 4WD	$69217	$30460	$36690	**$45680**	**$49840**	JD	6T	414D	16F-16R	105.0		CHA
7410HC	$60337	$26550	$31980	**$39820**	**$43440**	JD	6T	414D	16F-16R	105.0		No
7410HC w/Cab	$68727	$30240	$36430	**$45360**	**$49480**	JD	6T	414D	16F-16R	105.0		CHA
7410HC 4WD	$68583	$30180	$36350	**$45270**	**$49380**	JD	6T	414D	16F-16R	105.0		No
7410HC 4WD w/Cab	$76973	$33870	$40800	**$50800**	**$55420**	JD	6T	414D	16F-16R	105.0		CHA
7510 4WD	$74208	$32650	$39330	**$48980**	**$53430**	JD	6T	414D	16F-16R	115.0		CHA
7510 HC 4WD	$77523	$34110	$41090	**$51170**	**$55820**	JD	6T	414D	16F-16R	115.0		No
7510 HC 4WD	$85913	$37800	$45530	**$56700**	**$61860**	JD	6T	414D	16F-16R	115.0		CHA
7610	$68629	$30200	$36370	**$45300**	**$49410**	JD	6T	414D	16F-16R	120.0		CHA
7610 4WD	$79895	$35150	$42340	**$52730**	**$57520**	JD	6T	414D	16F-16R	120.0		CHA
7610 PS	$72180	$31760	$38260	**$47640**	**$51970**	JD	6T	414D	19F-7R	120.0		CHA
7610 PS 4WD	$83446	$36720	$44230	**$55070**	**$60080**	JD	6T	414D	19F-7R	120.0		CHA
7710	$76330	$33590	$40460	**$50380**	**$54960**	JD	6T	496D	16F-12R	135.0		CHA
7710 4WD	$87596	$38540	$46430	**$57810**	**$63070**	JD	6T	496D	16F-12R	135.0		CHA
7710 PS	$79881	$35150	$42340	**$52720**	**$57510**	JD	6T	496D	19F-7R	135.0		CHA
7710 PS 4WD	$91147	$40110	$48310	**$60160**	**$65630**	JD	6T	496D	19F-7R	135.0		CHA
7810	$80731	$35520	$42790	**$53280**	**$58130**	JD	6T	496D	16F-12R	135.0		CHA
7810 4WD	$91997	$40480	$48760	**$60720**	**$66240**	JD	6T	496D	16F-12R	150.0		CHA
7810 PS	$84281	$37080	$44670	**$55630**	**$60680**	JD	6T	496D	19F-7R	150.0		CHA
7810 PS 4WD	$95548	$42040	$50640	**$63060**	**$68800**	JD	6T	496D	19F-7R	150.0		CHA
8110	$90710	$35380	$41730	**$54430**	**$60780**	JD	6TA	496D	16F-4R	165.0		CHA
8110 4WD	$105086	$40980	$48340	**$63050**	**$70410**	JD	6TA	496D	16F-4R	165.0		CHA
8110T	$127195	$47060	$55970	**$75050**	**$81410**	JD	6TA	496D	16F-4R	165.0		CHA
8210	$107136	$41780	$49280	**$64280**	**$71780**	JD	6TA	496D	16F-4R	185.0		CHA
8210 4WD	$124118	$45920	$54610	**$73230**	**$79440**	JD	6TA	496D	16F-4R	185.0		CHA
8210T	$137330	$50810	$60430	**$81030**	**$87890**	JD	6TA	496D	16F-4R	185.0		CHA
8310 4WD	$132905	$49180	$58480	**$78410**	**$85060**	JD	6TA	496D	16F-4R	205.0		CHA
8310T	$147074	$54420	$64710	**$86770**	**$94130**	JD	6TA	496D	16F-4R	205.0		CHA
8410 4WD	$146362	$54150	$64400	**$86350**	**$93670**	JD	6TA	496D	16F-4R	235.0		CHA
8410T	$154588	$57200	$68020	**$91210**	**$98940**	JD	6TA	496D	16F-4R	235.0		CHA
9100	$113083	$44100	$52020	**$67850**	**$75770**	JD	6TA	496D	12F-3R	260*		CHA
9100 w/3-Pt.	$122612	$47820	$56400	**$73570**	**$82150**	JD	6TA	496D	12F-3R	260*		CHA
9100	$118180	$46090	$54360	**$70910**	**$79180**	JD	6TA	496D	24F-6R	260*		CHA
9100 w/3-Pt.	$127209	$49610	$58520	**$76330**	**$85230**	JD	6TA	496D	24F-6R	260*		CHA
9200	$135959	$53020	$62540	**$81580**	**$91090**	JD	6TA	643D	12F-3R	310*		CHA
9200 w/3-Pt.	$144934	$56520	$66670	**$86960**	**$97110**	JD	6TA	643D	12F-3R	310*		CHA
9200	$141056	$55010	$64890	**$84630**	**$94510**	JD	6TA	643D	24F-6R	310*		CHA
9200 w/3-Pt.	$150031	$58510	$69010	**$90020**	**$100520**	JD	6TA	643D	24F-6R	310*		CHA
9200 PS	$153797	$59980	$70750	**$92280**	**$103040**	JD	6TA	643D	12F-2R	310*		CHA
9200 PS w/3-Pt.	$162772	$62400	$73600	**$96000**	**$107200**	JD	6TA	643D	12F-2R	310*		CHA
9300	$158296	$58570	$69650	**$93400**	**$101310**	JD	6TA	765D	12F-3R	360*		CHA
9300 w/3-Pt.	$167183	$61860	$73560	**$98640**	**$107000**	JD	6TA	765D	12F-3R	360*		CHA
9300	$163393	$60460	$71890	**$96400**	**$104570**	JD	6TA	765D	24F-6R	360*		CHA
9300 w/3-Pt.	$172280	$63740	$75800	**$101650**	**$110260**	JD	6TA	765D	24F-6R	360*		CHA
9300 PS	$176134	$65170	$77500	**$103920**	**$112730**	JD	6TA	765D	12F-2R	360*		CHA
9300 PS w/3-Pt.	$185021	$66600	$79200	**$106200**	**$115200**	JD	6TA	765D	12F-2R	360*		CHA
9400	$176208	$64750	$77000	**$103250**	**$112000**	JD	6TA	765D	12F-3R	425*		CHA
9400 w/3-Pt.	$191517	$68450	$81400	**$109150**	**$118400**	JD	6TA	765D	12F-3R	425*		CHA
9400	$181305	$65860	$78320	**$105020**	**$113920**	JD	6TA	765D	24F-6R	425*		CHA
9400 w/3-Pt.	$196614	$70300	$83600	**$112100**	**$121600**	JD	6TA	765D	24F-24R	425*		CHA
9400 PS	$194046	$69560	$82720	**$110920**	**$120320**	JD	6TA	765D	12F-2R	425*		CHA
9400 PS w/3-Pt.	$209355	$74370	$88440	**$118590**	**$128640**	JD	6TA	765D	12F-2R	425*		CHA
9400T	$207141	$75480	$89760	**$120360**	**$130560**	JD	6TA	765D	24F-6R	425*		CHA
9400T w/3-Pt.	$219573	$78070	$92840	**$124490**	**$135040**	JD	6TA	765D	24F-6R	425*		CHA

HC—High Clearance L—Low Profile S—Low Clearance PS—Power Shift
***Engine Horsepower**

John Deere (Cont.)

Model	Approx. Retail Price New	Estimated Value Less Repairs: Used Trade-In Avg.	Used Trade-In High	Used Retail Avg.	Used Retail High	Engine Make	Engine No. Cyls.	Engine Displ. Cu.-in.	No. Speeds	P.T.O. H.P.	Approx. Shipping Wt.-Lbs.	Cab
				2000								
790	$10830	$4440	$5520	**$7040**	**$7690**	Yanmar	3	91D	8F-2R	25.0		No
790 4WD	$11575	$4750	$5900	**$7520**	**$8220**	Yanmar	3	91D	8F-2R	25.0		No
4100 4WD	$13350	$5470	$6810	**$8680**	**$9480**	Yanmar	3	61D	8F-4R	17.0		No
4100 4WD Hydro	$15000	$6150	$7650	**$9750**	**$10650**	Yanmar	3	61D	Variable	16.0		No
4200	$14470	$5930	$7380	**$9410**	**$10270**	Yanmar	3	73D	9F-3R	21.5		No
4200 Hydro	$16245	$6660	$8290	**$10560**	**$11530**	Yanmar	3	73D	Variable	20.0		No
4200 4WD	$15670	$6430	$7990	**$10190**	**$11130**	Yanmar	3	73D	9F-3R	21.5		No
4200 4WD Hydro	$17445	$7150	$8900	**$11340**	**$12390**	Yanmar	3	73D	Variable	20.0		No
4300	$15930	$6530	$8120	**$10360**	**$11310**	Yanmar	3	91D	9F-3R	27.0		No
4300 Hydro	$17700	$7260	$9030	**$11510**	**$12570**	Yanmar	3	91D	Variable	25.5		No
4300 4WD	$17130	$7020	$8740	**$11140**	**$12160**	Yanmar	3	91D	9F-3R	27.0		No
4300 4WD	$17815	$7300	$9090	**$11580**	**$12650**	Yanmar	3	91D	12F-12R	27.0		No
4300 4WD Hydro	$18900	$7750	$9640	**$12290**	**$13420**	Yanmar	3	91D	Variable	25.5		No
4400 4WD	$19395	$7950	$9890	**$12610**	**$13770**	Yanmar	3	100D	12F-12R	30.0		No
4400 4WD Hydro	$20430	$8380	$10420	**$13280**	**$14510**	Yanmar	3	100D	Variable	28.5		No
4500 4WD	$21450	$8800	$10940	**$13940**	**$15230**	Yanmar	4	121D	9F-3R	33.0		No
4600 4WD	$23675	$9710	$12070	**$15390**	**$16810**	Yanmar	4	121D	9F-3R	36.0		No
4600 4WD Hydro	$25120	$10300	$12810	**$16330**	**$17840**	Yanmar	4	121D	Variable	34.5		No
4700 4WD	$24710	$10130	$12600	**$16060**	**$17540**	Yanmar	4	134D	12F-12R	41.5		No
4700 4WD Hydro	$26535	$10880	$13530	**$17250**	**$18840**	Yanmar	4	134D	Variable	41.5		No
5105	$18527	$7600	$9450	**$12040**	**$13150**	JD	3	179D	8F-4R	40.0		No
5105 4WD	$23075	$9460	$11770	**$15000**	**$16380**	JD	3	179D	8F-4R	40.0		No
5205	$20057	$8220	$10230	**$13040**	**$14240**	JD	3	179D	8F-4R	48.0		No
5205 4WD	$24600	$10090	$12550	**$15990**	**$17470**	JD	3	179D	8F-4R	48.0		No
5210	$21285	$8730	$10860	**$13840**	**$15110**	JD	3	179D	9F-3R	45.0		No
5210 w/Cab	$29500	$12100	$15050	**$19180**	**$20950**	JD	3	179D	9F-3R	45.0		CHA
5210 4WD	$27275	$11180	$13910	**$17730**	**$19370**	JD	3	179D	9F-3R	45.0		No
5210 4WD w/Cab	$34620	$14190	$17660	**$22500**	**$24580**	JD	3	179D	9F-3R	45.0		CHA
5310	$24697	$10130	$12600	**$16050**	**$17540**	JD	3T	179D	9F-3R	55.0		No
5310 w/Cab	$32185	$13200	$16410	**$20920**	**$22850**	JD	3T	179D	9F-3R	55.0		CHA
5310 4WD	$30075	$12330	$15340	**$19550**	**$21350**	JD	3T	179D	9F-3R	55.0		No
5310 4WD w/Cab	$37495	$15370	$19120	**$24370**	**$26620**	JD	3T	179D	9F-3R	55.0		CHA
5310N	$24794	$10170	$12650	**$16120**	**$17600**	JD	3T	179D	9F-3R	55.0		No
5310N w/Cab	$33360	$13680	$17010	**$21680**	**$23690**	JD	3T	179D	9F-3R	55.0		CHA
5310N 4WD	$30807	$12630	$15710	**$20030**	**$21870**	JD	3T	179D	9F-3R	55.0		No
5310N 4WD w/Cab	$39374	$16140	$20080	**$25590**	**$27960**	JD	3T	179D	9F-3R	55.0		CHA
5410	$27366	$11220	$13960	**$17790**	**$19430**	JD	4	276D	9F-3R	65.0		No
5410 w/Cab	$35636	$14610	$18170	**$23160**	**$25300**	JD	4	276D	9F-3R	65.0		CHA
5410 4WD	$33000	$13530	$16830	**$21450**	**$23430**	JD	4	276D	9F-3R	65.0		No
5410 4WD w/Cab	$41370	$16960	$21100	**$26890**	**$29370**	JD	4	276D	9F-3R	65.0		CHA
5510	$30810	$12630	$15710	**$20030**	**$21880**	JD	4T	276D	9F-3R	75.0		No
5510 w/Cab	$38605	$15830	$19690	**$25090**	**$27410**	JD	4T	276D	9F-3R	75.0		CHA
5510 4WD	$36265	$14870	$18500	**$23570**	**$25750**	JD	4T	276D	9F-3R	75.0		No
5510 4WD w/Cab	$44635	$18300	$22760	**$29010**	**$31690**	JD	4T	276D	9F-3R	75.0		CHA
5510N	$29816	$12230	$15210	**$19380**	**$21170**	JD	4T	276D	12F-12R	75.0		No
5510N w/Cab	$38385	$15740	$19580	**$24950**	**$27250**	JD	4T	276D	12F-12R	75.0		CHA
5510N 4WD	$35945	$14740	$18330	**$23360**	**$25520**	JD	4T	276D	12F-12R	75.0		No
5510N 4WD w/Cab	$44515	$18250	$22700	**$28940**	**$31610**	JD	4T	276D	12F-12R	75.0		CHA
6110	$31410	$12880	$16020	**$20420**	**$22300**	JD	4T	276D	12F-4R	65.0		No
6110 w/Cab	$40038	$16420	$20420	**$26030**	**$28430**	JD	4T	276D	12F-4R	65.0		CHA
6110 4WD	$38552	$15810	$19660	**$25060**	**$27370**	JD	4T	276D	12F-4R	65.0		No
6110 4WD w/Cab	$45695	$18740	$23300	**$29700**	**$32440**	JD	4T	276D	12F-4R	65.0		CHA
6110L	$31600	$12960	$16120	**$20540**	**$22440**	JD	4T	276D	12F-4R	65.0		No
6110L 4WD	$38744	$15890	$19760	**$25180**	**$27510**	JD	4T	276D	12F-4R	65.0		No
6210	$33298	$13650	$16980	**$21640**	**$23640**	JD	4T	276D	12F-4R	72.0		No
6210 w/Cab	$42779	$17540	$21820	**$27810**	**$30370**	JD	4T	276D	12F-4R	72.0		CHA
6210 4WD	$40441	$16580	$20630	**$26290**	**$28710**	JD	4T	276D	12F-4R	72.0		No
6210 4WD w/Cab	$49922	$20470	$25460	**$32450**	**$35450**	JD	4T	276D	12F-4R	72.0		CHA
6210L	$33439	$13710	$17050	**$21740**	**$23740**	JD	4T	276D	12F-4R	72.0		No
6210L 4WD	$40582	$16640	$20700	**$26380**	**$28810**	JD	4T	276D	12F-4R	72.0		No
6310	$35897	$14720	$18310	**$23330**	**$25490**	JD	4T	276D	12F-4R	80.0		No
6310 w/Cab	$45342	$18590	$23120	**$29470**	**$32190**	JD	4T	276D	12F-4R	80.0		CHA
6310 4WD	$43338	$17770	$22100	**$28170**	**$30770**	JD	4T	276D	12F-4R	80.0		No
6310 4WD w/Cab	$52783	$21640	$26920	**$34310**	**$37480**	JD	4T	276D	12F-4R	80.0		CHA
6310L	$35572	$14590	$18140	**$23120**	**$25260**	JD	4T	276D	12F-4R	80.0		No
6310L 4WD	$43143	$17690	$22000	**$28040**	**$30630**	JD	4T	276D	12F-4R	80.0		No
6310S	$52148	$21380	$26600	**$33900**	**$37030**	JD	4T	276D	16F-16R	80.0		CHA
6310S 4WD	$59589	$24430	$30390	**$38730**	**$42310**	JD	4T	276D	16F-16R	80.0		CHA
6405	$33167	$12940	$14930	**$20560**	**$22220**	JD	4T	276D	12F-4R	85.0		No
6405 4WD	$40536	$15810	$18240	**$25130**	**$27160**	JD	4T	276D	12F-4R	85.0		No
6410	$38344	$15720	$19560	**$24920**	**$27220**	JD	4T	276D	12F-4R	90.0		No
6410 w/Cab	$47029	$19280	$23990	**$30570**	**$33390**	JD	4T	276D	12F-4R	90.0		CHA
6410 4WD	$45915	$18830	$23420	**$29850**	**$32600**	JD	4T	276D	12F-4R	90.0		No
6410 4WD w/Cab	$54600	$22390	$27850	**$35490**	**$38770**	JD	4T	276D	12F-4R	90.0		CHA
6410L	$38375	$15730	$19570	**$24940**	**$27250**	JD	4T	276D	12F-4R	90.0		No
6410L 4WD	$45945	$18840	$23430	**$29860**	**$32620**	JD	4T	276D	12F-4R	90.0		No
6410S	$54951	$22530	$28030	**$35720**	**$39020**	JD	4T	276D	16F-16R	90.0		CHA
6410S 4WD	$62522	$25630	$31890	**$40640**	**$44390**	JD	4T	276D	16F-16R	90.0		CHA
6510L	$43492	$17830	$22180	**$28270**	**$30880**	JD	4T	276D	16F-16R	95.0		No
6510L 4WD	$51063	$20940	$26040	**$33190**	**$36260**	JD	4T	276D	16F-16R	95.0		No
6510S	$56841	$23310	$28990	**$36950**	**$40360**	JD	4T	276D	12F-4R	95.0		CHA
6510S 4WD	$64412	$26410	$32850	**$41870**	**$45730**	JD	4T	276D	12F-4R	95.0		CHA
6605	$36902	$14390	$16610	**$22880**	**$24720**	JD	6T	414D	12F-4R	95.0		No
6605 4WD	$44199	$17240	$19890	**$27400**	**$29610**	JD	6T	414D	12F-4R	95.0		No

John Deere (Cont.)

2000 (Cont.)

Model	Approx. Retail Price New	Estimated Value Less Repairs: Used Trade-In Avg.	Used Trade-In High	Used Retail Avg.	Used Retail High	Engine Make	Engine No. Cyls.	Engine Displ. Cu.-in.	No. Speeds	P.T.O. H.P.	Approx. Shipping Wt.-Lbs.	Cab
7210	$52350	$21460	$26700	**$34030**	**$37170**	JD	6T	414D	12F-4R	95.0		CHA
7210 4WD	$60433	$24780	$30820	**$39280**	**$42910**	JD	6T	414D	12F-4R	95.0		CHA
7210HC	$51507	$21120	$26270	**$33480**	**$36570**	JD	6T	414D	12F-4R	95.0		No
7210HC w/Cab	$60459	$24790	$30830	**$39300**	**$42930**	JD	6T	414D	12F-4R	95.0		CHA
7210HC 4WD	$59590	$24430	$30390	**$38730**	**$42310**	JD	6T	414D	12F-4R	95.0		No
7210HC 4WD w/Cab	$68542	$28100	$34960	**$44550**	**$48670**	JD	6T	414D	12F-4R	95.0		CHA
7405	$43558	$16990	$19600	**$27010**	**$29180**	JD	6T	414D	16F-16R	105.0		No
7405 4WD	$51355	$20030	$23110	**$31840**	**$34410**	JD	6T	414D	16F-16R	105.0		No
7405HC 4WD	$55305	$21570	$24890	**$34290**	**$37050**	JD	6T	414D	16F-16R	105.0		No
7410	$56506	$23170	$28820	**$36730**	**$40120**	JD	6T	414D	12F-4R	105.0		CHA
7410 4WD	$64589	$26480	$32940	**$41980**	**$45860**	JD	6T	414D	12F-4R	105.0		CHA
7410HC	$55616	$22800	$28360	**$36150**	**$39490**	JD	6T	414D	12F-4R	105.0		No
7410HC w/Cab	$63841	$26180	$32560	**$41500**	**$45330**	JD	6T	414D	12F-4R	105.0		CHA
7410HC 4WD	$63699	$26120	$32490	**$41400**	**$45230**	JD	6T	414D	12F-4R	105.0		No
7410HC 4WD w/Cab	$71924	$29490	$36680	**$46750**	**$51070**	JD	6T	414D	12F-4R	105.0		CHA
7510 4WD	$72546	$29740	$37000	**$47160**	**$51510**	JD	6T	414D	16F-16R	115.0		CHA
7510 HC 4WD	$76285	$31280	$38910	**$49590**	**$54160**	JD	6T	414D	16F-16R	115.0		No
7510 HC 4WD	$84551	$34670	$43120	**$54960**	**$60030**	JD	6T	414D	16F-16R	115.0		CHA
7610	$65682	$26930	$33500	**$42690**	**$46630**	JD	6T	414D	16F-16R	115.0		CHA
7610 4WD	$76671	$31440	$39100	**$49840**	**$54440**	JD	6T	414D	16F-16R	115.0		CHA
7610 PS	$67604	$27720	$34480	**$43940**	**$48000**	JD	6T	414D	19F-7R	115.0		CHA
7610 PS 4WD	$80055	$32820	$40830	**$52040**	**$56840**	JD	6T	414D	19F-7R	115.0		CHA
7710	$73497	$30130	$37480	**$47770**	**$52180**	JD	6T	496D	16F-12R	130.0		CHA
7710 4WD	$84486	$34640	$43090	**$54920**	**$59990**	JD	6T	496D	16F-12R	130.0		CHA
7710 PS	$74700	$30630	$38100	**$48560**	**$53040**	JD	6T	496D	19F-7R	130.0		CHA
7710 PS 4WD	$86408	$35430	$44070	**$56170**	**$61350**	JD	6T	496D	19F-7R	130.0		CHA
7810	$78899	$32350	$40240	**$51280**	**$56020**	JD	6T	496D	16F-12R	150.0		CHA
7810 4WD	$89888	$36850	$45840	**$58430**	**$63820**	JD	6T	496D	16F-12R	150.0		CHA
7810 PS	$80821	$33140	$41220	**$52530**	**$57380**	JD	6T	496D	19F-7R	150.0		CHA
7810 PS WD	$91810	$37640	$46820	**$59680**	**$65190**	JD	6T	496D	19F-7R	150.0		CHA
8110	$90805	$32690	$39050	**$52670**	**$59020**	JD	6TA	496D	16F-4R	160.0		CHA
8110 4WD	$104422	$37590	$44900	**$60570**	**$67870**	JD	6TA	496D	16F-4R	160.0		CHA
8110T	$121573	$40120	$49850	**$66870**	**$72940**	JD	6TA	496D	16F-4R	160.0		CHA
8210	$106428	$38310	$45760	**$61730**	**$69180**	JD	6TA	496D	16F-4R	180.0		CHA
8210 4WD	$114415	$41190	$49200	**$66360**	**$74370**	JD	6TA	496D	16F-4R	180.0		CHA
8210T	$131459	$43380	$53900	**$72300**	**$78880**	JD	6TA	496D	16F-4R	180.0		CHA
8310 4WD	$130573	$47010	$56150	**$75730**	**$84870**	JD	6TA	496D	16F-4R	200.0		CHA
8310T	$141411	$46670	$57980	**$77780**	**$84850**	JD	6TA	496D	16F-4R	200.0		CHA
8410 4WD	$141644	$50990	$60910	**$82150**	**$92070**	JD	6TA	496D	16F-4R	225.0		CHA
8410T	$148742	$49090	$60980	**$81810**	**$89250**	JD	6TA	496D	16F-4R	225.0		CHA
9100	$112233	$40400	$48260	**$65100**	**$72950**	JD	6TA	496D	12F-3R	260*		CHA
9100 w/3-Pt.	$133630	$48110	$57460	**$77510**	**$86860**	JD	6TA	496D	12F-3R	260*		CHA
9100	$117229	$42200	$50410	**$67990**	**$76200**	JD	6TA	496D	24F-6R	260*		CHA
9100 w/3-Pt.	$129077	$46470	$55500	**$74870**	**$83900**	JD	6TA	496D	24F-6R	260*		CHA
9200	$130008	$46800	$55900	**$75410**	**$84510**	JD	6TA	643D	12F-3R	310*		CHA
9200 w/3-Pt.	$140690	$50650	$60500	**$81600**	**$91450**	JD	6TA	643D	12F-3R	310*		CHA
9200	$140690	$50650	$60500	**$81600**	**$91450**	JD	6TA	643D	24F-6R	310*		CHA
9200 w/3-Pt.	$158176	$56940	$68020	**$91740**	**$102810**	JD	6TA	643D	24F-6R	310*		CHA
9200 PS	$147494	$53100	$63420	**$85550**	**$95870**	JD	6TA	643D	12F-2R	310*		CHA
9200 PS w/3-Pt.	$159330	$57360	$68510	**$92410**	**$103570**	JD	6TA	643D	12F-2R	310*		CHA
9300	$148648	$49050	$60950	**$81760**	**$89190**	JD	6TA	765D	12F-3R	360*		CHA
9300 w/3-Pt.	$159330	$51480	$63960	**$85800**	**$93600**	JD	6TA	765D	12F-3R	360*		CHA
9300	$153644	$49500	$61500	**$82500**	**$90000**	JD	6TA	765D	24F-6R	360*		CHA
9300 w/3-Pt.	$164326	$52800	$65600	**$88000**	**$96000**	JD	6TA	765D	24F-6R	360*		CHA
9300 PS	$166134	$54120	$67240	**$90200**	**$98400**	JD	6TA	765D	12F-2R	360*		CHA
9300 PS w/3-Pt.	$176816	$56430	$70110	**$94050**	**$102600**	JD	6TA	765D	12F-2R	360*		CHA
9300T	$191498	$62040	$77080	**$103400**	**$112800**	JD	6TA	765D	24F-6R	360*		CHA
9400	$169703	$54780	$68060	**$91300**	**$99600**	JD	6TA	765D	12F-3R	425*		CHA
9400 w/3-Pt.	$180385	$58080	$72160	**$96800**	**$105600**	JD	6TA	765D	12F-3R	425*		CHA
9400	$174699	$56430	$70110	**$94050**	**$102600**	JD	6TA	765D	24F-6R	425*		CHA
9400 w/3-Pt.	$185381	$60060	$74620	**$100100**	**$109200**	JD	6TA	765D	24F-24R	425*		CHA
9400 PS	$187171	$61050	$75850	**$101750**	**$111000**	JD	6TA	765D	12F-2R	425*		CHA
9400 PS w/3-Pt.	$197853	$63690	$79130	**$106150**	**$115800**	JD	6TA	765D	12F-2R	425*		CHA
9400T	$204200	$66000	$82000	**$110000**	**$120000**	JD	6TA	765D	24F-6R	425*		CHA

HC—High Clearance L—Low Profile S—Low Clearance PS—Power Shift
***Engine Horsepower**

1999

Model	Approx. Retail Price New	Estimated Value Less Repairs: Used Trade-In Avg.	Used Trade-In High	Used Retail Avg.	Used Retail High	Engine Make	Engine No. Cyls.	Engine Displ. Cu.-in.	No. Speeds	P.T.O. H.P.	Approx. Shipping Wt.-Lbs.	Cab
790	$10290	$4010	$5040	**$6590**	**$7200**	Yanmar	3	91D	8F-2R	25.0		No
790 4WD	$12060	$4700	$5910	**$7720**	**$8440**	Yanmar	3	91D	8F-2R	25.0		No
4100 4WD	$13150	$5130	$6440	**$8420**	**$9210**	Yanmar	3	61D	8F-4R	17.0		No
4100 4WD Hydro	$14850	$5790	$7280	**$9500**	**$10400**	Yanmar	3	61D	Variable	16.0		No
4200	$14170	$5530	$6940	**$9070**	**$9920**	Yanmar	3	73D	9F-3R	21.5		No
4200 Hydro	$15945	$6220	$7810	**$10210**	**$11160**	Yanmar	3	73D	Variable	20.0		No
4200 4WD	$15580	$6080	$7630	**$9970**	**$10910**	Yanmar	3	73D	9F-3R	21.5		No
4200 4WD Hydro	$17145	$6690	$8400	**$10970**	**$12000**	Yanmar	3	73D	Variable	20.0		No
4300	$14930	$5820	$7320	**$9560**	**$10450**	Yanmar	3	91D	9F-3R	27.0		No
4300 Hydro	$16700	$6510	$8180	**$10690**	**$11690**	Yanmar	3	91D	Variable	25.5		No
4300 4WD	$16130	$6290	$7900	**$10320**	**$11290**	Yanmar	3	91D	9F-3R	27.0		No
4300 4WD Hydro	$17900	$6980	$8770	**$11460**	**$12530**	Yanmar	3	91D	Variable	25.5		No
4400 4WD	$18395	$7170	$9010	**$11770**	**$12880**	Yanmar	3	100D	12F-12R	30.0		No
4400 4WD Hydro	$19430	$7580	$9520	**$12440**	**$13600**	Yanmar	3	100D	Variable	28.5		No
4500 4WD	$20115	$7850	$9860	**$12870**	**$14080**	Yanmar	4	121D	9F-3R	33.0		No
4600 4WD	$21915	$8550	$10740	**$14030**	**$15340**	Yanmar	4	121D	9F-3R	36.0		No

John Deere (Cont.)

1999 (Cont.)

Model	Approx. Retail Price New	Estimated Value Less Repairs Used Trade-In Avg.	Used Trade-In High	Used Retail Avg.	Used Retail High	Make	Engine No. Cyls.	Engine Displ. Cu.-in.	No. Speeds	P.T.O. H.P.	Approx. Shipping Wt.-Lbs.	Cab
4600 4WD Hydro	$23500	$9170	$11520	**$15040**	**$16450**	Yanmar	4	121D	Variable	34.5		No
5210	$22115	$8390	$10540	**$13760**	**$15050**	JD	3	179D	9F-3R	45.0		No
5210 w/Cab	$30165	$11760	$14780	**$19310**	**$21120**	JD	3	179D	9F-3R	45.0		CHA
5210 4WD	$27275	$10640	$13370	**$17460**	**$19090**	JD	3	179D	9F-3R	45.0		No
5210 4WD w/Cab	$35285	$13260	$16660	**$21760**	**$23800**	JD	3	179D	9F-3R	45.0		CHA
5310	$24697	$9630	$12100	**$15810**	**$17290**	JD	3T	179D	9F-3R	55.0		No
5310 w/Cab	$32855	$12810	$16100	**$21030**	**$23000**	JD	3T	179D	9F-3R	55.0		CHA
5310 4WD	$30342	$11830	$14870	**$19420**	**$21240**	JD	3T	179D	9F-3R	55.0		No
5310 4WD w/Cab	$38162	$14880	$18700	**$24420**	**$26710**	JD	3T	179D	9F-3R	55.0		CHA
5310N	$24795	$9670	$12150	**$15870**	**$17360**	JD	3T	179D	9F-3R	55.0		No
5310N w/Cab	$33360	$13010	$16350	**$21350**	**$23350**	JD	3T	179D	9F-3R	55.0		CHA
5310N 4WD	$30810	$12020	$15100	**$19720**	**$21570**	JD	3T	179D	9F-3R	55.0		No
5310N 4WD w/Cab	$39375	$15360	$19290	**$25200**	**$27560**	JD	3T	179D	9F-3R	55.0		CHA
5410	$27366	$10670	$13410	**$17510**	**$19160**	JD	4	276D	9F-3R	65.0		No
5410 w/Cab	$35742	$13940	$17510	**$22880**	**$25020**	JD	4	276D	9F-3R	65.0		CHA
5410 4WD	$32736	$12770	$16040	**$20950**	**$22920**	JD	4	276D	9F-3R	65.0		No
5410 4WD w/Cab	$41106	$16030	$20140	**$26310**	**$28770**	JD	4	276D	9F-3R	65.0		CHA
5510	$30810	$12020	$15100	**$19720**	**$21570**	JD	4T	276D	9F-3R	75.0		No
5510 w/Cab	$38605	$15060	$18920	**$24710**	**$27020**	JD	4T	276D	9F-3R	75.0		CHA
5510 4WD	$36265	$14140	$17770	**$23210**	**$25390**	JD	4T	276D	9F-3R	75.0		No
5510 4WD w/Cab	$44635	$17410	$21870	**$28570**	**$31250**	JD	4T	276D	9F-3R	75.0		CHA
5510N	$29816	$11630	$14610	**$19080**	**$20870**	JD	4T	276D	12F-12R	75.0		No
5510N w/Cab	$38385	$14970	$18810	**$24570**	**$26870**	JD	4T	276D	12F-12R	75.0		CHA
5510N 4WD	$35945	$14020	$17610	**$23010**	**$25160**	JD	4T	276D	12F-12R	75.0		No
5510N 4WD w/Cab	$44515	$17360	$21810	**$28490**	**$31160**	JD	4T	276D	12F-12R	75.0		CHA
6110	$31410	$12250	$15390	**$20100**	**$21990**	JD	4T	276D	12F-4R	65.0		No
6110 w/Cab	$39405	$15370	$19310	**$25220**	**$27580**	JD	4T	276D	12F-4R	65.0		CHA
6110 4WD	$38550	$15040	$18890	**$24670**	**$26990**	JD	4T	276D	12F-4R	65.0		No
6110 4WD w/Cab	$46550	$18160	$22810	**$29790**	**$32590**	JD	4T	276D	12F-4R	65.0		CHA
6110L	$31085	$12120	$15230	**$19890**	**$21760**	JD	4T	276D	12F-4R	65.0		No
6110L 4WD	$38230	$14910	$18730	**$24470**	**$26760**	JD	4T	276D	12F-4R	65.0		No
6210	$32785	$12790	$16070	**$20980**	**$22950**	JD	4T	276D	12F-4R	72.0		No
6210 w/Cab	$41630	$16240	$20400	**$26640**	**$29140**	JD	4T	276D	12F-4R	72.0		CHA
6210 4WD	$39925	$15570	$19560	**$25550**	**$27950**	JD	4T	276D	12F-4R	72.0		No
6210 4WD w/Cab	$48775	$19020	$23900	**$31220**	**$34140**	JD	4T	276D	12F-4R	72.0		CHA
6210L	$32925	$12840	$16130	**$21070**	**$23050**	JD	4T	276D	12F-4R	72.0		No
6210L 4WD	$40066	$15630	$19630	**$25640**	**$28050**	JD	4T	276D	12F-4R	72.0		No
6310	$35897	$14000	$17590	**$22970**	**$25130**	JD	4T	276D	12F-4R	80.0		No
6310 w/Cab	$44710	$17440	$21910	**$28610**	**$31300**	JD	4T	276D	12F-4R	80.0		CHA
6310 4WD	$43338	$16900	$21240	**$27740**	**$30340**	JD	4T	276D	12F-4R	80.0		No
6310 4WD w/Cab	$52150	$20340	$25550	**$33380**	**$36510**	JD	4T	276D	12F-4R	80.0		CHA
6310L	$35572	$13870	$17430	**$22770**	**$24900**	JD	4T	276D	12F-4R	80.0		No
6310L 4WD	$43145	$16830	$21140	**$27610**	**$30200**	JD	4T	276D	12F-4R	80.0		No
6310S	$52150	$20340	$25550	**$33380**	**$36510**	JD	4T	276D	16F-16R	80.0		CHA
6310S 4WD	$59590	$23240	$29200	**$38140**	**$41710**	JD	4T	276D	16F-16R	80.0		CHA
6405	$33170	$11280	$14260	**$19900**	**$21560**	JD	4T	276D	12F-4R	85.0		No
6405 4WD	$40536	$13780	$17430	**$24320**	**$26350**	JD	4T	276D	12F-4R	85.0		No
6410	$38345	$14960	$18790	**$24540**	**$26840**	JD	4T	276D	12F-4R	90.0		No
6410 w/Cab	$47030	$18340	$23050	**$30100**	**$32920**	JD	4T	276D	12F-4R	90.0		CHA
6410 4WD	$45915	$17910	$22500	**$29390**	**$32140**	JD	4T	276D	12F-4R	90.0		No
6410 4WD w/Cab	$54600	$21290	$26750	**$34940**	**$38220**	JD	4T	276D	12F-4R	90.0		CHA
6410L	$38375	$14970	$18800	**$24560**	**$26860**	JD	4T	276D	12F-4R	90.0		No
6410L 4WD	$45945	$17920	$22510	**$29410**	**$32160**	JD	4T	276D	12F-4R	90.0		No
6410S	$54950	$21430	$26930	**$35170**	**$38470**	JD	4T	276D	16F-16R	90.0		CHA
6410S 4WD	$62525	$24390	$30640	**$40020**	**$43770**	JD	4T	276D	16F-16R	90.0		CHA
6510L	$43495	$16960	$21310	**$27840**	**$30450**	JD	4T	276D	16F-16R	95.0		No
6510L 4WD	$51065	$19920	$25020	**$32680**	**$35750**	JD	4T	276D	16F-16R	95.0		No
6510S	$56840	$22170	$27850	**$36380**	**$39790**	JD	4T	276D	12F-4R	95.0		CHA
6510S 4WD	$64415	$25120	$31560	**$41230**	**$45090**	JD	4T	276D	12F-4R	95.0		CHA
6605	$36900	$12550	$15870	**$22140**	**$23990**	JD	6T	414D	12F-4R	95.0		No
6605 4WD	$44200	$15030	$19010	**$26520**	**$28730**	JD	6T	414D	12F-4R	95.0		No
7210	$51740	$20180	$25350	**$33110**	**$36220**	JD	6T	414D	12F-4R	95.0		CHA
7210 4WD	$60340	$23530	$29570	**$38620**	**$42240**	JD	6T	414D	12F-4R	95.0		CHA
7210HC	$51510	$20090	$25240	**$32970**	**$36060**	JD	6T	414D	12F-4R	95.0		No
7210HC w/Cab	$59735	$23300	$29270	**$38230**	**$41820**	JD	6T	414D	12F-4R	95.0		CHA
7210HC 4WD	$62000	$23790	$29890	**$39040**	**$42700**	JD	6T	414D	12F-4R	95.0		No
7210HC 4WD w/Cab	$70100	$26910	$33810	**$44160**	**$48300**	JD	6T	414D	12F-4R	95.0		CHA
7405	$43560	$14810	$18730	**$26140**	**$28310**	JD	6T	414D	16F-16R	105.0		No
7405 4WD	$51355	$17460	$22080	**$30810**	**$33380**	JD	6T	414D	16F-16R	105.0		No
7405HC 4WD	$55305	$18800	$23780	**$33180**	**$35950**	JD	6T	414D	16F-16R	105.0		No
7410	$55787	$21760	$27340	**$35700**	**$39050**	JD	6T	414D	12F-4R	105.0		CHA
7410 4WD	$64980	$25340	$31840	**$41590**	**$45490**	JD	6T	414D	12F-4R	105.0		CHA
7410HC	$55616	$21690	$27250	**$35590**	**$38930**	JD	6T	414D	12F-4R	105.0		No
7410HC w/Cab	$63840	$24900	$31280	**$40860**	**$44690**	JD	6T	414D	12F-4R	105.0		CHA
7410HC 4WD	$65975	$25160	$31610	**$41280**	**$45150**	JD	6T	414D	12F-4R	105.0		No
7410HC 4WD w/Cab	$74200	$28470	$35770	**$46720**	**$51100**	JD	6T	414D	12F-4R	105.0		CHA
7610	$65565	$25570	$32130	**$41960**	**$45900**	JD	6T	414D	16F-16R	115.0		CHA
7610 4WD	$77665	$30030	$37730	**$49280**	**$53900**	JD	6T	414D	16F-16R	115.0		CHA
7610 PS	$68950	$26520	$33320	**$43520**	**$47600**	JD	6T	414D	19F-7R	115.0		CHA
7610 PS 4WD	$81050	$31200	$39200	**$51200**	**$56000**	JD	6T	414D	19F-7R	115.0		CHA
7710	$73380	$28620	$35960	**$46960**	**$51370**	JD	6T	496D	16F-12R	130.0		CHA
7710 4WD	$85480	$33150	$41650	**$54400**	**$59500**	JD	6T	496D	16F-12R	130.0		CHA
7710 PS	$76765	$29250	$36750	**$48000**	**$52500**	JD	6T	496D	19F-7R	130.0		CHA
7710 PS 4WD	$88865	$33930	$42630	**$55680**	**$60900**	JD	6T	496D	19F-7R	130.0		CHA

Model	Approx. Retail Price New	Estimated Value Less Repairs Used Trade-In Avg.	High	Used Retail Avg.	High	Engine Make	No. Cyls.	Displ. Cu.-in.	No. Speeds	P.T.O. H.P.	Approx. Shipping Wt.-Lbs.	Cab

John Deere (Cont.)

1999 (Cont.)

Model	Approx. Retail Price New	Used Trade-In Avg.	Used Trade-In High	Used Retail Avg.	Used Retail High	Make	No. Cyls.	Displ. Cu.-in.	No. Speeds	P.T.O. H.P.	Approx. Shipping Wt.-Lbs.	Cab
7810	$82945	$31200	$39200	**$51200**	**$56000**	JD	6T	496D	16F-12R	150.0		CHA
7810 4WD	$94995	$35490	$44590	**$58240**	**$63700**	JD	6T	496D	16F-12R	150.0		CHA
7810 PS	$86330	$32370	$40670	**$53120**	**$58100**	JD	6T	496D	19F-7R	150.0		CHA
7810 PS WD	$98430	$36270	$45570	**$59520**	**$65100**	JD	6T	496D	19F-7R	150.0		CHA
8100	$95600	$31450	$37000	**$51800**	**$58280**	JD	6TA	496D	16F-4R	160.0		CHA
8100 4WD	$104000	$34680	$40800	**$57120**	**$64260**	JD	6TA	496D	16F-4R	160.0		CHA
8100T	$118775	$33480	$42120	**$56160**	**$61560**	JD	6TA	496D	16F-4R	160.0		CHA
8200	$106567	$36230	$42630	**$59680**	**$67140**	JD	6TA	496D	16F-4R	180.0		CHA
8200 4WD	$112155	$37400	$44000	**$61600**	**$69300**	JD	6TA	496D	16F-4R	180.0		CHA
8200T	$128245	$36580	$46020	**$61360**	**$67260**	JD	6TA	496D	16F-4R	180.0		CHA
8300	$114350	$38080	$44800	**$62720**	**$70560**	JD	6TA	496D	16F-4R	200.0		CHA
8300 4WD	$129200	$41480	$48800	**$68320**	**$76860**	JD	6TA	496D	16F-4R	200.0		CHA
8300T	$138300	$39680	$49920	**$66560**	**$72960**	JD	6TA	496D	16F-4R	200.0		CHA
8400 4WD	$139220	$45220	$53200	**$74480**	**$83790**	JD	6TA	496D	16F-4R	225.0		CHA
8400T	$145375	$41850	$52650	**$70200**	**$76950**	JD	6TA	496D	16F-4R	225.0		CHA
9100	$111745	$37990	$44700	**$62580**	**$70400**	JD	6TA	496D	12F-3R	260*		CHA
9200	$129840	$44150	$51940	**$72710**	**$81800**	JD	6TA	643D	12F-3R	310*		CHA
9200	$134835	$45840	$53930	**$75510**	**$84950**	JD	6TA	643D	24F-24R	310*		CHA
9200 PS	$147325	$50090	$58930	**$82500**	**$92820**	JD	6TA	643D	12F-2R	310*		CHA
9300	$148945	$46170	$58090	**$77450**	**$84900**	JD	6TA	765D	12F-3R	360*		CHA
9300	$153945	$47720	$60040	**$80050**	**$87750**	JD	6TA	765D	24F-24R	360*		CHA
9300 PS	$166430	$51590	$64910	**$86540**	**$94870**	JD	6TA	765D	12F-2R	360*		CHA
9400	$168325	$52180	$65650	**$87530**	**$95950**	JD	6TA	765D	12F-3R	425*		CHA
9400	$173320	$53730	$67600	**$90130**	**$98790**	JD	6TA	765D	24F-24R	425*		CHA
9400 PS	$185810	$55800	$70200	**$93600**	**$102600**	JD	6TA	765D	12F-2R	425*		CHA

HC—High Clearance L—Low Profile S—Low Clearance PS—Power Shift
***Engine Horsepower**

1998

Model	Approx. Retail Price New	Used Trade-In Avg.	Used Trade-In High	Used Retail Avg.	Used Retail High	Make	No. Cyls.	Displ. Cu.-in.	No. Speeds	P.T.O. H.P.	Approx. Shipping Wt.-Lbs.	Cab
770	$13927	$5150	$6550	**$8770**	**$9610**	Yanmar	3	83D	8F-2R	20.0		No
770 4WD	$15191	$5620	$7140	**$9570**	**$10480**	Yanmar	3	83D	8F-2R	20.0		No
855	$15886	$5880	$7470	**$10010**	**$10960**	Yanmar	3	61D	Variable	19.0		No
855 4WD	$17269	$6390	$8120	**$10880**	**$11920**	Yanmar	3	61D	Variable	19.0		No
870	$14952	$5530	$7030	**$9420**	**$10320**	Yanmar	3	87D	9F-3R	25.0		No
870 4WD	$17320	$6410	$8140	**$10910**	**$11950**	Yanmar	3	87D	9F-3R	25.0		No
955 4WD	$19324	$7150	$9080	**$12170**	**$13330**	Yanmar	3	87D	Variable	27.0		No
970	$17562	$6500	$8250	**$11060**	**$12120**	Yanmar	3	111D	9F-3R	30.0		No
970 4WD	$20289	$7510	$9540	**$12780**	**$14000**	Yanmar	3	111D	9F-3R	30.0		No
1070	$18937	$7010	$8900	**$11930**	**$13070**	Yanmar	3	116D	9F-3R	35.0		No
1070 4WD	$22048	$8160	$10360	**$13890**	**$15210**	Yanmar	3	116D	9F-3R	35.0		No
5210	$21072	$7800	$9900	**$13280**	**$14540**	JD	3	179D	9F-3R	45.0		No
5210 w/Cab	$29210	$10810	$13730	**$18400**	**$20160**	JD	3	179D	9F-3R	45.0		CHA
5210 4WD	$27000	$9990	$12690	**$17010**	**$18630**	JD	3	179D	9F-3R	45.0		No
5210 4WD w/Cab	$34278	$12680	$16110	**$21600**	**$23650**	JD	3	179D	9F-3R	45.0		CHA
5310	$23795	$8800	$11180	**$14990**	**$16420**	JD	3T	179D	9F-3R	55.0		No
5310 w/Cab	$32527	$12040	$15290	**$20490**	**$22440**	JD	3T	179D	9F-3R	55.0		CHA
5310 4WD	$29775	$11020	$13990	**$18760**	**$20550**	JD	3T	179D	9F-3R	55.0		No
5310 4WD w/Cab	$37785	$13980	$17760	**$23810**	**$26070**	JD	3T	179D	9F-3R	55.0		CHA
5310N	$24550	$9080	$11540	**$15470**	**$16940**	JD	3T	179D	9F-3R	55.0		No
5310N w/Cab	$33030	$12220	$15520	**$20810**	**$22790**	JD	3T	179D	9F-3R	55.0		CHA
5310N 4WD	$30500	$11290	$14340	**$19220**	**$21050**	JD	3T	179D	9F-3R	55.0		No
5310N 4WD w/Cab	$38985	$14420	$18320	**$24560**	**$26900**	JD	3T	179D	9F-3R	55.0		CHA
5410	$26435	$9780	$12420	**$16650**	**$18240**	JD	4	276D	9F-3R	65.0		No
5410 w/Cab	$34730	$12850	$16320	**$21880**	**$23960**	JD	4	276D	9F-3R	65.0		CHA
5410 4WD	$31752	$11750	$14920	**$20000**	**$21910**	JD	4	276D	9F-3R	65.0		No
5410 4WD w/Cab	$40040	$14820	$18820	**$25230**	**$27630**	JD	4	276D	9F-3R	65.0		CHA
5510	$30504	$11290	$14340	**$19220**	**$21050**	JD	4T	276D	9F-3R	75.0		No
5510 w/Cab	$37565	$13900	$17660	**$23670**	**$25920**	JD	4T	276D	9F-3R	75.0		CHA
5510 4WD	$35905	$13290	$16880	**$22620**	**$24770**	JD	4T	276D	9F-3R	75.0		No
5510 4WD w/Cab	$44190	$16350	$20770	**$27840**	**$30490**	JD	4T	276D	9F-3R	75.0		CHA
5510N	$29522	$10920	$13880	**$18600**	**$20370**	JD	4T	276D	12F-12R	75.0		No
5510N w/Cab	$38000	$14060	$17860	**$23940**	**$26220**	JD	4T	276D	12F-12R	75.0		CHA
5510N 4WD	$35592	$13170	$16730	**$22420**	**$24560**	JD	4T	276D	12F-12R	75.0		No
5510N 4WD w/Cab	$44075	$16310	$20720	**$27770**	**$30410**	JD	4T	276D	12F-12R	75.0		CHA
6110	$30290	$11210	$14240	**$19080**	**$20900**	JD	4T	276D	12F-4R	65.0		No
6110 w/Cab	$38783	$14350	$18230	**$24430**	**$26760**	JD	4T	276D	12F-4R	65.0		CH
6110 4WD	$37435	$13850	$17590	**$23580**	**$25830**	JD	4T	276D	12F-4R	65.0		No
6110 4WD w/Cab	$45926	$16990	$21590	**$28930**	**$31690**	JD	4T	276D	12F-4R	65.0		CHA
6110L	$29975	$11090	$14090	**$18880**	**$20680**	JD	4T	276D	12F-4R	65.0		No
6110L 4WD	$37115	$13730	$17440	**$23380**	**$25610**	JD	4T	276D	12F-4R	65.0		No
6210	$31642	$11710	$14870	**$19930**	**$21830**	JD	4T	276D	12F-4R	72.0		No
6210 w/Cab	$40975	$15160	$19260	**$25810**	**$28270**	JD	4T	276D	12F-4R	72.0		CHA
6210 4WD	$38785	$14350	$18230	**$24440**	**$26760**	JD	4T	276D	12F-4R	72.0		No
6210 4WD w/Cab	$48120	$17800	$22620	**$30320**	**$33200**	JD	4T	276D	12F-4R	72.0		CHA
6210L	$31780	$11760	$14940	**$20020**	**$21930**	JD	4T	276D	12F-4R	72.0		No
6210L 4WD	$38925	$14400	$18300	**$24520**	**$26860**	JD	4T	276D	12F-4R	72.0		No
6310	$34200	$12650	$16070	**$21550**	**$23600**	JD	4T	276D	12F-4R	80.0		No
6310 w/Cab	$43496	$16090	$20440	**$27400**	**$30010**	JD	4T	276D	12F-4R	80.0		CHA
6310 4WD	$41640	$15410	$19570	**$26230**	**$28730**	JD	4T	276D	12F-4R	80.0		No
6310 4WD w/Cab	$50940	$18850	$23940	**$32090**	**$35150**	JD	4T	276D	12F-4R	80.0		CHA
6310L	$33880	$12540	$15920	**$21340**	**$23380**	JD	4T	276D	12F-4R	80.0		No
6310L 4WD	$41450	$15340	$19480	**$26110**	**$28600**	JD	4T	276D	12F-4R	80.0		No
6310S	$50820	$18800	$23890	**$32020**	**$35070**	JD	4T	276D	16F-16R	80.0		CHA
6310S 4WD	$58260	$21560	$27380	**$36700**	**$40200**	JD	4T	276D	16F-16R	80.0		CHA

John Deere (Cont.)

1998 (Cont.)

Model	Approx. Retail Price New	Used Trade-In Avg.	Used Trade-In High	Used Retail Avg.	Used Retail High	Engine Make	Engine No. Cyls.	Engine Displ. Cu.-in.	No. Speeds	P.T.O. H.P.	Approx. Shipping Wt.-Lbs.	Cab
6405	$33170	$10950	$13600	**$19240**	**$20900**	JD	4T	276D	12F-4R	85.0		No
6405 4WD	$40536	$13380	$16620	**$23510**	**$25540**	JD	4T	276D	12F-4R	85.0		No
6410	$37116	$13730	$17450	**$23380**	**$25610**	JD	4T	276D	12F-4R	90.0		No
6410 w/Cab	$46290	$17130	$21760	**$29160**	**$31940**	JD	4T	276D	12F-4R	90.0		CHA
6410 4WD	$44690	$16540	$21000	**$28160**	**$30840**	JD	4T	276D	12F-4R	90.0		No
6410 4WD w/Cab	$53860	$19930	$25310	**$33930**	**$37160**	JD	4T	276D	12F-4R	90.0		CHA
6410L	$37146	$13740	$17460	**$23400**	**$25630**	JD	4T	276D	12F-4R	90.0		No
6410L 4WD	$44720	$16550	$21020	**$28170**	**$30860**	JD	4T	276D	12F-4R	90.0		No
6410S	$54086	$20010	$25420	**$34070**	**$37320**	JD	4T	276D	16F-16R	90.0		CHA
6410S 4WD	$61660	$22810	$28980	**$38850**	**$42550**	JD	4T	276D	16F-16R	90.0		CHA
6510L	$42185	$15610	$19830	**$26580**	**$29110**	JD	4T	276D	16F-16R	95.0		No
6510L 4WD	$49755	$18410	$23390	**$31350**	**$34330**	JD	4T	276D	16F-16R	95.0		No
6510S	$55946	$20700	$26300	**$35250**	**$38600**	JD	4T	276D	12F-4R	95.0		CHA
6510S 4WD	$63520	$23500	$29850	**$40020**	**$43830**	JD	4T	276D	12F-4R	95.0		CHA
6605	$36900	$12180	$15130	**$21400**	**$23250**	JD	6T	414D	12F-4R	95.0		No
6605 4WD	$44200	$14590	$18120	**$25640**	**$27850**	JD	6T	414D	12F-4R	95.0		No
7210	$51630	$19100	$24270	**$32530**	**$35630**	JD	6T	414D	12F-4R	95.0		CHA
7210 4WD	$59975	$22190	$28190	**$37780**	**$41380**	JD	6T	414D	12F-4R	95.0		CHA
7210HC	$51400	$19020	$24160	**$32380**	**$35470**	JD	6T	414D	12F-4R	95.0		No
7210HC w/Cab	$59500	$22020	$27970	**$37490**	**$41060**	JD	6T	414D	12F-4R	95.0		CHA
7210HC 4WD	$60890	$22530	$28620	**$38360**	**$42010**	JD	6T	414D	12F-4R	95.0		No
7210HC 4WD w/Cab	$68990	$25530	$32430	**$43460**	**$47600**	JD	6T	414D	12F-4R	95.0		CHA
7405	$43560	$14380	$17860	**$25270**	**$27440**	JD	6T	414D	16F-16R	105.0		No
7405 4WD	$51355	$16950	$21060	**$29790**	**$32350**	JD	6T	414D	16F-16R	105.0		No
7405HC 4WD	$55305	$18250	$22680	**$32080**	**$34840**	JD	6T	414D	16F-16R	105.0		No
7410	$55620	$20580	$26140	**$35040**	**$38380**	JD	6T	414D	12F-4R	105.0		CHA
7410 4WD	$64665	$23930	$30390	**$40740**	**$44620**	JD	6T	414D	12F-4R	105.0		CHA
7410HC	$55450	$20520	$26060	**$34930**	**$38260**	JD	6T	414D	12F-4R	105.0		No
7410HC w/Cab	$63545	$23510	$29870	**$40030**	**$43850**	JD	6T	414D	12F-4R	105.0		CHA
7410HC 4WD	$65645	$24290	$30850	**$41360**	**$45300**	JD	6T	414D	12F-4R	105.0		No
7410HC 4WD w/Cab	$73740	$27280	$34660	**$46460**	**$50880**	JD	6T	414D	12F-4R	105.0		CHA
7610	$64650	$23920	$30390	**$40730**	**$44610**	JD	6T	414D	16F-16R	115.0		CHA
7610 4WD	$76560	$28330	$35980	**$48230**	**$52830**	JD	6T	414D	16F-16R	115.0		CHA
7610 PS	$67980	$25150	$31950	**$42830**	**$46910**	JD	6T	414D	19F-7R	115.0		CHA
7610 PS 4WD	$78090	$28890	$36700	**$49200**	**$53880**	JD	6T	414D	19F-7R	115.0		CHA
7710	$72475	$26820	$34060	**$45660**	**$50010**	JD	6T	496D	16F-12R	130.0		CHA
7710 4WD	$84385	$31220	$39660	**$53160**	**$58230**	JD	6T	496D	16F-12R	130.0		CHA
7710 PS	$75805	$28050	$35630	**$47760**	**$52310**	JD	6T	496D	19F-7R	130.0		CHA
7710 PS 4WD	$85780	$31740	$40320	**$54040**	**$59190**	JD	6T	496D	19F-7R	130.0		CHA
7810	$77520	$28680	$36430	**$48840**	**$53490**	JD	6T	496D	16F-12R	150.0		CHA
7810 4WD	$89375	$33070	$42010	**$56310**	**$61670**	JD	6T	496D	16F-12R	150.0		CHA
7810 PS	$80900	$29930	$38020	**$50970**	**$55820**	JD	6T	496D	19F-7R	150.0		CHA
7810 PS 4WD	$92400	$34190	$43430	**$58210**	**$63760**	JD	6T	496D	19F-7R	150.0		CHA
8100	$88475	$27970	$33210	**$47200**	**$53310**	JD	6TA	496D	16F-4R	160.0		CHA
8100 4WD	$101955	$31360	$37240	**$52920**	**$59780**	JD	6TA	496D	16F-4R	160.0		CHA
8100T	$116360	$30740	$39220	**$51940**	**$57240**	JD	6TA	496D	16F-4R	160.0		CHA
8200	$99315	$30820	$36590	**$52000**	**$58740**	JD	6TA	496D	16F-4R	180.0		CHA
8200 4WD	$111560	$34560	$41040	**$58320**	**$65880**	JD	6TA	496D	16F-4R	180.0		CHA
8200T	$125830	$33350	$42550	**$56350**	**$62100**	JD	6TA	496D	16F-4R	180.0		CHA
8300	$107477	$33600	$39900	**$56700**	**$64050**	JD	6TA	496D	16F-4R	200.0		CHA
8300 4WD	$122250	$36860	$43780	**$62210**	**$70270**	JD	6TA	496D	16F-4R	200.0		CHA
8300T	$133765	$34800	$44400	**$58800**	**$64800**	JD	6TA	496D	16F-4R	200.0		CHA
8400 4WD	$131050	$39680	$47120	**$66960**	**$75640**	JD	6TA	496D	16F-4R	225.0		CHA
8400T	$141655	$36830	$46990	**$62230**	**$68580**	JD	6TA	496D	16F-4R	225.0		CHA
9100	$108520	$34730	$41240	**$58600**	**$66200**	JD	6TA	496D	12F-3R	260*		CHA
9100 PS	$113415	$36290	$43100	**$61240**	**$69180**	JD	6TA	496D	24F-24R	260*		CHA
9200	$128560	$41140	$48850	**$69420**	**$78420**	JD	6TA	643D	12F-3R	310*		CHA
9200	$133455	$42710	$50710	**$72070**	**$81410**	JD	6TA	643D	24F-24R	310*		CHA
9200 PS	$148686	$46910	$55710	**$79160**	**$89430**	JD	6TA	643D	12F-2R	310*		CHA
9300	$147380	$42050	$53650	**$71050**	**$78300**	JD	6TA	765D	12F-3R	360*		CHA
9300	$152270	$43500	$55500	**$73500**	**$81000**	JD	6TA	765D	24F-24R	360*		CHA
9300 PS	$168135	$48140	$61420	**$81340**	**$89640**	JD	6TA	765D	12F-2R	360*		CHA
9400	$166135	$47560	$60680	**$80360**	**$88560**	JD	6TA	765D	12F-3R	425*		CHA
9400	$171026	$49010	$62530	**$82810**	**$91260**	JD	6TA	765D	24F-24R	425*		CHA
9400 PS	$184735	$51910	$66230	**$87710**	**$96660**	JD	6TA	765D	12F-2R	425*		CHA

HC—High Clearance L—Low Profile S—Low Clearance PS—Power Shift
*Engine Horsepower

1997

Model	Approx. Retail Price New	Used Trade-In Avg.	Used Trade-In High	Used Retail Avg.	Used Retail High	Engine Make	Engine No. Cyls.	Engine Displ. Cu.-in.	No. Speeds	P.T.O. H.P.	Approx. Shipping Wt.-Lbs.	Cab
670	$11796	$3850	$4950	**$6820**	**$7480**	Yanmar	3	54D	8F-2R	18.5	1980	No
670 4WD	$13554	$4550	$5850	**$8060**	**$8840**	Yanmar	3	54D	8F-2R	18.5	2120	No
755	$14836	$4900	$6300	**$8680**	**$9520**	Yanmar	3	54D	Variable	20.0	1817	No
755 4WD	$16105	$5640	$7250	**$9990**	**$10950**	Yanmar	3	54D	Variable	20.0	1921	No
770	$12739	$4200	$5400	**$7440**	**$8160**	Yanmar	3	83D	8F-2R	24.0	2180	No
770 4WD	$15191	$5250	$6750	**$9300**	**$10200**	Yanmar	3	83D	8F-2R	24.0	2355	No
855	$15790	$5530	$7110	**$9790**	**$10740**	Yanmar	3	61D	Variable	24.0	1876	No
855 4WD	$17269	$5950	$7650	**$10540**	**$11560**	Yanmar	3	61D	Variable	24.0	1876	No
870	$14952	$4900	$6300	**$8680**	**$9520**	Yanmar	3	87D	9F-3R	28.0	1876	No
870 4WD	$17320	$6060	$7790	**$10740**	**$11780**	Yanmar	3	87D	9F-3R	28.0	1876	No
955 4WD	$19324	$6650	$8550	**$11780**	**$12920**	Yanmar	3	87D	Variable	33.0	1876	No
970	$16750	$5860	$7540	**$10390**	**$11390**	Yanmar	3	111D	9F-3R	30.0	1876	No
970 4WD	$20289	$7000	$9000	**$12400**	**$13600**	Yanmar	3	111D	9F-3R	33.0	1876	No
1070	$18937	$6410	$8240	**$11350**	**$12440**	Yanmar	3	116D	9F-3R	38.5	1876	No
1070 4WD	$22048	$7420	$9540	**$13140**	**$14420**	Yanmar	3	116D	9F-3R	38.5	1876	No

Model	Approx. Retail Price New	Estimated Value Less Repairs Used Trade-In Avg.	High	Used Retail Avg.	High	Engine Make	No. Cyls.	Displ. Cu.-in.	No. Speeds	P.T.O. H.P.	Approx. Shipping Wt.-Lbs.	Cab
John Deere (Cont.)												
				1997 (Cont.)								
5200	$21048	$8000	$9680	**$13260**	**$14730**	JD	3	179D	9F-3R	40.0	4250	No
5200 4WD	$26989	$10260	$12420	**$17000**	**$18890**	JD	3	179D	9F-3R	40.0	4650	No
5200 4WD w/Cab	$34789	$13220	$16000	**$21920**	**$24350**	JD	3	179D	9F-3R	40.0		CHA
5200 w/Cab	$29661	$11270	$13640	**$18690**	**$20760**	JD	3	179D	9F-3R	40.0		CHA
5300	$23212	$8820	$10680	**$14620**	**$16250**	JD	3	179D	9F-3R	50.0	4350	No
5300 4WD	$28269	$10740	$13000	**$17810**	**$19790**	JD	3	179D	9F-3R	50.0	4750	No
5300 4WD w/Cab	$36915	$14030	$16980	**$23260**	**$25840**	JD	3	179D	9F-3R	50.0		CHA
5300 w/Cab	$31773	$12070	$14620	**$20020**	**$22240**	JD	3	179D	9F-3R	50.0		CHA
5400	$26313	$10000	$12100	**$16580**	**$18420**	JD	3	179D	9F-3R	60.0	4600	No
5400 4WD	$31471	$11960	$14480	**$19830**	**$22030**	JD	3	179D	9F-3R	60.0	5000	No
5400 4WD w/Cab	$39591	$15050	$18210	**$24940**	**$27710**	JD	3T	179D	9F-3R	60.0		CHA
5400 w/Cab	$34429	$13080	$15840	**$21690**	**$24100**	JD	3T	179D	9F-3R	60.0		CHA
5400N	$26015	$9890	$11970	**$16390**	**$18210**	JD	3	179D	12F-12R	60.0	4763	No
5400N 4WD	$32017	$12170	$14730	**$20170**	**$22410**	JD	3	179D	12F-12R	60.0	5072	No
5400N 4WD w/Cab	$40115	$15240	$18450	**$25270**	**$28080**	JD	3T	179D	12F-12R	60.0		CHA
5400N w/Cab	$34113	$12960	$15690	**$21490**	**$23880**	JD	3T	179D	12F-12R	60.0		CHA
5500	$29068	$10170	$13080	**$18020**	**$19770**	JD	4T	239D	9F-3R	73.0		No
5500 4WD	$34233	$11980	$15410	**$21220**	**$23280**	JD	4T	239D	9F-3R	73.0		No
5500 4WD w/Cab	$42353	$14820	$19060	**$26260**	**$28800**	JD	4T	239D	9F-3R	73.0		CHA
5500 w/Cab	$37188	$13020	$16740	**$23060**	**$25290**	JD	4T	239D	9F-3R	73.0		CHA
5500N	$28663	$10030	$12900	**$17770**	**$19490**	JD	4T	239D	12F-12R	73.0		No
5500N 4WD	$34658	$12130	$15600	**$21490**	**$23570**	JD	4T	239D	12F-12R	73.0		No
5500N 4WD w/Cab	$42756	$14970	$19240	**$26510**	**$29070**	JD	4T	239D	12F-12R	73.0		CHA
5500N w/Cab	$36761	$12870	$16540	**$22790**	**$25000**	JD	4T	239D	12F-12R	73.0		CHA
6200	$30643	$9810	$12260	**$17470**	**$19150**	JD	4T	239D	12F-4R	66.0	7420	No
6200	$33033	$10570	$13210	**$18830**	**$20650**	JD	4T	239D	16F-16R	66.0		No
6200 4WD	$37578	$12030	$15030	**$21420**	**$23490**	JD	4T	239D	12F-4R	66.0	7916	No
6200 4WD	$39968	$12790	$15990	**$22780**	**$24980**	JD	4T	239D	16F-16R	66.0		No
6200 4WD w/Cab	$46376	$14400	$18000	**$25650**	**$28130**	JD	4T	239D	12F-4R	66.0	8423	CHA
6200 w/Cab	$39441	$12620	$15780	**$22480**	**$24650**	JD	4T	239D	12F-4R	66.0	7927	CHA
6200L	$30623	$9800	$12250	**$17460**	**$19140**	JD	4T	239D	12F-4R	66.0	7420	No
6200L	$33013	$10560	$13210	**$18820**	**$20630**	JD	4T	239D	16F-16R	66.0		No
6200L 4WD	$37558	$12020	$15020	**$21410**	**$23470**	JD	4T	239D	12F-4R	66.0	7916	No
6300	$33061	$11570	$14880	**$20500**	**$22480**	JD	4T	239D	12F-4R	75.0	7497	No
6300	$35451	$12410	$15950	**$21980**	**$24110**	JD	4T	239D	16F-16R	75.0		No
6300 4WD	$40285	$14300	$18390	**$25330**	**$27780**	JD	4T	239D	16F-16R	75.0		No
6300 4WD	$42675	$14940	$19200	**$26460**	**$29020**	JD	4T	239D	12F-4R	75.0	8004	No
6300 4WD w/Cab	$49079	$17180	$22090	**$30430**	**$33370**	JD	4T	239D	12F-4R	75.0	8511	CHA
6300 LC	$49446	$17310	$22250	**$30660**	**$33620**	JD	4T	239D	16F-16R	75.0		CHA
6300 w/Cab	$41855	$14650	$18840	**$25950**	**$28460**	JD	4T	239D	12F-4R	75.0	8004	CHA
6300L	$33039	$11560	$14870	**$20480**	**$22470**	JD	4T	239D	12F-4R	75.0	7497	No
6300L	$35429	$12400	$15940	**$21970**	**$24090**	JD	4T	239D	16F-16R	75.0		No
6300L 4WD	$40389	$14140	$18180	**$25040**	**$27470**	JD	4T	239D	12F-4R	75.0	8004	No
6300LC 4WD	$56670	$19840	$25500	**$35140**	**$38540**	JD	4T	239D	16F-16R	75.0		CHA
6400	$36809	$12880	$16560	**$22820**	**$25030**	JD	4T	276D	12F-4R	85.0	7607	No
6400	$39199	$13720	$17640	**$24300**	**$26660**	JD	4T	276D	16F-16R	85.0		No
6400 4WD	$44159	$15460	$19870	**$27380**	**$30030**	JD	4T	276D	12F-4R	85.0	8246	No
6400 4WD	$46549	$16290	$20950	**$28860**	**$31650**	JD	4T	276D	16F-16R	85.0		No
6400 4WD w/Cab	$52359	$18330	$23560	**$32460**	**$35600**	JD	4T	276D	12F-4R	85.0	8754	CHA
6400 w/Cab	$45009	$15750	$20250	**$27910**	**$30610**	JD	4T	276D	12F-4R	85.0	8114	CHA
6400L	$30584	$12910	$16600	**$22870**	**$25080**	JD	4T	276D	16F-16R	85.0		No
6400L	$36194	$12670	$16290	**$22440**	**$24610**	JD	4T	276D	12F-4R	85.0	7607	No
6400L 4WD	$43544	$15240	$19600	**$27000**	**$29610**	JD	4T	276D	12F-4R	85.0	8246	No
6400LC	$52603	$18410	$23670	**$32610**	**$35770**	JD	4T	276D	16F-16R	85.0		CHA
6400LC 4WD	$59953	$20980	$26980	**$37170**	**$40770**	JD	4T	276D	16F-16R	85.0		CHA
6500L	$41547	$14540	$18700	**$25760**	**$28250**	JD	4T	276D	16F-12R	95.0	7740	No
6500L 4WD	$48897	$17110	$22000	**$30320**	**$33250**	JD	4T	276D	16F-12R	95.0	8379	No
6500LC	$54931	$19230	$24720	**$34060**	**$37350**	JD	4T	276D	16F-16R	95.0		CHA
6500LC 4WD	$62281	$21800	$28030	**$38610**	**$42350**	JD	4T	276D	16F-16R	95.0		CHA
7210	$49440	$17300	$22250	**$30650**	**$33620**	JD	6T	359D	12F-4R	92.0	10662	CHA
7210	$51830	$18140	$23320	**$32140**	**$35240**	JD	6T	359D	16F-16R	92.0		CHA
7210 4WD	$57161	$20010	$25720	**$35440**	**$38870**	JD	6T	359D	12F-4R	92.0	11522	CHA
7210 4WD	$59551	$20840	$26800	**$36920**	**$40500**	JD	6T	359D	16F-16R	92.0		CHA
7210HC	$49217	$17230	$22150	**$30520**	**$33470**	JD	6T	359D	12F-4R	92.0		No
7210HC	$51607	$18060	$23220	**$32000**	**$35090**	JD	6T	359D	16F-16R	92.0		CHA
7210HC 4WD	$56938	$19930	$25620	**$35300**	**$38720**	JD	6T	359D	12F-4R	92.0		No
7210HC 4WD w/Cab	$64797	$22760	$29270	**$40320**	**$44220**	JD	6T	359D	12F-4R	92.0		CHA
7210HC w/Cab	$57076	$19980	$25680	**$35390**	**$38810**	JD	6T	359D	12F-4R	92.0		CHA
7410	$53310	$18660	$23990	**$33050**	**$36250**	JD	6T	414D	12F-4R	100.0	10827	CHA
7410	$55700	$19500	$25070	**$34530**	**$37880**	JD	6T	414D	16F-16R	100.0		CHA
7410 4WD	$61031	$21360	$27460	**$37840**	**$41500**	JD	6T	414D	12F-4R	100.0	11687	CHA
7410 4WD	$63421	$22200	$28540	**$39320**	**$43130**	JD	6T	414D	16F-16R	100.0		CHA
7410HC	$53145	$18600	$23920	**$32950**	**$36140**	JD	6T	414D	12F-4R	100.0		No
7410HC	$55535	$19440	$24990	**$34430**	**$37760**	JD	6T	414D	16F-16R	100.0		CHA
7410HC 4WD	$60866	$21300	$27390	**$37740**	**$41390**	JD	6T	414D	12F-4R	100.0		No
7410HC 4WD w/Cab	$68725	$24050	$30930	**$42610**	**$46730**	JD	6T	414D	12F-4R	100.0		CHA
7410HC w/Cab	$61004	$21350	$27450	**$37820**	**$41480**	JD	6T	414D	12F-4R	100.0		CHA
7610	$62076	$21730	$27930	**$38490**	**$42210**	JD	6T	414D	16F-16R	110.0	13160	CHA
7610 4WD	$72574	$25400	$32660	**$45000**	**$49350**	JD	6T	414D	16F-16R	110.0	15200	CHA
7610 PS	$65310	$22860	$29390	**$40490**	**$44410**	JD	6T	414D	19F-7R	110.0		CHA
7710	$69540	$24340	$31290	**$43120**	**$47290**	JD	6T	496D	16F-12R	125.0	13870	CHA
7710 4WD	$80038	$28010	$36020	**$49620**	**$54430**	JD	6T	496D	16F-12R	125.0	15400	CHA
7710 PS	$72774	$25470	$32750	**$45120**	**$49490**	JD	6T	496D	19F-7R	125.0		CHA
7810	$74573	$26100	$33560	**$46240**	**$50710**	JD	6T	496D	16F-12R	145.0	13910	CHA

John Deere (Cont.)

Model	Approx. Retail Price New	Estimated Value Less Repairs: Used Trade-In Avg.	Used Trade-In High	Used Retail Avg.	Used Retail High	Engine Make	No. Cyls.	Displ. Cu.-in.	No. Speeds	P.T.O. H.P.	Approx. Shipping Wt.-Lbs.	Cab
1997 (Cont.)												
7810 4WD	$85071	$29780	$38280	**$52740**	**$57850**	JD	6T	496D	16F-12R	145.0	15480	CHA
7810 PS	$77807	$27230	$35010	**$48240**	**$52910**	JD	6T	496D	19F-7R	145.0		CHA
8100	$84084	$25230	$30270	**$43720**	**$50030**	JD	6TA	496D	16F-4R	160.0	16435	CHA
8100 4WD	$96084	$28830	$34590	**$49960**	**$57170**	JD	6TA	496D	16F-4R	160.0	17876	CHA
8100T	$114260	$28080	$36400	**$47840**	**$53040**	JD	6TA	496D	16F-4R	160.0		CHA
8200	$93335	$28000	$33600	**$48530**	**$55530**	JD	6TA	496D	16F-4R	180.0	16457	CHA
8200 4WD	$105335	$31600	$37920	**$54770**	**$62670**	JD	6TA	496D	16F-4R	180.0	17898	CHA
8200T	$123430	$30510	$39550	**$51980**	**$57630**	JD	6TA	496D	16F-4R	180.0		CHA
8300	$102510	$30750	$36900	**$53310**	**$60990**	JD	6TA	496D	16F-4R	200.0	17030	CHA
8300 4WD	$114510	$34350	$41220	**$59550**	**$68130**	JD	6TA	496D	16F-4R	200.0	18523	CHA
8300T	$132565	$32400	$42000	**$55200**	**$61200**	JD	6TA	496D	16F-4R	200.0		CHA
8400 4WD	$124626	$35700	$42840	**$61880**	**$70810**	JD	6TA	496D	16F-4R	225.0		CHA
8400T	$140000	$34020	$44100	**$57960**	**$64260**	JD	6TA	496D	16F-4R	225.0		CHA
9100	$102738	$30820	$36990	**$53420**	**$61130**	JD	6TA	496D	12F-3R	260*		CHA
9100	$107488	$32250	$38700	**$55890**	**$63960**	JD	6TA	496D	24F-24R	260*		CHA
9200	$122195	$36660	$43990	**$63540**	**$72710**	JD	6TA	643D	12F-3R	310*		CHA
9200	$126945	$38080	$45700	**$66010**	**$75530**	JD	6TA	643D	24F-24R	310*		CHA
9200 PS	$138822	$41650	$49980	**$72190**	**$82600**	JD	6TA	643D	12F-2R	310*		CHA
9200 w/PTO, 3-Pt.	$138948	$41680	$50020	**$72250**	**$82670**	JD	6TA	643D	12F-3R	310*		CHA
9300	$134077	$36200	$46930	**$61680**	**$68380**	JD	6TA	765D	12F-3R	360*		CHA
9300	$138827	$37480	$48590	**$63860**	**$70800**	JD	6TA	765D	24F-24R	360*		CHA
9300 PS	$150704	$39960	$51800	**$68080**	**$75480**	JD	6TA	765D	12F-2R	360*		CHA
9300 w/PTO, 3-Pt.	$150830	$40720	$52790	**$69380**	**$76920**	JD	6TA	765D	12F-3R	360*		CHA
9400	$158158	$42700	$55360	**$72750**	**$80660**	JD	6TA	765D	12F-3R	425*		CHA
9400	$162908	$43740	$56700	**$74520**	**$82620**	JD	6TA	765D	24F-24R	425*		CHA
9400 PS	$174785	$46170	$59850	**$78660**	**$87210**	JD	6TA	765D	12F-2R	425*		CHA
9400 w/PTO, 3-Pt.	$174911	$46710	$60550	**$79580**	**$88230**	JD	6TA	765D	12F-3R	425*		CHA
1996												
670	$11796	$3630	$4840	**$6710**	**$7370**	Yanmar	3	54D	8F-2R	16.0	1980	No
670 4WD	$13554	$4290	$5720	**$7930**	**$8710**	Yanmar	3	54D	8F-2R	16.0	2120	No
755	$14378	$4620	$6160	**$8540**	**$9380**	Yanmar	3	54D	Variable	20.0	1817	No
755 4WD	$15568	$4950	$6600	**$9150**	**$10050**	Yanmar	3	54D	Variable	20.0	1921	No
770	$12739	$4070	$5430	**$7530**	**$8270**	Yanmar	3	83D	8F-2R	20.0	2180	No
770 4WD	$14670	$4620	$6160	**$8540**	**$9380**	Yanmar	3	83D	8F-2R	24.0	2355	No
855	$15332	$4950	$6600	**$9150**	**$10050**	Yanmar	3	61D	Variable	19.0	1876	No
855 4WD	$16732	$5350	$7130	**$9880**	**$10850**	Yanmar	3	61D	Variable	19.0	1876	No
870	$13994	$4420	$5900	**$8170**	**$8980**	Yanmar	3	87D	9F-3R	25.0	1876	No
870 4WD	$16764	$5280	$7040	**$9760**	**$10720**	Yanmar	3	87D	9F-3R	25.0	1876	No
955 4WD	$18663	$5940	$7920	**$10980**	**$12060**	Yanmar	3	87D	Variable	27.3	1876	No
970	$16193	$5340	$7130	**$9880**	**$10850**	Yanmar	3	111D	9F-3R	30.0	1876	No
970 4WD	$19651	$6270	$8360	**$11590**	**$12730**	Yanmar	3	111D	9F-3R	30.0	1876	No
1070	$18794	$6040	$8050	**$11160**	**$12260**	Yanmar	3	116D	9F-3R	35.0	1876	No
1070 4WD	$21492	$6930	$9240	**$12810**	**$14070**	Yanmar	3	116D	9F-3R	35.0	1876	No
5200	$19691	$7030	$8550	**$11780**	**$13110**	JD	3	179D	9F-3R	40.0	4250	No
5200 4WD	$24755	$9160	$11140	**$15350**	**$17080**	JD	3	179D	9F-3R	40.0	4650	No
5200 4WD w/Cab	$32677	$12090	$14710	**$20260**	**$22550**	JD	3	179D	9F-3R	40.0		CHA
5200 w/Cab	$27613	$10220	$12430	**$17120**	**$19050**	JD	3	179D	9F-3R	40.0		CHA
5300	$21610	$8000	$9730	**$13400**	**$14910**	JD	3	179D	9F-3R	50.0	4350	No
5300 4WD	$26629	$9850	$11980	**$16510**	**$18370**	JD	3	179D	9F-3R	50.0	4750	No
5300 4WD w/Cab	$34551	$12780	$15550	**$21420**	**$23840**	JD	3	179D	9F-3R	50.0		CHA
5300 w/Cab	$29532	$10930	$13290	**$18310**	**$20380**	JD	3	179D	9F-3R	50.0		CHA
5400	$24028	$8950	$10880	**$14990**	**$16690**	JD	3	179D	9F-3R	60.0	4600	No
5400 4WD	$29040	$10750	$13070	**$18010**	**$20040**	JD	3	179D	9F-3R	60.0	5000	No
5400 4WD w/Cab	$36962	$13680	$16630	**$22920**	**$25500**	JD	3T	179D	9F-3R	60.0		CHA
5400 w/Cab	$31950	$11820	$14380	**$19810**	**$22050**	JD	3T	179D	9F-3R	60.0		CHA
5400N	$25381	$9390	$11420	**$15740**	**$17510**	JD	3	179D	12F-12R	60.0	4763	No
5400N 4WD	$31237	$11560	$14060	**$19370**	**$21550**	JD	3	179D	12F-12R	60.0	5072	No
6200	$29177	$9050	$11380	**$16340**	**$18090**	JD	4T	239D	12F-4R	66.0	7420	No
6200	$31497	$9760	$12280	**$17640**	**$19530**	JD	4T	239D	16F-16R	66.0		No
6200 4WD	$35910	$11130	$14010	**$20110**	**$22260**	JD	4T	239D	12F-4R	66.0	7916	No
6200 4WD	$38230	$11850	$14910	**$21410**	**$23700**	JD	4T	239D	16F-16R	66.0		No
6200 4WD w/Cab	$44451	$13490	$16970	**$24360**	**$26970**	JD	4T	239D	12F-4R	66.0	8423	CHA
6200 w/Cab	$37718	$11690	$14710	**$21120**	**$23390**	JD	4T	239D	12F-4R	66.0	7927	CHA
6200L	$29158	$9040	$11370	**$16330**	**$18080**	JD	4T	239D	12F-4R	66.0	7420	No
6200L	$31478	$9760	$12280	**$17630**	**$19520**	JD	4T	239D	16F-16R	66.0		No
6200L 4WD	$35891	$11130	$14000	**$20100**	**$22250**	JD	4T	239D	12F-4R	66.0	7916	No
6300	$31524	$10400	$13870	**$19230**	**$21120**	JD	4T	239D	12F-4R	75.0	7497	No
6300	$33844	$11170	$14890	**$20650**	**$22680**	JD	4T	239D	16F-16R	75.0		No
6300 4WD	$38538	$12720	$16960	**$23510**	**$25820**	JD	4T	239D	12F-4R	75.0	8004	No
6300 4WD	$40858	$13480	$17980	**$24920**	**$27380**	JD	4T	239D	16F-16R	75.0		No
6300 4WD w/Cab	$47074	$15530	$20710	**$28720**	**$31540**	JD	4T	239D	12F-4R	75.0	8511	CHA
6300 w/Cab	$40060	$13220	$17630	**$24440**	**$26840**	JD	4T	239D	12F-4R	75.0	8004	CHA
6300L	$31504	$10400	$13860	**$19220**	**$21110**	JD	4T	239D	12F-4R	75.0	7497	No
6300L	$33824	$11160	$14880	**$20630**	**$22660**	JD	4T	239D	16F-16R	75.0		No
6300L 4WD	$38640	$12750	$17000	**$23570**	**$25890**	JD	4T	239D	12F-4R	75.0	8004	No
6400	$34575	$11410	$15210	**$21090**	**$23170**	JD	4T	276D	12F-4R	85.0	7607	No
6400	$36895	$12180	$16230	**$22510**	**$24720**	JD	4T	276D	16F-16R	85.0		No
6400 4WD	$41711	$13770	$18350	**$25440**	**$27950**	JD	4T	276D	12F-4R	85.0	8246	No
6400 4WD	$44031	$14530	$19370	**$26860**	**$29500**	JD	4T	276D	16F-16R	85.0		No
6400 4WD w/Cab	$50261	$16590	$22120	**$30660**	**$33680**	JD	4T	276D	12F-4R	85.0	8754	CHA
6400 w/Cab	$43125	$14230	$18980	**$26310**	**$28890**	JD	4T	276D	12F-4R	85.0	8114	CHA

HC—High Clearance L—Low Profile PS—Power Shift
***Engine Horsepower**

John Deere (Cont.)

Model	Approx. Retail Price New	Estimated Value Less Repairs: Used Trade-In Avg.	Used Trade-In High	Used Retail Avg.	Used Retail High	Engine Make	Engine No. Cyls.	Engine Displ. Cu.-in.	No. Speeds	P.T.O. H.P.	Approx. Shipping Wt.-Lbs.	Cab
				1996 (Cont.)								
6400L	$34567	$11410	$15210	**$21090**	**$23160**	JD	4T	276D	12F-4R	85.0	7607	No
6400L	$36887	$12170	$16230	**$22500**	**$24710**	JD	4T	276D	16F-16R	85.0		No
6400L 4WD	$41703	$13760	$18350	**$25440**	**$27940**	JD	4T	276D	12F-4R	85.0	8246	No
6500L	$39763	$13120	$17500	**$24260**	**$26640**	JD	4T	276D	16F-12R	95.0	7740	No
6500L 4WD	$46899	$15480	$20640	**$28610**	**$31420**	JD	4T	276D	16F-12R	95.0	8379	No
7200	$47939	$15820	$21090	**$29240**	**$32120**	JD	6T	359D	12F-4R	92.0	10662	CHA
7200	$50260	$16590	$22110	**$30660**	**$33670**	JD	6T	359D	16F-16R	92.0		CHA
7200 4WD	$56318	$18590	$24780	**$34350**	**$37730**	JD	6T	359D	12F-4R	92.0	11522	CHA
7200 4WD	$58638	$19350	$25800	**$35770**	**$39290**	JD	6T	359D	16F-16R	92.0		CHA
7200HC	$47796	$15770	$21030	**$29160**	**$32020**	JD	6T	359D	12F-4R	92.0		No
7200HC	$50116	$16540	$22050	**$30570**	**$33580**	JD	6T	359D	16F-16R	92.0		CHA
7200HC 4WD	$57403	$18940	$25260	**$35020**	**$38460**	JD	6T	359D	12F-4R	92.0		No
7200HC 4WD w/Cab	$65033	$21460	$28620	**$39670**	**$43570**	JD	6T	359D	12F-4R	92.0		CHA
7200HC w/Cab	$55426	$18290	$24390	**$33810**	**$37140**	JD	6T	359D	12F-4R	92.0		CHA
7400	$51697	$17060	$22750	**$31540**	**$34640**	JD	6T	414D	12F-4R	100.0	10827	CHA
7400	$54017	$17830	$23770	**$32950**	**$36190**	JD	6T	414D	16F-16R	100.0		CHA
7400 4WD	$60076	$19830	$26430	**$36650**	**$40250**	JD	6T	414D	12F-4R	100.0	11687	CHA
7400 4WD	$62396	$20590	$27450	**$38060**	**$41810**	JD	6T	414D	16F-16R	100.0		CHA
7400HC	$50116	$16540	$22050	**$30570**	**$33580**	JD	6T	414D	16F-16R	100.0		CHA
7400HC	$51608	$17030	$22710	**$31480**	**$34580**	JD	6T	414D	12F-4R	100.0		No
7400HC 4WD	$61215	$20200	$26940	**$37340**	**$41010**	JD	6T	414D	12F-4R	100.0		No
7400HC 4WD w/Cab	$68845	$22720	$30290	**$42000**	**$46130**	JD	6T	414D	12F-4R	100.0		CHA
7400HC w/Cab	$59238	$19550	$26070	**$36140**	**$39690**	JD	6T	414D	12F-4R	100.0		CHA
7600	$60210	$19870	$26490	**$36730**	**$40340**	JD	6T	414D	16F-16R	110.0	13160	CHA
7600 4WD	$71400	$23560	$31420	**$43550**	**$47840**	JD	6T	414D	16F-16R	110.0	15200	CHA
7600 PS	$63350	$20910	$27870	**$38640**	**$42450**	JD	6T	414D	19F-7R	110.0		CHA
7700	$67447	$22260	$29680	**$41140**	**$45190**	JD	6T	466D	16F-12R	125.0	13870	CHA
7700 4WD	$78637	$25950	$34600	**$47970**	**$52690**	JD	6T	466D	16F-12R	125.0	15400	CHA
7700 PS	$70587	$23290	$31060	**$43060**	**$47290**	JD	6T	466D	19F-7R	125.0		CHA
7800	$72226	$23840	$31780	**$44060**	**$48390**	JD	6T	466D	16F-12R	145.0	13910	CHA
7800 4WD	$83416	$27530	$36700	**$50880**	**$55890**	JD	6T	466D	16F-12R	145.0	15480	CHA
7800 PS	$75366	$24870	$33160	**$45970**	**$50500**	JD	6T	466D	19F-7R	145.0		CHA
8100	$81185	$22730	$27600	**$41400**	**$47490**	JD	6TA	466D	16F-4R	160.0	16435	CHA
8100 4WD	$94009	$26320	$31960	**$47950**	**$55000**	JD	6TA	466D	16F-4R	160.0	17876	CHA
8200	$90655	$25380	$30820	**$46230**	**$53030**	JD	6TA	466D	16F-4R	180.0	16457	CHA
8200 4WD	$103479	$28280	$34340	**$51510**	**$59090**	JD	6TA	466D	16F-4R	180.0	17898	CHA
8300	$99563	$27880	$33850	**$50780**	**$58240**	JD	6TA	466D	16F-4R	200.0	17030	CHA
8300 4WD	$112387	$30520	$37060	**$55590**	**$63770**	JD	6TA	466D	16F-4R	200.0	18523	CHA
8400 4WD	$121661	$32760	$39780	**$59670**	**$68450**	JD	6TA	496D	16F-4R	225.0		CHA
8570 4WD	$95117	$29490	$37100	**$53270**	**$58970**	JD	6TA	466D	12F-3R	206.0	29564	CHA
8570 4WD	$99729	$30920	$38890	**$55850**	**$61830**	JD	6TA	466D	24F-6R	206.0		CHA
8570 4WD PTO, 3-Pt.	$111238	$34480	$43380	**$62290**	**$68970**	JD	6TA	466D	12F-3R	206.0		CHA
8770 4WD	$114945	$32190	$39080	**$58620**	**$67240**	JD	6TA	619D	12F-3R	256.0	31438	CHA
8770 4WD	$119557	$33480	$40650	**$60970**	**$69940**	JD	6TA	619D	24F-6R	256.0		CHA
8770 4WD PS	$131088	$36710	$44570	**$66860**	**$76690**	JD	6TA	619D	12F-2R	256.0		CHA
8870 4WD	$126538	$35430	$43020	**$64530**	**$74030**	JD	6TA	619D	12F-3R	300.0	31438	CHA
8870 4WD	$131150	$36720	$44590	**$66890**	**$76720**	JD	6TA	619D	24F-6R	300.0		CHA
8870 4WD PS	$142681	$39200	$47600	**$71400**	**$81900**	JD	6TA	619D	12F-2R	300.0		CHA
8970 4WD	$144175	$39760	$48280	**$72420**	**$83070**	JD	6TA	855D	12F-3R	339.0		CHA
8970 4WD	$148787	$40600	$49300	**$73950**	**$84830**	JD	6TA	855D	24F-6R	339.0	31879	CHA
8970 4WD PS	$160318	$42000	$51000	**$76500**	**$87750**	JD	6TA	855D	12F-2R	339.0		CHA
8970 4WD PS PTO	$167603	$42560	$51680	**$77520**	**$88920**	JD	6TA	855D	12F-2R	339.0		CHA
8970 4WD PTO	$151460	$40320	$48960	**$73440**	**$84240**	JD	6TA	855D	12F-3R	339.0		CHA
8970 4WD PTO	$156072	$42280	$51340	**$77010**	**$88340**	JD	6TA	855D	24F-6R	339.0		CHA

H, HC, HU—High Clearance PS—Power Shift QR—Quad Range

Model	Approx. Retail Price New	Used Trade-In Avg.	Used Trade-In High	Used Retail Avg.	Used Retail High	Engine Make	Engine No. Cyls.	Engine Displ. Cu.-in.	No. Speeds	P.T.O. H.P.	Approx. Shipping Wt.-Lbs.	Cab
				1995								
670	$11342	$3520	$4730	**$6600**	**$7260**	Yanmar	3	54D	8F-2R	16.0	1980	No
670 4WD	$13534	$4160	$5590	**$7800**	**$8580**	Yanmar	3	54D	8F-2R	16.0	2120	No
755	$13825	$4420	$5950	**$8300**	**$9130**	Yanmar	3	54D	Variable	20.0	1817	No
755 4WD	$15485	$4800	$6450	**$9000**	**$9900**	Yanmar	3	54D	Variable	20.0	1921	No
770	$12249	$3840	$5160	**$7200**	**$7920**	Yanmar	3	83D	8F-2R	20.0	2180	No
770 4WD	$14106	$4510	$6070	**$8460**	**$9310**	Yanmar	3	83D	8F-2R	24.0	2355	No
855	$14742	$4720	$6340	**$8850**	**$9730**	Yanmar	3	61D	Variable	19.0	1876	No
855 4WD	$16604	$5120	$6880	**$9600**	**$10560**	Yanmar	3	61D	Variable	19.0	1876	No
870	$13378	$4280	$5750	**$8030**	**$8830**	Yanmar	3	87D	9F-3R	25.0	1876	No
870 4WD	$16080	$5150	$6910	**$9650**	**$10610**	Yanmar	3	87D	9F-3R	25.0	1876	No
955 4WD	$18580	$5820	$7820	**$10910**	**$12000**	Yanmar	3	87D	Variable	27.3	1876	No
970	$15570	$4980	$6700	**$9340**	**$10280**	Yanmar	3	111D	9F-3R	30.0	1876	No
970 4WD	$19508	$6080	$8170	**$11400**	**$12540**	Yanmar	3	111D	9F-3R	30.0	1876	No
1070	$18178	$5820	$7820	**$10910**	**$12000**	Yanmar	3	116D	9F-3R	35.0	1876	No
1070 4WD	$21200	$6560	$8820	**$12300**	**$13530**	Yanmar	3	116D	9F-3R	35.0	1876	No
5200	$20182	$7270	$8880	**$12310**	**$13720**	JD	3	179D	9F-3R	40.0	4250	No
5200 4WD	$24164	$8700	$10630	**$14740**	**$16430**	JD	3	179D	9F-3R	40.0	4650	No
5300	$21091	$7590	$9280	**$12870**	**$14340**	JD	3	179D	9F-3R	50.0	4350	No
5300 4WD	$26792	$9650	$11790	**$16340**	**$18220**	JD	3	179D	9F-3R	50.0	4750	No
5400	$24183	$8710	$10640	**$14750**	**$16440**	JD	3	179D	9F-3R	60.0	4600	No
5400 4WD	$29030	$10450	$12770	**$17710**	**$19740**	JD	3	179D	9F-3R	60.0	5000	No
5400N	$24644	$8870	$10840	**$15030**	**$16760**	JD	3	179D	12F-12R	60.0	4763	No
5400N 4WD	$30144	$10850	$13260	**$18390**	**$20500**	JD	3	179D	12F-12R	60.0	5072	No
6200	$28410	$8520	$10800	**$15630**	**$17470**	JD	4T	239D	12F-4R	66.0	7420	No
6200 4WD	$34966	$10490	$13290	**$19230**	**$21500**	JD	4T	239D	12F-4R	66.0	7916	No
6200 4WD w/Cab	$43302	$12990	$16460	**$23820**	**$26630**	JD	4T	239D	12F-4R	66.0	8423	CHA
6200 w/Cab	$36746	$11020	$13960	**$20210**	**$22600**	JD	4T	239D	12F-4R	66.0	7927	CHA

John Deere (Cont.)

1995 (Cont.)

Model	Approx. Retail Price New	Estimated Value Less Repairs: Used Trade-In Avg.	Used Trade-In High	Used Retail Avg.	Used Retail High	Make	Engine No. Cyls.	Engine Displ. Cu.-in.	No. Speeds	P.T.O. H.P.	Approx. Shipping Wt.-Lbs.	Cab
6200L	$28410	$8520	$10800	**$15630**	**$17470**	JD	4T	239D	12F-4R	66.0	7420	No
6200L 4WD	$34966	$10490	$13290	**$19230**	**$21500**	JD	4T	239D	12F-4R	66.0	7916	No
6300	$30695	$9820	$13200	**$18420**	**$20260**	JD	4T	239D	12F-4R	75.0	7497	No
6300 4WD	$37525	$12010	$16140	**$22520**	**$24770**	JD	4T	239D	12F-4R	75.0	8004	No
6300 4WD w/Cab	$45861	$14680	$19720	**$27520**	**$30270**	JD	4T	239D	12F-4R	75.0	8511	CHA
6300 w/Cab	$39031	$12490	$16780	**$23420**	**$25760**	JD	4T	239D	12F-4R	75.0	8004	CHA
6300L	$30695	$9820	$13200	**$18420**	**$20260**	JD	4T	239D	12F-4R	75.0	7497	No
6300L 4WD	$37143	$11890	$15970	**$22290**	**$24510**	JD	4T	239D	12F-4R	75.0	8004	No
6400	$33677	$10780	$14480	**$20210**	**$22230**	JD	4T	239D	12F-4R	85.0	7607	No
6400 4WD	$40625	$13000	$17470	**$24380**	**$26810**	JD	4T	239D	12F-4R	85.0	8246	No
6400 4WD w/Cab	$48961	$15670	$21050	**$29380**	**$32310**	JD	4T	239D	12F-4R	85.0	8754	CHA
6400 w/Cab	$42013	$13440	$18070	**$25210**	**$27730**	JD	4T	239D	12F-4R	85.0	8114	CHA
6400L	$33677	$10780	$14480	**$20210**	**$22230**	JD	4T	239D	12F-4R	85.0	7607	No
6400L 4WD	$40625	$13000	$17470	**$24380**	**$26810**	JD	4T	239D	12F-4R	85.0	8246	No
6500L	$38729	$12390	$16650	**$23240**	**$25560**	JD	4T	239D	16F-12R	95.0	7740	No
6500L 4WD	$45677	$14620	$19640	**$27410**	**$30150**	JD	4T	239D	16F-12R	95.0	8379	No
7200	$46781	$14970	$20120	**$28070**	**$30880**	JD	6T	359D	12F-4R	92.0	10662	CHA
7200 4WD	$54094	$17310	$23260	**$32460**	**$35700**	JD	6T	359D	12F-4R	92.0	11522	CHA
7200HC	$46092	$14750	$19820	**$27660**	**$30420**	JD	6T	359D	12F-4R	92.0		No
7200HC 4WD	$53405	$17090	$22960	**$32040**	**$35250**	JD	6T	359D	12F-4R	92.0		No
7200HC 4WD w/Cab	$61035	$19530	$26250	**$36620**	**$40280**	JD	6T	359D	12F-4R	92.0		CHA
7200HC w/Cab	$53722	$17190	$23100	**$32230**	**$35460**	JD	6T	359D	12F-4R	92.0		CHA
7400	$50444	$16140	$21690	**$30270**	**$33290**	JD	6T	414D	12F-4R	100.0	10827	CHA
7400 4WD	$57757	$18480	$24840	**$34650**	**$38120**	JD	6T	414D	12F-4R	100.0	11687	CHA
7400HC	$49767	$15930	$21400	**$29860**	**$32850**	JD	6T	414D	12F-4R	100.0		No
7400HC 4WD	$57080	$18270	$24540	**$34250**	**$37670**	JD	6T	414D	12F-4R	100.0		No
7400HC 4WD w/Cab	$64710	$20710	$27830	**$38830**	**$42710**	JD	6T	414D	12F-4R	100.0		CHA
7400HC w/Cab	$57397	$18370	$24680	**$34440**	**$37880**	JD	6T	414D	12F-4R	100.0		CHA
7600	$58734	$18800	$25260	**$35240**	**$38760**	JD	6T	414D	16F-12R	110.0	13160	CHA
7600 4WD	$68677	$21980	$29530	**$41210**	**$45330**	JD	6T	414D	16F-12R	110.0	15200	CHA
7700	$65795	$21050	$28290	**$39480**	**$43430**	JD	6T	466D	16F-12R	125.0	13870	CHA
7700 4WD	$75738	$24240	$32570	**$45440**	**$49990**	JD	6T	466D	16F-12R	125.0	15400	CHA
7800	$70433	$22540	$30290	**$42260**	**$46490**	JD	6T	466D	16F-12R	145.0	13910	CHA
7800 4WD	$80376	$25720	$34560	**$48230**	**$53050**	JD	6T	466D	16F-12R	145.0	15480	CHA
8100	$80010	$19200	$24800	**$33600**	**$37610**	JD	6TA	466D	16F-4R	160.0	16435	CHA
8100 4WD	$91489	$21600	$27900	**$37800**	**$42300**	JD	6TA	466D	16F-4R	160.0	17876	CHA
8200	$89334	$21120	$27280	**$36960**	**$41360**	JD	6TA	466D	16F-4R	180.0	16457	CHA
8200 4WD	$100813	$23040	$29760	**$40320**	**$45120**	JD	6TA	466D	16F-4R	180.0	17898	CHA
8300	$98110	$23280	$30070	**$40740**	**$45590**	JD	6TA	466D	16F-4R	200.0	17030	CHA
8300 4WD	$109589	$24720	$31930	**$43260**	**$48410**	JD	6TA	466D	16F-4R	200.0	18523	CHA
8400 4WD	$119744	$26400	$34100	**$46200**	**$51700**	JD	6TA	496D	16F-4R	225.0		CHA
8570 4WD	$95117	$22830	$29490	**$39950**	**$44710**	JD	6TA	466D	12F-3R	206.0	29564	CHA
8570 4WD	$99729	$23940	$30920	**$41890**	**$46870**	JD	6TA	466D	24F-6R	202.65		CHA
8770 4WD	$114945	$27590	$35630	**$48280**	**$54020**	JD	6TA	619D	12F-3R	256.0	31438	CHA
8770 4WD	$119557	$28690	$37060	**$50210**	**$56190**	JD	6TA	619D	24F-6R	256.0		CHA
8770 4WD PS	$132474	$31200	$40300	**$54600**	**$61100**	JD	6TA	619D	12F-2R	256.0		CHA
8870 4WD	$126538	$30370	$39230	**$53150**	**$59470**	JD	6TA	619D	12F-3R	300.0	31438	CHA
8870 4WD	$131150	$31480	$40660	**$55080**	**$61640**	JD	6TA	619D	24F-6R	300.0		CHA
8870 4WD PS	$142681	$33600	$43400	**$58800**	**$65800**	JD	6TA	619D	12F-2R	300.0		CHA
8970 4WD	$144175	$34080	$44020	**$59640**	**$66740**	JD	6TA	855D	12F-3R	339.0		CHA
8970 4WD	$148787	$34560	$44640	**$60480**	**$67680**	JD	6TA	855D	24F-6R	339.0	31879	CHA
8970 4WD PS	$161704	$36000	$46500	**$63000**	**$70500**	JD	6TA	855D	12F-2R	339.0		CHA
8970 4WD PS PTO	$168989	$37200	$48050	**$65100**	**$72850**	JD	6TA	855D	12F-2R	339.0		CHA
8970 4WD PTO	$151460	$34800	$44950	**$60900**	**$68150**	JD	6TA	855D	12F-3R	339.0		CHA
8970 4WD PTO	$156072	$35520	$45880	**$62160**	**$69560**	JD	6TA	855D	24F-6R	339.0		CHA

H, HC, HU—High Clearance PS—Power Shift QR—Quad Range

1994

Model	Approx. Retail Price New	Used Trade-In Avg.	Used Trade-In High	Used Retail Avg.	Used Retail High	Make	Engine No. Cyls.	Engine Displ. Cu.-in.	No. Speeds	P.T.O. H.P.	Approx. Shipping Wt.-Lbs.	Cab
670	$10720	$3100	$4200	**$5900**	**$6500**	Yanmar	3	54D	8F-2R	16.0	1980	No
670 4WD	$12440	$3720	$5040	**$7080**	**$7800**	Yanmar	3	54D	8F-2R	16.0	2120	No
755	$13570	$4030	$5460	**$7670**	**$8450**	Yanmar	3	54D	Variable	20.0	1817	No
755 4WD	$14790	$4400	$5960	**$8380**	**$9230**	Yanmar	3	54D	Variable	20.0	1921	No
770	$11575	$3410	$4620	**$6490**	**$7150**	Yanmar	3	83D	8F-2R	20.0	2180	No
770 4WD	$13460	$4030	$5460	**$7670**	**$8450**	Yanmar	3	83D	8F-2R	24.0	2355	No
855	$14440	$4340	$5880	**$8260**	**$9100**	Yanmar	3	61D	Variable	19.0	1876	No
855 4WD	$15858	$4740	$6430	**$9030**	**$9950**	Yanmar	3	61D	Variable	19.0	1876	No
870	$12715	$3720	$5040	**$7080**	**$7800**	Yanmar	3	87D	9F-3R	25.0	1876	No
870 4WD	$15380	$4460	$6040	**$8480**	**$9350**	Yanmar	3	87D	9F-3R	25.0	1876	No
955 4WD	$17120	$5150	$6970	**$9790**	**$10790**	Yanmar	3	87D	Variable	27.3	1876	No
970	$14715	$4410	$5970	**$8390**	**$9240**	Yanmar	3	111D	9F-3R	30.0	1876	No
970 4WD	$18021	$5270	$7140	**$10030**	**$11050**	Yanmar	3	111D	9F-3R	30.0	1876	No
1070	$17075	$4960	$6720	**$9440**	**$10400**	Yanmar	3	116D	9F-3R	35.0	1876	No
1070 4WD	$19700	$5740	$7770	**$10920**	**$12030**	Yanmar	3	116D	9F-3R	35.0	1876	No
2355N	$22616	$7010	$9500	**$13340**	**$14700**	JD	4	239D	8F-4R	55.90	6261	No
2355N 4WD	$29893	$9270	$12560	**$17640**	**$19430**	JD	4	239D	8F-4R	55.90	6878	No
2555 Low Profile	$26246	$8140	$11020	**$15490**	**$17060**	JD	4	239D	8F-4R	66.00	6515	No
2555 Low Profile 4WD	$32135	$9960	$13500	**$18960**	**$20890**	JD	4	239D	8F-4R	65.00	7286	No
2755 4WD	$37432	$11600	$15720	**$22090**	**$24330**	JD	4T	239D	8F-4R	75.00		No
2755 Low Profile	$29652	$9190	$12450	**$17500**	**$19270**	JD	4T	239D	8F-4R	75.00		No
2855N Narrow	$30754	$9530	$12920	**$18150**	**$19990**	JD	4T	239D	8F-4R	80.00		No
2855N Narrow 4WD	$38664	$11990	$16240	**$22810**	**$25130**	JD	4T	239D	8F-4R	80.00		No
4560 4WD w/Cab	$83375	$20840	$25850	**$40850**	**$47110**	JD	6T	466D	16F-6R	155.00		CHA
4560 PS 4WD w/Cab	$88499	$22130	$27440	**$43370**	**$50000**	JD	6T	466D	15F-4R	155.00		CHA
4560 PS w/Cab	$77300	$19330	$23960	**$37880**	**$43680**	JD	6T	466D	15F-4R	155.00		CHA

John Deere (Cont.)

Model	Approx. Retail Price New	Used Trade-In Avg.	Used Trade-In High	Used Retail Avg.	Used Retail High	Engine Make	Engine No. Cyls.	Displ. Cu.-in.	No. Speeds	P.T.O. H.P.	Approx. Shipping Wt.-Lbs.	Cab
1994 (Cont.)												
4560 w/Cab	$72176	$18040	$22380	**$35370**	**$40780**	JD	6T	466D	16F-6R	155.00		CHA
4760	$80915	$20230	$25080	**$39650**	**$45720**	JD	6TA	466D	16F-6R	175		CHA
4760 4WD	$92114	$23030	$28560	**$45140**	**$52040**	JD	6TA	466D	16F-6R	175		CHA
4760 PS	$86039	$21510	$26670	**$42160**	**$48610**	JD	6TA	466D	15F-4R	175		CHA
4760 PS 4WD	$97238	$24000	$29760	**$47040**	**$54240**	JD	6TA	466D	15F-4R	175		CHA
4960	$94265	$23570	$29220	**$46190**	**$53260**	JD	6TA	466D	15F-4R	200		CHA
4960 4WD	$105464	$25000	$31000	**$49000**	**$56500**	JD	6TA	466D	15F-4R	200		CHA
5200	$18638	$6520	$8010	**$11180**	**$12490**	JD	3	179D	9F-3R	40		No
5200 4WD	$24455	$8560	$10520	**$14670**	**$16390**	JD	3	179D	9F-3R	40		No
5300	$20524	$7180	$8830	**$12310**	**$13750**	JD	3	179D	9F-3R	50		No
5300 4WD	$26071	$9130	$11210	**$15640**	**$17470**	JD	3	179D	9F-3R	50		No
5400	$23472	$8220	$10090	**$14080**	**$15730**	JD	3	179D	9F-3R	60		No
5400 4WD	$28208	$9870	$12130	**$16930**	**$18900**	JD	3	179D	9F-3R	60		No
6200	$27717	$8180	$10260	**$14970**	**$16910**	JD	4T	239D	12F-4R	66.00		No
6200 4WD	$34113	$10060	$12620	**$18420**	**$20810**	JD	4T	239D	12F-4R	66.00		No
6200 w/Cab	$35859	$10580	$13270	**$19360**	**$21870**	JD	4T	239D	12F-4R	66.00		CHA
6300	$29989	$9300	$12600	**$17690**	**$19490**	JD	4T	239D	12F-4R	75.00		No
6300 4WD	$36385	$11280	$15280	**$21470**	**$23650**	JD	4T	239D	12F-4R	75.00		No
6300 4WD W/Cab	$43020	$13340	$18070	**$25380**	**$27960**	JD	4T	239D	12F-4R	75.00		CHA
6300 w/Cab	$38131	$11820	$16020	**$22500**	**$24790**	JD	4T	239D	12F-4R	75.00		CHA
6400	$32630	$10120	$13710	**$19250**	**$21210**	JD	4T	239D	12F-4R	85.00		No
6400 4WD	$39026	$12100	$16390	**$23030**	**$25370**	JD	4T	239D	12F-4R	85.00		No
6400 4WD w/Cab	$47588	$14750	$19990	**$28080**	**$30930**	JD	4T	239D	12F-4R	85.00		CHA
6400 w/Cab	$40772	$12640	$17120	**$24060**	**$26500**	JD	4T	239D	12F-4R	85.00		CHA
7200	$46034	$14270	$19330	**$27160**	**$29920**	JD	6T	359D	16F-8R	92		CHA
7200 4WD	$53347	$16540	$22410	**$31480**	**$34680**	JD	6T	359D	16F-8R	92		CHA
7400	$49656	$15390	$20860	**$29300**	**$32280**	JD	6T	414D	12F-4R	100.		CHA
7400 4WD	$56969	$17660	$23930	**$33610**	**$37030**	JD	6T	414D	12F-4R	100.		CHA
7600	$57802	$17920	$24280	**$34100**	**$37570**	JD	6T	414D	16F-12R	110.00		CHA
7600 4WD	$67745	$21000	$28450	**$39970**	**$44030**	JD	6T	414D	16F-12R	110.00		CHA
7700	$64762	$20080	$27200	**$38210**	**$42100**	JD	6T	466D	16F-12R	125.00		CHA
7700 4WD	$74705	$23160	$31380	**$44080**	**$48560**	JD	6T	466D	16F-12R	125.00		CHA
7800	$69352	$21500	$29130	**$40920**	**$45080**	JD	6T	466D	16F-12R	145.00		CHA
7800 4WD	$79295	$24580	$33300	**$46780**	**$51540**	JD	6T	466D	16F-12R	145.00		CHA
8570 4WD	$89214	$22300	$27660	**$43720**	**$50410**	JD	6TA	466D	12F-3R	200.00		CHA
8570 4WD	$94837	$23710	$29400	**$46470**	**$53580**	JD	6TA	466D	24F-6R	202.65		CHA
8570 4WD PTO, 3-Pt.	$101671	$24500	$30380	**$48020**	**$55370**	JD	6TA	466D	12F-3R	200.00		CHA
8770 4WD	$107814	$24800	$32340	**$43130**	**$49590**	JD	6TA	619D	12F-3R	260.94		CHA
8870 4WD	$122214	$28110	$36660	**$48890**	**$56220**	JD	6TA	619D	12F-3R			CHA
8870 4WD 3-Pt.	$131188	$30170	$39360	**$52480**	**$60350**	JD	6TA	619D	12F-3R			CHA
8970 4WD	$137214	$31050	$40500	**$54000**	**$62100**	JD	6TA	855D	12F-3R	322.00		CHA
8970 4WD	$142837	$31740	$41400	**$55200**	**$63480**	JD	6TA	855D	24F-6R	333.40		CHA

H, HC, HU—High Clearance PS—Power Shift QR—Quad Range

Model	Approx. Retail Price New	Used Trade-In Avg.	Used Trade-In High	Used Retail Avg.	Used Retail High	Engine Make	Engine No. Cyls.	Displ. Cu.-in.	No. Speeds	P.T.O. H.P.	Approx. Shipping Wt.-Lbs.	Cab
1993												
670	$10457	$3000	$4100	**$5800**	**$6400**	Yanmar	3	54D	8F-2R	16.0	1980	No
670 4WD	$12133	$3510	$4800	**$6790**	**$7490**	Yanmar	3	54D	8F-2R	16.0	2120	No
755	$13240	$3840	$5250	**$7420**	**$8190**	Yanmar	3	54D	Variable	20.0	1817	No
755 4WD	$14429	$4200	$5740	**$8120**	**$8960**	Yanmar	3	54D	Variable	20.0	1921	No
770	$11293	$3270	$4470	**$6320**	**$6980**	Yanmar	3	83D	8F-2R	20.0	2180	No
770 4WD	$13132	$3840	$5250	**$7420**	**$8190**	Yanmar	3	83D	8F-2R	24.0	2355	No
855	$14085	$4080	$5580	**$7890**	**$8700**	Yanmar	3	61D	Variable	19.0	1876	No
855 4WD	$15472	$4500	$6150	**$8700**	**$9600**	Yanmar	3	61D	Variable	19.0	1876	No
870	$12406	$3600	$4920	**$6960**	**$7680**	Yanmar	3	87D	9F-3R	25.0	1876	No
870 4WD	$15006	$4200	$5740	**$8120**	**$8960**	Yanmar	3	87D	9F-3R	25.0	1876	No
955 4WD	$16706	$4800	$6560	**$9280**	**$10240**	Yanmar	3	87D	Variable	27.3	1876	No
970	$14355	$4200	$5740	**$8120**	**$8960**	Yanmar	3	111D	9F-3R	30.0	1876	No
970 4WD	$17590	$5100	$6970	**$9860**	**$10880**	Yanmar	3	111D	9F-3R	30.0	1876	No
1070	$16660	$4800	$6560	**$9280**	**$10240**	Yanmar	3	116D	9F-3R	35.0	1876	No
1070 4WD	$19239	$5470	$7480	**$10580**	**$11670**	Yanmar	3	116D	9F-3R	35.0	1876	No
2355 4WD w/Cab	$37041	$11110	$15190	**$21480**	**$23710**	JD	4	239D	8F-4R	55.90	7793	CHA
2355 w/Cab	$31529	$9460	$12930	**$18290**	**$20180**	JD	4	239D	8F-4R	55.90	7187	CHA
2355N	$21672	$6500	$8890	**$12570**	**$13870**	JD	4	239D	8F-4R	55.90	6261	No
2355N 4WD	$28636	$8590	$11740	**$16610**	**$18330**	JD	4	239D	8F-4R	55.90	6878	No
2555	$24750	$7430	$10150	**$14360**	**$15840**	JD	4	239D	8F-4R	66.00	6515	No
2555 4WD	$30316	$9100	$12430	**$17580**	**$19400**	JD	4	239D	8F-4R	65.00	7286	No
2755	$27974	$8390	$11470	**$16230**	**$17900**	JD	4T	239D	8F-4R	75.00		No
2755 4WD	$35302	$10590	$14470	**$20480**	**$22590**	JD	4T	239D	8F-4R	75.00		No
2855N Narrow	$29463	$8840	$12080	**$17090**	**$18860**	JD	4T	239D	8F-4R	80.00		No
2855N Narrow 4WD	$36990	$11100	$15170	**$21450**	**$23670**	JD	4T	239D	8F-4R	80.00		No
3055	$36787	$11040	$15080	**$21340**	**$23540**	JD	6	359D	16F-8R	94.40	14770	No
3055 w/Cab	$42658	$12800	$17490	**$24740**	**$27300**	JD	6	359D	16F-8R	94.40	14770	CHA
3255 4WD	$46217	$13870	$18950	**$26810**	**$29580**	JD	6T	359D	16F-8R	102.60	18300	No
3255 4WD w/Cab	$52088	$15630	$21360	**$30210**	**$33340**	JD	6T	359D	16F-8R	102.60	18300	CHA
4560 PS 4WD w/Cab	$85488	$20520	$25650	**$41030**	**$47450**	JD	6T	466D	15F-4R	155.00		CHA
4560 PS w/Cab	$74690	$17930	$22410	**$35850**	**$41450**	JD	6T	466D	15F-4R	155.00		CHA
4560 w/Cab	$69741	$16740	$20920	**$33480**	**$38710**	JD	6T	466D	16F-6R	155.00		CHA
4560 w/Cab 4WD	$80539	$19330	$24160	**$38660**	**$44700**	JD	6T	466D	16F-6R	155.00		CHA
4760	$78187	$18770	$23460	**$37530**	**$43390**	JD	6TA	466D	16F-6R	175		CHA
4760 4WD	$88985	$20880	$26100	**$41760**	**$48290**	JD	6TA	466D	16F-6R	175		CHA
4760 PS	$83136	$19950	$24940	**$39910**	**$46140**	JD	6TA	466D	15F-4R	175		CHA
4760 PS 4WD	$93934	$21840	$27300	**$43680**	**$50510**	JD	6TA	466D	15F-4R	175		CHA
4960 PS	$91086	$21120	$26400	**$42240**	**$48840**	JD	6TA	466D	15F-4R	200		CHA
4960 PS 4WD	$101884	$22800	$28500	**$45600**	**$52730**	JD	6TA	466D	15F-4R	200		CHA

Model	Approx. Retail Price New	Estimated Value Less Repairs Used Trade-In Avg.	High	Used Retail Avg.	High	Engine Make	No. Cyls.	Displ. Cu.-in.	No. Speeds	P.T.O. H.P.	Approx. Shipping Wt.-Lbs.	Cab
John Deere (Cont.)												
				1993 (Cont.)								
5200	$18183	$5460	$7460	**$10550**	**$11640**	JD	3	179D	9F-3R	40		No
5200 4WD	$22683	$6810	$9300	**$13160**	**$14520**	JD	3	179D	9F-3R	40		No
5300	$19640	$6680	$8250	**$11590**	**$12960**	JD	3	179D	9F-3R	50		No
5300 4WD	$24948	$8480	$10480	**$14720**	**$16470**	JD	3	179D	9F-3R	50		No
5400	$21945	$7460	$9220	**$12950**	**$14480**	JD	3	179D	9F-3R	60		No
5400 4WD	$27254	$9270	$11450	**$16080**	**$17990**	JD	3	179D	9F-3R	60		No
6200	$26780	$7770	$9640	**$14190**	**$16200**	JD	4T	239D	12F-4R	66.00		No
6200 w/Cab	$34646	$10050	$12470	**$18360**	**$20960**	JD	4T	239D	12F-4R	66.00		CHA
6300	$28974	$8690	$11880	**$16810**	**$18540**	JD	4T	239D	12F-4R	75.00		No
6300 4WD	$36840	$11050	$15100	**$21370**	**$23580**	JD	4T	239D	12F-4R	75.00		No
6300 4WD w/Cab	$42840	$12850	$17560	**$24850**	**$27420**	JD	4T	239D	12F-4R	75.00		CHA
6300 w/Cab	$36820	$11050	$15100	**$21360**	**$23570**	JD	4T	239D	12F-4R	75.00		CHA
6400	$31206	$9360	$12790	**$18100**	**$19970**	JD	4T	239D	12F-8R	85.00		No
6400 4WD	$38455	$11540	$15770	**$22300**	**$24610**	JD	4T	239D	12F-4R	85.00		No
6400 4WD w/Cab	$46848	$14050	$19210	**$27170**	**$29980**	JD	4T	239D	12F-4R	85.00		CHA
6400 w/Cab	$39072	$11720	$16020	**$22660**	**$25010**	JD	4T	239D	12F-4R	85.00		CHA
7600	$56392	$16920	$23120	**$32710**	**$36090**	JD	6T	414D	16F-12R	110.00		CHA
7600 4WD	$65975	$19790	$27050	**$38270**	**$42220**	JD	6T	466D	16F-12R	110.00		No
7700	$62572	$18770	$25660	**$36290**	**$40050**	JD	6T	466D	16F-12R	125.00		CHA
7800	$67007	$20100	$27470	**$38860**	**$42880**	JD	6T	466D	16F-12R	145.00		CHA
7800 4WD	$76590	$22980	$31400	**$44420**	**$49020**	JD	6T	466D	16F-12R	145.00		CHA
8570 4WD	$89214	$21410	$26760	**$42820**	**$49510**	JD	6TA	466D	12F-3R	200.00		CHA
8570 4WD	$94837	$22760	$28450	**$45520**	**$52640**	JD	6TA	466D	24F-6R	202.65		CHA
8770 4WD	$107814	$23720	$31270	**$40970**	**$48520**	JD	6TA	619D	12F-3R	260.94		CHA
8770 4WD PS	$124683	$26840	$35380	**$46360**	**$54900**	JD	6TA	619D	12F-2R	260.94		CHA
8870 4WD	$122214	$26400	$34800	**$45600**	**$54000**	JD	6TA	619D	12F-3R			CHA
8870 4WD 3-Pt.	$131188	$27280	$35960	**$47120**	**$55800**	JD	6TA	619D	12F-3R			CHA
8970 4WD	$137214	$27940	$36830	**$48260**	**$57150**	JD	6TA	855D	12F-3R	322.00		CHA
8970 4WD	$142837	$28600	$37700	**$49400**	**$58500**	JD	6TA	855D	24F-6R	333.40		CHA
H, HC, HU—High Clearance PS—Power Shift QR—Quad Range												
				1992								
670	$10250	$2900	$4000	**$5700**	**$6300**	Yanmar	3	54D	8F-2R	16.0	1980	No
670 4WD	$11954	$3310	$4560	**$6500**	**$7180**	Yanmar	3	54D	8F-2R	16.0	2120	No
755	$12169	$3420	$4720	**$6730**	**$7430**	Yanmar	3	54D	Variable	20.0	1817	No
755 4WD	$13346	$3770	$5200	**$7410**	**$8190**	Yanmar	3	54D	Variable	20.0	1921	No
770	$11021	$3100	$4280	**$6100**	**$6740**	Yanmar	3	83D	8F-2R	20.0	2180	No
770 4WD	$12938	$3600	$4960	**$7070**	**$7810**	Yanmar	3	83D	8F-2R	24.0	2355	No
855	$13327	$3710	$5120	**$7300**	**$8060**	Yanmar	3	61D	Variable	19.0	1876	No
855 4WD	$14686	$4060	$5600	**$7980**	**$8820**	Yanmar	3	61D	Variable	19.0	1876	No
870	$12107	$3480	$4800	**$6840**	**$7560**	Yanmar	3	87D	9F-3R	25.0	1876	No
870 4WD	$14785	$4060	$5600	**$7980**	**$8820**	Yanmar	3	87D	9F-3R	25.0	1876	No
955 4WD	$16383	$4520	$6240	**$8890**	**$9830**	Yanmar	3	87D	Variable	27.3	1876	No
970	$14009	$3920	$5400	**$7700**	**$8510**	Yanmar	3	111D	9F-3R	30.0	1876	No
970 4WD	$17331	$4840	$6680	**$9520**	**$10520**	Yanmar	3	111D	9F-3R	30.0	1876	No
1070	$16254	$4640	$6400	**$9120**	**$10080**	Yanmar	3	116D	9F-3R	35.0	1876	No
1070 4WD	$18955	$5220	$7200	**$10260**	**$11340**	Yanmar	3	116D	9F-3R	35.0	1876	No
2155	$17840	$5170	$7140	**$10170**	**$11240**	JD	3	179D	8F-4R	45.60	5269	No
2155 4WD	$24763	$7180	$9910	**$14120**	**$15600**	JD	3	179D	8F-4R	45.60	5986	No
2355	$20766	$6020	$8310	**$11840**	**$13080**	JD	4	239D	8F-4R	55.90	6261	No
2355 4WD	$27839	$8070	$11140	**$15870**	**$17540**	JD	4	239D	8F-4R	55.90	6878	No
2355 4WD w/Cab	$34944	$10130	$13980	**$19920**	**$22020**	JD	4	239D	8F-4R	55.90	7793	CHA
2355 w/Cab	$29744	$8630	$11900	**$16950**	**$18740**	JD	4	239D	8F-4R	55.90	7187	CHA
2355N Narrow	$21061	$6110	$8420	**$12010**	**$13270**	JD	3T	179D	8F-4R	55.00		No
2355N Narrow 4WD	$27829	$8070	$11130	**$15860**	**$17530**	JD	3T	179D	8F-4R	55.00		No
2555	$24789	$7190	$9920	**$14130**	**$15620**	JD	4	239D	8F-4R	66.00	6515	No
2555 4WD	$31550	$9150	$12620	**$17980**	**$19880**	JD	4	239D	8F-4R	65.00	7286	No
2555 4WD w/Cab	$38833	$11260	$15530	**$22140**	**$24470**	JD	4	239D	8F-4R	65.00	7959	CHA
2555 w/Cab	$33341	$9670	$13340	**$19000**	**$21010**	JD	4	239D	8F-4R	66.00	7441	CHA
2755	$27882	$8090	$11150	**$15890**	**$17570**	JD	4T	239D	8F-4R	75.00	6558	No
2755 4WD	$36417	$10560	$14570	**$20760**	**$22940**	JD	4T	239D	8F-4R	75.00	7374	No
2755 4WD w/Cab	$43692	$12670	$17480	**$24900**	**$27530**	JD	4T	239D	8F-4R	75.00	8433	CHA
2755 w/Cab	$36805	$10670	$14720	**$20980**	**$23190**	JD	4T	239D	8F-4R	75.00	7441	CHA
2755HC 4WD	$38652	$11210	$15460	**$22030**	**$24350**	JD	4T	239D	12F-8R	75.00	7750	No
2855N	$28646	$8310	$11460	**$16330**	**$18050**	JD	4T	239D	8F-4R	80.00		No
2855N 4WD	$35965	$10430	$14390	**$20500**	**$22660**	JD	4T	239D	8F-4R	80.00		No
2955	$32654	$9470	$13060	**$18610**	**$20570**	JD	6	359D	8F-4R	85.00	8444	No
2955 4WD	$39763	$11530	$15910	**$22670**	**$25050**	JD	6	359D	8F-4R	85.00	8973	No
2955 4WD w/Cab	$47749	$13340	$18400	**$26220**	**$28980**	JD	6	359D	16F-8R	85.00	9590	CHA
2955 w/Cab	$41513	$12040	$16610	**$23660**	**$26150**	JD	6	359D	16F-8R	85.00	9083	CHA
2955HC 4WD	$41308	$11980	$16520	**$23550**	**$26020**	JD	6	359D	12F-8R	85.00	9140	No
2955HC 4WD w/Cab	$48160	$13970	$19260	**$27450**	**$30340**	JD	6	359D	12F-8R	85.00	9835	CHA
3055	$37265	$10620	$13040	**$19750**	**$22360**	JD	6	359D	16F-8R	94.40	14770	No
3055 w/Cab	$42965	$12250	$15040	**$22770**	**$25780**	JD	6	359D	16F-8R	94.40	14770	CHA
3155 4WD	$42910	$12230	$15020	**$22740**	**$25750**	JD	6	359D	16F-8R	96.06	10207	No
3155 4WD w/Cab	$48610	$13850	$17010	**$25760**	**$29170**	JD	6	359D	16F-8R	96.06	10571	CHA
3255 4WD	$45915	$13090	$16070	**$24340**	**$27550**	JD	6T	359D	16F-8R	102.60	18300	No
3255 4WD w/Cab	$51615	$14710	$18070	**$27360**	**$30970**	JD	6T	359D	16F-8R	102.60	18300	CHA
4055 PS	$50299	$14340	$17610	**$26660**	**$30180**	JD	6T	466D	15F-4R	109.18		No
4055 PS 4WD	$59357	$16920	$20780	**$31460**	**$35610**	JD	6T	466D	15F-4R	109.18	11350	No
4055 PS 4WD w/Cab	$66947	$18800	$23080	**$34950**	**$39570**	JD	6T	466D	15F-4R	109.18	12489	CHA
4055 PS w/Cab	$57889	$16500	$20260	**$30680**	**$34730**	JD	6T	466D	15F-4R	109.18	13955	CHA
4055 QR	$45615	$13000	$15970	**$24180**	**$27370**	JD	6T	466D	16F-6R	108.70		No
4055 QR w/Cab	$53205	$15160	$18620	**$28200**	**$31920**	JD	6T	466D	16F-6R	108.70	12130	CHA

John Deere (Cont.)

Model	Approx. Retail Price New	Used Trade-In Avg.	Used Trade-In High	Used Retail Avg.	Used Retail High	Engine Make	Engine No. Cyls.	Displ. Cu.-in.	No. Speeds	P.T.O. H.P.	Approx. Shipping Wt.-Lbs.	Cab
1992 (Cont.)												
4255 PS	$55253	$15750	$19340	**$29280**	**$33150**	JD	6T	466D	15F-4R	120.00	12050	No
4255 PS 4WD	$64859	$18200	$22350	**$33850**	**$38320**	JD	6T	466D	15F-4R	123.36	13550	No
4255 PS 4WD w/Cab	$72449	$20360	$25010	**$37870**	**$42870**	JD	6T	466D	15F-4R	123.36	14685	CHA
4255 PS w/Cab	$62843	$17910	$22000	**$33310**	**$37710**	JD	6T	466D	15F-5R	120.00	13155	CHA
4255 QR	$50569	$14410	$17700	**$26800**	**$30340**	JD	6T	466D	16F-6R	123.69	11140	No
4255 QR w/Cab	$58159	$16580	$20360	**$30820**	**$34900**	JD	6T	466D	16F-6R	123.69		CHA
4455 PS	$59308	$16900	$20760	**$31430**	**$35590**	JD	6T	466D	15F-4R	140.00	13050	No
4455 PS 4WD	$69007	$19670	$24150	**$36570**	**$41400**	JD	6T	466D	15F-4R	140.00	13050	No
4455 PS 4WD w/Cab	$76597	$21540	$26460	**$40060**	**$45350**	JD	6T	466D	15F-4R	140.00	14145	CHA
4455 PS w/Cab	$66898	$19070	$23410	**$35460**	**$40140**	JD	6T	466D	15F-4R	140.00	14145	CHA
4455 QR	$54503	$15530	$19080	**$28890**	**$32700**	JD	6T	466D	16F-6R	142.69	11326	No
4455 QR w/Cab	$62093	$17700	$21730	**$32910**	**$37260**	JD	6T	466D	16F-6R	142.69		CHA
4555 PS 4WD	$71446	$20360	$25010	**$37870**	**$42870**	JD	6T	466D	15F-4R	155.00		No
4555 PS 4WD w/Cab	$78887	$22170	$27230	**$41230**	**$46680**	JD	6T	466D	15F-4R	155.00		CHA
4555 PS w/Cab	$68619	$19560	$24020	**$36370**	**$41170**	JD	6T	466D	15F-4R	155.00		CHA
4555 QR	$56467	$16090	$19760	**$29930**	**$33880**	JD	6T	466D	16F-6R	156.83	14310	No
4555 QR w/Cab	$63908	$18210	$22370	**$33870**	**$38350**	JD	6T	466D	16F-6R	156.83	18703	CHA
4560	$60203	$13850	$17460	**$28300**	**$32810**	JD	6T	466D	16F-6R	155.00		No
4560 PS	$65008	$14950	$18850	**$30550**	**$35430**	JD	6T	466D	15F-4R	155.00		No
4560 PS 4WD	$75481	$17360	$21890	**$35480**	**$41140**	JD	6T	466D	15F-4R	155.00		No
4560 PS 4WD w/Cab	$83071	$19110	$24090	**$39040**	**$45270**	JD	6T	466D	15F-4R	155.00		CHA
4560 PS w/Cab	$72598	$16700	$21050	**$34120**	**$39570**	JD	6T	466D	15F-4R	155.00		CHA
4560 w/Cab	$67793	$15590	$19660	**$31860**	**$36950**	JD	6T	466D	16F-6R	155.00		CHA
4760 PS	$80789	$18580	$23430	**$37970**	**$44030**	JD	6TA	466D	15F-4R	175		CHA
4760 PS 4WD	$91262	$20750	$26160	**$42390**	**$49160**	JD	6TA	466D	15F-4R	175		CHA
4760 QR	$75984	$17480	$22040	**$35710**	**$41410**	JD	6TA	466D	16F-6R	175		CHA
4960 PS	$88506	$19780	$24940	**$40420**	**$46870**	JD	6TA	466D	15F-4R	200		CHA
4960 PS 4WD	$98979	$21620	$27260	**$44180**	**$51230**	JD	6TA	466D	15F-4R	200		CHA
5200	$18318	$5310	$7330	**$10440**	**$11540**	JD	3	179D	9F-3R	40		No
5200 4WD	$22732	$6590	$9090	**$12960**	**$14320**	JD	3	179D	9F-3R	40		No
5300	$19612	$6470	$8040	**$11380**	**$12750**	JD	3	179D	9F-3R	50		No
5300 4WD	$23874	$7880	$9790	**$13850**	**$15520**	JD	3	179D	9F-3R	50		No
5400	$21756	$7180	$8920	**$12620**	**$14140**	JD	3	179D	9F-3R	60		No
5400 4WD	$26080	$8610	$10690	**$15130**	**$16950**	JD	3	179D	9F-3R	60		No
8560 4WD	$88277	$19780	$24940	**$40420**	**$46870**	JD	6TA	466D	12F-3R	200.00		CHA
8560 4WD	$93900	$20700	$26100	**$42300**	**$49050**	JD	6TA	466D	24F-6R	202.65		CHA
8760 4WD	$106270	$21210	$28280	**$36360**	**$44440**	JD	6TA	619D	12F-3R	260.94		CHA
8760 4WD PS	$123139	$23730	$31640	**$40680**	**$49720**	JD	6TA	619D	12F-2R	260.94		CHA
8960 4WD	$126542	$24360	$32480	**$41760**	**$51040**	JD	6TA	855D	12F-3R	322.00		CHA
8960 4WD	$132165	$25620	$34160	**$43920**	**$53680**	JD	6TA	855D	24F-6R	333.40		CHA
8960 4WD PS	$143411	$27930	$37240	**$47880**	**$58520**	JD	6TA	855D	12F-2R	332.25		CHA

H, HC, HU—High Clearance PS—Power Shift QR—Quad Range

Model	Approx. Retail Price New	Used Trade-In Avg.	Used Trade-In High	Used Retail Avg.	Used Retail High	Engine Make	Engine No. Cyls.	Displ. Cu.-in.	No. Speeds	P.T.O. H.P.	Approx. Shipping Wt.-Lbs.	Cab
1991												
670	$9860	$2760	$3850	**$5520**	**$6110**	Yanmar	3	54D	8F-2R	16.0	1980	No
670 4WD	$10948	$2940	$4100	**$5880**	**$6510**	Yanmar	3	54D	8F-2R	16.0	2120	No
755	$11757	$3080	$4290	**$6160**	**$6820**	Yanmar	3	54D	Variable	20.0	1817	No
755 4WD	$12893	$3440	$4800	**$6890**	**$7630**	Yanmar	3	54D	Variable	20.0	1921	No
770	$10648	$2980	$4150	**$5960**	**$6600**	Yanmar	3	83D	8F-2R	20.0	2180	No
770 4WD	$11898	$3390	$4720	**$6780**	**$7500**	Yanmar	3	83D	8F-2R	24.0	2355	No
855	$12875	$3610	$5020	**$7210**	**$7980**	Yanmar	3	61D	Variable	19.0	1876	No
855 4WD	$14166	$3970	$5530	**$7930**	**$8780**	Yanmar	3	61D	Variable	19.0	1876	No
870	$11698	$3080	$4290	**$6160**	**$6820**	Yanmar	3	87D	9F-3R	25.0	1876	No
870 4WD	$13472	$3640	$5070	**$7280**	**$8060**	Yanmar	3	87D	9F-3R	25.0	1876	No
955 4WD	$15828	$4200	$5850	**$8400**	**$9300**	Yanmar	3	87D	Variable	27.3	1876	No
970	$13535	$3790	$5280	**$7580**	**$8390**	Yanmar	3	111D	9F-3R	30.0	1876	No
970 4WD	$15932	$4460	$6210	**$8920**	**$9880**	Yanmar	3	111D	9F-3R	30.0	1876	No
1070	$15704	$4260	$5930	**$8510**	**$9420**	Yanmar	3	116D	9F-3R	35.0	1876	No
1070 4WD	$18314	$4850	$6750	**$9700**	**$10740**	Yanmar	3	116D	9F-3R	35.0	1876	No
2155	$17840	$5000	$6960	**$9990**	**$11060**	JD	3	179D	8F-4R	45.60	5269	No
2155 4WD	$24763	$6930	$9660	**$13870**	**$15350**	JD	3	179D	8F-4R	45.60	5986	No
2355	$20766	$5810	$8100	**$11630**	**$12880**	JD	4	239D	8F-4R	55.90	6261	No
2355 4WD	$27839	$7800	$10860	**$15590**	**$17260**	JD	4	239D	8F-4R	55.90	6878	No
2355 4WD w/Cab	$34944	$9780	$13630	**$19570**	**$21670**	JD	4	239D	8F-4R	55.90	7793	CHA
2355 w/Cab	$29744	$8330	$11600	**$16660**	**$18440**	JD	4	239D	8F-4R	55.90	7187	CHA
2355N	$21061	$5900	$8210	**$11790**	**$13060**	JD	3T	179D	8F-4R	55.00		No
2355N 4WD	$27829	$7790	$10850	**$15580**	**$17250**	JD	3T	179D	8F-4R	55.00		No
2555	$24179	$6770	$9430	**$13540**	**$14990**	JD	4	239D	8F-4R	66.00	6515	No
2555 4WD	$30780	$8620	$12000	**$17240**	**$19080**	JD	4	239D	8F-4R	65.00	7286	No
2555 4WD w/Cab	$37886	$10610	$14780	**$21220**	**$23490**	JD	4	239D	8F-4R	65.00	7959	CHA
2555 w/Cab	$32528	$9110	$12690	**$18220**	**$20170**	JD	4	239D	8F-4R	66.00	7441	CHA
2755	$27202	$7620	$10610	**$15230**	**$16870**	JD	4T	239D	8F-4R	75.00	6558	No
2755 4WD	$35529	$9950	$13860	**$19900**	**$22030**	JD	4T	239D	8F-4R	75.00	7374	No
2755 4WD w/Cab	$42634	$11940	$16630	**$23880**	**$26430**	JD	4T	239D	8F-4R	75.00	8433	CHA
2755 HC 4WD	$37709	$10560	$14710	**$21120**	**$23380**	JD	4T	239D	12F-8R	75.00	7750	No
2755 w/Cab	$35907	$10050	$14000	**$20110**	**$22260**	JD	4T	239D	8F-4R	75.00	7441	CHA
2855N	$27947	$7830	$10900	**$15650**	**$17330**	JD	4T	239D	8F-4R	80.00		No
2855N 4WD	$35088	$9830	$13680	**$19650**	**$21760**	JD	4T	239D	8F-4R	80.00		No
2955	$31858	$8920	$12430	**$17840**	**$19750**	JD	6	359D	8F-4R	85.00	8444	No
2955 4WD	$38793	$10860	$15130	**$21720**	**$24050**	JD	6	359D	8F-4R	85.00	8973	No
2955 4WD w/Cab	$46584	$13040	$18170	**$26090**	**$28880**	JD	6	359D	16F-8R	85.00	9590	CHA
2955 w/Cab	$40500	$11340	$15800	**$22680**	**$25110**	JD	6	359D	16F-8R	85.00	9083	CHA
2955HC 4WD	$34300	$9600	$13380	**$19210**	**$21270**	JD	6	359D	12F-8R	85.00	9140	No
2955HC 4WD w/Cab	$46985	$13160	$18320	**$26310**	**$29130**	JD	6	359D	12F-8R	85.00	9835	CHA

John Deere (Cont.)

Model	Approx. Retail Price New	Estimated Value Less Repairs: Used Trade-In Avg.	Used Trade-In High	Used Retail Avg.	Used Retail High	Engine Make	Engine No. Cyls.	Engine Displ. Cu.-in.	No. Speeds	P.T.O. H.P.	Approx. Shipping Wt.-Lbs.	Cab
1991 (Cont.)												
3155 4WD	$42910	$12020	$14590	**$22530**	**$25530**	JD	6	359D	16F-8R	96.06	10207	No
3155 4WD w/Cab	$48610	$13330	$16180	**$24990**	**$28320**	JD	6	359D	16F-8R	96.06	10571	CHA
4055 PS	$48036	$13450	$16330	**$25220**	**$28580**	JD	6T	466D	15F-4R	109.18		No
4055 PS 4WD	$56924	$15940	$19350	**$29890**	**$33870**	JD	6T	466D	15F-4R	109.18	11350	No
4055 PS 4WD w/Cab	$64357	$17740	$21540	**$33260**	**$37690**	JD	6T	466D	15F-4R	109.18	12489	CHA
4055 PS w/Cab	$55477	$15530	$18860	**$29130**	**$33010**	JD	6T	466D	15F-4R	109.18	13955	CHA
4055 QR	$43444	$12160	$14770	**$22810**	**$25850**	JD	6T	466D	16F-6R	108.70		No
4055 QR w/Cab	$50885	$14250	$17300	**$26720**	**$30280**	JD	6T	466D	16F-6R	108.70	12130	CHA
4255 PS	$52974	$14830	$18010	**$27810**	**$31520**	JD	6T	466D	15F-4R	120.00	12050	No
4255 PS 4WD	$62392	$17470	$21210	**$32760**	**$37120**	JD	6T	466D	15F-4R	123.36	13550	No
4255 PS 4WD w/Cab	$69638	$19500	$23680	**$36560**	**$41440**	JD	6T	466D	15F-4R	123.36	14685	CHA
4255 PS w/Cab	$60220	$16860	$20480	**$31620**	**$35830**	JD	6T	466D	15F-4R	120.00	13155	CHA
4255 QR	$48380	$13550	$16450	**$25400**	**$28790**	JD	6T	466D	16F-6R	123.69	11140	No
4255 QR w/Cab	$55628	$15580	$18910	**$29210**	**$33100**	JD	6T	466D	16F-6R	123.69		CHA
4455 PS	$56660	$15870	$19260	**$29750**	**$33710**	JD	6T	466D	15F-4R	140.00	13050	No
4455 PS w/Cab	$64101	$17950	$21790	**$33650**	**$38140**	JD	6T	466D	15F-4R	140.00	14145	CHA
4455 QR	$51949	$14550	$17660	**$27270**	**$30910**	JD	6T	466D	16F-6R	142.69	11326	No
4455 QR w/Cab	$59390	$16630	$20190	**$31180**	**$35340**	JD	6T	466D	16F-6R	142.69		CHA
4555 PS 4WD	$71446	$20010	$24290	**$37510**	**$42510**	JD	6T	466D	15F-4R	155.00		No
4555 PS 4WD w/Cab	$78887	$22090	$26820	**$41420**	**$46940**	JD	6T	466D	15F-4R	155.00		CHA
4555 PS w/Cab	$68619	$19210	$23330	**$36030**	**$40830**	JD	6T	466D	15F-4R	155.00		CHA
4555 QR	$56467	$15810	$19200	**$29650**	**$33600**	JD	6T	466D	16F-6R	156.83	14310	No
4555 QR w/Cab	$63908	$17890	$21730	**$33550**	**$38030**	JD	6T	466D	16F-6R	156.83	18703	CHA
4755 PS	$77388	$17030	$21670	**$35600**	**$41400**	JD	6TA	466D	15F-4R	177.06		CHA
4755 PS 4WD	$87656	$19280	$24540	**$40320**	**$46900**	JD	6TA	466D	15F-4R	177.06		CHA
4755 QR	$72677	$15990	$20350	**$33430**	**$38880**	JD	6TA	466D	16F-6R	177.11		CHA
4955 PS	$83434	$17820	$22680	**$37260**	**$43340**	JD	6TA	466D	15F-4R	202.73		CHA
4955 PS 4WD	$93702	$19800	$25200	**$41400**	**$48150**	JD	6TA	466D	15F-4R	202.73		CHA
8560 4WD w/PTO, 3-Pt	$95340	$20240	$25760	**$42320**	**$49220**	JD	6TA	466D	12F-3R	256.00		CHA
8560 4WD w/PTO, 3-Pt	$100590	$21010	$26740	**$43930**	**$51090**	JD	6TA	466D	24F-6R	256.00		CHA
8760	$99225	$19850	$26790	**$33740**	**$42670**	JD	6TA	619D	12F-3R	260.94		CHA
8760 PS	$114975	$22000	$29700	**$37400**	**$47300**	JD	6TA	619D	12F-2R	260.94		CHA
8960 4WD	$118310	$23200	$31320	**$39440**	**$49880**	JD	6TA	855D	12F-3R	322.00		CHA
8960 4WD	$123560	$24200	$32670	**$41140**	**$52030**	JD	6TA	855D	24F-6R	333.40		CHA
8960 4WD PS	$134060	$25800	$34830	**$43860**	**$55470**	JD	6TA	855D	12F-2R	332.25		CHA

H, HC, HU—High Clearance PS—Power Shift QR—Quad Range

Model	Approx. Retail Price New	Used Trade-In Avg.	Used Trade-In High	Used Retail Avg.	Used Retail High	Engine Make	Engine No. Cyls.	Engine Displ. Cu.-in.	No. Speeds	P.T.O. H.P.	Approx. Shipping Wt.-Lbs.	Cab
1990												
655	$9624	$2600	$3660	**$5290**	**$5870**	Yanmar	3	40D	Variable	10.6	1757	No
655 4WD	$10568	$2850	$4020	**$5810**	**$6450**	Yanmar	3	40D	Variable	10.6	1700	No
670	$9620	$2570	$3610	**$5230**	**$5800**	Yanmar	3	54D	8F-2R	16.0	1980	No
670 4WD	$10681	$2840	$3990	**$5780**	**$6410**	Yanmar	3	54D	8F-2R	16.0	2120	No
755	$11470	$3100	$4360	**$6310**	**$7000**	Yanmar	3	54D	Variable	20.0	1817	No
755 4WD	$12578	$3400	$4780	**$6920**	**$7670**	Yanmar	3	54D	Variable	20.0	1921	No
770	$10388	$2810	$3950	**$5710**	**$6340**	Yanmar	3	83D	8F-2R	20.0	2180	No
770 4WD	$11608	$3130	$4410	**$6380**	**$7080**	Yanmar	3	83D	8F-2R	24.0	2355	No
855	$12561	$3390	$4770	**$6910**	**$7660**	Yanmar	3	61D	Variable	19.0	1876	No
855 4WD	$13820	$3730	$5250	**$7600**	**$8430**	Yanmar	3	61D	Variable	19.0	1876	No
870	$11412	$3080	$4340	**$6280**	**$6960**	Yanmar	3	87D	9F-3R	25.0	1876	No
870 4WD	$13143	$3510	$4940	**$7150**	**$7930**	Yanmar	3	87D	9F-3R	25.0	1876	No
900HC	$12301	$3380	$4060	**$6400**	**$7260**	Yanmar	3	78D	8F-2R	22.0	1876	No
955 4WD	$15442	$4170	$5870	**$8490**	**$9420**	Yanmar	3	87D	Variable	27.3	1876	No
970	$13205	$3570	$5020	**$7260**	**$8060**	Yanmar	3	111D	9F-3R	30.0	1876	No
970 4WD	$15543	$4050	$5700	**$8250**	**$9150**	Yanmar	3	111D	9F-3R	30.0	1876	No
1070	$15321	$3970	$5590	**$8090**	**$8970**	Yanmar	3	116D	9F-3R	35.0	1876	No
1070 4WD	$17867	$4510	$6350	**$9190**	**$10190**	Yanmar	3	116D	9F-3R	35.0	1876	No
2155	$17177	$4640	$6530	**$9450**	**$10480**	JD	3	179D	8F-4R	45.60	5269	No
2155 4WD	$23834	$6440	$9060	**$13110**	**$14540**	JD	3	179D	8F-4R	45.60	5986	No
2355	$19994	$5400	$7600	**$11000**	**$12200**	JD	4	239D	8F-4R	55.90	6261	No
2355 4WD	$26795	$7240	$10180	**$14740**	**$16350**	JD	4	239D	8F-4R	55.90	6878	No
2355 4WD w/Cab	$33627	$9080	$12780	**$18500**	**$20510**	JD	4	239D	8F-4R	55.90	7793	CHA
2355 w/Cab	$28627	$7730	$10880	**$15750**	**$17460**	JD	4	239D	8F-4R	55.90	7187	CHA
2355N	$20278	$5480	$7710	**$11150**	**$12370**	JD	3T	179D	8F-4R	55.00		No
2355N 4WD	$26786	$7230	$10180	**$14730**	**$16340**	JD	3T	179D	8F-4R	55.00		No
2555	$23280	$6290	$8850	**$12800**	**$14200**	JD	4	239D	8F-4R	66.00	6515	No
2555 4WD	$29627	$8000	$11260	**$16300**	**$18070**	JD	4	239D	8F-4R	65.00	7286	No
2555 4WD w/Cab	$36460	$9840	$13860	**$20050**	**$22240**	JD	4	239D	8F-4R	65.00	7959	CHA
2555 w/Cab	$31308	$8450	$11900	**$17220**	**$19100**	JD	4	239D	8F-4R	66.00	7441	CHA
2755	$26190	$7070	$9950	**$14410**	**$15980**	JD	4T	239D	8F-4R	75.00	6558	No
2755 4WD	$34197	$9230	$13000	**$18810**	**$20860**	JD	4T	239D	8F-4R	75.00	7374	No
2755 4WD w/Cab	$41029	$11080	$15590	**$22570**	**$25030**	JD	4T	239D	8F-4R	75.00	8433	CHA
2755 HC 4WD	$36297	$9800	$13790	**$19960**	**$22140**	JD	4T	239D	12F-8R	75.00	7750	No
2755 w/Cab	$34561	$9330	$13130	**$19010**	**$21080**	JD	4T	239D	8F-4R	75.00	7441	CHA
2855N	$26907	$7270	$10230	**$14800**	**$16410**	JD	4T	239D	8F-4R	80.00		No
2855N 4WD	$33773	$9120	$12830	**$18580**	**$20600**	JD	4T	239D	8F-4R	80.00		No
2955	$30671	$8280	$11660	**$16870**	**$18710**	JD	6	359D	8F-4R	85.00	8444	No
2955 4WD	$37339	$10080	$14190	**$20540**	**$22780**	JD	6	359D	8F-4R	85.00	8973	No
2955 4WD w/Cab	$44831	$11880	$16720	**$24200**	**$26840**	JD	6	359D	8F-4R	85.00	9590	CHA
2955 HC 4WD	$38788	$10470	$14740	**$21330**	**$23660**	JD	6	359D	12F-8R	85.00	9140	No
2955 HC 4WD w/Cab	$45216	$11610	$16340	**$23650**	**$26230**	JD	6	359D	12F-8R	85.00	9835	CHA
2955 w/Cab	$38981	$10260	$14440	**$20900**	**$23180**	JD	6	359D	8F-4R	85.00	9083	CHA
3155 4WD	$41047	$11290	$13550	**$21340**	**$24220**	JD	6	359D	16F-8R	96.06	10207	No
3155 4WD w/Cab	$46975	$12920	$15500	**$24430**	**$27720**	JD	6	359D	16F-8R	96.06	10571	CHA
4055 PS	$46188	$12700	$15240	**$24020**	**$27250**	JD	6T	466D	15F-4R	109.18		No

John Deere (Cont.)

1990 (Cont.)

Model	Approx. Retail Price New	Used Trade-In Avg.	Used Trade-In High	Used Retail Avg.	Used Retail High	Engine Make	Engine No. Cyls.	Engine Displ. Cu.-in.	No. Speeds	P.T.O. H.P.	Approx. Shipping Wt.-Lbs.	Cab
4055 PS 4WD	$54727	$15050	$18060	$28460	$32290	JD	6T	466D	15F-4R	109.18	11350	No
4055 PS 4WD w/Cab	$61882	$17020	$20420	$32180	$36510	JD	6T	466D	15F-4R	109.18	12489	CHA
4055 PS w/Cab	$53343	$14670	$17600	$27740	$31470	JD	6T	466D	15F-4R	109.18	13955	CHA
4055 QR	$41773	$11490	$13790	$21720	$24650	JD	6T	466D	16F-6R	108.70		No
4055 QR 4WD	$50312	$13840	$16600	$26160	$29680	JD	6T	466D	16F-6R	105.00		No
4055 QR 4WD w/Cab	$57467	$15800	$18960	$29880	$33910	JD	6T	466D	16F-6R	105.00		CHA
4055 QR w/Cab	$48928	$13460	$16150	$25440	$28870	JD	6T	466D	16F-6R	108.70	12130	CHA
4255 PS	$50748	$13960	$16750	$26390	$29940	JD	6T	466D	15F-4R	120.00	12050	No
4255 PS 4WD	$59804	$16450	$19740	$31100	$35280	JD	6T	466D	15F-4R	123.36	13550	No
4255 PS 4WD w/Cab	$66959	$18410	$22100	$34820	$39510	JD	6T	466D	15F-4R	123.36	14685	CHA
4255 PS w/Cab	$57903	$15920	$19110	$30110	$34160	JD	6T	466D	15F-4R	120.00	13155	CHA
4255 QR	$46333	$12740	$15290	$24090	$27340	JD	6T	466D	16F-6R	123.69	11140	No
4255 QR 4WD	$55389	$15230	$18280	$28800	$32680	JD	6T	466D	16F-6R	120.00		No
4255 QR 4WD w/Cab	$62544	$17200	$20640	$32520	$36900	JD	6T	466D	16F-6R	120.00		CHA
4255 QR w/Cab	$53488	$14710	$17650	$27810	$31560	JD	6T	466D	16F-6R	123.69		CHA
4455 PS	$54481	$14980	$17980	$28330	$32140	JD	6T	466D	15F-4R	140.00	13050	No
4455 PS w/Cab	$61636	$16950	$20340	$32050	$36370	JD	6T	466D	15F-4R	140.00	14145	CHA
4455 QR	$49951	$13740	$16480	$25980	$29470	JD	6T	466D	16F-6R	142.69	11326	No
4455 QR 4WD	$59095	$16250	$19500	$30730	$34870	JD	6T	466D	16F-4R	140.00		No
4455 QR 4WD w/Cab	$66249	$18220	$21860	$34450	$39090	JD	6T	466D	16F-4R	140.00		CHA
4455 QR w/Cab	$57106	$15700	$18850	$29700	$33690	JD	6T	466D	16F-6R	142.69		CHA
4555 PS 4WD	$68698	$18890	$22670	$35720	$40530	JD	6T	466D	15F-4R	155.00		No
4555 PS 4WD w/Cab	$75853	$20860	$25030	$39440	$44750	JD	6T	466D	15F-4R	155.00		CHA
4555 PS w/Cab	$65980	$18150	$21770	$34310	$38930	JD	6T	466D	15F-4R	155.00		CHA
4555 QR	$54295	$14930	$17920	$28230	$32030	JD	6T	466D	16F-6R	156.83	14310	No
4555 QR w/Cab	$61450	$16900	$20280	$31950	$36260	JD	6T	466D	16F-6R	156.83	18703	CHA
4755 PS	$74412	$15630	$20090	$33490	$39070	JD	6TA	466D	15F-4R	177.06		CHA
4755 PS 4WD	$84285	$17220	$22140	$36900	$43050	JD	6TA	466D	15F-4R	177.06		CHA
4755 QR	$69882	$14680	$18870	$31450	$36690	JD	6TA	466D	16F-6R	177.11		CHA
4955 PS	$80225	$16170	$20790	$34650	$40430	JD	6TA	466D	15F-4R	202.73		CHA
4955 PS 4WD	$90098	$17850	$22950	$38250	$44630	JD	6TA	466D	15F-4R	202.73		CHA
8560 4WD	$82425	$17310	$22260	$37090	$43270	JD	6TA	466D	12F-3R	198.00		CHA
8560 4WD	$87675	$18410	$23670	$39450	$46030	JD	6TA	466D	24F-6R	202.65		CHA
8560 4WD w/PTO, 3-Pt	$95340	$19530	$25110	$41850	$48830	JD	6TA	466D	12F-3R	256.00		CHA
8760	$99225	$18850	$25800	$32740	$41680	JD	6TA	619D	12F-3R	260.94		CHA
8760 PS	$114975	$20710	$28340	$35970	$45780	JD	6TA	619D	12F-2R	260.94		CHA
8960 4WD	$118310	$22040	$30160	$38280	$48720	JD	6TA	855D	12F-3R	322.00		CHA
8960 4WD	$123560	$22990	$31460	$39930	$50820	JD	6TA	855D	24F-6R	333.40		CHA
8960 4WD PS	$134060	$24510	$33540	$42570	$54180	JD	6TA	855D	12F-2R	332.25		CHA

H, HC, HU—High Clearance PS—Power Shift QR—Quad Range

1989

Model	Approx. Retail Price New	Used Trade-In Avg.	Used Trade-In High	Used Retail Avg.	Used Retail High	Engine Make	Engine No. Cyls.	Engine Displ. Cu.-in.	No. Speeds	P.T.O. H.P.	Approx. Shipping Wt.-Lbs.	Cab
650	$8408	$2240	$3190	$4650	$5170	Yanmar	2	52D	8F-2R	14.5	1968	No
650 4WD	$9334	$2430	$3450	$5040	$5600	Yanmar	2	52D	8F-2R	14.5	1968	No
655	$9344	$2430	$3460	$5050	$5610	Yanmar	3	40D	Variable	10.6	1757	No
655 4WD	$10260	$2670	$3800	$5540	$6160	Yanmar	3	40D	Variable	10.6	1700	No
750	$9424	$2450	$3490	$5090	$5650	Yanmar	3	78D	8F-2R	18.5	2455	No
750 4WD	$10605	$2760	$3920	$5730	$6360	Yanmar	3	78D	8F-2R	18.0	2455	No
755	$10811	$2810	$4000	$5840	$6490	Yanmar	3	54D	Variable	20.0	1817	No
755 4WD	$11856	$3080	$4390	$6400	$7110	Yanmar	3	54D	Variable	20.0	1921	No
850	$10157	$2640	$3760	$5490	$6090	Yanmar	3	78D	8F-2R	22.3	3225	No
850 4WD	$11820	$2990	$4260	$6210	$6900	Yanmar	3	78D	8F-2R	22.3	3232	No
855	$11840	$3080	$4380	$6390	$7100	Yanmar	3	61D	Variable	19.0	1876	No
855 4WD	$13026	$3390	$4820	$7030	$7820	Yanmar	3	61D	Variable	19.0	1876	No
900HC	$11943	$3230	$3820	$6150	$6990	Yanmar	3	78D	8F-2R	22.0	1876	No
950	$11598	$3020	$4290	$6260	$6960	Yanmar	3	104D	8F-2R	27.3	3169	No
950 4WD	$13995	$3510	$5000	$7290	$8100	Yanmar	3	104D	8F-2R	27.3	3405	No
1050	$13390	$3380	$4810	$7020	$7800	Yanmar	3T	105D	8F-2R	33.4	3592	No
1050 4WD	$15702	$3900	$5550	$8100	$9000	Yanmar	3T	105D	8F-2R	33.4	3814	No
1250	$14220	$3840	$4550	$7320	$8320	Yanmar	3	143D	9F-2R	40.7	4125	No
1250 4WD	$18720	$5050	$5990	$9640	$10950	Yanmar	3	143D	9F-2R	40.7	4875	No
1450	$16234	$4380	$5200	$8360	$9500	Yanmar	4	190D	9F-2R	51.4	4410	No
1450 4WD	$20534	$5540	$6570	$10580	$12010	Yanmar	4	190D	9F-2R	51.4	5070	No
1650	$18382	$4780	$6800	$9930	$11030	Yanmar	4T	190D	9F-2R	62.2	4630	No
1650 4WD	$22734	$5910	$8410	$12280	$13640	Yanmar	4T	190D	9F-2R	62.2	5290	No
2155	$16539	$4300	$6120	$8930	$9920	JD	3	179D	8F-4R	45.60	5269	No
2155 4WD	$22940	$5960	$8490	$12390	$13760	JD	3	179D	8F-4R	45.60	5986	No
2355	$19252	$5010	$7120	$10400	$11550	JD	4	239D	8F-4R	55.90	6261	No
2355 4WD	$25791	$6710	$9540	$13930	$15480	JD	4	239D	8F-4R	55.90	6878	No
2355 4WD w/Cab	$32361	$8410	$11970	$17480	$19420	JD	4	239D	8F-4R	55.90	7793	CHA
2355 w/Cab	$27553	$7160	$10200	$14880	$16530	JD	4	239D	8F-4R	55.90	7187	CHA
2355N	$19525	$5080	$7220	$10540	$11720	JD	3T	179D	8F-4R	55.00		No
2355N 4WD	$25783	$6700	$9540	$13920	$15470	JD	3T	179D	8F-4R	55.00		No
2555	$22415	$5830	$8290	$12100	$13450	JD	4	239D	8F-4R	66.00	6515	No
2555 4WD	$28518	$7420	$10550	$15400	$17110	JD	4	239D	8F-4R	65.00	7286	No
2555 4WD w/Cab	$35088	$9120	$12980	$18950	$21050	JD	4	239D	8F-4R	65.00	7959	CHA
2555 w/Cab	$30135	$7840	$11150	$16270	$18080	JD	4	239D	8F-4R	66.00	7441	CHA
2755	$25217	$6560	$9330	$13620	$15130	JD	4T	239D	8F-4R	75.00	6558	No
2755 4WD	$32916	$8560	$12180	$17780	$19750	JD	4T	239D	8F-4R	75.00	7374	No
2755 4WD w/Cab	$39486	$10270	$14610	$21320	$23690	JD	4T	239D	8F-4R	75.00	8433	CHA
2755 w/Cab	$33266	$8650	$12310	$17960	$19960	JD	4T	239D	8F-4R	75.00	7441	CHA
2755HC 4WD	$34936	$9080	$12930	$18870	$20960	JD	4T	239D	12F-8R	75.00	7750	No
2855N	$25907	$6740	$9590	$13990	$15540	JD	4T	239D	8F-4R	80.00		No
2855N 4WD	$32509	$8450	$12030	$17560	$19510	JD	4T	239D	8F-4R	80.00		No

John Deere (Cont.)

Model	Approx. Retail Price New	Estimated Value Less Repairs Used Trade-In Avg.	High	Used Retail Avg.	High	Engine Make	No. Cyls.	Displ. Cu.-in.	No. Speeds	P.T.O. H.P.	Approx. Shipping Wt.-Lbs.	Cab
1989 (Cont.)												
2955	$29530	$7680	$10930	**$15950**	**$17720**	JD	6	359D	8F-4R	85.00	8444	No
2955 4WD	$35941	$9100	$12950	**$18900**	**$21000**	JD	6	359D	8F-4R	85.00	8973	No
2955 4WD w/Cab	$43145	$10920	$15540	**$22680**	**$25200**	JD	6	359D	8F-4R	85.00	9590	CHA
2955 w/Cab	$37520	$9760	$13880	**$20260**	**$22510**	JD	6	359D	8F-4R	85.00	9083	CHA
2955HC 4WD	$37335	$9710	$13810	**$20160**	**$22400**	JD	6	359D	12F-8R	85.00	9140	No
2955HC 4WD w/Cab	$43515	$10920	$15540	**$22680**	**$25200**	JD	6	359D	12F-8R	85.00	9835	CHA
3155 4WD	$39511	$10670	$12640	**$20350**	**$23110**	JD	6	359D	16F-8R	96.06	10207	No
3155 4WD w/Cab	$45211	$12210	$14470	**$23280**	**$26450**	JD	6	359D	16F-8R	96.06	10571	CHA
4055 PS	$44511	$12020	$14240	**$22920**	**$26040**	JD	6T	466D	15F-4R	105.00		No
4055 PS 4WD	$52722	$14240	$16870	**$27150**	**$30840**	JD	6T	466D	15F-4R	105.00	11350	No
4055 PS 4WD w/Cab	$59502	$15800	$18720	**$30130**	**$34220**	JD	6T	466D	15F-4R	105.00	12489	CHA
4055 PS w/Cab	$51291	$13850	$16410	**$26420**	**$30010**	JD	6T	466D	15F-4R	105.00		CHA
4055 QR	$40266	$10870	$12890	**$20740**	**$23560**	JD	6T	466D	16F-6R	105.00		No
4055 QR 4WD	$48477	$13090	$15510	**$24970**	**$28360**	JD	6T	466D	16F-6R	105.00		No
4055 QR 4WD w/Cab	$55257	$14920	$17680	**$28460**	**$32330**	JD	6T	466D	16F-6R	105.00		CHA
4055 QR w/Cab	$47046	$12700	$15060	**$24230**	**$27520**	JD	6T	466D	16F-6R	105.00		CHA
4255 PS	$48796	$13180	$15620	**$25130**	**$28550**	JD	6T	466D	15F-4R	120.00	12050	No
4255 PS 4WD	$57504	$15530	$18400	**$29620**	**$33640**	JD	6T	466D	15F-4R	120.00	13550	No
4255 PS 4WD w/Cab	$64384	$17120	$20290	**$32650**	**$37090**	JD	6T	466D	15F-4R	120.00	14685	CHA
4255 PS w/Cab	$55676	$15030	$17820	**$28670**	**$32570**	JD	6T	466D	15F-4R	120.00	13155	CHA
4255 QR	$45551	$12300	$14580	**$23460**	**$26650**	JD	6T	466D	16F-6R	120.00	11140	No
4255 QR 4WD	$53259	$14380	$17040	**$27430**	**$31160**	JD	6T	466D	16F-6R	120.00		No
4255 QR 4WD w/Cab	$60139	$16240	$19240	**$30970**	**$35180**	JD	6T	466D	16F-6R	120.00		CHA
4255 QR w/Cab	$51431	$13890	$16460	**$26490**	**$30090**	JD	6T	466D	16F-6R	120.00		CHA
4455 4WD w/Cab	$63701	$17200	$20380	**$32810**	**$37270**	JD	6T	466D	16F-4R	140.00		CHA
4455 PS	$52385	$14140	$16760	**$26980**	**$30650**	JD	6T	466D	15F-4R	140.00	13050	No
4455 PS w/Cab	$59265	$16000	$18970	**$30520**	**$34670**	JD	6T	466D	15F-4R	140.00	14145	CHA
4455 QR	$48030	$12970	$15370	**$24740**	**$28100**	JD	6T	466D	16F-6R	140.00	11326	No
4455 QR 4WD	$56821	$15340	$18180	**$29260**	**$33240**	JD	6T	466D	16F-4R	140.00		No
4455 QR w/Cab	$54910	$14830	$17570	**$28280**	**$32120**	JD	6T	466D	16F-6R	140.00		CHA
4555 PS 4WD	$65772	$17760	$21050	**$33870**	**$38480**	JD	6T	466D	15F-4R	155.00		No
4555 PS 4WD w/Cab	$72652	$19620	$23250	**$37420**	**$42500**	JD	6T	466D	15F-4R	155.00		CHA
4555 PS w/Cab	$63159	$17050	$20210	**$32530**	**$36950**	JD	6T	466D	15F-4R	155.00		CHA
4555 QR	$51924	$14020	$16620	**$26740**	**$30380**	JD	6T	466D	16F-6R	155.00	14310	No
4555 QR w/Cab	$58804	$15880	$18820	**$30280**	**$34400**	JD	6T	466D	16F-6R	155.00	18703	CHA
4755 PS	$71228	$14600	$18880	**$31340**	**$36680**	JD	6TA	466D	15F-4R	175.00		CHA
4755 PS 4WD	$80721	$16550	$21390	**$35520**	**$41570**	JD	6TA	466D	15F-4R	175.00		CHA
4755 QR	$66873	$13710	$17720	**$29420**	**$34440**	JD	6TA	466D	16F-6R	175.00		CHA
4955 PS	$76770	$15740	$20340	**$33780**	**$39540**	JD	6TA	466D	15F-4R	200.00		CHA
4955 PS 4WD	$86263	$17430	$22530	**$37400**	**$43780**	JD	6TA	466D	15F-4R	200.00		CHA
8560	$87500	$17940	$23190	**$38500**	**$45060**	JD	6TA	466D	12F-3R	256.00		CHA
8560 4WD, PTO, 3-Pt	$99500	$19480	$25180	**$41800**	**$48930**	JD	6TA	466D	12F-3R	256.00		CHA
8760	$96625	$17390	$24160	**$30920**	**$39620**	JD	6TA	619D	12F-3R	260.94		CHA
8760 PS	$112255	$19800	$27500	**$35200**	**$45100**	JD	6TA	619D	12F-2R	260.94		CHA
8960 4WD, PTO, 3-Pt	$125476	$21690	$30130	**$38560**	**$49410**	JD	6TA	855D	12F-3R	322.00		CHA
8960 PS 4WD	$127676	$22070	$30650	**$39230**	**$50270**	JD	6TA	855D	12F-2R	322.00		CHA
8960 PS 4WD, PTO, 3-Pt	$140476	$23400	$32500	**$41600**	**$53300**	JD	6TA	855D	12F-2R	322.00		CHA

H, HC, HU—High Clearance LU—Low Profile PS—Power Shift QR—Quad Range

Model	Approx. Retail Price New	Used Trade-In Avg.	High	Used Retail Avg.	High	Engine Make	No. Cyls.	Displ. Cu.-in.	No. Speeds	P.T.O. H.P.	Approx. Shipping Wt.-Lbs.	Cab
1988												
650	$7485	$1920	$2770	**$4070**	**$4530**	Yanmar	2	52D	8F-2R	14.5	1968	No
650 4WD	$8385	$2100	$3020	**$4440**	**$4950**	Yanmar	2	52D	8F-2R	14.5	1968	No
655	$8559	$2140	$3080	**$4540**	**$5050**	Yanmar	3	40D	Variable	10.6	1757	No
655 4WD	$9379	$2350	$3380	**$4970**	**$5530**	Yanmar	3	40D	Variable	10.6	1700	No
750	$8466	$2120	$3050	**$4490**	**$5000**	Yanmar	3	78D	8F-2R	18.5	2455	No
750 4WD	$9619	$2410	$3460	**$5100**	**$5680**	Yanmar	3	78D	8F-2R	18.0	2455	No
755	$9805	$2450	$3530	**$5200**	**$5790**	Yanmar	3	54D	Variable	20.0	1817	No
755 4WD	$10742	$2690	$3870	**$5690**	**$6340**	Yanmar	3	54D	Variable	20.0	1921	No
850	$9036	$2260	$3250	**$4790**	**$5330**	Yanmar	3	78D	8F-2R	22.0	3225	No
850 4WD	$10617	$2650	$3820	**$5630**	**$6260**	Yanmar	3	78D	8F-2R	22.3	3232	No
855	$10742	$2690	$3870	**$5690**	**$6340**	Yanmar	3	61D	Variable	19.0	1876	No
900HC	$10939	$2840	$3390	**$5580**	**$6350**	Yanmar	3	78D	8F-2R	22.0	1876	No
950	$10319	$2580	$3720	**$5470**	**$6090**	Yanmar	3	104D	8F-2R	27.3	3169	No
950 4WD	$12599	$3150	$4540	**$6680**	**$7430**	Yanmar	3	104D	8F-2R	27.3	3405	No
1050	$12266	$3070	$4420	**$6500**	**$7240**	Yanmar	3T	105D	8F-2R	33.4	3592	No
1050 4WD	$14250	$3560	$5130	**$7550**	**$8410**	Yanmar	3T	105D	8F-2R	33.4	3814	No
1250	$14220	$3700	$4410	**$7250**	**$8250**	Yanmar	3	143D	9F-2R	40.7	4125	No
1250 4WD	$18720	$4610	$5490	**$9040**	**$10280**	Yanmar	3	143D	9F-2R	40.7	4875	No
1450	$16234	$4160	$4960	**$8160**	**$9280**	Yanmar	4	190D	9F-2R	51.4	4410	No
1450 4WD	$20534	$5080	$6060	**$9960**	**$11330**	Yanmar	4	190D	9F-2R	51.4	5070	No
1650	$18382	$4600	$6620	**$9740**	**$10850**	Yanmar	4T	190D	9F-2R	62.2	4630	No
1650 4WD	$22734	$5390	$6430	**$10570**	**$12030**	Yanmar	4T	190D	9F-2R	62.2	5290	No
2155	$15939	$3990	$5740	**$8450**	**$9400**	JD	3	179D	8F-4R	45.60	5269	No
2155 4WD	$22340	$5590	$8040	**$11840**	**$13180**	JD	3	179D	8F-4R	45.60	5986	No
2355	$18312	$4580	$6590	**$9710**	**$10800**	JD	4	239D	8F-4R	55.90	6261	No
2355 4WD	$25370	$6340	$9130	**$13450**	**$14970**	JD	4	239D	8F-4R	55.90	6878	No
2355 4WD w/Cab	$32052	$8010	$11540	**$16990**	**$18910**	JD	4	239D	8F-4R	55.90	7793	CHA
2355 w/Cab	$27244	$6810	$9810	**$14440**	**$16070**	JD	4	239D	8F-4R	55.90	7187	CHA
2355N	$18825	$4710	$6780	**$9980**	**$11110**	JD	3	179D	8F-4R	55.00		No
2355N 4WD	$24783	$6200	$8920	**$13140**	**$14620**	JD	3	179D	8F-4R	55.00		No
2555	$21375	$5340	$7700	**$11330**	**$12610**	JD	4	239D	8F-4R	66.00	6515	No
2555 4WD	$27697	$6920	$9970	**$14680**	**$16340**	JD	4	239D	8F-4R	65.00	7286	No
2555 4WD Cab	$34379	$8600	$12380	**$18220**	**$20280**	JD	4	239D	8F-4R	65.00	7959	CHA
2555 Cab	$29726	$7430	$10700	**$15760**	**$17540**	JD	4	239D	8F-4R	66.00	7441	CHA

John Deere (Cont.)

1988 (Cont.)

Model	Approx. Retail Price New	Used Trade-In Avg.	Used Trade-In High	Used Retail Avg.	Used Retail High	Make	Engine No. Cyls.	Engine Displ. Cu.-in.	No. Speeds	P.T.O. H.P.	Approx. Shipping Wt.-Lbs.	Cab
2755	$24170	$6040	$8700	**$12810**	**$14260**	JD	4T	239D	8F-4R	75.00	6558	No
2755 4WD	$32213	$8050	$11600	**$17070**	**$19010**	JD	4T	239D	8F-4R	75.00	7374	No
2755 4WD Cab	$38895	$9720	$14000	**$20610**	**$22950**	JD	4T	239D	8F-4R	75.00	8433	CHA
2755 Cab	$32675	$8170	$11760	**$17320**	**$19280**	JD	4T	239D	8F-4R	75.00	7441	CHA
2755HC 4WD	$33824	$8460	$12180	**$17930**	**$19960**	JD	4T	239D	12F-8R	75.00	7750	No
2855N	$24925	$6230	$8970	**$13210**	**$14710**	JD	4T	239D	8F-4R	80.00		No
2855N 4WD	$31527	$7880	$11350	**$16710**	**$18600**	JD	4T	239D	8F-4R	80.00		No
2955	$27602	$6900	$9940	**$14630**	**$16290**	JD	6	359D	8F-4R	85.00	8444	No
2955 4WD	$34357	$8590	$12370	**$18210**	**$20270**	JD	6	359D	8F-4R	85.00	8973	No
2955 4WD Cab	$42063	$10000	$14400	**$21200**	**$23600**	JD	6	359D	8F-4R	85.00	9590	CHA
2955 Cab	$36438	$9110	$13120	**$19310**	**$21500**	JD	6	359D	8F-4R	85.00	9083	CHA
2955HC 4WD	$35732	$8930	$12860	**$18940**	**$21080**	JD	6	359D	12F-8R	85.00	9140	No
2955HC 4WD Cab	$42433	$10500	$15120	**$22260**	**$24780**	JD	6	359D	12F-8R	85.00	9835	CHA
3155 4WD	$38329	$9970	$11880	**$19550**	**$22230**	JD	6	359D	16F-8R	96.06	10207	No
3155 4WD Cab	$44029	$11450	$13650	**$22460**	**$25540**	JD	6	359D	16F-8R	96.06	10571	CHA
4050 PS	$42331	$11010	$13120	**$21590**	**$24550**	JD	6T	359D	15F-4R	105.69	11350	No
4050 PS 4WD	$49331	$12560	$14970	**$24630**	**$28010**	JD	6T	359D	15F-4R	105.69	11350	No
4050 PS 4WD Cab	$57120	$14590	$17390	**$28610**	**$32540**	JD	6T	359D	15F-4R	105.69	12489	CHA
4050 PS Cab	$48916	$12450	$14850	**$24430**	**$27780**	JD	6T	359D	15F-4R	105.69	12489	CHA
4050 QR	$38086	$9790	$11680	**$19210**	**$21850**	JD	6T	359D	16F-6R	105.89	10811	No
4050 QR 4WD	$46297	$11570	$13800	**$22700**	**$25810**	JD	6T	359D	15F-4R	105.00		No
4050 QR 4WD Cab	$52881	$13520	$16120	**$26520**	**$30160**	JD	6T	359D	16F-6R	105.00		CHA
4050 QR Cab	$44670	$11610	$13850	**$22780**	**$25910**	JD	6T	359D	16F-6R	105.89		CHA
4250 PS	$46741	$11880	$14170	**$23310**	**$26510**	JD	6T	466D	15F-4R	120.86	12050	No
4250 PS 4WD	$55449	$13990	$16680	**$27440**	**$31200**	JD	6T	466D	15F-4R	123.00	13550	No
4250 PS 4WD Cab	$62033	$15600	$18600	**$30600**	**$34800**	JD	6T	466D	15F-4R	123.00	14685	CHA
4250 PS Cab	$53321	$13720	$16350	**$26900**	**$30600**	JD	6T	466D	15F-4R	120.86	13155	CHA
4250 QR	$42496	$10790	$12870	**$21170**	**$24070**	JD	6T	466D	16F-6R	120.21	11140	No
4250 QR 4WD	$51204	$13000	$15500	**$25500**	**$29000**	JD	6T	466D	16F-6R	120.86		No
4250 QR 4WD Cab	$57788	$14770	$17610	**$28970**	**$32940**	JD	6T	466D	16F-6R	120.86		CHA
4250 QR Cab	$49080	$12480	$14880	**$24480**	**$27840**	JD	6T	466D	16F-6R	120.21		CHA
4450 4WD	$54616	$13910	$16590	**$27290**	**$31030**	JD	6T	466D	15F-4R	140.00		No
4450 4WD Cab	$61200	$15650	$18660	**$30700**	**$34920**	JD	6T	466D	15F-4R	140.00		CHA
4450 PS	$50280	$12790	$15250	**$25090**	**$28540**	JD	6T	466D	15F-4R	140.43	13050	No
4450 PS	$56864	$14790	$17630	**$29000**	**$32980**	JD	6T	466D	15F-4R	140.43	14145	CHA
4450 QR	$45825	$11650	$13890	**$22850**	**$25980**	JD	6T	466D	16F-6R	140.33	11326	No
4450 QR w/Cab	$52409	$13630	$16250	**$26730**	**$30400**	JD	6T	466D	16F-6R	140.33		CHA
4650	$54763	$13600	$16210	**$26670**	**$30330**	JD	6T	466D	16F-6R	165.70	14310	No
4650 4WD	$64256	$15130	$18040	**$29680**	**$33760**	JD	6T	466D	16F-6R	165.70		No
4650 4WD Cab	$70757	$17860	$21300	**$35040**	**$39850**	JD	6T	466D	16F-6R	165.70		CHA
4650 Cab	$61264	$15420	$18380	**$30240**	**$34390**	JD	6T	466D	16F-6R	165.70		CHA
4650 PS	$65619	$12520	$16280	**$26920**	**$31610**	JD	6T	466D	15F-4R	165.52	18703	CHA
4850	$70800	$13700	$17810	**$29460**	**$34590**	JD	6TI	466D	15F-4R	192.99	15371	CHA
4850 4WD	$80293	$15300	$19890	**$32900**	**$38630**	JD	6TI	466D	15F-4R	190.00		CHA
8450 4WD	$74296	$14100	$18330	**$30320**	**$35600**	JD	6TI	466D	16F-6R	186.98	23522	CHA
8450 4WD w/3-Pt.	$81596	$15500	$20150	**$33330**	**$39140**	JD	6TI	466D	16F-6R	186.98	25003	CHA
8650 4WD	$93151	$15300	$22500	**$27900**	**$36000**	JD	6TI	619D	16F-6R	238.56	26425	CHA
8650 4WD 3-Pt	$100451	$16490	$24250	**$30070**	**$38800**	JD	6TI	619D	16F-6R	238.56	27906	CHA
8850 4WD	$118609	$17550	$23400	**$29250**	**$38610**	JD	6TI	955D	16F-6R	303.99	32125	CHA
8850 4WD 3-Pt	$127859	$18750	$25000	**$31250**	**$41250**	JD	8TI	955D	16F-6R	303.99	34250	CHA

H, HC, HU—High Clearance LU—Low Profile PS—Power Shift QR—Quad Range

1987

Model	Approx. Retail Price New	Used Trade-In Avg.	Used Trade-In High	Used Retail Avg.	Used Retail High	Make	Engine No. Cyls.	Engine Displ. Cu.-in.	No. Speeds	P.T.O. H.P.	Approx. Shipping Wt.-Lbs.	Cab
650	$7050	$1740	$2540	**$3770**	**$4130**	Yanmar	2	52D	8F-2R	14.5	1968	No
650 4WD	$7855	$1890	$2750	**$4090**	**$4480**	Yanmar	2	52D	8F-2R	14.5	1968	No
655	$8384	$2010	$2930	**$4360**	**$4780**	Yanmar	3	40D	Variable	10.6	1757	No
655 4WD	$9196	$2210	$3220	**$4780**	**$5240**	Yanmar	3	40D	Variable	10.6	1700	No
750	$7900	$1900	$2770	**$4110**	**$4500**	Yanmar	3	78D	8F-2R	18.5	2455	No
750 4WD	$8980	$2160	$3140	**$4670**	**$5120**	Yanmar	3	78D	8F-2R	18.0	2455	No
755	$9324	$2240	$3260	**$4850**	**$5320**	Yanmar	3	54D	Variable	20.0	1817	No
755	$9324	$2240	$3260	**$4850**	**$5320**	Yanmar	3	54D	Variable	20.0	1817	No
755 4WD	$10218	$2450	$3580	**$5310**	**$5820**	Yanmar	3	54D	Variable	20.0	1921	No
850	$8595	$2060	$3010	**$4470**	**$4900**	Yanmar	3	78D	8F-2R	22.3	3225	No
850 4WD	$10100	$2420	$3540	**$5250**	**$5760**	Yanmar	3	78D	8F-2R	22.3	3232	No
855	$10220	$2450	$3580	**$5310**	**$5830**	Yanmar	3	61D	Variable	19.0	1876	No
950	$10015	$2400	$3510	**$5210**	**$5710**	Yanmar	3	104D	8F-2R	27.3	3169	No
950 4WD	$12030	$2890	$4210	**$6260**	**$6860**	Yanmar	3	104D	8F-2R	27.3	3405	No
1050	$11670	$2800	$4090	**$6070**	**$6650**	Yanmar	3T	105D	8F-2R	33.4	3592	No
1050 4WD	$13550	$3250	$4740	**$7050**	**$7720**	Yanmar	3T	105D	8F-2R	33.4	3814	No
1250	$14220	$3560	$4270	**$7180**	**$8180**	Yanmar	3	143D	9F-2R	40.7	4125	No
1250 4WD	$18720	$4430	$5310	**$8940**	**$10180**	Yanmar	3	143D	9F-2R	40.7	4875	No
1450	$16234	$4060	$4870	**$8200**	**$9340**	Yanmar	4	190D	9F-2R	51.4	4410	No
1450 4WD	$20534	$4880	$5860	**$9870**	**$11230**	Yanmar	4	190D	9F-2R	51.4	5070	No
1650	$18382	$4410	$6430	**$9560**	**$10480**	Yanmar	4T	190D	9F-2R	62.2	4630	No
1650 4WD	$22734	$5220	$7610	**$11300**	**$12390**	Yanmar	4T	190D	9F-2R	62.2	5290	No
2150	$16731	$4370	$6370	**$9460**	**$10370**	JD	3	179D	8F-4R	45.00	4970	No
2150 4WD	$21912	$5400	$7880	**$11700**	**$12830**	JD	3	179D	8F-4R	45.00	5670	No
2255	$17142	$4260	$6210	**$9230**	**$10120**	JD	3	179D	8F-4R	50.00	5115	No
2350	$19543	$5040	$7350	**$10920**	**$11970**	JD	4	239D	8F-4R	55.00	6490	No
2350 4WD	$24296	$6240	$9100	**$13520**	**$14820**	JD	4	239D	8F-4R	55.00	7620	No
2350 4WD w/Cab	$30978	$7920	$11550	**$17160**	**$18810**	JD	4	239D	8F-4R	55.00	8220	CHA
2350 w/Cab	$26225	$6720	$9800	**$14560**	**$15960**	JD	4	239D	8F-4R	55.00	7520	CHA
2550	$21813	$5640	$8230	**$12220**	**$13400**	JD	4	239D	8F-4R	65.00	7500	No
2550 4WD	$26411	$6720	$9800	**$14560**	**$15960**	JD	4	239D	8F-4R	65.00	8100	No

John Deere (Cont.)

1987 (Cont.)

Model	Approx. Retail Price New	Used Trade-In Avg.	Used Trade-In High	Used Retail Avg.	Used Retail High	Engine Make	Engine No. Cyls.	Engine Displ. Cu.-in.	No. Speeds	P.T.O. H.P.	Approx. Shipping Wt.-Lbs.	Cab
2550 4WD w/Cab	$33985	$8520	$12430	$18460	$20240	JD	4	239D	8F-4R	65.00	8230	CHA
2550 w/Cab	$28495	$7200	$10500	$15600	$17100	JD	4	239D	8F-4R	65.00	7630	CHA
2750	$24410	$6240	$9100	$13520	$14820	JD	4T	239D	8F-4R	75.00	7700	No
2750 4WD	$30575	$7680	$11200	$16640	$18240	JD	4T	239D	8F-4R	75.00	8910	No
2750 4WD w/Cab	$37256	$9310	$13580	$20180	$22120	JD	4T	239D	8F-4R	75.00	9410	CHA
2750 w/Cab	$31091	$7920	$11550	$17160	$18810	JD	4T	239D	8F-4R	75.00	8200	CHA
2750HC 4WD	$32400	$7780	$11340	$16850	$18470	JD	4T	239D	12F-8R	75.00	10000	No
2950	$28519	$6960	$10150	$15080	$16530	JD	6	359D	16F-8R	85.37	9100	No
2950 4WD	$34089	$8400	$12250	$18200	$19950	JD	6	359D	16F-8R	85.00	10410	No
2950 4WD w/Cab	$40269	$9840	$14350	$21320	$23370	JD	6	359D	16F-8R	85.00	10900	CHA
2950 w/Cab	$34699	$8640	$12600	$18720	$20520	JD	6	359D	16F-8R	85.37	10800	CHA
3150 4WD	$37300	$9120	$13300	$19760	$21660	JD	6	359D	16F-8R	96.06	11039	No
3150 4WD	$43000	$10320	$15050	$22360	$24510	JD	6	359D	16F-8R	96.06	11382	CHA
4050 PS	$42331	$10330	$12390	$20860	$23750	JD	6T	359D	15F-4R	105.69	11350	No
4050 PS	$48916	$11750	$14100	$23740	$27030	JD	6T	359D	15F-4R	105.69	12489	CHA
4050 PS 4WD	$50542	$12380	$14850	$25000	$28460	JD	6T	359D	15F-4R	105.69	12250	No
4050 PS 4WD	$57126	$14000	$16800	$28280	$32200	JD	6T	359D	15F-4R	105.69	13389	CHA
4050 QR	$38086	$9250	$11100	$18690	$21280	JD	6T	359D	16F-6R	105.89	11850	No
4050 QR	$44670	$11170	$13400	$22560	$25690	JD	6T	359D	16F-6R	105.89	12919	CHA
4250 PS	$46741	$11430	$13710	$23080	$26280	JD	6T	466D	15F-4R	120.86	12050	No
4250 PS	$53325	$13080	$15690	$26410	$30070	JD	6T	466D	15F-4R	120.20	13155	CHA
4250 PS 4WD	$55449	$13380	$16050	$27020	$30760	JD	6T	466D	15F-4R	123.00	13550	No
4250 PS 4WD	$62033	$15000	$18000	$30300	$34500	JD	6T	466D	15F-4R	123.00	14685	CHA
4250 QR	$42496	$10300	$12360	$20810	$23690	JD	6T	466D	16F-6R	120.20	12450	No
4250 QR	$49080	$12000	$14400	$24240	$27600	JD	6T	466D	16F-6R	120.20	13585	CHA
4450 PS	$50280	$12000	$14400	$24240	$27600	JD	6T	466D	15F-4R	140.43	13050	No
4450 PS	$56864	$13950	$16740	$28180	$32090	JD	6T	466D	15F-4R	140.43	14145	CHA
4450 QR	$52409	$12880	$15450	$26010	$29610	JD	6T	466D	16F-6R	140.33	13475	CHA
4650 PS	$65619	$12080	$16220	$26710	$31480	JD	6T	466D	15F-5R	165.52	18703	CHA
4650 QR	$61264	$11170	$14990	$24700	$29110	JD	6T	466D	16F-6R	165.70	18803	CHA
4850	$70800	$12730	$17090	$28140	$33170	JD	6T	466D	15F-4R	192.99	18978	CHA
4850 4WD	$80293	$14250	$19130	$31500	$37130	JD	6T	466D	15F-4R	192.99	19500	CHA
8450 4WD	$74296	$13110	$17600	$28980	$34160	JD	6TI	466D	16F-4R	186.98	22300	CHA
8450 4WD w/3-Pt.	$81596	$14440	$19380	$31920	$37620	JD	6TI	466D	16F-4R	186.98	22700	CHA
8650 4WD	$93151	$14400	$21600	$27900	$35100	JD	6TI	619D	16F-4R	238.56	24750	CHA
8650 4WD w/3-Pt.	$100451	$15360	$23040	$29760	$37440	JD	6TI	619D	16F-4R	238.56	25250	CHA
8850 4WD	$118609	$16380	$22230	$28080	$37440	JD	V8TI	955D	16F-4R	303.99	36074	CHA
8850 4WD w/3-Pt.	$127859	$17500	$23750	$30000	$40000	JD	V8TI	955D	16F-4R	303.99	36574	CHA

H, HC, HU—High Clearance LU—Low Profile PS—Power Shift QR—Quad Range

1986

Model	Approx. Retail Price New	Used Trade-In Avg.	Used Trade-In High	Used Retail Avg.	Used Retail High	Engine Make	Engine No. Cyls.	Engine Displ. Cu.-in.	No. Speeds	P.T.O. H.P.	Approx. Shipping Wt.-Lbs.	Cab
650	$6315	$1580	$2330	$3490	$3910	Yanmar	2	52D	8F-2R	14.5	1968	No
650 4WD	$6910	$1700	$2520	$3770	$4220	Yanmar	2	52D	8F-2R	14.5	1968	No
655	$7800	$1790	$2650	$3980	$4450	Yanmar	3	40D	Variable	10.6	1757	No
655 4WD	$8600	$1980	$2920	$4390	$4900	Yanmar	3	40D	Variable	10.6	1700	No
750	$7070	$1630	$2400	$3610	$4030	Yanmar	3	78D	8F-2R	18.5	2455	No
750 4WD	$7820	$1800	$2660	$3990	$4460	Yanmar	3	78D	8F-2R	18.0	2455	No
755	$8800	$2020	$2990	$4490	$5020	Yanmar	3	54D	Variable	20.0	1817	No
755 4WD	$9700	$2230	$3300	$4950	$5530	Yanmar	3	54D	Variable	20.0	1921	No
850	$7870	$1810	$2680	$4010	$4490	Yanmar	3	78D	8F-2R	22.3	3225	No
855	$9800	$2250	$3330	$5000	$5590	Yanmar	3	61D	Variable	19.0	1876	No
950	$9445	$2170	$3210	$4820	$5380	Yanmar	3	104D	8F-2R	27.3	3169	No
950 4WD	$11730	$2700	$3990	$5980	$6690	Yanmar	3	104D	8F-2R	27.3	3405	No
1050	$10660	$2450	$3620	$5440	$6080	Yanmar	3T	105D	8F-2R	33.4	3592	No
1050 4WD	$12310	$2830	$4190	$6280	$7020	Yanmar	3T	105D	8F-2R	33.4	3814	No
1250	$14220	$3410	$4120	$7110	$8110	Yanmar	3	143D	9F-2R	40.7	4125	No
1250 4WD	$18720	$4490	$5430	$9360	$10670	Yanmar	3	143D	9F-2R	40.7	4875	No
1450	$16234	$3900	$4710	$8120	$9250	Yanmar	4	190D	9F-2R	51.4	4410	No
1450 4WD	$20534	$4680	$5660	$9750	$11120	Yanmar	4	190D	9F-2R	51.4	5070	No
1650	$18382	$4230	$6250	$9380	$10480	Yanmar	4T	190D	9F-2R	62.2	4630	No
1650 4WD	$22734	$4990	$7380	$11070	$12370	Yanmar	4T	190D	9F-2R	62.2	5290	No
2150	$18135	$4170	$6170	$9250	$10340	JD	3	179D	16F-8R	46.47	4950	No
2150 4WD	$22935	$5280	$7800	$11700	$13070	JD	3	179D	16F-8R	46.00	5670	No
2255	$17866	$4110	$6070	$9110	$10180	JD	3	179D	16F-8R	50.00	5150	No
2350	$20565	$4730	$6990	$10490	$11720	JD	4	239D	16F-8R	56.18	7120	No
2350 4WD	$25320	$5820	$8610	$12910	$14430	JD	4	239D	16F-8R	56.00	8250	No
2350 4WD w/Cab	$32002	$7130	$10540	$15810	$17670	JD	4	239D	16F-8R	56.00	8850	CHA
2350 w/Cab	$27249	$6270	$9270	$13900	$15530	JD	4	239D	16F-8R	56.18	7620	CHA
2550	$22840	$5250	$7770	$11650	$13020	JD	4	239D	16F-8R	65.94	7230	No
2550 4WD	$27435	$6210	$9180	$13770	$15390	JD	4	239D	16F-8R	65.00	8360	No
2550 4WD w/Cab	$34826	$7770	$11490	$17240	$19270	JD	4	239D	16F-8R	65.00	8950	CHA
2550 w/Cab	$29519	$6670	$9860	$14790	$16530	JD	4	239D	16F-8R	65.94	7730	CHA
2750	$25433	$5750	$8500	$12750	$14250	JD	4T	239D	16F-8R	75.35	7810	No
2750 4WD	$31598	$7020	$10370	$15560	$17390	JD	4T	239D	16F-8R	75.00	9020	No
2750 4WD w/Cab	$38280	$8280	$12240	$18360	$20520	JD	4T	239D	12F-8R	75.00	9520	CHA
2750 w/Cab	$32115	$7250	$10710	$16070	$17960	JD	4T	239D	16F-8R	75.35	8310	CHA
2750HC 4WD	$32400	$7130	$10540	$15810	$17670	JD	4T	239D	12F-8R	75.00	10000	No
2950	$28519	$6560	$9700	$14550	$16260	JD	6	359D	16F-8R	85.37	10300	No
2950 4WD	$34089	$7590	$11220	$16830	$18810	JD	6	359D	16F-8R	85.00	10410	No
2950 4WD w/Cab	$40269	$8740	$12920	$19380	$21660	JD	6	359D	16F-8R	85.00	10910	CHA
2950 w/Cab	$34699	$7820	$11560	$17340	$19380	JD	6	359D	16F-8R	85.37	10800	CHA
3150 4WD	$37300	$8350	$12340	$18510	$20690	JD	6	359D	16F-8R	96.06	11039	No
3150 4WD	$43000	$9660	$14280	$21420	$23940	JD	6	359D	16F-8R	96.06	11382	CHA
4050 PS	$42331	$9910	$11980	$20650	$23540	JD	6	466D	15F-4R	100.95	11350	No

John Deere (Cont.)

1986 (Cont.)

Model	Approx. Retail Price New	Estimated Value Less Repairs: Used Trade-In Avg.	Used Trade-In High	Used Retail Avg.	Used Retail High	Engine Make	Engine No. Cyls.	Engine Displ. Cu.-in.	No. Speeds	P.T.O. H.P.	Approx. Shipping Wt.-Lbs.	Cab
4050 PS	$48916	$11500	$13890	**$23950**	**$27300**	JD	6	466D	15F-4R	100.95	12489	CHA
4050 PS 4WD	$50542	$11880	$14360	**$24750**	**$28220**	JD	6	466D	15F-4R	105.69	12250	No
4050 PS 4WD	$57126	$13560	$16390	**$28250**	**$32210**	JD	6	466D	15F-4R	105.69	13389	CHA
4050 QR	$38086	$9140	$11050	**$19040**	**$21710**	JD	6	466D	16F-6R	101.50	11850	No
4050 QR	$44670	$10440	$12620	**$21750**	**$24800**	JD	6	466D	16F-6R	101.50	12919	CHA
4250 PS	$46741	$10920	$13200	**$22750**	**$25940**	JD	6T	466D	15F-4R	120.86	12050	No
4250 PS	$53325	$12560	$15170	**$26160**	**$29830**	JD	6T	466D	15F-4R	120.20	13155	CHA
4250 PS 4WD	$55449	$12840	$15520	**$26750**	**$30500**	JD	6T	466D	15F-4R	123.00	13550	No
4250 PS 4WD	$62033	$14520	$17550	**$30250**	**$34490**	JD	6T	466D	15F-4R	123.00	14685	CHA
4250 QR	$42496	$9960	$12040	**$20750**	**$23660**	JD	6T	466D	16F-6R	120.20	12450	No
4250 QR	$49080	$11520	$13920	**$24000**	**$27360**	JD	6T	466D	16F-6R	120.20	13585	CHA
4450 PS	$50280	$11590	$14000	**$24140**	**$27520**	JD	6T	466D	15F-4R	140.43	13050	No
4450 PS	$56864	$13090	$15820	**$27280**	**$31100**	JD	6T	466D	15F-4R	140.43	14145	CHA
4450 QR	$52409	$12340	$14910	**$25700**	**$29300**	JD	6T	466D	16F-6R	140.33	13475	CHA
4650 PS	$65619	$11700	$15400	**$25260**	**$29880**	JD	6T	466D	15F-5R	165.52	18703	CHA
4650 QR	$61264	$11130	$14650	**$24030**	**$28420**	JD	6T	466D	16F-6R	165.70	18803	CHA
4850	$70800	$12260	$16130	**$26450**	**$31280**	JD	6T	466D	15F-4R	192.99	18978	CHA
4850 4WD	$80293	$13680	$18000	**$29520**	**$34920**	JD	6T	466D	15F-4R	192.99	19500	CHA
8450 4WD	$74296	$13300	$17500	**$28700**	**$33950**	JD	6TI	466D	16F-4R	186.98	22300	CHA
8450 4WD w/3-Pt.	$81596	$14440	$19000	**$31160**	**$36860**	JD	6TI	466D	16F-4R	186.98	22700	CHA
8650 4WD	$93151	$13350	$21360	**$27590**	**$33820**	JD	6TI	619D	16F-4R	238.56	24750	CHA
8650 4WD w/3-Pt.	$100451	$14400	$23040	**$29760**	**$36480**	JD	6TI	619D	16F-4R	238.56	25250	CHA
8850 4WD w/3-Pt.	$127859	$16250	$22500	**$28750**	**$38750**	JD	V8TI	955D	16F-4R	303.99	36574	CHA

H, HC, HU—High Clearance LU—Low Profile PS—Power Shift QR—Quad Range

1985

Model	Approx. Retail Price New	Estimated Value Less Repairs: Used Trade-In Avg.	Used Trade-In High	Used Retail Avg.	Used Retail High	Engine Make	Engine No. Cyls.	Engine Displ. Cu.-in.	No. Speeds	P.T.O. H.P.	Approx. Shipping Wt.-Lbs.	Cab
650	$6315	$1460	$2200	**$3360**	**$3790**	Yanmar	2	52D	8F-2R	14.5	1968	No
650 4WD	$6910	$1580	$2380	**$3640**	**$4100**	Yanmar	2	52D	8F-2R	14.5	1968	No
750	$7070	$1560	$2330	**$3570**	**$4030**	Yanmar	3	78D	8F-2R	18.5	2455	No
750 4WD	$7820	$1720	$2580	**$3950**	**$4460**	Yanmar	3	78D	8F-2R	18.0	2455	No
850	$7870	$1730	$2600	**$3970**	**$4490**	Yanmar	3	78D	8F-2R	22.3	3225	No
950	$9245	$2030	$3050	**$4670**	**$5270**	Yanmar	3	104D	8F-2R	27.3	3169	No
950 4WD	$12310	$2490	$3730	**$5710**	**$6450**	Yanmar	3	104D	8F-2R	27.3	3405	No
1050	$10660	$2350	$3520	**$5380**	**$6080**	Yanmar	3T	105D	8F-2R	33.4	3592	No
1050 4WD	$12310	$2640	$3960	**$6060**	**$6840**	Yanmar	3T	105D	8F-2R	33.4	3814	No
1250	$14735	$3340	$4060	**$7180**	**$8190**	Yanmar	3	143D	9F-2R	40.7	4125	No
1250 4WD	$19235	$4190	$5110	**$9030**	**$10300**	Yanmar	3	143D	9F-2R	40.7	4875	No
1450	$16309	$3520	$4280	**$7570**	**$8650**	Yanmar	4	190D	9F-2R	51.4	4410	No
1450 4WD	$20609	$4510	$5490	**$9700**	**$11070**	Yanmar	4	190D	9F-2R	51.4	5070	No
1650	$18457	$3960	$5940	**$9090**	**$10260**	Yanmar	4T	190D	9F-2R	62.2	4630	No
1650 4WD	$22809	$5250	$6390	**$11290**	**$12890**	Yanmar	4T	190D	9F-2R	62.2	5290	No
2150	$17942	$3950	$5920	**$9060**	**$10230**	JD	3	179D	16F-8R	46.47	4950	No
2150 4WD	$23132	$4960	$7440	**$11390**	**$12860**	JD	3	179D	16F-8R	46.00	5670	No
2255	$17866	$3780	$5680	**$8690**	**$9800**	JD	3	179D	16F-8R	50.00	5150	No
2350	$20754	$4570	$6850	**$10480**	**$11830**	JD	4	239D	16F-8R	56.18	7120	No
2350 4WD	$25254	$5390	$8090	**$12370**	**$13970**	JD	4	239D	16F-8R	56.00	8250	No
2350 4WD w/Cab	$31687	$6820	$10230	**$15660**	**$17670**	JD	4	239D	16F-8R	56.00	8850	CHA
2350 w/Cab	$26934	$5760	$8650	**$13230**	**$14930**	JD	4	239D	16F-8R	56.18	7620	CHA
2550	$23024	$5070	$7600	**$11630**	**$13120**	JD	4	239D	16F-8R	65.94	7230	No
2550 4WD	$26952	$5930	$8890	**$13610**	**$15360**	JD	4	239D	16F-8R	65.00	8360	No
2550 4WD w/Cab	$32955	$7150	$10730	**$16410**	**$18530**	JD	4	239D	16F-8R	65.00	8950	CHA
2550 w/Cab	$29204	$6380	$9570	**$14650**	**$16530**	JD	4	239D	16F-8R	65.94	7730	CHA
2750	$25220	$5500	$8250	**$12630**	**$14250**	JD	4T	239D	16F-8R	75.35	7810	No
2750 4WD	$30859	$6790	$10180	**$15580**	**$17590**	JD	4T	239D	16F-8R	75.00	9020	No
2750 4WD w/Cab	$36809	$7920	$11880	**$18180**	**$20520**	JD	4T	239D	12F-8R	75.00	9520	CHA
2750 w/Cab	$31874	$6820	$10230	**$15660**	**$17670**	JD	4T	239D	16F-8R	75.35	8310	CHA
2750HC 4WD	$32400	$6710	$10070	**$15400**	**$17390**	JD	4T	239D	12F-8R	75.00	10000	No
2950	$28706	$6160	$9240	**$14140**	**$15960**	JD	6	359D	16F-8R	85.37	10300	No
2950 4WD	$34276	$7260	$10890	**$16670**	**$18810**	JD	6	359D	16F-8R	85.00	10410	No
2950 4WD w/Cab	$40456	$8470	$12710	**$19440**	**$21950**	JD	6	359D	16F-8R	85.00	10910	CHA
2950 w/Cab	$34886	$7480	$11220	**$17170**	**$19380**	JD	6	359D	16F-8R	85.37	10800	CHA
4050 PS	$43176	$9660	$11760	**$20790**	**$23730**	JD	6	466D	15F-4R	100.95	11350	No
4050 PS	$49319	$11110	$13520	**$23910**	**$27290**	JD	6	466D	15F-4R	100.95	12489	CHA
4050 PS 4WD	$56792	$11890	$14480	**$25590**	**$29210**	JD	6	466D	15F-4R	105.69	12250	No
4050 PS 4WD	$62935	$13780	$16770	**$29650**	**$33840**	JD	6	466D	15F-4R	105.69	13389	CHA
4050 QR	$38931	$8740	$10640	**$18810**	**$21470**	JD	6	466D	16F-6R	101.09	11850	No
4050 QR	$45074	$10120	$12320	**$21780**	**$24860**	JD	6	466D	16F-6R	101.09	12919	CHA
4250 PS	$47586	$10490	$12770	**$22570**	**$25760**	JD	6T	466D	15F-4R	123.32	12050	No
4250 PS	$53729	$11890	$14480	**$25590**	**$29210**	JD	6T	466D	15F-4R	123.32	13155	CHA
4250 PS 4WD	$57454	$12770	$15540	**$27470**	**$31360**	JD	6T	466D	15F-4R	123.00	13550	No
4250 PS 4WD	$63597	$14150	$17220	**$30440**	**$34750**	JD	6T	466D	15F-4R	123.00	14685	CHA
4250 QR	$43341	$9500	$11560	**$20440**	**$23340**	JD	6T	466D	16F-6R	123.06	12450	No
4250 QR	$49484	$10930	$13300	**$23510**	**$26840**	JD	6T	466D	16F-6R	123.06	13585	CHA
4450 PS	$51025	$11270	$13720	**$24260**	**$27690**	JD	6T	466D	15F-4R	140.43	13050	No
4450 PS	$57168	$12700	$15460	**$27320**	**$31190**	JD	6T	466D	15F-4R	140.43	14145	CHA
4450 QR	$52895	$11710	$14250	**$25200**	**$28760**	JD	6T	466D	16F-6R	140.33	13475	CHA
4650 PS	$65496	$12070	$15560	**$25400**	**$30160**	JD	6TI	466D	15F-4R	165.52	18703	CHA
4650 PS 4WD	$80676	$13220	$17050	**$27840**	**$33060**	JD	6TI	466D	15F-4R	165.00	19803	CHA
4650 QR	$61146	$11500	$14820	**$24200**	**$28740**	JD	6TI	466D	16F-6R	165.70	19133	CHA
4850 PS	$70840	$12690	$16370	**$26720**	**$31730**	JD	6TI	466D	15F-4R	192.99	18978	CHA
4850 PS 4WD	$80293	$13910	$17930	**$29280**	**$34770**	JD	6TI	466D	15F-4R	192.00	20078	CHA
8450 4WD	$74296	$13340	$17200	**$28080**	**$33350**	JD	6TI	466D	16F-4R	186.98	22300	CHA
8450 4WD w/3-Pt.	$81596	$14730	$18990	**$31000**	**$36810**	JD	6TI	466D	16F-4R	186.98	22700	CHA
8650 4WD	$93151	$12910	$20470	**$27590**	**$33380**	JD	6TI	619D	16F-4R	238.56	24750	CHA

John Deere (Cont.)

1985 (Cont.)

Model	Approx. Retail Price New	Used Trade-In Avg.	Used Trade-In High	Used Retail Avg.	Used Retail High	Engine Make	Engine No. Cyls.	Engine Displ. Cu.-in.	No. Speeds	P.T.O. H.P.	Approx. Shipping Wt.-Lbs.	Cab
8650 4WD w/3-Pt.	$100451	$13920	$22080	**$29760**	**$36000**	JD	6TI	619D	16F-4R	238.56	25250	CHA
8850 4WD	$118609	$13920	$19720	**$25520**	**$34800**	JD	V8TI	955D	16F-4R	303.99	36074	CHA
8850 4WD w/3-Pt.	$127859	$15000	$21250	**$27500**	**$37500**	JD	V8TI	955D	16F-4R	303.99	36574	CHA

H, HC, HU—High Clearance LU—Low Profile PS—Power Shift QR—Quad Range

1984

Model	Approx. Retail Price New	Used Trade-In Avg.	Used Trade-In High	Used Retail Avg.	Used Retail High	Engine Make	Engine No. Cyls.	Engine Displ. Cu.-in.	No. Speeds	P.T.O. H.P.	Approx. Shipping Wt.-Lbs.	Cab
650	$6315	$1400	$2150	**$3250**	**$3710**	Yanmar	2	52D	8F-2R	14.5	1968	No
650 4WD	$6910	$1490	$2280	**$3460**	**$3940**	Yanmar	2	52D	8F-2R	14.5	1968	No
750	$7070	$1520	$2330	**$3540**	**$4030**	Yanmar	3	78D	8F-2R	18.5	2455	No
750 4WD	$7820	$1680	$2580	**$3910**	**$4460**	Yanmar	3	78D	8F-2R	18.0	2455	No
850	$7870	$1690	$2600	**$3940**	**$4490**	Yanmar	3	78D	8F-2R	22.3	3225	No
950	$9245	$1990	$3050	**$4620**	**$5270**	Yanmar	3	104D	8F-2R	27.3	3169	No
950 4WD	$12310	$2370	$3630	**$5500**	**$6270**	Yanmar	3	104D	8F-2R	27.3	3405	No
1050	$10660	$2150	$3300	**$5000**	**$5700**	Yanmar	3T	105D	8F-2R	33.4	3592	No
1050 4WD	$12310	$2430	$3730	**$5660**	**$6450**	Yanmar	3T	105D	8F-2R	33.4	3814	No
1250	$14735	$3080	$3920	**$6860**	**$7840**	Yanmar	3	143D	9F-2R	40.7	4125	No
1250 4WD	$19235	$3960	$5040	**$8820**	**$10080**	Yanmar	3	143D	9F-2R	40.7	4875	No
1450	$16309	$3300	$4200	**$7350**	**$8400**	Yanmar	4	190D	9F-2R	51.4	4410	No
1450 4WD	$20609	$4180	$5320	**$9310**	**$10640**	Yanmar	4	190D	9F-2R	51.4	5070	No
1650	$18457	$3960	$5040	**$8820**	**$10080**	Yanmar	4T	190D	9F-2R	62.2	4630	No
1650 4WD	$22809	$4400	$5600	**$9800**	**$11200**	Yanmar	4T	190D	9F-2R	62.2	5290	No
2150	$17942	$3760	$5780	**$8750**	**$9980**	JD	3	179D	16F-8R	46.47	4950	No
2150 4WD	$23132	$4860	$7460	**$11300**	**$12880**	JD	3	179D	16F-8R	46.00	5670	No
2255	$17866	$3700	$5680	**$8600**	**$9800**	JD	3	179D	16F-8R	50.00	5150	No
2350	$20754	$4300	$6600	**$10000**	**$11400**	JD	4	239D	16F-8R	56.18	7120	No
2350 4WD	$25254	$5290	$8120	**$12300**	**$14020**	JD	4	239D	16F-8R	56.00	8250	No
2350 4WD w/Cab	$31687	$6670	$10230	**$15500**	**$17670**	JD	4	239D	16F-8R	56.00	8850	CHA
2350 w/Cab	$26934	$5630	$8650	**$13100**	**$14930**	JD	4	239D	16F-8R	56.18	7620	CHA
2550	$22454	$4830	$7410	**$11230**	**$12800**	JD	4	239D	16F-8R	65.94	7230	No
2550 4WD	$27122	$5810	$8910	**$13500**	**$15390**	JD	4	239D	16F-8R	65.00	8360	No
2550 4WD w/Cab	$32826	$6880	$10560	**$16000**	**$18240**	JD	4	239D	16F-8R	65.00	8950	CHA
2550 w/Cab	$28654	$5910	$9080	**$13750**	**$15680**	JD	4	239D	16F-8R	65.94	7730	CHA
2750	$25620	$5380	$8250	**$12500**	**$14250**	JD	4T	239D	16F-8R	75.35	7810	No
2750 4WD	$31805	$6670	$10230	**$15500**	**$17670**	JD	4T	239D	16F-8R	75.00	9020	No
2750 4WD w/Cab	$36889	$7740	$11880	**$18000**	**$20520**	JD	4T	239D	16F-8R	75.00	9520	CHA
2750 w/Cab	$30875	$6640	$10190	**$15440**	**$17600**	JD	4T	239D	16F-8R	75.35	8310	CHA
2950	$28706	$5910	$9080	**$13750**	**$15680**	JD	6	359D	16F-8R	85.37	10300	No
2950 4WD	$34276	$6880	$10560	**$16000**	**$18240**	JD	6	359D	16F-8R	85.00	10410	No
2950 4WD w/Cab	$40456	$7960	$12210	**$18500**	**$21090**	JD	6	359D	16F-8R	85.00	10910	CHA
2950 w/Cab	$34886	$7200	$11060	**$16750**	**$19100**	JD	6	359D	16F-8R	85.37	10800	CHA
4050 PS	$43176	$9020	$11480	**$20090**	**$22960**	JD	6	466D	15F-4R	100.95	11350	No
4050 PS 4WD	$54792	$11150	$14200	**$24840**	**$28390**	JD	6	466D	15F-4R	105.69	12250	No
4050 PS 4WD Cab	$62935	$13200	$16800	**$29400**	**$33600**	JD	6	466D	15F-4R	105.69	13389	CHA
4050 PS Cab	$49319	$10630	$13520	**$23670**	**$27050**	JD	6	466D	15F-4R	100.95	12489	CHA
4050 QR	$38931	$8250	$10500	**$18380**	**$21000**	JD	6	466D	16F-6R	101.09	11850	No
4050 QR Cab	$45074	$9680	$12320	**$21560**	**$24640**	JD	6	466D	16F-6R	101.09	12919	CHA
4250 PS	$47586	$10010	$12740	**$22300**	**$25480**	JD	6T	466D	15F-4R	123.32	12050	No
4250 PS 4WD	$57454	$12190	$15510	**$27150**	**$31020**	JD	6T	466D	15F-4R	123.00	13550	No
4250 PS 4WD Cab	$63597	$13550	$17250	**$30180**	**$34500**	JD	6T	466D	15F-4R	123.00	14685	CHA
4250 PS Cab	$53729	$11590	$14760	**$25820**	**$29510**	JD	6T	466D	15F-4R	123.32	13155	CHA
4250 QR	$43341	$9310	$11840	**$20730**	**$23690**	JD	6T	466D	16F-6R	123.06	12450	No
4250 QR Cab	$49484	$10670	$13580	**$23770**	**$27160**	JD	6T	466D	16F-6R	123.06	13585	CHA
4450 PS	$51025	$10980	$13970	**$24450**	**$27940**	JD	6T	466D	15F-4R	140.43	13050	No
4450 PS 4WD	$65221	$12980	$16520	**$28910**	**$33040**	JD	6T	466D	15F-4R	140.00	14150	No
4450 PS 4WD Cab	$71364	$14410	$18340	**$32100**	**$36680**	JD	6T	466D	15F-4R	140.00	15245	CHA
4450 PS Cab	$57168	$12140	$15460	**$27050**	**$30910**	JD	6T	466D	15F-4R	140.43	14145	CHA
4450 QR	$46670	$9900	$12600	**$22050**	**$25200**	JD	6T	466D	16F-6R	140.33	13475	No
4450 QR Cab	$52813	$11180	$14220	**$24890**	**$28450**	JD	6T	466D	16F-6R	140.33	14575	CHA
4650 PS	$59118	$11120	$14040	**$22820**	**$27200**	JD	6TI	466D	15F-4R	165.52	17600	No
4650 PS 4WD	$74278	$12640	$15960	**$25940**	**$30920**	JD	6TI	466D	15F-4R	165.00	18700	No
4650 PS 4WD Cab	$80421	$13590	$17160	**$27890**	**$33250**	JD	6TI	466D	15F-4R	165.00	19803	CHA
4650 PS Cab	$65261	$11790	$14890	**$24200**	**$28860**	JD	6TI	466D	15F-4R	165.52	18703	CHA
4650 QR	$54763	$9980	$12600	**$20480**	**$24410**	JD	6TI	466D	16F-6R	165.70	18000	No
4650 QR Cab	$60906	$11190	$14140	**$22970**	**$27390**	JD	6TI	466D	16F-6R	165.70	19133	CHA
4850 PS	$69800	$12500	$15790	**$25660**	**$30600**	JD	6TI	466D	15F-4R	192.99	18978	CHA
4850 PS 4WD Cab	$79605	$13780	$17400	**$28280**	**$33710**	JD	6TI	466D	15F-4R	192.00	20078	CHA
8450 4WD	$74296	$13020	$16440	**$26720**	**$31850**	JD	6TI	466D	16F-4R	186.98	22300	CHA
8450 4WD w/3-Pt.	$81596	$13970	$17640	**$28670**	**$34180**	JD	6TI	466D	16F-4R	186.98	22700	CHA
8650 4WD	$93151	$12320	$20240	**$27280**	**$33000**	JD	6TI	619D	16F-4R	238.56	24750	CHA
8650 4WD w/3-Pt.	$100451	$13300	$21850	**$29450**	**$35630**	JD	6TI	619D	16F-4R	238.56	25250	CHA
8850 4WD	$118609	$12760	$18560	**$24360**	**$33640**	JD	V8TI	955D	16F-4R	303.99	36074	CHA
8850 4WD w/3-Pt.	$127859	$13640	$19840	**$26040**	**$35960**	JD	V8TI	955D	16F-4R	303.99	36574	CHA

H, HC, HU—High Clearance LU—Low Profile PS—Power Shift QR—Quad Range

1983

Model	Approx. Retail Price New	Used Trade-In Avg.	Used Trade-In High	Used Retail Avg.	Used Retail High	Engine Make	Engine No. Cyls.	Engine Displ. Cu.-in.	No. Speeds	P.T.O. H.P.	Approx. Shipping Wt.-Lbs.	Cab
650	$6030	$1350	$2120	**$3220**	**$3670**	Yanmar	2	52D	8F-2R	14.5	1968	No
650 4WD	$6610	$1450	$2280	**$3450**	**$3930**	Yanmar	2	52D	8F-2R	14.5	1968	No
750	$7070	$1530	$2410	**$3650**	**$4160**	Yanmar	3	78D	8F-2R	18.5	2455	No
750 4WD	$7820	$1640	$2580	**$3910**	**$4460**	Yanmar	3	78D	8F-2R	18.0	2455	No
850	$7670	$1630	$2560	**$3890**	**$4430**	Yanmar	3	78D	8F-2R	22.3	3225	No
950	$8670	$1820	$2860	**$4340**	**$4940**	Yanmar	3	104D	8F-2R	27.3	3169	No
950 4WD	$12125	$2310	$3630	**$5500**	**$6270**	Yanmar	3	104D	8F-2R	27.3	3405	No
1050	$10415	$2100	$3300	**$5000**	**$5700**	Yanmar	3T	105D	8F-2R	33.4	3592	No
1050 4WD	$12125	$2520	$3960	**$6000**	**$6840**	Yanmar	3T	105D	8F-2R	33.4	3814	No

John Deere (Cont.)

1983 (Cont.)

Model	Approx. Retail Price New	Used Trade-In Avg.	Used Trade-In High	Used Retail Avg.	Used Retail High	Make	Engine No. Cyls.	Engine Displ. Cu.-in.	No. Speeds	P.T.O. H.P.	Approx. Shipping Wt.-Lbs.	Cab
1250	$14735	$2940	$3920	**$6790**	**$7770**	Yanmar	3	143D	9F-2R	40.7	4125	No
1250 4WD	$19235	$3830	$5110	**$8840**	**$10120**	Yanmar	3	143D	9F-2R	40.7	4875	No
2150	$17419	$3570	$5610	**$8500**	**$9690**	JD	3	179D	16F-8R	46.47	4950	No
2150 4WD	$22449	$4620	$7260	**$11000**	**$12540**	JD	3	179D	16F-8R	46.00	5670	No
2350	$20149	$4100	$6440	**$9750**	**$11120**	JD	4	239D	16F-8R	56.18	7120	No
2350 4WD	$24764	$5040	$7920	**$12000**	**$13680**	JD	4	239D	16F-8R	56.00	8250	No
2350 4WD w/Cab	$30764	$6300	$9900	**$15000**	**$17100**	JD	4	239D	16F-8R	56.00	8850	CHA
2350 w/Cab	$26149	$5360	$8420	**$12750**	**$14540**	JD	4	239D	16F-8R	56.18	7620	CHA
2550	$22354	$4560	$7160	**$10850**	**$12370**	JD	4	239D	16F-8R	65.94	7230	No
2550 4WD	$26817	$5420	$8510	**$12900**	**$14710**	JD	4	239D	16F-8R	65.00	8360	No
2550 4WD w/Cab	$32817	$6510	$10230	**$15500**	**$17670**	JD	4	239D	16F-8R	65.00	8950	CHA
2550 w/Cab	$28354	$5750	$9040	**$13700**	**$15620**	JD	4	239D	16F-8R	65.94	7730	CHA
2750	$24874	$4940	$7760	**$11750**	**$13400**	JD	4T	239D	16F-8R	75.35	7810	No
2750 4WD	$30859	$6200	$9740	**$14750**	**$16820**	JD	4T	239D	16F-8R	75.00	9020	No
2750 4WD w/Cab	$36859	$7460	$11720	**$17750**	**$20240**	JD	4T	239D	16F-8R	75.00	9520	CHA
2750 w/Cab	$30874	$6260	$9830	**$14900**	**$16990**	JD	4T	239D	16F-8R	75.35	8310	CHA
2950	$27870	$5630	$8840	**$13400**	**$15280**	JD	6	359D	16F-8R	85.37	10300	No
2950 4WD	$33278	$6620	$10400	**$15750**	**$17960**	JD	6	359D	16F-8R	85.00	10410	No
2950 4WD w/Cab	$39278	$7830	$12310	**$18650**	**$21260**	JD	6	359D	16F-8R	85.00	10910	CHA
2950 w/Cab	$33780	$6890	$10820	**$16400**	**$18700**	JD	6	359D	16F-8R	85.37	10800	CHA
4050 4WD PS Cab	$55895	$11300	$15060	**$26090**	**$29860**	JD	6	466D	15F-4R	105.69	13389	CHA
4050 HC PS	$50779	$10250	$13660	**$23670**	**$27080**	JD	6	466D	15F-4R	101.00	12703	CHA
4050 HC QR Cab	$46735	$9390	$12520	**$21680**	**$24810**	JD	6	466D	16F-6R	101.00	13133	CHA
4050 PS Cab	$46970	$9450	$12600	**$21830**	**$24980**	JD	6	466D	15F-4R	100.95	12489	CHA
4050 QR Cab	$42927	$8800	$11730	**$20320**	**$23260**	JD	6	466D	16F-6R	101.09	12919	CHA
4250 4WD PS Cab	$60568	$12100	$16130	**$27940**	**$31970**	JD	6T	466D	15F-4R	123.00	14685	CHA
4250 PS Cab	$51170	$10400	$13860	**$24010**	**$27470**	JD	6T	466D	15F-4R	123.32	13155	CHA
4250 QR Cab	$47127	$9560	$12740	**$22070**	**$25250**	JD	6T	466D	16F-6R	123.06	13585	CHA
4250HC PS Cab	$55176	$11240	$14980	**$25950**	**$29690**	JD	6T	466D	15F-4R	123.00	13369	CHA
4250HC QR Cab	$51136	$10310	$13750	**$23810**	**$27250**	JD	6T	466D	16F-6R	123.00	13799	CHA
4450 4WD PS Cab	$58078	$11760	$15680	**$27160**	**$31080**	JD	6T	466D	15F-4R	140.00	15245	CHA
4450 PS Cab	$54530	$11030	$14700	**$25460**	**$29140**	JD	6T	466D	15F-4R	140.43	14145	CHA
4450 QR Cab	$50382	$10580	$14110	**$24440**	**$27960**	JD	6T	466D	16F-6R	140.33	14575	CHA
4650 4WD PS Cab	$72443	$12950	$16800	**$26600**	**$31850**	JD	6TI	466D	15F-4R	165.00	19803	CHA
4650 PS Cab	$62153	$11500	$14920	**$23620**	**$28280**	JD	6TI	466D	15F-4R	165.52	18703	CHA
4650 QR Cab	$58005	$10730	$13920	**$22040**	**$26390**	JD	6TI	466D	16F-6R	165.70	19133	CHA
4850 4WD PS Cab	$77719	$12860	$16680	**$26410**	**$31620**	JD	6TI	466D	15F-4R	192.00	20078	CHA
4850 PS Cab	$67429	$11930	$15480	**$24510**	**$29350**	JD	6TI	466D	15F-4R	192.99	18978	CHA
8450 4WD	$74296	$12120	$15720	**$24890**	**$29800**	JD	6TI	466D	16F-4R	186.98	22300	CHA
8450 4WD w/3-Pt.	$81596	$13140	$17040	**$26980**	**$32310**	JD	6TI	466D	16F-4R	186.98	22700	CHA
8650 4WD	$93151	$12460	$20470	**$27590**	**$33380**	JD	6TI	619D	16F-4R	238.56	24750	CHA
8650 4WD w/3-Pt.	$100451	$13160	$21620	**$29140**	**$35250**	JD	6TI	619D	16F-4R	238.56	25250	CHA
8850 4WD	$118609	$11700	$17550	**$23400**	**$32760**	JD	V8TI	955D	16F-4R	303.99	36074	CHA
8850 4WD w/3-Pt.	$127859	$12500	$18750	**$25000**	**$35000**	JD	V8TI	955D	16F-4R	303.99	36574	CHA

H, HC, HU—High Clearance LU—Low Profile PS—Power Shift QR—Quad Range

1982

Model	Approx. Retail Price New	Used Trade-In Avg.	Used Trade-In High	Used Retail Avg.	Used Retail High	Make	Engine No. Cyls.	Engine Displ. Cu.-in.	No. Speeds	P.T.O. H.P.	Approx. Shipping Wt.-Lbs.	Cab
650	$6030	$1280	$2090	**$3120**	**$3550**	Yanmar	2	52D	8F-2R	14.5	1968	No
650 4WD	$6610	$1360	$2210	**$3310**	**$3770**	Yanmar	2	52D	8F-2R	14.5	1968	No
750	$7070	$1450	$2370	**$3540**	**$4030**	Yanmar	3	78D	8F-2R	18.5	2455	No
750 4WD	$7820	$1600	$2620	**$3910**	**$4460**	Yanmar	3	78D	8F-2R	18.0	2455	No
850	$7670	$1570	$2570	**$3840**	**$4370**	Yanmar	3	78D	8F-2R	22.3	3225	No
950	$8670	$1780	$2900	**$4340**	**$4940**	Yanmar	3	104D	8F-2R	27.3	3169	No
950 4WD	$10335	$2120	$3460	**$5170**	**$5890**	Yanmar	3	104D	8F-2R	27.3	3405	No
1050	$10415	$2140	$3490	**$5210**	**$5940**	Yanmar	3T	105D	8F-2R	33.4	3592	No
1050 4WD	$12125	$2460	$4020	**$6000**	**$6840**	Yanmar	3T	105D	8F-2R	33.4	3814	No
1250	$14735	$2750	$3850	**$6590**	**$7620**	Yanmar	3	143D	9F-2R	40.7	4125	No
1250 4WD	$18735	$3550	$4970	**$8510**	**$9840**	Yanmar	3	143D	9F-2R	40.7	4875	No
2040	$13970	$2860	$4680	**$6990**	**$7960**	JD	3	179D	8F-4R	41.25	4376	No
2040 4WD	$19000	$3900	$6370	**$9500**	**$10830**	JD	3	179D	8F-4R	40.44	4580	No
2240	$16423	$3370	$5500	**$8210**	**$9360**	JD	3	179D	16F-8R	50.37	4740	No
2240 4WD	$21038	$4310	$7050	**$10520**	**$11990**	JD	3	179D	16F-8R	50.00	5677	No
2440	$19647	$4030	$6580	**$9820**	**$11200**	JD	4	219D	16F-8R	60.00	4855	No
2640	$22214	$4550	$7440	**$11110**	**$12660**	JD	4	276D	16F-8R	70.00	5400	No
2940 4WD	$30226	$6200	$10130	**$15110**	**$17230**	JD	6	359D	16F-8R	81.17	9931	No
4040 4WD	$41930	$8390	$11740	**$20130**	**$23270**	JD	6	404D	8F-2R	90.00	11944	CHA
4040 4WD PS	$44306	$8860	$12410	**$21270**	**$24590**	JD	6	404D	8F-4R	90.00	11961	CHA
4040 4WD QR	$42986	$8600	$12040	**$20630**	**$23860**	JD	6	404D	16F-6R	90.00	12391	CHA
4040 PS	$36549	$7310	$10230	**$17540**	**$20290**	JD	6	404D	8F-4R	90.79	9960	CHA
4040 QR	$35229	$7050	$9860	**$16910**	**$19550**	JD	6	404D	16F-6R	90.80	11393	CHA
4240 4WD	$46216	$9240	$12940	**$22180**	**$25650**	JD	6	466D	8F-2R	110.00	11572	CHA
4240 4WD PS	$48592	$9720	$13610	**$23320**	**$26970**	JD	6	466D	8F-4R	111.00	11585	CHA
4240 4WD QR	$47272	$9450	$13240	**$22690**	**$26240**	JD	6	466D	16F-6R	110.00	11157	CHA
4240 PS	$40926	$8190	$11460	**$19640**	**$22710**	JD	6	466D	8F-4R	111.06	10581	CHA
4240 QR	$39606	$7920	$11090	**$19010**	**$21980**	JD	6	466D	16F-6R	110.94	11156	CHA
4240HC	$36208	$7240	$10140	**$17380**	**$20100**	JD	6	466D	8F-2R	110.00	10333	No
4240HC PS	$38584	$7720	$10800	**$18520**	**$21410**	JD	6	466D	8F-4R	111.00	10343	No
4240HC QR	$37264	$7450	$10430	**$17890**	**$20680**	JD	6	466D	16F-6R	110.00	10918	No
4440 4WD PS	$52701	$9490	$12910	**$19760**	**$23450**	JD	6T	466D	8F-4R	130.00	11889	CHA
4440 4WD QR	$51212	$9220	$12550	**$19210**	**$22790**	JD	6T	466D	16F-6R	130.00	12474	CHA
4440 PS	$45123	$8120	$11060	**$16920**	**$20080**	JD	6T	466D	8F-4R	130.41	10901	CHA
4440 QR	$43634	$7850	$10690	**$16360**	**$19420**	JD	6T	466D	16F-6R	130.58	11473	CHA
4440HC PS	$42826	$7710	$10490	**$16060**	**$19060**	JD	6T	466D	8F-4R	130.00	10500	No
4440HC QR	$41319	$7440	$10120	**$15500**	**$18390**	JD	6T	466D	16F-6R	130.00	11072	No

Model	Approx. Retail Price New	Used Trade-In Avg.	Used Trade-In High	Used Retail Avg.	Used Retail High	Engine Make	Engine No. Cyls.	Engine Displ. Cu.-in.	No. Speeds	P.T.O. H.P.	Approx. Shipping Wt.-Lbs.	Cab
John Deere (Cont.)												
				1982 (Cont.)								
4640 4WD PS	$60755	$10710	$14580	**$22310**	**$26480**	JD	6TI	466D	8F-4R	155.00	13715	CHA
4640 4WD QR	$59185	$10460	$14240	**$21790**	**$25860**	JD	6TI	466D	16F-6R	155.00	14300	CHA
4640 PS	$53123	$9360	$12740	**$19500**	**$23140**	JD	6TI	466D	8F-4R	155.96	12614	CHA
4640 QR	$51553	$9090	$12370	**$18940**	**$22470**	JD	6TI	466D	16F-6R	155.00	13199	CHA
4840 PS	$57648	$7700	$12650	**$17050**	**$20630**	JD	6TI	466D	8F-4R	180.63	14317	CHA
8440 4WD	$66158	$8400	$13800	**$18600**	**$22500**	JD	6TI	466D	16F-4R	179.83	22210	CHA
8440 4WD w/3-Pt.	$70846	$9240	$15180	**$20460**	**$24750**	JD	6TI	466D	16F-4R	179.83	22710	CHA
8450 4WD	$74368	$9280	$15250	**$20550**	**$24860**	JD	6TI	466D	16F-4R	186.98	22300	CHA
8450 4WD w/3-Pt.	$80012	$9660	$15870	**$21390**	**$25880**	JD	6TI	466D	16F-4R	186.98	22700	CHA
8640 4WD	$80268	$10080	$16560	**$22320**	**$27000**	JD	6TI	619D	16F-4R	228.75	24750	CHA
8640 4WD w/3-Pt.	$84956	$10500	$17250	**$23250**	**$28130**	JD	6TI	619D	16F-4R	228.75	25250	CHA
8650 4WD	$90673	$11900	$19550	**$26350**	**$31880**	JD	6TI	619D	16F-4R	238.56	25000	CHA
8650 4WD w/3-Pt.	$96317	$12740	$20930	**$28210**	**$34130**	JD	6TI	619D	16F-4R	238.56	26000	CHA
8850 4WD	$115830	$10640	$15680	**$21280**	**$30240**	JD	V8TI	955D	16F-4R	303.99	36074	CHA
8850 4WD w/3-Pt.	$123250	$11500	$16940	**$22990**	**$32670**	JD	V8TI	955D	16F-4R	303.99	36574	CHA
H, HC, HU—High Clearance LU—Low Profile PS—Power Shift QR—Quad Range												
				1981								
650	$5345	$1210	$2060	**$3020**	**$3480**	Yanmar	2	52D	8F-2R	14.5	1968	No
650 4WD	$5840	$1290	$2190	**$3220**	**$3700**	Yanmar	2	52D	8F-2R	14.5	1968	No
750	$6265	$1250	$2130	**$3130**	**$3600**	Yanmar	3	78D	8F-2R	18.5	2455	No
750 4WD	$6915	$1380	$2350	**$3460**	**$3980**	Yanmar	3	78D	8F-2R	18.0	2455	No
850	$6751	$1350	$2300	**$3380**	**$3880**	Yanmar	3	78D	8F-2R	22.3	3225	No
950	$7826	$1570	$2660	**$3910**	**$4500**	Yanmar	3	104D	8F-2R	27.3	3169	No
950 4WD	$9266	$1850	$3150	**$4630**	**$5330**	Yanmar	3	104D	8F-2R	27.3	3405	No
1050	$9409	$1880	$3200	**$4710**	**$5410**	Yanmar	3T	105D	8F-2R	33.4	3592	No
1050 4WD	$10904	$2000	$3400	**$5000**	**$5750**	Yanmar	3T	105D	8F-2R	33.4	3814	No
2040	$13638	$2730	$4640	**$6820**	**$7840**	JD	3	179D	8F-4R	41.25	4376	No
2040 4WD	$19459	$3890	$6620	**$9730**	**$11190**	JD	3	179D	8F-4R	40.44	4580	No
2240	$15657	$3130	$5320	**$7830**	**$9000**	JD	3	179D	16F-8R	50.37	4740	No
2240 4WD	$20502	$4100	$6970	**$10250**	**$11790**	JD	3	179D	8F-4R	50.90	5422	No
2440	$18828	$3770	$6400	**$9410**	**$10830**	JD	4	219D	16F-8R	60.00	4855	No
2640	$20194	$4040	$6870	**$10100**	**$11610**	JD	4	276D	8F-4R	70.00	5145	No
2940	$23695	$4740	$8060	**$11850**	**$13630**	JD	6	359D	16F-8R	81.00	9347	No
2940 4WD	$28515	$5700	$9700	**$14260**	**$16400**	JD	6	359D	16F-8R	81.17	9931	No
4040 4WD	$38852	$7380	$10880	**$18650**	**$21760**	JD	6	404D	8F-2R	90.00	11944	CHA
4040 4WD PS	$41019	$7790	$11490	**$19690**	**$22970**	JD	6	404D	8F-4R	90.00	11961	CHA
4040 4WD QR	$39774	$7560	$11140	**$19090**	**$22270**	JD	6	404D	16F-6R	90.00	12391	CHA
4040 PS	$34177	$6490	$9570	**$16410**	**$19140**	JD	6	404D	8F-4R	90.79	9960	CHA
4040 QR	$32932	$6260	$9220	**$15810**	**$18440**	JD	6	404D	16F-6R	90.80	11393	CHA
4240 4WD	$42467	$8070	$11890	**$20380**	**$23780**	JD	6	466D	8F-2R	110.00	11572	CHA
4240 4WD PS	$44542	$8460	$12470	**$21380**	**$24940**	JD	6	466D	8F-4R	111.00	11585	CHA
4240 4WD QR	$43385	$8240	$12150	**$20830**	**$24300**	JD	6	466D	16F-6R	110.00	11157	CHA
4240 PS	$37700	$7160	$10560	**$18100**	**$21110**	JD	6	466D	8F-4R	111.06	10581	CHA
4240 QR	$36547	$6940	$10230	**$17540**	**$20470**	JD	6	466D	16F-6R	110.94	11156	CHA
4240HC	$38249	$7270	$10710	**$18360**	**$21420**	JD	6	466D	8F-2R	110.00	10333	CHA
4240HC PS	$40324	$7660	$11290	**$19360**	**$22580**	JD	6	466D	8F-4R	111.00	10343	CHA
4240HC QR	$39171	$7440	$10970	**$18800**	**$21940**	JD	6	466D	16F-6R	110.00	10918	CHA
4440 4WD PS	$49039	$8580	$12260	**$18140**	**$21820**	JD	6T	466D	8F-4R	130.00	11889	CHA
4440 4WD QR	$47617	$8330	$11900	**$17620**	**$21190**	JD	6T	466D	16F-6R	130.00	12474	CHA
4440 PS	$42197	$7380	$10550	**$15610**	**$18780**	JD	6T	466D	8F-4R	130.41	10901	CHA
4440 QR	$40775	$7140	$10190	**$15090**	**$18150**	JD	6T	466D	16F-6R	130.58	11473	CHA
4440HC PS	$44911	$7860	$11230	**$16620**	**$19990**	JD	6T	466D	8F-4R	130.00	10500	CHA
4440HC QR	$43489	$7610	$10870	**$16090**	**$19350**	JD	6T	466D	16F-6R	130.00	11072	CHA
4640 4WD PS	$56451	$9630	$13750	**$20350**	**$24480**	JD	6TI	466D	8F-4R	155.00	13715	CHA
4640 4WD QR	$55080	$9450	$13500	**$19980**	**$24030**	JD	6TI	466D	16F-6R	155.00	14300	CHA
4640 PS	$49609	$8490	$12130	**$17950**	**$21580**	JD	6TI	466D	8F-4R	155.96	12614	CHA
4640 QR	$48238	$8260	$11800	**$17460**	**$21000**	JD	6TI	466D	16F-6R	155.00	13199	CHA
4840 PS	$53880	$7140	$11220	**$15810**	**$19380**	JD	6TI	466D	8F-4R	180.63	14317	CHA
8440 4WD	$66158	$8960	$14080	**$19840**	**$24320**	JD	6TI	466D	16F-4R	179.83	22210	CHA
8640 4WD	$80268	$9800	$15400	**$21700**	**$26600**	JD	6TI	619D	16F-4R	228.75	24750	CHA
H, HC, HU—High Clearance LU—Low Profile PS—Power Shift QR—Quad Range												
				1980								
850	$5885	$1290	$2180	**$3150**	**$3660**	Yanmar	3	78D	8F-2R	22.3	3225	No
950	$6495	$1350	$2280	**$3300**	**$3830**	Yanmar	3	104D	8F-2R	27.3	3169	No
1050	$8355	$1710	$2880	**$4180**	**$4850**	Yanmar	3T	105D	8F-2R	33.4	3592	No
1050 4WD	$9730	$2000	$3360	**$4870**	**$5640**	Yanmar	3T	105D	8F-2R	33.4	3814	No
2040	$12091	$2480	$4170	**$6050**	**$7010**	JD	3	179D	8F-4R	41.25	4376	No
2040 4WD	$17431	$3570	$6010	**$8720**	**$10110**	JD	3	179D	8F-4R	40.44	4580	No
2240	$14153	$2900	$4880	**$7080**	**$8210**	JD	3	179D	16F-8R	50.37	4740	No
2240 4WD	$18425	$3780	$6360	**$9210**	**$10690**	JD	3	179D	8F-4R	50.90	5422	No
2240 4WD	$19191	$3930	$6620	**$9600**	**$11130**	JD	3	179D	16F-8R	50.00	5677	No
2440	$16609	$3410	$5730	**$8310**	**$9630**	JD	4	219D	16F-8R	60.00	4855	No
2640	$19004	$3900	$6560	**$9500**	**$11020**	JD	4	276D	16F-8R	70.00	5400	No
2940	$21466	$4400	$7410	**$10730**	**$12450**	JD	6	359D	16F-8R	81.00	9347	No
2940 4WD	$25949	$5320	$8950	**$12980**	**$15050**	JD	6	359D	16F-8R	81.17	9799	No
4040 4WD	$35741	$6430	$10010	**$17160**	**$20190**	JD	6	404D	8F-2R	90.00	11944	CHA
4040 4WD PS	$38816	$6990	$10870	**$18630**	**$21930**	JD	6	404D	8F-4R	90.00	11961	CHA
4040 4WD QR	$36663	$6600	$10270	**$17600**	**$20720**	JD	6	404D	16F-6R	90.00	12391	CHA
4040 PS	$31481	$5670	$8820	**$15110**	**$17790**	JD	6	404D	8F-4R	90.79	9960	CHA
4040 QR	$30328	$5460	$8490	**$14560**	**$17140**	JD	6	404D	16F-6R	90.80	11393	CHA
4240 4WD	$39091	$7040	$10950	**$18760**	**$22090**	JD	6	466D	8F-2R	110.00	11572	CHA
4240 4WD PS	$41166	$7410	$11530	**$19760**	**$23260**	JD	6	466D	8F-4R	111.00	11585	CHA

John Deere (Cont.)

1980 (Cont.)

Model	Approx. Retail Price New	Estimated Value Less Repairs: Used Trade-In Avg.	Used Trade-In High	Used Retail Avg.	Used Retail High	Engine Make	No. Cyls.	Displ. Cu.-in.	No. Speeds	P.T.O. H.P.	Approx. Shipping Wt.-Lbs.	Cab
4240 4WD QR	$40013	$7200	$11200	**$19210**	**$22610**	JD	6	466D	16F-6R	110.00	11157	CHA
4240 PS	$34831	$6270	$9750	**$16720**	**$19680**	JD	6	466D	8F-4R	111.06	10581	CHA
4240 QR	$33678	$6060	$9430	**$16170**	**$19030**	JD	6	466D	16F-6R	110.94	11156	CHA
4240HC	$35186	$5980	$8970	**$13020**	**$15660**	JD	6	466D	8F-2R	110.00	10333	CHA
4240HC PS	$37261	$6330	$9500	**$13790**	**$16580**	JD	6	466D	8F-4R	111.00	10343	CHA
4240HC QR	$36108	$6140	$9210	**$13360**	**$16070**	JD	6	466D	16F-6R	110.00	10918	CHA
4440 4WD PS	$46936	$7980	$11970	**$17370**	**$20890**	JD	6T	466D	8F-4R	130.00	11889	CHA
4440 4WD QR	$45619	$7760	$11630	**$16880**	**$20300**	JD	6T	466D	16F-6R	130.00	12474	CHA
4440 PS	$38909	$6620	$9920	**$14400**	**$17320**	JD	6T	466D	8F-4R	130.41	10901	CHA
4440 QR	$37592	$6390	$9590	**$13910**	**$16730**	JD	6T	466D	16F-6R	130.58	11473	CHA
4440HC PS	$41422	$7040	$10560	**$15330**	**$18430**	JD	6T	466D	8F-4R	130.00	10500	CHA
4440HC QR	$40105	$6820	$10230	**$14840**	**$17850**	JD	6T	466D	16F-6R	130.00	11072	CHA
4640 4WD PS	$52213	$8880	$13310	**$19320**	**$23240**	JD	6TI	466D	8F-4R	155.00	13715	CHA
4640 4WD QR	$50841	$8640	$12960	**$18810**	**$22620**	JD	6TI	466D	16F-6R	155.00	14300	CHA
4640 PS	$45877	$7800	$11700	**$16970**	**$20420**	JD	6TI	466D	8F-4R	155.96	12614	CHA
4640 QR	$44506	$7570	$11350	**$16470**	**$19810**	JD	6TI	466D	16F-6R	155.00	13199	CHA
4840 PS	$49890	$6990	$10480	**$15470**	**$19210**	JD	6TI	466D	8F-4R	180.63	14317	CHA
8440 4WD	$61268	$8580	$12870	**$18990**	**$23590**	JD	6TI	466D	16F-4R	179.83	22210	CHA
8640 4WD	$74323	$8960	$13440	**$19840**	**$24640**	JD	6TI	619D	16F-4R	228.75	24750	CHA

H, HC, HU—High Clearance LU—Low Profile PS—Power Shift QR—Quad Range

1979

Model	Approx. Retail Price New	Estimated Value Less Repairs: Used Trade-In Avg.	Used Trade-In High	Used Retail Avg.	Used Retail High	Engine Make	No. Cyls.	Displ. Cu.-in.	No. Speeds	P.T.O. H.P.	Approx. Shipping Wt.-Lbs.	Cab
850	$5002	$1300	$2170	**$3100**	**$3630**	Yanmar	3	78D	8F-2R	22.3	3225	No
950	$5606	$1350	$2240	**$3200**	**$3750**	Yanmar	3	104D	8F-2R	27.3	3169	No
2040	$10020	$2410	$3410	**$5960**	**$6710**	JD	3	164D	8F-4R	40.86	4060	No
2040 4WD	$15246	$3660	$5180	**$9070**	**$10220**	JD	3	164D	8F-4R	40.00	4260	No
2240	$12222	$2930	$4160	**$7270**	**$8190**	JD	3	179D	16F-8R	50.37	4255	No
2240 4WD	$16864	$4050	$5730	**$10030**	**$11300**	JD	3	179D	8F-4R	50.90	5422	No
2440	$13486	$3240	$4590	**$8020**	**$9040**	JD	4	219D	8F-4R	60.00	4600	No
2640	$15206	$3650	$5170	**$9050**	**$10190**	JD	4	276D	8F-4R	70.00	5045	No
2840 RCU	$17565	$4220	$5970	**$10450**	**$11770**	JD	6	329D	12F-6R	80.65	8500	No
2940	$18994	$4560	$6460	**$11300**	**$12730**	JD	6	329D	16F-8R	81.00	9347	No
2940 4WD	$22944	$5510	$7800	**$13650**	**$15370**	JD	6	329D	16F-8R	81.17	9799	No
4040 4WD	$28961	$5210	$8110	**$13900**	**$16510**	JD	6	404D	8F-2R	90.00	11944	CHA
4040 4WD PS	$30656	$5520	$8580	**$14720**	**$17470**	JD	6	404D	8F-4R	90.00	11961	CHA
4040 4WD QR	$29710	$5350	$8320	**$14260**	**$16940**	JD	6	404D	16F-6R	90.00	12391	CHA
4040 PS	$25508	$4590	$7140	**$12240**	**$14540**	JD	6	404D	8F-4R	90.79	9960	CHA
4040 QR	$24572	$4420	$6880	**$11800**	**$14010**	JD	6	404D	16F-6R	90.80	11393	CHA
4240 4WD	$31703	$5710	$8880	**$15220**	**$18070**	JD	6	466D	8F-2R	110.00	11572	CHA
4240 4WD PS	$33392	$6010	$9350	**$16030**	**$19030**	JD	6	466D	8F-4R	111.00	11585	CHA
4240 4WD QR	$32456	$5840	$9090	**$15580**	**$18500**	JD	6	466D	16F-6R	110.00	11157	CHA
4240 PS	$28254	$5090	$7910	**$13560**	**$16110**	JD	6	466D	8F-4R	111.06	10581	CHA
4240 QR	$27318	$4920	$7650	**$13110**	**$15570**	JD	6	466D	16F-6R	110.94	11156	CHA
4240HC	$24625	$4430	$6900	**$11820**	**$14040**	JD	6	466D	8F-2R	110.00	10333	No
4240HC PS	$26310	$4740	$7370	**$12630**	**$15000**	JD	6	466D	8F-4R	111.00	10343	No
4240HC QR	$25374	$4570	$7110	**$12180**	**$14460**	JD	6	466D	16F-6R	110.00	10918	No
4440 4WD PS	$36758	$6620	$10290	**$17640**	**$20950**	JD	6T	466D	8F-4R	130.00	11889	CHA
4440 4WD QR	$35691	$6420	$9990	**$17130**	**$20340**	JD	6T	466D	16F-6R	130.00	12474	CHA
4440 PS	$31620	$5690	$8850	**$15180**	**$18020**	JD	6T	466D	8F-4R	130.41	10901	CHA
4440 QR	$30553	$5500	$8560	**$14670**	**$17420**	JD	6T	466D	16F-6R	130.58	11473	CHA
4440HC PS	$29743	$5350	$8330	**$14280**	**$16950**	JD	6T	466D	8F-4R	130.00	10500	No
4440HC QR	$28676	$5160	$8030	**$13760**	**$16350**	JD	6T	466D	16F-6R	130.00	11072	No
4640 4WD PS	$41844	$7110	$10880	**$15480**	**$18620**	JD	6TI	466D	8F-4R	155.00	13715	CHA
4640 4WD QR	$40732	$6920	$10590	**$15070**	**$18130**	JD	6TI	466D	16F-6R	155.00	14300	CHA
4640 PS	$36706	$6240	$9540	**$13580**	**$16330**	JD	6TI	466D	8F-4R	155.96	12614	CHA
4640 QR	$35594	$6050	$9250	**$13170**	**$15840**	JD	6TI	466D	16F-6R	155.00	13199	CHA
4840 PS	$39629	$5320	$7980	**$11780**	**$14820**	JD	6TI	466D	8F-4R	180.63	14317	CHA
8440 4WD	$53920	$7550	$11320	**$16720**	**$21030**	JD	6TI	466D	16F-4R	179.83	22210	CHA
8640 4WD	$65424	$8400	$12600	**$18600**	**$23400**	JD	6TI	619D	16F-4R	228.75	24750	CHA

H, HC, HU—High Clearance LU—Low Profile PS—Power Shift QR—Quad Range

1978

Model	Approx. Retail Price New	Estimated Value Less Repairs: Used Trade-In Avg.	Used Trade-In High	Used Retail Avg.	Used Retail High	Engine Make	No. Cyls.	Displ. Cu.-in.	No. Speeds	P.T.O. H.P.	Approx. Shipping Wt.-Lbs.	Cab
850	$4852	$1300	$2150	**$3030**	**$3570**	Yanmar	3	78D	8F-2R	22.3	3225	No
950	$5438	$1320	$2180	**$3070**	**$3620**	Yanmar	3	104D	8F-2R	27.3	3169	No
2040	$9702	$2380	$3370	**$5990**	**$6730**	JD	3	164D	8F-4R	40.86	4060	No
2240	$11652	$2800	$3960	**$7050**	**$7920**	JD	3	179D	16F-8R	50.37	4255	No
2440	$13621	$3270	$4630	**$8240**	**$9260**	JD	4	219D	16F-8R	60.00	4855	No
2640	$14102	$3380	$4800	**$8530**	**$9590**	JD	4	276D	8F-4R	70.00	5045	No
2840 RCU	$16971	$4070	$5770	**$10270**	**$11540**	JD	6	329D	12F-6R	80.65	8500	No
4040 4WD	$27513	$5920	$9770	**$13760**	**$16230**	JD	6	404D	8F-2R	90.00	10944	CHA
4040 4WD PS	$29133	$6260	$10340	**$14570**	**$17190**	JD	6	404D	8F-4R	90.00	10961	CHA
4040 4WD QR	$28233	$6070	$10020	**$14120**	**$16660**	JD	6	404D	16F-6R	90.00	11394	CHA
4040 PS	$24193	$5200	$8590	**$12100**	**$14270**	JD	6	404D	8F-4R	90.79	9960	CHA
4040 QR	$23293	$5010	$8270	**$11650**	**$13740**	JD	6	404D	16F-6R	90.80	10393	CHA
4240 4WD	$28727	$6180	$10200	**$14360**	**$16950**	JD	6	466D	8F-2R	110.00	11572	CHA
4240 4WD PS	$30347	$6530	$10770	**$15170**	**$17910**	JD	6	466D	8F-4R	111.00	11585	CHA
4240 4WD QR	$29447	$6330	$10450	**$14720**	**$17370**	JD	6	466D	16F-6R	110.00	11157	CHA
4240 PS	$26846	$5770	$9530	**$13420**	**$15840**	JD	6	466D	8F-4R	111.06	10581	CHA
4240 QR	$25946	$5580	$9210	**$12970**	**$15310**	JD	6	466D	16F-6R	110.94	11156	CHA
4240HC	$23787	$5110	$8440	**$11890**	**$14030**	JD	6	466D	8F-2R	110.00	10333	No
4240HC PS	$25407	$5460	$9020	**$12700**	**$14990**	JD	6	466D	8F-4R	111.00	10343	No
4240HC QR	$24507	$5270	$8700	**$12250**	**$14460**	JD	6	466D	16F-6R	110.00	10918	No
4440 4WD PS	$35271	$6350	$9880	**$16930**	**$20280**	JD	6T	446D	8F-4R	130.00	11889	CHA
4440 4WD QR	$34245	$6160	$9590	**$16440**	**$19690**	JD	6T	466D	16F-6R	130.00	12474	CHA

John Deere (Cont.)

1978 (Cont.)

Model	Approx. Retail Price New	Estimated Value Less Repairs Used Trade-In Avg.	Used Trade-In High	Used Retail Avg.	Used Retail High	Engine Make	Engine No. Cyls.	Engine Displ. Cu.-in.	No. Speeds	P.T.O. H.P.	Approx. Shipping Wt.-Lbs.	Cab
4440 PS	$30331	$5460	$8490	**$14560**	**$17440**	JD	6T	466D	8F-4R	130.41	10901	CHA
4440 QR	$29305	$6300	$10400	**$14650**	**$17290**	JD	6T	466D	16F-6R	130.58	11473	CHA
4440HC PS	$28737	$5170	$8050	**$13790**	**$16520**	JD	6T	466D	8F-4R	130.00	10500	No
4440HC QR	$27697	$4990	$7760	**$13300**	**$15930**	JD	6T	466D	16F-6R	130.00	11072	No
4640 4WD PS	$40185	$7230	$11250	**$19290**	**$23110**	JD	6TI	466D	8F-4R	155.00	13715	CHA
4640 4WD QR	$39116	$7040	$10950	**$18780**	**$22490**	JD	6TI	466D	16F-6R	155.00	14300	CHA
4640 PS	$35245	$6340	$9870	**$16920**	**$20270**	JD	6TI	466D	8F-4R	155.96	12614	CHA
4640 QR	$34176	$6150	$9570	**$16400**	**$19650**	JD	6TI	466D	16F-6R	155.00	13199	CHA
4840 PS	$38289	$6660	$10360	**$17760**	**$21280**	JD	6TI	466D	8F-4R	180.63	14317	CHA
8430 4WD	$44746	$7140	$11130	**$15540**	**$18690**	JD	6TI	466D	16F-4R	178.16	22010	CHA
8630 4WD	$54077	$7480	$11660	**$16280**	**$19580**	JD	6TI	619D	16F-4R	225.59	24150	CHA

H, HC, HU—High Clearance LU—Low Profile PS—Power Shift QR—Quad Range

1977

Model	Approx. Retail Price New	Estimated Value Less Repairs Used Trade-In Avg.	Used Trade-In High	Used Retail Avg.	Used Retail High	Engine Make	Engine No. Cyls.	Engine Displ. Cu.-in.	No. Speeds	P.T.O. H.P.	Approx. Shipping Wt.-Lbs.	Cab
2040	$8392	$2220	$3110	**$5470**	**$6140**	JD	3	164D	8F-4R	40.86	4060	No
2240	$10387	$2600	$3640	**$6390**	**$7170**	JD	3	179D	16F-8R	50.37	4255	No
2440	$11244	$2810	$3940	**$6920**	**$7760**	JD	4	219D	16F-8R	60.00	4855	No
2640	$12426	$3110	$4350	**$7640**	**$8570**	JD	4	276D	8F-4R	70.00	5045	No
2840 RCU	$15570	$3890	$5450	**$9580**	**$10740**	JD	6	329D	12F-6R	80.65	8500	No
4030	$17481	$4850	$6790	**$11930**	**$13390**	JD	6	329D	8F-2R	80.00	8805	CHA
4030 QR	$18154	$5000	$7000	**$12300**	**$13800**	JD	6	329D	16F-6R	80.33	9265	CHA
4230 4WD	$24187	$6050	$8470	**$14880**	**$16690**	JD	6	404D	8F-2R	100.32	11550	CHA
4230 4WD PS	$25523	$6380	$8930	**$15700**	**$17610**	JD	6	404D	8F-4R	100.32	11800	CHA
4230 4WD QR	$24860	$6220	$8700	**$15290**	**$17150**	JD	6	404D	16F-6R	100.32	11950	CHA
4230 PS	$21242	$5700	$7980	**$14020**	**$15730**	JD	6	404D	8F-4R	100.32	10400	CHA
4230 QR	$20579	$5880	$8230	**$14450**	**$16220**	JD	6	404D	16F-6R	100.32	10650	CHA
4230HC	$21122	$4840	$7920	**$11000**	**$13090**	JD	6	404D	8F-2R	100.32	10530	No
4230HC PS	$22503	$4950	$8100	**$11250**	**$13390**	JD	6	404D	8F-4R	100.32	10700	No
4230HC QR	$21795	$4800	$7850	**$10900**	**$12970**	JD	6	404D	16F-6R	100.32	10930	No
4430 4WD	$26857	$6710	$9400	**$16520**	**$18530**	JD	6T	404D	8F-2R	125.00	12300	CHA
4430 4WD PS	$28422	$7110	$9950	**$17480**	**$19610**	JD	6T	404D	8F-4R	125.00	12500	CHA
4430 4WD QR	$27530	$6880	$9640	**$16930**	**$19000**	JD	6T	404D	16F-6R	125.00	12720	CHA
4430 PS	$24141	$6250	$8750	**$15380**	**$17250**	JD	6T	404D	8F-4R	125.00	10900	CHA
4430 QR	$23249	$6060	$8490	**$14910**	**$16730**	JD	6T	404D	16F-6R	125.88	11155	CHA
4430HC	$20549	$4520	$7400	**$10280**	**$12230**	JD	6T	404D	8F-2R	125.00	10815	No
4430HC PS	$22114	$4870	$7960	**$11060**	**$13160**	JD	6T	404D	8F-4R	125.00	11000	No
4430HC QR	$21222	$4670	$7640	**$10610**	**$12630**	JD	6T	404D	16F-6R	125.00	11235	No
4630 4WD	$32041	$5770	$8970	**$15380**	**$18580**	JD	6TI	404D	8F-2R	150.00	15300	CHA
4630 4WD PS	$33643	$6060	$9420	**$16150**	**$19510**	JD	6TI	404D	8F-4R	150.00	15450	CHA
4630 4WD QR	$32714	$5890	$9160	**$15700**	**$18970**	JD	6TI	404D	16F-6R	150.00	15600	CHA
4630 PS	$29239	$5260	$8190	**$14040**	**$16960**	JD	6TI	404D	8F-4R	150.00	14250	CHA
4630 QR	$28310	$5100	$7930	**$13590**	**$16420**	JD	6TI	404D	16F-6R	150.00	14100	CHA
6030	$32913	$5470	$8520	**$14600**	**$17640**	JD	6TI	531D	8F-2R	175.99	17300	CHA
8430 4WD	$41442	$6800	$10800	**$14800**	**$17800**	JD	6TI	466D	16F-4R	178.16	22010	CHA
8630 4WD	$50016	$7480	$11880	**$16280**	**$19580**	JD	6TI	619D	16F-4R	225.59	24150	CHA

H, HC, HU—High Clearance LU—Low Profile PS—Power Shift QR—Quad Range

1976

Model	Approx. Retail Price New	Estimated Value Less Repairs Used Trade-In Avg.	Used Trade-In High	Used Retail Avg.	Used Retail High	Engine Make	Engine No. Cyls.	Engine Displ. Cu.-in.	No. Speeds	P.T.O. H.P.	Approx. Shipping Wt.-Lbs.	Cab
2040	$7705	$2260	$3130	**$5440**	**$6090**	JD	3	164D	8F-4R	40.86	4060	No
2240	$9529	$2740	$3790	**$6580**	**$7370**	JD	3	179D	16F-8R	50.37	4255	No
2440	$10435	$2970	$4120	**$7150**	**$8010**	JD	4	219D	8F-4R	60.00	4600	No
2640	$11439	$3230	$4480	**$7770**	**$8710**	JD	4	276D	8F-4R	70.00	5045	No
4030	$16343	$4770	$6600	**$11460**	**$12840**	JD	6	329D	8F-2R	80.00	8805	CHA
4030 QR	$16962	$5320	$7370	**$12790**	**$14320**	JD	6	329D	16F-6R	80.33	9265	CHA
4230 4WD PS	$23819	$6190	$8580	**$14890**	**$16670**	JD	6	404D	8F-4R	100.32	11800	CHA
4230 4WD QR	$23101	$6010	$8320	**$14440**	**$16170**	JD	6	404D	16F-6R	100.32	11950	CHA
4230 HC	$16426	$4530	$6270	**$10890**	**$12200**	JD	6	404D	8F-2R	100.32	10530	No
4230 HC PS	$17762	$4880	$6750	**$11730**	**$13130**	JD	6	404D	8F-4R	100.32	10700	No
4230 HC QR	$17044	$4690	$6500	**$11280**	**$12630**	JD	6	404D	16F-6R	100.32	10930	No
4230 PS	$19888	$5430	$7520	**$13060**	**$14620**	JD	6	404D	8F-4R	100.32	10400	CHA
4230 QR	$19170	$5500	$7620	**$13230**	**$14820**	JD	6	404D	16F-6R	100.32	10650	CHA
4430 4WD PS	$26366	$6860	$9490	**$16480**	**$18460**	JD	6T	404D	8F-4R	125.00	12500	CHA
4430 4WD QR	$25547	$6640	$9200	**$15970**	**$17880**	JD	6T	404D	16F-6R	125.00	12720	CHA
4430 HC	$18892	$4910	$6800	**$11810**	**$13220**	JD	6T	404D	8F-2R	125.00	10815	No
4430 HC PS	$20309	$5280	$7310	**$12690**	**$14220**	JD	6T	404D	8F-4R	125.00	11000	No
4430 HC QR	$19490	$5070	$7020	**$12180**	**$13640**	JD	6T	404D	16F-6R	125.00	11235	No
4430 PS	$22435	$5980	$8280	**$14380**	**$16100**	JD	6T	404D	8F-4R	125.00	10900	CHA
4430 QR	$21616	$5880	$8140	**$14130**	**$15820**	JD	6T	404D	16F-6R	125.88	11155	CHA
4630 4WD	$29023	$5220	$8270	**$13930**	**$16980**	JD	6TI	404D	8F-2R	150.00	15300	CHA
4630 4WD PS	$30494	$5490	$8690	**$14640**	**$17840**	JD	6TI	404D	8F-4R	150.00	15450	CHA
4630 4WD QR	$29641	$5340	$8450	**$14230**	**$17340**	JD	6TI	404D	16F-6R	150.00	15600	CHA
4630 PS	$26450	$4760	$7540	**$12700**	**$15470**	JD	6TI	404D	8F-4R	150.00	14250	CHA
4630 QR	$25597	$4610	$7300	**$12290**	**$14970**	JD	6TI	404D	16F-6R	150.00	14100	CHA
6030	$30243	$5350	$8480	**$14280**	**$17400**	JD	6TI	531D	8F-2R	175.99	17300	CHA
8430 4WD	$41175	$7000	$11320	**$15240**	**$18320**	JD	6TI	466D	16F-4R	178.16	22010	CHA
8630 4WD	$46150	$7170	$11610	**$15610**	**$18780**	JD	6TI	619D	16F-4R	225.59	24150	CHA

H, HC, HU—High Clearance LU—Low Profile PS—Power Shift QR—Quad Range

1975

Model	Approx. Retail Price New	Estimated Value Less Repairs Used Trade-In Avg.	Used Trade-In High	Used Retail Avg.	Used Retail High	Engine Make	Engine No. Cyls.	Engine Displ. Cu.-in.	No. Speeds	P.T.O. H.P.	Approx. Shipping Wt.-Lbs.	Cab
830	$5711	$2040	$2820	**$4900**	**$5480**	JD	3	152D	8F-4R	35.30	4060	No
1530	$7260	$2590	$3570	**$6200**	**$6940**	JD	3	164D	16F-8R	45.38	4605	No
2030	$9151	$3090	$4250	**$7400**	**$8270**	JD	4	219D	16F-8R	60.65	4845	No
2630	$9991	$3310	$4560	**$7940**	**$8870**	JD	4	276D	16F-8R	70.37	5300	No
4030	$10863	$4470	$6160	**$10710**	**$11970**	JD	6	329D	8F-2R	80.00	7805	No

John Deere (Cont.)

1975 (Cont.)

Model	Approx. Retail Price New	Estimated Value Less Repairs: Used Trade-In Avg.	Used Trade-In High	Used Retail Avg.	Used Retail High	Engine Make	Engine No. Cyls.	Engine Displ. Cu.-in.	No. Speeds	P.T.O. H.P.	Approx. Shipping Wt.-Lbs.	Cab
4030 QR	$11377	$4610	$6340	**$11030**	**$12340**	JD	6	329D	16F-6R	80.33	8265	No
4230 4WD PS	$17049	$5450	$7500	**$13050**	**$14590**	JD	6	404D	8F-4R	100.32	10800	No
4230 4WD QR	$16543	$5300	$7300	**$12700**	**$14200**	JD	6	404D	16F-6R	100.32	10950	No
4230 HC	$14020	$4510	$6210	**$10810**	**$12080**	JD	6	404D	8F-2R	100.32	10530	No
4230 HC PS	$15040	$4780	$6590	**$11460**	**$12810**	JD	6	404D	8F-4R	100.32	10700	No
4230 HC QR	$14534	$4650	$6400	**$11130**	**$12450**	JD	6	404D	16F-6R	100.32	10930	No
4230 PS	$14111	$5330	$7340	**$12770**	**$14280**	JD	6	404D	8F-4R	100.32	9400	No
4230 QR	$13605	$5200	$7160	**$12450**	**$13920**	JD	6	404D	16F-6R	100.32	9650	No
4430 4WD PS	$18818	$6050	$8330	**$14490**	**$16200**	JD	6T	404D	8F-4R	125.00	11500	No
4430 4WD QR	$18312	$5910	$8140	**$14170**	**$15840**	JD	6T	404D	16F-6R	125.00	11720	No
4430 HC PS	$16809	$5510	$7600	**$13210**	**$14770**	JD	6T	404D	8F-4R	125.00	11000	No
4430 HC QR	$16303	$5380	$7410	**$12890**	**$14420**	JD	6T	404D	16F-6R	125.00	11235	No
4430 PS	$15880	$5800	$7990	**$13890**	**$15540**	JD	6T	404D	8F-4R	125.00	9900	No
4430 QR	$15374	$5400	$7440	**$12940**	**$14470**	JD	6T	404D	16F-6R	125.88	10155	No
4630 4WD PS	$21812	$5360	$8810	**$11670**	**$14530**	JD	6TI	404D	8F-4R	150.00	14450	No
4630 4WD QR	$21306	$5130	$8440	**$11180**	**$13910**	JD	6TI	404D	16F-6R	150.00	14600	No
4630 PS	$18797	$4900	$8070	**$10680**	**$13300**	JD	6TI	404D	8F-4R	150.00	13250	No
4630 QR	$18219	$4550	$7480	**$9910**	**$12330**	JD	6TI	404D	16F-6R	150.00	13100	No
6030	$21750	$4050	$6660	**$8820**	**$10980**	JD	6TI	531D	8F-2R	175.99	15800	No
6030	$24934	$4510	$7410	**$9820**	**$12220**	JD	6TI	531D	8F-2R	175.99	17300	CHA
7020 4WD	$22907	$4480	$7370	**$9750**	**$12140**	JD	6TI	404D	8F-2R	146.00	14725	CHA
7520 4WD	$26372	$4810	$7910	**$10470**	**$13040**	JD	6TI	531D	8F-2R	175.00	16935	CHA
8430 4WD	$37290	$6510	$10720	**$14170**	**$16920**	JD	6TI	466D	16F-4R	178.16	22010	CHA
8630 4WD	$44570	$7140	$11760	**$15540**	**$18560**	JD	6TI	619D	16F-4R	225.59	24150	CHA

H, HC, HU—High Clearance LU—Low Profile PS—Power Shift QR—Quad Range

1974

Model	Approx. Retail Price New	Used Trade-In Avg.	Used Trade-In High	Used Retail Avg.	Used Retail High	Make	No. Cyls.	Displ. Cu.-in.	No. Speeds	P.T.O. H.P.	Approx. Shipping Wt.-Lbs.	Cab
830	$5288	$1930	$2700	**$4700**	**$5250**	JD	3	152D	8F-4R	35.30	4060	No
1530	$6765	$2320	$3240	**$5650**	**$6310**	JD	3	164D	16F-8R	45.38	4605	No
2030	$8498	$2780	$3880	**$6770**	**$7560**	JD	4	219D	16F-8R	60.65	4845	No
2630	$9259	$2980	$4170	**$7260**	**$8110**	JD	4	276D	16F-8R	70.00	5300	No
4030	$10004	$4240	$5920	**$10320**	**$11520**	JD	6	329D	8F-2R	80.00	7805	No
4030 QR	$10480	$4390	$6140	**$10690**	**$11940**	JD	6	329D	16F-6R	80.33	8265	No
4230 4WD	$15005	$5040	$7030	**$12260**	**$13680**	JD	6	404D	8F-2R	100.32	10550	No
4230 4WD PS	$15949	$5290	$7380	**$12870**	**$14360**	JD	6	404D	8F-4R	100.32	10800	No
4230 4WD QR	$15519	$5170	$7220	**$12590**	**$14050**	JD	6	404D	16F-6R	100.32	10950	No
4230 HC	$12996	$4500	$6290	**$10960**	**$12240**	JD	6	404D	8F-2R	100.32	10530	No
4230 HC PS	$13940	$4750	$6640	**$11570**	**$12920**	JD	6	404D	8F-4R	100.32	10700	No
4230 HC QR	$13510	$4640	$6480	**$11290**	**$12610**	JD	6	404D	16F-6R	100.32	10930	No
4230 PS	$13011	$4770	$6660	**$11610**	**$12960**	JD	6	404D	8F-4R	100.32	9400	No
4230 QR	$12581	$4660	$6510	**$11340**	**$12660**	JD	6	404D	16F-6R	100.32	9650	No
4430 4WD	$16643	$5470	$7640	**$13320**	**$14860**	JD	6T	404D	8F-2R	125.00	11300	No
4430 4WD PS	$17663	$5740	$8020	**$13970**	**$15600**	JD	6T	404D	8F-4R	125.00	11500	No
4430 4WD QR	$17157	$5610	$7830	**$13650**	**$15230**	JD	6T	404D	16F-6R	125.00	11720	No
4430 HC	$14635	$4940	$6900	**$12020**	**$13420**	JD	6T	404D	8F-2R	125.00	10815	No
4430 HC PS	$15654	$5210	$7270	**$12680**	**$14150**	JD	6T	404D	8F-4R	125.00	11000	No
4430 HC QR	$15148	$5070	$7090	**$12350**	**$13790**	JD	6T	404D	16F-6R	125.00	11235	No
4430 PS	$14725	$5230	$7300	**$12720**	**$14200**	JD	6T	404D	8F-4R	125.00	9900	No
4430 QR	$14219	$5090	$7110	**$12400**	**$13840**	JD	6T	404D	16F-6R	125.88	10155	No
4630 4WD	$19903	$5040	$8210	**$10730**	**$13580**	JD	6TI	404D	8F-2R	150.00	14300	No
4630 4WD PS	$20923	$5270	$8600	**$11230**	**$14210**	JD	6TI	404D	8F-4R	150.00	14450	No
4630 4WD QR	$20714	$5220	$8520	**$11130**	**$14080**	JD	6TI	404D	16F-6R	150.00	14600	No
4630 PS	$17908	$4810	$7840	**$10250**	**$12960**	JD	6TI	404D	8F-4R	150.00	13250	No
4630 QR	$17402	$4690	$7650	**$10000**	**$12650**	JD	6TI	404D	16F-6R	150.00	13100	No
6030	$20663	$3830	$6250	**$8170**	**$10330**	JD	6TI	531D	8F-2R	175.99	15800	No
6030	$23847	$4380	$7140	**$9330**	**$11810**	JD	6TI	531D	8F-2R	175.99	17300	CHA
7020 4WD	$22907	$4000	$6530	**$8530**	**$10790**	JD	6TI	404D	8F-2R	146.00	14725	CHA
7520 4WD	$26372	$4460	$7270	**$9490**	**$12010**	JD	6TI	531D	8F-2R	175.00	16935	CHA

H, HC, HU—High Clearance LU—Low Profile PS—Power Shift QR—Quad Range

1973

Model	Approx. Retail Price New	Used Trade-In Avg.	Used Trade-In High	Used Retail Avg.	Used Retail High	Make	No. Cyls.	Displ. Cu.-in.	No. Speeds	P.T.O. H.P.	Approx. Shipping Wt.-Lbs.	Cab
820	$3957	$1760	$2500	**$4330**	**$4860**	JD	3	152D	8F-4R	31.00	4060	No
1020	$4551	$2000	$2830	**$4910**	**$5520**	JD	3	135G	8F-4R	38.82	4100	No
1020	$4964	$2110	$2990	**$5180**	**$5810**	JD	3	152D	8F-4R	38.92	4150	No
1520	$5044	$2130	$3020	**$5230**	**$5870**	JD	3	165G	8F-4R	47.86	4100	No
1520	$5530	$2260	$3200	**$5550**	**$6230**	JD	3	165D	8F-4R	46.52	4150	No
2030	$6361	$2610	$3700	**$6410**	**$7200**	JD	4	219G	16F-8R	60.34	4405	No
2030	$6896	$2760	$3900	**$6760**	**$7590**	JD	4	219D	16F-8R	60.65	4845	No
2520	$7003	$2780	$3940	**$6830**	**$7670**	JD	4	203G	8F-2R	60.16	6500	No
2520	$7656	$2960	$4180	**$7250**	**$8140**	JD	4	219D	8F-2R	61.29	6600	No
2520 HC	$8511	$3050	$4320	**$7480**	**$8400**	JD	4	203G	8F-2R	60.00	7125	No
2520 HC	$9164	$3220	$4560	**$7910**	**$8880**	JD	4	219D	8F-2R	61.00	7225	No
4030	$7726	$3580	$5070	**$8790**	**$9870**	JD	6	303G	8F-2R	80.00	7542	No
4030	$8588	$3870	$5470	**$9480**	**$10650**	JD	6	329D	8F-2R	80.33	7805	No
4030 4WD	$9860	$4040	$5720	**$9920**	**$11140**	JD	6	303G	8F-2R	80.00	8042	No
4030 4WD	$10722	$4170	$5900	**$10220**	**$11480**	JD	6	329D	8F-2R	80.33	8305	No
4030 4WD QR	$10255	$4150	$5870	**$10180**	**$11430**	JD	6	303G	16F-6R	80.00	8502	No
4030 4WD QR	$11117	$4270	$6040	**$10470**	**$11760**	JD	6	329D	16F-6R	80.33	8765	No
4030 QR	$8121	$3580	$5070	**$8790**	**$9870**	JD	6	303G	16F-6R	80.00	8002	No
4030 QR	$8983	$3970	$5620	**$9740**	**$10940**	JD	6	329D	16F-6R	80.33	8265	No
4230	$9340	$3910	$5530	**$9580**	**$10760**	JD	6	303G	8F-2R	100.00	8318	No
4230	$10307	$4320	$6120	**$10600**	**$11900**	JD	6	404D	8F-2R	100.32	9242	No
4230 4WD	$11598	$4530	$6410	**$11110**	**$12480**	JD	6	303G	8F-2R	100.00	9600	No
4230 4WD	$12565	$4920	$6960	**$12070**	**$13550**	JD	6	404D	8F-2R	100.32	10550	No

John Deere (Cont.)

1973 (Cont.)

Model	Approx. Retail Price New	Used Trade-In Avg.	Used Trade-In High	Used Retail Avg.	Used Retail High	Engine Make	Engine No. Cyls.	Engine Displ. Cu.-in.	No. Speeds	P.T.O. H.P.	Approx. Shipping Wt.-Lbs.	Cab
4230 4WD PS	$13348	$5130	$7260	**$12580**	**$14120**	JD	6	404D	8F-4R	100.32	10700	No
4230 4WD QR	$11993	$4640	$6560	**$11370**	**$12770**	JD	6	303G	16F-6R	100.00	10200	No
4230 4WD QR	$12960	$5020	$7110	**$12320**	**$13840**	JD	6	404D	16F-6R	100.32	10950	No
4230 HC	$10054	$4110	$5810	**$10080**	**$11320**	JD	6	303G	8F-2R	100.00	9600	No
4230 HC	$11021	$4250	$6010	**$10410**	**$11700**	JD	6	404D	8F-2R	100.32	10530	No
4230 HC PS	$11804	$4450	$6300	**$10920**	**$12270**	JD	6	404D	8F-4R	100.32	10700	No
4230 HC QR	$10445	$4070	$5750	**$9970**	**$11200**	JD	6	303G	16F-6R	100.00	10000	No
4230 HC QR	$11416	$4350	$6160	**$10670**	**$11980**	JD	6	404D	16F-6R	100.32	10930	No
4230 PS	$11090	$4530	$6410	**$11110**	**$12480**	JD	6	404D	8F-4R	100.32	9400	No
4230 QR	$9735	$4200	$5940	**$10290**	**$11560**	JD	6	303G	16F-6R	100.00	8718	No
4230 QR	$10702	$4430	$6260	**$10860**	**$12190**	JD	6	404D	16F-6R	100.32	9650	No
4430 4WD	$13570	$4920	$6960	**$12070**	**$13560**	JD	6T	404D	8F-2R	125.00	11300	No
4430 4WD PS	$14353	$5130	$7260	**$12580**	**$14130**	JD	6T	404D	8F-4R	125.00	11500	No
4430 4WD QR	$13965	$5030	$7110	**$12330**	**$13840**	JD	6T	404D	16F-6R	125.00	11720	No
4430 HC	$12026	$4780	$6760	**$11720**	**$13160**	JD	6T	404D	8F-2R	125.00	10815	No
4430 HC PS	$12809	$4980	$7050	**$12230**	**$13730**	JD	6T	404D	8F-4R	125.00	11000	No
4430 HC QR	$12421	$4620	$6530	**$11320**	**$12720**	JD	6T	404D	16F-6R	125.00	11235	No
4430 PS	$12095	$4800	$6790	**$11760**	**$13210**	JD	6T	404D	8F-4R	125.00	9900	No
4430 QR	$11707	$4690	$6640	**$11510**	**$12920**	JD	6T	404D	16F-6R	125.88	10155	No
4630	$13578	$4270	$7150	**$9100**	**$11700**	JD	6TI	404D	8F-2R	150.00	12800	No
4630 4WD	$15896	$4810	$8050	**$10240**	**$13160**	JD	6TI	404D	8F-2R	150.00	14300	No
4630 4WD PS	$16679	$4990	$8350	**$10620**	**$13660**	JD	6TI	404D	8F-4R	150.00	14600	No
4630 PS	$14361	$4450	$7450	**$9490**	**$12200**	JD	6TI	404D	8F-4R	150.66	13100	No
6030	$16650	$3690	$6180	**$7870**	**$10110**	JD	6TI	531D	8F-2R	175.99	15800	No
6030	$19075	$4160	$6960	**$8860**	**$11390**	JD	6TI	531D	8F-2R	175.99	17300	CHA
7020 4WD	$17613	$3820	$6400	**$8140**	**$10470**	JD	6TI	404D	8F-2R	146.00	14725	CHA
7520 4WD	$20284	$4210	$7040	**$8960**	**$11520**	JD	6TI	531D	8F-2R	175.00	16935	CHA

H, HC, HU—High Clearance LU—Low Profile PS—Power Shift QR—Quad Range

1972

Model	Approx. Retail Price New	Used Trade-In Avg.	Used Trade-In High	Used Retail Avg.	Used Retail High	Engine Make	Engine No. Cyls.	Engine Displ. Cu.-in.	No. Speeds	P.T.O. H.P.	Approx. Shipping Wt.-Lbs.	Cab
820	$3937	$1730	$2450	**$4280**	**$4840**	JD	3	152D	8F-4R		4060	No
1020	$4378	$1960	$2770	**$4830**	**$5460**	JD	3	135G	8F-4R	38.82	4100	No
1020	$4791	$2070	$2920	**$5100**	**$5770**	JD	3	152D	8F-4R	38.92	4150	No
1520	$5044	$2110	$2980	**$5200**	**$5880**	JD	3	165G	8F-4R	47.86	4100	No
1520	$5530	$2230	$3160	**$5520**	**$6240**	JD	3	165D	8F-4R	46.52	4150	No
2030	$6281	$2460	$3480	**$6080**	**$6870**	JD	4	219G	16F-8R	60.34	4405	No
2030	$6815	$2600	$3680	**$6430**	**$7260**	JD	4	219D	16F-8R	60.65	4845	No
2520 HC	$8034	$2660	$3760	**$6570**	**$7430**	JD	4	203G	8F-2R	60.00	7125	No
2520 HC	$8687	$2830	$4010	**$7000**	**$7910**	JD	4	219D	8F-2R	61.00	7225	No
2520 RC	$7003	$2620	$3710	**$6490**	**$7330**	JD	4	203G	8F-2R	60.16	6500	No
2520 RC	$7656	$2770	$3920	**$6850**	**$7730**	JD	4	219D	8F-2R	61.29	6600	No
3020	$7608	$2550	$3600	**$6290**	**$7110**	JD	4	241G	8F-2R	71.00	7420	No
3020	$8475	$2780	$3930	**$6860**	**$7750**	JD	4	270D	8F-2R	71.26	7610	No
3020 4WD	$9871	$3150	$4450	**$7780**	**$8790**	JD	4	241G	8F-2R	71.00	8640	No
3020 4WD	$10733	$3370	$4780	**$8340**	**$9420**	JD	4	270D	8F-2R	71.00	8830	No
3020 HC	$8450	$2770	$3920	**$6850**	**$7730**	JD	4	241G	8F-2R	71.00	8020	No
3020 HC	$9452	$3040	$4300	**$7500**	**$8470**	JD	4	270D	8F-2R	71.00	8210	No
4000	$8422	$2710	$3830	**$6700**	**$7560**	JD	6	360G	8F-2R	95.5	7560	No
4000	$9389	$3150	$4460	**$7790**	**$8800**	JD	6	404D	8F-2R	96.89	7900	No
4020	$9378	$2960	$4190	**$7320**	**$8270**	JD	6	360G	8F-2R	96.66	8445	No
4020	$10345	$3460	$4890	**$8540**	**$9650**	JD	6	404D	8F-2R	94.88	8630	No
4020 4WD	$11636	$3560	$5040	**$8800**	**$9940**	JD	6	360G	8F-2R	96.00	9510	No
4020 4WD	$12603	$3980	$5630	**$9830**	**$11100**	JD	6	404D	8F-2R	94.00	9695	No
4020 HC	$9996	$3150	$4460	**$7790**	**$8810**	JD	6	360G	8F-2R	96.00	8625	No
4020 HC	$10963	$3440	$4860	**$8490**	**$9590**	JD	6	404D	8F-2R	94.00	9335	No
4320	$11312	$3370	$4770	**$8330**	**$9410**	JD	6T	404D	8F-2R	116.55	10500	No
4320 4WD	$13570	$3600	$5090	**$8890**	**$10040**	JD	6T	404D	8F-2R	116.00	10675	No
4620	$13286	$3520	$4980	**$8700**	**$9830**	JD	6TI	404D	8F-2R	135.76	12680	No
4620 4WD	$15604	$4140	$5850	**$10220**	**$11550**	JD	6TI	404D	8F-2R	135.00	13010	No
5020	$14550	$3350	$5680	**$7200**	**$9310**	JD	6	531D	8F-2R	141.34	15600	No
6030	$16649	$3580	$6060	**$7700**	**$9950**	JD	6TI	531D	8F-2R	175.00	15800	No
6030	$19074	$4040	$6850	**$8700**	**$11250**	JD	6TI	531D	8F-2R	175.00	17300	CHA
7020 4WD	$16703	$3500	$5930	**$7530**	**$9730**	JD	6TI	404D	8F-2R	146.00	14325	C
7520 4WD	$19374	$4110	$6970	**$8850**	**$11440**	JD	6TI	531D	8F-2R	175.00	16535	C

H, HC, HU—High Clearance LU—Low Profile PS—Power Shift RC—Row Crop

1971

Model	Approx. Retail Price New	Used Trade-In Avg.	Used Trade-In High	Used Retail Avg.	Used Retail High	Engine Make	Engine No. Cyls.	Engine Displ. Cu.-in.	No. Speeds	P.T.O. H.P.	Approx. Shipping Wt.-Lbs.	Cab
820	$3775	$1690	$2420	**$4210**	**$4780**	JD	3	152D	8F-4R		4060	No
1020	$4111	$1910	$2740	**$4760**	**$5410**	JD	3	135G	8F-4R	38.82	4100	No
1020	$4491	$2010	$2890	**$5010**	**$5690**	JD	3	152D	8F-4R	38.92	4150	No
1520	$4654	$2030	$2910	**$5050**	**$5730**	JD	3	165G	8F-4R	47.86	4100	No
1520	$5119	$2150	$3080	**$5350**	**$6080**	JD	3	165D	8F-4R	46.52	4150	No
2020	$5290	$2060	$2960	**$5140**	**$5840**	JD	4	180G	8F-4R	53.91	4495	No
2020	$5790	$2200	$3150	**$5470**	**$6220**	JD	4	202D	8F-4R	54.09	4575	No
2520 HC	$7788	$2590	$3720	**$6460**	**$7340**	JD	4	203G	8F-2R	60.00	7125	No
2520 HC	$8314	$2730	$3920	**$6810**	**$7740**	JD	4	219D	8F-2R	61.00	7225	No
2520 RC	$6714	$2520	$3620	**$6280**	**$7140**	JD	4	203G	8F-2R	60.16	6500	No
2520 RC	$7344	$2640	$3780	**$6560**	**$7460**	JD	4	219D	8F-2R	61.29	6600	No
3020	$7405	$2390	$3420	**$5940**	**$6750**	JD	4	241G	8F-2R	71.37	7930	No
3020	$8230	$2500	$3580	**$6220**	**$7070**	JD	4	270D	8F-2R	71.26	8120	No
3020 4WD	$9720	$2840	$4070	**$7080**	**$8040**	JD	4	241G	8F-2R	71.00	8640	No
3020 4WD	$10599	$3070	$4410	**$7660**	**$8700**	JD	4	270D	8F-2R	71.00	8830	No
3020 HC	$8239	$2500	$3590	**$6230**	**$7080**	JD	4	241G	8F-2R	71.00	8020	No
3020 HC	$9079	$2670	$3830	**$6650**	**$7560**	JD	4	270D	8F-2R	71.00	8210	No

John Deere (Cont.)

Model	Approx. Retail Price New	Used Trade-In Avg.	Used Trade-In High	Used Retail Avg.	Used Retail High	Engine Make	Engine No. Cyls.	Engine Displ. Cu.-in.	No. Speeds	P.T.O. H.P.	Approx. Shipping Wt.-Lbs.	Cab
1971 (Cont.)												
4000	$8210	$2520	$3610	**$6280**	**$7130**	JD	6	360G	8F-2R	95.5	7560	No
4000	$9385	$2890	$4140	**$7180**	**$8160**	JD	6	404D	8F-2R	96.89	7900	No
4020	$9148	$2810	$4030	**$7000**	**$7950**	JD	6	360G	8F-2R	96.66	8400	No
4020	$10092	$3230	$4630	**$8050**	**$9140**	JD	6	404D	8F-2R	94.88	8585	No
4020 4WD	$11061	$3300	$4740	**$8220**	**$9350**	JD	6	360G	8F-2R	96.00	9510	No
4020 4WD	$12016	$3740	$5360	**$9320**	**$10590**	JD	6	404D	8F-2R	94.00	9695	No
4020 HC	$9632	$3000	$4310	**$7480**	**$8500**	JD	6	360G	8F-2R	96.00	8625	No
4020 HC	$10585	$3360	$4820	**$8370**	**$9510**	JD	6	404D	8F-2R	94.00	9335	No
4320	$11086	$3200	$4590	**$7980**	**$9070**	JD	6T	404D	8F-2R	116.55	10500	No
4320 4WD	$13299	$3520	$5050	**$8780**	**$9970**	JD	6T	404D	8F-2R	116.00	10675	No
4620	$13020	$3450	$4950	**$8590**	**$9770**	JD	6TI	404D	8F-2R	135.76	12680	No
4620 4WD	$15292	$4050	$5810	**$10090**	**$11470**	JD	6TI	404D	8F-2R	135.00	13010	No
5020	$13900	$3200	$5560	**$6950**	**$9040**	JD	6	531D	8F-2R	141.34	15600	No
7020 4WD	$15975	$3440	$5990	**$7490**	**$9730**	JD	6TI	404D	8F-2R	146.00	14325	C
H, HC, HU—High Clearance LU—Low Profile PS—Power Shift RC—Row Crop												
1970												
820	$3580	$1660	$2440	**$4160**	**$4750**	JD	3	152D	8F-4R		4060	No
1020	$3861	$1750	$3130	**$3850**	**$5030**	JD	3	135G	8F-4R	38.82	4100	No
1020	$4245	$1840	$3280	**$4040**	**$5280**	JD	3	152D	8F-4R	38.92	4150	No
1520	$4343	$1860	$3320	**$4090**	**$5350**	JD	3	165G	8F-4R	47.86	4100	No
1520	$4808	$1910	$3410	**$4200**	**$5480**	JD	3	165D	8F-4R	46.52	4150	No
2020	$4995	$1900	$3400	**$4180**	**$5470**	JD	4	180G	8F-4R	53.91	4495	No
2020	$5495	$2010	$3590	**$4420**	**$5780**	JD	4	202D	8F-4R	54.09	4575	No
2520 HC	$7491	$2520	$3700	**$6310**	**$7210**	JD	4	203G	8F-2R	60.00	7125	No
2520 HC	$7997	$2610	$3840	**$6560**	**$7490**	JD	4	219D	8F-2R	61.00	7225	No
2520 RC	$6458	$2380	$3510	**$5980**	**$6830**	JD	4	203G	8F-2R	60.16	6500	No
2520 RC	$7064	$2550	$3750	**$6400**	**$7310**	JD	4	219D	8F-2R	61.29	6600	No
3020	$7281	$2020	$3600	**$4430**	**$5800**	JD	4	241G	8F-2R	71.37	7930	No
3020	$8106	$2470	$3630	**$6190**	**$7070**	JD	4	270D	8F-2R	71.26	8120	No
3020 HC	$8115	$2520	$3710	**$6330**	**$7230**	JD	4	241G	8F-2R	71.00	8020	No
3020 HC	$8955	$2640	$3880	**$6620**	**$7570**	JD	4	270D	8F-2R	71.00	8210	No
4000	$8205	$2390	$3510	**$5990**	**$6840**	JD	6	360G	8F-2R	95.5	7560	No
4000	$9045	$2660	$3920	**$6680**	**$7630**	JD	6	404D	8F-2R	96.89	7900	No
4020	$8969	$2720	$4010	**$6830**	**$7800**	JD	6	360G	8F-2R	96.66	8400	No
4020	$9894	$3150	$4640	**$7910**	**$9040**	JD	6	404D	8F-2R	94.88	8585	No
4020 4WD	$10844	$3220	$4740	**$8080**	**$9230**	JD	6	360G	8F-2R	96.00	9510	No
4020 4WD	$11780	$3650	$5370	**$9160**	**$10470**	JD	6	404D	8F-2R	94.00	9695	No
4020 HC	$9443	$2950	$4350	**$7410**	**$8470**	JD	6	360G	8F-2R	96.00	8625	No
4020 HC	$10377	$3280	$4830	**$8230**	**$9410**	JD	6	404D	8F-2R	94.00	9335	No
4520	$11723	$3180	$4680	**$7980**	**$9120**	JD	6T	404D	8F-2R	123.39	12285	No
5020	$13550	$3120	$5560	**$6840**	**$8940**	JD	6	531D	8F-2R	141.34	13400	No
H, HC, HU—High Clearance LU—Low Profile PS—Power Shift RC—Row Crop												
1969												
820 (3 Cyl)	$3545	$1570	$2350	**$3980**	**$4570**	JD	3	152D	8F-4R	34	4060	No
1020 Utility	$3823	$1730	$3080	**$3830**	**$5030**	JD	3	135G	8F-4R	38.8	4100	No
1020 Utility	$4203	$1800	$3210	**$3990**	**$5240**	JD	3	152D	8F-4R	39	4150	No
1520	$4226	$1820	$3240	**$4030**	**$5290**	JD	3	164G	8F-4R	47.8	4100	No
1520	$4750	$1860	$3310	**$4120**	**$5410**	JD	3	164D	8F-4R	46.5	4150	No
2020 Utility	$4946	$1880	$3350	**$4160**	**$5470**	JD	4	180G	16F-8R	53.9	4495	No
2020 Utility	$5441	$1970	$3520	**$4380**	**$5750**	JD	4	202D	16F-8R	54	4575	No
2520	$6394	$2290	$3410	**$5780**	**$6640**	JD	4	203G	8F-2R	60	6500	No
2520	$6995	$2510	$3740	**$6350**	**$7290**	JD	4	219D	8F-2R	61	6600	No
2520 HC	$7417	$2470	$3690	**$6260**	**$7190**	JD	4	203G	8F-2R	60.1	7125	No
2520 HC	$7918	$2560	$3820	**$6480**	**$7450**	JD	4	219D	8F-2R	61.2	7225	No
3020	$6909	$2250	$3360	**$5700**	**$6550**	JD	4	227G	8F-2R	70.5	7420	No
3020	$7709	$2440	$3640	**$6170**	**$7090**	JD	4	270D	8F-2R	71.5	7610	No
3020 HC	$7729	$2450	$3650	**$6180**	**$7110**	JD	4	241G	8F-2R	70.5	8020	No
3020 HC	$8529	$2610	$3880	**$6590**	**$7570**	JD	4	270D	8F-2R	71.2	8210	No
4000	$7815	$2280	$3400	**$5770**	**$6630**	JD	6	360G	8F-2R	97.2	7560	No
4000	$8615	$2550	$3800	**$6440**	**$7400**	JD	6	404D	8F-2R	96.8	7900	No
4020	$7760	$2670	$3970	**$6740**	**$7750**	JD	6	360G	8F-2R	95.5	8400	No
4020	$8649	$3090	$4600	**$7810**	**$8970**	JD	6	404D	8F-2R	94.8	8585	No
4020 HC	$8425	$2920	$4360	**$7390**	**$8490**	JD	6	360G	8F-2R	96.6	8625	No
4020 HC	$9315	$3260	$4860	**$8250**	**$9480**	JD	6	404D	8F-2R	94.8	9335	No
4520	$11200	$3180	$4740	**$8040**	**$9240**	JD	6	404D	8F-2R	123.3	12285	No
5020	$12780	$2940	$5240	**$6520**	**$8560**	JD	6	531D	8F-2R	133.2	13400	No
H, HC, HU—High Clearance LU—Low Profile PS—Power Shift RC—Row Crop												
1968												
820 (3 Cyl)	$3580	$1550	$2340	**$3950**	**$4560**	JD	3	152D	8F-4R	34	4060	No
1020 Utility	$3418	$1690	$3010	**$3790**	**$5000**	JD	3	135G	8F-4R	38.8	4100	No
1020 Utility	$3783	$1760	$3140	**$3940**	**$5200**	JD	3	152D	8F-4R	39	4150	No
1520	$4073	$1780	$3170	**$3980**	**$5250**	JD	3	164G	8F-4R	47.8	4100	No
1520	$4455	$1830	$3260	**$4100**	**$5410**	JD	3	164D	8F-4R	46.5	4150	No
2020 Utility	$4865	$1840	$3280	**$4120**	**$5440**	JD	4	180G	8F-4R	53.9	4495	No
2020 Utility	$5359	$1920	$3430	**$4300**	**$5680**	JD	4	202D	8F-4R	54	4575	No
2510	$5723	$2010	$3580	**$4490**	**$5930**	JD	4	180G	8F-2R	53.7	6015	No
2510	$6295	$2140	$3810	**$4790**	**$6320**	JD	4	202D	8F-2R	54.9	6095	No
2510 HC	$6671	$2220	$3970	**$4980**	**$6580**	JD	4	180G	8F-2R	53.7	6945	No
2510 HC	$7245	$2360	$4200	**$5280**	**$6970**	JD	4	202D	8F-2R	54.9	7250	No
3020	$5985	$2040	$3070	**$5190**	**$5990**	JD	4	227G	8F-2R	70.5	7420	No
3020	$6785	$2200	$3310	**$5590**	**$6460**	JD	4	270D	8F-2R	71.5	7610	No

John Deere (Cont.)

1968 (Cont.)

Model	Approx. Retail Price New	Used Trade-In Avg.	Used Trade-In High	Used Retail Avg.	Used Retail High	Engine Make	No. Cyls.	Displ. Cu.-in.	No. Speeds	P.T.O. H.P.	Approx. Shipping Wt.-Lbs.	Cab
3020 HC	$7156	$2290	$3460	**$5840**	**$6750**	JD	4	241G	8F-2R	70.5	8020	No
3020 HC	$7956	$2510	$3780	**$6380**	**$7380**	JD	4	270D	8F-2R	71.2	8210	No
4020	$7500	$2570	$3880	**$6550**	**$7570**	JD	6	360G	8F-2R	95.5	8400	No
4020	$8500	$2940	$4440	**$7490**	**$8660**	JD	6	404D	8F-2R	94.8	8630	No
4020 HC	$8050	$2850	$4300	**$7260**	**$8390**	JD	6	360G	8F-2R	96.6	8625	No
4020 HC	$8940	$3160	$4780	**$8060**	**$9310**	JD	6	404D	8F-2R	94.8	9335	No
5020	$11503	$2650	$4720	**$5920**	**$7820**	JD	6	531D	8F-2R	133.2	13430	No

H, HC, HU—High Clearance LU—Low Profile PS—Power Shift RC—Row Crop

1967

Model	Approx. Retail Price New	Used Trade-In Avg.	Used Trade-In High	Used Retail Avg.	Used Retail High	Engine Make	No. Cyls.	Displ. Cu.-in.	No. Speeds	P.T.O. H.P.	Approx. Shipping Wt.-Lbs.	Cab
1020 Utility	$3358	$1680	$3000	**$3810**	**$5050**	JD	3	135G	8F-4R	38.8	4100	No
1020 Utility	$3657	$1740	$3090	**$3920**	**$5210**	JD	3	152D	8F-4R	39	4150	No
2020 Utility	$4517	$1850	$3290	**$4170**	**$5540**	JD	4	180G	16F-8R	53.9	4565	No
2020 Utility	$4951	$1930	$3440	**$4370**	**$5800**	JD	4	202D	16F-8R	54	4645	No
2510	$5166	$1990	$3550	**$4500**	**$5970**	JD	4	180G	8F-2R	53.7	6015	No
2510	$5721	$2100	$3740	**$4740**	**$6290**	JD	4	202D	8F-2R	54.9	6095	No
2510 HC	$6470	$2110	$3760	**$4770**	**$6330**	JD	4	180G	8F-2R	53.7	6945	No
2510 HC	$7026	$2190	$3910	**$4950**	**$6570**	JD	4	202D	8F-2R	54.9	7250	No
3020	$5777	$2060	$3150	**$5290**	**$6140**	JD	4	227G	8F-2R	70.5	7420	No
3020	$6559	$2240	$3430	**$5750**	**$6680**	JD	4	270D	8F-2R	71.5	8120	No
3020 HC	$6932	$2340	$3580	**$6010**	**$6980**	JD	4	241G	8F-2R	70.5	8020	No
3020 HC	$7714	$2520	$3850	**$6470**	**$7520**	JD	4	270D	8F-2R	71.2	8210	No
4020	$7084	$2490	$3810	**$6390**	**$7430**	JD	6	360G	8F-2R	95.5	8400	No
4020	$8000	$2860	$4370	**$7340**	**$8530**	JD	6	404D	8F-2R	94.8	8585	No
4020 HC	$7720	$2760	$4220	**$7090**	**$8230**	JD	6	360G	8F-2R	95	8625	No
4020 HC	$8638	$3080	$4710	**$7910**	**$9190**	JD	6	404D	8F-2R	94	9335	No
5020	$11113	$2560	$4560	**$5780**	**$7670**	JD	6	531D	8F-2R	133.2	13430	No

H, HC, HU—High Clearance LU—Low Profile PS—Power Shift RC—Row Crop

1966

Model	Approx. Retail Price New	Used Trade-In Avg.	Used Trade-In High	Used Retail Avg.	Used Retail High	Engine Make	No. Cyls.	Displ. Cu.-in.	No. Speeds	P.T.O. H.P.	Approx. Shipping Wt.-Lbs.	Cab
1020 Utility	$3325	$1690	$3000	**$3850**	**$5130**	JD	3	135G	8F-4R	38.8	4100	No
1020 Utility	$3621	$1750	$3130	**$4000**	**$5340**	JD	3	152D	8F-4R	39	4150	No
2020 Utility	$4472	$1780	$3170	**$4060**	**$5410**	JD	4	180G	16F-8R	53	4565	No
2020 Utility	$4902	$1870	$3340	**$4270**	**$5700**	JD	4	202D	16F-8R	54	4645	No
2510	$4783	$1940	$3460	**$4430**	**$5910**	JD	4	180G	8F-2R	53.7	6015	No
2510	$5297	$2020	$3600	**$4610**	**$6150**	JD	4	202D	8F-2R	54	6095	No
2510 HC	$5991	$2080	$3700	**$4740**	**$6320**	JD	4	180G	8F-2R	53.7	6945	No
2510 HC	$6506	$2190	$3900	**$4990**	**$6650**	JD	4	202D	8F-2R	54.9	7250	No
3020	$5766	$1920	$3020	**$5050**	**$5890**	JD	4	227G	8F-2R	70.5	7930	No
3020	$6300	$2060	$3260	**$5440**	**$6350**	JD	4	270D	8F-2R	71.5	8120	No
3020 HC	$6602	$2130	$3360	**$5620**	**$6560**	JD	4	241G	8F-2R	70.5	8020	No
3020 HC	$7347	$2330	$3670	**$6130**	**$7160**	JD	4	270D	8F-2R	71.2	8210	No
4020	$6747	$2400	$3790	**$6330**	**$7400**	JD	6	360G	8F-2R	95	8400	No
4020	$7620	$2760	$4350	**$7280**	**$8500**	JD	6	404D	8F-2R	95	8585	No
4020 HC	$7354	$2610	$4120	**$6890**	**$8040**	JD	6	360G	8F-2R	95	8625	No
4020 HC	$8227	$2920	$4600	**$7690**	**$8980**	JD	6	404D	8F-2R	94.8	9335	No
5020	$10585	$2440	$4340	**$5560**	**$7410**	JD	6	531D	8F-2R	133.2	13430	No

H, HC, HU—High Clearance LU—Low Profile PS—Power Shift RC—Row Crop

1965

Model	Approx. Retail Price New	Used Trade-In Avg.	Used Trade-In High	Used Retail Avg.	Used Retail High	Engine Make	No. Cyls.	Displ. Cu.-in.	No. Speeds	P.T.O. H.P.	Approx. Shipping Wt.-Lbs.	Cab
1010	$2993	$1760	$2860	**$4760**	**$5580**	JD	3	115G	5F-1R	36	3750	No
1010	$3418	$1870	$3040	**$5050**	**$5930**	JD	3	145D	5F-1R	36	3700	No
1020 Utility	$3292	$1670	$2970	**$3840**	**$5140**	JD	3	135G	8F-4R	38.8	4355	No
1020 Utility	$3585	$1730	$3090	**$3990**	**$5350**	JD	3	152D	8F-4R	39	4405	No
2010 Utility	$3649	$1750	$3120	**$4030**	**$5400**	JD	4	145G	8F-3R	46	4600	No
2010 Utility	$4239	$1870	$3340	**$4310**	**$5780**	JD	4	165D	8F-3R	46.8	4700	No
2020 Utility	$4248	$1830	$3260	**$4210**	**$5640**	JD	4	180G	16F-8R	53.9	4565	No
2020 Utility	$4657	$1910	$3410	**$4410**	**$5910**	JD	4	202D	16F-8R	54	4645	No
3020	$5577	$1960	$3190	**$5300**	**$6220**	JD	4	227G	8F-2R	70	7930	No
3020	$6297	$2120	$3460	**$5750**	**$6750**	JD	4	270D	8F-2R	71	8120	No
3020 HC	$6348	$2050	$3340	**$5550**	**$6520**	JD	4	241G	8F-2R	70	8020	No
3020 HC	$7069	$2240	$3640	**$6050**	**$7100**	JD	4	270D	8F-2R	71	8210	No
4020	$6516	$2300	$3740	**$6220**	**$7300**	JD	6	360G	8F-2R	95.5	8400	No
4020	$7360	$2640	$4300	**$7150**	**$8390**	JD	6	404D	8F-2R	94.8	8585	No
4020 HC	$7076	$2490	$4060	**$6750**	**$7920**	JD	6	360G	8F-2R	95	8625	No
4020 HC	$7920	$2790	$4530	**$7540**	**$8850**	JD	6	404D	8F-2R	95	9335	No
5010	$10045	$2810	$4570	**$7590**	**$8910**	JD	6	531D	8F-3R	121.1	13200	No

H, HC, HU—High Clearance LU—Low Profile PS—Power Shift RC—Row Crop

1964

Model	Approx. Retail Price New	Used Trade-In Avg.	Used Trade-In High	Used Retail Avg.	Used Retail High	Engine Make	No. Cyls.	Displ. Cu.-in.	No. Speeds	P.T.O. H.P.	Approx. Shipping Wt.-Lbs.	Cab
1010	$2638	$1630	$2690	**$4450**	**$5240**	JD	4	115G	5F-1R	36	3615	No
1010	$3061	$1690	$2780	**$4600**	**$5430**	JD	4	145D	5F-1R	36	3700	No
2010 Utility	$3596	$1730	$3010	**$4030**	**$5430**	JD	4	145G	8F-3R	46	4600	No
2010 Utility	$4197	$1870	$3240	**$4340**	**$5840**	JD	4	165D	8F-3R	46.8	4700	No
3020	$5259	$1850	$3050	**$5050**	**$5950**	JD	4	227G	8F-2R	70	7930	No
3020	$5959	$2020	$3320	**$5500**	**$6490**	JD	4	270D	8F-2R	71	8120	No
3020 HC	$6035	$2050	$3380	**$5580**	**$6590**	JD	4	241G	8F-2R	70	8020	No
3020 HC	$6735	$2130	$3500	**$5790**	**$6840**	JD	4	270D	8F-2R	71.2	8210	No
4020	$6100	$2400	$3950	**$6530**	**$7710**	JD	6	360G	8F-2R	95	8400	No
4020	$6922	$2530	$4170	**$6900**	**$8140**	JD	6	404D	8F-2R	95	8585	No
4020 HC	$5630	$2230	$3670	**$6070**	**$7160**	JD	6	360G	8F-2R	95	8625	No
4020 HC	$6450	$2410	$3970	**$6570**	**$7750**	JD	6	404D	8F-2R	95	9335	No
5010	$9670	$2550	$4200	**$6950**	**$8200**	JD	6	531D	8F-3R	121.1	13200	No

H, HC, HU—High Clearance LU—Low Profile PS—Power Shift RC—Row Crop

Model	Approx. Retail Price New	Estimated Value Less Repairs: Used Trade-In Avg.	Used Trade-In High	Used Retail Avg.	Used Retail High	Engine: Make	No. Cyls.	Displ. Cu.-in.	No. Speeds	P.T.O. H.P.	Approx. Shipping Wt.-Lbs.	Cab
John Deere (Cont.)												
				1963								
1010	$2506	$1510	$2510	**$4130**	**$4900**	JD	4	115G	5F-1R	36	3750	No
1010	$2908	$1610	$2680	**$4410**	**$5230**	JD	4	145D	5F-1R	36	3830	No
2010	$3432	$1720	$2870	**$4720**	**$5590**	JD	4	145G	8F-3R	46	4400	No
2010	$3987	$1850	$3080	**$5080**	**$6020**	JD	4	165D	8F-3R	46.8	4700	No
3010	$4134	$1970	$3280	**$5400**	**$6400**	JD	4	201G	8F-3R	55	6340	No
3010	$4843	$2130	$3560	**$5860**	**$6940**	JD	4	254D	8F-3R	59	6550	No
4010	$5042	$2380	$3970	**$6540**	**$7750**	JD	6	302G	8F-3R	80	8090	No
4010	$5856	$2720	$4530	**$7470**	**$8850**	JD	6	380D	8F-3R	84	8450	No
5010	$9186	$2550	$4250	**$7000**	**$8300**	JD	6	531D	8F-3R	121.1	13200	No
				1962								
1010	$2480	$1410	$2380	**$3900**	**$4640**	JD	4	115G	5F-1R	36	3615	No
1010	$2880	$1530	$2580	**$4230**	**$5040**	JD	4	145D	5F-1R	36	3700	No
2010	$3400	$1610	$2710	**$4440**	**$5290**	JD	4	145G	8F-3R	46	4600	No
2010	$3950	$1750	$2960	**$4850**	**$5780**	JD	4	165D	8F-3R	46.8	4700	No
3010	$4100	$1880	$3170	**$5200**	**$6190**	JD	4	201G	8F-3R	55	6220	No
3010	$4800	$2060	$3470	**$5690**	**$6780**	JD	4	254D	8F-3R	59	6340	No
4010	$5000	$2170	$3660	**$5990**	**$7140**	JD	6	302G	8F-3R	81	6800	No
4010	$5820	$2560	$4310	**$7060**	**$8420**	JD	6	380D	8F-3R	84	7130	No
				1961								
1010	......	$1360	$2370	**$3860**	**$4600**	JD	4	115G	5F-1R	36	3615	No
1010	......	$1480	$2580	**$4210**	**$5010**	JD	4	145D	5F-1R	36	3700	No
2010	......	$1560	$2710	**$4420**	**$5260**	JD	4	145G	8F-3R	46	4600	No
2010	......	$1690	$2950	**$4810**	**$5720**	JD	4	165D	8F-3R	46.8	4700	No
3010	......	$1750	$3040	**$4960**	**$5910**	JD	4	201G	8F-3R	55	6220	No
3010	......	$1920	$3330	**$5440**	**$6470**	JD	4	254D	8F-3R	59	6340	No
4010	......	$2070	$3610	**$5890**	**$7010**	JD	6	302G	8F-3R	81	6800	No
4010	......	$2320	$4030	**$6580**	**$7830**	JD	6	380D	8F-3R	84	7130	No
				1960								
330	......	$1150	$2060	**$3350**	**$3980**	JD	2	100G	4F-1R		2722	No
430	......	$1220	$2180	**$3550**	**$4220**	JD	2	113G	5F-1R	30	3210	No
435D	......	$1370	$2460	**$4000**	**$4750**	JD	2	106D	5F-1R	33	3560	No
530	......	$1380	$2480	**$4030**	**$4790**	JD	2	190G	6F-1R	41	5440	No
630	......	$1440	$2580	**$4190**	**$4990**	JD	2	302G	6F-1R	49	6670	No
730	......	$1480	$2660	**$4330**	**$5140**	JD	2	361G	6F-1R	59	7270	No
730	......	$1600	$2870	**$4660**	**$5540**	JD	2	376D	6F-1R	59	7830	No
830	......	$1780	$3190	**$5180**	**$6160**	JD	2	472D	6F-1R	81	8140	No
1010	......	$1300	$2340	**$3800**	**$4520**	JD	4	115G	5F-1R	36	3615	No
1010	......	$1420	$2550	**$4140**	**$4920**	JD	4	145D	5F-1R	36	3700	No
2010	......	$1500	$2680	**$4360**	**$5190**	JD	4	202D	8F-3R	46.8	4700	No
2010	......	$1610	$2880	**$4690**	**$5570**	JD	4	180G	8F-3R	46	4600	No
				1959								
330	......	$1120	$2020	**$3280**	**$3920**	JD	2	100G	4F-1R		2722	No
430	......	$1170	$2090	**$3400**	**$4070**	JD	2	113G	5F-1R	30	3210	No
435D	......	$1300	$2330	**$3790**	**$4530**	JD	2	106D	5F-1R	33	3560	No
530	......	$1360	$2450	**$3980**	**$4750**	JD	2	190G	6F-1R	41	5440	No
630	......	$1390	$2500	**$4070**	**$4860**	JD	2	302G	6F-1R	49	6670	No
730	......	$1450	$2610	**$4230**	**$5060**	JD	2	361G	6F-1R	59	7270	No
730	......	$1580	$2840	**$4620**	**$5520**	JD	2	376D	6F-1R	59	7830	No
830	......	$1730	$3100	**$5040**	**$6030**	JD	2	472D	6F-1R	81	8140	No
				1958								
320	......	$1050	$1890	**$3080**	**$3700**	JD	2	100G	4F-1R	27	2670	No
330	......	$1100	$1970	**$3210**	**$3860**	JD	2	100G	4F-1R		2722	No
420	......	$1240	$2220	**$3610**	**$4350**	JD	2	113G	4F-1R	29	2793	No
430	......	$1120	$2010	**$3260**	**$3920**	JD	2	113G	5F-1R	30	3210	No
520	......	$1300	$2330	**$3780**	**$4550**	JD	2	190G	6F-1R	39	5325	No
530	......	$1340	$2400	**$3900**	**$4690**	JD	2	190G	6F-1R	41	5440	No
620	......	$1310	$2350	**$3820**	**$4590**	JD	2	302G	6F-1R	49	6460	No
630	......	$1370	$2450	**$3990**	**$4800**	JD	2	302G	6F-1R	49	6670	No
720	......	$1350	$2430	**$3950**	**$4750**	JD	2	361G	6F-1R	59	7220	No
720	......	$1470	$2640	**$4290**	**$5160**	JD	2	376D	6F-1R	59	7700	No
730	......	$1410	$2530	**$4100**	**$4940**	JD	2	361G	6F-1R	59	7270	No
730	......	$1490	$2670	**$4340**	**$5230**	JD	2	376D	6F-1R	59	7830	No
820	......	$1560	$2790	**$4540**	**$5460**	JD	2	472D	6F-1R	76	8300	No
830	......	$1680	$3030	**$4920**	**$5910**	JD	2	472D	6F-1R	81	8140	No
				1957								
320	......	$1020	$1870	**$3040**	**$3680**	JD	2	100G	4F-1R	27	2670	No
420	......	$1180	$2170	**$3520**	**$4260**	JD	2	113G	4F-1R	29	2793	No
520	......	$1200	$2200	**$3580**	**$4330**	JD	2	190G	6F-1R	39	5325	No
620	......	$1220	$2240	**$3650**	**$4410**	JD	2	302G	6F-1R	49	6460	No
720	......	$1270	$2330	**$3790**	**$4590**	JD	2	361G	6F-1R	59	7220	No
720	......	$1380	$2530	**$4110**	**$4970**	JD	2	376D	6F-1R	59	7700	No
820	......	$1480	$2710	**$4400**	**$5320**	JD	2	472D	6F-1R	76	8300	No
				1956								
50	......	$910	$1700	**$2760**	**$3350**	JD	2	190G	6F-1R	31	4200	No
60	......	$950	$1770	**$2880**	**$3500**	JD	2	321G	6F-1R	42	5357	No
70	......	$980	$1830	**$2970**	**$3610**	JD	2	379G	6F-1R	50	7352	No
70	......	$1260	$2370	**$3850**	**$4680**	JD	2	376D	6F-1R	51	7352	No

John Deere (Cont.)

Model	Approx. Retail Price New	Estimated Value Less Repairs Used Trade-In Avg.	Used Trade-In High	Used Retail Avg.	Used Retail High	Engine Make	No. Cyls.	Displ. Cu.-in.	No. Speeds	P.T.O. H.P.	Approx. Shipping Wt.-Lbs.	Cab
				1956 (Cont.)								
80	......	$1310	$2450	**$3990**	**$4850**	JD	2	471D	6F-1R	68	7900	No
320	......	$970	$1820	**$2960**	**$3600**	JD	2	100G	4F-1R	27	2670	No
420	......	$1100	$2060	**$3350**	**$4080**	JD	2	113G	4F-1R	29	2793	No
520	......	$1140	$2140	**$3480**	**$4230**	JD	2	190G	6F-1R	39	5325	No
620	......	$1180	$2210	**$3590**	**$4370**	JD	2	302G	6F-1R	49	6460	No
720	......	$1240	$2320	**$3770**	**$4580**	JD	2	361G	6F-1R	59	7220	No
720	......	$1300	$2440	**$3960**	**$4820**	JD	2	376D	6F-1R	59	7700	No
820	......	$1380	$2580	**$4190**	**$5090**	JD	2	472D	6F-1R	76	8300	No
				1955								
40	......	$830	$1550	**$2530**	**$3080**	JD	2	101G	4F-1R	22.8	2970	No
50	......	$860	$1620	**$2640**	**$3210**	JD	2	190G	6F-1R	31	4200	No
60	......	$900	$1680	**$2750**	**$3350**	JD	2	321G	6F-1R	42	5357	No
70	......	$930	$1730	**$2840**	**$3450**	JD	2	379G	6F-1R	50	7352	No
70	......	$1200	$2240	**$3670**	**$4460**	JD	2	376D	6F-1R	51	7352	No
80	......	$1260	$2360	**$3860**	**$4690**	JD	2	471D	6F-1R	68	7900	No
				1954								
R	......	$780	$1460	**$2430**	**$2930**	JD	2	415D	5F-1R	51	7100	No
40	......	$790	$1480	**$2460**	**$2960**	JD	2	101G	4F-1R	19	2636	No
50	......	$850	$1580	**$2630**	**$3170**	JD	2	190G	6F-1R	31	4200	No
60	......	$880	$1650	**$2730**	**$3300**	JD	2	321G	6F-1R	42	5357	No
70	......	$900	$1680	**$2790**	**$3360**	JD	2	379G	6F-1R	50	7352	No
70	......	$1150	$2150	**$3570**	**$4310**	JD	2	376D	6F-1R	51	7352	No
				1953								
D	......	$890	$1710	**$2840**	**$3440**	JD	2	501D	2F-1R	38	8125	No
G	......	$1110	$2120	**$3520**	**$4270**	JD	2	413G	6F-1R	36	5800	No
R	......	$760	$1450	**$2410**	**$2920**	JD	2	415D	5F-1R	51	7100	No
40	......	$750	$1430	**$2380**	**$2880**	JD	2	101G	4F-1R	19	2636	No
50	......	$820	$1560	**$2600**	**$3150**	JD	2	190G	6F-1R	31	4200	No
60	......	$840	$1610	**$2670**	**$3240**	JD	2	321G	6F-1R	42	5357	No
70	......	$850	$1630	**$2700**	**$3280**	JD	2	379G	6F-1R	50	7352	No
70	......	$1090	$2090	**$3470**	**$4210**	JD	2	376D	6F-1R	51	7352	No
				1952								
A	......	$860	$1670	**$2770**	**$3380**	JD	2	321G	6F-1R	35.3	5100	No
AN	......	$920	$1800	**$2990**	**$3650**	JD	2	321G	6F-1R	35.3	5100	No
AR	......	$890	$1750	**$2900**	**$3530**	JD	2	321D	6F-1R	35.3	4800	No
B	......	$860	$1690	**$2800**	**$3420**	JD	2	190G	6F-1R	26	4130	No
D	......	$850	$1650	**$2750**	**$3350**	JD	2	501D	2F-1R	38	8125	No
G	......	$1070	$2090	**$3460**	**$4220**	JD	2	413G	6F-1R	36	5800	No
M	......	$930	$1810	**$3000**	**$3660**	JD	2	100G	4F-1R	19.5	2700	No
MT	......	$980	$1910	**$3170**	**$3860**	JD	2	100G	4F-1R	20	2800	No
R	......	$730	$1430	**$2370**	**$2880**	JD	2	415D	5F-1R	51	7100	No
50	......	$760	$1490	**$2460**	**$3000**	JD	2	190G	6F-1R	31	4200	No
60	......	$790	$1550	**$2570**	**$3130**	JD	2	321G	6F-1R	42	5357	No
				1951								
A	......	$840	$1650	**$2740**	**$3360**	JD	2	321G	6F-1R	35.3	5100	No
AN	......	$910	$1780	**$2960**	**$3620**	JD	2	321G	6F-1R	35.3	5100	No
AR	......	$900	$1750	**$2900**	**$3560**	JD	2	321D	6F-1R	35.3	4800	No
B	......	$840	$1640	**$2730**	**$3340**	JD	2	190G	6F-1R	26	4130	No
D	......	$830	$1620	**$2680**	**$3290**	JD	2	501D	2F-1R	38	8125	No
G	......	$1040	$2030	**$3370**	**$4130**	JD	2	413G	6F-1R	36	5800	No
M	......	$880	$1730	**$2870**	**$3520**	JD	2	100G	4F-1R	19.5	2700	No
MT	......	$940	$1840	**$3050**	**$3740**	JD	2	100G	4F-1R	20	2800	No
R	......	$700	$1370	**$2270**	**$2790**	JD	2	415D	5F-1R	51	7100	No
				1950								
A	......	$840	$1630	**$2750**	**$3340**	JD	2	321G	6F-1R	35.3	5100	No
AN	......	$900	$1750	**$2950**	**$3580**	JD	2	321G	6F-1R	35.3	5100	No
AR	......	$870	$1710	**$2880**	**$3500**	JD	2	321D	6F-1R	35.3	4800	No
B	......	$830	$1620	**$2730**	**$3320**	JD	2	190G	6F-1R	26	4130	No
D	......	$810	$1590	**$2670**	**$3250**	JD	2	501D	2F-1R	38	8125	No
G	......	$1020	$1990	**$3340**	**$4060**	JD	2	413G	6F-1R	36	5800	No
M	......	$870	$1690	**$2850**	**$3470**	JD	2	100G	4F-1R	19.5	2700	No
MT	......	$920	$1790	**$3010**	**$3660**	JD	2	100G	4F-1R	20	2800	No
R	......	$690	$1340	**$2260**	**$2750**	JD	2	415D	5F-1R	51	7100	No
				1949								
A	......	$820	$1600	**$2690**	**$3290**	JD	2	321G	6F-1R	35.3	5100	No
AN	......	$880	$1720	**$2890**	**$3530**	JD	2	321G	6F-1R	35.3	5100	No
AR	......	$860	$1680	**$2820**	**$3450**	JD	2	321D	6F-1R	35.3	4800	No
B	......	$800	$1570	**$2640**	**$3230**	JD	2	190G	6F-1R	26	4130	No
D	......	$790	$1540	**$2590**	**$3170**	JD	2	501D	2F-1R	38	8125	No
G	......	$990	$1930	**$3250**	**$3980**	JD	2	413G	6F-1R	36	5800	No
M	......	$840	$1640	**$2760**	**$3370**	JD	2	100G	4F-1R	19.5	2700	No
MT	......	$890	$1740	**$2930**	**$3580**	JD	2	100G	4F-1R	20	2800	No
R	......	$670	$1300	**$2190**	**$2670**	JD	2	415D	5F-1R	51	7100	No
				1948								
A	......	$810	$1580	**$2660**	**$3280**	JD	2	321G	6F-1R	35.3	5100	No
AN	......	$870	$1700	**$2850**	**$3510**	JD	2	321G	6F-1R	35.3	5100	No

John Deere (Cont.)

Model	Approx. Retail Price New	Estimated Value Less Repairs: Used Trade-In Avg.	Used Trade-In High	Used Retail Avg.	Used Retail High	Engine Make	Engine No. Cyls.	Engine Displ. Cu.-in.	No. Speeds	P.T.O. H.P.	Approx. Shipping Wt.-Lbs.	Cab
				1948 (Cont.)								
AR	......	$850	$1660	**$2790**	**$3440**	JD	2	321D	4F-1R	35.3	4800	No
B	......	$800	$1560	**$2620**	**$3220**	JD	2	190G	6F-1R	26	4130	No
D	......	$780	$1520	**$2550**	**$3140**	JD	2	501D	2F-1R	38	8125	No
G	......	$970	$1900	**$3200**	**$3930**	JD	2	413G	6F-1R	36	5800	No
M	......	$820	$1610	**$2710**	**$3330**	JD	2	100G	4F-1R	19.5	2700	No
				1947								
A	......	$790	$1570	**$2640**	**$3270**	JD	2	321G	6F-1R	35.3	5100	No
AN	......	$840	$1680	**$2830**	**$3500**	JD	2	321G	6F-1R	35.3	5100	No
AR	......	$820	$1640	**$2760**	**$3420**	JD	2	321D	4F-1R	35.3	4800	No
B	......	$770	$1540	**$2590**	**$3200**	JD	2	175G	6F-1R	26	4130	No
BO	......	$850	$1690	**$2850**	**$3520**	JD	2	175G	4F-1R	26	4130	No
BR	......	$880	$1760	**$2950**	**$3650**	JD	2	175G	4F-1R	26	4130	No
D	......	$750	$1490	**$2510**	**$3100**	JD	2	501D	2F-1R	38	8125	No
G	......	$940	$1870	**$3150**	**$3890**	JD	2	413G	6F-1R	36	5800	No
H	......	$660	$1330	**$2240**	**$2760**	JD	2	99G	3F-1R	14	3035	No
M	......	$790	$1580	**$2660**	**$3290**	JD	2	100G	4F-1R	19.5	2700	No
				1946								
A	......	$760	$1550	**$2610**	**$3240**	JD	2	321G	6F-1R	35.3	5100	No
AN	......	$820	$1670	**$2810**	**$3500**	JD	2	321G	6F-1R	35.3	5100	No
AR	......	$790	$1630	**$2730**	**$3400**	JD	2	321D	4F-1R	35.3	4800	No
B	......	$740	$1520	**$2560**	**$3180**	JD	2	175G	6F-1R	20	4130	No
BO	......	$820	$1670	**$2810**	**$3490**	JD	2	175G	4F-1R	20	4030	No
BR	......	$850	$1740	**$2920**	**$3630**	JD	2	175G	4F-1R	20	4030	No
D	......	$720	$1470	**$2460**	**$3060**	JD	2	501D	2F-1R	38	8125	No
G	......	$900	$1840	**$3090**	**$3840**	JD	2	413G	6F-1R	36	5800	No
H	......	$640	$1300	**$2190**	**$2720**	JD	2	99G	3F-1R	14	3035	No
LA	......	$610	$1240	**$2090**	**$2590**		2	66G	3F-1R	14.3	2180	No
				1945								
A	......	$750	$1540	**$2590**	**$3240**	JD	2	321G	6F-1R	35.3	5100	No
AN	......	$810	$1660	**$2790**	**$3480**	JD	2	321G	6F-1R	35.3	5100	No
AR	......	$780	$1600	**$2690**	**$3360**	JD	2	321D	4F-1R	35.3	4800	No
B	......	$810	$1650	**$2780**	**$3470**	JD	2	175G	6F-1R	20.0	4130	No
BO	......	$810	$1660	**$2790**	**$3490**	JD	2	175G	4F-1R	20	4030	No
BR	......	$840	$1710	**$2880**	**$3600**	JD	2	175G	4F-1R	20	4030	No
D	......	$700	$1440	**$2420**	**$3020**	JD	2	501D	2F-1R	38	8125	No
G	......	$890	$1810	**$3050**	**$3810**	JD	2	413G	6F-1R	36	5800	No
H	......	$620	$1270	**$2140**	**$2670**	JD	2	99G	3F-1R	14	3035	No
LA	......	$590	$1210	**$2040**	**$2540**		2	66G	3F-1R	14.3	2180	No
				1944								
A	......	$740	$1520	**$2560**	**$3210**	JD	2	321G	6F-1R	35.3	5100	No
AN	......	$800	$1630	**$2740**	**$3450**	JD	2	321G	6F-1R	35.3	5100	No
AO	......	$780	$1590	**$2670**	**$3360**	JD	2	321D	4F-1R	35.3	4800	No
AR	......	$790	$1610	**$2710**	**$3400**	JD	2	321D	4F-1R	35.3	4800	No
B	......	$720	$1470	**$2480**	**$3120**	JD	2	175G	6F-1R	20	4130	No
BO	......	$800	$1640	**$2750**	**$3460**	JD	2	175G	4F-1R	20	4030	No
BR	......	$820	$1680	**$2830**	**$3560**	JD	2	175G	4F-1R	20	4030	No
D	......	$690	$1410	**$2380**	**$2990**	JD	2	501D	2F-1R	38	8125	No
G	......	$880	$1800	**$3020**	**$3790**	JD	2	413G	6F-1R	36	5800	No
H	......	$610	$1240	**$2090**	**$2630**	JD	2	99G	3F-1R	14	3035	No
L	......	$570	$1170	**$1970**	**$2470**	JD	2	66G	3F-1R	10.4	2180	No
				1943								
A	......	$730	$1500	**$2520**	**$3180**	JD	2	321G	6F-1R	35.3	5100	No
AN	......	$790	$1610	**$2700**	**$3410**	JD	2	321G	6F-1R	35.3	5100	No
AO	......	$760	$1560	**$2630**	**$3320**	JD	2	321D	4F-1R	35.3	4800	No
AR	......	$770	$1580	**$2660**	**$3370**	JD	2	321D	4F-1R	35.3	4800	No
B	......	$710	$1440	**$2430**	**$3070**	JD	2	175G	6F-1R	20	4130	No
BO	......	$780	$1600	**$2700**	**$3410**	JD	2	175G	6F-1R	20	4030	No
BR	......	$810	$1660	**$2790**	**$3530**	JD	2	175G	6F-1R	20	4030	No
D	......	$680	$1390	**$2340**	**$2960**	JD	2	501D	2F-1R	38	8125	No
G	......	$870	$1770	**$2980**	**$3760**	JD	2	413G	6F-1R	36	5800	No
H	......	$590	$1210	**$2040**	**$2570**	JD	2	99G	3F-1R	14	3035	No
L	......	$560	$1140	**$1920**	**$2430**	JD	2	66G	3F-1R	10.4	2180	No
				1942								
A	......	$710	$1460	**$2460**	**$3120**	JD	2	321G	6F-1R	38.0	5100	No
AN	......	$760	$1560	**$2620**	**$3330**	JD	2	321G	6F-1R	38.0	5100	No
AO	......	$780	$1600	**$2690**	**$3420**	JD	2	321D	4F-1R	38.0	4800	No
AR	......	$710	$1450	**$2440**	**$3100**	JD	2	321D	4F-1R	38.0	4800	No
B	......	$700	$1420	**$2390**	**$3040**	JD	2	175G	6F-1R	20	4130	No
BO	......	$770	$1580	**$2660**	**$3380**	JD	2	175G	4F-1R	20	4030	No
BR	......	$800	$1640	**$2750**	**$3490**	JD	2	175G	4F-1R	20	4030	No
D	......	$670	$1370	**$2310**	**$2930**	JD	2	501D	2F-1R	38	8125	No
G	......	$840	$1710	**$2880**	**$3660**	JD	2	413G	4F-1R	36	5800	No
H	......	$580	$1180	**$1980**	**$2520**	JD	2	99G	3F-1R	14	3035	No
L	......	$550	$1120	**$1890**	**$2400**	JD	2	66G	3F-1R	10.4	2180	No
				1941								
A	......	$710	$1450	**$2440**	**$3120**	JD	2	321G	6F-1R	38.0	5100	No
AO	......	$760	$1550	**$2600**	**$3320**	JD	2	321D	4F-1R	38.0	4800	No

John Deere (Cont.)

Model	Approx. Retail Price New	Used Trade-In Avg.	Used Trade-In High	Used Retail Avg.	Used Retail High	Make	Engine No. Cyls.	Engine Displ. Cu.-in.	No. Speeds	P.T.O. H.P.	Approx. Shipping Wt.-Lbs.	Cab
1941 (Cont.)												
AR	......	$780	$1600	**$2690**	**$3440**	JD	2	321D	4F-1R	38.0	4800	No
B	......	$680	$1400	**$2350**	**$3000**	JD	2	175G	6F-1R	20	4130	No
BO	......	$760	$1560	**$2620**	**$3350**	JD	2	175G	4F-1R	20	4030	No
BR	......	$790	$1610	**$2710**	**$3460**	JD	2	175G	4F-1R	20	4030	No
D	......	$660	$1350	**$2270**	**$2900**	JD	2	501D	2F-1R	38	8125	No
G	......	$820	$1690	**$2830**	**$3620**	JD	2	413G	4F-1R	36	5800	No
H	......	$560	$1140	**$1920**	**$2460**	JD	2	99G	3F-1R	14	3035	No
L	......	$540	$1100	**$1850**	**$2360**	JD	2	66G	3F-1R	10.4	2180	No
1940												
A	......	$700	$1440	**$2420**	**$3100**	JD	2	309G	4F-1R	24.7	5100	No
AO	......	$750	$1530	**$2570**	**$3300**	JD	2	309D	4F-1R	24.7	4800	No
AR	......	$760	$1560	**$2630**	**$3370**	JD	2	309D	4F-1R	24.7	4800	No
B	......	$670	$1380	**$2320**	**$2980**	JD	2	175G	4F-1R	20	4130	No
BO	......	$750	$1530	**$2570**	**$3300**	JD	2	175G	4F-1R	20	4030	No
BR	......	$780	$1590	**$2680**	**$3430**	JD	2	175G	4F-1R	20	4030	No
D	......	$650	$1320	**$2230**	**$2860**	JD	2	501D	2F-1R	38	8125	No
G	......	$810	$1650	**$2780**	**$3570**	JD	2	413G	4F-1R	36	5800	No
H	......	$550	$1120	**$1870**	**$2410**	JD	2	99G	3F-1R	14	3035	No
L	......	$530	$1080	**$1820**	**$2330**	JD	2	66G	3F-1R	10.4	2180	No
1939												
A	......	$690	$1410	**$2370**	**$3040**	JD	2	309G	4F-1R	24.7	5100	No
AO	......	$740	$1510	**$2540**	**$3250**	JD	2	309D	4F-1R	24.7	4800	No
AR	......	$750	$1540	**$2590**	**$3330**	JD	2	309D	4F-1R	24.7	4800	No
BO	......	$750	$1530	**$2570**	**$3300**	JD	2	175G	4F-1R	20	4030	No
BR	......	$780	$1590	**$2680**	**$3430**	JD	2	175G	4F-1R	20	4030	No
D	......	$650	$1320	**$2230**	**$2860**	JD	2	501D	2F-1R	38	8125	No
G	......	$810	$1650	**$2780**	**$3570**	JD	2	413G	4F-1R	36	5800	No
H	......	$550	$1120	**$1870**	**$2410**	JD	2	99G	3F-1R	14	3035	No
L	......	$530	$1080	**$1820**	**$2330**	JD	2	66G	3F-1R	10.4	2180	No

Kioti

Model	Approx. Retail Price New	Used Trade-In Avg.	Used Trade-In High	Used Retail Avg.	Used Retail High	Make	Engine No. Cyls.	Engine Displ. Cu.-in.	No. Speeds	P.T.O. H.P.	Approx. Shipping Wt.-Lbs.	Cab
2004												
CK20	$10990	$6050	$6700	**$8020**	**$8680**	Daedong	3	56D	8F-2R	16.5	1962	No
CK20HST	$11277	$6200	$6880	**$8230**	**$8910**	Daedong	3	56D	Variable	15.5	1993	No
DK35	$16850	$9270	$10280	**$12300**	**$13310**	Daedong	3	100D	8F-8R	28.3	3355	No
DK40	$18700	$10290	$11410	**$13650**	**$14770**	Daedong	4	122D	8F-8R	33.4	3598	No
DK45	$20365	$11200	$12420	**$14870**	**$16090**	Daedong	4	134D	8F-8R	38.0	3792	No
DK50	$21500	$11830	$13120	**$15700**	**$16990**	Daedong	4T	122D	8F-8R	41.5	3813	No
DK50 w/Cab	$27400	$15070	$16710	**$20000**	**$21650**	Daedong	4T	122D	8F-8R	41.5	4107	C
DK55	$23794	$13090	$14510	**$17370**	**$18800**	Daedong	4T	134D	12F-12R	45.2	4795	No
DK55 w/Cab	$29134	$16020	$17770	**$21270**	**$23020**	Daedong	4T	134D	12F-12R	45.2	4795	C
DK65	$25990	$14300	$15850	**$18970**	**$20530**	Daedong	3T	164D	12F-12R	55.0	6161	No
DK65 w/Cab	$32990	$18150	$20120	**$24080**	**$26060**	Daedong	3T	164D	12F-12R	55.0	6482	C
LB1914 4WD	$10300	$5670	$6280	**$7520**	**$8140**	Daedong	3	57D	8F-8R	17.5	2132	No
LK2554 4WD	$11920	$6560	$7270	**$8700**	**$9420**	Daedong	3	79D	8F-2R	20.0	2648	No
LK3054 4WD	$13360	$7350	$8150	**$9750**	**$10550**	Daedong	3	85D	8F-8R	23.5	2974	No
2003												
CK20	$10990	$5390	$6050	**$7580**	**$8240**	Daedong	3	56D	8F-2R	16.5	1962	No
CK20HST	$11277	$5530	$6200	**$7780**	**$8460**	Daedong	3	56D	Variable	15.5	1993	No
DK35	$16850	$8260	$9270	**$11630**	**$12640**	Daedong	3	100D	8F-8R	28.3	3355	No
DK40	$18700	$9160	$10290	**$12900**	**$14030**	Daedong	4	122D	8F-8R	33.4	3598	No
DK45	$20365	$9980	$11200	**$14050**	**$15270**	Daedong	4	134D	8F-8R	38.0	3792	No
DK50	$21500	$10540	$11830	**$14840**	**$16130**	Daedong	4T	122D	8F-8R	41.5	3813	No
DK50 w/Cab	$27400	$13430	$15070	**$18910**	**$20550**	Daedong	4T	122D	8F-8R	41.5	4107	C
DK55	$23794	$11660	$13090	**$16420**	**$17850**	Daedong	4T	134D	12F-12R	45.2	4795	No
DK55 w/Cab	$29134	$14280	$16020	**$20100**	**$21850**	Daedong	4T	134D	12F-12R	45.2	4795	C
DK65	$25990	$12740	$14300	**$17930**	**$19490**	Daedong	3T	164D	12F-12R	55.0	6161	No
DK65 w/Cab	$32990	$16170	$18150	**$22760**	**$24740**	Daedong	3T	164D	12F-12R	55.0	6482	C
LB1914 4WD	$10300	$5050	$5670	**$7110**	**$7730**	Daedong	3	57D	8F-8R	17.5	2132	No
LK2554 4WD	$11920	$5840	$6560	**$8230**	**$8940**	Daedong	3	79D	8F-2R	20.0	2648	No
LK3054 4WD	$13360	$6550	$7350	**$9220**	**$10020**	Daedong	3	85D	8F-8R	23.5	2974	No
2002												
DK35	$16000	$7200	$8320	**$10560**	**$11360**	Daedong	3	100D	8F-8R	28.3	3355	No
DK40	$17900	$8060	$9310	**$11810**	**$12710**	Daedong	4	122D	8F-8R	33.4	3598	No
DK45	$19200	$8640	$9980	**$12670**	**$13630**	Daedong	4	134D	8F-8R	38.0	3792	No
DK50	$21500	$9680	$11180	**$14190**	**$15270**	Daedong	4T	122D	8F-8R	41.5	3813	No
DK50 w/Cab	$27500	$12380	$14300	**$18150**	**$19530**	Daedong	4T	122D	8F-8R	41.5	4107	C
LB1914 4WD	$10500	$4730	$5460	**$6930**	**$7460**	Daedong	3	57D	8F-8R	17.5	2132	No
LK2552	$11200	$5040	$5820	**$7390**	**$7950**	Daedong	3	79D	8F-2R	20.0	2648	No
LK2554 4WD	$11700	$5270	$6080	**$7720**	**$8310**	Daedong	3	79D	8F-2R	20.0	2648	No
LK3052	$12400	$5580	$6450	**$8180**	**$8800**	Daedong	3	85D	8F-8R	23.5	2974	No
LK3054 4WD	$13400	$6030	$6970	**$8840**	**$9510**	Daedong	3	85D	8F-8R	23.5	2974	No
LK3504 4WD	$14900	$6710	$7750	**$9830**	**$10580**	Daedong	3	100D	8F-8R	29.0	3170	No
2001												
DK35	$16000	$6720	$7680	**$10240**	**$11040**	Daedong	3	100D	8F-8R	28.3	3355	No
DK40	$17900	$7520	$8590	**$11460**	**$12350**	Daedong	4	122D	8F-8R	33.4	3598	No
DK45	$19200	$8060	$9220	**$12290**	**$13250**	Daedong	4	134D	8F-8R	38.0	3792	No

Kioti (Cont.)

Model	Approx. Retail Price New	Estimated Value Less Repairs Used Trade-In Avg.	Used Trade-In High	Used Retail Avg.	Used Retail High	Engine Make	Engine No. Cyls.	Engine Displ. Cu.-in.	No. Speeds	P.T.O. H.P.	Approx. Shipping Wt.-Lbs.	Cab
2001 (Cont.)												
DK50	$21500	$9030	$10320	**$13760**	**$14840**	Daedong	4T	122D	8F-8R	41.5	3813	No
DK50 w/Cab	$27500	$11550	$13200	**$17600**	**$18980**	Daedong	4T	122D	8F-8R	41.5	4107	C
LB1914 4WD	$10500	$4410	$5040	**$6720**	**$7250**	Daedong	3	57D	8F-8R	17.5	2132	No
LK2554 4WD	$11700	$4910	$5620	**$7490**	**$8070**	Daedong	3	79D	8F-2R	20.0	2648	No
LK3054 4WD	$13400	$5630	$6430	**$8580**	**$9250**	Daedong	3	85D	8F-8R	23.5	2974	No
LK3504 4WD	$14900	$6260	$7150	**$9540**	**$10280**	Daedong	3	100D	8F-8R	29.0	3170	No
2000												
LB1914 4WD	$10250	$4000	$4610	**$6360**	**$6870**	Daedong	3	57D	8F-8R	17.5	2132	No
LK2552 2WD	$11335	$4420	$5100	**$7030**	**$7590**	Daedong	3	79D	8F-2R	22.0	2395	No
LK2554 4WD	$11465	$4470	$5160	**$7110**	**$7680**	Daedong	3	79D	8F-2R	22.0	2648	No
LK3052 2WD	$12140	$4740	$5460	**$7530**	**$8130**	Daedong	3	85D	8F-8R	23.5	2580	No
LK3054 4WD	$13215	$5150	$5950	**$8190**	**$8850**	Daedong	3	85D	8F-8R	23.5	2974	No
LK3504 4WD	$14680	$5730	$6610	**$9100**	**$9840**	Daedong	3	100D	8F-8R	29.0	3170	No
1999												
LB1914 4WD	$10575	$3600	$4550	**$6350**	**$6870**	Daedong	3	57D	8F-8R	17.5	1900	No
LK2552 2WD	$11100	$3770	$4770	**$6660**	**$7220**	Daedong	3	79D	8F-2R	22.0	2395	No
LK2554 4WD	$11100	$3770	$4770	**$6660**	**$7220**	Daedong	3	79D	8F-2R	22.0	2480	No
LK3052 2WD	$12540	$4260	$5390	**$7520**	**$8150**	Daedong	3	85D	8F-8R	24.0	2580	No
LK3054 4WD	$13450	$4570	$5780	**$8070**	**$8740**	Daedong	3	85D	8F-8R	24.0	2675	No
LK3504 4WD	$15275	$5190	$6570	**$9170**	**$9930**	Daedong	3	100D	8F-8R	29.0	2795	No
1998												
LB1914	$10575	$3490	$4340	**$6130**	**$6660**	Daedong	3	57D	8F-8R	16.0	1900	No
LK2554	$11780	$3890	$4830	**$6830**	**$7420**	Daedong	3	79D	8F-2R	22.0	2480	No
LK3054	$13450	$4440	$5520	**$7800**	**$8470**	Daedong	3	85D	8F-8R	24.0	2580	No
1997												
LB1914	$10145	$3250	$4060	**$5780**	**$6340**	Daedong	3	57D	8F-8R	16.0	1900	No
LK2552	$10455	$3350	$4180	**$5960**	**$6530**	Daedong	3	79D	8F-2R	22.0	2400	No
LK2554	$11480	$3670	$4590	**$6540**	**$7180**	Daedong	3	79D	8F-2R	22.0	2480	No
LK3054	$12990	$4160	$5200	**$7400**	**$8120**	Daedong	3	85D	8F-8R	24.0	2580	No
1996												
LB1914	$9955	$3090	$3880	**$5580**	**$6170**	Daedong	3	57D	8F-8R	16.0	1900	No
LK2554	$10790	$3350	$4210	**$6040**	**$6690**	Daedong	3	79D	8F-2R	22.0	2480	No
LK3054	$12695	$3940	$4950	**$7110**	**$7870**	Daedong	3	85D	8F-8R	24.0	2580	No
1995												
LB1914	$9690	$2910	$3680	**$5330**	**$5960**	Daedong	3	57D	8F-8R	16.0	1900	No
LK2554	$10694	$3210	$4060	**$5880**	**$6580**	Daedong	3	79D	8F-2R	22.0	2480	No
LK3054	$12430	$3730	$4720	**$6840**	**$7640**	Daedong	3	85D	8F-8R	24.0	2580	No
1994												
LB1914	$9550	$2820	$3530	**$5160**	**$5830**	Daedong	3	57D	8F-8R	19.0	1800	No
LK2554	$10550	$3110	$3900	**$5700**	**$6440**	Daedong	3	79D	8F-2R	22.0	2480	No
LK3054	$12000	$3540	$4440	**$6480**	**$7320**	Daedong	3	85D	8F-8R	24.0	2580	No
1993												
LB1914	$9450	$2740	$3400	**$5010**	**$5720**	Daedong	3	57D	8F-8R	19.0	1800	No
LK2554	$10450	$3030	$3760	**$5540**	**$6320**	Daedong	3	79D	8F-2R	22.0	2480	No
LK3054	$11750	$3410	$4230	**$6230**	**$7110**	Daedong	3	85D	8F-8R	24.0	2580	No
1992												
LB1914	$9350	$2670	$3270	**$4960**	**$5610**	Daedong	3	57D	8F-8R	19.0	1800	No
LB2214	$10350	$2950	$3620	**$5490**	**$6210**	Daedong	3	68D	8F-8R	19.0	2286	No
LB2614	$11350	$3240	$3970	**$6020**	**$6810**	Daedong	3	80D	8F-8R	22.0	2314	No
1991												
LB1914 4WD	$9250	$2590	$3150	**$4860**	**$5500**	Daedong	3	57D	8F-8R	16.0	1800	No
LB2214 4WD	$10250	$2870	$3490	**$5380**	**$6100**	Daedong	3	68D	8F-8R	19.0	2286	No
LB2614 4WD	$11250	$3150	$3830	**$5910**	**$6690**	Daedong	3	80D	8F-8R	22.0	2314	No
1990												
LB1714 4WD	$7495	$2060	$2470	**$3900**	**$4420**	Daedong	3	57D	8F-8R	14.5	1800	No
LB2202	$7695	$2120	$2540	**$4000**	**$4540**	Daedong	3	68D	8F-2R	19.0	1940	No
LB2204 4WD	$8995	$2470	$2970	**$4680**	**$5310**	Daedong	3	68D	8F-2R	19.0	2160	No
1989												
LB1714 4WD	$7250	$1960	$2320	**$3730**	**$4240**	Daedong	3	57D	8F-8R	14.5	1800	No
LB2202	$7450	$2010	$2380	**$3840**	**$4360**	Daedong	3	68D	8F-2R	19.0	1940	No
LB2204 4WD	$8495	$2290	$2720	**$4380**	**$4970**	Daedong	3	68D	8F-2R	19.0	2160	No
1988												
LB1714 4WD	$6925	$1800	$2150	**$3530**	**$4020**	Daedong	3	57D	8F-7R	14.0	1900	No
LB2202	$7250	$1890	$2250	**$3700**	**$4210**	Daedong	3	68D	8F-2R	19.0	2070	No
LB2204 4WD	$8300	$2160	$2570	**$4230**	**$4810**	Daedong	3	68D	8F-2R	19.0	2290	No

Kubota

Model	Approx. Retail Price New	Estimated Value Less Repairs Used Trade-In Avg.	Used Trade-In High	Used Retail Avg.	Used Retail High	Make	Engine No. Cyls.	Engine Displ. Cu.-in.	No. Speeds	P.T.O. H.P.	Approx. Shipping Wt.-Lbs.	Cab
				2005								
BX1500	$8085	$5010	$5500	**$6390**	**$6790**	Kubota	2	36D	Variable	10.5	1213	No
BX23 LB	$17566	$10890	$11950	**$13880**	**$14760**	Kubota	3	54D	Variable	16.7	1520	No
BX1830D	$9666	$5990	$6570	**$7640**	**$8120**	Kubota	3	44D	Variable	13.7	1467	No
BX2230D	$10180	$6310	$6920	**$8040**	**$8550**	Kubota	3	54D	Variable	16.7	1540	No
B21TL	$21250	$13180	$14450	**$16790**	**$17850**	Kubota	3	61D	Variable	21.0		No
B21TLB 4WD	$28947	$17950	$19680	**$22870**	**$24320**	Kubota	3	61D	Variable	21.0	3811	No
L39TL 4WD	$28885	$17910	$19640	**$22820**	**$24260**	Kubota	3	111D	12F-8R	39.0	4605	No
L39TLB 4WD	$38475	$23860	$26160	**$30400**	**$32320**	Kubota	3	111D	12F-8R	39.0	5705	No
L48TL 4WD	$32675	$20260	$22220	**$25810**	**$27450**	Kubota	4	148D	Variable	48.0	5790	No
L48TLB 4WD	$43450	$26940	$29550	**$34330**	**$36500**	Kubota	4	148D	Variable	48.0	7260	No
B2410HSE	$12680	$7860	$8620	**$10020**	**$10650**	Kubota	3	68D	Variable	18.0	1170	No
B2410HSD 4WD	$14280	$8850	$9710	**$11280**	**$12000**	Kubota	3	68D	Variable	18.0	1170	No
B2410HSDB 4WD	$14680	$9100	$9980	**$11600**	**$12330**	Kubota	3	68D	Variable	18.0	1325	No
B2710HSD	$15500	$9610	$10540	**$12250**	**$13020**	Kubota	4	81D	Variable	20.0	1620	No
B2910HSD	$16580	$10280	$11270	**$13100**	**$13930**	Kubota	4	91D	Variable	22.0	1770	No
B7410HSD	$10600	$6570	$7210	**$8370**	**$8900**	Kubota	3	44D	Variable	12.5	1270	No
B7510DT 4WD	$10434	$6470	$7100	**$8240**	**$8770**	Kubota	3	61D	Variable	17.0	1350	No
B7510HSD	$12080	$7490	$8210	**$9540**	**$10150**	Kubota	3	61D	Variable	16.0	1250	No
B7610HSD	$12148	$7530	$8260	**$9600**	**$10200**	Kubota	3	68D	Variable	18.0	1250	No
B7510DTN 4WD	$10950	$6790	$7450	**$8650**	**$9200**	Kubota	3	61D	Variable	16.0	1350	No
B7800HSD	$13999	$8680	$9520	**$11060**	**$11760**	Kubota	4	91D	Variable	22.0	1741	No
L2800F	$11070	$6860	$7530	**$8750**	**$9300**	Kubota	3	85D	8F-4R	24.0	2249	No
L2800DT 4WD	$13110	$8130	$8920	**$10360**	**$11010**	Kubota	3	85D	8F-4R	24.0	2492	No
L3130F	$12900	$8000	$8770	**$10190**	**$10840**	Kubota	3	91D	8F-8R	25.5	3120	No
L3130DT 4WD	$14720	$9130	$10010	**$11630**	**$12370**	Kubota	3	91D	8F-8R	25.5	3220	No
L3130GST 4WD	$15870	$9840	$10790	**$12540**	**$13330**	Kubota	3	91D	12F-8R	25.5	3260	No
L3130HST 4WD	$16370	$10150	$11130	**$12930**	**$13750**	Kubota	4	91D	Variable	24.0	3305	No
L3400F	$12600	$7810	$8570	**$9950**	**$10580**	Kubota	3	101D	8F-4R	29.5	2210	No
L3400DT 4WD	$14130	$8760	$9610	**$11160**	**$11870**	Kubota	3	101D	8F-4R	29.0	2110	No
L3430DT 4WD	$15135	$9380	$10290	**$11960**	**$12710**	Kubota	3	100D	8F-8R	28.5	2210	No
L3430GST 4WD	$16275	$10090	$11070	**$12860**	**$13670**	Kubota	3	100D	12F-8R	28.5	2210	No
L3430HST 4WD	$16825	$10430	$11440	**$13290**	**$14130**	Kubota	3	100D	Variable	27.0	3305	No
L3430HSTC 4WD Cab	$21400	$13270	$14550	**$16910**	**$17980**	Kubota	3	100D	Variable	27.0	3305	CHA
L3830F	$15020	$9310	$10210	**$11870**	**$12620**	Kubota	3	111D	8F-8R	32.0	3220	No
L3830DT 4WD	$16770	$10400	$11400	**$13250**	**$14090**	Kubota	3	111D	8F-8R	32.0	3220	No
L3830GST 4WD	$17450	$10820	$11870	**$13790**	**$14660**	Kubota	3	111D	12F-8R	32.0	3260	No
L3830HST 4WD	$17990	$11150	$12230	**$14210**	**$15110**	Kubota	3	111D	Variable	30.5	3305	No
L4330DT 4WD	$18335	$11370	$12470	**$14490**	**$15400**	Kubota	4	134D	8F-8R	36.0	3220	No
L4330GST 4WD	$19175	$11890	$13040	**$15150**	**$16110**	Kubota	4	134D	12F-8R	36.0	3220	No
L4330HST 4WD	$19625	$12170	$13350	**$15500**	**$16490**	Kubota	4	134D	Variable	34.5	3220	No
L4330HSTC 4WD Cab	$24125	$14960	$16410	**$19060**	**$20270**	Kubota	4	134D	Variable	34.5	3220	CHA
L4630DT 4WD	$19380	$12020	$13180	**$15310**	**$16280**	Kubota	4	134D	8F-8R	39.5	3220	No
L4630GST 4WD	$20230	$12540	$13760	**$15980**	**$16990**	Kubota	4	134D	12F-8R	39.5	3220	No
L4630GSTC 4WD Cab	$24950	$15470	$16970	**$19710**	**$20960**	Kubota	4	134D	12F-8R	39.5	3220	CHA
L4630HST 4WD	$20570	$12750	$13990	**$16250**	**$17280**	Kubota	4	134D	Variable	38.0	3220	No
M4800SUF	$17400	$10790	$11830	**$13750**	**$14620**	Kubota	4	148D	8F-8R	43.0	2610	No
L5030GST 4WD	$21650	$13420	$14720	**$17100**	**$18190**	Kubota	4	148D	12F-8R	44.0	3220	No
L5030HST 4WD	$22150	$13730	$15060	**$17500**	**$18610**	Kubota	4	148D	Variable	42.5	3220	No
L5030HSTC 4WD Cab	$26650	$16520	$18120	**$21050**	**$22390**	Kubota	4	148D	Variable	42.5	3220	CHA
M4900SU	$18390	$11400	$12140	**$14340**	**$15080**	Kubota	5	167D	8F-8R	45.0	3749	No
M4900SUD 4WD	$22990	$14250	$15170	**$17930**	**$18850**	Kubota	5	167D	8F-4R	45.0	3968	No
M4900SF	$19490	$12080	$12860	**$15200**	**$15980**	Kubota	5	167D	8F-8R	45.00	3748	No
M4900SDF 4WD	$24090	$14940	$15900	**$18790**	**$19750**	Kubota	5	167D	8F-8R	45.00	3968	No
M4900SC Cab	$26990	$16730	$17810	**$21050**	**$22130**	Kubota	5	167D	8F-8R	45.00	4277	CHA
M4900SCSF 4WD Cab	$19890	$12330	$13130	**$15510**	**$16310**	Kubota	5	167D	8F-8R	45.00	3750	CHA
M4900SDC 4WD Cab	$31790	$19710	$20980	**$24800**	**$26070**	Kubota	5	167D	8F-8R	45.00	4500	CHA
MX5000F	$17400	$10790	$11480	**$13570**	**$14270**	Kubota	4	148D	8F-4R	44.0	3285	No
MX5000DT 4WD	$21400	$13270	$14120	**$16690**	**$17550**	Kubota	4	148D	8F-4R	44.0	3580	No
M5700SF	$21490	$13320	$14180	**$16760**	**$17620**	Kubota	5	167D	8F-8R	52.00	3859	No
M5700HD-F 4WD	$27650	$17140	$18250	**$21570**	**$22670**	Kubota	5	167D	8F-8R	52.00	4078	No
M5700SDF 4WD	$26290	$16300	$17350	**$20510**	**$21560**	Kubota	5	167D	8F-8R	52.00	4078	No
M5700SC Cab	$28990	$17970	$19130	**$22610**	**$23770**	Kubota	5	167D	8F-8R	52.00	4453	CHA
M5700SDC 4WD Cab	$33890	$21010	$22370	**$26430**	**$27790**	Kubota	5	167D	8F-8R	52.00	4608	CHA
M5700SDN 4WD	$27150	$16830	$17920	**$21180**	**$22260**	Kubota	5	167D	8F-8R	52.00	3792	No
M6800SF	$23200	$14380	$15310	**$18100**	**$19020**	Kubota	4	202D	8F-8R	62.0	4475	No
M6800HD-F 4WD	$28960	$17960	$19110	**$22590**	**$23750**	Kubota	4	202D	8F-8R	62.0	4610	No
M6800SDF 4WD	$27500	$17050	$18150	**$21450**	**$22550**	Kubota	4	202D	8F-8R	62.0	4610	No
M6800SC Cab	$30700	$19030	$20260	**$23950**	**$25170**	Kubota	4	202D	8F-8R	62.0	5004	CHA
M6800SDC 4WD Cab	$35100	$21760	$23170	**$27380**	**$28780**	Kubota	4	202D	8F-8R	62.0	5137	CHA
M8200SF	$26300	$16310	$17360	**$20510**	**$21570**	Kubota	4T	202D	8F-8R	73.0	5010	No
M8200DT-F 4WD	$30300	$18790	$20000	**$23630**	**$24850**	Kubota	4T	202D	8F-8R	73.0	5450	No
M8200C Cab	$33800	$20960	$22310	**$26360**	**$27720**	Kubota	4T	202D	8F-8R	73.0	5600	CHA
M8200CCS Cab	$35100	$21760	$23170	**$27380**	**$28780**	Kubota	4T	202D	8F-8R	73.0	5600	CHA
M8200DTC 4WD Cab	$37900	$23500	$25010	**$29560**	**$31080**	Kubota	4T	202D	8F-8R	73.0	6040	CHA
M8200SDNB-F	$31350	$19440	$20690	**$24450**	**$25710**	Kubota	4T	202D	8F-8R	73.0	4080	No
M8200SDNBC Cab	$39350	$24400	$25970	**$30690**	**$32270**	Kubota	4T	202D	8F-8R	73.0	4740	CHA
M9000F	$28000	$17360	$18480	**$21840**	**$22960**	Kubota	4TI	202D	8F-8R	80.0	5100	No
M9000DTF 4WD	$32200	$19960	$21250	**$25120**	**$26400**	Kubota	4TI	202D	8F-8R	80.0	5685	No
M9000C Cab	$35600	$22070	$23500	**$27770**	**$29190**	Kubota	4TI	202D	8F-8R	80.0	5890	CHA
M9000DTC 4WD Cab	$39800	$24680	$26270	**$31040**	**$32640**	Kubota	4TI	202D	8F-8R	80.0	6175	CHA
M9000DTCCS 4WD	$41500	$25730	$27390	**$32370**	**$34030**	Kubota	4TI	202D	8F-8R	80.0	6250	CHA

Kubota (Cont.)

Model	Approx. Retail Price New	Estimated Value Less Repairs Used Trade-In Avg.	Used Trade-In High	Used Retail Avg.	Used Retail High	Engine Make	No. Cyls.	Displ. Cu.-in.	No. Speeds	P.T.O. H.P.	Approx. Shipping Wt.-Lbs.	Cab
2005 (Cont.)												
M9000DTL-F	$31600	$19590	$20860	**$24650**	**$25910**	Kubota	4TI	202D	8F-8R	80.0	5200	No
M9000DTM	$38990	$24170	$25730	**$30410**	**$31970**	Kubota	4TI	202D	8F-8R	80.0	7140	No
M9000DTMC Cab	$46590	$28890	$30750	**$36340**	**$38200**	Kubota	4TI	202D	8F-8R	80.0	7740	CHA
M105DTC 4WD Cab	$55350	$34320	$36530	**$43170**	**$45390**	Kubota	4T	230D	16F-16R	90.0	8907	CHA
M125DTC 4WD Cab	$61500	$38130	$40590	**$47970**	**$50430**	Kubota	5T	356D	16F-16R	103.0	9680	CHA
2004												
BX1500	$8085	$4450	$4930	**$5900**	**$6390**	Kubota	2	36D	Variable	10.5	1213	No
BX23 LB	$17566	$9660	$10720	**$12820**	**$13880**	Kubota	3	54D	Variable	16.7		No
BX1830D	$9666	$5320	$5900	**$7060**	**$7640**	Kubota	3	44D	Variable	13.7	1467	No
BX2230D	$10180	$5600	$6210	**$7430**	**$8040**	Kubota	3	54D	Variable	16.7	1540	No
B21TL	$21250	$11690	$12960	**$15510**	**$16790**	Kubota	3	61D	Variable	21.0		No
B21TLB 4WD	$28947	$15920	$17660	**$21130**	**$22870**	Kubota	3	61D	Variable	21.0	3811	No
L35TL 4WD	$27585	$15170	$16830	**$20140**	**$21790**	Kubota	3	100D	8F-4R	35.0	4605	No
L35TLB 4WD	$37269	$20500	$22730	**$27210**	**$29440**	Kubota	3	100D	8F-4R	35.0	5705	No
L48TL 4WD	$32675	$17970	$19930	**$23850**	**$25810**	Kubota	4	148D	Variable	48.0	5790	No
L48TLB 4WD	$43450	$23900	$26510	**$31720**	**$34330**	Kubota	4	148D	Variable	48.0	7260	No
B2410HSE	$12680	$6970	$7740	**$9260**	**$10020**	Kubota	3	68D	Variable	18.0	1170	No
B2410HSD 4WD	$14280	$7850	$8710	**$10420**	**$11280**	Kubota	3	68D	Variable	18.0	1170	No
B2410HSDB 4WD	$14680	$8070	$8960	**$10720**	**$11600**	Kubota	3	68D	Variable	18.0	1325	No
B2710HSD	$15500	$8530	$9460	**$11320**	**$12250**	Kubota	4	81D	Variable	20.0	1620	No
B2910HSD	$16580	$9120	$10110	**$12100**	**$13100**	Kubota	4	91D	Variable	22.0	1770	No
B7410HSD	$10600	$5830	$6470	**$7740**	**$8370**	Kubota	3	44D	Variable	12.5	1270	No
B7510DT 4WD	$10434	$5740	$6370	**$7620**	**$8240**	Kubota	3	61D	Variable	17.0	1350	No
B7510HSD	$12080	$6640	$7370	**$8820**	**$9540**	Kubota	3	61D	Variable	16.0	1250	No
B7510DTN 4WD	$10950	$6020	$6680	**$7990**	**$8650**	Kubota	3	61D	Variable	16.0	1350	No
B7800	$13999	$7700	$8540	**$10220**	**$11060**	Kubota	4	91D	Variable	22.0	1741	No
L2800F	$11070	$6090	$6750	**$8080**	**$8750**	Kubota	3	85D	8F-4R	24.0	2249	No
L2800DT 4WD	$13110	$7210	$8000	**$9570**	**$10360**	Kubota	3	85D	8F-4R	24.0	2492	No
L3130F	$12900	$7100	$7870	**$9420**	**$10190**	Kubota	3	91D	8F-8R	25.5	3120	No
L3130DT 4WD	$14720	$8100	$8980	**$10750**	**$11630**	Kubota	3	91D	8F-8R	25.5	3220	No
L3130GST 4WD	$15870	$8730	$9680	**$11590**	**$12540**	Kubota	3	91D	12F-8R	25.5	3260	No
L3130HST 4WD	$16370	$9000	$9990	**$11950**	**$12930**	Kubota	4	91D	Variable	24.0	3305	No
L3400F	$12600	$6930	$7690	**$9200**	**$9950**	Kubota	3	101D	8F-4R	29.5	2210	No
L3400DT 4WD	$14130	$7770	$8620	**$10320**	**$11160**	Kubota	3	101D	8F-4R	29.0	2110	No
L3430DT 4WD	$15135	$8320	$9230	**$11050**	**$11960**	Kubota	3	100D	8F-8R	28.5	2210	No
L3430GST 4WD	$16275	$8950	$9930	**$11880**	**$12860**	Kubota	3	100D	12F-8R	28.5	2210	No
L3430HST 4WD	$16825	$9250	$10260	**$12280**	**$13290**	Kubota	3	100D	Variable	27.0	3305	No
L3430HSTC 4WD	$21400	$11770	$13050	**$15620**	**$16910**	Kubota	3	100D	Variable	27.0	3305	CHA
L3830F	$15020	$8260	$9160	**$10970**	**$11870**	Kubota	3	111D	8F-8R	32.0	3220	No
L3830DT 4WD	$16770	$9220	$10230	**$12240**	**$13250**	Kubota	3	111D	8F-8R	32.0	3220	No
L3830GST 4WD	$17450	$9600	$10650	**$12740**	**$13790**	Kubota	3	111D	12F-8R	32.0	3260	No
L3830HST 4WD	$17990	$9900	$10970	**$13130**	**$14210**	Kubota	3	111D	Variable	30.5	3305	No
L4300F	$15490	$8520	$9450	**$11310**	**$12240**	Kubota	4	134D	8F-2R	37.5	2844	No
L4300DT 4WD	$18000	$9900	$10980	**$13140**	**$14220**	Kubota	4	134D	8F-2R	37.5	2976	No
L4330DT 4WD	$18335	$10080	$11180	**$13390**	**$14490**	Kubota	4	134D	8F-8R	36.0	3220	No
L4330GST 4WD	$19175	$10550	$11700	**$14000**	**$15150**	Kubota	4	134D	12F-8R	36.0	3220	No
L4330HST 4WD	$19625	$10790	$11970	**$14330**	**$15500**	Kubota	4	134D	Variable	34.5	3220	No
L4330HSTC 4WD	$24125	$13270	$14720	**$17610**	**$19060**	Kubota	4	134D	Variable	34.5	3220	CHA
L4630DT 4WD	$19380	$10660	$11820	**$14150**	**$15310**	Kubota	4	134D	8F-8R	39.5	3220	No
L4630GST 4WD	$20230	$11130	$12340	**$14770**	**$15980**	Kubota	4	134D	12F-8R	39.5	3220	No
L4630GSTC 4WD	$24950	$13720	$15220	**$18210**	**$19710**	Kubota	4	134D	12F-8R	39.5	3220	CHA
L4630HST 4WD	$20570	$11310	$12550	**$15020**	**$16250**	Kubota	4	134D	Variable	38.0	3220	No
M4800SUD	$17400	$9570	$10610	**$12700**	**$13750**	Kubota	4	148D	8F-8R	43.0	2610	No
L5030GST 4WD	$21650	$11910	$13210	**$15810**	**$17100**	Kubota	4	148D	12F-8R	44.0	3220	No
L5030HST 4WD	$22150	$12180	$13510	**$16170**	**$17500**	Kubota	4	148D	Variable	42.5	3220	No
L5030HSTC 4WD	$26650	$14660	$16260	**$19460**	**$21050**	Kubota	4	148D	Variable	42.5	3220	CHA
M4900SU	$18390	$9750	$11030	**$13430**	**$14160**	Kubota	5	167D	8F-8R	45.0	3749	No
M4900SUD 4WD	$22990	$12190	$13790	**$16780**	**$17700**	Kubota	5	167D	8F-4R	45.0	3968	No
M4900SF	$19490	$10330	$11690	**$14230**	**$15010**	Kubota	5	167D	8F-8R	45.00	3748	No
M4900SDF 4WD	$24090	$12770	$14450	**$17590**	**$18550**	Kubota	5	167D	8F-8R	45.00	3968	No
M4900SC	$26990	$14310	$16190	**$19700**	**$20780**	Kubota	5	167D	8F-8R	45.00	4277	CHA
M4900SCSF 4WD	$19890	$10540	$11930	**$14520**	**$15320**	Kubota	5	167D	8F-8R	45.00	3750	CHA
M4900SDC 4WD	$31790	$16850	$19070	**$23210**	**$24480**	Kubota	5	167D	8F-8R	45.00	4500	CHA
MX5000F	$17400	$9220	$10440	**$12700**	**$13400**	Kubota	4	148D	8F-4R	44.0	3285	No
MX5000DT 4WD	$21400	$11340	$12840	**$15620**	**$16480**	Kubota	4	148D	8F-4R	44.0	3580	No
M5700SF	$21490	$11390	$12890	**$15690**	**$16550**	Kubota	5	167D	8F-8R	52.00	3859	No
M5700HD-F 4WD	$27650	$14660	$16590	**$20190**	**$21290**	Kubota	5	167D	8F-8R	52.00	4078	No
M5700SDF 4WD	$26290	$13930	$15770	**$19190**	**$20240**	Kubota	5	167D	8F-8R	52.00	4078	No
M5700SC	$28990	$15370	$17390	**$21160**	**$22320**	Kubota	5	167D	8F-8R	52.00	4453	CHA
M5700SDC 4WD	$33890	$17960	$20330	**$24740**	**$26100**	Kubota	5	167D	8F-8R	52.00	4608	CHA
M5700SDN 4WD	$27150	$14390	$16290	**$19820**	**$20910**	Kubota	5	167D	8F-8R	52.00	3792	No
M6800SF	$23200	$12300	$13920	**$16940**	**$17860**	Kubota	4	202D	8F-8R	62.0	4475	No
M6800HD-F 4WD	$28960	$15350	$17380	**$21140**	**$22300**	Kubota	4	202D	8F-8R	62.0	4610	No
M6800SDF 4WD	$27500	$14580	$16500	**$20080**	**$21180**	Kubota	4	202D	8F-8R	62.0	4610	No
M6800SC	$30700	$16270	$18420	**$22410**	**$23640**	Kubota	4	202D	8F-8R	62.0	5004	CHA
M6800SDC 4WD	$35100	$18600	$21060	**$25620**	**$27030**	Kubota	4	202D	8F-8R	62.0	5137	CHA
M8200SF	$26300	$13940	$15780	**$19200**	**$20250**	Kubota	4T	202D	8F-8R	73.0	5010	No
M8200DT-F 4WD	$30300	$16060	$18180	**$22120**	**$23330**	Kubota	4T	202D	8F-8R	73.0	5450	No
M8200C	$33800	$17910	$20280	**$24670**	**$26030**	Kubota	4T	202D	8F-8R	73.0	5600	CHA
M8200CCS	$35100	$18600	$21060	**$25620**	**$27030**	Kubota	4T	202D	8F-8R	73.0	5650	CHA
M8200DTC 4WD	$37900	$20090	$22740	**$27670**	**$29180**	Kubota	4T	202D	8F-8R	73.0	6040	CHA
M8200SDNB-F	$31350	$16620	$18810	**$22890**	**$24140**	Kubota	4T	202D	8F-8R	73.0	4080	No
M8200SDNBC	$39350	$20860	$23610	**$28730**	**$30300**	Kubota	4T	202D	8F-8R	73.0	4740	CHA

Kubota (Cont.)

Model	Approx. Retail Price New	Estimated Value Less Repairs: Used Trade-In Avg.	Used Trade-In High	Used Retail Avg.	Used Retail High	Engine Make	No. Cyls.	Displ. Cu.-in.	No. Speeds	P.T.O. H.P.	Approx. Shipping Wt.-Lbs.	Cab
2004 (Cont.)												
M9000F	$28000	$14840	$16800	**$20440**	**$21560**	Kubota	4TI	202D	8F-8R	80.0	5100	No
M9000DTF 4WD	$32200	$17070	$19320	**$23510**	**$24790**	Kubota	4TI	202D	8F-8R	80.0	5685	No
M9000C	$35600	$18870	$21360	**$25990**	**$27410**	Kubota	4TI	202D	8F-8R	80.0	5890	CHA
M9000DTC 4WD	$39800	$21090	$23880	**$29050**	**$30650**	Kubota	4TI	202D	8F-8R	80.0	6175	CHA
M9000DTCCS 4WD	$41500	$22000	$24900	**$30300**	**$31960**	Kubota	4TI	202D	8F-8R	80.0	6250	CHA
M9000DTL-F	$31600	$16750	$18960	**$23070**	**$24330**	Kubota	4TI	202D	8F-8R	80.0	5200	No
M9000DTM	$38990	$20670	$23390	**$28460**	**$30020**	Kubota	4TI	202D	8F-8R	80.0	7140	No
M9000DTMC	$46590	$24690	$27950	**$34010**	**$35870**	Kubota	4TI	202D	8F-8R	80.0	7740	CHA
M110FC	$48000	$25440	$28800	**$35040**	**$36960**	Kubota	5T	356D	16F-16R	88.0	8598	CHA
M110DTC 4WD	$54700	$28990	$32820	**$39930**	**$42120**	Kubota	5T	356D	16F-16R	88.0	9259	CHA
M120FC	$53000	$28090	$31800	**$38690**	**$40810**	Kubota	5T	356D	16F-16R	98.0	9039	CHA
M120DTC 4WD	$60300	$31960	$36180	**$44020**	**$46430**	Kubota	5T	356D	16F-16R	98.0	9700	CHA
2003												
BX1500	$8085	$3960	$4450	**$5580**	**$6060**	Kubota	2	36D	Variable	10.5	1213	No
BX22 LB	$17055	$8360	$9380	**$11770**	**$12790**	Kubota	3	54D	Variable	16.7	1520	No
BX1800D	$9385	$4600	$5160	**$6480**	**$7040**	Kubota	3	44D	Variable	13.7	1467	No
BX2200D	$9885	$4840	$5440	**$6820**	**$7410**	Kubota	3	54D	Variable	16.7	1540	No
B21TL	$21250	$10410	$11690	**$14660**	**$15940**	Kubota	3	61D	Variable	21.0		No
B21TLB 4WD	$28947	$14180	$15920	**$19970**	**$21710**	Kubota	3	61D	Variable	21.0	3811	No
L35TL 4WD	$27585	$13520	$15170	**$19030**	**$20690**	Kubota	3	100D	8F-4R	35.0	4605	No
L35TLB 4WD	$37269	$18260	$20500	**$25720**	**$27950**	Kubota	3	100D	8F-4R	35.0	5705	No
L48TL 4WD	$32675	$16010	$17970	**$22550**	**$24510**	Kubota	4	148D	Variable	48.0	5790	No
L48TLB 4WD	$43450	$21290	$23900	**$29980**	**$32590**	Kubota	4	148D	Variable	48.0	7260	No
B2410HSE	$12680	$6210	$6970	**$8750**	**$9510**	Kubota	3	68D	Variable	18.0	1170	No
B2410HSD 4WD	$14280	$7000	$7850	**$9850**	**$10710**	Kubota	3	68D	Variable	18.0	1170	No
B2410HSDB 4WD	$14680	$7190	$8070	**$10130**	**$11010**	Kubota	3	68D	Variable	18.0	1325	No
B2710HSD	$15500	$7600	$8530	**$10700**	**$11630**	Kubota	4	81D	Variable	20.0	1620	No
B2910HSD	$16580	$8120	$9120	**$11440**	**$12440**	Kubota	4	91D	Variable	22.0	1770	No
B7400HSD	$10300	$5050	$5670	**$7110**	**$7730**	Kubota	3	44D	Variable	12.5	1270	No
B7500DT 4WD	$10130	$4960	$5570	**$6990**	**$7600**	Kubota	3	61D	Variable	17.0	1350	No
B7500HSD	$11730	$5750	$6450	**$8090**	**$8800**	Kubota	3	61D	Variable	16.0	1250	No
B7500DTN 4WD	$10630	$5210	$5850	**$7340**	**$7970**	Kubota	3	61D	Variable	16.0	1350	No
B7800	$13999	$6860	$7700	**$9660**	**$10500**	Kubota	4	91D	Variable	22.0	1741	No
L2600F	$11070	$5420	$6090	**$7640**	**$8300**	Kubota	3	85D	8F-2R	22.5	1975	No
L2600DT 4WD	$13110	$6420	$7210	**$9050**	**$9830**	Kubota	3	85D	8F-2R	22.5	2210	No
L3000F	$12600	$6170	$6930	**$8690**	**$9450**	Kubota	3	91D	8F-2R	27.5	2210	No
L3000DT 4WD	$14130	$6920	$7770	**$9750**	**$10600**	Kubota	3	91D	8F-2R	27.5	2210	No
L3130F	$12900	$6320	$7100	**$8900**	**$9680**	Kubota	4	91D	8F-8R	25.5	2610	No
L3130DT 4WD	$14720	$7210	$8100	**$10160**	**$11040**	Kubota	4	91D	8F-8R	25.5	2890	No
L3130GST 4WD	$15870	$7780	$8730	**$10950**	**$11900**	Kubota	4	91D	12F-8R	25.5	2910	No
L3130HST 4WD	$16370	$8020	$9000	**$11300**	**$12280**	Kubota	4	91D	Variable	24.0	2960	No
L3430DT 4WD	$15135	$7420	$8320	**$10440**	**$11350**	Kubota	3	100D	8F-8R	28.5	2210	No
L3430GST 4WD	$16275	$7980	$8950	**$11230**	**$12210**	Kubota	3	100D	12F-8R	28.5	2210	No
L3430HST 4WD	$16825	$8240	$9250	**$11610**	**$12620**	Kubota	3	100D	Variable	27.0	3305	No
L3430HSTC 4WD	$21400	$10490	$11770	**$14770**	**$16050**	Kubota	3	100D	Variable	27.0	3305	CHA
L3830F	$15020	$7360	$8260	**$10360**	**$11270**	Kubota	3	111D	8F-8R	32.0	3220	No
L3830DT 4WD	$16770	$8220	$9220	**$11570**	**$12580**	Kubota	3	111D	8F-8R	32.0	3220	No
L3830GST 4WD	$17450	$8550	$9600	**$12040**	**$13090**	Kubota	3	111D	12F-8R	32.0	3260	No
L3830HST 4WD	$17990	$8820	$9900	**$12410**	**$13490**	Kubota	3	111D	Variable	30.5	3305	No
L4300F	$15490	$7590	$8520	**$10690**	**$11620**	Kubota	4	134D	8F-2R	37.5	2853	No
L4300DT 4WD	$18000	$8820	$9900	**$12420**	**$13500**	Kubota	4	134D	8F-2R	37.5	2930	No
L4330DT 4WD	$18335	$8980	$10080	**$12650**	**$13750**	Kubota	4	134D	8F-8R	36.0	3220	No
L4330GST 4WD	$19175	$9400	$10550	**$13230**	**$14380**	Kubota	4	134D	12F-8R	36.0	3220	No
L4330HST 4WD	$19625	$9620	$10790	**$13540**	**$14720**	Kubota	4	134D	Variable	34.5	3220	No
L4330HSTC 4WD	$24125	$11820	$13270	**$16650**	**$18090**	Kubota	4	134D	Variable	34.5	3220	CHA
L4630DT 4WD	$19380	$9500	$10660	**$13370**	**$14540**	Kubota	4	134D	8F-8R	39.5	3220	No
L4630GST 4WD	$20230	$9910	$11130	**$13960**	**$15170**	Kubota	4	134D	12F-8R	39.5	3220	No
L4630GSTC 4WD	$24950	$12230	$13720	**$17220**	**$18710**	Kubota	4	134D	12F-8R	39.5	3220	CHA
L4630HST 4WD	$20570	$10080	$11310	**$14190**	**$15430**	Kubota	4	134D	Variable	38.0	3220	No
M4800SUD	$17400	$8530	$9570	**$12010**	**$13050**	Kubota	4	148D	8F-8R	43.0	2610	No
L5030GST 4WD	$21650	$10610	$11910	**$14940**	**$16240**	Kubota	4	148D	12F-8R	44.0	3220	No
L5030HST 4WD	$22150	$10850	$12180	**$15280**	**$16610**	Kubota	4	148D	Variable	42.5	3220	No
L5030HSTC 4WD	$26650	$13060	$14660	**$18390**	**$19990**	Kubota	4	148D	Variable	42.5	3220	CHA
M4900SU	$18390	$8640	$9930	**$12510**	**$13430**	Kubota	5	167D	8F-8R	45.0	3749	No
M4900SUD 4WD	$22990	$10810	$12420	**$15630**	**$16780**	Kubota	5	167D	8F-4R	45.0	3968	No
M4900SF	$19490	$9160	$10530	**$13250**	**$14230**	Kubota	5	167D	8F-8R	45.00	3748	No
M4900SDF 4WD	$24090	$11320	$13010	**$16380**	**$17590**	Kubota	5	167D	8F-8R	45.00	3968	No
M4900SC	$26990	$12690	$14580	**$18350**	**$19700**	Kubota	5	167D	8F-8R	45.00	4277	CHA
M4900SCSF 4WD	$19890	$9350	$10740	**$13530**	**$14520**	Kubota	5	167D	8F-8R	45.00	3750	CHA
M4900SDC 4WD	$31790	$14940	$17170	**$21620**	**$23210**	Kubota	5	167D	8F-8R	45.00	4500	CHA
MX5000F	$17400	$8180	$9400	**$11830**	**$12700**	Kubota	4	148D	8F-4R	44.0	3285	No
MX5000DT 4WD	$21400	$10060	$11560	**$14550**	**$15620**	Kubota	4	148D	8F-4R	44.0	3580	No
M5700SF	$21490	$10100	$11610	**$14610**	**$15690**	Kubota	5	167D	8F-8R	52.00	3859	No
M5700HD-F 4WD	$27650	$13000	$14930	**$18800**	**$20190**	Kubota	5	167D	8F-8R	52.00	4078	No
M5700SDF 4WD	$26290	$12360	$14200	**$17880**	**$19190**	Kubota	5	167D	8F-8R	52.00	4078	No
M5700SC	$28990	$13630	$15660	**$19710**	**$21160**	Kubota	5	167D	8F-8R	52.00	4453	CHA
M5700SDC 4WD	$33890	$15930	$18300	**$23050**	**$24740**	Kubota	5	167D	8F-8R	52.00	4608	CHA
M5700SDN 4WD	$27150	$12760	$14660	**$18460**	**$19820**	Kubota	5	167D	8F-8R	52.00	3792	No
M6800SF	$23200	$10900	$12530	**$15780**	**$16940**	Kubota	4	202D	8F-8R	62.0	4475	No
M6800HD-F 4WD	$28960	$13610	$15640	**$19690**	**$21140**	Kubota	4	202D	8F-8R	62.0	4610	No
M6800SDF 4WD	$27500	$12930	$14850	**$18700**	**$20080**	Kubota	4	202D	8F-8R	62.0	4610	No
M6800SC	$30700	$14430	$16580	**$20880**	**$22410**	Kubota	4	202D	8F-8R	62.0	5004	CHA
M6800SDC 4WD	$35100	$16500	$18950	**$23870**	**$25620**	Kubota	4	202D	8F-8R	62.0	5137	CHA

Kubota (Cont.)

Model	Approx. Retail Price New	Estimated Value Less Repairs Used Trade-In Avg.	High	Used Retail Avg.	High	Engine Make	No. Cyls.	Displ. Cu.-in.	No. Speeds	P.T.O. H.P.	Approx. Shipping Wt.-Lbs.	Cab
2003 (Cont.)												
M8200SF	$26300	$12360	$14200	$17880	$19200	Kubota	4T	202D	8F-8R	73.0	5010	No
M8200DT-F 4WD	$30300	$14240	$16360	$20600	$22120	Kubota	4T	202D	8F-8R	73.0	5450	No
M8200C	$33800	$15890	$18250	$22980	$24670	Kubota	4T	202D	8F-8R	73.0	5600	CHA
M8200CCS	$35100	$16500	$18950	$23870	$25620	Kubota	4T	202D	8F-8R	73.0	5650	CHA
M8200DTC 4WD	$37900	$17810	$20470	$25770	$27670	Kubota	4T	202D	8F-8R	73.0	6040	CHA
M8200SDNB-F	$31350	$14740	$16930	$21320	$22890	Kubota	4T	202D	8F-8R	73.0	4080	No
M8200SDNBC	$39350	$18500	$21250	$26760	$28730	Kubota	4T	202D	8F-8R	73.0	4740	CHA
M9000F	$28000	$13160	$15120	$19040	$20440	Kubota	4TI	202D	8F-8R	80.0	5100	No
M9000DTF 4WD	$32200	$15130	$17390	$21900	$23510	Kubota	4TI	202D	8F-8R	80.0	5685	No
M9000C	$35600	$16730	$19220	$24210	$25990	Kubota	4TI	202D	8F-8R	80.0	5890	CHA
M9000DTC 4WD	$39800	$18710	$21490	$27060	$29050	Kubota	4TI	202D	8F-8R	80.0	6175	CHA
M9000DTCCS 4WD	$41500	$19510	$22410	$28220	$30300	Kubota	4TI	202D	8F-8R	80.0	6250	CHA
M9000DTL-F	$31600	$14850	$17060	$21490	$23070	Kubota	4TI	202D	8F-8R	80.0	5200	No
M9000DTM	$38990	$18330	$21060	$26510	$28460	Kubota	4TI	202D	8F-8R	80.0	7140	No
M9000DTMC	$46590	$21900	$25160	$31680	$34010	Kubota	4TI	202D	8F-8R	80.0	7740	CHA
M110FC	$48000	$22560	$25920	$32640	$35040	Kubota	5T	356D	16F-16R	88.0	8598	CHA
M110DTC 4WD	$54700	$25710	$29540	$37200	$39930	Kubota	5T	356D	16F-16R	88.0	9259	CHA
M120FC	$53000	$24910	$28620	$36040	$38690	Kubota	5T	356D	16F-16R	98.0	9039	CHA
M120DTC 4WD	$60300	$28340	$32560	$41000	$44020	Kubota	5T	356D	16F-16R	98.0	9700	CHA
2002												
BX22 LB	$17055	$7680	$8870	$11260	$12110	Kubota	3	54D	Variable	16.7		No
BX1800D	$9385	$4220	$4880	$6190	$6660	Kubota	3	44D	Variable	13.7	1467	No
BX2200D	$9885	$4450	$5140	$6520	$7020	Kubota	3	54D	Variable	16.7	1540	No
B21TL	$21250	$9560	$11050	$14030	$15090	Kubota	3	61D	Variable	21.0		No
B21TLB 4WD	$28947	$13030	$15050	$19110	$20550	Kubota	3	61D	Variable	21.0	3811	No
L35TL 4WD	$27585	$12410	$14340	$18210	$19590	Kubota	3	100D	8F-4R	35.0	4605	No
L35TLB 4WD	$37269	$16770	$19380	$24600	$26460	Kubota	3	100D	8F-4R	35.0	5705	No
L48TL 4WD	$32675	$14700	$16990	$21570	$23200	Kubota	4	148D	Variable	48.0	5790	No
L48TLB 4WD	$43450	$19550	$22590	$28680	$30850	Kubota	4	148D	Variable	48.0	7260	No
B2410HSE	$12680	$5710	$6590	$8370	$9000	Kubota	3	68D	Variable	18.0	1170	No
B2410HSD 4WD	$14280	$6430	$7430	$9430	$10140	Kubota	3	68D	Variable	18.0	1170	No
B2410HSDB 4WD	$14680	$6610	$7630	$9690	$10420	Kubota	3	68D	Variable	18.0	1325	No
B2710HSD	$15500	$6980	$8060	$10230	$11010	Kubota	4	81D	Variable	20.0	1620	No
B2910HSD	$16580	$7460	$8620	$10940	$11770	Kubota	4	91D	Variable	22.0	1770	No
B7400HSD	$10300	$4640	$5360	$6800	$7310	Kubota	3	44D	Variable	12.5	1270	No
B7500DT 4WD	$10130	$4560	$5270	$6690	$7190	Kubota	3	61D	Variable	17.0	1350	No
B7500HSD	$11730	$5280	$6100	$7740	$8330	Kubota	3	61D	Variable	16.0	1250	No
B7500DTN 4WD	$10630	$4780	$5530	$7020	$7550	Kubota	3	61D	Variable	16.0	1350	No
L2600F	$11070	$4980	$5760	$7310	$7860	Kubota	3	85D	8F-2R	22.5	1975	No
L2600DT 4WD	$13110	$5900	$6820	$8650	$9310	Kubota	3	85D	8F-2R	22.5	2210	No
L3000F	$12600	$5670	$6550	$8320	$8950	Kubota	3	91D	8F-2R	27.5	2210	No
L3000DT 4WD	$14130	$6360	$7350	$9330	$10030	Kubota	3	91D	8F-2R	27.5	2210	No
L3010F	$14144	$6370	$7360	$9340	$10040	Kubota	3	91D	8F-8R	25.5	2610	No
L3010DT 4WD	$16266	$7320	$8460	$10740	$11550	Kubota	3	91D	8F-8R	25.5	2610	No
L3010GST	$16816	$7570	$8740	$11100	$11940	Kubota	3	91D	8F-8R	25.5	2610	No
L3010HST	$17316	$7790	$9000	$11430	$12290	Kubota	3	91D	Variable	24.0	2610	No
L3410DT 4WD	$17766	$8000	$9240	$11730	$12610	Kubota	3	100D	8F-8R	28.5	2690	No
L3410GST	$18316	$8240	$9520	$12090	$13000	Kubota	3	100D	8F-8R	28.5	2690	No
L3410HST	$18816	$8470	$9780	$12420	$13360	Kubota	3	100D	Variable	26.0	2610	No
L3710DT 4WD	$18900	$8510	$9830	$12470	$13420	Kubota	4	113D	8F-8R	31.5	2890	No
L3710GST	$19450	$8750	$10110	$12840	$13810	Kubota	4	113D	8F-8R	31.5	2910	No
L3710HST	$20150	$9070	$10480	$13300	$14310	Kubota	4	113D	Variable	30.0	2960	No
L3710HSTC	$26550	$11950	$13810	$17520	$18850	Kubota	4	113D	Variable	30.0	2960	CHA
L4300F	$15490	$6970	$8060	$10220	$11000	Kubota	4	134D	8F-2R	37.5	2853	No
L4300DT 4WD	$18000	$8100	$9360	$11880	$12780	Kubota	4	134D	8F-2R	37.5	2930	No
L4310F	$17250	$7760	$8970	$11390	$12250	Kubota	4	134D	8F-8R	37.5	2853	No
L4310DT 4WD	$21600	$9720	$11230	$14260	$15340	Kubota	4	134D	8F-8R	37.5	2930	No
L4310GST	$22750	$10240	$11830	$15020	$16150	Kubota	4	134D	8F-8R	37.5	2853	No
L4310GSTC	$29450	$13250	$15310	$19440	$20910	Kubota	4	134D	8F-8R	37.5	3494	CH
L4310HST	$22650	$10190	$11780	$14950	$16080	Kubota	4	134D	Variable	36.0	2930	No
L4310HSTC	$29050	$13070	$15110	$19170	$20630	Kubota	4	134D	Variable	36.0	3377	CHA
L4610GST	$24090	$10840	$12530	$15900	$17100	Kubota	4	134D	8F-8R	40.5	3190	No
L4610HST	$23990	$10800	$12480	$15830	$17030	Kubota	4	134D	Variable	39.0	3190	No
L4610HSTC	$30490	$13720	$15860	$20120	$21650	Kubota	4	134D	Variable	39.0	3400	CHA
M4900SU	$18390	$7910	$9200	$11770	$12870	Kubota	5	167D	8F-8R	45.0	3749	No
M4900SUD 4WD	$22990	$9890	$11500	$14710	$16090	Kubota	5	167D	8F-4R	45.0	3968	No
M4900SF	$19490	$8380	$9750	$12470	$13640	Kubota	5	167D	8F-8R	45.00	3748	No
M4900SDF 4WD	$24090	$10360	$12050	$15420	$16860	Kubota	5	167D	8F-8R	45.00	3968	No
M4900SC	$26990	$11610	$13500	$17270	$18890	Kubota	5	167D	8F-8R	45.00	4277	CHA
M4900SCSF 4WD	$19890	$8550	$9950	$12730	$13920	Kubota	5	167D	8F-8R	45.00	3750	CHA
M4900SDC 4WD	$31790	$13670	$15900	$20350	$22250	Kubota	5	167D	8F-8R	45.00	4500	CHA
MX5000F	$17400	$7480	$8700	$11140	$12180	Kubota	4	148D	8F-4R	44.0	3285	No
MX5000DT 4WD	$21400	$9200	$10700	$13700	$14980	Kubota	4	148D	8F-4R	44.0	3580	No
M5700SF	$21490	$9240	$10750	$13750	$15040	Kubota	5	167D	8F-8R	52.00	3859	No
M5700HD-F 4WD	$27650	$11890	$13830	$17700	$19360	Kubota	5	167D	8F-8R	52.00	4078	No
M5700SDF 4WD	$26290	$11310	$13150	$16830	$18400	Kubota	5	167D	8F-8R	52.00	4078	No
M5700SC	$28990	$12470	$14500	$18550	$20290	Kubota	5	167D	8F-8R	52.00	4453	CHA
M5700SDC 4WD	$33890	$14570	$16950	$21690	$23720	Kubota	5	167D	8F-8R	52.00	4608	CHA
M5700SDN 4WD	$27150	$11680	$13580	$17380	$19010	Kubota	5	167D	8F-8R	52.00	3792	No
M6800SF	$23200	$9980	$11600	$14850	$16240	Kubota	4	202D	8F-8R	62.0	4475	No
M6800HD-F 4WD	$28960	$12450	$14480	$18530	$20270	Kubota	4	202D	8F-8R	62.0	4610	No
M6800SDF 4WD	$27500	$11830	$13750	$17600	$19250	Kubota	4	202D	8F-8R	62.0	4610	No
M6800SC	$30700	$13200	$15350	$19650	$21490	Kubota	4	202D	8F-8R	62.0	5004	CHA

Kubota (Cont.)

2002 (Cont.)

Model	Approx. Retail Price New	Used Trade-In Avg.	Used Trade-In High	Used Retail Avg.	Used Retail High	Engine Make	Engine No. Cyls.	Engine Displ. Cu.-in.	No. Speeds	P.T.O. H.P.	Approx. Shipping Wt.-Lbs.	Cab
M6800SDC 4WD	$35100	$15090	$17550	**$22460**	**$24570**	Kubota	4	202D	8F-8R	62.0	5137	CHA
M8200SF	$26300	$11310	$13150	**$16830**	**$18410**	Kubota	4T	202D	8F-8R	73.0	5010	No
M8200DT-F 4WD	$30300	$13030	$15150	**$19390**	**$21210**	Kubota	4T	202D	8F-8R	73.0	5450	No
M8200C	$33800	$14530	$16900	**$21630**	**$23660**	Kubota	4T	202D	8F-8R	73.0	5600	CHA
M8200CCS	$35100	$15090	$17550	**$22460**	**$24570**	Kubota	4T	202D	8F-8R	73.0	5650	CHA
M8200DTC 4WD	$37900	$16300	$18950	**$24260**	**$26530**	Kubota	4T	202D	8F-8R	73.0	6040	CHA
M8200SDNB-F	$31350	$13480	$15680	**$20060**	**$21950**	Kubota	4T	202D	8F-8R	73.0	4080	No
M8200SDNBC	$39350	$16920	$19680	**$25180**	**$27550**	Kubota	4T	202D	8F-8R	73.0	4740	CHA
M9000F	$28000	$12040	$14000	**$17920**	**$19600**	Kubota	4TI	202D	8F-8R	80.0	5100	No
M9000DTF 4WD	$32200	$13850	$16100	**$20610**	**$22540**	Kubota	4TI	202D	8F-8R	80.0	5685	No
M9000C	$35600	$15310	$17800	**$22780**	**$24920**	Kubota	4TI	202D	8F-8R	80.0	5890	CHA
M9000DTC 4WD	$39800	$17110	$19900	**$25470**	**$27860**	Kubota	4TI	202D	8F-8R	80.0	6175	CHA
M9000DTCCS 4WD	$41500	$17850	$20750	**$26560**	**$29050**	Kubota	4TI	202D	8F-8R	80.0	6250	CHA
M9000DTL-F	$31600	$13590	$15800	**$20220**	**$22120**	Kubota	4TI	202D	8F-8R	80.0	5200	No
M9000DTM	$38990	$16770	$19500	**$24950**	**$27290**	Kubota	4TI	202D	8F-8R	80.0	7140	No
M9000DTMC	$46590	$20030	$23300	**$29820**	**$32610**	Kubota	4TI	202D	8F-8R	80.0	7740	CHA
M110FC	$48000	$20640	$24000	**$30720**	**$33600**	Kubota	5T	356D	16F-16R	88.0	8598	CHA
M110DTC 4WD	$54700	$23520	$27350	**$35010**	**$38290**	Kubota	5T	356D	16F-16R	88.0	9259	CHA
M120FC	$53000	$22790	$26500	**$33920**	**$37100**	Kubota	5T	356D	16F-16R	98.0	9039	CHA
M120DTC 4WD	$60300	$25930	$30150	**$38590**	**$42210**	Kubota	5T	356D	16F-16R	98.0	9700	CHA

2001

Model	Approx. Retail Price New	Used Trade-In Avg.	Used Trade-In High	Used Retail Avg.	Used Retail High	Engine Make	Engine No. Cyls.	Engine Displ. Cu.-in.	No. Speeds	P.T.O. H.P.	Approx. Shipping Wt.-Lbs.	Cab
BX1800D	$9385	$3940	$4510	**$6010**	**$6480**	Kubota	3	44D	Variable	13.7		No
BX2200D	$9885	$4150	$4750	**$6330**	**$6820**	Kubota	3	54D	Variable	16.7		No
B21TL	$21250	$8930	$10200	**$13600**	**$14660**	Kubota	3	61D	Variable	21.0		No
B21TLB 4WD	$28947	$12160	$13900	**$18530**	**$19970**	Kubota	3	61D	Variable	21.0		No
L35TL 4WD	$27585	$11590	$13240	**$17650**	**$19030**	Kubota	3	100D	8F-4R	35.0		No
L35TLB 4WD	$37269	$15650	$17890	**$23850**	**$25720**	Kubota	3	100D	8F-4R	35.0		No
L48TL 4WD	$32675	$13720	$15680	**$20910**	**$22550**	Kubota	4	148D	Variable	48.0		No
L48TLB 4WD	$43450	$18250	$20860	**$27810**	**$29980**	Kubota	4	148D	Variable	48.0		No
B2410HSE	$12680	$5330	$6090	**$8120**	**$8750**	Kubota	3	68D	Variable	18.0		No
B2410HSD 4WD	$14280	$6000	$6850	**$9140**	**$9850**	Kubota	3	68D	Variable	18.0		No
B2410HSDB 4WD	$14680	$6170	$7050	**$9400**	**$10130**	Kubota	3	68D	Variable	18.0		No
B2710HSD	$15500	$6510	$7440	**$9920**	**$10700**	Kubota	4	81D	Variable	20.0		No
B2910HSD	$16580	$6960	$7960	**$10610**	**$11440**	Kubota	4	91D	Variable	22.0		No
B7400HSD	$10300	$4330	$4940	**$6590**	**$7110**	Kubota	3	44D	Variable	12.5		No
B7500DT 4WD	$10130	$4260	$4860	**$6480**	**$6990**	Kubota	3	61D	Variable	17.0		No
B7500HSD	$11730	$4930	$5630	**$7510**	**$8090**	Kubota	3	61D	Variable	16.0		No
B7500DTN 4WD	$10630	$4470	$5100	**$6800**	**$7340**	Kubota	3	61D	Variable	16.0		No
L2600F	$11070	$4650	$5310	**$7090**	**$7640**	Kubota	3	85D	8F-2R	22.5		No
L2600DT 4WD	$13110	$5510	$6290	**$8390**	**$9050**	Kubota	3	85D	8F-2R	22.5		No
L3000F	$12600	$5290	$6050	**$8060**	**$8690**	Kubota	3	91D	8F-2R	27.5		No
L3000DT 4WD	$14130	$5940	$6780	**$9040**	**$9750**	Kubota	3	91D	8F-2R	27.5		No
L3010F	$14044	$5900	$6740	**$8990**	**$9690**	Kubota	3	91D	8F-8R	25.5		No
L3010DT 4WD	$16166	$6790	$7760	**$10350**	**$11160**	Kubota	3	91D	8F-8R	25.5		No
L3010GST	$16716	$7020	$8020	**$10700**	**$11530**	Kubota	3	91D	8F-8R	25.5		No
L3010HST	$17216	$7230	$8260	**$11020**	**$11880**	Kubota	3	91D	Variable	24.0		No
L3410DT 4WD	$17666	$7420	$8480	**$11310**	**$12190**	Kubota	3	100D	8F-8R	28.5		No
L3410GST	$18216	$7650	$8740	**$11660**	**$12570**	Kubota	3	100D	8F-8R	28.5		No
L3410HST	$18716	$7860	$8980	**$11980**	**$12910**	Kubota	3	100D	Variable	26.0		No
L3710DT 4WD	$18800	$7900	$9020	**$12030**	**$12970**	Kubota	4	113D	8F-8R	31.5		No
L3710GST	$19350	$8130	$9290	**$12380**	**$13350**	Kubota	4	113D	8F-8R	31.5		No
L3710HST	$20050	$8420	$9620	**$12830**	**$13840**	Kubota	4	113D	Variable	30.0		No
L3710HSTC	$26450	$11110	$12700	**$16930**	**$18250**	Kubota	4	113D	Variable	30.0		CHA
L4300F	$15490	$6510	$7440	**$9910**	**$10690**	Kubota	4	134D	8F-2R	37.5		No
L4300DT 4WD	$18000	$7560	$8640	**$11520**	**$12420**	Kubota	4	134D	8F-2R	37.5		No
L4310F	$16500	$6930	$7920	**$10560**	**$11390**	Kubota	4	134D	8F-8R	37.5		No
L4310DT 4WD	$21500	$9030	$10320	**$13760**	**$14840**	Kubota	4	134D	8F-8R	37.5		No
L4310GST	$22650	$9510	$10870	**$14500**	**$15630**	Kubota	4	134D	8F-8R	37.5		No
L4310GSTC	$29350	$12330	$14090	**$18780**	**$20250**	Kubota	4	134D	8F-8R	37.5		CH
L4310HST	$22550	$9470	$10820	**$14430**	**$15560**	Kubota	4	134D	Variable	36.0		No
L4310HSTC	$28950	$12160	$13900	**$18530**	**$19980**	Kubota	4	134D	Variable	36.0		CHA
L4610GST	$23990	$10080	$11520	**$15350**	**$16550**	Kubota	4	134D	8F-8R	40.5		No
L4610HST	$23890	$10030	$11470	**$15290**	**$16480**	Kubota	4	134D	Variable	39.0		No
L4610HSTC	$30390	$12760	$14590	**$19450**	**$20970**	Kubota	4	134D	Variable	39.0		CHA
M4900SU	$18390	$7170	$8460	**$11030**	**$12320**	Kubota	5	167D	8F-8R	45.0		No
M4900SUD 4WD	$22990	$8970	$10580	**$13790**	**$15400**	Kubota	5	167D	8F-4R	45.0		No
M4900SF	$19490	$7600	$8970	**$11690**	**$13060**	Kubota	5	167D	8F-8R	45.00		No
M4900SDF 4WD	$24090	$9400	$11080	**$14450**	**$16140**	Kubota	5	167D	8F-8R	45.00		No
M4900SC	$26990	$10530	$12420	**$16190**	**$18080**	Kubota	5	167D	8F-8R	45.00		CHA
M4900SCSF 4WD	$19890	$7760	$9150	**$11930**	**$13330**	Kubota	5	167D	8F-8R	45.00		CHA
M4900SDC 4WD	$31590	$12320	$14530	**$18950**	**$21170**	Kubota	5	167D	8F-8R	45.00		CHA
M5700SF	$21490	$8380	$9890	**$12890**	**$14400**	Kubota	5	167D	8F-8R	52.00		No
M5700HD-F 4WD	$27650	$10780	$12720	**$16590**	**$18530**	Kubota	5	167D	8F-8R	52.00		No
M5700SDF 4WD	$26190	$10210	$12050	**$15710**	**$17550**	Kubota	5	167D	8F-8R	52.00		No
M5700SC	$28990	$11310	$13340	**$17390**	**$19420**	Kubota	5	167D	8F-8R	52.00		CHA
M5700SDC 4WD	$33690	$13140	$15500	**$20210**	**$22570**	Kubota	5	167D	8F-8R	52.00		CHA
M5700SDN 4WD	$27150	$10590	$12490	**$16290**	**$18190**	Kubota	5	167D	8F-8R	52.00		No
M6800SF	$23200	$9050	$10670	**$13920**	**$15540**	Kubota	4	202D	8F-8R	62.0		No
M6800HD-F 4WD	$28960	$11290	$13320	**$17380**	**$19400**	Kubota	4	202D	8F-8R	62.0		No
M6800SFD 4WD	$27500	$10730	$12650	**$16500**	**$18430**	Kubota	4	202D	8F-8R	62.0		No
M6800SC	$30700	$11970	$14120	**$18420**	**$20570**	Kubota	4	202D	8F-8R	62.0		CHA
M6800SDC 4WD	$35000	$13650	$16100	**$21000**	**$23450**	Kubota	4	202D	8F-8R	62.0		CHA
M8200SF	$26300	$10260	$12100	**$15780**	**$17620**	Kubota	4T	202D	8F-8R	73.0		No

Kubota (Cont.)

Model	Approx. Retail Price New	Used Trade-In Avg.	Used Trade-In High	Used Retail Avg.	Used Retail High	Engine Make	Engine No. Cyls.	Engine Displ. Cu.-in.	No. Speeds	P.T.O. H.P.	Approx. Shipping Wt.-Lbs.	Cab
				2001 (Cont.)								
M8200DT-F 4WD	$30300	$11820	$13940	**$18180**	**$20300**	Kubota	4T	202D	8F-8R	73.0		No
M8200C	$33800	$13180	$15550	**$20280**	**$22650**	Kubota	4T	202D	8F-8R	73.0		CHA
M8200CCS	$35000	$13650	$16100	**$21000**	**$23450**	Kubota	4T	202D	8F-8R	73.0		CHA
M8200DTC 4WD	$37800	$14740	$17390	**$22680**	**$25330**	Kubota	4T	202D	8F-8R	73.0		CHA
M8200SDNB-F	$31350	$12230	$14420	**$18810**	**$21010**	Kubota	4T	202D	8F-8R	73.0		No
M8200SDNBC	$39350	$15350	$18100	**$23610**	**$26370**	Kubota	4T	202D	8F-8R	73.0		CHA
M9000F	$28000	$10920	$12880	**$16800**	**$18760**	Kubota	4TI	202D	8F-8R	80.0		No
M9000DTF 4WD	$32200	$12560	$14810	**$19320**	**$21570**	Kubota	4TI	202D	8F-8R	80.0		No
M9000C	$35500	$13850	$16330	**$21300**	**$23790**	Kubota	4TI	202D	8F-8R	80.0		CHA
M9000DTC 4WD	$39700	$15480	$18260	**$23820**	**$26600**	Kubota	4TI	202D	8F-8R	80.0		CHA
M9000DTCCS 4WD	$41400	$16150	$19040	**$24840**	**$27740**	Kubota	4TI	202D	8F-8R	80.0		CHA
M9000DTL-F	$31600	$12320	$14540	**$18960**	**$21170**	Kubota	4TI	202D	8F-8R	80.0		No
M9000DTM	$38990	$15210	$17940	**$23390**	**$26120**	Kubota	4TI	202D	8F-8R	80.0		No
M9000DTMW	$39990	$15600	$18400	**$23990**	**$26790**	Kubota	4TI	202D	8F-8R	80.0		No
M110FC	$48000	$18720	$22080	**$28800**	**$32160**	Kubota	5T	356D	16F-16R	88.0		CHA
M110DTC 4WD	$54700	$21330	$25160	**$32820**	**$36650**	Kubota	5T	356D	16F-16R	88.0		CHA
M120FC	$53000	$20670	$24380	**$31800**	**$35510**	Kubota	5T	356D	16F-16R	98.0		CHA
M120DTC 4WD	$60300	$23520	$27740	**$36180**	**$40400**	Kubota	5T	356D	16F-16R	98.0		CHA
				2000								
B7300HSD	$10300	$4020	$4640	**$6390**	**$6900**	Kubota	3	44D	Variable	12.5	1312	No
B1700DT 4WD	$11690	$4560	$5260	**$7250**	**$7830**	Kubota	3	59D	6F-2R	14.00	1265	No
B1700E 2WD	$10490	$4090	$4720	**$6500**	**$7030**	Kubota	3	59D	6F-2R	14.00	1265	No
B1700HSD 4WD	$13190	$5140	$5940	**$8180**	**$8840**	Kubota	3	59D	Variable	13.00	1265	No
B2100DT 4WD	$12890	$5030	$5800	**$7990**	**$8640**	Kubota	3	61D	6F-2R	17.0	1310	No
B2100HSD 4WD	$14490	$5650	$6520	**$8980**	**$9710**	Kubota	3	61D	Variable	16.0	1310	No
B2400HSD 4WD	$14990	$5850	$6750	**$9290**	**$10040**	Kubota	3	68D	Variable	18.00	1325	No
B2400HSE 2WD	$13690	$5340	$6160	**$8490**	**$9170**	Kubota	3	68D	Variable	18.0	1325	No
L2500F	$11400	$4450	$5130	**$7070**	**$7640**	Kubota	3	85D	8F-2R	22.5	1962	No
L2500DT 4WD	$13400	$5230	$6030	**$8310**	**$8980**	Kubota	3	85D	8F-2R	22.5	2205	No
B2710HSD	$15500	$6050	$6980	**$9610**	**$10390**	Kubota	4	81D	Variable	20.0	1620	No
L3010F	$14000	$5460	$6300	**$8680**	**$9380**	Kubota	3	91D	8F-8R	25.5	2610	No
L3010DT 4WD	$16100	$6280	$7250	**$9980**	**$10790**	Kubota	3	91D	8F-8R	25.5	2610	No
L3010GST	$16650	$6490	$7490	**$10320**	**$11160**	Kubota	3	91D	8F-8R	25.5	2610	No
L3010HST	$17150	$6690	$7720	**$10630**	**$11490**	Kubota	3	91D	Variable	24.0	2610	No
L3410DT 4WD	$17600	$6860	$7920	**$10910**	**$11790**	Kubota	3	100D	8F-8R	28.5	2690	No
L3410GST	$18150	$7080	$8170	**$11250**	**$12160**	Kubota	3	100D	8F-8R	28.5	2690	No
L3410HST	$18650	$7270	$8390	**$11560**	**$12500**	Kubota	3	100D	Variable	26.0	2690	No
L3710DT	$18850	$7350	$8480	**$11690**	**$12630**	Kubota	4	113D	8F-8R	31.5	2890	No
L3710GST	$19350	$7550	$8710	**$12000**	**$12970**	Kubota	4	113D	8F-8R	31.5	2890	No
L3710HST	$20050	$7820	$9020	**$12430**	**$13430**	Kubota	4	113D	Variable	30.0	2910	No
L3710HSTC	$26450	$10320	$11900	**$16400**	**$17720**	Kubota	4	113D	Variable	30.0	2910	CHA
L4310F	$16500	$6440	$7430	**$10230**	**$11060**	Kubota	4	134D	8F-8R	37.5	2853	No
L4310DT 4WD	$21500	$8390	$9680	**$13330**	**$14410**	Kubota	4	134D	8F-8R	37.5	2930	No
L4310GST	$22650	$8830	$10190	**$14040**	**$15180**	Kubota	4	134D	8F-8R	37.5	2853	No
L4310HST	$22550	$8800	$10150	**$13980**	**$15110**	Kubota	4	134D	Variable	36.0	2930	No
L4310HSTC	$28950	$11290	$13030	**$17950**	**$19400**	Kubota	4	134D	Variable	36.0	2930	CHA
M4700	$19490	$7020	$8380	**$11300**	**$12670**	Kubota	5	167D	8F-4R	42.0	3255	No
M4700D 4WD	$24100	$8680	$10360	**$13980**	**$15670**	Kubota	5	167D	8F-4R	42.0	3322	No
M4700 CS	$19890	$7160	$8550	**$11540**	**$12930**	Kubota	5	167D	8F-4R	42.00	3256	No
M5400	$21490	$7740	$9240	**$12460**	**$13970**	Kubota	5	167D	8F-4R	50.00	3256	No
M5400D 4WD	$26190	$9430	$11260	**$15190**	**$17020**	Kubota	5	167D	8F-4R	50.00	3322	No
M5400D-N 4WD	$27100	$9760	$11650	**$15720**	**$17620**	Kubota	5	167D	8F-4R	50.00	3322	No
M6800	$23200	$8350	$9980	**$13460**	**$15080**	Kubota	4	202D	8F-4R	62.0	4480	No
M6800DT 4WD	$27500	$9900	$11830	**$15950**	**$17880**	Kubota	4	202D	8F-4R	62.0	4480	No
B7100HSD	$10090	$3940	$4540	**$6260**	**$6760**	Kubota	3	46D	Variable	13.0		No
M8200	$26300	$9470	$11310	**$15250**	**$17100**	Kubota	4T	202D	8F-8R	73.0	5010	No
M8200DT 4WD	$30300	$10910	$13030	**$17570**	**$19700**	Kubota	4T	202D	8F-8R	73.0	5010	No
M8200C	$33800	$12170	$14530	**$19600**	**$21970**	Kubota	4T	202D	8F-8R	73.0	5010	CHA
M8200DTC 4WD	$37800	$13610	$16250	**$21920**	**$24570**	Kubota	4T	202D	8F-8R	73.0	5010	CHA
M8200DTN-B	$31100	$11200	$13370	**$18040**	**$20220**	Kubota	4T	202D	8F-8R	73.0	5108	No
M9000	$28000	$10080	$12040	**$16240**	**$18200**	Kubota	4TI	202D	8F-8R	80.0	5100	No
M9000DT 4WD	$32200	$11590	$13850	**$18680**	**$20930**	Kubota	4TI	202D	8F-8R	80.0	5100	No
M9000C	$35500	$12780	$15270	**$20590**	**$23080**	Kubota	4TI	202D	8F-8R	80.0	5100	CHA
M9000DTC 4WD	$39700	$14290	$17070	**$23030**	**$25810**	Kubota	4TI	202D	8F-8R	80.0	5585	CHA
M9000DTL	$31600	$11380	$13590	**$18330**	**$20540**	Kubota	4TI	202D	8F-8R	80.0	5200	CHA
M-110FC	$48000	$17280	$20640	**$27840**	**$31200**	Kubota	5T	356D	16F-16R	88.0	8598	CHA
M-110DTC 4WD	$54700	$19690	$23520	**$31730**	**$35560**	Kubota	5T	356D	16F-16R	88.0	8598	CHA
M-120FC	$53000	$19080	$22790	**$30740**	**$34450**	Kubota	5T	356D	16F-16R	98.0	8598	CHA
M-120DTC 4WD	$60300	$21710	$25930	**$34970**	**$39200**	Kubota	5T	356D	16F-16R	98.0	9259	CHA
				1999								
B7300HSD	$10300	$3500	$4430	**$6180**	**$6700**	Kubota	3	44D	Variable	12.5	1312	No
B1700DT 4WD	$11690	$3980	$5030	**$7010**	**$7600**	Kubota	3	59D	6F-2R	14.00	1265	No
B1700E 2WD	$10490	$3570	$4510	**$6290**	**$6820**	Kubota	3	59D	6F-2R	14.00	1265	No
B1700HSD 4WD	$13190	$4490	$5670	**$7910**	**$8570**	Kubota	3	59D	Variable	13.00	1265	No
B1700HSDB 4WD	$13590	$4620	$5840	**$8150**	**$8830**	Kubota	3	59D	Variable	13.00	1265	No
B2100DT 4WD	$12890	$4380	$5540	**$7730**	**$8380**	Kubota	3	61D	6F-2R	17.0	1310	No
B2100HSD 4WD	$14490	$4930	$6230	**$8690**	**$9420**	Kubota	3	61D	Variable	16.0	1310	No
B2100HSDB 4WD	$14890	$5060	$6400	**$8930**	**$9680**	Kubota	3	61D	Variable	16.0	1310	No
B2150HSD 4WD	$15490	$5270	$6660	**$9290**	**$10070**	Kubota	4	75D	Variable	18.00	1760	No
B2400HSD 4WD	$14990	$5100	$6450	**$8990**	**$9740**	Kubota	3	68D	Variable	18.00	1325	No
B2400HSDB 4WD	$15390	$5230	$6620	**$9230**	**$10000**	Kubota	3	68D	Variable	18.00	1325	No
B2400HSE 2WD	$13690	$4660	$5890	**$8210**	**$8900**	Kubota	3	68D	Variable	18.0	1325	No

Kubota (Cont.)

Model	Approx. Retail Price New	Estimated Value Less Repairs Used Trade-In Avg.	Used Trade-In High	Used Retail Avg.	Used Retail High	Engine Make	Engine No. Cyls.	Engine Displ. Cu.-in.	No. Speeds	P.T.O. H.P.	Approx. Shipping Wt.-Lbs.	Cab
1999 (Cont.)												
L2500F	$11400	$3880	$4900	**$6840**	**$7410**	Kubota	3	85D	8F-2R	22.5	1962	No
L2500DT 4WD	$13400	$4560	$5760	**$8040**	**$8710**	Kubota	3	85D	8F-2R	22.5	2205	No
B2710HSD	$15500	$5270	$6670	**$9300**	**$10080**	Kubota	4	81D	Variable	20.0	1620	No
L3010F	$14000	$4760	$6020	**$8400**	**$9100**	Kubota	3	91D	8F-8R	25.5	2610	No
L3010DT 4WD	$16100	$5470	$6920	**$9660**	**$10470**	Kubota	3	91D	8F-8R	25.5	2610	No
L3010GST	$16650	$5660	$7160	**$9990**	**$10820**	Kubota	3	91D	8F-8R	25.5	2610	No
L3010HST	$17150	$5830	$7380	**$10290**	**$11150**	Kubota	3	91D	Variable	24.0	2610	No
L3410DT 4WD	$17600	$5980	$7570	**$10560**	**$11440**	Kubota	3	100D	8F-8R	28.5	2690	No
L3410GST	$18150	$6170	$7810	**$10890**	**$11800**	Kubota	3	100D	8F-8R	28.5	2690	No
L3410HST	$18650	$6340	$8020	**$11190**	**$12120**	Kubota	3	100D	Variable	26.0	2690	No
L3710DT	$18850	$6410	$8110	**$11310**	**$12250**	Kubota	4	113D	8F-8R	31.5	2890	No
L3710GST	$19350	$6580	$8320	**$11610**	**$12580**	Kubota	4	113D	8F-8R	31.5	2890	No
L3710HST	$20050	$6820	$8620	**$12030**	**$13030**	Kubota	4	113D	Variable	30.0	2910	No
L3710HSTC	$26450	$8990	$11370	**$15870**	**$17190**	Kubota	4	113D	Variable	30.0	2910	CHA
L4310F	$16500	$5610	$7100	**$9900**	**$10730**	Kubota	4	134D	8F-8R	37.5	2853	No
L4310DT 4WD	$21500	$7310	$9250	**$12900**	**$13980**	Kubota	4	134D	8F-8R	37.5	2930	No
L4310GST	$22650	$7700	$9740	**$13590**	**$14720**	Kubota	4	134D	8F-8R	37.5	2853	No
L4310HST	$22550	$7670	$9700	**$13530**	**$14660**	Kubota	4	134D	Variable	36.0	2930	No
L4310HSTC	$28950	$9840	$12450	**$17370**	**$18820**	Kubota	4	134D	Variable	36.0	2930	CHA
M4700	$19490	$6630	$7800	**$10910**	**$12280**	Kubota	5	167D	8F-4R	42.0	3255	No
M4700D 4WD	$24100	$8190	$9640	**$13500**	**$15180**	Kubota	5	167D	8F-4R	42.0	3322	No
M4700 CS	$19890	$6760	$7960	**$11140**	**$12530**	Kubota	5	167D	8F-4R	42.00	3256	No
M5400	$21490	$7310	$8600	**$12030**	**$13540**	Kubota	5	167D	8F-4R	50.00	3256	No
M5400D 4WD	$26190	$8910	$10480	**$14670**	**$16500**	Kubota	5	167D	8F-4R	50.00	3322	No
M5400D-N 4WD	$27100	$9210	$10840	**$15180**	**$17070**	Kubota	5	167D	8F-4R	50.00	3322	No
M6800	$23200	$7890	$9280	**$12990**	**$14620**	Kubota	4	202D	8F-4R	62.0	4480	No
M6800DT 4WD	$27500	$9350	$11000	**$15400**	**$17330**	Kubota	4	202D	8F-4R	62.0	4480	No
M7580DT-1 4WD	$41790	$14210	$16720	**$23400**	**$26330**	Kubota	4	264D	12F-12R	70.00	6890	No
M7580DTC 4WD	$50090	$17030	$20040	**$28050**	**$31560**	Kubota	4	264D	12F-12R	70.00	7485	CHA
M8200	$26300	$8940	$10520	**$14730**	**$16570**	Kubota	4T	202D	8F-8R	73.0	5010	No
M8200DT 4WD	$30300	$10300	$12120	**$16970**	**$19090**	Kubota	4T	202D	8F-8R	73.0	5010	No
M8200C	$33800	$11490	$13520	**$18930**	**$21290**	Kubota	4T	202D	8F-8R	73.0	5010	CHA
M8200DTC 4WD	$37800	$12850	$15120	**$21170**	**$23810**	Kubota	4T	202D	8F-8R	73.0	5010	CHA
M8200DTN-B	$31100	$10570	$12440	**$17420**	**$19590**	Kubota	4T	202D	8F-8R	73.0	5108	No
M8580DT 4WD	$43590	$14820	$17440	**$24410**	**$27460**	Kubota	4	285D	12F-12R	80.00	8440	No
M8580DTC 4WD	$52490	$17850	$21000	**$29390**	**$33070**	Kubota	4	285D	12F-12R	80.00	9210	CHA
M9000	$28000	$9520	$11200	**$15680**	**$17640**	Kubota	4TI	202D	8F-8R	80.0	5100	No
M9000DT 4WD	$32200	$10950	$12880	**$18030**	**$20290**	Kubota	4TI	202D	8F-8R	80.0	5100	No
M9000C	$35500	$12070	$14200	**$19880**	**$22370**	Kubota	4TI	202D	8F-8R	80.0	5100	CHA
M9000DTC 4WD	$39700	$13500	$15880	**$22230**	**$25010**	Kubota	4TI	202D	8F-8R	80.0	5585	CHA
M9000DTL	$31600	$10740	$12640	**$17700**	**$19910**	Kubota	4TI	202D	8F-8R	80.0	5200	CHA
M-110FC	$48000	$16320	$19200	**$26880**	**$30240**	Kubota	5T	356D	16F-16R	88.0	8598	CHA
M-110DTC 4WD	$54700	$18600	$21880	**$30630**	**$34460**	Kubota	5T	356D	16F-16R	88.0	8598	CHA
M-120FC	$53000	$18020	$21200	**$29680**	**$33390**	Kubota	5T	356D	16F-16R	98.0	8598	CHA
M-120DTC 4WD	$60300	$20500	$24120	**$33770**	**$37990**	Kubota	5T	356D	16F-16R	98.0	9259	CHA
1998												
B1700DT 4WD	$11690	$3860	$4790	**$6780**	**$7370**	Kubota	3	59D	6F-2R	14.00	1265	No
B1700E 2WD	$10490	$3460	$4300	**$6080**	**$6610**	Kubota	3	59D	6F-2R	14.00	1265	No
B1700HSD 4WD	$13190	$4350	$5410	**$7650**	**$8310**	Kubota	3	59D	Variable	13.00	1265	No
B1700HSDB 4WD	$13590	$4490	$5570	**$7880**	**$8560**	Kubota	3	59D	Variable	13.00	1265	No
B2100DT 4WD	$12890	$4250	$5290	**$7480**	**$8120**	Kubota	3	61D	6F-2R	17.0	1310	No
B2100HSD 4WD	$14490	$4780	$5940	**$8400**	**$9130**	Kubota	3	61D	Variable	16.0	1310	No
B2100HSDB 4WD	$14890	$4910	$6110	**$8640**	**$9380**	Kubota	3	61D	Variable	16.0	1310	No
B2150HSD 4WD	$15490	$5110	$6350	**$8980**	**$9760**	Kubota	4	75D	Variable	18.00	1760	No
L2350DT 4WD	$13010	$4290	$5330	**$7550**	**$8200**	Kubota	3	68D	8F-2R	20.50	2149	No
L2350F 2WD	$11070	$3650	$4540	**$6420**	**$6970**	Kubota	3	68D	8F-2R	20.50	1740	No
B2400HSD 4WD	$14990	$4950	$6150	**$8690**	**$9440**	Kubota	3	68D	Variable	18.00	1325	No
B2400HSDB 4WD	$15390	$5080	$6310	**$8930**	**$9700**	Kubota	3	68D	Variable	18.00	1325	No
B2400HSE 2WD	$13690	$4520	$5610	**$7940**	**$8630**	Kubota	3	68D	Variable	18.0	1325	No
L2900DT 4WD	$17180	$5670	$7040	**$9960**	**$10820**	Kubota	3	91D	8F-2R	25.00	2610	No
L2900F 2WD	$15080	$4980	$6180	**$8750**	**$9500**	Kubota	3	91D	8F-2R	25.00	2610	No
L2900GST 4WD	$17580	$5800	$7210	**$10200**	**$11080**	Kubota	3	91D	8F-2R	25.00	2610	No
L3300DT 4WD	$18830	$6210	$7720	**$10920**	**$11860**	Kubota	3	100D	8F-2R	28.00	2690	No
L3300F 2WD	$15880	$5240	$6510	**$9210**	**$10000**	Kubota	3	100D	8F-2R	28.00	2690	No
L3300GST 4WD	$19130	$6310	$7840	**$11100**	**$12050**	Kubota	3	100D	8F-2R	28.00	2690	No
L3600DT 4WD	$19980	$6590	$8190	**$11590**	**$12590**	Kubota	4	113D	8F-8R	31.0	2890	No
L3600GST 4WD	$20230	$6680	$8290	**$11730**	**$12750**	Kubota	4	113D	8F-8R	31.00	2910	No
L3600GSTCA 4WD	$28680	$9460	$11760	**$16630**	**$18070**	Kubota	4	113D	16F-16R	31.00	2910	CHA
M4030SU 2WD	$18340	$5870	$6970	**$9900**	**$11190**	Kubota	5	148D	8F-2R	42.00	4246	No
M4030SU-TF 2WD	$19600	$6270	$7450	**$10580**	**$11960**	Kubota	5	148D	16F-4R	42.00	4450	No
L4200DT 4WD	$21680	$7150	$8890	**$12570**	**$13660**	Kubota	4	134D	8F-8R	37.00	2930	No
L4200F 2WD	$18780	$6200	$7700	**$10890**	**$11830**	Kubota	4	134D	8F-8R	37.00	2853	No
L4200FGST 2WD	$19080	$6300	$7820	**$11070**	**$12020**	Kubota	4	134D	8F-8R	37.00	2853	No
L4200GST 4WD	$22580	$7450	$9260	**$13100**	**$14230**	Kubota	4	134D	8F-8R	37.00	2853	No
L4200GSTCA 4WD	$30180	$9960	$12370	**$17500**	**$19010**	Kubota	4	134D	16F-16R	37.00	3377	CHA
L4350HDT 4WD	$25780	$8510	$10570	**$14950**	**$16240**	Kubota	4	134D	8F-8R	38.00	3762	No
L4350HDT-W 4WD	$26480	$8470	$10060	**$14300**	**$16150**	Kubota	4	134D	8F-8R	38.00	3762	No
L4350MDT 4WD	$24580	$8110	$10080	**$14260**	**$15490**	Kubota	4	134D	8F-8R	38.00	3762	No
M4700DT 4WD	$23390	$7490	$8890	**$12630**	**$14270**	Kubota	5	167D	8F-4R	42.00	3322	No
M4700F 2WD	$18790	$6010	$7140	**$10150**	**$11460**	Kubota	5	167D	8F-4R	42.00	3256	No
M4700F-CS 2WD	$19490	$6240	$7410	**$10530**	**$11890**	Kubota	5	167D	12F-4R	42.00	3256	No
M4700S 2WD	$19090	$6110	$7250	**$10310**	**$11650**	Kubota	5	167D	8F-4R	42.00	3255	No
M4700SCS 2WD	$19190	$6140	$7290	**$10360**	**$11710**	Kubota	5	167D	12F-4R	42.00	3256	No

Model	Approx. Retail Price New	Estimated Value Less Repairs Used Trade-In Avg.	High	Used Retail Avg.	High	Engine Make	No. Cyls.	Displ. Cu.-in.	No. Speeds	P.T.O. H.P.	Approx. Shipping Wt.-Lbs.	Cab
Kubota (Cont.)												
				1998 (Cont.)								
M4700SD 4WD	$23690	$7580	$9000	**$12790**	**$14450**	Kubota	5	167D	8F-4R	42.00	3322	No
L4850HDT-W 4WD	$27980	$8950	$10630	**$15110**	**$17070**	Kubota	5	152D	8F-8R	43.00	3762	No
M5030SU 2WD	$21190	$6780	$8050	**$11440**	**$12930**	Kubota	6	170D	16F-4R	49.00	4350	No
M5030SU-MDT 4WD	$26490	$8480	$10070	**$14310**	**$16160**	Kubota	6	170D	8F-8R	49.00	5556	No
M5400Dt 4WD	$25490	$8160	$9690	**$13770**	**$15550**	Kubota	5	167D	8F-4R	50.00	3322	No
M5400F 2WD	$20790	$6650	$7900	**$11230**	**$12680**	Kubota	5	167D	8F-4R	50.00	3256	No
M5400S 2WD	$21090	$6750	$8010	**$11390**	**$12870**	Kubota	5	167D	8F-4R	50.00	3256	No
M5400SD 4WD	$25790	$8250	$9800	**$13930**	**$15730**	Kubota	5	167D	8F-4R	50.00	3322	No
L5450HDT-W 4WD	$30230	$9670	$11490	**$16320**	**$18440**	Kubota	5	167D	8F-8R	49.00	4246	No
M6030 DTN-B 4WD	$32790	$10490	$12460	**$17710**	**$20000**	Kubota	3	196D	16F-4R	57.00	4999	No
M7030DTN-B 4WD	$36590	$11710	$13900	**$19760**	**$22320**	Kubota	4	243D	16F-4R	68.00	5108	No
M7030N 2WD	$28490	$9120	$10830	**$15390**	**$17380**	Kubota	4	243D	16F-4R	68.00	4680	No
M7030SU 2WD	$27790	$8890	$10560	**$15010**	**$16950**	Kubota	4	243D	16F-4R	68.00	4932	No
M7030SUDT 4WD	$33290	$10650	$12650	**$17980**	**$20310**	Kubota	4	243D	16F-4R	68.00	5884	No
B7100HSD 4WD	$10040	$3310	$4120	**$5820**	**$6330**	Kubota	3	46D	Variable	13.00	1265	No
M7580DT-1 4WD	$41790	$13370	$15880	**$22570**	**$25490**	Kubota	4	264D	12F-12R	70.00	6890	No
M7580DTC 4WD	$50090	$16030	$19030	**$27050**	**$30560**	Kubota	4	264D	12F-12R	70.00	7485	CHA
M8030DT 4WD	$37990	$12160	$14440	**$20520**	**$23170**	Kubota	4	262D	16F-4R	76.90	6095	No
M8030DTL 4WD	$37690	$12060	$14320	**$20350**	**$22990**	Kubota	4	262D	16F-4R	76.90	6600	No
M8030DTM 4WD	$38490	$12320	$14630	**$20790**	**$23480**	Kubota	4	262D	16F-4R	76.90	6654	No
M8030F-1	$30240	$9680	$11490	**$16330**	**$18450**	Kubota	4	262D	16F-4R	76.90	5138	No
M8580DT 4WD	$43590	$13950	$16560	**$23540**	**$26590**	Kubota	4	285D	12F-12R	80.00	8440	No
M8580DTC 4WD	$52490	$16800	$19950	**$28350**	**$32020**	Kubota	4	285D	12F-12R	80.00	9210	CHA
M9580DT-1 4WD	$49590	$15870	$18840	**$26780**	**$30250**	Kubota	4T	285D	24F-24R	91.00	8488	No
M9580DT-1M 4WD	$52570	$16820	$19980	**$28390**	**$32070**	Kubota	4T	285D	36F-36R	91.00	8440	No
M9580DTC 4WD	$58090	$18590	$22070	**$31370**	**$35440**	Kubota	4T	285D	24F-24R	91.00	9083	No
M9580DTC-M 4WD	$60990	$19520	$23180	**$32940**	**$37200**	Kubota	4T	285D	36F-36R	91.00	9210	CHA

C, D, DT—Front Wheel Assist DTSS—Front Wheel Assist, Shuttle Shift E—Two Wheel Drive F—Farm Standard W—Two Row Offset H, HC—High Clearance HSE—Hydrostatic Transmission, Two Wheel Drive HSD—Hydrostatic Transmission, Four Wheel Drive OC—Orchard L—Low Profile

Model	Approx. Retail Price New	Estimated Value Less Repairs Used Trade-In Avg.	High	Used Retail Avg.	High	Engine Make	No. Cyls.	Displ. Cu.-in.	No. Speeds	P.T.O. H.P.	Approx. Shipping Wt.-Lbs.	Cab
				1997								
B1700 HSD 4WD	$13190	$4220	$5280	**$7520**	**$8240**	Kubota	3	59D	Variable	13.00	1265	No
B1700DT 4WD	$11690	$3740	$4680	**$6660**	**$7310**	Kubota	3	59D	6F-2R	14.00	1265	No
B1700E 2WD	$10490	$3360	$4200	**$5980**	**$6560**	Kubota	3	59D	6F-2R	14.00	1265	No
B1700HSDB 4WD	$13590	$4350	$5440	**$7750**	**$8490**	Kubota	3	59D	Variable	13.00	1265	No
B2100DT 4WD	$12890	$4130	$5160	**$7350**	**$8060**	Kubota	3	61D	6F-2R	17.0	1310	No
B2100HSD 4WD	$14490	$4640	$5800	**$8260**	**$9060**	Kubota	3	61D	Variable	16.0	1310	No
B2100HSDB 4WD	$14890	$4770	$5960	**$8490**	**$9310**	Kubota	3	61D	Variable	16.0	1310	No
B2150HSD 4WD	$15490	$4960	$6200	**$8830**	**$9680**	Kubota	4	75D	Variable	18.00	1760	No
L2350DT 4WD	$13010	$4160	$5200	**$7420**	**$8130**	Kubota	3	68D	8F-2R	20.50	2149	No
L2350F 2WD	$11070	$3540	$4430	**$6310**	**$6920**	Kubota	3	68D	8F-2R	20.50	1740	No
B2400HSD 4WD	$14990	$4800	$6000	**$8540**	**$9370**	Kubota	3	68D	Variable	18.00	1325	No
B2400HSDB 4WD	$15390	$4930	$6160	**$8770**	**$9620**	Kubota	3	68D	Variable	18.00	1325	No
B2400HSE 2WD	$13690	$4380	$5480	**$7800**	**$8560**	Kubota	3	68D	Variable	18.0	1325	No
L2900DT 4WD	$17180	$5500	$6870	**$9790**	**$10740**	Kubota	3	91D	8F-2R	25.00	2610	No
L2900F 2WD	$15080	$4830	$6030	**$8600**	**$9430**	Kubota	3	91D	8F-2R	25.00	2610	No
L2900GST 4WD	$17580	$5630	$7030	**$10020**	**$10990**	Kubota	3	91D	8F-2R	25.00	2610	No
L3300DT 4WD	$18830	$6030	$7530	**$10730**	**$11770**	Kubota	3	100D	8F-2R	28.00	2690	No
L3300F 2WD	$15880	$5080	$6350	**$9050**	**$9930**	Kubota	3	100D	8F-2R	28.00	2690	No
L3300GST 4WD	$19130	$6120	$7650	**$10900**	**$11960**	Kubota	3	100D	8F-2R	28.00	2690	No
L3600DT 4WD	$19980	$6390	$7990	**$11390**	**$12490**	Kubota	4	113D	8F-8R	31.0	2890	No
L3600GST 4WD	$20230	$6470	$8090	**$11530**	**$12640**	Kubota	4	113D	8F-8R	31.00	2910	No
L3600GSTCA 4WD	$28680	$9180	$11470	**$16350**	**$17930**	Kubota	4	113D	16F-16R	31.00	2910	CHA
M4030SU 2WD	$18340	$5500	$6600	**$9540**	**$10910**	Kubota	5	148D	8F-2R	42.00	4246	No
M4030SU-TF 2WD	$19600	$5880	$7060	**$10190**	**$11660**	Kubota	5	148D	16F-4R	42.00	4450	No
L4200DT 4WD	$21680	$6940	$8670	**$12360**	**$13550**	Kubota	4	134D	8F-8R	37.00	2930	No
L4200F 2WD	$18780	$6010	$7510	**$10710**	**$11740**	Kubota	4	134D	8F-8R	37.00	2853	No
L4200FGST 2WD	$19080	$6110	$7630	**$10880**	**$11930**	Kubota	4	134D	8F-8R	37.00	2853	No
L4200GST 4WD	$22580	$7230	$9030	**$12870**	**$14110**	Kubota	4	134D	8F-8R	37.00	2853	No
L4200GSTCA 4WD	$30180	$9660	$12070	**$17200**	**$18860**	Kubota	4	134D	16F-16R	37.00	3377	CHA
L4350HDT 4WD	$25780	$7730	$9280	**$13410**	**$15340**	Kubota	4	134D	8F-8R	38.00	3762	No
L4350HDT-W 4WD	$26480	$7940	$9530	**$13770**	**$15760**	Kubota	4	134D	8F-8R	38.00	3762	No
L4350MDT 4WD	$24580	$7870	$9830	**$14010**	**$15360**	Kubota	4	134D	8F-8R	38.00	3762	No
M4700DT 4WD	$23390	$7020	$8420	**$12160**	**$13920**	Kubota	5	167D	8F-4R	42.00	3322	No
M4700F 2WD	$18790	$5640	$6760	**$9770**	**$11180**	Kubota	5	167D	8F-4R	42.00	3256	No
M4700F-CS 2WD	$19490	$5850	$7020	**$10140**	**$11600**	Kubota	5	167D	12F-4R	42.00	3256	No
M4700S 2WD	$19090	$5730	$6870	**$9930**	**$11360**	Kubota	5	167D	8F-4R	42.00	3255	No
M4700SCS 2WD	$19190	$5760	$6910	**$9980**	**$11420**	Kubota	5	167D	12F-4R	42.00	3256	No
M4700SD 4WD	$23690	$7110	$8530	**$12320**	**$14100**	Kubota	5	167D	8F-4R	42.00	3322	No
L4850HDT-W 4WD	$27980	$8390	$10070	**$14550**	**$16650**	Kubota	5	152D	8F-8R	43.00	3762	No
M5030SU 2WD	$21190	$6360	$7630	**$11020**	**$12610**	Kubota	6	170D	16F-4R	49.00	4350	No
M5030SU-MDT 4WD	$26490	$7950	$9540	**$13780**	**$15760**	Kubota	6	170D	8F-8R	49.00	5556	No
M5400Dt 4WD	$25490	$7650	$9180	**$13260**	**$15170**	Kubota	5	167D	8F-4R	50.00	3322	No
M5400F 2WD	$20790	$6240	$7480	**$10810**	**$12370**	Kubota	5	167D	8F-4R	50.00	3256	No
M5400S 2WD	$21090	$6330	$7590	**$10970**	**$12550**	Kubota	5	167D	8F-4R	50.00	3256	No
M5400SD 4WD	$25790	$7740	$9280	**$13410**	**$15350**	Kubota	5	167D	8F-4R	50.00	3322	No
L5450HDT-W 4WD	$30230	$9070	$10880	**$15720**	**$17990**	Kubota	5	167D	8F-8R	49.00	4246	No
M6030 DTN-B 4WD	$32790	$9840	$11800	**$17050**	**$19510**	Kubota	3	196D	16F-4R	57.00	4999	No
M7030DTN-B 4WD	$36590	$10980	$13170	**$19030**	**$21770**	Kubota	4	243D	16F-4R	68.00	5108	No
M7030N 2WD	$28490	$8550	$10260	**$14820**	**$16950**	Kubota	4	243D	16F-4R	68.00	4680	No
M7030SU 2WD	$27790	$8340	$10000	**$14450**	**$16540**	Kubota	4	243D	16F-4R	68.00	4932	No
M7030SUDT 4WD	$33290	$9990	$11980	**$17310**	**$19810**	Kubota	4	243D	16F-4R	68.00	5884	No
B7100HSD 4WD	$10040	$3210	$4020	**$5720**	**$6280**	Kubota	3	46D	Variable	13.00	1265	No
M7580DT-1 4WD	$41790	$12540	$15040	**$21730**	**$24870**	Kubota	4	264D	12F-12R	70.00	6890	No

Kubota (Cont.)

Model	Approx. Retail Price New	Estimated Value Less Repairs: Used Trade-In Avg.	Used Trade-In High	Used Retail Avg.	Used Retail High	Engine Make	Engine No. Cyls.	Engine Displ. Cu.-in.	No. Speeds	P.T.O. H.P.	Approx. Shipping Wt.-Lbs.	Cab
1997 (Cont.)												
M7580DTC 4WD	$50090	$15030	$18030	**$26050**	**$29800**	Kubota	4	264D	12F-12R	70.00	7485	CHA
M8030DT 4WD	$37990	$11400	$13680	**$19760**	**$22600**	Kubota	4	262D	16F-4R	76.90	6095	No
M8030DTL 4WD	$37690	$11310	$13570	**$19600**	**$22430**	Kubota	4	262D	16F-4R	76.90	6600	No
M8030DTM 4WD	$38490	$11550	$13860	**$20020**	**$22900**	Kubota	4	262D	16F-4R	76.90	6654	No
M8030F-1	$30240	$9070	$10890	**$15730**	**$17990**	Kubota	4	262D	16F-4R	76.90	5138	No
M8580DT 4WD	$43590	$13080	$15690	**$22670**	**$25940**	Kubota	4	285D	12F-12R	80.00	8440	No
M8580DTC 4WD	$52490	$15750	$18900	**$27300**	**$31230**	Kubota	4	285D	12F-12R	80.00	9210	CHA
M9580DT-1 4WD	$49590	$14880	$17850	**$25790**	**$29510**	Kubota	4T	285D	24F-24R	91.00	8488	No
M9580DT-1M 4WD	$52570	$15770	$18930	**$27340**	**$31280**	Kubota	4T	285D	36F-36R	91.00	8440	No
M9580DTC 4WD	$58090	$17430	$20910	**$30210**	**$34560**	Kubota	4T	285D	24F-24R	91.00	9083	No
M9580DTC-M 4WD	$60990	$18300	$21960	**$31720**	**$36290**	Kubota	4T	285D	36F-36R	91.00	9210	CHA

C, D, DT—Front Wheel Assist DTSS—Front Wheel Assist, Shuttle Shift E—Two Wheel Drive F—Farm Standard W—Two Row Offset H, HC—High Clearance HSE—Hydrostatic Transmission, Two Wheel Drive HSD—Hydrostatic Transmission, Four Wheel Drive OC—Orchard L—Low Profile

Model	Approx. Retail Price New	Estimated Value Less Repairs: Used Trade-In Avg.	Used Trade-In High	Used Retail Avg.	Used Retail High	Engine Make	Engine No. Cyls.	Engine Displ. Cu.-in.	No. Speeds	P.T.O. H.P.	Approx. Shipping Wt.-Lbs.	Cab
1996												
B1550 DT 4WD	$11500	$3570	$4490	**$6440**	**$7130**	Kubota	3	52D	6F-2R	14.00	1279	No
B1550 E	$10000	$3100	$3900	**$5600**	**$6200**	Kubota	3	52D	6F-2R	14.00	1146	No
B1550 HSD 4WD	$13000	$4030	$5070	**$7280**	**$8060**	Kubota	3	52D	Variable	13.00	1356	No
B1550 HSE	$11500	$3570	$4490	**$6440**	**$7130**	Kubota	3	52D	Variable	13.00	1190	No
B1750 DT 4WD	$12600	$3910	$4910	**$7060**	**$7810**	Kubota	3	57D	6F-2R	16.50	1323	No
B1750 E	$11100	$3440	$4330	**$6220**	**$6880**	Kubota	3	57D	6F-2R	16.50	1201	No
B1750 HSD 4WD	$14200	$4400	$5540	**$7950**	**$8800**	Kubota	3	57D	Variable	15.50	1400	No
B1750 HSE	$12700	$3940	$4950	**$7110**	**$7870**	Kubota	3	57D	Variable	15.50	1257	No
B2150 DT 4WD	$13600	$4220	$5300	**$7620**	**$8430**	Kubota	4	75D	9F-3R	20.00	1764	No
B2150 E	$12000	$3720	$4680	**$6720**	**$7440**	Kubota	4	75D	9F-3R	20.00	1609	No
B2150 HSD 4WD	$15300	$4740	$5970	**$8570**	**$9490**	Kubota	4	75D	Variable	18.00	1775	No
B2150 HSE	$13700	$4250	$5340	**$7670**	**$8490**	Kubota	4	75D	Variable	18.00	1620	No
L2350 DT 4WD	$11400	$3530	$4450	**$6380**	**$7070**	Kubota	3	68D	8F-2R	20.5	2093	No
L2350 F-1	$9990	$3100	$3900	**$5590**	**$6190**	Kubota	3	68D	8F-2R	20.5	1781	No
L2650 DT-W 4WD	$15240	$4720	$5940	**$8530**	**$9450**	Kubota	3	85D	8F-8R	23.50	2602	No
L2900 DT	$16240	$5030	$6330	**$9090**	**$10070**	Kubota	3	91D	8F-8R	25.00	2800	No
L2900 F	$14200	$4400	$5540	**$7950**	**$8800**	Kubota	3	91D	8F-8R	25.00	2645	No
L2900 GST	$16550	$5130	$6460	**$9270**	**$10260**	Kubota	3	91D	8F-8R	25.00	2810	No
L3300 DT	$17750	$5500	$6920	**$9940**	**$11010**	Kubota	3	100D	8F-8R	28.00	2800	No
L3300 F	$15000	$4650	$5850	**$8400**	**$9300**	Kubota	3	100D	8F-8R	28.00	2645	No
L3300 GST	$18060	$5600	$7040	**$10110**	**$11200**	Kubota	3	100D	8F-8R	28.00	2810	No
L3600 DT	$18870	$5850	$7360	**$10570**	**$11700**	Kubota	4	113D	8F-8R	31.00	3030	No
L3600 GST	$19180	$5950	$7480	**$10740**	**$11890**	Kubota	4	113D	8F-8R	31.00	3075	No
M4030 SU	$18050	$5050	$6140	**$9210**	**$10560**	Kubota	5	149D	8F-2R	42.00	3946	No
B4200 DT 4WD	$8100	$2510	$3160	**$4540**	**$5020**	Kubota	2	35D	6F-2R	10	926	No
L4200 DT	$20475	$6350	$7990	**$11470**	**$12700**	Kubota	4	134D	8F-8R	37.00	3030	No
L4200 F	$17800	$5520	$6940	**$9970**	**$11040**	Kubota	4	134D	8F-8R	37.00	2875	No
L4200 F GST	$18110	$5610	$7060	**$10140**	**$11230**	Kubota	4	134D	8F-8R	37.00	2890	No
L4200 GST	$21385	$6630	$8340	**$11980**	**$13260**	Kubota	4	134D	8F-8R	37.00	3055	No
L4350 HDT 4WD	$24500	$7600	$9560	**$13720**	**$15190**	Kubota	4	134D	8F-8R	38.00	3860	No
L4350 HDT-W 4WD	$25200	$7810	$9830	**$14110**	**$15620**	Kubota	4	134D	8F-8R	38.00	3860	No
L4350 MDT 4WD	$23400	$7250	$9130	**$13100**	**$14510**	Kubota	4	134D	8F-8R	38.00	3860	No
L4850 HDT-W 4WD	$26600	$8250	$10370	**$14900**	**$16490**	Kubota	5	152D	8F-8R	43.00	4080	No
M4950 DT 4WD	$27000	$7560	$9180	**$13770**	**$15800**	Kubota	6	170D	12F-4R	49.00	5357	No
M4950 F	$21750	$6090	$7400	**$11090**	**$12720**	Kubota	6	170D	12F-4R	49.00	4762	No
M5030 SU	$20900	$5850	$7110	**$10660**	**$12230**	Kubota	6	170D	16F-4R	49.00	4409	No
M5030 SU MDT 4WD	$26200	$7340	$8910	**$13360**	**$15330**	Kubota	6	170D	8F-8R	49.00	4978	No
B5200 DT 4WD	$8900	$2760	$3470	**$4980**	**$5520**	Kubota	3	47D	6F-2R	11.50	1180	No
B5200 E	$8200	$2540	$3200	**$4590**	**$5080**	Kubota	3	47D	6F-2R	11.50	1058	No
L5450 HDT-W 4WD	$28800	$8060	$9790	**$14690**	**$16850**	Kubota	5	168D	8F-8R	49.00	4410	No
M5950 DT 4WD	$30300	$8480	$10300	**$15450**	**$17730**	Kubota	3	196D	12F-4R	58.00	5673	No
M5950 F	$24750	$6930	$8420	**$12620**	**$14480**	Kubota	3	196D	12F-4R	58.00	4989	No
M6030 DTN-B 4WD	$31200	$8740	$10610	**$15910**	**$18250**	Kubota	3	196D	16F-4R	57.00	5010	No
B6200 DT 4WD	$9300	$2880	$3630	**$5210**	**$5770**	Kubota	3	52D	6F-2R	12.50	1179	No
B6200 E	$8300	$2570	$3240	**$4650**	**$5150**	Kubota	3	52D	6F-2R	12.50	1058	No
B6200 HSD 4WD	$10600	$3290	$4130	**$5940**	**$6570**	Kubota	3	52D	Variable	12.50	1279	No
B6200 HSE	$9600	$2980	$3740	**$5380**	**$5950**	Kubota	3	52D	Variable	12.50	1158	No
M6950 DT 4WD	$31800	$8900	$10810	**$16220**	**$18600**	Kubota	4	243D	12F-4R	66.00	6504	No
M6950 F	$26250	$7350	$8930	**$13390**	**$15360**	Kubota	4	243D	12F-4R	66.00	5776	No
M7030 DTNB	$34900	$9770	$11870	**$17800**	**$20420**	Kubota	4	243D	16F-4R	68.00	5004	No
M7030 N	$27100	$7590	$9210	**$13820**	**$15850**	Kubota	4	243D	16F-4R	68.00	4410	No
M7030 SU	$26400	$7390	$8980	**$13460**	**$15440**	Kubota	4	243D	16F-4R	68.00	5181	No
M7030 SUDT 4WD	$31700	$8880	$10780	**$16170**	**$18550**	Kubota	4	243D	16F-4R	68.00	5710	No
B7100 HSD 4WD	$9495	$2940	$3700	**$5320**	**$5890**	Kubota	3	47D	Variable	13.00	1257	No
M7580 DT	$39900	$11170	$13570	**$20350**	**$23340**	Kubota	4	264D	12F-12R	70.00	6834	No
M7580 DTC	$47900	$13410	$16290	**$24430**	**$28020**	Kubota	4	264D	12F-12R	70.00	7429	CHA
M7950 DT 4WD	$35000	$9800	$11900	**$17850**	**$20480**	Kubota	4	262D	12F-4R	75.00	6810	No
M7950 DT 4WD w/Cab	$42500	$11900	$14450	**$21680**	**$24860**	Kubota	4	262D	12F-4R	75.00	7297	CHA
M7950 F	$29000	$8120	$9860	**$14790**	**$16970**	Kubota	4	262D	12F-4R	75.00	5960	No
M7950 F w/Cab	$36900	$10330	$12550	**$18820**	**$21590**	Kubota	4	262D	12F-4R	75.00	6460	CHA
M8030 DTM 4WD	$37000	$10360	$12580	**$18870**	**$21650**	Kubota	4	262D	16F-4R	76.00	6342	No
M8030 F	$29300	$8200	$9960	**$14940**	**$17140**	Kubota	4	262D	16F-4R	76.00	5417	No
M8580 DT	$41600	$11650	$14140	**$21220**	**$24340**	Kubota	4	284D	12F-12R	80.00	8377	No
M8580 DTC	$50200	$14060	$17070	**$25600**	**$29370**	Kubota	4	284D	12F-12R	80.00	8973	CHA
M8950 DT 4WD	$40000	$11200	$13600	**$20400**	**$23400**	Kubota	4	262D	24F-8R	86.00	7226	No
M8950 DT 4WD w/Cab	$47500	$13300	$16150	**$24230**	**$27790**	Kubota	4	262D	24F-8R	86.00	8223	CHA
M8950 F	$34000	$9520	$11560	**$17340**	**$19890**	Kubota	4	262D	24F-8R	86.00	6953	No
M8950 F w/Cab	$41700	$11680	$14180	**$21270**	**$24400**	Kubota	4	262D	24F-8R	86.00	7452	CHA
M9580 DT	$47400	$13270	$16120	**$24170**	**$27730**	Kubota	4T	284D	24F-24R	100.0	8488	No

Kubota (Cont.)

1996 (Cont.)

Model	Approx. Retail Price New	Used Trade-In Avg.	Used Trade-In High	Used Retail Avg.	Used Retail High	Engine Make	Engine No. Cyls.	Engine Displ. Cu.-in.	No. Speeds	P.T.O. H.P.	Approx. Shipping Wt.-Lbs.	Cab
M9580 DTC	$55500	$15540	$18870	**$28310**	**$32470**	Kubota	4T	284D	24F-24R	100.0	9083	No

C, D, DT—Front Wheel Assist DTSS—Front Wheel Assist, Shuttle Shift E—Two Wheel Drive F—Farm Standard W—Two Row Offset H, HC—High Clearance HSE—Hydrostatic Transmission, Two Wheel Drive HSD—Hydrostatic Transmission, Four Wheel Drive OC—Orchard L—Low Profile

1995

Model	Approx. Retail Price New	Used Trade-In Avg.	Used Trade-In High	Used Retail Avg.	Used Retail High	Engine Make	Engine No. Cyls.	Engine Displ. Cu.-in.	No. Speeds	P.T.O. H.P.	Approx. Shipping Wt.-Lbs.	Cab
B1550 DT 4WD	$11500	$3450	$4370	**$6330**	**$7070**	Kubota	3	52D	6F-2R	14.00	1279	No
B1550 E	$10000	$3000	$3800	**$5500**	**$6150**	Kubota	3	52D	6F-2R	14.00	1146	No
B1550 HSD 4WD	$13000	$3900	$4940	**$7150**	**$8000**	Kubota	3	52D	Variable	13.00	1356	No
B1550 HSE	$11500	$3450	$4370	**$6330**	**$7070**	Kubota	3	52D	Variable	13.00	1190	No
B1750 DT 4WD	$12600	$3780	$4790	**$6930**	**$7750**	Kubota	3	57D	6F-2R	16.50	1323	No
B1750 E	$11100	$3330	$4220	**$6110**	**$6830**	Kubota	3	57D	6F-2R	16.50	1201	No
B1750 HSD 4WD	$14200	$4260	$5400	**$7810**	**$8730**	Kubota	3	57D	Variable	15.50	1400	No
B1750 HSE	$12700	$3810	$4830	**$6990**	**$7810**	Kubota	3	57D	Variable	15.50	1257	No
B2150 DT 4WD	$13600	$4080	$5170	**$7480**	**$8360**	Kubota	4	75D	9F-3R	20.00	1764	No
B2150 E	$12000	$3600	$4560	**$6600**	**$7380**	Kubota	4	75D	9F-3R	20.00	1609	No
B2150 HSD 4WD	$15300	$4590	$5810	**$8420**	**$9410**	Kubota	4	75D	Variable	18.00	1775	No
B2150 HSE	$13700	$4110	$5210	**$7540**	**$8430**	Kubota	4	75D	Variable	18.00	1620	No
L2350 DT 4WD	$11400	$3420	$4330	**$6270**	**$7010**	Kubota	3	68D	8F-2R	20.5	2093	No
L2350 F-1	$9990	$3000	$3800	**$5500**	**$6140**	Kubota	3	68D	8F-2R	20.5	1781	No
L2650 DT-W 4WD	$15240	$4570	$5790	**$8380**	**$9370**	Kubota	3	85D	8F-8R	23.50	2602	No
L2900 DT	$16240	$4870	$6170	**$8930**	**$9990**	Kubota	3	91D	8F-8R	25.00	2800	No
L2900 F	$14200	$4260	$5400	**$7810**	**$8730**	Kubota	3	91D	8F-8R	25.00	2645	No
L2900 GST	$16550	$4970	$6290	**$9100**	**$10180**	Kubota	3	91D	8F-8R	25.00	2810	No
L3300 DT	$17750	$5330	$6750	**$9760**	**$10920**	Kubota	3	100D	8F-8R	28.00	2800	No
L3300 F	$15000	$4500	$5700	**$8250**	**$9230**	Kubota	3	100D	8F-8R	28.00	2645	No
L3300 GST	$18060	$5420	$6860	**$9930**	**$11110**	Kubota	3	100D	8F-8R	28.00	2810	No
L3600 DT	$18870	$5660	$7170	**$10380**	**$11610**	Kubota	4	113D	8F-8R	31.00	3030	No
L3600 GST	$19180	$5750	$7290	**$10550**	**$11800**	Kubota	4	113D	8F-8R	31.00	3075	No
M4030 SU	$18050	$4690	$5780	**$9030**	**$10380**	Kubota	5	149D	8F-2R	42.00	3946	No
B4200 DT 4WD	$8100	$2430	$3080	**$4460**	**$4980**	Kubota	2	35D	6F-2R	10	926	No
L4200 DT	$20475	$6140	$7780	**$11260**	**$12590**	Kubota	4	134D	8F-8R	37.00	3030	No
L4200 F	$17800	$5340	$6760	**$9790**	**$10950**	Kubota	4	134D	8F-8R	37.00	2875	No
L4200 F GST	$18110	$5430	$6880	**$9960**	**$11140**	Kubota	4	134D	8F-8R	37.00	2890	No
L4200 GST	$21385	$6420	$8130	**$11760**	**$13150**	Kubota	4	134D	8F-8R	37.00	3055	No
L4350 HDT 4WD	$24500	$7350	$9310	**$13480**	**$15070**	Kubota	4	134D	8F-8R	38.00	3860	No
L4350 HDT-W 4WD	$25200	$7560	$9580	**$13860**	**$15500**	Kubota	4	134D	8F-8R	38.00	3860	No
L4350 MDT 4WD	$23400	$7020	$8890	**$12870**	**$14390**	Kubota	4	134D	8F-8R	38.00	3860	No
L4850 HDT-W 4WD	$26600	$7980	$10110	**$14630**	**$16360**	Kubota	5	152D	8F-8R	43.00	4080	No
M4950 DT 4WD	$27000	$7020	$8640	**$13500**	**$15530**	Kubota	6	170D	12F-4R	49.00	5357	No
M4950 F	$21750	$5660	$6960	**$10880**	**$12510**	Kubota	6	170D	12F-4R	49.00	4762	No
M5030 SU	$20900	$5430	$6690	**$10450**	**$12020**	Kubota	6	170D	16F-4R	49.00	4409	No
M5030 SU MDT 4WD	$26200	$6810	$8380	**$13100**	**$15070**	Kubota	6	170D	8F-8R	49.00	4978	No
B5200 DT 4WD	$8900	$2670	$3380	**$4900**	**$5470**	Kubota	3	47D	6F-2R	11.50	1180	No
B5200 E	$8200	$2460	$3120	**$4510**	**$5040**	Kubota	3	47D	6F-2R	11.50	1058	No
L5450 HDT-W 4WD	$28800	$8640	$10940	**$15840**	**$17710**	Kubota	5	168D	8F-8R	49.00	4410	No
M5950 DT 4WD	$30300	$7880	$9700	**$15150**	**$17420**	Kubota	3	196D	12F-4R	58.00	5673	No
M5950 F	$24750	$6440	$7920	**$12380**	**$14230**	Kubota	3	196D	12F-4R	58.00	4989	No
M6030 DTN-B 4WD	$31200	$8110	$9980	**$15600**	**$17940**	Kubota	3	196D	16F-4R	57.00	5010	No
B6200 DT 4WD	$9300	$2790	$3530	**$5120**	**$5720**	Kubota	3	52D	6F-2R	12.50	1179	No
B6200 E	$8300	$2490	$3150	**$4570**	**$5110**	Kubota	3	52D	6F-2R	12.50	1058	No
B6200 HSD 4WD	$10600	$3180	$4030	**$5830**	**$6520**	Kubota	3	52D	Variable	12.50	1279	No
B6200 HSE	$9600	$2880	$3650	**$5280**	**$5900**	Kubota	3	52D	Variable	12.50	1158	No
M6950 DT 4WD	$31800	$8270	$10180	**$15900**	**$18290**	Kubota	4	243D	12F-4R	66.00	6504	No
M6950 F	$26250	$6830	$8400	**$13130**	**$15090**	Kubota	4	243D	12F-4R	66.00	5776	No
M7030 DTNB	$34900	$9070	$11170	**$17450**	**$20070**	Kubota	4	243D	16F-4R	68.00	5004	No
M7030 N	$27100	$7050	$8670	**$13550**	**$15580**	Kubota	4	243D	16F-4R	68.00	4410	No
M7030 SU	$26400	$6860	$8450	**$13200**	**$15180**	Kubota	4	243D	16F-4R	68.00	5181	No
M7030 SUDT 4WD	$31700	$8240	$10140	**$15850**	**$18230**	Kubota	4	243D	16F-4R	68.00	5710	No
B7100 HSD 4WD	$9495	$2850	$3610	**$5220**	**$5840**	Kubota	3	47D	Variable	13.00	1257	No
M7580 DT	$39900	$10370	$12770	**$19950**	**$22940**	Kubota	4	264D	12F-12R	70.00	6834	No
M7580 DTC	$47900	$12450	$15330	**$23950**	**$27540**	Kubota	4	264D	12F-12R	70.00	7429	CHA
M7950 DT 4WD	$35000	$9100	$11200	**$17500**	**$20130**	Kubota	4	262D	12F-4R	75.00	6810	No
M7950 DT 4WD w/Cab	$42500	$11050	$13600	**$21250**	**$24440**	Kubota	4	262D	12F-4R	75.00	7297	CHA
M7950 F	$29000	$7540	$9280	**$14500**	**$16680**	Kubota	4	262D	12F-4R	75.00	5960	No
M7950 F w/Cab	$36900	$9590	$11810	**$18450**	**$21220**	Kubota	4	262D	12F-4R	75.00	6460	CHA
M8030 DTM 4WD	$37000	$9620	$11840	**$18500**	**$21280**	Kubota	4	262D	16F-4R	76.00	6342	No
M8030 F	$29300	$7620	$9380	**$14650**	**$16850**	Kubota	4	262D	16F-4R	76.00	5417	No
M8580 DT	$41600	$10820	$13310	**$20800**	**$23920**	Kubota	4	284D	12F-12R	80.00	8377	No
M8580 DTC	$50200	$13050	$16060	**$25100**	**$28870**	Kubota	4	284D	12F-12R	80.00	8973	CHA
M8950 DT 4WD	$40000	$10400	$12800	**$20000**	**$23000**	Kubota	4	262D	24F-8R	86.00	7226	No
M8950 DT 4WD w/Cab	$47500	$12350	$15200	**$23750**	**$27310**	Kubota	4	262D	24F-8R	86.00	8223	CHA
M8950 F	$34000	$8840	$10880	**$17000**	**$19550**	Kubota	4	262D	24F-8R	86.00	6953	No
M8950 F w/Cab	$41700	$10840	$13340	**$20850**	**$23980**	Kubota	4	262D	24F-8R	86.00	7452	CHA
M9580 DT	$47400	$12320	$15170	**$23700**	**$27260**	Kubota	4T	284D	24F-24R	100.0	8488	No
M9580 DTC	$55500	$14430	$17760	**$27750**	**$31910**	Kubota	4T	284D	24F-24R	100.0	9083	No

C, D, DT—Front Wheel Assist DTSS—Front Wheel Assist, Shuttle Shift E—Two Wheel Drive F—Farm Standard W—Two Row Offset H, HC—High Clearance HSE—Hydrostatic Transmission, Two Wheel Drive HSD—Hydrostatic Transmission, Four Wheel Drive OC—Orchard L—Low Profile

1994

Model	Approx. Retail Price New	Used Trade-In Avg.	Used Trade-In High	Used Retail Avg.	Used Retail High	Engine Make	Engine No. Cyls.	Engine Displ. Cu.-in.	No. Speeds	P.T.O. H.P.	Approx. Shipping Wt.-Lbs.	Cab
B1550 DT 4WD	$11500	$3390	$4260	**$6210**	**$7020**	Kubota	3	52D	6F-2R	14.00	1279	No
B1550 E	$10000	$2950	$3700	**$5400**	**$6100**	Kubota	3	52D	6F-2R	14.00	1146	No
B1550 HSD 4WD	$13000	$3840	$4810	**$7020**	**$7930**	Kubota	3	52D	Variable	13.00	1356	No
B1550 HSE	$11500	$3390	$4260	**$6210**	**$7020**	Kubota	3	52D	Variable	13.00	1190	No
B1750 DT 4WD	$12600	$3720	$4660	**$6800**	**$7690**	Kubota	3	57D	6F-2R	16.50	1323	No

Kubota (Cont.)

Model	Approx. Retail Price New	Used Trade-In Avg.	Used Trade-In High	Used Retail Avg.	Used Retail High	Engine Make	No. Cyls.	Displ. Cu.-in.	No. Speeds	P.T.O. H.P.	Approx. Shipping Wt.-Lbs.	Cab
1994 (Cont.)												
B1750 E	$11100	$3280	$4110	**$5990**	**$6770**	Kubota	3	57D	6F-2R	16.50	1201	No
B1750 HSD 4WD	$14200	$4190	$5250	**$7670**	**$8660**	Kubota	3	57D	Variable	15.50	1400	No
B1750 HSE	$12700	$3750	$4700	**$6860**	**$7750**	Kubota	3	57D	Variable	15.50	1257	No
B2150 DT 4WD	$13600	$4010	$5030	**$7340**	**$8300**	Kubota	4	75D	9F-3R	20.00	1764	No
B2150 E	$12000	$3540	$4440	**$6480**	**$7320**	Kubota	4	75D	9F-3R	20.00	1609	No
B2150 HSD 4WD	$15300	$4510	$5660	**$8260**	**$9330**	Kubota	4	75D	Variable	18.00	1775	No
B2150 HSE	$13700	$4040	$5070	**$7400**	**$8360**	Kubota	4	75D	Variable	18.00	1620	No
L2350 DT 4WD	$11400	$3360	$4220	**$6160**	**$6950**	Kubota	3	68D	8F-2R	20.5	2093	No
L2350 F-1	$9990	$2950	$3700	**$5400**	**$6090**	Kubota	3	68D	8F-2R	20.5	1781	No
L2650 DT-W 4WD	$15240	$4500	$5640	**$8230**	**$9300**	Kubota	3	85D	8F-8R	23.50	2602	No
L2900 DT	$16240	$4790	$6010	**$8770**	**$9910**	Kubota	3	91D	8F-8R	25.00	2800	No
L2900 F	$14200	$4190	$5250	**$7670**	**$8660**	Kubota	3	91D	8F-8R	25.00	2645	No
L2900 GST	$16550	$4880	$6120	**$8940**	**$10100**	Kubota	3	91D	8F-8R	25.00	2810	No
L3300 DT	$17750	$5240	$6570	**$9590**	**$10830**	Kubota	3	100D	8F-8R	28.00	2800	No
L3300 F	$15000	$4430	$5550	**$8100**	**$9150**	Kubota	3	100D	8F-8R	28.00	2645	No
L3300 GST	$18060	$5330	$6680	**$9750**	**$11020**	Kubota	3	100D	8F-8R	28.00	2810	No
L3600 DT	$18870	$5570	$6980	**$10190**	**$11510**	Kubota	4	113D	8F-8R	31.00	3030	No
L3600 GST	$19180	$5660	$7100	**$10360**	**$11700**	Kubota	4	113D	8F-8R	31.00	3075	No
M4030 SU	$18050	$5330	$6680	**$9750**	**$11010**	Kubota	5	149D	8F-2R	42.00	3946	No
B4200 DT 4WD	$8100	$2390	$3000	**$4370**	**$4940**	Kubota	2	35D	6F-2R	10	926	No
L4200 DT	$20475	$6040	$7580	**$11060**	**$12490**	Kubota	4	134D	8F-8R	37.00	3030	No
L4200 F	$17800	$5250	$6590	**$9610**	**$10860**	Kubota	4	134D	8F-8R	37.00	2875	No
L4200 F GST	$18110	$5340	$6700	**$9780**	**$11050**	Kubota	4	134D	8F-8R	37.00	2890	No
L4200 GST	$21385	$6310	$7910	**$11550**	**$13050**	Kubota	4	134D	8F-8R	37.00	3055	No
L4350 HDT 4WD	$24500	$7230	$9070	**$13230**	**$14950**	Kubota	4	134D	8F-8R	38.00	3860	No
L4350 HDT-W 4WD	$25200	$7430	$9320	**$13610**	**$15370**	Kubota	4	134D	8F-8R	38.00	3860	No
L4350 MDT 4WD	$23400	$6900	$8660	**$12640**	**$14270**	Kubota	4	134D	8F-8R	38.00	3860	No
L4850 HDT-W 4WD	$26600	$7850	$9840	**$14360**	**$16230**	Kubota	5	152D	8F-8R	43.00	4080	No
M4950 DT 4WD	$27000	$7970	$9990	**$14580**	**$16470**	Kubota	6	170D	12F-4R	49.00	5357	No
M4950 F	$21750	$6420	$8050	**$11750**	**$13270**	Kubota	6	170D	12F-4R	49.00	4762	No
M5030 SU	$20900	$6170	$7730	**$11290**	**$12750**	Kubota	6	170D	16F-4R	49.00	4409	No
M5030 SU MDT 4WD	$26200	$7730	$9690	**$14150**	**$15980**	Kubota	6	170D	8F-8R	49.00	4978	No
B5200 DT 4WD	$8900	$2630	$3290	**$4810**	**$5430**	Kubota	3	47D	6F-2R	11.50	1180	No
B5200 E	$8200	$2420	$3030	**$4430**	**$5000**	Kubota	3	47D	6F-2R	11.50	1058	No
L5450 HDT-W 4WD	$28800	$8500	$10660	**$15550**	**$17570**	Kubota	5	168D	8F-8R	49.00	4410	No
M5950 DT 4WD	$30300	$7580	$9390	**$14850**	**$17120**	Kubota	3	196D	12F-4R	58.00	5673	No
M5950 F	$24750	$6190	$7670	**$12130**	**$13980**	Kubota	3	196D	12F-4R	58.00	4989	No
M6030 DTN-B 4WD	$31200	$7800	$9670	**$15290**	**$17630**	Kubota	3	196D	16F-4R	57.00	5010	No
B6200 DT 4WD	$9300	$2740	$3440	**$5020**	**$5670**	Kubota	3	52D	6F-2R	12.50	1179	No
B6200 E	$8300	$2450	$3070	**$4480**	**$5060**	Kubota	3	52D	6F-2R	12.50	1058	No
B6200 HSD 4WD	$10600	$3130	$3920	**$5720**	**$6470**	Kubota	3	52D	Variable	12.50	1279	No
B6200 HSE	$9600	$2830	$3550	**$5180**	**$5860**	Kubota	3	52D	Variable	12.50	1158	No
M6950 DT 4WD	$31800	$7950	$9860	**$15580**	**$17970**	Kubota	4	243D	12F-4R	66.00	6504	No
M6950 F	$26250	$6560	$8140	**$12860**	**$14830**	Kubota	4	243D	12F-4R	66.00	5776	No
M7030 DTNB	$34900	$8730	$10820	**$17100**	**$19720**	Kubota	4	243D	16F-4R	68.00	5004	No
M7030 N	$27100	$6780	$8400	**$13280**	**$15310**	Kubota	4	243D	16F-4R	68.00	4410	No
M7030 SU	$26400	$6600	$8180	**$12940**	**$14920**	Kubota	4	243D	16F-4R	68.00	5181	No
M7030 SUDT 4WD	$31700	$7930	$9830	**$15530**	**$17910**	Kubota	4	243D	16F-4R	68.00	5710	No
B7100 HSD 4WD	$9495	$2800	$3510	**$5130**	**$5790**	Kubota	3	47D	Variable	13.00	1257	No
M7580 DT	$39900	$9980	$12370	**$19550**	**$22540**	Kubota	4	264D	12F-12R	70.00	6834	No
M7580 DTC	$47900	$11980	$14850	**$23470**	**$27060**	Kubota	4	264D	12F-12R	70.00	7429	CHA
M7950 DT 4WD	$35000	$8750	$10850	**$17150**	**$19780**	Kubota	4	262D	12F-4R	75.00	6810	No
M7950 DT 4WD w/Cab	$42500	$10630	$13180	**$20830**	**$24010**	Kubota	4	262D	12F-4R	75.00	7297	CHA
M7950 F	$29000	$7250	$8990	**$14210**	**$16390**	Kubota	4	262D	12F-4R	75.00	5960	No
M7950 F w/Cab	$36900	$9230	$11440	**$18080**	**$20850**	Kubota	4	262D	12F-4R	75.00	6460	CHA
M8030 DTM 4WD	$37000	$9250	$11470	**$18130**	**$20910**	Kubota	4	262D	16F-4R	76.00	6342	No
M8030 F	$29300	$7330	$9080	**$14360**	**$16560**	Kubota	4	262D	16F-4R	76.00	5417	No
M8580 DT	$41600	$10400	$12900	**$20380**	**$23500**	Kubota	4	284D	12F-12R	80.00	8377	No
M8580 DTC	$50200	$12550	$15560	**$24600**	**$28360**	Kubota	4	284D	12F-12R	80.00	8973	CHA
M8950 DT 4WD	$40000	$10000	$12400	**$19600**	**$22600**	Kubota	4	262D	24F-8R	86.00	7226	No
M8950 DT 4WD w/Cab	$47500	$11880	$14730	**$23280**	**$26840**	Kubota	4	262D	24F-8R	86.00	8223	CHA
M8950 F	$34000	$8500	$10540	**$16660**	**$19210**	Kubota	4	262D	24F-8R	86.00	6953	No
M8950 F w/Cab	$41700	$10430	$12930	**$20430**	**$23560**	Kubota	4	262D	24F-8R	86.00	7452	CHA
M9580 DT	$47400	$11850	$14690	**$23230**	**$26780**	Kubota	4T	284D	24F-24R	100.0	8488	No
M9580 DTC	$55500	$13880	$17210	**$27200**	**$31360**	Kubota	4T	284D	24F-24R	100.0	9083	No

C, D, DT—Front Wheel Assist DTSS—Front Wheel Assist, Shuttle Shift E—Two Wheel Drive F—Farm Standard W—Two Row Offset
H, HC—High Clearance HSE—Hydrostatic Transmission, Two Wheel Drive HSD—Hydrostatic Transmission, Four Wheel Drive OC—Orchard L—Low Profile

Model	Approx. Retail Price New	Used Trade-In Avg.	Used Trade-In High	Used Retail Avg.	Used Retail High	Engine Make	No. Cyls.	Displ. Cu.-in.	No. Speeds	P.T.O. H.P.	Approx. Shipping Wt.-Lbs.	Cab
1993												
B1550 DT	$10900	$3160	$3920	**$5780**	**$6600**	Kubota	3	52D	6F-2R	14.00	1280	No
B1550 E	$9600	$2780	$3460	**$5090**	**$5810**	Kubota	3	52D	6F-2R	14.00	1150	No
B1550 HSD	$12400	$3600	$4460	**$6570**	**$7500**	Kubota	3	52D	Variable	13.00	1325	No
B1550 HSE	$11000	$3190	$3960	**$5830**	**$6660**	Kubota	3	52D	Variable	13.00	1190	No
B1750 DT	$12000	$3480	$4320	**$6360**	**$7260**	Kubota	3	57D	6F-2R	16.5	1290	No
B1750 E	$10700	$3100	$3850	**$5670**	**$6470**	Kubota	3	57D	6F-2R	16.5	1170	No
B1750 HSD	$13500	$3920	$4860	**$7160**	**$8170**	Kubota	3	57D	Variable	16.5	1365	No
B1750 HSE	$12100	$3510	$4360	**$6410**	**$7320**	Kubota	3	57D	Variable	16.5	1225	No
B2150 DT	$13000	$3770	$4680	**$6890**	**$7870**	Kubota	4	75D	9F-3R	20.1	1675	No
B2150 E	$11600	$3360	$4180	**$6150**	**$7020**	Kubota	4	75D	9F-3R	20.1	1570	No
B2150 HSD	$14550	$4220	$5240	**$7710**	**$8800**	Kubota	4	75D	Variable	20.1	1720	No
B2150 HSE	$13100	$3800	$4720	**$6940**	**$7930**	Kubota	4	75D	Variable	20.1	1605	No
L2350 DT	$11400	$3310	$4100	**$6040**	**$6900**	Kubota	3	68D	8F-2R	20.5	2095	No
L2350 F	$9990	$2900	$3600	**$5300**	**$6040**	Kubota	3	68D	8F-2R	20.5	1780	No
L2650 DT	$14900	$4320	$5360	**$7900**	**$9020**	Kubota	3	85D	8F-8R	23.5	2600	No

Kubota (Cont.)

Model	Approx. Retail Price New	Used Trade-In Avg.	Used Trade-In High	Used Retail Avg.	Used Retail High	Engine Make	Engine No. Cyls.	Engine Displ. Cu.-in.	No. Speeds	P.T.O. H.P.	Approx. Shipping Wt.-Lbs.	Cab
				1993 (Cont.)								
L2650 F-3	$12300	$3570	$4430	**$6520**	**$7440**	Kubota	3	85D	8F-8R	23.5	2380	No
L2650 F-8	$13315	$3860	$4790	**$7060**	**$8060**	Kubota	3	85D	8F-8R	23.5	2380	No
L2650 GST	$16055	$4660	$5780	**$8510**	**$9710**	Kubota	3	85D	8F-8R	23.5	2655	No
L2950 DT	$15900	$4610	$5720	**$8430**	**$9620**	Kubota	3	89D	8F-8R	26.0	2720	No
L2950 F-3	$13000	$3770	$4680	**$6890**	**$7870**	Kubota	3	89D	8F-8R	26.0	2445	No
L2950 F-8	$14075	$4080	$5070	**$7460**	**$8520**	Kubota	3	89D	8F-8R	26.0	2445	No
L2950 GST	$16955	$4920	$6100	**$8990**	**$10260**	Kubota	3	89D	8F-8R	26.0	2780	No
L3450 DT	$17300	$5020	$6230	**$9170**	**$10470**	Kubota	4	113D	8F-8R	30.0	2845	No
L3450 F	$15100	$4380	$5440	**$8000**	**$9140**	Kubota	4	113D	8F-8R	30.0	2610	No
L3450 GST	$18355	$5320	$6610	**$9730**	**$11110**	Kubota	4	113D	8F-8R	30.0	2900	No
L3650 DT	$18090	$5250	$6510	**$9590**	**$10940**	Kubota	4	113D	8F-8R	33.0	2910	No
L3650 F	$15890	$4610	$5720	**$8420**	**$9610**	Kubota	4	113D	8F-8R	30.0	2700	No
L3650 GST	$18910	$5480	$6810	**$10020**	**$11440**	Kubota	4	113D	8F-8R	33.0	2965	No
M4030 SU	$17190	$4130	$5160	**$8250**	**$9540**	Kubota	6	158D	8F-8R	44.05	3950	No
B4200 DT	$7800	$2260	$2810	**$4130**	**$4720**	Kubota	2	35D	6F-2R	10	926	No
L4350 HDT-W	$24000	$6960	$8640	**$12720**	**$14520**	Kubota	4	134D	8F-8R	38.0	3860	No
L4350 MDT	$22300	$6470	$8030	**$11820**	**$13490**	Kubota	4	134D	8F-8R	38.0	3860	No
L4850 HDT-W	$25300	$6070	$7590	**$12140**	**$14040**	Kubota	5	152D	8F-8R	43.0	4080	No
M4950 DT	$27000	$6480	$8100	**$12960**	**$14990**	Kubota	6	170D	12F-4R	49.57	5450	No
M4950 F	$21750	$5220	$6530	**$10440**	**$12070**	Kubota	6	170D	12F-4R	49.57	4770	No
M5030 SU	$19900	$4780	$5970	**$9550**	**$11050**	Kubota	6	170D	8F-8R	49.77	4185	No
M5030 SU MDT	$25000	$6000	$7500	**$12000**	**$13880**	Kubota	6	170D	8F-8R	49.77	4980	No
B5200 DT	$8900	$2580	$3200	**$4720**	**$5390**	Kubota	3	47D	6F-2R	11.5	1180	No
B5200 E	$7900	$2290	$2840	**$4190**	**$4780**	Kubota	3	47D	6F-2R	11.5	1060	No
L5450 HDT-W	$27400	$7950	$9860	**$14520**	**$16580**	Kubota	5	168D	8F-8R	49.0	4410	No
M5950 DT	$30000	$7200	$9000	**$14400**	**$16650**	Kubota	3	196D	12F-4R	58.00	5675	No
M5950 F	$24500	$5880	$7350	**$11760**	**$13600**	Kubota	3	196D	12F-4R	58.00	4990	No
M6030 DTN	$29800	$7150	$8940	**$14300**	**$16540**	Kubota	3	196D	16F-4R	57.74	5010	No
B6200 DT	$9300	$2700	$3350	**$4930**	**$5630**	Kubota	3	52D	6F-2R	12.5	1180	No
B6200 E	$8300	$2410	$2990	**$4400**	**$5020**	Kubota	3	52D	6F-2R	12.5	1060	No
B6200 HSD	$10600	$3070	$3820	**$5620**	**$6410**	Kubota	3	52D	Variable	12.5	1280	No
B6200 HSE	$9600	$2780	$3460	**$5090**	**$5810**	Kubota	3	52D	Variable	12.5	1160	No
M6950 DT	$31800	$7630	$9540	**$15260**	**$17650**	Kubota	4	243D	12F-4R	66.44	6625	No
M6950 F	$26250	$6300	$7880	**$12600**	**$14570**	Kubota	4	243D	12F-4R	66.44	5795	No
M7030 DTN	$33300	$7990	$9990	**$15980**	**$18480**	Kubota	4	243D	16F-4R	68.86	5710	No
M7030 N	$26000	$6240	$7800	**$12480**	**$14430**	Kubota	3	243D	16F-4R	68.86	4586	No
M7030 SU	$25200	$6050	$7560	**$12100**	**$13990**	Kubota	4	243D	16F-4R	68.86	4586	No
M7030 SU DT	$30200	$7250	$9060	**$14500**	**$16760**	Kubota	4	243D	16F-4R	68.86	5710	No
B7100 HSD	$8995	$2610	$3240	**$4770**	**$5440**	Kubota	3	47D	Variable	13.0	1257	No
M7580 DT	$38000	$9120	$11400	**$18240**	**$21090**	Kubota	4	264D	12F-12R	70.00	7430	No
M7580 DTC	$45600	$10940	$13680	**$21890**	**$25310**	Kubota	4	264D	12F-12R	70.00		CHA
M7950 DT	$35000	$8400	$10500	**$16800**	**$19430**	Kubota	4	262D	12F-4R	75.44	6810	No
M7950 DTC	$42500	$10200	$12750	**$20400**	**$23590**	Kubota	4	262D	12F-4R	75.44		CHA
M7950 F	$29000	$6960	$8700	**$13920**	**$16100**	Kubota	4	262D	12F-4R	75.44	5960	No
M7950 FC	$36900	$8860	$11070	**$17710**	**$20480**	Kubota	4	262D	12F-4R	75.44		CHA
M8030 DT	$35000	$8400	$10500	**$16800**	**$19430**	Kubota	4	262D	16F-8R	76.91	6340	No
M8030 DTL	$34600	$8300	$10380	**$16610**	**$19200**	Kubota	4	262D	16F-8R	76.91	6340	No
M8030 DTM	$35500	$8520	$10650	**$17040**	**$19700**	Kubota	4	262D	16F-8R	76.91	6340	No
M8030 F	$28000	$6720	$8400	**$13440**	**$15540**	Kubota	4	262D	16F-8R	76.91	5420	No
M8580 DT	$39700	$9530	$11910	**$19060**	**$22030**	Kubota	4	285D	12F-12R	80.00	8975	No
M8580 DTC	$47800	$11470	$14340	**$22940**	**$26530**	Kubota	4	285D	12F-12R	80.00		CHA
M8950 DT	$40000	$9600	$12000	**$19200**	**$22200**	Kubota	4T	262D	24F-8R	85.63	7715	No
M8950 DTC	$47500	$11400	$14250	**$22800**	**$26360**	Kubota	4T	262D	24F-8R	85.63		CHA
M8950 F	$34000	$8160	$10200	**$16320**	**$18870**	Kubota	4T	262D	24F-8R	85.63	6955	No
M8950 FC	$41700	$10010	$12510	**$20020**	**$23140**	Kubota	4T	262D	24F-8R	85.63		CHA
M9580 DT	$45200	$10850	$13560	**$21700**	**$25090**	Kubota	4T	285D	24F-24R	91.00	9085	No
M9580 DTC	$52800	$12670	$15840	**$25340**	**$29300**	Kubota	4T	285D	24F-24R	91.00		CHA

C, D, DT—Front Wheel Assist DTSS—Front Wheel Assist, Shuttle Shift E—Two Wheel Drive F—Farm Standard W—Two Row Offset H, HC—High Clearance HSE—Hydrostatic Transmission, Two Wheel Drive HSD—Hydrostatic Transmission, Four Wheel Drive OC—Orchard L—Low Profile

Model	Approx. Retail Price New	Used Trade-In Avg.	Used Trade-In High	Used Retail Avg.	Used Retail High	Engine Make	Engine No. Cyls.	Engine Displ. Cu.-in.	No. Speeds	P.T.O. H.P.	Approx. Shipping Wt.-Lbs.	Cab
				1992								
B1550 DT 4WD	$10270	$2930	$3600	**$5440**	**$6160**	Kubota	3	52D	6F-2R	14.00	1246	No
B1550 E	$8945	$2550	$3130	**$4740**	**$5370**	Kubota	3	52D	6F-2R	14.00	1113	No
B1550 HSD 4WD	$11700	$3340	$4100	**$6200**	**$7020**	Kubota	3	52D	Variable	13.00	1323	No
B1550 HSE	$10370	$2960	$3630	**$5500**	**$6220**	Kubota	3	52D	Variable	13.00	1190	No
B1750 DT 4WD	$11310	$3220	$3960	**$5990**	**$6790**	Kubota	3	57D	6F-2R	16.50	1290	No
B1750 E	$9985	$2850	$3500	**$5290**	**$5990**	Kubota	3	57D	6F-2R	16.50	1168	No
B1750 HSD 4WD	$12740	$3630	$4460	**$6750**	**$7640**	Kubota	3	57D	Variable	15.50	1367	No
B1750 HSE	$11400	$3250	$3990	**$6040**	**$6840**	Kubota	3	57D	Variable	15.50	1224	No
B2150 DT 4WD	$12340	$3520	$4320	**$6540**	**$7400**	Kubota	4	75D	9F-3R	20.00	1731	No
B2150 E	$10900	$3110	$3820	**$5780**	**$6540**	Kubota	4	75D	9F-3R	20.00	1576	No
B2150 HSD 4WD	$13770	$3920	$4820	**$7300**	**$8260**	Kubota	4	75D	Variable	18.00	1742	No
B2150 HSE	$12400	$3530	$4340	**$6570**	**$7440**	Kubota	4	75D	Variable	18.00	1587	No
L2350 DT-7 4WD	$12770	$3640	$4470	**$6770**	**$7660**	Kubota	3	68D	8F-2R	20.5	2380	No
L2350 F-1	$10115	$2880	$3540	**$5360**	**$6070**	Kubota	3	68D	8F-2R	20.5	2170	No
L2650 DT-W 4WD	$13660	$3890	$4780	**$7240**	**$8200**	Kubota	3	85D	8F-8R	23.50	2602	No
L2950 DT-W 4WD	$14484	$4130	$5070	**$7680**	**$8690**	Kubota	3	89D	8F-8R	26.00	2734	No
L3450 DT-W 4WD	$15700	$4480	$5500	**$8320**	**$9420**	Kubota	4	114D	8F-8R	30.00	2866	No
L3650 DT-W 4WD	$16524	$4710	$5780	**$8760**	**$9910**	Kubota	4	114D	8F-8R	33.00	2911	No
L3650 GST 4WD	$17440	$4970	$6100	**$9240**	**$10460**	Kubota	4	114D	8F-8R	33.00	2833	No
M4030 SU	$16300	$3750	$4730	**$7660**	**$8880**	Kubota	5	149D	8F-2R	42.00	3946	No
B4200 DT 4WD	$7550	$2150	$2640	**$4000**	**$4530**	Kubota	2	35D	6F-2R	10	926	No
L4350 HDT 4WD	$22330	$6360	$7820	**$11840**	**$13400**	Kubota	4	134D	8F-8R	38.00	3860	No
L4350 HDT-W 4WD	$23050	$6570	$8070	**$12220**	**$13830**	Kubota	4	134D	8F-8R	38.00	3860	No

Kubota (Cont.)

1992 (Cont.)

Model	Approx. Retail Price New	Used Trade-In Avg.	Used Trade-In High	Used Retail Avg.	Used Retail High	Make	Engine No. Cyls.	Engine Displ. Cu.-in.	No. Speeds	P.T.O. H.P.	Approx. Shipping Wt.-Lbs.	Cab
L4350 MDT 4WD	$21300	$6070	$7460	$11290	$12780	Kubota	4	134D	8F-8R	38.00	3860	No
L4850 HDT-W 4WD	$24275	$6920	$8500	$12870	$14570	Kubota	5	152D	8F-8R	43.00	4080	No
M4950 DT 4WD	$27230	$6210	$7830	$12690	$14720	Kubota	6	170D	12F-4R	49.00	5357	No
M4950 F	$21930	$5000	$6310	$10220	$11850	Kubota	6	170D	12F-4R	49.00	4762	No
M5030 SU	$18970	$4360	$5500	$8920	$10340	Kubota	6	170D	16F-4R	49.00	4185	No
M5030 SU MDT 4WD	$23860	$5490	$6920	$11210	$13000	Kubota	6	170D	8F-8R	49.00	4974	No
B5200 DT 4WD	$8690	$2480	$3040	$4610	$5210	Kubota	3	47D	6F-2R	11.50	1254	No
B5200 E	$7670	$2190	$2690	$4070	$4600	Kubota	3	47D	6F-2R	11.50	1122	No
L5450 HDT-W 4WD	$26360	$7510	$9230	$13970	$15820	Kubota	5	168D	8F-8R	49.00	4410	No
M5950 DT 4WD	$30600	$6970	$8790	$14240	$16510	Kubota	3	196D	12F-4R	58.00	5673	No
M5950 F	$24990	$5690	$7180	$11630	$13490	Kubota	3	196D	12F-4R	58.00	4989	No
M6030 DTN-B 4WD	$26520	$6100	$7690	$12460	$14450	Kubota	3	196D	16F-4R	58.00	5010	No
B6200 DT 4WD	$9100	$2590	$3190	$4820	$5460	Kubota	3	52D	6F-2R	12.50	1232	No
B6200 E	$8080	$2300	$2830	$4280	$4850	Kubota	3	52D	6F-2R	12.50	1333	No
B6200 HSD 4WD	$10430	$2970	$3650	$5530	$6260	Kubota	3	52D	Variable	12.50	1150	No
B6200 HSE	$9400	$2680	$3290	$4980	$5640	Kubota	3	52D	Variable	12.50	1100	No
M6950 DT 4WD	$32130	$7310	$9220	$14950	$17330	Kubota	4	243D	12F-4R	66.00	6504	No
M6950 F	$26520	$6040	$7610	$12340	$14310	Kubota	4	243D	12F-4R	66.00	5776	No
M7030 SU	$23970	$5510	$6950	$11270	$13060	Kubota	4	243D	16F-4R	68.00	4586	No
M7030 SUDT 4WD	$28800	$6620	$8350	$13540	$15700	Kubota	4	243D	16F-4R	68.00	5710	No
B7100 DT 4WD	$9200	$2620	$3220	$4880	$5520	Kubota	3	47D	6F-2R	13.00	1320	No
B7100 E	$8200	$2340	$2870	$4350	$4920	Kubota	3	47D	6F-2R	13.00	1215	No
B7100 HSD 4WD	$10500	$2990	$3680	$5570	$6300	Kubota	3	47D	Variable	13.00	1275	No
B7100 HSE	$9450	$2690	$3310	$5010	$5670	Kubota	3	47D	Variable	13.00	1225	No
M7950 DT 4WD	$35290	$8050	$10150	$16450	$19080	Kubota	4	262D	12F-4R	75.00	6810	No
M7950 DT 4WD w/Cab	$42840	$9780	$12330	$19980	$23160	Kubota	4	262D	12F-4R	75.00	6810	CHA
M7950 F	$28600	$6580	$8290	$13440	$15590	Kubota	4	262D	12F-4R	75.00	5960	No
M7950 F w/Cab	$36200	$8330	$10500	$17010	$19730	Kubota	4	262D	12F-4R	75.00	5960	CHA
M8030 F	$26724	$6150	$7750	$12560	$14570	Kubota	4	262D	16F-4R	76.00	5247	No
M8030 MDT 4WD	$33450	$7690	$9700	$15720	$18230	Kubota	4	262D	16F-4R	76.00	6342	No
M8950 DT 4WD	$40390	$9200	$11600	$18800	$21800	Kubota	4	262D	24F-8R	86.00	7726	No
M8950 DT 4WD w/Cab	$47940	$10930	$13780	$22330	$25890	Kubota	4	262D	24F-8R	86.00	7726	CHA
M8950 F	$33450	$7690	$9700	$15720	$18230	Kubota	4	262D	24F-8R	86.00	6953	No
M8950 F w/Cab	$41000	$9430	$11890	$19270	$22350	Kubota	4	262D	24F-8R	86.00	6953	CHA

C, D, DT—Front Wheel Assist DTSS—Front Wheel Assist, Shuttle Shift E—Two Wheel Drive F—Farm Standard W—Two Row Offset
H, HC—High Clearance HSE—Hydrostatic Transmission, Two Wheel Drive HSD—Hydrostatic Transmission, Four Wheel Drive OC—Orchard L—Low Profile

1991

Model	Approx. Retail Price New	Used Trade-In Avg.	Used Trade-In High	Used Retail Avg.	Used Retail High	Make	Engine No. Cyls.	Engine Displ. Cu.-in.	No. Speeds	P.T.O. H.P.	Approx. Shipping Wt.-Lbs.	Cab
B1550 DT 4WD	$10070	$2820	$3420	$5290	$5990	Kubota	3	52D	6F-2R	14.00	1246	No
B1550 E	$8770	$2460	$2980	$4600	$5220	Kubota	3	52D	6F-2R	14.00	1113	No
B1550 HSD 4WD	$11470	$3210	$3900	$6020	$6830	Kubota	3	52D	Variable	13.00	1323	No
B1550 HSE	$10170	$2850	$3460	$5340	$6050	Kubota	3	52D	Variable	13.00	1190	No
B1750 DT 4WD	$11090	$3110	$3770	$5820	$6600	Kubota	3	57D	6F-2R	16.50	1290	No
B1750 E	$9790	$2740	$3330	$5140	$5830	Kubota	3	57D	6F-2R	16.50	1168	No
B1750 HSD 4WD	$12490	$3500	$4250	$6560	$7430	Kubota	3	57D	Variable	15.50	1367	No
B1750 HSE	$11190	$3130	$3810	$5880	$6660	Kubota	3	57D	Variable	15.50	1224	No
L2050 DT 4WD	$10190	$2850	$3470	$5350	$6060	Kubota	3	68D	8F-2R	20.00	2093	No
L2050 F	$8990	$2520	$3060	$4720	$5350	Kubota	3	68D	8F-2R	20.00	1781	No
B2150 DT 4WD	$12100	$3390	$4110	$6350	$7200	Kubota	4	75D	9F-3R	20.00	1731	No
B2150 E	$10700	$3000	$3640	$5620	$6370	Kubota	4	75D	9F-3R	20.00	1576	No
B2150 HSD 4WD	$13500	$3780	$4590	$7090	$8030	Kubota	4	75D	Variable	18.00	1742	No
B2150 HSE	$12200	$3420	$4150	$6410	$7260	Kubota	4	75D	Variable	18.00	1587	No
L2250 DT-7 4WD	$12520	$3510	$4260	$6570	$7450	Kubota	3	79D	8F-7R	21.00	2380	No
L2250 F-1	$9920	$2780	$3370	$5210	$5900	Kubota	3	79D	8F-7R	21.00	2170	No
L2550 DT-7 4WD	$13540	$3790	$4600	$7110	$8060	Kubota	3	85D	8F-7R	23.50	2485	No
L2550 F-7	$12040	$3370	$4090	$6320	$7160	Kubota	3	85D	8F-7R	23.50	2305	No
L2550 GST 4WD	$15000	$4200	$5100	$7880	$8930	Kubota	3	85D	8F-8R	23.50	2490	No
L2650 DT-W 4WD	$13400	$3750	$4560	$7040	$7970	Kubota	3	85D	8F-8R	23.50	2602	No
L2850 DT-7 4WD	$15470	$4330	$5260	$8120	$9210	Kubota	4	106D	8F-7R	27.00	2680	No
L2850 F-7	$13740	$3850	$4670	$7210	$8180	Kubota	4	106D	8F-7R	27.00	2480	No
L2850 GST 4WD	$16900	$4730	$5750	$8870	$10060	Kubota	4	106D	8F-8R	27.00	2680	No
L2950 DT-W 4WD	$14200	$3980	$4830	$7460	$8450	Kubota	3	89D	8F-8R	26.00	2734	No
L3250 DT 4WD	$16590	$4650	$5640	$8710	$9870	Kubota	4	114D	8F-7R	32.00	2740	No
L3250 F	$14590	$4090	$4960	$7660	$8680	Kubota	4	114D	8F-7R	32.00	2530	No
L3350 DT 4WD	$18500	$5180	$6290	$9710	$11010	Kubota	4	114D	8F-8R	33.00	3770	No
L3450 DT-W 4WD	$15400	$4310	$5240	$8090	$9160	Kubota	4	114D	8F-8R	30.00	2866	No
L3650 DT-W 4WD	$16200	$4540	$5510	$8510	$9640	Kubota	4	114D	8F-8R	33.00	2911	No
L3650 GST 4WD	$17100	$4790	$5810	$8980	$10180	Kubota	4	114D	8F-8R	33.00	2833	No
L3750 DT 4WD	$20500	$5740	$6970	$10760	$12200	Kubota	4	142D	8F-8R	37.00	3860	No
L3750 F	$16000	$4480	$5440	$8400	$9520	Kubota	4	142D	8F-8R	37.00	3640	No
M4030 SU	$15990	$3520	$4480	$7360	$8560	Kubota	5	149D	8F-2R	42.00	3946	No
L4150 DT 4WD	$22000	$6160	$7480	$11550	$13090	Kubota	5	142D	8F-8R	40.00	4080	No
L4150 F	$17200	$4820	$5850	$9030	$10230	Kubota	5	142D	8F-8R	40.00	3750	No
B4200 DT 4WD	$7420	$2080	$2520	$3900	$4420	Kubota	2	35D	6F-2R	10	926	No
L4350 HDT 4WD	$21900	$6130	$7450	$11500	$13030	Kubota	4	134D	8F-8R	38.00	3860	No
L4350 HDT-W 4WD	$22600	$6330	$7680	$11870	$13450	Kubota	4	134D	8F-8R	38.00	3860	No
L4350 MDT 4WD	$20900	$5850	$7110	$10970	$12440	Kubota	4	134D	8F-8R	38.00	3860	No
L4850 HDT-W 4WD	$23800	$6660	$8090	$12500	$14160	Kubota	5	152D	8F-8R	43.00	4080	No
M4950 DT 4WD	$26700	$5870	$7480	$12280	$14290	Kubota	6	170D	12F-4R	49.00	5357	No
M4950 F	$21500	$4730	$6020	$9890	$11500	Kubota	6	170D	12F-4R	49.00	4762	No
M5030 SU	$18600	$4090	$5210	$8560	$9950	Kubota	6	170D	16F-4R	49.00	4185	No
M5030 SU MDT 4WD	$23400	$5150	$6550	$10760	$12520	Kubota	6	170D	8F-8R	49.00	4974	No
B5200 DT 4WD	$8520	$2390	$2900	$4470	$5070	Kubota	3	47D	6F-2R	11.50	1254	No
B5200 E	$7520	$2110	$2560	$3950	$4470	Kubota	3	47D	6F-2R	11.50	1122	No

Kubota (Cont.)

1991 (Cont.)

Model	Approx. Retail Price New	Used Trade-In Avg.	Used Trade-In High	Used Retail Avg.	Used Retail High	Engine Make	Engine No. Cyls.	Engine Displ. Cu.-in.	No. Speeds	P.T.O. H.P.	Approx. Shipping Wt.-Lbs.	Cab
L5450 HDT-W 4WD	$25850	$7240	$8790	**$13570**	**$15380**	Kubota	5	168D	8F-8R	49.00	4410	No
M5950 DT 4WD	$30000	$6600	$8400	**$13800**	**$16050**	Kubota	3	196D	12F-4R	58.00	5673	No
M5950 F	$24500	$5390	$6860	**$11270**	**$13110**	Kubota	3	196D	12F-4R	58.00	4989	No
M6030 DTN-B 4WD	$26000	$5720	$7280	**$11960**	**$13910**	Kubota	3	196D	16F-4R	58.00	5010	No
B6200 DT 4WD	$8930	$2500	$3040	**$4690**	**$5310**	Kubota	3	52D	6F-2R	12.50	1232	No
B6200 E	$7930	$2220	$2700	**$4160**	**$4720**	Kubota	3	52D	6F-2R	12.50	1333	No
B6200 HSD 4WD	$10230	$2860	$3480	**$5370**	**$6090**	Kubota	3	52D	Variable	12.50	1150	No
B6200 HSE	$9230	$2580	$3140	**$4850**	**$5490**	Kubota	3	52D	Variable	12.50	1100	No
M6950 DT 4WD	$31500	$6930	$8820	**$14490**	**$16850**	Kubota	4	243D	12F-4R	66.00	6504	No
M6950 F	$26000	$5720	$7280	**$11960**	**$13910**	Kubota	4	243D	12F-4R	66.00	5776	No
M7030 SU	$23500	$5170	$6580	**$10810**	**$12570**	Kubota	4	243D	16F-4R	68.00	4586	No
M7030 SUDT 4WD	$28300	$6230	$7920	**$13020**	**$15140**	Kubota	4	243D	16F-4R	68.00	5710	No
B7200 DT 4WD	$9200	$2580	$3130	**$4830**	**$5470**	Kubota	3	57D	6F-2R	14.00	1320	No
B7200 E	$8200	$2300	$2790	**$4310**	**$4880**	Kubota	3	57D	6F-2R	14.00	1215	No
B7200 HSD 4WD	$10500	$2940	$3570	**$5510**	**$6250**	Kubota	3	57D	Variable	14.00	1275	No
B7200 HSE	$9450	$2650	$3210	**$4960**	**$5620**	Kubota	3	57D	Variable	14.00	1225	No
M7950 DT 4WD	$34600	$7610	$9690	**$15920**	**$18510**	Kubota	4	262D	12F-4R	75.00	6810	No
M7950 DT 4WD w/Cab	$42000	$9240	$11760	**$19320**	**$22470**	Kubota	4	262D	12F-4R	75.00	6810	CHA
M7950 F	$28100	$6180	$7870	**$12930**	**$15030**	Kubota	4	262D	12F-4R	75.00	5960	No
M7950 F w/Cab	$35500	$7810	$9940	**$16330**	**$18990**	Kubota	4	262D	12F-4R	75.00	5960	CHA
M8030 F	$26200	$5760	$7340	**$12050**	**$14020**	Kubota	4	262D	16F-4R	76.00	5247	No
M8030 MDT 4WD	$32800	$7220	$9180	**$15090**	**$17550**	Kubota	4	262D	16F-4R	76.00	6342	No
B8200 DT 4WD	$10100	$2830	$3430	**$5300**	**$6010**	Kubota	3	57D	9F-3R	16.00	1525	No
B8200 F	$9000	$2520	$3060	**$4730**	**$5360**	Kubota	3	57D	9F-3R	16.00	1408	No
B8200 HSD 4WD	$11400	$3190	$3880	**$5990**	**$6780**	Kubota	3	57D	Variable	14.50	1525	No
B8200 HSE	$10350	$2900	$3520	**$5430**	**$6160**	Kubota	3	57D	Variable	14.50	1408	No
M8950 DT 4WD	$39600	$8710	$11090	**$18220**	**$21190**	Kubota	4	262D	24F-8R	86.00	7726	No
M8950 DT 4WD w/Cab	$47000	$10340	$13160	**$21620**	**$25150**	Kubota	4	262D	24F-8R	86.00	7726	CHA
M8950 F	$32800	$7220	$9180	**$15090**	**$17550**	Kubota	4	262D	24F-8R	86.00	6953	No
M8950 F w/Cab	$40200	$8840	$11260	**$18490**	**$21510**	Kubota	4	262D	24F-8R	86.00	6953	CHA
B9200 DT 4WD	$11000	$3080	$3740	**$5780**	**$6550**	Kubota	3	75D	9F-3R	18.50	1709	No
B9200 F	$9900	$2770	$3370	**$5200**	**$5890**	Kubota	3	75D	9F-3R	18.50	1555	No
B9200 HSD 4WD	$12300	$3440	$4180	**$6460**	**$7320**	Kubota	4	75D	Variable	16.00	1720	No
B9200 HSE	$11250	$3150	$3830	**$5910**	**$6690**	Kubota	4	75D	Variable	16.00	1603	No

C, D, DT—Front Wheel Assist DTSS—Front Wheel Assist, Shuttle Shift E—Two Wheel Drive F—Farm Standard W—Two Row Offset H, HC—High Clearance HSE—Hydrostatic Transmission, Two Wheel Drive HSD—Hydrostatic Transmission, Four Wheel Drive OC—Orchard L—Low Profile

1990

Model	Approx. Retail Price New	Used Trade-In Avg.	Used Trade-In High	Used Retail Avg.	Used Retail High	Engine Make	Engine No. Cyls.	Engine Displ. Cu.-in.	No. Speeds	P.T.O. H.P.	Approx. Shipping Wt.-Lbs.	Cab
B1550 DT 4WD	$10070	$2770	$3320	**$5240**	**$5940**	Kubota	3	52D	6F-2R	14.00	1246	No
B1550 E	$8770	$2410	$2890	**$4560**	**$5170**	Kubota	3	52D	6F-2R	14.00	1113	No
B1550 HSD 4WD	$11470	$3150	$3790	**$5960**	**$6770**	Kubota	3	52D	Variable	13.00	1323	No
B1550 HSE	$10170	$2800	$3360	**$5290**	**$6000**	Kubota	3	52D	Variable	13.00	1190	No
B1750 DT 4WD	$11090	$3050	$3660	**$5770**	**$6540**	Kubota	3	57D	6F-2R	16.50	1290	No
B1750 E	$9790	$2690	$3230	**$5090**	**$5780**	Kubota	3	57D	6F-2R	16.50	1168	No
B1750 HSD 4WD	$12490	$3440	$4120	**$6500**	**$7370**	Kubota	3	57D	Variable	15.50	1367	No
B1750 HSE	$11190	$3080	$3690	**$5820**	**$6600**	Kubota	3	57D	Variable	15.50	1224	No
L2050 DT 4WD	$10190	$2800	$3360	**$5300**	**$6010**	Kubota	3	68D	8F-2R	20.00	2093	No
L2050 F	$8990	$2470	$2970	**$4680**	**$5300**	Kubota	3	68D	8F-2R	20.00	1781	No
B2150 DT 4WD	$12100	$3330	$3990	**$6290**	**$7140**	Kubota	4	75D	9F-3R	20.00	1731	No
B2150 E	$10700	$2940	$3530	**$5560**	**$6310**	Kubota	4	75D	9F-3R	20.00	1576	No
B2150 HSD 4WD	$13500	$3710	$4460	**$7020**	**$7970**	Kubota	4	75D	Variable	18.00	1742	No
B2150 HSE	$12200	$3360	$4030	**$6340**	**$7200**	Kubota	4	75D	Variable	18.00	1587	No
L2250 DT-7 4WD	$12520	$3440	$4130	**$6510**	**$7390**	Kubota	3	79D	8F-7R	21.00	2380	No
L2250 F-1	$9920	$2730	$3270	**$5160**	**$5850**	Kubota	3	79D	8F-7R	21.00	2170	No
L2550 DT-7 4WD	$13540	$3720	$4470	**$7040**	**$7990**	Kubota	3	85D	8F-7R	23.50	2485	No
L2550 F-7	$12040	$3310	$3970	**$6260**	**$7100**	Kubota	3	85D	8F-7R	23.50	2305	No
L2550 GST 4WD	$15000	$4130	$4950	**$7800**	**$8850**	Kubota	3	85D	8F-8R	23.50	2490	No
L2650 DT-W 4WD	$13400	$3690	$4420	**$6970**	**$7910**	Kubota	3	85D	8F-8R	23.50	2602	No
L2850 DT-7 4WD	$15470	$4250	$5110	**$8040**	**$9130**	Kubota	4	106D	8F-7R	27.00	2680	No
L2850 F-7	$13740	$3780	$4530	**$7150**	**$8110**	Kubota	4	106D	8F-7R	27.00	2480	No
L2850 GST 4WD	$16900	$4650	$5580	**$8790**	**$9970**	Kubota	4	106D	8F-8R	27.00	2680	No
L2950 DT-W 4WD	$14200	$3910	$4690	**$7380**	**$8380**	Kubota	3	89D	8F-8R	26.00	2734	No
L3250 DT 4WD	$16590	$4560	$5480	**$8630**	**$9790**	Kubota	4	114D	8F-7R	32.00	2740	No
L3250 F	$14590	$4010	$4820	**$7590**	**$8610**	Kubota	4	114D	8F-7R	32.00	2530	No
L3350 DT 4WD	$18500	$5090	$6110	**$9620**	**$10920**	Kubota	4	114D	8F-8R	33.00	3770	No
L3450 DT-W 4WD	$15400	$4240	$5080	**$8010**	**$9090**	Kubota	4	114D	8F-8R	30.00	2866	No
L3650 DT-W 4WD	$16200	$4460	$5350	**$8420**	**$9560**	Kubota	4	114D	8F-8R	33.00	2911	No
L3650 GST 4WD	$17100	$4700	$5640	**$8890**	**$10090**	Kubota	4	114D	8F-8R	33.00	2833	No
L3750 DT 4WD	$20500	$5640	$6770	**$10660**	**$12100**	Kubota	4	142D	8F-8R	37.00	3860	No
L3750 F	$16000	$4400	$5280	**$8320**	**$9440**	Kubota	4	142D	8F-8R	37.00	3640	No
M4030 SU	$15990	$3360	$4320	**$7200**	**$8400**	Kubota	5	149D	8F-2R	42.00	3946	No
L4150 DT 4WD	$22000	$6050	$7260	**$11440**	**$12980**	Kubota	5	142D	8F-8R	40.00	4080	No
L4150 F	$17200	$4730	$5680	**$8940**	**$10150**	Kubota	5	142D	8F-8R	40.00	3750	No
B4200 DT 4WD	$7420	$2040	$2450	**$3860**	**$4380**	Kubota	2	35D	6F-2R	10	926	No
L4350 HDT 4WD	$21900	$6020	$7230	**$11390**	**$12920**	Kubota	4	134D	8F-8R	38.00	3860	No
L4350 HDT-W 4WD	$22600	$6220	$7460	**$11750**	**$13330**	Kubota	4	134D	8F-8R	38.00	3860	No
L4350 MDT 4WD	$20900	$5750	$6900	**$10870**	**$12330**	Kubota	4	134D	8F-8R	38.00	3860	No
L4850 HDT-W 4WD	$23800	$6550	$7850	**$12380**	**$14040**	Kubota	5	152D	8F-8R	43.00	4080	No
M4950 DT 4WD	$26700	$5610	$7210	**$12020**	**$14020**	Kubota	6	170D	12F-4R	49.00	5357	No
M4950 F	$21500	$4520	$5810	**$9680**	**$11290**	Kubota	6	170D	12F-4R	49.00	4762	No
M5030 SU	$18600	$3910	$5020	**$8370**	**$9770**	Kubota	6	170D	16F-4R	49.00	4185	No
M5030 SU MDT 4WD	$23400	$4910	$6320	**$10530**	**$12290**	Kubota	6	170D	8F-8R	49.00	4974	No
B5200 DT 4WD	$8520	$2340	$2810	**$4430**	**$5030**	Kubota	3	47D	6F-2R	11.50	1254	No
B5200 E	$7520	$2070	$2480	**$3910**	**$4440**	Kubota	3	47D	6F-2R	11.50	1122	No

Kubota (Cont.)

Model	Approx. Retail Price New	Estimated Value Less Repairs: Used Trade-In Avg.	Used Trade-In High	Used Retail Avg.	Used Retail High	Engine Make	Engine No. Cyls.	Engine Displ. Cu.-in.	No. Speeds	P.T.O. H.P.	Approx. Shipping Wt.-Lbs.	Cab
				1990 (Cont.)								
L5450 HDT-W 4WD	$25850	$7110	$8530	**$13440**	**$15250**	Kubota	5	168D	8F-8R	49.00	4410	No
M5950 DT 4WD	$30000	$6300	$8100	**$13500**	**$15750**	Kubota	3	196D	12F-4R	58.00	5673	No
M5950 F	$24500	$5150	$6620	**$11030**	**$12860**	Kubota	3	196D	12F-4R	58.00	4989	No
M6030 DTN-B 4WD	$26000	$5460	$7020	**$11700**	**$13650**	Kubota	3	196D	16F-4R	58.00	5010	No
B6200 DT 4WD	$8930	$2460	$2950	**$4640**	**$5270**	Kubota	3	52D	6F-2R	12.50	1232	No
B6200 E	$7930	$2180	$2620	**$4120**	**$4680**	Kubota	3	52D	6F-2R	12.50	1333	No
B6200 HSD 4WD	$10230	$2810	$3380	**$5320**	**$6040**	Kubota	3	52D	Variable	12.50	1150	No
B6200 HSE	$9230	$2540	$3050	**$4800**	**$5450**	Kubota	3	52D	Variable	12.50	1100	No
M6950 DT 4WD	$31500	$6620	$8510	**$14180**	**$16540**	Kubota	4	243D	12F-4R	66.00	6504	No
M6950 F	$26000	$5460	$7020	**$11700**	**$13650**	Kubota	4	243D	12F-4R	66.00	5776	No
M7030 SU	$23500	$4940	$6350	**$10580**	**$12340**	Kubota	4	243D	16F-4R	68.00	4586	No
M7030 SUDT 4WD	$28300	$5940	$7640	**$12740**	**$14860**	Kubota	4	243D	16F-4R	68.00	5710	No
B7200 DT 4WD	$9200	$2530	$3040	**$4780**	**$5430**	Kubota	3	57D	6F-2R	14.00	1320	No
B7200 E	$8200	$2260	$2710	**$4260**	**$4840**	Kubota	3	57D	6F-2R	14.00	1215	No
B7200 HSD 4WD	$10500	$2890	$3470	**$5460**	**$6200**	Kubota	3	57D	Variable	14.00	1275	No
B7200 HSE	$9450	$2600	$3120	**$4910**	**$5580**	Kubota	3	57D	Variable	14.00	1225	No
M7950 DT 4WD	$34600	$7270	$9340	**$15570**	**$18170**	Kubota	4	262D	12F-4R	75.00	6810	No
M7950 DT 4WD w/Cab	$42000	$8820	$11340	**$18900**	**$22050**	Kubota	4	262D	12F-4R	75.00	6810	CHA
M7950 F	$28100	$5900	$7590	**$12650**	**$14750**	Kubota	4	262D	12F-4R	75.00	5960	No
M7950 F w/Cab	$35500	$7460	$9590	**$15980**	**$18640**	Kubota	4	262D	12F-4R	75.00	5960	CHA
M8030 F	$26200	$5500	$7070	**$11790**	**$13760**	Kubota	4	262D	16F-4R	76.00	5247	No
M8030 MDT 4WD	$32800	$6890	$8860	**$14760**	**$17220**	Kubota	4	262D	16F-4R	76.00	6342	No
B8200 DT 4WD	$10100	$2780	$3330	**$5250**	**$5960**	Kubota	3	57D	9F-3R	16.00	1525	No
B8200 F	$9000	$2480	$2970	**$4680**	**$5310**	Kubota	3	57D	9F-3R	16.00	1408	No
B8200 HSD 4WD	$11400	$3140	$3760	**$5930**	**$6730**	Kubota	3	57D	Variable	14.50	1525	No
B8200 HSE	$10350	$2850	$3420	**$5380**	**$6110**	Kubota	3	57D	Variable	14.50	1408	No
M8950 DT 4WD	$39600	$8320	$10690	**$17820**	**$20790**	Kubota	4	262D	24F-8R	86.00	7726	No
M8950 DT 4WD w/Cab	$47000	$9870	$12690	**$21150**	**$24680**	Kubota	4	262D	24F-8R	86.00	7726	CHA
M8950 F	$32800	$6890	$8860	**$14760**	**$17220**	Kubota	4	262D	24F-8R	86.00	6953	No
M8950 F w/Cab	$40200	$8440	$10850	**$18090**	**$21110**	Kubota	4	262D	24F-8R	86.00	6953	CHA
B9200 DT 4WD	$11000	$3030	$3630	**$5720**	**$6490**	Kubota	3	75D	9F-3R	18.50	1709	No
B9200 F	$9900	$2720	$3270	**$5150**	**$5840**	Kubota	3	75D	9F-3R	18.50	1555	No
B9200 HSD 4WD	$12300	$3380	$4060	**$6400**	**$7260**	Kubota	4	75D	Variable	16.00	1720	No
B9200 HSE	$11250	$3090	$3710	**$5850**	**$6640**	Kubota	4	75D	Variable	16.00	1603	No

C, D, DT—Front Wheel Assist DTSS—Front Wheel Assist, Shuttle Shift E—Two Wheel Drive F-Farm Standard W—Two Row Offset
H, HC—High Clearance HSE—Hydrostatic Transmission, Two Wheel Drive HSD—Hydrostatic Transmission, Four Wheel Drive OC—Orchard L—Low Profile

Model	Approx. Retail Price New	Estimated Value Less Repairs: Used Trade-In Avg.	Used Trade-In High	Used Retail Avg.	Used Retail High	Engine Make	Engine No. Cyls.	Engine Displ. Cu.-in.	No. Speeds	P.T.O. H.P.	Approx. Shipping Wt.-Lbs.	Cab
				1989								
L245 HC	$9980	$2700	$3190	**$5140**	**$5840**	Kubota	3	68D	8F-2R	22.00	2345	No
L355 SS	$14360	$3880	$4600	**$7400**	**$8400**	Kubota	4	105D	8F-8R	29.00	2684	No
L2250 DT-1 4WD	$9880	$2670	$3160	**$5090**	**$5780**	Kubota	3	79D	8F-7R	21.15	2321	No
L2250 F-1	$8550	$2310	$2740	**$4400**	**$5000**	Kubota	3	79D	8F-7R	21.15	2068	No
L2550 DT-1 4WD	$10700	$2890	$3420	**$5510**	**$6260**	Kubota	3	85D	8F-7R	23.98	2464	No
L2550 F-1	$9275	$2500	$2970	**$4780**	**$5430**	Kubota	3	85D	8F-7R	23.98	2220	No
L2850 DT-1 4WD	$12150	$3280	$3890	**$6260**	**$7110**	Kubota	4	106D	8F-7R	27.51	2705	No
L2850 F-1	$10250	$2770	$3280	**$5280**	**$6000**	Kubota	4	106D	8F-7R	27.51	2464	No
L3350 HDT	$17500	$4730	$5600	**$9010**	**$10240**	Kubota	4	113D	8F-8R	32.86	3770	No
L3750 HDT 4WD	$19570	$5280	$6260	**$10080**	**$11450**	Kubota	5	142D	8F-8R	36.96	3860	No
L3750 HF	$15450	$4170	$4940	**$7960**	**$9040**	Kubota	5	142D	8F-8R	36.96	3640	No
M4030 DT 4WD	$20900	$4290	$5540	**$9200**	**$10760**	Kubota	6	159D	8F-2R	44.05	4784	No
M4030 F/L	$16790	$3440	$4450	**$7390**	**$8650**	Kubota	6	159D	8F-2R	44.05	4232	No
L4150 DTN	$20700	$5590	$6620	**$10660**	**$12110**	Kubota	5	142D	8F-8R	40.00	4145	No
L4150 HDT 4WD	$21100	$5700	$6750	**$10870**	**$12340**	Kubota	5	142D	8F-8R	40.64	4080	No
L4150 HF	$16450	$4440	$5260	**$8470**	**$9620**	Kubota	5	142D	8F-8R	40.64	3750	No
B4200 DT	$6180	$1670	$1980	**$3180**	**$3620**	Kubota	2	35D	6F-2R	10	926	No
M4950 DT 4WD	$23600	$4840	$6250	**$10380**	**$12150**	Kubota	6	170D	12F-4R	49.57	5452	No
M4950 F	$19150	$3930	$5080	**$8430**	**$9860**	Kubota	6	170D	12F-4R	49.57	4760	No
M5030 DT 4WD	$22450	$6060	$7180	**$11560**	**$13130**	Kubota	6	170D	16F-4R	49.77	4788	CH
M5030 F	$18300	$3750	$4850	**$8050**	**$9430**	Kubota	6	170D	16F-4R	49.77	4232	CH
B5200 DT 4WD	$7250	$1960	$2320	**$3730**	**$4240**	Kubota	3	47D	6F-2R	11.50	1254	No
B5200 E	$6375	$1720	$2040	**$3280**	**$3730**	Kubota	3	47D	6F-2R	11.50	1122	No
M5950 DT	$27600	$5660	$7310	**$12140**	**$14210**	Kubota	3	196D	12F-4R	58.00	5673	No
M5950 DT 4WD w/Cab	$34700	$7110	$9200	**$15270**	**$17870**	Kubota	3	196D	12F-4R	58.00	6563	CHA
M5950 F	$22600	$4630	$5990	**$9940**	**$11640**	Kubota	3	196D	12F-4R	58.00	4989	No
M5950 F w/Cab	$29700	$6090	$7870	**$13070**	**$15300**	Kubota	3	196D	12F-4R	58.00	5879	CHA
M6030 DT 4WD	$24600	$5040	$6520	**$10820**	**$12670**	Kubota	3	196D	16F-4R	57.74	6300	No
M6030 DTN	$24500	$5020	$6490	**$10780**	**$12620**	Kubota	3	196D	16F-4R	57.00	4740	No
M6030 F/L	$19800	$4060	$5250	**$8710**	**$10200**	Kubota	3	196D	16F-4R	57.74	4630	No
B6200 DT 4WD	$7890	$2130	$2530	**$4060**	**$4620**	Kubota	3	52D	6F-2R	12.50	1232	No
B6200 E	$6960	$1880	$2230	**$3580**	**$4070**	Kubota	3	52D	6F-2R	12.50	1333	No
B6200 HSD 4WD	$9050	$2440	$2900	**$4660**	**$5290**	Kubota	3	52D	Variable	12.50	1150	No
B6200 HSE	$8050	$2170	$2580	**$4150**	**$4710**	Kubota	3	52D	Variable	12.50	1100	No
M6950 DT 4WD	$29300	$6010	$7770	**$12890**	**$15090**	Kubota	4	243D	12F-4R	66.44	6622	No
M6950 DT 4WD w/Cab	$36400	$7460	$9650	**$16020**	**$18750**	Kubota	4	243D	12F-4R	66.44	7512	CHA
M6950 F	$24200	$4960	$6410	**$10650**	**$12460**	Kubota	4	243D	12F-4R	66.44	5770	No
M6950 F w/Cab	$31300	$6420	$8300	**$13770**	**$16120**	Kubota	4	243D	12F-4R	66.44	5780	CHA
M7030 DT 4WD	$28100	$5760	$7450	**$12360**	**$14470**	Kubota	4	243D	16F-4R	68.87	5159	No
M7030 F/L	$22400	$4590	$5940	**$9860**	**$11540**	Kubota	4	243D	16F-4R	68.87	4607	No
B7200 DT 4WD	$8350	$2260	$2670	**$4300**	**$4890**	Kubota	3	57D	6F-2R	14.00	1320	No
B7200 E	$7360	$1990	$2360	**$3790**	**$4310**	Kubota	3	57D	6F-2R	14.00	1215	No
B7200 HSD 4WD	$9580	$2590	$3070	**$4930**	**$5600**	Kubota	3	57D	Variable	14.00	1275	No
B7200 HSE	$8590	$2320	$2750	**$4420**	**$5030**	Kubota	3	57D	Variable	14.00	1225	No
M7950 DT 4WD	$33400	$6850	$8850	**$14700**	**$17200**	Kubota	4	262D	12F-4R	75.44	6100	No
M7950 DT 4WD w/Cab	$40500	$8300	$10730	**$17820**	**$20860**	Kubota	4	262D	12F-4R	75.44	6970	CHA

Kubota (Cont.)

1989 (Cont.)

Model	Approx. Retail Price New	Used Trade-In Avg.	Used Trade-In High	Used Retail Avg.	Used Retail High	Make	Engine No. Cyls.	Engine Displ. Cu.-in.	No. Speeds	P.T.O. H.P.	Approx. Shipping Wt.-Lbs.	Cab
M7950 DTM 4WD	$34300	$7030	$9090	**$15090**	**$17670**	Kubota	4	262D	16F-4R	75.44	6100	No
M7950 F	$26700	$5470	$7080	**$11750**	**$13750**	Kubota	4	262D	12F-4R	75.44	5950	No
M7950 F w/Cab	$33800	$6930	$8960	**$14870**	**$17410**	Kubota	4	262D	12F-4R	75.44		CHA
M7950 HC	$28100	$5760	$7450	**$12360**	**$14470**	Kubota	4	262D	16F-4R	75.44	5600	No
M7950 W	$27000	$5540	$7160	**$11880**	**$13910**	Kubota	4	262D	16F-4R	75.44	5600	No
M8030 DT 4WD	$30180	$6190	$8000	**$13280**	**$15540**	Kubota	4	262D	16F-4R	76.91	5710	No
M8030 F/L	$24000	$4920	$6360	**$10560**	**$12360**	Kubota	4	262D	16F-4R	76.91	5109	No
B8200 DT-2 4WD	$9060	$2450	$2900	**$4670**	**$5300**	Kubota	3	57D	9F-3R	16.00	1525	No
B8200 F	$8030	$2170	$2570	**$4140**	**$4700**	Kubota	3	57D	9F-3R	16.00	1408	No
B8200 HSD 4WD	$10400	$2810	$3330	**$5360**	**$6080**	Kubota	3	57D	Variable	14.50	1525	No
B8200 HSE	$9250	$2500	$2960	**$4760**	**$5410**	Kubota	3	57D	Variable	14.50	1408	No
M8950 DT	$37600	$7710	$9960	**$16540**	**$19360**	Kubota	4T	262D	24F-8R	85.63	6853	No
M8950 DT 4WD w/Cab	$44700	$9160	$11850	**$19670**	**$23020**	Kubota	4	262D	24F-8R	85.63	7713	CHA
M8950 F w/Cab	$38000	$7790	$10070	**$16720**	**$19570**	Kubota	4T	262D	24F-8R	85.63	6953	CHA
M8950 F/L	$30900	$6340	$8190	**$13600**	**$15910**	Kubota	4T	262D	24F-8R	85.63	6093	No
B9200 DT	$9580	$2590	$3070	**$4930**	**$5600**	Kubota	3	57D	9F-3R	18.50	1676	No
B9200 F	$8550	$2310	$2740	**$4400**	**$5000**	Kubota	3	57D	9F-3R	18.50	1570	No
B9200 HSD 4WD	$10900	$2940	$3490	**$5610**	**$6380**	Kubota	4	75D	Variable	16.00	4916	No
B9200 HSE	$9780	$2640	$3130	**$5040**	**$5720**	Kubota	4	75D	Variable	16.00	4299	No

C, D, DT—Front Wheel Assist DTSS—Front Wheel Assist, Shuttle Shift E—Two Wheel Drive W—Two Row Offset F—Farm Standard HC—High Clearance HSE—Hydrostatic Transmission, Two Wheel Drive HSD—Hydrostatic Transmission, Four Wheel Drive OC—Orchard L—Low Profile

1988

Model	Approx. Retail Price New	Used Trade-In Avg.	Used Trade-In High	Used Retail Avg.	Used Retail High	Make	Engine No. Cyls.	Engine Displ. Cu.-in.	No. Speeds	P.T.O. H.P.	Approx. Shipping Wt.-Lbs.	Cab
L245 HC	$9980	$2600	$3090	**$5090**	**$5790**	Kubota	3	68D	8F-2R	22.00	2345	No
L355 SS	$14360	$3730	$4450	**$7320**	**$8330**	Kubota	4	105D	8F-8R	29.00	2684	No
L2250 DT-1 4WD	$9880	$2570	$3060	**$5040**	**$5730**	Kubota	3	79D	8F-7R	21.15	2321	No
L2250 F-1	$8550	$2220	$2650	**$4360**	**$4960**	Kubota	3	79D	8F-7R	21.15	2068	No
L2550 DT-1 4WD	$10700	$2780	$3320	**$5460**	**$6210**	Kubota	3	85D	8F-7R	23.98	2464	No
L2550 F-1	$9275	$2410	$2880	**$4730**	**$5380**	Kubota	3	85D	8F-7R	23.98	2220	No
L2850 DT-1 4WD	$12150	$3160	$3770	**$6200**	**$7050**	Kubota	4	106D	8F-7R	27.51	2705	No
L2850 F-1	$10250	$2670	$3180	**$5230**	**$5950**	Kubota	4	106D	8F-7R	27.51	2464	No
L3350 HDT	$17500	$4550	$5430	**$8930**	**$10150**	Kubota	4	113D	8F-8R	32.86	3770	No
L3750 HDT 4WD	$19570	$5090	$6070	**$9980**	**$11350**	Kubota	5	142D	8F-8R	36.96	3860	No
L3750 HF	$15450	$4020	$4790	**$7880**	**$8960**	Kubota	5	142D	8F-8R	36.96	3640	No
M4030 DT 4WD	$20900	$4180	$5430	**$8990**	**$10560**	Kubota	6	159D	8F-2R	44.05	4784	No
M4030 F/L	$16790	$3360	$4370	**$7220**	**$8480**	Kubota	6	159D	8F-2R	44.05	4232	No
L4150 DTN	$20700	$5380	$6420	**$10560**	**$12010**	Kubota	5	142D	8F-8R	40.00	4145	No
L4150 HDT 4WD	$21100	$5490	$6540	**$10760**	**$12240**	Kubota	5	142D	8F-8R	40.64	4080	No
L4150 HF	$16450	$4280	$5100	**$8390**	**$9540**	Kubota	5	142D	8F-8R	40.64	3750	No
B4200 DT	$6180	$1610	$1920	**$3150**	**$3580**	Kubota	2	35D	6F-2R	10	926	No
M4950 DT 4WD	$23600	$4720	$6140	**$10150**	**$11920**	Kubota	6	170D	12F-4R	49.57	5452	No
M4950 F	$19150	$3830	$4980	**$8240**	**$9670**	Kubota	6	170D	12F-4R	49.57	4760	No
M5030 DT 4WD	$22450	$4490	$5840	**$9650**	**$11340**	Kubota	6	170D	16F-4R	49.77	4788	CH
M5030 F	$18300	$3660	$4760	**$7870**	**$9240**	Kubota	6	170D	16F-4R	49.77	4232	CH
B5200 DT 4WD	$7250	$1890	$2250	**$3700**	**$4210**	Kubota	3	47D	6F-2R	11.50	1254	No
B5200 E	$6375	$1660	$1980	**$3250**	**$3700**	Kubota	3	47D	6F-2R	11.50	1122	No
M5950 DT	$27600	$5520	$7180	**$11870**	**$13940**	Kubota	3	196D	12F-4R	58.00	5673	No
M5950 DT 4WD w/Cab	$34700	$6940	$9020	**$14920**	**$17520**	Kubota	3	196D	12F-4R	58.00	6563	CHA
M5950 F	$22600	$4520	$5880	**$9720**	**$11410**	Kubota	3	196D	12F-4R	58.00	4989	No
M5950 F w/Cab	$29700	$5940	$7720	**$12770**	**$15000**	Kubota	3	196D	12F-4R	58.00	5879	CHA
M6030 DT 4WD	$24600	$4920	$6400	**$10580**	**$12420**	Kubota	3	196D	16F-4R	57.74	6300	No
M6030 DTN	$24500	$4900	$6370	**$10540**	**$12370**	Kubota	3	196D	16F-4R	57.00	4740	No
M6030 F/L	$19800	$3960	$5150	**$8510**	**$10000**	Kubota	3	196D	16F-4R	57.74	4630	No
B6200 DT 4WD	$7890	$2050	$2450	**$4020**	**$4580**	Kubota	3	52D	6F-2R	12.50	1232	No
B6200 E	$6960	$1810	$2160	**$3550**	**$4040**	Kubota	3	52D	6F-2R	12.50	1333	No
B6200 HSD 4WD	$9050	$2350	$2810	**$4620**	**$5250**	Kubota	3	52D	Variable	12.50	1150	No
B6200 HSE	$8050	$2090	$2500	**$4110**	**$4670**	Kubota	3	52D	Variable	12.50	1100	No
M6950 DT 4WD	$29300	$5860	$7620	**$12600**	**$14800**	Kubota	4	243D	12F-4R	66.44	6622	No
M6950 DT 4WD w/Cab	$36400	$7280	$9460	**$15650**	**$18380**	Kubota	4	243D	12F-4R	66.44	7512	CHA
M6950 F	$24200	$4840	$6290	**$10410**	**$12220**	Kubota	4	243D	12F-4R	66.44	5770	No
M6950 F w/Cab	$31300	$6260	$8140	**$13460**	**$15810**	Kubota	4	243D	12F-4R	66.44	5780	CHA
M7030 DT 4WD	$28100	$5620	$7310	**$12080**	**$14190**	Kubota	4	243D	16F-4R	68.87	5159	No
M7030 F/L	$22400	$4480	$5820	**$9630**	**$11310**	Kubota	4	243D	16F-4R	68.87	4607	No
B7200 DT 4WD	$8350	$2170	$2590	**$4260**	**$4840**	Kubota	3	57D	6F-2R	14.00	1320	No
B7200 E	$7360	$1910	$2280	**$3750**	**$4270**	Kubota	3	57D	6F-2R	14.00	1215	No
B7200 HSD 4WD	$9580	$2490	$2970	**$4890**	**$5560**	Kubota	3	57D	Variable	14.00	1275	No
B7200 HSE	$8590	$2230	$2660	**$4380**	**$4980**	Kubota	3	57D	Variable	14.00	1225	No
M7950 DT 4WD	$33400	$6680	$8680	**$14360**	**$16870**	Kubota	4	262D	12F-4R	75.44	6100	No
M7950 DT 4WD w/Cab	$40500	$8100	$10530	**$17420**	**$20450**	Kubota	4	262D	12F-4R	75.44	6970	CHA
M7950 DTM 4WD	$34300	$6860	$8920	**$14750**	**$17320**	Kubota	4	262D	16F-4R	75.44	6100	No
M7950 F	$26700	$5340	$6940	**$11480**	**$13480**	Kubota	4	262D	12F-4R	75.44	5950	No
M7950 F w/Cab	$33800	$6760	$8790	**$14530**	**$17070**	Kubota	4	262D	12F-4R	75.44		CHA
M7950 HC	$28100	$5620	$7310	**$12080**	**$14190**	Kubota	4	262D	16F-4R	75.44	5600	No
M7950 W	$27000	$5400	$7020	**$11610**	**$13640**	Kubota	4	262D	16F-4R	75.44	5600	No
M8030 DT 4WD	$30180	$6040	$7850	**$12980**	**$15240**	Kubota	4	262D	16F-4R	76.91	5710	No
M8030 F/L	$24000	$4800	$6240	**$10320**	**$12120**	Kubota	4	262D	16F-4R	76.91	5109	No
B8200 DT-2 4WD	$9060	$2360	$2810	**$4620**	**$5260**	Kubota	3	57D	9F-3R	16.00	1525	No
B8200 F	$8030	$2090	$2490	**$4100**	**$4660**	Kubota	3	57D	9F-3R	16.00	1408	No
B8200 HSD 4WD	$10400	$2700	$3220	**$5300**	**$6030**	Kubota	3	57D	Variable	14.50	1525	No
B8200 HSE	$9250	$2410	$2870	**$4720**	**$5370**	Kubota	3	57D	Variable	14.50	1408	No
M8950 DT	$37600	$7520	$9780	**$16170**	**$18990**	Kubota	4T	262D	24F-8R	85.63	6853	No
M8950 DT 4WD w/Cab	$44700	$8940	$11620	**$19220**	**$22570**	Kubota	4	262D	24F-8R	85.63	7713	CHA
M8950 F w/Cab	$38000	$7600	$9880	**$16340**	**$19190**	Kubota	4T	262D	24F-8R	85.63	6953	CHA
M8950 F/L	$30900	$6180	$8030	**$13290**	**$15610**	Kubota	4T	262D	24F-8R	85.63	6093	No

Kubota (Cont.)

1988 (Cont.)

Model	Approx. Retail Price New	Estimated Value Less Repairs: Used Trade-In Avg.	Used Trade-In High	Used Retail Avg.	Used Retail High	Engine Make	Engine No. Cyls.	Engine Displ. Cu.-in.	No. Speeds	P.T.O. H.P.	Approx. Shipping Wt.-Lbs.	Cab
B9200 DT	$9580	$2490	$2970	**$4890**	**$5560**	Kubota	3	57D	9F-3R	18.50	1676	No
B9200 F	$8550	$2220	$2650	**$4360**	**$4960**	Kubota	3	57D	9F-3R	18.50	1570	No
B9200 HSD 4WD	$10900	$2830	$3380	**$5560**	**$6320**	Kubota	4	75D	Variable	16.00	4916	No
B9200 HSE	$9780	$2540	$3030	**$4990**	**$5670**	Kubota	4	75D	Variable	16.00	4299	No

C, D, DT—Front Wheel Assist DTSS—Front Wheel Assist, Shuttle Shift E—Two Wheel Drive F—Farm Standard W—Two Row Offset
HC—High Clearance HSE—Hydrostatic Transmission, Two Wheel Drive HSD—Hydrostatic Transmission, Four Wheel Drive OC—Orchard L—Low Profile

1987

Model	Approx. Retail Price New	Used Trade-In Avg.	Used Trade-In High	Used Retail Avg.	Used Retail High	Engine Make	Engine No. Cyls.	Engine Displ. Cu.-in.	No. Speeds	P.T.O. H.P.	Approx. Shipping Wt.-Lbs.	Cab
L245 HC	$9690	$2420	$2910	**$4890**	**$5570**	Kubota	3	68D	8F-2R	22.00	2345	No
L355 SS	$13950	$3490	$4190	**$7050**	**$8020**	Kubota	4	105D	8F-8R	29.00	2684	No
L2250 DT-1 4WD	$9600	$2400	$2880	**$4850**	**$5520**	Kubota	3	79D	8F-7R	21.15	2321	No
L2250 F-1	$8300	$2080	$2490	**$4190**	**$4770**	Kubota	3	79D	8F-7R	21.15	2068	No
L2550 DT-1 4WD	$10400	$2600	$3120	**$5250**	**$5980**	Kubota	3	85D	8F-7R	23.98	2464	No
L2550 F-1	$9000	$2250	$2700	**$4550**	**$5180**	Kubota	3	85D	8F-7R	23.98	2220	No
L2850 DT-1 4WD	$11800	$2950	$3540	**$5960**	**$6790**	Kubota	4	106D	8F-7R	27.51	2705	No
L2850 F-1	$9950	$2490	$2990	**$5030**	**$5720**	Kubota	4	106D	8F-7R	27.51	2464	No
L3350 HDT	$17000	$4250	$5100	**$8590**	**$9780**	Kubota	4	113D	8F-8R	32.86	3770	No
L3750 HDT 4WD	$19000	$4750	$5700	**$9600**	**$10930**	Kubota	5	142D	8F-8R	36.96	3860	No
L3750 HF	$15000	$3750	$4500	**$7580**	**$8630**	Kubota	5	142D	8F-8R	36.96	3640	No
M4030 DT 4WD	$20300	$3860	$5180	**$8530**	**$10050**	Kubota	6	159D	8F-2R	44.05	4784	No
M4030 F/L	$16300	$3100	$4160	**$6850**	**$8070**	Kubota	6	159D	8F-2R	44.05	4232	No
L4150 DTN	$20100	$5030	$6030	**$10150**	**$11560**	Kubota	5	142D	8F-8R	40.00	4145	No
L4150 HDT 4WD	$20500	$5130	$6150	**$10350**	**$11790**	Kubota	5	142D	8F-8R	40.64	4080	No
L4150 HF	$15985	$4000	$4800	**$8070**	**$9190**	Kubota	5	142D	8F-8R	40.64	3750	No
B4200 DT	$6000	$1500	$1800	**$3030**	**$3450**	Kubota	2	35D	6F-2R	10	926	No
M4950 DT 4WD	$23000	$4370	$5870	**$9660**	**$11390**	Kubota	6	170D	12F-4R	49.57	5452	No
M4950 F	$18600	$3530	$4740	**$7810**	**$9210**	Kubota	6	170D	12F-4R	49.57	4760	No
M5030 DT 4WD	$21800	$4140	$5560	**$9160**	**$10790**	Kubota	6	170D	16F-4R	49.77	4788	CH
M5030 F	$17800	$3380	$4540	**$7480**	**$8810**	Kubota	6	170D	16F-4R	49.77	4232	CH
B5200 DT 4WD	$7040	$1760	$2110	**$3560**	**$4050**	Kubota	3	47D	6F-2R	11.50	1254	No
B5200 E	$6190	$1550	$1860	**$3130**	**$3560**	Kubota	3	47D	6F-2R	11.50	1122	No
M5950 DT	$26800	$5090	$6830	**$11260**	**$13270**	Kubota	3	196D	12F-4R	58.00	5673	No
M5950 DT 4WD w/Cab	$33700	$6400	$8590	**$14150**	**$16680**	Kubota	3	196D	12F-4R	58.00	6563	CHA
M5950 F	$22000	$4180	$5610	**$9240**	**$10890**	Kubota	3	196D	12F-4R	58.00	4989	No
M5950 F w/Cab	$28900	$5490	$7370	**$12140**	**$14310**	Kubota	3	196D	12F-4R	58.00	5879	CHA
M6030 DT 4WD	$23900	$4540	$6100	**$10040**	**$11830**	Kubota	3	196D	16F-4R	57.74	6300	No
M6030 DTN	$23810	$4520	$6070	**$10000**	**$11790**	Kubota	3	196D	16F-4R	57.00	4740	No
M6030 F/L	$19300	$3670	$4920	**$8110**	**$9550**	Kubota	3	196D	16F-4R	57.74	4630	No
B6200 DT 4WD	$7660	$1920	$2300	**$3870**	**$4410**	Kubota	3	52D	6F-2R	12.50	1232	No
B6200 E	$6760	$1690	$2030	**$3410**	**$3890**	Kubota	3	52D	6F-2R	12.50	1333	No
B6200 HSD 4WD	$8790	$2200	$2640	**$4440**	**$5050**	Kubota	3	52D	Variable	12.50	1150	No
B6200 HSE	$7810	$1950	$2340	**$3940**	**$4490**	Kubota	3	52D	Variable	12.50	1100	No
M6950 DT 4WD	$28500	$5420	$7270	**$11970**	**$14110**	Kubota	4	243D	12F-4R	66.44	6622	No
M6950 DT 4WD w/Cab	$35400	$6730	$9030	**$14870**	**$17520**	Kubota	4	243D	12F-4R	66.44	7512	CHA
M6950 F	$23500	$4470	$5990	**$9870**	**$11630**	Kubota	4	243D	12F-4R	66.44	5770	No
M6950 F w/Cab	$30400	$5780	$7750	**$12770**	**$15050**	Kubota	4	243D	12F-4R	66.44	5780	CHA
M7030 DT 4WD	$27300	$5190	$6960	**$11470**	**$13510**	Kubota	4	243D	16F-4R	68.87	5159	No
M7030 F/L	$21800	$4140	$5560	**$9160**	**$10790**	Kubota	4	243D	16F-4R	68.87	4607	No
B7200 DT 4WD	$8100	$2030	$2430	**$4090**	**$4660**	Kubota	3	57D	6F-2R	14.00	1320	No
B7200 E	$7150	$1790	$2150	**$3610**	**$4110**	Kubota	3	57D	6F-2R	14.00	1215	No
B7200 HSD 4WD	$9300	$2330	$2790	**$4700**	**$5350**	Kubota	3	57D	Variable	14.00	1275	No
B7200 HSE	$8340	$2090	$2500	**$4210**	**$4800**	Kubota	3	57D	Variable	14.00	1225	No
M7950 DT 4WD	$32500	$6180	$8290	**$13650**	**$16090**	Kubota	4	262D	12F-4R	75.44	6100	No
M7950 DT 4WD w/Cab	$39400	$7490	$10050	**$16550**	**$19500**	Kubota	4	262D	12F-4R	75.44	6970	CHA
M7950 DTM 4WD	$33300	$6330	$8490	**$13990**	**$16480**	Kubota	4	262D	16F-4R	75.44	6100	No
M7950 F	$26000	$4940	$6630	**$10920**	**$12870**	Kubota	4	262D	12F-4R	75.44	5950	No
M7950 F w/Cab	$32900	$6250	$8390	**$13820**	**$16290**	Kubota	4	262D	12F-4R	75.44		CHA
M7950 HC	$27300	$5190	$6960	**$11470**	**$13510**	Kubota	4	262D	16F-4R	75.44	5600	No
M7950 W	$26300	$5000	$6710	**$11050**	**$13020**	Kubota	4	262D	16F-4R	75.44	5600	No
M8030 DT 4WD	$29300	$5570	$7470	**$12310**	**$14500**	Kubota	4	262D	16F-4R	76.91	5710	No
M8030 F/L	$23300	$4430	$5940	**$9790**	**$11530**	Kubota	4	262D	16F-4R	76.91	5109	No
B8200 DT-2 4WD	$8800	$2200	$2640	**$4440**	**$5060**	Kubota	3	57D	9F-3R	16.00	1525	No
B8200 F	$7800	$1950	$2340	**$3940**	**$4490**	Kubota	3	57D	9F-3R	16.00	1408	No
B8200 HSD 4WD	$10100	$2530	$3030	**$5100**	**$5810**	Kubota	3	57D	Variable	14.50	1525	No
B8200 HSE	$9000	$2250	$2700	**$4550**	**$5180**	Kubota	3	57D	Variable	14.50	1408	No
M8950 DT	$36500	$6940	$9310	**$15330**	**$18070**	Kubota	4T	262D	24F-8R	85.63	6853	No
M8950 DT 4WD w/Cab	$43400	$8250	$11070	**$18230**	**$21480**	Kubota	4	262D	24F-8R	85.63	7713	CHA
M8950 F w/Cab	$36900	$7010	$9410	**$15500**	**$18270**	Kubota	4T	262D	24F-8R	85.63	6953	CHA
M8950 F/L	$30000	$5700	$7650	**$12600**	**$14850**	Kubota	4T	262D	24F-8R	85.63	6093	No
B9200 DT	$9300	$2330	$2790	**$4700**	**$5350**	Kubota	3	57D	9F-3R	18.50	1676	No
B9200 F	$8300	$2080	$2490	**$4190**	**$4770**	Kubota	3	57D	9F-3R	18.50	1570	No
B9200 HSD 4WD	$10600	$2650	$3180	**$5350**	**$6100**	Kubota	4	75D	Variable	16.00	4916	No
B9200 HSE	$9500	$2380	$2850	**$4800**	**$5460**	Kubota	4	75D	Variable	16.00	4299	No

C, D, DT—Front Wheel Assist DTSS—Front Wheel Assist, Shuttle Shift E—Two Wheel Drive F—Farm Standard W—Two Row Offset
HC—High Clearance HSE—Hydrostatic Transmission, Two Wheel Drive HSD—Hydrostatic Transmission, Four Wheel Drive OC—Orchard L—Low Profile

1986

Model	Approx. Retail Price New	Used Trade-In Avg.	Used Trade-In High	Used Retail Avg.	Used Retail High	Engine Make	Engine No. Cyls.	Engine Displ. Cu.-in.	No. Speeds	P.T.O. H.P.	Approx. Shipping Wt.-Lbs.	Cab
L245 HC	$9280	$2230	$2690	**$4640**	**$5290**	Kubota	3	68D	8F-2R	22.00	2345	No
L345 F	$10330	$2480	$3000	**$5170**	**$5890**	Kubota	4	90D	8F-2R	29.30	2530	No
L355 SS	$13950	$3350	$4050	**$6980**	**$7950**	Kubota	4	105D	8F-8R	29.00	2684	No
L2250 DT-1 4WD	$8780	$2110	$2550	**$4390**	**$5010**	Kubota	3	79D	8F-7R	21.15	2321	No
L2250 F-1	$7680	$1840	$2230	**$3840**	**$4380**	Kubota	3	79D	8F-7R	21.15	2068	No
L2550 DT-1 4WD	$9610	$2310	$2790	**$4810**	**$5480**	Kubota	3	85D	8F-7R	23.98	2464	No
L2550 F-1	$8410	$2020	$2440	**$4210**	**$4790**	Kubota	3	85D	8F-7R	23.98	2220	No

Model	Approx. Retail Price New	Estimated Value Less Repairs Used Trade-In Avg.	Used Trade-In High	Used Retail Avg.	Used Retail High	Engine Make	Engine No. Cyls.	Engine Displ. Cu.-in.	No. Speeds	P.T.O. H.P.	Approx. Shipping Wt.-Lbs.	Cab
Kubota (Cont.)												
				1986 (Cont.)								
L2850 DT-1 4WD	$10850	$2600	$3150	**$5430**	**$6190**	Kubota	4	106D	8F-7R	27.51	2705	No
L2850 F-1	$9250	$2220	$2680	**$4630**	**$5270**	Kubota	4	106D	8F-7R	27.51	2464	No
L3350 HDT	$15500	$3720	$4500	**$7750**	**$8840**	Kubota	4	113D	8F-8R	32.86	3770	No
L3750 HDT 4WD	$17500	$4200	$5080	**$8750**	**$9980**	Kubota	5	142D	8F-8R	36.96	3860	No
L3750 HF	$15000	$3600	$4350	**$7500**	**$8550**	Kubota	5	142D	8F-8R	36.96	3640	No
M4030 DT 4WD	$19000	$3610	$4750	**$7790**	**$9220**	Kubota	6	159D	8F-2R	44.05	4784	No
M4030 F/L	$15600	$2960	$3900	**$6400**	**$7570**	Kubota	6	159D	8F-2R	44.05	4232	No
L4150 HDT 4WD	$19200	$4610	$5570	**$9600**	**$10940**	Kubota	5	142D	8F-8R	40.64	4080	No
L4150 HF	$15985	$3840	$4640	**$7990**	**$9110**	Kubota	5	142D	8F-8R	40.64	3750	No
M4500 OC	$15725	$2990	$3930	**$6450**	**$7630**	Kubota	6	159D	8F-2R	49.70	4004	No
M4950 DT 4WD	$21880	$4160	$5470	**$8970**	**$10610**	Kubota	6	170D	12F-4R	49.57	5452	No
M4950 F	$17680	$3360	$4420	**$7250**	**$8580**	Kubota	6	170D	12F-4R	49.57	4760	No
M5030 DT 4WD	$20100	$3820	$5030	**$8240**	**$9750**	Kubota	6	170D	16F-4R	49.77	4788	CH
M5030 F	$16600	$3150	$4150	**$6810**	**$8050**	Kubota	6	170D	16F-4R	49.77	4232	CH
B5200 DT 4WD	$6450	$1550	$1870	**$3230**	**$3680**	Kubota	3	47D	6F-2R	11.50	1254	No
B5200 E	$5800	$1390	$1680	**$2900**	**$3310**	Kubota	3	47D	6F-2R	11.50	1122	No
M5950 DT	$24600	$4670	$6150	**$10090**	**$11930**	Kubota	3	196D	12F-4R	58.00	5673	No
M5950 DT 4WD w/Cab	$30950	$5880	$7740	**$12690**	**$15010**	Kubota	3	196D	12F-4R	58.00	6563	CHA
M5950 F	$20500	$3900	$5130	**$8410**	**$9940**	Kubota	3	196D	12F-4R	58.00	4989	No
M5950 F w/Cab	$26850	$5100	$6710	**$11010**	**$13020**	Kubota	3	196D	12F-4R	58.00	5879	CHA
M6030 DT 4WD	$22000	$4180	$5500	**$9020**	**$10670**	Kubota	3	196D	16F-4R	57.75	6300	No
M6030 F/L	$18000	$3420	$4500	**$7380**	**$8730**	Kubota	3	196D	16F-4R	57.75	4630	No
B6200 DT 4WD	$6950	$1670	$2020	**$3480**	**$3960**	Kubota	3	52D	6F-2R	12.50	1232	No
B6200 E	$6300	$1510	$1830	**$3150**	**$3590**	Kubota	3	52D	6F-2R	12.50	1333	No
B6200 HSD 4WD	$7950	$1910	$2310	**$3980**	**$4530**	Kubota	3	52D	Variable	12.50	1150	No
B6200 HSE	$7200	$1730	$2090	**$3600**	**$4100**	Kubota	3	52D	Variable	12.50	1100	No
M6950 DT 4WD	$26400	$5020	$6600	**$10820**	**$12800**	Kubota	4	243D	12F-4R	66.44	6622	No
M6950 DT 4WD w/Cab	$32750	$6220	$8190	**$13430**	**$15880**	Kubota	4	243D	12F-4R	66.44	7512	CHA
M6950 F	$21800	$4140	$5450	**$8940**	**$10570**	Kubota	4	243D	12F-4R	66.44	5770	No
M6950 F w/Cab	$28150	$5350	$7040	**$11540**	**$13650**	Kubota	4	243D	12F-4R	66.44	5780	CHA
M7030 DT 4WD	$24900	$4730	$6230	**$10210**	**$12080**	Kubota	4	243D	16F-4R	68.87	5159	No
M7030 F/L	$20300	$3860	$5080	**$8320**	**$9850**	Kubota	4	243D	16F-4R	68.87	4607	No
B7200 DT 4WD	$7400	$1780	$2150	**$3700**	**$4220**	Kubota	3	57D	6F-2R	14.00	1320	No
B7200 E	$6700	$1610	$1940	**$3350**	**$3820**	Kubota	3	57D	6F-2R	14.00	1215	No
B7200 HSD 4WD	$8500	$2040	$2470	**$4250**	**$4850**	Kubota	3	57D	Variable	14.00	1275	No
B7200 HSE	$7700	$1850	$2230	**$3850**	**$4390**	Kubota	3	57D	Variable	14.00	1225	No
M7500 L	$20060	$3810	$5020	**$8230**	**$9730**	Kubota	4	243D	16F-4R	72.00	4607	No
M7950 DT 4WD	$30000	$5700	$7500	**$12300**	**$14550**	Kubota	4	262D	12F-4R	75.44	6100	No
M7950 DT 4WD w/Cab	$36350	$6910	$9090	**$14900**	**$17630**	Kubota	4	262D	12F-4R	75.44	6970	CHA
M7950 DTM 4WD	$32300	$6140	$8080	**$13240**	**$15670**	Kubota	4	262D	16F-4R	75.44	6100	No
M7950 F	$24400	$4640	$6100	**$10000**	**$11830**	Kubota	4	262D	12F-4R	75.44	5950	No
M7950 F w/Cab	$30750	$5840	$7690	**$12610**	**$14910**	Kubota	4	262D	12F-4R	75.44		CHA
M7950 HC	$26600	$5050	$6650	**$10910**	**$12900**	Kubota	4	262D	16F-4R	75.44	5600	No
M7950 W	$25600	$4860	$6400	**$10500**	**$12420**	Kubota	4	262D	16F-4R	75.44	5600	No
M8030 DT 4WD	$26900	$5110	$6730	**$11030**	**$13050**	Kubota	4	262D	16F-4R	76.91	5710	No
M8030 F/L	$21700	$4120	$5430	**$8900**	**$10530**	Kubota	4	262D	16F-4R	76.91	5109	No
B8200 DT-2 4WD	$8050	$1930	$2340	**$4030**	**$4590**	Kubota	3	57D	9F-3R	16.00	1525	No
B8200 F	$7200	$1730	$2090	**$3600**	**$4100**	Kubota	3	57D	9F-3R	16.00	1408	No
B8200 HSD 4WD	$9150	$2200	$2650	**$4580**	**$5220**	Kubota	3	57D	Variable	14.50	1525	No
B8200 HSE	$8300	$1990	$2410	**$4150**	**$4730**	Kubota	3	57D	Variable	14.50	1408	No
M8950 DT	$33600	$6380	$8400	**$13780**	**$16300**	Kubota	4T	262D	24F-8R	85.63	6853	No
M8950 DT 4WD w/Cab	$39950	$7590	$9990	**$16380**	**$19380**	Kubota	4	262D	24F-8R	85.63	7713	CHA
M8950 F w/Cab	$31750	$6030	$7940	**$13020**	**$15400**	Kubota	4T	262D	24F-8R	85.63	6953	CHA
M8950 F/L	$28000	$5320	$7000	**$11480**	**$13580**	Kubota	4T	262D	24F-8R	85.63	6093	No
B9200 HSD 4WD	$9650	$2320	$2800	**$4830**	**$5500**	Kubota	4	75D	Variable	16.00	4916	No
B9200 HSE	$8800	$2110	$2550	**$4400**	**$5020**	Kubota	4	75D	Variable	16.00	4299	No

C, D, DT—Front Wheel Assist DTSS—Front Wheel Assist, Shuttle Shift E—Two Wheel Drive F—Farm Standard W—Two Row Offset HC—High Clearance HSE—Hydrostatic Transmission, Two Wheel Drive HSD—Hydrostatic Transmission, Four Wheel Drive OC—Orchard L—Low Profile

Model	Approx. Retail Price New	Estimated Value Less Repairs Used Trade-In Avg.	Used Trade-In High	Used Retail Avg.	Used Retail High	Engine Make	Engine No. Cyls.	Engine Displ. Cu.-in.	No. Speeds	P.T.O. H.P.	Approx. Shipping Wt.-Lbs.	Cab
				1985								
L235 DT 4WD	$8180	$1880	$2290	**$4050**	**$4620**	Kubota	3	68D	8F-2R	19.59	2115	No
L235 F	$7300	$1680	$2040	**$3610**	**$4130**	Kubota	3	68D	8F-2R	19.59	1950	No
L245 HC	$8610	$1980	$2410	**$4260**	**$4870**	Kubota	3	68D	8F-2R	22.00	2345	No
L275 DT 4WD	$9330	$2150	$2610	**$4620**	**$5270**	Kubota	3	79D	8F-2R	23.42	2350	No
L275 F	$8150	$1880	$2280	**$4030**	**$4610**	Kubota	3	79D	8F-2R	23.42	2150	No
L305 DT 4WD	$10810	$2490	$3030	**$5350**	**$6110**	Kubota	3	79D	8F-2R	26.21	2855	No
L305 F	$8805	$2030	$2470	**$4360**	**$4980**	Kubota	3	79D	8F-2R	26.21	2555	No
L345 DT 4WD	$11810	$2720	$3310	**$5850**	**$6670**	Kubota	4	91D	8F-2R	29.35	3155	No
L345 F	$10100	$2320	$2830	**$5000**	**$5710**	Kubota	4	91D	8F-2R	29.35	2770	No
L345 W	$10190	$2340	$2850	**$5040**	**$5760**	Kubota	4	91D	8F-2R	29.35	2530	No
L355 SS	$13610	$3130	$3810	**$6740**	**$7690**	Kubota	4	105D	8F-8R	29.00	2684	No
L2250	$8375	$1930	$2350	**$4150**	**$4730**	Kubota	3	79D	8F-7R	21.15	2068	No
L2250 4WD	$9275	$2130	$2600	**$4590**	**$5240**	Kubota	3	79D	8F-7R	21.15	2321	No
L2550	$9075	$2090	$2540	**$4490**	**$5130**	Kubota	3	85D	8F-7R	23.98	2220	No
L2550 4WD	$10175	$2340	$2850	**$5040**	**$5750**	Kubota	3	85D	8F-7R	23.98	2464	No
L2850	$10075	$2320	$2820	**$4990**	**$5690**	Kubota	4	106D	8F-7R	27.51	2464	No
L2850 4WD	$11575	$2660	$3240	**$5730**	**$6540**	Kubota	4	106D	8F-7R	27.51	2705	No
L3750	$14550	$3350	$4070	**$7200**	**$8220**	Kubota	5	142D	8F-8R	36.96	3640	No
L3750 4WD	$16550	$3810	$4630	**$8190**	**$9350**	Kubota	5	142D	8F-8R	36.96	3860	No
M4050 DT 4WD	$18400	$3500	$4510	**$7360**	**$8740**	Kubota	6	159D	8F-2R	45.74	4356	No
M4050 F	$14700	$2790	$3600	**$5880**	**$6980**	Kubota	6	159D	8F-2R	45.74	3740	No
L4150	$15650	$3600	$4380	**$7750**	**$8840**	Kubota	5	142D	8F-8R	40.64	3750	No
L4150 4WD	$18150	$4180	$5080	**$8980**	**$10260**	Kubota	5	142D	8F-8R	40.64	4080	No
M4500	$15200	$2890	$3720	**$6080**	**$7220**	Kubota	6	159D	16F-4R	49.72	4220	No

Kubota (Cont.)

1985 (Cont.)

Model	Approx. Retail Price New	Used Trade-In Avg.	Used Trade-In High	Used Retail Avg.	Used Retail High	Make	Engine No. Cyls.	Engine Displ. Cu.-in.	No. Speeds	P.T.O. H.P.	Approx. Shipping Wt.-Lbs.	Cab
M4500 DT 4WD	$18900	$3590	$4630	**$7560**	**$8980**	Kubota	6	159D	16F-4R	49.72	4220	No
M4500 OC	$15275	$2900	$3740	**$6110**	**$7260**	Kubota	6	159D	16F-4R	49.00	4400	No
M4950 DT 4WD	$21245	$4040	$5210	**$8500**	**$10090**	Kubota	6	170D	12F-4R	49.57	5452	No
M4950 DT 4WD w/Cab	$24415	$4640	$5980	**$9770**	**$11600**	Kubota	6	170D	12F-4R	49.57	6252	CH
M4950 F	$17245	$3280	$4230	**$6900**	**$8190**	Kubota	6	170D	12F-4R	49.57	4746	No
M4950 F w/Cab	$20715	$3940	$5080	**$8290**	**$9840**	Kubota	6	170D	12F-4R	49.57	5546	CH
B5200 DT 4WD	$5825	$1340	$1630	**$2880**	**$3290**	Kubota	3	46D	6F-2R	11.50	1254	No
B5200 E	$5375	$1240	$1510	**$2660**	**$3040**	Kubota	3	46D	6F-2R	11.50	1122	No
M5500 DT 4WD	$20480	$3890	$5020	**$8190**	**$9730**	Kubota	3	182D	16F-4R	53.99	5070	No
M5950 DT	$24065	$4570	$5900	**$9630**	**$11430**	Kubota	3	196D	12F-4R	58.00	5673	No
M5950 DT 4WD w/Cab	$28715	$5460	$7040	**$11490**	**$13640**	Kubota	3	196D	12F-4R	58.00	6563	CHA
M5950 F	$20065	$3810	$4920	**$8030**	**$9530**	Kubota	3	196D	12F-4R	58.00	4989	No
M5950 F w/Cab	$24715	$4700	$6060	**$9890**	**$11740**	Kubota	3	196D	12F-4R	58.00	5879	CHA
B6200 DT 4WD	$6405	$1470	$1790	**$3170**	**$3620**	Kubota	3	52D	6F-2R	12.50	1232	No
B6200 E	$5885	$1350	$1650	**$2910**	**$3330**	Kubota	3	52D	6F-2R	12.50	1333	No
B6200 HSD 4WD	$7325	$1690	$2050	**$3630**	**$4140**	Kubota	3	52D	Variable	12.50	1150	No
B6200 HSE	$6725	$1550	$1880	**$3330**	**$3800**	Kubota	3	52D	Variable	12.50	1100	No
M6950 DT 4WD	$25865	$4910	$6340	**$10350**	**$12290**	Kubota	4	243D	12F-4R	66.44	6622	No
M6950 DT 4WD w/Cab	$30515	$5800	$7480	**$12210**	**$14500**	Kubota	4	243D	12F-4R	66.44	7512	CHA
M6950 F	$21365	$4060	$5230	**$8550**	**$10150**	Kubota	4	243D	12F-4R	66.44	5770	No
M6950 F w/Cab	$26015	$4940	$6370	**$10410**	**$12360**	Kubota	4	243D	12F-4R	66.44	6590	CHA
B7200 DT 4WD	$6895	$1590	$1930	**$3410**	**$3900**	Kubota	3	57D	6F-2R	14.00	1320	No
B7200 E	$6295	$1450	$1760	**$3120**	**$3560**	Kubota	3	57D	6F-2R	14.00	1215	No
B7200 HSD 4WD	$7772	$1790	$2180	**$3850**	**$4390**	Kubota	3	57D	Variable	14.00	1275	No
B7200 HSE	$7175	$1650	$2010	**$3550**	**$4050**	Kubota	3	57D	Variable	14.00	1225	No
M7500 DT 4WD	$25270	$4800	$6190	**$10110**	**$12000**	Kubota	4	243D	16F-4R	72.34	5610	No
M7500 F	$19270	$3660	$4720	**$7710**	**$9150**	Kubota	4	243D	16F-4R	72.34	5085	No
M7950 DT 4WD	$29055	$5520	$7120	**$11620**	**$13800**	Kubota	4	262D	12F-4R	75.44	6610	No
M7950 DT 4WD w/Cab	$33705	$6400	$8260	**$13480**	**$16010**	Kubota	4	262D	12F-4R	75.44	7500	CHA
M7950 F	$23665	$4500	$5800	**$9470**	**$11240**	Kubota	4	262D	12F-4R	75.44	5840	No
M7950 F w/Cab	$28315	$5380	$6940	**$11330**	**$13450**	Kubota	4	262D	12F-4R	75.44	6730	CHA
B8200 DT-2 4WD	$7695	$1770	$2160	**$3810**	**$4350**	Kubota	3	57D	9F-3R	16.00	1525	No
B8200 F	$6895	$1590	$1930	**$3410**	**$3900**	Kubota	3	57D	9F-3R	16.00	1408	No
B8200 HSD 4WD	$8595	$1980	$2410	**$4260**	**$4860**	Kubota	3	57D	Variable	14.50	1525	No
B8200 HSE	$7795	$1790	$2180	**$3860**	**$4400**	Kubota	3	57D	Variable	14.50	1408	No
M8950 DT	$32600	$6190	$7990	**$13040**	**$15490**	Kubota	4T	262D	24F-8R	85.63	6853	No
M8950 DT 4WD w/Cab	$37250	$7080	$9130	**$14900**	**$17690**	Kubota	4	262D	24F-8R	85.63	7713	CHA
M8950 F	$27100	$5150	$6640	**$10840**	**$12870**	Kubota	4T	262D	24F-8R	85.63	6093	No
M8950 F w/Cab	$31750	$6030	$7780	**$12700**	**$15080**	Kubota	4T	262D	24F-8R	85.63	6953	CHA

C, D, DT—Front Wheel Assist DTSS—Front Wheel Assist, Shuttle Shift E—Two Wheel Drive F—Farm Standard W—Two Row Offset HC—High Clearance HSE—Hydrostatic Transmission, Two Wheel Drive HSD—Hydrostatic Transmission, Four Wheel Drive OC—Orchard L—Low Profile

1984

Model	Approx. Retail Price New	Used Trade-In Avg.	Used Trade-In High	Used Retail Avg.	Used Retail High	Make	Engine No. Cyls.	Engine Displ. Cu.-in.	No. Speeds	P.T.O. H.P.	Approx. Shipping Wt.-Lbs.	Cab
L235 DT 4WD	$7445	$1640	$2090	**$3650**	**$4170**	Kubota	3	68D	8F-2R	19.59	2115	No
L235 F	$6580	$1450	$1840	**$3220**	**$3690**	Kubota	3	68D	8F-2R	19.59	1950	No
L245 HC	$7865	$1730	$2200	**$3850**	**$4400**	Kubota	3	68D	8F-2R	22.00	2345	No
L275 DT 4WD	$8705	$1920	$2440	**$4270**	**$4880**	Kubota	3	79D	8F-2R	23.42	2350	No
L275 F	$7530	$1660	$2110	**$3690**	**$4220**	Kubota	3	79D	8F-2R	23.42	2150	No
L305	$8805	$1940	$2470	**$4310**	**$4930**	Kubota	3	79D	8F-2R	26.21	2555	No
L305 DT 4WD	$10475	$2310	$2930	**$5130**	**$5870**	Kubota	3	79D	8F-2R	26.21	2855	No
L345	$9425	$2070	$2640	**$4620**	**$5280**	Kubota	4	91D	8F-2R	29.35	2770	No
L345 DT 4WD	$11353	$2500	$3180	**$5560**	**$6360**	Kubota	4	91D	8F-2R	29.35	3155	No
L355 DTSS 4WD	$12373	$2720	$3460	**$6060**	**$6930**	Kubota	4	105D	8F-8R	29.00	2684	No
M4050 DT 4WD	$16500	$3140	$3960	**$6440**	**$7670**	Kubota	6	159D	8F-2R	45.74	4356	No
M4050 F	$12500	$2380	$3000	**$4880**	**$5810**	Kubota	6	159D	8F-2R	45.74	3740	No
M4500	$13930	$2650	$3340	**$5430**	**$6480**	Kubota	6	159D	16F-4R	49.72	4220	No
M4500 DT 4WD	$18280	$3470	$4390	**$7130**	**$8500**	Kubota	6	159D	16F-4R	49.72	4730	No
M4500 OC	$14490	$2750	$3480	**$5650**	**$6740**	Kubota	6	159D	16F-4R	49.00	4400	No
M4950 DT 4WD	$20265	$3850	$4860	**$7900**	**$9420**	Kubota	6	170D	12F-4R	49.57	5452	No
M4950 DT 4WD w/Cab	$24612	$4680	$5910	**$9600**	**$11450**	Kubota	6	170D	12F-4R	49.57	6252	CH
M4950 F	$16465	$3130	$3950	**$6420**	**$7660**	Kubota	6	170D	12F-4R	49.57	4746	No
M4950 F w/Cab	$19847	$3770	$4760	**$7740**	**$9230**	Kubota	6	170D	12F-4R	49.57	5546	CH
B5100 D 4WD	$4785	$1120	$1420	**$2490**	**$2850**	Kubota	2	31D	6F-2R	10	895	No
B5100 E	$4410	$1030	$1320	**$2300**	**$2630**	Kubota	2	31D	6F-2R	10	805	No
M5500 DT 4WD	$19840	$3770	$4760	**$7740**	**$9230**	Kubota	3	182D	16F-4R	53.99	5070	No
M5500 F	$15330	$2910	$3680	**$5980**	**$7130**	Kubota	3	182D	16F-4R	53.99	4560	No
M5950 DT 4WD	$23065	$4380	$5540	**$9000**	**$10730**	Kubota	3	196D	12F-4R	58.00	5673	No
M5950 DT 4WD w/Cab	$27556	$5240	$6610	**$10750**	**$12810**	Kubota	3	196D	12F-4R	58.00	6563	CHA
M5950 F	$19165	$3640	$4600	**$7470**	**$8910**	Kubota	3	196D	12F-4R	58.00	4989	No
M5950 F w/Cab	$23656	$4500	$5680	**$9230**	**$11000**	Kubota	3	196D	12F-4R	58.00	5879	CHA
B6100 D 4WD	$5725	$1330	$1690	**$2950**	**$3370**	Kubota	3	41D	6F-2R	12.00	1035	No
B6100 E	$5185	$1210	$1540	**$2690**	**$3070**	Kubota	3	41D	6F-2R	12.00	970	No
B6100 HSD 4WD	$6450	$1460	$1860	**$3260**	**$3720**	Kubota	3	41D	Variable	12.00	1230	No
B6100 HSE	$5885	$1340	$1700	**$2980**	**$3410**	Kubota	3	41D	Variable	12.00	1140	No
B6200 D 4WD	$6300	$1430	$1820	**$3190**	**$3640**	Kubota	3	52D	6F-2R	12.50	1180	No
B6200 E	$5705	$1320	$1680	**$2940**	**$3360**	Kubota	3	52D	6F-2R	12.50	1060	No
M6950 DT 4WD	$25165	$4780	$6040	**$9810**	**$11700**	Kubota	4	243D	12F-4R	66.44	6622	No
M6950 DT 4WD w/Cab	$29656	$5640	$7120	**$11570**	**$13790**	Kubota	4	243D	12F-4R	66.44	7512	CHA
M6950 F	$20765	$3950	$4980	**$8100**	**$9660**	Kubota	4	243D	12F-4R	66.44	5770	No
M6950 F w/Cab	$26225	$4980	$6290	**$10230**	**$12200**	Kubota	4	243D	12F-4R	66.44	6590	CHA
B7100 DT 4WD	$6195	$1410	$1790	**$3130**	**$3580**	Kubota	3	47D	6F-2R	13.60	1085	No
B7100 HSD 4WD	$7050	$1600	$2030	**$3550**	**$4060**	Kubota	3	47D	Variable	13.60	1300	No
B7100 HSE	$6420	$1460	$1860	**$3250**	**$3710**	Kubota	3	47D	Variable	13.60	1205	No
B7200 D 4WD	$6930	$1570	$2000	**$3500**	**$4000**	Kubota	3	57D	6F-2R	14.00	1235	No

Kubota (Cont.)

1984 (Cont.)

Model	Approx. Retail Price New	Used Trade-In Avg.	Used Trade-In High	Used Retail Avg.	Used Retail High	Engine Make	Engine No. Cyls.	Engine Displ. Cu.-in.	No. Speeds	P.T.O. H.P.	Approx. Shipping Wt.-Lbs.	Cab
B7200 E	$6275	$1430	$1810	**$3170**	**$3630**	Kubota	3	57D	6F-2R	14.00	1080	No
M7500 DT 4WD	$23650	$4490	$5680	**$9220**	**$11000**	Kubota	4	243D	16F-4R	72.34	5610	No
M7500 F	$17800	$3380	$4270	**$6940**	**$8280**	Kubota	4	243D	16F-4R	72.34	5085	No
M7950 DT 4WD	$27865	$5290	$6690	**$10870**	**$12960**	Kubota	4	262D	12F-4R	75.44	6610	No
M7950 DT 4WD w/Cab	$33321	$6330	$8000	**$13000**	**$15490**	Kubota	4	262D	12F-4R	75.44	7500	CHA
M7950 F	$22915	$4350	$5500	**$8940**	**$10660**	Kubota	4	262D	12F-4R	75.44	5840	No
M7950 F w/Cab	$27406	$5210	$6580	**$10690**	**$12740**	Kubota	4	262D	12F-4R	75.44	6730	CHA
B8200 DT 4WD	$6895	$1560	$1990	**$3480**	**$3970**	Kubota	3	57D	9F-3R	16.00	1565	No
B8200 E	$6155	$1400	$1780	**$3110**	**$3560**	Kubota	3	57D	9F-3R	16.00	1420	No
B8200 HSD 4WD	$7595	$1720	$2180	**$3820**	**$4370**	Kubota	3	57D	Variable	14.50	1700	No
B8200 HSE	$6855	$1550	$1980	**$3460**	**$3950**	Kubota	3	57D	Variable	14.50	1545	No

C, D, DT—Front Wheel Assist DTSS—Front Wheel Assist, Shuttle Shift E—Two Wheel Drive F—Farm Standard W—Two Row Offset HC—High Clearance HSE—Hydrostatic Transmission, Two Wheel Drive HSD—Hydrostatic Transmission, Four Wheel Drive OC—Orchard L—Low Profile

1983

Model	Approx. Retail Price New	Used Trade-In Avg.	Used Trade-In High	Used Retail Avg.	Used Retail High	Engine Make	Engine No. Cyls.	Engine Displ. Cu.-in.	No. Speeds	P.T.O. H.P.	Approx. Shipping Wt.-Lbs.	Cab
L235 DT 4WD	$7441	$1560	$2080	**$3610**	**$4130**	Kubota	3	68D	8F-2R	19.59	2115	No
L235 F	$6579	$1380	$1840	**$3190**	**$3650**	Kubota	3	68D	8F-2R	19.59	1950	No
L245 HC	$7864	$1650	$2200	**$3810**	**$4370**	Kubota	3	68D	8F-2R	22.00	2345	No
L275 DT 4WD	$8701	$1830	$2440	**$4220**	**$4830**	Kubota	3	79D	8F-2R	23.42	2350	No
L275 F	$7528	$1580	$2110	**$3650**	**$4180**	Kubota	3	79D	8F-2R	23.42	2150	No
L305	$8803	$1850	$2470	**$4270**	**$4890**	Kubota	3	79D	8F-2R	26.21	2555	No
L305 DT 4WD	$10475	$2200	$2930	**$5080**	**$5810**	Kubota	3	79D	8F-2R	26.21	2855	No
L345	$9425	$1980	$2640	**$4570**	**$5230**	Kubota	4	91D	8F-2R	29.35	2770	No
L345 DT	$11353	$2380	$3180	**$5510**	**$6300**	Kubota	4	91D	8F-2R	29.35	3155	No
L355 DTSS 4WD	$12373	$2600	$3460	**$6000**	**$6870**	Kubota	4	105D	8F-8R	29.00	2684	No
M4050 DT 4WD	$16500	$3050	$3960	**$6270**	**$7510**	Kubota	6	159D	8F-2R	45.74	4356	No
M4050 F	$12500	$2310	$3000	**$4750**	**$5690**	Kubota	6	159D	8F-2R	45.74	3740	No
M4500 DT 4WD	$18280	$3380	$4390	**$6950**	**$8320**	Kubota	6	159D	16F-4R	49.72	4730	No
M4500 F	$13930	$2580	$3340	**$5290**	**$6340**	Kubota	6	159D	16F-4R	49.72	4220	No
M4500 OC	$14490	$2680	$3480	**$5510**	**$6590**	Kubota	6	159D	16F-4R	49.00	4400	No
M4950 DT 4WD	$20265	$3750	$4860	**$7700**	**$9220**	Kubota	6	170D	12F-4R	49.57	5452	No
M4950 DT 4WD w/Cab	$24612	$4550	$5910	**$9350**	**$11200**	Kubota	6	170D	12F-4R	49.57	6252	CH
M4950 F	$16465	$3050	$3950	**$6260**	**$7490**	Kubota	6	170D	12F-4R	49.57	4746	No
M4950 F w/Cab	$19847	$3670	$4760	**$7540**	**$9030**	Kubota	6	170D	12F-4R	49.57	5546	CH
B5100 D 4WD	$4784	$1070	$1430	**$2470**	**$2830**	Kubota	2	31D	6F-2R	10	895	No
B5100 E	$4406	$990	$1320	**$2280**	**$2610**	Kubota	2	31D	6F-2R	10	805	No
M5500 DT 4WD	$19840	$3670	$4760	**$7540**	**$9030**	Kubota	3	182D	16F-4R	53.99	5070	No
M5500 F	$15330	$2840	$3680	**$5830**	**$6980**	Kubota	3	182D	16F-4R	53.99	4560	No
M5950 DT 4WD	$23065	$4270	$5540	**$8770**	**$10500**	Kubota	3	196D	12F-4R	58.00	5673	No
M5950 DT 4WD w/Cab	$27556	$5100	$6610	**$10470**	**$12540**	Kubota	3	196D	12F-4R	58.00	6563	CHA
M5950 F	$19165	$3550	$4600	**$7280**	**$8720**	Kubota	3	196D	12F-4R	58.00	4989	No
M5950 F w/Cab	$23656	$4380	$5680	**$8990**	**$10760**	Kubota	3	196D	12F-4R	58.00	5879	CHA
B6100 D 4WD	$5722	$1270	$1690	**$2930**	**$3360**	Kubota	3	41D	6F-2R	12.00	1035	No
B6100 E	$5182	$1150	$1530	**$2660**	**$3040**	Kubota	3	41D	6F-2R	12.00	970	No
B6100 HSD 4WD	$6446	$1440	$1920	**$3320**	**$3800**	Kubota	3	41D	Variable	12.00	1230	No
B6100 HSE	$5885	$1320	$1760	**$3050**	**$3490**	Kubota	3	41D	Variable	12.00	1140	No
M6950 DT 4WD	$25165	$4660	$6040	**$9560**	**$11450**	Kubota	4	243D	12F-4R	66.00	6622	No
M6950 DT 4WD w/Cab	$29656	$5490	$7120	**$11270**	**$13490**	Kubota	4	243D	12F-4R	66.00	7512	CHA
M6950 F	$20765	$3840	$4980	**$7890**	**$9450**	Kubota	4	243D	12F-4R	66.00	5770	No
M6950 F w/Cab	$26221	$4850	$6290	**$9960**	**$11930**	Kubota	4	243D	12F-4R	66.00	6590	CHA
B7100 DT 4WD	$6191	$1360	$1820	**$3150**	**$3600**	Kubota	3	47D	6F-2R	13.60	1085	No
B7100 HSD 4WD	$7048	$1540	$2060	**$3570**	**$4080**	Kubota	3	47D	Variable	13.60	1300	No
B7100 HSE	$6416	$1430	$1910	**$3310**	**$3790**	Kubota	3	47D	Variable	13.60	1205	No
M7500 DT 4WD	$23650	$4380	$5680	**$8990**	**$10760**	Kubota	4	243D	16F-4R	72.34	5610	No
M7500 F	$17800	$3290	$4270	**$6760**	**$8100**	Kubota	4	243D	16F-4R	72.34	5085	No
M7950 DT 4WD	$27865	$5160	$6690	**$10590**	**$12680**	Kubota	4	262D	12F-4R	76.00	6610	No
M7950 DT 4WD w/Cab	$33321	$6160	$8000	**$12660**	**$15160**	Kubota	4	262D	12F-4R	76.00	7500	CHA
M7950 F	$22915	$4240	$5500	**$8710**	**$10430**	Kubota	4	262D	12F-4R	76.00	5840	No
M7950 F w/Cab	$27406	$5070	$6580	**$10410**	**$12470**	Kubota	4	262D	12F-4R	76.00	6730	CHA
B8200 DT 4WD	$6895	$1510	$2020	**$3490**	**$4000**	Kubota	3	57D	9F-3R	16.00	1565	No
B8200 E	$6151	$1360	$1810	**$3130**	**$3580**	Kubota	3	57D	9F-3R	16.00	1420	No

C, D, DT—Front Wheel Assist DTSS—Front Wheel Assist, Shuttle Shift E—Two Wheel Drive F—Farm Standard W—Two Row Offset HC—High Clearance HSE—Hydrostatic Transmission, Two Wheel Drive HSD—Hydrostatic Transmission, Four Wheel Drive OC—Orchard L—Low Profile

1982

Model	Approx. Retail Price New	Used Trade-In Avg.	Used Trade-In High	Used Retail Avg.	Used Retail High	Engine Make	Engine No. Cyls.	Engine Displ. Cu.-in.	No. Speeds	P.T.O. H.P.	Approx. Shipping Wt.-Lbs.	Cab
L185 DT	$6290	$1260	$1760	**$3020**	**$3490**	Kubota	2	45D	8F-2R	15.45	1785	No
L185 F	$5730	$1150	$1600	**$2750**	**$3180**	Kubota	2	45D	8F-2R	15.33	1595	No
L235 DT	$7280	$1460	$2040	**$3490**	**$4040**	Kubota	3	68D	8F-2R	19.59	2115	No
L235 F	$6450	$1290	$1810	**$3100**	**$3580**	Kubota	3	68D	8F-2R	19.59	1950	No
L245 DT	$7680	$1540	$2150	**$3690**	**$4260**	Kubota	3	68D	8F-2R	22.35	2345	No
L245 F	$6750	$1350	$1890	**$3240**	**$3750**	Kubota	3	68D	8F-2R	22.06	2000	No
L245 HC	$7710	$1540	$2160	**$3700**	**$4280**	Kubota	3	68D	8F-2R	22.00	2345	No
L275 DT	$8530	$1710	$2390	**$4090**	**$4730**	Kubota	3	79D	8F-2R	23.42	2315	No
L275 F	$7380	$1480	$2070	**$3540**	**$4100**	Kubota	3	79D	8F-2R	23.42	2150	No
L295 DT	$8995	$1800	$2520	**$4320**	**$4990**	Kubota	3	79D	8F-2R	26.46	2600	No
L295 F	$7495	$1500	$2100	**$3600**	**$4160**	Kubota	3	79D	8F-2R	26.46	2305	No
L305 DT	$10270	$2050	$2880	**$4930**	**$5700**	Kubota	3	79D	8F-2R	26.21	2855	No
L305 F	$8630	$1730	$2420	**$4140**	**$4790**	Kubota	3	79D	8F-2R	26.21	2555	No
L345 DT	$11130	$2030	$2840	**$4860**	**$5620**	Kubota	4	91D	8F-2R	29.35	3155	No
L345 F	$9240	$1910	$2670	**$4580**	**$5300**	Kubota	4	91D	8F-2R	29.35	2770	No
L355 DTSS	$12130	$2230	$3120	**$5340**	**$6180**	Kubota	4	106D	8F-8R	29.00	2684	No
M4050 DT	$16500	$2970	$4040	**$6190**	**$7340**	Kubota	6	159D	8F-2R	42.00	4356	No
M4050 F	$12500	$2250	$3060	**$4690**	**$5560**	Kubota	6	159D	8F-2R	42.00	3740	No
M4500 DT	$18280	$3290	$4480	**$6860**	**$8140**	Kubota	6	159D	16F-4R	49.72	4730	No

Kubota (Cont.)

1982 (Cont.)

Model	Approx. Retail Price New	Estimated Value Less Repairs: Used Trade-In Avg.	Used Trade-In High	Used Retail Avg.	Used Retail High	Engine Make	Engine No. Cyls.	Engine Displ. Cu.-in.	No. Speeds	P.T.O. H.P.	Approx. Shipping Wt.-Lbs.	Cab
M4500 F	$13930	$2510	$3410	**$5220**	**$6200**	Kubota	6	159D	16F-4R	49.72	4220	No
M4500 QC	$14490	$2610	$3550	**$5430**	**$6450**	Kubota	6	159D	16F-4R	49.00	4400	No
B5100 DT	$4690	$1020	$1430	**$2450**	**$2830**	Kubota	2	31D	6F-2R	10	895	No
B5100 E	$4320	$950	$1330	**$2280**	**$2640**	Kubota	2	31D	6F-2R	10	805	No
M5500 DT	$19840	$3570	$4860	**$7440**	**$8830**	Kubota	3	182D	16F-4R	53.99	5070	No
M5500 F	$15330	$2760	$3760	**$5750**	**$6820**	Kubota	3	182D	16F-4R	53.99	4560	No
B6100 DT	$5610	$1200	$1680	**$2880**	**$3330**	Kubota	3	41D	6F-2R	12.00	1035	No
B6100 E	$5080	$1100	$1530	**$2630**	**$3040**	Kubota	3	41D	6F-2R	12.00	970	No
B6100 HSD 4WD	$6320	$1350	$1890	**$3240**	**$3750**	Kubota	3	41D	Variable	12.00	1230	No
B6100 HSE	$5770	$1240	$1730	**$2960**	**$3430**	Kubota	3	41D	Variable	12.00	1140	No
B7100 DT	$6070	$1290	$1810	**$3110**	**$3590**	Kubota	3	47D	6F-2R	13.60	1085	No
B7100 HSD 4WD	$6910	$1450	$2030	**$3480**	**$4020**	Kubota	3	47D	Variable	13.60	1300	No
B7100 HSE	$6290	$1320	$1850	**$3160**	**$3660**	Kubota	3	47D	Variable	13.60	1205	No
M7500 DT	$23650	$4260	$5790	**$8870**	**$10520**	Kubota	4	243D	16F-4R	72.34	5610	No
M7500 F	$17800	$3200	$4360	**$6680**	**$7920**	Kubota	4	243D	16F-4R	72.34	5085	No
B8200 DT	$6760	$1420	$1980	**$3400**	**$3930**	Kubota	3	57D	9F-3R	16.00	1565	No
B8200 E	$6030	$1270	$1780	**$3050**	**$3520**	Kubota	3	57D	9F-3R	16.00	1420	No

C, D, DT—Front Wheel Assist DTSS—Front Wheel Assist, Shuttle Shift E—Two Wheel Drive F—Farm Standard W—Two Row Offset HC—High Clearance HSE—Hydrostatic Transmission, Two Wheel Drive HSD—Hydrostatic Transmission, Four Wheel Drive OC—Orchard L—Low Profile

1981

Model	Approx. Retail Price New	Used Trade-In Avg.	Used Trade-In High	Used Retail Avg.	Used Retail High	Engine Make	Engine No. Cyls.	Engine Displ. Cu.-in.	No. Speeds	P.T.O. H.P.	Approx. Shipping Wt.-Lbs.	Cab
L185 DT	$5990	$1140	$1680	**$2880**	**$3350**	Kubota	2	45D	8F-2R	15.45	1785	No
L185 F	$5450	$1040	$1530	**$2620**	**$3050**	Kubota	2	45D	8F-2R	15.33	1595	No
L245 DT	$7450	$1420	$2090	**$3580**	**$4170**	Kubota	3	68D	8F-2R	22.35	2000	No
L245 F	$6550	$1250	$1830	**$3140**	**$3670**	Kubota	3	68D	8F-2R	22.06	1850	No
L245 HC	$7490	$1420	$2100	**$3600**	**$4190**	Kubota	3	68D	8F-2R	22.00	2345	No
L285	$6675	$1270	$1870	**$3200**	**$3740**	Kubota	4	91D	8F-2R	26.45	2230	No
L295	$7495	$1420	$2100	**$3600**	**$4200**	Kubota	3	79D	8F-2R	26.46	2305	No
L295 DT	$8995	$1710	$2520	**$4320**	**$5040**	Kubota	3	79D	8F-2R	26.46	2600	No
L305 DT	$9680	$1840	$2710	**$4650**	**$5420**	Kubota	3	79D	8F-2R	26.21	2855	No
L305 F	$8130	$1550	$2280	**$3900**	**$4550**	Kubota	3	79D	8F-2R	26.21	2555	No
L345 DT	$10495	$1800	$2660	**$4560**	**$5320**	Kubota	4	91D	8F-2R	29.35	3155	No
M4000 F	$9785	$1710	$2450	**$3620**	**$4350**	Kubota	6	136D	16F-4R	41.00	4125	No
M4500 DT	$16270	$2850	$4070	**$6020**	**$7240**	Kubota	6	159D	16F-4R	49.72	4730	No
M4500 F	$12400	$2170	$3100	**$4590**	**$5520**	Kubota	6	159D	16F-4R	49.72	4220	No
M4500 OC	$12900	$2260	$3230	**$4770**	**$5740**	Kubota	6	159D	16F-4R	49.00	4400	No
B5100 DT	$4430	$920	$1360	**$2330**	**$2720**	Kubota	2	31D	6F-2R	10	895	No
B5100 E	$3990	$830	$1230	**$2110**	**$2460**	Kubota	2	31D	6F-2R	10	805	No
M5500 DT	$18000	$3150	$4500	**$6660**	**$8010**	Kubota	3	182D	16F-4R	53.99	5070	No
M5500 F	$13900	$2430	$3480	**$5140**	**$6190**	Kubota	3	182D	16F-4R	53.99	4560	No
B6100 DT	$5180	$1040	$1530	**$2630**	**$3070**	Kubota	3	41D	6F-2R	12.00	1035	No
B6100 E	$4690	$970	$1430	**$2440**	**$2850**	Kubota	3	41D	6F-2R	12.00	970	No
B6100 HSD 4WD	$5840	$1170	$1720	**$2950**	**$3440**	Kubota	3	41D	Variable	12.00	1230	No
B6100 HSE	$5330	$1070	$1580	**$2710**	**$3160**	Kubota	3	41D	Variable	12.00	1140	No
B7100 DT	$5670	$1140	$1670	**$2870**	**$3350**	Kubota	3	47D	6F-2R	13.60	1085	No
B7100 HSD 4WD	$6320	$1260	$1860	**$3180**	**$3710**	Kubota	3	47D	Variable	13.60	1300	No
B7100 HSE	$5870	$1190	$1760	**$3010**	**$3510**	Kubota	3	47D	Variable	13.60	1205	No
M7500 DT	$20860	$3650	$5220	**$7720**	**$9280**	Kubota	4	243D	16F-4R	72.34	5610	No
M7500 F	$15700	$2750	$3930	**$5810**	**$6990**	Kubota	4	243D	16F-4R	72.34	5085	No

C, D, DT—Front Wheel Assist DTSS—Front Wheel Assist, Shuttle Shift E—Two Wheel Drive F—Farm Standard W—Two Row Offset HC—High Clearance HSE—Hydrostatic Transmission, Two Wheel Drive HSD—Hydrostatic Transmission, Four Wheel Drive OC—Orchard L—Low Profile

1980

Model	Approx. Retail Price New	Used Trade-In Avg.	Used Trade-In High	Used Retail Avg.	Used Retail High	Engine Make	Engine No. Cyls.	Engine Displ. Cu.-in.	No. Speeds	P.T.O. H.P.	Approx. Shipping Wt.-Lbs.	Cab
L185 DT	$5690	$1020	$1590	**$2730**	**$3220**	Kubota	2	45D	8F-2R	15.45	1785	No
L185 F	$5195	$940	$1460	**$2490**	**$2940**	Kubota	2	45D	8F-2R	15.33	1595	No
L245 DT	$7095	$1280	$1990	**$3410**	**$4010**	Kubota	3	68D	8F-2R	22.35	2000	No
L245 F	$6235	$1120	$1750	**$2990**	**$3520**	Kubota	3	68D	8F-2R	22.06	1850	No
L245 HC	$7490	$1350	$2100	**$3600**	**$4230**	Kubota	3	68D	8F-2R	22.00	2345	No
L285	$6675	$1200	$1870	**$3200**	**$3770**	Kubota	4	91D	8F-2R	26.45	2230	No
L295	$7495	$1350	$2100	**$3600**	**$4240**	Kubota	3	79D	8F-2R	25.00	2305	No
L295 DT	$8995	$1620	$2520	**$4320**	**$5080**	Kubota	3	79D	8F-2R	25.00	2600	No
L305 DT	$9395	$1690	$2630	**$4510**	**$5310**	Kubota	3	79D	8F-2R	25.00	2855	No
L305 F	$7595	$1370	$2130	**$3650**	**$4290**	Kubota	3	79D	8F-2R	25.00	2555	No
L345 DT	$9995	$1800	$2800	**$4800**	**$5650**	Kubota	4	91D	8F-2R	28.00	3155	No
L345 F	$8710	$1570	$2440	**$4180**	**$4920**	Kubota	4	91D	8F-2R	28.00	2770	No
M4000 F	$9785	$1660	$2500	**$3620**	**$4350**	Kubota	6	136D	16F-4R	41.00	4125	No
M4500 DT	$15795	$2690	$4030	**$5840**	**$7030**	Kubota	6	159D	16F-4R	47.00	4730	No
M4500 F	$12000	$2040	$3060	**$4440**	**$5340**	Kubota	6	159D	16F-4R	47.00	4220	No
M4500 OC	$11990	$2040	$3060	**$4440**	**$5340**	Kubota	6	159D	16F-4R	47.00	4400	No
B5100 DT	$4195	$830	$1290	**$2210**	**$2600**	Kubota	2	31D	6F-2R	10	895	No
B5100 E	$3795	$760	$1180	**$2010**	**$2370**	Kubota	2	31D	6F-2R	10	805	No
M5500 DT	$17500	$2980	$4460	**$6480**	**$7790**	Kubota	3	182D	16F-4R	53.00	5070	No
M5500 F	$13500	$2300	$3440	**$5000**	**$6010**	Kubota	3	182D	16F-4R	53.00	4560	No
B6100 DT	$4750	$930	$1440	**$2470**	**$2910**	Kubota	3	41D	6F-2R	12.00	1035	No
B6100 E	$4295	$850	$1320	**$2250**	**$2650**	Kubota	3	41D	6F-2R	12.00	970	No
B7100 DT	$5195	$990	$1540	**$2640**	**$3110**	Kubota	3	47D	6F-2R	13.60	1085	No
B7100 HSD	$5795	$1100	$1710	**$2930**	**$3440**	Kubota	3	47D	Variable	13.60	1300	No
B7100 HSE	$5375	$1040	$1620	**$2770**	**$3260**	Kubota	3	47D	Variable	13.60	1205	No
M7500 DT	$20250	$3440	$5160	**$7490**	**$9010**	Kubota	4	243D	16F-4R	72.00	5610	No
M7500 F	$15200	$2580	$3880	**$5620**	**$6760**	Kubota	4	243D	16F-4R	72.00	5085	No

C, D, DT—Front Wheel Assist DTSS—Front Wheel Assist, Shuttle Shift E—Two Wheel Drive F—Farm Standard W—Two Row Offset HC—High Clearance HSE—Hydrostatic Transmission, Two Wheel Drive HSD—Hydrostatic Transmission, Four Wheel Drive OC—Orchard L—Low Profile

Model	Approx. Retail Price New	Estimated Value Less Repairs Used Trade-In Avg.	Used Trade-In High	Used Retail Avg.	Used Retail High	Engine Make	Engine No. Cyls.	Engine Displ. Cu.-in.	No. Speeds	P.T.O. H.P.	Approx. Shipping Wt.-Lbs.	Cab

Kubota (Cont.)

1979

Model	Approx. Retail Price New	Used Trade-In Avg.	Used Trade-In High	Used Retail Avg.	Used Retail High	Make	No. Cyls.	Displ. Cu.-in.	No. Speeds	P.T.O. H.P.	Approx. Shipping Wt.-Lbs.	Cab
L185 DT	$5490	$990	$1540	**$2640**	**$3130**	Kubota	2	45D	8F-2R	15.45	1785	No
L185 F	$4885	$920	$1420	**$2440**	**$2900**	Kubota	2	45D	8F-2R	15.33	1595	No
L245 DT	$6650	$1230	$1920	**$3290**	**$3910**	Kubota	3	68D	8F-2R	22.35	2000	No
L245 F	$5830	$1090	$1690	**$2900**	**$3450**	Kubota	3	68D	8F-2R	22.06	1850	No
L245 HC	$7135	$1310	$2030	**$3480**	**$4130**	Kubota	3	68D	8F-2R	22.00	2345	No
L285	$6675	$1200	$1870	**$3200**	**$3810**	Kubota	4	91D	8F-2R	26.45	2230	No
L295	$7200	$1300	$2020	**$3460**	**$4100**	Kubota	3	79D	8F-2R	25.00	2305	No
L295 DT	$8875	$1600	$2490	**$4260**	**$5060**	Kubota	3	79D	8F-2R	25.00	2600	No
L345 DT	$9595	$1730	$2690	**$4610**	**$5470**	Kubota	4	91D	8F-2R	28.00	3155	No
M4000 F	$9785	$1660	$2540	**$3620**	**$4350**	Kubota	6	136D	16F-4R	41.00	4125	No
M4500 DT	$15795	$2690	$4110	**$5840**	**$7030**	Kubota	6	159D	16F-4R	47.00	4730	No
M4500 F	$11500	$1960	$2990	**$4260**	**$5120**	Kubota	6	159D	16F-4R	47.00	4220	No
B5100 DT	$4165	$800	$1250	**$2140**	**$2540**	Kubota	2	31D	6F-2R	10	895	No
B5100 E	$3745	$770	$1190	**$2040**	**$2420**	Kubota	2	31D	6F-2R	10	805	No
B6100 DT	$4415	$740	$1150	**$1970**	**$2340**	Kubota	3	41D	6F-2R	12.00	1035	No
B6100 E	$4050	$780	$1220	**$2090**	**$2480**	Kubota	3	41D	6F-2R	12.00	970	No
B7100 DT	$4855	$950	$1470	**$2520**	**$2990**	Kubota	3	47D	6F-2R	13.60	1085	No
M7500 DT	$18900	$3210	$4910	**$6990**	**$8410**	Kubota	4	243D	16F-4R	70.00	5610	No

C, D, DT—Front Wheel Assist DTSS—Front Wheel Assist, Shuttle Shift E—Two Wheel Drive F—Farm Standard W—Two Row Offset
H, HC—High Clearance HSE—Hydrostatic Transmission, Two Wheel Drive HSD—Hydrostatic Transmission, Four Wheel Drive OC—Orchard L—Low Profile

1978

Model	Approx. Retail Price New	Used Trade-In Avg.	Used Trade-In High	Used Retail Avg.	Used Retail High	Make	No. Cyls.	Displ. Cu.-in.	No. Speeds	P.T.O. H.P.	Approx. Shipping Wt.-Lbs.	Cab
L185 DT	$4940	$890	$1380	**$2370**	**$2840**	Kubota	2	45D	8F-2R	15.00	1740	No
L185 F	$4350	$820	$1270	**$2180**	**$2620**	Kubota	2	45D	8F-2R	15.00	1595	No
L245 DT	$5865	$1090	$1690	**$2900**	**$3480**	Kubota	3	68D	8F-2R	22.00	2000	No
L245 F	$5120	$980	$1530	**$2620**	**$3130**	Kubota	3	68D	8F-2R	22.00	1850	No
L245 HC	$6290	$1200	$1870	**$3210**	**$3850**	Kubota	3	68D	8F-2R	22.00	2345	No
L285	$6275	$1170	$1810	**$3110**	**$3720**	Kubota	4	91D	8F-2R	26.45	2230	No
L295 DT	$7825	$1460	$2280	**$3900**	**$4670**	Kubota	3	79D	8F-2R	25.00	2600	No
M4000 F	$9450	$1610	$2500	**$3500**	**$4210**	Kubota	6	136D	16F-4R		4125	No
M4500 DT	$14695	$2500	$3890	**$5440**	**$6540**	Kubota	6	159D	16F-4R		4730	No
B5100 DT	$3765	$750	$1160	**$1990**	**$2390**	Kubota	2	31D	6F-2R	10.00	895	No
B5100 E	$3395	$650	$1010	**$1730**	**$2070**	Kubota	2	31D	6F-2R	10.00	805	No
B6100 DT	$3950	$750	$1160	**$1990**	**$2390**	Kubota	3	41D	6F-2R	12.00	1035	No
B6100 E	$3625	$710	$1110	**$1900**	**$2270**	Kubota	3	41D	6F-2R	12.00	970	No
B7100 DT	$4290	$830	$1290	**$2200**	**$2640**	Kubota	3	47D	6F-2R	13.60	1085	No

C, D, DT—Front Wheel Assist DTSS—Front Wheel Assist, Shuttle Shift E—Two Wheel Drive F—Farm Standard W—Two Row Offset
H, HC—High Clearance HSE—Hydrostatic Transmission, Two Wheel Drive HSD—Hydrostatic Transmission, Four Wheel Drive OC—Orchard L—Low Profile

1977

Model	Approx. Retail Price New	Used Trade-In Avg.	Used Trade-In High	Used Retail Avg.	Used Retail High	Make	No. Cyls.	Displ. Cu.-in.	No. Speeds	P.T.O. H.P.	Approx. Shipping Wt.-Lbs.	Cab
L175 C	$3295	$650	$1010	**$1730**	**$2090**	Kubota	2	45D	8F-2R	15.00	1520	No
L185 DT	$4140	$780	$1220	**$2080**	**$2520**	Kubota	2	45D	8F-2R	15.00	1740	No
L185 F	$3595	$700	$1090	**$1870**	**$2260**	Kubota	2	45D	8F-2R	15.00	1595	No
L225	$3890	$740	$1150	**$1960**	**$2370**	Kubota	3	68D	8F-2R	20.86	1620	No
L245 DT	$4875	$900	$1390	**$2390**	**$2890**	Kubota	3	68D	8F-2R	22.00	2000	No
L245 F	$4445	$860	$1330	**$2280**	**$2760**	Kubota	3	68D	8F-2R	22.00	1850	No
L285	$4995	$950	$1480	**$2540**	**$3070**	Kubota	4	91D	8F-2R	26.45	2230	No
B6000 C	$3175	$640	$1000	**$1720**	**$2070**	Kubota	2	35D	6F-2R	11.00	860	No
B6000 E	$2795	$590	$920	**$1580**	**$1910**	Kubota	2	35D	6F-2R	11.00	770	No
B7100 DT	$3550	$730	$1130	**$1940**	**$2350**	Kubota	3	47D	6F-2R	13.60	1085	No

C, D, DT—Front Wheel Assist DTSS—Front Wheel Assist, Shuttle Shift E—Two Wheel Drive F—Farm Standard W—Two Row Offset
H, HC—High Clearance HSE—Hydrostatic Transmission, Two Wheel Drive HSD—Hydrostatic Transmission, Four Wheel Drive OC—Orchard L—Low Profile

1976

Model	Approx. Retail Price New	Used Trade-In Avg.	Used Trade-In High	Used Retail Avg.	Used Retail High	Make	No. Cyls.	Displ. Cu.-in.	No. Speeds	P.T.O. H.P.	Approx. Shipping Wt.-Lbs.	Cab
L175 C	$3295	$590	$940	**$1580**	**$1930**	Kubota	2	45D	8F-2R	15.00	1520	No
L175 F	$3150	$570	$900	**$1510**	**$1840**	Kubota	2	45D	8F-2R	15.00	1430	No
L185 F	$3595	$650	$1030	**$1730**	**$2100**	Kubota	2	45D	8F-2R	15.00	1595	No
L225	$3890	$700	$1110	**$1870**	**$2280**	Kubota	3	68D	8F-2R	20.86	1620	No
L225 DT	$4495	$810	$1280	**$2160**	**$2630**	Kubota	3	68D	8F-2R	20.86	1770	No
L260	$4365	$790	$1240	**$2100**	**$2550**	Kubota	2	78D	8F-2R	24.11	2340	No
L285	$4713	$850	$1340	**$2260**	**$2760**	Kubota	4	91D	8F-2R	26.45	2230	No
L285 W	$4837	$870	$1380	**$2320**	**$2830**	Kubota	4	91D	8F-2R	26.45	2250	No
B6000 C	$2995	$610	$970	**$1630**	**$1990**	Kubota	2	35D	6F-2R	11.00	860	No
B6000 E	$2730	$540	$860	**$1440**	**$1760**	Kubota	2	35D	6F-2R	11.00	770	No

C, D, DT—Front Wheel Assist DTSS—Front Wheel Assist, Shuttle Shift E—Two Wheel Drive F—Farm Standard W—Two Row Offset
H, HC—High Clearance HSE—Hydrostatic Transmission, Two Wheel Drive HSD—Hydrostatic Transmission, Four Wheel Drive OC—Orchard L—Low Profile

Landini

2006

Model	Approx. Retail Price New	Used Trade-In Avg.	Used Trade-In High	Used Retail Avg.	Used Retail High	Make	No. Cyls.	Displ. Cu.-in.	No. Speeds	P.T.O. H.P.	Approx. Shipping Wt.-Lbs.	Cab
40 Mistral 4WD	$22320	$15620	$16520	**$18750**	**$19420**	Yanmar	3	100D	15F-15R	33.0		No
40 Mistral 4WD Cab	$26685	$18680	$19750	**$22420**	**$23220**	Yanmar	3	100D	15F-15R	33.0		CHA
40 Mistral America	$22445	$15710	$16610	**$18850**	**$19530**	Yanmar	3	100D	12F-12R	33.0		No
40 Mistral America Cab	$26725	$18710	$19780	**$22450**	**$23250**	Yanmar	3	100D	12F-12R	33.0		CHA
40 Mistral America Hydro	$24925	$17450	$18450	**$20940**	**$21690**	Yanmar	3	100D	Variable	33.0		No
40 Mistral America Hydro Cab	$29205	$20440	$21610	**$24530**	**$25410**	Yanmar	3	100D	Variable	33.0		CHA
45 Mistral 4WD	$23290	$16300	$17240	**$19560**	**$20260**	Yanmar	4	122D	12F-12R	35.0		No
45 Mistral 4WD Cab	$28740	$20120	$21270	**$24140**	**$25000**	Yanmar	4	122D	12F-12R	35.0		CHA
45 Mistral America	$23925	$16750	$17710	**$20100**	**$20820**	Yanmar	4	122D	12F-12R	39.0		No
45 Mistral America Cab	$29375	$20560	$21740	**$24680**	**$25560**	Yanmar	4	122D	12F-12R	39.0		CHA
45 Mistral America Hydro	$26160	$18310	$19360	**$21970**	**$22760**	Yanmar	4	122D	Variable	39.0		No
45 Mistral America Hydro Cab	$31505	$22050	$23310	**$26460**	**$27410**	Yanmar	4	122D	Variable	39.0		CHA
50 Mistal 4WD Cab	$29575	$20700	$21890	**$24840**	**$25730**	Yanmar	4	133D	12F-12R	45.0		CHA

Landini (Cont.)

Model	Approx. Retail Price New	Estimated Value Less Repairs Used Trade-In Avg.	Used Trade-In High	Used Retail Avg.	Used Retail High	Engine Make	Engine No. Cyls.	Engine Displ. Cu.-in.	No. Speeds	P.T.O. H.P.	Approx. Shipping Wt.-Lbs.	Cab
2006 (Cont.)												
50 Mistral 4WD	$24125	$16890	$17850	**$20270**	**$20990**	Yanmar	4	133D	12F-12R	45.0		No
50 Mistral America	$24770	$17340	$18330	**$20810**	**$21550**	Yanmar	4	133D	12F-12R	43.0		No
50 Mistral America Cab	$30270	$21190	$22400	**$25430**	**$26340**	Yanmar	4	133D	12F-12R	43.0		CHA
50 Mistral America Hydro	$27640	$19350	$20450	**$23220**	**$24050**	Yanmar	4	133D	Variable	43.0		No
50 Mistral America Hydro Cab	$33090	$23160	$24490	**$27800**	**$28790**	Yanmar	4	133D	Variable	43.0		CHA
55 Mistral 4WD	$25120	$17580	$18590	**$21100**	**$21850**	Yanmar	4T	122D	12F-12R	50.0		No
60 Powerfarm	$27510	$19260	$20360	**$23110**	**$23930**	Perkins	3	201D	12F-12R	54.0		No
60 Powerfarm 4WD	$31530	$22070	$23330	**$26490**	**$27430**	Perkins	3	201D	12F-12R	54.0		No
60 Powerfarm 4WD Cab	$37130	$25990	$27480	**$31190**	**$32300**	Perkins	4	201D	12F-12R	54.0		CHA
60F Rex	$26625	$18640	$19700	**$22370**	**$23160**	Perkins	3	201D	15F-15R	54.0		No
60F Rex 4WD	$30700	$21490	$22720	**$25790**	**$26710**	Perkins	3	201D	15F-15R	54.0		No
60F Rex 4WD Cab	$37820	$26470	$27990	**$31770**	**$32900**	Perkins	3	201D	15F-15R	54.0		CHA
60F Rex Cab	$33240	$23270	$24600	**$27920**	**$28920**	Perkins	3	201D	15F-15R	54.0		CHA
60GE Rex 4WD	$30550	$21390	$22610	**$25660**	**$26580**	Perkins	3	201D	15F-15R	54.0		No
65 Alpine 4WD Cab	$38030	$26620	$28140	**$31950**	**$33090**	Perkins	4T	203D	15F-15R	60.0		CHA
70F Rex	$28670	$20070	$21220	**$24080**	**$24940**	Perkins	3T	201D	15F-15R	61.0		No
70F Rex 4WD	$33880	$23720	$25070	**$28460**	**$29480**	Perkins	3T	210D	15F-15R	61.0		No
70F Rex 4WD Cab	$41040	$28730	$30370	**$34470**	**$35710**	Perkins	3T	201D	15F-15R	61.0		CHA
70F Rex Cab	$35830	$25080	$26510	**$30100**	**$31170**	Perkins	3T	201D	15F-15R	61.0		CHA
70GE Rex 4WD	$33735	$23620	$24960	**$28340**	**$29350**	Perkins	3T	201D	15F-15R	61.0		No
75 Alpine 4WD Cab	$37920	$26540	$28060	**$31850**	**$32990**	Perkins	4T	203D	15F-15R	60.0		CHA
75F Rex	$29990	$20990	$22190	**$25190**	**$26090**	Perkins	4	268D	15F-15R	62.0		No
75F Rex 4WD	$35285	$24700	$26110	**$29640**	**$30700**	Perkins	4	268D	15F-15R	62.0		No
75F Rex 4WD Cab	$42235	$29570	$31250	**$35480**	**$36740**	Perkins	4	268D	15F-15R	62.0		CHA
75F Rex Cab	$36940	$25860	$27340	**$31030**	**$32140**	Perkins	4	268D	15F-15R	62.0		CHA
75GE Rex 4WD	$35140	$24600	$26000	**$29520**	**$30570**	Perkins	4	268D	15F-15R	62.0		No
75GT Rex 4WD	$35430	$24800	$26220	**$29760**	**$30820**	Perkins	4	268D	15F-15R	62.0		No
75GT Rex 4WD Cab	$47375	$33160	$35060	**$39800**	**$41220**	Perkins	4	268D	15F-15R	62.0		CHA
75HD Powerfarm	$29700	$20790	$21980	**$24950**	**$25840**	Perkins	4	268D	12F-122R	62.0		No
75HD Powerfarm 4WD	$34620	$24230	$25620	**$29080**	**$30120**	Perkins	4	268D	12F-12R	62.0		No
75HD Powerfarm 4WD Cab	$40265	$28190	$29800	**$33820**	**$35030**	Perkins	4	268D	12F-12R	62.0		CHA
75HD Powerfarm Cab	$35285	$24700	$26110	**$29640**	**$30700**	Perkins	4	268D	12F-12R	62.0		CHA
80F Rex	$30780	$21550	$22780	**$25860**	**$26780**	Perkins	3T	201D	15F-15R	68.0		No
80F Rex 4WD	$36105	$25270	$26720	**$30330**	**$31410**	Perkins	3T	201D	15F-15R	68.0		No
80F Rex 4WD Cab	$43740	$30620	$32370	**$36740**	**$38050**	Perkins	3T	201D	15F-15R	68.0		CHA
80F Rex Cab	$38420	$26890	$28430	**$32270**	**$33430**	Perkins	37	201D	15F-15R	68.0		CHA
80GE Rex 4WD	$35955	$25170	$26610	**$30200**	**$31280**	Perkins	3T	201D	15F-15R	68.0		No
85 Alpine 4WD Cab	$40735	$28520	$30140	**$34220**	**$35440**	Perkins	4T	203D	15F-15R	60.0		CHA
85 HC Powerfarm	$32945	$23060	$24380	**$27670**	**$28660**	Perkins	4	268D	12F-12R	74.0		No
85 HC Powerfarm 4WD	$37470	$26230	$27730	**$31480**	**$32600**	Perkins	4	268D	12F-12R	74.0		No
85 HC Powerfarm 4WD Cab	$42255	$29580	$31270	**$35490**	**$36760**	Perkins	4	268D	12F-12R	74.0		CHA
85 HC Powerfarm Cab	$38015	$26610	$28130	**$31930**	**$33070**	Perkins	4	268D	12F-12R	74.0		CHA
85 Powerfarm	$31345	$21940	$23200	**$26330**	**$27270**	Perkins	4	268D	12F-12R	74.0		No
85 Powerfarm 4WD	$36245	$25370	$26820	**$30450**	**$31530**	Perkins	4	268D	12F-12R	74.0		No
85 Powerfarm 4WD Cab	$40930	$28650	$30290	**$34380**	**$35610**	Perkins	4	268D	12F-12R	74.0		CHA
85 Powerfarm Cab	$36345	$25440	$26900	**$30530**	**$31620**	Perkins	4	268D	12F-12R	74.8		CHA
85 Powerfarm Pwr. Shuttle	$40970	$28680	$30320	**$34420**	**$35640**	Perkins	4	268D	24F-12R	74.4		No
85 Powerfarm Pwr. Shuttle Cab	$46655	$32660	$34530	**$39190**	**$40590**	Perkins	4	268D	24F-11R	74.0		CHA
85 Vision Techno	$41130	$28790	$30440	**$34550**	**$35780**	Perkins	4	268D	15F-15R	74.0		CHA
85 Vision Techno 4WD	$46355	$32450	$34300	**$38940**	**$40330**	Perkins	4	268D	15F-15R	74.0		CHA
85 Vision Top 4WD	$50185	$35130	$37140	**$42160**	**$43660**	Perkins	4	268D	30F-30R	74.0		CHA
85F Rex	$32100	$22470	$23750	**$26960**	**$27930**	Perkins	4	268D	15F-15R	75.0		No
85F Rex 4WD	$37505	$26250	$27750	**$31500**	**$32630**	Perkins	4	268D	15F-15R	75.0		No
85F Rex 4WD Cab	$44915	$31440	$33240	**$37730**	**$39080**	Perkins	4	268D	15F-15R	75.0		CHA
85F Rex Cab	$39510	$27660	$29240	**$33190**	**$34370**	Perkins	4	268D	15F-15R	75.0		CHA
85GE Rex	$37370	$26160	$27650	**$31390**	**$32510**	Perkins	4	268D	15F-15R	75.0		No
85GT Rex 4WD	$37690	$26380	$27890	**$31660**	**$32790**	Perkins	4	268D	15F-15R	75.0		No
85GT Rex 4WD Cab	$45070	$31550	$33350	**$37860**	**$39210**	Perkins	4	268D	15F-15R	75.0		CHA
95 HC Powerfarm	$34670	$24270	$25660	**$29120**	**$30160**	Perkins	4T	268D	12F-12R	84.0		No
95 HC Powerfarm 4WD	$39320	$27520	$29100	**$33030**	**$34210**	Perkins	4T	268D	12F-12R	84.0		No
95 HC Powerfarm 4WD Cab	$45140	$31600	$33400	**$37920**	**$39270**	Perkins	4T	268D	12F-12R	84.0		CHA
95 HC Powerfarm Cab	$39745	$27820	$29410	**$33390**	**$34580**	Perkins	4T	268D	12F-12R	84.0		CHA
95 Powerfarm	$33560	$23490	$24830	**$28190**	**$29200**	Perkins	4T	268D	12F-12R	84.0		No
95 Powerfarm 4WD	$38336	$26840	$28370	**$32200**	**$33350**	Perkins	4T	268D	12F-12R	84.0		No
95 Powerfarm 4WD Cab	$44065	$30850	$32610	**$37020**	**$38340**	Perkins	4T	268D	12F-12R	84.0		CHA
95 Powerfarm Cab	$38555	$26990	$28530	**$32390**	**$33540**	Perkins	4T	268D	12F-12R	84.0		CHA
95 Powerfarm Pwr. Shuttle	$43000	$30100	$31820	**$36120**	**$37410**	Perkins	4	268D	24F-12R	84.0		No
95 Powerfarm Pwr. Shuttle Cab	$48730	$34110	$36060	**$40930**	**$42400**	Perkins	4	268D	24F-12R	84.0		CHA
95 Vision Techno	$42180	$29530	$31210	**$35430**	**$36700**	Perkins	4T	268D	15F-15R	84.0		CHA
95 Vision Techno 4WD	$47660	$33360	$35270	**$40030**	**$41460**	Perkins	4T	268D	15F-15R	84.0		CHA
95 Vision Top 4WD	$51495	$36050	$38110	**$43260**	**$44800**	Perkins	4T	268D	30F-30R	84.0		CHA
95F Rex	$35040	$24530	$25930	**$29430**	**$30490**	Perkins	4T	268D	15F-15R	84.0		No
95F Rex 4WD	$40505	$28350	$29970	**$34020**	**$35240**	Perkins	4T	268D	15F-15R	84.0		No
95F Rex 4WD Cab	$47860	$33500	$35420	**$40200**	**$41640**	Perkins	4T	268D	15F-15R	84.0		CHA
95F Rex Cab	$42395	$29680	$31370	**$35610**	**$36880**	Perkins	4T	268D	15F-15R	84.0		CHA
95GE Rex 4WD	$40100	$28070	$29670	**$33680**	**$34890**	Perkins	4T	268D	15F-15R	84.0		No
95GT Rex 4WD	$40995	$28700	$30340	**$34440**	**$35670**	Perkins	4	268D	15F-15R	84.0		No
95GT Rex 4WD Cab	$48295	$33810	$35740	**$40570**	**$42020**	Perkins	4	268D	15F-15R	84.0		CHA
55 Mistral 4WD Cab	$30570	$21400	$22620	**$25680**	**$26600**	Yanmar	4T	122D	12F-12R	50.0		CHA
105 HC Powerfarm	$36540	$25580	$27040	**$30690**	**$31790**	Perkins	4T	268D	12F-12R	90.0		No
105 HC Powerfarm 4WD	$42050	$29440	$31120	**$35320**	**$36580**	Perkins	4T	268D	12F-12R	90.0		No
105 HC Powerfarm 4WD Cab	$47925	$33550	$35470	**$40260**	**$41700**	Perkins	4T	268D	12F-12R	90.0		CHA
105 HC Powerfarm Cab	$41970	$29380	$31060	**$35260**	**$36510**	Perkins	4T	268D	12F-12R	90.0		CHA
105 Powerfarm	$35010	$24510	$25910	**$29410**	**$30460**	Perkins	4T	268D	12F-12R	90.0		No

Landini (Cont.)

2006 (Cont.)

Model	Approx. Retail Price New	Used Trade-In Avg.	Used Trade-In High	Used Retail Avg.	Used Retail High	Engine Make	Engine No. Cyls.	Engine Displ. Cu.-in.	No. Speeds	P.T.O. H.P.	Approx. Shipping Wt.-Lbs.	Cab
105 Powerfarm 4WD	$40075	$28050	$29660	**$33660**	**$34870**	Perkins	4T	268D	12F-12R	90.0		No
105 Powerfarm 4WD Cab	$45840	$32090	$33920	**$38510**	**$39880**	Perkins	4T	268D	12F-12R	90.0		CHA
105 Powerfarm Cab	$40010	$28010	$29610	**$33610**	**$34810**	Perkins	4T	268D	12F-12R	90.0		CHA
105 Powerfarm Pwr. Shuttle	$44740	$31320	$33110	**$37580**	**$38920**	Perkins	4T	268D	24F-12R	90.0		No
105 Powerfarm Pwr. Shuttle Cab	$50505	$35350	$37370	**$42420**	**$43940**	Perkins	4T	268D	24F-12R	90.0		CHA
105 Vision Techno	$43995	$30800	$32560	**$36960**	**$38280**	Perkins	4T	268D	15F-15R	90.0		CHA
105 Vision Techno 4WD	$49750	$34830	$36820	**$41790**	**$43280**	Perkins	4T	268D	15F-15R	90.0		CHA
105 Vision Top 4WD	$53575	$37500	$39650	**$45000**	**$46610**	Perkins	4T	268D	30F-30R	90.0		CHA
105F Rex	$38055	$26640	$28160	**$31970**	**$33110**	Perkins	4T	268D	15F-15R	90.0		No
105F Rex 4WD	$43630	$30540	$32290	**$36650**	**$37960**	Perkins	4T	268D	15F-15R	90.0		No
105F Rex 4WD Cab	$50840	$35590	$37620	**$42710**	**$44230**	Perkins	4T	268D	15F-15R	90.0		CHA
105F Rex Cab	$45275	$31690	$33500	**$38030**	**$39390**	Perkins	4T	268D	15F-15R	90.0		CHA
105GE Rex 4WD	$42890	$30020	$31740	**$36030**	**$37310**	Perkins	4T	268D	15F-15R	90.0		No
105GT Rex 4WD	$44230	$30960	$32730	**$37150**	**$38480**	Perkins	4	268D	15F-15R	98.4		No
105GT Rex 4WD Cab	$51450	$36020	$38070	**$43220**	**$44760**	Perkins	4	268D	15F-15R	98.4		CHA
115 Mythos Top	$60080	$42060	$44460	**$50470**	**$52270**	Perkins	4T	268D	40F-30R	89.0		CHA
115 Mythos Top-Tronic	$65140	$45600	$48200	**$54720**	**$56670**	Perkins	4T	268D	50F-15R	89.0		CHA
125 Landpower Techno	$64280	$45000	$47570	**$54000**	**$55920**	Perkins	6T	365D	36F-36R	105.0		CHA
125 Landpower Top-Tronic	$74150	$51910	$54870	**$62290**	**$64510**	Perkins	6T	365D	72F-72R	105.0		CHA
125 Landpower Topno	$69910	$48940	$51730	**$58720**	**$60820**	Perkins	6T	365D	72F-72R	105.0		CHA
135 Landpower Techno	$68255	$47780	$50510	**$57330**	**$59380**	Perkins	6T	365D	36F-36R	120.0		CHA
135 Landpower Top	$75440	$52810	$55830	**$63370**	**$65630**	Perkins	6T	365D	72F-72R	120.0		CHA
135 Landpower Top-Tronic	$79680	$55780	$58960	**$66930**	**$69320**	Perkins	6T	365D	72F-72R	120.0		CHA
145 Landpower Techno	$74955	$52470	$55470	**$62960**	**$65210**	Perkins	6T	365D	36F-36R	130.0		CHA
145 Landpower Top	$80260	$56180	$59390	**$67420**	**$69830**	Perkins	6T	365D	72F-72R	130.0		CHA
145 Landpower Top-Tronic	$84500	$59150	$62530	**$70980**	**$73520**	Perkins	6T	365D	72F-72R	130.0		CHA
165 Landpower Techno	$78935	$55260	$58410	**$66310**	**$68670**	Perkins	6T	365D	36F-36R	145.0		CHA
165 Landpower Top	$86210	$60350	$63800	**$72420**	**$75000**	Perkins	6T	365D	72F-72R	145.0		CHA
165 Landpower Top-Tronic	$90450	$63320	$66930	**$75980**	**$78690**	Perkins	6T	365D	72F-72R	145.0		CHA
185 Landpower Top	$95360	$66750	$70570	**$80100**	**$82960**	Perkins	6T	365D	72F-72R	162.0		CHA
185 Landpower Top-Tronic	$99600	$69720	$73700	**$83660**	**$86650**	Perkins	6T	365D	72F-72R	162.0		CHA
C105 Trekker	$54285	$38000	$40170	**$45600**	**$47230**	Perkins	4T	268D	16F-8R	90.0		No
C85 Trekker	$44665	$31270	$33050	**$37520**	**$38860**	Perkins	4T	268D	16F-8R	84.0		No
C95 Trekker	$50815	$35570	$37600	**$42690**	**$44210**	Perkins	4T	268D	16F-8R	84.0		No
CF105 Trekker	$51250	$35880	$37930	**$43050**	**$44590**	Perkins	4	268D	16F-8R	71.25		No
CF75 Trekker	$39555	$27690	$29270	**$33230**	**$34410**	Perkins	4	268D	16F-8R	61.0		No
CF85 Trekker	$43025	$30120	$31840	**$36140**	**$37430**	Perkins	4	268D	16F-8R	61.0		No
CF95 Trekker	$48690	$34080	$36030	**$40900**	**$42360**	Perkins	4	268D	16F-8R	71.25		No
CFS60 Trekker	$35335	$24740	$26150	**$29680**	**$30740**	Yanmar	4	186D	16F-8R	53.0		No
CFS70 Trekker	$37570	$26300	$27800	**$31560**	**$32690**	Yanmar	4	203D	16F-8R	63.0		No
5865 Evolution	$19935	$13960	$14750	**$16750**	**$17340**	Perkins	3	201D	12F-12R	54.0		No
5865 Evolution	$19935	$13960	$14750	**$16750**	**$17340**	Perkins	3	201D	12F-12R	54.0		No
6865 Evolution	$23180	$16230	$17150	**$19470**	**$20170**	Perkins	4	268D	12F-12R	62.0		No
6865 Evolution 4WD	$27490	$19240	$20340	**$23090**	**$23920**	Perkins	4	268D	12F-12R	62.0		No
8865 Evolution	$25145	$17600	$18610	**$21120**	**$21880**	Perkins	4	268D	12F-12R	75.0		No
8865 Evolution 4WD	$29185	$20430	$21600	**$24520**	**$25390**	Perkins	4	268D	12F-12R	75.0		No

2000

Model	Approx. Retail Price New	Used Trade-In Avg.	Used Trade-In High	Used Retail Avg.	Used Retail High	Engine Make	Engine No. Cyls.	Engine Displ. Cu.-in.	No. Speeds	P.T.O. H.P.	Approx. Shipping Wt.-Lbs.	Cab
R60FP Rex F	$23765	$7840	$9740	**$13070**	**$14260**	Perkins	4	236D	12F-12R	49.0		No
R60F Rex F	$31550	$10410	$12940	**$17350**	**$18930**	Perkins	4	236D	12F-12R	49.0		CHA
R70FP Rex F	$28590	$9440	$11720	**$15730**	**$17150**	Perkins	4	248D	12F-12R	61.0		No
R70F Rex F	$36440	$12030	$14940	**$20040**	**$21860**	Perkins	4	248D	12F-12R	61.0		CHA
R80FP Rex F	$30650	$10120	$12570	**$16860**	**$18390**	Perkins	4	248D	12F-12R	71.0		No
R80F Rex F	$38510	$12710	$15790	**$21180**	**$23110**	Perkins	4	248D	12F-12R	71.0		CHA
R90FP Rex F	$39135	$12920	$16050	**$21520**	**$23480**	Perkins	4T	236D	12F-12R	80.0		No
DT60FP Rex F	$30235	$9980	$12400	**$16630**	**$18140**	Perkins	4	236D	12F-12R	49.0		No
DT60F Rex F	$37540	$12390	$15390	**$20650**	**$22520**	Perkins	4	236D	24F-12R	49.0		CHA
DT70FP Rex F	$34495	$11380	$14140	**$18970**	**$20700**	Perkins	4	248D	24F-12R	61.0		No
DT70F Rex F	$42465	$14010	$17410	**$23360**	**$25480**	Perkins	4	248D	24F-12R	61.0		CHA
DT80FP Rex F	$36710	$12110	$15050	**$20190**	**$22030**	Perkins	4	248D	24F-12R	71.0		No
DT80F Rex F	$44675	$14740	$18320	**$24570**	**$26810**	Perkins	4	248D	24F-12R	71.0		CHA
DT90FP Rex F	$40825	$13470	$16740	**$22450**	**$24500**	Perkins	4T	236D	12F-12R	80.0		No
DT90F Rex F	$48791	$16100	$20000	**$26840**	**$29280**	Perkins	4T	236D	12F-12R	80.0		CHA
R70GE Rex	$28645	$9450	$11740	**$15760**	**$17190**	Perkins	4	248D	24F-12R	61.0		No
DT60GE Rex	$28760	$9490	$11790	**$15820**	**$17260**	Perkins	4	236D	24F-12R	49.0		No
DT70GE Rex	$33320	$11000	$13660	**$18330**	**$19990**	Perkins	4	248D	24F-12R	61.0		No
DT80GE Rex	$35520	$11720	$14560	**$19540**	**$21310**	Perkins	4	248D	24F-12R	71.0		No
R60VP Rex V	$23130	$7630	$9480	**$12720**	**$13880**	Perkins	4	236D	12F-12R	49.0		No
R60V Rex V	$31550	$10410	$12940	**$17350**	**$18930**	Perkins	4	236D	12F-12R	49.0		CHA
R70VP Rex V	$27815	$9180	$11400	**$15300**	**$16690**	Perkins	4	248D	12F-12R	61.0		No
R70V Rex V	$37695	$12440	$15460	**$20730**	**$22620**	Perkins	4	248D	12F-12R	61.0		CHA
R80VP Rex V	$29170	$9630	$11960	**$16040**	**$17500**	Perkins	4	248D	12F-12R	71.0		No
R80V Rex V	$37425	$12350	$15340	**$20580**	**$22460**	Perkins	4	248D	12F-12R	71.0		CHA
DT60VP Rex V	$28070	$9260	$11510	**$15440**	**$16840**	Perkins	4	236D	12F-12R	49.0		No
DT60V Rex V	$36500	$12050	$14970	**$20080**	**$21900**	Perkins	4	236D	24F-12R	49.0		CHA
DT70VP Rex V	$33055	$10910	$13550	**$18180**	**$19830**	Perkins	4	248D	12F-12R	61.0		No
DT70V Rex V	$41485	$13690	$17010	**$22820**	**$24890**	Perkins	4	248D	12F-12R	61.0		CHA
DT80VP Rex V	$33680	$11110	$13810	**$18520**	**$20210**	Perkins	4	248D	12F-12R	71.0		No
DT80V Rex V	$42100	$13890	$17260	**$23160**	**$25260**	Perkins	4	248D	12F-12R	71.0		CHA
DT80GT Rex	$44670	$14740	$18320	**$24570**	**$26800**	Perkins	4	248D	24F-12R	71.0		CHA
DT90GT Rex	$40925	$13510	$16780	**$22510**	**$24560**	Perkins	4	248D	24F-12R	80.0		No
DT90GT Rex	$48775	$16100	$20000	**$26830**	**$29270**	Perkins	4	248D	24F-12R	80.0		CHA
DT100GT Rex	$43550	$14370	$17860	**$23950**	**$26130**	Perkins	4	248D	24F-12R	84.4		No
DT100GT Rex	$51395	$16960	$21070	**$28270**	**$30840**	Perkins	4	248D	24F-12R	84.4		CHA

Landini (Cont.)

Model	Approx. Retail Price New	Used Trade-In Avg.	Used Trade-In High	Used Retail Avg.	Used Retail High	Engine Make	No. Cyls.	Displ. Cu.-in.	No. Speeds	P.T.O. H.P.	Approx. Shipping Wt.-Lbs.	Cab
				2000 (Cont.)								
DT55 Globus	$32645	$10770	$13380	**$17960**	**$19590**	Perkins	3	152D	15F-15R	49.0		No
DT55 Globus	$37150	$12260	$15230	**$20430**	**$22290**	Perkins	3	152D	15F-15R	49.0		CHA
DT65 Globus	$35540	$11730	$14570	**$19550**	**$21320**	Perkins	4	236D	15F-15R	60.5		No
DT65 Globus	$39555	$13050	$16220	**$21760**	**$23730**	Perkins	4	236D	15F-15R	60.5		CHA
DT75 Globus	$39555	$13050	$16220	**$21760**	**$23730**	Perkins	4	236D	15F-15R	66.3		No
DT75 Globus	$43856	$14470	$17980	**$24120**	**$26310**	Perkins	4	236D	15F-15R	66.3		CHA
R70 Atlas	$27635	$9120	$11330	**$15200**	**$16580**	Perkins	4	236D	24F-12R	61.0		No
R80 Atlas	$29495	$9730	$12090	**$16220**	**$17700**	Perkins	4	248D	24F-12R	70.0		No
R90 Atlas	$32545	$10740	$13340	**$17900**	**$19530**	Perkins	4	248D	24F-12R	79.2		No
DT80 Ghibli	$46650	$15400	$19130	**$25660**	**$27990**	Perkins	4	248D	24F-12R	70.8		CHA
DT90 Ghibli	$47595	$15710	$19510	**$26180**	**$28560**	Perkins	4	248D	24F-12R	80.0		CHA
DT100 Ghibli	$49090	$16200	$20130	**$27000**	**$29450**	Perkins	4	248D	24F-12R	84.4		CHA
DT105 Legend	$50585	$16690	$20740	**$27820**	**$30350**	Perkins	6	366D	18F-18R	95.0		No
DT105 Legend Techno	$53310	$17590	$21860	**$29320**	**$31990**	Perkins	6	366D	18F-18R	95.0		CHA
DT105 Legend Top	$59685	$19700	$24470	**$32830**	**$35810**	Perkins	6	366D	36F-36R	95.0		CHA
DT115 Legend	$55760	$18400	$22860	**$30670**	**$33460**	Perkins	6	366D	18F-18R	101.0		No
DT115 Legend Techno	$58625	$19350	$24040	**$32240**	**$35180**	Perkins	6	366D	18F-18R	101.0		CHA
DT115 Legend Top	$65265	$21540	$26760	**$35900**	**$39160**	Perkins	6	366D	36F-36R	101.0		CHA
DT130 Legend	$58875	$19430	$24140	**$32380**	**$35330**	Perkins	6T	366D	18F-18R	117.0		No
DT130 Legend Techno	$61740	$20370	$25310	**$33960**	**$37040**	Perkins	6T	366D	18F-18R	117.0		CHA
DT130 Legend Top	$69000	$22770	$28290	**$37950**	**$41400**	Perkins	6T	366D	36F-36R	117.0		CHA
DT145 Legend	$72560	$23950	$29750	**$39910**	**$43540**	Perkins	6T	366D	18F-18R	128.0		No
DT145 Legend Techno	$75495	$24910	$30950	**$41520**	**$45300**	Perkins	6T	366D	18F-18R	128.0		CHA
DT145 Legend Top	$82665	$27280	$33890	**$45470**	**$49600**	Perkins	6T	366D	36F-36R	128.0		CHA
DT165 Legend Top	$91210	$30100	$37400	**$50170**	**$54730**	Perkins	6T	366D	36F-36R	148.0		CHA
C65 w/Blade	$52828	$17430	$21660	**$29060**	**$31700**	Perkins	4	236D	16F-8R	61.0		No
C65F w/Blade	$46550	$15360	$19090	**$25600**	**$27930**	Perkins	4	236D	16F-8R	61.0		No
C85 w/Blade	$59130	$19510	$24240	**$32520**	**$35480**	Perkins	4	248D	16F-8R	71.25		No
C85F w/Blade	$52835	$17440	$21660	**$29060**	**$31700**	Perkins	4	248D	16F-8R	71.25		No
C95 w/Blade	$62295	$20560	$25540	**$34260**	**$37380**	Perkins	4T	236D	16F-8R	84.0		No
				1999								
C65 w/Blade	$52570	$16300	$20500	**$27340**	**$29970**	Perkins	4	236D	16F-8R	61.0		No
C65F w/Blade	$45110	$13980	$17590	**$23460**	**$25710**	Perkins	4	236D	16F-8R	61.0		No
C85 w/Blade	$60860	$18870	$23740	**$31650**	**$34690**	Perkins	4	248D	16F-8R	71.25		No
C85F w/Blade	$51555	$15980	$20110	**$26810**	**$29390**	Perkins	4	248D	16F-8R	71.25		No
C95 w/Blade	$63920	$19820	$24930	**$33240**	**$36430**	Perkins	4T	236D	16F-8R	84.0		No
DT105 TECHNO	$50410	$15630	$19660	**$26210**	**$28730**	Perkins	6	366D	18F-18R	95.0		No
DT105 TECHNO w/Cab	$53310	$16530	$20790	**$27720**	**$30390**	Perkins	6	366D	18F-18R	95.0		CHA
DT105 TOP w/Cab	$59685	$18500	$23280	**$31040**	**$34020**	Perkins	6	366D	36F-36R	95.0		CHA
DT115 TECHNO	$55760	$17290	$21750	**$29000**	**$31780**	Perkins	6	366D	18F-18R	101.0		No
DT115 TECHNO w/Cab	$58625	$18170	$22860	**$30490**	**$33420**	Perkins	6	366D	18F-18R	101.0		CHA
DT115 TOP w/Cab	$65265	$20230	$25450	**$33940**	**$37200**	Perkins	6	366D	36F-36R	101.0		CHA
DT130 TECHNO	$58875	$18250	$22960	**$30620**	**$33560**	Perkins	6T	366D	18F-18R	117.0		No
DT130 TECHNO w/Cab	$61740	$19140	$24080	**$32110**	**$35190**	Perkins	6T	366D	18F-18R	117.0		CHA
DT130 TOP w/Cab	$69000	$21390	$26910	**$35880**	**$39330**	Perkins	6T	366D	36F-36R	117.0		CHA
DT145 TECHNO	$72560	$22490	$28300	**$37730**	**$41360**	Perkins	6T	366D	18F-18R	128.0		No
DT145 TECHNO w/Cab	$75495	$23400	$29440	**$39260**	**$43030**	Perkins	6T	366D	18F-18R	128.0		CHA
DT145 TOP w/Cab	$82665	$25630	$32240	**$42990**	**$47120**	Perkins	6T	366D	36F-36R	128.0		CHA
DT165 TOP w/Cab	$91210	$28280	$35570	**$47430**	**$51990**	Perkins	6T	366D	36F-36R	148.0		CHA
DT6860	$33085	$10260	$12900	**$17200**	**$18860**	Perkins	4	236D	12F-12R	61.0	6122	No
R6860	$28155	$8730	$10980	**$14640**	**$16050**	Perkins	4	236D	12F-12R	61.0	5546	No
DT8860	$36690	$11370	$14310	**$19080**	**$20910**	Perkins	4	248D	12F-12R	72.1	6962	No
DT8860HC	$37886	$11750	$14780	**$19700**	**$21600**	Perkins	4	248D	12F-12R	72.1	7102	No
R8860	$31955	$9910	$12460	**$16620**	**$18210**	Perkins	4	248D	12F-12R	72.1	6476	No
R8860HC	$31690	$9610	$12090	**$16120**	**$17670**	Perkins	4	248D	12F-12R	72.1	6531	No
DT8880	$46290	$14350	$18050	**$24070**	**$26390**	Perkins	4	248D	12F-12R	72.1	8451	CHA
DT8880HC	$46540	$14430	$18150	**$24200**	**$26530**	Perkins	4	248D	12F-12R	72.1	8418	CHA
R8880	$39875	$12360	$15550	**$20740**	**$22730**	Perkins	4	248D	12F-12R	72.1	7633	CHA
R9060	$34615	$10730	$13500	**$18000**	**$19730**	Perkins	4T	236D	12F-12R	82.6		CHA
DT9060	$40185	$12460	$15670	**$20900**	**$22910**	Perkins	4T	236D	12F-12R	82.6		CHA
R9060HC	$34350	$10650	$13400	**$17860**	**$19580**	Perkins	4T	236D	12F-12R	82.6		CHA
DT9060HC	$42185	$13080	$16450	**$21940**	**$24050**	Perkins	4T	236D	12F-12R	82.6		CHA
DT9880	$50915	$15780	$19860	**$26480**	**$29020**	Perkins	4T	236D	12F-12R	86.3	8850	CHA
DT9880HC	$50556	$15670	$19720	**$26290**	**$28820**	Perkins	4T	236D	12F-12R	86.3	8529	CHA
R9880	$44450	$13780	$17340	**$23110**	**$25340**	Perkins	4T	236D	12F-12R	86.3	8407	CHA
				1998								
DT50 TECHNO	$28990	$8410	$10730	**$14210**	**$15660**	Perkins	3	152D	12F-12R	43.0		No
DT55FP	$31495	$9130	$11650	**$15430**	**$17010**	Perkins	3	152D	24F-12R	42.9		No
DT55GE	$31995	$9280	$11840	**$15680**	**$17280**	Perkins	3	152D	24F-12R	42.9		No
DT55LP	$31605	$9170	$11690	**$15490**	**$17070**	Perkins	3	152D	24F-12R	42.9		No
DT55V	$38885	$11280	$14390	**$19050**	**$21000**	Perkins	3	152D	24F-12R	42.9		CH
DT55VP	$31195	$9050	$11540	**$15290**	**$16850**	Perkins	3	152D	24F-12R	42.9		No
R55FP	$25535	$7410	$9450	**$12510**	**$13790**	Perkins	3	152D	24F-12R	42.9		No
R55V	$32455	$9410	$12010	**$15900**	**$17530**	Perkins	3	152D	24F-12R	42.9		CH
R55VP	$26410	$7660	$9770	**$12940**	**$14260**	Perkins	3	152D	24F-12R	42.9		No
DT60 TECHNO	$32440	$9410	$12000	**$15900**	**$17520**	Perkins	3T	152D	12F-12R	51.3		No
DT60 TECHNO w/Cab	$37085	$10760	$13720	**$18170**	**$20030**	Perkins	3T	152D	12F-12R	51.3		CHA
DT60 TOP	$33417	$9690	$12360	**$16370**	**$18050**	Perkins	3T	152D	12F-12R	51.3		No
DT60 TOP w/Cab	$37796	$10960	$13990	**$18520**	**$20410**	Perkins	3T	152D	12F-12R	51.3		CHA
DT60FP	$31878	$9250	$11800	**$15620**	**$17210**	Perkins	3T	152D	24F-12R	54.3		No
DT60GE	$33060	$9590	$12230	**$16200**	**$17850**	Perkins	3T	152D	24F-12R	54.3		No
DT60LP	$32410	$9400	$11990	**$15880**	**$17500**	Perkins	3T	152D	24F-12R	54.3		No

Model	Approx. Retail Price New	Estimated Value Less Repairs: Used Trade-In Avg.	Used Trade-In High	Used Retail Avg.	Used Retail High	Engine Make	Engine No. Cyls.	Engine Displ. Cu.-in.	No. Speeds	P.T.O. H.P.	Approx. Shipping Wt.-Lbs.	Cab
Landini (Cont.)												
				1998 (Cont.)								
DT60V	$40410	$11720	$14950	**$19800**	**$21820**	Perkins	3T	152D	24F-12R	54.3		CH
DT60VP	$31630	$9170	$11700	**$15500**	**$17080**	Perkins	3T	152D	24F-12R	54.3		No
R60FP	$26315	$7630	$9740	**$12890**	**$14210**	Perkins	3T	152D	24F-12R	54.3		No
R60V	$33675	$9770	$12460	**$16500**	**$18190**	Perkins	3T	152D	24F-12R	54.3		CHA
R60VP	$27720	$8040	$10260	**$13580**	**$14970**	Perkins	3T	152D	24F-12R	54.3		No
DT65	$39020	$11320	$14440	**$19120**	**$21070**	Perkins	4	236D	24F-12R	61.0		CHA
DT65F	$43200	$12530	$15980	**$21170**	**$23330**	Perkins	4	236D	24F-12R	61.0		CHA
DT65FP	$32769	$9500	$12130	**$16060**	**$17700**	Perkins	4	236D	24F-12R	61.0		No
DT65GE	$33445	$9700	$12380	**$16390**	**$18060**	Perkins	4	236D	24F-12R	61.0		No
DT65L	$42985	$12470	$15900	**$21060**	**$23210**	Perkins	4	236D	24F-12R	61.0		CHA
DT65LP	$32830	$9520	$12150	**$16090**	**$17730**	Perkins	4	236D	24F-12R	61.0		No
DT65V	$42282	$12260	$15640	**$20720**	**$22830**	Perkins	4	236D	24F-12R	61.0		CHA
DT65VP	$32815	$9520	$12140	**$16080**	**$17720**	Perkins	4	236D	24F-12R	61.0		No
R65	$33915	$9840	$12550	**$16620**	**$18310**	Perkins	4	236D	24F-12R	61.0		CHA
R65F	$36535	$10600	$13520	**$17900**	**$19730**	Perkins	4	236D	24F-12R	61.0		CHA
R65FP	$26872	$7790	$9940	**$13170**	**$14510**	Perkins	4	236D	24F-12R	61.0		No
R65GE	$27720	$8040	$10260	**$13580**	**$14970**	Perkins	4	236D	24F-12R	61.0		No
R65LP	$27205	$7890	$10070	**$13330**	**$14690**	Perkins	4	236D	24F-12R	61.0		No
R65LP HC	$26980	$7820	$9980	**$13220**	**$14570**	Deutz	4T	166D	12F-12R	61.0		No
R65V	$35525	$10300	$13140	**$17410**	**$19180**	Perkins	4	236D	24F-12R	61.0		CHA
R65VP	$28040	$8130	$10380	**$13740**	**$15140**	Perkins	4	236D	24F-12R	61.0		No
DT70 TECHNO	$34727	$10070	$12850	**$17020**	**$18750**	Perkins	4	236D	12F-12R	57.8		No
DT70 TECHNO w/Cab	$39670	$11500	$14680	**$19440**	**$21420**	Perkins	4	236D	12F-12R	57.8		CHA
DT70 TOP	$35767	$10370	$13230	**$17530**	**$19310**	Perkins	4	236D	12F-12R	57.2		No
DT70 TOP w/Cab	$40432	$11730	$14960	**$19810**	**$21830**	Perkins	4	236D	12F-12R	57.8		CHA
C75 W/Blade	$50885	$14760	$18830	**$24930**	**$27480**	Perkins	4	236D	16F-8R	61.25		No
C75F	$36700	$10640	$13580	**$17980**	**$19820**	Perkins	4	236D	16F-8R	61.25		No
DT75	$40870	$11850	$15120	**$20030**	**$22070**	Perkins	4	236D	24F-12R	64.37		CHA
DT75F	$43835	$12710	$16220	**$21480**	**$23670**	Perkins	4	236D	24F-12R	64.37		CHA
DT75FP	$33651	$9760	$12450	**$16490**	**$18170**	Perkins	4	236D	24F-12R	64.37		No
DT75GE	$34990	$10150	$12950	**$17150**	**$18900**	Perkins	4	236D	24F-12R	64.37		No
DT75L	$43620	$12650	$16140	**$21370**	**$23560**	Perkins	4	236D	24F-12R	64.37		CHA
DT75LP	$33335	$9670	$12330	**$16330**	**$18000**	Perkins	4	236D	24F-12R	64.37		No
DT75V	$43680	$12670	$16160	**$21400**	**$23590**	Perkins	4	236D	24F-12R	64.37		CHA
DT75VP	$36245	$10510	$13410	**$17760**	**$19570**	Perkins	4	236D	24F-12R	64.37		No
R75F	$37452	$10860	$13860	**$18350**	**$20220**	Perkins	4	236D	24F-12R	64.37		CHA
R75FP	$28065	$8140	$10380	**$13750**	**$15160**	Perkins	4	236D	24F-12R	64.37		No
R75V	$36470	$10580	$13490	**$17870**	**$19690**	Perkins	4	236D	24F-12R	64.37		CHA
R75VP	$30535	$8860	$11300	**$14960**	**$16490**	Perkins	4	236D	24F-12R	64.37		No
C85 w/Blade	$56371	$16350	$20860	**$27620**	**$30440**	Perkins	4	248D	16F-8R	71.25		No
C85F	$41240	$11960	$15260	**$20210**	**$22270**	Perkins	4	248D	16F-8R	71.25		No
DT85	$43105	$12500	$15950	**$21120**	**$23280**	Perkins	4	248D	24F-12R	72.1	8075	CHA
DT85F	$45065	$13070	$16670	**$22080**	**$24340**	Perkins	4	248D	24F-12R	72.1		CHA
DT85FP	$34856	$10110	$12900	**$17080**	**$18820**	Perkins	4	248D	24F-12R	72.1		No
DT85GE	$36520	$10590	$13510	**$17900**	**$19720**	Perkins	4	248D	24F-12R	72.1		No
DT85L	$44845	$13010	$16590	**$21970**	**$24220**	Perkins	4	248D	24F-12R	72.1		CHA
DT85LP	$34537	$10020	$12780	**$16920**	**$18650**	Perkins	4	248D	24F-12R	72.1		No
R85	$36765	$10660	$13600	**$18020**	**$19850**	Perkins	4	248D	24F-12R	72.1	7412	CHA
R85F	$38585	$11190	$14280	**$18910**	**$20840**	Perkins	4	248D	24F-12R	72.1		CHA
R85FP	$29115	$8440	$10770	**$14270**	**$15720**	Perkins	4	248D	24F-12R	72.1		No
RP85LP HC	$29116	$8440	$10770	**$14270**	**$15720**	Deutz	4T	166D	12F-12R	72.1		No
C95 w/Blade	$60045	$17410	$22220	**$29420**	**$32420**	Perkins	4T	236D	16F-8R	84.0		No
DT95	$44930	$13030	$16620	**$22020**	**$24260**	Perkins	4T	236D	24F-12R	82.6		CHA
DT95 GT	$50610	$14680	$18730	**$24800**	**$27330**	Perkins	4T	236D	12F-12R	82.6		CHA
DT105 TECHNO	$50050	$14520	$18520	**$24530**	**$27030**	Perkins	6	366D	18F-18R	95.0		No
DT105 TECHNO w/Cab	$52195	$15140	$19310	**$25580**	**$28190**	Perkins	6	366D	18F-18R	95.0		CHA
DT105 TOP w/Cab	$58610	$17000	$21690	**$28720**	**$31650**	Perkins	6	366D	36F-36R	95.0		CHA
DT115 TECHNO	$53646	$15560	$19850	**$26290**	**$28970**	Perkins	6	366D	18F-18R	101.0		No
DT115 TECHNO w/Cab	$56420	$16360	$20880	**$27650**	**$30470**	Perkins	6	366D	18F-18R	101.0		CHA
DT115 TOP w/Cab	$62915	$18250	$23280	**$30830**	**$33970**	Perkins	6	366D	36F-36R	101.0		CHA
DT130 TECHNO	$56660	$16430	$20960	**$27760**	**$30600**	Perkins	6T	366D	18F-18R	117.0		No
DT130 TECHNO w/Cab	$59435	$17240	$21990	**$29120**	**$32100**	Perkins	6T	366D	18F-18R	117.0		CHA
DT130 TOP	$65885	$19110	$24380	**$32280**	**$35580**	Perkins	6T	366D	36F-36R	117.0		No
DT145 TECHNO	$71840	$20830	$26580	**$35200**	**$38790**	Perkins	6T	366D	18F-18R	128.0		No
DT145 TECHNO w/Cab	$74025	$21470	$27390	**$36270**	**$39970**	Perkins	6T	366D	18F-18R	128.0		CHA
DT145 TOP w/Cab	$81205	$23550	$30050	**$39790**	**$43850**	Perkins	6T	366D	36F-36R	128.0		CHA
DT165 TOP w/Cab	$89475	$25950	$33110	**$43840**	**$48320**	Perkins	6T	366D	36F-36R	148.0		CHA
DT5860	$27865	$8080	$10310	**$13650**	**$15050**	Perkins	3	152D	12F-4R	42.9		No
R5860	$22420	$6500	$8300	**$10990**	**$12110**	Perkins	3	152D	12F-4R	42.9	4971	No
DT6060	$28755	$8340	$10640	**$14090**	**$15530**	Perkins	3T	152D	12F-4R	54.3	5856	No
R6060	$23760	$6890	$8790	**$11640**	**$12830**	Perkins	3T	152D	12F-4R	54.3	5237	No
DT6860	$30245	$8770	$11190	**$14820**	**$16330**	Perkins	4	236D	12F-12R	57.26	6122	No
R6860	$24915	$7230	$9220	**$12210**	**$13450**	Perkins	4	236D	12F-12R	57.26	5546	No
DT6880	$44510	$12910	$16470	**$21810**	**$24040**	Perkins	4	236D	12F-12R	57.26	7611	CHA
R6880	$35715	$10360	$13220	**$17500**	**$19290**	Perkins	4	236D	12F-12R	57.26	6947	CHA
DT7860	$32395	$9400	$11990	**$15870**	**$17490**	Perkins	4	236D	12F-12R	64.37	6874	No
DT7860HC	$33175	$9620	$12280	**$16260**	**$17920**	Perkins	4	236D	12F-12R	64.37	6891	No
R7860	$27140	$7870	$10040	**$13300**	**$14660**	Perkins	4	236D	12F-12R	64.37	6387	No
R7860HC	$27870	$8080	$10310	**$13660**	**$15050**	Perkins	4	236D	12F-12R	64.37	6188	No
DT7880	$46050	$13360	$17040	**$22570**	**$24870**	Perkins	4	236D	12F-12R	64.37	8075	CHA
R7880	$39645	$11500	$14670	**$19430**	**$21410**	Perkins	4	236D	12F-12R	64.37	7611	CHA
DT8860	$36305	$10530	$13430	**$17790**	**$19610**	Perkins	4	248D	12F-12R	74.83	6962	No
DT8860HC	$35446	$10280	$13120	**$17370**	**$19140**	Perkins	4	248D	12F-12R	74.83	7102	No
R8860	$28990	$8410	$10730	**$14210**	**$15660**	Perkins	4	248D	12F-12R	74.83	6476	No

Landini (Cont.)

Model	Approx. Retail Price New	Estimated Value Less Repairs: Used Trade-In Avg.	Used Trade-In High	Used Retail Avg.	Used Retail High	Make	Engine No. Cyls.	Displ. Cu.-in.	No. Speeds	P.T.O. H.P.	Approx. Shipping Wt.-Lbs.	Cab
				1998 (Cont.)								
R8860HC	$28820	$8360	$10660	**$14120**	**$15560**	Perkins	4	248D	12F-12R	74.83	6531	No
DT8880	$47326	$13730	$17510	**$23190**	**$25560**	Perkins	4	248D	12F-12R	74.83	8451	CHA
DT8880HC	$46650	$13530	$17260	**$22860**	**$25190**	Perkins	4	248D	12F-12R	74.83	8418	CHA
R8880	$40737	$11810	$15070	**$19960**	**$22000**	Perkins	4	248D	12F-12R	74.83	7633	CHA
RS 9065	$32690	$9480	$12100	**$16020**	**$17650**	Deutz	4T	166D	12F-12R	57.0		No
RV 9065	$34440	$9990	$12740	**$16880**	**$18600**	Deutz	4T	166D	12F-12R	57.0		No
DT9880	$50790	$14730	$18790	**$24890**	**$27430**	Perkins	4T	236D	12F-12R	88.0	8850	CHA
DT9880HC	$50056	$14520	$18520	**$24530**	**$27030**	Perkins	4T	236D	12F-12R	88.0	8529	CHA
R9880	$45545	$13210	$16850	**$22320**	**$24590**	Perkins	4T	236D	12F-12R	88.0	8407	CHA
				1997								
DT55FP	$29860	$8060	$10450	**$13740**	**$15230**	Perkins	3	152D	12F-12R	42.9		No
DT55GE	$31060	$8390	$10870	**$14290**	**$15840**	Perkins	3	152D	12F-12R	42.9		No
DT55LP	$30063	$8120	$10520	**$13830**	**$15330**	Perkins	3	152D	12F-12R	42.9		No
DT55V	$36036	$9730	$12610	**$16580**	**$18380**	Perkins	3	152D	12F-12R	42.9		CH
DT55VP	$30705	$8290	$10750	**$14120**	**$15660**	Perkins	3	152D	12F-12R	42.9		No
R55FP	$24138	$6520	$8450	**$11100**	**$12310**	Perkins	3	152D	12F-12R	42.9		No
R55V	$30630	$8270	$10720	**$14090**	**$15620**	Perkins	3	152D	12F-12R	42.9		CH
R55VP	$25725	$6950	$9000	**$11830**	**$13120**	Perkins	3	152D	12F-12R	42.9		No
DT60FP	$31030	$8380	$10860	**$14270**	**$15830**	Perkins	3T	152D	12F-12R	54.3		No
DT60GE	$32337	$8730	$11320	**$14880**	**$16490**	Perkins	3T	152D	12F-12R	54.3		No
DT60LP	$31095	$8400	$10880	**$14300**	**$15860**	Perkins	3T	152D	12F-12R	54.3		No
DT60V	$36425	$9840	$12750	**$16760**	**$18580**	Perkins	3T	152D	12F-12R	54.3		CHA
DT60VP	$31095	$8400	$10880	**$14300**	**$15860**	Perkins	3T	152D	12F-12R	54.3		No
R60FP	$24897	$6720	$8710	**$11450**	**$12700**	Perkins	3T	152D	12F-12R	54.3		No
R60V	$31875	$8610	$11160	**$14660**	**$16260**	Perkins	3T	152D	12F-12R	54.3		CHA
R60VP	$27233	$7350	$9530	**$12530**	**$13890**	Perkins	3T	152D	12F-12R	54.3		No
DT65	$37395	$10100	$13090	**$17200**	**$19070**	Perkins	4	236D	12F-12R	57.26	7124	CHA
DT65F	$40782	$11010	$14270	**$18760**	**$20800**	Perkins	4	236D	12F-12R	57.26		CHA
DT65FP	$31110	$8400	$10890	**$14310**	**$15870**	Perkins	4	236D	12F-12R	57.26		No
DT65GE	$32886	$8880	$11510	**$15130**	**$16770**	Perkins	4	236D	12F-12R	57.26		No
DT65L	$40285	$10880	$14100	**$18530**	**$20550**	Perkins	4	236D	12F-12R	57.26		CHA
DT65LP	$31175	$8420	$10910	**$14340**	**$15900**	Perkins	4	236D	12F-12R	57.26		No
DT65V	$39340	$10620	$13770	**$18100**	**$20060**	Perkins	4	236D	12F-12R	57.26		CHA
DT65VP	$32415	$8750	$11350	**$14910**	**$16530**	Perkins	4	236D	12F-12R	54.26		No
R65	$32155	$8680	$11250	**$14790**	**$16400**	Perkins	4	236D	12F-12R	57.26	6571	CHA
R65F	$34550	$9330	$12090	**$15890**	**$17620**	Perkins	4	236D	12F-12R	57.26		CHA
R65FP	$25197	$6800	$8820	**$11590**	**$12850**	Perkins	4	236D	12F-12R	57.26		No
R65GE	$26670	$7200	$9340	**$12270**	**$13600**	Perkins	4	236D	12F-12R	57.26		No
R65LP	$25371	$6850	$8880	**$11670**	**$12940**	Perkins	4	236D	12F-12R	57.26		No
R65V	$33817	$9130	$11840	**$15560**	**$17250**	Perkins	4	236D	12F-12R	57.26		CHA
R65VP	$27498	$7420	$9620	**$12650**	**$14020**	Perkins	4	236D	12F-12R	57.26		No
C75	$36321	$9810	$12710	**$16710**	**$18520**	Perkins	4	236D	16F-8R	61.25		No
C75F	$35370	$9550	$12380	**$16270**	**$18040**	Perkins	4	236D	16F-8R	61.25		No
C75FL	$35730	$9650	$12510	**$16440**	**$18220**	Perkins	4	236D	16F-8R	61.25		No
DT75	$38481	$10390	$13470	**$17700**	**$19630**	Perkins	4	236D	12F-12R	64.37	7677	CHA
DT75F	$41422	$11180	$14500	**$19050**	**$21130**	Perkins	4	236D	12F-12R	64.37		CHA
DT75FP	$31640	$8540	$11070	**$14550**	**$16140**	Perkins	4	236D	12F-12R	64.37		No
DT75GE	$33855	$9140	$11850	**$15570**	**$17270**	Perkins	4	236D	12F-12R	64.37		No
DT75L	$40925	$11050	$14320	**$18830**	**$20870**	Perkins	4	236D	12F-12R	64.37		CHA
DT75LP	$31700	$8560	$11100	**$14580**	**$16170**	Perkins	4	236D	12F-12R	64.37		No
DT75V	$40648	$10980	$14230	**$18700**	**$20730**	Perkins	4	236D	12F-12R	64.37		CHA
DT75VP	$33532	$9050	$11740	**$15430**	**$17100**	Perkins	4	236D	12F-12R	64.37		No
R75	$35475	$9580	$12420	**$16320**	**$18090**	Perkins	4	236D	12F-12R	64.37	7013	CHA
R75F	$35915	$9700	$12570	**$16520**	**$18320**	Perkins	4	236D	12F-12R	64.37		CHA
R75FP	$26190	$7070	$9170	**$12050**	**$13360**	Perkins	4	236D	12F-12R	64.39		No
R75V	$34530	$9320	$12090	**$15880**	**$17610**	Perkins	4	236D	12F-12R	64.37		CHA
R75VP	$28286	$7640	$9900	**$13010**	**$14430**	Perkins	4	236D	12F-12R	64.37		No
C85	$41322	$11160	$14460	**$19010**	**$21070**	Perkins	4	248D	16F-8R	71.25		No
C85F	$39963	$10790	$13990	**$18380**	**$20380**	Perkins	4	248D	16F-8R	71.25		No
C85FL	$40387	$10900	$14140	**$18580**	**$20600**	Perkins	4	248D	16F-8R	71.25		No
DT85	$39736	$10730	$13910	**$18280**	**$20270**	Perkins	4	248D	12F-12R	74.83	8075	CHA
DT85F	$42664	$11520	$14930	**$19630**	**$21760**	Perkins	4	248D	12F-12R	74.83		CHA
DT85FP	$33765	$9120	$11820	**$15530**	**$17220**	Perkins	4	248D	12F-12R	74.83		No
DT85GE	$36010	$9720	$12600	**$16570**	**$18370**	Perkins	4	248D	12F-12R	74.83		No
DT85L	$42167	$11390	$14760	**$19400**	**$21510**	Perkins	4	248D	12F-12R	74.83		CHA
DT85LP	$33442	$9030	$11710	**$15380**	**$17060**	Perkins	4	248D	12F-12R	74.83		No
R85	$34971	$9440	$12240	**$16090**	**$17840**	Perkins	4	248D	12F-12R	74.83	7412	CHA
R85F	$36580	$9880	$12800	**$16830**	**$18660**	Perkins	4	248D	12F-12R	74.83		CHA
R85FP	$27905	$7530	$9770	**$12840**	**$14230**	Perkins	4	248D	12F-12R	74.83		No
C95	$44183	$11930	$15460	**$20320**	**$22530**	Perkins	4T	236D	16F-8R	84.0		No
DT95	$42177	$11390	$14760	**$19400**	**$21510**	Perkins	4T	236D	12F-12R	88.0	8186	CHA
DT5860	$26737	$7220	$9360	**$12300**	**$13640**	Perkins	3	152D	12F-4R	42.9		No
R5860	$21360	$5770	$7480	**$9830**	**$10890**	Perkins	3	152D	12F-4R	42.9	4971	No
DT6060	$28175	$7610	$9860	**$12960**	**$14370**	Perkins	3T	152D	12F-4R	54.3	5856	No
R6060	$23370	$6310	$8180	**$10750**	**$11920**	Perkins	3T	152D	12F-4R	54.3	5237	No
DT6860	$30065	$8120	$10520	**$13830**	**$15330**	Perkins	4	236D	12F-12R	57.26	6122	No
R6860	$24670	$6660	$8640	**$11350**	**$12580**	Perkins	4	236D	12F-12R	57.26	5546	No
DT6880	$40943	$11060	$14330	**$18830**	**$20880**	Perkins	4	236D	12F-12R	57.26	7611	CHA
R6880	$34253	$9250	$11990	**$15760**	**$17470**	Perkins	4	236D	12F-12R	57.26	6947	CHA
DT7860	$31360	$8470	$10980	**$14430**	**$15990**	Perkins	4	236D	12F-12R	64.37	6874	No
DT7860HC	$32302	$8720	$11310	**$14860**	**$16470**	Perkins	4	236D	12F-12R	64.37	6891	No
R7860	$25677	$6930	$8990	**$11810**	**$13100**	Perkins	4	236D	12F-12R	64.37	6387	No
R7860HC	$26675	$7200	$9340	**$12270**	**$13600**	Perkins	4	236D	12F-12R	64.37	6188	No

Landini (Cont.)

Model	Approx. Retail Price New	Used Trade-In Avg.	Used Trade-In High	Used Retail Avg.	Used Retail High	Engine Make	Engine No. Cyls.	Engine Displ. Cu.-in.	No. Speeds	P.T.O. H.P.	Approx. Shipping Wt.-Lbs.	Cab
				1997 (Cont.)								
DT7880	$42761	$11550	$14970	**$19670**	**$21810**	Perkins	4	236D	12F-12R	64.37	8075	CHA
R7880	$34421	$9290	$12050	**$15830**	**$17560**	Perkins	4	236D	12F-12R	64.37	7611	CHA
DT8860	$35416	$9560	$12400	**$16290**	**$18060**	Perkins	4	248D	12F-12R	74.83	6962	No
DT8860HC	$35225	$9510	$12330	**$16200**	**$17970**	Perkins	4	248D	12F-12R	74.83	7102	No
R8860	$27200	$7340	$9520	**$12510**	**$13870**	Perkins	4	248D	12F-12R	74.83	6476	No
R8860HC	$28787	$7770	$10080	**$13240**	**$14680**	Perkins	4	248D	12F-12R	74.83	6531	No
DT8880	$44096	$11910	$15430	**$20280**	**$22490**	Perkins	4	248D	12F-12R	74.83	8451	CHA
DT8880HC	$42538	$11490	$14890	**$19570**	**$21690**	Perkins	4	248D	12F-12R	74.83	8418	CHA
R8880	$35863	$9680	$12550	**$16500**	**$18290**	Perkins	4	248D	12F-12R	74.83	7633	CHA
DT9880	$46887	$12660	$16410	**$21570**	**$23910**	Perkins	4T	236D	12F-12R	88.0	8850	CHA
DT9880HC	$45988	$12420	$16100	**$21150**	**$23450**	Perkins	4T	236D	12F-12R	88.0	8529	CHA
R9880	$40264	$10870	$14090	**$18520**	**$20540**	Perkins	4T	236D	12F-12R	88.0	8407	CHA
				1996								
DT50	$44187	$8620	$11370	**$15170**	**$16890**	Perkins	3	152D	12F-12R	42.9	6770	CH
R50	$37630	$7150	$9440	**$12580**	**$14010**	Perkins	3	152D	12F-12R	42.9	6106	CH
DT55F	$47943	$9110	$12030	**$16030**	**$17860**	Perkins	3	152D	12F-12R	42.9		CH
DT55FP	$39833	$7470	$9850	**$13140**	**$14630**	Perkins	3	152D	12F-12R	42.9		No
DT55GE	$40300	$7770	$10250	**$13670**	**$15220**	Perkins	3	152D	12F-12R	42.9		No
DT55L	$48139	$9150	$12070	**$16100**	**$17930**	Perkins	3	152D	12F-12R	42.9		CH
DT55LP	$39910	$7520	$9920	**$13230**	**$14730**	Perkins	3	152D	12F-12R	42.9		No
DT55V	$49288	$9010	$11890	**$15860**	**$17660**	Perkins	3	152D	12F-12R	42.9		CH
R55F	$40275	$7650	$10100	**$13470**	**$15000**	Perkins	3	152D	12F-12R	42.9		CH
R55FP	$31636	$6040	$7970	**$10620**	**$11830**	Perkins	3	152D	12F-12R	42.9		No
R55GE	$32541	$6180	$8160	**$10880**	**$12120**	Perkins	3	152D	12F-12R	42.9		No
R55L	$40276	$7650	$10100	**$13470**	**$15000**	Perkins	3	152D	12F-12R	42.9		CH
R55LP	$31663	$6020	$7940	**$10590**	**$11790**	Perkins	3	152D	12F-12R	42.9		No
R55V	$40300	$7660	$10110	**$13480**	**$15010**	Perkins	3	152D	12F-12R	42.9		CH
DT60	$46466	$8830	$11650	**$15540**	**$17300**	Perkins	3T	152D	12F-12R	54.3	7013	CH
DT60F	$49560	$9420	$12430	**$16570**	**$18460**	Perkins	3T	152D	12F-12R	54.3		CH
DT60FP	$41535	$7760	$10240	**$13650**	**$15210**	Perkins	3T	152D	12F-12R	54.3		No
DT60GE	$42060	$8080	$10670	**$14230**	**$15850**	Perkins	3T	152D	12F-12R	54.3		No
DT60L	$49558	$9420	$12430	**$16570**	**$18460**	Perkins	3T	152D	12F-12R	54.3		CHA
DT60LP	$41329	$7770	$10260	**$13680**	**$15240**	Perkins	3T	152D	12F-12R	54.3		No
DT60V	$50962	$9110	$12020	**$16030**	**$17850**	Perkins	3T	152D	12F-12R	54.3		CHA
R60	$39678	$7540	$9950	**$13270**	**$14780**	Perkins	3T	152D	12F-12R	54.3	6239	CH
R60F	$41322	$7850	$10360	**$13820**	**$15390**	Perkins	3T	152D	12F-12R	54.3		CH
R60FP	$32682	$6220	$8220	**$10960**	**$12200**	Perkins	3T	152D	12F-12R	54.3		No
R60GE	$33528	$6370	$8410	**$11210**	**$12490**	Perkins	3T	152D	12F-12R	54.3		No
R60L	$41545	$7890	$10420	**$13890**	**$15470**	Perkins	3T	152D	12F-12R	54.3		CHA
R60LP	$32682	$6210	$8200	**$10930**	**$12170**	Perkins	3T	152D	12F-12R	54.3		No
R60V	$42017	$7970	$10520	**$14030**	**$15620**	Perkins	3T	152D	12F-12R	54.3		CHA
DT65	$51563	$9350	$12340	**$16450**	**$18320**	Perkins	4	236D	12F-12R	57.26	7124	CHA
DT65F	$56000	$10200	$13460	**$17940**	**$19980**	Perkins	4	236D	12F-12R	57.26		CHA
DT65FP	$42225	$7780	$10270	**$13690**	**$15240**	Perkins	4	236D	12F-12R	57.26		No
DT65GE	$44513	$8220	$10850	**$14470**	**$16110**	Perkins	4	236D	12F-12R	57.26		No
DT65L	$56000	$10070	$13290	**$17730**	**$19740**	Perkins	4	236D	12F-12R	57.26		CHA
DT65LP	$43136	$7790	$10290	**$13720**	**$15280**	Perkins	4	236D	12F-12R	57.26		No
DT65V	$53952	$9840	$12980	**$17310**	**$19280**	Perkins	4	236D	12F-12R	57.26		CHA
R65	$44355	$8040	$10610	**$14150**	**$15760**	Perkins	4	236D	12F-12R	57.26	6571	CHA
R65F	$45686	$8640	$11400	**$15200**	**$16930**	Perkins	4	236D	12F-12R	57.26		CHA
R65FP	$35010	$6300	$8320	**$11090**	**$12350**	Perkins	4	236D	12F-12R	57.26		No
R65GE	$35660	$6670	$8800	**$11740**	**$13070**	Perkins	4	236D	12F-12R	57.26		No
R65L	$47575	$9040	$11930	**$15910**	**$17720**	Perkins	4	236D	12F-12R	57.26		CHA
R65LP	$34820	$6340	$8370	**$11160**	**$12430**	Perkins	4	236D	12F-12R	57.26		No
R65V	$45795	$8450	$11160	**$14880**	**$16570**	Perkins	4	236D	12F-12R	57.26		CHA
C75	$49360	$9380	$12380	**$16510**	**$18380**	Perkins	4	236D	16F-8R	61.25	9381	No
CF75	$48065	$9130	$12060	**$16070**	**$17900**	Perkins	4	236D	16F-8R	61.25	8230	No
CFL75	$48560	$9230	$12180	**$16240**	**$18080**	Perkins	4	236D	16F-8R	61.25		No
DT75	$52970	$9620	$12700	**$16930**	**$18860**	Perkins	4	236D	12F-12R	64.37	7677	CHA
DT75F	$56880	$10360	$13670	**$18230**	**$20300**	Perkins	4	236D	12F-12R	64.37		CHA
DT75FP	$42954	$7910	$10440	**$13920**	**$15500**	Perkins	4	236D	12F-12R	64.37		No
DT75GE	$46039	$8460	$11170	**$14900**	**$16590**	Perkins	4	236D	12F-12R	64.37		No
DT75L	$56880	$10230	$13510	**$18010**	**$20050**	Perkins	4	236D	12F-12R	64.37		CHA
DT75LP	$43865	$7930	$10460	**$13950**	**$15530**	Perkins	4	236D	12F-12R	64.37		No
DT75V	$55886	$10160	$13410	**$17890**	**$19920**	Perkins	4	236D	12F-12R	64.37		CHA
R75	$45333	$8870	$11710	**$15610**	**$17380**	Perkins	4	236D	12F-12R	64.37	7013	CHA
R75F	$48989	$8980	$11850	**$15800**	**$17600**	Perkins	4	236D	12F-12R	64.37		CHA
R75FP	$36380	$6550	$8640	**$11520**	**$12830**	Perkins	4	236D	12F-12R	64.39		No
R75GE	$37175	$7060	$9320	**$12430**	**$13850**	Perkins	4	236D	12F-12R	64.37		No
R75L	$48989	$9310	$12290	**$16380**	**$18250**	Perkins	4	236D	12F-12R	64.37		CHA
R75LP	$36187	$6880	$9080	**$12100**	**$13480**	Perkins	4	236D	12F-12R	64.37		No
R75V	$47150	$8630	$11400	**$15190**	**$16920**	Perkins	4	236D	12F-12R	64.37		CHA
C85	$56250	$10690	$14110	**$18810**	**$20950**	Perkins	4	248D	16F-8R	71.25	9602	No
CF85	$54390	$10340	$13640	**$18190**	**$20260**	Perkins	4	248D	16F-8R	71.25	8230	No
CFL85	$54975	$10450	$13790	**$18390**	**$20480**	Perkins	4	248D	16F-8R	71.25		No
DT85	$54698	$9930	$13110	**$17480**	**$19470**	Perkins	4	248D	12F-12R	74.83	8075	CHA
DT85F	$58593	$10670	$14080	**$18770**	**$20910**	Perkins	4	248D	12F-12R	74.83		CHA
DT85FP	$45353	$8440	$11140	**$14860**	**$16550**	Perkins	4	248D	12F-12R	74.83		No
DT85GE	$49009	$9000	$11880	**$15840**	**$17650**	Perkins	4	248D	12F-12R	74.83		No
DT85L	$58593	$10540	$13920	**$18550**	**$20660**	Perkins	4	248D	12F-12R	74.83		CHA
DT85LP	$46455	$8360	$11040	**$14710**	**$16390**	Perkins	4	248D	12F-12R	74.83		No
R85	$46816	$8740	$11540	**$15390**	**$17140**	Perkins	4	248D	12F-12R	74.83	7412	CHA
R85F	$50510	$9150	$12070	**$16100**	**$17920**	Perkins	4	248D	12F-12R	74.83		CHA

Landini (Cont.)

Model	Approx. Retail Price New	Estimated Value Less Repairs: Used Trade-In Avg.	Used Trade-In High	Used Retail Avg.	Used Retail High	Engine Make	No. Cyls.	Displ. Cu.-in.	No. Speeds	P.T.O. H.P.	Approx. Shipping Wt.-Lbs.	Cab
				1996 (Cont.)								
R85FP	$38505	$6980	$9210	**$12280**	**$13670**	Perkins	4	248D	12F-12R	74.83		No
R85GE	$39465	$7500	$9900	**$13200**	**$14700**	Perkins	4	248D	12F-12R	74.83		No
R85L	$50510	$9600	$12670	**$16890**	**$18810**	Perkins	4	248D	12F-12R	74.83		CHA
R85LP	$38785	$7370	$9730	**$12970**	**$14450**	Perkins	4	248D	12F-12R	74.83		No
C95	$60190	$11440	$15100	**$20130**	**$22420**	Perkins	4T	236D	16F-8R	84.0		No
DT95	$57350	$10540	$13920	**$18560**	**$20670**	Perkins	4T	236D	12F-12R	88.0	8186	CHA
R95	$49352	$9380	$12380	**$16500**	**$18380**	Perkins	4T	236D	12F-12R	88.0	7522	CHA
DT5860	$36055	$6680	$8820	**$11760**	**$13100**	Perkins	3	152D	12F-4R	42.9	5591	No
R5860	$28750	$5340	$7050	**$9400**	**$10470**	Perkins	3	152D	12F-4R	42.9	4971	No
DT6060	$38035	$7040	$9300	**$12400**	**$13810**	Perkins	3T	152D	12F-4R	54.3	5856	No
R6060	$31700	$5840	$7710	**$10280**	**$11450**	Perkins	3T	152D	12F-4R	54.3	5237	No
DT6860	$39826	$7520	$9920	**$13230**	**$14730**	Perkins	4	236D	12F-12R	57.26	6122	No
R6860	$33760	$6170	$8140	**$10860**	**$12090**	Perkins	4	236D	12F-12R	57.26	5546	No
DT6880	$54555	$10240	$13510	**$18020**	**$20060**	Perkins	4	236D	12F-12R	57.26	7611	CHA
R6880	$46985	$8560	$11300	**$15070**	**$16780**	Perkins	4	236D	12F-12R	57.26	6947	CHA
DT7860	$41755	$7840	$10350	**$13800**	**$15370**	Perkins	4	236D	12F-12R	64.37	6874	No
DT7860HC	$43186	$8080	$10660	**$14210**	**$15830**	Perkins	4	236D	12F-12R	64.37	6891	No
R7860	$35927	$6420	$8470	**$11300**	**$12580**	Perkins	4	236D	12F-12R	64.37	6387	No
R7860HC	$35433	$6670	$8800	**$11740**	**$13070**	Perkins	4	236D	12F-12R	64.37	6188	No
DT7880	$56057	$10690	$14110	**$18820**	**$20950**	Perkins	4	236D	12F-12R	64.37	8075	CHA
R7880	$47215	$8610	$11360	**$15150**	**$16870**	Perkins	4	236D	12F-12R	64.37	7611	CHA
DT8860	$45565	$8530	$11260	**$15020**	**$16720**	Perkins	4	248D	12F-12R	74.83	6962	No
DT8860HC	$46295	$8810	$11620	**$15500**	**$17260**	Perkins	4	248D	12F-12R	74.83	7102	No
R8860	$38025	$6800	$8980	**$11970**	**$13330**	Perkins	4	248D	12F-12R	74.83	6476	No
R8860HC	$37915	$7150	$9440	**$12590**	**$14020**	Perkins	4	248D	12F-12R	74.83	6531	No
DT8880	$58905	$11020	$14550	**$19400**	**$21610**	Perkins	4	248D	12F-12R	74.83	8451	CHA
DT8880HC	$57405	$10640	$14040	**$18720**	**$20840**	Perkins	4	248D	12F-12R	74.83	8418	CHA
R8880	$49620	$8970	$11840	**$15780**	**$17570**	Perkins	4	248D	12F-12R	74.83	7633	CHA
DT9880	$63569	$11720	$15470	**$20630**	**$22980**	Perkins	4T	236D	12F-12R	88.0	8850	CHA
DT9880HC	$62160	$11500	$15180	**$20240**	**$22530**	Perkins	4T	236D	12F-12R	88.0	8529	CHA
R9880	$55478	$10070	$13290	**$17720**	**$19730**	Perkins	4T	236D	12F-12R	88.0	8407	CHA
DT10000	$74307	$14680	$19200	**$20900**	**$24280**	Perkins	6	354D	12F-4R	88.5	9779	CHA
R10000	$62455	$12340	$16140	**$17560**	**$20410**	Perkins	6	354D	12F-4R	88.5	9381	CHA
DT13000	$78220	$15460	$20210	**$22000**	**$25560**	Perkins	6	354D	12F-4R	94.0	9912	CHA
R13000	$66785	$13200	$17260	**$18780**	**$21830**	Perkins	6	354D	12F-4R	94.0	9513	CHA
DT14500	$88538	$17500	$22880	**$24900**	**$28940**	Perkins	6T	354D	12F-4R	124.75	12035	CHA
R14500	$74896	$14800	$19360	**$21060**	**$24480**	Perkins	6T	354D	12F-4R	124.75	11062	CHA
				1995								
DT50	$40875	$7550	$9760	**$13220**	**$14790**	Perkins	3	152D	12F-12R	39.0	6770	CH
R50	$35020	$6470	$8360	**$11330**	**$12670**	Perkins	3	152D	12F-12R	39.0	6106	CH
DT55F	$45071	$8330	$10760	**$14580**	**$16310**	Perkins	3	152D	12F-12R	39.0		CH
R55F	$37975	$7020	$9060	**$12280**	**$13740**	Perkins	3	152D	12F-12R	39.0		CH
DT60	$43442	$8030	$10370	**$14050**	**$15720**	Perkins	3T	152D	12F-12R	49.5	7013	CH
DT60F	$46625	$8620	$11130	**$15080**	**$16870**	Perkins	3T	152D	12F-12R	49.5		CH
R60	$37224	$6880	$8890	**$12040**	**$13470**	Perkins	3T	152D	12F-12R	49.5	6239	CH
R60F	$39403	$7280	$9410	**$12740**	**$14260**	Perkins	3T	152D	12F-12R	49.5		CH
DT65	$48030	$8880	$11470	**$15530**	**$17380**	Perkins	4	236D	12F-12R	57.0	7124	CHA
DT65F	$51084	$9440	$12190	**$16520**	**$18490**	Perkins	4	236D	12F-12R	57.0		CHA
R65	$41438	$7660	$9890	**$13400**	**$15000**	Perkins	4	236D	12F-12R	57.0	6571	CHA
R65F	$43311	$8010	$10340	**$14010**	**$15680**	Perkins	4	236D	12F-12R	57.0		CHA
C75	$46152	$8530	$11020	**$14930**	**$16700**	Perkins	4	236D	16F-8R	61.25	9381	No
CF75	$45823	$8470	$10940	**$14820**	**$16580**	Perkins	4	236D	16F-8R	61.25	8230	No
CFL75	$46297	$8560	$11050	**$14970**	**$16760**	Perkins	4	236D	16F-8R	61.25		No
DT75	$49320	$9120	$11770	**$15950**	**$17850**	Perkins	4	236D	12F-12R	61.25	7677	CHA
DT75F	$52298	$9670	$12480	**$16910**	**$18930**	Perkins	4	236D	12F-12R	61.25		CHA
R75	$42940	$7940	$10250	**$13890**	**$15540**	Perkins	4	236D	12F-12R	61.25	7013	CHA
R75F	$44537	$8230	$10630	**$14400**	**$16120**	Perkins	4	236D	12F-12R	61.25		CHA
C85	$53497	$9890	$12770	**$17300**	**$19360**	Perkins	4	248D	16F-8R	71.25	9602	No
CF85	$51709	$9560	$12340	**$16720**	**$18720**	Perkins	4	248D	16F-8R	71.25	8230	No
CFL85	$52269	$9660	$12480	**$16910**	**$18920**	Perkins	4	248D	16F-8R	71.25		No
DT85	$50981	$9420	$12170	**$16490**	**$18450**	Perkins	4	248D	12F-12R	71.25	8075	CHA
DT85F	$53944	$9970	$12880	**$17450**	**$19520**	Perkins	4	248D	12F-12R	71.25		CHA
R85	$44366	$8200	$10590	**$14350**	**$16060**	Perkins	4	248D	12F-12R	71.25	7412	CHA
R85F	$46214	$8540	$11030	**$14950**	**$16730**	Perkins	4	248D	12F-12R	71.25		CHA
C95	$57093	$10550	$13630	**$18470**	**$20660**	Perkins	4T	236D	16F-8R	84.0		No
DT95	$53301	$9850	$12720	**$17240**	**$19290**	Perkins	4T	236D	12F-12R	84.0	8186	CHA
R95	$46244	$8550	$11040	**$14960**	**$16740**	Perkins	4T	236D	12F-12R	84.0	7522	CHA
DT1000S 4WD	$46955	$11270	$14560	**$19720**	**$22070**	Perkins	6	354D	12F-4R	92.00	10251	CH
DT5860	$33220	$6140	$7930	**$10740**	**$12020**	Perkins	3	152D	12F-4R	39.0	5591	No
R5860	$26425	$4880	$6310	**$8550**	**$9570**	Perkins	3	152D	12F-4R	39.00	4971	No
DT6060	$35689	$6600	$8520	**$11540**	**$12920**	Perkins	3T	152D	12F-4R	49.5	5856	No
R6060	$29149	$5390	$6960	**$9430**	**$10550**	Perkins	3T	152D	12F-4R	49.5	5237	No
DT6860	$37684	$6970	$9000	**$12190**	**$13640**	Perkins	4	236D	12F-12R	57.0	6122	No
R6860	$31138	$5760	$7430	**$10070**	**$11270**	Perkins	4	236D	12F-12R	57.0	5546	No
DT6880	$51202	$9460	$12220	**$16560**	**$18530**	Perkins	4	236D	12F-12R	57.0	7611	CHA
R6880	$43895	$8110	$10480	**$14200**	**$15890**	Perkins	4	236D	12F-12R	57.0	6947	CHA
DT7860	$39408	$7280	$9410	**$12750**	**$14260**	Perkins	4	236D	12F-12R	61.25	6874	No
DT7860HC	$41525	$7670	$9910	**$13430**	**$15030**	Perkins	4	236D	12F-12R	61.25	6891	No
R7860	$33839	$6260	$8090	**$10960**	**$12270**	Perkins	4	236D	12F-12R	61.25	6387	No
R7860HC	$34070	$6300	$8130	**$11020**	**$12330**	Perkins	4	236D	12F-12R	61.25	6188	No
DT7880	$52646	$9730	$12570	**$17030**	**$19050**	Perkins	4	236D	12F-12R	61.25	8075	CHA
R7880	$45854	$8470	$10950	**$14830**	**$16600**	Perkins	4	236D	12F-12R	61.25	7611	CHA
DT8860	$43286	$8000	$10330	**$14000**	**$15670**	Perkins	4	248D	12F-12R	71.25	6962	No

Model	Approx. Retail Price New	Estimated Value Less Repairs Used Trade-In Avg.	High	Used Retail Avg.	High	Engine Make	No. Cyls.	Displ. Cu.-in.	No. Speeds	P.T.O. H.P.	Approx. Shipping Wt.-Lbs.	Cab
Landini (Cont.)												
1995 (Cont.)												
DT8860HC	$43013	$7950	$10270	**$13910**	**$15570**	Perkins	4	248D	12F-12R	71.25	7102	No
R8860	$35855	$6630	$8560	**$11600**	**$12980**	Perkins	4	248D	12F-12R	71.25	6476	No
R8860HC	$36084	$6670	$8610	**$11670**	**$13060**	Perkins	4	248D	12F-12R	71.25	6531	No
DT8880	$54414	$10060	$12990	**$17600**	**$19690**	Perkins	4	248D	12F-12R	71.25	8451	CHA
DT8880HC	$55282	$10220	$13200	**$17880**	**$20010**	Perkins	4	248D	12F-12R	71.25	8418	CHA
R8880	$46458	$8590	$11090	**$15030**	**$16810**	Perkins	4	248D	12F-12R	71.25	7633	CHA
DT9880	$59819	$11050	$14280	**$19350**	**$21650**	Perkins	4T	236D	12F-12R	84.0	8850	CHA
DT9880HC	$59853	$11060	$14290	**$19360**	**$21660**	Perkins	4T	236D	12F-12R	84.0	8529	CHA
R9880	$53004	$9790	$12650	**$17140**	**$19180**	Perkins	4T	236D	12F-12R	84.0	8407	CHA
DT10000	$68826	$12720	$16960	**$18020**	**$21730**	Perkins	6	354D	12F-4R	88.5	9779	CHA
R10000	$58602	$10830	$14440	**$15340**	**$18500**	Perkins	6	354D	12F-4R	88.5	9381	CHA
DT13000	$73228	$13530	$18040	**$19170**	**$23120**	Perkins	6	354D	12F-4R	94.0	9912	CHA
R13000	$62232	$11500	$15330	**$16290**	**$19650**	Perkins	6	354D	12F-4R	94.0	9513	CHA
DT14500	$81135	$14990	$19990	**$21240**	**$25620**	Perkins	6T	354D	12F-4R	124.75	12035	CHA
R14500	$68637	$12680	$16910	**$17970**	**$21670**	Perkins	6T	354D	12F-4R	124.75	11062	CHA
1994												
DT1000S 4WD	$46555	$10240	$13970	**$14900**	**$18160**	Perkins	6	354D	12F-4R	92.00	10251	CH
1993												
DT1000S 4WD	$45950	$9190	$12870	**$13790**	**$17460**	Perkins	6	354D	12F-4R	92.00	10251	CH
1992												
DT1000S 4WD	$45500	$8650	$11830	**$13200**	**$16840**	Perkins	6	354D	12F-4R	92.00	10251	CH
1991												
DT1000S 4WD	$45000	$8100	$10800	**$12600**	**$16200**	Perkins	6	354D	12F-4R	92.00	10251	CH
1990												
DT1000S 4WD	$44725	$7600	$9840	**$12080**	**$15650**	Perkins	6	354D	12F-4R	92.00	10251	CH
1989												
DT1000S 4WD	$44425	$7110	$9330	**$11550**	**$15110**	Perkins	6	354D	12F-4R	92.00	10251	CH
1988												
DT1000S 4WD	$43825	$6570	$8770	**$10960**	**$14460**	Perkins	6	354D	12F-4R	92.00	10251	CH
1987												
DT1000S 4WD	$43325	$6070	$8230	**$10400**	**$13860**	Perkins	6	354D	12F-4R	92.00	10251	CH
1986												
DT1000S 4WD	$42725	$5550	$7690	**$9830**	**$13250**	Perkins	6	354D	12F-4R	92.00	10251	CH
Platform R1000S	$29745	$3870	$5350	**$6840**	**$9220**	Perkins	6	354D	12F-4R	92.00	9056	No
R1000S	$36235	$4710	$6520	**$8330**	**$11230**	Perkins	6	354D	12F-4R	92.00	9520	CH
DT5830 4WD	$20205	$3030	$4850	**$6260**	**$7680**	Perkins	3	152D	12F-4R	42.00	4934	No
R5830	$15190	$2280	$3650	**$4710**	**$5770**	Perkins	3	152D	12F-4R	42.00	4299	No
DT6530 4WD	$22770	$3420	$5470	**$7060**	**$8650**	Perkins	4	236D	12F-4R	57.00	4740	No
R6530 F	$17905	$2690	$4300	**$5550**	**$6800**	Perkins	4	236D	12F-4R	57.00	4539	No
DT6830 4WD	$22510	$3380	$5400	**$6980**	**$8550**	Perkins	4	236D	12F-4R	57.00	5246	No
R6830	$17510	$2630	$4200	**$5430**	**$6650**	Perkins	4	236D	12F-4R	57.00	4630	No
R6830 Row Crop	$18060	$2710	$4330	**$5600**	**$6860**	Perkins	4	236D	12F-4R	57.00	4630	No
DT7830 4WD	$24395	$3660	$5860	**$7560**	**$9270**	Perkins	4	236D	12F-4R	63.00	5755	No
R7830	$19335	$2900	$4640	**$5990**	**$7350**	Perkins	4	236D	12F-4R	63.00	5247	No
R8530 F	$21325	$3200	$5120	**$6610**	**$8100**	Perkins	4	248D	12F-4R	68.00	4883	No
R8530 L	$21310	$3200	$5110	**$6610**	**$8100**	Perkins	4	248D	12F-4R	68.00	5104	No
DT8550 4WD	$34332	$5150	$8240	**$10640**	**$13050**	Perkins	4	248D	12F-4R	68.00	7902	CH
DT8830 4WD	$26385	$3960	$6330	**$8180**	**$10030**	Perkins	4	248D	12F-4R	68.00	6328	No
R8830	$21320	$3200	$5120	**$6610**	**$8100**	Perkins	4	248D	12F-4R	68.00	5799	No
DT12500 4WD	$46510	$6050	$8370	**$10700**	**$14420**	Perkins	6	354D	12F-4R	100.	11530	CH
R12500	$38940	$5060	$7010	**$8960**	**$12070**	Perkins	6	354D	12F-4R	100.	10450	CH
DT14500	$49755	$6470	$8960	**$11440**	**$15420**	Perkins	6T	354D	12F-4R	122.00	12500	CH
R14500	$42185	$5480	$7590	**$9700**	**$13080**	Perkins	6T	354D	12F-4R	122.00	11177	CH
1985												
DT1000S 4WD	$42725	$5130	$7260	**$9400**	**$12820**	Perkins	6	354D	12F-4R	92.00	10251	CH
Platform R1000S	$29745	$3570	$5060	**$6540**	**$8920**	Perkins	6	354D	12F-4R	92.00	9056	No
R1000S	$36235	$4350	$6160	**$7970**	**$10870**	Perkins	6	354D	12F-4R	92.00	9520	CH
DT5830 4WD	$20205	$2930	$4650	**$6260**	**$7580**	Perkins	3	152D	12F-4R	42.00	4934	No
R5830	$15190	$2200	$3490	**$4710**	**$5700**	Perkins	3	152D	12F-4R	42.00	4299	No
DT6530 4WD	$22770	$3300	$5240	**$7060**	**$8540**	Perkins	4	236D	12F-4R	57.00	4740	No
R6530 F	$17905	$2600	$4120	**$5550**	**$6710**	Perkins	4	236D	12F-4R	57.00	4539	No
DT6830 4WD	$22510	$3260	$5180	**$6980**	**$8440**	Perkins	4	236D	12F-4R	57.00	5246	No
R6830	$17510	$2540	$4030	**$5430**	**$6570**	Perkins	4	236D	12F-4R	57.00	4630	No
R6830 Row Crop	$18060	$2620	$4150	**$5600**	**$6770**	Perkins	4	236D	12F-4R	57.00	4630	No
DT7830 4WD	$24395	$3540	$5610	**$7560**	**$9150**	Perkins	4	236D	12F-4R	63.00	5755	No
R7830	$19335	$2800	$4450	**$5990**	**$7250**	Perkins	4	236D	12F-4R	63.00	5247	No
DT8550 4WD	$34332	$4980	$7900	**$10640**	**$12880**	Perkins	4	248D	12F-4R	68.00	7902	CH
DT8830 4WD	$26385	$3830	$6070	**$8180**	**$9890**	Perkins	4	248D	12F-4R	68.00	6328	No
R8830	$21320	$3090	$4900	**$6610**	**$8000**	Perkins	4	248D	12F-4R	68.00	5799	No
DT12500 4WD	$46510	$5580	$7910	**$10230**	**$13950**	Perkins	6	354D	12F-4R	100.	11530	CH
R12500	$38940	$4670	$6620	**$8570**	**$11680**	Perkins	6	354D	12F-4R	100.	10450	CH
DT14500	$49755	$5970	$8460	**$10950**	**$14930**	Perkins	6T	354D	12F-4R	122.00	12500	CH
R14500	$42185	$5060	$7170	**$9280**	**$12660**	Perkins	6T	354D	12F-4R	122.00	11177	CH

Long

2005

Model	Approx. Retail Price New	Used Trade-In Avg.	Used Trade-In High	Used Retail Avg.	Used Retail High	Engine Make	Engine No. Cyls.	Engine Displ. Cu.-in.	No. Speeds	P.T.O. H.P.	Approx. Shipping Wt.-Lbs.	Cab
Farmtrac 270DTC 4WD	$12727	$7890	$8400	$9930	$10440	Daedong	3	85D	8F-8R	23.80	2600	No
Farmtrac 300DTC 4WD	$14805	$9180	$9770	$11550	$12140	Mitsubishi	4	91D	12F-12R	26.00	3050	No
Farmtrac 320DTC 4WD	$13766	$8540	$9090	$10740	$11290	Daedong	3	100D	8F-8R	28.50	2660	No
Farmtrac 360DTC 4WD	$16754	$10390	$11060	$13070	$13740	Mitsubishi	4	107D	12F-12R	33.00	3050	No
Farmtrac 390 HST	$18961	$11760	$12510	$14790	$15550	Mitsubishi	4	107D	Variable	33.00	3087	No
Farmtrac 435	$11040	$6850	$7290	$8610	$9050	Farmtrac	3	131D	8F-2R	31.00	4220	No
Farmtrac 535	$12338	$7650	$8140	$9620	$10120	Farmtrac	3	131D	8F-2R	30.00	4220	No
Farmtrac 545	$14546	$9020	$9600	$11350	$11930	Farmtrac	3	175D	8F-2R	37.00	4160	No
Farmtrac 545DTC 4WD	$18896	$11720	$12470	$14740	$15500	Farmtrac	3	175D	8F-2R	37.00	4160	No
Farmtrac 550DTC 4WD	$22403	$13890	$14790	$17470	$18370	Mitsubishi	4	203D	8F-8R	46.00	4610	No
Farmtrac 555	$16104	$9980	$10630	$12560	$13210	Farmtrac	3	192D	8F-2R	44.70	4570	No
Farmtrac 555DTC 4WD	$20520	$12720	$13540	$16010	$16830	Farmtrac	3	192D	8F-2R	44.70	4570	No
Farmtrac 665	$17987	$11150	$11870	$14030	$14750	Farmtrac	3	201D	12F-12R	52.00	5050	No
Farmtrac 665DTC 4WD	$22727	$14090	$15000	$17730	$18640	Farmtrac	3	201D	12F-12R	52.00	5050	No
Farmtrac 675	$21039	$13040	$13890	$16410	$17250	Perkins	4	258D	12F-12R	64.80	5400	No
Farmtrac 675DTC 4WD	$25455	$15780	$16800	$19860	$20870	Perkins	4	258D	12F-12R	64.80	5400	No
Longtrac 680	$17792	$11030	$11740	$13880	$14590	UTB	4	219D	8F-2R	64.00	4570	No
Longtrac 680DTC 4WD	$22273	$13810	$14700	$17370	$18260	UTB	4	219D	8F-2R	64.00	5120	No

DTC- Front Wheel Assist 4WD

2004

Model	Approx. Retail Price New	Used Trade-In Avg.	Used Trade-In High	Used Retail Avg.	Used Retail High	Engine Make	Engine No. Cyls.	Engine Displ. Cu.-in.	No. Speeds	P.T.O. H.P.	Approx. Shipping Wt.-Lbs.	Cab
FarmTrac 270DTC 4WD	$12727	$6750	$7640	$9290	$9800	Daedong	3	85D	8F-8R	23.80	2600	No
FarmTrac 300DTC 4WD	$14805	$7850	$8880	$10810	$11400	Mitsubishi	4	91D	12F-12R	26.00	3050	No
FarmTrac 320DTC 4WD	$13766	$7300	$8260	$10050	$10600	Daedong	3	100D	8F-8R	28.50	2660	No
FarmTrac 330 HST	$16684	$8840	$10010	$12180	$12850	Daedong	3	100D	Variable	30.00	3087	No
FarmTrac 360DTC 4WD	$16757	$8880	$10050	$12230	$12900	Mitsubishi	4	107D	12F-12R	33.00	3050	No
FarmTrac 390 HST	$18961	$10050	$11380	$13840	$14600	Mitsubishi	4	107D	Variable	33.00	3087	No
FarmTrac 435	$10900	$5780	$6540	$7960	$8390	FarmTrac	3	131D	8F-2R	31.00	4220	No
FarmTrac 450	$16624	$8810	$9970	$12140	$12800	Mitsubishi	4	141D	8F-8R	36.00	4440	No
FarmTrac 450DTC 4WD	$19805	$10500	$11880	$14460	$15250	Mitsubishi	4	141D	8F-8R	36.00	4440	No
FarmTrac 535	$12208	$6470	$7330	$8910	$9400	FarmTrac	3	131D	8F-2R	30.00	4220	No
FarmTrac 545	$14416	$7640	$8650	$10520	$11100	FarmTrac	3	175D	8F-2R	37.00	4160	No
FarmTrac 545DTC 4WD	$18896	$10020	$11340	$13790	$14550	FarmTrac	3	175D	8F-2R	37.00	4160	No
FarmTrac 550	$18831	$9980	$11300	$13750	$14500	Mitsubishi	4	203D	8F-8R	46.00	4610	No
FarmTrac 550DTC 4WD	$22403	$11870	$13440	$16350	$17250	Mitsubishi	4	203D	8F-8R	46.00	4610	No
FarmTrac 555	$16104	$8540	$9660	$11760	$12400	FarmTrac	3	192D	8F-2R	44.70	4570	No
FarmTrac 555DTC 4WD	$20520	$10880	$12310	$14980	$15800	FarmTrac	3	192D	8F-2R	44.70	4570	No
FarmTrac 665	$17987	$9530	$10790	$13130	$13850	FarmTrac	3	201D	12F-12R	52.00	5050	No
FarmTrac 665DTC 4WD	$22727	$12050	$13640	$16590	$17500	FarmTrac	3	201D	12F-12R	52.00	5050	No
FarmTrac 675	$21039	$11150	$12620	$15360	$16200	Perkins	4	258D	12F-12R	64.80	5400	No
FarmTrac 675DTC 4WD	$25455	$13490	$15270	$18580	$19600	Perkins	4	258D	12F-12R	64.80	5400	No
LongTrac 480	$14304	$7580	$8580	$10440	$11010	UTB	3	172D	8F-2R	42.00	4220	No
LongTrac 480DTC 4WD	$17727	$9400	$10640	$12940	$13650	UTB	3	172D	8F-2R	42.00	4760	No
LongTrac 520	$15195	$8050	$9120	$11090	$11700	UTB	3	172D	8F-2R	46.00	4220	No
LongTrac 520DTC 4WD	$18377	$9740	$11030	$13420	$14150	UTB	3	172D	8F-2R	46.00	4220	No
LongTrac 680	$17792	$9430	$10680	$12990	$13700	UTB	4	219D	8F-2R	64.00	4570	No
LongTrac 680DTC 4WD	$22273	$11810	$13360	$16260	$17150	UTB	4	219D	8F-2R	64.00	5120	No
LongTrac 2360	$12987	$6880	$7790	$9480	$10000	UTB	3	143D	8F-2R	35.00	4220	No

DTC- Front Wheel Assist 4WD

2003

Model	Approx. Retail Price New	Used Trade-In Avg.	Used Trade-In High	Used Retail Avg.	Used Retail High	Engine Make	Engine No. Cyls.	Engine Displ. Cu.-in.	No. Speeds	P.T.O. H.P.	Approx. Shipping Wt.-Lbs.	Cab
FarmTrac 35	$10648	$5010	$5750	$7240	$7770		3	131D	8F-2R	31.00		No
FarmTrac 45	$13895	$6530	$7500	$9450	$10140		3	175D	8F-2R	36.90		No
FarmTrac 60	$15843	$7450	$8560	$10770	$11570		3	192D	8F-2R	44.70		No
FarmTrac 70	$17986	$8450	$9710	$12230	$13130		3	201D	12F-12R	52.00		No
FarmTrac 80	$20518	$9640	$11080	$13950	$14980	Perkins	4	258D	12F-12R	64.80		No
LandTrac 300 DTC	$15450	$7260	$8340	$10510	$11280	Mitsubishi	4	91D	12F-6R	26.00	3050	No
LandTrac 330 HST	$16684	$7840	$9010	$11350	$12180	Daedong	3	100D	Variable	30.00	3087	No
LandTrac 360 DTC	$17309	$8140	$9350	$11770	$12640	Mitsubishi	4	107D	12F-6R	33.00	3050	No
LandTrac 390 HST	$18632	$8760	$10060	$12670	$13600	Mitsubishi	4	107D	Variable	33.00	3087	No
LandTrac 450 DTC	$19228	$9040	$10380	$13080	$14040	Mitsubishi	4	141D	8F-8R	38.00	4440	No
LandTrac 550 DTC	$22020	$10350	$11890	$14970	$16080	Mitsubishi	4	203D	8F-8R	46.00	4610	No
LongTrac 320	$9999	$4700	$5400	$6800	$7300	UTB	2	110D	6F-2R	28.0	3700	No
LongTrac 480	$14304	$6720	$7720	$9730	$10440		3	172D	8F-2R	42.00	4220	No
LongTrac 480 DTC	$17726	$8330	$9570	$12050	$12940		3	172D	8F-2R	41.90	4760	No
LongTrac 520	$15083	$7090	$8150	$10260	$11010		3	172D	8F-2R	46.00	4220	No
LongTrac 520 DTC	$17986	$8450	$9710	$12230	$13130		3	172D	8F-2R	46.00	4220	No
LongTrac 680	$17791	$8360	$9610	$12100	$12990	UTB	4	219D	8F-2R	64.3	4570	No
LongTrac 680 DTC	$21492	$10100	$11610	$14620	$15690	UTB	4	219D	8F-2R	64.3	5120	No
LongTrac 2360	$12986	$6100	$7010	$8830	$9480	UTB	3	143D	8F-2R	35.00	4220	No

DTC- Front Wheel Assist 4WD

2002

Model	Approx. Retail Price New	Used Trade-In Avg.	Used Trade-In High	Used Retail Avg.	Used Retail High	Engine Make	Engine No. Cyls.	Engine Displ. Cu.-in.	No. Speeds	P.T.O. H.P.	Approx. Shipping Wt.-Lbs.	Cab
FarmTrac 35	$10220	$4400	$5110	$6540	$7150		3	131D	8F-2R	31.00		No
FarmTrac 45	$13686	$5890	$6840	$8760	$9580		3	175D	8F-2R	36.90		No
FarmTrac 60	$15452	$6640	$7730	$9890	$10820		3	192D	8F-2R	44.70		No
FarmTrac 70	$17740	$7630	$8870	$11350	$12420		3	201D	12F-12R	52.00		No
FarmTrac 80	$20245	$8710	$10120	$12960	$14170	Perkins	4	258D	12F-12R	64.80		No
LandTrac 300 DTC	$15240	$6550	$7620	$9750	$10670	Mitsubishi	4	91D	12F-6R	26.00	3050	No
LandTrac 330 HST	$16445	$7070	$8220	$10530	$11510	Daedong	3	100D	Variable	30.00	3087	No
LandTrac 360 DTC	$17120	$7360	$8560	$10960	$11980	Mitsubishi	4	107D	12F-6R	33.00	3050	No

Model	Approx. Retail Price New	Estimated Value Less Repairs Used Trade-In Avg.	High	Used Retail Avg.	High	Engine Make	No. Cyls.	Displ. Cu.-in.	No. Speeds	P.T.O. H.P.	Approx. Shipping Wt.-Lbs.	Cab
Long (Cont.)												
				2002 (Cont.)								
LandTrac 390 HST	$18335	$7880	$9170	$11730	$12840	Mitsubishi	4	107D	Variable	33.00	3087	No
LandTrac 450 DTC	$19120	$8220	$9560	$12240	$13380	Mitsubishi	4	141D	8F-8R	38.00	4440	No
LandTrac 470 DTC	$20120	$8650	$10060	$12880	$14080	Mitsubishi	4	153D	8F-8R	41.00	4540	No
LandTrac 550 DTC	$21990	$9460	$11000	$14070	$15390	Mitsubishi	4	203D	8F-8R	46.00	4610	No
LongTrac 320	$9643	$4150	$4820	$6170	$6750	UTB	2	110D	6F-2R	28.0	3700	No
LongTrac 480	$14105	$6070	$7050	$9030	$9870		3	172D	8F-2R	42.00	4220	No
LongTrac 480 DTC	$17225	$7410	$8610	$11020	$12060		3	172D	8F-2R	41.90	4760	No
LongTrac 520	$14895	$6410	$7450	$9530	$10430		3	172D	8F-2R	46.00	4220	No
LongTrac 520 DTC	$17650	$7590	$8830	$11300	$12360		3	172D	8F-2R	46.00	4220	No
LongTrac 680	$16995	$7310	$8500	$10880	$11900	UTB	4	219D	8F-2R	64.3	4570	No
LongTrac 680 DTC	$20962	$9010	$10480	$13420	$14670	UTB	4	219D	8F-2R	64.3	5120	No
LongTrac 2360	$12650	$5440	$6330	$8100	$8860	UTB	3	143D	8F-2R	35.00	4220	No
DTC- Front Wheel Assist 4WD												
				2001								
LongTrac 320	$9643	$3760	$4440	$5790	$6460	UTB	2	110D	6F-2R	28.0	3700	No
LongTrac 680	$16600	$6470	$7640	$9960	$11120	UTB	4	219D	8F-2R	64.3	4570	No
LongTrac 680 DTC	$20742	$8090	$9540	$12450	$13900	UTB	4	219D	8F-2R	64.3	5120	No
LongTrac 2360	$12400	$4840	$5700	$7440	$8310	UTB	3	143D	8F-2R	35.00	4220	No
LongTrac 2360 DTC	$16999	$6630	$7820	$10200	$11390	UTB	3	143D	8F-2R	35.00	4760	No
LongTrac 2460	$13531	$5280	$6220	$8120	$9070	UTB	3	143D	8F-2R	41.90	4220	No
LongTrac 2460 DTC	$17496	$6820	$8050	$10500	$11720	UTB	3	143D	8F-2R	41.90	4760	No
LongTrac 2510	$14426	$5630	$6640	$8660	$9670	UTB	3	165D	8F-2R	49.10	4220	No
LongTrac 2510 DTC	$18244	$7120	$8390	$10950	$12220	UTB	3	165D	8F-2R	49.10	4760	No
DTC- Front Wheel Assist 4WD												
				2000								
FarmTrac 60	$15465	$5570	$6650	$8970	$10050	Escorts	3	192D	8F-2R	45	4519	No
LandTrac 280 DTC	$15450	$5560	$6640	$8960	$10040	Mitsubishi	4	91D	12F-6R	26	3770	No
LandTrac 360 DTC	$17100	$6160	$7350	$9920	$11120	Mitsubishi	4	107D	12F-6R	33	3792	No
LandTrac 410 DTCD	$18892	$6800	$8120	$10960	$12280	Mitsubishi	4	141D	16F-16R	38	4751	No
LandTrac 470 DTC	$20222	$7280	$8700	$11730	$13140	Mitsubishi	4	153D	16F-16R	41	4883	No
LandTrac 530 DTC	$21425	$7710	$9210	$12430	$13930	Mitsubishi	4	203D	16F-16R	45	5137	No
LongTrac 320	$9643	$3470	$4150	$5590	$6270	UTB	2	110D	6F-2R	28.0	3700	No
LongTrac 680	$16476	$5930	$7090	$9560	$10710	UTB	4	219D	8F-2R	64.3	4570	No
LongTrac 680 DTC	$20615	$7420	$8860	$11960	$13400	UTB	4	219D	8F-2R	64.3	5120	No
LongTrac 2360	$12274	$4420	$5280	$7120	$7980	UTB	3	143D	8F-2R	35.00	4220	No
LongTrac 2360 DTC	$16872	$6070	$7260	$9790	$10970	UTB	3	143D	8F-2R	35.00	4760	No
LongTrac 2460	$13404	$4830	$5760	$7770	$8710	UTB	3	143D	8F-2R	41.90	4220	No
LongTrac 2460 DTC	$17369	$6250	$7470	$10070	$11290	UTB	3	143D	8F-2R	41.90	4760	No
LongTrac 2510	$14426	$5190	$6200	$8370	$9380	UTB	3	165D	8F-2R	49.10	4220	No
LongTrac 2510 DTC	$18244	$6570	$7850	$10580	$11860	UTB	3	165D	8F-2R	49.10	4760	No
DTC- Front Wheel Assist 4WD												
				1999								
LandTrac 20 DTC	$14386	$4890	$5750	$8060	$9060	Mitsubishi	4	91D	12F-6R	25	3770	No
LandTrac 30 DTC	$17050	$5800	$6820	$9550	$10740	Mitsubishi	4	107D	12F-6R	34	3792	No
LandTrac 35 DTC	$18744	$6370	$7500	$10500	$11810	Mitsubishi	4	141D	16F-16R	36	4751	No
LandTrac 40 DTC	$20646	$7020	$8260	$11560	$13010	Mitsubishi	4	153D	16F-16R	42	4883	No
LandTrac 45 DTC	$21712	$7380	$8690	$12160	$13680	Mitsubishi	4	203D	16F-16R	46	5137	No
FarmTrac 60	$15712	$5340	$6290	$8800	$9900	Escorts	3	192D	8F-2R	44.7	4519	No
LongTrac 2310	$9320	$3170	$3730	$5220	$5870	UTB	2	110D	6F-2R	28.0	3700	No
LongTrac 2360	$12210	$4150	$4880	$6840	$7690	UTB	3	143D	8F-2R	35.00	4220	No
LongTrac 2360 DTC	$16785	$5710	$6710	$9400	$10580	UTB	3	143D	8F-2R	35.00	4760	No
LongTrac 2460	$13335	$4530	$5330	$7470	$8400	UTB	3	143D	8F-2R	41.90	4220	No
LongTrac 2460 DTC	$17279	$5880	$6910	$9680	$10890	UTB	3	143D	8F-2R	41.90	4760	No
LongTra 2510	$14543	$4950	$5820	$8140	$9160	UTB	3	165D	8F-2R	49.10	4220	No
LongTrac 2510 DTC	$18168	$6180	$7270	$10170	$11450	UTB	3	165D	8F-2R	49.10	4760	No
LongTrac 2610	$17025	$5790	$6810	$9530	$10730	UTB	4	219D	8F-2R	64.3	4570	No
LongTrac 2610 DTC	$20716	$7040	$8290	$11600	$13050	UTB	4	219D	8F-2R	64.3	5120	No
DTC- Front Wheel Assist 4WD												
				1998								
Farmtrac 60	$15465	$4950	$5880	$8350	$9430		3	192D	8F-2R	44.7	4519	No
2310	$9193	$2940	$3490	$4960	$5610	UTB	2	110D	6F-2R	28.0	3700	No
2360	$11844	$3790	$4500	$6400	$7230	UTB	3	143D	8F-2R	35.00	4220	No
2360 DTC	$16281	$5210	$6190	$8790	$9930	UTB	3	143D	8F-2R	35.00	4760	No
2460	$12935	$4140	$4920	$6990	$7890	UTB	3	143D	8F-2R	41.90	4220	No
2460 DTC	$16761	$5360	$6370	$9050	$10220	UTB	3	143D	8F-2R	41.90	4760	No
2510	$14107	$4510	$5360	$7620	$8610	UTB	3	165D	8F-2R	49.10	4220	No
2510 DTC	$17623	$5640	$6700	$9520	$10750	UTB	3	165D	8F-2R	49.10	4760	No
2610	$16046	$5140	$6100	$8670	$9790	UTB	4	219D	8F-2R	64.3	4570	No
2610 DTC	$20095	$6430	$7640	$10850	$12260	UTB	4	219D	8F-2R	64.3	5120	No
DTC- Front Wheel Assist 4WD												
				1997								
2310	$9193	$2760	$3310	$4780	$5470	UTB	2	110D	6F-2R	28.0	3700	No
2360	$11844	$3550	$4260	$6160	$7050	UTB	3	143D	8F-2R	35.00	4220	No
2360 DTC	$16281	$4880	$5860	$8470	$9690	UTB	3	143D	8F-2R	35.00	4760	No
2460	$12935	$3880	$4660	$6730	$7700	UTB	3	143D	8F-2R	41.90	4220	No
2460 DTC	$16761	$5030	$6030	$8720	$9970	UTB	3	143D	8F-2R	41.90	4760	No
2510	$14107	$4230	$5080	$7340	$8390	UTB	3	165D	8F-2R	49.10	4220	No
2510 DTC	$17623	$5290	$6340	$9160	$10490	UTB	3	165D	8F-2R	49.10	4760	No
2610	$16046	$4810	$5780	$8340	$9550	UTB	4	219D	8F-2R	64.3	4570	No

Model	Approx. Retail Price New	Estimated Value Less Repairs Used Trade-In Avg.	High	Used Retail Avg.	High	Engine Make	No. Cyls.	Displ. Cu.-in.	No. Speeds	P.T.O. H.P.	Approx. Shipping Wt.-Lbs.	Cab
Long (Cont.)												
1997 (Cont.)												
2610 DTC	$20095	$6030	$7230	**$10450**	**$11960**	UTB	4	219D	8F-2R	64.3	5120	No
DTC- Front Wheel Assist 4WD												
1996												
2310	$8751	$2450	$2980	**$4460**	**$5120**	UTB	2	110D	6F-2R	28.0		No
2360	$11275	$3160	$3830	**$5750**	**$6600**	UTB	3	143D	8F-2R	35.00		No
2360 DTC	$15800	$4420	$5370	**$8060**	**$9240**	UTB	3	143D	8F-2R	35.00		No
2460	$12115	$3390	$4120	**$6180**	**$7090**	UTB	3	143D	8F-2R	41.90		No
2460 DTC	$16850	$4720	$5730	**$8590**	**$9860**	UTB	3	143D	8F-2R	41.90		No
2460 DTCSD Shuttle	$17992	$5040	$6120	**$9180**	**$10530**	UTB	3	143D	8F-2R	41.90		No
2460 SD Shuttle	$13217	$3700	$4490	**$6740**	**$7730**	UTB	3	143D	8F-2R	41.90		No
2510	$13200	$3700	$4490	**$6730**	**$7720**	UTB	3	165D	8F-2R	49.10		No
2510 DTC	$17685	$4950	$6010	**$9020**	**$10350**	UTB	3	165D	8F-2R	49.10		No
2510 DTCSD Shuttle	$18810	$5270	$6400	**$9590**	**$11000**	UTB	3	165D	8F-2R	49.10		No
2510 SD Shuttle	$14302	$4010	$4860	**$7290**	**$8370**	UTB	3	165D	8F-2R	49.10		No
2610	$14995	$4200	$5100	**$7650**	**$8770**	UTB	4	219D	8F-2R	64.3		No
2610 DTC	$19585	$5480	$6660	**$9990**	**$11460**	UTB	4	219D	8F-2R	64.3		No
2610 DTCSD Shuttle	$20730	$5800	$7050	**$10570**	**$12130**	UTB	4	219D	8F-2R	64.3		No
2610 SD Shuttle	$16095	$4510	$5470	**$8210**	**$9420**	UTB	4	219D	8F-2R	64.3		No
2710	$19780	$5540	$6730	**$10090**	**$11570**	UTB	4	229D	12F-3R	70.0		No
2710 DTC	$24670	$6910	$8390	**$12580**	**$14430**	UTB	4	229D	12F-3R	70.0		No
DTC - Front Wheel Assist 4WD												
1995												
2260	$7829	$2040	$2510	**$3920**	**$4500**	UTB	2	95D	6F-2R	24.0		No
2360	$10957	$2850	$3510	**$5480**	**$6300**	UTB	3	143D	8F-2R	35.00		No
2360 DTC	$15050	$3910	$4820	**$7530**	**$8650**	UTB	3	143D	8F-2R	35.00		No
2460	$11763	$3060	$3760	**$5880**	**$6760**	UTB	3	143D	8F-2R	41.90		No
2460 DTC	$16050	$4170	$5140	**$8030**	**$9230**	UTB	3	143D	8F-2R	41.90		No
2460 DTCSD Shuttle	$17139	$4460	$5480	**$8570**	**$9860**	UTB	3	143D	8F-2R	41.90		No
2460 SD Shuttle	$12918	$3360	$4130	**$6460**	**$7430**	UTB	3	143D	8F-2R	41.90		No
2510	$12816	$3330	$4100	**$6410**	**$7370**	UTB	3	165D	8F-2R	49.10		No
2510 DTC	$16847	$4380	$5390	**$8420**	**$9690**	UTB	3	165D	8F-2R	49.10		No
2510 DTCSD Shuttle	$17935	$4660	$5740	**$8970**	**$10310**	UTB	3	165D	8F-2R	49.10		No
2510 SD Shuttle	$13886	$3610	$4440	**$6940**	**$7980**	UTB	3	165D	8F-2R	49.10		No
2610	$14846	$3860	$4750	**$7420**	**$8540**	UTB	4	219D	8F-2R	64.3		No
2610 DTC	$18656	$4850	$5970	**$9330**	**$10730**	UTB	4	219D	8F-2R	64.3		No
2610 DTCSD Shuttle	$19747	$5130	$6320	**$9870**	**$11360**	UTB	4	219D	8F-2R	64.3		No
2610 SD Shuttle	$15913	$4140	$5090	**$7960**	**$9150**	UTB	4	219D	8F-2R	64.3		No
2710	$19204	$4990	$6150	**$9600**	**$11040**	UTB	4	229D	12F-3R	70.0		No
2710 DTC	$23496	$6110	$7520	**$11750**	**$13510**	UTB	4	229D	12F-3R	70.0		No
DTC - Front Wheel Assist 4WD												
1994												
2260	$7829	$1960	$2430	**$3840**	**$4420**	UTB	2	95D	6F-2R	24.0		No
2360	$10957	$2740	$3400	**$5370**	**$6190**	UTB	3	143D	8F-2R	35.00		No
2360 DTC	$15050	$3760	$4670	**$7380**	**$8500**	UTB	3	143D	8F-2R	35.00		No
2460	$11763	$2940	$3650	**$5760**	**$6650**	UTB	3	143D	8F-2R	41.90		No
2460 DTC	$16050	$4010	$4980	**$7870**	**$9070**	UTB	3	143D	8F-2R	41.90		No
2460 DTCSD Shuttle	$17139	$4290	$5310	**$8400**	**$9680**	UTB	3	143D	8F-2R	41.90		No
2460 SD Shuttle	$12918	$3230	$4010	**$6330**	**$7300**	UTB	3	143D	8F-2R	41.90		No
2510	$12816	$3200	$3970	**$6280**	**$7240**	UTB	3	165D	8F-2R	49.10		No
2510 DTC	$16847	$4210	$5220	**$8260**	**$9520**	UTB	3	165D	8F-2R	49.10		No
2510 DTCSD Shuttle	$17935	$4480	$5560	**$8790**	**$10130**	UTB	3	165D	8F-2R	49.10		No
2510 SD Shuttle	$13886	$3470	$4310	**$6800**	**$7850**	UTB	3	165D	8F-2R	49.10		No
2610	$14846	$3710	$4600	**$7280**	**$8390**	UTB	4	219D	8F-2R	64.3		No
2610 DTC	$18656	$4660	$5780	**$9140**	**$10540**	UTB	4	219D	8F-2R	64.3		No
2610 DTCSD 4WD	$19747	$4940	$6120	**$9680**	**$11160**	UTB	4	219D	8F-2R	64.3		No
2610 SD Shuttle	$15913	$3980	$4930	**$7800**	**$8990**	UTB	4	219D	8F-2R	64.3		No
2710	$19204	$4800	$5950	**$9410**	**$10850**	UTB	4	229D	12F-3R	70.0		No
2710 DTC	$23496	$5870	$7280	**$11510**	**$13280**	UTB	4	229D	12F-3R	70.0		No
DTC - Front Wheel Assist 4WD												
1993												
2360	$10350	$2480	$3110	**$4970**	**$5740**	UTB	3	143D	8F-2R	35.00		No
2360 DTC	$13950	$3350	$4190	**$6700**	**$7740**	UTB	3	143D	8F-2R	35.00		No
2460	$10900	$2620	$3270	**$5230**	**$6050**	UTB	3	143D	8F-2R	41.90		No
2460 DTC	$14340	$3440	$4300	**$6880**	**$7960**	UTB	3	143D	8F-2R	41.90		No
2460 DTCSD Shuttle	$15350	$3680	$4610	**$7370**	**$8520**	UTB	3	143D	8F-2R	41.90		No
2460 SD Shuttle	$11920	$2860	$3580	**$5720**	**$6620**	UTB	3	143D	8F-2R	41.90		No
2510	$11900	$2860	$3570	**$5710**	**$6610**	UTB	3	165D	8F-2R	49.10		No
2510 DTC	$15078	$3620	$4520	**$7240**	**$8370**	UTB	3	165D	8F-2R	49.10		No
2510 DTCSD Shuttle	$16085	$3860	$4830	**$7720**	**$8930**	UTB	3	165D	8F-2R	49.10		No
2510 SD Shuttle	$12920	$3100	$3880	**$6200**	**$7170**	UTB	3	165D	8F-2R	49.10		No
2610	$13600	$3260	$4080	**$6530**	**$7550**	UTB	4	219D	8F-2R	64.3		No
2610 DTC	$17195	$4130	$5160	**$8250**	**$9540**	UTB	4	219D	8F-2R	64.3		No
2610 DTCSD	$18200	$4370	$5460	**$8740**	**$10100**	UTB	4	219D	8F-2R	64.3		No
2610 SD Shuttle	$14615	$3510	$4390	**$7020**	**$8110**	UTB	4	219D	8F-2R	64.3		No
DTC - Front Wheel Assist 4WD												
1992												
2360	$10350	$2380	$3000	**$4870**	**$5640**	UTB	3	143D	8F-2R	35.00		No
2360 DTC	$13950	$2980	$3760	**$6090**	**$7060**	UTB	3	143D	8F-2R	35.00		No
2460	$10900	$2510	$3160	**$5120**	**$5940**	UTB	3	143D	8F-2R	41.90		No

Model	Approx. Retail Price New	Estimated Value Less Repairs Used Trade-In Avg.	High	Used Retail Avg.	High	Engine Make	No. Cyls.	Displ. Cu.-in.	No. Speeds	P.T.O. H.P.	Approx. Shipping Wt.-Lbs.	Cab
Long (Cont.)												
				1992 (Cont.)								
2460 DTC	$14340	$3070	$3870	**$6270**	**$7270**	UTB	3	143D	8F-2R	41.90		No
2460 DTCSD Shuttle	$15350	$3300	$4160	**$6750**	**$7820**	UTB	3	143D	8F-2R	41.90		No
2460 SD Shuttle	$11920	$2740	$3460	**$5600**	**$6500**	UTB	3	143D	8F-2R	41.90		No
2510	$11900	$2650	$3340	**$5410**	**$6270**	UTB	3	165D	8F-2R	49.10		No
2510 DTC	$15078	$3240	$4080	**$6620**	**$7670**	UTB	3	165D	8F-2R	49.10		No
2510 DTCSD Shuttle	$16085	$3470	$4380	**$7090**	**$8220**	UTB	3	165D	8F-2R	49.10		No
2510 SD Shuttle	$12920	$2970	$3750	**$6070**	**$7040**	UTB	3	165D	8F-2R	49.10		No
2610	$13600	$3130	$3940	**$6390**	**$7410**	UTB	4	219D	8F-2R	64.00		No
2610 DTC	$17195	$3730	$4700	**$7610**	**$8830**	UTB	4	219D	8F-2R	64.00		No
2610 DTCSD	$18200	$3960	$4990	**$8080**	**$9370**	UTB	4	219D	8F-2R	64.00		No
2610 SD Shuttle	$14615	$3360	$4240	**$6870**	**$7970**	UTB	4	219D	8F-2R	64.00		No
DTC - Front Wheel Assist 4WD												
				1991								
2360	$10030	$2210	$2810	**$4610**	**$5370**	UTB	3	143D	8F-2R	35.00		No
2360 DTC	$13525	$2760	$3510	**$5760**	**$6700**	UTB	3	143D	8F-2R	35.00		No
2460	$10592	$2330	$2970	**$4870**	**$5670**	UTB	3	143D	8F-2R	41.90		No
2460 DTC	$13923	$2840	$3620	**$5950**	**$6910**	UTB	3	143D	8F-2R	41.90		No
2460 DTCSD Shuttle	$14902	$3060	$3890	**$6400**	**$7440**	UTB	3	143D	8F-2R	41.90		No
2460 SD Shuttle	$11572	$2550	$3240	**$5320**	**$6190**	UTB	3	143D	8F-2R	41.90		No
2510	$11556	$2530	$3220	**$5290**	**$6150**	UTB	3	165D	8F-2R	49.10		No
2510 DTC	$14639	$3000	$3820	**$6270**	**$7300**	UTB	3	165D	8F-2R	49.10		No
2510 DTCSD Shuttle	$15617	$3220	$4090	**$6720**	**$7820**	UTB	3	165D	8F-2R	49.10		No
2510 SD Shuttle	$12537	$2760	$3510	**$5770**	**$6710**	UTB	3	165D	8F-2R	49.10		No
2610	$13210	$2910	$3700	**$6080**	**$7070**	UTB	4	219D	8F-2R	64.00		No
2610 DTC	$16695	$3450	$4400	**$7220**	**$8400**	UTB	4	219D	8F-2R	64.00		No
2610 DTCSD	$17675	$3670	$4670	**$7670**	**$8920**	UTB	4	219D	8F-2R	64.00		No
2610 SD Shuttle	$14190	$3120	$3970	**$6530**	**$7590**	UTB	4	219D	8F-2R	64.00		No
DTC - Front Wheel Assist 4WD												
				1990								
2360	$9530	$2000	$2570	**$4290**	**$5000**	UTB	3	143D	8F-2R	35.00		No
2360 DTC	$12850	$2520	$3240	**$5400**	**$6300**	UTB	3	143D	8F-2R	35.00		No
2460	$10060	$2110	$2720	**$4530**	**$5280**	UTB	3	143D	8F-2R	41.90		No
2460 DTC	$13225	$2780	$3570	**$5950**	**$6940**	UTB	3	143D	8F-2R	41.90		No
2460 DTCSD Shuttle	$14155	$2970	$3820	**$6370**	**$7430**	UTB	3	143D	8F-2R	41.90		No
2460 SD Shuttle	$10995	$2310	$2970	**$4950**	**$5770**	UTB	3	143D	8F-2R	41.90		No
2510	$10980	$2310	$2970	**$4940**	**$5770**	UTB	3	165D	8F-2R	49.10		No
2510 DTC	$13910	$2730	$3510	**$5850**	**$6830**	UTB	3	165D	8F-2R	49.10		No
2510 DTCSD Shuttle	$14835	$2940	$3780	**$6300**	**$7350**	UTB	3	165D	8F-2R	49.10		No
2510 SD Shuttle	$11910	$2500	$3220	**$5360**	**$6250**	UTB	3	165D	8F-2R	49.10		No
2610	$12550	$2640	$3390	**$5650**	**$6590**	UTB	4	219D	8F-2R	64.00		No
2610 DTC	$15860	$3150	$4050	**$6750**	**$7880**	UTB	4	219D	8F-2R	64.00		No
2610 DTCSD	$16790	$3360	$4320	**$7200**	**$8400**	UTB	4	219D	8F-2R	64.00		No
2610 SD Shuttle	$13480	$2830	$3640	**$6070**	**$7080**	UTB	4	219D	8F-2R	64.00		No
DTC - Front Wheel Assist 4WD												
				1989								
310	$8514	$1750	$2260	**$3750**	**$4390**	UTB	2	110D	8F-2R	28.00	3270	No
360	$8981	$1840	$2380	**$3950**	**$4630**	UTB	3	143D	8F-2R	35.00	3750	No
460	$9608	$1970	$2550	**$4230**	**$4950**	UTB	3	143D	8F-2R	41.90	3850	No
510	$10647	$2180	$2820	**$4690**	**$5480**	UTB	3	165D	8F-2R	49.15	4230	No
610	$12333	$2530	$3270	**$5430**	**$6350**	UTB	4	219D	8F-2R	64.00	4630	No
DTC - Front Wheel Assist 4WD												
				1988								
360	$8650	$1730	$2250	**$3720**	**$4370**	UTB	3	143D	6F-2R	35.00	3750	No
460	$9295	$1860	$2420	**$4000**	**$4690**	UTB	3	143D	8F-2R	35.00	4013	No
460 DTC	$12150	$2430	$3160	**$5230**	**$6140**	UTB	3	143D	8F-2R	41.90	4653	No
460 SD	$10150	$2030	$2640	**$4370**	**$5130**	UTB	3	143D	8F-8R	41.90	4247	No
510	$10130	$2030	$2630	**$4360**	**$5120**	UTB	3	165D	8F-2R	49.15	4230	No
510 DTC	$12700	$2540	$3300	**$5460**	**$6410**	UTB	3	165D	8F-2R	49.15	4350	No
610	$12320	$2460	$3200	**$5300**	**$6220**	UTB	4	219D	8F-2R	64.00	4630	No
610 DTC	$15030	$3010	$3910	**$6460**	**$7590**	UTB	4	219D	8F-2R	64.00	5892	No
DTC - Front Wheel Assist 4WD												
				1987								
360	$8242	$1570	$2100	**$3460**	**$4080**	UTB	3	143D	8F-2R	35.00	3850	No
460	$8855	$1680	$2260	**$3720**	**$4380**	UTB	3	143D	8F-2R	41.93	3850	No
460 DTC	$11569	$2200	$2950	**$4860**	**$5730**	UTB	3	143D	8F-2R	41.93	5263	No
460 Manual Shuttle	$9660	$1840	$2460	**$4060**	**$4780**	UTB	3	143D	8F-2R	41.93	3850	No
510	$9648	$1830	$2460	**$4050**	**$4780**	UTB	3	165D	8F-2R	49.15		No
510 DTC	$12157	$2310	$3100	**$5110**	**$6020**	UTB	3	165D	8F-2R	49.15	5350	No
610	$11736	$2230	$2990	**$4930**	**$5810**	UTB	4	219D	8F-2R	64.00	4630	No
610 DTC	$14315	$2720	$3650	**$6010**	**$7090**	UTB	4	219D	8F-2R	64.00	5892	No
DTC - Front Wheel Assist 4WD												
				1986								
260	$6200	$1180	$1550	**$2540**	**$3010**	UTB	2	95D	8F-2R	24.00	3195	No
260 C	$6000	$1140	$1500	**$2460**	**$2910**	UTB	2	95D	6F-2R	24.00	3195	No
310	$7000	$1330	$1750	**$2870**	**$3400**	UTB	2	110D	8F-2R	28.00	3750	No
310 DTC	$8300	$1580	$2080	**$3400**	**$4030**	UTB	2	110D	8F-2R	28.00	4430	No
360	$8250	$1570	$2060	**$3380**	**$4000**	UTB	3	143D	8F-2R	35.00	3750	No
460	$8860	$1680	$2220	**$3630**	**$4300**	UTB	3	143D	8F-2R	41.93	3850	No

Long (Cont.)

1986 (Cont.)

Model	Approx. Retail Price New	Used Trade-In Avg.	Used Trade-In High	Used Retail Avg.	Used Retail High	Engine Make	Engine No. Cyls.	Engine Displ. Cu.-in.	No. Speeds	P.T.O. H.P.	Approx. Shipping Wt.-Lbs.	Cab
460 DTC	$11500	$2190	$2880	**$4720**	**$5580**	UTB	3	143D	8F-2R	41.00	5263	No
510	$9648	$1830	$2410	**$3960**	**$4680**	UTB	3	165D	8F-2R	49.15	4113	No
510 DTC	$12150	$2310	$3040	**$4980**	**$5890**	UTB	3	165D	8F-2R	49.35	5263	No
610	$11730	$2230	$2930	**$4810**	**$5690**	UTB	4	220D	8F-2R	64.33	4330	No
610 DTC	$14315	$2720	$3580	**$5870**	**$6940**	UTB	4	220D	8F-2R	64.00	5150	No

DTC—Front Wheel Assist 4WD

1985

Model	Approx. Retail Price New	Used Trade-In Avg.	Used Trade-In High	Used Retail Avg.	Used Retail High	Engine Make	Engine No. Cyls.	Engine Displ. Cu.-in.	No. Speeds	P.T.O. H.P.	Approx. Shipping Wt.-Lbs.	Cab
260	$6200	$1180	$1520	**$2480**	**$2950**	UTB	2	95D	8F-2R	24.00	3195	No
260 C	$6000	$1140	$1470	**$2400**	**$2850**	UTB	2	95D	6F-2R	24.00	3195	No
310	$7000	$1330	$1720	**$2800**	**$3330**	UTB	2	110D	8F-2R	28.00	3750	No
310 DTC	$8300	$1580	$2030	**$3320**	**$3940**	UTB	2	110D	8F-2R	28.00	4430	No
360	$8250	$1570	$2020	**$3300**	**$3920**	UTB	3	143D	8F-2R	35.00	3750	No
360 DTC	$9450	$1800	$2320	**$3780**	**$4490**	UTB	3	143D	8F-2R	35.00	4430	No
460	$8840	$1680	$2170	**$3540**	**$4200**	UTB	3	143D	8F-2R	41.93	3850	No
460 DTC	$11500	$2190	$2820	**$4600**	**$5460**	UTB	3	143D	8F-2R	41.00	5263	No
510	$9648	$1830	$2360	**$3860**	**$4580**	UTB	3	165D	8F-2R	49.15	4113	No
510 DTC	$12900	$2450	$3160	**$5160**	**$6130**	UTB	3	165D	8F-2R	49.35	5263	No
610	$11550	$2200	$2830	**$4620**	**$5490**	UTB	4	220D	8F-2R	64.33	4330	No
610 DTC	$14300	$2720	$3500	**$5720**	**$6790**	UTB	4	220D	8F-2R	64.00	5150	No
610 DTE 4WD	$14400	$2740	$3530	**$5760**	**$6840**	UTB	4	220D	8F-2R	64.00	5500	No
610 DTE WT 4WD	$15900	$3020	$3900	**$6360**	**$7550**	UTB	4	220D	8F-2R	64.00	5700	No

DTC—Front Wheel Assist 4WD

1984

Model	Approx. Retail Price New	Used Trade-In Avg.	Used Trade-In High	Used Retail Avg.	Used Retail High	Engine Make	Engine No. Cyls.	Engine Displ. Cu.-in.	No. Speeds	P.T.O. H.P.	Approx. Shipping Wt.-Lbs.	Cab
260	$6150	$1170	$1480	**$2400**	**$2860**	UTB	2	95D	8F-2R	24.00	3195	No
260 C	$6000	$1140	$1440	**$2340**	**$2790**	UTB	2	95D	6F-2R	24.00	3195	No
310	$7000	$1330	$1680	**$2730**	**$3260**	UTB	2	110D	8F-2R	28.00	3750	No
310 DTC	$8250	$1570	$1980	**$3220**	**$3840**	UTB	2	110D	8F-2R	28.00	4430	No
360	$8200	$1560	$1970	**$3200**	**$3810**	UTB	3	143D	8F-2R	35.00	3750	No
360 DTC	$9400	$1790	$2260	**$3670**	**$4370**	UTB	3	143D	8F-2R	35.00	4430	No
460	$8800	$1670	$2110	**$3430**	**$4090**	UTB	3	143D	8F-2R	41.93	3850	No
460 DTC	$11500	$2190	$2760	**$4490**	**$5350**	UTB	3	143D	8F-2R	41.00	5263	No
510	$9640	$1830	$2310	**$3760**	**$4480**	UTB	3	165D	8F-2R	49.15	4113	No
510 DTC	$12800	$2430	$3070	**$4990**	**$5950**	UTB	3	165D	8F-2R	49.35	5263	No
610	$11500	$2190	$2760	**$4490**	**$5350**	UTB	4	220D	8F-2R	64.33	4330	No
610 DTC	$14300	$2720	$3430	**$5580**	**$6650**	UTB	4	220D	8F-2R	64.00	5150	No
610 DTE 4WD	$14300	$2720	$3430	**$5580**	**$6650**	UTB	4	220D	8F-2R	64.00	5500	No
610 DTE WT 4WD	$15800	$3000	$3790	**$6160**	**$7350**	UTB	4	220D	8F-2R	64.00	5700	No

DTC - Front Wheel Assist 4WD

1983

Model	Approx. Retail Price New	Used Trade-In Avg.	Used Trade-In High	Used Retail Avg.	Used Retail High	Engine Make	Engine No. Cyls.	Engine Displ. Cu.-in.	No. Speeds	P.T.O. H.P.	Approx. Shipping Wt.-Lbs.	Cab
260 C	$6000	$1110	$1440	**$2280**	**$2730**	UTB	2	95D	6F-2R	24.00	3195	No
310 DT 4WD	$8200	$1520	$1970	**$3120**	**$3730**	UTB	2	110D	6F-2R	28.00	3820	No
360	$8100	$1500	$1940	**$3080**	**$3690**	UTB	3	143D	6F-2R	36.16	3750	No
460	$8800	$1630	$2110	**$3340**	**$4000**	UTB	3	143D	8F-2R	41.93	3850	No
460 DT 4WD	$11500	$2130	$2760	**$4370**	**$5230**	UTB	3	143D	8F-2R	41.00	4420	No
510	$9600	$1780	$2300	**$3650**	**$4370**	UTB	3	165D	8F-2R	49.15	3900	No
510 DT 4WD	$12100	$2240	$2900	**$4600**	**$5510**	UTB	3	165D	8F-2R	49.35	4470	No
610	$11400	$2110	$2740	**$4330**	**$5190**	UTB	4	220D	8F-2R	64.33	4560	No
610 DT 4WD	$14300	$2650	$3430	**$5430**	**$6510**	UTB	4	220D	8F-2R	64.00	4800	No
910	$15700	$2910	$3770	**$5970**	**$7140**	Zetor	4	278D	16F-8R	72.88	7750	No
910 DT 4WD	$19800	$3660	$4750	**$7520**	**$9010**	Zetor	4	278D	16F-8R	72.00	8740	No
1310	$21000	$3890	$5040	**$7980**	**$9560**	Zetor	6	417D	16F-8R	105.00	9000	No
1310 DT 4WD	$24900	$4610	$5980	**$9460**	**$11330**	Zetor	6	417D	16F-8R	105.00	9990	No

DT - Front Wheel Assist 4WD

1982

Model	Approx. Retail Price New	Used Trade-In Avg.	Used Trade-In High	Used Retail Avg.	Used Retail High	Engine Make	Engine No. Cyls.	Engine Displ. Cu.-in.	No. Speeds	P.T.O. H.P.	Approx. Shipping Wt.-Lbs.	Cab
260 C	$6000	$1080	$1470	**$2250**	**$2670**	UTB	2	95D	6F-2R	24.00	3195	No
310	$7000	$1260	$1720	**$2630**	**$3120**	UTB	2	110D	6F-2R	28.00	3250	No
310 DT	$8150	$1470	$2000	**$3060**	**$3630**	UTB	2	110D	6F-2R	28.00	3820	No
360	$8050	$1450	$1970	**$3020**	**$3580**	UTB	3	143D	6F-2R	36.16	3750	No
460	$8800	$1580	$2160	**$3300**	**$3920**	UTB	3	143D	8F-2R	41.93	3850	No
460 DT	$11500	$2070	$2820	**$4310**	**$5120**	UTB	3	143D	8F-2R	41.90	4420	No
510	$9575	$1720	$2350	**$3590**	**$4260**	UTB	3	165D	8F-2R	49.15	3900	No
510 DT	$12100	$2180	$2970	**$4540**	**$5390**	UTB	3	165D	8F-2R	49.35	4470	No
610	$11350	$2040	$2780	**$4260**	**$5050**	UTB	4	220D	8F-2R	64.33	4560	No
610 DT	$14300	$2570	$3500	**$5360**	**$6360**	UTB	4	220D	8F-2R	64.00	4800	No
910	$15600	$2810	$3820	**$5850**	**$6940**	Zetor	4	278D	16F-8R	72.88	7750	No
910 DT	$19700	$3550	$4830	**$7390**	**$8770**	Zetor	4	278D	16F-8R	72.88	8740	No
1310	$21000	$3780	$5150	**$7880**	**$9350**	Zetor	6	417D	16F-8R	105.00	9000	No
1310 DT	$24900	$4480	$6100	**$9340**	**$11080**	Zetor	6	417D	16F-8R	105.00	9990	No

DT - Front Wheel Assist 4WD

1981

Model	Approx. Retail Price New	Used Trade-In Avg.	Used Trade-In High	Used Retail Avg.	Used Retail High	Engine Make	Engine No. Cyls.	Engine Displ. Cu.-in.	No. Speeds	P.T.O. H.P.	Approx. Shipping Wt.-Lbs.	Cab
260 C	$6000	$1050	$1500	**$2220**	**$2670**	UTB	2	95D	6F-2R	24.00	3195	No
310	$7000	$1230	$1750	**$2590**	**$3120**	UTB	2	110D	6F-2R	28.00	3250	No
310 DT	$8150	$1430	$2040	**$3020**	**$3630**	UTB	2	110D	6F-2R	28.00	3820	No
360	$8040	$1410	$2010	**$2980**	**$3580**	UTB	3	143D	6F-2R	36.16	3750	No
460	$8800	$1540	$2200	**$3260**	**$3920**	UTB	3	143D	8F-2R	41.93	3850	No
460 DT	$11500	$2010	$2880	**$4260**	**$5120**	UTB	3	143D	8F-2R	41.90	4420	No
510	$9575	$1680	$2390	**$3540**	**$4260**	UTB	3	165D	8F-2R	49.15	3900	No
510 DT	$12100	$2120	$3030	**$4480**	**$5390**	UTB	3	165D	8F-2R	49.35	4470	No
610	$11300	$1980	$2830	**$4180**	**$5030**	UTB	4	220D	8F-2R	64.33	4560	No

Model	Approx. Retail Price New	Estimated Value Less Repairs Used Trade-In Avg.	High	Used Retail Avg.	High	Engine Make	No. Cyls.	Displ. Cu.-in.	No. Speeds	P.T.O. H.P.	Approx. Shipping Wt.-Lbs.	Cab
Long (Cont.)												
				1981 (Cont.)								
610 DT	$14275	$2500	$3570	**$5280**	**$6350**	UTB	4	220D	8F-2R	64.00	4800	No
910	$15500	$2710	$3880	**$5740**	**$6900**	Zetor	4	278D	16F-8R	72.88	7750	No
910 DT	$19675	$3440	$4920	**$7280**	**$8760**	Zetor	4	278D	16F-8R	72.88	8740	No
1310	$20960	$3670	$5240	**$7760**	**$9330**	Zetor	6	417D	16F-8R	105.00	9000	No
1310 DT	$24825	$4340	$6210	**$9190**	**$11050**	Zetor	6	417D	16F-8R	105.00	9990	No
DT - Front Wheel Assist 4WD												
				1980								
260 C	$6000	$1020	$1530	**$2220**	**$2670**	UTB	2	95D	6F-2R	24.00	3180	No
310	$7000	$1190	$1790	**$2590**	**$3120**	UTB	2	110D	6F-2R	28.00	3250	No
310 DT	$8144	$1380	$2080	**$3010**	**$3620**	UTB	2	110D	6F-2R	28.00	3820	No
360	$8026	$1360	$2050	**$2970**	**$3570**	UTB	3	143D	6F-2R	36.16	3750	No
460	$8800	$1500	$2240	**$3260**	**$3920**	UTB	3	143D	8F-2R	41.93	3850	No
460 DT	$11500	$1960	$2930	**$4260**	**$5120**	UTB	3	143D	8F-2R	41.90	4420	No
510	$9573	$1630	$2440	**$3540**	**$4260**	UTB	3	165D	8F-2R	49.15	3900	No
510 DT	$12100	$2060	$3090	**$4480**	**$5390**	UTB	3	165D	8F-2R	49.35	4470	No
610	$11269	$1920	$2870	**$4170**	**$5020**	UTB	4	220D	8F-2R	64.33	4560	No
610 DT	$14273	$2430	$3640	**$5280**	**$6350**	UTB	4	220D	8F-2R	64.00	4800	No
910	$15495	$2630	$3950	**$5730**	**$6900**	Zetor	4	278D	16F-8R	72.88	7750	No
910 DT	$19663	$3340	$5010	**$7280**	**$8750**	Zetor	4	278D	16F-8R	72.88	8740	No
1310	$20959	$3560	$5350	**$7760**	**$9330**	Zetor	6	417D	16F-8R	105.00	9000	No
1310 DT	$24811	$4220	$6330	**$9180**	**$11040**	Zetor	6	417D	16F-8R	105.00	9990	No
DT - Front Wheel Assist 4WD												
				1979								
360	$7272	$1240	$1890	**$2690**	**$3240**	UTB	3	143D	6F-2R	32.00	3750	No
460	$8099	$1380	$2110	**$3000**	**$3600**	UTB	3	143D	8F-2R	41.93	3850	No
460 DT	$10597	$1800	$2760	**$3920**	**$4720**	UTB	3	143D	8F-2R	41.90	4420	No
510	$8674	$1480	$2260	**$3210**	**$3860**	UTB	3	143D	8F-2R	48.52	3900	No
510 DT	$11310	$1920	$2940	**$4190**	**$5030**	UTB	3	143D	8F-2R	48.52	4470	No
560 DT	$10047	$1710	$2610	**$3720**	**$4470**	UTB	4	191D	8F-2R	53.60	4750	No
610	$10210	$1740	$2660	**$3780**	**$4540**	UTB	4	191D	8F-2R	64.18	4560	No
610 DT	$12930	$2200	$3360	**$4780**	**$5750**	UTB	4	191D	8F-2R	64.18	4800	No
910	$12537	$2130	$3260	**$4640**	**$5580**	Zetor	4	278D	16F-8R	72.88	7750	No
910 DT	$16340	$2780	$4250	**$6050**	**$7270**	Zetor	4	278D	16F-8R	72.88	8740	No
1110	$13668	$2320	$3550	**$5060**	**$6080**	Zetor	4T	285D	16F-8R	92.00	8500	No
1110 DT	$17504	$2980	$4550	**$6480**	**$7790**	Zetor	4T	285D	16F-8R	92.00	8890	No
1310	$16867	$2870	$4390	**$6240**	**$7510**	Zetor	6	417D	16F-8R	105.00	9000	No
1310 DT	$20621	$3510	$5360	**$7630**	**$9180**	Zetor	6	417D	16F-8R	105.00	9990	No
DT - Front Wheel Assist 4WD												
				1978								
360	$6056	$1030	$1610	**$2240**	**$2700**	UTB	3	143D	6F-2R	32.00	3750	No
460	$6763	$1150	$1790	**$2500**	**$3010**	UTB	3	143D	6F-2R	41.93	3850	No
460 DT	$8281	$1410	$2190	**$3060**	**$3690**	UTB	3	143D	6F-2R	41.90	4420	No
560	$8248	$1400	$2190	**$3050**	**$3670**	UTB	4	191D	8F-2R	53.61	4510	No
560 DT	$9965	$1690	$2640	**$3690**	**$4430**	UTB	4	191D	8F-2R	53.60	4750	No
910	$12055	$2050	$3200	**$4460**	**$5360**	Zetor	4	278D	16F-8R	72.88	7750	No
910 DT	$15415	$2620	$4090	**$5700**	**$6860**	Zetor	4	278D	16F-8R	72.80	8740	No
1110	$13143	$2230	$3480	**$4860**	**$5850**	Zetor	4T	285D	16F-8R	92.00	8500	No
1110 DT	$16513	$2810	$4380	**$6110**	**$7350**	Zetor	4T	285D	16F-8R	92.00	8890	No
1310	$16219	$2760	$4300	**$6000**	**$7220**	Zetor	6	417D	16F-8R	105.00	9000	No
1310 DT	$19453	$3310	$5160	**$7200**	**$8660**	Zetor	6	417D	16F-8R	105.00	9990	No
DT - Front Wheel Assist 4WD												
				1977								
360	$5737	$980	$1550	**$2120**	**$2550**	UTB	3	143D	6F-2R	32.00	3750	No
445 DT	$7572	$1290	$2040	**$2800**	**$3370**	UTB	3	143D	6F-2R	41.90	4420	No
460	$6393	$1090	$1730	**$2370**	**$2850**	UTB	3	143D	6F-2R	41.93	3850	No
560	$7826	$1330	$2110	**$2900**	**$3480**	UTB	4	191D	8F-2R	53.61	4510	No
560 DT	$9490	$1610	$2560	**$3510**	**$4220**	UTB	4	191D	8F-2R	53.60	4750	No
900	$11481	$1950	$3100	**$4250**	**$5110**	Zetor	4	285D	16F-8R	72.88	7750	No
1100	$12517	$2130	$3380	**$4630**	**$5570**	Zetor	4T	285D	16F-8R	92.00	8500	No
1300	$15447	$2630	$4170	**$5720**	**$6870**	Zetor	6	417D	16F-8R	105.00	9000	No
DT - Front Wheel Assist 4WD												
				1976								
350	$5184	$880	$1430	**$1920**	**$2310**	UTB	3	143D	6F-2R	32.00	3200	No
445	$5607	$950	$1540	**$2080**	**$2500**	UTB	3	143D	6F-2R	41.93	3880	No
445 DT	$6899	$1170	$1900	**$2550**	**$3070**	UTB	3	143D	6F-2R	41.90	4420	No
560	$7136	$1210	$1960	**$2640**	**$3180**	UTB	4	191D	8F-2R	53.61	4510	No
560 DT	$8476	$1440	$2330	**$3140**	**$3770**	UTB	4	191D	8F-2R	53.60	4750	No
900	$10321	$1760	$2840	**$3820**	**$4590**	Zetor	4	285D	16F-8R	72.88	7750	No
1100	$11413	$1940	$3140	**$4220**	**$5080**	Zetor	4T	285D	16F-8R	92.00	8500	No
1300	$14997	$2550	$4120	**$5550**	**$6670**	Zetor	6	417D	16F-8R	105.00	9000	No
DT - Front Wheel Assist 4WD												
				1975								
350	$4567	$780	$1280	**$1690**	**$2020**	UTB	3	143D	6F-2R	32.00	3200	No
445	$5336	$910	$1490	**$1970**	**$2360**	UTB	3	143D	6F-2R	41.93	3880	No
445 DT	$6029	$1030	$1690	**$2230**	**$2670**	UTB	3	143D	6F-2R	41.90	4220	No
550	$6598	$1120	$1850	**$2440**	**$2920**	UTB	4	191D	8F-2R	53.61	4510	No
900	$10321	$1760	$2890	**$3820**	**$4560**	Zetor	4	285D	16F-8R	72.88	7750	No
1100	$11413	$1940	$3200	**$4220**	**$5050**	Zetor	4T	285D	16F-8R	92.00	8500	No

Model	Approx. Retail Price New	Estimated Value Less Repairs: Used Trade-In Avg.	Used Trade-In High	Used Retail Avg.	Used Retail High	Make	Engine No. Cyls.	Engine Displ. Cu.-in.	No. Speeds	P.T.O. H.P.	Approx. Shipping Wt.-Lbs.	Cab
Long (Cont.)												
				1975 (Cont.)								
R9500	$12888	$2190	$3610	**$4770**	**$5700**	Perkins	6	354D	12F-4R	97.72	770	No
DT - Front Wheel Assist 4WD												
				1974								
350	$4015	$680	$1140	**$1490**	**$1780**	UTB	3	143D	6F-2R	32.00	3200	No
445	$4684	$800	$1340	**$1730**	**$2080**	UTB	3	143D	6F-2R	41.93	3880	No
445 DT	$5341	$910	$1520	**$1980**	**$2370**	UTB	3	143D	6F-2R	41.90	4420	No
550	$5816	$990	$1660	**$2150**	**$2580**	UTB	4	191D	8F-2R	53.61	4510	No
R9500	$11933	$2030	$3400	**$4420**	**$5300**	Perkins	6	354D	12F-4R	97.72	7700	No
DT - Front Wheel Assist 4WD												
				1973								
445	$4454	$760	$1290	**$1650**	**$1990**	UTB	3	143D	6F-2R	41.93	3880	No
445 DT	$5087	$870	$1480	**$1880**	**$2270**	UTB	3	143D	6F-2R	41.90	4420	No
550	$5539	$940	$1610	**$2050**	**$2470**	UTB	4	191D	8F-2R	53.61	4510	No
R9500	$9844	$1670	$2860	**$3640**	**$4390**	Perkins	6	354D	12F-4R	97.72	7700	No
DT - Front Wheel Assist 4WD												
				1972								
445	$3547	$640	$1030	**$1310**	**$1590**	UTB	3	143D	6F-2R	40.00	3880	No
Mahindra												
				2003								
C-27	$10625	$4890	$5630	**$7120**	**$7650**	Mahindra	3	115D	8F-2R	22.0	3630	No
C-35	$11875	$5460	$6290	**$7960**	**$8550**	Mahindra	3	115D	8F-2R	28.0	3630	No
E350-DI	$9950	$4580	$5270	**$6670**	**$7160**	Mahindra	3	115D	8F-2R	31.0	3900	No
2310 4WD	$12300	$5660	$6520	**$8240**	**$8860**	Mahindra	3	79D	12F-12R	20.0	3064	No
2810 4WD	$13325	$6130	$7060	**$8930**	**$9590**	Mahindra	3	85D	12F-12R	23.0	3064	No
2810 HST 4WD	$14750	$6790	$7820	**$9880**	**$10620**	Mahindra	3	85D	Variable	22.5	3064	No
3505-DI	$11750	$5410	$6230	**$7870**	**$8460**	Mahindra	3	115D	8F-2R	27.0	3900	No
3510 4WD	$15755	$7250	$8350	**$10560**	**$11340**	Mahindra	3	100D	12F-12R	28.7	3900	No
4110 4WD	$18300	$8420	$9700	**$12260**	**$13180**	Mahindra	4	122D	12F-12R	33.6	3969	No
4500	$13750	$6330	$7290	**$9210**	**$9900**	Mahindra	3	146D	8F-2R	35.0	4752	No
4500 4WD	$17825	$8200	$9450	**$11940**	**$12830**	Mahindra	3	146D	8F-8R	35.0	5742	No
5500	$15300	$7040	$8110	**$10250**	**$11020**	Mahindra	4	186D	8F-2R	44.0	4966	No
5500 4WD	$19375	$8910	$10270	**$12980**	**$13950**	Mahindra	4	186D	8F-8R	44.0	6230	No
6000	$16650	$7660	$8830	**$11160**	**$11990**	Mahindra	4	195D	8F-2R	50.0	4966	No
6000 4WD	$20925	$9630	$11090	**$14020**	**$15070**	Mahindra	4	195D	8F-8R	50.0	6250	No
6500 4WD	$22200	$10210	$11770	**$14870**	**$15980**	Mahindra	4	195D	8F-8R	57.0	6280	No
				2002								
E350-DI	$9950	$4080	$4780	**$6270**	**$6770**	Mahindra	3	115D	8F-2R	31.0	3900	No
2810	$13325	$5460	$6400	**$8400**	**$9060**	Mahindra	3	85D	12F-12R	23.0	3064	No
3505-DI	$11750	$4820	$5640	**$7400**	**$7990**	Mahindra	3	115D	8F-2R	27.0	3900	No
3510	$15755	$6460	$7560	**$9930**	**$10710**	Mahindra	3	100D	12F-12R	28.7	3900	No
4110 4WD	$18300	$7500	$8780	**$11530**	**$12440**	Mahindra	4	122D	12F-12R	33.6	3969	No
4500	$13750	$5640	$6600	**$8660**	**$9350**	Mahindra	3	146D	8F-2R	35.0	4752	No
6000	$16650	$6830	$7990	**$10490**	**$11320**	Mahindra	4	195D	8F-2R	50.0	4966	No
				2001								
E350-DI	$9950	$3680	$4380	**$5870**	**$6370**	Mahindra	3	115D	8F-2R	35	3900	No
2810	$13125	$4860	$5780	**$7740**	**$8400**	Mahindra	3	85D	12F-12R	28	3064	No
3505-DI	$11600	$4290	$5100	**$6840**	**$7420**	Mahindra	3	115D	8F-2R	35	3900	No
3510	$15550	$5750	$6840	**$9180**	**$9950**	Mahindra	3	100D	12F-12R	35	3900	No
4110 4WD	$17990	$6660	$7920	**$10610**	**$11510**	Mahindra	4	122D	12F-12R	41	3969	No
4500	$13615	$5040	$5990	**$8030**	**$8710**	Mahindra	3	146D	8F-2R	42	4752	No
6000	$16500	$6110	$7260	**$9740**	**$10560**	Mahindra	4	195D	8F-2R	59	4966	No
				2000								
E350-DI	$9900	$3270	$4060	**$5450**	**$5940**	Mahindra	3	115D	8F-2R	35	3900	No
2810	$12990	$4290	$5330	**$7150**	**$7790**	Mahindra	3	85D	12F-12R	28	3064	No
3505-DI	$11225	$3700	$4600	**$6170**	**$6740**	Mahindra	3	115D	8F-2R	35	3900	No
3510	$15125	$4990	$6200	**$8320**	**$9080**	Mahindra	3	100D	12F-12R	35	3900	No
4110 4WD	$17550	$5790	$7200	**$9650**	**$10530**	Mahindra	4	122D	12F-12R	41	3969	No
4500	$13350	$4410	$5470	**$7340**	**$8010**	Mahindra	3	146D	8F-2R	42	4752	No
6000	$16100	$5310	$6600	**$8860**	**$9660**	Mahindra	4	195D	8F-2R	59	4966	No
				1999								
475 DI	$9850	$3050	$3840	**$5120**	**$5620**	Mahindra	3	115D	8F-2R	39	3894	No
4005 DI	$11950	$3710	$4660	**$6210**	**$6810**	Mahindra	4	145D	8F-2R	40	4092	No
4505 DI	$12450	$3860	$4860	**$6470**	**$7100**	Mahindra	4	154D	8F-2R	43	4070	No
5005 DI	$12950	$4020	$5050	**$6730**	**$7380**	Mahindra	4	154D	8F-2R	50	4258	No
				1998								
475 DI	$9850	$2860	$3650	**$4830**	**$5320**	Mahindra	3	115D	8F-2R	39	3894	No
4005 DI	$11950	$3470	$4420	**$5860**	**$6450**	Mahindra	4	145D	8F-2R	40	4092	No
4505 DI	$12450	$3610	$4610	**$6100**	**$6720**	Mahindra	4	154D	8F-2R	43	4070	No
5005 DI	$12950	$3760	$4790	**$6350**	**$6990**	Mahindra	4	154D	8F-2R	50	4258	No
				1997								
475 DI	$9000	$2430	$3150	**$4140**	**$4590**	Mahindra	3	115D	8F-2R	39	3894	No
485 DI	$10800	$2920	$3780	**$4970**	**$5510**	Mahindra	4	145D	8F-2R	41	4090	No

Mahindra (Cont.)

1997 (Cont.)

Model	Approx. Retail Price New	Used Trade-In Avg.	Used Trade-In High	Used Retail Avg.	Used Retail High	Engine Make	No. Cyls.	Displ. Cu.-in.	No. Speeds	P.T.O. H.P.	Approx. Shipping Wt.-Lbs.	Cab
575 DI	$11400	$3080	$3990	$5240	$5810	Mahindra	4	154D	8F-2R	42	4085	No

Massey Ferguson

2006

Model	Approx. Retail Price New	Used Trade-In Avg.	Used Trade-In High	Used Retail Avg.	Used Retail High	Engine Make	No. Cyls.	Displ. Cu.-in.	No. Speeds	P.T.O. H.P.	Approx. Shipping Wt.-Lbs.	Cab
GC 2300	$10504	$7560	$7980	$9140	$9560	Iseki	3	68D	Variable	18.7	1366	No
GC 2310 Loader/Backhoe	$18848	$13570	$14320	$16210	$16780	Iseki	3	68D	Variable	18.7	1366	No
MF-431	$16773	$12080	$12750	$14430	$14930	Perkins	3	202D	8F-2R	44.0	4321	No
MF-451	$20369	$14670	$15480	$17520	$18130	Perkins	3	202D	8F-2R	45.0	4738	No
MF-451	$21635	$15580	$16440	$18610	$19260	Perkins	3	202D	8F-8R	45.0	4738	No
MF-451 4WD	$24791	$17850	$18840	$21320	$22060	Perkins	3	202D	8F-2R	45.0	5238	No
MF-451 4WD	$26057	$18760	$19800	$22410	$23190	Perkins	3	202D	8F-8R	45.0	5238	No
MF-461	$24034	$17300	$18270	$20670	$21390	Perkins	3T	202D	8F-8R	55.0	5368	No
MF-461 4WD	$29364	$21140	$22320	$25250	$26130	Perkins	3T	202D	8F-8R	55.0	5468	No
MF-471	$23286	$16770	$17700	$20030	$20730	Perkins	4	268D	8F-2R	60.0	5578	No
MF-471	$24578	$17700	$18680	$21140	$21870	Perkins	4	268D	8F-8R	60.0	5578	No
MF-471 Cab	$32825	$23630	$24950	$28230	$29210	Perkins	4	268D	8F-8R	60.0	5578	CHA
MF-471 Low Profile	$24484	$17630	$18610	$21060	$21790	Perkins	4	268D	8F-2R	60.0	5578	No
MF-471 Low Profile	$25912	$18660	$19690	$22280	$23060	Perkins	4	268D	8F-8R	60.0	5578	No
MF-471 Low Profile 4WD	$29931	$21550	$22750	$25740	$26640	Perkins	4	268D	8F-2R	60.0	5578	No
MF-471 Low Profile 4WD	$31358	$22580	$23830	$26970	$27910	Perkins	4	268D	8F-8R	60.0	5578	No
MF-471 4WD	$29005	$20880	$22040	$24940	$25810	Perkins	4	268D	8F-2R	60.0	6305	No
MF-471 4WD	$30297	$21810	$23030	$26060	$26960	Perkins	4	268D	8F-8R	60.0	6305	No
MF-471 4WD Cab	$38544	$27750	$29290	$33150	$34300	Perkins	4	268D	8F-8R	60.0	6305	CHA
MF-481	$25234	$18170	$19180	$21700	$22460	Perkins	4	268D	8F-2R	70.0	5750	No
MF-481	$26526	$19100	$20160	$22810	$23610	Perkins	4	268D	8F-8R	70.0	5750	No
MF-481 Cab	$34773	$25040	$26430	$29910	$30950	Perkins	4	268D	8F-8R	70.0	5750	CHA
MF-481 Low Profile	$26432	$19030	$20090	$22730	$23520	Perkins	4	268D	8F-2R	70.0	5750	No
MF-481 Low Profile	$27860	$20060	$21170	$23960	$24800	Perkins	4	268D	8F-8R	70.0	5750	No
MF-481 Low Profile 4WD	$31978	$23020	$24300	$27500	$28460	Perkins	4	268D	8F-2R	70.0	5750	No
MF-481 Low Profile 4WD	$33307	$23980	$25310	$28640	$29640	Perkins	4	268D	8F-8R	70.0	5750	No
MF-481 4WD	$30953	$22290	$23520	$26620	$27550	Perkins	4	268D	8F-2R	70.0	6349	No
MF-481 4WD	$32245	$23220	$24510	$27730	$28700	Perkins	4	268D	8F-8R	70.0	6349	No
MF-481 4WD Cab	$40492	$29150	$30770	$34820	$36040	Perkins	4	268D	8F-8R	70.0	6349	CHA
MF-491	$29386	$21160	$22330	$25270	$26150	Perkins	4T	268D	12F-4R	77.0	6812	No
MF-491 4WD	$35181	$25330	$26740	$30260	$31310	Perkins	4T	268D	12F-4R	77.0	7275	No
MF-491 4WD Cab	$43883	$31600	$33350	$37740	$39060	Perkins	4T	268D	12F-4R	77.0	8026	CHA
MF-491 Cab	$37958	$27330	$28850	$32640	$33780	Perkins	4T	268D	12F-4R	77.0	7262	CHA
MF-491 Low Profile	$29770	$21430	$22630	$25600	$26500	Perkins	4T	268D	12F-4R	77.0	6812	No
MF-491 Low Profile 4WD	$35527	$25580	$27000	$30550	$31620	Perkins	4T	268D	12F-4R	77.0	6812	No
MF-492	$30867	$22220	$23460	$26550	$27470	Perkins	4T	268D	12F-4R	85.0	6812	No
MF-492 4WD	$36662	$26400	$27860	$31530	$32630	Perkins	4T	268D	12F-4R	85.0	7275	No
MF-492 4WD Cab	$45376	$32670	$34490	$39020	$40390	Perkins	4T	268D	12F-4R	85.0	8025	CHA
MF-492 Cab	$39451	$28410	$29980	$33930	$35110	Perkins	4T	268D	12F-4R	85.0	7262	CHA
MF-492 Low Profile	$31263	$22510	$23760	$26890	$27820	Perkins	4T	268D	12F-4R	85.0	6812	No
MF-492 Low Profile 4WD	$37020	$26650	$28140	$31840	$32950	Perkins	4T	268D	12F-4R	85.0	6812	No
MF-533	$16856	$12140	$12810	$14500	$15000	Perkins	3	202D	8F-2R	44.0		No
MF-543	$20435	$14710	$15530	$17570	$18190	Perkins	3	202D	8F-2R	45.0		No
MF-543	$21799	$15700	$16570	$18750	$19400	Perkins	3	202D	8F-8R	45.0		No
MF-543 4WD	$25438	$18320	$19330	$21880	$22640	Perkins	3	202D	8F-2R	45.0		No
MF-543 4WD	$26801	$19300	$20370	$23050	$23850	Perkins	3	202D	8F-8R	45.0		No
MF-563	$22782	$16400	$17310	$19590	$20280	Perkins	3T	202D	8F-2R	55.0		No
MF-563	$24146	$17390	$18350	$20770	$21490	Perkins	3T	202D	8F-8R	55.0		No
MF-563 4WD	$28040	$20190	$21310	$24110	$24960	Perkins	3T	202D	8F-2R	55.0		No
MF-563 4WD	$29404	$21170	$22350	$25290	$26170	Perkins	3T	202D	8F-8R	55.0		No
MF-573	$23242	$16730	$17660	$19990	$20690	Perkins	4	268D	8F-2R	60.0		No
MF-573	$24690	$17780	$18760	$21230	$21970	Perkins	4	268D	8F-8R	60.0		No
MF-573 4WD	$29313	$21110	$22280	$25210	$26090	Perkins	4	268D	8F-2R	60.0		No
MF-573 4WD	$30741	$22130	$23360	$26440	$27360	Perkins	4	268D	8F-8R	60.0		No
MF-573 4WD Cab	$38761	$27910	$29460	$33330	$34500	Perkins	4	268D	12F-4R	60.0		CHA
MF-573 4WD Cab	$39313	$28310	$29880	$33810	$34990	Perkins	4	268D	8F-8R	60.0		CHA
MF-573 Cab	$33352	$24010	$25350	$28680	$29680	Perkins	4	268D	12F-4R	60.0		No
MF-573 Low Profile	$24725	$17800	$18790	$21260	$22010	Perkins	4	268D	8F-2R	60.0		No
MF-573 Low Profile	$26155	$18830	$19880	$22490	$23280	Perkins	4	268D	8F-8R	60.0		No
MF-573 Low Profile 4WD	$30173	$21730	$22930	$25950	$26850	Perkins	4	268D	8F-2R	60.0		No
MF-573 Low Profile 4WD	$31622	$22770	$24030	$27200	$28140	Perkins	4	268D	8F-8R	60.0		No
MF-583	$25300	$18220	$19230	$21760	$22520	Perkins	4	268D	8F-2R	70.0		No
MF-583	$26729	$19250	$20310	$22990	$23790	Perkins	4	268D	8F-8R	70.0		No
MF-583 4WD	$31261	$22510	$23760	$26880	$27820	Perkins	4	268D	8F-2R	70.0		No
MF-583 4WD	$32689	$23540	$24840	$28110	$29090	Perkins	4	268D	8F-8R	70.0		No
MF-583 4WD Cab	$40709	$29310	$30940	$35010	$36230	Perkins	4	268D	12F-4R	70.0		CHA
MF-583 4WD Cab	$41261	$29710	$31360	$35480	$36720	Perkins	4	268D	8F-8R	70.0		CHA
MF-583 Cab	$34748	$25020	$26410	$29880	$30930	Perkins	4	268D	12F-4R	70.0		CHA
MF-583 Cab	$35290	$25410	$26820	$30350	$31410	Perkins	4	268D	8F-8R	70.0		CHA
MF-583 Low Profile	$26674	$19210	$20270	$22940	$23740	Perkins	4	268D	8F-2R	70.0		No
MF-583 Low Profile	$28103	$20230	$21360	$24170	$25010	Perkins	4	268D	8F-8R	70.0		No
MF-583 Low Profile 4WD	$32121	$23130	$24410	$27620	$28590	Perkins	4	268D	8F-2R	70.0		No
MF-583 Low Profile 4WD	$33550	$24160	$25500	$28850	$29860	Perkins	4	268D	8F-8R	70.0		No
MF-593	$29199	$21020	$22190	$25110	$25990	Perkins	4T	268D	12F-4R	77.0		No
MF-593 4WD	$35124	$25290	$26690	$30210	$31260	Perkins	4T	268D	12F-4R	77.0		No
MF-593 4WD Cab	$43696	$31460	$33210	$37580	$38890	Perkins	4T	268D	12F-4R	77.0		CHA
MF-593 Cab	$37771	$27200	$28710	$32480	$33620	Perkins	4T	268D	12F-4R	77.0		CHA
MF-593 Low Profile	$30012	$21610	$22810	$25810	$26710	Perkins	4T	268D	12F-4R	77.0		CHA

Model	Approx. Retail Price New	Used Trade-In Avg.	Used Trade-In High	Used Retail Avg.	Used Retail High	Engine Make	Engine No. Cyls.	Engine Displ. Cu.-in.	No. Speeds	P.T.O. H.P.	Approx. Shipping Wt.-Lbs.	Cab
Massey Ferguson (Cont.)												
				2006 (Cont.)								
MF-593 Low Profile 4WD	$35769	$25750	$27180	**$30760**	**$31830**	Perkins	4T	268D	12F-4R	77.0		CHA
MF-596	$30693	$22100	$23330	**$26400**	**$27320**	Perkins	4T	268D	12F-4R	85.0		No
MF-596 4WD	$36617	$26360	$27830	**$31490**	**$32590**	Perkins	4T	268D	12F-4R	85.0		No
MF-596 4WD Cab	$45189	$32540	$34340	**$38860**	**$40220**	Perkins	4T	268D	12F-4R	85.0		CHA
MF-596 Cab	$39264	$28270	$29840	**$33770**	**$34950**	Perkins	4T	268D	12F-4R	85.0		CHA
MF-596 Low Profile	$31506	$22680	$23950	**$27100**	**$28040**	Perkins	4T	268D	12F-4R	85.0		No
MF-596 Low Profile 4WD	$37263	$26830	$28320	**$32050**	**$33160**	Perkins	4T	268D	12F-4R	85.0		No
MF-1523 4WD	$11342	$8170	$8620	**$9750**	**$10090**	Iseki	3	68D	6F-2R	19.0	1300	No
MF-1523H 4WD Hydro	$12837	$9240	$9760	**$11040**	**$11430**	Iseki	3	68D	Variable	18.5	1300	No
MF-1528 4WD	$13772	$9920	$10470	**$11840**	**$12260**	Iseki	3	89D	9F-3R	24.5	1715	No
MF-1528H 4WD Hydro	$15362	$11060	$11680	**$13210**	**$13670**	Iseki	3	89D	Variable	22.3	1715	No
MF-1531H Hydro	$16648	$11990	$12650	**$14320**	**$14820**	Iseki	3	91D	Variable	25.9	2956	No
MF-1533 4WD SyncShuttle	$17663	$12720	$13420	**$15190**	**$15720**	Iseki	3	91D	8F-8R	26.0	2667	No
MF-1533 4WD PowerShuttle	$18787	$13530	$14280	**$16160**	**$16720**	Iseki	3	91D	12F-12R	26.0	3064	No
MF-1533 4WD PwrShuttle Cab	$26029	$18740	$19780	**$22390**	**$23170**	Iseki	3	91D	12F-12R	26.0	3064	CHA
MF-1533H 4WD Hydro	$19390	$13960	$14740	**$16680**	**$17260**	Iseki	3	91D	Variable	24.5	2902	No
MF-1540 4WD SyncShuttle	$20158	$14510	$15320	**$17340**	**$17940**	Iseki	3T	91D	8F-8R	31.0	2667	No
MF-1540 4WD PowerShuttle	$21186	$15250	$16100	**$18220**	**$18860**	Iseki	3T	91D	12F-12R	31.0	3014	No
MF-1540H 4WD Hydro	$21793	$15690	$16560	**$18740**	**$19400**	Iseki	3T	91D	Variable	29.5	3070	No
MF-1547 2WD SyncShuttle	$20022	$14420	$15220	**$17220**	**$17820**	Iseki	4	134D	8F-8R	38.0	4331	No
MF-1547 4WD SyncShuttle	$23810	$17140	$18100	**$20480**	**$21190**	Iseki	4	134D	8F-8R	38.0	4331	No
MF-1547 4WD PowerShuttle	$24939	$17960	$18950	**$21450**	**$22200**	Iseki	4	134D	12F-12R	38.0	4331	No
MF-1547 4WD DynaQPS Cab	$34029	$24500	$25860	**$29270**	**$30290**	Iseki	4	134D	12F-12R	38.0	4331	CHA
MF-1547H 4WD Hydro	$25387	$18280	$19290	**$21830**	**$22590**	Iseki	4	134D	Variable	36.5	4330	No
MF-1547H 4WD Hydro Cab	$34029	$24500	$25860	**$29270**	**$30290**	Iseki	4	134D	Variable	36.5	4330	CHA
MF-1552 2WD SyncShuttle	$20692	$14900	$15730	**$17800**	**$18420**	Iseki	4	180D	8F-8R	41.0	3438	No
MF-1552 4WD SyncShuttle	$24718	$17800	$18790	**$21260**	**$22000**	Iseki	4	180D	8F-8R	41.0	3438	No
MF-1552 4WD PowerShuttle	$26107	$18800	$19840	**$22450**	**$23240**	Iseki	4	180D	12F-12R	41.0	4291	No
MF-1552 DynaQPS Cab	$35326	$25440	$26850	**$30380**	**$31440**	Iseki	4	180D	12F-12R	41.0	3579	CHA
MF-1560 4WD	$27949	$20120	$21240	**$24040**	**$24880**	Iseki	4	180D	12F-12R	46.4		No
MF-1560 4WD Cab	$36565	$26330	$27790	**$31450**	**$32540**	Iseki	4	180D	12F-12R	46.4		CHA
MF-1560 DynaQPS 4WD Cab	$37177	$26770	$28260	**$31970**	**$33090**	Iseki	4	180D	12F-12R	41.0	3579	CHA
MF-3425F 4WD	$35971	$25900	$27340	**$30940**	**$32010**	Perkins	3T	202D	20F-10R	57.0		No
MF-3425F 4WD Cab	$43620	$31410	$33150	**$37510**	**$38820**	Perkins	3T	202D	20F-10R	57.0		CHA
MF-3425GE 4WD	$35541	$25590	$27010	**$30570**	**$31630**	Perkins	3T	202D	20F-10R	57.0		No
MF-3425GE 4WD Cab	$43190	$31100	$32820	**$37140**	**$38440**	Perkins	3T	202D	20F-10R	57.0		CHA
MF-3425S 4WD	$35490	$25550	$26970	**$30520**	**$31590**	Perkins	3T	202D	20F-10R	57.0		No
MF-3425S 4WD Cab	$43139	$31060	$32790	**$37100**	**$38390**	Perkins	3T	202D	20F-10R	57.0		CHA
MF-3425V 4WD	$35490	$25550	$26970	**$30520**	**$31590**	Perkins	3T	202D	20F-10R	57.0		No
MF-3425V 4WD Cab	$43139	$31060	$32790	**$37100**	**$38390**	Perkins	3T	202D	20F-10R	57.0		CHA
MF-3435F 4WD	$37529	$27020	$28520	**$32280**	**$33400**	Perkins	4	268D	20F-10R	72.0		No
MF-3435F 4WD Cab	$45179	$32530	$34340	**$38850**	**$40210**	Perkins	4	268D	20F-10R	72.0		CHA
MF-3435GE 4WD	$37099	$26710	$28200	**$31910**	**$33020**	Perkins	4	268D	20F-10R	72.0		No
MF-3435GE 4WD Cab	$44749	$32220	$34010	**$38480**	**$39830**	Perkins	4	268D	20F-10R	72.0		CHA
MF-3435S	$37048	$26680	$28160	**$31860**	**$32970**	Perkins	4	268D	20F-10R	72.0		No
MF-3435S Cab	$44698	$32180	$33970	**$38440**	**$39780**	Perkins	4	268D	20F-10R	72.0		CHA
MF-3435V 4WD	$37048	$26680	$28160	**$31860**	**$32970**	Perkins	4	268D	20F-10R	72.0		No
MF-3435V Cab	$44698	$32180	$33970	**$38440**	**$39780**	Perkins	4	268D	20F-10R	72.0		CHA
MF-3445F 4WD	$40386	$29080	$30690	**$34730**	**$35940**	Perkins	4T	268D	20F-10R	80.0		No
MF-3445F 4WD Cab	$48036	$34590	$36510	**$41310**	**$42750**	Perkins	4T	268D	20F-10R	80.0		CHA
MF-3445GE 4WD	$39956	$28770	$30370	**$34360**	**$35560**	Perkins	4T	268D	20F-10R	80.0		No
MF-3445GE 4WD Cab	$47606	$34280	$36180	**$40940**	**$42370**	Perkins	4T	268D	20F-10R	80.0		CHA
MF-3455F 4WD	$43244	$31140	$32870	**$37190**	**$38490**	Perkins	4T	268D	20F-10R	88.0		No
MF-3455F 4WD Cab	$50839	$36600	$38640	**$43720**	**$45250**	Perkins	4T	268D	20F-10R	88.0		CHA
MF-3455GE	$42814	$30830	$32540	**$36820**	**$38100**	Perkins	4T	268D	20F-10R	88.0		No
MF-3455GE Cab	$50463	$36330	$38350	**$43400**	**$44910**	Perkins	4T	268D	20F-10R	88.0		CHA
MF-5435	$31294	$22530	$23780	**$26910**	**$27850**	Perkins	4	268D	16F-16R	60.0	6817	No
MF-5435 4WD	$37773	$27200	$28710	**$32490**	**$33620**	Perkins	4	268D	16F-16R	60.0	6914	No
MF-5435 4WD Cab	$46842	$33730	$35600	**$40280**	**$41690**	Perkins	4	268D	16F-16R	60.0	8565	CHA
MF-5435 Cab	$40363	$29060	$30680	**$34710**	**$35920**	Perkins	4	268D	16F-16R	60.0	7890	CHA
MF-5445	$34060	$24520	$25890	**$29290**	**$30310**	Perkins	4T	268D	16F-16R	70.0	6130	No
MF-5445 4WD	$40539	$29190	$30810	**$34860**	**$36080**	Perkins	4T	268D	16F-16R	70.0	6941	No
MF-5445 4WD Cab	$49608	$35720	$37700	**$42660**	**$44150**	Perkins	4T	268D	16F-16R	70.0	8565	CHA
MF-5445 Cab	$43597	$31390	$33130	**$37490**	**$38800**	Perkins	4T	268D	16F-16R	70.0	7890	CHA
MF-5455 4WD	$44409	$31970	$33750	**$38190**	**$39520**	Perkins	4T	268D	16F-16R	80.0	6941	No
MF-5455	$38013	$27370	$28890	**$32690**	**$33830**	Perkins	4T	268D	16F-16R	80.0	6482	No
MF-5455 4WD Cab	$53478	$38500	$40640	**$45990**	**$47600**	Perkins	4T	268D	16F-16R	80.0	8535	CHA
MF-5455 Cab	$47082	$33900	$35780	**$40490**	**$41900**	Perkins	4T	268D	16F-16R	80.0	7768	CHA
MF-5460	$43316	$31190	$32920	**$37250**	**$38550**	Perkins	4TI	268D	16F-16R	90.0	7047	No
MF-5460 4WD	$50040	$36030	$38030	**$43030**	**$44540**	Perkins	4TI	268D	16F-15R	90.0	8808	No
MF-5460 4WD Cab	$59083	$42540	$44900	**$50810**	**$52580**	Perkins	4TI	268D	16F-16R	90.0	9941	CHA
MF-5460 Cab	$52416	$37740	$39840	**$45080**	**$46650**	Perkins	4TI	268D	16F-16R	90.0	8680	CHA
MF-5465 4WD Cab	$61948	$44600	$47080	**$53280**	**$55130**	Perkins	6TI	365D	16F-16R	95.0		CHA
MF-5465 Cab	$55333	$39840	$42050	**$47590**	**$49250**	Perkins	6TI	365D	16F-16R	95.0		CHA
MF-5470 4WD Cab	$68612	$49400	$52150	**$59010**	**$61070**	Sisu	4TI	268D	16F-16R	105.o		CHA
MF-5470 Cab	$62228	$44800	$47290	**$53520**	**$55380**	Sisu	4TI	268D	16F-16R	105.o		CHA
MF-5460SA 4WD Cab	$68960	$49650	$52410	**$59310**	**$61370**	Perkins	4TI	268D	16F-16R	90.0		CHA
MF-5460SA Cab	$60274	$43400	$45810	**$51840**	**$53640**	Perkins	4TI	268D	16F-16R	90.0		CHA
MF-5470SA 4WD Cab	$71310	$51340	$54200	**$61330**	**$63470**	Sisu	4TI	269D	16F-16R	95.0		CHA
MF-5470SA Cab	$62631	$45090	$47600	**$53860**	**$55740**	Sisu	4TI	269D	16F-16R	95.0		CHA
MF-5475SA 4WD Cab	$77348	$55690	$58780	**$66520**	**$68840**	Sisu	4TI	269D	16F-16R	105.0		CHA
MF-5475SA Cab	$70071	$50450	$53250	**$60260**	**$62360**	Sisu	4TI	269D	16F-16R	105.0		CHA
MF-6465 4WD Cab	$71986	$50390	$53270	**$61190**	**$63350**	Perkins	6T	365D	32F-32R	95.0	11552	CHA
MF-6465 Cab	$62668	$43870	$46370	**$53270**	**$55150**	Perkins	6T	365D	32F-32R	95.0	11052	CHA

Massey Ferguson (Cont.)

Model	Approx. Retail Price New	Estimated Value Less Repairs Used Trade-In Avg.	Used Trade-In High	Used Retail Avg.	Used Retail High	Engine Make	Engine No. Cyls.	Engine Displ. Cu.-in.	No. Speeds	P.T.O. H.P.	Approx. Shipping Wt.-Lbs.	Cab
				2006 (Cont.)								
MF-6475 4WD Cab	$79893	$55930	$59120	**$67910**	**$70310**	Perkins	6T	365D	32F-32R	105.0	11904	CHA
MF-6475 Cab	$70858	$49600	$52440	**$60230**	**$62360**	Perkins	6T	365D	32F-32R	105.0	11404	CHA
MF-6480 4WD Cab	$83862	$58700	$62060	**$71280**	**$73800**	Perkins	6T	365D	32F-32R	115.0	11559	CHA
MF-6480 Cab	$74690	$52280	$55270	**$63490**	**$65730**	Perkins	6T	365D	32F-32R	115.0	12058	CHA
MF-6485 4WD Cab	$92354	$64650	$68340	**$78500**	**$81270**	Sisu	6T	402D	32F-32R	125.0	14440	CHA
MF-6485 Cab	$77900	$54530	$57650	**$66220**	**$68550**	Sisu	6T	402D	32F-32R	125.0	13940	CHA
MF-6490 4WD Cab	$104324	$73030	$77200	**$88680**	**$91810**	Sisu	6T	402D	32F-32R	140.0		CHA
MF-6490 Cab	$90207	$63150	$66750	**$76680**	**$79380**	Sisu	6T	402D	32F-32R	140.0		CHA
MF-6495 4WD Cab	$112466	$78730	$83230	**$95600**	**$98970**	Sisu	6T	402D	32F-32R	155.0		CHA
MF-6495 Cab	$98208	$68750	$72670	**$83480**	**$86420**	Sisu	6T	402D	32F-32R	155.0	13940	CHA
MF-7465 4WD Cab	$78540	$54980	$58120	**$66760**	**$69120**	Perkins	6T	365D	21F-18R	95.0	12820	CHA
MF-7475 4WD Cab	$87423	$61200	$64690	**$74310**	**$76930**	Perkins	6T	365D	21F-18R	105.0	12820	CHA
MF-7480 4WD Cab	$92427	$64700	$68400	**$78560**	**$81340**	Perkins	6T	365D	21F-18R	115.0	12820	CHA
MF-7485 4WD Cab	$101719	$71200	$75270	**$86460**	**$89510**	Sisu	6T	402D	21F-18R	125.0	15058	CHA
MF-7490 4WD Cab	$111022	$77720	$82160	**$94370**	**$97700**	Sisu	6T	402D	21F-18R	140.0	15058	CHA
MF-7495 4WD Cab	$116424	$81500	$86150	**$98960**	**$102450**	Sisu	6T	402D	21F-18R	155.0	15058	CHA
MF-8450 4WD	$127890	$90800	$95920	**$108710**	**$112540**	Sisu	6TA	451D	21F-18R	180.0	18853	CHA
MF-8460 4WD	$140469	$99730	$105350	**$119400**	**$123610**	Sisu	6TA	451D	21F-18R	200.0	18500	CHA
MF-8470 4WD	$150649	$106960	$112990	**$128050**	**$132570**	Sisu	6TA	513D	21F-18R	220.0	19700	CHA
MF-8480 4WD	$159300	$113100	$119480	**$135410**	**$140180**	Sisu	6TA	513D	21F-18R	240.0	19700	CHA
				2005								
GC 2300	$10170	$6410	$6920	**$8140**	**$8650**	Iseki	3	68D	Variable	18.7	1366	No
GC 2310 Loader/Backhoe	$18611	$11540	$12660	**$14700**	**$15630**	Iseki	3	68D	Variable	18.7	1366	No
MF-431	$16483	$10220	$11210	**$13020**	**$13850**	Perkins	3	202D	8F-2R	44.0	4321	No
MF-451	$19705	$12220	$13400	**$15570**	**$16550**	Perkins	3	202D	8F-2R	45.0	4738	No
MF-451	$20971	$13000	$14260	**$16570**	**$17620**	Perkins	3	202D	8F-8R	45.0	4738	No
MF-451 4WD	$24128	$14960	$16410	**$19060**	**$20270**	Perkins	3	202D	8F-2R	45.0	5238	No
MF-451 4WD	$25394	$15740	$17270	**$20060**	**$21330**	Perkins	3	202D	8F-8R	45.0	5238	No
MF-461	$23111	$14330	$15720	**$18260**	**$19410**	Perkins	3T	202D	8F-8R	55.0	5368	No
MF-461 4WD	$27721	$17190	$18850	**$21900**	**$23290**	Perkins	3T	202D	8F-8R	55.0	5468	No
MF-471	$23505	$14570	$15980	**$18570**	**$19740**	Perkins	4	268D	8F-2R	60.0	5578	No
MF-471 Cab	$31752	$19690	$21590	**$25080**	**$26670**	Perkins	4	268D	8F-2R	60.0	5578	CHA
MF-471 Low Profile	$24958	$15470	$16970	**$19720**	**$20970**	Perkins	4	268D	8F-8R	60.0	5578	No
MF-471 Low Profile 4WD	$30199	$18720	$20540	**$23860**	**$25370**	Perkins	4	268D	8F-8R	60.0	5578	No
MF-471 4WD	$29197	$18100	$19850	**$23070**	**$24530**	Perkins	4	268D	8F-2R	60.0	6305	No
MF-471 4WD Cab	$37444	$23220	$25460	**$29580**	**$31450**	Perkins	4	268D	8F-2R	60.0	6305	CHA
MF-481	$25388	$15740	$17260	**$20060**	**$21330**	Perkins	4	268D	8F-2R	70.0	5750	No
MF-481 Cab	$33635	$20850	$22870	**$26570**	**$28250**	Perkins	4	268D	8F-2R	70.0	5750	CHA
MF-481 Low Profile	$26841	$16640	$18250	**$21200**	**$22550**	Perkins	4	268D	8F-8R	70.0	5750	No
MF-481 Low Profile 4WD	$32082	$19890	$21820	**$25350**	**$26950**	Perkins	4	268D	8F-8R	70.0	5750	No
MF-481 4WD	$31080	$19270	$21130	**$24550**	**$26110**	Perkins	4	268D	8F-2R	70.0	6349	No
MF-481 4WD Cab	$39327	$24380	$26740	**$31070**	**$33040**	Perkins	4	268D	8F-2R	70.0	6349	CHA
MF-491	$27879	$17290	$18960	**$22020**	**$23420**	Perkins	4T	268D	12F-4R	77.0	6812	No
MF-491 4WD	$33647	$20860	$22880	**$26580**	**$28260**	Perkins	4T	268D	12F-4R	77.0	7275	No
MF-491 4WD Cab	$41893	$25970	$28490	**$33100**	**$35190**	Perkins	4T	268D	12F-4R	77.0	8026	CHA
MF-491 Cab	$36125	$22400	$24570	**$28540**	**$30350**	Perkins	4T	268D	12F-4R	77.0	7262	CHA
MF-491 Low Profile	$27988	$17350	$19030	**$22110**	**$23510**	Perkins	4T	268D	12F-4R	77.0	6812	No
MF-491 Low Profile 4WD	$33326	$20660	$22660	**$26330**	**$27990**	Perkins	4T	268D	12F-4R	77.0	6812	No
MF-492	$29359	$18200	$19960	**$23190**	**$24660**	Perkins	4T	268D	12F-4R	85.0	6812	No
MF-492 4WD	$35127	$21780	$23890	**$27750**	**$29510**	Perkins	4T	268D	12F-4R	85.0	7275	No
MF-492 4WD Cab	$43374	$26890	$29490	**$34270**	**$36430**	Perkins	4T	268D	12F-4R	85.0	8025	CHA
MF-492 Cab	$37606	$23320	$25570	**$29710**	**$31590**	Perkins	4T	268D	12F-4R	85.0	7262	CHA
MF-492 Low Profile	$29368	$18210	$19970	**$23200**	**$24670**	Perkins	4T	268D	12F-4R	85.0	6812	No
MF-492 Low Profile 4WD	$34807	$21580	$23670	**$27500**	**$29240**	Perkins	4T	268D	12F-4R	85.0	6812	No
MF-1417 4WD	$11398	$7070	$7750	**$9000**	**$9570**	Iseki	3	61D	6F-2R	13.3	1392	No
MF-1417 4WD Hydro	$12666	$7850	$8610	**$10010**	**$10640**	Iseki	3	61D	Variable	12.9	1392	No
MF-1423 4WD	$13585	$8420	$9240	**$10730**	**$11410**	Iseki	3	68D	6F-2R	19.5	1300	No
MF-1423 4WD Hydro	$15065	$9340	$10240	**$11900**	**$12660**	Iseki	3	68D	Variable	19.0	1300	No
MF-1523 4WD	$10980	$6810	$7470	**$8670**	**$9220**	Iseki	3	68D	6F-2R	19.0	1300	No
MF-1523H 4WD Hydro	$12410	$7690	$8440	**$9800**	**$10420**	Iseki	3	68D	Variable	18.5	1300	No
MF-1428v	$12767	$7920	$8680	**$10090**	**$10720**	Iseki	3	89D	9F-3R	24.1	1548	No
MF-1428v 4WD	$13757	$8530	$9360	**$10870**	**$11560**	Iseki	3	89D	9F-3R	24.1	1715	No
MF-1428v 4WD Hydro	$15216	$9430	$10350	**$12020**	**$12780**	Iseki	3	89D	Variable	22.3	1715	No
MF-1528 4WD	$13255	$8220	$9010	**$10470**	**$11130**	Iseki	3	89D	9F-3R	24.5	1715	No
MF-1429 4WD	$18024	$11180	$12260	**$14240**	**$15140**	Iseki	3	89D	8F-8R	23.0	2667	No
MF-1528H 4WD Hydro	$14810	$9180	$10070	**$11700**	**$12440**	Iseki	3	89D	Variable	22.3	1715	No
MF-1431H Hydro	$17079	$10590	$11610	**$13490**	**$14350**	Iseki	3	91D	Variable	25.9	2956	No
MF-1531H Hydro	$16045	$9950	$10910	**$12680**	**$13480**	Iseki	3	91D	Variable	25.9	2956	No
MF-1433 4WD	$20099	$12460	$13670	**$15880**	**$16880**	Iseki	3	91D	16F-16R	27.0	3064	No
MF-1433v 4WD	$17494	$10850	$11900	**$13820**	**$14700**	Iseki	3	91D	8F-8R	27.0	2667	No
MF-1533 4WD SyncShuttle	$16950	$10510	$11530	**$13390**	**$14240**	Iseki	3	91D	8F-8R	26.0	2667	No
MF-1433 4WD Hydro	$21084	$13070	$14340	**$16660**	**$17710**	Iseki	3	91D	Variable	26.0	2902	No
MF-1533 4WD PowerShuttle	$18121	$11240	$12320	**$14320**	**$15220**	Iseki	3	91D	12F-12R	26.0	3064	No
MF-1533 4WD PwrShuttle Cab	$25200	$15620	$17140	**$19910**	**$21170**	Iseki	3	91D	12F-12R	26.0	3064	CHA
MF-1533H 4WD Hydro	$18901	$11720	$12850	**$14930**	**$15880**	Iseki	3	91D	Variable	24.5	2902	No
MF-1440 4WD	$22452	$13920	$15270	**$17740**	**$18860**	Iseki	3T	91D	16F-16R	32.4	3014	No
MF-1440 4WD Hydro	$24210	$15010	$16460	**$19130**	**$20340**	Iseki	3T	91D	Variable	31.7	3070	No
MF-1540 4WD	$19290	$11960	$13120	**$15240**	**$16200**	Iseki	3T	91D	8F-8R	31.0	2667	No
MF-1440v 4WD	$19771	$12260	$13440	**$15620**	**$16610**	Iseki	3T	91D	8F-8R	32.4	2667	No
MF-1540 4WD PowerShuttle	$20460	$12690	$13910	**$16160**	**$17190**	Iseki	3T	91D	12F-12R	31.0	3014	No
MF-1540H 4WD Hydro	$21240	$13170	$14440	**$16780**	**$17840**	Iseki	3T	91D	Variable	29.5	3070	No
MF-1445 4WD	$26432	$16390	$17970	**$20880**	**$22200**	Iseki	4	134D	16F-16R	37.0	4331	No
MF-1445 4WD Hydro	$27941	$17320	$19000	**$22070**	**$23470**	Iseki	4	134D	Variable	36.0	4330	No

Massey Ferguson (Cont.)

Model	Approx. Retail Price New	Estimated Value Less Repairs: Used Trade-In Avg.	Used Trade-In High	Used Retail Avg.	Used Retail High	Engine Make	Engine No. Cyls.	Engine Displ. Cu.-in.	No. Speeds	P.T.O. H.P.	Approx. Shipping Wt.-Lbs.	Cab
2005 (Cont.)												
MF-1547 2WD SyncShuttle	$20395	$12650	$13870	**$16110**	**$17130**	Iseki	4	134D	8F-8R	38.0	4331	No
MF-1547 4WD SyncShuttle	$22865	$14180	$15550	**$18060**	**$19210**	Iseki	4	134D	8F-8R	38.0	4331	No
MF-1547 4WD PowerShuttle	$24035	$14900	$16340	**$18990**	**$20190**	Iseki	4	134D	12F-12R	38.0	4331	No
MF-1547 4WD DynaQPS Cab	$32735	$20300	$22260	**$25860**	**$27500**	Iseki	4	134D	12F-12R	38.0	4331	CHA
MF-1547H 4WD Hydro	$24812	$15380	$16870	**$19600**	**$20840**	Iseki	4	134D	Variable	36.5	4330	No
MF-1547H 4WD Hydro Cab	$32735	$20300	$22260	**$25860**	**$27500**	Iseki	4	134D	Variable	36.5	4330	CHA
MF-1455 4WD	$27502	$17050	$18700	**$21730**	**$23100**	Iseki	4	173D	16F-16R	45.6	4291	No
MF-1552 2WD SyncShuttle	$21045	$13050	$14310	**$16630**	**$17680**	Iseki	4	180D	8F-8R	41.0	3438	No
MF-1455v	$20881	$12950	$14200	**$16500**	**$17540**	Iseki	4	173D	8F-8R	45.6	3438	No
MF-1552 4WD SyncShuttle	$23775	$14740	$16170	**$18780**	**$19970**	Iseki	4	180D	8F-8R	41.0	3438	No
MF-1455v 4WD	$23936	$14840	$16280	**$18910**	**$20110**	Iseki	4	173D	12F-12R	45.6	3579	No
MF-1552 4WD PowerShuttle	$24940	$15460	$16960	**$19700**	**$20950**	Iseki	4	180D	12F-12R	41.0	4291	No
MF-1552 DynaQPS w/Cab	$33970	$21060	$23100	**$26840**	**$28540**	Iseki	4	180D	12F-12R	41.0	3579	CHA
MF-3425F 4WD	$34614	$21460	$23540	**$27350**	**$29080**	Perkins	3T	202D	16F-8R	57.0		No
MF-3425F 4WD Cab	$42264	$26200	$28740	**$33390**	**$35500**	Perkins	3T	202D	16F-8R	57.0		CHA
MF-3425GE 4WD	$34196	$21200	$23250	**$27020**	**$28730**	Perkins	3T	202D	20F-10R	57.0		No
MF-3425GE 4WD Cab	$41846	$25950	$28460	**$33060**	**$35150**	Perkins	3T	202D	20F-10R	57.0		CHA
MF-3425S 4WD	$34146	$21170	$23220	**$26980**	**$28680**	Perkins	3T	202D	16F-8R	57.0		No
MF-3425S 4WD Cab	$41796	$25910	$28420	**$33020**	**$35110**	Perkins	3T	202D	16F-8R	57.0		CHA
MF-3425V 4WD	$33827	$20970	$23000	**$26720**	**$28420**	Perkins	3T	202D	16F-8R	57.0		No
MF-3425V 4WD Cab	$41477	$25720	$28200	**$32770**	**$34840**	Perkins	3T	202D	16F-8R	57.0		CHA
MF-3435F 4WD	$36173	$22430	$24600	**$28580**	**$30390**	Perkins	4	268D	16F-8R	72.0		No
MF-3435F 4WD Cab	$43822	$27170	$29800	**$34620**	**$36810**	Perkins	4	268D	16F-8R	72.0		CHA
MF-3435GE 4WD	$35755	$22170	$24310	**$28250**	**$30030**	Perkins	4	268D	20F-10R	72.0		No
MF-3435GE 4WD Cab	$43404	$26910	$29520	**$34290**	**$36460**	Perkins	4	268D	20F-10R	72.0		CHA
MF-3435S	$35705	$22140	$24280	**$28210**	**$29990**	Perkins	4	268D	16F-8R	72.0		No
MF-3435S Cab	$43354	$26880	$29480	**$34250**	**$36420**	Perkins	4	268D	16F-8R	72.0		CHA
MF-3435V 4WD	$35386	$21940	$24060	**$27960**	**$29720**	Perkins	4	268D	16F-8R	72.0		No
MF-3435V Cab	$43035	$26680	$29260	**$34000**	**$36150**	Perkins	4	268D	16F-8R	72.0		CHA
MF-3445F 4WD	$39030	$24200	$26540	**$30830**	**$32790**	Perkins	4T	268D	16F-8R	80.0		No
MF-3445F 4WD Cab	$44679	$27700	$30380	**$35300**	**$37530**	Perkins	4T	268D	16F-8R	80.0		CHA
MF-3445GE 4WD	$38612	$23940	$26260	**$30500**	**$32430**	Perkins	4T	268D	20F-10R	80.0		No
MF-3445GE 4WD Cab	$46261	$28680	$31460	**$36550**	**$38860**	Perkins	4T	268D	20F-10R	80.0		CHA
MF-3455F 4WD	$41887	$25970	$28480	**$33090**	**$35190**	Perkins	4T	268D	16F-8R	88.0		No
MF-3455F 4WD Cab	$49537	$30710	$33690	**$39130**	**$41610**	Perkins	4T	268D	16F-8R	88.0		CHA
MF-3455GE	$41469	$25710	$28200	**$32760**	**$34830**	Perkins	4T	268D	20F-10R	88.0		No
MF-3455GE Cab	$49119	$30450	$33400	**$38800**	**$41260**	Perkins	4T	268D	20F-10R	88.0		CHA
MF-5435	$30885	$19150	$21000	**$24400**	**$25940**	Perkins	4	268D	16F-16R	60.0	6817	No
MF-5435 4WD	$37795	$23430	$25700	**$29860**	**$31750**	Perkins	4	268D	16F-16R	60.0	6914	No
MF-5435 4WD Cab	$46515	$28840	$31630	**$36750**	**$39070**	Perkins	4	268D	16F-16R	60.0	8565	CHA
MF-5435 Cab	$39645	$24580	$26960	**$31320**	**$33300**	Perkins	4	268D	16F-16R	60.0	7890	CHA
MF-5445	$33585	$20820	$22840	**$26530**	**$28210**	Perkins	4T	268D	16F-16R	70.0	6130	No
MF-5445 4WD	$40455	$25080	$27510	**$31960**	**$33980**	Perkins	4T	268D	16F-16R	70.0	6941	No
MF-5445 4WD Cab	$49175	$30490	$33440	**$38850**	**$41310**	Perkins	4T	268D	16F-16R	70.0	8565	CHA
MF-5445 Cab	$42305	$26230	$28770	**$33420**	**$35540**	Perkins	4T	268D	16F-16R	70.0	7890	CHA
MF-5455 4WD	$43860	$27190	$29830	**$34650**	**$36840**	Perkins	4T	268D	16F-16R	80.0	6941	No
MF-5455	$36990	$22930	$25150	**$29220**	**$31070**	Perkins	4T	268D	16F-16R	80.0	6482	No
MF-5455 4WD Cab	$52580	$32600	$35750	**$41540**	**$44170**	Perkins	4T	268D	16F-16R	80.0	8535	CHA
MF-5455 Cab	$45710	$28340	$31080	**$36110**	**$38400**	Perkins	4T	268D	16F-16R	80.0	7768	CHA
MF-5460	$42515	$26360	$28910	**$33590**	**$35710**	Perkins	4TA	268D	16F-16R	90.0	7047	No
MF-5460 4WD	$49590	$30750	$33720	**$39180**	**$41660**	Perkins	4TA	268D	16F-15R	90.0	8808	No
MF-5460 4WD Cab	$58310	$36150	$39650	**$46070**	**$48980**	Perkins	4TA	268D	16F-16R	90.0	9941	CHA
MF-5460 Cab	$51235	$31770	$34840	**$40480**	**$43040**	Perkins	4TA	268D	16F-16R	90.0	8680	CHA
MF-6465 4WD Cab	$66070	$40960	$43610	**$51540**	**$54180**	Perkins	6T	365D	32F-32R	95.0	11552	CHA
MF-6465 Cab	$58439	$36230	$38570	**$45580**	**$47920**	Perkins	6T	365D	32F-32R	95.0	11052	CHA
MF-6475 4WD Cab	$74220	$46020	$48990	**$57890**	**$60860**	Perkins	6T	365D	32F-32R	105.0	11904	CHA
MF-6475 Cab	$65395	$40550	$43160	**$51010**	**$53620**	Perkins	6T	365D	32F-32R	105.0	11404	CHA
MF-6480 4WD Cab	$78870	$48900	$52050	**$61520**	**$64670**	Perkins	6T	365D	32F-32R	115.0	11559	CHA
MF-6480 Cab	$69180	$42890	$45660	**$53960**	**$56730**	Perkins	6T	365D	32F-32R	115.0	12058	CHA
MF-6485 4WD Cab	$91785	$56910	$60580	**$71590**	**$75260**	Sisu	6T	402D	32F-32R	125.0	14440	CHA
MF-6485 Cab	$75635	$46890	$49920	**$59000**	**$62020**	Sisu	6T	402D	32F-32R	125.0	13940	CHA
MF-6490 4WD Cab	$100935	$62580	$66620	**$78730**	**$82770**	Sisu	6T	402D	32F-32R	140.0		CHA
MF-6490 Cab	$87355	$54160	$57650	**$68140**	**$71630**	Sisu	6T	402D	32F-32R	140.0		CHA
MF-6495 4WD Cab	$108555	$67300	$71650	**$84670**	**$89020**	Sisu	6T	402D	32F-32R	155.0		CHA
MF-6495 Cab	$95395	$59150	$62960	**$74410**	**$78220**	Sisu	6T	402D	32F-32R	155.0	13940	CHA
MF-7465 4WD Cab	$77820	$48250	$51360	**$60700**	**$63810**	Perkins	6T	365D	21F-18R	95.0	12820	CHA
MF-7475 4WD Cab	$83635	$51850	$55200	**$65240**	**$68580**	Perkins	6T	365D	21F-18R	105.0	12820	CHA
MF-7480 4WD Cab	$88440	$54830	$58370	**$68980**	**$72520**	Perkins	6T	365D	21F-18R	115.0	12820	CHA
MF-7485 4WD Cab	$97955	$60730	$64650	**$76410**	**$80320**	Sisu	6T	402D	21F-18R	125.0	15058	CHA
MF-7490 4WD Cab	$107065	$66380	$70660	**$83510**	**$87790**	Sisu	6T	402D	21F-18R	140.0	15058	CHA
MF-7495 4WD Cab	$112190	$69560	$74050	**$87510**	**$92000**	Sisu	6T	402D	21F-18R	155.0	15058	CHA
MF-8450 4WD	$124251	$73310	$80760	**$94430**	**$99400**	Sisu	6TA	451D	21F-18R	180.0	18853	CHA
MF-8460 4WD	$135660	$80040	$88180	**$103100**	**$108530**	Sisu	6TA	451D	21F-18R	195.0	18500	CHA
MF-8470 4WD	$146060	$86180	$94940	**$111010**	**$116850**	Sisu	6TA	513D	21F-18R	220.0	19700	CHA
MF-8480 4WD	$154655	$91250	$100530	**$117540**	**$123720**	Sisu	6TA	513D	21F-18R	240.0	19700	CHA
2004												
GC 2300	$10070	$5440	$6240	**$7550**	**$8060**	Iseki	3	68D	Variable	18.7	1366	No
GC 2310 Loader/Backhoe	$18170	$9990	$11080	**$13260**	**$14350**	Iseki	3	68D	Variable	18.7	1366	No
MF-231S	$16856	$9100	$10450	**$12640**	**$13490**	Perkins	3	152D	8F-2R	42.0	4120	No
MF-431	$16995	$9350	$10370	**$12410**	**$13430**	Perkins	3	202D	8F-2R	44.0	4321	No
MF-451	$19375	$10660	$11820	**$14140**	**$15310**	Perkins	3	202D	8F-2R	45.0	4738	No
MF-451	$20555	$11310	$12540	**$15010**	**$16240**	Perkins	3	202D	8F-8R	45.0	4738	No
MF-451 4WD	$23427	$12890	$14290	**$17100**	**$18510**	Perkins	3	202D	8F-2R	45.0	5238	No

Massey Ferguson (Cont.)

2004 (Cont.)

Model	Approx. Retail Price New	Estimated Value Less Repairs: Used Trade-In Avg.	Used Trade-In High	Used Retail Avg.	Used Retail High	Make	Engine No. Cyls.	Engine Displ. Cu.-in.	No. Speeds	P.T.O. H.P.	Approx. Shipping Wt.-Lbs.	Cab
MF-451 4WD	$24609	$13540	$15010	**$17970**	**$19440**	Perkins	3	202D	8F-8R	45.0	5238	No
MF-461	$21854	$12020	$13330	**$15950**	**$17270**	Perkins	3T	202D	8F-8R	55.0	5368	No
MF-461 4WD	$26689	$14680	$16280	**$19480**	**$21080**	Perkins	3T	202D	8F-8R	55.0	5468	No
MF-471	$21577	$11870	$13160	**$15750**	**$17050**	Perkins	4	268D	8F-2R	59.0	5578	No
MF-471 Cab	$29391	$16170	$17930	**$21460**	**$23220**	Perkins	4	268D	8F-2R	59.0	5578	CHA
MF-471 4WD	$26200	$14410	$15980	**$19130**	**$20700**	Perkins	4	268D	8F-2R	59.0	6305	No
MF-471 4WD Cab	$34724	$19100	$21180	**$25350**	**$27430**	Perkins	4	268D	8F-2R	59.0	6305	CHA
MF-481	$23276	$12800	$14200	**$16990**	**$18390**	Perkins	4	268D	8F-2R	69.0	5750	No
MF-481 Cab	$31089	$17100	$18960	**$22700**	**$24560**	Perkins	4	268D	8F-2R	69.0	5750	CHA
MF-481 4WD	$28609	$15740	$17450	**$20890**	**$22600**	Perkins	4	268D	8F-2R	69.0	6349	No
MF-481 4WD Cab	$36421	$20030	$22220	**$26590**	**$28770**	Perkins	4	268D	8F-2R	69.0	6349	CHA
MF-491	$25992	$14300	$15860	**$18970**	**$20530**	Perkins	4T	268D	12F-4R	77.0	6812	No
MF-491 4WD	$31480	$17310	$19200	**$22980**	**$24870**	Perkins	4T	268D	12F-4R	77.0	7275	No
MF-491 4WD Cab	$38982	$21440	$23780	**$28460**	**$30800**	Perkins	4T	268D	12F-4R	77.0	8026	CHA
MF-491 Cab	$33495	$18420	$20430	**$24450**	**$26460**	Perkins	4T	268D	12F-4R	77.0	7262	CHA
MF-492	$27351	$15040	$16680	**$19970**	**$21610**	Perkins	4T	268D	12F-4R	85.0	6812	No
MF-492 4WD	$33013	$18160	$20140	**$24100**	**$26080**	Perkins	4T	268D	12F-4R	85.0	7275	No
MF-492 4WD Cab	$40516	$22280	$24720	**$29580**	**$32010**	Perkins	4T	268D	12F-4R	85.0	8025	CHA
MF-492 Cab	$34853	$19170	$21260	**$25440**	**$27530**	Perkins	4T	268D	12F-4R	85.0	7262	CHA
MF-1417 4WD	$11398	$6270	$6950	**$8320**	**$9000**	Iseki	3	61D	6F-2R	13.3	1392	No
MF-1417 4WD Hydro	$12666	$6970	$7730	**$9250**	**$10010**	Iseki	3	61D	Variable	12.9	1392	No
MF-1423 4WD	$13585	$7470	$8290	**$9920**	**$10730**	Iseki	3	68D	6F-2R	19.5	1300	No
MF-1423 4WD Hydro	$15065	$8290	$9190	**$11000**	**$11900**	Iseki	3	68D	Variable	19.0	1300	No
MF-1428v	$12767	$7020	$7790	**$9320**	**$10090**	Iseki	3	89D	9F-3R	24.1	1548	No
MF-1428v 4WD	$13757	$7570	$8390	**$10040**	**$10870**	Iseki	3	89D	9F-3R	24.1	1715	No
MF-1428v 4WD Hydro	$15216	$8370	$9280	**$11110**	**$12020**	Iseki	3	89D	Variable	22.3	1715	No
MF-1429 4WD	$18024	$9910	$11000	**$13160**	**$14240**	Iseki	3	89D	8F-8R	23.0	2667	No
MF-1431H Hydro	$17079	$9390	$10420	**$12470**	**$13490**	Iseki	3	91D	Variable	25.9	2956	No
MF-1433 4WD	$20099	$11050	$12260	**$14670**	**$15880**	Iseki	3	91D	16F-16R	27.0	3064	No
MF-1433v 4WD	$17494	$9620	$10670	**$12770**	**$13820**	Iseki	3	91D	8F-8R	27.0	2667	No
MF-1433 4WD Hydro	$21084	$11600	$12860	**$15390**	**$16660**	Iseki	3	91D	Variable	26.0	2902	No
MF-1440 4WD	$22452	$12350	$13700	**$16390**	**$17740**	Iseki	3T	91D	16F-16R	32.4	3014	No
MF-1440 4WD Hydro	$24210	$13320	$14770	**$17670**	**$19130**	Iseki	3T	91D	Variable	31.7	3070	No
MF-1440v 4WD	$19771	$10870	$12060	**$14430**	**$15620**	Iseki	3T	91D	8F-8R	32.4	2667	No
MF-1445 4WD	$26432	$14540	$16120	**$19300**	**$20880**	Iseki	4	134D	16F-16R	37.0	4331	No
MF-1445 4WD Hydro	$27941	$15370	$17040	**$20400**	**$22070**	Iseki	4	134D	Variable	36.0	4330	No
MF-1455 4WD	$27502	$15130	$16780	**$20080**	**$21730**	Iseki	4	173D	16F-16R	45.6	4291	No
MF-1455v	$20881	$11490	$12740	**$15240**	**$16500**	Iseki	4	173D	8F-8R	45.6	3438	No
MF-1455v 4WD	$23936	$13170	$14600	**$17470**	**$18910**	Iseki	4	173D	12F-12R	45.6	3579	No
MF-3425F 4WD	$31575	$17370	$19260	**$23050**	**$24940**	Perkins	3T	202D	16F-8R	57.0		No
MF-3425F 4WD Cab	$38860	$21370	$23710	**$28370**	**$30700**	Perkins	3T	202D	16F-8R	57.0		CHA
MF-3425GE 4WD	$30690	$16880	$18720	**$22400**	**$24250**	Perkins	3T	202D	20F-10R	57.0		No
MF-3425GE 4WD Cab	$37975	$20890	$23170	**$27720**	**$30000**	Perkins	3T	202D	20F-10R	57.0		CHA
MF-3425S 4WD	$31120	$17120	$18980	**$22720**	**$24590**	Perkins	3T	202D	16F-8R	57.0		No
MF-3425S 4WD Cab	$38405	$21120	$23430	**$28040**	**$30340**	Perkins	3T	202D	16F-8R	57.0		CHA
MF-3425V 4WD	$31470	$17310	$19200	**$22970**	**$24860**	Perkins	3T	202D	16F-8R	57.0		No
MF-3425V 4WD Cab	$38755	$21320	$23640	**$28290**	**$30620**	Perkins	3T	202D	16F-8R	57.0		CHA
MF-3435F 4WD	$33740	$18560	$20580	**$24630**	**$26660**	Perkins	4	268D	16F-8R	72.0		No
MF-3435F 4WD Cab	$41025	$22560	$25030	**$29950**	**$32410**	Perkins	4	268D	16F-8R	72.0		CHA
MF-3435GE 4WD	$33870	$18630	$20660	**$24730**	**$26760**	Perkins	4	268D	20F-10R	72.0		No
MF-3435GE 4WD Cab	$41155	$22640	$25110	**$30040**	**$32510**	Perkins	4	268D	20F-10R	72.0		CHA
MF-3435S	$33225	$18270	$20270	**$24250**	**$26250**	Perkins	4	268D	16F-8R	72.0		No
MF-3435S Cab	$40510	$22280	$24710	**$29570**	**$32000**	Perkins	4	268D	16F-8R	72.0		CHA
MF-3435V 4WD	$32995	$18150	$20130	**$24090**	**$26070**	Perkins	4	268D	16F-8R	72.0		No
MF-3435V Cab	$40290	$22160	$24580	**$29410**	**$31830**	Perkins	4	268D	16F-8R	72.0		CHA
MF-3445F 4WD	$37340	$20540	$22780	**$27260**	**$29500**	Perkins	4T	268D	16F-8R	80.0		No
MF-3445F 4WD Cab	$44625	$24540	$27220	**$32580**	**$35250**	Perkins	4T	268D	16F-8R	80.0		CHA
MF-3445GE 4WD	$37380	$20560	$22800	**$27290**	**$29530**	Perkins	4T	268D	20F-10R	80.0		No
MF-3445GE 4WD Cab	$44665	$24570	$27250	**$32610**	**$35290**	Perkins	4T	268D	20F-10R	80.0		CHA
MF-3455F 4WD	$39810	$21900	$24280	**$29060**	**$31450**	Perkins	4T	268D	16F-8R	88.0		No
MF-3455F 4WD Cab	$47095	$25900	$28730	**$34380**	**$37210**	Perkins	4T	268D	16F-8R	88.0		CHA
MF-3455GE	$39850	$21920	$24310	**$29090**	**$31480**	Perkins	4T	268D	20F-10R	88.0		No
MF-3455GE Cab	$47035	$25870	$28690	**$34340**	**$37160**	Perkins	4T	268D	20F-10R	88.0		CHA
MF-5435	$30025	$16510	$18320	**$21920**	**$23720**	Perkins	4	268D	16F-16R	60.0	6817	No
MF-5435 4WD	$35260	$19390	$21510	**$25740**	**$27860**	Perkins	4	268D	16F-16R	60.0	6914	No
MF-5435 4WD Cab	$43725	$24050	$26670	**$31920**	**$34540**	Perkins	4	268D	16F-16R	60.0	8565	CHA
MF-5435 Cab	$37680	$20720	$22990	**$27510**	**$29770**	Perkins	4	268D	16F-16R	60.0	7890	CHA
MF-5445	$32605	$17930	$19890	**$23800**	**$25760**	Perkins	4T	268D	16F-16R	70.0	6130	No
MF-5445 4WD	$38650	$21260	$23580	**$28220**	**$30530**	Perkins	4T	268D	16F-16R	70.0	6941	No
MF-5445 4WD Cab	$47115	$25910	$28740	**$34390**	**$37220**	Perkins	4T	268D	16F-16R	70.0	8565	CHA
MF-5445 Cab	$41670	$22920	$25420	**$30420**	**$32920**	Perkins	4T	268D	16F-16R	70.0	7890	CHA
MF-5455 4WD	$41955	$23080	$25590	**$30630**	**$33140**	Perkins	4T	268D	16F-16R	80.0	6941	No
MF-5455	$35910	$19750	$21910	**$26210**	**$28370**	Perkins	4T	268D	16F-16R	80.0	6482	No
MF-5455 4WD Cab	$50420	$27730	$30760	**$36810**	**$39830**	Perkins	4T	268D	16F-16R	80.0	8535	CHA
MF-5455 Cab	$49375	$27160	$30120	**$36040**	**$39010**	Perkins	4T	268D	16F-16R	80.0	7768	CHA
MF-5460	$41280	$22700	$25180	**$30130**	**$32610**	Perkins	6	365D	16F-16R	90.0	7047	No
MF-5460 4WD	$47500	$26130	$28980	**$34680**	**$37530**	Perkins	6	365D	16F-15R	90.0	8808	No
MF-5460 4WD Cab	$55965	$30780	$34140	**$40850**	**$44210**	Perkins	6	365D	16F-16R	90.0	9941	CHA
MF-5460 Cab	$50355	$27700	$30720	**$36760**	**$39780**	Perkins	6	365D	16F-16R	90.0	8680	CHA
MF-6465 4WD Cab	$64940	$34420	$38960	**$47410**	**$50000**	Perkins	6T	365D	32F-32R	95.0	11552	CHA
MF-6465 Cab	$56320	$29850	$33790	**$41110**	**$43370**	Perkins	6T	365D	32F-32R	95.0	11052	CHA
MF-6475 4WD Cab	$73335	$38870	$44000	**$53540**	**$56470**	Perkins	6T	365D	32F-32R	105.0	11904	CHA
MF-6475 Cab	$63850	$33840	$38310	**$46610**	**$49170**	Perkins	6T	365D	32F-32R	105.0	11404	CHA
MF-6480 4WD Cab	$76275	$40430	$45770	**$55680**	**$58730**	Perkins	6T	365D	32F-32R	115.0	11559	CHA

Model	Approx. Retail Price New	Estimated Value Less Repairs Used Trade-In Avg.	High	Used Retail Avg.	High	Engine Make	No. Cyls.	Displ. Cu.-in.	No. Speeds	P.T.O. H.P.	Approx. Shipping Wt.-Lbs.	Cab
Massey Ferguson (Cont.)												
				2004 (Cont.)								
MF-6480 Cab	$67165	$35600	$40300	**$49030**	**$51720**	Perkins	6T	365D	32F-32R	115.0	12058	CHA
MF-6485 4WD Cab	$86565	$45880	$51940	**$63190**	**$66660**	Perkins	6T	365D	32F-32R	125.0	14440	CHA
MF-6485 Cab	$73810	$39120	$44290	**$53880**	**$56830**	Perkins	6T	365D	32F-32R	125.0	13940	CHA
MF-6490 4WD Cab	$93925	$49780	$56360	**$68570**	**$72320**	Sisu	6T	402D	32F-32R	140.0		CHA
MF-6490 Cab	$84180	$44620	$50510	**$61450**	**$64820**	Sisu	6T	402D	32F-32R	140.0		CHA
MF-6495 4WD Cab	$100950	$53500	$60570	**$73690**	**$77730**	Sisu	6T	402D	32F-32R	155.0		CHA
MF-6495 Cab	$92210	$48870	$55330	**$67310**	**$71000**	Sisu	6T	402D	32F-32R	155.0	13940	CHA
MF-7465 4WD Cab	$72496	$38420	$43500	**$52920**	**$55820**	Perkins	6T	365D	21F-18R	95.0	12820	CHA
MF-7475 4WD Cab	$77413	$41030	$46450	**$56510**	**$59610**	Perkins	6T	365D	21F-18R	105.0	12820	CHA
MF-7480 4WD Cab	$82258	$43600	$49360	**$60050**	**$63340**	Perkins	6T	365D	21F-18R	115.0	12820	CHA
MF-7485 4WD Cab	$92980	$49280	$55790	**$67880**	**$71600**	Sisu	6T	402D	21F-18R	125,0	15058	CHA
MF-7490 4WD Cab	$103963	$55100	$62380	**$75890**	**$80050**	Sisu	6T	402D	21F-18R	140.0	15058	CHA
MF-7495 4WD Cab	$108938	$57740	$65360	**$79530**	**$83880**	Sisu	6T	402D	21F-18R	155.0	15058	CHA
MF-8450 4WD	$116485	$61740	$69890	**$81540**	**$87360**	Sisu	6TA	451D	21F-18R	180.0	18853	CHA
MF-8460 4WD	$122135	$64730	$73280	**$85500**	**$91600**	Sisu	6TA	451D	21F-18R	195.0	18500	CHA
MF-8470 4WD	$135785	$71970	$81470	**$95050**	**$101840**	Sisu	6TA	513D	21F-18R	220.0	19700	CHA
MF-8480 4WD	$143375	$75990	$86030	**$100360**	**$107530**	Sisu	6TA	513D	21F-18R	240.0	19700	CHA
				2003								
GC 2300	$9820	$4910	$5700	**$6970**	**$7560**	Iseki	3	68D	Variable	18.7	1366	No
GC 2310 Loader/Backhoe	$17990	$8820	$9900	**$12410**	**$13490**	Iseki	3	68D	Variable	18.7	1366	No
MF-231S	$14970	$7490	$8680	**$10630**	**$11530**	Perkins	3	152D	8F-2R	42.0	4120	No
MF-243	$21850	$10710	$12020	**$15080**	**$16390**	Perkins	3	152D	8F-2R	47.0	4850	No
MF-243 4WD	$26285	$12880	$14460	**$18140**	**$19710**	Perkins	3	152D	8F-2R	47.0	5045	No
MF-263	$26455	$12960	$14550	**$18250**	**$19840**	Perkins	3T	152D	8F-2R	53.0	4915	No
MF-263 4WD	$31800	$15580	$17490	**$21940**	**$23850**	Perkins	3T	152D	8F-2R	53.0	5063	No
MF-451	$18256	$8950	$10040	**$12600**	**$13690**	Perkins	3	164D	8F-2R	45.0	4738	No
MF-451 4WD	$21856	$10710	$12020	**$15080**	**$16390**	Perkins	3	164D	8F-2R	45.0	5238	No
MF-471	$19353	$9480	$10640	**$13350**	**$14520**	Perkins	4	244D	8F-2R	59.0	5578	No
MF-471 4WD	$24549	$12030	$13500	**$16940**	**$18410**	Perkins	4	244D	8F-2R	59.0	6305	No
MF-481	$20861	$10220	$11470	**$14390**	**$15650**	Perkins	4	258D	8F-2R	69.0	5750	No
MF-481 4WD	$26057	$12770	$14330	**$17980**	**$19540**	Perkins	4	258D	8F-2R	69.0	6349	No
MF-1417 4WD	$11285	$5530	$6210	**$7790**	**$8460**	Iseki	3	61D	6F-2R	13.3	1392	No
MF-1417 4WD Hydro	$12540	$6150	$6900	**$8650**	**$9410**	Iseki	3	61D	Variable	12.9	1392	No
MF-1423 4WD	$13450	$6590	$7400	**$9280**	**$10090**	Iseki	3	68D	6F-2R	19.5	1300	No
MF-1423 4WD Hydro	$14885	$7290	$8190	**$10270**	**$11160**	Iseki	3	68D	Variable	19.0	1300	No
MF-1428v	$12640	$6190	$6950	**$8720**	**$9480**	Iseki	3	89D	9F-3R	24.1	1380	No
MF-1428v 4WD	$13500	$6620	$7430	**$9320**	**$10130**	Iseki	3	89D	9F-3R	24.1	1548	No
MF-1429 4WD	$16950	$8310	$9320	**$11700**	**$12710**	Iseki	3	89D	8F-8R	23.0	2667	No
MF-1433 4WD	$18560	$9090	$10210	**$12810**	**$13920**	Iseki	3	91D	16F-16R	27.0	2667	No
MF-1433v 4WD	$16585	$8130	$9120	**$11440**	**$12440**	Iseki	3	91D	8F-8R	27.0	2667	No
MF-1433 4WD Hydro	$20175	$9890	$11100	**$13920**	**$15130**	Iseki	3	91D	Variable	25.0	2585	No
MF-1440 4WD	$20895	$10240	$11490	**$14420**	**$15670**	Iseki	3T	91D	8F-8R	32.4	2667	No
MF-1440 4WD Hydro	$23270	$11400	$12800	**$16060**	**$17450**	Iseki	3T	91D	Variable	30.3	2673	No
MF-1440v 4WD	$18790	$9210	$10340	**$12970**	**$14090**	Iseki	3T	91D	8F-8R	32.4	2667	No
MF-1445 4WD	$26160	$12820	$14390	**$18050**	**$19620**	Iseki	4	134D	16F-16R	37.0	3740	No
MF-1455 4WD	$27190	$13320	$14960	**$18760**	**$20390**	Iseki	4	134D	16F-16R	45.6	3700	No
MF-1455v	$19825	$9710	$10900	**$13680**	**$14870**	Iseki	4	134D	8F-8R	45.6	3438	No
MF-1455v 4WD	$23065	$11300	$12690	**$15920**	**$17300**	Iseki	4	134D	12F-12R	45.6	3579	No
MF-3315S 4WD	$26680	$13070	$14670	**$18410**	**$20010**	Perkins	3	152D	16F-8R	47.0		No
MF-3315S 4WD Cab	$33965	$16640	$18680	**$23440**	**$25470**	Perkins	3	152D	16F-8R	47.0		CHA
MF-3315GE 4WD	$26420	$12950	$14530	**$18230**	**$19820**	Perkins	3	152D	20F-10R	47.0		No
MF-3315GE 4WD w/Cab	$33705	$16520	$18540	**$23260**	**$25280**	Perkins	3	152D	20F-10R	47.0		CHA
MF-3315V 4WD	$26475	$12970	$14560	**$18270**	**$19860**	Perkins	3	152D	16F-8R	47.0		No
MF-3315V 4WD Cab	$33760	$16540	$18570	**$23290**	**$25320**	Perkins	3	152D	16F-8R	47.0		CHA
MF-3330S	$26080	$12780	$14340	**$18000**	**$19560**	Perkins	4	244D	16F-8R	60.0		No
MF-3330S 4WD	$30855	$15120	$16970	**$21290**	**$23140**	Perkins	4	244D	16F-8R	60.0		No
MF-3330S Cab	$33365	$16350	$18350	**$23020**	**$25020**	Perkins	4	244D	16F-8R	60.0		CHA
MF-3330S 4WD Cab	$38140	$18690	$20980	**$26320**	**$28610**	Perkins	4	244D	16F-8R	60.0		CHA
MF-3330GE	$26275	$12880	$14450	**$18130**	**$19710**	Perkins	4	244D	20F-10R	60.0		No
MF-3330GE w/Cab	$33560	$16440	$18460	**$23160**	**$25170**	Perkins	4	244D	20F-10R	60.0		CHA
MF-3330GE 4WD	$31360	$15370	$17250	**$21640**	**$23520**	Perkins	4	244D	20F-10R	60.0		No
MF-3330GE 4WD w/Cab	$38645	$18940	$21260	**$26670**	**$28980**	Perkins	4	244D	20F-10R	60.0		CHA
MF-3330V	$25075	$12290	$13790	**$17300**	**$18810**	Perkins	4	244D	16F-8R	60.0		No
MF-3330V 4WD	$30025	$14710	$16510	**$20720**	**$22520**	Perkins	4	244D	16F-8R	60.0		No
MF-3330V Cab	$32360	$15860	$17800	**$22330**	**$24270**	Perkins	4	244D	16F-8R	60.0		CHA
MF-3330V 4WD Cab	$37310	$18280	$20520	**$25740**	**$27980**	Perkins	4	244D	16F-8R	60.0		CHA
MF-3340F	$27435	$13440	$15090	**$18930**	**$20580**	Perkins	4	256D	16F-8R	70.0		No
MF-3340F 4WD	$32625	$15990	$17940	**$22510**	**$24470**	Perkins	4	256D	16F-8R	70.0		No
MF-3340F Cab	$34720	$17010	$19100	**$23960**	**$26040**	Perkins	4	256D	16F-8R	70.0		CHA
MF-3340F 4WD Cab	$39910	$19560	$21950	**$27540**	**$29930**	Perkins	4	256D	16F-8R	70.0		CHA
MF-3340GE	$27660	$13550	$15210	**$19090**	**$20750**	Perkins	4	256D	20F-10R	70.0		No
MF-3340GE w/Cab	$34995	$17150	$19250	**$24150**	**$26250**	Perkins	4	256D	20F-10R	70.0		CHA
MF-3340GE 4WD	$32745	$16050	$18010	**$22590**	**$24560**	Perkins	4	256D	20F-10R	70.0		No
MF-3340GE 4WD w/Cab	$40030	$19620	$22020	**$27620**	**$30020**	Perkins	4	256D	20F-10R	70.0		CHA
MF-3340V	$26850	$13160	$14770	**$18530**	**$20140**	Perkins	4	256D	16F-8R	70.0		No
MF-3340V 4WD	$31800	$15580	$17490	**$21940**	**$23850**	Perkins	4	256D	16F-8R	70.0		No
MF-3340V Cab	$34135	$16730	$18770	**$23550**	**$25600**	Perkins	4	256D	16F-8R	70.0		CHA
MF-3340V 4WD Cab	$39085	$19150	$21500	**$26970**	**$29310**	Perkins	4	256D	16F-8R	70.0		CHA
MF-3350F 4WD	$36020	$17650	$19810	**$24850**	**$27020**	Perkins	4T	244D	16F-8R	78.0		No
MF-3350F 4WD Cab	$43305	$21220	$23820	**$29880**	**$32480**	Perkins	4T	244D	16F-8R	78.0		CHA
MF-3350GE 4WD	$36140	$17710	$19880	**$24940**	**$27110**	Perkins	4T	244D	20F-10R	78.0		No
MF-3350GE 4WD w/Cab	$43425	$21280	$23880	**$29960**	**$32570**	Perkins	4T	244D	20F-10R	78.0		CHA
MF-3355F 4WD	$38485	$18860	$21170	**$26560**	**$28860**	Perkins	4T	244D	16F-8R	82.0		No

Massey Ferguson (Cont.)

Model	Approx. Retail Price New	Estimated Value Less Repairs Used Trade-In Avg.	High	Used Retail Avg.	High	Engine Make	No. Cyls.	Displ. Cu.-in.	No. Speeds	P.T.O. H.P.	Approx. Shipping Wt.-Lbs.	Cab
				2003 (Cont.)								
MF-3355F 4WD Cab	$45770	$22430	$25170	**$31580**	**$34330**	Perkins	4T	244D	16F-8R	82.0		CHA
MF-3355GE	$38525	$18880	$21190	**$26580**	**$28890**	Perkins	4T	244D	20F-10R	82.0		No
MF-3355GE w/Cab	$45818	$22450	$25200	**$31610**	**$34360**	Perkins	4T	244D	20F-10R	82.0		CHA
MF-4325	$26625	$13050	$14640	**$18370**	**$19970**	Perkins	4	244D	8F-2R	55.0	6121	No
MF-4325	$32300	$15830	$17770	**$22290**	**$24230**	Perkins	4	244D	12F-12R	55.0	6121	No
MF-4325 4WD	$33625	$16480	$18490	**$23200**	**$25220**	Perkins	4	244D	8F-2R	55.0	6725	No
MF-4325 4WD	$38275	$18760	$21050	**$26410**	**$28710**	Perkins	4	244D	12F-12R	55.0	6725	No
MF-4325 4WD w/Cab	$42488	$20820	$23370	**$29320**	**$31870**	Perkins	4	244D	12F-4R	55.0	7692	CHA
MF-4325 4WD w/Cab	$46045	$22560	$25330	**$31770**	**$34530**	Perkins	4	244D	12F-12R	55.0	7692	CHA
MF-4325 w/Cab	$36505	$17890	$20080	**$25190**	**$27380**	Perkins	4	244D	12F-4R	55.0	6946	CHA
MF-4325 w/Cab	$40070	$19630	$22040	**$27650**	**$30050**	Perkins	4	244D	12F-12R	55.0	6946	CHA
MF-4335	$27630	$13540	$15200	**$19070**	**$20720**	Perkins	4	256D	8F-2R	65.0	6817	No
MF-4335	$33305	$16320	$18320	**$22980**	**$24980**	Perkins	4	256D	12F-12R	65.0	6817	No
MF-4335 4WD	$33605	$16470	$18480	**$23190**	**$25200**	Perkins	4	256D	8F-2R	65.0	6914	No
MF-4335 4WD	$39280	$19250	$21600	**$27100**	**$29460**	Perkins	4	256D	12F-12R	65.0	6914	No
MF-4335 4WD w/Cab	$44230	$21670	$24330	**$30520**	**$33170**	Perkins	4	256D	12F-4R	65.0	8565	CHA
MF-4335 4WD w/Cab	$47795	$23420	$26290	**$32980**	**$35850**	Perkins	4	256D	12F-12R	65.0	8565	CHA
MF-4335 w/Cab	$38160	$18700	$20990	**$26330**	**$28620**	Perkins	4	256D	12F-4R	65.0	7890	CHA
MF-4335 w/Cab	$41725	$20450	$22950	**$28790**	**$31290**	Perkins	4	256D	12F-12R	65.0	7890	CHA
MF-4345	$29460	$14440	$16200	**$20330**	**$22100**	Perkins	4T	244D	8F-2R	75.0	6130	No
MF-4345	$33790	$16560	$18590	**$23320**	**$25340**	Perkins	4T	244D	12F-12R	75.0	6130	No
MF-4345 4WD	$36325	$17800	$19980	**$25060**	**$27240**	Perkins	4T	244D	8F-2R	75.0	6941	No
MF-4345 4WD	$40665	$19930	$22370	**$28060**	**$30500**	Perkins	4T	244D	12F-12R	75.0	6941	No
MF-4345 4WD w/Cab	$46545	$22810	$25600	**$32120**	**$34910**	Perkins	4T	244D	12F-4R	75.0	8565	CHA
MF-4345 4WD w/Cab	$50110	$24550	$27560	**$34580**	**$37580**	Perkins	4T	244D	12F-12R	75.0	8565	CHA
MF-4345 w/Cab	$39680	$19440	$21820	**$27380**	**$29760**	Perkins	4T	244D	12F-4R	75.0	7890	CHA
MF-4345 w/Cab	$43245	$21190	$23790	**$29840**	**$32430**	Perkins	4T	244D	12F-12R	75.0	7890	CHA
MF-4355	$33185	$16260	$18250	**$22900**	**$24890**	Perkins	4T	244D	12F-4R	85.0	6482	No
MF-4355	$38000	$18620	$20900	**$26220**	**$28500**	Perkins	4T	244D	12F-12R	85.0	6482	No
MF-4355 4WD	$39760	$19480	$21870	**$27430**	**$29820**	Perkins	4T	244D	12F-4R	85.0	6941	No
MF-4355 4WD	$44575	$21840	$24520	**$30760**	**$33430**	Perkins	4T	244D	12F-12R	85.0	6941	No
MF-4355 4WD w/Cab	$49235	$24130	$27080	**$33970**	**$36930**	Perkins	4T	244D	12F-4R	85.0	8535	CHA
MF-4355 4WD w/Cab	$52800	$25870	$29040	**$36430**	**$39600**	Perkins	4T	244D	12F-12R	85.0	8535	CHA
MF-4355 w/Cab	$42545	$20850	$23400	**$29360**	**$31910**	Perkins	4T	244D	12F-4R	85.0	7768	CHA
MF-4355 w/Cab	$46110	$22590	$25360	**$31820**	**$34580**	Perkins	4T	244D	12F-12R	85.0	7768	CHA
MF-4360	$36480	$17880	$20060	**$25170**	**$27360**	Perkins	6	365D	12F-4R	90.0	7047	No
MF-4360	$41295	$20240	$22710	**$28490**	**$30970**	Perkins	6	365D	12F-12R	90.0	7047	No
MF-4360 4WD	$43725	$21430	$24050	**$30170**	**$32790**	Perkins	6	365D	12F-4R	90.0	8808	No
MF-4360 4WD	$48540	$23790	$26700	**$33490**	**$36410**	Perkins	6	365D	12F-12R	90.0	8808	No
MF-4360 4WD w/Cab	$53085	$26010	$29200	**$36630**	**$39810**	Perkins	6	365D	12F-4R	90.0	9941	CHA
MF-4360 4WD w/Cab	$56650	$27760	$31160	**$39090**	**$42490**	Perkins	6	365D	12F-12R	90.0	9941	CHA
MF-4360 w/Cab	$45840	$22460	$25210	**$31630**	**$34380**	Perkins	6	365D	12F-4R	90.0	8680	CHA
MF-4360 w/Cab	$49405	$24210	$27170	**$34090**	**$37050**	Perkins	6	365D	12F-12R	90.0	8680	CHA
MF-4370	$44495	$21800	$24470	**$30700**	**$33370**	Perkins	6T	365D	12F-12R	99.0	7047	No
MF-4370 4WD	$52500	$25730	$28880	**$36230**	**$39380**	Perkins	6T	365D	12F-12R	99.0	9028	No
MF-4370 4WD w/Cab	$60610	$29700	$33340	**$41820**	**$45460**	Perkins	6T	365D	12F-12R	99.0	10161	CHA
MF-4370 w/Cab	$53070	$26000	$29190	**$36620**	**$39800**	Perkins	6T	365D	12F-12R	99.0	8622	CHA
MF-6255	$57515	$27030	$31060	**$39110**	**$41990**	Perkins	4T	244D	32F-32R	85.0		CHA
MF-6255 4WD	$65075	$30590	$35140	**$44250**	**$47510**	Perkins	4T	244D	32F-32R	85.0		CHA
MF-6265	$59750	$28080	$32270	**$40630**	**$43620**	Perkins	4T	244D	32F-32R	95.0		CHA
MF-6265 4WD	$67760	$31850	$36590	**$46080**	**$49470**	Perkins	4T	244D	32F-32R	85.0		CHA
MF-6270	$53110	$24960	$28680	**$36120**	**$38770**	Perkins	6T	365D	32F-32R	100.0		No
MF-6270 4WD	$61030	$28680	$32960	**$41500**	**$44550**	Perkins	6T	365D	32F-32R	100.0		No
MF-6270 4WD w/Cab	$69960	$32880	$37780	**$47570**	**$51070**	Perkins	6T	365D	32F-32R	100.0		CHA
MF-6270 w/Cab	$62040	$29160	$33500	**$42190**	**$45290**	Perkins	6T	365D	32F-32R	100.0		CHA
MF-6280	$57340	$26950	$30960	**$38990**	**$41860**	Perkins	6T	365D	32F-32R	110.0		No
MF-6280 4WD	$64575	$30350	$34870	**$43910**	**$47140**	Perkins	6T	365D	32F-32R	110.0		No
MF-6280 4WD w/Cab	$74630	$35080	$40300	**$50750**	**$54480**	Perkins	6T	365D	32F-32R	110.0		CHA
MF-6280 w/Cab	$68130	$32020	$36790	**$46330**	**$49740**	Perkins	6T	365D	32F-32R	110.0		CHA
MF-6290	$63760	$29970	$34430	**$43360**	**$46550**	Perkins	6T	365D	32F-32R	120.0		No
MF-6290 4WD	$68705	$32290	$37100	**$46720**	**$50160**	Perkins	6T	365D	32F-32R	120.0		No
MF-6290 4WD w/Cab	$80125	$37660	$43270	**$54490**	**$58490**	Perkins	6T	365D	32F-32R	120.0		CHA
MF-6290 w/Cab	$72690	$34160	$39250	**$49430**	**$53060**	Perkins	6T	365D	32F-32R	120.0		CHA
MF-8220	$82390	$38720	$45320	**$53550**	**$57670**	Perkins	6TA	365D	32F-32R	135.0	13815	CHA
MF-8220 PS	$86840	$40820	$47760	**$56450**	**$60790**	Perkins	6TA	365D	18F-6R	135.0	13815	CHA
MF-8220 4WD	$90350	$42470	$49690	**$58730**	**$63250**	Perkins	6TA	365D	32F-32R	135.0	14415	CHA
MF-8220 4WD PS	$94800	$44560	$52140	**$61620**	**$66360**	Perkins	6TA	365D	18F-6R	135.0	14415	CHA
MF-8240	$85830	$40340	$47210	**$55790**	**$60080**	Valmet	6TA	402D	32F-32R	145.0	13865	CHA
MF-8240 PS	$90280	$42430	$49650	**$58680**	**$63200**	Valmet	6TA	402D	18F-6R	145.0	13865	CHA
MF-8240 4WD	$99175	$46610	$54550	**$64460**	**$69420**	Valmet	6TA	402D	32F-32R	145.0	14465	CHA
MF-8240 4WD PS	$103625	$48700	$56990	**$67360**	**$72540**	Valmet	6TA	402D	18F-6R	145.0	14465	CHA
MF-8245 4WD	$106880	$50230	$58780	**$69470**	**$74820**	Valmet	6TA	451D	18F-6R	160.0	18300	CHA
MF-8250 4WD	$101615	$47760	$55890	**$66050**	**$71130**	Valmet	6TA	451D	32F-32R	165.0	18853	CHA
MF-8260 4WD	$115295	$54190	$63410	**$74940**	**$80710**	Valmet	6TA	451D	18F-6R	180.0	18500	CHA
MF-8270 4WD	$124255	$58400	$68340	**$80770**	**$86980**	Valmet	6TA	513D	18F-6R	200.0	19700	CHA
MF-8280 4WD	$135420	$61810	$72330	**$85480**	**$92050**	Valmet	6TA	513D	18F-6R	225.0	19700	CHA
				2002								
GC 2300	$11790	$5540	$6490	**$8020**	**$8730**	Iseki	3	68D	Variable	18.7	1366	No
MF-231S	$14140	$6650	$7780	**$9620**	**$10460**	Perkins	3	152D	8F-2R	42.0	4120	No
MF-243	$22135	$9960	$11510	**$14610**	**$15720**	Perkins	3	152D	8F-2R	47.0	4850	No
MF-243 4WD	$26685	$12010	$13880	**$17610**	**$18950**	Perkins	3	152D	8F-2R	47.0	5045	No
MF-251XE	$15890	$7150	$8260	**$10490**	**$11280**	Perkins	3	152D	8F-2R	45.0	5045	No
MF-251XE 4WD	$19450	$8750	$10110	**$12840**	**$13810**	Perkins	3	152D	8F-2R	45.0	5045	No

Massey Ferguson (Cont.)

Model	Approx. Retail Price New	Estimated Value Less Repairs: Used Trade-In Avg.	Used Trade-In High	Used Retail Avg.	Used Retail High	Engine Make	Engine No. Cyls.	Engine Displ. Cu.-in.	No. Speeds	P.T.O. H.P.	Approx. Shipping Wt.-Lbs.	Cab
2002 (Cont.)												
MF-263	$26605	$11970	$13840	**$17560**	**$18890**	Perkins	3T	152D	8F-2R	53.0	4915	No
MF-263 4WD	$31770	$14300	$16520	**$20970**	**$22560**	Perkins	3T	152D	8F-2R	53.0	5063	No
MF-271XE	$18025	$7750	$9010	**$11540**	**$12620**	Perkins	4	236D	8F-2R	59.0	5578	No
MF-271XE 4WD	$23175	$9970	$11590	**$14830**	**$16220**	Perkins	4	236D	8F-2R	59.0	6305	No
MF-281XE	$20850	$8970	$10430	**$13340**	**$14600**	Perkins	4	236D	8F-2R	69.0	5750	No
MF-281XE 4WD	$26460	$11380	$13230	**$16930**	**$18520**	Perkins	4	236D	8F-2R	69.0	6349	No
MF-451	$17115	$7700	$8900	**$11300**	**$12150**	Perkins	3	164D	8F-2R	45.0	4738	No
MF-451 4WD	$20705	$9320	$10770	**$13670**	**$14700**	Perkins	3	164D	8F-2R	45.0	5238	No
MF-471	$19235	$8660	$10000	**$12700**	**$13660**	Perkins	4	244D	8F-2R	59.0	5578	No
MF-471 4WD	$24430	$10990	$12700	**$16120**	**$17350**	Perkins	4	244D	8F-2R	59.0	6305	No
MF-481	$22085	$9410	$10870	**$13790**	**$14840**	Perkins	4	258D	8F-2R	69.0	5750	No
MF-481 4WD	$27740	$11930	$13780	**$17490**	**$18820**	Perkins	4	258D	8F-2R	69.0	6349	No
MF-1165 4WD	$26210	$11800	$13630	**$17300**	**$18610**	Isuzu	4	134D	16F-16R	37.0	4276	No
MF-1165 Hydro 4WD	$28675	$12900	$14910	**$18930**	**$20360**	Isuzu	4	134D	Variable	37.0	3258	No
MF-1205 4WD	$11020	$4960	$5730	**$7270**	**$7820**	Iseki	3	61D	6F-2R	13.5	1579	No
MF-1205 Hydro 4WD	$12289	$5530	$6390	**$8110**	**$8730**	Iseki	3	61D	Variable	13.0	1579	No
MF-1215	$11320	$5090	$5890	**$7470**	**$8040**	Iseki	3	61D	6F-2R	15.0	1457	No
MF-1215 4WD	$12610	$5680	$6560	**$8320**	**$8950**	Iseki	3	61D	6F-2R	15.0	1589	No
MF-1215 Hydro	$12270	$5520	$6380	**$8100**	**$8710**	Iseki	3	61D	Variable	14.0	1457	No
MF-1215 Hydro 4WD	$13870	$6240	$7210	**$9150**	**$9850**	Iseki	3	61D	Variable	14.0	1589	No
MF-1225	$11905	$5360	$6190	**$7860**	**$8450**	Iseki	3	68D	6F-2R	19.0	1874	No
MF-1225 4WD	$13360	$6010	$6950	**$8820**	**$9490**	Iseki	3	68D	6F-2R	19.0	1874	No
MF-1225 Hydro	$13345	$5850	$6760	**$8580**	**$9230**	Iseki	3	68D	Variable	18.4	1874	No
MF-1225 Hydro 4WD	$14850	$6680	$7720	**$9800**	**$10540**	Iseki	3	68D	Variable	18.4	1874	No
MF-1230	$14025	$6310	$7290	**$9260**	**$9960**	Iseki	3	87D	9F-3R	20.5	2227	No
MF-1230 4WD	$15930	$7170	$8280	**$10510**	**$11310**	Iseki	3	87D	9F-3R	20.5	2403	No
MF-1230 Hydro	$15875	$7140	$8260	**$10480**	**$11270**	Iseki	3	87D	Variable	19.6	2293	No
MF-1230 Hydro 4WD	$17600	$7920	$9150	**$11620**	**$12500**	Iseki	3	87D	Variable	19.6	2469	No
MF-1233	$10525	$4740	$5470	**$6950**	**$7470**	Iseki	3	89D	9F-3R	22.9	1817	No
MF-1233 4WD	$11260	$5070	$5860	**$7430**	**$8000**	Iseki	3	89D	9F-3R	22.9	1984	No
MF-1235 Hydro 4WD	$18390	$8280	$9560	**$12140**	**$13060**	Iseki	3	91D	Variable	24.3	2447	No
MF-1240	$15125	$6810	$7870	**$9980**	**$10740**	Iseki	3	87D	16F-16R	22.8	2859	No
MF-1240 4WD	$17040	$7670	$8860	**$11250**	**$12100**	Iseki	3	87D	16F-16R	22.8	2960	No
MF-1250	$16300	$7340	$8480	**$10760**	**$11570**	Iseki	3	91D	16F-16R	26.8	2933	No
MF-1250 4WD	$18680	$8410	$9710	**$12330**	**$13260**	Iseki	3	91D	16F-16R	26.8	3040	No
MF-1250 Hydro 4WD	$20905	$9410	$10870	**$13800**	**$14840**	Iseki	3	91D	Variable	26.8	3040	No
MF-1260 4WD	$21370	$9620	$11110	**$14100**	**$15170**	Iseki	3	91D	16F-16R	31.0	3128	No
MF-1260 Hydro 4WD	$23305	$10490	$12120	**$15380**	**$16550**	Iseki	3	91D	Variable	31.0	3128	No
MF-1423 4WD	$13805	$6210	$7180	**$9110**	**$9800**	Iseki	3	68D	6F-2R	19.5		No
MF-1423 4WD Hydro	$15310	$6890	$7960	**$10110**	**$10870**	Iseki	3	68D	Variable	19.0		No
MF-1428v	$11705	$5270	$6090	**$7730**	**$8310**	Iseki	3	89D	9F-3R	24.1		No
MF-1428v 4WD	$12445	$5600	$6470	**$8210**	**$8840**	Iseki	3	89D	9F-3R	24.1		No
MF-1429 4WD	$18190	$8190	$9460	**$12010**	**$12920**	Iseki	3	89D	8F-8R	23.0		No
MF-1433 4WD	$19895	$8950	$10350	**$13130**	**$14130**	Iseki	3	91D	16F-16R	27.0		No
MF-1433v 4WD	$15210	$6850	$7910	**$10040**	**$10800**	Iseki	3	91D	8F-8R	26.8		No
MF-1440 4WD	$22240	$10010	$11570	**$14680**	**$15790**	Iseki	3	91D	8F-8R	27.0		No
MF-1440v 4WD	$17095	$7690	$8890	**$11280**	**$12140**	Iseki	3	91D	8F-8R	32.4		No
MF-3315S 4WD	$29295	$12020	$13880	**$17620**	**$18960**	Perkins	3	152D	16F-8R	47.0		No
MF-3315S 4WD Cab	$37615	$15300	$17680	**$22440**	**$24140**	Perkins	3	152D	16F-8R	47.0		CHA
MF-3315GE 4WD	$29010	$11930	$13780	**$17490**	**$18820**	Perkins	3	152D	20F-10R	47.0		No
MF-3315V 4WD	$29685	$11970	$13830	**$17560**	**$18890**	Perkins	3	152D	16F-8R	47.0		No
MF-3315V 4WD Cab	$38785	$15210	$17580	**$22310**	**$24000**	Perkins	3	152D	16F-8R	47.0		CHA
MF-3330S	$28635	$11840	$13680	**$17360**	**$18670**	Perkins	4	244D	16F-8R	60.0		No
MF-3330S 4WD	$34645	$13950	$16120	**$20460**	**$22010**	Perkins	4	244D	16F-8R	60.0		No
MF-3330S Cab	$36955	$15080	$17420	**$22110**	**$23790**	Perkins	4	244D	16F-8R	60.0		CHA
MF-3330S 4WD Cab	$42970	$17100	$19760	**$25080**	**$26980**	Perkins	4	244D	16F-8R	60.0		CHA
MF-3330GE	$28885	$11840	$13680	**$17360**	**$18670**	Perkins	4	244D	20F-10R	60.0		No
MF-3330GE 4WD	$34170	$14150	$16350	**$20760**	**$22330**	Perkins	4	244D	20F-10R	60.0		No
MF-3330V	$28275	$11360	$13130	**$16670**	**$17930**	Perkins	4	244D	16F-8R	60.0		No
MF-3330V 4WD	$34155	$13550	$15650	**$19870**	**$21370**	Perkins	4	244D	16F-8R	60.0		No
MF-3330V Cab	$37205	$14630	$16900	**$21450**	**$23080**	Perkins	4	244D	16F-8R	60.0		CHA
MF-3330V 4WD Cab	$43080	$16880	$19500	**$24750**	**$26630**	Perkins	4	244D	16F-8R	60.0		CHA
MF-3340F	$30755	$12510	$14460	**$18350**	**$19740**	Perkins	4	256D	16F-8R	70.0		No
MF-3340F 4WD	$37355	$14740	$17030	**$21620**	**$23250**	Perkins	4	256D	16F-8R	70.0		No
MF-3340F Cab	$39080	$15750	$18200	**$23100**	**$24850**	Perkins	4	256D	16F-8R	70.0		CHA
MF-3340F 4WD Cab	$45680	$18000	$20800	**$26400**	**$28400**	Perkins	4	256D	16F-8R	70.0		CHA
MF-3340GE	$31015	$12510	$14460	**$18350**	**$19740**	Perkins	4	256D	20F-10R	70.0		No
MF-3340GE 4WD	$36500	$14810	$17110	**$21710**	**$23360**	Perkins	4	256D	20F-10R	70.0		No
MF-3340V	$30845	$12150	$14040	**$17820**	**$19170**	Perkins	4	256D	16F-8R	70.0		No
MF-3340V 4WD	$35945	$14400	$16640	**$21120**	**$22720**	Perkins	4	256D	16F-8R	70.0		No
MF-3340V Cab	$39825	$15570	$17990	**$22840**	**$24570**	Perkins	4	256D	16F-8R	70.0		CHA
MF-3340V 4WD Cab	$44870	$17690	$20440	**$25940**	**$27900**	Perkins	4	256D	16F-8R	70.0		CHA
MF-3350F 4WD	$41785	$16430	$18980	**$24090**	**$25920**	Perkins	4T	244D	16F-8R	78.0		No
MF-3350F 4WD Cab	$50110	$19620	$22670	**$28780**	**$30960**	Perkins	4T	244D	16F-8R	78.0		CHA
MF-3350GE 4WD	$41360	$16470	$19030	**$24160**	**$25990**	Perkins	4T	244D	20F-10R	78.0		No
MF-3355F 4WD	$45075	$17460	$20180	**$25610**	**$27550**	Perkins	4T	244D	16F-8R	82.0		No
MF-3355F 4WD Cab	$53400	$20700	$23920	**$30360**	**$32660**	Perkins	4T	244D	16F-8R	82.0		CHA
MF-3355GE	$39790	$17350	$20050	**$25440**	**$27370**	Perkins	4T	244D	20F-10R	82.0		No
MF-4325	$27185	$12230	$14140	**$17940**	**$19300**	Perkins	4	244D	8F-2R	55.0	6121	No
MF-4325	$31835	$14330	$16550	**$21010**	**$22600**	Perkins	4	244D	12F-12R	55.0	6121	No
MF-4325 4WD	$33355	$15010	$17350	**$22010**	**$23680**	Perkins	4	244D	8F-2R	55.0	6725	No
MF-4325 4WD	$38005	$17100	$19760	**$25080**	**$26980**	Perkins	4	244D	12F-12R	55.0	6725	No
MF-4325 4WD w/Cab	$42575	$19160	$22140	**$28100**	**$30230**	Perkins	4	244D	12F-4R	55.0	7692	CHA
MF-4325 4WD w/Cab	$44795	$20160	$23290	**$29570**	**$31800**	Perkins	4	244D	12F-12R	55.0	7692	CHA

Model	Approx. Retail Price New	Estimated Value Less Repairs: Used Trade-In Avg.	Used Trade-In High	Used Retail Avg.	Used Retail High	Engine Make	Engine No. Cyls.	Engine Displ. Cu.-in.	No. Speeds	P.T.O. H.P.	Approx. Shipping Wt.-Lbs.	Cab
Massey Ferguson (Cont.)												
				2002 (Cont.)								
MF-4325 w/Cab	$36040	$16220	$18740	**$23790**	**$25590**	Perkins	4	244D	12F-4R	55.0	6946	CHA
MF-4325 w/Cab	$38260	$17220	$19900	**$25250**	**$27170**	Perkins	4	244D	12F-12R	55.0	6946	CHA
MF-4335	$27840	$12530	$14480	**$18370**	**$19770**	Perkins	4	256D	8F-2R	65.0	6817	No
MF-4335	$32130	$14460	$16710	**$21210**	**$22810**	Perkins	4	256D	12F-12R	65.0	6817	No
MF-4335 4WD	$34010	$15310	$17690	**$22450**	**$24150**	Perkins	4	256D	8F-2R	65.0	6914	No
MF-4335 4WD	$38340	$17250	$19940	**$25300**	**$27220**	Perkins	4	256D	12F-12R	65.0	6914	No
MF-4335 4WD w/Cab	$44295	$19930	$23030	**$29240**	**$31450**	Perkins	4	256D	12F-4R	65.0	8565	CHA
MF-4335 4WD w/Cab	$46515	$20930	$24190	**$30700**	**$33030**	Perkins	4	256D	12F-12R	65.0	8565	CHA
MF-4335 w/Cab	$38155	$17170	$19840	**$25180**	**$27090**	Perkins	4	256D	12F-4R	65.0	7890	CHA
MF-4335 w/Cab	$40375	$18170	$21000	**$26650**	**$28670**	Perkins	4	256D	12F-12R	65.0	7890	CHA
MF-4345	$29240	$13160	$15210	**$19300**	**$20760**	Perkins	4T	244D	8F-2R	75.0	6130	No
MF-4345	$34915	$15710	$18160	**$23040**	**$24790**	Perkins	4T	244D	12F-12R	75.0	6130	No
MF-4345 4WD	$36100	$16250	$18770	**$23830**	**$25630**	Perkins	4T	244D	8F-2R	75.0	6941	No
MF-4345 4WD	$41775	$18800	$21720	**$27570**	**$29660**	Perkins	4T	244D	12F-12R	75.0	6941	No
MF-4345 4WD w/Cab	$46320	$20840	$24090	**$30570**	**$32890**	Perkins	4T	244D	12F-4R	75.0	8565	CHA
MF-4345 4WD w/Cab	$49885	$22450	$25940	**$32920**	**$35420**	Perkins	4T	244D	12F-12R	75.0	8565	CHA
MF-4345 w/Cab	$39460	$17760	$20520	**$26040**	**$28020**	Perkins	4T	244D	12F-4R	75.0	7890	CHA
MF-4345 w/Cab	$43025	$19360	$22370	**$28400**	**$30550**	Perkins	4T	244D	12F-12R	75.0	7890	CHA
MF-4355	$33085	$14890	$17200	**$21840**	**$23490**	Perkins	4T	244D	12F-4R	85.0	6482	No
MF-4355	$37900	$17060	$19710	**$25010**	**$26910**	Perkins	4T	244D	12F-12R	85.0	6482	No
MF-4355 4WD	$39725	$17880	$20660	**$26220**	**$28210**	Perkins	4T	244D	12F-4R	85.0	6941	No
MF-4355 4WD	$44540	$20040	$23160	**$29400**	**$31620**	Perkins	4T	244D	12F-12R	85.0	6941	No
MF-4355 4WD w/Cab	$49310	$22190	$25640	**$32550**	**$35010**	Perkins	4T	244D	12F-4R	85.0	8535	CHA
MF-4355 4WD w/Cab	$52875	$23790	$27500	**$34900**	**$37540**	Perkins	4T	244D	12F-12R	85.0	8535	CHA
MF-4355 w/Cab	$42225	$19000	$21960	**$27870**	**$29980**	Perkins	4T	244D	12F-4R	85.0	7768	CHA
MF-4355 w/Cab	$45790	$20610	$23810	**$30220**	**$32510**	Perkins	4T	244D	12F-12R	85.0	7768	CHA
MF-4360	$36480	$16420	$18970	**$24080**	**$25900**	Perkins	6	365D	12F-4R	90.0	7047	No
MF-4360	$41295	$18580	$21470	**$27260**	**$29320**	Perkins	6	365D	12F-12R	90.0	7047	No
MF-4360 4WD	$43725	$19680	$22740	**$28860**	**$31050**	Perkins	6	365D	12F-4R	90.0	8808	No
MF-4360 4WD	$48540	$21840	$25240	**$32040**	**$34460**	Perkins	6	365D	12F-12R	90.0	8808	No
MF-4360 4WD w/Cab	$53085	$23890	$27600	**$35040**	**$37690**	Perkins	6	365D	12F-4R	90.0	9941	CHA
MF-4360 4WD w/Cab	$56650	$25490	$29460	**$37390**	**$40220**	Perkins	6	365D	12F-12R	90.0	9941	CHA
MF-4360 w/Cab	$45840	$20630	$23840	**$30250**	**$32550**	Perkins	6	365D	12F-4R	90.0	8680	CHA
MF-4360 w/Cab	$49405	$22230	$25690	**$32610**	**$35080**	Perkins	6	365D	12F-12R	90.0	8680	CHA
MF-4370	$43850	$19730	$22800	**$28940**	**$31130**	Perkins	6T	365D	12F-12R	99.0	7047	No
MF-4370 4WD	$51095	$22990	$26570	**$33720**	**$36280**	Perkins	6T	365D	12F-12R	99.0	9028	No
MF-4370 4WD w/Cab	$60245	$27110	$31330	**$39760**	**$42770**	Perkins	6T	365D	12F-12R	99.0	10161	CHA
MF-4370 w/Cab	$52605	$23670	$27360	**$34720**	**$37350**	Perkins	6T	365D	12F-12R	99.0	8622	CHA
MF-6255	$56880	$24460	$28440	**$36400**	**$39820**	Perkins	4T	244D	32F-32R	85.0		CHA
MF-6255 4WD	$64330	$27660	$32170	**$41170**	**$45030**	Perkins	4T	244D	32F-32R	85.0		CHA
MF-6265	$59255	$25480	$29630	**$37920**	**$41480**	Perkins	4T	244D	32F-32R	95.0		CHA
MF-6265 4WD	$66965	$28800	$33480	**$42860**	**$46880**	Perkins	4T	244D	32F-32R	85.0		CHA
MF-6270	$53110	$22840	$26560	**$33990**	**$37180**	Perkins	6T	365D	32F-32R	100.0		No
MF-6270 4WD	$60310	$25930	$30160	**$38600**	**$42220**	Perkins	6T	365D	32F-32R	100.0		No
MF-6270 4WD w/Cab	$69960	$30080	$34980	**$44770**	**$48970**	Perkins	6T	365D	32F-32R	100.0		CHA
MF-6270 w/Cab	$62040	$26680	$31020	**$39710**	**$43430**	Perkins	6T	365D	32F-32R	100.0		CHA
MF-6280	$57105	$24560	$28550	**$36550**	**$39970**	Perkins	6T	365D	32F-32R	110.0		No
MF-6280 4WD	$64415	$27700	$32210	**$41230**	**$45090**	Perkins	6T	365D	32F-32R	110.0		No
MF-6280 4WD w/Cab	$72725	$31270	$36360	**$46540**	**$50910**	Perkins	6T	365D	32F-32R	110.0		CHA
MF-6280 w/Cab	$65405	$28120	$32700	**$41860**	**$45780**	Perkins	6T	365D	32F-32R	110.0		CHA
MF-6290	$63760	$27420	$31880	**$40810**	**$44630**	Perkins	6T	365D	32F-32R	120.0		No
MF-6290 4WD	$70815	$30450	$35410	**$45320**	**$49570**	Perkins	6T	365D	32F-32R	120.0		No
MF-6290 4WD w/Cab	$79745	$34290	$39870	**$51040**	**$55820**	Perkins	6T	365D	32F-32R	120.0		CHA
MF-6290 w/Cab	$72690	$31260	$36350	**$46520**	**$50880**	Perkins	6T	365D	32F-32R	120.0		CHA
MF-8220	$81010	$34020	$40510	**$48610**	**$52660**	Perkins	6TA	365D	32F-32R	135.0	13815	CHA
MF-8220 PS	$85460	$35890	$42730	**$51280**	**$55550**	Perkins	6TA	365D	18F-6R	135.0	13815	CHA
MF-8220 4WD	$92630	$38910	$46320	**$55580**	**$60210**	Perkins	6TA	365D	32F-32R	135.0	14415	CHA
MF-8220 4WD PS	$97080	$40770	$48540	**$58250**	**$63100**	Perkins	6TA	365D	18F-6R	135.0	14415	CHA
MF-8240	$86215	$36210	$43110	**$51730**	**$56040**	Valmet	6TA	402D	32F-32R	145.0	13865	CHA
MF-8240 PS	$90665	$38080	$45330	**$54400**	**$58930**	Valmet	6TA	402D	18F-6R	145.0	13865	CHA
MF-8240 4WD	$99095	$41620	$49550	**$59460**	**$64410**	Valmet	6TA	402D	32F-32R	145.0	14465	CHA
MF-8240 4WD PS	$103545	$43490	$51770	**$62130**	**$67300**	Valmet	6TA	402D	18F-6R	145.0	14465	CHA
MF-8245 4WD	$105910	$44480	$52960	**$63550**	**$68840**	Valmet	6TA	451D	18F-6R	160.0	18300	CHA
MF-8250 4WD	$100645	$42270	$50320	**$60390**	**$65420**	Valmet	6TA	451D	32F-32R	165.0	18853	CHA
MF-8260 4WD	$114315	$48010	$57160	**$68590**	**$74310**	Valmet	6TA	451D	18F-6R	180.0	18500	CHA
MF-8270 4WD	$123380	$51820	$61690	**$74030**	**$80200**	Valmet	6TA	513D	18F-6R	200.0	19700	CHA
MF-8280 4WD	$135480	$55230	$65750	**$78900**	**$85480**	Valmet	6TA	513D	18F-6R	225.0	19700	CHA
				2001								
MF-231S	$14140	$6220	$7490	**$9330**	**$10180**	Perkins	3	152D	8F-2R	42.0	4120	No
MF-241	$15890	$6670	$7630	**$10170**	**$10960**	Perkins	3	152D	8F-2R	45.0	4160	No
MF-243	$22590	$9490	$10840	**$14460**	**$15590**	Perkins	3	152D	8F-2R	47.0	4850	No
MF-243 4WD	$27030	$11350	$12970	**$17300**	**$18650**	Perkins	3	152D	8F-2R	47.0	5045	No
MF-251XE	$16990	$7140	$8160	**$10870**	**$11720**	Perkins	3	152D	8F-2R	45.0	5045	No
MF-251XE 4WD	$20530	$8620	$9850	**$13140**	**$14170**	Perkins	3	152D	8F-2R	45.0	5045	No
MF-263	$25675	$10780	$12320	**$16430**	**$17720**	Perkins	3T	152D	8F-2R	53.0	4915	No
MF-263 4WD	$30740	$12910	$14760	**$19670**	**$21210**	Perkins	3T	152D	8F-2R	53.0	5063	No
MF-271	$18025	$7570	$8650	**$11540**	**$12440**	Perkins	4	236D	8F-2R	59.0	6130	No
MF-271XE	$18650	$7270	$8580	**$11190**	**$12500**	Perkins	4	236D	8F-2R	59.0	5578	No
MF-271XE 4WD	$23825	$9290	$10960	**$14300**	**$15960**	Perkins	4	236D	8F-2R	59.0	6305	No
MF-281	$20850	$8760	$10010	**$13340**	**$14390**	Perkins	4	236D	8F-2R	69.0	6350	No
MF-281 4WD	$26460	$11110	$12700	**$16930**	**$18260**	Perkins	4	236D	8F-2R	69.0	6635	No
MF-281XE	$21500	$8390	$9890	**$12900**	**$14410**	Perkins	4	236D	8F-2R	69.0	5750	No
MF-281XE 4WD	$27110	$10570	$12470	**$16270**	**$18160**	Perkins	4	236D	8F-2R	69.0	6349	No

Massey Ferguson (Cont.)

2001 (Cont.)

Model	Approx. Retail Price New	Used Trade-In Avg.	Used Trade-In High	Used Retail Avg.	Used Retail High	Engine Make	Engine No. Cyls.	Engine Displ. Cu.-in.	No. Speeds	P.T.O. H.P.	Approx. Shipping Wt.-Lbs.	Cab
MF-1165 4WD	$26210	$11010	$12580	**$16770**	**$18090**	Isuzu	4	134D	16F-16R	37.0	4276	No
MF-1165 Hydro 4WD	$28410	$11930	$13640	**$18180**	**$19600**	Isuzu	4	134D	Variable	37.0	3258	No
MF-1205 4WD	$11020	$4630	$5290	**$7050**	**$7600**	Iseki	3	61D	6F-2R	13.5	1579	No
MF-1205 Hydro 4WD	$12290	$5160	$5900	**$7870**	**$8480**	Iseki	3	61D	Variable	13.0	1579	No
MF-1215	$11320	$4750	$5430	**$7250**	**$7810**	Iseki	3	61D	6F-2R	15.0	1457	No
MF-1215 4WD	$12610	$5300	$6050	**$8070**	**$8700**	Iseki	3	61D	6F-2R	15.0	1589	No
MF-1215 Hydro	$12270	$5150	$5890	**$7850**	**$8470**	Iseki	3	61D	Variable	14.0	1457	No
MF-1215 Hydro 4WD	$13870	$5830	$6660	**$8880**	**$9570**	Iseki	3	61D	Variable	14.0	1589	No
MF-1225	$11905	$5000	$5710	**$7620**	**$8210**	Iseki	3	68D	6F-2R	19.0	1874	No
MF-1225 4WD	$13360	$5610	$6410	**$8550**	**$9220**	Iseki	3	68D	6F-2R	19.0	1874	No
MF-1225 Hydro	$13345	$5460	$6240	**$8320**	**$8970**	Iseki	3	68D	Variable	18.4	1874	No
MF-1225 Hydro 4WD	$14850	$6240	$7130	**$9500**	**$10250**	Iseki	3	68D	Variable	18.4	1874	No
MF-1230	$14025	$5890	$6730	**$8980**	**$9680**	Iseki	3	87D	9F-3R	20.5	2227	No
MF-1230 4WD	$15930	$6690	$7650	**$10200**	**$10990**	Iseki	3	87D	9F-3R	20.5	2403	No
MF-1230 Hydro	$15875	$6670	$7620	**$10160**	**$10950**	Iseki	3	87D	Variable	19.6	2293	No
MF-1230 Hydro 4WD	$17600	$7390	$8450	**$11260**	**$12140**	Iseki	3	87D	Variable	19.6	2469	No
MF-1233	$10525	$4420	$5050	**$6740**	**$7260**	Iseki	3	89D	9F-3R	22.9	1817	No
MF-1233 4WD	$11260	$4730	$5410	**$7210**	**$7770**	Iseki	3	89D	9F-3R	22.9	1984	No
MF-1235 Hydro 4WD	$18390	$7720	$8830	**$11770**	**$12690**	Iseki	3	91D	Variable	24.3	2447	No
MF-1240	$15125	$6350	$7260	**$9680**	**$10440**	Iseki	3	87D	16F-16R	22.8	2859	No
MF-1240 4WD	$17040	$7160	$8180	**$10910**	**$11760**	Iseki	3	87D	16F-16R	22.8	2960	No
MF-1250	$16300	$6850	$7820	**$10430**	**$11250**	Iseki	3	91D	16F-16R	26.8	2933	No
MF-1250 4WD	$18680	$7850	$8970	**$11960**	**$12890**	Iseki	3	91D	16F-16R	26.8	3040	No
MF-1250 Hydro 4WD	$20510	$8610	$9850	**$13130**	**$14150**	Iseki	3	91D	Variable	26.8	3040	No
MF-1260 4WD	$21370	$8980	$10260	**$13680**	**$14750**	Iseki	3	91D	16F-16R	31.0	3128	No
MF-1260 Hydro 4WD	$23090	$9700	$11080	**$14780**	**$15930**	Iseki	3	91D	Variable	31.0	3128	No
MF-3315S 4WD	$29295	$11210	$12810	**$17080**	**$18410**	Perkins	3	152D	16F-8R	47.0		No
MF-3315S 4WD Cab	$37615	$14270	$16300	**$21740**	**$23440**	Perkins	3	152D	16F-8R	47.0		CHA
MF-3315GE 4WD	$29010	$11100	$12680	**$16910**	**$18230**	Perkins	3	152D	20F-10R	47.0		No
MF-3315V 4WD	$29685	$11120	$12710	**$16940**	**$18270**	Perkins	3	152D	16F-8R	47.0		No
MF-3315V 4WD Cab	$38785	$14180	$16210	**$21610**	**$23290**	Perkins	3	152D	16F-8R	47.0		CHA
MF-3330S	$28635	$10950	$12520	**$16690**	**$18000**	Perkins	4	244D	16F-8R	60.0		No
MF-3330S 4WD	$34645	$12960	$14810	**$19750**	**$21290**	Perkins	4	244D	16F-8R	60.0		No
MF-3330S Cab	$36955	$14010	$16020	**$21350**	**$23020**	Perkins	4	244D	16F-8R	60.0		CHA
MF-3330S 4WD Cab	$42970	$16020	$18310	**$24410**	**$26320**	Perkins	4	244D	16F-8R	60.0		CHA
MF-3330GE	$29365	$11040	$12610	**$16820**	**$18130**	Perkins	4	244D	20F-10R	60.0		No
MF-3330GE 4WD	$34685	$13170	$15050	**$20070**	**$21640**	Perkins	4	244D	20F-10R	60.0		No
MF-3330V	$28275	$10530	$12040	**$16050**	**$17300**	Perkins	4	244D	16F-8R	60.0		No
MF-3330V 4WD	$34155	$12610	$14410	**$19220**	**$20720**	Perkins	4	244D	16F-8R	60.0		No
MF-3330V Cab	$37205	$13590	$15530	**$20710**	**$22330**	Perkins	4	244D	16F-8R	60.0		CHA
MF-3330V 4WD Cab	$43080	$15670	$17910	**$23880**	**$25740**	Perkins	4	244D	16F-8R	60.0		CHA
MF-3340F	$30755	$11520	$13170	**$17560**	**$18930**	Perkins	4	256D	16F-8R	70.0		No
MF-3340F 4WD	$37355	$13700	$15660	**$20880**	**$22510**	Perkins	4	256D	16F-8R	70.0		No
MF-3340F Cab	$39080	$14580	$16670	**$22220**	**$23960**	Perkins	4	256D	16F-8R	70.0		CHA
MF-3340F 4WD Cab	$45680	$16760	$19160	**$25540**	**$27540**	Perkins	4	256D	16F-8R	70.0		CHA
MF-3340GE	$31530	$11620	$13280	**$17700**	**$19090**	Perkins	4	256D	20F-10R	70.0		No
MF-3340GE 4WD	$37015	$13760	$15720	**$20960**	**$22600**	Perkins	4	256D	20F-10R	70.0		No
MF-3340V	$30845	$11280	$12890	**$17180**	**$18530**	Perkins	4	256D	16F-8R	70.0		No
MF-3340V 4WD	$35945	$13360	$15260	**$20350**	**$21940**	Perkins	4	256D	16F-8R	70.0		No
MF-3340V Cab	$39825	$14340	$16390	**$21850**	**$23550**	Perkins	4	256D	16F-8R	70.0		CHA
MF-3340V 4WD Cab	$44870	$16420	$18760	**$25010**	**$26970**	Perkins	4	256D	16F-8R	70.0		CHA
MF-3350F 4WD	$41785	$15130	$17290	**$23050**	**$24850**	Perkins	4T	244D	16F-8R	78.0		No
MF-3350F 4WD Cab	$50110	$18190	$20790	**$27720**	**$29880**	Perkins	4T	244D	16F-8R	78.0		CHA
MF-3350GE 4WD	$41360	$15180	$17350	**$23130**	**$24940**	Perkins	4T	244D	20F-10R	78.0		No
MF-3355F 4WD	$45075	$16160	$18470	**$24630**	**$26560**	Perkins	4T	244D	16F-8R	82.0		No
MF-3355F 4WD Cab	$53400	$19220	$21970	**$29290**	**$31580**	Perkins	4T	244D	16F-8R	82.0		CHA
MF-3355GE	$39790	$16180	$18490	**$24660**	**$26580**	Perkins	4T	244D	20F-10R	82.0		No
MF-4225	$27405	$11180	$12780	**$17040**	**$18370**	Perkins	4	248D	8F-2R	55.0	6114	No
MF-4225	$32445	$13630	$15570	**$20770**	**$22390**	Perkins	4	248D	12F-12R	55.0	6114	No
MF-4225 4WD	$34840	$14630	$16720	**$22300**	**$24040**	Perkins	4	248D	8F-2R	55.0	6665	No
MF-4225 4WD	$39875	$16750	$19140	**$25520**	**$27510**	Perkins	4	248D	12F-12R	55.0	6665	No
MF-4225 4WD w/Cab	$44680	$18770	$21450	**$28600**	**$30830**	Perkins	4	248D	12F-12R	55.0	7485	CHA
MF-4225 4WD w/Cab	$47990	$20160	$23040	**$30710**	**$33110**	Perkins	4	248D	12F-12R	55.0	7485	CHA
MF-4225 w/Cab	$38840	$16310	$18640	**$24860**	**$26800**	Perkins	4	248D	12F-4R	55.0	6934	CHA
MF-4225 w/Cab	$42155	$17710	$20230	**$26980**	**$29090**	Perkins	4	248D	12F-12R	55.0	6934	CHA
MF-4233	$29030	$12190	$13930	**$18580**	**$20030**	Perkins	4	256D	8F-2R	65.0	6914	No
MF-4233	$32960	$13840	$15820	**$21090**	**$22740**	Perkins	4	256D	12F-12R	65.0	6914	No
MF-4233 4WD	$35055	$14720	$16830	**$22440**	**$24190**	Perkins	4	256D	8F-2R	65.0	7465	No
MF-4233 4WD	$38600	$16210	$18530	**$24700**	**$26630**	Perkins	4	256D	12F-12R	65.0	7465	No
MF-4233 4WD w/Cab	$45020	$18910	$21610	**$28810**	**$31060**	Perkins	4	256D	12F-4R	65.0	8285	CHA
MF-4233 4WD w/Cab	$46940	$19720	$22530	**$30040**	**$32390**	Perkins	4	256D	12F-12R	65.0	8285	CHA
MF-4233 w/Cab	$38845	$16320	$18650	**$24860**	**$26800**	Perkins	4	256D	12F-4R	65.0	7734	CHA
MF-4233 w/Cab	$40765	$17120	$19570	**$26090**	**$28130**	Perkins	4	256D	12F-12R	65.0	7734	CHA
MF-4235	$36940	$15520	$17730	**$23640**	**$25490**	Perkins	4	248D	12F-12R	65.0	6797	No
MF-4235 4WD	$42150	$17700	$20230	**$26980**	**$29080**	Perkins	4	248D	12F-12R	65.0	7348	No
MF-4235 4WD w/Cab	$49350	$20730	$23690	**$31580**	**$34050**	Perkins	4	248D	12F-12R	65.0	8468	CHA
MF-4235 w/Cab	$44160	$18550	$21200	**$28260**	**$30470**	Perkins	4	248D	12F-12R	65.0	7417	CHA
MF-4243	$30625	$12860	$14700	**$19600**	**$21130**	Perkins	4T	244D	8F-2R	75.0	6914	No
MF-4243	$34170	$14350	$16400	**$21870**	**$23580**	Perkins	4T	244D	12F-12R	75.0	6914	No
MF-4243 4WD	$37105	$15580	$17810	**$23750**	**$25600**	Perkins	4T	244D	8F-2R	75.0	7465	No
MF-4243 4WD	$41035	$17240	$19700	**$26260**	**$28310**	Perkins	4T	244D	12F-12R	75.0	7465	No
MF-4243 4WD w/Cab	$47415	$19910	$22760	**$30350**	**$32720**	Perkins	4T	244D	12F-4R	75.0	8285	CHA
MF-4243 4WD w/Cab	$49720	$20880	$23870	**$31820**	**$34310**	Perkins	4T	244D	12F-12R	75.0	8285	CHA
MF-4243 w/Cab	$40370	$16960	$19380	**$25840**	**$27860**	Perkins	4T	244D	12F-4R	75.0	7735	CHA

Massey Ferguson (Cont.)

Model	Approx. Retail Price New	Used Trade-In Avg.	Used Trade-In High	Used Retail Avg.	Used Retail High	Engine Make	Engine No. Cyls.	Engine Displ. Cu.-in.	No. Speeds	P.T.O. H.P.	Approx. Shipping Wt.-Lbs.	Cab
2001 (Cont.)												
MF-4243 w/Cab	$42680	$17930	$20490	**$27320**	**$29450**	Perkins	4T	244D	12F-12R	75.0	7735	CHA
MF-4245	$40765	$17120	$19570	**$26090**	**$28130**	Perkins	4T	244D	12F-12R	75.0	6915	No
MF-4245 4WD	$46645	$19590	$22390	**$29850**	**$32190**	Perkins	4T	244D	12F-12R	75.0	7465	No
MF-4245 4WD w/Cab	$54785	$23010	$26300	**$35060**	**$37800**	Perkins	4T	244D	12F-12R	75.0	8285	CHA
MF-4245 w/Cab	$48510	$20370	$23290	**$31050**	**$33470**	Perkins	4T	244D	12F-12R	75.0	7735	CHA
MF-4253	$33490	$14070	$16080	**$21430**	**$23110**	Perkins	4T	244D	8F-2R	85.0	6914	No
MF-4253	$37420	$15720	$17960	**$23950**	**$25820**	Perkins	4T	244D	12F-12R	85.0	6914	No
MF-4253 4WD	$40590	$17050	$19480	**$25980**	**$28010**	Perkins	4T	244D	8F-2R	85.0	7465	No
MF-4253 4WD	$44520	$18700	$21370	**$28490**	**$30720**	Perkins	4T	244D	12F-12R	85.0	7465	No
MF-4253 4WD w/Cab	$50845	$21360	$24410	**$32540**	**$35080**	Perkins	4T	244D	12F-4R	85.0	8285	CHA
MF-4253 4WD w/Cab	$52765	$22160	$25330	**$33770**	**$36410**	Perkins	4T	244D	12F-12R	85.0	8285	CHA
MF-4253 w/Cab	$43030	$18070	$20650	**$27540**	**$29690**	Perkins	4T	244D	12F-4R	85.0	7735	CHA
MF-4253 w/Cab	$44945	$18880	$21570	**$28770**	**$31010**	Perkins	4T	244D	12F-12R	85.0	7735	CHA
MF-4255	$43035	$18080	$20660	**$27540**	**$29690**	Perkins	4T	244D	12F-12R	85.0	6914	No
MF-4255 4WD	$49160	$20650	$23600	**$31460**	**$33920**	Perkins	4T	244D	12F-12R	85.0	7465	No
MF-4255 4WD w/Cab	$57720	$24240	$27710	**$36940**	**$39830**	Perkins	4T	244D	12F-12R	85.0	8285	CHA
MF-4255 w/Cab	$50345	$21150	$24170	**$32220**	**$34740**	Perkins	4T	244D	12F-12R	85.0	7734	CHA
MF-4263	$37270	$15650	$17890	**$23850**	**$25720**	Perkins	6	365D	8F-2R	90.0	7624	No
MF-4263	$40905	$17180	$19630	**$26180**	**$28220**	Perkins	6	365D	12F-12R	90.0	7624	No
MF-4263 4WD	$44565	$18720	$21390	**$28520**	**$30750**	Perkins	6	365D	8F-2R	90.0	8175	No
MF-4263 4WD	$48110	$20210	$23090	**$30790**	**$33200**	Perkins	6	365D	12F-12R	90.0	8175	No
MF-4263 4WD w/Cab	$56165	$23590	$26960	**$35950**	**$38750**	Perkins	6	365D	12F-4R	90.0	8995	CHA
MF-4263 4WD w/Cab	$58080	$24390	$27880	**$37170**	**$40080**	Perkins	6	365D	12F-12R	90.0	8995	CHA
MF-4263 w/Cab	$47930	$20130	$23010	**$30680**	**$33070**	Perkins	6	365D	12F-4R	90.0	8444	CHA
MF-4263 w/Cab	$49850	$20940	$23930	**$31900**	**$34400**	Perkins	6	365D	12F-12R	90.0	8444	CHA
MF-4270	$46310	$19450	$22230	**$29640**	**$31950**	Perkins	6T	365D	12F-12R	99.0	7712	No
MF-4270 4WD	$54070	$22710	$25950	**$34610**	**$37310**	Perkins	6T	365D	12F-12R	99.0	8263	No
MF-4270 4WD w/Cab	$63280	$26580	$30370	**$40500**	**$43660**	Perkins	6T	365D	12F-12R	99.0	9083	CHA
MF-4270 w/Cab	$53525	$22480	$25690	**$34260**	**$36930**	Perkins	6T	365D	12F-12R	99.0	8532	CHA
MF-6245 4WD	$60650	$23650	$27900	**$36390**	**$40640**	Perkins	4T	244D	32F-32R	75.0		CHA
MF-6255	$56415	$22000	$25950	**$33850**	**$37800**	Perkins	4T	244D	32F-32R	85.0		CHA
MF-6255 4WD	$64475	$25150	$29660	**$38690**	**$43200**	Perkins	4T	244D	32F-32R	85.0		CHA
MF-6265	$58510	$22820	$26920	**$35110**	**$39200**	Perkins	4T	244D	32F-32R	95.0		CHA
MF-6265 4WD	$66940	$26110	$30790	**$40160**	**$44850**	Perkins	4T	244D	32F-32R	85.0		CHA
MF-6270	$52130	$20330	$23980	**$31280**	**$34930**	Perkins	6T	365D	32F-32R	100.0		No
MF-6270	$60675	$23660	$27910	**$36410**	**$40650**	Perkins	6T	365D	32F-32R	100.0		CHA
MF-6270 4WD	$60050	$23420	$27620	**$36030**	**$40230**	Perkins	6T	365D	32F-32R	100.0		No
MF-6270 4WD	$68720	$26800	$31610	**$41230**	**$46040**	Perkins	6T	365D	32F-32R	100.0		CHA
MF-6280	$57165	$22290	$26300	**$34300**	**$38300**	Perkins	6T	365D	32F-32R	110.0		No
MF-6280	$66025	$25750	$30370	**$39620**	**$44240**	Perkins	6T	365D	32F-32R	110.0		CHA
MF-6280 4WD	$64450	$25140	$29650	**$38670**	**$43180**	Perkins	6T	365D	32F-32R	110.0		No
MF-6280 4WD	$73320	$28600	$33730	**$43990**	**$49120**	Perkins	6T	365D	32F-32R	110.0		CHA
MF-6290	$61220	$23880	$28160	**$36730**	**$41020**	Perkins	6T	365D	32F-32R	120.0		No
MF-6290	$70710	$27580	$32530	**$42430**	**$47380**	Perkins	6T	365D	32F-32R	120.0		CHA
MF-6290 4WD	$68840	$26850	$31670	**$41300**	**$46120**	Perkins	6T	365D	32F-32R	120.0		No
MF-6290 4WD	$78330	$30550	$36030	**$47000**	**$52480**	Perkins	6T	365D	32F-32R	120.0		CHA
MF-8220	$84755	$32250	$38040	**$45490**	**$50450**	Perkins	6TA	365D	32F-32R	135.0	13815	CHA
MF-8220 4WD	$96070	$36660	$43240	**$51700**	**$57340**	Perkins	6TA	365D	32F-32R	135.0	14415	CHA
MF-8240	$88195	$33890	$39970	**$47800**	**$53010**	Perkins	6TA	402D	32F-32R	145.0	13865	CHA
MF-8240 4WD	$100770	$38920	$45910	**$54890**	**$60880**	Valmet	6TA	402D	32F-32R	145.0	14465	CHA
MF-8245 4WD	$112160	$41460	$48900	**$58470**	**$64840**	Valmet	6TA	451D	18F-6R	160.0	18300	CHA
MF-8250 4WD	$107785	$40330	$47560	**$56870**	**$63070**	Valmet	6TA	451D	32F-32R	165.0	18853	CHA
MF-8260 4WD	$122725	$45160	$53270	**$63690**	**$70640**	Valmet	6TA	451D	18F-6R	180.0	18500	CHA
MF-8270 4WD	$131150	$48630	$57360	**$68590**	**$76070**	Valmet	6TA	513D	18F-6R	200.0	19700	CHA
MF-8280 4WD	$142315	$51440	$60670	**$72550**	**$80460**	Valmet	6TA	513D	18F-6R	225.0	19700	CHA
2000												
MF-231S	$14100	$5780	$7190	**$9170**	**$10010**	Perkins	3	152D	8F-2R	42.0	4120	No
MF-241	$15890	$6200	$7150	**$9850**	**$10650**	Perkins	3	152D	8F-2R	45.0	4160	No
MF-243	$22590	$8810	$10170	**$14010**	**$15140**	Perkins	3	152D	8F-2R	47.0	4850	No
MF-243 4WD	$25450	$9930	$11450	**$15780**	**$17050**	Perkins	3	152D	8F-2R	47.0	5045	No
MF-263	$25700	$10020	$11570	**$15930**	**$17220**	Perkins	3T	152D	8F-2R	53.0	4915	No
MF-263 4WD	$30740	$11990	$13830	**$19060**	**$20600**	Perkins	3T	152D	8F-2R	53.0	5063	No
MF-271	$18025	$7030	$8110	**$11180**	**$12080**	Perkins	4	236D	8F-2R	59.0	6130	No
MF-281	$20850	$8130	$9380	**$12930**	**$13970**	Perkins	4	236D	8F-2R	69.0	6350	No
MF-281 4WD	$26460	$10320	$11910	**$16410**	**$17730**	Perkins	4	236D	8F-2R	69.0	6635	No
MF-1165 4WD	$26160	$10200	$11770	**$16220**	**$17530**	Isuzu	4	134D	16F-16R	37.0	1874	No
MF-1205 4WD	$10800	$4210	$4860	**$6700**	**$7240**	Iseki	3	61D	6F-2R	13.5	1579	No
MF-1205 Hydro 4WD	$12050	$4700	$5420	**$7470**	**$8070**	Iseki	3	61D	Variable	13.0	1579	No
MF-1215	$11095	$4330	$4990	**$6880**	**$7430**	Iseki	3	61D	6F-2R	15.0	1457	No
MF-1215 4WD	$12025	$4680	$5400	**$7440**	**$8040**	Iseki	3	61D	6F-2R	15.0	1589	No
MF-1215 Hydro	$12365	$4820	$5560	**$7670**	**$8290**	Iseki	3	61D	Variable	14.0	1457	No
MF-1215 Hydro 4WD	$13595	$5300	$6120	**$8430**	**$9110**	Iseki	3	61D	Variable	14.0	1589	No
MF-1225	$11970	$4670	$5390	**$7420**	**$8020**	Iseki	3	68D	6F-2R	19.0	1874	No
MF-1225 4WD	$13410	$5230	$6040	**$8310**	**$8990**	Iseki	3	68D	6F-2R	19.0	1874	No
MF-1225 Hydro	$13385	$5070	$5850	**$8060**	**$8710**	Iseki	3	68D	Variable	18.4	1874	No
MF-1225 Hydro 4WD	$14870	$5800	$6690	**$9220**	**$9960**	Iseki	3	68D	Variable	18.4	1874	No
MF-1230	$14105	$5500	$6350	**$8750**	**$9450**	Iseki	3	87D	9F-3R	20.5	2227	No
MF-1230 4WD	$15785	$6160	$7100	**$9790**	**$10580**	Iseki	3	87D	9F-3R	20.5	2403	No
MF-1230 Hydro	$15745	$6140	$7090	**$9760**	**$10550**	Iseki	3	87D	Variable	19.6	2293	No
MF-1230 Hydro 4WD	$17425	$6800	$7840	**$10800**	**$11680**	Iseki	3	87D	Variable	19.6	2469	No
MF-1235 Hydro 4WD	$18035	$7030	$8120	**$11180**	**$12080**	Iseki	3	91D	Variable	24.3	2447	No
MF-1240	$15200	$5930	$6840	**$9420**	**$10180**	Iseki	3	87D	16F-16R	22.8	2859	No
MF-1240 4WD	$17205	$6710	$7740	**$10670**	**$11530**	Iseki	3	87D	16F-16R	22.8	2960	No

Massey Ferguson (Cont.)

Model	Approx. Retail Price New	Estimated Value Less Repairs: Used Trade-In Avg.	Used Trade-In High	Used Retail Avg.	Used Retail High	Engine Make	Engine No. Cyls.	Engine Displ. Cu.-in.	No. Speeds	P.T.O. H.P.	Approx. Shipping Wt.-Lbs.	Cab
				2000 (Cont.)								
MF-1250	$16175	$6310	$7280	**$10030**	**$10840**	Iseki	3	91D	16F-16R	26.8	2933	No
MF-1250 4WD	$18690	$7290	$8410	**$11590**	**$12520**	Iseki	3	91D	16F-16R	26.8	3040	No
MF-1260 4WD	$20855	$8130	$9390	**$12930**	**$13970**	Iseki	3	91D	16F-16R	31.0	3128	No
MF-2210 4WD	$37785	$13600	$16250	**$21920**	**$24560**	Perkins	3	165D	15F-15R	49.0		No
MF-2210 4WD	$38795	$13970	$16680	**$22500**	**$25220**	Perkins	3	165D	15F-15R	49.0		CHA
MF-2220 4WD	$36220	$13040	$15580	**$21010**	**$23540**	Perkins	3T	165D	15F-15R	58.0		No
MF-2220 4WD	$41525	$14950	$17860	**$24090**	**$26990**	Perkins	3T	165D	15F-15R	58.0		CHA
MF-3210GE 4WD	$29995	$11700	$13500	**$18600**	**$20100**	Perkins	3	152D	12F-12R	49.0		No
MF-3210S	$20595	$8030	$9270	**$12770**	**$13800**	Perkins	3	152D	12F-12R	49.0		No
MF-3210S 4WD	$29735	$11600	$13380	**$18440**	**$19920**	Perkins	3	152D	12F-12R	49.0		No
MF-3210S w/Cab	$31980	$12470	$14390	**$19830**	**$21430**	Perkins	3	152D	12F-12R	49.0		CHA
MF-3210S 4WD w/Cab	$37845	$14760	$17030	**$23460**	**$25360**	Perkins	3	152D	12F-12R	49.0		CHA
MF-3210V	$26170	$10210	$11780	**$16230**	**$17530**	Perkins	3	152D	12F-12R	49.0		No
MF-3210V 4WD	$31900	$12440	$14360	**$19780**	**$21370**	Perkins	3	152D	12F-12R	49.0		No
MF-3210V w/Cab	$35095	$13690	$15790	**$21760**	**$23510**	Perkins	3	152D	12F-12R	49.0		CHA
MF-3210V 4WD w/Cab	$40825	$15920	$18370	**$25310**	**$27350**	Perkins	3	152D	12F-12R	49.0		CHA
MF-3225S	$28840	$11250	$12980	**$17880**	**$19320**	Perkins	4	244D	12F-12R	61.0		No
MF-3225S 4WD	$34930	$13620	$15720	**$21660**	**$23400**	Perkins	4	244D	12F-12R	61.0		No
MF-3225S w/Cab	$37160	$14490	$16720	**$23040**	**$24900**	Perkins	4	244D	12F-12R	61.0		CHA
MF-3225S 4WD w/Cab	$43255	$16870	$19470	**$26820**	**$28980**	Perkins	4	244D	12F-12R	61.0		CHA
MF-3225GE	$28705	$11200	$12920	**$17800**	**$19230**	Perkins	4	244D	12F-12R	61.0		No
MF-3225V	$29135	$11360	$13110	**$18060**	**$19520**	Perkins	4	244D	12F-12R	61.0		No
MF-3225GE 4WD	$34850	$13590	$15680	**$21610**	**$23350**	Perkins	4	244D	12F-12R	61.0		No
MF-3225V 4WD	$35185	$13720	$15830	**$21820**	**$23570**	Perkins	4	244D	12F-12R	61.0		No
MF-3225V 4WD w/Cab	$47035	$18340	$21170	**$29160**	**$31510**	Perkins	4	244D	12F-12R	61.0		CHA
MF-3225V w/Cab	$40550	$15820	$18250	**$25140**	**$27170**	Perkins	4	244D	12F-12R	61.0		CHA
MF-3235V 4WD	$36965	$14420	$16630	**$22920**	**$24770**	Perkins	4	244D	12F-12R	71.0		No
MF-3235V 4WD w/Cab	$48820	$19040	$21970	**$30270**	**$32710**	Perkins	4	244D	12F-12R	71.0		CHA
MF-3235V w/Cab	$43120	$16820	$19400	**$26730**	**$28890**	Perkins	4	244D	12F-12R	71.0		CHA
MF-3235S	$31095	$12130	$13990	**$19280**	**$20830**	Perkins	4	244D	12F-12R	71.0		No
MF-3235V	$34390	$13410	$15480	**$21320**	**$23040**	Perkins	4	244D	12F-12R	71.0		No
MF-3235S 4WD	$37445	$14600	$16850	**$23220**	**$25090**	Perkins	4	244D	12F-12R	71.0		No
MF-3235S w/Cab	$39350	$15350	$17710	**$24400**	**$26370**	Perkins	4	244D	12F-12R	71.0		CHA
MF-3235S 4WD w/Cab	$45765	$17850	$20590	**$28370**	**$30660**	Perkins	4	244D	12F-12R	71.0		CHA
MF-3235GE 4WD	$37180	$14500	$16730	**$23050**	**$24910**	Perkins	4	244D	12F-12R	71.0		No
MF-3245S 4WD	$41805	$16300	$18810	**$25920**	**$28010**	Perkins	4T	244D	12F-12R	80.0		No
MF-3245S 4WD	$50125	$19550	$22560	**$31080**	**$33580**	Perkins	4T	244D	12F-12R	80.0		CHA
MF-3245FA 4WD	$42045	$16400	$18920	**$26070**	**$28170**	Perkins	4T	244D	12F-12R	80.0		No
MF-3245FA 4WD w/Cab	$50370	$19640	$22670	**$31230**	**$33750**	Perkins	4T	244D	12F-12R	80.0		CHA
MF-3255FA 4WD	$44820	$17480	$20170	**$27790**	**$30030**	Perkins	4T	244D	12F-12R	84.4		No
MF-3255FA 4WD w/Cab	$53145	$20730	$23920	**$32950**	**$35610**	Perkins	4T	244D	12F-12R	84.4		CHA
MF-4225	$27140	$10590	$12210	**$16830**	**$18180**	Perkins	4	248D	8F-2R	55.0	6114	No
MF-4225	$32000	$12480	$14400	**$19840**	**$21440**	Perkins	4	248D	12F-12R	55.0	6114	No
MF-4225 4WD	$34985	$13640	$15740	**$21690**	**$23440**	Perkins	4	248D	8F-2R	55.0	6665	No
MF-4225 4WD	$40020	$15610	$18010	**$24810**	**$26810**	Perkins	4	248D	12F-12R	55.0	6665	No
MF-4225 4WD w/Cab	$43655	$17030	$19650	**$27070**	**$29250**	Perkins	4	248D	12F-4R	55.0	7485	CHA
MF-4225 4WD w/Cab	$46965	$18320	$21130	**$29120**	**$31470**	Perkins	4	248D	12F-12R	55.0	7485	CHA
MF-4225 w/Cab	$38130	$14870	$17160	**$23640**	**$25550**	Perkins	4	248D	12F-4R	55.0	6934	CHA
MF-4225 w/Cab	$41445	$16160	$18650	**$25700**	**$27770**	Perkins	4	248D	12F-12R	55.0	6934	CHA
MF-4233	$28605	$11160	$12870	**$17740**	**$19170**	Perkins	4	256D	8F-2R	65.0	6914	No
MF-4233	$32535	$12690	$14640	**$20170**	**$21800**	Perkins	4	256D	12F-12R	65.0	6914	No
MF-4233 4WD	$34675	$13520	$15600	**$21500**	**$23230**	Perkins	4	256D	8F-2R	65.0	7465	No
MF-4233 4WD	$38605	$15060	$17370	**$23940**	**$25870**	Perkins	4	256D	12F-12R	65.0	7465	No
MF-4233 4WD w/Cab	$44570	$17380	$20060	**$27630**	**$29860**	Perkins	4	256D	12F-4R	65.0	8285	CHA
MF-4233 4WD w/Cab	$48875	$18310	$21130	**$29110**	**$31460**	Perkins	4	256D	12F-12R	65.0	8285	CHA
MF-4233 w/Cab	$38420	$14980	$17290	**$23820**	**$25740**	Perkins	4	256D	12F-4R	65.0	7734	CHA
MF-4233 w/Cab	$40725	$15880	$18330	**$25250**	**$27290**	Perkins	4	256D	12F-12R	65.0	7734	CHA
MF-4235	$35960	$14020	$16180	**$22300**	**$24090**	Perkins	4	248D	12F-12R	65.0	6797	No
MF-4235 4WD	$41700	$16260	$18770	**$25850**	**$27940**	Perkins	4	248D	12F-12R	65.0	7348	No
MF-4235 4WD w/Cab	$49025	$19120	$22060	**$30400**	**$32850**	Perkins	4	248D	12F-12R	65.0	8468	CHA
MF-4235 w/Cab	$43135	$16820	$19410	**$26740**	**$28900**	Perkins	4	248D	12F-12R	65.0	7417	CHA
MF-4243	$30145	$11760	$13570	**$18690**	**$20200**	Perkins	4T	244D	8F-2R	75.0	6914	No
MF-4243	$34075	$13290	$15330	**$21130**	**$22830**	Perkins	4T	244D	12F-12R	75.0	6914	No
MF-4243 4WD	$37105	$14470	$16700	**$23010**	**$24860**	Perkins	4T	244D	8F-2R	75.0	7465	No
MF-4243 4WD	$41035	$16000	$18470	**$25440**	**$27490**	Perkins	4T	244D	12F-12R	75.0	7465	No
MF-4243 4WD w/Cab	$47415	$18490	$21340	**$29400**	**$31770**	Perkins	4T	244D	12F-4R	75.0	8285	CHA
MF-4243 4WD w/Cab	$49720	$19390	$22370	**$30830**	**$33310**	Perkins	4T	244D	12F-12R	75.0	8285	CHA
MF-4243 w/Cab	$40370	$15740	$18170	**$25030**	**$27050**	Perkins	4T	244D	12F-4R	75.0	7735	CHA
MF-4243 w/Cab	$42680	$16650	$19210	**$26460**	**$28600**	Perkins	4T	244D	12F-12R	75.0	7735	CHA
MF-4245	$40525	$15810	$18240	**$25130**	**$27150**	Perkins	4T	244D	12F-12R	75.0	6915	No
MF-4245 4WD	$46495	$18130	$20920	**$28830**	**$31150**	Perkins	4T	244D	12F-12R	75.0	7465	No
MF-4245 4WD w/Cab	$54325	$21190	$24450	**$33680**	**$36400**	Perkins	4T	244D	12F-12R	75.0	8285	CHA
MF-4245 w/Cab	$48270	$18830	$21720	**$29930**	**$32340**	Perkins	4T	244D	12F-12R	75.0	7735	CHA
MF-4253	$33010	$12870	$14860	**$20470**	**$22120**	Perkins	4T	244D	8F-2R	85.0	6914	No
MF-4253	$36940	$14410	$16620	**$22900**	**$24750**	Perkins	4T	244D	12F-12R	85.0	6914	No
MF-4253 4WD	$39885	$15560	$17950	**$24730**	**$26720**	Perkins	4T	244D	8F-2R	85.0	7465	No
MF-4253 4WD	$43815	$17090	$19720	**$27170**	**$29360**	Perkins	4T	244D	12F-12R	85.0	7465	No
MF-4253 4WD w/Cab	$50140	$19560	$22560	**$31090**	**$33590**	Perkins	4T	244D	12F-12R	85.0	8285	CHA
MF-4253 4WD w/Cab	$52445	$20450	$23600	**$32520**	**$35140**	Perkins	4T	244D	12F-12R	85.0	8285	CHA
MF-4253 w/Cab	$42810	$16700	$19270	**$26540**	**$28680**	Perkins	4T	244D	12F-12R	85.0	7735	CHA
MF-4253 w/Cab	$45110	$17590	$20300	**$27970**	**$30220**	Perkins	4T	244D	12F-12R	85.0	7735	CHA
MF-4255	$42295	$16500	$19030	**$26220**	**$28340**	Perkins	4T	244D	12F-12R	85.0	6914	No
MF-4255 4WD	$48825	$19040	$21970	**$30270**	**$32710**	Perkins	4T	244D	12F-12R	85.0	7465	No
MF-4255 4WD w/Cab	$57060	$22250	$25680	**$35380**	**$38230**	Perkins	4T	244D	12F-12R	85.0	8285	CHA

Massey Ferguson (Cont.)

Model	Approx. Retail Price New	Used Trade-In Avg.	Used Trade-In High	Used Retail Avg.	Used Retail High	Make	Engine No. Cyls.	Engine Displ. Cu.-in.	No. Speeds	P.T.O. H.P.	Approx. Shipping Wt.-Lbs.	Cab
				2000 (Cont.)								
MF-4255 w/Cab	$50295	$19620	$22630	**$31180**	**$33700**	Perkins	4T	244D	12F-12R	85.0	7734	CHA
MF-4263	$36885	$14390	$16600	**$22870**	**$24710**	Perkins	6	365D	8F-2R	90.0	7624	No
MF-4263	$40905	$15950	$18410	**$25360**	**$27410**	Perkins	6	365D	12F-12R	90.0	7624	No
MF-4263 4WD	$43350	$16910	$19510	**$26880**	**$29050**	Perkins	6	365D	8F-2R	90.0	8175	No
MF-4263 4WD	$47280	$18440	$21280	**$29310**	**$31680**	Perkins	6	365D	12F-12R	90.0	8175	No
MF-4263 4WD w/Cab	$55175	$21520	$24830	**$34210**	**$36970**	Perkins	6	365D	12F-4R	90.0	8995	CHA
MF-4263 4WD w/Cab	$57475	$22420	$25860	**$35640**	**$38510**	Perkins	6	365D	12F-12R	90.0	8995	CHA
MF-4263 w/Cab	$47545	$18540	$21400	**$29480**	**$31860**	Perkins	6	365D	12F-4R	90.0	8444	CHA
MF-4263 w/Cab	$49850	$19440	$22430	**$30910**	**$33400**	Perkins	6	365D	12F-12R	90.0	8444	CHA
MF-4270	$45350	$17690	$20410	**$28120**	**$30390**	Perkins	6T	365D	12F-12R	99.0	7712	No
MF-4270 4WD	$54765	$21360	$24640	**$33950**	**$36690**	Perkins	6T	365D	12F-12R	99.0	8263	No
MF-4270 4WD w/Cab	$63650	$24820	$28640	**$39460**	**$42650**	Perkins	6T	365D	12F-12R	99.0	9083	CHA
MF-4270 w/Cab	$53525	$20880	$24090	**$33190**	**$35860**	Perkins	6T	365D	12F-12R	99.0	8532	CHA
MF-6245 4WD	$61550	$21820	$26060	**$35150**	**$39390**	Perkins	4T	244D	32F-32R	75.0		CHA
MF-6255	$57205	$20300	$24250	**$32710**	**$36660**	Perkins	4T	244D	32F-32R	85.0		CHA
MF-6255 4WD	$61985	$22320	$26650	**$35950**	**$40290**	Perkins	4T	244D	32F-32R	85.0		CHA
MF-6265	$56395	$20300	$24250	**$32710**	**$36660**	Perkins	4T	244D	32F-32R	95.0		CHA
MF-6265 4WD	$65405	$23550	$28120	**$37940**	**$42510**	Perkins	4T	244D	32F-32R	85.0		CHA
MF-6270	$53510	$19260	$23010	**$31040**	**$34780**	Perkins	6T	365D	32F-32R	100.0		No
MF-6270	$61805	$21850	$26100	**$35210**	**$39460**	Perkins	6T	365D	32F-32R	100.0		CHA
MF-6270 4WD	$61055	$21600	$25800	**$34800**	**$39000**	Perkins	6T	365D	32F-32R	100.0		No
MF-6270 4WD	$69715	$24730	$29540	**$39850**	**$44660**	Perkins	6T	365D	32F-32R	100.0		CHA
MF-6280	$56365	$20290	$24240	**$32690**	**$36640**	Perkins	6T	365D	32F-32R	110.0		No
MF-6280	$65225	$23480	$28050	**$37830**	**$42400**	Perkins	6T	365D	32F-32R	110.0		CHA
MF-6280 4WD	$64030	$23050	$27530	**$37140**	**$41620**	Perkins	6T	365D	32F-32R	110.0		No
MF-6280 4WD	$72890	$26240	$31340	**$42280**	**$47380**	Perkins	6T	365D	32F-32R	110.0		CHA
MF-6290	$60295	$21710	$25930	**$34970**	**$39190**	Perkins	6T	365D	32F-32R	120.0		No
MF-6290	$69775	$25120	$30000	**$40470**	**$45350**	Perkins	6T	365D	32F-32R	120.0		CHA
MF-6290 4WD	$68420	$24630	$29420	**$39680**	**$44470**	Perkins	6T	365D	32F-32R	120.0		No
MF-6290 4WD	$77900	$28040	$33500	**$45180**	**$50640**	Perkins	6T	365D	32F-32R	120.0		CHA
MF-8220	$81105	$27580	$34880	**$40550**	**$45420**	Perkins	6TA	365D	32F-32R	135.0	13815	CHA
MF-8220 4WD	$90290	$30700	$38830	**$45150**	**$50560**	Perkins	6TA	365D	32F-32R	135.0	14415	CHA
MF-8240	$86905	$29550	$37370	**$43450**	**$48670**	Perkins	6TA	402D	32F-32R	145.0	13865	CHA
MF-8240 4WD	$99865	$33660	$42570	**$49500**	**$55440**	Perkins	6TA	402D	32F-32R	145.0	14465	CHA
MF-8245 4WD	$106325	$35470	$44860	**$52160**	**$58420**	Perkins	6TA	451D	18F-6R	160.0	18300	CHA
MF-8250 4WD	$103435	$34490	$43620	**$50720**	**$56800**	Perkins	6TA	451D	32F-32R	165.0	18853	CHA
MF-8260 4WD	$115815	$37400	$47300	**$55000**	**$61600**	Perkins	6TA	451D	18F-6R	180.0	18500	CHA
MF-8270 4WD	$125775	$40800	$51600	**$60000**	**$67200**	Perkins	6TA	513D	18F-6R	200.0	19700	CHA
MF-8280 4WD	$136940	$44200	$55900	**$65000**	**$72800**	Perkins	6TA	513D	18F-6R	225.0	19700	CHA
				1999								
MF-231	$13045	$5090	$6390	**$8350**	**$9130**	Perkins	3	152D	8F-2R	34.0	4065	No
MF-240	$20575	$7000	$8850	**$12350**	**$13370**	Perkins	3	152D	8F-2R	41.0	4015	No
MF-240 4WD	$25325	$8330	$10540	**$14700**	**$15930**	Perkins	3	152D	8F-2R	41.0	4585	No
MF-240S	$17240	$5860	$7410	**$10340**	**$11210**	Perkins	3	152D	8F-2R	41.0	4015	No
MF-243	$21810	$7420	$9380	**$13090**	**$14180**	Perkins	3	152D	8F-2R	47.0	4015	No
MF-243 4WD	$26205	$8700	$11010	**$15360**	**$16640**	Perkins	3	152D	8F-2R	47.0	4015	No
MF-253	$23560	$8010	$10130	**$14140**	**$15310**	Perkins	3T	152D	8F-2R	48.0	4265	No
MF-253 4WD	$28845	$9520	$12040	**$16800**	**$18200**	Perkins	3T	152D	8F-2R	48.0	4735	No
MF-261	$16345	$5560	$7030	**$9810**	**$10620**	Perkins	4	236D	8F-2R	53.0	5280	No
MF-263	$26765	$9100	$11510	**$16060**	**$17400**	Perkins	3T	152D	8F-2R	53.0	5700	No
MF-263 4WD	$31485	$10200	$12900	**$18000**	**$19500**	Perkins	3T	152D	8F-2R	53.0	5700	No
MF-271	$17675	$6010	$7600	**$10610**	**$11490**	Perkins	4	236D	8F-2R	57.0		No
MF-281	$21075	$7170	$9060	**$12650**	**$13700**	Perkins	4	236D	8F-2R	66.0		No
MF-281 4WD	$26745	$8840	$11180	**$15600**	**$16900**	Perkins	4	236D	8F-2R	66.0		No
MF-283	$20595	$7000	$8860	**$12360**	**$13390**	Perkins	4	248D	8F-2R	67.0	5700	No
MF-283 4WD	$26130	$8880	$11240	**$15680**	**$16990**	Perkins	4	248D	8F-2R	67.0		No
MF-354 GE 4WD	$31825	$10820	$13690	**$19100**	**$20690**	Perkins	3	152D	12F-12R	42.0		No
MF-354S	$24955	$8490	$10730	**$14970**	**$16220**	Perkins	3	152D	12F-4R	42.0		No
MF-354S 4WD	$31125	$10580	$13380	**$18680**	**$20230**	Perkins	3	152D	12F-4R	42.0		No
MF-354V	$31785	$10810	$13670	**$19070**	**$20660**	Perkins	3	152D	12F-12R	42.0		CH
MF-354V 4WD	$37780	$12850	$16250	**$22670**	**$24560**	Perkins	3	152D	12F-12R	42.0		CH
MF-362	$26500	$9010	$11400	**$15900**	**$17230**	Perkins	4	236D	8F-2R	55.0	5335	No
MF-362 4WD	$33185	$11280	$14270	**$19910**	**$21570**	Perkins	4	236D	8F-2R	55.0	5960	No
MF-374 GE	$29450	$10010	$12660	**$17670**	**$19140**	Perkins	4	236D	12F-12R	57.0		No
MF-374 GE 4WD	$36135	$12290	$15540	**$21680**	**$23490**	Perkins	4	236D	12F-12R	57.0		No
MF-374S	$27915	$9490	$12000	**$16750**	**$18150**	Perkins	4	236D	12F-4R	57.0		No
MF-374S 4WD	$34280	$11660	$14740	**$20570**	**$22280**	Perkins	4	236D	12F-4R	57.0		No
MF-374S 4WD w/Cab	$44725	$15210	$19230	**$26840**	**$29070**	Perkins	4	236D	12F-4R	57.0		CHA
MF-374S w/Cab	$38625	$13130	$16610	**$23180**	**$25110**	Perkins	4	236D	12F-4R	57.0		CHA
MF-374V	$38110	$12960	$16390	**$22870**	**$24770**	Perkins	4	236D	12F-12R	57.0		CHA
MF-374V 4WD	$44300	$15060	$19050	**$26580**	**$28800**	Perkins	4	236D	12F-12R	57.0		CHA
MF-375	$29075	$9890	$11630	**$16280**	**$18320**	Perkins	4	236D	12F-4R	60.0	6240	No
MF-375	$32630	$11090	$13050	**$18270**	**$20560**	Perkins	4	236D	18F-6R	60.0	6240	No
MF-375 4WD	$34865	$11850	$13950	**$19520**	**$21970**	Perkins	4	236D	12F-4R	60.0	6867	No
MF-375 4WD	$37900	$12890	$15160	**$21220**	**$23880**	Perkins	4	236D	18F-6R	60.0	6867	No
MF-375 4WD w/Cab	$43035	$14630	$17210	**$24100**	**$27110**	Perkins	4	236D	12F-4R	60.0	7517	CHA
MF-375 4WD w/Cab	$45175	$15360	$18070	**$25300**	**$28460**	Perkins	4	236D	18F-6R	60.0	7517	CHA
MF-375 w/Cab	$37810	$12860	$15120	**$21170**	**$23820**	Perkins	4	236D	12F-4R	60.0	6910	CHA
MF-375 w/Cab	$39945	$13580	$15980	**$22370**	**$25170**	Perkins	4	236D	18F-6R	60.0	6910	CHA
MF-383	$27270	$9270	$11730	**$16360**	**$17730**	Perkins	4	248D	8F-2R	73.0	6311	No
MF-383 4WD	$33725	$11470	$14500	**$20240**	**$21920**	Perkins	4	248D	8F-2R	73.0	6950	No
MF-383 4WD w/Cab	$42735	$14530	$18380	**$25640**	**$27780**	Perkins	4	248D	8F-2R	73.0	7552	CHA
MF-383 w/Cab	$36280	$12340	$15600	**$21770**	**$23580**	Perkins	4	248D	8F-2R	73.0	6957	CHA

Massey Ferguson (Cont.)

1999 (Cont.)

Model	Approx. Retail Price New	Estimated Value Less Repairs: Used Trade-In Avg.	Used Trade-In High	Used Retail Avg.	Used Retail High	Engine Make	Engine No. Cyls.	Engine Displ. Cu.-in.	No. Speeds	P.T.O. H.P.	Approx. Shipping Wt.-Lbs.	Cab
MF-390	$32145	$10930	$13820	**$19290**	**$20890**	Perkins	4	248D	12F-4R	70.0	6275	No
MF-390	$35705	$12140	$15350	**$21420**	**$23210**	Perkins	4	248D	18F-6R	70.0	6275	No
MF-390 4WD	$38400	$13060	$16510	**$23040**	**$24960**	Perkins	4	248D	12F-4R	70.0	6902	No
MF-390 4WD	$41440	$14090	$17820	**$24860**	**$26940**	Perkins	4	248D	18F-6R	70.0	6902	No
MF-390 4WD w/Cab	$47815	$16260	$20560	**$28690**	**$31080**	Perkins	4	248D	12F-4R	70.0	7552	CHA
MF-390 4WD w/Cab	$49950	$16980	$21480	**$29970**	**$32470**	Perkins	4	248D	18F-6R	70.0	7552	CHA
MF-390 w/Cab	$42095	$14310	$18100	**$25260**	**$27360**	Perkins	4	248D	12F-4R	70.0	6945	CHA
MF-390 w/Cab	$44230	$15040	$19020	**$26540**	**$28750**	Perkins	4	248D	18F-6R	70.0	6945	CHA
MF-390T	$34705	$11800	$14920	**$20820**	**$22560**	Perkins	4T	236D	12F-4R	80.0	6359	No
MF-390T	$37740	$12830	$16230	**$22640**	**$24530**	Perkins	4T	236D	18F-6R	80.0	6359	No
MF-390T 4WD	$39845	$13550	$17130	**$23910**	**$25900**	Perkins	4T	236D	12F-4R	80.0	6952	No
MF-390T 4WD	$42880	$14580	$18440	**$25730**	**$27870**	Perkins	4T	236D	16F-4R	80.0	6952	No
MF-390T 4WD w/Cab	$49985	$17000	$21490	**$29990**	**$32490**	Perkins	4T	236D	12F-4R	80.0	7602	CHA
MF-390T 4WD w/Cab	$52105	$17720	$22410	**$31260**	**$33870**	Perkins	4T	236D	18F-6R	80.0	7602	CHA
MF-390T w/Cab	$43225	$14700	$18590	**$25940**	**$28100**	Perkins	4T	236D	12F-4R	80.0	6995	CHA
MF-390T w/Cab	$45365	$15420	$19510	**$27220**	**$29490**	Perkins	4T	236D	18F-6R	80.0	6995	CHA
MF-393	$30150	$10250	$12970	**$18090**	**$19600**	Perkins	4T	236D	8F-2R	83.0	6371	No
MF-393 4WD	$36535	$12420	$15710	**$21920**	**$23750**	Perkins	4T	236D	8F-2R	83.0	6986	No
MF-393 4WD w/Cab	$45455	$15460	$19550	**$27270**	**$29550**	Perkins	4T	236D	8F-2R	83.0	7636	CHA
MF-393 w/Cab	$38495	$13090	$16550	**$23100**	**$25020**	Perkins	4T	236D	8F-2R	83.0	7021	CHA
MF-394 GE 4WD	$38995	$13260	$16770	**$23400**	**$25350**	Perkins	4	248D	12F-12R	72.0		No
MF-394HC	$32280	$10980	$13880	**$19370**	**$20980**	Perkins	4	248D	12F-12R	72.0		No
MF-394HC 4WD	$39320	$13370	$16910	**$23590**	**$25560**	Perkins	4	248D	12F-12R	73.0		No
MF-394S	$30875	$10500	$13280	**$18530**	**$20070**	Perkins	4	248D	12F-4R	73.0		No
MF-394S 4WD	$36795	$12510	$15820	**$22080**	**$23920**	Perkins	4	248D	12F-4R	73.0		No
MF-394S 4WD w/Cab	$47160	$16030	$20280	**$28300**	**$30650**	Perkins	4	248D	12F-12R	73.0		CHA
MF-394S w/Cab	$40875	$13900	$17580	**$24530**	**$26570**	Perkins	4	248D	12F-12R	73.0		CHA
MF-396	$33320	$11330	$14330	**$19990**	**$21660**	Perkins	6	365D	8F-2R	88.0	7120	No
MF-396 4WD	$40920	$13910	$17600	**$24550**	**$26600**	Perkins	6	365D	8F-2R	88.0	7690	No
MF-396 4WD w/Cab	$51085	$17370	$21970	**$30650**	**$33210**	Perkins	6	365D	12F-4R	88.0	8430	CHA
MF-396 w/Cab	$42875	$14580	$18440	**$25730**	**$27870**	Perkins	6	365D	12F-4R	88.0	7831	CHA
MF-399	$38075	$12950	$16370	**$22850**	**$24750**	Perkins	6	365D	12F-4R	95.00	7400	No
MF-399	$41110	$13980	$17680	**$24670**	**$26720**	Perkins	6	365D	18F-6R	95.00	7400	No
MF-399 4WD	$45115	$15340	$19400	**$27070**	**$29330**	Perkins	6	365D	12F-4R	95.00	7910	No
MF-399 4WD	$48140	$16370	$20700	**$28880**	**$31290**	Perkins	6	365D	18F-6R	95.00	7910	No
MF-399 4WD w/Cab	$56045	$19060	$24100	**$33630**	**$36430**	Perkins	6	365D	12F-4R	95.00	8560	CHA
MF-399 4WD w/Cab	$58185	$19780	$25020	**$34910**	**$37820**	Perkins	6	365D	18F-6R	95.00	8560	CHA
MF-399 w/Cab	$47660	$16200	$20490	**$28600**	**$30980**	Perkins	6	365D	12F-4R	95.00	8050	CHA
MF-399 w/Cab	$49800	$16930	$21410	**$29880**	**$32370**	Perkins	6	365D	18F-6R	95.00	8050	CHA
MF-1160 4WD	$25495	$8670	$10960	**$15300**	**$16570**	Isuzu	4	136D	16F-16R	37.0	4206	No
MF-1165 4WD	$26160	$8890	$11250	**$15700**	**$17000**	Isuzu	4	134D	16F-16R	37.0	1874	No
MF-1180 4WD	$27600	$9380	$11870	**$16560**	**$17940**	Isuzu	4	169D	16F-16R	46.0	4773	No
MF-1190 4WD	$29460	$10020	$12670	**$17680**	**$19150**	Isuzu	4T	169D	16F-16R	53.0	4795	No
MF-1205 4WD	$10640	$3620	$4580	**$6380**	**$6920**	Iseki	3	61D	6F-2R	13.5	1579	No
MF-1205 Hydro 4WD	$11875	$4040	$5110	**$7130**	**$7720**	Iseki	3	61D	Variable	13.0	1579	No
MF-1215	$10935	$3720	$4700	**$6560**	**$7110**	Iseki	3	61D	6F-2R	15.0	1457	No
MF-1215 4WD	$11845	$4030	$5090	**$7110**	**$7700**	Iseki	3	61D	6F-2R	15.0	1589	No
MF-1215 Hydro	$12185	$4140	$5240	**$7310**	**$7920**	Iseki	3	61D	Variable	14.0	1457	No
MF-1215 Hydro 4WD	$13390	$4550	$5760	**$8030**	**$8700**	Iseki	3	61D	Variable	14.0	1589	No
MF-1220	$13030	$4430	$5600	**$7820**	**$8470**	Iseki	3	68D	6F-2R	17.2	1874	No
MF-1220 4WD	$14640	$4980	$6300	**$8780**	**$9520**	Iseki	3	68D	6F-2R	17.2	2050	No
MF-1220 Hydro	$14470	$4920	$6220	**$8680**	**$9410**	Iseki	3	68D	Variable	16.0	1896	No
MF-1220 Hydro 4WD	$16055	$5460	$6900	**$9630**	**$10440**	Iseki	3	68D	Variable	16.0	2072	No
MF-1225	$12435	$4230	$5350	**$7460**	**$8080**	Iseki	3	68D	6F-2R	19.0	1874	No
MF-1225 4WD	$13835	$4700	$5950	**$8300**	**$8990**	Iseki	3	68D	6F-2R	19.0	1874	No
MF-1225 Hydro	$13825	$4690	$5930	**$8280**	**$8970**	Iseki	3	68D	Variable	19.0	1874	No
MF-1225 Hydro 4WD	$15275	$5190	$6570	**$9170**	**$9930**	Iseki	3	68D	Variable	19.0	1874	No
MF-1230	$14450	$4910	$6210	**$8670**	**$9390**	Iseki	3	87D	9F-3R	21.0	2227	No
MF-1230 4WD	$16110	$5480	$6930	**$9670**	**$10470**	Iseki	3	87D	9F-3R	21.0	2403	No
MF-1230 Hydro	$16070	$5460	$6910	**$9640**	**$10450**	Iseki	3	87D	Variable	20.0	2293	No
MF-1230 Hydro 4WD	$17730	$6030	$7620	**$10640**	**$11530**	Iseki	3	87D	Variable	20.0	2469	No
MF-1235 Hydro 4WD	$18380	$6250	$7900	**$11030**	**$11950**	Iseki	3	91D	Variable	25.1		No
MF-1240	$15385	$5230	$6620	**$9230**	**$10000**	Iseki	3	87D	16F-16R	22.5	2859	No
MF-1240 4WD	$17230	$5860	$7410	**$10340**	**$11200**	Iseki	3	87D	16F-16R	22.5	2960	No
MF-1250	$16520	$5620	$7100	**$9910**	**$10740**	Iseki	3	91D	16F-16R	26.2	2933	No
MF-1250 4WD	$18820	$6400	$8090	**$11290**	**$12230**	Iseki	3	91D	16F-16R	26.2	3040	No
MF-1260 4WD	$21300	$7240	$9160	**$12780**	**$13850**	Iseki	3	91D	16F-16R	31.0	3128	No
MF-2210 4WD	$33800	$11490	$13520	**$18930**	**$21290**	Perkins	3	165D	12F-12R	49.0		No
MF-2210 4WD	$38810	$13200	$15520	**$21730**	**$24450**	Perkins	3	165D	12F-12R	49.0		CHA
MF-2220 4WD	$36235	$12320	$14490	**$20290**	**$22830**	Perkins	3T	165D	12F-12R	58.0		No
MF-2220 4WD	$41540	$14120	$16620	**$23260**	**$26170**	Perkins	3T	165D	12F-12R	58.0		CHA
MF-4225	$27585	$9380	$11860	**$16550**	**$17930**	Perkins	4	248D	8F-2R	55.		No
MF-4225	$32600	$11080	$14020	**$19560**	**$21190**	Perkins	4	248D	12F-12R	55.		No
MF-4225 4WD	$34670	$11790	$14910	**$20800**	**$22540**	Perkins	4	248D	8F-2R	55.		No
MF-4225 4WD	$39680	$13490	$17060	**$23810**	**$25790**	Perkins	4	248D	12F-12R	55.		No
MF-4225 4WD w/Cab	$43440	$14770	$18680	**$26060**	**$28240**	Perkins	4	248D	12F-4R	55.		CHA
MF-4225 4WD w/Cab	$46735	$15890	$20100	**$28040**	**$30380**	Perkins	4	248D	12F-12R	55.		CHA
MF-4225 w/Cab	$37945	$12900	$16320	**$22770**	**$24660**	Perkins	4	248D	12F-4R	55.		CHA
MF-4225 w/Cab	$41240	$14020	$17730	**$24740**	**$26810**	Perkins	4	248D	12F-12R	55.		CHA
MF-4233	$28465	$9680	$12240	**$17080**	**$18500**	Perkins	4	256D	8F-2R	65.0		No
MF-4233	$32375	$11010	$13920	**$19430**	**$21040**	Perkins	4	256D	12F-12R	65.0		No
MF-4233 4WD	$34505	$11730	$14840	**$20700**	**$22430**	Perkins	4	256D	8F-2R	65.0		No
MF-4233 4WD	$38415	$13060	$16520	**$23050**	**$24970**	Perkins	4	256D	12F-12R	65.0		No
MF-4233 4WD w/Cab	$44350	$15080	$19070	**$26610**	**$28830**	Perkins	4	256D	12F-4R	65.0		CHA

Model	Approx. Retail Price New	Estimated Value Less Repairs Used Trade-In Avg.	High	Used Retail Avg.	High	Engine Make	No. Cyls.	Displ. Cu.-in.	No. Speeds	P.T.O. H.P.	Approx. Shipping Wt.-Lbs.	Cab
Massey Ferguson (Cont.)												
				1999 (Cont.)								
MF-4233 4WD w/Cab	$46645	$15860	$20060	**$27990**	**$30320**	Perkins	4	256D	12F-12R	65.0		CHA
MF-4233 w/Cab	$38230	$13000	$16440	**$22940**	**$24850**	Perkins	4	256D	12F-4R	65.0		CHA
MF-4233 w/Cab	$40525	$13780	$17430	**$24320**	**$26340**	Perkins	4	256D	12F-12R	65.0		CHA
MF-4235	$36420	$12380	$15660	**$21850**	**$23670**	Perkins	4	248D	12F-12R	65.		No
MF-4235 4WD	$41470	$14100	$17830	**$24880**	**$26960**	Perkins	4	248D	12F-12R	65.		No
MF-4235 4WD w/Cab	$48705	$16560	$20940	**$29220**	**$31660**	Perkins	4	248D	12F-12R	65.		CHA
MF-4235 w/Cab	$43615	$14830	$18750	**$26170**	**$28350**	Perkins	4	248D	12F-12R	65.		CHA
MF-4243	$30350	$10320	$13050	**$18210**	**$19730**	Perkins	4T	244D	8F-2R	75		No
MF-4243	$34260	$11650	$14730	**$20560**	**$22270**	Perkins	4T	244D	12F-12R	75		No
MF-4243 4WD	$37245	$12660	$16020	**$22350**	**$24210**	Perkins	4T	244D	8F-2R	75		No
MF-4243 4WD	$41155	$13990	$17700	**$24690**	**$26750**	Perkins	4T	244D	12F-12R	75		No
MF-4243 4WD w/Cab	$47500	$16150	$20430	**$28500**	**$30880**	Perkins	4T	244D	12F-4R	75		CHA
MF-4243 4WD w/Cab	$49795	$16930	$21410	**$29880**	**$32370**	Perkins	4T	244D	12F-12R	75		CHA
MF-4243 w/Cab	$40175	$13660	$17280	**$24110**	**$26110**	Perkins	4T	244D	12F-4R	75		CHA
MF-4243 w/Cab	$42470	$14440	$18260	**$25480**	**$27610**	Perkins	4T	244D	12F-12R	75		CHA
MF-4245	$39900	$13570	$17160	**$23940**	**$25940**	Perkins	4T	244D	12F-12R	75		No
MF-4245 4WD	$45325	$15410	$19490	**$27200**	**$29460**	Perkins	4T	244D	12F-12R	75		No
MF-4245 4WD w/Cab	$53430	$18170	$22980	**$32060**	**$34730**	Perkins	4T	244D	12F-12R	75		CHA
MF-4245 w/Cab	$47615	$16190	$20470	**$28570**	**$30950**	Perkins	4T	244D	12F-12R	75		CHA
MF-4253	$33200	$11290	$14280	**$19920**	**$21580**	Perkins	4T	244D	8F-2R	85		No
MF-4253	$37110	$12620	$15960	**$22270**	**$24120**	Perkins	4T	244D	12F-12R	85		No
MF-4253 4WD	$40010	$13600	$17200	**$24010**	**$26010**	Perkins	4T	244D	8F-2R	85		No
MF-4253 4WD	$43920	$14930	$18890	**$26350**	**$28550**	Perkins	4T	244D	12F-12R	85		No
MF-4253 4WD w/Cab	$50215	$17070	$21590	**$30130**	**$32640**	Perkins	4T	244D	12F-12R	85		CHA
MF-4253 4WD w/Cab	$52500	$17850	$22580	**$31500**	**$34130**	Perkins	4T	244D	12F-12R	85		CHA
MF-4253 w/Cab	$42435	$14430	$18250	**$25460**	**$27580**	Perkins	4T	244D	12F-12R	85		CHA
MF-4253 w/Cab	$44725	$15210	$19230	**$26840**	**$29070**	Perkins	4T	244D	12F-12R	85		CHA
MF-4255	$41795	$14210	$17970	**$25080**	**$27170**	Perkins	4T	244D	12F-12R	85		No
MF-4255 4WD	$47900	$16290	$20600	**$28740**	**$31140**	Perkins	4T	244D	12F-12R	85		No
MF-4255 4WD w/Cab	$56410	$19180	$24260	**$33850**	**$36670**	Perkins	4T	244D	12F-12R	85		CHA
MF-4255 w/Cab	$49075	$16690	$21100	**$29450**	**$31900**	Perkins	4T	244D	12F-12R	85		CHA
MF-4263	$37440	$12730	$16100	**$22460**	**$24340**	Perkins	6	365D	8F-2R	90		No
MF-4263	$41350	$14060	$17780	**$24810**	**$26880**	Perkins	6	365D	12F-12R	90		No
MF-4263 4WD	$43325	$14730	$18630	**$26000**	**$28160**	Perkins	6	365D	8F-2R	90		No
MF-4263 4WD	$47235	$16060	$20310	**$28340**	**$30700**	Perkins	6	365D	12F-12R	90		No
MF-4263 4WD w/Cab	$55500	$18870	$23870	**$33300**	**$36080**	Perkins	6	365D	12F-4R	90		CHA
MF-4263 4WD w/Cab	$57790	$19650	$24850	**$34670**	**$37560**	Perkins	6	365D	12F-12R	90		CHA
MF-4263 w/Cab	$47305	$16080	$20340	**$28380**	**$30750**	Perkins	6	365D	12F-4R	90		CHA
MF-4263 w/Cab	$49600	$16860	$21330	**$29760**	**$32240**	Perkins	6	365D	12F-12R	90		CHA
MF-4270	$45055	$15320	$19370	**$27030**	**$29290**	Perkins	6T	365D	12F-12R	99.		No
MF-4270 4WD	$52780	$17950	$22700	**$31670**	**$34310**	Perkins	6T	365D	12F-12R	99.		No
MF-4270 4WD w/Cab	$61935	$21060	$26630	**$37160**	**$40260**	Perkins	6T	365D	12F-12R	99.		CHA
MF-4270 w/Cab	$53255	$18110	$22900	**$31950**	**$34620**	Perkins	6T	365D	12F-12R	99.		CHA
MF-6150	$51210	$17410	$20480	**$28680**	**$32260**	Perkins	4T	244D	16F-16R	86.00		CHA
MF-6150 4WD	$58910	$20030	$23560	**$32990**	**$37110**	Perkins	4T	244D	16F-16R	86.00	10224	CHA
MF-6170	$46520	$15820	$18610	**$26050**	**$29310**	Perkins	6	365D	16F-16R	97.00	10329	No
MF-6170 4WD	$53960	$18350	$21580	**$30220**	**$34000**	Perkins	6	365D	16F-16R	97.00	10869	No
MF-6170 4WD w/Cab	$62160	$21130	$24860	**$34810**	**$39160**	Perkins	6	365D	16F-16R	97.00	10869	CHA
MF-6170 w/Cab	$54720	$18610	$21890	**$30640**	**$34470**	Perkins	6	365D	16F-16R	97.00	10329	CHA
MF-6180	$52510	$17850	$21000	**$29410**	**$33080**	Perkins	6T	365D	16F-16R	110.00		No
MF-6180 4WD	$59180	$20120	$23670	**$33140**	**$37280**	Perkins	6T	365D	16F-16R	110.00		No
MF-6180 4WD w/Cab	$67380	$22910	$26950	**$37730**	**$42450**	Perkins	6T	365D	16F-16R	110.00		CHA
MF-6180 w/Cab	$60710	$20640	$24280	**$34000**	**$38250**	Perkins	6T	365D	16F-16R	110.00		CHA
MF-6245 4WD	$62160	$21130	$24860	**$34810**	**$39160**	Perkins	4T	244D	32F-32R	75.00		CHA
MF-6255	$55605	$18910	$22240	**$31140**	**$35030**	Perkins	4T	244D	32F-32R	85.00		CHA
MF-6255 4WD	$63135	$21470	$25250	**$35360**	**$39780**	Perkins	4T	244D	32F-32R	85.00		CHA
MF-6265	$57905	$19690	$23160	**$32430**	**$36480**	Perkins	4T	244D	32F-32R	95.00		CHA
MF-6265 4WD	$66105	$22480	$26440	**$37020**	**$41650**	Perkins	4T	244D	32F-32R	85.00		CHA
MF-6270	$52225	$17760	$20890	**$29250**	**$32900**	Perkins	6T	365D	32F-32R	100.00		No
MF-6270	$60765	$20660	$24310	**$34030**	**$38280**	Perkins	6T	365D	32F-32R	100.00		CHA
MF-6270 4WD	$60145	$20450	$24060	**$33680**	**$37890**	Perkins	6T	365D	32F-32R	100.00		No
MF-6270 4WD	$68685	$23350	$27470	**$38460**	**$43270**	Perkins	6T	365D	32F-32R	100.00		CHA
MF-6280	$55405	$18840	$22160	**$31030**	**$34910**	Perkins	6T	365D	32F-32R	110.00		No
MF-6280	$64135	$21810	$25650	**$35920**	**$40410**	Perkins	6T	365D	32F-32R	110.00		CHA
MF-6280 4WD	$62580	$21280	$25030	**$35050**	**$39430**	Perkins	6T	365D	32F-32R	110.00		No
MF-6280 4WD	$71315	$24250	$28530	**$39940**	**$44930**	Perkins	6T	365D	32F-32R	110.00		CHA
MF-6290	$59400	$20200	$23760	**$33260**	**$37420**	Perkins	6T	365D	32F-32R	120.00		No
MF-6290	$75540	$25680	$30220	**$42300**	**$47590**	Perkins	6T	365D	32F-32R	120.00		CHA
MF-6290 4WD	$66905	$22750	$26760	**$37470**	**$42150**	Perkins	6T	365D	32F-32R	120.00		No
MF-6290 4WD	$76250	$25930	$30500	**$42700**	**$48040**	Perkins	6T	365D	32F-32R	120.00		CHA
MF-8120	$78140	$25010	$31260	**$35940**	**$40630**	Perkins	6T	365D	32F-32R	130.00	12621	CHA
MF-8120 4WD	$89320	$28580	$35730	**$41090**	**$46450**	Perkins	6T	365D	32F-32R	130.00	13153	CHA
MF-8140	$83430	$26700	$33370	**$38380**	**$43380**	Valmet	6T	403D	32F-32R	145.00	13936	CHA
MF-8140 4WD	$96090	$30750	$38440	**$44200**	**$49970**	Valmet	6T	403D	32F-32R	145.00	15016	CHA
MF-8150	$88570	$28340	$35430	**$40740**	**$46060**	Valmet	6T	403D	32F-32R	160.00	14273	CHA
MF-8150 4WD	$101400	$31810	$39760	**$45720**	**$51690**	Valmet	6T	403D	32F-32R	160.00	15331	CHA
MF-8160	$98080	$31040	$38800	**$44620**	**$50440**	Valmet	6T	452D	32F-32R	180.00	14273	CHA
MF-8160 4WD	$111220	$33660	$42080	**$48390**	**$54700**	Valmet	6T	452D	32F-32R	180.00	15331	CHA
MF-8220	$77810	$24900	$31120	**$35790**	**$40460**	Perkins	6TA	365D	32F-32R	135.00	12621	CHA
MF-8220 4WD	$88960	$28470	$35580	**$40920**	**$46260**	Perkins	6TA	365D	32F-32R	135.00	12621	CHA
MF-8240	$86000	$27520	$34400	**$39560**	**$44720**	Perkins	6TA	402D	32F-32R	145.00	12621	CHA
MF-8240 4WD	$98390	$31490	$39360	**$45260**	**$51160**	Perkins	6TA	402D	32F-32R	145.00	12621	CHA
MF-8245 4WD	$102900	$32320	$40400	**$46460**	**$52520**	Perkins	6TA	451D	18F-6R	160.00	12621	CHA
MF-8250 4WD	$101905	$32000	$40000	**$46000**	**$52000**	Perkins	6TA	451D	32F-32R	165.00	12621	CHA

Massey Ferguson (Cont.)

Model	Approx. Retail Price New	Estimated Value Less Repairs: Used Trade-In Avg.	Used Trade-In High	Used Retail Avg.	Used Retail High	Engine Make	Engine No. Cyls.	Engine Displ. Cu.-in.	No. Speeds	P.T.O. H.P.	Approx. Shipping Wt.-Lbs.	Cab
1999 (Cont.)												
MF-8260 4WD	$111190	$33920	$42400	**$48760**	**$55120**	Perkins	6TA	451D	18F-6R	180.00	12621	CHA
MF-8270 4WD	$119490	$36480	$45600	**$52440**	**$59280**	Perkins	6TA	513D	18F-6R	200.00	12621	CHA
MF-8280 4WD	$130490	$40000	$50000	**$57500**	**$65000**	Perkins	6TA	513D	18F-6R	225.00	12621	CHA
1998												
MF-231	$12790	$4730	$6010	**$8060**	**$8830**	Perkins	3	152D	8F-2R	34.0	4065	No
MF-240	$20410	$6740	$8370	**$11840**	**$12860**	Perkins	3	152D	8F-2R	41.0	4015	No
MF-240 4WD	$24830	$8020	$9960	**$14090**	**$15310**	Perkins	3	152D	8F-2R	41.0	4585	No
MF-240S	$17240	$5690	$7070	**$10000**	**$10860**	Perkins	3	152D	8F-2R	41.0	4015	No
MF-253	$22615	$7460	$9270	**$13120**	**$14250**	Perkins	3T	152D	8F-2R	48.0	4265	No
MF-253 4WD	$27860	$8840	$10990	**$15540**	**$16880**	Perkins	3T	152D	8F-2R	48.0	4735	No
MF-261	$16345	$5390	$6700	**$9480**	**$10300**	Perkins	4	236D	8F-2R	53.0	5280	No
MF-263	$23565	$7780	$9660	**$13670**	**$14850**	Perkins	3T	152D	8F-2R	53.0	5700	No
MF-263 4WD	$29185	$9240	$11480	**$16240**	**$17640**	Perkins	3T	152D	8F-2R	53.0	5700	No
MF-271	$17160	$5660	$7040	**$9950**	**$10810**	Perkins	4	236D	8F-2R	57.0		No
MF-281	$21075	$6960	$8640	**$12220**	**$13280**	Perkins	4	236D	8F-2R	66.0		No
MF-281 4WD	$26745	$8580	$10660	**$15080**	**$16380**	Perkins	4	236D	8F-2R	66.0		No
MF-283	$20595	$6800	$8440	**$11950**	**$12980**	Perkins	4	248D	8F-2R	67.0	5700	No
MF-283 4WD	$26130	$8620	$10710	**$15160**	**$16460**	Perkins	4	248D	8F-2R	67.0		No
MF-354 GE 4WD	$29815	$9840	$12220	**$17290**	**$18780**	Perkins	3	152D		42.0		No
MF-354S	$23770	$7840	$9750	**$13790**	**$14980**	Perkins	3	152D	12F-4R	42.0		No
MF-354S 4WD	$29855	$9850	$12240	**$17320**	**$18810**	Perkins	3	152D	12F-4R	42.0		No
MF-354V	$32175	$10620	$13190	**$18660**	**$20270**	Perkins	3	152D		42.0		CH
MF-354V 4WD	$38645	$12750	$15840	**$22410**	**$24350**	Perkins	3	152D		42.0		CH
MF-362	$25610	$8450	$10500	**$14850**	**$16130**	Perkins	4	236D	8F-2R	55.0	5335	No
MF-362 4WD	$32490	$10720	$13320	**$18840**	**$20470**	Perkins	4	236D	8F-2R	55.0	5960	No
MF-364 GE 4WD	$31260	$10320	$12820	**$18130**	**$19690**	Perkins	3T	152D		50.0		No
MF-364S	$24600	$8120	$10090	**$14270**	**$15500**	Perkins	3T	152D		50.0		No
MF-364S 4WD	$30995	$10230	$12710	**$17980**	**$19530**	Perkins	3T	152D		50.0		No
MF-364V	$34060	$11240	$13970	**$19760**	**$21460**	Perkins	3T	152D		50.0		CH
MF-364V 4WD	$39935	$13180	$16370	**$23160**	**$25160**	Perkins	3T	152D		50.0		CH
MF-374 GE	$25790	$8510	$10570	**$14960**	**$16250**	Perkins	4	236D		57.0		No
MF-374 GE 4WD	$32375	$10680	$13270	**$18780**	**$20400**	Perkins	4	236D		57.0		No
MF-374S	$24910	$8220	$10210	**$14450**	**$15690**	Perkins	4	236D		57.0		No
MF-374S 4WD	$31215	$10300	$12800	**$18110**	**$19670**	Perkins	4	236D		57.0		No
MF-374S 4WD w/Cab	$41450	$13680	$17000	**$24040**	**$26110**	Perkins	4	236D		57.0		CHA
MF-374S w/Cab	$35105	$11590	$14390	**$20360**	**$22120**	Perkins	4	236D		57.0		CHA
MF-374V	$36225	$11950	$14850	**$21010**	**$22820**	Perkins	4	236D		57.0		CHA
MF-374V 4WD	$42320	$13970	$17350	**$24550**	**$26660**	Perkins	4	236D		57.0		CHA
MF-375	$29130	$9320	$11070	**$15730**	**$17770**	Perkins	4	236D		60.0	6240	No
MF-375 4WD	$35040	$11210	$13320	**$18920**	**$21370**	Perkins	4	236D		60.0	6867	No
MF-375 4WD w/Cab	$44590	$14270	$16940	**$24080**	**$27200**	Perkins	4	236D		60.0	7517	CHA
MF-375 w/Cab	$39680	$12700	$15080	**$21430**	**$24210**	Perkins	4	236D		60.0	6910	CHA
MF-383	$27270	$9000	$11180	**$15820**	**$17180**	Perkins	4	248D	8F-2R	73.0	6311	No
MF-383 4WD	$33725	$11130	$13830	**$19560**	**$21250**	Perkins	4	248D	8F-2R	73.0	6950	No
MF-383 4WD w/Cab	$42735	$14100	$17520	**$24790**	**$26920**	Perkins	4	248D	8F-2R	73.0	7552	CHA
MF-383 w/Cab	$36280	$11970	$14880	**$21040**	**$22860**	Perkins	4	248D	8F-2R	73.0	6957	CHA
MF-384 GE 4WD	$32915	$10860	$13500	**$19090**	**$20740**	Perkins	4	236D	12F-4R	65.0		No
MF-384HC	$28275	$9330	$11590	**$16400**	**$17810**	Perkins	4	236D	12F-12R	65.0		No
MF-384HC 4WD	$34100	$11250	$13980	**$19780**	**$21480**	Perkins	4	236D	12F-12R	65.0		No
MF-384S	$26180	$8640	$10730	**$15180**	**$16490**	Perkins	4	236D	12F-4R	65.0		No
MF-384S 4WD	$32145	$10610	$13180	**$18640**	**$20250**	Perkins	4	236D	12F-4R	65.0		No
MF-384S 4WD w/Cab	$42305	$13960	$17350	**$24540**	**$26650**	Perkins	4	236D	12F-12R	65.0		CHA
MF-384S w/Cab	$36250	$11960	$14860	**$21030**	**$22840**	Perkins	4	236D	12F-12R	65.0		CHA
MF-384V	$37270	$12300	$15280	**$21620**	**$23480**	Perkins	4	236D	12F-12R	65.0		CHA
MF-384V 4WD	$43810	$14460	$17960	**$25410**	**$27600**	Perkins	4	236D	12F-12R	65.0		CHA
MF-390	$32390	$10690	$13280	**$18790**	**$20410**	Perkins	4	248D	12F-4R	70.0	6275	No
MF-390 4WD	$38665	$12760	$15850	**$22430**	**$24360**	Perkins	4	248D	12F-4R	70.0	6902	No
MF-390 4WD w/Cab	$49370	$16290	$20240	**$28640**	**$31100**	Perkins	4	248D	12F-4R	70.0	7552	CHA
MF-390 w/Cab	$43260	$14280	$17740	**$25090**	**$27250**	Perkins	4	248D	12F-4R	70.0	6945	CHA
MF-390T	$37150	$12260	$15230	**$21550**	**$23410**	Perkins	4T	236D	12F-12R	80.0	6359	No
MF-390T 4WD	$42685	$14090	$17500	**$24760**	**$26890**	Perkins	4T	236D	12F-12R	80.0	6952	No
MF-390T 4WD w/Cab	$51535	$17010	$21130	**$29890**	**$32470**	Perkins	4T	236D	12F-12R	80.0	7602	CHA
MF-390T w/Cab	$44780	$14780	$18360	**$25970**	**$28210**	Perkins	4T	236D	12F-12R	80.0	6995	CHA
MF-393	$30150	$9950	$12360	**$17490**	**$19000**	Perkins	4T	236D	8F-2R	83.0	6371	No
MF-393 4WD	$36535	$12060	$14980	**$21190**	**$23020**	Perkins	4T	236D	8F-2R	83.0	6986	No
MF-393 4WD w/Cab	$45455	$15000	$18640	**$26360**	**$28640**	Perkins	4T	236D	8F-2R	83.0	7636	CHA
MF-393 w/Cab	$38495	$12700	$15780	**$22330**	**$24250**	Perkins	4T	236D	8F-2R	83.0	7021	CHA
MF-394 GE 4WD	$35155	$11600	$14410	**$20390**	**$22150**	Perkins	4	248D		73.0		No
MF-394HC	$29885	$9860	$12250	**$17330**	**$18830**	Perkins	4	248D	12F-12R	73.0		No
MF-394HC 4WD	$36490	$12040	$14960	**$21160**	**$22990**	Perkins	4	248D	12F-12R	73.0		No
MF-394S	$27905	$9210	$11440	**$16190**	**$17580**	Perkins	4	248D	12F-4R	73.0		No
MF-394S 4WD	$33950	$11200	$13920	**$19690**	**$21390**	Perkins	4	248D	12F-4R	73.0		No
MF-394S 4WD w/Cab	$43610	$14390	$17880	**$25290**	**$27470**	Perkins	4	248D	12F-12R	73.0		CHA
MF-394S w/Cab	$37510	$12380	$15380	**$21760**	**$23630**	Perkins	4	248D	12F-12R	73.0		CHA
MF-396	$34530	$11400	$14160	**$20030**	**$21750**	Perkins	6	365D	8F-2R	88.0	7120	No
MF-396 4WD	$41300	$13630	$16930	**$23950**	**$26020**	Perkins	6	365D	8F-2R	88.0	7690	No
MF-396 4WD w/Cab	$51445	$16980	$21090	**$29840**	**$32410**	Perkins	6	365D	12F-4R	88.0	8430	CHA
MF-396 w/Cab	$44085	$14550	$18080	**$25570**	**$27770**	Perkins	6	365D	12F-4R	88.0	7831	CHA
MF-399	$40885	$13490	$16760	**$23710**	**$25760**	Perkins	6	365D	12F-4R	95.0	7400	No
MF-399 4WD	$48150	$15890	$19740	**$27930**	**$30340**	Perkins	6	365D	12F-4R	95.0	7910	No
MF-399 4WD w/Cab	$57600	$19010	$23620	**$33410**	**$36290**	Perkins	6	365D	12F-4R	95.0	8560	CHA
MF-399 w/Cab	$49215	$16240	$20180	**$28550**	**$31010**	Perkins	6	365D	12F-4R	95.0	8050	CHA
MF-1160 4WD	$25437	$8390	$10430	**$14750**	**$16030**	Isuzu	4	136D	16F-16R	37.0	4206	No

Massey Ferguson (Cont.)

1998 (Cont.)

Model	Approx. Retail Price New	Used Trade-In Avg.	Used Trade-In High	Used Retail Avg.	Used Retail High	Engine Make	Engine No. Cyls.	Engine Displ. Cu.-in.	No. Speeds	P.T.O. H.P.	Approx. Shipping Wt.-Lbs.	Cab
MF-1180 4WD	$27597	$9110	$11320	**$16010**	**$17390**	Isuzu	4	169D	16F-16R	46.0	4773	No
MF-1190 4WD	$29457	$9720	$12080	**$17090**	**$18560**	Isuzu	4T	169D	16F-16R	53.0	4795	No
MF-1205 4WD	$10300	$3400	$4220	**$5970**	**$6490**	Iseki	3	61D	6F-2R	13.5	1579	No
MF-1205 Hydro 4WD	$11535	$3810	$4730	**$6690**	**$7270**	Iseki	3	61D	Variable	13.0	1579	No
MF-1215	$10595	$3500	$4340	**$6150**	**$6680**	Iseki	3	61D	6F-2R	15.0	1457	No
MF-1215 4WD	$11850	$3910	$4860	**$6870**	**$7470**	Iseki	3	61D	6F-2R	15.0	1589	No
MF-1215 Hydro	$11869	$3920	$4870	**$6880**	**$7480**	Iseki	3	61D	Variable	14.0	1457	No
MF-1215 Hydro 4WD	$13390	$4420	$5490	**$7770**	**$8440**	Iseki	3	61D	Variable	14.0	1589	No
MF-1220	$12300	$4060	$5040	**$7130**	**$7750**	Iseki	3	68D	6F-2R	17.2	1874	No
MF-1220 4WD	$13900	$4590	$5700	**$8060**	**$8760**	Iseki	3	68D	6F-2R	17.2	2050	No
MF-1220 Hydro	$13740	$4530	$5630	**$7970**	**$8660**	Iseki	3	68D	Variable	16.0	1896	No
MF-1220 Hydro 4WD	$15325	$5060	$6280	**$8890**	**$9660**	Iseki	3	68D	Variable	16.0	2072	No
MF-1230	$13720	$4530	$5630	**$7960**	**$8640**	Iseki	3	87D	9F-3R	21.0	2227	No
MF-1230 4WD	$15380	$5080	$6310	**$8920**	**$9690**	Iseki	3	87D	9F-3R	21.0	2403	No
MF-1230 Hydro	$15340	$5060	$6290	**$8900**	**$9660**	Iseki	3	87D	Variable	20.0	2293	No
MF-1230 Hydro 4WD	$17000	$5610	$6970	**$9860**	**$10710**	Iseki	3	87D	Variable	20.0	2469	No
MF-1235 Hydro 4WD	$17770	$5860	$7290	**$10310**	**$11200**	Iseki	3	91D	Variable	25.1		No
MF-1240	$14610	$4820	$5990	**$8470**	**$9200**	Iseki	3	87D	16F-16R	22.5	2859	No
MF-1240 4WD	$16455	$5430	$6750	**$9540**	**$10370**	Iseki	3	87D	16F-16R	22.5	2960	No
MF-1250	$15745	$5200	$6460	**$9130**	**$9920**	Iseki	3	91D	16F-16R	26.2	2933	No
MF-1250 4WD	$18045	$5960	$7400	**$10470**	**$11370**	Iseki	3	91D	16F-16R	26.2	3040	No
MF-1260 4WD	$20525	$6770	$8420	**$11910**	**$12930**	Iseki	3	91D	16F-16R	31.0	3128	No
MF-4225	$27800	$9170	$11400	**$16120**	**$17510**	Perkins	4	248D		55.0		No
MF-4225 4WD	$34780	$11480	$14260	**$20170**	**$21910**	Perkins	4	248D		55.0		No
MF-4225 4WD w/Cab	$44215	$14590	$18130	**$25650**	**$27860**	Perkins	4	248D		55.0		CHA
MF-4225 w/Cab	$38800	$12800	$15910	**$22500**	**$24440**	Perkins	4	248D		55.0		CHA
MF-4235	$33650	$11110	$13800	**$19520**	**$21200**	Perkins	4	248D		65.0		No
MF-4235 4WD	$39390	$13000	$16150	**$22850**	**$24820**	Perkins	4	248D		65.0		No
MF-4235 4WD w/Cab	$46500	$15350	$19070	**$26970**	**$29300**	Perkins	4	248D		65.0		CHA
MF-4235 w/Cab	$40720	$13440	$16700	**$23620**	**$25650**	Perkins	4	248D		65.0		CHA
MF-4243	$30070	$9920	$12330	**$17440**	**$18940**	Perkins	4T	244D		75.0		No
MF-4243 4WD	$36455	$12030	$14950	**$21140**	**$22970**	Perkins	4T	244D		75.0		No
MF-4243 4WD w/Cab	$46015	$15190	$18870	**$26690**	**$28990**	Perkins	4T	244D		75.0		CHA
MF-4243 w/Cab	$39810	$13140	$16320	**$23090**	**$25080**	Perkins	4T	244D		75.0		CHA
MF-4245	$37490	$12370	$15370	**$21740**	**$23620**	Perkins	4T	244D		75.0		No
MF-4245 4WD	$43150	$14240	$17690	**$25030**	**$27190**	Perkins	4T	244D		75.0		No
MF-4245 4WD w/Cab	$51270	$16920	$21020	**$29740**	**$32300**	Perkins	4T	244D		75.0		CHA
MF-4245 w/Cab	$45670	$15070	$18730	**$26490**	**$28770**	Perkins	4T	244D		75.0		CHA
MF-4253	$33480	$11050	$13730	**$19420**	**$21090**	Perkins	4T	244D		85.0		No
MF-4253 4WD	$39525	$13040	$16210	**$22930**	**$24900**	Perkins	4T	244D		85.0		No
MF-4253 4WD w/Cab	$48660	$16060	$19950	**$28220**	**$30660**	Perkins	4T	244D		85.0		CHA
MF-4253 w/Cab	$41920	$13830	$17190	**$24310**	**$26410**	Perkins	4T	244D		85.0		CHA
MF-4255	$39345	$12980	$16130	**$22820**	**$24790**	Perkins	4T	244D		85.0		No
MF-4255 4WD	$44990	$14850	$18450	**$26090**	**$28340**	Perkins	4T	244D		85.0		No
MF-4255 4WD w/Cab	$53010	$17490	$21730	**$30750**	**$33400**	Perkins	4T	244D		85.0		CHA
MF-4255 w/Cab	$47285	$15600	$19390	**$27430**	**$29790**	Perkins	4T	244D		85.0		CHA
MF-4263	$36160	$11930	$14830	**$20970**	**$22780**	Perkins	6	365D		90.0		No
MF-4263 4WD	$43150	$14240	$17690	**$25030**	**$27190**	Perkins	6	365D		90.0		No
MF-4263 4WD w/Cab	$54465	$17970	$22330	**$31590**	**$34310**	Perkins	6	365D		90.0		CHA
MF-4263 w/Cab	$46475	$15340	$19060	**$26960**	**$29280**	Perkins	6	365D		90.0		CHA
MF-4270	$43010	$14190	$17630	**$24950**	**$27100**	Perkins	6T	365D		99.0		No
MF-4270 4WD	$50665	$16720	$20770	**$29390**	**$31920**	Perkins	6T	365D		99.0		No
MF-4270 4WD w/Cab	$59600	$19670	$24440	**$34570**	**$37550**	Perkins	6T	365D		99.0		CHA
MF-4270 w/Cab	$51545	$17010	$21130	**$29900**	**$32470**	Perkins	6T	365D		99.0		CHA
MF-6150	$50235	$16080	$19090	**$27130**	**$30640**	Perkins	4T	244D	16F-16R	86.0		CHA
MF-6150 4WD	$58135	$18600	$22090	**$31390**	**$35460**	Perkins	4T	244D	16F-16R	86.0	10224	CHA
MF-6170	$45545	$14570	$17310	**$24590**	**$27780**	Perkins	6	365D		97.0	10329	No
MF-6170 4WD	$53155	$17010	$20200	**$28700**	**$32430**	Perkins	6	365D	16F-16R	97.0	10869	No
MF-6170 4WD w/Cab	$61355	$19630	$23320	**$33130**	**$37430**	Perkins	6	365D	16F-16R	97.0	10869	CHA
MF-6170 w/Cab	$53745	$17200	$20420	**$29020**	**$32780**	Perkins	6	365D	16F-16R	97.0	10329	CHA
MF-6180	$52160	$16690	$19820	**$28170**	**$31820**	Perkins	6T	365D	16F-16R	110.00	11153	No
MF-6180 4WD	$58920	$18850	$22390	**$31820**	**$35940**	Perkins	6T	365D	16F-16R	110.00	11486	No
MF-6180 4WD w/Cab	$67120	$21480	$25510	**$36250**	**$40940**	Perkins	6T	365D	16F-16R	110.00	11486	CHA
MF-6180 w/Cab	$60360	$19320	$22940	**$32590**	**$36820**	Perkins	6T	365D	16F-16R	110.00	11153	CHA
MF-8120	$72115	$21640	$27400	**$30290**	**$34620**	Perkins	6T	365D	32F-32R	130.00	12621	CHA
MF-8120 4WD	$83225	$24660	$31240	**$34520**	**$39460**	Perkins	6T	365D	32F-32R	130.00	13153	CHA
MF-8140	$77405	$23220	$29410	**$32510**	**$37150**	Valmet	6T	403D	32F-32R	145.00	13936	CHA
MF-8140 4WD	$89995	$26640	$33740	**$37300**	**$42620**	Valmet	6T	403D	32F-32R	145.00	15016	CHA
MF-8150	$83750	$25130	$31830	**$35180**	**$40200**	Valmet	6T	403D	32F-32R	160.00	14273	CHA
MF-8150 4WD	$95640	$28200	$35720	**$39480**	**$45120**	Valmet	6T	403D	32F-32R	160.00	15331	CHA
MF-8160	$100350	$29700	$37620	**$41580**	**$47520**	Valmet	6T	452D	32F-32R	180.00	14273	CHA
MF-8160 4WD	$108615	$30900	$39140	**$43260**	**$49440**	Valmet	6T	452D	32F-32R	180.00	15331	CHA

1997

Model	Approx. Retail Price New	Used Trade-In Avg.	Used Trade-In High	Used Retail Avg.	Used Retail High	Engine Make	Engine No. Cyls.	Engine Displ. Cu.-in.	No. Speeds	P.T.O. H.P.	Approx. Shipping Wt.-Lbs.	Cab
MF-231	$12540	$4010	$5020	**$7150**	**$7840**	Perkins	3	152D	8F-2R	34.0	4065	No
MF-240	$20010	$6400	$8000	**$11410**	**$12510**	Perkins	3	152D	8F-2R	41.0	4015	No
MF-240 4WD	$24345	$7680	$9600	**$13680**	**$15000**	Perkins	3	152D	8F-2R	41.0	4585	No
MF-240S	$16900	$5410	$6760	**$9630**	**$10560**	Perkins	3	152D	8F-2R	41.0	4015	No
MF-253	$22180	$7100	$8870	**$12640**	**$13860**	Perkins	3T	152D	8F-2R	48.0	4265	No
MF-253 4WD	$27845	$8640	$10800	**$15390**	**$16880**	Perkins	3T	152D	8F-2R	48.0	4735	No
MF-261	$16345	$5230	$6540	**$9320**	**$10220**	Perkins	4	236D	8F-2R	53.0	5280	No
MF-283	$20560	$6580	$8220	**$11720**	**$12850**	Perkins	4	248D	8F-2R	67.0	5700	No
MF-283 4WD	$26095	$8350	$10440	**$14870**	**$16310**	Perkins	4	248D	8F-2R	67.0		No
MF-354 GE 4WD	$29815	$9540	$11930	**$17000**	**$18630**	Perkins	3	152D	12F-4R	42.0		No

Massey Ferguson (Cont.)

1997 (Cont.)

Model	Approx. Retail Price New	Estimated Value Less Repairs: Used Trade-In Avg.	Used Trade-In High	Used Retail Avg.	Used Retail High	Engine Make	No. Cyls.	Displ. Cu.-in.	No. Speeds	P.T.O. H.P.	Approx. Shipping Wt.-Lbs.	Cab
MF-354S	$23705	$7590	$9480	**$13510**	**$14820**	Perkins	3	152D	12F-4R	42.0		No
MF-354S 4WD	$29765	$9530	$11910	**$16970**	**$18600**	Perkins	3	152D	12F-4R	42.0		No
MF-354V	$32025	$10250	$12810	**$18250**	**$20020**	Perkins	3	152D	12F-12R	42.0		CH
MF-354V 4WD	$37630	$12040	$15050	**$21450**	**$23520**	Perkins	3	152D	12F-12R	42.0		CH
MF-362	$25540	$8170	$10220	**$14560**	**$15960**	Perkins	4	236D	8F-2R	55.0	5335	No
MF-362 4WD	$32490	$10400	$13000	**$18520**	**$20310**	Perkins	4	236D	8F-2R	55.0	5960	No
MF-364 GE 4WD	$31170	$9970	$12470	**$17770**	**$19480**	Perkins	3T	152D	12F-4R	50.0		No
MF-364S	$24505	$7840	$9800	**$13970**	**$15320**	Perkins	3T	152D	12F-4R	50.0		No
MF-364S 4WD	$30840	$9870	$12340	**$17580**	**$19280**	Perkins	3T	152D	12F-4R	50.0		No
MF-364V	$33350	$10670	$13340	**$19010**	**$20840**	Perkins	3T	152D	12F-12R	50.0		CH
MF-364V 4WD	$39260	$12560	$15700	**$22380**	**$24540**	Perkins	3T	152D	12F-12R	50.0		CH
MF-374 GE	$25700	$8220	$10280	**$14650**	**$16060**	Perkins	4	236D	12F-4R	57.0		No
MF-374 GE 4WD	$32280	$10330	$12910	**$18400**	**$20180**	Perkins	4	236D	12F-4R	57.0		No
MF-374S	$24820	$7940	$9930	**$14150**	**$15510**	Perkins	4	236D	12F-4R	57.0		No
MF-374S 4WD	$31160	$9970	$12460	**$17760**	**$19480**	Perkins	4	236D	12F-4R	57.0		No
MF-374S 4WD w/Cab	$41450	$13260	$16580	**$23630**	**$25910**	Perkins	4	236D	12F-12R	57.0		CHA
MF-374S w/Cab	$35235	$11280	$14090	**$20080**	**$22020**	Perkins	4	236D	12F-12R	57.0		CHA
MF-374V	$35510	$11360	$14200	**$20240**	**$22190**	Perkins	4	236D	12F-12R	57.0		CHA
MF-374V 4WD	$41650	$13330	$16660	**$23740**	**$26030**	Perkins	4	236D	12F-12R	57.0		CHA
MF-375	$31770	$9530	$11440	**$16520**	**$18900**	Perkins	4	236D	12F-12R	60.0	6240	No
MF-375 4WD	$36925	$11080	$13290	**$19200**	**$21970**	Perkins	4	236D	12F-12R	60.0	6867	No
MF-375 4WD Shuttle	$34645	$10390	$12470	**$18020**	**$20610**	Perkins	4	236D	8F-8R	60.0	6867	No
MF-375 4WD w/Cab	$44590	$13380	$16050	**$23190**	**$26530**	Perkins	4	236D	12F-12R	60.0	7517	CHA
MF-375 Shuttle	$28970	$8690	$10430	**$15060**	**$17240**	Perkins	4	236D	8F-8R	60.0	6240	No
MF-375 w/Cab	$39680	$11900	$14290	**$20630**	**$23610**	Perkins	4	236D	12F-12R	60.0	6910	CHA
MF-383	$27270	$8730	$10910	**$15540**	**$17040**	Perkins	4	248D	8F-2R	73.0	6311	No
MF-383 4WD	$33725	$10790	$13490	**$19220**	**$21080**	Perkins	4	248D	8F-2R	73.0	6950	No
MF-383 4WD w/Cab	$42735	$13680	$17090	**$24360**	**$26710**	Perkins	4	248D	8F-2R	73.0	7552	CHA
MF-383 w/Cab	$36280	$11610	$14510	**$20680**	**$22680**	Perkins	4	248D	8F-2R	73.0	6957	CHA
MF-384 GE 4WD	$32830	$10510	$13130	**$18710**	**$20520**	Perkins	4	236D	12F-4R	65.0		No
MF-384HC	$28275	$9050	$11310	**$16120**	**$17670**	Perkins	4	236D	12F-12R	65.0		No
MF-384HC 4WD	$33950	$10860	$13580	**$19350**	**$21220**	Perkins	4	236D	12F-12R	65.0		No
MF-384S	$25920	$8290	$10370	**$14770**	**$16200**	Perkins	4	236D	12F-4R	65.0		No
MF-384S 4WD	$32010	$10240	$12800	**$18250**	**$20010**	Perkins	4	236D	12F-4R	65.0		No
MF-384S 4WD w/Cab	$42420	$13570	$16970	**$24180**	**$26510**	Perkins	4	236D	12F-12R	65.0		CHA
MF-384S w/Cab	$36210	$11590	$14480	**$20640**	**$22630**	Perkins	4	236D	12F-12R	65.0		CHA
MF-384V	$36560	$11700	$14620	**$20840**	**$22850**	Perkins	4	236D	12F-12R	65.0		CHA
MF-384V 4WD	$43140	$13810	$17260	**$24590**	**$26960**	Perkins	4	236D	12F-12R	65.0		CHA
MF-390	$35475	$11350	$14190	**$20220**	**$22170**	Perkins	4	248D	12F-12R	70.0	6275	No
MF-390 4WD	$40850	$13070	$16340	**$23290**	**$25530**	Perkins	4	248D	12F-12R	70.0	6902	No
MF-390 4WD w/Cab	$49370	$15800	$19750	**$28140**	**$30860**	Perkins	4	248D	12F-12R	70.0	7552	CHA
MF-390 w/Cab	$43395	$13890	$17360	**$24740**	**$27120**	Perkins	4	248D	12F-12R	70.0	6945	CHA
MF-390T	$37150	$11890	$14860	**$21180**	**$23220**	Perkins	4T	236D	12F-12R	80.0	6359	No
MF-390T 4WD	$42685	$13660	$17070	**$24330**	**$26680**	Perkins	4T	236D	12F-12R	80.0	6952	No
MF-390T 4WD w/Cab	$51535	$16490	$20610	**$29380**	**$32210**	Perkins	4T	236D	12F-12R	80.0	7602	CHA
MF-390T w/Cab	$44780	$14330	$17910	**$25530**	**$27990**	Perkins	4T	236D	12F-12R	80.0	6995	CHA
MF-393	$30150	$9650	$12060	**$17190**	**$18840**	Perkins	4T	236D	8F-2R	83.0	6371	No
MF-393 4WD	$36535	$11690	$14610	**$20830**	**$22830**	Perkins	4T	236D	8F-2R	83.0	6986	No
MF-393 4WD w/Cab	$45455	$14550	$18180	**$25910**	**$28410**	Perkins	4T	236D	8F-2R	83.0	7636	CHA
MF-393 w/Cab	$38495	$12320	$15400	**$21940**	**$24060**	Perkins	4T	236D	8F-2R	83.0	7021	CHA
MF-394 GE 4WD	$35060	$11220	$14020	**$19980**	**$21910**	Perkins	4	248D	12F-12R	73.0		No
MF-394HC	$29885	$9560	$11950	**$17030**	**$18680**	Perkins	4	248D	12F-12R	73.0		No
MF-394HC 4WD	$36340	$11630	$14540	**$20710**	**$22710**	Perkins	4	248D	12F-12R	73.0		No
MF-394S	$27555	$8820	$11020	**$15710**	**$17220**	Perkins	4	248D	12F-4R	73.0		No
MF-394S 4WD	$33855	$10830	$13540	**$19300**	**$21160**	Perkins	4	248D	12F-4R	73.0		No
MF-394S 4WD w/Cab	$43722	$13440	$16800	**$23940**	**$26250**	Perkins	4	248D	12F-12R	73.0		CHA
MF-394S w/Cab	$37375	$11960	$14950	**$21300**	**$23360**	Perkins	4	248D	12F-12R	73.0		CHA
MF-396	$34280	$10970	$13710	**$19540**	**$21430**	Perkins	6	365D	8F-2R	88.0	7120	No
MF-396 4WD	$41300	$13220	$16520	**$23540**	**$25810**	Perkins	6	365D	8F-2R	88.0	7690	No
MF-396 4WD w/Cab	$51445	$16000	$20000	**$28500**	**$31250**	Perkins	6	365D	12F-4R	88.0	8430	CHA
MF-396 w/Cab	$43835	$14030	$17530	**$24990**	**$27400**	Perkins	6	365D	12F-4R	88.0	7831	CHA
MF-398	$35645	$11410	$14260	**$20320**	**$22280**	Perkins	4T	236D	12F-4R	80.00	6960	No
MF-398 4WD	$42495	$13600	$17000	**$24220**	**$26560**	Perkins	4T	236D	12F-4R	80.00	7395	No
MF-399	$38720	$11620	$13940	**$20130**	**$23040**	Perkins	6	365D	12F-4R	95.00	7400	No
MF-399 4WD	$45885	$13770	$16520	**$23860**	**$27300**	Perkins	6	365D	12F-4R	95.00	7910	No
MF-399 4WD w/Cab	$56500	$16200	$19440	**$28080**	**$32130**	Perkins	6	365D	12F-4R	95.00	8560	CHA
MF-399 Mudder	$54470	$15720	$18860	**$27250**	**$31180**	Perkins	6	365D	12F-12R	95.00		No
MF-399 Mudder w/Cab	$62155	$17700	$21240	**$30680**	**$35110**	Perkins	6	365D	12F-12R	95.00		CHA
MF-399 w/Cab	$48305	$14490	$17390	**$25120**	**$28740**	Perkins	6	365D	12F-4R	95.00	8050	CHA
MF-1160 4WD	$24100	$7710	$9640	**$13740**	**$15060**	Isuzu	4	136D	16F-16R	37.0	4206	No
MF-1180 4WD	$26245	$8400	$10500	**$14960**	**$16400**	Isuzu	4	169D	16F-16R	46.0	4773	No
MF-1190 4WD	$28050	$8980	$11220	**$15990**	**$17530**	Isuzu	4T	169D	16F-16R	53.0	4795	No
MF-1205 4WD	$10200	$3260	$4080	**$5810**	**$6380**	Iseki	3	61D	6F-2R	13.5	1579	No
MF-1205 Hydro 4WD	$11400	$3650	$4560	**$6500**	**$7130**	Iseki	3	61D	Variable	13.0	1579	No
MF-1215	$10654	$3410	$4260	**$6070**	**$6660**	Iseki	3	61D	6F-2R	15.0	1457	No
MF-1215 4WD	$11850	$3790	$4740	**$6760**	**$7410**	Iseki	3	61D	6F-2R	15.0	1589	No
MF-1215 Hydro	$11869	$3800	$4750	**$6770**	**$7420**	Iseki	3	61D	Variable	14.0	1457	No
MF-1215 Hydro 4WD	$13350	$4270	$5340	**$7610**	**$8340**	Iseki	3	61D	Variable	14.0	1589	No
MF-1220	$12175	$3900	$4870	**$6940**	**$7610**	Iseki	3	68D	6F-2R	17.2	1874	No
MF-1220 4WD	$13710	$4390	$5480	**$7820**	**$8570**	Iseki	3	68D	6F-2R	17.2	2050	No
MF-1220 Hydro	$13575	$4340	$5430	**$7740**	**$8480**	Iseki	3	68D	Variable	16.0	1896	No
MF-1220 Hydro 4WD	$15096	$4830	$6040	**$8610**	**$9440**	Iseki	3	68D	Variable	16.0	2072	No
MF-1230	$13468	$4310	$5390	**$7680**	**$8420**	Iseki	3	87D	9F-3R	21.0	2227	No
MF-1230 4WD	$15076	$4820	$6030	**$8590**	**$9420**	Iseki	3	87D	9F-3R	21.0	2403	No

Massey Ferguson (Cont.)

Model	Approx. Retail Price New	Used Trade-In Avg.	Used Trade-In High	Used Retail Avg.	Used Retail High	Engine Make	Engine No. Cyls.	Engine Displ. Cu.-in.	No. Speeds	P.T.O. H.P.	Approx. Shipping Wt.-Lbs.	Cab
				Estimated Value Less Repairs								
				1997 (Cont.)								
MF-1230 Hydro	$15045	$4810	$6020	**$8580**	**$9400**	Iseki	3	87D	Variable	20.0	2293	No
MF-1230 Hydro 4WD	$16652	$5330	$6660	**$9490**	**$10410**	Iseki	3	87D	Variable	20.0	2469	No
MF-1235 Hydro 4WD	$17700	$5660	$7080	**$10090**	**$11060**	Iseki	3	91D	Variable	25.1		No
MF-1240	$14522	$4650	$5810	**$8280**	**$9080**	Iseki	3	87D	16F-16R	22.5	2859	No
MF-1240 4WD	$16250	$5200	$6500	**$9260**	**$10160**	Iseki	3	87D	16F-16R	22.5	2960	No
MF-1250	$15660	$5010	$6260	**$8930**	**$9790**	Iseki	3	91D	16F-16R	26.2	2933	No
MF-1250 4WD	$17810	$5700	$7120	**$10150**	**$11130**	Iseki	3	91D	16F-16R	26.2	3040	No
MF-1260 4WD	$20100	$6430	$8040	**$11460**	**$12560**	Iseki	3	91D	16F-16R	31.0	3128	No
MF-6150	$46620	$13990	$16780	**$24240**	**$27740**	Perkins	4T	244D	16F-16R	86.00		CHA
MF-6150	$49800	$14940	$17930	**$25900**	**$29630**	Perkins	4T	244D	32F-32R	86.00		CHA
MF-6150 4WD	$54890	$16470	$19760	**$28540**	**$32660**	Perkins	4T	244D	16F-16R	86.00	10224	CHA
MF-6150 4WD	$58070	$17420	$20910	**$30200**	**$34550**	Perkins	4T	244D	32F-32R	86.00	10224	CHA
MF-6170	$53190	$15960	$19150	**$27660**	**$31650**	Perkins	6	365D	16F-16R	97.00	10329	CHA
MF-6170	$56370	$16910	$20290	**$29310**	**$33540**	Perkins	6	365D	32F-32R	97.00	10329	CHA
MF-6170 4WD	$60420	$18130	$21750	**$31420**	**$35950**	Perkins	6	365D	16F-16R	97.00	10869	CHA
MF-6170 4WD	$63600	$19080	$22900	**$33070**	**$37840**	Perkins	6	365D	32F-32R	97.00	10869	CHA
MF-6180	$59000	$17700	$21240	**$30680**	**$35110**	Perkins	6T	365D	16F-16R	110.00	11153	CHA
MF-6180	$62180	$18650	$22390	**$32330**	**$37000**	Perkins	6T	365D	32F-32R	110.00	11153	CHA
MF-6180 4WD	$65480	$19640	$23570	**$34050**	**$38960**	Perkins	6T	365D	16F-16R	110.00	11486	CHA
MF-6180 4WD	$68660	$20600	$24720	**$35700**	**$40850**	Perkins	6T	365D	32F-32R	110.00	11486	CHA
MF-8120	$70360	$19700	$25330	**$28140**	**$31660**	Perkins	6T	365D	32F-32R	130.00	12621	CHA
MF-8120 4WD	$81140	$22400	$28800	**$32000**	**$36000**	Perkins	6T	365D	32F-32R	130.00	13153	CHA
MF-8140	$75520	$21150	$27190	**$30210**	**$33980**	Valmet	6T	403D	32F-32R	145.00	13936	CHA
MF-8140 4WD	$87800	$23800	$30600	**$34000**	**$38250**	Valmet	6T	403D	32F-32R	145.00	15016	CHA
MF-8150	$83260	$23310	$29970	**$33300**	**$37470**	Valmet	6T	403D	32F-32R	160.00	14273	CHA
MF-8150 4WD	$93550	$25760	$33120	**$36800**	**$41400**	Valmet	6T	403D	32F-32R	160.00	15331	CHA
MF-8160	$95180	$26650	$34270	**$38070**	**$42830**	Valmet	6T	452D	32F-32R	180.00	14273	CHA
MF-8160 4WD	$107950	$28560	$36720	**$40800**	**$45900**	Valmet	6T	452D	32F-32R	180.00	15331	CHA
				1996								
MF-231	$12175	$4020	$5360	**$7430**	**$8160**	Perkins	3	152D	8F-2R	34.0	4065	No
MF-240	$20385	$6200	$7800	**$11200**	**$12400**	Perkins	3	152D	8F-2R	41.0	4015	No
MF-240 4WD	$23985	$7440	$9350	**$13430**	**$14870**	Perkins	3	152D	8F-2R	41.0	4585	No
MF-240S	$16900	$5240	$6590	**$9460**	**$10480**	Perkins	3	152D	8F-2R	41.0	4015	No
MF-253	$22135	$6860	$8630	**$12400**	**$13720**	Perkins	3T	152D	8F-2R	48.0	4265	No
MF-253 4WD	$27300	$7420	$9010	**$13520**	**$15500**	Perkins	3T	152D	8F-2R	48.0	4735	No
MF-261	$15870	$4920	$6190	**$8890**	**$9840**	Perkins	4	236D	8F-2R	53.0	5280	No
MF-283	$19925	$6180	$7770	**$11160**	**$12350**	Perkins	4	248D	8F-2R	67.0	5700	No
MF-283 4WD	$25300	$7600	$9560	**$13720**	**$15190**	Perkins	4	248D	8F-2R	67.0		No
MF-354 GE	$23550	$7300	$9190	**$13190**	**$14600**	Perkins	3	152D	12F-4R	42.0		No
MF-354 GE 4WD	$28795	$8590	$10800	**$15510**	**$17170**	Perkins	3	152D	12F-4R	42.0		No
MF-354S	$22655	$7020	$8840	**$12690**	**$14050**	Perkins	3	152D	12F-4R	42.0		No
MF-354S	$23270	$7210	$9080	**$13030**	**$14430**	Perkins	3	152D	12F-12R	42.0		No
MF-354S 4WD	$28735	$8910	$11210	**$16090**	**$17820**	Perkins	3	152D	12F-4R	42.0		No
MF-354S 4WD w/Cab	$35535	$11020	$13860	**$19900**	**$22030**	Perkins	3	152D	12F-12R	42.0		CH
MF-354S w/Cab	$29690	$9200	$11580	**$16630**	**$18410**	Perkins	3	152D	12F-12R	42.0		CH
MF-354V	$31305	$9710	$12210	**$17530**	**$19410**	Perkins	3	152D	12F-12R	42.0		CH
MF-354V 4WD	$36635	$11360	$14290	**$20520**	**$22710**	Perkins	3	152D	12F-12R	42.0		CH
MF-362	$25385	$7870	$9900	**$14220**	**$15740**	Perkins	4	236D	8F-2R	55.0	5335	No
MF-362 4WD	$31260	$9690	$12190	**$17510**	**$19380**	Perkins	4	236D	8F-2R	55.0	5960	No
MF-364 GE	$24545	$7610	$9570	**$13750**	**$15220**	Perkins	3T	152D	12F-4R	50.0		No
MF-364 GE 4WD	$30105	$9330	$11740	**$16860**	**$18670**	Perkins	3T	152D	12F-4R	50.0		No
MF-364S	$23450	$7270	$9150	**$13130**	**$14540**	Perkins	3T	152D	12F-4R	50.0		No
MF-364S 4WD	$29630	$9190	$11560	**$16590**	**$18370**	Perkins	3T	152D	12F-4R	50.0		No
MF-364S 4WD w/Cab	$36810	$11410	$14360	**$20610**	**$22820**	Perkins	3T	152D	12F-12R	50.0		CH
MF-364S w/Cab	$30790	$9550	$12010	**$17240**	**$19090**	Perkins	3T	152D	12F-12R	50.0		CH
MF-364V	$32545	$10090	$12690	**$18230**	**$20180**	Perkins	3T	152D	12F-12R	50.0		CH
MF-364V 4WD	$37880	$11740	$14770	**$21210**	**$23490**	Perkins	3T	152D	12F-12R	50.0		CH
MF-374 GE	$24865	$7710	$9700	**$13920**	**$15420**	Perkins	4	236D	12F-4R	57.0		No
MF-374 GE 4WD	$31180	$9670	$12160	**$17460**	**$19330**	Perkins	4	236D	12F-4R	57.0		No
MF-374S	$23755	$7360	$9260	**$13300**	**$14730**	Perkins	4	236D	12F-4R	57.0		No
MF-374S 4WD	$30420	$9430	$11860	**$17040**	**$18860**	Perkins	4	236D	12F-4R	57.0		No
MF-374S 4WD w/Cab	$40365	$12510	$15740	**$22600**	**$25030**	Perkins	4	236D	12F-12R	57.0		CHA
MF-374S w/Cab	$33815	$10480	$13190	**$18940**	**$20970**	Perkins	4	236D	12F-12R	57.0		CHA
MF-374V	$33745	$10460	$13160	**$18900**	**$20920**	Perkins	4	236D	12F-12R	57.0		CHA
MF-374V 4WD	$39090	$12120	$15250	**$21890**	**$24240**	Perkins	4	236D	12F-12R	57.0		CHA
MF-375	$28625	$8020	$9730	**$14600**	**$16750**	Perkins	4	236D	12F-4R	60.0	6240	No
MF-375 4WD	$33850	$9480	$11510	**$17260**	**$19800**	Perkins	4	236D	12F-4R	60.0	6867	No
MF-375 4WD w/Cab	$41780	$11200	$13600	**$20400**	**$23400**	Perkins	4	236D	12F-4R	60.0	7517	CHA
MF-375 w/Cab	$36710	$10280	$12480	**$18720**	**$21480**	Perkins	4	236D	12F-4R	60.0	6910	CHA
MF-383	$26475	$8210	$10330	**$14830**	**$16420**	Perkins	4	248D	8F-2R	73.0	6311	No
MF-383 4WD	$32745	$10150	$12770	**$18340**	**$20300**	Perkins	4	248D	8F-2R	73.0	6950	No
MF-383 4WD w/Cab	$41490	$12090	$15210	**$21840**	**$24180**	Perkins	4	248D	8F-2R	73.0	7552	CHA
MF-383 w/Cab	$35225	$10920	$13740	**$19730**	**$21840**	Perkins	4	248D	8F-2R	73.0	6957	CHA
MF-384 GE	$25995	$8060	$10140	**$14560**	**$16120**	Perkins	4	236D	12F-4R	65.0		No
MF-384 GE 4WD	$31710	$9830	$12370	**$17760**	**$19660**	Perkins	4	236D	12F-4R	65.0		No
MF-384HC	$26780	$8300	$10440	**$15000**	**$16600**	Perkins	4	236D	12F-12R	65.0		No
MF-384HC 4WD	$32545	$10090	$12690	**$18230**	**$20180**	Perkins	4	236D	12F-12R	65.0		No
MF-384S	$24815	$7690	$9680	**$13900**	**$15390**	Perkins	4	236D	12F-4R	65.0		No
MF-384S 4WD	$30960	$9600	$12070	**$17340**	**$19200**	Perkins	4	236D	12F-4R	65.0		No
MF-384S 4WD w/Cab	$41020	$12720	$16000	**$22970**	**$25430**	Perkins	4	236D	12F-12R	65.0		CHA
MF-384S w/Cab	$34760	$10780	$13560	**$19470**	**$21550**	Perkins	4	236D	12F-12R	65.0		CHA
MF-384V	$34755	$10770	$13550	**$19460**	**$21550**	Perkins	4	236D	12F-12R	65.0		CHA
MF-384V 4WD	$40530	$12560	$15810	**$22700**	**$25130**	Perkins	4	236D	12F-12R	65.0		CHA

Massey Ferguson (Cont.)

Model	Approx. Retail Price New	Estimated Value Less Repairs Used Trade-In Avg.	High	Used Retail Avg.	High	Engine Make	No. Cyls.	Displ. Cu.-in.	No. Speeds	P.T.O. H.P.	Approx. Shipping Wt.-Lbs.	Cab
1996 (Cont.)												
MF-390	$31210	$9680	$12170	**$17480**	**$19350**	Perkins	4	248D	12F-4R	70.0	6275	No
MF-390 4WD	$37655	$11670	$14690	**$21090**	**$23350**	Perkins	4	248D	12F-4R	70.0	6902	No
MF-390 4WD w/Cab	$46420	$13950	$17550	**$25200**	**$27900**	Perkins	4	248D	12F-4R	70.0	7552	CHA
MF-390 w/Cab	$40625	$12590	$15840	**$22750**	**$25190**	Perkins	4	248D	12F-4R	70.0	6945	CHA
MF-390T	$33695	$10450	$13140	**$18870**	**$20890**	Perkins	4T	236D	12F-4R	80.0	6359	No
MF-390T 4WD	$39060	$12110	$15230	**$21870**	**$24220**	Perkins	4T	236D	12F-4R	80.0	6952	No
MF-390T 4WD w/Cab	$48530	$14260	$17940	**$25760**	**$28520**	Perkins	4T	236D	12F-4R	80.0	7602	CHA
MF-390T w/Cab	$41965	$13010	$16370	**$23500**	**$26020**	Perkins	4T	236D	12F-4R	80.0	6995	CHA
MF-393	$29270	$9070	$11420	**$16390**	**$18150**	Perkins	4T	236D	8F-2R	83.0	6986	No
MF-393 4WD	$35470	$11000	$13830	**$19860**	**$21990**	Perkins	4T	236D	8F-2R	83.0	6986	No
MF-393 4WD w/Cab	$44130	$13020	$16380	**$23520**	**$26040**	Perkins	4T	236D	8F-2R	83.0	7636	CHA
MF-393 w/Cab	$37375	$11590	$14580	**$20930**	**$23170**	Perkins	4T	236D	8F-2R	83.0	7636	CHA
MF-394 4WD w/Cab	$42695	$12710	$15990	**$22960**	**$25420**	Perkins	4	248D	24F-12R	73.0		CHA
MF-394 GE	$27695	$8590	$10800	**$15510**	**$17170**	Perkins	4	248D	12F-4R	73.0		No
MF-394GE 4WD	$33865	$10500	$13210	**$18960**	**$21000**	Perkins	4	248D	12F-4R	73.0		No
MF-394HC	$28335	$8780	$11050	**$15870**	**$17570**	Perkins	4	248D	12F-12R	73.0		No
MF-394HC 4WD	$35405	$10980	$13810	**$19830**	**$21950**	Perkins	4	248D	12F-12R	73.0		No
MF-394S	$26395	$8180	$10290	**$14780**	**$16370**	Perkins	4	248D	12F-4R	73.0		No
MF-394S 4WD	$32745	$10150	$12770	**$18340**	**$20300**	Perkins	4	248D	12F-4R	73.0		No
MF-394S 4WD w/Cab	$42295	$13110	$16500	**$23690**	**$26220**	Perkins	4	248D	12F-12R	73.0		CHA
MF-394S w/Cab	$35885	$11120	$14000	**$20100**	**$22250**	Perkins	4	248D	12F-12R	73.0		CHA
MF-396	$32985	$10230	$12860	**$18470**	**$20450**	Perkins	6	365D	8F-2R	88.0	7120	No
MF-396 4WD	$39875	$12360	$15550	**$22330**	**$24720**	Perkins	6	365D	8F-2R	88.0	7690	No
MF-396 4WD w/Cab	$49725	$14570	$18330	**$26320**	**$29140**	Perkins	6	365D	12F-4R	88.0	8430	CHA
MF-396 w/Cab	$41935	$13000	$16360	**$23480**	**$26000**	Perkins	6	365D	12F-4R	88.0	7831	CHA
MF-398	$34940	$9780	$11880	**$17820**	**$20440**	Perkins	4T	236D	12F-4R	80.00	6960	No
MF-398 4WD	$41655	$11660	$14160	**$21240**	**$24370**	Perkins	4T	236D	12F-4R	80.00	7395	No
MF-399	$37090	$10390	$12610	**$18920**	**$21700**	Perkins	6	365D	12F-4R	95.00	7400	No
MF-399 4WD	$44655	$12500	$15180	**$22770**	**$26120**	Perkins	6	365D	12F-4R	95.00	7910	No
MF-399 4WD w/Cab	$54855	$14560	$17680	**$26520**	**$30420**	Perkins	6	365D	12F-4R	95.00	8560	CHA
MF-399 Mudder	$52885	$14280	$17340	**$26010**	**$29840**	Perkins	6	365D	12F-12R	95.00		No
MF-399 Mudder w/Cab	$60345	$15960	$19380	**$29070**	**$33350**	Perkins	6	365D	12F-12R	95.00		CHA
MF-399 w/Cab	$46395	$12460	$15130	**$22700**	**$26030**	Perkins	6	365D	12F-4R	95.00	8050	CHA
MF-1120 4WD	$9584	$2970	$3740	**$5370**	**$5940**	Isuzu	3	52D	6F-2R	14.2	1360	No
MF-1120 Hydro 4WD	$10727	$3330	$4180	**$6010**	**$6650**	Isuzu	3	52D	Variable	13.1	1448	No
MF-1160 4WD	$23886	$7410	$9320	**$13380**	**$14810**	Isuzu	4	136D	16F-16R	37.0	4206	No
MF-1180 4WD	$25981	$8050	$10130	**$14550**	**$16110**	Isuzu	4	169D	16F-16R	46.0	4773	No
MF-1190 4WD	$27787	$8610	$10840	**$15560**	**$17230**	Isuzu	4T	169D	16F-16R	53.0	4795	No
MF-1205 4WD	$10200	$3160	$3980	**$5710**	**$6320**	Iseki	3	61D	6F-2R	13.5	1579	No
MF-1205 Hydro 4WD	$11400	$3530	$4450	**$6380**	**$7070**	Iseki	3	61D	Variable	13.0	1579	No
MF-1210	$10285	$3190	$4010	**$5760**	**$6380**	Iseki	3	61D	6F-2R	15.00	1830	No
MF-1210 4WD	$11753	$3640	$4580	**$6580**	**$7290**	Iseki	3	61D	6F-2R	15.00	1984	No
MF-1210 Hydro	$11753	$3640	$4580	**$6580**	**$7290**	Iseki	3	61D	Variable	14.00	1852	No
MF-1210 Hydro 4WD	$13221	$4100	$5160	**$7400**	**$8200**	Iseki	3	61D	Variable	14.00	2006	No
MF-1215	$10654	$3300	$4160	**$5970**	**$6610**	Iseki	3	61D	6F-2R	15.0	1457	No
MF-1215 4WD	$11850	$3670	$4620	**$6640**	**$7350**	Iseki	3	61D	6F-2R	15.0	1589	No
MF-1215 Hydro	$11869	$3680	$4630	**$6650**	**$7360**	Iseki	3	61D	Variable	14.0	1457	No
MF-1215 Hydro 4WD	$13350	$4140	$5210	**$7480**	**$8280**	Iseki	3	61D	Variable	14.0	1589	No
MF-1220	$11938	$3700	$4660	**$6690**	**$7400**	Iseki	3	68D	6F-2R	17.2	1874	No
MF-1220 4WD	$13493	$4180	$5260	**$7560**	**$8370**	Iseki	3	68D	6F-2R	17.2	2050	No
MF-1220 Hydro	$13338	$4140	$5200	**$7470**	**$8270**	Iseki	3	68D	Variable	16.0	1896	No
MF-1220 Hydro 4WD	$14879	$4610	$5800	**$8330**	**$9230**	Iseki	3	68D	Variable	16.0	2072	No
MF-1230	$13318	$4130	$5190	**$7460**	**$8260**	Iseki	3	87D	9F-3R	21.0	2227	No
MF-1230 4WD	$14956	$4640	$5830	**$8380**	**$9270**	Iseki	3	87D	9F-3R	21.0	2403	No
MF-1230 Hydro	$14895	$4620	$5810	**$8340**	**$9240**	Iseki	3	87D	Variable	20.0	2293	No
MF-1230 Hydro 4WD	$16532	$5130	$6450	**$9260**	**$10250**	Iseki	3	87D	Variable	20.0	2469	No
MF-1240	$14186	$4400	$5530	**$7940**	**$8800**	Iseki	3	87D	16F-16R	22.5	2859	No
MF-1240 4WD	$15973	$4950	$6230	**$8950**	**$9900**	Iseki	3	87D	16F-16R	22.5	2960	No
MF-1250	$15285	$4740	$5960	**$8560**	**$9480**	Iseki	3	91D	16F-16R	26.2	2933	No
MF-1250 4WD	$17520	$5430	$6830	**$9810**	**$10860**	Iseki	3	91D	16F-16R	26.2	3040	No
MF-1260 4WD	$19928	$6180	$7770	**$11160**	**$12360**	Iseki	3	91D	16F-16R	31.0	3128	No
MF-3075 4WD	$54450	$13610	$17970	**$23960**	**$26680**	Perkins	4T	244D	32F-32R	86.00	10244	CHA
MF-3120T	$53560	$13390	$17680	**$23570**	**$26240**	Perkins	6T	365D	32F-32R	110.00	11153	CHA
MF-3120T 4WD	$59540	$14890	$19650	**$26200**	**$29180**	Perkins	6T	365D	32F-32R	110.00	11486	CHA
MF-3140	$55620	$13910	$18360	**$24470**	**$27250**	Perkins	6T	365D	32F-32R	115.00	11153	CHA
MF-3140 4WD	$61910	$15480	$20430	**$27240**	**$30340**	Perkins	6T	365D	32F-32R	115.00	11486	CHA
MF-3660	$64540	$16140	$21300	**$28400**	**$31630**	Perkins	6T	365D	32F-32R	140.0	12581	CHA
MF-3660 4WD	$75050	$18890	$24930	**$33240**	**$37020**	Perkins	6T	365D	32F-32R	140.00	13152	CHA
MF-3670	$72770	$18190	$24010	**$32020**	**$35660**	Perkins	6T	403D	32F-32R	154.00	12736	CHA
MF-3670 4WD	$82930	$20730	$27370	**$36490**	**$40640**	Perkins	6T	403D	32F-32R	154.00	13816	CHA
MF-3690	$84490	$21120	$27880	**$37180**	**$41400**	Perkins	6T	452D	32F-32R	170.00	13073	CHA
MF-3690 4WD	$94160	$23540	$31070	**$41430**	**$46140**	Perkins	6T	452D	32F-32R	170.00	14131	CHA
MF-6150	$48680	$13630	$16550	**$24830**	**$28480**	Perkins	4T	244D	32F-32R	86.00		CHA
MF-6150 4WD	$56610	$15850	$19250	**$28870**	**$33120**	Perkins	4T	244D	32F-32R	86.00	10224	CHA
MF-6170	$51870	$14520	$17640	**$26450**	**$30340**	Perkins	6	365D	32F-32R	97.00	10329	CHA
MF-6170 4WD	$59930	$16780	$20380	**$30560**	**$35060**	Perkins	6	365D	32F-32R	97.00	10869	CHA
MF-6180	$56920	$15940	$19350	**$29030**	**$33300**	Perkins	6T	365D	32F-32R	110.00	11153	CHA
MF-6180 4WD	$63630	$17820	$21630	**$32450**	**$37220**	Perkins	6T	365D	32F-32R	110.00	11486	CHA
MF-8120	$68050	$17690	$23140	**$25180**	**$29260**	Perkins	6T	365D	32F-32R	130.00	12621	CHA
MF-8120 4WD	$79110	$20280	$26520	**$28860**	**$33540**	Perkins	6T	365D	32F-32R	130.00	13153	CHA
MF-8140	$73360	$19070	$24940	**$27140**	**$31550**	Valmet	6T	403D	32F-32R	145.00	13936	CHA
MF-8140 4WD	$85520	$21840	$28560	**$31080**	**$36120**	Valmet	6T	403D	32F-32R	145.00	15016	CHA
MF-8150	$82710	$21510	$28120	**$30600**	**$35570**	Valmet	6T	403D	32F-32R	160.00	14273	CHA
MF-8150 4WD	$90310	$23140	$30260	**$32930**	**$38270**	Valmet	6T	403D	32F-32R	160.00	15331	CHA

Model	Approx. Retail Price New	Estimated Value Less Repairs: Used Trade-In Avg.	Used Trade-In High	Used Retail Avg.	Used Retail High	Engine Make	Engine No. Cyls.	Engine Displ. Cu.-in.	No. Speeds	P.T.O. H.P.	Approx. Shipping Wt.-Lbs.	Cab
Massey Ferguson (Cont.)												
				1996 (Cont.)								
MF-8160	$91640	$23830	$31160	**$33910**	**$39410**	Valmet	6T	452D	32F-32R	180.00	14273	CHA
MF-8160 4WD	$105250	$26000	$34000	**$37000**	**$43000**	Valmet	6T	452D	32F-32R	180.00	15331	CHA
				1995								
MF-231	$11580	$3710	$4980	**$6950**	**$7640**	Perkins	3	152D	8F-2R	34.0	4065	No
MF-240	$17340	$5200	$6590	**$9540**	**$10660**	Perkins	3	152D	8F-2R	41.0	4015	No
MF-240 4WD	$22970	$6000	$7600	**$11000**	**$12300**	Perkins	3	152D	8F-2R	41.0	4585	No
MF-253	$20775	$6230	$7900	**$11430**	**$12780**	Perkins	3T	152D	8F-2R	48.0	4265	No
MF-253 4WD	$25975	$7170	$9080	**$13150**	**$14700**	Perkins	3T	152D	8F-2R	48.0	4735	No
MF-261	$15335	$4600	$5830	**$8430**	**$9430**	Perkins	4	236D	8F-2R	53.0	5280	No
MF-283	$18080	$5420	$6870	**$9940**	**$11120**	Perkins	4	248D	8F-2R	67.0	5700	No
MF-362	$23765	$7130	$9030	**$13070**	**$14620**	Perkins	4	236D	8F-2R	55.0	5335	No
MF-362 4WD	$30205	$8700	$11020	**$15950**	**$17840**	Perkins	4	236D	8F-2R	55.0	5960	No
MF-375	$26890	$6990	$8610	**$13450**	**$15460**	Perkins	4	236D	12F-4R	60.0	6240	No
MF-375 4WD	$32705	$8060	$9920	**$15500**	**$17830**	Perkins	4	236D	12F-4R	60.0	6867	No
MF-375 4WD w/Cab	$40370	$9880	$12160	**$19000**	**$21850**	Perkins	4	236D	12F-4R	60.0	7517	CHA
MF-375 w/Cab	$35280	$8890	$10940	**$17100**	**$19670**	Perkins	4	236D	12F-4R	60.0	6910	CHA
MF-383	$25120	$7540	$9550	**$13820**	**$15450**	Perkins	4	248D	8F-2R	73.0	6311	No
MF-383 4WD	$31180	$9350	$11850	**$17150**	**$19180**	Perkins	4	248D	8F-2R	73.0	6950	No
MF-383 4WD w/Cab	$39630	$11400	$14440	**$20900**	**$23370**	Perkins	4	248D	8F-2R	73.0	7552	CHA
MF-383 w/Cab	$33575	$10070	$12760	**$18470**	**$20650**	Perkins	4	248D	8F-2R	73.0	6957	CHA
MF-390	$30155	$9050	$11460	**$16590**	**$18550**	Perkins	4	248D	12F-4R	70.0	6275	No
MF-390 4WD	$36020	$10810	$13690	**$19810**	**$22150**	Perkins	4	248D	12F-4R	70.0	6902	No
MF-390 4WD w/Cab	$44465	$12900	$16340	**$23650**	**$26450**	Perkins	4	248D	12F-4R	70.0	7552	CHA
MF-390 w/Cab	$38380	$11510	$14580	**$21110**	**$23600**	Perkins	4	248D	12F-4R	70.0	6945	CHA
MF-390T	$31760	$9530	$12070	**$17470**	**$19530**	Perkins	4T	236D	12F-4R	80.0	6359	No
MF-390T 4WD	$37380	$11210	$14200	**$20560**	**$22990**	Perkins	4T	236D	12F-4R	80.0	6952	No
MF-390T 4WD w/Cab	$46505	$13500	$17100	**$24750**	**$27680**	Perkins	4T	236D	12F-4R	80.0	7602	CHA
MF-390T w/Cab	$40055	$12020	$15220	**$22030**	**$24630**	Perkins	4T	236D	12F-4R	80.0	6995	CHA
MF-393 4WD	$34270	$10280	$13020	**$18850**	**$21080**	Perkins	4T	236D	8F-2R	83.0	6986	No
MF-393 4WD w/Cab	$42640	$12450	$15770	**$22830**	**$25520**	Perkins	4T	236D	8F-2R	83.0	7636	CHA
MF-396	$31555	$9470	$11990	**$17360**	**$19410**	Perkins	6	365D	8F-2R	104.4	7120	No
MF-396 4WD	$37665	$11300	$14310	**$20720**	**$23160**	Perkins	6	365D	8F-2R	104.4	7690	No
MF-396 4WD w/Cab	$47185	$13500	$17100	**$24750**	**$27680**	Perkins	6	365D	12F-4R	104.4	8430	CHA
MF-396 w/Cab	$40520	$12160	$15400	**$22290**	**$24920**	Perkins	6	365D	12F-4R	104.4	7831	CHA
MF-398	$33760	$8780	$10800	**$16880**	**$19410**	Perkins	4T	236D	12F-4R	80.00	6960	No
MF-398 4WD	$40245	$10460	$12880	**$20120**	**$23140**	Perkins	4T	236D	12F-4R	80.00	7395	No
MF-399	$36320	$9440	$11620	**$18160**	**$20880**	Perkins	6	365D	12F-4R	95.00	7400	No
MF-399 4WD	$43140	$11220	$13810	**$21570**	**$24810**	Perkins	6	365D	12F-4R	95.00	7910	No
MF-399 4WD w/Cab	$52995	$13260	$16320	**$25500**	**$29330**	Perkins	6	365D	12F-4R	95.00	8560	CHA
MF-399 Mudder	$51095	$13290	$16350	**$25550**	**$29380**	Perkins	6	365D	12F-12R	95.00		No
MF-399 Mudder w/Cab	$58305	$14560	$17920	**$28000**	**$32200**	Perkins	6	365D	12F-12R	95.00		CHA
MF-399 w/Cab	$45265	$11770	$14490	**$22630**	**$26030**	Perkins	6	365D	12F-4R	95.00	8050	CHA
MF-1120 4WD	$9584	$2880	$3640	**$5270**	**$5890**	Isuzu	3	52D	6F-2R	14.2	1360	No
MF-1120 Hydro 4WD	$10727	$3220	$4080	**$5900**	**$6600**	Isuzu	3	52D	Variable	13.1	1448	No
MF-1160 4WD	$23886	$7170	$9080	**$13140**	**$14690**	Isuzu	4	136D	16F-16R	37.0	4206	No
MF-1180 4WD	$25981	$7790	$9870	**$14290**	**$15980**	Isuzu	4	169D	16F-16R	46.0	4773	No
MF-1190 4WD	$27787	$8340	$10560	**$15280**	**$17090**	Isuzu	4T	169D	16F-16R	53.0	4795	No
MF-1210	$10285	$3090	$3910	**$5660**	**$6330**	Iseki	3	61D	6F-2R	15.00	1830	No
MF-1210 4WD	$11753	$3530	$4470	**$6460**	**$7230**	Iseki	3	61D	6F-2R	15.00	1984	No
MF-1210 Hydro	$11753	$3530	$4470	**$6460**	**$7230**	Iseki	3	61D	Variable	14.00	1852	No
MF-1210 Hydro 4WD	$13221	$3970	$5020	**$7270**	**$8130**	Iseki	3	61D	Variable	14.00	2006	No
MF-1220	$11938	$3580	$4540	**$6570**	**$7340**	Iseki	3	68D	6F-2R	17.2	1874	No
MF-1220 4WD	$13493	$4050	$5130	**$7420**	**$8300**	Iseki	3	68D	6F-2R	17.2	2050	No
MF-1220 Hydro	$13338	$4000	$5070	**$7340**	**$8200**	Iseki	3	68D	Variable	16.0	1896	No
MF-1220 Hydro 4WD	$14879	$4460	$5650	**$8180**	**$9150**	Iseki	3	68D	Variable	16.0	2072	No
MF-1230	$13318	$4000	$5060	**$7330**	**$8190**	Iseki	3	87D	9F-3R	21.0	2227	No
MF-1230 4WD	$14956	$4490	$5680	**$8230**	**$9200**	Iseki	3	87D	9F-3R	21.0	2403	No
MF-1230 Hydro	$14895	$4470	$5660	**$8190**	**$9160**	Iseki	3	87D	Variable	20.0	2293	No
MF-1230 Hydro 4WD	$16532	$4960	$6280	**$9090**	**$10170**	Iseki	3	87D	Variable	20.0	2469	No
MF-1240	$14186	$4260	$5390	**$7800**	**$8720**	Iseki	3	87D	16F-16R	22.5	2859	No
MF-1240 4WD	$15973	$4790	$6070	**$8790**	**$9820**	Iseki	3	87D	16F-16R	22.5	2960	No
MF-1250	$15285	$4590	$5810	**$8410**	**$9400**	Iseki	3	91D	16F-16R	26.2	2933	No
MF-1250 4WD	$17520	$5260	$6660	**$9640**	**$10780**	Iseki	3	91D	16F-16R	26.2	3040	No
MF-1260 4WD	$19928	$5980	$7570	**$10960**	**$12260**	Iseki	3	91D	16F-16R	31.0	3128	No
MF-3075 4WD	$54470	$12820	$16550	**$22430**	**$25100**	Perkins	4T	244D	32F-32R	86.00	10244	CHA
MF-3120T	$53460	$12600	$16280	**$22050**	**$24680**	Perkins	6T	365D	32F-32R	110.00	11153	CHA
MF-3120T 4WD	$59540	$13920	$17980	**$24360**	**$27260**	Perkins	6T	365D	32F-32R	110.00	11486	CHA
MF-3140	$55620	$13060	$16860	**$22850**	**$25570**	Perkins	6T	365D	32F-32R	115.00	11153	CHA
MF-3140 4WD	$61910	$14520	$18760	**$25410**	**$28440**	Perkins	6T	365D	32F-32R	115.00	11486	CHA
MF-3660	$64540	$15120	$19530	**$26460**	**$29610**	Perkins	6T	365D	32F-32R	115.00	12581	CHA
MF-3660 4WD	$75540	$17760	$22940	**$31080**	**$34780**	Perkins	6T	365D	32F-32R	115.00	13152	CHA
MF-3670	$69990	$16440	$21240	**$28770**	**$32200**	Perkins	6T	403D	32F-32R	154.00	12736	CHA
MF-3670 4WD	$80150	$18240	$23560	**$31920**	**$35720**	Perkins	6T	403D	32F-32R	154.00	13816	CHA
MF-3690	$79190	$18480	$23870	**$32340**	**$36190**	Perkins	6T	452D	32F-32R	170.00	13073	CHA
MF-3690 4WD	$89470	$20400	$26350	**$35700**	**$39950**	Perkins	6T	452D	32F-32R	170.00	14131	CHA
MF-6150	$46230	$12020	$14790	**$23120**	**$26580**	Perkins	4T	244D	32F-32R	86.00		CHA
MF-6150 4WD	$53570	$13930	$17140	**$26790**	**$30800**	Perkins	4T	244D	32F-32R	86.00	10224	CHA
MF-6170	$50750	$13200	$16240	**$25380**	**$29180**	Perkins	6	365D	32F-32R	97.00	10329	CHA
MF-6170 4WD	$57800	$15030	$18500	**$28900**	**$33240**	Perkins	6	365D	32F-32R	97.00	10869	CHA
MF-6180	$55000	$14300	$17600	**$27500**	**$31630**	Perkins	6T	365D	32F-32R	110.00	11153	CHA
MF-6180 4WD	$61480	$15990	$19670	**$30740**	**$35350**	Perkins	6T	365D	32F-32R	110.00	11486	CHA
MF-8120	$65160	$15640	$20850	**$22150**	**$26720**	Perkins	6T	365D	32F-32R	130.00	12621	CHA
MF-8120 4WD	$75100	$18020	$24030	**$25530**	**$30790**	Perkins	6T	365D	32F-32R	130.00	13153	CHA

Massey Ferguson (Cont.)

Model	Approx. Retail Price New	Estimated Value Less Repairs Used Trade-In Avg.	Used Trade-In High	Used Retail Avg.	Used Retail High	Make	Engine No. Cyls.	Engine Displ. Cu.-in.	No. Speeds	P.T.O. H.P.	Approx. Shipping Wt.-Lbs.	Cab
1995 (Cont.)												
MF-8140	$69900	$16780	$22370	**$23770**	**$28660**	Valmet	6T	403D	32F-32R	145.00	13936	CHA
MF-8140 4WD	$81200	$18960	$25280	**$26860**	**$32390**	Valmet	6T	403D	32F-32R	145.00	15016	CHA
MF-8150	$74100	$17780	$23710	**$25190**	**$30380**	Valmet	6T	403D	32F-32R	160.00	14273	CHA
MF-8150 4WD	$85950	$20160	$26880	**$28560**	**$34440**	Valmet	6T	403D	32F-32R	160.00	15331	CHA
MF-8160	$81950	$19670	$26220	**$27860**	**$33600**	Valmet	6T	452D	32F-32R	180.00	14273	CHA
MF-8160 4WD	$94850	$22510	$30020	**$31890**	**$38460**	Valmet	6T	452D	32F-32R	180.00	15331	CHA
1994												
MF-231	$11080	$3440	$4650	**$6540**	**$7200**	Perkins	3	152D	8F-2R	34.0	4065	No
MF-240	$16590	$4890	$6140	**$8960**	**$10120**	Perkins	3	152D	8F-2R	41.0	4015	No
MF-240 4WD	$21980	$5610	$7030	**$10260**	**$11590**	Perkins	3	152D	8F-2R	41.0	4585	No
MF-253	$19210	$5670	$7110	**$10370**	**$11720**	Perkins	3T	152D	8F-2R	48.0	4265	No
MF-253 4WD	$25745	$6790	$8510	**$12420**	**$14030**	Perkins	3T	152D	8F-2R	48.0	4735	No
MF-261	$14675	$4330	$5430	**$7930**	**$8950**	Perkins	4	236D	8F-2R	53.0	5280	No
MF-283	$17300	$5100	$6400	**$9340**	**$10550**	Perkins	4	248D	8F-2R	67.0	5700	No
MF-283	$17300	$5100	$6400	**$9340**	**$10550**	Perkins	4	248D	8F-2R	67.0	5700	No
MF-362	$22740	$6710	$8410	**$12280**	**$13870**	Perkins	4	236D	8F-2R	55.0	5335	No
MF-362 4WD	$29240	$7970	$9990	**$14580**	**$16470**	Perkins	4	236D	8F-2R	55.0	5960	No
MF-375	$25830	$6460	$8010	**$12660**	**$14590**	Perkins	4	236D	12F-4R	60.0	6240	No
MF-375 4WD	$31300	$7250	$8990	**$14210**	**$16390**	Perkins	4	236D	12F-4R	60.0	6867	No
MF-375 4WD w/Cab	$38280	$8750	$10850	**$17150**	**$19780**	Perkins	4	236D	12F-4R	60.0	7517	CHA
MF-375 w/Cab	$33635	$8000	$9920	**$15680**	**$18080**	Perkins	4	236D	12F-4R	60.0	6910	CHA
MF-383	$24040	$7090	$8900	**$12980**	**$14660**	Perkins	4	248D	8F-2R	73.0	6311	No
MF-383 4WD	$29835	$8800	$11040	**$16110**	**$18200**	Perkins	4	248D	8F-2R	73.0	6950	No
MF-383 4WD w/Cab	$37925	$10470	$13140	**$19170**	**$21660**	Perkins	4	248D	8F-2R	73.0	7552	CHA
MF-383 w/Cab	$32130	$9480	$11890	**$17350**	**$19600**	Perkins	4	248D	8F-2R	73.0	6957	CHA
MF-390	$28835	$8510	$10670	**$15570**	**$17590**	Perkins	4	248D	12F-4R	70.0	6275	No
MF-390 4WD	$34815	$10270	$12880	**$18800**	**$21240**	Perkins	4	248D	12F-4R	70.0	6902	No
MF-390 4WD w/Cab	$42920	$12100	$15170	**$22140**	**$25010**	Perkins	4	248D	12F-4R	70.0	7552	CHA
MF-390 w/Cab	$38365	$11320	$14200	**$20720**	**$23400**	Perkins	4	248D	12F-12R	70.0	6945	CHA
MF-390T	$31025	$9150	$11480	**$16750**	**$18930**	Perkins	4T	236D	12F-4R	80.0	6359	No
MF-390T 4WD	$36115	$10650	$13360	**$19500**	**$22030**	Perkins	4T	236D	12F-4R	80.0	6952	No
MF-390T 4WD w/Cab	$44870	$12390	$15540	**$22680**	**$25620**	Perkins	4T	236D	12F-4R	80.0	7602	CHA
MF-390T w/Cab	$38675	$11410	$14310	**$20890**	**$23590**	Perkins	4T	236D	12F-4R	80.0	6995	CHA
MF-393	$27060	$7980	$10010	**$14610**	**$16510**	Perkins	4T	236D	8F-2R	83.0	6371	No
MF-393 4WD	$32795	$9680	$12130	**$17710**	**$20010**	Perkins	4T	236D	8F-2R	83.0	6986	No
MF-393 4WD w/Cab	$40805	$11510	$14430	**$21060**	**$23790**	Perkins	4T	236D	8F-2R	83.0	7636	CHA
MF-393 w/Cab	$34555	$10190	$12790	**$18660**	**$21080**	Perkins	4T	236D	8F-2R	83.0	7021	CHA
MF-396	$30945	$9130	$11450	**$16710**	**$18880**	Perkins	6	365D	8F-2R	104.4	7120	No
MF-396 4WD	$37070	$10940	$13720	**$20020**	**$22610**	Perkins	6	365D	8F-2R	104.4	7690	No
MF-396 4WD w/Cab	$46180	$12980	$16280	**$23760**	**$26840**	Perkins	6	365D	12F-4R	104.4	8430	CHA
MF-398	$31995	$8000	$9920	**$15680**	**$18080**	Perkins	4T	236D	12F-4R	80.00	6960	No
MF-398 4WD	$38515	$9630	$11940	**$18870**	**$21760**	Perkins	4T	236D	12F-4R	80.00	7395	No
MF-399	$33695	$8420	$10450	**$16510**	**$19040**	Perkins	6	365D	12F-4R	95.00	7400	No
MF-399 4WD	$41185	$10300	$12770	**$20180**	**$23270**	Perkins	6	365D	12F-4R	95.00	7910	No
MF-399 4WD w/Cab	$50620	$12250	$15190	**$24010**	**$27690**	Perkins	6	365D	12F-4R	95.00	8560	CHA
MF-399 Mudder	$48895	$11750	$14570	**$23030**	**$26560**	Perkins	6	365D	12F-12R	95.00		No
MF-399 Mudder w/Cab	$55795	$13500	$16740	**$26460**	**$30510**	Perkins	6	365D	12F-12R	95.00		CHA
MF-399 w/Cab	$42895	$10720	$13300	**$21020**	**$24240**	Perkins	6	365D	12F-4R	95.00	8050	CHA
MF-1120 4WD	$9584	$2830	$3550	**$5180**	**$5850**	Isuzu	3	52D	6F-2R	14.2	1360	No
MF-1120 Hydro 4WD	$10727	$3160	$3970	**$5790**	**$6540**	Isuzu	3	52D	Variable	13.1	1448	No
MF-1160 4WD	$22749	$6710	$8420	**$12280**	**$13880**	Isuzu	4	136D	16F-16R	37.0	4206	No
MF-1180 4WD	$24744	$7300	$9160	**$13360**	**$15090**	Isuzu	4	169D	16F-16R	46.0	4773	No
MF-1190 4WD	$26464	$7810	$9790	**$14290**	**$16140**	Isuzu	4T	169D	16F-16R	53.0	4795	No
MF-1210	$10285	$3030	$3810	**$5550**	**$6270**	Iseki	3	61D	6F-2R	15.00	1830	No
MF-1210 4WD	$11753	$3470	$4350	**$6350**	**$7170**	Iseki	3	61D	6F-2R	15.00	1984	No
MF-1210 Hydro	$11753	$3470	$4350	**$6350**	**$7170**	Iseki	3	61D	Variable	14.00	1852	No
MF-1210 Hydro 4WD	$13221	$3900	$4890	**$7140**	**$8070**	Iseki	3	61D	Variable	14.00	2006	No
MF-1220	$11647	$3440	$4310	**$6290**	**$7110**	Iseki	3	68D	6F-2R	17.2	1874	No
MF-1220 4WD	$13164	$3880	$4870	**$7110**	**$8030**	Iseki	3	68D	6F-2R	17.2	2050	No
MF-1220 Hydro	$13013	$3840	$4820	**$7030**	**$7940**	Iseki	3	68D	Variable	16.0	1896	No
MF-1220 Hydro 4WD	$14516	$4280	$5370	**$7840**	**$8860**	Iseki	3	68D	Variable	16.0	2072	No
MF-1230	$12684	$3740	$4690	**$6850**	**$7740**	Iseki	3	87D	9F-3R	21.0	2227	No
MF-1230 4WD	$14244	$4200	$5270	**$7690**	**$8690**	Iseki	3	87D	9F-3R	21.0	2403	No
MF-1230 Hydro	$14186	$4190	$5250	**$7660**	**$8650**	Iseki	3	87D	Variable	20.0	2293	No
MF-1230 Hydro 4WD	$15745	$4650	$5830	**$8500**	**$9600**	Iseki	3	87D	Variable	20.0	2469	No
MF-1240	$13150	$3880	$4870	**$7100**	**$8020**	Iseki	3	87D	16F-16R	22.5	2859	No
MF-1240 4WD	$15212	$4490	$5630	**$8210**	**$9280**	Iseki	3	87D	16F-16R	22.5	2960	No
MF-1250	$14557	$4290	$5390	**$7860**	**$8880**	Iseki	3	91D	16F-16R	26.2	2933	No
MF-1250 4WD	$16686	$4920	$6170	**$9010**	**$10180**	Iseki	3	91D	16F-16R	26.2	3040	No
MF-1260	$18979	$5600	$7020	**$10250**	**$11580**	Iseki	3	91D	16F-16R	31.0	3155	No
MF-1260 4WD	$19145	$5650	$7080	**$10340**	**$11680**	Iseki	3	91D	16F-16R	31.0	3128	No
MF-3075 4WD	$54470	$12280	$16020	**$21360**	**$24560**	Perkins	4T	244D	32F-32R	86.00	10244	CHA
MF-3120T	$53050	$11960	$15600	**$20800**	**$23920**	Perkins	6T	365D	32F-32R	110.00	11153	CHA
MF-3120T 4WD	$58830	$13110	$17100	**$22800**	**$26220**	Perkins	6T	365D	32F-32R	110.00	11486	CHA
MF-3140	$55930	$12560	$16390	**$21850**	**$25130**	Perkins	6T	365D	32F-32R	115.00	11153	CHA
MF-3140 4WD	$61910	$13800	$18000	**$24000**	**$27600**	Perkins	6T	365D	32F-32R	115.00	11486	CHA
MF-3660	$64230	$14310	$18660	**$24880**	**$28610**	Perkins	6T	365D	32F-32R	115.00	12581	CHA
MF-3660 4WD	$75570	$16910	$22060	**$29420**	**$33830**	Perkins	6T	365D	32F-32R	115.00	13152	CHA
MF-3670	$69680	$15640	$20400	**$27200**	**$31280**	Perkins	6T	403D	32F-32R	154.00	12736	CHA
MF-3670 4WD	$80150	$17250	$22500	**$30000**	**$34500**	Perkins	6T	403D	32F-32R	154.00	13816	CHA
MF-3690	$79190	$17710	$23100	**$30800**	**$35420**	Perkins	6T	452D	32F-32R	170.00	13073	CHA
MF-3690 4WD	$89470	$19320	$25200	**$33600**	**$38640**	Perkins	6T	452D	32F-32R	170.00	14131	CHA

Massey Ferguson (Cont.)

Model	Approx. Retail Price New	Estimated Value Less Repairs: Used Trade-In Avg.	Used Trade-In High	Used Retail Avg.	Used Retail High	Engine Make	Engine No. Cyls.	Engine Displ. Cu.-in.	No. Speeds	P.T.O. H.P.	Approx. Shipping Wt.-Lbs.	Cab
1993												
MF-231	$10550	$3170	$4330	**$6120**	**$6750**	Perkins	3	152D	8F-2R	34.00	4065	No
MF-240	$16140	$4840	$6620	**$9360**	**$10330**	Perkins	3	152D	8F-2R	42.90	4015	No
MF-253	$17655	$5120	$6360	**$9360**	**$10680**	Perkins	3T	152D	8F-2R	45.90	4020	No
MF-283	$15825	$4590	$5700	**$8390**	**$9570**	Perkins	4	248D	8F-2R	67.00	5432	No
MF-360	$20545	$5960	$7400	**$10890**	**$12430**	Perkins	3T	152D	8F-2R	46.10	4910	No
MF-360 4WD	$28060	$8140	$10100	**$14870**	**$16980**	Perkins	3T	152D	8F-2R	49.20	5346	No
MF-362	$21735	$6300	$7830	**$11520**	**$13150**	Perkins	4	236D	8F-2R	55.00	5335	No
MF-362 4WD	$27725	$8040	$9980	**$14690**	**$16770**	Perkins	4	236D	8F-2R	55.00	5960	No
MF-364S 4WD	$27720	$6650	$8320	**$13310**	**$15390**	Perkins	3	152D	12F-4R	50.00	5082	No
MF-374S	$24117	$5790	$7240	**$11580**	**$13390**	Perkins	4	236D	12F-4R	57.00	5145	No
MF-374S 4WD	$29752	$7140	$8930	**$14280**	**$16510**	Perkins	4	236D	12F-4R	57.00	5370	No
MF-375	$23780	$5710	$7130	**$11410**	**$13200**	Perkins	4	236D	12F-4R	58.10	6260	No
MF-375	$31310	$7510	$9390	**$15030**	**$17380**	Perkins	4	236D	12F-4R	58.10	6967	CHA
MF-375 4WD	$28295	$6790	$8490	**$13580**	**$15700**	Perkins	4	236D	12F-4R	58.10	6617	No
MF-375 4WD	$36305	$8710	$10890	**$17430**	**$20150**	Perkins	4	236D	12F-4R	58.10	8129	CHA
MF-383	$21780	$6320	$7840	**$11540**	**$13180**	Perkins	4	248D	8F-2R	73.00	6098	No
MF-383	$29150	$8450	$10490	**$15450**	**$17640**	Perkins	4	248D	8F-2R	73.00	7010	CHA
MF-383 4WD	$27170	$7880	$9780	**$14400**	**$16440**	Perkins	4	248D	8F-2R	73.00	7328	No
MF-383 4WD	$34540	$10020	$12430	**$18310**	**$20900**	Perkins	4	248D	8F-2R	73.00	8240	CHA
MF-384S	$25546	$6130	$7660	**$12260**	**$14180**	Perkins	4	236D	12F-4R	65.00	5192	No
MF-384S 4WD	$30640	$7350	$9190	**$14710**	**$17010**	Perkins	4	236D	12F-4R	65.00	5412	No
MF-390	$26530	$7690	$9550	**$14060**	**$16050**	Perkins	4	248D	12F-4R	67.30	6295	No
MF-390	$34435	$9990	$12400	**$18250**	**$20830**	Perkins	4	248D	12F-8R	67.30	6948	CHA
MF-390 4WD	$31710	$9200	$11420	**$16810**	**$19190**	Perkins	4	248D	12F-4R	67.30	6902	No
MF-390 4WD	$39595	$11020	$13680	**$20140**	**$22990**	Perkins	4	248D	12F-8R	67.30	7552	CHA
MF-390T	$28180	$8170	$10150	**$14940**	**$17050**	Perkins	4T	236D	8F-2R	80.00	6325	No
MF-390T	$35945	$10420	$12940	**$19050**	**$21750**	Perkins	4T	248D	12F-8R	80.00	6995	CHA
MF-390T 4WD	$33250	$9640	$11970	**$17620**	**$20120**	Perkins	4T	236D	12F-12R	80.00	6952	No
MF-390T 4WD	$41835	$12130	$15060	**$22170**	**$25310**	Perkins	4T	248D	12F-8R	80.00	7602	CHA
MF-393	$24785	$7190	$8920	**$13140**	**$15000**	Perkins	4	236D	8F-2R	83.00	6371	No
MF-393 4WD	$30175	$8750	$10860	**$15990**	**$18260**	Perkins	4	236D	8F-2R	83.00	6986	No
MF-393 4WD w/Cab	$37545	$10440	$12960	**$19080**	**$21780**	Perkins	4	236D	8F-2R	83.00	7636	CHA
MF-393 w/Cab	$32155	$9330	$11580	**$17040**	**$19450**	Perkins	4	236D	8F-2R	83.00	7021	CHA
MF-394S	$26110	$6270	$7830	**$12530**	**$14490**	Perkins	4	236D	12F-4R	73.00	5258	No
MF-394S 4WD	$31460	$7550	$9440	**$15100**	**$17460**	Perkins	4	236D	12F-4R	73.00	5478	No
MF-396	$28050	$8140	$10100	**$14870**	**$16970**	Perkins	6	365D	8F-2R	88.00	7120	No
MF-396 4WD	$33750	$9280	$11520	**$16960**	**$19360**	Perkins	6	365D	8F-2R	88.00	7690	No
MF-396 4WD w/Cab	$42300	$11690	$14510	**$21360**	**$24380**	Perkins	6	365D	12F-4R	88.00	8430	CHA
MF-396 Cab	$36100	$10470	$13000	**$19130**	**$21840**	Perkins	6	365D	12F-4R	88.00	7831	CHA
MF-398	$29655	$7120	$8900	**$14230**	**$16460**	Perkins	4	236D	12F-4R	80.30	6405	No
MF-398	$37155	$8920	$11150	**$17830**	**$20620**	Perkins	4	236D	12F-8R	80.30	7055	CHA
MF-398 4WD	$35740	$8580	$10720	**$17160**	**$19840**	Perkins	4	236D	12F-4R	80.30	6915	No
MF-398 4WD	$43110	$10350	$12930	**$20690**	**$23930**	Perkins	4	236D	12F-8R	80.30	7565	CHA
MF-399	$31265	$7500	$9380	**$15010**	**$17350**	Perkins	6	365D	12F-4R	95.00	7400	No
MF-399 4WD	$37365	$8970	$11210	**$17940**	**$20740**	Perkins	6	365D	12F-4R	95.00	8029	No
MF-399 4WD w/Cab	$45175	$10320	$12900	**$20640**	**$23870**	Perkins	6	365D	12F-4R	95.00	8941	CHA
MF-399 w/Cab	$38435	$9220	$11530	**$18450**	**$21330**	Perkins	6	365D	12F-4R	95.00	8145	CHA
MF-1010	$8445	$2530	$3460	**$4900**	**$5410**	Toyosha	3	53D	6F-2R	13.50	1580	No
MF-1010 4WD	$9625	$2890	$3950	**$5580**	**$6160**	Toyosha	3	53D	6F-2R	13.50	1800	No
MF-1010 Hydro	$9815	$2950	$4020	**$5690**	**$6280**	Toyosha	3	53D	Variable	12.00	1772	No
MF-1010 Hydro 4WD	$10840	$3250	$4440	**$6290**	**$6940**	Toyosha	3	53D	Variable	12.00	2000	No
MF-1020	$9970	$2990	$4090	**$5780**	**$6380**	Toyosha	3	69D	12F-4R	17.00	2045	No
MF-1020 4WD	$11200	$3360	$4590	**$6500**	**$7170**	Toyosha	3	69D	12F-4R	17.00	2285	No
MF-1020 Hydro	$11450	$3440	$4700	**$6640**	**$7330**	Toyosha	3	69D	Variable	14.50	2046	No
MF-1020 Hydro 4WD	$13150	$3950	$5390	**$7630**	**$8420**	Toyosha	3	69D	Variable	14.50	2296	No
MF-1030	$11850	$3560	$4860	**$6870**	**$7580**	Toyosha	3	87D	12F-4R	23.00	2701	No
MF-1030 4WD	$14280	$4280	$5860	**$8280**	**$9140**	Toyosha	3	87D	12F-4R	23.00	2832	No
MF-1125	$12150	$3650	$4980	**$7050**	**$7780**	Toyosha	3	87D	16F-16R	22.5	2524	No
MF-1125 4WD	$13800	$4140	$5660	**$8000**	**$8830**	Toyosha	3	87D	16F-16R	22.5	2634	No
MF-1140	$13185	$3820	$4750	**$6990**	**$7980**	Toyosha	3	91D	16F-16R	26.20	2590	No
MF-1140 4WD	$14932	$4330	$5380	**$7910**	**$9030**	Toyosha	3	91D	16F-16R	26.20	2700	No
MF-1145 4WD	$17086	$4960	$6150	**$9060**	**$10340**	Toyosha	3	91D	16F-16R	31.00	2812	No
MF-1160 4WD	$20888	$6060	$7520	**$11070**	**$12640**	Toyosha	4	137D	16F-16R	37.00	3848	No
MF-1180 4WD	$22550	$6540	$8120	**$11950**	**$13640**	Toyosha	4	169D	16F-16R	46.00	4773	No
MF-1190 4WD	$24050	$6980	$8660	**$12750**	**$14550**	Toyosha	4	169D	16F-16R	53.00	4795	No
MF-3070 4WD	$47200	$10380	$13690	**$17940**	**$21240**	Perkins	4T	236D	16F-12R	82.20	10192	CHA
MF-3120	$47700	$10490	$13830	**$18130**	**$21470**	Perkins	6	365D	16F-12R	100.00	10329	CHA
MF-3120 4WD	$52500	$11550	$15230	**$19950**	**$23630**	Perkins	6	365D	16F-12R	100.00	10869	CHA
MF-3140	$49250	$10560	$13920	**$18240**	**$21600**	Perkins	6T	365D	16F-12R	115.00	11153	CHA
MF-3140 4WD	$54700	$11660	$15370	**$20140**	**$23850**	Perkins	6T	365D	16F-12R	115.00	11486	CHA
MF-3660	$60400	$13290	$17520	**$22950**	**$27180**	Perkins	6T	365D	16F-12R	140.00	12581	CHA
MF-3660 4WD	$70000	$14960	$19720	**$25840**	**$30600**	Perkins	6T	365D	16F-12R	140.00	13152	CHA
MF-3680	$64000	$13860	$18270	**$23940**	**$28350**	Valmet	6T	452D	16F-12R	160.00	12786	CHA
MF-3680 4WD	$73600	$15620	$20590	**$26980**	**$31950**	Valmet	6T	452D	16F-4R	161.90	13152	CHA
MF-3690	$78240	$16940	$22330	**$29260**	**$34650**	Perkins	6T	452D	32F-32R	170.00	13073	CHA
MF-3690 4WD	$88120	$18480	$24360	**$31920**	**$37800**	Perkins	6T	452D	32F-32R	170.00	14131	CHA
1992												
MF-231	$10550	$3060	$4220	**$6010**	**$6650**	Perkins	3	152D	8F-2R	34.00	4065	No
MF-240	$16140	$4600	$5650	**$8550**	**$9680**	Perkins	3	152D	8F-2R	42.90	4015	No
MF-253	$17655	$5030	$6180	**$9360**	**$10590**	Perkins	3T	152D	8F-2R	45.90	4020	No
MF-283	$15825	$4510	$5540	**$8390**	**$9500**	Perkins	4	248D	8F-2R	67.00	5432	No
MF-360	$20545	$5860	$7190	**$10890**	**$12330**	Perkins	3T	152D	8F-2R	46.10	4910	No
MF-360 4WD	$28060	$8000	$9820	**$14870**	**$16840**	Perkins	3T	152D	8F-2R	49.20	5346	No

Massey Ferguson (Cont.)

Model	Approx. Retail Price New	Estimated Value Less Repairs Used Trade-In Avg.	High	Used Retail Avg.	High	Engine Make	No. Cyls.	Displ. Cu.-in.	No. Speeds	P.T.O. H.P.	Approx. Shipping Wt.-Lbs.	Cab
				1992 (Cont.)								
MF-362	$21735	$6190	$7610	**$11520**	**$13040**	Perkins	4	236D	8F-2R	55.00	5335	No
MF-362 4WD	$27725	$7900	$9700	**$14690**	**$16640**	Perkins	4	236D	8F-2R	55.00	5960	No
MF-364S 4WD	$27720	$6380	$8040	**$13030**	**$15110**	Perkins	3	152D	12F-4R	50.00	5082	No
MF-374S	$24117	$5550	$6990	**$11340**	**$13140**	Perkins	4	236D	12F-4R	57.00	5145	No
MF-374S 4WD	$29752	$6840	$8630	**$13980**	**$16220**	Perkins	4	236D	12F-4R	57.00	5370	No
MF-375	$23780	$5470	$6900	**$11180**	**$12960**	Perkins	4	236D	12F-4R	58.10	6260	No
MF-375 4WD	$28295	$6510	$8210	**$13300**	**$15420**	Perkins	4	236D	12F-4R	58.10	6617	No
MF-375 4WD w/Cab	$36305	$8350	$10530	**$17060**	**$19790**	Perkins	4	236D	12F-4R	58.10	8129	CHA
MF-375 w/Cab	$31310	$7200	$9080	**$14720**	**$17060**	Perkins	4	236D	12F-4R	58.10	6967	CHA
MF-383	$21780	$6210	$7620	**$11540**	**$13070**	Perkins	4	248D	8F-2R	73.00	6098	No
MF-383 4WD	$27170	$7740	$9510	**$14400**	**$16300**	Perkins	4	248D	8F-2R	73.00	7328	No
MF-383 4WD w/Cab	$34540	$9550	$11730	**$17760**	**$20100**	Perkins	4	248D	8F-2R	73.00	8240	CHA
MF-383 w/Cab	$29150	$8310	$10200	**$15450**	**$17490**	Perkins	4	248D	8F-2R	73.00	7010	CHA
MF-384S	$25546	$5880	$7410	**$12010**	**$13920**	Perkins	4	236D	12F-4R	65.00	5192	No
MF-384S 4WD	$30640	$7050	$8890	**$14400**	**$16700**	Perkins	4	236D	12F-4R	65.00	5412	No
MF-390	$26530	$7560	$9290	**$14060**	**$15920**	Perkins	4	248D	12F-4R	67.30	6295	No
MF-390 4WD	$31710	$9040	$11100	**$16810**	**$19030**	Perkins	4	248D	12F-4R	67.30	6902	No
MF-390 4WD w/Cab	$39595	$10550	$12950	**$19610**	**$22200**	Perkins	4	248D	12F-8R	67.30	7552	CHA
MF-390 w/Cab	$34435	$9810	$12050	**$18250**	**$20660**	Perkins	4	248D	12F-8R	67.30	6948	CHA
MF-390T	$28180	$8030	$9860	**$14940**	**$16910**	Perkins	4T	236D	8F-2R	80.00	6325	No
MF-390T 4WD	$33250	$9480	$11640	**$17620**	**$19950**	Perkins	4T	236D	12F-12R	80.00	6952	No
MF-390T 4WD w/Cab	$41835	$11320	$13900	**$21040**	**$23820**	Perkins	4T	248D	12F-8R	80.00	7602	CHA
MF-390T w/Cab	$35945	$10240	$12580	**$19050**	**$21570**	Perkins	4T	248D	12F-8R	80.00	6995	CHA
MF-393	$24785	$7060	$8680	**$13140**	**$14870**	Perkins	4	236D	8F-2R	83.00	6371	No
MF-393 4WD	$30175	$8600	$10560	**$15990**	**$18110**	Perkins	4	236D	8F-2R	83.00	6986	No
MF-393 4WD w/Cab	$37545	$10260	$12600	**$19080**	**$21600**	Perkins	4	236D	8F-2R	83.00	7636	CHA
MF-393 w/Cab	$32155	$9160	$11250	**$17040**	**$19290**	Perkins	4	236D	8F-2R	83.00	7021	CHA
MF-394S	$26110	$6010	$7570	**$12270**	**$14230**	Perkins	4	236D	12F-4R	73.00	5258	No
MF-394S 4WD	$31460	$7240	$9120	**$14790**	**$17150**	Perkins	4	236D	12F-4R	73.00	5478	No
MF-396	$28050	$7990	$9820	**$14870**	**$16830**	Perkins	6	365D	8F-2R	88.00	7120	No
MF-396 4WD	$33750	$9620	$11810	**$17890**	**$20250**	Perkins	6	365D	8F-2R	88.00	7690	No
MF-396 4WD w/Cab	$42300	$11740	$14420	**$21840**	**$24720**	Perkins	6	365D	12F-4R	88.00	8430	CHA
MF-396 Cab	$36100	$10290	$12640	**$19130**	**$21660**	Perkins	6	365D	12F-4R	88.00	7831	CHA
MF-398	$29655	$6820	$8600	**$13940**	**$16160**	Perkins	4	236D	12F-4R	80.30	6405	No
MF-398	$37155	$8550	$10780	**$17460**	**$20250**	Perkins	4	236D	12F-8R	80.30	7055	CHA
MF-398 4WD	$35740	$8220	$10370	**$16800**	**$19480**	Perkins	4	236D	12F-4R	80.30	6915	No
MF-398 4WD	$43110	$9660	$12180	**$19740**	**$22890**	Perkins	4	236D	12F-8R	80.30	7565	CHA
MF-399	$31265	$7190	$9070	**$14700**	**$17040**	Perkins	6	365D	12F-4R	95.00	7400	No
MF-399 4WD	$37365	$8590	$10840	**$17560**	**$20360**	Perkins	6	365D	12F-4R	95.00	8029	No
MF-399 4WD w/Cab	$45175	$10120	$12760	**$20680**	**$23980**	Perkins	6	365D	12F-4R	95.00	8941	CHA
MF-399 w/Cab	$38435	$8840	$11150	**$18060**	**$20950**	Perkins	6	365D	12F-4R	95.00	8145	CHA
MF-1010	$8199	$2380	$3280	**$4670**	**$5170**	Toyosha	3	53D	6F-2R	13.50	1580	No
MF-1010 4WD	$9343	$2710	$3740	**$5330**	**$5890**	Toyosha	3	53D	6F-2R	13.50	1800	No
MF-1010 Hydro	$9530	$2760	$3810	**$5430**	**$6000**	Toyosha	3	53D	Variable	12.00	1772	No
MF-1010 Hydro 4WD	$10523	$3050	$4210	**$6000**	**$6630**	Toyosha	3	53D	Variable	12.00	2000	No
MF-1020	$9681	$2810	$3870	**$5520**	**$6100**	Toyosha	3	69D	12F-4R	17.00	2045	No
MF-1020 4WD	$10873	$3150	$4350	**$6200**	**$6850**	Toyosha	3	69D	12F-4R	17.00	2285	No
MF-1020 Hydro	$11112	$3220	$4450	**$6330**	**$7000**	Toyosha	3	69D	Variable	14.50	2046	No
MF-1020 Hydro 4WD	$12727	$3690	$5090	**$7250**	**$8020**	Toyosha	3	69D	Variable	14.50	2296	No
MF-1030	$11508	$3340	$4600	**$6560**	**$7250**	Toyosha	3	87D	12F-4R	23.00	2701	No
MF-1030 4WD	$13866	$4020	$5550	**$7900**	**$8740**	Toyosha	3	87D	12F-4R	23.00	2832	No
MF-1125	$11800	$3420	$4720	**$6730**	**$7430**	Toyosha	3	87D	16F-16R	22.5	2524	No
MF-1125 4WD	$13400	$3890	$5360	**$7640**	**$8440**	Toyosha	3	87D	16F-16R	22.5	2634	No
MF-1140	$12801	$3650	$4480	**$6790**	**$7680**	Toyosha	3	91D	16F-16R	26.20	2590	No
MF-1140 4WD	$14497	$4130	$5070	**$7680**	**$8700**	Toyosha	3	91D	16F-16R	26.20	2700	No
MF-1145 4WD	$16588	$4730	$5810	**$8790**	**$9950**	Toyosha	3	91D	16F-16R	31.00	2812	No
MF-1160 4WD	$19500	$5560	$6830	**$10340**	**$11700**	Toyosha	4	137D	16F-16R	37.00	3848	No
MF-1180 4WD	$22550	$6430	$7890	**$11950**	**$13530**	Toyosha	4	169D	16F-16R	46.00	4773	No
MF-1190 4WD	$24050	$6850	$8420	**$12750**	**$14430**	Toyosha	4	169D	16F-16R	53.00	4795	No
MF-3070 4WD	$47200	$9910	$13220	**$16990**	**$20770**	Perkins	4T	236D	16F-12R	82.20	10192	CHA
MF-3120	$47700	$10020	$13360	**$17170**	**$20990**	Perkins	6	365D	16F-12R	100.00	10329	CHA
MF-3120 4WD	$52500	$11030	$14700	**$18900**	**$23100**	Perkins	6	365D	16F-12R	100.00	10869	CHA
MF-3140	$49250	$9920	$13230	**$17010**	**$20790**	Perkins	6T	365D	16F-12R	115.00	11153	CHA
MF-3140 4WD	$54700	$11030	$14700	**$18900**	**$23100**	Perkins	6T	365D	16F-12R	115.00	11486	CHA
MF-3660	$60400	$12680	$16910	**$21740**	**$26580**	Perkins	6T	365D	16F-12R	140.00	12581	CHA
MF-3660 4WD	$70000	$14280	$19040	**$24480**	**$29920**	Perkins	6T	365D	16F-12R	140.00	13152	CHA
MF-3680	$64000	$13020	$17360	**$22320**	**$27280**	Valmet	6T	452D	16F-12R	160.00	12786	CHA
MF-3680 4WD	$73600	$14490	$19320	**$24840**	**$30360**	Valmet	6T	452D	16F-4R	161.90	13152	CHA
MF-3690	$76540	$16070	$21430	**$27550**	**$33680**	Perkins	6T	452D	32F-32R	170.00	13073	CHA
MF-3690 4WD	$86890	$17430	$23240	**$29880**	**$36520**	Perkins	6T	452D	32F-32R	170.00	14131	CHA
				1991								
MF-231	$9942	$2780	$3880	**$5570**	**$6160**	Perkins	3	152D	8F-2R	34.00	4065	No
MF-240	$16140	$4520	$5490	**$8470**	**$9600**	Perkins	3	152D	8F-2R	42.90	4015	No
MF-253	$17310	$4850	$5890	**$9090**	**$10300**	Perkins	3T	152D	8F-2R	45.90	4020	No
MF-283	$15070	$4220	$5120	**$7910**	**$8970**	Perkins	4	248D	8F-2R	67.00	5432	No
MF-360	$20545	$5750	$6990	**$10790**	**$12220**	Perkins	3T	152D	8F-2R	46.10	4910	No
MF-360 4WD	$28060	$7860	$9540	**$14730**	**$16700**	Perkins	3T	152D	8F-2R	49.20	5346	No
MF-362	$21525	$6030	$7320	**$11300**	**$12810**	Perkins	4	236D	8F-2R	55.00	5305	No
MF-362 4WD	$27515	$7700	$9360	**$14450**	**$16370**	Perkins	4	236D	8F-2R	55.00	5930	No
MF-364S 4WD	$27720	$6100	$7760	**$12750**	**$14830**	Perkins	3	152D	12F-4R	50.00	5082	No
MF-374S 4WD	$29752	$6550	$8330	**$13690**	**$15920**	Perkins	4	236D	12F-4R	57.00	5370	No
MF-375	$23740	$5220	$6650	**$10920**	**$12700**	Perkins	4	236D	12F-4R	58.10	6040	No
MF-375	$31785	$6990	$8900	**$14620**	**$17010**	Perkins	4	236D	12F-4R	58.10	6967	CHA

Massey Ferguson (Cont.)

Model	Approx. Retail Price New	Estimated Value Less Repairs Used Trade-In Avg.	Used Trade-In High	Used Retail Avg.	Used Retail High	Engine Make	Engine No. Cyls.	Engine Displ. Cu.-in.	No. Speeds	P.T.O. H.P.	Approx. Shipping Wt.-Lbs.	Cab
				1991 (Cont.)								
MF-375 4WD	$29460	$6480	$8250	**$13550**	**$15760**	Perkins	4	236D	12F-4R	58.10	7202	No
MF-375 4WD	$36600	$8050	$10250	**$16840**	**$19580**	Perkins	4	236D	12F-4R	58.10	8129	CHA
MF-383	$21350	$5980	$7260	**$11210**	**$12700**	Perkins	4	248D	8F-2R	73.00	6098	No
MF-383	$28575	$8000	$9720	**$15000**	**$17000**	Perkins	4	248D	8F-2R	73.00	7010	CHA
MF-383 4WD	$26635	$7460	$9060	**$13980**	**$15850**	Perkins	4	248D	8F-2R	73.00	7328	No
MF-383 4WD	$33860	$9480	$11510	**$17780**	**$20150**	Perkins	4	248D	8F-2R	73.00	8240	CHA
MF-383 Wide Row	$23065	$6460	$7840	**$12110**	**$13720**	Perkins	4	248D	8F-2R	73.00	7166	No
MF-384S	$25546	$5620	$7150	**$11750**	**$13670**	Perkins	4	236D	12F-4R	65.00	5192	No
MF-384S 4WD	$30640	$6740	$8580	**$14090**	**$16390**	Perkins	4	236D	12F-4R	65.00	5412	No
MF-390	$26425	$7400	$8990	**$13870**	**$15720**	Perkins	4	248D	12F-4R	67.30	6036	No
MF-390	$34910	$9780	$11870	**$18330**	**$20770**	Perkins	4	248D	12F-8R	70.00	6948	CHA
MF-390 4WD	$32150	$9000	$10930	**$16880**	**$19130**	Perkins	4	248D	12F-4R	67.30	7266	No
MF-390 4WD	$40070	$11220	$13620	**$21040**	**$23840**	Perkins	4	248D	12F-8R	70.00	8178	CHA
MF-390T	$27660	$7750	$9400	**$14520**	**$16460**	Perkins	4T	236D	8F-2R	80.00	6051	No
MF-390T	$36420	$10200	$12380	**$19120**	**$21670**	Perkins	4T	248D	12F-8R	70.00	6965	CHA
MF-390T 4WD	$32990	$9240	$11220	**$17320**	**$19630**	Perkins	4T	236D	8F-2R	80.00	7281	No
MF-390T 4WD	$42310	$11850	$14390	**$22210**	**$25170**	Perkins	4T	248D	12F-8R	70.00	8193	CHA
MF-394S	$26110	$5740	$7310	**$12010**	**$13970**	Perkins	4	236D	12F-4R	73.00	5258	No
MF-394S 4WD	$31460	$6920	$8810	**$14470**	**$16830**	Perkins	4	236D	12F-4R	73.00	5478	No
MF-398	$30490	$6710	$8540	**$14030**	**$16310**	Perkins	4T	236D	12F-4R	80.30	7047	No
MF-398	$37990	$8360	$10640	**$17480**	**$20330**	Perkins	4T	236D	12F-8R	80.30	7958	CHA
MF-398 4WD	$36575	$8050	$10240	**$16830**	**$19570**	Perkins	4	236D	12F-4R	80.30	7648	No
MF-398 4WD	$43945	$9240	$11760	**$19320**	**$22470**	Perkins	4	236D	12F-8R	80.30	8560	CHA
MF-399	$32100	$7060	$8990	**$14770**	**$17170**	Perkins	6	365D	12F-4R	95.00	7233	No
MF-399 4WD	$38200	$8400	$10700	**$17570**	**$20440**	Perkins	6	365D	12F-4R	95.00	8029	No
MF-399 4WD w/Cab	$46010	$9680	$12320	**$20240**	**$23540**	Perkins	6	365D	12F-4R	95.00	8941	CHA
MF-399 w/Cab	$39270	$8140	$10360	**$17020**	**$19800**	Perkins	6	365D	12F-4R	95.00	8145	CHA
MF-1010	$7960	$2230	$3100	**$4460**	**$4940**	Toyosha	3	53D	6F-2R	13.50	1580	No
MF-1010 4WD	$9071	$2540	$3540	**$5080**	**$5620**	Toyosha	3	53D	6F-2R	13.50	1800	No
MF-1010 Hydro	$9252	$2590	$3610	**$5180**	**$5740**	Toyosha	3	53D	Variable	12.00	1772	No
MF-1010 Hydro 4WD	$10216	$2860	$3980	**$5720**	**$6330**	Toyosha	3	53D	Variable	12.00	2000	No
MF-1020	$9399	$2630	$3670	**$5260**	**$5830**	Toyosha	3	69D	12F-4R	17.00	2045	No
MF-1020 4WD	$10556	$2960	$4120	**$5910**	**$6550**	Toyosha	3	69D	12F-4R	17.00	2285	No
MF-1020 Hydro	$10788	$3020	$4210	**$6040**	**$6690**	Toyosha	3	69D	Variable	14.50	2046	No
MF-1020 Hydro 4WD	$12356	$3460	$4820	**$6920**	**$7660**	Toyosha	3	69D	Variable	14.50	2296	No
MF-1030	$10754	$3010	$4190	**$6020**	**$6670**	Toyosha	3	87D	12F-4R	23.00	2701	No
MF-1030 4WD	$12959	$3630	$5050	**$7260**	**$8040**	Toyosha	3	87D	12F-4R	23.00	2832	No
MF-1035	$12369	$3460	$4820	**$6930**	**$7670**	Toyosha	3	92D	12F-4R	26.00	2801	No
MF-1035 4WD	$14665	$4110	$5720	**$8210**	**$9090**	Toyosha	3	92D	12F-4R	26.00	2932	No
MF-1045 4WD	$16369	$4580	$5570	**$8590**	**$9740**	Toyosha	3	122D	9F-3R	30.00	3825	No
MF-1140	$12250	$3430	$4170	**$6430**	**$7290**	Toyosha	3	91D	16F-16R	26.20	2590	No
MF-1140 4WD	$13900	$3890	$4730	**$7300**	**$8270**	Toyosha	3	91D	16F-16R	26.20	2700	No
MF-1145 4WD	$15950	$4470	$5420	**$8370**	**$9490**	Toyosha	3	91D	16F-16R	31.00	2812	No
MF-3070	$41786	$8360	$11280	**$14210**	**$17970**	Perkins	4T	236D	16F-12R	82.20	9652	CHA
MF-3070 4WD	$45369	$8900	$12020	**$15130**	**$19140**	Perkins	4T	236D	16F-12R	82.20	10192	CHA
MF-3120	$46731	$9100	$12290	**$15470**	**$19570**	Perkins	6	365D	16F-12R	100.00	10329	CHA
MF-3120 4WD	$51448	$9900	$13370	**$16830**	**$21290**	Perkins	6	365D	16F-12R	100.00	10869	CHA
MF-3140	$48287	$9200	$12420	**$15640**	**$19780**	Perkins	6T	365D	16F-12R	115.00	11153	CHA
MF-3140 4WD	$53500	$10200	$13770	**$17340**	**$21930**	Perkins	6T	365D	16F-12R	115.00	11486	CHA
MF-3630 4WD	$58459	$11690	$15780	**$19880**	**$25140**	Perkins	6T	354D	16F-12R	119.50	12809	CHA
MF-3660	$57500	$11500	$15530	**$19550**	**$24730**	Perkins	6T	365D	16F-12R	140.00	12581	CHA
MF-3660 4WD	$67900	$13200	$17820	**$22440**	**$28380**	Perkins	6T	365D	16F-12R	140.00	13152	CHA
MF-3680	$64000	$12800	$17280	**$21760**	**$27520**	Valmet	6T	452D	16F-12R	160.00	12786	CHA
MF-3680 4WD	$73600	$14000	$18900	**$23800**	**$30100**	Valmet	6T	452D	16F-4R	161.90	13152	CHA
MF-3690	$75680	$15140	$20430	**$25730**	**$32540**	Perkins	6T	452D	32F-32R	170.00	13073	CHA
MF-3690 4WD	$85210	$16400	$22140	**$27880**	**$35260**	Perkins	6T	452D	32F-32R	170.00	14131	CHA
				1990								
MF-231	$9195	$2480	$3490	**$5060**	**$5610**	Perkins	3	152D	8F-2R	34.00	4065	No
MF-240	$14638	$4030	$4830	**$7610**	**$8640**	Perkins	3	152D	8F-2R	42.90	4015	No
MF-253	$15700	$4320	$5180	**$8160**	**$9260**	Perkins	3T	152D	8F-2R	45.90	4020	No
MF-283	$15070	$4140	$4970	**$7840**	**$8890**	Perkins	4	248D	8F-2R	67.00	5432	No
MF-360	$18092	$4980	$5970	**$9410**	**$10670**	Perkins	3T	152D	8F-2R	46.10	4910	No
MF-360 4WD	$24712	$6800	$8160	**$12850**	**$14580**	Perkins	3T	152D	8F-2R	49.20	5346	No
MF-362	$19900	$5470	$6570	**$10350**	**$11740**	Perkins	4	236D	8F-2R	55.10	6175	No
MF-362 4WD	$25200	$6930	$8320	**$13100**	**$14870**	Perkins	4	236D	8F-2R	55.10	6175	No
MF-364S 4WD	$25200	$5290	$6800	**$11340**	**$13230**	Perkins	3	152D	12F-4R	50.00	5082	No
MF-374S 4WD	$27295	$5730	$7370	**$12280**	**$14330**	Perkins	4	236D	12F-4R	57.00	5370	No
MF-375	$21535	$4520	$5810	**$9690**	**$11310**	Perkins	4	236D	12F-4R	58.10	6040	No
MF-375 4WD	$27237	$5720	$7350	**$12260**	**$14300**	Perkins	4	236D	12F-4R	58.10	7202	No
MF-383	$19265	$5300	$6360	**$10020**	**$11370**	Perkins	4	248D	8F-2R	73.00	6098	No
MF-383 4WD	$24060	$6620	$7940	**$12510**	**$14200**	Perkins	4	248D	8F-2R	73.00	7328	No
MF-383 Wide Row	$20350	$5600	$6720	**$10580**	**$12010**	Perkins	4	248D	8F-2R	73.00	7166	No
MF-384S	$23875	$5010	$6450	**$10740**	**$12530**	Perkins	4	236D	12F-4R	65.00	5192	No
MF-384S 4WD	$27604	$5800	$7450	**$12420**	**$14490**	Perkins	4	236D	12F-4R	65.00	5412	No
MF-390	$23503	$6460	$7760	**$12220**	**$13870**	Perkins	4	248D	12F-4R	67.30	6036	No
MF-390 4WD	$29140	$8010	$9620	**$15150**	**$17190**	Perkins	4	248D	12F-4R	67.30	7266	No
MF-390T	$24836	$6830	$8200	**$12920**	**$14650**	Perkins	4T	236D	8F-2R	80.00	6051	No
MF-390T 4WD	$30192	$8300	$9960	**$15700**	**$17810**	Perkins	4T	236D	8F-2R	80.00	7281	No
MF-394S	$24868	$5220	$6710	**$11190**	**$13060**	Perkins	4	236D	12F-4R	73.00	5258	No
MF-394S 4WD	$28866	$6060	$7790	**$12990**	**$15160**	Perkins	4	236D	12F-4R	73.00	5478	No
MF-398	$27381	$5750	$7390	**$12320**	**$14380**	Perkins	4T	236D	12F-4R	80.30	7047	No
MF-398 4WD	$32841	$6900	$8870	**$14780**	**$17240**	Perkins	4	236D	12F-4R	80.30	7648	No
MF-399	$28866	$6060	$7790	**$12990**	**$15160**	Perkins	6	354D	12F-4R	90.50	7233	No

Massey Ferguson (Cont.)

Model	Approx. Retail Price New	Estimated Value Less Repairs: Used Trade-In Avg.	Used Trade-In High	Used Retail Avg.	Used Retail High	Engine Make	Engine No. Cyls.	Engine Displ. Cu.-in.	No. Speeds	P.T.O. H.P.	Approx. Shipping Wt.-Lbs.	Cab
				1990 (Cont.)								
MF-399 4WD	$34299	$7200	$9260	**$15440**	**$18010**	Perkins	6	354D	12F-4R	90.50	8029	No
MF-399 4WD w/Cab	$40574	$8520	$10960	**$18260**	**$21300**	Perkins	6	354D	12F-4R	90.50	8941	CHA
MF-399 w/Cab	$35300	$7410	$9530	**$15890**	**$18530**	Perkins	6	354D	12F-4R	90.50	8145	CHA
MF-1010	$7728	$2090	$2940	**$4250**	**$4710**	Toyosha	3	53D	6F-2R	13.50	1580	No
MF-1010 4WD	$8807	$2380	$3350	**$4840**	**$5370**	Toyosha	3	53D	6F-2R	13.50	1800	No
MF-1010 Hydro	$8983	$2430	$3410	**$4940**	**$5480**	Toyosha	3	53D	Variable	12.00	1772	No
MF-1010 Hydro 4WD	$9918	$2680	$3770	**$5460**	**$6050**	Toyosha	3	53D	Variable	12.00	2000	No
MF-1020	$9125	$2460	$3470	**$5020**	**$5570**	Toyosha	3	69D	12F-4R	17.00	2045	No
MF-1020 4WD	$10249	$2770	$3900	**$5640**	**$6250**	Toyosha	3	69D	12F-4R	17.00	2285	No
MF-1020 Hydro	$10473	$2830	$3980	**$5760**	**$6390**	Toyosha	3	69D	Variable	14.50	2046	No
MF-1020 Hydro 4WD	$11996	$3240	$4560	**$6600**	**$7320**	Toyosha	3	69D	Variable	14.50	2296	No
MF-1030	$10242	$2770	$3890	**$5630**	**$6250**	Toyosha	3	87D	12F-4R	23.00	2701	No
MF-1030 4WD	$12582	$3400	$4780	**$6920**	**$7680**	Toyosha	3	87D	12F-4R	23.00	2832	No
MF-1035	$12009	$3240	$4560	**$6610**	**$7330**	Toyosha	3	92D	12F-4R	26.00	2801	No
MF-1035 4WD	$14238	$3840	$5410	**$7830**	**$8690**	Toyosha	3	92D	12F-4R	26.00	2932	No
MF-1045 4WD	$15892	$4370	$5240	**$8260**	**$9380**	Toyosha	3	122D	9F-3R	30.00	3825	No
MF-3060 4WD	$39144	$7440	$10180	**$12920**	**$16440**	Perkins	4	248D	16F-12R	69.70	9310	CHA
MF-3070	$36849	$7000	$9580	**$12160**	**$15480**	Perkins	4T	236D	16F-12R	82.20	9407	CHA
MF-3070 4WD	$42008	$7980	$10920	**$13860**	**$17640**	Perkins	4T	236D	16F-12R	82.20	10000	CHA
MF-3090	$40956	$7780	$10650	**$13520**	**$17200**	Perkins	6	354D	16F-12R	100.70	10329	CHA
MF-3090 4WD	$47449	$8740	$11960	**$15180**	**$19320**	Perkins	6	354D	16F-12R	100.70	10869	CHA
MF-3120	$42100	$7790	$10660	**$13530**	**$17220**	Perkins	6	365D	16F-12R	100.00	10329	CHA
MF-3120 4WD	$47200	$8550	$11700	**$14850**	**$18900**	Perkins	6	365D	16F-12R	100.00	10869	CHA
MF-3140	$44300	$8170	$11180	**$14190**	**$18060**	Perkins	6T	365D	16F-12R	115.00	11153	CHA
MF-3140 4WD	$50000	$9120	$12480	**$15840**	**$20160**	Perkins	6T	365D	16F-12R	115.00	11486	CHA
MF-3630	$47528	$8650	$11830	**$15020**	**$19110**	Perkins	6T	354D	16F-12R	119.50	11729	CHA
MF-3630 4WD	$56359	$10360	$14170	**$17990**	**$22890**	Perkins	6T	354D	16F-12R	119.50	12809	CHA
MF-3650	$53000	$10070	$13780	**$17490**	**$22260**	Perkins	6TI	354D	16F-12R	130.00	12037	CHA
MF-3650 4WD	$62597	$11500	$15730	**$19970**	**$25410**	Perkins	6TI	354D	16F-12R	131.30	13139	CHA
MF-3660	$55300	$10260	$14040	**$17820**	**$22680**	Perkins	6T	365D	16F-12R	140.00	12581	CHA
MF-3660 4WD	$65300	$12220	$16720	**$21220**	**$27010**	Perkins	6T	365D	16F-12R	140.00	13152	CHA
MF-3680	$59200	$11250	$15390	**$19540**	**$24860**	Valmet	6T	452D	16F-12R	160.00	12786	CHA
MF-3680 4WD	$68100	$12540	$17160	**$21780**	**$27720**	Valmet	6T	452D	16F-4R	161.90	13866	CHA
				1989								
MF-154S Orchard	$18729	$3840	$4960	**$8240**	**$9650**	Perkins	3	152D	12F-4R	42.00	4520	No
MF-154S Orchard 4WD	$22384	$4590	$5930	**$9850**	**$11530**	Perkins	3	152D	12F-4R	42.00	4830	No
MF-174S Orchard	$20616	$4230	$5460	**$9070**	**$10620**	Perkins	4	236D	12F-4R	57.00	4685	No
MF-174S Orchard 4WD	$23872	$4890	$6330	**$10500**	**$12290**	Perkins	4	236D	12F-4R	57.00	4995	No
MF-194F Orchard	$21950	$4500	$5820	**$9660**	**$11300**	Perkins	4	248D	12F-4R	68.00	5104	No
MF-194F Orchard 4WD	$26597	$5450	$7050	**$11700**	**$13700**	Perkins	4	248D	12F-4R	68.00	5357	No
MF-231	$9195	$2390	$3400	**$4970**	**$5520**	Perkins	3	152D	8F-2R	34.00	4065	No
MF-240	$14638	$3950	$4680	**$7540**	**$8560**	Perkins	3	152D	8F-2R	38.00	3810	No
MF-253	$14950	$4040	$4780	**$7700**	**$8750**	Perkins	3T	152D	8F-2R	45.00	4020	No
MF-283	$14703	$3970	$4710	**$7570**	**$8600**	Perkins	4	248D	8F-2R	67.00	5432	No
MF-360	$18092	$4890	$5790	**$9320**	**$10580**	Perkins	3T	152D	8F-2R	46.10	4910	No
MF-360 4WD	$24712	$6670	$7910	**$12730**	**$14460**	Perkins	3T	152D	8F-2R	46.10	5346	No
MF-364S 4WD	$25200	$5170	$6680	**$11090**	**$12980**	Perkins	3	152D	12F-4R	50.00	5082	No
MF-374S	$22300	$4570	$5910	**$9810**	**$11490**	Perkins	4	236D	12F-4R	57.00	5145	No
MF-374S 4WD	$26500	$5430	$7020	**$11660**	**$13650**	Perkins	4	236D	12F-4R	57.00	5370	No
MF-375	$21535	$4420	$5710	**$9480**	**$11090**	Perkins	4	236D	12F-4R	58.10	6040	No
MF-375 4WD	$27237	$5580	$7220	**$11980**	**$14030**	Perkins	4	236D	12F-4R	58.10	7202	No
MF-383	$17139	$4630	$5480	**$8830**	**$10030**	Perkins	4	248D	8F-2R	73.00	6098	No
MF-383 Wide Row	$20215	$5460	$6470	**$10410**	**$11830**	Perkins	4	248D	8F-2R	73.00	7166	No
MF-384S	$23180	$4750	$6140	**$10200**	**$11940**	Perkins	4	236D	12F-4R	65.00	5192	No
MF-384S 4WD	$26800	$5490	$7100	**$11790**	**$13800**	Perkins	4	236D	12F-4R	65.00	5412	No
MF-390	$23503	$6350	$7520	**$12100**	**$13750**	Perkins	4	248D	12F-4R	67.30	6036	No
MF-390 4WD	$29140	$7870	$9330	**$15010**	**$17050**	Perkins	4	248D	12F-4R	67.30	7266	No
MF-390T	$24555	$6630	$7860	**$12650**	**$14370**	Perkins	4T	236D	8F-2R	80.00	6051	No
MF-390T 4WD	$30192	$8150	$9660	**$15550**	**$17660**	Perkins	4T	236D	8F-2R	80.00	7281	No
MF-394S 4WD	$28300	$5800	$7500	**$12450**	**$14580**	Perkins	4	236D	12F-4R	73.00	5480	No
MF-398	$27381	$5610	$7260	**$12050**	**$14100**	Perkins	4T	236D	12F-4R	80.00	7047	No
MF-398 4WD	$32841	$6730	$8700	**$14450**	**$16910**	Perkins	4	236D	12F-4R	80.00	7648	No
MF-399	$28866	$5920	$7650	**$12700**	**$14870**	Perkins	6	354D	12F-4R	90.50	7233	No
MF-399 4WD	$34299	$7030	$9090	**$15090**	**$17660**	Perkins	6	354D	12F-4R	90.50	8029	No
MF-1010	$7728	$2010	$2860	**$4170**	**$4640**	Toyosha	3	53D	6F-2R	13.50	1580	No
MF-1010 4WD	$8807	$2290	$3260	**$4760**	**$5280**	Toyosha	3	53D	6F-2R	13.50	1800	No
MF-1010 Hydro	$8983	$2340	$3320	**$4850**	**$5390**	Toyosha	3	53D	Variable	12.00	1772	No
MF-1010 Hydro 4WD	$9918	$2580	$3670	**$5360**	**$5950**	Toyosha	3	53D	Variable	12.00	2000	No
MF-1020	$9125	$2370	$3380	**$4930**	**$5480**	Toyosha	3	69D	12F-4R	17.00	2045	No
MF-1020 4WD	$10249	$2670	$3790	**$5530**	**$6150**	Toyosha	3	69D	12F-4R	17.00	2285	No
MF-1020 Hydro	$10473	$2720	$3880	**$5660**	**$6280**	Toyosha	3	69D	Variable	14.50	2046	No
MF-1020 Hydro 4WD	$11996	$3120	$4440	**$6480**	**$7200**	Toyosha	3	69D	Variable	14.50	2266	No
MF-1030	$10042	$2610	$3720	**$5420**	**$6030**	Toyosha	3	87D	12F-4R	23.00	2701	No
MF-1030 4WD	$12582	$3270	$4660	**$6790**	**$7550**	Toyosha	3	87D	12F-4R	23.00	2832	No
MF-1035	$11428	$2970	$4230	**$6170**	**$6860**	Toyosha	3	92D	12F-4R	26.00	2801	No
MF-1035 4WD	$14238	$3700	$5270	**$7690**	**$8540**	Toyosha	3	92D	12F-4R	26.00	2932	No
MF-1045	$12950	$3500	$4140	**$6670**	**$7580**	Toyosha	3	122D	9F-3R	30.00	3527	No
MF-1045 4WD	$15892	$4290	$5090	**$8180**	**$9300**	Toyosha	3	122D	9F-3R	30.00	3825	No
MF-3050	$30333	$5460	$7580	**$9710**	**$12440**	Perkins	4	236D	16F-12R	63.00	8565	CHA
MF-3050 4WD	$35532	$6400	$8880	**$11370**	**$14570**	Perkins	4	236D	16F-12R	63.00	9171	CHA
MF-3060	$32335	$5820	$8080	**$10350**	**$13260**	Perkins	4	248D	16F-12R	69.70	8565	CHA
MF-3060 4WD	$38004	$6840	$9500	**$12160**	**$15580**	Perkins	4	248D	16F-12R	69.70	9171	CHA
MF-3070	$35776	$6440	$8940	**$11450**	**$14670**	Perkins	4T	236D	16F-12R	82.20	9407	CHA

Model	Approx. Retail Price New	Estimated Value Less Repairs Used Trade-In Avg.	High	Used Retail Avg.	High	Engine Make	No. Cyls.	Displ. Cu.-in.	No. Speeds	P.T.O. H.P.	Approx. Shipping Wt.-Lbs.	Cab
Massey Ferguson (Cont.)												
				1989 (Cont.)								
MF-3070 4WD	$40784	$7340	$10200	**$13050**	**$16720**	Perkins	4T	236D	16F-12R	82.20	10000	CHA
MF-3090	$38983	$7020	$9750	**$12480**	**$15980**	Perkins	6	354D	16F-12R	100.70	10329	CHA
MF-3090 4WD	$45164	$8130	$11290	**$14450**	**$18520**	Perkins	6	354D	16F-12R	100.70	10829	CHA
MF-3630	$47078	$8470	$11770	**$15070**	**$19300**	Perkins	6T	354D	16F-12R	119.50	11729	CHA
MF-3630 4WD	$55909	$9540	$13250	**$16960**	**$21730**	Perkins	6T	354D	16F-12R	119.50	12809	CHA
MF-3650	$51700	$9000	$12500	**$16000**	**$20500**	Perkins	6TI	354D	16F-12R	130.00	12037	CHA
MF-3650 4WD	$60797	$10440	$14500	**$18560**	**$23780**	Perkins	6TI	354D	16F-12R	131.30	13139	CHA
MF-3680 4WD	$62500	$10800	$15000	**$19200**	**$24600**	Valmet	6T	452D	16F-4R	160.00	13866	CHA
				1988								
MF-154S Orchard	$17753	$3550	$4620	**$7630**	**$8970**	Perkins	3	152D	12F-4R	42.00	4520	No
MF-154S Orchard 4WD	$21420	$4280	$5570	**$9210**	**$10820**	Perkins	3	152D	12F-4R	42.00	4830	No
MF-174S Orchard	$19178	$3840	$4990	**$8250**	**$9690**	Perkins	4	236D	12F-4R	57.00	4685	No
MF-174S Orchard 4WD	$23519	$4700	$6120	**$10110**	**$11880**	Perkins	4	236D	12F-4R	57.00	4995	No
MF-194F Orchard	$21311	$4260	$5540	**$9160**	**$10760**	Perkins	4	248D	12F-4R	68.00	5104	No
MF-194F Orchard 4WD	$26204	$5240	$6810	**$11270**	**$13230**	Perkins	4	248D	12F-4R	68.00	5357	No
MF-240	$14638	$3810	$4540	**$7470**	**$8490**	Perkins	3	152D	8F-2R	38.00	3810	No
MF-253	$14140	$3680	$4380	**$7210**	**$8200**	Perkins	3T	152D	8F-2R	45.00	4020	No
MF-283	$13856	$3600	$4300	**$7070**	**$8040**	Perkins	4	248D	8F-2R	67.00	5432	No
MF-360	$17982	$4680	$5570	**$9170**	**$10430**	Perkins	3T	152D	8F-2R	46.10	4910	No
MF-360 4WD	$24691	$6420	$7650	**$12590**	**$14320**	Perkins	3T	152D	8F-2R	46.10	5346	No
MF-375	$21535	$4310	$5600	**$9260**	**$10880**	Perkins	4	236D	12F-4R	58.10	6040	No
MF-375 4WD	$27237	$5450	$7080	**$11710**	**$13760**	Perkins	4	236D	12F-4R	58.10	7202	No
MF-383	$17139	$4460	$5310	**$8740**	**$9940**	Perkins	4	248D	8F-2R	67.00	6098	No
MF-383 Wide Row	$19252	$5010	$5970	**$9820**	**$11170**	Perkins	4	248D	8F-2R	67.00	7166	No
MF-390	$23503	$6110	$7290	**$11990**	**$13630**	Perkins	4	248D	12F-4R	67.30	6036	No
MF-390 4WD	$29140	$7580	$9030	**$14860**	**$16900**	Perkins	4	248D	12F-4R	67.30	7266	No
MF-398	$27381	$5480	$7120	**$11770**	**$13830**	Perkins	4	236D	12F-4R	78.00	7047	No
MF-398 4WD	$32841	$6570	$8540	**$14120**	**$16590**	Perkins	4	236D	12F-4R	78.00	7648	No
MF-399	$28866	$5770	$7510	**$12410**	**$14580**	Perkins	6	354D	12F-4R	90.50	7233	No
MF-399 4WD	$34299	$6860	$8920	**$14750**	**$17320**	Perkins	6	354D	12F-4R	90.50	8029	No
MF-1010	$7501	$1880	$2700	**$3980**	**$4430**	Toyosha	3	53D	6F-2R	13.50	1580	No
MF-1010 4WD	$8549	$2140	$3080	**$4530**	**$5040**	Toyosha	3	53D	6F-2R	13.50	1800	No
MF-1010 Hydro	$8719	$2180	$3140	**$4620**	**$5140**	Toyosha	3	53D	Variable	12.00	1772	No
MF-1010 Hydro 4WD	$9627	$2410	$3470	**$5100**	**$5680**	Toyosha	3	53D	Variable	12.00	2000	No
MF-1020	$8858	$2220	$3190	**$4700**	**$5230**	Toyosha	3	69D	12F-4R	17.08	2045	No
MF-1020 4WD	$9852	$2460	$3550	**$5220**	**$5810**	Toyosha	3	69D	12F-4R	17.08	2285	No
MF-1020 Hydro	$10068	$2520	$3620	**$5340**	**$5940**	Toyosha	3	69D	Variable	14.50	2046	No
MF-1020 Hydro 4WD	$10921	$2730	$3930	**$5790**	**$6440**	Toyosha	3	69D	Variable	14.50	2266	No
MF-1030	$10042	$2510	$3620	**$5320**	**$5930**	Toyosha	3	87D	12F-4R	23.00	2701	No
MF-1030 4WD	$12215	$3050	$4400	**$6470**	**$7210**	Toyosha	3	92D	12F-4R	23.00	2832	No
MF-1035	$11428	$2860	$4110	**$6060**	**$6740**	Toyosha	3	92D	12F-4R	26.00	2801	No
MF-1035 4WD	$14096	$3520	$5080	**$7470**	**$8320**	Toyosha	3	92D	12F-4R	26.00	2932	No
MF-1045	$12950	$3370	$4020	**$6610**	**$7510**	Toyosha	3	122D	9F-3R	30.00	3527	No
MF-1045 4WD	$15423	$4010	$4780	**$7870**	**$8950**	Toyosha	3	122D	9F-3R	30.00	3825	No
MF-3050	$30333	$5160	$7580	**$9400**	**$12130**	Perkins	4	236D	16F-12R	63.00	8565	CHA
MF-3050 4WD	$35532	$6040	$8880	**$11020**	**$14210**	Perkins	4	236D	16F-12R	63.00	9171	CHA
MF-3060	$32335	$5500	$8080	**$10020**	**$12930**	Perkins	4	248D	16F-12R	69.70	8565	CHA
MF-3060 4WD	$38004	$6460	$9500	**$11780**	**$15200**	Perkins	4	248D	16F-12R	69.70	9171	CHA
MF-3070	$34734	$5910	$8680	**$10770**	**$13890**	Perkins	4T	236D	16F-12R	82.20	9407	CHA
MF-3070 4WD	$40784	$6930	$10200	**$12640**	**$16310**	Perkins	4T	236D	16F-12R	82.20	10000	CHA
MF-3090	$38983	$6630	$9750	**$12090**	**$15590**	Perkins	6	354D	16F-12R	100.70	10329	CHA
MF-3090 4WD	$45164	$7480	$11000	**$13640**	**$17600**	Perkins	6	354D	16F-12R	100.70	10829	CHA
MF-3630	$47078	$7820	$11500	**$14260**	**$18400**	Perkins	6T	354D	16F-12R	119.50	11729	CHA
MF-3630 4WD	$55909	$9010	$13250	**$16430**	**$21200**	Perkins	6T	354D	16F-12R	119.50	12809	CHA
MF-3650	$50195	$8330	$12250	**$15190**	**$19600**	Perkins	6TI	354D	16F-12R	130.00	12037	CHA
MF-3650 4WD	$59026	$9520	$14000	**$17360**	**$22400**	Perkins	6TI	354D	16F-12R	131.30	13139	CHA
MF-3680 4WD	$60000	$9860	$14500	**$17980**	**$23200**	Valmet	6T	452D	16F-4R	160.00	13866	CHA
				1987								
MF-154S 4WD	$21420	$4070	$5460	**$9000**	**$10600**	Perkins	3	152D	12F-4R	42.00	4830	No
MF-154S Orchard	$16908	$3210	$4310	**$7100**	**$8370**	Perkins	3	152D	12F-4R	42.00	4520	No
MF-174S Orchard	$18529	$3520	$4730	**$7780**	**$9170**	Perkins	4	236D	12F-4R	57.00	4685	No
MF-174S Orchard 4WD	$23519	$4470	$6000	**$9880**	**$11640**	Perkins	4	236D	12F-4R	57.00	4995	No
MF-194S Orchard	$21311	$4050	$5430	**$8950**	**$10550**	Perkins	4	248D	12F-4R	68.00	5104	No
MF-194S Orchard 4WD	$26204	$4980	$6680	**$11010**	**$12970**	Perkins	4	248D	12F-4R	68.00	5357	No
MF-240	$12909	$3230	$3870	**$6520**	**$7420**	Perkins	3	152D	8F-2R	38.00	3810	No
MF-254 4WD	$20551	$3910	$5240	**$8630**	**$10170**	Perkins	3	152D	12F-4R	42.00	5369	No
MF-274 4WD	$22867	$4350	$5830	**$9600**	**$11320**	Perkins	4	236D	12F-4R	55.00	5694	No
MF-294 4WD	$26734	$5080	$6820	**$11230**	**$13230**	Perkins	4	248D	12F-4R	67.00	6758	No
MF-360	$16497	$4120	$4950	**$8330**	**$9490**	Perkins	3	152D	8F-2R	46.10	4910	No
MF-360 4WD	$21538	$5390	$6460	**$10880**	**$12380**	Perkins	3	152D	8F-2R	46.10	5346	No
MF-375	$19940	$3790	$5090	**$8380**	**$9870**	Perkins	4	236D	12F-4R	58.10	6040	No
MF-375 4WD	$24538	$4660	$6260	**$10310**	**$12150**	Perkins	4	236D	12F-4R	58.10	7202	No
MF-383	$15695	$3920	$4710	**$7930**	**$9030**	Perkins	4	248D	8F-2R	67.00	6098	No
MF-383 Wide Row Crop	$16817	$4200	$5050	**$8490**	**$9670**	Perkins	4	248D	8F-2R	67.00	7166	No
MF-390	$22173	$5540	$6650	**$11200**	**$12750**	Perkins	4	248D	12F-4R	67.30	6036	No
MF-390 4WD	$27234	$6810	$8170	**$13750**	**$15660**	Perkins	4	248D	12F-4R	67.30	7266	No
MF-398	$26844	$5100	$6850	**$11270**	**$13290**	Perkins	4	236D	12F-4R	80.30	7047	No
MF-398 4WD	$31884	$6060	$8130	**$13390**	**$15780**	Perkins	4	236D	12F-4R	80.30	7648	No
MF-399	$28300	$5380	$7220	**$11890**	**$14010**	Perkins	6	354D	12F-4R	90.50	7233	No
MF-399 4WD	$33300	$6330	$8490	**$13990**	**$16480**	Perkins	6	354D	12F-4R	90.50	8029	No
MF-1010	$7245	$1740	$2540	**$3770**	**$4130**	Toyosha	3	53D	6F-2R	13.50	1580	No
MF-1010 4WD	$7985	$1920	$2800	**$4150**	**$4550**	Toyosha	3	53D	6F-2R	13.50	1800	No

Massey Ferguson (Cont.)

1987 (Cont.)

Model	Approx. Retail Price New	Used Trade-In Avg.	Used Trade-In High	Used Retail Avg.	Used Retail High	Engine Make	Engine No. Cyls.	Engine Displ. Cu.-in.	No. Speeds	P.T.O. H.P.	Approx. Shipping Wt.-Lbs.	Cab
MF-1010 Hydro	$8381	$2010	$2930	$4360	$4780	Toyosha	3	53D	Variable	12.00	1772	No
MF-1010 Hydro 4WD	$9166	$2200	$3210	$4770	$5230	Toyosha	3	53D	Variable	12.00	2000	No
MF-1020	$8599	$2060	$3010	$4470	$4900	Toyosha	3	69D	12F-4R	17.08	2045	No
MF-1020 4WD	$9425	$2260	$3300	$4900	$5370	Toyosha	3	69D	12F-4R	17.08	2285	No
MF-1020 Hydro	$9774	$2350	$3420	$5080	$5570	Toyosha	3	69D	Variable	14.50	2046	No
MF-1020 Hydro 4WD	$10600	$2540	$3710	$5510	$6040	Toyosha	3	69D	Variable	14.50	2266	No
MF-1030	$10042	$2410	$3520	$5220	$5720	Toyosha	3	90D	12F-4R	23.35	2701	No
MF-1030 4WD	$11975	$2870	$4190	$6230	$6830	Toyosha	3	90D	12F-4R	23.35	2832	No
MF-1035	$11428	$2740	$4000	$5940	$6510	Toyosha	3	92D	12F-4R	26.00	2801	No
MF-1035 4WD	$13167	$3160	$4610	$6850	$7510	Toyosha	3	92D	12F-4R	26.00	2932	No
MF-1045	$12950	$3240	$3890	$6540	$7450	Toyosha	3	122D	9F-3R	30.00	3527	No
MF-1045 4WD	$14679	$3670	$4400	$7410	$8440	Toyosha	3	122D	9F-3R	30.00	3825	No
MF-3050	$30233	$4840	$7260	$9370	$11790	Perkins	4	236D	16F-12R	63.00	8565	CHA
MF-3050 4WD	$35432	$5670	$8500	$10980	$13820	Perkins	4	236D	16F-12R	63.00	9171	CHA
MF-3060	$32235	$5160	$7740	$9990	$12570	Perkins	4	248D	16F-12R	69.70	8565	CHA
MF-3060 4WD	$37904	$5760	$8640	$11160	$14040	Perkins	4	248D	16F-12R	69.70	9171	CHA
MF-3070	$34634	$5360	$8040	$10390	$13070	Perkins	4T	236D	16F-12R	82.20	9407	CHA
MF-3070 4WD	$40684	$6080	$9120	$11780	$14820	Perkins	4T	236D	16F-12R	82.20	10000	CHA
MF-3090	$38883	$5890	$8830	$11410	$14350	Perkins	6	354D	16F-12R	100.70	10329	CHA
MF-3090 4WD	$45064	$6880	$10320	$13330	$16770	Perkins	6	354D	16F-12R	100.70	10829	CHA
MF-3525 4WD	$49047	$7360	$11040	$14260	$17940	Perkins	6T	354D	16F-12R	105.00	15174	CHA
MF-3525 RC 4WD	$50572	$7600	$11400	$14730	$18530	Perkins	6T	354D	16F-12R	105.00	13200	CHA
MF-3525 Row Crop	$42072	$6400	$9600	$12400	$15600	Perkins	6T	354D	16F-12R	105.00	11800	CHA
MF-3525 Western	$40547	$6160	$9240	$11940	$15020	Perkins	6T	354D	16F-12R	105.00	13100	CHA
MF-3545 4WD	$53818	$8130	$12190	$15750	$19810	Perkins	6TI	354D	16F-12R	125.00	13500	CHA
MF-3545 RC 4WD	$55343	$8370	$12550	$16210	$20400	Perkins	6TI	354D	16F-12R	125.00	13500	CHA
MF-3545 Row Crop	$47389	$7200	$10800	$13950	$17550	Perkins	6TI	354D	16F-12R	125.00	12100	CHA
MF-3545 Western	$45851	$6950	$10430	$13470	$16950	Perkins	6TI	354D	16F-12R	125.00	11900	CHA

RC - Row Crop

1986

Model	Approx. Retail Price New	Used Trade-In Avg.	Used Trade-In High	Used Retail Avg.	Used Retail High	Engine Make	Engine No. Cyls.	Engine Displ. Cu.-in.	No. Speeds	P.T.O. H.P.	Approx. Shipping Wt.-Lbs.	Cab
MF-154 S	$16576	$3150	$4140	$6800	$8040	Perkins	3	152D	12F-4R	42.00	4520	No
MF-154 S 4WD	$21000	$3990	$5250	$8610	$10190	Perkins	3	152D	20F-8R	42.00	4830	No
MF-174 S	$18529	$3520	$4630	$7600	$8990	Perkins	4	236D	12F-4R	57.00	4685	No
MF-174 S 4WD	$23519	$4470	$5880	$9640	$11410	Perkins	4	236D	20F-8R	57.00	4995	No
MF-194 F	$20690	$3930	$5170	$8480	$10040	Perkins	4	248D	12F-4R	68.00	5104	No
MF-194 F 4WD	$25690	$4880	$6420	$10530	$12460	Perkins	4	248D	20F-8R	68.00	5357	No
MF-240	$11925	$2860	$3460	$5960	$6800	Perkins	3	152D	8F-2R	34.77	3560	No
MF-250	$16165	$3070	$4040	$6630	$7840	Perkins	3	152D	8F-2R	40.86	4100	No
MF-254 4WD	$20205	$3840	$5050	$8280	$9800	Perkins	3	152D	12F-4R	43.36	5160	No
MF-270	$19576	$3720	$4890	$8030	$9490	Perkins	4	236D	8F-2R	55.85	5150	No
MF-270	$20895	$3970	$5220	$8570	$10130	Perkins	4	236D	12F-4R	55.62	5160	No
MF-274 4WD	$22520	$4280	$5630	$9230	$10920	Perkins	4	236D	12F-4R	55.39	5490	No
MF-283 4WD	$14598	$2770	$3650	$5990	$7080	Perkins	4	248D	8F-2R	67.00	5700	No
MF-290	$21255	$4040	$5310	$8720	$10310	Perkins	4	248D	8F-2R	65.92	5140	No
MF-290	$23050	$4380	$5760	$9450	$11180	Perkins	4	248D	12F-4R	65.92	5405	No
MF-294 4WD	$26385	$5010	$6600	$10820	$12800	Perkins	4	248D	12F-4R	67.39	6550	No
MF-298	$25390	$4820	$6350	$10410	$12310	Perkins	4	318D	8F-2R	79.54	4126	No
MF-298	$26435	$5020	$6610	$10840	$12820	Perkins	4	318D	12F-4R	79.26	4176	No
MF-670	$27610	$5250	$6900	$11320	$13390	Perkins	4	236D	12F-4R	55.62	7500	CHA
MF-670 4WD	$32794	$6230	$8200	$13450	$15910	Perkins	4	236D	12F-4R	55.62	7550	CHA
MF-690	$30760	$5840	$7690	$12610	$14920	Perkins	4	248D	12F-4R	65.68	8000	CHA
MF-690 4WD	$36045	$6850	$9010	$14780	$17480	Perkins	4	248D	12F-4R	65.68	9400	CHA
MF-698	$32205	$6120	$8050	$13200	$15620	Perkins	4	318D	12F-4R	78.83	8285	CHA
MF-698 4WD	$38455	$7310	$9610	$15770	$18650	Perkins	4	318D	12F-4R	78.83	9115	CHA
MF-699	$33310	$6330	$8330	$13660	$16160	Perkins	6	354D	12F-4R	85.79	9104	CHA
MF-699 4WD	$38990	$7410	$9750	$15990	$18910	Perkins	6	354D	12F-4R	85.79	10075	CHA
MF-1010	$6315	$1450	$2150	$3220	$3600	Toyosha	3	53D	6F-2R	13.00	1522	No
MF-1010 4WD	$6912	$1590	$2350	$3530	$3940	Toyosha	3	53D	6F-2R	13.00	1720	No
MF-1010 Hydro	$7315	$1680	$2490	$3730	$4170	Toyosha	3	53D	Variable	12.00	1772	No
MF-1010 Hydro 4WD	$7912	$1820	$2690	$4040	$4510	Toyosha	3	53D	Variable	12.00	2000	No
MF-1020	$7511	$1730	$2550	$3830	$4280	Toyosha	3	69D	12F-4R	17.08	2045	No
MF-1020 4WD	$8150	$1880	$2770	$4160	$4650	Toyosha	3	69D	12F-4R	17.08	2285	No
MF-1030	$8262	$1900	$2810	$4210	$4710	Toyosha	3	87D	12F-4R	23.35	2210	No
MF-1030 4WD	$9795	$2250	$3330	$5000	$5580	Toyosha	3	87D	12F-4R	23.00	2640	No
MF-1040	$10129	$2330	$3440	$5170	$5770	Toyosha	3	122D	12F-4R	27.73	3300	No
MF-1040 4WD	$12051	$2770	$4100	$6150	$6870	Toyosha	3	122D	12F-4R	27.73	3600	No
MF-3505	$38000	$5400	$8640	$11160	$13680	Perkins	6	354D	16F-12R	91.50	11200	CHA
MF-3505 4WD	$46500	$6680	$10680	$13800	$16910	Perkins	6	354D	16F-12R	91.50	12600	CHA
MF-3525	$42195	$6000	$9600	$12400	$15200	Perkins	6	354D	16F-12R	108.01	12900	CHA
MF-3525 4WD	$50575	$7130	$11400	$14730	$18050	Perkins	6T	354D	16F-12R	108.01	14300	CHA
MF-3545	$47515	$6750	$10800	$13950	$17100	Perkins	6TI	354D	16F-12R	126.72	13200	CHA
MF-3545 4WD	$55466	$7950	$12720	$16430	$20140	Perkins	6TI	354D	16F-12R	126.72	14600	CHA
MF-4800 4WD	$86275	$9920	$13730	$17540	$23650	Cummins	V8	903D	18F-6R	179.08	26230	CHA
MF-4840 4WD	$97545	$11380	$15760	$20140	$27140	Cummins	V8	903D	18F-6R	210.67	26540	CHA
MF-4880 4WD	$113375	$12140	$16810	$21480	$28950	Cummins	V8T	903D	18F-6R	272.81	29365	CHA
MF-4900 4WD	$126500	$13200	$18270	$23350	$31470	Cummins	V8T	903D	18F-6R	320.55	29500	CHA

RC - Row Crop

1985

Model	Approx. Retail Price New	Used Trade-In Avg.	Used Trade-In High	Used Retail Avg.	Used Retail High	Engine Make	Engine No. Cyls.	Engine Displ. Cu.-in.	No. Speeds	P.T.O. H.P.	Approx. Shipping Wt.-Lbs.	Cab
MF-240	$11925	$2740	$3340	$5900	$6740	Perkins	3	152D	8F-2R	34.77	3560	No
MF-250	$16165	$3070	$3960	$6470	$7680	Perkins	3	152D	8F-2R	40.86	4100	No
MF-254 4WD	$20205	$3840	$4950	$8080	$9600	Perkins	3	152D	12F-4R	43.36	5160	No
MF-270	$19100	$3630	$4680	$7640	$9070	Perkins	4	236D	8F-2R	55.85	6050	No

Massey Ferguson (Cont.)

Model	Approx. Retail Price New	Used Trade-In Avg.	Used Trade-In High	Used Retail Avg.	Used Retail High	Make	Engine No. Cyls.	Engine Displ. Cu.-in.	No. Speeds	P.T.O. H.P.	Approx. Shipping Wt.-Lbs.	Cab
				1985 (Cont.)								
MF-270	$20895	$3970	$5120	**$8360**	**$9930**	Perkins	4	236D	12F-4R	55.62	6100	No
MF-274 4WD	$22520	$4280	$5520	**$9010**	**$10700**	Perkins	4	236D	12F-4R	55.39	5490	No
MF-290	$21255	$4040	$5210	**$8500**	**$10100**	Perkins	4	248D	8F-2R	65.92	6520	No
MF-290	$23050	$4380	$5650	**$9220**	**$10950**	Perkins	4	248D	12F-4R	65.92	6570	No
MF-294 4WD	$26385	$5010	$6460	**$10550**	**$12530**	Perkins	4	248D	12F-4R	67.39	6550	No
MF-298	$25390	$4820	$6220	**$10160**	**$12060**	Perkins	4	318D	8F-2R	79.54	6975	No
MF-298	$26435	$5020	$6480	**$10570**	**$12560**	Perkins	4	318D	12F-4R	79.26	7025	No
MF-670	$27610	$5250	$6760	**$11040**	**$13120**	Perkins	4	236D	12F-4R	55.62	7500	CHA
MF-670 4WD	$31025	$5900	$7600	**$12410**	**$14740**	Perkins	4	236D	12F-4R	55.62	7550	CHA
MF-690	$30760	$5840	$7540	**$12300**	**$14610**	Perkins	4	248D	12F-4R	65.68	8000	CHA
MF-690 4WD	$36045	$6650	$8580	**$14000**	**$16630**	Perkins	4	248D	12F-4R	65.68	9400	CHA
MF-698	$32205	$6120	$7890	**$12880**	**$15300**	Perkins	4	318D	12F-4R	78.83	8285	CHA
MF-698 4WD	$38455	$6840	$8820	**$14400**	**$17100**	Perkins	4	318D	12F-4R	78.83	9115	CHA
MF-699	$33310	$6330	$8160	**$13320**	**$15820**	Perkins	6	354D	12F-4R	85.79	9104	CHA
MF-699 4WD	$38990	$7030	$9070	**$14800**	**$17580**	Perkins	6	354D	12F-4R	85.79	10075	CHA
MF-1010	$5965	$1310	$1970	**$3010**	**$3400**	Toyosha	3	53D	6F-2R	13.00	1522	No
MF-1010 4WD	$6525	$1440	$2150	**$3300**	**$3720**	Toyosha	3	53D	6F-2R	13.00	1720	No
MF-1020	$6980	$1540	$2300	**$3530**	**$3980**	Toyosha	3	69D	12F-4R	17.08	1950	No
MF-1020 4WD	$7615	$1680	$2510	**$3850**	**$4340**	Toyosha	3	69D	12F-4R	17.00	2230	No
MF-1030	$7865	$1730	$2600	**$3970**	**$4480**	Toyosha	3	87D	12F-4R	23.35	2210	No
MF-1030 4WD	$8895	$1960	$2940	**$4490**	**$5070**	Toyosha	3	87D	12F-4R	23.35	2640	No
MF-1040	$9635	$2120	$3180	**$4870**	**$5490**	Toyosha	3	122D	12F-4R	27.73	3300	No
MF-1040 4WD	$11535	$2540	$3810	**$5830**	**$6580**	Toyosha	3	122D	12F-4R	27.73	3600	No
MF-3505	$38000	$5220	$8280	**$11160**	**$13500**	Perkins	6	354D	16F-12R	91.50	11200	CHA
MF-3505 4WD	$46500	$6450	$10240	**$13800**	**$16690**	Perkins	6	354D	16F-12R	91.50	12600	CHA
MF-3525	$42195	$5800	$9200	**$12400**	**$15000**	Perkins	6	354D	16F-12R	108.01	12900	CHA
MF-3525 4WD	$50575	$6820	$10810	**$14570**	**$17630**	Perkins	6T	354D	16F-12R	108.01	14300	CHA
MF-3545	$47515	$6450	$10240	**$13800**	**$16690**	Perkins	6TI	354D	16F-12R	126.72	13200	CHA
MF-3545 4WD	$55466	$7600	$12050	**$16240**	**$19650**	Perkins	6TI	354D	16F-12R	126.72	14600	CHA
MF-4800 4WD	$86275	$8910	$12630	**$16340**	**$22280**	Cummins	V8	903D	18F-6R	179.08	26230	CHA
MF-4840 4WD	$97545	$9960	$14110	**$18260**	**$24900**	Cummins	V8	903D	18F-6R	210.67	26540	CHA
MF-4880 4WD	$113375	$10610	$15020	**$19440**	**$26510**	Cummins	V8T	903D	18F-6R	272.81	29365	CHA
MF-4900 4WD	$126500	$11640	$16490	**$21340**	**$29100**	Cummins	V8T	903D	18F-6R	320.55	29500	CHA
RC—Row Crop												
				1984								
MF-205	$6210	$1550	$2380	**$3610**	**$4110**	Toyosha	2	65D	6F-2R	16.56	1849	No
MF-205-4 4WD	$6850	$1690	$2590	**$3930**	**$4480**	Toyosha	2	65D	6F-2R	16.40	2257	No
MF-210	$7765	$1880	$2890	**$4380**	**$5000**	Toyosha	2	77D	12F-3R	21.96	2210	No
MF-210-4 4WD	$8790	$2110	$3230	**$4900**	**$5580**	Toyosha	2	77D	12F-3R	21.77	2590	No
MF-220	$8665	$2080	$3190	**$4830**	**$5510**	Toyosha	2	90D	12F-3R	26.37	2390	No
MF-220-4 4WD	$10225	$2200	$3370	**$5110**	**$5830**	Toyosha	2	90D	12F-3R	26.48	2700	No
MF-240	$11520	$2640	$3370	**$5890**	**$6730**	Perkins	3	152D	8F-2R	34.77	3560	No
MF-250	$15390	$3020	$3810	**$6200**	**$7390**	Perkins	3	152D	8F-2R	40.86	4100	No
MF-254 4WD	$19615	$3730	$4710	**$7650**	**$9120**	Perkins	3	152D	12F-4R	43.36	5160	No
MF-270	$18180	$3450	$4360	**$7090**	**$8450**	Perkins	4	236D	8F-2R	55.85	6050	No
MF-270	$19880	$3780	$4770	**$7750**	**$9240**	Perkins	4	236D	12F-4R	55.62	6100	No
MF-270 RC	$18950	$3600	$4550	**$7390**	**$8810**	Perkins	4	236D	8F-2R	55.85	6200	No
MF-270 RC	$20645	$3920	$4960	**$8050**	**$9600**	Perkins	4	236D	12F-4R	55.62	6250	No
MF-274 4WD	$21440	$4070	$5150	**$8360**	**$9970**	Perkins	4	236D	12F-4R	55.39	5490	No
MF-290	$20275	$3850	$4870	**$7910**	**$9430**	Perkins	4	248D	8F-2R	65.92	6520	No
MF-290	$22465	$4270	$5390	**$8760**	**$10450**	Perkins	4	248D	12F-4R	65.92	6570	No
MF-290 RC	$20851	$3960	$5000	**$8130**	**$9700**	Perkins	4	248D	12F-4R	65.92	6670	No
MF-290 RC	$23041	$4380	$5530	**$8990**	**$10710**	Perkins	4	248D	12F-4R	65.92	6720	No
MF-294 4WD	$25370	$4820	$6090	**$9890**	**$11800**	Perkins	4	248D	12F-4R	67.39	6550	No
MF-298	$23950	$4550	$5750	**$9340**	**$11140**	Perkins	4	318D	8F-2R	79.54	6975	No
MF-298	$24955	$4740	$5990	**$9730**	**$11600**	Perkins	4	318D	12F-4R	79.26	7025	No
MF-670	$25950	$4930	$6230	**$10120**	**$12070**	Perkins	4	236D	12F-4R	55.62	7500	CH
MF-670	$27650	$5250	$6640	**$10780**	**$12860**	Perkins	4	236D	12F-4R	55.62	7550	CHA
MF-670 4WD	$31095	$5910	$7460	**$12130**	**$14460**	Perkins	4	236D	12F-4R	55.62	8900	CH
MF-670 4WD	$32795	$6230	$7870	**$12790**	**$15250**	Perkins	4	236D	12F-4R	55.62	8950	CHA
MF-690	$27805	$5280	$6670	**$10840**	**$12930**	Perkins	4	248D	12F-4R	65.68	8000	CH
MF-690	$29095	$5530	$6980	**$11350**	**$13530**	Perkins	4	248D	12F-4R	65.68	8050	CHA
MF-690 4WD	$32950	$5700	$7200	**$11700**	**$13950**	Perkins	4	248D	12F-4R	65.68	9400	CH
MF-690 4WD	$34650	$6180	$7800	**$12680**	**$15110**	Perkins	4	248D	12F-4R	65.68	9450	CHA
MF-698	$25995	$4940	$6240	**$10140**	**$12090**	Perkins	4	318D	12F-4R	78.83	8235	No
MF-698	$32205	$5890	$7440	**$12090**	**$14420**	Perkins	4	318D	12F-4R	78.83	8285	CHA
MF-698 4WD	$32245	$6130	$7740	**$12580**	**$14990**	Perkins	4	318D	12F-4R	78.83	8495	No
MF-698 4WD	$38455	$6940	$8760	**$14240**	**$16970**	Perkins	4	318D	12F-4R	78.83	9115	CHA
MF-699	$27100	$5150	$6500	**$10570**	**$12600**	Perkins	6	354D	12F-4R	85.79	8304	No
MF-699	$33310	$6330	$7990	**$12990**	**$15490**	Perkins	6	354D	12F-4R	85.79	9104	CHA
MF-699 4WD	$32777	$6230	$7870	**$12780**	**$15240**	Perkins	6	354D	12F-4R	85.79	9275	No
MF-699 4WD	$38987	$7030	$8880	**$14430**	**$17210**	Perkins	6	354D	12F-4R	85.79	10075	CHA
MF-1010	$5965	$1280	$1970	**$2980**	**$3400**	Toyosha	3	53D	6F-2R	13.00	1522	No
MF-1010 4WD	$6430	$1380	$2120	**$3220**	**$3670**	Toyosha	3	53D	6F-2R	13.00	1720	No
MF-1020	$6810	$1460	$2250	**$3410**	**$3880**	Toyosha	3	69D	12F-4R	17.08	1950	No
MF-1020-4 4WD	$7450	$1600	$2460	**$3730**	**$4250**	Toyosha	3	69D	12F-4R	17.08	2230	No
MF-1030	$7510	$1620	$2480	**$3760**	**$4280**	Toyosha	3	87D	12F-4R	23.35	2210	No
MF-1030-4 4WD	$8940	$1920	$2950	**$4470**	**$5100**	Toyosha	3	87D	12F-4R	23.00	2640	No
MF-2640	$37900	$4610	$7570	**$10200**	**$12340**	Perkins	6	354D	16F-12R	90.95	10940	CHA
MF-2640 4WD	$45460	$5660	$9290	**$12520**	**$15150**	Perkins	6	354D	16F-12R	90.95	11800	CHA
MF-3505 RC	$38000	$4620	$7590	**$10230**	**$12380**	Perkins	6	354D	16F-12R	91.50	11200	CHA
MF-3505 RC 4WD	$46500	$5810	$9550	**$12870**	**$15560**	Perkins	6	354D	16F-12R	91.50	12600	CHA
MF-3525 RC	$35872	$4330	$7110	**$9580**	**$11590**	Perkins	6T	354D	16F-12R	108.01	11800	No

Model	Approx. Retail Price New	Estimated Value Less Repairs Used Trade-In Avg.	High	Used Retail Avg.	High	Engine Make	No. Cyls.	Displ. Cu.-in.	No. Speeds	P.T.O. H.P.	Approx. Shipping Wt.-Lbs.	Cab

Massey Ferguson (Cont.)

1984 (Cont.)

Model	Approx. Retail Price New	Used Trade-In Avg.	High	Used Retail Avg.	High	Make	No. Cyls.	Displ. Cu.-in.	No. Speeds	P.T.O. H.P.	Approx. Shipping Wt.-Lbs.	Cab
MF-3525 RC	$42075	$5210	$8560	**$11530**	**$13950**	Perkins	6T	354D	16F-12R	108.01	12900	CHA
MF-3525 RC 4WD	$44375	$5530	$9090	**$12250**	**$14810**	Perkins	6T	354D	16F-12R	108.01	13200	No
MF-3525 RC 4WD	$50575	$6380	$10490	**$14140**	**$17100**	Perkins	6T	354D	16F-12R	108.01	14300	CHA
MF-3545 RC	$40720	$5010	$8230	**$11100**	**$13430**	Perkins	6TI	354D	16F-12R	126.72	12100	No
MF-3545 RC	$46920	$5870	$9640	**$12990**	**$15710**	Perkins	6TI	354D	16F-12R	126.72	13200	CHA
MF-3545 RC 4WD	$48595	$6100	$10030	**$13520**	**$16350**	Perkins	6TI	354D	16F-12R	126.72	13500	No
MF-3545 RC 4WD	$54795	$6970	$11450	**$15440**	**$18680**	Perkins	6TI	354D	16F-12R	126.72	14600	CHA
MF-3545 Western	$45595	$5680	$9340	**$12590**	**$15230**	Perkins	6TI	354D	16F-12R	126.72	12100	CHA
MF-4800 4WD	$83040	$8030	$11690	**$15340**	**$21180**	Cummins	V8	903D	18F-6R	179.08	24000	CHA
MF-4800 4WD w/PTO	$86275	$8370	$12170	**$15980**	**$22060**	Cummins	V8	903D	18F-6R	179.08	24500	CHA
MF-4840 4WD	$93435	$8850	$12870	**$16890**	**$23330**	Cummins	V8	903D	18F-6R	210.67	26038	CHA
MF-4840 4WD w/PTO	$96575	$9080	$13210	**$17340**	**$23950**	Cummins	V8	903D	18F-6R	210.67	26538	CHA
MF-4880 4WD	$110235	$9490	$13800	**$18110**	**$25010**	Cummins	V8T	903D	18F-6R	272.81	28865	CHA
MF-4880 4WD w/PTO	$113375	$9940	$14460	**$18980**	**$26210**	Cummins	V8T	903D	18F-6R	272.81	29365	CHA
MF-4900 4WD	$122015	$10340	$15040	**$19740**	**$27260**	Cummins	V8T	903D	18F-6R	320.55	29000	CHA
MF-4900 4WD w/PTO	$125247	$10590	$15400	**$20210**	**$27910**	Cummins	V8T	903D	18F-6R	320.55	29500	CHA

RC - Row Crop

1983

Model	Approx. Retail Price New	Used Trade-In Avg.	High	Used Retail Avg.	High	Make	No. Cyls.	Displ. Cu.-in.	No. Speeds	P.T.O. H.P.	Approx. Shipping Wt.-Lbs.	Cab
MF-205	$6207	$1470	$2310	**$3500**	**$3990**	Toyosha	2	65D	6F-2R	16.56	1849	No
MF-205-4 4WD	$6850	$1610	$2530	**$3830**	**$4360**	Toyosha	2	65D	6F-2R	16.40	2257	No
MF-210	$7764	$1800	$2830	**$4280**	**$4880**	Toyosha	2	77D	12F-3R	21.96	2210	No
MF-210-4 4WD	$8786	$2010	$3160	**$4790**	**$5460**	Toyosha	2	77D	12F-3R	21.77	2590	No
MF-220	$8661	$1920	$3020	**$4580**	**$5220**	Toyosha	2	90D	12F-3R	26.37	2390	No
MF-220-4	$10221	$2100	$3300	**$5000**	**$5700**	Toyosha	2	90D	12F-3R	26.48	2700	No
MF-240	$11073	$2330	$3650	**$5540**	**$6310**	Perkins	3	152D	8F-2R	34.77	3400	No
MF-250	$14983	$3150	$4200	**$7270**	**$8320**	Perkins	3	152D	8F-2R	40.86	3700	No
MF-254 4WD	$18202	$3370	$4370	**$6920**	**$8280**	Perkins	3	152D	12F-4R	43.36	5149	No
MF-270	$17635	$3260	$4230	**$6700**	**$8020**	Perkins	4	236D	8F-2R	55.85	6050	No
MF-270	$19823	$3670	$4760	**$7530**	**$9020**	Perkins	4	236D	12F-4R	55.62	6100	No
MF-270 RC	$18419	$3410	$4420	**$7000**	**$8380**	Perkins	4	236D	8F-2R	55.85	6200	No
MF-270 RC	$20067	$3710	$4820	**$7630**	**$9130**	Perkins	4	236D	12F-4R	55.62	6250	No
MF-274 4WD	$20339	$3760	$4880	**$7730**	**$9250**	Perkins	4	236D	12F-4R	55.39	5490	No
MF-290	$20273	$3750	$4870	**$7700**	**$9220**	Perkins	4	248D	8F-2R	65.92	6520	No
MF-290	$22461	$4160	$5390	**$8540**	**$10220**	Perkins	4	248D	12F-4R	65.92	6570	No
MF-294 4WD	$23555	$4360	$5650	**$8950**	**$10720**	Perkins	4	248D	12F-4R	67.39	6550	No
MF-298	$23029	$4260	$5530	**$8750**	**$10480**	Perkins	4	318D	8F-2R	79.54	6975	No
MF-298	$23992	$4440	$5760	**$9120**	**$10920**	Perkins	4	318D	12F-4R	79.26	7025	No
MF-670	$25950	$4800	$6230	**$9860**	**$11810**	Perkins	4	236D	12F-4R	55.62	7500	CH
MF-670	$27650	$5120	$6640	**$10510**	**$12580**	Perkins	4	236D	12F-4R	55.62	7550	CHA
MF-670 4WD	$31094	$5750	$7460	**$11820**	**$14150**	Perkins	4	236D	12F-4R	55.62	8900	CH
MF-670 4WD	$32794	$6070	$7870	**$12460**	**$14920**	Perkins	4	236D	12F-4R	55.62	8950	CHA
MF-690	$27804	$5140	$6670	**$10570**	**$12650**	Perkins	4	248D	12F-4R	65.68	8000	CH
MF-690	$29504	$5460	$7080	**$11210**	**$13420**	Perkins	4	248D	12F-4R	65.68	8050	CHA
MF-690 4WD	$32948	$6100	$7910	**$12520**	**$14990**	Perkins	4	248D	12F-4R	65.68	9400	CH
MF-690 4WD	$34648	$6410	$8320	**$13170**	**$15770**	Perkins	4	248D	12F-4R	65.68	9450	CHA
MF-698	$32205	$5960	$7730	**$12240**	**$14650**	Perkins	4	318D	12F-4R	78.83	8285	CHA
MF-1010	$5728	$1200	$1890	**$2860**	**$3270**	Toyosha	3	53D	6F-2R	13.00	1522	No
MF-1010 4WD	$6300	$1320	$2080	**$3150**	**$3590**	Toyosha	3	53D	6F-2R	13.00	1720	No
MF-2640	$37900	$4610	$7570	**$10200**	**$12340**	Perkins	6	354D	16F-12R	90.95	10900	CHA
MF-2640 4WD	$45460	$5660	$9290	**$12520**	**$15150**	Perkins	6	354D	16F-12R	90.95	11800	CHA
MF-2675 RC	$36696	$4300	$7060	**$9520**	**$11510**	Perkins	6	354D	8F-6R	100.84	10000	CHA
MF-2675 RC	$38203	$4510	$7410	**$9980**	**$12080**	Perkins	6	354D	24F-6R	103.29	10600	CHA
MF-2675 Western	$35368	$4100	$6740	**$9080**	**$10990**	Perkins	6	354D	8F-6R	100.84	9500	CHA
MF-2675 Western	$36997	$4310	$7080	**$9550**	**$11550**	Perkins	6	354D	24F-6R	103.00	10100	CHA
MF-2705 RC	$40158	$3420	$5130	**$6840**	**$9580**	Perkins	6T	354D	8F-6R	121.11	11200	CHA
MF-2705 RC	$41665	$3600	$5400	**$7200**	**$10080**	Perkins	6T	354D	24F-6R	122.20	11800	CHA
MF-2705 Western	$38920	$3390	$5090	**$6780**	**$9490**	Perkins	6T	354D	8F-6R	121.00	10700	CHA
MF-2705 Western	$40427	$4540	$6810	**$9080**	**$12710**	Perkins	6T	354D	24F-6R	122.00	11300	CHA
MF-2745 RC	$44933	$3800	$5700	**$7600**	**$10640**	Perkins	V8	540D	8F-6R	143.40	12798	CHA
MF-2745 RC	$46440	$4040	$6060	**$8080**	**$11310**	Perkins	V8	540D	24F-6R	143.40	13398	CHA
MF-2745 Western	$42918	$3600	$5400	**$7200**	**$10080**	Perkins	V8	540D	8F-6R	143.00	12298	CHA
MF-2745 Western	$44425	$3840	$5760	**$7680**	**$10750**	Perkins	V8	540D	24F-6R	143.00	12898	CHA
MF-2775 RC	$51596	$4160	$6240	**$8320**	**$11650**	Perkins	V8	640D	8F-6R	165.00	12800	CHA
MF-2775 RC	$53103	$4310	$6470	**$8620**	**$12070**	Perkins	V8	640D	24F-6R	165.95	13400	CHA
MF-2775 Western	$48919	$3890	$5840	**$7780**	**$10890**	Perkins	V8	640D	8F-6R	165.00	12300	CHA
MF-2775 Western	$50426	$4040	$6060	**$8080**	**$11310**	Perkins	V8	640D	24F-6R	165.00	12900	CHA
MF-2805 RC	$60482	$4800	$7200	**$9600**	**$13440**	Perkins	V8T	640D	8F-6R	194.00	13000	CHA
MF-2805 RC	$61482	$4900	$7350	**$9800**	**$13720**	Perkins	V8T	640D	24F-6R	194.62	13600	CHA
MF-2805 Western	$59292	$4720	$7080	**$9440**	**$13220**	Perkins	V8T	640D	8F-6R	194.00	12500	CHA
MF-2805 Western	$60799	$5000	$7500	**$10000**	**$14000**	Perkins	V8T	640D	24F-6R	194.00	13100	CHA
MF-4800 4WD	$79086	$6910	$10360	**$13820**	**$19340**	Cummins	V8	903D	18F-6R	179.08	24000	CHA
MF-4800 4WD w/PTO	$82164	$7120	$10680	**$14230**	**$19930**	Cummins	V8	903D	18F-6R	179.08	24500	CHA
MF-4840 4WD	$91603	$7700	$11550	**$15400**	**$21560**	Cummins	V8	903D	18F-6R	210.87	26038	CHA
MF-4840 4WD w/PTO	$94745	$7880	$11810	**$15750**	**$22050**	Cummins	V8	903D	18F-6R	210.67	26538	CHA
MF-4880 4WD	$106383	$8440	$12660	**$16880**	**$23630**	Cummins	V8T	903D	18F-6R	272.81	28865	CHA
MF-4880 4WD w/PTO	$109461	$8810	$13210	**$17610**	**$24660**	Cummins	V8T	903D	18F-6R	272.81	29365	CHA
MF-4900 4WD	$114566	$9310	$13960	**$18610**	**$26060**	Cummins	V8T	903D	18F-6R	320.55	29000	CHA
MF-4900 4WD w/PTO	$117644	$9600	$14410	**$19210**	**$26890**	Cummins	V8T	903D	18F-6R	320.55	29500	CHA

RC - Row Crop

1982

Model	Approx. Retail Price New	Used Trade-In Avg.	High	Used Retail Avg.	High	Make	No. Cyls.	Displ. Cu.-in.	No. Speeds	P.T.O. H.P.	Approx. Shipping Wt.-Lbs.	Cab
MF-205	$6207	$1400	$2280	**$3400**	**$3880**	Toyosha	2	65D	6F-2R	16.56	1849	No
MF-205-4 4WD	$6850	$1530	$2500	**$3730**	**$4250**	Toyosha	2	65D	6F-2R	16.40	2257	No

Massey Ferguson (Cont.)

1982 (Cont.)

Model	Approx. Retail Price New	Used Trade-In Avg.	Used Trade-In High	Used Retail Avg.	Used Retail High	Engine Make	Engine No. Cyls.	Engine Displ. Cu.-in.	No. Speeds	P.T.O. H.P.	Approx. Shipping Wt.-Lbs.	Cab
MF-210	$7764	$1670	$2740	**$4080**	**$4650**	Toyosha	2	77D	12F-3R	21.96	2050	No
MF-210-4 4WD	$8786	$1920	$3140	**$4690**	**$5350**	Toyosha	2	77D	12F-3R	21.77	2257	No
MF-220	$8661	$1900	$3100	**$4630**	**$5280**	Toyosha	2	90D	12F-3R	26.37	2390	No
MF-220-4 4WD	$10221	$2010	$3290	**$4910**	**$5600**	Toyosha	2	90D	12F-3R	26.48	2700	No
MF-230	$12162	$2430	$3410	**$5840**	**$6750**	Perkins	3	153D	6F-2R	34.53	3404	No
MF-245	$14973	$2700	$3670	**$5620**	**$6660**	Perkins	3	153D	6F-2R	42.00	3600	No
MF-245	$16459	$2960	$4030	**$6170**	**$7320**	Perkins	3	153D	8F-2R	42.00	3650	No
MF-245	$17146	$3090	$4200	**$6430**	**$7630**	Perkins	3	153D	12F-4R	42.90	3693	No
MF-254 4WD	$17845	$3210	$4370	**$6690**	**$7940**	Perkins	3	153D	12F-4R	43.36	4595	No
MF-255	$13319	$2400	$3260	**$5000**	**$5930**	Perkins	4	236D	8F-2R	52.00	5650	No
MF-255	$13980	$2520	$3430	**$5240**	**$6220**	Perkins	4	236D	12F-4R	52.68	5850	No
MF-255 RC	$13984	$2520	$3430	**$5240**	**$6220**	Perkins	4	236D	8F-2R	52.00	5700	No
MF-255 RC	$14697	$2650	$3600	**$5510**	**$6540**	Perkins	4	236D	12F-4R	52.00	5900	No
MF-265	$20679	$3720	$5070	**$7760**	**$9200**	Perkins	4	236D	8F-2R	60.00	6050	No
MF-265	$21642	$3900	$5300	**$8120**	**$9630**	Perkins	4	236D	12F-4R	60.73	6100	No
MF-265 RC	$21484	$3870	$5260	**$8060**	**$9560**	Perkins	4	236D	8F-2R	60.00	6200	No
MF-265 RC	$22447	$4040	$5500	**$8420**	**$9990**	Perkins	4	236D	12F-4R	60.00	6250	No
MF-274 4WD	$19557	$3520	$4790	**$7330**	**$8700**	Perkins	4	236D	12F-4R	55.39	5490	No
MF-275	$21529	$3880	$5280	**$8070**	**$9580**	Perkins	4	248D	8F-2R	67.00	6370	No
MF-275	$22455	$4040	$5500	**$8420**	**$9990**	Perkins	4	248D	12F-4R	67.43	6420	No
MF-275 RC	$22304	$4020	$5460	**$8360**	**$9930**	Perkins	4	248D	8F-2R	67.00	6520	No
MF-275 RC	$23230	$4180	$5690	**$8710**	**$10340**	Perkins	4	248D	12F-4R	67.00	6570	No
MF-285	$25333	$4560	$6210	**$9500**	**$11270**	Perkins	4	318D	8F-2R	81.00	6975	No
MF-285	$26551	$4780	$6510	**$9960**	**$11820**	Perkins	4	318D	12F-4R	81.96	7025	No
MF-285 Cab	$33552	$6040	$8220	**$12580**	**$14930**	Perkins	4	318D	12F-4R	81.96	8450	CHA
MF-294 4WD	$23093	$4160	$5660	**$8660**	**$10280**	Perkins	4	248D	12F-4R	67.39	7300	No
MF-1010	$5728	$1170	$1920	**$2860**	**$3270**	Toyosha	3	53D	6F-2R	13.00	1522	No
MF-1010 4WD	$6300	$1290	$2110	**$3150**	**$3590**	Toyosha	3	53D	6F-2R	13.00	1720	No
MF-2640	$35093	$2850	$4200	**$5700**	**$8100**	Perkins	6	354D	16F-12R	90.95	10940	CHA
MF-2640 4WD	$42093	$3520	$5180	**$7030**	**$9990**	Perkins	6	354D	16F-12R	90.95	11800	CHA
MF-2675 RC	$36696	$3000	$4420	**$6000**	**$8530**	Perkins	6	354D	8F-6R	100.84	10000	CHA
MF-2675 RC	$38203	$3150	$4650	**$6310**	**$8960**	Perkins	6	354D	24F-6R	103.29	10600	CHA
MF-2675 Western	$35368	$2890	$4260	**$5780**	**$8210**	Perkins	6	354D	8F-6R	100.84	9500	CHA
MF-2675 Western	$36997	$3040	$4480	**$6080**	**$8640**	Perkins	6	354D	24F-6R	103.00	10100	CHA
MF-2705 RC	$40158	$3340	$4930	**$6690**	**$9500**	Perkins	6T	354D	8F-6R	121.11	11200	CHA
MF-2705 RC	$41665	$3480	$5120	**$6950**	**$9880**	Perkins	6T	354D	24F-6R	122.20	11800	CHA
MF-2705 Western	$38920	$3220	$4750	**$6440**	**$9150**	Perkins	6T	354D	8F-6R	121.00	10700	CHA
MF-2705 Western	$40427	$3370	$4970	**$6740**	**$9580**	Perkins	6T	354D	24F-6R	122.00	11300	CHA
MF-2745 RC	$44933	$3790	$5590	**$7580**	**$10770**	Perkins	V8	540D	8F-6R	143.40	12798	CHA
MF-2745 RC	$46440	$3940	$5810	**$7890**	**$11210**	Perkins	V8	540D	24F-6R	143.40	13398	CHA
MF-2745 Western	$42918	$3600	$5310	**$7200**	**$10230**	Perkins	V8	540D	8F-6R	143.00	12298	CHA
MF-2745 Western	$44425	$3740	$5520	**$7490**	**$10640**	Perkins	V8	540D	24F-6R	143.00	12898	CHA
MF-2775 RC	$51596	$3950	$5820	**$7900**	**$11230**	Perkins	V8	640D	8F-6R	165.00	12800	CHA
MF-2775 RC	$53103	$4090	$6020	**$8170**	**$11610**	Perkins	V8	640D	24F-6R	165.95	13400	CHA
MF-2775 Western	$48919	$3700	$5450	**$7390**	**$10500**	Perkins	V8	640D	8F-6R	165.00	12300	CHA
MF-2775 Western	$50426	$3840	$5660	**$7680**	**$10910**	Perkins	V8	640D	24F-6R	165.00	12900	CHA
MF-2805 RC	$60482	$4560	$6720	**$9120**	**$12960**	Perkins	V8T	640D	8F-6R	194.00	13000	CHA
MF-2805 RC	$61989	$4750	$7000	**$9500**	**$13500**	Perkins	V8T	640D	24F-6R	194.62	13600	CHA
MF-2805 Western	$59292	$4490	$6620	**$8990**	**$12770**	Perkins	V8T	640D	8F-6R	194.00	12500	CHA
MF-2805 Western	$60799	$4640	$6830	**$9270**	**$13180**	Perkins	V8T	640D	24F-6R	194.00	13100	CHA
MF-4800 4WD	$79086	$6370	$9390	**$12750**	**$18110**	Cummins	V8	903D	18F-6R	179.08	24000	CHA
MF-4800 4WD w/PTO	$82164	$6670	$9820	**$13330**	**$18940**	Cummins	V8	903D	18F-6R	179.08	24500	CHA
MF-4840 4WD	$91603	$6990	$10300	**$13990**	**$19870**	Cummins	V8	903D	18F-6R	210.67	26038	CHA
MF-4840 4WD w/PTO	$94745	$7290	$10740	**$14580**	**$20720**	Cummins	V8	903D	18F-6R	210.67	26538	CHA
MF-4880 4WD	$102883	$7800	$11490	**$15600**	**$22160**	Cummins	V8T	903D	18F-6R	272.81	28865	CHA
MF-4880 4WD w/PTO	$105961	$8170	$12040	**$16330**	**$23210**	Cummins	V8T	903D	18F-6R	272.81	29365	CHA
MF-4900 4WD	$111066	$8650	$12750	**$17300**	**$24590**	Cummins	V8T	903D	18F-6R	320.55	29000	CHA
MF-4900 4WD w/PTO	$114144	$8940	$13180	**$17890**	**$25420**	Cummins	V8T	903D	18F-6R	320.55	29500	CHA

RC - Row Crop

1981

Model	Approx. Retail Price New	Used Trade-In Avg.	Used Trade-In High	Used Retail Avg.	Used Retail High	Engine Make	Engine No. Cyls.	Engine Displ. Cu.-in.	No. Speeds	P.T.O. H.P.	Approx. Shipping Wt.-Lbs.	Cab
MF-154-4	$18874	$2640	$4150	**$5850**	**$7170**	Perkins	3	153D	12F-4R	42.52	4934	No
MF-205	$6207	$1320	$2250	**$3300**	**$3800**	Toyosha	2	65D	6F-2R	16.56	1849	No
MF-205-4	$6850	$1450	$2470	**$3630**	**$4170**	Toyosha	2	65D	6F-2R	16.40	2257	No
MF-210	$7462	$1570	$2670	**$3930**	**$4520**	Toyosha	2	77D	12F-3R	21.96	2050	No
MF-210-4	$8486	$1780	$3020	**$4440**	**$5110**	Toyosha	2	77D	12F-3R	21.77	2257	No
MF-220	$8661	$1810	$3080	**$4530**	**$5210**	Toyosha	2	90D	12F-3R	26.37	2390	No
MF-220-4	$10222	$1920	$3270	**$4810**	**$5530**	Toyosha	2	90D	12F-3R	26.48	2700	No
MF-230	$12162	$2430	$4140	**$6080**	**$6990**	Perkins	3	153D	6F-2R	34.53	3404	No
MF-245	$14397	$2520	$3600	**$5330**	**$6410**	Perkins	3	153D	6F-2R	42.00	3600	No
MF-245	$15826	$2770	$3960	**$5860**	**$7040**	Perkins	3	153D	8F-2R	42.00	3650	No
MF-245	$16487	$2890	$4120	**$6100**	**$7340**	Perkins	3	153D	12F-4R	42.90	3693	No
MF-255	$13319	$2330	$3330	**$4930**	**$5930**	Perkins	4	236D	8F-2R	52.00	5650	No
MF-255	$13980	$2450	$3500	**$5170**	**$6220**	Perkins	4	236D	12F-4R	52.68	5850	No
MF-255 RC	$13984	$2450	$3500	**$5170**	**$6220**	Perkins	4	236D	8F-2R	52.00	5700	No
MF-255 RC	$14679	$2570	$3670	**$5430**	**$6530**	Perkins	4	236D	12F-4R	52.00	5900	No
MF-265	$20658	$3620	$5170	**$7640**	**$9190**	Perkins	4	236D	8F-2R	60.00	6050	No
MF-265	$21584	$3780	$5400	**$7990**	**$9610**	Perkins	4	236D	12F-4R	60.73	6100	No
MF-265 RC	$21690	$3800	$5420	**$8030**	**$9650**	Perkins	4	236D	8F-2R	60.00	6200	No
MF-265 RC	$22663	$3970	$5670	**$8390**	**$10090**	Perkins	4	236D	12F-4R	60.00	6250	No
MF-275	$22304	$3900	$5580	**$8250**	**$9930**	Perkins	4	248D	8F-2R	67.00	6370	No
MF-275	$23230	$4070	$5810	**$8600**	**$10340**	Perkins	4	248D	12F-4R	67.43	6420	No
MF-275 RC	$23419	$4100	$5860	**$8670**	**$10420**	Perkins	4	248D	8F-2R	67.00	6520	No
MF-275 RC	$24392	$4270	$6100	**$9030**	**$10850**	Perkins	4	248D	12F-4R	67.00	6570	No

Massey Ferguson (Cont.)

1981 (Cont.)

Model	Approx. Retail Price New	Used Trade-In Avg.	Used Trade-In High	Used Retail Avg.	Used Retail High	Engine Make	Engine No. Cyls.	Engine Displ. Cu.-in.	No. Speeds	P.T.O. H.P.	Approx. Shipping Wt.-Lbs.	Cab
MF-285	$24359	$4260	$6090	**$9010**	**$10840**	Perkins	4	318D	8F-2R	81.00	6975	No
MF-285	$25530	$4470	$6380	**$9450**	**$11360**	Perkins	4	318D	12F-4R	81.96	7025	No
MF-285 Cab	$30659	$5370	$7670	**$11340**	**$13640**	Perkins	4	318D	8F-2R	81.96	8400	CHA
MF-285 Cab	$31830	$5570	$7960	**$11780**	**$14160**	Perkins	4	318D	12F-4R	81.96	8450	CHA
MF-2675 RC	$37775	$3110	$4420	**$5890**	**$8500**	Perkins	6	354D	8F-6R	100.84	10000	CHA
MF-2675 RC	$39327	$3260	$4630	**$6170**	**$8920**	Perkins	6	354D	24F-6R	103.29	10600	CHA
MF-2675 Western	$37360	$3040	$4320	**$5760**	**$8320**	Perkins	6	354D	24F-6R	103.00	10100	CHA
MF-2705 RC	$41056	$3420	$4860	**$6480**	**$9360**	Perkins	6T	354D	8F-6R	121.11	11200	CHA
MF-2705 RC	$42556	$3560	$5060	**$6750**	**$9750**	Perkins	6T	354D	24F-6R	122.20	11800	CHA
MF-2705 Western	$42130	$3520	$5000	**$6660**	**$9620**	Perkins	6T	354D	24F-6R	122.00	11300	CHA
MF-2745 RC	$49432	$4180	$5940	**$7920**	**$11440**	Perkins	V8	540D	8F-6R	143.40	12798	CHA
MF-2745 RC	$51432	$4410	$6260	**$8350**	**$12060**	Perkins	V8	540D	24F-6R	143.40	13398	CHA
MF-2745 Western	$50918	$4330	$6160	**$8210**	**$11860**	Perkins	V8	540D	24F-6R	143.00	12898	CHA
MF-2775 RC	$51312	$4400	$6250	**$8330**	**$12040**	Perkins	V8	640D	8F-6R	165.00	12800	CHA
MF-2775 RC	$53103	$4480	$6370	**$8500**	**$12270**	Perkins	V8	640D	24F-6R	165.95	13400	CHA
MF-2775 Western	$52572	$4430	$6290	**$8390**	**$12120**	Perkins	V8	640D	24F-6R	165.00	12900	CHA
MF-2805 RC	$60198	$4560	$6480	**$8640**	**$12480**	Perkins	V8T	640D	8F-6R	194.00	13000	CHA
MF-2805 RC	$61989	$4660	$6620	**$8820**	**$12740**	Perkins	V8T	640D	24F-6R	194.62	13600	CHA
MF-2805 Western	$61369	$4750	$6750	**$9000**	**$13000**	Perkins	V8T	640D	24F-6R	194.00	13100	CHA
MF-4800 4WD	$79086	$5710	$8110	**$10820**	**$15620**	Cummins	V8	903D	18F-6R		24000	CHA
MF-4800 4WD w/PTO	$82164	$5910	$8390	**$11190**	**$16160**	Cummins	V8	903D	18F-6R	179.08	24500	CHA
MF-4840 4WD	$91603	$6650	$9450	**$12600**	**$18200**	Cummins	V8	903D	18F-6R		26038	CHA
MF-4840 4WD w/PTO	$94745	$6910	$9820	**$13090**	**$18910**	Cummins	V8	903D	18F-6R	210.67	26538	CHA
MF-4880 4WD	$102883	$7680	$10920	**$14560**	**$21030**	Cummins	V8T	903D	18F-6R	272.81	28865	CHA
MF-4880 4WD w/PTO	$105961	$7980	$11340	**$15110**	**$21830**	Cummins	V8T	903D	18F-6R	272.81	29365	CHA
MF-4900 4WD	$111066	$8460	$12020	**$16030**	**$23160**	Cummins	V8T	903D	18F-6R	320.55	29000	CHA
MF-4900 4WD w/PTO	$114144	$8750	$12440	**$16590**	**$23960**	Cummins	V8T	903D	18F-6R	320.55	29500	CHA

RC - Row Crop

1980

Model	Approx. Retail Price New	Used Trade-In Avg.	Used Trade-In High	Used Retail Avg.	Used Retail High	Engine Make	Engine No. Cyls.	Engine Displ. Cu.-in.	No. Speeds	P.T.O. H.P.	Approx. Shipping Wt.-Lbs.	Cab
MF-154-4	$18687	$2620	$3920	**$5790**	**$7190**	Perkins	3	153D	12F-4R	42.52	4934	No
MF-184-4	$23817	$3330	$5000	**$7380**	**$9170**	Perkins	4	236D	12F-4R	62.45	6130	No
MF-205	$6157	$1300	$2190	**$3180**	**$3690**	Toyosha	2	65D	6F-2R	16.56	1849	No
MF-205-4	$6850	$1450	$2430	**$3530**	**$4090**	Toyosha	2	65D	6F-2R	16.40	2257	No
MF-210	$7203	$1520	$2550	**$3700**	**$4290**	Toyosha	2	77D	12F-3R	21.96	2050	No
MF-210-4	$8066	$1700	$2850	**$4130**	**$4790**	Toyosha	2	77D	12F-3R	21.77	2257	No
MF-220	$8661	$1820	$3060	**$4430**	**$5140**	Toyosha	2	90D	12F-3R	26.37	2390	No
MF-220-4	$10222	$1930	$3250	**$4710**	**$5470**	Toyosha	2	90D	12F-3R	26.48	2700	No
MF-230	$9500	$1950	$3280	**$4750**	**$5510**	Continental	4	145G	6F-2R	34.34	3200	No
MF-230	$11577	$2370	$3990	**$5790**	**$6720**	Perkins	3	153D	6F-2R	34.53	3404	No
MF-245	$13702	$2330	$3490	**$5070**	**$6100**	Perkins	3	153D	6F-2R	42.00	3600	No
MF-245	$15063	$2560	$3840	**$5570**	**$6700**	Perkins	3	153D	8F-2R	42.00	3650	No
MF-245	$15691	$2670	$4000	**$5810**	**$6980**	Perkins	3	153D	12F-4R	42.90	3693	No
MF-255	$16684	$2840	$4250	**$6170**	**$7420**	Perkins	4	236D	8F-2R	52.00	5650	No
MF-255	$17566	$2990	$4480	**$6500**	**$7820**	Perkins	4	236D	12F-4R	52.68	5850	No
MF-255 RC	$17518	$2980	$4470	**$6480**	**$7800**	Perkins	4	236D	8F-2R	52.00	5700	No
MF-255 RC	$18444	$3140	$4700	**$6820**	**$8210**	Perkins	4	236D	12F-4R	52.00	5900	No
MF-265	$18271	$3110	$4660	**$6760**	**$8130**	Perkins	4	236D	8F-2R	60.00	6050	No
MF-265	$19123	$3250	$4880	**$7080**	**$8510**	Perkins	4	236D	12F-4R	60.73	6100	No
MF-265 RC	$19185	$3260	$4890	**$7100**	**$8540**	Perkins	4	236D	8F-2R	60.00	6200	No
MF-265 RC	$20079	$3410	$5120	**$7430**	**$8940**	Perkins	4	236D	12F-4R	60.00	6250	No
MF-275	$20138	$3420	$5140	**$7450**	**$8960**	Perkins	4	248D	8F-2R	67.00	6370	No
MF-275	$21020	$3570	$5360	**$7780**	**$9350**	Perkins	4	248D	12F-4R	67.43	6420	No
MF-275 RC	$21145	$3600	$5390	**$7820**	**$9410**	Perkins	4	248D	8F-2R	67.00	6520	No
MF-275 RC	$22071	$3750	$5630	**$8170**	**$9820**	Perkins	4	248D	12F-4R	67.00	6570	No
MF-285	$22842	$3880	$5830	**$8450**	**$10170**	Perkins	4	318D	8F-2R	81.00	6975	No
MF-285	$26954	$4580	$6870	**$9970**	**$12000**	Perkins	4	318D	12F-4R	81.96	7025	CHA
MF-2675 RC	$35977	$2850	$3900	**$5100**	**$7800**	Perkins	6	354D	8F-6R	100.84	10000	CHA
MF-2675 RC	$37454	$3080	$4210	**$5510**	**$8420**	Perkins	6	354D	24F-6R	103.29	10600	CHA
MF-2675 Western	$35581	$2900	$3970	**$5190**	**$7930**	Perkins	6	354D	24F-6R	103.00	10100	CHA
MF-2705 RC	$39372	$3170	$4340	**$5680**	**$8680**	Perkins	6T	354D	8F-6R	121.11	11200	CHA
MF-2705 RC	$40849	$3310	$4520	**$5920**	**$9050**	Perkins	6T	354D	24F-6R	122.20	11800	CHA
MF-2705 Western	$38807	$3120	$4260	**$5580**	**$8530**	Perkins	6T	354D	24F-6R	122.00	11300	CHA
MF-2745 RC	$44052	$3610	$4940	**$6460**	**$9880**	Perkins	V8	540D	8F-6R	143.40	12798	CHA
MF-2745 RC	$45535	$3750	$5140	**$6720**	**$10270**	Perkins	V8	540D	24F-6R	143.40	13398	CHA
MF-2745 Western	$43258	$3440	$4710	**$6150**	**$9410**	Perkins	V8	540D	24F-6R	143.00	12898	CHA
MF-2775 RC	$50584	$3710	$5070	**$6630**	**$10140**	Perkins	V8	640D	8F-6R	165.00	12800	CHA
MF-2775 RC	$52061	$3900	$5330	**$6970**	**$10660**	Perkins	V8	640D	24F-6R	165.95	13400	CHA
MF-2775 Western	$49458	$3750	$5140	**$6720**	**$10270**	Perkins	V8	640D	24F-6R	165.00	12900	CHA
MF-2805 RC	$59296	$4300	$5890	**$7700**	**$11780**	Perkins	V8T	640D	8F-6R	194.00	13000	CHA
MF-2805 RC	$60773	$4530	$6200	**$8110**	**$12400**	Perkins	V8T	640D	24F-6R	194.62	13600	CHA
MF-2805 Western	$57734	$4180	$5720	**$7480**	**$11440**	Perkins	V8T	640D	24F-6R	194.00	13100	CHA
MF-4800 4WD w/PTO	$79004	$6080	$8320	**$10880**	**$16640**	Cummins	V8	903D	18F-6R	179.31	24500	CHA
MF-4840 4WD w/PTO	$91040	$6650	$9110	**$11910**	**$18210**	Cummins	V8	903D	18F-6R	210.67	26538	CHA
MF-4880 4WD w/PTO	$101886	$7400	$10130	**$13240**	**$20250**	Cummins	V8T	903D	18F-6R	272.81	29365	CHA
MF-4900 4WD w/PTO	$109755	$7860	$10760	**$14070**	**$21520**	Cummins	V8T	903D	18F-6R	320.55	29500	CHA

RC - Row Crop

1979

Model	Approx. Retail Price New	Used Trade-In Avg.	Used Trade-In High	Used Retail Avg.	Used Retail High	Engine Make	Engine No. Cyls.	Engine Displ. Cu.-in.	No. Speeds	P.T.O. H.P.	Approx. Shipping Wt.-Lbs.	Cab
MF-184-4	$19637	$2610	$3910	**$5780**	**$7270**	Perkins	4	236D	12F-4R	62.45	6130	No
MF-205	$5541	$1290	$2160	**$3080**	**$3600**	Toyosha	2	65D	6F-2R	16.56	1849	No
MF-205-4	$6165	$1440	$2400	**$3430**	**$4010**	Toyosha	2	65D	6F-2R	16.40	2257	No
MF-210	$6483	$1510	$2520	**$3600**	**$4210**	Toyosha	2	77D	12F-3R	21.96	2050	No
MF-210-4	$7259	$1690	$2820	**$4030**	**$4720**	Toyosha	2	77D	12F-3R	21.77	2257	No

Massey Ferguson (Cont.)

1979 (Cont.)

Model	Approx. Retail Price New	Estimated Value Less Repairs: Used Trade-In Avg.	Used Trade-In High	Used Retail Avg.	Used Retail High	Engine Make	Engine No. Cyls.	Engine Displ. Cu.-in.	No. Speeds	P.T.O. H.P.	Approx. Shipping Wt.-Lbs.	Cab
MF-220	$7795	$1820	$3030	**$4330**	**$5070**	Toyosha	2	90D	12F-3R	26.37	2390	No
MF-220-4	$9200	$1970	$3290	**$4700**	**$5500**	Toyosha	2	90D	12F-3R	26.48	2700	No
MF-230	$8193	$1720	$2870	**$4100**	**$4790**	Continental	4	145G	6F-2R	34.34	3200	No
MF-230	$8553	$1800	$2990	**$4280**	**$5000**	Perkins	3	153D	6F-2R	34.53	3404	No
MF-245	$9508	$1710	$2660	**$4560**	**$5420**	Continental	4	145G	6F-2R	41.00	3450	No
MF-245	$9991	$1800	$2800	**$4800**	**$5700**	Perkins	3	153D	6F-2R	42.00	3600	No
MF-245	$10266	$1850	$2870	**$4930**	**$5850**	Continental	4	145G	8F-2R	41.09	3500	No
MF-245	$10971	$1980	$3070	**$5270**	**$6250**	Perkins	3	153D	8F-2R	42.00	3650	No
MF-245	$11444	$2060	$3200	**$5490**	**$6520**	Perkins	3	153D	12F-4R	42.90	3693	No
MF-255	$12425	$2240	$3480	**$5960**	**$7080**	Perkins	4	236D	8F-2R	52.00	5650	No
MF-255	$13038	$2350	$3650	**$6260**	**$7430**	Perkins	4	236D	12F-4R	52.68	5850	No
MF-255 RC	$13046	$2350	$3650	**$6260**	**$7440**	Perkins	4	236D	8F-2R	52.00	5700	No
MF-255 RC	$13690	$2460	$3830	**$6570**	**$7800**	Perkins	4	236D	12F-4R	52.00	5900	No
MF-265	$13555	$2440	$3800	**$6510**	**$7730**	Perkins	4	236D	8F-2R	60.00	6050	No
MF-265	$14168	$2550	$3970	**$6800**	**$8080**	Perkins	4	236D	12F-4R	60.73	6100	No
MF-265 RC	$14233	$2560	$3990	**$6830**	**$8110**	Perkins	4	236D	8F-2R	60.00	6200	No
MF-265 RC	$14876	$2680	$4170	**$7140**	**$8480**	Perkins	4	236D	12F-4R	60.00	6250	No
MF-275	$14776	$2660	$4140	**$7090**	**$8420**	Perkins	4	248D	8F-2R	67.00	6370	No
MF-275	$15389	$2770	$4310	**$7390**	**$8770**	Perkins	4	248D	12F-4R	67.43	6420	No
MF-275 RC	$15515	$2790	$4340	**$7450**	**$8840**	Perkins	4	248D	8F-2R	67.00	6520	No
MF-275 RC	$16158	$2910	$4520	**$7760**	**$9210**	Perkins	4	248D	12F-4R	67.00	6570	No
MF-285	$17365	$2950	$4520	**$6430**	**$7730**	Perkins	4	318D	8F-2R	81.00	6975	No
MF-285	$18141	$3080	$4720	**$6710**	**$8070**	Perkins	4	318D	12F-4R	81.96	7025	No
MF-2675 RC	$24708	$2350	$3090	**$3950**	**$6420**	Perkins	6	354D	8F-6R	100.84	9000	No
MF-2675 RC	$26820	$2550	$3350	**$4290**	**$6970**	Perkins	6	354D	24F-6R	103.29	9600	No
MF-2675 RC	$27762	$2640	$3470	**$4440**	**$7220**	Perkins	6	354D	8F-6R	100.84	10000	CHA
MF-2675 RC	$29524	$2810	$3690	**$4720**	**$7680**	Perkins	6	354D	24F-6R	103.29	10600	CHA
MF-2675 Western	$28048	$2670	$3510	**$4490**	**$7290**	Perkins	6	354D	24F-6R	103.00	10100	CHA
MF-2705 RC	$28862	$2740	$3610	**$4620**	**$7500**	Perkins	6T	354D	8F-6R	121.11	10200	No
MF-2705 RC	$31670	$3010	$3960	**$5070**	**$8230**	Perkins	6T	354D	24F-6R	122.20	10800	No
MF-2705 RC	$34500	$3280	$4310	**$5520**	**$8970**	Perkins	6T	354D	24F-6R	122.20	11800	CHA
MF-2705 Western	$32775	$3110	$4100	**$5240**	**$8520**	Perkins	6T	354D	24F-6R	122.00	11300	CHA
MF-2745 RC	$29578	$2810	$3700	**$4730**	**$7690**	Perkins	V8	540D	8F-6R	143.40	11798	No
MF-2745 RC	$32351	$2950	$3880	**$4960**	**$8060**	Perkins	V8	540D	24F-6R	143.40	12398	No
MF-2745 RC	$35367	$3160	$4160	**$5330**	**$8660**	Perkins	V8	540D	24F-6R	143.40	13398	CHA
MF-2745 Western	$33599	$2980	$3930	**$5020**	**$8160**	Perkins	V8	540D	24F-6R	143.00	12898	CHA
MF-2775	$36716	$3230	$4250	**$5440**	**$8840**	Perkins	V8	640D	8F-6R	165.00	12800	CHA
MF-2775	$40018	$3520	$4630	**$5920**	**$9620**	Perkins	V8	640D	24F-6R	165.95	13400	CHA
MF-2775 Western	$38017	$3330	$4380	**$5600**	**$9100**	Perkins	V8	640D	24F-6R	165.00	12900	CHA
MF-2805	$43076	$3420	$4500	**$5760**	**$9360**	Perkins	V8T	640D	8F-6R	194.00	13000	CHA
MF-2805	$46075	$3610	$4750	**$6080**	**$9880**	Perkins	V8T	640D	24F-6R	194.62	13600	CHA
MF-4840 4WD	$60726	$5580	$7340	**$9390**	**$15260**	Cummins	V8	903D	12F-4R	210.67	24963	CHA
MF-4840 4WD	$62620	$5760	$7580	**$9700**	**$15760**	Cummins	V8	903D	18F-6R	210.67	25638	CHA
MF-4840 4WD w/PTO	$64557	$5940	$7810	**$10000**	**$16250**	Cummins	V8	903D	18F-6R	210.67	26538	CHA
MF-4880 4WD	$73811	$6650	$8750	**$11200**	**$18200**	Cummins	V8T	903D	12F-4R	272.81	27965	CHA
MF-4880 4WD	$75692	$6840	$9000	**$11520**	**$18720**	Cummins	V8T	903D	18F-6R	272.81	28565	CHA
MF-4880 4WD w/PTO	$77642	$7030	$9250	**$11840**	**$19240**	Cummins	V8T	903D	18F-6R	272.81	29365	CHA

RC - Row Crop

1978

Model	Approx. Retail Price New	Estimated Value Less Repairs: Used Trade-In Avg.	Used Trade-In High	Used Retail Avg.	Used Retail High	Engine Make	Engine No. Cyls.	Engine Displ. Cu.-in.	No. Speeds	P.T.O. H.P.	Approx. Shipping Wt.-Lbs.	Cab
MF-205	$4935	$1420	$2020	**$3590**	**$4040**	Toyosha	2	65D	6F-2R	16.56	1849	No
MF-205-4	$5514	$1400	$2310	**$3260**	**$3840**	Toyosha	2	65D	6F-2R	16.40	2257	No
MF-210	$5820	$1470	$2420	**$3410**	**$4020**	Toyosha	2	77D	12F-3R	21.96	2050	No
MF-210-4	$6635	$1640	$2710	**$3820**	**$4510**	Toyosha	2	77D	12F-3R	21.77	2257	No
MF-220	$7348	$1800	$2960	**$4170**	**$4930**	Toyosha	2	90D	12F-3R	26.37	2390	No
MF-220-4	$8590	$1980	$3260	**$4600**	**$5420**	Toyosha	2	90D	12F-3R	26.48	2700	No
MF-230	$7189	$1550	$2550	**$3600**	**$4240**	Continental	4	145G	6F-2R	34.34	3200	No
MF-230	$7505	$1610	$2660	**$3750**	**$4430**	Perkins	3	153D	6F-2R	34.53	3404	No
MF-245	$8467	$1520	$2370	**$4060**	**$4870**	Continental	4	145G	6F-2R	41.00	3450	No
MF-245	$8787	$1580	$2460	**$4220**	**$5050**	Perkins	3	153D	6F-2R	42.00	3600	No
MF-245	$8822	$1590	$2470	**$4240**	**$5070**	Continental	4	145G	8F-2R	41.09	3500	No
MF-245	$9532	$1720	$2670	**$4580**	**$5480**	Perkins	3	153D	8F-2R	42.00	3650	No
MF-245	$9947	$1790	$2790	**$4780**	**$5720**	Perkins	3	153D	12F-4R	42.90	3693	No
MF-255	$10930	$1970	$3060	**$5250**	**$6290**	Perkins	4	236D	8F-2R	52.00	5650	No
MF-255	$11476	$2070	$3210	**$5510**	**$6600**	Perkins	4	236D	12F-4R	52.68	5850	No
MF-255 RC	$11497	$2070	$3220	**$5520**	**$6610**	Perkins	4	236D	8F-2R	52.00	5700	No
MF-255 RC	$12131	$2180	$3400	**$5820**	**$6980**	Perkins	4	236D	12F-4R	52.00	5900	No
MF-265	$12051	$2170	$3370	**$5780**	**$6930**	Perkins	4	236D	8F-2R	60.00	6050	No
MF-265	$12597	$2270	$3530	**$6050**	**$7240**	Perkins	4	236D	12F-4R	60.73	6100	No
MF-265 RC	$12618	$2270	$3530	**$6060**	**$7260**	Perkins	4	236D	8F-2R	60.00	6200	No
MF-265 RC	$13252	$2390	$3710	**$6360**	**$7620**	Perkins	4	236D	12F-4R	60.00	6250	No
MF-275	$13152	$2370	$3680	**$6310**	**$7560**	Perkins	4	248D	8F-2R	67.00	6370	No
MF-275	$13698	$2470	$3840	**$6580**	**$7880**	Perkins	4	248D	12F-4R	67.43	6420	No
MF-275 RC	$13719	$2470	$3840	**$6590**	**$7890**	Perkins	4	248D	8F-2R	67.00	6520	No
MF-275 RC	$14353	$2580	$4020	**$6890**	**$8250**	Perkins	4	248D	12F-4R	67.00	6570	No
MF-285	$15189	$2580	$4030	**$5620**	**$6760**	Perkins	4	318D	8F-2R	81.00	6975	No
MF-285	$15874	$2700	$4210	**$5870**	**$7060**	Perkins	4	318D	12F-4R	81.96	7025	No
MF-1085 RC	$15902	$2700	$4210	**$5880**	**$7080**	Perkins	4	318D	8F-2R	81.00	8800	No
MF-1085 RC	$16587	$2820	$4400	**$6140**	**$7380**	Perkins	4	318D	12F-4R	81.58	9400	No
MF-1085 RC	$19829	$3370	$5260	**$7340**	**$8820**	Perkins	4	318D	8F-2R	81.00	9800	CHA
MF-1085 RC	$20514	$3490	$5440	**$7590**	**$9130**	Perkins	4	318D	12F-4R	81.58	10400	CHA
MF-1085 Western	$19815	$3370	$5250	**$7330**	**$8820**	Perkins	4	318D	12F-4R	81.00	9900	CHA
MF-1105 RC	$18878	$3210	$5000	**$6990**	**$8400**	Perkins	6T	354D	8F-2R	100.72	9125	No
MF-1105 RC	$19632	$3340	$5200	**$7260**	**$8740**	Perkins	6T	354D	12F-4R	100.72	9725	No

Massey Ferguson (Cont.)

1978 (Cont.)

Model	Approx. Retail Price New	Used Trade-In Avg.	Used Trade-In High	Used Retail Avg.	Used Retail High	Engine Make	Engine No. Cyls.	Engine Displ. Cu.-in.	No. Speeds	P.T.O. H.P.	Approx. Shipping Wt.-Lbs.	Cab
MF-1105 RC	$22747	$3870	$6030	**$8420**	**$10120**	Perkins	6T	354D	8F-2R	100.72	10125	CHA
MF-1105 RC	$23501	$4000	$6230	**$8700**	**$10460**	Perkins	6T	354D	12F-4R	100.72	10725	CHA
MF-1105 Western	$22966	$3900	$6090	**$8500**	**$10220**	Perkins	6T	354D	12F-4R	100.72	10000	CHA
MF-1135 RC	$20637	$3510	$5470	**$7640**	**$9180**	Perkins	6T	354D	8F-2R	120.00	9825	No
MF-1135 RC	$21391	$3640	$5670	**$7920**	**$9520**	Perkins	6T	354D	12F-4R	120.84	10425	No
MF-1135 RC	$24506	$4170	$6490	**$9070**	**$10910**	Perkins	6T	354D	8F-2R	120.00	10825	CHA
MF-1135 RC	$25260	$4290	$6690	**$9350**	**$11240**	Perkins	6T	354D	12F-4R	120.84	11425	CHA
MF-1135 Western	$24725	$4200	$6550	**$9150**	**$11000**	Perkins	6T	354D	12F-4R	120.00	11000	CHA
MF-1155 RC	$24293	$3400	$5100	**$7530**	**$9720**	Perkins	V8	540D	8F-2R	140.00	12150	No
MF-1155 RC	$25047	$3510	$5260	**$7770**	**$10020**	Perkins	V8	540D	12F-4R	140.97	12750	No
MF-1155 RC	$28162	$3940	$5910	**$8730**	**$11270**	Perkins	V8	540D	8F-2R	140.00	13150	CHA
MF-1155 RC	$28916	$4050	$6070	**$8960**	**$11570**	Perkins	V8	540D	12F-4R	140.97	13750	CHA
MF-1155 Western	$27365	$3830	$5750	**$8480**	**$10950**	Perkins	V8	540D	12F-4R	140.00	13000	CHA
MF-2675 RC	$23858	$2270	$2980	**$3820**	**$6200**	Perkins	6	354D	8F-6R	100.84	9000	CHA
MF-2675 RC	$24800	$2360	$3100	**$3970**	**$6450**	Perkins	6	354D	24F-4R	103.29	9600	CHA
MF-2675 Western	$23950	$2280	$2990	**$3830**	**$6230**	Perkins	6	354D	24F-4R	103.00	10100	CHA
MF-2705 RC	$25681	$2440	$3210	**$4110**	**$6680**	Perkins	6T	354D	8F-6R	121.00	11200	CHA
MF-2705 RC	$26623	$2530	$3330	**$4260**	**$6920**	Perkins	6T	354D	24F-4R	122.20	11800	CHA
MF-2705 Western	$25773	$2450	$3220	**$4120**	**$6700**	Perkins	6T	354D	24F-4R	122.00	11300	CHA
MF-2745 RC	$28685	$2730	$3590	**$4590**	**$7460**	Perkins	V8	540D	8F-6R	143.40	12798	CHA
MF-2745 RC	$29627	$2820	$3700	**$4740**	**$7700**	Perkins	V8	540D	24F-4R	143.40	13398	CHA
MF-2745 Western	$28227	$2680	$3530	**$4520**	**$7340**	Perkins	V8	540D	24F-4R	143.00	12898	CHA
MF-2775 RC	$32582	$2850	$3750	**$4800**	**$7800**	Perkins	V8	640D	8F-6R	165.00	12800	CHA
MF-2775 RC	$33524	$2950	$3880	**$4960**	**$8060**	Perkins	V8	640D	24F-4R	165.95	13400	CHA
MF-2775 Western	$31740	$2760	$3630	**$4640**	**$7540**	Perkins	V8	640D	24F-4R	165.00	12900	CHA
MF-2805 RC	$38261	$3040	$4000	**$5120**	**$8320**	Perkins	V8T	640D	8F-6R	194.00	13000	CHA
MF-2805 RC	$39203	$3140	$4130	**$5280**	**$8580**	Perkins	V8T	640D	24F-4R	194.62	13600	CHA
MF-2805 Western	$37419	$2950	$3880	**$4960**	**$8060**	Perkins	V8T	640D	24F-4R	194.00	13100	CHA
MF-4840 4WD	$55472	$5270	$6930	**$8880**	**$14420**	Cummins	V8	903D	12F-4R	210.67	24963	CHA
MF-4840 4WD	$56972	$5410	$7120	**$9120**	**$14810**	Cummins	V8	903D	18F-6R	210.67	25638	CHA
MF-4840 4WD w/PTO	$58972	$5600	$7370	**$9440**	**$15330**	Cummins	V8	903D	18F-6R	210.67	26538	CHA
MF-4880 4WD	$67425	$6410	$8430	**$10790**	**$17530**	Cummins	V8T	903D	12F-4R	272.81	27965	CHA
MF-4880 4WD	$68925	$6550	$8620	**$11030**	**$17920**	Cummins	V8T	903D	18F-6R	272.81	28565	CHA
MF-4880 4WD w/PTO	$70925	$6740	$8870	**$11350**	**$18440**	Cummins	V8T	903D	18F-6R	272.81	29365	CHA

RC - Row Crop

1977

Model	Approx. Retail Price New	Used Trade-In Avg.	Used Trade-In High	Used Retail Avg.	Used Retail High	Engine Make	Engine No. Cyls.	Engine Displ. Cu.-in.	No. Speeds	P.T.O. H.P.	Approx. Shipping Wt.-Lbs.	Cab
MF-230	$6398	$1520	$2480	**$3450**	**$4100**	Continental	4	145G	6F-2R	34.34	3200	No
MF-230	$6684	$1580	$2590	**$3590**	**$4270**	Perkins	3	153D	6F-2R	34.53	3404	No
MF-245	$7548	$1730	$2830	**$3920**	**$4670**	Continental	4	145G	6F-2R	41.00	3450	No
MF-245	$7836	$1770	$2890	**$4020**	**$4780**	Perkins	3	153D	6F-2R	42.00	3600	No
MF-245	$7869	$1730	$2830	**$3940**	**$4680**	Continental	4	145G	8F-2R	41.09	3500	No
MF-245	$8506	$1870	$3060	**$4250**	**$5060**	Perkins	3	153D	8F-2R	42.00	3650	No
MF-245	$8882	$1950	$3200	**$4440**	**$5290**	Perkins	3	153D	12F-4R	42.90	3690	No
MF-255	$9507	$1710	$2660	**$4560**	**$5510**	Perkins	4	236D	8F-2R	52.00	5650	No
MF-255	$9987	$1800	$2800	**$4790**	**$5790**	Perkins	4	236D	12F-4R	52.68	5850	No
MF-255 RC	$10084	$1820	$2820	**$4840**	**$5850**	Perkins	4	236D	8F-2R	52.00	5700	No
MF-255 RC	$10564	$1900	$2960	**$5070**	**$6130**	Perkins	4	236D	12F-4R	52.00	5900	No
MF-265	$10576	$1900	$2960	**$5080**	**$6130**	Perkins	4	236D	8F-2R	60.00	6050	No
MF-265	$11056	$1990	$3100	**$5310**	**$6410**	Perkins	4	236D	12F-4R	60.73	6100	No
MF-265 RC	$11151	$2010	$3120	**$5350**	**$6470**	Perkins	4	236D	8F-2R	60.00	6200	No
MF-265 RC	$11631	$2090	$3260	**$5580**	**$6750**	Perkins	4	236D	12F-4R	60.00	6250	No
MF-275	$11460	$2060	$3210	**$5500**	**$6650**	Perkins	4	248D	8F-2R	67.00	6370	No
MF-275	$11940	$2150	$3340	**$5730**	**$6930**	Perkins	4	248D	12F-4R	67.43	6420	No
MF-275 RC	$12037	$2170	$3370	**$5780**	**$6980**	Perkins	4	248D	8F-2R	67.00	6520	No
MF-275 RC	$12517	$2250	$3510	**$6010**	**$7260**	Perkins	4	248D	12F-4R	67.00	6570	No
MF-285	$13367	$2410	$3740	**$6420**	**$7750**	Perkins	4	318D	8F-2R	81.00	6975	No
MF-285	$13977	$2520	$3910	**$6710**	**$8110**	Perkins	4	318D	12F-4R	81.96	7025	No
MF-1085 RC	$13879	$2360	$3750	**$5140**	**$6180**	Perkins	4	318D	8F-2R	81.00	8800	No
MF-1085 RC	$14489	$2460	$3910	**$5360**	**$6450**	Perkins	4	318D	12F-4R	81.58	9400	No
MF-1085 RC	$17937	$3050	$4840	**$6640**	**$7980**	Perkins	4	318D	12F-4R	81.58	10400	CHA
MF-1085 Western	$17315	$2940	$4680	**$6410**	**$7710**	Perkins	4	318D	12F-4R	81.00	9900	CHA
MF-1105 RC	$16685	$2840	$4510	**$6170**	**$7430**	Perkins	6T	354D	8F-2R	100.72	9125	No
MF-1105 RC	$17360	$2950	$4690	**$6420**	**$7730**	Perkins	6T	354D	12F-4R	100.72	9725	No
MF-1105 RC	$20808	$3540	$5620	**$7700**	**$9260**	Perkins	6T	354D	12F-4R	100.72	10725	CHA
MF-1105 Western	$20327	$3460	$5490	**$7520**	**$9050**	Perkins	6T	354D	12F-4R	100.72	10000	CHA
MF-1135 RC	$18275	$3110	$4930	**$6760**	**$8130**	Perkins	6T	354D	8F-2R	120.00	9825	No
MF-1135 RC	$18950	$3220	$5120	**$7010**	**$8430**	Perkins	6T	354D	12F-4R	120.84	10425	No
MF-1135 RC	$22398	$3810	$6050	**$8290**	**$9970**	Perkins	6T	354D	12F-4R	120.84	11425	CHA
MF-1135 Western	$21917	$3730	$5920	**$8110**	**$9750**	Perkins	6T	354D	12F-4R	120.00	11000	CHA
MF-1155 RC	$21547	$3020	$4530	**$6680**	**$8730**	Perkins	V8	540D	8F-2R	140.00	12150	No
MF-1155 RC	$22222	$3110	$4670	**$6890**	**$9000**	Perkins	V8	540D	12F-4R	140.97	12750	No
MF-1155 RC	$25670	$3590	$5390	**$7960**	**$10400**	Perkins	V8	540D	12F-4R	140.97	13750	CHA
MF-1155 Western	$24282	$3400	$5100	**$7530**	**$9830**	Perkins	V8	540D	12F-4R	140.00	13000	CHA
MF-1505 4WD	$34862	$4880	$7320	**$10810**	**$14120**	Cat.	V8	636D	12F-4R	175.96	16500	CHA
MF-1505 4WD w/PTO	$36783	$5150	$7720	**$11400**	**$14900**	Cat.	V8	636D	12F-4R	175.96	17400	CHA
MF-1805 4WD	$36958	$5170	$7760	**$11460**	**$14970**	Cat.	V8	636D	12F-4R	192.65	16700	CHA
MF-1805 4WD w/PTO	$38879	$5440	$8170	**$12050**	**$15750**	Cat.	V8	636D	12F-4R	192.65	17600	CHA
MF-2800 RC	$35232	$3350	$4400	**$5640**	**$9160**	Perkins	V8T	640D	8F-6R	194.00	13545	CHA
MF-2800 RC	$36125	$3430	$4520	**$5780**	**$9390**	Perkins	V8T	640D	24F-4R	194.00	13890	CHA
MF-2800 Western	$34434	$3270	$4300	**$5510**	**$8950**	Perkins	V8T	640D	24F-4R	194.00	13243	CHA

RC - Row Crop

Massey Ferguson (Cont.)

1976

Model	Approx. Retail Price New	Used Trade-In Avg.	Used Trade-In High	Used Retail Avg.	Used Retail High	Engine Make	Engine No. Cyls.	Engine Displ. Cu.-in.	No. Speeds	P.T.O. H.P.	Approx. Shipping Wt.-Lbs.	Cab
MF-230	$5809	$1310	$2120	**$2850**	**$3490**	Continental	4	145G	6F-2R	34.34	3200	No
MF-230	$6081	$1370	$2220	**$2980**	**$3650**	Perkins	3	153D	6F-2R	34.53	3404	No
MF-235	$6683	$1500	$2440	**$3280**	**$4010**	Continental	4	145G	6F-2R	41.00	3119	No
MF-235	$6948	$1560	$2540	**$3410**	**$4170**	Perkins	3	153D	6F-2R	42.00	3200	No
MF-235	$7148	$1610	$2610	**$3500**	**$4290**	Continental	4	145G	8F-2R	41.13	3244	No
MF-235	$7492	$1690	$2740	**$3670**	**$4500**	Continental	4	145G	12F-4R	41.00	3369	No
MF-235	$7740	$1740	$2830	**$3790**	**$4640**	Perkins	3	153D	8F-2R	42.39	3325	No
MF-235	$8084	$1820	$2950	**$3960**	**$4850**	Perkins	3	153D	12F-4R	42.00	3450	No
MF-245	$7073	$1590	$2580	**$3470**	**$4240**	Continental	4	145G	6F-2R	41.00	3450	No
MF-245	$7343	$1650	$2680	**$3600**	**$4410**	Perkins	3	153D	6F-2R	42.00	3600	No
MF-245	$7547	$1700	$2760	**$3700**	**$4530**	Continental	4	145G	8F-2R	41.09	3500	No
MF-245	$7898	$1780	$2880	**$3870**	**$4740**	Continental	4	145G	12F-4R	41.00	3540	No
MF-245	$8150	$1830	$2980	**$3990**	**$4890**	Perkins	3	153D	8F-2R	42.00	3650	No
MF-245	$8501	$1910	$3100	**$4170**	**$5100**	Perkins	3	153D	12F-4R	42.90	3693	No
MF-255	$8963	$2020	$3270	**$4390**	**$5380**	Perkins	4	236D	8F-2R	52.00	5650	No
MF-255	$9422	$2120	$3440	**$4620**	**$5650**	Perkins	4	236D	12F-4R	52.68	5850	No
MF-255 RC	$9514	$2140	$3470	**$4660**	**$5710**	Perkins	4	236D	8F-2R	52.00	6150	No
MF-255 RC	$9973	$2240	$3640	**$4890**	**$5980**	Perkins	4	236D	12F-4R	52.00	6350	No
MF-265	$10210	$1840	$2910	**$4900**	**$5970**	Perkins	4	236D	8F-2R	60.00	6050	No
MF-265	$10669	$1920	$3040	**$5120**	**$6240**	Perkins	4	236D	12F-4R	60.73	6100	No
MF-265 RC	$10762	$1940	$3070	**$5170**	**$6300**	Perkins	4	236D	8F-2R	60.00	6550	No
MF-265 RC	$11221	$2020	$3200	**$5390**	**$6560**	Perkins	4	236D	12F-4R	60.00	6600	No
MF-275	$10961	$1970	$3120	**$5260**	**$6410**	Perkins	4	248D	8F-2R	67.00	6370	No
MF-275	$11420	$2060	$3260	**$5480**	**$6680**	Perkins	4	248D	12F-4R	67.43	6420	No
MF-275 RC	$11513	$2070	$3280	**$5530**	**$6740**	Perkins	4	248D	8F-2R	67.00	6870	No
MF-275 RC	$11972	$2160	$3410	**$5750**	**$7000**	Perkins	4	248D	12F-4R	67.00	6920	No
MF-285	$12840	$2310	$3660	**$6160**	**$7510**	Perkins	4	318D	8F-2R	81.00	6975	No
MF-285	$13426	$2420	$3830	**$6440**	**$7850**	Perkins	4	318D	12F-4R	81.96	7025	No
MF-1085 RC	$13601	$2310	$3740	**$5030**	**$6050**	Perkins	4	318D	8F-2R	81.00	8800	No
MF-1085 RC	$14199	$2410	$3910	**$5250**	**$6320**	Perkins	4	318D	12F-4R	81.58	9400	No
MF-1085 RC	$17578	$2990	$4830	**$6500**	**$7820**	Perkins	4	318D	12F-4R	81.58	10400	CHA
MF-1085 Western	$16969	$2890	$4670	**$6280**	**$7550**	Perkins	4	318D	12F-4R	81.00	9900	CHA
MF-1105 RC	$16581	$2820	$4560	**$6140**	**$7380**	Perkins	6T	354D	8F-2R	100.72	9125	No
MF-1105 RC	$17246	$2930	$4740	**$6380**	**$7670**	Perkins	6T	354D	12F-4R	100.72	9725	No
MF-1105 RC	$20644	$3510	$5680	**$7640**	**$9190**	Perkins	6T	354D	12F-4R	100.72	10725	CHA
MF-1105 Western	$20171	$3430	$5550	**$7460**	**$8980**	Perkins	6T	354D	12F-4R	100.72	10000	CHA
MF-1135 RC	$18134	$3080	$4990	**$6710**	**$8070**	Perkins	6T	354D	8F-2R	120.00	9825	No
MF-1135 RC	$18747	$3190	$5160	**$6940**	**$8340**	Perkins	6T	354D	12F-4R	120.84	10425	No
MF-1135 RC	$22345	$3800	$6150	**$8270**	**$9940**	Perkins	6T	354D	12F-4R	120.84	11425	CHA
MF-1135 Western	$21617	$3680	$5950	**$8000**	**$9620**	Perkins	6T	354D	12F-4R	120.00	11000	CHA
MF-1155 RC	$21253	$2980	$4460	**$6590**	**$8710**	Perkins	V8	540D	8F-2R	140.00	12150	No
MF-1155 RC	$21919	$3070	$4600	**$6800**	**$8990**	Perkins	V8	540D	12F-4R	140.97	12750	No
MF-1155 RC	$25316	$3540	$5320	**$7850**	**$10380**	Perkins	V8	540D	12F-4R	140.97	13750	CHA
MF-1155 Western	$23947	$3350	$5030	**$7420**	**$9820**	Perkins	V8	540D	12F-4R	140.00	13000	CHA
MF-1505 4WD	$31414	$4400	$6600	**$9740**	**$12880**	Cat.	V8	636D	12F-4R	175.96	16500	CHA
MF-1505 4WD w/PTO	$33191	$4650	$6970	**$10290**	**$13610**	Cat.	V8	636D	12F-4R	175.96	17400	CHA
MF-1805 4WD	$33352	$4670	$7000	**$10340**	**$13670**	Cat.	V8	636D	12F-4R	192.65	16700	CHA
MF-1805 4WD w/PTO	$35129	$4920	$7380	**$10890**	**$14400**	Cat.	V8	636D	12F-4R	192.65	17600	CHA
MF-2800 RC	$33030	$3140	$4130	**$5290**	**$8590**	Perkins	V8T	640D	8F-6R	194.00	13545	CHA
MF-2800 RC	$33872	$3220	$4230	**$5420**	**$8810**	Perkins	V8T	640D	24F-4R	194.00	13890	CHA
MF-2800 Western	$32278	$3070	$4040	**$5160**	**$8390**	Perkins	V8T	640D	24F-4R	194.00	13243	CHA

RC - Row Crop

1975

Model	Approx. Retail Price New	Used Trade-In Avg.	Used Trade-In High	Used Retail Avg.	Used Retail High	Engine Make	Engine No. Cyls.	Engine Displ. Cu.-in.	No. Speeds	P.T.O. H.P.	Approx. Shipping Wt.-Lbs.	Cab
MF-230	$5809	$1400	$2300	**$3040**	**$3790**	Continental	4	145G	6F-2R	34.34	3200	No
MF-230	$6081	$1460	$2400	**$3180**	**$3950**	Perkins	3	152D	6F-2R	34.53	3404	No
MF-235	$6721	$1600	$2640	**$3490**	**$4340**	Continental	4	145G	6F-2R	41.00	3119	No
MF-235	$6912	$1620	$2670	**$3530**	**$4400**	Continental	4	145G	8F-2R	41.13	3244	No
MF-235	$6960	$1630	$2690	**$3560**	**$4430**	Perkins	3	152D	6F-2R	42.00	3200	No
MF-235	$7222	$1630	$2670	**$3540**	**$4410**	Continental	4	145G	12F-4R	41.00	3369	No
MF-235	$7248	$1700	$2790	**$3700**	**$4600**	Perkins	3	152D	8F-2R	42.39	3325	No
MF-235	$7584	$1770	$2920	**$3860**	**$4810**	Perkins	3	152D	12F-4R	42.00	3450	No
MF-255	$7812	$1760	$2890	**$3830**	**$4770**	Perkins	4	212G	8F-2R	50.00	5450	No
MF-255	$8067	$1820	$2990	**$3950**	**$4920**	Perkins	4	203D	8F-2R	50.00	5650	No
MF-255	$8225	$1850	$3040	**$4030**	**$5020**	Perkins	4	212G	12F-4R	50.01	5600	No
MF-255	$8480	$1910	$3140	**$4160**	**$5170**	Perkins	4	203D	12F-4R	50.69	5850	No
MF-255 RC	$8203	$1850	$3040	**$4020**	**$5000**	Perkins	4	212G	8F-2R	50.00	5950	No
MF-255 RC	$8470	$1910	$3130	**$4150**	**$5170**	Perkins	4	203D	8F-2R	50.00	6150	No
MF-255 RC	$8636	$1940	$3200	**$4230**	**$5270**	Perkins	4	212G	12F-4R	50.00	6100	No
MF-255 RC	$8904	$2000	$3290	**$4360**	**$5430**	Perkins	4	203D	12F-4R	50.00	6350	No
MF-265	$9445	$1700	$2740	**$4530**	**$5570**	Perkins	4	236G	8F-2R	60.00	5920	No
MF-265	$9700	$1750	$2810	**$4660**	**$5720**	Perkins	4	236D	8F-2R	60.00	6050	No
MF-265	$9881	$1780	$2870	**$4740**	**$5830**	Perkins	4	236G	12F-4R	60.00	5970	No
MF-265	$10136	$1820	$2940	**$4870**	**$5980**	Perkins	4	236D	12F-4R	60.73	6100	No
MF-265 RC	$9917	$1790	$2880	**$4760**	**$5850**	Perkins	4	236G	8F-2R	60.00	6420	No
MF-265 RC	$10185	$1830	$2950	**$4890**	**$6010**	Perkins	4	236D	8F-2R	60.00	6550	No
MF-265 RC	$10375	$1870	$3010	**$4980**	**$6120**	Perkins	4	236G	12F-4R	60.00	6470	No
MF-265 RC	$10643	$1920	$3090	**$5110**	**$6280**	Perkins	4	236D	12F-4R	60.73	6600	No
MF-275	$10413	$1870	$3020	**$5000**	**$6140**	Perkins	4	248D	8F-2R	67.00	6370	No
MF-275	$10849	$1950	$3150	**$5210**	**$6400**	Perkins	4	248D	12F-4R	67.43	6420	No
MF-275 RC	$10937	$1970	$3170	**$5250**	**$6450**	Perkins	4	248D	8F-2R	67.00	6370	No
MF-275 RC	$11373	$2050	$3300	**$5460**	**$6710**	Perkins	4	248D	12F-4R	67.00	6420	No
MF-285	$12198	$2200	$3540	**$5860**	**$7200**	Perkins	4	318D	8F-2R	81.00	6975	No
MF-285	$12755	$2300	$3700	**$6120**	**$7530**	Perkins	4	318D	12F-4R	81.96	7025	No

Massey Ferguson (Cont.)

1975 (Cont.)

Model	Approx. Retail Price New	Used Trade-In Avg.	Used Trade-In High	Used Retail Avg.	Used Retail High	Engine Make	Engine No. Cyls.	Engine Displ. Cu.-in.	No. Speeds	P.T.O. H.P.	Approx. Shipping Wt.-Lbs.	Cab
MF-1085 RC	$13567	$2310	$3800	**$5020**	**$6000**	Perkins	4	318D	8F-2R	81.00	8800	No
MF-1085 RC	$14161	$2410	$3970	**$5240**	**$6260**	Perkins	4	318D	12F-4R	81.58	9400	No
MF-1085 RC	$16930	$2880	$4740	**$6260**	**$7480**	Perkins	4	318D	8F-2R	81.00	9800	CHA
MF-1085 RC	$17525	$2980	$4910	**$6480**	**$7750**	Perkins	4	318D	12F-4R	81.58	10400	CHA
MF-1085 Western	$16921	$2880	$4740	**$6260**	**$7480**	Perkins	4	318D	12F-4R	81.00	9900	CHA
MF-1105 RC	$16417	$2790	$4600	**$6070**	**$7260**	Perkins	6T	354D	8F-2R	100.72	9125	No
MF-1105 RC	$17076	$2900	$4780	**$6320**	**$7550**	Perkins	6T	354D	12F-4R	100.72	9725	No
MF-1105 RC	$19781	$3360	$5540	**$7320**	**$8740**	Perkins	6T	354D	8F-2R	100.72	10125	CHA
MF-1105 RC	$20440	$3480	$5720	**$7560**	**$9030**	Perkins	6T	354D	12F-4R	100.72	10725	CHA
MF-1105 Western	$19972	$3400	$5590	**$7390**	**$8830**	Perkins	6T	354D	12F-4R	100.72	10000	CHA
MF-1135 RC	$17954	$3050	$5030	**$6640**	**$7940**	Perkins	6T	354D	8F-2R	120.00	9825	No
MF-1135 RC	$18562	$3160	$5200	**$6870**	**$8200**	Perkins	6T	354D	12F-4R	120.84	10425	No
MF-1135 RC	$21413	$3640	$6000	**$7920**	**$9470**	Perkins	6T	354D	8F-2R	120.00	10825	CHA
MF-1135 RC	$22234	$3780	$6230	**$8230**	**$9830**	Perkins	6T	354D	12F-4R	120.84	11425	CHA
MF-1135 Western	$21509	$3660	$6020	**$7960**	**$9510**	Perkins	6T	354D	12F-4R	120.00	11000	CHA
MF-1155 RC	$21043	$2950	$4420	**$6520**	**$8730**	Perkins	V8	540D	8F-2R	140.00	12150	No
MF-1155 RC	$21702	$3040	$4560	**$6730**	**$9010**	Perkins	V8	540D	12F-4R	140.97	12750	No
MF-1155 RC	$24406	$3420	$5130	**$7570**	**$10130**	Perkins	V8	540D	8F-2R	140.00	13150	CHA
MF-1155 RC	$25065	$3510	$5260	**$7770**	**$10400**	Perkins	V8	540D	12F-4R	140.97	13750	CHA
MF-1155 Western	$23710	$3320	$4980	**$7350**	**$9840**	Perkins	V8	540D	12F-4R	140.00	13000	CHA
MF-1505 4WD	$30900	$4050	$6070	**$8960**	**$11990**	Cat.	V8	636D	12F-4R	175.96	16500	CHA
MF-1505 4WD w/PTO	$32400	$4260	$6380	**$9420**	**$12620**	Cat.	V8	636D	12F-4R	175.96	17000	CHA
MF-1805 4WD	$32880	$4320	$6490	**$9570**	**$12820**	Cat.	V8	636D	12F-4R	192.65	16700	CHA
MF-1805 4WD w/PTO	$34380	$4530	$6800	**$10040**	**$13440**	Cat.	V8	636D	12F-4R	192.65	17200	CHA

RC - Row Crop

1974

Model	Approx. Retail Price New	Used Trade-In Avg.	Used Trade-In High	Used Retail Avg.	Used Retail High	Engine Make	Engine No. Cyls.	Engine Displ. Cu.-in.	No. Speeds	P.T.O. H.P.	Approx. Shipping Wt.-Lbs.	Cab
MF-135	$4743	$1280	$2080	**$2720**	**$3440**	Perkins	3	153G	6F-2R	37.00	3305	No
MF-135	$4961	$1330	$2160	**$2820**	**$3570**	Perkins	3	153G	6F-2R	37.00	3320	No
MF-135	$5217	$1380	$2260	**$2950**	**$3730**	Perkins	3	153D	6F-2R	37.00	3475	No
MF-135	$5301	$1620	$2260	**$3940**	**$4390**	Perkins	3	153G	12F-4R	37.55	3370	No
MF-135	$5440	$1650	$2310	**$4030**	**$4490**	Perkins	3	153D	8F-2R	37.00	3490	No
MF-135	$5775	$1740	$2430	**$4240**	**$4730**	Perkins	3	153D	12F-4R	37.82	3540	No
MF-150	$5650	$1970	$2760	**$4810**	**$5360**	Perkins	3	153G	8F-2R	37.00	3860	No
MF-150	$5955	$1790	$2500	**$4360**	**$4860**	Perkins	3	153G	12F-4R	37.00	3940	No
MF-150	$6200	$1860	$2590	**$4520**	**$5040**	Perkins	3	153D	8F-2R	37.00	4200	No
MF-150	$6505	$1940	$2700	**$4710**	**$5260**	Perkins	3	153D	12F-4R	37.88	4325	No
MF-165	$6690	$1990	$2770	**$4830**	**$5390**	Perkins	4	212G	8F-2R	51.00	4597	No
MF-165	$7040	$2080	$2900	**$5060**	**$5650**	Perkins	4	212G	12F-4R	51.91	4780	No
MF-165	$7275	$2140	$2990	**$5210**	**$5810**	Perkins	4	204D	8F-2R	52.00	4855	No
MF-165	$7390	$2170	$3030	**$5280**	**$5900**	Perkins	4	204D	12F-4R	52.42	5100	No
MF-175	$8000	$2310	$3220	**$5610**	**$6260**	Perkins	4	236G	8F-2R	61.00	5199	No
MF-175	$8350	$2430	$3390	**$5900**	**$6590**	Perkins	4	236G	12F-4R	61.89	5319	No
MF-175	$8900	$2570	$3590	**$6260**	**$6980**	Perkins	4	236D	8F-2R	63.00	5605	No
MF-175	$9250	$2610	$3650	**$6350**	**$7090**	Perkins	4	236D	12F-4R	63.34	5725	No
MF-180	$8200	$2390	$3330	**$5810**	**$6480**	Perkins	4	236G	8F-2R	62.00	6200	No
MF-180	$8550	$2480	$3460	**$6030**	**$6730**	Perkins	4	236G	12F-4R	62.83	6250	No
MF-180	$9000	$2390	$3330	**$5810**	**$6480**	Perkins	4	236D	8F-2R	63.00	6568	No
MF-180	$9350	$2480	$3460	**$6030**	**$6730**	Perkins	4	236D	12F-4R	63.68	6618	No
MF-285	$12303	$2280	$3570	**$5910**	**$7320**	Perkins	4	318D	8F-2R	81.00	6975	No
MF-285	$12867	$2380	$3730	**$6180**	**$7660**	Perkins	4	318D	12F-4R	81.96	7025	No
MF-1085 RC	$12889	$2190	$3670	**$4770**	**$5720**	Perkins	4	318D	8F-2R	81.00	8800	No
MF-1085 RC	$13453	$2290	$3830	**$4980**	**$5970**	Perkins	4	318D	12F-4R	81.58	9400	No
MF-1085 RC	$16084	$2730	$4580	**$5950**	**$7140**	Perkins	4	318D	8F-2R	81.00	9800	CHA
MF-1085 RC	$16649	$2830	$4750	**$6160**	**$7390**	Perkins	4	318D	12F-4R	81.58	10400	CHA
MF-1085 Western	$16075	$2730	$4580	**$5950**	**$7140**	Perkins	4	318D	12F-4R	81.00	9900	CHA
MF-1105 RC	$15596	$2650	$4450	**$5770**	**$6930**	Perkins	6T	354D	8F-2R	100.72	9125	No
MF-1105 RC	$16222	$2760	$4620	**$6000**	**$7200**	Perkins	6T	354D	12F-4R	100.72	9725	No
MF-1105 RC	$18792	$3200	$5360	**$6950**	**$8340**	Perkins	6T	354D	8F-2R	100.72	10125	CHA
MF-1105 RC	$19418	$3300	$5530	**$7190**	**$8620**	Perkins	6T	354D	12F-4R	100.72	10725	CHA
MF-1105 Western	$18973	$3230	$5410	**$7020**	**$8420**	Perkins	6T	354D	12F-4R	100.72	10000	CHA
MF-1135 RC	$17056	$2900	$4860	**$6310**	**$7570**	Perkins	6T	354D	8F-2R	120.00	9825	No
MF-1135 RC	$17634	$3000	$5030	**$6530**	**$7830**	Perkins	6T	354D	12F-4R	120.84	10425	No
MF-1135 RC	$20342	$3460	$5800	**$7530**	**$9030**	Perkins	6T	354D	8F-2R	120.00	10825	CHA
MF-1135 RC	$21122	$3590	$6020	**$7820**	**$9380**	Perkins	6T	354D	12F-4R	120.84	11425	CHA
MF-1135 Western	$20434	$3470	$5820	**$7560**	**$9070**	Perkins	6T	354D	12F-4R	120.00	11000	CHA
MF-1155 RC	$19991	$3400	$5700	**$7400**	**$8880**	Perkins	V8	540D	8F-2R	140.00	12150	No
MF-1155 RC	$20617	$3510	$5880	**$7630**	**$9150**	Perkins	V8	540D	12F-4R	140.97	12750	No
MF-1155 RC	$23186	$3940	$6610	**$8580**	**$10300**	Perkins	V8	540D	8F-2R	140.00	13150	CHA
MF-1155 RC	$23812	$4050	$6790	**$8810**	**$10570**	Perkins	V8	540D	12F-4R	140.97	13750	CHA
MF-1155 Western	$22525	$3830	$6420	**$8330**	**$10000**	Perkins	V8	540D	12F-4R	140.00	13000	CHA
MF-1500 4WD	$22400	$3140	$4700	**$7060**	**$9410**	Cat.	V8	573D	12F-4R		14420	C
MF-1505 4WD	$26190	$3670	$5500	**$8250**	**$11000**	Cat.	V8	636D	12F-4R	175.96	16500	C
MF-1505 4WD w/PTO	$27540	$3860	$5780	**$8680**	**$11570**	Cat.	V8	636D	12F-4R	175.96	17000	C
MF-1800 4WD	$26000	$3640	$5460	**$8190**	**$10920**	Cat.	V8	636D	12F-4R		16000	C
MF-1805 4WD	$27873	$3900	$5850	**$8780**	**$11710**	Cat.	V8	636D	12F-4R	192.65	16700	C
MF-1805 4WD w/PTO	$29223	$4090	$6140	**$9210**	**$12270**	Cat.	V8	636D	12F-4R	192.65	17200	C

RC - Row Crop

1973

Model	Approx. Retail Price New	Used Trade-In Avg.	Used Trade-In High	Used Retail Avg.	Used Retail High	Engine Make	Engine No. Cyls.	Engine Displ. Cu.-in.	No. Speeds	P.T.O. H.P.	Approx. Shipping Wt.-Lbs.	Cab
MF-135	$5188	$1590	$2250	**$3890**	**$4370**	Perkins	3	153G	12F-4R	37.55	3370	No
MF-135	$5605	$1700	$2400	**$4160**	**$4680**	Perkins	3	153D	12F-4R	37.82	3540	No
MF-150	$5776	$1740	$2470	**$4270**	**$4800**	Perkins	3	153G	12F-4R	37.00	3940	No
MF-150	$6310	$1880	$2670	**$4620**	**$5190**	Perkins	3	153D	12F-4R	37.88	4325	No

Massey Ferguson (Cont.)

1973 (Cont.)

Model	Approx. Retail Price New	Estimated Value Less Repairs Used Trade-In Avg.	Used Trade-In High	Used Retail Avg.	Used Retail High	Engine Make	Engine No. Cyls.	Engine Displ. Cu.-in.	No. Speeds	P.T.O. H.P.	Approx. Shipping Wt.-Lbs.	Cab
MF-165	$6286	$1880	$2660	$4610	$5170	Perkins	4	212G	12F-4R	51.91	4780	No
MF-165	$6651	$1980	$2790	$4840	$5440	Perkins	4	204D	12F-4R	52.42	5150	No
MF-175	$7515	$2200	$3120	$5410	$6070	Perkins	4	236G	12F-4R	61.89	5319	No
MF-175	$8325	$2420	$3420	$5930	$6660	Perkins	4	236D	12F-4R	63.34	5725	No
MF-180	$7622	$2230	$3160	$5470	$6150	Perkins	4	236G	12F-4R	62.83	6250	No
MF-180	$8420	$2440	$3460	$5990	$6730	Perkins	4	236D	12F-4R	63.68	6618	No
MF-1085 RC	$11434	$2110	$3610	$4600	$5550	Perkins	4	318D	12F-4R	81.58	9400	No
MF-1085 RC w/Cab	$14152	$2580	$4390	$5610	$6760	Perkins	4	318D	12F-4R	81.58	10400	CHA
MF-1085 Western	$13664	$2490	$4250	$5430	$6540	Perkins	4	318D	12F-4R	81.00	9900	CHA
MF-1105 RC	$12978	$2380	$4050	$5170	$6230	Perkins	6T	354D	12F-4R	100.72	9725	No
MF-1105 RC w/Cab	$15534	$2810	$4800	$6120	$7370	Perkins	6T	354D	12F-4R	100.72	10725	CHA
MF-1105 Western	$15178	$2750	$4690	$5990	$7220	Perkins	6T	354D	12F-4R	100.72	10000	CHA
MF-1135 RC	$14107	$2400	$4090	$5220	$6290	Perkins	6T	354D	12F-4R	120.84	10425	No
MF-1135 RC w/Cab	$16898	$2870	$4900	$6250	$7540	Perkins	6T	354D	12F-4R	120.84	11425	CHA
MF-1135 Western	$16347	$2780	$4740	$6050	$7290	Perkins	6T	354D	12F-4R	120.00	11000	CHA
MF-1155 RC	$16494	$2800	$4780	$6100	$7360	Perkins	V8	540D	12F-4R	140.97	12750	No
MF-1155 RC w/Cab	$19050	$3240	$5530	$7050	$8500	Perkins	V8	540D	12F-4R	140.97	13750	CHA
MF-1155 Western	$18020	$3060	$5230	$6670	$8040	Perkins	V8	540D	12F-4R	140.00	13000	CHA
MF-1500 4WD	$19040	$3240	$5520	$7050	$8490	Cat.	V8	573D	12F-4R		14420	C
MF-1800 4WD	$22100	$3760	$6410	$8180	$9860	Cat.	V8	636D	12F-4R		16000	C

RC - Row Crop

1972

Model	Approx. Retail Price New	Used Trade-In Avg.	Used Trade-In High	Used Retail Avg.	Used Retail High	Engine Make	No. Cyls.	Displ. Cu.-in.	No. Speeds	P.T.O. H.P.	Approx. Shipping Wt.-Lbs.	Cab
MF-130	$3500	$1720	$2440	$4260	$4810	Perkins	4	107D	8F-2R	26.96	2700	No
MF-135	$4187	$1910	$2700	$4710	$5320	Perkins	3	153G	6F-2R	37.00	3085	No
MF-135	$4383	$1960	$2770	$4840	$5460	Perkins	3	153G	8F-2R	37.00	3100	No
MF-135	$4678	$2040	$2880	$5030	$5680	Perkins	3	153D	6F-2R	37.00	3260	No
MF-135	$4721	$2050	$2900	$5060	$5710	Perkins	3	153G	12F-4R	37.55	3150	No
MF-135	$4802	$2070	$2930	$5110	$5770	Perkins	3	153D	8F-2R	37.00	3275	No
MF-135	$5101	$2150	$3040	$5310	$5990	Perkins	3	153D	12F-4R	37.82	3325	No
MF-150	$4509	$1990	$2810	$4910	$5550	Perkins	3	153G	6F-2R	37.00	3500	No
MF-150	$4659	$2030	$2870	$5020	$5670	Perkins	3	153G	8F-2R	37.00	3725	No
MF-150	$4910	$2100	$2970	$5180	$5850	Perkins	3	153G	12F-4R	37.00	3805	No
MF-150	$4961	$2110	$2990	$5210	$5890	Perkins	3	153D	6F-2R	37.00	4020	No
MF-150	$5112	$2150	$3040	$5310	$6000	Perkins	3	153D	8F-2R	37.00	4200	No
MF-150	$5364	$2220	$3140	$5480	$6190	Perkins	3	153D	12F-4R	37.88	4325	No
MF-165	$5118	$2150	$3040	$5320	$6010	Perkins	4	212G	6F-2R	51.00	4597	No
MF-165	$5343	$2210	$3130	$5470	$6180	Perkins	4	212G	12F-4R	51.91	4780	No
MF-165	$5566	$2270	$3210	$5610	$6340	Perkins	4	204D	6F-2R	52.00	4855	No
MF-165	$5653	$2290	$3250	$5670	$6400	Perkins	4	204D	12F-4R	52.42	5100	No
MF-175	$5936	$2370	$3350	$5850	$6610	Perkins	4	236G	6F-2R	61.00	5199	No
MF-175	$6595	$2540	$3600	$6290	$7100	Perkins	4	236G	12F-4R	61.89	5319	No
MF-175	$7393	$2620	$3710	$6490	$7330	Perkins	4	236D	6F-2R	63.00	5605	No
MF-180	$6417	$2500	$3530	$6170	$6970	Perkins	4	236G	6F-2R	62.00	6130	No
MF-180	$7768	$2650	$3750	$6550	$7400	Perkins	4	236D	6F-2R	63.00	6498	No
MF-1080 RC	$8665	$1990	$3380	$4290	$5550	Perkins	4	318D	6F-2R	81.00	7010	No
MF-1080 RC	$9027	$2390	$3390	$5910	$6680	Perkins	4	318D	12F-4R	81.33	7450	No
MF-1080 RC	$10767	$2850	$4040	$7050	$7970	Perkins	4	318D	12F-4R	81.33	8550	CHA
MF-1080 Western	$10228	$2710	$3840	$6700	$7570	Perkins	4	318D	12F-4R	81.00	8050	CHA
MF-1100 RC	$8597	$2280	$3220	$5630	$6360	Waukesha	6	320G	6F-2R	90.00	8600	No
MF-1100 RC	$9321	$2470	$3500	$6110	$6900	Perkins	6	354D	6F-2R	93.00	8500	No
MF-1100 RC	$10001	$2650	$3750	$6550	$7400	Waukesha	6	320G	12F-4R	90.29	8850	No
MF-1100 RC	$10344	$2740	$3880	$6780	$7660	Perkins	6	354D	12F-4R	93.94	8800	No
MF-1100 RC	$11299	$2990	$4240	$7400	$8360	Perkins	6	354D	12F-4R	93.94	9800	CHA
MF-1100 Western	$9139	$2420	$3430	$5990	$6760	Waukesha	6	320G	12F-4R	90.00	10610	No
MF-1100 Western	$10734	$2850	$4030	$7030	$7940	Perkins	6	354D	12F-4R	93.00	9800	CHA
MF-1130 RC	$12426	$2860	$4850	$6150	$7950	Perkins	6T	354D	12F-4R	120.51	9500	No
MF-1130 RC	$13567	$3120	$5290	$6720	$8680	Perkins	6T	354D	12F-4R	120.51	10500	CHA
MF-1130 Western	$12889	$2960	$5030	$6380	$8250	Perkins	6T	354D	12F-4R	120.00	10000	CHA
MF-1150 RC	$14133	$2620	$4100	$6780	$8550	Perkins	V8	511D	12F-4R	135.60	13425	No
MF-1150 RC	$15790	$2920	$4580	$7580	$9550	Perkins	V8	511D	12F-4R	135.60	14450	CHA
MF-1150 Western	$15002	$2780	$4350	$7200	$9080	Perkins	V8	511D	12F-4R	135.00	13950	CHA
MF-1500 4WD	$18088	$3260	$5250	$6690	$8100	Cat.	V8	573D	12F-4R		14420	C
MF-1800 4WD	$20995	$3780	$6090	$7770	$9410	Cat.	V8	636D	12F-4R		16000	C

RC - Row Crop

1971

Model	Approx. Retail Price New	Used Trade-In Avg.	Used Trade-In High	Used Retail Avg.	Used Retail High	Engine Make	No. Cyls.	Displ. Cu.-in.	No. Speeds	P.T.O. H.P.	Approx. Shipping Wt.-Lbs.	Cab
MF-130	$3360	$1690	$2420	$4200	$4770	Perkins	4	107D	8F-2R	26.96	2700	No
MF-135	$4078	$1880	$2690	$4670	$5310	Perkins	3	153G	6F-2R	37.00	3085	No
MF-135	$4269	$1930	$2760	$4800	$5450	Perkins	3	153G	8F-2R	37.00	3100	No
MF-135	$4478	$1980	$2840	$4940	$5610	Perkins	3	153D	6F-2R	37.00	3260	No
MF-135	$4532	$2000	$2860	$4970	$5650	Perkins	3	153G	12F-4R	37.55	3150	No
MF-135	$4543	$2000	$2870	$4980	$5660	Perkins	3	153D	8F-2R	37.00	3275	No
MF-135	$5077	$2140	$3070	$5330	$6060	Perkins	3	153D	12F-4R	37.82	3325	No
MF-135 Special	$3449	$1710	$2450	$4260	$4840	Perkins	3	153G	6F-2R	37.00	3050	No
MF-150	$4329	$1940	$2790	$4840	$5500	Perkins	3	153G	6F-2R	37.00	3500	No
MF-150	$4506	$1990	$2850	$4950	$5630	Perkins	3	153G	8F-2R	37.00	3725	No
MF-150	$4749	$2050	$2950	$5110	$5810	Perkins	3	153G	12F-4R	37.00	3805	No
MF-150	$4763	$2060	$2950	$5120	$5820	Perkins	3	153D	6F-2R	37.00	4020	No
MF-150	$4956	$2110	$3020	$5250	$5970	Perkins	3	153D	8F-2R	37.00	4200	No
MF-150	$5411	$2230	$3200	$5550	$6310	Perkins	3	153D	12F-4R	37.88	4325	No
MF-165	$5058	$2140	$3060	$5320	$6040	Perkins	3	212G	6F-2R	51.00	4597	No
MF-165	$5528	$2260	$3240	$5630	$6400	Perkins	4	212G	8F-2R	51.00	4597	No
MF-165	$5778	$2330	$3340	$5790	$6580	Perkins	4	204D	6F-2R	52.00	4855	No

Massey Ferguson (Cont.)

1971 (Cont.)

Model	Approx. Retail Price New	Used Trade-In Avg.	Used Trade-In High	Used Retail Avg.	Used Retail High	Engine Make	Engine No. Cyls.	Engine Displ. Cu.-in.	No. Speeds	P.T.O. H.P.	Approx. Shipping Wt.-Lbs.	Cab
MF-165	$6020	$2390	$3430	**$5950**	**$6770**	Perkins	4	204D	8F-2R	52.00	4855	No
MF-165	$6162	$2430	$3480	**$6050**	**$6870**	Perkins	4	212G	12F-4R	51.91	4780	No
MF-165	$6392	$2490	$3570	**$6200**	**$7040**	Perkins	4	204D	12F-4R	52.42	5100	No
MF-175	$5820	$2340	$3350	**$5820**	**$6620**	Perkins	4	236G	8F-2R	61.00	5199	No
MF-175	$6466	$2510	$3600	**$6250**	**$7100**	Perkins	4	236G	12F-4R	61.89	5319	No
MF-175	$7046	$2660	$3820	**$6630**	**$7540**	Perkins	4	236D	8F-2R	63.00	5605	No
MF-175	$7348	$2740	$3930	**$6830**	**$7760**	Perkins	4	236D	12F-4R	63.34	5725	No
MF-180	$6111	$2410	$3460	**$6010**	**$6830**	Perkins	4	236G	6F-2R	62.00	6130	No
MF-180	$6789	$2590	$3720	**$6460**	**$7340**	Perkins	4	236G	12F-4R	62.83	6250	No
MF-180	$7398	$2760	$3950	**$6860**	**$7800**	Perkins	4	236D	6F-2R	63.00	6498	No
MF-180	$7715	$2840	$4070	**$7070**	**$8040**	Perkins	4	236D	12F-4R	63.68	6618	No
MF-1080 RC	$8579	$2270	$3260	**$5660**	**$6430**	Perkins	4	318D	6F-2R	81.00	7010	No
MF-1080 RC	$8938	$2370	$3400	**$5900**	**$6700**	Perkins	4	318D	12F-4R	81.33	7450	No
MF-1080 RC	$10660	$2830	$4050	**$7040**	**$8000**	Perkins	4	318D	12F-4R	81.33	8550	CHA
MF-1080 Western	$10127	$2680	$3850	**$6680**	**$7600**	Perkins	4	318D	12F-4R	81.00	8050	CHA
MF-1100 RC	$8512	$2260	$3240	**$5620**	**$6380**	Waukesha	6	320G	6F-2R	90.00	8600	No
MF-1100 RC	$9229	$2450	$3510	**$6090**	**$6920**	Perkins	6	354D	6F-2R	93.00	8500	No
MF-1100 RC	$9525	$2520	$3620	**$6290**	**$7140**	Waukesha	6	320G	12F-4R	90.29	8850	No
MF-1100 RC	$10242	$2710	$3890	**$6760**	**$7680**	Perkins	6	354D	12F-4R	93.94	8800	No
MF-1100 RC	$11187	$2970	$4250	**$7380**	**$8390**	Perkins	6	354D	12F-4R	93.94	9800	CHA
MF-1100 Western	$8086	$2140	$3070	**$5340**	**$6070**	Waukesha	6	320G	6F-2R	90.00	9750	No
MF-1100 Western	$9049	$2400	$3440	**$5970**	**$6790**	Waukesha	6	320G	12F-4R	90.00	10610	No
MF-1100 Western	$10628	$2820	$4040	**$7010**	**$7970**	Perkins	6	354D	12F-4R	93.00	9800	CHA
MF-1130 RC	$12303	$2280	$3570	**$5910**	**$7510**	Perkins	6T	354D	12F-4R	120.51	9500	No
MF-1130 RC	$13433	$2490	$3900	**$6450**	**$8190**	Perkins	6T	354D	12F-4R	120.51	10500	CHA
MF-1130 Western	$12761	$2360	$3700	**$6130**	**$7780**	Perkins	6T	354D	12F-4R	120.00	10000	CHA
MF-1150 RC	$13993	$2520	$4060	**$5250**	**$6300**	Perkins	V8	511D	12F-4R	135.60	13425	No
MF-1150 RC	$15635	$2810	$4530	**$5860**	**$7040**	Perkins	V8	511D	12F-4R	135.60	14450	CHA
MF-1150 Western	$14853	$2670	$4310	**$5570**	**$6680**	Perkins	V8	511D	12F-4R	135.00	13950	CHA
MF-1500 4WD	$16156	$2340	$3390	**$5330**	**$7030**	Cat.	V8	573D	12F-4R		14420	C
MF-1800 4WD	$19454	$2820	$4090	**$6420**	**$8460**	Cat.	V8	636D	12F-4R		16000	C

RC - Row Crop

1970

Model	Approx. Retail Price New	Used Trade-In Avg.	Used Trade-In High	Used Retail Avg.	Used Retail High	Engine Make	Engine No. Cyls.	Engine Displ. Cu.-in.	No. Speeds	P.T.O. H.P.	Approx. Shipping Wt.-Lbs.	Cab
MF-130	$5000	$1860	$2730	**$4660**	**$5320**	Perkins	4	107D	8F-2R	26.96	2600	No
MF-135	$4190	$1640	$2410	**$4120**	**$4700**	Perkins	3	153G	12F-4R	37.55	3060	No
MF-135	$4446	$1710	$2520	**$4290**	**$4900**	Perkins	3	153D	6F-2R	37.00	3130	No
MF-135	$4500	$1850	$2720	**$4640**	**$5310**	Perkins	3	153G	6F-2R	37.00	2940	No
MF-135	$4848	$1820	$2670	**$4560**	**$5210**	Perkins	3	153D	12F-4R	37.82	3250	No
MF-150	$4286	$1670	$2450	**$4180**	**$4780**	Perkins	3	153G	6F-2R	37.00	3500	No
MF-150	$4667	$1770	$2600	**$4430**	**$5070**	Perkins	3	153G	12F-4R	37.00	3805	No
MF-150	$4715	$1780	$2620	**$4470**	**$5100**	Perkins	3	153D	6F-2R	37.00	4020	No
MF-150	$5098	$1880	$2770	**$4720**	**$5390**	Perkins	3	153D	12F-4R	37.88	4325	No
MF-165	$4914	$1830	$2700	**$4600**	**$5260**	Perkins	4	212G	6F-2R	51.00	4597	No
MF-165	$5131	$1890	$2780	**$4740**	**$5420**	Perkins	4	212G	12F-4R	51.91	4780	No
MF-165	$5345	$1950	$2870	**$4880**	**$5580**	Perkins	4	204D	6F-2R	52.00	4855	No
MF-165	$5428	$2000	$2940	**$5010**	**$5720**	Perkins	4	204D	12F-4R	52.42	5100	No
MF-175	$6078	$2140	$3150	**$5370**	**$6140**	Perkins	4	236G	12F-4R	61.89	5319	No
MF-175	$6608	$2280	$3360	**$5720**	**$6540**	Perkins	4	236D	12F-4R	63.34	5725	No
MF-180	$6382	$2220	$3270	**$5570**	**$6370**	Perkins	4	236G	12F-4R	61.00	6250	No
MF-180	$6938	$2370	$3490	**$5940**	**$6790**	Perkins	4	236D	12F-4R	63.68	6618	No
MF-1080 RC	$8103	$2150	$3160	**$5390**	**$6160**	Perkins	4	318D	6F-2R	81.00	7010	No
MF-1080 RC	$8491	$2250	$3310	**$5650**	**$6450**	Perkins	4	318D	12F-4R	81.23	7450	No
MF-1080 Western	$7941	$2100	$3100	**$5280**	**$6040**	Perkins	4	318D	6F-2R	81.00	8275	No
MF-1080 Western	$8321	$2210	$3250	**$5530**	**$6320**	Perkins	4	318D	12F-4R	81.00	8380	No
MF-1100 RC	$8050	$2130	$3140	**$5350**	**$6120**	Waukesha	6	320G	6F-2R	90.00	8600	No
MF-1100 RC	$8655	$2290	$3380	**$5760**	**$6580**	Waukesha	6	320G	12F-4R	90.29	8850	No
MF-1100 RC	$8767	$2320	$3420	**$5830**	**$6660**	Perkins	6	354D	6F-2R	93.00	8500	No
MF-1100 RC	$9370	$2480	$3650	**$6230**	**$7120**	Perkins	6	354D	12F-4R	93.00	8800	No
MF-1100 Western	$7889	$2090	$3080	**$5250**	**$6000**	Waukesha	6	320G	6F-2R	90.00	9750	No
MF-1100 Western	$8482	$2250	$3310	**$5640**	**$6450**	Waukesha	6	320G	12F-4R	90.00	10610	No
MF-1100 Western	$8592	$2280	$3350	**$5710**	**$6530**	Perkins	6	354D	6F-2R	93.00	10290	No
MF-1100 Western	$9183	$2430	$3580	**$6110**	**$6980**	Perkins	6	354D	12F-4R	93.94	10563	No
MF-1130 RC	$11593	$2670	$4750	**$5850**	**$7650**	Perkins	6T	354D	12F-4R	120.00	10500	No
MF-1130 Western	$11361	$2610	$4660	**$5740**	**$7500**	Perkins	6T	354D	12F-4R	120.51	10000	No

RC - Row Crop

1969

Model	Approx. Retail Price New	Used Trade-In Avg.	Used Trade-In High	Used Retail Avg.	Used Retail High	Engine Make	Engine No. Cyls.	Engine Displ. Cu.-in.	No. Speeds	P.T.O. H.P.	Approx. Shipping Wt.-Lbs.	Cab
MF-130	$4500	$1720	$2570	**$4360**	**$5010**	Perkins	4	107D	8F-2R	27	2600	No
MF-135	$4400	$1710	$2540	**$4320**	**$4960**	Perkins	3	153G	6F-2R	37	2940	No
MF-135	$4400	$1740	$2590	**$4390**	**$5050**	Perkins	3	153D	6F-2R	37	3130	No
MF-150	$4245	$1840	$2750	**$4660**	**$5360**	Perkins	3	153G	8F-2R	37	3500	No
MF-150	$4670	$1720	$2570	**$4360**	**$5010**	Perkins	3	153D	8F-2R	37.8	4020	No
MF-165	$4717	$1870	$2780	**$4720**	**$5420**	Perkins	4	212G	6F-2R	52	4597	No
MF-165	$5131	$1930	$2870	**$4870**	**$5600**	Perkins	4	204D	6F-2R	52.4	4855	No
MF-175	$5834	$2000	$2980	**$5060**	**$5810**	Perkins	4	236G	12F-4R	61	5320	No
MF-175	$6343	$2280	$3390	**$5760**	**$6610**	Perkins	4	236D	12F-4R	63.34	6250	No
MF-180	$6126	$2210	$3290	**$5580**	**$6410**	Perkins	4	236G	12F-4R	61	6250	No
MF-180	$6660	$2120	$3160	**$5360**	**$6160**	Perkins	4	236D	12F-4R	63.3	6618	No
MF-1080	$7698	$2040	$3040	**$5160**	**$5930**	Perkins	4	318D	6F-2R	81.23	7010	CH
MF-1100	$8222	$2180	$3250	**$5510**	**$6330**	Waukesha	6	320G	12F-4R	90.2	8850	No
MF-1100	$8900	$2360	$3520	**$5960**	**$6850**	Perkins	6	354D	6F-2R	93.94	8800	No
MF-1130	$11013	$2920	$4350	**$7380**	**$8480**	Perkins	6T	354D	12F-4R	120.51	10000	No

Massey Ferguson (Cont.)

Model	Approx. Retail Price New	Estimated Value Less Repairs: Used Trade-In Avg.	Used Trade-In High	Used Retail Avg.	Used Retail High	Engine Make	Engine No. Cyls.	Engine Displ. Cu.-in.	No. Speeds	P.T.O. H.P.	Approx. Shipping Wt.-Lbs.	Cab
1968												
MF-130	$4100	$1620	$2440	**$4120**	**$4760**	Perkins	4	107D	8F-2R	27	2600	No
MF-135	$4358	$1690	$2550	**$4310**	**$4980**	Perkins	3	153D	6F-2R	37.8	3130	No
MF-135	$3900	$1560	$2360	**$3980**	**$4600**	Continental	3	145G	6F-2R	35.3	2940	No
MF-150	$4200	$1640	$2480	**$4190**	**$4840**	Continental	3	153G	8F-2R	37	3500	No
MF-150	$4622	$1760	$2650	**$4470**	**$5170**	Perkins	3	152D	8F-2R	37.8	4020	No
MF-165	$4670	$1770	$2670	**$4500**	**$5200**	Continental	4	176G	6F-2R	52	4600	No
MF-165	$5080	$1880	$2830	**$4780**	**$5520**	Perkins	4	204D	6F-2R	52.4	4855	No
MF-175	$5776	$2060	$3110	**$5250**	**$6070**	Perkins	4	206G	8F-2R	50	5320	No
MF-175	$6280	$2190	$3310	**$5590**	**$6460**	Perkins	4	236D	8F-2R	63.34	5725	No
MF-180	$6065	$2140	$3230	**$5440**	**$6290**	Continental	4	206G	8F-2R	50	6250	No
MF-180	$6594	$2280	$3440	**$5800**	**$6700**	Perkins	4	236D	12F-4R	63.6	6620	No
MF-1100	$7400	$1700	$3030	**$3810**	**$5030**	Waukesha	6	320G	12F-4R	90.2	8850	No
MF-1100	$8012	$1840	$3290	**$4130**	**$5450**	Perkins	6	354D	6F-2R	93.94	8800	No
MF-1130	$9912	$2280	$4060	**$5110**	**$6740**	Perkins	6T	354D	12F-4R	120.51	10000	No
1967												
MF-130	$4065	$1610	$2460	**$4120**	**$4790**	Perkins	4	107D	8F-2R	27	2600	No
MF-135	$3922	$1570	$2400	**$4030**	**$4680**	Perkins	3	153D	6F-2R	37.8	3130	No
MF-135	$3800	$1540	$2350	**$3940**	**$4580**	Continental	4	145G	6F-2R	35.3	3060	No
MF-150	$3780	$1530	$2340	**$3930**	**$4570**	Continental	3	145G	8F-2R	37	3500	No
MF-150	$4160	$1630	$2500	**$4190**	**$4870**	Perkins	3	153D	8F-2R	37.8	4020	No
MF-165	$4485	$1720	$2630	**$4410**	**$5120**	Continental	4	175G	6F-2R	52	4595	No
MF-165	$4915	$1830	$2800	**$4700**	**$5460**	Perkins	4	204D	6F-2R	52.4	4915	No
MF-175	$5545	$2000	$3060	**$5130**	**$5960**	Continental	4	206G	8F-2R	50	5545	No
MF-175	$6128	$2150	$3290	**$5530**	**$6420**	Perkins	4	236D	8F-2R	63.34	5725	No
MF-180	$5781	$2060	$3150	**$5290**	**$6150**	Continental	4	206G	12F-4R	62.8	6250	No
MF-180	$6481	$2250	$3440	**$5770**	**$6700**	Perkins	4	236D	12F-4R	63.6	6618	No
MF-1100	$7030	$1620	$2880	**$3660**	**$4850**	Waukesha	6	320G	12F-4R	90.2	8850	No
MF-1100	$7611	$1750	$3120	**$3960**	**$5250**	Perkins	6	354D	6F-2R	93.94	8800	No
MF-1130	$8921	$2050	$3660	**$4640**	**$6160**	Perkins	6T	354D	12F-4R	120.51	10000	No
1966												
MF-130	$2955	$1550	$2440	**$4080**	**$4760**	Perkins	4	107D	8F-2R	27	2600	No
MF-135	$3280	$1630	$2580	**$4300**	**$5020**	Continental	3	145G	6F-2R	35.3	3079	No
MF-135	$3623	$1720	$2720	**$4540**	**$5300**	Perkins	3	153D	6F-2R	37.8	3314	No
MF-150	$3620	$1720	$2710	**$4540**	**$5300**	Continental	3	145G	6F-2R	35	3940	No
MF-150	$4050	$1830	$2890	**$4830**	**$5640**	Perkins	3	153D	6F-2R	37.8	4805	No
MF-165	$4290	$1900	$2990	**$4990**	**$5830**	Continental	4	176G	6F-2R	46	4780	No
MF-165	$4900	$2050	$3240	**$5410**	**$6320**	Perkins	4	204D	6F-2R	52.4	5100	No
MF-175	$5246	$1940	$3060	**$5110**	**$5970**	Continental	4	206G	12F-4R	50	5320	No
MF-175	$5950	$2070	$3260	**$5450**	**$6360**	Perkins	4	236D	12F-4R	63.34	6125	No
MF-180	$5260	$1890	$2980	**$4970**	**$5810**	Continental	4	206G	12F-4R	50	6250	No
MF-180	$5992	$2080	$3280	**$5480**	**$6390**	Perkins	4	236D	12F-4R	63.6	6755	No
MF-1100	$7230	$1660	$2960	**$3800**	**$5060**	Perkins	6	354D	6F-2R	93	8800	No
MF-1130	$8475	$1950	$3480	**$4450**	**$5930**	Perkins	6T	354D	12F-4R	120.51	9570	No
1965												
MF-85	$4620	$1180	$1920	**$3190**	**$3740**	Continental	4	242G	8F-2R	61	5085	No
MF-85	$5430	$1390	$2250	**$3750**	**$4400**	Perkins	4	276D	8F-2R	62	5085	No
MF-90	$5070	$1300	$2110	**$3520**	**$4130**	Continental	4	242G	8F-2R	61	5576	No
MF-90	$6120	$1560	$2540	**$4220**	**$4960**	Perkins	4	302D	16F-4R	68.53	5737	No
MF-135	$3248	$1340	$2180	**$3620**	**$4250**	Continental	3	145G	6F-2R	35.3	2940	No
MF-135	$3587	$1420	$2320	**$3850**	**$4520**	Perkins	3	153D	6F-2R	37.8	3130	No
MF-150	$3583	$1420	$2320	**$3850**	**$4520**	Continental	3	145G	6F-2R	35	3500	No
MF-150	$4010	$1530	$2490	**$4150**	**$4870**	Perkins	3	153D	6F-2R	37.8	4020	No
MF-165	$4246	$1340	$2180	**$3620**	**$4250**	Continental	4	176G	6F-2R	46	4597	No
MF-165	$4850	$1490	$2430	**$4040**	**$4740**	Perkins	4	203D	6F-2R	52.4	4855	No
MF-175	$5195	$1580	$2570	**$4280**	**$5020**	Continental	4	206G	12F-4R	50	5320	No
MF-175	$5890	$1760	$2860	**$4750**	**$5580**	Perkins	4	236D	12F-4R	63.34	5725	No
MF-180	$5555	$1690	$2750	**$4570**	**$5370**	Continental	4	206G	12F-4R	62.8	6250	No
MF-180	$6250	$1850	$3010	**$5000**	**$5870**	Perkins	4	236D	12F-4R	63.6	6620	No
MF-1100	$6869	$1580	$2820	**$3640**	**$4880**	Perkins	6	354D	12F-4R	93.94	8800	No
MF-1130	$7628	$1750	$3130	**$4040**	**$5420**	Perkins	6T	354D	12F-4R	120.51	10000	No
1964												
MF-50	$3192	$1100	$1810	**$3000**	**$3540**	Continental	4	134G	6F-2R	31	3290	No
MF-50	$3655	$1190	$1960	**$3240**	**$3820**	Perkins	3	153D	6F-2R	38.33	3660	No
MF-65	$3890	$1250	$2050	**$3400**	**$4010**	Continental	4	176G	6F-2R	41	3800	No
MF-65 Dieselmatic	$4666	$1450	$2380	**$3940**	**$4650**	Perkins	4	203D	12F-4R	50	4200	No
MF-90	$5020	$1540	$2530	**$4180**	**$4940**	Continental	4	242G	16F-4R	61	5576	No
MF-90	$6057	$1560	$2570	**$4260**	**$5020**	Perkins	4	302D	16F-4R	68.53	5737	No
MF-97	$6852	$1750	$2880	**$4760**	**$5620**	MM	6	504D	5F-1R	90	7675	No
MF-97 4WD	$8607	$2200	$3620	**$5980**	**$7060**	MM	6	504D	5F-1R	90	8600	No
MF-135	$3216	$1080	$1770	**$2930**	**$3460**	Continental	3	145G	6F-2R	35.3	2940	No
MF-135	$3555	$1160	$1910	**$3170**	**$3740**	Perkins	3	153D	6F-2R	37.8	3130	No
MF-150	$3457	$1140	$1870	**$3100**	**$3660**	Continental	4	145G	6F-2R	35	3500	No
MF-150	$3968	$1270	$2090	**$3450**	**$4070**	Perkins	3	153D	6F-2R	37.8	4020	No
MF-165	$4200	$1330	$2180	**$3610**	**$4260**	Continental	4	176G	6F-2R	46	4600	No
MF-165	$4800	$1480	$2440	**$4030**	**$4760**	Perkins	4	203D	6F-2R	52.4	4855	No
MF-175	$5150	$1570	$2580	**$4270**	**$5040**	Continental	4	206G	12F-4R	50	5320	No
MF-175	$5850	$1750	$2880	**$4760**	**$5620**	Perkins	4	236D	12F-4R	63.34	5725	No
MF-180	$5500	$1660	$2730	**$4520**	**$5330**	Continental	4	236G	12F-4R	62.8	6250	No
MF-180	$6200	$1840	$3020	**$5000**	**$5900**	Perkins	4	236D	12F-4R	63.6	6620	No

Massey Ferguson (Cont.)

Model	Approx. Retail Price New	Used Trade-In Avg.	Used Trade-In High	Used Retail Avg.	Used Retail High	Engine Make	Engine No. Cyls.	Engine Displ. Cu.-in.	No. Speeds	P.T.O. H.P.	Approx. Shipping Wt.-Lbs.	Cab
				1963								
MF-35	......	$870	$1490	**$2040**	**$2760**	Continental	4	134G	6F-2R	33		No
MF-35	......	$1010	$1740	**$2380**	**$3210**	Perkins	3	152D	6F-2R	37		No
MF-50	$3161	$960	$1640	**$2250**	**$3040**	Continental	4	134G	6F-2R	31	3290	No
MF-50	$3620	$1060	$1830	**$2500**	**$3370**	Perkins	3	153D	6F-2R	38.33	3660	No
MF-65	$3850	$1120	$1920	**$2620**	**$3540**	Continental	4	176G	6F-2R	41	3843	No
MF-65 Dieselmatic	$4410	$1240	$2140	**$2920**	**$3950**	Perkins	4	203D	6F-2R	50	4220	No
MF-90	$4970	$1100	$1730	**$2900**	**$4060**	Continental	4	242G	8F-2R	61	5576	No
MF-90	$6000	$1130	$1780	**$2970**	**$4170**	Perkins	4	302D	8F-2R	68.53	5737	No
MF-97	$6800	$1260	$1970	**$3300**	**$4620**	MM	6	504D	5F-1R	90	7675	No
MF-97 4WD	$8555	$1580	$2480	**$4150**	**$5820**	MM	6	504D	5F-1R	90	8600	No
				1962								
MF-35	......	$820	$1390	**$1960**	**$2630**	Continental	4	134G	6F-2R	33		No
MF-35	......	$940	$1600	**$2260**	**$3030**	Perkins	3	152D	6F-2R	37		No
MF-50	......	$960	$1630	**$2300**	**$3090**	Continental	4	134G	6F-2R	33	3290	No
MF-50	......	$1070	$1820	**$2570**	**$3450**	Perkins	3	152D	6F-2R	38.33	3490	No
MF-65	......	$1090	$1850	**$2610**	**$3520**	Continental	4	176G	6F-2R	41	3843	No
MF-65 Dieselmatic	......	$1220	$2070	**$2920**	**$3920**	Perkins	4	203D	6F-2R	50	4120	No
MF-85	......	$1050	$1640	**$2770**	**$3910**	Continental	4	242G	8F-2R	61.23	5085	No
MF-85	......	$1190	$1870	**$3150**	**$4440**	Perkins	4	276D	8F-2R	62.2	5737	No
MF-88	......	$990	$1540	**$2610**	**$3670**	Continental	4	276G	8F-2R	63.31	6680	No
MF-88	......	$1180	$1840	**$3110**	**$4380**	Perkins	4	277D	8F-2R	64	7165	No
MF-90	......	$1020	$1600	**$2700**	**$3800**	Continental	4	242G	16F-4R	61	5576	No
MF-90	......	$1260	$1970	**$3330**	**$4690**	Perkins	4	302D	8F-2R	68.53	7245	No
				1961								
MF-35	......	$770	$1310	**$1880**	**$2520**	Continental	4	134G	6F-2R	33		No
MF-35	......	$900	$1520	**$2180**	**$2920**	Perkins	3	152D	6F-2R	37		No
MF-50	......	$940	$1590	**$2290**	**$3060**	Continental	4	134G	6F-2R	33	3290	No
MF-50	......	$1050	$1780	**$2550**	**$3420**	Perkins	3	152D	6F-2R	38.33	3490	No
MF-65	......	$1070	$1810	**$2600**	**$3490**	Continental	4	176G	6F-2R	41	3843	No
MF-65	......	$1200	$2030	**$2910**	**$3900**	Perkins	4	203D	6F-2R	48	4120	No
MF-85	......	$1040	$1620	**$2770**	**$3920**	Continental	4	242G	8F-2R	61.23	5085	No
MF-85	......	$1180	$1850	**$3150**	**$4460**	Perkins	4	276D	8F-2R	62.2	5737	No
MF-88	......	$980	$1540	**$2620**	**$3710**	Continental	4	276G	8F-2R	63.31	6680	No
MF-88	......	$1350	$2120	**$3610**	**$5110**	Perkins	4	277D	8F-2R	64	7165	No
				1960								
MF-35	......	$750	$1270	**$1860**	**$2470**	Continental	4	134D	6F-2R	33		No
MF-35	......	$860	$1460	**$2140**	**$2850**	Perkins	3	152D	6F-2R	37		No
MF-50	......	$910	$1540	**$2250**	**$3010**	Continental	4	134G	6F-2R	33	3290	No
MF-50	......	$1000	$1690	**$2470**	**$3290**	Perkins	3	152D	6F-2R	38.33	3490	No
MF-65	......	$1050	$1780	**$2590**	**$3460**	Continental	4	176G	6F-2R	41	3843	No
MF-65	......	$1180	$2010	**$2930**	**$3910**	Perkins	4	203D	6F-2R	48	4120	No
MF-85	......	$1030	$1610	**$2780**	**$3940**	Continental	4	242G	8F-2R	61.23	5085	No
MF-85	......	$1170	$1840	**$3170**	**$4510**	Perkins	4	276D	8F-2R	62.2	5737	No
MF-88	......	$930	$1450	**$2500**	**$3550**	Continental	4	276G	8F-2R	63.31	6680	No
MF-88	......	$1160	$1810	**$3130**	**$4440**	Perkins	4	277D	8F-2R	64	7165	No
				1959								
MF-50	......	$890	$1500	**$2240**	**$2970**	Continental	4	134G	6F-2R	33	3290	No
MF-50	......	$980	$1660	**$2470**	**$3270**	Perkins	3	152D	6F-2R	38.33	3490	No
MF-65	......	$1020	$1740	**$2580**	**$3430**	Continental	4	176G	6F-2R	41	3843	No
MF-65	......	$1140	$1930	**$2870**	**$3810**	Perkins	4	203D	6F-2R	48	4120	No
MF-85	......	$1020	$1600	**$2780**	**$3960**	Continental	4	242G	8F-2R	61.23	5085	No
MF-85	......	$1170	$1830	**$3180**	**$4540**	Perkins	4	276D	8F-2R	62.2	5737	No
MF-88	......	$920	$1440	**$2500**	**$3560**	Continental	4	276G	8F-2R	63.31	6680	No
MF-88	......	$1150	$1800	**$3130**	**$4460**	Perkins	4	277D	8F-2R	64	7165	No
				1958								
MF-50	......	$860	$1460	**$2180**	**$2910**	Continental	4	134G	6F-2R	33	3290	No
MF-50	......	$960	$1620	**$2410**	**$3220**	Perkins	3	152D	6F-2R	38.33	3490	No
MF-65	......	$1000	$1700	**$2520**	**$3370**	Continental	4	176G	6F-2R	41	3843	No
MF-65	......	$1120	$1890	**$2810**	**$3760**	Perkins	4	203D	6F-1R	48	4120	No
MF-85	......	$990	$1580	**$2730**	**$3910**	Continental	4	242G	8F-2R	61.23	5085	No
MF-85	......	$1140	$1810	**$3140**	**$4490**	Perkins	4	276D	8F-2R	62.2	5737	No

Massey Harris

Model	Approx. Retail Price New	Used Trade-In Avg.	Used Trade-In High	Used Retail Avg.	Used Retail High	Engine Make	Engine No. Cyls.	Engine Displ. Cu.-in.	No. Speeds	P.T.O. H.P.	Approx. Shipping Wt.-Lbs.	Cab
				1958								
MH-333	......	$810	$1380	**$2050**	**$2740**	MH	4	208G	10F-1R	37.15	4590	No
MH-333	......	$910	$1540	**$2290**	**$3060**	MH	4	208D	10F-1R	39	6005	No
MH-444	......	$970	$1650	**$2450**	**$3280**	MH	4	277G	10F-1R	52	5780	No
MH-444	......	$1060	$1790	**$2670**	**$3570**	MH	4	277D	10F-1R	48.21	6499	No
MH-555	......	$1030	$1740	**$2590**	**$3460**	MH	4	382G	4F-1R	71	7435	No
MH-555	......	$1100	$1870	**$2780**	**$3720**	MH	4	382D	4F-1R	72	7525	No
				1957								
MH-11 Pony	......	$830	$1380	**$2090**	**$2800**	Continental	4	62G	3F-1R	11.1	1550	No
MH-16 Pacer	......	$850	$1420	**$2140**	**$2870**	Continental	4	91G	3F-1R	18	1950	No
MH-21 Colt	......	$890	$1480	**$2240**	**$3010**	Continental	4	124G	4F-1R	25	2550	No
MH-333	......	$790	$1320	**$2000**	**$2680**	MH	4	208G	10F-1R	37.15	4590	No
MH-333	......	$860	$1440	**$2180**	**$2930**	MH	4	208D	10F-1R	39	6005	No

Model	Approx. Retail Price New	Estimated Value Less Repairs Used Trade-In Avg.	Used Trade-In High	Used Retail Avg.	Used Retail High	Engine Make	Engine No. Cyls.	Engine Displ. Cu.-in.	No. Speeds	P.T.O. H.P.	Approx. Shipping Wt.-Lbs.	Cab
Massey Harris (Cont.)												
				1957 (Cont.)								
MH-444	......	$960	$1600	**$2410**	**$3240**	MH	4	277G	10F-1R	52	5780	No
MH-444	......	$1040	$1740	**$2630**	**$3530**	MH	4	277D	10F-1R	48.21	6499	No
MH-555	......	$1000	$1680	**$2530**	**$3400**	MH	4	382G	4F-1R	71	7435	No
MH-555	......	$1090	$1820	**$2750**	**$3690**	MH	4	382D	4F-1R	72	7525	No
				1956								
MH-11 Pony	......	$780	$1290	**$1970**	**$2670**	Continental	4	62G	3F-1R	11.1	1550	No
MH-16 Pacer	......	$820	$1350	**$2060**	**$2790**	Continental	4	91G	3F-1R	18	1950	No
MH-21 Colt	......	$860	$1420	**$2170**	**$2930**	Continental	4	124G	4F-1R	25	2550	No
MH-23 Mustang	......	$900	$1480	**$2260**	**$3050**	Continental	4	150G	4F-1R	24	2830	No
MH-50	......	$930	$1540	**$2350**	**$3180**	Continental	4	134G	6F-2R	31.36	3100	No
MH-333	......	$750	$1230	**$1880**	**$2540**	MH	4	208G	10F-1R	37.15	4590	No
MH-333	......	$830	$1370	**$2090**	**$2830**	MH	4	208D	10F-1R	39	6005	No
MH-444	......	$920	$1520	**$2320**	**$3140**	MH	4	277G	10F-1R	52	5780	No
MH-444	......	$1010	$1670	**$2550**	**$3450**	MH	4	277D	10F-1R	48.21	6499	No
MH-555	......	$1000	$1650	**$2510**	**$3400**	MH	4	382G	4F-1R	71	7435	No
MH-555	......	$1070	$1770	**$2700**	**$3650**	MH	4	382D	4F-1R	72	7525	No
				1955								
MH-11 Pony	......	$750	$1250	**$1900**	**$2590**	Continental	4	62G	3F-1R	11.1	1550	No
MH-16 Pacer	......	$790	$1310	**$2000**	**$2720**	Continental	4	91G	3F-1R	18	1950	No
MH-21 Colt	......	$840	$1380	**$2110**	**$2880**	Continental	4	124G	4F-1R	25	2550	No
MH-22	......	$850	$1410	**$2150**	**$2930**	Continental	4	139G	4F-1R	17.9	2815	No
MH-23 Mustang	......	$870	$1440	**$2200**	**$3000**	Continental	4	150G	4F-1R	24	2830	No
MH-33	......	$870	$1440	**$2200**	**$2990**	MH	4	201G	5F-1R	36.23	5191	No
MH-33D	......	$890	$1470	**$2240**	**$3050**	MH	4	201D	5F-1R	46	4190	No
MH-44	......	$840	$1390	**$2120**	**$2890**	MH	4	260G	5F-1R	41.3	3855	No
MH-44D	......	$910	$1510	**$2300**	**$3130**	MH	4	260D	5F-1R	39.4	3995	No
MH-50	......	$900	$1480	**$2260**	**$3080**	Continental	4	134G	6F-2R	31.36	3100	No
MH-55	......	$870	$1440	**$2200**	**$3000**	MH	4	382G	4F-1R	55.72	6725	No
MH-55D	......	$940	$1550	**$2360**	**$3220**	MH	4	382D	4F-1R	60	7150	No
MH-555	......	$980	$1620	**$2470**	**$3360**	MH	4	382G	4F-1R	71	7435	No
MH-555	......	$1050	$1730	**$2640**	**$3600**	MH	4	382D	4F-1R	72	7525	No
				1954								
MH-11 Pony	......	$710	$1180	**$1800**	**$2480**	Continental	4	62G	3F-1R	11.1	1550	No
MH-16 Pacer	......	$770	$1270	**$1940**	**$2680**	Continental	4	91G	3F-1R	18	1950	No
MH-21 Colt	......	$820	$1350	**$2060**	**$2840**	Continental	4	124G	4F-1R	25	2550	No
MH-22	......	$840	$1380	**$2110**	**$2910**	Continental	4	139G	4F-1R	17.95	2815	No
MH-23 Mustang	......	$860	$1420	**$2160**	**$2980**	Continental	4	150G	4F-1R	24	2830	No
MH-33	......	$850	$1400	**$2140**	**$2960**	MH	4	201G	5F-1R	36.23	5191	No
MH-33D	......	$880	$1450	**$2220**	**$3060**	MH	4	201D	5F-1R	46	4190	No
MH-44	......	$830	$1360	**$2080**	**$2870**	MH	4	260G	5F-1R	41.3	3855	No
MH-44D	......	$890	$1480	**$2260**	**$3110**	MH	4	260D	5F-1R	39.4	3995	No
MH-55	......	$840	$1390	**$2130**	**$2930**	MH	4	382G	4F-1R	55.72	6725	No
MH-55D	......	$910	$1500	**$2290**	**$3160**	MH	4	382D	4F-1R	60	7150	No
				1953								
MH-11 Pony	......	$690	$1140	**$1770**	**$2470**	Continental	4	62G	3F-1R	11.1	1550	No
MH-21 Colt	......	$770	$1280	**$1990**	**$2770**	Continental	4	124G	4F-1R	25	2550	No
MH-22	......	$810	$1340	**$2080**	**$2900**	Continental	4	139G	4F-1R	17.95	2815	No
MH-23 Mustang	......	$820	$1370	**$2120**	**$2960**	Continental	4	150G	4F-1R	24	2830	No
MH-30	......	$800	$1330	**$2050**	**$2870**	Continental	4	134G	5F-2R	33	3475	No
MH-33	......	$810	$1350	**$2090**	**$2920**	MH	4	201G	5F-1R	36.23	5191	No
MH-33D	......	$840	$1410	**$2180**	**$3040**	MH	4	201D	5F-1R	46	4190	No
MH-44	......	$790	$1310	**$2030**	**$2840**	MH	4	260G	5F-1R	41.3	3855	No
MH-44D	......	$860	$1430	**$2200**	**$3080**	MH	4	260D	5F-1R	39.4	3995	No
MH-55	......	$810	$1350	**$2090**	**$2920**	MH	4	382G	4F-1R	55.72	6725	No
MH-55D	......	$870	$1450	**$2240**	**$3120**	MH	4	382D	4F-1R	60	7150	No
				1952								
MH-11 Pony	......	$650	$1100	**$1720**	**$2430**	Continental	4	62G	3F-1R	11.1	1550	No
MH-21 Colt	......	$740	$1240	**$1940**	**$2750**	Continental	4	124G	4F-1R	25	2550	No
MH-22	......	$770	$1300	**$2030**	**$2870**	Continental	4	139G	4F-1R	17.95	2815	No
MH-23 Mustang	......	$790	$1320	**$2070**	**$2930**	Continental	4	150G	4F-1R	24	2830	No
MH-30	......	$750	$1260	**$1970**	**$2790**	Continental	4	134G	5F-2R	33	3475	No
MH-33	......	$770	$1290	**$2020**	**$2860**	MH	4	201G	5F-1R	36.23	5191	No
MH-33D	......	$810	$1350	**$2120**	**$3000**	MH	4	201D	5F-1R	46	4190	No
MH-44	......	$760	$1270	**$1990**	**$2810**	MH	4	260G	5F-1R	41.3	3855	No
MH-44D	......	$820	$1380	**$2160**	**$3050**	MH	4	260D	5F-1R	39.4	3995	No
MH-55	......	$770	$1300	**$2040**	**$2890**	MH	4	382G	4F-1R	55.72	6725	No
MH-55D	......	$830	$1390	**$2180**	**$3090**	MH	4	382D	4F-1R	60	7150	No
				1951								
MH-11 Pony	......	$630	$1040	**$1660**	**$2370**	Continental	4	62G	3F-1R	11.1	1550	No
MH-22	......	$750	$1250	**$1980**	**$2840**	Continental	4	139G	4F-1R	17.95	2815	No
MH-30	......	$730	$1210	**$1910**	**$2740**	Continental	4	134G	5F-2R	33	3475	No
MH-44	......	$740	$1230	**$1950**	**$2790**	MH	4	260G	5F-1R	41.3	3855	No
MH-44D	......	$800	$1330	**$2110**	**$3030**	MH	4	260D	5F-1R	39.4	3995	No
MH-55	......	$760	$1260	**$2010**	**$2870**	MH	4	382G	4F-1R	55.72	6725	No
MH-55D	......	$810	$1350	**$2150**	**$3070**	MH	4	382D	4F-1R	60	7150	No

Model	Approx. Retail Price New	Estimated Value Less Repairs Used Trade-In Avg.	High	Used Retail Avg.	High	Engine Make	No. Cyls.	Displ. Cu.-in.	No. Speeds	P.T.O. H.P.	Approx. Shipping Wt.-Lbs.	Cab
Massey Harris (Cont.)												
				1950								
MH-11 Pony	......	$610	$1000	**$1610**	**$2330**	Continental	4	62G	3F-1R	11.1	1550	No
MH-22	......	$730	$1200	**$1930**	**$2790**	Continental	4	139G	4F-1R	17.95	2815	No
MH-30	......	$700	$1150	**$1860**	**$2690**	Continental	4	134G	5F-2R	33	3475	No
MH-44	......	$720	$1180	**$1910**	**$2760**	MH	4	260G	5F-1R	41.3	3855	No
MH-44-6	......	$820	$1350	**$2170**	**$3140**	Continental	6	226G	5F-1R	47	4120	No
MH-44D	......	$790	$1290	**$2070**	**$3000**	MH	4	260D	5F-1R	39.4	3995	No
MH-55	......	$750	$1230	**$1980**	**$2870**	MH	4	382G	4F-1R	55.72	6725	No
MH-55D	......	$790	$1300	**$2090**	**$3030**	MH	4	382D	4F-1R	60	7150	No
				1949								
MH-11 Pony	......	$590	$960	**$1560**	**$2290**	Continental	4	62G	3F-1R	11.1	1550	No
MH-22	......	$720	$1150	**$1890**	**$2760**	Continental	4	139G	4F-1R	17.95	2815	No
MH-30	......	$690	$1110	**$1810**	**$2650**	Continental	4	134G	5F-2R	33	3475	No
MH-44	......	$710	$1140	**$1870**	**$2730**	MH	4	260G	5F-1R	41.3	3855	No
MH-44-6	......	$810	$1310	**$2130**	**$3130**	Continental	6	226G	5F-1R	47	4120	No
MH-44D	......	$770	$1240	**$2030**	**$2970**	MH	4	260D	5F-1R	39.4	3995	No
MH-55	......	$730	$1170	**$1910**	**$2810**	MH	4	382G	4F-1R	55.72	6725	No
MH-55D	......	$780	$1250	**$2040**	**$2990**	MH	4	382D	4F-1R	60	7150	No
				1948								
MH-11 Pony	......	$570	$880	**$1510**	**$2240**	Continental	4	62G	3F-1R	11.1	1550	No
MH-20	......	$650	$1010	**$1720**	**$2550**	Continental	4	124G	4F-1R	27	2560	No
MH-22	......	$700	$1090	**$1850**	**$2740**	Continental	4	139G	4F-1R	17.95	2815	No
MH-30	......	$670	$1040	**$1780**	**$2640**	Continental	4	134G	5F-2R	33	3475	No
MH-44	......	$700	$1070	**$1830**	**$2720**	MH	4	260G	5F-1R	41.3	3855	No
MH-44-6	......	$790	$1220	**$2090**	**$3100**	Continental	6	226G	5F-1R	47	4120	No
MH-44D	......	$750	$1160	**$1980**	**$2930**	MH	4	260D	5F-1R	39.4	3995	No
MH-55	......	$710	$1090	**$1870**	**$2770**	MH	4	382G	4F-1R	55.72	6725	No
MH-55D	......	$760	$1170	**$2000**	**$2970**	MH	4	382D	4F-1R	60.4	7057	No
MH-81	......	$780	$1200	**$2050**	**$3040**	Continental	4	123G	4F-1R	21.6	2560	No
				1947								
MH-11 Pony	......	$540	$860	**$1470**	**$2200**	Continental	4	62G	3F-1R	11.1	1550	No
MH-20	......	$620	$970	**$1660**	**$2490**	Continental	4	124G	4F-1R	27	2560	No
MH-30	......	$650	$1030	**$1750**	**$2630**	Continental	4	134G	5F-2R	33	3475	No
MH-44	......	$670	$1060	**$1800**	**$2710**	MH	4	260G	5F-1R	41.3	3855	No
MH-44-6	......	$760	$1200	**$2050**	**$3070**	Continental	6	226G	5F-1R	47	4120	No
MH-44D	......	$710	$1130	**$1930**	**$2890**	MH	4	260D	5F-1R	39.4	3995	No
MH-55	......	$680	$1070	**$1830**	**$2740**	MH	4	382G	4F-1R	55.72	6725	No
MH-55D	......	$730	$1150	**$1960**	**$2930**	MH	4	382D	4F-1R	60.4	7057	No
MH-81	......	$740	$1170	**$2000**	**$3000**	Continental	4	123G	4F-1R	21.6	2560	No
MH-203	......	$650	$1030	**$1750**	**$2630**	Continental	6	217G	4F-1R	47.9	8750	No
				1946								
MH-20	......	$580	$940	**$1620**	**$2430**	Continental	4	124G	4F-1R	27	2560	No
MH-30	......	$630	$1020	**$1750**	**$2630**	Continental	4	134G	5F-2R	33	3475	No
MH-44	......	$640	$1030	**$1770**	**$2670**	MH	4	260G	5F-1R	41.3	3855	No
MH-44D	......	$690	$1110	**$1910**	**$2870**	MH	4	260D	5F-1R	39.4	3995	No
MH-55	......	$650	$1050	**$1810**	**$2720**	MH	4	382G	4F-1R	55.72	6725	No
MH-55D	......	$690	$1120	**$1930**	**$2900**	MH	4	382D	4F-1R	60.4	7057	No
MH-81	......	$710	$1150	**$1980**	**$2970**	Continental	4	123G	4F-1R	21.6	2560	No
MH-82	......	$720	$1170	**$2020**	**$3030**	Continental	4	123G	4F-1R	20.7	2560	No
MH-101 Jr.	......	$670	$1080	**$1860**	**$2790**	Continental	4	162G	4F-1R		2958	No
MH-101 Sr	......	$690	$1110	**$1910**	**$2880**	Continental	6	226G	4F-1R	33	5725	No
MH-102 Jr.	......	$700	$1140	**$1960**	**$2950**	Continental	4	162G	4F-1R		5862	No
MH-203	......	$620	$1000	**$1730**	**$2600**	Continental	6	217G	4F-1R	36.6		No
				1945								
MH-81	......	$700	$1130	**$1970**	**$2930**	Continental	4	123G	4F-1R	21.6	2560	No
MH-82	......	$710	$1150	**$2000**	**$2980**	Continental	4	123G	4F-1R	20.7	2560	No
MH-101 Jr.	......	$650	$1050	**$1830**	**$2720**	Continental	4	139G	4F-1R		2958	No
MH-101 Sr	......	$670	$1090	**$1890**	**$2820**	Continental	6	226G	4F-1R	33	5725	No
MH-102 Jr.	......	$670	$1080	**$1870**	**$2790**	Continental	4	162G	4F-1R		5862	No
MH-102 Sr	......	$690	$1120	**$1940**	**$2900**	Continental	4	226G	4F-1R	47.9	2958	No
MH-203	......	$600	$980	**$1700**	**$2530**	Continental	6	217G	4F-1R	36.6		No
				1944								
MH-81	......	$680	$1110	**$1940**	**$2860**	Continental	4	123G	4F-1R	21.6	2560	No
MH-82	......	$690	$1120	**$1960**	**$2900**	Continental	4	123G	4F-1R	20.7	2560	No
MH-101 Jr.	......	$640	$1030	**$1800**	**$2660**	Continental	4	139G	4F-1R		2958	No
MH-101 Sr	......	$660	$1070	**$1860**	**$2760**	Continental	6	226G	4F-1R	33	5725	No
MH-102 Sr	......	$700	$1130	**$1980**	**$2930**	Continental	4	226G	4F-1R	47.9	2958	No
MH-202	......	$520	$850	**$1490**	**$2200**	Continental	6	217G	4F-1R	36.6	6600	No
MH-203	......	$590	$950	**$1670**	**$2460**	Continental	6	217G	4F-1R	36.6		No
				1943								
MH-81	......	$670	$1080	**$1910**	**$2800**	Continental	4	123G	4F-1R	21.6	2560	No
MH-82	......	$680	$1100	**$1940**	**$2850**	Continental	4	123G	4F-1R	20.7	2560	No
MH-101 Jr.	......	$620	$1000	**$1770**	**$2600**	Continental	4	139G	4F-1R		2958	No
MH-101 Sr	......	$640	$1040	**$1830**	**$2690**	Continental	6	226G	4F-1R	33	5725	No
MH-102 Sr	......	$680	$1100	**$1950**	**$2860**	Continental	4	226G	4F-1R	47.9	2958	No
MH-202	......	$510	$820	**$1450**	**$2130**	Continental	6	217G	4F-1R	36.6	6600	No
MH-203	......	$570	$930	**$1630**	**$2400**	Continental	6	217G	4F-1R	36.6		No

Model	Approx. Retail Price New	Estimated Value Less Repairs: Used Trade-In Avg.	Used Trade-In High	Used Retail Avg.	Used Retail High	Engine Make	No. Cyls.	Displ. Cu.-in.	No. Speeds	P.T.O. H.P.	Approx. Shipping Wt.-Lbs.	Cab

Massey Harris (Cont.)

Model	Approx. Retail Price New	Used Trade-In Avg.	Used Trade-In High	Used Retail Avg.	Used Retail High	Make	No. Cyls.	Displ. Cu.-in.	No. Speeds	P.T.O. H.P.	Approx. Shipping Wt.-Lbs.	Cab
1942												
MH-81	......	$640	$1040	**$1840**	**$2690**	Continental	4	123G	4F-1R	21.6	2560	No
MH-82	......	$660	$1060	**$1870**	**$2750**	Continental	4	123G	4F-1R	20.7	2560	No
MH-101 Jr.	......	$600	$980	**$1720**	**$2530**	Continental	4	139G	4F-1R		2958	No
MH-101 Sr	......	$630	$1010	**$1790**	**$2620**	Continental	6	226G	4F-1R	33	5725	No
MH-102 Sr	......	$670	$1080	**$1900**	**$2790**	Continental	4	226G	4F-1R	47.9	2958	No
MH-202	......	$500	$800	**$1420**	**$2080**	Continental	6	217G	4F-1R	36.6	6600	No
MH-203	......	$560	$900	**$1590**	**$2330**	Continental	6	217G	4F-1R	36.6		No
1941												
MH-81	......	$620	$1000	**$1770**	**$2600**	Continental	4	123G	4F-1R	21.6	2560	No
MH-82	......	$630	$1020	**$1790**	**$2630**	Continental	4	123G	4F-1R	20.7	2560	No
MH-101 Jr.	......	$590	$950	**$1680**	**$2460**	Continental	4	139G	4F-1R		2958	No
MH-101 Sr	......	$610	$990	**$1740**	**$2550**	Continental	6	226G	4F-1R	33	5725	No
MH-102 Sr	......	$710	$1160	**$2040**	**$2990**	Continental	4	226G	4F-1R	47.9	2958	No
MH-202	......	$480	$780	**$1380**	**$2020**	Continental	6	217G	4F-1R	36.6	6600	No
MH-203	......	$540	$880	**$1550**	**$2270**	Continental	6	217G	4F-1R	36.6		No
1940												
MH-101 Jr.	......	$570	$930	**$1630**	**$2400**	Continental	4	139G	4F-1R		2958	No
MH-101 Sr	......	$600	$970	**$1700**	**$2500**	Continental	6	226G	4F-1R	33	5725	No
MH-203	......	$530	$850	**$1500**	**$2200**	Continental	6	217G	4F-1R	36.6		No
1939												
MH-101 Jr.	......	$570	$930	**$1630**	**$2400**	Continental	4	139G	4F-1R		2958	No
MH-101 Sr	......	$600	$970	**$1700**	**$2500**	Continental	6	226G	4F-1R	33	5725	No

McCormick

Model	Approx. Retail Price New	Used Trade-In Avg.	Used Trade-In High	Used Retail Avg.	Used Retail High	Make	No. Cyls.	Displ. Cu.-in.	No. Speeds	P.T.O. H.P.	Approx. Shipping Wt.-Lbs.	Cab
2006												
GX45 4WD	$22227	$16000	$16890	**$19120**	**$19780**	Yanmar	4	121D	12F-12R	36.0		No
GX50 4WD	$23441	$16880	$17820	**$20160**	**$20860**	Yanmar	4	133D	12F-12R	41.0		No
GX50 4WD Cab	$28800	$20740	$21890	**$24770**	**$25630**	Yanmar	4	133D	12F-12R	41.0		CHA
GX50 Hydro 4WD	$26692	$19220	$20290	**$22960**	**$23760**	Yanmar	4	133D	Variable	41.0		No
GX50 Hydro 4WD Cab	$32051	$23080	$24360	**$27560**	**$28530**	Yanmar	4	133D	Variable	41.0		CHA
C70S 4WD	$31925	$22990	$24260	**$27460**	**$28410**	Perkins	4	268D	8F-4R	60.0		No
CX75 XtraShift	$38249	$27540	$29070	**$32890**	**$34040**	Perkins	4	268D	24F-24R	60.0		No
CX75 XtraShift 4WD	$42325	$30470	$32170	**$36400**	**$37670**	Perkins	4	268D	24F-24R	60.0		No
CX75 XtraShift Cab	$44620	$32130	$33910	**$38370**	**$39710**	Perkins	4	268D	24F-24R	60.0		CHA
CX75 XtraShift Cab 4WD	$48696	$35060	$37010	**$41880**	**$43340**	Perkins	4	268D	24F-24R	60.0		CHA
CX75 Power Shift	$35478	$25540	$26960	**$30510**	**$31580**	Perkins	4	268D	16F-8R	60.0		No
CX75 Power Shift 4WD	$39552	$28480	$30060	**$34020**	**$35200**	Perkins	4	268D	16F-8R	60.0		No
CX75 Power Shift Cab	$41850	$30130	$31810	**$35990**	**$37250**	Perkins	4	268D	16F-8R	60.0		CHA
CX75 Power Shift Cab 4WD	$45923	$33070	$34900	**$39490**	**$40870**	Perkins	4	268D	18F-6R	60.0		CHA
C80S	$31108	$22400	$23640	**$26750**	**$27690**	Perkins	4T	268D	8F-4R	67.0		No
C80S 4WD	$35426	$25510	$26920	**$30470**	**$31530**	Perkins	4T	268D	8F-4R	67.0		No
CX85 XtraShift	$42385	$30520	$32210	**$36450**	**$37720**	Perkins	4T	268D	24F-24R	67.0		No
CX85 XtraShift 4WD	$46460	$33450	$35310	**$39960**	**$41350**	Perkins	4T	268D	24F-24R	67.0		No
CX85 XtraShift Cab	$48757	$35110	$37060	**$41930**	**$43390**	Perkins	4T	268D	24F-24R	67.0		CHA
CX85 XtraShift Cab 4WD	$52831	$38040	$40150	**$45440**	**$47020**	Perkins	4T	268D	24F-24R	67.0		CHA
CX85 Power Shift	$39613	$28520	$30110	**$34070**	**$35260**	Perkins	4T	268D	18F-6R	67.0		No
CX85 Power Shift 4WD	$43687	$31460	$33200	**$37570**	**$38880**	Perkins	4T	268D	16F-8R	67.0		No
CX85 Power Shift 4WD Cab	$50058	$36040	$38040	**$43050**	**$44550**	Perkins	4T	268D	18F-6R	67.0		CHA
CX85 Power Shift Cab	$45984	$33110	$34950	**$39550**	**$40930**	Perkins	4T	268D	16F-8R	67.0		CHA
C90S	$33135	$23860	$25180	**$28500**	**$29490**	Perkins	4T	268D	8F-4R	74.0		No
C90S 4WD	$37468	$26980	$28480	**$32220**	**$33350**	Perkins	4T	268D	8F-4R	74.0		No
CX95 XtraShift	$45676	$32890	$34710	**$39280**	**$40650**	Perkins	4T	268D	24F-24R	74.0		No
CX95 XtraShift 4WD	$49752	$35820	$37810	**$42790**	**$44280**	Perkins	4T	268D	24F-24R	74.0		No
CX95 XtraShift Cab	$52047	$37470	$39560	**$44760**	**$46320**	Perkins	4T	268D	24F-24R	74.0		CHA
CX95 XtraShift Cab 4WD	$56123	$40410	$42650	**$48270**	**$49950**	Perkins	4T	268D	24F-24R	74.0		CHA
CX95 Power Shift	$42904	$30890	$32610	**$36900**	**$38190**	Perkins	4T	268D	18F-6R	74.0		No
CX95 Power Shift 4WD	$46980	$33830	$35710	**$40400**	**$41810**	Perkins	4T	268D	18F-6R	74.0		No
CX95 Power Shift Cab	$49275	$35480	$37450	**$42380**	**$43860**	Perkins	4T	268D	16F-8R	74.0		CHA
CX95 Power Shift Cab 4WD	$53351	$38410	$40550	**$45880**	**$47480**	Perkins	4T	268D	16F-8R	74.0		CHA
C100S	$36329	$26160	$27610	**$31240**	**$32330**	Perkins	4T	268D	8F-4R	83.0		No
C100S 4WD	$40662	$29280	$30900	**$34970**	**$36190**	Perkins	4T	268D	8F-4R	83.0		No
CX105 XtraShift	$46986	$33830	$35710	**$40410**	**$41820**	Perkins	4T	268D	24F-24R	83.0		No
CX105 XtraShift 4WD	$51062	$36770	$38810	**$43910**	**$45450**	Perkins	4T	268D	24F-24R	83.0		No
CX105 XtraShift Cab	$53357	$38420	$40550	**$45890**	**$47490**	Perkins	4T	268D	24F-24R	83.0		CHA
CX105 XtraShift Cab 4WD	$57433	$41350	$43650	**$49390**	**$51120**	Perkins	4T	268D	24F-24R	83.0		CHA
CX105 Power Shift	$44742	$32210	$34000	**$38480**	**$39820**	Perkins	4T	268D	18F-6R	83.0		No
CX105 Power Shift 4WD	$48818	$35150	$37100	**$41980**	**$43450**	Perkins	4T	268D	16F-8R	83.0		No
CX105 Power Shift Cab	$51113	$36800	$38850	**$43960**	**$45490**	Perkins	4T	268D	18F-6R	83.0		CHA
CX105 Power Shift Cab 4WD	$55189	$39740	$41940	**$47460**	**$49120**	Perkins	4T	268D	18F-6R	83.0		CHA
C-MAX 105	$39062	$28130	$29690	**$33590**	**$34770**	Perkins	4T	268D	12F-12R	89.8		No
C-MAX 105 4WD	$44947	$32360	$34160	**$38650**	**$40000**	Perkins	4T	268D	12F-12R	89.8		No
C-MAX 105 4WD Cab	$50372	$36270	$38280	**$43320**	**$44830**	Perkins	4T	268D	12F-12R	89.8		CHA
C-MAX 105 Cab	$44487	$32030	$33810	**$38260**	**$39590**	Perkins	4T	268D	12F-12R	89.8		CHA
C-MAX 105 HC	$40261	$28990	$30600	**$34620**	**$35830**	Perkins	4T	268D	24F-12R	89.8		No
C-MAX 105 HC 4WD	$47893	$34480	$36400	**$41190**	**$42630**	Perkins	4T	268D	24F-12R	89.8		No
C-MAX 105 HC Cab	$45686	$32890	$34720	**$39290**	**$40660**	Perkins	4T	268D	24F-12R	89.8		CHA
C-MAX 105 HC Cab 4WD	$53318	$38390	$40520	**$45850**	**$47450**	Perkins	4T	268D	24F-12R	89.8		CHA
C-MAX 60	$28620	$20610	$21750	**$24610**	**$25470**	Perkins	3	201D	12F-12R	58.5		No
C-MAX 60 4WD	$33407	$24050	$25390	**$28730**	**$29730**	Perkins	3	201D	12F-12R	58.5		No

McCormick (Cont.)

2006 (Cont.)

Model	Approx. Retail Price New	Used Trade-In Avg.	Used Trade-In High	Used Retail Avg.	Used Retail High	Engine Make	No. Cyls.	Displ. Cu.-in.	No. Speeds	P.T.O. H.P.	Approx. Shipping Wt.-Lbs.	Cab
		Estimated Value Less Repairs										
C-MAX 60 4WD Cab	$38832	$27960	$29510	**$33400**	**$34560**	Perkins	3	201D	12F-12R	58.5		CHA
C-MAX 60 Cab	$34045	$24510	$25870	**$29280**	**$30300**	Perkins	3	201D	12F-12R	58.5		CHA
C-MAX 75	$31522	$22700	$23960	**$27110**	**$28060**	Perkins	4	268D	12F-12R	62.4		No
C-MAX 75 4WD	$36308	$26140	$27590	**$31230**	**$32310**	Perkins	4	268D	12F-12R	62.4		No
C-MAX 75 4WD Cab	$41733	$30050	$31720	**$35890**	**$37140**	Perkins	4	268D	12F-12R	62.4		CHA
C-MAX 75 Cab	$36947	$26600	$28080	**$31770**	**$32880**	Perkins	4	268D	12F-12R	62.4		CHA
C-MAX 85	$32748	$23580	$24890	**$28160**	**$29150**	Perkins	4	268D	12F-12R	74.4		No
C-MAX 85 4WD	$39203	$28230	$29790	**$33720**	**$34890**	Perkins	4	268D	12F-12R	74.4		No
C-MAX 85 4WD Cab	$44628	$32130	$33920	**$38380**	**$39720**	Perkins	4	268D	12F-12R	74.4		CHA
C-MAX 85 Cab	$38173	$27490	$29010	**$32830**	**$33970**	Perkins	4	268D	12F-12R	74.4		CHA
C-MAX 85HC	$34885	$25120	$26510	**$30000**	**$31050**	Perkins	4	268D	24F-12R	74.4		No
C-MAX 85HC 4WD	$41527	$29900	$31560	**$35710**	**$36960**	Perkins	4	268D	24F-12R	74.4		No
C-MAX 85HC 4WD Cab	$46952	$33810	$35680	**$40380**	**$41790**	Perkins	4	268D	24F-12R	74.4		CHA
C-MAX 85HC Cab	$40310	$29020	$30640	**$34670**	**$35880**	Perkins	4	268D	24F-12R	74.4		CHA
C-MAX 95	$36410	$26220	$27670	**$31310**	**$32410**	Perkins	4T	268D	12F-12R	83.8		No
C-MAX 95 4WD	$41719	$30040	$31710	**$35880**	**$37130**	Perkins	4T	268D	12F-12R	83.8		No
C-MAX 95 4WD Cab	$47144	$33940	$35830	**$40540**	**$41960**	Perkins	4T	268D	12F-12R	83.8		CHA
C-MAX 95 Cab	$41835	$30120	$31800	**$35980**	**$37230**	Perkins	4T	268D	12F-12R	83.8		CHA
C-MAX 95 HC	$37805	$27220	$28730	**$32510**	**$33650**	Perkins	4T	268D	24F-12R	83.8		No
C-MAX 95 HC 4WD	$45010	$32410	$34210	**$38710**	**$40060**	Perkins	4T	268D	24F-12R	83.8		No
C-MAX 95 HC 4WD Cab	$50435	$36310	$38330	**$43370**	**$44890**	Perkins	4T	268D	24F-12R	83.8		CHA
C-MAX 95 HC Cab	$43230	$31130	$32860	**$37180**	**$38480**	Perkins	4T	268D	24F-12R	83.8		CHA
MC95 4WD	$51194	$36860	$38910	**$44030**	**$45560**	Perkins	4T	268D	16F-12R	74.0		No
MC95 4WD Cab	$58658	$42230	$44580	**$50450**	**$52210**	Perkins	4T	268D	16F-12R	74.0		CHA
MC105	$51018	$36730	$38770	**$43880**	**$45410**	Perkins	4T	268D	16F-12R	83.0		No
MC105 4WD	$55862	$40220	$42460	**$48040**	**$49720**	Perkins	4T	268D	16F-12R	83.0		No
MC105 4WD Cab	$63326	$45600	$48130	**$54460**	**$56360**	Perkins	4T	268D	16F-12R	83.0		CHA
MC105 Cab	$58482	$42110	$44450	**$50300**	**$52050**	Perkins	4T	268D	16F-12R	83.0		CHA
MC115	$54211	$39030	$41200	**$46620**	**$48250**	Perkins	4TI	268D	16F-12R	96.0		No
MC115 4WD	$59056	$42520	$44880	**$50790**	**$52560**	Perkins	4TI	268D	16F-12R	96.0		No
MC115 4WD Cab	$66520	$47890	$50560	**$57210**	**$59200**	Perkins	4TI	268D	16F-12R	96.0		CHA
MC115 Cab	$61674	$44410	$46870	**$53040**	**$54890**	Perkins	4TI	268D	16F-12R	96.0		CHA
MC120 Power 6 4WD	$63696	$45860	$48410	**$54780**	**$56690**	Perkins	6T	366D	16F-12R	98.0		No
MC120 Power 6 4WD Cab	$71305	$51340	$54190	**$61320**	**$63460**	Perkins	6T	366D	16F-12R	98.0		CHA
MC135 Power 6 4WD	$68982	$49670	$52430	**$59330**	**$61390**	Perkins	6T	366D	16F-12R	113.0		No
MC135 Power 6 4WD Cab	$76518	$55090	$58150	**$65810**	**$68100**	Perkins	6T	366D	16F-12R	113.0		CHA
MTX120 4WD Cab	$74197	$51940	$54910	**$63070**	**$65290**	McCormick	6T	408D	16F-12R	100.0		CHA
MTX120 Cab	$68572	$48000	$50740	**$58290**	**$60340**	McCormick	6T	408D	16F-12R	100.0		CHA
MTX135 4WD Cab	$79017	$55310	$58470	**$67160**	**$69540**	McCormick	6TI	408D	16F-12R	112.0		CHA
MTX135 Cab	$73447	$51410	$54350	**$62430**	**$64630**	McCormick	6TI	408D	16F-12R	112.0		CHA
MTX150 4WD Cab	$86638	$60650	$64110	**$73640**	**$76240**	McCormick	6TI	408D	16F-12R	130.0		CHA
MTX150 Cab	$81039	$56730	$59970	**$68880**	**$71310**	McCormick	6TI	408D	16F-12R	130.0		CHA
XTX185M 4WD Cab	$100606	$70420	$74450	**$85520**	**$88530**	McCormick	6TI	411D	32F-24R	141.0		CHA
XTX185E 4WD Cab	$106083	$74260	$78500	**$90170**	**$93350**	McCormick	6TI	411D	32F-24R	141.0		CHA
XTX200M 4WD Cab	$105983	$74190	$78430	**$90090**	**$93270**	McCromick	6TI	411D	32F-24R	169.0		CHA
XTX200E 4WD Cab	$111563	$78090	$82560	**$94830**	**$98180**	McCormick	6TI	411D	32F-24R	169.0		CHA
XTX215M 4WD Cab	$111567	$78100	$82560	**$94830**	**$98180**	Cummins	6TI	359D	32F-24R	179.0		CHA
XTX215E 4WD Cab	$117045	$81930	$86610	**$99490**	**$103000**	Cummins	6TI	359D	32F-24R	179.0		CHA
ZTX230 4WD Cab	$136289	$95400	$100850	**$114480**	**$118570**	Cummins	6TA	505D	18F-8R	185.0		CHA
ZTX260 4WD Cab	$147790	$103450	$109370	**$124140**	**$128580**	Cummins	6TA	505D	18F-8R	210.0		CHA
ZTX280 4WD Cab	$163620	$114530	$121080	**$137440**	**$142350**	Cummins	6TA	505D	18F-8R	250.0		CHA

2005

Model	Approx. Retail Price New	Used Trade-In Avg.	Used Trade-In High	Used Retail Avg.	Used Retail High	Engine Make	No. Cyls.	Displ. Cu.-in.	No. Speeds	P.T.O. H.P.	Approx. Shipping Wt.-Lbs.	Cab
GX40	$18684	$11580	$12710	**$14760**	**$15700**	Yanmar	3	100D	12F-12R	31.0		No
GX40 4WD	$20305	$12590	$13810	**$16040**	**$17060**	Yanmar	3	100D	12F-12R	31.0		No
GX40 Hydro	$21232	$13160	$14440	**$16770**	**$17840**	Yanmar	3	100D	Variable	31.0		No
GX40 Hydro 4WD	$23098	$14320	$15710	**$18250**	**$19400**	Yanmar	3	100D	Variable	31.0		No
GX45	$20082	$12450	$13660	**$15870**	**$16870**	Yanmar	4	121D	12F-12R	36.0		No
GX45 4WD	$21580	$13380	$14670	**$17050**	**$18130**	Yanmar	4	121D	12F-12R	36.0		No
GX45 4WD Cab	$26818	$16630	$18240	**$21190**	**$22530**	Yanmar	4	121D	12F-12R	36.0		CH
GX45 Cab	$25320	$15700	$17220	**$20000**	**$21270**	Yanmar	4	121D	12F-12R	36.0		CH
GX45 Hydro	$22847	$14170	$15540	**$18050**	**$19190**	Yanmar	4	121D	Variable	36.0		No
GX45 Hydro 4WD	$24564	$15230	$16700	**$19410**	**$20630**	Yanmar	4	121D	Variable	36.0		No
GX45 Hydro 4WD Cab	$29802	$18480	$20270	**$23540**	**$25030**	Yanmar	4	121D	Variable	36.0		CHA
GX45 Hydro Cab	$28085	$17410	$19100	**$22190**	**$23590**	Yanmar	4	121D	Variable	36.0		CHA
GX50	$21331	$13230	$14510	**$16850**	**$17920**	Yanmar	4	133D	12F-12R	41.0		No
GX50 4WD	$22758	$14110	$15480	**$17980**	**$19120**	Yanmar	4	133D	12F-12R	41.0		No
GX50 4WD Cab	$27996	$17360	$19040	**$22120**	**$23520**	Yanmar	4	133D	12F-12R	41.0		CHA
GX50 Cab	$26569	$16470	$18070	**$20990**	**$22320**	Yanmar	4	133D	12F-12R	41.0		CHA
GX50 Hydro	$24266	$15050	$16500	**$19170**	**$20380**	Yanmar	4	133D	Variable	41.0		No
GX50 Hydro 4WD	$25914	$16070	$17620	**$20470**	**$21770**	Yanmar	4	133D	Variable	41.0		No
GX50 Hydro 4WD Cab	$31152	$19310	$21180	**$24610**	**$26170**	Yanmar	4	133D	Variable	41.0		CHA
GX50 Hydro Cab	$29504	$18290	$20060	**$23310**	**$24780**	Yanmar	4	133D	Variable	41.0		CHA
C70S	$26578	$16480	$18070	**$21000**	**$22330**	Perkins	4	268D	8F-4R	60.0		No
C70S 4WD	$30975	$19210	$21060	**$24470**	**$26020**	Perkins	4	268D	8F-4R	60.0		No
C70S Poultry House Spl.	$28256	$17520	$19210	**$22320**	**$23740**	Perkins	4	268D	8F-8R	60.0		No
C70S Poultry House Spl. Cab	$32653	$20250	$22200	**$25800**	**$27430**	Perkins	4	268D	8F-8R	60.0		CHA
CX75 XtraShift	$38288	$23740	$26040	**$30250**	**$32160**	Perkins	4	268D	24F-24R	60.0		No
CX75 XtraShift 4WD	$42220	$26180	$28710	**$33350**	**$35470**	Perkins	4	268D	24F-24R	60.0		No
CX75 XtraShift Cab	$44043	$27310	$29950	**$34790**	**$37000**	Perkins	4	268D	24F-24R	60.0		CHA
CX75 XtraShift Cab 4WD	$48230	$29900	$32800	**$38100**	**$40510**	Perkins	4	268D	24F-24R	60.0		CHA
CX75 Power Shift	$35610	$22080	$24220	**$28130**	**$29910**	Perkins	4	268D	16F-8R	60.0		No
CX75 Power Shift 4WD	$39546	$24520	$26890	**$31240**	**$33220**	Perkins	4	268D	16F-8R	60.0		No
CX75 Power Shift Cab	$41616	$25800	$28300	**$32880**	**$34960**	Perkins	4	268D	16F-8R	60.0		CHA

McCormick (Cont.)

2005 (Cont.)

Model	Approx. Retail Price New	Estimated Value Less Repairs Used Trade-In Avg.	Used Trade-In High	Used Retail Avg.	Used Retail High	Engine Make	Engine No. Cyls.	Engine Displ. Cu.-in.	No. Speeds	P.T.O. H.P.	Approx. Shipping Wt.-Lbs.	Cab
CX75 Power Shift Cab 4WD	$45551	$28240	$30980	**$35990**	**$38260**	Perkins	4	268D	18F-6R	60.0		CHA
C80S	$31462	$19510	$21390	**$24860**	**$26430**	Perkins	4T	268D	8F-4R	67.0		No
C80S 4WD	$35859	$22230	$24380	**$28330**	**$30120**	Perkins	4T	268D	8F-4R	67.0		No
C80S Poultry House Spl.	$32485	$20140	$22090	**$25660**	**$27290**	Perkins	4T	268D	16F-8R	67.0		No
C80S 4WD Poultry House Spl.	$36882	$22870	$25080	**$29140**	**$30980**	Perkins	4T	268D	16F-8R	67.0		No
CX85 XtraShift	$42283	$26220	$28750	**$33400**	**$35520**	Perkins	4T	268D	24F-24R	67.0		No
CX85 XtraShift 4WD	$46220	$28660	$31430	**$36510**	**$38830**	Perkins	4T	268D	24F-24R	67.0		No
CX85 XtraShift Cab	$48289	$29940	$32840	**$38150**	**$40560**	Perkins	4T	268D	24F-24R	67.0		CHA
CX85 XtraShift Cab 4WD	$52225	$32380	$35510	**$41260**	**$43870**	Perkins	4T	268D	24F-24R	67.0		CHA
CX85 Power Shift	$39606	$24560	$26930	**$31290**	**$33270**	Perkins	4T	268D	18F-6R	67.0		No
CX85 Power Shift 4WD	$43541	$27000	$29610	**$34400**	**$36570**	Perkins	4T	268D	16F-8R	67.0		No
CX85 Power Shift 4WD Cab	$49546	$30720	$33690	**$39140**	**$41620**	Perkins	4T	268D	18F-6R	67.0		CHA
CX85 Power Shift Cab	$45611	$28280	$31020	**$36030**	**$38310**	Perkins	4T	268D	16F-8R	67.0		CHA
C90S	$33635	$20850	$22870	**$26570**	**$28250**	Perkins	4T	268D	8F-4R	74.0		No
C90S 4WD	$37842	$23460	$25730	**$29900**	**$31790**	Perkins	4T	268D	8F-4R	74.0		No
CX95 XtraShift	$45167	$28000	$30710	**$35680**	**$37940**	Perkins	4T	268D	24F-24R	74.0		No
CX95 XtraShift 4WD	$49402	$30630	$33590	**$39030**	**$41500**	Perkins	4T	268D	24F-24R	74.0		No
CX95 XtraShift Cab	$51473	$31910	$35000	**$40660**	**$43240**	Perkins	4T	268D	24F-24R	74.0		CHA
CX95 XtraShift Cab 4WD	$55408	$34350	$37680	**$43770**	**$46540**	Perkins	4T	268D	24F-24R	74.0		CHA
CX95 Power Shift	$42788	$26530	$29100	**$33800**	**$35940**	Perkins	4T	268D	18F-6R	74.0		No
CX95 Power Shift 4WD	$46723	$28970	$31770	**$36910**	**$39250**	Perkins	4T	268D	18F-6R	74.0		No
CX95 Power Shift Cab	$48794	$30250	$33180	**$38550**	**$40990**	Perkins	4T	268D	16F-8R	74.0		CHA
CX95 Power Shift Cab 4WD	$52729	$32690	$35860	**$41660**	**$44290**	Perkins	4T	268D	16F-8R	74.0		CHA
C100S	$36735	$22780	$24980	**$29020**	**$30860**	Perkins	4T	268D	8F-4R	83.0		No
C100S 4WD	$40942	$25380	$27840	**$32340**	**$34390**	Perkins	4T	268D	8F-4R	83.0		No
CX105 XtraShift	$46732	$28970	$31780	**$36920**	**$39260**	Perkins	4T	268D	24F-24R	83.0		No
CX105 XtraShift 4WD	$50667	$31410	$34450	**$40030**	**$42560**	Perkins	4T	268D	24F-24R	83.0		No
CX105 XtraShift Cab	$52738	$32700	$35860	**$41660**	**$44300**	Perkins	4T	268D	24F-24R	83.0		CHA
CX105 XtraShift Cab 4WD	$56673	$35140	$38540	**$44770**	**$47610**	Perkins	4T	268D	24F-24R	83.0		CHA
CX105 Power Shift	$44564	$27630	$30300	**$35210**	**$37430**	Perkins	4T	268D	18F-6R	83.0		No
CX105 Power Shift 4WD	$48499	$30070	$32980	**$38310**	**$40740**	Perkins	4T	268D	16F-8R	83.0		No
CX105 Power Shift Cab	$50570	$31350	$34390	**$39950**	**$42480**	Perkins	4T	268D	18F-6R	83.0		CHA
CX105 Power Shift Cab 4WD	$54505	$33790	$37060	**$43060**	**$45780**	Perkins	4T	268D	18F-6R	83.0		CHA
C-MAX 105	$37553	$23280	$25540	**$29670**	**$31550**	Perkins	4T	268D	12F-12R	89.8		No
C-MAX 105 4WD	$43267	$26830	$29420	**$34180**	**$36340**	Perkins	4T	268D	12F-12R	89.8		No
C-MAX 105 4WD Cab	$48534	$30090	$33000	**$38340**	**$40770**	Perkins	4T	268D	12F-12R	89.8		CHA
C-MAX 105 Cab	$42820	$26550	$29120	**$33830**	**$35970**	Perkins	4T	268D	12F-12R	89.8		CHA
C-MAX 105 HC	$38717	$24010	$26330	**$30590**	**$32520**	Perkins	4T	268D	12F-12R	89.8		No
C-MAX 105 HC 4WD	$46281	$28690	$31470	**$36560**	**$38880**	Perkins	4T	268D	12F-12R	89.8		No
C-MAX 105 HC Cab	$43984	$27270	$29910	**$34750**	**$36950**	Perkins	4T	268D	12F-12R	89.8		CHA
C-MAX 105 HC Cab 4WD	$51548	$31960	$35050	**$40720**	**$43300**	Perkins	4T	268D	12F-12R	89.8		CHA
C-MAX 60	$27416	$17000	$18640	**$21660**	**$23030**	Perkins	3	201D	12F-12R	58.5		No
C-MAX 60 4WD	$32063	$19880	$21800	**$25330**	**$26930**	Perkins	3	201D	12F-12R	58.5		No
C-MAX 60 4WD Cab	$37330	$23150	$25380	**$29490**	**$31360**	Perkins	3	201D	12F-12R	58.5		CHA
C-MAX 60 Cab	$32683	$20260	$22220	**$25820**	**$27450**	Perkins	3	201D	12F-12R	58.5		CHA
C-MAX 75	$30023	$18610	$20420	**$23720**	**$25220**	Perkins	4	268D	12F-12R	62.4		No
C-MAX 75 4WD	$35062	$21740	$23840	**$27700**	**$29450**	Perkins	4	268D	12F-12R	62.4		No
C-MAX 75 4WD Cab	$40329	$25000	$27420	**$31860**	**$33880**	Perkins	4	268D	12F-12R	62.4		CHA
C-MAX 75 Cab	$35290	$21880	$24000	**$27880**	**$29640**	Perkins	4	268D	12F-12R	62.4		CHA
C-MAX 85	$31422	$19480	$21370	**$24820**	**$26390**	Perkins	4	268D	12F-12R	74.4		No
C-MAX 85 4WD	$37689	$23370	$25630	**$29770**	**$31660**	Perkins	4	268D	12F-12R	74.4		No
C-MAX 85 4WD Cab	$42956	$26630	$29210	**$33940**	**$36080**	Perkins	4	268D	12F-12R	74.4		CHA
C-MAX 85 Cab	$36689	$22750	$24950	**$28980**	**$30820**	Perkins	4	268D	12F-12R	74.4		CHA
C-MAX 85HC	$33499	$20770	$22780	**$26460**	**$28140**	Perkins	4	268D	12F-12R	74.4		No
C-MAX 85HC 4WD	$39946	$24770	$27160	**$31560**	**$33560**	Perkins	4	268D	24F-12R	74.4		No
C-MAX 85HC 4WD Cab	$45213	$28030	$30750	**$35720**	**$37980**	Perkins	4	268D	24F-12R	74.4		CHA
C-MAX 85HC Cab	$38766	$24040	$26360	**$30630**	**$32560**	Perkins	4	268D	12F-12R	74.4		CHA
C-MAX 95	$34979	$21690	$23790	**$27630**	**$29380**	Perkins	4T	268D	12F-12R	83.8		No
C-MAX 95 4WD	$40283	$24980	$27390	**$31820**	**$33840**	Perkins	4T	268D	12F-12R	83.8		No
C-MAX 95 4WD Cab	$45550	$28240	$30970	**$35990**	**$38260**	Perkins	4T	268D	12F-12R	83.8		CHA
C-MAX 95 Cab	$40246	$24950	$27370	**$31790**	**$33810**	Perkins	4T	268D	12F-12R	83.8		CHA
C-MAX 95 HC	$36333	$22530	$24710	**$28700**	**$30520**	Perkins	4T	268D	12F-12R	83.8		No
C-MAX 95 HC 4WD	$43326	$26860	$29460	**$34230**	**$36390**	Perkins	4T	268D	24F-12R	83.8		No
C-MAX 95 HC 4WD Cab	$48593	$30130	$33040	**$38390**	**$40820**	Perkins	4T	268D	24F-12R	83.8		CHA
C-MAX 95 HC Cab	$41600	$25790	$28290	**$32860**	**$34940**	Perkins	4T	268D	12F-12R	83.8		CHA
MC95 4WD	$51962	$32220	$35330	**$41050**	**$43650**	Perkins	4T	268D	16F-12R	74.0		No
MC95 4WD Cab	$60287	$36370	$39890	**$46340**	**$49270**	Perkins	4T	268D	16F-12R	74.0		CHA
MC105	$53540	$31620	$34680	**$40290**	**$42840**	Perkins	4T	268D	16F-12R	83.0		No
MC105 4WD	$57322	$34630	$37990	**$44130**	**$46920**	Perkins	4T	268D	16F-12R	83.0		No
MC105 4WD Cab	$64820	$39280	$43080	**$50050**	**$53210**	Perkins	4T	268D	16F-12R	83.0		CHA
MC105 Cab	$59030	$36270	$39780	**$46220**	**$49140**	Perkins	4T	268D	16F-12R	83.0		CHA
MC115	$56638	$33600	$36860	**$42820**	**$45530**	Perkins	4TI	268D	16F-12R	96.0		No
MC115 4WD	$61342	$36640	$40190	**$46690**	**$49640**	Perkins	4TI	268D	16F-12R	96.0		No
MC115 4WD Cab	$67920	$41230	$45220	**$52540**	**$55860**	Perkins	4TI	268D	16F-12R	96.0		CHA
MC115 Cab	$63214	$38250	$41960	**$48740**	**$51830**	Perkins	4TI	268D	16F-12R	96.0		CHA
MC120 Power 6 4WD	$64669	$39490	$43320	**$50320**	**$53510**	Perkins	6T	366D	16F-12R	98.0		No
MC120 Power 6 4WD Cab	$71247	$44170	$48450	**$56290**	**$59850**	Perkins	6T	366D	16F-12R	98.0		CHA
MC135 Power 6 4WD	$70334	$42780	$46920	**$54510**	**$57960**	Perkins	6T	366D	16F-12R	113.0		No
MC135 Power 6 4WD Cab	$76912	$47690	$52300	**$60760**	**$64610**	Perkins	6T	366D	16F-12R	113.0		CHA
MTX120 4WD Cab	$74938	$46000	$48970	**$57880**	**$60840**	McCormick	6T	408D	16F-12R	100.0		CHA
MTX120 Cab	$69113	$42530	$45280	**$53510**	**$56250**	McCormick	6T	408D	16F-12R	100.0		CHA
MTX120 Hi-Clear Cab	$79518	$48670	$51810	**$61230**	**$64370**	McCormick	6T	408D	16F-12R	100.0		CHA
MTX135 4WD Cab	$80253	$48980	$52140	**$61620**	**$64780**	McCormick	6TI	408D	16F-12R	112.0		CHA
MTX135 Cab	$74898	$45570	$48510	**$57330**	**$60270**	McCormick	6TI	408D	16F-12R	112.0		CHA

McCormick (Cont.)

Model	Approx. Retail Price New	Estimated Value Less Repairs Used Trade-In Avg.	High	Used Retail Avg.	High	Engine Make	No. Cyls.	Displ. Cu.-in.	No. Speeds	P.T.O. H.P.	Approx. Shipping Wt.-Lbs.	Cab
2005 (Cont.)												
MTX135 Hi-Clear Cab	$84959	$52080	$55440	$65520	$68880	McCormick	6TI	408D	16F-12R	112.0		CHA
MTX150 4WD Cab	$87581	$53940	$57420	$67860	$71340	McCormick	6TI	408D	16F-12R	130.0		CHA
MTX150 Cab	$82461	$50840	$54120	$63960	$67240	McCormick	6TI	408D	16F-12R	130.0		CHA
MTX150 Hi-Clear Cab	$91551	$56110	$59730	$70590	$74210	McCormick	6TI	408D	16F-12R	130.0		CHA
MTX165 4WD Cab	$97858	$60140	$64020	$75660	$79540	McCromick	6TI	408D	16F-12R	141.0		CHA
MTX165 Cab	$91741	$56420	$60060	$70980	$74620	McCormick	6TI	408D	16F-12R	141.0		CHA
MTX185 4WD Cab	$102900	$63240	$67320	$79560	$83640	McCormick	6TI	408D	16F-12R	160.0		CHA
MTX185 Cab	$97546	$60200	$64090	$75740	$79620	McCormick	6TI	408D	16F-12R	160.0		CHA
MTX200 4WD Cab	$108137	$66650	$70950	$83850	$88150	Cummins	6TA	359D	16F-12R	170.0		CHA
ZTX230 4WD Cab	$146834	$86630	$93970	$113060	$118940	Cummins	6TA	505D	18F-8R	185.0		CHA
ZTX230 PS 4WD Cab	$147916	$87270	$94670	$113900	$119810	Cummins	6TA	505D	36F-16R	185.0		CHA
ZTX260 4WD Cab	$157245	$92780	$100640	$121080	$127370	Cummins	6TA	505D	18F-8R	210.0		CHA
ZTX260 PS 4WD Cab	$158327	$93410	$101330	$121910	$128250	Cummins	6TA	505D	36F-16R	210.0		CHA
ZTX280 4WD Cab	$173460	$102340	$111010	$133560	$140500	Cummins	6TA	505D	18F-8R	250.0		CHA
ZTX280 PS 4WD Cab	$174542	$102980	$111710	$134400	$141380	Cummins	6TA	505D	36F-16R	250.0		CHA
2004												
GX40	$18828	$10360	$11490	$13740	$14870	Yanmar	3	100D	12F-12R	31.0		No
GX40 4WD	$20450	$11250	$12480	$14930	$16160	Yanmar	3	100D	12F-12R	31.0		No
GX40 4WD Cab	$24575	$13520	$14990	$17940	$19410	Yanmar	3	100D	12F-12R	31.0		CH
GX40 Cab	$22953	$12620	$14000	$16760	$18130	Yanmar	3	100D	12F-12R	31.0		CH
GX40 Hydro	$21376	$11760	$13040	$15600	$16890	Yanmar	3	100D	Variable	31.0		No
GX40 Hydro 4WD	$23241	$12780	$14180	$16970	$18360	Yanmar	3	100D	Variable	31.0		No
GX40 Hydro 4WD Cab	$27351	$15040	$16680	$19970	$21610	Yanmar	3	100D	Variable	31.0		CH
GX40 Hydro Cab	$25486	$14020	$15550	$18610	$20130	Yanmar	3	100D	Variable	31.0		CH
GX45	$20226	$11060	$12260	$14670	$15880	Yanmar	4	121D	12F-12R	36.0		No
GX45 4WD	$21724	$11870	$13160	$15750	$17050	Yanmar	4	121D	12F-12R	36.0		No
GX45 4WD Cab	$26876	$14780	$16390	$19620	$21230	Yanmar	4	121D	12F-12R	36.0		CH
GX45 Cab	$24351	$13390	$14850	$17780	$19240	Yanmar	4	121D	12F-12R	36.0		CH
GX45 Hydro	$22991	$12650	$14030	$16780	$18160	Yanmar	4	121D	Variable	36.0		No
GX45 Hydro 4WD	$24709	$13590	$15070	$18040	$19520	Yanmar	4	121D	Variable	36.0		No
GX45 Hydro 4WD Cab	$29844	$16410	$18210	$21790	$23580	Yanmar	4	121D	Variable	36.0		CHA
GX45 Hydro Cab	$28127	$15470	$17160	$20530	$22220	Yanmar	4	121D	Variable	36.0		CHA
GX50	$21557	$11860	$13150	$15740	$17030	Yanmar	4	133D	12F-12R	41.0		No
GX50 4WD	$22994	$12650	$14030	$16790	$18170	Yanmar	4	133D	12F-12R	41.0		No
GX50 4WD Cab	$28146	$15480	$17170	$20550	$22240	Yanmar	4	133D	12F-12R	41.0		CHA
GX50 Cab	$26709	$14690	$16290	$19500	$21100	Yanmar	4	133D	12F-12R	41.0		CHA
GX50 Hydro	$24502	$13480	$14950	$17890	$19360	Yanmar	4	133D	Variable	41.0		No
GX50 Hydro 4WD	$26150	$14380	$15950	$19090	$20660	Yanmar	4	133D	Variable	41.0		No
GX50 Hydro 4WD Cab	$31286	$17210	$19080	$22840	$24720	Yanmar	4	133D	Variable	41.0		CHA
GX50 Hydro Cab	$29638	$16300	$18080	$21640	$23410	Yanmar	4	133D	Variable	41.0		CHA
C70	$28404	$14620	$16210	$19400	$21000	Perkins	4	268D	8F-4R	60.0		No
C70 4WD	$33010	$17040	$18900	$22610	$24470	Perkins	4	268D	8F-4R	60.0		No
C70 Poultry House Spl.	$30423	$15540	$17240	$20630	$22320	Perkins	4	268D	8F-8R	60.0		No
C70 Poultry House Spl. Cab	$35028	$17960	$19920	$23840	$25800	Perkins	4	268D	8F-8R	60.0		CHA
CX75 XtraShift	$39175	$21070	$23360	$27960	$30260	Perkins	4	268D	24F-24R	60.0		No
CX75 XtraShift 4WD	$43258	$23210	$25740	$30810	$33340	Perkins	4	268D	24F-24R	60.0		No
CX75 XtraShift Cab	$45560	$24200	$26840	$32120	$34760	Perkins	4	268D	24F-24R	60.0		CHA
CX75 XtraShift Cab 4WD	$49643	$26540	$29430	$35220	$38120	Perkins	4	268D	24F-24R	60.0		CHA
CX75 Power Shift	$36692	$19580	$21720	$25990	$28120	Perkins	4	268D	16F-8R	60.0		No
CX75 Power Shift 4WD	$36775	$21780	$24160	$28910	$31280	Perkins	4	268D	16F-8R	60.0		No
CX75 Power Shift Cab	$42782	$22880	$25380	$30370	$32860	Perkins	4	268D	16F-8R	60.0		CHA
CX75 Power Shift Cab 4WD	$46865	$25080	$27820	$33290	$36020	Perkins	4	268D	18F-6R	60.0		CHA
C80	$32833	$17300	$19190	$22970	$24860	Perkins	4T	268D	8F-4R	67.0		No
C80 4WD	$37438	$19720	$21870	$26180	$28330	Perkins	4T	268D	8F-4R	67.0		No
C80 Poultry House Spl.	$35919	$17870	$19820	$23710	$25660	Perkins	4T	268D	16F-8R	67.0		No
C80 4WD Poultry House Spl.	$40023	$20290	$22500	$26920	$29140	Perkins	4T	268D	16F-8R	67.0		No
CX85 XtraShift	$43614	$23270	$25800	$30880	$33420	Perkins	4T	268D	24F-24R	67.0		No
CX85 XtraShift 4WD	$47697	$25440	$28210	$33760	$36540	Perkins	4T	268D	24F-24R	67.0		No
CX85 XtraShift Cab	$49705	$26570	$29460	$35260	$38160	Perkins	4T	268D	24F-24R	67.0		CHA
CX85 XtraShift Cab 4WD	$53788	$28740	$31870	$38140	$41280	Perkins	4T	268D	24F-24R	67.0		CHA
CX85 Power Shift	$40836	$21780	$24160	$28910	$31280	Perkins	4T	268D	18F-6R	67.0		No
CX85 Power Shift 4WD	$44919	$23980	$26600	$31830	$34440	Perkins	4T	268D	16F-8R	67.0		No
CX85 Power Shift 4WD Cab	$51010	$27280	$30260	$36210	$39180	Perkins	4T	268D	18F-6R	67.0		CHA
CX85 Power Shift Cab	$46927	$25080	$27820	$33290	$36020	Perkins	4T	268D	16F-8R	67.0		CHA
C90	$35010	$18500	$20520	$24550	$26570	Perkins	4T	268D	8F-4R	74.0		No
C90 4WD	$39513	$20810	$23080	$27630	$29900	Perkins	4T	268D	8F-4R	74.0		No
CX95 XtraShift	$46916	$24860	$27570	$33000	$35710	Perkins	4T	268D	24F-24R	74.0		No
CX95 XtraShift 4WD	$50998	$27170	$30130	$36060	$39030	Perkins	4T	268D	24F-24R	74.0		No
CX95 XtraShift Cab	$53006	$28330	$31420	$37600	$40690	Perkins	4T	268D	24F-24R	74.0		CHA
CX95 XtraShift Cab 4WD	$57088	$30470	$33790	$40440	$43770	Perkins	4T	268D	24F-24R	74.0		CHA
CX95 Power Shift	$44138	$23540	$26110	$31240	$33810	Perkins	4T	268D	18F-6R	74.0		No
CX95 Power Shift 4WD	$48220	$25710	$28520	$34130	$36930	Perkins	4T	268D	18F-6R	74.0		No
CX95 Power Shift Cab	$50228	$26840	$29770	$35620	$38550	Perkins	4T	268D	16F-8R	74.0		CHA
CX95 Power Shift Cab 4WD	$54319	$29010	$32180	$38510	$41670	Perkins	4T	268D	16F-8R	74.0		CHA
C100	$38355	$20200	$22410	$26820	$29020	Perkins	4T	268D	8F-4R	83.0		No
C100 4WD	$42759	$22520	$24980	$29890	$32340	Perkins	4T	268D	8F-4R	83.0		No
CX105 XtraShift	$48228	$25710	$28510	$34120	$36930	Perkins	4T	268D	24F-24R	83.0		No
CX105 XtraShift 4WD	$52309	$27890	$30930	$37010	$40050	Perkins	4T	268D	24F-24R	83.0		No
CX105 XtraShift Cab	$54318	$29010	$32180	$38510	$41670	Perkins	4T	268D	24F-24R	83.0		CHA
CX105 XtraShift Cab 4WD	$58400	$31190	$34590	$41390	$44790	Perkins	4T	268D	24F-24R	83.0		CHA
CX105 Power Shift	$45978	$24530	$27210	$32560	$35230	Perkins	4T	268D	18F-6R	83.0		No
CX105 Power Shift 4WD	$50061	$26680	$29590	$35410	$38320	Perkins	4T	268D	16F-8R	83.0		No
CX105 Power Shift Cab	$52069	$27830	$30870	$36940	$39970	Perkins	4T	268D	18F-6R	83.0		CHA

McCormick (Cont.)

2004 (Cont.)

Model	Approx. Retail Price New	Used Trade-In Avg.	Used Trade-In High	Used Retail Avg.	Used Retail High	Engine Make	Engine No. Cyls.	Engine Displ. Cu.-in.	No. Speeds	P.T.O. H.P.	Approx. Shipping Wt.-Lbs.	Cab
CX105 Power Shift Cab 4WD	$56152	$29980	$33250	**$39790**	**$43060**	Perkins	4T	268D	18F-6R	83.0		CHA
MC95 4WD	$53360	$28600	$31720	**$37960**	**$41080**	Perkins	4T	268D	16F-12R	74.0		No
MC95 4WD Cab	$61273	$33170	$36780	**$44020**	**$47640**	Perkins	4T	268D	16F-12R	74.0		CHA
MC105	$54393	$29450	$32670	**$39090**	**$42310**	Perkins	4T	268D	16F-12R	83.0		No
MC105 4WD	$59324	$31570	$35010	**$41900**	**$45350**	Perkins	4T	268D	16F-12R	83.0		No
MC105 4WD Cab	$67493	$35700	$39590	**$47380**	**$51270**	Perkins	4T	268D	16F-12R	83.0		CHA
MC105 Cab	$62568	$32510	$36050	**$43140**	**$46690**	Perkins	4T	268D	16F-12R	83.0		CHA
MC115	$55132	$30320	$33630	**$40250**	**$43550**	Perkins	4TI	268D	16F-12R	96.0		No
MC115 4WD	$60057	$33030	$36640	**$43840**	**$47450**	Perkins	4TI	268D	16F-12R	96.0		No
MC115 4WD Cab	$68226	$37520	$41620	**$49810**	**$53900**	Perkins	4TI	268D	16F-12R	96.0		CHA
MC115 Cab	$62480	$34360	$38110	**$45610**	**$49360**	Perkins	4TI	268D	16F-12R	96.0		CHA
MC120 Power 6	$58615	$32240	$35760	**$42790**	**$46310**	Perkins	6T	366D	16F-12R	98.0		No
MC120 Power 6 4WD	$63540	$34950	$38760	**$46380**	**$50200**	Perkins	6T	366D	16F-12R	98.0		No
MC120 Power 6 4WD Cab	$71710	$39440	$43740	**$52350**	**$56650**	Perkins	6T	366D	16F-12R	98.0		CHA
MC120 Power 6 Cab	$66785	$36730	$40740	**$48750**	**$52760**	Perkins	6T	366D	16F-12R	98.0		CHA
MC135 Power 6	$65593	$36080	$40010	**$47880**	**$51820**	Perkins	6T	366D	16F-12R	113.0		No
MC135 Power 6 4WD	$70519	$38790	$43020	**$51480**	**$55710**	Perkins	6T	366D	16F-12R	113.0		No
MC135 Power 6 4WD Cab	$78688	$42350	$46970	**$56210**	**$60830**	Perkins	6T	366D	16F-12R	113.0		CHA
MC135 Power 6 Cab	$73764	$40570	$45000	**$53850**	**$58270**	Perkins	6T	366D	16F-12R	113.0		CHA
MTX120	$65417	$34670	$39250	**$47750**	**$50370**	McCormick	6T	408D	16F-12R	100.0		No
MTX120 4WD	$67606	$35830	$40560	**$49350**	**$52060**	McCormick	6T	408D	16F-12R	100.0		No
MTX120 4WD Cab	$76631	$39750	$45000	**$54750**	**$57750**	McCormick	6T	408D	16F-12R	100.0		CHA
MTX120 Cab	$71912	$36840	$41700	**$50740**	**$53520**	McCormick	6T	408D	16F-12R	100.0		CHA
MTX120 Hi-Clear	$75212	$39860	$45130	**$54910**	**$57910**	McCormick	6T	408D	16F-12R	100.0		No
MTX120 Hi-Clear Cab	$82051	$42190	$47760	**$58110**	**$61290**	McCormick	6T	408D	16F-12R	100.0		CHA
MTX135	$73158	$38770	$43900	**$53410**	**$56330**	McCormick	6TI	408D	16F-12R	112.0		No
MTX135 4WD	$75346	$39930	$45210	**$55000**	**$58020**	McCormick	6TI	408D	16F-12R	112.0		No
MTX135 4WD Cab	$84370	$42560	$48180	**$58620**	**$61830**	McCormick	6TI	408D	16F-12R	112.0		CHA
MTX135 Cab	$78764	$39700	$44940	**$54680**	**$57670**	McCormick	6TI	408D	16F-12R	112.0		CHA
MTX135 Hi-Clear	$80951	$42900	$48570	**$59090**	**$62330**	McCormick	6TI	408D	16F-12R	112.0		No
MTX135 Hi-Clear Cab	$89791	$45050	$51000	**$62050**	**$65450**	McCormick	6TI	408D	16F-12R	112.0		CHA
MTX150	$81325	$43100	$48800	**$59370**	**$62620**	McCormick	6TI	408D	16F-12R	130.0		No
MTX150 4WD	$87031	$46130	$52220	**$63530**	**$67010**	McCormick	6TI	408D	16F-12R	130.0		No
MTX150 4WD Cab	$96054	$46640	$52800	**$64240**	**$67760**	McCormick	6TI	408D	16F-12R	130.0		CHA
MTX150 Cab	$90448	$43990	$49800	**$60590**	**$63910**	McCormick	6TI	408D	16F-12R	130.0		CHA
MTX150 Hi-Clear	$88212	$46750	$52930	**$64400**	**$67920**	McCormick	6TI	408D	16F-12R	130.0		No
MTX150 Hi-Clear Cab	$97050	$48550	$54960	**$66870**	**$70530**	McCormick	6TI	408D	16F-12R	130.0		CHA
MTX165 4WD Cab	$106831	$51890	$58740	**$71470**	**$75380**	McCromick	6TI	408D	16F-12R	141.0		CHA
MTX165 Cab	$101225	$48650	$55080	**$67010**	**$70690**	McCormick	6TI	408D	16F-12R	141.0		CHA
MTX185 4WD Cab	$112117	$54590	$61800	**$75190**	**$79310**	McCormick	6TI	408D	16F-12R	160.0		CHA
MTX185 Cab	$104503	$51730	$58560	**$71250**	**$75150**	McCormick	6TI	408D	16F-12R	160.0		CHA
MTX200 4WD Cab	$117687	$57350	$64920	**$78990**	**$83310**	Cummins	6TA	359D	16F-12R	170.0		CHA
ZTX230 4WD Cab	$145598	$75710	$84450	**$104830**	**$110650**	Cummins	6TA	505D	18F-8R	185.0		CHA
ZTX230 PS 4WD Cab	$147731	$76820	$85680	**$106370**	**$112280**	Cummins	6TA	505D	36F-16R	185.0		CHA
ZTX260 4WD Cab	$163833	$81900	$91350	**$113400**	**$119700**	Cummins	6TA	505D	18F-8R	210.0		CHA
ZTX260 PS 4WD Cab	$164966	$82370	$91870	**$114050**	**$120380**	Cummins	6TA	505D	36F-16R	210.0		CHA
ZTX280 4WD Cab	$180130	$90220	$100630	**$124920**	**$131860**	Cummins	6TA	505D	18F-8R	250.0		CHA
ZTX280 PS 4WD Cab	$181263	$90790	$101270	**$125710**	**$132700**	Cummins	6TA	505D	36F-16R	250.0		CHA

2003

Model	Approx. Retail Price New	Used Trade-In Avg.	Used Trade-In High	Used Retail Avg.	Used Retail High	Engine Make	Engine No. Cyls.	Engine Displ. Cu.-in.	No. Speeds	P.T.O. H.P.	Approx. Shipping Wt.-Lbs.	Cab
G25 Mech. Steering	$11268	$5520	$6200	**$7780**	**$8450**	Kubota	3	D	Variable	20.9		No
G25 Power Steering	$12548	$6150	$6900	**$8660**	**$9410**	Kubota	3	D	Variable	20.9		No
G30R	$13983	$6850	$7690	**$9650**	**$10490**	Perkins	3	103D	Variable	23.5		No
G30R w/Cab	$18988	$9300	$10440	**$13100**	**$14240**	Perkins	3	103D	Variable	23.5		CH
GX40	$16682	$8170	$9180	**$11510**	**$12510**	Yanmar	3	164D	12F-12R	31.0		No
GX40 4WD	$18130	$8880	$9970	**$12510**	**$13600**	Yanmar	3	164D	12F-12R	31.0		No
GX40 Hydro	$18956	$9290	$10430	**$13080**	**$14220**	Yanmar	3	164D	Variable	31.0		No
GX40 Hydro 4WD	$20621	$10100	$11340	**$14230**	**$15470**	Yanmar	3	164D	Variable	31.0		No
GX45	$17931	$8790	$9860	**$12370**	**$13450**	Yanmar	3	199D	12F-12R	36.0		No
GX45 4WD	$19268	$9440	$10600	**$13300**	**$14450**	Yanmar	3	199D	12F-12R	36.0		No
GX45 Hydro	$20398	$10000	$11220	**$14080**	**$15300**	Yanmar	3	199D	Variable	36.0		No
GX45 Hydro 4WD	$21932	$10750	$12060	**$15130**	**$16450**	Yanmar	3	199D	Variable	36.0		No
GX50	$19086	$9350	$10500	**$13170**	**$14320**	Yanmar	4	218D	12F-12R	41.0		No
GX50 4WD	$21666	$10620	$11920	**$14950**	**$16250**	Yanmar	4	218D	12F-12R	41.0		No
GX50 Hydro	$20319	$9960	$11180	**$14020**	**$15240**	Yanmar	4	218D	Variable	41.0		No
GX50 Hydro 4WD	$23137	$11340	$12730	**$15970**	**$17350**	Yanmar	4	218D	Variable	41.0		No
C70	$25502	$12500	$14030	**$17600**	**$19130**	Perkins	4	256D	8F-4R	58.0		No
C70 4WD	$29863	$14630	$16430	**$20610**	**$22400**	Perkins	4	256D	8F-4R	58.0		No
CX70	$32590	$15970	$17930	**$22490**	**$24440**	Perkins	4	256D	8F-8R	58.0		No
CX70 w/Cab	$38506	$18870	$21180	**$26570**	**$28880**	Perkins	4	256D	8F-8R	58.0		CHA
CX70 4WD	$35595	$17440	$19580	**$24560**	**$26700**	Perkins	4	256D	8F-8R	58.0		No
CX70 4WD w/Cab	$41511	$20340	$22830	**$28640**	**$31130**	Perkins	4	256D	8F-8R	58.0		CHA
CX75 XtraShift	$35690	$17490	$19630	**$24630**	**$26770**	Perkins	4	256D	24F-24R	60.0		No
CX75 XtraShift 4WD	$38695	$18960	$21280	**$26700**	**$29020**	Perkins	4	256D	24F-24R	60.0		No
CX75 XtraShift Cab	$41606	$20390	$22880	**$28710**	**$31210**	Perkins	4	256D	24F-24R	60.0		CHA
CX75 XtraShift Cab 4WD	$44611	$21860	$24540	**$30780**	**$33460**	Perkins	4	256D	24F-24R	60.0		CHA
C80	$29698	$14550	$16330	**$20490**	**$22270**	Perkins	4T	244D	8F-4R	67.0		No
C80 4WD	$34059	$16690	$18730	**$23500**	**$25540**	Perkins	4T	244D	8F-4R	67.0		No
CX80	$36786	$18030	$20230	**$25380**	**$27590**	Perkins	4T	244D	16F-8R	67.0		No
CX80 w/Cab	$42701	$20920	$23490	**$29460**	**$32030**	Perkins	4T	244D	16F-8R	67.0		CHA
CX80 4WD	$39791	$19500	$21890	**$27460**	**$29840**	Perkins	4T	244D	16F-8R	67.0		No
CX80 4WD W/Cab	$45707	$22400	$25140	**$31540**	**$34280**	Perkins	4T	244D	16F-8R	67.0		CHA
CX85 XtraShift	$39586	$19400	$21770	**$27310**	**$29690**	Perkins	4T	244D	24F-24R	67.0		No
CX85 XtraShift 4WD	$42591	$20870	$23430	**$29390**	**$31940**	Perkins	4T	244D	24F-24R	67.0		No

McCormick (Cont.)

2003 (Cont.)

Model	Approx. Retail Price New	Estimated Value Less Repairs: Used Trade-In Avg.	Used Trade-In High	Used Retail Avg.	Used Retail High	Engine Make	No. Cyls.	Displ. Cu.-in.	No. Speeds	P.T.O. H.P.	Approx. Shipping Wt.-Lbs.	Cab
CX85 XtraShift Cab	$45501	$22300	$25030	**$31400**	**$34130**	Perkins	4T	244D	24F-24R	67.0		CHA
CX85 XtraShift Cab 4WD	$48507	$23770	$26680	**$33470**	**$36380**	Perkins	4T	244D	24F-24R	67.0		CHA
C90	$31853	$15610	$17520	**$21980**	**$23890**	Perkins	4T	244D	8F-4R	74.0		No
C90 4WD	$36023	$17650	$19810	**$24860**	**$27020**	Perkins	4T	244D	8F-4R	74.0		No
CX90	$39142	$19180	$21530	**$27010**	**$29360**	Perkins	4T	244D	16F-8R	74.0		No
CX90 w/Cab	$45058	$22080	$24780	**$31090**	**$33790**	Perkins	4T	244D	16F-8R	74.0		CHA
CX90 4WD	$42172	$20660	$23200	**$29100**	**$31630**	Perkins	4T	244D	16F-8R	74.0		No
CX90 4WD w/Cab	$48088	$23560	$26450	**$33180**	**$36070**	Perkins	4T	244D	16F-8R	74.0		CHA
CX95 XtraShift	$41942	$20550	$23070	**$28940**	**$31460**	Perkins	4T	244D	24F-24R	74.0		No
CX95 XtraShift 4WD	$44972	$22040	$24740	**$31030**	**$33730**	Perkins	4T	244D	24F-24R	74.0		No
CX95 XtraShift Cab	$48158	$23600	$26490	**$33230**	**$36120**	Perkins	4T	244D	24F-24R	74.0		CHA
CX95 XtraShift Cab 4WD	$51188	$25080	$28150	**$35320**	**$38390**	Perkins	4T	244D	24F-24R	74.0		CHA
C100	$34927	$17110	$19210	**$24100**	**$26200**	Perkins	4T	244D	8F-4R	83.0		No
C100 4WD	$39098	$19160	$21500	**$26980**	**$29320**	Perkins	4T	244D	8F-4R	83.0		No
CX100	$42216	$20690	$23220	**$29130**	**$31660**	Perkins	4T	244D	16F-8R	83.0		No
CX100 4WD	$45247	$22170	$24890	**$31220**	**$33940**	Perkins	4T	244D	16F-8R	83.0		No
CX100 4WD w/Cab	$51162	$25070	$28140	**$35300**	**$38370**	Perkins	4T	244D	16F-8R	83.0		CHA
CX100 w/Cab	$48132	$23590	$26470	**$33210**	**$36100**	Perkins	4T	244D	16F-8R	83.0		CHA
CX105 XtraShift	$45016	$22060	$24760	**$31060**	**$33760**	Perkins	4T	244D	24F-24R	83.0		No
CX105 XtraShift 4WD	$48057	$23550	$26430	**$33160**	**$36040**	Perkins	4T	244D	24F-24R	83.0		No
CX105 XtraShift Cab	$51232	$25100	$28180	**$35350**	**$38420**	Perkins	4T	244D	24F-24R	83.0		CHA
CX105 XtraShift Cab 4WD	$54262	$26590	$29840	**$37440**	**$40700**	Perkins	4T	244D	24F-24R	83.0		CHA
MC90 4WD	$46905	$22980	$25800	**$32360**	**$35180**	Perkins	4T	244D	16F-12R	74.0		No
MC90 4WD w/Cab	$55986	$27430	$30790	**$38630**	**$41990**	Perkins	4T	244D	16F-12R	74.0		CHA
MC100	$45679	$22380	$25120	**$31520**	**$34260**	Perkins	4T	244D	16F-12R	83.0		No
MC100 4WD	$50961	$24970	$28030	**$35160**	**$38220**	Perkins	4T	244D	16F-12R	83.0		No
MC100 4WD w/Cab	$60042	$29420	$33020	**$41430**	**$45030**	Perkins	4T	244D	16F-12R	83.0		CHA
MC100 w/Cab	$54760	$26830	$30120	**$37780**	**$41070**	Perkins	4T	244D	16F-12R	83.0		CHA
MC115	$50020	$24510	$27510	**$34510**	**$37520**	Perkins	4TI	244D	16F-12R	96.0		No
MC115 4WD	$55442	$27170	$30490	**$38260**	**$41580**	Perkins	4TI	244D	16F-12R	96.0		No
MC115 4WD w/Cab	$64523	$31620	$35490	**$44520**	**$48390**	Perkins	4TI	244D	16F-12R	96.0		CHA
MC115 w/Cab	$59101	$28960	$32510	**$40780**	**$44330**	Perkins	4TI	244D	16F-12R	96.0		CHA
MC120 Power 6	$54872	$26890	$30180	**$37860**	**$41150**	Perkins	6T	366D	16F-12R	98.0		No
MC120 Power 6 4WD	$61096	$29940	$33600	**$42160**	**$45820**	Perkins	6T	366D	16F-12R	98.0		No
MC120 Power 6 4WD Cab	$70533	$34560	$38790	**$48670**	**$52900**	Perkins	6T	366D	16F-12R	98.0		CHA
MC120 Power 6 w/Cab	$64308	$31510	$35370	**$44370**	**$48230**	Perkins	6T	366D	16F-12R	98.0		CHA
MC135 Power 6	$58871	$28850	$32380	**$40620**	**$44150**	Perkins	6T	366D	16F-12R	113.0		No
MC135 Power 6 4WD	$65095	$31900	$35800	**$44920**	**$48820**	Perkins	6T	366D	16F-12R	113.0		No
MC135 Power 6 4WD Cab	$74532	$36520	$40990	**$51430**	**$55900**	Perkins	6T	366D	16F-12R	113.0		CHA
MC135 Power 6 w/Cab	$68307	$33470	$37570	**$47130**	**$51230**	Perkins	6T	366D	16F-12R	113.0		CHA
MTX110	$54636	$26770	$30050	**$37700**	**$40980**	Perkins	6T	366D	16F-12R	100.0		No
MTX110 4WD	$60434	$29610	$33240	**$41700**	**$45330**	Perkins	6T	366D	16F-12R	100.0		No
MTX110 4WD w/Cab	$69625	$34120	$38290	**$48040**	**$52220**	Perkins	6T	366D	16F-12R	100.0		CHA
MTX110 Hi-Clear	$67973	$33310	$37390	**$46900**	**$50980**	Perkins	6T	366D	16F-12R	100.0		No
MTX110 Hi-Clear w/Cab	$77106	$37780	$42410	**$53200**	**$57830**	Perkins	6T	366D	16F-12R	100.0		CHA
MTX110 w/Cab	$63827	$31280	$35110	**$44040**	**$47870**	Perkins	6T	366D	16F-12R	100.0		CHA
MTX125	$58536	$28680	$32200	**$40390**	**$43900**	Perkins	6T	366D	16F-12R	113.0		No
MTX125 4WD	$64334	$31520	$35380	**$44390**	**$48250**	Perkins	6T	366D	16F-12R	113.0		No
MTX125 4WD w/Cab	$73525	$36030	$40440	**$50730**	**$55140**	Perkins	6T	366D	16F-12R	113.0		CHA
MTX125 Hi-Clear	$71873	$35220	$39530	**$49590**	**$53910**	Perkins	6T	366D	16F-12R	113.0		No
MTX125 Hi-Clear w/Cab	$81006	$39690	$44550	**$55890**	**$60760**	Perkins	6T	366D	16F-12R	113.0		CHA
MTX125 w/Cab	$67727	$33190	$37250	**$46730**	**$50800**	Perkins	6T	366D	16F-12R	113.0		CHA
MTX140	$61559	$30160	$33860	**$42480**	**$46170**	Perkins	6T	366D	16F-12R	127.0		No
MTX140 4WD	$67357	$33010	$37050	**$46480**	**$50520**	Perkins	6T	366D	16F-12R	127.0		No
MTX140 4WD w/Cab	$76548	$37510	$42100	**$52820**	**$57410**	Perkins	6T	366D	16F-12R	127.0		CHA
MTX140 Hi-Clear	$74896	$36700	$41190	**$51680**	**$56170**	Perkins	6T	366D	16F-12R	127.0		No
MTX140 Hi-Clear w/Cab	$84028	$41170	$46220	**$57980**	**$63020**	Perkins	6T	366D	16F-12R	127.0		CHA
MTX140 w/Cab	$70750	$34670	$38910	**$48820**	**$53060**	Perkins	6T	366D	16F-12R	127.0		CHA
MTX155 4WD w/Cab	$88532	$41610	$47810	**$60200**	**$64630**	Perkins	6TI	366D	16F-12R	141.0		CHA
MTX155 w/Cab	$82544	$38800	$44570	**$56130**	**$60260**	Perkins	6TI	366D	16F-12R	141.0		CHA
MTX175 4WD w/Cab	$94725	$44520	$51150	**$64410**	**$69150**	Perkins	6TI	366D	16F-12R	155.0		CHA
MTX175 w/Cab	$88732	$41700	$47920	**$60340**	**$64770**	Perkins	6TI	366D	16F-12R	155.0		CHA

2002

Model	Approx. Retail Price New	Used Trade-In Avg.	Used Trade-In High	Used Retail Avg.	Used Retail High	Engine Make	No. Cyls.	Displ. Cu.-in.	No. Speeds	P.T.O. H.P.	Approx. Shipping Wt.-Lbs.	Cab
C70	$25135	$11310	$13070	**$16590**	**$17850**	Perkins	4	256D	8F-4R	58.0		No
C70 4WD	$29545	$13300	$15360	**$19500**	**$20980**	Perkins	4	256D	8F-4R	58.0		No
CX70	$32590	$14670	$16950	**$21510**	**$23140**	Perkins	4	256D	8F-8R	58.0		No
CX70	$38285	$17230	$19910	**$25270**	**$27180**	Perkins	4	256D	8F-8R	58.0		CHA
CX70 4WD	$35595	$16020	$18510	**$23490**	**$25270**	Perkins	4	256D	8F-8R	58.0		No
CX70 4WD	$41290	$18580	$21470	**$27250**	**$29320**	Perkins	4	256D	8F-8R	58.0		C,H,A
C80	$29335	$13200	$15250	**$19360**	**$20830**	Perkins	4T	244D	8F-4R	67.0		No
C80 4WD	$33745	$15190	$17550	**$22270**	**$23960**	Perkins	4T	244D	8F-4R	67.0		No
CX80	$36786	$16550	$19130	**$24280**	**$26120**	Perkins	4T	244D	16F-8R	67.0		No
CX80	$42485	$19120	$22090	**$28040**	**$30160**	Perkins	4T	244D	16F-8R	67.0		CHA
CX80 4WD	$39791	$17910	$20690	**$26260**	**$28250**	Perkins	4T	244D	16F-8R	67.0		No
CX80 4WD	$45490	$20470	$23660	**$30020**	**$32300**	Perkins	4T	244D	16F-8R	67.0		CHA
C90	$31683	$14260	$16480	**$20910**	**$22500**	Perkins	4T	244D	8F-4R	74.0		No
C90 4WD	$35805	$16110	$18620	**$23630**	**$25420**	Perkins	4T	244D	8F-4R	74.0		No
CX90	$39142	$17610	$20350	**$25830**	**$27790**	Perkins	4T	244D	16F-8R	74.0		No
CX90	$44840	$20180	$23320	**$29590**	**$31840**	Perkins	4T	244D	16F-8R	74.0		CHA
CX90 4WD	$42172	$18980	$21930	**$27830**	**$29940**	Perkins	4T	244D	16F-8R	74.0		No
CX90 4WD	$47870	$21540	$24890	**$31590**	**$33990**	Perkins	4T	244D	16F-8R	74.0		CHA
C100	$34755	$15640	$18070	**$22940**	**$24680**	Perkins	4T	244D	8F-4R	83.0		No
C100 4WD	$38880	$17500	$20220	**$25660**	**$27610**	Perkins	4T	244D	8F-4R	83.0		No

McCormick (Cont.)

Model	Approx. Retail Price New	Used Trade-In Avg.	Used Trade-In High	Used Retail Avg.	Used Retail High	Engine Make	Engine No. Cyls.	Engine Displ. Cu.-in.	No. Speeds	P.T.O. H.P.	Approx. Shipping Wt.-Lbs.	Cab
				2002 (Cont.)								
CX100	$42216	$19000	$21950	$27860	$29970	Perkins	4T	244D	16F-8R	83.0		No
CX100	$47915	$21560	$24920	$31620	$34020	Perkins	4T	244D	16F-8R	83.0		CHA
CX100 4WD	$45247	$20360	$23530	$29860	$32130	Perkins	4T	244D	16F-8R	83.0		No
CX100 4WD	$50945	$22930	$26490	$33620	$36170	Perkins	4T	244D	16F-8R	83.0		CHA
MC90 4WD	$46905	$21110	$24390	$30960	$33300	Perkins	4T	244D	16F-12R	74.0		No
MC90 4WD w/Cab	$55500	$24980	$28860	$36630	$39410	Perkins	4T	244D	16F-12R	74.0		CHA
MC100	$45679	$20560	$23750	$30150	$32430	Perkins	4T	244D	16F-12R	83.0		No
MC100 4WD	$50961	$22930	$26500	$33630	$36180	Perkins	4T	244D	16F-12R	83.0		No
MC100 4WD w/Cab	$60042	$27020	$31220	$39630	$42630	Perkins	4T	244D	16F-12R	83.0		CHA
MC100 w/Cab	$54760	$24640	$28480	$36140	$38880	Perkins	4T	244D	16F-12R	83.0		CHA
MC115	$50020	$22510	$26010	$33010	$35510	Perkins	4TI	244D	16F-12R	96.0		No
MC115 4WD	$55442	$24950	$28830	$36590	$39360	Perkins	4TI	244D	16F-12R	96.0		No
MC115 4WD w/Cab	$64523	$29040	$33550	$42590	$45810	Perkins	4TI	244D	16F-12R	96.0		CHA
MC115 w/Cab	$59100	$26600	$30730	$39010	$41960	Perkins	4TI	244D	16F-12R	96.0		CHA
MTX110	$54636	$24590	$28410	$36060	$38790	Perkins	6T	366D	16F-12R	98.0		No
MTX110 4WD	$60434	$27200	$31430	$39890	$42910	Perkins	6T	366D	16F-12R	98.0		No
MTX110 4WD w/Cab	$69625	$31330	$36210	$45950	$49430	Perkins	6T	366D	16F-12R	98.0		CHA
MTX110 w/Cab	$63827	$28720	$33190	$42130	$45320	Perkins	6T	366D	16F-12R	98.0		CHA
MTX125	$58536	$26340	$30440	$38630	$41560	Perkins	6T	366D	16F-12R	113.0		No
MTX125 4WD	$64334	$28950	$33450	$42460	$45680	Perkins	6T	366D	16F-12R	113.0		No
MTX125 4WD w/Cab	$73525	$33090	$38230	$48530	$52200	Perkins	6T	366D	16F-12R	113.0		CHA
MTX125 w/Cab	$67727	$30480	$35220	$44700	$48090	Perkins	6T	366D	16F-12R	113.0		CHA
MTX140	$61559	$27700	$32010	$40630	$43710	Perkins	6T	366D	16F-12R	127.0		No
MTX140 4WD	$67357	$30310	$35030	$44460	$47820	Perkins	6T	366D	16F-12R	127.0		No
MTX140 4WD w/Cab	$76548	$34450	$39810	$50520	$54350	Perkins	6T	366D	16F-12R	127.0		CHA
MTX140 w/Cab	$70750	$31840	$36790	$46700	$50230	Perkins	6T	366D	16F-12R	127.0		CHA
MTX155 4WD w/Cab	$88532	$39840	$46040	$58430	$62860	Perkins	6TI	366D	16F-12R	141.0		CHA
MTX155 w/Cab	$82544	$37150	$42920	$54480	$58610	Perkins	6TI	366D	16F-12R	141.0		CHA
MTX175 4WD w/Cab	$94725	$42630	$49260	$62520	$67260	Perkins	6TI	366D	16F-12R	155.0		CHA
MTX175 w/Cab	$88732	$39930	$46140	$58560	$63000	Perkins	6TI	366D	16F-12R	155.0		CHA

Minneapolis-Moline

Model	Approx. Retail Price New	Used Trade-In Avg.	Used Trade-In High	Used Retail Avg.	Used Retail High	Engine Make	Engine No. Cyls.	Engine Displ. Cu.-in.	No. Speeds	P.T.O. H.P.	Approx. Shipping Wt.-Lbs.	Cab
				1974								
G955	$10406	$1770	$2970	$3850	$4620	MM	6	425LP	18F-6R	97.00	10612	No
G955	$10752	$1830	$3060	$3980	$4770	MM	6	451D	18F-6R	98.33	10812	No
G1355	$12225	$2080	$3480	$4520	$5430	MM	6	504LP	18F-6R	137.00	12600	No
G1355	$13136	$2230	$3740	$4860	$5830	MM	6	585D	18F-6R	142.62	13000	No
				1973								
G350	$4981	$850	$1440	$1840	$2220	Fiat	3	158D	9F-3R	41.00	3810	No
G350 4WD	$6186	$1050	$1790	$2290	$2760	Fiat	3	158D	9F-3R	41.00	4360	No
G450	$6196	$1050	$1800	$2290	$2760	Fiat	4	211D	12F-3R	54.00	4380	No
G450 4WD	$7283	$1240	$2110	$2700	$3250	Fiat	4	211D	12F-3R	54.00	5120	No
G550	$4101	$700	$1190	$1520	$1830	Oliver	4	232G	12F-4R	53.00	6830	No
G550	$4839	$820	$1400	$1790	$2160	Oliver	4	232D	12F-4R	53.00	6940	No
G750	$7943	$1350	$2300	$2940	$3540	Oliver	6	265G	18F-6R	70.00	7380	No
G750	$8466	$1440	$2460	$3130	$3780	Oliver	6	265LP	18F-6R		7580	No
G750	$8891	$1510	$2580	$3290	$3970	Oliver	6	283D	18F-6R	70.00	7780	No
G850	$8553	$1450	$2480	$3170	$3820	Oliver	6	283G	18F-6R	86.00	8870	No
G850	$9330	$1590	$2710	$3450	$4160	Oliver	6	310D	18F-6R	86.00	9270	No
G940	$9400	$1600	$2730	$3480	$4190	Oliver	6	310G	18F-6R	92.0	8976	No
G940	$10100	$1720	$2930	$3740	$4510	Oliver	6	310D	18F-6R	98.0	9376	No
G955	$10303	$1750	$2990	$3810	$4600	MM	6	425LP	18F-6R	97.00	10612	No
G955	$10646	$1810	$3090	$3940	$4750	MM	6	451D	18F-6R	98.33	10812	No
G1355	$12104	$2060	$3510	$4480	$5400	MM	6	504LP	18F-6R	137.00	12600	No
G1355	$13019	$2210	$3780	$4820	$5810	MM	6	585D	18F-6R	142.62	13000	No
				1972								
A4T-1600 4WD	$22416	$3140	$4710	$7290	$9640	MM	6	504D	10F-2R	143.27	17700	No
G350	$4932	$890	$1430	$1830	$2210	Fiat	3	158D	9F-3R	41.00	3810	No
G350 4WD	$6125	$1100	$1780	$2270	$2740	Fiat	3	158D	9F-3R	41.00	4360	No
G450	$6135	$1100	$1780	$2270	$2750	Fiat	4	211D	12F-3R	54.00	4380	No
G450 4WD	$7211	$1300	$2090	$2670	$3230	Fiat	4	211D	12F-3R	54.00	5120	No
G550	$3906	$700	$1130	$1450	$1750	Oliver	4	232G	12F-4R	53.00	6830	No
G550	$4791	$860	$1390	$1770	$2150	Oliver	4	232D	12F-4R	53.00	6940	No
G750	$7565	$1360	$2190	$2800	$3390	Oliver	6	265G	18F-6R	70.00	7380	No
G750	$8063	$1450	$2340	$2980	$3610	Oliver	6	265LP	18F-6R		7580	No
G750	$8468	$1520	$2460	$3130	$3790	Oliver	6	283D	18F-6R	70.00	7780	No
G850	$8386	$1510	$2430	$3100	$3760	Oliver	6	283G	18F-6R	86.00	8870	No
G850	$9147	$1650	$2650	$3380	$4100	Oliver	6	310D	18F-6R	86.00	9270	No
G940	$9300	$1670	$2700	$3440	$4170	Oliver	6	310G	18F-6R	92.00	8976	No
G940	$10000	$1800	$2900	$3700	$4480	Oliver	6	310D	18F-6R	98.00	9376	No
G950	$9555	$1720	$2770	$3540	$4280	MM	6	425G	15F-3R	92.00	9950	No
G950	$9812	$1770	$2850	$3630	$4400	MM	6	425LP	15F-3R		10550	No
G950	$10139	$1830	$2940	$3750	$4540	MM	6	451D	15F-3R	98.00	11150	No
G1050	$10682	$1920	$3100	$3950	$4790	MM	6	504LP	15F-3R	110.00	11450	No
G1050	$11489	$2070	$3330	$4250	$5150	MM	6	504D	15F-3R	110.00	11650	No
G1350	$11750	$2120	$3410	$4350	$5260	MM	6	504LP	10F-2R		12200	No
G1350	$12637	$2280	$3670	$4680	$5660	MM	6	585D	10F-2R	141.44	12400	No
G1355	$11985	$2160	$3480	$4430	$5370	MM	6	504LP	18F-6R	137.00	12600	No
G1355	$12890	$2320	$3740	$4770	$5780	MM	6	585D	18F-6R	142.62	13000	No

Model	Approx. Retail Price New	Estimated Value Less Repairs Used Trade-In Avg.	High	Used Retail Avg.	High	Engine Make	No. Cyls.	Displ. Cu.-in.	No. Speeds	P.T.O. H.P.	Approx. Shipping Wt.-Lbs.	Cab

Minneapolis-Moline (Cont.)

Model	Approx. Retail Price New	Used Trade-In Avg.	Used Trade-In High	Used Retail Avg.	Used Retail High	Engine Make	No. Cyls.	Displ. Cu.-in.	No. Speeds	P.T.O. H.P.	Approx. Shipping Wt.-Lbs.	Cab
1971												
A4T-1600 4WD	$21366	$3100	$4490	**$7050**	**$9290**	MM	6	504D	10F-2R	143.27	17700	No
G350	$4883	$880	$1420	**$1830**	**$2200**	Fiat	3	158D	9F-3R	41.00	3810	No
G350 4WD	$6064	$1090	$1760	**$2270**	**$2730**	Fiat	3	158D	9F-3R	41.00	4360	No
G450	$6074	$1090	$1760	**$2280**	**$2730**	Fiat	4	211D	12F-3R	54.00	4380	No
G450 4WD	$7140	$1290	$2070	**$2680**	**$3210**	Fiat	4	211D	12F-3R	54.00	5120	No
G550	$3867	$700	$1120	**$1450**	**$1740**	Oliver	4	232G	12F-4R	53.00	3250	No
G550	$4744	$850	$1380	**$1780**	**$2140**	Oliver	4	232D	12F-4R	53.00	3275	No
G750	$7205	$1300	$2090	**$2700**	**$3240**	Oliver	6	265G	18F-6R	70.00	7380	No
G750	$7679	$1380	$2230	**$2880**	**$3460**	Oliver	6	265LP	18F-6R		7580	No
G750	$8065	$1450	$2340	**$3020**	**$3630**	Oliver	6	283D	18F-6R	70.00	7780	No
G850	$7987	$1440	$2320	**$3000**	**$3590**	Oliver	6	283G	18F-6R	86.00	8870	No
G850	$8711	$1570	$2530	**$3270**	**$3920**	Oliver	6	310D	18F-6R	86.00	9270	No
G940	$9000	$1620	$2610	**$3380**	**$4050**	Oliver	6	310G	18F-6R	92.00	8976	No
G940	$9960	$1790	$2890	**$3740**	**$4480**	Oliver	6	310D	18F-6R	98.00	9376	No
G950	$9460	$1700	$2740	**$3550**	**$4260**	MM	6	425G	15F-3R	92.00	9950	No
G950	$9722	$1750	$2820	**$3650**	**$4380**	MM	6	425LP	15F-3R		10550	No
G950	$10039	$1810	$2910	**$3770**	**$4520**	MM	6	451D	15F-3R	98.00	11150	No
G1050	$10576	$1900	$3070	**$3970**	**$4760**	MM	6	504LP	15F-3R		11450	No
G1050	$11375	$2050	$3300	**$4270**	**$5120**	MM	6	504D	15F-3R	110.00	11650	No
G1350	$11634	$2090	$3370	**$4360**	**$5240**	MM	6	504LP	10F-2R		12200	No
G1350	$12512	$2250	$3630	**$4690**	**$5630**	MM	6	585D	10F-2R	141.44	12400	No
1970												
Jet Star III	$4566	$820	$1320	**$1740**	**$2080**	MM	4	206LP	10F-2R	45.00	3630	No
Jet Star III	$4700	$850	$1360	**$1790**	**$2140**	MM	4	206G	10F-2R	44.00	3430	No
Jet Star III	$4968	$890	$1440	**$1890**	**$2260**	MM	4	206D	10F-2R		3940	No
A4T-1400 4WD	$20136	$2920	$4230	**$6650**	**$8660**	MM	6	504D	10F-2R		17300	No
U302	$4679	$840	$1360	**$1780**	**$2130**	MM	4	221G	10F-2R	55.82	5425	No
U302	$5081	$920	$1470	**$1930**	**$2310**	MM	4	221LP	10F-2R	55.69	5640	No
U302	$5409	$970	$1570	**$2060**	**$2460**	MM	4	236D	10F-2R		5840	No
M670	$5781	$1040	$1680	**$2200**	**$2630**	MM	4	336G	10F-2R	73.02	6550	No
M670	$6321	$1140	$1830	**$2400**	**$2880**	MM	4	336LP	10F-2R	74.16	6750	No
M670	$6489	$1170	$1880	**$2470**	**$2950**	MM	4	336D	10F-2R	71.01	6950	No
G950	$7613	$1370	$2210	**$2890**	**$3460**	MM	6	425G	15F-3R		9950	No
G950	$7945	$1430	$2300	**$3020**	**$3620**	MM	6	425LP	15F-3R		10550	No
G950	$8276	$1490	$2400	**$3150**	**$3770**	MM	6	451D	15F-3R	98.00	11150	No
G1000	$9973	$1800	$2890	**$3790**	**$4540**	MM	6	504LP	10F-2R	110.94	10000	No
G1000	$10725	$1930	$3110	**$4080**	**$4880**	MM	6	504D	10F-2R	111.00	10200	No
G1000 Wheatland	$9773	$1760	$2830	**$3710**	**$4450**	MM	6	504LP	10F-2R	110.76	10200	No
G1000 Wheatland	$10609	$1910	$3080	**$4030**	**$4830**	MM	6	504D	10F-2R	110.78	10400	No
G1050	$10471	$1890	$3040	**$3980**	**$4760**	MM	6	504LP	15F-3R		11450	No
G1050	$11262	$2030	$3270	**$4280**	**$5120**	MM	6	504D	15F-3R	110.00	11650	No
G1350	$11519	$2070	$3340	**$4380**	**$5240**	MM	6	504LP	10F-2R		12200	No
G1350	$12388	$2230	$3590	**$4710**	**$5640**	MM	6	585D	10F-2R	141.44	12400	No
1969												
Jet Star III	$4110	$930	$1460	**$2410**	**$3110**	MM	4	206G	10F-2R	45	3630	No
Jet Star III	$4520	$1030	$1610	**$2660**	**$3440**	MM	4	206LP	10F-2R	45	3430	No
Jet Star III	$4920	$1040	$1620	**$2690**	**$3470**	MM	4	206D	10F-2R	45	3940	No
A4T-1400 4WD	$19620	$2850	$4120	**$6480**	**$8440**	MM	6	504D	10F-2R		17300	No
U302	$4633	$1060	$1660	**$2750**	**$3550**	MM	4	221G	10F-2R	55.8	5425	No
U302	$5031	$1060	$1660	**$2750**	**$3550**	MM	4	221LP	10F-2R	55.8	5640	No
U302	$5355	$1190	$1860	**$3070**	**$3970**	MM	4	236D	10F-2R	55.6	5840	No
M670	$5725	$1070	$1680	**$2780**	**$3600**	MM	4	336G	10F-2R	73.2	6550	No
M670	$6258	$1070	$1680	**$2780**	**$3600**	MM	4	336LP	10F-2R	73.2	6750	No
M670	$6425	$1280	$2010	**$3320**	**$4290**	MM	4	336D	10F-2R	71	6950	No
G900	$7390	$1410	$2210	**$3660**	**$4730**	MM	6	425G	10F-2R	97.8	9200	No
G900	$7712	$1410	$2210	**$3660**	**$4730**	MM	6	425LP	10F-2R	97.8	9400	No
G900	$8033	$1560	$2450	**$4050**	**$5230**	MM	6	451D	10F-2R	97.7	9600	No
G950	$7538	$1590	$2500	**$4130**	**$5340**	MM	6	425G	10F-2R	98	9950	No
G950	$7866	$1610	$2530	**$4180**	**$5400**	MM	6	425LP	10F-2R	98	10550	No
G950	$8194	$1740	$2720	**$4500**	**$5820**	MM	6	451D	10F-2R	98	11150	No
G1000	$9777	$1920	$3000	**$4970**	**$6420**	MM	6	504LP	10F-2R	111	10000	No
G1000	$10515	$2250	$3520	**$5830**	**$7530**	MM	6	504D	10F-2R	110	10200	No
G1000 Wheatland	$9581	$1810	$2840	**$4690**	**$6060**	MM	6	504LP	10F-2R	110.7	10200	No
G1000 Wheatland	$10410	$1790	$2800	**$4630**	**$5980**	MM	6	504D	10F-2R	110.8	10400	No
G1050	$10266	$1980	$3100	**$5130**	**$6630**	MM	6	504LP	10F-2R	110	11050	No
G1050	$11041	$2180	$3420	**$5660**	**$7310**	MM	6	585D	10F-2R	141.4	11250	No
G1350	$11295	$2530	$3960	**$6560**	**$8470**	MM	6	585D	10F-2R	141.4	12400	No
G1350	$11295	$2530	$3960	**$6560**	**$8470**	MM	6	504LP	10F-2R		12200	No
1968												
Jet Star	$4432	$1030	$1610	**$2660**	**$3490**	MM	4	206LP	10F-2R	45	3630	No
Jet Star III	$4028	$930	$1460	**$2410**	**$3160**	MM	4	206G	10F-2R	44	3430	No
Jet Star III	$4800	$1040	$1620	**$2690**	**$3530**	MM	4	206D	10F-2R	45	3940	No
U302	$4545	$1060	$1660	**$2750**	**$3610**	MM	4	221G	10F-2R	55.8	5425	No
U302	$4932	$1060	$1660	**$2750**	**$3610**	MM	4	221LP	10F-2R	55.8	5640	No
U302	$5250	$1190	$1860	**$3070**	**$4040**	MM	4	236D	10F-2R	55.6	5840	No
M670	$5615	$1070	$1680	**$2780**	**$3650**	MM	4	336G	10F-2R	73.2	6550	No
M670	$6135	$1140	$1780	**$2950**	**$3870**	MM	4	336LP	10F-2R	73.2	6750	No
M670	$6300	$1280	$2010	**$3320**	**$4360**	MM	4	336D	10F-2R	71	6950	No
G900	$7245	$1410	$2210	**$3660**	**$4810**	MM	6	425G	10F-2R	97.8	9200	No
G900	$7560	$1410	$2210	**$3660**	**$4810**	MM	6	425LP	10F-2R	97.8	9400	No
G900	$7875	$1490	$2330	**$3850**	**$5060**	MM	6	451D	10F-2R	97.7	9600	No

Minneapolis-Moline (Cont.)

Model	Approx. Retail Price New	Estimated Value Less Repairs: Used Trade-In Avg.	Used Trade-In High	Used Retail Avg.	Used Retail High	Engine Make	Engine No. Cyls.	Engine Displ. Cu.-in.	No. Speeds	P.T.O. H.P.	Approx. Shipping Wt.-Lbs.	Cab
1968 (Cont.)												
G1000	$9585	$1850	$2900	**$4800**	**$6300**	MM	6	504LP	10F-2R	111	10000	No
G1000	$10310	$2060	$3230	**$5350**	**$7030**	MM	6	504D	10F-2R	110	10200	No
G1000 Wheatland	$9395	$1810	$2840	**$4690**	**$6160**	MM	6	504LP	10F-2R	110.7	10200	No
G1000 Wheatland	$10206	$1890	$2960	**$4900**	**$6430**	MM	6	504D	10F-2R	110.8	10400	No
1967												
Jet Star III	$3836	$930	$1460	**$2410**	**$3210**	MM	4	206G	10F-2R	44	3430	No
Jet Star III	$4221	$920	$1440	**$2380**	**$3170**	MM	4	206LP	10F-2R	44	3630	No
Jet Star III	$4595	$1040	$1620	**$2690**	**$3580**	MM	4	206D	10F-2R	45	3940	No
U302	$4326	$990	$1550	**$2560**	**$3410**	MM	4	221G	10F-2R	55.8	5425	No
U302	$4697	$1020	$1600	**$2640**	**$3520**	MM	4	221LP	10F-2R	55.6	5640	No
M670	$5345	$1070	$1680	**$2780**	**$3710**	MM	4	336G	10F-2R	73.2	6550	No
M670	$5843	$1080	$1690	**$2810**	**$3740**	MM	4	336LP	10F-2R	73.2	6750	No
M670	$6000	$1210	$1890	**$3130**	**$4170**	MM	4	336D	10F-2R	71	6950	No
G900	$6900	$1360	$2130	**$3520**	**$4690**	MM	6	425G	10F-2R	97.8	9200	No
G900	$7200	$1410	$2210	**$3660**	**$4880**	MM	6	425LP	10F-2R	97.8	9400	No
G900	$7500	$1490	$2330	**$3850**	**$5140**	MM	6	451D	10F-2R	97.7	9600	No
G1000	$9130	$1920	$3000	**$4970**	**$6620**	MM	6	504LP	10F-2R	111	10000	No
G1000	$9820	$2250	$3520	**$5830**	**$7780**	MM	6	504D	10F-2R	110	10200	No
G1000 Wheatland	$8950	$1660	$2600	**$4300**	**$5730**	MM	6	504LP	10F-2R	110.7	10200	No
G1000 Wheatland	$9720	$1800	$2820	**$4670**	**$6220**	MM	6	504D	10F-2R	110.8	10400	No
1966												
Jet Star III	$3761	$930	$1460	**$2410**	**$3260**	MM	4	206G	10F-2R	44	3430	No
Jet Star III	$4138	$920	$1440	**$2380**	**$3220**	MM	4	206LP	10F-2R	44	3630	No
Jet Star III	$4503	$1040	$1620	**$2690**	**$3640**	MM	4	206D	10F-2R	45	3940	No
U302	$4241	$890	$1390	**$2300**	**$3120**	MM	4	221G	10F-2R	55.8	5425	No
U302	$4605	$930	$1450	**$2400**	**$3250**	MM	4	221LP	10F-2R	55.6	5640	No
M670	$5345	$1070	$1680	**$2780**	**$3770**	MM	4	336G	10F-2R	73.2	6550	No
M670	$5565	$1090	$1710	**$2830**	**$3840**	MM	4	336LP	10F-2R	73.2	6750	No
M670	$5700	$1110	$1740	**$2880**	**$3900**	MM	4	336D	10F-2R	71	6950	No
G1000	$8695	$1660	$2600	**$4310**	**$5830**	MM	6	504LP	10F-2R	110.7	10000	No
G1000	$9350	$1850	$2900	**$4800**	**$6500**	MM	6	504D	10F-2R	110	10200	No
1965												
Jet Star III	$3582	$740	$1170	**$1930**	**$2650**	MM	4	206G	10F-2R	44	3430	No
Jet Star III	$3941	$820	$1290	**$2140**	**$2940**	MM	4	206LP	10F-2R	44	3630	No
Jet Star III	$4290	$910	$1420	**$2350**	**$3230**	MM	4	206D	10F-2R	45	3940	No
U302	$4040	$820	$1290	**$2130**	**$2920**	MM	4	221G	10F-2R	55.8	5425	No
U302	$4386	$850	$1340	**$2210**	**$3040**	MM	4	221LP	10F-2R	55.6	5640	No
M670	$4990	$940	$1480	**$2450**	**$3370**	MM	4	336G	10F-2R	73.2	6550	No
M670	$5300	$1020	$1600	**$2640**	**$3630**	MM	4	336LP	10F-2R	73.2	6750	No
M670	$5600	$1080	$1690	**$2790**	**$3840**	MM	4	336D	10F-2R	71	6950	No
G705	$7960	$1470	$2310	**$3820**	**$5250**	MM	6	504LP	5F-1R	101.6	7700	No
G705	$8315	$1540	$2410	**$3990**	**$5490**	MM	6	504D	5F-1R	101.4	7900	No
G706 4WD	$10615	$1960	$3080	**$5100**	**$7010**	MM	6	504LP	5F-1R	101.4	8600	No
G706 4WD	$10966	$2030	$3180	**$5260**	**$7240**	MM	6	504D	5F-1R	101.6	8800	No
G707	$8120	$1500	$2360	**$3900**	**$5360**	MM	6	504LP	5F-1R	101	7700	No
G707	$8481	$1570	$2460	**$4070**	**$5600**	MM	6	504D	5F-1R	101	7900	No
G708 4WD	$10825	$2000	$3140	**$5200**	**$7150**	MM	6	504LP	5F-1R	101	8600	No
G708 4WD	$11185	$2070	$3240	**$5370**	**$7380**	MM	6	504D	5F-1R	101	8800	No
G1000	$8524	$1640	$2580	**$4270**	**$5860**	MM	6	504LP	10F-2R	110	10000	No
G1000	$8905	$1670	$2610	**$4320**	**$5940**	MM	6	504D	10F-2R	110	10200	No
1964												
Jet Star III	$3515	$690	$1080	**$1790**	**$2490**	MM	4	206G	10F-2R	44	3430	No
Jet Star III	$3865	$750	$1180	**$1940**	**$2710**	MM	4	206LP	10F-2R	44	3630	No
Jet Star III	$4205	$830	$1300	**$2160**	**$3010**	MM	4	206D	10F-2R	45	3940	No
U302	$3960	$780	$1230	**$2030**	**$2830**	MM	4	221G	10F-2R	55.8	5425	No
U302	$4300	$830	$1310	**$2160**	**$3020**	MM	4	221LP	10F-2R	55.6	5640	No
M602	$4375	$850	$1330	**$2210**	**$3080**	MM	4	336G	10F-2R	64	6550	No
M602	$4675	$890	$1390	**$2300**	**$3220**	MM	4	336LP	10F-2R	64	6750	No
M602	$4966	$1070	$1680	**$2770**	**$3870**	MM	4	336D	10F-2R	64	6950	No
M604 4WD	$6721	$1300	$2030	**$3370**	**$4700**	MM	4	336G	10F-2R	73	7020	No
M604 4WD	$7017	$1320	$2060	**$3410**	**$4760**	MM	4	336LP	10F-2R	73	7220	No
M604 4WD	$7312	$1440	$2260	**$3730**	**$5210**	MM	4	336D	10F-2R	74	7420	No
M670	$4900	$930	$1450	**$2400**	**$3350**	MM	4	336G	10F-2R	73.2	6550	No
M670	$5196	$980	$1540	**$2540**	**$3550**	MM	4	336LP	10F-2R	73.2	6750	No
M670	$5491	$1020	$1600	**$2640**	**$3690**	MM	4	336D	10F-2R	71	6950	No
G705	$7805	$1440	$2260	**$3750**	**$5230**	MM	6	504LP	5F-1R	101.6	7700	No
G705	$8152	$1510	$2360	**$3910**	**$5460**	MM	6	504D	5F-1R	101.4	7900	No
G706 4WD	$10400	$1920	$3020	**$4990**	**$6970**	MM	6	504LP	5F-1R	101.4	8600	No
G706 4WD	$10750	$1990	$3120	**$5160**	**$7200**	MM	6	504D	5F-1R	101.6	8800	No
1963												
Jet Star II	$3445	$690	$1070	**$1800**	**$2520**	MM	4	206G	10F-2R	44	3370	No
Jet Star II	$3788	$740	$1160	**$1940**	**$2720**	MM	4	206LP	10F-2R	44	3570	No
Jet Star II	$4125	$800	$1250	**$2090**	**$2920**	MM	4	206D	10F-2R	44	3770	No
M5	$4205	$830	$1310	**$2180**	**$3060**	MM	4	336G	10F-2R	61	5830	No
M5	$4490	$850	$1330	**$2230**	**$3130**	MM	4	336LP	10F-2R	61	6030	No
M5	$4775	$930	$1450	**$2430**	**$3400**	MM	4	336D	10F-2R	58	6230	No
M504 4WD	$6555	$1210	$1900	**$3180**	**$4460**	MM	4	336G	10F-2R	61	7020	No
M504 4WD	$6835	$1260	$1980	**$3320**	**$4650**	MM	4	336LP	10F-2R	61	7220	No
M504 4WD	$7120	$1320	$2070	**$3450**	**$4840**	MM	4	336D	10F-2R	58	7420	No

Model	Approx. Retail Price New	Estimated Value Less Repairs: Used Trade-In Avg.	Used Trade-In High	Used Retail Avg.	Used Retail High	Engine Make	Engine No. Cyls.	Engine Displ. Cu.-in.	No. Speeds	P.T.O. H.P.	Approx. Shipping Wt.-Lbs.	Cab

Minneapolis-Moline (Cont.)

Model	Approx. Retail Price New	Estimated Value Less Repairs: Used Trade-In Avg.	Used Trade-In High	Used Retail Avg.	Used Retail High	Engine Make	Engine No. Cyls.	Engine Displ. Cu.-in.	No. Speeds	P.T.O. H.P.	Approx. Shipping Wt.-Lbs.	Cab
1963 (Cont.)												
M602	$4290	$930	$1450	**$2430**	**$3410**	MM	4	336G	10F-2R	64	6350	No
M602	$4580	$950	$1480	**$2480**	**$3480**	MM	4	336LP	10F-2R	64	6550	No
M602	$4870	$1070	$1680	**$2800**	**$3930**	MM	4	336D	10F-2R	64	6750	No
M604 4WD	$6590	$1300	$2030	**$3400**	**$4770**	MM	4	336G	10F-2R	73	7020	No
M604 4WD	$6880	$1320	$2060	**$3450**	**$4840**	MM	4	336LP	10F-2R	73	7220	No
M604 4WD	$7170	$1350	$2120	**$3540**	**$4960**	MM	4	336D	10F-2R	74	7420	No
G705	$7650	$1420	$2220	**$3710**	**$5200**	MM	6	504LP	5F-1R	101	7700	No
G705	$7995	$1480	$2320	**$3880**	**$5440**	MM	6	504D	5F-1R	101	7900	No
G706 4WD	$10200	$1890	$2960	**$4950**	**$6940**	MM	6	504LP	5F-1R	101	8600	No
G706 4WD	$10540	$1950	$3060	**$5110**	**$7170**	MM	6	504D	5F-1R	101	8800	No
1962												
4 Star	......	$730	$1230	**$1740**	**$2340**	MM	4	206G	10F-2R	44	4000	No
4 Star	......	$780	$1320	**$1870**	**$2510**	MM	4	206D	10F-2R	44	4000	No
GVI	$5700	$1060	$1650	**$2790**	**$3930**	MM	6	426G	5F-1R	78	7620	No
GVI	$6405	$1190	$1860	**$3140**	**$4420**	MM	6	426D	5F-1R	79	7835	No
Jet Star	$3400	$630	$990	**$1670**	**$2350**	MM	4	206G	10F-2R	44	3400	No
Jet Star	$4000	$740	$1160	**$1960**	**$2760**	MM	4	206D	10F-2R	45	3800	No
M5	$4200	$780	$1220	**$2060**	**$2900**	MM	4	336G	10F-2R	61	5928	No
M5	$4700	$870	$1360	**$2300**	**$3240**	MM	4	336D	10F-2R	58	6230	No
M504 4WD	$6500	$1200	$1890	**$3190**	**$4490**	MM	4	336G	10F-2R	61	7020	No
M504 4WD	$7100	$1310	$2060	**$3480**	**$4900**	MM	4	336D	10F-2R	58	7420	No
G704 4WD	$7440	$1380	$2160	**$3650**	**$5130**	MM	6	504LP	5F-1R	101.4	8405	No
G704 4WD	$8150	$1510	$2360	**$3990**	**$5620**	MM	6	504D	5F-1R	101.6	8655	No
G705	$7600	$1410	$2200	**$3720**	**$5240**	MM	6	504G	5F-1R	101.6	7700	No
G705	$7900	$1460	$2290	**$3870**	**$5450**	MM	6	504D	5F-1R	101.4	7900	No
G706 4WD	$10000	$1850	$2900	**$4900**	**$6900**	MM	6	504G	5F-1R	101.4	8600	No
G706 4WD	$10500	$1940	$3050	**$5150**	**$7250**	MM	6	504D	5F-1R	101.6	8750	No
1961												
4 Star	......	$700	$1180	**$1690**	**$2270**	MM	4	206G	10F-2R	44	4000	No
4 Star	......	$740	$1250	**$1790**	**$2400**	MM	4	206D	10F-2R	44	4000	No
GVI	......	$1030	$1610	**$2750**	**$3890**	MM	6	426G	5F-1R	78	7620	No
GVI	......	$1160	$1810	**$3090**	**$4380**	MM	6	426D	5F-1R	79	7835	No
Jet Star	......	$690	$1070	**$1830**	**$2590**	MM	4	206G	10F-2R	44	4550	No
Jet Star	......	$810	$1260	**$2150**	**$3050**	MM	4	206D	10F-2R	45	4600	No
UBG	......	$740	$1160	**$1980**	**$2800**	MM	4	283G	5F-1R	45	5840	No
UDS	......	$810	$1270	**$2170**	**$3070**	MM	4	283D	5F-1R	45	5810	No
UTSD	......	$850	$1330	**$2280**	**$3220**	MM	4	283D	5F-1R	45	5810	No
ZAE	......	$720	$1130	**$1930**	**$2730**	MM	4	206G	5F-1R	33	3700	No
5 Star Universal	......	$840	$1320	**$2260**	**$3190**	MM	4	336G	10F-1R	57	6344	No
5 Star Universal	......	$980	$1540	**$2620**	**$3710**	MM	4	336D	10F-1R	57	6642	No
M5	......	$760	$1200	**$2040**	**$2880**	MM	4	336G	10F-2R	61	6928	No
M5	......	$1020	$1590	**$2720**	**$3840**	MM	4	336D	10F-2R	58	7078	No
335U Utility	......	$840	$1320	**$2250**	**$3190**	MM	4	165G	5F-1R	31.4	3361	No
1960												
4 Star	......	$670	$1130	**$1650**	**$2200**	MM	4	206G	10F-2R	44	4000	No
4 Star	......	$710	$1200	**$1760**	**$2340**	MM	4	206D	10F-2R	44	4000	No
GVI	......	$990	$1550	**$2680**	**$3800**	MM	6	426G	5F-1R	78	7620	No
GVI	......	$1140	$1780	**$3080**	**$4370**	MM	6	426D	5F-1R	79	7835	No
Jet Star	......	$670	$1050	**$1800**	**$2560**	MM	4	206D	10F-2R	45	4600	No
UBG	......	$700	$1100	**$1900**	**$2700**	MM	4	283G	5F-1R	45	5840	No
UDS	......	$790	$1240	**$2140**	**$3040**	MM	4	283D	5F-1R	45	5810	No
UTSD	......	$850	$1330	**$2290**	**$3250**	MM	4	283D	5F-1R	45	5810	No
ZAE	......	$700	$1100	**$1900**	**$2700**	MM	4	206G	5F-1R	33	3700	No
5 Star	......	$840	$1320	**$2280**	**$3230**	MM	4	283G	10F-2R	57	6342	No
5 Star	......	$980	$1540	**$2650**	**$3760**	MM	4	336D	10F-2R	57	6642	No
5 Star Universal	......	$950	$1490	**$2560**	**$3640**	MM	4	336D	10F-1R	57	6642	No
5 Star Unviersal	......	$810	$1260	**$2180**	**$3090**	MM	4	336G	10F-1R	57	6344	No
M5	......	$740	$1170	**$2010**	**$2850**	MM	4	336G	10F-2R	61	6928	No
M5	......	$810	$1260	**$2180**	**$3090**	MM	4	336D	10F-2R	58	7078	No
335U Utility	......	$610	$950	**$1640**	**$2320**	MM	4	165G	5F-1R	31.4	3361	No
445 Utility	......	$790	$1230	**$2130**	**$3020**	MM	4	206D	5F-1R	40.8	4240	No
1959												
4 Star	......	$640	$1090	**$1620**	**$2160**	MM	4	206G	10F-2R	44	4000	No
4 Star	......	$680	$1150	**$1710**	**$2270**	MM	4	206D	10F-2R	44	4000	No
GB	......	$900	$1410	**$2450**	**$3490**	MM	4	403G	5F-1R	69	6730	No
GB	......	$1050	$1650	**$2880**	**$4100**	MM	6	425D	5F-1R	65	7600	No
GVI	......	$950	$1490	**$2600**	**$3710**	MM	6	426G	5F-1R	78	7620	No
GVI	......	$1120	$1760	**$3060**	**$4360**	MM	6	426D	5F-1R	79	7835	No
Jet Star	......	$650	$1020	**$1780**	**$2530**	MM	4	206G	10F-2R	44	4550	No
UBG	......	$680	$1060	**$1850**	**$2640**	MM	4	283G	5F-1R	45	5840	No
UDS	......	$740	$1160	**$2020**	**$2880**	MM	4	283D	5F-1R	45	5810	No
UTSD	......	$810	$1280	**$2220**	**$3170**	MM	4	283D	5F-1R	45	5810	No
ZAE	......	$630	$990	**$1720**	**$2450**	MM	4	206G	5F-1R	33	3700	No
5 Star	......	$830	$1310	**$2270**	**$3240**	MM	4	336D	10F-2R	57	6642	No
5 Star	......	$970	$1520	**$2650**	**$3780**	MM	4	283G	10F-2R	57	6342	No
5 Star Universal	......	$910	$1430	**$2490**	**$3540**	MM	4	336D	10F-1R	57	6642	No
5 Star Unviersal	......	$790	$1230	**$2150**	**$3060**	MM	4	336G	10F-1R	57	6344	No
335 Universal	......	$560	$870	**$1520**	**$2160**	MM	4	165G	5F-1R	31.4	3481	No
335U Utility	......	$590	$920	**$1600**	**$2280**	MM	4	165G	5F-1R	31.4	3361	No
445 Universal	......	$650	$1010	**$1770**	**$2520**	MM	4	206G	5F-1R	40.8	4168	No

Model	Approx. Retail Price New	Used Trade-In Avg.	Used Trade-In High	Used Retail Avg.	Used Retail High	Engine Make	No. Cyls.	Displ. Cu.-in.	No. Speeds	P.T.O. H.P.	Approx. Shipping Wt.-Lbs.	Cab
Minneapolis-Moline (Cont.)												
				1959 (Cont.)								
445 Universal	......	$670	$1040	**$1820**	**$2590**	MM	4	206D	5F-1R	40.8	4770	No
445 Utility	......	$710	$1120	**$1940**	**$2770**	MM	4	206D	5F-1R	40.8	4240	No
				1958								
GB	......	$860	$1370	**$2370**	**$3400**	MM	6	425D	5F-1R	65	7600	No
GB	......	$1020	$1620	**$2800**	**$4010**	MM	4	403G	5F-1R	69	6730	No
UBG	......	$670	$1060	**$1840**	**$2630**	MM	4	283G	5F-1R	45	5840	No
UDS	......	$740	$1170	**$2030**	**$2900**	MM	4	283D	5F-1R	45	5810	No
UTSD	......	$800	$1270	**$2200**	**$3150**	MM	4	283D	5F-1R	45	5810	No
ZAE	......	$590	$940	**$1630**	**$2340**	MM	4	206G	5F-1R	33	3700	No
5 Star	......	$800	$1270	**$2200**	**$3150**	MM	4	336D	10F-2R	57	6642	No
5 Star	......	$930	$1480	**$2560**	**$3670**	MM	4	283G	10F-2R	57	6342	No
5 Star Universal	......	$880	$1400	**$2420**	**$3470**	MM	4	336D	10F-1R	57	6642	No
5 Star Unviersal	......	$760	$1210	**$2090**	**$2990**	MM	4	336G	10F-1R	57	6344	No
335 Universal	......	$620	$990	**$1710**	**$2450**	MM	4	165G	5F-1R	31.4	3481	No
335U Utility	......	$570	$910	**$1570**	**$2240**	MM	4	165G	5F-1R	31.4	3361	No
445 Universal	......	$710	$1140	**$1960**	**$2810**	MM	4	206G	5F-1R	40.8	4168	No
445 Universal	......	$720	$1150	**$1990**	**$2850**	MM	4	206D	5F-1R	40.8	4770	No
445 Utility	......	$740	$1180	**$2040**	**$2920**	MM	4	206D	5F-1R	40.8	4240	No
				1957								
BF	......	$670	$1060	**$1820**	**$2610**	Herc.	4	133G	4F-1R	25.1	4636	No
GB	......	$850	$1340	**$2290**	**$3290**	MM	4	403G	5F-1R	69	6730	No
GB	......	$1040	$1650	**$2830**	**$4070**	MM	6	425D	5F-1R	65	7600	No
UBD Special	......	$750	$1180	**$2030**	**$2920**	MM	4	283D	5F-1R	45	7600	No
UBG	......	$680	$1080	**$1850**	**$2660**	MM	4	283G	5F-1R	45	5840	No
UDS	......	$740	$1160	**$2000**	**$2870**	MM	4	283D	5F-1R	45	5810	No
UTS	......	$770	$1220	**$2090**	**$3000**	MM	4	283G	5F-1R	45	6220	No
UTSD	......	$810	$1270	**$2180**	**$3140**	MM	4	283D	5F-1R	45	5810	No
5 Star Universal	......	$870	$1370	**$2360**	**$3390**	MM	4	336D	10F-1R	57	6642	No
5 Star Unviersal	......	$760	$1190	**$2050**	**$2950**	MM	4	336G	10F-1R	57	6344	No
335 Universal	......	$600	$950	**$1620**	**$2330**	MM	4	165G	5F-1R	31.4	3481	No
335U Utility	......	$570	$900	**$1550**	**$2220**	MM	4	165G	5F-1R	31.4	3361	No
445 Universal	......	$690	$1100	**$1880**	**$2700**	MM	4	206G	5F-1R	40.8	4168	No
445 Universal	......	$730	$1160	**$1980**	**$2850**	MM	4	206D	5F-1R	40.8	4770	No
445 Utility	......	$750	$1190	**$2030**	**$2920**	MM	4	206D	5F-1R	40.8	4240	No
				1956								
BF	......	$650	$1050	**$1780**	**$2570**	Hercules	4	133G	4F-1R	25.1	4636	No
BG	......	$680	$1080	**$1850**	**$2660**	Hercules	4	133G	4F-1R	25.1	2880	No
GB	......	$810	$1300	**$2210**	**$3190**	MM	4	403G	5F-1R	69	6730	No
GB	......	$970	$1550	**$2650**	**$3820**	MM	6	425D	5F-1R	65	7600	No
UBD Special	......	$730	$1170	**$2000**	**$2880**	MM	4	283D	5F-1R	45	7600	No
UBG	......	$670	$1070	**$1820**	**$2630**	MM	4	283G	5F-1R	45	5840	No
UDS	......	$720	$1150	**$1960**	**$2830**	MM	4	283D	5F-1R	45	5810	No
UTS	......	$770	$1240	**$2110**	**$3050**	MM	4	283G	5F-1R	45	6220	No
UTSD	......	$790	$1270	**$2160**	**$3110**	MM	4	283D	5F-1R	45	5810	No
ZAE	......	$600	$960	**$1630**	**$2350**	MM	4	206G	5F-1R	33	3700	No
335U Utility	......	$560	$900	**$1530**	**$2210**	MM	4	165G	5F-1R	31.4	3361	No
445 Universal	......	$660	$1050	**$1790**	**$2590**	MM	4	206G	5F-1R	40.8	4168	No
445 Universal	......	$670	$1070	**$1820**	**$2630**	MM	4	206D	5F-1R	40.8	4770	No
445 Utility	......	$730	$1170	**$2000**	**$2890**	MM	4	206D	5F-1R	40.8	4240	No
				1955								
BF	......	$630	$1030	**$1750**	**$2510**	Hercules	4	133G	4F-1R	25.1	4636	No
BG	......	$660	$1080	**$1830**	**$2640**	Hercules	4	133G	4F-1R	25.1	2880	No
GB	......	$770	$1260	**$2130**	**$3060**	MM	4	403G	5F-1R	69	6730	No
GB	......	$960	$1570	**$2650**	**$3810**	MM	6	425D	5F-1R	65	7600	No
UB Special	......	$650	$1060	**$1790**	**$2580**	MM	4	283G	5F-1R	50	5840	No
UBD Special	......	$710	$1160	**$1960**	**$2820**	MM	4	283D	5F-1R	45	7600	No
UBE	......	$820	$1330	**$2250**	**$3240**	MM	4	283G	5F-1R	45	5840	No
UBE	......	$1040	$1690	**$2870**	**$4120**	MM	4	283D	5F-1R	45	7600	No
UBG	......	$650	$1050	**$1790**	**$2570**	MM	4	283G	5F-1R	45	5840	No
UBU	......	$740	$1210	**$2040**	**$2940**	MM	4	283G	5F-1R	45	5750	No
UBU	......	$870	$1430	**$2420**	**$3470**	MM	4	283D	5F-1R	45	7600	No
UDS	......	$700	$1150	**$1940**	**$2790**	MM	4	283D	5F-1R	45	5810	No
UTC	......	$730	$1190	**$2020**	**$2910**	MM	4	283G	5F-1R	45	5840	No
UTS	......	$750	$1230	**$2080**	**$2990**	MM	4	283G	5F-1R	45	6220	No
UTSD	......	$760	$1240	**$2100**	**$3020**	MM	4	283D	5F-1R	45	5810	No
UTU	......	$700	$1140	**$1930**	**$2780**	MM	4	283G	5F-1R	45	5850	No
ZAE	......	$580	$940	**$1590**	**$2290**	MM	4	206G	5F-1R	33	3700	No
ZBE	......	$600	$990	**$1670**	**$2400**	MM	4	206G	5F-1R	33	3700	No
ZBN	......	$620	$1010	**$1710**	**$2450**	MM	4	206G	5F-1R	33	3650	No
ZBU	......	$590	$960	**$1630**	**$2340**	MM	4	206G	5F-1R	33	3600	No
				1954								
BF	......	$610	$1000	**$1710**	**$2460**	Hercules	4	133G	4F-1R	25.1	4636	No
BG	......	$640	$1050	**$1800**	**$2580**	Hercules	4	133G	4F-1R	25.1	2880	No
GTB	......	$820	$1330	**$2280**	**$3270**	MM	4	403G	5F-1R	60	6275	No
GTB	......	$830	$1350	**$2310**	**$3310**	MM	6	426D	5F-1R	65	7319	No
RTU	......	$570	$930	**$1590**	**$2280**	MM	4	165G	4F-1R	24	3100	No
UBE	......	$800	$1300	**$2220**	**$3180**	MM	4	283G	5F-1R	45	5840	No
UBE	......	$1000	$1630	**$2790**	**$4000**	MM	4	283D	5F-1R	45	7600	No
UBG	......	$630	$1020	**$1750**	**$2510**	MM	4	283G	5F-1R	45	5840	No

Model	Approx. Retail Price New	Estimated Value Less Repairs Used Trade-In Avg.	High	Used Retail Avg.	High	Engine Make	No. Cyls.	Displ. Cu.-in.	No. Speeds	P.T.O. H.P.	Approx. Shipping Wt.-Lbs.	Cab
Minneapolis-Moline (Cont.)												
				1954 (Cont.)								
UBN	......	$680	$1110	**$1900**	**$2730**	MM	4	283D	5F-1R	45	5850	No
UBU	......	$700	$1150	**$1960**	**$2810**	MM	4	283G	5F-1R	45	5750	No
UBU	......	$850	$1390	**$2380**	**$3410**	MM	4	283D	5F-1R	45	7600	No
UDS	......	$680	$1100	**$1880**	**$2700**	MM	4	283D	5F-1R	45	5810	No
UTC	......	$690	$1130	**$1940**	**$2770**	MM	4	283G	5F-1R	45	5840	No
UTS	......	$730	$1200	**$2050**	**$2930**	MM	4	283G	5F-1R	45	6220	No
UTSD	......	$740	$1210	**$2070**	**$2960**	MM	4	283D	5F-1R	45	5810	No
UTU	......	$800	$1320	**$2020**	**$2780**	MM	4	283G	5F-1R	45	5850	No
ZAE	......	$670	$1110	**$1700**	**$2340**	MM	4	206G	5F-1R	33	3700	No
ZBE	......	$710	$1170	**$1790**	**$2460**	MM	4	206G	5F-1R	33	3700	No
ZBN	......	$730	$1200	**$1830**	**$2520**	MM	4	206G	5F-1R	33	3650	No
ZBU	......	$670	$1110	**$1690**	**$2330**	MM	4	206G	5F-1R	33	3600	No
ZM	......	$730	$1210	**$1840**	**$2540**	MM	4	206G	5F-1R	33	3650	No
				1953								
BF	......	$700	$1170	**$1820**	**$2540**	Hercules	4	133G	4F-1R	25.1	4636	No
BFD	......	$610	$1010	**$1570**	**$2190**	Hercules	4	133G	4F-1R	25.1	2875	No
BFH	......	$630	$1050	**$1620**	**$2260**	Hercules	4	133G	4F-1R	25.1	2900	No
BFS	......	$600	$990	**$1540**	**$2150**	Hercules	4	133G	4F-1R	25.1	2860	No
BFW	......	$620	$1030	**$1590**	**$2220**	Hercules	4	133G	4F-1R	25.1	2895	No
BG	......	$730	$1210	**$1870**	**$2610**	Hercules	4	133G	4F-1R	25.1	2880	No
GTB	......	$930	$1560	**$2410**	**$3360**	MM	4	403G	5F-1R	60	6275	No
GTB	......	$970	$1610	**$2490**	**$3480**	MM	6	426D	5F-1R	65	7319	No
GTC	......	$840	$1410	**$2180**	**$3040**	MM	4	403G	5F-1R	60	6275	No
RTE	......	$640	$1070	**$1650**	**$2310**	MM	4	165G	4F-1R	24	3250	No
RTS	......	$690	$1140	**$1770**	**$2470**	MM	4	165G	4F-1R	24	3250	No
RTU	......	$650	$1090	**$1680**	**$2350**	MM	4	165G	4F-1R	24	3100	No
UBE	......	$860	$1430	**$2200**	**$3080**	MM	4	283G	5F-1R	45	5840	No
UBG	......	$720	$1200	**$1860**	**$2590**	MM	4	283G	5F-1R	45	5840	No
UBN	......	$810	$1350	**$2080**	**$2910**	MM	4	283D	5F-1R	45	5850	No
UBU	......	$820	$1370	**$2120**	**$2960**	MM	4	283G	5F-1R	45	5750	No
UDS	......	$780	$1290	**$2000**	**$2790**	MM	4	283D	5F-1R	45	5810	No
UDU	......	$950	$1590	**$2460**	**$3430**	MM	4	283D	5F-1R	45	5840	No
UTC	......	$800	$1330	**$2060**	**$2880**	MM	4	283G	5F-1R	45	5840	No
UTE	......	$910	$1510	**$2340**	**$3260**	MM	4	283G	5F-1R	45	5840	No
UTS	......	$850	$1410	**$2180**	**$3050**	MM	4	283G	5F-1R	45	6220	No
UTSD	......	$870	$1440	**$2230**	**$3120**	MM	4	283D	5F-1R	45	5810	No
UTU	......	$780	$1310	**$2020**	**$2820**	MM	4	283G	5F-1R	45	5850	No
ZAE	......	$650	$1090	**$1680**	**$2350**	MM	4	206G	5F-1R	33	3700	No
ZAN	......	$680	$1130	**$1740**	**$2430**	MM	4	206G	5F-1R	33	3650	No
ZAS	......	$740	$1230	**$1910**	**$2660**	MM	4	206G	5F-1R	33	3650	No
ZBE	......	$660	$1110	**$1710**	**$2390**	MM	4	206G	5F-1R	33	3700	No
ZBU	......	$640	$1060	**$1640**	**$2280**	MM	4	206G	5F-1R	33	3600	No
ZM	......	$690	$1150	**$1780**	**$2490**	MM	4	206G	5F-1R	33	3650	No
				1952								
BF	......	$670	$1120	**$1760**	**$2490**	Hercules	4	133G	4F-1R	25.1	4636	No
BG	......	$700	$1170	**$1840**	**$2600**	Hercules	4	133G	4F-1R	25.1	2880	No
GTB	......	$900	$1520	**$2380**	**$3360**	MM	6	426D	5F-1R	65	7319	No
GTB	......	$920	$1550	**$2440**	**$3440**	MM	4	403G	5F-1R	60	6275	No
GTC	......	$800	$1350	**$2120**	**$2990**	MM	4	403G	5F-1R	60	6275	No
RTE	......	$590	$1000	**$1570**	**$2210**	MM	4	165G	4F-1R	24	3250	No
RTS	......	$650	$1090	**$1710**	**$2420**	MM	4	165G	4F-1R	24	3250	No
RTU	......	$630	$1060	**$1650**	**$2340**	MM	4	165G	4F-1R	24	3100	No
UDS	......	$770	$1300	**$2030**	**$2870**	MM	4	283D	5F-1R	45	5810	No
UDU	......	$870	$1460	**$2280**	**$3230**	MM	4	283D	5F-1R	45	5840	No
UTC	......	$760	$1280	**$2000**	**$2830**	MM	4	283G	5F-1R	45	5840	No
UTE	......	$890	$1490	**$2340**	**$3310**	MM	4	283G	5F-1R	45	5840	No
UTN	......	$910	$1530	**$2400**	**$3390**	MM	4	283G	5F-1R	45	5840	No
UTS	......	$810	$1350	**$2120**	**$3000**	MM	4	283G	5F-1R	45	6220	No
UTSD	......	$830	$1390	**$2180**	**$3080**	MM	4	283D	5F-1R	45	5810	No
UTU	......	$720	$1210	**$1900**	**$2690**	MM	4	283G	5F-1R	45	5850	No
V	......	$570	$960	**$1500**	**$2120**	Hercules	4	65G	3F-1R	15	1778	No
ZAE	......	$630	$1060	**$1650**	**$2340**	MM	4	206G	5F-1R	33	3700	No
ZAN	......	$640	$1070	**$1680**	**$2380**	MM	4	206G	5F-1R	33	3650	No
ZAS	......	$700	$1180	**$1850**	**$2610**	MM	4	206G	5F-1R	33	3650	No
ZAU	......	$670	$1130	**$1770**	**$2500**	MM	4	206G	5F-1R	33	3600	No
				1951								
BF	......	$640	$1060	**$1690**	**$2420**	Hercules	4	133G	4F-1R	25.1	4636	No
BG	......	$660	$1100	**$1750**	**$2510**	Hercules	4	133G	4F-1R	25.1	2880	No
GTB	......	$900	$1500	**$2380**	**$3400**	MM	4	403G	5F-1R	60	6275	No
GTB	......	$860	$1420	**$2260**	**$3240**	MM	6	426D	5F-1R	65	7319	No
GTC	......	$770	$1280	**$2030**	**$2910**	MM	4	403G	5F-1R	60	6275	No
RTE	......	$570	$950	**$1510**	**$2160**	MM	4	165G	4F-1R	24	3250	No
RTN	......	$620	$1020	**$1620**	**$2320**	MM	4	165G	4F-1R	24	3100	No
RTS	......	$580	$970	**$1540**	**$2200**	MM	4	165G	4F-1R	24	3250	No
RTU	......	$600	$1000	**$1590**	**$2270**	MM	4	165G	4F-1R	24	3100	No
UTC	......	$720	$1190	**$1890**	**$2700**	MM	4	283G	5F-1R	45	5840	No
UTE	......	$710	$1180	**$1880**	**$2690**	MM	4	283G	5F-1R	45	5840	No
UTN	......	$730	$1220	**$1930**	**$2760**	MM	4	283G	5F-1R	45	5840	No
UTS	......	$760	$1260	**$2010**	**$2870**	MM	4	283G	5F-1R	45	6220	No
UTU	......	$680	$1130	**$1800**	**$2580**	MM	4	283G	5F-1R	45	5850	No
V	......	$530	$880	**$1400**	**$2000**	Hercules	4	65G	3F-1R	15	1778	No

Minneapolis-Moline (Cont.)

Model	Approx. Retail Price New	Estimated Value Less Repairs: Used Trade-In Avg.	Used Trade-In High	Used Retail Avg.	Used Retail High	Engine Make	Engine No. Cyls.	Engine Displ. Cu.-in.	No. Speeds	P.T.O. H.P.	Approx. Shipping Wt.-Lbs.	Cab
1951 (Cont.)												
ZAE	......	$590	$980	**$1550**	**$2220**	MM	4	206G	5F-1R	33	3700	No
ZAN	......	$620	$1020	**$1620**	**$2320**	MM	4	206G	5F-1R	33	3650	No
ZAS	......	$660	$1100	**$1740**	**$2490**	MM	4	206G	5F-1R	33	3650	No
ZAU	......	$650	$1080	**$1710**	**$2450**	MM	4	206G	5F-1R	33	3600	No
1950												
BF	......	$620	$1010	**$1620**	**$2350**	Hercules	4	133G	4F-1R	25.1	4636	No
BG	......	$620	$1020	**$1640**	**$2370**	Hercules	4	133G	4F-1R	25.1	2880	No
GTB	......	$840	$1370	**$2200**	**$3190**	MM	4	403G	5F-1R	60	6275	No
GTB	......	$860	$1400	**$2260**	**$3280**	MM	6	426D	5F-1R	65	7319	No
RTE	......	$560	$920	**$1480**	**$2140**	MM	4	165G	4F-1R	24	3250	No
RTN	......	$590	$970	**$1570**	**$2270**	MM	4	165G	4F-1R	24	3100	No
RTS	......	$550	$900	**$1450**	**$2100**	MM	4	165G	4F-1R	24	3250	No
RTU	......	$580	$950	**$1540**	**$2230**	MM	4	165G	4F-1R	24	3100	No
UTC	......	$700	$1150	**$1860**	**$2690**	MM	4	283G	5F-1R	45	5840	No
UTN	......	$720	$1170	**$1890**	**$2730**	MM	4	283G	5F-1R	45	5840	No
UTS	......	$750	$1220	**$1970**	**$2860**	MM	4	283G	5F-1R	45	6220	No
UTU	......	$670	$1100	**$1770**	**$2560**	MM	4	283G	5F-1R	45	5850	No
V	......	$510	$830	**$1330**	**$1930**	Hercules	4	65G	3F-1R	15	1778	No
ZAE	......	$570	$940	**$1510**	**$2180**	MM	4	206G	5F-1R	33	3700	No
ZAN	......	$590	$970	**$1570**	**$2270**	MM	4	206G	5F-1R	33	3650	No
ZAS	......	$620	$1010	**$1620**	**$2350**	MM	4	206G	5F-1R	33	3650	No
ZAU	......	$640	$1040	**$1680**	**$2440**	MM	4	206G	5F-1R	33	3600	No
1949												
GTB	......	$810	$1310	**$2150**	**$3150**	MM	4	403G	5F-1R	60	6275	No
GTB	......	$840	$1350	**$2200**	**$3230**	MM	6	426D	5F-1R	65	7319	No
RT	......	$640	$1030	**$1680**	**$2470**	MM	4	165G	4F-1R	24	3150	No
RTE	......	$540	$870	**$1420**	**$2080**	MM	4	165G	4F-1R	24	3250	No
RTN	......	$570	$920	**$1510**	**$2210**	MM	4	165G	4F-1R	24	3100	No
RTS	......	$520	$830	**$1360**	**$2000**	MM	4	165G	4F-1R	24	3250	No
RTU	......	$550	$900	**$1460**	**$2140**	MM	4	165G	4F-1R	24	3100	No
UTC	......	$690	$1120	**$1830**	**$2680**	MM	4	283G	5F-1R	45	5840	No
UTS	......	$730	$1170	**$1910**	**$2810**	MM	4	283G	5F-1R	45	6220	No
UTU	......	$650	$1050	**$1710**	**$2510**	MM	4	283G	5F-1R	45	5850	No
V	......	$460	$750	**$1220**	**$1790**	Hercules	4	65G	3F-1R	15	1778	No
ZAE	......	$530	$850	**$1390**	**$2040**	MM	4	206G	5F-1R	33	3700	No
ZAN	......	$570	$920	**$1510**	**$2210**	MM	4	206G	5F-1R	33	3650	No
ZAS	......	$590	$960	**$1570**	**$2300**	MM	4	206G	5F-1R	33	3650	No
ZAU	......	$620	$1000	**$1640**	**$2400**	MM	4	206G	5F-1R	33	3600	No
1948												
GTB	......	$810	$1260	**$2150**	**$3180**	MM	4	403G	5F-1R	60	6275	No
GTB	......	$780	$1210	**$2060**	**$3050**	MM	6	426D	5F-1R	65	7319	No
RT	......	$620	$950	**$1620**	**$2410**	MM	4	165G	4F-1R	24	3150	No
RTE	......	$510	$780	**$1340**	**$1980**	MM	4	165G	4F-1R	24	3250	No
RTN	......	$550	$850	**$1450**	**$2150**	MM	4	165G	4F-1R	24	3100	No
RTU	......	$530	$820	**$1400**	**$2070**	MM	4	165G	4F-1R	24	3100	No
U	......	$740	$1150	**$1960**	**$2910**	MM	4	283G	5F-1R	45	8575	No
UTC	......	$670	$1040	**$1770**	**$2620**	MM	4	283G	5F-1R	45	5840	No
UTS	......	$690	$1060	**$1810**	**$2680**	MM	4	283G	5F-1R	45	6220	No
UTU	......	$630	$970	**$1650**	**$2450**	MM	4	283G	5F-1R	45	5850	No
V	......	$440	$680	**$1160**	**$1720**	Hercules	4	65G	3F-1R	15	1778	No
ZTN	......	$630	$970	**$1660**	**$2460**	MM	4	206G	5F-1R	33	3650	No
ZTU	......	$650	$1000	**$1710**	**$2540**	MM	4	206G	5F-1R	33	3650	No
1947												
GTA	......	$940	$1490	**$2540**	**$3740**	MM	6	426	5F-1R	65	6730	No
GTB	......	$790	$1240	**$2120**	**$3180**	MM	4	403G	5F-1R	60	6275	No
GTB	......	$760	$1200	**$2050**	**$3070**	MM	6	426D	5F-1R	65	7319	No
RT	......	$580	$920	**$1570**	**$2350**	MM	4	165G	4F-1R	24	3150	No
U	......	$710	$1120	**$1900**	**$2850**	MM	4	283G	5F-1R	45	8575	No
V	......	$410	$650	**$1100**	**$1650**	Hercules	4	65G	3F-1R	15	1778	No
ZTN	......	$590	$940	**$1600**	**$2390**	MM	4	206G	5F-1R	33	3650	No
ZTS	......	$570	$900	**$1540**	**$2310**	MM	4	206G	5F-1R	33	3600	No
ZTU	......	$610	$970	**$1650**	**$2480**	MM	4	206G	5F-1R	33	3650	No
1946												
GTA	......	$900	$1420	**$2440**	**$3580**	MM	6	426	5F-1R	65	6730	No
RT	......	$550	$880	**$1520**	**$2290**	MM	4	165G	4F-1R	24	3150	No
U	......	$660	$1060	**$1830**	**$2750**	MM	4	283G	5F-1R	45	8575	No
ZTN	......	$570	$920	**$1580**	**$2380**	MM	4	206G	5F-1R	33	3650	No
ZTS	......	$540	$870	**$1490**	**$2240**	MM	4	206G	5F-1R	33	3600	No
ZTU	......	$580	$940	**$1620**	**$2440**	MM	4	206G	5F-1R	33	3650	No
1945												
GTA	......	$860	$1360	**$2330**	**$3430**	MM	6	426	5F-1R	65	6730	No
RT	......	$530	$850	**$1480**	**$2210**	MM	4	165G	4F-1R	24	3150	No
U	......	$630	$1020	**$1770**	**$2640**	MM	4	283G	5F-1R	45	8575	No
ZTN	......	$560	$900	**$1560**	**$2330**	MM	4	206G	5F-1R	33	3650	No
ZTS	......	$520	$830	**$1450**	**$2160**	MM	4	206G	5F-1R	33	3600	No
ZTU	......	$560	$910	**$1580**	**$2350**	MM	4	206G	5F-1R	33	3650	No

Minneapolis-Moline (Cont.)

Model	Approx. Retail Price New	Used Trade-In Avg.	Used Trade-In High	Used Retail Avg.	Used Retail High	Engine Make	No. Cyls.	Displ. Cu.-in.	No. Speeds	P.T.O. H.P.	Approx. Shipping Wt.-Lbs.	Cab
				1944								
GTA	......	$840	$1330	**$2270**	**$3350**	MM	6	426	5F-1R	65	6730	No
RT	......	$500	$820	**$1430**	**$2110**	MM	4	165G	4F-1R	24	3150	No
U	......	$620	$1000	**$1750**	**$2580**	MM	4	283G	5F-1R	45	8575	No
ZTN	......	$540	$880	**$1540**	**$2280**	MM	4	206G	5F-1R	33	3650	No
ZTS	......	$500	$810	**$1420**	**$2100**	MM	4	206G	5F-1R	33	3600	No
ZTU	......	$550	$880	**$1550**	**$2290**	MM	4	206G	5F-1R	33	3650	No
				1943								
GTA	......	$810	$1310	**$2200**	**$3240**	MM	6	426	5F-1R	65	6730	No
RT	......	$480	$780	**$1380**	**$2020**	MM	4	165G	4F-1R	24	3150	No
U	......	$600	$980	**$1720**	**$2530**	MM	4	283G	5F-1R	45	8575	No
ZTN	......	$530	$860	**$1510**	**$2220**	MM	4	206G	5F-1R	33	3650	No
ZTS	......	$490	$790	**$1400**	**$2050**	MM	4	206G	5F-1R	33	3600	No
ZTU	......	$530	$850	**$1500**	**$2200**	MM	4	206G	5F-1R	33	3650	No
				1942								
GTA	......	$780	$1290	**$2130**	**$3140**	MM	6	426	5F-1R	65	6730	No
RT	......	$460	$750	**$1320**	**$1940**	MM	4	165G	4F-1R	24	3150	No
U	......	$590	$950	**$1680**	**$2460**	MM	4	283G	5F-1R	45	8575	No
ZTN	......	$500	$800	**$1410**	**$2070**	MM	4	206G	5F-1R	33	3650	No
ZTS	......	$470	$770	**$1350**	**$1980**	MM	4	206G	5F-1R	33	3600	No
ZTU	......	$520	$840	**$1490**	**$2180**	MM	4	206G	5F-1R	33	3650	No
				1941								
GT	......	$540	$870	**$1530**	**$2240**	MM	4	403G	3F-1R		6500	No
RT	......	$440	$710	**$1260**	**$1850**	MM	4	165G	4F-1R	24	3150	No
U	......	$580	$940	**$1650**	**$2420**	MM	4	283G	5F-1R	45	8575	No
ZTN	......	$480	$780	**$1380**	**$2020**	MM	4	206G	5F-1R	33	3650	No
ZTS	......	$460	$750	**$1320**	**$1940**	MM	4	206G	5F-1R	33	3600	No
ZTU	......	$510	$820	**$1450**	**$2120**	MM	4	206G	5F-1R	33	3650	No
				1940								
GT	......	$520	$840	**$1480**	**$2170**	MM	4	403G	3F-1R		6500	No
RT	......	$420	$680	**$1210**	**$1770**	MM	4	165G	4F-1R	24	3150	No
U	......	$570	$920	**$1620**	**$2370**	MM	4	283G	5F-1R	45	8575	No
ZTN	......	$470	$760	**$1340**	**$1970**	MM	4	206G	5F-1R	33	3650	No
ZTS	......	$450	$730	**$1290**	**$1890**	MM	4	206G	5F-1R	33	3600	No
ZTU	......	$500	$800	**$1410**	**$2070**	MM	4	206G	5F-1R	33	3650	No
				1939								
RT	......	$420	$680	**$1210**	**$1770**	MM	4	165G	4F-1R	24	3150	No
U	......	$570	$920	**$1620**	**$2370**	MM	4	283G	5F-1R	45	8575	No
ZTN	......	$470	$760	**$1340**	**$1970**	MM	4	206G	5F-1R	33	3650	No
ZTS	......	$450	$730	**$1290**	**$1890**	MM	4	206G	5F-1R	33	3600	No
ZTU	......	$500	$800	**$1410**	**$2070**	MM	4	206G	5F-1R	33	3650	No

Mitsubishi-Satoh

Model	Approx. Retail Price New	Used Trade-In Avg.	Used Trade-In High	Used Retail Avg.	Used Retail High	Engine Make	No. Cyls.	Displ. Cu.-in.	No. Speeds	P.T.O. H.P.	Approx. Shipping Wt.-Lbs.	Cab
				1988								
MT160	$7679	$1540	$2000	**$3300**	**$3880**	Mitsubishi	3	47D	6F-2R	13.60	1246	No
MT160D 4WD	$8253	$1650	$2150	**$3550**	**$4170**	Mitsubishi	3	47D	6F-2R	13.60	1356	No
MT180	$8301	$1660	$2160	**$3570**	**$4190**	Mitsubishi	3	55D	6F-2R	15.50	1268	No
MT180D 4WD	$8743	$1750	$2270	**$3760**	**$4420**	Mitsubishi	3	55D	6F-2R	15.50	1378	No
MT180H	$9250	$1850	$2410	**$3980**	**$4670**	Mitsubishi	3	55D	Variable	15.50	1268	No
MT180HD 4WD	$9873	$1980	$2570	**$4250**	**$4990**	Mitsubishi	3	55D	Variable	15.50	1378	No
MT210	$8643	$1730	$2250	**$3720**	**$4370**	Mitsubishi	3	60D	9F-3R	18.30	1720	No
MT210D 4WD	$9530	$1910	$2480	**$4100**	**$4810**	Mitsubishi	3	60D	9F-3R	18.30	1852	No
MT250	$9563	$1910	$2490	**$4110**	**$4830**	Mitsubishi	3	78D	9F-3R	22.00	1940	No
MT250D 4WD	$10436	$2090	$2710	**$4490**	**$5270**	Mitsubishi	3	78D	9F-3R	22.00	2040	No
MT300	$10617	$2120	$2760	**$4570**	**$5360**	Mitsubishi	3	91D	9F-3R	25.00	2337	No
MT300D 4WD	$12083	$2420	$3140	**$5200**	**$6100**	Mitsubishi	3	91D	9F-3R	25.00	2558	No
MT372	$6778	$1360	$1760	**$2920**	**$3420**	Mitsubishi	2	41D	6F-2R	12.20	1069	No
MT372D 4WD	$7429	$1490	$1930	**$3190**	**$3750**	Mitsubishi	2	41D	6F-2R	12.20	1177	No
MT4501	$17088	$2910	$4270	**$5300**	**$6840**	Mitsubishi	3	127D	9F-3R	37.30	3144	No
MT4501 4WD	$19849	$3370	$4960	**$6150**	**$7940**	Mitsubishi	3	127D	9F-3R	37.30	3446	No

D—Front Wheel Assist H—Hydrostatic Transmission

Model	Approx. Retail Price New	Used Trade-In Avg.	Used Trade-In High	Used Retail Avg.	Used Retail High	Engine Make	No. Cyls.	Displ. Cu.-in.	No. Speeds	P.T.O. H.P.	Approx. Shipping Wt.-Lbs.	Cab
				1987								
MT160	$7679	$1460	$1960	**$3230**	**$3800**	Mitsubishi	3	47D	6F-2R	13.60	1246	No
MT160D 4WD	$8253	$1570	$2110	**$3470**	**$4090**	Mitsubishi	3	47D	6F-2R	13.60	1356	No
MT180	$8301	$1580	$2120	**$3490**	**$4110**	Mitsubishi	3	55D	6F-2R	15.50	1268	No
MT180D 4WD	$8743	$1660	$2230	**$3670**	**$4330**	Mitsubishi	3	55D	6F-2R	15.50	1378	No
MT180H	$9250	$1760	$2360	**$3890**	**$4580**	Mitsubishi	3	55D	Variable	15.50	1268	No
MT180HD 4WD	$9873	$1880	$2520	**$4150**	**$4890**	Mitsubishi	3	55D	Variable	15.50	1378	No
MT210	$8643	$1640	$2200	**$3630**	**$4280**	Mitsubishi	3	60D	9F-3R	18.30	1720	No
MT210D 4WD	$9530	$1810	$2430	**$4000**	**$4720**	Mitsubishi	3	60D	9F-3R	18.30	1852	No
MT250	$9563	$1820	$2440	**$4020**	**$4730**	Mitsubishi	3	78D	9F-3R	22.00	1940	No
MT250D 4WD	$10436	$1980	$2660	**$4380**	**$5170**	Mitsubishi	3	78D	9F-3R	22.00	2040	No
MT300	$10617	$2020	$2710	**$4460**	**$5260**	Mitsubishi	3	91D	9F-3R	25.00	2337	No
MT300D 4WD	$12083	$2300	$3080	**$5080**	**$5980**	Mitsubishi	3	91D	9F-3R	25.00	2558	No
MT372	$6778	$1290	$1730	**$2850**	**$3360**	Mitsubishi	2	41D	6F-2R	12.20	1069	No
MT372D 4WD	$7429	$1410	$1890	**$3120**	**$3680**	Mitsubishi	2	41D	6F-2R	12.20	1177	No
MT4501	$17088	$2730	$4100	**$5300**	**$6660**	Mitsubishi	3	127D	9F-3R	37.30	3144	No

Mitsubishi-Satoh (Cont.)

1987 (Cont.)

Model	Approx. Retail Price New	Used Trade-In Avg.	Used Trade-In High	Used Retail Avg.	Used Retail High	Engine Make	Engine No. Cyls.	Engine Displ. Cu.-in.	No. Speeds	P.T.O. H.P.	Approx. Shipping Wt.-Lbs.	Cab
MT4501 4WD	$19849	$3180	$4760	**$6150**	**$7740**	Mitsubishi	3	127D	9F-3R	37.30	3446	No

D—Front Wheel Assist H—Hydrostatic Transmission

1986

Model	Approx. Retail Price New	Used Trade-In Avg.	Used Trade-In High	Used Retail Avg.	Used Retail High	Engine Make	Engine No. Cyls.	Engine Displ. Cu.-in.	No. Speeds	P.T.O. H.P.	Approx. Shipping Wt.-Lbs.	Cab
MT160	$6305	$1200	$1580	**$2590**	**$3060**	Mitsubishi	3	47D	6F-2R	13.60	1246	No
MT160D 4WD	$6835	$1300	$1710	**$2800**	**$3320**	Mitsubishi	3	47D	6F-2R	13.60	1356	No
MT180	$6725	$1280	$1680	**$2760**	**$3260**	Mitsubishi	3	55D	6F-2R	15.50	1268	No
MT180D 4WD	$7265	$1380	$1820	**$2980**	**$3520**	Mitsubishi	3	55D	6F-2R	15.50	1378	No
MT180H	$7560	$1440	$1890	**$3100**	**$3670**	Mitsubishi	3	55D	Variable	15.50	1268	No
MT180HD 4WD	$8100	$1540	$2030	**$3320**	**$3930**	Mitsubishi	3	55D	Variable	15.50	1378	No
MT210	$7270	$1380	$1820	**$2980**	**$3530**	Mitsubishi	3	60D	9F-3R	18.30	1720	No
MT210D 4WD	$7960	$1510	$1990	**$3260**	**$3860**	Mitsubishi	3	60D	9F-3R	18.30	1852	No
MT250	$8130	$1550	$2030	**$3330**	**$3940**	Mitsubishi	3	78D	9F-3R	22.00	1940	No
MT250D 4WD	$8960	$1700	$2240	**$3670**	**$4350**	Mitsubishi	3	78D	9F-3R	22.00	2040	No
MT300	$9330	$1770	$2330	**$3830**	**$4530**	Mitsubishi	3	91D	9F-3R	25.00	2337	No
MT300D 4WD	$10610	$2020	$2650	**$4350**	**$5150**	Mitsubishi	3	91D	9F-3R	25.00	2558	No
MT372	$5560	$1060	$1390	**$2280**	**$2700**	Mitsubishi	2	41D	6F-2R	12.20	1069	No
MT372D 4WD	$6075	$1150	$1520	**$2490**	**$2950**	Mitsubishi	2	41D	6F-2R	12.20	1177	No
MT4501	$16500	$2480	$3960	**$5120**	**$6270**	Mitsubishi	4	127D	9F-3R	37.30	3144	No
MT4501 4WD	$19000	$2850	$4560	**$5890**	**$7220**	Mitsubishi	4	127D	9F-3R	37.30	3446	No

D—Front Wheel Assist H—Hydrostatic Transmission

1985

Model	Approx. Retail Price New	Used Trade-In Avg.	Used Trade-In High	Used Retail Avg.	Used Retail High	Engine Make	Engine No. Cyls.	Engine Displ. Cu.-in.	No. Speeds	P.T.O. H.P.	Approx. Shipping Wt.-Lbs.	Cab
MT160	$6305	$1200	$1550	**$2520**	**$3000**	Mitsubishi	3	47D	6F-2R	13.60	1246	No
MT160D 4WD	$6835	$1300	$1680	**$2730**	**$3250**	Mitsubishi	3	47D	6F-2R	13.60	1356	No
MT180	$6725	$1280	$1650	**$2690**	**$3190**	Mitsubishi	3	55D	6F-2R	15.50	1268	No
MT180D 4WD	$7265	$1380	$1780	**$2910**	**$3450**	Mitsubishi	3	55D	6F-2R	15.50	1378	No
MT180H	$7560	$1440	$1850	**$3020**	**$3590**	Mitsubishi	3	55D	Variable	15.50	1268	No
MT180HD 4WD	$8100	$1540	$1990	**$3240**	**$3850**	Mitsubishi	3	55D	Variable	15.50	1378	No
MT210	$7270	$1380	$1780	**$2910**	**$3450**	Mitsubishi	3	60D	9F-3R	18.30	1720	No
MT210D 4WD	$7960	$1510	$1950	**$3180**	**$3780**	Mitsubishi	3	60D	9F-3R	18.30	1852	No
MT250	$8130	$1550	$1990	**$3250**	**$3860**	Mitsubishi	3	78D	9F-3R	22.00	1940	No
MT250D 4WD	$8960	$1700	$2200	**$3580**	**$4260**	Mitsubishi	3	78D	9F-3R	22.00	2040	No
MT300	$9330	$1770	$2290	**$3730**	**$4430**	Mitsubishi	3	91D	9F-3R	25.00	2337	No
MT300D 4WD	$10610	$2020	$2600	**$4240**	**$5040**	Mitsubishi	3	91D	9F-3R	25.00	2558	No
MT372	$5560	$1060	$1360	**$2220**	**$2640**	Mitsubishi	2	41D	6F-2R	12.20	1069	No
MT372D 4WD	$6075	$1150	$1490	**$2430**	**$2890**	Mitsubishi	2	41D	6F-2R	12.20	1177	No

D—Front Wheel Assist H—Hydrostatic Transmission

1984

Model	Approx. Retail Price New	Used Trade-In Avg.	Used Trade-In High	Used Retail Avg.	Used Retail High	Engine Make	Engine No. Cyls.	Engine Displ. Cu.-in.	No. Speeds	P.T.O. H.P.	Approx. Shipping Wt.-Lbs.	Cab
MT160	$6305	$1200	$1510	**$2460**	**$2930**	Mitsubishi	3	47D	6F-2R	13.60	1246	No
MT160D 4WD	$6835	$1300	$1640	**$2670**	**$3180**	Mitsubishi	3	47D	6F-2R	13.60	1356	No
MT180	$6725	$1280	$1610	**$2620**	**$3130**	Mitsubishi	3	55D	6F-2R	15.50	1268	No
MT180D 4WD	$7265	$1380	$1740	**$2830**	**$3380**	Mitsubishi	3	55D	6F-2R	15.50	1378	No
MT180H	$7560	$1440	$1810	**$2950**	**$3520**	Mitsubishi	3	55D	Variable	15.50	1268	No
MT180HD 4WD	$8100	$1540	$1940	**$3160**	**$3770**	Mitsubishi	3	55D	Variable	15.50	1378	No
MT210	$7270	$1380	$1750	**$2840**	**$3380**	Mitsubishi	3	60D	9F-3R	18.30	1720	No
MT210D 4WD	$7960	$1510	$1910	**$3100**	**$3700**	Mitsubishi	3	60D	9F-3R	18.30	1852	No
MT250	$8130	$1550	$1950	**$3170**	**$3780**	Mitsubishi	3	78D	9F-3R	22.00	1940	No
MT250D 4WD	$8960	$1700	$2150	**$3490**	**$4170**	Mitsubishi	3	78D	9F-3R	22.00	2040	No
MT300	$9330	$1770	$2240	**$3640**	**$4340**	Mitsubishi	3	91D	9F-3R	25.00	2337	No
MT300D 4WD	$10610	$2020	$2550	**$4140**	**$4930**	Mitsubishi	3	91D	9F-3R	25.00	2558	No
Beaver S370	$5280	$1000	$1270	**$2060**	**$2460**	Mitsubishi	2	41D	6F-2R	12.20	1136	No
Beaver S370D 4WD	$5720	$1090	$1370	**$2230**	**$2660**	Mitsubishi	2	41D	6F-2R	12.20	1180	No
MT372	$5560	$1060	$1330	**$2170**	**$2590**	Mitsubishi	2	41D	6F-2R	12.20	1069	No
MT372D 4WD	$6075	$1150	$1460	**$2370**	**$2830**	Mitsubishi	2	41D	6F-2R	12.20	1177	No
Beaver III S373	$5915	$1120	$1420	**$2310**	**$2750**	Mitsubishi	3	47D	6F-2R	13.60	1356	No
Beaver III S373D 4WD	$6385	$1210	$1530	**$2490**	**$2970**	Mitsubishi	3	47D	6F-2R	13.60	1433	No
Buck S470	$6325	$1200	$1520	**$2470**	**$2940**	Mitsubishi	3	52D	6F-2R	14.60	1367	No
Buck S470D 4WD	$6875	$1310	$1650	**$2680**	**$3200**	Mitsubishi	3	52D	6F-2R	14.60	1444	No
Bull S630	$7720	$1470	$1850	**$3010**	**$3590**	Mitsubishi	2	76D	9F-3R	22.00	1940	No
Bull S630D 4WD	$8795	$1670	$2110	**$3430**	**$4090**	Mitsubishi	2	76D	9F-3R	22.00	2140	No
Bison S670	$10790	$2050	$2590	**$4210**	**$5020**	Mitsubishi	4	80D	6F-2R	25.00	2315	No
Bison S670D 4WD	$12350	$2350	$2960	**$4820**	**$5740**	Mitsubishi	4	80D	6F-2R	25.00	2535	No
Stallion S750	$12330	$2340	$2960	**$4810**	**$5730**	Isuzu	3	108D	9F-3R	33.00	3417	No
Stallion S750D 4WD	$14560	$2770	$3490	**$5680**	**$6770**	Isuzu	3	108D	9F-3R	33.00	3590	No

D—Front Wheel Assist H—Hydrostatic Transmission

1983

Model	Approx. Retail Price New	Used Trade-In Avg.	Used Trade-In High	Used Retail Avg.	Used Retail High	Engine Make	Engine No. Cyls.	Engine Displ. Cu.-in.	No. Speeds	P.T.O. H.P.	Approx. Shipping Wt.-Lbs.	Cab
MT180 H	$7042	$1300	$1690	**$2680**	**$3200**	Mitsubishi	3	55D	Variable	15.50	1268	No
MT180 HD 4WD	$7521	$1390	$1810	**$2860**	**$3420**	Mitsubishi	3	55D	Variable	15.50	1378	No
MT210	$6995	$1290	$1680	**$2660**	**$3180**	Mitsubishi	3	60D	9F-3R	18.30	1720	No
MT210D 4WD	$7857	$1450	$1890	**$2990**	**$3580**	Mitsubishi	3	60D	9F-3R	18.30	1852	No
MT250	$8095	$1500	$1940	**$3080**	**$3680**	Mitsubishi	3	78D	9F-3R	22.00	1940	No
MT250D 4WD	$8811	$1630	$2120	**$3350**	**$4010**	Mitsubishi	3	78D	9F-3R	22.00	2040	No
Beaver S370	$5279	$980	$1270	**$2010**	**$2400**	Mitsubishi	2	41D	6F-2R	12.20	1136	No
Beaver S370 D 4WD	$5720	$1060	$1370	**$2170**	**$2600**	Mitsubishi	2	41D	6F-2R	12.20	1180	No
MT372	$5260	$970	$1260	**$2000**	**$2390**	Mitsubishi	2	41D	6F-2R	12.20	1069	No
MT372 D 4WD	$5701	$1060	$1370	**$2170**	**$2590**	Mitsubishi	2	41D	6F-2R	12.20	1177	No
Beaver III S373	$5729	$1060	$1380	**$2180**	**$2610**	Mitsubishi	3	47D	6F-2R	13.60	1356	No
Beaver III S373D 4WD	$6028	$1120	$1450	**$2290**	**$2740**	Mitsubishi	3	47D	6F-2R	13.60	1433	No
Buck S470	$5969	$1100	$1430	**$2270**	**$2720**	Mitsubishi	3	52D	6F-2R	14.60	1367	No
Buck S470D 4WD	$6487	$1200	$1560	**$2470**	**$2950**	Mitsubishi	3	52D	6F-2R	14.60	1444	No
Bull S630	$7135	$1320	$1710	**$2710**	**$3250**	Mitsubishi	2	76D	9F-3R	22.00	1940	No

Model	Approx. Retail Price New	Estimated Value Less Repairs Used Trade-In Avg.	High	Used Retail Avg.	High	Engine Make	No. Cyls.	Displ. Cu.-in.	No. Speeds	P.T.O. H.P.	Approx. Shipping Wt.-Lbs.	Cab

Mitsubishi-Satoh (Cont.)

1983 (Cont.)

Model	Approx. Retail Price New	Used Trade-In Avg.	Used Trade-In High	Used Retail Avg.	Used Retail High	Engine Make	No. Cyls.	Displ. Cu.-in.	No. Speeds	P.T.O. H.P.	Approx. Shipping Wt.-Lbs.	Cab
Bull S630D 4WD	$8037	$1490	$1930	**$3050**	**$3660**	Mitsubishi	2	76D	9F-3R	22.00	2140	No
Bison S650G	$7686	$1420	$1850	**$2920**	**$3500**	Mazda	4	60G	6F-2R	22.03	2110	No
Bison S670	$10113	$1870	$2430	**$3840**	**$4600**	Mitsubishi	4	80D	6F-2R	25.00	2315	No
Bison S670D 4WD	$11526	$2130	$2770	**$4380**	**$5240**	Mitsubishi	4	80D	6F-2R	25.00	2535	No
Stallion S750	$12329	$2280	$2960	**$4690**	**$5610**	Isuzu	3	108D	9F-3R	33.00	3417	No
Stallion S750D 4WD	$14069	$2600	$3380	**$5350**	**$6400**	Isuzu	3	108D	9F-3R	33.00	3590	No

D—Front Wheel Assist H—Hydrostatic Transmission

1982

Model	Approx. Retail Price New	Used Trade-In Avg.	Used Trade-In High	Used Retail Avg.	Used Retail High	Engine Make	No. Cyls.	Displ. Cu.-in.	No. Speeds	P.T.O. H.P.	Approx. Shipping Wt.-Lbs.	Cab
MT180H	$7042	$1270	$1730	**$2640**	**$3130**	Mitsubishi	3	55D	Variable	15.50	1268	No
MT180HD 4WD	$7521	$1350	$1840	**$2820**	**$3350**	Mitsubishi	3	55D	Variable	15.50	1378	No
MT210	$6900	$1240	$1690	**$2590**	**$3070**	Mitsubishi	3	60D	9F-3R	18.30	1720	No
MT210D	$7857	$1410	$1930	**$2950**	**$3500**	Mitsubishi	3	60D	9F-3R	18.30	1852	No
MT250	$7854	$1410	$1920	**$2950**	**$3500**	Mitsubishi	3	78D	9F-3R	22.00	1940	No
MT250D	$8811	$1590	$2160	**$3300**	**$3920**	Mitsubishi	3	78D	9F-3R	22.00	2040	No
Beaver S370	$5279	$950	$1290	**$1980**	**$2350**	Mitsubishi	2	41D	6F-2R	12.20	1035	No
Beaver S370D 4WD	$5720	$1030	$1400	**$2150**	**$2550**	Mitsubishi	2	41D	6F-2R	12.20	1180	No
MT372	$5260	$950	$1290	**$1970**	**$2340**	Mitsubishi	2	41D	6F-2R	12.20	1069	No
MT372D 4WD	$5701	$1030	$1400	**$2140**	**$2540**	Mitsubishi	2	41D	6F-2R	12.20	1177	No
Beaver III S373	$5464	$980	$1340	**$2050**	**$2430**	Mitsubishi	3	47D	6F-2R	13.60	1125	No
Beaver III S373D 4WD	$5872	$1060	$1440	**$2200**	**$2610**	Mitsubishi	3	47D	6F-2R	13.60	1235	No
Buck S470	$5872	$1060	$1440	**$2200**	**$2610**	Mitsubishi	3	52D	6F-2R	14.60	1155	No
Buck S470D 4WD	$6351	$1140	$1560	**$2380**	**$2830**	Mitsubishi	3	52D	6F-2R	14.60	1265	No
Bull S630	$6922	$1250	$1700	**$2600**	**$3080**	Mitsubishi	2	76D	9F-3R	22.00	1940	No
Bull S630D 4WD	$7879	$1420	$1930	**$2960**	**$3510**	Mitsubishi	2	76D	9F-3R	22.00	2140	No
Bison S650G	$7686	$1380	$1880	**$2880**	**$3420**	Mazda	4	60G	6F-2R	22.03	2110	No
Bison S670	$10113	$1820	$2480	**$3790**	**$4500**	Mitsubishi	4	80D	6F-2R	25.00	2315	No
Bison S670D 4WD	$11526	$2080	$2820	**$4320**	**$5130**	Mitsubishi	4	80D	6F-2R	25.00	2535	No
Stallion S750	$10409	$1870	$2550	**$3900**	**$4630**	Isuzu	3	108D	9F-3R	33.00	2865	No
Stallion S750D 4WD	$12795	$2300	$3140	**$4800**	**$5690**	Isuzu	3	108D	9F-3R	33.00	3440	No

D—Front Wheel Assist

1981

Model	Approx. Retail Price New	Used Trade-In Avg.	Used Trade-In High	Used Retail Avg.	Used Retail High	Engine Make	No. Cyls.	Displ. Cu.-in.	No. Speeds	P.T.O. H.P.	Approx. Shipping Wt.-Lbs.	Cab
Beaver S370	$4636	$810	$1160	**$1720**	**$2060**	Mitsubishi	2	41D	6F-2R	12.20	1035	No
Beaver S370D 4WD	$5050	$880	$1260	**$1870**	**$2250**	Mitsubishi	2	41D	6F-2R	12.20	1180	No
Beaver III S373	$5296	$930	$1320	**$1960**	**$2360**	Mitsubishi	3	47D	6F-2R	13.60	1125	No
Beaver III S373D 4WD	$5718	$1000	$1430	**$2120**	**$2550**	Mitsubishi	3	47D	6F-2R	13.60	1235	No
Buck S470	$5664	$990	$1420	**$2100**	**$2520**	Mitsubishi	3	52D	6F-2R	14.60	1155	No
Buck S470D 4WD	$6158	$1080	$1540	**$2280**	**$2740**	Mitsubishi	3	52D	6F-2R	14.60	1265	No
Bull S630	$6736	$1180	$1680	**$2490**	**$3000**	Mitsubishi	2	76D	9F-3R	22.00	1940	No
Bull S630D 4WD	$7716	$1350	$1930	**$2860**	**$3430**	Mitsubishi	2	76D	9F-3R	22.00	2140	No
Bison S650G	$7275	$1270	$1820	**$2690**	**$3240**	Mazda	4	60G	6F-2R	22.03	2110	No
Bison S670	$9810	$1720	$2450	**$3630**	**$4370**	Mitsubishi	4	80D	6F-2R	25.00	2315	No
Bison S670D 4WD	$11228	$1970	$2810	**$4150**	**$5000**	Mitsubishi	4	80D	6F-2R	25.00	2535	No
Stallion S750	$10106	$1770	$2530	**$3740**	**$4500**	Isuzu	3	108D	9F-3R	33.00	2865	No
Stallion S750D 4WD	$12500	$2190	$3130	**$4630**	**$5560**	Isuzu	3	108D	9F-3R	33.00	3440	No

D—Front Wheel Assist

1980

Model	Approx. Retail Price New	Used Trade-In Avg.	Used Trade-In High	Used Retail Avg.	Used Retail High	Engine Make	No. Cyls.	Displ. Cu.-in.	No. Speeds	P.T.O. H.P.	Approx. Shipping Wt.-Lbs.	Cab
Beaver S370	$3940	$670	$1010	**$1460**	**$1750**	Mitsubishi	2	41D	6F-2R	12.20	1035	No
Beaver S370D	$4300	$730	$1100	**$1590**	**$1910**	Mitsubishi	2	41D	6F-2R	12.20	1180	No
Beaver III S373	$4500	$770	$1150	**$1670**	**$2000**	Mitsubishi	3	47D	6F-2R	13.60	1125	No
Beaver III S373D	$4860	$830	$1240	**$1800**	**$2160**	Mitsubishi	3	47D	6F-2R	13.60	1235	No
Buck S470	$4860	$830	$1240	**$1800**	**$2160**	Mitsubishi	3	52D	6F-2R	14.60	1155	No
Buck S470D	$5280	$900	$1350	**$1950**	**$2350**	Mitsubishi	3	52D	6F-2R	14.60	1265	No
Bull S630	$5780	$980	$1470	**$2140**	**$2570**	Mitsubishi	2	76D	9F-3R	22.00	1940	No
Bull S630 4WD	$6620	$1130	$1690	**$2450**	**$2950**	Mitsubishi	2	76D	9F-3R	22.00	2140	No
Bison S650G	$5975	$1020	$1520	**$2210**	**$2660**	Mazda	4	60G	6F-2R	22.03	2110	No
Bison S670	$8580	$1460	$2190	**$3180**	**$3820**	Mitsubishi	4	80D	6F-2R	25.00	2315	No
Bison S670D 4WD	$9820	$1670	$2500	**$3630**	**$4370**	Mitsubishi	4	80D	6F-2R	25.00	2535	No
Stallion S750	$8840	$1500	$2250	**$3270**	**$3930**	Isuzu	3	108D	9F-3R	33.00	2865	No
Stallion S750D 4WD	$10934	$1860	$2790	**$4050**	**$4870**	Isuzu	3	108D	9F-3R	33.00	3440	No

D—Front Wheel Assist

1979

Model	Approx. Retail Price New	Used Trade-In Avg.	Used Trade-In High	Used Retail Avg.	Used Retail High	Engine Make	No. Cyls.	Displ. Cu.-in.	No. Speeds	P.T.O. H.P.	Approx. Shipping Wt.-Lbs.	Cab
Beaver S370	$3880	$630	$960	**$1360**	**$1640**	Mitsubishi	2	41D	6F-2R	12.20	1035	No
Beaver S370D	$4254	$690	$1050	**$1500**	**$1800**	Mitsubishi	2	41D	6F-2R	12.20	1180	No
Buck S470	$4538	$740	$1130	**$1610**	**$1930**	Mitsubishi	3	52D	6F-2R	15.00	1155	No
Buck S470D	$5088	$830	$1270	**$1810**	**$2180**	Mitsubishi	3	52D	6F-2R	15.00	1265	No
Bull S630	$5858	$960	$1470	**$2090**	**$2520**	Mitsubishi	2	76D	9F-3R	22.00	1940	No
Bull S630D	$6712	$1110	$1690	**$2410**	**$2900**	Mitsubishi	2	76D	9F-3R	22.00	2140	No
Bison S650G	$5768	$950	$1450	**$2060**	**$2480**	Mazda	4	60G	6F-2R	22.03	2110	No
Stallion S750	$8094	$1380	$2100	**$3000**	**$3600**	Isuzu	3	108D	9F-3R	33.00	2865	No
Stallion S750D	$10932	$1700	$2600	**$3700**	**$4450**	Isuzu	3	108D	9F-3R	33.00	3440	No

D—Front Wheel Assist

1978

Model	Approx. Retail Price New	Used Trade-In Avg.	Used Trade-In High	Used Retail Avg.	Used Retail High	Engine Make	No. Cyls.	Displ. Cu.-in.	No. Speeds	P.T.O. H.P.	Approx. Shipping Wt.-Lbs.	Cab
Bull	$5366	$910	$1420	**$1990**	**$2390**	Mitsubishi	2	76D	9F-3R	22.00	1940	No
Beaver S370	$3554	$600	$940	**$1320**	**$1580**	Mitsubishi	2	41D	6F-2R	12.20	1035	No
Beaver S370D	$3898	$660	$1030	**$1440**	**$1740**	Mitsubishi	2	41D	6F-2R	12.20	1180	No
Bison S650G	$5284	$900	$1400	**$1960**	**$2350**	Mazda	4	60G	6F-2R	22.03	2110	No
Stallion S750	$7414	$1260	$1970	**$2740**	**$3300**	Isuzu	3	108D	9F-3R	33.00	2865	No

D—Front Wheel Assist

Mitsubishi-Satoh (Cont.)

1977

Model	Approx. Retail Price New	Used Trade-In Avg.	Used Trade-In High	Used Retail Avg.	Used Retail High	Engine Make	Engine No. Cyls.	Engine Displ. Cu.-in.	No. Speeds	P.T.O. H.P.	Approx. Shipping Wt.-Lbs.	Cab
Elk	$3590	$610	$970	**$1330**	**$1600**	Mazda	4	60G	6F-2R	17.00	1430	No
Beaver S370	$3204	$550	$870	**$1190**	**$1430**	Mitsubishi	2	41D	6F-2R	12.20	1035	No
Beaver S370D	$3518	$600	$950	**$1300**	**$1570**	Mitsubishi	2	41D	6F-2R	12.20	1180	No
Bison S650G	$4532	$770	$1220	**$1680**	**$2020**	Mazda	4	60G	6F-2R	22.03	2110	No
Stallion S750	$6600	$1120	$1780	**$2440**	**$2940**	Isuzu	3	108D	9F-3R	33.00	2865	No

D—Front Wheel Assist

1976

Model	Approx. Retail Price New	Used Trade-In Avg.	Used Trade-In High	Used Retail Avg.	Used Retail High	Engine Make	Engine No. Cyls.	Engine Displ. Cu.-in.	No. Speeds	P.T.O. H.P.	Approx. Shipping Wt.-Lbs.	Cab
S650G	$3668	$620	$1010	**$1360**	**$1630**	Mazda	4	60G	6F-2R	22.03	2105	No

1975

Model	Approx. Retail Price New	Used Trade-In Avg.	Used Trade-In High	Used Retail Avg.	Used Retail High	Engine Make	Engine No. Cyls.	Engine Displ. Cu.-in.	No. Speeds	P.T.O. H.P.	Approx. Shipping Wt.-Lbs.	Cab
S650G	$3550	$600	$990	**$1310**	**$1570**	Mazda	4	60G	6F-2R	22.03	2105	No

1974

Model	Approx. Retail Price New	Used Trade-In Avg.	Used Trade-In High	Used Retail Avg.	Used Retail High	Engine Make	Engine No. Cyls.	Engine Displ. Cu.-in.	No. Speeds	P.T.O. H.P.	Approx. Shipping Wt.-Lbs.	Cab
S650G	$3232	$550	$920	**$1200**	**$1440**	Mazda	4	60G	6F-2R	22.03	2105	No

1973

Model	Approx. Retail Price New	Used Trade-In Avg.	Used Trade-In High	Used Retail Avg.	Used Retail High	Engine Make	Engine No. Cyls.	Engine Displ. Cu.-in.	No. Speeds	P.T.O. H.P.	Approx. Shipping Wt.-Lbs.	Cab
S650G	$2914	$500	$850	**$1080**	**$1300**	Mazda	4	60G	6F-2R	22.03	2105	No

New Holland/Ford

2006

Model	Approx. Retail Price New	Used Trade-In Avg.	Used Trade-In High	Used Retail Avg.	Used Retail High	Engine Make	Engine No. Cyls.	Engine Displ. Cu.-in.	No. Speeds	P.T.O. H.P.	Approx. Shipping Wt.-Lbs.	Cab
TZ18DA 4WD	$9911	$7140	$7530	**$8620**	**$9020**	New Holland	3	58D	Variable	13.7	1446	No
TZ22DA 4WD	$10700	$7700	$8130	**$9310**	**$9740**	New Holland	3	58D	Variable	17.0	1323	No
TZ25DA 4WD	$11088	$7980	$8430	**$9650**	**$10090**	New Holland	3	61D	Variable	19.0	1723	No
TC23DA Dlx. 4WD	$13485	$9710	$10250	**$11730**	**$12270**	New Holland	3	61D	9F-3R	18.5	1301	No
TC23DA Dlx. Hydro 4WD	$14832	$10680	$11270	**$12900**	**$13500**	New Holland	3	61D	Variable	17.5	1398	No
TC26DA Dlx. 4WD	$15392	$11080	$11700	**$13390**	**$14010**	New Holland	3	69D	Variable	19.7	2406	No
TC29DA Dlx. 4WD	$15836	$11400	$12040	**$13780**	**$14410**	New Holland	3	81D	9F-3R	25.1	2074	No
TC29DA Dlx. 4WD SuperSteer	$17030	$12260	$12940	**$14820**	**$15500**	New Holland	3	81D	9F-3R	25.1	2188	No
TC29DA Dlx. 4WD Hydro	$17317	$12470	$13160	**$15070**	**$15760**	New Holland	3	81D	Variable	23.5	2474	No
TC29DA Dlx. 4WD Hydro SuperSteer	$18529	$13340	$14080	**$16120**	**$16860**	New Holland	3	81D	Variable	23.5	2474	No
TC30 Economy	$9933	$7150	$7550	**$8640**	**$9040**	New Holland	3	91D	9F-3R	25.5	2193	No
TC30 Economy 4WD	$11542	$8310	$8770	**$10040**	**$10500**	New Holland	3	91D	9F-3R	25.5	2291	No
TC30 Economy Hydro 4WD	$13046	$9390	$9920	**$11350**	**$11870**	New Holland	3	91D	Variable	24.0	2298	No
TC31DA Dlx. 4WD	$16226	$11680	$12330	**$14120**	**$14770**	New Holland	3	91D	9F-3R	26.5	2467	No
TC31DA Dlx. 4WD Hydro	$17707	$12750	$13460	**$15410**	**$16110**	New Holland	3	91D	Variable	24.9	2511	No
TC33DA Dlx. 4WD	$16509	$11890	$12550	**$14360**	**$15020**	New Holland	3	91D	9F-3R	28.6	2440	No
TC33DA Dlx. 4WD Hydro	$17991	$12950	$13670	**$15650**	**$16370**	New Holland	3	91D	Variable	26.9	2474	No
TC33DA Dlx. 4WD Hydro SuperSteer	$19252	$13860	$14630	**$16750**	**$17520**	New Holland	3	91D	Variable	26.9	2474	No
TC33DA Dlx. 4WD SuperSteer	$17926	$12910	$13620	**$15600**	**$16310**	New Holland	3	91D	9F-3R	28.6	2554	No
TC34DA Dlx. 4WD	$18381	$13230	$13970	**$15990**	**$16730**	New Holland	3	101D	Variable	28.9	2515	No
TC34DA Dlx. 4WD SuperSteer	$19592	$14110	$14890	**$17050**	**$17830**	New Holland	3	101D	Variable	28.9	2515	No
TC35A 4WD Economy	$17860	$12860	$13570	**$15540**	**$16250**	New Holland	3	101D	12F-12R	29.6	3231	No
TC35DA Dlx. 4WD	$20339	$14640	$15460	**$17700**	**$18510**	New Holland	3	101D	Variable	29.1	3299	No
TC35DA Dlx. 4WD SuperSteer	$21732	$15650	$16520	**$18910**	**$19780**	New Holland	3	101D	Variable	29.1	3299	No
TC40A Economy	$16608	$11960	$12620	**$14450**	**$15110**	New Holland	4	121D	12F-12R	35.0	3405	No
TC40A Economy 4WD	$19602	$14110	$14900	**$17050**	**$17840**	New Holland	4	121D	12F-12R	35.0	3405	No
TC40DA Dlx. 4WD	$22081	$15900	$16780	**$19210**	**$20090**	New Holland	4	121D	Variable	33.2	3375	No
TC40DA Dlx. 4WD Cab	$28447	$20480	$21620	**$24750**	**$25890**	New Holland	4	121D	Variable	33.2	3375	CHA
TC40DA Dlx. 4WD SuperSteer	$23475	$16900	$17840	**$20420**	**$21360**	New Holland	4	121D	Variable	33.2	3375	No
TC40DA Dlx. 4WD SuperSteer Cab	$29841	$21490	$22680	**$25960**	**$27160**	New Holland	4	121D	Variable	33.2	3375	CHA
TC45A Economy 4WD	$21173	$15250	$16090	**$18420**	**$19270**	New Holland	4	135D	12F-12R	39.6	3454	No
TC45DA Dlx. 4WD	$23972	$17260	$18220	**$20860**	**$21820**	New Holland	4	135D	Variable	37.8	3766	No
TC45DA Dlx. 4WD Cab	$30338	$21840	$23060	**$26390**	**$27610**	New Holland	4	135D	Variable	37.8	3766	CHA
TC45DA Dlx. 4WD SuperSteer	$25319	$18230	$19240	**$22030**	**$23040**	New Holland	4	135D	Variable	37.8	3766	No
TC45DA Dlx. 4WD SuperSteer Cab	$31685	$22810	$24080	**$27570**	**$28830**	New Holland	4	135D	Variable	37.8	3766	CHA
TC48DA	$18271	$13160	$13890	**$15900**	**$16630**	New Holland	4	135D	12F-12R	40.0	1357	No
TC48DA 4WD	$23226	$16720	$17650	**$20210**	**$21140**	New Holland	4	135D	12F-12R	40.0	1357	No
TC55DA	$19572	$14090	$14880	**$17030**	**$17810**	New Holland	4T	135D	12F-12R	45.0		No
TC55DA 4WD	$24554	$17680	$18660	**$21360**	**$22340**	New Holland	4T	135D	16F-16R	47.0		No
TT55	$18928	$13630	$14390	**$16280**	**$16850**	New Holland	3	179D	8F-2R	47.0		No
TT55 4WD	$24086	$17340	$18310	**$20710**	**$21440**	New Holland	3	179D	8F-2R	47.0		No
TT60A	$14675	$10570	$11150	**$12620**	**$13060**	New Holland	3	179D	8F-2R	47.0		No
TT75A	$16360	$11780	$12430	**$14070**	**$14560**	New Holland	4	238D	8F-2R	62.0		No
TT75	$22867	$16460	$17380	**$19670**	**$20350**	New Holland	4	238D	8F-2R	59.0		No
TT75 4WD	$27690	$19940	$21040	**$23810**	**$24640**	New Holland	4	238D	8F-2R	59.0		No
TN60A Economy	$19421	$13980	$14760	**$16700**	**$17290**	New Holland	3	179D	8F-8R	45.0		No
TN60A Economy 4WD	$24193	$17420	$18390	**$20810**	**$21530**	New Holland	3	179D	8F-8R	45.0		No
TN60A Std.	$22502	$16200	$17100	**$19350**	**$20030**	New Holland	3	179D	12F-12R	45.0		No
TN60A Std. 4WD	$27540	$19830	$20930	**$23680**	**$24510**	New Holland	3	179D	12F-12R	45.0		No
TN60DA Dlx. Cab	$31535	$22710	$23970	**$27120**	**$28070**	New Holland	3	179D	16F-16R	52.0		CHA
TN60DA Dlx. 4WD Cab	$36484	$26270	$27730	**$31380**	**$32470**	New Holland	3	179D	16F-16R	52.0		CHA
TN70A Economy	$21880	$15750	$16630	**$18820**	**$19470**	New Holland	3T	179D	8F-8R	57.0		No
TN70A Economy 4WD	$26752	$19260	$20330	**$23010**	**$23810**	New Holland	3T	179D	8F-8R	57.0		No
TN70A Std.	$25392	$18280	$19300	**$21840**	**$22600**	New Holland	3T	179D	12F-12R	57.0		No
TN70A Std. 4WD	$30098	$21670	$22870	**$25880**	**$26790**	New Holland	4T	179D	16F-16R	57.0		No
TN70DA Dlx. Cab	$34399	$24770	$26140	**$29580**	**$30620**	New Holland	3T	179D	16F-16R	57.0		CHA
TN70DA Dlx. 4WD Cab	$39363	$28340	$29920	**$33850**	**$35030**	New Holland	3T	179D	16F-16R	57.0		CHA
TD75D	$21843	$15730	$16600	**$18790**	**$19440**	New Holland	4	238D	12F-12R	62.0		No
TD75D 4WD	$26125	$18810	$19860	**$22470**	**$23250**	New Holland	4	238D	12F-12R	62.0		No
TD75D 4WD Cab	$33340	$24010	$25340	**$28670**	**$29670**	New Holland	4	238D	12F-12R	62.0		CHA
TD75D Cab	$29081	$20940	$22100	**$25010**	**$25880**	New Holland	4	238D	12F-12R	62.0		CHA

New Holland/Ford (Cont.)

Model	Approx. Retail Price New	Estimated Value Less Repairs: Used Trade-In Avg.	Used Trade-In High	Used Retail Avg.	Used Retail High	Engine Make	Engine No. Cyls.	Engine Displ. Cu.-in.	No. Speeds	P.T.O. H.P.	Approx. Shipping Wt.-Lbs.	Cab
2006 (Cont.)												
TN75A Std.	$27195	$19580	$20670	**$23390**	**$24200**	New Holland	3T	179D	12F-12R	62.0		No
TN75A Std. 4WD	$32231	$23210	$24500	**$27720**	**$28690**	New Holland	3T	179D	12F-12R	62.0		No
TN75DA Dlx. 4WD Cab	$41063	$29570	$31210	**$35310**	**$36550**	New Holland	3T	179D	16F-16R	62.0		CHA
TN75DA Dlx. Cab	$35994	$25920	$27360	**$30960**	**$32040**	New Holland	3T	179D	16F-16R	62.0		CHA
TN75FA Narrow 4WD Cab	$45330	$32640	$34450	**$38980**	**$40340**	New Holland	4	238D	16F-16R	60.0		CHA
TN75A Economy	$23196	$16700	$17630	**$19950**	**$20640**	New Holland	3T	179D	8F-8R	62.0		No
TN75A Economy 4WD	$28067	$20210	$21330	**$24140**	**$24980**	New Holland	3T	179D	8F-8R	62.0		No
TN75FA Narrow Cab	$37568	$27050	$28550	**$32310**	**$33440**	New Holland	4	238D	16F-16R	60.0		CHA
TN75FA Narrow	$28965	$20860	$22010	**$24910**	**$25780**	New Holland	4	238D	16F-16R	60.0		No
TN75FA Narrow 4WD	$36718	$26440	$27910	**$31580**	**$32680**	New Holland	4	238D	16F-16R	60.0		No
TN75SA 4WD SuperSteer	$34716	$25000	$26380	**$29860**	**$30900**	New Holland	3T	179D	16F-16R	62.0		No
TN75SA 4WD SuperSteer Cab	$42363	$30500	$32200	**$36430**	**$37700**	New Holland	3T	179D	16F-16R	62.0		CHA
TN75VA	$27282	$19640	$20730	**$23460**	**$24280**	New Holland	3T	179D	16F-16R	62.0		No
TN75VA 4WD	$34529	$24860	$26240	**$29700**	**$30730**	New Holland	3T	179D	16F-16R	62.0		No
TN75VA 4WD Cab	$42390	$30520	$32220	**$36460**	**$37730**	New Holland	3T	179D	16F-16R	62.0		CHA
TN75VA Cab	$35144	$25300	$26710	**$30220**	**$31280**	New Holland	3T	179D	16F-16R	62.0		CHA
TN85A Std.	$29444	$21200	$22380	**$25320**	**$26210**	New Holland	4	274D	12F-12R	69.0		No
TN85A Std. 4WD	$34489	$24830	$26210	**$29660**	**$30700**	New Holland	4	274D	12F-12R	69.0		No
TN85DA Dlx. 4WD Cab	$43769	$31510	$33260	**$37640**	**$38950**	New Holland	4	274D	16F-16R	69.0		CHA
TN85DA Dlx. Cab	$38724	$27880	$29430	**$33300**	**$34460**	New Holland	4	274D	16F-16R	69.0		CHA
TN85FA Narrow	$30695	$22100	$23330	**$26400**	**$27320**	New Holland	4T	238D	16F-16R	70.0		No
TN85FA Narrow 4WD	$38453	$27690	$29220	**$33070**	**$34220**	New Holland	4T	238D	16F-16R	70.0		No
TN85FA Narrow 4WD Cab	$47064	$33890	$35770	**$40480**	**$41890**	New Holland	4T	238D	16F-16R	70.0		CHA
TN85FA Narrow Cab	$39308	$28300	$29870	**$33810**	**$34980**	New Holland	4T	238D	16F-16R	70.0		CHA
TL80A Dlx.	$34419	$24780	$26160	**$29950**	**$31320**	New Holland	4	274D	24F-24R	69.0		No
TL80A Dlx. 4WD	$41355	$29780	$31430	**$35980**	**$37630**	New Holland	4	274D	24F-24R	69.0		No
TL80A Dlx. 4WD Cab	$50608	$36440	$38460	**$44030**	**$46050**	New Holland	4	274D	24F-24R	69.0		CHA
TL80A Dlx. Cab	$43673	$31450	$33190	**$38000**	**$39740**	New Holland	4	274D	24F-24R	69.0		CHA
TL80A Std.	$29072	$20930	$22100	**$25290**	**$26460**	New Holland	4	274D	12F-12R	69.0		No
TL80A Std. 4WD	$36440	$26240	$27690	**$31700**	**$33160**	New Holland	4	274D	12F-12R	69.0		No
TL80A Std. 4WD Cab	$45048	$32440	$34240	**$39190**	**$40990**	New Holland	4	274D	12F-12R	59.0		CHA
TL80A Std. Cab	$37682	$27130	$28640	**$32780**	**$34290**	New Holland	4	274D	12F-12R	69.0		CHA
TL90A Dlx.	$36694	$26420	$27890	**$31920**	**$33390**	New Holland	4T	274D	24F-24R	77.0		No
TL90A Dlx. 4WD	$43577	$31380	$33120	**$37910**	**$39660**	New Holland	4T	274D	24F-24R	77.0		No
TL90A Dlx. 4WD Cab	$52872	$38070	$40180	**$46000**	**$48110**	New Holland	4T	274D	24F-24R	77.0		CHA
TL90A Dlx. Cab	$45944	$33080	$34920	**$39970**	**$41810**	New Holland	4T	274D	24F-24R	77.0		CHA
TL90A Std.	$31032	$22340	$23580	**$27000**	**$28240**	New Holland	4T	274D	12F-12R	77.0		No
TL90A Std. 4WD	$38030	$27380	$28900	**$33090**	**$34610**	New Holland	4T	274D	12F-12R	77.0		No
TL90A Std. 4WD Cab	$46470	$33460	$35320	**$40430**	**$42290**	New Holland	4T	274D	12F-12R	77.0		CHA
TL90A Std. Cab	$39503	$28440	$30020	**$34370**	**$35950**	New Holland	4T	274D	12F-12R	77.0		CHA
TD95D	$25063	$18050	$19050	**$21550**	**$22310**	New Holland	4T	238D	12F-12R	80.0		No
TD95D 4WD	$28950	$20840	$22000	**$24900**	**$25770**	New Holland	4T	238D	12F-12R	80.0		No
TD95D 4WD Cab	$36384	$26200	$27650	**$31290**	**$32380**	New Holland	4T	238D	12F-12R	80.0		CHA
TD95D Cab	$32063	$23090	$24370	**$27570**	**$28540**	New Holland	4T	238D	12F-12R	80.0		CHA
TN95A Std. 4WD	$38088	$27420	$28950	**$32760**	**$33900**	New Holland	4T	274D	12F-12R	77.0		No
TN95DA Dlx. Cab 4WD	$47202	$33990	$35870	**$40590**	**$42010**	New Holland	4T	274D	16F-16R	77.0		CHA
TN95FA	$32208	$23190	$24480	**$27700**	**$28670**	New Holland	4T	238D	16F-16R	80.0		No
TN95FA 4WD	$40378	$29070	$30690	**$34730**	**$35940**	New Holland	4T	238D	16F-16R	80.0		No
TN95FA 4WD Cab	$48990	$35270	$37230	**$42130**	**$43600**	New Holland	4T	238D	16F-16R	80.0		CHA
TN95VA 4WD	$38370	$27630	$29160	**$33000**	**$34150**	New Holland	4T	238D	16F-16R	80.0		No
TN95VA 4WD Cab	$46231	$33290	$35140	**$39760**	**$41150**	New Holland	4T	238D	16F-16R	80.0		CHA
TN95FA Cab	$40831	$29400	$31030	**$35120**	**$36340**	New Holland	4T	238D	16F-16R	80.0		CHA
TK100A Crawler	$49227	$35440	$37410	**$42340**	**$43810**	New Holland	4T	238D	8F-8R	80.0		No
TK75VA Crawler	$43356	$31220	$32950	**$37290**	**$38590**	New Holland	3T	179D	8F-8R	62.0		No
TK90A Crawler	$46352	$33370	$35230	**$39860**	**$41250**	New Holland	4T	238D	8F-8R	76.0		No
TK90MA Crawler	$48085	$34620	$36550	**$41350**	**$42800**	New Holland	4T	238D	8F-8R	76.0		No
TL100A Dlx.	$38683	$27850	$29400	**$33650**	**$35200**	New Holland	4T	238D	24F-24R	82.0		No
TL100A Dlx. 4WD	$45556	$32800	$34620	**$39630**	**$41460**	New Holland	4T	238D	24F-24R	82.0		No
TL100A Dlx. Cab	$47886	$34480	$36390	**$41660**	**$43580**	New Holland	4T	238D	24F-24R	82.0		CHA
TL100A Dlx.4WD Cab	$54821	$39470	$41660	**$47690**	**$49890**	New Holland	4T	238D	24F-24R	82.0		CHA
TL100A Std.	$33093	$23830	$25150	**$28790**	**$30120**	New Holland	4T	238D	12F-12R	82.0		No
TL100A Std. 4WD	$40375	$29070	$30690	**$35130**	**$36740**	New Holland	4T	238D	12F-12R	82.0		No
TL100A Std. 4WD Cab	$48815	$35150	$37100	**$42470**	**$44420**	New Holland	4T	238D	12F-12R	82.0		CHA
TL100A Std. Cab	$41533	$29900	$31570	**$36130**	**$37800**	New Holland	4T	238D	12F-12R	82.0		CHA
TS100A Dlx. 4WD Cab	$65091	$46870	$49470	**$55980**	**$57930**	New Holland	4TI	274D	16F-16R	80.0		CHA
TS100A Dlx. Cab	$55437	$39920	$42130	**$47680**	**$49340**	New Holland	4TI	274D	16F-16R	80.0		CHA
TS100A Plus 4WD Cab	$63354	$45620	$48150	**$54480**	**$56390**	New Holland	4T	304D	16F-16R	80.0		CHA
TS100A Plus Cab	$54039	$38910	$41070	**$46470**	**$48100**	New Holland	4TI	274D	16F-16R	80.0		CHA
TB100	$29349	$21130	$22310	**$25240**	**$26120**	New Holland	4T	304D	8F-2R	80.0		No
TB100 4WD	$37608	$27080	$28580	**$32340**	**$33470**	New Holland	4T	304D	8F-2R	80.0		No
TB110	$32510	$23410	$24710	**$27960**	**$28930**	New Holland	4T	304D	8F-2R	90.0		No
TB110 Low Profile	$33723	$24280	$25630	**$29000**	**$30010**	New Holland	4T	304D	8F-2R	90.0		No
TB110 4WD	$40767	$29350	$30980	**$35060**	**$36280**	New Holland	4T	304D	8F-2R	90.0		No
TB110 4WD Low Profile	$41183	$29650	$31300	**$35420**	**$36650**	New Holland	4T	304D	8F-2R	90.0		No
TS110A Std.	$38606	$27800	$29340	**$33200**	**$34360**	New Holland	4TI	274D	12Fx12R	90.0		No
TS110A Std. 4WD	$48336	$34800	$36740	**$41570**	**$43020**	New Holland	4TI	274D	12Fx12R	90.0		No
TS110A Std. 4WD Cab	$56361	$40580	$42830	**$48470**	**$50160**	New Holland	4TI	274D	12Fx12R	90.0		CHA
TS110A Std. Cab	$47193	$33980	$35870	**$40590**	**$42000**	New Holland	4TI	274D	12Fx12R	90.0		CHA
TS115A Std.	$41439	$29010	$30670	**$35220**	**$36470**	New Holland	6TI	411D	12F-12R	95.0		No
TS115A Std. 4WD	$51169	$35820	$37870	**$43490**	**$45030**	New Holland	6TI	411D	12F-12R	95.0		No
TS115A Std. 4WD Cab	$59194	$41440	$43800	**$50320**	**$52090**	New Holland	6TI	411D	12F-12R	95.0		CHA
TS115A Std. Cab	$50026	$35020	$37020	**$42520**	**$44020**	New Holland	6TI	411D	12F-12R	95.0		CHA
TS115A Dlx. 4WD Cab	$67933	$47550	$50270	**$57740**	**$59780**	New Holland	6TI	411D	16F-16R	95.0		CHA
TS115A Dlx. Cab	$58603	$41020	$43370	**$49810**	**$51570**	New Holland	6TI	411D	16F-16R	95.0		CHA

Model	Approx. Retail Price New	Estimated Value Less Repairs Used Trade-In Avg.	Used Trade-In High	Used Retail Avg.	Used Retail High	Engine Make	No. Cyls.	Displ. Cu.-in.	No. Speeds	P.T.O. H.P.	Approx. Shipping Wt.-Lbs.	Cab
New Holland/Ford (Cont.)												
				2006 (Cont.)								
TS115A Plus	$46590	$32610	$34480	**$39600**	**$41000**	New Holland	6TI	411D	24F-24R	95.0		No
TS115A Plus	$48585	$34010	$35950	**$41300**	**$42760**	New Holland	6TI	411D	16F-16R	95.0		No
TS115A Plus 4WD	$55607	$38930	$41150	**$47270**	**$48930**	New Holland	6TI	411D	24F-24R	95.0		No
TS115A Plus 4WD	$57600	$40320	$42620	**$48960**	**$50690**	New Holland	6TI	411D	16F-16R	95.0		No
TS115A Plus 4WD Cab	$64213	$44950	$47520	**$54580**	**$56510**	New Holland	6TI	411D	24F-24R	95.0		CHA
TS115A Plus 4WD Cab	$66210	$46350	$49000	**$56280**	**$58270**	New Holland	6TI	411D	16F-16R	95.0		CHA
TS115A Plus Cab	$55219	$38650	$40860	**$46940**	**$48590**	New Holland	6TI	411D	24F-24R	95.0		CHA
TS115A Plus Cab	$57215	$40050	$42340	**$48630**	**$50350**	New Holland	6TI	411D	16F-16R	95.0		CHA
TS115A Std.	$41439	$29010	$30670	**$35220**	**$36470**	New Holland	6TI	411D	12F-12R	95.0		No
TS115A Std. 4WD	$50514	$35360	$37380	**$42940**	**$44450**	New Holland	6TI	411D	12F-12R	95.0		No
TS115A Std. 4WD Cab	$58539	$40980	$43320	**$49760**	**$51510**	New Holland	6TI	411D	12F-12R	95.0		CHA
TS115A Std. Cab	$49464	$34630	$36600	**$42040**	**$43530**	New Holland	6TI	411D	12F-12R	95.0		CHA
TB120	$35755	$25740	$27170	**$30750**	**$31820**	New Holland	6	456D	8F-2R	96.0		No
TB120 Low Profile	$36345	$26170	$27620	**$31260**	**$32350**	New Holland	6	456D	8F-2R	96.0		No
TB120 4WD	$43711	$31470	$33220	**$37590**	**$38900**	New Holland	6	456D	8F-2R	96.0		No
TB120 4WD Low Profile	$44127	$31770	$33540	**$37950**	**$39270**	New Holland	6	456D	8F-2R	96.0		No
TB120 HC 4WD	$48249	$34740	$36670	**$41490**	**$42940**	New Holland	6	456D	8F-2R	96.0		No
TB120 HC 4WD	$49759	$35830	$37820	**$42790**	**$44290**	New Holland	6	456D	16F-4R	96.0		No
TM120 Plus	$65470	$45830	$48450	**$55650**	**$57610**	New Holland	6TI	456D	17F-6R	95.0		CHA
TM120 Dlx. 4WD	$80457	$56320	$59540	**$68390**	**$70800**	New Holland	6TI	456D	24F-12R	95.0		CHA
TM120 Plus 4WD	$77708	$54400	$57500	**$66050**	**$68380**	New Holland	6TI	456D	18F-6R	95.0		CHA
TM120 Dlx. 4WD SuperSteer	$82670	$57870	$61180	**$70270**	**$72750**	New Holland	6TI	456D	18F-6R	95.0		CHA
TM120 Plus 4WD SuperSteer	$79421	$55600	$58770	**$67510**	**$69890**	New Holland	6TI	456D	18F-6R	95.0		CHA
TS125A Dlx. Cab	$68051	$47640	$50360	**$57840**	**$59890**	New Holland	6TI	411D	16F-16R	105.0		CHA
TS125A Plus	$55015	$38510	$40710	**$46760**	**$48410**	New Holland	6TI	411D	24F-24R	105.0		No
TS125A Plus 4WD	$64934	$45450	$48050	**$55190**	**$57140**	New Holland	6TI	411D	24F-24R	105.0		No
TS125A Plus 4WD Cab	$74315	$52020	$54990	**$63170**	**$65400**	New Holland	6TI	411D	24F-24R	105.0		CHA
TS125A Plus 4WD Cab	$76555	$53590	$56650	**$65070**	**$67370**	New Holland	6TI	411D	16F-16R	105.0		CHA
TS125A Plus Cab	$64170	$44920	$47490	**$54550**	**$56470**	New Holland	6TI	411D	24F-24R	105.0		CHA
TS125A Plus Cab	$66430	$46500	$49160	**$56470**	**$58460**	New Holland	6TI	411D	16F-16R	105.0		CHA
TS125A Dlx. 4WD Cab	$77896	$54530	$57640	**$66210**	**$68550**	New Holland	6TI	411D	16F-16R	105.0		CHA
TS130A Std.	$49474	$34630	$36610	**$42050**	**$43540**	New Holland	6TI	411D	16F-16R	110.0		No
TS130A Std. 4WD	$58642	$41050	$43400	**$49850**	**$51610**	New Holland	6TI	411D	16F-16R	110.0		No
TS130A Std. 4WD Cab	$66666	$46670	$49330	**$56670**	**$58670**	New Holland	6TI	411D	16F-16R	110.0		CHA
TS130A Std. Cab	$57921	$40550	$42860	**$49230**	**$50970**	New Holland	6TI	411D	16F-16R	110.0		CHA
TM130 Plus	$71336	$49940	$52790	**$60640**	**$62780**	New Holland	6TI	456D	17F-6R	105.0		CHA
TM130 Dlx. 4WD	$85169	$59620	$63030	**$72390**	**$74950**	New Holland	6TI	456D	24F-12R	105.0		CHA
TM130 Plus 4WD	$83105	$58170	$61500	**$70640**	**$73130**	New Holland	6TI	456D	18F-6R	105.0		CHA
TM130 Std. 4WD Cab	$69260	$48480	$51250	**$58870**	**$60950**	New Holland	6TI	456D	20F-16R	105.0		CHA
TM130 Dlx. 4WD SuperSteer	$87382	$61170	$64660	**$74280**	**$76900**	New Holland	6TI	456D	18F-6R	105.0		CHA
TM130 Plus 4WD SuperSteer	$84634	$59240	$62630	**$71940**	**$74480**	New Holland	6TI	456D	18F-6R	105.0		CHA
TS135A Dlx. 4WD Cab	$81694	$57190	$60450	**$69440**	**$71890**	New Holland	6TI	411D	16F-16R	115.0		CHA
TS135A Dlx. Cab	$71774	$50240	$53110	**$61010**	**$63160**	New Holland	6TI	411D	16F-16R	115.0		CHA
TM140 Dlx.	$77498	$54250	$57350	**$65870**	**$68200**	New Holland	6TI	456D	17F-6R	115.0		CHA
TM140 Plus	$74751	$52330	$55320	**$63540**	**$65780**	New Holland	6TI	456D	17F-6R	115.0		CHA
TM140 Dlx. 4WD	$90117	$63080	$66690	**$76600**	**$79300**	New Holland	6TI	456D	18F-6R	115.0		CHA
TM140 Plus 4WD	$87368	$61160	$64650	**$74260**	**$76880**	New Holland	6TI	456D	18F-6R	115.0		CHA
TM140 Std. 4WD	$73592	$51510	$54460	**$62550**	**$64760**	New Holland	6TI	456D	20F-16R	115.0		CHA
TM140 Dlx. 4WD SuperSteer	$92330	$64630	$68320	**$78480**	**$81250**	New Holland	6TI	456D	18F-6R	115.0		CHA
TM140 Plus 4WD SuperSteer	$89542	$62680	$66260	**$76110**	**$78800**	New Holland	6TI	456D	18F-6R	115.0		CHA
TM155 Dlx.	$83575	$58500	$61850	**$71040**	**$73550**	New Holland	6TI	456D	17F-6R	125		CHA
TM155 Plus	$80827	$56580	$59810	**$68700**	**$71130**	New Holland	6TI	456D	17F-6R	125		CHA
TM155 Dlx. 4WD	$97872	$68510	$72430	**$83190**	**$86130**	New Holland	6TI	456D	18F-6R	125.0		CHA
TM155 Plus 4WD	$95122	$66590	$70390	**$80850**	**$83710**	New Holland	6TI	456D	18F-6R	125.0		CHA
TM155 Dlx. 4WD SuperSteer	$100083	$70060	$74060	**$85070**	**$88070**	New Holland	6TI	456D	18F-6R	125.0		CHA
TM155 Plus 4WD SuperSteer	$97336	$68140	$72030	**$82740**	**$85660**	New Holland	6TI	456D	18F-6R	125.0		CHA
TM175 Dlx.	$97344	$68140	$72040	**$82740**	**$85660**	New Holland	6TI	456D	17F-6R	145.0		CHA
TM175 Dlx. 4WD	$111620	$78130	$82600	**$94880**	**$98230**	New Holland	6TI	456D	18F-6R	145.0		CHA
TM175 Dlx. 4WD SuperSteer	$113834	$79680	$84240	**$96760**	**$100170**	New Holland	6TI	456D	18F-6R	145.0		CHA
TM190 Dlx.	$103062	$72140	$76270	**$87600**	**$90700**	New Holland	6TI	456D	17F-6R	160.0		CHA
TM190 Dlx. 4WD	$117281	$82100	$86790	**$99690**	**$103210**	New Holland	6TI	456D	18F-6R	160.0		CHA
TM190 Dlx. 4WD SuperSteer	$119493	$83650	$88430	**$101570**	**$105150**	New Holland	6TI	456D	18F-6R	160.0		CHA
TG210 4WD	$128736	$90120	$95270	**$108140**	**$112000**	New Holland	6TA	505D	18F-4R	170.0		CHA
TG215 4WD	$132091	$92460	$97750	**$110960**	**$114920**	New Holland	6TA	505D	18F-4R	175.0		CHA
TG210 4WD SuperSteer	$129964	$90980	$96170	**$109170**	**$113070**	New Holland	6TA	505D	18F-4R	170.0		CHA
TG215 4WD SuperSteer	$135820	$95070	$100510	**$114090**	**$118160**	New Holland	6TA	505D	18F-4R	175.0		CHA
TG230 4WD	$140941	$98660	$104300	**$118390**	**$122620**	New Holland	6TA	505D	18F-4R	190.0		CHA
TG245 4WD	$150657	$105460	$111490	**$126550**	**$131070**	New Holland	6TA	505D	18F-4R	200.0		CHA
TG230 4WD SuperSteer	$142168	$99520	$105200	**$119420**	**$123690**	New Holland	6TA	505D	18F-4R	190.0		CHA
TG245 4WD SuperSteer	$154388	$108070	$114250	**$129690**	**$134320**	New Holland	6TA	505D	18F-4R	200.0		CHA
TG255 4WD	$151780	$106250	$112320	**$127500**	**$132050**	New Holland	6TA	505D	18F-4R	215.0		CHA
TG275 4WD	$162614	$113830	$120330	**$136600**	**$141470**	New Holland	6TA	505D	18F-4R	225.0		CHA
TG255 4WD SuperSteer	$154176	$107920	$114090	**$129510**	**$134130**	New Holland	6TA	505D	18F-4R	215.0		CHA
TG275 4WD SuperSteer	$165120	$115580	$122190	**$138700**	**$143650**	New Holland	6TA	505D	18F-4R	225.0		CHA
TG285 4WD	$168470	$117930	$124670	**$141520**	**$146570**	New Holland	6TA	505D	18F-4R	240.0		CHA
TG305 4WD	$179920	$125940	$133140	**$151130**	**$156530**	New Holland	6TA	505D	18F-4R	255.0		CHA
TG285 4WD SuperSteer	$170867	$119610	$126440	**$143530**	**$148650**	New Holland	6TA	505D	18F-4R	240.0		CHA
TG305 4WD SuperSteer	$182426	$127700	$135000	**$153240**	**$158710**	New Holland	6TA	505D	18F-4R	255.0		CHA
TV145	$88340	$63610	$67140	**$76860**	**$80390**	New Holland	6T	456D	Variable	105.0		CHA
TV145 w/Loader	$97945	$70520	$74440	**$85210**	**$89130**	New Holland	6T	456D	Variable	105.0		CHA
TV145 Front 3-Pt.	$93209	$67110	$70840	**$81090**	**$84820**	New Holland	6T	456D	Variable	105.0		CHA
TV145 Front 3Pt, PTO	$97022	$69860	$73740	**$84410**	**$88290**	New Holland	6T	456D	Variable	105.0		CHA
TJ280	$142105	$99400	$105000	**$119000**	**$123200**	New Holland	6TA	505D	24F-6R	280.0		CHA
TJ280 Powershift	$153520	$105080	$111000	**$125800**	**$130240**	New Holland	6TA	505D	16F-2R	280.0		CHA

Model	Approx. Retail Price New	Estimated Value Less Repairs: Used Trade-In Avg.	Used Trade-In High	Used Retail Avg.	Used Retail High	Engine Make	Engine No. Cyls.	Engine Displ. Cu.-in.	No. Speeds	P.T.O. H.P.	Approx. Shipping Wt.-Lbs.	Cab
New Holland/Ford (Cont.)												
				2006 (Cont.)								
TJ330	$163871	$112180	$118500	**$134300**	**$139040**	New Holland	6TA	543D	24F-6R	330.0		CHA
TJ330 Powershift	$175754	$121060	$127880	**$144930**	**$150040**	New Holland	6TA	543D	16F-2R	330.0		CHA
TJ380	$185303	$127800	$135000	**$153000**	**$158400**	New Holland	6TA	787D	24F-6R	380.0		CHA
TJ380 Powershift	$195828	$134900	$142500	**$161500**	**$167200**	New Holland	6TA	787D	16F-2R	380.0		CHA
TJ380HD Powershift	$216575	$147330	$155630	**$176380**	**$182600**	New Holland	6TA	787D	16F-2R	380.0		CHA
TJ380HD Scraper	$228655	$155700	$164480	**$186410**	**$192980**	New Holland	6TA	787D	16F-2R	380.0		CHA
TJ430	$207460	$142280	$150300	**$170340**	**$176350**	New Holland	6TA	787D	24F-6R	430.0		CHA
TJ430 Powershift	$219569	$148390	$156750	**$177650**	**$183920**	New Holland	6TA	787D	16F-2R	430.0		CHA
TJ430HD Powershift	$229406	$155490	$164250	**$186150**	**$192720**	Cummins	6TA	915D	16F-2R	430.0		CHA
TJ430HD Scraper	$239429	$162950	$172130	**$195080**	**$201960**	Cummins	6TA	915D	16F-2R	430.0		CHA
TJ480 Powershift	$248043	$168980	$178500	**$202300**	**$209440**	Cummins	6TA	915D	16F-2R	480.0		CHA
TJ480HD Powershift	$256040	$174660	$184500	**$209100**	**$216480**	Cummins	6TA	915D	16F-2R	480.0		CHA
TJ480HD Scraper	$265896	$181760	$192000	**$217600**	**$225280**	Cummins	6TA	915D	16F-2R	480.0		CHA
TJ530HD Powershift	$269280	$183890	$194250	**$220150**	**$227920**	Cummins	6TA	915D	16F-2R	530.0		CHA
TJ530HD Scraper	$284420	$195250	$206250	**$233750**	**$242000**	Cummins	6TA	915D	16F-2R	530.0		CHA
				2005								
TZ18DA 4WD	$9911	$6240	$6740	**$7930**	**$8420**	New Holland	3	58D	Variable	13.7	1446	No
TZ22DA 4WD	$10700	$6740	$7280	**$8560**	**$9100**	New Holland	3	58D	Variable	17.0	1323	No
TZ24DA 4WD	$10360	$6530	$7050	**$8290**	**$8810**	New Holland	3	61D	Variable	18.0	1455	No
TZ25DA 4WD	$11088	$6990	$7540	**$8870**	**$9430**	New Holland	3	61D	Variable	19.0	1723	No
TC21DA 4WD	$12856	$8100	$8740	**$10290**	**$10930**	New Holland	3	61D	9F-3R	17.0	1450	No
TC21DA 4WD (Note 1)	$14143	$8910	$9620	**$11310**	**$12020**	New Holland	3	61D	9F-3R	17.0	1450	No
TC21DA 4WD Hydro	$14155	$8920	$9630	**$11320**	**$12030**	New Holland	3	61D	Variable	16.0	1535	No
TC21DA 4WD Hydro (Note 1)	$15442	$9730	$10500	**$12350**	**$13130**	New Holland	3	61D	Variable	16.0	1535	No
TC23DA 4WD	$13485	$8500	$9170	**$10790**	**$11460**	New Holland	3	61D	9F-3R	18.5	1301	No
TC23DA 4WD (Note 1)	$14819	$9340	$10080	**$11860**	**$12600**	New Holland	3	61D	9F-3R	18.5	1397	No
TC23DA Hydro 4WD	$14832	$9340	$10090	**$11870**	**$12610**	New Holland	3	61D	Variable	17.5	1398	No
TC23DA Hydro 4WD (Note 1)	$16166	$10190	$10990	**$12930**	**$13740**	New Holland	3	61D	Variable	17.5	1494	No
TC24DA 4WD	$13137	$8280	$8930	**$10510**	**$11170**	New Holland	3	69D	9F-3R	19.5	1405	No
TC24DA 4WD (Note 1)	$14424	$9090	$9810	**$11540**	**$12260**	New Holland	3	69D	9F-3R	19.5	1405	No
TC24DA 4WD Hydro	$14435	$9090	$9820	**$11550**	**$12270**	New Holland	3	69D	Variable	18.5	1308	No
TC24DA 4WD Hydro (Note 1)	$15722	$9910	$10690	**$12580**	**$13360**	New Holland	3	69D	Variable	18.5	1308	No
TC26DA 4WD	$15392	$9700	$10470	**$12310**	**$13080**	New Holland	3	69D	Variable	19.7	2406	No
TC26DA 4WD (Note 1)	$16726	$10540	$11370	**$13380**	**$14220**	New Holland	3	69D	Variable	19.7	1501	No
TC29DA 4WD	$15836	$9980	$10770	**$12670**	**$13460**	New Holland	3	81D	9F-3R	25.1	2074	No
TC29DA 4WD (Note 1)	$17253	$10870	$11730	**$13800**	**$14670**	New Holland	3	81D	9F-3R	25.1	2074	No
TC29DA 4WD SuperSteer	$17030	$10730	$11580	**$13620**	**$14480**	New Holland	3	81D	9F-3R	25.1	2188	No
TC29DA 4WD SuperSteer (Note 1)	$18446	$11620	$12540	**$14760**	**$15680**	New Holland	3	81D	9F-3R	25.1	2188	No
TC29DA 4WD Hydro	$17317	$10910	$11780	**$13850**	**$14720**	New Holland	3	81D	Variable	23.5	2474	No
TC29DA 4WD Hydro (Note 1)	$18734	$11800	$12740	**$14990**	**$15920**	New Holland	3	81D	Variable	23.5	2474	No
TC29DA 4WD Hydro SuperSteer	$18529	$11670	$12600	**$14820**	**$15750**	New Holland	3	81D	Variable	23.5	2474	No
TC29DA 4WD Hydro SuperSteer (Note 1)	$19946	$12570	$13560	**$15960**	**$16950**	New Holland	3	81D	Variable	23.5	2474	No
TC30 4WD w/Loader	$15856	$9990	$10780	**$12690**	**$13480**	New Holland	3	91D	9F-3R	25.5	2205	No
TC30 w/Loader	$14247	$8980	$9690	**$11400**	**$12110**	New Holland	3	91D	9F-3R	25.5	2115	No
TC30 4WD Hydro w/Loader	$17360	$10940	$11810	**$13890**	**$14760**	New Holland	3	91D	Variable	24.0	2210	No
TC33DA 4WD	$16509	$10400	$11230	**$13210**	**$14030**	New Holland	3	91D	9F-3R	28.6	2440	No
TC33DA 4WD (Note 1)	$17926	$11290	$12190	**$14340**	**$15240**	New Holland	3	91D	9F-3R	28.6	2440	No
TC33DA 4WD Hydro	$17991	$11330	$12230	**$14390**	**$15290**	New Holland	3	91D	Variable	26.9	2474	No
TC33DA 4WD Hydro (Note 1)	$19408	$12230	$13200	**$15530**	**$16500**	New Holland	3	91D	Variable	26.9	2474	No
TC33DA 4WD Hydro SuperSteer	$19252	$12130	$13090	**$15400**	**$16360**	New Holland	3	91D	Variable	26.9	2474	No
TC33DA 4WD Hydro SuperSteer (Note 1)	$20619	$12990	$14020	**$16500**	**$17530**	New Holland	3	91D	Variable	26.9	2474	No
TC33DA 4WD SuperSteer	$17926	$11290	$12190	**$14340**	**$15240**	New Holland	3	91D	9F-3R	28.6	2554	No
TC33DA 4WD SuperSteer (Note 1)	$19119	$12050	$13000	**$15300**	**$16250**	New Holland	3	91D	9F-3R	28.6	2554	No
TC35A	$14325	$9030	$9740	**$11460**	**$12180**	New Holland	3	101D	12F-12R	29.6	3009	No
TC35A (Note 1)	$16563	$10440	$11260	**$13250**	**$14080**	New Holland	3	101D	12F-12R	29.6	3009	No
TC35A 4WD	$17860	$11250	$12150	**$14290**	**$15180**	New Holland	3	101D	12F-12R	29.6	3143	No
TC35A 4WD (Note 1)	$19479	$12270	$13250	**$15580**	**$16560**	New Holland	3	101D	12F-12R	29.6	3143	No
TC35DA 4WD Hydro	$20349	$12820	$13840	**$16280**	**$17300**	New Holland	3	101D	Variable	29.1	3299	No
TC35DA 4WD Hydro (Note 1)	$22013	$13870	$14970	**$17610**	**$18710**	New Holland	3	101D	Variable	29.1	3299	No
TC35DA 4WD Hydro SuperSteer	$21732	$13690	$14780	**$17390**	**$18470**	New Holland	3	101D	Variable	29.1	3299	No
TC35DA 4WD Hydro SuperSteer (Note 1)	$23406	$14750	$15920	**$18730**	**$19900**	New Holland	3	101D	Variable	29.1	3299	No
TC40A	$16682	$10510	$11340	**$13350**	**$14180**	New Holland	4	121D	12F-12R	35.0	3060	No
TC40A (Note 1)	$18247	$11500	$12410	**$14600**	**$15510**	New Holland	4	121D	12F-12R	35.0	3060	No
TC40A 4WD	$20339	$12810	$13830	**$16270**	**$17290**	New Holland	4	121D	12F-12R	35.0	3194	No
TC40A 4WD (Note 1)	$22013	$13870	$14970	**$17610**	**$18710**	New Holland	4	121D	12F-12R	35.0	3194	No
TC40DA 4WD Hydro	$22081	$13910	$15020	**$17670**	**$18770**	New Holland	4	121D	Variable	33.2	3375	No
TC40DA 4WD Hydro (Note 1)	$23755	$14970	$16150	**$19000**	**$20190**	New Holland	4	121D	Variable	33.2	3375	No
TC40DA 4WD Hydro SuperSteer	$23475	$14790	$15960	**$18780**	**$19950**	New Holland	4	121D	Variable	33.2	3375	No
TC40DA 4WD Hydro SuperSteer (Note 1)	$25149	$15840	$17100	**$20120**	**$21380**	New Holland	4	121D	Variable	33.2	3375	No
TC45A	$18824	$11860	$12800	**$15060**	**$16000**	New Holland	4	135D	12F-12R	39.6	3262	No
TC45A (Note 1)	$20402	$12850	$13870	**$16320**	**$17340**	New Holland	4	135D	12F-12R	39.6	3262	No
TC45A 4WD	$21076	$13280	$14330	**$16860**	**$17920**	New Holland	4	135D	12F-12R	39.6	3396	No
TC45A 4WD (Note 1)	$22693	$14300	$15430	**$18150**	**$19290**	New Holland	4	135D	12F-12R	39.6	3396	No
TC45DA 4WD Hydro	$23572	$14850	$16030	**$18860**	**$20040**	New Holland	4	135D	Variable	37.8	3766	No
TC45DA 4WD Hydro (Note 1)	$25619	$16140	$17420	**$20500**	**$21780**	New Holland	4	135D	Variable	37.8	3766	No
TC45DA 4WD Hydro SuperSteer	$25319	$15950	$17220	**$20260**	**$21520**	New Holland	4	135D	Variable	37.8	3766	No
TC45DA 4WD Hydro SuperSteer (Note 1)	$26935	$16970	$18320	**$21550**	**$22900**	New Holland	4	135D	Variable	37.8	3766	No
TC48DA	$18271	$11510	$12420	**$14620**	**$15530**	New Holland	4	135D	12F-12R	40.0	1357	No

Model	Approx. Retail Price New	Estimated Value Less Repairs Used Trade-In Avg.	High	Used Retail Avg.	High	Engine Make	No. Cyls.	Displ. Cu.-in.	No. Speeds	P.T.O. H.P.	Approx. Shipping Wt.-Lbs.	Cab

New Holland/Ford (Cont.)

2005 (Cont.)

Model	Approx. Retail Price New	Used Trade-In Avg.	Used Trade-In High	Used Retail Avg.	Used Retail High	Engine Make	No. Cyls.	Displ. Cu.-in.	No. Speeds	P.T.O. H.P.	Approx. Shipping Wt.-Lbs.	Cab
TC48DA (Note 1)	$20179	$12710	$13720	**$16140**	**$17150**	New Holland	4	135D	12F-12R	40.0	1357	No
TC48DA 4WD	$23226	$14630	$15790	**$18580**	**$19740**	New Holland	4	135D	12F-12R	40.0	1357	No
TC48DA 4WD (Note 1)	$25172	$15860	$17120	**$20140**	**$21400**	New Holland	4	135D	12F-12R	40.0	1357	No
TC55DA	$19572	$12330	$13310	**$15660**	**$16640**	New Holland	4T	135D	12F-12R	45.0		No
TC55DA (Note 1)	$21482	$13530	$14610	**$17190**	**$18260**	New Holland	4T	135D	12F-12R	45.0		No
TC55DA 4WD	$24554	$15470	$16700	**$19640**	**$20870**	New Holland	4T	135D	16F-16R	47.0		No
TC55DA 4WD (Note 1)	$26501	$16700	$18020	**$21200**	**$22530**	New Holland	4T	135D	16F-16R	47.0		No
TT55	$18841	$11680	$12810	**$14880**	**$15830**	New Holland	3	179D	8F-2R	47.0		No
TT55 4WD	$24103	$14940	$16390	**$19040**	**$20250**	New Holland	3	179D	8F-2R	47.0		No
TT75	$23036	$14280	$15660	**$18200**	**$19350**	New Holland	4	238D	8F-2R	59.0		No
TT75 4WD	$27690	$17170	$18830	**$21880**	**$23260**	New Holland	4	238D	8F-2R	59.0		No
TN60A Economy	$19421	$12040	$13210	**$15340**	**$16310**	New Holland	3	179D	8F-8R	45.0		No
TN60A Economy 4WD	$24193	$15000	$16450	**$19110**	**$20320**	New Holland	3	179D	8F-8R	45.0		No
TN60A Std.	$22185	$13760	$15090	**$17530**	**$18640**	New Holland	3	179D	12F-12R	45.0		No
TN60A Std. 4WD	$26956	$16710	$18330	**$21300**	**$22640**	New Holland	3	179D	12F-12R	45.0		No
TN60DA Dlx. Cab	$31051	$19250	$21120	**$24530**	**$26080**	New Holland	3	179D	16F-16R	52.0		CHA
TN60DA Dlx. 4WD Cab	$35716	$22140	$24290	**$28220**	**$30000**	New Holland	3	179D	16F-16R	52.0		CHA
TN70A Economy	$21880	$13570	$14880	**$17290**	**$18380**	New Holland	3T	179D	8F-8R	57.0		No
TN70A Economy 4WD	$26752	$16590	$18190	**$21130**	**$22470**	New Holland	3T	179D	8F-8R	57.0		No
TN70A Std.	$24717	$15330	$16810	**$19530**	**$20760**	New Holland	3T	179D	12F-12R	57.0		No
TN70DA Std. 4WD	$29465	$18270	$20040	**$23280**	**$24750**	New Holland	4T	179D	16F-16R	57.0		No
TN70DA Dlx. Cab	$33567	$20810	$22830	**$26520**	**$28200**	New Holland	3T	179D	16F-16R	57.0		CHA
TN70DA Dlx. 4WD Cab	$38227	$23700	$25990	**$30200**	**$32110**	New Holland	3T	179D	16F-16R	57.0		CHA
TN75A Std.	$26504	$16430	$18020	**$20940**	**$22260**	New Holland	3T	179D	12F-12R	62.0		No
TN75A Std. 4WD	$31234	$19370	$21240	**$24680**	**$26240**	New Holland	3T	179D	12F-12R	62.0		No
TN75DA Dlx. 4WD Cab	$39893	$24730	$27130	**$31520**	**$33510**	New Holland	3T	179D	16F-16R	62.0		CHA
TN75DA Dlx. Cab	$35131	$21780	$23890	**$27750**	**$29510**	New Holland	3T	179D	16F-16R	62.0		CHA
TN75FA Narrow 4WD Cab	$44653	$27690	$30360	**$35280**	**$37510**	New Holland	4	238D	16F-16R	60.0		CHA
TN75A Economy	$23196	$14380	$15770	**$18330**	**$19490**	New Holland	3T	179D	8F-8R	62.0		No
TN75A Economy 4WD	$28067	$17400	$19090	**$22170**	**$23580**	New Holland	3T	179D	8F-8R	62.0		No
TN75FA Narrow Cab	$37050	$22970	$25190	**$29270**	**$31120**	New Holland	4	238D	16F-16R	60.0		CHA
TN75FA Narrow	$28607	$17740	$19450	**$22600**	**$24030**	New Holland	4	238D	16F-16R	60.0		No
TN75FA Narrow 4WD	$36210	$22450	$24620	**$28610**	**$30420**	New Holland	4	238D	16F-16R	60.0		No
TN75SA 4WD SuperSteer	$33763	$20930	$22960	**$26670**	**$28360**	New Holland	3T	179D	16F-16R	62.0		No
TN75SA 4WD SuperSteer Cab	$41221	$25560	$28030	**$32570**	**$34630**	New Holland	3T	179D	16F-16R	62.0		CHA
TN75VA	$26748	$16580	$18190	**$21130**	**$22470**	New Holland	3T	179D	16F-16R	62.0		No
TN75VA 4WD	$34096	$21140	$23190	**$26940**	**$28640**	New Holland	3T	179D	16F-16R	62.0		No
TN75VA 4WD Cab	$41803	$25920	$28430	**$33020**	**$35120**	New Holland	3T	179D	16F-16R	62.0		CHA
TN75VA Cab	$34456	$21360	$23430	**$27220**	**$28940**	New Holland	3T	179D	16F-16R	62.0		CHA
TN85A Std.	$28709	$17800	$19520	**$22680**	**$24120**	New Holland	4	274D	12F-12R	69.0		No
TN85A Std. 4WD	$33448	$20740	$22750	**$26420**	**$28100**	New Holland	4	274D	12F-12R	69.0		No
TN85DA Dlx. 4WD Cab	$42546	$26380	$28930	**$33610**	**$35740**	New Holland	4	274D	16F-16R	69.0		CHA
TN85DA Dlx. Cab	$37807	$23440	$25710	**$29870**	**$31760**	New Holland	4	274D	16F-16R	69.0		CHA
TN85FA Narrow	$30089	$18660	$20460	**$23770**	**$25280**	New Holland	4T	238D	16F-16R	70.0		No
TN85FA Narrow 4WD	$40897	$25360	$27810	**$32310**	**$34350**	New Holland	4T	238D	32F-16R	70.0		No
TN85FA Narrow 4WD Cab	$46142	$28610	$31380	**$36450**	**$38760**	New Holland	4T	238D	16F-16R	70.0		CHA
TN85FA Narrow 4WD Cab	$49177	$30490	$33440	**$38850**	**$41310**	New Holland	4T	238D	32F-16R	70.0		CHA
TN85FA Narrow Cab	$38532	$23890	$26200	**$30440**	**$32370**	New Holland	4T	238D	16F-16R	70.0		CHA
TK80 Crawler	$42643	$26440	$29000	**$33690**	**$35820**	New Holland	4	220D	8F-8R	66.0		No
TL80A Dlx.	$33796	$21290	$22980	**$27040**	**$28730**	New Holland	4	273D	24F-24R	69.0		No
TL80A Dlx. 4WD	$40378	$25440	$27460	**$32300**	**$34320**	New Holland	4	273D	24F-24R	69.0		No
TL80A Dlx. 4WD Cab	$49450	$31150	$33630	**$39560**	**$42030**	New Holland	4	273D	24F-24R	69.0		CHA
TL80A Dlx. Cab	$42868	$27010	$29150	**$34290**	**$36440**	New Holland	4	273D	24F-24R	69.0		CHA
TL80A Std.	$28789	$18140	$19580	**$23030**	**$24470**	New Holland	4	273D	12F-12R	69.0		No
TL80A Std. 4WD	$35560	$22400	$24180	**$28450**	**$30230**	New Holland	4	273D	12F-12R	69.0		No
TL80A Std. 4WD Cab	$44000	$27720	$29920	**$35200**	**$37400**	New Holland	4	273D	12F-12R	59.0		CHA
TL80A Std. Cab	$37230	$23460	$25320	**$29780**	**$31650**	New Holland	4	273D	12F-12R	69.0		CHA
TL90A Dlx.	$35975	$22660	$24460	**$28780**	**$30580**	New Holland	4T	273D	24F-24R	77.0		No
TL90A Dlx. 4WD Cab	$51630	$32530	$35110	**$41300**	**$43890**	New Holland	4T	273D	24F-24R	77.0		CHA
TL90A Dlx. Cab	$45044	$28380	$30630	**$36040**	**$38290**	New Holland	4T	273D	24F-24R	77.0		CHA
TL90A Std.	$31475	$19830	$21400	**$25180**	**$26750**	New Holland	4T	273D	12F-12R	77.0		No
TL90A Std. 4WD	$37119	$23390	$25240	**$29700**	**$31550**	New Holland	4T	273D	12F-12R	77.0		No
TL90A Std. 4WD Cab	$45394	$28600	$30870	**$36320**	**$38590**	New Holland	4T	273D	12F-12R	77.0		CHA
TL90A Std. Cab	$38750	$24410	$26350	**$31000**	**$32940**	New Holland	4T	273D	12F-12R	77.0		CHA
TL90A Dlx. 4WD	$42557	$26810	$28940	**$34050**	**$36170**	New Holland	4T	273D	24F-24R	77.0		No
TK90 Crawler	$45443	$28180	$30900	**$35900**	**$38170**	New Holland	4T	238D	8F-8R	76.0		No
TN95A Std. 4WD	$36977	$22930	$25140	**$29210**	**$31060**	New Holland	4T	274D	12F-12R	77.0		No
TN95DA Dlx. Cab 4WD	$45912	$28470	$31220	**$36270**	**$38570**	New Holland	4T	274D	16F-16R	77.0		CHA
TN95FA	$31577	$19580	$21470	**$24950**	**$26530**	New Holland	4T	238D	16F-16R	80.0		No
TN95FA 4WD	$39987	$24790	$27190	**$31590**	**$33590**	New Holland	4T	238D	16F-16R	80.0		No
TN95FA 4WD	$42217	$26180	$28710	**$33350**	**$35460**	New Holland	4T	238D	32F-16R	80.0		No
TN95FA 4WD Cab	$48030	$29780	$32660	**$37940**	**$40350**	New Holland	4T	238D	16F-16R	80.0		CHA
TN95FA 4WD Cab	$50660	$31410	$34450	**$40020**	**$42550**	New Holland	4T	238D	32F-16R	80.0		CHA
TN95VA 4WD	$37862	$23470	$25750	**$29910**	**$31800**	New Holland	4T	238D	16F-16R	80.0		No
TN95VA 4WD, Cab	$45569	$28250	$30990	**$36000**	**$38280**	New Holland	4T	238D	16F-16R	80.0		CHA
TN95FA Cab	$40021	$24810	$27210	**$31620**	**$33620**	New Holland	4T	238D	16F-16R	80.0		CHA
TK100 Crawler	$48262	$29920	$32820	**$38130**	**$40540**	New Holland	4T	238D	8F-8R	80.0		No
TL100A Dlx.	$37925	$23890	$25790	**$30340**	**$32240**	New Holland	4T	238D	24F-24R	82.0		No
TL100A Dlx. 4WD	$44507	$28040	$30270	**$35610**	**$37830**	New Holland	4T	238D	24F-24R	82.0		No
TL100A Dlx. Cab	$46998	$29610	$31960	**$37600**	**$39950**	New Holland	4T	238D	24F-24R	82.0		CHA
TL100A Dlx.4WD Cab	$53580	$33760	$36430	**$42860**	**$45540**	New Holland	4T	238D	24F-24R	82.0		CHA
TL100A Std.	$33549	$21140	$22810	**$26840**	**$28520**	New Holland	4T	238D	12F-12R	82.0		No
TL100A Std. 4WD	$39069	$24610	$26570	**$31260**	**$33210**	New Holland	4T	238D	12F-12R	82.0		No
TL100A Std. 4WD Cab	$47363	$29840	$32210	**$37890**	**$40260**	New Holland	4T	238D	12F-12R	82.0		CHA

New Holland/Ford (Cont.)

Model	Approx. Retail Price New	Estimated Value Less Repairs: Used Trade-In Avg.	Used Trade-In High	Used Retail Avg.	Used Retail High	Engine Make	Engine No. Cyls.	Engine Displ. Cu.-in.	No. Speeds	P.T.O. H.P.	Approx. Shipping Wt.-Lbs.	Cab
2005 (Cont.)												
TL100A Std. Cab	$40719	$25650	$27690	**$32580**	**$34610**	New Holland	4T	238D	12F-12R	82.0		CHA
TS100A Dlx. 4WD Cab	$61330	$38030	$41700	**$48450**	**$51520**	New Holland	4TI	273D	24F-24R	80.0		CHA
TS100A Dlx. 4WD Cab	$64728	$40130	$44020	**$51140**	**$54370**	New Holland	4TI	273D	16F-16R	80.0		CHA
TS100A Dlx. 4WD Cab SuperSteer	$66853	$41450	$45460	**$52810**	**$56160**	New Holland	4TI	273D	16F-16R	80.0		CHA
TS100A Dlx. Cab	$52066	$32280	$35410	**$41130**	**$43740**	New Holland	4TI	273D	24F-24R	80.0		CHA
TS100A Dlx. Cab	$55423	$34360	$37690	**$43780**	**$46560**	New Holland	4TI	273D	16F-16R	80.0		CHA
TS100A Plus 4WD Cab	$61560	$38170	$41860	**$48630**	**$51710**	New Holland	4T	304D	16F-16R	80.0		CHA
TS100A Plus Cab	$52581	$32600	$35760	**$41540**	**$44170**	New Holland	4TI	273D	16F-16R	80.0		CHA
TB100	$29349	$18200	$19960	**$23190**	**$24650**	New Holland	4T	304D	8F-2R	80.0		No
TB100	$30859	$19130	$20980	**$24380**	**$25920**	New Holland	4T	304D	16F-4R	80.0		No
TB100 4WD	$36675	$22740	$24940	**$28970**	**$30810**	New Holland	4T	304D	8F-2R	80.0		No
TB100 4WD	$38185	$23680	$25970	**$30170**	**$32080**	New Holland	4T	304D	16F-4R	80.0		No
TB110	$31891	$19770	$21690	**$25190**	**$26790**	New Holland	4T	304D	8F-2R	90.0		No
TB110	$33401	$20710	$22710	**$26390**	**$28060**	New Holland	4T	304D	16F-4R	90.0		No
TB110 4WD	$39834	$24700	$27090	**$31470**	**$33460**	New Holland	4T	304D	8F-2R	90.0		No
TB110 4WD	$41344	$25630	$28110	**$32660**	**$34730**	New Holland	4T	304D	16F-4R	90.0		No
TS115A Dlx.	$46959	$29120	$30990	**$36630**	**$38510**	New Holland	6TI	410D	16F-16R	95.0		No
TS115A Dlx. 4WD	$55950	$34690	$36930	**$43640**	**$45880**	New Holland	6TI	410D	16F-16R	95.0		No
TS115A Dlx. 4WD Cab	$64083	$39730	$42300	**$49990**	**$52550**	New Holland	6TI	410D	24F-24R	95.0		CHA
TS115A Dlx. 4WD Cab	$67448	$41820	$44520	**$52610**	**$55310**	New Holland	6TI	410D	16F-16R	95.0		CHA
TS115A Dlx. 4WD SuperSteer	$58056	$36000	$38320	**$45280**	**$47610**	New Holland	6TI	410D	16F-16R	95.0		No
TS115A Dlx. Cab	$55089	$34160	$36360	**$42970**	**$45170**	New Holland	6TI	410D	24F-24R	95.0		CHA
TS115A Dlx. Cab	$58454	$36240	$38580	**$45590**	**$47930**	New Holland	6TI	410D	16F-16R	95.0		CHA
TS115A Dlx. Cab, 4WD SuperSteer	$69552	$43120	$45900	**$54250**	**$57030**	New Holland	6TI	410D	16F-16R	95.0		CHA
TS115A Plus	$44784	$27770	$29560	**$34930**	**$36720**	New Holland	6TI	410D	24F-24R	95.0		No
TS115A Plus	$46704	$28960	$30830	**$36430**	**$38300**	New Holland	6TI	410D	16F-16R	95.0		No
TS115A Plus 4WD	$53451	$33140	$35280	**$41690**	**$43830**	New Holland	6TI	410D	24F-24R	95.0		No
TS115A Plus 4WD	$55777	$34580	$36810	**$43510**	**$45740**	New Holland	6TI	410D	16F-16R	95.0		No
TS115A Plus 4WD Cab	$62385	$38680	$41170	**$48660**	**$51160**	New Holland	6TI	410D	24F-24R	95.0		CHA
TS115A Plus 4WD Cab	$64307	$39870	$42440	**$50160**	**$52730**	New Holland	6TI	410D	16F-16R	95.0		CHA
TS115A Plus Cab	$53717	$33310	$35450	**$41900**	**$44050**	New Holland	6TI	410D	24F-24R	95.0		CHA
TS115A Plus Cab	$55677	$34520	$36750	**$43430**	**$45660**	New Holland	6TI	410D	16F-16R	95.0		CHA
TS115A Std.	$43499	$26970	$28710	**$33930**	**$35670**	New Holland	6TI	410D	12F-12R	95.0		No
TS115A Std. 4WD	$52148	$32330	$34420	**$40680**	**$42760**	New Holland	6TI	410D	12F-12R	95.0		No
TS115A Std. 4WD Cab	$61084	$37870	$40320	**$47650**	**$50090**	New Holland	6TI	410D	12F-12R	95.0		CHA
TS115A Std. Cab	$52432	$32510	$34610	**$40900**	**$42990**	New Holland	6TI	410D	12F-12R	95.0		CHA
TB120	$34514	$21400	$23470	**$27270**	**$28990**	New Holland	6	456D	8F-2R	96.0		No
TB120	$36024	$22340	$24500	**$28460**	**$30260**	New Holland	6	456D	16F-4R	96.0		No
TB120 4WD	$42778	$26520	$29090	**$33800**	**$35930**	New Holland	6	456D	8F-2R	96.0		No
TB120 4WD	$44288	$27460	$30120	**$34990**	**$37200**	New Holland	6	456D	16F-4R	96.0		No
TB120 HC 4WD	$48249	$29910	$32810	**$38120**	**$40530**	New Holland	6	456D	8F-2R	96.0		No
TB120 HC 4WD	$49759	$30850	$33840	**$39310**	**$41800**	New Holland	6	456D	16F-4R	96.0		No
TM120 Plus	$61632	$38210	$40680	**$48070**	**$50540**	New Holland	6TI	456D	17F-6R	95.0		CHA
TM120 Premium 4WD	$76825	$47630	$50710	**$59920**	**$63000**	New Holland	6TI	456D	24F-12R	95.0		CHA
TM120 Plus 4WD	$71772	$44500	$47370	**$55980**	**$58850**	New Holland	6TI	456D	18F-6R	95.0		CHA
TM120 Plus 4WD SuperSteer	$73834	$45780	$48730	**$57590**	**$60540**	New Holland	6TI	456D	18F-6R	95.0		CHA
TM120 Premium 4WD SuperSteer	$78887	$48910	$52070	**$61530**	**$64690**	New Holland	6TI	456D	18F-6R	95.0		CHA
TS125A Dlx.	$55005	$34100	$36300	**$42900**	**$45100**	New Holland	6TI	410D	16F-16R	105.0		No
TS125A Dlx. w/Cab	$63550	$39400	$41940	**$49570**	**$52110**	New Holland	6TI	410D	24F-24R	105.0		CHA
TS125A Dlx. 4WD	$64793	$40170	$42760	**$50540**	**$53130**	New Holland	6TI	410D	16F-16R	105.0		No
TS125A Dlx. 4WD SuperSteer	$66897	$41480	$44150	**$52180**	**$54860**	New Holland	6TI	410D	16F-16R	105.0		No
TS125A Dlx. Cab	$66915	$41490	$44160	**$52190**	**$54870**	New Holland	6TI	410D	16F-16R	105.0		CHA
TS125A Plus	$52828	$32750	$34870	**$41210**	**$43320**	New Holland	6TI	410D	24F-24R	105.0		No
TS125A Plus 4WD	$62292	$38620	$41110	**$48590**	**$51080**	New Holland	6TI	410D	24F-24R	105.0		No
TS125A Plus 4WD Cab	$71318	$44220	$47070	**$55630**	**$58480**	New Holland	6TI	410D	24F-24R	105.0		CHA
TS125A Plus 4WD Cab	$73494	$45570	$48510	**$57330**	**$60270**	New Holland	6TI	410D	16F-16R	105.0		CHA
TS125A Plus Cab	$62177	$38550	$41040	**$48500**	**$50990**	New Holland	6TI	410D	24F-24R	105.0		CHA
TS125A Plus Cab	$64353	$39900	$42470	**$50200**	**$52770**	New Holland	6TI	410D	16F-16R	105.0		CHA
TS125A Dlx. 4WD Cab	$73015	$45270	$48190	**$56950**	**$59870**	New Holland	6TI	410D	24F-24R	105.0		CHA
TS125A Dlx. 4WD Cab	$76399	$47370	$50420	**$59590**	**$62650**	New Holland	6TI	410D	16F-16R	105.0		CHA
TS125A Dlx. Cab, 4WD SuperSteer	$78484	$48660	$51800	**$61220**	**$64360**	New Holland	6TI	410D	16F-16R	105.0		CHA
TM130 Plus	$68571	$42510	$45260	**$53490**	**$56230**	New Holland	6TI	456D	17F-6R	105.0		CHA
TM130 Premium 4WD	$80291	$49780	$52990	**$62630**	**$65840**	New Holland	6TI	456D	24F-12R	105.0		CHA
TM130 Plus 4WD	$78655	$48770	$51910	**$61350**	**$64500**	New Holland	6TI	456D	18F-6R	105.0		CHA
TM130 Std. 4WD Cab	$64640	$40080	$42660	**$50420**	**$53010**	New Holland	6TI	456D	20F-16R	105.0		CHA
TM130 Plus 4WD SuperSteer	$80717	$50050	$53270	**$62960**	**$66190**	New Holland	6TI	456D	18F-6R	105.0		CHA
TM130 Premium 4WD SuperSteer	$82353	$51060	$54350	**$64240**	**$67530**	New Holland	6TI	456D	18F-6R	105.0		CHA
TS135A Dlx. 4WD Cab	$76675	$47540	$50610	**$59810**	**$62870**	New Holland	6TI	410D	24F-24R	115.0		CHA
TS135A Dlx. 4WD Cab	$79901	$49540	$52740	**$62320**	**$65520**	New Holland	6TI	410D	16F-16R	115.0		CHA
TS135A Dlx. Cab	$67070	$41580	$44270	**$52320**	**$55000**	New Holland	6TI	410D	24F-24R	115.0		CHA
TS135A Dlx. Cab	$70435	$43670	$46490	**$54940**	**$57760**	New Holland	6TI	410D	16F-16R	115.0		CHA
TS135A Dlx. Cab 4WD SuperSteer	$82005	$50840	$54120	**$63960**	**$67240**	New Holland	6TI	410D	16F-16R	115.0		CHA
TM140 Plus	$71752	$44490	$47360	**$55970**	**$58840**	New Holland	6TI	456D	17F-6R	115.0		CHA
TM140 Premium	$74312	$46070	$49050	**$57960**	**$60940**	New Holland	6TI	456D	18F-6R	115.0		CHA
TM140 Plus 4WD	$82563	$51190	$54490	**$64400**	**$67700**	New Holland	6TI	456D	18F-6R	115.0		CHA
TM140 Premium 4WD	$85123	$52780	$56180	**$66400**	**$69800**	New Holland	6TI	456D	18F-6R	115.0		CHA
TM140 Std. 4WD	$69431	$43050	$45820	**$54160**	**$56930**	New Holland	6TI	456D	20F-16R	115.0		CHA
TM140 Plus 4WD SuperSteer	$84625	$52470	$55850	**$66010**	**$69390**	New Holland	6TI	456D	18F-6R	115.0		CHA
TM140 Premium 4WD SuperSteer	$87185	$54060	$57540	**$68000**	**$71490**	New Holland	6TI	456D	18F-6R	115.0		CHA
TM155 Plus	$77414	$48000	$51090	**$60380**	**$63480**	New Holland	6TI	456D	17F-6R	125		CHA
TM155 Premium	$79974	$49580	$52780	**$62380**	**$65580**	New Holland	6TI	456D	17F-6R	125		CHA
TM155 Plus 4WD	$89899	$55740	$59330	**$70120**	**$73720**	New Holland	6TI	456D	18F-6R	125.0		CHA
TM155 Premium 4WD	$92461	$57330	$61020	**$72120**	**$75820**	New Holland	6TI	456D	18F-6R	125.0		CHA
TM155 Plus 4WD SuperSteer	$91962	$57020	$60700	**$71730**	**$75410**	New Holland	6TI	456D	18F-6R	125.0		CHA

New Holland/Ford (Cont.)

2005 (Cont.)

Model	Approx. Retail Price New	Estimated Value Less Repairs Used Trade-In Avg.	Used Trade-In High	Used Retail Avg.	Used Retail High	Engine Make	Engine No. Cyls.	Displ. Cu.-in.	No. Speeds	P.T.O. H.P.	Approx. Shipping Wt.-Lbs.	Cab
TM155 Premium 4WD SuperSteer	$94522	$58600	$62390	$73730	$77510	New Holland	6TI	456D	18F-6R	125.0		CHA
TM175 Premium	$91874	$56960	$60640	$71660	$75340	New Holland	6TI	456D	17F-6R	145.0		CHA
TM175 Premium 4WD	$104845	$65000	$69200	$81780	$85970	New Holland	6TI	456D	18F-6R	145.0		CHA
TM175 Premium 4WD SuperSteer	$106908	$66280	$70560	$83390	$87670	New Holland	6TI	456D	18F-6R	145.0		CHA
TM190 Premium	$96187	$59640	$63480	$75030	$78870	New Holland	6TI	456D	17F-6R	160.0		CHA
TM190 Premium 4WD	$109213	$67710	$72080	$85190	$89560	New Holland	6TI	456D	18F-6R	160.0		CHA
TM190 Premium 4WD SuperSteer	$111274	$68990	$73440	$86790	$91250	New Holland	6TI	456D	18F-6R	160.0		CHA
TG210 4WD	$128736	$75950	$82390	$99130	$104280	New Holland	6T	505D	18F-4R	170.0		CHA
TG210 4WD SuperSteer	$129964	$76680	$83180	$100070	$105270	New Holland	6T	505D	18F-4R	170.0		CHA
TG230 4WD	$140941	$83160	$90200	$108530	$114160	New Holland	6T	505D	18F-4R	190.0		CHA
TG230 4WD SuperSteer	$142168	$83880	$90990	$109470	$115160	New Holland	6T	505D	18F-4R	190.0		CHA
TG255 4WD	$151780	$89550	$97140	$116870	$122940	New Holland	6TA	505D	18F-4R	215.0		CHA
TG255 4WD SuperSteer	$154176	$90960	$98670	$118720	$124880	New Holland	6TA	505D	18F-4R	215.0		CHA
TG285 4WD	$168470	$99400	$107820	$129720	$136460	New Holland	6TI	505D	18F-4R	240.0		CHA
TG285 4WD SuperSteer	$170867	$100810	$109360	$131570	$138400	New Holland	6TI	505D	18F-4R	240.0		CHA
TV145	$89328	$56280	$60740	$71460	$75930	New Holland	6T	456D	Variable	105.0		CHA
TV145 w/Loader	$96190	$60600	$65410	$76950	$81760	New Holland	6T	456D	Variable	105.0		CHA
TV145 Front 3-Pt.	$93385	$58830	$63500	$74710	$79380	New Holland	6T	456D	Variable	105.0		CHA
TV145 Front 3Pt, PTO	$97198	$61240	$66100	$77760	$82620	New Holland	6T	456D	Variable	105.0		CHA
TJ275	$141489	$83480	$91970	$107530	$113190	CDC	6TA	505D	24F-6R	275.0		CHA
TJ275 Powershift	$152407	$83780	$92300	$107920	$113600	CDC	6TA	505D	16F-2R	275.0		CHA
TJ325	$159071	$87910	$96850	$113240	$119200	CDC	6TA	543D	24F-6R	325.0		CHA
TJ325 Powershift	$170436	$94700	$104330	$121980	$128400	CDC	6TA	543D	16F-2R	325.0		CHA
TJ375	$187316	$104430	$115050	$134520	$141600	Cummins	6TA	915D	24F-6R	375.0		CHA
TJ375 Powershift	$197383	$110330	$121550	$142120	$149600	Cummins	6TA	915D	16F-2R	375.0		CHA
TJ375HD	$194966	$108740	$119800	$140070	$147440	Cummins	6TA	915D	24F-6R	375.0		CHA
TJ375HD Powershift	$205033	$115350	$127080	$148580	$156400	Cummins	6TA	915D	16F-2R	375.0		CHA
TJ425	$202005	$113520	$125060	$146220	$153920	Cummins	6TA	915D	24F-6R	425.0		CHA
TJ425 Powershift	$213587	$119770	$131950	$154280	$162400	Cummins	6TA	915D	16F-2R	425.0		CHA
TJ425HD Powershift	$220447	$123900	$136500	$159600	$168000	Cummins	6TA	915D	16F-2R	425.0		CHA
TJ450 Powershift	$230785	$129800	$143000	$167200	$176000	Cummins	6TA	915D	16F-2R	450.0		CHA
TJ450HD Powershift	$236292	$132750	$146250	$171000	$180000	Cummins	6TA	915D	16F-2R	450.0		CHA
TJ500 Powershift	$246222	$138650	$152750	$178600	$188000	Cummins	6TA	912D	16F-2R	500.0		CHA

Note 1 — Loader ready tractor.

2004

Model	Approx. Retail Price New	Used Trade-In Avg.	Used Trade-In High	Used Retail Avg.	Used Retail High	Engine Make	Engine No. Cyls.	Displ. Cu.-in.	No. Speeds	P.T.O. H.P.	Approx. Shipping Wt.-Lbs.	Cab
TZ18DA 4WD	$9369	$5060	$5810	$7030	$7500	New Holland	3	58D	Variable	13.7	1446	No
TZ24DA 4WD	$10360	$5590	$6420	$7770	$8290	New Holland	3	61D	Variable	18.0	1455	No
TC21DA 4WD	$12856	$6940	$7970	$9640	$10290	New Holland	3	61D	9F-3R	17.0	1450	No
TC21DA 4WD (Note 1)	$14143	$7640	$8770	$10610	$11310	New Holland	3	61D	9F-3R	17.0	1450	No
TC21DA 4WD Hydro	$14155	$7640	$8780	$10620	$11320	New Holland	3	61D	Variable	16.0	1535	No
TC21DA 4WD Hydro (Note 1)	$15442	$8340	$9570	$11580	$12350	New Holland	3	61D	Variable	16.0	1535	No
TC24DA 4WD	$13137	$7090	$8150	$9850	$10510	New Holland	3	69D	9F-3R	19.5	1405	No
TC24DA 4WD (Note 1)	$14424	$7790	$8940	$10820	$11540	New Holland	3	69D	9F-3R	19.5	1405	No
TC24DA 4WD Hydro	$14435	$7800	$8950	$10830	$11550	New Holland	3	69D	Variable	18.5	1308	No
TC24DA 4WD Hydro (Note 1)	$15722	$8490	$9750	$11790	$12580	New Holland	3	69D	Variable	18.5	1308	No
TC29DA 4WD	$15253	$8240	$9460	$11440	$12200	New Holland	3	81D	9F-3R	25.1	2074	No
TC29DA 4WD (Note 1)	$16619	$8970	$10300	$12460	$13300	New Holland	3	81D	9F-3R	25.1	2074	No
TC29DA 4WD Hydro	$16681	$9010	$10340	$12510	$13350	New Holland	3	81D	Variable	23.5	2474	No
TC29DA 4WD Hydro (Note 1)	$18047	$9750	$11190	$13540	$14440	New Holland	3	81D	Variable	23.5	2474	No
TC29DA 4WD Hydro SuperSteer	$17850	$9640	$11070	$13390	$14280	New Holland	3	81D	Variable	23.5	2474	No
TC29DA 4WD Hydro SuperSteer (Note 1)	$19216	$10380	$11910	$14410	$15370	New Holland	3	81D	Variable	23.5	2474	No
TC29DA 4WD SuperSteer	$16422	$8870	$10180	$12320	$13140	New Holland	3	81D	9F-3R	25.1	2188	No
TC29DA 4WD SuperSteer (Note 1)	$17778	$9600	$11020	$13330	$14220	New Holland	3	81D	9F-3R	25.1	2188	No
TC30	$9561	$5160	$5930	$7170	$7650	New Holland	3	91D	9F-3R	25.5	2115	No
TC30 4WD	$11112	$6000	$6890	$8330	$8890	New Holland	3	91D	9F-3R	25.5	2205	No
TC30 4WD Hydro	$12562	$6780	$7790	$9420	$10050	New Holland	3	91D	Variable	24.0	2210	No
TC30 Hydro	$11461	$6190	$7110	$8600	$9170	New Holland	3	91D	Variable	24.0	2120	No
TC33DA 4WD	$15902	$8590	$9860	$11930	$12720	New Holland	3	91D	9F-3R	28.6	2440	No
TC33DA 4WD (Note 1)	$17268	$9330	$10710	$12950	$13810	New Holland	3	91D	9F-3R	28.6	2440	No
TC33DA 4WD Hydro	$17331	$9360	$10750	$13000	$13870	New Holland	3	91D	Variable	26.9	2474	No
TC33DA 4WD Hydro (Note 1)	$18697	$10100	$11590	$14020	$14960	New Holland	3	91D	Variable	26.9	2474	No
TC33DA 4WD Hydro SuperSteer	$18499	$9990	$11470	$13870	$14800	New Holland	3	91D	Variable	26.9	2474	No
TC33DA 4WD Hydro SuperSteer (Note 1)	$19865	$10730	$12320	$14900	$15890	New Holland	3	91D	Variable	26.9	2474	No
TC33DA 4WD SuperSteer	$17071	$9220	$10580	$12800	$13660	New Holland	3	91D	9F-3R	28.6	2554	No
TC33DA 4WD SuperSteer (Note 1)	$18437	$9960	$11430	$13830	$14750	New Holland	3	91D	9F-3R	28.6	2554	No
TC35A	$14463	$7810	$8970	$10850	$11570	New Holland	3	101D	12F-12R	29.6	3009	No
TC35A (Note 1)	$15982	$8630	$9910	$11990	$12790	New Holland	3	101D	12F-12R	29.6	3009	No
TC35A 4WD	$17113	$9240	$10610	$12840	$13690	New Holland	3	101D	12F-12R	29.6	3143	No
TC35A 4WD (Note 1)	$18622	$10060	$11550	$13970	$14900	New Holland	3	101D	12F-12R	29.6	3143	No
TC35DA 4WD Hydro	$19423	$10490	$12040	$14570	$15540	New Holland	3	101D	Variable	29.1	3299	No
TC35DA 4WD Hydro (Note 1)	$20982	$11330	$13010	$15740	$16790	New Holland	3	101D	Variable	29.1	3299	No
TC35DA 4WD Hydro SuperSteer	$20721	$11190	$12850	$15540	$16580	New Holland	3	101D	Variable	29.1	3299	No
TC35DA 4WD Hydro SuperSteer (Note 1)	$22280	$12030	$13810	$16710	$17820	New Holland	3	101D	Variable	29.1	3299	No
TC40A	$16037	$8660	$9940	$12030	$12830	New Holland	4	121D	12F-12R	35.0	3060	No
TC40A (Note 1)	$17596	$9500	$10910	$13200	$14080	New Holland	4	121D	12F-12R	35.0	3060	No
TC40A 4WD	$18736	$10120	$11620	$14050	$14990	New Holland	4	121D	12F-12R	35.0	3194	No
TC40A 4WD (Note 1)	$20245	$10930	$12550	$15180	$16200	New Holland	4	121D	12F-12R	35.0	3194	No
TC40DA 4WD Hydro	$21046	$11370	$13050	$15790	$16840	New Holland	4	121D	Variable	33.2	3375	No
TC40DA 4WD Hydro (Note 1)	$22605	$12210	$14020	$16950	$18080	New Holland	4	121D	Variable	33.2	3375	No
TC40DA 4WD Hydro SuperSteer	$22345	$12070	$13850	$16760	$17880	New Holland	4	121D	Variable	33.2	3375	No

New Holland/Ford (Cont.)

Model	Approx. Retail Price New	Used Trade-In Avg.	Used Trade-In High	Used Retail Avg.	Used Retail High	Engine Make	Engine No. Cyls.	Engine Displ. Cu.-in.	No. Speeds	P.T.O. H.P.	Approx. Shipping Wt.-Lbs.	Cab
2004 (Cont.)												
TC40DA 4WD Hydro SuperSteer (Note 1)	$23904	$12910	$14820	**$17930**	**$19120**	New Holland	4	121D	Variable	33.2	3375	No
TC45A	$18165	$9810	$11260	**$13620**	**$14530**	New Holland	4	135D	12F-12R	39.6	3262	No
TC45A (Note 1)	$19674	$10620	$12200	**$14760**	**$15740**	New Holland	4	135D	12F-12R	39.6	3262	No
TC45A 4WD	$20814	$11240	$12910	**$15610**	**$16650**	New Holland	4	135D	12F-12R	39.6	3396	No
TC45A 4WD (Note 1)	$22323	$12050	$13840	**$16740**	**$17860**	New Holland	4	135D	12F-12R	39.6	3396	No
TC45DA 4WD Hydro	$23514	$12700	$14580	**$17640**	**$18810**	New Holland	4	135D	Variable	37.8	3766	No
TC45DA 4WD Hydro (Note 1)	$25073	$13540	$15550	**$18810**	**$20060**	New Holland	4	135D	Variable	37.8	3766	No
TC45DA 4WD Hydro SuperSteer	$24812	$13400	$15380	**$18610**	**$19850**	New Holland	4	135D	Variable	37.8	3766	No
TC45DA 4WD Hydro SuperSteer (Note 1)	$26371	$14240	$16350	**$19780**	**$21100**	New Holland	4	135D	Variable	37.8	3766	No
TC48DA	$17619	$9510	$10920	**$13210**	**$14100**	New Holland	4	135D	12F-12R	40.0	1357	No
TC48DA 4WD	$19459	$10510	$12070	**$14590**	**$15570**	New Holland	4	135D	12F-12R	40.0	1357	No
TN60A Economy	$18965	$10430	$11570	**$13840**	**$14980**	New Holland	3	179D	8F-8R	45.0		No
TN60A Economy 4WD	$23666	$13020	$14440	**$17280**	**$18700**	New Holland	3	179D	16F-16R	45.0		No
TC55DA	$18874	$10190	$11700	**$14160**	**$15100**	New Holland	4T	135D	12F-12R	45.0		No
TC55DA (Note 1)	$20715	$11190	$12840	**$15540**	**$16570**	New Holland	4T	135D	12F-12R	45.0		No
TC55DA 4WD	$23213	$12540	$14390	**$17410**	**$18570**	New Holland	4T	135D	16F-16R	47.0		No
TC55DA 4WD (Note 1)	$25053	$13530	$15530	**$18790**	**$20040**	New Holland	4T	135D	16F-16R	47.0		No
TN60A Std.	$23515	$12930	$14340	**$17170**	**$18580**	New Holland	3	179D	16F-16R	45.0		No
TT55	$17140	$9430	$10460	**$12510**	**$13540**	New Holland	3	179D	8F-2R	47.0		No
TT55 4WD	$22142	$12180	$13510	**$16160**	**$17490**	New Holland	3	179D	8F-2R	47.0		No
TN60A Std.	$21518	$11840	$13130	**$15710**	**$17000**	New Holland	3	179D	12F-12R	45.0		No
TN60A Std. 4WD	$26218	$14420	$15990	**$19140**	**$20710**	New Holland	3	179D	12F-12R	45.0		No
TN60A Std. 4WD	$28218	$15520	$17210	**$20600**	**$22290**	New Holland	3	179D	16F-16R	45.0		No
TN60DA Dlx. 4WD Cab	$34297	$18860	$20920	**$25040**	**$27100**	New Holland	3	179D	16F-16R	52.0		CHA
TN60DA Dlx. Cab	$29578	$16270	$18040	**$21590**	**$23370**	New Holland	3	179D	16F-16R	52.0		CHA
TN60SA 4WD SuperSteer	$28617	$15740	$17460	**$20890**	**$22610**	New Holland	3	179D	8F-8R	52.0		No
TN60SA 4WD SuperSteer Cab	$35550	$19550	$21690	**$25950**	**$28090**	New Holland	3	179D	8F-8R	52.0		CHA
TN60VA	$23710	$13040	$14460	**$17310**	**$18730**	New Holland	3T	179D	16F-16R	45.0		No
TN60VA 4WD	$29636	$16300	$18080	**$21630**	**$23410**	New Holland	3T	179D	16F-16R	45.0		No
TN70A 4WD Economy	$26038	$14320	$15880	**$19010**	**$20570**	New Holland	3T	179D	8F-8R	57.0		No
TN70A 4WD Std. Cab	$28590	$15730	$17440	**$20870**	**$22590**	New Holland	3T	179D	12F-12R	57.0		CHA
TN70A 4WD Std. Cab	$30589	$16820	$18660	**$22330**	**$24170**	New Holland	3T	179D	16F-16R	57.0		CHA
TN70A Economy	$21336	$11740	$13020	**$15580**	**$16860**	New Holland	3T	179D	8F-8R	57.0		No
TN70A Std.	$23889	$13140	$14570	**$17440**	**$18870**	New Holland	3T	179D	12F-12R	57.0		No
TN70A Std.	$25887	$14240	$15790	**$18900**	**$20450**	New Holland	3T	179D	16F-16R	57.0		No
TN70DA Dlx. Cab	$31943	$17570	$19490	**$23320**	**$25240**	New Holland	3T	179D	16F-16R	57.0		CHA
TN70SA 4WD SuperSteer	$30932	$17010	$18870	**$22580**	**$24440**	New Holland	4T	179D	16F-16R	57.0		No
TN70SA 4WD SuperSteer Cab	$37867	$20830	$23100	**$27640**	**$29920**	New Holland	4T	179D	16F-16R	57.0		CHA
TN70DA Dlx. 4WD Cab	$36660	$20160	$22360	**$26760**	**$28960**	New Holland	3T	179D	16F-16R	57.0		CHA
TN75A Std.	$25562	$14060	$15590	**$18660**	**$20190**	New Holland	3T	179D	12F-12R	62.0		No
TN75A Std.	$27154	$14940	$16560	**$19820**	**$21450**	New Holland	3T	179D	16F-16R	62.0		No
TN75A Std. 4WD	$30264	$16650	$18460	**$22090**	**$23910**	New Holland	3T	179D	12F-12R	62.0		No
TN75A Std. 4WD	$31855	$17520	$19430	**$23250**	**$25170**	New Holland	3T	179D	16F-16R	62.0		No
TN75DA Dlx. 4WD Cab	$38689	$21280	$23600	**$28240**	**$30560**	New Holland	3T	179D	16F-16R	62.0		CHA
TN75DA Dlx. Cab	$33948	$18670	$20710	**$24780**	**$26820**	New Holland	3T	179D	16F-16R	62.0		CHA
TN75A Economy	$22605	$12430	$13790	**$16500**	**$17860**	New Holland	3T	179D	8F-8R	62.0		No
TN75A Economy 4WD	$27306	$15020	$16660	**$19930**	**$21570**	New Holland	3T	179D	8F-8R	62.0		No
TN75FA Narrow	$26847	$14770	$16380	**$19600**	**$21210**	New Holland	4	238D	16F-16R	60.0		No
TN75FA Narrow 4WD	$34034	$18720	$20760	**$24850**	**$26890**	New Holland	4	238D	16F-16R	60.0		No
TN75FA Narrow 4WD Cab	$42016	$23110	$25630	**$30670**	**$33190**	New Holland	4	238D	16F-16R	60.0		CHA
TN75FA Narrow Cab	$34849	$19170	$21260	**$25440**	**$27530**	New Holland	4	238D	16F-16R	60.0		CHA
TN75SA 4WD SuperSteer	$32960	$18130	$20110	**$24060**	**$26040**	New Holland	3T	179D	16F-16R	62.0		No
TN75SA 4WD SuperSteer Cab	$39895	$21940	$24340	**$29120**	**$31520**	New Holland	3T	179D	16F-16R	62.0		CHA
TN75VA	$25958	$14280	$15830	**$18950**	**$20510**	New Holland	3T	179D	16F-16R	62.0		No
TN75VA 4WD	$32234	$17730	$19660	**$23530**	**$25470**	New Holland	3T	179D	16F-16R	62.0		No
TN75VA 4WD Cab	$39521	$21740	$24110	**$28850**	**$31220**	New Holland	3T	179D	16F-16R	62.0		CHA
TN75VA Cab	$33245	$18290	$20280	**$24270**	**$26260**	New Holland	3T	179D	16F-16R	62.0		CHA
TT75	$20720	$11400	$12640	**$15130**	**$16370**	New Holland	4	238D	8F-2R	59.0		No
TT75 4WD	$25466	$14010	$15530	**$18590**	**$20120**	New Holland	4	238D	8F-2R	59.0		No
TN85FA Narrow 4WD	$35413	$19480	$21600	**$25850**	**$27980**	New Holland	4	238D	16F-16R	70.0		No
TN85FA Narrow	$28254	$15540	$17240	**$20630**	**$22320**	New Holland	4T	238D	16F-16R	70.0		No
TN85FA Narrow 4WD	$38281	$21060	$23350	**$27950**	**$30240**	New Holland	4T	238D	32F-16R	70.0		No
TN85FA Narrow 4WD Cab	$43354	$23850	$26450	**$31650**	**$34250**	New Holland	4T	238D	16F-16R	70.0		CHA
TN85FA Narrow 4WD Cab	$46263	$25450	$28220	**$33770**	**$36550**	New Holland	4T	238D	32F-16R	70.0		CHA
TN85FA Narrow Cab	$36236	$19930	$22100	**$26450**	**$28630**	New Holland	4T	238D	16F-16R	70.0		CHA
TK80 Crawler	$40315	$22170	$24590	**$29430**	**$31850**	New Holland	4	220D	8F-8R	66.0		No
TL80A Dlx.	$33498	$18090	$20770	**$25120**	**$26800**	New Holland	4	273D	24F-24R	69.0		No
TL80A Dlx. 4WD	$39694	$21440	$24610	**$29770**	**$31760**	New Holland	4	273D	24F-24R	69.0		No
TL80A Dlx. 4WD Cab	$48443	$26160	$30040	**$36330**	**$38750**	New Holland	4	273D	24F-24R	69.0		CHA
TL80A Dlx. Cab	$40989	$22130	$25410	**$30740**	**$32790**	New Holland	4	273D	24F-24R	69.0		CHA
TL80A Std.	$26669	$14400	$16540	**$20000**	**$21340**	New Holland	4	273D	12F-12R	69.0		No
TL80A Std. 4WD	$32865	$17750	$20380	**$24650**	**$26290**	New Holland	4	273D	12F-12R	69.0		No
TL80A Std. 4WD Cab	$40767	$22010	$25280	**$30580**	**$32610**	New Holland	4	273D	12F-12R	59.0		CHA
TL80A Std. Cab	$34569	$18670	$21430	**$25930**	**$27660**	New Holland	4	273D	12F-12R	69.0		CHA
TL90A Dlx.	$35600	$19220	$22070	**$26700**	**$28480**	New Holland	4T	273D	24F-24R	77.0		No
TL90A Dlx. 4WD Cab	$50545	$27290	$31340	**$37910**	**$40440**	New Holland	4T	273D	24F-24R	77.0		CHA
TL90A Dlx. Cab	$44349	$23950	$27500	**$33260**	**$35480**	New Holland	4T	273D	24F-24R	77.0		CHA
TL90A Std.	$28771	$15540	$17840	**$21580**	**$23020**	New Holland	4T	273D	12F-12R	77.0		No
TL90A Std. 4WD	$34967	$18880	$21680	**$26230**	**$27970**	New Holland	4T	273D	12F-12R	77.0		No
TL90A Std. 4WD Cab	$42867	$23150	$26580	**$32150**	**$34290**	New Holland	4T	273D	12F-12R	77.0		CHA
TL90A Std. Cab	$36671	$19800	$22740	**$27500**	**$29340**	New Holland	4T	273D	12F-12R	77.0		CHA
TL90A Dlx. 4WD	$41796	$22570	$25910	**$31350**	**$33440**	New Holland	4T	273D	24F-24R	77.0		No

New Holland/Ford (Cont.)

Model	Approx. Retail Price New	Estimated Value Less Repairs Used Trade-In Avg.	Used Trade-In High	Used Retail Avg.	Used Retail High	Engine Make	No. Cyls.	Displ. Cu.-in.	No. Speeds	P.T.O. H.P.	Approx. Shipping Wt.-Lbs.	Cab
2004 (Cont.)												
TN95FA	$29853	$16420	$18210	**$21790**	**$23580**	New Holland	4T	273D	16F-16R	77.0		No
TN95FA 4WD	$37426	$20580	$22830	**$27320**	**$29570**	New Holland	4T	238D	16F-16R	80.0		No
TN95FA 4WD	$39910	$21950	$24350	**$29130**	**$31530**	New Holland	4T	238D	32F-16R	80.0		No
TN95FA 4WD Cab	$45408	$24970	$27700	**$33150**	**$35870**	New Holland	4T	238D	16F-16R	80.0		CHA
TN95FA 4WD Cab	$47894	$26340	$29220	**$34960**	**$37840**	New Holland	4T	238D	32F-16R	80.0		CHA
TN95FA 4WD PTO, Hitch	$41253	$22690	$25160	**$30120**	**$32590**	New Holland	4T	238D	16F-16R	80.0		No
TN95FA 4WD PTO, Hitch, Cab	$49235	$27080	$30030	**$35940**	**$38900**	New Holland	4T	238D	16F-16R	80.0		CHA
TN95FA Cab	$37836	$20810	$23080	**$27620**	**$29890**	New Holland	4T	238D	16F-16R	80.0		CHA
TB100	$27777	$15280	$16940	**$20280**	**$21940**	New Holland	4T	304D	8F-2R	80.0		No
TB100	$29161	$16040	$17790	**$21290**	**$23040**	New Holland	4T	304D	16F-4R	80.0		No
TB100 4WD	$34500	$18980	$21050	**$25190**	**$27260**	New Holland	4T	304D	8F-2R	80.0		No
TB100 4WD	$35885	$19740	$21890	**$26200**	**$28350**	New Holland	4T	304D	16F-4R	80.0		No
TK100 Crawler	$45627	$25100	$27830	**$33310**	**$36050**	New Holland	4T	238D	8F-8R	80.0		No
TL100A Dlx.	$37735	$20380	$23400	**$28300**	**$30190**	New Holland	4T	238D	24F-24R	82.0		No
TL100A Dlx. 4WD	$44101	$23820	$27340	**$33080**	**$35280**	New Holland	4T	238D	24F-24R	82.0		No
TL100A Dlx. Cab	$46484	$25100	$28820	**$34860**	**$37190**	New Holland	4T	238D	24F-24R	82.0		CHA
TL100A Dlx.4WD Cab	$52850	$28540	$32770	**$39640**	**$42280**	New Holland	4T	238D	24F-24R	82.0		CHA
TL100A Std.	$30906	$16690	$19160	**$23180**	**$24730**	New Holland	4T	238D	12F-12R	82.0		No
TL100A Std. 4WD	$37272	$20130	$23110	**$27950**	**$29820**	New Holland	4T	238D	12F-12R	82.0		No
TL100A Std. 4WD Cab	$45172	$24390	$28010	**$33880**	**$36140**	New Holland	4T	238D	12F-12R	82.0		CHA
TL100A Std. Cab	$38806	$20960	$24060	**$29110**	**$31050**	New Holland	4T	238D	12F-12R	82.0		CHA
TS100A Dlx.	$40571	$22310	$24750	**$29620**	**$32050**	New Holland	4TI	273D	16F-16R	80.0		No
TS100A Dlx. 4WD	$49345	$27140	$30100	**$36020**	**$38980**	New Holland	4T	304D	16F-16R	80.0		No
TS100A Dlx. 4WD Cab	$57297	$31510	$34950	**$41830**	**$45270**	New Holland	4TI	273D	24F-24R	80.0		CHA
TS100A Dlx. 4WD Cab	$59094	$32500	$36050	**$43140**	**$46680**	New Holland	4TI	273D	16F-16R	80.0		CHA
TS100A Dlx. 4WD Cab SuperSteer	$61103	$33610	$37270	**$44610**	**$48270**	New Holland	4TI	273D	16F-16R	80.0		CHA
TS100A Dlx. 4WD SuperSteer	$51354	$28250	$31330	**$37490**	**$40570**	New Holland	4T	304D	16F-16R	80.0		No
TS100A Dlx. Cab	$48563	$26710	$29620	**$35450**	**$38370**	New Holland	4TI	273D	24F-24R	80.0		CHA
TS100A Dlx. Cab	$50320	$27680	$30700	**$36730**	**$39750**	New Holland	4TI	273D	16F-16R	80.0		CHA
TS100A Plus	$38493	$21170	$23480	**$28100**	**$30410**	New Holland	4TI	273D	24F-24R	80.0		No
TS100A Plus	$40327	$22180	$24600	**$29440**	**$31860**	New Holland	4TI	273D	16F-16R	80.0		No
TS100A Plus 4WD	$46958	$25830	$28640	**$34280**	**$37100**	New Holland	4TI	273D	24F-24R	80.0		No
TS100A Plus 4WD	$48792	$26840	$29760	**$35620**	**$38550**	New Holland	4T	304D	16F-16R	80.0		No
TS100A Plus 4WD Cab	$56059	$30830	$34200	**$40920**	**$44290**	New Holland	4TI	273D	24F-24R	80.0		CHA
TS100A Plus 4WD Cab	$57893	$31840	$35320	**$42260**	**$45740**	New Holland	4T	304D	16F-16R	80.0		CHA
TS100A Plus Cab	$47595	$26180	$29030	**$34740**	**$37600**	New Holland	4TI	273D	24F-24R	80.0		CHA
TS100A Plus Cab	$49428	$27190	$30150	**$36080**	**$39050**	New Holland	4TI	273D	16F-16R	80.0		CHA
TS100A Std.	$37861	$20820	$23100	**$27640**	**$29910**	New Holland	4TI	273D	12F-12R	80.0		No
TS100A Std. 4WD	$46332	$25480	$28260	**$33820**	**$36600**	New Holland	4TI	273D	12F-12R	80.0		No
TS100A Std.4WD Cab	$55433	$30490	$33810	**$40470**	**$43790**	New Holland	4TI	273D	12F-12R	80.0		CHA
TS100A Std.Cab	$46962	$25830	$28650	**$34280**	**$37100**	New Holland	4TI	273D	12F-12R	80.0		CHA
TB110	$31687	$17430	$19330	**$23130**	**$25030**	New Holland	4T	304D	8F-2R	90.0		No
TB110	$33071	$18190	$20170	**$24140**	**$26130**	New Holland	4T	304D	16F-4R	90.0		No
TB110 4WD	$38687	$21280	$23600	**$28240**	**$30560**	New Holland	4T	304D	8F-2R	90.0		No
TB110 4WD	$40071	$22040	$24440	**$29250**	**$31660**	New Holland	4T	304D	16F-4R	90.0		No
TS115A Dlx.	$44802	$23750	$26880	**$32710**	**$34500**	New Holland	6TI	410D	16F-16R	95.0		No
TS115A Dlx. 4WD	$52764	$27970	$31660	**$38520**	**$40630**	New Holland	6TI	410D	16F-16R	95.0		No
TS115A Dlx. 4WD Cab	$60457	$32040	$36270	**$44130**	**$46550**	New Holland	6TI	410D	24F-24R	95.0		CHA
TS115A Dlx. 4WD Cab	$62254	$33000	$37350	**$45450**	**$47940**	New Holland	6TI	410D	16F-16R	95.0		CHA
TS115A Dlx. 4WD SuperSteer	$54774	$29030	$32860	**$39990**	**$42180**	New Holland	6TI	410D	16F-16R	95.0		No
TS115A Dlx. Cab	$52492	$27820	$31500	**$38320**	**$40420**	New Holland	6TI	410D	24F-24R	95.0		CHA
TS115A Dlx. Cab	$54289	$28770	$32570	**$39630**	**$41800**	New Holland	6TI	410D	16F-16R	95.0		CHA
TS115A Dlx. Cab, 4WD SuperSteer	$66437	$35210	$39860	**$48500**	**$51160**	New Holland	6TI	410D	16F-16R	95.0		CHA
TS115A Plus	$42724	$22640	$25630	**$31190**	**$32900**	New Holland	6TI	410D	24F-24R	95.0		No
TS115A Plus	$44558	$23620	$26740	**$32530**	**$34310**	New Holland	6TI	410D	16F-16R	95.0		No
TS115A Plus 4WD	$50992	$27030	$30600	**$37220**	**$39260**	New Holland	6TI	410D	24F-24R	95.0		No
TS115A Plus 4WD	$52826	$28000	$31700	**$38560**	**$40680**	New Holland	6TI	410D	16F-16R	95.0		No
TS115A Plus 4WD Cab	$59834	$31710	$35900	**$43680**	**$46070**	New Holland	6TI	410D	24F-24R	95.0		CHA
TS115A Plus 4WD Cab	$61668	$32680	$37000	**$45020**	**$47480**	New Holland	6TI	410D	16F-16R	95.0		CHA
TS115A Plus Cab	$51563	$27330	$30940	**$37640**	**$39700**	New Holland	6TI	410D	24F-24R	95.0		CHA
TS115A Plus Cab	$53397	$28300	$32040	**$38980**	**$41120**	New Holland	6TI	410D	16F-16R	95.0		CHA
TS115A Std.	$41500	$22000	$24900	**$30300**	**$31960**	New Holland	6TI	410D	12F-12R	95.0		No
TS115A Std. 4WD	$49751	$26370	$29850	**$36320**	**$38310**	New Holland	6TI	410D	12F-12R	95.0		No
TS115A Std. 4WD Cab	$58593	$31050	$35160	**$42770**	**$45120**	New Holland	6TI	410D	12F-12R	95.0		CHA
TS115A Std. Cab	$50341	$26680	$30210	**$36750**	**$38760**	New Holland	6TI	410D	12F-12R	95.0		CHA
TB120	$34087	$18750	$20790	**$24880**	**$26930**	New Holland	6	456D	8F-2R	96.0		No
TB120	$35471	$19510	$21640	**$25890**	**$28020**	New Holland	6	456D	16F-4R	96.0		No
TB120 4WD	$41389	$22760	$25250	**$30210**	**$32700**	New Holland	6	456D	8F-2R	96.0		No
TB120 4WD	$42773	$23530	$26090	**$31220**	**$33790**	New Holland	6	456D	16F-4R	96.0		No
TB120 HC 4WD	$45507	$25030	$27760	**$33220**	**$35950**	New Holland	6	456D	8F-2R	96.0		No
TM120	$58787	$31160	$35270	**$42920**	**$45270**	New Holland	6TI	456D	17F-6R	95.0		CHA
TM120 4WD	$66534	$35260	$39920	**$48570**	**$51230**	New Holland	6TI	456D	24F-12R	95.0		CHA
TM120 4WD	$68118	$36100	$40870	**$49730**	**$52450**	New Holland	6TI	456D	18F-6R	95.0		CHA
TM120 4WD SuperSteer	$72285	$38310	$43370	**$52770**	**$55660**	New Holland	6TI	456D	18F-6R	95.0		CHA
TS125A Dlx.	$52483	$27820	$31490	**$38310**	**$40410**	New Holland	6TI	410D	16F-16R	105.0		No
TS125A Dlx. /Cab	$60570	$32100	$36340	**$44220**	**$46640**	New Holland	6TI	410D	24F-24R	105.0		CHA
TS125A Dlx. 4WD	$61821	$32770	$37090	**$45130**	**$47600**	New Holland	6TI	410D	16F-16R	105.0		No
TS125A Dlx. 4WD SuperSteer	$63830	$33830	$38300	**$46600**	**$49150**	New Holland	6TI	410D	16F-16R	105.0		No
TS125A Dlx. Cab	$62367	$33060	$37420	**$45530**	**$48020**	New Holland	6TI	410D	16F-16R	105.0		CHA
TS125A Plus	$50405	$26720	$30240	**$36800**	**$38810**	New Holland	6TI	410D	24F-24R	105.0		No
TS125A Plus 4WD	$59434	$31500	$35660	**$43390**	**$45760**	New Holland	6TI	410D	24F-24R	105.0		No
TS125A Plus 4WD Cab	$68361	$36230	$41020	**$49900**	**$52640**	New Holland	6TI	410D	24F-24R	105.0		CHA
TS125A Plus 4WD Cab	$70439	$37330	$42260	**$51420**	**$54240**	New Holland	6TI	410D	16F-16R	105.0		CHA
TS125A Plus Cab	$59641	$31610	$35790	**$43540**	**$45920**	New Holland	6TI	410D	24F-24R	105.0		CHA

New Holland/Ford (Cont.)

2004 (Cont.)

Model	Approx. Retail Price New	Estimated Value Less Repairs: Used Trade-In Avg.	Used Trade-In High	Used Retail Avg.	Used Retail High	Engine Make	Engine No. Cyls.	Engine Displ. Cu.-in.	No. Speeds	P.T.O. H.P.	Approx. Shipping Wt.-Lbs.	Cab
TS125A Plus Cab	$61719	$32710	$37030	**$45060**	**$47520**	New Holland	6TI	410D	16F-16R	105.0		CHA
TS125A Dlx. 4WD Cab	$69599	$36890	$41760	**$50810**	**$53590**	New Holland	6TI	410D	24F-24R	105.0		CHA
TS125A Dlx. 4WD Cab	$71396	$37840	$42840	**$52120**	**$54980**	New Holland	6TI	410D	16F-16R	105.0		CHA
TS125A Dlx. Cab, 4WD SuperSteer	$75579	$40060	$45350	**$55170**	**$58200**	New Holland	6TI	410D	16F-16R	105.0		CHA
TM130	$65506	$34720	$39300	**$47820**	**$50440**	New Holland	6TI	456D	17F-6R	105.0		CHA
TM130 4WD	$71436	$37860	$42860	**$52150**	**$55010**	New Holland	6TI	456D	24F-12R	105.0		CHA
TM130 4WD	$74712	$39600	$44830	**$54540**	**$57530**	New Holland	6TI	456D	18F-6R	105.0		CHA
TM130 4WD SuperSteer	$78820	$41780	$47290	**$57540**	**$60690**	New Holland	6TI	456D	18F-6R	105.0		CHA
TS135A Dlx. 4WD Cab	$72961	$38670	$43780	**$53260**	**$56180**	New Holland	6TI	410D	24F-24R	115.0		CHA
TS135A Dlx. 4WD Cab	$74759	$39620	$44860	**$54570**	**$57560**	New Holland	6TI	410D	16F-16R	115.0		CHA
TS135A Dlx. Cab	$63931	$33880	$38360	**$46670**	**$49230**	New Holland	6TI	410D	24F-24R	115.0		CHA
TS135A Dlx. Cab	$65728	$34840	$39440	**$47980**	**$50610**	New Holland	6TI	410D	16F-16R	115.0		CHA
TS135A Dlx. Cab 4WD SuperSteer	$78942	$41840	$47370	**$57630**	**$60790**	New Holland	6TI	410D	16F-16R	115.0		CHA
TM140	$68849	$36490	$41310	**$50260**	**$53010**	New Holland	6TI	456D	17F-6R	115.0		CHA
TM140 4WD	$78809	$41770	$47290	**$57530**	**$60680**	New Holland	6TI	456D	18F-6R	115.0		CHA
TM140 4WD SuperSteer	$83179	$44090	$49910	**$60720**	**$64050**	New Holland	6TI	456D	18F-6R	115.0		CHA
TM155	$76400	$40490	$45840	**$55770**	**$58830**	New Holland	6TI	456D	17F-6R	125		CHA
TM155 4WD	$88280	$46790	$52970	**$64440**	**$67980**	New Holland	6TI	456D	18F-6R	125.0		CHA
TM155 4WD SuperSteer	$90229	$47820	$54140	**$65870**	**$69480**	New Holland	6TI	456D	18F-6R	125.0		CHA
TM175	$87015	$46120	$52210	**$63520**	**$67000**	New Holland	6TI	456D	17F-6R	145.0		CHA
TM175 4WD	$100584	$53310	$60350	**$73430**	**$77450**	New Holland	6TI	456D	18F-6R	145.0		CHA
TM175 4WD SuperSteer	$102534	$54340	$61520	**$74850**	**$78950**	New Holland	6TI	456D	18F-6R	145.0		CHA
TM190	$90377	$47900	$54230	**$65980**	**$69590**	New Holland	6TI	456D	17F-6R	160.0		CHA
TM190 4WD	$104552	$55410	$62730	**$76320**	**$80510**	New Holland	6TI	456D	18F-6R	160.0		CHA
TM190 4WD SuperSteer	$106501	$56450	$63900	**$77750**	**$82010**	New Holland	6TI	456D	18F-6R	160.0		CHA
TG210 4WD	$125467	$65240	$72770	**$90340**	**$95360**	New Holland	6T	505D	18F-4R	170.0		CHA
TG210 4WD SuperSteer	$128778	$66970	$74690	**$92720**	**$97870**	New Holland	6T	505D	18F-4R	170.0		CHA
TG230 4WD	$135370	$70390	$78520	**$97470**	**$102880**	New Holland	6T	505D	18F-4R	190.0		CHA
TG230 4WD SuperSteer	$138681	$72110	$80440	**$99850**	**$105400**	New Holland	6T	505D	18F-4R	190.0		CHA
TG255 4WD	$150515	$78270	$87300	**$108370**	**$114390**	New Holland	6TA	505D	18F-4R	215.0		CHA
TG255 4WD SuperSteer	$154985	$80590	$89890	**$111590**	**$117790**	New Holland	6TA	505D	18F-4R	215.0		CHA
TG285 4WD	$166545	$86600	$96600	**$119910**	**$126570**	New Holland	6TI	505D	18F-4R	240.0		CHA
TG285 4WD SuperSteer	$170982	$88910	$99170	**$123110**	**$129950**	New Holland	6TI	505D	18F-4R	240.0		CHA
TV145	$88220	$47640	$54700	**$66170**	**$70580**	New Holland	6T	456D	Variable	105.0		CHA
TV145 Front 3-Pt.	$93311	$50390	$57850	**$69980**	**$74650**	New Holland	6T	456D	Variable	105.0		CHA
TV145 Front 3Pt, PTO	$95705	$51680	$59340	**$71780**	**$76560**	New Holland	6T	456D	Variable	105.0		CHA
TJ275	$132017	$69970	$79210	**$92410**	**$99010**	CDC	6TA	505D	24F-6R	275.0		CHA
TJ275 Powershift	$142340	$72080	$81600	**$95200**	**$102000**	CDC	6TA	505D	16F-2R	275.0		CHA
TJ325	$148893	$76850	$87000	**$101500**	**$108750**	CDC	6TA	543D	24F-6R	325.0		CHA
TJ325 Powershift	$159638	$82950	$93900	**$109550**	**$117380**	CDC	6TA	543D	16F-2R	325.0		CHA
TJ375	$169252	$88780	$100500	**$117250**	**$125630**	Cummins	6TA	915D	24F-6R	375.0		CHA
TJ375 Powershift	$178770	$93810	$106200	**$123900**	**$132750**	Cummins	6TA	915D	16F-2R	375.0		CHA
TJ375HD	$182745	$95560	$108180	**$126210**	**$135230**	Cummins	6TA	915D	24F-6R	375.0		CHA
TJ375HD Powershift	$192263	$99910	$113100	**$131950**	**$141380**	Cummins	6TA	915D	16F-2R	375.0		CHA
TJ425	$187683	$97730	$110640	**$129080**	**$138300**	Cummins	6TA	915D	24F-6R	425.0		CHA
TJ425 Powershift	$198633	$102820	$116400	**$135800**	**$145500**	Cummins	6TA	915D	16F-2R	425.0		CHA
TJ450 Powershift	$212799	$111300	$126000	**$147000**	**$157500**	Cummins	6TA	915D	16F-2R	450.0		CHA
TJ500 Powershift	$227625	$118720	$134400	**$156800**	**$168000**	Cummins	6TA	912D	16F-2R	500.0		CHA

Note 1 — Loader ready tractor.

2003

Model	Approx. Retail Price New	Used Trade-In Avg.	Used Trade-In High	Used Retail Avg.	Used Retail High	Engine Make	Engine No. Cyls.	Engine Displ. Cu.-in.	No. Speeds	P.T.O. H.P.	Approx. Shipping Wt.-Lbs.	Cab
TZ18DA 4WD	$9369	$4690	$5430	**$6650**	**$7210**	New Holland	3	58D	Variable	13.7	1446	No
TZ24DA 4WD	$10100	$5050	$5860	**$7170**	**$7780**	New Holland	3	61D	Variable	18.0	1455	No
TC18	$8369	$4190	$4850	**$5940**	**$6440**	Shibaura	3	58D	6F-2R	15.0	1357	No
TC18 4WD	$11624	$5810	$6740	**$8250**	**$8950**	Shibaura	3	58D	6F-2R	15.0	1438	No
TC18 4WD	$12793	$6400	$7420	**$9080**	**$9850**	Shibaura	3	58D	Variable	14.0	1508	No
TC21 4WD	$14124	$7060	$8190	**$10030**	**$10880**	Shibaura	3	61D	9F-3R	17.0	1450	No
TC21D 4WD Hydro	$15423	$7710	$8950	**$10950**	**$11880**	Shibaura	3	61D	Variable	16.0	1535	No
TC24 4WD	$13118	$6560	$7610	**$9310**	**$10100**	Shibaura	3	69D	9F-3R	19.5	1405	No
TC24 4WD Hydro	$14416	$7210	$8360	**$10240**	**$11100**	Shibaura	3	69D	Variable	18.5	1308	No
TC29 4WD	$16464	$8230	$9550	**$11690**	**$12680**	Shibaura	3	81D	9F-3R	25.1	2074	No
TC29 4WD SuperSteer	$17633	$8820	$10230	**$12520**	**$13580**	Shibaura	3	81D	9F-3R	25.1	2188	No
TC29D 4WD Hydro	$17892	$8950	$10380	**$12700**	**$13780**	Shibaura	3	81D	Variable	23.5	2474	No
TC29D 4WD Hydro SuperSteer	$19061	$9530	$11060	**$13530**	**$14680**	Shibaura	3	81D	Variable	23.5	2474	No
TC30	$9561	$4780	$5550	**$6790**	**$7360**	Shibaura	3	91D	9F-3R	25.5	2115	No
TC30 4WD	$11112	$5560	$6450	**$7890**	**$8560**	Shibaura	3	91D	9F-3R	25.5	2205	No
TC30 4WD Hydro	$12562	$6280	$7290	**$8920**	**$9670**	Shibaura	3	91D	Variable	24.0	2210	No
TC30 Hydro	$11461	$5730	$6650	**$8140**	**$8830**	Shibaura	3	91D	Variable	24.0	2120	No
TC33 4WD	$17113	$8560	$9930	**$12150**	**$13180**	Shibaura	3	91D	9F-3R	28.6	2440	No
TC33 4WD SuperSteer	$18282	$9140	$10600	**$12980**	**$14080**	Shibaura	3	91D	9F-3R	28.6	2554	No
TC33D 4WD Hydro	$18542	$9270	$10750	**$13170**	**$14280**	Shibaura	3	91D	Variable	26.9	2474	No
TC33D 4WD Hydro SuperSteer	$19710	$9860	$11430	**$13990**	**$15180**	Shibaura	3	91D	Variable	26.9	2474	No
TC35	$16039	$8020	$9300	**$11390**	**$12350**	Shibaura	3	101D	12F-12R	29.6	3009	No
TC35 4WD	$18688	$9340	$10840	**$13270**	**$14390**	Shibaura	3	101D	12F-12R	29.6	3143	No
TC35D 4WD Hydro	$21028	$10510	$12200	**$14930**	**$16190**	Shibaura	3	101D	Variable	29.6	3299	No
TC35D 4WD Hydro SuperSteer	$22327	$11160	$12950	**$15850**	**$17190**	Shibaura	3	101D	Variable	29.6	3299	No
TC40	$17662	$8830	$10240	**$12540**	**$13600**	Shibaura	4	121D	12F-12R	35.0	3060	No
TC40 4WD	$20313	$10160	$11780	**$14420**	**$15640**	Shibaura	4	121D	12F-12R	35.0	3194	No
TC40D 4WD Hydro	$22652	$11330	$13140	**$16080**	**$17440**	Shibaura	4	121D	Variable	33.2	3375	No
TC40D 4WD Hydro SuperSteer	$23950	$11980	$13890	**$17010**	**$18440**	Shibaura	4	121D	Variable	33.2	3375	No
TC45	$19740	$9870	$11450	**$14020**	**$15200**	Shibaura	4	135D	12F-12R	39.6	3262	No
TC45 4WD	$22389	$11200	$12990	**$15900**	**$17240**	Shibaura	4	135D	12F-12R	39.6	3396	No
TC45D 4WD Hydro	$24859	$12430	$14420	**$17650**	**$19140**	Shibaura	4	135D	Variable	37.8	3766	No
TC45D 4WD Hydro SuperSteer	$26158	$13080	$15170	**$18570**	**$20140**	Shibaura	4	135D	Variable	37.8	3766	No

Model	Approx. Retail Price New	Estimated Value Less Repairs: Used Trade-In Avg.	Used Trade-In High	Used Retail Avg.	Used Retail High	Engine Make	Engine No. Cyls.	Engine Displ. Cu.-in.	No. Speeds	P.T.O. H.P.	Approx. Shipping Wt.-Lbs.	Cab

New Holland/Ford (Cont.)

2003 (Cont.)

Model	Approx. Retail Price New	Used Trade-In Avg.	Used Trade-In High	Used Retail Avg.	Used Retail High	Make	No. Cyls.	Displ. Cu.-in.	No. Speeds	P.T.O. H.P.	Approx. Shipping Wt.-Lbs.	Cab
TN55 Standard	$21461	$10520	$11800	**$14810**	**$16100**	New Holland	3	179D	8F-8R	42.0		No
TN55 Standard	$21935	$10750	$12060	**$15140**	**$16450**	New Holland	3	179D	16F-16R	42.0		No
TN55 Standard 4WD	$26188	$12830	$14400	**$18070**	**$19640**	New Holland	3	179D	8F-8R	42.0		No
TN55 Standard 4WD	$26663	$13070	$14670	**$18400**	**$20000**	New Holland	3	179D	16F-16R	42.0		No
TN55D Deluxe	$29205	$14310	$16060	**$20150**	**$21900**	New Holland	3	179D	16F-16R	42.0		CHA
TN55D Deluxe 4WD	$33924	$16620	$18660	**$23410**	**$25440**	New Holland	3	179D	16F-16R	42.0		CHA
TN55S 4WD	$28263	$13850	$15550	**$19500**	**$21200**	New Holland	3	179D	16F-16R	42.0		No
TN55S 4WD w/Cab	$35130	$17210	$19320	**$24240**	**$26350**	New Holland	3	179D	16F-16R	42.0		CHA
TT55	$16862	$8260	$9270	**$11640**	**$12650**	New Holland	3	165D	8F-2R	42.0		No
TT55 4WD	$21588	$10580	$11870	**$14900**	**$16190**	New Holland	3	165D	8F-2R	42.0		No
TN65	$22113	$10840	$12160	**$15260**	**$16590**	New Holland	3	179D	8F-8R	52.0		No
TN65	$22587	$11070	$12420	**$15590**	**$16940**	New Holland	3	179D	16F-16R	52.0		No
TN65 4WD	$26862	$13160	$14770	**$18540**	**$20150**	New Holland	3	179D	8F-8R	52.0		No
TN65 4WD	$27336	$13400	$15040	**$18860**	**$20500**	New Holland	3	179D	16F-16R	52.0		No
TN65D Deluxe	$30002	$14700	$16500	**$20700**	**$22500**	New Holland	3	179D	8F-8R	52.0		CHA
TN65D Deluxe 4WD	$34744	$17030	$19110	**$23970**	**$26060**	New Holland	3	179D	8F-8R	52.0		CHA
TN65S 4WD SuperSteer	$29141	$14280	$16030	**$20110**	**$21860**	New Holland	3	179D	8F-8R	52.0		No
TN65S 4WD SuperSteer	$35949	$17620	$19770	**$24810**	**$26960**	New Holland	3	179D	8F-8R	52.0		CHA
TN65V	$23366	$11450	$12850	**$16120**	**$17530**	New Holland	3T	179D	16F-16R	47.0		No
TN65V 4WD	$29299	$14360	$16110	**$20220**	**$21970**	New Holland	3T	179D	16F-16R	47.0		No
TN65V 4WD w/Cab	$36203	$17740	$19910	**$24980**	**$27150**	New Holland	3T	179D	16F-16R	47.0		CHA
TN70F w/Cab	$33860	$16590	$18620	**$23360**	**$25400**	New Holland	4	238D	16F-16R	57.0		CHA
TN70F 4WD	$33386	$16360	$18360	**$23040**	**$25040**	New Holland	4	238D	16F-16R	57.0		No
TN70F	$26122	$12800	$14370	**$18020**	**$19590**	New Holland	4	238D	16F-16R	57.0		No
TN70F 4WD w/Cab	$41124	$20150	$22620	**$28380**	**$30840**	New Holland	4	238D	16F-16R	57.0		CHA
TN70 4WD Standard	$28594	$14010	$15730	**$19730**	**$21450**	New Holland	3T	179D	8F-8R	57.0		CHA
TN70 4WD Standard	$29068	$14240	$15990	**$20060**	**$21800**	New Holland	3T	179D	16F-16R	57.0		CHA
TN70 Standard	$24660	$12080	$13560	**$17020**	**$18500**	New Holland	3T	179D	8F-8R	57.0		No
TN70 Standard	$25134	$12320	$13820	**$17340**	**$18850**	New Holland	3T	179D	16F-16R	57.0		No
TN70D Deluxe	$32397	$15880	$17820	**$22350**	**$24300**	New Holland	3T	179D	16F-16R	57.0		CHA
TN70S 4WD	$31536	$15450	$17350	**$21760**	**$23650**	New Holland	4T	179D	16F-16R	57.0		No
TN70S 4WD w/Cab	$38344	$18790	$21090	**$26460**	**$28760**	New Holland	4T	179D	16F-16R	57.0		CHA
TN70 4WD	$29409	$14410	$16180	**$20290**	**$22060**	New Holland	3T	179D	8F-8R	57.0		No
TN70 4WD	$29883	$14640	$16440	**$20620**	**$22410**	New Holland	3T	179D	16F-16R	57.0		No
TN70D Deluxe 4WD	$37139	$18200	$20430	**$25630**	**$27850**	New Holland	3T	179D	16F-16R	57.0		CHA
TN75	$26273	$12870	$14450	**$18130**	**$19710**	New Holland	3T	179D	8F-8R	62.0		No
TN75	$26747	$13110	$14710	**$18460**	**$20060**	New Holland	3T	179D	16F-16R	62.0		No
TN75 4WD	$31072	$15230	$17090	**$21440**	**$23300**	New Holland	3T	179D	8F-8R	62.0		No
TN75 4WD	$31496	$15430	$17320	**$21730**	**$23620**	New Holland	3T	179D	16F-16R	62.0		No
TN75D Deluxe	$34241	$16780	$18830	**$23630**	**$25680**	New Holland	3T	179D	16F-16R	62.0		CHA
TN75D Deluxe 4WD	$38983	$19100	$21440	**$26900**	**$29240**	New Holland	3T	179D	16F-16R	62.0		CHA
TN75S 4WD SuperSteer	$34865	$17080	$19180	**$24060**	**$26150**	New Holland	3T	179D	16F-16R	62.0		No
TN75S 4WD SuperSteer	$41673	$20420	$22920	**$28750**	**$31260**	New Holland	3T	179D	16F-16R	62.0		CHA
TN75V	$25979	$12730	$14290	**$17930**	**$19480**	New Holland	3T	179D	16F-16R	62.0		No
TN75V 4WD	$32141	$15750	$17680	**$22180**	**$24110**	New Holland	3T	179D	16F-16R	62.0		No
TN75V 4WD w/Cab	$39045	$19130	$21480	**$26940**	**$29280**	New Holland	3T	179D	16F-16R	62.0		CHA
TN75V w/Cab	$32883	$16110	$18090	**$22690**	**$24660**	New Holland	3T	179D	16F-16R	62.0		CHA
TT75	$21381	$10480	$11760	**$14750**	**$16040**	New Holland	4	220D	8F-2R	59.0		No
TT75 4WD	$26129	$12800	$14370	**$18030**	**$19600**	New Holland	4	220D	8F-2R	59.0		No
TK76 Crawler	$38226	$18730	$21020	**$26380**	**$28670**	New Holland	4	220D	8F-8R	60.0		No
TL80 Deluxe	$31911	$15960	$18510	**$22660**	**$24570**	New Holland	4	238D	24F-24R	66.0		No
TL80 Deluxe 4WD	$38772	$19390	$22490	**$27530**	**$29850**	New Holland	4	238D	24F-24R	66.0		No
TL80 Deluxe 4WD w/Cab	$46980	$23490	$27250	**$33360**	**$36180**	New Holland	4	238D	24F-24R	66.0		CHA
TL80 Deluxe w/Cab	$40118	$20060	$23270	**$28480**	**$30890**	New Holland	4	238D	24F-24R	66.0		CHA
TL80 Standard	$25878	$12940	$15010	**$18370**	**$19930**	New Holland	4	238D	12F-12R	66.0		No
TL80 Standard 4WD	$32150	$16080	$18650	**$22830**	**$24760**	New Holland	4	238D	12F-12R	66.0		No
TL80 Standard 4WD w/Cab	$40349	$20180	$23400	**$28650**	**$31070**	New Holland	4	238D	12F-12R	66.0		CHA
TL80 Standard w/Cab	$34076	$17040	$19760	**$24190**	**$26240**	New Holland	4	238D	12F-12R	66.0		CHA
TN80F Narrow 4WD	$34994	$17150	$19250	**$24150**	**$26250**	New Holland	4	238D	16F-16R	67.0		No
TN80F Narrow 4WD	$37862	$18550	$20820	**$26130**	**$28400**	New Holland	4	238D	32F-16R	67.0		No
TN80F Narrow 4WD w/Cab	$42731	$20940	$23500	**$29480**	**$32050**	New Holland	4	238D	16F-16R	67.0		CHA
TN80F Narrow	$27727	$13590	$15250	**$19130**	**$20800**	New Holland	4	238D	16F-16R	67.0		No
TN80F Narrow	$30594	$14990	$16830	**$21110**	**$22950**	New Holland	4	238D	32F-16R	67.0		No
TN80F Narrow 4WD w/Cab	$45600	$22340	$25080	**$31460**	**$34200**	New Holland	4	238D	32F-16R	67.0		CHA
TN80F Narrow w/Cab	$35465	$17380	$19510	**$24470**	**$26600**	New Holland	4	238D	16F-16R	67.0		CHA
TN80F Narrow w/Cab	$38334	$18780	$21080	**$26450**	**$28750**	New Holland	4	238D	32F-16R	67.0		CHA
TK85 Crawler	$42327	$20740	$23280	**$29210**	**$31750**	New Holland	4	238D	8F-8R	65.0		NO
TK85M Crawler	$42995	$21070	$23650	**$29670**	**$32250**	New Holland	4	238D	8F-8R	65.0		NO
TL90 Deluxe	$34275	$17140	$19880	**$24340**	**$26390**	New Holland	4T	238D	24F-24R	76.0		No
TL90 Deluxe 4WD w/Cab	$49669	$24840	$28810	**$35270**	**$38250**	New Holland	4T	238D	24F-24R	76.0		CHA
TL90 Deluxe w/Cab	$42327	$21160	$24550	**$30050**	**$32590**	New Holland	4T	238D	24F-24R	76.0		CHA
TL90 Standard	$28451	$14230	$16500	**$20200**	**$21910**	New Holland	4T	238D	12F-12R	76.0		No
TL90 Standard 4WD	$34443	$17220	$19980	**$24460**	**$26520**	New Holland	4T	238D	12F-12R	76.0		No
TL90 Standard 4WD w/Cab	$42619	$21310	$24720	**$30260**	**$32820**	New Holland	4T	238D	12F-12R	76.0		CHA
TL90 Standard w/Cab	$36627	$18310	$21240	**$26010**	**$28200**	New Holland	4T	238D	12F-12R	76.0		CHA
TL90 Deluxe 4WD	$41617	$20810	$24140	**$29550**	**$32050**	New Holland	4T	238D	24F-24R	76.0		No
TN95F	$29776	$14590	$16380	**$20550**	**$22330**	New Holland	4T	238D	16F-16R	80.0		No
TN95F	$32645	$16000	$17960	**$22530**	**$24480**	New Holland	4T	238D	32F-16R	80.0		No
TN95F 4WD	$37366	$18310	$20550	**$25780**	**$28030**	New Holland	4T	238D	16F-16R	80.0		No
TN95F 4WD	$39910	$19560	$21950	**$27540**	**$29930**	New Holland	4T	238D	32F-16R	80.0		No
TN95F 4WD Front PTO & Hitch	$41193	$20190	$22660	**$28420**	**$30900**	New Holland	4T	238D	16F-16R	80.0		No
TN95F 4WD Front PTO & Hitch	$47931	$23490	$26360	**$33070**	**$35950**	New Holland	4T	238D	16F-16R	80.0		CHA
TN95F 4WD w/Cab	$45104	$22100	$24810	**$31120**	**$33830**	New Holland	4T	238D	16F-16R	80.0		CHA
TN95F 4WD w/Cab	$47650	$23350	$26210	**$32880**	**$35740**	New Holland	4T	238D	32F-16R	80.0		CHA

Model	Approx. Retail Price New	Estimated Value Less Repairs Used Trade-In Avg.	High	Used Retail Avg.	High	Engine Make	No. Cyls.	Displ. Cu.-in.	No. Speeds	P.T.O. H.P.	Approx. Shipping Wt.-Lbs.	Cab

New Holland/Ford (Cont.)

2003 (Cont.)

Model	Approx. Retail Price New	Used Trade-In Avg.	Used Trade-In High	Used Retail Avg.	Used Retail High	Make	No. Cyls.	Displ. Cu.-in.	No. Speeds	P.T.O. H.P.	Approx. Shipping Wt.-Lbs.	Cab
TN95F w/Cab	$37515	$18380	$20630	**$25890**	**$28140**	New Holland	4T	238D	16F-16R	80.0		CHA
TN95F w/Cab	$40382	$19790	$22210	**$27860**	**$30290**	New Holland	4T	238D	32F-16R	80.0		CHA
TS90	$35355	$17320	$19450	**$24400**	**$26520**	New Holland	4	304D	12F-12R	70.0		No
TS90	$36132	$17710	$19870	**$24930**	**$27100**	New Holland	4	304D	24F-24R	70.0		No
TS90 4WD	$44010	$21570	$24210	**$30370**	**$33010**	New Holland	4	304D	12F-12R	70.0		No
TS90 4WD	$45187	$22140	$24850	**$31180**	**$33890**	New Holland	4	304D	24F-24R	70.0		No
TS90 4WD w/Cab	$52803	$25870	$29040	**$36430**	**$39600**	New Holland	4	304D	12F-12R	70.0		CHA
TS90 4WD w/Cab	$53979	$26450	$29690	**$37250**	**$40480**	New Holland	4	304D	24F-24R	70.0		CHA
TS90 w/Cab	$44147	$21630	$24280	**$30460**	**$33110**	New Holland	4	304D	12F-12R	70.0		CHA
TS90 w/Cab	$45324	$22210	$24930	**$31270**	**$33990**	New Holland	4	304D	24F-24R	70.0		CHA
TB100	$27777	$13610	$15280	**$19170**	**$20830**	New Holland	4T	304D	8F-2R	80.0		No
TB100	$29161	$14290	$16040	**$20120**	**$21870**	New Holland	4T	304D	16F-4R	80.0		No
TB100 4WD	$34500	$16910	$18980	**$23810**	**$25880**	New Holland	4T	304D	8F-2R	80.0		No
TB100 4WD	$35885	$17580	$19740	**$24760**	**$26910**	New Holland	4T	304D	16F-4R	80.0		No
TL100 Deluxe	$36280	$18140	$21040	**$25760**	**$27940**	New Holland	4T	238D	24F-24R	82.0		No
TL100 Deluxe 4WD	$43762	$21880	$25380	**$31070**	**$33700**	New Holland	4T	238D	24F-24R	82.0		No
TL100 Deluxe 4WD w/Cab	$51812	$25910	$30050	**$36790**	**$39900**	New Holland	4T	238D	24F-24R	82.0		CHA
TL100 Deluxe w/Cab	$44331	$22170	$25710	**$31480**	**$34140**	New Holland	4T	238D	24F-24R	82.0		CHA
TL100 Standard	$30159	$15080	$17490	**$21410**	**$23220**	New Holland	4T	238D	12F-12R	82.0		No
TL100 Standard 4WD	$36150	$18080	$20970	**$25670**	**$27840**	New Holland	4T	238D	12F-12R	82.0		No
TL100 Standard 4WD w/Cab	$44328	$22160	$25710	**$31470**	**$34130**	New Holland	4T	238D	12F-12R	82.0		CHA
TL100 Standard w/Cab	$38336	$19170	$22240	**$27220**	**$29520**	New Holland	4T	238D	12F-12R	82.0		CHA
TS100	$39359	$19290	$21650	**$27160**	**$29520**	New Holland	4T	304D	12F-12R	80.0		No
TS100	$40535	$19860	$22290	**$27970**	**$30400**	New Holland	4T	304D	24F-24R	80.0		No
TS100	$41639	$20400	$22900	**$28730**	**$31230**	New Holland	4T	304D	16F-16R	80.0		No
TS100 4WD	$47797	$23420	$26290	**$32980**	**$35850**	New Holland	4T	304D	12F-12R	80.0		No
TS100 4WD	$48973	$24000	$26940	**$33790**	**$36730**	New Holland	4T	304D	24F-24R	80.0		No
TS100 4WD	$50075	$24540	$27540	**$34550**	**$37560**	New Holland	4T	304D	16F-16R	80.0		No
TS100 4WD w/Cab	$56586	$27730	$31120	**$39040**	**$42440**	New Holland	4T	304D	12F-12R	80.0		CHA
TS100 4WD w/Cab	$57764	$28300	$31770	**$39860**	**$43320**	New Holland	4T	304D	24F-24R	80.0		CHA
TS100 4WD w/Cab	$58868	$28850	$32380	**$40620**	**$44150**	New Holland	4T	304D	16F-16R	80.0		CHA
TS100 w/Cab	$48149	$23590	$26480	**$33220**	**$36110**	New Holland	4T	304D	12F-12R	80.0		CHA
TS100 w/Cab	$49326	$24170	$27130	**$34040**	**$37000**	New Holland	4T	304D	24F-24R	80.0		CHA
TS100 w/Cab	$50430	$24710	$27740	**$34800**	**$37820**	New Holland	4T	304D	16F-16R	80.0		CHA
TS100A	$36859	$18060	$20270	**$25430**	**$27640**	New Holland	4TI	273D	12F-12R	80.0		No
TS100A 4WD	$44962	$22030	$24730	**$31020**	**$33720**	New Holland	4TI	273D	12F-12R	80.0		No
TS100A 4WD Cab	$53630	$26280	$29500	**$37010**	**$40220**	New Holland	4TI	273D	12F-12R	80.0		CHA
TS100A Cab	$45527	$22310	$25040	**$31410**	**$34150**	New Holland	4TI	273D	12F-12R	80.0		CHA
TS100A Dlx.	$40205	$19700	$22110	**$27740**	**$30150**	New Holland	4TI	273D	16F-16R	80.0		No
TS100A Dlx. 4WD	$50576	$24780	$27820	**$34900**	**$37930**	New Holland	4T	304D	16F-16R	80.0		No
TS100A Dlx. 4WD Cab	$56049	$27460	$30830	**$38670**	**$42040**	New Holland	4TI	273D	24F-24R	80.0		CHA
TS100A Dlx. 4WD Cab	$59743	$29270	$32860	**$41220**	**$44810**	New Holland	4TI	273D	16F-16R	80.0		CHA
TS100A Dlx. Cab	$47628	$23340	$26200	**$32860**	**$35720**	New Holland	4TI	273D	24F-24R	80.0		CHA
TS100A Dlx. Cab	$49373	$24190	$27160	**$34070**	**$37030**	New Holland	4TI	273D	16F-16R	80.0		CHA
TS100A Plus	$38058	$18650	$20930	**$26260**	**$28540**	New Holland	4TI	273D	24F-24R	80.0		No
TS100A Plus	$39969	$19590	$21980	**$27580**	**$29980**	New Holland	4TI	273D	16F-16R	80.0		No
TS100A Plus 4WD	$46300	$22690	$25470	**$31950**	**$34730**	New Holland	4TI	273D	24F-24R	80.0		No
TS100A Plus 4WD	$48212	$23620	$26520	**$33270**	**$36160**	New Holland	4T	304D	16F-16R	80.0		No
TS100A Plus 4WD w/Cab	$54232	$26570	$29830	**$37420**	**$40670**	New Holland	4TI	273D	24F-24R	80.0		CHA
TS100A Plus 4WD w/Cab	$56147	$27510	$30880	**$38740**	**$42110**	New Holland	4T	304D	16F-16R	80.0		CHA
TS100A Plus Cab	$46726	$22900	$25700	**$32240**	**$35050**	New Holland	4TI	273D	24F-24R	80.0		CHA
TS100A Plus Cab	$48637	$23830	$26750	**$33560**	**$36480**	New Holland	4TI	273D	16F-16R	80.0		CHA
TB110	$30677	$15030	$16870	**$21170**	**$23010**	New Holland	4T	304D	8F-2R	90.0		No
TB110	$32060	$15710	$17630	**$22120**	**$24050**	New Holland	4T	304D	16F-4R	90.0		No
TB110 4WD	$37400	$18330	$20570	**$25810**	**$28050**	New Holland	4T	304D	8F-2R	90.0		No
TB110 4WD	$38785	$19010	$21330	**$26760**	**$29090**	New Holland	4T	304D	16F-4R	90.0		No
TS110	$42025	$20590	$23110	**$29000**	**$31520**	New Holland	4T	304D	12F-12R	90.0		No
TS110	$43698	$21410	$24030	**$30150**	**$32770**	New Holland	4T	304D	24F-24R	90.0		No
TS110 4WD	$49461	$24240	$27200	**$34130**	**$37100**	New Holland	4T	304D	12F-12R	90.0		No
TS110 4WD	$52134	$25550	$28670	**$35970**	**$39100**	New Holland	4T	304D	24F-24R	90.0		No
TS110 4WD	$53377	$26160	$29360	**$36830**	**$40030**	New Holland	4T	304D	16F-16R	90.0		No
TS110 4WD w/Cab	$59253	$29030	$32590	**$40890**	**$44440**	New Holland	4T	304D	12F-12R	90.0		CHA
TS110 4WD w/Cab	$60926	$29850	$33510	**$42040**	**$45700**	New Holland	4T	304D	24F-24R	90.0		CHA
TS110 4WD w/Cab	$62996	$30870	$34650	**$43470**	**$47250**	New Holland	4T	304D	16F-16R	90.0		CHA
TS110 w/Cab	$42025	$20590	$23110	**$29000**	**$31520**	New Holland	4T	304D	12F-12R	90.0		CHA
TS110 w/Cab	$52540	$25750	$28900	**$36250**	**$39410**	New Holland	4T	304D	24F-24R	90.0		CHA
TS110 w/Cab	$55529	$27210	$30540	**$38320**	**$41650**	New Holland	4T	304D	16F-16R	90.0		CHA
TS115A	$41403	$19460	$22360	**$28150**	**$30220**	New Holland	6TI	410D	12F-12R	95.0		No
TS115A 4WD	$49506	$23270	$26730	**$33660**	**$36140**	New Holland	6TI	410D	12F-12R	95.0		No
TS115A 4WD w/Cab	$58174	$27340	$31410	**$39560**	**$42470**	New Holland	6TI	410D	12F-12R	95.0		CHA
TS115A Dlx.	$44749	$21030	$24160	**$30430**	**$32670**	New Holland	6TI	410D	16F-16R	95.0		No
TS115A Dlx. 4WD	$55120	$25910	$29770	**$37480**	**$40240**	New Holland	6TI	410D	16F-16R	95.0		No
TS115A Dlx. 4WD w/Cab	$60593	$28480	$32720	**$41200**	**$44230**	New Holland	6TI	410D	24F-24R	95.0		CHA
TS115A Dlx. 4WD w/Cab	$64288	$30220	$34720	**$43720**	**$46930**	New Holland	6TI	410D	16F-16R	95.0		CHA
TS115A Dlx. w/Cab	$52172	$24520	$28170	**$35480**	**$38090**	New Holland	6TI	410D	24F-24R	95.0		CHA
TS115A Dlx. w/Cab	$53917	$25340	$29120	**$36660**	**$39360**	New Holland	6TI	410D	16F-16R	95.0		CHA
TS115A Plus	$43040	$20230	$23240	**$29270**	**$31420**	New Holland	6TI	410D	24F-24R	95.0		No
TS115A Plus	$44951	$21130	$24270	**$30570**	**$32810**	New Holland	6TI	410D	16F-16R	95.0		No
TS115A Plus 4WD	$51299	$24110	$27700	**$34880**	**$37450**	New Holland	6TI	410D	24F-24R	95.0		No
TS115A Plus 4WD	$53210	$25010	$28730	**$36180**	**$38840**	New Holland	6TI	410D	16F-16R	95.0		No
TS115A Plus 4WD w/Cab	$59391	$27910	$32070	**$40390**	**$43360**	New Holland	6TI	410D	24F-24R	95.0		CHA
TS115A Plus 4WD w/Cab	$61302	$28810	$33100	**$41690**	**$44750**	New Holland	6TI	410D	16F-16R	95.0		CHA
TS115A Plus w/Cab	$51708	$24300	$27920	**$35160**	**$37750**	New Holland	6TI	410D	24F-24R	95.0		CHA
TS115A Plus w/Cab	$53619	$25200	$28950	**$36460**	**$39140**	New Holland	6TI	410D	16F-16R	95.0		CHA

Model	Approx. Retail Price New	Estimated Value Less Repairs Used Trade-In Avg.	Used Trade-In High	Used Retail Avg.	Used Retail High	Engine Make	Engine No. Cyls.	Engine Displ. Cu.-in.	No. Speeds	P.T.O. H.P.	Approx. Shipping Wt.-Lbs.	Cab

New Holland/Ford (Cont.)

2003 (Cont.)

Model	Approx. Retail Price New	Used Trade-In Avg.	Used Trade-In High	Used Retail Avg.	Used Retail High	Engine Make	No. Cyls.	Displ. Cu.-in.	No. Speeds	P.T.O. H.P.	Approx. Shipping Wt.-Lbs.	Cab
TS115A w/Cab	$50071	$23530	$27040	**$34050**	**$36550**	New Holland	6TI	410D	12F-12R	95.0		CHA
TB120	$33077	$16210	$18190	**$22820**	**$24810**	New Holland	6	456D	8F-2R	96.0		No
TB120	$34461	$16890	$18950	**$23780**	**$25850**	New Holland	6	456D	16F-4R	96.0		No
TB120 4WD	$40103	$19650	$22060	**$27670**	**$30080**	New Holland	6	456D	8F-2R	96.0		No
TB120 4WD	$41487	$20330	$22820	**$28630**	**$31120**	New Holland	6	456D	16F-4R	96.0		No
TB120 HC 4WD	$45124	$22110	$24820	**$31140**	**$33840**	New Holland	6	456D	8F-2R	96.0		No
TM120	$58787	$27630	$31750	**$39980**	**$42920**	New Holland	6TI	456D	17F-6R	95.0		CHA
TM120 4WD	$66534	$31270	$35930	**$45240**	**$48570**	New Holland	6TI	456D	24F-12R	95.0		CHA
TM120 4WD	$68118	$32020	$36780	**$46320**	**$49730**	New Holland	6TI	456D	18F-6R	95.0		CHA
TM120 4WD SuperSteer	$72285	$33970	$39030	**$49150**	**$52770**	New Holland	6TI	456D	18F-6R	95.0		CHA
TS125A Dlx.	$51897	$24390	$28020	**$35290**	**$37890**	New Holland	6TI	410D	16F-16R	105.0		No
TS125A Dlx. 4WD	$63000	$29610	$34020	**$42840**	**$45990**	New Holland	6TI	410D	16F-16R	105.0		No
TS125A Dlx. w/Cab	$59620	$28020	$32200	**$40540**	**$43520**	New Holland	6TI	410D	24F-24R	105.0		CHA
TS125A Dlx. w/Cab	$61365	$28840	$33140	**$41730**	**$44800**	New Holland	6TI	410D	16F-16R	105.0		CHA
TS125A Plus	$49750	$23380	$26870	**$33830**	**$36320**	New Holland	6TI	410D	24F-24R	105.0		No
TS125A Plus 4WD	$58604	$27540	$31650	**$39850**	**$42780**	New Holland	6TI	410D	24F-24R	105.0		No
TS125A Plus 4WD w/Cab	$67273	$31620	$36330	**$45750**	**$49110**	New Holland	6TI	410D	24F-24R	105.0		CHA
TS125A Plus 4WD w/Cab	$69419	$32630	$37490	**$47210**	**$50680**	New Holland	6TI	410D	16F-16R	105.0		CHA
TS125A Plus w/Cab	$58718	$27600	$31710	**$39930**	**$42860**	New Holland	6TI	410D	24F-24R	105.0		CHA
TS125A Plus w/Cab	$60685	$28520	$32770	**$41270**	**$44300**	New Holland	6TI	410D	16F-16R	105.0		CHA
TS125A Dlx. 4WD w/Cab	$68474	$32180	$36980	**$46560**	**$49990**	New Holland	6TI	410D	24F-24R	105.0		CHA
TS125A Dlx. 4WD w/Cab	$72953	$34290	$39400	**$49610**	**$53260**	New Holland	6TI	410D	16F-16R	105.0		CHA
TM130	$65506	$30790	$35370	**$44540**	**$47820**	New Holland	6TI	456D	17F-6R	105.0		CHA
TM130 4WD	$71436	$33580	$38580	**$48580**	**$52150**	New Holland	6TI	456D	24F-12R	105.0		CHA
TM130 4WD	$74712	$35120	$40340	**$50800**	**$54540**	New Holland	6TI	456D	18F-6R	105.0		CHA
TM130 4WD SuperSteer	$78820	$37050	$42560	**$53600**	**$57540**	New Holland	6TI	456D	18F-6R	105.0		CHA
TS135A Dlx. 4WD w/Cab	$72035	$33860	$38900	**$48980**	**$52590**	New Holland	6TI	410D	24F-24R	115.0		CHA
TS135A Dlx. 4WD w/Cab	$75990	$35720	$41040	**$51670**	**$55470**	New Holland	6TI	410D	16F-16R	115.0		CHA
TS135A Dlx. w/Cab	$63221	$29710	$34140	**$42990**	**$46150**	New Holland	6TI	410D	24F-24R	115.0		CHA
TS135A Dlx. w/Cab	$64786	$30450	$34980	**$44050**	**$47290**	New Holland	6TI	410D	16F-16R	115.0		CHA
TM140	$68849	$32360	$37180	**$46820**	**$50260**	New Holland	6TI	456D	17F-6R	115.0		CHA
TM140 4WD	$78809	$37040	$42560	**$53590**	**$57530**	New Holland	6TI	456D	18F-6R	115.0		CHA
TM140 4WD SuperSteer	$83179	$39090	$44920	**$56560**	**$60720**	New Holland	6TI	456D	18F-6R	115.0		CHA
TM155	$76400	$35910	$41260	**$51950**	**$55770**	New Holland	6TI	456D	17F-6R	125		CHA
TM155 4WD	$88280	$41490	$47670	**$60030**	**$64440**	New Holland	6TI	456D	18F-6R	125.0		CHA
TM155 4WD SuperSteer	$90229	$42410	$48720	**$61360**	**$65870**	New Holland	6TI	456D	18F-6R	125.0		CHA
TM175	$87015	$40900	$46990	**$59170**	**$63520**	New Holland	6TI	456D	17F-6R	145.0		CHA
TM175 4WD	$100584	$47270	$54320	**$68400**	**$73430**	New Holland	6TI	456D	18F-6R	145.0		CHA
TM175 4WD SuperSteer	$102534	$48190	$55370	**$69720**	**$74850**	New Holland	6TI	456D	18F-6R	145.0		CHA
TM190	$90377	$42480	$48800	**$61460**	**$65980**	New Holland	6TI	456D	17F-6R	160.0		CHA
TM190 4WD	$104552	$49140	$56460	**$71100**	**$76320**	New Holland	6TI	456D	18F-6R	160.0		CHA
TM190 4WD SuperSteer	$106501	$50060	$57510	**$72420**	**$77750**	New Holland	6TI	456D	18F-6R	160.0		CHA
TG210 4WD	$118226	$54380	$62660	**$79210**	**$85120**	New Holland	6T	505D	18F-4R	170.0		CHA
TG210 4WD SuperSteer	$121471	$55880	$64380	**$81390**	**$87460**	New Holland	6T	505D	18F-4R	170.0		CHA
2120 4WD	$22563	$11060	$12410	**$15570**	**$16920**	Shibaura	4	135D	12F-4R	34.5		No
2120 4WD	$23456	$11490	$12900	**$16190**	**$17590**	Shibaura	4	135D	12F-12R	34.5		No
TG230 4WD	$129754	$59690	$68770	**$86940**	**$93420**	New Holland	6T	505D	18F-4R	190.0		CHA
TG230 4WD SuperSteer	$132999	$61180	$70490	**$89110**	**$95760**	New Holland	6T	505D	18F-4R	190.0		CHA
TG255 4WD	$142861	$65720	$75720	**$95720**	**$102860**	New Holland	6TA	505D	18F-4R	215.0		CHA
TG255 4WD SuperSteer	$146107	$67210	$77440	**$97890**	**$105200**	New Holland	6TA	505D	18F-4R	215.0		CHA
TG285 4WD	$157081	$72260	$83250	**$105240**	**$113100**	New Holland	6TI	505D	18F-4R	240.0		CHA
TG285 4WD SuperSteer	$160326	$73750	$84970	**$107420**	**$115440**	New Holland	6TI	505D	18F-4R	240.0		CHA
3010S	$17875	$8760	$9830	**$12330**	**$13410**	New Holland	3	165D	8F-2R	42.0		No
3010S 4WD	$24749	$12130	$13610	**$17080**	**$18560**	New Holland	3	165D	8F-2R	42.0		No
3415	$19038	$9330	$10470	**$13140**	**$14280**	Shibaura	4	135D	12F-4R	38.0		No
TV145	$88220	$44110	$51170	**$62640**	**$67930**	New Holland	6T	456D	Variable	105.0		CHA
TV145 Front 3-Pt.	$93311	$46660	$54120	**$66250**	**$71850**	New Holland	6T	456D	Variable	105.0		CHA
TV145 Front 3Pt, PTO	$95705	$47850	$55510	**$67950**	**$73690**	New Holland	6T	456D	Variable	105.0		CHA
5610S	$25639	$12560	$14100	**$17690**	**$19230**	New Holland	4	268D	8F-2R	70.0		No
5610S	$27024	$13240	$14860	**$18650**	**$20270**	New Holland	4	268D	16F-4R	70.0		No
5610S 4WD	$33095	$16220	$18200	**$22840**	**$24820**	New Holland	4	268D	8F-2R	70.0		No
5610S 4WD	$34479	$16900	$18960	**$23790**	**$25860**	New Holland	4	268D	16F-4R	70.0		No
6610S	$28020	$13730	$15410	**$19330**	**$21020**	New Holland	4	304D	8F-2R	80.0		No
6610S	$29404	$14410	$16170	**$20290**	**$22050**	New Holland	4	304D	16F-4R	80.0		No
6610S 4WD	$36378	$17830	$20010	**$25100**	**$27280**	New Holland	4	304D	8F-2R	80.0		No
6610S 4WD	$37762	$18500	$20770	**$26060**	**$28320**	New Holland	4	304D	16F-4R	80.0		No
7010 LP	$36072	$18040	$20920	**$25610**	**$27780**	New Holland	4T	304D	8F-2R	90.0		No
7010 LP	$37450	$18730	$21720	**$26590**	**$28840**	New Holland	4T	304D	16F-4R	90.0		No
7010 LP 4WD	$45040	$22520	$26120	**$31980**	**$34680**	New Holland	4T	304D	8F-2R	90.0		No
7010 LP 4WD	$46417	$23210	$26920	**$32960**	**$35740**	New Holland	4T	304D	16F-4R	90.0		No
7610S	$30941	$15470	$17950	**$21970**	**$23830**	New Holland	4T	304D	8F-2R	90.0		No
7610S	$32326	$16160	$18750	**$22950**	**$24890**	New Holland	4T	304D	16F-4R	90.0		No
7610S 4WD	$38308	$19150	$22220	**$27200**	**$29500**	New Holland	4T	304D	8F-2R	90.0		No
7610S 4WD	$39694	$19850	$23020	**$28180**	**$30560**	New Holland	4T	304D	16F-4R	90.0		No
8010 HC	$48837	$22950	$26370	**$33210**	**$35650**	New Holland	6	456D	8F-2R	96.0		No
8010 HC	$50222	$23600	$27120	**$34150**	**$36660**	New Holland	6	456D	16F-4R	96.0		No
8010 LP	$40391	$19790	$22220	**$27870**	**$30290**	New Holland	6	456D	8F-2R	96.0		No
8010 LP	$41775	$20470	$22980	**$28830**	**$31330**	New Holland	6	456D	16F-4R	96.0		No
8010 LP 4WD	$48124	$22620	$25990	**$32720**	**$35130**	New Holland	6	456D	8F-2R	96.0		No
8010 LP 4WD	$49514	$23270	$26740	**$33670**	**$36150**	New Holland	6	456D	16F-4R	96.0		No
TJ275	$127963	$60140	$70380	**$83180**	**$89570**	CDC	6TA	505D	24F-6R	275.0		CHA
TJ275 Powershift	$138286	$63920	$74800	**$88400**	**$95200**	CDC	6TA	505D	16F-2R	275.0		CHA
TJ275 3Pt	$139186	$64390	$75350	**$89050**	**$95900**	CDC	6TA	505D	24F-6R	275.0		CHA
TJ275 Poweshift 3Pt	$149509	$69090	$80850	**$95550**	**$102900**	CDC	6TA	505D	16F-2R	275.0		CHA

New Holland/Ford (Cont.)

2003 (Cont.)

Model	Approx. Retail Price New	Estimated Value Less Repairs Used Trade-In Avg.	Used Trade-In High	Used Retail Avg.	Used Retail High	Engine Make	Engine No. Cyls.	Engine Displ. Cu.-in.	No. Speeds	P.T.O. H.P.	Approx. Shipping Wt.-Lbs.	Cab
TJ275 3Pt, PTO	$147878	$68150	$79750	$94250	$101500	CDC	6TA	505D	24F-6R	275.0		CHA
TJ275 PS 3Pt, PTO	$158200	$73320	$85800	$101400	$109200	CDC	6TA	505D	16F-2R	275.0		CHA
TJ325	$148949	$68150	$79750	$94250	$101500	CDC	6TA	543D	24F-6R	325.0		CHA
TJ325 3Pt	$160172	$73320	$85800	$101400	$109200	CDC	6TA	543D	24F-6R	325.0		CHA
TJ325 3Pt, PTO	$168864	$77320	$90480	$106930	$115150	CDC	6TA	543D	24F-6R	325.0		CHA
TJ325 Powershift	$159694	$73560	$86080	$101730	$109550	CDC	6TA	543D	16F-2R	325.0		CHA
TJ325 Powershift 3Pt	$170917	$78300	$91630	$108290	$116620	CDC	6TA	543D	16F-2R	325.0		CHA
TJ325 PS 3Pt, PTO	$179609	$82720	$96800	$114400	$123200	CDC	6TA	543D	16F-2R	325.0		CHA
TJ375	$169561	$78730	$92130	$108880	$117250	Cummins	6TA	915D	24F-6R	375.0		CHA
TJ375 PTO	$178253	$81780	$95700	$113100	$121800	Cummins	6TA	915D	24F-6R	375.0		CHA
TJ375 Powershift	$179079	$83190	$97350	$115050	$123900	Cummins	6TA	915D	16F-2R	375.0		CHA
TJ375 Powershift PTO	$187771	$86100	$100760	$119080	$128240	Cummins	6TA	915D	16F-2R	375.0		CHA
TJ375HD	$183089	$84740	$99170	$117200	$126210	Cummins	6TA	915D	24F-6R	375.0		CHA
TJ375HD Powershift	$192607	$88600	$103680	$122530	$131950	Cummins	6TA	915D	16F-2R	375.0		CHA
TJ375HD 3Pt	$195552	$89770	$105050	$124150	$133700	Cummins	6TA	915D	24F-6R	375.0		CHA
TJ375HD Powershift 3Pt	$205070	$92260	$107970	$127600	$137410	Cummins	6TA	915D	16F-2R	375.0		CHA
TJ375HD 3Pt, PTO	$204244	$91650	$107250	$126750	$136500	Cummins	6TA	915D	24F-6R	375.0		CHA
TJ375HD PS 3Pt, PTO	$213762	$98230	$114950	$135850	$146300	Cummins	6TA	915D	16F-2R	375.0		CHA
TJ425	$187331	$86670	$101420	$119860	$129080	Cummins	6TA	915D	24F-6R	425.0		CHA
TJ425 Powershift	$198281	$91180	$106700	$126100	$135800	Cummins	6TA	915D	16F-2R	425.0		CHA
TJ425 3Pt	$199794	$91890	$107530	$127080	$136850	Cummins	6TA	915D	24F-6R	425.0		CHA
TJ425 Powershift 3Pt	$210744	$97150	$113690	$134360	$144690	Cummins	6TA	915D	16F-2R	425.0		CHA
TJ425 3Pt, PTO	$208486	$95880	$112200	$132600	$142800	Cummins	6TA	915D	24F-6R	425.0		CHA
TJ425 PS 3Pt, PTO	$219436	$101050	$118250	$139750	$150500	Cummins	6TA	915D	16F-2R	425.0		CHA
TJ450 Powershift	$213262	$98700	$115500	$136500	$147000	Cummins	6TA	915D	16F-2R	450.0		CHA
TJ450 Powershift 3PT	$227389	$104110	$121830	$143980	$155050	Cummins	6TA	915D	16F-2R	450.0		CHA
TJ450 PS 3PT, PTO	$238080	$107160	$125400	$148200	$159600	Cummins	6TA	915D	16F-2R	450.0		CHA

LP-Low Profile

2002

Model	Approx. Retail Price New	Used Trade-In Avg.	Used Trade-In High	Used Retail Avg.	Used Retail High	Engine Make	Engine No. Cyls.	Engine Displ. Cu.-in.	No. Speeds	P.T.O. H.P.	Approx. Shipping Wt.-Lbs.	Cab
TC18	$8279	$3890	$4550	$5630	$6130	Shibaura	3	58D	6F-2R	15.0	1357	No
TC18 4WD	$10195	$4790	$5610	$6930	$7540	Shibaura	3	58D	6F-2R	15.0	1438	No
TC18 4WD	$11365	$5340	$6250	$7730	$8410	Shibaura	3	58D	Variable	14.0	1508	No
TC21 4WD	$12837	$6030	$7060	$8730	$9500	Shibaura	3	61D	9F-3R	17.0	1450	No
TC21D 4WD Hydro	$14136	$6640	$7780	$9610	$10460	Shibaura	3	61D	Variable	16.0	1535	No
TC24 4WD	$13118	$6170	$7220	$8920	$9710	Shibaura	3	69D	9F-3R	19.5	1405	No
TC24 4WD Hydro	$14416	$6780	$7930	$9800	$10670	Shibaura	3	69D	Variable	18.5	1308	No
TC29 4WD	$15234	$7160	$8380	$10360	$11270	Shibaura	3	81D	9F-3R	25.1	2074	No
TC29 4WD SuperSteer	$16403	$7710	$9020	$11150	$12140	Shibaura	3	81D	9F-3R	25.1	2188	No
TC29D 4WD Hydro	$16662	$7830	$9160	$11330	$12330	Shibaura	3	81D	Variable	23.5	2474	No
TC29D 4WD Hydro SuperSteer	$17831	$8380	$9810	$12130	$13200	Shibaura	3	81D	Variable	23.5	2474	No
TC30	$9814	$4610	$5400	$6670	$7260	Shibaura	3	91D	9F-3R	25.5	2115	No
TC30 4WD	$11365	$5340	$6250	$7730	$8410	Shibaura	3	91D	9F-3R	25.5	2205	No
TC30 4WD Hydro	$12815	$6020	$7050	$8710	$9480	Shibaura	3	91D	Variable	24.0	2210	No
TC30 Hydro	$11714	$5510	$6440	$7970	$8670	Shibaura	3	91D	Variable	24.0	2120	No
TC33 4WD	$16138	$7590	$8880	$10970	$11940	Shibaura	3	91D	9F-3R	28.6	2440	No
TC33 4WD SuperSteer	$17307	$8130	$9520	$11770	$12810	Shibaura	3	91D	9F-3R	28.6	2554	No
TC33D 4WD Hydro	$17567	$8260	$9660	$11950	$13000	Shibaura	3	91D	Variable	26.9	2474	No
TC33D 4WD Hydro SuperSteer	$18735	$8810	$10300	$12740	$13860	Shibaura	3	91D	Variable	26.9	2474	No
TC35	$14667	$6890	$8070	$9970	$10850	Shibaura	3	101D	12F-12R	29.6	3009	No
TC35 4WD	$17626	$8280	$9690	$11990	$13040	Shibaura	3	101D	12F-12R	29.6	3143	No
TC35D 4WD Hydro	$19216	$9030	$10570	$13070	$14220	Shibaura	3	101D	Variable	29.6	3299	No
TC35D 4WD Hydro SuperSteer	$20514	$9640	$11280	$13950	$15180	Shibaura	3	101D	Variable	29.6	3299	No
TC40	$16286	$7650	$8960	$11070	$12050	Shibaura	4	121D	12F-12R	35.0	3060	No
TC40 4WD	$19249	$9050	$10590	$13090	$14240	Shibaura	4	121D	12F-12R	35.0	3194	No
TC40D 4WD Hydro	$20839	$9790	$11460	$14170	$15420	Shibaura	4	121D	Variable	33.2	3375	No
TC40D 4WD Hydro SuperSteer	$22138	$10410	$12180	$15050	$16380	Shibaura	4	121D	Variable	33.2	3375	No
TC45	$18124	$8520	$9970	$12320	$13410	Shibaura	4	135D	12F-12R	39.6	3262	No
TC45 4WD	$21224	$9980	$11670	$14430	$15710	Shibaura	4	135D	12F-12R	39.6	3396	No
TC45D 4WD Hydro	$23047	$10830	$12680	$15670	$17060	Shibaura	4	135D	Variable	37.8	3766	No
TC45D 4WD Hydro SuperSteer	$24345	$11440	$13390	$16560	$18020	Shibaura	4	135D	Variable	37.8	3766	No
TN55 Standard	$22471	$9680	$11180	$14190	$15270	New Holland	3	179D	8F-8R	42.0		No
TN55 Standard	$23009	$9900	$11440	$14520	$15620	New Holland	3	179D	16F-16R	42.0		No
TN55 Standard 4WD	$27723	$11930	$13780	$17490	$18820	New Holland	3	179D	8F-8R	42.0		No
TN55 Standard 4WD	$28261	$12260	$14170	$17990	$19350	New Holland	3	179D	16F-16R	42.0		No
TN55D Deluxe	$32135	$13560	$15670	$19890	$21400	New Holland	3	179D	16F-16R	42.0		CHA
TN55D Deluxe 4WD	$37413	$15480	$17890	$22700	$24420	New Holland	3	179D	16F-16R	42.0		CHA
TN55S 4WD	$31110	$13550	$15650	$19870	$21370	New Holland	3	179D	16F-16R	42.0		No
TN55S 4WD w/Cab	$38761	$16520	$19080	$24220	$26060	New Holland	3	179D	16F-16R	42.0		CHA
TN65	$23992	$10310	$11910	$15110	$16260	New Holland	3	179D	8F-8R	52.0		No
TN65	$24530	$10580	$12220	$15510	$16690	New Holland	3	179D	16F-16R	52.0		No
TN65 4WD	$29270	$12380	$14300	$18150	$19530	New Holland	3	179D	8F-8R	52.0		No
TN65 4WD	$29853	$12960	$14980	$19010	$20450	New Holland	3	179D	16F-16R	52.0		No
TN65D Deluxe	$32835	$13860	$16020	$20330	$21870	New Holland	3	179D	8F-8R	52.0		CHA
TN65D Deluxe 4WD	$38112	$16200	$18720	$23760	$25560	New Holland	3	179D	8F-8R	52.0		CHA
TN65S 4WD SuperSteer	$33522	$14180	$16380	$20790	$22370	New Holland	3	179D	8F-8R	52.0		No
TN65S 4WD SuperSteer	$41139	$17510	$20230	$25670	$27620	New Holland	3	179D	8F-8R	52.0		CHA
TN65V	$23711	$10670	$12330	$15650	$16840	New Holland	3T	179D	16F-16R	47.0		No
TN65V 4WD	$29299	$13190	$15240	$19340	$20800	New Holland	3T	179D	16F-16R	47.0		No
TN65F w/Cab	$39660	$17400	$20100	$25520	$27450	New Holland	4	238D	32F-16R	57.0		CHA
TN65F 4WD	$36011	$15760	$18210	$23110	$24860	New Holland	4	238D	16F-16R	57.0		No
TN65F 4WD	$39120	$17150	$19820	$25160	$27070	New Holland	4	238D	32F-16R	57.0		No
TN65F 4WD w/Cab	$44265	$19470	$22500	$28560	$30720	New Holland	4	238D	16F-16R	57.0		CHA
TN65F 4WD w/Cab	$47372	$20870	$24110	$30610	$32920	New Holland	4	238D	32F-16R	57.0		CHA

Model	Approx. Retail Price New	Estimated Value Less Repairs: Used Trade-In Avg.	Used Trade-In High	Used Retail Avg.	Used Retail High	Engine Make	Engine No. Cyls.	Engine Displ. Cu.-in.	No. Speeds	P.T.O. H.P.	Approx. Shipping Wt.-Lbs.	Cab
New Holland/Ford (Cont.)												
				2002 (Cont.)								
TN70	$26458	$11460	$13240	$16800	$18080	New Holland	3T	179D	8F-8R	57.0		No
TN70	$26996	$11700	$13520	$17160	$18460	New Holland	3T	179D	16F-16R	57.0		No
TN70 4WD Standard	$31948	$13770	$15910	$20190	$21720	New Holland	3T	179D	8F-8R	57.0		CHA
TN70 4WD Standard	$32486	$14040	$16220	$20590	$22150	New Holland	3T	179D	16F-16R	57.0		CHA
TN70 Standard	$26670	$11520	$13310	$16900	$18180	New Holland	3T	179D	8F-8R	57.0		No
TN70 Standard	$27208	$11790	$13620	$17290	$18600	New Holland	3T	179D	16F-16R	57.0		No
TN70D Deluxe	$35515	$15300	$17680	$22440	$24140	New Holland	3T	179D	16F-16R	57.0		CHA
TN70S 4WD	$36201	$14850	$17160	$21780	$23430	New Holland	4T	179D	16F-16R	57.0		No
TN70S 4WD w/Cab	$43818	$18000	$20800	$26400	$28400	New Holland	4T	179D	16F-16R	57.0		CHA
TN70 4WD	$31948	$13280	$15340	$19470	$20950	New Holland	3T	179D	8F-8R	57.0		No
TN70D Deluxe 4WD	$42473	$17730	$20490	$26000	$27970	New Holland	3T	179D	16F-16R	57.0		CHA
TN75	$28475	$12330	$14250	$18080	$19450	New Holland	3T	179D	8F-8R	62.0		No
TN75	$29058	$12380	$14300	$18150	$19530	New Holland	3T	179D	16F-16R	62.0		No
TN75 4WD	$34399	$14850	$17160	$21780	$23430	New Holland	3T	179D	8F-8R	62.0		No
TN75 4WD	$34937	$15030	$17370	$22040	$23710	New Holland	3T	179D	16F-16R	62.0		No
TN75D Deluxe	$37578	$15980	$18460	$23430	$25210	New Holland	3T	179D	16F-16R	62.0		CHA
TN75D Deluxe 4WD	$43931	$18180	$21010	$26660	$28680	New Holland	3T	179D	16F-16R	62.0		CHA
TN75S 4WD SuperSteer	$38265	$16320	$18860	$23940	$25750	New Holland	3T	179D	16F-16R	62.0		No
TN75S 4WD SuperSteer	$45882	$19260	$22260	$28250	$30390	New Holland	3T	179D	16F-16R	62.0		CHA
TN75V	$25979	$11690	$13510	$17150	$18450	New Holland	3T	179D	16F-16R	62.0		No
TN75V 4WD	$31911	$14360	$16590	$21060	$22660	New Holland	3T	179D	16F-16R	62.0		No
TN75V 4WD w/Cab	$38815	$17470	$20180	$25620	$27560	New Holland	3T	179D	16F-16R	62.0		CHA
TK76 Crawler	$38226	$17200	$19880	$25230	$27140	New Holland	4	220D	8F-8R	60.0		No
TL80 Deluxe	$36131	$15460	$18100	$22370	$24350	New Holland	4	238D	24F-24R	66.0		No
TL80 Deluxe 4WD	$43817	$18660	$21840	$27000	$29380	New Holland	4	238D	24F-24R	66.0		No
TL80 Deluxe 4WD w/Cab	$52777	$22510	$26350	$32570	$35450	New Holland	4	238D	24F-24R	66.0		CHA
TL80 Deluxe w/Cab	$45091	$19740	$23100	$28560	$31080	New Holland	4	238D	24F-24R	66.0		CHA
TL80 Standard	$24910	$11710	$13700	$16940	$18430	New Holland	4	238D	12F-12R	66.0		No
TL80 Standard 4WD	$30494	$14330	$16770	$20740	$22570	New Holland	4	238D	12F-12R	66.0		No
TL80 Standard 4WD w/Cab	$38348	$18020	$21090	$26080	$28380	New Holland	4	238D	12F-12R	66.0		CHA
TL80 Standard w/Cab	$32763	$15400	$18020	$22280	$24250	New Holland	4	238D	12F-12R	66.0		CHA
TN80F Narrow 4WD	$34994	$15750	$18200	$23100	$24850	New Holland	4	238D	16F-16R	67.0		No
TN80F Narrow 4WD	$37862	$17040	$19690	$24990	$26880	New Holland	4	238D	32F-16R	67.0		No
TN80F Narrow 4WD w/Cab	$42731	$19230	$22220	$28200	$30340	New Holland	4	238D	16F-16R	67.0		CHA
TN80F Narrow	$27834	$12530	$14470	$18370	$19760	New Holland	4	238D	16F-16R	67.0		No
TN80F Narrow	$30700	$13820	$15960	$20260	$21800	New Holland	4	238D	32F-16R	67.0		No
TN80F Narrow 4WD w/Cab	$45600	$20520	$23710	$30100	$32380	New Holland	4	238D	32F-16R	67.0		CHA
TN80F Narrow w/Cab	$35532	$15990	$18480	$23450	$25230	New Holland	4	238D	16F-16R	67.0		CHA
TN80F Narrow w/Cab	$38421	$17290	$19980	$25360	$27280	New Holland	4	238D	32F-16R	67.0		CHA
TK85 Crawler	$42327	$19050	$22010	$27940	$30050	New Holland	4	238D	8F-8R	65.0		NO
TK85M Crawler	$42995	$19350	$22360	$28380	$30530	New Holland	4	238D	8F-8R	65.0		NO
TL90 Deluxe	$38486	$18090	$21170	$26170	$28480	New Holland	4T	238D	24F-24R	76.0		No
TL90 Deluxe 4WD w/Cab	$54962	$25830	$30230	$37370	$40670	New Holland	4T	238D	24F-24R	76.0		CHA
TL90 Deluxe w/Cab	$47278	$22220	$26000	$32150	$34990	New Holland	4T	238D	24F-24R	76.0		CHA
TL90 Standard	$27397	$12880	$15070	$18630	$20270	New Holland	4T	238D	12F-12R	76.0		No
TL90 Standard 4WD	$33151	$15580	$18230	$22540	$24530	New Holland	4T	238D	12F-12R	76.0		No
TL90 Standard 4WD w/Cab	$41002	$19270	$22550	$27880	$30340	New Holland	4T	238D	12F-12R	76.0		CHA
TL90 Standard w/Cab	$33151	$15580	$18230	$22540	$24530	New Holland	4T	238D	12F-12R	76.0		CHA
TL90 Deluxe 4WD	$46170	$21700	$25390	$31400	$34170	New Holland	4T	238D	24F-24R	76.0		No
TN95F	$32752	$14740	$17030	$21620	$23250	New Holland	4T	238D	32F-16R	80.0		No
TN95F 4WD	$37366	$16820	$19430	$24660	$26530	New Holland	4T	238D	16F-16R	80.0		No
TN95F 4WD	$39910	$17960	$20750	$26340	$28340	New Holland	4T	238D	32F-16R	80.0		No
TN95F 4WD w/Cab	$45104	$20300	$23450	$29770	$32020	New Holland	4T	238D	16F-16R	80.0		CHA
TN95F 4WD w/Cab	$47650	$21440	$24780	$31450	$33830	New Holland	4T	238D	32F-16R	80.0		CHA
TN95F Narrow	$32752	$14740	$17030	$21620	$23250	New Holland	4T	238D	16F-16R	80.0		No
TN95F w/Cab	$37622	$16930	$19560	$24830	$26710	New Holland	4T	238D	16F-16R	80.0		CHA
TN95F w/Cab	$40489	$18220	$21050	$26720	$28750	New Holland	4T	238D	32F-16R	80.0		CHA
TS90	$35820	$16120	$18630	$23640	$25430	New Holland	4	304D	12F-12R	70.0		No
TS90	$36997	$16650	$19240	$24420	$26270	New Holland	4	304D	24F-24R	70.0		No
TS90 4WD	$43567	$19610	$22660	$28750	$30930	New Holland	4	304D	12F-12R	70.0		No
TS90 4WD	$44744	$20140	$23270	$29530	$31770	New Holland	4	304D	24F-24R	70.0		No
TS90 4WD w/Cab	$52359	$23560	$27230	$34560	$37180	New Holland	4	304D	12F-12R	70.0		CHA
TS90 4WD w/Cab	$53536	$24090	$27840	$35330	$38010	New Holland	4	304D	24F-24R	70.0		CHA
TS90 w/Cab	$44612	$20080	$23200	$29440	$31680	New Holland	4	304D	12F-12R	70.0		CHA
TS90 w/Cab	$45789	$20610	$23810	$30220	$32510	New Holland	4	304D	24F-24R	70.0		CHA
TL100 Deluxe	$39990	$17950	$21010	$25980	$28270	New Holland	4T	238D	24F-24R	82.0		No
TL100 Deluxe 4WD	$47674	$21150	$24750	$30600	$33300	New Holland	4T	238D	24F-24R	82.0		No
TL100 Deluxe 4WD w/Cab	$56467	$25100	$29370	$36310	$39520	New Holland	4T	238D	24F-24R	82.0		CHA
TL100 Deluxe w/Cab	$48782	$21480	$25140	$31080	$33820	New Holland	4T	238D	24F-24R	82.0		CHA
TL100 Standard	$29037	$13650	$15970	$19750	$21490	New Holland	4T	238D	12F-12R	82.0		No
TL100 Standard 4WD	$34792	$16350	$19140	$23660	$25750	New Holland	4T	238D	12F-12R	82.0		No
TL100 Standard 4WD w/Cab	$42644	$20040	$23450	$29000	$31560	New Holland	4T	238D	12F-12R	82.0		CHA
TL100 Standard w/Cab	$36889	$17340	$20290	$25090	$27300	New Holland	4T	238D	12F-12R	82.0		CHA
TS100	$39092	$17590	$20330	$25800	$27760	New Holland	4T	304D	12F-12R	80.0		No
TS100	$40696	$18310	$21160	$26860	$28890	New Holland	4T	304D	24F-24R	80.0		No
TS100	$41372	$18620	$21510	$27310	$29370	New Holland	4T	304D	16F-16R	80.0		No
TS100 4WD	$47948	$21580	$24930	$31650	$34040	New Holland	4T	304D	12F-12R	80.0		No
TS100 4WD	$49124	$22110	$25540	$32420	$34880	New Holland	4T	304D	24F-24R	80.0		No
TS100 4WD	$50226	$22600	$26120	$33150	$35660	New Holland	4T	304D	16F-16R	80.0		No
TS100 4WD w/Cab	$56737	$25530	$29500	$37450	$40280	New Holland	4T	304D	12F-12R	80.0		CHA
TS100 4WD w/Cab	$57915	$26060	$30120	$38220	$41120	New Holland	4T	304D	24F-24R	80.0		CHA
TS100 4WD w/Cab	$59846	$26930	$31120	$39500	$42490	New Holland	4T	304D	16F-16R	80.0		CHA
TS100 w/Cab	$48043	$21620	$24980	$31710	$34110	New Holland	4T	304D	12F-12R	80.0		CHA
TS100 w/Cab	$49487	$22270	$25730	$32660	$35140	New Holland	4T	304D	24F-24R	80.0		CHA

New Holland/Ford (Cont.)

2002 (Cont.)

Model	Approx. Retail Price New	Estimated Value Less Repairs — Used Trade-In Avg.	Used Trade-In High	Used Retail Avg.	Used Retail High	Engine Make	Engine No. Cyls.	Engine Displ. Cu.-in.	No. Speeds	P.T.O. H.P.	Approx. Shipping Wt.-Lbs.	Cab
TS100 w/Cab	$50962	$22930	$26500	**$33640**	**$36180**	New Holland	4T	304D	16F-16R	80.0		CHA
TS110	$42025	$18910	$21850	**$27740**	**$29840**	New Holland	4T	304D	12F-12R	90.0		No
TS110	$43698	$19660	$22720	**$28840**	**$31030**	New Holland	4T	304D	24F-24R	90.0		No
TS110 4WD	$49461	$22260	$25720	**$32640**	**$35120**	New Holland	4T	304D	12F-12R	90.0		No
TS110 4WD	$52134	$23460	$27110	**$34410**	**$37020**	New Holland	4T	304D	24F-24R	90.0		No
TS110 4WD	$53377	$24020	$27760	**$35230**	**$37900**	New Holland	4T	304D	16F-16R	90.0		No
TS110 w/Cab	$42025	$18910	$21850	**$27740**	**$29840**	New Holland	4T	304D	12F-12R	90.0		CHA
TS110 w/Cab	$52540	$23640	$27320	**$34680**	**$37300**	New Holland	4T	304D	24F-24R	90.0		CHA
TS110 w/Cab	$55529	$24990	$28880	**$36650**	**$39430**	New Holland	4T	304D	16F-16R	90.0		CHA
TS110 4WD w/Cab	$59253	$26660	$30810	**$39110**	**$42070**	New Holland	4T	304D	12F-12R	90.0		CHA
TS110 4WD w/Cab	$60926	$27420	$31680	**$40210**	**$43260**	New Holland	4T	304D	24F-24R	90.0		CHA
TS110 4WD w/Cab	$62996	$28350	$32760	**$41580**	**$44730**	New Holland	4T	304D	16F-16R	90.0		CHA
TM120	$58787	$25280	$29390	**$37620**	**$41150**	New Holland	6TI	456D	17F-6R	95.0		CHA
TM120 4WD	$66534	$28610	$33270	**$42580**	**$46570**	New Holland	6TI	456D	24F-12R	95.0		CHA
TM120 4WD	$68118	$29290	$34060	**$43600**	**$47680**	New Holland	6TI	456D	18F-6R	95.0		CHA
TM120 4WD SuperSteer	$72285	$31080	$36140	**$46260**	**$50600**	New Holland	6TI	456D	18F-6R	95.0		CHA
TM130	$63813	$27440	$31910	**$40840**	**$44670**	New Holland	6TI	456D	17F-6R	105.0		CHA
TM130 4WD	$71436	$30720	$35720	**$45720**	**$50010**	New Holland	6TI	456D	24F-12R	105.0		CHA
TM130 4WD	$73877	$31770	$36940	**$47280**	**$51710**	New Holland	6TI	456D	18F-6R	105.0		CHA
TM130 4WD SuperSteer	$78820	$33890	$39410	**$50450**	**$55170**	New Holland	6TI	456D	18F-6R	105.0		CHA
TM140	$68849	$29610	$34430	**$44060**	**$48190**	New Holland	6TI	456D	17F-6R	115.0		CHA
TM140 4WD	$78809	$33890	$39410	**$50440**	**$55170**	New Holland	6TI	456D	18F-6R	115.0		CHA
TM140 4WD SuperSteer	$83179	$35770	$41590	**$53240**	**$58230**	New Holland	6TI	456D	18F-6R	115.0		CHA
TM155	$76737	$33000	$38370	**$49110**	**$53720**	New Holland	6TI	456D	17F-6R	125		CHA
TM155 4WD	$88280	$37960	$44140	**$56500**	**$61800**	New Holland	6TI	456D	18F-6R	125.0		CHA
TM155 4WD SuperSteer	$90229	$38800	$45120	**$57750**	**$63160**	New Holland	6TI	456D	18F-6R	125.0		CHA
TM175	$87015	$37420	$43510	**$55690**	**$60910**	New Holland	6TI	456D	17F-6R	145.0		CHA
TM175 4WD	$100584	$43250	$50290	**$64370**	**$70410**	New Holland	6TI	456D	18F-6R	145.0		CHA
TM175 4WD SuperSteer	$102534	$44090	$51270	**$65620**	**$71770**	New Holland	6TI	456D	18F-6R	145.0		CHA
TM190	$90377	$38860	$45190	**$57840**	**$63260**	New Holland	6TI	456D	17F-6R	160.0		CHA
TM190 4WD	$104552	$44960	$52280	**$66910**	**$73190**	New Holland	6TI	456D	18F-6R	160.0		CHA
TM190 4WD SuperSteer	$106501	$45800	$53250	**$68160**	**$74550**	New Holland	6TI	456D	18F-6R	160.0		CHA
TG210 4WD	$116116	$47610	$55740	**$73150**	**$78960**	New Holland	6T	505D	18F-4R	170.0		CHA
TG210 4WD SuperSteer	$119298	$48910	$57260	**$75160**	**$81120**	New Holland	6T	505D	18F-4R	170.0		CHA
TG230 4WD	$127419	$52240	$61160	**$80270**	**$86650**	New Holland	6T	505D	18F-4R	190.0		CHA
TG230 4WD SuperSteer	$130600	$53550	$62690	**$82280**	**$88810**	New Holland	6T	505D	18F-4R	190.0		CHA
TG255 4WD	$140300	$57520	$67340	**$88390**	**$95400**	New Holland	6TA	505D	18F-4R	215.0		CHA
TG255 4WD SuperSteer	$143483	$58830	$68870	**$90390**	**$97570**	New Holland	6TA	505D	18F-4R	215.0		CHA
TG285 4WD	$154250	$63240	$74040	**$97180**	**$104890**	New Holland	6TI	505D	18F-4R	240.0		CHA
TG285 4WD SuperSteer	$157432	$64550	$75570	**$99180**	**$107050**	New Holland	6TI	505D	18F-4R	240.0		CHA
TV140	$81472	$38290	$44810	**$55400**	**$60290**	New Holland	6T	456D	Variable	105.0		CHA
TV140 Front 3-Pt.	$85733	$40300	$47150	**$58300**	**$63440**	New Holland	6T	456D	Variable	105.0		CHA
TV140 Front 3Pt, PTO	$92790	$43610	$51040	**$63100**	**$68670**	New Holland	6T	456D	Variable	105.0		CHA
2120	$22227	$10000	$11560	**$14670**	**$15780**	Shibaura	4	135D	12F-4R	34.5		No
3010S	$17875	$8040	$9300	**$11800**	**$12690**	New Holland	3	165D	8F-2R	42.0		No
3010S 4WD	$24749	$11140	$12870	**$16330**	**$17570**	New Holland	3	165D	8F-2R	42.0		No
3415	$19038	$8570	$9900	**$12570**	**$13520**	Shibaura	4	135D	12F-4R	38.0		No
5610S	$25639	$11540	$13330	**$16920**	**$18200**	New Holland	4	268D	8F-2R	70.0		No
5610S	$27024	$12160	$14050	**$17840**	**$19190**	New Holland	4	268D	16F-4R	70.0		No
5610S 4WD	$33095	$14890	$17210	**$21840**	**$23500**	New Holland	4	268D	8F-2R	70.0		No
5610S 4WD	$34479	$15520	$17930	**$22760**	**$24480**	New Holland	4	268D	16F-4R	70.0		No
6610S	$28020	$12610	$14570	**$18490**	**$19890**	New Holland	4	304D	8F-2R	80.0		No
6610S	$29404	$13230	$15290	**$19410**	**$20880**	New Holland	4	304D	16F-4R	80.0		No
6610S 4WD	$36378	$16370	$18920	**$24010**	**$25830**	New Holland	4	304D	8F-2R	80.0		No
6610S 4WD	$37762	$16990	$19640	**$24920**	**$26810**	New Holland	4	304D	16F-4R	80.0		No
7010 LP	$36072	$16950	$19840	**$24530**	**$26690**	New Holland	4T	304D	8F-2R	90.0		No
7010 LP	$37450	$17600	$20600	**$25470**	**$27710**	New Holland	4T	304D	16F-4R	90.0		No
7010 LP 4WD	$45040	$21170	$24770	**$30630**	**$33330**	New Holland	4T	304D	8F-2R	90.0		No
7010 LP 4WD	$46417	$21820	$25530	**$31560**	**$34350**	New Holland	4T	304D	16F-4R	90.0		No
7610S	$30941	$14540	$17020	**$21040**	**$22900**	New Holland	4T	304D	8F-2R	90.0		No
7610S	$32326	$15190	$17780	**$21980**	**$23920**	New Holland	4T	304D	16F-4R	90.0		No
7610S 4WD	$38308	$18010	$21070	**$26050**	**$28350**	New Holland	4T	304D	8F-2R	90.0		No
7610S 4WD	$39694	$18660	$21830	**$26990**	**$29370**	New Holland	4T	304D	16F-4R	90.0		No
8010 HC	$48837	$21000	$24420	**$31260**	**$34190**	New Holland	6	456D	8F-2R	96.0		No
8010 HC	$50222	$21600	$25110	**$32140**	**$35160**	New Holland	6	456D	16F-4R	96.0		No
8010 LP	$40391	$18180	$21000	**$26660**	**$28680**	New Holland	6	456D	8F-2R	96.0		No
8010 LP	$41775	$18800	$21720	**$27570**	**$29660**	New Holland	6	456D	16F-4R	96.0		No
8010 LP 4WD	$48124	$20690	$24060	**$30800**	**$33690**	New Holland	6	456D	8F-2R	96.0		No
8010 LP 4WD	$49514	$21290	$24760	**$31690**	**$34660**	New Holland	6	456D	16F-4R	96.0		No
8670A	$90017	$36910	$43210	**$56710**	**$61210**	New Holland	6TI	456D	16F-9R	145.0		CHA
8670A 4WD	$106503	$43670	$51120	**$67100**	**$72420**	New Holland	6TI	456D	16F-9R	145.0		CHA
8670A 4WD SuperSteer	$108724	$44580	$52190	**$68500**	**$73930**	New Holland	6TI	456D	16F-9R	145.0		CHA
8770A	$99356	$40740	$47690	**$62590**	**$67560**	New Holland	6TI	456D	16F-9R	160.0		CHA
8770A 4WD	$109836	$43460	$50880	**$66780**	**$72080**	New Holland	6TI	456D	16F-9R	160.0		CHA
8770A 4WD SuperSteer	$112058	$45100	$52800	**$69300**	**$74800**	New Holland	6TI	456D	16F-9R	160.0		CHA
8870A	$109914	$45070	$52760	**$69250**	**$74740**	New Holland	6TI	456D	16F-9R	180.0		CHA
8870A 4WD	$122213	$50020	$58560	**$76860**	**$82960**	New Holland	6TI	456D	16F-9R	180.0		CHA
8870A 4WD SuperSteer	$124434	$51020	$59730	**$78390**	**$84620**	New Holland	6TI	456D	16F-9R	180.0		CHA
8970A 4WD	$132349	$53300	$62400	**$81900**	**$88400**	New Holland	6TI	456D	16F-9R	210.0		CHA
8970A 4WD SuperSteer	$134570	$54120	$63360	**$83160**	**$89760**	New Holland	6TI	456D	16F-9R	210.0		CHA
TJ275	$125698	$52790	$62850	**$75420**	**$81700**	CDC	6TA	505D	24F-6R	275.0		CHA
TJ275 Powershift	$135718	$55020	$65500	**$78600**	**$85150**	CDC	6TA	505D	16F-2R	275.0		CHA
TJ275 3Pt	$139148	$56700	$67500	**$81000**	**$87750**	CDC	6TA	505D	24F-6R	275.0		CHA
TJ275 Poweshift 3Pt	$149168	$60480	$72000	**$86400**	**$93600**	CDC	6TA	505D	16F-2R	275.0		CHA

New Holland/Ford (Cont.)

2002 (Cont.)

Model	Approx. Retail Price New	Estimated Value Less Repairs: Used Trade-In Avg.	Used Trade-In High	Used Retail Avg.	Used Retail High	Engine Make	Engine No. Cyls.	Engine Displ. Cu.-in.	No. Speeds	P.T.O. H.P.	Approx. Shipping Wt.-Lbs.	Cab
TJ275 3Pt, PTO	$147587	$58800	$70000	**$84000**	**$91000**	CDC	6TA	505D	24F-6R	275.0		CHA
TJ275 Powershift 3Pt, PTO	$157607	$63000	$75000	**$90000**	**$97500**	CDC	6TA	505D	16F-2R	275.0		CHA
TJ325	$145972	$59640	$71000	**$85200**	**$92300**	CDC	6TA	543D	24F-6R	325.0		CHA
TJ325 3Pt	$157891	$63840	$76000	**$91200**	**$98800**	CDC	6TA	543D	24F-6R	325.0		CHA
TJ325 3Pt, PTO	$166330	$67620	$80500	**$96600**	**$104650**	CDC	6TA	543D	24F-6R	325.0		CHA
TJ325 Powershift	$156405	$64260	$76500	**$91800**	**$99450**	CDC	6TA	543D	16F-2R	325.0		CHA
TJ325 Powershift 3Pt	$168324	$69090	$82250	**$98700**	**$106930**	CDC	6TA	543D	16F-2R	325.0		CHA
TJ325 Powershift 3Pt, PTO	$176763	$71820	$85500	**$102600**	**$111150**	CDC	6TA	543D	16F-2R	325.0		CHA
TJ375	$165820	$68040	$81000	**$97200**	**$105300**	Cummins	6TA	915D	24F-6R	375.0		CHA
TJ375 PTO	$175282	$71820	$85500	**$102600**	**$111150**	Cummins	6TA	915D	24F-6R	375.0		CHA
TJ375 Powershift	$176084	$72240	$86000	**$103200**	**$111800**	Cummins	6TA	915D	16F-2R	375.0		CHA
TJ375 Powershift PTO	$184523	$75680	$90100	**$108120**	**$117130**	Cummins	6TA	915D	16F-2R	375.0		CHA
TJ375HD	$172332	$70690	$84150	**$100980**	**$109400**	Cummins	6TA	915D	24F-6R	375.0		CHA
TJ375HD Powershift	$181574	$74970	$89250	**$107100**	**$116030**	Cummins	6TA	915D	16F-2R	375.0		CHA
TJ375HD 3Pt	$184432	$75600	$90000	**$108000**	**$117000**	Cummins	6TA	915D	24F-6R	375.0		CHA
TJ375HD Powershift 3Pt	$195290	$79930	$95150	**$114180**	**$123700**	Cummins	6TA	915D	16F-2R	375.0		CHA
TJ375HD 3Pt, PTO	$192871	$78960	$94000	**$112800**	**$122200**	Cummins	6TA	915D	24F-6R	375.0		CHA
TJ375HD Powershift 3Pt, PTO	$203729	$83580	$99500	**$119400**	**$129350**	Cummins	6TA	915D	18F-4R	375.0		CHA
TJ425	$183419	$75600	$90000	**$108000**	**$117000**	Cummins	6TA	915D	24F-6R	425.0		CHA
TJ425 Powershift	$194050	$79380	$94500	**$113400**	**$122850**	Cummins	6TA	915D	16F-4R	425.0		CHA
TJ425 3Pt	$197135	$81140	$96600	**$115920**	**$125580**	Cummins	6TA	915D	24F-6R	425.0		CHA
TJ425 Powershift 3Pt	$207766	$85130	$101350	**$121620**	**$131760**	Cummins	6TA	915D	16F-4R	425.0		CHA
TJ425 3Pt, PTO	$205574	$84630	$100750	**$120900**	**$130980**	Cummins	6TA	915D	24F-6R	425.0		CHA
TJ425 Powershift 3Pt, PTO	$216205	$88830	$105750	**$126900**	**$137480**	Cummins	6TA	915D	16F-2R	425.0		CHA
TJ450 Powershift	$209347	$86270	$102700	**$123240**	**$133510**	Cummins	6TA	915D	16F-2R	450.0		CHA
TJ450 Powershift 3PT	$223063	$91560	$109000	**$130800**	**$141700**	Cummins	6TA	915D	16F-2R	450.0		CHA

LP-Low Profile

2001

Model	Approx. Retail Price New	Used Trade-In Avg.	Used Trade-In High	Used Retail Avg.	Used Retail High	Engine Make	Engine No. Cyls.	Engine Displ. Cu.-in.	No. Speeds	P.T.O. H.P.	Approx. Shipping Wt.-Lbs.	Cab
TC18	$8175	$3600	$4330	**$5400**	**$5890**	Shibaura	3	58D	6F-2R	15.0	1357	No
TC18 4WD	$9371	$4120	$4970	**$6190**	**$6750**	Shibaura	3	58D	6F-2R	15.0	1438	No
TC18 4WD	$10531	$4630	$5580	**$6950**	**$7580**	Shibaura	3	58D	Variable	14.0	1508	No
TC18 4WD Pwr Steer	$11365	$5000	$6020	**$7500**	**$8180**	Shibaura	3	58D	Variable	14.0	1508	No
TC21 4WD	$12225	$5380	$6480	**$8070**	**$8800**	Shibaura	3	61D	9F-3R	17.0	1450	No
TC21D 4WD Hydro	$13955	$6140	$7400	**$9210**	**$10050**	Shibaura	3	61D	Variable	16.0	1535	No
TC25	$11810	$5200	$6260	**$7800**	**$8500**	Shibaura	3	81D	9F-3R	21.7	2206	No
TC25 4WD	$13090	$5760	$6940	**$8640**	**$9430**	Shibaura	3	81D	9F-3R	21.7	2334	No
TC25D 4WD Hydro	$15551	$6840	$8240	**$10260**	**$11200**	Shibaura	3	81D	Variable	20.3	2474	No
TC25D 4WD Hydro SuperSteer	$16705	$7350	$8850	**$11030**	**$12030**	Shibaura	3	81D	Variable	20.3	2474	No
TC29	$13185	$5800	$6990	**$8700**	**$9490**	Shibaura	3	81D	9F-3R	25.1	2206	No
TC29 4WD	$15012	$6610	$7960	**$9910**	**$10810**	Shibaura	3	81D	9F-3R	25.1	2462	No
TC29D 4WD Hydro	$16930	$7450	$8970	**$11170**	**$12190**	Shibaura	3	81D	Variable	23.5	2474	No
TC29D 4WD Hydro SuperSteer	$18082	$7960	$9580	**$11930**	**$13020**	Shibaura	3	81D	Variable	23.5	2474	No
TC30	$10158	$4470	$5380	**$6700**	**$7310**	Shibaura	3	91D	9F-3R	25.5	2115	No
TC30 Hydro	$12058	$5310	$6390	**$7960**	**$8680**	Shibaura	3	91D	Variable	24.0	2120	No
TC30 4WD	$11708	$5150	$6210	**$7730**	**$8430**	Shibaura	3	91D	9F-3R	25.5	2205	No
TC30 4WD Hydro	$13158	$5790	$6970	**$8680**	**$9470**	Shibaura	3	91D	Variable	24.0	2210	No
TC33	$13955	$6140	$7400	**$9210**	**$10050**	Shibaura	3	91D	9F-3R	28.6	2206	No
TC33 4WD	$15236	$6700	$8080	**$10060**	**$10970**	Shibaura	3	91D	9F-3R	28.6	2334	No
TC33D 4WD Hydro	$17697	$7790	$9380	**$11680**	**$12740**	Shibaura	3	91D	Variable	26.9	2474	No
TC33D 4WD Hydro SuperSteer	$18851	$8290	$9990	**$12440**	**$13570**	Shibaura	3	91D	Variable	26.9	2474	No
TC35	$14212	$6250	$7530	**$9380**	**$10230**	Shibaura	3	101D	12F-12R	29.6	3009	No
TC35 4WD	$16942	$7450	$8980	**$11180**	**$12200**	Shibaura	3	101D	12F-12R	29.6	3143	No
TC35D 4WD Hydro	$19185	$8440	$10170	**$12660**	**$13810**	Shibaura	3	101D	Variable	29.6	3299	No
TC35D 4WD Hydro SuperSteer	$20486	$9010	$10860	**$13520**	**$14750**	Shibaura	3	101D	Variable	29.6	3299	No
TC40	$15815	$6960	$8380	**$10440**	**$11390**	Shibaura	4	121D	12F-12R	35.0	3060	No
TC40 4WD	$18545	$8160	$9830	**$12240**	**$13350**	Shibaura	4	121D	12F-12R	35.0	3194	No
TC40D 4WD Hydro	$20806	$9160	$11030	**$13730**	**$14980**	Shibaura	4	121D	Variable	33.2	3375	No
TC40D 4WD Hydro SuperSteer	$22088	$9720	$11710	**$14580**	**$15900**	Shibaura	4	121D	Variable	33.2	3375	No
TC45	$17866	$7860	$9470	**$11790**	**$12860**	Shibaura	4	135D	12F-12R	39.6	3262	No
TC45 4WD	$20596	$9060	$10920	**$13590**	**$14830**	Shibaura	4	135D	12F-12R	39.6	3396	No
TC45D 4WD Hydro	$22986	$10110	$12180	**$15170**	**$16550**	Shibaura	4	135D	Variable	37.8	3766	No
TC45D 4WD Hydro SuperSteer	$24268	$10680	$12860	**$16020**	**$17470**	Shibaura	4	135D	Variable	37.8	3766	No
TN55	$23185	$9320	$10650	**$14200**	**$15310**	New Holland	3	179D	8F-8R	42.0		No
TN55 4WD	$28505	$11550	$13200	**$17600**	**$18980**	New Holland	3	179D	8F-8R	42.0		No
TN55D	$32140	$13080	$14950	**$19930**	**$21490**	New Holland	3	179D	8F-8R	42.0		CHA
TN55D 4WD	$37461	$15310	$17500	**$23330**	**$25160**	New Holland	3	179D	8F-8R	42.0		CHA
TN55S	$31110	$12640	$14450	**$19260**	**$20770**	New Holland	3	179D	8F-8R	42.0		No
TN55S w/Cab	$38830	$15880	$18140	**$24190**	**$26080**	New Holland	3	179D	8F-8R	42.0		CHA
TN65	$24160	$9720	$11110	**$14820**	**$15970**	New Holland	3	179D	8F-8R	52.0		No
TN65 4WD	$29455	$11950	$13660	**$18210**	**$19630**	New Holland	3	179D	8F-8R	52.0		No
TN65D	$33120	$13480	$15410	**$20540**	**$22150**	New Holland	3	179D	8F-8R	52.0		CHA
TN65D 4WD	$38546	$15750	$18000	**$24000**	**$25880**	New Holland	3	179D	8F-8R	52.0		CHA
TN65S	$32625	$13270	$15170	**$20220**	**$21800**	New Holland	3	179D	8F-8R	52.0		No
TN65S w/Cab	$40341	$16510	$18860	**$25150**	**$27120**	New Holland	3	179D	8F-8R	52.0		CHA
TN65F	$28298	$11420	$13060	**$17410**	**$18770**	New Holland	4	238D	16F-16R	57.0		No
TN65F	$31405	$12770	$14590	**$19460**	**$20980**	New Holland	4	238D	32F-16R	57.0		No
TN65F w/Cab	$36555	$14910	$17040	**$22720**	**$24500**	New Holland	4	238D	16F-16R	57.0		CHA
TN65F w/Cab	$39660	$16170	$18480	**$24640**	**$26570**	New Holland	4	238D	32F-16R	57.0		CHA
TN65F 4WD	$36011	$14700	$16800	**$22400**	**$24150**	New Holland	4	238D	16F-16R	57.0		No
TN65F 4WD	$39120	$16000	$18290	**$24380**	**$26290**	New Holland	4	238D	32F-16R	57.0		No
TN65F 4WD w/Cab	$44265	$18060	$20640	**$27520**	**$29670**	New Holland	4	238D	16F-16R	57.0		CHA
TN65F 4WD w/Cab	$47372	$19450	$22220	**$29630**	**$31950**	New Holland	4	238D	32F-16R	57.0		CHA
TL70	$28990	$12280	$14790	**$18410**	**$20090**	New Holland	4	220D	12F-12R	56.0		No

New Holland/Ford (Cont.)

2001 (Cont.)

Model	Approx. Retail Price New	Estimated Value Less Repairs: Used Trade-In Avg.	Used Trade-In High	Used Retail Avg.	Used Retail High	Engine Make	Engine No. Cyls.	Engine Displ. Cu.-in.	No. Speeds	P.T.O. H.P.	Approx. Shipping Wt.-Lbs.	Cab
TL70	$32820	$13990	$16850	$20990	$22900	New Holland	4	220D	24F-24R	56.0		No
TN70	$26900	$10750	$12290	$16380	$17660	New Holland	3T	179D	8F-8R	57.0		No
TN70D	$36291	$14780	$16900	$22530	$24290	New Holland	3T	179D	8F-8R	57.0		CHA
TN70S 4WD	$35340	$14410	$16460	$21950	$23670	New Holland	4T	179D	16F-16R	57.0		No
TN70S 4WD w/Cab	$43056	$17640	$20160	$26880	$28980	New Holland	4T	179D	16F-16R	57.0		CHA
TL70 w/Cab	$37300	$15840	$19080	$23760	$25920	New Holland	4	220D	12F-12R	56.0		CHA
TL70 w/Cab	$41490	$17600	$21200	$26400	$28800	New Holland	4	220D	24F-24R	56.0		CHA
TN70 4WD	$32300	$13020	$14880	$19840	$21390	New Holland	3T	179D	8F-8R	57.0		No
TN70D 4WD	$41695	$17010	$19440	$25920	$27950	New Holland	3T	179D	8F-8R	57.0		CHA
TL70 4WD	$37361	$15970	$19240	$23960	$26140	New Holland	4	220D	12F-12R	56.0		No
TL70 4WD	$40702	$17340	$20880	$26000	$28370	New Holland	4	220D	24F-24R	56.0		No
TN75	$28877	$11630	$13300	$17730	$19110	New Holland	3T	179D	8F-8R	62.0		No
TL70 4WD w/Cab	$45185	$19400	$23370	$29110	$31750	New Holland	4	220D	12F-12R	56.0		CHA
TL70 4WD w/Cab	$49376	$21210	$25550	$31810	$34700	New Holland	4	220D	24F-24R	56.0		CHA
TN75 4WD	$34145	$13900	$15890	$21180	$22840	New Holland	3T	179D	8F-8R	62.0		CHA
TN75D	$38505	$15750	$18000	$24000	$25880	New Holland	3T	179D	8F-8R	62.0		CHA
TN75D 4WD	$43931	$18020	$20590	$27460	$29600	New Holland	3T	179D	8F-8R	62.0		CHA
TN75F 4WD	$37737	$15370	$17570	$23420	$25250	New Holland	4	238D	16F-16R	67.0		No
TN75F 4WD	$40845	$16670	$19060	$25410	$27390	New Holland	4	238D	32F-16R	67.0		No
TN75F 4WD w/Cab	$45990	$18730	$21410	$28540	$30770	New Holland	4	238D	16F-16R	67.0		CHA
TN75F 4WD w/Cab	$49100	$20160	$23040	$30720	$33120	New Holland	4	238D	32F-16R	67.0		CHA
TN75F w/Cab	$38165	$15580	$17810	$23740	$25600	New Holland	4	238D	16F-16R	67.0		CHA
TN75F w/Cab	$41275	$16840	$19250	$25660	$27670	New Holland	4	238D	32F-16R	67.0		CHA
TN75V	$25635	$10290	$11760	$15680	$16910	New Holland	3T	179D	16F-16R	62.0		No
TN75V 4WD	$31911	$12810	$14640	$19520	$21050	New Holland	3T	179D	16F-16R	62.0		No
TN75V 4WD w/Cab	$38815	$15830	$18100	$24130	$26010	New Holland	3T	179D	16F-16R	62.0		CHA
TK76 Crawler	$38226	$15620	$17860	$23810	$25670	New Holland	4	220D	8F-8R	60.0		No
TN75S	$37580	$15290	$17470	$23300	$25120	New Holland	3T	179D	8F-8R	62.0		No
TN75S w/Cab	$45295	$18560	$21220	$28290	$30500	New Holland	3T	179D	8F-8R	62.0		CHA
TN75F	$29910	$12100	$13820	$18430	$19870	New Holland	4	238D	16F-16R	67.0		No
TN75F	$33020	$13440	$15360	$20480	$22080	New Holland	4	238D	32F-16R	67.0		No
TL80	$32630	$14360	$17290	$21540	$23490	New Holland	4	238D	12F-12R	66.0		No
TL80	$35970	$15830	$19060	$23740	$25900	New Holland	4	238D	24F-24R	66.0		No
TL80 w/Cab	$40856	$17600	$21200	$26400	$28800	New Holland	4	238D	12F-12R	66.0		CHA
TL80 w/Cab	$45047	$19360	$23320	$29040	$31680	New Holland	4	238D	24F-24R	66.0		CHA
TL80 4WD	$40000	$17600	$21200	$26400	$28800	New Holland	4	238D	12F-12R	66.0		No
TL80 4WD	$43757	$18920	$22790	$28380	$30960	New Holland	4	238D	24F-24R	66.0		No
TL80 4WD w/Cab	$48228	$20810	$25070	$31220	$34060	New Holland	4	238D	12F-12R	66.0		CHA
TL80 4WD w/Cab	$52835	$22880	$27560	$34320	$37440	New Holland	4	238D	24F-24R	66.0		CHA
TK85 Crawler	$42327	$17780	$20320	$27090	$29210	New Holland	4	238D	8F-8R	65.0		NO
TK85M Crawler	$42995	$18060	$20640	$27520	$29670	New Holland	4	238D	8F-8R	65.0		NO
TL90	$35015	$15410	$18560	$23110	$25210	New Holland	4T	238D	12F-12R	76.0		No
TL90	$38355	$16880	$20330	$25310	$27620	New Holland	4T	238D	24F-24R	76.0		No
TN90F	$32131	$13500	$15420	$20560	$22170	New Holland	4T	238D	16F-16R	80.0		No
TL90 w/Cab	$43075	$18950	$22830	$28430	$31010	New Holland	4T	238D	12F-12R	76.0		CHA
TL90 w/Cab	$47265	$20800	$25050	$31200	$34030	New Holland	4T	238D	24F-24R	76.0		CHA
TN90F	$35240	$14800	$16920	$22550	$24320	New Holland	4T	238D	32F-16R	80.0		No
TL90 4WD	$42800	$18830	$22680	$28250	$30820	New Holland	4T	238D	12F-12R	76.0		No
TL90 4WD	$46140	$20300	$24450	$30450	$33220	New Holland	4T	238D	24F-24R	76.0		No
TN90F w/Cab	$40385	$16960	$19390	$25850	$27870	New Holland	4T	238D	16F-16R	80.0		CHA
TL90 4WD w/Cab	$50860	$22380	$26960	$33570	$36620	New Holland	4T	238D	12F-12R	76.0		CHA
TL90 4WD w/Cab	$55050	$24220	$29180	$36330	$39640	New Holland	4T	238D	24F-24R	76.0		CHA
TN90F w/Cab	$43492	$18270	$20880	$27840	$30010	New Holland	4T	238D	32F-16R	80.0		CHA
TN90F 4WD	$40306	$16930	$19350	$25800	$27810	New Holland	4T	238D	16F-16R	80.0		No
TN90F 4WD	$43065	$18090	$20670	$27560	$29720	New Holland	4T	238D	32F-16R	80.0		No
TN90F 4WD w/Cab	$48560	$20400	$23310	$31080	$33510	New Holland	4T	238D	16F-16R	80.0		CHA
TN90F 4WD w/Cab	$51340	$21560	$24640	$32860	$35430	New Holland	4T	238D	32F-16R	80.0		CHA
TS90	$37175	$15610	$17840	$23790	$25650	New Holland	4	304D	24F-24R	70.0		No
TS90 4WD	$44855	$18840	$21530	$28710	$30950	New Holland	4	304D	24F-24R	70.0		No
TS90 4WD w/Cab	$53761	$22580	$25810	$34410	$37100	New Holland	4	304D	24F-24R	70.0		CHA
TS90 w/Cab	$46085	$19360	$22120	$29490	$31800	New Holland	4	304D	24F-24R	70.0		CHA
TL100	$37950	$16700	$20110	$25050	$27320	New Holland	4T	238D	24F-12R	82.0		No
TL100	$39830	$17530	$21110	$26290	$28680	New Holland	4T	238D	24F-24R	82.0		No
TS100	$38260	$16070	$18370	$24490	$26400	New Holland	4T	304D	16F-4R	80.0		No
TS100	$40925	$17190	$19640	$26190	$28240	New Holland	4T	304D	24F-24R	80.0		No
TL100 4WD	$45250	$19910	$23980	$29870	$32580	New Holland	4T	238D	24F-12R	82.0		No
TL100 4WD	$47615	$20950	$25240	$31430	$34280	New Holland	4T	238D	24F-24R	82.0		No
TL100 w/Cab	$46858	$20620	$24840	$30930	$33740	New Holland	4T	238D	24F-12R	82.0		CHA
TL100 w/Cab	$48737	$21440	$25830	$32170	$35090	New Holland	4T	238D	24F-24R	82.0		CHA
TS100	$42042	$17660	$20180	$26910	$29010	New Holland	4T	304D	16F-16R	80.0		No
TL100 4WD w/Cab	$54645	$24040	$28960	$36070	$39340	New Holland	4T	238D	24F-12R	82.0		CHA
TL100 4WD w/Cab	$56525	$24870	$29960	$37310	$40700	New Holland	4T	238D	24F-24R	82.0		CHA
TS100 w/Cab	$49830	$20790	$23760	$31680	$34160	New Holland	4T	304D	24F-24R	80.0		CHA
TS100 w/Cab	$51788	$21420	$24480	$32640	$35190	New Holland	4T	304D	16F-16R	80.0		CHA
TS100 4WD	$49935	$20660	$23620	$31490	$33950	New Holland	4T	304D	24F-24R	80.0		No
TS100 4WD	$50485	$21000	$24000	$32000	$34500	New Holland	4T	304D	16F-16R	80.0		No
TS100 4WD w/Cab	$58840	$24360	$27840	$37120	$40020	New Holland	4T	304D	24F-24R	80.0		CHA
TS100 4WD w/Cab	$60230	$24780	$28320	$37760	$40710	New Holland	4T	304D	16F-16R	80.0		CHA
TS110	$42321	$17640	$20160	$26880	$28980	New Holland	4T	304D	16F-4R	90.0		No
TS110	$44435	$18480	$21120	$28160	$30360	New Holland	4T	304D	24F-24R	90.0		No
TS110 w/Cab	$53345	$22050	$25200	$33600	$36230	New Holland	4T	304D	24F-24R	90.0		CHA
TS110 w/Cab	$55440	$22890	$26160	$34880	$37610	New Holland	4T	304D	16F-16R	90.0		CHA
TS110 4WD	$50400	$21170	$24190	$32260	$34780	New Holland	4T	304D	16F-4R	90.0		No
TS110 4WD	$52985	$22250	$25430	$33910	$36560	New Holland	4T	304D	24F-24R	90.0		No

Model	Approx. Retail Price New	Estimated Value Less Repairs Used Trade-In Avg.	High	Used Retail Avg.	High	Engine Make	No. Cyls.	Displ. Cu.-in.	No. Speeds	P.T.O. H.P.	Approx. Shipping Wt.-Lbs.	Cab
New Holland/Ford (Cont.)												
				2001 (Cont.)								
TS110 4WD	$54242	$22550	$25780	**$34370**	**$37050**	New Holland	4T	304D	16F-16R	90.0		No
TS110 4WD w/Cab	$61890	$25620	$29280	**$39040**	**$42090**	New Holland	4T	304D	24F-24R	90.0		CHA
TS110 4WD w/Cab	$63988	$26460	$30240	**$40320**	**$43470**	New Holland	4T	304D	16F-16R	90.0		CHA
TM115	$57435	$22400	$26420	**$34460**	**$38480**	New Holland	6	456D	23F-12R	92.0		CHA
TM115	$59010	$23010	$27150	**$35410**	**$39540**	New Holland	6	456D	17F-6R	92.0		CHA
TM115 4WD	$66725	$26020	$30690	**$40040**	**$44710**	New Holland	6	456D	24F-12R	92.0		CHA
TM115 4WD SuperSteer	$71782	$28000	$33020	**$43070**	**$48090**	New Holland	6	456D	18F-6R	92.0		CHA
TM125	$61117	$23840	$28110	**$36670**	**$40950**	New Holland	6T	456D	23F-12R	100.0		CHA
TM125	$62691	$24450	$28840	**$37620**	**$42000**	New Holland	6T	456D	17F-6R	100.0		CHA
TM125 4WD	$71206	$27770	$32760	**$42720**	**$47710**	New Holland	6T	456D	24F-12R	100.0		CHA
TM125 4WD SuperSteer	$75505	$29450	$34730	**$45300**	**$50590**	New Holland	6T	456D	18F-6R	100.0		CHA
TM135	$63700	$24840	$29300	**$38220**	**$42680**	New Holland	6T	456D	23F-12R	110.0		CHA
TM135	$65277	$25460	$30030	**$39170**	**$43740**	New Holland	6T	456D	17F-6R	110.0		CHA
TM135 4WD SuperSteer	$79270	$30920	$36460	**$47560**	**$53110**	New Holland	6T	456D	18F-6R	110.0		CHA
TM150	$74356	$29000	$34200	**$44610**	**$49820**	New Holland	6T	456D	17F-6R	120.0		CHA
TM150 4WD SuperSteer	$88795	$34630	$40850	**$53280**	**$59490**	New Holland	6T	456D	18F-6R	120.0		CHA
TM165	$82091	$32020	$37760	**$49260**	**$55000**	New Holland	6T	456D	17F-6R	135.0		CHA
TM165 4WD SuperSteer	$96105	$37480	$44210	**$57660**	**$64390**	New Holland	6T	456D	18F-6R	135.0		CHA
TV140	$80907	$35600	$42880	**$53400**	**$58250**	New Holland	6T	456D	Variable	105.0		CHA
TV140 Front 3-Pt.	$89690	$39460	$47540	**$59200**	**$64580**	New Holland	6T	456D	Variable	105.0		CHA
TV140 Front 3-Pt. & PTO	$93090	$40960	$49340	**$61440**	**$67030**	New Holland	6T	456D	Variable	105.0		CHA
2120	$21510	$9030	$10330	**$13770**	**$14840**	Shibaura	4	135D	12F-4R	34.5		No
3010S	$18580	$7560	$8640	**$11520**	**$12420**	New Holland	3	165D	8F-2R	42.0		No
3010S 4WD	$25630	$10500	$12000	**$16000**	**$17250**	New Holland	3	165D	8F-2R	42.0		No
3415	$18035	$7480	$8540	**$11390**	**$12280**	Shibaura	4	135D	12F-4R	38.0		No
3930	$24410	$10740	$12940	**$16110**	**$17580**	New Holland	3T	192D	8F-8R	45.0		No
3930 4WD	$29920	$13170	$15860	**$19750**	**$21540**	New Holland	3T	192D	8F-8R	45.0		No
4630	$26945	$11320	$12930	**$17250**	**$18590**	New Holland	3T	192D	16F-8R	55.0		No
4630 4WD	$32185	$13520	$15450	**$20600**	**$22210**	New Holland	3T	192D	16F-8R	55.0		No
5610S	$25976	$10910	$12470	**$16630**	**$17920**	New Holland	4	268D	8F-2R	70.0		No
5610S	$27380	$11500	$13140	**$17520**	**$18890**	New Holland	4	268D	16F-4R	70.0		No
5610S 4WD	$33530	$14080	$16090	**$21460**	**$23140**	New Holland	4	268D	8F-2R	70.0		No
5610S 4WD	$34935	$14670	$16770	**$22360**	**$24110**	New Holland	4	268D	16F-4R	70.0		No
6610S	$28387	$11920	$13630	**$18170**	**$19590**	New Holland	4	304D	8F-2R	80.0		No
6610S	$29791	$12510	$14300	**$19070**	**$20560**	New Holland	4	304D	16F-4R	80.0		No
6610S 4WD	$36821	$15470	$17670	**$23570**	**$25410**	New Holland	4	304D	8F-2R	80.0		No
6610S 4WD	$38225	$16060	$18350	**$24460**	**$26380**	New Holland	4	304D	16F-4R	80.0		No
7010 LP	$36395	$16010	$19290	**$24020**	**$26200**	New Holland	4T	304D	8F-2R	90.0		No
7010 LP	$37790	$16630	$20030	**$24940**	**$27210**	New Holland	4T	304D	16F-4R	90.0		No
7010 LP 4WD	$45510	$20020	$24120	**$30040**	**$32770**	New Holland	4T	304D	8F-2R	90.0		No
7010 LP 4WD	$46905	$20640	$24860	**$30960**	**$33770**	New Holland	4T	304D	16F-4R	90.0		No
7610S	$31315	$13640	$16430	**$20460**	**$22320**	New Holland	4T	304D	8F-2R	90.0		No
7610S	$32715	$14260	$17170	**$21380**	**$23330**	New Holland	4T	304D	16F-4R	90.0		No
7610S 4WD	$38777	$16940	$20410	**$25410**	**$27720**	New Holland	4T	304D	8F-2R	90.0		No
7610S 4WD	$40180	$17560	$21150	**$26330**	**$28730**	New Holland	4T	304D	16F-4R	90.0		No
8010 HC	$49440	$19110	$22540	**$29400**	**$32830**	New Holland	6	456D	8F-2R	96.0		No
8010 HC	$50845	$19500	$23000	**$30000**	**$33500**	New Holland	6	456D	16F-4R	96.0		No
8010 LP	$40925	$16800	$19200	**$25600**	**$27600**	New Holland	6	456D	8F-2R	96.0		No
8010 LP	$42326	$17640	$20160	**$26880**	**$28980**	New Holland	6	456D	16F-4R	96.0		No
8010 LP 4WD	$48762	$18720	$22080	**$28800**	**$32160**	New Holland	6	456D	8F-2R	96.0		No
8010 LP 4WD	$50165	$19460	$22950	**$29940**	**$33430**	New Holland	6	456D	16F-4R	96.0		No
8670	$90942	$33300	$39600	**$53100**	**$57600**	New Holland	6TI	456D	16F-9R	145.0		CHA
8670A 4WD	$106618	$39450	$46910	**$62910**	**$68240**	New Holland	6TI	456D	16F-9R	145.0		CHA
8670A 4WD SuperSteer	$108840	$40270	$47890	**$64220**	**$69660**	New Holland	6TI	456D	16F-9R	145.0		CHA
8770A	$97755	$36170	$43010	**$57680**	**$62560**	New Holland	6TI	456D	16F-9R	160.0		CHA
8770A 4WD	$109825	$39220	$46640	**$62540**	**$67840**	New Holland	6TI	456D	16F-9R	160.0		CHA
8770A 4WD SuperSteer	$112076	$40700	$48400	**$64900**	**$70400**	New Holland	6TI	456D	16F-9R	160.0		CHA
8870A	$112163	$40790	$48400	**$64900**	**$70400**	New Holland	6TI	456D	16F-9R	180.0		CHA
8870A 4WD	$124465	$44770	$53240	**$71390**	**$77440**	New Holland	6TI	456D	16F-9R	180.0		CHA
8870A 4WD SuperSteer	$126685	$45880	$54560	**$73160**	**$79360**	New Holland	6TI	456D	16F-9R	180.0		CHA
8970A 4WD	$134565	$48100	$57200	**$76700**	**$83200**	New Holland	6TI	456D	16F-9R	210.0		CHA
8970A 4WD SuperSteer	$136785	$48840	$58080	**$77880**	**$84480**	New Holland	6TI	456D	16F-9R	210.0		CHA
9184	$105359	$41090	$48470	**$57950**	**$64270**	Cummins	6TA	505D	12F-4R	240.0		CHA
9184 w/3-Pt.	$112526	$43890	$51760	**$61890**	**$68640**	Cummins	6TA	505D	12F-4R	240.0		CHA
9184 w/PTO	$113352	$44210	$52140	**$62340**	**$69150**	Cummins	6TA	505D	12F-4R	240.0		CHA
9384	$115492	$45040	$53130	**$63520**	**$70450**	Cummins	6TA	660D	12F-4R	270.0		CHA
9384 w/3-Pt.	$122480	$47770	$56340	**$67360**	**$74710**	Cummins	6TA	660D	12F-4R	270.0		No
9384 w/PTO	$123485	$48160	$56800	**$67920**	**$75330**	Cummins	6TA	660D	12F-4R	270.0		CHA
9384 PS	$126415	$49300	$58150	**$69530**	**$77110**	Cummins	6TA	660D	12F-2R	270.0		No
9384 PS W/3-Pt.	$133405	$52030	$61370	**$73370**	**$81380**	Cummins	6TA	660D	12F-2R	270.0		CHA
9384 PS w/PTO	$134410	$52420	$61830	**$73930**	**$81990**	Cummins	6TA	660D	12F-2R	270.0		CHA
9484	$127600	$49760	$58700	**$70180**	**$77840**	Cummins	6TA	660D	12F-4R	310.0		CHA
9484 w/3-Pt.	$134587	$52490	$61910	**$74020**	**$82100**	Cummins	6TA	660D	12F-4R	310.0		CHA
9484 w/PTO	$135595	$52880	$62370	**$74580**	**$82710**	Cummins	6TA	660D	12F-4R	310.0		CHA
9484 PS	$138625	$54060	$63770	**$76240**	**$84560**	Cummins	6TA	660D	12F-2R	310.0		CHA
9484 PS W/3-Pt.	$145615	$56790	$66980	**$80090**	**$88830**	Cummins	6TA	660D	12F-2R	310.0		CHA
9484 PS w/PTO	$146616	$57180	$67440	**$80640**	**$89440**	Cummins	6TA	660D	12F-2R	310.0		CHA
9684	$150750	$58790	$69350	**$82910**	**$91960**	Cummins	6TA	855D	12F-4R	360.0		CHA
9684 w/PTO	$158745	$61910	$73020	**$87310**	**$96830**	Cummins	6TA	855D	12F-4R	360.0		CHA
9684 PS	$161775	$63090	$74420	**$88980**	**$98680**	Cummins	6TA	855D	12F-2R	360.0		CHA
9684 PS w/PTO	$169766	$66210	$78090	**$93370**	**$103560**	Cummins	6TA	855D	12F-2R	360.0		CHA
9884	$181251	$70690	$83380	**$99690**	**$110560**	Cummins	6TA	855D	12F-4R	425.0		CHA
9884 w/PTO	$187185	$73000	$86110	**$102950**	**$114180**	Cummins	6TA	855D	12F-4R	425.0		CHA

LP-Low Profile, HC-High Clearance

New Holland/Ford (Cont.)

Model	Approx. Retail Price New	Estimated Value Less Repairs: Used Trade-In Avg.	Used Trade-In High	Used Retail Avg.	Used Retail High	Engine Make	Engine No. Cyls.	Engine Displ. Cu.-in.	No. Speeds	P.T.O. H.P.	Approx. Shipping Wt.-Lbs.	Cab
2000												
TC18	$8175	$3350	$4170	**$5310**	**$5800**	Shibaura	3	58D	6F-2R	15.0		No
TC18 4WD	$9370	$3840	$4780	**$6090**	**$6650**	Shibaura	3	58D	6F-2R	15.0		No
TC18 4WD Hydro	$10530	$4320	$5370	**$6850**	**$7480**	Shibaura	3	58D	Variable	14.0		No
TC21	$12250	$5020	$6250	**$7960**	**$8700**	Shibaura	3	61D	9F-3R	17.0		No
TC21D 4WD Hydro	$13955	$5720	$7120	**$9070**	**$9910**	Shibaura	3	61D	Variable	16.0		No
TC25	$11810	$4840	$6020	**$7680**	**$8390**	Shibaura	3	81D	9F-3R	21.7		No
TC25 4WD	$13090	$5370	$6680	**$8510**	**$9290**	Shibaura	3	81D	9F-3R	21.7		No
TC25D 4WD Hydro	$15550	$6380	$7930	**$10110**	**$11040**	Shibaura	3	81D	Variable	20.3		No
TC29	$13185	$5410	$6720	**$8570**	**$9360**	Shibaura	3	81D	9F-3R	25.1		No
TC29 4WD	$15000	$6150	$7650	**$9750**	**$10650**	Shibaura	3	81D	9F-3R	25.1		No
TC29D 4WD Hydro	$16930	$6940	$8630	**$11010**	**$12020**	Shibaura	3	81D	Variable	23.5		No
TC33	$13955	$5720	$7120	**$9070**	**$9910**	Shibaura	3	91D	9F-3R	28.6		No
TC33 4WD	$15236	$6250	$7770	**$9900**	**$10820**	Shibaura	3	91D	9F-3R	28.6		No
TC33D 4WD Hydro	$17700	$7260	$9030	**$11510**	**$12570**	Shibaura	3	91D	Variable	26.9		No
1720	$14365	$5890	$7330	**$9340**	**$10200**	Shibaura	3	91D	12F-4R	23.5		No
1720 4WD	$16270	$6670	$8300	**$10580**	**$11550**	Shibaura	3	91D	12F-4R	23.5		No
1920	$15860	$6500	$8090	**$10310**	**$11260**	Shibaura	4	122D	12F-4R	28.5		No
1920 4WD	$18980	$7780	$9680	**$12340**	**$13480**	Shibaura	4	122D	12F-4R	28.5		No
2120 4WD	$22195	$9100	$11320	**$14430**	**$15760**	Shibaura	4	139D	12F-4R	34.5		No
TL70	$28990	$11890	$14790	**$18840**	**$20580**	New Holland	4	220D	12F-12R	56.0		No
TL70 w/Cab	$36815	$15090	$18780	**$23930**	**$26140**	New Holland	4	220D	12F-12R	56.0		CHA
TL70 4WD	$36875	$15120	$18810	**$23970**	**$26180**	New Holland	4	220D	12F-12R	56.0		No
TL70 4WD w/Cab	$44700	$18330	$22800	**$29060**	**$31740**	New Holland	4	220D	12F-12R	56.0		CHA
TL80	$31615	$12960	$16120	**$20550**	**$22450**	New Holland	4	238D	12F-12R	66.0		No
TL80 w/Cab	$40115	$16450	$20460	**$26080**	**$28480**	New Holland	4	238D	12F-12R	66.0		CHA
TL80 4WD	$39515	$16200	$20150	**$25690**	**$28060**	New Holland	4	238D	12F-12R	66.0		No
TL80 4WD w/Cab	$47740	$19570	$24350	**$31030**	**$33900**	New Holland	4	238D	12F-12R	66.0		CHA
TL90	$34580	$14180	$17640	**$22480**	**$24550**	New Holland	4T	238D	12F-12R	76.0		No
TL90 w/Cab	$42636	$17480	$21740	**$27710**	**$30270**	New Holland	4T	238D	12F-12R	76.0		CHA
TL90 4WD	$42315	$17350	$21580	**$27510**	**$30040**	New Holland	4T	238D	12F-12R	76.0		No
TL90 4WD w/Cab	$50425	$20670	$25720	**$32780**	**$35800**	New Holland	4T	238D	12F-12R	76.0		CHA
TL100	$37515	$15380	$19130	**$24390**	**$26640**	New Holland	4T	238D	24F-12R	82.0		No
TL100 w/Cab	$46425	$19030	$23680	**$30180**	**$32960**	New Holland	4T	238D	24F-12R	82.0		CHA
TL100 4WD	$45250	$18550	$23080	**$29410**	**$32130**	New Holland	4T	238D	24F-12R	82.0		No
TL100 4WD w/Cab	$54160	$22210	$27620	**$35200**	**$38450**	New Holland	4T	238D	24F-12R	82.0		CHA
TN55	$23182	$9040	$10430	**$14370**	**$15530**	New Holland	3	179D	8F-8R	42.0		No
TN55 4WD	$28502	$11120	$12830	**$17670**	**$19100**	New Holland	3	179D	8F-8R	42.0		No
TN55D	$32785	$12790	$14750	**$20330**	**$21970**	New Holland	3	179D	8F-8R	42.0		CHA
TN55D 4WD	$38210	$14900	$17200	**$23690**	**$25600**	New Holland	3	179D	8F-8R	42.0		CHA
TN55S	$31857	$12420	$14340	**$19750**	**$21340**	New Holland	3	179D	8F-8R	42.0		No
TN55S w/Cab	$39575	$15430	$17810	**$24540**	**$26520**	New Holland	3	179D	8F-8R	42.0		CHA
TN65	$24160	$9420	$10870	**$14980**	**$16190**	New Holland	3	179D	8F-8R	52.0		No
TN65 4WD	$29211	$11390	$13150	**$18110**	**$19570**	New Holland	3	179D	8F-8R	52.0		No
TN65D	$35425	$13820	$15940	**$21960**	**$23740**	New Holland	3	179D	8F-8R	52.0		CHA
TN65D 4WD	$40855	$15930	$18390	**$25330**	**$27370**	New Holland	3	179D	8F-8R	52.0		CHA
TN65S	$34500	$13460	$15530	**$21390**	**$23120**	New Holland	3	179D	8F-8R	52.0		No
TN65S w/Cab	$42215	$16460	$19000	**$26170**	**$28280**	New Holland	3	179D	8F-8R	52.0		CHA
TN65F	$27735	$10820	$12480	**$17200**	**$18580**	New Holland	4	238D	16F-16R	57.0		No
TN65F	$30845	$12030	$13880	**$19120**	**$20670**	New Holland	4	238D	32F-16R	57.0		No
TN65F w/Cab	$35990	$14040	$16200	**$22310**	**$24110**	New Holland	4	238D	16F-16R	57.0		CHA
TN65F w/Cab	$39100	$15250	$17600	**$24240**	**$26200**	New Holland	4	238D	32F-16R	57.0		CHA
TN65F 4WD	$35450	$13830	$15950	**$21980**	**$23750**	New Holland	4	238D	16F-16R	57.0		No
TN65F 4WD	$38555	$15040	$17350	**$23900**	**$25830**	New Holland	4	238D	32F-16R	57.0		No
TN65F 4WD w/Cab	$43700	$17040	$19670	**$27090**	**$29280**	New Holland	4	238D	16F-16R	57.0		CHA
TN65F 4WD w/Cab	$46810	$18260	$21070	**$29020**	**$31360**	New Holland	4	238D	32F-16R	57.0		CHA
TN70	$26875	$10480	$12090	**$16660**	**$18010**	New Holland	3T	179D	8F-8R	57.0		No
TN70 4WD	$32300	$12600	$14540	**$20030**	**$21640**	New Holland	3T	179D	8F-8R	57.0		No
TN75	$28700	$11190	$12920	**$17790**	**$19230**	New Holland	3T	179D	8F-8R	62.0		No
TN75 4WD	$34130	$13310	$15360	**$21160**	**$22870**	New Holland	3T	179D	8F-8R	62.0		CHA
TN75D	$38295	$14940	$17230	**$23740**	**$25660**	New Holland	3T	179D	8F-8R	62.0		CHA
TN75D 4WD	$43220	$16860	$19450	**$26800**	**$28960**	New Holland	3T	179D	8F-8R	62.0		CHA
TN75S	$37370	$14570	$16820	**$23170**	**$25040**	New Holland	3T	179D	8F-8R	62.0		No
TN75S w/Cab	$45085	$17580	$20290	**$27950**	**$30210**	New Holland	3T	179D	8F-8R	62.0		CHA
TN75F	$29350	$11450	$13210	**$18200**	**$19670**	New Holland	4	238D	16F-16R	67.0		No
TN75F	$32455	$12660	$14610	**$20120**	**$21750**	New Holland	4	238D	32F-16R	67.0		No
TN75F w/Cab	$37600	$14660	$16920	**$23310**	**$25190**	New Holland	4	238D	16F-16R	67.0		CHA
TN75F w/Cab	$40710	$15880	$18320	**$25240**	**$27280**	New Holland	4	238D	32F-16R	67.0		CHA
TN75F 4WD	$37175	$14500	$16730	**$23050**	**$24910**	New Holland	4	238D	16F-16R	67.0		No
TN75F 4WD	$40281	$15710	$18130	**$24970**	**$26990**	New Holland	4	238D	32F-16R	67.0		No
TN75F 4WD w/Cab	$45430	$17720	$20440	**$28170**	**$30440**	New Holland	4	238D	16F-16R	67.0		CHA
TN75F 4WD w/Cab	$48535	$18930	$21840	**$30090**	**$32520**	New Holland	4	238D	32F-16R	67.0		CHA
TN90F	$31570	$12310	$14210	**$19570**	**$21150**	New Holland	4T	238D	16F-16R	80.0		No
TN90F	$34676	$13520	$15600	**$21500**	**$23230**	New Holland	4T	238D	32F-16R	80.0		No
TN90F w/Cab	$39825	$15530	$17920	**$24690**	**$26680**	New Holland	4T	238D	16F-16R	80.0		CHA
TN90F w/Cab	$42930	$16740	$19320	**$26620**	**$28760**	New Holland	4T	238D	32F-16R	80.0		CHA
TN90F 4WD	$39745	$15210	$17550	**$24180**	**$26130**	New Holland	4T	238D	16F-16R	80.0		No
TN90F 4WD	$42500	$16580	$19130	**$26350**	**$28480**	New Holland	4T	238D	32F-16R	80.0		No
TN90F 4WD w/Cab	$47997	$18720	$21600	**$29760**	**$32160**	New Holland	4T	238D	16F-16R	80.0		CHA
TN90F 4WD w/Cab	$50756	$19800	$22840	**$31470**	**$34010**	New Holland	4T	238D	32F-16R	80.0		CHA
TS90	$37012	$14440	$16660	**$22950**	**$24800**	New Holland	4	304D	24F-24R	70.0		No
TS90 4WD	$45170	$17550	$20250	**$27900**	**$30150**	New Holland	4	304D	24F-24R	70.0		No
TS90 4WD w/Cab	$54080	$21090	$24340	**$33530**	**$36230**	New Holland	4	304D	24F-24R	70.0		CHA
TS90 w/Cab	$45920	$17910	$20660	**$28470**	**$30770**	New Holland	4	304D	24F-24R	70.0		CHA
TS100	$38405	$14980	$17280	**$23810**	**$25730**	New Holland	4T	304D	16F-4R	80.0		No

New Holland/Ford (Cont.)

Model	Approx. Retail Price New	Estimated Value Less Repairs Used Trade-In Avg.	Used Trade-In High	Used Retail Avg.	Used Retail High	Engine Make	Engine No. Cyls.	Engine Displ. Cu.-in.	No. Speeds	P.T.O. H.P.	Approx. Shipping Wt.-Lbs.	Cab
2000 (Cont.)												
TS100	$41070	$15600	$18000	**$24800**	**$26800**	New Holland	4T	304D	24F-24R	80.0		No
TS100	$41525	$16200	$18690	**$25750**	**$27820**	New Holland	4T	304D	16F-16R	80.0		No
TS100 w/Cab	$49975	$19490	$22490	**$30990**	**$33480**	New Holland	4T	304D	24F-24R	80.0		CHA
TS100 w/Cab	$51270	$20000	$23070	**$31790**	**$34350**	New Holland	4T	304D	16F-16R	80.0		CHA
TS100 4WD	$50070	$19530	$22530	**$31040**	**$33550**	New Holland	4T	304D	24F-24R	80.0		No
TS100 4WD	$49460	$19290	$22260	**$30670**	**$33140**	New Holland	4T	304D	16F-16R	80.0		No
TS100 4WD w/Cab	$57915	$22590	$26060	**$35910**	**$38800**	New Holland	4T	304D	24F-24R	80.0		CHA
TS100 4WD w/Cab	$59817	$23330	$26920	**$37090**	**$40080**	New Holland	4T	304D	16F-16R	80.0		CHA
TS110	$42160	$16440	$18970	**$26140**	**$28250**	New Holland	4T	304D	16F-4R	90.0		No
TS110	$44275	$17270	$19920	**$27450**	**$29660**	New Holland	4T	304D	24F-24R	90.0		No
TS110 w/Cab	$53180	$20740	$23930	**$32970**	**$35630**	New Holland	4T	304D	24F-24R	90.0		CHA
TS110 w/Cab	$54615	$21300	$24580	**$33860**	**$36590**	New Holland	4T	304D	16F-16R	90.0		CHA
TS110 4WD	$50237	$19590	$22610	**$31150**	**$33660**	New Holland	4T	304D	16F-4R	90.0		No
TS110 4WD	$52210	$20360	$23500	**$32370**	**$34980**	New Holland	4T	304D	24F-24R	90.0		No
TS110 4WD	$53570	$20890	$24110	**$33210**	**$35890**	New Holland	4T	304D	16F-16R	90.0		No
TS110 4WD w/Cab	$61116	$23840	$27500	**$37890**	**$40950**	New Holland	4T	304D	24F-24R	90.0		CHA
TS110 4WD w/Cab	$63315	$24690	$28490	**$39260**	**$42420**	New Holland	4T	304D	16F-16R	90.0		CHA
TM115	$56975	$20510	$24500	**$33050**	**$37030**	New Holland	6	456D	23F-12R	92.0		CHA
TM115	$58525	$21070	$25170	**$33950**	**$38040**	New Holland	6	456D	17F-6R	92.0		CHA
TM115 4WD	$66655	$24000	$28660	**$38660**	**$43330**	New Holland	6	456D	24F-12R	92.0		CHA
TM115 4WD	$71615	$25780	$30790	**$41540**	**$46550**	New Holland	6	456D	18F-6R	92.0		CHA
TM125	$60965	$21950	$26220	**$35360**	**$39630**	New Holland	6T	456D	23F-12R	100.0		CHA
TM125	$62680	$22570	$26950	**$36350**	**$40740**	New Holland	6T	456D	17F-6R	100.0		CHA
TM125 4WD	$70830	$25500	$30460	**$41080**	**$46040**	New Holland	6T	456D	24F-12R	100.0		CHA
TM125 4WD	$75810	$27290	$32600	**$43970**	**$49280**	New Holland	6T	456D	18F-6R	100.0		CHA
TM135	$64110	$23080	$27570	**$37180**	**$41670**	New Holland	6T	456D	23F-12R	110.0		CHA
TM135	$66845	$24060	$28740	**$38770**	**$43450**	New Holland	6T	456D	17F-6R	110.0		CHA
TM135 4WD	$79970	$28790	$34390	**$46380**	**$51980**	New Holland	6T	456D	18F-6R	110.0		CHA
TM150	$74230	$26720	$31920	**$43050**	**$48250**	New Holland	6T	456D	17F-6R	120.0		CHA
TM150 4WD	$88980	$32030	$38260	**$51610**	**$57840**	New Holland	6T	456D	18F-6R	120.0		CHA
TM165	$81605	$29380	$35090	**$47330**	**$53040**	New Holland	6T	456D	17F-6R	135.0		CHA
TM165 4WD	$96350	$34690	$41430	**$55880**	**$62630**	New Holland	6T	456D	18F-6R	135.0		CHA
3010S	$18580	$7250	$8360	**$11520**	**$12450**	New Holland	3	165D	8F-2R	42.0		No
3010S 4WD	$25630	$10000	$11530	**$15890**	**$17170**	New Holland	3	165D	8F-2R	42.0		No
3415	$18720	$7300	$8420	**$11610**	**$12540**	Shibaura	4	135D	12F-4R	38.0		No
3430	$20350	$7940	$9160	**$12620**	**$13640**	New Holland	3	192D	8F-2R	40.0	4622	No
3430 4WD	$25285	$9860	$11380	**$15680**	**$16940**	New Holland	3	192D	8F-2R	40.0	5150	No
3830	$23455	$9620	$11960	**$15250**	**$16650**	New Holland	3	165D	12F-12R	45.0		No
3830 4WD	$30415	$12470	$15510	**$19770**	**$21600**	New Holland	3	165D	12F-12R	45.0		No
3830 4WD w/Cab	$36085	$14800	$18400	**$23460**	**$25620**	New Holland	3	165D	12F-12R	45.0		CH
3830 w/Cab	$28920	$11860	$14750	**$18800**	**$20530**	New Holland	3	165D	12F-12R	45.0		CH
3930	$24970	$10240	$12740	**$16230**	**$17730**	New Holland	3T	192D	8F-8R	45.0		No
3930 4WD	$30285	$12420	$15450	**$19690**	**$21500**	New Holland	3T	192D	8F-8R	45.0		No
4330V	$25640	$10000	$11540	**$15900**	**$17180**	New Holland	4	220D	12F-12R	62.0		No
4330V 4WD	$32320	$12610	$14540	**$20040**	**$21650**	New Holland	4	220D	12F-12R	62.0		No
4330V 4WD w/Cab	$37680	$14700	$16960	**$23360**	**$25250**	New Holland	4	220D	12F-12R	62.0		CHA
4330V w/Cab	$31100	$12130	$14000	**$19280**	**$20840**	New Holland	4	220D	12F-12R	62.0		CHA
4630	$26945	$10510	$12130	**$16710**	**$18050**	New Holland	3T	192D	16F-8R	55.0		No
4630 4WD	$32185	$12550	$14480	**$19960**	**$21560**	New Holland	3T	192D	16F-8R	55.0		No
4835	$29220	$11400	$13150	**$18120**	**$19580**	New Holland	4	220D	24F-12R	56.0		No
4835 4WD	$36737	$14330	$16530	**$22780**	**$24610**	New Holland	4	220D	24F-12R	56.0		No
4835 4WD w/Cab	$45240	$17640	$20360	**$28050**	**$30310**	New Holland	4	220D	24F-12R	56.0		CHA
4835 w/Cab	$37735	$14720	$16980	**$23400**	**$25280**	New Holland	4	220D	24F-12R	56.0		CHA
5030	$28715	$11200	$12920	**$17800**	**$19240**	New Holland	4	256D	8F-8R	62.0	5597	No
5030 4WD	$34095	$13300	$15340	**$21140**	**$22840**	New Holland	4	256D	8F-8R	62.0	6125	No
5610S	$25976	$10130	$11690	**$16110**	**$17400**	New Holland	4	268D	8F-2R	70.0		No
5610S 4WD	$33530	$13080	$15090	**$20790**	**$22470**	New Holland	4	268D	8F-2R	70.0		No
5635	$34000	$13260	$15300	**$21080**	**$22780**	New Holland	4	238D	24F-12R	66.0		No
5635 4WD	$41477	$16180	$18670	**$25720**	**$27790**	New Holland	4	238D	24F-12R	66.0		No
5635 4WD w/Cab	$50210	$19580	$22600	**$31130**	**$33640**	New Holland	4	238D	24F-12R	66.0		CHA
5635 w/Cab	$42745	$16670	$19240	**$26500**	**$28640**	New Holland	4	238D	24F-12R	66.0		CHA
6610S	$28390	$11070	$12780	**$17600**	**$19020**	New Holland	4	304D	8F-2R	80.0		No
6610S 4WD	$36820	$14360	$16570	**$22830**	**$24670**	New Holland	4	304D	8F-2R	80.0		No
6635	$35290	$13760	$15880	**$21880**	**$23640**	New Holland	4T	238D	24F-12R	76.0		No
6635 4WD	$43985	$17150	$19790	**$27270**	**$29470**	New Holland	4T	238D	24F-12R	76.0		No
6635 4WD w/Cab	$52735	$20570	$23730	**$32700**	**$35330**	New Holland	4T	238D	24F-12R	76.0		CHA
6635 w/Cab	$44025	$17170	$19810	**$27300**	**$29500**	New Holland	4T	238D	24F-12R	76.0		CHA
7010 LP	$37790	$15490	$19270	**$24560**	**$26830**	New Holland	4T	304D	16F-4R	90.0		No
7010 LP 4WD	$45700	$18740	$23310	**$29710**	**$32450**	New Holland	4T	304D	16F-4R	90.0		No
7610S	$31315	$12840	$15970	**$20360**	**$22230**	New Holland	4T	304D	8F-2R	90.0		No
7610S 4WD	$38775	$15900	$19780	**$25200**	**$27530**	New Holland	4T	304D	8F-2R	90.0		No
7635	$37065	$14460	$16680	**$22980**	**$24830**	New Holland	4T	238D	24F-12R	86.0		No
7635 4WD	$45575	$17770	$20510	**$28260**	**$30540**	New Holland	4T	238D	24F-12R	86.0		No
7635 4WD w/Cab	$54300	$19500	$22500	**$31000**	**$33500**	New Holland	4T	238D	24F-12R	86.0		CHA
7635 w/Cab	$45795	$17860	$20610	**$28390**	**$30680**	New Holland	4T	238D	24F-12R	86.0		CHA
8010 HC	$50845	$18300	$21860	**$29490**	**$33050**	New Holland	6	456D	8F-2R	96.0		No
8010 LP	$42326	$16510	$19050	**$26240**	**$28360**	New Holland	6	456D	16F-4R	96.0		No
8010 LP 4WD	$50165	$18060	$21570	**$29100**	**$32610**	New Holland	6	456D	16F-4R	96.0		No
8160	$45950	$15160	$18840	**$25270**	**$27570**	New Holland	6	456D	23F-12R	90.0		No
8160 4WD	$55000	$18150	$22550	**$30250**	**$33000**	New Holland	6	456D	23F-12R	90.0		No
8160 4WD w/Cab	$63090	$20820	$25870	**$34700**	**$37850**	New Holland	6	456D	23F-12R	90.0		CHA
8160 w/Cab	$54040	$17830	$22160	**$29720**	**$32420**	New Holland	6	456D	23F-12R	90.0		CHA
8260	$49830	$16440	$20430	**$27410**	**$29900**	New Holland	6	456D	23F-12R	100.0		No
8260 4WD	$58885	$19430	$24140	**$32390**	**$35330**	New Holland	6	456D	23F-12R	100.0		No

New Holland/Ford (Cont.)

2000 (Cont.)

Model	Approx. Retail Price New	Used Trade-In Avg.	Used Trade-In High	Used Retail Avg.	Used Retail High	Engine Make	Engine No. Cyls.	Engine Displ. Cu.-in.	No. Speeds	P.T.O. H.P.	Approx. Shipping Wt.-Lbs.	Cab
8260 4WD w/Cab	$67070	$22130	$27500	**$36890**	**$40240**	New Holland	6	456D	23F-12R	100.0		CHA
8260 w/Cab	$58015	$19150	$23790	**$31910**	**$34810**	New Holland	6	456D	23F-12R	100.0		CHA
8360	$58265	$19470	$24190	**$32450**	**$35400**	New Holland	6T	456D	23F-12R	115.0		No
8360 4WD	$70225	$23170	$28790	**$38620**	**$42140**	New Holland	6T	456D	23F-12R	115.0		No
8360 4WD w/Cab	$78475	$25900	$32180	**$43160**	**$47090**	New Holland	6T	456D	23F-12R	115.0		CHA
8360 w/Cab	$66435	$21920	$27240	**$36540**	**$39860**	New Holland	6T	456D	23F-12R	115.0		CHA
8560 4WD w/Cab	$87110	$28750	$35720	**$47910**	**$52270**	New Holland	6T	456D	18F-6R	130.0		CHA
8560 w/Cab	$74800	$24680	$30670	**$41140**	**$44880**	New Holland	6T	456D	17F-6R	130.0		CHA
8670	$88815	$29310	$36410	**$48850**	**$53290**	New Holland	6TI	456D	16F-9R	145.0		CHA
8670 4WD	$107660	$35530	$44140	**$59210**	**$64600**	New Holland	6TI	456D	16F-9R	145.0		CHA
8770	$95565	$31540	$39180	**$52560**	**$57340**	New Holland	6TI	456D	16F-9R	160.0		CHA
8770 4WD	$109885	$34980	$43460	**$58300**	**$63600**	New Holland	6TI	456D	16F-9R	160.0		CHA
8870	$108850	$34650	$43050	**$57750**	**$63000**	New Holland	6TI	456D	16F-9R	180.0		CHA
8870 4WD	$121365	$38940	$48380	**$64900**	**$70800**	New Holland	6TI	456D	16F-9R	180.0		CHA
8970 4WD	$133410	$42900	$53300	**$71500**	**$78000**	New Holland	6TI	456D	16F-9R	210.0		CHA

LP-Low Profile, HC-High Clearance

1999

Model	Approx. Retail Price New	Used Trade-In Avg.	Used Trade-In High	Used Retail Avg.	Used Retail High	Engine Make	Engine No. Cyls.	Engine Displ. Cu.-in.	No. Speeds	P.T.O. H.P.	Approx. Shipping Wt.-Lbs.	Cab
TC18	$8780	$3420	$4300	**$5620**	**$6150**	Shibaura	3	58D	6F-2R	15.0		No
TC18 4WD	$9840	$3840	$4820	**$6300**	**$6890**	Shibaura	3	58D	6F-2R	15.0		No
TC18 4WD Hydro	$10995	$4290	$5390	**$7040**	**$7700**	Shibaura	3	58D	Variable	14.0		No
TC21	$13145	$5130	$6440	**$8410**	**$9200**	Shibaura	3	61D	9F-3R	17.0		No
TC21D 4WD Hydro	$14875	$5800	$7290	**$9520**	**$10410**	Shibaura	3	61D	Variable	16.0		No
TC25	$12415	$4840	$6080	**$7950**	**$8690**	Shibaura	3	81D	9F-3R	21.7		No
TC25 4WD	$13700	$5340	$6710	**$8770**	**$9590**	Shibaura	3	81D	9F-3R	21.7		No
TC25D 4WD Hydro	$16160	$6300	$7920	**$10340**	**$11310**	Shibaura	3	81D	Variable	20.3		No
TC29	$13185	$5140	$6460	**$8440**	**$9230**	Shibaura	3	81D	9F-3R	25.1		No
TC29 4WD	$14470	$5640	$7090	**$9260**	**$10130**	Shibaura	3	81D	9F-3R	25.1		No
TC29D 4WD Hydro	$16930	$6600	$8300	**$10840**	**$11850**	Shibaura	3	81D	Variable	23.5		No
TC33	$13955	$5440	$6840	**$8930**	**$9770**	Shibaura	3	91D	9F-3R	28.6		No
TC33 4WD	$15236	$5940	$7470	**$9750**	**$10670**	Shibaura	3	91D	9F-3R	28.6		No
TC33D 4WD Hydro	$17700	$6900	$8670	**$11330**	**$12390**	Shibaura	3	91D	Variable	26.9		No
TN55D	$32640	$11100	$14040	**$19580**	**$21220**	New Holland	3	179D	8F-8R	42.0		CHA
TN55D 4WD	$37860	$12870	$16280	**$22720**	**$24610**	New Holland	3	179D	8F-8R	42.0		CHA
TN55S	$31630	$10750	$13600	**$18980**	**$20560**	New Holland	3	179D	8F-8R	42.0		No
TN55S w/Cab	$39195	$13330	$16850	**$23520**	**$25480**	New Holland	3	179D	8F-8R	42.0		CHA
TN65D	$35495	$12070	$15260	**$21300**	**$23070**	New Holland	3	179D	8F-8R	52.0		CHA
TN65D 4WD	$40815	$13880	$17550	**$24490**	**$26530**	New Holland	3	179D	8F-8R	52.0		CHA
TN65S	$34590	$11760	$14870	**$20750**	**$22480**	New Holland	3	179D	8F-8R	52.0		No
TN65S w/Cab	$42150	$14330	$18130	**$25290**	**$27400**	New Holland	3	179D	8F-8R	52.0		CHA
TN65F	$27590	$9380	$11860	**$16550**	**$17930**	New Holland	4	238D	16F-16R	57.0		No
TN65F	$30635	$10420	$13170	**$18380**	**$19910**	New Holland	4	238D	32F-16R	57.0		No
TN65F w/Cab	$35680	$12130	$15340	**$21410**	**$23190**	New Holland	4	238D	16F-16R	57.0		CHA
TN65F w/Cab	$38730	$13170	$16650	**$23240**	**$25180**	New Holland	4	238D	32F-16R	57.0		CHA
TN65F 4WD	$35230	$11980	$15150	**$21140**	**$22900**	New Holland	4	238D	16F-16R	57.0		No
TN65F 4WD	$38280	$13020	$16460	**$22970**	**$24880**	New Holland	4	238D	32F-16R	57.0		No
TN65F 4WD w/Cab	$43320	$14730	$18630	**$25990**	**$28160**	New Holland	4	238D	16F-16R	57.0		CHA
TN65F 4WD w/Cab	$46370	$15770	$19940	**$27820**	**$30140**	New Holland	4	238D	32F-16R	57.0		CHA
TN75D	$37965	$12910	$16330	**$22780**	**$24680**	New Holland	3T	179D	8F-8R	62.0		CHA
TN75D 4WD	$43290	$14720	$18620	**$25970**	**$28140**	New Holland	3T	179D	8F-8R	62.0		CHA
TN75S	$37060	$12600	$15940	**$22240**	**$24090**	New Holland	3T	179D	8F-8R	62.0		No
TN75S w/Cab	$44625	$15170	$19190	**$26780**	**$29010**	New Holland	3T	179D	8F-8R	62.0		CHA
TN75F	$29085	$9890	$12510	**$17450**	**$18910**	New Holland	4	238D	16F-16R	67.0		No
TN75F	$32135	$10930	$13820	**$19280**	**$20890**	New Holland	4	238D	32F-16R	67.0		No
TN75F w/Cab	$37175	$12640	$15990	**$22310**	**$24160**	New Holland	4	238D	16F-16R	67.0		CHA
TN75F w/Cab	$40225	$13680	$17300	**$24140**	**$26150**	New Holland	4	238D	32F-16R	67.0		CHA
TN75F 4WD	$36756	$12500	$15810	**$22050**	**$23890**	New Holland	4	238D	16F-16R	67.0		No
TN75F 4WD	$39805	$13530	$17120	**$23880**	**$25870**	New Holland	4	238D	32F-16R	67.0		No
TN75F 4WD w/Cab	$44850	$15250	$19290	**$26910**	**$29150**	New Holland	4	238D	16F-16R	67.0		CHA
TN75F 4WD w/Cab	$47900	$16290	$20600	**$28740**	**$31140**	New Holland	4	238D	32F-16R	67.0		CHA
TN90F	$31370	$10670	$13490	**$18820**	**$20390**	New Holland	4T	238D	16F-16R	80.0		No
TN90F	$34420	$11700	$14800	**$20650**	**$22370**	New Holland	4T	238D	32F-16R	80.0		No
TN90F w/Cab	$39460	$13420	$16970	**$23680**	**$25650**	New Holland	4T	238D	16F-16R	80.0		CHA
TN90F w/Cab	$42505	$14450	$18280	**$25500**	**$27630**	New Holland	4T	238D	32F-16R	80.0		CHA
TN90F 4WD	$39275	$13260	$16770	**$23400**	**$25350**	New Holland	4T	238D	16F-16R	80.0		No
TN90F 4WD	$42000	$14280	$18060	**$25200**	**$27300**	New Holland	4T	238D	32F-16R	80.0		No
TN90F 4WD w/Cab	$47370	$16110	$20370	**$28420**	**$30790**	New Holland	4T	238D	16F-16R	80.0		CHA
TN90F 4WD w/Cab	$50075	$17030	$21530	**$30050**	**$32550**	New Holland	4T	238D	32F-16R	80.0		CHA
TS90	$36555	$12430	$15720	**$21930**	**$23760**	New Holland	4	304D	24F-24R	70.0		No
TS90 w/Cab	$45285	$15400	$19470	**$27170**	**$29440**	New Holland	4	304D	24F-24R	70.0		CHA
TS90 4WD	$45265	$15300	$19350	**$27000**	**$29250**	New Holland	4	304D	24F-24R	70.0		No
TS90 4WD w/Cab	$53995	$18360	$23220	**$32400**	**$35100**	New Holland	4	304D	24F-24R	70.0		CHA
TS100	$37350	$12700	$16060	**$22410**	**$24280**	New Holland	4T	304D	16F-4R	80.0		No
TS100	$40265	$13600	$17200	**$24000**	**$26000**	New Holland	4T	304D	24F-24R	80.0		No
TS100	$40710	$13840	$17510	**$24430**	**$26460**	New Holland	4T	304D	16F-16R	80.0		No
TS100 w/Cab	$48995	$16660	$21070	**$29400**	**$31850**	New Holland	4T	304D	24F-24R	80.0		CHA
TS100 w/Cab	$50265	$17090	$21610	**$30160**	**$32670**	New Holland	4T	304D	16F-16R	80.0		CHA
TS100 4WD	$49025	$16670	$21080	**$29420**	**$31870**	New Holland	4T	304D	24F-24R	80.0		No
TS100 4WD	$49425	$16810	$21250	**$29660**	**$32130**	New Holland	4T	304D	16F-16R	80.0		No
TS100 4WD w/Cab	$57775	$19640	$24840	**$34670**	**$37550**	New Holland	4T	304D	24F-24R	80.0		CHA
TS100 4WD w/Cab	$58980	$20050	$25360	**$35390**	**$38340**	New Holland	4T	304D	16F-16R	80.0		CHA
TS110	$41330	$14050	$17770	**$24800**	**$26870**	New Holland	4T	304D	16F-4R	90.0		No
TS110	$43375	$14750	$18650	**$26030**	**$28190**	New Holland	4T	304D	24F-24R	90.0		No
TS110 w/Cab	$52110	$17720	$22410	**$31270**	**$33870**	New Holland	4T	304D	24F-24R	90.0		CHA

New Holland/Ford (Cont.)

Model	Approx. Retail Price New	Estimated Value Less Repairs: Used Trade-In Avg.	Used Trade-In High	Used Retail Avg.	Used Retail High	Engine Make	No. Cyls.	Displ. Cu.-in.	No. Speeds	P.T.O. H.P.	Approx. Shipping Wt.-Lbs.	Cab
				1999 (Cont.)								
TS110 w/Cab	$53515	$18200	$23010	**$32110**	**$34790**	New Holland	4T	304D	16F-16R	90.0		CHA
TS110 4WD	$49255	$16750	$21180	**$29550**	**$32020**	New Holland	4T	304D	16F-4R	90.0		No
TS110 4WD	$51290	$17440	$22060	**$30770**	**$33340**	New Holland	4T	304D	24F-24R	90.0		No
TS110 4WD	$52255	$17770	$22470	**$31350**	**$33970**	New Holland	4T	304D	16F-16R	90.0		No
TS110 4WD w/Cab	$60025	$20410	$25810	**$36020**	**$39020**	New Holland	4T	304D	24F-24R	90.0		CHA
TS110 4WD w/Cab	$61810	$21020	$26580	**$37090**	**$40180**	New Holland	4T	304D	16F-16R	90.0		CHA
TL70	$28420	$11080	$13930	**$18190**	**$19890**	New Holland	4	220D	12F-12R	56.0		No
TL70 w/Cab	$36100	$14080	$17690	**$23100**	**$25270**	New Holland	4	220D	12F-12R	56.0		CHA
TL70 4WD	$36155	$14100	$17720	**$23140**	**$25310**	New Holland	4	220D	12F-12R	56.0		No
TL70 4WD w/Cab	$43825	$17090	$21470	**$28050**	**$30680**	New Holland	4	220D	12F-12R	56.0		CHA
TL80	$31500	$12290	$15440	**$20160**	**$22050**	New Holland	4	238D	12F-12R	66.0		No
TL80 w/Cab	$39620	$15450	$19410	**$25360**	**$27730**	New Holland	4	238D	12F-12R	66.0		CHA
TL80 4WD	$40580	$15830	$19880	**$25970**	**$28410**	New Holland	4	238D	12F-12R	66.0		No
TL80 4WD w/Cab	$48700	$18990	$23860	**$31170**	**$34090**	New Holland	4	238D	12F-12R	66.0		CHA
TL90	$33845	$13200	$16580	**$21660**	**$23690**	New Holland	4T	238D	12F-12R	76.0		No
TL90 w/Cab	$41745	$16280	$20460	**$26720**	**$29220**	New Holland	4T	238D	12F-12R	76.0		CHA
TL90 4WD	$41490	$16180	$20330	**$26550**	**$29040**	New Holland	4T	238D	12F-12R	76.0		No
TL90 4WD w/Cab	$49390	$19260	$24200	**$31610**	**$34570**	New Holland	4T	238D	12F-12R	76.0		CHA
TL100	$36725	$14320	$18000	**$23500**	**$25710**	New Holland	4T	238D	24F-12R	82.0		No
TL100 w/Cab	$45455	$17730	$22270	**$29090**	**$31820**	New Holland	4T	238D	24F-12R	82.0		CHA
TL100 4WD	$45200	$17630	$22150	**$28930**	**$31640**	New Holland	4T	238D	24F-12R	82.0		No
TL100 4WD w/Cab	$53100	$20710	$26020	**$33980**	**$37170**	New Holland	4T	238D	24F-12R	82.0		CHA
1720	$14365	$5600	$7040	**$9190**	**$10060**	Shibaura	3	91D	12F-4R	23.5		No
1720 4WD	$16350	$6380	$8010	**$10460**	**$11450**	Shibaura	3	91D	12F-4R	23.5		No
1920	$15860	$6190	$7770	**$10150**	**$11100**	Shibaura	4	122D	12F-4R	28.5		No
1920 4WD	$18980	$7400	$9300	**$12150**	**$13290**	Shibaura	4	122D	12F-4R	28.5		No
2120 4WD	$22195	$8660	$10880	**$14210**	**$15540**	Shibaura	4	139D	12F-4R	34.5		No
3010S	$18535	$6300	$7970	**$11120**	**$12050**	New Holland	3	165D	8F-2R	42.0		No
3010S 4WD	$25565	$8690	$10990	**$15340**	**$16620**	New Holland	3	165D	8F-2R	42.0		No
3415	$18720	$6370	$8050	**$11230**	**$12170**	Shibaura	4	135D	12F-4R	38.0		No
3430	$20467	$6960	$8800	**$12280**	**$13300**	New Holland	3	192D	8F-2R	40.0		No
3430 4WD	$25450	$8650	$10940	**$15270**	**$16540**	New Holland	3	192D	8F-2R	40.0		No
3830	$23455	$9150	$11490	**$15010**	**$16420**	New Holland	3	165D	12F-12R	45.0		No
3830 4WD	$30625	$11940	$15010	**$19600**	**$21440**	New Holland	3	165D	12F-12R	45.0		No
3830 4WD w/Cab	$36085	$14070	$17680	**$23090**	**$25260**	New Holland	3	165D	12F-12R	45.0		CH
3830 w/Cab	$28920	$11280	$14170	**$18510**	**$20240**	New Holland	3	165D	12F-12R	45.0		CH
3930	$24400	$9520	$11960	**$15620**	**$17080**	New Holland	3T	192D	8F-8R	45.0		No
3930 4WD	$29905	$11660	$14650	**$19140**	**$20930**	New Holland	3T	192D	8F-8R	45.0		No
4330V	$26000	$8840	$11180	**$15600**	**$16900**	New Holland	4	220D	12F-12R	62.0		No
4330V 4WD	$32685	$11110	$14060	**$19610**	**$21250**	New Holland	4	220D	12F-12R	62.0		No
4330V 4WD w/Cab	$37990	$12920	$16340	**$22790**	**$24690**	New Holland	4	220D	12F-12R	62.0		CHA
4330V w/Cab	$31460	$10700	$13530	**$18880**	**$20450**	New Holland	4	220D	12F-12R	62.0		CHA
4630	$26235	$8920	$11280	**$15740**	**$17050**	New Holland	3T	192D	16F-8R	55.0		No
4630 4WD	$31655	$10760	$13610	**$18990**	**$20580**	New Holland	3T	192D	16F-8R	55.0		No
4835	$28850	$9810	$12410	**$17310**	**$18750**	New Holland	4	220D	24F-12R	56.0		No
4835 4WD	$36500	$12410	$15700	**$21900**	**$23730**	New Holland	4	220D	24F-12R	56.0		No
4835 4WD w/Cab	$45240	$15380	$19450	**$27140**	**$29410**	New Holland	4	220D	24F-12R	56.0		CHA
4835 w/Cab	$37735	$12830	$16230	**$22640**	**$24530**	New Holland	4	220D	24F-12R	56.0		CHA
5030	$27996	$9520	$12040	**$16800**	**$18200**	New Holland	4	256D	8F-8R	62.0	5597	No
5030 4WD	$33356	$11340	$14340	**$20010**	**$21680**	New Holland	4	256D	8F-8R	62.0	6125	No
5610S	$25920	$8810	$11150	**$15550**	**$16850**	New Holland	4	268D	8F-2R	70.0		No
5635	$34000	$11560	$14620	**$20400**	**$22100**	New Holland	4	238D	24F-12R	66.0		No
5635 4WD	$41477	$14100	$17840	**$24890**	**$26960**	New Holland	4	238D	24F-12R	66.0		No
5635 4WD w/Cab	$50210	$17070	$21590	**$30130**	**$32640**	New Holland	4	238D	24F-12R	66.0		CHA
5635 w/Cab	$42745	$14530	$18380	**$25650**	**$27780**	New Holland	4	238D	24F-12R	66.0		CHA
6610S	$28331	$9630	$12180	**$17000**	**$18420**	New Holland	4	304D	8F-2R	80.0		No
6610S 4WD	$36697	$12480	$15780	**$22020**	**$23850**	New Holland	4	304D	8F-2R	80.0		No
6635	$35290	$12000	$15180	**$21170**	**$22940**	New Holland	4T	238D	24F-12R	76.0		No
6635 4WD	$43985	$14960	$18910	**$26390**	**$28590**	New Holland	4T	238D	24F-12R	76.0		No
6635 4WD w/Cab	$52735	$17930	$22680	**$31640**	**$34280**	New Holland	4T	238D	24F-12R	76.0		CHA
6635 w/Cab	$44025	$14970	$18930	**$26420**	**$28620**	New Holland	4T	238D	24F-12R	76.0		CHA
7010 LP	$37720	$14710	$18480	**$24140**	**$26400**	New Holland	4T	304D	16F-4R	90.0		No
7010 LP 4WD	$45625	$17790	$22360	**$29200**	**$31940**	New Holland	4T	304D	16F-4R	90.0		No
7610S	$31216	$12170	$15300	**$19980**	**$21850**	New Holland	4T	304D	8F-2R	90.0		No
7610S 4WD	$38653	$15080	$18940	**$24740**	**$27060**	New Holland	4T	304D	8F-2R	90.0		No
7635	$37065	$12600	$15940	**$22240**	**$24090**	New Holland	4T	238D	24F-12R	86.0		No
7635 4WD	$45575	$15500	$19600	**$27350**	**$29620**	New Holland	4T	238D	24F-12R	86.0		No
7635 4WD w/Cab	$54300	$17000	$21500	**$30000**	**$32500**	New Holland	4T	238D	24F-12R	86.0		CHA
7635 w/Cab	$45795	$15570	$19690	**$27480**	**$29770**	New Holland	4T	238D	24F-12R	86.0		CHA
8010 HC	$49440	$16810	$19780	**$27690**	**$31150**	New Holland	6	456D	8F-2R	96.0		No
8010 LP	$42326	$14390	$18200	**$25400**	**$27510**	New Holland	6	456D	16F-4R	96.0		No
8010 LP 4WD	$49997	$17000	$20000	**$28000**	**$31500**	New Holland	6	456D	16F-4R	96.0		No
8160	$47300	$16080	$18920	**$26490**	**$29800**	New Holland	6	456D	23F-12R	90.0		No
8160 4WD	$56350	$19160	$22540	**$31560**	**$35500**	New Holland	6	456D	23F-12R	90.0		No
8160 4WD w/Cab	$64535	$21940	$25810	**$36140**	**$40660**	New Holland	6	456D	23F-12R	90.0		CHA
8160 w/Cab	$55480	$18860	$22190	**$31070**	**$34950**	New Holland	6	456D	23F-12R	90.0		CHA
8260	$51275	$15900	$20000	**$26660**	**$29230**	New Holland	6	456D	23F-12R	100.0		No
8260 4WD	$60330	$18700	$23530	**$31370**	**$34390**	New Holland	6	456D	23F-12R	100.0		No
8260 4WD w/Cab	$68510	$21240	$26720	**$35630**	**$39050**	New Holland	6	456D	23F-12R	100.0		CHA
8260 w/Cab	$59445	$18430	$23180	**$30910**	**$33880**	New Holland	6	456D	23F-12R	100.0		CHA
8360	$59465	$18290	$23010	**$30680**	**$33630**	New Holland	6T	456D	23F-12R	115.0		No
8360 4WD	$71775	$22250	$27990	**$37320**	**$40910**	New Holland	6T	456D	23F-12R	115.0		No
8360 4WD w/Cab	$81390	$25230	$31740	**$42320**	**$46390**	New Holland	6T	456D	23F-12R	115.0		CHA
8360 w/Cab	$69075	$21410	$26940	**$35920**	**$39370**	New Holland	6T	456D	23F-12R	115.0		CHA

Model	Approx. Retail Price New	Estimated Value Less Repairs Used Trade-In Avg.	Used Trade-In High	Used Retail Avg.	Used Retail High	Engine Make	No. Cyls.	Displ. Cu.-in.	No. Speeds	P.T.O. H.P.	Approx. Shipping Wt.-Lbs.	Cab
New Holland/Ford (Cont.)												
				1999 (Cont.)								
8560 4WD w/Cab	$88465	$27420	$34500	$46000	$50430	New Holland	6T	456D	18F-6R	130.0		CHA
8560 w/Cab	$76040	$23570	$29660	$39540	$43340	New Holland	6T	456D	17F-6R	130.0		CHA
8670	$86125	$26700	$33590	$44790	$49090	New Holland	6TI	456D	16F-9R	145.0		CHA
8670 4WD	$102505	$31780	$39980	$53300	$58430	New Holland	6TI	456D	16F-9R	145.0		CHA
8770	$94266	$29220	$36760	$49020	$53730	New Holland	6TI	456D	16F-9R	160.0		CHA
8770 4WD	$109380	$32860	$41340	$55120	$60420	New Holland	6TI	456D	16F-9R	160.0		CHA
8870	$108320	$32550	$40950	$54600	$59850	New Holland	6TI	456D	16F-9R	180.0		CHA
8870 4WD	$122480	$36890	$46410	$61880	$67830	New Holland	6TI	456D	16F-9R	180.0		CHA
8970 4WD	$132490	$39990	$50310	$67080	$73530	New Holland	6TI	456D	16F-9R	210.0		CHA
LP-Low Profile, HC-High Clearance												
				1998								
TN65F	$26740	$8820	$10960	$15510	$16850	New Holland	4	238D	16F-16R	57.0		No
TN65F w/Cab	$34710	$11450	$14230	$20130	$21870	New Holland	4	238D	16F-16R	57.0		CHA
TN65F 4WD	$34190	$11280	$14020	$19830	$21540	New Holland	4	238D	16F-16R	57.0		No
TN65F 4WD w/Cab	$42165	$13910	$17290	$24460	$26560	New Holland	4	238D	16F-16R	57.0		CHA
TN75F	$28300	$9340	$11600	$16410	$17830	New Holland	4	238D	16F-16R	67.0		No
TN75F w/Cab	$36270	$11970	$14870	$21040	$22850	New Holland	4	238D	16F-16R	67.0		CHA
TN75F 4WD	$35860	$11830	$14700	$20800	$22590	New Holland	4	238D	16F-16R	67.0		No
TN75F 4WD w/Cab	$43830	$14460	$17970	$25420	$27610	New Holland	4	238D	16F-16R	67.0		CHA
TN90F	$30445	$10050	$12480	$17660	$19180	New Holland	4T	238D	16F-16R	80.0		No
TN90F w/Cab	$38415	$12680	$15750	$22280	$24200	New Holland	4T	238D	16F-16R	80.0		CHA
TN90F 4WD	$38000	$12540	$15580	$22040	$23940	New Holland	4T	238D	16F-16R	80.0		No
TN90F 4WD w/Cab	$45975	$15170	$18850	$26670	$28960	New Holland	4T	238D	16F-16R	80.0		CHA
TS90	$33360	$11010	$13680	$19350	$21020	New Holland	4	304D	24F-24R	70.0		No
TS90 w/Cab	$43964	$14510	$18030	$25500	$27700	New Holland	4	304D	24F-24R	70.0		CHA
TS90 4WD	$42980	$14180	$17620	$24930	$27080	New Holland	4	304D	24F-24R	70.0		No
TS90 4WD w/Cab	$51585	$17020	$21150	$29920	$32500	New Holland	4	304D	24F-24R	70.0		CHA
TS100	$39017	$12880	$16000	$22630	$24580	New Holland	4T	304D	24F-24R	80.0		No
TS100 4WD	$46686	$15410	$19140	$27080	$29410	New Holland	4T	304D	24F-24R	80.0		No
TS100 4WD w/Cab	$55290	$18250	$22670	$32070	$34830	New Holland	4T	304D	24F-24R	80.0		CHA
TS100 w/Cab	$47621	$15720	$19530	$27620	$30000	New Holland	4T	304D	24F-24R	80.0		CHA
TS110	$42111	$13900	$17270	$24420	$26530	New Holland	4T	304D	24F-24R	90.0		No
TS110 4WD	$49780	$16430	$20410	$28870	$31360	New Holland	4T	304D	24F-24R	90.0		No
TS110 4WD w/Cab	$58385	$19270	$23940	$33860	$36780	New Holland	4T	304D	24F-24R	90.0		CHA
TS110 w/Cab	$50715	$16740	$20790	$29420	$31950	New Holland	4T	304D	24F-24R	90.0		CHA
1215	$8978	$3320	$4220	$5660	$6200	Shibaura	3	54D	6F-2R	13.5	1338	No
1215 4WD	$10035	$3710	$4720	$6320	$6920	Shibaura	3	54D	6F-2R	13.5	1429	No
1215H 4WD Hydro	$11058	$4090	$5200	$6970	$7630	Shibaura	3	54D	Variable	13.5	1484	No
1215H Hydro	$10000	$3700	$4700	$6300	$6900	Shibaura	3	54D	Variable	13.5	1393	No
1220 4WD	$11823	$4380	$5560	$7450	$8160	Shibaura	3	58D	9F-3R	14.5	1429	No
1220H 4WD Hydro	$13736	$5080	$6460	$8650	$9480	Shibaura	3	58D	Variable	14.5	1484	No
1320	$12636	$4680	$5940	$7960	$8720	Shibaura	3	77D	9F-3R	17.0	2145	No
1320 4WD	$13995	$5180	$6580	$8820	$9660	Shibaura	3	77D	9F-3R	17.0	2271	No
1320H 4WD Hydro	$15344	$5680	$7210	$9670	$10590	Shibaura	3	77D	Variable	17.0	2297	No
1320H Hydro	$13985	$5170	$6570	$8810	$9650	Shibaura	3	77D	Variable	17.0	2172	No
1530	$13782	$5100	$6480	$8680	$9510	Shibaura	3	81D	9F-3R	21.7	2200	No
1530 4WD	$15300	$5660	$7190	$9640	$10560	Shibaura	3	81D	9F-3R	21.7	2320	No
1530H 4WD Hydro	$16820	$6220	$7910	$10600	$11610	Shibaura	3	81D	Variable	21.7	2352	No
1630 4WD	$16165	$5980	$7600	$10180	$11150	Shibaura	3	81D	9F-3R	24.0		No
1630 4WD Hydro	$17557	$6500	$8250	$11060	$12110	Shibaura	3	81D	Variable	24.0		No
1720	$13816	$5110	$6490	$8700	$9530	Shibaura	3	91D	12F-4R	23.5	2491	No
1720 4WD	$15680	$5800	$7370	$9880	$10820	Shibaura	3	91D	12F-4R	23.5	2690	No
1725	$12410	$4590	$5830	$7820	$8560	Shibaura	3	81D	9F-3R	25.1		No
1725 4WD	$13924	$5150	$6540	$8770	$9610	Shibaura	3	81D	9F-3R	25.1		No
1920	$15814	$5850	$7430	$9960	$10910	Shibaura	4	122D	12F-4R	28.5	2849	No
1920 4WD	$18390	$6800	$8640	$11590	$12690	Shibaura	4	122D	12F-4R	28.5	3069	No
1925 4WD Hydro	$17257	$6390	$8110	$10870	$11910	Shibaura	3	91D	Variable	29.3		No
2120 4WD	$21510	$7960	$10110	$13550	$14840	Shibaura	4	139D	12F-4R	34.5	3858	No
3010S	$18062	$5960	$7410	$10480	$11380	New Holland	3	165D	8F-2R	42.0		No
3010S 4WD	$25090	$9280	$11790	$15810	$17310	New Holland	3	165D	8F-2R	42.0		No
3415	$18032	$5950	$7390	$10460	$11360	Shibaura	4	135D	12F-4R	38.0	3483	No
3430	$20467	$6750	$8390	$11870	$12890	New Holland	3	192D	8F-2R	40.0	4622	No
3430 4WD	$25450	$8400	$10440	$14760	$16030	New Holland	3	192D	8F-2R	40.0	5150	No
3830	$22773	$7520	$9340	$13210	$14350	New Holland	3	165D	12F-12R	45.0	3804	No
3830 4WD	$29815	$9840	$12220	$17290	$18780	New Holland	3	165D	12F-12R	45.0	4020	No
3830 4WD w/Cab	$35197	$11620	$14430	$20410	$22170	New Holland	3	165D	12F-12R	45.0		CH
3830 w/Cab	$28145	$9290	$11540	$16320	$17730	New Holland	3	165D	12F-12R	45.0		CH
3930	$23650	$7810	$9700	$13720	$14900	New Holland	3	192D	8F-8R	45.0	5207	No
3930 4WD	$29067	$9590	$11920	$16860	$18310	New Holland	3	192D	8F-8R	45.0	5735	No
3930 4WD w/Cab	$34710	$11450	$14230	$20130	$21870	New Holland	3	192D	8F-8R	45.0	6235	CH
3930 w/Cab	$27810	$9180	$11400	$16130	$17520	New Holland	3	192D	8F-8R	45.0	5707	CH
4330V	$25255	$8330	$10360	$14650	$15910	New Holland	4	220D	12F-12R	62.0	3935	No
4330V 4WD	$31845	$10510	$13060	$18470	$20060	New Holland	4	220D	12F-12R	62.0	4122	No
4330V 4WD w/Cab	$37068	$12230	$15200	$21500	$23350	New Holland	4	220D	12F-12R	62.0		CHA
4330V w/Cab	$30636	$10110	$12560	$17770	$19300	New Holland	4	220D	12F-12R	62.0		CHA
4630	$25520	$8420	$10460	$14800	$16080	New Holland	3T	192D	16F-8R	55.0	5030	No
4630 4WD	$32150	$10610	$13180	$18650	$20260	New Holland	3T	192D	16F-8R	55.0	5822	No
4835	$28217	$9310	$11570	$16370	$17780	New Holland	4	220D	24F-12R	56.0		No
4835 4WD	$35610	$11750	$14600	$20650	$22430	New Holland	4	220D	24F-12R	56.0		No
4835 4WD w/Cab	$43984	$14520	$18030	$25510	$27710	New Holland	4	220D	24F-12R	56.0		CHA
4835 w/Cab	$36620	$12090	$15010	$21240	$23070	New Holland	4	220D	24F-12R	56.0		CHA
5030	$27996	$9240	$11480	$16240	$17640	New Holland	4	256D	8F-8R	62.0	5597	No
5030 4WD	$33356	$11010	$13680	$19350	$21010	New Holland	4	256D	8F-8R	62.0	6125	No

New Holland/Ford (Cont.)

Model	Approx. Retail Price New	Estimated Value Less Repairs Used Trade-In Avg.	Used Trade-In High	Used Retail Avg.	Used Retail High	Make	Engine No. Cyls.	Engine Displ. Cu.-in.	No. Speeds	P.T.O. H.P.	Approx. Shipping Wt.-Lbs.	Cab
				1998 (Cont.)								
5610S	$25920	$9590	$12180	**$16330**	**$17890**	New Holland	4	268D	8F-2R	70.0	5995	No
5635	$32937	$10870	$13500	**$19100**	**$20750**	New Holland	4	238D	24F-12R	66.0		No
5635 4WD	$40290	$13300	$16520	**$23370**	**$25380**	New Holland	4	238D	24F-12R	66.0		No
5635 4WD w/Cab	$48893	$16140	$20050	**$28360**	**$30800**	New Holland	4	238D	24F-12R	66.0		CHA
5635 w/Cab	$41540	$13710	$17030	**$24090**	**$26170**	New Holland	4	238D	24F-12R	66.0		CHA
6610S	$28331	$9350	$11620	**$16430**	**$17850**	New Holland	4	304D	8F-2R	80.0	5995	No
6610S 4WD	$36697	$12110	$15050	**$21280**	**$23120**	New Holland	4	304D	8F-2R	80.0	6925	No
6635	$34185	$11280	$14020	**$19830**	**$21540**	New Holland	4T	238D	24F-12R	76.0		No
6635 4WD	$42615	$14060	$17470	**$24720**	**$26850**	New Holland	4T	238D	24F-12R	76.0		No
6635 4WD w/Cab	$51220	$16900	$21000	**$29710**	**$32270**	New Holland	4T	238D	24F-12R	76.0		CHA
6635 w/Cab	$42790	$14120	$17540	**$24820**	**$26960**	New Holland	4T	238D	24F-12R	76.0		CHA
7010 LP	$37495	$12370	$15370	**$21750**	**$23620**	New Holland	4T	304D	16F-4R	90.0		No
7010 LP 4WD	$45775	$14650	$17400	**$24720**	**$27920**	New Holland	4T	304D	16F-4R	90.0		No
7610S	$31216	$10300	$12800	**$18110**	**$19670**	New Holland	4T	304D	8F-2R	90.0	6375	No
7610S 4WD	$38653	$12760	$15850	**$22420**	**$24350**	New Holland	4T	304D	8F-2R	90.0	7305	No
7635	$35930	$11860	$14730	**$20840**	**$22640**	New Holland	4T	238D	24F-12R	86.0		No
7635 4WD	$44312	$14620	$18170	**$25700**	**$27920**	New Holland	4T	238D	24F-12R	86.0		No
7635 4WD w/Cab	$52916	$16500	$20500	**$29000**	**$31500**	New Holland	4T	238D	24F-12R	86.0		CHA
7635 w/Cab	$44535	$14700	$18260	**$25830**	**$28060**	New Holland	4T	238D	24F-12R	86.0		CHA
8010 HC	$47366	$15630	$19420	**$27470**	**$29840**	New Holland	6	456D	16F-4R	96.0		No
8010 LP	$39900	$13170	$16360	**$23140**	**$25140**	New Holland	6	456D	16F-4R	96.0		No
8010 LP 4WD	$47637	$14850	$18450	**$26100**	**$28350**	New Holland	6	456D	16F-4R	96.0		No
8160	$44038	$14090	$16730	**$23780**	**$26860**	New Holland	6	456D	23F-12R	90.0		No
8160 4WD	$53000	$16960	$20140	**$28620**	**$32330**	New Holland	6	456D	23F-12R	90.0		No
8160 4WD w/Cab	$61142	$19200	$22800	**$32400**	**$36600**	New Holland	6	456D	23F-12R	90.0		CHA
8160 w/Cab	$52150	$16690	$19820	**$28160**	**$31810**	New Holland	6	456D	23F-12R	90.0		CHA
8260	$48200	$13980	$17830	**$23620**	**$26030**	New Holland	6	456D	23F-12R	100.0		No
8260 4WD	$57130	$16570	$21140	**$27990**	**$30850**	New Holland	6	456D	23F-12R	100.0		No
8260 4WD w/Cab	$65060	$18870	$24070	**$31880**	**$35130**	New Holland	6	456D	23F-12R	100.0		CHA
8260 w/Cab	$56066	$16260	$20740	**$27470**	**$30280**	New Holland	6	456D	23F-12R	100.0		CHA
8360	$56265	$16320	$20820	**$27570**	**$30380**	New Holland	6T	456D	23F-12R	115.0		No
8360 4WD	$68300	$19810	$25270	**$33470**	**$36880**	New Holland	6T	456D	23F-12R	115.0		No
8360 w/Cab	$64190	$18620	$23750	**$31450**	**$34660**	New Holland	6T	456D	23F-12R	115.0		CHA
8560 4WD w/Cab	$84611	$24540	$31310	**$41460**	**$45690**	New Holland	6T	456D	18F-6R	130.0		CHA
8560 w/Cab	$72575	$21050	$26850	**$35560**	**$39190**	New Holland	6T	456D	17F-6R	130.0		CHA
8670	$84990	$24650	$31450	**$41650**	**$45900**	New Holland	6TI	456D	16F-9R	145.0	14632	CHA
8670 4WD	$102290	$28710	$36630	**$48510**	**$53460**	New Holland	6TI	456D	16F-9R	145.0	15188	CHA
8770	$93390	$27080	$34550	**$45760**	**$50430**	New Holland	6TI	456D	16F-9R	160.0	16925	CHA
8770 4WD	$106217	$29870	$38110	**$50470**	**$55620**	New Holland	6TI	456D	16F-9R	160.0	17481	CHA
8870	$103670	$29000	$37000	**$49000**	**$54000**	New Holland	6TI	456D	16F-9R	180.0	17101	CHA
8870 4WD	$117605	$33060	$42180	**$55860**	**$61560**	New Holland	6TI	456D	16F-9R	180.0	17657	CHA
8970 4WD	$127575	$35670	$45510	**$60270**	**$66420**	New Holland	6TI	456D	16F-9R	210.0	17889	CHA
LP-Low Profile, HC-High Clearance												
				1997								
1215	$8978	$3140	$4040	**$5570**	**$6110**	Shibaura	3	54D	6F-2R	13.5	1338	No
1215 4WD	$10035	$3510	$4520	**$6220**	**$6820**	Shibaura	3	54D	6F-2R	13.5	1429	No
1215H 4WD Hydro	$11058	$3870	$4980	**$6860**	**$7520**	Shibaura	3	54D	Variable	13.5	1484	No
1215H Hydro	$10001	$3500	$4500	**$6200**	**$6800**	Shibaura	3	54D	Variable	13.5	1393	No
1220 4WD	$11823	$4140	$5320	**$7330**	**$8040**	Shibaura	3	58D	9F-3R	14.5	1429	No
1220H 4WD Hydro	$13736	$4810	$6180	**$8520**	**$9340**	Shibaura	3	58D	Variable	14.5	1484	No
1320	$12636	$4420	$5690	**$7830**	**$8590**	Shibaura	3	77D	9F-3R	17.0	2145	No
1320 4WD	$13995	$4900	$6300	**$8680**	**$9520**	Shibaura	3	77D	9F-3R	17.0	2271	No
1320H 4WD Hydro	$15344	$5370	$6910	**$9510**	**$10430**	Shibaura	3	77D	Variable	17.0	2297	No
1320H Hydro	$13985	$4900	$6290	**$8670**	**$9510**	Shibaura	3	77D	Variable	17.0	2172	No
1530	$13782	$4820	$6200	**$8550**	**$9370**	Shibaura	3	81D	9F-3R	21.7	2200	No
1530 4WD	$15300	$5360	$6890	**$9490**	**$10400**	Shibaura	3	81D	9F-3R	21.7	2320	No
1530H 4WD Hydro	$16820	$5890	$7570	**$10430**	**$11440**	Shibaura	3	81D	Variable	21.7	2352	No
1630 4WD	$16165	$5660	$7270	**$10020**	**$10990**	Shibaura	3	81D	9F-3R	24.0		No
1630 4WD Hydro	$17557	$6150	$7900	**$10890**	**$11940**	Shibaura	3	81D	Variable	24.0		No
1720	$13772	$4820	$6200	**$8540**	**$9370**	Shibaura	3	91D	12F-4R	23.5	2491	No
1720 4WD	$15680	$5490	$7060	**$9720**	**$10660**	Shibaura	3	91D	12F-4R	23.5	2690	No
1725	$12410	$4340	$5590	**$7690**	**$8440**	Shibaura	3	81D	9F-3R	25.1		No
1725 4WD	$13924	$4870	$6270	**$8630**	**$9470**	Shibaura	3	81D	9F-3R	25.1		No
1920	$15814	$5540	$7120	**$9810**	**$10750**	Shibaura	4	122D	12F-4R	28.5	2849	No
1920 4WD	$18390	$6440	$8280	**$11400**	**$12510**	Shibaura	4	122D	12F-4R	28.5	3069	No
1925 4WD Hydro	$17257	$6040	$7770	**$10700**	**$11740**	Shibaura	3	91D	Variable	29.3		No
2120 4WD	$21510	$7530	$9680	**$13340**	**$14630**	Shibaura	4	139D	12F-4R	34.5	3858	No
3010S	$17257	$6040	$7770	**$10700**	**$11740**	New Holland	3	165D	8F-2R	42.0		No
3010S 4WD	$24358	$8530	$10960	**$15100**	**$16560**	New Holland	3	165D	8F-2R	42.0		No
3415	$18032	$5770	$7210	**$10280**	**$11270**	Shibaura	4	135D	12F-4R	38.0	3483	No
3430	$20417	$6530	$8170	**$11640**	**$12760**	New Holland	3	192D	8F-2R	40.0	4622	No
3430 4WD	$25291	$8090	$10120	**$14420**	**$15810**	New Holland	3	192D	8F-2R	40.0	5150	No
3830	$22099	$7070	$8840	**$12600**	**$13810**	New Holland	3	165D	12F-12R	45.0	3804	No
3830 4WD	$28940	$9260	$11580	**$16500**	**$18090**	New Holland	3	165D	12F-12R	45.0	4020	No
3930	$21315	$6820	$8530	**$12150**	**$13320**	New Holland	3	192D	8F-2R	45.0	5157	No
3930 4WD	$26568	$8500	$10630	**$15140**	**$16610**	New Holland	3	192D	8F-2R	45.0	5685	No
3930 4WD w/Cab	$33684	$10780	$13470	**$19200**	**$21050**	New Holland	3	192D	8F-8R	45.0	6235	CH
3930 w/Cab	$26993	$8640	$10800	**$15390**	**$16870**	New Holland	3	192D	8F-8R	45.0	5707	CH
4030	$23471	$7510	$9390	**$13380**	**$14670**	New Holland	3	179D	12F-12R	51.0	5171	No
4030 4WD	$30255	$9680	$12100	**$17250**	**$18910**	New Holland	3	179D	12F-12R	51.0	5578	No
4030 4WD w/Cab	$35480	$11350	$14190	**$20220**	**$22180**	New Holland	3	179D	12F-12R	51.0	6015	CHA
4030 w/Cab	$28242	$9040	$11300	**$16100**	**$17650**	New Holland	3	179D	12F-12R	51.0	5611	CHA
4230	$24827	$7950	$9930	**$14150**	**$15520**	New Holland	4	220D	12F-12R	62.0		No

New Holland/Ford (Cont.)

1997 (Cont.)

Model	Approx. Retail Price New	Used Trade-In Avg.	Used Trade-In High	Used Retail Avg.	Used Retail High	Engine Make	Engine No. Cyls.	Engine Displ. Cu.-in.	No. Speeds	P.T.O. H.P.	Approx. Shipping Wt.-Lbs.	Cab
4230 4WD	$31767	$10170	$12710	**$18110**	**$19850**	New Holland	4	220D	12F-12R	62.0		No
4230 4WD w/Cab	$36641	$11730	$14660	**$20890**	**$22900**	New Holland	4	220D	12F-12R	62.0		CHA
4230 w/Cab	$29598	$9470	$11840	**$16870**	**$18500**	New Holland	4	220D	12F-12R	62.0		CHA
4330V	$24520	$7850	$9810	**$13980**	**$15330**	New Holland	4	220D	12F-12R	62.0	3935	No
4330V 4WD	$31800	$10180	$12720	**$18130**	**$19880**	New Holland	4	220D	12F-12R	62.0	4122	No
4330V 4WD w/Cab	$37025	$11850	$14810	**$21100**	**$23140**	New Holland	4	220D	12F-12R	62.0		CHA
4330V w/Cab	$29745	$9520	$11900	**$16960**	**$18590**	New Holland	4	220D	12F-12R	62.0		CHA
4430	$27141	$8690	$10860	**$15470**	**$16960**	New Holland	4	238D	12F-12R	70.0	5030	No
4430 4WD	$34076	$10900	$13630	**$19420**	**$21300**	New Holland	4	238D	12F-12R	70.0	5380	No
4430 4WD w/Cab	$38950	$12460	$15580	**$22200**	**$24340**	New Holland	4	238D	12F-12R	70.0	5820	CHA
4430 w/Cab	$34076	$10900	$13630	**$19420**	**$21300**	New Holland	4	238D	12F-12R	70.0	5470	CHA
4630	$24767	$7930	$9910	**$14120**	**$15480**	New Holland	3T	192D	16F-8R	55.0	5030	No
4630 4WD	$31199	$9980	$12480	**$17780**	**$19500**	New Holland	3T	192D	16F-8R	55.0	5822	No
4835	$27716	$8870	$11090	**$15800**	**$17320**	New Holland	4	220D	24F-12R	56.0		No
4835 4WD	$34677	$11100	$13870	**$19770**	**$21670**	New Holland	4	220D	24F-12R	56.0		No
4835 4WD w/Cab	$42787	$13690	$17120	**$24390**	**$26740**	New Holland	4	220D	24F-12R	56.0		CHA
4835 w/Cab	$33507	$10720	$13400	**$19100**	**$20940**	New Holland	4	220D	12F-12R	56.0		CHA
4835 w/Cab	$35575	$11380	$14230	**$20280**	**$22230**	New Holland	4	220D	24F-12R	56.0		CHA
5030	$25730	$8230	$10290	**$14670**	**$16080**	New Holland	4	256D	8F-2R	62.0	5547	No
5030 4WD	$30738	$9840	$12300	**$17520**	**$19210**	New Holland	4	256D	8F-2R	62.0	6075	No
5610S	$25165	$8810	$11320	**$15600**	**$17110**	New Holland	4	268D	8F-2R	66.0	5995	No
5635	$32150	$10290	$12860	**$18330**	**$20090**	New Holland	4	238D	24F-12R	66.0		No
5635 4WD	$39692	$12700	$15880	**$22620**	**$24810**	New Holland	4	238D	24F-12R	66.0		No
5635 4WD w/Cab	$48044	$15370	$19220	**$27390**	**$30030**	New Holland	4	238D	24F-12R	66.0		CHA
5635 w/Cab	$40504	$12960	$16200	**$23090**	**$25320**	New Holland	4	238D	24F-12R	66.0		CHA
5640S	$31810	$10180	$12720	**$18130**	**$19880**	New Holland	4	268D	16F-4R	66.0	7399	No
5640S 4WD	$39200	$11760	$14110	**$20380**	**$23320**	New Holland	4	268D	16F-4R	66.0	8391	No
5640SL	$34210	$10950	$13680	**$19500**	**$21380**	New Holland	4	268D	24F-24R	66.0	7373	No
5640SL 4WD	$41058	$12320	$14780	**$21350**	**$24430**	New Holland	4	268D	24F-24R	66.0	8298	No
5640SL 4WD w/Cab	$49150	$14750	$17690	**$25560**	**$29240**	New Holland	4	268D	24F-24R	66.0	9380	CHA
5640SL w/Cab	$42305	$12690	$15230	**$22000**	**$25170**	New Holland	4	268D	24F-24R	66.0	8418	CHA
6530	$30165	$9650	$12070	**$17190**	**$18850**	New Holland	4	238D	20F-12R	70.0	5709	No
6530 4WD	$37368	$11960	$14950	**$21300**	**$23360**	New Holland	4	238D	20F-12R	70.0	7310	No
6610S	$27506	$8800	$11000	**$15680**	**$17190**	New Holland	4	304D	8F-2R	76.0	5995	No
6610S 4WD	$35628	$11400	$14250	**$20310**	**$22270**	New Holland	4	304D	8F-2R	76.0	6925	No
6635	$33363	$10680	$13350	**$19020**	**$20850**	New Holland	4T	238D	24F-12R	76.0		No
6635 4WD	$41499	$13280	$16600	**$23650**	**$25940**	New Holland	4T	238D	24F-12R	76.0		No
6635 4WD w/Cab	$49851	$15360	$19200	**$27360**	**$30000**	New Holland	4T	238D	24F-12R	76.0		CHA
6635 w/Cab	$41715	$13350	$16690	**$23780**	**$26070**	New Holland	4T	238D	24F-12R	76.0		CHA
6640S	$34855	$10460	$12550	**$18130**	**$20740**	New Holland	4	304D	16F-4R	76.0	7399	No
6640S 4WD	$43178	$12600	$15120	**$21840**	**$24990**	New Holland	4	304D	16F-4R	76.0	8391	No
6640SL	$36967	$11090	$13310	**$19220**	**$22000**	New Holland	4	304D	24F-24R	76.0	7373	No
6640SL 4WD	$44705	$13200	$15840	**$22880**	**$26180**	New Holland	4	304D	24F-24R	76.0	8304	No
6640SL 4WD w/Cab	$52798	$15000	$18000	**$26000**	**$29750**	New Holland	4	304D	24F-24R	76.0	9358	CHA
6640SL w/Cab	$45060	$13520	$16220	**$23430**	**$26810**	New Holland	4	304D	24F-24R	76.0	8419	CHA
6640SLE	$37293	$11190	$13430	**$19390**	**$22190**	New Holland	4	304D	16F-16R	76.0	7483	No
6640SLE 4WD	$45290	$13590	$16300	**$23550**	**$26950**	New Holland	4	304D	16F-16R	76.0	8475	No
6640SLE 4WD w/Cab	$53620	$15300	$18360	**$26520**	**$30350**	New Holland	4	304D	16F-16R	76.0	9380	CHA
6640SLE w/Cab	$45623	$13690	$16420	**$23720**	**$27150**	New Holland	4	304D	16F-16R	76.0	8418	CHA
7010 LP	$35738	$10720	$12870	**$18580**	**$21260**	New Holland	4T	304D	16F-4R	86.0		No
7010 LP 4WD	$43147	$12940	$15530	**$22440**	**$25670**	New Holland	4T	304D	16F-4R	86.0		No
7610S	$30127	$9040	$10850	**$15670**	**$17930**	New Holland	4T	304D	8F-2R	86.0	6375	No
7610S 4WD	$37527	$11260	$13510	**$19510**	**$22330**	New Holland	4T	304D	8F-2R	86.0	7305	No
7635	$36620	$11720	$14650	**$20870**	**$22890**	New Holland	4T	238D	20F-12R	86.0		No
7635 4WD	$44673	$14300	$17870	**$25460**	**$27920**	New Holland	4T	238D	20F-12R	86.0		No
7635 4WD w/Cab	$52230	$16710	$20890	**$29770**	**$32640**	New Holland	4T	238D	20F-12R	86.0		CHA
7635 w/Cab	$44175	$14140	$17670	**$25180**	**$27610**	New Holland	4T	238D	20F-12R	86.0		CHA
7740S	$37197	$11160	$13390	**$19340**	**$22130**	New Holland	4T	304D	16F-4R	86.0	7432	No
7740S 4WD	$45521	$13660	$16390	**$23670**	**$27090**	New Holland	4T	304D	16F-4R	86.0	8446	No
7740SL	$39640	$11890	$14270	**$20610**	**$23590**	New Holland	4T	304D	24F-24R	86.0	7432	No
7740SL 4WD	$47375	$14210	$17060	**$24640**	**$28190**	New Holland	4T	304D	24F-24R	86.0	8446	No
7740SL 4WD w/Cab	$56250	$16880	$20250	**$29250**	**$33470**	New Holland	4T	304D	24F-24R	86.0	9413	CHA
7740SL w/Cab	$48515	$14560	$17470	**$25230**	**$28870**	New Holland	4T	304D	24F-24R	86.0	8400	CHA
7740SLE	$39803	$11940	$14330	**$20700**	**$23680**	New Holland	4T	304D	16F-16R	86.0	7516	No
7740SLE 4WD	$47695	$14310	$17170	**$24800**	**$28380**	New Holland	4T	304D	16F-16R	86.0	8508	No
7740SLE 4WD w/Cab	$56803	$17040	$20450	**$29540**	**$33800**	New Holland	4T	304D	16F-16R	86.0	9413	CHA
7740SLE w/Cab	$48912	$14670	$17610	**$25430**	**$29100**	New Holland	4T	304D	16F-16R	86.0	8451	CHA
7810S	$32673	$10460	$13070	**$18620**	**$20420**	New Holland	6	401D	8F-2R	90.0	6625	No
7810S 4WD	$39894	$12770	$15960	**$22740**	**$24930**	New Holland	6	401D	8F-2R	90.0	7555	No
8010 HC	$45987	$14720	$18400	**$26210**	**$28740**	New Holland	6	456D	16F-4R	96.0		No
8010 LP	$38173	$12220	$15270	**$21760**	**$23860**	New Holland	6	456D	16F-4R	96.0		No
8010 LP 4WD	$45438	$14540	$18180	**$25900**	**$28400**	New Holland	6	456D	16F-4R	96.0		No
8160	$42990	$12710	$15250	**$22020**	**$25200**	New Holland	6	456D	23F-12R	90.0		No
8160 4WD	$51458	$15440	$18530	**$26760**	**$30620**	New Holland	6	456D	23F-12R	90.0		No
8160 4WD w/Cab	$59158	$17750	$21300	**$30760**	**$35200**	New Holland	6	456D	23F-12R	90.0		CHA
8160 w/Cab	$50690	$15210	$18250	**$26360**	**$30160**	New Holland	6	456D	23F-12R	90.0		CHA
8260	$46795	$12640	$16380	**$21530**	**$23870**	New Holland	6	456D	23F-12R	100.0		No
8260 4WD	$55262	$14920	$19340	**$25420**	**$28180**	New Holland	6	456D	23F-12R	100.0		No
8260 4WD w/Cab	$62962	$17000	$22040	**$28960**	**$32110**	New Holland	6	456D	23F-12R	100.0		CHA
8260 w/Cab	$54495	$14710	$19070	**$25070**	**$27790**	New Holland	6	456D	23F-12R	100.0		CHA
8360	$54866	$14810	$19200	**$25240**	**$27980**	New Holland	6T	456D	23F-12R	115.0		No
8360 4WD	$66310	$17900	$23210	**$30500**	**$33820**	New Holland	6T	456D	23F-12R	115.0		No
8360 w/Cab	$62320	$16830	$21810	**$28670**	**$31780**	New Holland	6T	456D	23F-12R	115.0		CHA
8560 4WD w/Cab	$82146	$21600	$28000	**$36800**	**$40800**	New Holland	6T	456D	18F-6R	130.0		CHA

New Holland/Ford (Cont.)

Model	Approx. Retail Price New	Estimated Value Less Repairs: Used Trade-In Avg.	Used Trade-In High	Used Retail Avg.	Used Retail High	Engine Make	Engine No. Cyls.	Engine Displ. Cu.-in.	No. Speeds	P.T.O. H.P.	Approx. Shipping Wt.-Lbs.	Cab
1997 (Cont.)												
8560 w/Cab	$70461	$19020	$24660	**$32410**	**$35940**	New Holland	6T	456D	17F-6R	130.0		CHA
8670	$82335	$22230	$28820	**$37870**	**$41990**	New Holland	6T	456D	16F-9R	145.0	14632	CHA
8670 4WD	$99504	$26460	$34300	**$45080**	**$49980**	New Holland	6T	456D	16F-9R	145.0	15188	CHA
8770	$90055	$24320	$31520	**$41430**	**$45930**	New Holland	6T	456D	16F-9R	160.0	16925	CHA
8770 4WD	$104181	$27270	$35350	**$46460**	**$51510**	New Holland	6T	456D	16F-9R	160.0	17481	CHA
8870	$101627	$26730	$34650	**$45540**	**$50490**	New Holland	6TI	456D	16F-9R	180.0	17101	CHA
8870 4WD	$115820	$29970	$38850	**$51060**	**$56610**	New Holland	6TI	456D	16F-9R	180.0	17657	CHA
8970 4WD	$127453	$32940	$42700	**$56120**	**$62220**	New Holland	6TI	456D	16F-9R	210.0	17889	CHA
LP-Low Profile, HC-High Clearance												
1996												
1215	$8978	$2960	$3950	**$5480**	**$6020**	Shibaura	3	54D	6F-2R	13.5	1338	No
1215 4WD	$10035	$3310	$4420	**$6120**	**$6720**	Shibaura	3	54D	6F-2R	13.5	1429	No
1215H 4WD Hydro	$11058	$3650	$4870	**$6750**	**$7410**	Shibaura	3	54D	Variable	13.5	1484	No
1215H Hydro	$10001	$3300	$4400	**$6100**	**$6700**	Shibaura	3	54D	Variable	13.5	1393	No
1220 4WD	$11817	$3900	$5200	**$7210**	**$7920**	Shibaura	3	58D	9F-3R	14.5	1429	No
1220H 4WD Hydro	$13730	$4530	$6040	**$8380**	**$9200**	Shibaura	3	58D	Variable	14.5	1484	No
1320	$12564	$4150	$5530	**$7660**	**$8420**	Shibaura	3	77D	9F-3R	17.0	2145	No
1320 4WD	$13887	$4580	$6110	**$8470**	**$9300**	Shibaura	3	77D	9F-3R	17.0	2271	No
1320H 4WD Hydro	$15236	$5030	$6700	**$9290**	**$10210**	Shibaura	3	77D	Variable	17.0	2297	No
1320H Hydro	$13913	$4590	$6120	**$8490**	**$9320**	Shibaura	3	77D	Variable	17.0	2172	No
1520	$13005	$4290	$5720	**$7930**	**$8710**	Shibaura	3	81D	9F-3R	19.5	2200	No
1520 4WD	$14430	$4760	$6350	**$8800**	**$9670**	Shibaura	3	81D	9F-3R	19.5	2320	No
1520H 4WD Hydro	$16015	$5290	$7050	**$9770**	**$10730**	Shibaura	3	81D	Variable	19.5	2352	No
1520H Hydro	$14590	$4820	$6420	**$8900**	**$9780**	Shibaura	3	81D	Variable	19.5	2233	No
1620 4WD Hydro	$16787	$5540	$7390	**$10240**	**$11250**	Shibaura	3	81D	Variable	22.0	2352	No
1715	$11207	$3700	$4930	**$6840**	**$7510**	Shibaura	3	81D	9F-3R	23.0	2161	No
1715 4WD	$12737	$4200	$5600	**$7770**	**$8530**	Shibaura	3	81D	9F-3R	23.0	2280	No
1720	$13772	$4550	$6060	**$8400**	**$9230**	Shibaura	3	91D	12F-4R	23.5	2491	No
1720 4WD	$15680	$5170	$6900	**$9570**	**$10510**	Shibaura	3	91D	12F-4R	23.5	2690	No
1920	$15814	$5220	$6960	**$9650**	**$10600**	Shibaura	4	122D	12F-4R	28.5	2849	No
1920 4WD	$18390	$6070	$8090	**$11220**	**$12320**	Shibaura	4	122D	12F-4R	28.5	3069	No
2120 4WD	$21510	$7100	$9460	**$13120**	**$14410**	Shibaura	4	139D	12F-4R	34.5	3858	No
3010S	$17016	$5620	$7490	**$10380**	**$11400**	New Holland	3	165D	8F-2R	42.0		No
3010S 4WD	$24095	$7950	$10600	**$14700**	**$16140**	New Holland	3	165D	8F-2R	42.0		No
3415	$18032	$5590	$7030	**$10100**	**$11180**	Shibaura	4	135D	12F-4R	38.00	3483	No
3430	$19650	$6090	$7660	**$11000**	**$12180**	New Holland	3	192D	8F-2R	40.00	4622	No
3430 4WD	$24225	$7510	$9450	**$13570**	**$15020**	New Holland	3	192D	8F-2R	40.00	5150	No
3830	$21237	$6580	$8280	**$11890**	**$13170**	New Holland	3	165D	12F-12R	45.00	3804	No
3830 4WD	$27335	$8470	$10660	**$15310**	**$16950**	New Holland	3	165D	12F-12R	45.00	4020	No
3930	$20835	$6460	$8130	**$11670**	**$12920**	New Holland	3	192D	8F-2R	45.00	5157	No
3930 4WD	$25933	$8040	$10110	**$14520**	**$16080**	New Holland	3	192D	8F-2R	45.00	5685	No
3930 4WD w/Cab	$32842	$10180	$12810	**$18390**	**$20360**	New Holland	3	192D	8F-8R	45.00	6235	CH
3930 w/Cab	$26435	$8200	$10310	**$14800**	**$16390**	New Holland	3	192D	8F-8R	45.00	5707	CH
4030	$22880	$7090	$8920	**$12810**	**$14190**	New Holland	3	179D	12F-12R	51.00	5171	No
4030 4WD	$28560	$8850	$11140	**$15990**	**$17710**	New Holland	3	179D	12F-12R	51.00	5578	No
4030 4WD w/Cab	$33633	$10430	$13120	**$18830**	**$20850**	New Holland	3	179D	12F-12R	51.00	6015	CHA
4030 w/Cab	$27360	$8480	$10670	**$15320**	**$16960**	New Holland	3	179D	12F-12R	51.00	5611	CHA
4230	$24010	$7440	$9360	**$13450**	**$14890**	New Holland	4	220D	12F-12R	62.00	4880	No
4230 4WD	$30030	$9310	$11710	**$16820**	**$18620**	New Holland	4	220D	12F-12R	62.00	5230	No
4230 4WD w/Cab	$34765	$10780	$13560	**$19470**	**$21550**	New Holland	4	220D	12F-12R	62.00	5670	CHA
4230 w/Cab	$28643	$8880	$11170	**$16040**	**$17760**	New Holland	4	220D	12F-12R	62.00	5230	CHA
4430	$26223	$8130	$10230	**$14690**	**$16260**	New Holland	4	238D	12F-12R	70.00	5030	No
4430 4WD	$32245	$10000	$12580	**$18060**	**$19990**	New Holland	4	238D	12F-12R	70.00	5380	No
4430 4WD w/Cab	$36977	$11460	$14420	**$20710**	**$22930**	New Holland	4	238D	12F-12R	70.00	5820	CHA
4430 w/Cab	$30855	$9570	$12030	**$17280**	**$19130**	New Holland	4	238D	12F-12R	70.00	5470	CHA
4630	$24045	$7450	$9380	**$13470**	**$14910**	New Holland	3T	192D	16F-8R	55.00	5030	No
4630 4WD	$30290	$9390	$11810	**$16960**	**$18780**	New Holland	3T	192D	16F-8R	55.00	5822	No
4630 4WD w/Cab	$35610	$11040	$13890	**$19940**	**$22080**	New Holland	3T	192D	16F-8R	55.00		CH
4630 w/Cab	$29668	$9200	$11570	**$16610**	**$18390**	New Holland	3T	192D	8F-8R	55.00	5744	CH
4835	$26700	$8280	$10410	**$14950**	**$16550**	New Holland	4	220D	24F-12R	56.00		No
4835 4WD	$33667	$10440	$13130	**$18850**	**$20870**	New Holland	4	220D	24F-12R	56.00		No
4835 4WD w/Cab	$41540	$12880	$16200	**$23260**	**$25760**	New Holland	4	220D	24F-12R	56.00		CHA
4835 w/Cab	$34600	$10730	$13490	**$19380**	**$21450**	New Holland	4	220D	24F-12R	56.00		CHA
5030	$27473	$8520	$10710	**$15390**	**$17030**	New Holland	4	256D	16F-8R	62.00	5647	No
5030 4WD	$32343	$10030	$12610	**$18110**	**$20050**	New Holland	4	256D	16F-8R	62.00	6175	No
5030 4WD w/Cab	$36570	$11340	$14260	**$20480**	**$22670**	New Holland	4	256D	8F-8R	62.00	6625	CH
5030 w/Cab	$31700	$9830	$12360	**$17750**	**$19650**	New Holland	4	256D	8F-8R	62.00	6097	CH
5530	$26515	$8220	$10340	**$14850**	**$16440**	New Holland	4	220D	20F-12R	62.00	5709	No
5530 4WD	$32265	$10000	$12580	**$18070**	**$20000**	New Holland	4	220D	20F-12R	62.00	7310	No
5610S	$24432	$8060	$10750	**$14900**	**$16370**	New Holland	4	268D	8F-2R	66.00	5995	No
5635	$31215	$9680	$12170	**$17480**	**$19350**	New Holland	4	238D	24F-12R	66.00		No
5635 4WD	$38535	$11950	$15030	**$21580**	**$23890**	New Holland	4	238D	24F-12R	66.00		No
5635 4WD w/Cab	$46644	$14460	$18190	**$26120**	**$28920**	New Holland	4	238D	24F-12R	66.00		CHA
5635 w/Cab	$39325	$12190	$15340	**$22020**	**$24380**	New Holland	4	238D	24F-12R	66.00		CHA
5640S	$30883	$9570	$12040	**$17290**	**$19150**	New Holland	4	268D	16F-4R	66.00	7399	No
5640S 4WD	$38123	$10670	$12960	**$19440**	**$22300**	New Holland	4	268D	16F-4R	66.00	8391	No
5640SL	$32935	$9220	$11200	**$16800**	**$19270**	New Holland	4	268D	24F-24R	66.00	7373	No
5640SL 4WD	$39923	$11180	$13570	**$20360**	**$23360**	New Holland	4	268D	24F-24R	66.00	8298	No
5640SL 4WD w/Cab	$47783	$12600	$15300	**$22950**	**$26330**	New Holland	4	268D	24F-24R	66.00	9380	CHA
5640SL w/Cab	$40795	$11420	$13870	**$20810**	**$23870**	New Holland	4	268D	24F-24R	66.00	8418	CHA
5640SLE	$34670	$9710	$11790	**$17680**	**$20280**	New Holland	4	268D	16F-16R	66.00	7483	No
5640SLE 4WD	$41630	$11200	$13600	**$20400**	**$23400**	New Holland	4	268D	16F-16R	66.00	8475	No
5640SLE 4WD w/Cab	$49716	$13160	$15980	**$23970**	**$27500**	New Holland	4	268D	16F-16R	66.00	9380	CHA

New Holland/Ford (Cont.)

1996 (Cont.)

Model	Approx. Retail Price New	Estimated Value Less Repairs: Used Trade-In Avg.	Used Trade-In High	Used Retail Avg.	Used Retail High	Engine Make	Engine No. Cyls.	Engine Displ. Cu.-in.	No. Speeds	P.T.O. H.P.	Approx. Shipping Wt.-Lbs.	Cab
5640SLE w/Cab	$42755	$11970	$14540	**$21810**	**$25010**	New Holland	4	268D	16F-16R	66.00	8418	CHA
6530	$29285	$9080	$11420	**$16400**	**$18160**	New Holland	4	238D	20F-12R	70.00	5709	No
6530 4WD	$36280	$11250	$14150	**$20320**	**$22490**	New Holland	4	238D	20F-12R	70.00	7310	No
6610S	$26705	$8280	$10420	**$14960**	**$16560**	New Holland	4	304D	8F-2R	76.00	5995	No
6610S 4WD	$34590	$10720	$13490	**$19370**	**$21450**	New Holland	4	304D	8F-2R	76.00	6925	No
6635	$34122	$10580	$13310	**$19110**	**$21160**	New Holland	4T	238D	24F-12R	76.00		No
6635 4WD	$41772	$12950	$16290	**$23390**	**$25900**	New Holland	4T	238D	24F-12R	76.00		No
6635 4WD w/Cab	$48445	$15020	$18890	**$27130**	**$30040**	New Holland	4T	238D	24F-12R	76.00		CHA
6635 w/Cab	$40795	$12650	$15910	**$22850**	**$25290**	New Holland	4T	238D	24F-12R	76.00		CHA
6640S	$33840	$9480	$11510	**$17260**	**$19800**	New Holland	4	304D	16F-4R	76.00	7399	No
6640S 4WD	$41605	$11650	$14150	**$21220**	**$24340**	New Holland	4	304D	16F-4R	76.00	8391	No
6640SL	$35575	$9960	$12100	**$18140**	**$20810**	New Holland	4	304D	24F-24R	76.00	7373	No
6640SL 4WD	$43873	$12280	$14920	**$22380**	**$25670**	New Holland	4	304D	24F-24R	76.00	8304	No
6640SL 4WD w/Cab	$51732	$14490	$17590	**$26380**	**$30260**	New Holland	4	304D	24F-24R	76.00	9358	CHA
6640SL w/Cab	$43435	$12160	$14770	**$22150**	**$25410**	New Holland	4	304D	24F-24R	76.00	8419	CHA
6640SLE	$36210	$10140	$12310	**$18470**	**$21180**	New Holland	4	304D	16F-16R	76.00	7483	No
6640SLE 4WD	$44442	$12440	$15110	**$22670**	**$26000**	New Holland	4	304D	16F-16R	76.00	8475	No
6640SLE 4WD w/Cab	$52530	$14710	$17860	**$26790**	**$30730**	New Holland	4	304D	16F-16R	76.00	9380	CHA
6640SLE w/Cab	$44297	$12400	$15060	**$22590**	**$25910**	New Holland	4	304D	16F-16R	76.00	8418	CHA
7010 LP	$35809	$11100	$13970	**$20050**	**$22200**	New Holland	4T	304D	16F-4R	86.0		No
7010 LP 4WD	$44630	$13840	$17410	**$24990**	**$27670**	New Holland	4T	304D	16F-4R	86.0		No
7530 4WD	$40830	$12660	$15920	**$22870**	**$25320**	New Holland	6	331D	20F-4R	91.00	8074	No
7610S	$29425	$8240	$10010	**$15010**	**$17210**	New Holland	4T	304D	8F-2R	86.00	6375	No
7610S 4WD	$36435	$10200	$12390	**$18580**	**$21310**	New Holland	4T	304D	8F-2R	86.00	7305	No
7635	$34330	$9610	$11670	**$17510**	**$20080**	New Holland	4T	238D	24F-12R	86.00		No
7635 4WD	$41980	$11750	$14270	**$21410**	**$24560**	New Holland	4T	238D	24F-12R	86.00		No
7635 4WD w/Cab	$50090	$14030	$17030	**$25550**	**$29300**	New Holland	4T	238D	24F-12R	86.00		CHA
7635 w/Cab	$42438	$13160	$16550	**$23770**	**$26310**	New Holland	4T	238D	24F-12R	86.00		CHA
7740S	$36832	$11420	$14360	**$20630**	**$22840**	New Holland	4T	304D	16F-4R	86.00	7432	No
7740S 4WD	$44343	$13750	$17290	**$24830**	**$27490**	New Holland	4T	304D	16F-4R	86.00	8446	No
7740SL	$38633	$11980	$15070	**$21630**	**$23950**	New Holland	4T	304D	24F-24R	86.00	7432	No
7740SL 4WD	$46145	$13950	$17550	**$25200**	**$27900**	New Holland	4T	304D	24F-24R	86.00	8446	No
7740SL 4WD w/Cab	$54760	$16120	$20280	**$29120**	**$32240**	New Holland	4T	304D	24F-24R	86.00	9413	CHA
7740SL w/Cab	$47250	$14650	$18430	**$26460**	**$29300**	New Holland	4T	304D	24F-24R	86.00	8400	CHA
7740SLE	$38792	$12030	$15130	**$21720**	**$24050**	New Holland	4T	304D	16F-16R	86.00	7516	No
7740SLE 4WD	$47065	$14590	$18360	**$26360**	**$29180**	New Holland	4T	304D	16F-16R	86.00	8508	No
7740SLE 4WD w/Cab	$55910	$16430	$20670	**$29680**	**$32860**	New Holland	4T	304D	16F-16R	86.00	9413	CHA
7740SLE w/Cab	$47635	$14770	$18580	**$26680**	**$29530**	New Holland	4T	304D	16F-16R	86.00	8451	CHA
7810S	$31721	$9830	$12370	**$17760**	**$19670**	New Holland	6	401D	8F-2R	90.00	6625	No
7810S 4WD	$38732	$12010	$15110	**$21690**	**$24010**	New Holland	6	401D	8F-2R	90.00	7555	No
7840S	$37797	$11720	$14740	**$21170**	**$23430**	New Holland	6	401D	16F-4R	90.00	8076	No
7840SL	$39393	$12210	$15360	**$22060**	**$24420**	New Holland	6	401D	12F-12R	90.00	8342	No
7840SL 4WD	$48330	$14980	$18850	**$27070**	**$29970**	New Holland	6	401D	24F-24R	90.00	9410	No
7840SL 4WD w/Cab	$58070	$17360	$21840	**$31360**	**$34720**	New Holland	6	401D	24F-24R	90.00	10465	CHA
7840SL w/Cab	$47925	$14860	$18690	**$26840**	**$29710**	New Holland	6	401D	12F-12R	90.00	9386	CHA
7840SLE	$40482	$12550	$15790	**$22670**	**$25100**	New Holland	6	401D	16F-16R	90.00	8379	No
7840SLE 4WD	$48078	$14900	$18750	**$26920**	**$29810**	New Holland	6	401D	16F-16R	90.00	9437	No
7840SLE 4WD w/Cab	$57591	$17850	$22460	**$32250**	**$35710**	New Holland	6	401D	16F-16R	90.00	10482	CHA
7840SLE w/Cab	$49995	$15500	$19500	**$28000**	**$31000**	New Holland	6	401D	16F-16R	90.00	9423	CHA
8010 HC	$45782	$14190	$17860	**$25640**	**$28390**	New Holland	6	456D	16F-4R	96.0		No
8010 LP	$38245	$11860	$14920	**$21420**	**$23710**	New Holland	6	456D	16F-4R	96.0		No
8010 LP 4WD	$46922	$14550	$18300	**$26280**	**$29090**	New Holland	6	456D	16F-4R	96.0		No
8160	$42353	$11860	$14400	**$21600**	**$24780**	New Holland	6	456D	23F-12R	90.0		No
8160 4WD	$51023	$14290	$17350	**$26020**	**$29850**	New Holland	6	456D	23F-12R	90.0		No
8160 4WD w/Cab	$58725	$16440	$19970	**$29950**	**$34350**	New Holland	6	456D	23F-12R	90.0		CHA
8160 w/Cab	$50053	$14020	$17020	**$25530**	**$29280**	New Holland	6	456D	23F-12R	90.0		CHA
8240SL	$41567	$12890	$16210	**$23280**	**$25770**	New Holland	6	456D	12F-12R	96.00	8883	No
8240SL 4WD	$49163	$15240	$19170	**$27530**	**$30480**	New Holland	6	456D	12F-12R	96.00	9941	No
8240SL 4WD w/Cab	$57190	$17730	$22300	**$32030**	**$35460**	New Holland	6	456D	12F-12R	96.00	10979	CHA
8240SL w/Cab	$49593	$15370	$19340	**$27770**	**$30750**	New Holland	6	456D	12F-12R	96.00	9921	CHA
8240SLE	$43245	$13410	$16870	**$24220**	**$26810**	New Holland	6	456D	16F-16R	96.00	8957	No
8240SLE 4WD w/Cab	$58725	$18210	$22900	**$32890**	**$36410**	New Holland	6	456D	16F-16R	96.00	11053	CHA
8240SLE w/Cab	$51248	$15890	$19990	**$28700**	**$31770**	New Holland	6	456D	16F-16R	96.00	9995	CHA
8260	$45905	$11480	$15150	**$20200**	**$22490**	New Holland	6	456D	23F-12R	100.0		No
8260 4WD	$54574	$13640	$18010	**$24010**	**$26740**	New Holland	6	456D	23F-12R	100.0		No
8260 4WD w/Cab	$62275	$15570	$20550	**$27400**	**$30520**	New Holland	6	456D	23F-12R	100.0		CHA
8260 w/Cab	$53540	$13390	$17670	**$23560**	**$26240**	New Holland	6	456D	23F-12R	100.0		CHA
8340SL	$44585	$13820	$17390	**$24970**	**$27640**	New Holland	6T	456D	12F-12R	112.00	8883	No
8340SL 4WD	$52205	$16180	$20360	**$29240**	**$32370**	New Holland	6T	456D	12F-12R	112.00	9941	No
8340SL 4WD w/Cab	$60985	$18910	$23780	**$34150**	**$37810**	New Holland	6T	456D	12F-12R	112.00	10979	CHA
8340SL w/Cab	$53365	$16540	$20810	**$29880**	**$33090**	New Holland	6T	456D	12F-12R	112.00	9921	CHA
8340SLE	$47730	$14800	$18620	**$26730**	**$29590**	New Holland	6T	456D	16F-16R	112.00	8957	No
8340SLE 4WD	$55245	$17130	$21550	**$30940**	**$34250**	New Holland	6T	456D	16F-16R	112.00	10015	No
8340SLE 4WD w/Cab	$64003	$19840	$24960	**$35840**	**$39680**	New Holland	6T	456D	16F-16R	112.00	11053	CHA
8340SLE w/Cab	$56488	$17510	$22030	**$31630**	**$35020**	New Holland	6T	456D	16F-16R	112.00	9995	CHA
8360	$52863	$13220	$17450	**$23260**	**$25900**	New Holland	6T	456D	23F-12R	115.0		No
8360 4WD	$64652	$16160	$21340	**$28450**	**$31680**	New Holland	6T	456D	23F-12R	115.0		No
8360 4WD w/Cab	$72345	$18090	$23870	**$31830**	**$35450**	New Holland	6T	456D	23F-12R	115.0		CHA
8360 w/Cab	$60557	$15140	$19980	**$26650**	**$29670**	New Holland	6T	456D	23F-12R	115.0		CHA
8560 4WD w/Cab	$81085	$20000	$26400	**$35200**	**$39200**	New Holland	6T	456D	18F-6R	130.0		CHA
8560 w/Cab	$69295	$17320	$22870	**$30490**	**$33960**	New Holland	6T	456D	17F-6R	130.0		CHA
8670	$79240	$19810	$26150	**$34870**	**$38830**	New Holland	6T	456D	16F-9R	145.00	14632	CHA
8670 4WD	$94385	$23500	$31020	**$41360**	**$46060**	New Holland	6T	456D	16F-9R	145.00	15188	CHA
8770	$85552	$21390	$28230	**$37640**	**$41920**	New Holland	6T	456D	16F-9R	160.00	16925	CHA

New Holland/Ford (Cont.)

Model	Approx. Retail Price New	Estimated Value Less Repairs: Used Trade-In Avg.	Used Trade-In High	Used Retail Avg.	Used Retail High	Engine Make	Engine No. Cyls.	Engine Displ. Cu.-in.	No. Speeds	P.T.O. H.P.	Approx. Shipping Wt.-Lbs.	Cab
1996 (Cont.)												
8770 4WD	$98657	$24400	$32210	**$42940**	**$47820**	New Holland	6T	456D	16F-9R	160.00	17481	CHA
8870	$96757	$24190	$31930	**$42570**	**$47410**	New Holland	6TI	456D	16F-9R	180.00	17101	CHA
8870 4WD	$109958	$27000	$35640	**$47520**	**$52920**	New Holland	6TI	456D	16F-9R	180.00	17657	CHA
8970 4WD	$119292	$29500	$38940	**$51920**	**$57820**	New Holland	6TI	456D	16F-9R	210.00	17889	CHA

LP-Low Profie, HC-High Clearance

Model	Approx. Retail Price New	Used Trade-In Avg.	Used Trade-In High	Used Retail Avg.	Used Retail High	Engine Make	Engine No. Cyls.	Engine Displ. Cu.-in.	No. Speeds	P.T.O. H.P.	Approx. Shipping Wt.-Lbs.	Cab
1995												
1215	$8978	$2870	$3860	**$5390**	**$5930**	Shibaura	3	54D	6F-2R	13.50	1338	No
1215 4WD	$10035	$3210	$4320	**$6020**	**$6620**	Shibaura	3	54D	6F-2R	13.50	1429	No
1215H 4WD Hydro	$11058	$3540	$4760	**$6640**	**$7300**	Shibaura	3	54D	Variable	13.50	1484	No
1215H Hydro	$10001	$3200	$4300	**$6000**	**$6600**	Shibaura	3	54D	Variable	13.50	1393	No
1220	$10499	$3360	$4520	**$6300**	**$6930**	Shibaura	3	58D	9F-3R	14.50	1338	No
1220 4WD	$11677	$3740	$5020	**$7010**	**$7710**	Shibaura	3	58D	9F-3R	14.50	1429	No
1220H 4WD Hydro	$13590	$4350	$5840	**$8150**	**$8970**	Shibaura	3	58D	Variable	14.50	1484	No
1220H Hydro	$11614	$3720	$4990	**$6970**	**$7670**	Shibaura	3	58D	Variable	14.50	1393	No
1320	$12564	$4020	$5400	**$7540**	**$8290**	Shibaura	3	77D	9F-3R	17.00	2145	No
1320 4WD	$13887	$4440	$5970	**$8330**	**$9170**	Shibaura	3	77D	9F-3R	17.00	2271	No
1320H 4WD Hydro	$15236	$4880	$6550	**$9140**	**$10060**	Shibaura	3	77D	Variable	17.00	2297	No
1320H Hydro	$13913	$4450	$5980	**$8350**	**$9180**	Shibaura	3	77D	Variable	17.00	2172	No
1520	$12947	$4140	$5570	**$7770**	**$8550**	Shibaura	3	81D	9F-3R	19.50	2200	No
1520 4WD	$14344	$4590	$6170	**$8610**	**$9470**	Shibaura	3	81D	9F-3R	19.50	2320	No
1520H 4WD Hydro	$15929	$5100	$6850	**$9560**	**$10510**	Shibaura	3	81D	Variable	19.50	2352	No
1520H Hydro	$14533	$4650	$6250	**$8720**	**$9590**	Shibaura	3	81D	Variable	19.50	2233	No
1620 4WD Hydro	$16701	$5340	$7180	**$10020**	**$11020**	Shibaura	3	81D	Variable	22.00	2352	No
1715	$11124	$3560	$4780	**$6670**	**$7340**	Shibaura	3	81D	9F-3R	23.00	2161	No
1715 4WD	$12651	$4050	$5440	**$7590**	**$8350**	Shibaura	3	81D	9F-3R	23.00	2280	No
1720	$13450	$4300	$5780	**$8070**	**$8880**	Shibaura	3	91D	12F-4R	23.50	2491	No
1720 4WD	$15341	$4910	$6600	**$9210**	**$10130**	Shibaura	3	91D	12F-4R	23.50	2690	No
1920	$15269	$4890	$6570	**$9160**	**$10080**	Shibaura	4	122D	12F-4R	28.50	2849	No
1920 4WD	$17941	$5740	$7720	**$10770**	**$11840**	Shibaura	4	122D	12F-4R	28.50	3069	No
2120 4WD	$21179	$6780	$9110	**$12710**	**$13980**	Shibaura	4	139D	12F-4R	34.50	3858	No
3415	$17612	$5280	$6690	**$9690**	**$10830**	Shibaura	4	135D	12F-4R	38.00	3483	No
3430	$19193	$5760	$7290	**$10560**	**$11800**	New Holland	3	192D	8F-2R	38.00	4622	No
3430 4WD	$24008	$7200	$9120	**$13200**	**$14770**	New Holland	3	192D	8F-2R	38.00	5150	No
3830	$19800	$5940	$7520	**$10890**	**$12180**	New Holland	3	165D	12F-4R	45.00	3784	No
3830 4WD	$25713	$7710	$9770	**$14140**	**$15810**	New Holland	3	165D	12F-4R	45.00	4000	No
3930	$20236	$6070	$7690	**$11130**	**$12450**	New Holland	3	201D	8F-2R	45.00	5157	No
3930 4WD	$25905	$7770	$9840	**$14250**	**$15930**	New Holland	3	201D	8F-8R	45.00	5735	No
3930 4WD w/Cab	$31224	$9370	$11870	**$17170**	**$19200**	New Holland	3	201D	8F-8R	45.00	6235	CH
3930 w/Cab	$26207	$7860	$9960	**$14410**	**$16120**	New Holland	3	201D	8F-8R	45.00	5707	CH
4030	$20818	$6250	$7910	**$11450**	**$12800**	New Holland	3	179D	12F-4R	51.00	5151	No
4030 4WD	$26731	$8020	$10160	**$14700**	**$16440**	New Holland	3	179D	12F-4R	51.00	5558	No
4030 4WD w/Cab	$31656	$9500	$12030	**$17410**	**$19470**	New Holland	3	179D	12F-4R	51.00	5995	CHA
4030 w/Cab	$25743	$7720	$9780	**$14160**	**$15830**	New Holland	3	179D	12F-4R	51.00	5591	CHA
4230	$21917	$6580	$8330	**$12050**	**$13480**	New Holland	4	220D	12F-4R	62.00	4860	No
4230 4WD	$27830	$8350	$10580	**$15310**	**$17120**	New Holland	4	220D	12F-4R	62.00	5200	No
4230 4WD w/Cab	$32755	$9830	$12450	**$18020**	**$20140**	New Holland	4	220D	12F-4R	62.00	5640	CHA
4230 w/Cab	$26842	$8050	$10200	**$14760**	**$16510**	New Holland	4	220D	12F-4R	62.00	5290	CHA
4430	$24065	$7220	$9150	**$13240**	**$14800**	New Holland	4	238D	12F-4R	70.00	5000	No
4430 4WD	$29978	$8990	$11390	**$16490**	**$18440**	New Holland	4	238D	12F-4R	70.00	5350	No
4430 4WD w/Cab	$34903	$10470	$13260	**$19200**	**$21470**	New Holland	4	238D	12F-4R	70.00	5790	CHA
4430 w/Cab	$28990	$8700	$11020	**$15950**	**$17830**	New Holland	4	238D	12F-4R	70.00	5440	CHA
4630	$24045	$7210	$9140	**$13230**	**$14790**	New Holland	3	201D	16F-8R	55.00	5030	No
4630 4WD	$29062	$8720	$11040	**$15980**	**$17870**	New Holland	3	201D	16F-8R	55.00	5822	No
4630 4WD w/Cab	$33289	$9990	$12650	**$18310**	**$20470**	New Holland	3	201D	8F-8R	55.00	6272	CH
4630 w/Cab	$28272	$8480	$10740	**$15550**	**$17390**	New Holland	3	201D	8F-8R	55.00	5744	CH
5030	$26076	$7820	$9910	**$14340**	**$16040**	New Holland	4	256D	16F-8R	62.00	5647	No
5030 4WD	$31116	$9340	$11820	**$17110**	**$19140**	New Holland	4	256D	16F-8R	62.00	6175	No
5030 4WD w/Cab	$36434	$10930	$13850	**$20040**	**$22410**	New Holland	4	256D	16F-8R	62.00	6675	CH
5030 w/Cab	$31395	$9420	$11930	**$17270**	**$19310**	New Holland	4	256D	16F-8R	62.00	6147	CH
5530	$25742	$7720	$9780	**$14160**	**$15830**	New Holland	4	220D	20F-12R	62.00	5709	No
5530 4WD	$31323	$9400	$11900	**$17230**	**$19260**	New Holland	4	220D	20F-12R	62.00	7310	No
5610S	$24432	$7820	$10510	**$14660**	**$16130**	New Holland	4	268D	8F-2R	66.00	5995	No
5640S	$28362	$7370	$9080	**$14180**	**$16310**	New Holland	4	268D	8F-2R	66.00	7306	No
5640S 4WD	$34905	$9080	$11170	**$17450**	**$20070**	New Holland	4	268D	8F-2R	66.00	8298	No
5640SL	$31222	$8120	$9990	**$15610**	**$17950**	New Holland	4	268D	24F-24R	66.00	7373	No
5640SL 4WD	$37766	$9820	$12090	**$18880**	**$21720**	New Holland	4	268D	24F-24R	66.00	8298	No
5640SL 4WD w/Cab	$46029	$11970	$14730	**$23020**	**$26470**	New Holland	4	268D	24F-24R	66.00	9380	CHA
5640SL w/Cab	$39486	$10270	$12640	**$19740**	**$22700**	New Holland	4	268D	24F-24R	66.00	8418	CHA
5640SLE	$34389	$8940	$11000	**$17200**	**$19770**	New Holland	4	268D	16F-16R	66.00	7483	No
5640SLE 4WD	$40933	$10640	$13100	**$20470**	**$23540**	New Holland	4	268D	16F-16R	66.00	8475	No
5640SLE 4WD w/Cab	$48784	$12680	$15610	**$24390**	**$28050**	New Holland	4	268D	16F-16R	66.00	9380	CHA
5640SLE w/Cab	$42241	$10980	$13520	**$21120**	**$24290**	New Holland	4	268D	16F-16R	66.00	8418	CHA
6530	$28434	$8530	$10810	**$15640**	**$17490**	New Holland	4	238D	20F-12R	70.00	5709	No
6530 4WD	$35223	$10570	$13390	**$19370**	**$21660**	New Holland	4	238D	20F-12R	70.00	7310	No
6610S	$26705	$8550	$11480	**$16020**	**$17630**	New Holland	4	304D	8F-2R	76.00	5995	No
6610S 4WD	$34589	$10380	$13140	**$19020**	**$21270**	New Holland	4	304D	8F-2R	76.00	6925	No
6640 Low Profile	$31691	$8240	$10140	**$15850**	**$18220**	New Holland	4	304D	16F-4R	76.00	7354	No
6640 Low Profile 4WD	$38796	$10090	$12420	**$19400**	**$22310**	New Holland	4	304D	16F-4R	76.00	8346	No
6640S	$31957	$8310	$10230	**$15980**	**$18380**	New Holland	4	304D	16F-4R	76.00	7399	No
6640S 4WD	$39062	$10160	$12500	**$19530**	**$22460**	New Holland	4	304D	16F-4R	76.00	8391	No
6640SL	$34316	$8920	$10980	**$17160**	**$19730**	New Holland	4	304D	24F-24R	76.00	7373	No
6640SL 4WD	$41421	$10770	$13260	**$20710**	**$23820**	New Holland	4	304D	24F-24R	76.00	8304	No
6640SL 4WD w/Cab	$49684	$12920	$15900	**$24840**	**$28570**	New Holland	4	304D	24F-24R	76.00	9358	CHA

New Holland/Ford (Cont.)

1995 (Cont.)

Model	Approx. Retail Price New	Estimated Value Less Repairs: Used Trade-In Avg.	Used Trade-In High	Used Retail Avg.	Used Retail High	Engine Make	Engine No. Cyls.	Engine Displ. Cu.-in.	No. Speeds	P.T.O. H.P.	Approx. Shipping Wt.-Lbs.	Cab
6640SL w/Cab	$42579	$11070	$13630	**$21290**	**$24480**	New Holland	4	304D	24F-24R	76.00	8419	CHA
6640SLE	$35550	$9240	$11380	**$17780**	**$20440**	New Holland	4	304D	16F-16R	76.00	7483	No
6640SLE 4WD	$42655	$11090	$13650	**$21330**	**$24530**	New Holland	4	304D	16F-16R	76.00	8475	No
6640SLE 4WD w/Cab	$50507	$13130	$16160	**$25250**	**$29040**	New Holland	4	304D	16F-16R	76.00	9380	CHA
6640SLE w/Cab	$43401	$11280	$13890	**$21700**	**$24960**	New Holland	4	304D	16F-16R	76.00	8418	CHA
7530 4WD	$39643	$11890	$15060	**$21800**	**$24380**	New Holland	6	331D	20F-4R	91.00	8074	No
7610S	$29424	$8830	$11180	**$16180**	**$18100**	New Holland	4T	304D	8F-2R	86.00	6375	No
7610S 4WD	$36434	$9470	$11660	**$18220**	**$20950**	New Holland	4T	304D	8F-2R	86.00	7305	No
7740 Low Profile	$33905	$8820	$10850	**$16950**	**$19500**	New Holland	4T	304D	16F-4R	86.00	7419	No
7740 Low Profile 4WD	$41011	$10660	$13120	**$20510**	**$23580**	New Holland	4T	304D	16F-4R	86.00	8411	No
7740S	$34184	$8890	$10940	**$17090**	**$19660**	New Holland	4T	304D	16F-4R	86.00	7432	No
7740S 4WD	$41289	$10740	$13210	**$20650**	**$23740**	New Holland	4T	304D	16F-4R	86.00	8446	No
7740SL	$36293	$9440	$11610	**$18150**	**$20870**	New Holland	4T	304D	24F-24R	86.00	7432	No
7740SL 4WD	$43399	$11280	$13890	**$21700**	**$24950**	New Holland	4T	304D	24F-24R	86.00	8446	No
7740SL 4WD w/Cab	$52396	$13000	$16000	**$25000**	**$28750**	New Holland	4T	304D	24F-24R	86.00	9413	CHA
7740SL w/Cab	$45291	$11780	$14490	**$22650**	**$26040**	New Holland	4T	304D	24F-24R	86.00	8400	CHA
7740SLE	$36453	$9480	$11670	**$18230**	**$20960**	New Holland	4T	304D	16F-16R	86.00	7516	No
7740SLE 4WD	$43558	$11330	$13940	**$21780**	**$25050**	New Holland	4T	304D	16F-16R	86.00	8508	No
7740SLE 4WD w/Cab	$52143	$13260	$16320	**$25500**	**$29330**	New Holland	4T	304D	16F-16R	86.00	9413	CHA
7740SLE w/Cab	$45038	$11710	$14410	**$22520**	**$25900**	New Holland	4T	304D	16F-16R	86.00	8451	CHA
7810S	$31721	$9520	$12050	**$17450**	**$19510**	New Holland	6	401D	8F-2R	90.00	6625	No
7810S 4WD	$38732	$11620	$14720	**$21300**	**$23820**	New Holland	6	401D	8F-2R	90.00	7555	No
7840 Low Profile	$36434	$9470	$11660	**$18220**	**$20950**	New Holland	6	401D	16F-4R	90.00		No
7840 Low Profile 4WD	$43471	$11300	$13910	**$21740**	**$25000**	New Holland	6	401D	16F-4R	90.00		No
7840S	$36696	$9540	$11740	**$18350**	**$21100**	New Holland	6	401D	16F-4R	90.00	8076	No
7840S 4WD	$43733	$11370	$14000	**$21870**	**$25150**	New Holland	6	401D	16F-4R	90.00	9134	No
7840SL	$39596	$10300	$12670	**$19800**	**$22770**	New Holland	6	401D	24F-24R	90.00	8382	No
7840SL 4WD	$46633	$12130	$14920	**$23320**	**$26810**	New Holland	6	401D	24F-24R	90.00	9410	No
7840SL 4WD w/Cab	$56087	$14300	$17600	**$27500**	**$31630**	New Holland	6	401D	24F-24R	90.00	10465	CHA
7840SL w/Cab	$49050	$12750	$15700	**$24530**	**$28200**	New Holland	6	401D	24F-24R	90.00	9398	CHA
7840SLE	$39162	$10180	$12530	**$19580**	**$22520**	New Holland	6	401D	16F-16R	90.00	8379	No
7840SLE 4WD	$46199	$12010	$14780	**$23100**	**$26560**	New Holland	6	401D	16F-16R	90.00	9437	No
7840SLE 4WD w/Cab	$54701	$14040	$17280	**$27000**	**$31050**	New Holland	6	401D	16F-16R	90.00	10482	CHA
7840SLE w/Cab	$47664	$12390	$15250	**$23830**	**$27410**	New Holland	6	401D	16F-16R	90.00	9423	CHA
8160	$43698	$11360	$13980	**$21850**	**$25130**	New Holland	6	456D	17F-6R	90.0		No
8160 4WD	$52506	$13650	$16800	**$26250**	**$30190**	New Holland	6	456D	17F-6R	90.0		No
8160 4WD w/Cab	$60206	$15650	$19270	**$30100**	**$34620**	New Holland	6	456D	17F-6R	90.0		CHA
8160 w/Cab	$51398	$13360	$16450	**$25700**	**$29550**	New Holland	6	456D	17F-6R	90.0		CHA
8240SL	$40214	$12060	$15280	**$22120**	**$24730**	New Holland	6	456D	12F-12R	96.00	8883	No
8240SL 4WD	$47251	$14180	$17960	**$25990**	**$29060**	New Holland	6	456D	12F-12R	96.00	9941	No
8240SL 4WD w/Cab	$55043	$16510	$20920	**$30270**	**$33850**	New Holland	6	456D	12F-12R	96.00	10979	CHA
8240SL w/Cab	$48007	$14400	$18240	**$26400**	**$29520**	New Holland	6	456D	12F-12R	96.00	9921	CHA
8240SLE	$41726	$12520	$15860	**$22950**	**$25660**	New Holland	6	456D	16F-16R	96.00	8957	No
8240SLE 4WD	$48763	$14630	$18530	**$26820**	**$29990**	New Holland	6	456D	16F-16R	96.00	10015	No
8240SLE 4WD w/Cab	$56533	$16960	$21480	**$31090**	**$34770**	New Holland	6	456D	16F-16R	96.00	11053	CHA
8240SLE w/Cab	$49496	$14850	$18810	**$27220**	**$30440**	New Holland	6	456D	16F-16R	96.00	9995	CHA
8260	$47250	$11340	$14650	**$19850**	**$22210**	New Holland	6	456D	17F-6R	100.0		No
8260 4WD	$56057	$13450	$17380	**$23540**	**$26350**	New Holland	6	456D	17F-6R	100.0		No
8260 4WD w/Cab	$63757	$15300	$19770	**$26780**	**$29970**	New Holland	6	456D	17F-6R	100.0		CHA
8260 w/Cab	$54950	$13190	$17040	**$23080**	**$25830**	New Holland	6	456D	17F-6R	100.0		CHA
8340SL	$43168	$12950	$16400	**$23740**	**$26550**	New Holland	6T	456D	12F-12R	112.00	8883	No
8340SL 4WD	$50205	$15060	$19080	**$27610**	**$30880**	New Holland	6T	456D	12F-12R	112.00	9941	No
8340SL 4WD w/Cab	$58730	$17620	$22320	**$32300**	**$36120**	New Holland	6T	456D	12F-12R	112.00	10979	CHA
8340SL w/Cab	$51693	$15510	$19640	**$28430**	**$31790**	New Holland	6T	456D	12F-12R	112.00	9921	CHA
8340SLE	$46121	$13840	$17530	**$25370**	**$28360**	New Holland	6T	456D	16F-16R	112.00	8957	No
8340SLE 4WD	$53158	$15950	$20200	**$29240**	**$32690**	New Holland	6T	456D	16F-16R	112.00	10015	No
8340SLE 4WD w/Cab	$61661	$18500	$23430	**$33910**	**$37920**	New Holland	6T	456D	16F-16R	112.00	11053	CHA
8340SLE w/Cab	$54624	$16390	$20760	**$30040**	**$33590**	New Holland	6T	456D	16F-16R	112.00	9995	CHA
8360	$54346	$13040	$16850	**$22830**	**$25540**	New Holland	6T	456D	17F-6R	115.0		No
8360 4WD	$66134	$15870	$20500	**$27780**	**$31080**	New Holland	6T	456D	17F-6R	115.0		No
8360 4WD w/Cab	$73828	$17400	$22480	**$30450**	**$34080**	New Holland	6T	456D	17F-6R	115.0		CHA
8360 w/Cab	$62040	$14890	$19230	**$26060**	**$29160**	New Holland	6T	456D	17F-6R	115.0		CHA
8560 4WD w/Cab	$81084	$19200	$24800	**$33600**	**$37600**	New Holland	6T	456D	18F-6R	130.0		CHA
8560 w/Cab	$69252	$16620	$21470	**$29090**	**$32550**	New Holland	6T	456D	17F-6R	130.0		CHA
8670	$73888	$17730	$22910	**$31030**	**$34730**	New Holland	6T	456D	16F-9R	145.00	14632	CHA
8670 4WD	$83888	$19680	$25420	**$34440**	**$38540**	New Holland	6T	456D	16F-9R	145.00	15188	CHA
8770	$76828	$18440	$23820	**$32270**	**$36110**	New Holland	6T	456D	16F-9R	160.00	16925	CHA
8770 4WD	$86828	$20400	$26350	**$35700**	**$39950**	New Holland	6T	456D	16F-9R	160.00	17481	CHA
8870	$86099	$20660	$26690	**$36160**	**$40470**	New Holland	6TI	456D	16F-9R	180.00	17101	CHA
8870 4WD	$96099	$23060	$29790	**$40360**	**$45170**	New Holland	6TI	456D	16F-9R	180.00	17657	CHA
8970	$95255	$22860	$29530	**$40010**	**$44770**	New Holland	6TI	456D	16F-9R	210.00	17333	CHA
8970 4WD	$105255	$25260	$32630	**$44210**	**$49470**	New Holland	6TI	456D	16F-9R	210.00	17889	CHA

1994

Model	Approx. Retail Price New	Estimated Value Less Repairs: Used Trade-In Avg.	Used Trade-In High	Used Retail Avg.	Used Retail High	Engine Make	Engine No. Cyls.	Engine Displ. Cu.-in.	No. Speeds	P.T.O. H.P.	Approx. Shipping Wt.-Lbs.	Cab
1120	$8806	$2730	$3700	**$5200**	**$5720**	Shibaura	3	54D	9F-3R	12.50	1338	No
1120 4WD	$9859	$3060	$4140	**$5820**	**$6410**	Shibaura	3	54D	9F-3R	12.50	1429	No
1120H 4WD Hydro	$10956	$3400	$4600	**$6460**	**$7120**	Shibaura	3	54D	Variable	12.50	1484	No
1120H Hydro	$9904	$3070	$4160	**$5840**	**$6440**	Shibaura	3	54D	Variable	12.50	1393	No
1215	$7771	$2410	$3260	**$4590**	**$5050**	Shibaura	3	54D	6F-2R	13.50	1338	No
1215 4WD	$8685	$2690	$3650	**$5120**	**$5650**	Shibaura	3	54D	6F-2R	13.50	1429	No
1215H 4WD Hydro	$9571	$2970	$4020	**$5650**	**$6220**	Shibaura	3	54D	Variable	13.50	1484	No
1215H Hydro	$8656	$2680	$3640	**$5110**	**$5630**	Shibaura	3	54D	Variable	13.50	1393	No
1220	$9374	$2910	$3940	**$5530**	**$6090**	Shibaura	3	58D	9F-3R	14.50	1338	No
1220 4WD	$10427	$3230	$4380	**$6150**	**$6780**	Shibaura	3	58D	9F-3R	14.50	1429	No

New Holland/Ford (Cont.)

Model	Approx. Retail Price New	Estimated Value Less Repairs: Used Trade-In Avg.	Used Trade-In High	Used Retail Avg.	Used Retail High	Make	Engine No. Cyls.	Displ. Cu.-in.	No. Speeds	P.T.O. H.P.	Approx. Shipping Wt.-Lbs.	Cab
				1994 (Cont.)								
1220H 4WD Hydro	$11423	$3540	$4800	**$6740**	**$7430**	Shibaura	3	58D	Variable	14.50	1484	No
1220H Hydro	$10371	$3220	$4360	**$6120**	**$6740**	Shibaura	3	58D	Variable	14.50	1393	No
1320	$10987	$3410	$4620	**$6480**	**$7140**	Shibaura	3	77D	9F-3R	17.00	2101	No
1320 4WD	$12562	$3890	$5280	**$7410**	**$8170**	Shibaura	3	77D	9F-3R	17.00	2271	No
1320H 4WD Hydro	$13783	$4270	$5790	**$8130**	**$8960**	Shibaura	3	77D	Variable	17.00	2297	No
1320H Hydro	$12587	$3900	$5290	**$7430**	**$8180**	Shibaura	3	77D	Variable	17.00	2172	No
1520	$11478	$3560	$4820	**$6770**	**$7460**	Shibaura	3	81D	9F-3R	19.50	2156	No
1520 4WD	$13136	$4070	$5520	**$7750**	**$8540**	Shibaura	3	81D	9F-3R	19.50	2320	No
1520H 4WD Hydro	$14588	$4520	$6130	**$8610**	**$9480**	Shibaura	3	81D	Variable	19.50	2352	No
1520H Hydro	$13309	$4130	$5590	**$7850**	**$8650**	Shibaura	3	81D	Variable	19.50	2233	No
1620 4WD Hydro	$15149	$4700	$6360	**$8940**	**$9850**	Shibaura	3	81D	Variable	22.00	2352	No
1620 Hydro	$13751	$4260	$5780	**$8110**	**$8940**	Shibaura	3	81D	Variable	22.00	2233	No
1715	$9835	$3050	$4130	**$5800**	**$6390**	Shibaura	3	81D	9F-3R	23.00	2161	No
1715 4WD	$11185	$3470	$4700	**$6600**	**$7270**	Shibaura	3	81D	9F-3R	23.00	2280	No
1720	$12437	$3860	$5220	**$7340**	**$8080**	Shibaura	3	91D	12F-4R	23.50	2491	No
1720 4WD	$14186	$4400	$5960	**$8370**	**$9220**	Shibaura	3	91D	12F-4R	23.50	2690	No
1920	$14394	$4460	$6050	**$8490**	**$9360**	Shibaura	4	122D	12F-4R	28.50	2849	No
1920 4WD	$16913	$5240	$7100	**$9980**	**$10990**	Shibaura	4	122D	12F-4R	28.50	3069	No
2120	$16062	$4980	$6750	**$9480**	**$10440**	Shibaura	4	139D	12F-4R	34.50	3572	No
2120 4WD	$18614	$5770	$7820	**$10980**	**$12100**	Shibaura	4	139D	12F-4R	34.50	3858	No
3230	$17309	$5110	$6400	**$9350**	**$10560**	New Holland	3	192D	8F-2R	32.83	4455	No
3415	$14912	$4400	$5520	**$8050**	**$9100**	Shibaura	4	135D	12F-4R	38.00	3483	No
3430	$18158	$5360	$6720	**$9810**	**$11080**	New Holland	3	192D	8F-2R	38.00	4622	No
3430 4WD	$22809	$6730	$8440	**$12320**	**$13910**	New Holland	3	192D	8F-2R	38.00	5150	No
3430 4WD w/Cab	$27593	$8140	$10210	**$14900**	**$16830**	New Holland	3	192D	8F-2R	38.00	5650	CH
3430 w/Cab	$23055	$6800	$8530	**$12450**	**$14060**	New Holland	3	192D	8F-2R	38.00	5122	CH
3830	$19800	$5840	$7330	**$10690**	**$12080**	New Holland	3	165D	12F-4R	45.00	3784	No
3830 4WD	$25713	$7590	$9510	**$13890**	**$15690**	New Holland	3	165D	12F-4R	45.00	4000	No
3930	$19096	$5630	$7070	**$10310**	**$11650**	New Holland	3	201D	8F-2R	45.00	5157	No
3930 4WD	$23943	$7060	$8860	**$12930**	**$14610**	New Holland	3	201D	8F-2R	45.00	5685	No
3930 4WD w/Cab	$28314	$8350	$10480	**$15290**	**$17270**	New Holland	3	201D	8F-2R	45.00	6185	CH
3930 w/Cab	$23586	$6960	$8730	**$12740**	**$14390**	New Holland	3	201D	8F-2R	45.00	5657	CH
4030	$20818	$6140	$7700	**$11240**	**$12700**	New Holland	3	179D	12F-4R	51.00	5151	No
4030 4WD	$26731	$7890	$9890	**$14440**	**$16310**	New Holland	3	179D	12F-4R	51.00		No
4030 4WD w/Cab	$31656	$9340	$11710	**$17090**	**$19310**	New Holland	3	179D	12F-4R	51.00		CHA
4030 w/Cab	$25743	$7590	$9530	**$13900**	**$15700**	New Holland	3	179D	12F-4R	51.00	5591	CHA
4230	$21917	$6470	$8110	**$11840**	**$13370**	New Holland	4	220D	12F-4R	62.00	4860	No
4230 4WD	$27830	$8210	$10300	**$15030**	**$16980**	New Holland	4	220D	12F-4R	62.00	5200	No
4230 4WD w/Cab	$32755	$9660	$12120	**$17690**	**$19980**	New Holland	4	220D	12F-4R	62.00	5640	CHA
4230 w/Cab	$26842	$7920	$9930	**$14500**	**$16370**	New Holland	4	220D	12F-4R	62.00	5290	CHA
4430	$24065	$7100	$8900	**$13000**	**$14680**	New Holland	4	238D	12F-4R	70.00	5000	No
4430 4WD	$29978	$8840	$11090	**$16190**	**$18290**	New Holland	4	238D	12F-4R	70.00	5350	No
4430 4WD w/Cab	$34903	$10300	$12910	**$18850**	**$21290**	New Holland	4	238D	12F-4R	70.00	5790	CHA
4430 w/Cab	$28990	$8550	$10730	**$15660**	**$17680**	New Holland	4	238D	12F-4R	70.00	5440	CHA
4630	$23122	$6820	$8560	**$12490**	**$14100**	New Holland	3	201D	16F-8R	55.00	5030	No
4630 4WD	$27970	$8250	$10350	**$15100**	**$17060**	New Holland	3	201D	16F-8R	55.00	5822	No
4630 4WD w/Cab	$31993	$9440	$11840	**$17280**	**$19520**	New Holland	3	201D	16F-8R	55.00	6058	CH
4630 LCG	$21528	$6350	$7970	**$11630**	**$13130**	New Holland	3	201D	8F-2R	55.00	4958	No
4630 Low Profile	$21209	$6260	$7850	**$11450**	**$12940**	New Holland	3	201D	8F-2R	55.00	4784	No
4630 Low Profile 4WD	$26166	$7720	$9680	**$14130**	**$15960**	New Holland	3	201D	8F-2R	55.00	5312	No
4630 w/Cab	$27264	$8040	$10090	**$14720**	**$16630**	New Holland	3	201D	16F-8R	55.00	5530	CH
5030	$24409	$7200	$9030	**$13180**	**$14890**	New Holland	4	256D	16F-8R	62.00	5647	No
5030 4WD	$29278	$8640	$10830	**$15810**	**$17860**	New Holland	4	256D	16F-8R	62.00	6175	No
5030 4WD w/Cab	$34416	$10150	$12730	**$18590**	**$20990**	New Holland	4	256D	16F-8R	62.00	6675	CH
5030 Low Profile	$22497	$6640	$8320	**$12150**	**$13720**	New Holland	4	256D	8F-2R	62.00	5547	No
5030 Low Profile 4WD	$28191	$8320	$10430	**$15220**	**$17200**	New Holland	4	256D	8F-2R	62.00		No
5030 w/Cab	$29547	$8720	$10930	**$15960**	**$18020**	New Holland	4	256D	16F-8R	62.00	6147	CH
5530	$25526	$7530	$9450	**$13780**	**$15570**	New Holland	4	220D	20F-12R	62.00	5709	No
5530 4WD	$31108	$9180	$11510	**$16800**	**$18980**	New Holland	4	220D	20F-12R	62.00	7310	No
5610S	$24611	$7250	$9820	**$13790**	**$15200**	New Holland	4	268D	8F-2R	66.00	5800	No
5640S	$28788	$7200	$8920	**$14110**	**$16270**	New Holland	4	268D	16F-4R	66.00	7399	No
5640S 4WD	$35141	$8790	$10890	**$17220**	**$19860**	New Holland	4	268D	16F-4R	66.00	8391	No
5640SL	$30312	$7580	$9400	**$14850**	**$17130**	New Holland	4	268D	24F-24R	66.00	7373	No
5640SL 4WD	$36664	$9170	$11370	**$17970**	**$20720**	New Holland	4	268D	24F-24R	66.00	8298	No
5640SL 4WD w/Cab	$44687	$11170	$13850	**$21900**	**$25250**	New Holland	4	268D	24F-24R	66.00	9380	CHA
5640SL w/Cab	$38334	$9580	$11880	**$18780**	**$21660**	New Holland	4	268D	24F-24R	66.00	8418	CHA
5640SLE	$33386	$8350	$10350	**$16360**	**$18860**	New Holland	4	268D	16F-16R	66.00	7483	No
5640SLE 4WD	$39738	$9940	$12320	**$19470**	**$22450**	New Holland	4	268D	16F-16R	66.00	8475	No
5640SLE 4WD w/Cab	$47361	$11840	$14680	**$23210**	**$26760**	New Holland	4	268D	16F-16R	66.00	9380	CHA
5640SLE w/Cab	$41008	$10250	$12710	**$20090**	**$23170**	New Holland	4	268D	16F-16R	66.00	8418	CHA
6530	$28218	$8320	$10440	**$15240**	**$17210**	New Holland	4	238D	20F-12R	70.00	5709	No
6530 4WD	$35008	$10330	$12950	**$18900**	**$21360**	New Holland	4	238D	20F-12R	70.00	7310	No
6610S	$26900	$7920	$10730	**$15080**	**$16610**	New Holland	4	304D	8F-2R	76.00	5800	No
6610S 4WD	$34841	$9770	$12250	**$17870**	**$20190**	New Holland	4	304D	8F-2R	76.00	6435	No
6640 Low Profile	$30768	$7690	$9540	**$15080**	**$17380**	New Holland	4	304D	16F-4R	76.00	7354	No
6640 Low Profile 4WD	$37667	$9420	$11680	**$18460**	**$21280**	New Holland	4	304D	16F-4R	76.00	8346	No
6640S	$31029	$7760	$9620	**$15200**	**$17530**	New Holland	4	304D	16F-4R	76.00	7399	No
6640S 4WD	$37928	$9480	$11760	**$18590**	**$21430**	New Holland	4	304D	16F-4R	76.00	8391	No
6640SL	$33318	$8330	$10330	**$16330**	**$18830**	New Holland	4	304D	24F-24R	76.00	7373	CHA
6640SL 4WD	$40217	$10050	$12470	**$19710**	**$22720**	New Holland	4	304D	24F-24R	76.00	8304	CHA
6640SL 4WD w/Cab	$48239	$12060	$14950	**$23640**	**$27260**	New Holland	4	304D	24F-24R	76.00	9358	CHA
6640SL w/Cab	$41341	$10340	$12820	**$20260**	**$23360**	New Holland	4	304D	24F-24R	76.00	8419	CHA
6640SLE	$34466	$8620	$10680	**$16890**	**$19470**	New Holland	4	304D	16F-16R	76.00	7483	No
6640SLE 4WD	$41364	$10340	$12820	**$20270**	**$23370**	New Holland	4	304D	16F-16R	76.00	8475	No

Model	Approx. Retail Price New	Estimated Value Less Repairs: Used Trade-In Avg.	Used Trade-In High	Used Retail Avg.	Used Retail High	Engine Make	Engine No. Cyls.	Engine Displ. Cu.-in.	No. Speeds	P.T.O. H.P.	Approx. Shipping Wt.-Lbs.	Cab
New Holland/Ford (Cont.)												
1994 (Cont.)												
6640SLE 4WD w/Cab	$49038	$12260	$15200	$24030	$27710	New Holland	4	304D	16F-16R	76.00	9380	CHA
6640SLE w/Cab	$42139	$10540	$13060	$20650	$23810	New Holland	4	304D	16F-16R	76.00	8418	CHA
7530 4WD	$39643	$11700	$14670	$21410	$24180	New Holland	6	331D	20F-4R	91.00	8074	No
7610S	$29638	$8310	$10420	$15210	$17180	New Holland	4T	304D	8F-2R	86.00	5800	No
7610S 4WD	$36699	$8720	$10810	$17080	$19700	New Holland	4T	304D	8F-2R	86.00	6435	No
7740 Low Profile	$32918	$8230	$10210	$16130	$18600	New Holland	4T	304D	16F-4R	86.00	7419	No
7740 Low Profile 4WD	$39817	$9950	$12340	$19510	$22500	New Holland	4T	304D	16F-4R	86.00	8411	No
7740S	$33188	$8300	$10290	$16260	$18750	New Holland	4T	304D	16F-4R	86.00	7432	No
7740S 4WD	$40087	$10020	$12430	$19640	$22650	New Holland	4T	304D	16F-4R	86.00	8446	No
7740SL	$35236	$8810	$10920	$17270	$19910	New Holland	4T	304D	24F-24R	86.00	7432	No
7740SL 4WD	$42134	$10530	$13060	$20650	$23810	New Holland	4T	304D	24F-24R	86.00	8446	No
7740SL 4WD w/Cab	$50870	$12720	$15770	$24930	$28740	New Holland	4T	304D	24F-24R	86.00	9413	CHA
7740SL w/Cab	$43971	$10990	$13630	$21550	$24840	New Holland	4T	304D	24F-24R	86.00	8451	CHA
7740SLE	$35391	$8850	$10970	$17340	$20000	New Holland	4T	304D	16F-16R	86.00	7516	No
7740SLE 4WD	$42289	$10570	$13110	$20720	$23890	New Holland	4T	304D	16F-16R	86.00	8508	No
7740SLE 4WD w/Cab	$50625	$12660	$15690	$24810	$28600	New Holland	4T	304D	16F-16R	86.00	9413	CHA
7740SLE w/Cab	$43726	$10930	$13560	$21430	$24710	New Holland	4T	304D	16F-16R	86.00	8451	CHA
7810S	$31957	$8960	$11230	$16390	$18520	New Holland	6	401D	8F-2R	90.00	5800	No
7810S 4WD	$39017	$10940	$13720	$20020	$22610	New Holland	6	401D	8F-2R	90.00	6435	No
7840 Low Profile	$35720	$10540	$13220	$19290	$21790	New Holland	6	401D	16F-4R	90.00		No
7840 Low Profile 4WD	$42618	$12570	$15770	$23010	$26000	New Holland	6	401D	16F-4R	90.00		No
7840S	$35976	$10610	$13310	$19430	$21950	New Holland	6	401D	16F-4R	90.00	8076	No
7840S 4WD	$42875	$12650	$15860	$23150	$26150	New Holland	6	401D	16F-4R	90.00	9134	No
7840SL	$38820	$11450	$14360	$20960	$23680	New Holland	6	401D	24F-24R	90.00	8382	No
7840SL 4WD	$45718	$13490	$16920	$24690	$27890	New Holland	6	401D	24F-24R	90.00	9410	No
7840SL 4WD w/Cab	$54988	$16220	$20350	$29690	$33540	New Holland	6	401D	24F-24R	90.00	10465	CHA
7840SL w/Cab	$48089	$14190	$17790	$25970	$29330	New Holland	6	401D	24F-24R	90.00	9398	CHA
7840SLE	$38393	$11330	$14210	$20730	$23420	New Holland	6	401D	16F-16R	90.00	8379	No
7840SLE 4WD	$45292	$13360	$16760	$24460	$27630	New Holland	6	401D	16F-16R	90.00	9437	No
7840SLE 4WD w/Cab	$53627	$15820	$19840	$28960	$32710	New Holland	6	401D	16F-16R	90.00	10482	CHA
7840SLE w/Cab	$46729	$13790	$17290	$25230	$28510	New Holland	6	401D	16F-16R	90.00	9423	CHA
8240SL	$39425	$11630	$14590	$21290	$24050	New Holland	6	456D	12F-12R	96.00	8883	No
8240SL 4WD	$46324	$13670	$17140	$25020	$28260	New Holland	6	456D	12F-12R	96.00	9941	No
8240SL 4WD w/Cab	$53963	$15920	$19970	$29140	$32920	New Holland	6	456D	12F-12R	96.00	10979	CHA
8240SL w/Cab	$47064	$13880	$17410	$25420	$28710	New Holland	6	456D	12F-12R	96.00	9921	CHA
8240SLE	$40896	$12060	$15130	$22080	$24950	New Holland	6	456D	16F-16R	96.00	8957	No
8240SLE 4WD	$47795	$14100	$17680	$25810	$29160	New Holland	6	456D	16F-16R	96.00	10015	No
8240SLE 4WD w/Cab	$55412	$16350	$20500	$29920	$33800	New Holland	6	456D	16F-16R	96.00	11053	CHA
8240SLE w/Cab	$48513	$14310	$17950	$26200	$29590	New Holland	6	456D	16F-16R	96.00	9995	CHA
8340SL	$42322	$12490	$15660	$22850	$25820	New Holland	6T	456D	12F-12R	112.00	8883	No
8340SL 4WD	$49221	$14520	$18210	$26580	$30030	New Holland	6T	456D	12F-12R	112.00	9941	No
8340SL 4WD w/Cab	$57579	$16990	$21300	$31090	$35120	New Holland	6T	456D	12F-12R	112.00	10979	CHA
8340SL w/Cab	$50680	$14950	$18750	$27370	$30920	New Holland	6T	456D	12F-12R	112.00	9921	CHA
8340SLE	$45217	$13340	$16730	$24420	$27580	New Holland	6T	456D	16F-16R	112.00	8957	No
8340SLE 4WD	$52116	$15370	$19280	$28140	$31790	New Holland	6T	456D	16F-16R	112.00	10015	No
8340SLE 4WD w/Cab	$60451	$17830	$22370	$32640	$36880	New Holland	6T	456D	16F-16R	112.00	11053	CHA
8340SLE w/Cab	$53553	$15800	$19820	$28920	$32670	New Holland	6T	456D	16F-16R	112.00	9995	CHA
8630	$52120	$13030	$16160	$25540	$29450	New Holland	6T	401D	16F-4R	121.40	11442	CHA
8630 4WD	$61358	$15340	$19020	$30070	$34670	New Holland	6T	401D	16F-4R	121.40	12501	CHA
8630 4WD Powershift	$66967	$16740	$20760	$32810	$37840	New Holland	6T	401D	18F-9R	121.00		CHA
8630 Powershift	$57729	$14430	$17900	$28290	$32620	New Holland	6T	401D	18F-9R	121.00	12242	CHA
8670	$72358	$16640	$21710	$28940	$33290	New Holland	6T	456D	16F-9R	145.00		CHA
8670 4WD	$82358	$18940	$24710	$32940	$37890	New Holland	6T	456D	16F-9R	145.00		CHA
8770	$76828	$17670	$23050	$30730	$35340	New Holland	6T	456D	16F-9R	160.00		CHA
8770 4WD	$86828	$19970	$26050	$34730	$39940	New Holland	6T	456D	16F-9R	160.00		CHA
8870	$86037	$19790	$25810	$34420	$39580	New Holland	6TA	456D	16F-9R	180.00		CHA
8870 4WD	$96037	$22090	$28810	$38420	$44180	New Holland	6TA	456D	16F-9R	180.00		CHA
8970	$95193	$21890	$28560	$38080	$43790	New Holland	6TI	456D	16F-9R	210.00		CHA
8970 4WD	$105193	$24190	$31560	$42080	$48390	New Holland	6TI	456D	16F-9R	210.00		CHA
1993												
1120	$8549	$2570	$3510	$4960	$5470	Shibaura	3	54D	9F-3R	12.50	1338	No
1120 4WD	$9571	$2870	$3920	$5550	$6130	Shibaura	3	54D	9F-3R	12.50	1429	No
1120H 4WD Hydro	$10636	$3190	$4360	$6170	$6810	Shibaura	3	54D	Variable	12.50	1484	No
1120H Hydro	$9614	$2880	$3940	$5580	$6150	Shibaura	3	54D	Variable	12.50	1393	No
1220	$9100	$2730	$3730	$5280	$5820	Shibaura	3	58D	9F-3R	14.50	1338	No
1220 4WD	$10122	$3040	$4150	$5870	$6480	Shibaura	3	58D	9F-3R	14.50	1429	No
1220H 4WD Hydro	$11088	$3330	$4550	$6430	$7100	Shibaura	3	58D	Variable	14.50	1484	No
1220H Hydro	$10067	$3020	$4130	$5840	$6440	Shibaura	3	58D	Variable	14.50	1393	No
1320	$10665	$3200	$4370	$6190	$6830	Shibaura	3	77D	9F-3R	17.00	2101	No
1320 4WD	$12194	$3660	$5000	$7070	$7800	Shibaura	3	77D	9F-3R	17.00	2229	No
1320H 4WD Hydro	$13381	$4010	$5490	$7760	$8560	Shibaura	3	77D	Variable	17.00	2297	No
1320H Hydro	$12219	$3670	$5010	$7090	$7820	Shibaura	3	77D	Variable	17.00	2172	No
1520	$11142	$3340	$4570	$6460	$7130	Shibaura	3	81D	9F-3R	19.50	2156	No
1520 4WD	$12751	$3830	$5230	$7400	$8160	Shibaura	3	81D	9F-3R	19.50	2278	No
1520H 4WD Hydro	$14162	$4250	$5810	$8210	$9060	Shibaura	3	81D	Variable	19.50	2352	No
1520H Hydro	$12919	$3880	$5300	$7490	$8270	Shibaura	3	81D	Variable	19.50	2233	No
1620 4WD Hydro	$14705	$4410	$6030	$8530	$9410	Shibaura	3	81D	Variable	22.00	2352	No
1620 Hydro	$13349	$4010	$5470	$7740	$8540	Shibaura	3	81D	Variable	22.00	2233	No
1715	$9283	$2790	$3810	$5380	$5940	Shibaura	3	81D	9F-3R	23.0	2161	No
1715 4WD	$10558	$3170	$4330	$6120	$6760	Shibaura	3	81D	9F-3R	23.0	2280	No
1720	$12073	$3620	$4950	$7000	$7730	Shibaura	3	91D	12F-4R	23.50	2491	No
1720 4WD	$13771	$4130	$5650	$7990	$8810	Shibaura	3	91D	12F-4R	23.50	2690	No
1920	$13973	$4190	$5730	$8100	$8940	Shibaura	4	122D	12F-4R	28.50	2849	No

New Holland/Ford (Cont.)

Model	Approx. Retail Price New	Estimated Value Less Repairs: Used Trade-In Avg.	Used Trade-In High	Used Retail Avg.	Used Retail High	Engine Make	No. Cyls.	Displ. Cu.-in.	No. Speeds	P.T.O. H.P.	Approx. Shipping Wt.-Lbs.	Cab
1993 (Cont.)												
1920 4WD	$16419	$4930	$6730	$9520	$10510	Shibaura	4	122D	12F-4R	28.50	3069	No
2120	$15592	$4680	$6390	$9040	$9980	Shibaura	4	139D	12F-4R	34.50	3572	No
2120 4WD	$18071	$5420	$7410	$10480	$11570	Shibaura	4	139D	12F-4R	34.50	3858	No
3230	$17309	$5020	$6230	$9170	$10470	New Holland	3	192D	8F-2R	32.83	4455	No
3415	$14477	$4200	$5210	$7670	$8760	Shibaura	4	135D	12F-4R	38.0	3483	No
3430	$18042	$5230	$6500	$9560	$10920	New Holland	3	192D	8F-2R	38.00	4455	No
3430 4WD	$22580	$6550	$8130	$11970	$13660	New Holland	3	192D	8F-2R	38.00	4983	No
3430 4WD w/Cab	$27593	$8000	$9930	$14620	$16690	New Holland	3	192D	8F-2R	38.00	5483	CH
3430 w/Cab	$23055	$6690	$8300	$12220	$13950	New Holland	3	192D	8F-2R	38.00	4955	CH
3930 4WD w/Cab	$28314	$8210	$10190	$15010	$17130	New Holland	3	201D	8F-2R	45.00	5533	CH
3930 w/Cab	$23586	$6840	$8490	$12500	$14270	New Holland	3	201D	8F-2R	45.00	5005	CH
4630	$20608	$5980	$7420	$10920	$12470	New Holland	4	201D	8F-2R	55.0	5194	No
4630 4WD	$25337	$7350	$9120	$13430	$15330	New Holland	4	201D	8F-2R	55.0	5722	No
4630 4WD w/Cab	$30350	$8800	$10930	$16090	$18360	New Holland	4	201D	8F-2R	55.0	5958	CH
4630 LCG	$21528	$6240	$7750	$11410	$13020	New Holland	4	201D	8F-2R	55.0	4958	No
4630 Low Profile	$20612	$5980	$7420	$10920	$12470	New Holland	4	201D	8F-2R	55.0	4784	No
4630 Low Profile 4WD	$26166	$7590	$9420	$13870	$15830	New Holland	4	201D	8F-2R	55.0	5312	No
4630 w/Cab	$25621	$7430	$9220	$13580	$15500	New Holland	4	201D	8F-2R	55.0	5430	CH
5030	$22034	$6390	$7930	$11680	$13330	New Holland	4	256D	8F-2R	62.00	5214	No
5030 4WD	$26784	$7770	$9640	$14200	$16200	New Holland	4	256D	8F-2R	62.00	5742	No
5030 4WD w/Cab	$31797	$9220	$11450	$16850	$19240	New Holland	4	256D	8F-2R	62.00	6311	CHA
5030 Low Profile	$21821	$6330	$7860	$11570	$13200	New Holland	4	256D	8F-2R	62.00	5214	No
5030 Low Profile 4WD	$27375	$7940	$9860	$14510	$16560	New Holland	4	256D	8F-2R	62.00	5742	No
5030 w/Cab	$27047	$7840	$9740	$14340	$16360	New Holland	4	256D	8F-2R	62.00	5714	CHA
5640	$25034	$7260	$9010	$13270	$15150	New Holland	4	268D	8F-2R	66.00	7306	No
5640 4WD	$31814	$7640	$9540	$15270	$17660	New Holland	4	268D	8F-2R	66.00	8298	No
5640 4WD w/Cab	$41937	$10070	$12580	$20130	$23280	New Holland	4	268D	24F-24R	66.00	9380	CHA
5640 w/Cab	$37261	$8940	$11180	$17890	$20680	New Holland	4	268D	16F-16R	66.00	8418	CHA
6640	$26850	$6440	$8060	$12890	$14900	New Holland	4	304D	8F-2R	76.00	7274	No
6640 4WD	$34136	$8190	$10240	$16390	$18950	New Holland	4	304D	8F-2R	76.00	8298	No
6640 4WD w/Cab	$43850	$10520	$13160	$21050	$24340	New Holland	4	304D	12F-12R	76.00	9342	CHA
6640 w/Cab	$37351	$8960	$11210	$17930	$20730	New Holland	4	304D	12F-12R	76.00	8413	CHA
7740	$29324	$7040	$8800	$14080	$16280	New Holland	4T	304D	8F-2R	86.00	7339	No
7740 4WD	$35832	$8600	$10750	$17200	$19890	New Holland	4T	304D	8F-2R	86.00	8353	No
7740 4WD w/Cab	$47146	$11320	$14140	$22630	$26170	New Holland	4T	304D	24F-24R	86.00	9413	CHA
7740 w/Cab	$41526	$9970	$12460	$19930	$23050	New Holland	4T	304D	16F-16R	86.00	8451	CHA
7840	$34662	$10050	$12480	$18370	$20970	New Holland	6	401D	12F-12R	90.00	8342	No
7840 4WD	$41170	$11940	$14820	$21820	$24910	New Holland	6	401D	12F-12R	90.00	9400	No
7840 4WD w/Cab	$48830	$14160	$17580	$25880	$29540	New Holland	6	401D	12F-12R	90.00	10445	CHA
7840 w/Cab	$42322	$12270	$15240	$22430	$25610	New Holland	6	401D	12F-12R	90.00	9386	CHA
8240	$37962	$11010	$13670	$20120	$22970	New Holland	6	456D	16F-16R	96.00	8957	No
8240 4WD	$44470	$12900	$16010	$23570	$26900	New Holland	6	456D	16F-16R	96.00	10015	No
8240 4WD w/Cab	$51655	$14980	$18600	$27380	$31250	New Holland	6	456D	16F-16R	96.00	11053	CHA
8240 w/Cab	$45147	$13090	$16250	$23930	$27310	New Holland	6	456D	16F-16R	96.00	9995	CHA
8340	$41404	$12010	$14910	$21940	$25050	New Holland	6	456D	16F-16R	106.00	8957	No
8340 4WD	$47912	$13890	$17250	$25390	$28990	New Holland	6	456D	16F-16R	106.00	10015	No
8340 4WD w/Cab	$55775	$16180	$20080	$29560	$33740	New Holland	6	456D	16F-16R	106.00	11053	CHA
8340 w/Cab	$49267	$14290	$17740	$26110	$29810	New Holland	6	456D	16F-16R	106.00	9995	CHA
8630 4WD PS	$66967	$16070	$20090	$32140	$37170	New Holland	6T	401D	18F-9R	121.40	13300	CHA
8630 4WD w/Cab	$61358	$14730	$18410	$29450	$34050	New Holland	6T	401D	16F-4R	121.40	12500	CHA
8670	$71744	$15780	$20810	$27260	$32290	New Holland	6T	456D	16F-9R	145.00		CHA
8670 4WD	$81945	$18030	$23760	$31140	$36880	New Holland	6T	456D	16F-9R	145.00		CHA
8730 4WD PS	$71291	$17110	$21390	$34220	$39570	New Holland	6T	401D	16F-4R	140.68	15206	CHA
8730 4WD w/Cab	$65564	$15740	$19670	$31470	$36390	New Holland	6T	401D	16F-4R	140.68	14406	CHA
8770	$76256	$16780	$22110	$28980	$34320	New Holland	6T	456D	16F-9R	160.00		CHA
8770 4WD	$85455	$18800	$24780	$32470	$38460	New Holland	6T	456D	16F-9R	160.00		CHA
8830	$62749	$15060	$18830	$30120	$34830	New Holland	6TI	401D	16F-4R	170.30	13043	CHA
8830 4WD	$71987	$17280	$21600	$34550	$39950	New Holland	6TI	401D	16F-4R	170.30	14312	CHA
8830 4WD Powershift	$76550	$18370	$22970	$36740	$42490	New Holland	6TI	401D	18F-9R	170.00	15112	CHA
8830 Powershift	$68475	$16430	$20540	$32870	$38000	New Holland	6TI	401D	18F-9R	170.00	13843	CHA
8870	$85220	$18750	$24710	$32380	$38350	New Holland	6TA	456D	16F-9R	180.00		CHA
8870 4WD	$94377	$20760	$27370	$35860	$42470	New Holland	6TA	456D	16F-9R	180.00		CHA
8970	$94234	$20730	$27330	$35810	$42410	New Holland	6TI	456D	16F-9R	210.00		CHA
8970 4WD	$103290	$22720	$29950	$39250	$46480	New Holland	6TI	456D	16F-9R	210.00		CHA
1992												
1120	$8908	$2480	$3420	$4870	$5390	Shibaura	3	54D	9F-3R	12.50	1338	No
1120 4WD	$9972	$2780	$3830	$5460	$6030	Shibaura	3	54D	9F-3R	12.50	1429	No
1120H 4WD Hydro	$11082	$3080	$4250	$6060	$6700	Shibaura	3	54D	Variable	12.50	1484	No
1120H Hydro	$10018	$2790	$3850	$5480	$6060	Shibaura	3	54D	Variable	12.50	1393	No
1220	$9481	$2640	$3640	$5190	$5730	Shibaura	3	58D	9F-3R	14.50	1338	No
1220 4WD	$10545	$2940	$4050	$5770	$6380	Shibaura	3	58D	9F-3R	14.50	1429	No
1220H 4WD Hydro	$11551	$3220	$4440	$6320	$6990	Shibaura	3	58D	Variable	14.50	1484	No
1220H Hydro	$10487	$2920	$4030	$5740	$6340	Shibaura	3	58D	Variable	14.50	1393	No
1320	$11112	$3090	$4270	$6080	$6720	Shibaura	3	77D	9F-3R	17.00	2101	No
1320 4WD	$12704	$3540	$4880	$6950	$7680	Shibaura	3	77D	9F-3R	17.00	2229	No
1320H 4WD Hydro	$13940	$3880	$5350	$7630	$8430	Shibaura	3	77D	Variable	17.00	2297	No
1320H Hydro	$12729	$3540	$4890	$6970	$7700	Shibaura	3	77D	Variable	17.00	2172	No
1520	$11609	$3230	$4460	$6350	$7020	Shibaura	3	81D	9F-3R	19.50	2156	No
1520 4WD	$13285	$3700	$5100	$7270	$8030	Shibaura	3	81D	9F-3R	19.50	2278	No
1520H 4WD Hydro	$14754	$4110	$5670	$8070	$8920	Shibaura	3	81D	Variable	19.50	2352	No
1520H Hydro	$13460	$3750	$5170	$7360	$8140	Shibaura	3	81D	Variable	19.50	2233	No
1620 4WD Hydro	$15319	$4260	$5880	$8380	$9260	Shibaura	3	81D	Variable	22.00	2352	No
1620 Hydro	$13906	$3870	$5340	$7610	$8410	Shibaura	3	81D	Variable	22.00	2233	No

New Holland/Ford (Cont.)

Model	Approx. Retail Price New	Estimated Value Less Repairs: Used Trade-In Avg.	Used Trade-In High	Used Retail Avg.	Used Retail High	Engine Make	Engine No. Cyls.	Engine Displ. Cu.-in.	No. Speeds	P.T.O. H.P.	Approx. Shipping Wt.-Lbs.	Cab
1992 (Cont.)												
1720	$12578	$3500	$4830	$6880	$7610	Shibaura	3	91D	12F-4R	23.50	2491	No
1720 4WD	$14346	$3990	$5510	$7850	$8680	Shibaura	3	91D	12F-4R	23.50	2690	No
1920	$14558	$4050	$5590	$7970	$8800	Shibaura	4	122D	12F-4R	28.50	2849	No
1920 4WD	$17106	$4760	$6570	$9360	$10340	Shibaura	4	122D	12F-4R	28.50	3069	No
2120	$16228	$4520	$6240	$8890	$9820	Shibaura	4	139D	12F-4R	34.50	3572	No
2120 4WD	$18805	$5240	$7230	$10300	$11390	Shibaura	4	139D	12F-4R	34.50	3858	No
3230	$16564	$4720	$5800	$8780	$9940	New Holland	3	192D	8F-2R	32.83	4455	No
3230 4WD	$20771	$5920	$7270	$11010	$12460	New Holland	3	192D	8F-2R	32.83	4983	No
3430	$17266	$4920	$6040	$9150	$10360	New Holland	3	192D	8F-2R	38.00	4455	No
3430 4WD	$21608	$6160	$7560	$11450	$12970	New Holland	3	192D	8F-2R	38.00	4983	No
3430 4WD w/Cab	$26405	$7530	$9240	$14000	$15840	New Holland	3	192D	8F-2R	38.00	5483	CH
3430 w/Cab	$22063	$6290	$7720	$11690	$13240	New Holland	3	192D	8F-2R	38.00	4955	CH
3830 4WD	$25192	$7180	$8820	$13350	$15120	Fiat	3	165D	12F-4R	45.00	4000	No
3830 Narrow	$19467	$5550	$6810	$10320	$11680	Fiat	3	165D	12F-4R	45.00	3784	No
3930 4WD w/Cab	$27093	$7720	$9480	$14360	$16260	New Holland	3	201D	8F-2R	45.00	5533	CH
3930 w/Cab	$22568	$6430	$7900	$11960	$13540	New Holland	3	201D	8F-2R	45.00	5005	CH
4030	$21190	$6040	$7420	$11230	$12710	Fiat	3	179D	12F-4R	51.00	4710	No
4030 4WD	$27561	$7860	$9650	$14610	$16540	Fiat	3	179D	12F-4R	51.00	5060	No
4230	$23583	$6720	$8250	$12500	$14150	Fiat	3	220D	12F-4R	62.00	5430	No
4230 4WD	$29850	$8510	$10450	$15820	$17910	Fiat	3	220D	12F-4R	62.00	5958	No
4430 4WD	$32231	$9190	$11280	$17080	$19340	Fiat	4	238D	12F-4R	70.00	5350	No
5030	$22138	$6310	$7750	$11730	$13280	New Holland	4	256D	8F-2R	62.00	5742	No
5030 4WD	$26663	$7600	$9330	$14130	$16000	New Holland	4	256D	8F-2R	62.00	5811	No
5030 4WD w/Cab	$31461	$8970	$11010	$16670	$18880	New Holland	4	256D	8F-2R	62.00	6311	CHA
5030 w/Cab	$26936	$7680	$9430	$14280	$16160	New Holland	4	256D	8F-2R	62.00	5783	CHA
5530	$25476	$7260	$8920	$13500	$15290	Fiat	4	220D	12F-12R	62.00	5689	No
5530 4WD	$31926	$9100	$11170	$16920	$19160	Fiat	4	220D	12F-12R	62.00	7290	No
5610	$25755	$7470	$10300	$14680	$16230	New Holland	4	256D	16F-4R	62.54	6084	No
5610 4WD Special	$28328	$8220	$11330	$16150	$17850	New Holland	4	256D	8F-2R	62.00	6435	No
5610 4WD w/Cab	$38591	$11000	$13510	$20450	$23160	New Holland	4	256D	16F-4R	62.00	7951	CHA
5610 Special	$21299	$6180	$8520	$12140	$13420	New Holland	4	256D	8F-2R	62.00	5800	No
5610 w/Cab	$33167	$9620	$13270	$18910	$20900	New Holland	4	256D	16F-4R	62.54	7429	CHA
5640	$24828	$7080	$8690	$13160	$14900	New Holland	4	268D	8F-2R	66.00	7306	No
5640 4WD	$30646	$7050	$8890	$14400	$16700	New Holland	4	268D	8F-2R	66.00	8298	No
5640 4WD w/Cab	$39104	$8990	$11340	$18380	$21310	New Holland	4	268D	12F-12R	66.00	9380	CHA
5640 w/Cab	$33286	$7660	$9650	$15640	$18140	New Holland	4	268D	12F-12R	66.00	8418	CHA
6530	$29036	$8280	$10160	$15390	$17420	Fiat	4	238D	12F-12R	70.00	5689	No
6530 4WD	$35841	$10220	$12540	$19000	$21510	Fiat	4	238D	12F-12R	70.00	7290	No
6610	$27355	$7800	$9570	$14500	$16410	New Holland	4	268D	16F-4R	72.13	6084	No
6610 4WD	$33674	$9600	$11790	$17850	$20200	New Holland	4	268D	16F-4R	72.13	6621	No
6610 4WD Special	$32231	$9190	$11280	$17080	$19340	New Holland	4	268D	8F-2R	72.00	6435	No
6610 4WD w/Cab	$40822	$11630	$14290	$21640	$24490	New Holland	4	268D	16F-4R	72.13	7951	CHA
6610 Special	$24702	$7160	$9880	$14080	$15560	New Holland	4	268D	8F-2R	72.00	5800	No
6610 w/Cab	$34504	$9830	$12080	$18290	$20700	New Holland	4	268D	16F-4R	72.13	7414	CHA
6640	$26822	$6170	$7780	$12610	$14620	New Holland	4	304D	8F-2R	76.00	7306	No
6640 4WD	$33141	$7620	$9610	$15580	$18060	New Holland	4	304D	8F-2R	76.00	8298	No
6640 4WD w/Cab	$42162	$9700	$12230	$19820	$22980	New Holland	4	304D	12F-12R	76.00	9342	CHA
6640 w/Cab	$35843	$8240	$10390	$16850	$19530	New Holland	4	304D	12F-12R	76.00	8413	CHA
7530 4WD	$42648	$12160	$14930	$22600	$25590	Fiat	6	331D	20F-4R	91.00	8074	No
7740	$28470	$6550	$8260	$13380	$15520	New Holland	4T	304D	8F-2R	86.00	7339	No
7740 4WD	$34788	$8000	$10090	$16350	$18960	New Holland	4T	304D	8F-2R	86.00	8353	No
7740 4WD w/Cab	$44725	$10290	$12970	$21020	$24380	New Holland	4T	304D	12F-12R	86.00	9415	CHA
7740 w/Cab	$38407	$8830	$11140	$18050	$20930	New Holland	4T	304D	12F-12R	86.00	8400	CHA
7840	$33651	$9590	$11780	$17840	$20190	New Holland	6	401D	12F-12R	90.00	8342	No
7840 4WD	$39970	$11390	$13990	$21180	$23980	New Holland	6	401D	12F-12R	90.00	9400	No
7840 4WD w/Cab	$47407	$13510	$16590	$25130	$28440	New Holland	6	401D	12F-12R	90.00	10445	CHA
7840 w/Cab	$41088	$11710	$14380	$21780	$24650	New Holland	6	401D	12F-12R	90.00	9386	CHA
8240	$36855	$8480	$10690	$17320	$20090	New Holland	6	456D	16F-16R	96.00	8957	No
8240 4WD	$43174	$9930	$12520	$20290	$23530	New Holland	6	456D	16F-16R	96.00	10015	No
8240 4WD w/Cab	$49995	$11500	$14500	$23500	$27250	New Holland	6	456D	16F-16R	96.00	11053	CHA
8240 w/Cab	$43832	$10080	$12710	$20600	$23890	New Holland	6	456D	16F-16R	96.00	9995	CHA
8340	$40197	$9250	$11660	$18890	$21910	New Holland	6	456D	16F-16R	106.00	8957	No
8340 4WD	$46516	$10700	$13490	$21860	$25350	New Holland	6	456D	16F-16R	106.00	10015	No
8340 4WD w/Cab	$54150	$12460	$15700	$25450	$29510	New Holland	6	456D	16F-16R	106.00	11053	CHA
8340 w/Cab	$47832	$11000	$13870	$22480	$26070	New Holland	6	456D	16F-16R	106.00	9995	CHA
8530	$38830	$8930	$11260	$18250	$21160	New Holland	6	401D	16F-4R	105.74	11722	No
8530 4WD w/Cab	$54100	$12440	$15690	$25430	$29490	New Holland	6	401D	16F-4R	105.74	11722	CHA
8630 4WD Powershift	$66967	$15400	$19420	$31470	$36500	New Holland	6T	401D	18F-9R	121.40	13300	CHA
8630 4WD w/Cab	$61358	$14110	$17790	$28840	$33440	New Holland	6T	401D	16F-4R	121.40	12500	CHA
8730 4WD PS	$71291	$16400	$20670	$33510	$38850	New Holland	6T	401D	16F-4R	140.68	15206	CHA
8730 4WD w/Cab	$65564	$15080	$19010	$30820	$35730	New Holland	6T	401D	16F-4R	140.68	14406	CHA
8830	$62749	$14430	$18200	$29490	$34200	New Holland	6TI	401D	16F-4R	170.30	13043	CHA
8830 4WD	$71987	$16560	$20880	$33830	$39230	New Holland	6TI	401D	16F-4R	170.30	14312	CHA
8830 4WD PS	$75818	$17440	$21990	$35630	$41320	New Holland	6TI	401D	18F-9R	170.00	15112	CHA
8830 PS	$66805	$15370	$19370	$31400	$36410	New Holland	6TI	401D	18F-9R	170.00	13843	CHA
1991												
1120	$8606	$2410	$3360	$4820	$5340	Shibaura	3	54D	9F-3R	12.50	1338	No
1120 4WD	$9635	$2700	$3760	$5400	$5970	Shibaura	3	54D	9F-3R	12.50	1429	No
1120H 4WD Hydro	$10708	$3000	$4180	$6000	$6640	Shibaura	3	54D	Variable	12.50	1484	No
1120H Hydro	$9679	$2710	$3780	$5420	$6000	Shibaura	3	54D	Variable	12.50	1393	No
1220	$9160	$2570	$3570	$5130	$5680	Shibaura	3	58D	9F-3R	14.50	1338	No
1220 4WD	$10188	$2850	$3970	$5710	$6320	Shibaura	3	58D	9F-3R	14.50	1429	No
1220H 4WD Hydro	$11160	$3130	$4350	$6250	$6920	Shibaura	3	58D	Variable	14.50	1484	No

New Holland/Ford (Cont.)

1991 (Cont.)

Model	Approx. Retail Price New	Estimated Value Less Repairs: Used Trade-In Avg.	Used Trade-In High	Used Retail Avg.	Used Retail High	Engine Make	Engine No. Cyls.	Engine Displ. Cu.-in.	No. Speeds	P.T.O. H.P.	Approx. Shipping Wt.-Lbs.	Cab
1220H Hydro	$10132	$2840	$3950	**$5670**	**$6280**	Shibaura	3	58D	Variable	14.50	1393	No
1320	$10736	$3010	$4190	**$6010**	**$6660**	Shibaura	3	77D	9F-3R	17.00	2101	No
1320 4WD	$12033	$3370	$4690	**$6740**	**$7460**	Shibaura	3	77D	9F-3R	17.00	2229	No
1320H 4WD Hydro	$13596	$3810	$5300	**$7610**	**$8430**	Shibaura	3	77D	Variable	17.00	2297	No
1320H Hydro	$12229	$3420	$4770	**$6850**	**$7580**	Shibaura	3	77D	Variable	17.00	2172	No
1520	$11217	$3140	$4380	**$6280**	**$6960**	Shibaura	3	81D	9F-3R	19.50	2156	No
1520 4WD	$12595	$3530	$4910	**$7050**	**$7810**	Shibaura	3	81D	9F-3R	19.50	2278	No
1520H 4WD Hydro	$14383	$4030	$5610	**$8050**	**$8920**	Shibaura	3	81D	Variable	19.50	2352	No
1520H Hydro	$13005	$3640	$5070	**$7280**	**$8060**	Shibaura	3	81D	Variable	19.50	2233	No
1720	$12153	$3400	$4740	**$6810**	**$7540**	Shibaura	3	91D	12F-4R	23.50	2491	No
1720 4WD	$13988	$3920	$5460	**$7830**	**$8670**	Shibaura	3	91D	12F-4R	23.50	2690	No
1920	$14065	$3940	$5490	**$7880**	**$8720**	Shibaura	4	122D	12F-4R	28.50	2849	No
1920 4WD	$16662	$4670	$6500	**$9330**	**$10330**	Shibaura	4	122D	12F-4R	28.50	3069	No
2120	$15674	$4390	$6110	**$8780**	**$9720**	Shibaura	4	139D	12F-4R	34.50	3572	No
2120 4WD	$18303	$5130	$7140	**$10250**	**$11350**	Shibaura	4	139D	12F-4R	34.50	3858	No
3230	$16564	$4640	$6460	**$9280**	**$10270**	New Holland	3	192D	8F-2R	32.33	5538	No
3230 4WD	$20771	$5820	$8100	**$11630**	**$12880**	New Holland	3	192D	8F-2R	32.33	5538	No
3430	$17266	$4830	$6730	**$9670**	**$10710**	New Holland	3	192D	8F-2R	38.48	5594	No
3430 4WD	$21608	$6050	$8430	**$12100**	**$13400**	New Holland	3	192D	8F-2R	38.48	5594	No
3430 4WD w/Cab	$26405	$7390	$10300	**$14790**	**$16370**	New Holland	3	192D	8F-2R	38.00	5483	CH
3430 w/Cab	$22063	$6180	$8610	**$12360**	**$13680**	New Holland	3	192D	8F-2R	38.00	4955	CH
3930	$17771	$4980	$6930	**$9950**	**$11020**	New Holland	3	201D	8F-2R	45.85	5592	No
3930 4WD	$22296	$6240	$8700	**$12490**	**$13820**	New Holland	3	201D	8F-2R	45.85	5592	No
3930 4WD w/Cab	$27093	$7590	$10570	**$15170**	**$16800**	New Holland	3	201D	8F-2R	45.00	5533	CH
3930 w/Cab	$22568	$6320	$8800	**$12640**	**$13990**	New Holland	3	201D	8F-2R	45.00	5005	CH
4630	$19720	$5520	$7690	**$11040**	**$12230**	New Holland	3	201D	8F-2R	55.41	5728	No
4630 4WD	$24245	$6790	$9460	**$13580**	**$15030**	New Holland	3	201D	8F-2R	55.41	5728	No
4630 4WD w/Cab	$29042	$8130	$11330	**$16260**	**$18010**	New Holland	3	201D	8F-2R	55.00	5958	CH
4630 w/Cab	$24517	$6870	$9560	**$13730**	**$15200**	New Holland	3	201D	8F-2R	55.00	5430	CH
5610	$25755	$5670	$7210	**$11850**	**$13780**	New Holland	4	256D	16F-4R	62.54	6084	No
5610 4WD	$31179	$6860	$8730	**$14340**	**$16680**	New Holland	4	256D	16F-4R	62.00	6621	No
5610 4WD w/Cab	$38591	$8490	$10810	**$17750**	**$20650**	New Holland	4	256D	16F-4R	62.00	7951	CHA
5610 Special	$19581	$5480	$6660	**$10280**	**$11650**	New Holland	4	256D	8F-2R	62.00	5800	No
5610 w/Cab	$33167	$9290	$11280	**$17410**	**$19730**	New Holland	4	256D	16F-4R	62.54	7429	CHA
6610	$27355	$6020	$7660	**$12580**	**$14640**	New Holland	4	268D	16F-4R	72.13	6084	No
6610 4WD	$33674	$7410	$9430	**$15490**	**$18020**	New Holland	4	268D	16F-4R	72.13	6621	No
6610 4WD w/Cab	$40822	$8980	$11430	**$18780**	**$21840**	New Holland	4	268D	16F-4R	72.13	7951	CHA
6610 w/Cab	$34504	$7590	$9660	**$15870**	**$18460**	New Holland	4	268D	16F-4R	72.13	7414	CHA
7610	$29976	$6600	$8390	**$13790**	**$16040**	New Holland	4T	268D	16F-4R	86.95	6291	No
7610 4WD	$35688	$7850	$9990	**$16420**	**$19090**	New Holland	4T	268D	16F-4R	86.95	6902	No
7610 4WD w/Cab	$43100	$9480	$12070	**$19830**	**$23060**	New Holland	4T	268D	16F-4R	86.95	8232	CHA
7610 w/Cab	$37388	$8230	$10470	**$17200**	**$20000**	New Holland	4T	268D	16F-4R	86.95	7621	CHA
7710	$30578	$6730	$8560	**$14070**	**$16360**	New Holland	4T	268D	16F-4R	86.62	7074	No
7710 4WD	$37654	$8280	$10540	**$17320**	**$20150**	New Holland	4T	268D	16F-4R	86.62	7785	No
7710 4WD w/Cab	$44975	$9900	$12590	**$20690**	**$24060**	New Holland	4T	268D	16F-4R	86.62	8815	CHA
7710 w/Cab	$37899	$8340	$10610	**$17430**	**$20280**	New Holland	4T	268D	16F-4R	86.62	8104	CHA
7810	$31404	$6910	$8790	**$14450**	**$16800**	New Holland	6	401D	16F-4R	86.00	7296	No
7810 4WD	$37591	$8270	$10530	**$17290**	**$20110**	New Holland	6	401D	16F-4R	86.00	7907	No
8210 4WD	$48587	$9720	$13120	**$16520**	**$20890**	New Holland	6	401D	16F-8R	100.20	9891	CHA
8530	$38830	$8540	$10870	**$17860**	**$20770**	New Holland	6	401D	16F-4R	105.74	11722	No
8530 4WD w/Cab	$54100	$11900	$15150	**$24890**	**$28940**	New Holland	6	401D	16F-4R	105.74	11722	CHA
8630 4WD	$52705	$11600	$14760	**$24240**	**$28200**	New Holland	6T	401D	16F-4R	121.40	12813	No
8630 4WD w/Cab	$59023	$12990	$16530	**$27150**	**$31580**	New Holland	6T	401D	16F-4R	121.40	13601	CHA
8730 4WD	$56250	$12380	$15750	**$25880**	**$30090**	New Holland	6TI	401D	16F-4R	140.68	13649	No
8730 4WD w/Cab	$63120	$13890	$17670	**$29040**	**$33770**	New Holland	6TI	401D	16F-4R	140.68		CHA
8830	$59725	$13140	$16720	**$27470**	**$31950**	New Holland	6TI	401D	16F-4R	170.30	14343	CHA
8830 4WD	$70200	$15440	$19660	**$32290**	**$37560**	New Holland	6TI	401D	16F-4R	170.30	14343	CHA

1990

Model	Approx. Retail Price New	Estimated Value Less Repairs: Used Trade-In Avg.	Used Trade-In High	Used Retail Avg.	Used Retail High	Engine Make	Engine No. Cyls.	Engine Displ. Cu.-in.	No. Speeds	P.T.O. H.P.	Approx. Shipping Wt.-Lbs.	Cab
1120	$8475	$2290	$3220	**$4660**	**$5170**	Shibaura	3	54D	9F-3R	12.50	1338	No
1120 4WD	$9481	$2560	$3600	**$5220**	**$5780**	Shibaura	3	54D	9F-3R	12.50	1429	No
1120H 4WD Hydro	$10530	$2840	$4000	**$5790**	**$6420**	Shibaura	3	54D	Variable	12.50	1484	No
1120H Hydro	$9525	$2570	$3620	**$5240**	**$5810**	Shibaura	3	54D	Variable	12.50	1393	No
1220	$9117	$2460	$3460	**$5010**	**$5560**	Shibaura	3	58D	9F-3R	14.50	1338	No
1220 4WD	$10123	$2730	$3850	**$5570**	**$6180**	Shibaura	3	58D	9F-3R	14.50	1429	No
1220H 4WD Hydro	$11074	$2990	$4210	**$6090**	**$6760**	Shibaura	3	58D	Variable	14.50	1484	No
1220H Hydro	$10068	$2720	$3830	**$5540**	**$6140**	Shibaura	3	58D	Variable	14.50	1393	No
1320	$10557	$2850	$4010	**$5810**	**$6440**	Shibaura	3	77D	9F-3R	17.00	2101	No
1320 4WD	$11696	$3160	$4440	**$6430**	**$7140**	Shibaura	3	77D	9F-3R	17.00	2229	No
1320H 4WD Hydro	$13226	$3570	$5030	**$7270**	**$8070**	Shibaura	3	77D	Variable	17.00	2297	No
1320H Hydro	$12087	$3260	$4590	**$6650**	**$7370**	Shibaura	3	77D	Variable	17.00	2172	No
1520	$11029	$2980	$4190	**$6070**	**$6730**	Shibaura	3	81D	9F-3R	19.50	2156	No
1520 4WD	$12247	$3310	$4650	**$6740**	**$7470**	Shibaura	3	81D	9F-3R	19.50	2278	No
1520H 4WD Hydro	$13997	$3780	$5320	**$7700**	**$8540**	Shibaura	3	81D	Variable	19.50	2352	No
1520H Hydro	$12779	$3450	$4860	**$7030**	**$7800**	Shibaura	3	81D	Variable	19.50	2233	No
1720	$11944	$3230	$4540	**$6570**	**$7290**	Shibaura	3	91D	12F-4R	23.50	2491	No
1720 4WD	$13609	$3670	$5170	**$7490**	**$8300**	Shibaura	3	91D	12F-4R	23.50		No
1920	$13816	$3730	$5250	**$7600**	**$8430**	Shibaura	4	122D	12F-4R	28.50	2849	No
1920 4WD	$16226	$4380	$6170	**$8920**	**$9900**	Shibaura	4	122D	12F-4R	28.50	3089	No
2120	$15391	$4160	$5850	**$8470**	**$9390**	Shibaura	4	139D	12F-4R	34.50	3572	No
2120 4WD	$17831	$4810	$6780	**$9810**	**$10880**	Shibaura	4	139D	12F-4R	34.50	3858	No
3230	$15920	$4300	$6050	**$8760**	**$9710**	New Holland	3	192D	8F-2R	32.83	4455	No
3230 4WD	$19940	$5380	$7580	**$10970**	**$12160**	New Holland	3	192D	8F-2R	32.83		No
3430	$16593	$4480	$6310	**$9130**	**$10120**	New Holland	3	192D	8F-2R	38.00	4455	No

New Holland/Ford (Cont.)

1990 (Cont.)

Model	Approx. Retail Price New	Estimated Value Less Repairs: Used Trade-In Avg.	Used Trade-In High	Used Retail Avg.	Used Retail High	Engine Make	Engine No. Cyls.	Engine Displ. Cu.-in.	No. Speeds	P.T.O. H.P.	Approx. Shipping Wt.-Lbs.	Cab
3430 4WD	$20744	$5600	$7880	**$11410**	**$12650**	New Holland	3	192D	8F-2R	38.00	4983	No
3430 4WD w/Cab	$25343	$6840	$9630	**$13940**	**$15460**	New Holland	3	192D	8F-2R	38.00	5483	CH
3430 w/Cab	$21192	$5720	$8050	**$11660**	**$12930**	New Holland	3	192D	8F-2R	38.00	4955	CH
3930	$17080	$4610	$6490	**$9390**	**$10420**	New Holland	3	201D	8F-2R	45.00	4505	No
3930 4WD	$21393	$5780	$8130	**$11770**	**$13050**	New Holland	3	201D	8F-2R	45.00	5033	No
3930 4WD w/Cab	$25992	$7020	$9880	**$14300**	**$15860**	New Holland	3	201D	8F-2R	45.00	5533	CH
3930 w/Cab	$21679	$5850	$8240	**$11920**	**$13220**	New Holland	3	201D	8F-2R	45.00	5005	CH
4630	$18952	$5210	$6250	**$9860**	**$11180**	New Holland	3	201D	8F-2R	55.00	4930	No
4630 4WD	$23265	$6400	$7680	**$12100**	**$13730**	New Holland	3	201D	8F-2R	55.00	5458	No
4630 4WD w/Cab	$27864	$7660	$9200	**$14490**	**$16440**	New Holland	3	201D	8F-2R	55.00	5958	CH
4630 w/Cab	$23551	$6480	$7770	**$12250**	**$13900**	New Holland	3	201D	8F-2R	55.00	5430	CH
5610	$23800	$5000	$6430	**$10710**	**$12500**	New Holland	4	256D	16F-4R	62.54	6084	No
5610 4WD	$28782	$6040	$7770	**$12950**	**$15110**	New Holland	4	256D	16F-4R	62.00	6621	No
5610 4WD w/Cab	$35638	$7480	$9620	**$16040**	**$18710**	New Holland	4	256D	16F-4R	62.00	7951	CHA
5610 Special	$18573	$5110	$6130	**$9660**	**$10960**	New Holland	4	256D	8F-2R	62.00	5800	No
5610 w/Cab	$30656	$6440	$8280	**$13800**	**$16090**	New Holland	4	256D	16F-4R	62.54	7429	CHA
5900	$17434	$4790	$5750	**$9070**	**$10290**	New Holland	4	256D	8F-2R	62.00	5760	No
6610	$25269	$5310	$6820	**$11370**	**$13270**	New Holland	4	268D	16F-4R	72.13	6084	No
6610 4WD	$31115	$6530	$8400	**$14000**	**$16340**	New Holland	4	268D	16F-4R	72.13	6621	No
6610 4WD w/Cab	$37648	$7910	$10170	**$16940**	**$19770**	New Holland	4	268D	16F-4R	72.13	7951	CHA
6610 w/Cab	$31803	$6680	$8590	**$14310**	**$16700**	New Holland	4	268D	16F-4R	72.13	7414	CHA
7610	$27709	$5820	$7480	**$12470**	**$14550**	New Holland	4T	268D	16F-4R	86.95	6291	No
7610 4WD	$33554	$7050	$9060	**$15100**	**$17620**	New Holland	4T	268D	16F-4R	86.95	6902	No
7610 4WD w/Cab	$40220	$8190	$10530	**$17550**	**$20480**	New Holland	4T	268D	16F-4R	86.95	8232	CHA
7610 w/Cab	$34376	$7220	$9280	**$15470**	**$18050**	New Holland	4T	268D	16F-4R	86.95	7621	CHA
7710	$28281	$5940	$7640	**$12730**	**$14850**	New Holland	4T	268D	16F-4R	86.62	7074	No
7710 4WD	$34991	$7350	$9450	**$15750**	**$18370**	New Holland	4T	268D	16F-4R	86.62	7785	No
7710 4WD w/Cab	$41740	$8770	$11270	**$18780**	**$21910**	New Holland	4T	268D	16F-4R	86.62	8815	CHA
7710 w/Cab	$35030	$7360	$9460	**$15760**	**$18390**	New Holland	4T	268D	16F-4R	86.62	8104	CHA
7810	$27812	$5840	$7510	**$12520**	**$14600**	New Holland	6	401D	16F-4R	86.00	7928	No
7810 4WD	$33524	$7040	$9050	**$15090**	**$17600**	New Holland	6	401D	16F-4R	86.00	8465	No
8210	$44900	$8530	$11670	**$14820**	**$18860**	New Holland	6	401D	16F-8R	100.20	9425	CHA
8530	$37255	$7820	$10060	**$16770**	**$19560**	New Holland	6	401D	16F-4R	105.74	11722	No
8530 4WD w/Cab	$51924	$10900	$14020	**$23370**	**$27260**	New Holland	6	401D	16F-4R	105.74	11722	CHA
8630 4WD	$50568	$10620	$13650	**$22760**	**$26550**	New Holland	6T	401D	16F-4R	121.40	12813	No
8630 4WD w/Cab	$56629	$11890	$15290	**$25480**	**$29730**	New Holland	6T	401D	16F-4R	121.40	13601	CHA
8730 4WD	$53973	$11330	$14570	**$24290**	**$28340**	New Holland	6TI	401D	16F-4R	140.68	13649	No
8730 4WD w/Cab	$60561	$12720	$16350	**$27250**	**$31800**	New Holland	6TI	401D	16F-4R	140.68		CHA
8830	$57303	$12030	$15470	**$25790**	**$30080**	New Holland	6TI	401D	16F-4R	170.30	14343	CHA
8830 4WD	$67371	$14150	$18190	**$30320**	**$35370**	New Holland	6TI	401D	16F-4R	170.30	14343	CHA

1989

Model	Approx. Retail Price New	Estimated Value Less Repairs: Used Trade-In Avg.	Used Trade-In High	Used Retail Avg.	Used Retail High	Engine Make	Engine No. Cyls.	Engine Displ. Cu.-in.	No. Speeds	P.T.O. H.P.	Approx. Shipping Wt.-Lbs.	Cab
TW5	$36529	$6580	$9130	**$11690**	**$14980**	New Holland	6	401D	16F-4R	105.74	11722	No
TW5 w/Cab	$42798	$7520	$10450	**$13380**	**$17140**	New Holland	6	401D	16F-4R	105.74	11722	CHA
TW15	$40719	$7330	$10180	**$13030**	**$16700**	New Holland	6	401D	16F-4R	121.40	11754	No
TW15 w/Cab	$46988	$8120	$11270	**$14430**	**$18490**	New Holland	6	401D	16F-4R	121.40		CHA
TW25	$44024	$7920	$11010	**$14090**	**$18050**	New Holland	6T	401D	16F-4R	140.68	13649	No
TW25 w/Cab	$50293	$8640	$12000	**$15360**	**$19680**	New Holland	6T	401D	16F-4R	140.68		CHA
TW35	$56179	$9390	$13050	**$16700**	**$21390**	New Holland	6TI	401D	16F-4R	170.30	14343	CHA
1120	$8178	$2130	$3030	**$4420**	**$4910**	Shibaura	3	54D	9F-3R	12.50	1338	No
1120 4WD	$9127	$2370	$3380	**$4930**	**$5480**	Shibaura	3	54D	9F-3R	12.50	1429	No
1120H 4WD Hydro	$10132	$2630	$3750	**$5470**	**$6080**	Shibaura	3	54D	Variable	12.50		No
1120H Hydro	$9183	$2390	$3400	**$4960**	**$5510**	Shibaura	3	54D	Variable	12.50		No
1220	$8711	$2270	$3220	**$4700**	**$5230**	Shibaura	3	58D	9F-3R	14.50	1338	No
1220 4WD	$9660	$2510	$3570	**$5220**	**$5800**	Shibaura	3	58D	9F-3R	14.50	1429	No
1220H 4WD Hydro	$10664	$2770	$3950	**$5760**	**$6400**	Shibaura	3	58D	Variable	14.50		No
1220H Hydro	$9715	$2530	$3600	**$5250**	**$5830**	Shibaura	3	58D	Variable	14.50		No
1320	$10199	$2650	$3770	**$5510**	**$6120**	Shibaura	3	77D	9F-3R	17.00	2101	No
1320 4WD	$11270	$2930	$4170	**$6090**	**$6760**	Shibaura	3	77D	9F-3R	17.00	2229	No
1320H 4WD Hydro	$12409	$3230	$4590	**$6700**	**$7450**	Shibaura	3	77D	Variable	17.00		No
1320H Hydro	$11338	$2950	$4200	**$6120**	**$6800**	Shibaura	3	77D	Variable	17.00		No
1520	$10710	$2790	$3960	**$5780**	**$6430**	Shibaura	3	81D	9F-3R	19.50	2156	No
1520 4WD	$11862	$3080	$4390	**$6410**	**$7120**	Shibaura	3	81D	9F-3R	19.50	2278	No
1520H 4WD Hydro	$13146	$3420	$4860	**$7100**	**$7890**	Shibaura	3	81D	Variable	19.50		No
1520H Hydro	$11996	$3120	$4440	**$6480**	**$7200**	Shibaura	3	81D	Variable	19.50		No
1720	$11372	$2960	$4210	**$6140**	**$6820**	Shibaura	3	91D	12F-4R	23.50	2491	No
1920	$13362	$3470	$4940	**$7220**	**$8020**	Shibaura	4	122D	12F-4R	28.50	2849	No
1920 4WD	$15512	$4030	$5740	**$8380**	**$9310**	Shibaura	4	122D	12F-4R	28.50	3089	No
2120	$14898	$3870	$5510	**$8050**	**$8940**	Shibaura	4	139D	12F-4R	34.50	3572	No
2120 4WD	$17262	$4230	$6020	**$8780**	**$9760**	Shibaura	4	139D	12F-4R	34.50	3858	No
2810	$15100	$4080	$4830	**$7780**	**$8830**	New Holland	3	158D	8F-2R	32.83	4422	No
2910	$15400	$4160	$4930	**$7930**	**$9010**	New Holland	3	175D	8F-2R	36.62	4412	No
2910 w/Cab	$19267	$5200	$6170	**$9920**	**$11270**	New Holland	3	175D	8F-2R	36.62		CH
3910	$15788	$4260	$5050	**$8130**	**$9240**	New Holland	3	192D	8F-2R	42.62	4499	No
3910 w/Cab	$19655	$5310	$6290	**$10120**	**$11500**	New Holland	3	192D	8F-4R	42.62		CH
4610	$17713	$4780	$5670	**$9120**	**$10360**	New Holland	3	201D	8F-2R	52.52	4868	No
4610 w/Cab	$22093	$5970	$7070	**$11380**	**$12920**	New Holland	3	201D	8F-4R	52.52		CH
5610	$23350	$4790	$6190	**$10270**	**$12030**	New Holland	4	256D	16F-4R	62.54	6084	No
5610 w/Cab	$29699	$6090	$7870	**$13070**	**$15300**	New Holland	4	256D	16F-4R	62.54		CHA
5610 4WD	$28145	$5770	$7460	**$12380**	**$14500**	New Holland	4	256D	16F-4R	62.54	6621	No
5610 4WD w/Cab	$35133	$7200	$9310	**$15460**	**$18090**	New Holland	4	256D	16F-8R	62.00	6686	CHA
5900	$16120	$4350	$5160	**$8300**	**$9430**	New Holland	4	256D	8F-2R	62.00	5760	No
6610	$24776	$5080	$6570	**$10900**	**$12760**	New Holland	4	268D	16F-4R	72.13	6084	No
6610 w/Cab	$31125	$6380	$8250	**$13700**	**$16030**	New Holland	4	268D	16F-4R	72.13		CHA

Model	Approx. Retail Price New	Estimated Value Less Repairs Used Trade-In Avg.	High	Used Retail Avg.	High	Engine Make	No. Cyls.	Displ. Cu.-in.	No. Speeds	P.T.O. H.P.	Approx. Shipping Wt.-Lbs.	Cab

New Holland/Ford (Cont.)

1989 (Cont.)

Model	Approx. Retail Price New	Used Trade-In Avg.	Used Trade-In High	Used Retail Avg.	Used Retail High	Engine Make	No. Cyls.	Displ. Cu.-in.	No. Speeds	P.T.O. H.P.	Approx. Shipping Wt.-Lbs.	Cab
6610 4WD	$30841	$6320	$8170	**$13570**	**$15880**	New Holland	4	268D	16F-4R	72.13	6636	No
6610 4WD w/Cab	$36565	$7500	$9690	**$16090**	**$18830**	New Holland	4	268D	16F-4R	72.13	6636	CHA
7610	$26092	$5350	$6910	**$11480**	**$13440**	New Holland	4T	268D	16F-4R	86.95	6251	No
7610 w/Cab	$32773	$6720	$8690	**$14420**	**$16880**	New Holland	4T	268D	16F-4R	86.95	6902	CHA
7710	$27464	$5630	$7280	**$12080**	**$14140**	New Holland	4T	268D	16F-4R	86.62	7074	No
7710 w/Cab	$34145	$7000	$9050	**$15020**	**$17590**	New Holland	4T	268D	16F-4R	86.62		CHA
7710 4WD	$34344	$7040	$9100	**$15110**	**$17690**	New Holland	4T	268D	16F-4R	86.62	7074	No
7710 4WD w/Cab	$41255	$8460	$10930	**$18150**	**$21250**	New Holland	4T	268D	16F-4R	86.62		CHA
8210	$42848	$7710	$10710	**$13710**	**$17570**	New Holland	6	401D	16F-8R	95.00	9425	CHA

1988

Model	Approx. Retail Price New	Used Trade-In Avg.	Used Trade-In High	Used Retail Avg.	Used Retail High	Engine Make	No. Cyls.	Displ. Cu.-in.	No. Speeds	P.T.O. H.P.	Approx. Shipping Wt.-Lbs.	Cab
TW-5	$36529	$6210	$9130	**$11320**	**$14610**	New Holland	6	401D	16F-4R	105.74	11722	No
TW-5 4WD	$50833	$7820	$11500	**$14260**	**$18400**	New Holland	6	401D	16F-4R	105.74	13569	CHA
TW-15	$40719	$6920	$10180	**$12620**	**$16290**	New Holland	6T	401D	16F-4R	121.40	11754	No
TW-15 4WD	$55878	$8310	$12220	**$15150**	**$19550**	New Holland	6T	401D	16F-4R	121.25	12813	CHA
TW-25	$44573	$7580	$11140	**$13820**	**$17830**	New Holland	6T	401D	16F-4R	140.68	13649	No
TW-25 4WD	$59726	$8840	$13010	**$16130**	**$20810**	New Holland	6T	401D	16F-4R	140.68	14918	CHA
TW-35	$56179	$9350	$13750	**$17050**	**$22000**	New Holland	6TI	401D	16F-4R	170.30	14343	CHA
TW-35 4WD	$66049	$10040	$14760	**$18310**	**$23620**	New Holland	6TI	401D	16F-4R	171.12	15612	CHA
1120	$7500	$1950	$2810	**$4130**	**$4600**	Shibaura	3	54D	9F-3R	12.50	1338	No
1120 4WD	$8495	$2120	$3060	**$4500**	**$5010**	Shibaura	2	43D	10F-2R	11.50	1396	No
1220	$7990	$2150	$3090	**$4550**	**$5070**	Shibaura	3	58D	9F-3R	14.50	1338	No
1220 4WD	$8875	$2300	$3310	**$4880**	**$5430**	Shibaura	3	54D	10F-2R	13.50	1442	No
1220 H	$9046	$2380	$3430	**$5040**	**$5610**	Shibaura	3	54D	Variable	13.50	1417	No
1220 H 4WD	$9990	$2620	$3770	**$5550**	**$6180**	Shibaura	3	54D	Variable	13.50	1530	No
1320	$9505	$2380	$3420	**$5040**	**$5610**	Shibaura	3	77D	9F-3R	17.00	2101	No
1320 4WD	$10544	$2640	$3800	**$5590**	**$6220**	Shibaura	3	58D	12F-4R	16.50	2261	No
1520	$10045	$2510	$3620	**$5320**	**$5930**	Shibaura	3	81D	9F-3R	19.50	2156	No
1520 4WD	$11020	$2760	$3970	**$5840**	**$6500**	Shibaura	3	68D	12F-4R	20.45	2440	No
1720	$10475	$2620	$3770	**$5550**	**$6180**	Shibaura	3	91D	12F-4R	23.50	2491	No
1720 4WD	$11564	$2890	$4160	**$6130**	**$6820**	Shibaura	3	85D	12F-4R	23.88	2710	No
1920	$11920	$2980	$4290	**$6320**	**$7030**	Shibaura	4	122D	12F-4R	28.50	2849	No
1920 4WD	$12997	$3250	$4680	**$6890**	**$7670**	Shibaura	3	104D	12F-4R	28.60	3245	No
2120	$13734	$3430	$4940	**$7280**	**$8100**	Shibaura	4	139D	12F-4R	34.50	3572	No
2120 4WD	$15779	$3700	$5320	**$7830**	**$8720**	Shibaura	4	139D	12F-4R	34.91	3946	No
2810	$13288	$3460	$4120	**$6780**	**$7710**	New Holland	3	158D	8F-2R	32.83	4420	No
2810 4WD	$16632	$4320	$5160	**$8480**	**$9650**	New Holland	3	158D	8F-2R	32.83	4955	No
2910	$14091	$3660	$4370	**$7190**	**$8170**	New Holland	3	175D	6F-4R	36.62	4413	No
2910	$17719	$4610	$5490	**$9040**	**$10280**	New Holland	3	175D	8F-2R	36.62	4413	CH
2910 4WD	$19053	$4950	$5910	**$9720**	**$11050**	New Holland	3	175D	8F-4R	36.40	5020	No
2910 4WD	$22187	$5770	$6880	**$11320**	**$12870**	New Holland	3	175D	8F-2R	36.62	4948	CH
3910	$15675	$4080	$4860	**$7990**	**$9090**	New Holland	3	192D	6F-4R	42.00	4527	No
3910	$18836	$4900	$5840	**$9610**	**$10930**	New Holland	3	192D	8F-2R	42.62	4497	CH
3910 4WD	$20637	$5370	$6400	**$10530**	**$11970**	New Holland	3	192D	8F-4R	42.67	5104	No
3910 4WD	$23504	$6110	$7290	**$11990**	**$13630**	New Holland	3	192D	8F-2R	42.62	5032	CH
4610	$18404	$4790	$5710	**$9390**	**$10670**	New Holland	3	201D	8F-4R	52.32	4914	No
4610	$21916	$5700	$6790	**$11180**	**$12710**	New Holland	3	201D	8F-2R	52.52	4864	CH
4610 4WD	$23251	$6050	$7210	**$11860**	**$13490**	New Holland	3	201D	8F-4R	52.32	5471	No
4610 4WD	$26384	$6860	$8180	**$13460**	**$15300**	New Holland	3	201D	8F-2R	52.52	5399	CH
5610	$22620	$4520	$5880	**$9730**	**$11420**	New Holland	4	256D	16F-4R	62.54	6084	No
5610 w/Cab	$29908	$5980	$7780	**$12860**	**$15100**	New Holland	4	256D	16F-8R	62.57	6149	CHA
5610 4WD	$27445	$5490	$7140	**$11800**	**$13860**	New Holland	4	256D	16F-4R	62.54	6621	No
5610 4WD w/Cab	$34733	$6950	$9030	**$14940**	**$17540**	New Holland	4	256D	16F-8R	62.00	6686	CHA
5900	$14986	$3900	$4650	**$7640**	**$8690**	New Holland	4	256D	8F-2R	62.00	5760	No
6610	$24795	$4960	$6450	**$10660**	**$12520**	New Holland	4	268D	16F-8R	72.30	6313	No
6610 w/Cab	$30710	$6140	$7990	**$13210**	**$15510**	New Holland	4	268D	16F-4R	72.13	6084	CHA
6610 4WD	$30541	$6110	$7940	**$13130**	**$15420**	New Holland	4	268D	16F-4R	72.13	6636	No
6610 4WD w/Cab	$35365	$7070	$9200	**$15210**	**$17860**	New Holland	4	268D	16F-4R	72.13	6636	CHA
7610	$25305	$5060	$6580	**$10880**	**$12780**	New Holland	4T	268D	16F-4R	86.95	6251	No
7610 4WD	$31992	$6400	$8320	**$13760**	**$16160**	New Holland	4T	268D	16F-4R	86.95	6902	No
7710	$26000	$5200	$6760	**$11180**	**$13130**	New Holland	4T	268D	16F-8R	86.62	8154	No
7710 w/Cab	$33761	$6750	$8780	**$14520**	**$17050**	New Holland	4T	268D	16F-4R	86.00	6986	CHA
7710 4WD	$34561	$6910	$8990	**$14860**	**$17450**	New Holland	4T	268D	16F-4R	86.00	7785	No
7710 4WD	$34561	$6910	$8990	**$14860**	**$17450**	New Holland	4T	268D	16F-4R	86.00	7785	No
7710 4WD w/Cab	$40109	$8020	$10430	**$17250**	**$20260**	New Holland	4T	268D	16F-4R	86.00	7785	CHA
8210	$42356	$7200	$10590	**$13130**	**$16940**	New Holland	6	401D	16F-8R	95.00	9425	CHA

SU—Low Profile

1987

Model	Approx. Retail Price New	Used Trade-In Avg.	Used Trade-In High	Used Retail Avg.	Used Retail High	Engine Make	No. Cyls.	Displ. Cu.-in.	No. Speeds	P.T.O. H.P.	Approx. Shipping Wt.-Lbs.	Cab
TW-5	$35529	$5690	$8530	**$11010**	**$13860**	New Holland	6	401D	16F-4R	105.74	11722	No
TW-5 4WD	$49833	$7680	$11520	**$14880**	**$18720**	New Holland	6	401D	16F-4R	105.74	13569	CHA
TW-15	$39719	$6360	$9530	**$12310**	**$15490**	New Holland	6T	401D	16F-4R	121.40	11754	No
TW-15 4WD	$54878	$8140	$12210	**$15770**	**$19840**	New Holland	6T	401D	16F-4R	121.25	12813	CHA
TW-25	$43573	$6970	$10460	**$13510**	**$16990**	New Holland	6T	401D	16F-4R	140.68	13649	No
TW-25 4WD	$58726	$8480	$12730	**$16440**	**$20680**	New Holland	6T	401D	16F-4R	140.68	14918	CHA
TW-35	$55179	$8350	$12520	**$16180**	**$20350**	New Holland	6TI	401D	16F-4R	170.30	14343	CHA
TW-35 4WD	$65049	$9290	$13930	**$18000**	**$22640**	New Holland	6TI	401D	16F-4R	171.12	15612	CHA
1120	$6475	$1790	$2620	**$3890**	**$4260**	Shibaura	2	43D	10F-2R	11.50	1283	No
1120 4WD	$7262	$1990	$2900	**$4310**	**$4730**	Shibaura	2	43D	10F-2R	11.50	1396	No
1220	$7201	$1970	$2870	**$4260**	**$4670**	Shibaura	3	54D	10F-2R	13.50	1329	No
1220 4WD	$8155	$2210	$3220	**$4780**	**$5240**	Shibaura	3	54D	10F-2R	13.50	1442	No
1220 H	$8516	$2280	$3330	**$4950**	**$5420**	Shibaura	3	54D	Variable	13.50	1417	No
1220 H 4WD	$9470	$2510	$3670	**$5440**	**$5970**	Shibaura	3	54D	Variable	13.50	1530	No
1320	$8025	$2170	$3160	**$4690**	**$5140**	Shibaura	3	58D	12F-4R	16.50	2063	No

New Holland/Ford (Cont.)

1987 (Cont.)

Model	Approx. Retail Price New	Used Trade-In Avg.	Used Trade-In High	Used Retail Avg.	Used Retail High	Engine Make	Engine No. Cyls.	Engine Displ. Cu.-in.	No. Speeds	P.T.O. H.P.	Approx. Shipping Wt.-Lbs.	Cab
1320 4WD	$8993	$2400	$3500	$5200	$5700	Shibaura	3	58D	12F-4R	16.50	2261	No
1520	$8249	$2240	$3270	$4860	$5330	Shibaura	3	68D	12F-4R	20.45	2230	No
1520 4WD	$9609	$2550	$3710	$5520	$6050	Shibaura	3	68D	12F-4R	20.45	2440	No
1720	$9120	$2430	$3540	$5260	$5770	Shibaura	3	85D	12F-4R	23.88	2470	No
1720 4WD	$10984	$2710	$3950	$5870	$6430	Shibaura	3	85D	12F-4R	23.88	2710	No
1920	$10072	$2510	$3670	$5450	$5970	Shibaura	3	104D	12F-4R	28.60	2980	No
1920 4WD	$12317	$3050	$4450	$6610	$7250	Shibaura	3	104D	12F-4R	28.60	3245	No
2120	$13103	$3220	$4690	$6970	$7640	Shibaura	4	139D	12F-4R	34.91	3635	No
2120 4WD	$15109	$3630	$5290	$7860	$8610	Shibaura	4	139D	12F-4R	34.91	3946	No
2810	$13288	$3320	$3990	$6710	$7640	New Holland	3	158D	8F-2R	32.83	4420	No
2810 4WD	$16632	$4160	$4990	$8400	$9560	New Holland	3	158D	8F-2R	32.83	4955	No
2910	$14094	$3520	$4230	$7120	$8100	New Holland	3	175D	8F-2R	36.40	4463	No
2910 4WD	$19053	$4760	$5720	$9620	$10960	New Holland	3	175D	8F-4R	36.40	5020	No
2910 4WD w/Cab	$22187	$5550	$6660	$11200	$12760	New Holland	3	175D	8F-2R	36.62	4948	CH
2910 w/Cab	$18074	$4520	$5420	$9130	$10390	New Holland	3	175D	8F-4R	36.40	4463	CH
3910	$14675	$3670	$4400	$7410	$8440	New Holland	3	192D	6F-4R	42.00	4527	No
3910 4WD	$19637	$4910	$5890	$9920	$11290	New Holland	3	192D	8F-4R	42.67	5104	No
3910 4WD w/Cab	$22504	$5630	$6750	$11370	$12940	New Holland	3	192D	8F-2R	42.62	5032	CH
3910 w/Cab	$18524	$4630	$5560	$9360	$10650	New Holland	3	192D	8F-4R	42.67	4547	CH
4610	$17404	$4350	$5220	$8790	$10010	New Holland	3	201D	8F-4R	52.32	4914	No
4610 4WD	$22251	$5560	$6680	$11240	$12790	New Holland	3	201D	8F-4R	52.32	5471	No
4610 4WD w/Cab	$25384	$6350	$7620	$12820	$14600	New Holland	3	201D	8F-2R	52.52	5399	CH
4610 w/Cab	$20916	$5230	$6280	$10560	$12030	New Holland	3	201D	8F-2R	52.52	4864	CH
5610	$21620	$4110	$5510	$9080	$10700	New Holland	4	256D	16F-8R	62.57	6149	No
5610 4WD	$26445	$5030	$6740	$11110	$13090	New Holland	4	256D	16F-8R	62.00	6686	No
5610 4WD w/Cab	$33733	$6410	$8600	$14170	$16700	New Holland	4	256D	16F-8R	62.00	6686	CHA
5610 w/Cab	$28908	$5490	$7370	$12140	$14310	New Holland	4	256D	16F-8R	62.57	6149	CHA
5900	$14986	$3750	$4500	$7570	$8620	New Holland	4	256D	8F-2R	62.00	5760	No
6610	$23795	$4520	$6070	$9990	$11780	New Holland	4	268D	16F-4R	72.13	6084	No
6610 4WD	$29541	$5610	$7530	$12410	$14620	New Holland	4	268D	16F-4R	72.13	6528	No
6610 4WD w/Cab	$34365	$6530	$8760	$14430	$17010	New Holland	4	268D	16F-4R	72.13	6528	CHA
6610 w/Cab	$28710	$5460	$7320	$12060	$14210	New Holland	4	268D	16F-4R	72.13	6084	CHA
7610	$24305	$4620	$6200	$10210	$12030	New Holland	4T	268D	16F-4R	86.95	6251	No
7610 4WD	$29992	$5700	$7650	$12600	$14850	New Holland	4T	268D	16F-4R	86.95	6902	No
7710	$24500	$4660	$6250	$10290	$12130	New Holland	4T	268D	16F-4R	86.00	7074	No
7710 4WD	$31861	$6050	$8130	$13380	$15770	New Holland	4T	268D	16F-4R	86.00	7785	No
7710 4WD w/Cab	$38109	$7030	$9440	$15540	$18320	New Holland	4T	268D	16F-4R	86.00	7785	CHA
7710 w/Cab	$30804	$5850	$7860	$12940	$15250	New Holland	4T	268D	16F-4R	86.00	7074	CHA
8210	$42356	$6400	$9600	$12400	$15600	New Holland	6	401D	16F-8R	95.00	9425	CHA

SU - Low Profile H - Hydrostatic Transmission SMS - Synchronized Manual Shuttle Transmission

New Holland/Versatile

2000

Model	Approx. Retail Price New	Used Trade-In Avg.	Used Trade-In High	Used Retail Avg.	Used Retail High	Engine Make	Engine No. Cyls.	Engine Displ. Cu.-in.	No. Speeds	P.T.O. H.P.	Approx. Shipping Wt.-Lbs.	Cab
TV140	$84515	$33150	$38250	$52700	$56950	New Holland	6T	456D	Variable	105.0		CHA
9184	$106445	$38320	$45770	$61740	$69190	Cummins	6TA	505D	12F-4R	240.0*		CHA
9184 w/3-Pt	$113435	$40840	$48780	$65790	$73730	Cummins	6TA	505D	12F-4R	240.0*		CHA
9184 w/3-Pt, PTO	$121570	$43770	$52280	$70510	$79020	Cummins	6TA	505D	12F-4R	240.0*		CHA
9282	$115175	$41460	$49530	$66800	$74860	Cummins	6TA	505D	12F-4R	260.0*	17722	CHA
9282 w/3-Pt	$122026	$43930	$52470	$70780	$79320	Cummins	6TA	505D	12F-4R	260.0*	18722	CHA
9282 w/PTO, 3-Pt	$130000	$45720	$54610	$73660	$82550	Cummins	6TA	505D	12F-4R	260.0*	18722	CHA
9384	$113150	$40730	$48660	$65630	$73550	Cummins	6TA	505D	12F-4R	270.0*		CHA
9384 w/3-Pt	$120138	$43250	$51660	$69680	$78090	Cummins	6TA	505D	12F-4R	270.0*		CHA
9384 w/3-Pt, PTO	$128280	$46180	$55160	$74400	$83380	Cummins	6TA	505D	12F-4R	270.0*		CHA
9384 PS	$124175	$44700	$53400	$72020	$80710	Cummins	6TA	505D	12F-4R	270.0*		CHA
9384 PS, 3-PT	$131165	$47220	$56400	$76080	$85260	Cummins	6TA	505D	12F-4R	270.0*		CHA
9384 PS, 3-PT, PTO	$139300	$50150	$59900	$80790	$90550	Cummins	6TA	505D	12F-4R	270.0*		CHA
9482	$130825	$46440	$55470	$74820	$83850	Cummins	6TA	660D	12F-4R	310.0*	18697	CHA
9482 w/PTO, 3-Pt	$145655	$50400	$60200	$81200	$91000	Cummins	6TA	660D	12F-4R	310.0*	18697	CHA
9482 PS	$141630	$49680	$59340	$80040	$89700	Cummins	6TA	660D	12F-4R	310.0*	19697	CHA
9484	$123245	$44370	$53000	$71480	$80110	Cummins	6TA	660D	12F-4R	310.0*		CHA
9484 w/3-Pt	$130235	$46890	$56000	$75540	$84650	Cummins	6TA	660D	12F-4R	310.0*		CHA
9484 w/3-Pt, PTO	$138375	$49820	$59500	$80260	$89940	Cummins	6TA	660D	12F-4R	310.0*		CHA
9484 PS	$134270	$48340	$57740	$77880	$87280	Cummins	6TA	660D	12F-4R	310.0*		CHA
9484 PS w/3-Pt	$141260	$50850	$60740	$81930	$91820	Cummins	6TA	660D	12F-4R	310.0*		CHA
9484 PS w/3-Pt, PTO	$149395	$53780	$64240	$86650	$97110	Cummins	6TA	660D	12F-4R	310.0*		CHA
9682	$146690	$47190	$58630	$78650	$85800	Cummins	6TA	855D	12F-4R	360.0*	19730	CHA
9682 w/PTO, 3-Pt	$159280	$49830	$61910	$83050	$90600	Cummins	6TA	855D	12F-4R	360.0*	19730	CHA
9682 PS	$154085	$48510	$60270	$80850	$88200	Cummins	6TA	855D	12F-2R	360.0*	20065	CHA
9684	$152655	$48180	$59860	$80300	$87600	Cummins	6TA	855D	12F-4R	360.0*		CHA
9684 w/3-Pt	$158555	$48840	$60680	$81400	$88800	Cummins	6TA	855D	12F-4R	360.0*		CHA
9684 w/3-Pt, PTO	$167780	$52800	$65600	$88000	$96000	Cummins	6TA	855D	12F-4R	360.0*		CHA
9684 PS	$163680	$51810	$64370	$86350	$94200	Cummins	6TA	855D	12F-2R	360.0*		CHA
9684 PS w/3-Pt	$169580	$53790	$66830	$89650	$97800	Cummins	6TA	855D	12F-2R	360.0*		CHA
9684 PS w/3-Pt, PTO	$178800	$56100	$69700	$93500	$102000	Cummins	6TA	855D	12F-2R	360.0*		CHA
9882	$171065	$52800	$65600	$88000	$96000	Cummins	6TA	855D	12F-4R	425.0*	20230	CHA
9882 w/3-Pt	$177915	$54450	$67650	$90750	$99000	Cummins	6TA	855D	12F-4R	425.0*	20230	CHA
9884 w/3-Pt	$184330	$57750	$71750	$96250	$105000	Cummins	6TA	855D	12F-4R	425.0*		CHA
9884	$178430	$56100	$69700	$93500	$102000	Cummins	6TA	855D	12F-4R	425.0*		CHA

*Net SAE Horsepower

PS Powershift Transmission

New Holland/Versatile (Cont.)

1999

Model	Approx. Retail Price New	Used Trade-In Avg.	Used Trade-In High	Used Retail Avg.	Used Retail High	Engine Make	Engine No. Cyls.	Displ. Cu.-in.	No. Speeds	P.T.O. H.P.	Approx. Shipping Wt.-Lbs.	Cab
TV140	$83785	$28900	$36550	**$51000**	**$55250**	New Holland	6T	456D	Variable	105.0		CHA
9282	$115175	$39160	$46070	**$64500**	**$72560**	Cummins	6TA	505D	12F-4R	260.0*	17722	CHA
9282 w/PTO	$123015	$41830	$49210	**$68890**	**$77500**	Cummins	6TA	505D	12F-4R	260.0*	18722	CHA
9282 w/PTO, 3-Pt	$130000	$43180	$50800	**$71120**	**$80010**	Cummins	6TA	505D	12F-4R	260.0*	18722	CHA
9482	$130825	$43860	$51600	**$72240**	**$81270**	Cummins	6TA	660D	12F-4R	310.0*	18697	CHA
9482 w/PTO, 3-Pt	$145655	$47600	$56000	**$78400**	**$88200**	Cummins	6TA	660D	12F-4R	310.0*	18697	CHA
9482 PS	$141630	$46920	$55200	**$77280**	**$86940**	Cummins	6TA	660D	12F-4R	310.0*	19697	CHA
9482 PS w/PTO, 3-Pt	$156460	$51000	$60000	**$84000**	**$94500**	Cummins	6TA	660D	12F-4R	310.0*	19697	CHA
9682	$144450	$44020	$55380	**$73840**	**$80940**	Cummins	6TA	855D	12F-4R	360.0*	19730	CHA
9682 w/PTO, 3-Pt	$159280	$46810	$58890	**$78520**	**$86070**	Cummins	6TA	855D	12F-4R	360.0*	19730	CHA
9682 PS	$154085	$45570	$57330	**$76440**	**$83790**	Cummins	6TA	855D	12F-2R	360.0*	20065	CHA
9682 PS w/PTO, 3-Pt	$163915	$47430	$59670	**$79560**	**$87210**	Cummins	6TA	855D	12F-2R	360.0*	20065	CHA
9882	$168040	$48980	$61620	**$82160**	**$90060**	Cummins	6TA	855D	12F-4R	425.0*	20230	CHA
9882 w/3-Pt	$169890	$49540	$62320	**$83100**	**$91090**	Cummins	6TA	855D	12F-4R	425.0*	20230	CHA

***Net SAE Horsepower**
PS Powershift Transmission

1998

Model	Approx. Retail Price New	Used Trade-In Avg.	Used Trade-In High	Used Retail Avg.	Used Retail High	Engine Make	Engine No. Cyls.	Displ. Cu.-in.	No. Speeds	P.T.O. H.P.	Approx. Shipping Wt.-Lbs.	Cab
TV140	$77890	$26400	$32800	**$46400**	**$50400**	New Holland	6T	456D	Variable	105.0		CHA
9030E Loader	$70646	$24300	$30200	**$42720**	**$46400**	New Holland	4T	304D	Variable	102.0		CHA
9030E Loader, PTO, 3Pt	$78285	$26240	$32600	**$46110**	**$50090**	New Holland	4T	304D	Variable	102.0	10330	CHA
9282	$114690	$33260	$42440	**$56200**	**$61930**	Cummins	6TA	505D	12F-4R	260.0*	17722	CHA
9282 w/PTO	$122525	$34800	$44400	**$58800**	**$64800**	Cummins	6TA	505D	12F-4R	260.0*	18722	CHA
9482	$127441	$36250	$46250	**$61250**	**$67500**	Cummins	6TA	660D	12F-4R	310.0*	18697	CHA
9482 PS	$138250	$38050	$48540	**$64290**	**$70850**	Cummins	6TA	660D	12F-4R	310.0*	19697	CHA
9682	$147752	$40510	$51690	**$68450**	**$75440**	Cummins	6TA	855D	12F-4R	360.0*	19730	CHA
9682 PS	$157390	$42050	$53650	**$71050**	**$78300**	Cummins	6TA	855D	12F-2R	360.0*	20065	CHA
9882	$175775	$47850	$61050	**$80850**	**$89100**	Cummins	6TA	855D	12F-4R	425.0*	20230	CHA

***Net SAE Horsepower**
PS Powershift Transmission

1997

Model	Approx. Retail Price New	Used Trade-In Avg.	Used Trade-In High	Used Retail Avg.	Used Retail High	Engine Make	Engine No. Cyls.	Displ. Cu.-in.	No. Speeds	P.T.O. H.P.	Approx. Shipping Wt.-Lbs.	Cab
9030	$68588	$22720	$28400	**$40470**	**$44380**	New Holland	4T	268D	Variable	102.0	9930	CHA
9030 Utility	$63063	$22230	$27790	**$39600**	**$43420**	New Holland	4T	268D	Variable	102.0	9260	CHA
9030 Utility w/Loader	$70500	$24160	$30200	**$43040**	**$47190**	New Holland	4T	268D	Variable	102.0		CHA
9030 Utility, Loader, 3Pt	$77150	$25650	$32060	**$45690**	**$50090**	New Holland	4T	268D	Variable	102.0	10330	CHA
9030 w/3 Pt & PTO	$76000	$25120	$31400	**$44750**	**$49060**	New Holland	4T	268D	Variable	100.0	10975	CHA
9282	$110316	$29430	$38150	**$50140**	**$55590**	Cummins	6TA	505D	12F-4R	260.0*	17722	CHA
9282 w/PTO	$117925	$30510	$39550	**$51980**	**$57630**	Cummins	6TA	505D	12F-4R	260.0*	18722	CHA
9282 w/PTO, 3 Pt.	$124713	$32050	$41550	**$54600**	**$60540**	Cummins	6TA	505D	12F-4R	260.0*	20295	CHA
9482	$124615	$32400	$42000	**$55200**	**$61200**	Cummins	6TA	660D	12F-4R	310.0*	18697	CHA
9482 PS	$135106	$34590	$44840	**$58930**	**$65330**	Cummins	6TA	660D	12F-2R	310.0*	19232	CHA
9482 PS w/PTO	$142714	$36640	$47500	**$62420**	**$69210**	Cummins	6TA	660D	12F-2R	310.0*	20232	CHA
9482 PS w/PTO, 3 Pt.	$149503	$37670	$48830	**$64170**	**$71150**	Cummins	6TA	660D	12F-2R	310.0*	21805	CHA
9482 w/PTO	$132222	$35100	$45500	**$59800**	**$66300**	Cummins	6TA	660D	12F-4R	310.0*	19697	CHA
9482 w/PTO, 3 Pt.	$139011	$36180	$46900	**$61640**	**$68340**	Cummins	6TA	660D	12F-4R	310.0*	21270	CHA
9682	$140785	$35290	$45750	**$60120**	**$66660**	Cummins	6TA	855D	12F-4R	360.0*	19730	CHA
9682 PS	$150267	$37850	$49070	**$64490**	**$71500**	Cummins	6TA	855D	12F-2R	360.0*	20065	CHA
9682 PS w/PTO	$157875	$39020	$50580	**$66470**	**$73700**	Cummins	6TA	855D	12F-2R	360.0*	21065	CHA
9682 PS w/PTO, 3 Pt.	$164665	$40660	$52710	**$69280**	**$76810**	Cummins	6TA	855D	12F-2R	360.0*	22638	CHA
9682 w/PTO	$148393	$37340	$48410	**$63620**	**$70530**	Cummins	6TA	855D	12F-4R	360.0*	20730	CHA
9682 w/PTO, 3 Pt.	$155182	$39150	$50750	**$66700**	**$73950**	Cummins	6TA	855D	12F-4R	360.0*	22303	CHA
9882	$164120	$41610	$53940	**$70890**	**$78590**	Cummins	6TA	855D	12F-4R	425.0*	20230	CHA
9882 w/3 Pt.	$170770	$43200	$56000	**$73600**	**$81600**	Cummins	6TA	855D	12F-4R	425.0*	21803	CHA

***Net SAE Horsepower**
PS Powershift Transmission

1996

Model	Approx. Retail Price New	Used Trade-In Avg.	Used Trade-In High	Used Retail Avg.	Used Retail High	Engine Make	Engine No. Cyls.	Displ. Cu.-in.	No. Speeds	P.T.O. H.P.	Approx. Shipping Wt.-Lbs.	Cab
9030	$66590	$21880	$27530	**$39530**	**$43770**	New Holland	4T	268D	Variable	102.00	9190	CHA
9030 Utility	$67475	$22470	$28270	**$40590**	**$44940**	New Holland	4T	268D	Variable	102.00	9260	CHA
9030 Utility PTO, 3Pt.	$74903	$24770	$31160	**$44740**	**$49540**	New Holland	4T	268D	Variable	102.00	10330	CHA
9030 w/3 Pt. & PTO	$73789	$24090	$30300	**$43510**	**$48170**	New Holland	4T	268D	Variable	100.	10261	CHA
9282	$106442	$26110	$34470	**$45950**	**$51180**	Cummins	6TA	505D	12F-4R	260.00*	17722	CHA
9282 w/PTO	$113938	$27980	$36930	**$49240**	**$54830**	Cummins	6TA	505D	12F-4R	260.00*	18722	CHA
9282 w/PTO, 3 Pt.	$120627	$29500	$38940	**$51920**	**$57820**	Cummins	6TA	505D	12F-4R	260.00*	20295	CHA
9482	$122634	$30000	$39600	**$52800**	**$58800**	Cummins	6TA	660D	12F-4R	310.00*	18697	CHA
9482 PS	$132970	$31500	$41580	**$55440**	**$61740**	Cummins	6TA	660D	12F-2R	310.00*	19232	CHA
9482 PS w/PTO	$140466	$32880	$43400	**$57860**	**$64440**	Cummins	6TA	660D	12F-2R	310.00*	20232	CHA
9482 PS w/PTO, 3 Pt.	$147155	$34540	$45590	**$60790**	**$67700**	Cummins	6TA	660D	12F-2R	310.00*	21805	CHA
9482 w/PTO	$130130	$31250	$41250	**$55000**	**$61250**	Cummins	6TA	660D	12F-4R	310.00*	19697	CHA
9482 w/PTO, 3 Pt.	$136820	$32710	$43170	**$57560**	**$64100**	Cummins	6TA	660D	12F-4R	310.00*	21270	CHA
9682	$139648	$33000	$43560	**$58080**	**$64680**	Cummins	6TA	855D	12F-4R	360.00*	19730	CHA
9682 PS	$148005	$34250	$45210	**$60280**	**$67130**	Cummins	6TA	855D	12F-2R	360.00*	20065	CHA
9682 PS w/PTO	$155500	$35000	$46200	**$61600**	**$68600**	Cummins	6TA	855D	12F-2R	360.00*	21065	CHA
9682 PS w/PTO, 3 Pt.	$162190	$36280	$47880	**$63840**	**$71100**	Cummins	6TA	855D	12F-2R	360.00*	22638	CHA
9682 w/PTO	$147145	$34030	$44910	**$59880**	**$66690**	Cummins	6TA	855D	12F-4R	360.00*	20730	CHA
9682 w/PTO, 3 Pt.	$153833	$35500	$46860	**$62480**	**$69580**	Cummins	6TA	855D	12F-4R	360.00*	22303	CHA
9882	$155990	$36480	$48150	**$64200**	**$71490**	Cummins	6TA	855D	12F-4R	425.00*	20230	CHA
9882 w/3 Pt.	$162543	$38130	$50330	**$67100**	**$74730**	Cummins	6TA	855D	12F-4R	425.00*	21803	CHA

***Net SAE Horsepower**
PS Powershift Transmission

New Holland/Versatile (Cont.)

1995

Model	Approx. Retail Price New	Used Trade-In Avg.	Used Trade-In High	Used Retail Avg.	Used Retail High	Engine Make	Engine No. Cyls.	Engine Displ. Cu.-in.	No. Speeds	P.T.O. H.P.	Approx. Shipping Wt.-Lbs.	Cab
9030	$58361	$18900	$23940	**$34650**	**$38750**	New Holland	4T	268D	Variable	102.00	9190	CHA
9030 Utility	$59443	$19330	$24490	**$35440**	**$39630**	New Holland	4T	268D	Variable	102.00	9260	CHA
9030 Utility PTO, 3Pt.	$66796	$21540	$27280	**$39490**	**$44150**	New Holland	4T	268D	Variable	102.00	10330	CHA
9030 w/3Pt. & PTO	$65714	$21210	$26870	**$38890**	**$43480**	New Holland	4T	268D	Variable	100.	10261	CHA
9280	$85631	$22260	$27400	**$42820**	**$49240**	Cummins	6T	611D	12F-4R	250.00*	17722	CHA
9280 w/PTO	$90770	$23600	$29050	**$45390**	**$52190**	Cummins	6T	611D	12F-4R	250.00*	18722	CHA
9280 w/PTO, 3Pt.	$99140	$25780	$31730	**$49570**	**$57010**	Cummins	6T	611D	12F-4R	250.00*	20295	CHA
9480	$101747	$26450	$32560	**$50870**	**$58510**	Cummins	6TA	855D	12F-4R	300.00*	18697	CHA
9480 PS	$107612	$27980	$34440	**$53810**	**$61880**	Cummins	6TA	855D	12F-2R	300.00*	19232	CHA
9480 PS w/PTO, 3Pt.	$121121	$30420	$37440	**$58500**	**$67280**	Cummins	6TA	855D	12F-2R	300.00*	21805	CHA
9480 w/PTO, 3Pt.	$115256	$29120	$35840	**$56000**	**$64400**	Cummins	6TA	855D	12F-4R	300.00*	21270	CHA
9680	$108561	$28230	$34740	**$54280**	**$62420**	Cummins	6TA	855D	12F-4R	350.00*	19730	CHA
9680 PS	$118406	$29900	$36800	**$57500**	**$66130**	Cummins	6TA	855D	12F-2R	350.00*	20065	CHA
9680 PS w/PTO, 3Pt.	$131915	$32500	$40000	**$62500**	**$71880**	Cummins	6TA	855D	12F-2R	350.00*	22638	CHA
9680 w/PTO, 3Pt.	$122070	$30680	$37760	**$59000**	**$67850**	Cummins	6TA	855D	12F-4R	350.00*	22303	CHA
9880	$124284	$31280	$38500	**$60150**	**$69170**	Cummins	6TA	855D	12F-4R	400.00*	20230	CHA
9880 w/3Pt.	$130524	$32630	$40160	**$62750**	**$72160**	Cummins	6TA	855D	12F-4R	400.00*	21803	CHA

*Net SAE Horsepower
PS Powershift Transmission

1994

Model	Approx. Retail Price New	Used Trade-In Avg.	Used Trade-In High	Used Retail Avg.	Used Retail High	Engine Make	Engine No. Cyls.	Engine Displ. Cu.-in.	No. Speeds	P.T.O. H.P.	Approx. Shipping Wt.-Lbs.	Cab
9030	$52960	$17080	$21420	**$31270**	**$35320**	New Holland	4T	268D	Variable	102.00	10750	CHA
9030 w/3 Pt. & PTO	$59503	$19030	$23870	**$34830**	**$39350**	New Holland	4T	268D	Variable	100.	12150	CHA
9280	$85131	$21280	$26390	**$41710**	**$48100**	Cummins	6T	611D	12F-4R	250.00*	17722	CHA
9280 w/PTO, 3Pt.	$96140	$24040	$29800	**$47110**	**$54320**	Cummins	6T	611D	12F-4R	250.00*	20295	CHA
9480	$98547	$24640	$30550	**$48290**	**$55680**	Cummins	6TA	855D	12F-4R	300.00*	18697	CHA
9480 PS	$102212	$25000	$31000	**$49000**	**$56500**	Cummins	6TA	855D	12F-2R	300.00*	19232	CHA
9480 PS w/PTO, 3Pt.	$111121	$27250	$33790	**$53410**	**$61590**	Cummins	6TA	855D	12F-2R	300.00*	21805	CHA
9480 w/PTO, 3Pt.	$104156	$25500	$31620	**$49980**	**$57630**	Cummins	6TA	855D	12F-4R	300.00*	21270	CHA
9680	$103461	$25350	$31430	**$49690**	**$57290**	Cummins	6TA	855D	12F-4R	350.00*	19730	CHA
9680 PS	$113306	$27580	$34190	**$54050**	**$62320**	Cummins	6TA	855D	12F-2R	350.00*	20065	CHA
9680 PS w/PTO, 3Pt.	$120915	$29130	$36120	**$57090**	**$65820**	Cummins	6TA	855D	12F-2R	350.00*	22638	CHA
9680 w/PTO, 3Pt.	$111070	$27000	$33480	**$52920**	**$61020**	Cummins	6TA	855D	12F-4R	350.00*	22303	CHA
9880	$113284	$27750	$34410	**$54390**	**$62720**	Cummins	6TA	855D	12F-4R	400.00*	20230	CHA
9880 w/3Pt.	$121524	$29880	$37050	**$58560**	**$67520**	Cummins	6TA	855D	12F-4R	400.00*	21803	CHA

*Net SAE Horsepower
PS Powershift Transmission

1993

Model	Approx. Retail Price New	Used Trade-In Avg.	Used Trade-In High	Used Retail Avg.	Used Retail High	Engine Make	Engine No. Cyls.	Engine Displ. Cu.-in.	No. Speeds	P.T.O. H.P.	Approx. Shipping Wt.-Lbs.	Cab
9030	$52960	$16790	$20840	**$30690**	**$35030**	New Holland	4T	268D	Variable	102.00	10750	CHA
9030 w/3 Pt. & PTO	$59503	$18710	$23220	**$34190**	**$39020**	New Holland	4T	268D	Variable	100.	12150	CHA
846	$77825	$19200	$24000	**$38400**	**$44400**	Cummins	6T	611D	12F-4R	230.00*	15560	CHA
846 w/3 Pt. & PTO	$83353	$21120	$26400	**$42240**	**$48840**	Cummins	6T	611D	15F-5R	230.00*		CHA
876 Mechanical Shift	$89197	$21410	$26760	**$42820**	**$49500**	Cummins	6TI	611D	12F-4R	280.00*	15800	CHA
876 Powershift	$101362	$23760	$29700	**$47520**	**$54950**	Cummins	6TI	611D	12F-2R	280.00*		CHA
876 w/3 Pt. & PTO	$108295	$25200	$31500	**$50400**	**$58280**	Cummins	6TI	611D	12F-2R	280.00*		CHA
946 Mechanical Shift	$101706	$24410	$30510	**$48820**	**$56450**	Cummins	6TI	855D	12F-4R	325.00*	18300	CHA
946 Powershift	$114962	$26400	$33000	**$52800**	**$61050**	Cummins	6TI	855D	12F-2R	325.00*	18750	CHA
946 w/3 Pt. & PTO	$121894	$27840	$34800	**$55680**	**$64380**	Cummins	6TI	855D	12F-2R	325.00*		CHA
976 Mechanical Shift	$109739	$26340	$32920	**$52680**	**$60910**	Cummins	6TI	855D	12F-4R	360.00*	18300	CHA
976 Powershift	$123523	$28320	$35400	**$56640**	**$65490**	Cummins	6TI	855D	12F-2R	360.00*	18750	CHA
976 w/3 Pt. & PTO	$130456	$30720	$38400	**$61440**	**$71040**	Cummins	6TI	855D	12F-2R	360.00*		CHA

*Net SAE Horsepower

1992

Model	Approx. Retail Price New	Used Trade-In Avg.	Used Trade-In High	Used Retail Avg.	Used Retail High	Engine Make	Engine No. Cyls.	Engine Displ. Cu.-in.	No. Speeds	P.T.O. H.P.	Approx. Shipping Wt.-Lbs.	Cab
9030	$55415	$15960	$19600	**$29680**	**$33600**	New Holland	4T	268D	Variable	102.00	10750	CHA
9030 w/3 Pt. & PTO	$62262	$17750	$21790	**$33000**	**$37360**	New Holland	4T	268D	Variable	100.	12150	CHA
846 w/3 Pt. & PTO	$90458	$20240	$25520	**$41360**	**$47960**	Cummins	6T	611D	15F-5R	230.00*		CHA
876 w/3 Pt. & PTO	$115400	$24840	$31320	**$50760**	**$58860**	Cummins	6TI	611D	12F-2R	280.00*		CHA
946 w/3 Pt. & PTO	$127952	$27600	$34800	**$56400**	**$65400**	Cummins	6TI	855D	12F-2R	325.00*		CHA
976 w/3 Pt. & PTO	$136504	$27300	$36400	**$46800**	**$57200**	Cummins	6TI	855D	12F-2R	360.00*		CHA
1156	$170112	$34650	$46200	**$59400**	**$72600**	Cummins	6TI	1150D	8F-4R	470*	33000	CHA

*Net SAE Horsepower

1991

Model	Approx. Retail Price New	Used Trade-In Avg.	Used Trade-In High	Used Retail Avg.	Used Retail High	Engine Make	Engine No. Cyls.	Engine Displ. Cu.-in.	No. Speeds	P.T.O. H.P.	Approx. Shipping Wt.-Lbs.	Cab
9030	$53161	$15120	$18360	**$28350**	**$32130**	New Holland	4T	268D	Variable	102.00	10750	CHA
9030 w/3 Pt. & PTO	$60008	$17080	$20740	**$32030**	**$36300**	New Holland	4T	268D	Variable	100.	12150	CHA
846 w/3 Pt. & PTO	$87815	$19320	$24590	**$40400**	**$46980**	Cummins	6T	611D	15F-5R	230*		CHA
876 w/3 Pt. & PTO	$113137	$23100	$29400	**$48300**	**$56180**	Cummins	6TI	611D	12F-2R	280*		CHA
946 w/3 Pt. & PTO	$118804	$23000	$31050	**$39100**	**$49450**	Cummins	6TI	855D	12F-2R	325*		CHA
976 w/3 Pt. & PTO	$127197	$25000	$33750	**$42500**	**$53750**	Cummins	6TI	855D	12F-2R	360*		CHA
1156	$167107	$32800	$44280	**$55760**	**$70520**	Cummins	6TI	1150D	8F-4R	470*	33000	CHA

*Net SAE Horsepower

1990

Model	Approx. Retail Price New	Used Trade-In Avg.	Used Trade-In High	Used Retail Avg.	Used Retail High	Engine Make	Engine No. Cyls.	Engine Displ. Cu.-in.	No. Speeds	P.T.O. H.P.	Approx. Shipping Wt.-Lbs.	Cab
9030	$49058	$14300	$17160	**$27040**	**$30680**	New Holland	4T	268D	Variable	100.	8500	CHA
9030 w/3 Pt. & PTO	$54328	$15950	$19140	**$30160**	**$34220**	New Holland	4T	268D	Variable	100.	9300	CHA
846 w/3 Pt.	$83265	$18060	$23220	**$38700**	**$45150**	Cummins	6T	611D	12F-4R	230*		CHA
876 w/3 Pt.	$98029	$20590	$26470	**$44110**	**$51470**	Cummins	6TA	611D	12F-4R	280*		CHA
946 w/3 Pt.	$109368	$20520	$28080	**$35640**	**$45360**	Cummins	6TA	855D	12F-4R	325*		CHA
976 w/3 Pt.	$117243	$21850	$29900	**$37950**	**$48300**	Cummins	6TA	855D	12F-4R	360*		CHA
1156	$166249	$30590	$41860	**$53130**	**$67620**	Cummins	6TI	1150D	8F-4R	470*	33000	CHA

*Net SAE Horsepower

Model	Approx. Retail Price New	Estimated Value Less Repairs Used Trade-In Avg.	Used Trade-In High	Used Retail Avg.	Used Retail High	Engine Make	Engine No. Cyls.	Engine Displ. Cu.-in.	No. Speeds	P.T.O. H.P.	Approx. Shipping Wt.-Lbs.	Cab

New Holland/Versatile (Cont.)

Model	Approx. Retail Price New	Used Trade-In Avg.	Used Trade-In High	Used Retail Avg.	Used Retail High	Make	No. Cyls.	Displ. Cu.-in.	No. Speeds	P.T.O. H.P.	Approx. Shipping Wt.-Lbs.	Cab
1989												
276	$45391	$12800	$15170	**$24410**	**$27720**	Cummins	4T	239D	Variable	100.45	9000	CHA
276 3 Pt. & PTO	$52029	$14050	$16650	**$26800**	**$30440**	Cummins	4T	239D	Variable	100.45	9000	CHA
846	$77183	$15820	$20450	**$33960**	**$39750**	Cummins	6T	611D	12F-4R	230*		CHA
846 PS w/PTO	$90643	$18040	$23320	**$38720**	**$45320**	Cummins	6T	611D	12F-4R	230*		CHA
876	$97942	$19660	$25410	**$42200**	**$49390**	Cummins	6TI	611D	12F-4R	280*	21000	CHA
876 PS w/PTO	$99450	$20090	$25970	**$43120**	**$50470**	Cummins	6TI	611D	12F-3R	280*	21000	CHA
946	$99775	$17960	$24940	**$31930**	**$40910**	Cummins	6TI	855D	12F-4R	325*	22000	CHA
946 PS	$112314	$19440	$27000	**$34560**	**$44280**	Cummins	6TI	855D	12F-2R	325*	22000	CHA
976	$107374	$19330	$26840	**$34360**	**$44020**	Cummins	6TA	855D	12F-4R	360*	22000	CHA
976 PS	$120414	$20700	$28750	**$36800**	**$47150**	Cummins	6TI	855D	12F-2R	360*	22000	CHA
1156	$163107	$28620	$39750	**$50880**	**$65190**	Cummins	6TI	1150D	8F-4R	470*	33000	CHA

***Net SAE Horsepower**

Model	Approx. Retail Price New	Used Trade-In Avg.	Used Trade-In High	Used Retail Avg.	Used Retail High	Make	No. Cyls.	Displ. Cu.-in.	No. Speeds	P.T.O. H.P.	Approx. Shipping Wt.-Lbs.	Cab
1988												
256 w/3 Pt. & PTO	$41900	$10890	$12990	**$21370**	**$24300**	Cummins	4T	239D	Variable	85.14	9000	CHA
276	$45100	$11730	$13980	**$23000**	**$26160**	Cummins	4T	239D	Variable	100.45	9000	CHA
846	$74600	$14920	$19400	**$32080**	**$37670**	Cummins	6T	611D	12F-4R	230*	21000	CHA
876	$95200	$18800	$24440	**$40420**	**$47470**	Cummins	6T	611D	12F-4R	280*	21000	CHA
936	$105000	$17000	$25000	**$31000**	**$40000**	Cummins	6T	855D	12F-4R	310*	22000	CHA
956	$107300	$17510	$25750	**$31930**	**$41200**	Cummins	6T	855D	12F-4R	335*	22000	CHA
976	$115300	$18190	$26750	**$33170**	**$42800**	Cummins	6TA	855D	12F-4R	360*	22000	CHA
1156	$151400	$25740	$37850	**$46930**	**$60560**	Cummins	6TA	1150D	8F-2R	470*	33000	CHA

***Net SAE Horsepower**
See Versatile for earlier models.

Oliver

Model	Approx. Retail Price New	Used Trade-In Avg.	Used Trade-In High	Used Retail Avg.	Used Retail High	Make	No. Cyls.	Displ. Cu.-in.	No. Speeds	P.T.O. H.P.	Approx. Shipping Wt.-Lbs.	Cab
1975												
550	$4392	$1430	$1970	**$3420**	**$3830**	Oliver	4	155G	6F-2R	44.00	3229	No
550	$5183	$1640	$2260	**$3930**	**$4390**	Oliver	4	155D	6F-2R	39.00	3245	No
1265	$5335	$1810	$2500	**$4340**	**$4850**	Fiat	3	158D	9F-3R	41.00	3806	No
1265 4WD	$6625	$2100	$2890	**$5030**	**$5630**	Fiat	3	158D	9F-3R	41.00	4456	No
1365	$6636	$2170	$2990	**$5200**	**$5810**	Fiat	4	211D	12F-3R	54.00	4606	No
1365 4WD	$7800	$2390	$3290	**$5720**	**$6390**	Fiat	4	211D	12F-3R	54.00	5056	No
1465	$8568	$2700	$3710	**$6460**	**$7220**	Oliver	4	278D	7F-2R	70.00	6460	No
1555	$7294	$2330	$3210	**$5590**	**$6240**	Oliver	6	232G	12F-4R	53.00	6880	No
1555	$8123	$2550	$3510	**$6110**	**$6830**	Oliver	6	232D	12F-4R	53.00	6999	No
1655	$8507	$2630	$3620	**$6290**	**$7030**	Oliver	6	265G	18F-6R	70.27	7023	No
1655	$9523	$2790	$3840	**$6680**	**$7470**	Oliver	6	283D	18F-6R	70.57	7315	No
1655 4WD	$12570	$2830	$4650	**$6160**	**$7670**	Oliver	6	265G	18F-6R	70.00	8733	No
1655 4WD	$13554	$3050	$5020	**$6640**	**$8270**	Oliver	6	283D	18F-6R	70.00	8850	No
1755	$9160	$2400	$3940	**$5220**	**$6500**	Oliver	6	283G	18F-6R	86.98	8739	No
1755	$9993	$2560	$4220	**$5580**	**$6950**	Oliver	6	310D	18F-6R	86.93	8873	No
1755 4WD	$12988	$2920	$4810	**$6360**	**$7920**	Oliver	6	283G	18F-6R	86.00	10732	No
1755 4WD	$13873	$3120	$5130	**$6800**	**$8460**	Oliver	6	310D	18F-6R	86.00	10873	No
1855	$10247	$2530	$4160	**$5510**	**$6860**	Oliver	6	310G	18F-6R	92.00	9190	No
1855	$11358	$2780	$4570	**$6060**	**$7540**	Oliver	6T	310D	18F-6R	98.60	9315	No
1855 4WD	$13414	$3040	$5000	**$6620**	**$8240**	Oliver	6	310G	18F-6R	92.00	11943	No
1855 4WD	$14514	$3270	$5370	**$7110**	**$8850**	Oliver	6T	310D	18F-6R	98.00	12236	No
2255	$16277	$2770	$4560	**$6020**	**$7190**	Cat.	V-8	573D	18F-6R	146.72	13500	No
2255	$17800	$3030	$4980	**$6590**	**$7870**	Cat.	V-8	573D	18F-6R	146.72	14600	C
2255 4WD	$19477	$3310	$5450	**$7210**	**$8610**	Cat.	V-8	573D	18F-6R	146.00	15300	No
2255 4WD	$21000	$3570	$5880	**$7770**	**$9280**	Cat.	V-8	573D	18F-6R	146.72	16400	C
1974												
550	$4306	$1410	$1960	**$3420**	**$3820**	Oliver	4	155G	6F-2R	44.00	3229	No
550	$5081	$1610	$2250	**$3920**	**$4380**	Oliver	4	155D	6F-2R	39.00	3245	No
1265	$5230	$1780	$2490	**$4340**	**$4850**	Fiat	3	158D	9F-3R	41.00	3806	No
1265 4WD	$6495	$2040	$2850	**$4960**	**$5540**	Fiat	3	158D	9F-3R	41.00	4456	No
1270	$5230	$1780	$2490	**$4340**	**$4850**	Fiat	3	158D	9F-2R	41.00	3806	No
1270 4WD	$6495	$2040	$2850	**$4960**	**$5540**	Fiat	3	158D	9F-2R	41.00	4456	No
1365	$6506	$2120	$2960	**$5160**	**$5760**	Fiat	4	211D	12F-3R	54.00	4606	No
1365 4WD	$7647	$2340	$3270	**$5710**	**$6370**	Fiat	4	211D	12F-3R	54.00	5056	No
1370	$6506	$2140	$2990	**$5210**	**$5820**	Fiat	4	211D	12F-3R	54.00	4606	No
1370 4WD	$7647	$2370	$3310	**$5770**	**$6440**	Fiat	4	211D	12F-3R	54.00	5056	No
1465	$8400	$2620	$3660	**$6390**	**$7130**	Oliver	4	278D	7F-2R	70.00	6460	No
1555	$7151	$2290	$3200	**$5580**	**$6230**	Oliver	6	232G	12F-4R	53.00	6880	No
1555	$7964	$2510	$3500	**$6100**	**$6810**	Oliver	6	232D	12F-4R	53.00	6999	No
1655	$8340	$2610	$3640	**$6350**	**$7090**	Oliver	6	265G	18F-6R	70.27	7023	No
1655	$9336	$2790	$3900	**$6800**	**$7590**	Oliver	6	283D	18F-6R	70.57	7315	No
1655 4WD	$12324	$2840	$4620	**$6040**	**$7640**	Oliver	6	265G	18F-6R	70.00	8733	No
1655 4WD	$13288	$3060	$4980	**$6510**	**$8240**	Oliver	6	283D	18F-6R	70.00	8850	No
1755	$8981	$2410	$3930	**$5140**	**$6500**	Oliver	6	283G	18F-6R	86.98	8739	No
1755	$9797	$2530	$4120	**$5390**	**$6820**	Oliver	6	310D	18F-6R	86.93	8873	No
1755 4WD	$12733	$2930	$4780	**$6240**	**$7890**	Oliver	6	283G	18F-6R	86.00	10732	No
1755 4WD	$13601	$3130	$5100	**$6660**	**$8430**	Oliver	6	310D	18F-6R	86.00	10873	No
1855	$10046	$2500	$4070	**$5320**	**$6730**	Oliver	6	310G	18F-6R	92.00	9190	No
1855	$11135	$2680	$4360	**$5700**	**$7210**	Oliver	6T	310D	18F-6R	98.60	9315	No
1855 4WD	$13151	$3030	$4930	**$6440**	**$8150**	Oliver	6	310G	18F-6R	92.00	11943	No
1855 4WD	$14229	$3270	$5340	**$6970**	**$8820**	Oliver	6T	310D	18F-6R	98.00	12236	No
1870	$10400	$2520	$4110	**$5370**	**$6790**	MM	6	425LP	18F-6R	97.00	10612	No
1870	$11000	$2580	$4200	**$5490**	**$6940**	MM	6	451D	18F-6R	98.00	10812	No
1955	$12615	$2900	$4730	**$6180**	**$7820**	Oliver	6T	310D	18F-6R	108.15	10750	No

Oliver (Cont.)

Model	Approx. Retail Price New	Estimated Value Less Repairs: Used Trade-In Avg.	Used Trade-In High	Used Retail Avg.	Used Retail High	Engine Make	Engine No. Cyls.	Engine Displ. Cu.-in.	No. Speeds	P.T.O. H.P.	Approx. Shipping Wt.-Lbs.	Cab
				1974 (Cont.)								
1955 4WD	$15750	$3620	$5910	**$7720**	**$9770**	Oliver	6T	310D	18F-6R	108.00	12850	No
2255	$15958	$3070	$4810	**$7970**	**$9880**	Cat.	V-8	573D	18F-6R	146.72	13500	No
2255 4WD	$19095	$3530	$5540	**$9170**	**$11360**	Cat.	V-8	573D	18F-6R	146.00	15300	No
2270	$13000	$2410	$3770	**$6240**	**$7740**	MM	6	504LP	18F-6R	137.00	12600	No
2270	$13600	$2520	$3940	**$6530**	**$8090**	MM	6	585D	18F-6R	142.00	13000	No
				1973								
550	$4101	$1350	$1910	**$3320**	**$3720**	Oliver	4	155G	6F-2R	44.00	3229	No
550	$4839	$1550	$2190	**$3800**	**$4260**	Oliver	4	155D	6F-2R	39.00	3245	No
1265	$4981	$1720	$2430	**$4210**	**$4730**	Fiat	3	158D	9F-3R	41.00	3806	No
1265 4WD	$6186	$1960	$2770	**$4800**	**$5390**	Fiat	3	158D	9F-3R	41.00	4456	No
1365	$6196	$2040	$2890	**$5000**	**$5620**	Fiat	4	211D	12F-3R	54.00	4606	No
1365 4WD	$7283	$2410	$3410	**$5900**	**$6630**	Fiat	4	211D	12F-3R	54.00	5056	No
1465	$8000	$2520	$3560	**$6180**	**$6940**	Oliver	4	278D	7F-2R	70.00	6460	No
1555	$6810	$2200	$3120	**$5400**	**$6070**	Oliver	6	232G	12F-4R	53.00	6880	No
1555	$7585	$2410	$3410	**$5910**	**$6630**	Oliver	6	232D	12F-4R	53.00	6999	No
1655	$7943	$2500	$3540	**$6140**	**$6890**	Oliver	6	265G	18F-6R	70.27	7023	No
1655	$8891	$2750	$3900	**$6750**	**$7590**	Oliver	6	283D	18F-6R	70.57	7315	No
1655 4WD	$11737	$2700	$4520	**$5750**	**$7390**	Oliver	6	265G	18F-6R	70.00	8733	No
1655 4WD	$12655	$2910	$4870	**$6200**	**$7970**	Oliver	6	283D	18F-6R	70.00	8850	No
1755	$8553	$2430	$4060	**$5170**	**$6650**	Oliver	6	283G	18F-6R	86.98	8739	No
1755	$9330	$2450	$4090	**$5210**	**$6700**	Oliver	6	310D	18F-6R	86.93	8873	No
1755 4WD	$12127	$2790	$4670	**$5940**	**$7640**	Oliver	6	283G	18F-6R	86.00	10732	No
1755 4WD	$12953	$2980	$4990	**$6350**	**$8160**	Oliver	6	310D	18F-6R	86.00	10873	No
1855	$9568	$2430	$4070	**$5180**	**$6660**	Oliver	6	310G	18F-6R	92.00	9190	No
1855	$10605	$2530	$4240	**$5390**	**$6930**	Oliver	6T	310D	18F-6R	98.60	9315	No
1855 4WD	$12525	$2880	$4820	**$6140**	**$7890**	Oliver	6	310G	18F-6R	92.00	11943	No
1855 4WD	$13551	$3120	$5220	**$6640**	**$8540**	Oliver	6T	310D	18F-6R	98.00	12236	No
1955	$12014	$2760	$4630	**$5890**	**$7570**	Oliver	6T	310D	18F-6R	108.15	10750	No
1955 4WD	$15000	$3450	$5780	**$7350**	**$9450**	Oliver	6T	310D	18F-6R	108.00	12850	No
2255	$15198	$2960	$4640	**$7680**	**$9600**	Cat.	V-8	573D	18F-6R	146.72	13500	No
2255 4WD	$18186	$3360	$5270	**$8730**	**$10910**	Cat.	V-8	573D	18F-6R	146.00	15300	No
2655 4WD	$26421	$4490	$7660	**$9780**	**$11780**	MM	6	585D	10F-2R	143.30	17300	No
				1972								
550	$3906	$1300	$1840	**$3210**	**$3630**	Oliver	4	155G	6F-2R	44.00	3229	No
550	$4791	$1540	$2170	**$3790**	**$4290**	Oliver	4	155D	6F-2R	39.00	3245	No
1265	$4932	$1700	$2410	**$4210**	**$4760**	Oliver	3	158D	9F-3R	41.00	3806	No
1265 4WD	$6125	$1940	$2740	**$4780**	**$5400**	Oliver	3	158D	9F-3R	41.00	4456	No
1365	$6135	$2010	$2850	**$4980**	**$5620**	Oliver	4	211D	12F-3R	54.00	4606	No
1365 4WD	$7211	$2180	$3080	**$5380**	**$6080**	Oliver	4	211D	12F-3R	54.00	5056	No
1555	$6486	$2110	$2990	**$5220**	**$5900**	Oliver	6	232G	12F-4R	53.00	6880	No
1555	$7224	$2310	$3270	**$5710**	**$6460**	Oliver	6	232D	12F-4R	53.00	6999	No
1655	$7565	$2400	$3400	**$5940**	**$6710**	Oliver	6	265G	18F-6R	70.27	7023	No
1655	$8468	$2640	$3740	**$6530**	**$7380**	Oliver	6	283D	18F-6R	70.57	7315	No
1655 4WD	$11507	$2650	$4490	**$5700**	**$7360**	Oliver	6	265G	18F-6R	70.00	8733	No
1655 4WD	$12407	$2850	$4840	**$6140**	**$7940**	Oliver	6	283D	18F-6R	70.00	8850	No
1755	$8386	$2270	$3860	**$4890**	**$6330**	Oliver	6	283G	18F-6R	86.98	8739	No
1755	$9147	$2330	$3960	**$5020**	**$6490**	Oliver	6	310D	18F-6R	86.93	8873	No
1755 4WD	$11889	$2730	$4640	**$5890**	**$7610**	Oliver	6	283G	18F-6R	86.00	10732	No
1755 4WD	$12699	$2920	$4950	**$6290**	**$8130**	Oliver	6	310D	18F-6R	86.00	10873	No
1855	$9380	$2410	$4090	**$5190**	**$6710**	Oliver	6	310G	18F-6R	92.00	9190	No
1855	$10397	$2480	$4210	**$5350**	**$6910**	Oliver	6T	310D	18F-6R	98.60	9315	No
1855 4WD	$12279	$2820	$4790	**$6080**	**$7860**	Oliver	6	310G	18F-6R	92.00	11943	No
1855 4WD	$13285	$3060	$5180	**$6580**	**$8500**	Oliver	6T	310D	18F-6R	98.00	12236	No
1955	$11778	$2710	$4590	**$5830**	**$7540**	Oliver	6T	310D	18F-6R	108.16	10750	No
1955 4WD	$14706	$3380	$5740	**$7280**	**$9410**	Oliver	6T	310D	18F-6R	108.00	12850	No
2155	$13670	$2530	$3960	**$6560**	**$8270**	MM	6	585D	10F-3R	141.44	12600	No
2255	$14900	$2760	$4320	**$7150**	**$9020**	Cat.	V-8	573D	18F-6R	146.72	13500	No
2255 4WD	$17830	$3300	$5170	**$8560**	**$10790**	Cat.	V-8	573D	18F-6R	146.00	15300	No
2655 4WD	$22962	$4130	$6660	**$8500**	**$10290**	MM	6	585D	10F-2R	143.30	17300	No
				1971								
550	$3867	$1150	$1640	**$2860**	**$3240**	Oliver	4	155G	6F-2R	44.00	3229	No
550	$4744	$1300	$1860	**$3230**	**$3680**	Oliver	4	155D	6F-2R	39.00	3245	No
1255	$4650	$1500	$2150	**$3730**	**$4240**	Fiat	3	143D	9F-3R	38.00	3906	No
1255 4WD	$5775	$1740	$2500	**$4340**	**$4930**	Fiat	3	143D	9F-3R	38.00	4456	No
1265	$4883	$1560	$2240	**$3880**	**$4410**	Fiat	3	158D	9F-3R	41.00	3806	No
1265 4WD	$6064	$1820	$2610	**$4530**	**$5150**	Fiat	3	158D	9F-3R	41.00	4456	No
1355	$5785	$1800	$2580	**$4480**	**$5090**	Oliver	4	190D	12F-3R	51.00	4566	No
1355 4WD	$6800	$2010	$2890	**$5020**	**$5700**	Oliver	4	190D	12F-3R	51.00	5116	No
1365	$6074	$1880	$2690	**$4670**	**$5310**	Fiat	4	211D	12F-3R	54.00	4606	No
1365 4WD	$7140	$2100	$3020	**$5240**	**$5960**	Fiat	4	211D	12F-3R	54.00	5056	No
1555	$6422	$1970	$2820	**$4900**	**$5570**	Oliver	6	232G	12F-4R	53.00	6880	No
1555	$7152	$2160	$3100	**$5380**	**$6110**	Oliver	6	232D	12F-4R	53.00	6999	No
1655	$7205	$2180	$3120	**$5420**	**$6160**	Oliver	6	265G	18F-6R	70.27	7023	No
1655	$8065	$2400	$3450	**$5980**	**$6800**	Oliver	6	283D	18F-6R	70.57	7315	No
1655 4WD	$10959	$2520	$4380	**$5480**	**$7120**	Oliver	6	265G	18F-6R	70.00	8733	No
1655 4WD	$11816	$2720	$4730	**$5910**	**$7680**	Oliver	6	283D	18F-6R	70.00	8850	No
1755	$7987	$2070	$3600	**$4490**	**$5840**	Oliver	6	283G	18F-6R	86.98	8739	No
1755	$8711	$2230	$3880	**$4860**	**$6310**	Oliver	6	310D	18F-6R	86.93	8873	No
1755 4WD	$11323	$2600	$4530	**$5660**	**$7360**	Oliver	6	283G	18F-6R	86.00	10732	No
1755 4WD	$12094	$2780	$4840	**$6050**	**$7860**	Oliver	6	310D	18F-6R	86.00	10873	No
1855	$9287	$2250	$3920	**$4890**	**$6360**	Oliver	6	310G	18F-6R	92.00	9190	No

Model	Approx. Retail Price New	Estimated Value Less Repairs Used Trade-In Avg.	Used Trade-In High	Used Retail Avg.	Used Retail High	Engine Make	Engine No. Cyls.	Engine Displ. Cu.-in.	No. Speeds	P.T.O. H.P.	Approx. Shipping Wt.-Lbs.	Cab

Oliver (Cont.)

1971 (Cont.)

Model	Price New	Trade-In Avg.	Trade-In High	Retail Avg.	Retail High	Make	Cyls.	Displ.	Speeds	P.T.O. H.P.	Wt.-Lbs.	Cab
1855	$10294	$2370	$4120	**$5150**	**$6690**	Oliver	6	310D	18F-6R	98.60	9315	No
1855 4WD	$12157	$2800	$4860	**$6080**	**$7900**	Oliver	6	310G	18F-6R	92.00	11943	No
1855 4WD	$13153	$3030	$5260	**$6580**	**$8550**	Oliver	6T	310D	18F-6R	98.00	12236	No
1955	$11661	$2680	$4660	**$5830**	**$7580**	Oliver	6T	310D	18F-6R	108.16	10750	No
1955 4WD	$14560	$3350	$5820	**$7280**	**$9460**	Oliver	6T	310D	18F-6R	108.00	12850	No
2655 4WD	$22000	$3960	$6380	**$8250**	**$9900**	MM	6	585D	10F-2R	143.30	17300	No

1970

Model	Price New	Trade-In Avg.	Trade-In High	Retail Avg.	Retail High	Make	Cyls.	Displ.	Speeds	P.T.O. H.P.	Wt.-Lbs.	Cab
550	$3683	$1120	$1650	**$2810**	**$3210**	Oliver	4	155G	4F-4R	44.00	3229	No
550	$4518	$1280	$1880	**$3200**	**$3660**	Oliver	4	155D	4F-4R	39.00	3245	No
1255	$4285	$1400	$2060	**$3520**	**$4020**	Fiat	3	143D	9F-3R	38.00	3750	No
1255 4WD	$5458	$1660	$2440	**$4160**	**$4760**	Fiat	3	143D	9F-3R	38.00	4456	No
1355	$5467	$1720	$2530	**$4320**	**$4940**	Oliver	4	190D	12F-3R	51.00	4566	No
1355 4WD	$6426	$1920	$2820	**$4810**	**$5490**	Oliver	4	190D	12F-3R	51.00	5116	No
1555	$6116	$1890	$2780	**$4730**	**$5410**	Oliver	6	232G	12F-4R	53.00	6880	No
1555	$6811	$2070	$3050	**$5190**	**$5940**	Oliver	6	232D	12F-4R	53.00	6999	No
1655	$7134	$2160	$3170	**$5410**	**$6180**	Oliver	6	265G	18F-6R	70.27	7023	No
1655	$7985	$2380	$3500	**$5980**	**$6830**	Oliver	6	283D	18F-6R	70.57	7315	No
1655 4WD	$10850	$2540	$4530	**$5580**	**$7290**	Oliver	6	265G	18F-6R	70.00	8733	No
1655 4WD	$11699	$2690	$4800	**$5910**	**$7720**	Oliver	6	283D	18F-6R	70.00	8850	No
1755	$7908	$2360	$3470	**$5920**	**$6770**	Oliver	6	283G	18F-6R	86.98	8739	No
1755	$8625	$2550	$3750	**$6400**	**$7320**	Oliver	6	310D	18F-6R	86.93	8873	No
1755 4WD	$11211	$2580	$4600	**$5660**	**$7400**	Oliver	6	283G	18F-6R	86.00	10732	No
1755 4WD	$11974	$2750	$4910	**$6050**	**$7900**	Oliver	6	310D	18F-6R	86.00	10873	No
1855	$9195	$2250	$4020	**$4950**	**$6470**	Oliver	6	310G	18F-6R	92.00	9190	No
1855	$10192	$2390	$4260	**$5250**	**$6860**	Oliver	6T	310D	18F-6R	98.60	9315	No
1855 4WD	$12037	$2770	$4940	**$6080**	**$7940**	Oliver	6	310G	18F-6R	92.00	11943	No
1855 4WD	$13023	$3000	$5340	**$6580**	**$8600**	Oliver	6T	310D	18F-6R	98.00	12236	No
1950	$11081	$2090	$3270	**$5420**	**$6940**	GM	4	212D	12F-4R	105.79	11500	No
1950 4WD	$13936	$2580	$4040	**$6690**	**$8570**	GM	4	212D	12F-4R	105.78	12800	No
1955	$11546	$2170	$3410	**$5640**	**$7220**	Oliver	6T	310D	18F-6R	108.16	10750	No
1955 4WD	$14416	$2670	$4180	**$6920**	**$8870**	Oliver	6T	310D	18F-6R	108.00	12850	No

1969

Model	Price New	Trade-In Avg.	Trade-In High	Retail Avg.	Retail High	Make	Cyls.	Displ.	Speeds	P.T.O. H.P.	Wt.-Lbs.	Cab
550	$3508	$1110	$1660	**$2810**	**$3230**	Oliver	4	155G	6F-2R	41.39	3229	No
550	$4303	$1260	$1880	**$3180**	**$3660**	Oliver	4	155D	6F-2R	39.2	3245	No
1250	$3350	$1150	$1720	**$2920**	**$3350**	Oliver	4	116G	6F-2R	35	3548	No
1250	$3650	$1230	$1840	**$3120**	**$3580**	Oliver	4	138D	6F-2R	35	3666	No
1250 4WD	$4480	$1450	$2170	**$3670**	**$4220**	Oliver	4	116G	6F-2R	35	4060	No
1250 4WD	$4780	$1530	$2280	**$3870**	**$4450**	Oliver	4	138D	6F-2R	35	4176	No
1255	$4185	$1370	$2050	**$3470**	**$3990**	Oliver	3	143D	9F-3R	38.5	3906	No
1255 4WD	$5200	$1590	$2370	**$4020**	**$4620**	Oliver	3	143D	9F-3R	38.5	4456	No
1355	$5210	$1670	$2490	**$4220**	**$4850**	Oliver	4	190D	12F-3R	51	4566	No
1355 4WD	$6120	$1830	$2730	**$4640**	**$5330**	Oliver	4	190D	12F-3R	51	5116	No
1450	$5880	$1820	$2720	**$4610**	**$5300**	Oliver	4	268D	7F-2R	55	5520	No
1450 4WD	$7450	$2190	$3260	**$5530**	**$6350**	Oliver	4	268D	14F-4R	55	6120	No
1550	$6226	$1920	$2850	**$4840**	**$5560**	Oliver	6	232G	6F-2R	53.3	6822	No
1550	$6945	$2110	$3140	**$5320**	**$6120**	Oliver	6	232D	6F-2R	53.5	6940	No
1555	$5682	$1770	$2640	**$4480**	**$5150**	Oliver	6	232G	12F-4R	53	6770	No
1555	$6745	$2050	$3060	**$5190**	**$5960**	Oliver	6	232D	12F-4R	53	6999	No
1655	$6795	$2070	$3090	**$5240**	**$6030**	Oliver	6	265G	6F-2R	70.2	7023	No
1655	$7605	$2280	$3400	**$5770**	**$6630**	Oliver	6	283D	6F-2R	70.5	7315	No
1655 4WD	$10333	$1910	$3000	**$4960**	**$6410**	Oliver	6	265G	18F-3R	70.2	8733	No
1655 4WD	$11145	$2060	$3230	**$5350**	**$6910**	Oliver	6	283D	18F-3R	70.5	8850	No
1750	$7430	$1940	$3460	**$4300**	**$5650**	Oliver	6	283G	12F-4R	80.3	8530	No
1750	$8140	$2100	$3750	**$4660**	**$6120**	Oliver	6	310D	12F-4R	80	8660	No
1750 4WD	$10700	$1980	$3100	**$5140**	**$6630**	Oliver	6	283G	12F-4R	80.3	10550	No
1750 4WD	$11455	$2120	$3320	**$5500**	**$7100**	Oliver	6	310D	12F-4R	80	10660	No
1850	$8270	$2130	$3800	**$4730**	**$6210**	Oliver	6	310G	12F-4R	92.43	8880	No
1850	$9210	$2300	$4100	**$5110**	**$6710**	Perkins	6	352D	12F-4R	92.9	9000	No
1850 4WD	$10950	$2030	$3180	**$5260**	**$6790**	Oliver	6	310G	12F-4R	92.43	10843	No
1850 4WD	$11880	$2200	$3450	**$5700**	**$7370**	Perkins	6	352D	12F-4R	92.90	11012	No
1855	$9105	$2320	$4140	**$5150**	**$6770**	Oliver	6	310G	6F-2R	92.00	9190	No
1855	$10090	$2440	$4340	**$5400**	**$7100**	Oliver	6T	310D	6F-2R	98.00	9315	No
1855 4WD	$11918	$2210	$3460	**$5720**	**$7390**	Oliver	6	310G	18F-6R	92.00	11943	No
1855 4WD	$12894	$2390	$3740	**$6190**	**$7990**	Oliver	6T	310D	18F-6R	98.00	12236	No
1950	$10970	$2120	$3330	**$5510**	**$7110**	GM	4T	212D	5F-5R	105.79	11500	No
1950 4WD	$13800	$2550	$4000	**$6620**	**$8560**	GM	4T	212D	5F-5R	105.79	12800	No
1950T	$11432	$2120	$3320	**$5490**	**$7090**	Oliver	6T	310D	6F-2R	105.79	10860	No
1950T 4WD	$14275	$2640	$4140	**$6850**	**$8850**	Oliver	6T	310D	6F-2R	105.79	13200	No
1955	$11100	$2050	$3220	**$5330**	**$6880**	Oliver	6T	310D	18F-6R	108.16	10750	No
1955 4WD	$14100	$2610	$4090	**$6770**	**$8740**	Oliver	6T	310D	18F-6R	108.1	12850	No
2050	$12950	$2400	$3760	**$6220**	**$8030**	Oliver	6	478D	18F-6R	118.8	12900	No
2050 4WD	$14400	$2660	$4180	**$6910**	**$8930**	Oliver	6	478D	18F-6R	118.8	15000	No
2150	$13660	$2530	$3960	**$6560**	**$8470**	Oliver	6T	478D	18F-6R	131.48	12815	No
2150 4WD	$15120	$2800	$4390	**$7260**	**$9370**	Oliver	6T	478D	18F-6R	131.48	15100	No

1968

Model	Price New	Trade-In Avg.	Trade-In High	Retail Avg.	Retail High	Make	Cyls.	Displ.	Speeds	P.T.O. H.P.	Wt.-Lbs.	Cab
550	$3341	$1090	$1640	**$2760**	**$3190**	Oliver	4	155G	6F-2R	41.39	3229	No
550	$4260	$1230	$1860	**$3140**	**$3620**	Oliver	4	155D	6F-2R	35.36	3245	No
1250	$3190	$1110	$1680	**$2830**	**$3270**	Oliver	4	116G	6F-2R	35	3510	No
1250	$3476	$1190	$1790	**$3020**	**$3490**	Oliver	4	138D	6F-2R	35	3666	No
1250 4WD	$4266	$1340	$2030	**$3420**	**$3950**	Oliver	4	116G	6F-2R	35	4060	No
1250 4WD	$4552	$1470	$2220	**$3750**	**$4330**	Oliver	4	138D	6F-2R	35	4176	No

Model	Approx. Retail Price New	Estimated Value Less Repairs: Used Trade-In Avg.	Used Trade-In High	Used Retail Avg.	Used Retail High	Engine Make	Engine No. Cyls.	Engine Displ. Cu.-in.	No. Speeds	P.T.O. H.P.	Approx. Shipping Wt.-Lbs.	Cab

Oliver (Cont.)

1968 (Cont.)

Model	Approx. Retail Price New	Used Trade-In Avg.	Used Trade-In High	Used Retail Avg.	Used Retail High	Make	No. Cyls.	Displ. Cu.-in.	No. Speeds	P.T.O. H.P.	Approx. Shipping Wt.-Lbs.	Cab
1450	$5557	$1740	$2620	**$4430**	**$5110**	Oliver	4	268D	7F-2R	55	5520	No
1450 4WD	$7040	$2130	$3220	**$5430**	**$6270**	Oliver	4	268D	14F-4R	55	6120	No
1550	$5767	$1790	$2710	**$4570**	**$5280**	Oliver	6	232G	6F-2R	53.3	6822	No
1550	$6432	$1970	$2970	**$5020**	**$5800**	Oliver	6	232D	6F-2R	53.5	6940	No
1650	$6995	$2110	$3190	**$5380**	**$6210**	Oliver	6	265G	12F-2R	66.7	7022	No
1650	$7725	$2310	$3490	**$5890**	**$6810**	Oliver	6	283D	12F-2R	66.2	7143	No
1650 4WD	$9155	$2220	$3960	**$4970**	**$6570**	Oliver	6	265G	12F-2R	66.7	8418	No
1650 4WD	$9875	$2360	$4210	**$5290**	**$6990**	Oliver	6	283D	12F-2R	66.2	8538	No
1750	$7150	$1880	$3340	**$4200**	**$5540**	Oliver	6	283G	12F-4R	80.3	8530	No
1750	$7900	$2050	$3650	**$4580**	**$6050**	Oliver	6	310D	12F-4R	80	8660	No
1750 4WD	$10200	$2390	$4260	**$5360**	**$7070**	Oliver	6	283G	12F-4R	80.3	10550	No
1750 4WD	$11000	$2530	$4510	**$5670**	**$7480**	Oliver	6	310D	12F-4R	80	10660	No
1850	$8000	$2070	$3690	**$4640**	**$6120**	Oliver	6	310G	12F-4R	92.43	8880	No
1850	$8900	$2280	$4060	**$5100**	**$6730**	Perkins	6	352D	12F-4R	92.9	9000	No
1850 4WD	$10600	$2440	$4350	**$5460**	**$7210**	Oliver	6	310G	12F-4R	92.43	10843	No
1850 4WD	$11600	$2670	$4760	**$5970**	**$7890**	Perkins	6	352D	12F-4R	92.90	11012	No
1950	$10448	$1930	$3030	**$5020**	**$6580**	GM	4T	212D	5F-5R	105.79	11500	No
1950 4WD	$13140	$2430	$3810	**$6310**	**$8280**	GM	4T	212D	5F-5R	105.79	12800	No
1950T	$10900	$2020	$3160	**$5230**	**$6870**	Oliver	6T	212D	6F-2R	105.20	10860	No
1950T 4WD	$13600	$2520	$3940	**$6530**	**$8570**	Oliver	6T	310D	6F-2R	105.79	13200	No
1955	$10115	$1890	$2960	**$4900**	**$6440**	Oliver	6T	310D	18F-6R	108.16	10750	No
1955 4WD	$14000	$2590	$4060	**$6720**	**$8820**	Oliver	6T	310D	18F-6R	108.1	12850	No
2050	$12820	$2370	$3720	**$6150**	**$8080**	Oliver	6	478D	6F-2R	118.8	12900	No
2050 4WD	$14256	$2640	$4130	**$6840**	**$8980**	Oliver	6	478D	18F-6R	118.8	15000	No
2150	$13523	$2500	$3920	**$6490**	**$8520**	Oliver	6T	478D	18F-6R	131.48	12815	No
2150 4WD	$14969	$2770	$4340	**$7190**	**$9430**	Oliver	6T	478D	18F-6R	131.48	15100	No

1967

Model	Approx. Retail Price New	Used Trade-In Avg.	Used Trade-In High	Used Retail Avg.	Used Retail High	Make	No. Cyls.	Displ. Cu.-in.	No. Speeds	P.T.O. H.P.	Approx. Shipping Wt.-Lbs.	Cab
550	$3182	$1070	$1640	**$2750**	**$3200**	Oliver	4	155G	6F-2R	41.39	3229	No
550	$4057	$1220	$1860	**$3130**	**$3630**	Oliver	4	155D	6F-2R	35.36	3245	No
770	$4120	$1510	$2310	**$3880**	**$4510**	Oliver	6	216G	6F-2R	47.59	4686	No
770	$5060	$1630	$2500	**$4190**	**$4870**	Oliver	6	216D	6F-2R	52	4864	No
1250	$3038	$1070	$1640	**$2750**	**$3190**	Oliver	4	116G	6F-2R	35	3510	No
1250	$3310	$1140	$1750	**$2930**	**$3410**	Oliver	4	138D	6F-2R	35	3666	No
1250 4WD	$4063	$1340	$2050	**$3440**	**$4000**	Oliver	4	116G	6F-2R	35	4060	No
1250 4WD	$4335	$1410	$2160	**$3630**	**$4220**	Oliver	4	138D	6F-2R	35	4176	No
1450	$5292	$1670	$2550	**$4280**	**$4970**	Oliver	4	268D	14F-4R	55	5520	No
1450 4WD	$6705	$2040	$3120	**$5240**	**$6090**	Oliver	4	268D	14F-4R	55	6118	No
1550	$5492	$1720	$2630	**$4420**	**$5130**	Oliver	6	232G	12F-4R	53.3	6822	No
1550	$6126	$1890	$2890	**$4850**	**$5630**	Oliver	6	232D	12F-4R	53.5	6941	No
1650	$5781	$1800	$2750	**$4610**	**$5360**	Oliver	6	265G	12F-4R	66.7	7022	No
1650	$6517	$1990	$3040	**$5110**	**$5940**	Oliver	6	283D	12F-4R	66.2	7145	No
1650 4WD	$8990	$2300	$4100	**$5200**	**$6890**	Oliver	6	265G	12F-4R	66.7	8418	No
1650 4WD	$9725	$2350	$4190	**$5320**	**$7060**	Oliver	6	283D	12F-4R	66.2	8538	No
1750	$6359	$1690	$3020	**$3830**	**$5080**	Oliver	6	283G	12F-4R	80.3	8530	No
1750	$7037	$1850	$3300	**$4180**	**$5550**	Oliver	6	310D	12F-4R	80	8660	No
1850	$6926	$1820	$3250	**$4120**	**$5470**	Oliver	6	310G	12F-4R	92.43	8888	No
1850	$7775	$2020	$3600	**$4560**	**$6060**	Perkins	6	352D	12F-4R	92.9	9000	No
1850 4WD	$9700	$1890	$2960	**$4900**	**$6530**	Oliver	6	310G	12F-4R	92.43	9699	No
1850 4WD	$10545	$1990	$3120	**$5160**	**$6880**	Perkins	6	352D	12F-4R	92.9	11012	No
1950	$10345	$1910	$3000	**$4970**	**$6620**	GM	4T	212D	12F-4R	105.79	11500	No
1950 4WD	$13010	$2410	$3770	**$6250**	**$8330**	GM	4T	212D	12F-4R	105.79	12800	No
1950T	$10797	$2000	$3130	**$5180**	**$6910**	Oliver	6T	212D	18F-6R	105.2	11100	No
1950T 4WD	$13475	$2490	$3910	**$6470**	**$8620**	Oliver	6T	310D	18F-6R	105.79	13200	No

1966

Model	Approx. Retail Price New	Used Trade-In Avg.	Used Trade-In High	Used Retail Avg.	Used Retail High	Make	No. Cyls.	Displ. Cu.-in.	No. Speeds	P.T.O. H.P.	Approx. Shipping Wt.-Lbs.	Cab
550	$3150	$1040	$1640	**$2740**	**$3200**	Oliver	4	155G	6F-2R	41.39	3229	No
550	$4017	$1180	$1870	**$3120**	**$3640**	Oliver	4	155D	6F-2R	35.36	3245	No
770	$4078	$1450	$2290	**$3820**	**$4460**	Oliver	6	216G	6F-2R	45	4686	No
770	$5009	$1560	$2460	**$4120**	**$4810**	Oliver	6	216D	6F-2R	50	4864	No
1250	$3000	$1040	$1640	**$2740**	**$3200**	Oliver	4	116G	6F-2R	35	3548	No
1250	$3277	$1110	$1750	**$2930**	**$3420**	Oliver	4	138D	6F-2R	35	3666	No
1250 4WD	$4023	$1310	$2060	**$3440**	**$4020**	Oliver	4	116G	6F-2R	35	4060	No
1250 4WD	$4295	$1380	$2170	**$3630**	**$4240**	Oliver	4	138D	6F-2R	35	4176	No
1550	$5230	$1620	$2550	**$4270**	**$4980**	Oliver	6	232G	12F-4R	53.3	6822	No
1550	$5835	$1780	$2800	**$4680**	**$5470**	Oliver	6	232D	12F-4R	53.5	6941	No
1650	$5506	$1690	$2670	**$4460**	**$5210**	Oliver	6	265G	12F-4R	66.7	7022	No
1650	$6207	$1870	$2960	**$4940**	**$5770**	Oliver	6	283D	12F-4R	66.2	7143	No
1650 4WD	$8563	$2200	$3920	**$5020**	**$6690**	Oliver	6	265G	12F-4R	66.7	8420	No
1650 4WD	$9262	$2310	$4130	**$5280**	**$7040**	Oliver	6	283D	12F-4R	66.2	8538	No
1750	$6056	$1620	$2890	**$3700**	**$4940**	Oliver	6	283G	12F-4R	80.3	8530	No
1750	$6705	$1770	$3160	**$4050**	**$5390**	Oliver	6	310D	12F-4R	80	8660	No
1850	$6596	$1750	$3110	**$3990**	**$5320**	Oliver	6	310G	12F-4R	92.43	8888	No
1850	$7405	$1930	$3450	**$4410**	**$5880**	Perkins	6	352D	12F-4R	92.9	9000	No
1850 4WD	$9237	$1860	$2910	**$4820**	**$6520**	Oliver	6	310G	12F-4R	92.43	10843	No
1850 4WD	$10045	$1950	$3060	**$5060**	**$6850**	Perkins	6	352D	12F-4R	92.9	11012	No
1950	$9852	$2010	$3150	**$5210**	**$7050**	GM	4T	212D	12F-4R	105.79	10500	No
1950 4WD	$12390	$2290	$3590	**$5950**	**$8050**	GM	4T	212D	12F-4R	105.79	12800	No

1965

Model	Approx. Retail Price New	Used Trade-In Avg.	Used Trade-In High	Used Retail Avg.	Used Retail High	Make	No. Cyls.	Displ. Cu.-in.	No. Speeds	P.T.O. H.P.	Approx. Shipping Wt.-Lbs.	Cab
550	$3000	$1010	$1640	**$2730**	**$3200**	Oliver	4	155G	6F-2R	41.39	3229	No
550	$3844	$1150	$1870	**$3110**	**$3650**	Oliver	4	155D	6F-2R	39.2	3245	No
770	$3903	$1380	$2240	**$3730**	**$4380**	Oliver	6	216G	6F-2R	51.6	4686	No
770	$4795	$1490	$2430	**$4040**	**$4740**	Oliver	6	216D	6F-2R	52	4864	No

Oliver (Cont.)

Model	Approx. Retail Price New	Used Trade-In Avg.	Used Trade-In High	Used Retail Avg.	Used Retail High	Engine Make	Engine No. Cyls.	Engine Displ. Cu.-in.	No. Speeds	P.T.O. H.P.	Approx. Shipping Wt.-Lbs.	Cab
1965 (Cont.)												
1250	$2878	$990	$1610	**$2680**	**$3140**	Oliver	4	116G	6F-2R	35	3548	No
1250	$3135	$1050	$1720	**$2850**	**$3350**	Oliver	4	138D	6F-2R	35	3666	No
1250 4WD	$3850	$1240	$2010	**$3350**	**$3930**	Oliver	4	116G	6F-2R	35	4060	No
1250 4WD	$4107	$1300	$2120	**$3520**	**$4140**	Oliver	4	138D	6F-2R	35	4176	No
1550	$4980	$1530	$2480	**$4130**	**$4840**	Oliver	6	232G	12F-4R	53.3	6822	No
1550	$5555	$1670	$2720	**$4520**	**$5310**	Oliver	6	232D	12F-4R	53.5	5556	No
1650	$5245	$1590	$2590	**$4310**	**$5060**	Oliver	6	265G	12F-4R	66.7	7022	No
1650	$5911	$1760	$2870	**$4770**	**$5600**	Oliver	6	283D	12F-4R	66.2	7143	No
1650 4WD	$8155	$2110	$3750	**$4850**	**$6500**	Oliver	6	265G	12F-4R	66.7	8418	No
1650 4WD	$8821	$2260	$4030	**$5210**	**$6970**	Oliver	6	283D	12F-4R	66.2	8538	No
1750	$5777	$1560	$2780	**$3590**	**$4810**	Oliver	6	283G	12F-4R	80.3	8530	No
1750	$6383	$1700	$3030	**$3910**	**$5240**	Oliver	6	310D	12F-4R	80	8660	No
1850	$6282	$1680	$2990	**$3860**	**$5170**	Oliver	6	310G	12F-4R	92.43	8883	No
1850	$7050	$1850	$3300	**$4270**	**$5720**	Perkins	6	352D	12F-4R	92.9	9000	No
1850 4WD	$8797	$1810	$2840	**$4700**	**$6470**	Oliver	6	310G	12F-4R	92.43	9265	No
1850 4WD	$9565	$1960	$3060	**$5070**	**$6970**	Perkins	6	352D	12F-4R	92.9	10485	No
1950	$9755	$1990	$3120	**$5160**	**$7100**	GM	4T	212D	12F-4R	105.79	10500	No
1950 4WD	$12268	$2270	$3560	**$5890**	**$8100**	GM	4T	212D	12F-4R	105.79	12340	No
1964												
550	$2970	$1000	$1640	**$2710**	**$3200**	Oliver	4	155G	6F-2R	41.39	3229	No
550	$3806	$1140	$1870	**$3090**	**$3650**	Oliver	4	155D	6F-2R	39.2	3245	No
660	$3265	$1090	$1790	**$2960**	**$3500**	Oliver	4	155G	6F-2R	40	3362	No
660	$3760	$1220	$2000	**$3310**	**$3910**	Oliver	6	155D	6F-2R	39	3378	No
770	$3864	$1350	$2230	**$3680**	**$4350**	Oliver	6	216G	6F-2R	51.6	4686	No
770	$4746	$1450	$2390	**$3960**	**$4670**	Oliver	6	216D	6F-2R	50.7	4864	No
1600	$4675	$1430	$2350	**$3890**	**$4590**	Oliver	6	248G	12F-4R	57	6240	No
1600	$5267	$1580	$2600	**$4310**	**$5080**	Oliver	6	265D	12F-4R	57.95	6360	No
1600 4WD	$7267	$1670	$2910	**$3890**	**$5230**	Oliver	6	248G	12F-4R	57	8020	No
1600 4WD	$7861	$1790	$3120	**$4170**	**$5620**	Oliver	6	265D	12F-4R	57.95	8140	No
1650	$5192	$1580	$2600	**$4300**	**$5080**	Oliver	6	265G	12F-4R	66.7	6727	No
1650	$5852	$1750	$2880	**$4760**	**$5620**	Oliver	6	283D	12F-4R	66.2	7063	No
1650 4WD	$8075	$2110	$3670	**$4910**	**$6610**	Oliver	6	265G	12F-4R	66.7	8451	No
1650 4WD	$8735	$2270	$3950	**$5280**	**$7110**	Oliver	6	283D	12F-4R	66.2	8538	No
1750	$5720	$1550	$2690	**$3600**	**$4840**	Oliver	6	283G	12F-4R	80.3	8530	No
1750	$6320	$1680	$2930	**$3920**	**$5270**	Oliver	6	310D	12F-4R	80	8660	No
1850	$6220	$1660	$2890	**$3860**	**$5200**	Oliver	6	310G	12F-4R	92.43	8888	No
1850	$6980	$1840	$3190	**$4270**	**$5750**	Perkins	6	352D	12F-4R	92.9	9000	No
1850 4WD	$8710	$1800	$2820	**$4660**	**$6510**	Oliver	6	310G	12F-4R	92.43	10843	No
1850 4WD	$9470	$1940	$3040	**$5030**	**$7020**	Perkins	6	352D	12F-4R	92.9	11012	No
1950	$9657	$1970	$3090	**$5120**	**$7140**	GM	4T	212D	12F-4R	105.79	11500	No
1950 4WD	$12147	$2250	$3520	**$5830**	**$8140**	GM	4T	212D	12F-4R	105.79	12340	No
1963												
550	$2700	$980	$1640	**$2700**	**$3200**	Oliver	4	155G	6F-2R	41.39	3229	No
550	$3460	$1120	$1870	**$3080**	**$3650**	Oliver	4	155D	6F-2R	39.2	3245	No
660	$3008	$1040	$1730	**$2840**	**$3370**	Oliver	4	155G	6F-2R	40	3362	No
660	$3455	$1150	$1910	**$3150**	**$3740**	Oliver	6	155D	6F-2R	39	3378	No
770	$3788	$1350	$2250	**$3700**	**$4390**	Oliver	6	216G	6F-2R	51.6	4686	No
770	$4653	$1440	$2400	**$3960**	**$4690**	Oliver	6	216D	6F-2R	50.7	4864	No
880	$4900	$1510	$2510	**$4130**	**$4900**	Oliver	6	265G	6F-2R	64.2	5069	No
880	$5475	$1650	$2750	**$4530**	**$5370**	Oliver	6	265D	6F-2R	62	5274	No
1600	$4675	$1430	$2380	**$3920**	**$4650**	Oliver	6	231G	12F-4R	57	6240	No
1600	$5267	$1580	$2640	**$4340**	**$5150**	Oliver	6	265D	12F-4R	57.95	6360	No
1600 4WD	$7250	$1670	$2860	**$3920**	**$5290**	Oliver	6	231G	12F-4R	57	8020	No
1600 4WD	$7861	$1810	$3110	**$4250**	**$5740**	Oliver	6	265D	12F-4R	57.95	8140	No
1800	$5330	$1460	$2500	**$3420**	**$4620**	Oliver	6	265G	12F-4R	80.16	8208	No
1800	$5953	$1600	$2750	**$3760**	**$5080**	Oliver	6	283D	12F-4R	77	8493	No
1800 4WD	$7488	$1950	$3350	**$4580**	**$6200**	Oliver	6	265G	12F-4R	80.8	9728	No
1800 4WD	$8172	$2110	$3620	**$4950**	**$6700**	Oliver	6	283D	12F-4R	77	9848	No
1900	$8678	$2230	$3820	**$5230**	**$7070**	GM	4	212D	12F-4R	98.	11500	No
1900 4WD	$11230	$2130	$3330	**$5570**	**$7810**	GM	4	212D	12F-4R	100.	12340	No
1962												
440	$2420	$870	$1470	**$2410**	**$2870**	Oliver	4	140G	4F-1R	28	2497	No
550	$2675	$970	$1630	**$2680**	**$3190**	Oliver	4	155G	6F-2R	41.39	3229	No
550	$3430	$1110	$1870	**$3070**	**$3650**	Oliver	4	155D	6F-2R	39.2	3245	No
660	$3000	$1020	$1720	**$2820**	**$3360**	Oliver	4	155G	6F-2R	40	3362	No
660	$3420	$1130	$1900	**$3120**	**$3710**	Oliver	6	155D	6F-2R	39	3378	No
770	$3750	$1330	$2240	**$3670**	**$4370**	Oliver	6	216G	6F-2R	51.6	4686	No
770	$4620	$1430	$2410	**$3950**	**$4700**	Oliver	6	216D	6F-2R	50	4864	No
880	$4870	$1500	$2520	**$4140**	**$4930**	Oliver	6	265G	12F-2R	64.2	5069	No
880	$5450	$1650	$2770	**$4550**	**$5420**	Oliver	6	265D	12F-2R	62	5274	No
1600	$4650	$1440	$2430	**$3980**	**$4750**	Oliver	6	231G	6F-2R	57	6240	No
1600	$5250	$1580	$2670	**$4370**	**$5210**	Oliver	6	265D	6F-2R	57.95	6360	No
1600 4WD	$7250	$1670	$2830	**$3990**	**$5370**	Oliver	6	231G	6F-2R	57	8020	No
1600 4WD	$7850	$1810	$3060	**$4320**	**$5810**	Oliver	6	265D	6F-2R	57.95	8140	No
1800	$5310	$1450	$2460	**$3470**	**$4670**	Oliver	6	265G	6F-2R	80.1	8208	No
1800	$5940	$1600	$2710	**$3820**	**$5140**	Oliver	6	283D	6F-2R	77	8493	No
1800 4WD	$7450	$1940	$3300	**$4650**	**$6250**	Oliver	6	265G	18F-6R	80.	9728	No
1800 4WD	$8150	$2110	$3570	**$5030**	**$6770**	Oliver	6	283D	6F-2R	77	9848	No
1900	$8650	$2220	$3760	**$5310**	**$7140**	GM	4	212D	12F-4R	98	11500	No
1900 4WD	$11200	$2070	$3250	**$5490**	**$7730**	GM	4	212D	6F-2R	100	12340	No

Oliver (Cont.)

1961

Model	Approx. Retail Price New	Used Trade-In Avg.	Used Trade-In High	Used Retail Avg.	Used Retail High	Engine Make	Engine No. Cyls.	Engine Displ. Cu.-in.	No. Speeds	P.T.O. H.P.	Approx. Shipping Wt.-Lbs.	Cab
440	......	$840	$1460	**$2390**	**$2840**	Oliver	4	140G	4F-1R	28	2497	No
550	......	$930	$1630	**$2650**	**$3160**	Oliver	4	155D	6F-2R	39.36	3245	No
550	......	$1080	$1870	**$3050**	**$3630**	Oliver	4	155G	6F-2R	41.39	3229	No
660	......	$990	$1710	**$2800**	**$3330**	Oliver	6	155D	6F-2R	41	4147	No
660	......	$1120	$1940	**$3170**	**$3770**	Oliver	4	155G	6F-2R	40	4047	No
770	......	$1290	$2240	**$3650**	**$4350**	Oliver	6	216D	6F-2R	52	5425	No
770	......	$1390	$2410	**$3940**	**$4690**	Oliver	6	216G	6F-2R	47.59	5286	No
880	......	$1300	$2270	**$3700**	**$4410**	Oliver	6	265D	12F-2R	62	5631	No
880	......	$1440	$2510	**$4100**	**$4880**	Oliver	6	265G	12F-2R	57.43	5492	No
950	......	$1370	$2380	**$3890**	**$4630**	Oliver	6	302G	6F-2R	59.75	7303	No
950	......	$1580	$2750	**$4490**	**$5350**	Oliver	6	302D	6F-2R	70	10415	No
990	......	$2350	$4080	**$6660**	**$7930**	GM	3T	213D	6F-2R	84.10	10980	No
995	......	$2350	$4080	**$6660**	**$7930**	GM	3T	213D	6F-2R	85.37	11245	No
1800 4WD	......	$1680	$2850	**$4090**	**$5480**	Oliver	6	265G	18F-6R	86.98	9680	No
1800 4WD	......	$1850	$3140	**$4510**	**$6040**	Oliver	6	283D	6F-2R	77	9810	No
1800 Tricycle	......	$1290	$2190	**$3140**	**$4210**	Oliver	6	265G	6F-2R	73.92	8410	No
1800 Tricycle	......	$1470	$2480	**$3570**	**$4780**	Oliver	6	283D	6F-2R	77	8670	No
1800 Wheatland	......	$1350	$2280	**$3280**	**$4390**	Oliver	6	265G	6F-2R	73.92	10280	No
1800 Wheatland	......	$1520	$2580	**$3700**	**$4960**	Oliver	6	283D	6F-2R	77	10420	No
1900 2WD	......	$1970	$3340	**$4790**	**$6410**	GM	4	212D	12F-4R	89.35	11925	No
1900 Wheatland	......	$2030	$3440	**$4940**	**$6620**	GM	4	212D	10F-2R	89.35	10990	No

1960

Model	Approx. Retail Price New	Used Trade-In Avg.	Used Trade-In High	Used Retail Avg.	Used Retail High	Engine Make	Engine No. Cyls.	Engine Displ. Cu.-in.	No. Speeds	P.T.O. H.P.	Approx. Shipping Wt.-Lbs.	Cab
440	......	$810	$1450	**$2360**	**$2810**	Oliver	4	140G	4F-1R	28	2497	No
550	......	$900	$1620	**$2620**	**$3120**	Oliver	4	155G	6F-2R	41.39	3229	No
550	......	$1040	$1870	**$3040**	**$3610**	Oliver	4	155D	6F-2R	39.36	3245	No
660	......	$950	$1710	**$2780**	**$3300**	Oliver	4	155G	6F-2R	40	4047	No
660	......	$1080	$1940	**$3150**	**$3740**	Oliver	6	155D	6F-2R	41	4147	No
770	......	$1250	$2240	**$3640**	**$4330**	Oliver	6	216G	6F-2R	47.59	5286	No
770	......	$1340	$2410	**$3920**	**$4660**	Oliver	6	216D	6F-2R	52	5425	No
880	......	$1260	$2270	**$3690**	**$4390**	Oliver	6	265G	12F-2R	57.43	5492	No
880	......	$1400	$2520	**$4090**	**$4860**	Oliver	6	265D	12F-2R	62	5631	No
950	......	$1290	$2320	**$3770**	**$4480**	Oliver	6	302G	6F-2R	59.75	7303	No
950	......	$1520	$2740	**$4450**	**$5290**	Oliver	6	302D	6F-2R	70	10415	No
990	......	$2260	$4060	**$6590**	**$7840**	GM	3T	213D	6F-2R	84.10	10980	No
995	......	$2260	$4060	**$6590**	**$7840**	GM	3T	213D	6F-2R	85.37	11245	No
1800 4WD	......	$1660	$2810	**$4100**	**$5470**	Oliver	6	265G	18F-6R	86.98	9680	No
1800 4WD	......	$1830	$3100	**$4530**	**$6040**	Oliver	6	283D	6F-2R	77	9810	No
1800 Tricycle	......	$1240	$2110	**$3080**	**$4110**	Oliver	6	265G	6F-2R	73.92	8410	No
1800 Tricycle	......	$1440	$2450	**$3570**	**$4770**	Oliver	6	283D	6F-2R	77	8670	No
1800 Wheatland	......	$1320	$2240	**$3280**	**$4370**	Oliver	6	265G	6F-2R	73.92	10280	No
1800 Wheatland	......	$1470	$2500	**$3650**	**$4870**	Oliver	6	283D	6F-2R	77	10420	No
1900 2WD	......	$1940	$3280	**$4800**	**$6400**	GM	4	212D	12F-4R	89.35	11925	No

1959

Model	Approx. Retail Price New	Used Trade-In Avg.	Used Trade-In High	Used Retail Avg.	Used Retail High	Engine Make	Engine No. Cyls.	Engine Displ. Cu.-in.	No. Speeds	P.T.O. H.P.	Approx. Shipping Wt.-Lbs.	Cab
Super 44	......	$800	$1430	**$2330**	**$2780**	Continental		302G	4F-1R	28	2386	No
550	......	$880	$1590	**$2580**	**$3090**	Oliver	4	155G	6F-2R	41.39	3229	No
550	......	$1020	$1840	**$2980**	**$3570**	Oliver	4	155D	6F-2R	39.36	3245	No
660	......	$940	$1680	**$2730**	**$3270**	Oliver	4	155G	6F-2R	40	4047	No
660	......	$1060	$1910	**$3100**	**$3710**	Oliver	6	155D	6F-2R	41	4147	No
770	......	$1240	$2230	**$3630**	**$4340**	Oliver	6	216G	6F-2R	47.59	5286	No
770	......	$1330	$2380	**$3870**	**$4630**	Oliver	6	216D	6F-2R	52	5425	No
880	......	$1250	$2240	**$3650**	**$4360**	Oliver	6	265G	12F-2R	57.43	5492	No
880	......	$1390	$2490	**$4050**	**$4840**	Oliver	6	265D	12F-2R	62	5631	No
950	......	$1240	$2230	**$3630**	**$4340**	Oliver	6	302G	6F-2R	59.75	7303	No
950	......	$1480	$2650	**$4300**	**$5150**	Oliver	6	302D	6F-2R	70	10415	No
990	......	$2210	$3960	**$6440**	**$7700**	GM	3T	213D	6F-2R	84.10	10980	No
995	......	$2210	$3960	**$6440**	**$7700**	GM	3T	213D	6F-2R	85.37	11245	No

1958

Model	Approx. Retail Price New	Used Trade-In Avg.	Used Trade-In High	Used Retail Avg.	Used Retail High	Engine Make	Engine No. Cyls.	Engine Displ. Cu.-in.	No. Speeds	P.T.O. H.P.	Approx. Shipping Wt.-Lbs.	Cab
Super 44	......	$760	$1360	**$2220**	**$2670**	Continental		302G	4F-1R	28	2386	No
Super 55	......	$710	$1280	**$2070**	**$2490**	Oliver	4	144G	6F-2R	32.65	3369	No
Super 55	......	$750	$1350	**$2200**	**$2650**	Oliver	4	144D	6F-2R	34	3469	No
Super 66	......	$790	$1420	**$2300**	**$2770**	Oliver	6	144G	6F-2R	32.83	3943	No
Super 66	......	$830	$1500	**$2430**	**$2920**	Oliver	6	144D	6F-2R	35	4043	No
Super 77	......	$870	$1550	**$2520**	**$3040**	Oliver	6	216G	6F-2R	41.48	4915	No
Super 77	......	$1020	$1830	**$2970**	**$3570**	Oliver	6	216D	6F-2R	46	5009	No
Super 88	......	$970	$1740	**$2820**	**$3400**	Oliver	6	265G	6F-2R	53.4	4700	No
Super 88	......	$1130	$2040	**$3310**	**$3980**	Oliver	6	265D	6F-2R	56	5390	No
Super 99	......	$1150	$2060	**$3340**	**$4020**	Oliver	6	302G	6F-2R	62.2	7337	No
Super 99	......	$1350	$2420	**$3940**	**$4730**	Oliver	6	302D	6F-2R	62.4	9615	No
Super 99 GM	......	$1180	$2110	**$3430**	**$4130**	GM	3	213D	6F-2R	78.7	10155	No
550	......	$860	$1550	**$2520**	**$3030**	Oliver	4	155G	6F-2R	41.39	3229	No
550	......	$980	$1760	**$2860**	**$3440**	Oliver	4	155D	6F-2R	39.36	3245	No
770	......	$1220	$2180	**$3550**	**$4270**	Oliver	6	216G	6F-2R	47.59	5286	No
770	......	$1310	$2350	**$3820**	**$4600**	Oliver	6	216D	6F-2R	52	5425	No
880	......	$1240	$2220	**$3600**	**$4330**	Oliver	6	265G	12F-2R	57.43	5492	No
880	......	$1370	$2460	**$4000**	**$4810**	Oliver	6	265D	12F-2R	62	5631	No
950	......	$1230	$2200	**$3580**	**$4300**	Oliver	6	302G	6F-2R	59.75	7303	No
950	......	$1450	$2610	**$4230**	**$5090**	Oliver	6	302D	6F-2R	70	10415	No
990	......	$2180	$3910	**$6360**	**$7640**	GM	3T	213D	6F-2R	84.10	10980	No
995	......	$2180	$3910	**$6360**	**$7640**	GM	3T	213D	6F-2R	85.37	11245	No

Model	Approx. Retail Price New	Estimated Value Less Repairs Used Trade-In Avg.	High	Used Retail Avg.	High	Engine Make	No. Cyls.	Displ. Cu.-in.	No. Speeds	P.T.O. H.P.	Approx. Shipping Wt.-Lbs.	Cab
Oliver (Cont.)												
				1957								
Super 44	......	$730	$1340	**$2180**	**$2630**	Continental		302G	4F-1R	28	2386	No
Super 55	......	$810	$1490	**$2410**	**$2920**	Oliver	4	144D	6F-2R	34	3469	No
Super 55	......	$840	$1540	**$2500**	**$3030**	Oliver	4	144G	6F-2R	32.65	3369	No
Super 66	......	$890	$1630	**$2650**	**$3200**	Oliver	6	144D	6F-2R	35	4043	No
Super 66	......	$940	$1720	**$2790**	**$3370**	Oliver	6	144G	6F-2R	32.83	3943	No
Super 77	......	$870	$1600	**$2600**	**$3140**	Oliver	6	216G	6F-2R	41.48	4915	No
Super 77	......	$970	$1780	**$2900**	**$3500**	Oliver	6	216D	6F-2R	46	5009	No
Super 88	......	$910	$1670	**$2720**	**$3290**	Oliver	6	265G	6F-2R	53.4	4700	No
Super 88	......	$1080	$1980	**$3220**	**$3890**	Oliver	6	265D	6F-2R	56	5390	No
Super 99	......	$1070	$1960	**$3180**	**$3850**	Oliver	6	302G	6F-2R	62.2	7337	No
Super 99	......	$1200	$2200	**$3580**	**$4330**	Oliver	6	302D	6F-2R	62.4	9615	No
Super 99 GM	......	$1130	$2070	**$3360**	**$4070**	GM	3	213D	6F-2R	78.7	10155	No
				1956								
Super 55	......	$650	$1210	**$1970**	**$2390**	Oliver	4	144D	6F-2R	34	3469	No
Super 55	......	$450	$840	**$1370**	**$1660**	Oliver	4	144G	6F-2R	32.65	3369	No
Super 66	......	$530	$990	**$1610**	**$1960**	Oliver	6	144G	6F-2R	32.83	3943	No
Super 66	......	$670	$1250	**$2040**	**$2480**	Oliver	6	144D	6F-2R	35	4043	No
Super 77	......	$750	$1410	**$2290**	**$2780**	Oliver	6	216G	6F-2R	41.48	4915	No
Super 77	......	$880	$1650	**$2680**	**$3260**	Oliver	6	216D	6F-2R	46	5009	No
Super 88	......	$840	$1570	**$2550**	**$3100**	Oliver	6	265G	6F-2R	53.4	4700	No
Super 88	......	$990	$1850	**$3000**	**$3650**	Oliver	6	265D	6F-2R	56	5390	No
Super 99	......	$990	$1850	**$3000**	**$3650**	Oliver	6	302G	6F-2R	62.2	7337	No
Super 99	......	$1160	$2180	**$3540**	**$4310**	Oliver	6	302D	6F-2R	62.4	9615	No
Super 99 GM	......	$1080	$2020	**$3290**	**$4000**	GM	3	213D	6F-2R	78.7	10155	No
				1955								
Super 55	......	$470	$880	**$1440**	**$1750**	Oliver	4	144G	6F-2R	32.65	3369	No
Super 55	......	$600	$1120	**$1840**	**$2230**	Oliver	4	144D	6F-2R	34	3469	No
Super 66	......	$480	$900	**$1480**	**$1790**	Oliver	6	144G	6F-2R	32.83	3943	No
Super 66	......	$620	$1170	**$1910**	**$2320**	Oliver	6	144D	6F-2R	35	4043	No
Super 77	......	$710	$1320	**$2160**	**$2630**	Oliver	6	216G	6F-2R	41.48	4915	No
Super 77	......	$850	$1580	**$2590**	**$3150**	Oliver	6	216D	6F-2R	46	5009	No
Super 88	......	$820	$1540	**$2520**	**$3060**	Oliver	6	265G	6F-2R	53.4	4700	No
Super 88	......	$960	$1800	**$2950**	**$3590**	Oliver	6	265D	6F-2R	56	5390	No
Super 99	......	$940	$1760	**$2880**	**$3500**	Oliver	6	302G	6F-2R	62.2	7337	No
Super 99	......	$1120	$2090	**$3420**	**$4160**	Oliver	6	302D	6F-2R	62.4	7347	No
Super 99 GM	......	$1060	$1980	**$3240**	**$3940**	GM	3	213D	6F-2R	78.7	10155	No
				1954								
Super 55	......	$470	$880	**$1460**	**$1760**	Oliver	4	144G	6F-2R	32.65	3369	No
Super 55	......	$590	$1100	**$1830**	**$2200**	Oliver	4	144D	6F-2R	34	3469	No
66	......	$570	$1070	**$1770**	**$2140**	Oliver	4	129G	6F-2R	23.92	3193	No
66	......	$770	$1450	**$2400**	**$2890**	Oliver	4	129D	6F-2R	25.0	3293	No
Super 66	......	$460	$860	**$1420**	**$1720**	Oliver	6	144G	6F-2R	32.83	3943	No
Super 66	......	$580	$1080	**$1790**	**$2160**	Oliver	6	144D	6F-2R	35	4043	No
77	......	$740	$1380	**$2300**	**$2770**	Oliver	6	193G	6F-2R	32.5	7081	No
77	......	$770	$1450	**$2400**	**$2890**	Oliver	6	194D	6F-2R	32.6	7246	No
Super 77	......	$660	$1230	**$2040**	**$2460**	Oliver	6	216G	6F-2R	41.5	4915	No
Super 77	......	$820	$1540	**$2560**	**$3080**	Oliver	6	216D	6F-2R	46.0	5009	No
88 Standard	......	$700	$1310	**$2160**	**$2610**	Oliver	6	231G	6F-2R	41.07	5285	No
Super 88	......	$750	$1410	**$2340**	**$2820**	Oliver	6	265G	6F-2R	53.4	4700	No
Super 88	......	$940	$1760	**$2920**	**$3520**	Oliver	6	265D	6F-2R	56	5390	No
99 Standard	......	$930	$1730	**$2880**	**$3470**	Oliver	4	443G	4F-1R	54.52	7281	No
Super 99	......	$910	$1690	**$2810**	**$3390**	Oliver	6	302G	6F-2R	62.2	7337	No
Super 99	......	$1080	$2020	**$3360**	**$4050**	Oliver	6	302D	6F-2R	62.4	9615	No
Super 99 GM	......	$1040	$1950	**$3240**	**$3910**	GM	3	213D	6F-2R	78.7	10155	No
				1953								
66	......	$540	$1030	**$1700**	**$2060**	Oliver	4	129G	6F-2R	23.9	3193	No
66	......	$690	$1310	**$2180**	**$2640**	Oliver	4	129D	6F-2R	25.0	3293	No
77	......	$490	$940	**$1570**	**$1900**	Oliver	6	193G	6F-2R	32.5	7081	No
77	......	$730	$1400	**$2320**	**$2810**	Oliver	6	194D	6F-2R	32.6	7246	No
88 Standard	......	$670	$1280	**$2120**	**$2570**	Oliver	6	230G	6F-2R	41.0	5285	No
88 Standard	......	$670	$1290	**$2130**	**$2580**	Oliver	6	231D	6F-2R	43.0	5451	No
99 Standard	......	$890	$1690	**$2810**	**$3410**	Oliver	4	443G	4F-1R	54.52	7281	No
				1952								
66 Standard	......	$460	$890	**$1480**	**$1810**	Oliver	4	129G	6F-2R	23.92	3193	No
66 Standard	......	$680	$1320	**$2190**	**$2670**	Oliver	4	129D	6F-2R	25.0	3293	No
77 RC	......	$570	$1120	**$1860**	**$2270**	Oliver	6	194G	6F-2R	32.5	6976	No
77 Standard	......	$740	$1450	**$2400**	**$2920**	Oliver	6	194D	6F-2R	32.6	7246	No
88 Standard	......	$630	$1230	**$2040**	**$2490**	Oliver	6	230G	6F-2R	41.0	5285	No
88 RC	......	$620	$1210	**$2020**	**$2460**	Oliver	6	230G	6F-2R	41.0	5147	No
88 Standard	......	$630	$1230	**$2040**	**$2490**	Oliver	6	231D	6F-2R	43.0	5451	No
99 Standard	......	$820	$1610	**$2670**	**$3250**	Oliver	4	443G	4F-1R	54.52	7281	No
				1951								
66 RC	......	$450	$880	**$1460**	**$1790**	Oliver	4	129G	6F-2R	23.92	3193	No
66 Standard	......	$510	$990	**$1640**	**$2010**	Oliver	4	129G	6F-2R	23.92	3193	No
66 Standard	......	$650	$1280	**$2120**	**$2600**	Oliver	4	129D	6F-2R	25.0	3293	No
77 RC	......	$550	$1080	**$1790**	**$2190**	Oliver	6	194G	6F-2R	32.5	6976	No
77 Standard	......	$720	$1400	**$2330**	**$2850**	Oliver	6	194D	6F-2R	32.6	7246	No
88 Standard	......	$610	$1190	**$1970**	**$2420**	Oliver	6	230G	6F-2R	41.0	5285	No

Model	Approx. Retail Price New	Used Trade-In Avg.	Used Trade-In High	Used Retail Avg.	Used Retail High	Engine Make	Engine No. Cyls.	Engine Displ. Cu.-in.	No. Speeds	P.T.O. H.P.	Approx. Shipping Wt.-Lbs.	Cab
Oliver (Cont.)												
				1951 (Cont.)								
88 RC	......	$600	$1170	**$1940**	**$2370**	Oliver	6	230G	6F-2R	41.0	5147	No
88 Standard	......	$610	$1190	**$1970**	**$2420**	Oliver	6	231D	6F-2R	43.0	5451	No
99 Standard	......	$750	$1470	**$2450**	**$3000**	Oliver	4	443G	4F-1R	54.5	6797	No
				1950								
66 RC	......	$430	$840	**$1410**	**$1710**	Oliver	4	129G	6F-2R	23.9	3193	No
66 Standard	......	$470	$920	**$1550**	**$1890**	Oliver	4	129G	6F-2R	23.9	3193	No
66 Standard	......	$630	$1230	**$2070**	**$2520**	Oliver	4	129D	6F-2R	25.0	3293	No
77 RC	......	$540	$1060	**$1780**	**$2160**	Oliver	6	194G	6F-2R	32.5	6976	No
77 Standard	......	$680	$1320	**$2220**	**$2700**	Oliver	6	194D	6F-2R	32.6	7246	No
88 Standard	......	$590	$1140	**$1920**	**$2340**	Oliver	6	230G	6F-2R	41.0	5285	No
88 RC	......	$570	$1120	**$1890**	**$2300**	Oliver	6	230G	6F-2R	41.0	5147	No
88 Standard	......	$590	$1140	**$1920**	**$2340**	Oliver	6	231D	6F-2R	43.0	5451	No
99 Standard	......	$740	$1450	**$2440**	**$2970**	Oliver	4	443G	4F-1R	54.5	6797	No
				1949								
66 RC	......	$410	$790	**$1330**	**$1630**	Oliver	4	129G	6F-2R	23.92	3193	No
66 Standard	......	$450	$880	**$1480**	**$1810**	Oliver	4	129G	6F-2R	23.92	3193	No
66 Standard	......	$610	$1190	**$2000**	**$2440**	Oliver	4	129D	6F-2R	25.0	3293	No
77 RC	......	$520	$1010	**$1700**	**$2080**	Oliver	6	194G	6F-2R	32.5	6976	No
77 Standard	......	$650	$1280	**$2150**	**$2630**	Oliver	6	194D	6F-2R	32.6	7246	No
88 Standard	......	$560	$1100	**$1850**	**$2260**	Oliver	6	230G	6F-2R	41.0	5285	No
88 RC	......	$550	$1080	**$1810**	**$2220**	Oliver	6	230G	6F-2R	41.0	5147	No
88 Standard	......	$560	$1100	**$1850**	**$2260**	Oliver	6	230D	6F-2R	43.0	5451	No
90 Standard	......	$730	$1430	**$2410**	**$2940**	Oliver	4	443G	4F-1R	49.0	6797	No
				1948								
60 RC	......	$560	$1100	**$1850**	**$2280**	Oliver	4	120G	4F-1R	18.35	2450	No
60 Standard	......	$610	$1190	**$2000**	**$2460**	Oliver	4	120G	4F-1R	18.35	2650	No
70 RC	......	$610	$1190	**$2000**	**$2460**	Oliver	6	201G	6F-2R	30.0	4370	No
70 Standard	......	$630	$1230	**$2070**	**$2550**	Oliver	6	201G	6F-2R	30.0	6538	No
77 RC	......	$500	$970	**$1630**	**$2000**	Oliver	6	194G	6F-2R	33.0	6976	No
77 Standard	......	$630	$1230	**$2070**	**$2550**	Oliver	6	194D	6F-2R	32.6	7246	No
80 RC	......	$690	$1340	**$2260**	**$2780**	Oliver	4	298G	4F-1R	38.0	4930	No
80 Standard	......	$680	$1320	**$2220**	**$2730**	Oliver	4	298G	4F-1R	38.0	5130	No
88 RC	......	$530	$1030	**$1740**	**$2140**	Oliver	6	230G	6F-2R	41.0	5147	No
88 Standard	......	$540	$1060	**$1780**	**$2180**	Oliver	6	230G	6F-2R	41.0	5285	No
88 Standard	......	$540	$1060	**$1780**	**$2180**	Oliver	6	230D	6F-2R	43.0	5451	No
90 Standard	......	$720	$1410	**$2370**	**$2910**	Oliver	4	443G	4F-1R	49.0	6797	No
				1947								
60 RC	......	$530	$1060	**$1780**	**$2200**	Oliver	4	120G	4F-1R	18.35	2450	No
60 Standard	......	$570	$1140	**$1920**	**$2380**	Oliver	4	120G	4F-1R	18.35	2650	No
70 RC	......	$590	$1180	**$1980**	**$2440**	Oliver	6	201G	6F-2R	30.0	4370	No
70 Standard	......	$590	$1190	**$2000**	**$2470**	Oliver	6	201G	6F-2R	30.0	6538	No
80 RC	......	$660	$1320	**$2220**	**$2750**	Oliver	4	298G	4F-1R	38.0	4930	No
80 Standard	......	$640	$1280	**$2150**	**$2650**	Oliver	4	298G	4F-1R	38.0	5130	No
88 RC	......	$500	$990	**$1670**	**$2060**	Oliver	6	230G	6F-2R	41.0	5147	No
88 Standard	......	$510	$1010	**$1700**	**$2110**	Oliver	6	230D	6F-2R	43.0	5451	No
88 Standard	......	$530	$1060	**$1780**	**$2200**	Oliver	6	230G	6F-2R	41.0	5285	No
90 Standard	......	$690	$1390	**$2330**	**$2880**	Oliver	4	443G	4F-1R	49.0	6797	No
				1946								
60 RC	......	$500	$1010	**$1700**	**$2120**	Oliver	4	120G	4F-1R	18.35	2450	No
60 Standard	......	$540	$1100	**$1850**	**$2300**	Oliver	4	120G	4F-1R	18.35	2650	No
70 RC	......	$570	$1160	**$1960**	**$2430**	Oliver	6	201G	6F-2R	30.0	4370	No
70 Standard	......	$560	$1140	**$1920**	**$2390**	Oliver	6	201G	6F-2R	30.0	6538	No
80 RC	......	$620	$1280	**$2150**	**$2670**	Oliver	4	298G	4F-1R	38.0	4930	No
80 Standard	......	$620	$1270	**$2130**	**$2650**	Oliver	4	298G	4F-1R	38.0	5130	No
90 Standard	......	$670	$1360	**$2290**	**$2850**	Oliver	4	443G	4F-1R	49.0	6797	No
				1945								
60 RC	......	$470	$970	**$1630**	**$2040**	Oliver	4	120G	4F-1R	18.35	2450	No
60 Standard	......	$520	$1060	**$1780**	**$2220**	Oliver	4	120G	4F-1R	18.35	2650	No
70 RC	......	$550	$1120	**$1880**	**$2350**	Oliver	6	201G	6F-2R	30.0	4370	No
70 Standard	......	$540	$1100	**$1850**	**$2310**	Oliver	6	201G	6F-2R	30.0	6538	No
80 RC	......	$600	$1230	**$2070**	**$2590**	Oliver	4	298G	4F-1R	38.0	4930	No
80 Standard	......	$600	$1220	**$2050**	**$2570**	Oliver	4	298G	4F-1R	38.0	5130	No
90 Standard	......	$650	$1320	**$2220**	**$2780**	Oliver	4	443G	4F-1R	49.0	6797	No
				1944								
60 RC	......	$450	$920	**$1550**	**$1950**	Oliver	4	120G	4F-1R	18.35	2450	No
60 Standard	......	$500	$1010	**$1700**	**$2140**	Oliver	4	120G	4F-1R	18.35	2650	No
70 RC	......	$530	$1080	**$1810**	**$2270**	Oliver	6	201G	6F-2R	30.0	4370	No
70 Standard	......	$520	$1060	**$1780**	**$2230**	Oliver	6	201G	6F-2R	30.0	6538	No
80 RC	......	$580	$1190	**$2000**	**$2510**	Oliver	4	298G	4F-1R	38.0	4930	No
80 Standard	......	$560	$1140	**$1920**	**$2420**	Oliver	4	298G	4F-1R	38.0	5130	No
90 Standard	......	$580	$1190	**$2000**	**$2510**	Oliver	4	443G	4F-1R	49.0	6797	No
				1943								
60 RC	......	$430	$880	**$1480**	**$1870**	Oliver	4	120G	4F-1R	18.35	2450	No
60 Standard	......	$470	$970	**$1630**	**$2060**	Oliver	4	120G	4F-1R	18.35	2650	No
70 RC	......	$500	$1030	**$1740**	**$2190**	Oliver	6	201G	6F-2R	30.0	4370	No
70 Standard	......	$500	$1010	**$1700**	**$2150**	Oliver	6	201G	6F-2R	30.0	6538	No

Model	Approx. Retail Price New	Estimated Value Less Repairs Used Trade-In Avg.	High	Used Retail Avg.	High	Engine Make	No. Cyls.	Displ. Cu.-in.	No. Speeds	P.T.O. H.P.	Approx. Shipping Wt.-Lbs.	Cab
Oliver (Cont.)												
				1943 (Cont.)								
80 RC	......	$560	$1140	**$1920**	**$2430**	Oliver	4	298G	4F-1R	38.0	4930	No
80 Standard	......	$540	$1100	**$1850**	**$2340**	Oliver	4	298G	4F-1R	38.0	5130	No
90 Standard	......	$560	$1140	**$1920**	**$2430**	Oliver	4	443G	4F-1R	49.0	6797	No
				1942								
60 RC	......	$430	$880	**$1470**	**$1870**	Oliver	4	120G	4F-1R	18.35	2450	No
60 Standard	......	$450	$920	**$1550**	**$1970**	Oliver	4	120G	4F-1R	18.35	2650	No
70 RC	......	$480	$990	**$1660**	**$2110**	Oliver	6	201G	6F-2R	30.0	4370	No
70 Standard	......	$470	$970	**$1630**	**$2070**	Oliver	6	201G	6F-2R	30.0	6538	No
80 RC	......	$540	$1100	**$1850**	**$2350**	Oliver	4	298D	4F-1R	38.0	4930	No
80 Standard	......	$520	$1060	**$1780**	**$2260**	Oliver	4	298G	4F-1R	38.0	5130	No
90 Standard	......	$540	$1100	**$1850**	**$2350**	Oliver	4	443G	4F-1R	49.0	6797	No
				1941								
60 RC	......	$410	$840	**$1410**	**$1800**	Oliver	4	120G	4F-1R	18.35	2450	No
70 RC	......	$460	$940	**$1590**	**$2030**	Oliver	6	201G	6F-2R	30.0	4370	No
70 Standard	......	$450	$920	**$1550**	**$1990**	Oliver	6	201G	6F-2R	30.0	6538	No
80 RC	......	$510	$1030	**$1740**	**$2220**	Oliver	4	298G	4F-1R	38.0	4930	No
80 Standard	......	$500	$1010	**$1700**	**$2170**	Oliver	4	298G	4F-1R	38.0	5130	No
90 Standard	......	$520	$1060	**$1780**	**$2270**	Oliver	4	443G	4F-1R	49.0	6797	No
				1940								
60 RC	......	$410	$840	**$1410**	**$1810**	Oliver	4	120G	4F-1R	18.35	2450	No
70 RC	......	$420	$860	**$1450**	**$1860**	Oliver	6	201G	6F-2R	30.0	4370	No
70 Standard	......	$450	$930	**$1560**	**$2010**	Oliver	6	201G	6F-2R	30.0	6538	No
80 RC	......	$460	$950	**$1600**	**$2050**	Oliver	4	298G	4F-1R	38.0	4930	No
80 Standard	......	$450	$920	**$1550**	**$2000**	Oliver	4	298G	4F-1R	38.0	5130	No
90 Standard	......	$480	$990	**$1670**	**$2140**	Oliver	4	443G	4F-1R	49.0	6797	No
				1939								
70 RC	......	$450	$920	**$1550**	**$2000**	Oliver	6	201G	6F-2R	30.0	4370	No
70 Standard	......	$460	$950	**$1590**	**$2040**	Oliver	6	201G	6F-2R	30.0	6538	No
80 RC	......	$470	$970	**$1630**	**$2090**	Oliver	4	298G	4F-1R	38.0	4930	No
80 Standard	......	$470	$960	**$1610**	**$2070**	Oliver	4	298G	4F-1R	38.0	5130	No
90 Standard	......	$470	$970	**$1630**	**$2090**	Oliver	4	443G	4F-1R	49.0	6797	No
Same												
				1997								
Frutteto 60II	$30140	$8140	$10550	**$13860**	**$15370**	SAME	3	183D	12F-12R	52.00		No
Frutteto 60II 4WD	$33840	$9140	$11840	**$15570**	**$17260**	SAME	3	183D	12F-12R	52.00	5050	No
Frutteto 60II 4WD	$39860	$10760	$13950	**$18340**	**$20330**	SAME	3	183D	12F-12R	52.00	5050	CHA
Frutteto 60II w/Cab	$36170	$9770	$12660	**$16640**	**$18450**	SAME	3	183D	12F-12R	52.00	5050	CHA
Vigneron 62	$33385	$9010	$11690	**$15360**	**$17030**	SAME	3	183D	12F-12R	52.00	4300	No
Explorer 70C	$36720	$9910	$12850	**$16890**	**$18730**	SAME	4	244D	8F-8R	71.00*	7716	No
Frutteto 75II	$31785	$8580	$11130	**$14620**	**$16210**	SAME	4	244D	12F-12R	65.00		No
Frutteto 75II 4WD	$35485	$9580	$12420	**$16320**	**$18100**	SAME	4	244D	12F-12R	65.0		No
Frutteto 75II 4WD	$41510	$11210	$14530	**$19100**	**$21170**	SAME	4	244D	12F-12R	65.0		CHA
Frutteto 75II w/Cab	$37810	$10210	$13230	**$17390**	**$19280**	SAME	4	244D	12F-12R	65.00	5450	CHA
Vigneron 75	$35030	$9460	$12260	**$16110**	**$17870**	SAME	4	244D	12F-12R	65.00	4520	No
Explorer 80C	$38855	$10490	$13600	**$17870**	**$19820**	SAME	4	244D	8F-8R	80.00*	9259	No
Frutteto 85II	$37825	$10210	$13240	**$17400**	**$19290**	SAME	4T	244D	12F-12R	78.00		No
Frutteto 85II	$39615	$10700	$13870	**$18220**	**$20200**	SAME	4T	244D	30F-30R	78.00		No
Frutteto 85II w/Cab	$44190	$11930	$15470	**$20330**	**$22540**	SAME	4T	244D	12F-12R	78.00		CHA
Frutteto 85II w/Cab	$45615	$12320	$15970	**$20980**	**$23260**	SAME	4T	244D	30F-30R	78.00		CHA
Explorer 90 Low Profile	$34910	$9430	$12220	**$16060**	**$17800**	SAME	4T	244D	12F-12R	81.00		No
Explorer 90 Low Profile	$34955	$9440	$12230	**$16080**	**$17830**	SAME	4T	244D	24F-12R	81.00		No
Explorer 90C	$41260	$11140	$14440	**$18980**	**$21040**	SAME	4T	244D	8F-8R	88.00*	10590	No
Row Crop 90	$37480	$10120	$13120	**$17240**	**$19120**	SAME	4T	244D	20F-20R	81.00		No
Row Crop 90 4WD	$43620	$11780	$15270	**$20070**	**$22250**	SAME	4T	244D	20F-20R	81.00	7831	No

***Engine Horsepower**

Model	Approx. Retail Price New	Used Trade-In Avg.	High	Used Retail Avg.	High	Engine Make	No. Cyls.	Displ. Cu.-in.	No. Speeds	P.T.O. H.P.	Approx. Shipping Wt.-Lbs.	Cab
				1996								
Frutteto 60II	$27360	$7380	$9740	**$12980**	**$14460**	SAME	3	183D	12F-12R	52.00		No
Frutteto 60II	$27860	$7430	$9800	**$13070**	**$14550**	SAME	3	183D	16F-16R	52.00		No
Frutteto 60II 4WD	$31185	$7800	$10290	**$13720**	**$15280**	SAME	3	183D	12F-12R	52.00	5050	CHA
Frutteto 60II 4WD	$31435	$7860	$10370	**$13830**	**$15400**	SAME	3	183D	16F-16R	52.00	5050	CHA
Frutteto 60II 4WD	$37000	$9250	$12210	**$16280**	**$18130**	SAME	3	183D	12F-12R	52.00	5050	CHA
Frutteto 60II 4WD	$37250	$9310	$12290	**$16390**	**$18250**	SAME	3	183D	16F-16R	52.00	5050	CHA
Frutteto 60II w/Cab	$33185	$8780	$11580	**$15440**	**$17200**	SAME	3	183D	12F-12R	52.00	5050	CHA
Frutteto 60II w/Cab	$33685	$8830	$11650	**$15530**	**$17300**	SAME	3	183D	16F-16R	52.00	5050	CHA
Vigneron 62	$30850	$7710	$10180	**$13570**	**$15120**	SAME	3	183D	12F-12R	52.00	4300	No
Vigneron 62	$31110	$7780	$10270	**$13690**	**$15240**	SAME	3	183D	16F-16R	52.00	4300	No
Explorer 70C	$35490	$8870	$11710	**$15620**	**$17390**	SAME	4	244D	8F-8R	71.00*	7716	No
Frutteto 75II	$28950	$7750	$10230	**$13640**	**$15190**	SAME	4	244D	12F-12R	65.00		No
Frutteto 75II	$29450	$7830	$10330	**$13770**	**$15340**	SAME	4	244D	16F-16R	65.00		No
Frutteto 75II w/Cab	$34775	$9150	$12080	**$16100**	**$17930**	SAME	4	244D	12F-12R	65.00	5450	CHA
Frutteto 75II w/Cab	$35275	$9220	$12170	**$16230**	**$18070**	SAME	4	244D	16F-16R	65.00	5450	CHA
Vigneron 75	$32435	$8110	$10700	**$14270**	**$15890**	SAME	4	244D	12F-12R	65.00	4520	No
Vigneron 75	$32700	$8180	$10790	**$14390**	**$16020**	SAME	4	244D	16F-16R	65.00	4520	No
Explorer 80C	$37550	$9390	$12390	**$16520**	**$18400**	SAME	4	244D	8F-8R	80.00*	9259	No
Frutteto 85II	$35325	$8830	$11660	**$15540**	**$17310**	SAME	4T	244D	12F-12R	78.00		No
Frutteto 85II	$35575	$8890	$11740	**$15650**	**$17430**	SAME	4T	244D	16F-16R	78.00		No

Same (Cont.)

1996 (Cont.)

Model	Approx. Retail Price New	Estimated Value Less Repairs: Used Trade-In Avg.	Used Trade-In High	Used Retail Avg.	Used Retail High	Engine Make	No. Cyls.	Displ. Cu.-in.	No. Speeds	P.T.O. H.P.	Approx. Shipping Wt.-Lbs.	Cab
Frutteto 85II w/Cab	$41185	$10300	$13590	**$18120**	**$20180**	SAME	4T	244D	12F-12R	78.00		CHA
Frutteto 85II w/Cab	$41435	$10360	$13670	**$18230**	**$20300**	SAME	4T	244D	16F-16R	78.00		CHA
Explorer 90 Low Profile	$33625	$8410	$11100	**$14800**	**$16480**	SAME	4T	244D	16F-16R	81.00		No
Explorer 90 Low Profile	$33670	$8420	$11110	**$14820**	**$16500**	SAME	4T	244D	24F-12R	81.00		No
Explorer 90C	$39875	$9970	$13160	**$17550**	**$19540**	SAME	4T	244D	8F-8R	88.00*	10590	No
Row Crop 90	$33440	$8360	$11040	**$14710**	**$16390**	SAME	4T	244D	20F-20R	81.00		No
Row Crop 90 4WD	$38480	$9620	$12700	**$16930**	**$18860**	SAME	4T	244D	20F-20R	81.00	7831	No

*Engine Horsepower

1995

Model	Approx. Retail Price New	Estimated Value Less Repairs: Used Trade-In Avg.	Used Trade-In High	Used Retail Avg.	Used Retail High	Engine Make	No. Cyls.	Displ. Cu.-in.	No. Speeds	P.T.O. H.P.	Approx. Shipping Wt.-Lbs.	Cab
Frutteto 60II	$29533	$7090	$9160	**$12400**	**$13880**	SAME	3	183D	12F-12R	52.00		No
Frutteto 60II	$29792	$7150	$9240	**$12510**	**$14000**	SAME	3	183D	16F-16R	52.00		No
Frutteto 60II w/Cab	$35121	$8430	$10890	**$14750**	**$16510**	SAME	3	183D	12F-12R	52.00	5050	CHA
Frutteto 60II w/Cab	$35360	$8490	$10960	**$14850**	**$16620**	SAME	3	183D	16F-16R	52.00	5050	CHA
Vigneron 62	$29233	$7020	$9060	**$12280**	**$13740**	SAME	3	183D	12F-12R	52.00	4300	No
Vigneron 62	$29485	$7080	$9140	**$12380**	**$13860**	SAME	3	183D	16F-16R	52.00	4300	No
Explorer 70C	$33677	$8080	$10440	**$14140**	**$15830**	SAME	4	244D	8F-8R	71.00*	7716	No
Frutteto 75II	$31077	$7460	$9630	**$13050**	**$14610**	SAME	4	244D	12F-12R	65.00		No
Frutteto 75II	$31316	$7520	$9710	**$13150**	**$14720**	SAME	4	244D	16F-16R	65.00		No
Frutteto 75II w/Cab	$36646	$8800	$11360	**$15390**	**$17220**	SAME	4	244D	12F-12R	65.00	5450	CHA
Frutteto 75II w/Cab	$36886	$8850	$11440	**$15490**	**$17340**	SAME	4	244D	16F-16R	65.00	5450	CHA
Vigneron 75	$30753	$7380	$9530	**$12920**	**$14450**	SAME	4	244D	12F-12R	65.00	4520	No
Vigneron 75	$31007	$7440	$9610	**$13020**	**$14570**	SAME	4	244D	16F-16R	65.00	4520	No
Explorer 80C	$35644	$8560	$11050	**$14970**	**$16750**	SAME	4	244D	8F-8R	80.00*	9259	No
Frutteto 85II	$33515	$8040	$10390	**$14080**	**$15750**	SAME	4T	244D	12F-12R	78.00		No
Frutteto 85II	$33754	$8100	$10460	**$14180**	**$15860**	SAME	4T	244D	16F-16R	78.00		No
Frutteto 85II w/Cab	$39126	$9390	$12130	**$16430**	**$18390**	SAME	4T	244D	12F-12R	78.00		CHA
Frutteto 85II w/Cab	$39365	$9450	$12200	**$16530**	**$18500**	SAME	4T	244D	16F-16R	78.00		CHA
Explorer 90 Low Profile	$31888	$7650	$9890	**$13390**	**$14990**	SAME	4T	244D	16F-16R	81.00		No
Explorer 90 Low Profile	$31933	$7660	$9900	**$13410**	**$15010**	SAME	4T	244D	12F-12R	81.00		No
Explorer 90C	$37871	$9090	$11740	**$15910**	**$17800**	SAME	4T	244D	8F-8R	88.00*	10590	No
Row Crop 90	$31715	$7610	$9830	**$13320**	**$14910**	SAME	4T	244D	20F-20R	81.00		No
Row Crop 90 4WD	$36534	$8770	$11330	**$15340**	**$17170**	SAME	4T	244D	20F-20R	81.00	7831	No

*Engine Horsepower

1994

Model	Approx. Retail Price New	Estimated Value Less Repairs: Used Trade-In Avg.	Used Trade-In High	Used Retail Avg.	Used Retail High	Engine Make	No. Cyls.	Displ. Cu.-in.	No. Speeds	P.T.O. H.P.	Approx. Shipping Wt.-Lbs.	Cab
Frutteto 60II	$28416	$6540	$8530	**$11370**	**$13070**	SAME	3	183D	12F-12R	52.00		No
Frutteto 60II	$28646	$6590	$8590	**$11460**	**$13180**	SAME	3	183D	16F-16R	52.00		No
Frutteto 60II w/Cab	$33770	$7770	$10130	**$13510**	**$15530**	SAME	3	183D	12F-12R	52.00	5050	CHA
Frutteto 60II w/Cab	$34000	$7820	$10200	**$13600**	**$15640**	SAME	3	183D	16F-16R	52.00	5050	CHA
Vigneron 62	$28109	$6470	$8430	**$11240**	**$12930**	SAME	3	183D	12F-12R	52.00	4300	No
Vigneron 62	$28351	$6520	$8510	**$11340**	**$13040**	SAME	3	183D	16F-16R	52.00	4300	No
Explorer 70C	$32382	$7450	$9720	**$12950**	**$14900**	SAME	4	244D	8F-8R	71.00*	7716	No
Frutteto 75II	$29882	$6870	$8970	**$11950**	**$13750**	SAME	4	244D	12F-12R	65.00		No
Frutteto 75II	$30112	$6930	$9030	**$12050**	**$13850**	SAME	4	244D	16F-16R	65.00		No
Frutteto 75II w/Cab	$35237	$8110	$10570	**$14100**	**$16210**	SAME	4	244D	12F-12R	65.00	5450	CHA
Frutteto 75II w/Cab	$35467	$8160	$10640	**$14190**	**$16320**	SAME	4	244D	16F-16R	65.00	5450	CHA
Vigneron 75	$29570	$6800	$8870	**$11830**	**$13600**	SAME	4	244D	12F-12R	65.00	4520	No
Vigneron 75	$29814	$6860	$8940	**$11930**	**$13710**	SAME	4	244D	16F-16R	65.00	4520	No
Explorer 80C	$34273	$7880	$10280	**$13710**	**$15770**	SAME	4	244D	8F-8R	80.00*	9259	No
Frutteto 85II	$32226	$7410	$9670	**$12890**	**$14820**	SAME	4T	244D	12F-12R	78.00		No
Frutteto 85II	$32456	$7470	$9740	**$12980**	**$14930**	SAME	4T	244D	16F-16R	78.00		No
Frutteto 85II w/Cab	$37621	$8650	$11290	**$15050**	**$17310**	SAME	4T	244D	12F-12R	78.00		CHA
Frutteto 85II w/Cab	$37851	$8710	$11360	**$15140**	**$17410**	SAME	4T	244D	16F-16R	78.00		CHA
Explorer 90 Low Profile	$30540	$7020	$9160	**$12220**	**$14050**	SAME	4T	244D	12F-12R	81.00		No
Explorer 90 Low Profile	$30705	$7060	$9210	**$12280**	**$14120**	SAME	4T	244D	24F-12R	81.00		No
Explorer 90C	$36414	$8380	$10920	**$14570**	**$16750**	SAME	4T	244D	8F-8R	88.00*	10590	No
Row Crop 90	$30495	$7010	$9150	**$12200**	**$14030**	SAME	4T	244D	20F-20R	81.00		No
Row Crop 90 4WD	$35129	$8080	$10540	**$14050**	**$16160**	SAME	4T	244D	20F-20R	81.00	7831	No

*Engine Horsepower

1989

Model	Approx. Retail Price New	Estimated Value Less Repairs: Used Trade-In Avg.	Used Trade-In High	Used Retail Avg.	Used Retail High	Engine Make	No. Cyls.	Displ. Cu.-in.	No. Speeds	P.T.O. H.P.	Approx. Shipping Wt.-Lbs.	Cab
Turbo 4WD	$38072	$6850	$9520	**$12180**	**$15610**	SAME	4T	244D	12F-12R	86.00	7275	CHA
Solar 50 4WD	$21585	$3890	$5400	**$6910**	**$8850**	SAME	3	166D	12F-3R	46.00	5027	No
Orchard 60 4WD	$26676	$4800	$6670	**$8540**	**$10940**	SAME	3	183D	12F-12R	54.00	4629	CHA
Solar 60 4WD	$23565	$4240	$5890	**$7540**	**$9660**	SAME	3	190D	12F-3R	54.00	5203	No
Vineyard 62 4WD	$25932	$4670	$6480	**$8300**	**$10630**	SAME	3	183D	12F-12R	57.00	4629	No
Explorer 70 4WD	$29353	$5280	$7340	**$9390**	**$12040**	SAME	4	244D	12F-12R	64.00	6437	CH
Orchard 75 4WD	$27845	$5010	$6960	**$8910**	**$11420**	SAME	4	244D	12F-12R	69.00	5070	CHA
Vineyard 75 4WD	$27090	$4880	$6770	**$8670**	**$11110**	SAME	4	183D	12F-12R	69.00	5070	No
Explorer 80 4WD	$31885	$5740	$7970	**$10200**	**$13070**	SAME	4	244D	12F-12R	74.00	7275	CHA
Mudder 85 4WD	$29007	$5220	$7250	**$9280**	**$11890**	SAME	4	254D	12F-12R	79.00	7519	No
100 4WD	$43233	$7780	$10810	**$13840**	**$17730**	SAME	5	317D	12F-3R	92.00	9833	CHA
110 4WD	$45251	$8150	$11310	**$14480**	**$18550**	SAME	6	345D	12F-3R	102.00	10758	CHA
130 4WD	$50093	$9020	$12520	**$16030**	**$20540**	SAME	6	381D	24F-12R	119.00	11398	CHA
150 4WD Turbo	$53851	$9690	$13460	**$17230**	**$22080**	SAME	6T	381D	24F-12R	138.00	12566	CHA
170 4WD Turbo	$64110	$11540	$16030	**$20520**	**$26290**	SAME	6TI	381D	24F-12R	155.00	13624	CHA

1988

Model	Approx. Retail Price New	Estimated Value Less Repairs: Used Trade-In Avg.	Used Trade-In High	Used Retail Avg.	Used Retail High	Engine Make	No. Cyls.	Displ. Cu.-in.	No. Speeds	P.T.O. H.P.	Approx. Shipping Wt.-Lbs.	Cab
Solar 50	$19500	$3320	$4880	**$6050**	**$7800**	SAME	3	166D	12F-3R		4409	No
Solar 50 4WD	$19500	$3320	$4880	**$6050**	**$7800**	SAME	3	166D	12F-3R		5026	No
Solar 60 4WD	$23500	$4000	$5880	**$7290**	**$9400**	SAME	3	190D	12F-3R		5202	No
Vigneron 60 4WD	$25000	$4250	$6250	**$7750**	**$10000**	SAME	3	190D	8F-4R		4519	No
Explorer 70 4WD	$29000	$4930	$7250	**$8990**	**$11600**	SAME	4	244D	12F-12R		6701	CH

Same (Cont.)

1988 (Cont.)

Model	Approx. Retail Price New	Used Trade-In Avg.	Used Trade-In High	Used Retail Avg.	Used Retail High	Engine Make	No. Cyls.	Displ. Cu.-in.	No. Speeds	P.T.O. H.P.	Approx. Shipping Wt.-Lbs.	Cab
Explorer 80 4WD	$31000	$5270	$7750	**$9610**	**$12400**	SAME	4	244D	12F-12R		7385	CH
Row Crop 85 4WD	$29000	$4930	$7250	**$8990**	**$11600**	SAME	4	253D	12F-4R		7519	No
Explorer 90 4WD	$38000	$6460	$9500	**$11780**	**$15200**	SAME	4	244D	12F-12R		7385	CH
100 4WD	$43000	$7310	$10750	**$13330**	**$17200**	SAME	5	317D	12F-3R		9832	CHA
110 4WD	$45000	$7650	$11250	**$13950**	**$18000**	SAME	6	345D	12F-3R		10758	CHA
130 4WD	$50000	$8500	$12500	**$15500**	**$20000**	SAME	6	381D	24F-12R		11397	CHA
150 4WD	$53000	$9010	$13250	**$16430**	**$21200**	SAME	6	380D	24F-12R		12566	CHA

1987

Model	Approx. Retail Price New	Used Trade-In Avg.	Used Trade-In High	Used Retail Avg.	Used Retail High	Engine Make	No. Cyls.	Displ. Cu.-in.	No. Speeds	P.T.O. H.P.	Approx. Shipping Wt.-Lbs.	Cab
Minitaurus 60	$16829	$2690	$4040	**$5220**	**$6560**	SAME	3	190D	14F-7R	59.00	4820	No
Minitaurus 60 4WD	$23397	$3740	$5620	**$7250**	**$9130**	SAME	3	190D	14F-7R	59.00	5240	No
Solar 60	$17400	$2780	$4180	**$5390**	**$6790**	SAME	3	190D	12F-3R	59.00	4585	No
Solar 60 4WD	$23995	$3840	$5760	**$7440**	**$9360**	SAME	3	190D	12F-3R	59.00	5202	No
85 Special 4WD	$24810	$3970	$5950	**$7690**	**$9680**	SAME	4	253D	12F-12R	79.00	6680	No
Mercury 85 Special	$21021	$3360	$5050	**$6520**	**$8200**	SAME	4	253D	12F-12R	79.00	6019	No
100	$30341	$4860	$7280	**$9410**	**$11830**	SAME	5	317D	12F-3R	92.00	8355	No
100 4WD	$37781	$6050	$9070	**$11710**	**$14740**	SAME	5	317D	12F-3R	92.00	9501	No
110 4WD	$45000	$7200	$10800	**$13950**	**$17550**	SAME	6	345D	12F-3R		10317	No
130 4WD w/Cab	$50000	$8000	$12000	**$15500**	**$19500**	SAME	6	380D	24F-12R		11397	CHA
150 4WD w/Cab	$53000	$8480	$12720	**$16430**	**$20670**	SAME	6T	380D	24F-12R		12566	CHA

1986

Model	Approx. Retail Price New	Used Trade-In Avg.	Used Trade-In High	Used Retail Avg.	Used Retail High	Engine Make	No. Cyls.	Displ. Cu.-in.	No. Speeds	P.T.O. H.P.	Approx. Shipping Wt.-Lbs.	Cab
Mercury Export	$25053	$3760	$6010	**$7770**	**$9520**	SAME	4	254D	12F-12R	79.00	6877	No
Mercury Export	$25888	$3880	$6210	**$8030**	**$9840**	SAME	4	254D	16F-16R	79.00	7275	No
Mercury Special	$21021	$3150	$5050	**$6520**	**$7990**	SAME	4	254D	12F-12R	79.00	5684	No
Mercury Special	$24746	$3710	$5940	**$7670**	**$9400**	SAME	4	254D	16F-16R	79.00	6185	No
Mercury Export4WD	$27888	$4180	$6690	**$8650**	**$10600**	SAME	4	254D	12F-12R	79.00	7015	No
Mercury Export4WD	$28723	$4310	$6890	**$8900**	**$10920**	SAME	4	254D	16F-16R	79.00	7516	No
Mercury Special 4WD	$24810	$3720	$5950	**$7690**	**$9430**	SAME	4	254D	12F-12R	79.00	6345	No
Mercury Special 4WD	$28535	$4280	$6850	**$8850**	**$10840**	SAME	4	254D	16F-16R	79.00	6845	No
Delfino 35 4WD	$11945	$1790	$2870	**$3700**	**$4540**	SAME	2	110D	6F-2R	32.00	3046	No
Falcon 50 4WD	$19621	$2940	$4710	**$6080**	**$7460**	SAME	3	165D	8F-4R	45.00	4585	No
Minitaurus 60	$16829	$2520	$4040	**$5220**	**$6400**	SAME	3	190D	14F-7R	59.00	4654	No
Minitaurus 60 4WD	$23397	$3510	$5620	**$7250**	**$8890**	SAME	3	190D	14F-7R	59.00	4984	No
Vigneron 60 4WD	$22595	$3390	$5420	**$7000**	**$8590**	SAME	3	190D	8F-4R	56.00	5000	No
Orchard 70	$19196	$2880	$4610	**$5950**	**$7290**	SAME	4	221D	8F-4R	68.00	5730	No
Orchard 70 4WD	$22723	$3410	$5450	**$7040**	**$8640**	SAME	4	221D	8F-4R	68.00	6330	No
Mercury 75	$24388	$3660	$5850	**$7560**	**$9270**	SAME	4	254D	12F-12R	68.00	6256	No
Mercury 75	$25223	$3780	$6050	**$7820**	**$9590**	SAME	4	254D	16F-16R	68.00	6300	No
Mercury 75 4WD	$26804	$4020	$6430	**$8310**	**$10190**	SAME	4	254D	12F-12R	68.00	6895	No
Mercury 75 4WD	$27639	$4150	$6630	**$8570**	**$10500**	SAME	4	254D	16F-16R	68.00	6940	No
Row Crop 85	$23838	$3580	$5720	**$7390**	**$9060**	SAME	4	254D	12F-12R	80.00	7160	No
Row Crop 85 4WD	$27005	$4050	$6480	**$8370**	**$10260**	SAME	4	254D	12F-12R	80.00	7500	No
Leapord 90 4WD	$34469	$5170	$8270	**$10690**	**$13100**	SAME	4	254D	12F-3R	82.00	6680	No
Leapord 90 4WD	$35094	$5260	$8420	**$10880**	**$13340**	SAME	4	254D	24F-6R	82.00	6700	No
Leapord 90 4WD	$35304	$5300	$8470	**$10940**	**$13420**	SAME	4	254D	20F-5R	82.00	6700	No
Jaguar 100	$30341	$4550	$7280	**$9410**	**$11530**	SAME	5	317D	12F-3R	92.00	8000	No
Jaguar 100	$30966	$4650	$7430	**$9600**	**$11770**	SAME	5	317D	24F-6R	92.00	8000	No
Jaguar 100	$31176	$4680	$7480	**$9670**	**$11850**	SAME	5	317D	20F-5R	92.00	8000	No
Jaguar 100 4WD	$37781	$5670	$9070	**$11710**	**$14360**	SAME	5	317D	12F-3R	92.00	8610	No
Jaguar 100 4WD	$38406	$5760	$9220	**$11910**	**$14590**	SAME	5	317D	24F-6R	92.00	8610	No
Jaguar 100 4WD	$38616	$5790	$9270	**$11970**	**$14670**	SAME	5	317D	20F-5R	92.00	8610	No
Tiger 105	$38999	$5850	$9360	**$12090**	**$14820**	SAME	6	331D	12F-3R	100.	7910	No
Tiger 105	$39624	$5940	$9510	**$12280**	**$15060**	SAME	6	331D	24F-6R	100.	8000	No
Tiger 105	$39834	$5980	$9560	**$12350**	**$15140**	SAME	6	331D	20F-5R	100.	8100	No
Tiger 105 4WD	$44791	$6720	$10750	**$13890**	**$17020**	SAME	6	331D	12F-3R	100.	8770	No
Tiger 105 4WD	$45416	$6810	$10900	**$14080**	**$17260**	SAME	6	331D	24F-6R	100.	8860	No
Tiger 105 4WD	$45626	$6840	$10950	**$14140**	**$17340**	SAME	6	331D	20F-5R	100.	8960	No
Buffalo 130 4WD	$41616	$6240	$9990	**$12900**	**$15810**	SAME	6T	380D	12F-4R	128.00	10500	No
Buffalo 130 4WD	$42451	$6370	$10190	**$13160**	**$16130**	SAME	6T	380D	24F-8R	128.00	10760	No
Hercules 160 4WD	$61197	$9180	$14690	**$18970**	**$23260**	SAME	6T	380D	12F-4R	150.00	13558	No
Hercules 160 4WD	$62032	$9310	$14890	**$19230**	**$23570**	SAME	6T	380D	24F-8R	150.00	13700	No

1985

Model	Approx. Retail Price New	Used Trade-In Avg.	Used Trade-In High	Used Retail Avg.	Used Retail High	Engine Make	No. Cyls.	Displ. Cu.-in.	No. Speeds	P.T.O. H.P.	Approx. Shipping Wt.-Lbs.	Cab
Mercury Export	$25053	$3630	$5760	**$7770**	**$9400**	SAME	4	254D	12F-12R	79.00	6877	No
Mercury Export	$25888	$3750	$5950	**$8030**	**$9710**	SAME	4	254D	16F-16R	79.00	7275	No
Mercury Special	$21021	$3050	$4840	**$6520**	**$7880**	SAME	4	254D	12F-12R	79.00	5684	No
Mercury Special	$24746	$3590	$5690	**$7670**	**$9280**	SAME	4	254D	16F-16R	79.00	6185	No
Mercury Export 4WD	$27888	$4040	$6410	**$8650**	**$10460**	SAME	4	254D	12F-12R	79.00	7015	No
Mercury Export 4WD	$28723	$4170	$6610	**$8900**	**$10770**	SAME	4	254D	16F-16R	79.00	7516	No
Mercury Special 4WD	$24810	$3600	$5710	**$7690**	**$9300**	SAME	4	254D	12F-12R	79.00	6345	No
Mercury Special 4WD	$28535	$4140	$6560	**$8850**	**$10700**	SAME	4	254D	16F-16R	79.00	6845	No
Delfino 35 4WD	$11945	$1730	$2750	**$3700**	**$4480**	SAME	2	110D	6F-2R	32.00	3046	No
Falcon 50 4WD	$19621	$2850	$4510	**$6080**	**$7360**	SAME	3	165D	8F-4R	45.00	4585	No
Minitaurus 60	$16829	$2440	$3870	**$5220**	**$6310**	SAME	3	190D	14F-7R	59.00	4654	No
Minitaurus 60 4WD	$23397	$3390	$5380	**$7250**	**$8770**	SAME	3	190D	14F-7R	59.00	4984	No
Vigneron 60 4WD	$22595	$3280	$5200	**$7000**	**$8470**	SAME	3	190D	8F-4R	56.00	5000	No
Orchard 70	$19196	$2780	$4420	**$5950**	**$7200**	SAME	4	221D	8F-4R	68.00	5730	No
Orchard 70 4WD	$22723	$3300	$5230	**$7040**	**$8520**	SAME	4	221D	8F-4R	68.00	6330	No
Mercury 75	$24388	$3540	$5610	**$7560**	**$9150**	SAME	4	254D	12F-12R	68.00	6256	No
Mercury 75	$25223	$3660	$5800	**$7820**	**$9460**	SAME	4	254D	16F-16R	68.00	6300	No
Mercury 75 4WD	$26804	$3890	$6170	**$8310**	**$10050**	SAME	4	254D	12F-12R	68.00	6895	No
Mercury 75 4WD	$27639	$4010	$6360	**$8570**	**$10370**	SAME	4	254D	16F-16R	68.00	6940	No
Row Crop 85	$23838	$3460	$5480	**$7390**	**$8940**	SAME	4	254D	12F-12R	80.00	7160	No

Same (Cont.)

1985 (Cont.)

Model	Approx. Retail Price New	Estimated Value Less Repairs: Used Trade-In Avg.	Used Trade-In High	Used Retail Avg.	Used Retail High	Make	Engine No. Cyls.	Engine Displ. Cu.-in.	No. Speeds	P.T.O. H.P.	Approx. Shipping Wt.-Lbs.	Cab
Row Crop 85 4WD	$27005	$3920	$6210	**$8370**	**$10130**	SAME	4	254D	12F-12R	80.00	7500	No
Leapord 90 4WD	$34469	$5000	$7930	**$10690**	**$12930**	SAME	4	254D	12F-3R	82.00	6680	No
Leapord 90 4WD	$35094	$5090	$8070	**$10880**	**$13160**	SAME	4	254D	24F-6R	82.00	6700	No
Leapord 90 4WD	$35304	$5120	$8120	**$10940**	**$13240**	SAME	4	254D	20F-5R	82.00	6700	No
Jaguar 100	$30341	$4400	$6980	**$9410**	**$11380**	SAME	5	317D	12F-3R	92.00	8000	No
Jaguar 100	$30966	$4490	$7120	**$9600**	**$11610**	SAME	5	317D	24F-6R	92.00	8000	No
Jaguar 100	$31176	$4520	$7170	**$9670**	**$11690**	SAME	5	317D	20F-5R	92.00	8000	No
Jaguar 100 4WD	$37781	$5480	$8690	**$11710**	**$14170**	SAME	5	317D	12F-3R	92.00	8610	No
Jaguar 100 4WD	$38406	$5570	$8830	**$11910**	**$14400**	SAME	5	317D	24F-6R	92.00	8610	No
Jaguar 100 4WD	$38616	$5600	$8880	**$11970**	**$14480**	SAME	5	317D	20F-5R	92.00	8610	No
Tiger 105	$38999	$5660	$8970	**$12090**	**$14630**	SAME	6	331D	12F-3R	100.	7910	No
Tiger 105	$39624	$5750	$9110	**$12280**	**$14860**	SAME	6	331D	24F-6R	100.	8000	No
Tiger 105	$39834	$5780	$9160	**$12350**	**$14940**	SAME	6	331D	20F-5R	100.	8100	No
Tiger 105 4WD	$44791	$6500	$10300	**$13890**	**$16800**	SAME	6	331D	12F-3R	100.	8770	No
Tiger 105 4WD	$45416	$6590	$10450	**$14080**	**$17030**	SAME	6	331D	24F-6R	100.	8860	No
Tiger 105 4WD	$45626	$6620	$10490	**$14140**	**$17110**	SAME	6	331D	20F-5R	100.	8960	No
Buffalo 130 4WD	$41616	$6030	$9570	**$12900**	**$15610**	SAME	6T	380D	12F-4R	128.00	10500	No
Buffalo 130 4WD	$42451	$6160	$9760	**$13160**	**$15920**	SAME	6T	380D	24F-8R	128.00	10760	No
Hercules 160 4WD	$61197	$8870	$14080	**$18970**	**$22950**	SAME	6T	380D	12F-4R	150.00	13558	No
Hercules 160 4WD	$62032	$9000	$14270	**$19230**	**$23260**	SAME	6T	380D	24F-8R	150.00	13700	No

1984

Model	Approx. Retail Price New	Used Trade-In Avg.	Used Trade-In High	Used Retail Avg.	Used Retail High	Make	Engine No. Cyls.	Engine Displ. Cu.-in.	No. Speeds	P.T.O. H.P.	Approx. Shipping Wt.-Lbs.	Cab
Delfino 35 4WD	$10000	$1400	$2300	**$3100**	**$3750**	SAME	2	110D	6F-2R	32.00	3046	No
Falcon 50 4WD	$19621	$2750	$4510	**$6080**	**$7360**	SAME	3	165D	8F-4R	45.00	4585	No
Minitaurus 60	$16829	$2360	$3870	**$5220**	**$6310**	SAME	3	190D	14F-7R	59.00	4654	No
Minitaurus 60 4WD	$23397	$3280	$5380	**$7250**	**$8770**	SAME	3	190D	14F-7R	59.00	4984	No
Vigneron 60 4WD	$22595	$3160	$5200	**$7000**	**$8470**	SAME	3	190D	8F-4R	56.00	5000	No
Corsaro 70 Orchard	$17620	$2470	$4050	**$5460**	**$6610**	SAME	4	221D	8F-4R	68.00	5730	No
Corsaro 70 Orchard 4WD	$22723	$3180	$5230	**$7040**	**$8520**	SAME	4	221D	8F-4R	68.00	6330	No
Leopard 85 4WD	$32692	$4580	$7520	**$10140**	**$12260**	SAME	4	254D	24F-6R	79.00	7700	No
Mercury 85 Export	$24750	$3470	$5690	**$7670**	**$9280**	SAME	4	254D	12F-12R	79.00	6877	No
Mercury 85 Export	$28475	$3990	$6550	**$8830**	**$10680**	SAME	4	254D	16F-16R	79.00	7275	No
Mercury 85 Export 4WD	$29500	$4130	$6790	**$9150**	**$11060**	SAME	4	254D	12F-12R	79.00	7015	No
Mercury 85 Export 4WD	$33225	$4650	$7640	**$10300**	**$12460**	SAME	4	254D	16F-16R	79.00	7516	No
Mercury 85 Special	$21021	$2940	$4840	**$6520**	**$7880**	SAME	4	254D	12F-12R	79.00	5684	No
Mercury 85 Special	$24746	$3460	$5690	**$7670**	**$9280**	SAME	4	254D	16F-16R	79.00	6185	No
Mercury 85 Special 4WD	$24810	$3470	$5710	**$7690**	**$9300**	SAME	4	254D	12F-12R	79.00	6345	No
Mercury 85 Special 4WD	$28535	$4000	$6560	**$8850**	**$10700**	SAME	4	254D	16F-16R	79.00	6845	No
Row Crop 85	$23838	$3340	$5480	**$7390**	**$8940**	SAME	4	254D	12F-12R	80.00	7160	CH
Row Crop 85 4WD	$27005	$3780	$6210	**$8370**	**$10130**	SAME	4	254D	12F-12R	80.00	7500	No
Leopard 90 4WD	$35372	$4950	$8140	**$10970**	**$13270**	SAME	4	254D	24F-6R	79.00	8000	No
Jaguar 95	$23838	$3340	$5480	**$7390**	**$8940**	SAME	5	317D	24F-6R	88.00	6850	No
Jaguar 95	$30681	$4300	$7060	**$9510**	**$11510**	SAME	5	317D	24F-6R	88.00	7750	CH
Jaguar 95 4WD	$27005	$3780	$6210	**$8370**	**$10130**	SAME	5	317D	24F-6R	88.00	7460	No
Jaguar 95 4WD	$38972	$5460	$8960	**$12080**	**$14620**	SAME	5	317D	24F-6R	88.00	8360	CH
Panther 95	$30160	$4220	$6940	**$9350**	**$11310**	SAME	5	317D	24F-6R	88.00	7310	No
Panther 95 4WD	$33590	$4700	$7730	**$10410**	**$12600**	SAME	5	317D	24F-6R	88.00	7890	No
Jaguar 100	$32215	$4510	$7410	**$9990**	**$12080**	SAME	5	317D	24F-6R	88.00	8000	CH
Jaguar 100 4WD	$40920	$5730	$9410	**$12690**	**$15350**	SAME	5	317D	24F-6R	88.00	8610	CH
Tiger Six 105	$36501	$5110	$8400	**$11320**	**$13690**	SAME	6	331D	24F-6R	102.00	8510	CH
Tiger Six 105 4WD	$41363	$5790	$9510	**$12820**	**$15510**	SAME	6	331D	24F-6R	102.00	9460	CH
Buffalo 130 4WD	$42032	$5880	$9670	**$13030**	**$15760**	SAME	6T	380D	24F-8R	116.00	10760	CH
Hercules 160 4WD	$60910	$8530	$14010	**$18880**	**$22840**	SAME	6T	380D	24F-8R	150.00	13730	CHA

1983

Model	Approx. Retail Price New	Used Trade-In Avg.	Used Trade-In High	Used Retail Avg.	Used Retail High	Make	Engine No. Cyls.	Engine Displ. Cu.-in.	No. Speeds	P.T.O. H.P.	Approx. Shipping Wt.-Lbs.	Cab
Delfino 35 4WD	$9630	$1350	$2220	**$2990**	**$3610**	SAME	2	110D	6F-2R	32.00	3046	No
Falcon 50 4WD	$18712	$2620	$4300	**$5800**	**$7020**	SAME	3	165D	8F-4R	50.00	4140	No
Minitaurus 60	$16829	$2360	$3870	**$5220**	**$6310**	SAME	3	190D	14F-7R	59.00	4654	No
Minitaurus 60 4WD	$22592	$3160	$5200	**$7000**	**$8470**	SAME	3	190D	14F-7R	59.00	4984	No
Vigneron 60 4WD	$22592	$3160	$5200	**$7000**	**$8470**	SAME	3	190D	14F-7R	60.00	5000	No
Corsaro 70	$17620	$2470	$4050	**$5460**	**$6610**	SAME	4	221D	14F-7R	64.00	5730	No
Corsaro 70 4WD	$22723	$3180	$5230	**$7040**	**$8520**	SAME	4	221D	14F-7R	64.00	6330	No
Saturno 80 4WD	$23955	$3350	$5510	**$7430**	**$8980**	SAME	4	254D	14F-7R	75.00	6460	No
Leopard 85 Export 4WD	$31439	$4400	$7230	**$9750**	**$11790**	SAME	4	254D	24F-6R	79.00	7700	No
Mercury 85 Export	$24746	$3460	$5690	**$7670**	**$9280**	SAME	4	254D	16F-16R	79.00	6877	No
Mercury 85 Export 4WD	$29500	$4130	$6790	**$9150**	**$11060**	SAME	4	254D	16F-16R	79.00	7516	No
Mercury 85 Spec. 4WD	$24809	$3470	$5710	**$7690**	**$9300**	SAME	4	254D	12F-12R	79.00	6345	No
Mercury 85 Special	$21021	$2940	$4840	**$6520**	**$7880**	SAME	4	254D	12F-12R	79.00	5684	No
Jaguar 95	$30681	$4300	$7060	**$9510**	**$11510**	SAME	5	317D	24F-6R		7750	CH
Jaguar 95 4WD	$38972	$5460	$8960	**$12080**	**$14620**	SAME	5	317D	24F-6R		8360	CH
Panther 95	$28723	$4020	$6610	**$8900**	**$10770**	SAME	5	317D	24F-6R		7310	No
Panther 95 4WD	$31990	$4480	$7360	**$9920**	**$12000**	SAME	5	317D	24F-6R		7890	No
Tiger Six 105	$36501	$5110	$8400	**$11320**	**$13690**	SAME	6	331D	24F-6R	102.00	8510	CH
Tiger Six 105 4WD	$41363	$5790	$9510	**$12820**	**$15510**	SAME	6	331D	24F-6R	102.00	9460	CH
Buffalo 130	$40849	$5720	$9400	**$12660**	**$15320**	SAME	6	380D	24F-8R	116.00	10760	CH
Buffalo 130 4WD	$45062	$6310	$10360	**$13970**	**$16900**	SAME	6	380D	24F-8R	116.00	11660	CH
Hercules 160 4WD	$58906	$8250	$13550	**$18260**	**$22090**	SAME	6T	380D	12F-4R		13730	CHA

1982

Model	Approx. Retail Price New	Used Trade-In Avg.	Used Trade-In High	Used Retail Avg.	Used Retail High	Make	Engine No. Cyls.	Engine Displ. Cu.-in.	No. Speeds	P.T.O. H.P.	Approx. Shipping Wt.-Lbs.	Cab
Delfino 35 4WD	$9441	$1320	$2170	**$2930**	**$3540**	SAME	2	110D	6F-2R	32.00	3046	No
Falcon 50 4WD	$18345	$2570	$4220	**$5690**	**$6880**	SAME	3	165D	8F-4R	50.00	4140	No
Minitaurus 60	$16499	$2310	$3800	**$5120**	**$6190**	SAME	3	190D	14F-7R	59.00	4654	No
Minitaurus 60 4WD	$21492	$3010	$4940	**$6660**	**$8060**	SAME	3	190D	14F-7R	59.00	4982	No
Vigneron 60 4WD	$22149	$3100	$5090	**$6870**	**$8310**	SAME	3	190D	14F-7R	60.00	5000	No

Same (Cont.)

1982 (Cont.)

Model	Approx. Retail Price New	Used Trade-In Avg.	Used Trade-In High	Used Retail Avg.	Used Retail High	Engine Make	Engine No. Cyls.	Engine Displ. Cu.-in.	No. Speeds	P.T.O. H.P.	Approx. Shipping Wt.-Lbs.	Cab
Corsaro 70	$17270	$2420	$3970	**$5350**	**$6480**	SAME	4	221D	14F-7R	64.00	5730	No
Corsaro 70 4WD	$22277	$3120	$5120	**$6910**	**$8350**	SAME	4	221D	14F-7R	64.00	6330	No
Saturno 80 4WD	$23485	$3290	$5400	**$7280**	**$8810**	SAME	4	254D	14F-7R	75.00	6460	No
Leopard 85 Export 4WD	$30823	$4320	$7090	**$9560**	**$11560**	SAME	4	254D	24F-6R	79.00	7700	No
Mercury 85 Export	$24261	$3400	$5580	**$7520**	**$9100**	SAME	4	254D	16F-16R	79.00	6877	No
Mercury 85 Export 4WD	$28922	$4050	$6650	**$8970**	**$10850**	SAME	4	254D	16F-16R	79.00	7516	No
Mercury 85 Special	$20609	$2890	$4740	**$6390**	**$7730**	SAME	4	254D	12F-12R	79.00	5684	No
Mercury 85 Special 4WD	$24323	$3410	$5590	**$7540**	**$9120**	SAME	4	254D	12F-12R	79.00	6345	No
Jaguar 95	$30079	$4210	$6920	**$9320**	**$11280**	SAME	5	317D	24F-6R		7750	CH
Jaguar 95 4WD	$38208	$5350	$8790	**$11840**	**$14330**	SAME	5	317D	24F-6R		8360	CH
Panther 95	$28160	$3940	$6480	**$8730**	**$10560**	SAME	5	317D	24F-6R		7310	No
Panther 95 4WD	$31363	$4390	$7210	**$9720**	**$11760**	SAME	5	317D	24F-6R		7890	No
Tiger Six 105	$35785	$5010	$8230	**$11090**	**$13420**	SAME	6	331D	24F-6R	102.00	8510	CH
Tiger Six 105 4WD	$40552	$5680	$9330	**$12570**	**$15210**	SAME	6	331D	24F-6R	102.00	9460	CH
Buffalo 130	$40048	$5610	$9210	**$12420**	**$15020**	SAME	6	380D	24F-8R	116.00	10760	CH
Buffalo 130 4WD	$44178	$6190	$10160	**$13700**	**$16570**	SAME	6	380D	24F-8R	116.00	11660	CH
Hercules 160 4WD	$57751	$8090	$13280	**$17900**	**$21660**	SAME	6T	380D	12F-4R		13730	CHA

Steiger

1990

Model	Approx. Retail Price New	Used Trade-In Avg.	Used Trade-In High	Used Retail Avg.	Used Retail High	Engine Make	Engine No. Cyls.	Engine Displ. Cu.-in.	No. Speeds	P.T.O. H.P.	Approx. Shipping Wt.-Lbs.	Cab
Panther 9170	$118650	$19210	$24860	**$30510**	**$39550**	Cummins	6TA	855D	12F-2R		28500	CHA
Lion 9180	$127500	$20740	$26840	**$32940**	**$42700**	Cummins	6TA	855D	12F-2R		28200	CHA

1989

Model	Approx. Retail Price New	Used Trade-In Avg.	Used Trade-In High	Used Retail Avg.	Used Retail High	Engine Make	Engine No. Cyls.	Engine Displ. Cu.-in.	No. Speeds	P.T.O. H.P.	Approx. Shipping Wt.-Lbs.	Cab
Panther 9170	$118650	$18080	$23730	**$29380**	**$38420**	Cummins	6TA	855D	12F-2R		28500	CHA
Lion 9180	$127500	$19520	$25620	**$31720**	**$41480**	Cummins	6TA	855D	12F-2R		28200	CHA

1986

Model	Approx. Retail Price New	Used Trade-In Avg.	Used Trade-In High	Used Retail Avg.	Used Retail High	Engine Make	Engine No. Cyls.	Engine Displ. Cu.-in.	No. Speeds	P.T.O. H.P.	Approx. Shipping Wt.-Lbs.	Cab
Bearcat IV CM-225	$77000	$9750	$13500	**$17250**	**$23250**	Cat.	6T	638D	20F-4R		24711	CHA
Bearcat IV KM-225	$77000	$10010	$13860	**$17710**	**$23870**	Cummins	6T	611D	20F-4R		24411	CHA
Cougar IV CM-280	$91100	$11570	$16020	**$20470**	**$27590**	Cat.	6T	893D	20F-4R		25931	CHA
Cougar IV CS-280	$104360	$13000	$18000	**$23000**	**$31000**	Cat.	6T	893D	10F-2R		26252	CHA
Cougar IV KM-280	$91100	$11700	$16200	**$20700**	**$27900**	Cummins	6T	855D	20F-4R		25581	CHA
Cougar IV KS-280	$104360	$13260	$18360	**$23460**	**$31620**	Cummins	6T	855D	10F-2R		25902	CHA
Panther IV CM-325	$115500	$14040	$19440	**$24840**	**$33480**	Cat.	6T	893D	20F-4R		26903	CHA
Panther IV CS-325	$120640	$14950	$20700	**$26450**	**$35650**	Cat.	6T	893D	10F-2R		26900	CHA
Panther IV KM-325	$115500	$14300	$19800	**$25300**	**$34100**	Cummins	6T	855D	20F-4R		26653	CHA
Panther IV KM-325	$126420	$15600	$21600	**$27600**	**$37200**	Cummins	6T	855D	10F-2R		26900	CHA
Panther IV SM-325	$115500	$13130	$18180	**$23230**	**$31310**	Komatsu	6TI	674D	20F-4R		26216	CHA
Panther IV CM-360	$112500	$13650	$18900	**$24150**	**$32550**	Cat.	6T	893D	20F-4R		26993	CHA
Panther IV CS-360	$126420	$15730	$21780	**$27830**	**$37510**	Cat.	6T	893D	10F-2R		26900	CHA
Panther IV KM360	$112500	$13850	$19170	**$24500**	**$33020**	Cummins	6T	855D	20F-4R		26653	CHA
Panther IV KS 360	$126420	$15860	$21960	**$28060**	**$37820**	Cummins	6T	855D	10F-2R		26900	CHA
Tiger IV KP-525	$186900	$21700	$30040	**$38390**	**$51740**	Cummins	6TA	1150D	24F-4R		40720	CHA
Panther CP 1325	$124750	$15340	$21240	**$27140**	**$36580**	Cat.	6T	893D	12F-2R	299.79	28330	CHA
Panther KP 1325	$124750	$15470	$21420	**$27370**	**$36890**	Cummins	6TA	855D	12F-2R	301.21	28330	CHA
Panther CP 1360	$136000	$16770	$23220	**$29670**	**$39990**	Cat.	6TA	893D	12F-2R	334.33	31732	CHA
Panther KP 1360	$136000	$16900	$23400	**$29900**	**$40300**	Cummins	6TA	855D	12F-2R	326.12	31732	CHA
Panther CP-1400	$144900	$17810	$24660	**$31510**	**$42470**	Cat.	6TA	893D	12F-2R		35802	CHA
Panther KP-1400	$144900	$17990	$24910	**$31830**	**$42900**	Cummins	6TA	855D	12F-2R		35802	CHA

1985

Model	Approx. Retail Price New	Used Trade-In Avg.	Used Trade-In High	Used Retail Avg.	Used Retail High	Engine Make	Engine No. Cyls.	Engine Displ. Cu.-in.	No. Speeds	P.T.O. H.P.	Approx. Shipping Wt.-Lbs.	Cab
Bearcat IV CM-225	$77000	$9120	$12920	**$16720**	**$22800**	Cat.	6T	638D	20F-4R		24711	CHA
Bearcat IV KM-225	$77000	$9240	$13090	**$16940**	**$23100**	Cummins	6T	611D	20F-4R		24411	CHA
Cougar IV CM-250	$83700	$10040	$14230	**$18410**	**$25110**	Cat.	6TA	638D	20F-4R		25011	CHA
Cougar IV CM-280	$91100	$10800	$15300	**$19800**	**$27000**	Cat.	6T	893D	20F-4R		25931	CHA
Cougar IV CS-280	$104360	$12000	$17000	**$22000**	**$30000**	Cat.	6T	893D	10F-2R		26252	CHA
Cougar IV KM-280	$91100	$10930	$15490	**$20040**	**$27330**	Cummins	6T	855D	20F-4R		25581	CHA
Cougar IV KS-280	$104360	$12120	$17170	**$22220**	**$30300**	Cummins	6T	855D	10F-2R		25902	CHA
Panther IV CM-325	$115500	$13200	$18700	**$24200**	**$33000**	Cat.	6T	893D	20F-4R		26903	CHA
Panther IV CS-325	$120640	$13800	$19550	**$25300**	**$34500**	Cat.	6T	893D	10F-2R		26900	CHA
Panther IV KM-325	$115500	$13320	$18870	**$24420**	**$33300**	Cummins	6T	855D	20F-4R		26653	CHA
Panther IV KM-325	$126420	$14400	$20400	**$26400**	**$36000**	Cummins	6T	855D	10F-2R		26900	CHA
Panther IV SM-325	$115500	$13440	$19040	**$24640**	**$33600**	Komatsu	6TI	674D	20F-4R		26216	CHA
Panther IV CM-360	$112500	$12960	$18360	**$23760**	**$32400**	Cat.	6T	893D	20F-4R		26993	CHA
Panther IV CS-360	$126420	$14640	$20740	**$26840**	**$36600**	Cat.	6T	893D	10F-2R		26900	CHA
Panther IV KM360	$112500	$12910	$18290	**$23670**	**$32280**	Cummins	6T	855D	20F-4R		26653	CHA
Panther IV KS 360	$126420	$14640	$20740	**$26840**	**$36600**	Cummins	6T	855D	10F-2R		26900	CHA
Tiger IV KP-525	$186900	$19920	$28220	**$36520**	**$49800**	Cummins	6TA	1150D	24F-4R		40720	CHA
Panther CP 1325	$124750	$14280	$20230	**$26180**	**$35700**	Cat.	6T	893D	12F-2R	299.79	28330	CHA
Panther KP 1325	$124750	$14400	$20400	**$26400**	**$36000**	Cummins	6TA	855D	12F-2R	301.21	28330	CHA
Panther CP 1360	$136000	$15240	$21590	**$27940**	**$38100**	Cat.	6TA	893D	12F-2R	334.33	31732	CHA
Panther KP 1360	$136000	$15600	$22100	**$28600**	**$39000**	Cummins	6TA	855D	12F-2R	326.12	31732	CHA
Panther CP-1400	$144900	$16440	$23290	**$30140**	**$41100**	Cat.	6TA	893D	12F-2R		35802	CHA
Panther KP-1400	$144900	$16680	$23630	**$30580**	**$41700**	Cummins	6TA	855D	12F-2R		35802	CHA

1984

Model	Approx. Retail Price New	Used Trade-In Avg.	Used Trade-In High	Used Retail Avg.	Used Retail High	Engine Make	Engine No. Cyls.	Engine Displ. Cu.-in.	No. Speeds	P.T.O. H.P.	Approx. Shipping Wt.-Lbs.	Cab
Bearcat IV CM-225	$76981	$8360	$12160	**$15960**	**$22040**	Cat.	6T	638D	20F-4R		24711	CHA
Bearcat IV KM-225	$76981	$8470	$12320	**$16170**	**$22320**	Cummins	6T	611D	20F-4R		24411	CHA
Cougar IV CM-250	$83679	$9210	$13390	**$17570**	**$24270**	Cat.	6TA	638D	20F-4R		25011	CHA
Cougar IV CM-280	$91094	$9900	$14400	**$18900**	**$26100**	Cat.	6T	893D	20F-4R		25931	CHA
Cougar IV CS-280	$104357	$11000	$16000	**$21000**	**$29000**	Cat.	6T	893D	10F-2R		26252	CHA

Steiger (Cont.)

Model	Approx. Retail Price New	Estimated Value Less Repairs: Used Trade-In Avg.	Used Trade-In High	Used Retail Avg.	Used Retail High	Engine Make	Engine No. Cyls.	Engine Displ. Cu.-in.	No. Speeds	P.T.O. H.P.	Approx. Shipping Wt.-Lbs.	Cab
1984 (Cont.)												
Cougar IV KM-280	$91094	$10020	$14580	**$19130**	**$26420**	Cummins	6T	855D	20F-4R		25581	CHA
Cougar IV KS-280	$104357	$11110	$16160	**$21210**	**$29290**	Cummins	6T	855D	10F-2R		25902	CHA
Panther IV CS-325	$120640	$12540	$18240	**$23940**	**$33060**	Cat.	6T	893D	10F-2R	272.55	26900	CHA
Panther IV KS-325	$120640	$12650	$18400	**$24150**	**$33350**	Cummins	6T	855D	10F-2R		26900	CHA
Panther IV CM-360	$112420	$11880	$17280	**$22680**	**$31320**	Cat.	6T	893D	20F-4R		26993	CHA
Panther IV CS-360	$126420	$13420	$19520	**$25620**	**$35380**	Cat.	6T	893D	10F-2R		26900	CHA
Panther IV KM-360	$112420	$11990	$17440	**$22890**	**$31610**	Cummins	6T	855D	20F-4R		26653	CHA
Panther IV KS-360	$126420	$13310	$19360	**$25410**	**$35090**	Cummins	6T	855D	10F-2R		26900	CHA
Tiger IV KP-525	$186896	$18260	$26560	**$34860**	**$48140**	Cummins	6TA	1150D	24F-4R		40720	CHA
Panther CP 1325	$124742	$13090	$19040	**$24990**	**$34510**	Cat.	6T	893D	12F-2R	299.79	28330	CHA
Panther KP 1325	$124742	$13200	$19200	**$25200**	**$34800**	Cummins	6TA	855D	12F-2R	301.21	28330	CHA
Panther CP 1360	$135957	$14080	$20480	**$26880**	**$37120**	Cat.	6TA	893D	12F-2R	334.33	31732	CHA
Panther KP 1360	$135957	$14190	$20640	**$27090**	**$37410**	Cummins	6TA	855D	12F-2R	326.12	31732	CHA
Panther CP 1400	$144892	$15070	$21920	**$28770**	**$39730**	Cat.	6TA	893D	12F-2R		35802	CHA
Panther KP 1400	$144892	$15290	$22240	**$29190**	**$40310**	Cummins	6TA	855D	12F-2R		35802	CHA
1983												
Bearcat III ST-225	$77407	$7740	$11610	**$15480**	**$21670**	Cat.	6T	638D	20F-4R		24711	CHA
Cougar ST-250	$83679	$8370	$12550	**$16740**	**$23430**	Cat.	6TA	638D	20F-4R		25011	CHA
Cougar III PTA-280	$106078	$10000	$15000	**$20000**	**$28000**	Cat.	6T	893D	10F-2R		25905	CHA
Cougar III PTA-280	$106078	$10200	$15300	**$20400**	**$28560**	Cummins	6T	855D	10F-2R		25905	CHA
Cougar III ST-280	$92078	$9100	$13650	**$18200**	**$25480**	Cat.	6T	893D	20F-4R		25580	CHA
Cougar III ST-280	$92078	$9210	$13810	**$18420**	**$25780**	Cummins	6T	855D	20F-4R		25580	CHA
Panther III ST-310	$103012	$10100	$15150	**$20200**	**$28280**	Cummins	6TA	855D	20F-4R		26658	CHA
Panther III ST-325	$106640	$10300	$15450	**$20600**	**$28840**	Cat.	6T	893D	20F-4R		26905	CHA
Tiger III ST-450	$182004	$16200	$24300	**$32400**	**$45360**	Cat.	V8TA	1099D	6F-1R		40245	CHA
Tiger III ST-470	$186896	$16650	$24980	**$33300**	**$46620**	Cummins	6TA	1150D	6F-1R		40720	CHA
Panther CP 1325	$124742	$11800	$17700	**$23600**	**$33040**	Cat.	6T	893D	12F-2R	299.79	28330	CHA
Panther KP 1325	$124742	$11900	$17850	**$23800**	**$33320**	Cummins	6TA	855D	12F-2R	301.21	28330	CHA
Panther CP 1360	$135957	$12800	$19200	**$25600**	**$35840**	Cat.	6TA	893D	12F-2R	334.33	31732	CHA
Panther CP 1400	$144892	$13400	$20100	**$26800**	**$37520**	Cat.	6TA	893D	12F-2R		35802	CHA
Panther KP 1400	$144892	$13600	$20400	**$27200**	**$38080**	Cummins	6TA	855D	12F-2R		35802	CHA
1982												
Cougar ST-250	$78950	$7500	$11050	**$15000**	**$21320**	Cat.	6TA	638D	20F-4R		25010	CHA
Cougar III PTA-280	$99600	$9360	$13790	**$18720**	**$26600**	Cat.	6T	893D	10F-2R		25905	CHA
Cougar III PTA-280	$99600	$9460	$13940	**$18920**	**$26890**	Cummins	6T	855D	10F-2R		25905	CHA
Cougar III ST-280	$86451	$8120	$11970	**$16250**	**$23090**	Cat.	6T	893D	20F-4R		25580	CHA
Cougar III ST-280	$86451	$8210	$12100	**$16430**	**$23340**	Cummins	6T	855D	20F-4R		25580	CHA
Panther III PTA-310	$108900	$9790	$14420	**$19570**	**$27810**	Cummins	6TA	855D	10F-2R		26965	CHA
Panther III ST-310	$95800	$9100	$13410	**$18200**	**$25870**	Cummins	6TA	855D	20F-4R		26660	CHA
Panther III PTA-325	$112300	$10070	$14840	**$20140**	**$28620**	Cat.	6T	893D	10F-2R		27225	CHA
Panther III ST-325	$99800	$9480	$13970	**$18960**	**$26950**	Cat.	6T	893D	20F-4R		26905	CHA
Tiger III ST-450	$171500	$14390	$21210	**$28790**	**$40910**	Cat.	V8TA	1099D	6F-1R		40245	CHA
Tiger III ST-470	$176200	$14820	$21840	**$29640**	**$42120**	Cummins	6TA	1150D	6F-1R		40720	CHA
1981												
Bearcat III PT-225	$70500	$6700	$9520	**$12690**	**$18330**	Cat.	6T	638D	20F-4R		26700	CHA
Bearcat III ST-225	$64750	$6150	$8740	**$11660**	**$16840**	Cat.	6T	638D	20F-4R		25265	CHA
Cougar III ST-251	$74400	$7070	$10040	**$13390**	**$19340**	Cummins	6T	855D	10F-4R		26700	CHA
Cougar III PTA-270	$86600	$8230	$11690	**$15590**	**$22520**	Cat.	6TA	638D	10F-2R		25500	CHA
Cougar III ST-270	$77600	$7370	$10480	**$13970**	**$20180**	Cat.	6TA	638D	20F-4R		25970	CHA
Panther III PTA-310	$97700	$9030	$12830	**$17100**	**$24700**	Cummins	6TA	855D	10F-2R		25615	CHA
Panther III ST-310	$88700	$8430	$11980	**$15970**	**$23060**	Cummins	6TA	855D	20F-4R		26850	CHA
Panther III PTA-325	$100500	$9220	$13100	**$17460**	**$25220**	Cat.	6TA	893D	10F-2R		29605	CHA
Panther III ST-325	$91500	$8690	$12350	**$16470**	**$23790**	Cat.	6T	893D	20F-4R		26950	CHA
Tiger III ST-450	$157900	$13970	$19850	**$26460**	**$38220**	Cummins	6TA	1150D	6F-1R		43060	CHA
1980												
Bearcat III PT-225	$67150	$6380	$8730	**$11420**	**$17460**	Cat.	6T	638D	20F-4R		26700	CHA
Cougar III ST-251	$68700	$6530	$8930	**$11680**	**$17860**	Cummins	6T	855D	10F-2R		26700	CHA
Cougar III PT-270	$75800	$7200	$9850	**$12890**	**$19710**	Cat.	6TA	638D	20F-4R		26830	CHA
Cougar III ST-270	$69300	$6580	$9010	**$11780**	**$18020**	Cat.	6TA	638D	20F-4R		25970	CHA
Panther III PTA-297	$89150	$8470	$11590	**$15160**	**$23180**	Cummins	V8T	903D	8F-2R		27350	CHA
Panther III PTA-310	$87750	$8340	$11410	**$14920**	**$22820**	Cummins	6TA	855D	10F-2R		25615	CHA
Panther III ST-310	$80900	$7690	$10520	**$13750**	**$21030**	Cummins	6TA	855D	20F-4R		26850	CHA
Panther III PTA-325	$91200	$8550	$11700	**$15300**	**$23400**	Cat.	6TA	893D	10F-2R		29605	CHA
Panther III ST-325	$83500	$7930	$10860	**$14200**	**$21710**	Cat.	6T	893D	20F-4R		26950	CHA
Panther III PT-350	$87400	$8300	$11360	**$14860**	**$22720**	Cummins	V8T	903D	20F-4R		27330	CHA
Tiger III ST-450	$145700	$12830	$17550	**$22950**	**$35100**	Cummins	6TA	1150D	6F-1R		43060	CHA
1979												
Wildcat III RC-210	$48600	$4620	$6080	**$7780**	**$12640**	Cat.	V8	636D	10F-2R		22000	CHA
Bearcat III PT-225	$60200	$5720	$7530	**$9630**	**$15650**	Cat.	6T	638D	20F-4R		26700	CHA
Cougar III ST-251	$62470	$5940	$7810	**$10000**	**$16240**	Cummins	6T	855D	10F-2R		26700	CHA
Cougar III PT-270	$69200	$6570	$8650	**$11070**	**$17990**	Cat.	6TA	638D	20F-4R		26830	CHA
Cougar III ST-270	$63330	$6020	$7920	**$10130**	**$16470**	Cat.	6TA	638D	20F-4R		25970	CHA
Panther III PTA-297	$83700	$7950	$10460	**$13390**	**$21760**	Cummins	V8T	903D	8F-2R		27350	CHA
Panther III ST-310	$71540	$6800	$8940	**$11450**	**$18600**	Cummins	6TA	855D	20F-4R		26850	CHA
Panther III ST-325	$73820	$7010	$9230	**$11810**	**$19190**	Cat.	6TA	893D	20F-4R		26950	CHA
Panther III PT-350	$79570	$7560	$9950	**$12730**	**$20690**	Cummins	V8T	903D	20F-4R		27330	CHA
Panther III ST-350	$74430	$7070	$9300	**$11910**	**$19350**	Cummins	V8T	903D	20F-4R		26670	CHA
Tiger III ST-450	$129670	$12320	$16210	**$20750**	**$33710**	Cummins	6TA	1150D	6F-1R		43060	CHA

Steiger (Cont.)

Model	Approx. Retail Price New	Estimated Value Less Repairs Used Trade-In Avg.	High	Used Retail Avg.	High	Engine Make	No. Cyls.	Displ. Cu.-in.	No. Speeds	P.T.O. H.P.	Approx. Shipping Wt.-Lbs.	Cab
				1978								
Wildcat RC-210	$42400	$4030	$5300	**$6780**	**$11020**	Cat.	V8	636D	10F-2R		19070	CHA
Wildcat ST-210	$42400	$4030	$5300	**$6780**	**$11020**	Cat.	V8	636D	10F-2R		19070	CHA
Bearcat ST-220	$51700	$4910	$6460	**$8270**	**$13440**	Cummins	6T	855D	20F-4R		24540	CHA
Bearcat PT-225	$52600	$5000	$6580	**$8420**	**$13680**	Cat.	6T	638D	20F-4R		25225	CHA
Cougar ST-250	$53800	$5110	$6730	**$8610**	**$13990**	Cat.	6T	638D	20F-4R		24540	CHA
Cougar ST-251	$55900	$5310	$6990	**$8940**	**$14530**	Cummins	6T	855D	10F-2R		24540	CHA
Cougar PT-270	$59200	$5620	$7400	**$9470**	**$15390**	Cat.	6TA	638D	20F-4R		25225	CHA
Cougar ST-270	$56700	$5390	$7090	**$9070**	**$14740**	Cat.	6TA	638D	20F-4R		24540	CHA
Panther ST-310	$65200	$6190	$8150	**$10430**	**$16950**	Cummins	6T	855D	20F-4R		24540	CHA
Panther ST-320	$66200	$6290	$8280	**$10590**	**$17210**	Cummins	V8T	903D	20F-4R		24540	CHA
Panther ST-325	$69400	$6590	$8680	**$11100**	**$18040**	Cat.	6TA	893D	20F-4R		24540	CHA
Panther PT-350	$73300	$6960	$9160	**$11730**	**$19060**	Cummins	V8T	903D	20F-4R		25225	CHA
Tiger ST-450	$112000	$10640	$14000	**$17920**	**$29120**	Cummins	6TA	1150D	20F-4R		41975	CHA
				1977								
Wildcat RC-210	$41700	$3960	$5210	**$6670**	**$10840**	Cat.	V8	636D	10F-2R		18000	CHA
Wildcat ST-210	$41700	$3960	$5210	**$6670**	**$10840**	Cat.	V8	636D	10F-2R		18000	CHA
Bearcat ST-220	$48400	$4600	$6050	**$7740**	**$12580**	Cummins	6T	855D	10F-2R		26000	CHA
Cougar ST-250	$53000	$5040	$6630	**$8480**	**$13780**	Cat.	6T	638D	10F-2R		26000	CHA
Cougar ST-251	$54800	$5210	$6850	**$8770**	**$14250**	Cummins	6T	855D	10F-2R		26000	CHA
Cougar ST-270	$55200	$5240	$6900	**$8830**	**$14350**	Cat.	6T	638D	10F-2R		26000	CHA
Panther 310	$61600	$5850	$7700	**$9860**	**$16020**	Cummins	6T	855D	10F-2R		26000	CHA
Panther 320	$63800	$6060	$7980	**$10210**	**$16590**	Cummins	V8T	903D	10F-2R		26000	CHA
Panther 325	$67200	$6380	$8400	**$10750**	**$17470**	Cat.	6TA	893D	10F-2R		26000	CHA
				1976								
Bearcat II	$38900	$3700	$4860	**$6220**	**$10110**	Cat.	V8	636D	10F-2R		18000	CHA
Cougar II	$49400	$4690	$6180	**$7900**	**$12840**	Cat.	6T	638D	10F-2R		26690	CHA
Panther II	$54000	$5130	$6750	**$8640**	**$14040**	Cummins	6T	855D	10F-2R		26000	CHA
Tiger II	$56300	$5350	$7040	**$9010**	**$14640**	Cummins	V8T	903D	10F-2R		27600	CHA
				1975								
Bearcat	$34200	$3250	$4280	**$5130**	**$8890**	Cat.	V8	636D	10F-2R		18000	CHA
Cougar II	$46300	$4400	$5790	**$6950**	**$12040**	Cat.	6T	638D	10F-2R		26690	CHA
Panther	$52000	$4940	$6500	**$7800**	**$13520**	Cummins	6T	855D	10F-2R		24000	CHA
Super Wildcat	$33100	$3150	$4140	**$4970**	**$8610**	Cat.	V8	573D	10F-2R		18000	CHA
Tiger II	$54000	$5130	$6750	**$8100**	**$14040**	Cummins	V8T	903D	10F-2R		27600	CHA
				1974								
Bearcat	$28500	$3640	$5460	**$8190**	**$10920**	Cat.	V8	636D	10F-2R		18000	CHA
Cougar	$37600	$4900	$7350	**$11030**	**$14700**	Cat.	6T	525D	10F-2R		22000	CHA
Super Wildcat	$27200	$3500	$5250	**$7880**	**$10500**	Cat.	V8	573D	10F-2R		18000	CHA
Tiger	$41700	$5600	$8400	**$12600**	**$16800**	Cummins	V8T	903D	10F-2R		24000	CHA
				1973								
Bearcat	$25575	$3360	$5040	**$7680**	**$10200**	Cat.	V8	636D	10F-2R		17500	CHA
Cougar	$33525	$4200	$6300	**$9600**	**$12750**	Cat.	6T	525D	10F-2R		22000	CHA
Super Wildcat	$22975	$2800	$4200	**$6400**	**$8500**	Cat.	V8	573D	10F-2R		17000	CHA
Tiger	$39500	$4900	$7350	**$11200**	**$14880**	Cummins	V8T	903D	10F-2R		24000	CHA
				1972								
Bearcat	$24100	$3370	$5060	**$7830**	**$10360**	Cat.	V8	636D	10F-2R		17500	CHA
Cougar	$31800	$4450	$6680	**$10340**	**$13670**	Cat.	6T	525D	10F-2R		22000	CHA
Super Wildcat	$21300	$2980	$4470	**$6920**	**$9160**	Cat.	V8	573D	10F-2R		17000	CHA
Tiger	$37625	$5270	$7900	**$12230**	**$16180**	Cummins	V8	903D	10F-2R		24350	CHA
Wildcat	$21005	$2940	$4410	**$6830**	**$9030**	Cat.	V8	522D	10F-2R		17000	CHA
				1971								
Bearcat	$22945	$3330	$4820	**$7570**	**$9980**	Cat.	V8	636D	10F-2R		15700	CHA
Super Wildcat	$20400	$2960	$4280	**$6730**	**$8870**	Cat.	V8	573D	10F-2R		15400	CHA
Tiger	$33000	$4790	$6930	**$10890**	**$14360**	Cummins	V8	903D	10F-2R		24350	CHA
Wildcat	$19000	$2760	$3990	**$6270**	**$8270**	Cat.	V8	522D	10F-2R		15400	CHA

Tafe

Model	Approx. Retail Price New	Used Trade-In Avg.	High	Used Retail Avg.	High	Engine Make	No. Cyls.	Displ. Cu.-in.	No. Speeds	P.T.O. H.P.	Approx. Shipping Wt.-Lbs.	Cab
				2001								
25 DI	$9500	$3520	$4180	**$5610**	**$6080**	Simpson	2	102D	8F-2R	23	3274	No
4010DE	$11900	$4400	$5240	**$7020**	**$7620**	Simpson	3	152D	8F-2R	32	4090	No
5000DE	$13500	$5000	$5940	**$7970**	**$8640**	Simpson	3	164D	8F-2R	45	4090	No
				2000								
25 DI	$9375	$3090	$3840	**$5160**	**$5630**	Simpson	2	102D	8F-2R	23	3450	No
35 DI	$10800	$3560	$4430	**$5940**	**$6480**	Simpson	3	144D	8F-2R	30	3700	No
35 DI PS	$11750	$3880	$4820	**$6460**	**$7050**	Simpson	3	144D	8F-2R	30	3700	No
45 DI	$12900	$4260	$5290	**$7100**	**$7740**	Simpson	3	152D	8F-2R	41	3900	No
45 DI w/Aux. Hyd.	$14900	$4920	$6110	**$8200**	**$8940**	Simpson	3	152D	8F-2R	41	3900	No
45 DI 4WD w/Aux. Hyd.	$16900	$5580	$6930	**$9300**	**$10140**	Simpson	3	152D	8F-2R	41	4700	No
				1999								
25 DI	$9375	$2910	$3660	**$4880**	**$5340**	Simpson	2	102D	8F-2R	23	3450	No
35 DI	$11750	$3640	$4580	**$6110**	**$6700**	Simpson	3	144D	8F-2R	30	3700	No
45 DI	$12900	$4000	$5030	**$6710**	**$7350**	Simpson	3	152D	8F-2R	41	3900	No
45 DI 4WD	$17900	$5240	$6590	**$8790**	**$9630**	Simpson	3	152D	8F-2R	41	4700	No

Tafe (Cont.)

Model	Approx. Retail Price New	Estimated Value Less Repairs: Used Trade-In Avg.	Used Trade-In High	Used Retail Avg.	Used Retail High	Engine Make	Engine No. Cyls.	Engine Displ. Cu.-in.	No. Speeds	P.T.O. H.P.	Approx. Shipping Wt.-Lbs.	Cab
1998												
25 DI	$8900	$2580	$3290	$4360	$4810	Simpson	2	102D	8F-2R	23	3450	No
35 DI	$11100	$3220	$4110	$5440	$5990	Simpson	3	144D	8F-2R	30	3700	No
45 DI	$12200	$3540	$4510	$5980	$6590	Simpson	3	152D	8F-2R	41	3900	No
45 DI 4WD	$18600	$4900	$6250	$8280	$9130	Simpson	3	152D	8F-2R	41	4700	No
1997												
25 DI	$8900	$2400	$3120	$4090	$4540	Simpson	2	102D	8F-2R	23	3450	No
35 DI	$11100	$3000	$3890	$5110	$5660	Simpson	3	144D	8F-2R	30	3700	No
45 DI	$12200	$3290	$4270	$5610	$6220	Simpson	3	152D	8F-2R	41	3900	No
45 DI 4WD	$18600	$4560	$5920	$7770	$8620	Simpson	3	152D	8F-2R	41	4700	No
1996												
25 DI	$8600	$2150	$2840	$3780	$4210	Simpson	2	102D	8F-2R	23	3450	No
35 DI	$10800	$2700	$3560	$4750	$5290	Simpson	3	144D	8F-2R	30	3700	No
45 DI	$11900	$2980	$3930	$5240	$5830	Simpson	3	152D	8F-2R	41	3900	No
45 DI 4WD	$18600	$4230	$5580	$7440	$8280	Simpson	3	152D	8F-2R	41	4700	No
1995												
25 DI	$8600	$2060	$2670	$3610	$4040	Simpson	2	102D	8F-2R	23	3274	No
35 DI	$10800	$2590	$3350	$4540	$5080	Simpson	3	144D	8F-2R	30	3561	No
45 DI	$11900	$2860	$3690	$5000	$5590	Simpson	3	152D	8F-2R	41	3748	No

Valtra

Model	Approx. Retail Price New	Estimated Value Less Repairs: Used Trade-In Avg.	Used Trade-In High	Used Retail Avg.	Used Retail High	Engine Make	Engine No. Cyls.	Engine Displ. Cu.-in.	No. Speeds	P.T.O. H.P.	Approx. Shipping Wt.-Lbs.	Cab
2006												
BL77	$23266	$16290	$17220	$19780	$20470	Sisu	3T	201D	12F-12R	74		No
BL77 4WD	$25799	$18580	$19610	$22190	$22960	Sisu	3T	201D	12F-12R	74		No
BL88	$27197	$19580	$20670	$23390	$24210	Sisu	4T	268D	12F-12R	98		No
BL88 4WD	$29550	$21280	$22460	$25410	$26300	Sisu	4T	268D	12F-12R	98		No
B700	$25354	$18260	$19270	$21800	$22570	Sisu	3T	201D	12F-12R	74		No
B700 4WD	$27887	$20080	$21190	$23980	$24820	Sisu	3T	201D	12F-12R	74		No
B800	$28399	$20450	$21580	$24420	$25280	Sisu	4T	268D	12F-12R	88		No
B800 4WD	$30985	$22310	$23550	$26650	$27580	Sisu	4T	268D	12F-12R	88		No
B900 4WD	$33534	$24140	$25490	$28840	$29850	Sisu	4T	268D	12F-12R	98		No
A75N	$40427	$29110	$30730	$34770	$35980	Sisu	3T	201D	12F-12R	74		CHA
A75N 4WD	$43361	$31220	$32950	$37290	$38590	Sisu	3T	201D	12F-12R	74		CHA
A75N Low Profile 4WD	$43061	$31000	$32730	$37030	$38320	Sisu	3T	201D	12F-12R	74		CHA
A85N	$43987	$31670	$33430	$37830	$39150	Sisu	4T	268D	12F-12R	88		CHA
A85N 4WD	$46920	$33780	$35660	$40350	$41760	Sisu	4T	268D	12F-12R	88		CHA
A85N Low Profile 4WD	$46340	$33370	$35220	$39850	$41240	Sisu	4T	268D	12F-12R	88		CHA
A95N	$45018	$32410	$34210	$38720	$40070	Sisu	4T	268D	12F-12R	98		CHA
A95N 4WD	$50665	$36480	$38510	$43570	$45090	Sisu	4T	268D	12F-12R	98		CHA
A95N Low Profile 4WD	$50379	$36270	$38290	$43330	$44840	Sisu	4T	268D	12F-12R	98		CHA
6200	$51067	$36770	$38810	$43920	$45450	Sisu	4T	268D	12F-12R	94		CHA
6200 4WD	$54326	$39120	$41290	$46720	$48350	Sisu	4T	268D	12F-12R	94		CHA
6200	$51973	$37420	$39500	$44700	$46260	Sisu	4T	268D	36F-36R	94		CHA
6200 4WD	$55232	$39770	$41980	$47500	$49160	Sisu	4T	268D	36F-36R	94		CHA
6300	$53264	$38350	$40480	$45810	$47410	Sisu	4T	268D	12F-12R	101		CHA
6300 4WD	$56172	$40440	$42690	$48310	$49990	Sisu	4T	268D	12F-12R	101		CHA
6300	$54171	$39000	$41170	$46590	$48210	Sisu	4T	268D	36F-36R	101		CHA
6300 4WD	$57079	$41100	$43380	$49090	$50800	Sisu	4T	268D	36F-36R	101		CHA
6400	$55655	$40070	$42300	$47860	$49530	Sisu	4T	268D	12F-12R	105		CHA
6400 4WD	$58563	$42170	$44510	$50360	$52120	Sisu	4T	268D	12F-12R	105		CHA
6400	$56562	$40730	$42990	$48640	$50340	Sisu	4T	268D	36F-36R	105		CHA
6400 4WD	$59470	$42820	$45200	$51140	$52930	Sisu	4T	268D	36F-36R	105		CHA
6250HT	$58752	$42300	$44650	$50530	$52290	Sisu	4T	268D	36F-36R	94		CHA
6250HT 4WD	$61660	$44400	$46860	$53030	$54880	Sisu	4T	268D	36F-36R	94		CHA
6350HT	$59717	$43000	$45390	$51360	$53150	Sisu	4T	268D	36F-36R	101		CHA
6350HT 4WD	$62625	$45090	$47600	$53860	$55740	Sisu	4T	268D	36F-36R	101		CHA
6550HT	$62137	$44740	$47220	$53440	$55300	Sisu	4T	268D	36F-36R	105		CHA
6550HT 4WD	$65045	$46830	$49430	$55940	$57890	Sisu	4T	268D	36F-36R	105		CHA
6850HT 4WD	$70343	$50650	$53460	$60500	$62610	Sisu	4T	268D	36F-36R	125		CHA
C90	$67808	$48820	$51530	$58320	$60350	Sisu	4T	268D	24F-24R	95		CHA
C90	$68969	$49660	$52420	$59310	$61380	Sisu	4T	268D	36F-36R	95		CHA
C100	$70811	$50980	$53820	$60900	$63020	Sisu	4T	268D	24F-24R	101		CHA
C100	$71972	$51820	$54700	$61900	$64060	Sisu	4T	268D	36F-36R	101		CHA
C110	$72119	$51930	$54810	$62020	$64190	Sisu	4TI	268D	24F-24R	114		CHA
C110	$73280	$52760	$55690	$63020	$65220	Sisu	4TI	268D	36F-36R	114		CHA
C120E	$78143	$56260	$59390	$67200	$69550	Sisu	4TI	268D	36F-36R	120		CHA
C120	$73745	$53100	$56050	$63420	$65630	Sisu	4TI	268D	36F-36R	120		CHA
C130	$78013	$56170	$59290	$67090	$69430	Sisu	4TI	268D	36F-36R	135		CHA
C150	$82909	$59690	$63010	$71300	$73790	Sisu	4TI	268D	36F-36R	150		CHA
M120 4WD	$78929	$56830	$59990	$67880	$70250	Sisu	4TI	268D	36F-36R	120		CHA
M120E 4WD	$79737	$57410	$60600	$68570	$70970	Sisu	4TI	268D	36F-36R	120		CHA
M130 4WD	$79737	$57410	$60600	$68570	$70970	Sisu	4TI	268D	36F-36R	135		CHA
M150 4WD	$89374	$64350	$67920	$76860	$79540	Sisu	4TI	268D	36F-36R	150		CHA
XM130 4WD	$109238	$78650	$83020	$93950	$97220	Sisu	4TI	268D	36F-36R	135		CHA
XM150 4WD	$113308	$81580	$86110	$97450	$100840	Sisu	4TI	268D	36F-36R	150		CHA
T120	$81722	$58840	$62110	$70280	$72730	Sisu	6T	402D	36F-36R	125		CHA
T130	$87502	$63000	$66500	$75250	$77880	Sisu	6T	402D	36F-36R	135		CHA
T140E	$93066	$67010	$70730	$80040	$82830	Sisu	6TI	402D	36F-36R	145		CHA
T150	$95407	$68690	$72510	$82050	$84910	Sisu	6TI	402D	36F-36R	155		CHA
T160	$98314	$70790	$74720	$84550	$87500	Sisu	6TI	402D	36F-36R	165		CHA

Valtra (Cont.)

2006 (Cont.)

Model	Approx. Retail Price New	Used Trade-In Avg.	Used Trade-In High	Used Retail Avg.	Used Retail High	Engine Make	Engine No. Cyls.	Engine Displ. Cu.-In.	No. Speeds	P.T.O. H.P.	Approx. Shipping Wt.-Lbs.	Cab
T170	$104807	$75460	$79650	**$90130**	**$93280**	Sisu	6TI	402D	36F-36R	175		CHA
T180	$109055	$78520	$82880	**$93790**	**$97060**	Sisu	6TI	402D	36F-36R	180		CHA
T190	$112840	$81250	$85760	**$97040**	**$100430**	Sisu	6TI	402D	36F-36R	210		CHA
T120C	$73633	$53020	$55960	**$63320**	**$65530**	Sisu	6T	402D	12F-12R	125		CHA
T130C	$75917	$54660	$57700	**$65290**	**$67570**	Sisu	6T	402D	12F-12R	135		CHA
T140C	$86234	$62090	$65540	**$74160**	**$76750**	Sisu	6TI	402D	12F-12R	145		CHA
T160C	$88580	$63780	$67320	**$76180**	**$78840**	Sisu	6TI	402D	12F-12R	165		CHA
T160C	$90811	$65380	$69020	**$78100**	**$80820**	Sisu	6TI	402D	36F-36R	165		CHA
T170C	$92425	$66550	$70240	**$79490**	**$82260**	Sisu	6TI	402D	12F-12R	175		CHA
T170C	$96478	$69460	$73320	**$82970**	**$85870**	Sisu	6TI	402D	36F-36R	175		CHA

2005

Model	Approx. Retail Price New	Used Trade-In Avg.	Used Trade-In High	Used Retail Avg.	Used Retail High	Engine Make	Engine No. Cyls.	Engine Displ. Cu.-In.	No. Speeds	P.T.O. H.P.	Approx. Shipping Wt.-Lbs.	Cab
BL77	$22545	$13980	$14880	**$17590**	**$18490**	Sisu	3T	201D	12F-12R	74		No
BL77 4WD	$25293	$15680	$17200	**$19980**	**$21250**	Sisu	3T	201D	12F-12R	74		No
BL88	$26399	$16370	$17950	**$20860**	**$22180**	Sisu	4T	268D	12F-12R	98		No
BL88 4WD	$29147	$18070	$19820	**$23030**	**$24480**	Sisu	4T	268D	12F-12R	98		No
B700	$31970	$15750	$17270	**$20070**	**$21340**	Sisu	3T	201D	12F-12R	74		No
B700 4WD	$35542	$17300	$18970	**$22040**	**$23440**	Sisu	3T	201D	12F-12R	74		No
B800	$35544	$17610	$19310	**$22440**	**$23860**	Sisu	4T	268D	12F-12R	88		No
B800 4WD	$39114	$19220	$21080	**$24490**	**$26040**	Sisu	4T	268D	12F-12R	88		No
B900 4WD	$42363	$20830	$22850	**$26540**	**$28220**	Sisu	4T	268D	12F-12R	98		No
A75N	$38587	$23920	$26240	**$30480**	**$32410**	Sisu	3T	201D	12F-12R	74		CHA
A75N 4WD	$41463	$25710	$28200	**$32760**	**$34830**	Sisu	3T	201D	12F-12R	74		CHA
A85N	$42076	$26090	$28610	**$33240**	**$35340**	Sisu	4T	268D	12F-12R	88		CHA
A85N 4WD	$44952	$27870	$30570	**$35510**	**$37760**	Sisu	4T	268D	12F-12R	88		CHA
A95N	$43087	$26710	$29300	**$34040**	**$36190**	Sisu	4T	268D	12F-12R	98		CHA
A95N 4WD	$45963	$28500	$31260	**$36310**	**$38610**	Sisu	4T	268D	12F-12R	98		CHA
6200	$52481	$32540	$35690	**$41460**	**$44080**	Sisu	4T	268D	12F-12R	94		CHA
6200 4WD	$52820	$32750	$35920	**$41730**	**$44370**	Sisu	4T	268D	12F-12R	94		CHA
6200	$55788	$34590	$37940	**$44070**	**$46860**	Sisu	4T	268D	36F-36R	94		CHA
6200 4WD	$56127	$34800	$38170	**$44340**	**$47150**	Sisu	4T	268D	36F-36R	94		CHA
6300	$54328	$33680	$36940	**$42920**	**$45640**	Sisu	4T	268D	12F-12R	101		CHA
6300 4WD	$54667	$33890	$37170	**$43190**	**$45920**	Sisu	4T	268D	12F-12R	101		CHA
6300	$57635	$35730	$39190	**$45530**	**$48410**	Sisu	4T	268D	36F-36R	101		CHA
6300 4WD	$57974	$35940	$39420	**$45800**	**$48700**	Sisu	4T	268D	36F-36R	101		CHA
6400	$56719	$35170	$38570	**$44810**	**$47640**	Sisu	4T	268D	12F-12R	105		CHA
6400 4WD	$57058	$35380	$38800	**$45080**	**$47930**	Sisu	4T	268D	12F-12R	105		CHA
6400	$60026	$37220	$40820	**$47420**	**$50420**	Sisu	4T	268D	36F-36R	105		CHA
6400 4WD	$60365	$37430	$41050	**$47690**	**$50710**	Sisu	4T	268D	36F-36R	105		CHA
6250HT	$58757	$36430	$39960	**$46420**	**$49360**	Sisu	4T	268D	36F-36R	94		CHA
6250HT 4WD	$59096	$36640	$40190	**$46690**	**$49640**	Sisu	4T	268D	36F-36R	94		CHA
6350HT	$59684	$37000	$40590	**$47150**	**$50140**	Sisu	4T	268D	36F-36R	101		CHA
6350HT 4WD	$60023	$37210	$40820	**$47420**	**$50420**	Sisu	4T	268D	36F-36R	101		CHA
6550HT	$62011	$38450	$42170	**$48990**	**$52090**	Sisu	4T	268D	36F-36R	105		CHA
6550HT 4WD	$62350	$38660	$42400	**$49260**	**$52370**	Sisu	4T	268D	36F-36R	105		CHA
6850HT 4WD	$69102	$42840	$46990	**$54590**	**$58050**	Sisu	4T	268D	36F-36R	125		CHA
C90	$64639	$40080	$43960	**$51070**	**$54300**	Sisu	4T	268D	24F-24R	95		CHA
C100	$67526	$41870	$45920	**$53350**	**$56720**	Sisu	4T	268D	24F-24R	101		CHA
C110	$68784	$42650	$46770	**$54340**	**$57780**	Sisu	4TI	268D	24F-24R	114		CHA
C120E	$74576	$46240	$50710	**$58920**	**$62640**	Sisu	4TI	268D	36F-36R	120		CHA
C120	$70347	$43620	$47840	**$55570**	**$59090**	Sisu	4TI	268D	36F-36R	120		CHA
C130	$72786	$45130	$49490	**$57500**	**$61140**	Sisu	4TI	268D	36F-36R	135		CHA
C150	$77397	$47990	$52630	**$61140**	**$65010**	Sisu	4TI	268D	36F-36R	150		CHA
M120 4WD	$75266	$46670	$51180	**$59460**	**$63220**	Sisu	4TI	268D	36F-36R	120		CHA
M120E 4WD	$76043	$47150	$51710	**$60070**	**$63880**	Sisu	4TI	268D	36F-36R	120		CHA
M130 4WD	$76043	$47150	$51710	**$60070**	**$63880**	Sisu	4TI	268D	36F-36R	135		CHA
M150 4WD	$85309	$52890	$58010	**$67390**	**$71660**	Sisu	4TI	268D	36F-36R	150		CHA
XM130 4WD	$104409	$64730	$71000	**$82480**	**$87700**	Sisu	4TI	268D	36F-36R	135		CHA
XM150 4WD	$108323	$67160	$73660	**$85580**	**$90990**	Sisu	4TI	268D	36F-36R	150		CHA
T120	$79328	$49180	$53940	**$62670**	**$66640**	Sisu	6T	402D	36F-36R	125		CHA
T130	$84995	$52700	$57800	**$67150**	**$71400**	Sisu	6T	402D	36F-36R	135		CHA
T140E	$90450	$56080	$61510	**$71460**	**$75980**	Sisu	6TI	402D	36F-36R	145		CHA
T150	$92745	$57500	$63070	**$73270**	**$77910**	Sisu	6TI	402D	36F-36R	155		CHA
T160	$95595	$59270	$65010	**$75520**	**$80300**	Sisu	6TI	402D	36F-36R	165		CHA
T170	$101961	$63220	$69330	**$80550**	**$85650**	Sisu	6TI	402D	36F-36R	175		CHA
T180	$106125	$65800	$72170	**$83840**	**$89150**	Sisu	6TI	402D	36F-36R	180		CHA
T190	$109836	$68100	$74690	**$86770**	**$92260**	Sisu	6TI	402D	36F-36R	210		CHA
T120C	$72277	$44810	$49150	**$57100**	**$60710**	Sisu	6T	402D	12F-12R	125		CHA
T130C	$74488	$46180	$50650	**$58850**	**$62570**	Sisu	6T	402D	12F-12R	135		CHA
T140C	$82423	$51100	$56050	**$65110**	**$69240**	Sisu	6TI	402D	12F-12R	145		CHA
T160C	$85639	$53100	$58240	**$67660**	**$71940**	Sisu	6TI	402D	12F-12R	165		CHA
T160C	$86777	$53800	$59010	**$68550**	**$72890**	Sisu	6TI	402D	36F-36R	165		CHA
T170C	$91135	$56500	$61970	**$72000**	**$76550**	Sisu	6TI	402D	12F-12R	175		CHA
T170C	$95109	$58970	$64670	**$75140**	**$79890**	Sisu	6TI	402D	36F-36R	175		CHA

Versatile

1987

Model	Approx. Retail Price New	Used Trade-In Avg.	Used Trade-In High	Used Retail Avg.	Used Retail High	Engine Make	Engine No. Cyls.	Engine Displ. Cu.-In.	No. Speeds	P.T.O. H.P.	Approx. Shipping Wt.-Lbs.	Cab
256 w/3 Pt. & PTO	$41900	$10480	$12570	**$21160**	**$24090**	Cummins	4T	239D	Variable	85.14	9000	CHA
276	$45100	$8570	$11500	**$18940**	**$22330**	Cummins	4T	239D	Variable	100.45	9000	CHA
876	$95200	$14880	$22320	**$28830**	**$36270**	Cummins	6T	611D	12F-4R		21000	CHA
936	$105000	$16000	$24000	**$31000**	**$39000**	Cummins	6T	855D	12F-4R		22000	CHA
956	$107300	$16480	$24720	**$31930**	**$40170**	Cummins	6T	855D	12F-4R		22000	CHA

Model	Approx. Retail Price New	Estimated Value Less Repairs Used Trade-In Avg.	High	Used Retail Avg.	High	Engine Make	No. Cyls.	Displ. Cu.-in.	No. Speeds	P.T.O. H.P.	Approx. Shipping Wt.-Lbs.	Cab

Versatile (Cont.)

1987 (Cont.)

Model	Approx. Retail Price New	Used Trade-In Avg.	Used Trade-In High	Used Retail Avg.	Used Retail High	Engine Make	No. Cyls.	Displ. Cu.-in.	No. Speeds	P.T.O. H.P.	Approx. Shipping Wt.-Lbs.	Cab
976	$115300	$17600	$26400	**$34100**	**$42900**	Cummins	6TA	855D	12F-4R		22000	CHA
1156	$151400	$21820	$32740	**$42280**	**$53200**	Cummins	6TA	1150D	8F-2R		33000	CHA

See NEW HOLLAND/VERSATILE for later models.

1986

Model	Approx. Retail Price New	Used Trade-In Avg.	Used Trade-In High	Used Retail Avg.	Used Retail High	Engine Make	No. Cyls.	Displ. Cu.-in.	No. Speeds	P.T.O. H.P.	Approx. Shipping Wt.-Lbs.	Cab
256 w/3 Pt. & PTO	$38888	$9330	$11280	**$19440**	**$22170**	Cummins	4T	239D	Variable	85.08	8850	CHA
276	$42000	$10080	$12180	**$21000**	**$23940**	Cummins	4TA	239D	Variable	100.22	8900	CHA
756	$51775	$9840	$12940	**$21230**	**$25110**	Cummins	6T	505D	15F-5R	168.00		CHA
756 PS	$55347	$10520	$13840	**$22690**	**$26840**	Cummins	6T	505D	12F-4R	168.00		CHA
836	$78130	$11100	$17760	**$22940**	**$28120**	Cummins	6T	611D	12F-4R	180.00	21000	CHA
836	$85700	$11660	$18650	**$24090**	**$29530**	Cummins	6T	611D	15F-3R	197.18	21000	CHA
836PS	$91400	$12450	$19920	**$25730**	**$31540**	Cummins	6T	611D	12F-3R	185.62	21000	CHA
856	$94190	$12900	$20640	**$26660**	**$32680**	Cummins	6TA	611D	12F-4R	200.00	21000	CHA
856PS	$103940	$13500	$21600	**$27900**	**$34200**	Cummins	6TA	611D	12F-3R	209.28	21000	CHA
876	$100830	$14250	$22800	**$29450**	**$36100**	Cummins	6TA	611D	12F-4R		21000	CHA
876PS	$110280	$14700	$23520	**$30380**	**$37240**	Cummins	6TA	611D	12F-3R		21000	CHA
936	$109300	$15000	$24000	**$31000**	**$38000**	Cummins	6TA	855D	12F-4R		22000	CHA
936PS	$122650	$15750	$25200	**$32550**	**$39900**	Cummins	6TA	855D	12F-2R		22000	CHA
956	$114750	$15600	$24960	**$32240**	**$39520**	Cummins	6TA	855D	12F-4R		22000	CHA
956PS	$126850	$16500	$26400	**$34100**	**$41800**	Cummins	6TA	855D	12F-2R		22000	CHA
976	$119700	$16350	$26160	**$33790**	**$41420**	Cummins	6TA	855D	12F-4R		22000	CHA
976PS	$132790	$16800	$26880	**$34720**	**$42560**	Cummins	6TA	855D	12F-2R		22000	CHA
1150	$163455	$19950	$31920	**$41230**	**$50540**	Cummins	6TA	1150D	8F-2R		33000	CHA
1150 PS	$191450	$21000	$33600	**$43400**	**$53200**	Cummins	6TA	1150D	12F-2R		33000	CHA

PS - Power Shift.

1985

Model	Approx. Retail Price New	Used Trade-In Avg.	Used Trade-In High	Used Retail Avg.	Used Retail High	Engine Make	No. Cyls.	Displ. Cu.-in.	No. Speeds	P.T.O. H.P.	Approx. Shipping Wt.-Lbs.	Cab
256	$38000	$8740	$10640	**$18810**	**$21470**	Cummins	4T	239D	Variable	85.08	8850	CHA
276	$42000	$9660	$11760	**$20790**	**$23730**	Cummins	4TA	239D	Variable	100.22	8900	CHA
836	$78130	$11020	$17480	**$23560**	**$28500**	Cummins	6T	611D	12F-4R	180.00	21000	CHA
836	$85700	$11410	$18100	**$24400**	**$29510**	Cummins	6T	611D	15F-3R	197.18	21000	CHA
836PS	$91400	$12040	$19090	**$25730**	**$31130**	Cummins	6T	611D	12F-3R	185.62	21000	CHA
856	$94190	$12470	$19780	**$26660**	**$32250**	Cummins	6TA	611D	12F-4R	200.00	21000	CHA
856PS	$103940	$13050	$20700	**$27900**	**$33750**	Cummins	6TA	611D	12F-3R	209.28	21000	CHA
876	$100830	$12880	$20420	**$27530**	**$33300**	Cummins	6TA	611D	12F-4R		21000	CHA
876PS	$110280	$13490	$21390	**$28830**	**$34880**	Cummins	6TA	611D	12F-3R		21000	CHA
936	$109300	$14360	$22770	**$30690**	**$37130**	Cummins	6TA	855D	12F-4R		22000	CHA
936PS	$122650	$16240	$25760	**$34720**	**$42000**	Cummins	6TA	855D	12F-2R		22000	CHA
956	$114750	$15230	$24150	**$32550**	**$39380**	Cummins	6TA	855D	12F-4R		22000	CHA
956PS	$126850	$16240	$25760	**$34720**	**$42000**	Cummins	6TA	855D	12F-2R		22000	CHA
976	$119700	$15950	$25300	**$34100**	**$41250**	Cummins	6TA	855D	12F-4R		22000	CHA
976PS	$132790	$16390	$25990	**$35030**	**$42380**	Cummins	6TA	855D	12F-2R		22000	CHA
1150	$163455	$18850	$29900	**$40300**	**$48750**	Cummins	6TA	1150D	8F-2R		33000	CHA
1150 PS	$191450	$20010	$31740	**$42780**	**$51750**	Cummins	6TA	1150D	12F-2R		33000	CHA

PS - Power Shift.

1984

Model	Approx. Retail Price New	Used Trade-In Avg.	Used Trade-In High	Used Retail Avg.	Used Retail High	Engine Make	No. Cyls.	Displ. Cu.-in.	No. Speeds	P.T.O. H.P.	Approx. Shipping Wt.-Lbs.	Cab
256	$38000	$8360	$10640	**$18620**	**$21280**	Cummins	4T	239D	Variable	85.08	8850	CHA
555	$77255	$6180	$8990	**$11800**	**$16300**	Cummins	V8T	555D	15F-5R	182.25	16800	CHA
555 w/3 Pt. Hitch	$81960	$6480	$9420	**$12370**	**$17080**	Cummins	V8T	555D	15F-5R	182.25	17300	CHA
835	$93692	$11720	$19250	**$25950**	**$31390**	Cummins	6T	855D	12F-4R		18100	CHA
835 w/3 Pt. & PTO	$109950	$12110	$19900	**$26820**	**$32440**	Cummins	6T	855D	12F-4R	198.23	20200	CHA
835 w/3 Pt. Hitch	$101282	$12350	$20290	**$27340**	**$33080**	Cummins	6T	855D	12F-4R		18900	CHA
875	$106243	$12670	$20820	**$28060**	**$33940**	Cummins	6T	855D	12F-4R		18380	CHA
875 w/3 Pt. & PTO	$122498	$12950	$21280	**$28680**	**$34690**	Cummins	6T	855D	12F-4R	247.16	20380	CHA
875 w/3 Pt. Hitch	$113833	$12710	$20880	**$28150**	**$34050**	Cummins	6T	855D	12F-4R		19180	CHA
895	$115530	$13300	$21850	**$29450**	**$35630**	Cummins	6TA	855D	12F-4R		19000	CHA
895 w/3 Pt. Hitch	$123120	$13720	$22540	**$30380**	**$36750**	Cummins	6TA	855D	12F-4R		19800	CHA
925	$117000	$12180	$20010	**$26970**	**$32630**	Cummins	6TA	855D	12F-2R		20160	CHA
945	$122500	$14000	$23000	**$31000**	**$37500**	Cummins	6TA	855D	12F-4R		20060	CHA
945 w/3 Pt. Hitch	$130090	$14420	$23690	**$31930**	**$38630**	Cummins	6TA	855D	12F-4R		20860	CHA
955	$143045	$15820	$25990	**$35030**	**$42380**	Cummins	6TA	855D	12F-4R		21000	CHA
955 w/3 Pt. Hitch	$150635	$16100	$26450	**$35650**	**$43130**	Cummins	6TA	855D	12F-4R		21800	CHA
975	$130735	$15400	$25300	**$34100**	**$41250**	Cummins	6TA	855D	12F-4R		22000	CHA
975 w/3 Pt. Hitch	$138325	$15960	$26220	**$35340**	**$42750**	Cummins	6TA	855D	12F-4R		22800	CHA
1150	$163455	$17920	$29440	**$39680**	**$48000**	Cummins	6TA	1150D	8F-2R		33000	CHA
1150 PS	$191450	$18620	$30590	**$41230**	**$49880**	Cummins	6TA	1150D	12F-2R		33000	CHA

PS - Power Shift.

1983

Model	Approx. Retail Price New	Used Trade-In Avg.	Used Trade-In High	Used Retail Avg.	Used Retail High	Engine Make	No. Cyls.	Displ. Cu.-in.	No. Speeds	P.T.O. H.P.	Approx. Shipping Wt.-Lbs.	Cab
160	$38895	$8170	$10890	**$18860**	**$21590**	Waukesha	4	220D	Variable	70.00	8050	CHA
555	$77251	$5250	$7880	**$10500**	**$14700**	Cummins	V8T	555D	15F-5R	182.25	16800	CHA
555 w/3 Pt. Hitch	$81960	$5690	$8540	**$11380**	**$15930**	Cummins	V8T	555D	15F-5R	182.25	17300	CHA
835	$93692	$10920	$17940	**$24180**	**$29250**	Cummins	6T	855D	12F-4R		18100	CHA
835 w/3 Pt. & PTO	$109947	$11340	$18630	**$25110**	**$30380**	Cummins	6T	855D	12F-4R	198.23	20200	CHA
835 w/3 Pt. Hitch	$101282	$11480	$18860	**$25420**	**$30750**	Cummins	6T	855D	12F-4R		18900	CHA
875	$106243	$11760	$19320	**$26040**	**$31500**	Cummins	6T	855D	12F-4R		18380	CHA
875 w/3 Pt. & PTO	$122498	$12180	$20010	**$26970**	**$32630**	Cummins	6TA	855D	12F-4R	247.16	20380	CHA
875 w/3 Pt. Hitch	$113833	$11900	$19550	**$26350**	**$31880**	Cummins	6T	855D	12F-4R		19180	CHA
895	$115528	$12600	$20700	**$27900**	**$33750**	Cummins	6TA	855D	12F-4R		19000	CHA
895 w/3 Pt. Hitch	$123118	$13020	$21390	**$28830**	**$34880**	Cummins	6TA	855D	12F-4R		19800	CHA
925	$117000	$12180	$20010	**$26970**	**$32630**	Cummins	6TA	855D	12F-2R		20160	CHA
945	$122498	$12880	$21160	**$28520**	**$34500**	Cummins	6TA	855D	12F-4R		20060	CHA
945 w/3 Pt. Hitch	$130088	$13720	$22540	**$30380**	**$36750**	Cummins	6TA	855D	12F-4R		20860	CHA

Versatile (Cont.)

Model	Approx. Retail Price New	Used Trade-In Avg.	Used Trade-In High	Used Retail Avg.	Used Retail High	Engine Make	Engine No. Cyls.	Engine Displ. Cu.-in.	No. Speeds	P.T.O. H.P.	Approx. Shipping Wt.-Lbs.	Cab
				1983 (Cont.)								
955	$143041	$14420	$23690	**$31930**	**$38630**	Cummins	6TA	855D	12F-4R		21000	CHA
955 w/3 Pt. Hitch	$150631	$16100	$26450	**$35650**	**$43130**	Cummins	6TA	855D	12F-4R		21800	CHA
975	$130735	$15400	$25300	**$34100**	**$41250**	Cummins	6TA	855D	12F-4R		22000	CHA
975 w/3 Pt. Hitch	$138325	$16100	$26450	**$35650**	**$43130**	Cummins	6TA	855D	12F-4R		22800	CHA
1150	$163452	$17780	$29210	**$39370**	**$47630**	Cummins	6TA	1150D	8F-2R		33000	CHA
1150 PS	$191449	$18480	$30360	**$40920**	**$49500**	Cummins	6TA	1150D	12F-2R		33000	CHA
PS - Power Shift												
				1982								
160	$38000	$7600	$10640	**$18240**	**$21090**	Waukesha	4	220D	Variable	70.00	8050	CHA
555	$72170	$4940	$7280	**$9880**	**$14040**	Cummins	V8T	555D	15F-5R	182.25	16800	CHA
835	$78904	$11050	$18150	**$24460**	**$29590**	Cummins	6T	855D	12F-4R	198.23	18100	CHA
855	$87533	$11480	$18860	**$25420**	**$30750**	Cummins	6T	855D	12F-4R	212.00	18380	CHA
875	$89626	$11760	$19320	**$26040**	**$31500**	Cummins	6T	855D	12F-4R	247.16	18380	CHA
895	$94202	$12040	$19780	**$26660**	**$32250**	Cummins	6TA	855D	12F-4R		18250	CHA
935	$98998	$12320	$20240	**$27280**	**$33000**	Cummins	V8T	903D	12F-4R	282.00	18045	CHA
950	$99860	$12460	$20470	**$27590**	**$33380**	Cummins	V8T	903D	12F-4R	300.00	18045	CHA
				1981								
555	$64877	$4180	$5940	**$7920**	**$11440**	Cummins	V8T	555D	15F-5R	182.25	16800	CHA
835	$70931	$9930	$15610	**$21990**	**$26950**	Cummins	6T	855D	12F-4R	198.23	18100	CHA
855	$78688	$11020	$17310	**$24390**	**$29900**	Cummins	6T	855D	12F-4R	212.00	18380	CHA
875	$80569	$11280	$17730	**$24980**	**$30620**	Cummins	6T	855D	12F-4R	247.16	18380	CHA
895	$84683	$11860	$18630	**$26250**	**$32180**	Cummins	6TA	855D	12F-4R		18250	CHA
935	$88995	$12040	$18920	**$26660**	**$32680**	Cummins	V8T	903D	12F-4R	282.00	18045	CHA
950	$89769	$12180	$19140	**$26970**	**$33060**	Cummins	V8T	903D	12F-4R	300.00	18045	CHA
				1980								
555	$58571	$3660	$5010	**$6550**	**$10010**	Cummins	V8T	555D	15F-5R	182.25	16800	CHA
835	$64230	$8990	$13490	**$19910**	**$24730**	Cummins	6T	855D	12F-4R	198.00	18100	CHA
855	$71205	$9970	$14950	**$22070**	**$27410**	Cummins	6T	855D	12F-4R	212.00	18100	CHA
875	$72979	$10220	$15330	**$22620**	**$28100**	Cummins	6T	855D	12F-4R	247.16	18380	CHA
895	$76713	$10740	$16110	**$23780**	**$29540**	Cummins	6TA	855D	12F-4R		18250	CHA
935	$80628	$11290	$16930	**$25000**	**$31040**	Cummins	V8T	903D	12F-4R	282.00	18045	CHA
950	$81331	$11390	$17080	**$25210**	**$31310**	Cummins	V8T	903D	12F-4R	300.00	18045	CHA
				1979								
500	$45468	$7730	$11820	**$16820**	**$20230**	Cummins	V8	504D	15F-5R	160.00	15000	CHA
555	$50123	$8520	$13030	**$18550**	**$22310**	Cummins	V8T	504D	15F-5R	182.20	16980	CHA
835	$54888	$9330	$14270	**$20310**	**$24430**	Cummins	6T	855D	12F-4R	198.00	19750	CHA
855	$59902	$10180	$15580	**$22160**	**$26660**	Cummins	6T	855D	12F-4R	212.00	19830	CHA
875	$61341	$10430	$15950	**$22700**	**$27300**	Cummins	6T	855D	12F-4R	248.07	20850	CHA
935	$66642	$11330	$17330	**$24660**	**$29660**	Cummins	V8T	903D	12F-4R	282.00	19775	CHA
950	$67224	$11430	$17480	**$24870**	**$29920**	Cummins	V8T	903D	12F-4R	300.00	20610	CHA
				1978								
500	$34738	$6630	$10340	**$14430**	**$17360**	Cummins	V8	504D	15F-5R	160.00	15000	CHA
835	$44980	$7650	$11930	**$16650**	**$20030**	Cummins	6T	855D	12F-4R	195.00	19750	CHA
855	$47221	$8370	$13040	**$18210**	**$21900**	Cummins	6T	855D	12F-4R	212.00	19830	CHA
875	$48354	$8560	$13340	**$18630**	**$22410**	Cummins	6T	855D	12F-4R	233.00	20850	CHA
935	$53791	$9480	$14790	**$20640**	**$24830**	Cummins	V8T	903D	12F-4R	280.00	20850	CHA
950 II	$54261	$9900	$15440	**$21560**	**$25930**	Cummins	V8T	903D	12F-4R	295.00	21000	CHA
				1977								
700 II	$37774	$6420	$10200	**$13980**	**$16810**	Cummins	V8	555D	12F-4R		18650	CHA
750 II	$43321	$7370	$11700	**$16030**	**$19280**	Cummins	6	855D	12F-4R		19750	CHA
800 II	$44756	$7610	$12080	**$16560**	**$19920**	Cummins	6	855D	12F-4R		19830	CHA
825 II	$46040	$7830	$12430	**$17040**	**$20490**	Cummins	6T	855D	12F-4R		19870	CHA
850 II	$48811	$8300	$13180	**$18060**	**$21720**	Cummins	6T	855D	12F-4R		20850	CHA
900 II	$50259	$8540	$13570	**$18600**	**$22370**	Cummins	V8	903D	12F-4R		20250	CHA
950 II	$54030	$9190	$14590	**$19990**	**$24040**	Cummins	V8T	903D	12F-4R		21000	CHA
				1976								
700 II	$36700	$6240	$10090	**$13580**	**$16330**	Cummins	V8	555D	12F-4R		18650	CHA
750 II	$42090	$7160	$11580	**$15570**	**$18730**	Cummins	6	855D	12F-4R		19750	CHA
800 II	$43482	$7390	$11960	**$16090**	**$19350**	Cummins	6	855D	12F-4R		19830	CHA
850 II	$47422	$8060	$13040	**$17550**	**$21100**	Cummins	6T	855D	12F-4R		20850	CHA
900 II	$48829	$8300	$13430	**$18070**	**$21730**	Cummins	V8	903D	12F-4R		20250	CHA
				1975								
700	$32162	$5470	$9010	**$11900**	**$14220**	Cummins	V8	555D	12F-4R		18100	CHA
800	$38018	$6460	$10650	**$14070**	**$16800**	Cummins	6	855D	12F-4R		18980	CHA
850	$41359	$7030	$11580	**$15300**	**$18280**	Cummins	6T	855D	12F-4R		19140	CHA
900	$42946	$7300	$12030	**$15890**	**$18980**	Cummins	V8	903D	12F-4R		18590	CHA
				1974								
700	$28975	$4930	$8260	**$10720**	**$12870**	Cummins	V8	555D	12F-4R		18100	CHA
800	$34250	$5820	$9760	**$12670**	**$15210**	Cummins	6	855D	12F-4R		18980	CHA
850	$37260	$6330	$10620	**$13790**	**$16540**	Cummins	6T	855D	12F-4R		19140	CHA
900	$38690	$6580	$11030	**$14320**	**$17180**	Cummins	V8	903D	12F-4R		18590	CHA
				1973								
300	$16804	$2860	$4870	**$6220**	**$7500**	Cummins	V6	378D	Variable		12700	No
700	$21216	$3610	$6150	**$7850**	**$9460**	Cummins	V8	555D	12F-4R		18100	No

Versatile (Cont.)

1973 (Cont.)

Model	Approx. Retail Price New	Used Trade-In Avg.	Used Trade-In High	Used Retail Avg.	Used Retail High	Engine Make	Engine No. Cyls.	Engine Displ. Cu.-in.	No. Speeds	P.T.O. H.P.	Approx. Shipping Wt.-Lbs.	Cab
800	$23970	$4080	$6950	$8870	$10690	Cummins	6	855D	12F-4R		18980	No
850	$26418	$4490	$7660	$9780	$11780	Cummins	6T	855D	12F-4R		19140	No
900	$28152	$4790	$8160	$10420	$12560	Cummins	V8	903D	12F-4R		18590	No

1972

Model	Approx. Retail Price New	Used Trade-In Avg.	Used Trade-In High	Used Retail Avg.	Used Retail High	Engine Make	Engine No. Cyls.	Engine Displ. Cu.-in.	No. Speeds	P.T.O. H.P.	Approx. Shipping Wt.-Lbs.	Cab
700	$19800	$3560	$5740	$7330	$8870	Cummins	V8	555D	12F-4R		17200	No
900	$25900	$4660	$7510	$9580	$11600	Cummins	V8	903D	12F-4R		18500	No

1971

Model	Approx. Retail Price New	Used Trade-In Avg.	Used Trade-In High	Used Retail Avg.	Used Retail High	Engine Make	Engine No. Cyls.	Engine Displ. Cu.-in.	No. Speeds	P.T.O. H.P.	Approx. Shipping Wt.-Lbs.	Cab
118	$13720	$2540	$3980	$6590	$8370	Cummins	V6	352D	9F-3R		12650	No
145	$16980	$3140	$4920	$8150	$10360	Cummins	V8	470D	9F-3R		14560	No

White

2001

Model	Approx. Retail Price New	Used Trade-In Avg.	Used Trade-In High	Used Retail Avg.	Used Retail High	Engine Make	Engine No. Cyls.	Engine Displ. Cu.-in.	No. Speeds	P.T.O. H.P.	Approx. Shipping Wt.-Lbs.	Cab
6045	$22015	$8190	$9660	$12600	$14070	SLH	3	183D	12F-12R	45.0		No
6045 4WD	$28395	$10260	$12100	$15780	$17620	SLH	3	183D	12F-12R	45.0		No
6065	$28660	$10790	$12720	$16600	$18530	SLH	4	244D	12F-12R	62.77	5379	No
6065 4WD	$34980	$12480	$14720	$19200	$21440	SLH	4	244D	12F-12R	62.77	6096	No
6065 4WD w/Cab	$45700	$16380	$19320	$25200	$28140	SLH	4	244D	12F-12R	62.77	6768	CHA
6065 w/Cab	$39385	$14550	$17160	$22380	$24990	SLH	4	244D	12F-12R	62.77	6305	CHA
6410	$32595	$12060	$14340	$19230	$20860	Cummins	4T	239D	12F-4R	70.0		No
6410	$37510	$13880	$16500	$22130	$24010	Cummins	4T	239D	24F-24R	70.0		No
6410 4WD	$39215	$14510	$17260	$23140	$25100	Cummins	4T	239D	12F-4R	70.0		No
6410 4WD	$44130	$16330	$19420	$26040	$28240	Cummins	4T	239D	24F-24R	70.0		No
6410 4WD w/cab	$47710	$17650	$20990	$28150	$30530	Cummins	4T	239D	12F-4R	70.0		CHA
6410 4WD w/cab	$52625	$19470	$23160	$31050	$33680	Cummins	4T	239D	24F-24R	70.0		CHA
6410 w/cab	$41090	$15200	$18080	$24240	$26300	Cummins	4T	239D	12F-4R	70.0		CHA
6410 w/cab	$46005	$17020	$20240	$27140	$29440	Cummins	4T	239D	24F-24R	70.0		CHA
6510	$35180	$13020	$15480	$20760	$22520	Cummins	4T	239D	12F-4R	85.0		No
6510	$40095	$14840	$17640	$23660	$25660	Cummins	4T	239D	24F-24R	85.0		No
6510 4WD	$43185	$15980	$19000	$25480	$27640	Cummins	4T	239D	12F-4R	85.0		No
6510 4WD	$48100	$17800	$21160	$28380	$30780	Cummins	4T	239D	24F-24R	85.0		No
6510 4WD w/cab	$52090	$19270	$22920	$30730	$33340	Cummins	4T	239D	12F-4R	85.0		CHA
6510 4WD w/cab	$57000	$21090	$25080	$33630	$36480	Cummins	4T	239D	24F-24R	85.0		CHA
6510 w/cab	$44485	$16460	$19570	$26250	$28470	Cummins	4T	239D	12F-4R	85.0		CHA
6510 w/cab	$49400	$18280	$21740	$29150	$31620	Cummins	4T	239D	24F-24R	85.0		CHA
6710	$46970	$17380	$20670	$27710	$30060	Cummins	6T	359D	32F-32R	95.0		No
6710 4WD	$55875	$20670	$24590	$32970	$35760	Cummins	6T	359D	32F-32R	95.0		No
6710 4WD w/cab	$64545	$23880	$28400	$38080	$41310	Cummins	6T	359D	32F-32R	95.0		CHA
6710 w/cab	$56140	$20770	$24700	$33120	$35930	Cummins	6T	359D	32F-32R	95.0		CHA
6810	$54330	$20100	$23910	$32060	$34770	Cummins	6T	359D	32F-32R	110.0		No
6810 4WD	$62995	$23310	$27720	$37170	$40320	Cummins	6T	359D	32F-32R	110.0		No
6810 4WD w/cab	$72165	$26700	$31750	$42580	$46190	Cummins	6T	359D	32F-32R	110.0		CHA
6810 w/cab	$63500	$23500	$27940	$37470	$40640	Cummins	6T	359D	32F-32R	110.0		CHA
Fieldmaster 8310	$75000	$29250	$34500	$41250	$45750	Cummins	6T	359D	32F-32R	125.0		CHA
Fieldmaster 8310 PS	$80215	$31280	$36900	$44120	$48930	Cummins	6T	359D	18F-6R	125.0		CHA
Fieldmaster 8310 4WD	$86540	$33750	$39810	$47600	$52790	Cummins	6T	359D	32F-32R	125.0		CHA
Fieldmaster 8310 4WD PS	$93605	$36510	$43060	$51480	$57100	Cummins	6T	359D	18F-6R	125.0		CHA
Fieldmaster 8410	$83995	$32760	$38640	$46200	$51240	Cummins	6TA	359D	32F-32R	145.0		CHA
Fieldmaster 8410 PS	$90500	$35300	$41630	$49780	$55210	Cummins	6TA	359D	18F-6R	145.0		CHA
Fieldmaster 8410 4WD	$96565	$37660	$44420	$53110	$58910	Cummins	6TA	359D	32F-32R	145.0		CHA
Fieldmaster 8410 4WD PS	$103810	$40490	$47750	$57100	$63320	Cummins	6TA	359D	18F-6R	145.0		CHA
Fieldmaster 8510 PS	$108285	$42230	$49810	$59560	$66050	Cummins	6T	505D	18F-6R	160.0		CHA
Fieldmaster 8610 PS	$116600	$45470	$53640	$64130	$71130	Cummins	6TA	505D	18F-6R	180.0		CHA
Fieldmaster 8710 PS	$125895	$49100	$57910	$69240	$76800	Cummins	6TA	505D	18F-6R	200.0		CHA
Fieldmaster 8810 PS	$143115	$55820	$65830	$78710	$87300	Cummins	6TA	505D	18F-6R	225.0		CHA

2000

Model	Approx. Retail Price New	Used Trade-In Avg.	Used Trade-In High	Used Retail Avg.	Used Retail High	Engine Make	Engine No. Cyls.	Engine Displ. Cu.-in.	No. Speeds	P.T.O. H.P.	Approx. Shipping Wt.-Lbs.	Cab
6045	$22015	$7560	$9030	$12180	$13650	SLH	3	183D	12F-12R	45.0		No
6045 4WD	$28395	$9470	$11310	$15250	$17100	SLH	3	183D	12F-12R	45.0		No
6065	$28660	$9960	$11890	$16040	$17980	SLH	4	244D	12F-12R	62.77	5379	No
6065 4WD	$34980	$11520	$13760	$18560	$20800	SLH	4	244D	12F-12R	62.77	6096	No
6065 4WD w/Cab	$45700	$15120	$18060	$24360	$27300	SLH	4	244D	12F-12R	62.77	6768	CHA
6065 w/Cab	$39385	$13430	$16040	$21630	$24250	SLH	4	244D	12F-12R	62.77	6305	CHA
Workhorse 6175	$95930	$31660	$39330	$52760	$57560	Cummins	6T	504D	18F-9R	175.47	16300	CHA
Workhorse 6175 4WD	$103485	$33430	$41530	$55720	$60780	Cummins	6T	504D	18F-9R	175.47	17850	CHA
Workhorse 6195 4WD	$121000	$37360	$46410	$62260	$67920	Cummins	6TA	504D	18F-9R	200.46	17950	CHA
Workhorse 6215 4WD	$130465	$39930	$49610	$66550	$72600	Cummins	6TA	504D	18F-9R	215.0	17200	CHA
6410	$33320	$10730	$13330	$17880	$19500	Cummins	4T	239D	12F-4R	70.0		No
6410 4WD	$40875	$12940	$16070	$21560	$23520	Cummins	4T	239D	12F-4R	70.0		No
6410 4WD w/cab	$49370	$15740	$19560	$26240	$28620	Cummins	4T	239D	12F-4R	70.0		CHA
6410 w/cab	$42080	$13560	$16850	$22610	$24660	Cummins	4T	239D	12F-4R	70.0		CHA
6510	$36230	$11620	$14430	$19360	$21120	Cummins	4T	239D	12F-4R	85.0		No
6510 4WD	$44935	$14260	$17710	$23760	$25920	Cummins	4T	239D	12F-4R	85.0		No
6510 4WD w/cab	$53840	$17190	$21360	$28660	$31260	Cummins	4T	239D	12F-4R	85.0		CHA
6510 w/cab	$45535	$14680	$18240	$24470	$26690	Cummins	4T	239D	12F-4R	85.0		CHA
6710	$46550	$15360	$19090	$25600	$27930	Cummins	6T	359D	32F-32R	95.0		No
6710 4WD	$54955	$18140	$22530	$30230	$32970	Cummins	6T	359D	32F-32R	95.0		No
6710 4WD w/cab	$64125	$21160	$26290	$35270	$38480	Cummins	6T	359D	32F-32R	95.0		CHA
6710 w/cab	$55720	$18390	$22850	$30650	$33430	Cummins	6T	359D	32F-32R	95.0		CHA
6810	$55145	$17940	$22280	$29890	$32610	Cummins	6T	359D	32F-32R	110.0		No
6810 4WD	$63860	$20790	$25830	$34650	$37800	Cummins	6T	359D	32F-32R	110.0		No

Model	Approx. Retail Price New	Estimated Value Less Repairs: Used Trade-In Avg.	Used Trade-In High	Used Retail Avg.	Used Retail High	Engine Make	Engine No. Cyls.	Engine Displ. Cu.-in.	No. Speeds	P.T.O. H.P.	Approx. Shipping Wt.-Lbs.	Cab
White (Cont.)												
				2000 (Cont.)								
6810 4WD w/cab	$73030	$23830	$29600	**$39710**	**$43320**	Cummins	6T	359D	32F-32R	110.0		CHA
6810 w/cab	$64315	$20960	$26040	**$34930**	**$38100**	Cummins	6T	359D	32F-32R	110.0		CHA
Fieldmaster 8310	$75000	$25500	$32250	**$37500**	**$42000**	Cummins	6T	359D	32F-32R	125.0		CHA
Fieldmaster 8310 PS	$80210	$27270	$34490	**$40110**	**$44920**	Cummins	6T	359D	18F-6R	125.0		CHA
Fieldmaster 8310 4WD	$86540	$29420	$37210	**$43270**	**$48460**	Cummins	6T	359D	32F-32R	125.0		CHA
Fieldmaster 8310 4WD PS	$91750	$31200	$39450	**$45880**	**$51380**	Cummins	6T	359D	18F-6R	125.0		CHA
Fieldmaster 8410	$79515	$27040	$34190	**$39760**	**$44530**	Cummins	6TA	359D	32F-32R	145.0		CHA
Fieldmaster 8410 PS	$86020	$29250	$36990	**$43010**	**$48170**	Cummins	6TA	359D	18F-6R	145.0		CHA
Fieldmaster 8410 4WD	$90620	$30810	$38970	**$45310**	**$50750**	Cummins	6TA	359D	32F-32R	145.0		CHA
Fieldmaster 8410 4WD PS	$97125	$33020	$41760	**$48560**	**$54390**	Cummins	6TA	359D	18F-6R	145.0		CHA
Fieldmaster 8510 PS	$104955	$35690	$45130	**$52480**	**$58780**	Cummins	6T	505D	18F-6R	160.0		CHA
Fieldmaster 8610 PS	$113500	$38590	$48810	**$56750**	**$63560**	Cummins	6TA	505D	18F-6R	180.0		CHA
Fieldmaster 8710 PS	$123025	$41830	$52900	**$61510**	**$68890**	Cummins	6TA	505D	18F-6R	200.0		CHA
Fieldmaster 8810 PS	$137180	$46640	$58990	**$68590**	**$76820**	Cummins	6TA	505D	18F-6R	225.0		CHA
				1999								
6045	$22015	$7140	$8400	**$11760**	**$13230**	SLH	3	183D	12F-12R	45.0		No
6045 4WD	$28395	$8940	$10520	**$14730**	**$16570**	SLH	3	183D	12F-12R	45.0		No
6065	$28660	$9400	$11060	**$15490**	**$17430**	SLH	4	244D	12F-12R	62.77	5379	No
6065 4WD	$34980	$10880	$12800	**$17920**	**$20160**	SLH	4	244D	12F-12R	62.77	6096	No
6065 4WD w/Cab	$45700	$14280	$16800	**$23520**	**$26460**	SLH	4	244D	12F-12R	62.77	6768	CHA
6065 w/Cab	$39385	$12680	$14920	**$20890**	**$23500**	SLH	4	244D	12F-12R	62.77	6305	CHA
6085	$33965	$11220	$13200	**$18480**	**$20790**	SLH	4T	244D	16F-16R	80.15	6173	No
6085 4WD	$41250	$13260	$15600	**$21840**	**$24570**	SLH	4T	244D	16F-16R	80.15	6779	No
6085 4WD w/Cab	$49320	$15980	$18800	**$26320**	**$29610**	SLH	4T	244D	16F-16R	80.15	7385	CHA
6085 w/Cab	$42030	$13940	$16400	**$22960**	**$25830**	SLH	4T	244D	16F-16R	80.15	6724	CHA
6090 HC	$40900	$13260	$15600	**$21840**	**$24570**	SLH	4T	244D	19F-19R	80.15		No
6090 HC 4WD	$47270	$15640	$18400	**$25760**	**$28980**	SLH	4T	244D	19F-19R	80.15	7831	No
6105	$54910	$16430	$20670	**$27560**	**$30210**	SLH	6	366D	24F-12R	106.34	10013	CHA
6105 4WD	$61440	$18600	$23400	**$31200**	**$34200**	SLH	6	366D	24F-12R	106.34	10759	CHA
Workhorse 6124	$71440	$22150	$27860	**$37150**	**$40720**	Cummins	6T	359D	32F-32R	124.94	14200	CHA
Workhorse 6124 4WD	$81825	$25370	$31910	**$42550**	**$46640**	Cummins	6T	359D	32F-32R	124.94	15300	CHA
Workhorse 6125	$76845	$23820	$29970	**$39960**	**$43800**	Cummins	6T	359D	18F-9R	124.94	14950	CHA
Workhorse 6125 4WD	$88390	$27400	$34470	**$45960**	**$50380**	Cummins	6T	359D	18F-9R	124.94	16150	CHA
Workhorse 6144	$75750	$23480	$29540	**$39390**	**$43180**	Cummins	6TA	359D	32F-32R	142.56	14200	CHA
Workhorse 6144 4WD	$85865	$26620	$33490	**$44650**	**$48940**	Cummins	6TA	359D	32F-32R	142.56	15300	CHA
Workhorse 6145	$82120	$25460	$32030	**$42700**	**$46810**	Cummins	6TA	359D	18F-9R	142.56	14950	CHA
Workhorse 6145 4WD	$92540	$28690	$36090	**$48120**	**$52750**	Cummins	6TA	359D	18F-9R	142.56	16150	CHA
Workhorse 6175	$92060	$28540	$35900	**$47870**	**$52470**	Cummins	6T	504D	18F-9R	175.47	16300	CHA
Workhorse 6175 4WD	$103305	$31400	$39510	**$52680**	**$57740**	Cummins	6T	504D	18F-9R	175.47	17850	CHA
Workhorse 6195 4WD	$115270	$35090	$44150	**$58860**	**$64520**	Cummins	6TA	504D	18F-9R	200.46	17950	CHA
Workhorse 6215 4WD	$123045	$37510	$47190	**$62920**	**$68970**	Cummins	6TA	504D	18F-9R	215.0	17200	CHA
6410	$34250	$10080	$12680	**$16900**	**$18530**	Cummins	4T	239D	12F-4R	70.0		No
6410 4WD	$40780	$12150	$15290	**$20380**	**$22340**	Cummins	4T	239D	12F-4R	70.0		No
6410 4WD w/cab	$48625	$14790	$18600	**$24800**	**$27190**	Cummins	4T	239D	12F-4R	70.0		CHA
6410 w/cab	$42095	$12740	$16030	**$21370**	**$23430**	Cummins	4T	239D	12F-4R	70.0		CHA
6510	$36775	$10910	$13730	**$18300**	**$20060**	Cummins	4T	239D	12F-4R	85.0		No
6510 4WD	$44710	$13390	$16850	**$22460**	**$24620**	Cummins	4T	239D	12F-4R	85.0		No
6510 4WD w/cab	$52965	$16150	$20320	**$27090**	**$29700**	Cummins	4T	239D	12F-4R	85.0		CHA
6510 w/cab	$45030	$13800	$17360	**$23140**	**$25370**	Cummins	4T	239D	12F-4R	85.0		CHA
6710	$44935	$13930	$17530	**$23370**	**$25610**	Cummins	6T	359D	32F-32R	95.0		No
6710 4WD	$52535	$16290	$20490	**$27320**	**$29950**	Cummins	6T	359D	32F-32R	95.0		No
6710 4WD w/cab	$65190	$19840	$24960	**$33280**	**$36480**	Cummins	6T	359D	32F-32R	95.0		CHA
6710 w/cab	$57300	$17050	$21450	**$28600**	**$31350**	Cummins	6T	359D	32F-32R	95.0		CHA
6810	$51900	$16090	$20240	**$26990**	**$29580**	Cummins	6T	359D	32F-32R	110.0		No
6810 4WD	$63910	$19500	$24530	**$32710**	**$35850**	Cummins	6T	359D	32F-32R	110.0		No
6810 4WD w/cab	$76565	$22380	$28160	**$37540**	**$41150**	Cummins	6T	359D	32F-32R	110.0		CHA
6810 w/cab	$63735	$19760	$24860	**$33140**	**$36330**	Cummins	6T	359D	32F-32R	110.0		CHA
Fieldmaster 8310	$75000	$24000	$30000	**$34500**	**$39000**	Cummins	6T	359D	32F-32R	125.0		CHA
Fieldmaster 8310 PS	$80210	$25670	$32080	**$36900**	**$41710**	Cummins	6T	359D	18F-6R	125.0		CHA
Fieldmaster 8310 4WD	$86540	$27690	$34620	**$39810**	**$45000**	Cummins	6T	359D	32F-32R	125.0		CHA
Fieldmaster 8310 4WD PS	$91750	$29360	$36700	**$42210**	**$47710**	Cummins	6T	359D	18F-6R	125.0		CHA
Fieldmaster 8410	$79515	$25450	$31810	**$36580**	**$41350**	Cummins	6TA	359D	32F-32R	145.0		CHA
Fieldmaster 8410 PS	$86020	$27530	$34410	**$39570**	**$44730**	Cummins	6TA	359D	18F-6R	145.0		CHA
Fieldmaster 8410 4WD	$90620	$29000	$36250	**$41690**	**$47120**	Cummins	6TA	359D	32F-32R	145.0		CHA
Fieldmaster 8410 4WD PS	$97125	$31080	$38850	**$44680**	**$50510**	Cummins	6TA	359D	18F-6R	145.0		CHA
Fieldmaster 8510 PS	$104955	$33590	$41980	**$48280**	**$54580**	Cummins	6T	505D	18F-6R	160.0		CHA
Fieldmaster 8610 PS	$113500	$36320	$45400	**$52210**	**$59020**	Cummins	6TA	505D	18F-6R	180.0		CHA
Fieldmaster 8710 PS	$123025	$39370	$49210	**$56590**	**$63970**	Cummins	6TA	505D	18F-6R	200.0		CHA
Fieldmaster 8810 PS	$137180	$43900	$54870	**$63100**	**$71330**	Cummins	6TA	505D	18F-6R	225.0		CHA
				1998								
6045	$21375	$6720	$7980	**$11340**	**$12810**	SLH	3	183D		45.0		No
6045 4WD	$27570	$8320	$9880	**$14040**	**$15860**	SLH	3	183D		45.0		No
6065	$27825	$8640	$10260	**$14580**	**$16470**	SLH	4	244D	12F-12R	62.77	5379	No
6065 4WD	$33960	$9920	$11780	**$16740**	**$18910**	SLH	4	244D	12F-12R	62.77	6096	No
6065 4WD w/Cab	$44370	$13440	$15960	**$22680**	**$25620**	SLH	4	244D	12F-12R	62.77	6768	CHA
6065 w/Cab	$38240	$11840	$14060	**$19980**	**$22570**	SLH	4	244D	12F-12R	62.77	6305	CHA
6085	$33965	$10240	$12160	**$17280**	**$19520**	SLH	4T	244D	16F-16R	80.15	6173	No
6085 4WD	$41250	$12800	$15200	**$21600**	**$24400**	SLH	4T	244D	16F-16R	80.15	6779	No
6085 4WD w/Cab	$49320	$15040	$17860	**$25380**	**$28670**	SLH	4T	244D	16F-16R	80.15	7385	CHA
6085 w/Cab	$42030	$13450	$15970	**$22700**	**$25640**	SLH	4T	244D	16F-16R	80.15	6724	CHA
6090 HC	$38715	$12390	$14710	**$20910**	**$23620**	SLH	4T	244D	19F-19R	80.15		No
6090 HC 4WD	$45900	$14690	$17440	**$24790**	**$28000**	SLH	4T	244D	19F-19R	80.15	7831	No

White (Cont.)

Model	Approx. Retail Price New	Estimated Value Less Repairs Used Trade-In Avg.	Used Trade-In High	Used Retail Avg.	Used Retail High	Engine Make	Engine No. Cyls.	Engine Displ. Cu.-in.	No. Speeds	P.T.O. H.P.	Approx. Shipping Wt.-Lbs.	Cab
				1998 (Cont.)								
6105	$52785	$15310	$19530	**$25870**	**$28500**	SLH	6	366D	24F-12R	106.34	10013	CHA
6105 4WD	$59315	$17200	$21950	**$29060**	**$32030**	SLH	6	366D	24F-12R	106.34	10759	CHA
Workhorse 6124	$71436	$20720	$26430	**$35000**	**$38580**	Cummins	6T	359D	32F-32R	124.94	14200	CHA
Workhorse 6124 4WD	$81825	$23730	$30280	**$40090**	**$44190**	Cummins	6T	359D	32F-32R	124.94	15300	CHA
Workhorse 6125	$76841	$22280	$28430	**$37650**	**$41490**	Cummins	6T	359D	18F-9R	124.94	14950	CHA
Workhorse 6125 4WD	$88445	$25650	$32730	**$43340**	**$47760**	Cummins	6T	359D	18F-9R	124.94	16150	CHA
Workhorse 6144	$75746	$21970	$28030	**$37120**	**$40900**	Cummins	6TA	359D	32F-32R	142.56	14200	CHA
Workhorse 6144 4WD	$85862	$24900	$31770	**$42070**	**$46370**	Cummins	6TA	359D	32F-32R	142.56	15300	CHA
Workhorse 6145	$82116	$23810	$30380	**$40240**	**$44340**	Cummins	6TA	359D	18F-9R	142.56	14950	CHA
Workhorse 6145 4WD	$93917	$26940	$34370	**$45520**	**$50170**	Cummins	6TA	359D	18F-9R	142.56	16150	CHA
Workhorse 6175	$93194	$26450	$33740	**$44690**	**$49250**	Cummins	6T	504D	18F-9R	175.47	16300	CHA
Workhorse 6175 4WD	$104682	$29170	$37220	**$49290**	**$54320**	Cummins	6T	504D	18F-9R	175.47	17850	CHA
Workhorse 6195 4WD	$114795	$31900	$40700	**$53900**	**$59400**	Cummins	6TA	504D	18F-9R	200.46	17950	CHA
Workhorse 6215 4WD	$123042	$33350	$42550	**$56350**	**$62100**	Cummins	6TA	504D	18F-9R	215.0	17200	CHA
6410	$32275	$9360	$11940	**$15820**	**$17430**	Cummins	4T	239D	12F-4R	70.0		No
6410 4WD	$38555	$11180	$14270	**$18890**	**$20820**	Cummins	4T	239D	12F-4R	70.0		No
6410 4WD w/cab	$46060	$12760	$16280	**$21560**	**$23760**	Cummins	4T	239D	12F-4R	70.0		CHA
6410 w/cab	$39780	$11540	$14720	**$19490**	**$21480**	Cummins	4T	239D	12F-4R	70.0		CHA
6510	$35165	$10200	$13010	**$17230**	**$18990**	Cummins	4T	239D	12F-4R	85.0		No
6510 4WD	$42850	$12430	$15860	**$21000**	**$23140**	Cummins	4T	239D	12F-4R	85.0		No
6510 4WD w/cab	$50750	$13920	$17760	**$23520**	**$25920**	Cummins	4T	239D	12F-4R	85.0		CHA
6510 w/cab	$43065	$12490	$15930	**$21100**	**$23260**	Cummins	4T	239D	12F-4R	85.0		CHA
6710	$43000	$12470	$15910	**$21070**	**$23220**	Cummins	6T	359D	32F-32R	95.0		No
6710 4WD	$50237	$14570	$18590	**$24620**	**$27130**	Cummins	6T	359D	32F-32R	95.0		No
6710 4WD w/cab	$62385	$17400	$22200	**$29400**	**$32400**	Cummins	6T	359D	32F-32R	95.0		CHA
6710 w/cab	$54832	$15900	$20290	**$26870**	**$29610**	Cummins	6T	359D	32F-32R	95.0		CHA
6810	$51375	$14900	$19010	**$25170**	**$27740**	Cummins	6T	359D	32F-32R	110.0		No
6810 4WD	$60575	$17570	$22410	**$29680**	**$32710**	Cummins	6T	359D	32F-32R	110.0		No
6810 4WD w/cab	$73068	$20300	$25900	**$34300**	**$37800**	Cummins	6T	359D	32F-32R	110.0		CHA
6810 w/cab	$63210	$18330	$23390	**$30970**	**$34130**	Cummins	6T	359D	32F-32R	110.0		CHA
Fieldmaster 8310	$73130	$21940	$27790	**$30720**	**$35100**	Cummins	6T	359D	32F-32R	125.0		CHA
Fieldmaster 8310 4WD	$84310	$24000	$30400	**$33600**	**$38400**	Cummins	6T	359D	32F-32R	125.0		CHA
Fieldmaster 8410	$78680	$23600	$29900	**$33050**	**$37770**	Cummins	6TA	359D	32F-32R	145.0		CHA
Fieldmaster 8410 4WD	$90950	$25500	$32300	**$35700**	**$40800**	Cummins	6TA	359D	32F-32R	145.0		CHA
Fieldmaster 8510 PS	$102555	$30770	$38970	**$43070**	**$49230**	Cummins	6T	505D	18F-6R	160.0		CHA
Fieldmaster 8610 PS	$111700	$33510	$42450	**$46910**	**$53620**	Cummins	6TA	505D	18F-6R	180.0		CHA
Fieldmaster 8710 PS	$121115	$36340	$46020	**$50870**	**$58140**	Cummins	6TA	505D	18F-6R	200.0		CHA
Fieldmaster 8810 PS	$134650	$40400	$51170	**$56550**	**$64630**	Cummins	6TA	505D	18F-6R	225.0		CHA
				1997								
6045	$20750	$6230	$7470	**$10790**	**$12350**	SLH	3	183D		45.0		No
6045 4WD	$26765	$7650	$9180	**$13260**	**$15170**	SLH	3	183D		45.0		No
6065	$27215	$8170	$9800	**$14150**	**$16190**	SLH	4	244D	16F-16R	62.77	5379	No
6065 4WD	$33165	$9330	$11200	**$16170**	**$18510**	SLH	4	244D	16F-16R	62.77	6096	No
6065 4WD w/Cab	$43290	$12000	$14400	**$20800**	**$23800**	SLH	4	244D	16F-16R	62.77	6768	CHA
6065 w/Cab	$37325	$10800	$12960	**$18720**	**$21420**	SLH	4	244D	16F-16R	62.77		CHA
6085	$33965	$9900	$11880	**$17160**	**$19640**	SLH	4T	244D	16F-16R	80.15	6173	No
6085 4WD	$41250	$12000	$14400	**$20800**	**$23800**	SLH	4T	244D	16F-16R	80.15	6779	No
6085 4WD w/Cab	$49320	$14100	$16920	**$24440**	**$27970**	SLH	4T	244D	16F-16R	80.15	7385	CHA
6085 w/Cab	$42030	$12610	$15130	**$21860**	**$25010**	SLH	4T	244D	16F-16R	80.15	6724	CHA
6090	$36710	$11010	$13220	**$19090**	**$21840**	SLH	4T	244D	19F-19R	80.15		No
6090 4WD	$41915	$12000	$14400	**$20800**	**$23800**	SLH	4T	244D	19F-19R	80.15	7831	No
6105	$52785	$15000	$18000	**$26000**	**$29750**	SLH	6	366D	24F-12R	106.34	10013	CHA
6105 4WD	$59315	$17100	$20520	**$29640**	**$33920**	SLH	6	366D	24F-12R	106.34	10759	CHA
Workhorse 6124	$69836	$18860	$24440	**$32130**	**$35620**	Cummins	6T	359D	32F-32R	124.94	14200	CHA
Workhorse 6124 4WD	$80222	$21660	$28080	**$36900**	**$40910**	Cummins	6T	359D	32F-32R	124.94	15300	CHA
Workhorse 6125	$76281	$20600	$26700	**$35090**	**$38900**	Cummins	6T	359D	18F-9R	124.94	14950	CHA
Workhorse 6125 4WD	$88167	$23810	$30860	**$40560**	**$44970**	Cummins	6T	359D	18F-9R	124.94	16150	CHA
Workhorse 6144	$74146	$20020	$25950	**$34110**	**$37810**	Cummins	6TA	359D	32F-32R	142.56	14200	CHA
Workhorse 6144 4WD	$84262	$22750	$29490	**$38760**	**$42970**	Cummins	6TA	359D	32F-32R	142.56	15300	CHA
Workhorse 6145	$81654	$22050	$28580	**$37560**	**$41640**	Cummins	6TA	359D	18F-9R	142.56	14950	CHA
Workhorse 6145 4WD	$93435	$25230	$32700	**$42980**	**$47650**	Cummins	6TA	359D	18F-9R	142.56	16150	CHA
Workhorse 6175	$91594	$24730	$32060	**$42130**	**$46710**	Cummins	6T	504D	18F-9R	175.47	16300	CHA
Workhorse 6175 4WD	$104200	$27000	$35000	**$46000**	**$51000**	Cummins	6T	504D	18F-9R	175.47	17850	CHA
Workhorse 6195 4WD	$113898	$29160	$37800	**$49680**	**$55080**	Cummins	6TA	504D	18F-9R	200.46	17950	CHA
Workhorse 6215 4WD	$121673	$31050	$40250	**$52900**	**$58650**	Cummins	6TA	504D	18F-9R	215.0	17200	CHA
				1996								
6045	$19510	$5460	$6630	**$9950**	**$11410**	SLH	3	183D		45.0		No
6045 4WD	$25320	$6920	$8400	**$12600**	**$14450**	SLH	3	183D		45.0		No
6065	$25705	$7200	$8740	**$13110**	**$15040**	SLH	4	244D	16F-16R	62.77	5379	No
6065 4WD	$31455	$8510	$10340	**$15500**	**$17780**	SLH	4	244D	16F-16R	62.77	6096	No
6065 4WD w/Cab	$41825	$11200	$13600	**$20400**	**$23400**	SLH	4	244D	16F-16R	62.77	6768	CHA
6065 w/Cab	$36065	$10100	$12260	**$18390**	**$21100**	SLH	4	244D	16F-16R	62.77		CHA
6085	$32815	$9190	$11160	**$16740**	**$19200**	SLH	4T	244D	16F-16R	80.15	6173	No
6085 4WD	$39855	$10360	$12580	**$18870**	**$21650**	SLH	4T	244D	16F-16R	80.15	6779	No
6085 4WD w/Cab	$47650	$12600	$15300	**$22950**	**$26330**	SLH	4T	244D	16F-16R	80.15	7385	CHA
6085 w/Cab	$40610	$11370	$13810	**$20710**	**$23760**	SLH	4T	244D	16F-16R	80.15	6724	CHA
6090 HC	$36290	$10160	$12340	**$18510**	**$21230**	SLH	4T	244D	20F-20R	80.15		No
6090 HC 4WD	$42097	$11790	$14310	**$21470**	**$24630**	SLH	4T	244D	20F-20R	80.15	7831	No
6105	$51000	$12750	$16830	**$22440**	**$24990**	SLH	6	366D	24F-12R	106.34	10013	CHA
6105 4WD	$57310	$14330	$18910	**$25220**	**$28080**	SLH	6	366D	24F-12R	106.34	10759	CHA
6105 Auto 4WD	$61565	$15390	$20320	**$27090**	**$30170**	SLH	6	366D	36F-36R	106.34		CHA
Workhorse 6124	$69355	$17340	$22890	**$30520**	**$33980**	Cummins	6T	359D	32F-32R	124.94	14200	CHA

White (Cont.)

1996 (Cont.)

Model	Approx. Retail Price New	Used Trade-In Avg.	Used Trade-In High	Used Retail Avg.	Used Retail High	Engine Make	Engine No. Cyls.	Engine Displ. Cu.-in.	No. Speeds	P.T.O. H.P.	Approx. Shipping Wt.-Lbs.	Cab
Workhorse 6124 4WD	$79440	$19860	$26220	**$34950**	**$38930**	Cummins	6T	359D	32F-32R	124.94	15300	CHA
Workhorse 6125	$74605	$18650	$24620	**$32830**	**$36560**	Cummins	6T	359D	18F-9R	124.94	14950	CHA
Workhorse 6125 4WD	$87155	$21790	$28760	**$38350**	**$42710**	Cummins	6T	359D	18F-9R	124.94	16150	CHA
Workhorse 6144	$73540	$18390	$24270	**$32360**	**$36040**	Cummins	6TA	359D	32F-32R	142.56	14200	CHA
Workhorse 6144 4WD	$83365	$20840	$27510	**$36680**	**$40850**	Cummins	6TA	359D	32F-32R	142.56	15300	CHA
Workhorse 6145	$79725	$19930	$26310	**$35080**	**$39070**	Cummins	6TA	359D	18F-9R	142.56	14950	CHA
Workhorse 6145 4WD	$91185	$22500	$29700	**$39600**	**$44100**	Cummins	6TA	359D	18F-9R	142.56	16150	CHA
Workhorse 6175	$89375	$22000	$29040	**$38720**	**$43120**	Cummins	6T	504D	18F-9R	175.47	16300	CHA
Workhorse 6175 4WD	$101635	$24750	$32670	**$43560**	**$48510**	Cummins	6T	504D	18F-9R	175.47	17850	CHA
Workhorse 6195 4WD	$111450	$26250	$34650	**$46200**	**$51450**	Cummins	6TA	504D	18F-9R	200.46	17950	CHA
Workhorse 6215 4WD	$119460	$27750	$36630	**$48840**	**$54390**	Cummins	6TA	504D	18F-9R	215.0	17200	CHA

1995

Model	Approx. Retail Price New	Used Trade-In Avg.	Used Trade-In High	Used Retail Avg.	Used Retail High	Engine Make	Engine No. Cyls.	Engine Displ. Cu.-in.	No. Speeds	P.T.O. H.P.	Approx. Shipping Wt.-Lbs.	Cab
6065	$24600	$6400	$7870	**$12300**	**$14150**	SLH	4	244D	16F-16R	62.77	5379	No
6065 4WD	$30099	$7830	$9630	**$15050**	**$17310**	SLH	4	244D	16F-16R	62.77	6096	No
6065 4WD w/Cab	$40023	$9880	$12160	**$19000**	**$21850**	SLH	4	244D	16F-16R	62.77	6768	CHA
6085	$31202	$8110	$9990	**$15600**	**$17940**	SLH	4T	244D	12F-12R	80.15	6173	No
6085 4WD	$38138	$9620	$11840	**$18500**	**$21280**	SLH	4T	244D	16F-16R	80.15	6779	No
6085 4WD w/Cab	$45599	$11180	$13760	**$21500**	**$24730**	SLH	4T	244D	16F-16R	80.15	7385	CHA
6085 w/Cab	$38863	$9880	$12160	**$19000**	**$21850**	SLH	4T	244D	16F-16R	80.15	6724	CHA
6090 HC	$34441	$8960	$11020	**$17220**	**$19800**	SLH	4T	244D	20F-20R	80.15	7831	No
6090 HC 4WD	$39997	$10400	$12800	**$20000**	**$23000**	SLH	4T	244D	20F-20R	80.15	7831	No
6105	$50415	$12100	$15630	**$21170**	**$23700**	SLH	6	366D	36F-36R	106.34	10013	CHA
6105 4WD	$57946	$13910	$17960	**$24340**	**$27240**	SLH	6	366D	36F-36R	106.34	10759	CHA
Workhorse 6124	$66096	$15860	$20490	**$27760**	**$31070**	Cummins	6T	359D	32F-32R	124.0	14200	CHA
Workhorse 6124 4WD	$75920	$18220	$23540	**$31890**	**$35680**	Cummins	6T	359D	32F-32R	124.0	15300	CHA
Workhorse 6125	$70576	$16940	$21880	**$29640**	**$33170**	Cummins	6T	359D	18F-9R	124.0	14950	CHA
Workhorse 6125 4WD	$82706	$19440	$25110	**$34020**	**$38070**	Cummins	6T	359D	18F-9R	124.0	16150	CHA
Workhorse 6144	$70176	$16840	$21760	**$29470**	**$32980**	Cummins	6TA	359D	32F-32R	142.0	14200	CHA
Workhorse 6144 4WD	$79750	$19140	$24720	**$33500**	**$37480**	Cummins	6TA	359D	32F-32R	142.0	15300	CHA
Workhorse 6145	$75526	$18130	$23410	**$31720**	**$35500**	Cummins	6TA	359D	18F-9R	142.0	14950	CHA
Workhorse 6145 4WD	$86596	$20780	$26850	**$36370**	**$40700**	Cummins	6TA	359D	18F-9R	142.0	16150	CHA
Workhorse 6175	$84775	$20350	$26280	**$35610**	**$39840**	Cummins	6T	504D	18F-9R	175.0	16300	CHA
Workhorse 6175 4WD	$96266	$22800	$29450	**$39900**	**$44650**	Cummins	6T	504D	18F-9R	175.0	17850	CHA
Workhorse 6195 4WD	$105706	$23760	$30690	**$41580**	**$46530**	Cummins	6TA	504D	18F-9R	200.0	17950	CHA
Workhorse 6215 4WD	$112964	$25680	$33170	**$44940**	**$50290**	Cummins	6TA	504D	18F-9R	215.0	17200	CHA

1994

Model	Approx. Retail Price New	Used Trade-In Avg.	Used Trade-In High	Used Retail Avg.	Used Retail High	Engine Make	Engine No. Cyls.	Engine Displ. Cu.-in.	No. Speeds	P.T.O. H.P.	Approx. Shipping Wt.-Lbs.	Cab
Workhorse 125	$55953	$13990	$17350	**$27420**	**$31610**	Cummins	6T	359D	18F-6R	121.9	12250	CHA
Workhorse 125 4WD	$65000	$16250	$20150	**$31850**	**$36730**	Cummins	6T	359D	18F-6R	121.9	13500	CHA
Workhorse 145	$59635	$14910	$18490	**$29220**	**$33690**	Cummins	6TA	359D	18F-6R	140.3	12250	CHA
Workhorse 145 4WD	$71233	$17500	$21700	**$34300**	**$39550**	Cummins	6TA	359D	18F-6R	140.3	13800	CHA
Workhorse 170	$66728	$16680	$20690	**$32700**	**$37700**	Cummins	6T	504D	18F-6R	165.9	13300	CHA
Workhorse 170 4WD	$77100	$19000	$23560	**$37240**	**$42940**	Cummins	6T	504D	18F-6R	165.9	15400	CHA
Workhorse 195 4WD	$86835	$20750	$25730	**$40670**	**$46900**	Cummins	6TA	504D	18F-6R	192.4	15545	CHA
6065	$23768	$5940	$7370	**$11650**	**$13430**	SLH	4	244D	16F-16R	62.77	5379	No
6065 4WD	$29081	$7000	$8680	**$13720**	**$15820**	SLH	4	244D	16F-16R	62.77	6096	No
6065 4WD w/Cab	$38670	$9250	$11470	**$18130**	**$20910**	SLH	4	244D	16F-16R	62.77	6768	CHA
6085	$30147	$7540	$9350	**$14770**	**$17030**	SLH	4T	244D	12F-12R	80.15	6173	No
6085 4WD	$36848	$8750	$10850	**$17150**	**$19780**	SLH	4T	244D	16F-16R	80.15	6779	No
6085 4WD w/Cab	$44057	$10500	$13020	**$20580**	**$23730**	SLH	4T	244D	16F-16R	80.15	7385	CHA
6085 w/Cab	$37549	$9390	$11640	**$18400**	**$21220**	SLH	4T	244D	16F-16R	80.15	6724	CHA
6090 HC	$38644	$8610	$10680	**$16880**	**$19460**	SLH	4T	244D	20F-20R	80.15	7831	No
6105	$48710	$11200	$14610	**$19480**	**$22410**	SLH	6	366D	36F-36R	106.34	10013	CHA
6105 4WD	$55986	$12880	$16800	**$22390**	**$25750**	SLH	6	366D	36F-36R	106.34	10759	CHA
Workhorse 6124	$63521	$14610	$19060	**$25410**	**$29220**	Cummins	6T	359D	32F-32R	124.0	14200	CHA
Workhorse 6124 4WD	$74169	$17060	$22250	**$29670**	**$34120**	Cummins	6T	359D	32F-32R	124.0	15300	CHA
Workhorse 6125	$67828	$15600	$20350	**$27130**	**$31200**	Cummins	6T	359D	18F-9R	124.0	14950	CHA
Workhorse 6125 4WD	$80050	$18410	$24020	**$32020**	**$36820**	Cummins	6T	359D	18F-9R	124.0	16150	CHA
Workhorse 6144	$67440	$15510	$20230	**$26980**	**$31020**	Cummins	6TA	359D	32F-32R	142.0	14200	CHA
Workhorse 6144 4WD	$80133	$18430	$24040	**$32050**	**$36860**	Cummins	6TA	359D	32F-32R	142.0	15300	CHA
Workhorse 6145	$71938	$16550	$21580	**$28780**	**$33090**	Cummins	6TA	359D	18F-9R	142.0	14950	CHA
Workhorse 6145 4WD	$83412	$18860	$24600	**$32800**	**$37720**	Cummins	6TA	359D	18F-9R	142.0	16150	CHA
Workhorse 6175	$82610	$18490	$24120	**$32160**	**$36980**	Cummins	6T	504D	18F-9R	175.0	16300	CHA
Workhorse 6175 4WD	$93957	$20930	$27300	**$36400**	**$41860**	Cummins	6T	504D	18F-9R	175.0	17850	CHA
Workhorse 6195 4WD	$103164	$22310	$29100	**$38800**	**$44620**	Cummins	6TA	504D	18F-9R	200.0	17950	CHA
Workhorse 6215 4WD	$112813	$24150	$31500	**$42000**	**$48300**	Cummins	6TA	504D	18F-9R	215.0	17250	CHA

1993

Model	Approx. Retail Price New	Used Trade-In Avg.	Used Trade-In High	Used Retail Avg.	Used Retail High	Engine Make	Engine No. Cyls.	Engine Displ. Cu.-in.	No. Speeds	P.T.O. H.P.	Approx. Shipping Wt.-Lbs.	Cab
60	$21200	$5090	$6360	**$10180**	**$11770**	Cummins	4	239D	6F-2R	61.0	6940	No
60 4WD	$26950	$6470	$8090	**$12940**	**$14960**	Cummins	4	239D	6F-2R	61.0	7440	No
60 4WD w/Cab	$33925	$8140	$10180	**$16280**	**$18830**	Cummins	4	239D	6F-2R	61.0		CHA
60 PS 4WD	$28990	$6960	$8700	**$13920**	**$16090**	Cummins	4	239D	18F-6R	61.0	8855	No
60 PS 4WD w/Cab	$35965	$8630	$10790	**$17260**	**$19960**	Cummins	4	239D	18F-6R	61.0		CHA
60 PS w/Cab	$23240	$5580	$6970	**$11160**	**$12900**	Cummins	4	239D	18F-6R	61.0	8855	CHA
60 PS w/Cab	$30215	$7250	$9070	**$14500**	**$16770**	Cummins	4	239D	18F-6R	61.0		CHA
60 w/Cab	$28175	$6760	$8450	**$13520**	**$15640**	Cummins	4	239D	6F-2R	61.0		CHA
80	$24920	$5980	$7480	**$11960**	**$13830**	Cummins	4	239D	6F-2R	81.48	7150	No
80 4WD	$30980	$7440	$9290	**$14870**	**$17190**	Cummins	4	239D	6F-2R	81.48	7650	No
80 4WD w/Cab	$37955	$9110	$11390	**$18220**	**$21070**	Cummins	4	239D	6F-2R	81.48		CHA
80 PS	$26960	$6470	$8090	**$12940**	**$14960**	Cummins	4	239D	18F-6R	81.48		No
80 PS 4WD	$33020	$7930	$9910	**$15850**	**$18330**	Cummins	4	239D	18F-6R	81.48	11340	No
80 PS w/Cab	$33935	$8140	$10180	**$16290**	**$18830**	Cummins	4	239D	18F-3R	81.48		CHA
80 w/Cab	$31895	$7660	$9570	**$15310**	**$17700**	Cummins	4	239D	6F-2R	81.48		CHA

White (Cont.)

1993 (Cont.)

Model	Approx. Retail Price New	Estimated Value Less Repairs: Used Trade-In Avg.	Used Trade-In High	Used Retail Avg.	Used Retail High	Engine Make	Engine No. Cyls.	Engine Displ. Cu.-in.	No. Speeds	P.T.O. H.P.	Approx. Shipping Wt.-Lbs.	Cab
100	$40800	$9790	$12240	$19580	$22640	Cummins	6	359D	18F-6R			CHA
100 4WD	$47945	$11510	$14380	$23010	$26610	Cummins	6	359D	18F-6R			CHA
Workhorse 125	$53145	$12760	$15940	$25510	$29500	Cummins	6T	359D	18F-6R		12250	CHA
Workhorse 125 4WD	$62025	$14890	$18610	$29770	$34420	Cummins	6T	359D	18F-6R			CHA
Workhorse 145	$56780	$13630	$17030	$27250	$31510	Cummins	6TA	359D	18F-6R			CHA
Workhorse 145 4WD	$68260	$16080	$20100	$32160	$37190	Cummins	6TA	359D	18F-6R			CHA
Workhorse 170	$63720	$15290	$19120	$30590	$35370	Cummins	6T	505D	18F-6R			CHA
Workhorse 170 4WD	$73815	$17280	$21600	$34560	$39960	Cummins	6T	505D	18F-6R			CHA
Workhorse 195 4WD	$83280	$19270	$24090	$38540	$44570	Cummins	6TA	505D	18F-6R			CHA
6065	$23768	$5700	$7130	$11410	$13190	SLH	4	244D	16F-16R	62.77	5379	No
6065 4WD	$29081	$6720	$8400	$13440	$15540	SLH	4	244D	16F-16R	62.77	6096	No
6065 4WD w/Cab	$38670	$8640	$10800	$17280	$19980	SLH	4	244D	16F-16R	62.77	6768	CHA
6065 w/Cab	$33163	$7960	$9950	$15920	$18410	SLH	4	244D	12F-12R	62.77	6305	CHA
6085	$30147	$7240	$9040	$14470	$16730	SLH	4T	244D	12F-12R	80.15	6173	No
6085 4WD	$36655	$8540	$10680	$17090	$19760	SLH	4T	244D	12F-12R	80.15	6779	No
6085 4WD	$36848	$8840	$11050	$17690	$20450	SLH	4T	244D	16F-16R	80.15	6779	No
6085 4WD w/Cab	$43862	$10080	$12600	$20160	$23310	SLH	4T	244D	12F-12R	80.15	7385	CHA
6085 4WD w/Cab	$44057	$10320	$12900	$20640	$23870	SLH	4T	244D	16F-16R	80.15	7385	CHA
6085 w/Cab	$37355	$8760	$10950	$17520	$20260	SLH	4T	244D	12F-12R	80.15	6724	CHA
6085 w/Cab	$37549	$9010	$11270	$18020	$20840	SLH	4T	244D	16F-16R	80.15	6724	CHA
6105	$48710	$10720	$14130	$18510	$21920	SLH	6	366D	36F-36R	106.34	10013	CHA
6105 4WD	$55986	$12320	$16240	$21280	$25190	SLH	6	366D	36F-36R	106.34	10759	CHA
Workhorse 6125	$67828	$14920	$19670	$25780	$30520	Cummins	6T	359D	18F-9R	124.0	14950	CHA
Workhorse 6125 4WD	$80050	$17160	$22620	$29640	$35100	Cummins	6T	359D	18F-9R	124.0	16150	CHA
Workhorse 6145	$71938	$15510	$20450	$26790	$31730	Cummins	6TA	359D	18F-9R	142.0	14950	CHA
Workhorse 6145 4WD	$83412	$17820	$23490	$30780	$36450	Cummins	6TA	359D	18F-9R	142.0	16150	CHA
Workhorse 6175	$82610	$17600	$23200	$30400	$36000	Cummins	6T	504D	18F-9R	175.0	16300	CHA
Workhorse 6175 4WD	$93957	$19800	$26100	$34200	$40500	Cummins	6T	504D	18F-9R	175.0	17850	CHA
Workhorse 6195 4WD	$103164	$21560	$28420	$37240	$44100	Cummins	6TA	504D	18F-9R	200.0	17950	CHA

1992

Model	Approx. Retail Price New	Used Trade-In Avg.	Used Trade-In High	Used Retail Avg.	Used Retail High	Engine Make	Engine No. Cyls.	Engine Displ. Cu.-in.	No. Speeds	P.T.O. H.P.	Approx. Shipping Wt.-Lbs.	Cab
60	$20990	$4830	$6090	$9870	$11440	Cummins	4	239D	6F-2R		6940	No
60 4WD	$26680	$6140	$7740	$12540	$14540	Cummins	4	239D	6F-2R		7440	No
60 4WD w/Cab	$33585	$7730	$9740	$15790	$18300	Cummins	4	239D	6F-2R	61.07		CHA
60 PS	$23010	$5290	$6670	$10820	$12540	Cummins	4	239D	18F-6R	61.07	8855	No
60 PS 4WD	$28700	$6600	$8320	$13490	$15640	Cummins	4	239D	18F-6R	61.07	8855	No
60 PS 4WD w/Cab	$35605	$8190	$10330	$16730	$19410	Cummins	4	239D	18F-6R	61.07		CHA
60 PS w/Cab	$29915	$6880	$8680	$14060	$16300	Cummins	4	239D	18F-6R	61.07		CHA
60 w/Cab	$27895	$6420	$8090	$13110	$15200	Cummins	4	239D	6F-2R	61.07		CHA
80	$24672	$5680	$7160	$11600	$13450	Cummins	4	239D	6F-2R		7150	No
80 4WD	$30672	$7060	$8900	$14420	$16720	Cummins	4	239D	6F-2R	81.48	7650	No
80 4WD w/Cab	$37577	$8640	$10900	$17660	$20480	Cummins	4	239D	6F-2R	81.48		CHA
80 PS	$26692	$6140	$7740	$12550	$14550	Cummins	4	239D	18F-6R	81.48		No
80 PS 4WD	$32692	$7520	$9480	$15370	$17820	Cummins	4	239D	18F-6R	81.48	11340	No
80 PS w/Cab	$33597	$7730	$9740	$15790	$18310	Cummins	4	239D	18F-3R	81.48		CHA
80 w/Cab	$31577	$7260	$9160	$14840	$17210	Cummins	4	239D	6F-2R	81.48		CHA
100	$40399	$9290	$11720	$18990	$22020	Cummins	6	359D	18F-6R			CHA
100 4WD	$47469	$10920	$13770	$22310	$25870	Cummins	6	359D	18F-6R			CHA
Workhorse 125	$51110	$11760	$14820	$24020	$27860	Cummins	6T	359D	18F-6R		12250	CHA
Workhorse 125 4WD	$59640	$13720	$17300	$28030	$32500	Cummins	6T	359D	18F-6R			CHA
Workhorse 145	$54595	$12560	$15830	$25660	$29750	Cummins	6TA	359D	18F-6R			CHA
Workhorse 145 4WD	$65635	$15100	$19030	$30850	$35770	Cummins	6TA	359D	18F-6R			CHA
Workhorse 170	$61270	$14090	$17770	$28800	$33390	Cummins	6T	505D	18F-6R			CHA
Workhorse 170 4WD	$70975	$16320	$20580	$33360	$38680	Cummins	6T	505D	18F-6R			CHA
Workhorse 195	$68395	$15730	$19840	$32150	$37280	Cummins	6TA	505D	18F-6R			CHA
Workhorse 195 4WD	$80075	$17480	$22040	$35720	$41420	Cummins	6TA	505D	18F-6R			CHA

1991

Model	Approx. Retail Price New	Used Trade-In Avg.	Used Trade-In High	Used Retail Avg.	Used Retail High	Engine Make	Engine No. Cyls.	Engine Displ. Cu.-in.	No. Speeds	P.T.O. H.P.	Approx. Shipping Wt.-Lbs.	Cab
60	$20990	$4620	$5880	$9660	$11230	Cummins	4	239D	6F-2R		6940	No
60 4WD	$26680	$5870	$7470	$12270	$14270	Cummins	4	239D	6F-2R		7440	No
60 4WD w/Cab	$33585	$7390	$9400	$15450	$17970	Cummins	4	239D	6F-2R	61.07		CHA
60 PS	$23010	$5060	$6440	$10590	$12310	Cummins	4	239D	18F-6R	61.07	8855	No
60 PS 4WD	$28700	$6310	$8040	$13200	$15360	Cummins	4	239D	18F-6R	61.07	8855	No
60 PS 4WD w/Cab	$35605	$7830	$9970	$16380	$19050	Cummins	4	239D	18F-6R	61.07		CHA
60 PS w/Cab	$29915	$6580	$8380	$13760	$16010	Cummins	4	239D	18F-6R	61.07		CHA
60 w/Cab	$27895	$6140	$7810	$12830	$14920	Cummins	4	239D	6F-2R	61.07		CHA
80	$24672	$5430	$6910	$11350	$13200	Cummins	4	239D	6F-2R		7150	No
80 4WD	$30672	$6750	$8590	$14110	$16410	Cummins	4	239D	6F-2R	81.48	7650	No
80 4WD w/Cab	$37577	$8270	$10520	$17290	$20100	Cummins	4	239D	6F-2R	81.48		CHA
80 PS	$26692	$5870	$7470	$12280	$14280	Cummins	4	239D	18F-6R	81.48		No
80 PS 4WD	$32692	$7190	$9150	$15040	$17490	Cummins	4	239D	18F-6R	81.48	11340	No
80 PS w/Cab	$33597	$7390	$9410	$15460	$17970	Cummins	4	239D	18F-3R	81.48		CHA
80 w/Cab	$31577	$6950	$8840	$14530	$16890	Cummins	4	239D	6F-2R	81.48		CHA
100	$39999	$8800	$11200	$18400	$21400	Cummins	6	359D	18F-6R			CHA
100 4WD	$46999	$10340	$13160	$21620	$25140	Cummins	6	359D	18F-6R			CHA
120	$44999	$9900	$12600	$20700	$24070	Cummins	6	359D	18F-6R	119.13		CHA
120 4WD	$52999	$11660	$14840	$24380	$28350	Cummins	6T	359D	18F-6R			CHA
Workhorse 125	$49145	$10810	$13760	$22610	$26290	Cummins	6T	359D	18F-6R		12250	CHA
Workhorse 125 4WD	$57345	$12620	$16060	$26380	$30680	Cummins	6T	359D	18F-6R			CHA
140	$48999	$10780	$13720	$22540	$26210	Cummins	6T	359D	18F-6R	138.53		CHA
140 4WD	$57999	$12230	$15570	$25580	$29750	Cummins	6T	359D	18F-6R			CHA
Workhorse 145	$52495	$11550	$14700	$24150	$28090	Cummins	6TA	359D	18F-6R			CHA
Workhorse 145 4WD	$63110	$13420	$17080	$28060	$32640	Cummins	6TA	359D	18F-6R			CHA
160	$54999	$12100	$15400	$25300	$29420	Cummins	6T	505D	18F-6R	162.47		CHA

White (Cont.)

Model	Approx. Retail Price New	Used Trade-In Avg.	Used Trade-In High	Used Retail Avg.	Used Retail High	Engine Make	Engine No. Cyls.	Engine Displ. Cu.-in.	No. Speeds	P.T.O. H.P.	Approx. Shipping Wt.-Lbs.	Cab
				1991 (Cont.)								
160 4WD	$63999	$13860	$17640	**$28980**	**$33710**	Cummins	6T	505D	18F-6R	162.47		CHA
Workhorse 170	$58915	$12960	$16500	**$27100**	**$31520**	Cummins	6T	505D	18F-6R			CHA
Workhorse 170 4WD	$68245	$14630	$18620	**$30590**	**$35580**	Cummins	6T	505D	18F-6R			CHA
185	$60999	$13420	$17080	**$28060**	**$32630**	Cummins	6TA	505D	18F-6R	187.55		CHA
185 4WD	$69999	$14960	$19040	**$31280**	**$36380**	Cummins	6TA	505D	18F-6R	187.55		CHA
Workhorse 195	$65765	$14080	$17920	**$29440**	**$34240**	Cummins	6TA	505D	18F-6R			CHA
Workhorse 195 4WD	$76995	$15840	$20160	**$33120**	**$38520**	Cummins	6TA	505D	18F-6R			CHA
				1990								
60	$18741	$3940	$5060	**$8430**	**$9840**	Cummins	4	239D	6F-2R		6940	No
60 4WD	$24431	$5130	$6600	**$10990**	**$12830**	Cummins	4	239D	6F-2R		7440	No
60 PS	$20741	$4360	$5600	**$9330**	**$10890**	Cummins	4	239D	18F-6R			No
60 PS 4WD	$26431	$5550	$7140	**$11890**	**$13880**	Cummins	4	239D	18F-6R			No
80	$22029	$4630	$5950	**$9910**	**$11570**	Cummins	4	239D	6F-2R		7150	No
80 4WD	$28029	$5890	$7570	**$12610**	**$14720**	Cummins	4	239D	6F-2R		7650	No
80 PS	$24029	$5050	$6490	**$10810**	**$12620**	Cummins	4	239D	18F-6R			No
80 PS 4WD	$30029	$6310	$8110	**$13510**	**$15770**	Cummins	4	239D	18F-6R			No
100	$39999	$8400	$10800	**$18000**	**$21000**	Cummins	6	359D	18F-6R			CHA
100 4WD	$46999	$9870	$12690	**$21150**	**$24670**	Cummins	6	359D	18F-6R			CHA
120	$44999	$9450	$12150	**$20250**	**$23620**	Cummins	6	359D	18F-6R	119.13		CHA
120 4WD	$52999	$11130	$14310	**$23850**	**$27820**	Cummins	6T	359D	18F-6R			CHA
Workhorse 125	$49145	$10320	$13270	**$22120**	**$25800**	Cummins	6T	359D	18F-6R			CHA
Workhorse 125 4WD	$57345	$11550	$14850	**$24750**	**$28880**	Cummins	6T	359D	18F-6R			CHA
140	$48999	$10290	$13230	**$22050**	**$25720**	Cummins	6T	359D	18F-6R	138.53		CHA
140 4WD	$57999	$11970	$15390	**$25650**	**$29930**	Cummins	6T	359D	18F-6R			CHA
160	$54999	$11550	$14850	**$24750**	**$28870**	Cummins	6T	505D	18F-6R	162.47		CHA
160 4WD	$63999	$13130	$16880	**$28130**	**$32810**	Cummins	6T	505D	18F-6R	162.47		CHA
Workhorse 170	$58915	$12370	$15910	**$26510**	**$30930**	Cummins	6T	505D	18F-6R			CHA
Workhorse 170 4WD	$68245	$13860	$17820	**$29700**	**$34650**	Cummins	6T	505D	18F-6R			CHA
Workhorse 195	$65765	$13520	$17390	**$28980**	**$33810**	Cummins	6TA	505D	18F-6R			CHA
Workhorse 195 4WD	$76995	$15330	$19710	**$32850**	**$38330**	Cummins	6TA	505D	18F-6R			CHA
				1989								
16 Hydro 4WD	$9298	$1910	$2460	**$4090**	**$4790**	Mitsubishi	3	52D	Variable			No
Field Boss 16	$7298	$1500	$1930	**$3210**	**$3760**	Mitsubishi	3	52D	6F-2R			No
Field Boss 16 4WD	$8198	$1680	$2170	**$3610**	**$4220**	Mitsubishi	3	52D	6F-2R			No
Field Boss 16 Hydro	$8098	$1660	$2150	**$3560**	**$4170**	Mitsubishi	3	52D	Variable			No
Field Boss 21	$9068	$1860	$2400	**$3990**	**$4670**	Iseki	3	71D	12F-4R			No
Field Boss 21 4WD	$10157	$2080	$2690	**$4470**	**$5230**	Iseki	3	71D	12F-4R			No
Field Boss 31	$11448	$2350	$3030	**$5040**	**$5900**	Iseki	3	91D	12F-4R			No
Field Boss 31 4WD	$12997	$2660	$3440	**$5720**	**$6690**	Iseki	3	91D	12F-4R			No
Field Boss 37	$13052	$2680	$3460	**$5740**	**$6720**	Isuzu	4	111D	10F-6R			No
Field Boss 37 4WD	$15241	$3120	$4040	**$6710**	**$7850**	Isuzu	4	111D	10F-6R			No
Field Boss 43	$15698	$3220	$4160	**$6910**	**$8080**	Isuzu	4	145D	12F-4R			No
Field Boss 43 4WD	$19298	$3960	$5110	**$8490**	**$9940**	Isuzu	4	145D	12F-4R			No
2-55	$18290	$3750	$4850	**$8050**	**$9420**	Isuzu	4	199D	16F-4R	53.32		No
2-55 4WD	$23006	$4720	$6100	**$10120**	**$11850**	Isuzu	4	199D	16F-4R	53.32		No
2-75 4WD	$31054	$6370	$8230	**$13660**	**$15990**	Isuzu	6	329D	16F-4R	75.39		No
100	$37796	$7750	$10020	**$16630**	**$19470**	Cummins	6	359D	18F-6R	94.36		CHA
100 4WD	$44938	$9210	$11910	**$19770**	**$23140**	Cummins	6	359D	18F-6R			CHA
120	$42780	$8770	$11340	**$18820**	**$22030**	Cummins	6T	359D	18F-6R	119.13		CHA
120 4WD	$50642	$10380	$13420	**$22280**	**$26080**	Cummins	6T	359D	18F-6R			CHA
140	$46895	$9610	$12430	**$20630**	**$24150**	Cummins	6T	359D	18F-6R	138.53		CHA
140 4WD	$56012	$11480	$14840	**$24650**	**$28850**	Cummins	6T	359D	18F-6R			CHA
160	$52831	$10830	$14000	**$23250**	**$27210**	Cummins	6T	505D	18F-6R	162.47		CHA
160 4WD	$61702	$12650	$16350	**$27150**	**$31780**	Cummins	6T	505D	18F-6R	162.47		CHA
185	$58439	$11980	$15490	**$25710**	**$30100**	Cummins	6T	505D	18F-6R	187.55		CHA
185 4WD	$67045	$13330	$17230	**$28600**	**$33480**	Cummins	6T	505D	18F-6R	187.55		CHA
				1988								
16 Hydro 4WD	$9298	$1860	$2420	**$4000**	**$4700**	Mitsubishi	3	52D	Variable			No
Field Boss 16	$7298	$1460	$1900	**$3140**	**$3690**	Mitsubishi	3	52D	6F-2R			No
Field Boss 16 4WD	$8198	$1640	$2130	**$3530**	**$4140**	Mitsubishi	3	52D	6F-2R			No
Field Boss 16 Hydro	$8098	$1620	$2110	**$3480**	**$4090**	Mitsubishi	3	52D	Variable			No
Field Boss 21	$8398	$1680	$2180	**$3610**	**$4240**	Iseki	3	71D	12F-4R			No
Field Boss 21 4WD	$9398	$1880	$2440	**$4040**	**$4750**	Iseki	3	71D	12F-4R			No
Field Boss 31	$10598	$2120	$2760	**$4560**	**$5350**	Iseki	3	91D	12F-4R			No
Field Boss 31 4WD	$11998	$2400	$3120	**$5160**	**$6060**	Iseki	3	91D	12F-4R			No
Field Boss 37	$11998	$2400	$3120	**$5160**	**$6060**	Isuzu	4	111D	10F-6R			No
Field Boss 37 4WD	$13998	$2800	$3640	**$6020**	**$7070**	Isuzu	4	111D	10F-6R			No
Field Boss 43	$15698	$3140	$4080	**$6750**	**$7930**	Isuzu	4	145D	12F-4R			No
Field Boss 43 4WD	$19298	$3860	$5020	**$8300**	**$9750**	Isuzu	4	145D	12F-4R			No
2-55	$18290	$3660	$4760	**$7870**	**$9240**	Isuzu	4	199D	16F-4R	53.32		No
2-55 4WD	$23006	$4600	$5980	**$9890**	**$11620**	Isuzu	4	199D	16F-4R	53.32		No
2-65	$20861	$4170	$5420	**$8970**	**$10540**	Isuzu	4	253D	16F-4R	62.50		No
2-65 4WD	$25334	$5070	$6590	**$10890**	**$12790**	Isuzu	4	253D	16F-4R	62.50		No
2-65HC 4WD Mudder	$26964	$5390	$7010	**$11600**	**$13620**	Isuzu	4	253D	16F-4R			No
2-75	$24805	$4960	$6450	**$10670**	**$12530**	Isuzu	6	329D	16F-4R	75.39		No
2-75 4WD	$31054	$6210	$8070	**$13350**	**$15680**	Isuzu	6	329D	16F-4R	75.39		No
100	$35541	$6040	$8890	**$11020**	**$14220**	Cummins	6	359D	18F-6R	94.36		CHA
100 4WD	$42026	$7140	$10510	**$13030**	**$16810**	Cummins	6	359D	18F-6R			CHA
120	$39865	$6780	$9970	**$12360**	**$15950**	Cummins	6T	359D	18F-6R	119.13		CHA
120 4WD	$46961	$7980	$11740	**$14560**	**$18780**	Cummins	6T	359D	18F-6R			CHA
140	$43606	$7410	$10900	**$13520**	**$17440**	Cummins	6T	359D	18F-6R	138.53		CHA

White (Cont.)

1988 (Cont.)

Model	Approx. Retail Price New	Used Trade-In Avg.	Used Trade-In High	Used Retail Avg.	Used Retail High	Engine Make	Engine No. Cyls.	Engine Displ. Cu.-in.	No. Speeds	P.T.O. H.P.	Approx. Shipping Wt.-Lbs.	Cab
140 4WD	$51874	$8820	$12970	**$16080**	**$20750**	Cummins	6T	359D	18F-6R			CHA
160	$49898	$8480	$12480	**$15470**	**$19960**	Cummins	6T	505D	18F-6R	162.47		CHA
160 4WD	$58014	$9860	$14500	**$17980**	**$23210**	Cummins	6T	505D	18F-6R	162.47		CHA
185	$55463	$9430	$13870	**$17190**	**$22190**	Cummins	6T	505D	18F-6R	187.55		CHA
185 4WD	$63410	$10780	$15850	**$19660**	**$25360**	Cummins	6T	505D	18F-6R	187.55		CHA
4-225 4WD	$75560	$10500	$14000	**$17500**	**$23100**	Cat.	V8T	636D	18F-6R	195.65		CHA
4-270 4WD	$88403	$11700	$15600	**$19500**	**$25740**	Cat.	V8TA	636D	16F-4R	239.25		CHA

1987

Model	Approx. Retail Price New	Used Trade-In Avg.	Used Trade-In High	Used Retail Avg.	Used Retail High	Engine Make	Engine No. Cyls.	Engine Displ. Cu.-in.	No. Speeds	P.T.O. H.P.	Approx. Shipping Wt.-Lbs.	Cab
Field Boss 16	$6300	$1200	$1610	**$2650**	**$3120**	Mitsubishi	3	52D	6F-2R			No
Field Boss 16 4WD	$6950	$1320	$1770	**$2920**	**$3440**	Mitsubishi	3	52D	6F-2R			No
Field Boss 21	$7250	$1380	$1850	**$3050**	**$3590**	Isuzu	3	71D	12F-4R			No
Field Boss 21 4WD	$8100	$1540	$2070	**$3400**	**$4010**	Isuzu	3	71D	12F-4R			No
Field Boss 31	$8950	$1700	$2280	**$3760**	**$4430**	Isuzu	3	91D	12F-4R			No
2-32	$9776	$1860	$2490	**$4110**	**$4840**	Isuzu	4	91D	18F-6R	30.00	2915	No
Field Boss 31 4WD	$10150	$1930	$2590	**$4260**	**$5020**	Isuzu	3	91D	12F-4R			No
2-32 4WD	$11486	$2180	$2930	**$4820**	**$5690**	Isuzu	4	91D	18F-6R	30.00	3135	No
Field Boss 37	$10950	$2080	$2790	**$4600**	**$5420**	Isuzu	4	111D	18F-6R			No
Field Boss 37 4WD	$12730	$2420	$3250	**$5350**	**$6300**	Isuzu	4	111D	18F-6R			No
Field Boss 43	$14700	$2790	$3750	**$6170**	**$7280**	Isuzu	4	145D	12F-4R			No
Field Boss 43 4WD	$17900	$3400	$4570	**$7520**	**$8860**	Isuzu	4	145D	12F-4R			No
2-55	$18530	$3520	$4730	**$7780**	**$9170**	Isuzu	4	199D	16F-4R	53.32	5257	No
2-55 4WD	$23285	$4420	$5940	**$9780**	**$11530**	Isuzu	4	199D	16F-4R	53.32	5807	No
2-65	$21135	$4020	$5390	**$8880**	**$10460**	Isuzu	4	253D	16F-4R	62.50	5499	No
2-65 4WD	$25640	$4870	$6540	**$10770**	**$12690**	Isuzu	4	253D	16F-4R	62.50	5998	No
2-75	$25130	$4780	$6410	**$10560**	**$12440**	Isuzu	6	329D	16F-4R	75.39	6293	No
2-75 4WD	$31430	$5970	$8020	**$13200**	**$15560**	Isuzu	6	329D	16F-4R	75.39	6778	No
2-88	$35900	$5740	$8620	**$11130**	**$14000**	Perkins	6	354D	18F-6R	86.78	11685	CHA
2-88 4WD	$45000	$7200	$10800	**$13950**	**$17550**	Perkins	6	354D	18F-6R	86.78	12835	CHA
2-110	$42975	$6880	$10310	**$13320**	**$16760**	Perkins	6T	354D	18F-6R	110.52	11685	CHA
2-110 4WD	$52000	$8160	$12240	**$15810**	**$19890**	Perkins	6T	354D	18F-6R	110.52	12900	CHA
2-135 Series 3	$51450	$8000	$12000	**$15500**	**$19500**	White	6T	478D	18F-6R	137.64	13550	CHA
2-135 Series 3 4WD	$61280	$9600	$14400	**$18600**	**$23400**	White	6T	478D	18F-6R	137.64	14900	CHA
2-155 Series 3	$57025	$8960	$13440	**$17360**	**$21840**	White	6T	478D	18F-6R	157.43	11250	CHA
2-155 Series 3 4WD	$66710	$10400	$15600	**$20150**	**$25350**	White	6T	478D	18F-6R	157.43	15950	CHA
185 4WD	$74600	$11940	$17900	**$23130**	**$29090**	Cummins	6TA	505D	18F-6R	187.55		CHA
4-225 4WD	$78500	$9520	$12920	**$16320**	**$21760**	Cat.	V8T	636D	18F-6R	195.65	24140	CHA
4-270 4WD	$91800	$11340	$15390	**$19440**	**$25920**	Cat.	V8TA	636D	16F-4R	239.25	30650	CHA

1986

Model	Approx. Retail Price New	Used Trade-In Avg.	Used Trade-In High	Used Retail Avg.	Used Retail High	Engine Make	Engine No. Cyls.	Engine Displ. Cu.-in.	No. Speeds	P.T.O. H.P.	Approx. Shipping Wt.-Lbs.	Cab
2-32	$9776	$1860	$2440	**$4010**	**$4740**	Isuzu	4	91D	18F-6R	28.00	2915	No
2-32 4WD	$11490	$2180	$2870	**$4710**	**$5570**	Isuzu	4	91D	18F-6R	28.00	3135	No
2-55	$17485	$3320	$4370	**$7170**	**$8480**	Isuzu	4	199D	16F-4R	53.32	5072	No
2-55 4WD	$21965	$4170	$5490	**$9010**	**$10650**	Isuzu	4	199D	16F-4R	53.32	5557	No
2-65	$19945	$3790	$4990	**$8180**	**$9670**	Isuzu	4	235D	16F-4R	62.50	5314	No
2-65 4WD	$24190	$4600	$6050	**$9920**	**$11730**	Isuzu	4	235D	16F-4R	62.50	5799	No
2-75	$23710	$3560	$5690	**$7350**	**$9010**	Isuzu	6	329D	16F-4R	75.39	6108	No
2-75 4WD	$29655	$4450	$7120	**$9190**	**$11270**	Isuzu	6	329D	16F-4R	75.39	6593	No
2-88	$35900	$5390	$8620	**$11130**	**$13640**	Perkins	6	354D	18F-6R	86.78	11350	CHA
2-88 4WD	$45000	$6750	$10800	**$13950**	**$17100**	Perkins	6	354D	18F-6R	86.78	12835	CHA
2-110	$42975	$6300	$10080	**$13020**	**$15960**	Perkins	6T	354D	18F-6R	110.52	11685	CHA
2-110 4WD	$52000	$7650	$12240	**$15810**	**$19380**	Perkins	6T	354D	18F-6R	110.52	12900	CHA
2-135 Series 3	$51450	$7720	$12350	**$15950**	**$19550**	White	6T	478D	18F-6R	137.64	13550	CHA
2-135 Series 3 4WD	$61280	$9190	$14710	**$19000**	**$23290**	White	6T	478D	18F-6R	137.64	14900	CHA
2-155 Series 3	$57025	$8550	$13690	**$17680**	**$21670**	White	6T	478D	18F-6R	157.43	14300	CHA
2-155 Series 3 4WD	$66710	$10010	$16010	**$20680**	**$25350**	White	6T	478D	18F-6R	157.43	15950	CHA
2-180 Series 3	$64200	$9630	$15410	**$19900**	**$24400**	Cat.	V8	636D	18F-6R	181.89	16100	CHA
2-180 Series 3 4WD	$73550	$11030	$17650	**$22800**	**$27950**	Cat.	V8	636D	18F-6R	181.89	17500	CHA
4-225 4WD	$78500	$8710	$12060	**$15410**	**$20770**	Cat.	V8T	636D	18F-6R	195.65	23000	CHA
4-270 4WD	$91800	$10140	$14040	**$17940**	**$24180**	Cat.	6T	638D	16F-4R	239.25	26000	CHA

1985

Model	Approx. Retail Price New	Used Trade-In Avg.	Used Trade-In High	Used Retail Avg.	Used Retail High	Engine Make	Engine No. Cyls.	Engine Displ. Cu.-in.	No. Speeds	P.T.O. H.P.	Approx. Shipping Wt.-Lbs.	Cab
2-32	$9280	$1760	$2270	**$3710**	**$4410**	Isuzu	4	91D	18F-6R	30.00	2915	No
2-32 4WD	$11490	$2180	$2820	**$4600**	**$5460**	Isuzu	4	91D	18F-6R	30.00	3135	No
2-55	$17485	$3320	$4280	**$6990**	**$8310**	Isuzu	4	199D	16F-4R	53.32	5072	No
2-55 4WD	$21965	$4170	$5380	**$8790**	**$10430**	Isuzu	4	199D	16F-4R	53.32	5875	No
2-65	$19945	$3790	$4890	**$7980**	**$9470**	Isuzu	4	235D	16F-4R	62.50	5314	No
2-65 4WD	$24190	$4600	$5930	**$9680**	**$11490**	Isuzu	4	235D	16F-4R	62.50	5814	No
2-75	$23710	$4510	$5810	**$9480**	**$11260**	Isuzu	6	329D	16F-4R	75.39	6293	No
2-75 4WD	$29655	$5630	$7270	**$11860**	**$14090**	Isuzu	6	329D	16F-4R	75.39	6778	No
2-88	$36620	$5210	$8260	**$11130**	**$13460**	Perkins	6	354D	18F-6R	86.78	11685	CHA
2-88 4WD	$45900	$6660	$10560	**$14230**	**$17210**	Perkins	6	354D	18F-6R	86.78	12835	CHA
2-110	$42975	$6090	$9660	**$13020**	**$15750**	Perkins	6T	354D	18F-6R	110.52	11685	CHA
2-110 4WD	$52000	$7250	$11500	**$15500**	**$18750**	Perkins	6T	354D	18F-6R	110.52	12900	CHA
2-135 Series 3	$51450	$7460	$11830	**$15950**	**$19290**	White	6T	478D	18F-6R	137.64	13960	CHA
2-135 Series 3 4WD	$61280	$8890	$14090	**$19000**	**$22980**	White	6T	478D	18F-6R	137.64	14900	CHA
2-155 Series 3	$57025	$8270	$13120	**$17680**	**$21380**	White	6T	478D	18F-6R	157.43	15000	CHA
2-155 Series 3 4WD	$66710	$9670	$15340	**$20680**	**$25020**	White	6T	478D	18F-6R	157.43	15950	CHA
2-180 Series 3	$64200	$9310	$14770	**$19900**	**$24080**	Cat.	V8	636D	18F-6R	181.89	16100	CHA
2-180 Series 3 4WD	$73550	$10670	$16920	**$22800**	**$27580**	Cat.	V8	636D	18F-6R	181.89	17500	CHA
4-225 4WD	$78500	$8040	$11390	**$14740**	**$20100**	Cat.	V8T	636D	18F-6R	195.65	23000	CHA
4-270 4WD	$87495	$9120	$12920	**$16720**	**$22800**	Cat.	6T	638D	16F-4R	239.25	26000	CHA

Model	Approx. Retail Price New	Estimated Value Less Repairs Used Trade-In Avg.	Used Trade-In High	Used Retail Avg.	Used Retail High	Engine Make	No. Cyls.	Displ. Cu.-in.	No. Speeds	P.T.O. H.P.	Approx. Shipping Wt.-Lbs.	Cab
White (Cont.)												
				1984								
2-30	$9280	$1760	$2230	**$3620**	**$4320**	Isuzu	3	91D	8F-2R	28.33	2624	No
2-30 4WD	$11025	$2100	$2650	**$4300**	**$5130**	Isuzu	3	91D	8F-2R	28.00	3400	No
2-35	$9750	$1850	$2340	**$3800**	**$4530**	Isuzu	3	108D	8F-2R	32.84	2756	No
2-55	$16935	$3220	$4060	**$6610**	**$7880**	Isuzu	4	199D	16F-4R	53.32	5072	No
2-55 4WD	$21635	$4110	$5190	**$8440**	**$10060**	Isuzu	4	199D	16F-4R	53.32	5875	No
2-65	$19395	$3690	$4660	**$7560**	**$9020**	Isuzu	4	235D	16F-4R	62.50	5314	No
2-65 4WD	$24110	$4580	$5790	**$9400**	**$11210**	Isuzu	4	235D	16F-4R	62.50	5814	No
2-75	$23160	$4400	$5560	**$9030**	**$10770**	Isuzu	6	329D	16F-4R	75.39	6293	No
2-75 4WD	$29105	$5530	$6990	**$11350**	**$13530**	Isuzu	6	329D	16F-4R	75.39	6778	No
2-88	$36620	$5130	$8420	**$11350**	**$13730**	Perkins	6	354D	18F-6R	86.78	11685	CHA
2-88 4WD	$45900	$6430	$10560	**$14230**	**$17210**	Perkins	6	354D	18F-6R	86.78	12835	CHA
2-110	$41925	$5740	$9430	**$12710**	**$15380**	Perkins	6T	354D	18F-6R	110.52	11685	CHA
2-110 4WD	$50430	$6860	$11270	**$15190**	**$18380**	Perkins	6T	354D	18F-6R	110.52	12900	CHA
2-135 Series 3	$49365	$6910	$11350	**$15300**	**$18510**	White	6T	478D	18F-6R	137.64	13960	CHA
2-135 Series 3 4WD	$58865	$8240	$13540	**$18250**	**$22070**	White	6T	478D	18F-6R	137.00	14900	CHA
2-155 Series 3	$54600	$7640	$12560	**$16930**	**$20480**	White	6T	478D	18F-6R	157.43	15000	CHA
2-155 Series 3 4WD	$63915	$8950	$14700	**$19810**	**$23970**	White	6T	478D	18F-6R	157.00	15950	CHA
2-180 Series 3	$61740	$8640	$14200	**$19140**	**$23150**	Cat.	V8	636D	18F-6R	181.89	16100	CHA
2-180 Series 3 4WD	$70720	$9900	$16270	**$21920**	**$26520**	Cat.	V8	636D	18F-6R	181.00	17500	CHA
4-175 4WD	$60130	$6050	$8800	**$11550**	**$15950**	Cat.	V8	636D	18F-6R	151.72	16600	CHA
4-225 4WD	$78500	$7480	$10880	**$14280**	**$19720**	Cat.	V8T	636D	18F-6R	195.65	23000	CHA
4-270 4WD	$85200	$8140	$11840	**$15540**	**$21460**	Cat.	6T	638D	16F-4R	239.25	26000	CHA
4-270 4WD w/3 Pt.	$91465	$8690	$12640	**$16590**	**$22910**	Cat.	6T	638D	16F-4R	239.25	26800	CHA
				1983								
2-30	$9277	$1720	$2230	**$3530**	**$4220**	Isuzu	3	91D	8F-2R	28.33	2624	No
2-30 4WD	$11024	$2040	$2650	**$4190**	**$5020**	Isuzu	3	91D	8F-2R	28.00	3400	No
2-35	$9746	$1800	$2340	**$3700**	**$4430**	Isuzu	3	108D	8F-2R	32.84	2756	No
2-45	$14656	$2710	$3520	**$5570**	**$6670**	Isuzu	4	169D	20F-4R	43.00	5015	No
2-45 4WD	$19772	$3660	$4750	**$7510**	**$9000**	Isuzu	4	169D	20F-4R	43.73	5795	No
2-55	$16708	$3090	$4010	**$6350**	**$7600**	Isuzu	4	199D	16F-4R	53.32	5072	No
2-55 4WD	$21634	$4000	$5190	**$8220**	**$9840**	Isuzu	4	199D	16F-4R	53.32	5875	No
2-62	$17787	$3290	$4270	**$6760**	**$8090**	Isuzu	4	219D	20F-4R	61.00	5269	No
2-62 4WD	$23122	$4280	$5550	**$8790**	**$10520**	Isuzu	4	219D	20F-4R	61.46	6065	No
2-65	$18943	$3500	$4550	**$7200**	**$8620**	Isuzu	4	235D	16F-4R	62.50	5314	No
2-65 4WD	$24110	$4460	$5790	**$9160**	**$10970**	Isuzu	4	235D	16F-4R	62.50	5814	No
2-70	$24283	$4490	$5830	**$9230**	**$11050**	White	6	283D	18F-6R	70.00	7315	No
2-70 4WD	$30090	$5570	$7220	**$11430**	**$13690**	White	6	283D	18F-6R	70.00	8850	No
2-75	$22357	$4140	$5370	**$8500**	**$10170**	Isuzu	6	329D	16F-4R	75.39	6107	No
2-75 4WD	$27947	$5170	$6710	**$10620**	**$12720**	Isuzu	6	329D	16F-4R	75.39	7642	No
2-85	$31474	$5820	$7550	**$11960**	**$14320**	Perkins	6	354D	18F-6R	85.54	11350	CHA
2-85 4WD	$39595	$7330	$9500	**$15050**	**$18020**	Perkins	6	354D	18F-6R	85.00	12500	CHA
2-88	$36618	$5130	$8420	**$11350**	**$13730**	Perkins	6	354D	18F-6R	86.78	11685	CHA
2-88 4WD	$45900	$6430	$10560	**$14230**	**$17210**	Perkins	6	354D	18F-6R	86.78	12835	CHA
2-110	$41718	$5600	$9200	**$12400**	**$15000**	Perkins	6T	354D	18F-6R	110.52	11685	CHA
2-110 4WD	$50184	$6720	$11040	**$14880**	**$18000**	Perkins	6T	354D	18F-6R	110.52	12900	CHA
2-135 Series 3	$47465	$6650	$10920	**$14710**	**$17800**	White	6T	478D	18F-6R	137.64	13960	CHA
2-135 Series 3 4WD	$56600	$7920	$13020	**$17550**	**$21230**	White	6T	478D	18F-6R	137.00	14900	CHA
2-155 Series 3	$52500	$7350	$12080	**$16280**	**$19690**	White	6T	478D	18F-6R	157.43	15000	CHA
2-155 Series 3 4WD	$61460	$8600	$14140	**$19050**	**$23050**	White	6T	478D	18F-6R	157.00	15950	CHA
2-180 Series 3	$59365	$8310	$13650	**$18400**	**$22260**	Cat.	V8	636D	18F-6R	181.89	16100	CHA
2-180 Series 3 4WD	$68000	$9520	$15640	**$21080**	**$25500**	Cat.	V8	636D	18F-6R	181.00	17500	CHA
4-175 4WD	$60126	$6010	$9020	**$12030**	**$16840**	Cat.	V8	636D	18F-6R	151.72	16600	CHA
4-225 4WD	$76010	$7600	$11400	**$15200**	**$21280**	Cat.	V8T	636D	18F-6R	195.65	23000	CHA
4-270 4WD	$84960	$8000	$12000	**$16000**	**$22400**	Cat.	6T	638D	16F-4R	239.25	26000	CHA
4-270 4WD w/3 Pt.	$89410	$8400	$12600	**$16800**	**$23520**	Cat.	6T	638D	16F-4R	239.25	26800	CHA
				1982								
2-110 4WD	$49200	$6020	$9890	**$13330**	**$16130**	Perkins	6T	354D	18F-6R	110.52	12900	CHA
2-30	$9095	$1640	$2230	**$3410**	**$4050**	Isuzu	3	91D	8F-2R	28.33	2624	No
2-30 4WD	$10808	$1950	$2650	**$4050**	**$4810**	Isuzu	3	91D	8F-2R	28.00	3400	No
2-35	$9555	$1720	$2340	**$3580**	**$4250**	Isuzu	3	108D	8F-2R	32.84	2756	No
2-45	$14369	$2590	$3520	**$5390**	**$6390**	Isuzu	4	169D	20F-4R	43.00	5015	No
2-45 4WD	$19398	$3490	$4750	**$7270**	**$8630**	Isuzu	4	169D	20F-4R	43.73	5795	No
2-55	$16380	$2950	$4010	**$6140**	**$7290**	Isuzu	4	199D	16F-4R	53.32	5072	No
2-55 4WD	$21210	$3820	$5200	**$7950**	**$9440**	Isuzu	4	199D	16F-4R	53.32	5875	No
2-62	$17438	$3140	$4270	**$6540**	**$7760**	Isuzu	4	219D	20F-4R	61.00	5269	No
2-62 4WD	$22669	$4080	$5550	**$8500**	**$10090**	Isuzu	4	219D	20F-4R	61.46	6065	No
2-65	$18572	$3340	$4550	**$6970**	**$8270**	Isuzu	4	235D	16F-4R	62.50	5314	No
2-65 4WD	$23637	$4260	$5790	**$8860**	**$10520**	Isuzu	4	235D	16F-4R	62.50	5814	No
2-70	$23807	$4290	$5830	**$8930**	**$10590**	White	6	283D	18F-6R	70.00	7315	No
2-70 4WD	$29500	$5310	$7230	**$11060**	**$13130**	White	6	283D	18F-6R	70.00	8850	No
2-75	$21919	$3950	$5370	**$8220**	**$9750**	Isuzu	6	329D	16F-4R	75.39	6107	No
2-75 4WD	$27399	$4930	$6710	**$10280**	**$12190**	Isuzu	6	329D	16F-4R	75.39	7642	No
2-85	$30857	$5550	$7560	**$11570**	**$13730**	Perkins	6	354D	18F-6R	85.54	11350	CHA
2-85 4WD	$38819	$6990	$9510	**$14560**	**$17270**	Perkins	6	354D	18F-6R	85.00	12500	CHA
2-88	$35900	$5030	$8260	**$11130**	**$13460**	Perkins	6	354D	18F-6R	86.78	11685	CHA
2-88 4WD	$45000	$6300	$10350	**$13950**	**$16880**	Perkins	6	354D	18F-6R	86.78	12835	CHA
2-105	$36360	$4480	$7360	**$9920**	**$12000**	Perkins	6T	354D	18F-6R	105.61	11635	CHA
2-105 4WD	$44322	$5600	$9200	**$12400**	**$15000**	Perkins	6T	354D	18F-6R	105.00	12850	CHA
2-110	$40900	$4760	$7820	**$10540**	**$12750**	Perkins	6T	354D	18F-6R	110.52	11685	CHA
2-135	$41739	$5840	$9600	**$12940**	**$15650**	White	6T	478D	18F-6R	137.64	13960	CHA
2-135 4WD	$50313	$7040	$11570	**$15600**	**$18870**	White	6T	478D	18F-6R	137.00	14900	CHA
2-135 Series 3	$47465	$6650	$10920	**$14710**	**$17800**	White	6T	478D	18F-6R	137.64	14000	CHA

Model	Approx. Retail Price New	Used Trade-In Avg.	Used Trade-In High	Used Retail Avg.	Used Retail High	Engine Make	Engine No. Cyls.	Engine Displ. Cu.-in.	No. Speeds	P.T.O. H.P.	Approx. Shipping Wt.-Lbs.	Cab
White (Cont.)												
				1982 (Cont.)								
2-135 Series 3 4WD	$56600	$7920	$13020	**$17550**	**$21230**	White	6T	478D	18F-6R	137.00	14950	CHA
2-155	$48820	$6840	$11230	**$15130**	**$18310**	White	6T	478D	18F-6R	157.43	14250	CHA
2-155 4WD	$57394	$8040	$13200	**$17790**	**$21520**	White	6T	478D	18F-6R	157.00	15200	CHA
2-155 Series 3	$52500	$7350	$12080	**$16280**	**$19690**	White	6T	478D	18F-6R	157.43	15000	CHA
2-155 Series 3 4WD	$61460	$8600	$14140	**$19050**	**$23050**	White	6T	478D	18F-6R	157.00	15950	CHA
2-180	$55030	$7700	$12660	**$17060**	**$20640**	Cat.	V8	636D	18F-6R	181.89	16000	CHA
2-180 4WD	$63383	$8870	$14580	**$19650**	**$23770**	Cat.	V8	636D	18F-6R	181.00	17500	CHA
2-180 Series 3	$59365	$8310	$13650	**$18400**	**$22260**	Cat.	V8	636D	18F-6R	181.89	16100	CHA
2-180 Series 3 4WD	$68000	$9520	$15640	**$21080**	**$25500**	Cat.	V8	636D	18F-6R	181.00	17500	CHA
4-175 4WD	$53589	$5090	$7500	**$10180**	**$14470**	Cat.	V8	636D	18F-6R	151.69	16600	CHA
4-210 4WD	$70040	$6460	$9520	**$12920**	**$18360**	Cat.	V8	636D	18F-6R	182.44	22320	CHA
4-225 4WD	$75479	$6750	$9940	**$13490**	**$19170**	Cat.	V8T	636D	18F-6R	195.65	23000	CHA
4-270 4WD	$80000	$6940	$10220	**$13870**	**$19710**	Cat.	6T	638D	16F-4R	239.25	26000	CHA
				1981								
2-30	$8000	$1400	$2000	**$2960**	**$3560**	Isuzu	3	91D	8F-2R	28.33	2624	No
2-30 4WD	$8850	$1550	$2210	**$3280**	**$3940**	Isuzu	3	91D	8F-2R	28.00	3400	No
2-35	$9000	$1580	$2250	**$3330**	**$4010**	Isuzu	3	108D	8F-2R	32.84	2756	No
2-45	$10946	$1920	$2740	**$4050**	**$4870**	Isuzu	4	169D	20F-4R	43.00	5015	No
2-45 4WD	$15975	$2800	$3990	**$5910**	**$7110**	Isuzu	4	169D	20F-4R	43.73	5795	No
2-50	$14880	$2600	$3720	**$5510**	**$6620**	Fiat	3	158D	8F-2R	47.00	3800	No
2-50	$15430	$2700	$3860	**$5710**	**$6870**	Fiat	3	158D	12F-3R	47.02	4004	No
2-50 4WD	$19906	$3480	$4980	**$7370**	**$8860**	Fiat	3	158D	8F-2R	47.00	4440	No
2-50 4WD	$20456	$3580	$5110	**$7570**	**$9100**	Fiat	3	158D	12F-3R	47.00	4604	No
2-60	$17843	$3120	$4460	**$6600**	**$7940**	Fiat	4	211D	8F-2R	63.00	4360	No
2-60	$18310	$3200	$4580	**$6780**	**$8150**	Fiat	4	211D	12F-3R	63.22	4456	No
2-60 4WD	$22726	$3980	$5680	**$8410**	**$10110**	Fiat	4	211D	8F-2R	63.00	4694	No
2-60 4WD	$23192	$4060	$5800	**$8580**	**$10320**	Fiat	4	211D	12F-3R	63.00	4900	No
2-62	$16919	$2960	$4230	**$6260**	**$7530**	Isuzu	4	219D	20F-4R	61.00	5269	No
2-62 4WD	$21950	$3840	$5490	**$8120**	**$9770**	Isuzu	4	219D	20F-4R	61.63	6065	No
2-70	$20500	$3590	$5130	**$7590**	**$9120**	White	6	283D	18F-6R	70.00	7315	No
2-70 4WD	$25000	$4380	$6250	**$9250**	**$11130**	White	6	283D	18F-6R	70.00	8850	No
2-85	$25468	$4460	$6370	**$9420**	**$11330**	Perkins	6	354D	18F-6R	85.54	11350	CHA
2-85 4WD	$37290	$6530	$9320	**$13800**	**$16590**	Perkins	6	354D	18F-6R	85.00	12500	CHA
2-105	$30391	$3640	$5720	**$8060**	**$9880**	Perkins	6T	354D	18F-6R	105.61	11635	CHA
2-105 4WD	$37562	$4340	$6820	**$9610**	**$11780**	Perkins	6T	354D	18F-6R	105.00	12850	CHA
2-135	$35930	$4900	$7700	**$10850**	**$13300**	White	6T	478D	18F-6R	137.64	13960	CHA
2-135 4WD	$42601	$5820	$9150	**$12900**	**$15810**	White	6T	478D	18F-6R	137.00	14900	CHA
2-155	$42290	$5880	$9240	**$13020**	**$15960**	White	6T	478D	18F-6R	157.43	13500	CHA
2-155 4WD	$49567	$6860	$10780	**$15190**	**$18620**	White	6T	478D	18F-6R	157.00	15200	CHA
2-180	$52656	$7370	$11580	**$16320**	**$20010**	Cat.	V8	636D	18F-6R	181.89	16000	CHA
2-180 4WD	$59932	$8250	$12960	**$18260**	**$22380**	Cat.	V8	636D	18F-6R	181.00	17500	CHA
4-175 4WD	$50910	$4840	$6870	**$9160**	**$13240**	Cat.	V8	636D	18F-6R	151.69	16600	CHA
4-210 4WD	$66500	$5700	$8100	**$10800**	**$15600**	Cat.	V8	636D	18F-6R	182.44	22320	CHA
				1980								
2-30	$7600	$1290	$1940	**$2810**	**$3380**	Isuzu	3	91D	8F-2R	28.33	2624	No
2-30 4WD	$8408	$1430	$2140	**$3110**	**$3740**	Isuzu	3	91D	8F-2R	28.00	3400	No
2-35	$8550	$1450	$2180	**$3160**	**$3810**	Isuzu	3	108D	8F-2R	32.84	2756	No
2-45	$9500	$1620	$2420	**$3520**	**$4230**	Isuzu	4	169D	20F-4R	43.00	5015	No
2-45 4WD	$10800	$1840	$2750	**$4000**	**$4810**	Isuzu	4	169D	20F-4R	43.73	5795	No
2-50	$12400	$2110	$3160	**$4590**	**$5520**	Fiat	3	158D	8F-2R	47.00	3800	No
2-50	$12858	$2190	$3280	**$4760**	**$5720**	Fiat	3	158D	12F-3R	47.02	4004	No
2-50 4WD	$16589	$2820	$4230	**$6140**	**$7380**	Fiat	3	158D	8F-2R	47.00	4440	No
2-50 4WD	$17047	$2900	$4350	**$6310**	**$7590**	Fiat	3	158D	12F-3R	47.00	4604	No
2-60	$14869	$2530	$3790	**$5500**	**$6620**	Fiat	4	211D	8F-2R	63.00	4360	No
2-60	$15258	$2590	$3890	**$5650**	**$6790**	Fiat	4	211D	12F-3R	63.22	4456	No
2-60 4WD	$18938	$3220	$4830	**$7010**	**$8430**	Fiat	4	211D	8F-2R	63.00	4694	No
2-60 4WD	$19327	$3290	$4930	**$7150**	**$8600**	Fiat	4	211D	12F-3R	63.00	4900	No
2-62	$13900	$2360	$3550	**$5140**	**$6190**	Isuzu	4	219D	20F-4R	61.00	5269	No
2-62 4WD	$18000	$3060	$4590	**$6660**	**$8010**	Isuzu	4	219D	20F-4R	61.46	6065	No
2-70	$15797	$2690	$4030	**$5850**	**$7030**	Waukesha	6	265G	18F-6R	70.00	7023	No
2-70	$17573	$2990	$4480	**$6500**	**$7820**	Waukesha	6	283D	18F-6R	70.00	7315	No
2-70 4WD	$22720	$3860	$5790	**$8410**	**$10110**	Waukesha	6	265G	18F-6R	70.00	8733	No
2-70 4WD	$24079	$4090	$6140	**$8910**	**$10720**	Waukesha	6	283D	18F-6R	70.00	8850	No
2-85	$24557	$4180	$6260	**$9090**	**$10930**	Perkins	6	354D	18F-6R	85.54	11350	CHA
2-85 4WD	$31075	$5280	$7920	**$11500**	**$13830**	Perkins	6	354D	18F-6R	85.00	12500	CHA
2-105	$26345	$3220	$4830	**$7130**	**$8860**	Perkins	6T	354D	6F-2R	105.00	11320	CHA
2-105	$27628	$3440	$5170	**$7630**	**$9470**	Perkins	6T	354D	18F-6R	105.61	11635	CHA
2-105 4WD	$32862	$4030	$6050	**$8930**	**$11090**	Perkins	6T	354D	6F-2R	105.00	12535	CHA
2-105 4WD	$34147	$4200	$6300	**$9300**	**$11550**	Perkins	6T	354D	18F-6R	105.00	12850	CHA
2-135	$30680	$4300	$6440	**$9510**	**$11810**	White	6T	478D	6F-2R	137.00	13645	CHA
2-135	$32664	$4570	$6860	**$10130**	**$12580**	White	6T	478D	18F-6R	137.64	13960	CHA
2-135 4WD	$36744	$5140	$7720	**$11390**	**$14150**	White	6T	478D	6F-2R	137.00	14885	CHA
2-135 4WD	$38728	$5420	$8130	**$12010**	**$14910**	White	6T	478D	18F-6R	137.00	14900	CHA
2-155	$33258	$4660	$6980	**$10310**	**$12800**	White	6T	478D	6F-2R	157.00	13185	CHA
2-155	$35242	$4930	$7400	**$10930**	**$13570**	White	6T	478D	18F-6R	157.43	13500	CHA
2-155 4WD	$39321	$5510	$8260	**$12190**	**$15140**	White	6T	478D	6F-2R	157.00	14885	CHA
2-155 4WD	$41306	$5780	$8670	**$12810**	**$15900**	White	6T	478D	18F-6R	157.00	15200	CHA
2-180	$41895	$5870	$8800	**$12990**	**$16130**	Cat.	V8	636D	6F-2R	181.00	15685	CHA
2-180	$43880	$6140	$9220	**$13600**	**$16890**	Cat.	V8	636D	18F-6R	181.89	16000	CHA
2-180 4WD	$45675	$6400	$9590	**$14160**	**$17590**	Cat.	V8	636D	6F-2R	181.00	17185	CHA
2-180 4WD	$49943	$6990	$10490	**$15480**	**$19230**	Cat.	V8	636D	18F-6R	181.00	17500	CHA
4-175 4WD	$48365	$4470	$6110	**$7990**	**$12220**	Cat.	V8	636D	18F-6R	151.69	16600	CHA

White (Cont.)

Model	Approx. Retail Price New	Estimated Value Less Repairs — Used Trade-In Avg.	Used Trade-In High	Used Retail Avg.	Used Retail High	Engine Make	No. Cyls.	Displ. Cu.-in.	No. Speeds	P.T.O. H.P.	Approx. Shipping Wt.-Lbs.	Cab
				1980 (Cont.)								
4-210 4WD	$63175	$5510	$7540	**$9860**	**$15080**	Cat.	V8	636D	18F-6R	182.44	22320	CHA
				1979								
2-30	$6400	$1090	$1660	**$2370**	**$2850**	Isuzu	3	91D	8F-2R	28.33	2624	No
2-30 4WD	$7500	$1280	$1950	**$2780**	**$3340**	Isuzu	3	91D	8F-2R	28.00	3400	No
2-35	$7700	$1310	$2000	**$2850**	**$3430**	Isuzu	3	108D	8F-2R	32.84	2756	No
2-50	$11273	$1920	$2930	**$4170**	**$5020**	Fiat	3	158D	8F-2R	47.00	3800	No
2-50	$11689	$1990	$3040	**$4330**	**$5200**	Fiat	3	158D	12F-3R	47.02	4004	No
2-50 4WD	$15081	$2560	$3920	**$5580**	**$6710**	Fiat	3	158D	8F-2R	47.00	4440	No
2-50 4WD	$15497	$2630	$4030	**$5730**	**$6900**	Fiat	3	158D	12F-3R	47.00	4604	No
2-60	$13517	$2300	$3510	**$5000**	**$6020**	Fiat	4	211D	8F-2R	63.00	4360	No
2-60	$13871	$2360	$3610	**$5130**	**$6170**	Fiat	4	211D	12F-3R	63.22	4456	No
2-60 4WD	$17216	$2930	$4480	**$6370**	**$7660**	Fiat	4	211D	8F-2R	63.00	4694	No
2-60 4WD	$17570	$2990	$4570	**$6500**	**$7820**	Fiat	4	211D	12F-3R	63.00	4900	No
2-70	$15045	$2560	$3910	**$5570**	**$6700**	Waukesha	6	265G	18F-6R	70.00	7023	No
2-70	$16736	$2850	$4350	**$6190**	**$7450**	Waukesha	6	283D	18F-6R	70.00	7315	No
2-70 4WD	$21638	$3680	$5630	**$8010**	**$9630**	Waukesha	6	265G	18F-6R	70.00	8733	No
2-70 4WD	$22932	$3900	$5960	**$8490**	**$10210**	Waukesha	6	283D	18F-6R	70.00	8850	No
2-85	$23388	$3980	$6080	**$8650**	**$10410**	Perkins	6	354D	18F-6R	85.54	11350	CHA
2-85 4WD	$29595	$5030	$7700	**$10950**	**$13170**	Perkins	6	354D	18F-6R	85.00	12500	CHA
2-105	$26312	$3220	$4830	**$7130**	**$8970**	Perkins	6T	354D	18F-6R	105.61	11635	CHA
2-105 4WD	$32521	$3920	$5880	**$8680**	**$10920**	Perkins	6T	354D	18F-6R	105.00	12850	CHA
2-135	$31109	$4200	$6300	**$9300**	**$11700**	White	6T	478D	18F-6R	137.64	13960	CHA
2-135 4WD	$36884	$5040	$7560	**$11160**	**$14040**	White	6T	478D	18F-6R	137.00	14900	CHA
2-155	$33564	$4700	$7050	**$10410**	**$13090**	White	6T	478D	18F-6R	157.43	13500	CHA
2-155 4WD	$39339	$5510	$8260	**$12200**	**$15340**	White	6T	478D	18F-6R	157.00	15200	CHA
2-180	$41790	$5850	$8780	**$12960**	**$16300**	Cat.	V8	636D	18F-6R	181.89	16000	CHA
2-180 4WD	$47565	$6660	$9990	**$14750**	**$18550**	Cat.	V8	636D	18F-6R	181.00	17500	CHA
4-175 4WD	$45947	$4370	$5740	**$7350**	**$11950**	Cat.	V8	636D	18F-6R	151.69	16600	CHA
4-210 4WD	$60016	$5320	$7000	**$8960**	**$14560**	Cat.	V8	636D	18F-6R	182.44	22320	CHA
				1978								
2-50	$10736	$1830	$2850	**$3970**	**$4780**	Fiat	3	158D	8F-2R	47.00	3800	No
2-50	$11132	$1890	$2950	**$4120**	**$4950**	Fiat	3	158D	12F-3R	47.02	4004	No
2-50 4WD	$14363	$2440	$3810	**$5310**	**$6390**	Fiat	3	158D	8F-2R	47.00	4440	No
2-50 4WD	$14759	$2510	$3910	**$5460**	**$6570**	Fiat	3	158D	12F-3R	47.00	4604	No
2-60	$12873	$2190	$3410	**$4760**	**$5730**	Fiat	4	211D	8F-2R	63.00	4360	No
2-60	$13210	$2250	$3500	**$4890**	**$5880**	Fiat	4	211D	12F-3R	63.22	4566	No
2-60 4WD	$16396	$2790	$4350	**$6070**	**$7300**	Fiat	4	211D	8F-2R	63.00	4694	No
2-60 4WD	$16733	$2850	$4430	**$6190**	**$7450**	Fiat	4	211D	12F-3R	63.00	4900	No
2-70	$14329	$2440	$3800	**$5300**	**$6380**	Waukesha	6	265G	18F-6R	70.00	7023	No
2-70	$15939	$2710	$4220	**$5900**	**$7090**	Waukesha	6	283D	18F-6R	70.00	7315	No
2-70 4WD	$20608	$3500	$5460	**$7630**	**$9170**	Waukesha	6	265G	18F-6R	70.00	8733	No
2-70 4WD	$21840	$3710	$5790	**$8080**	**$9720**	Waukesha	6	283D	18F-6R	70.00	8850	No
2-85	$22274	$3790	$5900	**$8240**	**$9910**	Perkins	6	354D	18F-6R	85.54	11350	CHA
2-85 4WD	$28186	$4790	$7470	**$10430**	**$12540**	Perkins	6	354D	18F-6R	85.00	12500	CHA
2-105	$25059	$3080	$4620	**$6820**	**$8800**	Perkins	6T	354D	18F-6R	105.61	11635	CHA
2-105 4WD	$30972	$3780	$5670	**$8370**	**$10800**	Perkins	6T	354D	18F-6R	105.00	12850	CHA
2-135	$29628	$4150	$6220	**$9190**	**$11850**	White	6T	478D	18F-6R	137.64	13960	CHA
2-135 4WD	$35128	$4920	$7380	**$10890**	**$14050**	White	6T	478D	18F-6R	137.00	14900	CHA
2-155	$31966	$4480	$6710	**$9910**	**$12790**	White	6T	478D	18F-6R	157.43	13500	CHA
2-155 4WD	$37466	$5250	$7870	**$11610**	**$14990**	White	6T	478D	18F-6R	157.00	15200	CHA
2-180	$39800	$5570	$8360	**$12340**	**$15920**	Cat.	V8	636D	18F-6R	181.89	16000	CHA
2-180 4WD	$45300	$6340	$9510	**$14040**	**$18120**	Cat.	V8	636D	18F-6R	181.00	17500	CHA
4-150 4WD	$38711	$3330	$4380	**$5600**	**$9100**	Cat.	V8	636D	18F-6R	151.87	14500	CHA
4-180 4WD	$46330	$3800	$5000	**$6400**	**$10400**	Cat.	V8	636D	12F-4R	181.07	17900	CHA
4-210 4WD	$58816	$5040	$6630	**$8480**	**$13780**	Cat.	V8	636D	18F-6R	182.44	22320	CHA
				1977								
2-50	$10225	$1740	$2760	**$3780**	**$4550**	Fiat	3	158D	8F-2R	47.00	3800	No
2-50	$10602	$1800	$2860	**$3920**	**$4720**	Fiat	3	158D	12F-3R	47.02	4004	No
2-50 4WD	$13679	$2330	$3690	**$5060**	**$6090**	Fiat	3	158D	8F-2R	47.00	4440	No
2-50 4WD	$14056	$2390	$3800	**$5200**	**$6260**	Fiat	3	158D	12F-3R	47.00	4604	No
2-60	$12260	$2080	$3310	**$4540**	**$5460**	Fiat	4	211D	8F-2R	63.00	4360	No
2-60	$12581	$2140	$3400	**$4660**	**$5600**	Fiat	4	211D	12F-3R	63.22	4566	No
2-60 4WD	$15615	$2660	$4220	**$5780**	**$6950**	Fiat	4	211D	8F-2R	63.00	4694	No
2-60 4WD	$15936	$2710	$4300	**$5900**	**$7090**	Fiat	4	211D	12F-3R	63.00	4900	No
2-70	$13647	$2320	$3690	**$5050**	**$6070**	Waukesha	6	265G	18F-6R	70.00	7023	No
2-70	$15180	$2580	$4100	**$5620**	**$6760**	Waukesha	6	283D	18F-6R	70.00	7315	No
2-70 4WD	$19627	$3340	$5300	**$7260**	**$8730**	Waukesha	6	265G	18F-6R	70.00	8733	No
2-70 4WD	$20800	$3540	$5620	**$7700**	**$9260**	Waukesha	6	283D	18F-6R	70.00	8850	No
2-85	$21213	$3610	$5730	**$7850**	**$9440**	Perkins	6	354D	18F-6R	85.54	11350	CHA
2-85 4WD	$26844	$4560	$7250	**$9930**	**$11950**	Perkins	6	354D	18F-6R	85.00	12500	CHA
2-105	$23866	$2940	$4410	**$6510**	**$8510**	Perkins	6T	354D	18F-6R	105.00	11635	CHA
2-105 4WD	$29497	$3640	$5460	**$8060**	**$10530**	Perkins	6T	354D	18F-6R	105.00	12850	CHA
2-135	$28217	$3810	$5710	**$8430**	**$11020**	White	6T	478D	18F-6R	137.64	13960	CHA
2-155	$30444	$4260	$6390	**$9440**	**$12330**	White	6T	478D	18F-6R	157.43	13500	CHA
2-180	$33300	$4660	$6990	**$10320**	**$13490**	Cat.	V8	636D	18F-6R	181.89	16000	CHA
4-150 4WD	$36868	$3140	$4130	**$5280**	**$8580**	Cat.	V8	636D	18F-6R	151.87	14500	CHA
4-180 4WD	$44124	$3710	$4880	**$6240**	**$10140**	Cat.	V8	636D	12F-4R	181.07	17900	CHA
				1976								
2-50	$9580	$1630	$2640	**$3550**	**$4260**	Fiat	3	158D	8F-2R	47.00	3800	No
2-50	$9957	$1690	$2740	**$3680**	**$4430**	Fiat	3	158D	12F-3R	47.02	4004	No

White (Cont.)

Model	Approx. Retail Price New	Estimated Value Less Repairs: Used Trade-In Avg.	Used Trade-In High	Used Retail Avg.	Used Retail High	Engine Make	Engine No. Cyls.	Engine Displ. Cu.-in.	No. Speeds	P.T.O. H.P.	Approx. Shipping Wt.-Lbs.	Cab
1976 (Cont.)												
2-50 4WD	$13380	$2280	$3680	**$4950**	**$5950**	Fiat	3	158D	8F-2R	47.00	4440	No
2-50 4WD	$13757	$2340	$3780	**$5090**	**$6120**	Fiat	3	158D	12F-3R	47.00	4604	No
2-60	$11375	$1930	$3130	**$4210**	**$5060**	Fiat	4	211D	8F-2R	63.00	4360	No
2-60	$11725	$1990	$3220	**$4340**	**$5220**	Fiat	4	211D	12F-3R	63.22	4566	No
2-60 4WD	$14730	$2500	$4050	**$5450**	**$6560**	Fiat	4	211D	8F-2R	63.00	4694	No
2-60 4WD	$15080	$2560	$4150	**$5580**	**$6710**	Fiat	4	211D	12F-3R	63.00	4900	No
2-70	$12965	$2200	$3570	**$4800**	**$5770**	Waukesha	6	265G	18F-6R		7023	No
2-70	$14421	$2450	$3970	**$5340**	**$6420**	Waukesha	6	283D	18F-6R	70.71	7315	No
2-70 4WD	$18646	$3170	$5130	**$6900**	**$8300**	Waukesha	6	265G	18F-6R		8733	No
2-70 4WD	$19760	$3360	$5430	**$7310**	**$8790**	Waukesha	6	283D	18F-6R		8850	No
2-85	$20152	$3430	$5540	**$7460**	**$8970**	Perkins	6	354D	18F-6R	85.54	11350	CHA
2-85 4WD	$25502	$4340	$7010	**$9440**	**$11350**	Perkins	6	354D	18F-6R	85.00	12500	CHA
2-105	$22673	$2940	$4410	**$6510**	**$8610**	Perkins	6T	354D	18F-6R	105.61	11635	CHA
2-105 4WD	$28022	$3640	$5460	**$8060**	**$10660**	Perkins	6T	354D	18F-6R	105.00	12850	CHA
2-135	$26806	$3750	$5630	**$8310**	**$10990**	White	6T	478D	18F-6R	137.64	13960	CHA
2-135 4WD	$30810	$4310	$6470	**$9550**	**$12630**	White	6T	478D	18F-6R	137.00	14900	CHA
2-150	$28412	$3980	$5970	**$8810**	**$11650**	White	6	585D	18F-6R	147.49	15500	CHA
2-155	$28922	$4050	$6070	**$8970**	**$11860**	White	6T	478D	18F-6R	157.43	13500	CHA
4-150 4WD	$34340	$3140	$4130	**$5280**	**$8580**	Cat.	V8	636D	18F-6R	151.87	14500	CH
4-180 4WD	$40970	$3610	$4750	**$6080**	**$9880**	Cat.	V8	636D	12F-4R	181.07	17900	CH
1975												
2-85	$18136	$3080	$5080	**$6710**	**$8020**	Perkins	6	354D	18F-6R	85.54	11350	CHA
2-85 4WD	$22952	$3900	$6430	**$8490**	**$10150**	Perkins	6	354D	18F-6R	85.00	12850	CHA
2-105	$20424	$2860	$4290	**$6330**	**$8480**	Perkins	6T	354D	18F-6R	105.61	11635	CHA
2-105 4WD	$25220	$3530	$5300	**$7820**	**$10470**	Perkins	6T	354D	18F-6R	105.00	13135	CHA
2-150	$25571	$4350	$7160	**$9460**	**$11300**	White	6	585D	18F-6R	147.49	15500	CHA
4-150 4WD	$29950	$2660	$3500	**$4200**	**$7280**	Cat.	V8	636D	18F-6R	151.87	14500	CH
4-180 4WD	$36990	$3140	$4130	**$4950**	**$8580**	Cat.	V8	636D	12F-4R	181.07	17900	CH

Yanmar

Model	Approx. Retail Price New	Used Trade-In Avg.	Used Trade-In High	Used Retail Avg.	Used Retail High	Engine Make	Engine No. Cyls.	Engine Displ. Cu.-in.	No. Speeds	P.T.O. H.P.	Approx. Shipping Wt.-Lbs.	Cab
1989												
YM 122	$4295	$880	$1140	**$1890**	**$2210**	Yanmar	1	33D	6F-3R	12*	829	No
YM 140-2	$6450	$1320	$1710	**$2840**	**$3320**	Yanmar	2	39D	6F-3R	14*	1406	No
YM 140-4 4WD	$6950	$1430	$1840	**$3060**	**$3580**	Yanmar	2	39D	6F-3R	14*	1406	No
YM 146	$5250	$1080	$1390	**$2310**	**$2700**	Yanmar	2	39D	6F-3R	14*	844	No
YM 147-2 PS	$6895	$1410	$1830	**$3030**	**$3550**	Yanmar	2	39D	6F-2R	14*	1421	No
YM 147-4 PS 4WD	$7450	$1530	$1970	**$3280**	**$3840**	Yanmar	2	39D	6F-2R	14*	1522	No
YM 169	$8300	$1700	$2200	**$3650**	**$4280**	Yanmar	3	54D	6F-2R		1190	No
YM 169 D 4WD	$9100	$1870	$2410	**$4000**	**$4690**	Yanmar	3	54D	6F-2R		1279	No
YM 180-2	$7450	$1530	$1970	**$3280**	**$3840**	Yanmar	3	54D	8F-2R	18*	1673	No
YM 180-4 4WD	$8150	$1670	$2160	**$3590**	**$4200**	Yanmar	3	54D	8F-2R	18*	1793	No
YM 187	$7695	$1580	$2040	**$3390**	**$3960**	Yanmar	3	54D	9F-3R	18*	1523	No
YM 220-2	$8250	$1690	$2190	**$3630**	**$4250**	Yanmar	3	69D	8F-2R	22*	2019	No
YM 220-4 4WD	$9195	$1890	$2440	**$4050**	**$4740**	Yanmar	3	69D	8F-2R	22*	2178	No
YM 226-2 PS	$8995	$1840	$2380	**$3960**	**$4630**	Yanmar	3	69D	9F-3R	19.42	2022	No
YM 226-4 PS 4WD	$9945	$2040	$2640	**$4380**	**$5120**	Yanmar	3	69D	9F-3R	19.42	2178	No
YM 276-2 PS	$10295	$1950	$2520	**$4180**	**$4890**	Yanmar	3	86D	12F-4R	23.00	2361	No
YM 276-4 PS 4WD	$11495	$2150	$2780	**$4620**	**$5410**	Yanmar	3	86D	12F-4R	23.00	2393	No
YM 336-2 PS	$12350	$2260	$2920	**$4840**	**$5670**	Yanmar	3	91D	12F-4R	26.98	3039	No
YM 336-4 PS 4WD	$13895	$2540	$3290	**$5450**	**$6380**	Yanmar	3	91D	12F-4R	26.98	3267	No

*** Bare engine HP, PS - Power Shift**

Model	Approx. Retail Price New	Used Trade-In Avg.	Used Trade-In High	Used Retail Avg.	Used Retail High	Engine Make	Engine No. Cyls.	Engine Displ. Cu.-in.	No. Speeds	P.T.O. H.P.	Approx. Shipping Wt.-Lbs.	Cab
1988												
YM 122	$4260	$850	$1110	**$1830**	**$2150**	Yanmar	1	33D	6F-3R	12*	829	No
YM 140-2	$5879	$1180	$1530	**$2530**	**$2970**	Yanmar	2	39D	6F-3R	14*	1406	No
YM 140-4 4WD	$6339	$1270	$1650	**$2730**	**$3200**	Yanmar	2	39D	6F-3R	14*	1406	No
YM 146	$4990	$1000	$1300	**$2150**	**$2520**	Yanmar	2	39D	6F-3R	14*	844	No
YM 147-2 PS	$6282	$1260	$1630	**$2700**	**$3170**	Yanmar	2	39D	6F-2R	14*	1421	No
YM 147-4 PS 4WD	$6786	$1360	$1760	**$2920**	**$3430**	Yanmar	2	39D	6F-2R	14*	1522	No
YM 165-2	$5810	$1160	$1510	**$2500**	**$2930**	Yanmar	2	40D	6F-2R	16*	1011	No
YM 165D 4WD	$6310	$1260	$1640	**$2710**	**$3190**	Yanmar	2	40D	6F-2R	16*	1216	No
YM 169	$7100	$1420	$1850	**$3050**	**$3590**	Yanmar	3	54D	6F-2R		1190	No
YM 169 D 4WD	$7900	$1580	$2050	**$3400**	**$3990**	Yanmar	3	54D	6F-2R		1279	No
YM 180-2	$6545	$1310	$1700	**$2810**	**$3310**	Yanmar	3	54D	8F-2R	18*	1673	No
YM 180-4 4WD	$7205	$1440	$1870	**$3100**	**$3640**	Yanmar	3	54D	8F-2R	18*	1793	No
YM 186-2 PS	$6750	$1350	$1760	**$2900**	**$3410**	Yanmar	3	54D	9F-3R	18*	1412	No
YM 186-4 PS 4WD	$7350	$1470	$1910	**$3160**	**$3710**	Yanmar	3	54D	9F-3R	18*	1538	No
YM 187	$7600	$1520	$1980	**$3270**	**$3840**	Yanmar	3	54D	9F-3R	18*	1523	No
YM 220-2	$7170	$1430	$1860	**$3080**	**$3620**	Yanmar	3	69D	8F-2R	22*	2019	No
YM 220-4 4WD	$7970	$1590	$2070	**$3430**	**$4030**	Yanmar	3	69D	8F-2R	22*	2178	No
YM 226-2 PS	$7851	$1570	$2040	**$3380**	**$3970**	Yanmar	3	69D	9F-3R	19.42	2022	No
YM 226-4 PS 4WD	$8651	$1730	$2250	**$3720**	**$4370**	Yanmar	3	69D	9F-3R	19.42	2178	No
YM 276-2 PS	$9062	$1860	$2420	**$4000**	**$4700**	Yanmar	3	86D	12F-4R	23.00	2361	No
YM 276-4 PS 4WD	$10210	$2060	$2680	**$4430**	**$5210**	Yanmar	3	86D	12F-4R	23.00	2393	No
YM 336-2 PS	$10765	$2150	$2800	**$4630**	**$5440**	Yanmar	3	91D	12F-4R	26.98	3039	No
YM 336-4 PS 4WD	$12165	$2430	$3160	**$5230**	**$6140**	Yanmar	3	91D	12F-4R	26.98	3267	No

*** Bare engine HP, PS - Power Shift**

Model	Approx. Retail Price New	Used Trade-In Avg.	Used Trade-In High	Used Retail Avg.	Used Retail High	Engine Make	Engine No. Cyls.	Engine Displ. Cu.-in.	No. Speeds	P.T.O. H.P.	Approx. Shipping Wt.-Lbs.	Cab
1987												
YM 122	$4260	$810	$1090	**$1790**	**$2110**	Yanmar	1	33D	6F-3R	12*	829	No
YM 140-2	$5879	$1120	$1500	**$2470**	**$2910**	Yanmar	2	39D	6F-3R	14*	1406	No

Yanmar (Cont.)

1987 (Cont.)

Model	Approx. Retail Price New	Used Trade-In Avg.	Used Trade-In High	Used Retail Avg.	Used Retail High	Engine Make	Engine No. Cyls.	Engine Displ. Cu.-in.	No. Speeds	P.T.O. H.P.	Approx. Shipping Wt.-Lbs.	Cab
YM 140-4 4WD	$6339	$1200	$1620	$2660	$3140	Yanmar	2	39D	6F-3R	14*	1406	No
YM 146	$4990	$950	$1270	$2100	$2470	Yanmar	2	39D	6F-3R	14*	844	No
YM 147-2 PS	$6282	$1190	$1600	$2640	$3110	Yanmar	2	39D	6F-2R	14*	1421	No
YM 147-4 PS 4WD	$6786	$1290	$1730	$2850	$3360	Yanmar	2	39D	6F-2R	14*	1522	No
YM 165-2	$5810	$1100	$1480	$2440	$2880	Yanmar	2	40D	6F-2R	16*	1011	No
YM 165D 4WD	$6310	$1200	$1610	$2650	$3120	Yanmar	2	40D	6F-2R	16*	1216	No
YM 169	$7100	$1350	$1810	$2980	$3520	Yanmar	3	54D	6F-2R		1190	No
YM 169 D 4WD	$7900	$1500	$2020	$3320	$3910	Yanmar	3	54D	6F-2R		1279	No
YM 180-2	$6545	$1240	$1670	$2750	$3240	Yanmar	3	54D	8F-2R	18*	1673	No
YM 180-4 4WD	$7205	$1370	$1840	$3030	$3570	Yanmar	3	54D	8F-2R	18*	1793	No
YM 186-2 PS	$6750	$1280	$1720	$2840	$3340	Yanmar	3	54D	9F-3R	18*	1412	No
YM 186-4 PS 4WD	$7350	$1400	$1870	$3090	$3640	Yanmar	3	54D	9F-3R	18*	1538	No
YM 187	$7600	$1440	$1940	$3190	$3760	Yanmar	3	54D	9F-3R	18*	1523	No
YM 220-2	$7170	$1360	$1830	$3010	$3550	Yanmar	3	69D	8F-2R	22*	2019	No
YM 220-4 4WD	$7970	$1510	$2030	$3350	$3950	Yanmar	3	69D	8F-2R	22*	2178	No
YM 226-2 PS	$7851	$1490	$2000	$3300	$3890	Yanmar	3	69D	9F-3R	19.42	2022	No
YM 226-4 PS 4WD	$8651	$1640	$2210	$3630	$4280	Yanmar	3	69D	9F-3R	19.42	2178	No
YM 276-2 PS	$9062	$1740	$2340	$3850	$4540	Yanmar	3	86D	12F-4R	23.00	2361	No
YM 276-4 PS 4WD	$10210	$1930	$2590	$4260	$5020	Yanmar	3	86D	12F-4R	23.00	2393	No
YM 336-2 PS	$10765	$1920	$2580	$4240	$5000	Yanmar	3	91D	12F-4R	26.98	3039	No
YM 336-4 PS 4WD	$12165	$2220	$2980	$4910	$5790	Yanmar	3	91D	12F-4R	26.98	3267	No

* Bare engine HP, PS - Power Shift

1986

Model	Approx. Retail Price New	Used Trade-In Avg.	Used Trade-In High	Used Retail Avg.	Used Retail High	Engine Make	Engine No. Cyls.	Engine Displ. Cu.-in.	No. Speeds	P.T.O. H.P.	Approx. Shipping Wt.-Lbs.	Cab
YM 122	$4260	$810	$1070	$1750	$2070	Yanmar	1	33D	6F-3R	12*	829	No
YM 140-2	$5879	$1120	$1470	$2410	$2850	Yanmar	2	39D	6F-3R	14*	1406	No
YM 140-4 4WD	$6339	$1200	$1590	$2600	$3070	Yanmar	2	39D	6F-3R	14*	1406	No
YM 146	$4990	$950	$1250	$2050	$2420	Yanmar	2	39D	6F-3R	14*	844	No
YM 147-2 PS	$6282	$1190	$1570	$2580	$3050	Yanmar	2	39D	6F-2R	14*	1421	No
YM 147-4 PS 4WD	$6786	$1290	$1700	$2780	$3290	Yanmar	2	39D	6F-2R	14*	1522	No
YM 165-2	$5810	$1100	$1450	$2380	$2820	Yanmar	2	40D	6F-2R	16*	1011	No
YM 165D 4WD	$6310	$1200	$1580	$2590	$3060	Yanmar	2	40D	6F-2R	16*	1216	No
YM 169	$7100	$1350	$1780	$2910	$3440	Yanmar	3	54D	6F-2R		1190	No
YM 169 D 4WD	$7900	$1500	$1980	$3240	$3830	Yanmar	3	54D	6F-2R		1279	No
YM 180-2	$6545	$1240	$1640	$2680	$3170	Yanmar	3	54D	8F-2R	18*	1673	No
YM 180-4 4WD	$7205	$1370	$1800	$2950	$3490	Yanmar	3	54D	8F-2R	18*	1793	No
YM 186-2 PS	$6750	$1280	$1690	$2770	$3270	Yanmar	3	54D	9F-3R	18*	1412	No
YM 186-4 PS 4WD	$7350	$1400	$1840	$3010	$3570	Yanmar	3	54D	9F-3R	18*	1538	No
YM 187	$7600	$1440	$1900	$3120	$3690	Yanmar	3	54D	9F-3R	18*	1523	No
YM 220-2	$7170	$1360	$1790	$2940	$3480	Yanmar	3	69D	8F-2R	22*	2019	No
YM 220-4 4WD	$7970	$1510	$1990	$3270	$3870	Yanmar	3	69D	8F-2R	22*	2178	No
YM 226-2 PS	$7851	$1490	$1960	$3220	$3810	Yanmar	3	69D	9F-3R	19.42	2022	No
YM 226-4 PS 4WD	$8651	$1640	$2160	$3550	$4200	Yanmar	3	69D	9F-3R	19.42	2178	No
YM 276-2 PS	$9062	$1720	$2270	$3720	$4400	Yanmar	3	86D	12F-4R	23.00	2361	No
YM 276-4 PS 4WD	$10210	$1900	$2500	$4100	$4850	Yanmar	3	86D	12F-4R	23.00	2393	No
YM 336-2 PS	$10765	$1870	$2460	$4040	$4780	Yanmar	3	91D	12F-4R	26.98	3039	No
YM 336-4 PS 4WD	$12165	$2200	$2900	$4760	$5630	Yanmar	3	91D	12F-4R	26.98	3267	No

* Bare engine HP, PS - Power Shift

1985

Model	Approx. Retail Price New	Used Trade-In Avg.	Used Trade-In High	Used Retail Avg.	Used Retail High	Engine Make	Engine No. Cyls.	Engine Displ. Cu.-in.	No. Speeds	P.T.O. H.P.	Approx. Shipping Wt.-Lbs.	Cab
YM 122	$4260	$810	$1040	$1700	$2020	Yanmar	1	33D	6F-3R	12*	829	No
YM 140-2	$5879	$1120	$1440	$2350	$2790	Yanmar	2	39D	6F-3R	14*	1406	No
YM 140-4 4WD	$6339	$1200	$1550	$2540	$3010	Yanmar	2	39D	6F-3R	14*	1406	No
YM 146	$4990	$950	$1220	$2000	$2370	Yanmar	2	39D	6F-3R	14*	844	No
YM 147-2 PS	$6282	$1190	$1540	$2510	$2980	Yanmar	2	39D	6F-2R	14*	1421	No
YM 147-4 PS 4WD	$6786	$1290	$1660	$2710	$3220	Yanmar	2	39D	6F-2R	14*	1522	No
YM 165-2	$5810	$1100	$1420	$2320	$2760	Yanmar	2	40D	6F-2R	16*	1011	No
YM 165D 4WD	$6310	$1200	$1550	$2520	$3000	Yanmar	2	40D	6F-2R	16*	1216	No
YM 180-2	$6545	$1240	$1600	$2620	$3110	Yanmar	3	54D	8F-2R	18*	1673	No
YM 180-4 4WD	$7205	$1370	$1770	$2880	$3420	Yanmar	3	54D	8F-2R	18*	1793	No
YM 186-2 PS	$6750	$1280	$1650	$2700	$3210	Yanmar	3	54D	9F-3R	18*	1412	No
YM 186-4 PS 4WD	$7350	$1400	$1800	$2940	$3490	Yanmar	3	54D	9F-3R	18*	1538	No
YM 220-2	$7170	$1360	$1760	$2870	$3410	Yanmar	3	69D	8F-2R	22*	2019	No
YM 220-4 4WD	$7970	$1510	$1950	$3190	$3790	Yanmar	3	69D	8F-2R	22*	2178	No
YM 226-2 PS	$7851	$1490	$1920	$3140	$3730	Yanmar	3	69D	9F-3R	19.42	2022	No
YM 226-4 PS 4WD	$8651	$1640	$2120	$3460	$4110	Yanmar	3	69D	9F-3R	19.42	2178	No
YM 276-2 PS	$9062	$1680	$2170	$3550	$4210	Yanmar	3	86D	12F-4R	23.00	2361	No
YM 276-4 PS 4WD	$10210	$1860	$2400	$3920	$4660	Yanmar	3	86D	12F-4R	23.00	2393	No
YM 336-2 PS	$10765	$1830	$2360	$3860	$4580	Yanmar	3	91D	12F-4R	26.98	3039	No
YM 336-4 PS 4WD	$12165	$2130	$2740	$4480	$5320	Yanmar	3	91D	12F-4R	26.98	3267	No

* Bare engine HP, PS - Power Shift

1984

Model	Approx. Retail Price New	Used Trade-In Avg.	Used Trade-In High	Used Retail Avg.	Used Retail High	Engine Make	Engine No. Cyls.	Engine Displ. Cu.-in.	No. Speeds	P.T.O. H.P.	Approx. Shipping Wt.-Lbs.	Cab
YM 122	$4260	$810	$1020	$1660	$1980	Yanmar	1	33D	6F-3R	12*	829	No
YM 140-2	$5879	$1120	$1410	$2290	$2730	Yanmar	2	39D	6F-3R	14*	1406	No
YM 140-4 4WD	$6339	$1200	$1520	$2470	$2950	Yanmar	2	39D	6F-3R	14*	1406	No
YM 146	$4990	$950	$1200	$1950	$2320	Yanmar	2	39D	6F-3R	14*	844	No
YM 147-2 PS	$6282	$1190	$1510	$2450	$2920	Yanmar	2	39D	6F-2R	14*	1421	No
YM 147-4 PS 4WD	$6786	$1290	$1630	$2650	$3160	Yanmar	2	39D	6F-2R	14*	1522	No
YM 165-2	$5810	$1100	$1390	$2270	$2700	Yanmar	2	40D	6F-2R	16*	1011	No
YM 165D 4WD	$6310	$1200	$1510	$2460	$2930	Yanmar	2	40D	6F-2R	16*	1216	No
YM 180-2	$6545	$1240	$1570	$2550	$3040	Yanmar	3	54D	8F-2R	18*	1673	No
YM 180-4 4WD	$7205	$1370	$1730	$2810	$3350	Yanmar	3	54D	8F-2R	18*	1793	No
YM 186-2 PS	$6750	$1280	$1620	$2630	$3140	Yanmar	3	54D	9F-3R	18*	1412	No

Model	Approx. Retail Price New	Estimated Value Less Repairs: Used Trade-In Avg.	Used Trade-In High	Used Retail Avg.	Used Retail High	Engine Make	Engine No. Cyls.	Engine Displ. Cu.-in.	No. Speeds	P.T.O. H.P.	Approx. Shipping Wt.-Lbs.	Cab
Yanmar (Cont.)												
1984 (Cont.)												
YM 186-4 PS 4WD	$7350	$1400	$1760	$2870	$3420	Yanmar	3	54D	9F-3R	18*	1538	No
YM 220-2	$7170	$1360	$1720	$2800	$3330	Yanmar	3	69D	8F-2R	22*	2019	No
YM 220-4 4WD	$7970	$1510	$1910	$3110	$3710	Yanmar	3	69D	8F-2R	22*	2178	No
YM 226-2 PS	$7851	$1490	$1880	$3060	$3650	Yanmar	3	69D	9F-3R	19.42	2022	No
YM 226-4 PS 4WD	$8651	$1640	$2080	$3370	$4020	Yanmar	3	69D	9F-3R	19.42	2178	No
YM 276-2 PS	$9062	$1610	$2030	$3300	$3940	Yanmar	3	86D	12F-4R	23.00	2361	No
YM 276-4 PS 4WD	$10210	$1820	$2300	$3740	$4460	Yanmar	3	86D	12F-4R	23.00	2393	No
YM 336-2 PS	$10765	$1790	$2260	$3670	$4370	Yanmar	3	91D	12F-4R	26.98	3039	No
YM 336-4 PS 4WD	$12165	$2090	$2640	$4290	$5120	Yanmar	3	91D	12F-4R	26.98	3267	No
* Bare engine HP												
1983												
YM 165	$5605	$1040	$1350	$2130	$2550	Yanmar	2	40D	6F-2R		1011	No
YM 165D 4WD	$7135	$1320	$1710	$2710	$3250	Yanmar	2	40D	6F-2R		1216	No
YM 180	$5995	$1110	$1440	$2280	$2730	Yanmar	3	54D	8F-2R		1523	No
YM 180 D 4WD	$6595	$1220	$1580	$2510	$3000	Yanmar	3	54D	8F-2R		1650	No
YM 186 D 4WD PS	$7135	$1320	$1710	$2710	$3250	Yanmar	3	54D	9F-3R		1435	No
YM 186 PS	$6523	$1210	$1570	$2480	$2970	Yanmar	3	54D	9F-3R		1345	No
YM 220	$6426	$1190	$1540	$2440	$2920	Yanmar	3	69D	8F-2R		1874	No
YM 220 D 4WD	$7273	$1350	$1750	$2760	$3310	Yanmar	3	69D	8F-2R		2026	No
YM 226 D 4WD PS	$7946	$1470	$1910	$3020	$3620	Yanmar	3	69D	9F-3R	19.42	1962	No
YM 226 PS	$7339	$1360	$1760	$2790	$3340	Yanmar	3	69D	9F-3R	19.42	1874	No
YM 276 D 4WD PS	$9425	$1740	$2260	$3580	$4290	Yanmar	3	86D	12F-4R	23.00	2282	No
YM 276 PS	$8303	$1540	$1990	$3160	$3780	Yanmar	3	86D	12F-4R	23.00	2205	No
YM 336 D 4WD PS	$11419	$2040	$2640	$4180	$5010	Yanmar	3	91D	12F-4R	26.98	3091	No
YM 336 PS	$9991	$1760	$2280	$3610	$4320	Yanmar	3	91D	12F-4R	26.98	2854	No
1982												
YM 165	$5495	$990	$1350	$2060	$2450	Yanmar	2	40D	6F-2R		1011	No
YM 165 D	$6995	$1260	$1710	$2620	$3110	Yanmar	2	40D	6F-2R		1216	No
YM 186	$6395	$1150	$1570	$2400	$2850	Yanmar	3	54D	9F-3R		1345	No
YM 186 D	$6995	$1260	$1710	$2620	$3110	Yanmar	3	54D	9F-3R		1435	No
YM 220	$6300	$1130	$1540	$2360	$2800	Yanmar	3	69D	8F-2R		1874	No
YM 220 D	$7130	$1280	$1750	$2670	$3170	Yanmar	3	69D	8F-2R		2026	No
YM 226	$7195	$1300	$1760	$2700	$3200	Yanmar	3	69D	9F-3R	19.42	1874	No
YM 226 D	$7790	$1400	$1910	$2920	$3470	Yanmar	3	69D	9F-3R	19.42	1962	No
YM 276	$8140	$1470	$1990	$3050	$3620	Yanmar	3	86D	12F-4R	23.00	2205	No
YM 276 D	$9240	$1660	$2260	$3470	$4110	Yanmar	3	86D	12F-4R	23.00	2282	No
YM 336	$9795	$1630	$2220	$3390	$4030	Yanmar	3	91D	12F-4R	26.98	2854	No
YM 336 D	$11195	$1910	$2600	$3980	$4720	Yanmar	3	91D	12F-4R	26.98	3091	No
1981												
YM 135	$4250	$740	$1060	$1570	$1890	Yanmar	2	38D	6F-2R		995	No
YM 135 D	$4650	$810	$1160	$1720	$2070	Yanmar	2	38D	6F-2R		1090	No
YM 155	$4750	$830	$1190	$1760	$2110	Yanmar	2	40D	6F-2R		1060	No
YM 155 D	$5200	$910	$1300	$1920	$2310	Yanmar	2	40D	6F-2R		1145	No
YM 165	$4900	$860	$1230	$1810	$2180	Yanmar	2	40D	6F-2R		1011	No
YM 165 D	$5400	$950	$1350	$2000	$2400	Yanmar	2	40D	6F-2R		1216	No
YM 186	$6000	$1050	$1500	$2220	$2670	Yanmar	3	54D	9F-3R		1345	No
YM 186 D	$6400	$1120	$1600	$2370	$2850	Yanmar	3	54D	9F-3R		1435	No
YM 226	$6990	$1220	$1750	$2590	$3110	Yanmar	3	69D	9F-3R	19.42	1874	No
YM 226 D	$7790	$1360	$1950	$2880	$3470	Yanmar	3	69D	9F-3R	19.42	1962	No
YM 240	$6200	$1090	$1550	$2290	$2760	Yanmar	2	70D	8F-2R	19.76	1700	No
YM 240 D	$7100	$1240	$1780	$2630	$3160	Yanmar	2	70D	8F-2R	19.76	1950	No
YM 276	$7900	$1380	$1980	$2920	$3520	Yanmar	3	86D	12F-4R	23.00	2205	No
YM 276 D	$8990	$1570	$2250	$3330	$4000	Yanmar	3	86D	12F-4R	23.00	2282	No
YM 330	$7570	$1330	$1890	$2800	$3370	Yanmar	3	91D	8F-2R		2550	No
YM 330 D	$8900	$1560	$2230	$3290	$3960	Yanmar	3	91D	8F-2R		2890	No
YM 336	$9300	$1580	$2250	$3330	$4010	Yanmar	3	91D	12F-4R	26.98	2854	No
YM 336 D	$10500	$1840	$2630	$3890	$4670	Yanmar	3	91D	12F-4R	26.98	3091	No
1980												
YM 135	$3760	$640	$960	$1390	$1670	Yanmar	2	38D	6F-2R		995	No
YM 135 D	$4151	$710	$1060	$1540	$1850	Yanmar	2	38D	6F-2R		1090	No
YM 155	$4166	$710	$1060	$1540	$1850	Yanmar	2	40D	6F-2R		1060	No
YM 155 D	$4498	$770	$1150	$1660	$2000	Yanmar	2	40D	6F-2R		1145	No
YM 186	$5184	$880	$1320	$1920	$2310	Yanmar	3	54D	9F-3R		1411	No
YM 186 D	$5770	$980	$1470	$2140	$2570	Yanmar	3	54D	9F-3R		1539	No
YM 195	$4982	$850	$1270	$1840	$2220	Yanmar	2	61D	6F-2R		1655	No
YM 195 D	$5617	$960	$1430	$2080	$2500	Yanmar	2	61D	6F-2R		1830	No
YM 240	$5321	$910	$1360	$1970	$2370	Yanmar	2	70D	8F-2R	19.76	1700	No
YM 240 D	$6111	$1040	$1560	$2260	$2720	Yanmar	2	70D	8F-2R	19.76	1950	No
YM 330	$8210	$1280	$1920	$2780	$3340	Yanmar	3	91D	8F-2R		2550	No
YM 330 D	$9425	$1500	$2250	$3270	$3930	Yanmar	3	91D	8F-2R		2890	No
YM 336	$8476	$1440	$2160	$3140	$3770	Yanmar	3	91D	12F-4R	26.98	2854	No
YM 336 D	$9788	$1660	$2500	$3620	$4360	Yanmar	3	91D	12F-4R	26.98	3091	No
1979												
YM 135	$3669	$620	$950	$1360	$1630	Yanmar	2	38D	6F-2R		995	No
YM 135 D	$4052	$690	$1050	$1500	$1800	Yanmar	2	38D	6F-2R		1090	No
YM 155	$4065	$690	$1060	$1500	$1810	Yanmar	2	40D	6F-2R		1060	No
YM 155 D	$4389	$750	$1140	$1620	$1950	Yanmar	2	40D	6F-2R		1145	No
YM 195	$4868	$830	$1270	$1800	$2170	Yanmar	2	61D	6F-2R		1655	No
YM 195 D	$5487	$930	$1430	$2030	$2440	Yanmar	2	61D	6F-2R		1805	No

Model	Approx. Retail Price New	Estimated Value Less Repairs Used Trade-In Avg.	Used Trade-In High	Used Retail Avg.	Used Retail High	Make	Engine No. Cyls.	Displ. Cu.-in.	No. Speeds	P.T.O. H.P.	Approx. Shipping Wt.-Lbs.	Cab
Yanmar (Cont.)												
1979 (Cont.)												
YM 240	$5201	$880	$1350	**$1920**	**$2310**	Yanmar	2	70D	8F-2R	19.76	1700	No
YM 240 D	$5972	$1020	$1550	**$2210**	**$2660**	Yanmar	2	70D	8F-2R	19.76	1950	No
YM 330	$7680	$1270	$1950	**$2770**	**$3330**	Yanmar	3	91D	8F-2R		2550	No
YM 330 D	$8865	$1490	$2280	**$3240**	**$3900**	Yanmar	3	91D	8F-2R		2890	No
1978												
YM 135	$3589	$610	$950	**$1330**	**$1600**	Yanmar	2	38D	6F-2R		995	No
YM 135 D	$3938	$670	$1040	**$1460**	**$1750**	Yanmar	2	38D	6F-2R		1090	No
YM 155	$3875	$660	$1030	**$1430**	**$1720**	Yanmar	2	40D	6F-2R		1060	No
YM 155 D	$4273	$730	$1130	**$1580**	**$1900**	Yanmar	2	40D	6F-2R		1145	No
YM 195	$4569	$780	$1210	**$1690**	**$2030**	Yanmar	2	61D	6F-2R		1655	No
YM 240	$5007	$850	$1330	**$1850**	**$2230**	Yanmar	2	70D	8F-2R	19.76	1700	No
YM 240 D	$5733	$980	$1520	**$2120**	**$2550**	Yanmar	2	70D	8F-2R	19.76	1950	No
YM 330	$7753	$1250	$1950	**$2720**	**$3270**	Yanmar	3	91D	8F-2R		2550	No
YM 330 D	$9025	$1470	$2290	**$3190**	**$3840**	Yanmar	3	91D	8F-2R		2890	No
1977												
YM 135	$3514	$600	$950	**$1300**	**$1560**	Yanmar	2	38D	6F-2R		995	No
YM 135 D	$3863	$660	$1040	**$1430**	**$1720**	Yanmar	2	38D	6F-2R		1090	No
YM 155	$3725	$630	$1010	**$1380**	**$1660**	Yanmar	2	40D	6F-2R		1060	No
YM 155 D	$4123	$700	$1110	**$1530**	**$1840**	Yanmar	2	40D	6F-2R		1145	No
YM 240	$4837	$820	$1310	**$1790**	**$2150**	Yanmar	2	70D	8F-2R	19.76	1700	No
Zetor												
2006												
6421.0 Proxima	$26285	$18400	$19450	**$22080**	**$22870**	Zetor	4	254D	12F-12R	60.0	6740	No
6421.1 Proxima Cab	$33570	$23500	$24840	**$28200**	**$29210**	Zetor	4	254D	12F-12R	60.0	7240	CHA
6441.0 Proxima 4WD	$30000	$21000	$22200	**$25200**	**$26100**	Zetor	4	254D	12F-12R	60.0	7440	No
6441.1 Proxima 4WD Cab	$36140	$25300	$26740	**$30360**	**$31440**	Zetor	4	254D	12F-12R	60.0	7940	CHA
7421.0 Proxima	$28620	$20030	$21180	**$24040**	**$24900**	Zetor	4T	254D	12F-12R	70.0	6810	No
7421.1 Proxima Cab	$36200	$25340	$26790	**$30410**	**$31490**	Zetor	4T	254D	12F-12R	70.0	7310	CHA
7441.0 Proxima 4WD	$30800	$21560	$22790	**$25870**	**$26800**	Zetor	4T	254D	12F-12R	70.0	7510	No
7441.1 Proxima 4WD Cab	$38940	$27260	$28820	**$32710**	**$33880**	Zetor	4T	254D	12F-12R	70.0	7510	CHA
8421.0 Proxima	$30285	$21200	$22410	**$25440**	**$26350**	Zetor	4T	254D	12F-12R	78.0	6940	No
8421.1 Proxima Cab	$38570	$27000	$28540	**$32400**	**$33560**	Zetor	4T	254D	12F-12R	78.0	6940	CHA
8441.0 Proxima 4WD	$33285	$23300	$24630	**$27960**	**$28960**	Zetor	4T	254D	12F-12R	78.0	7660	No
8441.1 Proxima 4WD Cab	$41428	$29000	$30660	**$34800**	**$36040**	Zetor	4T	254D	12F-12R	78.0	8160	CHA
9741.1 Forterra 4WD Cab	$47285	$33100	$34990	**$39720**	**$41140**	Zetor	4T	254D	24F-18R	81.0	9100	CHA
10741.1 Forterra 4WD Cab	$50428	$35300	$37320	**$42360**	**$43870**	Zetor	4TI	254D	24F-18R	91.0	9500	CHA
2005												
4321.0	$18910	$11160	$12100	**$14560**	**$15320**	Zetor	4	239D	10F-2R	56.0	5810	No
4321.1 Cab	$24880	$14680	$15920	**$19160**	**$20150**	Zetor	4	239D	10F-2R	56.0	5810	CH
4341.0 4WD	$21450	$12660	$13730	**$16520**	**$17380**	Zetor	4	239D	10F-10R	56.0	6620	CH
4341.1 4WD Cab	$27840	$16430	$17820	**$21440**	**$22550**	Zetor	4	239D	10F-10R	56.0	6620	CH
6321.0	$21010	$12400	$13450	**$16180**	**$17020**	Zetor	4	239D	10F-2R	62.0	5990	No
6321.1 Cab	$27385	$16160	$17530	**$21090**	**$22180**	Zetor	4	239D	10F-2R	62.0	6830	CHA
6341.0 4WD	$23950	$14130	$15330	**$18440**	**$19400**	Zetor	4	239D	10F-2R	62.0	7800	No
6341.1 4WD Cab	$31110	$18360	$19910	**$23960**	**$25200**	Zetor	4	239D	10F-2R	62.0	7800	CHA
6421.0 Proxima	$26285	$15510	$16820	**$20240**	**$21290**	Zetor	4	254D	12F-12R	60.0	6740	No
6421.1 Proxima Cab	$33570	$19810	$21490	**$25850**	**$27190**	Zetor	4	254D	12F-12R	60.0	7240	CHA
6441.0 Proxima 4WD	$30000	$17700	$19200	**$23100**	**$24300**	Zetor	4	254D	12F-12R	60.0	7440	No
6441.1 Proxima 4WD Cab	$36140	$21320	$23130	**$27830**	**$29270**	Zetor	4	254D	12F-12R	60.0	7940	CHA
7321.0	$23210	$13690	$14850	**$17870**	**$18800**	Zetor	4T	239D	10F-2R	73.0	6950	No
7321.1 Cab	$29420	$17360	$18830	**$22650**	**$23830**	Zetor	4T	239D	10F-10R	73.0	6950	CHA
7341.0 4WD	$26470	$15620	$16940	**$20380**	**$21440**	Zetor	4T	239D	10F-2R	73.0	7960	No
7341.1 4WD Cab	$34220	$20190	$21900	**$26350**	**$27720**	Zetor	4T	239D	10F-10R	73.0	7960	CHA
7421.0 Proxima	$28620	$16890	$18320	**$22040**	**$23180**	Zetor	4T	254D	12F-12R	70.0	6810	No
7421.1 Proxima Cab	$36200	$21360	$23170	**$27870**	**$29320**	Zetor	4T	254D	12F-12R	70.0	7310	CHA
7441.0 Proxima 4WD	$30800	$18170	$19710	**$23720**	**$24950**	Zetor	4T	254D	12F-12R	70.0	7510	No
7441.1 Proxima 4WD Cab	$38940	$22980	$24920	**$29980**	**$31540**	Zetor	4T	254D	12F-12R	70.0	7510	CHA
8421.0 Proxima	$30285	$17870	$19380	**$23320**	**$24530**	Zetor	4T	254D	12F-12R	78.0	6940	No
8421.1 Proxima Cab	$38570	$22760	$24690	**$29700**	**$31240**	Zetor	4T	254D	12F-12R	78.0	6940	CHA
8441.0 Proxima 4WD	$33285	$19640	$21300	**$25630**	**$26960**	Zetor	4T	254D	12F-12R	78.0	7660	No
8441.1 Proxima 4WD Cab	$41428	$24440	$26510	**$31900**	**$33560**	Zetor	4T	254D	12F-12R	78.0	8160	CHA
9741.1 Forterra 4WD Cab	$44500	$26260	$28480	**$34270**	**$36050**	Zetor	4T	254D	24F-18R	81.0	9100	CHA
10741.1 Forterra 4WD Cab	$48900	$28850	$31300	**$37650**	**$39610**	Zetor	4TI	254D	24F-18R	91.0	9500	CHA
2004												
C29 w/Ag Tires	$13995	$7280	$8120	**$10080**	**$10640**	Kukje	3	95D	12F-12R	25.0		No
C35 w/Ag Tires	$14630	$7610	$8490	**$10530**	**$11120**	Kukje	3	110D	12F-12R	31.0		No
C38L w/Ag Tires	$15610	$8120	$9050	**$11240**	**$11860**	Kukje	3	110D	12F-12R	31.0		No
C42L w/Ag Tires	$16610	$8640	$9630	**$11960**	**$12620**	Kukje	3T	110D	12F-12R	40.0		No
C47L w/Ag Tires	$17740	$9230	$10290	**$12770**	**$13480**	Kukje	3	134D	12F-12R	45.0		No
3321.0SR	$16370	$8510	$9500	**$11790**	**$12440**	Zetor	3	164D	10F-2R	43.0	5370	No
3321.1SR	$23150	$12040	$13430	**$16670**	**$17590**	Zetor	3	164D	10F-2R	43.0	6030	CH
3341.0SR 4WD	$20060	$10430	$11640	**$14440**	**$15250**	Zetor	3	164D	10F-10R	43.0	6170	No
3341.1SR 4WD	$25500	$13260	$14790	**$18360**	**$19380**	Zetor	3	164D	10F-10R	43.0	6170	CH
4321.0	$18380	$9560	$10660	**$13230**	**$13970**	Zetor	4	239D	10F-2R	56.0	5810	No
4321.0SR	$18910	$9830	$10970	**$13620**	**$14370**	Zetor	4	239D	10F-2R	56.0	5810	No
4321.0SRS	$18260	$9500	$10590	**$13150**	**$13880**	Zetor	4	239D	10F-2R	56.0	5810	No
4321.1SR	$24880	$12940	$14430	**$17910**	**$18910**	Zetor	4	239D	10F-2R	56.0	5810	CH

Model	Approx. Retail Price New	Estimated Value Less Repairs: Used Trade-In Avg.	Used Trade-In High	Used Retail Avg.	Used Retail High	Engine Make	No. Cyls.	Displ. Cu.-in.	No. Speeds	P.T.O. H.P.	Approx. Shipping Wt.-Lbs.	Cab
Zetor (Cont.)												
				2004 (Cont.)								
4321.0S	$17730	$9220	$10280	**$12770**	**$13480**	Zetor	4	239D	10F-10R	56.0	6470	No
4341.0SR 4WD	$22100	$11490	$12820	**$15910**	**$16800**	Zetor	4	239D	10F-2R	56.0	6620	No
4341.0SRS 4WD	$21450	$11150	$12440	**$15440**	**$16300**	Zetor	4	239D	10F-10R	56.0	6620	CH
4341.1SR 4WD	$27840	$14480	$16150	**$20050**	**$21160**	Zetor	4	239D	10F-10R	56.0	6620	CH
6321.0SR	$21010	$10930	$12190	**$15130**	**$15970**	Zetor	4	239D	10F-2R	62.0	5990	No
6321.1SR	$27385	$14240	$15880	**$19720**	**$20810**	Zetor	4	239D	10F-2R	62.0	6830	CH
6341.0SR 4WD	$23950	$12450	$13890	**$17240**	**$18200**	Zetor	4	239D	10F-2R	62.0	7800	No
6341.1SR 4WD	$31110	$16180	$18040	**$22400**	**$23640**	Zetor	4	239D	10F-2R	62.0	7800	CH
7321.0SR	$23210	$12070	$13460	**$16710**	**$17640**	Zetor	4T	239D	10F-2R	73.0	6950	No
7321.1SR	$29420	$15300	$17060	**$21180**	**$22360**	Zetor	4T	239D	10F-10R	73.0	6950	CH
7341.0SR 4WD	$26470	$13760	$15350	**$19060**	**$20120**	Zetor	4T	239D	10F-2R	73.0	7960	No
7341.1SR 4WD	$34220	$17790	$19850	**$24640**	**$26010**	Zetor	4T	239D	10F-10R	73.0	7960	Yes
9741.1 4WD	$43400	$23000	$26040	**$30380**	**$32550**	Zetor	4T	254D	24F-18R	81.0	9420	CH
10741.1 4WD	$47700	$25280	$28620	**$33390**	**$35780**	Zetor	4TI	254D	24F-18R	91.0	9920	CH
				2003								
3320.0	$16100	$7410	$8530	**$10790**	**$11590**	Zetor	3	164D	10F-2R	43.0	5370	No
3320.2	$18700	$8600	$9910	**$12530**	**$13460**	Zetor	3	164D	10F-2R	43.0	6030	CH
3321.0	$22250	$10240	$11790	**$14910**	**$16020**	Zetor	3	164D	10F-2R	43.0	5370	No
3321.2	$25200	$11590	$13360	**$16880**	**$18140**	Zetor	3	164D	10F-2R	43.0	6030	CH
3340.0 4WD	$19500	$8970	$10340	**$13070**	**$14040**	Zetor	3	164D	10F-2R	43.0	6170	No
3340.2 4WD	$22700	$10440	$12030	**$15210**	**$16340**	Zetor	3	164D	10F-10R	43.0	6170	CH
3341.1 4WD	$20770	$9550	$11010	**$13920**	**$14950**	Zetor	3	164D	10F-10R	43.0	6170	No
3341.1 4WD	$23570	$10840	$12490	**$15790**	**$16970**	Zetor	3	164D	10F-10R	43.0	6170	CH
4320.1	$19400	$8920	$10280	**$13000**	**$13970**	Zetor	4	239D	10F-2R	56.0	5810	No
4321.1	$21960	$10100	$11640	**$14710**	**$15810**	Zetor	4	239D	10F-2R	56.0	5810	No
4321.1	$24830	$11420	$13160	**$16640**	**$17880**	Zetor	4	239D	10F-10R	56.0	6470	CH
4340.0 4WD	$20100	$9250	$10650	**$13470**	**$14470**	Zetor	4	239D	10F-2R	56.0	6620	No
4340.0 4WD	$23970	$11030	$12700	**$16060**	**$17260**	Zetor	4	239D	10F-2R	56.0	6620	CH
4341.0 4WD	$22100	$10170	$11710	**$14810**	**$15910**	Zetor	4	239D	10F-2R	56.0	6620	No
4341.0 4WD	$25470	$11720	$13500	**$17070**	**$18340**	Zetor	4	239D	10F-10R	56.0	6620	CH
6320.0	$21700	$9980	$11500	**$14540**	**$15620**	Zetor	4	239D	10F-2R	62.0	5990	No
6320.0	$22570	$10380	$11960	**$15120**	**$16250**	Zetor	4	239D	10F-10R	62.0	6650	No
6320.0	$24030	$11050	$12740	**$16100**	**$17300**	Zetor	4	239D	10F-10R	62.0	5990	CH
6321.0	$23160	$10650	$12280	**$15520**	**$16680**	Zetor	4	239D	10F-2R	62.0	5990	No
6321.1	$26500	$12190	$14050	**$17760**	**$19080**	Zetor	4	239D	10F-2R	62.0	6830	CH
6340.0 4WD	$27260	$12540	$14450	**$18260**	**$19630**	Zetor	4	239D	10F-2R	62.0	7040	No
6341.0 4WD	$29100	$13390	$15420	**$19500**	**$20950**	Zetor	4	239D	10F-2R	62.0	7800	No
6341.1 4WD	$33675	$15490	$17850	**$22560**	**$24250**	Zetor	4	239D	10F-2R	62.0	7800	CH
7320.0	$24130	$11100	$12790	**$16170**	**$17370**	Zetor	4T	239D	10F-2R	73.0		No
7320.0	$25500	$11730	$13520	**$17090**	**$18360**	Zetor	4T	239D	10F-10R	73.0		CH
7321.0	$26215	$12060	$13890	**$17560**	**$18880**	Zetor	4T	239D	10F-2R	73.0	6950	No
7321.0SR	$27585	$12690	$14620	**$18480**	**$19860**	Zetor	4T	239D	10F-10R	73.0	6950	No
7321.1	$30035	$13820	$15920	**$20120**	**$21630**	Zetor	4T	239D	10F-2R	73.0	6950	CH
7321.1SR	$30905	$14220	$16380	**$20710**	**$22250**	Zetor	4T	239D	10F-10R	73.0	6950	CH
7340.0 4WD	$29680	$13650	$15730	**$19890**	**$21370**	Zetor	4T	239D	10F-2R	73.0		No
7340.0SR 4WD	$30550	$14050	$16190	**$20470**	**$22000**	Zetor	4T	239D	10F-10R	73.0		No
7341.0 4WD	$32635	$15010	$17300	**$21870**	**$23500**	Zetor	4T	239D	10F-2R	73.0	7960	No
7341.0SR 4WD	$33505	$15410	$17760	**$22450**	**$24120**	Zetor	4T	239D	10F-10R	73.0	7960	No
7341.1 4WD	$35835	$16480	$18990	**$24010**	**$25800**	Zetor	4T	239D	10F-2R	73.0	7960	CH
7341.1SR 4WD	$36705	$16880	$19450	**$24590**	**$26430**	Zetor	4T	239D	10F-10R	73.0	7960	CH
8641.1 4WD	$39520	$18100	$21190	**$25040**	**$26960**	Zetor	4T	254D	24F-18R	74.0	8740	CH
9741.1 4WD	$43460	$20430	$23900	**$28250**	**$30420**	Zetor	4T	254D	24F-18R	81.0	9420	CH
10741.1 4WD	$47700	$22420	$26240	**$31010**	**$33390**	Zetor	4TI	254D	24F-18R	91.0	9920	CH
11741.1 4WD	$48260	$22680	$26540	**$31370**	**$33780**	Zetor	4TI	254D	24F-18R	100.0	9920	CH
				2002								
3320.0	$16100	$6600	$7730	**$10140**	**$10950**	Zetor	3	164D	10F-2R	43.0	5370	No
3320.2	$18700	$7670	$8980	**$11780**	**$12720**	Zetor	3	164D	10F-2R	43.0	6030	CH
3340.0 4WD	$19900	$8160	$9550	**$12540**	**$13530**	Zetor	3	164D	10F-2R	43.0	6170	No
3340.0SR 4WD	$20770	$8520	$9970	**$13090**	**$14120**	Zetor	3	164D	10F-10R	43.0	6170	No
3340.2 4WD	$22700	$9310	$10900	**$14300**	**$15440**	Zetor	3	164D	10F-2R	43.0	6830	CH
3340.2SR 4WD	$23570	$9660	$11310	**$14850**	**$16030**	Zetor	3	164D	10F-10R	43.0	6830	CH
4320.0	$19400	$7950	$9310	**$12220**	**$13190**	Zetor	4	239D	10F-2R	56.0	5810	No
4320.0SR	$20270	$8310	$9730	**$12770**	**$13780**	Zetor	4	239D	10F-10R	56.0	6470	No
4321.1	$23960	$9820	$11500	**$15100**	**$16290**	Zetor	4	239D	10F-2R	56.0	6620	CH
4321.1SR	$24830	$10180	$11920	**$15640**	**$16880**	Zetor	4	239D	10F-10R	56.0		CH
4340.0 4WD	$23100	$9470	$11090	**$14550**	**$15710**	Zetor	4	239D	10F-2R	56.0	6810	No
4340.0SR	$23970	$9830	$11510	**$15100**	**$16300**	Zetor	4	239D	10F-10R	56.0	7470	No
4341.0 4WD	$24600	$10090	$11810	**$15500**	**$16730**	Zetor	4	239D	10F-2R	56.0	6620	No
4341.0SR 4WD	$25470	$10440	$12230	**$16050**	**$17320**	Zetor	4	239D	10F-10R	56.0	6620	No
4341.1 4WD	$28200	$11560	$13540	**$17770**	**$19180**	Zetor	4	239D	10F-2R	56.0	7570	CH
4341.1SR 4WD	$29070	$11920	$13950	**$18310**	**$19770**	Zetor	4	239D	10F-10R	56.0	6620	CH
6320.0	$21700	$8900	$10420	**$13670**	**$14760**	Zetor	4	239D	10F-2R	62.0	5990	No
6320.0SR	$22570	$9250	$10830	**$14220**	**$15350**	Zetor	4	239D	10F-10R	62.0	6650	No
6321.0	$23160	$9500	$11120	**$14590**	**$15750**	Zetor	4	239D	10F-2R	62.0	5990	No
6321.0SR	$24030	$9850	$11530	**$15140**	**$16340**	Zetor	4	239D	10F-10R	62.0	5990	No
6321.1	$26500	$10870	$12720	**$16700**	**$18020**	Zetor	4	239D	10F-2R	62.0	6830	CH
6321.1SR	$27370	$11220	$13140	**$17240**	**$18610**	Zetor	4	239D	10F-10R	62.0	5990	CH
6340.0 4WD	$27260	$11180	$13090	**$17170**	**$18540**	Zetor	4	239D	10F-2R	62.0	7040	No
6340.0SR	$28130	$11530	$13500	**$17720**	**$19130**	Zetor	4	239D	10F-10R	62.0	7710	No
6341.0 4WD	$29100	$11930	$13970	**$18330**	**$19790**	Zetor	4	239D	10F-2R	62.0	7800	No
6341.0SR 4WD	$29970	$12290	$14390	**$18880**	**$20380**	Zetor	4	239D	10F-10R	62.0	7800	No
6341.1 4WD	$33675	$13810	$16160	**$21220**	**$22900**	Zetor	4	239D	10F-2R	62.0	7800	CH

Zetor (Cont.)

Model	Approx. Retail Price New	Estimated Value Less Repairs Used Trade-In Avg.	Used Trade-In High	Used Retail Avg.	Used Retail High	Make	Engine No. Cyls.	Engine Displ. Cu.-in.	No. Speeds	P.T.O. H.P.	Approx. Shipping Wt.-Lbs.	Cab
2002 (Cont.)												
6341.1SR 4WD	$34545	$14160	$16580	$21760	$23490	Zetor	4	239D	10F-10R	62.0	7800	CH
7320.0	$24130	$9890	$11580	$15200	$16410	Zetor	4T	239D	10F-2R	73.0		No
7320.0SR	$25000	$10250	$12000	$15750	$17000	Zetor	4T	239D	10F-10R	73.0		No
7321.0	$26715	$10950	$12820	$16830	$18170	Zetor	4T	239D	10F-2R	73.0	6950	No
7321.0SR	$27585	$11310	$13240	$17380	$18760	Zetor	4T	239D	10F-10R	73.0	6950	No
7321.1	$30035	$12310	$14420	$18920	$20420	Zetor	4T	239D	10F-2R	73.0	6950	CH
7321.1SR	$30905	$12670	$14830	$19470	$21020	Zetor	4T	239D	10F-10R	73.0	6950	CH
7340.0 4WD	$29680	$12170	$14250	$18700	$20180	Zetor	4T	239D	10F-2R	73.0		No
7340.0SR 4WD	$30550	$12530	$14660	$19250	$20770	Zetor	4T	239D	10F-10R	73.0		No
7341.0 4WD	$32635	$13380	$15670	$20560	$22190	Zetor	4T	239D	10F-2R	73.0	7960	No
7341.0SR 4WD	$33505	$13740	$16080	$21110	$22780	Zetor	4T	239D	10F-10R	73.0	7960	No
7341.1 4WD	$35835	$14690	$17200	$22580	$24370	Zetor	4T	239D	10F-2R	73.0	7960	CH
7341.1SR 4WD	$36705	$15050	$17620	$23120	$24960	Zetor	4T	239D	10F-10R	73.0	7960	CH
8641.1 4WD	$39520	$16180	$19260	$23110	$25040	Zetor	4T	254D	24F-18R	74.0	8740	CH
9641.1 4WD	$42650	$17910	$21330	$25590	$27720	Zetor	4T	254D	24F-18R	83.0	9420	CH
10641.1	$49360	$20730	$24680	$29620	$32080	Zetor	4TI	254D	24F-18R	94.0	9920	CH
2001												
3320.0	$16100	$5960	$7080	$9500	$10300	Zetor	3	164D	10F-2R	43.0	5370	No
3320.2	$18700	$6920	$8230	$11030	$11970	Zetor	3	164D	10F-2R	43.0	6030	CH
3340.0 4WD	$19900	$7360	$8760	$11740	$12740	Zetor	3	164D	10F-2R	43.0	6170	No
3340.0SR 4WD	$20770	$7690	$9140	$12250	$13290	Zetor	3	164D	10F-10R	43.0	6170	No
3340.2 4WD	$22700	$8400	$9990	$13390	$14530	Zetor	3	164D	10F-2R	43.0	6830	CH
3340.2SR 4WD	$23570	$8720	$10370	$13910	$15090	Zetor	3	164D	10F-10R	43.0	6830	CH
4320.0	$19400	$7180	$8540	$11450	$12420	Zetor	4	239D	10F-2R	56.0	5810	No
4320.0SR	$20270	$7500	$8920	$11960	$12970	Zetor	4	239D	10F-10R	56.0	6470	No
4321.1	$23960	$8870	$10540	$14140	$15330	Zetor	4	239D	10F-2R	56.0	6620	CH
4321.1SR	$24830	$9190	$10930	$14650	$15890	Zetor	4	239D	10F-10R	56.0		CH
4340.0 4WD	$23100	$8550	$10160	$13630	$14780	Zetor	4	239D	10F-2R	56.0	6810	No
4340.0SR	$23970	$8870	$10550	$14140	$15340	Zetor	4	239D	10F-10R	56.0	7470	No
4341.0 4WD	$24600	$9100	$10820	$14510	$15740	Zetor	4	239D	10F-2R	56.0	6620	No
4341.0SR 4WD	$25470	$9420	$11210	$15030	$16300	Zetor	4	239D	10F-10R	56.0	6620	No
4341.1 4WD	$28200	$10430	$12410	$16640	$18050	Zetor	4	239D	10F-2R	56.0	7570	CH
4341.1SR 4WD	$29070	$10760	$12790	$17150	$18610	Zetor	4	239D	10F-10R	56.0	6620	CH
6320.0	$21700	$8030	$9550	$12800	$13890	Zetor	4	239D	10F-2R	62.0	5990	No
6320.0SR	$22570	$8350	$9930	$13320	$14450	Zetor	4	239D	10F-10R	62.0	6650	No
6321.0	$23160	$8570	$10190	$13660	$14820	Zetor	4	239D	10F-2R	62.0	5990	No
6321.0SR	$24030	$8890	$10570	$14180	$15380	Zetor	4	239D	10F-10R	62.0	5990	No
6321.1	$26500	$9810	$11660	$15640	$16960	Zetor	4	239D	10F-2R	62.0	6830	CH
6321.1SR	$27370	$10130	$12040	$16150	$17520	Zetor	4	239D	10F-10R	62.0	5990	CH
6340.0 4WD	$27260	$10090	$11990	$16080	$17450	Zetor	4	239D	10F-2R	62.0	7040	No
6340.0SR	$28130	$10410	$12380	$16600	$18000	Zetor	4	239D	10F-10R	62.0	7710	No
6341.0 4WD	$29100	$10770	$12800	$17170	$18620	Zetor	4	239D	10F-2R	62.0	7800	No
6341.0SR 4WD	$29970	$11090	$13190	$17680	$19180	Zetor	4	239D	10F-10R	62.0	7800	No
6341.1 4WD	$33675	$12460	$14820	$19870	$21550	Zetor	4	239D	10F-2R	62.0	7800	CH
6341.1SR 4WD	$34545	$12780	$15200	$20380	$22110	Zetor	4	239D	10F-10R	62.0	7800	CH
7320.0	$24130	$8930	$10620	$14240	$15440	Zetor	4T	239D	10F-2R	73.0		No
7320.0SR	$25000	$9250	$11000	$14750	$16000	Zetor	4T	239D	10F-10R	73.0		No
7321.0	$26715	$9890	$11760	$15760	$17100	Zetor	4T	239D	10F-2R	73.0	6950	No
7321.0SR	$27585	$10210	$12140	$16280	$17650	Zetor	4T	239D	10F-10R	73.0	6950	No
7321.1	$30035	$11110	$13220	$17720	$19220	Zetor	4T	239D	10F-2R	73.0	6950	CH
7321.1SR	$30905	$11440	$13600	$18230	$19780	Zetor	4T	239D	10F-10R	73.0	6950	CH
7340.0 4WD	$29680	$10980	$13060	$17510	$19000	Zetor	4T	239D	10F-2R	73.0		No
7340.0SR 4WD	$30550	$11300	$13440	$18030	$19550	Zetor	4T	239D	10F-10R	73.0		No
7341.0 4WD	$32635	$12080	$14360	$19260	$20890	Zetor	4T	239D	10F-2R	73.0	7960	No
7341.0SR 4WD	$33505	$12400	$14740	$19770	$21440	Zetor	4T	239D	10F-10R	73.0	7960	No
7341.1 4WD	$35835	$13260	$15770	$21140	$22930	Zetor	4T	239D	10F-2R	73.0	7960	CH
7341.1SR 4WD	$36705	$13580	$16150	$21660	$23490	Zetor	4T	239D	10F-10R	73.0	7960	CH
8641.1 4WD	$39520	$15020	$17720	$21190	$23500	Zetor	4T	254D	24F-18R	74.0	8740	CH
9641.1 4WD	$42650	$16630	$19620	$23460	$26020	Zetor	4T	254D	24F-18R	83.0	9420	CH
10641.1	$49360	$19250	$22710	$27150	$30110	Zetor	4TI	254D	24F-18R	94.0	9920	CH
2000												
3320.0	$16100	$5310	$6600	$8860	$9660	Zetor	3	164D	10F-2R	43.0	5370	No
3320.2	$18700	$6170	$7670	$10290	$11220	Zetor	3	164D	10F-2R	43.0	6030	CH
3340.0 4WD	$19900	$6570	$8160	$10950	$11940	Zetor	3	164D	10F-2R	43.0	6170	No
3340.0SR 4WD	$20770	$6850	$8520	$11420	$12460	Zetor	3	164D	10F-10R	43.0	6170	No
3340.2 4WD	$22700	$7490	$9310	$12490	$13620	Zetor	3	164D	10F-2R	43.0	6830	CH
3340.2SR 4WD	$23570	$7780	$9660	$12960	$14140	Zetor	3	164D	10F-10R	43.0	6830	CH
3341.1SR 4WD	$25870	$8540	$10610	$14230	$15520	Zetor	3	164D	10F-10R	43.0	6830	CH
4320.0	$19400	$6400	$7950	$10670	$11640	Zetor	4	239D	10F-2R	56.0	5810	No
4320.0SR	$20270	$6690	$8310	$11150	$12160	Zetor	4	239D	10F-10R	56.0	6470	No
4321.1	$23960	$7910	$9820	$13180	$14380	Zetor	4	239D	10F-2R	56.0	6620	CH
4321.1SR	$24830	$8190	$10180	$13660	$14900	Zetor	4	239D	10F-10R	56.0		CH
4340.0 4WD	$23100	$7620	$9470	$12710	$13860	Zetor	4	239D	10F-2R	56.0	6810	No
4340.0SR	$23970	$7910	$9830	$13180	$14380	Zetor	4	239D	10F-10R	56.0	7470	No
4341.0 4WD	$24600	$8120	$10090	$13530	$14760	Zetor	4	239D	10F-2R	56.0	6620	No
4341.0SR 4WD	$25470	$8410	$10440	$14010	$15280	Zetor	4	239D	10F-10R	56.0	6620	No
4341.1 4WD	$28200	$9310	$11560	$15510	$16920	Zetor	4	239D	10F-2R	56.0	7570	CH
4341.1SR 4WD	$29070	$9590	$11920	$15990	$17440	Zetor	4	239D	10F-10R	56.0	6620	CH
6320.0	$21700	$7160	$8900	$11940	$13020	Zetor	4	239D	10F-2R	62.0	5990	No
6320.0SR	$22570	$7450	$9250	$12410	$13540	Zetor	4	239D	10F-10R	62.0	6650	No
6321.0	$23160	$7640	$9500	$12740	$13900	Zetor	4	239D	10F-2R	62.0	5990	No
6321.0SR	$24030	$7930	$9850	$13220	$14420	Zetor	4	239D	10F-10R	62.0	5990	No

Zetor (Cont.)

2000 (Cont.)

Model	Approx. Retail Price New	Estimated Value Less Repairs Used Trade-In Avg.	Used Trade-In High	Used Retail Avg.	Used Retail High	Make	Engine No. Cyls.	Engine Displ. Cu.-in.	No. Speeds	P.T.O. H.P.	Approx. Shipping Wt.-Lbs.	Cab
6321.1	$26500	$8750	$10870	**$14580**	**$15900**	Zetor	4	239D	10F-2R	62.0	6830	CH
6321.1SR	$27370	$9030	$11220	**$15050**	**$16420**	Zetor	4	239D	10F-10R	62.0	5990	CH
6340.0 4WD	$27260	$9000	$11180	**$14990**	**$16360**	Zetor	4	239D	10F-2R	62.0	7040	No
6340.0SR	$28130	$9280	$11530	**$15470**	**$16880**	Zetor	4	239D	10F-10R	62.0	7710	No
6341.0 4WD	$29100	$9600	$11930	**$16010**	**$17460**	Zetor	4	239D	10F-2R	62.0	7800	No
6341.0SR 4WD	$29970	$9890	$12290	**$16480**	**$17980**	Zetor	4	239D	10F-10R	62.0	7800	No
6341.1 4WD	$33675	$11110	$13810	**$18520**	**$20210**	Zetor	4	239D	10F-2R	62.0	7800	CH
6341.1SR 4WD	$34545	$11400	$14160	**$19000**	**$20730**	Zetor	4	239D	10F-10R	62.0	7800	CH
7320.0	$24130	$7960	$9890	**$13270**	**$14480**	Zetor	4T	239D	10F-2R	73.0		No
7320.0SR	$25000	$8250	$10250	**$13750**	**$15000**	Zetor	4T	239D	10F-10R	73.0		No
7321.0	$26715	$8820	$10950	**$14690**	**$16030**	Zetor	4T	239D	10F-2R	73.0	6950	No
7321.0SR	$27585	$9100	$11310	**$15170**	**$16550**	Zetor	4T	239D	10F-10R	73.0	6950	No
7321.1	$30035	$9910	$12310	**$16520**	**$18020**	Zetor	4T	239D	10F-2R	73.0	6950	CH
7321.1SR	$30905	$10200	$12670	**$17000**	**$18540**	Zetor	4T	239D	10F-10R	73.0	6950	CH
7340.0 4WD	$29680	$9790	$12170	**$16320**	**$17810**	Zetor	4T	239D	10F-2R	73.0		No
7340.0SR 4WD	$30550	$10080	$12530	**$16800**	**$18330**	Zetor	4T	239D	10F-10R	73.0		No
7341.0 4WD	$32635	$10770	$13380	**$17950**	**$19580**	Zetor	4T	239D	10F-2R	73.0	7960	No
7341.0SR 4WD	$33505	$11060	$13740	**$18430**	**$20100**	Zetor	4T	239D	10F-10R	73.0	7960	No
7341.1 4WD	$35835	$11830	$14690	**$19710**	**$21500**	Zetor	4T	239D	10F-2R	73.0	7960	CH
7341.1SR 4WD	$36705	$12110	$15050	**$20190**	**$22020**	Zetor	4T	239D	10F-10R	73.0	7960	CH
8641.1 4WD	$39520	$13100	$16560	**$19260**	**$21570**	Zetor	4T	254D	24F-18R	74.0	8740	CH
9640.1 4WD	$39500	$13430	$16990	**$19750**	**$22120**	Zetor	4T	254D	18F-6R	83.0	9420	CH
9641.1 4WD	$42650	$14500	$18340	**$21330**	**$23880**	Zetor	4T	254D	24F-18R	83.0	9420	CH
10540.1	$45700	$15540	$19650	**$22850**	**$25590**	Zetor	4TI	254D	18F-6R	94.0	9920	CH
10641.1	$49360	$16780	$21230	**$24680**	**$27640**	Zetor	4TI	254D	24F-18R	94.0	9920	CH

1999

Model	Approx. Retail Price New	Used Trade-In Avg.	Used Trade-In High	Used Retail Avg.	Used Retail High	Make	No. Cyls.	Displ. Cu.-in.	No. Speeds	P.T.O. H.P.	Approx. Shipping Wt.-Lbs.	Cab
3320.0	$15320	$4750	$5980	**$7970**	**$8730**	Zetor	3	165D	10F-2R	43.0	5370	No
3320.2	$17820	$5520	$6950	**$9270**	**$10160**	Zetor	3	165D	10F-2R	43.0	6030	CH
3340.0 4WD	$18960	$5880	$7390	**$9860**	**$10810**	Zetor	3	165D	10F-2R	43.0	6170	No
3340.2 4WD	$21620	$6700	$8430	**$11240**	**$12320**	Zetor	3	165D	10F-2R	43.0	6830	CH
4320.0	$18480	$5730	$7210	**$9610**	**$10530**	Zetor	4	239D	10F-2R	56.0	5810	No
4320.2	$21380	$6630	$8340	**$11120**	**$12190**	Zetor	4	239D	10F-2R	56.0	6470	CH
4321.1	$22860	$7090	$8920	**$11890**	**$13030**	Zetor	4	239D	10F-2R	56.0	6620	CH
4340.0 4WD	$21990	$6820	$8580	**$11440**	**$12530**	Zetor	4	239D	10F-2R	56.0	6810	No
4340.2 4WD	$25100	$7780	$9790	**$13050**	**$14310**	Zetor	4	239D	10F-2R	56.0	7470	CH
4341.1 4WD	$26860	$8330	$10480	**$13970**	**$15310**	Zetor	4	239D	10F-2R	56.0	7570	CH
6320.0	$20630	$6400	$8050	**$10730**	**$11760**	Zetor	4	239D	10F-2R	66.0	5990	No
6320.2	$23510	$7290	$9170	**$12230**	**$13400**	Zetor	4	239D	10F-2R	66.0	6650	CH
6321.1	$25160	$7800	$9810	**$13080**	**$14340**	Zetor	4	239D	10F-2R	62.0	6830	CH
6340.0 4WD	$25995	$8060	$10140	**$13520**	**$14820**	Zetor	4	239D	10F-2R	66.0	7040	No
6340.2 4WD	$29095	$9020	$11350	**$15130**	**$16580**	Zetor	4	239D	10F-2R	66.0	7710	CH
6341.1 4WD	$31130	$9650	$12140	**$16190**	**$17740**	Zetor	4	239D	10F-2R	66.0	7800	CH
7320.0	$22990	$7130	$8970	**$11960**	**$13100**	Zetor	4T	239D	10F-2R	75.		No
7320.2	$25845	$8010	$10080	**$13440**	**$14730**	Zetor	4T	239D	10F-2R	75.		CH
7321.1	$28200	$8370	$10530	**$14040**	**$15390**	Zetor	4T	239D	10F-2R	75.	6950	CH
7340.0 4WD	$28275	$8530	$10730	**$14300**	**$15680**	Zetor	4T	239D	10F-2R	75.		No
7340.2 4WD	$31170	$9300	$11700	**$15600**	**$17100**	Zetor	4T	239D	10F-2R	75.		CH
7341.1 4WD	$33980	$10200	$12830	**$17110**	**$18750**	Zetor	4T	239D	10F-2R	75.	7960	CH
8620.0	$29400	$8960	$11200	**$12880**	**$14560**	Zetor	4T	254D	18F-6R	82.0	7890	No
8620.1	$31990	$9920	$12400	**$14260**	**$16120**	Zetor	4T	254D	18F-6R	82.0	8550	CH
8640.0 4WD	$34000	$10560	$13200	**$15180**	**$17160**	Zetor	4T	254D	18F-6R	82.0	8740	No
8640.1 4WD	$36600	$11520	$14400	**$16560**	**$18720**	Zetor	4T	254D	18F-6R	82.0	9400	CH
9620.1	$34740	$10880	$13600	**$15640**	**$17680**	Zetor	4T	254D	18F-6R	86.0	8570	CH
9640.1 4WD	$39420	$12290	$15360	**$17660**	**$19970**	Zetor	4T	254D	18F-6R	86.0	9420	CH
10540.1	$45650	$13600	$17000	**$19550**	**$22100**	Zetor	4TI	254D	18F-6R	92.	9920	CH

1998

Model	Approx. Retail Price New	Used Trade-In Avg.	Used Trade-In High	Used Retail Avg.	Used Retail High	Make	No. Cyls.	Displ. Cu.-in.	No. Speeds	P.T.O. H.P.	Approx. Shipping Wt.-Lbs.	Cab
3320.0	$15320	$4440	$5670	**$7510**	**$8270**	Zetor	3	165D	10F-2R	43.0	5370	No
3320.2	$17820	$5170	$6590	**$8730**	**$9620**	Zetor	3	165D	10F-2R	43.0	6030	CH
3340.0 4WD	$18960	$5500	$7020	**$9290**	**$10240**	Zetor	3	165D	10F-2R	43.0	6170	No
3340.2 4WD	$21620	$6270	$8000	**$10590**	**$11680**	Zetor	3	165D	10F-2R	43.0	6830	CH
4320.0	$18480	$5360	$6840	**$9060**	**$9980**	Zetor	4	211D	10F-2R	54.0	5810	No
4320.2	$21380	$6200	$7910	**$10480**	**$11550**	Zetor	4	211D	10F-2R	54.0	6470	CH
4340.0 4WD	$21990	$6380	$8140	**$10780**	**$11880**	Zetor	4	211D	10F-2R	54.0	6810	No
4340.2 4WD	$25100	$7280	$9290	**$12300**	**$13550**	Zetor	4	211D	10F-2R	54.0	7470	CH
5320.0	$19340	$5610	$7160	**$9480**	**$10440**	Zetor	4	220D	10F-2R	58.0		No
5320.2	$22300	$6470	$8250	**$10930**	**$12040**	Zetor	4	220D	10F-2R	58.0		CH
5340.0 4WD	$23900	$6930	$8840	**$11710**	**$12910**	Zetor	4	220D	10F-2R	58.0		No
5340.2 4WD	$26980	$7820	$9980	**$13220**	**$14570**	Zetor	4	220D	10F-2R	58.0		CH
6320.0	$20630	$5980	$7630	**$10110**	**$11140**	Zetor	4	239D	10F-2R	66.0	5990	No
6320.2	$23510	$6820	$8700	**$11520**	**$12700**	Zetor	4	239D	10F-2R	66.0	6650	CH
6340.0 4WD	$25995	$7540	$9620	**$12740**	**$14040**	Zetor	4	239D	10F-2R	66.0	7040	No
6340.2 4WD	$29095	$8440	$10770	**$14260**	**$15710**	Zetor	4	239D	10F-2R	66.0	7710	CH
7320.0	$22990	$6670	$8510	**$11270**	**$12420**	Zetor	4T	239D	10F-2R	75.		No
7320.2	$25845	$7500	$9560	**$12660**	**$13960**	Zetor	4T	239D	10F-2R	75.		CH
7340.0 4WD	$28275	$7890	$10060	**$13330**	**$14690**	Zetor	4T	239D	10F-2R	75.		No
7340.2 4WD	$31170	$8700	$11100	**$14700**	**$16200**	Zetor	4T	239D	10F-2R	75.		CH
9620.1	$34740	$9900	$12540	**$13860**	**$15840**	Zetor	4T	254D	18F-6R	86.0	8570	CH
9640.1 4WD	$39420	$11220	$14210	**$15710**	**$17950**	Zetor	4T	254D	18F-6R	86.0	9420	CH
10540.1	$45650	$12450	$15770	**$17430**	**$19920**	Zetor	4TI	254D	18F-6R	92.	9920	CH

Zetor (Cont.)

Model	Approx. Retail Price New	Estimated Value Less Repairs: Used Trade-In Avg.	Used Trade-In High	Used Retail Avg.	Used Retail High	Engine Make	Engine No. Cyls.	Engine Displ. Cu.-in.	No. Speeds	P.T.O. H.P.	Approx. Shipping Wt.-Lbs.	Cab
1997												
2522.0 Zebra	$9000	$2430	$3150	**$4140**	**$4590**	Zetor	2	95D	10F-2R	25	3500	No
3320.0	$14960	$4040	$5240	**$6880**	**$7630**	Zetor	3	165D	10F-2R	42.5	5370	No
3320.2	$17400	$4700	$6090	**$8000**	**$8870**	Zetor	3	165D	10F-2R	42.5	6030	CH
3340.0 4WD	$18516	$5000	$6480	**$8520**	**$9440**	Zetor	3	165D	10F-2R	42.5	6170	No
3340.2 4WD	$21108	$5700	$7390	**$9710**	**$10770**	Zetor	3	165D	10F-2R	42.5	6830	CH
3522.0 Zebra	$11845	$3200	$4150	**$5450**	**$6040**	Zetor	3	143D	10F-2R	35	3800	No
4320.0	$17913	$4840	$6270	**$8240**	**$9140**	Zetor	4	211D	10F-2R	53.1	5810	No
4320.2	$20877	$5640	$7310	**$9600**	**$10650**	Zetor	4	211D	10F-2R	53.1	6470	CH
4340.0 4WD	$21472	$5800	$7520	**$9880**	**$10950**	Zetor	4	211D	10F-2R	53.1	6810	No
4340.2 4WD	$24632	$6650	$8620	**$11330**	**$12560**	Zetor	4	211D	10F-2R	53.1	7470	CH
4522.0 Zebra	$14035	$3790	$4910	**$6460**	**$7160**	Zetor	3	153D	8F-2R	45	4600	No
5213.0	$15445	$4170	$5410	**$7110**	**$7880**	Zetor	3	165D	10F-2R	42.5	4320	No
5213.2	$18420	$4970	$6450	**$8470**	**$9390**	Zetor	3	165D	10F-2R	42.5	4770	CH
5243.0 4WD	$18080	$4880	$6330	**$8320**	**$9220**	Zetor	3	165D	10F-2R	42.5	4700	No
5243.2 4WD	$21220	$5730	$7430	**$9760**	**$10820**	Zetor	3	165D	10F-2R	42.5	5150	CH
6320.0	$19995	$5400	$7000	**$9200**	**$10200**	Zetor	4	239D	10F-2R	65.7	5990	No
6320.2	$22623	$6110	$7920	**$10410**	**$11540**	Zetor	4	239D	10F-2R	65.7	6650	CH
6340.0 4WD	$25128	$6480	$8400	**$11040**	**$12240**	Zetor	4	239D	10F-2R	65.7	7040	No
6340.2 4WD	$27917	$7020	$9100	**$11960**	**$13260**	Zetor	4	239D	10F-2R	65.7	7710	CH
7320.0	$22435	$5670	$7350	**$9660**	**$10710**	Zetor	4T	239D	10F-2R	7		No
7320.2	$25115	$6210	$8050	**$10580**	**$11730**	Zetor	4T	239D	10F-2R	75		CH
7320.2	$27065	$6750	$8750	**$11500**	**$12750**	Zetor	4T	239D	10F-2R	75		CHA
7340.0	$27608	$7020	$9100	**$11960**	**$13260**	Zetor	4T	239D	10F-2R	75		No
7340.2	$30409	$7560	$9800	**$12880**	**$14280**	Zetor	4T	239D	10F-2R	75		CH
7340.2	$32360	$8100	$10500	**$13800**	**$15300**	Zetor	4T	239D	10F-2R	75		CHA
9620.1	$33922	$8960	$11520	**$12800**	**$14400**	Zetor	4T	254D	18F-6R	75.8	8570	CH
9640.1 4WD	$38481	$9940	$12780	**$14200**	**$15980**	Zetor	4T	254D	18F-6R	75.8	9420	CH
10540.1	$44581	$11200	$14400	**$16000**	**$18000**	Zetor	4T	254D	18F-6R	92	9920	CH
10540.1	$46530	$11760	$15120	**$16800**	**$18900**	Zetor	4T	254D	18F-6R	92	9920	CHA
1996												
2522.0 Zebra	$9000	$2250	$2970	**$3960**	**$4410**	Zetor	2	95D	10F-2R	25	3500	No
3320.0	$14960	$3740	$4940	**$6580**	**$7330**	Zetor	3	165D	10F-2R	42.5	5370	No
3320.2 w/Cab	$17400	$4350	$5740	**$7660**	**$8530**	Zetor	3	165D	10F-2R	42.5	6030	CH
3340.0 4WD	$18516	$4630	$6110	**$8150**	**$9070**	Zetor	3	165D	10F-2R	42.5	6170	No
3340.2 4WD w/Cab	$21108	$5280	$6970	**$9290**	**$10340**	Zetor	3	165D	10F-2R	42.5	6830	CH
3522.0 Zebra	$11845	$2960	$3910	**$5210**	**$5800**	Zetor	3	143D	10F-2R	35	3800	No
4320.0	$17913	$4480	$5910	**$7880**	**$8780**	Zetor	4	211D	10F-2R	53.1	5810	No
4320.2 w/Cab	$20877	$5220	$6890	**$9190**	**$10230**	Zetor	4	211D	10F-2R	53.1	6470	CH
4340.0 4WD	$21472	$5370	$7090	**$9450**	**$10520**	Zetor	4	211D	10F-2R	53.1	6810	No
4340.2 4WD w/Cab	$24632	$6160	$8130	**$10840**	**$12070**	Zetor	4	211D	10F-2R	53.1	7470	CH
4522.0 Zebra	$14035	$3510	$4630	**$6180**	**$6880**	Zetor	3	153D	8F-2R	45	4600	No
5213.0	$15445	$3860	$5100	**$6800**	**$7570**	Zetor	3	165D	10F-2R	42.5	4320	No
5213.2 w/Cab	$18420	$4610	$6080	**$8110**	**$9030**	Zetor	3	165D	10F-2R	42.5	4770	CH
5243.0 4WD	$18080	$4520	$5970	**$7960**	**$8860**	Zetor	3	165D	10F-2R	42.5	4700	No
5243.2 4WD w/Cab	$21220	$5310	$7000	**$9340**	**$10400**	Zetor	3	165D	10F-2R	42.5	5150	CH
6320.0	$19995	$5000	$6600	**$8800**	**$9800**	Zetor	4	239D	10F-2R	65.7	5990	No
6320.2 w/Cab	$22623	$5660	$7470	**$9950**	**$11090**	Zetor	4	239D	10F-2R	65.7	6650	CH
6340.0 4WD	$25128	$6280	$8290	**$11060**	**$12310**	Zetor	4	239D	10F-2R	65.7	7040	No
6340.2 4WD	$27917	$6980	$9210	**$12280**	**$13680**	Zetor	4	239D	10F-2R	65.7	7710	CH
7320.0	$22435	$5610	$7400	**$9870**	**$10990**	Zetor	4T	239D	10F-2R	75		No
7320.2 w/Cab	$25115	$6280	$8290	**$11050**	**$12310**	Zetor	4T	239D	10F-2R	75		CH
7320.2 w/Cab	$27065	$6770	$8930	**$11910**	**$13260**	Zetor	4T	239D	10F-2R	75		CHA
7340.0	$27608	$6900	$9110	**$12150**	**$13530**	Zetor	4T	239D	10F-2R	75		No
7340.2 w/Cab	$30409	$7250	$9570	**$12760**	**$14210**	Zetor	4T	239D	10F-2R	75		CH
7340.2 w/Cab	$32360	$7750	$10230	**$13640**	**$15190**	Zetor	4T	239D	10F-2R	75		CHA
9620.1 w/Cab	$33922	$8450	$11050	**$12030**	**$13980**	Zetor	4T	254D	18F-6R	75.8	8570	CH
9640.1 4WD w/Cab	$38481	$9490	$12410	**$13510**	**$15700**	Zetor	4T	254D	18F-6R	75.8	9420	CH
10540.1 w/Cab	$44581	$10530	$13770	**$14990**	**$17420**	Zetor	4T	254D	18F-6R	92	9920	CH
10540.1 w/Cab	$46530	$11050	$14450	**$15730**	**$18280**	Zetor	4T	254D	18F-6R	92	9920	CHA
1995												
2040 Zebra	$8500	$2550	$3230	**$4680**	**$5230**	Zetor	2	70D	6F-3R	20		No
2520 Zebra	$8570	$2570	$3260	**$4710**	**$5270**	Zetor	2	95D	10F-2R	25		No
3320.0	$14235	$3420	$4410	**$5980**	**$6690**	Zetor	3	165D	10F-2R	42.5		No
3320.2 w/Cab	$16555	$3970	$5130	**$6950**	**$7780**	Zetor	3	165D	10F-2R	42.5		CH
3340.0 4WD	$17620	$4230	$5460	**$7400**	**$8280**	Zetor	3	165D	10F-2R	42.5		No
3340.2 4WD	$20085	$4820	$6230	**$8440**	**$9440**	Zetor	3	165D	10F-2R	42.5		CH
3520 Zebra	$9500	$2280	$2950	**$3990**	**$4470**	Zetor	3	143D	10F-2R	35		No
4320.0	$16880	$4050	$5230	**$7090**	**$7930**	Zetor	4	211D	10F-2R	53.1		No
4320.2 w/Cab	$19585	$4700	$6070	**$8230**	**$9210**	Zetor	4	211D	10F-2R	53.1		CH
4340.0 4WD	$20235	$4860	$6270	**$8500**	**$9510**	Zetor	4	211D	10F-2R	53.1		No
4340.2 4WD w/Cab	$23105	$5550	$7160	**$9700**	**$10860**	Zetor	4	211D	10F-2R	53.1		CH
5213.0	$15445	$3710	$4790	**$6490**	**$7260**	Zetor	3	165D	10F-2R	42.5		No
5213.2 w/Cab	$18420	$4420	$5710	**$7740**	**$8660**	Zetor	3	165D	10F-2R	42.5		CH
5243.0 4WD	$18080	$4340	$5610	**$7590**	**$8500**	Zetor	3	165D	10F-2R	42.5		No
5243.2 4WD w/Cab	$21220	$5090	$6580	**$8910**	**$9970**	Zetor	3	165D	10F-2R	42.5		CH
6320.0	$18807	$4510	$5830	**$7900**	**$8840**	Zetor	4	239D	10F-2R	65.7		No
6320.2 w/Cab	$21221	$5090	$6580	**$8910**	**$9970**	Zetor	4	239D	10F-2R	65.7		CH
6340.0 4WD	$23682	$5680	$7340	**$9950**	**$11130**	Zetor	4	239D	10F-2R	65.7		No
6340.2 4WD w/Cab	$26187	$6290	$8120	**$11000**	**$12310**	Zetor	4	239D	10F-2R	65.7		CH
8211.0	$22025	$5290	$6830	**$9250**	**$10350**	Zetor	4	278D	16F-8R	70.8		No
8211.1 w/Cab	$25495	$6120	$7900	**$10710**	**$11980**	Zetor	4	278D	16F-8R	70.8		CH
8245.0 4WD	$27280	$6550	$8460	**$11460**	**$12820**	Zetor	4	278D	16F-8R	70.8		No

Zetor (Cont.)

Model	Approx. Retail Price New	Estimated Value Less Repairs Used Trade-In Avg.	Used Trade-In High	Used Retail Avg.	Used Retail High	Engine Make	Engine No. Cyls.	Engine Displ. Cu.-in.	No. Speeds	P.T.O. H.P.	Approx. Shipping Wt.-Lbs.	Cab
				1995 (Cont.)								
8245.1 4WD w/Cab	$32725	$7080	$9150	**$12390**	**$13870**	Zetor	4	278D	16F-8R	70.8		CH
8520.1 w/Cab	$29345	$6480	$8370	**$11340**	**$12690**	Zetor	4	254D	18F-6R	85.7		CH
8540.1 4WD w/Cab	$33770	$7200	$9300	**$12600**	**$14100**	Zetor	4	254D	18F-6R	85.7		CH
9520.1 w/Cab	$31820	$6720	$8960	**$9520**	**$11480**	Zetor	4T	254D	18F-6R	75.8		CH
9540.1 4WD w/Cab	$36095	$7920	$10560	**$11220**	**$13530**	Zetor	4T	254D	18F-6R	75.8		CH
10211.0	$26395	$5760	$7680	**$8160**	**$9840**	Zetor	4T	278D	16F-8R	87.4		No
10211.1 w/Cab	$30180	$6580	$8770	**$9320**	**$11230**	Zetor	4T	278D	16F-8R	87.4		CH
10245.0 4WD	$31990	$6840	$9120	**$9690**	**$11690**	Zetor	4T	278D	16F-8R	87.4		No
10245.1 4WD w/Cab	$37395	$7970	$10620	**$11290**	**$13610**	Zetor	4T	278D	16F-8R	87.4		CH
12211.0	$28880	$6120	$8160	**$8670**	**$10460**	Zetor	6	417D	16F-8R	102.5		No
12211.1 w/Cab	$33315	$6960	$9280	**$9860**	**$11890**	Zetor	6	417D	16F-8R	102.5		CH
12245.0 4WD	$34755	$7340	$9790	**$10400**	**$12550**	Zetor	6	417D	16F-8R	102.5		No
12245.1 4WD w/Cab	$40805	$8280	$11040	**$11730**	**$14150**	Zetor	6	417D	16F-8R	102.5		CH
				1994								
2520 Zebra	$8370	$2470	$3100	**$4520**	**$5110**	Zetor	2	95D	10F-2R	25		No
3320.0	$14115	$3250	$4240	**$5650**	**$6490**	Zetor	3	165D	10F-2R	42.5		No
3320.2 w/Cab	$16255	$3740	$4880	**$6500**	**$7480**	Zetor	3	165D	10F-2R	42.5		CH
3340.0 4WD	$16820	$3870	$5050	**$6730**	**$7740**	Zetor	3	165D	10F-2R	42.5		No
3340.2 4WD	$19485	$4480	$5850	**$7790**	**$8960**	Zetor	3	165D	10F-2R	42.5		CH
3520 Zebra	$9500	$2190	$2850	**$3800**	**$4370**	Zetor	3	143D	10F-2R	35		No
4320.0	$16280	$3740	$4880	**$6510**	**$7490**	Zetor	4	211D	10F-2R	53.1		No
4320.2 w/Cab	$18785	$4320	$5640	**$7510**	**$8640**	Zetor	4	211D	10F-2R	53.1		CH
4340.0 4WD	$19435	$4470	$5830	**$7770**	**$8940**	Zetor	4	211D	10F-2R	53.1		No
4340.2 4WD w/Cab	$22525	$5060	$6600	**$8800**	**$10120**	Zetor	4	211D	10F-2R	53.1		CH
5213.0	$15100	$3470	$4530	**$6040**	**$6950**	Zetor	3	165D	10F-2R	42.5		No
5213.2 w/Cab	$17720	$4080	$5320	**$7090**	**$8150**	Zetor	3	165D	10F-2R	42.5		CH
5243.0 4WD	$17380	$4000	$5210	**$6950**	**$8000**	Zetor	3	165D	10F-2R	42.5		No
5243.2 4WD w/Cab	$21000	$4720	$6150	**$8200**	**$9430**	Zetor	3	165D	10F-2R	42.5		CH
6320.0	$18207	$4190	$5460	**$7280**	**$8380**	Zetor	4	239D	10F-2R	65.7		No
6320.2 w/Cab	$20421	$4700	$6130	**$8170**	**$9390**	Zetor	4	239D	10F-2R	65.7		CH
6340.0 4WD	$22882	$5260	$6870	**$9150**	**$10530**	Zetor	4	239D	10F-2R	65.7		No
6340.2 4WD w/Cab	$25587	$5890	$7680	**$10240**	**$11770**	Zetor	4	239D	10F-2R	65.7		CH
8520.1 w/Cab	$28645	$6210	$8100	**$10800**	**$12420**	Zetor	4	254D	18F-6R	85.7		CH
8540.1 4WD w/Cab	$33270	$6900	$9000	**$12000**	**$13800**	Zetor	4	254D	18F-6R	85.7		CH
9520.1 w/Cab	$30920	$6160	$8400	**$8960**	**$10920**	Zetor	4T	254D	18F-6R	75.8		CH
9540.1 4WD w/Cab	$35395	$7040	$9600	**$10240**	**$12480**	Zetor	4T	254D	18F-6R	75.8		CH
				1992								
5211.0	$11325	$2380	$3170	**$4080**	**$4980**	Zetor	3	165D	10F-2R	42.51	5550	No
5211.0 w/Cab	$13185	$2770	$3690	**$4750**	**$5800**	Zetor	3	165D	10F-2R	42.51		CH
5245.0	$13500	$2840	$3780	**$4860**	**$5940**	Zetor	3	165D	10F-2R	42.51	6500	No
5245.0 w/Cab	$15400	$3230	$4310	**$5540**	**$6780**	Zetor	3	165D	10F-2R	42.51		CH
6211.0	$13350	$2800	$3740	**$4810**	**$5870**	Zetor	4	211D	10F-2R	53.09	5850	No
6211.0 w/Cab	$15450	$3020	$4030	**$5180**	**$6340**	Zetor	4	211D	10F-2R	53.09		CH
6245.0	$15810	$3320	$4430	**$5690**	**$6960**	Zetor	4	211D	10F-2R	53.09	6950	No
6245.0 w/Cab	$17885	$3470	$4620	**$5940**	**$7260**	Zetor	4	211D	10F-2R	53.09		CH
7711.0	$15730	$3150	$4200	**$5400**	**$6600**	Zetor	4	239D	10F-2R	65.74	6250	No
7711.0 w/Cab	$17745	$3570	$4760	**$6120**	**$7480**	Zetor	4	239D	10F-2R	65.74		CH
7745.0	$19425	$3990	$5320	**$6840**	**$8360**	Zetor	4	239D	10F-2R	65.74	7250	No
7745.0 w/Cab	$21485	$4200	$5600	**$7200**	**$8800**	Zetor	4	239D	10F-2R	65.74		CH
8211.0	$19920	$3780	$5040	**$6480**	**$7920**	Zetor	4	278D	16F-8R	70.8	10200	No
8211.0 w/Cab	$23060	$4410	$5880	**$7560**	**$9240**	Zetor	4	278D	16F-8R	70.8		CH
8245.0	$24675	$4730	$6300	**$8100**	**$9900**	Zetor	4	278D	16F-8R	70.8	11250	No
8245.0 w/Cab	$29600	$5670	$7560	**$9720**	**$11880**	Zetor	4	278D	16F-8R	70.8		CH
10211.0	$23875	$4090	$5590	**$6240**	**$7960**	Zetor	4	278D	16F-8R	87.4	10200	No
10211.0 w/Cab	$27300	$4660	$6370	**$7110**	**$9070**	Zetor	4	278D	16F-8R	87.4		CH
10245.0	$28935	$4920	$6730	**$7510**	**$9580**	Zetor	4	278D	16F-8R	87.4	11250	No
10245.0 w/Cab	$33825	$5420	$7410	**$8270**	**$10550**	Zetor	4	278D	16F-8R	87.4		CH
12211.0	$26125	$4580	$6270	**$6990**	**$8920**	Zetor	6	417D	16F-8R	102.5	11400	No
12211.0 w/Cab	$30135	$4940	$6760	**$7540**	**$9620**	Zetor	6	417D	16F-8R	102.5		CH
12245.0	$31935	$5320	$7280	**$8120**	**$10360**	Zetor	6	417D	16F-8R	102.5	12100	No
12245.0 w/Cab	$36910	$5870	$8030	**$8960**	**$11430**	Zetor	6	417D	16F-8R	102.5		CH
16245 w/Cab	$42630	$6940	$9490	**$10590**	**$13510**	Zetor	6	417D	12F-6R	135.8	13970	CH
				1991								
5211.0	$11325	$2270	$3060	**$3850**	**$4870**	Zetor	3	165D	10F-2R	42.51	5550	No
5211.0 w/Cab	$13185	$2640	$3560	**$4480**	**$5670**	Zetor	3	165D	10F-2R	42.51		CH
5245.0	$13500	$2700	$3650	**$4590**	**$5810**	Zetor	3	165D	10F-2R	42.51	6500	No
5245.0 w/Cab	$15400	$3080	$4160	**$5240**	**$6620**	Zetor	3	165D	10F-2R	42.51		CH
6211.0	$13350	$2670	$3610	**$4540**	**$5740**	Zetor	4	211D	10F-2R	53.09	5850	No
6211.0 w/Cab	$15450	$2880	$3890	**$4900**	**$6190**	Zetor	4	211D	10F-2R	53.09		CH
6245.0	$15810	$3160	$4270	**$5380**	**$6800**	Zetor	4	211D	10F-2R	53.09	6950	No
6245.0 w/Cab	$17885	$3300	$4460	**$5610**	**$7100**	Zetor	4	211D	10F-2R	53.09		CH
7711.0	$15730	$3000	$4050	**$5100**	**$6450**	Zetor	4	239D	10F-2R	65.74	6250	No
7711.0 w/Cab	$17745	$3400	$4590	**$5780**	**$7310**	Zetor	4	239D	10F-2R	65.74		CH
7745.0	$19425	$3800	$5130	**$6460**	**$8170**	Zetor	4	239D	10F-2R	65.74	7250	No
7745.0 w/Cab	$21485	$4000	$5400	**$6800**	**$8600**	Zetor	4	239D	10F-2R	65.74		CH
8211.0	$19920	$3600	$4860	**$6120**	**$7740**	Zetor	4	278D	16F-8R	70.8	10200	No
8211.0 w/Cab	$23060	$4200	$5670	**$7140**	**$9030**	Zetor	4	278D	16F-8R	70.8		CH
8245.0	$24675	$4500	$6080	**$7650**	**$9680**	Zetor	4	278D	16F-8R	70.8	11250	No
8245.0 w/Cab	$29600	$5080	$6860	**$8640**	**$10920**	Zetor	4	278D	16F-8R	70.8		CH
10211.0	$23875	$3870	$5160	**$6020**	**$7740**	Zetor	4	278D	16F-8R	87.4	10200	No
10211.0 w/Cab	$27300	$4410	$5880	**$6860**	**$8820**	Zetor	4	278D	16F-8R	87.4		CH

Zetor (Cont.)

Model	Approx. Retail Price New	Estimated Value Less Repairs: Used Trade-In Avg.	Used Trade-In High	Used Retail Avg.	Used Retail High	Make	Engine No. Cyls.	Engine Displ. Cu.-in.	No. Speeds	P.T.O. H.P.	Approx. Shipping Wt.-Lbs.	Cab
				1991 (Cont.)								
10245.0	$28935	$4660	$6220	**$7250**	**$9320**	Zetor	4	278D	16F-8R	87.4	11250	No
10245.0 w/Cab	$33825	$5130	$6840	**$7980**	**$10260**	Zetor	4	278D	16F-8R	87.4		CH
12211.0	$26125	$4340	$5780	**$6750**	**$8680**	Zetor	6	417D	16F-8R	102.5	11400	No
12211.0 w/Cab	$30135	$4680	$6240	**$7280**	**$9360**	Zetor	6	417D	16F-8R	102.5		CH
12245.0	$31935	$5040	$6720	**$7840**	**$10080**	Zetor	6	417D	16F-8R	102.5	12100	No
12245.0 w/Cab	$36910	$5560	$7420	**$8650**	**$11120**	Zetor	6	417D	16F-8R	102.5		CH
16245 w/Cab	$42630	$6390	$8520	**$9940**	**$12780**	Zetor	6	417D	12F-6R	135.8	13970	CH
				1990								
5211.0	$10575	$2010	$2750	**$3490**	**$4440**	Zetor	3	165D	10F-2R	42.51	5550	No
5211.0 w/Cab	$12300	$2340	$3200	**$4060**	**$5170**	Zetor	3	165D	10F-2R	42.51		CH
5211.0L Low Profile	$9835	$1870	$2560	**$3250**	**$4130**	Zetor	3	165D	10F-2R	42.51	5100	No
5245.0 4WD	$12595	$2390	$3280	**$4160**	**$5290**	Zetor	3	165D	10F-2R	42.51	6500	No
5245.0 4WD w/Cab	$14320	$2720	$3720	**$4730**	**$6010**	Zetor	3	165D	10F-2R	42.51		CH
6211.0	$12465	$2370	$3240	**$4110**	**$5240**	Zetor	4	211D	10F-2R	53.09	5850	No
6211.0 w/Cab	$14425	$2740	$3750	**$4760**	**$6060**	Zetor	4	211D	10F-2R	53.09		CH
6245.0 4WD	$14765	$2810	$3840	**$4870**	**$6200**	Zetor	4	211D	10F-2R	53.09	6950	No
6245.0 4WD w/Cab	$16725	$3180	$4350	**$5520**	**$7030**	Zetor	4	211D	10F-2R	53.09		CH
7711.0	$14685	$2790	$3820	**$4850**	**$6170**	Zetor	4	239D	10F-2R	65.74	6250	No
7711.0 w/Cab	$16465	$3130	$4280	**$5430**	**$6920**	Zetor	4	239D	10F-2R	65.74		CH
7745.0 4WD	$18135	$3450	$4720	**$5990**	**$7620**	Zetor	4	239D	10F-2R	65.74	7250	No
7745.0 4WD w/Cab	$19915	$3780	$5180	**$6570**	**$8360**	Zetor	4	239D	10F-2R	65.74		CH
8111.0	$15800	$3000	$4110	**$5210**	**$6640**	Zetor	4	278D	16F-8R	70.8	8350	No
8111.0 w/Cab	$19450	$3310	$4280	**$5250**	**$6810**	Zetor	4	278D	16F-8R	70.8		CH
8145 4WD	$19800	$3370	$4360	**$5350**	**$6930**	Zetor	4	278D	16F-8R	70.6	9600	No
8145 4WD w/Cab	$24960	$3770	$4880	**$5990**	**$7770**	Zetor	4	278D	16F-8R	70.6	9600	CH
10111.0	$19120	$2980	$3850	**$4730**	**$6130**	Zetor	4	278D	16F-8R	87.1	8650	No
10111.0 w/Cab	$23150	$3400	$4400	**$5400**	**$7000**	Zetor	4	278D	16F-8R	87.1		CH
10145.0 4WD	$23400	$3640	$4710	**$5780**	**$7490**	Zetor	4	278D	16F-8R	88.	9600	No
10145.0 4WD w/Cab	$28550	$4000	$5170	**$6350**	**$8230**	Zetor	4	278D	16F-8R	88.		CH
12111.0	$21020	$3400	$4400	**$5400**	**$7000**	Zetor	6	417D	16F-8R	101.	9700	No
12111.0 w/Cab	$25430	$3810	$4930	**$6050**	**$7840**	Zetor	6	417D	16F-8R	101.		CH
12145.0 4WD	$25490	$3910	$5060	**$6210**	**$8050**	Zetor	6	417D	16F-8R	102.3	10350	No
12145.0 4WD w/Cab	$31090	$4590	$5940	**$7290**	**$9450**	Zetor	6	417D	16F-8R	102.3		CH
16145.1 w/Cab	$35935	$5100	$6600	**$8100**	**$10500**	Zetor	6	417D	12F-6R	135.9	11300	CH
				1989								
5211	$9665	$1740	$2420	**$3090**	**$3960**	Zetor	3	165D	10F-2R	42.51	5370	No
5211 w/Cab	$11265	$2030	$2820	**$3610**	**$4620**	Zetor	3	165D	10F-2R	42.51	6030	CH
5245 4WD	$11530	$2080	$2880	**$3690**	**$4730**	Zetor	3	165D	10F-2R	42.51	6175	No
5245 4WD w/Cab	$13130	$2360	$3280	**$4200**	**$5380**	Zetor	3	165D	10F-2R	42.51	6835	CH
6211	$11575	$2080	$2890	**$3700**	**$4750**	Zetor	4	211D	10F-2R	53.09	5810	No
6211 w/Cab	$13375	$2410	$3340	**$4280**	**$5480**	Zetor	4	211D	10F-2R	53.09	6470	CH
6245 4WD	$13700	$2470	$3430	**$4380**	**$5620**	Zetor	4	211D	10F-2R	53.09	6810	No
6245 4WD w/Cab	$15500	$2630	$3650	**$4670**	**$5990**	Zetor	4	211D	10F-2R	53.09	7470	CH
7711	$14050	$2410	$3350	**$4290**	**$5490**	Zetor	4	239D	10F-2R	65.74	6020	No
7711 T w/Cab	$18520	$2930	$4080	**$5220**	**$6680**	Zetor	4T	239D	10F-2R	75.	6700	CH
7711 w/Cab	$15850	$2700	$3750	**$4800**	**$6150**	Zetor	4	239D	10F-2R	65.74	6680	CH
7745 4WD	$17350	$2970	$4130	**$5280**	**$6770**	Zetor	4	239D	10F-2R	65.74	7230	No
7745 4WD w/Cab	$19190	$3240	$4500	**$5760**	**$7380**	Zetor	4	239D	10F-2R	65.74	7890	CH
7745 T w/Cab	$21860	$3510	$4880	**$6240**	**$8000**	Zetor	4T	239D	10F-2R	75.	7910	CH
8111	$15800	$2700	$3750	**$4800**	**$6150**	Zetor	4	278D	16F-8R	70.	8140	No
8111 w/Cab	$17800	$3010	$4180	**$5340**	**$6850**	Zetor	4	278D	16F-8R	70.	8840	CH
8145 4WD	$19800	$3240	$4500	**$5760**	**$7380**	Zetor	4	278D	16F-8R	70.	8910	No
8145 4WD w/Cab	$22800	$3600	$5000	**$6400**	**$8200**	Zetor	4	278D	16F-8R	70.	9610	CH
10111	$19120	$2740	$3590	**$4450**	**$5810**	Zetor	4T	278D	16F-8R	87.	8230	No
10111 w/Cab	$21120	$3200	$4200	**$5200**	**$6800**	Zetor	4T	278D	16F-8R	87.	8930	CH
10145 4WD	$23400	$3420	$4490	**$5560**	**$7280**	Zetor	4T	278D	16F-8R	87.	9400	No
10145 4WD w/Cab	$26400	$3740	$4910	**$6080**	**$7960**	Zetor	4T	278D	16F-8R	87.	9700	CH
12111	$21020	$3120	$4100	**$5070**	**$6630**	Zetor	6	417D	16F-8R	101.	9330	No
12111 w/Cab	$23020	$3390	$4450	**$5510**	**$7210**	Zetor	6	417D	16F-8R	101.	10030	CH
12145 4WD	$25490	$3680	$4830	**$5980**	**$7820**	Zetor	6	417D	16F-8R	101.	10060	No
12145 4WD w/Cab	$28490	$4080	$5360	**$6630**	**$8670**	Zetor	6	417D	16F-8R	101.	10760	CH
16145 4WD w/Cab	$32900	$4610	$6050	**$7490**	**$9790**	Zetor	6T	417D	12F-6R	136.	11310	CH
				1988								
5211	$9495	$1610	$2370	**$2940**	**$3800**	Zetor	3	165D	10F-2R	43.	5550	No
5211 w/Cab	$11265	$1920	$2820	**$3490**	**$4510**	Zetor	3	165D	10F-2R	43.	5550	CH
5245 4WD	$11360	$1930	$2840	**$3520**	**$4540**	Zetor	3	165D	10F-2R	43.	6280	No
5245 4WD w/Cab	$13130	$2230	$3280	**$4070**	**$5250**	Zetor	3	165D	10F-2R	43.	6280	CH
6211	$11295	$1920	$2820	**$3500**	**$4520**	Zetor	4	211D	10F-2R	53.09	5850	No
6211 w/Cab	$13375	$2270	$3340	**$4150**	**$5350**	Zetor	4	211D	10F-2R	53.09	5850	CH
6245 4WD	$13500	$2300	$3380	**$4190**	**$5400**	Zetor	4	211D	10F-2R	53.09	6950	No
6245 4WD w/Cab	$15500	$2640	$3880	**$4810**	**$6200**	Zetor	4	211D	10F-2R	53.09	6950	CH
7211	$13220	$2250	$3310	**$4100**	**$5290**	Zetor	4	220D	10F-2R	58.	6200	No
7211 w/Cab	$14960	$2540	$3740	**$4640**	**$5980**	Zetor	4	220D	10F-2R	58.	6200	CH
7245 4WD	$15620	$2660	$3910	**$4840**	**$6250**	Zetor	4	220D	10F-2R	58.	7250	No
7245 4WD w/Cab	$17890	$3040	$4470	**$5550**	**$7160**	Zetor	4	220D	10F-2R	58.	7250	CH
8111	$15800	$2690	$3950	**$4900**	**$6320**	Zetor	4	278D	16F-8R	72.	8350	No
8111 w/Cab	$17800	$2670	$3560	**$4450**	**$5870**	Zetor	4	278D	16F-8R	72.	8350	CH
8145 4WD	$19800	$2820	$3760	**$4700**	**$6200**	Zetor	4	278D	16F-8R	72.	9600	No
8145 4WD w/Cab	$21800	$3080	$4100	**$5130**	**$6770**	Zetor	4	278D	16F-8R	72.	9600	CH
10111	$19120	$2550	$3400	**$4250**	**$5610**	Zetor	4T	278D	16F-8R	88.	8650	No
10111 w/Cab	$21120	$2850	$3800	**$4750**	**$6270**	Zetor	4T	278D	16F-8R	88.	8650	CH

Model	Approx. Retail Price New	Estimated Value Less Repairs Used Trade-In Avg.	Used Trade-In High	Used Retail Avg.	Used Retail High	Engine Make	Engine No. Cyls.	Engine Displ. Cu.-in.	No. Speeds	P.T.O. H.P.	Approx. Shipping Wt.-Lbs.	Cab
Zetor (Cont.)												
				1988 (Cont.)								
10145 4WD	$23400	$3210	$4280	**$5350**	**$7060**	Zetor	4T	278D	16F-8R	88.	10400	No
10145 4WD w/Cab	$25900	$3530	$4700	**$5880**	**$7760**	Zetor	4T	278D	16F-8R	88.	10400	CH
12111	$21020	$2960	$3940	**$4930**	**$6500**	Zetor	6	417D	16F-8R	108.	9700	No
12111 w/Cab	$23020	$3150	$4200	**$5250**	**$6930**	Zetor	6	417D	16F-8R	108.	9700	CH
12145 4WD	$25490	$3450	$4600	**$5750**	**$7590**	Zetor	6	417D	16F-8R	108.	10400	No
12145 4WD w/Cab	$27690	$3750	$5000	**$6250**	**$8250**	Zetor	6	417D	16F-8R	108.	10400	CH
16145 4WD w/Cab	$31900	$4200	$5600	**$7000**	**$9240**	Zetor	6T	417D	12F-6R	140.	11300	CH
				1987								
5211	$9265	$1480	$2220	**$2870**	**$3610**	Zetor	3	165D	10F-2R	43.	5550	No
5211 w/Cab	$11265	$1800	$2700	**$3490**	**$4390**	Zetor	3	165D	10F-2R	43.	5550	CH
5245 4WD	$11130	$1780	$2670	**$3450**	**$4340**	Zetor	3	165D	10F-2R	43.	6280	No
5245 4WD w/Cab	$13130	$2100	$3150	**$4070**	**$5120**	Zetor	3	165D	10F-2R	43.	6280	CH
6211	$11175	$1790	$2680	**$3460**	**$4360**	Zetor	4	211D	10F-2R	53.09	5850	No
6211 w/Cab	$13375	$2140	$3210	**$4150**	**$5220**	Zetor	4	211D	10F-2R	53.09	5850	CH
6245 4WD	$13305	$2130	$3190	**$4130**	**$5190**	Zetor	4	211D	10F-2R	53.09	6950	No
6245 4WD w/Cab	$15505	$2480	$3720	**$4810**	**$6050**	Zetor	4	211D	10F-2R	53.09	6950	CH
7211	$12320	$1970	$2960	**$3820**	**$4810**	Zetor	4	220D	10F-2R	58.	6200	No
7211 w/Cab	$14580	$2330	$3500	**$4520**	**$5690**	Zetor	4	220D	10F-2R	58.	6200	CH
7245 4WD	$14720	$2360	$3530	**$4560**	**$5740**	Zetor	4	220D	10F-2R	58.	7250	No
7245 4WD w/Cab	$16990	$2720	$4080	**$5270**	**$6630**	Zetor	4	220D	10F-2R	58.	7250	CH
8111	$15800	$2210	$3000	**$3790**	**$5060**	Zetor	4	278D	16F-8R	72.	8350	No
8111 w/Cab	$17800	$2490	$3380	**$4270**	**$5700**	Zetor	4	278D	16F-8R	72.	8350	CH
8145 4WD	$19800	$2630	$3570	**$4510**	**$6020**	Zetor	4	278D	16F-8R	72.	9600	No
8145 4WD w/Cab	$21800	$2870	$3900	**$4920**	**$6560**	Zetor	4	278D	16F-8R	72.	9600	CH
10111	$19120	$2380	$3230	**$4080**	**$5440**	Zetor	4T	278D	16F-8R	88.	8650	No
10111 w/Cab	$21120	$2670	$3630	**$4580**	**$6110**	Zetor	4T	278D	16F-8R	88.	8650	CH
10145 4WD	$23400	$3000	$4070	**$5140**	**$6850**	Zetor	4T	278D	16F-8R	88.	10400	No
10145 4WD w/Cab	$25400	$3280	$4450	**$5620**	**$7490**	Zetor	4T	278D	16F-8R	88.	10400	CH
12111	$21020	$2660	$3610	**$4560**	**$6080**	Zetor	6	417D	16F-8R	108.	9700	No
12111 w/Cab	$23020	$2970	$4030	**$5090**	**$6780**	Zetor	6	417D	16F-8R	108.	9700	CH
12145 4WD	$25490	$3280	$4450	**$5620**	**$7490**	Zetor	6	417D	16F-8R	108.	10400	No
12145 4WD w/Cab	$27490	$3500	$4750	**$6000**	**$8000**	Zetor	6	417D	16F-8R	108.	10400	CH
16145 4WD w/Cab	$31900	$3920	$5320	**$6720**	**$8960**	Zetor	6T	417D	12F-6R	140.	11300	CH
				1986								
5211	$9265	$1390	$2220	**$2870**	**$3520**	Zetor	3	165D	10F-2R	42.51	6000	No
5211 w/Cab	$11265	$1690	$2700	**$3490**	**$4280**	Zetor	3	165D	10F-2R	42.51	6000	CH
5245	$11130	$1670	$2670	**$3450**	**$4230**	Zetor	3	165D	10F-2R	42.51	6000	No
5245 w/Cab	$13130	$1970	$3150	**$4070**	**$4990**	Zetor	3	165D	10F-2R	42.51	6000	CH
6211	$11175	$1680	$2680	**$3460**	**$4250**	Zetor	4	211D	10F-2R	53.09	6350	No
6211 w/Cab	$13375	$2010	$3210	**$4150**	**$5080**	Zetor	4	211D	10F-2R	53.09	6350	CH
6245 4WD	$13305	$2000	$3190	**$4130**	**$5060**	Zetor	4	211D	10F-2R	53.09	7400	No
6245 4WD w/Cab	$15505	$2330	$3720	**$4810**	**$5890**	Zetor	4	211D	10F-2R	53.09	7400	CH
7211	$12320	$1850	$2960	**$3820**	**$4680**	Zetor	4	220D	10F-2R	58.28	6400	No
7211 w/Cab	$14580	$2100	$3360	**$4340**	**$5320**	Zetor	4	220D	10F-2R	58.28	6400	CH
7245 4WD	$14720	$2210	$3530	**$4560**	**$5590**	Zetor	4	220D	10F-2R	58.28	7400	No
7245 4WD w/Cab	$16990	$2300	$3670	**$4740**	**$5810**	Zetor	4	220D	10F-2R	58.28	7400	CH
8111	$15800	$1920	$2660	**$3400**	**$4590**	Zetor	4	278D	16F-8R	70.8	8700	No
8111 w/Cab	$17800	$2180	$3020	**$3860**	**$5210**	Zetor	4	278D	16F-8R	70.8	8700	CH
8145 4WD	$19800	$2440	$3380	**$4320**	**$5830**	Zetor	4	278D	16F-8R	70.8	9400	No
8145 4WD w/Cab	$21800	$2600	$3600	**$4600**	**$6200**	Zetor	4	278D	16F-8R	70.8	9400	CH
10111	$19120	$2350	$3260	**$4160**	**$5610**	Zetor	4	278D	16F-8R	100.	8770	No
10111 w/Cab	$21120	$2480	$3440	**$4390**	**$5920**	Zetor	4	278D	16F-8R	100.	8770	CH
10145 4WD	$23400	$2650	$3670	**$4690**	**$6320**	Zetor	4	278D	16F-8R	100.	9500	No
10145 4WD w/Cab	$25400	$2990	$4140	**$5290**	**$7130**	Zetor	4	278D	16F-8R	100.	9500	CH
12111	$21020	$2500	$3460	**$4420**	**$5950**	Zetor	6	417D	16F-8R	108.	9900	No
12111 w/Cab	$23020	$2760	$3820	**$4880**	**$6570**	Zetor	6	417D	16F-8R	108.	9900	CH
12145 4WD	$25490	$3040	$4210	**$5380**	**$7250**	Zetor	6	417D	16F-8R	108.	9900	No
12145 4WD w/Cab	$27490	$3250	$4500	**$5750**	**$7750**	Zetor	6	417D	16F-8R	108.	9900	CH
16145 4WD	$29900	$3550	$4910	**$6280**	**$8460**	Zetor	6	417D	12F-6R	140.	11200	No
16145 4WD w/Cab	$31900	$3810	$5270	**$6740**	**$9080**	Zetor	6	417D	12F-6R	140.	11200	CH

ADVANCE-RUMELY OIL PULL

Model B (25-45)
1910 1
1911 2101
1912 2270

Model E (30-60)
1910 101
1911 237
1912 747
1913 1679
1915 1819
1916 2019
1917 2997
1918 8725
1919 11500
1920 12252
1921 12352
1922 12404
1923 12454

Model F (18-35)
1911 5001
1912 5681
1913 6739
1914 7500
1916 7857
1917 8085
1918 8903

Model G (20-40)
1918 10425
1919 .... G741
1919 10751
1920 .... G949
1921 .... G1728
1922 .... G2242
1923 .... G2690
1924 .... G3559

Model H (16-30)
1917 8627
1918 9178
1919 10711
1919 .... H3751
1920 .... H4393
1921 .... H7240
1922 .... H7396
1923 .... H8646
1924 .... H9046

Model K (12-20)
1918 12000
1919 12101
1920 13657
1921 17640
1922 18649
1923 19269
1924 20511

Model L (15-25)
1924 1
1925 11
1926 1607
1927 4214

Model M (20-35)
1924 1
1925 2
1926 1014
1927 3085

Model R (25-45)
1924 1
1925 2
1926 139
1927 648

Model S (30-60)
1924 1
1925 5
1926 35
1927 235
1928 435

Model W (20-30)
1928 1
1929 2129
1930 3734

Model X (25-40)
1928 1
1929 1546
1930 2260

Model Y (30-50)
1929 1

Model Z (40-60)
1929 1

AGCO

Model DT160, DT180
2002 .... L01001
2003 .... M01001

Model DT200, DT225
2002 .... L01001
2003 .... M01001

Model LT70, LT85
2002 .... L01001
2003 .... M01001

Model RT130, RT145
2002 .... L01001
2003 .... M01001

Model RT95, RT115
2002 .... L01001
2003 .... M01001

Model ST25
2001 .... JK01001
2002 .... JL01001
2003 .... JM01001

Model ST30
2001 .... JK01001
2002 .... JL01001
2003 .... JM01001

Model ST35
2001 .... JK01001
2002 .... JL01001
2003 .... JM01001

Model ST40
2001 .... JK01001
2002 .... JL01001
2003 .... JM01001

Model ST45
2001 .... JK01001
2002 .... JL01001
2003 .... JM01001

Model ST55
2003 .... JM01001

ALLIS-CHALMERS

Model 15-25
1921 20001
1922 20335
1923 20498
1924 20906
1925 20996
1926 21371
1927 21682

Model 170
Front of torque housing on left side.
1968 2721
1969 5374
1970 6369
1971 6988
1972 7797
1973 8821

Model 175
Front of torque housing on left side.
1970 1001
1971 1477
1972 1624
1973 1740
1974 2153
1975 3255
1976 3754
1977 4809
1978 5670
1979 6321
1980 6999

Model 18-30 & 20-35
1919 5006
1920 5161
1921 6015
1923 6161
1924 6397
1925 6755
1926 7369
1927 8070
1928 9870
1929 16762

Model 180
Front of torque housing on left side.
1968 2682
1969 6094
1970 9235
1971 10561
1972 11729
1973 12447

Model 185
Front of torque housing on left side.
1970 1001
1971 1952
1972 2935
1973 3763
1974 4961
1975 6542
1976 8292
1977 10003
1978 11631
1979 13160
1980 14672
1981 15648

Model 190 & 190XT
Front of torque housing on left side.
1964 1001
1965 2485
1966 8219
1967 13273
1968 19262
1969 23234
1970 25901
1971 29136
1972 31118
1973 33101

Model 200
Front of torque housing on left side.
1972 1001
1973 3344
1974 6294
1975 9250

Model 210
Front of torque housing on left side.
1970 1001
1971 1107
1972 2082
1973 2469

Model 220
Front of torque housing on left side.
1970 1938
1971 2451
1972 2626
1973 2860

Model 4W220
Top surface of left side frame.
1982 1001
1983 1081
1984 1145

Model 4W305
Top surface of left side frame.
1982 1001
1983 1112
1984 1176
1985 1338

Model 5015
Plate above gearshift lever.
1982 1001
1983 1727
1984 3277
1985 4236

Model 5020
Plate on console under steering wheel.
1978 2220
1979 3091
1980 4115
1981 5790
1982 7034
1983 8388
1984 8734
1985 9217

Model 5030
Plate on console under steering wheel.
1979 2005
1980 2255
1981 2976
1982 3520
1983 4066
1984 4214
1985 4359

Model 5040
Plate on console under steering wheel.
1976 408455
1977 410364
1978 462148
1979 473000
1980 474000

Model 5045
Plate on console under steering wheel.
1981 988500

Model 5050
Plate on console under steering wheel.
1977 573461
1978 579632
1979 584000
1980 591000
1981 596014
1982 597730
1983 599191

Model 6060
Right side of engine adapter housing.
1980 1001
1981 1297
1982 2463
1983 3894
1984 4572

Model 6070
Right side of engine adapter housing.
1985 1609

Model 6080
Right side of engine adapter housing.
1980 1001
1981 1152
1982 3002
1983 4567
1984 5780
1985 6853

Model 6140
Plate on left side of clutch housing.
1982 1001
1983 1726
1984 1851
1985 2711

Model 7000
Right side of differential housing.
1975 1001
1976 1641
1977 5037
1978 6373
1979 8963

Model 7010
Above PTO guard.
1980 1925
1981 2806

Model 7020
Above PTO guard.
1978 1317
1979 2732
1980 3842
1981 4710

Model 7030
Above PTO guard.
1973 1001
1974 2596

Model 7040
Above PTO guard.
1975 1303
1976 4089
1977 6839

Model 7045
Above PTO guard.
1978 1234
1979 2152
1980 3399
1981 4225

Model 7050
Above PTO guard.
1973 1001
1974 1688

Model 7060
Above PTO guard.
1974 1001
1975 1299
1976 2741
1977 4580
1978 6001
1979 6789
1980 7693
1981 8442

Model 7080
Above PTO guard.
1975 1007
1976 1572
1977 2051
1978 3001
1979 3268
1980 3648
1981 3954

Model 7580
Left rear side of front frame.
1976 1001
1977 1287
1978 1605
1979 2218
1980 2486
1981 2717

Model 8010
Above PTO guard.
1982 1020
1983 1712
1984 2266
1985 2609

Model 8030
Above PTO guard.
1982 ... 1001
1983 ... 2093
1984 ... 2701
1985 ... 3146

Model 8050
Above PTO guard.
1982 ... 1016
1983 ... 1924
1984 ... 2596
1985 ... 3187

Model 8070
Above PTO guard.
1982 ... 1001
1983 ... 1430
1984 ... 2090
1985 ... 2903

Model 8550
Left side of front frame.
1978 ... 1083
1979 ... 1342
1980 ... 1553
1981 ... 1723

Model A
Top of transmission case.
1936 ... 25701
1937 ... 25726
1938 ... 26305
1939 ... 26614
1940 ... 26782
1941 ... 26896
1942 ... 26915

Model B
Top of transmission rear of shift lever.
1938 ... 101
1939 ... 11800
1940 ... 33394
1941 ... 49721
1942 ... 56782
1943 ... 64501
1944 ... 65502
1945 ... 70210
1946 ... 72301
1947 ... 73370
1948 ... 80056
1949 ... 92295
1950 ... 102393
1951 ... 114258
1952 ... 118674
1953 ... 122310
1954 ... 124202
1955 ... 124711
1956 ... 126497
1957 ... 127186

Model C
Top of transmission rear of shift lever.
1940 ... 1
1941 ... 112
1942 ... 12389
1943 ... 18782
1944 ... 23908
1945 ... 30695
1946 ... 36378
1947 ... 39168
1948 ... 51515
1949 ... 68281

Model CA
Top of transmission rear of shift lever.
1950 ... 14
1951 ... 305
1952 ... 10395
1953 ... 22181
1954 ... 31424
1955 ... 32907
1956 ... 37203
1957 ... 38618

Model D-10
Front of torque housing on left side.
1959 ... 1001
1960 ... 1950
1961 ... 2801
1962 ... 4511
1963 ... 6801
1964 ... 7675
1965 ... 8204
1966 ... 9486
1967 ... 9795

Model D-12
Front of torque housing on left side.
1959 ... 1001
1960 ... 1950
1961 ... 2801
1962 ... 3638
1963 ... 5501
1964 ... 6012
1965 ... 9192
1966 ... 9508
1967 ... 9830

Model D-14
Front of torque housing on left side.
1957 ... 1001
1958 ... 9400
1959 ... 14900
1960 ... 21800

Model D-15
Front of torque housing on left side.
1960 ... 1001
1961 ... 1900
1962 ... 6470
1963 ... 13001
1964 ... 16928
1965 ... 19681
1966 ... 21375
1967 ... 23734

Model D-17
Front of torque housing on left side.
1957 ... 1001
1958 ... 4300
1959 ... 16500
1960 ... 28200
1961 ... 33100
1962 ... 38070
1963 ... 65001
1964 ... 70611
1965 ... 77090
1966 ... 80533
1967 ... 86061

Model D-19
Front of torque housing on left side.
1961 ... 1001
1962 ... 1250
1963 ... 12001

Model D-21
Front of torque housing on left side.
1963 ... 1001
1964 ... 1417
1965 ... 2079
1966 ... 2408
1967 ... 2863
1968 ... 3777
1969 ... 4498

Model G
Top of transmission rear of shift lever.
1948 ... 6
1949 ... 10961
1950 ... 23180
1951 ... 24006
1952 ... 25269
1953 ... 26497
1954 ... 28036
1955 ... 29036

Model RC
Top of transmission case.
1939 ... 4
1940 ... 4392
1941 ... 5417

Model U
Rear of differential housing.
1929 ... 1
1930 ... 1751
1931 ... 3676
1932 ... 5525
1933 ... 7405
1934 ... 8896
1935 ... 10596
1936 ... 12086
1937 ... 13576
1938 ... 14855
1939 ... 15587
1940 ... 16078
1941 ... 16722
1942 ... 17137
1943 ... 17470
1944 ... 17801
1945 ... 18022
1946 ... 18325
1947 ... 20774
1948 ... 21022
1949 ... 22128
1950 ... 23029
1951 ... 22548

Model UC
Rear of differential housing.
1930 ... 1
1931 ... 336
1932 ... 826
1933 ... 1268
1934 ... 1750
1935 ... 2230
1936 ... 2712
1937 ... 3194
1938 ... 3757
1939 ... 4547
1940 ... 4770
1941 ... 4972

Model WC
Rear differential housing, just above operator platform.
1934 ... 10158
1935 ... 22815
1936 ... 35475
1937 ... 48133
1938 ... 60790
1939 ... 75216
1940 ... 91534
1941 ... 103517
1942 ... 114534
1943 ... 123171
1944 ... 127642
1945 ... 134624
1946 ... 148091
1947 ... 152845
1948 ... 170174

Model WD
Top of left differential brake housing.
1948 ... 7
1949 ... 9280
1950 ... 35471
1951 ... 72356
1952 ... 105216
1953 ... 131273

Model WD-45
Top of left differential brake housing.
1953 ... 146607
1954 ... 160386
1955 ... 190933
1956 ... 217992
1957 ... 230295

Model WF
Rear differential housing, just above operator platform.
1938 ... 389
1939 ... 1336
1940 ... 1892
1941 ... 2300
1942 ... 2704
1943 ... None
1944 ... 3004
1945 ... 3195
1946 ... 3510
1947 ... 3748
1948 ... 4111
1949 ... 5500
1950 ... 7318
1951 ... 8316

B.F. AVERY

A
Right side of gear case.
1945 ... 4A786
1946 ... 7A305
1947 ... 9A867
1948 ... 13A247
1949 ... 17A456
1950 ... 19A366

BF
Right side of gear case.
1950 ... R500
1951 ... R1839
1952 ... R4460

BFH
Right side of gear case.
1953 ... 58000001

BFS
Right side of gear case.
1953 ... 57600001

BFW
Right side of gear case.
1953 ... R6538

BG
Right side of gear case.
1953 ... 57900001
1954 ... 57900601
1955 ... 57900769
1956 ... 57900938

V
Right side of gear case.
1946 ... 1V5
1947 ... 1V144
1948 ... 2V577
1949 ... 4V490
1950 ... 5V501
1951 ... 6V207
1952 ... 6V422

BIG BUD

All Models
1987 ... 87000
1988 ... 88000
1989 ... 89000
1990 ... 90000

Model 450
1991 ... 91501

Model 500
1991 ... 91601

Model 700
1991 ... 91701

CASE

Model 10-18
1918 ... 13285
1919 ... 22223
1920 ... 32841
1921 ... 42256
1922 ... 43943

Model 10-20
1915 ... 2842
1916 ... 3691
1917 ... 7492
1918 ... 13285

Model 1030
Plate fastened to instrument panel.
1966 ... 8279001
1967 ... 8306501
1968 ... 8332101
1969 ... 8356251

Model 1031 & 1032
Plate fastened to instrument panel.
1966 ... 8279001
1967 ... 8306501
1968 ... 8322101
1969 ... 8356251

Model 1090 & 1170
Plate fastened to instrument panel.
1970 ... 8650001
1971 ... 8674001

Model 1175
Left side of instrument panel.
1971 ... 8674001
1972 ... 8693001
1973 ... 8712001
1974 ... 8736601
1975 ... 8776601
1976 ... 8797501
1977 ... 8809950
1978 ... 8830001

Model 1190
Plate fastened to clutch housing.
1980 ... 11030101
1981 ... 11031792
1982 ... 11033166
1983 ... 11035592

Model 1194
Plate fastened to clutch housing.
1983 ... 11038050

Model 12-20
1921 ... 42256
1922 ... 43943
1923 ... 45281
1924 ... 48227
1925 ... 48402
1926 ... 55919
1927 ... 62409

CASE (Cont.)

Model 12-25
1914 2496
1915 2842
1916 3691
1917 7492
1918 13285

Model 1200TK
Plate fastened to clutch housing.
1966 9802101
1967 9806101
1968 9808000
1969 9808276

Model 1270 & 1370
Plate fastened to instrument panel.
1972 8693001
1973 8712001
1974 8736601
1975 8770001
1976 8797501
1977 8809950
1978 8830001

Model 1290
Plate fastened to clutch housing.
1980 11050101
1981 11050444
1982 11053999
1983 11055483

Model 1294
Plate fastened to clutch housing.
1983 11058050

Model 1390
Plate fastened to clutch housing.
1980 11120101
1981 11122928
1982 11126132
1983 11130040

Model 1394
Plate fastened to clutch housing.
1983 11131000

Model 1470TK
Plate fastened to instrument panel.
1969 9810000
1970 9811301
1971 8674001
1972 8691801

Model 1490
Plate fastened to clutch housing.
1980 11180101
1981 11182782
1982 11185693
1983 11188540

Model 1494
Plate fastened to clutch housing.
1983 11192050

Model 15-27
1919 22223
1920 42435
1921 42835
1922 42852
1923 43435
1924 48413

Model 1570
Plate fastened to instrument panel.
1976 8797501
1977 8809950
1978 8830001

Model 1594
Plate fastened to clutch housing.
1983 11219050

Model 1690
Plate fastened to clutch housing.
1980 11120101
1981 11121841
1982 11213684
1983 11214373

Model 18-32
1925 51678
1926 55919
1927 62409

Model 1896
1984 9931800

Model 20-40
1912 100
1913 691
1914 2496
1915 2842
1916 3691
1917 7492
1918 13285
1919 22223

Model 200B & 210B
Plate fastened to instrument panel.
1958 6095001
1959 6120001

Model 2090, 2290, 2390 & 2590
Plate fastened to instrument panel.
1978 8835443
1979 8840001
1980 9901001
1981 9910025
1982 9918830
1983 9924700

Model 22-40
1919 22223
1920 32841
1921 42256
1922 43943
1923 45281
1924 48413
1925 51678

Model 2470
Left side of instrument panel.
1971 8674001
1972 8693001
1973 8712001
1974 8762001
1975 8767001
1976 8792901
1977 8825069
1978 8827601

Model 2670 & 2870
Left side of instrument panel.
1974 8762001
1975 8767001
1976 8792901
1977 8825069
1978 8827601

Model 30-60
1912 100
1913 691
1914 2496
1915 2842
1916 3691

Model 300 & 320
Plate fastened to instrument panel.
1956 6050301
1957 6075001

Model 300B, 310B & 320B
Plate fastened to instrument panel.
1958 6095001
1959 6120001

Model 40-72
1921 42256
1922 43943
1923 45281

Model 40-80
1915 2842

Model 400
Plate fastened to instrument panel.
1955 8060001
1956 8080001
1957 8100001

Model 400B, 500B & 600B
Plate fastened to instrument panel.
1958 6095001
1959 6120001

Model 420B
Plate fastened to instrument panel.
1958 6095001
1959 6120001
1960 3012275

Model 430 & 530
Plate fastened to instrument panel.
1960 6144001
1961 6162601
1962 8190001
1963 8208001
1964 8229001
1965 8253501
1966 8279001
1967 8306501
1968 8332101
1969 8356251

Model 440, 540, 740, 840 & 940
Plate fastened to instrument panel.
1960 8160001
1961 8168801
1962 8190001
1963 8208001
1964 8229001
1965 8253501
1966 8279001
1967 8306501
1968 8332101
1969 8356251

Model 4490, 4690, 4890
Plate fastened to instrument panel.
1979 8854307
1980 8855925
1981 8859025
1982 8861530
1983 8863700

Model 470, 570 & 770
Plate fastened to instrument panel.
1970 8650001
1971 8674001
1972 8693001
1973 8712001

Model 500
Plate fastened to instrument panel.
1953 5622406
1954 8035001
1955 8060001
1956 8080001
1957 8100001

Model 600
Plate fastened to instrument panel.
1957 8100001

Model 630
Plate fastened to instrument panel.
1960 6144001
1961 6162601
1962 8190001
1963 8208001

Model 700, 800 & 900
Plate fastened to instrument panel.
1957 8100001
1958 8120001
1959 8140001

Model 730, 830 & 930
Plate fastened to instrument panel.
1960 8160001
1961 8168801
1962 8190001
1963 8208001
1964 8229001
1965 8253501
1966 8279001
1967 8306501
1968 8332101
1969 8356251

Model 870
Plate fastened to instrument panel.
1970 8650001
1971 8670001
1972 8693001
1973 8712001
1974 8736601
1975 8770001

Model 9-18
1912 100
1913 891
1914 2496
1915 2842
1916 3691
1917 7492
1918 13285

Model 970 & 1070
Plate fastened to instrument panel.
1970 8650001
1971 8674001
1972 8693001
1973 8712001
1974 8736601
1975 8770001
1976 8797501
1977 8809950
1978 8830001

Model A, AE, AI
1928 69004
1929 69803

Model C, D, LA, R, S, V
Tractor serial number located on instrument panel name plate.
1929 300201
1930 300301
1931 300401
1932 300501
1933 300601
1934 300701
1935 300801
1936 300901
1937 301001
1938 4200001
1939 4300001
1940 4400001
1941 4500001
1942 4600001
1943 4700001
1944 4800001
1945 4900001
1946 5000001
1947 5100001
1948 5200001
1949 5300001
1950 5400001
1951 5500001
1952 5600001
1953 5700001
1954 5800001
1955 5900001
1956 6000001

Model C50, C60, C70
Right side of steering column.
1998 .... JJE1000056
1999 .... JJE1008492
2000 .... JJE1013490
2001 .... JJE1017672
2002 .... JJE1019985

Model K
Plate fastened to instrument panel.
1928 69004
1929 69803

Model L & LI
Plate fastened to instrument panel.
1929 303201
1930 303301
1931 303401
1932 303501
1933 303601
1934 303701
1935 303801
1936 303901
1937 304001
1938 4200001
1939 4300001
1940 4400001

Model S
Plate fastened to instrument panel.
1953 5700001
1954 8035001

Model T & TE
1928 69004
1929 69803

Model VA
Plate fastened to instrument panel.
1953 5750001
1954 6011001
1955 6038001

CASE-INTERNATIONAL

Model 1194
Plate fastened to clutch housing.
1984 11038494
1985 11480001

Model 1294
Plate fastened to clutch housing.
1984 11058714
1985 11490001

Model 1394
Plate fastened to clutch housing.
1984 11136920
1985 11500001
1986 11504636
1987 11506453
1988 11508682
1989 11510950
1990 11513200

Model 1494
Plate fastened to clutch housing.
1984 11192813
1985 11515001
1986 11519378
1987 11520410
1988 11521062
1989 11521443
1990 11521823

Model 1594
Plate fastened to clutch housing.
1984 11219214
1985 11525120
1986 11526518
1987 11527297
1988 11528442
1989 11529076
1990 11529706

Model 1896
Inside cab, above rear window.
1985 9938112
1986 9941619
1987 9946868
1988 9948517
1989 17895512
1990 17896472

Model 2094
Inside cab, above rear window.
1984 9931800

Model 2096
Inside cab, above door.
1985 9938100
1986 9941586
1987 9945448
1988 9948517
1990 17898686

Model 2294
Plate inside cab or on right side of front frame.
1984 9931808
1985 9938113
1986 9941577
1987 9945448
1988 9949350

Model 234
Right front frame.
1985 09405
1986 10454

Model 235
Right front frame.
1986 17626500
1987 17627429
1988 .... CCJ0001501
1989 .... CCJ0002370
1990 .... CCJ0031120
1991 .... CCJ0059570
1992 .... CCJ0087720

Model 2394
Plate inside cab or on right side of front frame.
1984 9931802
1985 9939020
1986 9941573
1987 9945454
1988 9948517

Model 244
Right front frame.
1985 09805
1986 11180

Model 245
Right front frame.
1986 17636500
1987 17637275
1988 .... CCJ0009001
1989 .... CCJ0009993
1990 .... CCJ0010844
1991 .... CCJ0011694
1992 .... CCJ0012495

Model 254
Right front frame.
1985 09450
1986 11465

Model 255
Right front frame.
1986 17646500
1987 17647065
1988 .... CCJ0018001
1989 .... CCJ0018787
1990 .... CCJ0019378
1991 .... CCJ0019968
1992 .... CCJ0020558

Model 2594
Plate inside cab or on right side of front frame.
1984 9931803
1985 9938951
1986 9941789
1987 9945455
1988 9948517

Model 265
Right front frame.
1987 17666500
1988 .... CCJ0025001
1989 .... CCJ0025194
1990 .... CCJ0059281
1991 .... CCJ0089368
1992 .... CCJ0119455

Model 275
Right front frame.
1986 17656500
1987 17656510
1988 .... CCJ0028001
1989 .... CCJ0028615
1990 .... CCJ0029301
1991 .... CCJ0029992
1992 .... CCJ0030672

Model 284
Right front frame.
1985 4031
1986 4371
1987 4716

Model 3220, 3230
1994 0900062
1995 0904337
1996 0915556
1997 0923921

Model 3294
Plate inside cab or on right side of front frame.
1984 9932190
1985 9938125

Model 3394
Plate inside cab or on right side of front frame.
1985 9938100
1986 9941574
1987 9945459
1988 9948518

Model 3594
Plate inside cab or on right side of front frame.
1985 9938100
1986 9941578
1987 9945452
1988 9948518

Model 385
Right front bolster.
1985 15000
1986 18000
1987 .... E0018806
1988 .... E0019454
1989 .... E0020881
1990 .... E0022231
1991 .... E0023570

Model 395
Right front bolster
1991 .... JJE0001500
1992 .... JJE0018291
1993 .... JJE0025736

Model 421, 4230, 4240
1994 0900062
1995 0904337
1996 0915558
1997 0923921

Model 4494
Plate inside cab.
1984 8865000
1985 8866200
1986 8866971
1987 8867559
1987 8867560
1988 8868521

Model 4694
Plate inside cab.
1984 8865001
1985 8866204
1985 8866200
1986 8866973
1986 8866971
1987 8867559
1988 8868521

Model 485
Right front bolster.
1985 15000
1986 18000
1987 .... E0019057
1988 .... E0021250
1989 .... E0023490
1990 .... E0024938
1991 .... E0026386

Model 4894
Plate inside cab.
1984 8865013
1985 8866200
1985 8866205
1986 8866972
1986 8866971
1987 8867559
1988 8868521

Model 495
Right front bolster
1991 .... JJE0001500
1992 .... JJE0018291
1993 .... JJE0025736
1994 .... JJE0033230

Model 4994
Plate inside cab.
1984 8865008
1985 8866200
1986 8866971
1987 8867745
1987 8867559
1988 8868521

Model 5120, 5130 & 5140
Plate inside cab.
1989 .... JJF1000001
1990 .... JJF1000650
1991 .... JJF1006114
1992 .... JJF1015072

Model 5220, 5230, 5240 & 5250
1992 .... JJF1015072
1993 .... JJF1023187
1994 .... JJF1029431
1995 .... JJF1036193
1996 .... JJF1047028
1997 .... JJF1059169

Model 585
Right front bolster.
1985 15000
1986 18000
1987 .... E0019201
1988 .... E0022268
1989 .... E0024954
1990 .... E0027087

Model 685
Right front bolster.
19856 15000
1986 18000
1987 .... E0019558
1988 .... E0023107
1989 .... E0026391
1990 .... E0029371

Model 695
Right front bolster
1991 .... JJE0001500
1992 .... JJE0018291
1993 .... JJE0025736
1994 .... JJE0033230

Model 7110, 7120, 7130, 7140 & 7150
Plate inside cab.
1988 .... JJA0001501
1989 .... JJA0009957
1990 .... JJA0020439
1991 .... JJA0030160
1992 .... JJA0039300
1993 .... JJA0046350

Model 7210, 7220, 7230,7240 & 7250
1994 .... JJA0050001
1995 .... JJA0056459
1996 .... JJA0064978

Model 885
Right front bolster.
1985 15000
1986 18000
1987 .... E0019138
1988 .... E0022668
1989 .... E0027254
1990 .... E0030427

Model 8910, 8920, 8930, 8940 & 8950
1997 .... JJA0072001
1998 .... JJA0083000

Model 895
Right front bolster
1991 .... JJE0001500
1992 .... JJE0018291
1993 .... JJE0025736
1994 .... JJE0033230

Model 9110, 9130, 9150, 9170, 9180 & 9190
1986 17900150
1987 17900550
1988 .... JCB0001501
1989 .... JCB0002500
1990 .... JCB0004600

Model 9210, 9230, 9240, 9250, 9260 & 9270
1990 .... JCB0004600
1991 .... JCB0026501
1992 .... JCB0028400
1993 .... JCB0030500
1994 .... JEE0031773
1995 .... JEE0032808

Model 995
Right front bolster
1991 .... JJE0001500
1992 .... JJE0018291
1993 .... JJE0025736
1994 .... JJE0033230

Model C50, C60, C70
Right side of steering columun.
1998 .... JJE1000056
1999 .... JJE1008492
2000 .... JJE1013490
2001 .... JJE1017672
2002 .... JJE1019985

Model C80, C90, C100
Right side of steering columun.
1998 .... JJE1000056
1999 .... JJE1008492
2000 .... JJE1013490
2001 .... JJE1017672
2002 .... JJE10199985

Model D25
2003 .... HBA000172

Model D29
2003 .... HBA000172

Model D33
2003 .... HBA000172

Model D35
2003 .... HBA000632

Model D40
2003 .... HBA000632

Model D45
2003 .... HBA000632

Model JX100U
2003 1261403

Model JX55
2003 .... HFJ000001

Model JX65
2003 .... HFJ000001

Model JX75
2003 .... HFJ000001

Model JX80U
2003 1261403

Model JX85
2003 .... HFJ000001

Model JX90U
2003 1261403

Model JX95
2003 .... HFJ000001

Model MX100
1998 .... JJA0083000
1999 .... JJA0097438
2000 .... JJA0103445

Model MX100C
Left side cab corner post.
1998 .... JJE1050021
1999 .... JJE1052034
2000 .... JJE1053772
2001 .... JJE1055506
2002 .... JJE1056230

Model MX110
1998 .... JJA0083000
1999 .... JJA0097438
2000 .... JJA0103445

Model MX120
Left side cab corner post.
1998 .... JJA0083000
1999 .... JJA0097438
2000 .... JJA0103445

Model MX135
Left side cab corner post.
1998 .... JJA0083000
1999 .... JJA0097438
2000 .... JJA0103445

Model MX150
Left side cab corner post.
1998 .... JJA0083000
1999 .... JJA0097438
2000 .... JJA0103445

Model MX170
1998 .... JJA0083000
1999 .... JJA0097438
2000 .... JJA0103445

Model MX180
1999 .... JJA0097438
2000 .... JJA0105000
2001 .... JJA0108800
2002 .... JJA0115300

Model MX200
1999 .... JJA0097438
2000 .... JJA0105000
2001 .... JJA0108800
2002 .... JJA0115300

Model MX210
2003 .... JAZ0125000

Model MX220
1999 .... JJA0097438
2000 .... JJA0105000
2001 .... JJA0108800
2002 .... JJA0115300

Model MX230
2003 .... JAZ0125000

Model MX240
1999 .... JJA0097438
2000 .... JJA0105000
2001 .... JJA0108800
2002 .... JJA0115300

Model MX255
2003 .... JAZ0125000

Model MX270
1999 .... JJA0097438
2000 .... JJA0105000
2001 .... JJA0108800
2002 .... JJA0115300

Model MX285
2003 .... JAZ0125000

Model MX80C
Left side of cab corner post.
1998 .... JJE1050021
1999 .... JJE1052034
2000 .... JJE1053772
2001 .... JJE1055506
2002 .... JJE1056230

Model MX90C
Left side cab corner post.
1998 .... JJE1050021
1999 .... JJE1052034
2000 .... JJE1053772
2001 .... JJE1055506
2002 .... JJE1056230

CASE-INTERNATIONAL (Cont.)

Model MXM120
2003 .... ACM191688

Model MXM130
2003 .... ACM191688

Model MXM140
2003 .... ACM191688

Model MXM155
2003 .... ACM191688

Model MXM175
2003 .... ACM191688

Model MXM190
2003 .... ACM191688

Model STX275
2001 .... JEE0097501
2002 .... JEE0099501
2003 .... JJE0102001

Model STX325
2001 .... JJE0097501
2002 .... JJE0099501
2003 .... JJE0102001

Model STX375
2001 .... JJE0097501
2002 .... JJE0099501
2003 .... JJE0102001

Model STX375Q
2003 .... JEE0102001

Model STX425
2002 .... JEE0099501
2003 .... JEE0102001

Model STX425Q
2003 .... JEE0102001

Model STX450
2002 .... JJE0099501
2003 .... JJE0102001

Model STX450Q
2003 .... JEE0102001

COCKSHUTT

Model 20
Left side of main frame.
1952 101
1953 1657
1954 2568
1955 10001
1956 20001
1957 30001
1958 40001

Model 30
Left side of main frame.
1946 101
1947 442
1948 6705
1949 17371
1950 26161
1951 28505
1952 32389
1953 35580
1954 35974
1955 40001
1956 50001
1957 60001

Model 35
Left side of main frame.
1956 1001
1957 10001

Model 40
Left side of main frame.
1950 194
1951 4101
1952 6901
1953 10501
1954 11401
1955 20001
1956 30001
1957 40001
1958 50001

Model 40D4 and Golden Eagle
Left side of main frame.
1954 27001
1955 30001
1956 40028
1957 50001

Model 50
Left side of main frame.
1953 101
1954 1801
1955 10001
1956 20001
1957 30001

Model 540
Right side of main frame.
1958 .... AM1001
1959 .... AN5001
1960 .... None
1961 .... AP1001
1962 .... AR1001

Model 550
Right side of main frame.
1958 .... BM1001
1959 .... BM5001
1960 .... BO1001
1961 .... BP1001

Model 560
Right side of main frame.
1958 .... CM1001
1959 .... CN5001
1960 .... CO7001
1961 .... CP1001

Model 570
Right side of main frame.
1958 .... DM1001
1959 .... DN5001
1960 .... DO7001

Model 570 Super
Right side of main frame.
1961 .... DP1001
1962 .... DR1001

Model Golden Arrow
Left side of main frame.
1956 16001

DAVID BROWN/CASE

Model 1200
Plate on side of clutch housing.
1967 700001
1968 704433
1969 707958
1970 712203
1971 716091

Model 1210
Plate on side of clutch housing.
1971 720001
1972 720053
1973 722305
1974 724659
1975 728080
1976 11150001
1977 11154968
1978 11159654
1979 11163305
1980 11166342

Model 1212
Plate on side of clutch housing.
1971 1000001
1972 1000240
1973 1001182
1974 1002487
1975 1005238

Model 1410
Plate on side of clutch housing.
1976 11200001
1977 11201692
1978 11203836
1979 11205159
1980 11206160

Model 1412
Plate on side of clutch housing.
1975 1050004

Model 770
Right side of front frame.
1965 580001
1966 582513
1967 588673
1968 588579
1969 590646
1970 592237

Model 780
Right side of front frame.
1967 600001
1968 600879
1969 602853
1970 606109
1971 609665

Model 880
Right side of front frame.
1961 350001
1962 351038
1963 354478
1964 358954
1965 522384
1966 531022
1967 539410
1968 546000
1969 551553
1970 557013
1971 560766
1972 620336
1973 624731
1974 630611
1975 634830

Model 885
Right side of front frame.
1971 620001
1972 620336
1973 624731
1974 630611
1975 634830
1976 11000001
1977 11005148
1978 11011088
1979 11015095
1980 11019389

Model 990
Right side of front frame.
1961 440001
1962 441323
1963 450376
1964 460538
1965 472273
1966 483768
1967 496283
1968 504690
1969 808150
1970 818301
1971 850001
1972 850600
1973 854403
1974 859367
1975 863900
1976 11070001
1977 11080236
1978 11089141
1979 11096828
1980 11104577

Model 995
Right side of front frame.
1971 920001
1972 921383
1973 925158
1974 928575
1975 931772
1976 11070001
1977 11080236
1978 11089141
1979 11096828
1980 11104577

Model 996
Right side of front frame.
1972 980001
1973 981776
1974 984145
1975 986272
1976 11070001

DEUTZ-ALLIS

Model 5215
1987 1001

Model 5220
1985 1001
1986 1001
1987 1919
1988 2170
1989 2341

Model 5230
1986 1001
1987 1657
1988 1885
1989 2000

Model 6035
1986.......... 7866-1338

Model 6150
1989 4600286

Model 6240
Left side of clutch housing.
1985.......... 7722-0001
1986.......... 7722-0489
1987.......... 7722-1247
1988.......... 7722-1746
1989.......... 7722-3129
1990.......... 7722-3400

Model 6240 4WD
Left side of clutch housing.
1986.......... 7726-0201
1987.......... 7726-0573
1988.......... 7726-0711
1989.......... 7726-3122

Model 6240A
Left side of clutch housing.
1985.......... 7726-0001
1986.......... 7726-0201
1987.......... 7726-0573
1988.......... 7726-0711
1989.......... 7726-3122

Model 6250
Left side of clutch housing.
1985.......... 7730-0001
1986.......... 7730-0801
1987.......... 7730-1694
1988.......... 7730-1972
1989.......... 7730-3067
1990.......... 7722-3400

Model 6250 4WD
Left side of clutch housing.
1986.......... 7734-0439
1987.......... 7734-0874
1988.......... 7734-1028
1989.......... 7734-3104
1990.......... 7734-3217

Model 6250A
Left side of clutch housing.
1985.......... 7734-0001
1986.......... 7734-0439
1987.......... 7734-0874
1988.......... 7734-1028
1989.......... 7734-3104
1990.......... 7734-3217

Model 6250VA
Left side of clutch housing.
1988.......... 7773-0308
1989.......... 7773-0334

Model 6260
Left side of clutch housing.
1985.......... 7738-0001
1986.......... 7738-0694
1987.......... 7738-1342
1988.......... 7738-1499
1989.......... 7738-3141

Model 6260 4WD
1987.......... 7742-1159
1988.......... 7742-1315
1989.......... 7742-3140

Model 6260 4WD Cab
Left side of clutch housing.
1986.......... 7744-1192
1987.......... 7744-2206
1988.......... 7744-3102
1989.......... 7744-3353
1990.......... 7744-3672

Model 6260 4WD ROPS
Left side of clutch housing.
1986.......... 7742-0542

Model 6260 Cab
Left side of clutch housing.
1986.......... 7740-0584
1987.......... 7740-1226
1988.......... 7740-3048
1989.......... 7740-3160

Model 6260 ROPS
Left side of clutch housing.
1986.......... 7738-0694
1987.......... 7738-1342
1988.......... 7738-1499

Model 6260A
Left side of clutch housing.
1985.......... 7742-0001
1986.......... 7742-0542
1987.......... 7742-1159
1988.......... 7742-1315
1989.......... 7742-3140

Model 6260C
Left side of clutch housing.
1985.......... 7740-0001
1986.......... 7740-0584
1987.......... 7740-1226
1988.......... 7740-3048
1989.......... 7740-3106

DEUTZ-ALLIS (Cont.)

Model 6260CA
Left side of clutch housing.
1985.......... 7744-0001
1986.......... 7744-1192
1987.......... 7744-2206
1988.......... 7744-3102
1989.......... 7744-3353
1990.......... 7744-3672

Model 6260F
Left side of clutch housing.
1988.......... 7774-0300
1989.......... 7774-0378
1990.......... 7774-0378

Model 6260FA
Left side of clutch housing.
1988.......... 7775-0306
1989.......... 7775-0403
1990.......... 7775-0489
1991.......... 7775-0489

Model 6260L
Left side of clutch housing.
1988.......... 7774-0302
1989.............. None
1990.......... 7780-0024

Model 6260LA
Left side of clutch housing.
1988.......... 7775-0309
1989.......... 7781-0082
1990.......... 7787-0099

Model 6265
Left side of clutch housing.
1985.......... 7746-0001
1986.......... 7746-0566
1987.......... 7746-1128
1988.......... 7746-1317
1989.......... 7746-3109

Model 6265 4WD Cab
Left side of clutch housing.
1986.......... 7752-0784
1987.......... 7752-1352

Model 6265 4WD ROPS
Left side of clutch housing.
1986.......... 7750-0463
1987.......... 7750-1116

Model 6265 Cab
Left side of clutch housing.
1986.......... 7748-0599
1987.......... 7748-1042

Model 6265 ROPS
Left side of clutch housing.
1986.......... 7746-0566
1987.......... 7746-1128

Model 6265A
Left side of clutch housing.
1985.......... 7750-0001
1986.......... 7750-0463
1987.......... 7750-1116
1988.......... 7750-1437
1989.......... 7750-3189

Model 6265C
Left side of clutch housing.
1985.......... 7748-0001
1986.......... 7748-0599
1987.......... 7748-1042
1988.......... 7748-3025
1989.......... 7748-3097

Model 6265CA
Left side of clutch housing.
1985.......... 7760-0001
1986.......... 7752-0784
1987.......... 7752-1352
1988.......... 7752-1648
1989.......... 7752-3067

Model 6275
Left side of clutch housing.
1985.......... 7754-0001
1986.......... 7754-0329
1987.......... 7754-0635
1988.......... 7754-3001
1989.......... 7754-3133

Model 6275 4WD Cab
Left side of clutch housing.
1986.......... 7760-1138
1987.......... 7760-2063

Model 6275 4WD ROPS
Left side of clutch housing.
1986.......... 7758-0229
1987.......... 7758-0527

Model 6275 Cab
Left side of clutch housing.
1986.......... 7756-0575
1987.......... 7756-1004

Model 6275 ROPS
Left side of clutch housing.
1986.......... 7754-0329
1987.......... 7754-0635

Model 6275A
Left side of clutch housing.
1985.......... 7758-0001
1986.......... 7758-0229
1987.......... 7758-0527
1988.......... 7758-3011
1989.......... 7758-3155

Model 6275C
Left side of clutch housing.
1985.......... 7756-0001
1986.......... 7756-0575
1987.......... 7756-1004
1988.......... 7756-3000
1989.......... 7756-3184

Model 6275CA
Left side of clutch housing.
1985.......... 7760-0001
1986.......... 7760-1138
1987.......... 7760-2063
1988.......... 7760-2620
1989.......... 7760-3743

Model 6275F
Left side of clutch housing.
1988.......... 7778-0301

Model 6275FA
Left side of clutch housing.
1988.......... 7779-0301
1989.......... 7779-0387
1990.......... 7779-0475

Model 6275L
Left side of clutch housing.
1988.......... 7778-0300
1989.......... 7782-0005
1990.......... 7782-0008

Model 6275LA
Left side of clutch housing.
1988.......... 7779-0300
1989.......... 7783-0086
1990.......... 7783-0149

Model 6365A
1990.......... 7767-0102

Model 6365CA
1990.......... 7768-2057

Model 6375C
1990.......... 7634-0124

Model 6375CA
1990.......... 7635-1606

Model 7085
1985.......... 7434-0408
1986.......... 7434-3030
1987.......... 7434-3242
1988.......... 7434-3459
1989.......... 7434-6199
1990.......... 7434-6464

Model 7085 4WD Cab
1986.......... 7435-3031

Model 7085 4WD ROPS
1986.......... 7435-3065
1987.......... 7435-3815

Model 7085 Cab
1986.......... 7434-3006
1987.......... 7434-3225

Model 7085 ROPS
1986.......... 7434-3030
1987.......... 7434-3242

Model 7085A
1985.......... 7435-1438
1986.......... 7435-3065
1987.......... 7435-3815
1988.......... 7435-4784
1989.......... 7435-6577
1990.......... 7435-7417

Model 7085C
1986.......... 7434-3006
1987.......... 7434-3225

Model 7085CA
1986.......... 7434-3031
1987.......... 7435-3815

Model 7110
1985.......... 7438-0203
1986.............. None
1987.......... 7438-3134
1988.......... 7438-3259
1989.......... 7438-6028
1990.......... 7438-6096

Model 7110 4WD
1987.......... 7439-3500

Model 7110A
1985.......... 7439-1274
1986.............. None
1987.......... 7439-3500
1988.......... 7439-4324
1989.......... 7439-6544
1990.......... 7439-7402

Model 7120
1985.......... 7440-0086
1986.............. None
1987.......... 7440-3094
1988.......... 7440-3216
1989.......... 7440-6018
1990.......... 7440-6047

Model 7120 4WD
1987.......... 7741-3228

Model 7120A
1985.......... 7441-0646
1986.............. None
1987.......... 7441-3228
1988.......... 7441-3893
1989.......... 7441-6317
1990.......... 7441-6758

Model 7145
1987.......... 7642-3005
1988.......... 7642-6000

Model 7145 4WD
1987.......... 7643-3090

Model 7145A
1985.......... 7643-0049
1986.............. None
1987.......... 7643-3090
1988.......... 7643-3382

Model 9130
1991.......... 9130-1001

Model 9150
1989......... 9150F-1005
1990......... 9150F-1365

Model 9150A
1989......... 9150T-1070
1990......... 9150T-1289

Model 9170
1989......... 9170F-1020
1990......... 9170F-1243

Model 9170A
1989......... 9170T-1005
1990......... 9170T-1283

Model 9190A
1989......... 9190F-1004
1990......... 9190F-1308

DEUTZ-FAHR

Model 3.50 CA
1985.......... 7740/0001

Model D3607
1985.......... 7866-0001

Model D4507
Plate on right side of hood.
1980.......... 7548/1862
1981.......... 7548/2317
1982.......... 7548/3047
1983.......... 7548/3779
1984.......... 7548/5422
1985.......... 7548/7055

Model D4507A
1981.......... 7868/1797
1982.......... 7868/1856
1983.......... 7868/1995
1984.......... 7868/2141

Model D5207
Plate on right side of hood.
1981.......... 7557/8675
1982.......... 7557/9668
1983.......... 7558/0255
1984.......... 7558/0258

Model D5207A
1981.......... 7554/3448
1982.......... 7554/3606
1983.......... 7554/3805
1984.......... 7554/4153

Model D6207
Plate on right side of hood.
1980.......... 7761/1710
1981.......... 7761/2522
1982.......... 7761/4015

Model D6207A
1980.......... 7562/5268
1981.......... 7562/5661
1982.......... 7562/6376

Model D6507
Plate on right side of hood.
1983.......... 7716/0005
1984.......... 7716/0635

Model D6507A
1983.......... 7717/0003
1984.......... 7717/0429

Model D6507C
1983.......... 7741/0334
1984.......... 7741/0875

Model D6507CA
1983.......... 7743/0534
1984.......... 7743/0840

Model D6807
Plate on right side of hood.
1980.......... 7569/8469
1981.......... 7570/0529
1982.......... 7770/1798

Model D6807A
1980.......... 7566/3880
1981.......... 7566/4189
1982.......... 7566/4577

Model D7007
Plate on right side of hood.
1982.......... 7718/0003
1983.......... 7718/0091
1984.......... 7718/1539

Model D7007A
1983.......... 7719/0179
1984.......... 7719/0250

Model D7007C
1983.......... 7749/0039
1984.......... 7749/0155

Model D7007CA
1983.......... 7751/0035
1984.......... 7751/0100

Model D7807
1982.......... 7594/0859
1983.......... 7594/1038
1984.......... 7594/1378

Model D7807A
1982.......... 7596/0867
1983.......... 7596/0962
1984.......... 7596/1074

Model D7807C
1983.......... 7757/0795
1984.......... 7757/1280

Model DX110
Right side of front axle support.
1979.......... 7620/0186
1980.......... 7620/0867

Model DX110A
1979.......... 7621/0002
1980.......... 7621/1933

Model DX120
Right side of front axle support.
1980.......... 7626/0001
1981.......... 7626/0076
1982.......... 7826/0004
1983.......... 7826/0292

Model DX120A
1980.......... 7627/0001
1981.......... 7627/0222
1982.......... 7827/0037
1983.......... 7827/0742

Model DX130
Right side of front axle support.
1980.......... 7632/0001
1981.......... 7632/0070
1982.......... 7832/0008
1983.......... 7832/0130

Model DX130A
1980.......... 7633/0001
1981.......... 7633/0123
1982.......... 7833/0029
1983.......... 7833/0367

Model DX140
Right side of front axle support.
1979.......... 7622/0009
1980.......... 7622/0168

Model DX140A
1979.......... 7623/0245
1980.......... 7623/0885

Model DX160
Right side of front axle support.
1979.......... 7624/0002
1980.......... 7624/0352
1981.......... 7624/0569
1982.......... 7824/0011
1983.......... 7824/0145

Model DX160A
1979.......... 7625/0006
1980.......... 7625/0514
1981.......... 7625/1215
1982.......... 7825/0004
1983.......... 7825/0429
1984.......... 7443/0089

Model DX3.10
1985.......... 7722/0001

Model DX3.10A
1985.......... 7726/0001

Model DX3.30
1985.......... 7730/0001

Model DX3.30A
1985.......... 7734/0001

Model DX3.50
1985.......... 7738/0001

Model DX3.50A
1985.......... 7742/0001

DEUTZ-FAHR (Cont.)

Model DX3.50C
1985 .... 7740/0001

Model DX3.70
1985 .... 7746/0001

Model DX3.70A
1985 .... 7750/0001

Model DX3.70C
1985 .... 7748/0001

Model DX3.70CA
1985 .... 7752/0001

Model DX3.90
1985 .... 7754/0001

Model DX3.90A
1985 .... 7758/0001

Model DX3.90C
1985 .... 7756/0001

Model DX3.90CA
1985 .... 7760/0001

Model DX4.70
Plate riveted to hood on right side and cut into housing under hood on right side.
1983 .... 7434/0001
1984 .... 7434/0126
1985 .... 7434/0408
1986 .... 7434/0640

Model DX4.70A
1984 .... 7435/0311
1985 .... 7435/1438
1986 .... 7435/2625

Model DX6.30
Plate riveted to hood on right side and cut into housing under hood on right side.
1984 .... 7438/0026
1985 .... 7438/0203

Model DX6.30A
1984 .... 7439/0245
1985 .... 7439/1274

Model DX6.50
Plate riveted to hood on right side and cut into housing under hood on right side.
1984 .... 7440/0001
1985 .... 7440/0086

Model DX6.50A
1984 .... 7441/0100
1985 .... 7441/0646

Model DX7.10
Plate riveted to hood on right side and cut into housing under hood on right side.
1984 .... 7642/0001

Model DX7.10A
1984 .... 7643/0001
1985 .... 7643/0049
1986 .... 7643/0718

Model DX8.30A
1985 .... 7479/001

Model DX90
Right side of front axle support.
1979 .... 7618/0433
1980 .... 7618/1371
1981 .... 7618/2028
1982 .... 7818/0004
1983 .... 7818/0843

Model DX90A
1979 .... 7619/0426
1980 .... 7619/1635
1981 .... 7619/2566
1982 .... 7819/0058
1983 .... 7819/0304

FERGUSON

Model F40
1956 400001
1957 405671

Model TE20
Plate on instrument panel.
1948 20800
1949 77770
1950 116551
1951 167923

Model TO20
Plate on instrument panel.
1948 1
1949 1801
1950 14660
1951 39163

Model TO30
Plate on instrument panel.
1951 60001
1952 .... TO72680
1953 .... TO108645
1954 .... TO125958

Model TO35
Plate on instrument panel.
1954 .... TO140001
1955 .... TO140006
1956 .... TO167157
1957 .... TO171741

FORD

All 1965 and later Series 2000 (3 Cyl.) through TW35
1965 .... C100001
1966 .... C124200
1967 .... C161300
1968 .... C190200
1969 .... C226000
1970 .... C257600
1971 .... C292100
1972 .... C327200
1973 .... C367300
1974 .... C405200
1975 .... C450700
1976 .... C490300
1977 .... C527300
1978 .... C560500
1979 .... C595800
1980 .... C635700
1981 .... C660700
1982 .... C682000
1983 .... C694500
1984 .... C707400
1985 .... C732600
1986 .... C750422
1987 .... C763228
1988 .... C777683

Fordson Dexta
Left side of hand-clutch housing.
1958 00144
1959 22588
1960 46216
1961 .... 09A-312001M

Fordson Major
Left side of flywheel housing or right side of engine block.
1953 1247381
1954 1276857
1955 1322525
1956 1371418
1957 1412409
1958 1458381

Fordson Power Major
Left side of flywheel housing or right side of engine block.
1958 1481091
1959 1494448
1960 1538056
1961 1583906

Fordson Super Dexta
1961 .... 08A-300001M
1962 .... 09B-070000A
1963 .... 09C-731454A
1964 .... 09D-900000A

Fordson Super Major
1961 1583906
1962 .... 08B-740000-A
1963 .... 08C-781370-A

Model 1000
Left side of clutch housing.
1973 .... U100001
1974 .... U100821
1975 .... U102021
1976 .... U102771
1977 .... U105013
1978 .... U108449

Model 1100
Left side rail above front axle.
1979 .... U125001
1980 .... U127591
1981 .... U129066
1982 .... U130665
1983 .... U131359

Model 1110
Left side of transmission housing.
1983 .... UB00001
1984 .... UB00785
1985 .... UB01622
1986 .... UB02107

Model 1200
Left side rail above front axle.
1980 .... U200001
1981 .... U201258
1982 .... U202107
1983 .... U202737

Model 1210
Left side of transmission housing.
1983 .... UC00001
1984 .... UC01851
1985 .... UC03937
1986 .... UC07232

Model 1300
Left side of transmission housing.
1979 .... U300001
1980 .... U302697
1981 .... U303446
1982 .... None
1983 .... U304962

Model 1310
Left side of transmission housing.
1983 .... UE00001
1984 .... UE01019
1985 .... UE02438
1986 .... UE04444

Model 1500
Left side of transmission housing.
1979 .... U500001
1980 .... U503026
1981 .... U504437
1982 .... U505813
1983 .... U506674

Model 1510
Left side of transmission housing.
1983 .... UH00001
1984 .... UH01280
1985 .... UH02828
1986 .... UH04797

Model 1600
Left side of clutch housing.
1976 .... U103361
1977 .... U105013
1978 .... U108449
1979 .... U113129

Model 1700
Left side of transmission housing.
1979 .... U700001
1980 .... U704803
1981 .... U709687
1982 .... U712953
1983 .... U715471

Model 1710
Left side of transmission housing.
1983 .... UL00001
1984 .... UL03489
1985 .... UL07985
1986 .... UL13798

Model 1710 Offset
1985 .... N00001
1986 .... N00201

Model 1900
Left side of transmission housing.
1979 .... U900001
1980 .... U903187
1981 .... U905826
1982 .... U908557
1983 .... U911488

Model 1910
Left side of transmission housing.
1983 .... UP0001
1984 .... UP01089
1985 .... UP04638
1986 .... UP08193

Model 2110
Left side of transmission housing.
1983 .... UV00010
1984 .... UV00734
1985 .... UV02153
1986 .... UV03580
1987 .... UV04673

Model 2610
1982 .... C682000
1982 .... C682000
1983 .... C694500
1983 .... C694500

Model 2810, 2910, 3910, 4610, 5610, 6610, 7610, 7710 & 8210
Right front cover of transmission and on I.D. plate affixed to inside of engine compartment.
1982 .... C681910
1983 .... C695880
1984 .... C713459
1985 .... C737800
1986 .... C754100
1986 .... BA80100
1987 .... C768000
1987 .... BB06622

Model 2N
Left side of engine block.
1942 99047
1943 105375
1944 126538
1945 169982
1946 198731
1947 258504

Model 3600
1975 .... C450700
1976 .... C490300
1977 .... C527300
1978 .... C560500
1979 .... C595800
1980 .... C635700
1981 .... C660700

Model 3610
1982 .... C682000
1983 .... C694500

Model 5600
1975 .... C450700
1976 .... C490300
1977 .... C527300
1978 .... C560500
1979 .... C595800
1980 .... C635700
1981 .... C660700

Model 6600
Right front corner of transmission housing
1975 .... C450700
1976 .... C490300
1977 .... C527300
1978 .... C560500
1979 .... C595800
1980 .... C635700
1981 .... C660700

Model 8N
Left side of engine block.
1947 1
1948 37908
1949 141370
1950 245637
1951 343593
1952 442035

Model 9N
Left side of engine block.
1939 1
1940 10234
1941 45976
1942 88888
1943 105412

Model FW20
1977 100001
1978 100070
1979 100117
1980 100135
1981 100145

Model FW30
1977 200001
1978 200106
1979 200191
1980 200264
1981 200303

Model FW40
1977 300001
1978 300077
1979 300121

Model FW60
1977 400001
1978 400087
1979 400143
1980 400202
1981 400223

Model NAA
Left side of transmission or right side of engine.
1952 1
1953 2380
1954 77475

Model TW-10, TW-20, W-30
Identification plate located under right grille panel.
1979 .... C592200
1980 .... C635700
1981 .... C660700
1982 .... C682200
1983 .... C694500

Model TW-5, TW-15, TW-25, TW-35
Identification plate located above right front corner of radiator, accessible by removing right front grille panel.
1984 . . . . C713459
1985 . . . . C737800
1986 . . . . A916000
1986 . . . . A915854
1987 . . . . A917560

Series 2000 (3-Cyl.), 4000 (3-Cyl.)
1965 . . . . C100000
1966 . . . . C124200
1967 . . . . C161300
1968 . . . . C190200
1969 . . . . C226000
1970 . . . . C257600
1971 . . . . C292100
1972 . . . . C327200
1973 . . . . C367300
1974 . . . . C405200
1975 . . . . C450700

Series 2000 (4-Cyl.), 4000 (4-Cyl.)
Upper right corner of transmission or inside of right hood panel.
1962 1001
1963 11948
1964 38931

Series 3000, 3100
1965 . . . . C100000
1966 . . . . C124200
1967 . . . . C161300
1968 . . . . C190200
1969 . . . . C226000
1970 . . . . C257600
1971 . . . . C292100
1972 . . . . C327200
1973 . . . . C367300
1974 . . . . C405200
1975 . . . . C450700
1976 . . . . C490300

Series 5000
Upper right corner of transmission or inside right hood panel
1962 1001
1963 11491
1964 38931
1965 . . . . C100000
1966 . . . . C124200
1967 . . . . C161300
1968 . . . . C190200
1969 . . . . C226000
1970 . . . . C257600
1971 . . . . C292100
1972 . . . . C327200
1973 . . . . C367300
1974 . . . . C405200
1975 . . . . C450700

Series 600, 700, 800 & 900
Top left front corner of transmission case.
1954 1
1955 10615
1956 77271
1957 116368

Series 6000
Upper right corner of transmission or inside of right hood panel
1962 1001
1963 11948
1964 38931

Series 601, 701, 801 & 901
Top left corner of transmission case.
1957 1001
1958 11977
1959 58312
1960 105943
1961 131427
1962 155531

FORD NEW HOLLAND

Model 1120
Left side of transmission housing.
1987 . . . . UB21002
1988 . . . . UB21281
1989 . . . . UB21919
1990 . . . . UB22142
1991 . . . . UB22329
1992 . . . . UB22439
1993 . . . . UB22527

Model 1215
1993 . . . . UA20001
1994 . . . . UA20463
1995 . . . . UA21150
1996 . . . . UA21632
1997 . . . . UA21874
1998 . . . . UA22187

Model 1220
Left side of transmission housing.
1987 . . . . UC21006
1988 . . . . UC21707
1989 . . . . UC23199
1990 . . . . UC24279
1991 . . . . UC25359
1992 . . . . UC26052
1993 . . . . UC26585
1994 . . . . UC27015
1995 . . . . UC27524
1996 . . . . UC27839
1997 . . . . UC28097
1998 . . . . UC28612
1999 . . . . UC28907

Model 1320
Left side of transmission housing.
1987 . . . . UE21001
1988 . . . . UE22001
1989 . . . . UE23391
1990 . . . . UE24517
1991 . . . . UE25495
1992 . . . . UE26189
1993 . . . . UE26960
1994 . . . . UE27441
1995 . . . . UE28084
1996 . . . . UE28490
1997 . . . . UE28925
1998 . . . . UE29318

Model 1520
Left side of transmission housing.
1987 . . . . UH21001
1988 . . . . UH22102
1989 . . . . UH23801
1990 . . . . UH25507
1991 . . . . UH26935
1992 . . . . UH28254
1993 . . . . UH29228
1994 . . . . UH30030
1995 . . . . UH31125
1996 . . . . UH31815

Model 1530
Left side of transmission housing.
1998 . . . . G003354
1999 . . . . G009617

Model 1620
1992 . . . . UJ20136
1993 . . . . UJ20911
1994 . . . . UJ21591
1995 . . . . UJ22718
1996 . . . . UJ23587

Model 1630
Left side of transmission housing.
1998 . . . . G003352
1999 . . . . G009615

Model 1710 Offset
1988 . . . . UN00474

Model 1715
1993 . . . . UK20307
1994 . . . . UK22180
1995 . . . . UK25017

Model 1720
Left side of transmission housing.
1987 . . . . UL21001
1988 . . . . UL22701
1989 . . . . UL26556
1990 . . . . UL28601
1991 . . . . UL30784
1992 . . . . UL32230
1993 . . . . UL33920
1994 . . . . UL35013
1995 . . . . UL36435
1996 . . . . UL37607
1997 . . . . UL38466
1998 . . . . UL40069
1999 . . . . UL41414

Model 1725
Left side of transmission housing.
1998 . . . . G003377
1999 . . . . G007570

Model 1920
Left side of transmission housing.
1987 . . . . UP21001
1988 . . . . UP21710
1989 . . . . UP24896
1990 . . . . UP27229
1991 . . . . UP29354
1992 . . . . UP30817
1993 . . . . UP32448
1994 . . . . UP34038
1995 . . . . UP35988
1996 . . . . UP37672
1997 . . . . UP39076
1998 . . . . UP41105
1999 . . . . UP43277

Model 2120
Left side of transmission housing.
1988 . . . . UV21003
1989 . . . . UV22274
1990 . . . . UV23599
1991 . . . . UV24295
1992 . . . . UV25141
1993 . . . . UV25891
1994 . . . . UV26738
1995 . . . . UV27935
1996 . . . . UV28911
1997 . . . . UV29898
1998 . . . . UV30679
1999 . . . . UV31770

Model 2810, 2910, 3910
Right front cover of transmission and on I.D. plate affixed to inside of engine compartment.
1988 . . . . C777683
1988 . . . . BB31777
1989 . . . . BB84620
1990 . . . . BC26239
1991 . . . . BC68791

Model 3230
1990 . . . . BC26239
1991 . . . . BC68791
1992 . . . . BD07628
1993 . . . . BD32445
1994 . . . . BD60322

Model 3415
1993 . . . . UX20001
1994 . . . . UX20799
1995 . . . . UX21715
1996 . . . . UX22323

Model 3430
1990 . . . . BC26239
1991 . . . . BC68791
1992 . . . . BD03778
1993 . . . . BD36144
1994 . . . . BD66161
1995 . . . . BD77434
1996 . . . . 018613B

Model 3930
1990 . . . . BC26239
1991 . . . . BC68791
1992 . . . . BD05932
1993 . . . . BD36207
1994 . . . . BD63909
1995 . . . . BD93327
1996 . . . . 011128B

Model 4030N
Right front cover of transmission and on I.D. plate affixed to inside of engine compartment.
1993 . . . . F005600
1994 . . . . F022000
1995 . . . . F046874
1996 . . . . F066554

Model 4230N
Right front cover of transmission and on I.D. plate affixed to inside of engine compartment.
1992 . . . . F622650
1993 . . . . F656580
1994 . . . . F021000
1995 . . . . F042000
1996 . . . . F072739

Model 4430N
Right front cover of transmission and on I.D. plate affixed to inside of engine compartment.
1992 . . . . F622950
1993 . . . . F659700
1994 . . . . F021000
1995 . . . . F042000
1996 . . . . F070920

Model 4610, 5610, 6610
Right front cover of transmission and on I.D. plate affixed to inside of engine compartment.
1988 . . . . BB31777
1989 . . . . BB80620
1990 . . . . BC26239

Model 4630
Right front cover of transmission and on I.D. plate affixed to inside of engine compartment.
1990 . . . . BC26239
1991 . . . . BC68791
1992 . . . . BD05270
1993 . . . . BD36800
1994 . . . . BD64162
1995 . . . . BD93484
1996 . . . . 015251B

Model 5030
1992 . . . . 2A01-2M31
1993 . . . . 3A01-3M31
1994 . . . . 4A01-4M31
1995 . . . . 5A01-5M31

Model 5640
Behind weight carrier or on right hand lift up hood.
1992 . . . . BD02865
1993 . . . . BD35935
1994 . . . . BD65544
1995 . . . . BD98440
1996 . . . . 018936B

Model 6640
Behind weight carrier or on right hand lift up hood.
1993 . . . . BD35935
1994 . . . . BD65544
1995 . . . . BD98440
1996 . . . . 014792B

Model 7610, 7710, 7810, 8210
Right front cover of transmission and on I.D. plate affixed to inside of engine compartment.
1988 . . . . BB31777
1989 . . . . BB80260
1990 . . . . BC26239
1991 . . . . BC68791

Model 7740, 7840
Behind weight carrier or on right hand lift up hood.
1993 . . . . BD35935
1994 . . . . BD65544
1995 . . . . BD98440
1996 . . . . 019149B

Model 8240, 8340
Behind weight carrier or on right hand lift up hood.
1993 . . . . BD35935
1994 . . . . BD65544
1995 . . . . BD98440
1996 . . . . 018936B

Model 8530, 8630, 8730, 8830
1990 . . . . A925439
1991 . . . . A928924
1992 . . . . A930626
1993 . . . . A931957

Model 9030
Lower L/H corner of cab (cab forward configuration).
1992 . . . . D487501
1993 . . . . D932000
1994 . . . . D200000
1995 . . . . D201023
1996 . . . . D201894

Model 9280
Lower L/H rear cab cross member.
1995 . . . . D101694

Model 9480
Lower L/H rear cab cross member.
1995 . . . . D101696

Model 9680
Lower L/H rear cab cross member.
1995 . . . . D101800

Model 9880
Lower L/H rear cab cross member.
1995 . . . . D101879

Model TW5, TW15, TW25, TW35
Plate mounted on right front corner of front frame.
1988 . . . . A919400
1988 . . . . A919438
1989 . . . . A922535
1990 . . . . A925099

Farmall Regular
1924 501
1925 701
1926 1539
1927 5969
1928 15471
1929 40370
1930 75691
1931 117784
1932 131872

Model 10-20 Gear Drive (KC) Regular Tread
1923 501
1924 7641
1925 18869
1926 37728
1927 62824
1928 89470
1929 119823
1930 159111
1931 191486
1932 201213
1933 204239
1934 206179
1935 207275
1936 210235
1937 212425
1938 214886

Model 10-20 Gear Drive (NC & NT) Narrow Tread
1926 501
1927 649
1928 832
1929 1155
1930 1543
1931 1750
1932 1833
1933 1912
1934 1952

Model 184
1977 43802
1978 46163
1979 48030
1980 49873

Model 234
Right side of front fender rail and right side of transmission housing.
1982 8010
1983 8110
1984 8383
1985 8646

Model 244
Right side of front axle bracket and right side of transmission housing.
1982 8002
1983 8460
1984 9089
1985 9716

Model 254
Right side of front axle bracket and right side of transmission housing.
1982 8000
1983 8386
1984 8811
1985 9236

Model 3088
Right side of rear frame in front of axle.
1981 501
1982 507
1983 937
1984 1421
1985 1853

Model 3288
1981 501
1982 1063
1983 1286
1984 1464
1985 1651

Model 3388
Right side of rear frame in front of axle.
1978 8801
1979 8816
1980 10037
1981 10714

Model 3488
Right side of rear frame in front of axle.
1981 501
1982 715
1983 723
1984 829

Model 3588
Right side of rear frame in front of axle.
1978 8801
1979 8844
1980 11797
1981 13561

Model 3688
Right side of rear frame in front of axle.
1981 501
1982 1743
1983 2482
1984 2695
1985 3068

Model 482, 582, 682, 782 & 982
1980-1981 . 665001-700000

Model 5088
Right side of transmission housing or right side of control center or ROPS.
1981 501
1982 3551
1983 6015
1984 7307
1985 8623

Model 5288
Right side of transmission housing or right side of control center or ROPS.
1981 501
1982 2292
1983 4086
1984 5054
1985 6334

Model 5488
Right side of transmission housing or right side of control center or ROPS.
1981 501
1982 523
1983 2416
1984 3112
1985 4390

Model 6388
Right side of frame or right side of control center or ROPS.
1981 8801
1982 8962
1983 9060
1984 9241
1985 9361

Model 6588
Right side of frame or right side of control center or ROPS.
1981 8801
1982 8966
1983 9164
1984 9361
1985 9526

Model 6788
Right side of frame or right side of control center or ROPS.
1981 8801
1982 8810
1983 8840
1984 8871
1985 8946

Model A, AV, & B
Left side of seat support.
1939 501
1940 6744
1941 41500
1942 80739
1943 . . . . . None
1944 96390
1945 113218
1946 146700
1947 182964

Model C
Left side of seat support.
1948 501
1949 22624
1950 47010
1951 71880

Model Cub
Right side of steering gear housing.
1947 501
1948 11348
1949 57831
1950 99536
1951 121454
1952 144455
1953 162284
1954 179412
1955 186441
1956 193658
1957 198231
1958 204389
1959 211441
1960 214974
1961 217382
1962 220038
1963 221383
1964 223453
1965 225110
1966 227209
1967 229225
1968 231005
1969 232981
1970 234868
1971 236827
1972 238560
1973 240581
1974 242786
1975 245651
1976 248618
1977 250832
1978 252109
1979 253156

Model Cub 154 Lo-Boy
Right side of steering gear housing.
1968 3273
1969 3505
1970 15502
1971 20332
1972 23343
1973 27538
1974 31766

Model Cub 185 Lo-Boy
Right side of steering gear housing.
1974 37001
1975 37316
1976 42241

Model Cub Lo-Boy
Right side of steering gear housing.
1955 501
1956 2555
1957 3929
1958 5582
1959 10567
1960 12371
1961 13904
1962 15506
1963 16440
1964 17928
1965 19406
1966 21176
1967 23115
1968 24481

Model F-100
Left side of clutch housing.
1954 501
1955 1720
1956 12895

Model F-1026
Left side of hydrostatic drive housing.
1970 7501
1971 9707

Model F-1066
Left side of clutch housing.
1971 7101
1972 12677
1973 24205
1974 34949
1975 46855
1976 56672

Model F-12
1932 501
1933 526
1934 4881
1935 17411
1936 48660
1937 81837
1938 117518

Model F-1206
Right side of clutch housing.
1965 7501
1966 8626
1967 12731

Model F-1256
Right side of clutch housing.
1967 7501
1968 8849
1969 13140

Model F-130 & I-130
Left side of clutch housing.
1956 501
1957 1120
1958 8363

Model F-14
1938 124000
1939 139607

Model F-140 & I-140
Left side of clutch housing.
1958 501
1959 2011
1960 8082
1961 11168
1962 16637
1963 21181
1964 25387
1965 28408
1966 31285
1967 34818
1968 37352
1969 39906
1970 42300
1971 44424
1972 46605
1973 48507
1974 50720
1975 54723
1976 57773
1977 60839
1978 63111
1979 64544

Model F-1456
Right side of clutch housing.
1969 10001
1970 10405
1971 14149

Model F-1466
Left side of clutch housing.
1971 7101
1972 10408
1973 15533
1974 19746
1975 25404
1976 29516

Model F-1468
Left side of clutch housing.
1971 7201
1972 7239
1973 9109
1974 9670

Model F-1566
Left side of clutch housing.
1974 7101
1975 7837
1976 12589

Model F-1568
Left side of clutch housing.
1974 7201
1975 7821
1976 7975

Model F-20
1932 501
1933 1251
1934 3001
1935 6382
1936 32716
1937 68749
1938 105597
1939 130865
1940 135700

Model F-200
Right side of clutch housing.
1954 501
1955 1032
1956 10904

Model F-230
Right side of clutch housing.
1956 501
1957 815
1958 6827

Model F-240
Right side of clutch housing.
1958 501
1959 1777
1960 3415
1961 3989

Model F-30
1931 501
1932 1184
1933 4305
1934 5526
1935 7032
1936 10407
1937 18684
1938 27186
1939 29007

Model F-300
Right side of clutch housing.
1954 501
1955 1779
1956 23224

Model F-350
Right side of clutch housing.
1956 501
1957 1004
1958 14175

Model F-400
Left side of clutch housing.
1954 501
1955 2588
1956 29065

Model F-404
Right side of clutch housing.
1961 501
1962 826
1963 1936
1964 2259
1965 2568
1966 2790
1967 2980

Model F-450
Left side of clutch housing.
1956 501
1957 1734
1958 21871

Model F-460
Right side of clutch housing.
1958 501
1959 4765
1960 16902
1961 22622
1962 28029
1963 31552

Model F-504
Right side of clutch housing.
1961 501
1962 810
1963 7000
1964 7732
1965 10696
1966 13596
1967 15113
1968 16115

Model F-544
Right side of clutch housing.
1968 10250
1969 12541
1970 13585
1971 14507
1972 15262
1973 15738

Model F-560
Right side of clutch housing.
1958 501
1959 7341
1960 26914
1961 36125
1962 47798
1963 60278

Model F-656
Right side of clutch housing.
1965 8501
1966 15505
1967 24372
1968 32007
1969 38861
1970 42518
1971 45497
1972 47951

Model F-666 & I-666
Right side of clutch housing.
1972 7500
1973 8200
1974 11585
1975 13131
1976 15739

Model F-706
Right side of clutch housing.
1963 501
1964 7073
1965 21162
1966 30288
1967 38521

Model F-756
Right side of clutch housing.
1967 7501
1968 9940
1969 14125
1970 17832
1971 18374

Model F-766
Left side of clutch housing.
1971 7101
1972 7416
1973 9611
1974 12378
1975 14630
1976 16840

Model F-806
Right side of clutch housing.
1963 501
1964 4709
1965 15946
1966 24038
1967 34943

Model F-826
Right side of hydrostatic drive housing.
1969 7501
1970 8153
1971 16352

Model F-856
Right side of clutch housing.
1967 7501
1968 9854
1969 19554
1970 28693
1971 32420

Model F-966
Left side of clutch housing.
1971 7101
1972 11815
1973 17794
1974 22526
1975 28119
1976 31772

Model H & HV
Left side of clutch housing.
1939 501
1940 10653
1941 52387
1942 93237
1943 122091
1944 150251
1945 186123
1946 214820
1947 241143
1948 268991
1949 300876
1950 327975
1951 351923
1952 375861
1953 390500

Model Hydro 100
Left side of hydrostatic drive housing.
1973 7501
1974 7727
1975 10915
1976 12434

Model Hydro 186
Right side of rear frame in front of axle.
1976 8601
1977 8813
1978 9806
1979 10626
1980 11465
1981 12279

Model Hydro 70
Right side of hydrostatic drive housing.
1973 7501
1974 7570
1975 8681
1976 10094

Model Hydro 84
Right rear corner of front bolster.
1978 501
1979 787
1980 1481
1981 5564
1982 6014
1983 8069

Model Hydro 86
Right side of hydrostatic drive housing.
1976 7501
1977 7608
1978 8171
1979 8661
1980 9114

Model I-100
Left side of clutch housing.
1954 501
1955 504
1956 575

Model I-1026
Left side of hydrostatic drive housing.
1970 7501
1971 7550

Model I-1086
Right side of rear frame in front of axle.
1976 8601
1977 14725
1978 25672
1979 34731
1980 42186
1981 51671

Model I-1206
Right side of clutch housing.
1965 7501
1966 7772
1967 8492

Model I-1256
Right side of clutch housing.
1967 7501
1968 7703
1969 8444

Model I-1456
Right side of clutch housing.
1969 1001
1970 10025
1971 10249

Model I-1486
Right side of rear frame in front of axle.
1976 8601
1977 9798
1978 14851
1979 18774
1980 23162
1981 27426

Model I-1586
Right side of rear frame in front of axle.
1976 8601
1977 10652
1978 14506
1979 16347
1980 18451
1981 21501

Model I-240
Right side of clutch housing.
1958 501
1959 4835
1960 8628
1961 10079
1962 10727

Model I-254
Right side of front axle bracket and right side of transmission housing.
1982 8001
1983 8386
1984 8811
1985 9236

Model I-274
Right side of transmission housing.
1981 8306
1982 8948
1983 9556

Model I-284
Right side of transmission housing.
1976 8005
1977 8125
1978 10705
1979 12425
1980 13207
1981 13419

Model I-284 Diesel 2WD
Right side of transmission housing.
1980 670
1981 2146
1982 2999
1983 3343
1984 3689

Model I-284 Diesel 4WD
Right side of transmission housing.
1980 1211
1981 2267
1982 3035
1983 3803
1984 4511

Model I-300 U
Right side of clutch housing.
1955 501
1956 20219

Model I-330 U
Right side of clutch housing.
1957 501
1958 1488

Model I-340
Right side of clutch housing.
1958 501
1959 2467
1960 5741
1961 8736
1962 11141
1963 12032

Model I-350
Right side of clutch housing.
1956 501
1957 1963
1958 15049

Model I-364
Right side of clutch housing.
1976 4283
1977 5763

Model I-384
Right side of clutch housing.
1978 501
1979 1581
1980 3818

Model I-404
Right side of clutch housing.
1961 501
1962 1045
1963 4205
1964 6452
1965 8292
1966 9548
1967 10534
1968 11032

Model I-4100
Left side of clutch housing.
1966 8001
1967 8723
1968 8986

Model I-4156
Left side of clutch housing.
1969 9219
1970 9365

Model I-4166
Left side of clutch housing.
1972 10001
1973 10769
1974 11255
1975 11684
1976 12200

Model I-4186
Left side of front frame.
1976 18610
1977 18697
1978 19301

Model I-424
Right side of clutch housing.
1964 501
1965 1402
1966 7841
1967 13627

Model I-4366
Left side on top step.
1973 7501
1974 7780
1975 8616
1976 10227

Model I-4386
Left side on top step.
1976 501
1977 707
1978 1430
1979 2033
1980 2206
1981 2798

Model I-444
Right side of clutch housing.
1967 501
1968 1190
1969 5270
1970 9010
1971 12357

Model I-454
Left side of clutch housing.
1970 501
1971 508
1972 4908
1973 8064

Model I-4568
1975 8001
1976 8368

Model I-4586
Left side on top step.
1976 501
1977 815
1978 1340
1979 1945
1980 2501
1981 2853

Model I-460
Right side of clutch housing.
1958 501
1959 2711
1960 6883
1961 9420
1962 11619
1963 11898

Model I-4786
Left side on top step.
1978 501
1979 689
1980 2501
1981 2556

Model I-504
Right side of clutch housing.
1962 501
1963 3376
1964 6797
1965 10996
1966 14695
1967 17992
1968 20392

Model I-544
Right side of clutch housing.
1968 10250
1969 12699
1970 14589
1971 16018
1972 16838
1973 17341

Model I-560
Right side of clutch housing.
1958 501
1959 1210
1960 3103
1961 4032
1962 4944
1963 5598

Model I-574
Left side of transmission housing.
1970 504
1971 650
1972 3329
1973 7074
1974 102961
1975 107880
1976 111783
1977 114195
1978 117065

Model I-584
Right side of front axle support.
1978 501
1979 2130
1980 3871
1981 5766
1982 8001
1983 8416

Model I-6 & ID-6
Left side of clutch housing.
1940 501
1941 1225
1942 3718
1943 5057
1944 6371
1945 9518
1946 14198
1947 17317
1948 24021
1949 28868
1950 35472
1951 38518
1952 44318
1953 45274

Model I-600
Plate on fuel tank support.
1956 501

Model I-606
Right side of clutch housing.
1962 501
1963 1702
1964 3214
1965 5041
1966 6960
1967 7922

Model I-650
Plate on fuel tank support.
1956 501
1957 688
1958 11659

Model I-656
Right side of clutch housing.
1966 7501
1967 7842
1968 9929
1969 11802
1970 13353
1971 14194
1972 14952
1973 15746

Model I-660
Right side of clutch housing.
1959 501
1960 3398
1961 4259
1962 5883
1963 6995

Model I-664
Right side of clutch housing.
1972 2501
1973 3512

Model I-674
Left side of transmission housing.
1973 100001
1974 101862
1975 103172
1976 105946
1977 107555

Model I-684
Right side of front axle support.
1978 501
1979 1687
1980 3533
1981 6037
1982 8001
1983 8512

Model I-686
Right side of clutch housing.
1976 7500
1977 7729
1978 9899
1979 11417
1980 12923

Model I-706 & 2706
Right side of clutch housing.
1963 501
1964 1251
1965 3478
1966 4789
1967 5316

Model I-756
Right side of clutch housing.
1967 7501
1968 7672
1969 8164
1970 8424
1971 8427

Model I-784
Right side of front axle support.
1978 501
1979 1442
1980 2752
1981 5906
1982 8001
1983 8219

Model I-786
Right side of rear frame.
1980 8601
1981 8936

Model I-806
Right side of clutch housing.
1963 501
1964 1403
1965 3758
1966 5917
1967 7409

Model I-826
Right side of hydrostatic drive housing.
1969 7501
1970 7518
1971 7719

Model I-856
Right side of clutch housing.
1967 7501
1968 7904
1969 9016
1970 9544
1971 9653

Model I-884
Right side of front axle support.
1979 501
1980 710
1981 5575
1982 6738
1983 8238

Model I-886
Right side of rear frame.
1976 8601
1977 10010
1978 12455
1979 14414
1980 15985
1981 17406

Model I-9, ID-9
Fuel tank support.
1940 501
1941 578
1942 2993
1943 3651
1944 5394
1945 11459
1946 17289
1947 22714
1948 29207
1949 36159
1950 45551
1951 51739
1952 59407
1953 64014

Model I-986
Right side of rear frame in front of axle.
1976 8601
1977 11145
1978 15624
1979 19288
1980 22696
1981 25220

Model I-W400
Left side of clutch housing.
1955 510
1956 2187

Model I-W450
Left side of clutch housing.
1956 501
1957 568
1958 1661

Model M, MV, MD & MDV
Left side of clutch housing.
1939 501
1940 7240
1941 25371
1942 50988
1943 60011
1944 67424
1945 88085
1946 105564
1947 122823
1948 151708
1949 180414
1950 213579
1951 247518
1952 290923

Model O-4, OS-4
Left side of clutch housing.
1940 501
1941 943
1942 4056
1943 5693
1944 7593
1945 11171
1946 13934
1947 16022
1948 18880
1949 21912
1950 24470
1951 28167
1952 31214
1953 33067

Model O-6, OS-6, ODS-6
Left side of clutch housing.
1940 501
1941 1225
1942 3718
1943 5057
1944 6313
1945 9396
1946 14153
1947 17792
1948 22981
1949 28704
1950 33698
1951 38518
1952 44318
1953 45274

Model Super A
Left side of seat support.
1947 250001
1948 250082
1949 268196
1950 281269
1951 300126
1952 324470
1953 336880
1954 353348

Model Super C
Left side of seat support.
1951 100001
1952 131157
1953 159130
1954 187788

Model Super H
Left side of seat support.
1953 501
1954 22202

Model Super M, MD, MDV, MTA & MV
Left side of clutch housing.
1952 .... F501
1952 .... L500001
1953 .... F12516
1953 .... L501906
1954 .... F51977

Model Super W-6, W6-TA & WD-6
Left side of clutch housing.
1952 501
1953 2908
1954 8997

Model Super WD-9 & WDR-9
Fuel tank support.
1953 501
1954 1935
1955 5238
1956 6866

Model SW-4
Left side of clutch housing.
1953 501
1954 2668

Model W-12
1934 503
1935 1356
1936 2031
1937 2768
1938 3799

Model W-14
Fuel tank support.
1938 4134
1939 4610

Model W-4
Left side of clutch housing.
1940 501
1941 943
1942 4056
1943 5693
1944 7593
1945 11171
1946 13934
1947 16022
1948 18880
1949 21912
1950 24470
1951 28167
1952 31214
1953 33067

Model W-40 & WD-40
Left side of clutch housing.
1935 501
1936 1441
1937 5120
1938 7665
1939 9756
1940 10323

Model W-9, WD-9, WDR-9 & WR-9
Fuel tank support.
1940 501
1941 578
1942 2993
1943 3651
1944 5394
1945 11459
1946 17289
1947 22714
1948 29207
1949 36159
1950 45551
1951 51739
1952 59407
1953 64014

Model W30
Left side of clutch housing.
1932 501
1933 522
1934 548
1935 3182
1936 9723
1937 15095
1938 23834
1939 29922
1940 32482

Model WR-9-S
Fuel tank support.
1953 501
1954 550
1955 722
1956 744

JOHN DEERE

Model 1010
Plate on right side of engine block.
1960 10001
1961 13692
1962 23630
1963 32188
1964 43900
1965 53722

Model 1020
Right side of transmission case.
1965 14501
1966 14682
1967 42715
1968 65184
1969 82409
1970 102039
1971 117500
1972 134700
1973 157109

Model 1050
Rear of transmission case below PTO.
1980 1000
1981 5280
1982 6572
1983 9001
1984 11006
1985 14001
1986 17001
1987 19501
1988 21479

Model 1070
1989 001001
1990 002265
1991 100001
1992 115001
1993 120001
1994 130001
1995 140001
1996 150001
1997 160001
1998 170001

Model 1250
Rear of transmission case below PTO.
1982 1000
1983 1258
1984 3001
1985 4001
1986 5001
1987 5501
1988 5785
1989 6501

Model 1450
Rear of transmission case below PTO.
1984 1020
1985 2201
1986 3001
1987 3501
1988 3530
1989 3558

Model 1520
Right side of transmission case.
1968 76112
1969 82405
1970 102061
1971 117500
1972 134700
1973 157109

Model 1530
1974 .... 176601T
1974 .... 108811L
1975 .... 145500L

Model 1650
Rear of transmission case below PTO.
1984 1021
1985 2401
1986 3001
1987 3501
1988 3579

Model 2010
Plate on right side of engine block.
1960 10001
1961 10991
1962 21807
1963 31250
1964 44036
1965 58186

Model 2020
Right side of transmission case.
1965 14502
1966 14680
1967 42721
1968 65176
1969 82404
1970 102032
1971 117500

Model 2030
Right side of transmission case.
1972 .... 134700T
1973 .... 157109T
1974 .... 187301T
1974 .... 140000L
1975 .... 213350T
1975 .... 145500L

Model 2040
Right side of frame.
1976 179963
1977 221555
1978 266057
1979 304165
1980 350000
1981 392026
1982 419145

Model 2150
Right side of frame.
1983 433467
1984 505001
1985 532000
1986 562001
1987 587950
1988 592001

Model 2155
Right side of frame.
1987 600000
1988 624800
1989 654344
1990 686146
1991 717916
1992 746510

Model 2240
Right side of frame.
1976 179298
1977 221716
1978 266267
1979 305307
1980 350000
1981 392292
1982 418608

Model 2255 Orchard
Right side of frame.
1983 468228
1984 505001
1985 532000
1986 562001
1987 587950
1988 592001

Model 2350
Right side of frame.
1983 433474
1984 505001
1985 532000
1986 562001
1987 587950
1988 592001

Model 2355
Right side of frame.
1987 600000
1988 624800
1989 654344
1990 685855
1991 717916
1992 746510
1993 775104
1994 803700

Model 2355N
Right side of frame.
1987 601693
1988 524800
1989 654344
1990 685855
1991 717916
1992 746510
1993 775104
1994 803700

Model 2440
Right side of frame.
1976 235210
1977 258106
1978 280789
1979 305501
1980 341000
1981 362173
1982 376746

Model 2510
Differential housing on rear of tractor.
1966 1000
1967 8958
1968 14291

Model 2520
Differential housing on rear of tractor.
1969 17000
1970 19416
1971 22000
1972 22911
1973 23865

Model 2550
Right side of frame.
1983 433480
1984 505001
1985 532000
1986 562001
1987 587950
1988 592001

Model 2555
Right side of frame.
1987 600000
1988 624800
1989 654344
1990 685748
1991 717916
1992 746510
1993 775104
1994 803700

Model 2630
Below right-hand side of grille screen.
1974 188601
1975 213360

Model 2640
Right side of frame.
1976 235313
1977 258106
1978 280789
1979 305505
1980 341000
1981 362175
1982 376744

Model 2750
Right side of frame.
1983 433494
1984 505001
1985 532000
1986 562001
1987 587950
1988 592001

Model 2755
Right side of frame.
1987 600000
1988 624800
1989 654344
1990 685854
1991 717916
1992 746510
1993 775104
1994 803700

Model 2840
Right side of frame.
1977 214909
1978 264711
1979 304654

Model 2855N
1987 601693
1988 624800
1989 654344
1990 685908
1991 717916
1992 746510

Model 2940
Right side of frame.
1980 350000
1981 390496
1982 418953

Model 2950
Right side of frame.
1983 433508
1984 505001
1985 532000
1986 562001
1987 587950
1988 592001

Model 2955
Right side of frame.
1987 600000
1988 624800
1989 654344
1990 685843
1991 717916
1992 746510

Model 3010
Differential housing on rear of tractor.
1961 1000
1962 19801
1963 32400

Model 3020
Differential housing on rear of tractor.
1964 50000
1965 68000
1966 84000
1967 97286
1968 112933
1969 123000
1970 129897
1971 150000
1972 154197

Model 3055
1991 717916
1992 736426
1993 746510

Model 3150
1985 532000
1986 562001
1987 587950

Model 3155
1987 618645
1988 624591
1989 654344
1990 685845
1991 717916
1992 746510

Model 320
Left side center frame near clutch bell housing.
1956 320001
1957 321220
1958 325127

Model 3255
1991 717916
1992 736426
1993 755536

Model 330
Left side center frame near clutch bell housing.
1958 330001
1959 330171
1960 330935

Model 40 Hi Crop
Left side center frame near clutch bell housing.
1954 60001
1955 60060

Model 40 Special
Left side center frame near clutch bell housing.
1955 60001

Model 40 Standard
Left side center frame near clutch bell housing.
1953 60001
1954 67359
1955 69474

Model 40 Tricycle
Left side center frame near clutch bell housing.
1953 60001
1954 72167
1955 75131

Model 40 Two Row Utility
Left side center frame near clutch bell housing.
1955 60001

Model 40 Utility
Left side center frame near clutch bell housing.
1953 60001
1954 60202
1955 63140

Model 4000
Differential housing on rear of tractor.
1969 211422
1970 222143
1971 250000
1972 260791

Model 4010
Differential housing on rear of tractor.
1961 1000
1962 20201
1963 38200

Model 4020
Differential housing on rear of tractor.
1964 65000
1965 91000
1966 119000
1967 145660
1968 173982
1969 201000
1970 222160
1971 250000
1972 260791

Model 4030
Differential housing on rear of tractor.
1973 1000
1974 6700
1975 10153
1976 13022
1977 15417

Model 4040
Differential housing on rear of tractor.
1978 1000
1979 14820
1979 3199
1980 6033
1980 29539
1981 42665
1981 8707
1982 11727
1982 56346

Model 4050
Differential housing on rear of tractor.
1983 1000
1984 3501
1985 5001
1986 6501
1987 007001
1988 007501
1989 009501

Model 4055
Differential housing on rear of tractor.
1989 1001
1990 2501
1991 5001
1992 10001

Model 4100
1998 110000
1999 210000
2000 310000
2001 410000

Model 4110
2002 110000
2003 210000
2004 310000

Model 4115
2003 210000
2004 310000

Model 420
Left side center frame near clutch bell housing.
1956 80001
1957 107813
1958 127782

Model 4200
1998 120000
1999 220000
2000 320000
2001 420000

Model 4210
2002 120000
2003 220000
2004 320000

Model 4230
1973 1000
1974 13000
1975 22074
1976 28957
1977 35588

Model 4240
Differential housing on rear of tractor.
1978 1000
1979 7434
1980 14394
1981 20186
1982 25670

Model 4250
Differential housing on rear of tractor.
1983 1000
1984 6001
1985 9001
1986 11001
1987 012501
1988 013501
1989 020001

Model 4255
Differential housing on rear of tractor.
1989 1001
1990 3001
1991 5501
1992 10001

Model 430
Left side center frame near clutch bell housing.
1958 140001
1959 142671
1960 158632

Model 4300
1998 130000
1999 230000
2000 330000
2001 430000

Model 4310
2003 230000
2004 330000

Model 4320
Differential housing on rear of tractor.
1971 6000
1972 17031

Model 435
Left side center frame near clutch bell housing.
1959 435001
1960 437655

Model 4400
1998 140000
1999 240000
2000 340000
2001 440000

Model 4410
2003 240000
2004 340000

Model 4430
Differential housing on rear of tractor.
1973 1000
1974 17500
1975 33050
1976 47222
1977 62960

Model 4440
Differential housing on rear of tractor.
1978 1000
1979 14820
1980 29539
1981 42665
1982 56346

Model 4450
Differential housing on rear of tractor.
1983 1000
1984 11001
1985 18001
1986 22001
1987 024001
1988 026001
1989 031001

Model 4455
Differential housing on rear of tractor.
1989 1001
1990 5001
1991 10001
1992 20001

Model 4500
1998 150000
1999 250000
2000 350000
2001 450000

Model 4510
2003 254000
2004 355000

Model 4520
Differential housing on rear of tractor.
1969 1000
1970 7038

Model 4555
Differential housing on rear of tractor.
1989 1001
1990 3001
1991 6001
1992 9001

Model 4560
1992 1001
1993 3221
1994 4501

Model 4600
1998 160000
1999 260000
2000 360000
2001 460000

Model 4610
2003 260000
2004 360000

Model 4620
Differential housing on rear of tractor.
1971 10000
1972 13692

Model 4630
Differential housing on rear of tractor.
1973 1000
1974 7022
1975 11717
1976 18392
1977 25794

Model 4640
Differential housing on rear of tractor.
1978 1000
1979 7422
1980 13860
1981 19459
1982 25729

Model 4650
Differential housing on rear of tractor.
1983 1000
1984 7001
1985 10001
1986 12501
1987 014001
1988 015501
1989 017501

Model 4700
2000 370000
2001 470000

Model 4710
2003 270000
2004 370000

Model 4755
Differential housing on rear of tractor.
1989 1001
1990 3001
1991 6501

Model 4760
1992 1001
1993 4535
1994 7901

Model 4840
Differential housing on rear of tractor.
1978 1000
1979 4233
1980 7539
1981 11042
1982 14933

Model 4850
Differential housing on rear of tractor.
1983 1000
1984 5001
1985 8001
1986 10001
1987 011001
1988 012001
1989 014501

Model 4955
Differential housing on rear of tractor.
1989 1001
1990 3501
1991 7001
1992 1001
1992 10501

Model 4960
1992 1001

Model 50
Right side of tractor on main case in distributor or magneto area.
1952 5000001
1953 5001254
1954 5016041
1955 5021977
1956 5030600

Model 5010
1963 1000
1964 4500
1965 8000

Model 5020
1966 12000
1967 15650
1968 20399
1969 24038
1970 26624
1971 30000
1972 30608

Model 5105
2000 110000
2001 210000
2002 310000
2003 410000
2004 510000

Model 520
Adjacent to crankcase dipstick outlet.
1956 5200000
1957 5202982
1958 5209029

Model 5200
1992 110000
1993 220000
1994 221268
1995 420141
1996 520001
1997 620000

Model 5205
2000 120000
2001 220000
2002 320000
2003 420000
2004 520000

Model 5210
1998 120000
1999 220001
2000 320000
2001 420000

Model 5220
2002 220000
2003 320000
2004 420000

Model 530
Adjacent to crankcase dipstick outlet.
1958 5300000
1959 5301671
1960 5307749

Model 5300
Plate on right side of engine block.
1992 120000
1993 230000
1994 231671
1995 430180
1996 530001
1997 630000

Model 5310
1998 130000
1999 230001
2000 330000
2001 430000

Model 5320
2002 230000
2003 330000
2004 430000

Model 5400
1992 130001
1993 240000
1994. . . . . N.A.
1995 440274
1996 540001
1997 640000

Model 5410
1998 140000
1999 240001
2000 340000
2001 440000

Model 5420
2002 240000
2003 340000
2004 440000

Model 5510
1998 150000
1999 250000
2000 350000
2001 450000

Model 5520
2002 250000
2003 350000
2004 450000

Model 60
Right side of tractor on main case in distributor or magneto area.
1952 6000001
1953 6027694
1954 6027995
1955 6042500
1956 6057650

Model 6030
Differential housing on rear of tractor.
1972 33000
1973 33550
1974 34586
1975 35400
1976 36014
1977 36577

Model 620
Adjacent to crankcase dipstick outlet.
1956 6200000
1957 6203778
1958 6215049

Model 6200
1993 100000
1994 117686
1995 135565
1996 153587
1997 177240

Model 630
1958 6300000
1959 6302749
1960 6314381

Model 6300, 6400
Plate on right side of engine block.
1993 100000
1994 117697
1995 135565
1996 153567
1997 177240

Model 650
Rear of transmission case below PTO.
1981 1000
1982 3539
1983 6250
1984 10543
1985 15001
1986 19001
1987 22501
1988 24298

Model 6500
Plate on right side of engine block.
1996 153587
1997 177240

Model 655
Plate located below rear PTO shaft.
1986. . . . . M0360001
1987. . . . . M0420001
1988. . . . . M0475001
1989. . . . . M0615001

Model 670
1989 1001
1990 2889
1991 100001
1992 110001
1993 120001
1994 130001
1995 140001
1996 150001
1997 160001

Model 70
Right side of tractor on main case in distributor or magneto area.
1953 7000001
1954 7005692
1955 7017501
1956 7034950

Model 7020
Differential housing on rear of tractor.
1971 1000
1972 2006
1973 2700
1974 3156
1975 3579

Model 720
Adjacent to crankcase dipstick outlet.
1956 7200000
1957 7203420
1958 7217368

Model 7200
Plate on right side of engine block.
1994 1001
1995 2595
1996 4001

Model 7210
1997 1001
1998 10001

Model 730
Adjacent to crankcase dipstick outlet.
1958 7300000
1959 7303761
1960 7322075

Model 7400
Plate on right side of engine block.
1994 1001
1995 2995
1996 6001

Model 7410
1997 1001
1998 10001

Model 750
Rear of transmission case below PTO.
1981 1000
1982 3448
1983 5613
1984 8457
1985 13001
1986 18501
1987 22601
1988 26450

Model 7520
Differential housing on rear of tractor.
1972 1000
1973 1600
1974 3054
1975 4945

Model 755
Plate located below rear PTO shaft.
1986 .... M0360001
1987 .... M0420001
1988 .... M0475001
1989 .... M0600001
1990 .... M010001
1991 .... M0100001
1992 .... LV100700
1993 .... LV130000
1994 .... LV165001
1995 .... LVA165180
1996 .... LVE190001
1997 .... LVE200001

Model 7600
Plate on right side of engine block.
1993 1457
1994 4601
1995 6195
1996 15001

Model 7610
1997 1001
1998 10001

Model 770
1989 1001
1990 4111
1991 100001
1992 115001
1993 120001
1994 130001
1995 140001
1996 150001
1997 160001
1998 170001

Model 7700
Plate on right side of engine block.
1993 1502
1994 4601
1995 7701
1996 10001

Model 7710
1997 1001
1998 10001

Model 7800
Plate on right side of engine block.
1993 2329
1994 5701
1995 10495
1996 15001

Model 7810
Plate on right side of engine block.
1997 1001
1998 10001

Model 80
Right side of tractor on main case in distributor or magneto area.
1955 8000001
1956 8000775

Model 8010
1961 1000

Model 8020
1964 1000

Model 8100
Right side of transmission case.
1995 1001
1996 3001
1997 10001
1998 20001

Model 820 (Three-Cyl.)
Below right-hand side grille screen.
1968 10000
1969 23100
1970 36000
1971 54000
1972 71850
1973 90200
1974 109507
1975 145500

Model 820 (Two-Cyl.)
Adjacent to crankcase dipstick outlet.
1956 8200000
1957 8200565
1958 8203850

Model 8200
Plate on right side of engine block.
1995 1001
1996 4001
1997 10001
1998 20001

Model 830 (Two-Cyl.)
Adjacent to crankcase dipstick outlet.
1958 8300000
1959 8300727
1960 8305301

Model 8300
Plate on right side of engine block.
1995 1001
1996 5001
1997 10001
1998 20001

Model 840 (Two-Cyl.)
1958 8400000
1959 8400033
1960 8400619

Model 8400
Plate on right side of engine block.
1995 1001
1996 6001
1997 10001
1998 20001

Model 8430
Differential housing on rear of tractor.
1975 1000
1976 1690
1977 3962
1978 5323

Model 8440
Differential housing on rear of tractor.
1979 1000
1980 2266
1981 3758
1982 5235

Model 8450
Differential housing on rear of tractor.
1982 1000
1983 2000
1984 3501
1985 5001
1986 5501
1987 006001
1988 006501

Model 850
Rear of transmission case below PTO.
1978 1024
1979 3859
1980 7389
1981 11338
1982 12481
1983 14183
1984 16006
1985 18001
1986 22001
1987 25501
1988 28337

Model 855
Plate located below rear PTO shaft.
1986 .... M0360001
1987 .... M0420001
1988 .... M0475001
1989 .... M0615001
1990 .... M010001
1991 .... M0100001
1992 .... LV100700
1993 .... LV130000
1994 .... LV165001
1995 .... LVB170123
1996 .... LVE190001
1997 .... LVE200001
1998 .... LVE300001

Model 8560
1989 1001
1990 1501
1991 2001
1992 2331
1993 3325

Model 8570
Plate on right side of engine block.
1993 1001
1994 1551
1995 2591
1996 3001

Model 8630
Differential housing on rear of tractor.
1975 1000
1976 2382
1977 5222
1978 7626

Model 8640
Differential housing on rear of tractor.
1979 1500
1980 3198
1981 5704
1982 7960

Model 8650
Differential housing on rear of tractor.
1982 1500
1983 3000
1984 5001
1985 7001
1986 8001
1987 008501
1988 009001

Model 870
1989 1001
1990 1625
1991 100001
1992 110001
1993 120001
1994 130001
1995 140001
1996 150001
1997 160001
1998 170001

Model 8760
1989 1001
1990 2001
1991 3501
1992 4322
1993 5756

Model 8770
Plate on right side of engine block.
1993 1001
1994 1771
1995 2791
1996 4001

Model 8850
Differential housing on rear of tractor.
1982 2000
1983 4000
1984 5101
1985 6001
1986 6501
1987 007001
1988 007501

Model 8870
Plate on right side of engine block.
1993 1001
1994 1881
1995 2891
1996 5001

Model 8960
1989 1001
1990 1501
1991 2501
1992 2937

Model 8970
Plate on right side of engine block.
1993 1001
1994 1991
1995 2991
1996 6001

Model 9100, 9200
1997 1001
1998 10001

Model 9300, 9400
1997 1001
1998 10001

Model 950
Rear of transmission case below PTO.
1978 1024
1979 5229
1980 10453
1981 14893
1982 16204
1983 18204
1984 20007
1985 23001
1986 26001
1987 28501
1988 30082

Model 955
Plate located below rear PTO shaft.
1990 .... M010001
1991 .... M0100001
1992 .... LV100700
1993 .... LV130000
1994 .... LV165001
1995 .... LVC175130
1996 .... LVE190001
1997 .... LVE200001
1998 .... LVE300001

Model 970
1989 001001
1990 001338
1991 100001
1992 110001
1993 120001
1994 130001
1995 140001
1996 150001
1997 160001
1998 170001

Model A Styled
Right side of tractor on main case in distributor or magneto area.
1939 477000
1940 488852
1941 500849
1942 514127
1943 523133
1944 528778
1945 548352
1946 558817
1947 578516
1948 594433
1949 620843
1950 646530
1951 667390
1952 689880

Model A Unstyled
Right side of tractor on main case in distributor or magneto area.
1934 410000
1935 412866
1936 424025
1937 442151
1938 466787

Model AO Styled
Right side of tractor on main case in distributor or magneto area.
1937 .... AO-1000
1938 .... AO-1539
1939 .... AO-1725
1940 .... AO-1801

Model AO, AR Unstyled
Right side of tractor on main case in distributor or magneto area.
1936 250000
1937 253521
1938 255416
1939 257004
1940 258045
1941 260000
1942 261558
1943 262243
1944 263223
1945 264738
1946 265870
1947 267082
1948 268877
1949 270646

Model AR Styled
Right side of tractor on main case in distributor or magneto area.
1949 272000
1950 272985
1951 276078
1952 279772
1953 282551

Model B Styled
Right side of tractor on main case in distributor or magneto area.
1939 60000
1940 81600
1941 98711
1942 126345
1943 143420
1944 152862
1945 173179
1946 183673
1947 199744
1948 215055
1949 237346
1950 258205
1951 276557
1952 299175

Model B Unstyled
Right side of tractor on main case in distributor or magneto area.
1935 1000
1936 12012
1937 27389
1938 46175

Model BR, BO
Right side of tractor on main case in distributor or magneto area.
1936 325000
1937 326655
1938 328111
1939 329000
1940 330633
1941 332039
1942 332427
1943 332780
1944 333156
1945 334219
1946 335641
1947 336746

JOHN DEERE (Cont.)

Model D Styled
Rear of transmission housing.
1939 143800
1940 146566
1941 149500
1942 152840
1943 155005
1944 155426
1945 159888
1946 162598
1947 167250
1948 174879
1949 183516
1950 188420
1951 189701
1952 191180
1953 191439

Model D Unstyled
Rear of transmission housing.
1924 30401
1925 31280
1926 35309
1927 43410
1928 54554
1929 71561
1930 95367
1931 109944
1932 115477
1935 119100
1936 125430
1937 130700
1938 138413

Model G Styled
Right side of tractor on main case in distributor or magneto area.
1943 13000
1944 13748
1945 13905
1946 16694
1947 20527
1948 28127
1949 34587
1950 40761
1951 47194
1952 56510
1953 63489

Model G Unstyled
Right side of tractor on main case in distributor or magneto area.
1938 1000
1939 7734
1940 9321
1941 10489
1942 12059
1943 12941

Model GP (Standard)
Right side of tractor on main case in distributor or magneto area.
1928 200211
1929 202566
1930 216139
1931 224321
1932 228666
1933 229051
1934 229216
1935 230515

Model GP (Wide)
Right side of tractor on main frame in distributor or magneto area.
1929 400000
1930 400936
1931 402040
1932 404810
1933 405110

Model GPO
Right side of tractor on main frame in distributor or magneto area.
1931 15000
1932 15226
1933 15387
1934 15412
1935 15589

Model H
Right side of tractor on main case in flywheel area.
1939 1000
1940 10780
1941 23654
1942 40995
1943 44755
1944 47796
1945 48392
1946 55956
1947 60107

Model L Styled
Rear of differential housing.
1938 625000
1939 626265
1940 630160
1941 634841
1942 640000
1943 640738
1944 641038
1945 641538
1946 641958

Model L Unstyled
Rear of differential housing.
1937 621000
1938 621079

Model LA
Rear of differential housing.
1941 1001
1942 5361
1943 6029
1944 6159
1945 9732
1946 11529

Model M
Instrument panel under ignition switch.
1947 10001
1948 13734
1949 25604
1950 35659
1951 43525
1952 50580

Model MT
1949 10001
1950 18544
1951 26203
1952 35845

Model R
Right side of tractor on main case in distributor or magneto area.
1949 1000
1950 3451
1951 5505
1952 10725
1953 15720
1954 19485

Waterloo Boy L & LA
1914 1000

Waterloo Boy N
1917 10000
1918 10221
1919 13461
1920 18924
1921 27026
1922 27812
1923 28119
1924 29520

Waterloo Boy R
1915 1026
1916 1401
1917 3556
1918 6982
1919 9056

KIOTI

Model LB1714
Forward of the clutch pedal on the transmission housing.
1988 400001
1989 500001
1990 600001
1991 700001
1992 800001
1993 900001

Model LB1914
Forward of the clutch pedal on the transmission housing.
1990 600001
1991 700001
1992 800001
1993 900001

Model LB2202
Forward of the clutch pedal on the transmission housing.
1987 300001
1988 400001
1989 500001
1990 600001
1991 700001
1992 800001
1993 900001

Model LB2204
Forward of the clutch pedal on the transmission housing.
1986 200001
1987 300001
1988 400001
1989 500001
1990 600001
1991 700001
1992 800001
1993 900001

Model LB2214
Forward of the clutch pedal on the transmission housing.
1990 600001
1991 700001
1992 800001
1993 900001

Model LB2614
Forward of the clutch pedal on the transmission housing.
1990 600001
1991 700001
1992 800001
1993 900001

KUBOTA

Model B4200DT
1987 10003
1988 10619
1989 30014
1990 44409
1991 58806
1992 73203

Model B5100DT
Left side of clutch housing.
1976 10001
1977 11031
1978 14661
1979 16477
1980 17255
1981 18360
1982 50001
1983 50880
1984 51639
1985 52249
1986 52554

Model B5100E
Left side of clutch housing.
1977 10001
1978 10196
1979 12014
1980 12788
1981 13524
1982 14568
1983 15959
1984 16847
1985 17321
1986 17795

Model B5200DT
1983 10003
1984 11800
1985 30003
1986 48216
1987 66409
1988 74602
1989 82795
1990 90488
1991 97681
1992 104372

Model B6100D
Left side of clutch housing.
1976 10001
1977 13181
1978 18781
1979 25699
1980 30108
1981 32873
1982 50001
1983 51152
1984 51844
1985 52075

Model B6100E
Left side of clutch housing.
1976 10001
1977 10051
1978 10801
1979 12987
1980 15287
1981 16911
1982 17923
1983 18815
1984 18823

Model B6100HSD
1980 10001
1981 30001
1982 50001
1983 51127
1984 52253
1985 52853
1986 53456

Model B6100HSE
1981 10001
1982 10886
1983 11140
1984 11396
1985 11650
1986 11904

Model B6100HST
Left side of clutch housing.
1980-1981 10002
1982 50001
1983 51127
1984 52253
1985 52853
1986 53456

Model B6100HST-E
Left side of clutch housing.
1981 10002
1982 10886
1983 11140
1984 11396
1985 11650
1986 11904

Model B6200DGP
1983 50001
1984 50972
1985 51943
1986 52916
1987 53886
1988 54856

Model B6200E
1983 10001
1984 11022
1985 20183
1986 29344
1987 38505
1988 49666

Model B6200EGP
1983 10001
1984 11022
1985 20183
1986 29344
1987 38505
1988 49666

Model B6200HSD
1983 50001
1984 50972
1985 51943
1986 52916
1987 53886
1988 54856

Model B7100D
Left side of clutch housing.
1976 10001
1977 13931
1978 36646
1979 54221
1980 64448
1981 70678
1982 74217
1983 76009
1984 77309
1985 78435

Model B7100DT
1976 10001
1977 13931
1978 36646
1979 54221
1980 64448
1981 70678
1982 74217
1983 76009
1984 77309
1985 78435

Model B7100HST-D
Left side of clutch housing.
1980 10001
1981 10890
1982 50001
1983 51993
1984 53662
1985 54897
1986 56132

Model B7100HST-E
Left side of clutch housing.
1980 10001
1981 11035
1982 11501
1983 12008
1984 12669
1985 12958
1986 13246

Model B7200DT
1983 50001
1984 51740
1985 61210

KUBOTA (Cont.)

Model B7200EGP
1983 10001
1984 10908

Model B7200HSD
1984 50001
1985 50867

Model B7200HSE
1984 10001
1985 10619

Model B8200DT
1981 10001
1982 50001
1983 51644
1984 53823
1985 56002
1986 58081
1987 60056

Model B8200E
1981 10001
1982 10483
1983 11070
1984 12025
1985 20329
1986 28631
1987 36432

Model L185
Left side of clutch housing.
1976 10001
1977 10606
1978 12446
1979 12506
1980 12842
1981 13177
1982 13511

Model L185-2
Left side of clutch housing.
1977 5001
1978 51640
1979 53700
1980 55139
1981 56061
1982 56491
1983 56691

Model L185DT-2
Left side of clutch housing.
1977 50001
1978 50651
1979 51656
1980 53004
1981 55139
1982 70001
1983 70062
1984 70102
1985 70142

Model L185F
1976 10001
1977 10606
1978 12446
1979 12506
1980 12842
1981 13177
1982 13511

Model L245
Left side of clutch housing.
1976 10001
1977 10436
1978 13666
1979 13769
1980 13872
1981 13972
1982 14072

Model L245-2
Left side of clutch housing.
1977 50001
1978 51001
1979 51440
1980 52878
1981 54028
1982 54932
1983 55728

Model L245DT
Left side of clutch housing.
1976 10001
1977 10666
1978 12081
1979 12330
1980 12579
1981 12828
1982 13053
1983 71195
1984 71854
1985 72602

Model L245DT-2
Left side of clutch housing.
1977 50001
1978 51736
1979 56509
1980 59597
1981 62167
1982 70001
1983 71195

Model L285
Left side of clutch housing.
1975 10001
1976 10151
1977 12701
1978 20301
1979 27901
1980 35401
1981 42001
1982 48101

Model L285DT
Left side of clutch housing.
1977 10001
1978 10013
1979 11758
1980 13503
1981 15243
1982 16943

Model L285HF
Left side of clutch housing.
1977 10001
1978 10013
1979 11758
1980 13503
1981 15243
1982 16943

Model L295DT
Left side of clutch housing.
1977 10001
1978 10431
1979 12531
1980 14631
1981 15681
1982 16731

Model L295F
Left side of clutch housing.
1977 10001
1978 10321
1979 10641
1980 10961
1981 11116
1982 11271

Model L305DT
Left side of clutch housing.
1980 10001
1981 10565
1982 50001
1983 50602
1984 50645
1985 50735
1986 50825

Model L305F
Left side of clutch housing.
1980 10001
1981 10327
1982 10521
1983 10715
1984 10940
1985 11176
1986 11412

Model L345DT
Left side of clutch housing.
1979 10001
1980 11121
1981 11914
1982 50001
1983 50602
1984 50645
1985 50735
1986 50841

Model L345F
Left side of clutch housing.
1978 10001
1979 10418
1980 10958
1981 11365
1982 12354
1983 50001
1984 50436
1985 50491
1986 50566

Model M4000
Left side of clutch housing.
1976 10061
1977 10361
1978 11071
1979 10124
1980 10164
1981 11204
1982 11244
1983 11284

Model M4030DT
1985 50001

Model M4030F
1985 10001

Model M4050DT
1981 50002
1981 50002
1982 50004
1982 50004
1983 50297
1983 50297
1984 50500
1984 50500
1985 50648
1985 50648
1986 50798
1987 50948
1988 51088

Model M4050F
Left side of clutch housing.
1981 10001
1982 10004
1983 10547
1984 10792
1985 11192
1986 11592
1987 11992
1988 12392

Model M4500DC
1980 10001
1981 10253
1982 10264
1983 10276
1984 10282
1985 10384
1986 10486

Model M4500DT
1978 10001
1979 10316
1980 11025
1981 11588
1982 12604
1983 12483
1984 50803

Model M4500F
1978 10001
1979 10011
1980 10147
1981 10596
1982 10699
1983 10802
1984 10902
1985 11002
1986 11102

Model M4950DT
Left side of frame.
1980 10001
1981 10006
1982 50001
1983 50053
1984 51001
1985 51289
1986 51577
1987 51867
1988 52157
1989 52447
1990 52723
1991 53013
1992 53293

Model M4950F
Left side of frame.
1980 10001
1981 10041
1982 10095
1983 10136
1984 11001
1985 11167
1986 11333
1987 11501
1988 11671
1989 11841
1990 12011
1991 12181
1992 12351

Model M5030DT
1985 50001

Model M5030F
1985 50001

Model M5500DT
Left side of clutch housing.
1979 10001
1980 10452
1981 10596
1982 10733
1983 10804
1984 50108
1985 50176
1986 50241

Model M5500F
Left side of clutch housing.
1980 10001
1981 10164
1982 10222
1983 50002
1984 50192
1985 50176
1986 53136

Model M5950DT
Left side of frame.
1980 10001
1981 10006
1982 50001
1983 50002
1984 51001
1985 51239
1986 51239
1987 51477
1988 51711
1989 51951

Model M5950F
Left side of frame.
1980 10001
1981 10005
1982 10045
1983 10085
1984 11001
1985 11092

Model M6030DT
1985 50001

Model M6030F
1985 10001

Model M6950DT
Left side of frame.
1983 10001
1984 10004
1985 50001
1986 50002
1987 50639
1988 50693

Model M6950F
Left side of frame.
1983 10001
1984 10004
1985 10012
1986 10039
1987 10159

Model M7030DT
1985 50001

Model M7030F
1985 10001

Model M7500C
Left side of clutch housing.
1979 10001
1980 10026
1981 10294
1982 10577

Model M7500DT
Left side of clutch housing.
1978 10001
1979 10401
1980 10436
1981 10761
1982 11490
1983 11744
1984 50056
1985 60011
1986 69966

Model M7950DT
Left side of frame.
1983 10001
1984 10009
1985 50001
1986 50103
1987 51847

Model M7950F
Left side of frame.
1983 10001
1984 10004
1985 10011
1986 10080
1987 10130
1988 10196

Model M8030DT
1985 50001

Model M8030F
1985 10001

Model M8950DT
1985 50001
1986 50007
1987 50425

LANDINI

Model DT5830
1985 22201001
1986 22202733
1987 22203556

Model DT6530F
1985 23201001
1986 23201344
1987 . . . . 232A01754

Model DT6830
1985 22101001
1986 22103628
1987 22104826

Model DT7830
1985 22001001
1986 22001221
1987 22001596

Model DT8550
1985 22500001
1986 22500960
1987 22501218

LANDINI (Cont.)

Model DT8830
1985 22300001
1986 22801652
1987 22302505

Model R5830
1985 12201001
1986 12201921
1987 12202407

Model R6530F
1985 13200001
1986 13200653
1987 .... 132A00912

Model R6830
1985 12101001
1986 12101780
1987 12102301

Model R7830
1985 12000001
1986 12000709
1987 12000911

Model R8530F
1985 14100001
1986 14100021
1987 .... 141B00055

Model R8550
1985 12500001
1986 12500300
1987 12500343

Model R8830
1985 12300001
1986 12300531
1987 12300858

MASSEY FERGUSON

Model MF1010-2
Steering cover below dash.
1982 00101
1983 00613
1984 10901
1985 11727
1986 12471
1987 13902
1988 14433
1989 .... None
1990 14549
1991 14826
1992 14937

Model MF1010-4
Steering cover below dash.
1982 40101
1983 40607
1984 40809
1985 41491
1986 42317
1987 43683
1988 44498
1989 44696
1990 44886
1991 45166
1992 45362

Model MF1010H-2
Steering cover below dash.
1987 13953
1988 14455
1989 14549
1990 14600
1991 14836
1992 15158

Model MF1010H-4
Steering cover below dash.
1987 43640
1988 44370
1989 44696
1990 44907
1991 45175
1992 45545

Model MF1020-2
Steering cover below dash.
1983 00101
1984 00411
1985 00809
1986 01548
1987 02394
1988 02707
1989 02768
1990 02913
1991 03153
1992 03262

Model MF1020-4
Steering cover below dash.
1983 40101
1984 40395
1985 40549
1986 41002
1987 41787
1988 42273
1989 42532
1990 42963
1991 43276
1992 43647

Model MF1020H-2
Steering cover below dash.
1987 02319
1988 02707
1989 02768
1990 02933
1991 03146
1992 03381

Model MF1020H-4
Steering cover below dash.
1987 41709
1988 42343
1989 42641
1990 43016
1991 43264
1992 43694

Model MF1030-2
Left side of clutch housing.
1984 00101
1985 00820
1986 01501
1987 02542
1988 03139
1989 03285
1990 03308
1991 03686
1992 03917

Model MF1030-4
Left side of clutch housing.
1984 40101
1985 40600
1986 41245
1987 42167
1988 42594
1989 42953
1990 43251
1991 43492
1992 44024

Model MF1035-2
Left side of clutch housing.
1986 00100
1987 00315
1988 .... None
1989 00540
1990 00585
1991 00729
1992 00872

Model MF1035-4
Left side of clutch housing.
1986 40100
1987 40377
1988 40691
1989 40936
1990 41058
1991 41223
1992 41388

Model MF1040-2
Left side of clutch housing.
1984 00101
1985 00155
1986 00552

Model MF1040-4
Left side of clutch housing.
1984 40101
1985 40351
1986 40562
1987 40773

Model MF1045-2
Left side of clutch housing.
1986 00100
1987 00234
1988 .... None
1989 .... None
1990 00334
1991 00367
1992 00399

Model MF1045-4
Left side of clutch housing.
1986 40100
1987 40275
1988 40566
1989 40757
1990 41144
1991 41531
1992 41916

Model MF1080
1967 .... 9B10001
1968 .... 9B14693
1969 .... 9B18673
1970 .... 9B23486
1971 .... 9B28238
1972 .... 9B31959

Model MF1085
Left side ahead of instrument panel.
1972 .... 9B36563
1973 .... 9B36841
1974 .... 9B42685
1975 .... 9B50494
1976 .... 9B58735
1977 .... 9B66276
1978 .... 9B74241
1979 .... 9B76058

Model MF1100
Right side forward of transmission.
1965 650000174
1966 650001997
1967 650005482
1967 late........ 9B10001
1968 .... 9B14693
1969 .... 9B18673
1970 .... 9B23486
1971 .... 9B28238
1972 .... 9B31959

Model MF1105
Left side ahead of instrument panel.
1972 .... 9B36563
1973 .... 9B36851
1974 .... 9B42685
1975 .... 9B50494
1976 .... 9B58735
1977 .... 9B66276
1978 .... 9B74241
1979 .... 9B76058

Model MF1130
Right side forward of transmission.
1965 651500022
1966 651500082
1967 651501613
1967 late........ 9B10001
1968 .... 9B14693
1969 .... 9B18673
1970 .... 9B23486
1971 .... 9B28238
1972 .... 9B31959

Model MF1135
Left side ahead of instrument panel.
1972 .... 9B36563
1973 .... 9B36841
1974 .... 9B42685
1975 .... 9B50494
1976 .... 9B58735
1977 .... 9B66276
1978 .... 9B74241
1979 .... 9B76058

Model MF1150
Right side forward of transmission.
1967 .... 9B10001
1968 .... 9B14693
1969 .... 9B18673
1970 .... 9B23486
1971 .... 9B28238
1972 .... 9B31959

Model MF1155
Left side ahead of instrument panel.
1972 .... 9B36563
1973 .... 9B36851
1974 .... 9B42685
1975 .... 9B50494
1976 .... 9B58735
1977 .... 9B66276
1978 .... 9B74241
1979 .... 9B76058

Model MF1160
1992 .... A70101
1993 .... B70101
1994 .... C00101
1995 .... D00101
1996 .... E00101
1997 .... F01001
1998 .... G01001
1999 .... H01001

Model MF1165
1999 .... H01001
2000 .... J01001
2001 .... K01001
2002 .... L01001

Model MF1180
1992 .... A80101
1993 .... B80101
1994 .... C00101
1995 .... D00101
1996 .... E00101
1997 .... F01001
1998 .... G01001
1999 .... H01001

Model MF1190
1992 .... A90101
1993 .... B90101
1994 .... C00101
1995 .... D00101
1996 .... E00101
1997 .... F01001
1998 .... G01001
1999 .... H01001

Model MF1205
1997 .... F01001
1998 .... G01001
1999 .... H01001
2000 .... J01001
2001 .... K01001
2002 .... L01001
2003 .... M01001

Model MF1215
1996 .... E01001
1997 .... F01001
1998 .... G01001
1999 .... H01001
2000 .... J01001
2001 .... K01001
2002 .... L01001
2003 .... M01001

Model MF1220
1995 .... D01001
1996 .... E01001
1997 .... F01001
1998 .... G01001
1999 .... H01001

Model MF1225
1999 .... H01001
2000 .... J01001
2001 .... K01001
2002 .... L01001

Model MF1230, MF1240
1994 .... C01001
1995 .... D01001
1996 .... E01001
1997 .... F01001
1998 .... G01001
1999 .... H01001
2000 .... J01001
2001 .... K01001
2002 .... L01001
2003 .... M01001

Model MF1235
1997 .... F01001
1998 .... G01001
1999 .... H01001
2000 .... J01001
2001 .... K01001
2002 .... L01001
2003 .... M01001

Model MF1250, MF1260
1994 .... C01001
1995 .... D01001
1996 .... E01001
1997 .... F01001
1998 .... G01001
1999 .... H01001
2000 .... J01001
2001 .... K01001
2002 .... L01001
2003 .... M01001

Model MF135
Steering column below instrument panel.
1964 641000003
1965 641004422
1966 641016741
1967 641024446
1967 late......... 9A1000
1968 .... 9A39836
1969 .... 9A63148
1970 .... 9A87325
1971 .... 9A107597
1972 .... 9A128141
1973 .... 9A152025
1974 .... 9A179544
1975 .... 9A207681

Model MF150
Steering column below instrument panel.
1964 642000003
1965 642000859
1966 642003946
1967 642005474
1967 late......... 9A1000
1968 .... 9A39836
1969 .... 9A63158
1970 .... 9A87325
1971 .... 9A107597
1972 .... 9A128141
1973 .... 9A152025
1974 .... 9A179544
1975 .... 9A207681

Model MF1500
Left of instrument panel.
1971 .... 9C1000
1972 .... 9C1912
1973 .... 9C2462
1974 .... 9C3025

Model MF1505
Left of instrument panel.
1974 .... 9C3601
1975 .... 9C4227
1976 .... 9C6086
1977 .... 9C7858

Model MF154-2S
Lower right side of instrument console.
1986 13300288
1987 .... 133A00489
1988 .... 133C00645
1989 .... 133C00791

Model MF154-4
Front of instrument console and left rear of center housing casting.
1980 2226706
1981 2227212
1982 2229282
1983 2229927
1984 2210485

Model MF154-4S
Front of instrument console and left rear of center housing casting.
1986 23300755
1987 .... 233A01012
1988 .... 233C01304
1989 .... 233C01511

Model MF165
Steering column below instrument panel.
1964 643000003
1965 643000481
1966 643007763
1967 643014673
1967 late......... 9A1000
1968 .... 9A39836
1969 .... 9A63158
1970 .... 9A87325
1971 .... 9A107597
1972 .... 9A128141
1973 .... 9A152025
1974 .... 9A179544
1975 .... 9A207681

Model MF174-2S
Front of instrument console and left rear of center housing casting.
1986 13200653
1987 .... 132A00912
1988 .... 132C01178
1989 .... 132C01413

Model MF174-4S
Front of instrument console and left rear of center housing casting.
1986 23201344
1987 .... 232A01754
1988 .... 232C02271
1989 .... 232C02679

Model MF175
Steering column below instrument panel.
1964 644000001
1965 644001494
1966 644003041
1967 .... 9A1000
1968 .... 9A39836
1969 .... 9A63158
1970 .... 9A87325
1971 .... 9A107597
1972 .... 9A128141
1973 .... 9A152025
1974 .... 9A179544
1975 .... 9A207681

Model MF180
Steering column below instrument panel.
1965 645000007
1966 645002423
1967 645004713
1967 late......... 9A1000
1968 .... 9A39836
1969 .... 9A63158
1970 .... 9A87325
1971 .... 9A107597
1972 .... 9A128141
1973 .... 9A152025
1974 .... 9A179544
1975 .... 9A207681

Model MF1800
Top of cab plenum chamber.
1971 .... 9C1000
1972 .... 9C1912
1973 .... 9C2462
1974 .... 9C3025

Model MF1805
Left of instrument panel.
1974 .... 9C3601
1975 .... 9C4227
1976 .... 9C6086
1977 .... 9C7858
1978 .... 9C8810

Model MF184-4
Front of instrument console and left rear of center housing casting.
1976 22000001
1977 22000930
1978 22001860
1979 22002789
1980 22003890
1981 22046000

Model MF194-2F
Lower right side of instrument console.
1986 14000014
1987 .... 140D000024
1988 .... 140D000037
1989 .... 140D000062

Model MF194-4F
Lower right side of instrument console.
1986 24000129
1987 .... 240D00382
1988 .... 240D00925
1989 .... 240D01456

Model MF205
Steering column below instrument panel.
1978 00101
1979 00315
1980 00683
1981 01512
1982 01966
1983 02159
1984 02337

Model MF205-4
Steering column below instrument panel.
1979 00101
1980 00677
1981 00916
1982 01390
1983 01440
1984 01516

Model MF210
Steering column below instrument panel.
1978 00101
1979 00961
1980 01711
1981 02700
1982 03892
1983 04231
1984 04902

Model MF210-4
Steering column below instrument panel.
1979 00101
1980 00711
1981 00764
1982 01595
1983 01915
1984 02209

Model MF220
Steering column below instrument panel.
1978 00101
1979 00300
1980 00552
1981 00750
1982 01339
1983 01458
1984 01708

Model MF220-4
Steering column below instrument panel.
1979 00101
1980 00520
1981 00868
1982 01673
1983 01981
1984 02163

Model MF2210, MF2220
1999 .... H01001
2000 .... J01001

Model MF230
Steering column below instrument panel.
1974 .... 9A202190
1975 .... 9A207681
1976 .... 9A232539
1977 .... 9A254045
1978 .... 9A276935
1979 .... 9A296946
1980 .... 9A326169
1981 .... 9A339343
1982 .... 9A350584
1983 .... 9A354679

Model MF231
Lower right side of instrument console.
1989 .... P17001
1990 .... Q01001
1990 .... R01001
1991 .... S01001
1992 .... A01001
1993 .... B01001
1994 .... C01002
1995 .... D01001
1996 .... E01001
1997 .... F01001
1998 .... G01001
1999 .... H01001
2000 .... J01001
2001 .... K01001
2002 .... L01001
2003 .... M01001

Model MF235
Lower left side of instrument console.
1972 .... 9A128141
1973 .... 9A152025
1974 .... 9A179544
1975 .... 9A207681
1976 .... 9A232539

Model MF240
Lower right side of instrument console.
1983 524172
1984 552016
1985 557882
1986 562369
1987 .... V01001
1988 .... N01001
1989 .... P01001
1990 .... R01001
1991 .... S01001
1992 .... A01001
1993 .... B01001
1994 .... C01001
1995 .... D01001
1996 .... E01001
1997 .... F01001
1998 .... G01001
1999 .... H01001

Model MF243
1999 .... H01001
2000 .... J01001
2001 .... K01001
2002 .... L01001
2003 .... M01001

Model MF245
Steering column below instrument panel.
1974 .... 9A202190
1975 .... 9A207681
1976 .... 9A232539
1977 .... 9A254045
1978 .... 9A276935
1979 .... 9A296946
1980 .... 9A326169
1981 .... 9A339343
1982 .... 9A350584
1983 .... 9A354679

Model MF250
Lower right side of instrument console.
1983 621838
1984 624021
1985 627250
1986 629926
1987 632601

Model MF253
Lower right side of instrument console.
1988 .... N01001
1989 .... P01001
1990 .... R01001
1991 .... S01001
1992 .... A01001
1993 .... B01001
1994 .... C01001
1995 .... D01001
1996 .... E01001
1997 .... F01001
1998 .... G01001
1999 .... H01001

Model MF254-4
1982 2229282
1983 2229927
1984 22210485
1985 22201750
1986 22202733
1987 22203556
1988 22204689

Model MF255, MF265
Steering column below instrument panel.
1974 .... 9A202190
1975 .... 9A207681
1976 .... 9A232539
1977 .... 9A254045
1978 .... 9A276935
1979 .... 9A296946
1980 .... 9A326169
1981 .... 9A339343
1982 .... 9A350584
1983 .... 9A354679

Model MF261
Steering column below instrument panel.
1992 .... A22001
1993 .... B01001
1994 .... C01001
1995 .... D01001
1996 .... E01001
1997 .... F01001
1998 .... G01001
1999 .... H01001

Model MF263
1998 .... G01001
1999 .... H01001
2000 .... J01001
2001 .... K01001
2002 .... L01001
2003 .... M01001

Model MF2640
Right side ahead of instrument panel.
1982 .... S276213
1983 .... B160217
1983 .... K181026

Model MF2675, MF2705, MF2745, MF2775, MF2805
Left side of instrument console.
1976 .... 9R000001
1977 .... 9R000048
1978 .... 9R000602
1979 .... 9R002782
1980 .... 9R007282
1981 .... 9R010307
1982 .... 9R013230
1983 .... 9R013525

Model MF270
Lower right side of instrument console.
1983 286152
1984 287179
1985 288016
1986 288425
1987 288835

Model MF271
1998 .... G01001
1999 .... H01001
2000 .... J01001
2001 .... K01001
2002 .... L01001

Model MF274-4
1982 22111297
1983 22112162
1984 22112828
1985 .... 221N02384
1986 22103628
1987 22104826
1988 22106115

Model MF275
Steering column below instrument panel.
1974 .... 9A202190
1975 .... 9A207681
1976 .... 9A232539
1977 .... 9A254015
1978 .... 9A276935
1979 .... 9A296946
1980 .... 9A326169
1981 .... 9A339343
1982 .... 9A350584
1983 .... 9A354679

Model MF281
1998 .... G01001
1999 .... H01001
2000 .... J01001
2001 .... K01001
2002 .... L01001

Model MF283
1988 00102
1989 01202
1990 .... R01001
1991 02052
1992 .... A01001
1993 .... B01001
1994 .... C01001
1995 .... D01001
1996 .... E01001
1997 .... F01001
1998 .... G01001
1999 .... H01001

Model MF285
Steering column below instrument panel.
1974 .... 9A202190
1975 .... 9A207681
1976 .... 9A232539
1977 .... 9A254045
1978 .... 9A276935
1979 .... 9A296946
1980 .... 9A326169
1981 .... 9A339343
1982 .... 9A350584
1983 .... 9A344679

Model MF290
Lower right side of instrument console.
1983 286453
1984 289947
1985 393422
1986 723909
1987 454396
1988 454983

Model MF294-4
Lower right side of instrument console.
1982 2235938
1983 2236290
1984 2236511
1985 .... 223D00915
1986 22301652
1987 22302505
1988 23303121

Model MF298
Lower right side of instrument console.
1983 702586
1984 703062
1985 703760
1986 704095

Model MF3050
On implement control panel right side of operator.
1986 .... U031001
1987 .... V001001
1988 .... N001001
1989 .... P001001
1990 .... R001001
1991 .... S001001
1992 .... A001001

Model MF3060, MF3070, MF3090
On implement control panel right side of operator.
1986 .... U031001
1987 .... V001001
1988 .... N001001
1989 .... P001001
1990 .... R001001
1991 .... S001001
1992 .... A001001

Model MF3120, MF3140
On implement control panel right side of operator.
1990 .... R001001
1991 .... S001001
1992 .... A001001

Model MF35
1960 203202
1961 211072
1962 223896
1963 237276

Model MF3505
Right side ahead of instrument panel.
1983 .... K241203
1984 .... T101201
1985 .... L101201
1986 .... U031201
1987 .... V001201

Model MF3525
Right side ahead of instrument panel.
1983 .... K241213
1984 .... T101201
1985 .... L101201
1986 .... U031201
1987 .... V001201
1988 .... N001001

Model MF354
1996 .... E01001
1997 .... F01001
1998 .... G01001
1999 .... H01001

Model MF3545
Right side ahead of instrument panel.
1983 .... K242206
1984 .... T101201
1985 .... L101201
1986 .... U031201
1987 .... V001201
1988 .... N001001

Model MF360
Lower right side of steering cover.
1986 .... U01001
1987 .... V01001
1988 .... N01001
1989 .... P01001
1990 .... R01001
1991 .... S01001
1992 .... A01001
1993 .... B01001

Model MF362
Lower right side of steering cover.
1990 .... R01001
1991 .... S01001
1992 .... A01001
1993 .... B01001
1994 .... C01001
1995 .... D01001
1996 .... E01001
1997 .... F01001
1998 .... G01001
1999 .... H01001

Model MF3630, MF3650
On implement control panel right side of operator.
1987 .... V001001
1988 .... N001001
1989 .... P001001
1990 .... R001001
1991 .... S001001
1992 .... A001001

Model MF364S, MF384S
Right side of instrument console.
1989 .... P01001
1990 .... R01001
1991 .... S01001
1992 .... A01001
1993 .... B01001
1994 .... C01001
1995 .... D01001
1996 .... E01001
1997 .... F01001
1998 .... G01001

Model MF3660
On implement control panel right side of operator.
1990 .... R001001
1991 .... S001001
1992 .... A001001

Model MF3680
On implement control panel right side of operator.
1988 .... N293001
1989 .... P001001
1990 .... R001001
1991 .... S001001
1992 .... A001001

Model MF374S, MF394S
Right side on instrument console.
1989 .... P01001
1990 .... R01001
1991 .... S01001
1992 .... A01001
1993 .... B01001
1994 .... C01001
1995 .... D01001
1996 .... E01001
1997 .... F01001
1998 .... G01001
1999 .... H01001

Model MF375
Lower right side of steering cover.
1987 .... V01001
1988 .... N01001
1989 .... P01001
1990 .... R01001
1991 .... S01001
1992 .... A01001
1993 .... B01001
1994 .... C01001
1995 .... D01001
1996 .... E01001
1997 .... F01001
1998 .... G01001
1999 .... H01001

Model MF383
Lower right side of steering cover.
1987 .... V01001
1988 .... N01001
1989 .... P01001
1990 .... R01001
1991 .... S01001
1992 .... A01001
1993 .... B01001
1994 .... C01001
1995 .... D01001
1996 .... E01001
1997 .... F01001
1998 .... G01001

Model MF390
Lower right side of steering cover.
1987 .... V01001
1988 .... N01001
1989 .... P01001
1990 .... R01001
1991 .... S01001
1992 .... A01001
1993 .... B01001
1994 .... C01001
1995 .... D01001
1996 .... E01001
1997 .... F01001
1998 .... G01001
1999 .... H01001

Model MF390T
Lower right side of steering cover.
1989 .... P01001
1990 .... R01001
1991 .... S01001
1992 .... A01001
1993 .... B01001
1994 .... C01001
1995 .... D01001
1996 .... E01001
1997 .... F01001
1998 .... G01001
1999 .... H01001

Model MF393
1992 .... A01001
1993 .... B01001
1994 .... C01001
1995 .... D01001
1996 .... E01001
1997 .... F01001
1998 .... G01001
1999 .... H01001

Model MF396
Lower right side of steering cover.
1992 .... A01001
1993 .... B01001
1994 .... C01001
1995 .... D01001
1996 .... E01001
1997 .... F01001
1998 .... G01001
1999 .... H01001

Model MF398
Lower right side of steering cover.
1987 .... V01001
1988 .... N01001
1989 .... P01001
1990 .... R01001
1991 .... S01001
1992 .... A01001
1993 .... B01001
1994 .... C01001
1995 .... D01001
1996 .... E01001
1997 .... F01001

Model MF399
Lower right side of steering cover.
1987 .... V01001
1988 .... N01001
1989 .... P01001
1990 .... R01001
1991 .... S01001
1992 .... A01001
1993 .... B01001
1994 .... C01001
1995 .... D01001
1996 .... E01001
1997 .... F01001
1998 .... G01001
1999 .... H01001

Model MF4225, MF4235
1998 .... G01001
1999 .... H01001
2000 .... J01001
2001 .... K01001

Model MF4233
1999 .... H01001
2000 .... J01001

Model MF4243
1998 .... G01001
1999 .... H01001
2000 .... J01001

Model MF4245, MF4255
1998 .... G01001
1999 .... H01001
2000 .... J01001
2001 .... K01001

Model MF4253, MF4263
1998 .... G01001
1999 .... H01001
2000 .... J01001
2001 .... K01001

Model MF4270
1998 .... G01001
1999 .... H01001
2000 .... J01001
2001 .... K01001

Model MF4800, MF4840, MF4880 & MF4900
Right rear of cab.
1978 .... 9D001001
1979 .... 9D001008
1980 .... 9D002102
1981 .... 9F002752
1982 .... 9D003515
1983 .... 9D003897
1984 .... 9D004196
1985 .... 9D004446
1986 .... 9D004826
1987 .... 9D005476
1988 .... 9D006241

Model MF50
Plate on instrument panel.
1957 510764
1958 515708
1959 522693
1960 528163
1961 528419
1962 530416
1963 533851
1964 536063

Model MF6150, MF6170, MF6180
1995 .... D01001
1996 .... E01001
1997 .... F01001
1998 .... G01001
1999 .... H01001

Model MF6245
1999 .... H01001
2000 .... J01001
2001 .... K01001

Model MF6255, MF6265
1999 .... H01001
2000 .... J01001
2001 .... K01001
2002 .... L01001
2003 .... M01001

Model MF6270, MF6280, MF6290
1999 .... H01001
2000 .... J01001
2001 .... K01001
2002 .... L01001
2003 .... M01001

Model MF65
Right side of instrument panel.
1958 650001
1959 661164
1960 671379
1961 680210
1962 685370
1963 693040
1964 701057

Model MF670
Left of clutch pedal on plate on side of instrument panel shroud.
1983 .... K183027
1983 .... B207021
1984 .... T101001
1985 .... L101001
1986 .... U031001

Model MF690
Left of clutch pedal on plate on side of instrument panel shroud.
1983 .... B197022
1983 .... K181026
1984 .... T101001
1985 .... L101001
1986 .... U031001
1987 .... V034001

Model MF698
Left of clutch pedal on plate on side of instrument panel shroud.
1983 .... B201031
1983 .... K186009
1984 .... T101001
1985 .... L101001
1986 .... U031001

Model MF699
Left of clutch pedal on plate on side of instrument panel shroud.
1984 .... T101001
1985 .... L101001
1986 .... U031001
1987 .... V034001

Model MF8120, MF8140
1995 .... D01001
1996 .... E01001
1997 .... F01001
1998 .... G01001
1999 .... H01001

Model MF8220, MF8240, MF8245
1999 .... H01001
2000 .... J01001
2001 .... K01001
2002 .... L01001
2003 .... M01001

Model MF8250, MF8260, MF8270, MF8280
1999 .... H01001
2000 .... J01001
2001 .... K01001
2002 .... L01001
2003 .... M01001

Model MF85
Right side of battery box.
1958 800001
1959 800048
1960 804355
1961 807750
1962 808564
1963 1001
1964 1353
1965 1775
1966 1995

Model MF88
Right side of battery box.
1959 880001
1960 881453
1961 882229
1962 882496

Model MF90
Right side of battery box.
1962 810000
1963 813170
1964 816113
1965 819342
1966 0001
1967 0305
1968 0501
1969 0840
1970 1101
1971 1632

MASSEY FERGUSON (Cont.)

Model MF90WR
1962 885000
1963 835870
1964 886829
1965 888238

Model MF97
1962 25200001
1963 25200506
1964 25202005
1965 25203504

MASSEY HARRIS

Model 101 Jr.
Rear left side of frame forward of transmission case.
1939 375001
1940 377928
1941 379500
1942 379815
1943 379855
1944 380641
1945 382569
1946 384288

Model 101 Sr. Row Crop
Rear left side of frame forward of transmisssion case.
1938 255001
1939 256085
1940 257281
1941 258769
1942 259762
1943 260430
1944 260796
1945 263020
1945 270001
1946 270145

Model 101 Sr. Standard
Rear left side of frame forward of transmission case.
1938 355001
1939 355603
1940 356792
1941 358188
1942 358869
1943 358975
1944 359458
1945 360927
1946 362520

Model 102 Jr. Row Crop
Rear left side of frame forward of transmission case.
1939 387001
1940 387031
1941 387127
1942 387419
1943 387601
1944 387844
1945 388240
1946 388995

Model 102 Jr. Standard
Rear left side of frame forward of transmission case.
1939 385001
1940 385204
1941 385450
1942 386099
1943 386662
1944 390001
1945 390994
1946 391913

Model 102 Sr.
Rear left side of frame forward of transmission case.
1941 365001
1942 365202
1943 366062
1944 366183
1945 367535

Model 20 Row Crop
1946 1001
1947 1580
1948 3584

Model 20 Standard
1947 1001
1948 2230

Model 201
Rear left side of frame forward of transmission case.
1940 91201
1941 91704

Model 202
Left side of main frame.
1941 95001
1942 95224
1943 95444
1944 95654

Model 203
Left side of main frame.
1940 95001
1941 95002
1942 95182
1943 95202
1944 95223
1945 95259
1946 95295
1947 95338

Model 20K Row Crop
1947 1001
1948 1354

Model 20K Standard
1947 1001
1948 2230

Model 21 Colt
Rear left side of frame forward of transmission case.
1952 1001
1953 1417
1954 2629
1955 4256
1956 5886
1957 7511

Model 22 Row Crop
Rear left side of frame forward of transmission case.
1948 1001
1949 2096
1950 4580
1951 7624
1952 10145
1953 20046
1954 20585
1955 28705

Model 22 Standard
Rear left side of frame forward of transmission case.
1948 1001
1949 1542
1950 3208
1951 4533
1952 5717
1953 20046
1954 20585
1955 24375

Model 22K Row Crop
Rear left side of frame forward of transmission case.
1948 1001
1949 1154
1950 1488
1951 1570
1952 1748
1953 20001
1954 20585
1955 28705

Model 22K Standard
Rear left side of frame forward of transmission case.
1948 1001
1949 1317
1950 1488
1951 1570
1952 1748
1953 20001
1954 20585
1955 28705

Model 23 Mustang
Rear left side of frame forward of transmission case.
1952 1001
1953 1666
1954 4346
1955 4553
1956 4773

Model 30 Row Crop
Rear left side of frame forward of transmission case.
1946 1001
1947 1002
1948 3386
1949 6825
1950 9345
1951 13816
1952 17934
1952 30001
1953 30596

Model 30 Standard
Rear left side of frame forward of transmission case.
1946 1001
1947 1002
1948 2120
1949 3194
1950 5368
1951 7491
1952 8696
1952 30001
1953 30596

Model 30K Row Crop
Rear left side of frame forward of transmission case.
1947 1001
1948 1225
1949 2010
1950 2393
1951 2719
1952 30001
1953 30596

Model 30K Standard
Rear left side of frame forward of transmission case.
1947 1001
1948 1894
1949 3251
1950 3531
1951 3861
1952 30001
1953 30596

Model 33
Rear left side of frame forward of transmission case.
1952 1001
1953 2055
1954 6617
1955 9782

Model 333
Rear left side of frame forward of transmission case.
1956 20001
1957 22649
1958 22950

Model 44 Row Crop
Rear left side of frame forward of transmission case.
1947 1002
1948 2048
1949 5312
1950 13828
1951 21815
1952 31275
1953 43700
1954 51364
1955 58067

Model 44 Special
Rear left side of frame forward of transmission case.
1946 1001
1947 1141
1948 1871
1949 4528
1950 9581
1951 13726
1952 40001
1952 17059
1953 50001
1954 51364
1955 58067

Model 44 Standard
Rear left side of frame forward of transmission case.
1946 1001
1947 1141
1948 1871
1949 4528
1950 9581
1951 13726
1952 17059
1953 43700
1954 51364
1955 58067

Model 44-6 Row Crop
Rear left side of frame forward of transmission case.
1947 1002
1948 2983
1949 4755
1950 5255
1951 5509

Model 44-6 Standard
Rear left side of frame forward of transmission case.
1947 1001
1948 2001
1949 2601
1950 2730

Model 444
Rear left side of frame forward of transmission case.
1956 70001
1957 73989
1958 22950

Model 44D Row Crop
Rear left side of frame forward of transmission case.
1949 1001
1950 1004
1951 2483
1952 4704
1953 43700
1954 51364
1955 58067

Model 44D Standard
Rear left side of frame forward of transmission case.
1948 1001
1949 1023
1950 2180
1951 3989
1952 5639
1953 43700
1954 51364
1955 58067

Model 44K Row Crop
Rear left side of frame forward of transmission case.
1947 1001
1948 1079
1949 1856
1950 2599
1951 3329
1952 4001
1953 43700
1954 51364
1955 58067

Model 44K Standard
Rear left side of frame forward of transmission case.
1947 1001
1948 1441
1949 3598
1950 4827
1951 6019
1952 6787
1953 43700
1954 51364
1955 58067

Model 55
Rear left side of frame forward of transmission case.
1946 1001
1947 1116
1948 2132
1949 3581
1950 5468
1951 6399
1952 10001
1953 13017
1954 15299
1955 17059

Model 555
Rear left side of frame forward of transmission case.
1955 20001
1956 20133
1957 21133
1958 22950

Model 55D
Rear left side of frame forward of transmission case.
1949 1001
1950 1022
1951 2058
1952 2822
1953 13017
1954 15299
1955 17059

Model 55K
Rear left side of frame forward of transmission case.
1946 1001
1947 1013
1948 1554
1949 3033
1950 4078
1951 4808
1952 5503
1953 13017
1954 15299
1955 17059

Model 81 Row Crop
Rear left side of frame forward of transmission case.
1941 400001
1942 403168
1943 403211
1944 403354
1945 403364
1946 403464
1947 403564
1948 404664

Model 81 Standard
Rear left side of frame forward of transmission case.
1941 425001
1942 425678
1943 425717
1944 425757
1945 425780
1946 426803

Model 82 Row Crop
Rear left side of frame forward of transmission case.
1941 420001
1942 420055
1943 420128
1944 420201
1945 420274
1946 420307

MASSEY HARRIS (Cont.)

Model 82 Standard
Rear left side of frame forward of transmission case.
1941 435001
1942 435279
1943 435452
1944 435455
1945 435458
1946 435738

Model MH11 Pony
Right side of front frame.
1947 .... PGA1001
1948 .... PGA1382
1949 .... PGA5501
1950 .... PGA10817
1951 .... PGA13591
1952 .... PGA17994
1953 20571
1954 23149
1955 25727
1956 28305
1957 30883

Model MH16 Pacer
1954 50001
1955 51613
1956 53212
1957 54724

Model MH50
1955 500001
1956 500473

MINNEAPOLIS-MOLINE

Model 1050 LP
Side of transmission case.
1969 43000001
1970 43000041
1971 43000061
1972 43000106

Model 335 Universal
Side of transmission case.
1957 11600001
1958 11600302
1959 11600307

Model 335 Utility
Side of transmission case.
1956 10400001
1957 10400102
1958 10402088
1959 10402337
1960 10402440
1961 10402490

Model 445 Diesel Utility
Side of transmission case.
1959 15400001
1960 15400018

Model 445 Universal
Side of transmission case.
1956 10100001
1957 10102855
1958 10104126
1959 10104805

Model 445 Utility
Side of transmission case.
1956 10200001
1957 10201446
1958 10202102
1959 10202243

Model 5 Star Diesel Standard
Side of transmission case.
1958 14500001
1959 14500166
1960 14500189

Model 5 Star Diesel Universal
Side of transmission case.
1957 14400001
1958 14400204
1959 14400786
1960 14401296

Model 5 Star Standard
Side of transmission case.
1958 11200001
1959 11200212
1960 11800022

Model 5 Star Universal
Side of transmission case.
1957 11000001
1958 11001058
1959 11002068
1960 11700060
1961 18900041

Model A4T-1600 Diesel
1970 45600001
1971 45600188
1972 45600701

Model A4T-1600 LP
1970 45700001
1971 45700127
1972 45700198

Model BF
Right frame rail.
1950.............. R500
1951 .... R1839
1952.............. R4460
1953 57900001
1954 57900601
1955 57900769
1956 57900938
1957 57901106

Model BFD
1953 57700001
Last Number 57700358

Model BFH
1953 58000001
Last Number 58000150

Model BFS
1953 57600001
Last Number 57600047

Model BFW
1953 6538
Last Number....... R7571

Model BG
Right frame rail.
1950 500
1951 1839
1952 4460
1953 6538
1953 57900001
1954 57900601
1955 57900769
1956 57900938

Model G1000 Diesel Row Crop
Side of transmission case.
1965 30600001
1966 30600501
1967 30601126
1968 30601286

Model G1000 Row Crop
Side of transmission case.
1965 30500001
1966 30500451
1967 30500927
1968 30501042

Model G1000 Vista
Side of transmission case.
1967 34500011

Model G1000 Vista D
Side of transmission case.
1968 34600016
1969 34600736
1970 34601186

Model G1000 Vista LP
Side of transmission case.
1967 34500011
1968 34500291
1969 34500391
1970 34500791

Model G1000 Wheatland
Side of transmission case.
1966 32600001
1967 32600516
1968 32600651
1969 .... None
1970 32600653

Model G1000 Wheatland D
Side of transmission case.
1966 32700001
1967 32700734
1968 32701451
1969 .... None
1970 32701775

Model G1050 Diesel
Side of transmission case.
1969 43100001
1970 43100286
1971 43100416

Model G1050LP
Side of transmission case.
1969 43000001
1970 43000041
1971 43000061
1972 43000106

Model G1350 Diesel
Side of transmission case.
1970 43300001
1971 43300043
1972 43300254

Model G1350 LP
Side of transmission case.
1971 43200045
1972 43200098

Model G1350 Row Crop LP
Side of transmission case.
1969 43200001
1970 43200023

Model G1355
Side of transmission case.
1972 236442
1973 237875
1974 245258

Model G704
Side of transmission case.
1962 23400001

Model G704 Diesel
Side of transmission case.
1962 23500001

Model G705
Side of transmission case.
1962 23800001
1963 23800079
1964 23800591
1965 23801093

Model G705 Diesel
Side of transmission case.
1962 23900001
1963 23900051
1964 23900899
1965 23901869

Model G706
Side of transmission case.
1962 24000001
1963 24000073
1964 24000306
1965 24000351

Model G706 Diesel
Side of transmission case.
1962 24100001
1963 24100107
1964 24100550
1965 24100796

Model G707
Side of transmission case.
1965 31200001

Model G707 Diesel
Side of transmission case.
1965 31300001

Model G708
Side of transmission case.
1965 31400001

Model G708 Diesel
Side of transmission case.
1965 31500001

Model G900
Side of transmission case.
1967 33000001
1968 33000111
1969 33000548

Model G900 Diesel
Side of transmission case.
1967 33100001
1968 33100317
1969 33101377

Model G900 LP
Side of transmission case.
1969 36300001

Model G950 Diesel
Side of transmission case.
1969 43600001
1970 43600211
1971 43600416
1972 43600830

Model G950 LP
Side of transmission case.
1969 43500001
1970 43500061
1971 43500086

Model G955
Side of transmission case.
1973 239825
1974 244559

Model GB
Side of transmission case.
1955 08900001
1956 08901501
1957 08902602
1958 08903402
1959 08904252

Model GBD
Side of transmission case.
1955 09000001
1956 09000851
1957 09001526
1958 09002146
1959 09002656

Model GT
Side of transmission.
1938 160001
1939 160077
1940 160580
1941 160879

Model GTA
Side of transmission case.
1942 162001
1943 162301
1944 162303
1945 162660
1946 162870
1947 163220

Model GTB
Side of transmission case.
1947 164001
1948 0164800001
1949 0164900001
1950 016500001
1951 01601864
1952 01603397
1953 01604890
1954 01605973

Model GTBD
Side of transmission case.
1953 06800001
1954 06800002

Model GTC
Side of transmission case.
1951 04700001
1952 04700019
1953 04700677

Model GVI
Side of transmission case.
1959 16000002
1960 16000877
1961 16001676
1962 16002033

Model GVI Diesel
Side of transmission case.
1959 16200001
1960 16200806
1961 16201891
1962 16202961

Model Jet Star
Side of transmission case.
1959 16500001
1960 16500285
1961 16500835
1962 16501702

Model Jet Star 2
Side of transmission case.
1963 25800001

Model Jet Star 2 Diesel
Side of transmission case.
1963 25700001

Model Jet Star 3
Side of transmission case.
1964 28300001
1965 28301001
1966 28300002
1967 28302895
1968 28304156
1969 28304801
1970 28305086

Model Jet Star 3 Diesel
Side of transmission case.
1964 28400001
1965 28400051
1966 28400201
1967 28400386
1968 28400464
1969 28400527
1970 28400602

Model Jet Star Diesel
Side of transmission case.
1960 17500011
1961 17500061
1962 17500136

Model M5
Side of transmission case.
1960 17100001
1961 17101536
1962 17103496
1963 17104708

Model M5 Diesel
Side of transmission case.
1960 17200001
1961 17201041
1962 17202000
1963 17202507

Model M504
Side of transmission case.
1962 24300001

Model M504 Diesel
Side of transmission case.
1962 24200001
1963 24200021

Model M602
Side of transmission case.
1963 26600001
1964 26601276

Model M602 Diesel
Side of transmission case.
1963 26700001
1964 26700743

MINNEAPOLIS-MOLINE (Cont.)

Model M604
Side of transmission case.
1963 26800001
1964 26800051

Model M604 Diesel
Side of transmission case.
1963 26900001
1964 26900051

Model M670
Side of transmission case.
1964 29900001
1965 29900007
1966 29901892
1967 29903580
1968 29904455
1969 29904595
1970 29905005

Model M670 Diesel
Side of transmission case.
1964 30000001
1965 30000005
1966 30000820
1967 30001635
1968 30002310
1969 30002570
1970 30002861

Model RT
Side of transmission case.
1939 400001
1940 402201
1941 405576
1942 407951
1943 408826
1944 409358
1945 410748
1946 413755
1947 416545
1948 0014800001
1948 0044800001
1948 0034800001
1949 0024900001
1949 0034900001
1949 0044900001
1949 0014900001

Model RTE
Side of transmission case.
1948 044800001
1949 044900001
1950 0045000001
1951 00400205
1952 00400282
1953 00400283
Last Number 00400287

Model RTN
Side of transmission case.
1948 0034800001
1949 0034900001
1950 0035000001
1951 00300094
Last Number 00300173

Model RTS
Side of transmission case.
1949 0024900001
1950 0025000001
1951 00200301
1952 00200402
1953 00200552
Last Number 00200701

Model RTU
Side of transmission case.
1948 0014800001
1949 0014900001
1950 0015000001
1951 00102156
1952 00103973
1953 .... N/A
1954 00104824
Last Number 00104831

Model U & UT
Side of transmission case.
1938 310026
1939 310626
1940 312451
1941 314893
1942 316501
1943 317702
1944 318163
1945 321102
1946 325231
1947 329752
1948 337418
Last Number 339682

Model U302
Side of transmission case.
1964 27600001
1965 27601001
1966 27601301
1967 27602301
1968 27602360
1969 27602760
1970 27602860

Model U302 Diesel
Side of transmission case.
1967 27700001
1968 27700101
1969 27700151
1970 27700165

Model UB Special
Side of transmission case.
1955 09700001
Last Number 09701475

Model UBD Special
Side of transmission case.
1955 09800001
1956 09800301
1957 09800465
Last Number 09800521

Model UBE
Side of transmission case.
1953 05900001
1954 05900897
1955 05901069
Last Number 05901421

Model UBED
Side of transmission case.
1954 07000001
1955 07000232
Last Number 07000362

Model UBG
Side of transmission case.
1953 05900001

Model UBN
Side of transmission case.
1953 06000001
1954 06000203
1955 06000208
Last Number 06000241

Model UBND
Side of transmission case.
1953 06000001
1954 06000203

Model UBU
Side of transmission case.
1953 05800001
1954 05802913
1955 05804003
Last Number 05805077

Model UBUD
Side of transmission case.
1954 07800001
1955 07800747
Last Number 07801041

Model UDS & UTSD
Side of transmission case.
1952 05000001
1953 05000010
1954 05000019
1955 05000955
1956 05002105

Model UDU
Side of transmission case.
1952 04900001
1953 04900002
Last Number 04900030

Model UTC
Side of transmission case.
1948 0154800001
1949 0154900001
1950 0155000001
1951 01500101
1952 01500181
1953 01500201
1954 10500266
1954 08800001
1955 08800061
Last Number 08800110

Model UTE
Side of transmission case.
1951 04300001
1952 04300112
1953 04300262
Last Number 04300265

Model UTN
Side of transmission case.
1950 0385000001
1951 03800102
1952 03800205
Last Number 03800354

Model UTS
Side of transmission case.
1948 0124800001
1949 0124900001
1950 0125000001
1951 01203851
1952 01207139
1953 01210571
1954 01213220
1955 01213326
1956 01214126
1957 01215101

Model UTSD-M
Side of transmission case.
1955 05001155
1956 10600001
1957 10800246
1958 10800391

Model UTU
Side of transmission case.
1948 0114800001
1949 0114900001
1950 0115000001
1951 01105384
1952 01110118
1953 01113449
1954 01113450
1955 01113454

Model V
Side of transmission case.
1947 .... 1V144
1948 .... 2V577
1949 .... 4V490
1950 .... 5V501
1951 .... 6V207
1952 .... 6V422
Last Number 7V271

Model ZAE
Side of transmission case.
1949 0094900001
1950 0095000001
1951 00900374
1952 00900577
1953 00900998
1954 06300001
1955 06300076
1956 06300307
Last Number 00901122

Model ZAN
Side of transmission case.
1949 0084900001
1950 0085000001
1951 00800239
1952 00800443
1953 00800619
Last Number 00800620

Model ZAS
Side of transmission case.
1949 0074900001
1950 0075000001
1951 00700481
1952 00701286
1953 00701911
Last Number 00702610

Model ZAU
Side of transmission case.
1949 0064900001
1950 0065000001
1951 00605436
1952 00609940
Last Number 00614658

Model ZBE
Side of transmission case.
1953 06300001
1954 06300076
1955 06300307
Last Number 06300501

Model ZBN
Side of transmission case.
1954 06400001
1955 06400073
Last Number 06400106

Model ZBU
Side of transmission case.
1953 06200001
1954 06200958
1955 06202480
Last Number 06203059

Model ZM
Side of transmission case.
1953 07600001
1954 07600018

Model ZTN & ZTU
Side of transmission case.
1936 560001
1937 560038
1938 562975
1939 565407
1940 567155
1941 568755
1942 570822
1943 571422
1944 572968
1945 575713
1946 576814
1947 578014
1948 581815
Last Number 585817

Model ZTS
Side of transmission case.
1937 610001
1938 610036
1939 610389
1940 610685
1941 611088
1942 611343
1943 611447
1944 611966
1945 612486
1946 612886
1947 613086
Last Number 613490

OLIVER

Model 1250
1965 705376
1966 712833
1967 728661
1968 739527
1969 742526

Model 1250-A
1969 305985
1970 312957
1971 317338

Model 1255
1969 309381
1970 312957
1971 317000

Model 1265
1970 302402
1971 302458
1972 304497
1973 307221
1974 341369
1975 317900

Model 1350
1966 28302844
1967 28303141
1968 28304546

Model 1355
1969 503287
1970 512698
1971 524000

Model 1365
1971 706251
1972 706277
1973 714614
1974 725451
1975 729125

Model 1370
1973 714614
1974 725451
1975 729125

Model 1450
1967 132382
1968 147482
1969 155479

Model 1465
1973 827183
1974 827287
1975 827580

Model 1470
1973 827183
1974 827287
1975 827580

Model 1550
Rear side of instrument panel support.
1965 157841
1966 168919
1967 184488
1968 196301
1969 213243

Model 1555
Rear side of instrument panel support.
1969 218128
1970 221295
1971 236883
1971 223072
1972 232089
1974 244937
1975 256165

Model 1600
Rear side of instrument panel support.
1962 124420
1963 127044
1964 140723

Model 1650
Rear side of instrument panel support.
1964 149836
1965 153855
1966 167668
1967 183923
1968 201091
1969 212733

Model 1655
Rear side of instrument panel support.
1969 218025
1970 222600
1971 222761
1972 231772
1973 236586
1974 244735
1975 257700

Model 1750
Rear side of instrument panel support.
1964 140893
1965 149835
1966 181062
1967 185301
1968 200217
1969 214936

Model 1755
Rear side of instrument panel support.
1970 221603
1971 226445
1972 231415
1973 238136
1974 245667
1975 257515

Model 18-27
1930 100001
1931 102649
1932 103319
1933 103618
1934 104039
1935 104851
1936 1073112
1937 108574

Model 18-28 99
1930 800001
1931 800460
1932 800964
1933 800985
1934 801051
1935 801241
1936 801990
1937 802938

Model 1800A
Rear side of instrument panel support.
1960 90525
1961 111025
1962 118344

Model 1800B
Rear side of instrument panel support.
1962 124397
1963 129286

Model 1800C
Rear side of instrument panel support.
1964 140893

Model 1850
Rear side of instrument panel support.
1964 150421
1965 153421
1966 168127
1967 183382
1968 200360
1969 212673

Model 1855
Rear side of instrument panel support.
1969 220640
1970 221099
1971 223507
1972 231366
1973 236585
1974 247436
1975 255727

Model 1900A
Rear side of instrument panel support.
1960 90532
1961 111028
1962 118356

Model 1900B
Rear side of instrument panel support.
1962 124396
1963 128422

Model 1900C
Rear side of instrument panel support.
1963 138440
1964 141168

Model 1950
Rear side of instrument panel support.
1964 150492
1965 153016
1966 168190
1967 189009
1968 200541
1969 213355
1970 223073
1971 225820
1972 233007
1973 237150
1974 244625

Model 1950T
Rear side of instrument panel support.
1967 188974
1968 201931
1969 213376

Model 1955
Rear side of instrument panel support.
1967 188974
1968 200084
1969 211194
1970 222304
1971 226458
1972 232958
1973 239032
1974 247871

Model 2050
Rear side of instrument panel support.
1968 204444
1969 212560

Model 2150
Rear side of instrument panel support.
1968 204480
1969 212554

Model 2255
Rear side of instrument panel support.
1972 235598
1973 237210
1974 244825
1975 258472
1976 266683

Model 28-44
1930 500001
1931 503600
1932 506185
1933 506212
1934 506255
1935 506401
1936 507176
1937 508016

Model 440
Left side of input shaft seal.
1960 87725
1962 121833
1963 122543

Model 550
Left side of center frame.
1953 51831
1954 51924
1955 51951
1956 52035
1957 56268
1958 60501
1959 72632
1960 84416
1961 111868
1962 117541

1963 127365
1964 140620
1965 162265
1966 171923
1967 186165
1968 206095
1969 213340
1970 222833
1971 226965
1972 232918
1973 238237
1974 248375
1975 259255

Model 60 RC
Left front of engine.
1940 600001
1941 600071
1942 606304
1943 607395
1944 608526
1945 612047
1946 615628
1947 616707
1948 620257

Model 60 Standard
Left front of engine.
1942 410001
1943 410501
1944 410511
1945 410617
1946 410911
1947 411311
1948 411961

Model 66
Front right side of rear main frame and transmission.
1953 3503990
1954 4500309

Model 66 RC
Front right side of rear main frame and transmission.
1949 420001
1950 423101
1951 426649
1952 429771

Model 66 Standard
Front right side of rear main frame and transmission.
1949 470004
1950 471051
1951 472792
1952 474233
1953 3510050
1954 4500309

Model 660
Rear panel assembly.
1959 73132
1960 84554
1961 111213
1962 117873
1963 127356
1964 141160

Model 70 RC
Left front of engine.
1939 223255
1940 231116
1941 236356
1942 241391
1943 243640
1944 244711
1945 250180
1946 252780
1947 258140
1948 262840

Model 70 Standard
Left front of engine.
1937 300634
1938 302084
1939 303465
1940 305362
1941 306594
1942 307580
1943 308188
1944 308484
1945 310418
1946 311116

1947 312699
1948 314221

Model 77
Rear hood support panel below instrument panel.
1953 3500001
1954 4501667

Model 77 RC
Front right side of rear main frame and transmission.
1948 320001
1949 320241
1950 327901
1951 337243
1952 347904

Model 77 Standard
Front right side of rear main frame and transmission.
1948 320001
1949 269697
1950 271267
1951 272466
1952 273376

Model 770
Rear panel assembly.
1958 60504
1959 71001
1960 84554
1961 111472
1962 117600
1963 127319
1964 141901
1965 153255
1966 171515
1967 183649

Model 80 RC
Right rear of engine.
1937 109152
1938 109162
1939 109783
1940 110221
1941 110615
1942 110945
1943 111319
1944 111391
1945 111929
1946 112879
1947 114144
1948 114944

Model 80 Standard
Right rear of engine.
1937 803929
1938 803991
1939 805377
1940 806880
1941 808125
1942 809051
1943 809991
1944 810470
1945 811991
1946 813067
1947 814565
1948 815216

Model 88
Rear hood support panel below instrument panel.
1953 3500977
1954 4500076

Model 88 RC
Front right side of rear main frame and transmission.
1947 120001
1948 120353
1949 123301
1950 128653
1951 132863
1952 138184

Model 88 Standard
Front right side of rear main frame and transmission.
1947 820001
1948 820136
1949 821086
1950 824241
1951 825811

1952 826917

Model 880
Rear panel assembly.
1958 60505
1959 71640
1960 84555
1961 111262
1962 117640
1963 128911

Model 90 & 99
Right rear of engine.
1937 508918
1938 508935
1939 509617
1940 510008
1941 510564
1942 510977
1943 511296
1944 511474
1945 512044
1946 512821
1947 513106
1948 513856
1949 514856
1950 516276
1951 516891
1952 517951
1953 518300
1954 519245

Model 950, 990 & 995
Left side of clutch dust cover.
1958 53001
1959 71245
1960 84487
1961 110064

Model Super 44
1957 1002
1958 1551
1959 7121

Model Super 55
1954 6001
1955 11887
1956 35001
1957 43916
1958 56501

Model Super 66
Rear hood support panel below instrument panel.
1954 7085
1955 14099
1956 39371
1957 45846
1958 57858

Model Super 77
Rear hood support panel below instrument panel.
1954 8303
1955 10001
1956 38500
1957 44167
1958 56917

Model Super 88
Rear hood support panel below instrument panel.
1954 6503
1955 10075
1956 36774
1957 43901
1958 56580

Model Super 99
Right side on clutch compartment below fuel tank or right of engine block.
1954 519245
1955 519516
1956 520354
1957 521300
1958 521496

STEIGER

Bearcat III PT-225
1977 ... 141-00001
1978 ... 141-00157
1979 ... 141-00336
1980 ... 141-00537
1981 ... 141-00651
1982 ... 141-01501
1983 ... 141-02501

Bearcat III ST-225
1980 ... 109-00001
1981 ... 109-00170
1982 ... 109-01501
1983 ... 109-02501

Bearcat IV CM-225
1983 ... 109-03001
1984 ... 109-03201
1985 ... 109-05001

Bearcat IV KM-225
1983 ... 112-03001
1984 ... 112-03201
1985 ... 112-05001

Cougar III PTA-280 (Cat)
1981 ... 155-00001
1982 ... 155-01501
1983 ... 155-02501

Cougar III PTA-280 (Cummins)
1981 ... 154-00001
1982 ... 154-01501
1983 ... 154-02501

Cougar III ST-250
1976 ... 104-00001
1977 ... 104-00266
1978 ... 104-00381
1979 ... 104-00501
1980 ... 104-00751
1981 ... 104-01001
1982 ... 104-01501
1983 ... 104-02501

Cougar III ST-280 (Cat)
1981 ... 111-00001
1982 ... 111-01501
1983 ... 111-02501

Cougar III ST-280 (Cummins)
1981 ... 110-00001
1982 ... 110-01501
1983 ... 110-02501

Cougar IV CM-250
1983 ... 104-03001
1984 ... 104-03201
1985 ... 104-05001

Cougar IV CM-280
1983 ... 111-03201
1984 ... 111-03201
1985 ... 111-05001

Cougar IV CS-280
1983 ... 155-02501
1984 ... 155-03001
1985 ... 155-05001

Cougar IV KM-280
1983 ... 110-03001
1984 ... 110-03201
1985 ... 110-05001

Cougar IV KS-280
1983 ... 154-02501
1984 ... 154-03001
1985 ... 154-05001

Model CR-1225
1985 ... C01-05001
1986 ... C05-05001
1987 ... C09-05001

Model CR-1280
1985 ... C03-05001
1986 ... C07-05001
1987 ... C11-05001

Model KR-1225
1985 ... C02-05001
1986 ... C06-05001
1987 ... C10-05001

Model KR-1280
1985 ... C04-05001
1986 ... C08-05001
1987 ... C12-05001

Panther CP-1325
1982 ... P03-00001
1983 ... P03-02501
1984 ... P03-03001
1985 ... P03-05001
1986 ... P03-07001
1987 ... P03-09001

Panther CP-1360
1982 ... P07-00001
1983 ... P07-02501
1984 ... P07-03001
1985 ... P07-05001
1986 ... P07-07001
1987 ... P07-09001

Panther CP-1400
1982 ... P09-00001
1983 ... P09-02501
1984 ... P09-03001
1985 ... P09-05001
1986 ... P09-07001
1987 ... P09-09001

Panther III PTA-310
1980 ... 152-00001
1981 ... 152-00070
1982 ... 152-01501
1983 ... 152-02501

Panther III PTA-325
1979 ... 150-00001
1980 ... 150-00036
1981 ... 150-00273
1982 ... 150-01501
1983 ... 150-02501

Panther III ST-310
1976 ... 107-00001
1977 ... 107-00314
1978 ... 107-00463
1979 ... 107-00612
1980 ... 107-00887
1981 ... 107-01079
1982 ... 107-01501
1983 ... 107-02501

Panther III ST-325
1976 ... 123-00001
1977 ... 123-00123
1978 ... 123-00370
1979 ... 123-00627
1980 ... 123-00887
1981 ... 123-01124
1982 ... 123-01501
1983 ... 123-02501

Panther IV CM-325
1983 ... 123-03001
1984 ... 123-03201
1985 ... 123-05001

Panther IV CM-360
1983 ... 115-03001
1984 ... 115-03201
1985 ... 115-05001

Panther IV CS-325
1984 ... 150-03001
1985 ... 150-05001

Panther IV CS-360
1984 ... 156-03001
1985 ... 156-05001

Panther IV KM-325
1983 ... 117-03001
1984 ... 117-03201
1985 ... 117-05001

Panther IV KM-360
1983 ... 116-03001
1984 ... 116-03201
1985 ... 116-05001

Panther IV KS-325
1983 ... 152-02501
1984 ... 152-03001
1985 ... 152-05001

Panther IV KS-360
1984 ... 157-03001
1985 ... 157-05001

Panther IV SM-325
1983 ... 119-03201
1984 ... 119-04001
1985 ... 119-05001

Panther KP-1325
1982 ... P04-00001
1983 ... P03-02501
1984 ... P04-03001
1985 ... P04-05001
1986 ... P04-07001
1987 ... P04-09001

Panther KP-1360
1982 ... P08-00001
1983 ... P08-02501
1984 ... P08-03001
1985 ... P08-05001
1986 ... P08-07001
1987 ... P08-09001

Panther KP-1400
1982 ... P10-00001
1983 ... P10-02501
1984 ... P10-03001
1985 ... P10-05001
1986 ... P10-07001
1987 ... P10-09001

Tiger III ST-450
1979 ... 129-00001
1980 ... 129-00007
1981 ... 129-00010
1982 ... 129-01501
1983 ... 129-02501

Tiger III ST-470
1977 ... 130-00001
1978 ... 130-00047
1979 ... 130-00097
1980 ... 130-00174
1981 ... 130-00209
1982 ... 130-01501
1983 ... 130-02501

Tiger IV KP-525
1983 ... 131-03001
1984 ... 131-03201
1985 ... 131-05001

VERSATILE

Model 1150
On cab door post.
1981 ... 81201001
1982 ... 82201101
1983 ... 83204101
1984 ... 84204351
1985 ... 85237075

Model 1156
On cab door post.
1986 ... 86270100
1987 ... 87300708
1988 ... 88331116
1989 ... 89D430159
1990 ... 90D450001
1991 ... 91D475128
1992 ... 92D500001

Model 150
Steering column console.
1977 ... 000028
1978 ... 000425
1980 ... 000750
1981 ... 001150

Model 160
Steering column console.
1982 ... 001601
1983 ... 002407

Model 256
On steering console.
1984 ... 205101
1985 ... 253500

Model 276
On steering console.
1985 ... 27685253500
1986 ... 27686273100
1988 ... 332100
1989 ... 432100
1990 ... 453100
1991 ... 470100

Model 500
Left rear of front frame below the cab.
1977 ... 50077130001
1978 ... 50078130301
1979 ... 50079130701

Model 555
Left rear of front frame below the cab.
1979 ... 55579140001
1980 ... 55580131001
1981 ... 55581131650
1982 ... 55582132401
1983 ... 55583133475
1984 ... 55584034501

Model 700
Left rear of front frame below the cab.
1972 ... 070077
1973 ... 070601
1974 ... 5010401
1975 ... 3010401
1976 ... 70076011501
1977 ... 70077013001

Model 750
Left rear of front frame below the cab.
1976 ... 75076090001
1977 ... 75077090501

Model 756
1986 ... 75686260187

Model 800
left rear of front frame below the cab.
1973 ... 080071
1974 ... 800500501
1975 ... 8003030401
1976 ... 80076031601
1977 ... 80077032601

Model 825
Left rear of front frame below the cab.
1977 ... 82577150001

Model 835
Left rear of front frame below the cab.
1978 ... 83578033000
1979 ... 83579033601
1980 ... 83580034201
1981 ... 83581035001
1982 ... 83582035601
1983 ... 83583000001
1984 ... 83584037575

Model 836
On cab door post.
1985 ... 83685215025
1986 ... 83686270376

Model 846
On cab door post.
1988 ... 84588D330335
1989 ... 84589D430159
1990 ... 84590D450298
1991 ... 84591D475001
1992 ... 84592D485001
1993 ... 84593D500001

Model 850
left rear of front frame below the cab.
1973 ... 85073005101
1974 ... 85074050001
1975 ... 85075050501
1976 ... 85076051101
1976 ... 85077051901

Model 855
Left rear of front frame below the cab.
1978 ... 85578150501
1979 ... 85579150751
1980 ... 85580151151
1981 ... 85581151401
1982 ... 85582151601
1983 ... 85583151801

Model 856
On cab door post.
1985 ... 83685219030
1986 ... 85686270100

Model 876
On cab door post.
1985 ... 87685223035
1986 ... 87686270331
1988 ... 87688330100
1989 ... 87689D430197
1990 ... 87690D450167
1991 ... 87691D475041
1992 ... 87692D485001
1993 ... 87693D500001

Model 895
Left rear of front frame below the cab.
1980 ... 89580090001
1981 ... 89581090351
1982 ... 89582091201
1983 ... 89583092101
1984 ... 89584093275

Model 900
Left rear of front frame below the cab.
1972 ... 90072090100
1973 ... 90073090301
1974 ... 90074500800
1975 ... 90075070301
1976 ... 90076070801
1977 ... 90077071401

Model 9030
1990 ... 332147
1991 ... 470100
1992 ... 608053

Model 925
Left rear of front frame below the cab.
1983 ... 92583073051

Model 935
Left rear of front frame below the cab.
1978 ... 93578071700
1979 ... 93579071901
1980 ... 93580072101
1981 ... 93581072451
1982 ... 93582072701

Model 936
On cab door post.
1985 ... 93685227040
1986 ... 93686270100
1988 ... 93688330170

Model 945
Left rear of front frame below the cab.
1983 ... 94583111451
1984 ... 94584111725

Model 946
Left rear of front frame below the cab.
1989 ... 94689D430100
1990 ... 94690D450110
1991 ... 94690D475066
1992 ... 94691D485001
1993 ... 94692D500001

VERSATILE (Cont.)

Model 950
Left rear of front frame below the cab.
1977 95077110301
1978 95078110575
1979 95079110801
1980 95080110851
1981 95081111051
1982 95082111201

Model 955
Left rear of front frame below the cab.
1983 95583191025
1984 95584191145

Model 956
On cab door post.
1985 95685250500
1986 95686270100
1987 95686310155
1988 95686314210

Model 975
Left rear of front frame below the cab.
1983 97583184501
1984 97584184625

Model 976
On cab door post.
1985 97685234050
1986 97686270101
1988 97688330140
1989 ...... 97689D430100
1990 ...... 97690D450100
1991 ...... 97691D475198
1992 ...... 97692D485001
1993 ...... 97693D500001

WHITE

Model 100
1987 Dec. 401236
1988 401361
1989 402661

Model 120
1987 Oct. 401121
1988 401304
1989 402521

Model 125 Workhorse
1990 404066
1991 404601
1993 500001

Model 140
1987 Nov. 401151
1988 401326
1989 402736

Model 145 Workhorse
1991 404826
1992 501001

Model 160
1987 Sept. 401096
1988 401569
1989 403540
1990 404825
1991 501001

Model 170 Workhorse
1989 404001
1990 404766
1991 404826
1992 510001

Model 185
1987 400881
1988 401579
1989 402761

Model 195 Workhorse
1989 404166
1990 404496
1991 404826
1992 511001

Model 2-105
Left rear side of main frame.
1975 255538
1976 265928
1977 273760
1978 282102
1979 287197
1980 294109
1981 296878
1982 300779
1983 304280

Model 2-110
Left side of main frame above step.
1982 300783
1983 301998
1984 302334
1985 303552
1986 400231
1987 400763
1988 405242
1989 410251

Model 2-135
Left side of instrument panel support and on left side of frame above step.
1976 272663
1977 273629
1978 282825
1979 288201
1980 294330
1981 296611
1982 300380
1983 302159
1984 302715

Model 2-135 Series 3
Left side of instrument panel support and on left side of frame above step.
1982 301116
1983 302159
1984 302715
1986 400167
1987 400831
1988 418875

Model 2-150
Left rear side of main frame.
1975 257899
1976 266783

Model 2-155
Left side of instrument panel support and on left side of frame above step.
1976 272595
1977 276055
1978 282280
1979 287812
1980 296160
1981 297134
1982 300259

Model 2-155 Series 3
Left side of instrument panel support and on left side of frame above step.
1982 300928
1984 302791
1986 400718
1987 407889
1988 415671

Model 2-180
Left side of instrument panel support and on left side of frame above step.
1977 281993
1978 282088
1979 289447
1980 294655
1981 296571
1982 300159
1983 303389

Model 2-180 Series 3
Left side of instrument panel support and on left side of frame above step.
1982 301922
1983 301966
1984 302951
1985 351451
1986 400082
1987 403850
1988 407618

Model 2-30
Left front of frame.
1979 100337
1980 100712
1981 100925
1982 101275
1983 101412
1984 101428

Model 2-30 4WD
Left front of frame.
1979 001417
1980 001941
1981 003812
1982 004701
1983 006331
1984 006471

Model 2-32
Left front of frame.
1984 6100071
1985 00007
1986 100245
1987 100419
1988 100665

Model 2-32 4WD
Left front of frame.
1984 61000175
1985 00210
1986 00245
1987 00280
1988 00326

Model 2-35
Left front of frame.
1979 004001
1980 004465
1981 004697
1982 005062
1983 005570
1984 005396
1985 006226
1986 006651
1987 007076

Model 2-45
On left side of frame.
1980 .... T5000E00001
1981 .... T5000E00548
1982 .... T6000E00887
1983 .... T6000E01270

Model 2-45 4WD
On left side of frame.
1980 ..... T5000EF000001
1981 ...... T5000EF00405
1982 ...... T5000EF00631
1983 ...... T5000EF00861

Model 2-50
Instrument panel.
1976 516625
1977 518782
1978 521635
1979 525268
1980 525726
1981 526121

Model 2-55
Plate on left side of frame and stamped on front frame at left corner of radiator grille.
1982 .... T6000EN00097M
1983 00329
1984 00377
1985 00569
1986 00587
1987 00596
1988 00606

Model 2-55 4WD
Plate on left side of frame and stamped on front frame at left corner of radiator grille.
1982..... T6000ENF00173
1983 00411
1984 00464
1985 00678
1986 00706
1987 00733
1988 01321

Model 2-60
Instrument panel.
1976 780725
1977 790273
1978 946285
1979 959280
1980 986532
1981 1001039

Model 2-62
On left side of frame.
1980 ...... T6500E000001
1981 .... T6500E01143
1982 .... T6500E02057
1983 .... T6500E02399

Model 2-62 4WD
On left side of frame.
1980 ..... T6500EF000001
1981 ...... T6500EF00974
1982 ...... T6500EF01362
1983 ...... T6500EF01848

Model 2-65 2WD
Plate on left side of frame and stamped on front frame at left corner of radiator grille.
1982 .... T7000EN00099M
1983 00288
1984 00341
1985 00547
1986 00672
1987 01021
1988 01296

Model 2-65 4WD
Plate on left side of frame and stamped on front frame at left corner of radiator grille.
1982.... T7000ENF001131
1983 00308
1984 00595
1985 00897
1986 00950
1987 01040
1988 001056

Model 2-70
Rear panel support.
1976 266173
1977 274543
1978 283917
1979 287528
1980 293819
1981 296246
1982 299887
1983 300464

Model 2-75 2WD
Plate on left side of frame and stamped on front frame at left corner of radiator grille.
1982...... T9000EN00177
1983 00242
1984 00295
1985 00508
1986 00555
1987 00711
1988 00894
1989 01076

Model 2-75 4WD
Plate on left side of frame and stamped on front frame at left corner of radiator grille.
1982..... T9000ENF00247
1983 00305
1984 00501
1985 00728
1986 00782
1987 00892
1988 00980

Model 2-85
Left rear side of main frame.
1975 263341
1976 268142
1977 274287
1978 282339
1979 287469
1980 294063
1981 297751
1982 300092
1983 302199

Model 2-88
1982 301457
1984 302464
1985 400001
1986 400433
1987 400734
1988 400866
1989 401299

Model 4-150
Left side of center frame.
1974 246001
1975 246871
1976 262244
1977 275051
1978 275570

Model 4-175
1979 292187
1980 295808
1981 297293
1982 299886
1983 302150
1984 304196

Model 4-180
Left side of center frame.
1975 256587
1976 262524
1977 268112
1978 275502

Model 4-180 III
1982 301922
1983 301966
1984 302951
1985 351451
1986 400082
1987 403850
1988 407618

Model 4-210
Left side of center frame.
1978 275572
1979 275944
1980 295391
1981 296471
1982 300694
1983 300780

Model 4-225
Left side of center frame.
1983 302234
1984 302620
1985 351450
1986 400347
1987 400901
1988 444355
1989 493250
1990 536701

Model 4-270
Left side of center frame.
1983 302274
1984 302655
1985 303086
1986 400639
1987 401411
1988 401411
1989 404226
1990 407041

Model 60
Left front of frame.
1989 402965
1990 404422
1991 405028
1992 405654

Model 80
1989 402596
1990 404266
1991 405048
1992 405674

Model FB16 2WD
Left front of frame.
1986 002314
1987 002393

Model FB16 4WD
Left front of frame.
1986 014422
1987 014660
1988 016528

Model FB185
Left side of instrument panel support and on left side of frame above step.
1986 400659
1987 400881
1988 401579
1989 402761

Model FB21 2WD
Left front of frame.
1986 00595
1987 00677
1988 00967

Model FB21 4WD
Left front of frame.
1986 02879
1987 03079
1988 04003

Model FB31 2WD
Left front of frame.
1986 00126
1987 00174
1988 00276

Model FB31 4WD
Left front of frame.
1986 00028
1987 00149
1988 00568

Model FB37 2WD
Left front of frame.
1986 00083
1987 00121
1988 00221

Model FB37 4WD
Left front of frame.
1986 00679
1987 00713
1988 01025

Model FB43 2WD
Left front of frame.
1986 00060
1987 00068

Model FB43 4WD
Left front of frame.
1986 00322
1987 00329

Manufacturers' Addresses

AGCO
AGCO Corp
4205 River Green Pkwy
Duluth GA 30136
770-813-9200
www.masseyferguson.com

CASE-INTERNATIONAL
Case Corporation
700 State St
Racine WI 53404
262-636-6011
www.case-ih.com

CHALLENGER
AGCO Corp
4205 River Green Parkway
Duluth GA 30096
770-813-9200
www.agcocorp.com

FENDT
AGCO Corp
4205 River Green Parkway
Duluth GA 30096
770-813-9200

JOHN DEERE
Deere & Company
1 John Deere Place
Moline IL 61265
309-765-8000 FAX 309-765-9980
www.deere.com

KUBOTA
Kubota Tractor Corp
3401 Del Amo Blvd
Torrance CA 90509
310-370-3370 FAX 310-370-2370
www.kubota.com

MASSEY FERGUSON
AGCO Corp
4205 River Green Pkwy
Duluth GA 30136
770-813-9200

MCCORMICK, LANDINI
McCormick USA, Inc.
P.O. Box 81
Pella IA 50219
866-327-6733 FAX 641-621-7932
www.mccormick-intl.com

NEW HOLLAND/FORD
New Holland North America
500 Diller Ave #306
New Holland PA 17557-0903
717-355-1261
www.newholland.com

VALTRA
AGCO Corp
4205 River Green Pkwy
Duluth GA 30136
770-813-9200
www.valtra.com

ZETOR
Zetor North America
1400 Hagy Way
Harrisburg PA 17110
877-469-3867 FAX 717-920-9886
www.zetorna.com

NOTES

NOTES

NOTES

NOTES

NOTES

Reference Guide

Shop Service Manuals For Ag Tractors

From the front axle to the rear axle, ***Clymer's I&T Shop Service Manuals*** have been the authoritative source for tractor repair and maintenance information since 1948. They include detailed specifications and comprehensive service and repair instructions for most manufacturers of farm tractors – even models 60 years old.

ALLIS-CHALMERS

Model	Book #
B	AC-11
C	AC-11
CA	AC-11
D-10	AC-201
D-10 Series III	AC-201
D-12	AC-201
D-12 Series III	AC-201
D-14	AC-201
D-15	AC-201
D-15 Series II	AC-201
D-17	AC-201
D-17 Series III	AC-201
D-17 Series IV	AC-201
D-19	AC-202
D-19 Diesel	AC-202
D-21	AC-202
D-21 Series II	AC-202
G	AC-11
RC	AC-11
WC	AC-11
WD	AC-11
WD45	AC-11
WD45 Diesel	AC-11
WF	AC-11
160	AC-201
170	AC-201
175	AC-201
180	AC-202
185	AC-202
190	AC-202
190XT	AC-202
200	AC-202
210	AC-202
220	AC-202
5020	AC-32
5030	AC-32
6060	AC-35
6070	AC-35
6080	AC-35
7000	AC-202
7010	AC-202
7020	AC-202
7030	AC-202
7040	AC-202
7045	AC-202
7050	AC-202
7060	AC-202
7080	AC-202
8010	AC-36
8030	AC-36
8050	AC-36
8070	AC-36

B.F. AVERY

Model	Book #
A	MM-201
R	MM-201
V	MM-201

CASE/INTERNATIONAL

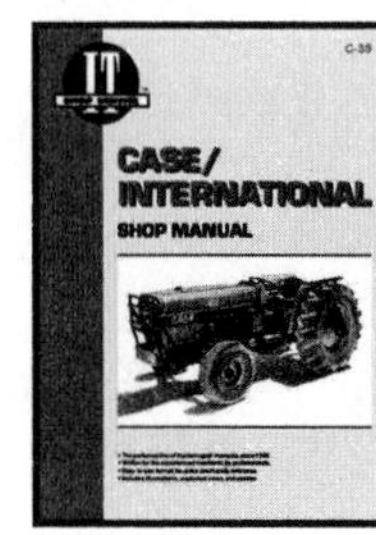

Model	Book #
C	C-201
CC	C-201
CO	C-201
D	C-201
DC	C-201
DH	C-201
DO	C-201
DS	C-201
DV	C-201
L	C-201
LA	C-201
R	C-201
RC	C-201
S	C-201
SC	C-201
SO	C-201
V	C-201
VA	C-201
VAC	C-201
VAH	C-201
VAO	C-201
VC	C-201
VO	C-201
200B	C-201
210B	C-201
211B	C-201
235	C-42
245	C-42
255	C-42
265	C-42
275	C-42
300	C-201
300B	C-201
301	C-201
301B	C-201
302	C-201
302B	C-201
310	C-201
310B	C-201
310	C-201
310B	C-201
311	C-201
311B	C-201
312	C-201

Model	Bo
312B	C
350	C-
351	C-
385	
400	C-
400B	C-
401	C-
402	C-
403	C-
405	C-
410	C-
410B	C-
411	C-
411B	C-
412	C-
413	C-
415	C-
420	C-
425	C-
430	C-
431	C-
440	C-
441	C-
470	C-
485	
500	C-
500B	C-
510B	C-
511B	C-
530	C-
530C	C-
531	C-
531C	C-
540	C-
540C	C-
541	C-
541C	C-
570	C-
585	
600	C-
600B	C-
611B	C-
630	C-
630C	C-
631	C-
631C	C-
632	C-
632C	C-
640	C-
640C	C-
641	C-
641C	C-
685	

el	Book #
	C-201
	C-201
	C-201
	C-201
	C-201
	C-201
	C-201
	C-201
	C-201
	C-201
	C-202
	C-201
	C-201
	C-201
	C-201
	C-201
	C-201
	C-201
	C-201
	C-201
	C-201
	C-202
	C-203
	C-39
	C-202
	C-202
	C-203
	C-202
	C-203
	C-203
	C-203
	C-203
	C-36
	C-36
	C-203
	C-36
	C-36
	C-203
	C-36
	C-36
	C-36
	C-36
	C-203
	C-36
	C-36
	C-38
	C-37
	C-37
	C-38
	C-37
	C-37
	C-37
	C-37
	C-37
	C-37
	C-41
	C-41
	C-41
	C-40
	C-40
	C-40

Model	Book #
7140	C-40

COCKSHUTT

Model	Book #
Co-op	CSH-2
E2	CSH-2
E3	CSH-2
E4	CSH-2
E5	CSH-2
Gambles Farmcrest 30	CSH-2
20	CSH-2
30	CSH-2
35	CSH-3
40	CSH-2
40D4	CSH-3
50	CSH-2
540	CSH-4
550	CSH-4
560	CSH-4
570	CSH-4

DAVID BROWN

Model	Book #
770	C-203
780	C-203
880 (after Serial # 52100)	C-203
885	C-203
990 (after Serial # 467870)	C-203
995	C-203
1200	C-203
1210	C-203
1212	C-203
1410	C-203
1412	C-203
3800	C-203
4600	C-203

JOHN DEERE

Model	Book #
A (after Serial #499000)	JD-4
B (after Serial #96000)	JD-4
D (after Serial #143800)	JD-4
G (after Serial #13000)	JD-4
H	JD-4
M	JD-4
MT	JD-4
R Diesel	JD-3
40	JD-201
50	JD-10
60	JD-10
70 Diesel	JD-8
70 (Non-Diesel)	JD-10
80	JD-201
320	JD-201
330	JD-201
420	JD-201
430	JD-201
435D	JD-201
440	JD-201
440ID Diesel	JD-201
520	JD-16
530	JD-16
620	JD-16
630	JD-16
655	JD-61
670	JD-62
720	JD-16
720 Diesel	JD-201
730	JD-16
730 Diesel	JD-201
755	JD-61
756	JD-61
770	JD-62
820	JD-201
830 (2 Cyl.)	JD-201
830 (3 Cyl.)	JD-201
850	JD-47
855	JD-61
856	JD-61
870	JD-62
950	JD-47
955	JD-61
970	JD-62
1010	JD-21
1020	JD-37
1050	JD-47
1070	JD-62
1250	JD-55
1450	JD-55
1520	JD-37
1530	JD-37
1650	JD-55
2010	JD-21
2020	JD-37
2030	JD-37
2040	JD-202
2150	JD-58
2155	JD-58
2240	JD-202
2255	JD-58
2350	JD-58
2355	JD-58
2355N	JD-58
2440	JD-202
2510	JD-202
2520	JD-202
2550	JD-58
2555	JD-58
2630	JD-202
2640	JD-202
2750	JD-59
2755	JD-59
2840	JD-56
2855	JD-59
2940	JD-56
2950	JD-56
2955	JD-59

Model	Book #
3010	JD-203
3020	JD-203
4000	JD-203
4010	JD-203
4020	JD-203
4030	JD-50
4040	JD-202
4050	JD-57
4055	JD-60
4230	JD-50
4240	JD-202
4250	JD-57
4255	JD-60
4320	JD-203
4430	JD-50
4440	JD-202
4450	JD-57
4455	JD-60
4520	JD-203
4555	JD-60
4620	JD-203
4630	JD-50
4640	JD-202
4650	JD-57
4755	JD-60
4840	JD-202
4850	JD-57
4955	JD-60
5010	JD-203
5020	JD-203
6030	JD-203

DEUTZ-ALLIS

Model	Book #
6240	D-1
6250	D-1
6260	D-1
6265	D-1
6275	D-1

FERGUSON

Model	Book #
F40	MF-14
TE20	FE-2
TO20	FE-2
TO30	FE-2
TO35	MF-14
TO35 Diesel	MF-14

FORD NEW HOLLAND

Model	Book #
Commander 6000	FO-201
NAA (Including Jubilee)	FO-19
TW-5	FO-45
TW-10	FO-201
TW-15	FO-45
TW-20	FO-201
TW-25	FO-45
TW-30	FO-201
TW-35	FO-45
2N	FO-4
8N	FO-4
9N	FO-4
501 (Series)	FO-20
541	FO-20
600 (Series)	FO-20
601 (Series)	FO-20
611	FO-20
620	FO-20
621	FO-20
630	FO-20
631	FO-20
640	FO-20
641	FO-20
650	FO-20
651	FO-20
660	FO-20
661	FO-20
671	FO-20
681	FO-20
700 (Series)	FO-20
701 (Series)	FO-20
740	FO-20
741	FO-20
771	FO-20
800 (Series)	FO-20
801 (Series)	FO-20
811	FO-20
820	FO-20
821	FO-20
840	FO-20
841	FO-20
850	FO-20
851	FO-20
860	FO-20
861	FO-20
871	FO-20
881	FO-20
900 (Series)	FO-20
901 (Series)	FO-20
941	FO-20
950	FO-20
951	FO-20
960	FO-20
961	FO-20
971	FO-20
981	FO-20
1000	FO-201
1100	FO-44
1110	FO-44
1120	FO-46
1200	FO-44
1210	FO-44
1220	FO-46
1300	FO-44
1310	FO-44
1320	FO-46
1500	FO-44
1510	FO-44

Model	Bo
1520	F
1600	FO
1700	F
1710	F
1720	F
1801	F
1900	F
1910	F
1920	F
2000 (3-Cyl.)	F
2000 (4-Cyl.)	F
2110	F
2120	F
2310	F
2600	F
2610	F
2810	F
2910	F
3000 (3-Cyl.)	F
3230	F
3430	F
3600	F
3610	F
3910	F
3930	F
4000 (3-Cyl.) (Prior to 1975)	F
4000 (4-Cyl.)	F
4100 (After 1974)	F
4110	F
4600	F
4600SU	F
4610 (Prior to 1984)	F
4610SU (Prior to 1984)	F
4630	F
4830	F
5000	F
5000 Super Major	FC
5600	F
5640	F
5610	F
6000	FC
6600	F
6610	F
6640	F
6700	F
6710	F
7000	F
7600	F
7610	F
7700	F
7710	F
7740	F
7840	F
8000	FC
8240	F
8340	F
8600	FC
8700	FC
9000	FC
9600	FC
9700	FC

RDSON

el	Book #
Fordson Dexta	FO-201
Fordson Major Diesel (FMD)	FO-201
Fordson Power Major (FPM)	FO-201
Fordson Super Major (FSM)	FO-201
Fordson Super a	FO-201
Performance Super Dexta	FO-201
Performance Fordson Super r (New FSM)	FO-201
) Super Dexta	FO-201

TERNATIONAL RVESTER RMALL

A (Super & Non-Super Series)	IH-8
AV (Super & Non-Super Series)	IH-8
B	IH-8
BN	IH-8
B-275	IH-201
B-414	IH-201
C (Super & Super)	IH-8
(Prior to 1957) Farmall	IH-8
(1957 and after) Farmall	IH-50
Int'l	IH-50
Lo-Boy Int'l	IH-50
154 Lo-Boy Int'l	IH-50
184 Lo-Boy Int'l	IH-50
185 Lo-Boy Int'l	IH-50
	IH-2
	IH-2
	IH-2
	IH-2
o 70	IH-202
o 84	IH-202
o 86	IH-202
o 100	IH-202
o 186	IH-202
uper & Non-Super)	IH-8
Super & Non-Super)	IH-8
uper & Non-Super)	IH-8
Super & Non-Super)	IH-8
Super & Non-Super)	IH-8
(Super & Non-Super)	IH-8
Diesel (Super & Non-Super)	IH-8
	IH-8
	IH-8
	IH-8
	IH-8
Super & Non-Super)	IH-8
Super & Non-Super)	IH-8
A (Super & Non-Super)	IH-8

Model	Book #
W6TAD (Super & Non-Super)	IH-8
WD6 (Super & Non-Super)	IH-8
WD6TA	IH-8
W9, WR9	IH-8
WD9, WDR9 (Super & Non-Super)	IH-8
W12	IH-2
W30	IH-2
W40	IH-2
W400	IH-8
W400D	IH-8
W450	IH-10
W450D	IH-10
100	IH-201
130	IH-201
140	IH-201
200	IH-201
230	IH-201
234	IH-55
234 Hydro	IH-55
240	IH-201
244	IH-55
254	IH-55
274	IH-201
284	IH-201
300	IH-10
300 Utility	IH-10
330	IH-201
340	IH-201
350	IH-10
350D	IH-10
350 Utility	IH-10
350D Utility	IH-10
354	IH-201
364	IH-201
384	IH-201
400	IH-10
400D	IH-10
404	IH-201
424	IH-201
444	IH-201
450	IH-10
450D	IH-10
454	IH-203
460	IH-25
464	IH-203
484	IH-203
504	IH-201
544	IH-202
560	IH-25
574	IH-203
584	IH-203
600	IH-11
606	IH-25
650	IH-11
656	IH-202
660	IH-25
666	IH-202
674	IH-203
684	IH-202
686	IH-202
706	IH-32

Model	Book #
756	IH-32
766	IH-203
784	IH-202
786	IH-203
806	IH-32
826	IH-203
856	IH-32
884	IH-202
886	IH-203
966	IH-203
986	IH-203
1026	IH-203
1066	IH-203
1086	IH-203
1206	IH-32
1256	IH-32
1456	IH-32
1466	IH-202
1468	IH-202
1486	IH-202
1566	IH-202
1568	IH-202
1586	IH-202
2404	IH-201
2424	IH-201
2444	IH-201
2504	IH-201
2606	IH-25
2706	IH-32
2756	IH-32
2806	IH-32
2856	IH-32
3088	IH-54
3288	IH-54
3488 Hydro	IH-54
3688	IH-54
5088	IH-56
5288	IH-56
5488	IH-56
21206	IH-32
21256	IH-32
21456	IH-32

KUBOTA

B5100D	K-201
B5100E	K-201
B6100D	K-201
B6100E	K-201
B6100HST-D	K-201
B6100HST-E	K-201
B-7100D	K-201
B7100HST-D	K-201
B7100HST-E	K-201
L175	K-201
L185	K-201
L210	K-201
L225	K-201
L225DT	K-201
L235	K-201
L245	K-201
L260	K-201

KUBOTA

Model	Book #
L275	K-201
L285	K-201
L295	K-201
L305	K-201
L345	K-201
L355	K-201

MASSEY-FERGUSON

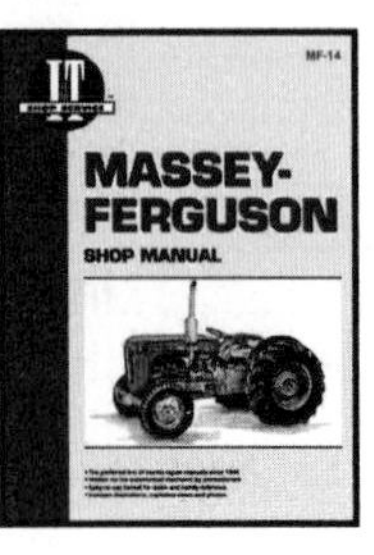

Model	Book #
MF25	MF25
MF35	MF-14
MF35 Diesel	MF-14
MF50	MF-14
MF65	MF-201
MF85	MF-201
MF88	MF-201
MF95 (after Serial # 17300000)	MM-201
MF97	MM-201
MF130	MF-25
MF135	MF-27
MF150	MF-27
MF165	MF-27
MF175	MF-202
MF180	MF-202
MF202	MF-14
MHF202 (Massey-Harris-Ferguson)	MF-14
MF204	MF-14
MF205	MF-202
MF210	MF-202
MF220	MF-202
MF230	MF-42
MF235	MF-42
MF240	MF-42
MF245	MF-42
MF250	MF-42
MF255	MF-43
MF265	MF-43
MF270	MF-43
MF275	MF-43
MF285	MF-36
MF290	MF-43
MF303	MF-10
MHF303 (Massey-Harris-Ferguson)	MF-10
MF340	MF-46
MF350	MF-46
MF355	MF-46
MF360	MF-46
MF362	MF-45
MF365	MF-45
MF375	MF-45
MF383	MF-45
MF390	MF-45
MF390T	MF-45
MF398	MF-45
MF399	MF-46
MF404	MF-10
MHF404 (Massey-Harris-Ferguson)	MF-10
MF406	MF-10
MF670	MF-41

Model	Book #
MF690	MF-41
MF698	MF-41
MF1001	MF-10
MF1010 (Std. & Hydro)	MF-47
MF1020 (Std. & Hydro)	MF-47
MF1080	MF-201
MF1085	MF-201
MF1100	MF-201
MF1105	MF-201
MF1130	MF-201
MF1135	MF-201
MF1155	MF-201
MF2675	MF-202
MF2705	MF-202
MF2745	MF-202
MF2775	MF-202
MF2805	MF-202
MF3505	MF-44
MF3525	MF-44
MF3545	MF-44
MF Super 90	MF-201
MF Super 90WR	MF-201

MASSEY-HARRIS

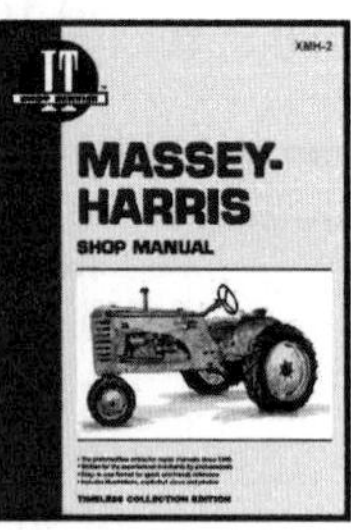

Model	Book #
Pony	MH-2
16 (Pacer)	MH-6A
20	MH-2
21 (Colt)	MH-5A
22	MH-2
23 (Mustang)	MH-5A
30	MH-2
33	MH-5A
44 (4 cyl. Diesel & Non Diesel)	MH-2
44 (6 cyl. Non-Diesel)	MH-2
44 Special	MH-5A
50	MF-14
55 (Diesel and Non-Diesel)	MH-2
55 (after Serial #10000)	MH-5A
81	MH-2
82	MH-2
101	MH-2
101 Super	MH-2
102 (Jr. and Sr.)	MH-2
201	MH-2
202	MH-2
203	MH-2
333	MF-10
444	MF-10
555	MH-5A

MINNEAPOLIS-MOLINE

Model	Book #
BF	MM-201
BG	MM-201
GB	MM-201
GB Diesel	MM-201
GB LPG	MM-201
GTA	MM-201
GTB	MM-201
G-VI	MM-201

MINNEAPOLIS-MOLINE

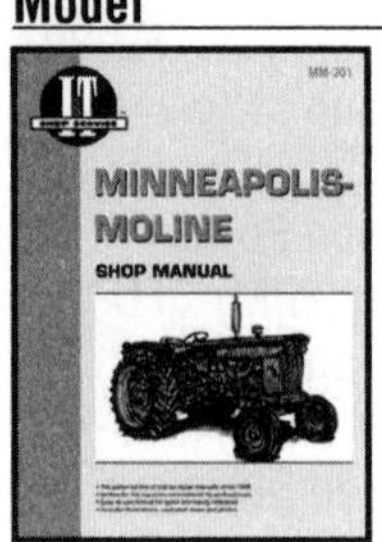

Model	Bo
G-550	0
G-705	MM
G-706	MM
G-707	MM
G-708	MM
G-750	0
G-850	0
G-900	MM
G-940	0
G-950	MM
G-955	0
G-1000	MM
G-1000 Vista	MM
G-1050	MM
G-1350	MM
G-1355	0
Jet Star	MM
Jet Star Two	MM
Jet Star Three	MM
M5	MM
M504	MM
M602	MM
M604	MM
M670	MM
M670 Super	MM
RTE	MM
RTN	MM
RTS	MM
RTU	MM
UB	MM
UB Diesel	MM
UB LPG	MM
UBN	MM
UBU	MM
UTC	MM
UTE	MM
UTN	MM
UTN	MM
UTS	MM
UTS Special	MM
UB Special	MM
U-302	MM
V	MM
ZAE	MM
ZAN	MM
ZAS	MM
ZAU	MM
ZB	MM
ZB LPG	MM
ZBU	MM
ZTE	MM
ZTN	MM
ZTS	MM
ZTU	MM
4 Star	MM
4 Star Super	MM
5 Star	MM

NNEAPOLIS-
OLINE

el	Book #
	MM-201
	MM-201
Diesel	MM-201

TSUBISHI

MITSUBISHI
SHOP MANUAL

MT160	M-1
MT160D	M-1
MT180	M-1
MT180D	M-1
MT180H	M-1
MT180HD	M-1
MT210	M-1
MT210D	M-1
MT250	M-1
50D	M-1
00	M-1
00D	M-1

IVER

Oliver 2255	0-202
Super 44	0-12
Super 55	0-201
Super 99 (6 Cyl.) 6-Speed	0-201
Super 99 GM (3 Cyl.) 6-Speed	0-201
60 (HC & KD)	0-1
66 (Super & Non-er Models, Diesel, HC and KD)	0-201
HC & KD)	0-1
Diesel, HC, KD, and LP)	0-201
HC & KD)	0-1
Diesel, HC, KD and LP)	0-201
	0-1
4 Cyl.)	0-1
	0-201
	0-201

OLIVER

Model	Book #
880	0-201
99 (6 Cyl.) 4-Speed	0-201
99 GMTC	0-201
440	0-12
550	0-201
950	0-201
990	0-201
995	0-201
1550	0-202
1555	0-202
1600	0-202
1650	0-202
1655	0-202
1750	0-202
1755	0-202
1800	0-202
1850	0-202
1855	0-202
1900	0-202
1950	0-202
1950T	0-202
1955	0-202
2050	0-22
2150	0-22

STANDARD UNITS

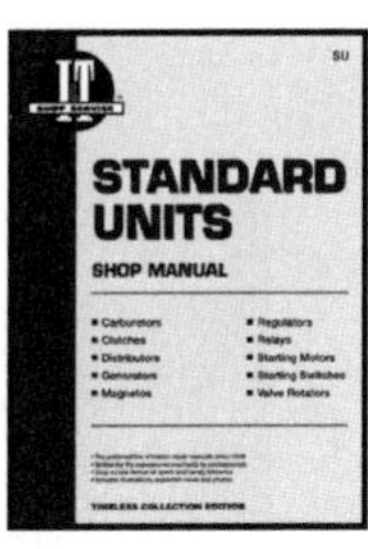

Specifications and repair information for standard or proprietary tractor units, covering: carburetors, clutches, distributors, generators, magnetos, regulators, relays, spark plugs, starting motors, starting switches and valve rotators.......... SU

WHITE

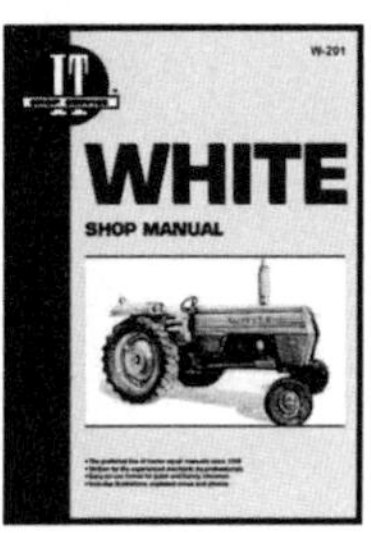

Model	Book #
2-30	W-201
2-35	W-201
2-45	W-201
2-55	W-201
2-62	W-201
2-65	W-201
2-70	W-201
2-75	W-201
2-85	W-201
2-105	W-201
2-135	W-201
2-150	W-201
2-155	W-201

YANMAR

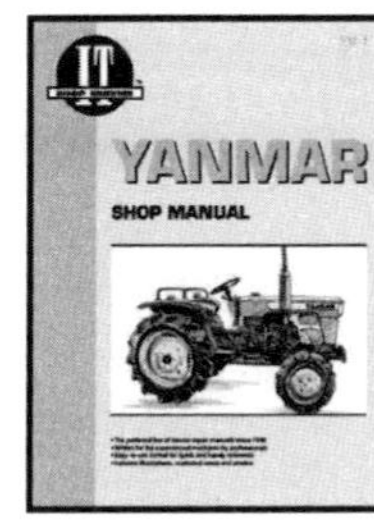

YM135	YM-1
YM135D	YM-1
YM155	YM-1
YM155D	YM-1
YM195	YM-1
YM195D	YM-1
YM240	YM-1
YM240D	YM-1
YM330	YM-1
YM330D	YM-1

the manual you need is not in stock, please see a sales person or visit itshopmanuals.com

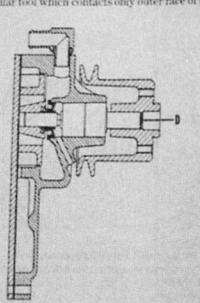

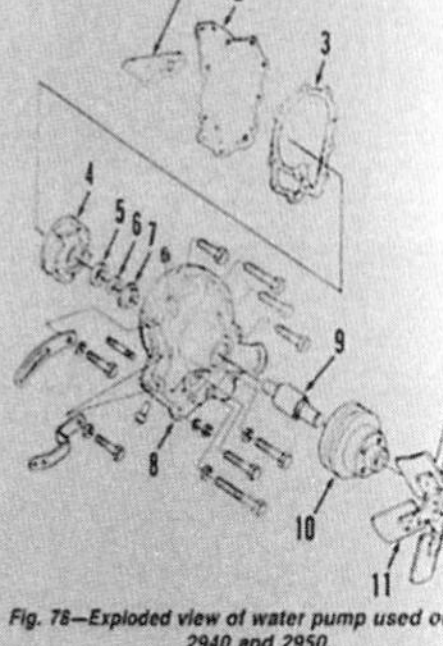

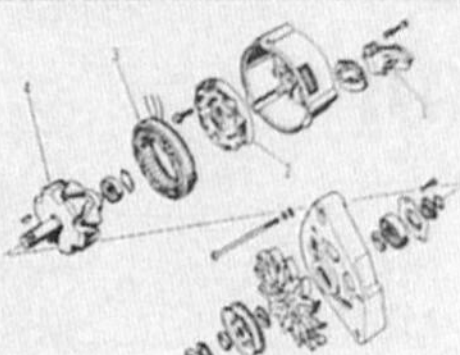

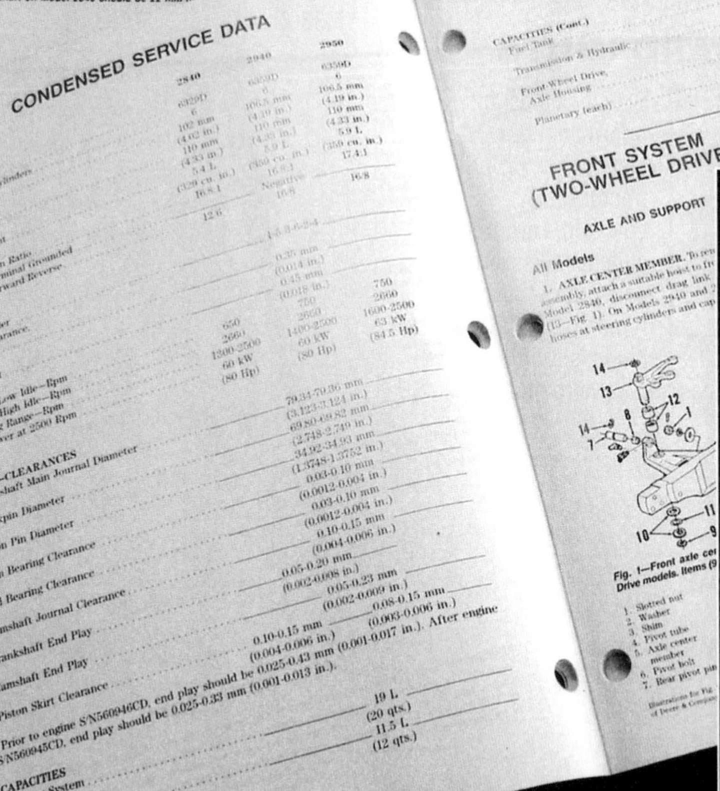

CONDENSED SERVICE DATA
CONDENSED SERVICE DATA (CONT.)
FRONT SYSTEM (TWO-WHEEL DRIVE)